lonely planet

USA Osten

W0321853

Benedict Walker, Kate Armstrong, Carolyn Bain, Amy C Balfour, Robert Balkovich, Ray Bartlett, Gregor Clark, Michael Grosberg, Ashley Harrell, Adam Karlin, Brian Kluepfel, Kevin Raub, Simon Richmond, Regis St. Louis, Mara Vorhees, Karla Zimmerman

REISEPLANUNG

ALEXANDER DEMYANENKO/SHUTTERSTOCK ©

RETTUNGSSCHWIMMER-STATION, SOUTH BEACH S. 500, MIAMI

RITU MANOJ JETHANI/SHUTTERSTOCK ©

KING NEPTUNE STATUE VON PAUL DIPASQUALE, VIRGINIA BEACH S. 339

REISEZIELE IM OSTEN DER USA

Inhalt

DEN OSTEN VERSTEHEN

PRAKTISCHE INFORMATIONEN

SONDERSEITEN

Willkommen im Osten der USA

Die Metropolen New York und Chicago, wundervolle Strände, nebelverhangene Gipfel, Alligatorensümpfe und alte musikalische Wurzeln – der Osten der USA verspricht eine atemberaubende Reise.

Mächtige Metropolen

Die Megacity New York mit ihren 8,4 Mio. Einwohnern ist das Flaggschiff des Ostens und bietet eine schier unglaubliche Vielfalt an Kultur, Gastronomie und Unterhaltung. Das himmelstürmende Chicago, das machtvolle Washington, D.C., und die feurige Latino-Hochburg Miami sind New York aber dicht auf den Fersen. Bezaubernde Altstädte gibt es in New Orleans (das sich inzwischen von den Folgen des Hurrikans Katrina erholt hat) und im kantigen Detroit, dessen verlassenes Zentrum dank des Zustroms junger Kreativer eine Transformation durchlebt.

Strände & Nebenstraßen

Die Ostküste ist der Ort, an dem Amerika mit seinen Stränden punktet – mit Dünen und Walen am Cape Cod, der Promenade von Ocean City und den Korallenriffen der Florida Keys. Das Landesinnere ist ein einziges Naturschauspiel: Floridas sumpfige Everglades, das Wolfsgeheul in den Boundary Waters, die nebelverhangenen Appalachen und die Wälder Neuenglands, die im Herbst in beeindruckender Farbenpracht erstrahlen. Ruhige, landschaftlich reizvolle Nebenstraßen führen vorbei an Bürgerkriegsschauplätzen und kitschigen Attraktionen.

Schlemmerparadies

Gelegenheiten zum Schlemmen findet man im Osten viele. Und das geben die Speisekarten so her: kolossale Hummer mit zerlassener Butter an Maines Imbissständen, Bagels mit Räucherlachs in den Feinkostläden von Manhattan, Gegrilltes in saftiger Sauce an den Raststätten in Memphis, feurig scharfe Gumbos in den Cafés von New Orleans und – zum Nachtisch – Beerenkuchen in den Supper-Clubs der Region. Zu trinken gibt's z. B. lieblichen Weißwein, Bier aus Kleinbrauereien oder Bourbon-Whiskey.

Die Wiege der Kultur

Die Museen hier sind der Hit: Das Smithsonian hat anscheinend alles, das Metropolitan Museum of Art ähnelt einem Stadtstaat voller Kostbarkeiten, und im Art Institute of Chicago findet man große Impressionisten. Auch musikalisch ist ein Menge los: Der Osten hat den Blues, Jazz und Rock'n' Roll hervorgebracht. Auf Spurensuche kann man vielerorts gehen: Im Sun Studio in Memphis, wo Elvis seinen Groove erfand, in der Rock and Roll Hall of Fame (mit Jimi Hendrix' Stratocaster-E-Gitarre) oder in Clarksdales Juke-Joints, wo Blues erstmals mit Slide-Gitarren gespielt wurde. Und in Chicago oder New York setzen die Architekten der Moderne ihre Ideen um.

Warum ich den Osten der USA so liebe

Von Benedict Walker, Autor

Ich war Anfang 20, als ich das erste Mal meine australische Heimat in Richtung des Ostens der USA verließ. Ich war angezogen von Oprah und Frank Lloyd Wrights Chicago und dem schwindelerregenden Manhattan vor dem 11. September. Seitdem bin ich immer wieder in die weniger touristischen Enklaven Neuenglands oder in Nashvilles musikalisches Herz zurückgekehrt und meiner Leidenschaft für den Zungenschlag des Südens und meiner Liebe zum sonnigen Florida gefolgt. Die Golfküste erinnert mich irgendwie an meine Heimat. Wer die Nebenstraßen abfährt und sich auf die Menschen hier einlässt, der wird dem Osten der USA ebenso verfallen.

Mehr Infos zu den Autoren gibt's ab S. 749

Oben: Florida Keys (S. 529)

Der Osten der USA

Appalachian Trail
Von Georgia nach Maine wandern (S. 44)
Blue Ridge Parkway
Eine wundervolle Fahrt durch die Appalachen (S. 35)
Great Smoky Mountains
Ein nebliger, waldiger stark besuchter Park (S. 382)
Walt Disney World® Resort
Der großartigste Themenpark der Welt (S. 556)
Miami
Schick, sexy, und voller Latinokultur (S. 497)
Florida Keys
Korallenriffe und Wahnsinnspartys (S. 529)
Everglades National Park
Im Sumpf nach Alligatoren Ausschau halten (S. 524)
New Orleans
Ein Cajun-Festmahl mit Sazerac genießen (S. 471)
ATLANTIK
BAHAMAS
NASSAU
Golf von Mexiko
Kansas
Missouri
Oklahoma
Arkansas
Texas
Louisiana
Mississippi
Alabama
Tennessee
Georgia
South Carolina
North Carolina
Florida
Ohio
Mississippi
Appalachian
Great Smoky Mountains National Park
Everglades National Park
Salina
TOPEKA
JEFFERSON CITY
Wichita
Independence
Springfield
Eureka Springs
Tulsa
Fayetteville
OKLAHOMA CITY
Fort Smith
Lawton
Wichita Falls
Fort Worth
Dallas
Shreveport
Tyler
Waco
Temple
AUSTIN
Houston
Galveston
San Antonio
Victoria
Corpus Christi
Raymondville
Harlingen
McAllen
Brownsville
Leesville
Jasper
Port Arthur
Owensboro
NASHVILLE
Jonesboro
Jackson
Memphis
LITTLE ROCK
Pine Bluff
Hope
El Dorado
Monroe
Greenville
JACKSON
Vicksburg
Natchez
Alexandria
Kinder
BATON ROUGE
Lafayette
New Orleans
Tupelo
Columbus
Tuscaloosa
Meridian
Hattiesburg
Biloxi
Mobile
Pensacola
Brewton
Florala
Panama City
Huntsville
Birmingham
Chattanooga
Knoxville
Corbin
Norton
Johnson City
Asheville
Greenville
ATLANTA
Athens
Franklin
MONTGOMERY
Columbus
Macon
Albany
Dothan
Tifton
Waycross
TALLAHASSEE
Augusta
Greensboro
RALEIGH
Charlotte
Fayetteville
Wilmington
Florence
COLUMBIA
Charleston
Savannah
Brunswick
Jacksonville
St. Augustine
Gainesville
Ocala
Daytona Beach
Orlando
Tampa
Lakeland
St. Petersburg
Sarasota
Palm Beach
Fort Lauderdale
Miami
Key West

Der Osten der USA
Top 25

1

Florida Keys

1 Die Inselkette liegt so südlich, wie man in den Kontinentalstaaten nur kommen kann. Außer zum Feiern fahren die Leute auf die Keys (S. 529), um zu angeln, zu schnorcheln, zu tauchen, Kajak oder Rad zu fahren, zu wandern oder um mit Delfinen zu schwimmen. Die schönsten Korallenriffe Nordamerikas liegen hier im türkisfarbenen Meer und ermöglichen tolle Expeditionen. Und dann ist da noch Key West, das wilde Ausrufezeichen am Ende der Inselkette. Hippies, Feuerjongleure, Künstler und andere Freigeister verbreiten hier abends eine karnevalartige Stimmung. Unten links: Eine Band spielt in der Green Parrot Bar (S. 535), Key West

New York City

2 Die Heimat von Künstlern, Börsenmaklern und Einwanderern aus aller Welt erfindet sich immer wieder neu (S. 58) – und bleibt dabei ein ewiges Zentrum für Mode, Theater, Essen, Musik, Verlage, Werbung und Finanzen. Auf fünf Stadtbezirke verteilt sich eine beeindruckende Vielfalt von Museen, Parks und ethnischen Vierteln. Am besten macht man es wie die New Yorker: einfach raus auf die Straße. Jeder Block erzählt vom Charakter und der Geschichte dieses atemberaubenden Kaleidoskops, und bei einem kurzen Spaziergang kann man ganze Kontinente durchqueren. Unten: High Line Park Times Square(S. 69), New York City

JUSTIN FOULKES/LONELY PLANET ©

MARCO RUBINO/SHUTTERSTOCK ©

Chicago

3 Die Windy City (S. 586) raubt einem mit ihrer Architektur, den Seestränden, den tollen Restaurants und den Weltklasse-Museen den Atem. Doch die eigentliche Attraktion ist der Mix aus Hochkultur und Bodenständigkeit. Gibt es eine andere Stadt, die Picasso-Skulpturen in die Kleidung ihrer Sportclubs hüllt? In der die Einwohner für Hotdogs wie für die besten Lokale Nordamerikas anstehen? Die Winter sind streng, doch im Sommer nutzt Chicago das Seeufer, um die warmen Tage mit kulinarischen und musikalischen Festivals zu feiern. Unten: Navy Pier (S. 575)

Neuenglands Herbstlaub

4 In Neuengland (S. 178) ist die herbstliche Laubfärbung fast ein episches Ereignis. Erleben kann man sie überall – man braucht nur einen leuchtenden Baum. Doch die meisten Menschen wollen viele Bäume sehen. Von den Berkshires in Massachusetts über die Litchfield Hills in Connecticut bis zu den Green Mountains in Vermont sind ganze Berge in Rot, Orange und Gelb getaucht. Mit den überdachten Brücken und weißen Kirchtürmen vor der Kulisse der Ahornbäume gehören Vermont (s. Foto) und New Hampshire zu den beliebtesten Zielen.

4

5

National Mall

5 Etwa 3 km lang und von Monumenten und ehrwürdigen Marmorgebäuden geprägt, bildet die National Mall (S. 272) das Herzstück des politischen und kulturellen Lebens in Washington, D. C. Im Sommer werden hier riesige Musikevents und kulinarische Festivals veranstaltet. Die besten Museen des Landes säumen die Rasenflächen und ziehen das ganze Jahr über viele Besucher an. Dieser Ort ist für eine Entdeckungstour durch die Geschichte Amerikas wie geschaffen, angefangen beim Vietnam Veterans War Memorial bis hin zu den Stufen zum Lincoln Memorial, wo Martin Luther King Jr. seine berühmte Rede *I Have a Dream* hielt. Links: Martin Luther King Jr. Memorial (S. 273), National Mall

New Orleans

6 Nach dem Wirbelsturm Katrina (2005) hat sich New Orleans (S. 471) wieder aufgerappelt. Die karibisch-koloniale Architektur, die kreolische Küche und die Party-Atmosphäre machen The Big Easy verführerischer denn je. Wer abends ausgeht, hört überall Dixieland-Jazz, Blues und Rock, und die alljährlichen Mardi-Gras- und Jazz-Festivals sind weltberühmt. In „Nola" liebt man das Essen: Besucher schwelgen in Jambalaya und *Louisiana cochon*, bevor sie sich in die Bar-Szene der Frenchman Street stürzen. Unten, erstes Bild: Mardi Gras (S. 478)

Boston

7 Mit Kopfsteinpflaster und ausgeflippten Sportfans ist Boston (S. 179) ziemlich vielfältig. Es ist die wohl geschichtsträchtigste Stadt der USA – Schauplatz der Boston Tea Party, von Paul Reveres berühmtem Kurierritt sowie der ersten Schlacht des Unabhängigkeitskriegs. Mehr erfährt man auf dem 4 km langen Freedom Trail. Auf dem Campus von Harvard kann man in den Clubs den Rebellen geben. Stärkung bieten Bostons *oyster houses* sowie Cafés und Trattorien, vorrangig im italienisch geprägten North End. Unten, zweites Bild: Acorn Street, Beacon Hill (S. 184)

APPALACHIANVIEWS/GETTY IMAGES ©

TRPHOTOS/SHUTTERSTOCK ©

Miami

8 Wie kann eine Stadt nur so viel Glück haben? Die meisten müssen sich mit einem oder zwei Highlights zufriedengeben, aber in Miami (S. 497) gibt es offenbar alles: Neben tollen Stränden und einem historischen Art-déco-Distrikt beeindruckt vor allem die Kultur. In verqualmten Tanzpalästen tanzen Havanna-Auswanderer zu *Son-* und Boleromusik, während in exklusiven Nachtclubs feurige brasilianische Models ihre Hüften zu lateinamerikanischem Hip-Hop schwingen. Im Park spielen alte Männer Domino, und Straßenverkäufer und Restaurants servieren exotische Gaumenfreuden.

Acadia National Park

9 Im Acadia National Park (S. 264) begegnen sich Berge und Meer. Lange Felsküsten und noch längere Wander- und Radwege machen dieses Märchenland zum beliebtesten Ziel in Maine. Der buchstäbliche Höhepunkt ist der Cadillac Mountain, auf dessen 466 m hohen Gipfel man zu Fuß, per Fahrrad oder mit dem Auto kommt. Später, wenn man sich auf den Wegen und an den Stränden ordentlich Hunger geholt hat, kann man sich am Jordan Pond Tee und Popover-Gebäck schmecken lassen.

Niagarafälle

10 Überfüllt? Kitschig? Das mag schon sein. Die Niagarafälle sind eigentlich auch nicht besonders hoch – sie schaffen es gerade so in die Top 500 der Welt. Und dennoch: Wenn die Wassermassen sich wie flüssiges Glas über den Abgrund ergießen, wenn sie tosend ins Leere donnern, und wenn man sich in einem kleinen Boot der Nebelwand nähert, dann sind die Niagarafälle (S. 151) so was von beeindruckend! Betrachtet man nur die Wassermenge, so kann in ganz Nordamerika kein Wasserfall mithalten: Pro Sekunde stürzen über 1 Mio. Badewannen in die Tiefe.

DAN ANDERSON/GETTY IMAGES ©

Walt Disney World® Resort

11 Wer die Latte richtig hoch legen will, nennt sich den „glücklichsten Ort der Welt". Das Walt Disney World® Resort (S. 556) tut genau das und versucht, einem das Gefühl zu geben, man sei die wichtigste Figur des Ganzen. Trotz der Rides, Shows und Nostalgie besteht der Zauber aber darin, sein Kind dabei zu beobachten, wie es Goofy zum Lachen gebracht hat, von Cinderella hofiert wurde, mit Buzz Lightyear die Galaxie bewacht hat und wie ein Jedi gegen Darth Maul gekämpft hat. Oben links: Magic Kingdom, Walt Disney World® Resort

Everglades National Park

12 Die Everglades (S. 524) irritieren. Sie erreichen keine majestätischen Höhen und bieten auch nicht die Schönheit eines Gletschertals. Sie triefen, sind flach und wässrig, ein Fluss aus Gras, der von sumpfigen Wäldchen, Zypressenhainen und Mangroven durchzogen ist. Um die Everglades richtig zu erkunden und ihre Bewohner (z. B. einen Alligator) kennenzulernen, muss man den festen Boden verlassen. Man stößt sein Kanu vom Ufer ab und schluckt die Angst herunter – anders, aber unvergesslich.

Route 66

13 Auch bekannt als Mother Road ist dieser Asphaltstreifen aus dem Jahr 1926 der Klassiker unter den Roadtrips. Die Route 66 beginnt in Chicago und windet sich 460 km durch Illinois (S. 565). Die Zeitreise wird versüßt durch Stopps in Diners, wo man tolle Kuchenstücke verputzt, und durch Fotopausen am Straßenrand, etwa am Gemini Giant, einem riesigen Fiberglas-Astronauten. Neonschilder, Autokinos und andere Charakteristika bilden die Kulisse. Von dort aus sind es noch mal 3380 km bis zum Ziel der Route in L. A.

Der Mississippi

14 Wer dem Old Man River von den Northwoods in Minnesota bis zum von Palmettopalmen gesäumten Ende in Louisiana folgt, kommt an Adlerhorsten und Juke Joints, an Pinienwäldern und Plantagen vorbei. Auf über 2000 Meilen (3200 km) fließt er durch Städte wie Memphis, Minneapolis und New Orleans. Es gibt zwar noch Flussschiffe wie zu Mark Twains Zeiten, jetzt allerdings mit Kasinos oder Touristen an Bord. Wer mit dem Auto unterwegs ist, folgt der mythischen Great River Road (S. 37), die dem Fluss auf der ganzen Länge nicht von der Seite weicht.

Musikalische Wurzeln

15 An welches musikalische Genre man auch denkt: Seinen Ursprung hat es wahrscheinlich hier. Das Mississippidelta ist die Wiege des Blues, und New Orleans war Wegbereiter des Jazz. Der Rock 'n' Roll wurde geboren, als Elvis ins Sun Studio in Memphis spazierte, und die Countrymusik schaffte es von den Appalachen bis zum Grand Ole Opry (S. 414) von Nashville. Der Mississippi brachte die Musik gen Norden, wo Chicago und Detroit Electric Blues und Motown-Sound beisteuerten. Kein Wunder also, dass es hier tolle Livemusik gibt! Unten, zweites Bild: Sun Studio (S. 400), Memphis

Große Seen

16 Die Großen Seen (S. 564) – Lake Superior, Michigan-, Huron-, Ontario- und Eriesee – speichern etwa 20 % der Trinkwasservorräte weltweit und 95 % von Amerikas Trinkwasserreserven. Es gibt kilometerlange Strände, Dünen und eine Landschaft, die gespickt ist mit Leuchttürmen. Dazu kommen wellengepeitschte Klippen, Inseln und Frachtschiffe, die in die Häfen einlaufen – man versteht, warum die Region den Spitznamen die „Dritte Küste" bekam. Auch Angler, Kajak-Fahrer und Surfer kommen nicht zu kurz. Unten: Kitesurfer am Montrose Beach, Lake Michigan

Antebellum-Süden

17 Stolz und Geschichte durchdringen den „Antebellum-Süden" (der Begriff bezieht sich auf die Zeit vor dem Bürgerkrieg) – alles hier dreht sich um großartige Häuser, Baumwollplantagen, moosüberwucherte Bäume und Gärten voller Azaleen. In Charleston (S. 386) erlebt man dieses Flair am besten beim Spaziergang oder auf einer Veranda. Zu den Highlights gehören Virginia-Eichen (s. Foto), Alleen, Meeresfrüchte, milde Nächte und die majestätischen Treppenaufgänge der Herrenhäuser in Natchez, dem ältesten Ort am Mississippi.

16

17

MATT MUNRO/LONELY PLANET ©

BHOFACK2/GETTY IMAGES ©

Appalachian Trail

18 Der längste Wanderweg des Landes (S. 44) ist über 3360 km lang, durchquert sechs Nationalparks und führt durch 14 Bundesstaaten zwischen Georgia und Maine. Tiefe Wälder, alpine Gipfel, Farmen und Bären auf Nahrungssuche – all das ist Teil dieser Erfahrung. Jedes Jahr gehen 2 bis 3 Mio. Menschen einen Abschnitt des Trails, genießen die frische Luft und die großartige Landschaft. Weniger als 600 Wanderer schaffen die ganze Strecke, doch wer sechs Monate Zeit und etwas Mut hat, wird reich belohnt. Aber auch kürzere Touren sind toll!

Blue Ridge Parkway

19 In den südlichen Appalachen von Virginia und North Carolina kann man tolle Sonnenuntergänge erleben, Tiere beobachten und den Alltag vergessen, während man die Wildnis genießt, die diese 755 km lange Strecke (S. 35) umgibt. Dutzende Wanderwege – von einfachen Pfaden am Ufer bis hin zu herausfordernden Kletterpartien – führen in die Natur. Hier kann man campen oder die Nacht in einer Forest Lodge zubringen. Nicht die Bluegrass- und Mountain-Music-Szene in Asheville, North Carolina und Floyd und Galax in Virginia verpassen!

Philadelphia

20 Philly (S. 161) wird im Pantheon der großen Städte Amerikas oft übersehen – eine Schande! Es ist ein schöne Stadt, an deren Straßen, die gepflasterte Gassen verbinden, viele hübsche Plätze liegen. Als Geburtsort der amerikanischen Regierung, an dem die Gründungsväter 1776 die Unabhängigkeitserklärung unterzeichneten, steht die Geschichte hier im Rampenlicht. Die Restaurantszene ist aufgeblüht und über das berühmte Cheesesteak-Sandwich (s. Foto) hinausgewachsen. Gourmetrestaurants gibt es an jeder Ecke, und die meisten sind ziemlich günstig.

ARJUNA RAVIKUMAR/500PX ©

Great Smoky Mountains

21 In den Smokies (S. 382) befindet sich der meistbesuchte Nationalpark des Landes. Der von Appalachen-Wäldern bedeckte Park erstreckt sich über Teile Tennessees und North Carolinas. Die dicht bewaldeten Bergkämme sind Schutzgebiete für Schwarzbären, Weißwedelhirsche, Rotwild und über 1600 Pflanzenarten. Jedes Jahr kommen fast 10 Mio. Besucher zum Wandern, Zelten, Reiten, Radfahren, Raften und Fischen, doch man entkommt den Menschenmassen leicht.

Neuenglands Strände

22 Der Sommer in Neuengland kann schwül sein, darum strömen die Menschen an die Küste mit ihrem frischen Wind. Tolle Strände umringen die Insel Martha's Vineyard in Massachusetts. Die Landschaft der nahen Cape Cod National Seashore prägen Salzmarschen und Dünen. Die unberührte Block Island (S. 226) bietet einfache Freuden wie hügeliges Farmland, leere Strände und Wander- und Fahrradwege – und alles nur eine kurze Bootsfahrt von Rhode Island entfernt. Oben rechts: Küste bei Provincetown, Cape Cod National Seashore (S. 210)

Schauplätze des Bürgerkriegs

23 Überall im Osten der USA, von Pennsylvania bis Louisiana, findet man Orte, die durch die dunkelsten Stunden der USA berühmt wurden – z. B. Antietam, Maryland, wo am blutigsten Tag Amerikas 23 000 Soldaten fielen; Gettysburg, Pennsylvania, wo Lincoln seine berühmte Rede *Gettysburg Adress* hielt; und Vicksburg (s. Foto; S. 458), Mississippi, mit einer 16 Meilen (über 25 km) langen Tour durch Gebiete, die General Grant 47 Tage lang belagerte. Im Sommer werden vielerorts Schlachten nachgestellt.

Amish Country

24 Wer die Amish im Nordosten von Ohio (S. 609), im Südosten von Pennsylvania oder im Norden Indianas besucht, kann mehrere Gänge zurückschalten. Jungs mit Strohhüten lenken Einspänner, bärtige Männer pflügen die Felder, und sittsam gekleidete Frauen gehen zum Markt. Die „Plain People" (einfache Leute) sind eine etwa 100 Jahre alte Sekte, die ohne Elektrizität, Telefon und motorisierte Fahrzeuge lebt.

Das Reich der Boardwalks

25 An den Uferpromenaden (Boardwalks) der Ostküste entlangzuschlendern ist Pflicht. Ob am Rehoboth Beach, Delaware, in Ocean City, Maryland, am Virginia Beach, Virginia, oder in Atlantic City (S. 157; s. Foto), New Jersey, spielt keine Rolle. Es geht um die sommerlichen Freuden am Wegesrand: Backwerk, Gokarts, Pizza, Schwarzlicht-Minigolf und Toffees. Eltern schieben Kinderwagen, Knirpse kämpfen mit Eistüten, und Teenager checken die Lage. Da könnte man glatt vergessen, den Meerblick zu genießen!

Gut zu wissen

Weitere Infos gibt's im Abschnitt „Praktische Informationen" (S. 707)

Währung

US-Dollar (US$)

Sprachen

Englisch, Spanisch

Visa

Besucher aus Deutschland, Österreich und der Schweiz brauchen für Aufenthalte bis 90 Tage kein Visum. Die vorherige ESTA-Registrierung ist obligatorisch.

Geld

Geldautomaten gibt's überall. Kreditkarten werden in vielen Hotels, Lokalen und Läden akzeptiert.

Handys

Es funktionieren nur Triband- und Quadband-Handys. Wer kein solches besitzt, kann sich ein günstiges Prepaid-Handy kaufen.

Zeit

Eastern Standard Time (MEZ –6 Std.): NYC, New England, Miami; Central Standard Time (MEZ –7 Std.): Chicago, Nashville, New Orleans.

Reisezeit

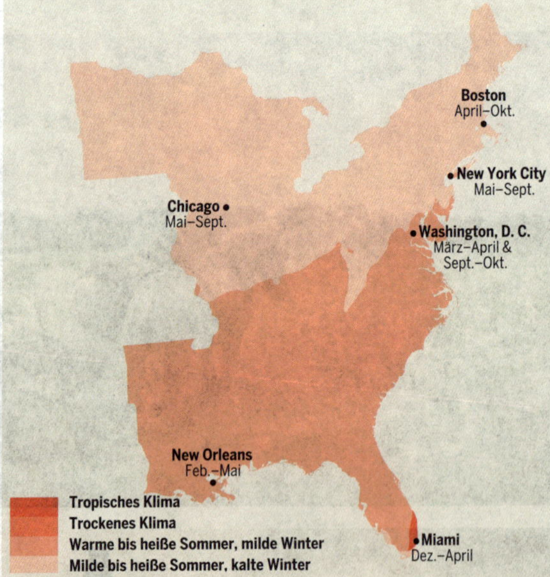

Hauptsaison (Juni–Aug.)

➡ Warme, sonnige Tage in der ganzen Region.

➡ Übernachtungspreise am höchsten (30 % über dem Durchschnitt).

➡ Viele große Freiluftkonzerte: Milwaukees Summerfest, Newports Folk Fest, Chicagos Lollapalooza usw.

Zwischensaison (April–Mai, Sept.–Okt.)

➡ Milde Temperaturen; es kann regnerisch sein.

➡ Wildblumen blühen, vor allem im Mai.

➡ Gebiete mit feurigen Herbstfarben (z. B. Neuengland, Blue Ridge Parkway) sind weiterhin gut besucht.

Nebensaison (Nov.–März)

➡ Dunkle Wintertage, Schneefall im Norden.

➡ Unterkunftspreise am niedrigsten (außer in Ski- und wärmeren Urlaubsgebieten wie Florida, wo nun Hauptsaison ist).

➡ Sehenswürdigkeiten sind kürzer geöffnet oder geschlossen.

Infos im Internet

Lonely Planet (www.lonelyplanet.de/reiseziele/usa) Infos zum Land, Hotelbuchungen, Forum und mehr.

Eater (www.eater.com) Kulinarische Einblicke in zwei Dutzend amerikanische Städte.

National Park Service (www.nps.gov) Der Zugang zu den größten Naturschätzen der USA: ihren Nationalparks.

New York Times Travel (www.nytimes.com/section/travel) Reise-News, praktische Tipps und fesselnde Features.

Roadside America (www.roadsideamerica.com) Die schrulligen und schrägen Seiten der USA.

Thrillist (www.thrillist.com) Alles über Essen, Trinken, Reisen und Unterhaltung aus New York.

Wichtige Telefonnummern

Um ein Inlandsgespräch zu führen, wählt man die 1, gefolgt von der Vorwahl und der siebenstelligen Anschlussnummer.

Landesvorwahl	☎1
Vorwahl für internationale Gespräche	☎011
Notruf	☎911
Telefonauskunft	☎411
Internationale Telefonauskunft	☎00

Wechselkurse

Eurozone	1 €	1,23 US$
	1 US$	0,81 €
Schweiz	1 SFr	1,07 US$
	1 US$	0,94 SFr

Aktuelle Wechselkurse sind unter ww.xe.com abrufbar.

Tagesbudget

Günstig: weniger als 100 US$

- B im Schlafsaal: 20–40 US$
- Stellplatz: 15–30 US$
- Zi. im Budgetmotel: 60–80 US$
- Mittagessen im Café oder am Food Truck: 6–10 US$
- Nutzung öffentlicher Verkehrsmittel: 2–3,50 US$

Mittelteuer: 150–250 US$

- Zi. in einem Mittelklassehotel: 80–200 US$
- Abendessen in einem beliebten Restaurant: 20–40 US$
- Mietwagen: ab 30 US$/Tag

Teuer: mehr als 250 US$

- Zi. in einem Spitzenklassehotel/Resort: ab 250 US$
- Abendessen in einem Top-Restaurant: 60–100 US$
- Ausgehen (Theater, Konzerte, Clubs): 60–200 US$

Öffnungszeiten

Die typischen Öffnungszeiten sind wie folgt:

Banken Mo–Fr 8.30–16.30 Uhr (und eventuell Sa 9–12 Uhr)

Bars So–Do 17–0, Fr & Sa bis 2 Uhr

Clubs Do–Sa 22–3 Uhr

Post Mo–Fr 9–17 Uhr

Einkaufszentren 9–21 Uhr

Läden Mo–Sa 9–18, So 12–17 Uhr

Supermärkte 8–20 Uhr, einige haben 24 Std. geöffnet

Ankunft am …

JFK International (New York) Vom JFK nimmt man den AirTrain zur Jamaica Station und dann den LIRR zur Penn Station, Kostenpunkt 12 bis 16 US$ (45 Min.). Ein Taxi nach Manhattan kostet etwa 60 US$ zzgl. Maut und Trinkgeld (45–90 Min.).

O'Hare International (Chicago) Der CTA-Blue-Line-Zug (5 US$) fährt rund um die Uhr. Die Züge verkehren etwa alle zehn Minuten (bis Downtown 40 Min.). Fahrten mit Airport-Express-Shuttles kosten zwischen 32 und 34 US$ (ca. 60 Min.), mit dem Taxi rund 55 US$ (ca. 30 Min.).

Miami International SuperShuttle nach South Beach 22 US$ (50–90 Min.); Taxi nach Miami Beach 36 US$ (40–60 Min.); Metrorail nach Downtown (Government Center) 2,50 US$ (15 Min.).

Unterwegs vor Ort

Auto Mit dem Auto erschließt sich die Region am besten. In großen Städten (New York, Chicago) kann das Auto wegen der Staus und der Parkgebühren (ab 40 US$/Tag) eine Last sein. Autovermieter gibt's überall.

Zug Außerhalb des Korridors Boston–Washington, D. C., fährt man fast nur wegen der schönen Reiseart Zug. Amtrak (www.amtrak.com) ist das führende Unternehmen.

Bus Firmen, die Kurzstrecken bedienen, wie Megabus (www.megabus.com/us) und Bolt Bus (www.boltbus.com) sind ideal, um zwischen großen Städten (z. B. von New York nach D. C.) hin und her zu kommen – es ist die billigste Art des Reisens. Tickets müssen im Voraus online gekauft werden.

Mehr Infos zum Thema **Unterwegs vor Ort** s. S. 721

Wie wär's mit ...

Großstädte

New York City Eine überwältigendere Stadt als NYC gibt's wohl kaum – mit 8,4 Mio. Einwohnern ist sie laut, schnell und voller Energie. Sie gleicht einer Sinfonie und entwickelt sich ständig weiter. (S. 59)

Chicago Die Metropole am großen See ist ein Mix aus Wolkenkratzern, Kunst, großen Museen, Indie-Clubs und einer schwindelerregenden Anzahl von Restaurants. (S. 568)

Baltimore Die düstere Hafenstadt hat sich zur hippen Schönheit gemausert – mit Museen von Weltrang, trendigen Shops und Boutiquehotels. (S. 303)

Philadelphia Geschichte umgibt die Besucher der ersten Hauptstadt der USA auf Schritt und Tritt. Dennoch präsentiert sich Philly mit einer lebendigen Restaurant-, Musik- und Kunstszene sehr urban. (S. 161)

Detroit Ein Paradebeispiel für Aufstieg und Fall einer Metropole, und vielleicht – aber nur vielleicht – auch für einen neuerlichen Aufstieg. (S. 624)

Nationalparks

Great Smoky Mountains Lilafarbener Nebel umgibt die Gipfel, und Schwarzbären, Wapitis und wildlebende Truthähne bevölkern den meistbesuchten Park der USA. (S. 382)

Acadia Das ist Maines unberührte Wildnis mit Bergen, Klippen, wellenumtosten Stränden und ruhigen Seen. (S. 264)

Shenandoah Man hat grandiose Blicke auf die Blue Ridge Mountains sowie tolle Wander- und Campingoptionen – z. B. entlang des Appalachian Trail. (S. 345)

Everglades Südfloridas Wasserparadies beheimatet hinterhältige Krokodile, herumschleichende Panther, Flamingos und sanfte Seekühe. (S. 524)

Isle Royale Diese Insel schwimmt mitten im Lake Superior – es gibt keine Straßen, keine Autos und keine Menschenmassen, nur Elche und Seetaucher tummeln sich hier. (S. 644)

Großartiges Essen

Hummer in Maine, Cheesesteaks in Philly, Gegrilltes in Memphis und Cheddar in Wisconsin– man muss den Gürtel lockern, wenn man durch den Osten reist.

New Orleans Scharfes Gumbo, frische Austern und Brotpudding mit Bourbon sind nur einige der Highlights auf der kreolischen Speisekarte in Amerikas kulinarischem Zentrum. (S. 471)

New York City Ob man nun Steak Frites, Sushi, Chicken Tikka Masala oder Gourmet-Hotdogs möchte: Big Apple hat's. (S. 59)

Chicago Die „Windy City" zeichnet ein Mix aus gehobener Gastronomie und Comfort Food aus, außerdem gibt es ethnische Lokale. (S. 568)

Charleston Die kultivierte, von Gardenienduft erfüllte Stadt lockt mit köstlichem Tieflandessen wie Shrimps and Grits oder She-Crab Soup. (S. 386)

Minneapolis Die kreativen, nachhaltigen Restaurants mit skandinavischem Einschlag haben der Stadt den Ruf als *America's next great food city* eingebracht. (S. 658)

Altes Amerika

Wellfleet Drive-In Das Drive-In-Kino Wellfleet in Cape Cod versetzt Besucher zurück in die 1950er-Jahre. (S. 207)

Arcade Dicke Pfannkuchen gibt's in diesem zeitlosen Diner in Memphis, in dem schon Elvis Stammgast war. (S. 404)

Route 66 Familiengeführte Motels, neonbeleuchtete Läden und skurrile Attraktionen am Straßenrand – und das ist nur der 300 Meilen (483 km) lange Abschnitt der Straße, der durch Illinois führt! (S. 571)

Oben: Brooklyn Bridge (S. 59), New York City

Unten: Rotes Eichhörnchen im Isle Royale National Park (S. 644)

Architektur

Chicago Im „Geburtsort" der Wolkenkratzer stehen grandiose Bauten von vielen großen Architekten des 20. Jhs. (S. 568)

Newport Mansions Die prunkvollen Herrenhäuser auf den Klippen von Newport, Rhode Island, leiteten die Ära des Überflusses zur Wende des 20 Jhs. ein. (S. 223)

Miami Miamis Art-déco-Bezirk ist ein Rausch der Farben. (S. 497)

Columbus Im kleinen Columbus, Indiana, gibt's große Architektur – dank vorausdenkender Industrieller. (S. 603)

Savannah Die Antebellum-Bauten dieser „Southern Belle" ziehen Blicke auf sich. (S. 442)

Museen

Smithsonian Institution Die Schatzkammer der Nation besteht aus 19 Museen. Das Beste: Der Besuch ist gratis. (S. 272)

Metropolitan Museum of Art Diese Top-Attraktion in NYC ähnelt einem Stadtstaat, der einen Schatz von 2 Mio. Kunstwerken hütet. (S. 83)

Art Institute of Chicago Das zweitgrößte Kunstmuseum Amerikas (nach dem Met) hat unzählige Meisterwerke zu bieten, hauptsächlich aber impressionistische Gemälde. (S. 570)

Rock and Roll Hall of Fame & Museum In Cleveland kann man Jimi Hendrix' Gitarre und John Lennons Sgt.-Pepper's-Anzug bewundern. (S. 610)

National Civil Rights Museum Bewegende Exponate finden sich gegenüber der Stelle, an der Martin Luther King in Memphis ermordet wurde. (S. 398)

Newseum Dieses verlockende, glänzend neue Museum zelebriert die Meinungsfreiheit und verfolgt die Geschichte des Journalismus. (S. 283)

Themenparks

Walt Disney World® Resort Man kann hier in die märchenhafte Welt des „Glücklichsten Ortes der Welt" eintauchen und sich von Nostalgie und Nervenkitzel mitreißen lassen. (S. 556)

Dollywood Ein Tribut an die überaus beliebte Countrysängerin Dolly Parton mit Fahrgeschäften und Attraktionen rund ums Thema Appalachen in den Hügeln von Tennessee. (S. 418)

Cedar Point Hier gibt's einige der schnellsten Achterbahnen der Welt, etwa den Top Thrill Dragster mit 193 km/h. (S. 614)

Universal Orlando Resort Die berühmte Heimat der Universal Studios und der neuen Wizarding World of Harry Potter. (S. 558)

Busch Gardens Dieser riesige Park im Afrika-Design bietet legendäre Achterbahnen, Begegnungen mit Tieren und jede Menge Live-Unterhaltung. (S. 545)

Outdoor-Aktivitäten

Appalachian Trail Wenn einem nicht der Sinn danach steht, die ganzen 3480 km zu bewältigen, lohnt sich ein Tagesausflug, um in den Genuss der grandiosen Landschaft zu kommen. Man erreicht den Trail über 14 Staaten. (S. 354)

Boundary Waters In der nördlichen Wildnis von Minnesota paddeln, unterm Sternenhimmel campen und vielleicht sogar das Nordlicht erleben! (S. 671)

New River Gorge National River Wildwasser stürzt sich in West Virginia durch eine urzeitliche Schlucht. Man fühlt sich wie im Garten Eden. (S. 356)

Long Island Gute Surfbedingungen gibt's im Staat New York von Montauks Ditch Plains bis zum Long Beach in Nassau County. (S. 130)

Stowe Mountain Vermont hat das Snowboarden eigentlich erfunden. Unbedingt den besten Steilhang des Bundesstaats ausprobieren! (S. 46)

Presidential Range Anspruchsvolle Wanderwege, hohe Gipfel und ein tolles Hütte-zu-Hütte-System in den White Mountains in New Hampshire. (S. 251)

Geschichte

Im Norden gibt's viel Interessantes aus der Kolonial- und Revolutionszeit, in der Mitte und im Süden die meisten Schlachtfelder aus dem Bürgerkrieg.

Independence National Historic Park Die Highlights hier sind die Liberty Bell und die Independence Hall, in der die Gründerväter die Verfassung unterzeichneten. (S. 162)

Bostons Freedom Trail Der 4 km lange Spazierweg führt zu Paul Reveres' Wohnstätte, einem Friedhof mit Gräbern aus dem 18. Jh. und zu 14 weiteren Orten der Revolutionszeit. (S. 193)

Henry Ford Museum/Greenfield Village Hier warten echte Highlights: der Bus, in dem Rosa Parks saß, die Flugzeugwerkstatt der Brüder Wright etc. (S. 632)

Washington, D.C. Hier wurde Lincoln ermordet, hielt Martin Luther King Jr. seine berühmte Rede und endete Nixons Präsidentschaft. (S. 269)

Vicksburg Das Gebiet am Mississippi, das General Grant 47 Tage lang belagerte, ist spannend für alle, die sich für den Bürgerkrieg interessieren. (S. 458)

Williamsburg Die gut erhaltene Stadt Williamsburg ist das größte Open-Air-Geschichtsmuseum der Welt und entführt Besucher ins 18. Jh. (S. 334)

Harpers Ferry Ein faszinierendes Museum des Dorflebens im 18. Jh. unter freiem Himmel, umrahmt von Bergen und Flüssen. (S. 353)

Nachtleben

New Orleans Abseits der Bourbon St tobt das Nachtleben, man trinkt Sazerac, und Jazz, Dixieland und Zydeco dröhnen aus den Clubs. (S. 471)

New York City Wie schon Sinatra sang, schläft diese Stadt niemals, und die Bars und Clubs in der Stadt sind stets bis 4 Uhr morgens geöffnet. (S. 59)

Athens, Georgia Die Collegestadt hat eine mächtige Musikszene, der auch die B-52s und R.E.M. entstammen. (S. 440)

Nashville Einfach jeder spielt hier Gitarre, und es gibt jede Menge Bars und Honky-Tonks, in denen bis in den frühen Morgen mitreißende Musik erklingt. (S. 406)

Key West In dieser wilden, von Freigeist beseelten, feierfreudigen Stadt fließt eine ganze Menge Alkohol durch die Kehlen. (S. 532)

Skurriles Amerika

NashTrash Tours Die Jugg Sisters mit den aufgedonnerten Frisuren führen Besucher in Nashville auf eine köstlich schrille Tour durch schlüpfrige Stadtviertel. (S. 410)

Art-déco-Gebäude, Ocean Dr, Miami (S. 497)

Spam Museum In Austin, Minnesota, der Geburtsstätte des Fleischs in blauen Büchsen, kann man auch selbst versuchen, das Schweinefleisch in Dosen zu pressen. (S. 667)

American Visionary Art Museum In diesem ungewöhnlichen Museum in Baltimore kann man Outsider-Kunst bewundern (u. a. von psychisch Kranken). (S. 305)

Das größte Garnknäuel der Welt In einem Pavillon in Minnesota liegt dieser 7892 kg schwere Riese. (S. 667)

Theater

New York City und Chicago sind die Top-Spots; Städte wie Minneapolis geben jungen Talenten eine Chance.

Broadway Es gibt nichts Kultigeres als die hellen Lichter und glitzernden Schriften in dieser berühmten Straße in Midtown Manhattan. (S. 72)

Steppenwolf Theatre John Malkovich, Gary Sinise und andere Stars haben die Chicagoer Theaterszene vor über 40 Jahren etabliert. (S. 592)

Guthrie Theater In Minneapolis gibt es so viele Theater, dass man die Stadt auch „Mini Apple" nennt. Das megacoole Guthrie ist federführend. (S. 663)

American Players Theatre Hier werden unter freiem Himmel mitten in den Wäldern von Spring Green, Wisconsin, Shakespeare und andere Klassiker gegeben. (S. 654)

Grand Ole Opry Das hier ist definitiv mehr als nur Countrymusik und Scheinwerferlicht – es ist ein Varieté, bei dem es einen nicht auf den Sitzen hält. (S. 414)

Strände

South Beach An diesem Strand geht es weniger um Badespaß als darum, am beliebtesten Tummelplatz Miamis Leute zu beobachten. (S. 500)

Cape Cod National Seashore Riesige Sanddünen, malerische Leuchttürme und erfrischend kühle Wälder laden zu endlosen Erkundungstouren an diesem Kap in Massachusetts ein. (S. 210)

Michigans Gold Coast Endlose Sandstrände, Dünen, Weingüter, Obstplantagen und Städte mit unzähligen B & Bs säumen das Westufer des Staates. (S. 636)

Outer Banks North Carolinas Düneninseln bieten gut besuchte Strände, aber auch welche, die so einsam sind, dass dort wildlebende Ponys herumspazieren. (S. 364)

Monat für Monat

TOP-EVENTS

Mardi Gras, Februar oder März

National Cherry Blossom Festival, März–April

Bonnaroo Music & Arts Fest, Juni

Independence Day, Juli

Art Basel, Dezember

Januar

Das neue Jahr fängt kalt an: Schnee bedeckt große Landesteile. In den Skiorten steppt der Bär, Sonnenanbeter fliehen ins Wärmere (z.B. Florida).

Mummers Parade

Die großartige Parade an Neujahr ist Philadelphias größtes Event (www.mummers.com). Die Clubs in der Stadt basteln monatelang Kostüme und Umzugswagen, um an Neujahr Eindruck zu schinden. Für allgemeine gute Stimmung bei diesem traditionellen Fest sorgen Musikgruppen und Clowns.

Chinesisches Neujahr

Ende Januar oder Anfang Februar wird in jeder Stadt, die eine Chinatown hat, das chinesische Neujahr mit farbenfrohen Festen und Schlemmereien begangen. NYC und Chicago läuten das neue Jahr mit einer Parade, reich geschmückten Umzugswagen, Feuerwerk, Bands und einer ganzen Menge Trubel ein.

St. Paul Winter Carnival

Ende Januar ist es kalt in Minnesota – darauf kann man wetten. Die Bewohner verpacken sich in Parkas und Snowboots – denn man rüstet sich für zehn Tage voller Eisbildhauerei, Eislaufen und Eisfischen (www.wintercarnival.com).

Februar

Wenn die Amerikaner nicht gerade im Winterurlaub in den Bergen sind, fürchten sie den Februar mit seinen langen dunklen Nächten und den eisigen Tagen. Für Traveller kann es die günstigste Reisezeit sein: Oft gibt's kräftige Rabatte auf Flüge und Hotels.

Mardi Gras

Mardi Gras („der fette Dienstag") findet Ende Februar oder Anfang März am Tag vor Aschermittwoch als Abschluss des Karnevals statt (wwww.mardigrasneworleans.com). Legendär sind die Umzüge und Maskenbälle in New Orleans.

☆ Groundhog Day

Jedes Jahr am 2. Februar bei Sonnenaufgang zieht die kleine Stadt Punxsutawney, PA, die Aufmerksamkeit des ganzen Landes auf sich, denn dann macht Punxsutawney Phil, das weltweit berühmteste Murmeltier (bekannt auch aus dem Film *Und täglich grüßt das Murmeltier*) seine „Vorhersagen" über das bevorstehende Ende des Winters.

☆ Mix NYC Experimental Fim Festival

New Yorks am längsten existierendes Queer-Filmfestival (www.mixnyc.org) ist eine feste Größe unter den weltweiten LGBT-Filmfestivals und ein Muss für Avantgarde- und Experimentalfilmliebhaber.

☆ North Carolina Jazz Festival

Seit 1980 wärmt dieses von Ehrenamtlichen organisierte, gemeinnützige Festival (www.ncjazzfestival.com) im Februar drei Tage lang die Herzen seines Publikums mit dem Klängen berühmter Jazzmusiker.

März

Die ersten Vorboten des Frühlings zeigen sich – zumindest im Süden (im Norden herrscht noch klirrende Kälte). In den Bergen Neuenglands ist die Skisaison noch in vollem Gange, und in Florida fallen bereits die Massen ein – Spring Break ist angesagt.

National Cherry Blossom Festival (Kirschblütenfest)

Die wunderschönen Blüten der japanischen Kirschbäume rund um das Tidal Basin in Washington, D.C. werden drei Wochen lang mit Konzerten, Paraden, Taiko-Getrommel, Drachensteigen und vielen weiteren Events gefeiert (www.nationalcherryblossomfestival.org). Mehr als 1,5 Mio. Besucher kommen jedes Jahr, also unbedingt ein Zimmer reservieren!

Maple Syrup Tasting

Am Vermont Maple Open House Weekend Ende März laden Vermonts Ahornsirupproduzenten in ihre „Zuckerhäuser" ein und zeigen, wie der süße Saft hergestellt wird (www.vermontmaple.org). In Maine werden am letzten Sonntag des Monats die Türen fürs Publikum geöffnet.

Baseball Spring Training

Im März findet in Florida das Major-League-Baseball-Frühjahrstraining der „Grapefruit League" statt (www.floridagrapefruitleague.com): 15 Teams der Baseball-Profiliga treten in Vorbereitungs- und Testspielen gegeneinander an und locken ihre Fans nach Orlando, Tampa Bay und in den Südosten.

St. Patrick's Day

Am 17. März wird der Schutzpatron der Iren mit Blaskapellen und Guinness in Strömen gefeiert. Riesige Umzüge gibt es in New York, Boston und Chicago (wo als Höhepunkt sogar der Chicago River grün eingefärbt wird).

April

Langsam wird es wärmer, aber der April ist im Norden noch immer unbeständig. Ins kühle Wetter mischen sich betörend warme Tage. Für den Süden ist der April eine gute Reisezeit.

New Orleans Jazz & Heritage Festival

Big Easy hat das beste Jazzfestival (www.nojazzfest.com) des Landes: An zehn Tagen Ende April treten tolle Hornisten und Pianisten auf. Fast noch besser ist das Essen: panierter Krebs, Cajun-Küche, Schweinefleisch sowie Brotpudding mit weißer Schokolade.

Boston Marathon

Zehntausende Zuschauer jubeln den Teilnehmern des ältesten Marathons (www.baa.org) des Landes zu, wenn sie am Patriots Day, einem Feiertag in Massachusetts am dritten Montag im April, am Copley Square über die Ziellinie laufen.

Tribeca Film Festival

Robert De Niro ist Mitorganisator dieses Festivals in NYC (www.tribecafilmfestival.com), das Ende April an zwölf Abenden stattfindet. Gezeigt werden Dokus und Features. Seit der Gründung 2002 wächst die Bedeutung dieses Festivals stetig.

Mai

Der Frühling ist endlich da. Im Wonnemonat blühen die Wildblumen, das Wetter ist normalerweise mild und sonnig – und das ohne Menschenmassen und hohe Preise!

Kentucky Derby

Am ersten Samstag des Monats werfen sich die oberen Zehntausend in Schale (Anzüge und extravagante Hüte) und fahren nach Louisville zum Pferderennen (www.kentuckyderby.com) – auch bekannt als die „großartigsten zwei Minuten im Sport".

Movement

Am Memorial-Day-Wochenende findet auf der Hart Plaza in Detroit das größte Electronic-Music-Festival der Welt statt (www.movement.us). Dem tanzwütigen Publikum werden Newcomer und Stars wie Snoop Dog, Skrillex und Felix da Housecat präsentiert.

Together Festival

Bostons einwöchiges und passend benannte Together Festival (www.togetherboston.com) widmet sich der Verbindung zwischen Kunst und Technologie in dieser altehrwürdigen High-Tech-Stadt, in der Harvard, Cambridge und das wegweisende MIT beheimatet sind.

North Charleston Arts Festival

Während seines inzwischen mehr als 30-jährigen Bestehens ist dieses fünftägige Festival in South Carolina (www.northcharlestonartsfest.com) von einer kleinen Veranstaltung zu einem der umfassendsten Kunstfestivals der Ostküste avanciert.

Juni

Sommer – die Amerikaner sitzen oft im Café oder fahren zur Küste und in Nationalparks. Es sind Ferien: Die Autobahnen sind voll und die Preise hoch.

Bonnaroo

Das große Musikfest (www.bonnaroo.com) in Tennessee präsentiert Mitte Juni auf einer ca. 3 km² großen Farm mehr als vier Tage lang Vertreter aus Rock, Soul, Country und mehr.

Chicago Blues Festival

Das weltweit größte kostenlose Bluesfestival (www.chicagobluesfestival.us) bietet drei Tage lang die Musik, die Chicago berühmt gemacht hat. Mehr als 0,5 Mio. Menschen breiten Anfang Juni ihre Decken vor den vielen Bühnen im Grant Park aus.

CMA Music Festival

Legionen Countryfans ziehen zu diesem Festival ihre Cowboystiefel an und treffen sich in Nashville, um ihren Country-Idolen zu lauschen. Mehr als 400 Künstler spielen im Riverfront Park und Nissan Stadium (www.cmafest.com).

Mermaid Parade

In Brooklyn, NYC, feiert Coney Island den Sommeranfang mit einem kitschigen Umzug (www.coneyisland.com) mit leicht bekleideten Meerjungfrauen und musizierenden Meermännern.

Summerfest

Ende Juni/Anfang Juli veranstaltet Milwaukee elf Tage lang ein verdammt gutes Festival (www.summerfest.com). Auf den zehn Bühnen am See treten Hunderte bekannter Rock-, Blues-, Jazz- und alternativen Bands auf. Kulinarisch begleitet wird das Ganze von Bier, Bratwurst und Käse.

Juli

Im Hochsommer schmeißen die Amerikaner ihre Grills hinterm Haus an oder fahren an den Strand. Die Preise sind hoch, und überall ist viel los – es ist eben Urlaubszeit.

Independence Day

Das ganze Land feiert am 4. Juli mit einem Riesenfeuerwerk seinen Geburtstag. In Philadelphia, wo die Unabhängigkeitserklärung verabschiedet wurde, läutet die Freiheitsglocke. Auch Boston, New York und Washington, D.C., lassen sich einiges einfallen.

National Black Arts Festival

Unzählige Künstler treffen sich auf dem afroamerikanischen Musik-, Theater-, Literatur- und Filmfestival in Atlanta (www.nbaf.org). Wynton Marsalis, Spike Lee, Youssou N'Dour und viele andere sind hier schon aufgetreten.

Newport Folk Festival

In Newport, RI, der Sommerfrische der Reichen, findet Ende Juli ein energiegeladenes Musikfestival statt (www.newportfolkfest.net). Auf der geschichtsträchtigen Bühne hat auch schon Bob Dylan gestanden, der hier zum ersten Mal zur elektrischen Gitarre griff.

Eastern Music Festival

Seit einem halben Jahrhundert unterrichtet und unterhält North Carolinas musikalisches Juwel (www.easternmusicfestival.org) mit seinem vierwöchigen Workshops und Performances.

August

Im August sollte man sich auf sengende Hitze einstellen. Je weiter man gen Süden kommt, umso unerträglicher wird sie. Die Strände sind voll, die Preise hoch und die Städte recht ausgestorben – jeder flüchtet ans Wasser.

Lollapalooza

Beim unglaublichen Riesenrockfestival (www.lollapalooza.com) in Chicagos Grant Park treten am ersten Augustwochenende 130 Bands auf – darunter viele Hochkaräter.

Maine Lobster Festival

Wer Hummer liebt, sollte sich diesen Genuss Anfang August in Rockland nicht entgehen lassen (www.mainelobsterfestival.com). Neptun wacht über die einwöchigen Feierlichkeiten, auf denen man viele Schalentiere futtern kann.

September

Gegen Ende des Sommers werden die Tage kühler und Ausflüge in die Region angenehmer. Die Kinder gehen wieder zur Schule, und Konzerthäuser, Galerien und andere Veranstaltungsorte leiten eine neue Saison ein.

New York Film Festival

Als eines der vielen Filmfestivals in NYC zeigt dieses Event im Lincoln Center (www.filmlinc.com) Weltpremieren und veranstaltet Interviews mit Regisseuren von Indie- und Mainstreamfilmen.

New Orleans Fried Chicken Festival

Das erste Fried Chicken Festival im Jahr 2016 (www.friedchickenfestival.com) zog 40000 Besucher an – um seine Zukunft muss es sich also keine Sorgen machen, zumal das Programm erweitert wird und der Nachschub an leckeren Bratvögeln in ausreichender Menge als gesichert gelten darf.

Oktober

Die Temperaturen sinken, und der Herbst kommt mit feurigen Farben nach Nordamerika. Dort, wo die Blätter am stärksten leuchten (Neuengland), ist Hauptsaison, anderswo fallen die Preise.

Halloween

Alle verkleiden sich und feiern Halloween. In NYC kann man die Halloweenparade auf der Sixth Avenue mitmachen. Chicago zelebriert den Tag der Toten im National Museum of Mexican Art.

Fantasy Fest

Key Wests Pendant zu Mardi Gras lockt kurz vor Halloween über 100000 Feiernde in die subtropische Enklave – mit Umzügen, Partys und der Wahl des Königspaars (www.fantasyfest.com).

November

Egal, wohin man fährt, es ist überall Nachsaison, und der kalte Wind schreckt die Besucher ab. Immerhin fallen die Preise (um Thanksgiving herum steigen die Flugpreise allerdings sprunghaft). In den großen Städten kann man viel Kultur genießen.

Thanksgiving

Am vierten Donnerstag im November versammeln sich die Amerikaner mit Familie und Freunden und feiern mit Pute, Süßkartoffeln, Preiselbeersauce, Wein und Kürbiskuchen. In New York City findet ein Umzug statt, und im Fernsehen läuft Profi-Football.

Dezember

Jetzt ist es Winter, aber die Skibedingungen im Osten der USA sind meist bis Januar nicht ideal. Weihnachtsmärkte gibt es während der Feiertage.

Art Basel

Dieses große Kunstfestival (www.artbasel.com) zeigt vier Tage lang moderne Kunst, Film, Architektur und Design. Mehr als 250 Galerien aus der ganzen Welt stellen Kunstwerke von etwa 2000 Künstlern aus, und die Schickeria trifft sich in Miami Beach.

Neujahr

Wenn es um Neujahr geht, spaltet sich die Nation. Die einen feiern in der Menschenmenge, die anderen flüchten vor dem Chaos. Doch wofür man sich auch entscheidet, man sollte rechtzeitig im Voraus buchen. Die Preise sind hoch (vor allem in New York).

Reiserouten

2 WOCHEN

Entlang der Küste

Das Großstadtleben lässt sich am besten in der größten Stadt von allen erleben – und danach kann man in New England die Vorzüge einer Kleinstadt genießen.

Als Motor der Kunst-, Mode- und Kulturszene ist **New York City** das städtische Herz der USA. Drei Tage lang gibt's hier touristisches Pflichtprogramm: Top of the Rock, die Museen der Upper East Side, Central Park plus Nachtleben und kulinarische Abenteuer, z.B. im East Village. Danach kann man an den schönen Stränden im zauberhaften Ort **Montauk** auf Long Island verschnaufen. Zurück in NYC nimmt man den Zug nach **Boston** und verbringt zwei Tage mit dem Besuch der historischen Stätten, Essengehen im North End und einer Pub-Tour in Cambridge. Mit einem Mietwagen kann man zum **Cape Cod** mit seinen Dünen, Wäldern und schönen Küsten fahren. Zeit braucht man für **Provincetown**, die lebendigste Siedlung des Capes. Weiter geht's mit einem dreitägigen Trip auf den Nebenstraßen, über überdachte Brücken, pittoreske Städte und die schöne Landschaft, mit Übernachtungen in B&Bs an der Strecke. Highlights sind **Salem** und **Concord** in Massachusetts, **Bennington** in Vermont, und **Portsmouth** in New Hampshire. Wer noch Zeit hat, sollte wegen der Hummerfeste an der zerklüfteten Küstenlinie nach Maine weiterfahren – **Portland** ist ein guter Startpunkt.

1 MONAT

Große Rundreise durch den Osten

Ein Road Trip, wie er im Buche steht: Er führt durch die großen und kleinen Städte des Ostens und vorbei an Blues Joints, Pie Shops und Bürgerrechtssehenswürdigkeiten.

Man beginnt in **New York City** (das Auto besser im günstigeren New Jersey mieten!). Zuerst geht's gen Westen nach **Lancaster**, um die idyllischen Nebenstraßen des Pennsylvania Dutch Country zu erkunden. Nächste Station ist **Pittsburgh** mit den malerischen Brücken und modernen Museen. Auf der Interstate fährt man nach Ohio, taucht aber im **Amish Country** mit seinen Pferdewagen gleich darauf in die Vergangenheit ein. Wolkenkratzer am Horizont kündigen **Chicago** an, wo man ein paar Tage mit Spaziergängen am See, berühmter Kunst und der tollen Restaurantszene verbringt.

In der zweiten Woche geht's auf der alten Route 66 weiter, zumindest für ein paar nostalgische Meilen. Nun heißt das Ziel **Memphis**, Mekka der Elvis-Fans, Barbecue-Genießer und Bluesfreunde. Die Great River Rd führt gen Süden nach **Clarksdale** mit den Juke Joints, den Bürgerkriegsschauplätzen in **Vicksburg** und zu den Antebellum-Herrenhäusern in **Natchez**. Jetzt ist es nicht mehr weit nach **New Orleans**, wo man Livejazz hören, eine Voodoo-Priesterin befragen und eine dicke, würzige Gumbo auslöffeln kann.

In der dritten Woche beginnt die Rückreise. Sie führt an der Golfküste entlang zu den azaleengesäumten Boulevards von **Mobile**. Dann geht's landeinwärts nach **Montgomery**, wo in den Museen Bürgerrechtspioniere wie Rosa Parks geehrt werden, die sich in einem Stadtbus weigerte, für einen weißen Mann ihren Sitzplatz freizugeben. **Savannah** verzaubert Besucher mit riesigen Eichen, **Charleston** mit pastellfarbenen Häusern und verführerischem Essen. Dann hat man die Qual der Wahl zwischen **Durham** und **Chapel Hill**, zwei Universitätsstädten mit hippem Nachtleben.

Die vierte Woche ermöglicht eine Auffrischung der Geschichtskenntnisse in Virginia, z.B. in **Jamestown**, wo Pocahontas den ersten englischen Siedlern beim Überleben half. In **Williamsburg** macht man einen Spaziergang durchs 18. Jh. Zwei Großstädte folgen noch: **Washington, D.C.**, ein einziges kostenloses Museum, und **Philadelphia** mit der Liberty Bell, Ben Franklin und den gewaltigen Cheesesteaks.

3 WOCHEN Lichter der Großstadt

An großen Städten herrscht im Osten kein Mangel. Dies sind die Städte, die nie schlafen.

Die erste auf dieser Tour ist das geschichtsträchtige **Boston**. Ein Spaziergang auf dem Freedom Trail führt u.a. zum Haus von Paul Revere. Danach nimmt man sich Zeit für Harvards Cafés und Buchläden und genehmigt sich in einer Trattoria oder einem *oyster house* in North End etwas Leckeres. Mit dem Zug geht's weiter nach **New York City**. Vier Tage sind Manhattan und dem Rest der Stadt vorbehalten. Ein Spaziergang durch den Central Park und die Wall St, ein Abstecher ins Greenwich Village und die Freiheitsstatue sind Pflicht! Einen Einblick in den Alltag bekommt man auf der High Line, in den Geschäften in Nolita und den Kleinbrauereien und Galerien in Queens.

Mit dem Zug geht es nach **Philadelphia**. Die Stadt ist der Geburtsort der amerikanischen Unabhängigkeit – davon zeugen die Liberty Bell und andere Relikte. Ein paar Tage vergehen schnell beim Besuch der historischen Stätten und der Gourmet-Stadtviertel wie East Passyunk. Eine Tour durch den Nordosten ist ohne einen Halt in **Washington, D.C.** undenkbar. Neben den Gratis-Museen und -Monumenten, u.a. dem Air and Space Museum und dem Lincoln Memorial, bietet die Hauptstadt in Logan Circle, Shaw und entlang der U St viele Restaurants und Bars. Wer weiß, welcher Politiker am Nachbartisch Whisky trinkt?

Miami liegt ein ganzes Stück weg (am besten erreicht man es mit dem Flugzeug); man sollte vier Tage einplanen, um die exotischen Museen und Galerien, den Art-déco-Bezirk, Little Havana und das heiße South Beach zu erkunden. Bei einer Tagestour zu den **Everglades** und seinen Krokodilen geht es gemächlicher zu. Südstaatenatmosphäre herrscht auch in **New Orleans**, der Stadt des Jazz, mit ansteckend lebhaften, funkigen Brassbands, dem leckeren kreolischen Essen und der Cajun-Küche. Drei Tage Völlerei in Riverbend, Uptown, Marigny und Bywater dürften fürs Erste reichen.

Schließlich taucht **Chicago** am Horizont auf – der Zug *City of New Orleans* fährt auf reizvoller Strecke in die Stadt. Man kann am Ufer Rad fahren, Kunst im Millennium Park sehen und Blues hören.

2 WOCHEN

Abenteuer Natur

Dieser Trip ist das Richtige für alle, die unberührte Natur lieben. Hier gibt's bewaldete Berge, naturbelassene Flüsse und geschützte Inseln.

Der **Shenandoah National Park** hat viel zu bieten. Er zieht sich am Kamm der Blue Ridge Mountains entlang, die so heißen, weil sie aus der Ferne bläulich schimmern. Hier ist neben den Scenic Drives vor allem Wandern angesagt: 500 km Wanderwege gibt es, darunter sind 100 Meilen (161 km) des Fernwanderwegs Appalachian Trail. Der **Monongahela National Forest**, einige Stunden westlich, lockt mit Aktivitäten wie Wanderungen auf dem Snowshoe Mountain, Klettern in den Seneca Rocks oder einer Radtour auf dem Greenbrier River Trail. Wasserliebende Abenteuersportler kommen am **New River Gorge National River** auf ihre Kosten. Ausrüster stellen alles bereit, was für eine Raftingtour durch die berüchtigten Stromschnellen der Klasse V benötigt wird.

Nun steht der **Great Smoky Mountains National Park** auf dem Programm. Er ist zwar der meistbesuchte Nationalpark der USA, doch wer wandert oder rudert, wird nur wenige der 10 Mio. Besucher jährlich sehen – 95 % der Touristen entfernen sich nie mehr als 90 m von ihrem Auto! Nach einem Tag umgeben von Gipfeln in sanften Farben ist **Gatlinburg**, der kitschige Basisort des Parks, ein Kontrastprogramm. Es warten Buttertoffee-Läden, *Ripley's Believe It or Not*-Kuriositäten und Moonshine-Destillerien.

Jetzt wird aufgetankt für die kurvige Fahrt durch die Berge und hinüber zur Küste zu den **Outer Banks**. Die windumtosten Düneninseln sind mit entspannten Strandorten voller Eisläden und familienbetriebenen Motels gespickt. **Cape Hatteras** lockt mit unberührten Dünen, Sümpfen und Wäldern, und die Fähre bringt Besucher zur entlegenen **Ocracoke Island**, wo die wildlebenden Ponys umherstreifen. Wildpferde leben auch auf **Assateague Island**, die nördlich zwischen Virginia und Maryland liegt. Auch hier gibt's herrliche abgeschiedene Strände und eine Landschaft, die zur Vogelbeobachtung, zum Kajakfahren, Krabbensuchen und Angeln einlädt.

Im familien- und schwulenfreundlichen **Rehoboth Beach** gibt's Holzhäuser, vergnügliches Programm für Kinder und eine breite Promenade am Meer.

MARKVANDYKEPHOTOGRAPHY/SHUTTERSTOCK ©

Oben: Der Blues-Musiker Eddie Shaw im Kingston Mines, Chicago (S. 591)

Unten: Bodie Island Lighthouse (S. 365), Küste von North Carolina

Reiseplanung

Road Trips & Panoramastraßen

Die beste Art, diese Region zu erkunden, ist eine Tour mit dem Auto. Am Lincoln Hwy laden Diner zur Rast ein, am Natchez Trace Parkway stehen herrliche Herrenhäuser, der Blue Ridge Parkway erschließt die Appalachen, und die Strände am Hwy 1 sind einen Blick wert – oder man besucht eine Blues-Kneipe an der Great River Rd.

Blue Ridge Parkway

Der Parkway windet sich durch die Appalachen von Virginia und North Carolina und belohnt Traveller mit faszinierenden Hochgebirgslandschaften samt genügend Haltemöglichkeiten, um zu staunen, zu wandern und die Gastfreundschaft des Südens zu genießen.

Auf zum Blue Ridge Parkway!

Der Blue Ridge Parkway führt zwar an Dutzenden Kleinstädten und ein paar Großstadtgebieten vorbei, doch trotzdem scheint er Welten vom modernen Amerika entfernt zu sein. In den Hügeln finden sich rustikale Holzhütten mit Schaukelstühlen auf der Veranda, und die Reklameschilder von Läden für Volkskunst und Bluegrass-Kneipen locken Traveller in verwinkelte Seitenstraßen. In den Blockhaus-Dinern werden bergeweise Buchweizenpfannkuchen mit Brombeerkompott und Landschinken serviert.

Es ist kein Problem, die überzähligen Pfunde, die einem die gute Küche des Südens beschert hat, wieder loszuwerden. Der Blue Ridge Parkway bietet Zugang zu über 100 Wanderwegen, von gemütlichen Spaziergängen in der Natur bis hin zu anspruchsvollen Wanderungen auf dem le-

Highlights

Beste Strände

Die Küstenlandschaft an Floridas Hwy 1 ist überwältigend.

Skurrile Sehenswürdigkeiten

An der Route 66 und am Lincoln Hwy lassen sich abgefahrene Attraktionen entdecken.

Beste Landschaft

Atemberaubende Sonnenuntergänge über den Appalachen erlebt man am Blue Ridge Parkway.

Beste Musik

In Memphis genießt man Blues an der Great River Rd, oder man lauscht in den Bergen von Galax am Blue Ridge Parkway irrem Fiedeln.

Bestes Essen

Unbedingt in Nashville Hühnchen und am Natchez Trace Gebäck probieren – und natürlich bei der Fahrt auf der Great River Rd New Orleans' berühmte kreolische Küche!

Geschichte

Die Sehenswürdigkeit zum Bürgerkrieg in Gettysburg am Lincoln Hwy oder St. Augustine am Florida Hwy 1 sind einen Besuch wert.

Road Trips & Panoramastraßen

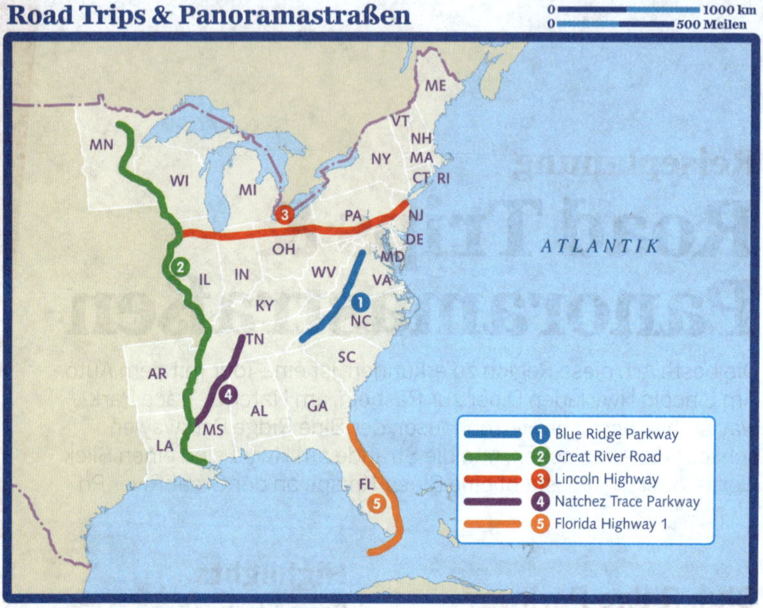

gendären Appalachian Trail. Die Flüsse laden zum Kanu- und Kajakfahren sowie zum Tubing (auf einem großen Gummireifen geht es flussabwärts) ein, und auf kleinen Seen kann man vom Ruderboot aus angeln.

Die Route

Die idyllische Straße führt vom Shenandoah National Park in Virginia zum Great Smoky Mountains National Park und verläuft fast parallel zur Grenze zwischen North Carolina und Tennessee. Auf dem Weg liegen die Städte Boone und Asheville in North Carolina sowie Galax und Roanoke in Virginia; auch Charlottesville, VA, ist nur eine kurze Fahrt entfernt. Größere Städte in der Nähe der Route sind Washington, D.C. (140 Meilen/225 km), und Richmond, VA (95 Meilen/153 km).

Viele verbinden den Blue Ridge Parkway mit dem Skyline Drive (S. 345). Der 105 Meilen (169 km) lange, kurvige Skyline Dr führt vom nördlichen Ende des Parkway durch den Shenandoah National Park und würzt die landschaftlich reizvolle Fahrt noch mit tollen Bergblicken. Vorsicht: Für die Straße muss man eine Gebühr von 25 US$ bezahlen – das ist keine Maut, sondern der Eintrittspreis für den Park!

Reisezeit

Von April bis Oktober, wenn alle Touristeneinrichtungen geöffnet sind (viele schließen über den Winter), ist die beste Reisezeit. Der Mai ist der Monat der Wildblumenblüte. Im Oktober kommen viele Besucher wegen der Laubfärbung. Im Sommer und im Frühherbst muss man mit großen Menschenmengen rechnen.

Infos im Internet

Blue Ridge Parkway (www.blueridgeparkway.org) Karten, Aktivitäten und Unterkünfte. Kostenloser *Blue Ridge Parkway Travel Planner* zum Runterladen.

Hiking the Blue Ridge Parkway (Randy Johnson; 2010) Dieses Buch bietet ausführliche Wegbeschreibungen, topographische Karten und andere wichtige Infos für kurze und lange Wanderungen.

Skyline Drive (www.visitskylinedrive.org) Unterkunft, Wanderungen und Wildtiere entlang der pittoresken Zufahrt zum Parkway.

Dauer & Strecke

Dauer Man braucht mindestens zwei Tage, sollte aber fünf einplanen. Auf den steilen, kurvigen Straßen geht es langsam voran, und es soll ja Zeit zum Wandern, Essen und Sightseeing bleiben.

Strecke 469 Meilen (755 km)

Start/Ziel Front Royal, VA/Cherokee, NC

Great River Road

Die monumentale Great River Rd führt vom Quellgebiet des Mississippi in den Kiefernwäldern von Nord-Minnesota den ganzen Weg in Richtung Süden bis zu ihrem Zielpunkt in New Orleans. Das ist genau die richtige Tour für diejenigen, die Amerika über die kulturellen Grenzen hinaus erleben wollen – Norden/Süden, Stadt/Land, Baptisten/Alternative.

Auf zur Great River Road!

Die eindrucksvollen Landschaften, durch die der längste Fluss Amerikas mäandert, sind geradezu ehrfurchtgebietend – von den hügeligen Ebenen im Norden bis zu den in der glühenden Sonne liegenden Baumwollfeldern des Mississippideltas. Einerseits säumen vom Wind geformte Felsen, dichte Wälder, Wiesen voller Blumen und dunstige Sümpfe den Weg, andererseits gibt es aber auch Schornsteine, Schiffskasinos und städtische Zersiedelung – das sind die beiden Gesichter des Mississippis.

Die Route

Trotz ihres Namens ist die Great River Rd kein einzelner Highway, sondern setzt sich aus mehreren, miteinander verbundenen Bundes-, Staats- und Landstraßen zusammen, die dem Verlauf des Mississippi durch zehn Bundesstaaten folgen. Die einzige Konstante, die den ganzen Weg markiert, ist das grüne Schild, auf dem ein Schaufelraddampfer zu sehen ist.

Die Kleinstädte bieten Einblicke in verschiedene Facetten amerikanischer Kultur: Da ist Brainerd, MN, das aus dem Film *Fargo* der Coen-Brüder bekannt ist; da ist La Crosse, WI, mit dem größten Sixpack der Welt, und da ist Nauvoo, IL, eine Pilgerstätte für Mormonen mit dem weißen Tempel.

Der südliche Teil der Strecke folgt den Spuren der amerikanischen Musikgeschichte, vom Rock'n'Roll in Memphis über den Blues im Mississippi-Delta bis zum Jazz in New Orleans. Und hungern wird hier angesichts der Retro-Diner, der Barbecue-Restaurants im Süden und der Cajun-Lokale und Tanzhallen in Louisiana garantiert niemand.

Größere städtische Regionen, die guten Zugang zur Straße bieten sind u.a. New Orleans, Memphis, St. Louis und Minneapolis.

Reisezeit

Mai bis Oktober ist die beste Reisezeit für eine Tour, damit man in den nördlichen Staaten von Schnee und Kälte verschont bleibt.

Infos im Internet

Mississippi River Travel (www.experiencemississippiriver.com) Tolle Infoquelle zu Geschichte, Erholungsmöglichkeiten in der Natur und Livemusik in allen zehn Great-River-Rd-Staaten.

BEVOR ES LOSGEHT

- Es empfiehlt sich, einem **Automobilclub** (S. 721) beizutreten, der eine 24-Stunden-Pannenhilfe und Ermäßigungen für Unterkünfte und Sehenswürdigkeiten anbietet.
- Einige internationale Automobilclubs arbeiten mit amerikanischen Clubs zusammen, also vorher checken und die Mitgliedskarte von zu Hause mitbringen!
- Es ist wichtig, sich vorher mit den **Verkehrsregeln** der USA und den häufigsten **Gefahren im Straßenverkehr** (S. 722) vertraut zu machen.
- Unbedingt sicherstellen, dass der Wagen mit Ersatzreifen, Werkzeug (z.B. Wagenheber, Starthilfekabel, Eiskratzer, Reifendruckmesser) ausgestattet ist und die Notfallbeleuchtung (z.B. Warnblinkanlage) funktioniert!
- Man sollte gute Landkarten mitnehmen, besonders auf Touren durchs Gelände oder abseits der Highways. Nicht allein auf das GPS verlassen – es könnte versagen oder an abgelegenen Orten schlicht und ergreifend gar nicht funktionieren!
- Immer den **Führerschein** (S. 721) und den **Versicherungsnachweis** (S. 722) mit sich führen!

National Scenic Byways (www.fhwa.dot.gov/byways/byways/2279) Detaillierte Wegbeschreibungen.

Dauer & Strecke

Dauer Sechs Tage dauert die Fahrt von Norden nach Süden mindestens, zehn Tage sind aber realistischer und befriedigender.

Strecke Etwa 2000 Meilen (3219 km)

Start/Ziel Itasca State Park, MN/New Orleans, LA.

Lincoln Highway

Amerikas erste transkontinentale Straße führt von New York City nach San Francisco. Mit ihrem Bau wurde 1913 begonnen, 1925 war sie fertig asphaltiert. Der 1000 Meilen (ca. 1600 km) lange Abschnitt im Osten verläuft auf einer unverwechselbaren Route durch das Herz Amerikas und bietet unterwegs gigantische Kaffeekannen-Statuen, Fried-Chicken-Diners, Wandbilder aus Jelly Beans und anderes „typisch" Amerikanisches.

Auf zum Lincoln Highway!

Den Lincoln Hwy abzufahren, ist ein authentischer Road Trip, ohne den Hype und die Kommerzialisierung anderer berühmter Byways. Die Strecke verläuft zwar durch einige der bekanntesten Städte des Ostens – u.a. NYC und Philadelphia – führt aber auch auf Nebenstraßen in Gegenden abseits der Touristenrouten. Sie durchquert sieben Bundesstaaten: New York, New Jersey, Pennsylvania, West Virginia, Ohio, Indiana und Illinois.

DOWNLOADS: BLUEGRASS

- *Blue Moon of Kentucky* – Bill Monroe and the Blue Grass Boys
- *Foggy Mountain Breakdown* – Earl Scruggs
- *Orange Blossom Special* – Rouse Brothers
- *Rocky Top* – Osborne Brothers
- *Windy Mountain*– Lonesome Pine Fiddlers
- *Flame of Love* – Jim and Jesse
- *I'm a Man of Constant Sorrow* – Stanley Brothers
- *Every Time You Say Goodbye* – Alison Krauss and Union Station
- *Like a Hurricane* – The Dillards

Die Route

Die Strecke führt zwischen New York City und Fulton, IL, durch die Regionen des Mittelatlantik und der Großen Seen. Wichtig: Auf Karten ist der Lincoln Hwy nicht eingezeichnet, da er mittlerweile keine offizielle durchgehende Straße mehr ist, sondern sich aus vielen Bundes- und Staatsstraßen zusammensetzt!

Die Reise beginnt am Times Sq, wo die hellen Lichter des Broadway blinken. Von hier aus geht es nach New Jersey und ins schicke Princeton mit seiner Ivy-League-Universität. Dann kommt Pennsylvania; dort können in Philadelphia die Liberty Bell und die Independence Hall bewundert werden. Die nächste Station sind die Gemeinden der Amish nahe Lancaster, komplett mit Quilts und Pferdehufgeklapper. Weiter geht's zur weltbekannten Bürgerkriegsstätte Gettysburg und ins am Fluss gelegene Pittsburgh voller Pop-Art. In Ohio säumen Maisfelder und legendäre Gefängnisse den Weg. Lohnende Stopps in Indiana sind weitere Amish-Orte und die Stadt South Bend, in der sich ein erlesenes Studebaker-Automuseum und die fußballverrückte University of Notre Dame befinden. In Illinois führt die Route durch die Vororte von Chicago und weiter durch kleine, ländliche Orte, die sich flach am Horizont entlang erstrecken. Danach geht der Lincoln Hwy über den Mississippi weiter gen Westen bis nach San Francisco.

Leichten Zugang zum Lincoln Hwy bieten u.a. New York City, Philadelphia, Pittsburgh und Chicago.

Reisezeit

Die beste Zeit ist von April bis Oktober. Im Winter schmälern verschneite Straßen das Vergnügen, und kleinere Sehenswürdigkeiten haben reduzierte Öffnungszeiten oder schließen zwischen November und März gleich ganz.

Infos im Internet

Lincoln Highway Association (www.lincolnhighwayassoc.org) Auf der Website gibt's jede Menge kostenloser Infos. Außerdem werden detaillierte

ROUTE 66

Die gute alte Route 66 ist *der* Klassiker unter den Road Trips. Die Strecke, die sich aus Kleinstadthauptstraßen und Landstraßen zusammensetzt und ab 1926 Chicago mit Los Angeles verband, bekam vom Schriftsteller John Steinbeck den Spitznamen „Mother Road" verpasst – Mutter aller Straßen.

Der größte Teil der Route 66 führt durch den Westen des Landes, doch der 300 Meilen (483 km) lange Abschnitt in Illinois gibt eine klassische, nostalgische Tour ab. In neonhellen Diners kann man ordentliche Stücke Pastete verputzen, unterwegs an Sehenswürdigkeiten wie dem Gemini Giant, einem in den Himmel ragenden Astronauten aus Fiberglas, Schnappschüsse machen, und an Filmtheatern, familiengeführten Motels und anderem typisch Amerikanischen vorüberfahren.

Wer ein paar Wochen Zeit hat, kann die Fahrt hinter Illinois fortsetzen. Die restlichen 2100 Meilen (3380 km) führen vorbei an einzigartigen Attraktionen wie den Ständen mit Frozen Custard in Missouri, dem Totem Pole Park in Oklahoma, einem Stacheldrahtmuseum in Texas, dem Grand Canyon in Arizona und dem wilden, verrückten Santa Monica Pier in Kalifornien. Ausführlichere Information gibt's auf www.roadtripusa.com/route-66.

Karten verkauft, die hervorragende Wegweiser für die Tour sind.

Greetings from the Lincoln Highway: A Road Trip Celebration of America's First Coast-to-Coast Highway (Brian Butko; 2013) Bilder, Karten und Geschichten, die sich wunderbar als Reisebegleiter eignen.

The Lincoln Highway (2007) Hochglanzbuch von Michael Wallis mit herrlichen Fotos und Details zu interessanten Orten an der Strecke.

Dauer & Strecke

Dauer Ohne große Pausen zweieinhalb Tage, doch um den eigentlichen Reiz des Highways zu erleben, braucht man vier oder fünf Tage.

Strecke Etwa 1000 Meilen (ca. 1600 km) für den östlichen Teil

Start/Ziel NYC/Fulton, IL (für den östlichen Teil)

Natchez Trace Parkway

Mit seinen grünen Hügeln, den jadefarbenen Sümpfen, opulenten Herrenhäusern, Saloons am Flussufer und den vielen Facetten amerikanischer Geschichte gibt der Natchez Trace Parkway die lohnendste Autotour im Süden her.

Auf zum Natchez Trace Parkway!

Bei der Fahrt sollte man ruhig mal an die historischen Persönlichkeiten denken, die diesen Weg lange vor einem selbst zurückgelegt haben, darunter Andrew Jackson (der siebte Präsident der USA, der auf der 20-Dollar-Note abgebildet ist), Jefferson Davis (der Präsident der Konföderation), James Audubon (Naturforscher und Maler), Meriwether Lewis (ein berühmter Entdecker, der 1809 auf dem Trace starb), Ulysses S. Grant (der 18. Präsident der USA) und, man höre und staune, der junge Elvis Presley. Die Tour führt an verschiedenen kulturellen und historischen Stätten vorbei, in denen Besucher vieles über all diese Menschen lernen können.

Die Route

Am einfachsten kommt man von Nashville zum Parkway. Für Freunde von Countrymusik und angehende Songwriter ist ein Trip nach Nashville die ultimative Pilgerreise. Hier lassen sich *honky-tonks*, in denen es heiß hergeht, die Country Music Hall of Fame und ein hübsches historisches Viertel erkunden. In den lokalen Cafeterias kann man wunderbar schlemmen – hier kann man sich den Bauch mit allen möglichen Spezialitäten vollschlagen, von Grillhähnchen über Schweinsfüße bis hin zu Rübkohl und Bratäpfeln.

Etwa 10 Meilen (16 km) hinter Nashville führt die Straße bei Franklin an einem der blutigsten Schlachtfelder des Bürgerkriegs vorbei: 20 000 Soldaten der Konföderierten und 17 000 Mann der Unionstruppen kämpften hier am 30. November 1864 ge-

LEAH SMALLEY/SHUTTERSTOCK ©

Oben: Florida Highway 1 (S. 41)

Unten: Ein Gürteltier am Natchez Trace Parkway (S. 39)

geneinander. Später tauchen Grabstätten der Konföderierten für unbekannte Soldaten auf. Auch jahrhundertealte Erdhügel erheben sich am Straßenrand. Emerald Mound in der Nähe von Natchez ist einer der größten der USA, und die riesige grasbewachsene Pyramide verströmt noch heute den Geist der Ahnen.

Andere Höhepunkte entlang der Strecke sind die Stadt Tupelo, wo Besucher das bescheidene Haus besichtigen können, in dem Elvis aufwuchs und Gitarre spielen lernte, sowie der milchig-grüne Cypress Swamp, in dem Alligatoren leben.

Reisezeit

Das beste Wetter ist von April bis Juni und von September bis November. Im Sommer kann es unerträglich heiß werden.

Infos im Internet

Natchez Trace Parkway (www.nps.gov/natr) Der National Park Service unterhält die Route und informiert auf seiner Website auch über Baustellen und Straßensperrungen sowie über Aktivitäten und historische Stätten entlang der Strecke.

Natchez Trace Compact (www.scenictrace.com) Die Touristeninformationen der Staaten Tennessee, Alabama und Mississippi haben sich zusammengeschlossen, um gute Beschreibungen der Route, Landkarten und Infos zu Events anbieten zu können.

Dauer & Strecke

Dauer Drei Tage sollte man einplanen, auch wenn die Tour in zwei Tagen zu schaffen wäre. Auf der zweispurigen Straße geht es meist eher gemütlich voran.

Strecke 444 Meilen (715 km)

Start/Ziel Nashville, TN/Natchez, MS.

Florida Highway 1

Die Straße direkt an der Küste bietet kilometerlange Strände und faszinierende historische Sehenswürdigkeiten, von der ältesten Stadt der USA über ernüchternde Exponate zur Sklaverei bis hin zu NASA-Raketen. Miami bildet das große Finale.

Auf zum Florida Highway 1!

Der Hwy 1, der die atlantische Küstenlinie entlang führt, ist der perfekte Weg, wenn man die wichtigsten Sehenswürdigkeiten und Erlebnisse, die Florida zu bieten hat, nicht verpassen will: Die Herrenhäuser am Palm Beach, die Jachten in Fort Lauderdale, Miamis kubanische Enklave von Little Havana, in der die Dominosteine klappern, all das liegt auf dem Weg. Makellose, windumtoste Strände, die gefährdeten Vogelarten und Seekühen Unterschlupf gewähren? Hier sind sie (im Schutzgebiet Ca-

WEITERE TOLLE ROAD TRIPS

STRECKE	STAAT	START/ZIEL	SEHENSWERTES & AKTIVITÄTEN	BESTE REISEZEIT
Hwy 12	NC	Corolla/Sealevel	Strände, Leuchttürme, Startort der Wright Brothers; surfen, Fährfahrten	April–Okt.
Hwy 13	WI	Bayfield/Superior	Seeufer, Wälder, landwirtschaftliche Gebiete; Spaziergänge	Mai–Sept.
Hwy 61	MN	Duluth/Canadian Border	State Parks, Wasserfälle, idyllische Städte; wandern	Mai–Sept.
Kancamagus Hwy	VT	Conway/Lincoln	Felsige Berge, Wasserläufe, Wasserfälle; Camping, wandern, schwimmen	Mai–Sept.
Old King's Hwy	MA	Sandwich/Orleans	Historische Viertel & Häuser, Küstenlandschaft	April–Okt.
Overseas Hwy	FL	Key Largo/Key West	Strände, geschützte Korallenriffs, Conch Fritters, Limetten-Pie; Leute beobachten; tauchen	Sez.–April
Rte 28	NY	Stony Hollow/Arkville	Catskills, Seen, Flüsse; Wandern, Laubfärbung, Tubing	Mai–Sept.
VT 100	VT	Stamford/Newport	Hügeliges Weideland, grüne Berge; wandern, Ski fahren	Juni–Sept.

naveral National Seashore). Strände, berüchtigt für wilde Partys bis tief in die Nacht und NASCAR-Rennen? Auch hier (in Daytona). Und Imbissbuden mit leckeren Meeresfrüchten sowie pastellfarbene Hotels am Wasser sind überall zu finden.

Die Route

Die Tour beginnt am nordöstlichen Zipfel Floridas, auf Amelia Island, das seit den 1890er-Jahren ein vornehmer Badeort ist. Von dort aus führt die Straße nach Süden, vorbei an Parks und Plantagen, wo man sehen kann, wie die Sklaven gelebt haben. Man sollte unbedingt im altehrwürdigen, 1565 gegründeten St. Augustine stoppen, um Ponce de Leóns Fountain of Youth und das Piratenmuseum zu besuchen. Leuchttürme, unberührte Sandstrände und Hotspots zum Surfen liegen auf dem Weg. Fährt man weiter, kommt man zum Kennedy Space Center, von wo aus früher Raumfähren ins Weltall geschickt wurden. Danach taucht inmitten einer Reihe von wohlhabenden Städten das mit Kunst gesegnete West Palm Beach auf. Und das Beste hebt sich der Hwy 1 für zuletzt auf: Miami. Die sexy Stadt bietet Augenweiden im Überfluss, von Vierteln mit vollgesprühten Wänden über den größten Art-déco-Distrikt der Welt bis hin zu den jungen und glamourösen Einheimischen, die sich am South Beach räkeln.

Aber es sollten zuerst ein paar Basics erwähnt werden: Die Straße heißt eigentlich Hwy A1A (nicht zu verwechseln mit der US 1, die größere und schnellere Version, die parallel verläuft). Die A1A ist keine durchgängige Straße – in ein paar Städten muss man auf andere Straßen ausweichen, bevor man sich wieder auf die A1A begibt. Wer nach Miami noch nicht genug vom Road-Trip hat, wechselt auf die US 1, die bei Key Largo zum malerischen Overseas Hwy wird und in Richtung Süden nach Key West abzweigt – so kann man die Party noch verlängern.

Reisezeit

Im März und April herrscht Ferienchaos in Florida. Am besten eignen sich der gemäßigte Mai oder September.

Informationsquellen

Florida Scenic Highways (www.floridascenichighways.com) Infos über besonders gekennzeichnete Teile des Highways bei St. Augustine und Fort Lauderdale.

Highway A1A: Florida at the Edge (Herbert L. Hiller; 2007) Teils Reiseführer, teils Chronik über die Städte und Orte am Weg.

Dauer & Strecke

Dauer Sechs Tage, um die Sehenswürdigkeiten mitzunehmen.

Strecke 475 Meilen (764 km)

Start/Ziel Amelia Island/Miami

Reiseplanung

Outdoor-Aktivitäten

Dunstverhangene Berge, Strände, an die die Wellen schlagen, tiefe Schluchten: Der Osten der USA geizt nicht mit spektakulären Kulissen für ein Abenteuer. Wonach einem der Sinn auch stehen mag, hier findet sich immer ein passender Ort für großartige Outdoor-Aktivitäten.

Wandern & Trekken

Fast an jeden Ort in der Region gibt's tolle Wander- und Backpacking-Optionen in der Nähe. Die Nationalparks sind ideal für kurze und lange Wandertouren. Das Gelände ist riesig: vom **Wild Azalea Trail** (www.townofwoodworth.com/azalea-trail) in Louisiana, der von Hornsträuchern überwuchert ist, bis zum **North Country National Scenic Trail** (www.nps.gov/noco), der sich durch zerklüftete Landschaft von New York bis nach Minnesota schlängelt.

Infos im Internet

Survive Outdoors (www.surviveoutdoors.com) Sicherheits- und Erste-Hilfe-Tipps, Fotos von gefährlichen Tieren.

Wilderness Survival (Gregory Davenport; 2006) Das beste Survival-Buch schlechthin.

American Hiking Society (www.americanhiking.org) Links zu „ehrenamtlichen Ferien", bei denen man Wanderwege anlegen darf.

Backpacker (www.backpacker.com) Führende lokale Zeitschrift für Backpacker, für Anfänger wie Fortgeschrittene.

National Park Service (www.nps.gov) Bundesbehörde, der die Verwaltung und der Schutz aller Nationalparks obliegt, einschließlich der Wanderwege und Campingplätze.

Beste Outdoor-Optionen

Wandern

Appalachian Trail, Shenandoah National Park (VA), Great Smoky Mountains National Park (NC & TN), Adirondacks (NY)

Radfahren

Chequamegon National Forest, WI (Gelände), Cape Cod Rail Trail, MA (Asphalt), Minneapolis, MN (Stadt)

Paddeln

Boundary Waters, MN (Kanu), New River Gorge National River, VA (Wildwasser-Rafting), Apostle Islands, WI (Kajak), Pictured Rocks, MI (Kajak)

Surfen

Cocoa Beach, FL, Long Island, NY, Coast Guard Beach, MA

Tauchen

Florida Keys, FL (Korallen), Cape Hatteras, NC (Wracks), Dry Tortugas, FL (Schildkröten), Crystal River, FL (Seekühe)

Tiere beobachten

Baxter State Park, ME (Elche), Provincetown, MA (Wale), Florida Everglades, FL (Alligatoren, Seekühe, Schildkröten), Wabasha, MN (Adler)

Radfahren

Radfahren wird immer beliebter, weshalb viele Städte (u.a. New York und Chicago) laufend neue Radwege und eine stetig wachsende Zahl von Radrouten anlegen, die die malerische Landschaft durchziehen. Minneapolis (MN), Cambridge (MA) und Washington (DC) zählen ebenfalls zu den radlerfreundlichsten (und damit umweltfreundlichsten) Städten im Osten.

Mehrere stillgelegte Eisenbahnlinien in der Region wurden zu asphaltierten Radwegen umgebaut, auf denen nun einfache Touren durch Dörfer, über Brücken und an Weideland vorbei möglich sind. Besonders beliebt unter den Radstrecken ist der Cape Cod Rail Trail (S. 208) in Massachusetts.

Mountainbiker sollten sich in den Wisconsin's Chequamegon National Forest (S. 657) aufmachen, bekannt wegen seiner knallharten Trails und des mörderischen Fat Tire Festival (www.cheqfattire.com) im September.

Infos im Internet

Bicycling (www.bicycling.com) Diese Zeitschrift beinhaltet Infos über Stadttouren, Gelände-Trails und vieles, was dazwischen liegt.

Rails-to-Trails Conservancy (www.railstotrails.org) Publiziert auf www.traillink.com kostenlose Trail-Besprechungen.

DER APPALACHIAN TRAIL

Dieser Wanderweg wurde 1937 fertiggestellt und ist mit seinen 3500 km der längste Trail des Landes. Er durchquert sechs Nationalparks, kreuzt acht National Forests und führt durch 14 Staaten, von Georgia bis Maine. Nebelverhangene Berge, dichte Wälder, Blumenwiesen und Bärensichtungen sind die Belohnung für all jene, die auf dem Trail unterwegs sind. Jedes Jahr versuchen etwa 2500 Hartgesottene, den ganzen Weg zu bewältigen – aber nur einer von vieren schafft die komplette Strecke. Doch davon sollte man sich nicht entmutigen lassen. Schätzungen besagen, dass jedes Jahr 2 bis 3 Mio. Wanderer einen Teil des Appalachian Trail ablaufen, da man an vielen Stellen zu Tageswanderungen in den Weg einsteigen kann. Für mehr Informationen siehe www.appalachiantrail.org.

Kanu- & Kajakfahren

Paddler werden vom Osten der USA begeistert sein. Die notwendige Ausrüstung und Kurse sind leicht zu finden. Hotspots für Kajakfahrer sind die Apostle Islands National Lakeshore (S. 656) in Wisconsin, wo man durch steinerne Bogen und Meeresgrotten am Lake Superior gleitet, die Michigans Pictured Rocks National Lakeshore (S. 642), um auf dem Lake Superior an bunt gefärbten Klippen vorbei zu paddeln, und die Maines Penobscot Bay (S. 264), wo man im Salzwasser um hübsch ausgefranste Inselchen schippert.

Kanufahren ist hier schlicht legendär, man denke nur an die 19312 km an nassen und wilden Touren in den Gewässern von Minnesotas Boundary Waters (S. 671) oder den Alabamas Bartram Canoe Trail (www.alabamacanoetrails.com) in einem 1214 km² großen, sumpfigen Flussdelta mit Seen und Flüssen.

Floridas Everglades National Park (S. 524), eines der großartigsten unter Amerikas landschaftlichen Juwelen, ist ein weiteres wunderbares Ziel für Wassersportler. Hier kommt man an Alligatoren und Reihern vorbei, während man durch das Mangrovenkanalnetz und die ruhigen Seen des 6070 km² großen Parks paddelt.

Infos im Internet

American Canoe Association (www.americancanoe.org) Hat eine Datenbank der Wasserwege für Kanu-und Kajakfahrten sowie Infos über örtliche Paddelclubs und -kurse (mit Stehpaddeln).

Wildwasser-Rafting

Östlich des Mississippi wartet West Virginia mit ein paar bekannten Flüssen auf. Da gibt es z.B. den New River Gorge National River (S. 356), der trotz seines Namens einer der ältesten Flüsse der Welt ist. Er fließt von North Carolina nach West Virginia und schneidet eine tiefe Schlucht mit schäumenden Stromschnellen ein, auch bekannt als der Grand Canyon des Ostens.

Boundary Waters Canoe Area Wilderness (S. 671)

Außerdem gibt es da noch den Gauley (S. 356), der zu den besten Wildwasserflüssen der Welt gehört. Mit seinen beliebten ultra-steilen und turbulenten Stromschnellen ist der altehrwürdige Fluss der Appalachen eine Wasserachterbahn mit einem Gefälle von mehr als 200 m und über 100 Stromschnellen auf nur 45 km. Sechs weitere Flüsse, alle in derselben Gegend, dienen als Übungsgebiet für weniger erfahrene Wasserratten.

Infos im Internet

American Whitewater (www.americanwhitewater.org) Setzt sich für den Schutz von Amerikas naturbelassenen Flüssen ein; bietet Links zu örtlichen Raftingclubs.

Surfen

Die Bundesstaaten am Atlantik verfügen über wunderbare und unvermutete Surfspots – vor allem für Surfer, die eher auf einen moderaten Wellengang aus sind. Das wärmste Wasser findet man vor Floridas Golfküste vor. Hier ein paar Top-Spots:

Cocoa Beach (S. 536) **& Melbourne Beach (Ocean Park, Atlantic St), FL** Wenig Leute, sanfte Wellen – das ist das Paradies für Anfänger und Longboarder. Der Meersarm südlich ist bekannt für beständige Wellen und Menschenmengen.

Long Island, NY (S. 130) Das Gebiet hat mehr als ein Dutzend Surfspots zu bieten, von Montauks oft überfülltem Ditch Plains Beach bis zum Nassau Countys Long Beach (4,5 km lang).

Coast Guard Beach (Ocean View Dr, abseits der Doane Rd), Eastham, MA Der familienfreundliche Strand gehört zur Cape Cod National Seashore und ist bekannt für die den ganzen Sommer über beständige Shortboard-/Longboard-Brandung.

Infos im Internet

Surfer (www.surfermag.com) Berichte über die Ostküste und Infos zu jeder Brandung in den USA.

Surfing America (www.surfingamerica.org) Nationaler Dachverband des Surfsports.

Tauchen

Florida hat den Löwenanteil an tollen Tauchrevieren, mit einer Küstenlinie von

TIPPS FÜR DEN BESUCH VON NATIONALPARKS

- Der Eintrittspreis in die Parks variiert und kann zwischen 0 und 30 US$ pro Fahrzeug betragen.
- Der Jahrespass *America the Beautiful* (80 US$; https://store.usgs.gov/pass), mit dem vier Erwachsene und alle Kinder unter 16 Jahren für zwölf Kalendermonate alle staatlichen Erholungsgebiete besuchen können, wird an den Parkeingängen und in den Visitor Centers verkauft.
- Es gibt auch einen lebenslang gültigen Seniorenpass (10 US$) für US-Bürger über 62 Jahren.
- Hütten und Zeltplätze in den Nationalparks muss man weit im Voraus buchen; für die Sommerferien sollte man sechs bis zwölf Monate vorher reservieren.
- Manche Parks vermieten ihre Zeltstellplätze ohne Reservierung in der Reihenfolge des Eintreffens der Gäste; dann kommt man am besten zwischen 10 und 12 Uhr, wenn andere Camper gerade auschecken.
- Für Backpacking-Touren mit Übernachtung und einige Tageswanderungen benötigt man eine Wilderness Permit, die oft nur in begrenzter Zahl ausgegeben wird. Daher sollte man sie rechtzeitig beantragen (bis zu 6 Monate vor der Reise, abhängig von den Bestimmungen des Parks).

mehr als 1600 km, aufgeteilt in 20 einzigartige Unterwassergebiete. Es gibt Hunderte Tauchspots und unzählige Läden, die Ausrüstung und geführte Touren anbieten. Südlich von West Palm Beach erstrecken sich klare Gewässer und tolle Ganzjahrestauchplätze mit großen Riffen. Am Panhandle kann man in den ruhigen und sanften Gewässern des Golfs von Mexiko tauchen, bei Pensacola (S. 560) und Destin (www.floridapanhandledivetrail.com) klasse Tauchgänge zu Wracks machen und im **Crystal River** (☎352-563-2088; www.fws.gov/crystalriver; 1502 SE Kings Bay Dr; ⏲ Mo–Fr 8–17.30 Uhr) mit Seekühen schnorcheln.

Die Florida Keys sind das Kronjuwel. Hier erwarten einen ein toller Mix mariner Lebensräume, Nordamerikas einziger lebender Korallengarten und Schiffswracks. Zu Key Largo gehören der John Pennekamp Coral Reef State Park (S. 530) und mehr als 320 km Unterwasseridylle. Die ausgedehnten Riffe im **Dry Tortugas National Park** (☎305-242-7700; www.nps.gov/drto) wimmeln von Barrakudas, Schildkröten und gesunkenen Schiffen.

Andere beliebte Stellen, um in den Gewässern im Osten abzutauchen, sind North Carolinas Cape Hatteras National Seashore (S. 365), wo man Wracks aus dem Bürgerkrieg erforschen und Sandhaien begegnen kann, und der **Lake Ouachita** (www.lakeouachita.org), Arkansas' größter See, bekannt für sein unberührtes Quellwasser und seinen 25 km langen Wassertrail.

Infos im Internet

Scuba Diving (www.scubadiving.com) Die neuesten Tauchstellen in und außerhalb der USA.

PADI (www.padi.com; Professional Association of Diving Instructors) ist die weltweit führende Organisation für Taucherausbildung.

Skifahren & Wintersport

Vermonts **Stowe Mountain** (☎888-253-4849, 802-253-3000; www.stowe.com; 5781 Mountain Rd; Lifttickets Erw./Kind 124/104 US$) hat besonders coole Hänge – am Lift friert man sich zwar den Hintern ab, aber das Auftauen mit örtlichen Heißgetränken beim launigen Après-Ski in holzverkleideten Bars macht umso mehr Spaß. In Lake Placid (S. 146), NY, kann man auf ehemaligen Olympiapisten rodeln oder Bob fahren. Motorschlitten hört man in Nord-Wisconsin, Michigan und Minnesota aufheulen. In Minnesota kann man auf den gefrorenen Wasserstraßen des Voyageurs National Parks (S. 671) die unterschiedlichsten winterlichen Aktivitäten ausüben.

Infos im Internet

SkiMag (www.skimag.com) Infos zu Unterkünften, Karten und mehr.

Ski Central (www.skicentral.com) Alles zum Thema Ski und Schnee in Nordamerika.

Reiseplanung

Essen & Trinken wie die Einheimischen

In der Küche des Ostens sind unzählige Esskulturen miteinander verschmolzen, und jede Region hat ihre ganz eigenen Spezialitäten. Ob Meeresfrüchte in Maine oder sanft geschmorte Rinderbrust in Mississippi, die kulinarischen Freuden kommen nirgends zu kurz. Was Alkohol angeht, ist der Osten der USA der wohl berauschendste Teil des Landes. In jedem Winkel der Region bieten boomende Kleinbrauereien sehr interessante Biersorten an, wohingegen in New York und Virginia Weinliebhabern edle Lesen kredenzt werden und in Kentucky Bourbon ausgeschenkt wird.

Regionale Spezialitäten

New York City: Paradies für Gourmets

Es heißt, in New York City könne man sein ganzes Leben lang jeden Abend in einem anderen Restaurant essen und wäre immer noch nicht überall gewesen. Und es ist wahr, wenn man bedenkt, dass es in den fünf Bezirken mehr als 20 000 Restaurants gibt und jedes Jahr viele neue Restaurants hinzukommen. Dank der riesigen Zahl der in der Stadt lebenden Einwanderer und des Einflusses der über 50 Mio. Touristen jährlich nimmt New York auch den Titel der vielfältigsten und besten Restaurantstadt der USA für sich in Anspruch. In den sehr unterschiedlichen Stadtvierteln werden authentische italienische Küche und Pizza mit dünnem Boden serviert, hier bekommt man aber auch alle Arten von asiatischen Gerichten, französische *haute cuisine* und klassische jüdische Feinkost. Außerdem gibt's von Bagels bis hin zu aufgetürmten Pastrami-Roggenbrot-Sandwiches einfach alles. Auch exotischere Küchen können hier ausprobiert werden, von äthiopisch bis skandinavisch.

Feste für Feinschmecker

Crawfish Festival

(www.bbcrawfest.com; Breaux Bridge, LA; ⏲1. Woche im Mai) Das super Schlemmerfest mit Musik, Tanz und Cajun-Küche sollte man nicht verpassen.

Kentucky Bourbon Festival

(www.kybourbonfestival.com; Bardstown, KY; ⏲Sept.) Das historische Zentrum von Bardstown („Welthauptstadt des Bourbon") erwacht zu neuem Leben.

Maine Lobster Festival

(www.mainelobsterfestival.com; Rockland, ME; ⏲Anfang Aug.) Pflicht für Hummerfans: An fünf Tagen gibt es hier viel Livemusik, Paraden, eine Kunstausstellung und ein Spaßrennen.

World's Largest Brat Fest

(www.bratfest.com; Madison, WI; ⏲Ende Mai) Zu dem Bratwurst-Festival gehören Fahrgeschäfte und Livemusik.

NYC gilt als teuer, doch davon sollte man sich nicht abschrecken lassen: Man kann hier auch gut essen, ohne sein Budget zu sprengen, besonders wenn man sich mit den Cocktails ein bisschen zurückhält. Es mag in New York zwar keinen *free lunch* geben, doch verglichen mit anderen Weltstädten kann Essengehen hier durchaus günstig sein.

Neuengland: Muschelparty & Hummerspezialitäten

Neuengland beansprucht für sich, die besten Meeresfrüchte des Landes zu kredenzen – und wer will da schon widersprechen? Der Nordatlantik hat Venus- und Miesmuscheln, Austern und riesige Hummer sowie Maifisch, Blaubarsch und Kabeljau zu bieten. Daraus wird ein wunderbarer *chowder* (Eintopf), für den jedes noch so kleine Meeresfrüchtelokal sein eigenes Rezept hat, das dann bei *chowder*-Festen und Kochwettbewerben immer wieder auf dem Prüfstand steht. Eine andere Tradition ist das *clambake* (Muschelessen am Strand), bei dem Schalentiere mit in Alufolie gewickeltem Mais, Hühnchen und Würstchen unter der Erde gegart werden. Überall gibt es frittierte Venusmuscheln im Teigmantel und Hummerbrötchen (Hummerfleisch mit Mayonnaise im Brötchen).

Vermont stellt hervorragenden Käse her, und in Massachusetts werden Cranberries geerntet (die dort zu Thanksgiving allgegenwärtig sind). Aus den Wäldern von Neuengland kommt auch der Ahornsirup. Immer noch nicht satt? Connecticut ist bekannt für seine Pizza mit dünnem Boden im New-Haven-Style (am besten belegt mit weißen Muscheln); Bostons Spezialität sind gebackene Bohnen und dunkles Brot, und die Bewohner von Rhode Island gießen Kaffeesirup in die Milch und lieben die traditionellen *johnnycakes* (Maismehl-Brote).

Mittelatlantikstaaten: Cheesesteaks, Crabcakes & Scrapple

Die Mittelatlantikstaaten teilen sich die lange Küste von New York bis hinunter nach Virginia und außerdem eine ganze Menge Apfel-, Pfirsich- und Beerenfarmen. New Jersey ist für seine Tomaten berühmt, New Yorks Long Island hingegen für seine wunderbaren Kartoffeln. Die *blue crabs* (Blaukrabben oder auch Blaue Schwimmkrabben) der Chesapeake Bay bringen ihre Fans zum Schwärmen, genau wie die Teller mit aufgetürmtem *chicken pot pie* (Hühnerfleischpastete), Nudeln und dem an Hackbraten erinnernden *scrapple* im Pennsylvania Dutch Country. In Philadelphia locken die *Philly cheesesteaks*, Brötchen mit dünnen, sautierten Rindfleischscheiben, Zwiebeln und darüber geschmolzenem Käse. Von den Finger Lakes im Staat New York, aus dem Hudson Valley und aus Long Island kommen die passenden Weine zu diesen wundervollen Mahlzeiten.

KULINARISCHE HIGHLIGHTS

Rose's Luxury (S. 292; Washington, D. C.) Hausmannskost à la US-Südstaaten in industriellem Ambiente mit Kerzenlicht.

Ulele (S. 546; Tampa, FL) Alligatorenfleisch, Bohnen, Okra-Pommes, Stachelmakrele und Guavenkuchen in einer ehemaligen Pumpenstation.

Alinea (S. 587; Chicago, IL) Legendäres Lokal mit Molekularküche, mehrgängigen Menüs und drei Michelin-Sternen. Man muss Monate im Voraus reservieren!

Cochon Butcher (S. 483; New Orleans, LA) Mix aus Metzgerei und Weinbar, dessen pikante Sandwiches alle Top-Spezialitäten der Stadt vereinen.

Eleven Madison Park (Karte S. 74; ☎212-889-0905; www.elevenmadisonpark.com; 11 Madison Ave zw. 24th & 25th St, NYC; Probiermenü 295 US$; ⊙Mo–Do 17.30–22, Fr–So 12–13 Uhr; Ⓢ N/R, 6–23rd St) Einzigartiges Paradebeispiel für Naturkostküche und eines von nur sechs New Yorker Restaurants mit drei Michelin-Sternen.

Pye Boat Noodle (S. 111; NYC) Kellner mit Filzhüten kredenzen Thai-Spitzenküche (u. a. „Bootsnudeln", Papayasalat, rosafarbene Seafood-Suppe).

Der Süden: Barbecue, Biscuits und Gumbo

Kein Region ist so stolz auf ihr Essen wie der Süden mit seiner langen Tradition von englischen, französischen, afrikanischen, spanischen und indianischen Einflüssen, die auch in die Küche Eingang gefunden haben. Eine der wichtigsten Quellen des regionalen Stolzes ist das langsam gegarte Barbecue, bei dem es wahrscheinlich so viele Fleisch- und Saucenvariationen wie Städte im Süden gibt. Die Grillhähnchen und der Wels sind außen knusprig und innen saftig. Als Beilagen kommen lockere, heiße *biscuits* (eine Art Brötchen), Maisbrot, Süßkartoffeln, Blattkohl und vor allem *grits* (gekochte Grütze aus grob gemahlenem Mais) auf den Teller – alles mit viel Butter, versteht sich! Überaus geschätzt werden Dessertrezepte für Torten aus vielen Schichten und Pasteten aus Pekannüssen, Bananen und Zitrusfrüchten. Das Ganze wird mit süßem, gekühltem Tee (ohne Alkohol) oder einem kühlen *Mint Julep* (einem Cocktail mit Bourbon) hinuntergespült.

Louisiana ist das kulinarische Highlight der Region – denn der Staat fällt mit seinen beiden wichtigsten Küchen auf: Die Cajun-Küche ist in der Bayou-Bucht beheimatet und kombiniert heimische Gewürze wie Sassafras und Chilipfeffer mit ländlicher französischer Küche. Die Gerichte der kreolischen Küche sind städtischer geprägt – das Zentrum dieser kulinarischen Richtung befindet sich in New Orleans. Coole Gerichte wie Shrimp-Remoulade, der Krabbensalat *crabmeat ravigote* und *gumbo* (Eintopf mit Hühnerfleisch, Schalentieren und/oder Würstchen und Okra) werden Hungrige ganz bestimmt sehr begeistern.

Die Großen Seen: Burger, Bacon & Bier

An den Great Lakes wird mit Leidenschaft gegessen. Die Portionen sind riesig – schließlich ist dies ein landwirtschaftlich geprägtes Gebiet, wo kräftiges Essen gebraucht wird, damit die Arbeit bewältigt werden kann. Weit verbreitet sind hier amerikanische Klassiker wie Schmorbraten, Hackbraten, Steak und Schweinekotelett. In den Städten in der Nähe der Großen Seen stehen außerdem Amerikanischer Zander, Barsch und andere Süßwasserfische auf den Speisekarten. Dazu bekommt man in der Regel ein schönes, kühles Bier. Chicago sticht kulinarisch durchaus hervor: Nirgendwo in der Region kann man besser essen als hier, ob nun in winzigen, schlichten Lokalen oder gleich daneben in einem der vielen Spitzenrestaurants, die zu den berühmtesten des Landes zählen. Eine andere tolle Möglichkeit, die Spezialitäten des Mittleren Westens zu probieren, sind die Jahrmärkte auf dem Land. Hier reicht das Angebot von Bratwurst über Fettgebackenes bis hin zu gegrilltem Mais am Stiel. Und das Essen in den Diners und Familienrestaurants – besonders in den Städten – ist von den verschiedenen Einflüssen der osteuropäischen, skandinavischen, lateinamerikanischen und asiatischen Einwanderer geprägt.

UNGEWÖHNLICHE SPEZIALITÄTEN

Scrapple (ländliches Pennsylvania) Hackbraten aus Schweinefleischresten und Maismehl

Lutefisk (Minnesota) Gewässerter Trockenfisch mit gelatinöser Konsistenz

Frittierte Frischkäsebällchen (Wisconsin)

Horseshoe Sandwich (Illinois) Ein Burger-Bratling, Pommes und Käsesauce auf Toast

BESTE VEGETARISCHE OPTIONEN

Green Elephant (S. 261) Portland, ME

Clover Food Lab (www.cloverfoodlab.com; 27 School St; Hauptgerichte 8–12 US$; ⌚Mo–Fr 7–23, Sa 8–23, So 8–20 Uhr; 🖉; Ⓣ State) Boston, MA

Moosewood Restaurant (S. 143) Ithaca, NY

Zenith (S. 176) Pittsburgh, PA

Butcher's Daughter (S. 101) New York City

Chef Allen's Farm-to-Table Dinner (S. 513) Miami, FL

Seafood-Clambake (S. 48)

Erntezeit

Januar Die Eisweinlese rund um die Finger Lakes, New York, und im nördlichen Michigan steht an. Erzeugt werden süße Dessertweine.

März In Vermont und Maine ist jetzt süße Saison – der frische Ahornsirup fließt. Im Süden locken die Langusten: In Louisiana werden zwischen März und Mai etwa 110 Mio. Pfund gefangen.

Mai Die Pfirsichernte in Georgia beginnt etwa in der Mitte des Wonnemonats und geht bis Mitte August. Richtung Norden überschwemmen die Chesapeake-Bay-Blaukrabben bis September den Markt.

Juli Anfang des Monats dreht Michigan auf, es werden Sauerkirschen gepflückt und Feste gefeiert – z. B. das International Cherry Pit Spitting Championship in Eau Claire.

August Im Sommer geht's rund in Neuengland: Die Hummerimbisse an der Küste brummen, ein Muschelpicknick steht an. Maines Blaubeeren werden in Pies eingebacken.

September & Oktober Jetzt ist Hauptsaison für Äpfel in New York und Michigan (zweit- und drittgrößte Produzenten des Landes). Cider-Lokale schenken aus. In Massachusetts und Wisconsin ist Preiselbeersaison.

Esskultur

Zum Frühstück mögen Amerikaner Eier mit Schinken, Waffeln und *hash browns* (ähnlich wie Kartoffelpuffer, besser gesagt eine Art Schweizer Rösti) und dazu ein großes Glas O-Saft. Vor allem aber lieben sie eine dampfende Tasse Kaffee. Nach einem kleinen Snack am Vormittag haben die meisten amerikanischen Angestellten in der Pause nur Zeit für ein Sandwich, einen schnellen Burger oder einen herzhaften Salat. Gelegentlich, wenn auch selten, sieht man jemanden, der mittags ein Glas Wein oder Bier zum Essen trinkt, doch die Zeiten der „drei Martinis zum Mittagessen" sind vorbei. Abends essen die Amerikaner werktags eine reichhaltigere Mahlzeit, angesichts der zeitlichen Belastung in Familien mit zwei Berufstätigen kann das aber auch etwas zum Mitnehmen oder ein Fertiggericht sein.

Abends wird zeitig gegessen, meist zwischen 18 und 20 Uhr. In Kleinstädten kann es schwierig sein, nach 20.30 oder 21 Uhr noch etwas zu essen zu bekommen. Dinnerpartys beginnen meist gegen 18.30 oder 19 Uhr mit einem Cocktail, gefolgt vom Essen. Bei einer Einladung ist es höflich, möglichst innerhalb von 15 Minuten vor oder nach der angegebenen Zeit einzutreffen. Die Amerikaner sind für lockere Tischsitten bekannt, in der Regel warten sie aber, bis alle Gäste ihr Essen haben.

Kochkurse

Beispiele für die vielen US-Schulen mit Kursen für begeisterte Hobbyköche:

Chopping Block (☎312-644-6360; www.thechoppingblock.com; Lincoln Sq od. 222 Merchandise Mart Plaza, Suite 107, Chicago, Illinois; 2½-stündige Kurse 50–95 US$) Bei den zahllosen Kursen lernt man z. B. die Zubereitung von Pfannenpizza oder den meisterlichen Umgang mit Küchenmessern.

Zingerman's Bakehouse (☎734-761-7255; www.bakewithzing.com; 3723 Plaza Dr, Ann Arbor, Michigan) Beliebte „Backferien" mit Unterricht in Brot- und Kuchenherstellung.

League of Kitchens (www.leagueofkitchens.com; 2½-/5½-stündige Kurse 95/145 US$) Der einzigartige Service vermittelt Interessenten an Einwanderer, die in ihren Privatküchen die Kochkunst ihrer Heimatländer demonstrieren (z. B. wie man usbekische Klöße formt, argentinische *alfajores* bäckt oder Roti à la Trinidad brät).

Coke

In vielen Regionen des Südens steht „Coke" für alle aromatisierten Softdrinks mit Kohlensäuregehalt. So bedingt Bestellen dort Spezifizierung: Wer nur eine Coke ordert, wird eventuell gefragt: *„What kind?"* (Was für eine?). Im Mittleren Westen spricht man allgemein von „Pop", an der Ostküste von „Soda".

Reiseplanung

Mit Kindern reisen

Vom Norden bis zum Süden finden sich tolle Attraktionen für Kinder jedes Alters: Buddelspaß am Strand, Vergnügungsparks, Zoos, Aquarien, Naturausstellungen, interaktive Museen, Campingabenteuer, historische Schlachtfelder, vergnügliche Radtouren durch ländliche Gegenden und vieles mehr, das Kinder begeistert.

Top-Regionen für Kinder

New York, New Jersey & Pennsylvania

NYC wartet mit Aktivitäten wie Rudern im Central Park und kinderfreundlichen Museen auf. An der Jersey Shore gibt's coole Strandpromenaden und im Amish Country in Pennsylvania locken Kutschfahrten.

Neuengland

Bostons Ufer und Grünanlagen locken mit einem Aquarium, einem Kriegsschiff aus dem 18. Jh. und Schwanentretbooten. Auch auf der Plimoth Plantation mit den nachgebauten Dörfern der Wampanoag und der Pilgerväter können Familien viel Spaß haben.

Washington, D.C. & Capital Region

Washington ist mit seinen kostenlosen Museen, den Pandas im Zoo und den vielen Grünflächen eine familienfreundliche Stadt. Von hier aus ist es nicht weit nach Williamsburg, VA, wo kostümierte Darsteller einen Einblick ins 18. Jh. geben.

Florida

Walt Disney World® Resort in Orlando kann gut im Zentrum des Urlaubs stehen. Danach sind die Strände Floridas an der Reihe.

Der Osten der USA mit Kindern

Unterkunft

Motels und Hotels haben meist Zimmer mit zwei Betten – perfekt für Familien. Manche haben auch Kinderbetten, die gegen Gebühr ins Zimmer gestellt werden. Das sind aber oft Reisebetten, in denen nicht alle Kinder gut schlafen. Einige Hotels haben *Kids stay free*-Angebote, dank denen Kinder bis 12 Jahre (oder 18 Jahre) kostenlos übernachten. Viele B&Bs nehmen keine Kinder auf; man sollte sicherheitshalber vor der Reservierung nachfragen.

Babysitter

Manche Hotels bieten einen Babysitter-Service an. Wenn das nicht der Fall ist, helfen die Mitarbeiter an der Rezeption bei der Suche. Immer darauf achten, dass die Babysitter lizenziert und versichert sind und danach fragen, wie hoch der Stundensatz pro Kind ist, ob ein Mindestpreis gilt und ob für Transport oder Mahlzeiten Zusatzkosten anfallen! Die meisten Visitor Centers haben Infos zu Kinderbetreuungs- und Freizeiteinrichtungen, medizinischer Versorgung etc.

Außer Haus essen

Familienorientierter Service scheint das Fundament der örtlichen Restaurants zu sein: Kinder werden nicht nur akzeptiert, ihr Besuch wird durch Kindermenüs und niedrigere Preise regelrecht gefördert. In einigen Lokalen essen Kinder bis zu einem gewissen Alter sogar gratis. In den meistens Restaurants gibt es Hochstühle und Sitzauflagen, einige halten Malzeug und Puzzles bereit und bieten gelegentliche Auftritte von Cartoonfiguren.

Auch in Restaurants ohne Kindermenüs können Kinder willkommen sein, allerdings nicht in allen Spitzenrestaurants. Aber selbst in besseren Lokalen können Familien mit Kindern abends meist stressfrei essen, wenn sie rechtzeitig da sind (gleich nach Öffnung, oft 17 oder 18 Uhr) – oft essen dann auch andere Gourmets mit ihren Kids. Auf Anfrage bereitet die Küche möglicherweise eine kleinere Portion eines Gerichts zu oder teilt ein Essen auf zwei Teller auf. Wählerischer Nachwuchs dürfte in chinesischen, mexikanischen und italienischen Lokalen gut aufgehoben sein.

Farmers Markets werden immer beliebter und in jeder nennenswerten Stadt findet zumindest einmal wöchentlich einer statt. Hier können sich Familien ein erstklassiges Picknick zusammenstellen, lokale Spezialitäten probieren und nebenbei unabhängige Farmer unterstützen. Nachdem man etwas gekauft hat, sollte man in den nächsten Park oder ans Wasser gehen.

Ermäßigungen für Kinder

Bei geführten Touren, Eintrittspreisen und Verkehrsmitteln erhalten Kinder oft Rabatt, manchmal bis zu 50 % des Preises. Die Definition von Kind variiert allerdings von „unter zwölf Jahren" bis „unter 16 Jahren". Anders als in Europa gibt es nur bei sehr wenigen Sehenswürdigkeiten ermäßigte Familientickets, mit denen man ein paar Dollar sparen kann. Kinder unter zwei Jahren haben bei den meisten Sehenswürdigkeiten freien Eintritt.

Transportmittel

Jede Autovermietung sollte geeignete Kindersitze anbieten können, denn die sind in jedem Staat Pflicht. Aber sie müssen beim Buchen bestellt werden und kosten etwa 13 US$ pro Tag extra.

Inlandsfluggesellschaften nehmen Kinder unter zwei Jahren kostenlos mit. Ältere Kids müssen einen eigenen Sitzplatz haben und bekommen meist keine Ermäßigung. Ganz selten bieten einige Urlaubsanlagen (wie die Disney-Parks) eine *Kids fly free*-Werbeaktion. Ähnliche Angebote haben auch Amtrak und andere Bahnunternehmen gelegentlich auf einigen Routen (Gratisfahrten für Kinder bis 15).

Highlights für Kinder

Outdoor-Abenteuer

Everglades, FL (S. 524) Kajak- und Kanutouren oder geführte Wanderungen in den Sümpfen.

New River Gorge National River, WV (S. 356) Wildwasser-Rafting.

Provincetown, MA (S. 207) Auf einer Walbeobachtungstour Buckelwale sehen.

Mammoth Cave National Park, KY (S. 427) Eine Tour durch die unterirdischen Höhlenkammern unternehmen.

Themenparks & Zoos

Walt Disney World® Resort, FL (S. 556) Hier können Kinder in die größte Attraktion von allen eintauchen: vier Parks voller Action, die sich über 80 km² erstrecken.

KINDERLITERATUR AUS DEM OSTEN DER USA

- *Betty und ihre Schwestern* (*Little Women*; 1868) Louisa May Alcotts wunderbares Buch über Mädchen, die im 19. Jh. in Concord, Massachusetts, aufwachsen.
- *Paul Revere's Ride* (1861) Der Klassiker von Henry Wadsworth Longfellow vereint Geschichte, Poesie und Spannung.
- *Eloise* (1955) Kay Thompsons sechsjährige Heldin Eloise lebt im Plaza Hotel in NYC, dem perfekten Ort, um Unfug aller Art anzustellen.
- *The Wright 3* (2006) In Blue Balliets Buch enträtseln kleine Detektive ein Geheimnis, in dem es um Geister, Schätze und Frank Lloyd Wrights Robie House in Chicago geht.

Bronx Zoo, NYC (S. 89) Von Manhattan mit der U-Bahn zu einem der größten und besten Zoos der USA fahren.

Lion Country Safari, West Palm Beach, FL (☎561-793-1084; www.lioncountrysafari.com; 2003 Lion Country Safari Rd; Erw./Kind 35/26 US$; ⌚9.30–17.30 Uhr; 👪) Zwischen 900 umherstreifenden Wildtieren umherfahren.

Wisconsin Dells, WI (S. 653) In den über 20 Wasserparks planschen und atemberaubende Wasserskishows ansehen.

Cedar Point, OH (S. 614) Mit einigen der verrücktesten Achterbahnen der Welt fahren und sich danach am kilometerlangen Strand und im Wasserpark vergnügen.

Six Flags, D.C. (www.sixflags.com/america) Eine der beliebtesten Freizeitparkketten Amerikas mit neun Parks voller Achterbahnen im Osten der USA, darunter eine in Washington, D.C.

Zeitreisen

Williamsburg, VA (S. 334) Sich im geschichtsträchtigen Dreieck, in dem Amerika seinen Anfang nahm, in Trachten des 18. Jhs. werfen und unter die kostümierten Darsteller mischen.

Fort Mackinac, MI (S. 641) Sich die Ohren zuhalten, wenn Solaten in Uniformen aus dem 19. Jh. Musketen und Kanonen abfeuern.

Freedom Trail, Boston, MA (S. 200) Mit Benjamin Franklin (oder zumindest seinem Doppelgänger aus dem 21. Jh.) eine geführte Wanderung machen.

Lincoln Presidential Library & Museum, Springfield, IL (S. 597) Mithilfe von Hologrammen, dem Nachbau einer Blockhütte und anderen interaktiven Exponaten mehr über Amerikas beliebtesten Präsidenten erfahren.

St. Augustine, FL (S. 539) In einem Pferdewagen durch die historischen Straßen dieser 450 Jahre alten Stadt rattern.

Planung

Familienfreundliche Unterkünfte und Lokale sind mit dem kinderfreundlichen Symbol gekennzeichnet.

Reisezeit

➡ Hauptsaison ist von Juni bis August, wenn Schulferien sind und es am wärmsten ist. Die Preise sind dann hoch und es ist sehr voll: Das bedeutet langes Anstehen in Themenparks, ausgebuchte Resorts und volle Straßen. Bei beliebten Reisezielen besser sehr früh im Voraus buchen.

➡ In den Winterferienorten (in den Catskills und den White Mountains) dauert die Hauptsaison von Januar bis März.

Gut zu wissen

➡ In vielen öffentlichen Toiletten gibt es Wickeltische (manchmal auch in den Herrentoiletten) und auf den Flughäfen oft geschlechtsneutrale *family*-Toiletten.

➡ Die medizinische Versorgung in den USA ist von hoher Qualität.

➡ Dinge wie Babynahrung oder Wegwerfwindeln – auch Bioprodukte – gibt es in Supermärkten im ganzen Land problemlos.

➡ Einzelne Elternteile oder Reisende, die mit einem Kind unter 18 Jahren ohne dessen Eltern unterwegs sind, sollten einen Nachweis über das Sorgerecht oder einen notariell beglaubigten Brief des/der nicht mitreisenden Eltern(-teils) mitführen, in dem die Reise autorisiert wird. Das wird zwar nicht verlangt, hilft aber bei der Einreise.

Hilfreiche Informationsquellen

Allgemeine Informationen und Tipps stehen im Lonely Planet Band *Travel with Children*. Wer die Vorfreude bei den Kids wecken will, findet in *Not for Parents: USA* (ebenfalls von Lonely Planet), coole Geschichten über Schokoriegel, Astronauten, heldenhafte Tiere und mehr.

Baby's Away (www.babysaway.com) Vermietet an Standorten im ganzen Land Kinderbetten, Hochstühle, Autokindersitze, Kinderwagen und sogar Spielzeug.

Family Travel Files (www.thefamilytravelfiles.com) Perfekte Urlaubsideen, Infos über Reiseziele und Reisetipps.

Kids.gov (www.kids.usa.gov) Riesige, vielseitige nationale Seite mit Liedern und Aktivitäten zum Download und sogar einem Link zur Kid's Page der CIA.

Travel Babees (www.travelbabees.com) Ein weiterer renommierter Verleih für Babyausrüstung mit Filialen im ganzen Land.

Der Osten im Überblick

New York City ist der Dreh- und Angelpunkt des Ostens. Über 8 Mio. Einwohner leben in der Megastadt, einem globalen Zentrum der Mode, der Gastronomie, der Kunst und des Finanzwesens. In den Nachbarstaaten New Jersey und Pennsylvania wird es schon leerer, hier gibt's Strände, Berge und geradezu vorsintflutliche Dörfchen. Neuengland erstreckt sich Richtung Norden zu felsigen Küsten, Fischerdörfern mit Schindelhäuschen und Ivy-League-Universitäten.

In den mittelatlantischen Staaten beginnt der Weg nach Süden durch üppige Täler und vorbei an zahlreichen historischen Stätten. Im Süden scheinen die Uhren langsamer zu ticken, der Duft von Pekannusskuchen liegt in der Luft, und aus den Juke Joints erklingt Bluesmusik. Florida wartet mit einer surrealen Welt von Nixen, Seekühen, Mickey Mouse und Miami auf, während in der Region um die Großen Seen Burger, Bier und vor allem „echte", natürliche Sehenswürdigkeiten im Vordergrund stehen.

New York, New Jersey & Pennsylvania

Kunst
Geschichte
Outdoor

Kulturstätte

Heimat der MET, des MOMA und des Broadway – und all das nur in NYC! Buffalo, Philadelphia und Pittsburgh haben ebenfalls weltberühmte Kultureinrichtungen.

Lebendige Vergangenheit

Von Herrenhäusern im Hudson Valley über den Independence National Historic Park Philadelphias bis hin zu Stätten, die der Gründung der Nation gewidmet sind.

Wilde Natur

Hinter den Stadtgrenzen wartet die Natur und lockt mit Wanderungen in der Wildnis der Adirondacks und den Catskills, Rafting auf dem Delaware River und dem Atlantik und ausgelassenen Tagen an der Küste an der Jersey Shore und in den Hamptons.

S. 58

Neuengland

Seafood
Geschichte
Natur

Land der Hummer

Neuengland ist für seine frischen Meeresfrüchte berühmt. An der Küste wimmelt es von Lokalen, in denen man Austern, Hummer und Muschelsuppe genießen kann, während man den Fischern bei der Arbeit zusieht.

Legenden der Vergangenheit

Neuengland hat die amerikanische Geschichte geprägt – von der Landung der Pilgerväter in Plymouth über die Hexenhysterie in Salem bis hin zu Paul Reveres revolutionärem Ritt.

Leuchtender Herbst

Neuenglands Herbst ist legendär. Die Laubfärbung bringt alles zum Leuchten, von den Litchfield Hills in Connecticut bis hinauf zu den White Mountains in New Hampshire und Maine.

S. 178

Washington, D.C. & Capital Region

Kunst & Kultur
Geschichte
Essen & Trinken

Museen & Musik
Washington, D.C., bietet tolle Museen und Galerien. Zudem gibt's Musik aus den Bergen in Virginias Crooked Rd, berühmte Theater und trendige Kunst in Baltimore.

Vergangene Zeiten
Jamestown, Williamsburg und Yorktown geben Einblick in die Kolonialgeschichte Amerikas; die ländlichen Gebiete Virginias sind mit Schlachtfeldern aus dem Bürgerkrieg übersät.

Kulinarische Highlights
In Maryland gibt's Krabben, Austern und Meeresfrüchte, in D.C. tolle internationale Restaurants, und in Baltimore, Charlottesville, Staunton und Rehoboth kommt das Essen frisch von der Farm.

S. 268

Der Süden

Essen & Trinken
Musik
Südlicher Charme

Kuchen & Barbecue
Barbecues, Brathähnchen und Wels, Buttergebäck, Maisbrot, Maisgrütze und pikante kreolische Cajun-Gerichte.

Country, Jazz & Blues
Der Süden hat die Musik so stark beeinflusst wie keine andere Gegend der Welt. Authentisches Musikerlebnis garantiert: mit Country in Nashville, Blues in Memphis und Big-Band-Jazz in New Orleans.

Southern Belles
Bilderbuchstädte wie Charleston und Savannah verzaubern Besucher seit Langem mit ihren von Bäumen gesäumten Straßen, der Antebellum-Architektur und ihrer bodenständigen Freundlichkeit. Andere Kleinstädte sind Chapel Hill, Oxford, Chattanooga und Natchez.

S. 360

Florida

Strände
Outdoor
Geschichte

Strände in allen Facetten
Für jeden ist etwas dabei: vom lebhaften South Beach in Miami oder dem noblen Palm Beach, über die reizvollen Inseln Sanibel und Captiva bis hin zum pöbligen Pensacola.

Outdoor-Abenteuer
Von einzigartigen Themenparks in Orlando und Tampa, über Sumpfgebiete mit Reihern, Adlern und Alligatoren, bis hin zum Schnorcheln mit Rundschwanzseekühen.

Reiche Geschichte
Florida hat eine komplizierte Seele. Hier befinden sich Miami mit seinem farbenfrohen Art-déco-Bezirk und Little Havana, sowie die Fülle wenig bekannter historischer Sehenswürdigkeiten in St. Augustine und dem reichen Erbe von Key West.

S. 496

Die Großen Seen

Essen
Musik
Kultur

Schlemmerparadies
Von preisgekrönten Restaurants (James Beard Award) in Chicago und Minneapolis bis zu Milchshakes frisch aus der Molkerei – die Farmen, Obstgärten und Brauereien in der Region sorgen für Gaumenfreuden.

Rock 'n' Roll
Heimat der Rock and Roll Hall of Fame und bekannt für tolle Festivals wie Lollapalooza und Trash-Clubs – in Chicago kennt man sich eben aus mit Musik.

Skurrile Sehenswürdigkeiten
Ein riesiges Garnknäuel, ein Senfmuseum, ein Wettbewerb im Kuhfladenwerfen: In Nebenstraßen und Hinterhöfen finden sich die schrägsten Ideen – von Leuten mit Leidenschaft, Fantasie und vielleicht etwas zu viel Zeit.

S. 564

Reiseziele im Osten der USA

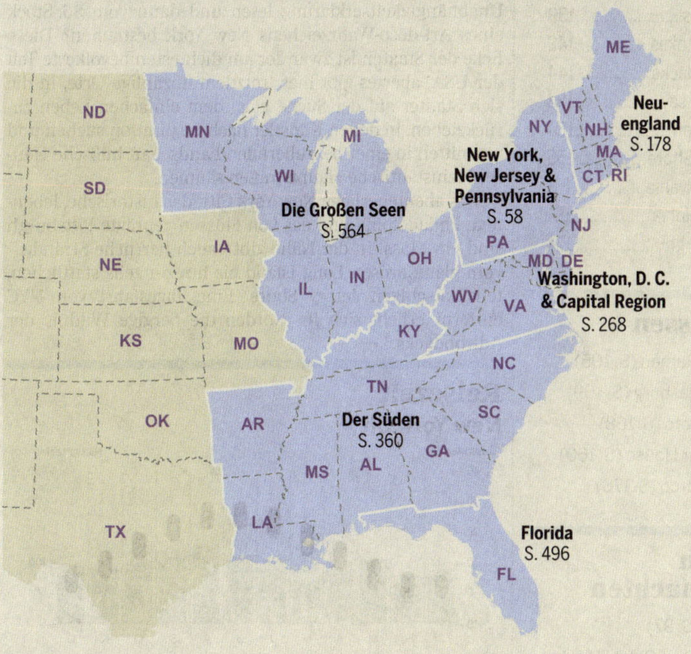

New York, New Jersey & Pennsylvania

Inhalt ➡

Gut essen

- Totto Ramen (S. 105)
- Smorgasburg (S. 109)
- Morimoto (S. 168)
- Lobster House (S. 160)
- Bar Marco (S. 176)

Schön übernachten

- Yotel (S. 97)
- Scribner's Catskill Lodge (S. 140)
- White Pine Camp (S. 147)
- Priory Hotel (S. 175)
- Asbury Hotel (S. 156)

Auf nach New York, New Jersey & Pennsylvania!

Wo sonst könnte man innerhalb von ein paar Tagen eine Amish-Farm besuchen, auf einem Berg zelten, die Unabhängigkeitserklärung lesen und dann vom 86. Stock eines Art-déco-Wahrzeichens New York bestaunen? Diese Ecke der Staaten ist zwar der am dichtesten bevölkerte Teil der USA, aber es gibt hier trotzdem unzählige Orte, in die sich Städter auf der Suche nach dem einfachen Leben zurückziehen, in denen Künstler nach Inspiration suchen und wo mitten in einer bezaubernden Landschaft hübsche Häuser kleinstädtische Hauptstraßen säumen.

Das abenteuerliche New York City, das historische, lebendige Philadelphia und das von Flüssen geprägte Pittsburgh sind ein Muss. In der Nähe gibt's auch herrliche Strände – vom glamourösen Long Island bis hin zur teils stattlichen, teils kitschigen Jersey Shore. Eine Tagesfahrt von NYC entfernt erhebt sich im Norden die bergige Wildnis der Adirondacks.

Reisezeit

New York City

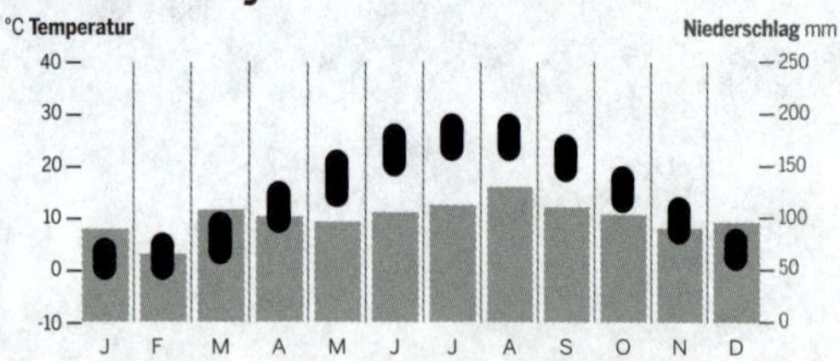

Feb. Wintersportler zieht es in die Berge der Adirondacks, Catskills und Poconos.

31. Mai–5. Sept. Vom Memorial Day bis zum Labor Day sind die Strände von Montauk bis Cape May beliebt.

Okt.–Nov. Der Herbst bringt NYC kühlere Temperaturen, Festivals und den Marathon.

NEW YORK CITY

Epizentrum der Kunst. Hauptstadt des guten Essens und Einkaufens. Trendsetterin. New York City ist eine Stadt der Superlative und strahlt eine unwiderstehliche Anziehungskraft aus.

Dabei hat NYC eine recht übersichtliche Größe – und die Straßen sind voller Hingucker: architektonische Meisterwerke, schöne europäische Cafés, stimmungsvolle Buchläden und kuriose Geschäfte. Ein Stadtspaziergang ist ein einziger Genuss für alle Sinne. Mehr als 200 Nationalitäten haben hier eine neue Heimat gefunden. oft muss man nur ein paar Straßen überqueren, um sich wie auf einem anderen Kontinent zu fühlen. So kann man von Chinatown mit seinen bunten buddhistischen Tempeln, dampfenden Nudelküchen und stinkenden Fischhändlern direkt nach Nolita gehen, um bezaubernde Boutiquen, leckeren Kaffee und angesagtes Kunsthandwerk zu genießen. Jedes Viertel zeigt ein ganz anderes Gesicht von New York City: von den 100 Jahre alten jüdischen Feinkostgeschäften in der Upper West Side bis hin zu den verschlungenen Kopfsteinpflastergassen in Greenwich Village. Um all das zu sehen und zu erleben, geht man am besten zu Fuß durch diese faszinierende Stadt.

Sehenswertes

Financial District & Lower Manhattan

Kühne architektonische Wahrzeichen, Restaurants und eine wachsende Wohnbevölkerung prägen heute das südliche Manhattan, das ehemals ein reines Geschäftsviertel war. Im Financial District (FiDi) befinden sich das Mahnmal und Museum zum 11. September, das One World Observatory und die Wall Street sowie bedeutende historische Stätten wie das Fraunces Tavern Museum, die Federal Hall und, direkt vor der Küste, natürlich Ellis Island und die Freiheitsstatue. Zentrales Wahrzeichen des Viertels ist die City Hall, der Amtssitz des Bürgermeisters. Nördlich des FiDi sind die umgebauten Lagerhäuser von Tribeca, das nun eine wohlhabende Gegend mit guten Restaurants und Bars, Spitzengalerien und vornehmen Geschäften ist.

★ Brooklyn Bridge BRÜCKE

(Karte S. 64; Ⓢ 4/5/6 to Brooklyn Bridge-City Hall; J/Z to Chambers St; R/W to City Hall) Eines der großen Wahrzeichen von New York verbindet Brooklyn mit Manhattan und war die erste Stahl-Kettenbrücke der Welt. Als sie 1883 eröffnet wurde, war sie mit einer Spannweite von 486,5 m auch die längste, die jemals gebaut worden war. Obwohl der Bau von Katastrophen aller Art überschattet war, wurde die Brücke zu einem der schönsten Beispiele städtebaulicher Ingenieursleistung und inspirierte unzählige Dichter, Schriftsteller und Maler. Vom Fußgängerbereich aus hat man einen tollen Blick auf Lower Manhattan, den East River und das sich rasant verändernde Ufer von Brooklyn.

★ National September 11 Memorial MAHNMAL

(Karte S. 64; www.911memorial.org; 180 Greenwich St; ⌚ 7.30–21 Uhr; Ⓢ E bis World Trade Center; R/W bis Cortlandt St; 2/3 bis Park Pl) GRATIS Den Mittelpunkt des Mahnmals zum 11. September bildet **Reflecting Absence**, zwei imposante Wasserbecken mit spiegelglatter Oberfläche, die die Fundamente der unglückseligen Zwillingstürme nachbilden. Vom Rand der beiden Becken fließt ständig Wasser in das 9 m tiefer gelegene Loch in der Mitte. In die Bronzetafeln rund um die Becken sind die Namen der Menschen eingraviert, die bei dem Terroranschlag am 11. September 2001 und bei der Explosion einer Autobombe vor dem World Trade Center am 26. Februar 1993 ums Leben kamen.

Direkt neben dem Mahnmal ist das **Museum** (17–20 Uhr, Erw./Kind 24/15 US$, Di frei; ⌚ So–Do 9–20, Fr & Sa 9–21 Uhr, letzter Einlass 2 Std. vor Schließung). Erschütternd und zutiefst berührend erzählt das Museum die Geschichte dieses schrecklichen Tages und die Auswirkungen auf Amerika und die ganze Welt.

★ One World Observatory AUSSICHTSPUNKT

(Karte S. 64; ☎ 844-696-1776; www.oneworldobservatory.com; Ecke West St & Vesey St; Erw./Kind 34/28 US$; ⌚ 9–20 Uhr, Ticketverkauf bis 19.15 Uhr; Ⓢ E bis World Trade Center; 2/3 bis Park Pl; A/C, J/Z, 4/5 bis Fulton St; R/W bis Cortlandt St) Das Observatorium erstreckt sich vom 100. bis zum 102. Stockwerk des höchsten Gebäudes der westlichen Hemisphäre. Der Panoramablick auf die Stadt ist überwältigend. An einem klaren Tag kann man über alle fünf Stadtteile hinweg bis zu den angrenzenden Staaten sehen. Kein Wunder, dass es äußerst populär und immer gut besucht ist. Deshalb sollte man die Tickets unbedingt im Voraus online kaufen.

Highlights

1 In **New York City** (S. 59) einmal um die ganze Welt reisen, ohne die Stadt zu verlassen. Die Vielfalt der unterschiedlichen Viertel und Kulturen macht's möglich

2 An der **Jersey Shore** (S. 155) die Küste, die Ruhe, Kitsch und leckeres Popcorn genießen

3 Im **Independence National Historic Park** (S. 162) in Philadelphia den Spuren der Gründungsväter folgen

4 Durch die dichten Wälder der **Catskills** (S. 139) wandern

5 In den majestätischen **Adirondacks** (S. 144) paddeln

6 Auf **Thousand Islands** (S. 148) am Sankt-Lorenz-Strom campen

7 Tolle moderne Kunst und alte Industrien in **Pittsburgh** (S. 174) bewundern

8 In **North Fork** (S. 134) auf Long Island süffige Rot- und Weißweine probieren

9 Auf kleinen Straßen durch das **Pennsylvania Dutch Country** (S. 172) fahren

10 Auf einem Boot gemütlich durch die idyllische Landschaft des **Delaware Water Gap** (S. 157) schippern (oder Wildwasser-Raften – je nach Saison)

National Museum of the American Indian MUSEUM
(Karte S. 64; ☎212-514-3700; www.nmai.si.edu; 1 Bowling Green; ⏲Fr–Mi 10–17, Do 10–20 Uhr; Ⓢ4/5 bis Bowling Green; R/W bis Whitehall St) GRATIS Das elegante Museum zur Kultur der Indianer befindet sich in dem von Cass Gilbert 1907 errichteten, spektakulären **Custom House**, einem der schönsten Beaux-Arrts-Gebäude in New York. Es gehört zur Smithsonian Institution und präsentiert unter der riesigen elliptischen Kuppel ständig Wechselausstellungen zu Kunst, Kultur, Leben und Religion der Ureinwohner. In der Dauerausstellung des Museums sind wunderbare Kunstwerke, Textilien und Kultobjekte zu sehen, die sehr gut die Unterschiede in den Kulturen der einzelnen Völker in Amerika dokumentieren.

★ Freiheitsstatue DENKMAL
(Karte S. 63; ☎212-363-3200, tickets 877-523-9849; www.nps.gov/stli; Liberty Island; Erw./Kind inkl. Ellis Island 18,50/9 US$, inkl. Krone 21,50/12 US$; ⏲8.30–17.30, saisonale Änderungen s. Website; ⛴nach Liberty Island, Ⓢ1 bis South Ferry; 4/5 bis Bowling Green) Wer den atemberaubenden Blick von der Krone der Freiheitsstatue genießen möchte, muss die Tickets sehr lange (bis zu 6 Monate) im Voraus buchen. Wer das versäumt, besorgt sich ein Ticket für den Sockel, von dem man auch einen tollen Blick hat. Und wenn alle Stricke reißen, fährt man einfach nur mit der Fähre nach Liberty Island. Im Fährticket enthalten ist der Zugang zum Gelände am Fuße der Statue sowie die **Führung mit einem Parkranger** oder die Besichtigung auf eigene Faust mit einem Audioguide. Um nirgends lange anstehen zu müssen, sollte man alle Tickets online buchen (www.statuecruises.com).

1865 plante der französische Intellektuelle Edouard Laboulaye die Freiheisstatue eigentlich als Symbol der republikanischen Ideale, auf denen Frankreich und die USA beruhten, doch gilt sie heute im Allgemeinen als Symbol für Chancengleichheit und Freiheit.

Der französische Bildhauer Frédéric-Auguste Bartholdi reiste 1871 nach New York, um den Standort auszuwählen, und verbrachte dann 10 Jahre in Paris mit der Planung und Ausführung der knapp 46 m hohen *Liberty Enlightening the World*-Statue. Nach der Fertigstellung wurde sie nach New York transportiert, auf einer kleinen Insel im Hafen aufgestellt und 1886 feierlich enthüllt. Sie besteht aus einem (von Gustave Eiffel entworfenen) Eisenskelett und einer Außenhaut aus Kupfer, die mit festen, biegsamen Metallstangen daran befestigt ist. Der Aufstieg in die Fackel ist seit 1916 verboten.

Liberty Island wird in der Regel zusammen mit dem benachbarten Ellis Island besucht. Die **Fähren** (Karte S. 64; ☎877-523-9849; www.statuecruises.com; Erw./Kind ab 18,50/9 US$; ⏲8.30–16 Uhr Ⓢ4/5 bis Bowling Green; R/W bis Whitehall St; 1 bis South Ferry) legen im Battery Park ab. Die nächsten Subway-Stationen sind South Ferry und Bowling Green. (Im Fährticket ist der Zugang zu beiden Sehenswürdigkeiten enthalten.)

★ Ellis Island WAHRZEICHEN, MUSEUM
(Karte S. 63; ☎212-363-3200, Tickets unter 877-523-9849; www.nps.gov/elis; Ellis Island; Fähre inkl. Freiheitsstatue Erw./Kind 18,50/9 US$; ⏲9.30–15.30 Uhr; ⛴bis Ellis Island, Ⓢ1 bis South Ferry; 4/5 bis Bowling Green) Ellis Island ist das berühmteste und wichtigste Tor nach Amerika. Von 1892 bis 1924 betraten mehr als 12 Mio. Einwanderer durch dieses Tor das Land ihrer Träume. Heute zollt das **Immigration Museum** diesen Einwanderern einen bewegenden Tribut mit Berichten von Historikern, den Einwanderern selbst sowie weiteren Quellen. Bei der Führung sieht man auch die stattliche Sammlung persönlicher Gegenstände, offizieller Dokumente, Fotografien und Filme. Um den ebenso erschütternden Warteschlangen zu entgehen, sollte man die Tickets unbedingt online kaufen (www.statuecruises.com).

South Street Seaport STADTVIERTEL
(Karte S. 64) Das Viertel liegt zwar direkt am Fluss im Osten des Financial District, scheint aber Welten davon entfernt zu sein. Die Straßen mit Kopfsteinpflaster und alten Gebäude erinnern immer noch an seine stolze Vergangenheit als Hafenviertel. Bars und Restaurants sind zwanglos und abgefahren, und es gibt jede Menge interessante Geschäfte.

★ Museum of Jewish Heritage MUSEUM
(Karte S. 64; ☎646-437-4202; www.mjhnyc.org; 36 Battery Pl; Erw./Kind 12 US$/frei, Mi 16–20 Uhr frei; ⏲Mitte März–Mitte Nov. So–Di 10–18, Mi & Do 10–20, Fr 10–17 Uhr, übriges Jahr Sa geschl.; 👪; Ⓢ4/5 bis Bowling Green; R/W bis Whitehall St) Das aufschlussreiche Museum am Wasser zeigt von religiösen Traditionen bis hin zu künstlerischen Werken vielfältige Aspekte des modernen jüdischen Lebens und der Kultur. Im Mittelpunkt des Museums steht eine aus-

New York City

Chinatown & Lower Manhattan

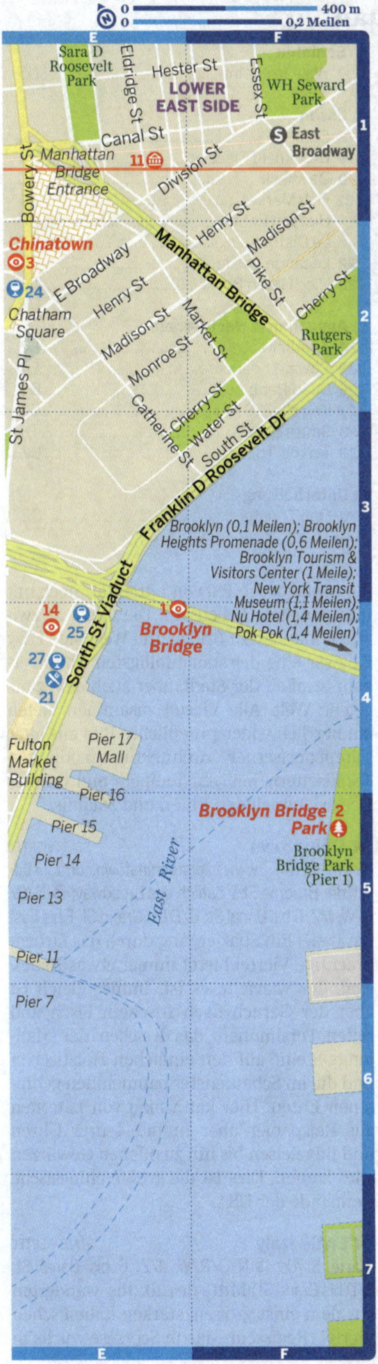

führliche Ausstellung zum Holocaust, in der persönliche Gegenstände, Fotografien und Dokumentarfilme für eine sehr persönliche Erfahrung sorgen. Im Außenbereich ist die Installation „**Garden of Stones**“ zu bewundern. Der Künstler Andy Goldsworthy widmete sie all jenen, die ihre Angehörigen im Holocaust verloren haben. Auf dem schmalen Fußweg aus 18 Steinbrocken sollen die Besucher über die Zerbrechlichkeit des Lebens nachdenken.

Skyscraper Museum MUSEUM

(Karte S. 64; ☎ 212-968-1961; www.skyscraper.org; 39 Battery Pl; $5; ⏲ Mi–So 12–18 Uhr; Ⓢ 4/5 bis Bowling Green; R bis Whitehall) In der kleinen Hochglanzgalerie kommen alle Fans phallischer Architektur auf ihre Kosten. Wolkenkratzer werden hier als Objekte von Design, Ingenieurskunst und städtischer Erneuerung erläutert. Die ständig wechselnden Ausstellungen widmen sich immer einem bestimmten Thema, etwa der neuen Generation von superschmalen Wohntürmen in New York oder den immer höher werdenden Gebäuden der Welt. Ständig verfügbar sind Infos zur Konstruktion des Empire State Building und des World Trade Center.

Battery Park PARK

(Karte S. 64; www.nycgovparks.org; Broadway, Battery Pl; ⏲ Sonnenaufgang–1 Uhr; Ⓢ 4/5 bis Bowling Green; R bis Whitehall St; 1 bis South Ferry) Die fast 5 ha große Oase bedeckt das südliche Ende von Manhattan. Durch den Park schlängeln sich Spazierwege zu schönen Gärten und öffentlich zugänglichen Kunstwerken. Außerdem sind dort ein Holocaust Memorial und das Irish Hunger Memorial zu finden. Nachdem sich holländische Siedler 1623 auf diesem Teil der Insel niedergelassen hatten, wurde hier die erste „Batterie“ von Kanonen stationiert, um die junge Siedlung New Amsterdam zu schützen. Hier befinden sich auch das historische **Castle Clinton** (Karte S. 64; ☎ 212-344-7220; www.nps.gov/cacl/index.htm; ⏲ 7.45–17 Uhr) und die Anlegestellen der Fähren nach Ellis Island und zur Statue of Liberty.

New York Stock Exchange GEBÄUDE

(Karte S. 64; www.nyse.com; 11 Wall St; ⏲ nicht zugänglich; Ⓢ J/Z bis Broad St; 2/3, 4/5 bis Wall St) Die bekannteste Börse der Welt und die gesamte Wall Street sind die Symbole des US-Kapitalismus. Hinter der einschüchternden romanischen Fassade werden täglich gut 1 Mrd. Aktien gehandelt. Aus Sicherheitsgründen hat die Öffentlichkeit leider keinen

Chinatown & Lower Manhattan

Highlights
1 Brooklyn Bridge ... E4
2 Brooklyn Bridge Park ... F5
3 Chinatown ... E2
4 Museum of Jewish Heritage ... B6
5 National September 11 Memorial ... B4
6 National September 11 Memorial Museum ... B4
7 One World Observatory ... B4

Sehenswertes
8 Battery Park ... C6
9 Castle Clinton ... C6
10 Federal Reserve Bank of New York ... C4
11 Museum at Eldridge Street Synagogue ... E1
12 National Museum of the American Indian ... C6
13 Skyscraper Museum ... B6
14 South Street Seaport ... E4

Aktivitäten, Kurse & Touren
15 Downtown Boathouse ... A2
16 Staten Island Ferry ... D7

Schlafen
17 Wall Street Inn ... D5

Essen
18 Bâtard ... B1
19 Brookfield Place ... B4
20 Da Mikele ... C1
21 Fish Market ... E4
Hudson Eats ... (siehe 19)
Le District ... (siehe 19)
22 Locanda Verde ... B2
23 Nice Green Bo ... D1

Ausgehen & Nachtleben
24 Apothéke ... E2
25 Cowgirl Seahorse ... E4
26 Dead Rabbit ... D6
27 Keg No 229 ... E4
28 Smith & Mills ... B1
29 Terroir Tribeca ... B2

Unterhaltung
30 Flea Theater ... C2

Zutritt mehr. So bleibt einem nur, das imposante Gebäude, das durch Barrieren und die aufmerksamen Beamten des NYPD (New York Police Department) geschützt wird, von außen zu betrachten.

Federal Reserve Bank of New York GEBÄUDE
(Karte S. 64; ☎212-720-6130; www.newyorkfed.org; 33 Liberty St, an der Nassau St, Eingang 44 Maiden Lane; Reservierung erforderlich; ⌚Führungen Mo–Fr 13 & 14 Uhr; S A/C, J/Z, 2/3, 4/5 bis Fulton St) GRATIS Ein guter Grund, die US-Notenbank zu besuchen, ist die Möglichkeit, einen (ganz) kurzen Blick in den Hochsicherheits-Safe zu werfen. Dort liegen 24 m unter der Erde über 10 000 t Goldreserven. Besucher bekommen nur einen kleinen Teil dieses Vermögens zu Gesicht, aber schon das ist die Mühe wert. Um überhaupt in die Nähe des Safes zu gelangen, muss man sich einer kostenlosen Führung anschließen. Am besten schon mehrere Monate im Voraus buchen.

SoHo & Chinatown

SoHo (= South of Houston), NoHo (= North of Houston) und Nolita (= North of Little Italy) sind die derzeit angesagtesten Viertel von Manhattan. Sie sind bekannt für ihre unglaublich schicken Boutiquen, Bars und Restaurants. Südlich davon locken dagegen die ausufernde, geschäftige Chinatown und der nostalgische Teil von Little Italy noch mit traditionellem Lebensstil. Die Canal St zwischen Manhattan Bridge und West Side Hwy ist zwar eine der stauanfälligsten Hauptverkehrsstraßen der Stadt, aber auch eine ganz eigene Welt. Alle Viertel zusammen bieten ein herrlich widersprüchliches Bild aus alter schmiedeeiserner Architektur, modischen Trendsettern, heiligen Tempeln und von der Decke baumelnden Enten und Salamis.

★Chinatown STADTVIERTEL
(Karte S. 64; www.explorechinatown.com; südlich der Broome St & östlich des Broadway; S N/Q/R/W, J/Z, 6 bis Canal St; B/D bis Grand St; F bis East Broadway) Ein Spaziergang durch das farbenprächtige Viertel bietet immer etwas Neues, egal, der wievielte es ist. Immer gleich ist aber der Geruch nach frischem Fisch und reifen Persimonen, das Klacken der Mahjongg-Steine auf den einfachen Holztischen und die im Schaufenster baumelnden gebratenen Enten. Hier kann man von Laternen aus Reispapier über Imitate teurer Uhren und Bügeleisen bis hin zu offenen Gewürzen alles kaufen. Dies ist die größte chinesische Gemeinde der USA.

★Little Italy STADTVIERTEL
(Karte S. 70; S N/Q/R/W, J/Z, 6 bis Canal St; B/D bis Grand St) Mitte des 20. Jhs. wanderten aus dem einst großen, starken italienischen Viertel (Regisseur Martin Scorsese wuchs in

der Elizabeth St auf) die Einwohner massenweise in modernere Viertel wie Brooklyn und andere ab. Heute beschränkt sich Little Italy weitgehend auf die Mulberry St zwischen der Broome St und Canal St. Hier wimmelt es noch von (zumeist mittelmäßigen) italienischen Restaurants mit rotkarierten Tischdecken. Ende September wird ausgelassen und lautstark das San Gennaro Festival (S. 95) zu Ehren des Stadtheiligen von Neapel gefeiert.

International Center of Photography GALERIE

(ICP; Karte S. 70; ☎212-857-0003; www.icp.org; 250 Bowery zw. Houston & Prince; Erw./Kind 14 US$/frei, Do 18–21 Uhr gegen Spende; ⏲Di–So 10–18, Do 10–21 Uhr; Ⓢ F bis 2nd Ave; J/Z bis Bowery) Das hervorragende ICP legt den Schwerpunkt auf Fotojournalismus und veranstaltet ständig wechselnde Ausstellungen zu den verschiedensten Themen. So waren in der Vergangenheit bereits die Arbeiten von Sebastião Salgado, Henri Cartier-Bresson, Man Ray und Robert Capa zu sehen. Nachdem sie früher in Midtown war, befindet sich die 1022 m² große Galerie seit 2016 in Downtown und damit näher am Epizentrum der Kunstszene.

New York City Fire Museum MUSEUM

(Karte S. 70; ☎212-691-1303; www.nycfiremuseum.org; 278 Spring St zw. Varick St & Hudson St; Erw./Kind 8/5 US$; ⏲10–17 Uhr; Ⓢ C/E bis Spring St) Das Museum in einer wunderbaren alten Feuerwache von 1904 ist den heroischen Feuerwehrleuten gewidmet und zeigt eine fantastische Sammlung historischer Gerätschaften. Es beginnt mit alten Pferdewagen der Feuerwehr, ebenso alten zylinderförmigen Feuerwehrhelmen und endet bei Chief, einer vierbeinigen Feuerwehrlegende in Brooklyn. Die Ausstellung zeichnet die Entwicklung der New Yorker Feuerwehr nach. Mit den vielen tollen Exponaten und den freundlichen Mitarbeitern ist es auch ein tolles Ausflugsziel für Kinder. Nachdem die Hälfte der New Yorker Feuerwehrleute beim Einsturz des World Trade Center am 11. September 2001 ums Leben kam, ist eine ständige Ausstellung mit Erinnerungsstücken und Andenken zu sehen. Im Museumsshop werden Bücher zur Geschichte der Feuerwehr und offizielle Kleidungsstücke und Abzeichen der New Yorker Feuerwehr verkauft.

Museum of Chinese in America MUSEUM

(Karte S. 70; ☎212-619-4785; www.mocanyc.org; 215 Centre St zw. Grand St & Howard St; Erw./

NEW YORK, NEW JERSEY & PENNSYLVANIA IN …

einer Woche

Am besten beginnt man in Philadelphia (S. 161), dem Geburtsort der amerikanischen Unabhängigkeit. Nach dem Besuch der Independence Hall (S. 161) und des neuen Museum of the American Revolution (S. 163) erkundet man abends die großartigen Restaurants und das Nachtleben in so aufstrebenden Stadtvierteln wie Fishtown. Dann geht's nach New Jersey, wo man eine Nacht im idyllischen Cape May (S. 159) verbringt. Der verschlafene Strandort ist voller viktorianischem Charme. Nach einer kurzen Rundfahrt auf dem Ocean Dr verbringt man die nächste Nacht im kitschigen Küstenort Wildwood (S. 159), in dem die Zeit in den 1950er-Jahren stehen geblieben zu sein scheint. Danach geht es weiter in Richtung Norden bis nach New York City (S. 59), wo man die nächsten Tagen mit dem Besuch der wichtigsten Sehenswürdigkeiten wie dem Top of the Rock (S. 73) und dem Central Park (S. 78) verbringt. Abends warten Restaurants mit Gerichten aus aller Welt und das pulsierende Nachteben.

zwei Wochen

Mit NYC im Rückspiegel fährt man entlang des majestätischen Hudson und der Palisades in Richtung Norden bis nach Beacon (S. 136). Dort verbringt man ein, zwei Tage und fährt dann weiter in die Catskills (S. 139). Nach der Erkundung dieser herrlichen Region geht es weiter gen Norden, bis man die wunderbare Landschaft der Adirondacks (S. 144) erreicht. Danach braust man durch die Region der Finger Lakes (S. 142) zurück in Richtung Süden. Unterwegs kann man immer wieder einen Abstecher zu einem der vielen Weingüter oder Parks mit Wasserfällen unternehmen. Eine Nacht sollte man auch in der wunderbaren Collegestadt Ithaca (S. 142) verbringen. Von hier aus kann man entweder nach Buffalo (S. 149) und zu den Niagara Falls (S. 151) an der kanadischen Grenze oder in Richtung Südwesten nach Pittsburgh (S. 174) fahren.

Kind 10/5 US$, 1. Do im Monat frei; ⌚ Di, Mi & Fr–So 11–18, Do 11–21 Uhr; Ⓢ N/Q/R/W, J/Z, 6 bis Canal St) Das facettenreiche Museum in einem von der Architektin Maya Lin entworfenen Gebäude (sie hat auch das berühmte Vietnam Memorial in Washington, D.C., entworfen) zeigt in interessanten Dauer- und Wechselausstellungen das Leben der chinesischen Amerikaner in Vergangenheit und Gegenwart. Die Besucher können sich durch interaktive Multimedia-Dateien mit Karten, Zeitleisten, Fotos, Filmen und Briefen klicken und jede Menge Stücke bewundern. Das Glanzstück der Ausstellung *With a Single Step: Stories in the Making of America* bietet einen tiefen Einblick in Themen wie Einwanderung, kulturelle Identität und rassistische Stereotypen.

East Village & Lower East Side

Die Kurzfassung der aufregenden Mischung von alt und neu dieser beiden Viertel sind das New Museum und das Tenement Museum. Waren die beiden Viertel früher von einer ständigen Weiterentwicklung und wiederholten Einwanderungswellen geprägt, so sind sie heute die heißesten Adressen für schummrige Bars, Clubs mit Livemusik und preiswerte Restaurants, die Studenten, Banker und etwas verlotterte Typen gleichermaßen anziehen. Luxuriöse Wohntürme und schicke Boutiquehotels stehen neben Mietskasernen.

★ Lower East Side Tenement Museum MUSEUM

(Karte S. 70; ☎ 877-975-3786; www.tenement.org; 103 Orchard St zw. Broome St & Delancey St; Führung Erw./Student & Senior 25/20 US$; ⌚ Fr–Mi 10–18.30, Do 10–20.30 Uhr; Ⓢ B/D bis Grand St; J/M/Z bis Essex St; F bis Delancey St) Anhand von drei Mietwohnungen aus der Zeit der letzten Jahrhundertwende erzählt das Museum die erschütternde, aber interessante Geschichte dieses Viertels. Zu sehen sind die Wohnung und das Bekleidungsgeschäft der polnischen Familie Levine vom Ende des 19. Jhs. und zwei Wohnungen von Einwandererfamilien während der Weltwirtschaftskrisen von 1873 und 1929. Der Besuch der Wohnungen ist nur im Rahmen einer der zahlreichen Führungen möglich.

★ New Museum of Contemporary Art MUSEUM

(Karte S. 70; ☎ 212-219-1222; www.newmuseum.org; 235 Bowery zw. Stanton St & Rivington St; Erw./Kind 18 US$/frei, Do 19–21 Uhr gegen Spende; ⌚ Di, Mi & Fr–So 11–18, Do 11–21 Uhr; Ⓢ R/W bis Prince St; F bis 2nd Ave; J/Z bis Bowery; 6 bis Spring St) Das aufregende Museum für zeitgenössische Kunst ist ein unvergesslicher Anblick: Weiße, scheinbar schwerelose Kisten, die gleich abzustürzen drohen, sind zu sieben Stockwerken gestapelt. Entworfen wurde dieses Kunstwerk von Kazuyo Sejima und Ryue Nishizawa von den Architekturbüros SANAA in Tokio und der Firma Gensler in New York. Als es 2007 gebaut wurde, sorgte es für viel frischen Wind in der ansonsten tristen und rauen Bowery. Seitdem sind jedoch weitere supermoderne Gebäude hinzugekommen und haben die ehemals heruntergekommene Avenue in eine strahlende Prachtstraße verwandelt.

Tompkins Square Park PARK

(Karte S. 70; www.nycgovparks.org; E 7th St & 10th St zw. Ave A & Ave B; ⌚ 6–24 Uhr; Ⓢ 6 bis Astor Pl) Dieser ca. 4 ha große Park ist wie ein netter Dorfplatz für die Anwohner, die sich hier an Betontischen zum Schachspielen, an warmen Tagen auf dem Rasen zum Picknick und auf den grasbedeckten Hügelchen zu spontanen Gitarren- oder Trommelsessions treffen. Außerdem gibt's Basketballplätze, einen kleinen öffentlichen Swimmingpool für Kinder, einen Hundeauslauf (ein eingezäunter Bereich, wo Frauchen und Herrchen ihre Lieblinge frei herumlaufen lassen können), Sommerkonzerte und einen viel besuchten Kinderspielplatz.

Museum at Eldridge Street Synagogue MUSEUM

(Karte S. 64; ☎ 212-219-0302; www.eldridgestreet.org; 12 Eldridge St zw. Canal St & Division St; Erw./Kind 14/8 US$, Mo Spende empfohlen; ⌚ So–Do 10–17, Fr 10–15 Uhr; Ⓢ F bis East Broadway) Das beeindruckende Gotteshaus von 1887 war das Zentrum des jüdischen Gemeindelebens, bevor es in den 1920er-Jahren zunehmend verfiel. Nachdem sie 20 Jahre lang für 20 Mio. US$ komplett restauriert worden war, wurde sie 2007 im alten Glanz wiedereröffnet. Im Museumseintritt ist eine **Führung** durch die Synagoge enthalten. Diese beginnen immer zur vollen Stunde, die letzte um 16 Uhr.

Astor Place PLATZ

(Karte S. 70; 8th St zw. Third Ave & Fourth Ave; Ⓢ N/R bis 8th St-NYU; 6 bis Astor Pl) Auch mit dem restaurierten *Alamo*, dem zumeist als „Würfel" bezeichneten öffentlichen Kunstwerk, das nach vielen Jahren endlich wieder an seinem Platz steht, ist der Astor Place nicht mehr der alte. Er ist auch kein richtiger „Plaza“ mehr, seit die Punks und Hausbesetzer hier nicht mehr abhängen. Der hübsche, saubere Platz zwischen Broadway und Lafayette ist umgeben von schicken, strahlenden Gebäuden und mit gut durchdachten Bänken und Granitblöcken zum Sitzen geschmückt.

West Village, Chelsea & Meatpacking District

Die drei freundlichen, lauten, malerischen und modern herausgeputzten Innenstadtviertel sind voller Widersprüche. Die verwinkelten Straßen von West Village laden zu einem Spaziergang ein, in den gut erhaltenen Stadthäusern sind gemütliche Restaurants und Bars untergebracht. Die Gegend rund um den Washington Square Park ist von der ständig steigenden Zahl von Studenten der New York University geprägt. In den letzten Jahren hat sich der Meatpacking District zu einer Art Fleischmarkt mit trendigem Nachtleben entwickelt. Nördlich davon befindet sich Chelsea, in dem Kunstgalerien und eine dynamische Schwulenszene zu Hause sind. All diese Viertel werden durch die High Line, den berühmten Höhenpark der Stadt, miteinander verbunden. Sie reicht bis zu den Hudson Yards, einem riesigen, nagelneuen Gebäudekomplex.

★ High Line PARK

(Karte S. 64; ☎ 212-500-6035; www.thehighline.org; Gansevoort St; ⌚ Juni–Sept. 7–23 Uhr, April, Mai, Okt. & Nov. 7–22 Uhr, Dez.–März 7–19 Uhr; 🚌 M11 bis Washington St; M11, M14 bis 9th Ave; M23, M34 bis 10th Ave, S A/C/E, L bis 14th St-8th Ave; C/E bis 23rd St-8th Ave) Es ist kaum zu glauben, dass anstelle des High Line, einem gelungenen Beispiel genialer Stadtverschönerung, einmal eine verwahrloste Bahnlinie durch ein schmuddeliges Viertel voller Schlachthäuser führte. Heute ist diese heißgeliebte grüne Lunge eine der größten Sehenswürdigkeiten der Stadt, in der die Besucher 9 m über der Stadt spazieren gehen, sich ausruhen, ein Picknick machen oder einfach nur den fantastischen Blick auf das sich ständig wandelnde Manhattan genießen. Der Park reicht bis zur 34th St, wo er den riesigen Gebäudekomplex der Hudson Yards umschließt.

★ Whitney Museum of American Art MUSEUM

(Karte S. 70; ☎ 212-570-3600; www.whitney.org; 99 Gansevoort St, in Washington; Erw./Kind 22 US$/frei; ⌚ Mo, Mi, Do & So 10.30–18, Fr & Sa bis 22 Uhr; S A/C/E, L bis 14th St–8th Ave) Nach jahrelangen Bauarbeiten eröffnete das neue Innenstadtdomizil des Whitneys 2015 mit großem Tamtam. Es liegt am Fuße der High Line in einem architektonisch beeindruckenden Gebäude von Renzo Piano und bietet den passenden Rahmen für die hervorragende Sammlung des Museums. In den weitläufigen Galerien im Inneren sind Arbeiten von großen amerikanischen Künstlern ausgestellt, darunter Edward Hopper, Jasper Johns, Georgia O'Keeffe und Mark Rothko.

★ Chelsea Market MARKT

(Karte S. 74; ☎ 212-652-2121; www.chelseamarket.com; 75 Ninth Ave Ecke W 15th St; ⌚ Mo–Sa 7–21, So 8–20 Uhr; S A/C/E bis 14th St; L bis 8th Ave) Nach umfangreichen Umbau- und Sanierungsmaßnahmen wurde aus einer ehemaligen Fabrik ein Einkaufsparadies für Feinschmecker. Mehr als zwei Dutzend Verkaufsstände bieten nun ihre verführerischen Köstlichkeiten an, darunter Exoten wie **Mokbar** (Ramen mit koreanischem Touch), **Takumi Taco** (japanisch-mexikanische Kreationen), **Tuck Shop** (australische Pies), **Bar Suzette** (Crêpes), **Num Pang** (kambodschanische Sandwiches), **Ninth St Coffee** (perfekter Latte), **Doughnuttery** (Mini-Donuts frisch aus dem Backofen) und **L'Arte de Gelato** (üppig sahniges Eis).

★ Hudson River Park PARK

(Karte S. 70; www.hudsonriverpark.org; 👪) Der Höhenpark High Line steht zwar immer noch im Mittelpunkt des Interesses, doch nur einen Häuserblock von ihm entfernt erstreckt sich ein 8 km langer Grünstreifen, der die Stadt in den letzten 10 Jahren gründlich verändert hat. Der 222,5 ha große Park, der sich vom Battery Park im Süden Manhattans bis zur 59th St in Midtown erstreckt, ist der wunderbare Hinterhof von Manhattan.

★ Rubin Museum of Art GALERIE

(Karte S. 74; ☎ 212-620-5000; www.rmanyc.org; 150 W 17th St zw. Sixth Ave & Seventh Ave; Erw./Kind 15 US$/frei, Fr 18–22 Uhr frei; ⌚ Mo & Do 11–17, Mi 11–21, Fr 11–22, Sa & So 11–18 Uhr; S 1 bis 18th St) Als erstes Museum der westlichen Welt widmet sich diese Galerie der Kunst der Regionen rund um den Himalaja. Die beeindruckende Sammlung umfasst bestickte Textilien aus China, Metallskulpturen aus Tibet, pakistanische Steinfiguren und kunstvolle Gemälde aus Bhutan sowie religiöse

East & West Villages

Objekte und Tanzmasken aus verschiedenen Regionen Tibets, die alle aus dem 2. bis 19. Jh. stammen.

★ Washington Square Park PARK

(Karte S. 70; Fifth Ave Ecke Washington Sq N; 👪; Ⓢ A/C/E, B/D/F/M bis W 4th St-Washington Sq; R/W bis 8th St-NYU) Der ehemalige Armenfriedhof und Hinrichtungsplatz ist heute der inoffizielle Versammlungsplatz von Greenwich Village, auf dem sich Studenten, Straßenmusiker, merkwürdige Hunde und ihre Besitzer sowie professionelle Schnellschachspieler tummeln. Bei gutem Wetter planschen Kinder barfuß im Brunnen.

Union Square, Flatiron District & Gramercy

Mittelpunkt und Zentrum dieser drei geschäftigen, wild pulsierenden Viertel ist der Union Square. Nachdem er seine trostlose Vergangenheit hinter sich gelassen hat, ist er heute ein äußerst gepflegter Treffpunkt für New Yorker aller Art. Das spitzige Flatiron Building und die grüne Lunge des Madison Square Park grenzen bereits an die Häuserschluchten von Midtown nördlich davon. Das stattliche Wohngebiet Gramercy Park hat eine ganz eigene, romantische Ausstrahlung, die zu einem Spaziergang einlädt.

★ Union Square PLATZ

(Karte S. 74; www.unionsquarenyc.org; 17th St zw. Broadway & Park Ave S; Ⓢ 4/5/6, N/Q/R, L bis 14th St-Union Sq) Der Union Square ist eine Art Arche Noah von New York, denn hier sind immer zumindest zwei der typischen Betonbauten vertreten. Auch das Publikum ist eine überaus bunte Mischung, die so auf einem öffentlichen Platz wohl kaum irgendwo sonst zu finden ist: Geschäftsleute im feinen Anzug, die in ihrer Mittagspause etwas frische Luft schnappen, Müßiggänger mit Rastalocken, die auf ihren Tablas herumtrommeln, Skateboarder, die auf den Stufen im

Südosten ihre neuesten Sprünge üben, wilde Collegeschüler, die sich das Essen mit Schülerrabatt schmecken lassen, und laute Demonstranten, die für ihre Anliegen eintreten.

★ Flatiron Building HISTORISCHES GEBÄUDE
(Karte S. 74; Broadway, Ecke Fifth Ave & 23rd St; S N/R, F/M, 6 bis 23rd St) Das von Daniel Burnham entworfene 20-stöckige Hochhaus von 1920 sieht wie ein riesiges Bügeleisen oder der Bug eines Schiffs aus. Die Beaux-Arts-Fassade aus Kalksandstein und Terrakotta über dem Stahlgerüst erscheint umso schöner und komplizierter, je länger man sie betrachtet. Am besten zu sehen ist das ungewöhnliche Gebäude von der Verkehrsinsel nördlich der 23rd St zwischen Broadway und Fifth Ave. Anfang des 20. Jhs. beherrschte es als einer der ersten Wolkenkratzer den Platz.

Union Square Greenmarket MARKT
(Karte S. 74; ☎ 212-788-7476; www.grownyc.org; E 17th St zw. Broadway & Park Ave S; ⏰ Mo, Mi, Fr & Sa 8–18 Uhr; S 4/5/6, N/Q/R/W, L bis 14th St-Union Sq) Dieser Obst- und Gemüsemarkt auf der Nordseite des Union Square ist der beliebteste der insgesamt 53 Märkte von fünf Stadtteilen. Auch berühmte Küchenchefs kaufen hier Raritäten wie Farnspitzen und alte Tomatensorten.

National Arts Club KULTURZENTRUM
(Karte S. 74; ☎ 212-475-3424; www.nationalartsclub.org; 15 Gramercy Park S; Zeichenkurs 15–25 US$; S N/R, 6 bis 23rd St) Das Zentrum wurde 1898 gegründet, um die Öffentlichkeit stärker für Kunst zu interessieren. Heute sind die Kunstausstellungen in der Regel montags bis freitags von 10 bis 17 Uhr geöffnet (der Veranstaltungskalender findet sich auf der Homepage). Calvert Vaux, einer der Schöpfer des Central Park, entwarf das Gebäude, dessen Eingangshalle von einer Buntglasdecke überwölbt ist. Es war einmal das Wohnhaus von Samuel J. Tilden, einem Gouverneur von New York, der 1876 die Präsidentschaftswahl verlor.

East & West Villages

Highlights
1 High Line ... B1
2 Hudson River Park ... B3
3 Little Italy ... E4
4 Lower East Side Tenement Museum ... F3
5 New Museum of Contemporary Art ... E3
6 Washington Square Park ... D2
7 Whitney Museum of American Art ... A1

Sehenswerte
8 Astor Place ... E2
9 Children's Museum of the Arts ... C3
10 International Center of Photography ... E3
11 Museum of Chinese in America ... E4
12 New York City Fire Museum ... C4
13 Tompkins Square Park ... F1

Aktivitäten, Kurse & Touren
14 Great Jones Spa ... E2
15 Russian & Turkish Baths ... F1

Schlafen
16 Bowery Hotel ... E2
17 Bowery House ... E3
18 Jane Hotel ... A1
19 Soho Grand Hotel ... D4
20 Solita SoHo ... E4
21 St Mark's Hotel ... E2
22 Standard ... A1
23 Standard East Village ... E2

Essen
24 Bánh Mì Saigon Bakery ... E4
25 Blue Hill ... C2
26 Butcher's Daughter ... E3
27 Café Gitane ... E3
28 Clinton Street Baking Company ... G3
29 Degustation ... E2
30 Dutch ... D3
31 El Rey ... F3
32 Estela ... E3
33 Grey Dog ... E3
34 Jeffrey's Grocery ... C2
35 Katz's Delicatessen ... F3
36 La Esquina ... E4
37 Meatball Shop ... F3
38 Momofuku Noodle Bar ... F1
39 Red Bamboo ... C2
40 RedFarm ... B2
41 Rosemary's ... C1
42 Tacombi Fonda Nolita ... E3
43 Uncle Boons ... E3
44 Upstate ... F2
45 Vanessa's Dumpling House ... F4
46 Veselka ... E1

Ausgehen & Nachtleben
47 Angel's Share ... E1
48 Bar Goto ... F3
49 Berlin ... F2
50 Buvette ... C2
51 Employees Only ... B2
52 Genuine Liquorette ... E4
Happiest Hour ... (siehe 41)
53 Henrietta Hudson ... C2
54 Marie's Crisis ... C2
55 Mulberry Project ... E4
56 Pegu Club ... D3
57 Rue B ... F1
58 Spring Lounge ... E3
59 Stonewall Inn ... C2
60 Ten Bells ... F4
61 Wayland ... G1
62 Webster Hall ... E1

Unterhaltung
63 Anthology Film Archives ... E2
64 Blue Note ... C2
65 Comedy Cellar ... C2
Duplex ... (siehe 59)
66 Film Forum ... C3
67 Joe's Pub ... E2
68 La MaMa ETC ... E2
69 Metrograph ... F4
70 New York Theatre Workshop ... E2

Shoppen
71 Evolution Nature Store ... D2
72 Obscura Antiques ... F1
73 Strand Book Store ... D1

★ **Gramercy Park** PARK
(Karte S. 74; E 20th St zw. Park Ave & Third Ave; S N/R, 6 bis 23rd St) Der romantische Gramercy Park wurde 1831 von Samuel Ruggles angelegt, nachdem er die Sümpfe der Gegend trocken gelegt und Straßen im englischen Stil gebaut hatte. Der (einzige) Privatpark in Manhattan ist nicht zugänglich, doch man kann einen Blick durchs Tor erhaschen und sich vorstellen, wie der coole James Cagney ihn geliebt haben muss. Der Schauspieler wohnte einst in 34 Gramercy Park E. Ein paar Häuser weiter befindet sich in 15 Gramercy Park S der National Arts Club, in dem auch Martin Scorsese, Uma Thurman und Ethan Hawke Mitglieder sind.

Midtown

Als Dreh- und Angelpunkt der Stadt und nach Meinung einiger auch der ganzen Welt ist Midtown *das* Bilderbuchviertel von New York. Mehr als 300 000 Menschen hasten hier jeden Tag durch die fußgängerfreundlichen Straßen. Es ist zwar sauberer und geschäftsmäßiger als früher, doch immer noch ungemein aufregend und unterhaltsam. Immerhin befinden sich hier der Times Square, die Theater am Broadway, das Grand Central Terminal, das Empire State Building und Tiffany & Co Fifth Ave. Zu den kulturellen Highlights gehören das MoMA, die New York Public Library und das Morgan Library & Museum sowie die schwulenfreundlichen Fressmeilen im benachbarten Hell's Kitchen.

★ Museum of Modern Art (MoMA) MUSEUM
(MoMA; Karte S. 74; ☎212-708-9400; www.moma.org; 11 W 53rd St zw. Fifth Ave & Sixth Ave; Erw./Kind 25 US$/frei, Fr 16–20 Uhr frei; ⌚Sa–Do 10.30–17.30, Fr 10.30–20 Uhr; ; Ⓢ E, M bis 5th Ave-53rd St) Der Superstar der modernen Kunstszene präsentiert all die großen Meister wie Van Gogh, Matisse, Picasso, Warhol, Lichtenstein, Rothko, Pollock und Bourgeois. Seit seiner Gründung 1929 hat das Museum knapp 200 000 Kunstwerke gesammelt, die die Entwicklungen und Richtungen der Kunst vom Ende des 19. Jhs. bis heute anschaulich dokumentieren. Ein Eldorado für alle Kunstliebhaber.

★ Times Square STADTVIERTEL
(Karte S. 74; www.timessquarenyc.org; Broadway, at Seventh Ave; Ⓢ N/Q/R/W, S, 1/2/3, 7 bis Times Sq-42nd St) Man liebt sie oder man hasst sie: Mit den gelben Taxis, goldenen Bögen, hohen Wolkenkratzern und den marktschreierischen Markisen des Broadway gilt die Kreuzung von Broadway und Seventh Ave weltweit als der Inbegriff von New York. Doch genau hier hat es Al Jolson in dem Film *The Jazz Singer* von 1927 „geschafft", gelang dem Fotoreporter Alfred Eisenstaedt sein berühmter Schnappschuss, wie ein Matrose am V-J Day 1945 eine Krankenschwester küsst, und hier haben Alicia Keys und Jay-Z den „Betondschungel, aus dem die Träume gemacht sind" besungen.

Fifth Avenue STADTVIERTEL
(Karte S. 74; Fifth Ave zw. 42nd St & 59th St; Ⓢ E, M bis 5th Ave-53rd St; N/R/W bis 5th Ave-59th St) Die durch Musik und Film unsterblich gewordene Fifth Avenue begründete ihren edlen Ruf Anfang des 20. Jhs. als „ländliche" Straße mit viel Freiraum. Die Reihe der Herrenhäuser der sogenannten **Millionaire's Row** reichte einst bis zur 130th St. Die meisten Häuser oberhalb der 59th St wurden in der Folge abgerissen oder in kulturelle Einrichtungen verwandelt, die heute die Museum Mile bilden. Trotz der rasanten Zunahme der allgegenwärtigen Kettengeschäften finden sich zumindest im Abschnitt von Midtown immer noch so glanzvolle Namen wie **Tiffany & Co** (Karte S. 80; ☎212-755-8000; www.tiffany.com; 727 Fifth Ave Ecke E 57th St; ⌚Mo–Sa 10–19, So 12–18 Uhr; Ⓢ F bis 57th St; N/R/W bis 5th Ave-59th St).

Der dunkel verglaste **Trump Tower** an der Ecke Fifth Ave und 56th St, Wohnhaus von Präsident Trump und seiner Familie, ist eine Sehenswürdigkeit an sich geworden und beliebtes Ziel von Demonstranten. Die Sicherheitsvorkehrungen rund um das Gebäude sind extrem hoch, und der Verkehr fließt nur langsam daran vorbei.

★ Grand Central Terminal HISTORISCHES GEBÄUDE
(Karte S. 74; www.grandcentralterminal.com; 89 E 42nd St Ecke Park Ave; ⌚5.30–2 Uhr; Ⓢ S, 4/5/6, 7 bis Grand Central-42nd St) Der 1913 fertiggestellte Bahnhof ist auch unter der technisch falschen Bezeichnung Grand Central Station bekannt, und ist eines der schönsten Beaux-Art-Gebäude in New York. Der Marmorfußboden stammt aus Tennessee, die Marmorplatten der Schalter aus Italien. Nach Entwürfen des französischen Malers Paul César Helleu ist die Gewölbedecke der Haupthalle mit Sternbildern geschmückt.

★ Rockefeller Center HISTORISCHES GEBÄUDE
(Karte S. 74; www.rockefellercenter.com; Fifth–Sixth Ave zw. W 48th St & 51st St; Ⓢ B/D/F/M bis 47th-50th Sts-Rockefeller Center) Mit dem Bau der knapp 9 ha großen „Stadt in der Stadt" wude auf dem Höhepunkt der Weltwirtschaftskrise begonnen. Bauunternehmer John D. Rockefeller Jr. überschritt damit erstmals die Marke von 100 Mio. US$. Nach neun Jahren Bauzeit war es das erste Mehrzweckgebäude der USA mit Einzelhandelsgeschäften, Unterhaltungsstätten und Büros. Von den 19 Gebäuden sind 14 noch im Originalstil der Moderne. 1987 wurde das Center zum nationalen Wahrzeichen erklärt. Highlights sind die Aussichtsplattform Top of the Rock und die NBC Studio Tours (S. 94).

Top of the Rock AUSSICHTSPUNKT
(Karte S. 74; ☎212-698-2000; www.topoftherocknyc.com; 30 Rockefeller Plaza, Eingang in W 50th St zw. Fifth Ave & Sixth Ave; Erw./Kind 39/33 US$, Kombiticket für Sonnenaufgang und Sonnenuntergang 54/48 US$; ⌚8–24 Uhr, letzte Fahrt nach oben 23 Uhr; Ⓢ B/D/F/M bis 47th-50th Sts-Rockefeller Center) Die 1933 eröffnete Aussichtsplattform befindet sich im 70. Stock des **GE Building**, dem höchsten Wolkenkratzer des

Times Square, Midtown Manhattan & Chelsea

500 m
0,25 Meilen
E
F
G
H
57th St
E 57th St
s. Karte Central Park & Uptown (S. 80)
14
Museum of Modern Art
8
19
Fifth Ave
Madison Ave
Sixth Ave (Avenue of the Americas)
Fifth Ave-53rd St
Lexington Ave-53rd St
E 55th St
E 53rd St
Park Ave
51st St
E 51st St
Rockefeller Center
20
23
52
9
Rockefeller Plaza
St. Patrick's Cathedral
29
Lexington Ave
Third Ave
Second Ave
First Ave
E 49th St
Franklin D Roosevelt Dr
Roosevelt Island
47th-50th Sts-Rockefeller Center
E 47th St
DIAMOND DISTRICT
Vanderbilt Ave
Grand Central Terminal
6
75
2 Chrysler Building
E 45th St
22
42nd St-Bryant Park
5th Ave
E 42nd St
42nd St-Grand Central
Tudor City Pl
Queens-Midtown Tunnel
13
18
E 40th St
E 38th St
Tunnel Exit St
Tunnel Entrance St
61
Morgan Library & Museum
7
E 36th St
HERALD SQUARE
St Vartan Park
38
East River
3 Empire State Building
E 34th St
34th St-Herald Sq
33rd St
E 33rd St
KOREATOWN
New York University Medical Center
42
MURRAY HILL
E 30th St
LITTLE INDIA
28th St
28th St
E 28th St
Bellevue Hospital Center
16
Broadway
E 26th St
Madison Square Park
FLATIRON DISTRICT
39
26
28
47
36
46
24th St Park
23rd St
23rd St
23rd St
E 23rd St
37
4
FDR Dr
Flatiron Building
Gramercy Park
E 21st St
Peter Cooper Rd
5 Gramercy Park
35
17
Park Ave S
54
E 19th St
58
57
Irving Pl
20thSt Loop
First Ave Loop
STUYVESANT TOWN
21
E 17th St
59
Stuyvesant Square
12
68
UNION SQUARE
Union Square
32
14thSt Loop
Ave C
E 14th St
s. Karte East & West Villages (S. 70)
6th Ave-14th St
14th St-Union Sq
3rd Ave
1st Ave
1
2
3
4
5
6
7

Times Square, Midtown Manhattan & Chelsea

Highlights
1 Chelsea Market C7
2 Chrysler Building F3
3 Empire State Building E4
4 Flatiron Building E6
5 Gramercy Park F6
6 Grand Central Terminal F3
7 Morgan Library & Museum F4
8 Museum of Modern Art E1
9 Rockefeller Center E2
10 Rubin Museum of Art D7
11 Times Square D3
12 Union Square F7

Sehenswertes
13 Bryant Park E3
14 Fifth Avenue E1
15 Intrepid Sea, Air & Space Museum B3
16 Museum of Sex E5
17 National Arts Club F6
18 New York Public Library E3
19 Paley Center for Media E1
20 Top of the Rock E2
21 Union Square Greenmarket F7
22 United Nations G3

Aktivitäten, Kurse & Touren
23 NBC Studio Tours E2
24 Schooner Adirondack B6

Schlafen
25 414 Hotel C2
26 Carlton Arms F6
27 High Line Hotel C6
28 Marcel at Gramercy F6
29 Pod 51 .... F2
30 Townhouse Inn of Chelsea D6
31 Yotel C3

Essen
32 Bait & Hook G7
33 Burger Joint D1
Chelsea Market .... (siehe 1)
34 Cookshop C6
35 Craft F6
36 Eataly E6
37 Eisenberg's Sandwich Shop E6
38 El Parador Cafe G4
39 Eleven Madison Park E6
40 Foragers Table D6
41 Gansevoort Market C7
Gramercy Tavern .... (siehe 35)
Grand Central Oyster Bar & Restaurant .... (siehe 6)
42 Hangawi E5
43 Le Bernardin D2
44 Margon D3
45 Pio Pio C3
46 Shake Shack E6
47 Tacombi Café El Presidente E6
48 Totto Ramen C2
49 Tuck Shop C7
50 ViceVersa C2
51 Virgil's Real Barbecue D3

Ausgehen & Nachtleben
52 Bar SixtyFive E2
Birreria .... (siehe 36)
53 Flaming Saddles C1
54 Flatiron Lounge E6
55 Industry C1
56 Le Bain C7
57 Old Town Bar & Restaurant F7
58 Pete's Tavern F7
59 Raines Law Room E7
60 Therapy C2
61 Top of the Strand E4
62 Waylon C2

Unterhaltung
63 Al Hirschfeld Theatre D3
64 Ambassador Theatre D2
65 Carnegie Hall D1
66 Caroline's on Broadway D2
67 Eugene O'Neill Theatre D2
68 Irving Plaza F7
69 Joyce Theater D7
70 Madison Square Garden D5
71 Playwrights Horizons C3
72 Richard Rodgers Theatre D3
73 Sleep No More B5
74 Upright Citizens Brigade Theatre C5

Shoppen
75 Grand Central Market F3
76 Hell's Kitchen Flea Market C4
77 Screaming Mimi's D7

Rockefeller Centers. Zu Ehren der großen Luxusliner wurde sie wie ein Schiff gestaltet. Die Plattform Top of the Rock schlägt das Empire State Building in mehrerer Hinsicht: Es ist weniger los, die Aussichtsfläche (außen und innen) ist viel größer und man sieht von hier das Empire State Building selbst.

★ **Chrysler Building** HISTORISCHES GEBÄUDE
(Karte S. 74; 405 Lexington Ave Ecke E 42nd St; Eingangshalle Mo–Fr 8–18 Uhr; S S, 4/5/6, 7 bis Grand Central-42nd St) Das von William Van Alen in den 1930er-Jahren entworfene Gebäude mit 77-Stockwerken ist ein Meisterwerk der Architektur. Die Verbindung aus Moderne und Gotik ist mit stählernen Adlern geschmückt und von einem Turm gekrönt, der von *Frankensteins Braut* inspiriert sein könnte. Walter P. Chrysler ließ das Gebäude als Firmensitz seines Automobilimperiums errichten. Da er mit den Produktionszahlen seiner Konkurrenten Ford

und General Motors nicht mithalten konnte, versuchte er sie mit der Beherrschung der Skyline und einer der schönsten Eingangshallen der Welt zu übertrumpfen.

★ Empire State Building HISTORISCHES GEBÄUDE
(Karte S. 74; www.esbnyc.com; 350 Fifth Ave Ecke W 34th St; Aussichtsplattform 86. St. Erw./Kind 34/27 US$, inkl. Aussichtsplattform 102. St. 54/47 US$; ⏲8–2 Uhr, letzte Fahrt nach oben 1.15 Uhr; Ⓢ B/D/F/M, N/Q/R/W to 34th St-Herald Sq) Das klassische Kalksandsteingebäude wurde in nur 410 Tagen errichtet, mit 7 Mio. Arbeitsstunden mitten in der Weltwirtschaftskrise. Der Ausblick von den beiden Plattformen im 86. und 102. Stock ist atemberaubend. Dementsprechend lang sind immer die Warteschlangen. Um nicht anstehen zu müssen, sollte man entweder sehr früh oder sehr spät kommen und die Tickets lange im Voraus online kaufen. Die zuätzliche Gebühr von 2 US$ lohnt sich allemal!

★ Morgan Library & Museum MUSEUM
(Karte S. 74; ☎212-685-0008; www.themorgan.org; 225 Madison Ecke E 36th St, Midtown East; Erw./Kind 20 US$/frei; ⏲Di–Do 10.30–17, Fr 10.30–21, Sa 10–18, So 11–18 Uhr; Ⓢ 6 bis 33rd St) Die frühere Villa des Stahlmagnaten J.P. Morgan wurde zu einem prachtvollen Kulturzentrum ausgebaut, das nun eine spektakuläre Sammlung von Manuskripten, Büchern und Wandteppichen beherbergt (darunter nicht weniger als drei Gutenberg-Bibeln). Das mit Renaissance-Kunst aus Italien und den Niederlanden ausgestattete Arbeitszimmer wird nur noch von der Bibliothek (East Room) übertroffen, einem außergewöhnlich schönen Raum mit Gewölbedecke voller Bücherschränke aus Walnussholz, mit einem holländischen Wandteppich aus dem 16. Jh. und Sternkreiszeichen an der Decke. Die wechselnden Ausstellungen des Zentrums sind zumeist hervorragend, ebenso die regelmäßigen Kulturveranstaltungen.

New York Public Library HISTORISCHES GEBÄUDE
(Stephen A Schwarzman Building; Karte S. 74; ☎917-275-6975; www.nypl.org; Fifth Ave Ecke W 42nd St; ⏲Mo & Do–Sa 10–18, Di & Mi 10–20, So 13–17 Uhr, Führungen Mo–Sa 11 & 14, So 14 Uhr; Ⓢ B/D/F/M bis 42nd St-Bryant Park; 7 bis 5th Ave) GRATIS Das Beaux-Arts-Gebäude ist eine der schönsten kostenlosen Sehenswürdigkeiten von New York. Es wird bestens bewacht von „Patience“ und „Fortitude“, zwei Marmorlöwen direkt an der Fifth Ave. Als die führende New Yorker Bibliothek 1911 eröffnet wurde, war sie das größte Marmorgebäude, das jemals in den USA erbaut worden war. Der erst kürzlich restaurierte **Rose Main Reading Room** hat eine atemberaubend schöne Kassettendecke. Doch sie ist nur eines von vielen Highlights der Bibliothek, zu denen auch der **DeWitt Wallace Periodical Room** zählt.

United Nations HISTORISCHES GEBÄUDE
(Karte S. 74; ☎212-963-4475; http://visit.un.org; Besuchereingang First Ave Ecke 46th St, Midtown East; Führung Erw./Kind 20/13 US$, Kinder unter 5 Jahren haben keinen Zutritt, Außengelände Sa & So frei; ⏲Führungen Mo–Fr 9–16.45 Uhr, Besucherzentrum auch Sa & So 10–16:45 Uhr; Ⓢ S, 4/5/6, 7 bis Grand Central-42nd St) Herzlich willkommen am Sitz der Vereinten Nationen, jener Organisation, die sich der Einhaltung internationalen Rechts und der Wahrung der Sicherheit und Menschenrechte auf der ganzen Welt verschrieben hat. Während das von Le Corbusier entworfene Sekretariatsgebäude nicht zugänglich ist, können im Rahmen einer Führung der restaurierte Saal der Vollversammlung sowie die Säle des Sicherheitsrates, Treuhandrates und des Wirtschafts- und Sozialrates besichtigt werden. Außerdem werden Ausstellungen über die Arbeit der UNO und von Mitgliedsstaaten gespendete Kunstwerke besucht. Führungen unter der Woche müssen online gebucht werden. Am Eingang ist ein Lichtbildausweis vorzulegen.

St. Patrick's Cathedral KATHEDRALE
(Karte S. 74; www.saintpatrickscathedral.org; Fifth Ave zw. E 50th St & 51st St; ⏲6.30–20.45 Uhr; Ⓢ B/D/F/M bis 47th-50th Sts-Rockefeller Center; E/M bis 5th Ave-53rd St) Die größte katholische Kathedrale der USA wurde soeben für 200 Mio. US$ umfangreich restauriert und erstrahlt nun wieder in ihrem gotischen Glanz. Die für knapp 2 Mio. US$ während des Bürgerkriegs errichtete Kathedrale hatte ursprünglich keine Türme an der Vorderseite. Die beiden Türme wurden erst 1888 hinzugefügt. Im Inneren beeindrucken der von Louis Tiffany gestaltete **Altar** und die herrliche **Rosette** von Charles Connick, die sich über der Orgel mit 7000 Pfeifen befindet. Fast täglich werden **Führungen** angeboten, die man nicht im Voraus buchen muss. Ausführliche Infos findet man auf der Website.

Museum of Arts & Design MUSEUM
(MAD; Karte S. 80; ☎212-299-7777; www.madmuseum.org; 2 Columbus Circle zw. Eighth Ave & Broadway; Erw./Kind 16 US$/frei, Do 18–21 Uhr gegen

Spende; ⌚ Di, Mi, Fr, Sa & So 10–18, Do 10–21 Uhr; 👪; S A/C, B/D, 1 bis 59th St-Columbus Circle) Auf vier Stockwerken präsentiert das Museum Design der Superlative und hervorragendes Kunsthandwerk wie mundgeblasenes Glas, Holzschnitzereien und Silberschmuck. Dazu kommen erstklassige, sehr innovative Wechselausstellungen wie die Ausstellung über die Kunst der Parfümherstellung. In der Regel bieten Künstler am ersten Sonntag des Monats familienfreundliche Führungen durch das Museum an. Danach können die Besucher an einem Workshop zum Thema der aktuellen Ausstellungen teilnehmen. Im Museumsshop wird schöner moderner Schmuck verkauft, in der Restaurantbar Robert im 9. Stock (S. 116) kann man einen Cocktail trinken und dabei den Panoramablick genießen.

Paley Center for Media KULTURZENTRUM

(Karte S. 74; ☎ 212-621-6800; www.paleycenter.org; 25 W 52nd St zw. Fifth Ave & Sixth Ave; empfohlene Spende Erw./Kind 10/5 US$; ⌚ Mi & Fr–So 12–18, Do 12–20 Uhr; S E, M bis 5th Ave-53rd St) Im digitalen Katalog des Museums der Popkultur finden sich mehr als 160 000 Fernseh- und Radiosendungen aus der ganzen Welt. So kann man sich an einem Regentag einfach die Lieblingssendung(en) noch einmal ansehen. Außerdem gibt es regelmäßig ausgezeichnete Vorführungen, Festivals, Vorträge und Auftritte darstellender Künstler.

Bryant Park PARK

(Karte S. 74; ☎ 212-768-4242; www.bryantpark.org; 42nd St zw. Fifth Ave & Sixth Ave; ⌚ Juni–Sept. Mo–Fr 7–24, Sa & So 7–23 Uhr, übriges Jahr verkürzte Öffnungszeiten; S B/D/F/M bis 42nd St-Bryant Park, 7 bis Fifth Ave) Europäische Kaffeestände, Schach im Freien, Sommernachtskino, Eislaufen: Es ist kaum zu glauben, dass der Park in den 1980er-Jahren noch als „Nadelpark“ bezeichnet wurde. In dem ungewöhnlichen Park hinter der New York Public Library kann man sich gut vom Wahnsinn in Midtown erholen. Oder endlich Italienisch lernen, einen Yoga- oder Jonglierkurs machen, an einem Quizwettbewerb teilnehmen oder sich für die Vogelbeobachtung einsingen? All das ist hier möglich, und zwar täglich.

Intrepid Sea, Air & Space Museum MUSEUM

(Karte S. 74; ☎ 877-957-7447; www.intrepidmuseum.org; Pier 86, Twelfth Ave Ecke W 46th St; Intrepid & U-Boot Growler Erw./Kind 26/19 US$, inkl Space Shuttle Pavilion Erw./Kind 36/29 US$; ⌚ April–Okt. Mo–Fr 10–17, Sa & So 10–18 Uhr, Nov.-März Mo–So 10–17 Uhr; 👪; 🚌 M42, M50in westl. Richtung bis 12th Ave, S A/C/E bis 42nd St-Port Authority Bus Terminal) Die USS *Intrepid* überlebte im Zweiten Weltkrieg sowohl einen Bombenanschlag als auch die ganzen Kamikaze-Angriffe. Heute wird der riesige Flugzeugträger zum Glück nicht mehr so stark beansprucht, sondern dient nur noch als interaktives Militärmuseum, in dem seine Geschichte anhand von Videos, historischen Gegenständen und original erhaltenen Quartieren und Kajüten erzählt wird. Auf dem Flugzeugdeck sind Kampfflugzeuge und Militärhubschrauber zu bewundern. Dies soll die Besucher animieren, den Hightech-Flugsimulator auszuprobieren.

Museum of Sex MUSEUM

(Karte S. 74; ☎ 212-689-6337; www.museumofsex.com; 233 Fifth Ave Ecke 27th St; Sa & So Erw. 17,50 US$, 20,50 US$; ⌚ So–Do 10–21, Fr & Sa 11–23 Uhr; S N/R bis 23rd St) In dieser schicken Hommage an die Fleischeslust wird man über Online-Fetische, die homosexuelle Nekrophilie bei Stockenten und vieles mehr aufgeklärt. In der ständigen Ausstellung sind auch erotische Lithografien und merkwürdige Anti-Masturbations-Gerätschaften zu sehen. Die ständig wechselnden Ausstellungen widmeten sich zusätzlich bereits dem Cyber-Sex und umstrittenen Künstlern.

⊙ Upper West Side & Central Park

Die ehemals recht chaotische Upper West Side wurde durch Banken und Kettengeschäfte weitgehend homogenisiert, doch irgendwie fühlt man sich in dem Viertel immer noch wie in einem Film von Woody Allen. Und hier befinden sich viele kulturelle Einrichtungen von Weltklasse, außerdem grenzt das Viertel an zwei schöne Parks: Der Riverside Park erstreckt sich entlang des Hudson River, der Central Park am östlichen Rand ist der grüne Hinterhof für Millionen Menschen, in dem sie der Betonwüste und dem Verkehrslärm entgehen können.

★ Central Park PARK

(Karte S. 80; www.centralparknyc.org; 59th St–110th St zw. Central Park West & Fifth Ave; ⌚ 6–1 Uhr; 👪) Die berühmteste Grünfläche der Welt ist gut 341 ha groß und umfasst hügeliges Grasland, mit Felsbrocken durchsetzte Gesteinslandschaften, von Ulmen gesäumte Spazierwege, gepflegte Gärten im europäischen Stil, einen See und einen Wasserspeicher, und außerdem noch ein Freilichttheater, ein John-Lennon-Denkmal, das idyllische Restaurant am Wasser **Loeb Boathouse** (Karte S. 80; ☎212-517-2233; www.thecentralparkboathouse.com; Central Park Lake, Central Park Ecke E 74th St; Hauptgerichte 25–36 US$; ⏲Restaurant ganzjährig Mo–Fr 12–16, Sa & So 9.30–16 Uhr, April–Nov. 17.30–21.30 Uhr; Ⓢ B, C bis 72nd St; 6 bis 77th St) – und eine sehr berühmte Statue von Alice im Wunderland. Zu den Highlights gehören die Liege- und Spielwiese **Sheep Meadow**, die schönen großen Tiere des **Central Park Zoo** (Karte S. 80; ☎212-439-6500; www.centralparkzoo.com; Central Park, 64th St Ecke Fifth Ave; Erw./Kind 12/7 US$; ⏲Mo–Fr 10–17, Sa & So 10–17.30 Uhr; 👪; Ⓢ N/Q/R bis 5th Ave-59th St) und die schmalen Wege durch den waldähnlichen **Ramble** (Karte S. 94; Central Park, Parkmitte von 73rd St–79th St; Ⓢ B,C bis 81st St), der auch bei Vogelbeachtern sehr beliebt ist.

Genau wie die Subway der Stadt sorgt die riesige, majestätische Freifläche des Central Park mitten in Manhattan für die Aufhebung der Klassenunterschiede, was auch so gewollt war. Der Park wurde in den 1860er- und 1870er-Jahren von Frederick Law Olmsted und Calvert Vaux im Marschland nördlich der Stadt angelegt. Hier sollten alle New Yorker, egal welcher Hautfarbe, Klasse oder Herkunft, ihre Freizeit verbringen können. Er ist auch eine willkommene Oase der Ruhe im irren Trubel der Stadt. Der grüne Rasen, die kühlen Wäldchen, blühenden Gärten, klaren Gewässer und schönen Wege stillen das Bedürfnis der New Yorker nach Natur.

Olmsted und Vaux, die auch den Prospect Park (S. 88) in Brooklyn schufen, legten großen Wert darauf, Fußgängerwege und Verkehrsstraßen voneinander zu trennen. Dieses Problem lösten sie ganz geschickt, indem sie die Wege als Brücken bauten, unter denen die Verkehrsadern der Stadt verlaufen. Dass eine riesige Fläche in allerbester Lage so lange unbebaut blieb, beweist, dass nichts so groß wie das Herz, die Seele und der Stolz ist, auf denen die Größe dieser Stadt beruht.

Bis heute ist dieser „Volkspark" eine der populärsten Sehenswürdigkeiten der Stadt, aber auch die New Yorker lieben die kostenlosen Freiluftkonzerte auf dem **Great Lawn** (Karte S. 80; www.centralparknyc.org; Central Park zw. 79th St & 86th St; ⏲Mitte April –Mitte Nov.; Ⓢ B, C bis 86th St) und erstklassigen Theateraufführungen beim jährlichen *Shakespeare in the Park* (S. 95), das im Sommer unter freiem Himmel im Delacorte Theater (S. 122) stattfindet. Einen Besuch lohnen auch der reich verzierte Bethesda-Brunnen am See und das Loeb Boathouse (S. 94), wo man ein Ruderboot mieten oder in einem Café im Freien zu Mittag essen kann, sowie der **Shakespeare Garden** am westlichen Rand zwischen 79th St und 80th St, der mit üppigen Pflanzen und einem tollen Blick auf die Skyline beeindruckt. Während bestimmte Teile des Parks an den Wochenenden voller Jogger, Inline-Skater, Musiker und Touristen sind, ist es an den Nachmittagen unter der Woche deutlich ruhiger, insbesondere abseits der ausgetretenen Pfade oberhalb der 72nd St, wo sich das **Harlem Meer** und die **North Meadow** (nördlich der 97th St) befinden.

Selbst im Winter strömen die Menschen in den Park, wenn nach heftigen Schneestürmen Langlauf und Rodeln möglich sind, oder einfach nur um einen Spaziergang durch das weiße Winterwunderland zu unternehmen. Außerdem findet immer an Silvester ein Mitternachtslauf statt. Das Central Park Conservancy (S. 95) bietet ständig wechselnde **Führungen** durch den Park an, darunter auch solche, die öffentliche Kunst, Tiere und Pflanzen oder Interessantes für Kinder zum Thema haben.

Bethesda Fountain — BRUNNEN

(Karte S. 80; Central Park; Ⓢ B, C bis 72nd St) Der neoklassizistische Brunnen ist einer der größten in New York. Er wird gekrönt vom *Engel über den Gewässern*, der von vier Cherubinen gehalten wird. Der Brunnen wurde 1868 von der feministischen Bildhauerin Emma Stebbins gestaltet und ist ein guter Treffpunkt und ideal, um Leute zu beobachten.

★ Lincoln Center — KULTURZENTRUM

(Karte S. 80; ☎212-875-5456, tours 212-875-5350; www.lincolncenter.org; Columbus Ave zw. W 62nd St & 66th St; Führung Erw./Student 25/20 US$; 👪; Ⓢ 1 bis 66th St-Lincoln Center) GRATIS Der imposante Komplex aus funkelnden modernistischen Tempeln in Manhattan ist die Heimat so bedeutender Theater- und Musikensembles wie New York Philharmonic, New York City Ballet und der Metropolitan Opera, deren Eingangshalle mit Wandgemälden von Marc Chagall in kräftigen Farben geschmückt ist. Auf und rund um den knapp 6,5 ha großen Campus befinden sich noch ein Theater und die renommierte **Juilliard School**.

★ American Museum of Natural History — MUSEUM

(Karte S. 80; ☎212-769-5100; www.amnh.org; Central Park West Ecke W 79th St; empfohlene Spen-

Central Park & Uptown

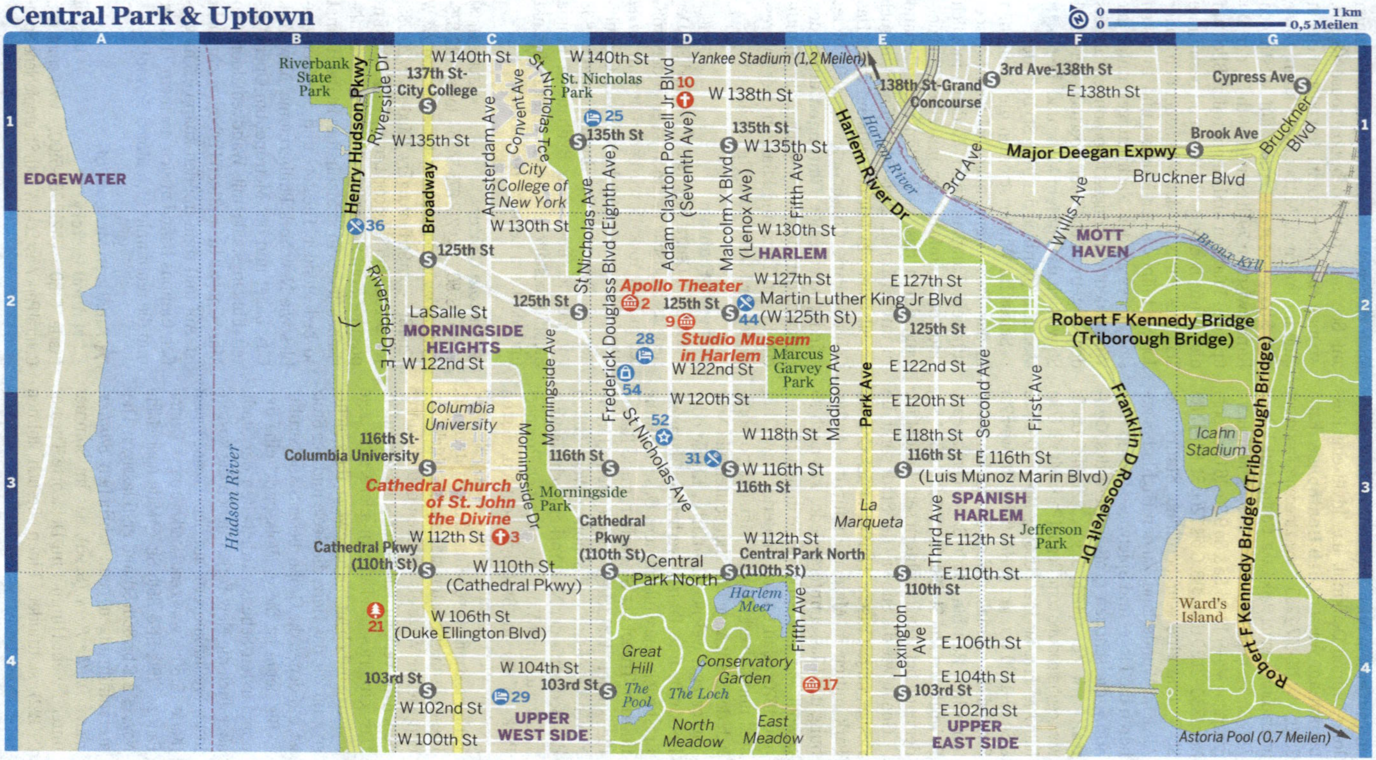

Central Park
Metropolitan Museum of Art
Guggenheim Museum
American Museum of Natural History
Frick Collection
Lincoln Center
Columbus Circle
Broadway
Park Ave
Fifth Ave
Madison Ave
Lexington Ave
Third Ave
Second Ave
First Ave
York Ave
East End Ave
Central Park West
Amsterdam Ave
West End Ave
Ninth Ave
West Side Hwy
Riverside Dr
Riverside Park
Franklin D Roosevelt Dr
Carl Schurz Park
Mill Rock Island
Mill Rock Light Park
East River
East Channel
Roosevelt Island
Rainey Park
Vernon Blvd
Main St
LONG ISLAND CITY
ASTORIA
UNION CITY
NEW YORK
NEW JERSEY
Great Lawn
The Ramble
Turtle Pond
The Lake
Bethesda Fountain
Conservatory Water
Naumburg Bandshell
The Mall
Literary Walk
Sheep Meadow
The Pond
East Dr
West Dr
Hunter College
Rockefeller University
Ed Koch Queensboro Bridge
Roosevelt Island Bridge
Local NYC (0,7 Meilen); Dutch Kills (0,8 Meilen); Alobar (1,6 Meilen); Casa Enrique (1,6 Meilen); The Kaufman Arts District (1,6 Meilen); Icon Bar (1,8 Meilen); Pye BoatNoodle (2 Meilen); Bohemian Hall & Beer Garden (2,5 Meilen); Museum of the Moving Image (1,5 Meilen); Jackson Heights Historic District (3,6 Meilen)
s. Karte Times Square, Midtown Manhattan & Chelsea Karte (S. 74)
W 57th St
W 60th St
W 62nd St
W 66th St
W 70th St
W 72nd St
W 75th St
W 77th St
W 81st St
W 83rd St
W 85th St
W 88th St
W 90th St
W 92nd St
W 94th St
W 96th St
W 97th St
E 57th St
E 59th St
E 62nd St
E 65th St
E 68th St
E 70th St
E 72nd St
E 75th St
E 77th St
E 79th St
E 80th St
E 82nd St
E 84th St
E 86th St
E 88th St
E 90th St
E 92nd St
E 94th St
E 96th St
E 97th St
E 99th St
59th St-Columbus Circle
66th St-Lincoln Center
72nd St
79th St
81st St-Museum of Natural History
86th St
96th St
5th Ave-59th St
Lexington Ave-59th St
Lexington Ave-63rd St
68th St-Hunter College
77th St
Roosevelt Island

Central Park & Uptown

Highlights
1 American Museum of Natural History . C6
2 Apollo Theater D2
3 Cathedral Church of St. John the Divine C3
4 Central Park D6
5 Frick Collection E7
6 Guggenheim Museum E5
7 Lincoln Center C8
8 Metropolitan Museum of Art D6
9 Studio Museum in Harlem D2

Sehenswertes
10 Abyssinian Baptist Church D1
11 Arsenal D8
12 Central Park Zoo D8
13 Cooper-Hewitt National Design Museum E5
14 Great Lawn D6
15 Jewish Museum E5
16 Museum of Arts & Design D8
17 Museum of the City of New York E4
18 Neue Galerie E6
19 New-York Historical Society D7
20 Ramble D7
21 Riverside Park B4

Aktivitäten, Kurse & Touren
22 Central Park Bike Tours D8
23 Central Park Conservancy E8
24 Loeb Boathouse D7

Schlafen
25 Allie's Inn D1
26 Bentley Hotel F8
27 Empire Hotel C8
28 Harlem Flophouse D2
29 Hostelling International New York C4
30 Lucerne C6

Essen
31 Amy Ruth's Restaurant D3
32 Barney Greengrass C6
33 Boqueria F7
34 Burke & Wills C6
35 Candle Cafe E7
36 Dinosaur Bar-B-Que B2
37 Dovetail C6
38 Earl's Beer & Cheese E5
39 Jacob's Pickles C6
40 Jones Wood Foundry F7
41 Lakeside Restaurant at Loeb Boathouse D7
42 Peacefood Cafe C6
43 PJ Clarke's C8
44 Red Rooster D2
45 Tanoshi F7
46 West 79th Street Boat Basin Café B6

Ausgehen & Nachtleben
47 Auction House F5
48 Dead Poet C6
49 Drunken Munkey F5
Ginny's Supper Club .... (siehe 44)
Manhattan Cricket Club .... (siehe 34)
Robert .... (siehe 16)

Unterhaltung
50 Delacorte Theater D6
Elinor Bunin Munroe Film Center .... (siehe 7)
Film Society of Lincoln Center .... (siehe 7)
51 Jazz at Lincoln Center C8
Metropolitan Opera House .... (siehe 7)
52 Minton's D3
New York City Ballet .... (siehe 7)
New York Philharmonic .... (siehe 7)
53 Walter Reade Theater C8

Shoppen
54 Flamekeepers Hat Club D2
55 Flying Tiger Copenhagen C6
56 Tiffany & Co. E8

de Erw./Kind 22/12,50 US$; ⏲10–17.45 Uhr, Rose Center Fr bis 20.45 Uhr; 👪; Ⓢ B, C bis 81st St-Museum of Natural History, 1 bis 79th St) Das klassische Museum von 1869 ist eine wahre Fundgrube mit mehr als 30 Mio. Ausstellungsstücken, darunter Skelette von angsteinflössenden Dinosauriern und das supermoderne Planetarium des **Rose Center for Earth & Space**. Von September bis Mai beherbergt das Museum auch das **Butterfly Conservatory**, ein Glashaus mit mehr als 500 Schmetterlingsarten aus der ganzen Welt.

New-York Historical Society MUSEUM
(Karte S. 80; ☎212-873-3400; www.nyhistory.org; 170 Central Park West Ecke 77th St; Erw./Kind 20/6 US$, Fr 18–20 Uhr gegen Spende, Bibliothek frei; ⏲Di–Do & Sa 10–18, Fr 10–20, So 11–17 Uhr; 👪; Ⓢ B, C bis 81st St-Museum of Natural History) Wie die altmodische Schreibweise mit Bindestrich vermuten lässt, ist die Historische Gesellschaft das älteste Museum der Stadt. Es wurde 1804 gegründet, um die für die Geschichte und Kultur bedeutsamen Artefakte zu sammeln und zu bewahren. Heute besteht die Sammlung aus 60 000 faszinierenden und skurrilen Objekten wie dem Stuhl, auf dem George Washington in sein Amt eingeführt wurde, einem (vergoldeter) Eisbecher aus Tiffanyglas- und einer bemerkenswerten Sammlung von Bildern der Hudson River School. Dennoch ist das

Museum alles andere als verstaubt, sondern ist mit neuer Energie und Zielsetzung ins 21. Jh. gestartet.

Riverside Park PARK
(Karte S. 80; ☎ 212-870-3070; www.riversidepark nyc.org; Riverside Dr zw 68th St & 155th St; ⏲ 6–1 Uhr; 🚻; Ⓢ 1/2/3 bis jede Station zw. 66th St & 157th St) Die klassische Schönheit wurde ebenfalls von den Architekten des Central Park, Frederick Law Olmsted und Calvert Vaux gestaltet. Der üppig grüne Park liegt direkt am Wasser nördlich der Upper West Side und zwischen der 59. und 155. Straße ist auch das Ufer des Hudson River mit einbezogen. Die vielen Fahrradwege, Spielplätze und Hundezonen sind besonders bei Familien beliebt. Vom Park sieht selbst Jersey am gegenüberliegenden Ufer des Hudson ganz schön aus.

Arsenal HISTORISCHES GEBÄUDE
(Karte S. 80; ☎ Galerie 212-360-8163; www.nycgov parks.org; Central Park Ecke Fifth Ave & E 64th St; ⏲ Mo–Fr 9–17 Uhr; Ⓢ N/R/W bis 5th Ave-59th St) GRATIS Das von 1847 bis 1851 (also noch vor dem Central Park) errichtete Munitionslager der New York State National Guard sollte wie eine mittelalterliche Burg aussehen. Heute ist in dem markanten Backsteingebäude eine kleine **Galerie** untergebracht, in der zumeist Werke mit den Themen Geschichte oder Umwelt zu sehen sind, etwa zur Natur in der Stadt, lebendigen Wahrzeichen oder den Wasserfällen im nördlichen Teil des Bundesstaats New York.

Upper East Side

Trotz der mehrstöckigen Villen und unverschämt hohen Pro-Kopf-Einkommen leben hier nicht nur die typischen Vorstadtfrauen. Östlich des lebhaften Geschäftsviertels an der Lexington Ave teilen sich Hochschulabsolventen die Wohnungen in Hochhäusern. Die Park Ave ist gesäumt von Apartmenthäusern aus der Vorkriegszeit, in deren Marmor-Eingangshallen livrierte Portiers ihren Dienst tun. Und, ja, Botox hat hier den Stellenwert von Vitaminpillen. Teure Boutiquen sind das Markenzeichen der Madison Ave und der Fifth Ave, die parallel zum Central Park verläuft und in einem architektonischen Rausch namens Museum Mile endet. Die Museumsmeile ist die Straße mit der höchsten Kulturdichte der Stadt, wenn nicht der ganzen Welt.

★ **Metropolitan Museum of Art** MUSEUM
(Karte S. 80; ☎ 212-535-7710; www.metmuseum. org; 1000 Fifth Ave Ecke 82nd St; empfohlene Spende Erw./Student/Kind 25/12 US$/frei; ⏲ So–Do 10–17.30, Fr & Sa 10–21 Uhr; 🚻; Ⓢ 4/5/6, Q bis 86th St) Das weitläufige Museum wurde 1870 eröffnet und umfasst eine der größten Kunstsammlungen der Welt. Die umfassende Sammlung enthält mehr als 2 Mio. Objekte, von ägyptischen Tempeln bis hin zu amerikanischen Gemälden. Das im Allgemeinen nur als „The Met“ bezeichnete Museum umfasst eine Ausstellungsfläche von knapp 7 ha, die von mehr als 6 Mio. Menschen im Jahr besucht wird. Damit ist es die größte Sehenswürdigkeit von New York. Man sollte sich möglichst viel Zeit dafür nehmen, denn es ist einfach nur *RIESIG*.

★ **Guggenheim Museum** MUSEUM
(Karte S. 80; ☎ 212-423-3500; www.guggenheim. org; 1071 Fifth Ave Ecke E 89th St; Erw./Kind 25 US$/frei, Sa 17.45–19.45 Uhr gegen Spende; ⏲ So–Mi & Fr 10–17.45 ,Sa 10–19.45, Do geschl.; 🚻; Ⓢ 4/5/6 bis 86th St) Das Museum ist ein Kunstwerk für sich, denn das von Frank Lloyd Wright entworfene Gebäude stellt die darin untergebrachte Sammlung von Kunst des 20. Jhs. fast in den Schatten. Dabei zeigt das Museum Werke von Kandinsky, Picasso und Jackson Pollock. Dazu kommen Gemälde von Monet, Van Gogh und Degas, Fotografien von Robert Mapplethorpe und die wichtigsten Werke des Surrealismus. Die größte Attraktion sind jedoch die Wechselausstellungen, in denen oft verblüffende Installationen großer zeitgenössischer Visionäre zu sehen sind, die perfekt auf ihre Umgebung abgestimmt sind.

★ **Frick Collection** GALERIE
(Karte S. 80; ☎ 212-288-0700; www.frick.org; 1 E 70th St Ecke Fifth Ave; Erw./Student 22/12 US$, Mi 14–18 Uhr Pay what you wish; ⏲ Di–Sa 10–18, So 11–17 Uhr; Ⓢ 6 bis 68th St-Hunter College) Die spektakuläre Sammlung ist in einem prachtvollen Herrenhaus untergebracht, das sich der schwierige Stahlmagnat Henry Clay Frick in der Fifth Ave bauen ließ, die auch als „Millionaires Row“ bekannt war. In mehr als einem Dutzend Räume zeigt das Museum die Meisterwerke von Tizian, Vermeer, Gilbert Stuart, El Greco, Joshua Reynolds, Goya und Rembrandt. Skulpturen, Keramiken, Antiquitäten und alte Uhren sind ebenfalls zu sehen.

Cooper-Hewitt National Design Museum MUSEUM
(Karte S. 80; ☎ 212-849-8400; www.cooperhe witt.org; 2 E 91st St Ecke Fifth Ave; Erw./Kind 18 US$/ frei, Sa 18–21 Uhr Pay what you wish; ⏲ So–Fr

Central Park

DIE GRÜNE LUNGE VON NEW YORK

Das grüne Rechteck in Manhattans Zentrum legte man Mitte des 19. Jhs. an. Die Sumpflandschaft wurde in einen idyllischen Park verwandelt, der die New Yorker – und seien sie noch so verschieden – auf unerwartete Art zusammenbrachte. Der Central Park diente den Reichen dazu, ihre Nobelkutschen zur Schau zu stellen (1860er-Jahre), Arme genossen Gratis-Sonntagskonzerte (1880er-Jahre) und Aktivisten hielten hier ihre „Be-ins" gegen den Vietnamkrieg ab (1960er-Jahre).

Seitdem besuchen Heerscharen von Einheimischen und Touristen den Park, in dem man wunderbar spazieren gehen, picknicken, sonnenbaden, Ball spielen und kostenlosen Konzerten und Shakespeare-Aufführungen lauschen kann.

Loeb Boathouse

Das historische Loeb Boathouse am Seeufer bietet eine traumhafte Kulisse für ein romantisches Essen. Hier kann man Ruderboote und Fahrräder mieten oder sich in einer venezianischen Gondel über den See schippern lassen.

Conservatory Garden

Der einzige echte Garten im Central Park ist vielleicht der ruhigste Ort im Park. Am Nordrand blühen Ende Oktober Chrysanthemen. Im Süden steht ein riesiger Holzapfelbaum gleich neben der Burnett Fountain.

STUDIOLASKA/SHUTTERSTOCK ©

Jacqueline Kennedy Onassis Reservoir

Das fast 43 ha große Wasserbecken nimmt grob ein Achtel der Parkfläche ein. Ursprünglich sollte es die Stadt mit sauberem Wasser versorgen. Heute kann man hier Wasservögel beobachten.

LULU AND ISABELLE/SHUTTERSTOCK ©

Belvedere Castle

Das gotisch-romanische Schloss, eine „viktorianische Verrücktheit", dient ausschließlich als grandioser Aussichtspunkt. Es wurde 1869 von Calvert Vaux, einem der beiden Landschaftsplaner des Central Parks, entworfen.

Der Park ist unglaublich vielfältig. Im Norden gibt's bewaldete Hügelchen, im Süden einen bei Joggern beliebten See. Es gibt Gärten im europäischen Stil, einen Zoo und viele Teiche. Ein tolles Erlebnis ist es, an einem sonnigen Tag zur Sheep Meadow gehen, wo sich ganz New York in der Sonne aalt.

Der Central Park ist nicht nur eine Grünanlage – er ist New York Citys Hinterhof.

KURZINFOS

- Die Landschaftsarchitekten waren Frederick Law Olmsted und Calvert Vaux
- Beginn der Bauarbeiten: 1858
- Fläche des Parks: 3,4 km^2
- Viele Filme entstanden hier, von Blockbustern aus der Wirtschaftskrise wie *Gold Diggers* (1933) bis zum Monster-Streifen *Cloverfield* (2008)

Conservatory Water
Der Teich ist in der warmen Jahreszeit beliebt bei Kindern, die hier ihre Modellsegelboote gleiten lassen. Er ist den Pariser Modellboot-Teichen aus dem 19. Jh. nachempfunden und spielte eine wichtige Rolle in E. B. Whites Klassiker *Klein Stuart*.

CHRISTOPHER PENLER/SHUTTERSTOCK ©

KRIDSADA KAMSOMBAT/SHUTTERSTOCK ©

Bethesda Fountain
Der neoklassizistische Brunnen ist einer der größten New Yorks. Er wird überragt vom *Engel über den Gewässern*, getragen von vier Cherubinen. Der Brunnen wurde 1868 von der Künstlerin und Frauenrechtlerin Emma Stebbins errichtet.

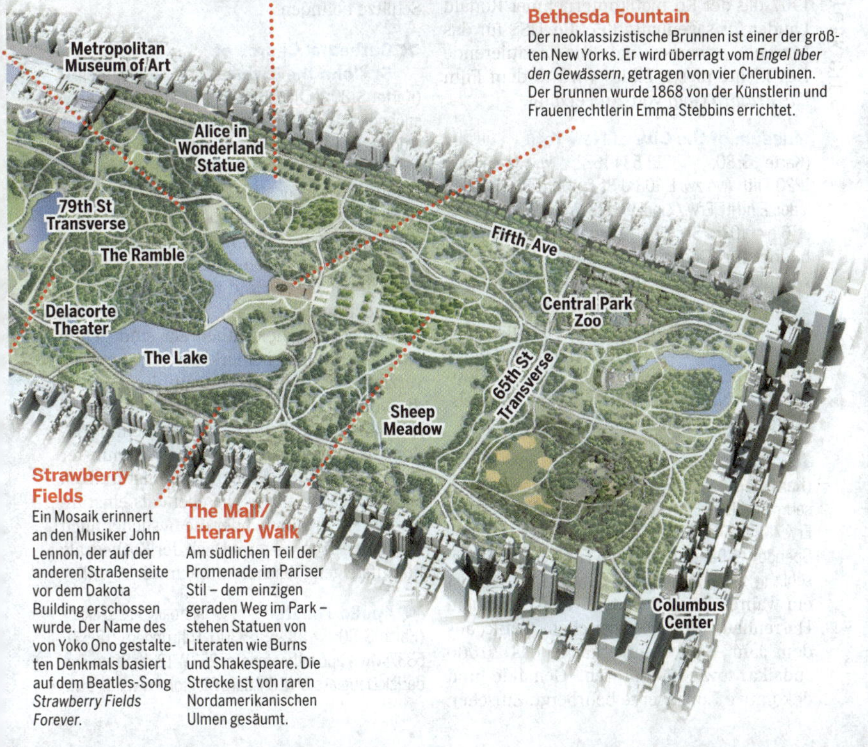

Strawberry Fields
Ein Mosaik erinnert an den Musiker John Lennon, der auf der anderen Straßenseite vor dem Dakota Building erschossen wurde. Der Name des von Yoko Ono gestalteten Denkmals basiert auf dem Beatles-Song *Strawberry Fields Forever*.

The Mall/ Literary Walk
Am südlichen Teil der Promenade im Pariser Stil – dem einzigen geraden Weg im Park – stehen Statuen von Literaten wie Burns und Shakespeare. Die Strecke ist von raren Nordamerikanischen Ulmen gesäumt.

10–18, Sa 10–21 Uhr; S 4/5/6 bis 86th St) Das Museum, das zur Smithsonian Institution in Washington, D.C., gehört, widmet sich als einziges der USA sowohl dem historischen als auch dem zeitgenössischen Design. In dem Wohnhaus mit 64 Zimmern auf 3 Stockwerken, das sich der Millardär Andrew Carnegie 1901 bauen ließ, sind 210 000-Ausstellungsstücke aus den letzten 3000 Jahren zu sehen. Nach umfangreicher Renovierung umfasst die Ausstellung nun auch interaktive Touch-Screens und einen tollen elektronischen Stift, mit dem die Besucher ihr eigenes Designerstück entwerfen und auf einer Website speichern können.

Neue Galerie MUSEUM

(Karte S. 80; ☎ 212-628-6200; www.neuegalerie.org; 1048 Fifth Ave Ecke 86th St; Erw./Student 20/10 US$, 1. Fr des Monats 18–20 Uhr frei; ⊙ Do–Mo 11–18 Uhr; S 4/5/6 bis 86th St) Das schön restaurierte Herrenhaus von Carrère und Hastings von 1914 beherbergt eine wunderbare Sammlung österreichischer und deutscher Kunst mit Werken von Paul Klee, Ernst Ludwig Kirchner und Egon Schiele. Glanzstück der Ausstellung ist das goldene Porträt von Adele Bloch-Bauer von Gustav Klimt von 1907, das der Kosmetikunternehmer Ronald Lauder für sagenhafte 135 Mio. US$ für das Museum erworben hat. Die faszinierende Geschichte dieses Bildes wird in dem Film *Die Frau in Gold* von 2015 erzählt.

Museum of the City of New York MUSEUM

(Karte S. 80; ☎ 212-534-1672; www.mcny.org; 1220 Fifth Ave zw. E 103rd St & 104th St; empfohlener Eintritt Erw./Kind 18 US$/frei; ⊙ 10–18 Uhr; S 6 bis 103rd St) Das Museum in einem Gebäude im Georgian Colonial Revival-Stil widmet sich einzig und allein der Vergangenheit, Gegenwart und Zukunft der Stadt New York. Zur Einführung sollte man sich unbedingt den 28-minütigen Film *Timescapes* (im 2. Stock) ansehen, der die Entwicklung New Yorks vom winzigen Handelsposten zur blühenden Metropole aufzeigt.

Jewish Museum MUSEUM

(Karte S. 80; ☎ 212-423-3200; www.thejewishmuseum.org; 1109 Fifth Ave, zwischen E 92nd 93rd Sts; Erw./Kind 15 US$/frei, Sa frei, Do 17–20 Uhr gegen Spende; ⊙ Sa–Di 11–18, Do & Fr bis 16 Uhr, Mi geschl.; 👪; S 6 bis 96th St) Dieses Museum ist ein wahres Juwel der Stadt. Es ist in einem Herrenhaus der französischen Gotik aus dem Jahr 1908 untergebracht, das 30 000 Judaika sowie Skulpturen, Gemälde und dekorative Kunstwerke behrbergt. Zu sehen sind auch hervorragende Wechselausstellungen, in denen so einflussreiche Personen wie Art Spiegelman beleuchtet werden und Berühmtheiten wie Marc Chagall, Édouard Vuillard und Man Ray in Ausstellungen von Weltklasse zu sehen sind.

Harlem & Upper Manhattan

Im 17. Jh. war Harlem eine Siedlung holländischer Bauern, denen später irische, italienische und jüdische Einwanderer folgten. Heute ist das Viertel untrennbar mit der afroamerikanischen Bevölkerung und ihrer Identität verbunden. Trotz steigender Gentrifizierung ist Harlem immer noch geprägt von leidenschaftlichen Predigern und Gospelchören, Soul Food und lebhaften Jazzclubs. Mittlerweile gibt es aber auch viele Restaurants, die frankophonen Afrikanern und gebürtigen Franzosen gehören. Das Arbeiterviertel East Harlem, das auch Spanish Harlem oder El Barrio genannt wird, ist die lebhafte Heimat hispanischer Einwanderer, während sich die Columbia University immer weiter nach West Harlem ausdehnt. Zu den nördlichen Bezirken gehört das grüne Inwood, in dem sich wahre mittelalterliche Schätze befinden.

★ **Cathedral Church of St. John the Divine** KATHEDRALE

(Karte S. 80; ☎ Führungen 212-316-7540; www.stjohndivine.org; 1047 Amsterdam Ave, at W 112th St, Morningside Heights; empfohlene Spende 10 US$, Highlighttour 14 US$, Verticaltour 20 US$; ⊙ 7.30–18 Uhr, Highlighttour Mo 11 & 14, Di–Sa 11 & 13, ausgewählte So 13 Uhr, Verticaltour Mo 10, Mi & Fr 12, Sa 12 & 14 Uhr; S B, C, 1 bis 110th St-Cathedral Pkwy) Das größte Gotteshaus der USA ist immer noch unvollendet – und wird es wahrscheinlich noch einige Zeit bleiben. Doch bei der berühmten Bischofskathedrale sind schon jetzt viele Details bemerkenswert: die reich verzierte Fassade im byzantinischen Stil, die volltönende alte Orgel und das außergewöhnlich gegliederte Kirchenschiff, das doppelt so breit ist wie das der Westminster Abbey in London. Neben der einstündigen **Highlighttour** gibt es die ebenfalls einstündige **Verticaltour**, bei der die Besucher auch die steilen Treppen zum Dach der Kathedrale hinaufsteigen (Taschenlampe mitbringen!).

★ **Apollo Theater** HISTORISCHES GEBÄUDE

(Karte S. 80; ☎ 212-531-5300, Führungen 212-531-5337; www.apollotheater.org; 253 W 125th St zw. Frederick Douglass Blvd & Adam Clayton Powell Jr Blvd,

Harlem; Karten ab 16 US$; S A/C, B/D bis 125th St) Das Apollo ist ein wesentlicher Bestandteil der Geschichte und Kultur von Harlem. Seit 1914 finden hier Konzerte und politische Versammlungen statt. In den 1930er- und 1940er-Jahren standen von Duke Ellington bis hin zu Billie Holiday alle großen schwarzen Künstler auf der altehrwürdigen Bühne. Jahrzehnte später begannen hier die Karrieren unzähliger Stars wie Diana Ross, Aretha Franklin, Michael Jackson und Lauryn Hill. Bis heute zieht das üppige Programm aus Musik, Tanz, Vorführungen der Musikhochschule und besonderen Veranstaltungen ein begeistertes Publikum an.

Abyssinian Baptist Church KIRCHE
(Karte S. 80; ☎ 212-862-7474; www.abyssinian.org; 132 Odell Clark Pl, btwn Adam Clayton Powell Jr & Malcolm X Blvds, Harlem; ⌚ Gospel Sep–Jul So 11.30 Uhr; S 2/3 to 135th St) Der hervorragende Sonntagsgottesdienst ist laut und gefühlsbetont und einer der bekanntesten in der Stadt. So muss man mindestens eine Stunde vor Beginn da sein und sich anstellen. Für den Zutritt gelten strenge Vorschriften: keine ärmellosen Tops, Flip-Flops, Shorts, Leggings oder Rucksäcke. Der Eingang für Touristen ist im Südosten, an der Ecke West 138th Street und Adam Clayton Powell Jr. Blvd.

★ **Cloisters Museum & Gardens** MUSEUM
(Karte S. 63; ☎ 212-923-3700; www.metmuseum.org/cloisters; 99 Margaret Corbin Dr, Fort Tryon Park; empfohlene Spende Erw./Kind 25 US$/frei; ⌚ 10–17.15 Uhr; S A bis 190th St) Das Klostermuseum auf einem Hügel über dem Hudson River ist ein seltsames architektonisches Gebilde, das aus verschiedenen Teilen europäischer Klöster und anderer historischer Gebäude besteht. Gebaut wurde es in den 1930er-Jahren, um die mittelalterlichen Schätze des Metropolitan Museum aufzunehmen. Die Fresken, Wandteppiche und Gemälde sind nun in Galerien zu sehen, die rund um einen romantischen Innenhof angeordnet sind. Zwischen den Galerien verlaufen großartige Bogengänge mit maurischen Terrakotta-Dächern. Zu den vielen außergewöhnlichen Schätzen dieser Sammlung gehört auch die Folge faszinierender Wandteppiche mit dem Titel *Die Jagd nach dem Einhorn* aus dem 16. Jh.

★ **Studio Museum in Harlem** MUSEUM
(Karte S. 80; ☎ 212-864-4500; www.studiomuseum.org; 144 W 125th St Ecke Adam Clayton Powell Jr Blvd, Harlem; empfohlene Spende 7 US$, So frei; ⌚ Do & Fr 12–21, Sa 10–18, So 12–18 Uhr; S 2/3 bis 125th St) Das kleine kulturelle Schmuckstück zeigt seit mehr als 40 Jahren die Werke afroamerikanischer Künstler. Dabei ist es nicht einfach nur ein weiteres Kunstmuseum, sondern veranstaltet auch regelmäßig faszinierende Wechselausstellungen. Außerdem ist es ein wichtiger Treffpunkt von Kulturbeflissenen aller Art in Harlem, die sich die ständig wechselnden Shows ansehen, Filmvorführungen besuchen oder über ihre Arbeit sprechen.

Brooklyn

Das aus mehreren, schachbrettartig angeordneten Stadtteilen bestehende Brooklyn ist dreimal so groß wie Manhattan und natürlich wesentlich vielfältiger und umfassender. Einen tollen Blick auf die Skyline hat man von Brooklyn Heights mit seinen braunen Sandsteinhäusern, während man in Williamsburg schöne alte Sachen kaufen und nachts durch die Bars ziehen kann.

★ **Brooklyn Bridge Park** PARK
(Karte S. 64; ☎ 718-222-9939; www.brooklynbridgepark.org; East River Waterfront zw. Atlantic Ave & Adams St; ⌚ 6–1 Uhr; ; S A/C bis High St; 2/3 bis Clark St; F bis York St) GRATIS Unter den neuen Sehenswürdigkeiten in Brooklyn ist dieser mehr als 34 ha große Park eine der beliebtesten. Er erstreckt sich über gut 2 km entlang einer Biegung des East River vom östlichen Ende der Manhattan Bridge in Dumbo bis zum westlichen Ende der Atlantic Ave in Cobble Hill. Mit dem Park wurde das ehemalige Brachland am Flussufer zu neuem Leben erweckt und die längst aufgegebenen Piers in eine schöne Parklandschaft verwandelt, die nun einen atemberaubenden Blick auf Manhattan bietet. Aber es gibt auch sonst viel zu sehen und zu unternehmen auf Spielplätzen, Spazierwegen und gepflegten Rasenflächen.

★ **Coney Island** STADTVIERTEL
(Karte S. 63; www.coneyisland.com; Surf Ave & Boardwalk zw. W 15th St & W 8th St; S D/F, N/Q bis Coney Island-Stillwell Ave) Der beliebte Strandort ist nur gut 50 Minuten mit der Subway von Midtown entfernt und bietet sich für einen schönen Tagesausflug an. Der breite Sandstrand mit der Holzpromenade hat einen kitschig-nostalgischen und leicht anrüchigen Charme. Besonders bekannt ist die Zyklon-Achterbahn von 1927, die heute mitten in einem modernen Vergnügungspark

steht. Bei Nathan's Famous (S. 110) gibt's leckere Hot Dogs, und das **New York Aquarium** (www.nyaquarium.com) ist der Hit für Kids. Oder man schaut sich am Nachmittag ein Spiel im Baseball-Stadion des **MCU Park** an (☎718-372-5596; www.brooklyncyclones.com; 1904 Surf Ave Ecke 17th St, Coney Island; Karten 10–20 US$, Mi alle Karten 10 US$; Ⓢ D/F, N/Q bis Coney Island-Stillwell Ave). Das Stadion direkt am Wasser ist das Heimstadion der Brooklyn Cyclones, die in der Minor League spielen.

Die ersten Vergnügungsparks dieser Gegend entstanden Mitte der 1800er-Jahre, als die Bewohner der zunehmend industrialisierten Stadt im Sommer aus ihren unerträglich heißen Wohnungen flüchteten. Ende des 19. Jhs. war das Viertel unter dem Spitznamen „Sodom am Meer" als Schauplatz derber, wilder Partys verschrien. Anfang des 20. Jhs. wurden die Vergnügungsparks dann familienfreundlicher. Insbesondere der 1903 eröffnete Luna Park war für seine Kamele und Elefanten und die traumhafte Beleuchtung mit mehr als einer Million Glühbirnen bekannt. Bis heute sind das (1920 eröffnete) Wonder Wheel und die Zyklon-Achterbahn von 1927 in Betrieb. In den 1980er-Jahren wurde das Viertel zu einer Art Geisterstadt, doch mittlerweile lockt es mit Hot Dogs, Ausstellungen und Jahrmärkten sowie der jährlichen **Mermaid Parade** (⏲Ende Juni), bei der sich alle wie punkige Meerjungfrauen verkleiden, die New Yorker wieder an. Natürlich ist es nicht Disneyworld – aber das will es auch gar nicht sein.

★Brooklyn Museum — MUSEUM

(Karte S. 63; ☎718-638-5000; www.brooklynmuseum.org; 200 Eastern Pkwy, Prospect Park; empfohlene Spende 16 US$, Kind & Jugendl. unter 19 Jahren frei; ⏲Mi & Fr–So 11–18, Do 11–22 Uhr; 👪; Ⓢ 2/3 to Eastern Pkwy-Brooklyn Museum) Das umfangreiche Museum befindet sich in einem fünfstöckigen Gebäude im Beaux-Arts-Stil, das von McKim, Mead & White entworfen wurde. Auf einer Ausstellungsfläche von 52 000 m² präsentiert es mehr als 1,5 Mio. Objekte, darunter Artefakte aus der Antike, Zimmer im Stil des 19. Jhs. sowie Skulpturen und Gemälde aus mehreren Jahrhunderten. Es ist eine gute Alternative zu den oft hoffnungslos überlaufenen Museen in Manhattan, und veranstaltet zudem oft recht provozierende moderne Ausstellungen. Am ersten Samstag des Monats (außer im September) finden zudem besondere Veranstaltungen (Livemusik, Tanz und Theater) statt. Dann ist das Museum bis 23 Uhr geöffnet.

★Prospect Park — PARK

(☎718-965-8951; www.prospectpark.org; Grand Army Plaza; ⏲5–1 Uhr; Ⓢ 2/3 bis Grand Army Plaza; F bis 15th St-Prospect Park) Die Schöpfer dieses knapp 237 ha großen Parks, Frederick Law Olmsted und Calvert Vaux, sahen darin die Vollendung ihres anderen Projekts in New York, dem Central Park. So weist der 1866 angelegte Prospect Park auch viele Gemeinsamkeiten mit seinem Vorgänger auf. Der prachtvolle Park verfügt über eine lange Wiese entlang des gesamten westlichen Rands, auf der es Spielfelder für Fußball, Football, Cricket und Baseball sowie unzählige Grillstellen gibt. In der östlichen Hälfte des Parks erstrecken sich bewaldete Hügel und ein hübscher See mit Bootshaus.

New York Transit Museum — MUSEUM

(Karte S. 63; ☎718-694-1600; www.mta.info/mta/museum; Schermerhorn St Ecke Boerum Pl; Erw./Kind 10/5 US$; ⏲Di–Fr 10–16, Sa & So 11–17 Uhr; 👪; Ⓢ 2/3, 4/5 bis Borough Hall; R bis Court St) Das kinderfreundliche Museum in einer ehemaligen Subway-Station, die 1936 gebaut und bereits 1946 wieder aufgegeben wurde, erzählt die Geschichte von mehr als 100 Jahren Nahverkehr in der Stadt. Der schönste Teil befindet sich im Untergeschoss, wo man in 13 original erhaltene U-Bahn- und Hochbahnwagen von 1904 einsteigen kann. In Wechselausstellungen wird zudem die faszinierende Geschichte der Subway, darunter auch der erst kürzlich eröffneten Second Ave Line erzählt. Im Museumsshop gibt's die beliebten Souvenirs mit den Netzplänen der Subway.

Brooklyn Botanic Garden — GÄRTEN

(Karte S. 63; www.bbg.org; 150 Eastern Pkwy, Prospect Park; Erw./Kind 12 US$/frei, Sa 10–12 Uhr und Di frei; ⏲Di–Fr 8–18, Sa & So 10–18 Uhr, im Winter variieren die Öffnungszeiten; 👪; Ⓢ 2/3 bis Eastern Pkwy-Brooklyn Museum) Eine der malerischsten Attraktionen in Brooklyn ist diese 21 ha große Gartenanlage mit Tausenden von Pflanzen und Bäumen sowie einem **Japanischen Garten**, in dem Flussschildkröten vor einem Shinto-Schrein durchs Wasser gleiten. Die beste Zeit für einen Besuch ist Ende April oder Anfang Mai, wenn die Kirschbäume (ein Geschenk aus Japan) in voller Blüte stehen und das **Sakura Matsuri** (Kirschbaumblütenfest) gefeiert wird.

Brooklyn Children's Museum — MUSEUM

(Karte S. 63; ☎718-735-4400; www.brooklynkids.org; 145 Brooklyn Ave Ecke St Marks Ave, Crown

Heights; 11 US$, Do 14–18 Uhr frei; ⌚ Di–So 10–17 Uhr; 👪; Ⓢ C bis Kingston-Throop Aves; 3 bis Kingston Ave) Das beliebte, interaktive Kindermuseum, das bereits 1899 eröffnet wurde, befindet sich in einem leuchtend gelben, L-förmigen Gebäude. Zu sehen sind knapp 30 000 kulturelle Gegenstände (Musikinstrumente, Masken und Puppen) und naturgeschichtliche Ausstellungsstücke (Felsgestein, Mineralien und das komplette Skelett eines asiatischen Elefanten). Doch typisch für den Standort in Brooklyn gibt es auch eine restaurierte Bodega, eine kleine Pizzeria und einen karibischen Markt, bei dem die Kinder mitmachen dürfen. Das Museum in der Nähe des Brower Park ist etwa 1 Meile (1,6 km) von der Grand Army Plaza entfernt.

Brooklyn Brewery BRAUEREI

(Karte S. 63; ☎ 718-486-7422; www.brooklynbrewery.com; 79 N 11th St zw. Berry St & Wythe Ave, Williamsburg; Führungen Sa & So frei, Mo–Do 15 US$; ⌚ Führungen Mo–Do 17, Sa 13–17, So 13–16 Uhr, Probierstube Fr 18–23, Sa 12–20, So 12–18 Uhr; Ⓢ L bis Bedford Ave) Die Brauerei stammt noch aus der Zeit, als dieses Viertel das Brauzentrum New Yorks war. Heute kann man das ganze Unternehmen im Rahmen von Führungen besichtigen.

Brooklyn Heights Promenade AUSSICHTSPUNKT

(zw. Orange St & Remsen St; ⌚ 24 Std.; 👪; Ⓢ 2/3 bis Clark St) Alle in Ost-West-Richtung verlaufenden Straßen in Brooklyn Heights (wie die Clark St und Pineapple St) führen zur bedeutendsten Sehenswürdigkeit des Viertels, einem schmalen Park mit atemberaubendem Blick auf Lower Manhattan und New York Harbor, unter dem der vielbefahrene Brooklyn-Queens Expressway (BQE) hindurchführt. In dem kleinen Streifen städtischer Naturschönheit kann man auch gut den Sonnenuntergang beobachten.

The Bronx

Die Heimat des Hiphop und der rauen Straßenkultur der South Bronx ist von einem dichten Netz von Schnellstraßen durchzogen, auf denen die New Yorker einfach nur möglichst schnell in Richtung Norden fahren wollen. Dabei ist die Bronx ebenso grün wie städtisch. Wave Hill, Van Cortlandt Park, Pelham Bay Park und New York Botanical Gardens sind nur einige der grünen Lungen des Viertels. Im Sommer strömen die Massen zum Orchard Beach, der „Riviera der Bronx", und auch der älteste und größte Zoo der USA befindet sich hier. Der Grand Concourse ist voller architektonischer Kleinode im Art-Déco-Stil, in der Arthur Ave gibt's jede Menge italienischer Restaurants der alten Schule.

Yankee Stadium STADION

(Karte S. 63; ☎ 718-293-4300, Führungen 646-977-8687; www.newyork.yankees.mlb.com; E 161st St Ecke River Ave; Führung 20 US$; Ⓢ B/D, 4 bis 161st St-Yankee Stadium) Die Boston Red Sox sind unglaublich stolz auf ihre acht Weltmeistertitel in den letzten 90 Jahren. Doch die Yankees haben in dieser Zeit 27-mal die Weltmeisterschaft gewonnen. Ganz offensichtlich hat der Zauber dieser Mannschaft nicht unter dem Umzug von der 161st St in das neue Yankee Stadium gelitten. Das war 2009 und in ihrer ersten Saison im neuen Stadion gewannen sie gleich die Weltmeisterschaft in sechs hart umkämpften Spielen gegen die Phillies. Die Saison dauert von April bis Oktober.

Bronx Zoo ZOO

(Karte S. 63; ☎ 718-220-5100; www.bronxzoo.com; 2300 Southern Blvd; All-inclusive-Ticket Erw./Kind 37/27 US$, Mi Spende empfohlen; ⌚ April–Okt. Mo–Fr 10–17, Sa & So 10–17.30 Uhr, Nov.–März 10–16.30 Uhr; Ⓢ 2, 5 bis West Farms Sq-E Tremont Ave) Der gut 107 ha große Zoo ist der größte und älteste der USA. Hier leben mehr als 6000 Tiere in nachgebildeten Lebensräumen der ganzen Welt, von der afrikanischen Steppe bis hin zu den Regenwäldern Asiens. So ist er zu Recht sehr beliebt und vor allem mittwochs, am Wochenende und den ganzen Juli und August hindurch immer gut besucht. Am wenigsten los ist Montag morgens. Wer mit der U-Bahn kommt, sollte das südwestliche Asia Gate (ein paar Häuserblocks nördlich der Station West Farms Sq–E Tremont Ave in der Boston Rd) als Eingang benutzen.

New York Botanical Garden BOTANISCHER GARTEN

(Karte S. 63; ☎ 718-817-8716; www.nybg.org; 2900 Southern Blvd; Wochentage Erw./Kind 23/10 US$, Wochenende 28/12 US$, Mi & Sa 9–10 Uhr freier Eintritt auf dem Gelände; ⌚ Di–So 10–18 Uhr; 👪; 🚆 Metro-North bis Botanical Garden) Der 1891 eröffnete Garten umfasst nicht nur 20 ha alten Urwalds, sondern auch das wunderbar restaurierte **Enid A. Haupt Conservatory**, ein großartiges viktorianisches Gewächshaus aus Eisen und Glas, das mittlerweile zu den Wahrzeichen New Yorks zählt. Die

Stadtspaziergang
Ein Bummel durch das Village

START COMMERCE ST
ZIEL WASHINGTON SQUARE PARK
LÄNGE/DAUER 1,9 KM; 1 STD

Unter New Yorks Vierteln ist Greenwich Village das fußgängerfreundlichste. Hier hebt sich das Kopfsteinpflaster noch von den typischen Straßen im Schachbrettmuster ab, das sonst die Insel prägt. Der Spaziergang beginnt am 1 **Cherry Lane Theater**. Das kleine, 1924 gegründete Theater ist die am längsten durchgängig betriebene Kultureinrichtung abseits des Broadway. In den 1940er-Jahren war es sogar das Zentrum der kreativen Aktivitäten der Stadt.

In der Bedford St geht es nach links bis zur Ecke Grove St. Das 2 Haus Nr. **90 Bedford** auf der rechten Seite ist das fiktive Mietshaus aus der Serie *Friends*. Zu einem weiteren Schauplatz gelangt man, wenn man in der Bleecker St weiter geht und rechts in die Perry St einbiegt: Auf der Treppe vor dem Haus 3 **66 Perry St** wurde eine Szene mit Carrie Bradshaw für *Sex and the City* gedreht.

Danach geht's rechts in die W 4th St zum 4 **Christopher Park**, der von zwei Statuen gleichgeschlechtlicher Paare bewacht wird. Am nördlichen Rand des Parks befindet sich das legendäre Stonewall Inn, wo 1969 einige genervte Drag Queens den Kampf um ihre Bürgerrechte begannen. Dies war zugleich der Anfang der Schwulenbewegung.

Von der Christopher St geht es in die Sixth Ave, wo sich die 5 **Jefferson Market Library** erhebt. Der Turm im Stil der Ruskin'schen Gotik diente einst als Feuerwachturm. In den 1870er-Jahren war hier das Gericht untergebracht, heute eine Bibliothek.

Ein Stück weiter in der Sixth Ave biegt man links in die Minetta Lane ein. Dort liegt das berühmt-berüchtigte 6 **Cafe Wha?**, wo die Karriere so vieler Musiker und Komiker wie Bob Dylan und Richard Pryor begann.

Von dort geht es in der MacDougal St zum 7 **Washington Square Park**, dem Ziel des Spaziergangs. In dem inoffziellen Stadtpark hängen Studenten ab, spielen Musikanten auf und empören sich Demonstranten über Missstände in der Stadt und der Welt der.

regelmäßig stattfindenden Veranstaltungen wie Rundgänge zu bestimmten Themen, Vorlesungen für Kinder und Filmaufführungen sind auf der Website zu finden.

City Island INSEL

(Karte S. 63; Bx29) Obwohl City Island noch zur Bronx gehört, erinnert die Insel eher an die kleinen Fischerorte an der Atlantikküste im Norden. Die etwa 2,4 km lange Insel ist geprägt von bezaubernden Häusern, gut besuchten Bars, den besten Meeresfrüchten der fünf Stadtviertel und natürlich dem spektakulären Blick auf den Long Island Sound. So bietet die kleine Insel eine ganz einzigartige Erfahrung von New York.

Woodlawn Cemetery FRIEDHOF

(Karte S. 63; 877-496-6352, 718-920-0500; www.thewoodlawncemetery.org; Webster Ave Ecke E 233rd St; 8.30–16.30 Uhr; S 4 bis Woodlawn) Der knapp 162 ha große Friedhof ist ebenso elegant wie der Green-Wood-Cemetery in Brooklyn und die renommierteste Ruhestätte der Bronx. Auf dem im Bürgerkrieg (1863) angelegten Friedhof sind sogar mehr Persönlichkeiten als auf dem konkurrierenden Green Wood begraben. So befinden sich unter den mehr als 300 000 Gräbern auch die von Herman Melville und der Jazzlegenden Miles Davis und Duke Ellington. Fotografieren ist nur mit Genehmigung (am Eingang) erlaubt.

Queens

Der größte von fünf Stadtteilen ist wirklich eine Welt für sich, denn mehr als die Hälfte der Einwohner sind nicht in den USA geboren. Doch im Gegensatz zu den Hochhaussiedlungen Flushing und East River ist Queens von niederen Häusern mit Vorstadtflair (wie sie in der Fernsehserie *King of Queens* zu sehen sind) und einer bunten Mischung aus verschiedenen Gemeinschaften geprägt. Für viele New Yorker ist Queens *Terra incognita* und meilenweit entfernt vom modischen Brooklyn, doch einige Gegenden des Viertels sind ebenso faszinierend wie die ganze Stadt. In den Restaurants und Delikatessengeschäften sind die Küchen und Spezialitäten aus der ganzen Welt zu finden, Surfen am Rockaway Beach ist total hip, und überall finden sich moderne Kunstzentren.

★ Museum of the Moving Image MUSEUM

(Karte S. 63; 718-777-6888; www.movingimage.us; 36-01 35th Ave, Astoria; Erw./Kind 15/7 US$, Fr 16–20 Uhr frei; Mi & Do 10.30–14, Fr 10.30–20, Sa & So 11.30–19 Uhr; S M, R bis Steinway St) Der schicke Komplex ist weltweit eines der besten Museen zu Film, Fernsehen und Video. Die Ausstellung umfasst mehr als 130 000-Artefakte, darunter auch Elizabeth Taylors Perücke aus *Cleopatra,* so ziemlich alles zur Fernsehserie *Seinfeld* und einen ganzen Raum voller alter Arcade-Spiele. Anhand von interaktiven Stationen – wie der Herstellung eines eigenen Daumenkinos – wird die Technik hinter den bewegten Bildern erklärt.

★ MoMA PS1 GALERIE

(Karte S. 63; 718-784-2084; www.momaps1.org; 22-25 Jackson Ave, Long Island City; empfohlene Spende Erw./Kind 10 US$/frei, mit MoMA-Ticket frei, Einführungsparty online/vor Ort 18/20 US$; Juli–Aug. Do–Mo 12–18 Uhr, Einführungsparty Sa 15–21 Uhr S E, M bis Court Sq-23rd St; G, 7 bis Court Sq) Im schicken Außenposten des MoMA, das sich in einer früheren Schule befindet, schaut man Videos durch den Fußboden, plaudert zur Musik von Party-DJs und diskutiert über die Bedeutung nichtstatischer Strukturen, während man durch ein Loch in der Wand starrt.

Fort Totten HISTORISCHE STÄTTE

(718-352-4793; https://www.nycgovparks.org/parks/fort-totten-park; Ecke Totten Ave & 15 Rd, Bayside; 7–21 Uhr; Q16) GRATIS Der Park ist nach den Überresten einer Festung aus dem Bürgerkrieg benannt, aber das ist nicht alles, was es hier zu sehen gibt. Auf dem Gelände gibt es noch eine Vielzahl weiterer historischer Gebäude, wogende Felder und sogar einen öffentlichen Swimmingpool. Von den vielen Veranstaltungen und Führungen, die das ganze Jahr über angeboten werden, ist die Geistertour mit Laternen an Halloween ein absolutes Muss. Der Park am äußersten Ende der Stadt ist eine seltene Oase der Ruhe in New York.

New York Hall of Science MUSEUM

(Karte S. 63; 718-699-0005; www.nysci.org; 47-01 111th St; Erw./Kind 16/13 US$; Fr 14–17 & So 10–11 Uhr frei; Mo–Fr 9.30–17, Sa & So 10–18 Uhr; S 7 bis 111th St) Das Wissenschaftsmuseum in einem seltsamen Gebäude voller Buntglas von 1965 ist langweilig und anspruchslos. Auch der Minigolfplatz und Spielplatz vor der Tür stellen keine höheren geistigen Anforderungen an die Besucher.

Queens Museum MUSEUM

(Karte S. 63; QMA; 718-592-9700; www.queensmuseum.org; Flushing Meadows Corona Park,

Queens; empfohlene Spende Erw./Kind 8 US$/frei; ⌚Mi–So 11–17 Uhr; S 7 bis 111th St oder Mets-Willets Point) Dieses Museum ist eine der erstaunlichsten Vergnügungen der Stadt. Die bekannteste Installation ist das Panorama von New York City, ein 867 m^2 großes Modell von New York, in dem alle Gebäude zu finden sind und mit einer 15-minütigen Lichtschau ein Tag in der Stadt von morgens bis abends simuliert wird. Außerdem finden hier erstklassige Ausstellungen zu moderner Kunst der ganzen Welt statt, die auch die Vielfalt von Queens zum Ausdruck bringen. So werden in einer faszinierenden Ausstellung demnächst einige interessante Beispiele für avantgardistisches Design aus New York gezeigt, die nie verwirklicht wurden und jetzt anhand von Zeichnungen und 3D-Modellen präsentiert werden.

Greater Ridgewood Historic Society WOHNHAUS

(Karte S. 63; www.onderdonkhouse.org; 1820 Flushing Ave, Ridgewood; empfohlene Spende 3 US$; ⌚Sa 13–16, So 12–16 Uhr; S L bis Jefferson St) In einem weitgehend verlassenen Häuserblock an der Grenze zwischen Bushwick, Brooklyn, Ridgewood und Queens steht das älteste holländische Steinhaus aus der Kolonialzeit der Stadt. Das Grundstück und die Außenanlagen sind sorgfältig gepflegt, im Inneren ist eine Dauerausstellung zur Geschichte des Hauses und New Yorks zu sehen. Samstags und sonntags kann man das Haus im Rahmen einer Führung besichtigen. Außerdem werden das ganze Jahr über weitere Veranstaltungen angeboten.

The Kaufman Arts District KUNSTZENTRUM

(http://www.kaufmanartsdistrict.com/; 34-12 36th St; S Bahn M oder R-bis Steinway St, Bahn N oder Q bis 36th St) Das von den legendären Kaufman-Studios in Long Island City hier errichtete, aufstrebende Kunstzentrum sollte man sich unbedingt ansehen, bevor es zu einem zweiten Chelsea wird. Neben Einrichtungen wie dem Noguchi-Museum finden in dem Kunstzentrum auch Veranstaltungen statt, und in der gesamten Umgebung sind öffentliche Kunstwerke zu bewundern. Dazwischen kann man sich in den vielen Restaurants und Bars stärken.

Unisphere DENKMAL

(Karte S. 63; Flushing Meadows Park; S 7 bis 111th St oder Mets-Willets Point) Die für die Weltausstellung 1964 entworfene Stahlkugel ist 12 Stockwerke hoch und als Mittelpunkt des Flushing Meadows Park mittlerweile das Wahrzeichen von Queens. (Heute ist die Kugel wohl wesentlich bekannter vom Plattencover von *Licensed to Ill* der Beastie Boys oder aus Filmen wie *Men in Black* und *Iron Man 2*). Im Sommer ist sie von plätschernden Springbrunnen umgeben, ansonsten flitzen Skateboarder um die Kugel herum.

Staten Island

Staten Island scheint Welten von Manhattan entfernt zu sein. Es ist das Land der Shaolin (jedenfalls nach Meinung des Wu Tang Clan), der Jogginganzüge aus Samt, der Nudeln mit Bratensauce (oder Fleischsauce), des Starts des New York-Marathons, der Holzhäuser mit Aluminiumverkleidung und der Wohnort von drei Schauspielern der Fernsehserie *Jersey Shore*. Gäbe es nicht die gleichnamige Fähre, die im Zentrum von St. George an der Nordostspitze der Insel, würde sie wohl zumeist übersehen. Dabei hat die altmodisch vorstädtische Insel durchaus ihre Vorzüge, insbesondere kultureller und kulinarischer Art, und es wird auch investiert, vor allem in St. George – etwa in das neue 191,5 m hohe Riesenrad, das derzeit größte der Welt.

Aktivitäten

★ **Staten Island Ferry** FÄHRE

(Karte S. 64; www.siferry.com; Whitehall Terminal, 4 South St Ecke Whitehall St; ⌚24 Std.; S 1 bis South Ferry; R/W bis Whitehall St; 4/5 bis Bowling Green) GRATIS Sind die riesigen, orangeroten Fähren für die Inselbewohner ein normales Nahverkehrsmittel, so sehen sie die Bewohner von Manhattan eher als romantischen Geheimtipp an einem schönen Frühlingstag. Und viele Touristen verfallen ebenfalls dem Zauber der Fähre und betrachten ihre 8 km lange Überfahrt in 25 Min. von Lower Manhattan nach St. George auf Staten Island als aufregendes, kostenloses Abenteuer in New York.

Central Park Bike Tours RADFAHREN

(Karte S. 80; ☎212-541-8759; www.centralparkbiketours.com; 203 W 58th St Ecke Seventh Ave; Fahrrad 14/28 US$ für 2 Std./pro Tag, 2-stündige Tour 49 US$; ⌚9–20 Uhr; S A/C, B/D, 1 bis 59th St-Columbus Circle) Der Veranstalter verleiht nicht nur gute Fahrräder inklusive Helm, Schloss und Radkarte, sondern organisiert auch zweistündige Touren durch den Central Park und rund um die Brooklyn Bridge.

Russian & Turkish Baths BADEHAUS

(Karte S. 70; ☎212-674-9250; www.russianturkishbaths.com; 268 E 10th St zw. First Ave & Ave A;

INSIDERWISSEN

SUBWAY-FAHREN LEICHT GEMACHT

Hier ein paar Tipps, um sich im Chaos der New Yorker Subway zurechtzufinden:

Buchstaben, Zahlen und Farben Die farbigen U-Bahn-Linien sind mit einen Buchstaben oder einer Zahl gekennzeichnet. Auf den meisten Linien verkehren zwei bis vier Züge.

Express- und Stadtzüge Touristen machen häufig den Fehler, in einen „Expresszug" einzusteigen, der dann aber nicht an der gewünschten Haltestelle hält. Dazu muss man wissen, dass auf jeder farblich markierten Linie sowohl die Stadt- als auch die Expresszüge verkehren. Die Expresszüge halten in Manhattan nur an ausgewählten Stationen, die mit einem weißen Kreis im Netzplan gekennzeichnet sind. So sind z. B. die Züge 2 und 3 der roten Linie Expresszüge, während der langsamere Zug 1 in allen Stationen der Stadt hält. Wer eine größere Strecke zurücklegen will, um etwa von der Upper West Side zur Wall St zu kommen, sollte besser in einen Expresszug steigen, der in der Regel am Bahnsteig gegenüber den Stadtzügen abfährt. Damit spart man eine Menge Zeit.

Den richtigen Eingang in die Station finden Einige U-Bahn-Stationen, etwa Spring St Station der Linie 6 in SoHo, haben unterschiedliche Eingänge für die Linien in Richtung Innenstadt oder in die Nobelviertel. Die Richtung ist jeweils auf den Schildern angegeben. Wer dennoch in den falschen Eingang hineingeht, was auch Einheimischen hin und wieder passiert, kann entweder bis zur nächsten Station fahren, wo man kostenlos umsteigen kann, oder man verlässt die Station, bezahlt noch einmal 2,75 US$ und geht zum richtigen Eingang, der sich in der Regel auf der anderen Straßenseite befindet, wieder hinein. Außerdem sollte man die grünen und roten Lichter über den Treppen zu jeder Station beachten: Grün bedeutet, dass die Station immer geöffnet ist, bei Rot wird sie zeitweise, vor allem nachts, geschlossen.

Wochenende Am Wochenende ist alles ganz anders. Dann werden manche Linien zusammengelegt, andere fahren nicht, es werden nicht mehr alle Stationen angefahren, während in einigen nur am Wochenende gehalten wird. Touristen und Einheimische stehen gleichermaßen verwirrt auf den Bahnsteigen und werden manchmal richtig wütend. Infos zu den Fahrplänen am Wochenende gibt's auf www.mta.info. Entsprechende Hinweisschilder sind oft erst zu erkennen, wenn man schon auf dem Bahnsteig steht.

45 US$/Besuch; ⏲Mo–Di & Do–Fr 12–22, Mi 10–22, Sa 9–22, So 8–22 Uhr; Ⓢ L bis 1st Ave; 6 bis Astor Pl) Schon seit 1892 zieht das enge, leicht schmuddelige Bad eine bunte, polyglotte Mischung aus Schauspielern, Studenten, sexuell aufgeschlossenen Paaren, Singles auf Partnersuche, russischen Stammgästen und Einheimischen der alten Schule an. Sie alle ziehen sich bis auf die Unterhose aus (oder schlüpfen in eine der Baumwollshorts des Hauses) und wandern dann zwischen Dampfbad, Abkühlbecken, Sauna und Sonnenterrasse hin und her. Meist kann man gemischt baden (Textilzwang), aber es gibt auch Zeiten nur für Männer oder Frauen (kein Textilzwang). Es gibt auch Massagen, Peelings und russische Eichblattbehandlungen.

Great Jones Spa — SPA

(Karte S. 70; ☎212-505-3185; www.greatjonesspa.com; 29 Great Jones St zw. Lafayette St & Bowery; ⏲9–22 Uhr; Ⓢ 6 bis Bleecker St; B/D/F/M bis Broadway-Lafayette St) Die Dienste dieses Feng-Shui-Bads in der Innenstadt sollte man sich keinesfalls entgehen lassen. Im Angebot sind Peelings mit marokkanischem Rosenmeersalz und Kosmetikbehandlungen mit Stammzellen. Wer mindestens 100 US$ pro Person ausgibt (was nicht schwer ist, denn eine Massage kostet ab 145 US$ für eine Stunde, eine einstündige Kosmetikbehandlung ab 135 US$) kann sich auch in der water lounge mit Thermalbecken, Sauna, Dampfbad und Abkühlbecken (nur mit Badebekleidung) entspannen.

Downtown Boathouse — KAJAKFAHREN

(Karte S. 64; www.downtownboathouse.org; Pier 26 in der Nähe der N Moore St; ⏲Mitte Mai–Mitte Okt. Sa & So 9–17 Uhr, Mitte Juni–Mitte Sept. auch Di–Do 17–19.30 Uhr; Ⓢ 1 bis Houston St) GRATIS Am Wochenende und an manchen Abenden unter der Woche bietet das aktivste öffentliche Bootshaus von New York kostenlose Kajakkurse (inkl. Ausrüstung) in einer geschützten Bucht des Hudson River.

Die Kurse dauern 20 Minuten, nachdem die Teilnehmer zum Startpunkt gelaufen sind. Infos zu weiteren Aktivitäten wie Kajaktouren, Stehpaddeln und Stehpaddelkurse sowie die vier anderen Anbieter von Kajak-Aktivitäten am Hudson River findet man auf www.hudsonriverpark.org. Im Sommer gibt es noch einen weiteren Kajak-Veranstalter auf **Governors Island** (Karte S. 63; ☎ 212-825-3045; www.govisland.com; ⏲ Mai–Okt. Mo–Fr 10–18, Sa & So 10–19 Uhr; Ⓢ 4/5 bis Bowling Green; 1 bis South Ferry) GRATIS.

Loeb Boathouse BOOTSFAHRTEN, RADFAHREN

(Karte S. 80; ☎ 212-517-2233; www.thecentralparkboathouse.com; Central Park zw. E 74th St & 75th St; Bootsfahrt 15 US$, Leihfahrrad 9–15 US$; ⏲ April–Nov. 10–18 Uhr; 👪; Ⓢ B, C bis 72nd St; 6 bis 77th St) Das Bootshaus im Central Park verfügt über 100 Ruderboote und eine Gondel im venezianischen Stil für bis zu sechs Personen. Bei gutem Wetter werden auch Fahrräder inklusive Helm verliehen. Hierfür sind ein Ausweis und eine Kreditkarte erforderlich.

Schooner Adirondack BOOTSFAHRTEN

(Karte S. 74; ☎ 212-627-1825; www.sail-nyc.com; Chelsea Piers Complex, Pier 62 in der W 22nd St; Bootsfahrt 52–86 US$; Ⓢ C, E to 23rd St) Von Mai bis Oktober werden täglich vier zweistündige Segeltörns mit dem Zweimaster *'Dack* im Hafen von New York angeboten. Die ganze Woche über laufen auch die 24 m lange *Manhattan* und die 30 m lange *Manhattan II*, beide im Stil der 1920er-Jahre, zu Törns aus. Die aktuellen Termine und Zeiten erfährt man per Telefon oder auf der Website.

Geführte Touren

NBC Studio Tours FÜHRUNG

(Karte S. 74; ☎ 212-664-3700; www.thetouratnbcstudios.com; 30 Rockefeller Plaza, Eingang 1250 Sixth Ave; Führung Erw./Kind 33/29 US$, kein Zutritt für Kinder unter 6 Jahren; ⏲ Mo–Fr 8.20–14, Sa & So 8.20–17 Uhr; Ⓢ B/D/F/M bis 47th-50th Sts-Rockefeller Center) Bei den einstündigen Führungen durch einen Teil der Fernsehstudios, wo Shows wie *Saturday Night Live* und *The Tonight Show Starring Jimmy Fallon* wird auch so manche Anekdote erzählt. Gezeigt werden in der Regel die wunderbar restaurierte Rotunde im Art-Déco-Stil, zwei Studios und das NBC Nachrichtenzentrum. Bei der interaktiven „Tour Studio" dürfen die Besucher ihren persönlichen Teil einer Talk-Show spielen oder produzieren. Um nicht anstehen zu müssen, sollte man die Tickets online buchen.

On Location Tours BUSTOUREN

(☎ 212-683-2027; www.onlocationtours.com; Tour 49 US$) Wer in New York ist, will auch mal auf der Treppe vor Carrie Bradshaws Wohnung sitzen oder in die Bar gehen, in der Michael Keaton in *Birdman* Stammgast ist. Die

NEW YORK MIT KINDERN

Ein absolutes Muss ist das American Museum of Natural History (S. 79) mit seinen Dinos, Planetarien, IMAX-Kinos und der Unterwasserwelt. Obwohl fast alle großen Museen, etwa das Metropolitan Museum of Art (S. 83), das Museum of Modern Art (S. 73), das Guggenheim Museum (S. 83), das Museum of the City of New York (S. 86) und das Cooper-Hewitt National Design Museum (S. 83) spezielle Programme für Kinder anbieten, sind doch viele kleinere Einrichtungen wesentlich interessanter für die Kleinen. So unterhält selbst die New-York Historical Society (S. 82) ein Geschichtsmuseum für Kinder.

Kinder bis fünf Jahre

Für Kinder im Alter von ein bis fünf Jahren empfehlen sich das **Children's Museum of the Arts** (Karte S. 70; ☎ 212-274-0986; www.cmany.org; 103 Charlton St zw. Greenwich St & Hudson St; Eintritt 12 US$, Do 16–18 Uhr gegen Spende; ⏲ Mo 12–17, Do & Fr 12–18, Sa & So 10–17 Uhr; 👪; Ⓢ 1 bis Houston St; C/E bis Spring St) in West SoHo und das Brooklyn Children's Museum (S. 88) in Crown Heights. In beiden Museen gibt es Vorlesezeiten, Kunstkurse, Bastel- und Malstunden.

Älter als fünf Jahre

Ältere Kinder können im New York Transit Museum (S. 88) in alten U-Bahn-Wagen herumklettern oder im New York City Fire Museum (S. 67) an einer Stange herunterrutschen. Das Museum of the Moving Image (S. 91) in Astoria hat interaktive Ausstellungsstücke für Kinder.

verschiedenen Touren des Unternehmens führen zu den Schauplätzen von *Gossip Girl*, *Sex and the City*, *The Sopranos*, *Real Housewives of NYC* und zu weiteres Fernseh- und Filmdrehorten im Central Park.

Big Onion Walking Tours STADTFÜHRUNGEN
(☎888-606-9255; www.bigonion.com; Stadtführung 25 US$) Zur Auswahl stehen fast 30 Führungen, darunter zur Brooklyn Bridge und nach Brooklyn Heights, die Official Gangs of New York Tour, Führungen zur Geschichte der Schwulen und Lesben in der Stadt, zu Before Stonewall, nach Chelsea und zur High Line.

Municipal Art Society STADTFÜHRUNGEN
(☎212-935-3960; www.mas.org; Führung ab 25 US$) Die zahlreichen Führungen sind zumeist der Architektur und Geschichte gewidmet. Die 75-minütige Führung durch das Grand Central Terminal (S. 73) beginnt täglich um 12.30 Uhr in der Haupthalle des Bahnhofs.

Central Park Conservancy FÜHRUNGEN
(Karte S. 80; ☎212-310-6600; www.centralparknyc.org/tours; 14 E 60th St zw. Madison Ave & Fifth Ave; Ⓢ N/R/W bis 5th Ave-59th St) Die gemeinnützige Organisation, die sich um die Pflege des Central Park kümmert, bietet auch verschiedene Führungen durch den Park an. Einige Führungen (wie Heart of the Park, die zu den Highlights des Parks führt) sind kostenlos, andere kosten 15 US$ und müssen im Voraus gebucht werden.

Big Apple Greeter (Accessible) TOUREN
(☎212-669-8198; www.bigapplegreeter.org) GRATIS Der Veranstalter beschäftigt mehr als 50 Freiwillige mit sichtbaren und unsichtbaren Behinderungen, die den Besuchern gerne ihre Lieblingsorte in der Stadt zeigen. Die Touren sind kostenlos und es wird auch kein Trinkgeld erwartet. Wer sich für eine solche Tour interessiert, sollte sich drei bis vier Wochen vorher anmelden.

Queens Historical Society STADTSPAZIERGÄNGE
(☎718-939-0647; www.queenshistoricalsociety.org; 143-35 37th Ave, Flushing; Eintritt 5 US$, Führung ab 20 US$; ⏲Di, Sa & So 14.30–16.30 Uhr; Ⓢ7 bis Flushing-Main St) Das kleine Museum der Historical Society befindet sich im Haus der Kingsland Homestead aus dem 18. Jh. Der Schwerpunkt ihrer Aktivität sind aber Stadtspaziergänge durch die verschiedenen Viertel von Queens. Dazu gehören auch Orte in der Umgebung, die im Zusammenhang mit den Anfängen der religiösen Befreiungsbewegungen und dem späteren Netzwerk der Underground Railroad stehen.

Feste & Events

Shakespeare in the Park THEATER
(www.publictheater.org) Das sehr beliebte Festival zu Ehren des großen Barden bietet kostenlose Vorführungen im Central Park. Ein wirklich zauberhaftes Theatererlebnis. Der Haken? Für die Tickets muss man stundenlang anstehen oder sie in der Online-Verlosung gewinnen.

Tribeca Film Festival FILM
(☎212-941-2400; www.tribecafilm.com; ⏲April) Das Filmfestival wurde im Jahr 2003 von Robert De Niro und Jane Rosenthal begründet und ist heute ein Höhepunkt im Reigen der unabhängigen Filmfestivals. Jedes Frühjahr geben sich Scharen von Promis hier die Ehre.

Restaurant Week ESSEN & TRINKEN
(☎212-484-1222; www.nycgo.com/restaurantweek; ⏲Jan./Feb. & Juli/Aug.) Das Festival bietet zweimal im Jahr die Gelegenheit, in den besten Restaurants zu supergünstigen Preisen zu schlemmen. So kostet ein Drei-Gänge-Mittagsmenü gerade einmal 29 US$, ein Abendessen um die 42 US$.

San Gennaro Festival STRASSENKARNEVAL
(www.sangennaro.org; ⏲Sept.) Lautstarke Einheimische feiern ausgelassen in den engen Straßen von Little Italy und essen dazu Sandwichs mit Wurst und gebratener Paprika, Kekse und Massen anderer italienischer Spezialitäten, die an einem Abend kaum zu schaffen sind. Den zehntägigen Karneval Mitte September haben die italienischen Einwanderer aus Europa mitgebracht. 2017 wurde er bereits zum 90. Mal gefeiert.

Schlafen

Unterkünfte in New York sind in der Regel teuer und klein. Der Preis richtet sich nach der Verfügbarkeit und nicht nach Hoch- oder Nebensaison. So ist es in Ferienzeiten natürlich besonders teuer. Trotzdem sind die Unterkünfte, vor allem im Sommer, schnell ausgebucht. Das Angebot reicht von engen, immer gleichen Kettenhotels bis hin zu schicken Boutiquehotels. In keinem Viertel von Manhattan herrscht ein bestimmter Stil vor, aber die besseren Hotels findet man meist in Brooklyn und Queens.

Financial District & Lower Manhattan

Wall Street Inn HOTEL $$
(Karte S. 64; 212-747-1500; www.thewallstreetinn.com; 9 S William St; Zi. 140–280 US$; ; S 2/3 bis Wall St) Die nüchterne Steinfassade des erschwinglichen, gemütlichen Hotels steht in krassem Gegensatz zum freundlichen Inneren im Kolonialstil. Die Betten sind groß und luxuriös, die Zimmer mit glänzenden Holzmöbeln und langen Vorhängen eingerichtet. Die Bäder sind voller netter Annehmlichkeiten wie Whirlpools in den Deluxe-Zimmern und Badewannen in den anderen Zimmern. WLAN und Frühstück sind im Preis inbegriffen.

SoHo & Chinatown

Bowery House HOSTEL $
(Karte S. 70; 212-837-2373; www.theboweryhouse.com; 220 Bowery zw. Prince St & Spring St; EZ/DZ mit Gemeinschaftsbad ab 80/130 US$; ; S R/W bis Prince St) Auf der gegenüberliegenden Straßenseite des New Museum wurde diese ehemalige Absteige aus den 1920er-Jahren als Hostel der gehobenen Preisklasse wiedergeboren. Die Zimmer sind mit Bowery-Filmpostern und maßgeschneiderten Matratzen (d.h. kürzer und schmaler als normal) versehen, dafür haben die Gemeinschaftsbäder Regenduschen und eine Fußbodenheizung. Es gibt auch einen stilvollen Lounge-Bereich mit Chesterfield-Sofas und Kronleuchtern, eine brummende Bar und eine Dachterrasse.

Wer einen leichten Schlaf hat, sollte dieses Hostel meiden, da es Feierwütige anlockt; in jedem Zimmer liegen Ohrstöpsel bereit.

Soho Grand Hotel BOUTIQUEHOTEL $$
(Karte S. 70; 212-965-3000; www.sohogrand.com; 310 W Broadway; DZ 255–700 US$; @; S A/C/E bis Canal St) Das ursprünglichste Boutiquehotel des Viertels beeindruckt immer noch mit seiner umwerfenden Treppe in der Eingangshalle aus Glas und Schmiedeeisen. Die 367 Zimmer sind schick und sauber und haben edle Bettwäsche, Plasma-Flachbild-TVs und hochwertige. Pflegeprodukte. In der Grand Lounge der Eingangshalle mischt sich unter das Szenepublikum gelegentlich auch eine prominente Persönlichkeit. Hunde sind auch willkommen und werden mit den gleichen Annehmlichkeiten wie Frauchen und Herrchen verwöhnt.

Solita SoHo HOTEL $$
(Karte S. 70; 212-925-3600; www.solitasohohotel.com; 159 Grand St Ecke Lafayette St; DZ 185–285 US$; ; S N/Q/R, 6 bis Canal St) Das Hotel eignet sich gut für alle, die das Flair von Chinatown und (dem immer kleiner werdenden) Little Italy genießen wollen. Es gehört zur Ascend-Kette und hat eine saubere, funktionale Eingangshalle, kleine, fast achteckige Zimmer mit breiten Betten und eigenem Bad mit Doppelmassageduschköpfen. In der Nebensaison kosten die Zimmer oft nur 150 US$.

East Village & Lower East Side

St. Mark's Hotel HOTEL $
(Karte S. 70; 212-674-0100; www.stmarkshotel.net; 2 St Marks Pl Ecke Third Ave; DZ ab 130 US$; ; S 6 bis Astor Pl) Das Budgethotel in East Village ist besonders beliebt bei jungen Nachtschwärmern, denn die größte Konzentration an Bars und Restaurants der Stadt befindet sich direkt vor der Haustür. Für den niedrigen Preis darf man natürlich nicht viel erwarten. Die Zimmer sind recht klein und veraltet. Der Straßenlärm kann sehr störend sein, und es gibt keinen Aufzug.

Bowery Hotel BOUTIQUEHOTEL $$$
(Karte S. 70; 212-505-9100; www.theboweryhotel.com; 335 Bowery zw. 2nd St & 3rd St; Zi. 295–535 US$; @; S F/V bis Lower East Side-Second Ave; 6 bis Bleecker St) Hier gibt es noch altmodische goldene Zimmerschlüssel mit roter Troddel. Die Eingangshalle ist dunkel, still und voller antiker Stühle mit Samtpolstern und fadenscheiniger Perserteppiche. Korridore mit Mosaikfliesenböden führen zu den Zimmern mit riesigen Fenstern und eleganten Himmelbetten. Außerdem gibt es große Plasma-TVs und luxuriöse Badeartikel.

Zum Hotel gehört eine Bar, eine Gartenterrasse und das rustikale italienische Restaurant Gemma. In allen dreien ist immer was los.

West Village, Chelsea & Meatpacking District

Jane Hotel HOTEL $
(Karte S. 70; 212-924-6700; www.thejanenyc.com; 113 Jane St zw. Washington St & West Side Hwy; Zi. mit Gemeinschaftsbad/eigenem Bad ab 115/295 US$; P; S L bis Eighth Ave; A/C/E bis 14th St; 1/2 bis Christopher St-Sheridan Sq) Die winzigen Zimmer sind nichts für Leute mit

Platzangst. Alle anderen können sich in dem schön restaurierten Backsteingebäude wie ein Matrose im Luxusurlaub fühlen, denn es wurde Anfang des 20. Jhs. für Seeleute auf Landgang gebaut und im Jahr 1912 wurden hier viele Überlebende der *Titanic* untergebracht. Der prachtvolle Ballsaal mit Bar scheint dagegen eher zu einem Fünf-Sterne-Hotel zu gehören. Die teureren Kapitänszimmer haben auch eine eigene Toilette.

Townhouse Inn of Chelsea B&B $$
(Karte S. 74; ☎212-414-2323; www.townhouseinnchelsea.com; 131 W 23rd St zw. Sixth Ave & Seventh Ave; DZ 150–300 US$; ❄📶; Ⓢ F/V, 1 bis 23rd St) Das freistehende fünfstöckige Stadthaus aus dem 19. Jh. hat freiliegendes Mauerwerk, Holzfußböden und 14 Zimmer. Es ist ein hübsches Kleinod in der geschäftigen 23rd St. Bei der umfassenden Renovierung 1998 wurde auch ein Aufzug eingebaut. Die Zimmer sind groß und freundlich, mit fantasievoller Bettwäsche in großen Messing- oder Himmelbetten. Der Fernseher ist in einen großen Schrank eingebaut.

Standard BOUTIQUEHOTEL $$$
(Karte S. 70; ☎212-645-4646; www.standardhotels.com; 848 Washington St Ecke 13th St; DZ ab 509 US$; ❄📶; Ⓢ A/C/E bis 14th St; L bis Eighth Ave) Trend-Hotelier André Balazs hat den breiten Glasturm über der High Line errichten lassen. Von jedem Zimmer blickt man direkt auf den Meatpacking District. Das wie in Kaskaden einfallende Sonnenlicht lässt die Betten mit glänzendem Holzrahmen und die Badezimmer mit Marmor in einem besonders warmen Glanz erstrahlen. Ein weiteres supermodernes Hotel **Standard** gibt's im East Village.

Zu den erstklassigen Annehmlichkeiten gehören auch ein gemütlicher deutscher Biergarten, eine Brasserie im Erdgeschoss (mit Kunsteisbahn im Winter) und ein nobler Nachtclub im obersten Stock. Die Lage ist unschlagbar, denn das Beste, was New York zu bieten hat, liegt direkt vor der Haustür.

High Line Hotel HOTEL $$$
(Karte S. 74; ☎212-929-3888; www.thehighlinehotel.com; 180 Tenth Ave zw. 20th St & 21st St; DZ ab 470 US$) In dem neogotischen Gebäude war einst das Allgemeine Theologische Seminar untergebracht, das sich jetzt gleich um die Ecke befindet. Die 60 schönen Zimmer sind modern, aber mit Antiquitäten eingerichtet. Das Hotel ist ganz in der Nähe der Galerien von Chelsea und des schattigen High Line Park zu finden.

Union Square, Flatiron District & Gramercy

Carlton Arms HOTEL $
(Karte S. 74; ☎212-679-0680; www.carltonarms.com; 160 E 25th St Ecke Third Ave; DZ mit Gemeinschaftsbad/eigenem Bad 120/150 US$; ❄📶; Ⓢ 6 bis 23rd St oder 28th St) Das Innere des Hotels ist über und über mit einer Mischung aus Kunst, die im letzten Jahr noch avantgardistisch war, und Werken von Künstlern aus der ganzen Welt geschmückt. Entlang der Treppen in fünf Stockwerke sowie in den winzigen Zimmern und Gemeinschaftsbädern befinden sich überall Wandgemälde. In jedem Zimmer befindet aich auch ein kleines Waschbecken.

Marcel at Gramercy BOUTIQUEHOTEL $$
(Karte S. 74; ☎212-696-3800; www.themarcelatgramercy.com; 201 E 24th St Ecke Third Ave; DZ ab 300 US$; ❄@📶; Ⓢ 6 bis 23rd St) Das minimalistische Hotel mit 97 Zimmern ist ein schickes Boutiquehotel für das kleinere Budget, und das ist durchaus nicht negativ gemeint. Die Zimmer sind einfach und modern (in der Standardvariante aber sehr klein). Zu den vorherrschenden Grau- und Beigetönen bilden die knallgelben Kopfenden der Chesterfield-Betten einen krassen Kontrast. Die Badezimmer sind ziemlich langweilig, aber dafür sauber. Von den Zimmern, die auf die Straße hinausgehen, hat man einen ganz guten Ausblick. In der eleganten Bar im Erdgeschoss kann man sich gepflegt entspannen.

Midtown

★ **Yotel** HOTEL $$
(Karte S. 74; ☎646-449-7700; www.yotel.com; 570 Tenth Ave Ecke 41st St, Midtown West; Zi. ab 250 US$; ❄📶; Ⓢ A/C/E bis 42nd St-Port Authority Bus Terminal; 1/2/3, N/Q/R, S, 7 bis Times Sq-42nd St) Halb futuristischer Raumflughafen, halb Kulisse für *Austin Powers* hat das supercoole Hotel seine insgesamt 669 Zimmer nach Buchungsklassen im Flugzeug eingeteilt: Premium cabin (=Economy), First cabins (= Business Class) und VIP-Suiten (= First Class). Einige der First cabins und VIP-Suiten haben auch eine eigene Terrasse mit Whirlpool. Die kleinen, aber geschickt gestalteten Premium cabins haben elektrisch verstellbare Betten, und alle Cabin-Zimmer haben raumhohe Fenster mit einem sagenhaften Ausblick, schicke Badezimmer und iPod-Konnektivität.

Pod 51 HOTEL $$

(Karte S. 74; ☎ 212-355-0300; www.thepodhotel.com; 230 E 51st St zw. Second Ave & Third Ave, Midtown East; Zi. mit Gemeinschaftsbad/eigenem Bad ab 165/210 US$; ❄ 📶; Ⓢ 6 bis 51st St; E/M bis Lexington Ave-53rd St) Ein Traum für alle, die sich wie in einem engen Kokon fühlen wollen. Das bezahlbare Hotel in bester Lage hat eine große Auswahl an Zimmern, die aber zumeist nicht viel größer als das Bett darin sind. Dafür ist das Bettzeug hell und bunt, es gibt einen winzigen Schreibtisch, Flachbild-TVs, iPod-Dockingstationen und Regenduschen. Bei gutem Wetter kann man auf der Dachterrasse etwas trinken.

414 Hotel HOTEL $$$

(Karte S. 74; ☎ 212-399-0006; www.414hotel.com; 414 W 46th St zw. Ninth Ave & Tenth Ave, Midtown West; DZ ab 256 US$; ❄ 📶; Ⓢ C/E bis 50th St) Das freundliche Hotel aus zwei miteinander verbundenen Sandsteingebäuden ein paar Blocks westlich des Times Sq wirkt eher wie eine Pension. Es hat 22 hübsche Zimmer, die einfach, aber geschmackvoll eingerichtet sind und über Kabel-TV, kostenloses WLAN und ein eigenes Bad verfügen. Die Zimmer, die zum schattigen Innenhof hinausgehen, sind am ruhigsten. In dem Innenhof wird in der warmen Jahreszeit auch das Frühstück serviert, das im Preis enthalten ist.

Upper West Side & Central Park

Hostelling International New York HOSTEL $

(HI; Karte S. 80; ☎ 212-932-2300; www.hinewyork.org; 891 Amsterdam Ave Ecke 103rd St; B 54–75 US$; ❄ 📶; Ⓢ 1 bis 103rd St) Die 672 blitzsauberen, gepflegten Stockbetten befinden sich in einem roten Backsteinhaus aus den 1880er-Jahren. Eigentlich ist es ein für das 19. Jh. typisches Industriegebäude, doch es hat schöne Gemeinschaftsbereiche, einen Hinterhof, wo im Sommer gegrillt wird, eine Gemeinschaftsküche und ein Café. Außerdem werden von Wanderungen bis hin zu Club-Besuchen jede Menge Aktivitäten angeboten. Neben den Schlafsälen gibt es auch schöne Zimmer mit eigenem Bad.

Lucerne HOTEL $$

(Karte S. 80; ☎ 212-875-1000; www.thelucernehotel.com; 201 W 79th St Ecke Amsterdam Ave; DZ ab 300 US$; ❄ 📶; Ⓢ B, C bis 81st St) Bei dem ungewöhnlichen Gebäude von 1903 wurde auf den damals üblichen Beaux-Arts-Stil zugunsten einer Barockvariante verzichtet. Hinter der kunstvoll verzierten Fassade in Terracottarot verbirgt sich ein prachtvolles Hotel mit 200 Zimmern, das ideal für Paare und Familien mit Kindern ist, denn der Central Park und das American Museum of Natural History sind nur einen Katzensprung entfernt. Die Zimmer der neun Kategorien haben einen leicht viktorianischen Touch.

Empire Hotel HOTEL $$$

(Karte S. 80; ☎ 212-265-7400; www.empirehotelnyc.com; 44 W 63rd St Ecke Broadway; Zi. ab 370 US$; ❄ 📶 🏊; Ⓢ 1 bis 66th St-Lincoln Center) Nach der Entkernung und umfangreichen Sanierung des alten Empire gegenüber dem Lincoln Center erstrahlt das Hotel nun in warmen Erdtönen mit moderner Ausstattung und bietet eine überdachte Terrasse mit Swimmingpool, eine tolle Bar auf dem Dach und eine schummrig beleuchtete Lounge in der Eingangshalle mit Sofas im Zebramuster. Die mehr als 400-Zimmer in verschiedenen Kategorien sind in freundlichen Farben gehalten und mit edlen dunklen Ledermöbeln eingerichet.

Upper East Side

Bentley Hotel BOUTIQUEHOTEL $$$

(Karte S. 80; ☎ 212-644-6000; www.bentleyhotelnyc.com; 500 E 62nd St Ecke York Ave; DZ ab 350 US$; ❄ 📶; Ⓢ N/R bis Lexington Ave/59th St, Q bis Lexington Ave-63rd St) Das Hotel bietet einen tollen Blick auf den East River und den gesamten östlichen Teil des Franklin D Roosevelt Dr. Aus dem ehemaligen Bürogebäude ist ein schickes Boutiquehotel mit prachtvoller Eingangshalle und eleganten Zimmern geworden. Ein großer Nachteil ist die weite Entfernung zu Subway, Restaurants und anderen Essentials.

Harlem & Upper Manhattan

Harlem Flophouse PENSION $

(Karte S. 80; ☎ 347-632-1960; www.harlemflophouse.com; 242 W 123rd St zw. Adam Clayton Powell Jr Blvd & Frederick Douglass Blvd, Harlem; DZ mit Gemeinschaftsbad 99–150 US$; 📶; Ⓢ A/B/C/D, 2/3 bis 124th St) In dem stimmungsvollen Stadthaus aus den 1890er-Jahren wird Harlems große Zeit des Jazz wieder lebendig. Die nostalgischen Zimmer haben Messingbetten, polierte Holzfußböden und alte Radios, bei denen ein Jazzsender der Stadt eingestellt ist. Zu der Zeitreise passen auch die Gemeinschaftsbäder und die fehlenden

Klimaanlagen und Fernseher. Der Inhaber ist zudem eine unerschöpfliche Quelle für Infos über die Stadt.

Allie's Inn B&B $$

(Karte S. 80; ☎646-283-3068, 212-690-3813; www.alliesinn.com; 313 W 136th St zw. Frederick Douglass Blvd & Edgecombe Ave, Harlem; DZ 175–259 US$, Suite 310–340 US$; ❄📶; Ⓢ B, C bis 135th St) Die bezaubernde Pension hat nur drei saubere, gemütliche Zimmer, die mit Eichenfußboden, einfachen modernen Möbeln und einer kleinen Küchenzeile ausgestattet sind. Es ist eine erfreuliche Abwechslung inmitten der Wohntürme von Midtown und ideal für alle, die sich in das üppige Harlemer Leben stürzen wollen, denn hervorragende Restaurants und Bars sind ganz in der Nähe, die Subway-Station gleich um die Ecke. Man muss mindestens zwei Nächte bleiben.

Brooklyn

Wythe Hotel BOUTIQUEHOTEL $$

(☎718-460-8000; www.wythehotel.com; 80 Wythe Ave Ecke N 11th St, Williamsburg; DZ ab 265 US$; ❄📶; Ⓢ L bis Bedford Ave; G bis Nassau Ave) Das Hotel in einem umgebauten Fabrikgebäude von 1901 bringt echtes Design nach Williamsburg. Die Zimmer in dem roten Backsteingebäude sind im rustikalen Industrieschick gehalten. Die Betten sind aus Altholz gefertigt, die speziell hergestellten Tapeten bestehen aus Flavor Paper aus Brooklyn, es gibt freiliegendes Mauerwerk, glänzende Betonfußböden und Decken mit den originalen, knapp 4 m langen Holzbalken.

Nu Hotel HOTEL $$

(☎718-852-8585; www.nuhotelbrooklyn.com; 85 Smith St; DZ ab 220 US$; ❄@📶; Ⓢ F, G bis Bergen St) Die 93 Zimmer des Hotels im Zentrum von Brooklyn sind schlicht und ganz in Weiß gehalten (Wände, Bettwäsche). Die Möbel bestehen aus recyceltem Teakholz, die Fußböden aus Kork. Für kleinere Gruppen könnte die Stockbetten-Suite etwas sein: Hier haben die Stockbetten einmal die Breite eines französischen Betts und zwei die eines Doppelbettes. Wer mag, bucht das 'nu perspectives'-Zimmer, das mit Wandmalereien von Künstlern aus Brooklyn geschmückt ist.

Queens

Local NYC HOSTEL $

(☎347-738-5251; www.thelocalny.com; 13-02 44th Ave, Long Island City; B/DZ ab 60/169 US$; ❄📶; Ⓢ E, M bis Court Sq-23rd St) Das Hostel hat saubere, kleine, einfach ausgestattete Zimmer, die jedoch über gemütliche Betten und viel Tageslicht verfügen. Die Gäste können die gut ausgestattete Küche benutzen. Im luftigen Café mit Bar kann man sich mit anderen Reisenden austauschen, tagsüber guten Kaffee und abends Wein oder Bier trinken. Unter der Woche ist auch regelmäßig für Unterhaltung gesorgt (Kinoabend, Livemusik, Pubquiz).

Essen

New Yorks Restaurantszene ist unendlich vielseitig, allumfassend und ein Spiegel der bunten Einwohnerschaft aus der ganzen Welt. Von inspirierten Abwandlungen der Weltküche, die sich nur Unternehmensbosse mit hohem Spesenkonto leisten können, bis hin zu typisch regionalem Essen wie Hotdogs und Pizza findet man hier alles. Selbst wer nicht als ausgewiesener Feinschmecker die letzten ethnischen Enklaven oder neu eröffneten Restaurants der Starköche sucht, wird überall hervorragend essen.

Financial District & Lower Manhattan

Hudson Eats FASTFOOD $

(Karte S. 64; ☎212-417-2445; www.brookfieldplaceny.com/directory/food; Brookfield Place, 230 Vesey St Ecke West St; Hauptgericht ab 7 US$; ⏲Mo–Sa 10–21, So 12–19 Uhr; 📶; Ⓢ E bis World Trade Center; 2/3 bis Park Place; R/W bis Cortlandt St; 4/5 bis Fulton St; A/C bis Chambers St) Im restaurierten Büro- und Einzelhandelskomplex Brookfield Place befindet sich nun ein eleganter Food Court. Der Fußboden besteht aus Terrazzo, die Arbeitsplatten sind aus Marmor, und durch die raumhohen Fenster blickt man auf Jersey City und den Hudson.

Fish Market SEAFOOD $

(Karte S. 64; ☎917-363-8101; 111 South St, New York City; Sandwich ab 9 US$, Hauptgerichte 9–24 US$; ⏲Mo–Fr 18–24, Sa & So 12–24 Uhr) Die kleine Bar mit ihrer abwechslungsreichen Meeresfrüchtekarte knüpft an die Tradition des Hafenviertels an der South Street an. Es gibt den ganzen Tag über preiswerte Getränke, und das Personal und die Stammgäste sind gleichermaßen freundlich. Spezialitäten des Hauses sind Popcorn-Shrimps und ein Po'boy-Sandwich mit Meeresfrüchten.

Brookfield Place FOOD COURT, MARKTHALLE $$

(Karte S. 64; ☎212-978-1698; www.brookfieldplaceny.com; 230 Vesey St Ecke West St; 📶; Ⓢ E bis

World Trade Center; 2/3 bis Park Place; R/W bis Cortlandt St; 4/5 bis Fulton St; A/C bis Chambers St) In dem noblen Büro- und Einzelhandelskomplex befinden sich zwei fantastische Food Courts. Französische Küche gibt es in Le District, einer bezaubernden Hochglanz-Markthalle mit eigenständigen Restaurants und Ständen, an denen von würzigem Käse bis *Steak frites* alles zu haben ist. Im Stockwerk darüber ist Hudson Eats, eine schicke Enklave feinen Fastfoods von Sushi und Tacos bis hin zu Salate und Burgern.

Da Mikele PIZZERIA **$$**
(Karte S. 64; ☎ 212-925-8800; www.luzzosgroup.com/about-us-damikele; 275 Church St zw. White St & Franklin St; Pizza 17–21 US$; ⌚ So–Mi 12–22.30, Do–Sa 12–23.30 Uhr; Ⓢ 1 bis Franklin St; A/C/E, N/Q/R, J/Z, 6 bis Canal St) Die Mischung aus Italien und Tribeca, wo Zinnblech und Altholz auf altmodische Vespas trifft, verleiht jedem Abend der Woche mit dem *aperitivo* (17–19 Uhr), bei dem es zu jedem Getränk leckere Knabbereien gibt, etwas *dolce vita* (süßes Leben). Doch im Wesentlichen geht es um Pizza. Diese ist eine leichte, ebenso knusprige wie saftige Offenbarung aus dem Holzkohleofen, bei der selbst echte Neapolitaner ins Schwärmen geraten.

Le District FRANZÖSISCH **$$**
(Karte S. 64; ☎ 212-981-8588; www.ledistrict.com; Brookfield Place, 225 Liberty St Ecke West St; Hauptgerichte in der Markthalle 16–24 US$, Hauptgerichte im Restaurant Beaubourg 18–38 US$; ⌚ Mo–Sa 8.30–23, So 8.30–22 Uhr; 📶; Ⓢ E bis World Trade Center; 2/3 bis Park Place; R/W bis Cortlandt St; 4/5 bis Fulton St; A/C bis Chambers St) Die weitläufige Markthalle ist ein Stück Paris am Hudson. Hier gibt es von knallbunt glasiertem Gebäck und leckeren *tartines* bis hin zu würzigem Käse und *Steak frites* alles, was das französische Feinschmeckerherz begehrt. Das große Restaurant **Beaubourg** hat eine umfangreiche Speisekarte mit Bistrogerichten, doch für eine Kleinigkeit auf die Schnelle empfehlen sich eher die Stände **Market District** (Burger) und **Cafe District** (Crêpes).

★ **Locanda Verde** ITALIENISCH **$$$**
(Karte S. 64; ☎ 212-925-3797; www.locandaverdenyc.com; 377 Greenwich St Ecke N Moore St; Hauptgerichte mittags 19–29 US$, abends 25–40 US$; ⌚ Mo–Do 7–23, Fr 7–23.30, Sa 8–23.30, So 8–23 Uhr; Ⓢ A/C/E bis Canal St; 1 tbis Franklin St) Durch dicke Samtvorhänge gelangt man in einen Raum voller Männer mit offenen Hemdkragen, Frauen in schwarzen Kleidern und flotten Barkeepern hinter der langen Theke, an der dicht gedrängt die Gäste sitzen. Das hochgelobte Restaurant serviert moderne, italienisch inspirierte Küche wie hausgemachte Bandnudeln mit Lammbolognese, Minze und Schafsricotta oder sizilianischer Heilbutt mit Kürbis einer alten Sorte und Mandeln. Beim nicht minder kreativen Brunch am Wochenende gibt's Scampi mit Grütze und Zitronenricotta-Pfannkuchen mit Blaubeeren. Unbedingt reservieren.

Bâtard MODERN-AMERIKANISCH **$$$**
(Karte S. 64; ☎ 212-219-2777; www.batardtribeca.com; 239 W Broadway zw. Walker St & White St; 2-/3-/4-Gänge Menü 58/75/85 US$; ⌚ Mo–Sa 17.30–22.30, Fr auch 12–14.30 Uhr; Ⓢ 1 bis Franklin St; A/C/E bis Canal St) Küchenchef des freundlichen Guide-Michelin-Restaurants ist der Österreicher Markus Glocker. In dem extrem nüchtern gehaltenen Innenraum lenkt nichts von dem hervorragenden Essen ab. Vom knusprigen Wolfsbarsch mit Cocktailtomaten, Basilikum und Spargel über Risotto mit Kaninchenwurst oder Brokkolikraut mit Salzzitronen bis hin zu Kammmuschel-*Crudo* mit Avocadopüree, Limette, Rettich und schwarzem Sesam sind alle Gerichte herrlich ausgewogen und schön strukturiert.

SoHo & Chinatown

Bánh Mì Saigon Bakery VIETNAMESISCH **$**
(Karte S. 70; ☎ 212-941-1541; www.banhmisaigonnyc.com; 198 Grand St zw. Mulberry St & Mott St; Sandwich 3,50–6 US$; ⌚ 8–18 Uhr; Ⓢ N/Q/R, J/Z, 6 bis Canal St) Bei der einfachen Bäckerei gibt es die besten *bánh mi* der Stadt: getoastetes Baguette, das üppig mit Chili, eingelegten Karotten, Rettich, Gurke, Koriander und Fleisch nach Wahl belegt wird. Am besten ist der Klassiker mit gegrilltem Schweinefleisch. Allerdings sollte man spätestens um 15 Uhr da sein, denn die leckeren *bánh mi* sind schnell ausverkauft und dann schließt der Laden früher. Hier kann nur bar bezahlt werden.

Café Gitane MEDITERRAN **$**
(Karte S. 70; ☎ 212-334-9552; www.cafegitanenyc.com; 242 Mott St Ecke Prince St; Salate 9,50–16 US$, Hauptgerichte 14–17 US$; ⌚ So–Do 8.30–24, Fr & Sa 8.30–0.30 Uhr; 🍸; Ⓢ N/R bis Prince St; 6 bis Spring St) Nicht nur der dichte Tabakrauch erinnert an Paris, auch die Atmosphäre in dem bistroähnlichen Café ist leicht anrüchig. Es gilt als beliebter Ort, um zu sehen und gesehen zu werden. So gehö-

ren zu den Gästen auch kalorienbewusste Models und einige Hollywood-Promis. Zu essen gibt's leckere Friands (französische Muffins) mit Blaubeeren und Mandeln, Palmherzensalat und marokkanisches Couscous mit Biohühnchen. Hier kann nur bar bezahlt werden.

Grey Dog AMERKANISCH $

(Karte S. 70; ☎ 212-966-1060; www.thegreydog.com; 244 Mulberry St; Hauptgerichte 8–15 US$; ⏲ Mo–Fr 7–22, Sa & So 8–22; Ⓢ F/M/D/B Bahn bis Broadway-Lafayette) Neben Käsepommes für mehrere Personen und typischem New Yorker Brunch gibt es hier vor allem fantastische Abwandlungen amerikanischer Klassiker, die äußerst schmackhaft, aber keineswegs überkandidelt sind. Bestellt wird an der Theke des stets gut besuchten Lokals.

Nice Green Bo CHINESISCH $

(New Green Bow; Karte S. 64; ☎ 212-625-2359; www.nicegreenbo.com; 66 Bayard St zw. Elizabeth St & Mott St; Hauptgerichte 5,95–19,95 US$; ⏲ 11–24 Uhr; Ⓢ N/Q/R, J/Z, 6 bis Canal St; B/D bis Grand St) Der Name hat sich geändert, aber sonst blieb alles beim alten, selbst das Namensschild. Und das ist auch gut so, denn hier dreht sich alles ums Essen. Das wunderbare *xiao long bao* wird immer noch in kochend heißen Töpfchen mit riesigen Portionen von Nudeln und sautiertem Spinat serviert. Hier kann nur bar bezahlt werden.

Tacombi Fonda Nolita MEXIKANISCH $

(Karte S. 70; ☎ 917-727-0179; www.tacombi.com; 267 Elizabeth St zw. E Houston St & Prince St; Tacos 4–7 US; ⏲ Mo–Mi 11–24, Do–Sa 11–1 Uhr; Ⓢ F bis 2nd Ave; 6 bis Bleecker St) Kunstvoll arrangierte Lichterketten, Klappstühle und Mexikaner, die in einem alten VW-Bus leckere Tacos zaubern. Wer es nicht ganz bis Yucatan geschafft hat, kann hiermit vorliebnehmen. Die lässig freundliche, äußerst beliebte Imbissbude serviert superfrische Tacos mit feinen Füllungen, darunter die mit *barbacoa* (gebratenes Fleisch vom schwarzen Angusrind). Dazu gibt's einen kühlen Krug Sangria. Und danach kann man sich dann immer noch überlegen, ob man weiter nach Süden reisen will.

★ Uncle Boons THAILÄNDISCH $$

(Karte S. 70; ☎ 646-370-6650; www.uncleboons.com; 7 Spring St zw. Elizabeth St & Bowery; kleine Gerichte 12–16 US$, große Gerichte 21–29 US$; ⏲ Mo–Do 17.30–23, Fr & Sa 17.30–24, So 17.30–24 Uhr; 📶; Ⓢ J/Z bis Bowery; 6 bis Spring St) Die mit einem Michelin-Stern ausgezeichnete Thai-Küche wird in einem witzigen, holzgetäfelten Speiseraum im Retro-Look serviert. Die Wände sind mit einem wilden Durcheinander von thailändischen Filmplakaten und alten Familienfotos geschmückt. Auch beim Essen wird Alt und Neu miteinander verbunden, was zu extrem gut gewürzten Gerichten wie dem fantastisch knackigen *mieng kum* (Betelblatt-Wrap mit Ingwer, Limette, getoasteter Kokosnuss, getrockneten Shrimps, Erdnüssen und Chili), *kao pat puu* (gebratener Reis mit Krabben) und Bananenblütensalat führt.

Butcher's Daughter VEGETARISCH $$

(Karte S. 70; ☎ 212-219-3434; www.thebutchersdaughter.com; 19 Kenmare St Ecke Elizabeth St; Salat oder Sandwich 12–14 US$, Hauptgerichte abends 16–18 US$; ⏲ 8–23 Uhr; 📶🌶; Ⓢ J bis Bowery; 6 bis Spring St) In offener Rebellion gegen ihren Vater serviert die „Metzgerstochter" ausschließlich frische pflanzliche Kost in ihrem weißgetünchten Café. Dieses Essen ist gesund und alles andere als langweilig. Vom gut eingeweichten Biomüsli über würzigen Caesar Salad mit Kohl und Parmesanmandeln bis hin zum „Butcher's Burger" (aus Gemüse und schwarzen Bohnen mit Cashew-Käse) ist alles superlecker.

La Esquina MEXIKANISCH $$

(Karte S. 70; ☎ 646-613-7100; www.esquinanyc.com; 114 Kenmare St Ecke Petrosino Sq; Tacos ab 3,25 US$, Hauptgerichte im Café 15–25 US$, im Restaurant 18–34 US$; ⏲ Taqueria tgl. 11–1.45, Café Mo–Fr 12–24, Sa & So 11–24, Restaurant tgl. 18–2 Uhr; Ⓢ 6 bis Spring St) Das schräge, kleine, überaus beliebte Lokal besteht eigentlich aus drei Teilen: einer Verkaufstheke für Tacos zum Mitnehmen oder im Stehen essen, einem zwanglosen mexikanischen Café (Eingang in der Lafayette St) und ein winziges, schummriges Restaurant im Untergeschoss, wo man im Voraus reservieren muss. Besonders zu empfehlen sind hier *elotes callejeros* (gegrillter Mais mit Cotija-Käse, Mayonnaise und Chilipulver), Tacos mit *pulled pork* und Mango-Yambohnen-Salat.

★ Dutch MODERN-AMERIKANISCH $$$

(Karte S. 70; ☎ 212-677-6200; www.thedutchnyc.com; 131 Sullivan St Ecke Prince St; Hauptgerichte mittags 18–35 US$, abends 25–58 US$; ⏲ Mo–Do 11.30–23, Fr 11.30–23.30, Sa 10–23.30, So 10–23 Uhr; Ⓢ C/E bis Spring St; R/W bis Prince St; 1 bis Houston St) Ob an der Theke oder im gemütlichen Hinterzimmer des alteingesessenen Restaurants, das gute Essen ist pfiffig und mit Zutaten aus der Region zubereitet. Und natürlich geht es hier auch um's Sehen und Gesehenwerden. Auf der Speisekarte ist die ganze Welt vertreten, von Süßkartoffeltempura mit thailändischem Basilikum und scharfer Chiisauce bis hin zu Ricotta-Ravioli mit Mangold und Walnusspesto. Besonders abends und am Wochenende sollte man unbedingt vorher reservieren.

★ Estela MODERN-AMERIKANISCH **$$$**
(Karte S. 70; ☎212-219-7693; www.estelanyc.com; 47 E Houston St zw. Mulberry St & Mott St; Hauptgerichte 15–38 US$; ⏲So–Do 17.30–23, Fr & Sa 17.30–23.30 Uhr; Ⓢ B/D/F/M bis Broadway-Lafayette St; 6 bis Bleecker St) Obwohl sehr gut (am Ende eines unscheinbaren Treppenaufgangs) versteckt, finden die Feinschmecker der Stadt doch mühelos den Weg in die enge Weinbar, deren Essen ebenso hervorragend wie der Wein ist. Marktfrische Produkte der Saison werden zu riesigen Gerichten für mehrere Personen verarbeitet, das Rindfleischtatar enthält auch Rinderherz, die leckeren Muscheln *escabeche* werden auf Toast serviert, und der Endiviensalat mit Walnüssen und Anchovis ist einfach nur cool.

East Village & Lower East Side

Bait & Hook SEAFOOD **$**
(Karte S. 74; ☎212-260-8015; www.baitandhooknyc.com; 231 2nd Ave; Tagesgericht ab 5 US$, Hauptgerichte 12–18 US$; ⏲So–Mi 12–23, Do–Sa 12–24 Uhr; Ⓢ L bis 1st Ave) Die Bar in Manhattan hat unglaubliche Angebote zur Happy Hour und Mottotage, die man keinesfalls verpassen sollte. Aber auch sonst lohnt es sich, herzukommen. Das Restaurant ist hell und freundlich und mit viel maritimen Schnickschnack sehr geschmackvoll ausgestattet.

El Rey CAFÉ **$**
(Karte S. 70; ☎212-260-3950; www.elreynyc.com; 100 Stanton St zw. Orchard & Ludlow; kleine Gerichte 8–15 US$; ⏲Mo–Fr 7–19, Sa & So 8–19 Uhr; ✎; Ⓢ F bis 2nd Ave) In dem weißen, minimalistischen Café glaubt man eher, in Südkalifornien zu sein als in der Lower East Side. Es ist bekannt für seine Produkte frisch vom Feld, die sehr kreativ zu herzhaften, vegetarischen Gerichten verarbeitet werden. Die Preise sind durchaus angemessen. Bier aus kleinen Brauereien, guter Kaffee (aus einer Strada-Espressomaschine) und ausgezeichnete Weine runden das Angebot ab.

Meatball Shop ITALIENISCH **$**
(Karte S. 70; ☎212-982-8895; www.themeatballshop.com; 84 Stanton St zw. Allen St & Orchard St; Sandwich 13 US$; ⏲So–Do 11.30–2, Fr & Sa 11.30–4 Uhr; Ⓢ 2nd Ave; F bis Delancey St; J/M/Z bis Essex St) Hier wird das einfache Fleischbällchen zum Kunstwerk und in fünf saftigen Varianten serviert, darunter auch als vegetarische Linsenbällchen oder Käsemakkaroni-Bällchen. Die Bällchen werden auf einem sogenannten *hero* (langen Brötchen) mit Mozzarella und scharfer Tomatensauce angerichtet und ergeben so eine leckere, preiswerte Mahlzeit. Es herrscht eine rustikale Rock'n'Roll-Atmosphäre mit tätowiertem Personal und bekannten Songs aus den Lautsprechern. Sechs weitere Filialen sind über die ganze Stadt verteilt. Ausführliche Infos gibt's im Internet.

Vanessa's Dumpling House CHINESISCH **$**
(Karte S. 70; ☎212-625-8008; www.vanessas.com; 118A Eldridge St zw. Grand St & Broome St; Teigtaschen 1,50–6 US$; ⏲Mo–Sa 10.30–22.30, So 10.30–22 Uhr; Ⓢ B/D bis Grand St; J bis Bowery; F bis Delancey St) Die köstlichen Teigtaschen werden blitzschnell gedämpft, frittiert oder in Brühe gekocht und zu unschlagbar günstigen Preisen serviert.

Veselka OSTEUROPÄISCH **$**
(Karte S. 70; ☎212-228-9682; www.veselka.com; 144 Second Ave Ecke 9th St; Hauptgerichte 10–19 US$; ⏲24 Std.; Ⓢ L bis 3rd Ave; 6 bis Astor Pl) Die geschäftige Erinnerung an die große ukrainische Vergangenheit des Viertels serviert original *varenyky* (hausgemachte Knödel) und Kalbsgulasch sowie all die anderen Gerichte der schweren, fetthaltigen osteuropäischen Küche. Das Restaurant ist die ganze Nacht über geöffnet, aber auch tagsüber gut besucht. Die Stammkundschaft besteht aus Schriftstellern, Schauspielern und kauzigen Typen aus East Village.

★ Momofuku Noodle Bar NUDELN **$$**
(Karte S. 70; ☎212-777-7773; www.noodlebar-ny.momofuku.com; 171 First Ave zw. E 10th St & 11th St; Hauptgericht 16 US$; ⏲So–Do 12–23, Fr & Sa 12–1 Uhr; Ⓢ L bis 1st Ave; 6 bis Astor Pl) Mit nur 30 Plätzen an der Theke und ohne die Möglichkeit einer Tischreservierung muss man in diesem stets rappelvollen Phänomen immer anstehen. Aber das Warten auf die interessanten Kombigerichte und besonders die namensverwandte Spezialität des Hauses lohnt sich. Die hausgemachten Ramennudeln werden in der Brühe mit po-

chiertem Ei und Schweinebauch serviert. Die Karte wechselt täglich, enthält aber immer gedämpfte Brötchen (mit Rinderbrust und Meerrettich), Snacks (wie geräucherte Hähnchenflügel) und Desserts.

★ Clinton Street Baking Company AMERIKANISCH $$
(Karte S. 70; ☎ 646-602-6263; www.clintonstreetbaking.com; 4 Clinton St zw. Stanton St & Houston St; Hauptgerichte 12–20 US$; ⏲ Mo–Sa 8–16 & 17.30–23, So 9–17 Uhr; S J/M/Z bis Essex St; F bis Delancey St; F bis Second Ave) Der außergewöhnliche Familienbetrieb verdient viele Auszeichnungen, für die besten (Blaubeer-) Pfannkuchen, die besten Muffins, die besten Po'boys-Sandwichs (im Stil der Südstaaten), die besten Kekse usw. So kann man sicher sein, zu jeder Tageszeit ewas erstklassiges genießen zu können. Abends gibt's entweder „Frühstück zum Abendessen" (Pfannkuchen und Eggs Benedict), Fisch-Tacos oder ausgezeichnetes gebratenes Buttermilch-Hähnchen.

Katz's Delicatessen FEINKOST $$
(Karte S. 70; ☎ 212-254-2246; www.katzsdelicatessen.com; 205 E Houston St Ecke Ludlow St; Sandwichs 15–22 US$; ⏲ Mo–Mi 8–22.45, Do 8–2.45, Fr 8–8 Uhr, Sa 24 Std; S F bis 2nd Ave) Dieses ausgezeichnete Feinkostgeschäft gehört zu den wenigen Überbleibseln der klassischen jüdischen Restaurantszene in der Lower East Side. Hier spielte auch Meg Ryan ihren legendären Orgasmus im Film *Harry und Sally* von 1999. Wer klassische Feinkost wie Pastrami oder Salami auf Roggenbrot mag, könnte hier ebenfalls in orgiastische Wallungen verfallen. Mittlerweile ist die Warteschlange immer atemberaubend lang und die Preise schwindelerregend hoch. So kostet das typische, warme Pastrami-Sandwich saftige 20 US$.

Upstate SEAFOOD $$
(Karte S. 70; ☎ 212-460-5293; www.upstatenyc.com; 95 First Ave, zw. E 5th St & 6th St; Hauptgerichte 15–30 US$; ⏲ 17–23 Uhr; S F bis 2nd Ave) Das Upstate serviert ausgezeichnete Gerichte mit Meeresfrüchten und traditionell gebrautes Bier. Auf der kleinen Speisekarte finden sich ständig wechselnde Gerichte wie in Bier gedünstete Muscheln, Meeresfrüchteeintopf, Jakobsmuscheln auf Pilzrisotto, Butterkrebse und eine erstaunliche Auswahl an Austern. Eine Tiefkühltruhe gibt es hier nicht: Die Meeresfürchte kommen jeden Tag frisch vom Markt. Man kann sich also darauf verlassen, dass nur frischeste Zutaten verarbeitet werden. Es gibt oft Warteschlangen, also lieber früher kommen.

Degustation MODERN-EUROPÄISCH $$$
(Karte S. 70; ☎ 212-979-1012; www.degustation-nyc.com; 239 E 5th St zw. Second Ave & Third Ave; kleine Gerichte 12–22 US$, Verkostungsmenü 85 US$; ⏲ Mo–Sa 18–23.30, So 18–22 Uhr; S 6 bis Astor Pl) In dem engen Restaurant mit nur 19 Plätzen werden die Küchen Iberiens, Frankreichs und der Neuen Welt geschickt miteinander kombiniert. Das Verkostungsmenü umfasst eine gute Auswahl von Gerichten im Tapas-Stil. In gemütlicher Atmosphäre sitzen die Gäste an einer langen, runden Holztheke, in deren Mitte Küchenchef Oscar Islas Díaz und sein Team knusprigen Tintenfisch braten, Lammbauch mit pochierten Eiern und Paella mit Flussgarnelen und Chorizo-Wurst zubereiten.

West Village, Chelsea & Meatpacking District

★ Chelsea Market MARKTHALLE $
(Karte S. 74; www.chelseamarket.com; 75 9th Ave zw. 15th St & 16th St; ⏲ Mo–Sa 7–21, So 8–20 Uhr; S A/C/E bis 14th St) Durch umfangreiche Renovierung und Sanierung wurde aus einer ehemaligen Fabrikhalle des Keksgiganten und Erfinders der Oreo-Kekse Nabisco eine mehr als 240 m lange Markthalle für Feinschmecker. An Stelle der riesigen Industriebacköfen befinden sich hier nun kleine Restaurants mit bunt gemischtem Angebot.

Gansevoort Market MARKTHALLE $
(Karte S. 74; www.gansmarket.com; 353 W 14th St Ecke Ninth Ave; Hauptgerichte 5–20 US$; ⏲ 8–20 Uhr; S A/C/E, L bis 14th St-8th Ave) Die weitläufige Markthalle in einem Backsteingebäude mitten im Meatpacking District ist die neueste und beste der Stadt. In dem nur von Deckenlampen beleuchteten, nackten Industriegebäude verkaufen Dutzende von Stände feine Tapas, Arepas, Tacos, Pizza, Fleischpasteten, Eiscreme, Gebäck und vieles mehr.

Red Bamboo CHINESISCH $
(Karte S. 70; ☎ 212-260-7049; www.redbamboo-nyc.com/; 140 West 4th St; Hauptgerichte 8–13 US$; ⏲ Mo–Do 12.30–23, Fr 12.30–23.30, Sa 12–23.30 , So 12–23 Uhr; S D/B/F, M/A/C/E bis West 4th Street) Herrliche Popcorn Shrimps, leckeres Parmesanhühnchen, üppiger Schokoladenkuchen – all das und noch viel mehr, vor allem asiatisches Essen für die Seele, bietet dieses Restaurant. Der Haken? Alle

Gerichte sind rein vegan, wobei manche auch mit richtigem Käse angeboten werden. So ist es ein absolutes Muss für alle Veganer, Vegetarier und Experimentierfreudige, die etwas Neues probieren möchten.

Rosemary's ITALIENISCH $$
(Karte S. 70; ☎212-647-1818; www.rosemarysnyc.com; 18 Greenwich Ave, at W 10th St; Hauptgerichte 14–40 US$; ⊙Mo–Do 8–16 & 17–23, Fr 8–16 & 17–24, Sa & So 10–16 & 17–23; S 1 bis Christopher St-Sheridan Sq) Eines der besten Restaurants in West Village serviert erstklassiges italienisches Essen, das den Lobpreisungen mehr als gerecht wird. In rustikaler Bauernhaus-Atmosphäre genießen die Gäste riesige Portionen hausgemachter Pasta, üppige Salate und Holzteller voller Käse und *salumi* (getrocknete Fleisch- und Wurstwaren). Vom einfachen Walnusspesto bis hin zur saftigen geräucherten Lammschulter ist alles unglaublich lecker.

Cookshop MODERN-AMERIKANISCH $$
(Karte S. 74; ☎212-924-4440; www.cookshopny.com; 156 Tenth Ave zw. W 19th St & 20th St; Hauptgerichte Brunch 14–20 US$, mittags 16–24, abends 22–48 US$; ⊙Mo–Fr 8–23.30, Sa 10–23.30, So 10–22 Uhr; S L bis 8th Ave; A/C/E bis 23rd St) Hier kann man sich mit einem üppigen Brunch stärken, bevor (oder nachdem) man die Erkundung des High Line Park gegenüber in Angriff nimmt. Mit seinem sagenhaften Brunch hat das lebhafte Restaurant eine Nische entdeckt, die es bestens ausfüllt. Der Service ist ausgezeichnet, die extravaganten Cocktails (wie Bacon-Lettuce-Tomato Mary) treiben den letzten Schlaf aus den Augen, es gibt körbeweise perfekt gebackenes Brot und eine Auswahl kreativer Eiergerichte.

★ **Blue Hill** AMERIKANISCH $$$
(Karte S. 70; ☎212-539-1776; www.bluehillfarm.com; 75 Washington Pl zw. Sixth Ave & Washington Sq W; Menü 88–98 US$; ⊙Mo–Sa 17–23, So 17–22 Uhr; S A/C/E, B/D/F/M bis W 4th St-Washington Sq) Das Restaurant für wohlhabende Slow-Food-Anhänger war auch einer der Pioniere der Bewegung „Local is Better". Der talentierte Küchenchef Dan Barber stammt selbst aus einer Farmerfamilie in den Berkshire Mountains, Massachusetts, und verarbeitet die Produkte von dort und von anderen Farmen für seine hochgelobten Gerichte.

★ **Foragers Table** MODERN-AMERIKANISCH $$$
(Karte S. 74; ☎212-243-8888; www.foragersmarket.com/restaurant; 300 W 22nd St Ecke Eighth Ave; Hauptgerichte 17–32 US$; ⊙Mo–Fr 17.30–22, Sa & So auch 9–14.30, So 17.30–21 Uhr; 🌿; S C/E, 1 bis 23rd St) Die Besitzer dieses hervorragenden Restaurants betreiben auch eine 11 ha große Farm im Hudson Valley, von der die meisten Zutaten für das saisonabhängige Speiseangebot stammen. Auf der ständig wechselnden Speisekarte standen erst kürzlich Köstlichkeiten wie Entenbrust von Long Island mit gebratenem Eichelkürbis, Äpfeln, Pfifferlingen und Feigen oder gegrillter Rochen mit rotem Quinoa, Grünkohl in Rahmsauce, *cippolini*-Zwiebeln und gehackten Eiern mit scharfem Dijon-Senf.

★ **Jeffrey's Grocery** MODERN-AMERIKANISCH $$$
(Karte S. 70; ☎646-398-7630; www.jeffreysgrocery.com; 172 Waverly Pl Ecke Christopher St; Hauptgerichte 25–39 US$; ⊙Mo–Fr 8–23, Sa & So 9.30–23 Uhr; S 1 bis Christopher St-Sheridan Sq) Der Klassiker in West Village ist ein lebhaftes Restaurant mit Bar, das einfach alles richtig macht. Dabei liegt der Schwerpunkt auf Meeresfrüchten. Es gibt eine Austernbar und eine feine Auswahl perfekt zubereiteter Gerichte wie Messermuscheln mit Kaviar und Dill oder ganze gebratene Dorade mit Curry sowie gemischte Platten für mehrere Personen. Bei den Fleischgerichten stehen Brathähnchen mit Topinambur und etwas dürftige, aber saftige Pastrami-Burger.

★ **RedFarm** FUSION $$$
(Karte S. 70; ☎212-792-9700; www.redfarmnyc.com; 529 Hudson St zw. W 10th St & Charles St; Hauptgerichte 19–57 US$, Teigtaschen 14–20 US$; ⊙tgl. 17–23.45, Sa & So auch 11–14.30, So 17–23 Uhr; S A/C/E, B/D/F/M bis W 4th St-Washington Sq; 1 bis Christopher St-Sheridan Sq) Hier wird die chinesische Küche zur kulinarischen Kunst in reinster Form erhoben. Ergebnisse sind Bruschetta mit frischen Krabben und Auberginen, saftiges Rib-Eye-Steak (das über Nacht in Papaya, Ingwer und Sojasauce mariniert wird), und Pastrami-Frühlingsrollen. Weitere Gerichte dieser brillanten Fusionküche sind knuspriges, scharfes Rindfleisch, gebratene Lammteigtaschen und Rotes Curry mit gegrillten Riesenshrimps.

Um nicht allzu lange anstehen zu müssen, sollte man früh genug da sein. Reservierungen werden nur für Gruppen von mindestens 8 Personen angenommen. Die Bar im Untergeschoss, **Decoy**, wird von den Inhabern des Restaurants RedFarm betrieben. Die hiesige Spezialität ist eine ganze Pekingente. In der Bar ist in der Regel weniger los als oben und sie hat auch nur eine kleine Speisekarte, doch wenn man freundlich darum bittet, kann der Barkeeper auch gefüllte Teigtaschen organisieren.

Union Square, Flatiron District & Gramercy

Tacombi Café El Presidente MEXIKANISCH $
(Karte S. 74; 212-242-3491; www.tacombi.com; 30 W 24th St, zw. Fifth & Sixth Ave; Tacos 4–5,50 US$, Quesadillas 6–9 US$; Mo–Sa 11–24, So 11–22.30 Uhr; S F/M, R/W bis 23rd St) Das in Pink- und Grüntönen gehaltene Tacombi im Stil der Cafés in Mexico City ist sowohl Saft- und Schnapsbar als auch Tacolokal. Nachdem man einen Platz ergattert und eine Margarita bestellt hat, muss man sich zwischen den vielen mexikanischen Straßensnacks und anderen Leckereien entscheiden. Eine gute Wahl sind *esquites* (gegrillte Maiskolben mit *cotija*-Käse und Chipotle-Mayonnaise, serviert im Pappbecher) und wohlschmeckende Tacos mit *carnitas michoacan* (in Bier mariniertes Schweinefleisch).

Shake Shack BURGER $
(Karte S. 74; 646-889-6600; www.shakeshack.com; Madison Square Park, Ecke E 23rd St & Madison Ave; Burger 4,20–9,50 US$; 11–22.30 Uhr; S R/W, F/M, 6 bis 23rd St) Im Shake Shack, dem Aushängeschild von Chefkoch Danny Meyers Gourmetkette, kommen hyperfrische Burger, handgeschnittene Pommes und ein ständig wechselndes Angebot an *frozen custards* aus der Küche. Für Vegetarier gibt's knusprige Portobello-Burger. Die Schlangen sind lang, aber das Warten lohnt sich. Außerdem kann man wunderbar Leute beobachten, sowohl von den Plätzen im Lokal als auch von den Bänken im Park.

Eisenberg's Sandwich Shop SANDWICH $
(Karte S. 74; 212-675-5096; www.eisenbergsnyc.com; 174 Fifth Ave, zw. W 22nd & 23rd St; Sandwiches 4–13 US$; Mo–Fr 6.30–20, Sa 9–18, So 9–17 Uhr; S R/W bis 23rd St) In diesem altmodischen Diner, der fast schon eine Absonderheit in dieser vornehmen Ecke ist, treffen sich von morgens bis abends unzählige Stammgäste, um traditionelle jüdische Gerichte wie gehackte Leber, Pastrami und Felchen-Salat zu genießen. Auf einem Hocker an der langen Bar sitzt man Seite an Seite mit einer bunten Mischung aus Gästen, die genau wissen, dass Hackbraten was richtig Handfestes ist.

Eataly FOODCOURT $$
(Karte S. 74; 212-229-2560; www.eataly.com; 200 Fifth Ave, an der W 23rd St; 7–23 Uhr; ; S R/W, F/M, 6 bis 23rd St) Mario Batalis großer eleganter Tempel der italienischen Gastronomie ist ein wahres Schlaraffenland. Die vielen Essensstände bieten so ziemlich alles von *crudo* (roher Fisch) über *fritto misto* (frittiertes Gemüse) bis hin zu Pasta und Pizza. Alternativ bestellt man sich an der Bar einen Espresso oder stellt sich an den vielen Tresen und Regalen ein Picknick zusammen, das selbst *nonna* schmecken würde.

★ **Gramercy Tavern** MODERN-AMERIKANISCH $$$
(Karte S. 74; 212-477-0777; www.gramercytavern.com; 42 E 20th St, zw. Broadway & Park Ave S; Hauptgerichte in der Taverne 29–36 US$, 3-Gänge-Menü im Restaurant 125 US$, Probiermenü 140–165 US$; Taverne So–Do 12–23, Fr & Sa 12–24 Uhr, Restaurant Mo–Do 12–14 & 17.30–22, Fr 17.30–23, Sa 12–13.30 & 17.30–23, So 17.30–22 Uhr; ; S R/W, 6 bis 23rd St) In dem seit Ewigkeiten beliebten Restaurant werden vorwiegend saisonale Zutaten aus der Region verwendet. Es ist eine pulsierende Institution im Landhausstil mit Wandleuchtern aus Kupfer, Wandgemälden und umwerfenden Blumenarrangements. Hier kann man wählen zwischen der Taverne mit ihrem Angebot à la carte oder dem eleganteren Restaurant mit seinen Festpreis- und Probiermenüs. Zu den Highlights in der Taverne gehört Enten-Hackbraten mit Pilzen, Kastanien und Rosenkohl.

★ **Craft** MODERN-AMERIKANISCH $$$
(Karte S. 74; 212-780-0880; www.craftrestaurant.com; 43 E 19th St, zw. Broadway & Park Ave S; Hauptgerichte mittags 29–36 US$, abends 28–45 US$; Mo–Do 12–22, Fr 12–23, Sa 17.30–23, So 17.30–22 Uhr; ; S 4/5/6, N/Q/R/W, L bis 14th St-Union Sq) Das muntere, noble Craft steht für Produkte, die von kleinen familienbetriebenen Bauernhöfen und Lebensmittelerzeugern stammen. Egal, ob man den hervorragend scharf angebratenen Tintenfisch, die samtweichen Jakobsmuscheln oder die Kürbis-Teigtaschen mit Salbei bestellt – jede Zutat kommt hier bestens zur Geltung. Mittwochs bis samstags sollte man im Voraus reservieren oder vor 18 bzw. nach 21.30 Uhr erscheinen.

Midtown

★ **Totto Ramen** JAPANISCH $
(Karte S. 74; 212-582-0052; www.tottoramen.com; 366 W 52nd St, zw. Eighth & Ninth Ave; Ramen ab 11 US$; Mo–Sa 12–16.30 & 17.30–24, So 16–23 Uhr; S C/E bis 50th St) Es gibt zwar noch zwei andere Filialen in Midtown, aber Puristen

wissen, dass die anderen beiden nicht mit dem kleinen Original mit nur 20 Sitzplätzen mithalten können. Zunächst hängt man einen Zettel mit seinem Namen und der Anzahl der Gäste an die Pinnwand und wartet dann, bis man dran ist. Als Belohnung winken köstliche Ramen. Man sollte sich auf Schweinefleisch in Gerichten wie Miso Ramen (mit fermentierter Sojabohnenpaste, Eiern, Frühlingszwiebeln, Sojasprossen, Zwiebeln und hausgemachter Chili-Paste) konzentrieren.

Burger Joint BURGER $

(Karte S. 74; 212-708-7414; www.burgerjointny.com; Le Parker Meridien, 119 W 56th St, zw. Sixth & Seventh Ave; Burger ab 9,50 US$; So–Do 11–23.30, Fr & Sa 11–24 Uhr; S F bis 57th St) Dieses preiswerte Burger-Lokal versteckt sich hinter dem Vorhang in der Lobby des Hotels Le Parker Meridien und macht nur mit einem kleinen Neonburger auf sich aufmerksam. Das Lokal mag ja nicht mehr so „hip" oder „geheim" sein wie früher, aber die Wände sind noch immer mit Graffiti übersät und die Sitznischen noch immer im Retro-Stil gehalten und das nette Personal serviert noch immer hervorragende Burger.

Margon KUBANISCH $

(Karte S. 74; 212-354-5013; 136 W 46th St, zw. Sixth Ave & Seventh Ave; Sandwichs 4–8 US$, Hauptgerichte ab 9 US$; Mo–Fr 6–17, Sa ab 7 Uhr; S B/D/F/M bis 47th-50th Sts-Rockefeller Center) Dieses immer gut besuchte kubanische Mittagslokal scheint im Jahr 1973 stehengeblieben zu sein. Orangefarbener Laminex und fettige Leckereien sind hier jedenfalls immer noch groß in Mode. Unbedingt das legendäre Cubano Sandwich probieren, ein plattgepresstes Brötchen voll mit leckerem gebratenem Schweinefleisch, Salami, Käse, Essiggurken und Mayo Sauce – wenn schon, denn schon. Es ist obszön gut!

Hangawi KOREANISCH, VEGAN $$

(Karte S. 74; 212-213-0077; www.hangawirestaurant.com; 12 E 32nd St, zw. Fifth Ave & Madison Ave; Hauptgerichte mittags 11–30 US$, abends 19–30 US$; Mo–Fr 12–14.30 & 17.30–22.15, Sa 13–22.30, So 17–21.30 Uhr; ; S B/D/F/M, N/Q/R/W bis 34th St-Herald Sq) Fleischfreie koreanische Speisen sind der Renner im Hangawi. Bevor man den beruhigend wirkenden, zenartigen Raum mit der meditativen Musik betritt, muss man die Schuhe am Eingang ausziehen. Die raffinierten Speisen nimmt man auf dem Fußboden auf Kissen sitzend oder an niedrigen Tischen ein. Der Clou sind u. a. die Lauch-Pancakes und der verführerisch weiche Tofu aus dem Tontopf in Ingwersauce.

Virgil's Real Barbecue BARBECUE $$

(Karte S. 74; 212-921-9494; www.virgilsbbq.com; 152 W 44th St, zw. Broadway & Sixth Ave, Midtown West; Hauptgerichte 14–38 US$; Mo 11.30–23, Di–Fr 11.30–24, Sa 11–24, So 11–23 Uhr; ; S N/Q/R, S, 1/2/3, 7 bis Times Sq-42nd St) Im Virgil's hat man sich einfach auf alle amerikanischen Barbecue-Arten und nicht nur auf eine bestimmte spezialisiert. Die Speisekarte kommt somit in der Tat als Barbecue-Landkarte daher – von Schweinerippchen nach Memphis-Art über paniertes Beefsteak aus Georgia bis hin zu texanischen Rinderbrustscheiben. Das Fleisch wird mit einem Mix aus Hickory-, Eichen- und Obstbaumholz geräuchert und ist so lecker, dass man sich einfach die Finger ablecken muss.

Pio Pio PERUANISCH $$

(Karte S. 74; 212-459-2929; www.piopio.com; 604 Tenth Ave, zw. W 43rd & 44th St; Hauptgerichte 14–26 US$; So–Do 11–23, Fr & Sa 11–24 Uhr; S A/C/E bis Port Authority-42nd St) Das peruanische Restaurant gehört zu den Lieblingslokalen der New Yorker, denn neben köstlichem Essen und schaumigen Pisco Sours gibt es hier auch noch eine atemberaubend tolle Stimmung. Die Spezialität des Hauses sind perfekt gewürzte Grillhähnchen, die auf ganz unterschiedliche Art und Weise (aber immer mit reichlich würziger, grüner *Aji*-Sauce) zusammen mit klassischen lateinamerikanischen Beilagen wie Kochbananen und Avocado-Salat serviert werden.

El Parador Cafe MEXIKANISCH $$

(Karte S. 74; 212-679-6812; www.elparadorcafe.com; 325 E 34th St, zw. First & Second Ave, Midtown East; Hauptgerichte mittags 10–22 US$, abends 18–32 US$; Mo 12–22, Di–Sa 12–23 Uhr; S 6 bis 33rd St) Der etwas abgelegene, alteingesessene Mexikaner war früher das Lieblingslokal von notorisch untreuen Ehemännern. Die zwielichtigen Stammgäste sind verschwunden, aber der altmodische Charme existiert noch immer, von schiefen Kerzenhaltern und adretten lateinamerikanischen Kellnern bis hin zu typischen Leckereien von südlich der Grenze, die einfach nur glücklich machen.

★ ViceVersa ITALIENISCH $$$

(Karte S. 74; 212-399-9291; www.viceversanyc.com; 325 W 51st St, zw. Eighth & Ninth Ave; 3-Gänge-Mittagsmenü 29 US$, Hauptgerichte abends 24–

33 US$; ⌚Mo–Fr 12–14.30 & 16.30–23, Sa 16.30–23 Uhr, So 11.30–15 & 16.30–22 Uhr; Ⓢ C/E bis 50th St) Das ViceVersa ist durch und durch italienisch: zuvorkommend und kultiviert, leutselig und lecker. Auf der Speisekarte stehen raffinierte Gerichte aus verschiedenen Regionen, etwa Arancini mit schwarzen Trüffeln und Fontina-Käse. Ein beliebter Klassiker sind die *casoncelli alla bergamasca* (Teigtaschen gefüllt mit Kalbshack, Rosinen und Amarettini, gewürzt mit Salbei, Butter, Pancetta und Grana Padano) – der Chefkoch Stefano Terzi kommt schließlich aus der Lombardei.

★ Le Bernardin SEAFOOD $$$

(Karte S. 74; ☎212-554-1515; www.le-bernardin.com; 155 W 51st St, zw. Sixth & Seventh Ave; Festpreis-Mittagessen/-Abendessen 87/150 US$, Probiermenü 180–270 US$; ⌚Mo–Do 12–14.30 & 17.15–22.30, Fr 17.15–23, Sa 17.17–23 Uhr; Ⓢ 1 bis 50th St; B/D, E bis 7th Ave) Das Interieur wurde zwar etwas aufgepeppt, um auch einer „jüngeren Klientel" zu gefallen (das atemberaubende Sturm-Triptychon stammt von dem Brooklyner Künstler Ran Ortner), aber das mit drei Michelin-Sternen ausgezeichnete Le Bernardin ist nach wie vor ein luxuriöser Gourmettempel. Am Ruder steht der in Frankreich geborene Starkoch Éric Ripert, dessen trügerisch schlicht aussehendes Seafood an ein transzendentales Erlebnis grenzt.

Grand Central Oyster Bar & Restaurant SEAFOOD $$$

(Karte S. 74; ☎212-490-6650; www.oysterbarny.com; Grand Central Terminal, 42nd St, an der Park Ave; Hauptgerichte 15–39 US$; ⌚Mo–Sa 11.30–21.30 Uhr; Ⓢ S, 4/5/6, 7 bis Grand Central-42nd St) Das quirlige Restaurant mit Bar im Grand Central verströmt mit seiner gekachelten Gewölbedecke des katalanischen Ingenieurs Rafael Guastavino jede Menge Flair. Auf der langen Speisekarte steht alles Mögliche, von Muschelsuppe über Meeresfrüchteeintopf bis hin zu in der Pfanne gebratenen Butterkrebsen. Der wahre Grund für einen Besuch dieses Restaurants sind aber zwei Dutzend verschiedene Austernvariationen.

Upper West Side & Central Park

Peacefood Cafe VEGAN $

(Karte S. 80; ☎212-362-2266; www.peacefoodcafe.com; 460 Amsterdam Ave, an der 82nd St; Hauptgerichte 12–18 US$; ⌚10–22 Uhr; 🖉; Ⓢ 1 bis 79th St) In dem hellen, luftigen Paradies für Veganer kommen die beliebten Seitan-Panini (hausgemachte Focaccia mit Cashewnüssen, Käse, Rucola, Tomaten und Pesto) sowie Pizza, Platten mit geröstetem Gemüse und ausgezeichneter Quinoa-Salat aus der Küche. Zum täglichen Angebot gehören Rohkost-Specials, Energie-Säfte und reichhaltige Desserts. Gesund und gut für Mensch, Tier und Umwelt.

West 79th Street Boat Basin Café CAFÉ $

(Karte S. 80; ☎212-496-5542; www.boatbasincafe.com; W 79th St, am Henry Hudson Parkway; Hauptgerichte 14 US$; ⌚April–Okt. 11–23 Uhr, je nach Wetter; Ⓢ 1 bis 79th St) Die neuen Betreiber und ein vom Culinary Institute of America ausgezeichneter Chefkoch verleihen diesem seit Ewigkeiten beliebten Café am Wasser frischen Wind. Der Rundbau aus der Robert-Moses-Ära mit seiner eleganten Kolonnade bietet einen Blick auf Jachthafen und Hudson. Auf der Speisekarte des seit eh und je für einen Sundowner beliebten Cafés stehen jetzt auch Salate, Sandwichs, Seafood und kreatives „NYC Street Food".

Jacob's Pickles AMERIKANISCH $$

(Karte S. 80; ☎212-470-5566; www.jacobspickles.com; 509 Amsterdam Ave, zw. W 84th & 85th St; Hauptgerichte 15–26 US$; ⌚Mo–Do 10–2, Fr 10–4, Sa 9–4, So 9–2 Uhr; Ⓢ 1 bis 86th St) In dem einladenden, in warmem Licht erstrahlenden Jacob's wird aus einfachen Pickles etwas ganz Besonderes. Neben Salzgurken und anderem Eingemachten gibt's hier hochwertige Hausmannskost in großen Portionen, z. B. Wels-Tacos, in Wein geschmorte Putenkeule und Mac'n'Cheese mit Pilzen. Die *biscuits* sind grandios.

Barney Greengrass FEINKOST $$

(Karte S. 80; ☎212-724-4707; www.barneygreengrass.com; 541 Amsterdam Ave, an der W 86th St; Hauptgerichte 12–22 US$; ⌚Di–Fr 8.30–16, Sa & So 8.30–17 Uhr; Ⓢ 1 bis 86th St) Das selbst zum „King of Sturgeon" (Störkönig) ernannte Barney Greengrass serviert noch immer wie bei der Eröffnung vor 100 Jahren große Portionen Eier und Räucherlachs, Unmengen Kaviar und zartschmelzende Schoko-Babkas. Wie wär's mit einem schnellen Frühstück oder Mittagessen (in den Gängen zwischen den vollgestopften Vitrinen und Regalen stehen ein paar wackelige Tische)?

PJ Clarke's AMERIKANISCH $$

(Karte S. 80; ☎212-957-9700; www.pjclarkes.com; 44 W 63rd St, Ecke Broadway; Burger 18–26 US$, Hauptgerichte 21–26 US$; ⌚11.30–2 Uhr;

S 1 bis 66th St-Lincoln Center) Gegenüber dem Lincoln Center gelegen erfreut dieses Restaurant mit einer aufgeschlossenen Klientel, freundlichen Barkeepern und einer soliden Essensauswahl, serviert auf rotkarierten Tischdecken. Wer es eilig hat, kann sich an der Bar einen Black Angus Burger und ein Brooklyn Lager genehmigen. Die Auswahl an frischen Meeresfrüchten umfasst Muscheln (Long Island Little Neck und Cherry Stone) sowie Shrimps-Cocktails von ansehnlicher Größe.

Dovetail MODERN-AMERIKANISCH $$$
(Karte S. 80; ☎ 212-362-3800; www.dovetailnyc.com; 103 W 77th St, Ecke Columbus Ave; Festpreismenü 68–88 US$, Probiermenü 145 US$; ⏲ Mo–Do 17.30–22, Fr & Sa 17.30–23, So 17–22 Uhr; ✎; S B, C bis 81st St-Museum of Natural History; 1 bis 79th St) Dieses mit einem Michelin-Stern gekürte Restaurant zeichnet sich durch Schlichtheit aus, angefangen beim Dekor (unverputzte Ziegelsteinwände, nackte Tische) bis hin zu der einfachen, saisonal wechselnden Speisekarte. Es gibt z. B. Felsenbarsch mit Topinambur und Sommertrüffeln sowie Wild mit Bacon, Rote Bete und Blattgemüse. Jeden Abend gibt es zwei siebengängige Probiermenüs: eines für Fleischfreunde (145 US$) und eines für Vegetarier (125 US$).

Burke & Wills MODERN-AUSTRALISCH $$$
(Karte S. 80; ☎ 646-823-9251; www.burkeandwillsny.com; 226 W 79th St, zw. Broadway & Amsterdam Ave; Hauptgerichte mittags 19–30 US$, abends 19–39 US$; ⏲ Mo–Fr 12–15 & 17.30–open end, Sa & So ab 11 Uhr; S 1 bis 79th St) Dieses auf rustikale Art schöne Bistro mit Bar bringt einen Touch Outback in die Upper West Side. Auf der Speisekarte steht vor allem modern-australische Kneipenkost: saftige Känguru-Burger mit dreifach gebratenen Pommes, gegrillte Garnelen, gemischter Salat mit Grünkohl, geschmorter Schweinebauch mit Apfel-Sellerie-Salat und Meeresfrüchteplatten mit Austern, Muscheln und Krebsscheren.

Upper East Side

★ Earl's Beer & Cheese AMERIKANISCH $
(Karte S. 80; ☎ 212-289-1581; www.earlsny.com; 1259 Park Ave, zw. 97th & 98th St; Käsetoast 8 US$; ⏲ So–Do 11–24, Fr & Sa 11–2 Uhr; S 6 bis 96th St) Der kleine, von Geschwistern geführte Außenposten für Hausmannskost hat es geschafft, Hipster vor das Wandgemälde mit Riesenhirsch im Wald und den ausgestopften Rammlerkopf zu locken. Einfacher Grillkäse erscheint im neuen Gewand mit Schweinebauch, Spiegelei und Kimchi. Außerdem gibt's Mac' n' Cheese (mit Ziegenkäse und knusprigem Rosmarin) und Tacos (mit geschmorter Schweineschulter und *queso fresco*).

Boqueria SPANISCH $$
(Karte S. 80; ☎ 212-343-2227; www.boquerianyc.com; 1460 Second Ave, zw. 76th & 77th St; Tapas 6–18 US$, Paella für zwei 38–46 US$; ⏲ So–Do 12–22.30, Fr & Sa 11–23.30 Uhr; ✎; S 6 bis 77th St; Q bis 72nd St) Das quirlige, sehr beliebte Tapas-Lokal beschert der Upper East Side ein bisschen cooles Downtown-Flair und Leckereien wie pikante *patatas bravas*, zarten *jamon ibérico* und saftige *pulpo a la plancha* (gegrillter Tintenfisch). Der aus Barcelona stammende Chefkoch Marc Vidal ist auch für die exzellente Seafood-Paella verantwortlich. Und zu all den Leckereien sollte man sich eine Karaffe mit köstlicher Sangria bestellen.

Jones Wood Foundry BRITISCH $$
(Karte S. 80; ☎ 212-249-2700; www.joneswoodfoundry.com; 401 E 76th St, zw. First Ave & York Ave; Hauptgerichte mittags 16–28 US$, abends 17–34 US$; ⏲ 11–23 Uhr; S Q bis 72nd St–2nd Ave) In einem länglichen Backsteingebäude – einer ehemaligen Eisenhütte – serviert der britisch angehauchte Gastropub erstklassige, in Bierteig gebackene Fish & Chips, Würstchen mit Kartoffelbrei, Lamm-Rosmarin-Pies und andere herzhafte Versuchungen. An warmen Tagen kann man sich an die Tische im Innenhof setzen.

Candle Cafe VEGAN $$
(Karte S. 80; ☎ 212-472-0970; www.candlecafe.com; 1307 Third Ave, zw. 74th & 75th St; Hauptgerichte 15–22 US$; ⏲ Mo–Sa 11.30–22.30, So 11.30–21.30 Uhr; ✎; S Q bis 72nd St-2nd Ave) Wohlhabende Yoga-Freaks bevölkern das nette vegane Café und freuen sich über die lange Speisekarte mit Sandwichs, Salaten, Hausmannskost und saisonalen Specials. Die Spezialität ist hausgemachter Seitan. Zudem gibt es eine Saftbar und glutenfreie Gerichte.

★ Tanoshi SUSHI $$$
(Karte S. 80; ☎ 917-265-8254; www.tanoshisushinyc.com; 1372 York Ave, zw. E 73rd & 74th St; Sushi-Auswahl des Küchenchefs 80–100 US$; ⏲ Platzvergabe Mo–Sa 18, 19.30 & 21 Uhr; S Q bis 72nd St) Es ist nicht einfach, einen der 20 Hocker in dem winzigen, äußerst beliebten Tanoshi zu ergattern. Die Location mag recht beschei-

den anmuten, aber das Essen schmeckt wirklich fantastisch. Aufgetischt wird ausschließlich Sushi, und das auch nur in Form von *omakase* (d.h. in der vom Küchenchef vorgegebenen Auswahl) – das können dann Jakobsmuscheln mit Hokkaido, Königslachs oder köstliche *uni* (Seeigel) sein. Bier, Sake oder was auch immer kann selbst mitgebracht werden. Es ist empfehlenswert, lange im Voraus zu reservieren.

Harlem & Upper Manhattan

★Red Rooster MODERN-AMERIKANISCH **$$**

(Karte S. 80; ☎212-792-9001; www.redroosterharlem.com; 310 Malcolm X Blvd, zw. W 125th & 126th St, Harlem; Hauptgerichte 18–30 US$; ⌚Mo–Do 11.30–22.30, Fr 11.30–23.30, Sa 10–23.30, So 10–22 Uhr; Ⓢ2/3 bis 125th St) Starkoch Marcus Samuelsson verpasst in seiner quirligen, coolen Brasserie gediegener Hausmannskost das gewisse Etwas. Genauso zeitgenössisch wie die hier ausgestellten Werke von in New York lebenden Künstlern sind auch die Speisen: Käsemakkaroni tun sich hier mit Hummer zusammen, der scharf angebratene Wels vermählt sich mit eingelegter Mango und die spektakulären schwedischen Hackfleischbällchen erinnern an Samuelssons Heimat. Das Mittagsmenü für 25 US$ ist ein echtes Schnäppchen.

Dinosaur Bar-B-Que BARBECUE **$$**

(Karte S. 80; ☎212-694-1777; www.dinosaurbarbque.com; 700 W 125th St, an der Twelfth Ave, Harlem; Hauptgerichte 12,50–25 US$; ⌚Mo–Do 11.30–23, Fr & Sa 11.30–24, So 12–22 Uhr; Ⓢ1 bis 125th St) Sportler, Hipster, Mamas und Papas – alle zieht es in dieses tolle Grillrestaurant. Hier darf man sich schon mal die Finger fettig machen mit marinierten, langsam gegarten Rippchen, saftigen Steaks und üppigen Burgern. Wer auf die Figur achten will, bestellt sich ein leicht gewürztes Brathähnchen. Zu den (sehr) wenigen vegetarischen Angeboten zählt eine fantastische Version kreolisch gewürzter gefüllter Eier.

Amy Ruth's Restaurant AMERIKANISCH **$$**

(Karte S. 80; ☎212-280-8779; www.amyruths.com; 113 W 116th St, zw. Malcolm X & Adam Clayton Powell Jr Blvd, Harlem; Waffeln 10–18 US$, Hauptgerichte 14–25 US$; ⌚Mo 11–23, Di–Do 8.30–23, Fr & Sa 24 Std., So bis 23 Uhr; ⓈB/C 2/3 bis 116th St) In diesem immer gut besuchten Restaurant wird klassisches Südstaaten-Soulfood von gebratenem Wels über Mac'n'Cheese bis hin zu fluffigem Gebäck serviert. Berühmt ist das Amy Ruth's aber für seine Waffeln. Es gibt 14 verschiedene Sorten, eine davon sogar mit Shrimps. Unser Favorit ist „Rev Al Sharpton", Waffeln mit saftigem, gebratenem Hähnchenfleisch.

Brooklyn

Smorgasburg MARKT

(www.smorgasburg.com; ⌚Sa & So 11–18 Uhr) Beim größten Feinschmecker-Event in Brooklyn wird an über 100 Ständen eine unglaublich bunte Palette an Leckereien geboten: italienische Straßensnacks, Enten-Confit, indische Fladenbrot-Tacos, Burger mit gebratenen Pilzen, vegane äthiopische Hausmannkost, Meersalz-Karamell-Eiscreme, Passionsfrucht-Donuts und vieles mehr. Smorgasburg findet je nach Saison an unterschiedlichen Orten statt.

Von April bis Oktober findet der Markt derzeit samstags in Williamsburg am **Wasser** (☎718-782-2731; www.parks.ny.gov/parks/155; Kent Ave, zw. 8th & 9th St; ⌚9 Uhr–Sonnenuntergang; ⓈL bis Bedford Ave) statt, sonntags im Prospect Park an der **Lakeside** (☎718-462-0010; www.lakesideprospectpark.com; East Dr, Prospect Park, unweit Ocean Ave & Parkside Ave; Schlittschuhlaufen 6–9 US$, Schlittschuhverleih 6 US$; ⌚Mo–Do 9–17.15, Fr 9–21, Sa 11.30–21, So bis 17.15 Uhr; 👪; ⓈB/Q bis Prospect Park) und in den Wintermonaten gibt's an den Wochenenden eine kleinere Indoor-Version in One Hanson Place in Fort Greene.

★Dough BÄCKEREI **$**

(☎347-533-7544; www.doughdoughnuts.com; 448 Lafayette Ave, Ecke Franklin Ave, Clinton Hill; Donuts um die 3 US$; ⌚6–21 Uhr; 📶; ⓈG bis Classon Ave) Dieser winzige Laden befindet sich an der Grenze zwischen Clinton Hill und Bed-Stuy. Er liegt zwar etwas abseits, ist für Backwarensüchtige aber ein absolutes Muss. Die lockeren Donuts werden in unzählig viele unterschiedliche Glasuren getunkt, z.B. Pistazie, Blutorange und Hibiskus. Nahezu göttliche Donuts für jeden Geschmack!

Chuko JAPANISCH **$**

(☎347-425-9570; www.chukobk.com; 565 Vanderbilt Ave, Ecke Pacific St, Prospect Heights; Ramen 15 US$; ⌚12–15 & 17.30–23 Uhr; 🖉; ⓈB/Q bis 7th Ave; 2/3 bis Bergen St) Mit dem modern-minimalistisch eingerichteten Ramenlokal haben erstklassige Nudeln in Prospect Heights Einzug gehalten. Dampfende Schüsseln mit auf den Punkt gekochten Nudeln werden in einer der vielen herrlich duftenden Brühen (mit Schwein oder auch vegetarisch) serviert. Auch die Vorspeisen sind sehr lecker, besonders die aromatischen Hühnchenflügel mit Salz und Pfeffer.

Nathan's Famous HOTDOGS **$**

(☎ 718-333-2202; www.nathansfamous.com; 1310 Surf Ave, Ecke Stillwell Ave, Coney Island; Hotdog ab 4 US$; ⊙ 10–24 Uhr; Ⓢ D/F bis Coney Island-Stillwell Ave) Da der Hotdog 1867 auf Coney Island erfunden wurde, ist es einfach ein Muss, hier einen davon zu essen. Und das tut man bereits seit 1916 am besten bei Nathan's Famous. Die Hotdogs sind wirklich ihr Geld wert. Auf der Speisekarte steht außerdem die ganze Palette von gebratenen Muscheln bis hin zu Chicken Fingers.

Hungry Ghost CAFÉ **$**

(☎ 718-797-3595; www.hungryghostbrooklyn.com/; 781 Fulton St; Sandwichs ab 7 US$, Frühstück ab 3 US$, Kaffee ab 3 US$; ⊙ 7–21 Uhr; Ⓢ G bis Fulton Street; C bis Lafayette Ave) In nur wenigen Jahren hat es der Hungry Ghost geschafft, sich einen Namen als bestes Café in North Brooklyn zu machen. Das Interieur ist umwerfend minimalistisch und passt genau zu dem unprätentiösen Aroma des hier servierten starken Kaffees. Im Angebot sind außerdem Gebäck, hausgemachte Sandwichs, und was sonst noch so zu Kaffee passen könnte.

Green Grape Annex AMERIKANISCH **$**

(www.greenegrape.com/annex; 753 Fulton St; Hauptgerichte 7–9 US$; ⊙ Mo–Do 7–21, Fr 7–22, Sa 8–22, So 8–21 Uhr; Ⓢ G bis Fulton Ave; C bis Lafayette Ave) Lust auf einen schnellen, perfekt zubereiteten, hochqualitativen Kaffee oder etwas Herzhaftes? Das Green Grape Annex ist ein nett eingerichtetes Café in Fort Greene. Es ist in einem großen, hellen Raum untergebracht, in dem man fast immer einen Platz findet. Neben einer großen Auswahl an Gerichten und Getränken bekommt man hier auch Bier und Wein.

67 Burger BURGER **$**

(☎ 718-797-7150; www.67burger.com; 67 Lafayette Ave, Brooklyn; Burger ab 8 US$; ⊙ Mo–Do 11.30–22, Fr & Sa 11.30–23 Uhr; Ⓢ G bis Fulton Street) Wenn es ein Lokal gibt, das Shake Shack den Kampf ansagen kann, dann ist es 67 Burger. Zur Auswahl stehen Burger-Spezialitäten wie Parisian (mit sautierten Zwiebeln, Pilzen und Dijonsenf) oder Oaxaca (Avocado, Cheddar und hausgemachte Chipotle-Mayo). Man kann sich aber auch einen dicken, leckeren Messie-Burger zusammenstellen.

★ **Pok Pok** THAI **$$**

(☎ 718-923-9322; www.pokpokny.com; 117 Columbia St, Ecke Kane St, Columbia Street Waterfront District; Platten für mehrere Personen 12–20 US$; ⊙ Mo–Fr 17.30–22, Sa & So ab 12 Uhr; Ⓢ F bis Bergen St) Andy Ricker's New Yorker Filiale ist ein Riesenerfolg und begeistert seine Gäste mit einem vielfältigen und komplexen Speisenangebot, das von den Straßensnacks Nordthailands inspiriert ist. Chicken Wings mit einer feurigen Fischsauce, scharfer Papayasalat mit gesalzener Schlammkrabbe, Salat aus gegrillten Auberginen mit rauchigem Aroma und Schweinebauch mit Ingwer, Kurkuma und Tamarinde sind nur einige der einzigartigen Gerichte. Die Location ist nett und etwas heruntergekommen. Im Voraus reservieren!

Nick's Lobster House SEAFOOD **$$**

(☎ 718-253-7117; www.nickslobsterhouse.com; 2777 Flatbush Ave, Brooklyn; Hauptgerichte ab 18 US$; ⊙ Di–Do 14–22, Fr 12–23, Sa 11–23, So 11–22 Uhr) Nettes Lokal direkt am Wasser im Brooklyner Viertel Mill Basin. Auf der Speisekarte steht einfaches, aber perfekt zubereitetes Seafood à la Northeast: Hummerschwanzsuppe, Gegrilltes und natürlich Hummer. In dem Restaurant mit Schanklizenz kommt man von jedem Platz in den Genuss eines grandiosen Blicks aufs Wasser.

Sidecar AMERIKANISCH **$$**

(☎ 718-369-0077; http://sidecarbrooklyn.com/; 560 5th Ave, Brooklyn; Hauptgerichte 14–27 US$; ⊙ Mo–Mi 18–2, Do 18–4, Fr 15–4, Sa 11–4, So 11–2Uhr; Ⓢ F/G/R bis 4th Ave-9th St; R bis Prospect Ave) Bessere typisch amerikanische Gerichte als im Sidecar gibt's wohl nirgendwo. Das stimmungsvolle Restaurant serviert einfache Klassiker mit modernem Touch, z. B. Brathähnchen mit pikantem Wurzelpüree und sautiertem Grünkohl. Und wie wär's mit einem Cocktail dazu? Wer will, kann sich auch an die Bar setzen und nur etwas trinken.

Zenkichi JAPANISCH **$$**

(☎ 718-388-8985; www.zenkichi.com; 77 N 6th St, an der Wythe Ave, Williamsburg; kleine Teller 7–18 US$ Probiermenü 75 US$; ⊙ Mo–Sa 18–24, So 17.30–23.30 Uhr; Ⓢ L bis Bedford Ave) Das Zenkichi ist ein Tempel der feinen japanischen Küche. Es serviert in einem stimmungsvollen Ambiente, das Feinschmecker aus Nah und Fern anlockt, schön zubereitete Gerichte. Empfehlenswert ist das *omakase*, ein saisonales achtgängiges Probiermenü mit Highlights wie Winterobst mit Tofu-Sauce und frittiertem Suzuki-Felsenbarsch, Zwiebeln und Karotten mit einer süßen, reichhaltigen Vinaigrette mit Chilipfeffer drauf.

Rabbit Hole MODERN-AMERIKANISCH $$
(☎ 718-782-0910; www.rabbitholerestaurant.com; 352 Bedford Ave, zw. S 3rd & S 4th St, Williamsburg; Frühstück 10–14 US$, Abendessen 13–22 US$; ⏲ 9–23 Uhr; ✎; S L bis Bedford Ave; J/M/Z bis Marcy Ave) Das sehr nette Rabbit Hole ist ein cinladendes Restaurant in South Williamsburg, in dem man wunderbar Zuflucht suchen kann, besonders wenn es um das Frühstück (bis 17 Uhr) geht. Im vorderen Bereich kann man einen guten Kaffee und leckere hausgemachte Backwaren genießen. Hinten oder im Garten kann man ganz entspannt cremige Eggs Benedict oder frisches Obst und Müsli futtern.

Buttermilk Channel AMERIKANISCH $$
(☎ 917-832-8490; www.buttermilkchannelnyc.com; 524 Court St; Hauptgerichte Brunch 8–18 US$, abends 16–28 US$; ⏲ Mo–Mi 11.30–22, Do 11.30–23, Fr 11.30–24, Sa 10–24, So 10–22 Uhr; tgl. von 15–17 Uhr geschl.; S F/G bis Smith and 9th St) Was gibt es Besseres als ein knuspriges Brathähnchen oder eine pikante Platte mit Eiern, Lachs und Frühlingszwiebeln? Im Buttermilk Channel werden zum Brunch und abends einfache, aber perfekt zubereitete Menüs serviert. Die lange Cocktailkarte mit Bloody Mary zum Brunch allein lohnt schon den Besuch in diesem Lokal, sie rundet die tolle kulinarische Erfahrung ab.

Olea MEDITERRAN $$$
(☎ 718-643-7003; www.oleabrooklyn.com; 171 Lafayette Ave, Brooklyn; Hauptgerichte 24–32 US$; ⏲ Mo–Do 10–23, Fr & Sa 10–24 Uhr; S G bis Fulton Street; G/C bis Clinton-Washington) Das Olea ist ein betriebsames mediterranes Restaurant mit zauberhaftem Interieur und Speisen von Weltklasse. Auf der Abendkarte stehen cremige Paellas und leichte, köstliche, vegetarische Pasta, wohingegen es zum Brunch herkömmliche mediterrane Gerichte wie Lamm-Hackbraten gibt. Wer nur eine Kleinigkeit essen möchte, findet auf der Tapaskarte bestimmt das Passende.

Die Bronx

Tony's Pier SEAFOOD $
(☎ 718 885-1424; 1 City Island Ave, Bronx; Seafood ab 16 US$; ⏲ Mo–Do 11.30–23.30, Fr–So 11.30–1 Uhr; 🚌 Bx29) In diesem Lokal gibt's die Meeresfrüchte gebraten oder frittiert in einer Papiertüte mit Dip nach Wahl. Tony's Pier liegt direkt am Wasser und – wie der Name vermuten lässt – auf einem langen Pier mit tollem Blick auf den Long Island Sound. Hier sollte man sich zumindest ein Bier oder ein schaumiges Mixgetränk gönnen.

Ohne Auto zur City Island zu kommen, mag etwas abschrecken, ist aber möglich! Aus der Bronx kommt man mit Bus Bx29 auf die Insel. Dieses Ziel ist die Mühe wert.

Queens

★ **Pye Boat Noodle** THAI $
(☎ 718-685-2329; 35-13 Broadway, Astoria; Nudeln 10–13 US$; ⏲ 11.30–22.30, Fr & Sa bis 23 Uhr; ✎; S N/W bis Broadway; M, R bis Steinway) Junge Thai-Kellnerinnen mit Filzhut begrüßen die Gäste in dem niedlichen Restaurant, das wie ein Landhaus aus alter Zeit eingerichtet ist. Spezialität des Hauses sind die reichhaltigen, mit Sternanis gewürzten *boat noodles* mit knusprigem Schwein. Außerdem gibt's leckere *yen ta fo*, eine milde, rosafarbene Meeresfrüchtesuppe, die in NYC nur selten zu finden ist. Dazu passt ein Papaya-Salat (mit einer Extra-Portion fermentiertem Krebsfleisch).

★ **Golden Shopping Mall** CHINESISCH $
(41-36 Main St, Flushing; Gerichte ab 3 US$; ⏲ 10–21.30 Uhr; S 7 bis Flushing-Main St) Der Food-Court im Erdgeschoss der Golden Mall, ein chaotisches Wirrwarr aus herabhängenden Enten, fliegenden Nudeln und schmierigen Kunststofftischen, bietet fantastisches Imbissessen. Man sollte sich nicht vom Fehlen englischsprachiger Speisekarten abschrecken lassen. An den meisten Ständen arbeitet mindestens eine Person, die englisch kann. Aber auch Stammgäste helfen gern mit Empfehlungen aus, seien es handgezogene Lanzhou-Nudeln oder pikante Schweineohren.

Nan Xiang Xiao Long Bao DUMPLINGS $
(☎ 718-321-3838; 38-12 Prince St, Queens; Dumplings 5,50 US$; ⏲ 8–1 Uhr; S 7 bis Main St.) Saftige, schmackhafte Dumplings, dicke, klebrige Nudeln, scharfe Wan Tans – im Nan Xiang Xiao Long Bao gibt's wirklich alles, was man in einem Dumpling-Lokal erwartet. In dem einfachen Restaurant herrscht in der Regel ziemlich viel Trubel, aber die Gäste halten sich nicht allzu lange hier auf, und das Essen wird schnell serviert. Ideal für ein üppiges Mahl im Freundeskreis.

Rockaway Surf Club TACOS $$
(www.rockawaybeachsurfclub.com; 302 Beach 87th St; 3,50 US$, Cocktails 9 US$; ⏲ 12–23 Uhr) Auf der Rockaway Peninsula gibt's mit die bes-

ten Tacos der Stadt. Der Rockaway Surf Club erinnert an die kalifornischen Taquerias am Strand. Drinnen gibt's eine Bar, draußen einen großen Essbereich mit Bedienung, die die Bestellungen aufnimmt. Für Surfer oder Sonnenanbeter ist es der perfekte Ort nach einem langen Tag am Strand.

Casa Enrique MEXIKANISCH **$$**
(☎347-448-0640; www.henrinyc.com/casa-enrique.html; 5-48 49th Ave, Long Island City; Hauptgerichte 18–28 US$; ⌚Mo–Fr 17–23.30, Sa & so 11–15.45 & 17–23 Uhr; Ⓢ7 bis Vernon Blvd; G bis 21st St/Van Alst) Man sollte sich von der langweiligen Fassade des Casa Enrique nicht abschrecken lassen, denn das vornehme Lokal hat einen Michelin-Stern und serviert das beste mexikanische Essen in New York City. Auf der Speisekarte stehen unzählige traditionelle mexikanische Speisen – *Chile relleno*, *Carne asada* und viele verschiedene Mole-Saucen. Und natürlich wird hier alles mit absoluter Perfektion zubereitet. Da es nur wenige Plätze gibt, ist es empfehlenswert, rechtzeitig einen Tisch zu reservieren.

Alobar AMERIKANISCH **$$**
(☎718-752-6000; http://www.alobarnyc.com/; 46-42 Vernon Blvd, Long Island City; Hauptgerichte abends 22–29 US$, Brunch 12–16 US$; ⌚Di & Mi 17–21.30, Do 17–22, Fr 17–23, Sa 11–23, So 11–21 Uhr; ⓈE, M bis Court Square, 23rd St; 7 bis Vernon Blvd-Jackson Ave, G bis 21st St-Van Alst Station) Das große, luftige Alobar befindet sich im trendigen Viertel Hunter's Point in Long Island City, Queens, und passt perfekt in diesen Kiez. Hier kommen klassische amerikanische Gerichte wie Muscheln und Schweinekoteletts aus der Küche. Oder wie wär's mit einem leckeren Brunch oder dem in Brooklyner Muss, den *huevos rancheros*?

Ausgehen & Nachtleben

Die Stadt bietet Trinklokale jeder Art, von hippen Cocktail-Lounges und alten Kneipen bis hin zu Craft-Bier-Schenken und Kaffeehäusern der dritten Generation, und dazu noch die legendäre Clubszene, von Promi-Spielwiesen bis hin zu Indie-Schuppen. Das Hauptausgehviertel der Stadt, die niemals schläft, sind Downtown und Brooklyn.

Financial District & Lower Manhattan

★ **Dead Rabbit** COCKTAILBAR
(Karte S. 64; ☎646-422-7906; www.deadrabbitnyc.com; 30 Water St, zw. Broad St & Coenties Slip; ⌚Taproom 11–4 Uhr, Parlor Mo–Sa 17–2, So 17–24 Uhr; ⓈR/W bis Whitehall St; 1 bis South Ferry) Die nach einer gefürchteten irisch-amerikanischen Gang benannte Bar wird regelmäßig zu den besten der Welt gekürt. In dem Taproom mit Sägemehl auf dem Fußboden gibt's Bierspezialitäten, Mixgetränke nach altbewährtem Rezept sowie *pop-inns* (Ale mit Hopfennote und verschiedenen Geschmacksnoten). Abends zieht es die Gäste nach oben in den gemütlichen Parlor, in dem köstliche Cocktails kredenzt werden.

Smith & Mills COCKTAILBAR
(Karte S. 64; ☎212-226-2515; www.smithandmills.com; 71 N Moore St, zw. Hudson & Greenwich St; ⌚So–Mi 11–2, Do–Sa 11–3 Uhr; Ⓢ1 bis Franklin St) Das kleine Smith & Mills erfüllt alle Coolness-Kriterien: kein Schild vor der Tür, ein Interieur im Industrie-Look und fachkundig gemixte Cocktails mit einem Hang zu Klassikern. Es gibt nicht viel Platz, wer also auf einer bequemen Sitzbank Platz nehmen möchte, sollte früh da sein. Auf der saisonalen Karte stehen Snacks und ein superleckerer Burger mit karamellisierten Zwiebeln.

Cowgirl Seahorse BAR
(Karte S. 64; ☎646-362-0981; http://cowgirlseahorse.com/; 259 Front St; ⌚Mo–Do 11–23, Fr 11–24, Sa 10–24, So 10–23 Uhr; Ⓢ2/3/4/5/6 bis Brooklyn Bridge-City Hall) In dem Meer sehr seriöser Bars und Restaurants ist das Cowgirl Seahorse ein Party-Schiff mit viel Nautischem und perfektem Baressen – riesige Nacho-Platten mit dampfendem Fleisch und Frozen Margaritas, die so süß und zugleich würzig sind, dass man einem zweiten Glas kaum widerstehen kann. Einfach ein wunderbarer Ort zum Chillen.

Keg No 229 BIERHALLE
(Karte S. 64; ☎212-566-2337; www.kegno229.com; 229 Front St, zw. Beekman St & Peck Slip; ⌚So–Mi 11–24, Do–Sa 11–1 Uhr; ⓈA/C, J/Z, 2/3, 4/5 bis Fulton St; R/W bis Cortlandt St) Von Butternuts Pork Slap bis hin zu New Belgium Fat Tire – die unzähligen Fass-, Flaschen- und Dosenbiere sind das Who's Who amerikanischer Craft-Biere. Alle, die nicht mitzählen wollen, können „selbst zapfen", eine witzige, möglicherweise aber auch kostspielige Angelegenheit.

Terroir Tribeca WEINBAR
(Karte S. 64; ☎212-625-9463; www.wineisterroir.com; 24 Harrison St, an der Greenwich St; ⌚Mo & Di 16–24, Mi–Sa 16–1, So 16–23 Uhr; Ⓢ1 bis Franklin St) Das preisgekrönte Terroir hält Weinlieb

haber mit seinen gut sortierten, preiswerten Weinen bei Laune (die ausgefallene, unterhaltsame Weinkarte muss man einfach studieren). Die Tropfen stammen aus der Alten und der Neuen Welt, darunter Bioweine und Rebsäfte von kleinen Erzeugern. Viele Weine sind auch glasweise erhältlich und somit genau das Richtige für eine Weinweltreise. Es gibt eine frühe und eine späte Happy Hour.

SoHo & Chinatown

Pegu Club COCKTAILBAR

(Karte S. 70; ☎ 212-473-7348; www.peguclub.com; 77 W Houston St, zw. W Broadway & Wooster St; ⏲ So–Mi 17–2, Do–Sa 17–4 Uhr; Ⓢ B/D/F/M bis Broadway-Lafayette St; C/E bis Spring St) Der dunkle, elegante Pegu Club (benannt nach einem legendären Herrenclub aus der Kolonialzeit in Rangun) ist ein absolutes Muss für Cocktailkenner. Auf weichen Samtsofas genießen die Gäste perfekte Mixturen wie den samtweichen Earl Grey MarTEAni (Gin mit Tee, Zitronensaft und rohem Eiweiß). Die Gaumenfreuden sind mitunter asiatisch angehaucht, darunter Wan-Tans mit Entenfüllung sowie Mandalay-Kokos-Shrimps.

Spring Lounge BAR

(Karte S. 70; ☎ 212-965-1774; www.thespringlounge.com; 48 Spring St, an der Mulberry St; 8–4, So 12–4 Uhr; Ⓢ 6 bis Spring St; R/W bis Prince St) Dieser neonrote Rebell hat sich seinen Spaß nie verderben lassen. In Zeiten der Prohibition wurde hier eimerweise Bier verkauft. In den 1960er-Jahren diente der Keller als Spielhölle. Heute beruht sein Ruhm auf seinen verrückten ausgestopften Haien, Stammkunden, die schon morgens einen kippen, und nächtlicher, allumfassender Partystimmung. Die Bar ist genau das Richtige für den Absacker nach einer Kneipentour.

Genuine Liquorette COCKTAILBAR

(Karte S. 70; ☎ 212-726-4633; www.genuineliquorette.com; 191 Grand St, an der Mulberry St; ⏲ Di & Mi 18–24, Do–Sa 18–2 Uhr; Ⓢ J/Z, N/Q/R/W, 6 bis Canal St; B/D bis Grand St) Wie könnte man eine quirlige Kellerbar mit Cocktails aus der Dose und Toiletten mit Farah-Fawcett-Motto nicht mögen? Man kann sich sogar Flaschen und Mixer greifen und seine eigenen Drinks herstellen (die Flaschen werden vorher und nachher gewogen). Am Ruder steht der erfolgreiche Mixexperte Eben Freeman, der regelmäßig New Yorks beste Barkeeper einlädt, um hier Cocktails aus weniger begehrten Spirituosen zuzubereiten.

Mulberry Project COCKTAILBAR

(Karte S. 70; ☎ 646-448-4536; www.mulberryproject.com; 149 Mulberry St, zw. Hester & Grand St; ⏲ So–Do 18–2, Fr & Sa 18–4 Uhr; Ⓢ N/Q/R, J/Z, 6 bis Canal St) Die intime, große Cocktailbar versteckt sich hinter einer nicht beschilderten Tür und ist mit ihrem stimmungsvollen „Gartenpartyhof" eine der besten Locations im Viertel zum Chillen. Cocktails nach Wunsch sind die Spezialität des Hauses. Man muss dem Barkeeper nur seine Vorlieben mitteilen und der erledigt dann den Rest. Hungrige können zwischen verschiedenen Kleinigkeiten wählen, u. a. Pfirsichsalat mit Pecorino.

Apothéke COCKTAILBAR

(Karte S. 64; ☎ 212-406-0400; www.apothekenyc.com; 9 Doyers St; ⏲ Mo–Sa 18.30–2, So 20–2 Uhr; Ⓢ J/Z bis Chambers St; 4/5/6 bis Brooklyn Bridge-City Hall) Es ist nicht ganz leicht, die ehemalige Opiumhöhle und spätere Apotheke in der Doyers St zu finden. Drinnen mixen erfahrene Barkeeper wie umsichtige Apotheker aus saisonalen Erzeugnissen vom Markt starke, schmackhafte Rezepturen. Das Verhältnis der einzelnen Zutaten ist immer genau richtig, beispielsweise die Ananas-Koriander-Mischung im Sitting Buddha, einem der besten Drinks auf der Cocktailkarte.

East Village & Lower East Side

Bar Goto BAR

(Karte S. 70; ☎ 212-475-4411; www.bargoto.com; 245 Eldridge St, zw. E Houston & Stanton St; ⏲ Di–Do & So 17–24, Fr & Sa 17–2 Uhr; Ⓢ F bis 2nd Ave) Der eigenwillige Mixkünstler Kenta Goto fesselt Cocktailkenner in seiner angesagten Bar. Hier gibt's toll zubereitete, elegante Drinks, die auf Kotos japanische Herkunft anspielen (der Sakura Martini mit Sake ist umwerfend). Dazu werden authentische japanische Kleinigkeiten wie *okonomiyaki* (herzhafte Pfannkuchen) serviert.

Berlin CLUB

(Karte S. 70; ☎ 646-827-3689; 25 Ave A, zw. First & Second Ave; ⏲ 20–4 Uhr; Ⓢ F bis 2nd Ave) Das Berlin, unter den immer weiter gentrifizierten Straßen des East Village wie ein Geheimbunker versteckt, ist eine Zeitreise zurück in die turbulenteren Tage des Viertels. Wenn man den nicht gekennzeichneten Eingang gefunden hat, geht's hinunter in den grottenartigen Raum mit Backstein-

Gewölbedecke, einer langen Bar und winziger Tanzfläche, auf der man nach funkigen, ausgefallenen Grooves abtanzen kann.

Angel's Share BAR

(Karte S. 70; ☎212-777-5415; 1. OG, 8 Stuyvesant St, unweit Third Ave & E 9th St; ⊙So–Mi 18–1.30, Do–Sa 18–2.30 Uhr; Ⓢ6 bis Astor Pl) In diesem verborgenen Juwel hinter einem japanischen Restaurant auf dem gleichen Stockwerk ist frühes Erscheinen angesagt. Bleiben darf nämlich nur, wer einen Tisch oder einen Platz an der Theke ergattert hat – und die sind schnell weg. In der ruhigen, eleganten Bar mixen talentierte Barkeeper kreative Cocktails. Außerdem gibt's eine fantastische Auswahl an Whiskeys.

Ten Bells BAR

(Karte S. 70; ☎212-228-4450; www.tenbellsnyc.com; 247 Broome St, zw. Ludlow St & Orchard St; ⊙Mo–Fr 17–2, Sa & So ab 15 Uhr; ⓈF bis Delancey St, J/M/Z bis Essex St) Diese bezaubernde, versteckt liegende Tapasbar erinnert mit den flackernden Kerzen, dunklen Zinndecken und der U-förmigen Bar von innen an eine Grotte und ist der ideale Ort, um mit neuen Freunden ins Gespräch zu kommen.

Wayland BAR

(Karte S. 70; ☎212-777-7022; www.thewaylandnyc.com; 700 E 9th St Ecke Ave C; ⊙17–4 Uhr; ⓈL bis 1st Ave) Weiß getünchte Wände, verwitterte Holzböden und aus dem Müll gerettete Lampen verleihen dieser Kneipe Mississippi-Flair. Dazu passt dann auch die Livemusik (Bluegrass, Jazz, Folk), die montag- bis mittwochabends geboten wird. Die größte Anziehungskraft üben aber die Drinks aus. Wie wär's mit „I Hear Banjos", der mit *apple-pie moonshine*, Roggenwhiskey und Apfelholz-Rauch hergestellt wird und wie ein Lagerfeuer (wenn auch weniger feurig) schmeckt?

Rue B BAR

(Karte S. 70; ☎212-358-1700; www.ruebnyc188.com; 188 Ave B, zw. E 11th & 12th St; ⊙12–4 Uhr; ⓈL bis 1st Ave) In der winzigen, bernsteinfarben beleuchteten Kneipe auf der Barmeile in der Ave B spielen jeden Abend ab ca. 20.30 Uhr Jazz- oder Rockabilly-Bands. Das Publikum ist jung und feierlustig und der Laden so klein, dass man aufpassen muss, nicht auf dem Schoß des Posaunisten zu landen. Schwarz-Weiß-Fotos mit den Großen des Jazz und anderer New Yorker Idole tragen darüber hinaus zu der tollen Stimmung bei.

Webster Hall CLUB

(Karte S. 70; ☎212-353-1600; www.websterhall.com; 125 E 11th St, unweit Third Ave; ⊙Do–Sa 22–4 Uhr; ⓈL, N/Q/R/W, 4/5/6 bis 14th St-Union Sq) Die Webster Hall, ein Urgestein der Dancehalls gibt es schon so lange (die ersten Veranstaltungen fanden hier 1886 statt), dass sie in 2008 unter Denkmalschutz gestellt wurde. Gemäß des alten Sprichworts „Man soll nicht reparieren, was nicht kaputt ist" gibt's hier preiswerte Drinks, Billardtische und auf der Tanzfläche ausreichend Platz, um so richtig ins Schwitzen zu kommen.

NYC FÜR SCHWULE UND LESBEN

Von Händchen haltenden Ehepaaren auf den Straßen von Hell's Kitchen bis hin zum in Regenbogenfarben leuchtenden Empire State Building anlässlich des NYC Pride gehört New York ganz ohne Frage zu den großen Schwulen- und Lesbengemeinden der Welt. Nur wenige Orte können es mit der Vielfalt und Angebotsfülle der hiesigen Queer-Szene aufnehmen, von Variétés und Clubs bis hin zu Festivals und Lesungen.

Nützliche Infos für Touristen stehen in der Online-Version und der gedruckten Fassung der beliebten Führer *Next Magazine* und *Get Out!*. Die Gay City News (www.gaycitynews.nyc) enthalten Interessantes und Aktuelles sowie Kunst- und Reiseberichte.

West Village, Chelsea & Meatpacking District

Employees Only BAR

(Karte S. 70; ☎212-242-3021; www.employeesonlynyc.com; 510 Hudson St, zw. W 10th & Christopher St; ⊙18–4 Uhr; Ⓢ1 bis Christopher St-Sheridan Sq) Die Bar versteckt sich hinter der Neonreklame mit der Aufschrift „Psychic". Die Barkeeper sind Meister ihres Fachs und mixen verrückte Kreationen wie Ginger Smash und Mata Hari mit Suchtpotenzial. Nachteulen werden die Bar lieben, nicht nur wegen der Drinks, sondern auch weil es im dazugehörigen Restaurant bis 3.30 Uhr hausgemachte Hühnersuppe gibt. Je später der Abend, desto voller die Bar.

Happiest Hour COCKTAILBAR

(Karte S. 70; ☎212-243-2827; www.happiesthournyc.com; 121 W 10th St, zw. Greenwich St & Sixth Ave; ⊙Mo–Fr 17 Uhr–open end, Sa & So ab 14 Uhr; ⓈA/C/E, B/D/F/M bis W 4th St-Washington

Sq; 1 bis Christopher St-Sheridan Sq) Die supercoole Cocktailbar im Südseestil wartet mit Palmendrucken, 1960er-Jahre-Pop und verspielten Mixgetränken auf. Das Publikum besteht aus After-Work-Schlipsträgern und Online-Datern. Im Geschoss darunter befindet sich die seriöse Schwester **Slowly Shirley**, ein unterirdischer Art-déco-Tempel, in dem gut zubereitete, sorgfältig ausgewählte Drinks serviert werden.

Buvette WEINBAR

(Karte S. 70; ☎212-255-3590; www.ilovebuvette.com; 42 Grove St zw. Bedford St & Bleecker St; ⏲Mo–Fr 7–2, Sa & So ab 8 Uhr Uhr; Ⓢ1 bis Christopher St-Sheridan Sq; A/C/E, B/D/F/M bis W 4th St–Washington Sq) Die rustikal-schicke Einrichtung hier (fein gearbeitete Zinnplättchen und eine auffällige Marmortheke) machen die Bar zur perfekten Adresse für ein Glas Wein, egal zu welcher Tages- oder Nachtzeit. Am besten lässt man sich komplett auf das Flair der selbsternannten *gastrotèque* ein, schnappt sich einen Tisch und bestellt sich zum europäischen Wein (vor allem aus Frankreich und Italien) noch einen leckeren Snack.

Le Bain CLUB

(Karte S. 74; ☎212-645-7600; www.standardhotels.com; 444 W 13th St, zw. Washington St & Tenth Ave; ⏲Mi–Fr 22–4, Sa 14–4, So 14–24 Uhr; ⓈA/C/E, L bis 14th St-8th Ave) In der großen Dachbar des fürchterlich hippen Standard-Hotels tummeln sich schrille Partygänger, die ihr Ding jeden Tag in der Woche durchziehen. Zu erwarten sind im Le Bain ein umwerfender Blick auf die Skyline, ein riesiges Jacuzzi, das in die Tanzfläche eingelassen ist, und die unterschiedlichsten Gäste, die sich gern mit teurem Alkohol betrinken.

Stonewall Inn SCHWULE

(Karte S. 70; ☎212-488-2705; www.thestonewallinnnyc.com; 53 Christopher St; ⏲14–4 Uhr; Ⓢ1 bis Christopher St-Sheridan Sq) Die im Stonewall-Aufstand von 1969 eine wichtige Rolle spielende Bar wird wegen ihrer historischen Bedeutung fast schon als Pilgerstätte angesehen. Allabendlich kommen die unterschiedlichsten Leute zu den Partys, die für jeden unter dem schwul-lesbischen Regenbogen etwas zu bieten haben. Die Bar ist absolut nicht trendy, sondern vielmehr eine einladende, normale Kneipe, die man ohne ihre Vergangenheit leicht übersehen würde.

Henrietta Hudson LESBEN

(Karte S. 70; ☎212-924-3347; www.henriettahudson.com; 438 Hudson St; ⏲16–4 Uhr; Ⓢ1 bis Houston St) Junge Frauen aller Art, viele aus dem benachbarten New Jersey und Long Island, stürmen diese schicke Bar, in der unterschiedliche Themenabende mit DJs auf dem Programm stehen, die einem bestimmten Musikstil (Hip-Hop, House, Rock) frönen. Die in Brooklyn geborene Betreiberin Lisa Canistraci ist eine beliebte Förderin der Welt des lesbischen Nachtlebens und stürzt sich oft selbst ins Getümmel.

Marie's Crisis BAR

(Karte S. 70; ☎212-243-9323; 59 Grove St, zw. Seventh Ave & Bleecker St; ⏲Mo–Do 16–3, Fr & Sa 16–4, So 16–24 Uhr; Ⓢ1 bis Christopher St-Sheridan Sq) Alternde Broadway-Queens, schwule Großstadtneulinge, kichernde Touristen und diverse andere Musicalfans stehen um das Klavier und singen abwechselnd kitschige Songs. Oft grölt der ganze Laden mit – und manchmal sogar ein Promi. Es ist ein richtig schöner altmodischer Spaß. Egal wie erschöpft man reingeht, man kommt bestimmt begeistert wieder raus.

Union Square, Flatiron District & Gramercy

★Flatiron Lounge COCKTAILBAR

(Karte S. 74; ☎212-727-7741; www.flatironlounge.com; 37 W 19th St, zw. Fifth & Sixth Ave; ⏲Mo–Mi 16–2, Do 16–3, Fr 16–4, Sa 17–4 Uhr; 📶; ⓈF/M, R/W, 6 bis 23rd St) Wer den dramatischen Bogen durchschritten hat, gelangt in dunkle, vom Art-déco inspirierte Räumlichkeiten mit lippenstiftroten Sitznischen, flotten Jazz-Klängen und einem schicken Publikum, das sich an saisonalen Drinks labt. Lecker ist z. B. der Lincoln Tunnel (dunkler Rum, Apfelschnaps, Ahornsirup und Magenbitter). Zur Happy Hour (wochentags 16–18 Uhr) kosten die Cocktails nur 10 US$.

Birreria BIERHALLE

(Karte S. 74; ☎212-937-8910; www.eataly.com; 200 Fifth Ave, an der W 23rd St; ⏲So–Do 11.30–23, Fr & Sa 11.30–24 Uhr; ⓈR/W, F/M, 6 bis 23rd St) Das I-Tüpfelchen des italienischen Feinschmeckermarktes Eataly (S. 105) ist sein zwischen den Bürotürmen des Flatiron versteckter Biergarten auf dem Dach. Auf der Bierkarte in enzyklopädischen Ausmaßen stehen einige der besten Brauerzeugnisse der Welt. Wer Hunger hat, kann sich die in Bier (worin sonst) geschmorte Schweineschulter bestellen oder etwas von der je nach Saison wechselnden Speisekarte des hiesigen Pop-Up-Restaurants wählen (Hauptgerichte 17–37 US$).

Der Aufzug zum Dach versteckt sich bei den Kassen auf der zur 23rd St gewandten Seite des Geschäfts.

Raines Law Room COCKTAILBAR
(Karte S. 74; www.raineslawroom.com; 48 W 17th St, zw. Fifth & Sixth Ave; ⌚ Mo–Mi 17–2, Do–Sa 17–3, So 19–1 Uhr; S F/M bis 14th St, L bis 6th Ave, 1 bis 18th St) Ein Meer aus Samtvorhängen und Ledersesseln, das perfekte Maß an Backsteinelementen und fachmännisch gemixte Cocktails unter Verwendung bestens gealterter Spirituosen – wenn es um gediegene Atmosphäre geht, bleibt hier nichts dem Zufall überlassen. Reservierungen (empfohlen) sind nur sonntags bis dienstags möglich. Doch egal, wann man sich in eine weitaus opulentere Epoche entführen lassen möchte, man sollte sich unbedingt aufbrezeln.

Pete's Tavern BAR
(Karte S. 74; ☎ 212-473-7676; www.petestavern.com; 129 E 18th St, am Irving Pl; ⌚ 11–2.30 Uhr; S 4/5/6, N/Q/R/W, L bis 14th St-Union Sq) Die dunkle, stimmungsvolle Kneipe mit Spiegeln, Presszinndecke und Rosenholztheke aus dem 19. Jh. ist ein New Yorker Klassiker. Hier gibt's gute Prime-Rib-Burger und 17 verschiedene Biere vom Fass. Das Publikum ist recht gemischt: Paare, die nach einem Theaterbesuch hereinschneien, treffen auf irische Einwanderer, NYU-Studenten und manchmal auch auf einen Promi, wie die Fotos bei den Toiletten zeigen.

Old Town Bar & Restaurant BAR
(Karte S. 74; ☎ 212-529-6732; www.oldtownbar.com; 45 E 18th St, zw. Broadway & Park Ave S; ⌚ Mo–Fr 11.30–1, Sa 12–2, So 13–24 Uhr; S 4/5/6, N/Q/R/W, L bis 14th St-Union Sq) Dank der Bar aus Mahagoni, der original gefliesten Böden und der Zinndecken sieht es hier immer noch so aus wie 1892. Das Old Town ist ein echter Ausgehklassiker und sogar Madonna hat sich hier – als Rauchen in Bars noch erlaubt war – in ihrem Video zu *Bad Girl* mal eine Zigarette angezündet. Cocktails stehen zwar auch auf der Karte, die meisten Gäste zieht es aber auf ein Bier und einen Burger (ab 11,50 US$) hierher.

Midtown

★ Bar SixtyFive COCKTAILBAR
(Karte S. 74; ☎ 212-632-5000; www.rainbowroom.com; 30 Rockefeller Plaza, Eingang in der W 49th St; ⌚ Mo–Fr 17–24, So 16–21 Uhr; S B/D/F/M bis 47th-50th St-Rockefeller Center) Das elegante SixtyFive auf Level 65 im GE Building des Rockefeller Center (S. 73) muss man gesehen haben. Schick anziehen (keine Sportsachen und keine Personen unter 21) und vor 17 Uhr hier sein, um sich einen Platz mit Superblick zu sichern. Wer keinen Platz auf der Galerie oder am Fenster ergattert, kann draußen das umwerfende Panorama New Yorks genießen.

Flaming Saddles SCHWULE
(Karte S. 74; ☎ 212-713-0481; www.flamingsaddles.com/nyc; 793 Ninth Ave, zw. 52nd & 53rd St, Midtown West; ⌚ Mo–Fr 15–4, Sa & So 12–4 Uhr; S C/E bis 50th St) In Midtown gibt's doch tatsächlich eine Country-and-Western-Bar für Schwule! In dieser Bar in Hell's Kitchen mit tanzenden Barkeepern in hautengen Jeans, städtischen Freizeitcowboys und raubeinigem Ambiente trifft *Coyote Ugly* auf *Calamity Jane*. Also nichts wie rein in die Wranglers und rauf auf den Sattel. Das wird ein wilder, promilleträchtiger Ritt. Für Hungrige gibt's Tex-Mex-Kleinigkeiten an der Bar.

Therapy SCHWULE
(Karte S. 74; ☎ 212-397-1700; www.therapy-nyc.com; 348 W 52nd St, zw. Eighth & Ninth Ave, Midtown West; ⌚ So–Do 17–2, Fr & Sa 17–4 Uhr; S C/E, 1 bis 50th St) Das sich über mehrere Etagen erstreckende Therapy war der erste schwule Lounge-Club, der die Massen nach Hell's Kitchen zog. Die allabendlichen Shows (von Livemusik bis hin zu Interviews mit Broadway-Stars) und von Sonntag bis Freitag das recht ordentliche Essen (besonders beliebt sind die Quesadillas) locken noch immer reichlich Gäste an. Die Getränkenamen passen zum Thema: etwa „Oral Fixation" und „Size Queen", um nur zwei davon zu nennen.

Robert COCKTAILBAR
(Karte S. 80; ☎ 212-299-7730; www.robertnyc.com; Museum of Arts & Design, 2 Columbus Circle, zw. Eighth Ave & Broadway; ⌚ Mo & So 11.30–22, Di 11.30–23, Mi–Sa 11.30–24 Uhr; S A/C, B/D, 1 bis 59th St-Columbus Circle) Das von den 1960er-Jahren inspirierte Robert im 8. OG des Museum of Arts & Design (S. 77) ist eigentlich ein modern-amerikanisches Restaurant der Spitzenklasse mit zufriedenstellenden Gerichten. Hierher sollte man am Spätnachmittag oder spätabends kommen, sich einen Platz auf einem der Sofas suchen und mit einem MAD Manhattan (Bourbon, Blutorangenwermut und in Alkohol eingelegte Kirschen) in der Hand den Blick über den Central Park genießen. Infos über Livejazz-Sessions findet man auf der Website.

Waylon BAR
(Karte S. 74; ☎212-265-0010; www.thewaylon.com; 736 Tenth Ave, an der W 50th St; ⏲12–4 Uhr; Ⓢ C/E bis 50th St) Los, Stiefel an, in Hell's ist die Hölle los! In dieser saloonartigen Kneipe trällert Tim McGraw mit gebrochenem Herzen aus der Jukebox, die Barkeeper servieren amerikanischen Whiskey und Tequila und an Essbarem gibt's texanischen *frito pie* und Steak-Sandwichs.

Industry SCHWULE
(Karte S. 74; ☎646-476-2747; www.industry-bar.com; 355 W 52nd St, zw. Eighth & Ninth Ave; ⏲16–4 Uhr; Ⓢ C/E, 1 bis 50th St) In dem ehemaligen Parkhaus befindet sich jetzt eine der heißesten Schwulenbars von Hell's Kitchen – ein schicker, 370 m^2 großer Laden mit einladenden Loungebereichen, einem Billardtisch und einer Bühne für Drag-Diven erster Güte. Man sollte entweder zwischen 16 und 21 Uhr zur Special-Hour (2 Drinks zum Preis von 1) kommen oder sich später reinquetschen und unter das attraktive Partyvolk mischen. Nur Barzahlung.

Top of the Strand COCKTAILBAR
(Karte S. 74; ☎646-368-6426; www.topofthestrand.com; Marriott Vacation Club Pulse, 33 W 37th St, zw. Fifth & Sixth Ave, Midtown East; ⏲Mo & So 17–24, Di–Sa 17–1 Uhr; Ⓢ B/D/F/M, N/Q/R bis 34th St) „Oh, mein Gott, ich bin in New York!" Diesen Kick erleben die Gäste der Dachbar des Hotels Marriott Vacation Club Pulse (ehemaliges Strand Hotel), wenn sie einen Martini („extra dirty") bestellen und sich diskret, aber mit offenem Mund umschauen. Von der Bar mit den gemütlichen Sitzplätzen im Cabana-Stil, der erfrischend gemischten Gästeschar und dem gläsernen Schiebedach ist der Blick aufs Empire State Building einfach unvergesslich.

Upper West Side & Central Park

Manhattan Cricket Club LOUNGE
(Karte S. 80; ☎646-823-9252; www.mccnewyork.com; 226 W 79th St, zw. Amsterdam Ave & Broadway; ⏲18 Uhr–open end; Ⓢ 1 bis 79th St) Die elegante Lounge über einem australischen Bistro (S. 108) ahmt die anglo-australischen Kricketclubs des frühen 20. Jhs. nach. Sepiafarbene Fotos von Schlagmännern in action zieren die goldfarbenen Wände, während Mahagoni-Bücherwände und Chesterfield-Sofas ein tolles Ambiente für einen (teuren) Cocktail bieten. Perfekt für ein Date!

Dead Poet BAR
(Karte S. 80; ☎212-595-5670; www.thedeadpoet.com; 450 Amsterdam Ave, zw. W 81st & 82nd St; ⏲12–4 Uhr; Ⓢ 1 bis 79th St) Der schmale, mit Mahagoniholz getäfelte Pub gehört schon seit der Jahrtausendwende zu den beliebtesten Bars im Viertel. Hier trifft sich eine bunte Mischung aus Einheimischen und Studenten auf ein oder mehrere Guinness. Die Cocktails tragen die Namen toter Dichter – wie wär's mit einem Walt Whitman Long Island Iced Tea (12 US$) oder der mit Rum verfeinerten Pablo-Neruda-Sangria (11 US$)? Komisch, bei Neruda denkt man doch eigentlich eher an Pisco Sour...

Upper East Side

Drunken Munkey LOUNGE
(Karte S. 80; ☎646-998-4600; www.drunkenmunkeynyc.com; 338 E 92nd St, zw. First & Second Ave; ⏲Mo–Do 16.30–2, Fr 16.30–3, Sa 11–3, So 11–2 Uhr; Ⓢ Q, 6 bis 96th St) Die verspielte Lounge vermählt das Bombay der Kolonialzeit mit alten Tapeten, Kricketball-Türgriffen und fesch gekleidetem Personal. Die Affenlüster sind vielleicht etwas schrullig, aber bei den Cocktails und schmackhaften Currys (klein bedeutet hier: reicht für zwei) geht es ernsthaft zur Sache. Das Getränk der Wahl ist Gin, was sonst? Tipp: Den Bramble mit Bombay-Gin, Brombeerlikör, frisch gepresstem Zitronensaft und Brombeeren probieren.

Auction House BAR
(Karte S. 80; ☎212-427-4458; www.theauctionhousenyc.com; 300 E 89th St, an der Second Ave; ⏲So–Do 19.30–2, Fr & Sa 19.30–4 Uhr; Ⓢ Q bis 86th St) Hinter dunkelrotbraunen Türen verbirgt sich eine von Kerzen beleuchtete Bar mit Dielenböden und Plüschsofas und -sesseln im viktorianischen Stil. Es ist der ideale Ort für einen entspannten Drink. Wer mit einem gut gemixten Cocktail in der Hand einen Platz am Kamin ergattert, kann die Szene wunderbar in den goldgerahmten Wandspiegeln auf sich wirken lassen.

Harlem & Upper Manhattan

Ginny's Supper Club COCKTAILBAR
(Karte S. 80; ☎212-421-3821, Reservierung zum Brunch 212-792-9001; www.ginnyssupperclub.com; 310 Malcolm X Blvd, zw. W 125th & 126th St, Harlem; ⏲Do 18–23, Fr & Sa 18–3, So Brunch 10.30–14 Uhr; Ⓢ 2/3 bis 125th St) Der tolle Supper Club im Untergeschoss könnte direkt aus der TV-Serie *Boardwalk Empire* stammen. Hier

trinken stilvoll gekleidete Stammgäste Cocktails, essen Soulfood und Häppchen aus aller Welt (aus der Küche des Red Rooster (S. 109) im Obergeschoss) und tanzen donnerstags bis samstags ab 19.30 Uhr zu Livejazz und freitags und samstags zu Musik vom Plattenteller. Den sonntäglichen Gospel Brunch sollte man sich nicht entgehen lassen (Reservierung empfohlen).

Brooklyn

★ Maison Premiere COCKTAILBAR
(☎347-335-0446; www.maisonpremiere.com; 298 Bedford Ave, zw. S 1st & Grand St, Williamsburg; ⌚Mo–Do 16–2, Fr 16–4, Sa 11–4, So 11–16 Uhr; Ⓢ L bis Bedford Ave) Hier würde sich niemand wundern, wenn Dorothy Parker plötzlich durch die Tür käme. Die guten alten Zeiten bestimmen das Flair in dieser eleganten Bar mit vielen Sirupsorten und Essenzen, Barkeepern mit Hosenträgern und Jazz wie im French Quarter in New Orleans. Cocktails sind hier eine ernste Sache: Auf der ellenlangen Karte stehen über ein Dutzend Absinth-Drinks, mehrere Juleps und Specials.

Excelsior SCHWULE & LESBEN
(☎718-788-2710; www.excelsiorbrooklyn.com; 563 Fifth Ave, Brooklyn; ⌚Mo–Fr 18–4, Sa & So 14–4 Uhr; Ⓢ F/G/R bis 4th Ave/ 9th St; R bis Prospect Ave) Die beliebte Kiezbar für Schwule und Lesben ist vor Kurzem hierher umgezogen und kommt jetzt im schicken Gewand daher – mit einer Terrasse auf dem Hof und einem Veranstaltungsraum für Tanzpartys, Drag-Shows und Karaoke-Events im Obergeschoss. Im Excelsior trifft sich ein vorwiegend älteres Publikum (aber natürlich ist hier jeder gern gesehen). Außerdem ist die Bar für ihre angenehme Atmosphäre und die vergnügten Barkeeper bekannt.

Union Hall BAR
(☎718-638-4400; www.unionhallny.com; 702 Union St; Drinks ab 7 US$; ⌚Mo–Fr 16–4, Sa & So 13–4 Uhr; Ⓢ R bis Union St) Wer wie ein echter Brooklyner den Abend verbringen möchte, ist in der Union Hall am Ziel seiner Träume. Die Bar und Event-Location befindet sich in einem alten Lagerhaus mit Kamin, hohen Bücherregalen, Ledersofas und zwei Indoor-Boccia-Bahnen. Im Untergeschoss stehen Livemusik und Comedy auf dem Programm.

Spuyten Duyvil BAR
(☎718-963-4140; www.spuytenduyvilnyc.com; 359 Metropolitan Ave, zw. Havemayer & Roebling St, Williamsburg; ⌚Mo–Fr 17 Uhr–open end, Sa & So ab 12 Uhr; Ⓢ L bis Lorimer St; G bis Metropolitan Ave) Die lockere Bar in Williamsburg sieht aus als bestünde sie aus Sperrmüll. Die Decken sind rot gestrichen, an den Wänden hängen alte Karten und das Mobiliar besteht aus ramponierten Sesseln. Aber das Bierangebot ist hervorragend, die Leute aus der Nachbarschaft kommen zum Quatschen hierher und es gibt einen schönen Hof mit grünen Bäumen, der bei gutem Wetter geöffnet ist.

Skinny Dennis BAR
(www.skinnydennisbar.com; 152 Metropolitan Ave, zw. Wythe Ave & Berry St, Williamsburg; ⌚12–4 Uhr; Ⓢ L bis Bedford Ave) Man muss nicht unbedingt nach Austin fliegen – eine Honky-Tonk-Kneipe gibt's auch hier in Billyburg, nämlich diesen quirligen Saloon in der Metropolitan Ave. Neben Kinky-Friedman-Postern, einem Ehrfurcht gebietenden Gemälde von Willie Nelson, Erdnussschalen auf dem Boden und einer Jukebox in der Ecke mit viel Patsy Cline bekommt das red- und bierselige Publikum hier jeden Abend Livemusik mit Country-Schnulzen geboten.

Bossa Nova Civic Club CLUB
(☎718-443-1271; 1271 Myrtle Ave, zw. Evergreen & Central Ave, Bushwick; ⌚17–4 Uhr; Ⓢ M bis Central Ave) Der recht kleine Club ist ein weiterer Grund, Brooklyn eigentlich nicht verlassen zu müssen. Hier legen DJs in irgendwie tropisch angehauchtem Ambiente die unterschiedlichsten Sounds zum Abtanzen auf. Tolle Musikanlage, Drinks zu fairen Preisen (zumindest für Clubverhältnisse), und für Hungrige gibt's Snacks (Empanadas, langsam gegartes Schweinefleisch, Arepas).

Radegast Hall & Biergarten BIERHALLE
(☎718-963-3973; www.radegasthall.com; 113 N 3rd St, an der Berry St, Williamsburg; ⌚Mo–Fr 12–2, Sa & So 11–2 Uhr; Ⓢ L bis Bedford Ave) Die österreichisch-ungarische Bierhalle in Williamsburg hat eine riesige Auswahl an bayerischen Bieren und leckeren Fleischgerichten im Angebot. Hier kann man wählen zwischen der dunklen, holzverkleideten Bar und der benachbarten Halle mit Schiebedach und Gemeinschaftstischen, an denen man wunderbar Brezeln, Würstchen und Burger verputzen kann. Jeden Abend gibt's Livemusik.

Queens

★ Bohemian Hall & Beer Garden BIERGARTEN
(☎718-274-4925; www.bohemianhall.com; 29-19 24th Ave, Astoria; ⌚Mo–Do 17–1, Fr 17–3, Sa

12–3, So 12–24 Uhr; S N/Q bis Astoria Blvd) Dieser tschechische Treffpunkt löste den New Yorker Biergartenboom aus, aber bisher kommt kein anderer in puncto Größe und Stimmung an ihn heran. Im Sommer ist buchstäblich jeder Picknicktisch unter den hohen Bäumen besetzt. Hier gibt's natürlich auch das obligatorische Essen wie Klöße und Würstchen, doch im Mittelpunkt steht kühles tschechisches Bier.

Dutch Kills BAR

(☎ 718-383-2724; www.dutchkillsbar.com; 27-24 Jackson Ave, Long Island City; Cocktail-Specials ab 13 US$, Bier & Wein ab 6 US$; ⏲ 17–2 Uhr; S E, M, oder R bis Queens Plaza; G bis Court Square) Kaum dass man durch die unscheinbare Tür in dem alten Fabrikgebäude in Long Island City den Fuß ins Dutch Kills gesetzt hat, fühlt man sich in alte Zeiten zurückversetzt. Die Bar im Stil einer Speakeasy-Kneipe, die nur so vor Atmosphäre strotzt, bietet umwerfende Cocktails. Die Karte mit kreativen Drink-Specials ist ellenlang, wer aber etwas Altherkömmliches wünscht, kann sich voll und ganz auf die erfahrenen Barkeeper verlassen.

Icon Bar SCHWULE

(☎ 917-832-6364; 31-84 33rd St, Astoria; Drinks ab 7 US$; ⏲ 17–4 Uhr; S N/W bis Broadway Station) New Yorks berühmte Schwulenszene endet nicht an der Grenze von Manhattan. Die Icon Bar bringt harte Drinks und kokettes Ambiente nach Astoria. Es werden häufig tolle DJ-Abende und Drag-Shows geboten. Außerdem gibt es in der Woche abends eine 2-for-1-Happy-Hour.

☆ Unterhaltung

Schauspieler, Musiker, Tänzer und Künstler fühlen sich von den hellen Lichtern des Big Apple angezogen und hoffen, im Showbiz Karriere zu machen – ganz getreu dem Motto: „if you can make it here, you can make it anywhere". Wobei ungewiss ist, was „make" heutzutage eigentlich bedeutet. Das Publikum jedenfalls wird verwöhnt von dem ständigen Zustrom äußerst begabter, engagierter und Grenzen überschreitender Interpreten, die dafür sorgen, dass die Stadt auch weiterhin den Status als eine der Kulturhauptstädte der Welt behält.

Livemusik

Minton's JAZZ

(Karte S. 80; ☎ 212-243-2222; www.mintonsharlem.com; 206 W 118th St, zw. St Nicholas Ave & Adam Clayton Powell Jr Blvd; ⏲ Mi–Sa 18–23, So 12–15 & 18–22 Uhr; S B/C, 2/3 bis 116th St) Dieser Harlemer Jazz- und Dinner-Club, die Geburtsstätte des Bebop, ist ein musikalischer heiliger Gral. Jeder von Dizzy Gillespie bis Louis Armstrong hat hier schon gejammt. Ein Abendessen (Hauptgerichte 18–34 US$) oder ein Sonntagsbrunch (12–18 US$) in dem Speisesaal mit seinen getönten Spiegeln ist ein echtes Erlebnis. Rechtzeitig buchen, aufbrezeln und zu honigsüßem Live-Jazz Südstaaten-Speisen genießen.

★ **Jazz at Lincoln Center** JAZZ

(Karte S. 80; ☎ Tickets für Dizzy's Club Coca-Cola 212-258-9595, Tickets für Rose Theater & Appel Room 212-721-6500; www.jazz.org; Time Warner Center, Columbus Circle, Broadway an der W 59th St; S A/C, B/D, 1 bis 59th St-Columbus Circle) Das oben im Time Warner Center beherbergte Jazz at Lincoln Center besteht aus drei hochmodern ausgestatteten Veranstaltungsorten: dem mittelgroßen **Rose Theater**, dem verglasten **Appel Room** mit Panoramablick und dem intimen, stimmungsvollen **Dizzy's Club Coca-Cola**. Letzteren wird man wahrscheinlich am ehesten besuchen, denn hier finden jeden Abend Veranstaltungen statt. Es treten oft außergewöhnlich talentierte Künstler auf und der Blick auf den Central Park ist einfach nur traumhaft.

★ **Carnegie Hall** LIVEMUSIK

(Karte S. 74; ☎ 212-247-7800; www.carnegiehall.org; 881 Seventh Ave, an der W 57th St; ⏲ Führungen Okt.–Juni Mo–Fr 11.30, 12.30, 14 & 15 Uhr, Sa 11.30 & 12.30 Uhr; S N/R/W bis 57th St-7th Ave) Das legendäre Konzerthaus mag weder das größte noch das eleganteste der Welt sein, aber es gehört definitiv zu denen mit der besten Akustik. Größen aus Oper, Jazz und Folk treten im Isaac Stern Auditorium auf, in der beliebten Zankel Hall dagegen gibt's Freejazz, Pop, Klassik und Weltmusik und in der kleineren Weill Recital Hall werden Kammermusikkonzerte, Uraufführungen und Podiumsdiskussionen geboten.

New York Philharmonic KLASSISCHE MUSIK

(Karte S. 80; ☎ 212-875-5656; www.nyphil.org; Lincoln Center, Columbus Ave an der W 65th St; 👪; S 1 bis 66 St-Lincoln Center) Das älteste Berufsorchester der USA (seit 1842) spielt alljährlich in der **David Geffen Hall** (bis 2015 unter dem Namen Avery Fisher bekannt) unter der Leitung des neuen Musikdirektors Jaap van Zweden, der 2017 von Alan Gilbert das Zepter übernahm. Das Orchester spielt eine Mischung aus klassischen (Tschaikowski,

Mahler, Haydn) und moderneren Kompositionen und gibt Konzerte speziell für Kinder.

Blue Note JAZZ
(Karte S. 70; ☎ 212-475-8592; www.bluenote.net; 131 W 3rd St, zw. Sixth Ave & MacDougal St; Ⓢ A/C/E, B/D/F/M bis W 4th St-Washington Sq) Dies ist der mit Abstand berühmteste (und teuerste) Jazzclub der Stadt. Für die meisten Shows muss man an der Bar 15 bis 30 US$ und an einem Tisch 25 bis 45 US$ hinblättern. Wenn große Stars auftreten kann es auch teurer werden. Sonntags um 11.30 Uhr gibt es einen Jazz-Brunch. Am besten ist ein normaler Abend, an dem man allerdings nicht quatschen, sondern sich voll und ganz auf die Bühne konzentrieren sollte!

Joe's Pub LIVEMUSIK
(Karte S. 70; ☎ 212-539-8778, Tickets 212-967-7555; www.joespub.com; Public Theater, 425 Lafayette St, zw. Astor Pl & 4th St; Ⓢ 6 bis Astor Pl; R/W bis 8th St-NYU) Das kleine Joe's ist teils Bar, teils Cabaret, teils Veranstaltungsort und bietet sowohl aufstrebende Acts als auch Top-Künstler. Aufgetreten sind hier schon Patti LuPone, Amy Schumer, Leonard Cohen und die britische Sängerin Adele (2008 gab sie hier ihr allererstes Konzert in Amerika).

Irving Plaza LIVEMUSIK
(Karte S. 74; ☎ 212-777-6817; www.irvingplaza.com; 17 Irving Pl, an der 15th St; Ⓢ 4/5/6, N/Q/R, L bis 14th St-Union Sq) Im Irving Plaza rockt es seit 1978. Hier sind schon die Ramones, Bob Dylan, U2 oder Pearl Jam aufgetreten, um nur einige zu nennen. Heute ist dies eine tolle Bühne für nicht ganz so bekannte, aber originelle Rock- und Pop-Acts wie die Indie-Chicks Sleater-Kinney oder die Hardrocker Disturbed. Im Parkett um die Bühne herum ist es recht gemütlich, und vom Zwischengeschoss hat man einen guten Blick.

Brooklyn Bowl LIVEMUSIK
(☎ 718-963-3369; www.brooklynbowl.com; 61 Wythe Ave, zw. N 11th & N 12th St, Williamsburg; ⌚ Mo–Fr 18–2, Sa & So 11–2 Uhr; Ⓢ L bis Bedford Ave; G bis Nassau Ave) In der 2130 m² großen Location in dem ehemaligen Werk der Hecla Iron Works Company gibt's ein Bowlingzentrum (eine Bahn pro 30 Min./25 US$., Schuhverleih 5 US$), Biere aus Kleinbrauereien, ein Restaurant und fetzige Livemusik. Neben Bands, die hier regelmäßig auftreten, gibt es außerdem NFL-Liveübertragungen, Karaoke- und DJ-Abende. Außer an den Wochenenden von 11 bis 18 Uhr muss man mindestens 21 Jahre alt sein, um reinzukommen.

Bell House LIVEMUSIK
(☎ 718-643-6510; www.thebellhouseny.com; 149 7th St, zw. Second & Third Ave, Gowanus; ⌚ 17–4 Uhr; 📶; Ⓢ F/G/R bis 4th Ave-9th St) Der große, alteingesessene Veranstaltungsort in der etwas trostlosen Gegend von Gowanus bietet Top-Liveauftritte, Indie-Rock-Konzerte, DJ-Abende, Comedy-Shows und Burlesque-Partys. Das schön umgestaltete Lagerhaus verfügt über einen großen Konzertsaal und eine nette, kleine Bar im vorderen Raum mit flackernden Kerzen und Ledersesseln, außerdem gibt's um die zehn Biere vom Fass.

Sport

Madison Square Garden BESUCHERSPORT, KONZERTE
(MSG, "The Garden"; Karte S. 74; www.thegarden.com; 4 Pennsylvania Plaza, Seventh Ave, zw. 31st & 33rd St; Ⓢ A/C/E, 1/2/3 bis 34th St-Penn Station) In NYCs wichtigstem Veranstaltungsort – Teil des riesigen Komplexes, in dem sich auch die Penn Station (S. 127) befindet – treten die ganz Großen des Showgeschäfts auf, von Kanye West bis hin zu Madonna. Außerdem gibt's ein Sportstadion, in dem die **New York Knicks** (www.nba.com/knicks.com) und **New York Liberty** (www.liberty.wnba.com) Basketball spielen und die **New York Rangers** (www.nhl.com/rangers) Hockeyspiele austragen, aber auch Boxkämpfe und Veranstaltungen wie die Annual Westminster Kennel Club Dog Show finden hier statt.

USTA Billie Jean King National Tennis Center BESUCHERSPORT
(☎ 718-760-6200; www.usta.com; Flushing Meadows Corona Park, Corona; ⌚ 6–24 Uhr; Ⓢ 7 bis Mets-Willets Pt) Die US Open, eines der bedeutendsten Sportereignisse der Stadt, finden Ende August hier statt. 2016 hat das Arthur Ashe Stadium (mit Platz für 23 771 Zuschauer) ein Schiebedach bekommen, es gibt ein neues Stadion (Grandstand, das den Old Grandstand abgelöst hat) und die umliegenden Courts wurden erneuert. Tickets bekommt man in der Regel im April und Mai bei Ticketmaster, allerdings ist es schwer, Karten für Weltklassespiele zu ergattern. An Tickets für die Vorrunden kommt man einfacher ran.

Staten Island Yankees BASEBALL
(☎ 718-720-9265; www.siyanks.com; Richmond County Bank Ballpark, 75 Richmond Tce; Tickets 12 US$; ⌚ Vorverkauf Mo–Fr 9–17 Uhr; ⛴ Staten Island) Die Yanks haben den Titel New York-Penn allein seit 2005 vier Mal eingeheimst. Auch wenn man keinen Flugball fangen

kann, so kann man von dem Stadium am Wasser doch einen tollen Blick auf die Skyline Manhattans einfangen. Das Stadion liegt zu Fuß knapp 500 m nördlich des Fährterminals und ist schon von Weitem an dem gigantischen Riesenrad, das 2018 in Betrieb genommen werden sollte, zu erkennen.

Theater

★ Al Hirschfeld Theatre THEATER

(Karte S. 74; ☎ Tickets 877-250-2929; www.kinkybootsthemusical.com; 302 W 45th St, zw. Eighth & Ninth Ave; Ⓢ A/C/E bis 42nd St-Port Authority Bus Terminal) Frei nach dem britischen Indie-Film aus 2005 erzählt Harvey Fiersteins und Cyndi Laupers Riesenerfolg **Kinky Boots** die Geschichte einer dem Untergang geweihten englischen Schuhfabrik, die unerwartet von der cleveren Drag-Queen Lola gerettet wird. Die guten Darsteller und die übersprudelnde Energie haben die Kritiker wahrhaft beeindruckt. Das Musical wurde 2013 mit sechs Tony Awards ausgezeichnet, u. a. als „Bestes Musical".

★ Eugene O'Neill Theatre THEATER

(Karte S. 74; ☎ Tickets 212-239-6200; www.bookofmormonbroadway.com; 230 W 49th St, zw. Broadway & Eighth Ave; Ⓢ N/R/W bis 49th St; 1 bis 50th St; C/E bis 50th St) Die subversive, obszöne, urkomische und sarkastische Musical-Satire **Book of Mormon** ist das Werk der *South-Park*-Erfinder Trey Parker und Matt Stone sowie des *Avenue-Q*-Komponisten Robert Lopez. Das mit neun Tony Awards ausgezeichnete Musical erzählt die Geschichte von zwei naiven Mormonen, die nach Uganda gesandt werden, um dort ein Dort zu „retten".

★ Richard Rodgers Theatre THEATER

(Karte S. 74; ☎ Tickets 877-250-2929; www.hamiltonbroadway.com; 226 W 46th St, zw. Seventh & Eighth Ave; Ⓢ N/R/W bis 49th St) Lin-Manuel Miranda erzählt in seinem gefeierten Broadway-Musical **Hamilton** im modernen Hip-Hop-Takt die Geschichte von Alexander Hamilton, Amerikas erstem Finanzminister. Dazu inspiriert wurde er von Ron Chernows Biographie *Alexander Hamilton*. Das Musical wurde mit elf Tony Awards (unter anderem als „Bestes Musical") ausgezeichnet, bekam einen Grammy als „Best Musical Theater Recording", zwei Platin-Grammys und den Pulitzer-Preis in der Kategorie Theater.

Sleep No More THEATER

(Karte S. 74; ☎ 866-811-4111; www.sleepnomorenyc.com; 530 W 27th St, zw. Tenth & Eleventh Ave; Tickets ab 105 US$; ⏲ Mo–Sa 19–24 Uhr; Ⓢ C/E bis 23rd St) *Sleep No More* ist eines der ganzheitlichsten Theatererlebnisse, die je konzipiert wurden. Ein Stück frei nach *Macbeth*, das in mehreren Lagerhäusern in Chelsea spielt, die so umgebaut wurden, dass sie wie das McKittrick Hotel aus den 1930er-Jahren mitsamt der wilden Jazzbar aussehen.

Die Zuschauer stellen sich ihr eigenes Abenteuer zusammen, sie können frei in den aufwendig gestalteten Räumen (Ballsaal, Friedhof, Tierpräparationsladen, Irrenanstalt) umherlaufen und den Schauspielern, die verschiedene ans Bizarre und Frivole grenzende Szenen spielen, folgen oder mit ihnen interagieren. Achtung: Gäste müssen bei Eintritt alles abgeben (Jacken, Taschen, Handys usw.) und eine Maske tragen – wie im Film *Eyes Wide Shut*.

Playwrights Horizons THEATER

(Karte S. 74; ☎ 212-564-1235; www.playwrightshorizons.org; 416 W 42nd St, zw. Ninth & Tenth Ave, Midtown West; Ⓢ A/C/E bis 42nd St-Port Authority Bus Terminal) Eine hervorragende Bühne, um den womöglich nächsten großen Publikumserfolg zu sehen, denn dieses altbewährte „Autorentheater" hat sich der Förderung zeitgenössischer amerikanischer Werke verschrieben. Zu den zuletzt gezeigten herausragenden Produktionen gehören Kenneth Lonergans *Lobby Hero*, Bruce Norris' mit dem Tony Award ausgezeichneter *Clybourne Park* sowie Doug Wrights *I Am My Own Wife* und *Grey Gardens*.

BAM Harvey Theater THEATER

(Harvey Lichtenstein Theater; ☎ 718-636-4100; www.bam.org; 651 Fulton St, an der Rockwell Pl, Fort Greene; Ⓢ B, Q/R bis DeKalb Ave; 2/3, 4/5 bis Nevins St) Dieses Theater ist eine wichtige Kulturinstitution für Brooklyn und New York City. Hier standen schon Künstler wie Tony Kushner, Peter Brook und Laurie Anderson auf der Bühne. Das Gebäude selbst ist eine umwerfende Kombination aus schnörkeliger Eleganz und Industriedesign – typisch Brooklyn eben. (Die schmalen, erhöhten Plätze im ersten Rang sind etwas unbequem, von einigen hat man darüber hinaus auch noch eine schlechte Sicht).

★ Flea Theater THEATER

(Karte S. 64; ☎ Tickets 212-226-0051; www.theflea.org; 20 Thomas St, zw. Church St & Broadway; 👪; Ⓢ A/C, 1/2/3 bis Chambers St; R/W bis City Hall) Das Flea ist eine der besten Off-Off-Broadway-Bühnen New Yorks und berühmt für innovative, zeitgemäße neue Stücke. In einem brandneuen Haus gibt's drei Bühnen, von denen eine nach Sigourney Weaver, die hier in ihren frühen Jahren auf den Brettern stand, benannt wurde. Zum ganzjährigen Programm gehören Musik- und Tanzproduktionen, Shows für ein junges Publikum (ab 5 Jahre) und spätabends die witzigen 10-Minuten-Stücke.

Delacorte Theater THEATER
(Karte S. 80; www.publictheater.org; Central Park, Eingang W 81st St; S B/C bis 81st St) Jeden Sommer präsentiert das Joseph Papp Public Theater hier die grandiose Produktion *Shakespeare in the Park* (S. 95). Papp begann damit bereits 1954, lange bevor das nette Open-Air-Theater im Grünen überhaupt gebaut wurde. Die Produktionen sind im Allgemeinen hervorragend, aber ungeachtet ihrer Qualität ist dies eine magische Erfahrung und das Schlange stehen nach Karten ist für New-York-Neulinge ein Ritus des Ankommens in der Stadt.

Ambassador Theatre THEATER
(Chicago; Karte S. 74; ☎ tickets 212-239-6200; www.chicagothemusical.com; 219 W 49th St, zw. Broadway & Eighth Ave; S N/R/W bis 49th St; 1, C/E bis 50th St) Das Ambassador Theatre aus den 1920er-Jahren ist fast schon ein Wahrzeichen New Yorks. Eigenartigerweise wurde es übers Eck gebaut, um auf der kleinen zur Verfügung stehenden Fläche mehr Sitzplätze unterbringen zu können. Wie viele andere Theater auch wurde es in den 1930er-Jahren von den Eigentümern verkauft, von TV- und Filmleuten benutzt und 1956 schließlich von der Familie zurückgekauft. Seitdem ist es ein Theater und derzeit die Bühne für *Chicago*, eine der beliebtesten Broadway-Shows.

New York Theatre Workshop THEATER
(Karte S. 70; ☎ 212-460-5475; www.nytw.org; 79 E 4th St, zw. Second & Third Ave; S F bis 2nd Ave) Seit über 30 Jahren ist diese innovative Produktionsstätte ein Kleinod für alle, die topaktuelle, zeitgenössische, gehaltvolle Stücke wünschen. Hier entstanden die beiden großen Broadwayhits *Rent* und *Urinetown* – auch hatte das Musical *Once* hier seine Off-Broadway-Premiere – und überhaupt wird hier nonstop Spitzentheater gezeigt.

La MaMa ETC THEATER
(Karte S. 70; ☎ 212-352-3101; www.lamama.org; 74a E 4th St, zw. Bowery & Second Ave; Tickets ab 20 US$; S F bis Second Ave) Das La MaMa ist längst etabliert als Heimat des experimentellen Theaters (ETC steht für Experimental Theater Club). Heute gehören drei Theater, ein Café, eine Kunstgalerie und ein getrenntes Studiogebäude zum Komplex, das Avantgardestücke, Sketch-Comedy und Lesungen aller Art anbietet. Pro Show gibt es zehn 10-$-Tickets. Für ein Schnäppchen ist frühzeitiges Buchen angesagt!

Comedy

★ Upright Citizens Brigade Theatre COMEDY
(UCB; Karte S. 74; ☎ 212-366-9176; www.ucbtheatre.com; 307 W 26th St, zw. Eighth & Ninth Ave; frei–10 US$; ⏲ 19–24 Uhr; S C/E bis 23rd St) In dem kleinen Kellertheater mit 74 Plätzen gibt's hauptsächlich Comedy-Sketch- und Improvisations-Shows – gelegentlich geben sich sogar Casting-Chefs und des Öfteren bekannte TV-Größen ein Stelldichein. Eintritt, Bier und Wein sind billig. Allabendlich beginnt um ca. 19.30 Uhr eine tolle Show, aber die sonntägliche Asssscat Improv Session ist der Renner.

Comedy Cellar COMEDY
(Karte S. 70; ☎ 212-254-3480; www.comedycellar.com; 117 MacDougal St, zw. W 3rd St & Minetta Lane; Eintritt 12–24 US$; S A/C/E, B/D/F/M bis W 4th St-Washington Sq) Der alteingesessene Kellerclub in Greenwich Village zeigt Mainstream-Shows und verfügt über ein ansehnliches Stammpersonal (Colin Quinn, Judah Friedlander, Wanda Sykes) und gelegentlich kommen auch Hochkaräter wie Dave Chappelle, Jerry Seinfeld und Amy Schumer. Und der Erfolg dauert an: Der Comedy Cellar hat jetzt einen weiteren Standort im Village Underground um die Ecke in der W 3rd St.

Caroline's on Broadway COMEDY
(Karte S. 74; ☎ 212-757-4100; www.carolines.com; 1626 Broadway, an der 50th St, Midtown West; S N/Q/R bis 49th St; 1, C/E bis 50th St) Mancher kennt vielleicht diesen großen, hellen, altbewährten Mainstreamclub von Comedy-Specials, die hier aufgenommen wurden. Eine Toppadresse, um amerikanische Comedy- und Sitcomstars zu sehen.

Kinos

Film Society of Lincoln Center KINO
(Karte S. 80; ☎ 212-875-5367; www.filmlinc.com; S 1 bis 66th St-Lincoln Center) Die Film Society gehört zu New Yorks Kino-Highlights. Sie ist eine unschätzbare Plattform für die unterschiedlichsten Genres, angefangen bei Dokumentarfilmen und Spielfilmen

über Independent-Produktionen bis hin zu ausländischen und Avantgarde-Streifen. Im Lincoln Center gibt es zwei Bühnen: das **Elinor Bunin Munroe Film Center** (Karte S. 80; ☎ 212-875-5232; Lincoln Center, 144 W 65th St) mit einer experimentierfreudigen, intimeren Atmosphäre und das Walter Reade Theater mit wunderbar breiten Sitzen.

Metrograph KINO
(Karte S. 70; ☎ 212-660-0312; www.metrograph.com; 7 Ludlow St, zw. Canal & Hester St; Tickets 15 US$; Ⓢ F bis East Broadway; B/D bis Grand St) Das neueste Mekka für Filmliebhaber in Downtown besteht aus zwei Sälen mit roten Samtsitzen. Gezeigt werden hier sorgsam ausgesuchte Arthouse-Filme. Die meisten Filme laufen nicht in den Multiplex-Kinos, gelegentlich stehen aber auch Mainstream-Filme wie *Magic Mike* auf dem Programm. Außerdem gibt's für Filmfreaks einen Buchladen und im Obergeschoss ein Restaurant mit Bar.

Film Forum KINO
(Karte S. 70; ☎ 212-727-8110; www.filmforum.com; 209 W Houston St, zw. Varick St & Sixth Ave; Ⓢ 1 bis Houston St) In den drei gemeinnützigen Kinos laufen die unterschiedlichsten Indie-Filme, Neuinszenierungen und Retrospektiven über Größen wie Orson Welles. Die Säle (mitsamt Leinwand) sind klein, sodass frühes Erscheinen angesagt ist, wenn man einen guten Platz ergattern will. Zu den Vorführungen gibt's oft Gespräche mit Regisseuren sowie Gesprächsrunden zum Thema Film, an denen Hardcore-Cineasten besonders gern teilnehmen.

Walter Reade Theater KINO
(Karte S. 80; ☎ 212-875-5601; www.filmlinc.com; Lincoln Center, 165 W 65th St; Ⓢ 1 bis 66th St-Lincoln Center) Im Walter Reade Theater sitzt man auf wunderbar breiten Kinositzen. Jedes Jahr im September steigt hier das **New York Film Festival** mit New Yorker und Weltpremieren en masse. Ansonsten werden hier Indie-Filme, Retrospektiven und unter einem bestimmten Motto stehende Filme gezeigt.

Anthology Film Archives KINO
(Karte S. 70; ☎ 212-505-5181; www.anthologyfilmarchives.org; 32 Second Ave, an der 2nd St; Ⓢ F bis 2nd Ave) Das Kino wurde 1970 eröffnet und widmet sich dem Film als Kunstform. Es zeigt Independentfilme neuer Filmemacher ebenso wie Klassiker und düstere Oldies, von surrealistischen Werken des spanischen Regisseurs Luis Buñuel bis hin zu Ken Browns psychedelischen Werken.

Darstellende Künste

Metropolitan Opera House OPER
(Karte S. 80; ☎ Tickets 212-362-6000, Führungen 212-769-7028; www.metopera.org; Lincoln Center, Columbus Ave an der W 64th St; Ⓢ 1 bis 66th St-Lincoln Center) New Yorks Oper Nummer 1 ist die Bühne schlechthin für Klassiker wie *Carmen*, *Madame Butterfly* und *Macbeth*, ganz zu schweigen von Wagners *Ring*. Zudem finden hier Premieren und Neuinszenierungen modernerer Stücke statt, z. B. John Adams' *The Death of Klinghoffer*. Die Opernsaison geht von September bis April.

New York City Ballet TANZ
(Karte S. 80; ☎ 212-496-0600; www.nycballet.com; Lincoln Center, Columbus Ave an der W 63rd St; 👪; Ⓢ 1 bis 66th St-Lincoln Center) Der erste Leiter dieses angesehenen Ensembles war in den 1940er-Jahren der berühmte, in Russland geborene Choreograph George Balanchine. Heute ist das Ballett mit 90 Tänzern die größte Ballettorganisation in den USA. 23 Wochen im Jahr wird im **David H. Koch Theater** im Lincoln Center getanzt. Besonders bekannt ist die alljährliche Inszenierung des Nussknackers zur Weihnachtszeit.

Duplex KABARETT
(Karte S. 70; ☎ 212-255-5438; www.theduplex.com; 61 Christopher St, an der Seventh Ave S; Eintritt 10–25 US$; ⏰ 16–4 Uhr; Ⓢ 1 bis Christopher St-Sheridan Sq) Im legendären Duplex darf man nichts anderes erwarten als Kabarett, Karaoke und exaltierte Tänze. An den Wänden hängen Bilder von Joan Rivers, und die Performer ahmen gerne ihre kecke Selbstironie nach, wenn sie nicht gerade das Publikum auf den Arm nehmen. Lustig und unprätentiös, aber nichts für Schüchterne.

Joyce Theater TANZ
(Karte S. 74; ☎ 212-691-9740; www.joyce.org; 175 Eighth Ave, an der W 19th St; Ⓢ C/E bis 23rd St; A, L bis 14th St-8th Ave; 1 bis 18th St) Die kleine Bühne in einem renovierten Kino mit 472 Sitzplätzen ist wegen der guten Sicht und des ausgefallenen Programms bei Tanzfans beliebt. Schwerpunkt sind moderne Ensembles wie Martha Graham, die Stephen Petronio Company und Parsons Dance sowie internationale Stars wie Dance Brazil, das Ballet Hispanico und die MalPaso Dance Company.

Shoppen

Für eine Hauptstadt des Kommerzes, der Kreativität und der Mode ist es nicht überraschend, dass New York zweifellos eine der besten Shopping-Destinationen der Welt ist. Jede Nische ist gefüllt. Von Indie-Designer-Boutiquen über traditionelle Kaufhäuser, Gebrauchtwarenläden, Haute-Couture-Boutiquen und Plattenläden bis hin zum Apple Store, von Antiquitäten bis hin zu Feinkostläden – einen Mangel an Gelegenheiten zum Geldausgeben gibt es nicht.

Brooklyn

Brooklyn Flea MARKT

(www.brooklynflea.com; 90 Kent Ave, zw. N 7th & N 10th St, Williamsburg; April–Okt. Sa 10–17 Uhr; ; S L bis Bedford Ave) Auf dem Gelände des East River State Park (S. 109) in Williamsburg bieten jeden Samstag über 100 Verkäufer ihre Waren an: Antiquitäten, Schallplatten, Vintage-Mode und Kunsthandwerk. Flea teilt sich den Platz mit dem Smorgasburg-Markt (S. 109). Sonntags findet der Markt in Dumbo in der Nähe des Torbogens an der Pearl St 80 unter der Manhattan Bridge statt.

Beacon's Closet VINTAGE

(718-486-0816; www.beaconscloset.com; 74 Guernsey St, zw. Nassau & Norman Ave, Greenpoint; 11–20 Uhr; S L bis Bedford Ave; G bis Nassau Ave) Für junge Menschen um die 20 ist dieses 500 m² große Lagerhaus sowohl Goldgrube als auch Resterampe. Unmengen an Mänteln, Polyester-Tops und T-Shirts aus den 1990er-Jahren werden nach Farbe sortiert präsentiert – angesichts der gigantischen Auswahl sollte man viel Zeit einplanen. Außerdem gibt es hier Schuhe, Flanellhosen, Hüte, Handtaschen, Modeschmuck und bunte Sonnenbrillen.

Rough Trade MUSIK

(718-388-4111; www.roughtradenyc.com; 64 N 9th St, zw. Kent & Wythe Ave, Williamsburg; Mo–Sa 11–23, So 11–21 Uhr; S L bis Bedford Ave) In dem 930 m² großen Plattenladen – ein Import aus London – gibt's Tausende von Titeln auf Schallplatte und CD. Außerdem bietet der Laden DJs, Hörstationen, Kunstaustellungen sowie Kaffee und Donuts vom Brompton Bike Cafe. In einem angeschlossenen kleinen Konzertsaal finden die ganze Woche lang Konzerte statt (Eintritt je nach Konzert).

Downtown

★ **Strand Book Store** BÜCHER

(Karte S. 70; 212-473-1452; www.strandbooks.com; 828 Broadway, an der E 12th St; Mo–Sa 9.30–22.30, So 11–22.30 Uhr; S L, N/Q/R/W, 4/5/6 bis 14th St-Union Sq) Der heiß geliebte, legendäre Buchladen ist für New Yorker Intellektuelle und Büchernarren die fantastische Welt von Oz. In diesem Laden vergaßen schon ganze Generationen von Leseratten die Zeit. Das 1927 gegründete Strand verkauft neben neuen und gebrauchten Büchern auch Raritäten. In drei labyrinthartigen Stockwerken werden auf einer Regalfläche von unglaublichen 29 km mehr als 2,5 Mio. Bücher angeboten.

Screaming Mimi's VINTAGE

(Karte S. 74; 212-677-6464; www.screamingmimis.com; 240 W 14th St, zw. Seventh & Eighth Ave; Mo–Sa 12–20, So 13–19 Uhr; S A/C/E/L bis 8th Ave-14th St) Wer auf Vintage-Klamotten steht, flippt hier aus. Dieser witzige Laden hat eine grandiose Auswahl an Kleidungsstücken aus alten Zeiten, die alle fein nach Jahrzehnten sortiert sind, von den 1950er- bis zu den 1990er-Jahren. (Unbedingt auch nach der gebunkerten Kleidung aus den 1920er- bis 1940er-Jahren fragen).

Evolution Nature Store GESCHENKE & SOUVENIRS

(Karte S. 70; 212-343-1114; www.theevolutionstore.com; 687 Broadway; 11–20 Uhr; S N/Q/R/W bis 8th Ave-NYU; 4/5/6 bis Astor Place) Bedarf für einen Schrumpfkopf? Oder soll es vielleicht doch lieber ein getrockneter Blatthornkäfer sein? Der beliebte Shop in SoHo führt viel Kurioses aus aller Welt. Der riesige Laden ist oft rappelvoll.

Obscura Antiques ANTIQUITÄTEN

(Karte S. 70; 212-505-9251; www.obscuraantiques.com; 207 Ave A, zw. E 12th & 13th St; Mo–Sa 12–20, So 12–19 Uhr; S L bis 1st Ave) Dieses kleine Kuriositätenkabinett gefällt sowohl Liebhabern des Makaberen als auch notorischen Antiquitätenjägern. Zu bestaunen gibt es ausgestopfte Tierköpfe, Schädel und Skelette von kleinen Nagetieren, Schmetterlingssammlungen in Glaskästen, Fotos von verstorbenen Menschen, beunruhigende kleine (Zahnarzt?)-Instrumente, deutsche Landminenflaggen (um von Panzerinsassen gesehen zu werden), alte Giftflaschen und Glasaugen.

Midtown

Grand Central Market MARKT

(Karte S. 74; www.grandcentralterminal.com/market; Grand Central Terminal, Lexington Ave, an der 42nd St, Midtown East; Mo–Fr 7–21, Sa 10–19, So 11–18 Uhr; S S, 4/5/6, 7 bis Grand Central-42nd St) Grand Central ist nicht nur ein Bahnhof. Hier gibt es auch einen über 70 m langen

Gang mit perfekt präsentiertem Obst und Gemüse sowie Kunstgewerbe. Wie wär's mit knusprigem Brot, Obsttörtchen, Hummer, Hühnerpastete, spanischem Quittenbrei, Obst und Gemüse oder frisch gerösteten Kaffeebohnen? Selbst Murray's-Cheese-Stand mit seinen grandiosen Milchprodukten wie im Keller gereiftem Greyerzer ist hier vertreten.

Hell's Kitchen Flea Market MARKT

(Karte S. 74; ☎ 212-220-0239; www.annexmarkets.com; W 39th St, zw. Ninth & Tenth Ave; ⊙ Sa & So 9–17 Uhr; S A/C/E bis 42nd St-Port Authority Bus Terminal) Mit seinem wunderbaren Angebot an alten Möbeln, Accessoires, Kleidungsstücken und nicht identifizierbaren Gegenständen aus vergangener Zeit lockt dieser Wochenend-Flohmarkt sowohl Sammler als auch Neugierige an.

Uptown

Flamekeepers Hat Club MODE & ACCESSOIRES

(Karte S. 80; ☎ 212-531-3542; 273 W 121st St, an der St Nicholas Ave; ⊙ Di & Mi 12–19, So–Sa 12–20, So 12–18 Uhr; S A/C, B/D bis 125th St) In dem kecken kleinen Hutladen des leutseligen Harlemers Marc Williamson können Kunden wunderbar an ihrem Erscheinungsbild herumtüfteln. Das sorgfältig zusammengestellte Sortiment ist der Traum eines jeden Hutliebhabers: samtweiche Barbisio-Fedoras aus Italien, Selentino-Zylinder aus Tschechien und karierte Wollkappen von Hanna Hats of Donegal aus Irland. Die Preise liegen zwischen 85 und 350 US$, für echte Individualisten gibt's einen Anpass-Service.

Flying Tiger Copenhagen HAUSHALTSWAREN

(Karte S. 80; ☎ 646-998-4755; www.flyingtiger.com; 424 Columbus Ave, zw. 80th & 81st St; ⊙ Mo–So 10–20 Uhr; 👪; S B, C bis 81st St-Museum of Natural History) Lust auf nett designten, witzigen, preiswerten Schnickschnack und Nippes? Dann ist dieser Däne genau das Richtige. Der Laden mutet wie ein Mini-Ikea an! Die Artikel sind thematisch geordnet (Küche, Kinder, Kunsthandwerk etc.) – man lernt schnell, dass es Dinge gibt, von denen man gar nicht wusste, dass man sie braucht. Preisschild ab und verschenken: Die Beschenkten denken mit Sicherheit, dass dies ein viel zu teures Geschenk ist.

Praktische Informationen

INTERNETZUGANG

In den meisten öffentlichen Parks der Stadt gibt es jetzt kostenloses WLAN. Die bekanntesten sind u. a. High Line, Bryant Park, Battery Park, Central Park, City Hall Park, Madison Square Park, Tompkins Square Park und Union Square Park (und auch die Parks in Brooklyn und Queens). Weitere Details stehen unter www.nycgovparks.org/facilities/wifi.

Selbst in den Bahnhöfen der Subway gibt's jetzt kostenloses WLAN, sodass die Fahrgäste sich die Zeit vertreiben oder Jobs erledigen können, wenn sie wegen Signalproblemen oder Zugverspätungen warten müssen. Das 2016 eingeführte Programm LinkNYC (www.link.nyc) soll die unzeitgemäßen Münztelefone (die Telefonzellen waren einst Kultsymbol der Stadt und schon Superman wechselte darin seine Unterwäsche) durch kostenlose Internet-Stationen mit Ladeanschluss und WLAN ersetzen. Momentan gibt 's noch ein paar Anfangsschwierigkeiten, denn einige der Stationen werden von weniger betuchten Menschen als Treffpunkt benutzt. Es ist geplant, in allen fünf Bezirken Tausende dieser Internet-Stationen einzurichten.

Es gibt kaum eine Unterkunft in New York City, die kein WLAN anbietet, allerdings nicht immer kostenlos. Natürlich bieten die meisten Cafés – so auch die allgegenwärtigen Starbucks – ihren Kunden kostenloses WLAN an.

MEDIZINISCHE VERSORGUNG

Notfalldienste können stressig und langsam sein (außer in wirklich akuten Fällen). Die Notaufnahme sollte mölichst gemieden werden, wenn andere medizinische Dienste zur Linderung der Beschwerden zur Verfügung stehen.

New York-Presbyterian Hospital (☎ 212-305-2500; www.nyp.org/locations/newyork-presbyterian-columbia-university-medical-center; 630 W 168th St, an der Ft Washington Ave; S A/C, 1 bis 168th St) Krankenhaus mit gutem Ruf.

Bellevue Hospital Center (☎ 212-562-4141; www.nychealthandhospitals.org/bellevue; 462 First Ave, an der 27th St, Midtown East; S 6 bis 28th St) Großes öffentliches Krankenhaus mit Notaufnahme und Unfallklinik.

New York County Medical Society (☎ 212-684-4670; www.nycms.org) Wer hier anruft, bekommt für sein Problem und seine Sprache zuständige Ärzte empfohlen.

Tisch Hospital (New York University Langone Medical Center; ☎ 212-263-5800; www.nyulangone.org/locations/tisch-hospital; 550 First Ave; ⊙ 24 Std.) Große, moderne Einrichtung mit sehr angesehenen Abteilungen jeder Fachrichtung.

Callen-Lorde Community Health Center (☎ 212-271-7200; www.callen-lorde.org; 356 W 18th St, zw. Eighth & Ninth Ave; ⊙ Mo–Do 8.15–20.15, Fr 8.15–16.45, Sa 8.30–15.15 Uhr; S A/C/E, L bis 8th Ave-14th St) Medizinisches Zentrum für die LGBT-Gemeinde und Menschen mit HIV/AIDS. Hier wird jeder behandelt, egal ob er bezahlen kann oder nicht.

Lenox Hill Hospital (☎212-434-2000; www.northwell.edu/find-care/locations/lenox-hill-hospital; 100 E 77th St, an der Lexington Ave; ⏲24 Std.; Ⓢ6 bis 77th St) Gutes Krankenhaus in der Upper East Side mit 24-Stunden-Notaufnahme und Übersetzern für zahlreiche Sprachen.

Mount Sinai Hospital (☎212-241-6500; www.mountsinai.org/locations/mount-sinai; 1468 Madison Ave, an der 101st St; ⏲24 Std.; Ⓢ6 bis 103rd St) Ausgezeichnetes Krankenhaus in der Upper East Side.

Planned Parenthood (Margaret Sanger Center; ☎212-965-7000; www.plannedparenthood.org; 26 Bleecker St, zw. Mott & Elizabeth St; ⏲Mo, Di, Do & Fr 8–18.30, Mi 8–20.30, Sa 8–16.30 Uhr; ⓈB/D/F/V bis Broadway-Lafayette St; 6 bis Bleecker St) Familienplanung, Geschlechtskrankheiten und gynäkologische Behandlungen.

TOURISTENINFORMATION

NYC Information Center (Karte S. 74; ☎212-484-1222; www.nycgo.com; Broadway Plaza, zw. W 43rd & 44th St; ⏲9–18 Uhr; ⓈN/Q/R/W, S, 1/2/3, 7 bis Times Sq-42nd St) In der ganzen Stadt gibt es offizielle NYC Visitor Information Center. Die Hauptstellen sind in Midtown.

In der digitalisierten Welt gibt es unendlich viele Möglichkeiten, hochaktuelle Infos über New York zu bekommen. Wer es lieber persönlich mag, kann eines der offiziellen Büros der NYC & Company (www.nycgo.com) am **Times Square**, **Macy's Herald Square** (Karte S. 74; ☎212-484-1222; www.nycgo.com; Macy's, 151 W 34th St, am Broadway; ⏲Mo–Fr 9–19, Sa 10–19, So 11–19 Uhr; ⓈB/D/F/M, N/Q/R/W bis 34th St-Herald Sq), in der **City Hall** (Karte S. 64; ☎212-484-1222; www.nycgo.com; City Hall Park, am Broadway; ⏲Mo–So 9–18 Uhr; Ⓢ4/5/6 bis Brooklyn Bridge-City Hall; R/W bis City Hall; J/Z bis Chambers St) und am South Street Seaport besuchen.

Das **Brooklyn Tourism & Visitors Center** (www.nycgo.com; 209 Joralemon St, zw. Court St & Brooklyn Bridge Blvd, Downtown; ⏲Mo–Fr 10–18 Uhr; Ⓢ2/3, 4/5 bis Borough Hall) bietet allerlei Infos zu diesem beliebten Viertel.

ℹ An- & Weiterreise

New York rollt seinen roten Teppich an drei belebten Flughäfen, zwei Hauptbahnhöfen und einem riesigen Busbahnhof aus, um alljährlich Millionen von Besucher zu begrüßen, die gerne einmal vom Big Apple kosten wollen.

Von den meisten amerikanischen und internationalen Großstädten gibt es Direktflüge nach New York. Der Flug dauert beispielsweise ab Los Angeles sechs Stunden, ab Berlin neun Stunden. Wer schon in den USA ist und mit dem Zug statt mit dem Auto oder Flugzeug anreist, erlebt eine besondere Mischung aus ländlichen und städtischen Kulissen, ohne unnötige Verkehrsstaus und Sicherheitschecks ertragen zu müssen oder übermäßigen CO_2-Verbrauch zu verursachen.

Flüge, Touren und Züge können online unter www.lonelyplanet.com/bookings gebucht werden.

FLUGZEUG

John F. Kennedy International Airport

Der **John F. Kennedy International Airport** (JFK; ☎718-244-4444; www.kennedyairport.com; ⓈA bis Howard Beach oder E, J/Z bis Sutphin Blvd-Archer Ave und weiter mit dem JFK Airtrain) ist 15 Meilen (24 km) von Midtown im Südwesten von Queens entfernt, hat sechs Terminals und fertigt jährlich fast 50 Mio. Passagiere aus aller Welt ab. Mit dem AirTrain (auf dem Flughafengelände kostenlos) kommt man von einem Terminal zum nächsten.

Vor Kurzem wurden 10 Mrd. US$ für Umbauarbeiten genehmigt, wann das geschehen soll, ist aber noch ungewiss. Im Fokus stehen architektonische und bauliche Veränderungen, aber auch wesentliche Verbesserungen der Annehmlichkeiten sowie Beförderungsalternativen sind geplant.

LaGuardia

Der hauptsächlich für Inlandsflüge benutzte Flughafen **LaGuardia** (LGA; ☎718-533-3400; www.panynj.gov; 🚌M60, Q70) ist kleiner als JFK und nur 8 Meilen (13 km) von Midtown Manhattan entfernt. Hier werden jährlich rund 30 Mio. Passagiere abgefertigt.

Die sowohl von Politikern als auch normalen Reisenden viel geschmähten Terminals sollen von 2018 bis 2021 für 4 Mrd. US$ überholt werden. Es ist geplant, einen einzigen, einheitlichen Terminal anstelle der vier vorhandenen Einzelterminals zu errichten. Natürlich sollen auch die Annehmlichkeiten und Beförderungsalternativen verbessert werden.

Newark Liberty International Airport

Wer einen Flug nach New York buchen will, sollte auch New Jersey auf dem Radar haben. **Newark** (EWR; ☎973-961-6000; www.panynj.gov) ist etwa genauso weit von Midtown entfernt wie JFK (16 Meilen/26 km) und wird von vielen New Yorkern (etwa 40 Mio. Passagiere jährlich) benutzt. Der Flughafen ist Knotenpunkt für United Airlines und bietet in der Region um New York City die einzigen Nonstop-Flüge nach Havana, Cuba, an. Die 2,4 Mrd. US$ teure Neugestaltung von Terminal A soll 2022 abgeschlossen sein.

BUS

Start und Ziel aller Fernbusse ist der mit über 65 Mio. Fahrgästen pro Jahr verkehrsreichste Busbahnhof der Welt, der **Port Authority Bus Terminal** (Karte S. 74; ☎212-502-2200; www.panynj.gov; 625 Eighth Ave, an der W 42nd

St; S A/C/E bis 42nd St-Port Authority Bus Terminal). Immer wieder stehen Bemühungen auf der Agenda, den in die Jahre gekommenen und kaum ansehnlichen Bahnhof an einen anderen Ort zu verlegen. Er wird u. a. von folgenden Busunternehmen genutzt:

Greyhound (www.greyhound.com) Verbindet New York mit größeren Städten im ganzen Land.

Peter Pan Trailways (www.peterpanbus.com) Tägliche Expressbusse nach Boston, Washington, D.C., und Philadelphia.

Short Line Bus (www.shortlinebus.com) Fährt ins nördliche New Jersey und Upstate New York vor allem in Unistädte wie Ithaca und New Paltz; gehört zu Coach USA.

Trailways (www.trailwaysny.com) Busse nach Upstate New York, u.µa. nach Albany, Ithaca und Syracuse sowie nach Montreal, Kanada.

Etliche Billigbuslinien starten an verschiedenen Orten am Westrand von Midtown:

BoltBus (Karte S. 74; ☎877-265-8287; www.boltbus.com; W 33rd St, zw. Eleventh & Twelfth Ave; 📶) Fährt von New York nach Philadelphia, Boston, Baltimore und Washington, DC. Je früher man sich das Ticket kauft, desto billiger. Es gibt kostenloses WLAN an Bord, das manchmal sogar funktioniert.

Megabus (Karte S. 74; https://us.megabus.com; 34th St, zw. 11th & 12th Ave; 📶; S 7 bis 34th St-Hudson Yards) Verkehrt u. a. zwischen New York und Boston, Washington, D. C., und Toronto, Kanada. Kostenloses (manchmal sogar funktionierendes) WLAN. Die Busse starten an der 34th St unweit des Jacob K. Javits Convention Center und kommen an der 27th und 7 th an (Karte S. 74; 7th Ave & 27th St).

Vamoose (Karte S. 74; ☎212-695-6766; www.vamoosebus.com; S 1 bis 28th St; A/C/E, 1/2/3 bis 34th St-Penn Station) Busse nach Arlington, Virginia, und Bethesda, Maryland, beide kurz vor Washington, D.C.

SCHIFF/FÄHRE

Seastreak (www.seastreak.com) pendelt täglich zwischen den Atlantic Highlands und den Highlands, New Jersey und Pier 11 in der Nähe der Wall St und E 35th St. Im Sommer gibt's auch eine Verbindung nach Sandy Hook (hin & zurück 46 US$) in New Jersey. Nach Martha's Vineyard (einfache Fahrt/hin & zurück 165/240 US$, 5 Std.) in Massachusetts geht's an den Wochenenden im Sommer vor der E 35th St.

Kreuzfahrtschiffe legen am Manhattan Cruise Terminal in Hell's Kitchen an der Westseite Manhattans an diversen Piers (W 46th bis 54th St) an.

Wer mit seiner eigenen Jacht in NYC ankommt, kann in einem der exklusiven Jachthäfen am World Financial Center oder an dem Langzeitanleger am 79th St Boathouse in der Upper West Side festmachen.

ZUG

Penn Station (W 33rd St, zw. Seventh & Eighth Ave; S 1/2/3, A/C/E bis 34th St-Penn Station) Oft verschmähter Startpunkt aller Amtrak-Züge (www.amtrak.com), darunter auch der Acela Express nach Princeton, New Jersey, und Washington, D. C. (Achtung: Expresszüge sind doppelt so teuer wie normale Züge). Die Fahrpreise variieren je nach Wochentag und Uhrzeit. An der Penn Station gibt es keine Gepäckaufbewahrung. Entgleisungen und Wartungsprobleme sind seit Frühjahr 2017 auf den Amtrakstrecken ein Problem. Reparaturarbeiten führen häufig zu Beeinträchtigungen – wie lange noch, steht in den Sternen.

Long Island Rail Road (www.mta.info/lirr) Long Island Rail Road befördert jeden Tag über 300 000 Pendler von der Penn Station zu Zielen in Brooklyn und Queens sowie auf Long Island. Die Preise richten sich nach Zonen. Eine Fahrt in der Rush-Hour von der Penn Station zur Jamaica Station (auf der Strecke nach JFK via AirTrain) kostet 10,25 US$, wenn man sein Ticket am Bahnhof kauft (im Zug 16 US$!).

NJ Transit (www.njtransit.com) bietet Verbindungen von der Penn Station in die Vororte und an die Jersey Shore.

New Jersey PATH (www.panynj.gov/path) Eine Option für alle, die in NJs Norden, z. B. nach Hoboken und Newark wollen. Die Züge (2,75 US$) starten an der Penn Station und folgen der Sixth Ave mit Stopps an der 33rd, 23rd, 14th, 9th St und der Christopher St sowie am neueröffneten World Trade Center.

Metro-North Railroad (www.mta.info/mnr) Die Metro-North Railroad fährt von dem traumhaften Grand Central Terminal nach Connecticut, ins Westchester County und ins Hudson Valley.

ℹ Unterwegs vor Ort

Infos über die öffentlichen Verkehrsmittel (Busse und Subway) stehen auf der Website der Metropolitan Transportation Authority (www.mta.info), darunter eine praktische Fahrplanauskunft und Aktuelles über Verspätungen oder Alternativstrecken aufgrund von Wartungsarbeiten. Leider steigen Häufigkeit und Dauer von Verspätungen mit den Fahrgastzahlen.

Subway Die U-Bahn ist billig, zuverlässig und fährt rund um die Uhr, kann aber für Neulinge etwas verwirrend sein. Mit der MetroCard kostet die einfache Fahrt 2,75 US$. Der 7-Day Unlimited Pass kostet 32 US$.

Busse In verkehrsschwachen Zeiten sind Busse gut geeignet, vor allem für Fahrten zwischen den Gebieten im Osten und Westen der Stadt. Die MetroCard ist auch in Bussen gültig, der Preis entspricht dem der Subway.

Taxi Die Grundgebühr beginnt bei 2,50 US$ plus 5 US$ pro 20 Blocks. Details siehe www.nyc.gov/taxi.

Fahrrad Das beliebte städtische Fahrrad-Sharing-Programm Citi Bike bietet Stationen fast überall in Manhattan, und ständig kommen auch in anderen Stadtteilen neue dazu.

Fähren zwischen den Stadtteilen Verschiedene Anlegestellen am East River in Manhattan, Brooklyn, Queens (und bald auch in der Bronx) und auch an den Rockaway-Stränden in Queens werden von der New York City Ferry (www.ferry.nyc) angesteuert. New York Water Taxi (www.nywatertaxi.com) fährt zu festen Zeiten einige Piers an. Den New York Harbor kann man kostenlos mit der für Pendler bestimmten Staten Island Ferry (S. 92) überqueren.

VOM/ZUM FLUGHAFEN

John F. Kennedy International Airport

Taxi Von Manhattan zum Flughafen fahren die Yellow Cabs mit Taxameter. Der Preis (um die 60 US$) schwankt je nach Verkehrsaufkommen, die Fahrt dauert zwischen 45 und 60 Minuten. Vom JFK verlangen Taxis einen Festpreis von 52 US$ zu den meisten Zielen in Manhattan (Maut und Trinkgeld sind nicht enthalten); die Fahrt dauert in der Regel zwischen 45 und 60 Minuten. Von und nach Brooklyn sollte der Preis bei etwa 45 US$ (Coney Island) bis 62 US$ (Downtown Brooklyn) liegen. Für die Überquerung der Williamsburg Bridge, Manhattan Bridge, Brooklyn Bridge und Queensboro–59th St Bridge wird keine Maut verlangt, der Queens–Midtown Tunnel und der Hugh L. Carey Tunnel (alias Brooklyn–Battery Tunnel) kosten in Richtung Manhattan 8,50 US$.

Die Preise für Fahrten über Apps wie Lyft und Uber variieren je nach Tageszeit.

Kleinbusse & Fahrdienste Kleinbusse wie die von **Super Shuttle Manhattan** (www.supershuttle.com) kosten je nach Fahrziel 20 bis 26 US$ pro Person. Fahrdienste von NYC zum Flughafen haben einen Festpreis ab 45 US$.

Expressbus Der **NYC Airporter** (www.nycairporter.com) fährt vom JFK zur Grand Central Station, Penn Station und zum Port Authority Bus Terminal. Die einfache Fahrt kostet 18 US$.

Subway Die Subway ist das billigste, aber auch langsamste Verkehrsmittel nach Manhattan. Am Flughafen nimmt man den AirTrain (5 US$, bezahlt wird beim Ausstieg) zum Sutphin Blvd-Archer Ave (Jamaica Station) mit Anschluss an die Linien E, J und Z (und die Long Island Rail Road). Wer zur Linie A will, nimmt den AirTrain bis Howard Beach. Der Zug der Linie E nach Midtown hat die wenigsten Haltestellen, er braucht etwas mehr als eine Stunde.

Long Island Rail Road (LIRR) Die Bahn ist das bei Weitem gemütlichste Verkehrsmittel in die Stadt. Vom Flughafen geht's mit dem AirTrain (5 US$, bezahlt wird beim Ausstieg) zur Jamaica Station. Von dort fahren häufige LIRR-Züge zur Penn Station in Manhattan und zum Atlantic Terminal in Brooklyn (nahe Fort Greene, Boerum Hill und Barclay Center). Von Bahnhof zu Bahnhof dauert die Fahrt etwa 20 Minuten. Die einfache Fahrt zur Penn Station oder zum Atlantic Terminal kostet 7,50 US$ (in der Rushhour 10,25 US$).

LaGuardia

Taxi Die ungefähr halbstündige Fahrt ab/nach Manhattan kostet ca. 42 US$, es gibt keine Festpreise. Die Preise für über Lyft oder Uber angeforderte Taxis variieren.

Fahrdienst Fahrdienste nach LaGuardia kosten um die 35 US$.

Expressbus Der **NYC Airporter** (www.nycairporter.com) kostet 15 US$ und fährt nach/ab Grand Central, Penn Station und Port Authority Bus Terminal.

Subway & Bus LaGuardia ist mit öffentlichen Verkehrsmitteln nicht so bequem zu erreichen wie die anderen Flughäfen. Die beste Subway-Verbindung bietet die Station 74 St-Broadway (Linie 7 oder Linien E, F, M und R am Umsteigebahnhof Jackson Heights-Roosevelt Ave) in Queens, wo man in den Q70 Express Bus zum Flughafen (ca. 10 Min. zum Flughafen) einsteigen kann. Es gibt aber auch den Bus M60, der an mehreren Subway-Stationen in Upper Manhattan und Harlem und an der N/Q-Haltestelle in der Hoyt Ave-32st St hält.

Newark Liberty International Airport

Fahrdienst Fahrdienste verlangen für die 45-minütige Fahrt von Midtown zwischen 50 und 70 US$. Ein Taxi kostet etwa das Gleiche. Eine teure Mautgebühr von 15 US$ wird Richtung NYC fällig am Lincoln Tunnel (an der 42nd St), am Holland Tunnel (an der Canal St) und weiter nördlich an der George Washington Bridge. Zurück nach New Jersey fallen keine Gebühren an. Günstigere Gebühren werden auf einigen Highways in New Jersey erhoben. Wer dies umgehen will, bittet den Fahrer, Hwy 1 oder Hwy 9 zu nehmen.

Subway/Zug Züge von NJ Transit (www.njtransit.com) (mit Anschluss an den AirTrain, 5,50 US$) zwischen dem Flughafen Newark (EWR) und der New Yorker Penn Station kosten für die einfache Fahrt 13 US$ und brauchen 25 Minuten. Zwischen 4.20 Uhr und ca. 1.40 Uhr fahren sie alle 20 bis 30 Minuten. Die Fahrkarte unbedingt aufheben, denn man muss sie beim Aussteigen am Flughafen zeigen.

Expressbus Newark Liberty Airport Express (www.newarkairportexpress.com) betreibt eine Buslinie zwischen Flughafen und Port Authority Bus Terminal, Bryant Park und Grand Central Terminal in Midtown (einfache Fahrt 16 US$, Fahrtdauer 45 Min.). Abfahrt alle 15 Minuten zwischen 6.45 und 11.15 Uhr, alle 30 Minuten zwischen 4.45 und 6.45 Uhr und zwischen 23.15 und 1.15 Uhr.

FAHRRAD

In den letzten zehn Jahren wurden Hunderte Meilen ausgewiesener Fahrradwege angelegt.

Hinzu kommt noch das ausgezeichnete Fahrrad-Sharing-Programm Citi Bike (www.citibikenyc.com) und fertig ist eine überraschend fahrradfreundliche Stadt. An Hunderten von Citi-Bike-Stationen in Manhattan und Teilen von Brooklyn stehen die kultigen, leuchtend blauen, sehr stabilen Räder, die für kurze Leihdauern recht preisgünstig sind. Fast 14 Mio. City Bike „Trips" wurden 2016 registriert, das System baut auf geschätzt 12 000 Fahrräder.

Wer ein Citi Bike benutzen möchte, muss sich einen 24-Stunden- oder 3-Tage-Pass (ca. 12 bzw. 24 US$ inkl. Steuer) an einer Citi Bike Station kaufen. Danach bekommt man einen fünfstelligen Code, mit dem man ein Rad entriegeln kann. Wer sein Rad innerhalb von 30 Minuten an irgendeiner Station zurückgibt, vermeidet Extra-Gebühren. Die Kreditkarte reinstecken (sie wird nicht belastet) und den Anweisungen folgen, um erneut ein Fahrrad zu entnehmen. Innerhalb von 24 Stunden bzw. drei Tagen kann man das Rad beliebig oft für 30 Minuten ausleihen.

Helme sind vom Gesetz nicht vorgeschrieben, werden aber dringend empfohlen. Städtische Parks wie der Central Park, der Brooklyn Waterfront Greenway und der Prospect Park in Brooklyn eignen sich wunderbar zum Testen in einer Umgebung ist, die weit weniger stressig ist als die chaotischen Straßen der Stadt. Am wichtigsten ist aber für die eigene Sicherheit als auch für die anderer, dass man die gesetzlich vorgeschriebenen Verkehrsregeln beachtet.

Strecken und Fahrradwege für jeden Stadtbezirk gibt es auf NYC Bike Maps (www.nycbikemaps.com). Stadtpläne und individuelle Fahrtrouten von A nach B können auf NYC DOT (www.nyc.gov/html/dot/html/bicyclists/bikemaps.shtml) heruntergeladen werden. Kostenlose Fahrradkarten sind auch in den meisten Fahrradläden erhältlich.

VERKEHRSMITTEL & -WEGE

Tickets und Pässe

- Die gelb-blaue MetroCard (www.mta.info/metrocard) ist eine Magnetkarte, die in allen öffentlichen Verkehrsmitteln in NYC gültig ist. Kauf und Aufladung sind an einfach zu bedienenden Automaten möglich, die an jeder Haltestelle stehen. Bei jeder Fahrt mit Subway und Bus (außer mit Expressbussen) werden 2,75 US$ von der Karte abgezogen.
- Die MetroCard kostet an Automaten an Subway-Stationen 1 US$. Man sollte sie gleich mit einem Guthaben aufladen (z. B. 20 US$, damit kann man acht Mal fahren und hat noch etwas übrig). Wer öfter mit den Öffentlichen fahren will, für den lohnt sich der sieben Tage gültige Unlimited Pass (32 US$). Diese Karten sind für Touristen recht praktisch, vor allem wenn man an einem Tag mehrere Orte besichtigen will.
- Die Automaten akzeptieren Kredit- und EC-Karten (größere Automaten auch Bargeld). Zum Aufladen muss man die Karte einführen und den Anweisungen folgen. (Tipp: Der Automat fragt nach der Postleitzahl. Wer keinen Wohnsitz in den USA hat, gibt einfach die „99999" ein).
- Umsteigen von Subway in Bus und umgekehrt ist kostenfrei. Einfach die Karte durchziehen/einstecken, es entstehen keine Extra-Gebühren.

NEW YORK STATE

Für die meisten beginnt und endet die Reise in den Empire State in der Kultmetropole New York City. Wer aber seinen Trip nur auf die fünf Stadtbezirke und einige Vororte beschränkt, wird viel Tolles verpassen.

Upstate New York – d.h. alles außerhalb von NYC – ist ein Traumziel für all diejenigen, die Outdoorabenteuer ebenso lieben wie Barbesuche in der Lower East Side. Der mächtige Hudson River verläuft – wie eine Art Fluchtweg – von NYC aus direkt nach Norden. Von Albany fließt der 843 km lange Erie Canal nach Westen bis zum Lake Erie, vorbei an den spektakulären Niagarafällen und Buffalo, einer faszinierenden, im Rust-Belt gelegenen Stadt, die gerade ziemlich im Aufwind ist.

Der St.-Lorenz-Strom bildet in der wunderschönen Region der Thousand Islands die Grenze zu Kanada. Gute Weine kann man rund um die Finger Lakes genießen, die tollen Adirondack- und Catskills-Bergketten eignen sich perfekt zum Wandern und an den Sandstränden von Long Island kann man die Seele baumeln lassen.

Praktische Informationen

511 NY (www.511ny.org) Verkehrsinfos für den Bundesstaat.

I Love NY (www.iloveny.com) Großes Tourismusbüro des Bundesstaates mit dem kultigen Herzlogo.

DVEIGHT (www.dveightmag.com) Online- und Print-Magazine mit Erfahrungsberichten von Städtern über Upstate New York.

New York State Office of Parks, Recreation and Historic Preservation (https://parks.ny.gov) Infos über Camping und Unterkünfte sowie allgemeine Auskünfte über alle State Parks.

And North (http://andnorth.com) Guter Online-Führer für Upstate New York.

Escape Brooklyn (http://escapebrooklyn.com) Angesehener Blog von Brooklyner Insidern über Kurztrips nach Upstate New York.

Lonely Planet (www.lonelyplanet.com/usa/new-york-state) Infos über Ziele, Hotelbuchungen, Traveller Forum und mehr.

Long Island

Formal gesehen gehören zur 190 km langen Long Island auch noch die Stadtteile Brooklyn und Queens an ihrem westlichen Ende dazu, in der allgemeinen Vorstellung der Leute beginnt „Long Island" aber erst dort, wo die Stadt endet, nämlich in einem Gewühl von verstopften Schnellstraßen und Vororten, die jeder Teenager so schnell wie möglich verlassen möchte (Levittown, die erste Planstadt der 1950er-Jahre, befindet sich im Zentrum von Nassau County). „Lohn-gai-lend" (so der lokale Akzent) hat aber noch weit mehr zu bieten. Hat man den Vorstadtstreifen erst hinter sich gelassen, zeigen sich windgepeitschte Dünen, schillernde Badeorte, grüne Farmen und Weinberge sowie Walfänger- und Fischerdörfchen, die im 17. Jh. gegründet wurden, und man versteht, warum treue Einwohner den Spitznamen „Strong Island" (starke Insel) bevorzugen.

Anreise & Unterwegs vor Ort

Dank der Long Island Rail Road (LIRR; www.mta.info/lirr), die von der Penn Station in NYC drei Linien bis ans äußerste östliche Ende der Insel betreibt, kann Long Island auch ohne Auto bereist werden. Hinzu kommen die Busgesellschaften **Hampton Jitney** (www.hamptonjitney.com) und **Hampton Luxury Liner** (www.hamptonluxuryliner.com), die von Manhattan zu verschiedenen Orten in den Hamptons und nach Montauk fahren. Hampton Jitney hat auch Busse nach/ab Brooklyn und fährt außerdem die North Fork an. Dennoch ist es mit einem Auto einfacher, mehrere Orte auf der Insel in einem Aufwasch zu besuchen. Die I-495, auch Long Island Expwy (LIE) genannt, verläuft einmal mitten über die Insel. Für die Fahrt sollte man aber die Hauptverkehrszeit meiden, wenn die ganzen Pendler im Stau stecken.

South Shore

Die Strände sind leicht mit öffentlichen Verkehrsmitteln zu erreichen und mitunter sehr voll, sie sind aber dennoch ein schönes Ziel für einen tollen Tagesauflug. Die Orte auf den Barriereinseln sind lange nicht so schick wie die in den Hamptons, sie sind auch weitaus egalitärer und haben alle ihren ganz eigenen Charme. Hier kann man in der Menge untergehen oder auch allein durch die Dünen wandern. **Long Beach** liegt direkt hinter der Grenze zu Queens. Die Hauptstraße des Orts ist übersät mit Eisdielen, Bars und Lokalen.

Sehenswertes

Fire Island National Seashore INSEL
(☎631-687-4750; www.nps.gov/fiis) GRATIS Die zum bundesstaatlichen Schutzgebiet gehörende Insel bietet Sanddünen, Wälder, saubere Strände, Campingoptionen (Genehmigungen zum Campen in den Dünen kosten 20 US$), Wanderwege, Gasthäuser, Restaurants, 15 Weiler und zwei Dörfer. Hier gibt es autofreie Gegenden mit Sommerresidenzen und gut besuchten Nachtclubs ebenso wie Strandabschnitte, an denen es nichts weiter gibt als Zelte und Hirsche.

Der größte Teil der Insel ist nur mit der **Fähre** (☎631-665-3600; www.fireislandferries.com; 99 Maple Ave, Bay Shore; eine Strecke Erw./Kind 10/5 US$, 1-Uhr-Fähre 19 US$) zu erreichen und somit autofrei – die Urlaubsgäste transportieren ihr Gepäck deshalb auf kleinen Wägelchen. Man kann zu beiden Enden der Insel fahren (zum Leuchtturm oder zum Wilderness Visitor Center), dazwischen gibt es keine Autostraße. Die Insel ist von ungefähr einem Dutzend winziger Weiler gesäumt, in denen vorwiegend Einheimische leben. In der Partyhochburg **Ocean Beach Village** und dem ruhigeren **Ocean Bay Park** (die Fähren vom LIRR-Halt Bayshore fahren hierher) gibt's ein paar Hotels. **Cherry Grove** und **The Pines** (Fähren ab Sayville) sind Schwulenenklaven, in denen es ebenfalls Hotels gibt.

Robert Moses State Park STATE PARK
(☎631-669-0449; www.parks.ny.gov; 600 Robert Moses State Pkwy, Babylon, Fire Island; 10 US$/Auto, Liegestuhl 10 US$, Golf 11 US$; ⏲Sonnenaufgang–Sonnenuntergang) Der Robert Moses State Park, ein kleiner mit dem Auto erreichbarer Abschnitt der Fire Island, befindet sich am westlichen Ende der Insel und bietet breite Sandstrände, an denen sich ein reiferes Publikum tummelt als am Jones Beach. Ganz in der Nähe befindet sich auch das **Fire Island Lighthouse** (Fire Island National Seashore; ☎631-661-4876; www.nps.gov/fiis; Robert Moses Causeway; Erw./Kind 7/4 US$; ⏲Juli & Aug. 9.30–18 Uhr, Sept–Juni Mo–Fr 10–16, Sa & So 10–17 Uhr), das gut zu Fuß zu erreichen ist.

Sunken Forest WALD
(☎631-597-6183; www.nps.gov/fiis; Fire Island; ⏲Visitor Center Mitte Mai–Mitte Okt.) GRATIS Dieser 300 Jahre alte, überraschend dichte Wald hinter den Dünen ist leicht über einen 1,4 km langen Plankenweg zu erkunden, der eine Schleife durch das Waldgebiet beschreibt. Im Sommer ist es hier schön schat-

tig, im Herbst malt das Laub ein buntes Bild. Zu erreichen ist der Wald über einen eigenen Fähranleger (Sailors Haven, wo es auch ein Visitor Center gibt) oder im Winter nach Ende des Fährverkehrs mittels eines langen Spaziergangs. Es werden auch von Rangern geführte Touren angeboten.

Schlafen & Essen

Seashore Condo Motel HOTEL $$

(☎631-583-5860; www.seashorecondomotel.com; Bayview Ave, Ocean Bay Park, Fire Island; Zi. ab 240 US$; ❄📶) Kleine, holzgetäfelte Zimmer ohne viel Schnickschnack – trotz des nicht gerade günstigen Preises.

Madison Fire Island Pines BOUTIQUEHOTEL $$$

(☎631-597-6061; www.themadisonfi.com; 22 Atlantic Walk, Fire Island Pines, Fire Island; Zi. ab 225 US$; ❄📶🏊) Das erste „Boutiquehotel" von Fire Island kann sich mit allem messen, was Hotels in Manhattan an Annehmlichkeiten zu bieten haben, hat aber darüber hinaus noch eine Dachterrasse mit sagenhaftem Ausblick.

Sand Castle SEAFOOD $$

(☎631-597-4174; www.fireislandsandcastle.com; 106 Lewis Walk, Cherry Grove, Fire Island; Hauptgerichte 15–30 US$; ⏲Mai–Sept. Mo, Di & Do–Sa 11–23, So 9.30–23 Uhr) Das Sand Castle, eins der wenigen Restaurants auf Fire Island, das am Ozean (und nicht an der Bucht) liegt, serviert gute Vorspeisen (gebratene Calamari, panierte Pilze) und jede Menge köstliches Seafood (Muscheln, Krebsküchlein, sautierte Jakobsmuscheln). Außerdem kann man hier mit einem guten Cocktail in der Hand wunderbar Leute beobachten.

An- & Weiterreise

Mit dem Auto kommt man nach Fire Island über den Long Island Expwy bis Exit 53 (Bayshore), 59 (Sayville) oder 63 (Patchogue).

Wer mit den öffentlichen Verkehrsmitteln anreist, fährt mit der LIRR zu einer der drei Haltestellen Patchogue (www.davisparkferry.com), Bayshore (www.fireislandferries.com) oder Sayville (www.sayvilleferry.com), wo man Anschluss an die Fähre hat. In Patchogue kann man vom Bahnhof zur Fähre laufen. Bei der Bahn ist auch ein Zug-Taxi-Kombiticket für Ausflüge zum Sunken Forest und ein Zug-Bus-Kombiticket nach Jones Beach erhältlich.

LIRR-Züge (www.mtainfo.com/lirr) fahren von der New Yorker Penn Station direkt nach Long Beach (55 Min.). Es gibt spezielle Ausflugstickets.

Die Hamptons

Diese Reihe von Dörfern ist für die wohlhabendsten Bewohner Manhattans, die im Hubschrauber zu ihren Villen fliegen, ein Sommerrefugium. Normalsterbliche nehmen den Hampton-Jitney-Bus und mieten sich ein lautes Ferienhaus. Hinter all dem Glamour steckt eine lange Geschichte, denn in der Vergangenheit haben hier berühmte Künstler und Schriftsteller gelebt. Darüber hinaus wird auch noch die lebensgefährliche Tradition der Fischerei aufrechterhalten.

Sehenswertes

EAST HAMPTON

East Hampton Town Marine Museum MUSEUM

(www.easthamptonhistory.org; 301 Bluff Rd, Amagansett; 4 US$; ⏲April–Okt. Sa 10–17, So 12–17 Uhr) Dieses kleine Museum kurz vor der Ortsausfahrt in Richtung Montauk ist ebenso interessant wie sein Pendant in Sag Harbor. Es beleuchtet die Fischerei- und Walfang-Industrie und zeigt Harpunen, Boote, die halb so groß sind wie ihr Fang, und wunderschöne Schwarz-Weiß-Fotos der hiesigen Fischer und ihrer Familien.

Osborn-Jackson House MUSEUM

(☎631-324-6850; www.easthamptonhistory.org; 101 Main St; Spende 4 US$; ⏲Di–Sa 10–16 Uhr) Wer einen Ausflug in die koloniale Vergangenheit East Hamptons machen möchte, besucht am besten die East Hampton Historical Society. Die Society pflegt fünf historische Sehenswürdigkeiten rund um East Hampton, darunter alte Bauernhäuser und Villen aus der Kolonialzeit sowie ein Meeresmuseum.

Pollock-Krasner House KUNSTZENTRUM

(☎631-324-4929; www.stonybrook.edu/pkhouse; 830 Springs Fireplace Rd; 5 US$, Führung 10 US$; ⏲Mai–Okt. Do–Sa 13–17 Uhr) Das Haus des berühmten Künstlerehepaars Jackson Pollock und Lee Krasner lohnt schon wegen des mit Farbklecksen überzogenen Fußbodens von Pollocks Studio den Besuch. Die Führungen um 12 Uhr müssen vorab reserviert werden.

SAG HARBOUR

Sag Harbor Whaling & Historical Museum MUSEUM

(☎631-725-0770; www.sagharborwhalingmuseum.org; 200 Main St; Erw./Kind 6/2 US$; ⏲April–Nov. 10–17 Uhr) Die coole Sammlung besteht u.a. aus echten Artefakten von Walfangschiffen aus dem 19. Jh.: scharfe Flensmesser, ramponierte Gefäße für Walfischspeck, aus Walrosszähnen geschnitzte Gegenstände und mehr. Es ist trotzdem irgendwie befremdlich, in einem Dorf, das jetzt ein kleiner netter Urlaubsort ist, Fotos von riesigen Meeressäugern zu sehen.

SOUTHAMPTON

Parrish Art Museum
MUSEUM

(☎ 631-283-2118; www.parrishart.org; 279 Montauk Hwy, Water Mill; Erw./Kind 10 US$/frei, Mi frei; ⏲ Mo, Mi, Do, Sa & So 10–17, Fr bis 20 Uhr) In einer eleganten, langgezogenen Scheune, die von Herzog & de Meuron entworfen wurde, werden hier regionale Künstler wie Jackson Pollock, Willem de Kooning und Chuck Close ausgestellt.

Southampton Historical Museum
MUSEUM

(☎ 631-283-2494; www.southamptonhistoricalmuseum.org; 17 Meeting House Lane; Erw./Kind 4 US$/frei; ⏲ März–Dez. Mi–Sa 11–16 Uhr) Schon bevor die Hamptons die Hamptons wurden, existierte diese Ansammlung von Häusern, die sich heute schön gepflegt präsentieren. Das Haupthaus des Museums ist Rogers Mansion, das einst dem Kapitän eines Walfängers gehörte. Lohnenswert ist auch der Besuch des ehemaligen Trockengut-Lagers um die Ecke in der Main St (heute eine Bijouterie) und des aus dem 17. Jh. stammenden Halsey House (Juli–Okt. nur Sa).

St. Andrew's Dune Church
KIRCHE

(www.standrewsdunechurch.com; 12 Gin Lane; ⏲ Gottesdienst Juni–Sept. 11 Uhr) Die drei Türme dieser roten Holzkirche aus dem 19. Jh. leuchten im Nachmittagslicht ganz wunderbar. Wer Lust hat, kann den Gottesdienst am Sonntag besuchen und dabei gleich die Glasfenster und schönen Holzbänke bewundern. Oder man spaziert einfach an dem skurrilen Eisentopf vorbei, einem Geschenk eines früheren Gemeindemitglieds, und läuft gemütlich am Wasser entlang. Hier befand sich einst die erste Lebensrettungsstation in New York. Die kurze Fahrt oder Wanderung ab Downtown lohnt sich.

Schlafen

★ Topping Rose House
BOUTIQUEHOTEL $$$

(☎ 631-537-0870; www.toppingrosehouse.com; 1 Bridgehampton-Sag Harbor Turnpike, Bridgehampton; Zi. ab 695 US$; P ❄ 📶 ≋) Das supermoderne Boutiquehotel in einem Gebäude von 1842 hat 22 Zimmer, darunter sechs Suiten, die mit Werken hiesiger Künstler geschmückt sind. Ein Manhattaner Galerist kuratiert die wechselnde Kunstsammlung (die Werke werden natürlich zum Kauf angeboten). Außerdem gibt es ein Spa, einen beheizten Pool und ein Restaurant mit 75 Plätzen. Die Zutaten kommen direkt vom Bauernhof auf den Tisch, ein Teil des Gemüses stammt aus dem 4000 m² großen, hoteleigenen Garten.

1708 House
INN $$$

(☎ 631-287-1708; www.1708house.com; 126 Main St; Zi. ab 250 US$; ❄ 📶) Geschichtsfreaks werden von dieser Spitzenunterkunft bestimmt entzückt sein. Sie befindet sich im Zentrum von Southampton und erstrahlt im Charme der Jahrhundertwende.

Essen

Candy Kitchen
DINER $

(☎ 631-537-9885; 2391 Montauk Hwy, Bridgehampton; Hauptgerichte 5–12 US$; ⏲ 7–21 Uhr; 👪) Der Eckdiner ist der Gegenpol zum Glitzer und Glamour und serviert schon seit 1925 gute Suppen, hausgemachtes Eis und andere Leckereien. Da hier alles etwas altmodisch ist, wird auch nur Barzahlung akzeptiert.

★ Fellingham's
KNEIPENESSEN $$

(Restaurant Sports Bar; ☎ 631-283-9417; www.fellinghamsrestaurant.com; 17 Cameron St; Burger 11 US$, Hauptgerichte 19–21 US$; ⏲ 11–23 Uhr) Einen Touch von Lokalkolorit bekommt man in dieser beliebten Sportsbar mit zahlreichen historischen Fotos und Erinnerungsstücken. Sie befindet sich hinter der Bank in einer kleinen Straße unweit der Main St und bietet eine Speisekarte mit herzhaften Gerichten wie den nach der Baseball-Legende Babe Ruth benannten Bacon-Cheeseburger und den Sharapova-Burger mit – natürlich – russischem Dressing. Für viele Einheimische gilt das Fellingham's als die „Cheers" von Southampton. Als Hauptgericht gibt's vorwiegend Steaks und Koteletts.

★ Dockside Bar and Grill
SEAFOOD $$$

(☎ 631-725-7100; www.docksidesagharbor.com; 26 Bay St; Hauptgerichte 26–32 US$; ⏲ 11.30–22 Uhr) Auf der seafoodlastigen Speisekarte des bei Einheimischen beliebten Lokals in der American Legion Hall (der Originaltresen ist noch erhalten) stehen neben zahlreichen weiteren Köstlichkeiten eine preisgekrönte Muschelsuppe sowie leckere Frühlingsrollen mit Hummerfüllung. Im Sommer ist es auf der Terrasse besonders nett.

An- & Weiterreise

Wer auf dem Montauk Hwy (Rte 27) von/nach New York unterwegs ist, sollte sorgfältig planen, wenn man nicht im Stau stehen will. Auch in den Hamptons geht an einigen Wochenenden in puncto Verkehr gar nichts. Man sollte lieber in Manhattan oder Brooklyn in einen der beliebten Hampton-Jitney-Busse steigen. Die bequemen Busse fahren häufig und bedienen die gesamten Hamptons. Auch LIRR-Züge sind eine gute, wenn auch zeitintensive Option.

Unterwegs vor Ort

Hampton Hopper (www.hamptonhopper.com) fährt auf App-Basis mit coolen, umgebauten, türkisfarbenen Schulbussen durch die Hamptons. Mit ihnen kann man preiswert und stressfrei durch die Orte fahren.

Montauk

In Richtung der nach Osten zeigenden Spitze der South Fork von Long Island liegen das nette Städtchen Montauk, oder „The End", sowie der bekannte Surferstrand **Ditch Plains**. Mit den Surfern kamen auch die wohlhabenden Hipster und Hotels im Boho-Chic in den Ort. Aber es gibt hier noch immer eine stolze Arbeiterschaft und legere Fischrestaurants. Östlich vom **Napeague State Park** teilt sich die Route 27. Der Montauk Hwy verläuft weiter durch die Mitte der Halbinsel, der Old Montauk Hwy folgt der Küste. Die Straßen treffen sich wieder im Zentrum von Montauk an dem kleinen See Fort Pond. 2 Meilen (3,2 km) östlich befindet sich eine große Bucht mit dem Namen Lake Montauk, an deren Ufer zahlreiche Jachthäfen aneinander gereiht sind.

Sehenswertes

Lost at Sea Memorial DENKMAL

(2000 Montauk Hwy, Montauk Lighthouse; Montauk State Park Parkplatzgebühr 8 US$; Mitte Jun–Aug. So–Fr 10.30–17.30, Sa 10.30–19 Uhr, Mitte April–Mitte Juni & Sept.–Nov. verkürzte Öffnungszeiten) Besucher des Montauk Lighthouse nehmen das kleinere, 4,5 m hohe Gebilde am Ostzipfel des Parks, wo die 18 m hohen Klippen ins Meer abfallen, gar nicht sofort wahr. Die hiesigen Fischer erinnert es aber Tag für Tag aufs Neue an ihren Kampf mit dem Meer. Die 1,5 m große, 1180 kg schwere Bronzestatue steht auf einem 2 m hohen Granitblock, auf dem die Namen der von der Kolonialära in New York bis heute in den Wellen ums Leben gekommenen Fischer eingraviert sind.

Montauk Point State Park STATE PARK

(631-668-3781; www.parks.ny.gov; 2000 Montauk Hwy/Rte 27; 8 US$/Auto; Sonnenaufgang–Sonnenuntergang) Am Ostzipfel von South Fork befindet sich der Montauk Point State Park mit einem beeindruckenden **Leuchtturm** (631-668-2544; www.montauklighthouse.com; Erw./Kind 11/4 US$; Mitte Juni–Aug. So–Fr 10.30–17.30, Sa 10.30–19 Uhr, Mitte April–Mitte Juni & Sept.–Nov. kürzer). Der Park eignet sich perfekt für einen windumtosten Spaziergang, zum Surfen, zum Angeln in der Brandung (Genehmigung erforderlich) und zum Beobachten von Seehunden.

Schlafen

Hither Hills State Park CAMPING $

(631-668-2554; www.parks.ny.gov; 164 Old Montauk Hwy; Stellplatz New-York-State-Einwohner/Gebietsfremde 35/70 US$, Reservierungsgebühr 9 US$) Die bewaldeten Dünen bilden eine natürliche Barriere zwischen Montauk und den Hamptons. Es gibt 189 Stellplätze für Zelte und Wohnmobile, Angelspots (Genehmigung erforderlich) und Wanderwege durch die Dünen. Online-Reservierung ist ein Muss.

★ **Sunrise Guesthouse** PENSION $$$

(631-668-7286; www.sunrisebnb.com; 681 Old Montauk Hwy; Zi./Suite 395/495 US$; P) Das geschmackvoll eingerichtete B&B mit vier heimeligen Zimmern ist 1 Meile (1,6 km) vom Ort entfernt, gleich gegenüber der Straße, die zum Strand führt. Das umfangreiche, köstliche Frühstück wird in einem gemütlichen Speiseraum serviert – den Traumblick gibt's gratis dazu.

Surf Lodge MOTEL $$$

(631-483-5037; www.thesurflodge.com; 183 Edgemere St; Zi. 250–300 US$;) Das Hipster-Paradies am Fort Pond, 800 m nördlich des Strands, war führend an der Umgestaltung Montauks beteiligt. Die schicke, freundliche Unterkunft bietet Zimmer mit eigenen Terrassen und Kochern sowie mit Bettzeug von Frette.

Essen & Ausgehen

Lobster Roll SEAFOOD $$

(631-267-3740; www.lobsterroll.com; 1980 Montauk Hwy, Amagansett; Hauptgerichte 14–28 US$; Juni–Sept. 11.30–21.30 Uhr, Mai Mo 11.30–16.30, Fr–So 11.30–20 Uhr) Westlich von Montauk muss man am Straßenrand nur nach dem Schild „Lunch" Ausschau halten. Es markiert die Bude, in der es schon seit 1965 Muscheln und Hummer gibt.

★ Clam Bar at Napeague SEAFOOD $$
(☎631-267-6348; www.clambarhamptons.com; 2025 Montauk Hwy, Amagansett; Speisen 15–30 US$; ⌚April–Okt. 11.30–18 Uhr, Nov. & Dez. Sa & So 11.30–18 Uhr) Frischere Meeresfrüchte und „salzigeres" Personal gibt's wohl nirgendwo. Und – bei der heiligen Makrele – die Hummerbrötchen sind himmlisch, auch wenn der Preis etwas hoch erscheinen mag. In dem seit drei Jahrzehnten bestehenden und bei Einheimischen äußerst beliebten Lokal werden keine Kreditkarten akzeptiert. Zu finden ist es in der Straße zwischen Amagansett und Montauk.

Montauk Brewing Company KLEINBRAUEREI
(☎631-668-8471; www.montaukbrewingco.com; 62 S Erie Ave; ⌚Mo–Fr 14–19, Sa & So 12–19 Uhr) „Come as you are", heißt der Slogan dieser kleinen Schankstube der Familie Cobain. Hier werden überaus leckere *cervezas* – von Lager bis Stout – angeboten, die man bei entsprechendem Wetter auch draußen auf der Terrasse genießen kann.

Montauket BAR
(☎631-668-5992; 88 Firestone Rd; ⌚12–22 Uhr) Kenner sind sich einig: Dies ist Long Islands beste Location, um sich den Sonnenuntergang anzuschauen. Das bescheidene Haus mit schieferblauen Schindeln hat viel Montauk-Atmosphäre (und einheimische Gäste).

An- & Weiterreise

Montauk ist die letzte Haltestelle des gen Osten fahrenden Jitney-Busses (www.hamptonjitney.com; 28 US$) und der Long Island Railroad. Der hier endende Suffolk-County-Bus 10C kommt aus East Hampton und hat Anschluss an Bus 94, der weiter bis zum Leuchtturm fährt.

North Fork & Shelter Island

Die North Fork von Long Island ist vor allem für ihr Ackerland und ihre Weingüter bekannt. Am Wochenende können aber lärmende Weingut-Gruppentouren in Limousinen über das Gebiet herfallen. Die Rte 25, die Hauptverbindungsstraße zwischen den Orten **Jamesport**, **Cutchogue** und **Southold**, ist hübsch und von Ständen gesäumt.

Der größte Ort der North Fork ist **Greenport**, ein entspannter Ort, dessen Fischerboote immer noch auslaufen und das auf eine Geschichte als Walfängerort zurückblicken kann. Im Harbor Front Park steht ein altes Karussell. Greenport ist recht klein und kann vom LIRR-Bahnhof aus leicht zu Fuß erkundet werden. Zwischen North und South Fork liegt, wie ein kleines Juwel in der Klaue Long Islands, Shelter Island. Die Insel ist eine kleinere, maßvollere Version der Hamptons, mit einer Prise maritimem New England. Die Parkmöglichkeiten sind begrenzt. Am langen **Crescent Beach** z. B. kann man nur mit Parkgenehmigung parken. Wen ein paar Hügel nicht abschrecken, der kann die Insel auch prima mit dem Fahrrad erkunden.

Sehenswertes

Mashomack Nature Preserve NATURSCHUTZGEBIET
(☎631-749-1001; www.shelter-island.org/mashomack.html; Rte 114, Shelter Island; Spende Erw./Kind 3/2 US$; ⌚März–Sept. 9–17 Uhr, Okt.–Feb. 9–16 Uhr) Das 8 km² große Naturschutzgebiet auf Shelter Island ist übersät von kleinen Flüssen und Sumpfgebieten und eignet sich hervorragend zum Kajakfahren, Vögelbeobachten und Wandern (Radfahren ist verboten). Zecken sind ein ständiges Problem auf der Insel – also Vorsicht.

Orient Beach State Park STRAND
(☎631-323-2440; www.parks.ny.gov; 40000 Main Rd, Orient; 10 US$/Auto, Kajak 25 US$/Std.; ⌚8 Uhr–Sonnenuntergang, Baden nur im Juli & Aug.) Ein Strandzipfel am Ende von North Fork, an dem man (im Juli und August) im ruhigen Ozean baden oder in der kleinen Bucht mit Mietkajaks paddeln kann. Wahre Fans können vier verschiedene Leuchttürme besichtigen, darunter das Orient Point Lighthouse, das unter Seeleuten wegen seiner Reichweite „Coffee Pot" heißt.

Horton Point Lighthouse LEUCHTTURM
(☎631-765-5500; www.southoldhistoricalsociety.org/lighthouse; 3575 Lighthouse Rd, Southold; 5 US$; ⌚Juni–Sept. Sa & So 11.30–16 Uhr) Auch Horton Point, die kleinere Schwester des berühmten Leuchtturms von Montauk, wurde von Präsident Washington in Auftrag gegeben, aber erst 60 Jahre später von dem Schotten William Sinclair, einem Ingenieur von Brooklyn Navy Yard, errichtet. Über einen schönen Naturweg im benachbarten Park kommt man zu zwei Aussichtspunkten mit Blick über den Long Island Sound und zu Stufen hinunter zum Strand.

Schlafen & Essen

Greenporter Hotel BOUTIQUEHOTEL $$$
(☎631-477-0066; www.greenporterhotel.com; 326 Front St, Greenport; Zi. ab 309 US$; ❄📶🏊) Hier wurde ein älteres Motel renoviert – die Wän-

de bekamen einen weißen Anstrich und die Zimmer wurden mit Ikea-Möbeln ausgestattet. Für die Gegend bietet das Greenporter ein gutes Preis-Leistungs-Verhältnis.

Love Lane Kitchen MODERN-AMERIKANISCH **$$**
(☎ 631-298-8989; www.lovelanekitchen.com; 240 Love Lane, Mattituck; Hauptgerichte mittags 13–16 US$, abends 16–32 US$; ⊙ Di & Mi 7–16, Do–Mo 8–21.30 Uhr) Beliebtes Restaurant in einer hübschen Straße, auf dessen Abendkarte vor allem Fleisch und Gemüse aus der Region stehen: Burger (selbstverständlich), feurige Kichererbsen sowie Enten-Tajine.

North Fork Table & Inn AMERIKANISCH **$$$**
(☎ 631-765-0177; www.nofoti.com; 57225 Main Rd, Southold; 3-Gänge-Festpreismenü 70 US$; ⊙ Mo, Do & So 17.30–20, Fr & Sa 17.30–22 Uhr) Die Nobelunterkunft ist bei Feinschmeckern sehr beliebt. Sie wartet mit vier Zimmern (ab 250 US$) und einem hervorragenden Restaurant auf, das seine Zutaten direkt vom Bauernhof bezieht. Es wird von ehemaligen Köchen des angesehenen Restaurants Gramercy Tavern in Manhattan geführt. Zu Abend essen kann man donnerstags bis montags, wer mittags Appetit hat, kann sich an diesen Tagen von 11.30 bis 15.30 Uhr am Foodtruck vor dem Restaurant etwas Leckeres zum Mitnehmen bestellen.

ℹ An- & Weiterreise

Der Hampton-Jitney-Bus fährt in Manhattans East Side an der 96th, 83rd, 77th, 69th, 59th und 40th St ab und hält auf der North Fork in zehn Orten.

Mit dem eigenen Auto fährt man von Manhattan durch den Midtown Tunnel auf den I-495/Long Island Expwy und weiter bis zum Ende in Riverhead, dort folgt man den Schildern zur Rte 25, die zu allen Orten im Osten führt. Schneller ist aber die North Rd (Rte 48), da sie nicht durch die Stadtzentren geht.

Die Long Island Rail Road verläuft von der Penn Station und Brooklyn bis nach Greenport. Die Linie wird oft als Ronkonkoma Branch bezeichnet.

Von der North Fork zur South Fork (und umgekehrt) gelangt man mit der North Ferry (11 US$, www.northferry.com) und der South Ferry (15 US$, www.southferry.com), die über Shelter Island fährt. Es gibt keine direkte Fährverbindung – man muss erst die eine und dann die andere Fähre nehmen.

Hudson Valley

Die kurvigen Straßen zu beiden Ufern des Hudson River führen vorbei an pittoresken Farmen, viktorianischen Cottages, Apfelplantagen und Landsitzen des alten New Yorker Geldadels. Die Maler der Hudson River School romantisierten diese Landschaften, die sich im Herbst, der besten Zeit für eine Reise, besonders schön präsentieren.

Wegen der Pendlerzuglinie zwischen New York City und Albany ist die Seite östlich des Flusses belebter. Mehrere prächtige Wohnsitze finden sich in der Nähe von Tarrytown und Sleepy Hollow. Die frühere Industriestadt Beacon wurde als ein Vorposten zeitgenössischer Kunst wiederbelebt, während das historische Hudson mit seinem restaurierten Opernhaus, kleinen Galerien und Antiquitätenläden wohlhabendere Wochenendgäste anlockt.

Wer ein Auto hat, kann auf der Westseite des Flusses mehrere State Parks, die Militärakademie West Point sowie New Paltz, das Tor zu hervorragenden Klettermöglichkeiten im Minnewaska State Park Preserve und im Mohonk Preserve, erkunden.

ℹ An- & Weiterreise

Die Metro-North Railroad (www.mta.info/mnr) führt von der Grand Central Station in NYC bis nach Poughkeepsie; eine weitere Strecke der New Jersey Transit (www.njtransit.com) verläuft durch New Jersey bis nach Harriman. Amtrak (www.amtrak.com) hält auch in Rhinecliff (für Rhinebeck), Poughkeepsie und Hudson. Nach New Paltz gelangt man mit dem Bus.

Lower Hudson Valley

Das als Schauplatz der Geschichte vom kopflosen Reiter (*The Legend of Sleepy Hollow*) im 19. Jh. durch Washington Irving berühmt gewordene Sleepy Hollow und der größere Nachbarort Tarrytown sind die Sprungbretter zu drei historischen Landgütern und zum Stone Barn Center for Food & Agriculture, einem Anlaufpunkt für Gourmets und an Landwirtschaft Interessierte.

Seit der Eröffnung des Dia: Beacon im Jahr 2003, eines hervorragenden Museums zeitgenössischer Kunst, hat sich die Arbeiterstadt Beacon am Hudson River zu einem Magneten für Kreative, Pendler und Besitzer von Zweitwohnungen entwickelt. Die Stadt vor der Kulisse des Mt. Beacon, des höchstens Gipfels im Hudson Valley und eines lohnenden Wanderziels, bietet auch tolle Einkaufsmöglichkeiten in den Boutiquen, Galerien und Kunsthandwerksläden an der zu den malerischen Fishkill Falls hinunterführenden Main St. Die Stadt ist zwar gerade ziemlich hip, bekennt sich aber stolz zu ihrer Verwurzelung in der Arbeiterklasse und ist dadurch nur umso attraktiver.

Sehenswertes

★ Dia: Beacon GALERIE

(☎845-440-0100; www.diaart.org; 3 Beekman St; Erw./Kind 15 US$/frei; ⌚April–Okt. Do–Mo 11–18 Uhr, Nov.–März Fr–Mo 11–16 Uhr) Die 27900 m² große ehemalige Kartonfabrik der Nabisco am Hudson River ist heute ein Ausstellungsgelände für faszinierende Monumentalwerke von Künstlern wie Richard Serra, Dan Flavin, Louise Bourgeois oder Gerhard Richter. Die Dauersammlung wird durch Sonderausstellungen großer Skulpturen und Installationen ergänzt. Das Museum ist ein Muss für alle Freunde zeitgenössischer Kunst.

Boscobel House & Gardens HISTORISCHES GEBÄUDE

(☎845-265 3638; www.boscobel.org; 1601 Rte 9D, Garrison; Haus & Garten Erw./Kind 17/8 US$, nur Garten 11/5 US$; ⌚Führungen April–Okt. Mi–Mo 10–16 Uhr, Nov. & Dez. bis 15 Uhr) Boscobel, die elegante Kulisse des im Sommer stattfindenden **Hudson Valley Shakespeare Festival** (☎845-265-9575; www.hvshakespeare.org; Tickets ab 45 US$; ⌚Mitte Mai–Anf. Sept.), wurde 1808 erbaut und gilt als eines der schönsten Beispiele der Federal-Style-Architektur im Bundesstaat. Das Haus, 8 Meilen (12,9 km) südlich von Beacon, kann nur im Rahmen einer Führung (50 Min.) besichtigt werden. Die Führungen finden regelmäßig den ganzen Tag statt.

Stone Barn Center for Food & Agriculture FARM

(☎914-366-6200; http://story.stonebarnscenter.org; 630 Bedford Rd, Pocantico Hills; Erw./Kind 20/10 US$; ⌚Mi–So 10–17 Uhr) Führungen über diese berühmte Farm und die Möglichkeit, sich an Aktivitäten wie Eiersammeln oder Salat pflanzen zu beteiligen oder der Schafherde zu begegnen, machen Kindern und landverbundenen Erwachsenen Spaß. Es gibt einen guten Laden und ein kleines Café mit Essen zum Mitnehmen.

Sunnyside HISTORISCHES GEBÄUDE

(☎914-591-8763, Mo–Fr 914-631-8200; www.hudsonvalley.org; 3 W Sunnyside Lane, Tarrytown; Erw./Kind 12/6 US$; ⌚Führungen Mai–Mitte Nov. Mi–So 10.30–15.30 Uhr) Der Schriftsteller Washington Irving, berühmt für Erzählungen wie *Die Legende von Sleepy Hollow*, baute dieses fantasievolle Haus, das nach seiner eigenen Aussage mehr Ecken und Winkel hat als ein Dreispitz. Die Führer in Kostümen des 19. Jhs. haben gute Geschichten auf Lager, und die Glyzinien, die Irving vor mehr als 150 Jahren pflanzte, klettern immer noch an den Mauern empor.

Der Sunnyside nächstgelegene Bahnhof ist Irvington, ein Halt vor Tarrytown.

Schlafen & Essen

★ Roundhouse BOUTIQUEHOTEL $$

(☎845-765-8369; www.roundhousebeacon.com; 2 E Main St; Zi. ab $189; P ⊖ ❄ ☜) Das Roundhouse, das eine frühere Schmiede und eine Hutfabrik an beiden Ufern des Fishkill Creek einnimmt, ist ein vorbildliches Beispiel für die Wiederauferstehung Beacons als Tourismusziel. In den geräumigen Zimmern mit Designer-Lampen, Bettkopfteilen aus Holz und Decken aus Alpaka-Wollen verbinden sich nahtlos Elemente der industriellen Vergangenheit der Gebäude mit zeitgenössischem Komfort.

Der mit zwei Michelin-Sternen ausgezeichnete Chefkoch Terrance Brennan leitet das ausgezeichnete **Restaurant and Lounge** (Ramen 16–21 US$, Hauptgerichte 26–36 US$, Verkostungsmenü ab 85 US$; ⌚Mo & Di 15–21, Mi & Do 11.30–21, Fr & Sa bis 22, So 11–20 Uhr; ✎) des Hotels, wo nachhaltige Farm-Cuisine angesagt ist. Nicht versäumen sollte man das hervorragende Ramen, das in der Lounge aufgetischt wird.

Homespun Foods CAFÉ $

(☎845-831-5096; www.homespunfoods.com; 232 Main St; Hauptgerichte 5–10 US$; ⌚8–17 Uhr; ✎) Hierzulande eine entspannte Feinschmecker-Legende, tischt das Homespun nur frisch zubereitete Gerichte auf, darunter kreative Salate, Sandwichs und einen vegetarischen Hackbraten aus Nüssen und Käse.

★ Blue Hill at Stone Barns AMERIKANISCH $$$

(☎914-366-9600; www.bluehillfarm.com; 630 Bedford Rd, Pocantico Hills; Menu 258 US$; ⌚Mi–Sa 17–22, So 13–19.30 Uhr) 🍃 Regionale Produkte pur gibt's auf Chefkoch Dan Barbers Farm (die auch sein Restaurant in Manhattan beliefert). Das erstaunliche mehrgängige Menü basiert auf der Ernte des Tages und dauert mindestens drei Stunden – die Bedienung ist so theatralisch wie die Präsentation der Gerichte. Man sollte rund zwei Monate im Voraus buchen und den Dresscode beachten: Die Herren tragen Sakko und Krawatte, Shorts sind verboten.

An- & Weiterreise

Pendlerzüge von Metro-North (www.mta.info/mnr) verbinden New York City mit Beacon (einfache Strecke verkehrsarme/Spitzenzeit 23/28 US$, 90 Min.).

Vom **Bahnhof Tarrytown Station** (www.mta.info/mnr; 1 Depot Plaza, Tarrytown) gibt's regelmäßige Zugverbindungen mit New York City (17–20 US$, 40–50 Min.). Irvington, ein Halt vor Tarrytown, ist der Sunnyside nächstgelegene Bahnhof, während Philipse Manor, ein Halt nach Tarrytown, in Gehweite vom Philipsburg Manor liegt.

Die größte Flexibilität, sich in der Gegend umzuschauen, hat man mit einem gemieteten Auto.

New Paltz

In New Paltz, eine kurze Autofahrt entfernt vom Westufer des Hudson, herrscht immer noch Hippie-Atmosphäre. Im Ort gibt's einen Campus der State University of New York, und er ist das Sprungbrett zum Shawangunk Ridge („The Gunks"), wo es ausgezeichnete Möglichkeiten zum Wandern und Klettern gibt.

Sehenswertes & Aktivitäten

Historic Huguenot Street HISTORISCHE STÄTTE
(☎845-255-1660; www.huguenotstreet.org; 86 Huguenot St; geführte Tour 15 US$) Beim Spaziergang rund um die malerische Enklave von Gebäuden, die von der 1678 gegründeten Hugenottensiedlung übrig geblieben sind, erlebt man einen Ausflug in die Vergangenheit.

Zu dem 4 ha großen National Historic Landmark District gehören ein Besucherzentrum (der Ausgangspunkt für geführte Touren), sieben historische Steinhäuser, der Nachbau der Hugenottenkirche von 1717 und ein Begräbnisplatz.

Mohonk Preserve PARK
(☎845-255-0919; www.mohonkpreserve.org; 3197 Rte 55, Gardiner; Tagespass Wanderer/Kletterer & Radfahrer 15/20 US$; ⏲9–17 Uhr) Das 3723 ha große Gelände einer Privatstiftung bietet Wege und andere Einrichtungen, die aus den Eintrittsgebühren unterhalten werden. Die Klettermöglichkeiten zählen zu den besten an der Ostküste.

Rock & Snow ABENTEUERSPORT
(☎845-255-1311; www.rockandsnow.com; 44 Main St; ⏲Mo–Do 9–18, Fr & Sa bis 20, So 8–19 Uhr) Der seit Langem bestehende Veranstalter vermietet Zelte und Ausrüstung zum Klettern, Eisklettern und für andere Aktivitäten und vermittelt Guides für Kletter- und weitere Outdoor-Abenteuer in „The Gunks".

Schlafen & Essen

New Paltz Hostel HOSTEL $
(☎845-255-6676; www.newpaltzhostel.com; 145 Main St; B/Zi. ab 30/70 US$; ❄📶) Das Hostel in einem großen alten Haus neben dem Busbahnhof ist von der ortstypischen Hippie-Atmosphäre geprägt und bei Kletterern und Wanderern beliebt. Die Schlafräume haben zwei Stockbetten und ein Doppelbett sowie ein angeschlossenes Bad. Es gibt auch eine gute Gemeinschaftsküche.

★ **Mohonk Mountain House** RESORT $$$
(☎855-436-0832; www.mohonk.com; 1000 Mountain Rest Rd; Zi. ab 259 US$; ❄@📶🏊) Das riesige „viktorianische Schloss" thront über einem dunklen See und bietet seinen Gästen allen erdenklichen Luxus, von üppigen Mahlzeiten über Golf bis hin zu Spa-Einrichtungen und einer Palette von Outdoor-Aktivitäten, darunter Wanderungen und Ausritte. Im Preis inbegriffen sind alle Mahlzeiten und die meisten Aktivitäten. Man hat die Wahl zwischen Zimmern im Hauptgebäude, in Cottages und in der luxuriösen Grove Lodge.

Huckleberry AMERIKANISCH $$
(☎845-633-8443; www.huckleberrynewpaltz.com; 21 Church St; Hauptgerichte 12–20 US$; ⏲Mo–Do 12–2, Fr & Sa bis 4, So 10–2 Uhr; 📶) In dem niedlichen, meergrün angestrichenen Haus, das versteckt abseits der Hauptstraße liegt, gibt's eine ansprechende Auswahl von Gourmet-Gerichten, darunter Wagyu-Burger (auf Wunsch auch mit glutenfreien Brötchen), Fisch-Tacos und gehaltvolle Käsemakkaroni, dazu einfallsreiche Cocktails und Craft-Biere. Es gibt einen hübschen Schankgarten.

An- & Weiterreise

Trailways (☎800-776-7548; www.trailwaysny.com; 139 Main St) verbindet New Paltz mitwith New York City (21,75 US$, 1½ Std.) und Woodstock (6,25 US$, 1 Std.).

Poughkeepsie

Poughkeepsie (pu-*kip*-sie), die größte Stadt im Hudson Valley, ist Sitz des prestigeträchtigen Vassar College, das bis 1969 eine reine Frauenhochschule war, sowie eines IBM-Büros – in der einstigen Hauptniederlassung wurden Computer gebaut. das Highlight ist die längste Fußgängerbrücke der Welt, auf der man den Hudson River überqueren kann.

Sehenswertes

Franklin D. Roosevelt Home HISTORISCHES GEBÄUDE

(☎ 845-486-7770; www.nps.gov/hofr; 4097 Albany Post Rd; Erw./Kind 18 US$/frei, nur Museum Erw./Kind 9 US$/frei; ⏲ 9–17 Uhr) Ranger veranstalten interessante einstündige Führungen rund um Springwood, den Wohnsitz von Franklin D. Roosevelt, der als einziger US-Präsident viermal gewählt wurde und die USA aus der Weltwirtschaftskrise und zum Sieg im Zweiten Weltkrieg führte. Angesichts des Reichtums seiner Familie ist das Anwesen recht bescheiden; im Sommer kann unangenehm starker Publikumsandrang herrschen. Im Haus sind Gegenstände des Privatlebens erhalten, darunter Roosevelts Schreibtisch, der so belassen wurde wie am Vortag seines Todes, und der handbetriebene Aufzug, den der unter den Folgen von Kinderlähmung leidende Präsident benutzte, um ins obere Stockwerk zu gelangen.

Das Haus ist Teil eines 615 ha großen Anwesens, das früher mal eine Farm war. Hier gibt's Wanderwege und das **FDR Presidential Library and Museum** (☎ 845-486-7770; www.fdrlibrary.org; Erw./Kind 18 US$/frei; ⏲ April–Okt. 9–18 Uhr, Nov.–März bis 17 Uhr), das die wichtigen Leistungen von Roosevelts Präsidentschaft würdigt. Die Eintrittstickets gelten zwei Tage und enthalten die Führung durch Springwood und die Besichtigung der Präsidentenbibliothek.

Walkway Over the Hudson PARK

(☎ 845-834-2867; www.walkway.org; 61 Parker Ave; ⏲ 7 Uhr–Sonnenuntergang) Dies ist der östliche Haupteingang (mit Parkplatz) zu der früheren Eisenbahnbrücke über den Hudson, die heute mit 2,06 km die längste Fußgängerbrücke der Welt sowie ein State Park ist. Von der Brücke bietet sich ein atemberaubender Blick auf die Landschaft am Fluss.

Schlafen & Essen

★ **Roosevelt Inn** MOTEL $

(☎ 845-229-2443; www.rooseveltinnofhydepark.com; 4360 Albany Post Rd; Zi. 70–155 US$; ⏲ März–Dez.; ❄ 📶) Das seit 1971 bestehende Straßenmotel ist ein Familienbetrieb mit tollem Preis-Leistungs-Verhältnis, insbesondere, was die mit Kiefernholz getäfelten „rustikalen" Zimmer anbetrifft. Die Deluxe-Zimmer im Obergeschoss bieten etwas mehr Platz.

Es gibt zwar kein Frühstück, aber vor Ort befindet sich ein Café.

Eveready Diner AMERIKANISCH $

(☎ 845-229-8100; www.theevereadydiner.com; 4184 Albany Post Rd/Rte 9; Hauptgerichte 10–13 US$; ⏲ So–Do 6–24 Uhr, Fr & Sa 24 Std.) Es fällt schwer, der Versuchung zu widerstehen, vom Highway abzufahren, um diesen chromfunkelnden, riesigen Diner zu besuchen. Einen Diner gab es hier schon seit den 1950er-Jahren, und auch wenn das heutige Gebäude von 1995 stammt, ist es ein Klassiker mit authentischer Inneneinrichtung und umfangreicher Speisekarte.

An- & Weiterreise

Züge von Amtrak fahren vom **Bahnhof Poughkeepsie Station** (☎ 800-872-7245; www.amtrak.com; 41 Main St) nach New York City (27 US$, 1½ Std.) und den Hudson hinauf nach Albany (27 US$, 65 Min.) und weiter. Die Busse von Short Line (https://web.coachusa.com/shortline) ab/nach New York City (22 US$, 2½ Std.) halten ebenfalls am Bahnhof.

Rhinebeck

Rhinebeck liegt auf halber Strecke an der Ostseite des Hudson und besitzt eine bezaubernde Main Street und das Flair einer wohlhabenden Gegend. Im Umland finden sich Farmen und Weingüter sowie das ganzheitliche Omega Institute und 8 Meilen (12,9 km) nördlich das äußerst liberale Bard College, dessen von Frank Gehry entworfenes Fisher Center for the Performing Arts einen Besuch lohnt.

Sehenswertes

Staatsburg State Historic Site HAUS

(☎ 845-889-8851; https://parks.ny.gov/historic-sites/25/details.aspx; Old Post Rd, Staatsburg; Erw./Kind 8 US$/frei; ⏲ Führungen Mitte April–Okt. Do–So 11–16 Uhr) GRATIS Die Beaux-Arts-Villa, das Heim von Ogden Mills und seiner Frau Ruth, lohnt eine Besichtigung. Flämische Brokatteppiche, vergoldeter Stuck, Gemälde aus der Entstehungszeit und orientalische Kunst schmücken die 79 luxuriösen Zimmer. Das Anwesen liegt 6 Meilen (9,7 km) südlich von Rhinebeck gleich abseits der Rte 9.

Old Rhinebeck Aerodrome MUSEUM

(☎ 845-752-3200; www.oldrhinebeck.org; 9 Norton Rd, Red Hook; Mo–Fr Erw./Kind 12/8 US$, Flugschau Erw./Kind 25/12 US$, Flug 75 US$; ⏲ Mai–Okt. 10–17 Uhr, Flugschauen Sa & So ab 14 Uhr) Das Museum, eine kurze Fahrt nördlich des Zentrums von Rhinebeck, besitzt eine Sammlung alter Flugzeuge und zum Flugbetrieb gehörender Fahrzeuge und Artefakte, die bis in das Jahr 1900 zurückreichen. An Wochenenden gibt's Flugschauen, und man kann auch selber in einer alten Doppeldecker-Maschine mitfliegen.

Schlafen & Essen

★Olde Rhinebeck Inn B&B $$$
(☎845-871-1745; www.rhinebeckinn.com; 340 Wurtemberg Rd; Zi. 250–325 US$; ❄📶) Der von deutschen Siedlern zwischen 1738 und 1745 erbaute und kundig restaurierte Gasthof mit Eichenbalken strahlt Behaglichkeit und Authentizität aus. Er wird von einer charmanten Frau geführt, die die vier gemütlichen Zimmer schön ausstaffiert hat.

Bread Alone Bakery & Cafe BÄCKEREI $
(☎845-876-3108; www.breadalone.com/rhinebeck; 45 E Market St; Sandwichs 8–10 US$; ⊙7–17 Uhr; 📶) Erstklassige Backwaren, Sandwichs und Salate erhält man in dieser beliebten Bäckerei samt Café. Man kann auch in einem Speisesaal mit Bedienung essen, das Angebot ist aber genau das gleiche wie im Laden.

Unterhaltung

Fisher Center for the Performing Arts KUNSTZENTRUM
(☎845-758-7900; www.fishercenter.bard.edu; Robbins Rd, Bard College, Annandale-on-Hudson; Führungen Mo–Fr 10–17 Uhr) Architekturfans kommen, um sich das von Frank Gehry entworfene Gebäude anzuschauen, das wirkt, als sei ein mit Edelstahl-Schindeln verkleidetes Ufo auf dem gepflegten Rasen des Bard College gelandet. Das Haus verfügt über zwei Theatersäle und Studioflächen; hier finden Konzerte, Tanzdarbietungen und Theater-Events statt.

An- & Weiterreise

Amtrak-Züge fahren von/nach New York City (29 US$, 1¾ Std.).Der **Bahnhof Rhinecliff-Kingston** (☎800-872-7245; www.amtrak.com; 455 Rhinecliff Rd, Rhinecliff) liegt 3 Meilen (4,8 km) westlich des Zentrums von Rhinebeck.

Catskill Mountains

Die schöne Gebirgsregion westlich des Hudson Valley ist seit dem 19. Jh. ein beliebtes Ausflugsziel der New Yorker. Das romantische Bild der moosbewachsenen Schluchten und runden Gipfel, das die Maler der Hudson River School verbreiteten, rief eine Gebietsschutzbewegung hervor: 1894 wurde die Verfassung des Bundesstaats um einen Zusatz ergänzt, nach dem Tausende Hektar „auf ewig als unerschlossenes Waldland bestehen bleiben" sollen.

Im frühen 20. Jh. wurden die Catskills zum Synonym für die Hotels des „Borschtsch-Gürtels", der Feriensitze vieler New Yorker Juden aus der Mittelschicht. Die meisten dieser Hotels bestehen nicht mehr, aber in vielen Orten gibt es noch blühende jüdisch-orthodoxe Gemeinden und darüber hinaus zahllose kleine Farmen mit einem naturverbundenen Hippie-Ethos.

Anreise & Unterwegs vor Ort

Es fahren einige Buslinien, doch am nützlichsten ist Trailways (www.trailwaysny.com) mit Bussen von New York City nach Woodstock und Phoenicia. Für eine Erkundung der Gegend ist ein Auto aber eigentlich unverzichtbar.

Phoenecia

Das urige Dorf an beiden Ufern des Esopus Creek ist ideal, um das Zentrum der Catskills zu erkunden. Outdoor-Aktivitäten lassen sich leicht organisieren, dazu zählen Wandern, Radfahren, das Treibenlasen auf dem Bach in Reifenschläuchen oder das Schwimmen in Bergseen im Sommer sowie im Winter das Skifahren auf dem nahegelegenen Belleayre Mountain. Der Herbst ist die beste Zeit für einen Besuch und auch für die Fahrt in einem offenen Waggon auf der Delaware & Ulster Railroad zwischen den nahegelegenen Orten Arkville und Roxbury.

Sehenswertes & Aktivitäten

Empire State Railway Museum MUSEUM
(☎845-688-7501; www.esrm.com; 70 Lower High St, Phoenicia; Spende erbeten; ⊙Juni–Okt. Sa & So 11–16 Uhr) GRATIS Das seit 1960 von engagierten Bahnfans geführte kleine Museum residiert in einem alten Bahnhof der weitgehend eingestellten Delaware & Ulster-Bahnlinie.

Delaware & Ulster Railroad RAIL
(☎800-225-4132; www.durr.org; 43510 Rte 28, Arkville; Erw./Kind 18/12 US$; ⊙Juli–Okt. Sa & So) Die Fahrt in den offenen Abteilen dieser Touristenbahn auf der 24 Meilen (38,8 km) langen Strecke zwischen Arkville und Roxbury dauert rund zwei Stunden; die schönste Aussicht bietet sich im Herbst.

Belleayre Beach SCHWIMMEN
(☎845-254-5202; www.belleayre.com/summer/belleayre-beach; 33 Friendship Manor Rd, Pine Hill;

pro Pers./Auto 3/10 US$; ⏲ Mitte Juni–Aug. Mo–Fr 10–18, Sa & So bis 19 Uhr) Der See nahe der Basis des Skiresorts Belleayre Mountain ist eine beliebte und erfrischende Badestelle. Boote, Kajaks und Paddelbretter werden vermietet, und es gibt Volleyball- und Basketballplätze sowie eine Kletterwand.

Schlafen & Essen

★ Graham & Co MOTEL $$
(☎ 845-688-7871; www.thegrahamandco.com; 80 Rte 214, Phoenicia; Zi. 150–275 US$;) Vieles spricht für dieses hippe Motel in kurzer Gehentfernung zum Ortszentrum. Die Zimmer präsentieren sich weiß und minimalistisch; die billigsten befinden sich in der „Schlafbaracke" und haben Gemeinschaftsbäder. Zu den Extras zählen ein komfortabler Aufenthaltsraum mit Kamin, ein Lebensmittelladen, ein Freiluftpool, ein Wigwam und Spielflächen auf dem Rasen.

Foxfire Mountain House BOUTIQUEHOTEL $$
(www.foxfiremountainhouse.com; 72 Andrew Lane, Mt. Tremper; Zi. 175–325 US$; ⏲ Restaurant Fr–So abends;) Das schicke Hotel liegt versteckt im Wald und hat elf individuell eingerichtete Zimmer sowie ein Cottage mit drei Schlafzimmern, die allesamt mühelose Catskills-Coolness ausstrahlen. Das gemütliche Restaurant (Fr–So abends) samt Bar ist auch für Nichtgäste geöffnet und bietet französisch inspirierte Cuisine, z. B. *Steak au poivre* oder *coq au cidre*.

★ Phoenicia Diner AMERIKANISCH $
(☎ 845-688-9957; www.phoeniciadiner.com; 5681 Rte 28, Phoenicia; Hauptgerichte 9–12 US$; ⏲ Do–Mo 7–17 Uhr;) Hipster und Familien sind gleichermaßen Gäste in diesem klassischen Diner am Straßenrand. Auf der ansprechenden Karte stehen ganztägiges Frühstück, Pfannengerichte, Sandwichs und Burger.

★ Peekamoose AMERIKANISCH $$$
(☎ 845-254-6500; www.peekamooserestaurant.com; 8373 Rte 28, Big Indian; Hauptgerichte 20–36 US$; ⏲ Do–Mo 16–22 Uhr) In dem renovierten Farmhaus residiert eines der besten Restaurants in den Catskills, das schon seit mehr als einem Jahrzehnt farmfrische Kost zubereitet. Die Karte ändert sich täglich, aber die geschmorten Rippchen stehen immer drauf.

An- & Weiterreise

Trailways (www.trailwaysny.com) betreibt Busse von New York City nach Phoenicia (33,25 US$, 3 Std., tgl. 7-mal).

Tannersville

Die kleine Ortschaft Tannersville, die hauptsächlich das nahegelegene Skigebiet Hunter Mountain bedient, gibt auch Zugang zu den prächtigen Kaaterskill Falls. Es gibt erstklassige Wanderwege und Straßentouren in der Gegend sowie als Unterkünfte rustikal-charmante Hotels, von denen aus man die schöne Gebirgslandschaft bestaunt. Tannersville selber besitzt eine Main Street mit bunt angemalten Läden und Häusern.

Sehenswertes & Aktivitäten

Kaaterskill Falls WASSERFALL
Den besten Ausblick auf den mit 79 m höchsten Wasserfall des Bundesstaats – die Niagarafälle sind nur 50,9 m hoch – genießt man ohne anstrengende Wanderung von der **Aussichtsplattform** (Laurel House Rd, Palenville) aus. Bekannte Gemälde von Malern der Hudson River School von der Mitte des 19. Jhs. brachten dem zweistufigen Wasserfall Kultstatus ein und machten ihn zu einer Attraktion für Wanderer, Künstler und Naturfreunde.

Hunter Mountain SKIFAHREN
(☎ 518-263-4223; www.huntermtn.com; 64 Klein Ave, Hunter; Liftpass werktags/Wochenende 70/80 US$ pro Tag; ⏲ Dez.–März 9–16 Uhr) Die spektakulären Ausblicke von den 56 Trails (darunter einige anspruchsvolle schwarze Pisten voller Buckel) locken Scharen von Schneebegeisterten nach Hunter Mountain – wer an den Liften nicht anstehen will, vermeidet Wochenenden und Feiertage. Schneekanonen sorgen dafür, dass die ganze Saison, unabhängig vom Wetter, Ski gefahren werden kann.

Zipline New York ABENTEUERSPORT
(☎ 518-263-4388; www.ziplinenewyork.com; Hunter Mountain, Rte 23A; Seilrutsche 89–129 US$) In Hunter Mountain steht das ganze Jahr über ein Zip-Line-Parcours zur Verfügung, der nichts für Leute mit schwachen Nerven ist.

Schlafen & Essen

★ Scribner's Catskill Lodge LODGE $$
(☎ 518-628-5130; www.scribnerslodge.com; 13 Scribner Hollow Rd; Zi. ab 110 US$;) Das von supercoolem Personal geführte Motel aus den 1960er-Jahren wurde stilvoll und zeitgemäß renoviert. Die strahlend weißen Zimmer, von denen einige über einen Gaskamin verfügen, stehen in Kontrast zu den warmen Farben in der Bibliothekslounge,

die einen Billardtisch und gemütliche Nischen bietet.

Deer Mountain Inn BOUTIQUEHOTEL **$$$**
(☎518-589-6268; www.deermountaininn.com; 790 Rte 25; Zi./Cottage ab 250/700 US$; ⏲Restaurant Mo, Do & So 17–21, Fr & Sa bis 22 Uhr; P ⊖ ❄ 📶) In diesem prächtigen Hotel im Arts-and-Crafts-Stil, das sich auf einem großen, am Berg gelegenen Anwesen versteckt, gibt's nur sechs Zimmer und zwei Cottages (mit Platz für bis zu 9 Pers.). Die Innenräume sind designtechnisch voll am Limit.

Last Chance Cheese Antiques Cafe AMERIKANISCH **$$**
(☎518-589-6424; www.lastchanceonline.com; 6009 Main St; Hauptgerichte 10–27 US$; ⏲Fr & Sa 11–22, So bis 20 Uhr) Das Lokal, seit 1970 eine feste Adresse an der Main St, ist teils Rasthaus mit Livebands, teils ein Laden für Süßwaren und Käse und teils ein Restaurant, das deftige Mahlzeiten serviert. Die vielen Antiquitäten und Kuriositäten, die das Lokal dekorieren, stehen alle auch zum Verkauf.

An- & Weiterreise

Die Fahrt auf der Rte 23A von und nach Tannersville gehört zu den malerischsten in den Catskills, man muss aber wegen mehrerer Haarnadelkurven sehr vorsichtig fahren. Tannersville ist von New York City aus mit Bussen von Trailways (www.trailwaysny.com) erreichbar, man muss aber in Kingston umsteigen.

Woodstock

Ein winziges Detail zu Beginn: Das Musikfestival von 1969 fand tatsächlich in Bethel, eine Fahrtstunde westlich, statt. Die Stadt Woodstock lockt aber immer noch ein für Kunst und Musik aufgeschlossenes Publikum an und kultiviert den freien Geist jener Ära mit Batik in Regenbogenfarben und Basisbewegungen, mit Radio, einem angesehenen Indie-Filmfestival und einem Bauernmarkt.

Sehenswertes

Center for Photography at Woodstock KUNSTZENTRUM
(☎845-679-9957; www.cpw.org; 59 Tinker St; ⏲Do–So 12–17 Uhr) GRATIS Die 1977 gegründete kreative Einrichtung veranstaltet Kurse, Vorträge und Ausstellungen, die dank eines munteren Gastkünstler-Programms die Grenzen der Kunstform erweitern.

Der Ort war früher das Café Espresso, über dem Bob Dylan seine Schreibstube hatte – er schrieb hier den Covertext für *Another Side of Bob Dylan* (1964) – und in dem Janis Joplin regelmäßig auftrat.

Opus 40 Sculpture Park & Museum PARK
(☎845-246-3400; www.opus40.org; 50 Fite Rd, Saugerties; Erw./Kind 10/3 US$; ⏲Mai–Sept. Do–So 11–17.30 Uhr) Harvey Fite arbeitete fast 40 Jahre (ab 1938) daran, einen verlassenen Steinbruch in ein riesiges Stück Land Art mit gewundenen Steinwänden, Schluchten und Teichen zu verwandeln.

Karma Triyana Dharmachakra BUDDHISTISCHES KLOSTER
(☎845-679-5906; www.kagyu.org; 335 Meads Mountain Rd; ⏲8.30–17.30 Uhr) In diesem wunderbaren buddhistischen Kloster rund 3 Meilen (4,8 km) außerhalb von Woodstock, kann man sich gestressten New Yorkern und anderen, die mal eine spirituelle Auffrischung benötigen, anschließen, und Karma und Chakras neu sortieren. Auf dem gepflegten Gelände findet man zu heiterer Gelassenheit. Der Schrein beheimatet eine riesige vergoldete Buddhastatue; wer hier meditieren will, muss seine Schuhe ausziehen.

Schlafen & Essen

Woodstock Inn on the Millstream INN **$$**
(☎845-679-8211; www.woodstock-inn-ny.com; 48 Tannery Brook Rd; Zi./Cottage ab 159/375 US$; ❄📶) Einige der in ruhigen Pastelltönen gestalteten Zimmer in diesem Gasthof inmitten eines heiteren, mit Blumen bepflanzten Geländes verfügen über Kochnischen und elektrische Kamine.

White Dove Rockotel INN **$$**
(☎845-306-5419; www.thewhitedoverockotel.com; 148 Tinker St; Zi./Suite ab 125/250 US$; 📶🐾) Das purpurrot angestrichene viktorianische Hotel hebt sich deutlich von der Masse ab, und das gilt erst recht für seine Zimmer. Die sechs Wohneinheiten, die sich auf zwei Grundstücke verteilen, sind in psychedelischen Farben und mit Plakaten, Plattenspielern und alten Schallplatten ausstaffiert. Die Suiten verfügen auch über Küchen.

★ **Garden Cafe** VEGAN **$**
(☎845-679-3600; www.thegardencafewoodstock.com; 6 Old Forge Rd; Hauptgerichte 9–20 US$; ⏲Mo & Mi–Fr 11.30–21, Sa & So 10–21 Uhr; 🖉) In diesem entspannten, bezaubernden Café werden nur Bio-Zutaten verwendet. Die Gerichte – u. a. Salate, Sandwichs, Reisschalen und vegetarische Lasagne – sind ansprechend, schmackhaft und frisch.

ABSTECHER

SAUGERTIES

Rund 10 Meilen (16 km) nordöstlich von Woodstock liegt die Ortschaft Saugerties (www.discoversaugerties.com), die auf die Holländer zurückgeht, die hier Mitte des 17. Jhs. siedelten. Heute gibt es hier ein paar Attraktionen, die sich für einen Tagesausflug lohnen. **Opus 40 Sculpture Park & Museum** (S. 141) ist das Resultat der Arbeit des Künstlers Harvey Fite, der fast 40 Jahre darauf verwandte, einen verlassenen Steinbruch in ein riesiges Kunstwerk zu verwandeln. Das malerische, 1869 erbaute **Saugerties Lighthouse** (☎845-247-0656; www.saugertieslighthouse.com; 168 Lighthouse Dr, Saugerties; Führung empfohlene Spende Erw./Kind 5/3 US$; ⏲ Trail Sonnenaufgang–Sonnenuntergang) steht an der Mündung des Esopus Creek in den Hudson und ist über einen 800 m langen Naturpfad zu erreichen. Fans von klassischem Rock dürfte auch **Big Pink** (www.bigpink-basement.com; Parnassus Lane, West Saugerties; Haus 480 US$; ❄ 📶) interessieren, jenes Haus, das durch Bob Dylan und The Band berühmt wurde, allerdings an einer Privatstraße steht. Man kann im Leuchtturm und im Big Pink übernachten, muss die Unterkunft aber weit im Voraus buchen.

Finger Lakes

Die sanft geschwungenen Hügel im westlichen zentralen New York werden von elf schmalen, fingerförmigen Seen durchschnitten. Die Region ist ein Outdoor-Paradies und mit mehr als 120 Weingütern die wichtigste Weinbauregion im Bundesstaat.

Ithaca, am Südufer des Cayuga Lake, ist Sitz der zu den Ivy-League-Universitäten gehörenden Cornell University, das Tor zur Region und ein gutes Basisquartier. Auch Geneva, an der Nordspitze des Seneca Lake, ist ein hübsches und dank der Studenten der Hobart and William Smith Colleges auch munteres Städtchen, dessen restauriertes Smith Opera House von 1894 ein Zentrum der darstellenden Künste bildet. Im Westen liegt der Y-förmige Keuka Lake zwischen zwei kleinen State Parks und ist daher ziemlich unberührt und bei Forellenanglern beliebt. Am besten wohnt man in dem niedlichen kleinen Dorf Hammondsport am südwestlichen Ende des Sees. Freunde von Kunsthandwerk sollten einen Stopp in Corning einlegen, um sich das faszinierende Glasmuseum anzuschauen.

ℹ Anreise & Unterwegs vor Ort

Ithaca ist das regionale Verkehrszentrum mit täglich mehreren Busverbindungen nach New York City (53,50 US$, 5 Std.).Vom **Ithaca Tompkins Regional Airport** starten Direktflüge nach Detroit, Newark und Philadelphia.

Ithaca

Das idyllische College-Städtchen Ithaca an der Südspitze des Cayuga Lake ist voller Studenten und Althippies und die größte Stadt in der Region Finger Lakes. Mit seinen Programmkinos, guten Restaurants und Wandermöglichkeiten (in den Schluchten und Wasserfällen der Umgebung) ist es sowohl eine Destination an sich als auch ein praktischer Zwischenstopp auf halbem Weg zwischen NYC und den Niagarafällen.

Das Zentrum der Stadt bildet eine Fußgängerstraße namens Commons. Auf einem steilen Hügel über Ithaka thront die 1865 gegründete Ivy League Cornell University. Vor den Campustoren liegt das kleine Gewerbezentrum Collegetown. Die Fahrt von Ithaca über die malerische Rte 89 (westliche Seite) oder die Rte 90 (östliche Seite) zu den Seneca Falls dauert etwa eine Stunde.

◉ Sehenswertes

★ Herbert F. Johnson Museum of Art MUSEUM

(☎607-255-6464; www.museum.cornell.edu; 114 Central Ave; ⏲ Di–So 10–17 Uhr) GRATIS I. M. Peis brutalistisches Gebäude ragt wie ein riesiger Betonroboter aus den verzierten, neugotisch geprägten Bauten des Campus der Cornell University heraus. Drinnen findet sich eine bunt zusammengewürfelte Sammlung, die von mittelalterlichen Holzschnitzereien bis hin zu Gemälden moderner Meister reicht. Auch wer sich für Kunst nicht erwärmen kann, wird von dem Panoramablick auf Ithaca und den Cayuga Lake begeistert sein, der sich aus den Sälen im obersten Stockwerk bietet.

Cornell Botanic Gardens GARTEN

(☎607-255-2400; www.cornellbotanicgardens.org; 124 Comstock Knoll Dr; ⏲ Gelände Sonnenaufgang–Sonnenuntergang, Besucherzentrum 10–16 Uhr) GRATIS Zu den Grünflächen im und rund um den Campus zählen ein 40 ha großer Baumgarten, ein botanischer Garten und zahlreiche Wege. Lagepläne und Infos zu Führungen erhält man im Nevin Welcome Center.

Ein schöner Weg hierher, der in der Nähe des Zentrums beginnt, führt durch die spektakuläre **Cascadilla Gorge** (College Ave Bridge).

Robert H. Treman State Park STATE PARK
(☎607-273-3440; www.parks.ny.gov; 105 Enfield Falls Rd; April–Okt. 8 US$/Auto) 5½ Meilen südwestlich von Ithaca bietet der größte State Park in der Gegend ein umfangreiches Wegenetz und eine sehr beliebte **Badestelle** (Ende Juni–Anf. Sept.). Der Gorge Trail führt an 12 eindrucksvollen Wasserfällen vorbei; unbedingt sehenswert sind Devil's Kitchen und die **Lucifer Falls**, wo der Enfield Creek in mehreren Stufen über die Felsen 30 m in die Tiefe stürzt.

Schlafen

Firelight Camps CAMPING $$
(☎607-229-1644; www.firelightcamps.com; 1150 Danby Rd; Zelt So–Do /Fr & Sa 189/259 US$; ⏲ Mitte Mai–Okt.; 📶) Luxuscamping bietet dieser attraktive, an das La Tourelle Hotel angeschlossene Platz mit schnellem Zugang zu den Wegen im nahegelegenen Buttermilk Falls State Park nach Ithaca. Die Safarizelte stehen auf Hartholzplattformen und besitzen bequeme Betten. Das Badehaus ist separat.

★ **William Henry Miller Inn** B&B $$
(☎877-256-4553; www.millerinn.com; 303 N Aurora St; Zi. ab 195 US$; ❄@📶) Das anmutige, großzügige historische Wohnhaus ist nur ein paar Schritte von den Commons entfernt. Es gibt hier luxuriöse Zimmer (zwei mit Whirlpool und zwei in einer separaten Remise), ein Gourmetfrühstück und ein Dessertbuffet.

★ **Inns of Aurora** HISTORISCHES HOTEL $$$
(☎315-364-8888; www.innsofaurora.com; 391 Main St, Aurora; Zi. 200–400 US$; P❄📶) Das schöne historische Hotel besteht aus vier Gebäuden: dem 1833 erbauten und außen wenig veränderten Aurora Inn mit 10 liebenswerten Zimmern und einem herrlichen Speisesaal, dem Rowland House mit zehn weiteren Zimmern, dem E. B. Morgan House mit sieben Zimmern sowie der Wallcourt Hall, dem modernsten der Häuser, von dem aus man aber keinen Seeblick hat.

Essen & Ausgehen

Ithaca Bakery CAFE $
(☎607-273-7110; www.ithacabakery.com; 400 N Meadow St; Sandwiches 5–11 US$; ⏲ So–Do 6–20, Fr & Sa bis 21 Uhr) Die schier endlose Auswahl an Gebäck, Smoothies, Sandwichs und Gerichten zieht Einheimische jeglicher Couleur an. Perfekt für die Zusammenstellung eines Picknicks und für Vegetarier und Veganer.

★ **Moosewood Restaurant** VEGETARISCH $$
(☎607-273-9610; www.moosewoodcooks.com; 215 N Cayuga St; Hauptgerichte 8–18 US$; ⏲ 11.30–20.30 Uhr; 🍷) Das 1973 eröffnete vegetarische Restaurant ist eine Legende und wird von einer Gemeinschaft betrieben. Das Flair ist etwas gehobener, die Bar vollausgestattet und die Speisekarte bietet Gerichte aus aller Welt.

Sacred Root Kava Lounge & Tea Bar TEEHAUS
(☎607-272-5282; www.sacredrootkava.com; 139 W State St; ⏲ 16–24 Uhr) Dieses entspannte Kellerlokal ist für Ithacas Verhältnisse ziemlich alternativ. Hier gibt's das nichtalkoholische, aber psychoaktive Kava der Polynesier zu trinken. Wem das nicht so schmeckt, hält sich an die große Teeauswahl. Besondere Events stehen auf der Website.

An- & Weiterreise

Delta und United sind die auf dem **Ithaca Tompkins Regional Airport** (ITH; ☎607-257-

> **ABSTECHER**
>
> **AURORA**
>
> Rund 45 km nördlich von Ithaca liegt am Ostufer des Cayuga Lake das malerische Aurora. Mehr als 50 Gebäude des 1795 gegründeten Dorfs stehen auf der US-amerikanischen Denkmalliste, darunter auch Teile des Campus des Wells College, das 1868 als höhere Bildungsstätte für Frauen gegründet wurde, inzwischen aber allen Geschlechtern offen steht. Die Inns of Aurora, bestehend aus vier prachtvollen Gasthöfen – dem Aurora Inn (1833), dem E. B. Morgan House (1858), dem Rowland House (1903) und der Wallcourt Hall (1909) – sind eine tolle Unterkunft. Man kann aber auch einfach im hübschen Speisesaal des Aurora Inn mit Blick auf den See etwas essen und sich dort eine Broschüre für einen Rundgang durch das Dorf mitnehmen.

0456; www.flyithaca.com; 1 Culligan Dr) vertretenen Fluglinien. Die Busse von Greyhound und Shortline (50 US$, 5 Szd., tgl.) nutzen die **Ithaca Bus Station** (710 W State St).

Seneca Falls

Die ruhige, postindustrielle Ortschaft Seneca Falls soll den Filmregisseur Frank Capra bei einem Aufenthalt zur Erfindung von Bedford Falls inspiriert haben, der fiktiven amerikanischen Kleinstadt in seinem Klassiker *Ist das Leben nicht schön?* Hier kann man auf der Brücke über dem Fluss stehen, der durch den Ort fließt, und sich vorstellen, dass auch Jimmy Stewart hier stand. Der Ort hat zudem besondere Bedeutung für die Demokratisierung des Landes, da hier die Kapelle steht, in der Elizabeth Cady Stanton und ihre Mitstreiter 1848 erklärten, dass Männer und Frauen mit gleichen Rechten geschaffen seien.

Sehenswertes

Women's Rights National Historical Park MUSEUM
(☎315-568-0024; www.nps.gov/wori; 136 Fall St; ⏲Fr–So 9–17 Uhr) GRATIS Man kann die Kapelle besuchen, in der Elizabeth Cady Stanton und ihre Freunde 1848 erklärten: „alle Männer und Frauen sind gleichberechtigt erschaffen" – und damit den ersten Schritt zur Forderung nach der Gleichberechtigung der Frau machten. Das angrenzende Museum erzählt die Geschichte und erläutert auch das schwierige Verhältnis zwischen den Emanzipationsbewegungen der Frauen und der Afroamerikaner.

National Women's Hall of Fame MUSEUM
(☎315-568-8060; www.womenofthehall.org; 76 Fall St; Erw./Kind 4 US$/frei; ⏲Mi–Fr 12–16, Sa 10–16 Uhr) Die kleine National Women's Hall of Fame ehrt vorbildliche Frauen der USA. Zu den 256 Geehrten, über die man hier etwas erfährt, zählen Abigail Adams, die Ehefrau und Beraterin des zweiten Präsidenten der USA, Clara Barton, die Gründerin des amerikanischen Roten Kreuzes, und die Bürgerrechtsaktivistin Rosa Parks.

Schlafen & Essen

Gould Hotel BOUTIQUEHOTEL $$
(☎877-788-4010; www.thegouldhotel.com; 108 Fall St; Zi. 169 US$; ❄📶) Das Gebäude in Downtown, ursprünglich ein Hotel der 1920er-Jahre, wurde stilvoll, aber mit Blick auf die Vergangenheit renoviert – die Mahagoni-Theke stammt aus einem alten Saloon der Stadt. Die Standardzimmer sind klein, aber die Dekoration in metallischem Purpur und Grau ist sehr schick. In dem gehobenen Restaurant und der Taverne des Hotels gibt's Gerichte, Weine und Biere aus der Region.

Mac's Drive In BURGER $
(☎315-539-3064; www.macsdrivein.net; 1166 US-20/Rte 5, Waterloo; Hauptgerichte 4–8 US$; ⏲April–Okt. Fr–So 10.30–22 Uhr) Das klassische Drive-in-Restaurant auf halber Strecke zwischen Seneca Falls und Geneva wurde 1961 gegründet und hat sich seither wenig verändert. Es kommen Burger, Brathähnchen und Fischgerichte zu Schnäppchenpreisen auf den Tisch.

Adirondack Mountains

Die Adirondacks (www.visitadirondacks.com) können sich zwar in puncto Höhe und Dramatik nicht mit den Gebirgen im Westen der USA messen, nehmen es aber flächenmäßig ganz leicht mit ihnen auf: Der Gebirgszug umfasst 24 281 km² und reicht vom Zentrum New Yorks gleich nördlich der Bundesstaatshauptstadt Albany, bis hinauf zur kanadischen Grenze. Und mit 46 Gipfeln von mehr als 1200 m Höhe bieten die Adirondacks mit die wildesten Naturgebiete im Osten des Landes. Wie bei den Catskills im Süden sind große Teile der Seen und dichten Wälder in den Adirondacks durch die Verfassung des Bundesstaats geschützt. Die Gegend ist fabelhaft, um den Blätterfall im Herbst zu beobachten. Wandern, Kanufahren und Campen im Hinterland sind hier die beliebtesten Aktivitäten.

Anreise & Unterwegs vor Ort

Der wichtigste Flughafen in der Region befindet sich in Albany; Cape Air (www.capeair.com) bietet Verbindungen vom **Adirondack Regional Airport** (☎518-891-4600; www.adirondackairport.com; 96 Airport Rd) in Saranac Lake nach Boston.

Busse von Greyhound (www.greyhound.com) und Trailways (www.trailwaysny.com) bedienen Albany und diverse Orte in den Adirondacks, zu deren gründlicher Erkundung man aber ein Auto braucht.

Züge der Amtrak (www.amtrak.com) fahren von New York City nach Albany (ab 43 US$, 2½ Std.) und weiter nach Ticonderoga (68 US$, 5 Std.) und Westport (68 US$, 6 Std.) am Lake Champlain mit Busanschluss nach Lake Placid (93 US$, 7 Std.).

Albany

Das zwischen 1965 und 1976 entstandene architektonische Ensemble von Regierungsgebäuden an Albanys zentraler Empire State Plaza ist ein toller Anblick. Hier finden sich das ausgezeichnete New York State Museum und eine feine Sammlung moderner öffentlicher Kunst. In der Downtown und rund um den grünen Washington Park künden stattliche Bauten und elegante Stadthäuser vom einstigen Wohlstand der Hauptstadt des Bundesstaats.

Albany wurde 1797 dank seiner zentralen Lage und seiner strategischen Bedeutung für den Pelzhandel zur Hauptstadt von New York. Heute ist die Stadt Synonym für Macht und Ohnmacht des Parlamentarismus. Leerstehende und aufgegebene Gebäude verraten, dass es mit der Wirtschaft nicht zum Besten steht. Albany verdient gleichwohl mehr als einen Blick im Vorübergehen: Die Einwohner sind freundlich, und die Stadt ist nützlich als Sprungbrett in die Adirondacks und zum Hudson Valley.

Sehenswertes

★ Empire State Plaza ÖFFENTLICHE KUNST
(☎ 518-473-7521; www.empirestateplaza.org) GRATIS Das Ensemble der Gebäude, die rund um einen Teich an der Plaza stehen, ist wahrlich eindrucksvoll, aber das eigentliche Highlight ist die herrliche Sammlung moderner amerikanischer Kunst, die vor, in und unter dem Komplex zu sehen ist. Zu dieser Sammlung gehören Skulpturen und kolossale Gemälde von Mark Rothko, Jackson Pollock, Alexander Calder und vielen anderen Stars der Kunstwelt.

★ New York State Museum MUSEUM
(☎ 518-474 5877; www.nysm.nysed.gov; 222 Madison Ave; Di–So 9.30–17 Uhr) GRATIS Eine der Sonderbarkeiten, die mit dem Status von Albany als Hauptstadt des Bundesstaats verbunden ist, besteht darin, dass ein großer Teil dieses wundervollen Museums der Geschichte von New York City gewidmet ist. Die Ausstellung zu 9/11, in der u.a. ein beschädigtes Löschfahrzeug und Schutt von dem Gelände zu sehen sind, ist sehr bewegend. Etwas ganz anderes ist dann die Fahrt auf dem prächtigen alten Karussell (1 US$) in der 4. Etage.

New York State Capitol HISTORISCHES GEBÄUDE
(☎ 518-474-2418; www.hallofgovernors.ny.gov; Washington Ave; ⏲ Führungen Mo–Fr 10, 12, 14 & 15 Uhr) GRATIS Das prachtvolle, 1899 fertiggestellte Gebäude ist das Zentrum der Regierung des Bundesstaats. Das Innere ist aufwendig mit Verzierungen aus Stein und Holz, Fliesen und Mosaiken geschmückt. Zu den Highlights zählen das westliche Treppenhaus, der Empfangssaal des Gouverneurs und der Sitzungssaal des Senats.

Schlafen & Essen

★ Washington Park Inn BOUTIQUEHOTEL $$
(☎ 518-225-4567; www.washingtonparkinn.com; 643 Madison Ave; Zi. 119–139 US$; ❄@📶) Schaukelstühle auf der überdachten Veranda und Tennisschläger für die Gäste, die damit auf den Plätzen im Park auf der anderen Straßenseite spielen, stimmen auf die entspannte Atmosphäre in diesem ansprechenden Hotel ein, das in einem der historischen Gebäude von Albany residiert. Die Zimmer sind groß und stilvoll dekoriert; aus der gut bestückten Küche kann man sich rund um die Uhr etwas zu essen und zu trinken holen.

Cafe Madison FRÜHSTÜCK $
(☎ 518-935-1094; www.cafemadisonalbany.com; 1108 Madison Ave; Hauptgerichte 10–15 US$; ⏲ Mo–Do 7.30–14, Fr–So bis 15 Uhr; 🖉) Das Frühstückslokal mit freundlichem Personal ist so beliebt, dass man insbesondere am Wochenende nicht selten eine halbe Stunde auf eine der gemütlichen Sitzecken oder einen Tisch warten muss. Auf der Karte stehen einfallsreiche Omeletts, Kartoffelpuffer, Crêpes, vegane Optionen und diverse Cocktails.

★ Ginger Man AMERIKANISCH $$$
(☎ 518-427-5963; www.albanygingerman.com; 234 Western Ave; Hauptgerichte 22–30 US$; ⏲ Mo–Fr 11.30–22.30, Sa 16.30–23 Uhr) Weinkenner lieben das Ginger Man wegen seiner wunderbaren Weinkarte, aber auch regionale Biere und Spirituosen stehen in reicher Auswahl bereit. Das Essen überzeugt genauso: Großzügige Käse- und Wurstteller machen noch mehr Lust auf die köstlichen Hauptgerichte wie Kalbs-Ossobuco oder Paella über.

An- & Weiterreise

Als Hauptstadt des Bundesstaats besitzt Albany die volle Palette an Verkehrsverbindungen. Der **Albany International Airport** (☎ 518-242-2200; www.albanyairport.com; Albany Shaker Rd, Colonie) liegt 10 Meilen (16 km) nördlich der Downtown. Von der **Albany-Rensselaer Station** (☎ 800-872 7245; www.amtrak.com; 525 East St, Rensselaer) der Amtrak, die am Ostufer des Hudson River liegt, fahren Züge zu anderen

Orten im Bundesstaat. Die Busse von Greyhound und Trailways nutzen das zentral gelegenen **Bus Terminal** (☎ 518-427-7060; 34 Hamilton St).

Lake George

Lake George (www.visitlakegeorge.com), das südliche Tor zu den Adirondacks ist ein Touristenort mit Einkaufspassagen, Feuerwerk (Juli & Aug. jeden Do) und Fahrten mit Schaufelraddampfern auf dem kristallklaren, 51,5 km langen See. Der Ort lebt vom Saisongeschäft; zwischen November und Mai ist hier nicht viel los. Eleganter ist das Dorf **Bolton Landing** 11 Meilen (18 km) weiter nördlich am Westufer des Lake George.

Sehenswertes & Aktivitäten

Fort William Henry Museum MUSEUM
(☎ 518-668-5471; www.fwhmuseum.com; 48 Canada St; Erw./Kind 17/8 US$, Geistertouren 18/8 US$; Mai–Okt. 9.30–18 Uhr) Guides im Kostüm britischer Soldaten des 18. Jhs. führen die Besucher über das Gelände dieses Nachbaus des aus Holz gezimmerten Forts von 1755. Es gibt nachgestellte Schlachten, bei denen mit alten Musketen geschossen und Kanonen abgefeuert werden. Details zu den abendlichen Geistertouren stehen auf der Website.

Hyde Collection Art Museum MUSEUM
(☎ 518-792-1761; www.hydecollection.org; 161 Warren St, Glens Falls; Erw./Kind 12 US$/frei; Di–Sa 10–17, So 12–17 Uhr) Die tolle Kunstsammlung wurde von der Zeitungserbin Charlotte Pryun Hyde zusammengetragen. In ihrem Landhaus im Stil der florentinischen Renaissance, 12 Meilen (19,3 km) südlich von Lake George, finden sich Gemälde von Rembrandt, Rubens, Matisse und Eakins sowie Wandteppiche, Skulpturen und Möbel aus der Zeit um 1900.

Lake George Steamboat Cruises BOOTSTOUR
(☎ 518-668-5777; www.lakegeorgesteamboat.com; 57 Beach Rd; Erw./Kind ab 16/7,50 US$; Mai–Okt.) Im Jahr 2017 feierte dieses Unternehmen, das Bootsfahrten auf dem Lake George veranstaltet, sein 200-jähriges Bestehen. In der Saison werden Kreuzfahrten mit drei Booten angeboten: dem authentischen Dampfschiff *Minnie-Ha-Ha*, der 1907 gebauten *Mohican* und dem Flaggschiff *Lac du Saint Sacrement*.

Essen

Saltwater Cowboy MEERESFRÜCHTE $$
(☎ 518-685-3116; 164 Canada St; Hauptgerichte 11–28 US$; Mai–Okt. 11–21 Uhr) Man sollte sich nicht an dem Ambiente eines zwanglosen Selbstbedienungslokals stören: Hier gibt's ausgezeichnete gebratene Kamm- und Jakobsmuscheln und mächtige Hummerbrötchen, die man mit frischer Limonade herunterspült.

An- & Weiterreise

Der Albany International Airport liegt 50 Meilen (80,5 km) südlich von Lake George. Die Amtrak-Züge halten in Fort Edwards, rund 20 Autominuten von Lake George entfernt. Fernbusse von Greyhound und Trailways steuern die Region ebenfalls an. Im Gebiet um den See kommt man am besten mit einem Mietwagen herum.

Lake Placid

Der Ferienort Lake Placid steht für Wintersport – hier fanden 1932 und 1980 die Olympischen Winterspiele statt, und Spitzensportler bereiten sich hier noch immer auf Wettkämpfe vor. Aber auch normale Urlauber können sich dort auf eine echte Bobbahn wagen oder Eisschnelllauf ausprobieren. Der Mirror Lake (der größte See im Ort) friert im Winter so stark zu, dass man auf ihm Schlittschuhlaufen und Schlittenfahren kann – auch mit Hundeschlitten. Als inoffizielles Zentrum der High-Peaks-Region der vielen Seen in der Gegend ist das Städtchen auch im Sommer schön.

Sehenswertes & Aktivitäten

Eine Hauptattraktionen in Lake Placid ist die Möglichkeit, sich wie ein Olympionike zu fühlen (oder den Athleten auch nur beim Training zuzuschauen). Die meisten Aktivitäten werden vom Skigebiet **Whiteface Mountain** (☎ 518-946-2223; www.whiteface.com; 5021 Rte 86, Wilmington; Liftticket ganzer Tag Erw./Kind 92/58 US$, nur Gondel 22US$/frei; Dez.–April 8.30–16 Uhr) angeboten (hier wurden die olympischen Abfahrtsrennen ausgetragen), finden aber in Orten in der Umgebung statt. Man kann unter anderem die 800 m lange Bobschlittenbahn (95 US$) hinunterdüsen oder eine Biathlonvariation (Langlauf und Schießen; 55 US$) ausprobieren. Im Olympic Center kann man sich im **Eisschnelllauf** versuchen (Einführung und Organisation durch einen privaten Anbieter; 20 US$). Viele Sportarten werden im Sommer in abgewandelter Form angeboten, etwa Bobschlittenfahren auf Rädern. Der Olympic Sites Passport (35 US$), ist an allen von Whiteface verwalteten Orten erhältlich, was sich lohnen kann, da in dem Pass der

GREAT CAMPS

Die „Great Camps" der Adirondacks sind kein Meer von Leinwandzelten, sondern waren in der Regel große Anwesen mit Blick auf Seen und Berge sowie mit grandiosen Holzhütten, die sehr reiche Leute sich in der zweiten Hälfte des 19. Jhs. als rustikale Refugien errichteten. Ein hervorragendes Beispiel ist das **Great Camp Sagamore** (Sagamore Institute; ☎315-354-5311; www.greatcampsagamore.org; Sagamore Rd, Raquette Lake; Führungen Erw./Kind 16/8 US$; ⏲Mitte Mai–Mitte Okt. unterschiedliche Zeiten), ein ehemaliges Feriengut der Vanderbilts im Westen der Adirondacks, das heute für die Öffentlichkeit bei Führungen, Workshops und bei gelegentlich stattfindenden historischen Wochenenden (auch mit Übernachtung) zugänglich ist.

Nicht so pompös ist das **White Pine Camp** (☎518-327-3030; www.whitepinecamp.com; 432 White Pine Rd, Paul Smiths; Zi./Hütte ab 165/315 US$; ᯤ), 12 Meilen (19,3 km) nordwestlich von Saranac Lake. Die rustikal-gemütlichen Hütten stehen in Kiefernwäldern, in Feuchtgebieten und am malerischen Osgood Pond – dort führt ein Steg hinaus zu einer Insel mit einem Teehaus japanischen Stils und einer altmodischen, aus Holz gebauten Bowlingbahn. Dass Präsident Calvin Coolidge hier 1926 einige Sommermonate verbrachte, ist eine interessante historische Fußnote, aber der Charme des Camps liegt in Details von bescheidenem Luxus wie Badewannen mit Löwenfüßen und Kaminen. Die von Naturkundlern geführten Spaziergänge an ausgewählten Tagen zwischen Mitte Juni und September stehen auch Nichtgästen offen.

Eintritt zu mehreren Sehenswürdigkeiten (etwa der Turm der Skisprungschanze und die Gondelfahrt auf den Whiteface Mountain) sowie Vergünstigungen bei verschiedenen Aktivitäten enthalten sind.

Olympic Center STADION
(☎518-523-3330; www.whiteface.com; 2634 Main St; Führung 10 US$, Erw./Kind Eislaufen 8/5 US$, Eiskunstlauf-Show 10/8 US$; ⏲10–17 Uhr, Eiskunstlauf-Shows Fr 16.30 & Juli & Aug. 19.30 Uhr; 👪) Das ist der Schauplatz des „Wunders auf dem Eis", bei dem 1980 die US-amerikanischen Außenseiter über die für unschlagbar gehaltene sowjetische Mannschaft triumphierten. Im Winter kann man auf dem äußeren Oval eislaufen und ganzjährig an der einstündigen Stadionführung teilnehmen. Vor Ort befindet sich auch ein kleines **Museum** (☎518-523-3330; www.whiteface.com; 2634 Main St; Erw./Kind 7/5 US$; ⏲10–17 Uhr). Freitags und im Hochsommer auch samstags gibt's Eiskunstlauf-Shows.

Whiteface Veteran's Memorial Highway PANORAMASTRASSE
(www.whiteface.com; Rte 431; Fahrer & Fahrzeug 15 US$, Mitfahrer 8 US$; ⏲Mitte Juni–Mitte Okt. 8.45–17.15 Uhr) Der Whiteface Mountain ist der fünfthöchste Gipfel im Bundesstaat (1483 m) und der einzige in den Adirondacks, der per Auto erreichbar ist; oben befinden sich ein wie eine Burg gestalteter Aussichtspunkt und ein Café. Der Berg kann wolkenverhüllt sein, dann wird die Anfahrt zu einer aufreibenden Strapaze. Wenn sich der Nebel aber verzieht, ist der Panoramablick einfach traumhaft. Die Maut bezahlt man in Lake Steven.

Schlafen & Essen

★ **Adirondack Loj** LODGE $
(☎518-523-3441; www.adk.org; 1002 Adirondack Loj Rd; B/Zi. $60/169, Anbau/Hütte ab Unterstand/179 US$; Ⓟᯤ) Der Adirondack Mountain Club betreibt dieses rustikale Refugium am Ufer des hübschen Heart Lake. Alle Zimmer der Lodge teilen sich die Bäder. Im Preis ist das Frühstück inbegriffen, da die Lodge aber 8 Meilen (12,9 km) südlich von Lake Placid steht, wird man wahrscheinlich auch Mittag- und Abendessen in der Lodge vereinbaren.

★ **Lake Placid Lodge** HISTORISCHES HOTEL $$$
(☎518-523-2700; www.lakeplacidlodge.com; 144 Lodge Way; Zi. 500–1000 US$; ⏲Mai–März; Ⓟ⊖@ᯤ) Das Luxushotel über Lake Placid verströmt mit seinen 13 prächtig dekorierten Zimmern und Hütten den rustikalen Glanz der klassischen Adirondack Lodges der Gründerzeit. Die Hütten sind Originale aus dem 19. Jh., das Hauptgebäude ist der bemerkenswerte Nachbau des alten Hotels, das 2008 einem Brand zum Opfer fiel.

Liquids & Solids at the Handlebar AMERIKANISCH $$
(☎518-837-5012; www.liquidsandsolids.com; 6115 Sentinel Rd; Hauptgerichte 10–20 US$; ⏲Di–Sa 16–22, So 17–21 Uhr) In diesem rustikalen Bar-

restaurant, wo die Kielbasa-Würstchen und anderen Wurstwaren im Haus gemacht werden, dreht sich alles um Craft-Biere, kreative Cocktails und frische, einfallsreiche Gerichte. Als Hauptgericht gibt's z.B. gebratene Forelle oder knusprigen Schweinekopf.

An- & Weiterreise

Trailways (www.trailwaysny.com) bedient Lake Placid. Amtrak (www.amtrak.com) fährt einmal täglich nach Westport mit Busanschluss nach Lake Placid (93 US$, 7 Std.).

Vom Adirondack Regional Airport (S. 144), 17 Meilen (27,4 km) nordwestlich nahe Saranac Lake, fliegt Cape Air (www.capeair.com) nach Boston.

Thousand Islands

Für die Bewohner von New York City ist diese Region vor allem der Ursprung des Thousand-Islands-Salatdressings aus Ketchup, Mayonnaise und Würzsauce. Tatsächlich ist die Region ein malerisches Wunderland am Ontariosee und dem St.-Lorenz-Strom, das mit 1864 Inseln jeder Form und Größe zu beiden Seiten der US-amerikanisch-kanadischen Grenze durchsetzt ist. Ende des 19. Jhs. war diese Region eine Spielwiese der Reichen, heute ist sie weniger elitär. Für die Region sprechen wunderschöne Sonnenuntergänge, preisgünstige Unterkünfte und die Nähe Kanadas, gleich jenseits der Gewässer; gegen sie die Langeweile im Winter und sehr große Stechmücken im Sommer (ausreichend Insektenschutzmittel einpacken!).

Die historische Hafenstadt Oswego ist das südliche Tor zur Region und ein guter Ausgangspunkt zur Erkundung von Orten wie Sackets Harbor, wo kostümierte Darsteller jährlich ein „War of 1812 Weekend" veranstalten. An der Nordseite bieten Clayton und Alexandria Bay Bootstouren zu den Inseln im St.-Lorenz-Strom , und im Wellesley Island State Park kann man inmitten herrlicher Natur campen.

ABSTECHER

SARANAC LAKE

Saranac Lake ist weniger touristisch als der Nachbarort Lake Placid und vermittelt einen besseren Eindruck vom Alltagsleben in den Adirondacks. Die Ortschaft entstand im frühen 20. Jh. als Refugium für Tuberkulosekranke. Sie besitzt eine attraktive altmodische Hauptstraße, die zum See führt. Viele weitere Gewässer liegen ringsum in den bewaldeten Hügeln, sodass der Ort ein tolles Sprungbrett für Wanderungen, Kajak- und Kanutouren ist; was in der Gegend los ist, erfährt man im Detail unter www.saranaclake.com.

Anreise & Unterwegs vor Ort

Der wichtigste Flughafen der Region ist der **Syracuse Hancock International Airport** (☎315-454-4330; www.syrairport.org; 1000 Colonel Eileen Collins Blvd, Syracuse) mit Flügen ab/nach New York City (angeboten von JetBlue und Delta), Newark, Washington, D.C. und Chicago (United) sowie Toronto (Air Canada). Autos mieten kann man am Flughafen oder in der Downtown von Syracuse, das per Bus und Zug mit anderen Teilen des Bundesstaats verbunden ist.

Alexandria Bay

Alexandria Bay (auch A-Bay oder Alex Bay), ein Ferienort aus dem frühen 20. Jh., ist das Zentrum des Tourismus auf der US-amerikanischen Seite der Thousand-Islands-Region. Der Ort ist zwar etwas heruntergekommen und etwas kitschig, es gibt hier aber genügend Dinge, die einen bei Laune halten, zumal Alex Bay und das nahegelegene Schermerhorn Harbor Ausgangspunkte für Bootstouren zu den fantastischen Schlössern sind, die während des Gilded Age von Tycoonen auf Heart Island und Dark Island errichtet wurden.

Sehenswertes & Aktivitäten

★ **Boldt Castle** SCHLOSS

(☎800-847-5263; www.boldtcastle.com; Heart Island; Erw./Kind 9,50/6,50 US$; ⌚Mai–Mitte Okt. 10–18.30 Uhr) Dieses Juwel im Stil einer deutschen Burg wurde von dem Hotel-Magnaten George C. Boldt in den letzten Jahren des 19. Jhs. begonnen. Als seine Frau 1904 mitten während der Bauarbeiten starb, ließ er die Arbeiten von einem Tag auf den anderen einstellen. Seit 1977 verwendet die Thousand Islands Bridge Authority Millionen auf eine Restaurierung, die dem Gebäude seine alte Pracht teilweise wiedergeben soll.

Singer Castle SCHLOSS

(☎877-327-5475; www.singercastle.com; Dark Island; Erw./Kind 14,50/7,50 US$; ⌚Mitte Mai–Mitte Okt. 10–16 Uhr) Das aus Stein errichtete Schloss auf Dark Island mitten im St.-

Lorenz-Strom wurde 1905 von dem US-amerikanischen Unternehmer Frederick Bourne errichtet. Das Gebäude steckt voller Geheimgänge und versteckter Türen – es gibt sogar ein Verlies. All das kann man sich bei einer Besichtigung anschauen. Uncle Sam betreibt Ausflugsboote ab Alex Bay; Touren werden auch von **Schermerhorn Harbor** (☎315-324-5966; www.schermerhornharbor.com; 71 Schermerhorn Landing, Hammond; Shuttle zum Singer Castle 31 US$; ⏲Mai–Sept. 10.30–14.30 Uhr) angeboten.

Uncle Sam Boat Tour BOOTSTOUR
(☎315-482-2611; www.usboattours.com; 45 James St, Alexandria Bay; 2-std. Tour Erw./Kind 23/11,50 US$) Der größte Veranstalter von Bootstouren in der Region; besonders beliebt ist die zweistündige Fahrt längs der US-amerikanischen und kanadischen Seite des Flusses mit Zwischenhalt am Boldt Castle.

Schlafen & Essen

Bonnie Castle RESORT $$
(☎800-955-4511; www.bonniecastle.com; 31 Holland St; Zi. 100–250 US$; ❄📶🏊) Das etwas schäbige Resort gehört zu den größten in Alex Bay und ist ganzjährig geöffnet. Die Zimmer sind unterschiedlich, manche haben einen schönen Blick über den St.-Lorenz-Strom zum Boldt Castle.

Dockside Pub AMERIKANISCH $$
(☎315-482-9849; www.thedocksidepub.com; 17 Market St; Hauptgerichte 8–18 US$; ⏲So–Do 11–24, Fr & Sa bis 2 Uhr; 👪) Einfache Kneipenkost: Burger, Fritten, Pizza und ein paar Spezialitäten. Anders als der Name vermuten lässt, liegt der Laden im Hinterland ohne Blick auf die Anlegestelle.

Westliches New York

Viele Aktivitäten in der Region spielen sich rund um Buffalo ab, die zweitgrößte Stadt im Bundesstaat New York. Um 1900 trug sie den Spitznamen Queen City, weil sie die größte und wohlhabendste Metropole an den Großen Seen war. Im 20. Jh. erlebte die Stadt wirtschaftlich schwere Zeiten, erholt sich aber seither wieder. Der große Bestand an historischer Architektur wird zusehends restauriert und zu Hotels, Museen und Unternehmenssitzen umgewandelt.

Das Gebiet florierte zuerst wegen der Wasserkraft der Niagarafälle und des Eriekanals, der die Großen Seen mit dem Atlantik verband. Heute sind die Fälle vor allem als Touristenattraktion bekannt, zu der alljährlich Millionen von Besuchern strömen. Mehr über den Kanal kann man in der Stadt Lockport erfahren. Einen Besuch lohnen auch East Aurora, der einstige Sitz der Kunsthandwerkergemeinde Roycroft, sowie der Letchworth State Park mit seinen prächtigen Wasserfällen.

ABSTECHER

WELLESLEY ISLAND STATE PARK

Auf halber Strecke zwischen Clayton und Alexandria Bay führt die Thousand Islands International Bridge (Maut 2,75 US$) hinüber nach Wellesley Island, der größten der Thousand Islands auf der US-amerikanischen Seite der Grenze. Ein 10,67 km² großes Stück an der Südspitze der Insel bildet den **State Park** (☎315-482-2722; www.parks.ny.gov; Fineview; Strand ganzer Tag /ab 16 Uhr 7/4 US$; ⏲State Park ganzjährig, Baden Juli & Aug. 11–19 Uhr) GRATIS, der voller Wildtiere ist und ein **Nature Center** (☎315-482-2479; www.parks.ny.gov; Nature Center Rd, Fineview; ⏲8.30–16 Uhr) GRATIS, einen schönen Badestrand und ausgezeichnete **Campingmöglichkeiten** (☎315-482-2722; www.parks.ny.gov; 44927 Cross Island Rd, Fineview; Stellplatz/Hütte/Cottage ab 18/68/100 US$) bietet – samt Zeltplätzen am Fluss, Hütten und Cottages für Familien.

Anreise & Unterwegs vor Ort

Der Buffalo Niagara International Airport (S. 151) ist das regionale Luftkreuz mit dem größten Angebot an Flügen, man kann aber auch vom/zum Niagara Falls International Airport (S. 153) fliegen. Züge von Amtrak fahren nach Buffalo und Niagara, wo es Verbindungen ab/nach New York City, Albany und Toronto sowie in Buffalo ab/nach Chicago gibt. Auch Greyhound-Busse fahren Buffalo und Niagara an. Die anderen Orte in der Region erreicht man am besten mit einem Mietwagen.

Buffalo

Die Winter mögen lang und kalt sein, aber Buffalo trotzt der Kälte mit einer lebhaften, kreativen Gemeinschaft und ausgeprägtem Lokalpatriotismus. Die Stadt wurde 1758 von den Franzosen besiedelt – und vielleicht ist ihr Name eine Verballhornung von *beau fleuve* („schöner Fluss" auf Französisch). Mit der Wasserkraft aus den nahen Niagarafällen erlebte die Stadt im frühen 20. Jh. einen Boom: Hier wurden Pierce-Arrow-Autos gebaut, und Buffalo führte als erste US-amerikanische Stadt elektrische Straßenlaternen ein. Als größte und wohlhabendste Stadt an den Großen Seen erhielt Buffalo den Spitznamen Queen City.

Die Zeiten einer prosperierenden Wirtschaft sind längst vergangen und haben viele aufgegebene Industriebauten hinterlassen. Aber auch eine Wiederbelebung liegt in der Luft: Architektonische Meisterwerke des späten 19. und frühen 20. Jhs., darunter Entwürfe von Frank Lloyd Wright und Henry Hobson Richardson, wurden prächtig restauriert. Das schöne Parksystem stammt von Frederick Law Olmsted, dem berühmten Planer des New Yorker Central Park, und es gibt wundervolle Museen und eine nicht zu übersehende positive Stimmung.

Sehenswertes & Aktivitäten

★ Buffalo City Hall ARCHITEKTUR
(☎716-852-3300; www.preservationbuffaloniagara.org; 65 Niagara Sq; Führungen Mo–Fr 12 Uhr) GRATIS Mit seinen 32 Stockwerken dominiert das 1931 errichtete, innen und außen schön detaillierte Art-déco-Meisterwerk das Zentrum. Bei der lohnenden Gratis-Führung besichtigt man das Büro des Bürgermeisters und den Ratssaal und kann von der offenen Aussichtsterrasse auf die Stadt blicken.

★ Martin House Complex ARCHITEKTUR
(☎716-856-3858; www.darwinmartinhouse.org; 125 Jewett Pkwy; Führung Standard/erw. 19/37 US$; Führungen Mi–Mo 10–15 Uhr stündl.) Das 1394 m² große Haus wurde von Frank Lloyd Wright für seinen Freund und Gönner Darwin D. Martin entworfen und zwischen 1903 und 1905 realisiert. Es ist ein repräsentatives Beispiel für Wrights Prairie-School-Phase und besteht aus sechs miteinander verbundenen Gebäuden. Der gesamte Komplex wird sorgfältig restauriert, einzelne Gebäude mussten komplett wiederaufgebaut werden.

★ Albright-Knox Art Gallery MUSEUM
(☎716-882-8700; www.albrightknox.org; 1285 Elmwood Ave; Erw./Kind 12/6 US$; Di–So 10–17 Uhr) Die hervorragende Sammlung der Galerie, die von Degas und Picasso bis hin zu Ruscha, Rauschenberg und anderen abstrakten Expressionisten reicht, residiert in einem neoklassizistischen Gebäude, das für die Pan-American Expo von 1905 in Buffalo errichtet wurde. Besonders kreativ und interessant sind die Wechselausstellungen.

Graycliff Estate ARCHITEKTUR
(☎716-947-9217; www.graycliffestate.org; 6472 Old Lake Shore Rd, Derby; 1-/2-std. Führung 18/34 US$) Auf einer dramatischen Klippenspitze am Eriesee, 16 Meilen (25,7 km) südlich der Downtown von Buffalo, erhebt sich das Ferienhaus, das Frank Lloyd Wright in den 1920er-Jahren für die wohlhabende Familie Martin entwarf. Die Anlage war ziemlich verfallen und wird seit 20 Jahren restauriert. Bei den interessanten Führungen (im Voraus buchen!) erfährt man viel über Wrights Gesamtplanung.

Guaranty Building ARCHITEKTUR
(Prudential Building; www.hodgsonruss.com/Louis-Sullivans-Guaranty-Building.html; 140 Pearl St; Besucherzentrum 7.15–21 Uhr) GRATIS Das 1896 für die Guaranty Construction Company errichtete prachtvolle Gebäude besitzt eine aufwendig mit Terrakottafliesen verkleidete Fassade und im Foyer eine wundervolle Buntglasdecke. Im Besucherzentrum wird genau erläutert, wie bahnbrechend der Entwurf von Adler & Sullivan seinerzeit war.

Explore Buffalo TOUREN
(☎716-245-3032; www.explorebuffalo.org; 1 Symphony Circle) Busrundfahrten, Stadtspaziergänge, Rad- und Kajaktouren rund um Buffalo mit dem Schwerpunkt auf Architektur und Geschichte.

Schlafen

Hostel Buffalo Niagara HOSTEL $
(☎716-852-5222; www.hostelbuffalo.com; 667 Main St; B/Zi. 30/85 US$;) Das Hostel, das praktisch im Theater District in Buffalos Downtown liegt, ist in einem dreistöckigen ehemaligen Schulgebäude untergebracht und hat im Erdgeschoss einen Aufenthaltsraum, große Küchen- und Gemeinschaftsbereiche, eine kleine Kunstgalerie sowie makellos saubere, wenn auch charakterlose Badezimmer. Es gibt hier außerdem einen Wäschereiservice, kostenlose Leihfahrräder und viele Infos zu Musik, Restaurants und Kunstausstellungen in der Stadt.

★ InnBuffalo off Elmwood PENSION $$
(☎716-867-7777; www.innbuffalo.com; 619 Lafayette Ave; Suite 139–249 US$;) Ellen und Joe Lettieri haben Hervorragendes bei der Restaurierung dieser Villa von 1898 geleistet, die ursprünglich für den örtlichen Messing- und Gummi-Magnaten H. H. Hewitt errichtet worden war. Die Arbeiten sind noch nicht abgeschlossen, aber das Gebäude hat

schon viel von seiner Pracht zurückgewonnen. Die neun Suiten sind schön dekoriert, einige mit originalen Details wie einer viktorianischen Nadelstrahl-Dusche.

Hotel Henry HISTORISCHES HOTEL **$$**
(716-882-1970; www.hotelhenry.com; Ecke Rockwell Rd & Cleveland Circle; Zi. ab 199 US$; P ❄ 📶) Das Hotel Henry bewahrt viel von der repräsentativen Architektur des New York State Asylum, das Henry Hobson Richardson im späten 19. Jh. entwarf. Sehr breite Korridore führen zu den 88 Zimmern mit hohen Decken und topaktuellem Dekor.

Essen

Betty's AMERIKANISCH **$$**
(716-362-0633; www.bettysbuffalo.com; 370 Virginia St; Hauptgerichte 16–24 US$; Di–Do 8–21, Fr bis 22, Sa 9–22, So bis 14 Uhr; 🖉) An einer ruhigen Ecke in Allentown serviert das lässige Lokal aromatische, frische Versionen von amerikanischer Hausmannskost wie Hackbraten. Der Brunch ist zu Recht beliebt, und es gibt auch eine nette Bar.

Auf der Karte stehen auch viele vegetarische, glutenfreie und milchfreie Optionen.

Cole's AMERIKANISCH **$$**
(716-886-1449; www.colesonelmwood.com; 1104 Elmwood Ave; Hauptgerichte 11,50–15 US$; Mo–Do 11–23, Fr & Sa bis 24 , So bis 22 Uhr; 📶) Seit 1934 tischt dieses stimmungsvolle Restaurant mit Bar örtliche Gerichte wie *beef on weck* (Roastbeef auf Kümmelbrötchen) auf – als Beilage passen würzige Buffalo-Chicken-Wings gut dazu, man kann aber auch zu einem saftigen Burger greifen. Die Lage ist praktisch für ein Mittagessen, wenn man das Gebiet um den Delaware Park mit seinen Museen besucht.

In der geräumigen Bar, die mit altmodischem Schnickschnack vollgestopft ist, gibt's viele Biere vom Fass.

Black Sheep INTERNATIONAL **$$$**
(716-884-1100; www.blacksheepbuffalo.com; 367 Connecticut St; Hauptgerichte 28–42 US$; Di–Do 17–22, Fr & Sa bis 23, So 11–14 Uhr) Das Black Sheep beschreibt seine farmfrische Küche als „global-nomadisch", d. h. man findet hier beispielsweise einen Schweinskopf-Eintopf neben dem (sehr zu empfehlenden) Paprikahuhn nach dem Rezept der Großmutter von Chefkoch Steve Gedra. Man kann auch an der Bar essen, wo kreative Cocktails und örtliche Craft-Biere ausgeschenkt werden.

Ausgehen & Unterhaltung

★ **Resurgence Brewing Company** KLEINBRAUEREI
(716-381-9868; www.resurgencebrewing.com; 1250 Niagara St; Di–Do 16–22, Fr bis 23.30, Sa 12–23.30, So bis 17 Uhr) Die Kleinbrauerei ist ein schönes Beispiel für die kreative Umnutzung vorhandener Infrastruktur in Buffalo: Sie befindet sich in einer ehemaligen Maschinenfabrik, die später als städtisches Hundeasyl diente. Die Biere (Verkostungsgedeck 8 US$) sind ausgezeichnet. Es gibt rund 20 verschiedene Ales vom Fass – vom fruchtig-süßen Loganberry Wit bis hin zu einem Porter mit erstaunlichem Erdnussbutter-Aroma.

Kleinhans Music Hall KLASSISCHE MUSIK
(716-883-3560; www.kleinhansbuffalo.org; 3 Symphony Circle) Der schöne Konzertsaal mit wunderbarer Akustik ist Sitz des Buffalo Philharmonic Orchestra. Das denkmalgeschützte Gebäude wurde nach dem Entwurf von Eliel und Eero Saarinen, dem berühmten finnischen Vater-Sohn-Architektengespann, errichtet.

An- & Weiterreise

Der **Buffalo Niagara International Airport** (BUF; 716-630-6000; www.buffaloairport.com; 4200 Genesee St) liegt etwa 10 Meilen (16 km) östlich des Zentrums und ist ein regionaler Verkehrsknotenpunkt. Jet Blue Airways bietet ab NYC erschwingliche Hin- und Rückflüge.

NFTA (www.nfta.com), das für den öffentlichen Nahverkehr zuständig ist, schickt den Expressbus 204 zum **Buffalo Metropolitan Transportation Center** (716-855-7300; www.nfta.com; 181 Ellicott St) im Zentrum. (Greyhound-Busse fahren auch ab hier.) Der NFTA-Nahverkehrsbus 40 fährt bis zur US-amerikanischen Seite der Niagarafälle (2 US$, 1 Std.), der Expressbus 60 fährt auch in diese Richtung, man muss zwischendurch aber umsteigen.

Von der **Exchange Street Station** (716-856-2075; www.amtrak.com; 75 Exchange St) der Amtrak in Downtown fahren Züge nach New York City (66 US$, 8¾ Std.), Niagara Falls (14 US$, 1 Std.), Albany (52 US$, 6 Std.) und Toronto in Kanada (44 US$, 4 Std.). Alle Züge halten auch an der **Buffalo-Depew Station** (www.amtrak.com; 55 Dick Rd), 8 Meilen (12,9 km) weiter östlich, wo man auch in Züge nach Chicago (94 US$, 11 Std.) einsteigen kann.

Niagara Falls

Die beiden Städte Niagara Falls, New York (USA), und Niagara Falls, Ontario (Kanada), blicken beide auf das Naturwunder der Niagarafälle – wo 570 000 l Wasser in der Sekunde über 300 m in die Tiefe stürzen 1000 ft –, und beide liefern drum herum eine Menge Touristenkitsch. Die kanadische Stadt ist viel größer, und von der kanadischen Seite hat man obendrein die etwas bessere Aussicht. Aber auch der Ausblick von der US-amerikanischen Seite ist eindrucksvoll, und die Umgebung des Wasserfalls ist hier weit schöner, weil sie zu einem landschaftlich schön gestalteten Nationalpark gehört. Und die Stadt ist nicht so stark vom Rummel geprägt wie die auf der kanadischen Seite – wer das bevorzugt, geht einfach über die Rainbow Bridge – wenn man den Pass nicht vergessen hat.

Sehenswertes & Aktivitäten

★ Cave of the Winds — AUSSICHTSPUNKT

(☎716-278-1730; www.niagarafallsstatepark.com; Goat Island Rd; Erw./Kind 17/14 US$; ⏲Mitte Mai–Okt. 9–19.30 Uhr) Am Nordende von Goat Island fährt ein Aufzug hinunter zu Laufgängen, die nur 7,6 m vom tosenden Wasser am Fuß der Bridal Veil Falls verlaufen. Man sollte einen Souvenir-Regenponcho kaufen; Sandalen werden gestellt.

Old Fort Niagara — MUSEUM

(☎716-745-7611; www.oldfortniagara.org; Youngstown; Erw./Kind 12/8 US$; ⏲Juli & Aug. 9–19 Uhr, Sept.–Juni bis 17 Uhr) Diese 1726 von den Franzosen erbaute und in den 1930er-Jahren restaurierte Festung verteidigte einst die strategisch wichtige Stelle, an der der Niagara River in den Ontariosee mündet. Es gibt eine interessante Präsentation von indianischen Artefakten, kleinen Waffen, Möbeln und Kleidungsstücken und einen atemberaubenden Blick von den Festungswällen.

Whirlpool State Park — STATE PARK

(☎716-284-4691; www.parks.ny.gov; Robert Moses State Pkwy) Dieser Park 3 Meilen (4,8 km) nördlich der Fälle befindet sich über einer Biegung des Niagara River – einer Biegung, die einen riesigen Wirbel erzeugt, der von diesem Aussichtspunkt aus gut sichtbar ist. Stufen führen 91 m hinunter in die Schlucht – aufpassen, dass man nicht stürzt!

Rainbow Bridge — BRÜCKE

(www.niagarafallsbridges.com; ⏲Fußgänger & Radfahrer 0,50 US$, Auto 3,75 US$) Für den Spaziergang oder die Autofahrt über die Brücke, die die US-amerikanische mit der kanadischen Seite der Fälle verbindet, braucht man seinen Pass. Der Ausblick ist eindrucksvoll.

★ Maid of the Mist — BOOTSTOUR

(☎716-284-8897; www.maidofthemist.com; 1 Prospect St; Erw./Kind 18,25/10,65 US$; ⏲Juni–Aug. 9–19.30 Uhr, April, Mai, Sept. & Okt. bis 17 Uhr) Die traditionelle Art, die Niagarafälle zu sehen, ist die Fahrt mit diesem Boot, das schon seit 1846 Besucher in die Stromschnellen gleich unterhalb der Fälle bringt. Unbedingt den blauen Poncho überziehen, der gestellt wird, sonst durchnässt einen die Gischt der Fälle.

Schlafen & Essen

Seneca Niagara Resort & Casino — RESORT $$

(☎877-873-6322; www.senecaniagaracasino.com; 310 4th St; Zi. ab 195 US$; P ⊖ ❄ @ ≋) Mit rund 600 geräumigen Zimmern und Suiten sowie einem munteren Kasino stellt dieser purpurfarbene, glasverkleidete Turm die Antwort der US-amerikanischen Stadt auf den touristischen Glitzer drüben auf der kanadischen Seite der Fälle dar. Es gibt hier auch eine Reihe von Musik- und Comedy-Shows mit recht bekannten Künstlern.

Giacomo — BOUTIQUEHOTEL $$$

(☎716-299-0200; www.thegiacomo.com; 222 1st St; Zi. 259 US$; P ❄ @) Das luxuriöse Giacomo belegt einen Teil eines prächtigen Art-déco-Büroturms und ist mit seinen großzügigen, aufwendig dekorierten Zimmern eine stilvolle Ausnahme unter den vielen langweiligen Kettenhotels und -motels in Niagara. Auch wenn man nicht hier wohnt, sollte man sich einen Drink in der Lounge im 19. Stock (Bar ab 17 Uhr) gönnen – die Aussicht ist spektakulär, und samstags gibt's Musik.

Third Street Retreat Eatery & Pub — AMERIKANISCH $

(☎716-371-0760; www.thirdstreetretreat.com; 250 Rainbow Blvd; Hauptgerichte 6–11 US$; ⏲Di–Do 8–21, Fr & Sa bis 22, So 9–16 Uhr) Die Wände in diesem bei Einheimischen beliebten Lokal, wo es den ganzen Tag Frühstück und leckere Kneipenkost gibt, sind mit alten Schallplattenhüllen bedeckt. Es gibt ein gutes Sortiment an Fass- und Flaschenbieren und im Obergeschoss einen Billardtisch und Darts.

An- & Weiterreise

Der NFTA-Bus 40 (www.nfta.com) verbindet das Zentrum von Buffalo mit Niagara Falls (2 US$, 1 Std.). Die Haltestelle in Niagara Falls befindet sich an der Ecke 1st St und Rainbow Blvd. Der Expressbus 60 fährt zu einem Busbahnhof östlich vom Zentrum, wo man in den Bus 55 zum Fluss umsteigen muss. Der **Amtrak-Bahnhof**

NICHT VERSÄUMEN

GRENZÜBERGANG: KANADISCHE SEITE DER NIAGARAFÄLLE

Von der kanadischen Seite aus bietet sich ein grandioser Blick auf die Niagarafälle. Die Horseshoe Falls liegen an der Westseite des Flusses und sind breiter als die Bridal Veil Falls am Ostufer (USA). Besonders fotogen sind sie vom Queen Victoria Park aus.

Der Ort auf der kanadischen Seite ist lebhaft – und übermäßig touristisch. Hier gibt's vor allem Hotelketten und Restaurants, aber auch ein HI-Hostel und einige ältere Motels haben noch die klassischen Badewannen in Herzform für Pärchen in den Flitterwochen.

Das Überqueren der Rainbow Bridge kostet (inkl. Rückweg) 3,75/0,50 US$ pro Auto/Fußgänger. Zu Fuß ist man etwa zehn Minuten unterwegs; der Autoverkehr kommt im Sommer oder wenn in Toronto ein Event stattfindet, nicht selten zum Erliegen. Ausländische Besucher müssen bei der Einreise auf beiden Seiten der Brücke einen Reisepass vorzeigen. Wer mit einem Mietwagen aus den USA die Grenze überqueren will, sollte keine Probleme kriegen. Trotzdem empfiehlt es sich, dies mit der Autovermietung abzuklären.

(☎716-285-4224; www.amtrak.com; 825 Depot Ave) liegt etwa 2 Meilen (3,2 km) nördlich vom Zentrum; der Bahnhof auf der kanadischen Seite ist zentraler, wer aber aus NYC kommt, muss erst den kanadischen Zoll passieren. Von Niagara Falls fahren täglich Züge nach Buffalo (14 US$, 35 Min.), Toronto, Kanada (33 US$, 3 Std.) und NYC (66 US$, 9 Std.). Die Busse von **Greyhound** (www.greyhound.com; 240 1st St) starten am Quality Inn.

Allegiant Air und Spirit Airlines fliegen aus Florida und South Carolina zum **Niagara Falls International Airport** (☎716-297-4494; www.niagarafallsairport.com; 2035 Niagara Falls Blvd).

NEW JERSEY

Das, was das Fernsehen über New Jersey verbreitet – von den protzigen, riesigen Villen der *Real Housewives of New Jersey* bis hin zum starken Akzent der *Sopranos* – ist zumindest teilweise wahr. Aber Jersey (Einheimische lassen das „New" gern unter den Tisch fallen) ist auch von Hightech-Unternehmen und Bankenzentralen sowie von grünem Farmland (das ein Viertel seiner Fläche ausmacht und dem Bundesstaat den Spitznamen „Garden State" eingebracht hat) und Pinienwäldern geprägt. An den bezaubernden Stränden (ca. 204 km) finden sich zwar auch die Guidos und Guidettes der Reality-Serie *Jersey Shore,* aber auch viele nette charaktervolle Küstenorte.

Im Osten erlebt man Jerseys Stadtdschungel, im Westen das Gegenteil: die friedliche, frische Landschaft des Delaware Water Gap.

Anreise & Unterwegs vor Ort

Die Menschen in NJ fahren zwar am liebsten Auto, aber es gibt durchaus auch öffentliche Verkehrsmittel:

PATH Train (www.panynj.gov/path) Zugverbindung zwischen Lower Manhattan und Hoboken, Jersey City und Newark.

NJ Transit (www.njtransit.com) Betreibt Busse und Züge im gesamten Bundesstaat, darunter Busverbindungen zur Port Authority in New York City und zur Downtown von Philadelphia sowie Züge zur Penn Station in New York City. Der Zugbetrieb ist im letzten Jahrzehnt allerdings stark zurückgegangen.

New York Waterway (www.nywaterway.com) Die New-York-Waterway-Fähren fahren auf dem Hudson und vom NJ-Transit-Bahnhof in Hoboken zum World Financial Center.

Hoboken

Die „Square Mile City" gehört zu den angesagtesten Adressen mit entsprechenden Grundstückspreisen. An den Wochenenden erwachen die Bars zum Leben, und in der Washington St finden sich viele Restaurants. Während man an aufgehübschten Hunden, großen Kinderwagen und lauernden schwarzen Uber-Autos mit New Yorker Nummernschildern vorbeikommt, kann man gut in der Stadt spazieren gehen und die herrliche Aussicht auf New York City genießen.

Sehenswertes

Hoboken Historical Museum MUSEUM

(☎201-656-2240; www.hobokenmuseum.org; 1301 Hudson St; Erw./Kind 4 US$/frei; ⌚Di–Do 14–19, Fr–So 13–17 Uhr) Das kleine Museum vermittelt den Eindruck eines Hoboken, das man sich heute kaum noch vorstellen kann: von einer Stadt eingewanderter katholischer Arbeiter aus Irland und Italien, die auf den Werften und auf den Docks schufteten. Es gibt auch selbstgeführte Stadtrundgänge zu Frank Sinatras Lieblingsorten in Hoboken und zu den Schauplätzen des Films *Die Faust im Nacken.*

Essen

La Isla KUBANISCH $
(☎201-659-8197; www.laislarestaurant.com; 104 Washington St; Frühstück 8–11 US$, Sandwichs 8–10 US$, Hauptgerichte 18–21 US$; ⏰7–22 Uhr) Im seit 1970 bestehenden authentischsten kubanischen Restaurant der Stadt klirren die Resopal-Theken unter den Tellern mit gegrillten kubanischen Sandwichs, *maduros* (gebratenen Kochbananen) und Reis mit Straucherbsen. Spanische Gespräche und Salsa bestimmen die Geräuschkulisse, und an den Wänden hängen Porträts von Celia Cruz. Dies ist der echte Laden – und nicht zu vergleichen mit der uninteressanten, wenn auch schickeren Filiale in Uptown.

Amanda's GASTRONOMIE $$$
(☎201-798-0101; www.amandasrestaurant.com; 908 Washington St; Hauptgerichte 24–36 US$; ⏰Mo–Fr 17–22, Sa 11–15 & 17–23, So 11–15 & 17–21 Uhr) Seit drei Jahrzehnten serviert die Familie Flynn in den zusammenhängenden, umgebauten Stadtvillen, in denen jeder Raum ein anderes Thema hat, erstklassiges Essen. Die umfangreiche Weinkarte und die einmal im Monat stattfindenden Weinabende machen das Lokal zu einer Option mit Klasse. Das Bar-Dinner-Sonderangebot (So–Do) hat ein tolles Preis-Leistungs-Verhältnis.

An- & Weiterreise

NY Waterway (www.nywaterway.com) betreibt die Fähre zwischen der 39th St an Manhattans West Side und Hoboken (9 US$, 8 Min.). Von Lower Manhattan fahren häufig überfüllte NJ-PATH-Züge zum Hoboken Terminal. Die Parkplatzsituation ist unerträglich – man sollte nicht im Traum daran denken, mit dem Auto zu fahren.

Princeton

Das kleine Städtchen, das von einem englischen Quäkermissionar gegründet wurde, besitzt schöne Bauten und mehrere sehenswerte Stätten, unter denen die Ivy-League-Universität die Hauptattraktion ist. Princeton ist allerdings nicht in erster Linie akademisch, sondern vornehm, und teure Boutiquen säumen den zentralen Palmer Sq.

Wie jede gute Universitätsstadt hat Princeton einen Buchladen, einen Plattenladen, einen Brauerei-Pub und ein unabhängiges Kino, die alle im Umkreis der Straßen und Gassen rund um den Palmer Sq liegen. Hinzu kommen noch zahlreiche Süßwarenläden, Cafés und Spezialitäten-Eisdielen.

Sehenswertes

★ **Institute Woods** WALD
(www.ias.edu; 1 Einstein Dr; ⏰Sonnenaufgang–Sonnenuntergang) Läuft man 2,4 km die Mercer St hinunter, gelangt man zu einem beschaulichen Wäldchen, das Welten von den verstopften Durchfahrten des Campusgeländes entfernt wirkt. Das fast 240 ha große Naturgebiet mit seinen weichen Lehmwegen ist bei Vogelfreunden (vor allem während des Zugs der Waldsänger im Frühjahr), Joggern und Hundeführern beliebt.

Princeton University UNIVERSITÄT
(☎609-258-3000; www.princeton.edu) Die Mitte des 18. Jhs. gegründete Institution wurde zu einem der größten Gebäudekomplexe der amerikanischen Kolonien. Heute gehört die Universität zur Ivy League und damit zu den besten des Landes. Man kann sich auf eigene Faust umschauen oder an einer von Studierenden geleiteten Führung teilnehmen.

Morven Museum & Garden MUSEUM
(☎609-924-8144; www.morven.org; 55 Stockton St; Erw./Kind 10/8 US$; ⏰Mi–So 10–16 Uhr) Das Museum zeigt eine schöne Sammlung von Kunstgewerbe und im Stil der Zeit eingerichtete Zimmer. In anderen Sälen finden Wechselausstellungen statt. Die Gärten und das Haus allein lohnen schon den Besuch. Das perfekt gestaltete koloniale Herrenhaus wurde von Richard Stockton erbaut, einem prominenten Juristen aus der Mitte des 18. Jhs. und Mitunterzeichner der amerikanischen Unabhängigkeitserklärung.

Schlafen & Essen

Inn at Glencairn B&B $$
(☎609-497-1737; www.innatglencairn.com; 3301 Lawrenceville Rd; Zi. ab 199 US$; 📶) Hier gibt's das beste Preis-Leistungs-Verhältnis rund um Princeton: fünf ruhige Zimmer in einem renovierten georgischen Herrenhaus etwa zehn Autominuten vom Campus entfernt.

Mediterra Restaurant & Taverna MEDITERRAN $$
(☎609-252-9680; www.mediterrarestaurant.com; 29 Hulfish St; Hauptgerichte 19–30 US$; ⏰Mo–Do 11.30–23, Fr & Sa bis 24, So bis 22 Uhr) Das zentral am Palmer Sq gelegene Mediterra ist ein gehobenes, modernes, für eine Collegestadt typisches Restaurant für Eltern auf Besuch,

wohlhabende Studenten und Einheimische. Für die Gerichte werden regionale und Bio-Zutaten verwendet. Die Küche verrät die Herkunft der Eigentümer aus Chile bzw. Italien.

★ **Mistral** MEDITERRAN $$$

(☎ 609-688-8808; www.mistralprinceton.com; 66 Witherspoon St; Teller zum Teilen 13–36 US$; ⏰ Mo & Di 17–21, Mi–Sa 11.30–15 & 17–21, So 10.30–15 & 16–21 Uhr) Princetons kreativstes Restaurant serviert Gerichte, die man sich teilen kann; die Palette reicht von der Karibik bis nach Skandinavien. Vom Tresen des Chefkochs hat man einen Überblick über das kontrollierte Chaos in der offenen Küche.

ℹ An- & Weiterreise

Die Expressbusse 100 und 600 von Coach USA (www.coachusa.com) verkehren häufig zwischen Manhattan und Princeton (15 US$, 1½ Std.). Züge von NJ Transit (www.njtransit.com) fahren oft von der New Yorker Penn Station zum Bahnhof Princeton Junction (16 US$, 1–1½ Std.). Der „Dinky"-Shuttle bringt einen von dort zum Campus der Princeton University (3 US$, 5 Min.).

Jersey Shore

Der wohl berühmteste und am meisten geschätzte Teil New Jerseys ist seine fulminante Küste – ein Besuch am Strand ist ein nicht wegzudenkendes Sommerritual –, die sich von Sandy Hook bis nach Cape May erstreckt. Von geschmacklos bis klassisch reiht sich hier ein Ferienort an den anderen. Hurrikan Sandy verwüstete 2012 den Großteil der Küste und die Achterbahn in Seaside Heights stürzte sogar ins Meer (später wurde sie komplett abgerissen). Aber nun sind alle Strandpromenaden wieder hergerichtet und die Gegend ist mittlerweile größtenteils wieder so lebhaft wie zuvor. An den Wochenenden im Sommer wimmelt es hier nur so vor Menschen (vor allem an den Brücken, die hinüber auf die Barriereinseln führen, ist der Verkehr ein echter Albtraum) und eine günstige Unterkunft zu finden ist fast so schwierig, wie einen Körper, der nicht mit Tattoos übersät ist. Eine gute, budgetfreundliche Option sind die Campingplätze der Gegend. Kaum hat dann der Herbst Einzug gehalten, findet man sich teilweise sogar ganz alleine am Strand wieder.

ℹ Anreise & Unterwegs vor Ort

Steckt man auf dem Garden State Pkwy im zäh fließenden Verkehr fest, kann man sich leicht einen Sonnenbrand holen – fährt man im Sommer zu den Ausflugszielen, ist eine frühe Abfahrt daher ein Muss.

➜ New Jersey Transit (www.njtransit.com) betreibt von Juni bis September zweimal täglich spezielle Shore-Express-Züge mit Halt in Asbury Park, Bradley Beach, Belmar, Spring Lake, Manasquan, Point Pleasant Beach und Bay Head. Mit dem Zugticket kann man auch gleich die Strandplakette kaufen. Abends fahren zwei Expresszüge zurück nach Norden.

➜ NJ-Transit-Busse der New Yorker Port Authority bedienen Seaside Heights/Seaside Park, den Island Beach State Park, Atlantic City, Wildwood und Cape May.

➜ Greyhound (www.greyhound.com) betreibt Sonderbusse nach Atlantic City.

Asbury Park & Ocean Grove

Während der Jahrzehnte der ökonomischen Stagnation konnte die Stadt Asbury Park nur darauf verweisen, dass der aus New Jersey stammende Bruce Springsteen hier Mitte der 1970er-Jahre seine ersten Auftritte hier im Nachtclub Stone Pony hatte. Doch seit 2000 erleben die Blocks früher leerstehender viktorianischer Häuser eine so starke Wiederbelebung, dass Asbury manchmal als das „Brooklyn am Strand" bezeichnet wird. Tausende weiterer Häuser sollen in den nächsten Jahren gebaut werden.

Im Downtown-Areal, das mehrere Blocks an der Cookman und der Bangs Ave umfasst, finden sich Antiquitätenläden, hippe Restaurants (von vegan bis hin zu französischen Bistros) und ein anspruchsvolles Kino. 39 Bars (es werden immer mehr) locken Zugladungen von partylustigen jungen New Yorkern in den mit NJ Transit leicht erreichbaren Ort.

Unmittelbar südlich von Asbury Park liegt Ocean Grove, das nicht nur einer anderen Zeit, sondern auch einer anderen Kultur zu entstammen scheint. Es wurde im 19. Jh. von Methodisten zur Massenevangelisation gegründet und ist bis heute als „Gottes Quadratmeile an Jerseys Küste" bekannt und eine „trockene" Stadt (also kein Alkoholverkauf). Sogar der Strand ist sonntagmorgens geschlossen. Die Gebäude im viktorianischen Stil sind so reichlich verziert, dass sie an Pfefferkuchenhäuser erinnern und man versucht ist, reinzubeißen. Im Zentrum befindet sich ein aus Holz errichtetes Auditorium mit 6500 Sitzplätzen und einer riesigen Orgel. Die **Tent City** ist eine historische Stätte – das ehemalige Evangelisationslager – und zeigt über 100 altertümliche Segeltuchzelte, die als Sommerunterkünfte dienten.

Sehenswertes & Aktivitäten

Historic Village at Allaire MUSEUM

(☎ 732-919-3500; www.allairevillage.org; 4263 Atlantic Ave, Farmingdale; Parkplatz Mai–Sept. 7 US$; ⌚ Bäckerei Mo–Fr 10–16 Uhr, historisches Dorf Sa & So 11–17 Uhr) GRATIS Nur 15 Fahrtminuten entfernt von Asbury Park und der Gegenwart schützt dieses idyllische Museum die Überreste von Howell Works, das im 19. Jh. ein blühendes Dorf war.

Silver Ball Museum Arcade SPIELHALLE

(Pinball Hall of Fame; ☎ 732-774-4994; www.silverballmuseum.com; 1000 Ocean Ave; 10/15 US$ pro Std./halber Tag; ⌚ Mo–Do 11–24, Fr & Sa bis 1, So 10–22 Uhr) Dutzende Flipperautomaten in fabrikfrischem Zustand, von mechanischen Spielautomaten der 1950er Jahre bis hin zu modernen Klassikern wie *Addams Family*.

Schlafen

★ **Asbury Hotel** BOUTIQUEHOTEL $$

(☎ 732-774-7100; www.theasburyhotel.com; 210 5th Ave; Zi. 125–275 US$; P ❄ ☎ ≋) Dieses recht neue Hotel aus dem Jahr 2016, ist durch und durch cool – von der mit Langspielplatten, alten Büchern und einem Solarium ausstaffierten Veranstaltungsfläche/Lobby bis hin zur Bar auf der Dachterrasse. Das Hotel ist zwei Blocks von der Convention Hall und der Promenade entfernt; man kann den ganzen Tag drinnen am Pool oder auf der Dachterrasse verweilen.

Quaker Inn INN $$

(☎ 732-775-7525; www.quakerinn.com; 39 Main Ave; Zi. 90–200 US$; ❄ ☎) Der großartige, knarrende viktorianische Gasthof hat 28 Zimmer, von denen sich manche zu umlaufenden Veranden oder Balkonen öffnen. Es gibt einen netten Gemeinschaftsbereich/Bibliothek, wo man beim Kaffee verweilen kann. Die Eigentümer sind Musterbeispiele für den Charme und die Gastlichkeit der Stadt.

Essen & Ausgehen

Moonstruck ITALIENISCH $$$

(☎ 732-988-0123; www.moonstrucknj.com; 517 Lake Ave; Hauptgerichte 22–38 US$; ⌚ Mi, Do & So 17–22, Fr & Sa bis 23 Uhr) Angesichts des Ausblicks auf den Wesley Lake, der Asbury und Ocean Grove teilt, und einer langen Martinikarte gibt es hier nichts zu meckern. Die Karte ist bunt zusammengewürfelt mit einem Fokus auf italienischer Küche, wie sich an den Pastagerichten zeigt; die Fleisch- und Fischgerichte zeigen verschiedene ethnische Einflüsse.

Asbury Festhalle and Biergarten BIERGARTEN

(☎ 732-997-8767; www.asburybiergarten.com; 527 Lake Ave; ⌚ Mo–Fr 16–1, Sa & So 11–1 Uhr) Ein Stück Deutschland am Meer: Im Biergarten auf dem Dach kann man unter 41 Fassbieren wählen, und Livemusik gibt's in einem Saal mit klassischen langen Bierbänken, der so groß ist wie zwei Scheunen. Zu essen bekommt man riesige Brezeln und Wurstplatten (Hauptgerichte 13–20 US$), zu trinken außer dem Bier auch zwölf Schnäpse.

An- & Weiterreise

Bei der Fahrt auf der S Main St (Rte 71) von Norden nach Süden erblickt man die eindrucksvollen Tore, die den Eingang zur Main Ave von Ocean Grove markieren. Nimmt man den Shore Express von NJ Transit, fährt man bis zum benachbarten Asbury Park und geht von dort zu Fuß oder fährt mit einem Taxi hinüber nach Ocean Grove. Mit einem Bus von der Port Authority (22 US$) muss man in Lakewood umsteigen.

Der New-Jersey-Transit-Bahnhof Asbury Park liegt an der Kreuzung der Cookman mit der Main St und ist rund 45 Minuten von New York City entfernt. Im Sommer fahren auch Nachtzüge.

Barnegat Peninsula

Die Einheimischen bezeichnen diese 35,4 km lange Landzunge als „die Barriereinsel", obwohl es sich eigentlich um eine Halbinsel handelt, die bei **Point Pleasant Beach** mit dem Festland verbunden ist. Surfer sollten den **Inlet Beach** in Manasquan ansteuern, unmittelbar nördlich (nicht auf der Halbinsel); dort finden sich ganzjährig die verlässlichsten Wellen der Jersey Shore.

Südlich von **Mantoloking** und **Lavallette**, auf halber Strecke die Insel hinunter, bringt eine Brücke vom Festland (bei Toms River) die Massen nach **Seaside Heights**, der Location der MTV-Realityshow *Jersey Shore* und Inbegriff der nett kitschigen Shore-Kultur. Es ist nach wie vor ein klebriges Vergnügen, ein Orangen-Vanilleeis bei Kohr zu essen und zwischen der lärmenden, gebräunten und spärlich bekleideten Menge auf der Promenade herumzuspazieren und unterwegs in den Bars, von denen es hier überdurchschnittlich viele gibt, einzukehren. Sehenswert sind das Dentzel-Looff-Karussell von 1910, das 95 m hohe Riesenrad und die deutsche Achterbahn, die 2017 hinzugekommen ist.

Wer etwas Ruhe sucht, begibt sich Richtung Süden in das Wohnviertel **Seaside Park** und in die dahinter beginnende Wildnis des Island Beach State Park.

ABSTECHER

DELAWARE WATER GAP

Die schöne Stelle, wo der Delaware River eine enge S-Kurve durch den Kamm der Kittatinny Mountains beschreibt, war in den Zeiten vor Einführung der Klimaanlage ein beliebtes Ausflugsziel. 1965 wurde die **Delaware Water Gap National Recreation Area** (☎570-426-2452; www.nps.gov/dewa; 1978 River Rd, Bushkill) geschaffen, die Gebiete in New Jersey und in Pennsylvania umfasst und immer noch ein unberührtes Erholungsgebiet ist – gerade einmal 70 Meilen (112,7 km) östlich von New York City.

Die Old Mine Rd, eine der ältesten ständig benutzten Wirtschaftsstraßen der USA, verläuft am Ostufer des Delaware. Ein paar Meilen landeinwärts führt ein 40 km langer Abschnitt des Appalachian Trail am Kittatinny Ridge entlang. Bei einer Tageswanderung kann man den Gipfel des 472 m hohen Mt. Tammany im **Worthington State Forest** (☎908-841-9575; www.state.nj.us/dep/parksandforests/parks/worthington.html; Old Mine Rd, Warren County; ⌚Sonnenaufgang–Sonnenuntergang) besteigen und den herrlichen Ausblick genießen (der 2,9 km lange Blue Dot Trail ist die leichteste, aber trotzdem anstrengende Route) oder zum heiteren Gletschersee Sunfish Pond wandern. Falken, Weißkopfseeadler und Raben ziehen über dem Hemlocktannenwald ihre Kreise. Von New York City bringt einen eine rund zweistündige Busfahrt in das Gebiet. Coach USA (www.coachusa.com) bietet eine Busverbindung von der Port Authority nach Milford, Pennsylvania (25 US$), Martz Trailways (www.martztrailways.com) fährt nach Stroudsburg, Pennsylvania (37 US$). NJ Transit plant, einen Bahnhof in Smithfield Township gleich außerhalb des Parks zu schaffen, der aber erst noch gebaut werden muss.

Sehenswertes

Island Beach State Park PARK

(☎732-793-0506; www.islandbeachnj.org; Seaside Park; werktags/Wochenende Mai–Sept. 12/20 US$, Okt.–April 5/10 US$; ⌚Mai–Sept. Mo–Fr 8–20, Sa & So 7–20 Uhr, Okt.–April 8 Uhr–Sonnenuntergang) Die schöne Gezeiteninsel bietet Angelstellen, allerlei Wildtiere (darunter Füchse, Fischadler und Watvögel), mehr als 40 Baumarten und Sträucher, darunter Zimterlen und Kaktusfeigen, sowie einen herrlichen Blick auf das Barnegat Lighthouse, das scheinbar nur eine Armlänge entfernt auf dem anderen Ufer steht. Von dem 16 km langen Strand sind 1,6 km als Badestrand ausgewiesen, die übrige Strecke eignet sich für eine schöne Radtour. Die Gezeitenmarschen auf der Buchtseite bieten sich zum Kajakfahren an.

Casino Pier VERGNÜGUNGSPARK

(☎732-793-6488; www.casinopiernj.com; 800 Ocean Tce, Seaside Heights; Rides ab 5 US$, Wasserpark Erw./Kind 35/29 US$; ⌚Juni–Aug. 12 Uhr–open end, Sept.–Mai wechselnde Öffnungszeiten) Hier ist gleich eine ganze Anlegestelle in einen Vergnügungspark umgewandelt worden. Er liegt am nördlichen Ende der Seaside-Promenade und bietet neben ein paar Rides für kleinere Kinder auch Attraktionen mit mehr Nervenkitzel für Erwachsene und Kinder über 1,20 m an. Es gibt auch einen Sessellift, der oberhalb der Uferpromenade verläuft. Nicht weit entfernt befindet sich der Wasserpark **Breakwater Beach** mit vielen großen Wasserrutschen.

Schlafen & Essen

Luna-Mar Motel MOTEL $$

(☎732-793-7955; www.lunamarmotel.com; 1201 N Ocean Ave, Seaside Park; Zi. ab 129 US$; ❄📶🏊) Das saubere Motel gegenüber vom Strand hat Fliesenböden (keine sandigen Teppiche). Im Preis ist der Eintritt zum Strand enthalten.

★**Klee's** KNEIPENESSEN $$

(☎732-830-1996; www.kleesbarandgrill.com; 101 Boulevard, Seaside Heights; Pizza ab 12 US$, Hauptgerichte 14–28 US$; ⌚Mo–Do 10.30–23, Fr & Sa bis 24 Uhr) Klingt zwar etwas seltsam, ist aber so: Diese irische Bar hat die besten und knusprigsten Pizzas an der Küste.

An- & Weiterreise

NJ Transit (www.njtransit.com) betreibt den Shore-Express-Zug (ohne Umsteigen) zu den Strandorten zwischen Asbury Park und Bay Head; im Sommer ist die Strandplakette im Ticket inbegriffen. NJ Transit betreibt von Ende Juni bis zum Labor Day auch Direktbusse nach Seaside Heights von der Port Authority in New York City (Bus 137; 27 US$, 1½ Std.) und der Penn Station in Newark (Bus 67; 17 US$, 1 Std.).

Atlantic City

Atlantic City, die größte Stadt an der Küste, galt früher einmal als eine Art Las Vegas der

STRANDGEBÜHREN

Viele Gemeinden am Jersey Shore erheben eine Gebühr von 5 bis 9 US$ für den Zugang zum Strand. Dafür erhält man eine Tagesplakette (einen sogenannten *tag*). Von Long Beach Island nordwärts bis in die Nähe von Sandy Hook sind alle Strände gebührenpflichtig; die südliche Küste hingegen ist überwiegend, wenn auch nicht vollständig, gebührenfrei. Wenn man ein paar Tage bleibt, lohnt sich der Kauf einer Wochenplakette.

Ostküste. Diese Zeiten sind zwar längst passé und viele Kasinos mussten mittlerweile Konkurs anmelden, die Hotels sind jedoch mitunter sehr preiswert und die hübschen, kostenlosen Strände nicht selten menschenleer, da die meisten Besucher auch weiterhin drinnen an Spielautomaten sitzen. Im Gegensatz zu vielen homogenen Strandenklaven ist die Bevölkerung hier viel bunter.

Vom Glamour der Zeit der Prohibition, der in der HBO-Fernsehserie *Boardwalk Empire* so lebhaft dargestellt wird, ist heute nur noch wenig übrig. Immerhin kann man noch in schicken Korbsesseln auf Rädern über den Boardwalk rollen (in jedem Sessel ist eine Preisliste angebracht). Während man dies tut, sollte man sich in Erinnerung rufen, dass der Boardwalk in AC die erste Uferpromenade dieser Art weltweit war. Außerdem stammen die Straßennamen in der US-amerikanischen Version des Spiels *Monopoly* alle aus Atlantic City (etwa die Baltic Ave). Später wurden auch die Wahlen zur Miss America hier ausgetragen, die mittlerweile in Las Vegas stattfinden. Diese Lücke wird heute von der Drag-Queen-Wahl „Miss'd America" (www.missdamerica.org) ausgefüllt.

Sehenswertes

Steel Pier VERGNÜGUNGSPARK

(☎866-386-6659; www.steelpier.com; 1000 Boardwalk; ⌚Juni–Aug. Mo–Fr 15–24, Sa & So 12–1 Uhr, April & Mai Sa & So 12–24 Uhr) Der Steel Pier direkt vor dem Kasino Taj Mahal war die Stätte, wo von den 1920er- bis in die 1970er-Jahre Pferde vor den Zuschauermassen vom Sprungturm in den Atlantik sprangen. Heute gibt's hier Fahrgeschäfte, Glücksspiele, Süßwarenstände und eine Gokart-Bahn.

Ripley's Believe it or Not! MUSEUM

(Odditorium; ☎609-347-2001; www.ripleys.com; 1441 Boardwalk; Erw./Kind 17/11 US$; ⌚Mo–Fr 11–20, Sa & So 10–20 Uhr) Der Begriff Museum ist etwas hochgegriffen, aber Robert Ripley hat sein Leben damit zugebracht, bizarre Dinge zu sammeln, und davon finden sich hier allerhand. Zweiköpfige Ziegenföten, ein Jimi-Hendrix-Kopf aus Bindedraht, das kleinste Auto der Welt und ein Roulette-Rad aus 14 000 Geleebohnen – solche Dinge unterhalten einen gut, und der Eintritt kostet so viel wie eine Kinokarte.

Atlantic City Historical Museum MUSEUM

(☎609-347-5839; www.atlanticcityexperience.org; 1 N Tennessee Ave, Atlantic City Free Public Library; ⌚Mo, Fr & Sa 9.30–17, Di–Do bis 18 Uhr) GRATIS In dem kleinen, aber informativen Museum erfährt man die skurrilsten Dinge über die Stadt, so etwa von den turmspringenden Pferden, die einst von einem 12 m hohen Turm am Steel Pier ins Wasser sprangen.

Schlafen & Essen

Tropicana Casino and Resort HOTEL $$

(☎609-340-4000; www.tropicana.net; 2831 Boardwalk; Zi. ab 105 US$; P❄☎≋) Das Trop ist eine ausgedehnte Stadt-in-der-Stadt mit einem Kasino, der Disco Boogie Night, einem Spa und Restaurants der gehobenen Kategorie. Wir empfehlen den neueren „Havana"-Flügel und dort wegen der spektakulären Aussicht ein Zimmer über der 40. Etage.

★ **Kelsey & Kim's Café** SÜDSTAATENKÜCHE $

(Kelsey's Soul Food; ☎609-350-6800; www.kelseysac.com; 201 Melrose Ave; Hauptgerichte 9–12 US$; ⌚7–22 Uhr) Das freundliche Café in dem hübschen Wohnviertel Uptown bietet ausgezeichnete einfache Südstaatenkost, von Frühstücksgrütze und Waffeln bis hin zu gebratenem Weißfisch und gegrillter Rinderbrust. Ein echt gutes Angebot, zumal man sein Bier selber mitbringen kann.

An- & Weiterreise

Der kleine **Atlantic City International Airport** (ACY; ☎609-573-4700; www.acairport.com; 101 Atlantic City International Airport, Egg Harbor Township) liegt 20 Autominuten vom Zentrum entfernt. Wer gerade aus Florida kommt (von dort kommt die Mehrzahl der hier landenden Flugzeuge), kann von hier aus alle Ziele in South Jersey und Philadelphia bequem erreichen.

NJ Transit (www.njtransit.com) unterhält die einzige Zugverbindung nach Atlantic City. Seine Züge nach und ab Philadelphia (einfache Strecke 11 US$, 1½ Std.) starten/enden hier am **Bahnhof** (☎973-491-9400; 1 Atlantic City Expwy) neben dem Kongresszentrum. Am

Busbahnhof (☎ 609-345-5403; www.njtransit.com; 1901 Atlantic Ave) verkehren NJ-Transit- und Greyhound-Busse nach NYC (25–36 US$, 2½ Std.) und Philadelphia (17 US$, 1½ Std.). Kasinos erstatten oft den Großteil des Fahrpreises (in Form von Chips, Münzen oder Coupons), wenn man mit dem Bus, z. B. Greyhounds Lucky Streak, direkt bis vor ihre Tür fährt. Busse, die AC verlassen, halten zunächst an den verschiedenen Kasinos; am Busbahnhof halten sie nur, wenn sie nicht bereits voll sind.

Wildwood

Wildwood und seine Nachbarstädte North Wildwood und Wildwood Crest sind ein regelrechtes Freilichtmuseum für Neonschilder und Motelarchitektur der 1950er-Jahre. Die Gemeinde hat eine entspannte Atmosphäre, irgendwas zwischen Lässigkeit und wilder Party. Der Strand ist der breiteste in ganz New Jersey, und er kann kostenlos betreten werden. An der 3,2 km langen Strandpromenade liegen mehrere riesige Piers mit Achterbahnen und Rides, die sich gut als Training für Astronauten eignen würden.

Sehenswertes

Doo Wop Experience MUSEUM
(☎ 609-523-1958; www.doowopusa.org; 4500 Ocean Ave; ⌚ tgl. 12–21 Uhr, Trolley-Touren Juni–Aug. Di & Do 20 Uhr) GRATIS Die Doo Wop Preservation League betreibt dieses kleine Museum, das von der Glanzzeit der Wildwoods in den 1950ern erzählt. Im „Neonschilder-Garten" sind die Überbleibsel nicht mehr stehender Gebäude gesammelt. An einigen Sommerabenden beginnt hier eine Trolley-Tour (Erw./Kind 12/6 US$).

Schlafen & Essen

Heart of Wildwood HOTEL $$
(☎ 609-522-4090; www.heartofwildwood.com; Ecke Ocean & Spencer Ave; Zi. 125–245 US$; P ❄ 📶 🏊) Wer wegen der Wasserrutschen und Achterbahnen gekommen ist, bucht ein Zimmer im Heart of Wildwood gegenüber den Vergnügungspiers. Das Hotel ist nicht schick, punktet aber mit Sauberkeit (auch dank der gefliesten Böden). Vom beheizten Pool auf dem Dach kann man zuschauen, wie das Riesenrad sich dreht.

Starlux BOUTIQUEHOTEL $$
(☎ 609-522-7412; www.thestarlux.com; 305 E Rio Grande Ave; Zi. ab 205 US$, Wohnwagen 240 US$; P 📶 🏊) Das pieksaubere Starlux in Meergrün und Weiß ragt in die Höhe und prunkt mit Lavalampen, mit Bumerangs verzierten Tagesdecken und Spiegeln in Segelbootform. Noch mehr Retro-Authentizität bieten die beiden verchromten Airstream-Wohnwagen.

Key West Cafe FRÜHSTÜCK $
(☎ 609-522-5006; 4701 Pacific Ave; Hauptgerichte 8–10 US$; ⌚ 7–14 Uhr) Hier gibt's jede erdenkliche Version von Pfannkuchen und Eigerichten, alle frisch zubereitet. Mittagessen bekommt man auch, und der Laden ist das ganze Jahr über geöffnet.

An- & Weiterreise

New Jersey Transit (www.njtransit.com) betreibt Busse von New York City (46 US$, 4½ Std.) nach Wildwood und im Sommer Expressbusse von der 30th St Station in Philadelphia (30 US$, 2½ Std.) nach Wildwood. Mit dem Auto gelangt man vom Garden State Pkwy über die Rte 47 nach Wildwood; von Süden her ist die schönere Strecke aus Cape May die Rte 109, dann der Ocean Dr.

Cape May

Das 1620 gegründete Cape May blickt auf eine lange Geschichte zurück und besitzt rund 600 wundervolle Bauten aus viktorianischer Zeit. Die breiten Strände machen den Ort im Sommer zu einer Attraktion, weil hier aber rund 4000 Menschen das ganze Jahr über wohnen, ist das Städtchen – anders als der größte Teil der Jersey Shore –, auch außerhalb der Saison ein munteres Ziel. Vom Mai bis Dezember kann man vor der Küste Wale beobachten, und zahlreiche Zugvögel bevölkern die Gegend im Frühjahr und Herbst – einfach im Cape May Bird Observatory vorbeischauen! Sechs verschiedene Weingüter vertreten die boomende Weinindustrie des Bundesstaats, darunter das trendige Willow Creek. Und dank der Lage an der Südspitze von New Jersey (Exit 0 von der Mautstraße) kann man die Sonne über dem Meer sowohl auf- als auch untergehen sehen.

Sehenswertes

Cape May Point State Park STATE PARK
(www.state.nj.us/dep/parksandforests/parks/capemay.html; 707 E Lake Dr; ⌚ 8–16 Uhr) Im 77 ha großen Cape May Point State Park gleich abseits der Lighthouse Ave können Besucher auf 3,2 km Wegen wandern und das berühmte **Cape May Lighthouse** (☎ 609-884-5404; www.capemaymac.org; 215 Lighthouse Ave; Erw./Kind 8/5 US$; ⌚ Mai–Sept. 10–17 Uhr, März & April 11–15 Uhr, Feb., März & Okt.–Dez. Sa 11–15

ABSEITS DER ÜBLICHEN PFADE

SANDY HOOK

Die nördlichste Spitze der Jersey Shore ist die **Sandy Hook Gateway National Recreation Area** (☎718-354-4606; www.nps.gov/gate; 128 S Hartshorne Dr, Highlands; Parkplatz Mai–Sept. 15 US$; ⌚April–Okt. 5–21 Uhr) GRATIS, bestehend aus einer 11 km langen Barriereinsel am Eingang des New York Harbor. Vom Badehandtuch aus erblickt man die Skyline von New York City. Die breiten Strände, zu denen auch **Gunnison** gehört, der einzige legale FKK-Strand in New Jersey, sind von einem Netz aus Radwegen gesäumt, und die der Bucht zugewandte Seite ist prima zum Angeln und zur Vogelbeobachtung geeignet.

Das historische Fort Hancock und der landesweit älteste noch betriebene **Leuchtturm** (☎732-872-5970; www.nps.gov/gate; 85 Mercer Road, Highlands; ⌚Besucherzentrum 9–17 Uhr, Führungen 13–16.30 Uhr halbstündl.) GRATIS vermitteln einen Eindruck von Sandy Hooks einstiger nautischer und militärischer Bedeutung.

Uhr) besichtigen Der 1859 erbaute, 48 m hohe Leuchtturm wurde in den 1990ern für 2 Mio. US$ restauriert; sein vollständig rekonstruiertes Leuchtfeuer ist vom Meer aus noch aus 40 km Entfernung zu sehen. Im Sommer kann man die 199 Stufen bis zur Spitze erklimmen. Die Öffnungszeiten variieren; Details telefonisch erfragen!

Cape May Bird Observatory VOGELSCHUTZGEBIET
(☎609-884-2736; www.birdcapemay.org; 701 East Lake Dr; ⌚April–Okt. 9–16.30 Uhr, Nov.–März Mi–Mo) GRATIS Cape May ist einer der landesweit besten Orte für Vogelbeobachtungen. Mehr als 400 Arten sind während der Vogelzug-Saison hier vertreten. Der 1,6 km lange Rundweg gibt einen guten Einblick, und im hiesigen Buchladen gibt's viele Bücher, Feldstecher und Vogelbeobachtungs-Schnickschnack.

Schlafen & Essen

★ **Congress Hall** HOTEL $$$
(☎609-884-8421; www.caperesorts.com; 200 Congress Pl; Zi. ab 259 US$; ❄📶🏊) Die 1816 eröffnete, riesige Congress Hall ist ein städtisches Wahrzeichen, das nun zweckmäßig modernisiert wurde, ohne dem alten Gebäude zu viel von seiner Geschichte zu rauben. Die Betreiberfirma hat in der Gegend noch mehrere hervorragende Hotels.

Mad Batter AMERIKANISCH $
(☎609-884-5970; www.madbatter.com; Carroll Villa Hotel, 19 Jackson St; Brunch 8–11 US$; ⌚Mai–Aug. 8–21 Uhr, Sept.–April variierende Öffnungszeiten) In einem weißen viktorianischen B&B versteckt sich dieses wegen des Brunches bei den Einheimischen sehr beliebte Restaurant. Man bekommt hier lockere Haferpfannkuchen und sämige Muschelsuppe. Das Dinner ist gut, aber teurer (Hauptgerichte rund 30 US$).

Die Eier Benedict à la Chesapeake Bay mit Krabbenfüllung sind prima.

★ **Lobster House** SEAFOOD $$
(☎609-884-8296; www.thelobsterhouse.com; 906 Schellengers Landing Rd; Hauptgerichte 14–30 US$; ⌚April–Dez. 11.30–15 & 16.30–22 Uhr, Jan.–März bis 21 Uhr) Das klassische Lokal mit Club-Atmosphäre am Kai serviert Austern aus der Region und Muscheln. Man kann nicht reservieren und könnte daher lange warten müssen, was sich vermeiden lässt, wenn man früh oder spät kommt oder sich erst mal einen Drink an Bord des Barboots *Schooner American* genehmigt, das neben dem Restaurant vertäut ist.

Ausgehen & Nachtleben

★ **Willow Creek Winery** WEINGUT
(☎609-770-8782; www.willowcreekwinerycapemay.com; 168 Stevens St; ⌚Mo–Do 11–17, Fr bis 21.30, Sa & So bis 19 Uhr) Das „Baby" der sechs Weingüter von Cape May ist diese ehemalige Limabohnen- bzw. Milchfarm, auf der 2011 die ersten Flaschen abgefüllt wurden und die seither ein solides Sortiment von Rot- und Weißweinen produziert. Die Tapaskarte und die Sangriabar am Wochenende sind sehr beeindruckend, und die Rundfahrt über das 20 ha große Weingut mit einer elektrischen Tram macht Spaß.

An- & Weiterreise

Busse von NJ Transit (www.njtransit.com) fahren von New York City (48 US$, 3 Std.; manchmal mit Umsteigen in Atlantic City) nach Cape May, und in den Sommermonaten gibt's auch einen verbilligten Expressbus aus Philadelphia (hin & zurück 33 US$, 3 Std.). Wer mit dem Auto unterwegs ist, kann die **Cape May-Lewes Ferry** (☎800-643-3779; www.cmlf.com; 1200 Lincoln Blvd; Auto/Mitfahrer 47/10 US$; ⌚April–Okt.

7–18 Uhr) nehmen, die in eineinhalb Stunden die Bucht nach Lewes in Delaware (nahe Rehoboth Beach) überquert.

PENNSYLVANIA

Der Bundesstaat Pennsylvania erstreckt sich auf einer Länge von ca. 480 km von der Ostküste bis zum Mittleren Westen und ist dabei unglaublich facettenreich. Philadelphia, das einstige Zentrum des britischen Kolonialreichs ist fester kultureller Bestandteil der Ostküste und ein Verbindungspunkt auf der Metrostrecke Boston–Washington. Hat man die Stadt jedoch einmal hinter sich gelassen, wird die Gegend ländlicher, was nicht zuletzt durch die Pennsylvania Dutch – Angehörige der Mennoniten, Amischen oder anderer Bevölkerungsgruppen – verstärkt wird, die ihre Ländereien immer noch von Hand bewirtschaften, als befänden sie sich im 18. Jh. Westlich von hier beginnen die Appalachen sowie die sogenannten Pennsylvania Wilds, ein Streifen kaum besiedelter, dichter Waldregion. Ganz im Westen des Bundesstaats liegt Pittsburgh, Pennsylvanias einzige Großstadt neben Philadelphia, und ein ehemaliges florierendes Zentrum der Stahlherstellung, das mit seiner Mischung aus niedergehendem Rust-Belt-Wohlstand und neuer Energie fasziniert.

Anreise & Unterwegs vor Ort

Pennsylvania besitzt diverse Flughäfen, darunter mehrere mit Auslandsflügen, und liegt nahe dem riesigen Luftkreuz des Newark International Airport in New Jersey, wo es Verbindungen in alle Welt gibt. Züge bedienen die meisten größeren Städte, Busse die meisten Ortschaften. Da aber viele Attraktionen in diesem Bundesstaat abseits der gebahnten Pfade liegen, empfiehlt sich zur genaueren Erkundung ein Mietwagen.

Philadelphia

Philadelphia, oder „Philly", wie die Stadt liebevoll genannt wird, besitzt den Glamour von New York City oder Washington, D.C., hat sich aber gleichzeitig kleinstädtischen Charme bewahrt. Weil die ältesten Gebäude der Stadt gut erhalten sind, werden die frühe Geschichte der USA und die Rolle der Stadt beim Aufbau der Demokratie hier teilweise besser nachvollziehbar als in der Hauptstadt. Die Stadt mit ihren Plätzen und Kopfsteinpflastergassen ist hübsch und lohnt eine Erkundung.

Vom Beginn des Unabhängigkeitskriegs bis 1790 (als Washington, D.C., gegründet wurde) war Philadelphia sogar die Hauptstadt der jungen Nation. Mit der Zeit lief NYC Philadelphia den Rang als Kultur-, Wirtschafts- und Industriezentrum ab und für Philly begann eine Talfahrt, die durch den Verlust der Arbeitsplätze in der Industrie noch verschlimmert wurde. Einige Gebiete der Stadt sind immer noch heruntergekommen, das Zentrum, von den gepflegten Anlagen der University of Pennsylvania bis zu den roten Backsteingebäuden der Altstadt, erstrahlt jedoch in neuem Glanz.

Sehenswertes & Aktivitäten

★ Barnes Foundation MUSEUM

(Karte S. 162; ☎215-278-7200; www.barnesfoundation.org; 2025 Benjamin Franklin Pkwy; Erw./Kind 25/10 US$; ⊙Mi–Mo 10–17 Uhr) In der ersten Hälfte des 20. Jhs. trug der Sammler und Pädagoge Albert C. Barnes eine bemerkenswerte Sammlung von Werken von Cézanne, Degas, Matisse, Renoir, Van Gogh und anderen berühmten europäischen Künstlern zusammen. Gleichzeitig sammelte er wunderschöne Volkskunst aus Afrika und vom amerikanischen Kontinent – eine Mischung, die damals noch schockierend war. Die heutige Barnes Foundation ist ein modernes Gebilde, in dessen Innerem eine originalgetreue Wiedergabe von Barnes' ursprünglichem Haus zu sehen ist. Dieses steht noch immer in einem Vorort Philadelphias.

Die Kunstwerke sind nach Barnes Vision aufgehängt, ein sorgfältig durchdachtes Nebeneinander von Farben, Themen und Materialien. In einem Raum scheint es, als blickten alle Porträtierten auf einen zentralen Punkt. Viel bemerkenswerter ist aber, dass man die meisten der Werke wahrscheinlich noch nie gesehen hat, da in Barnes' Testament eine Obergrenze für Vervielfältigungen und Leihgaben festgelegt ist.

★ Independence Hall HISTORISCHES GEBÄUDE

(Karte S. 166; ☎877-444-6777; www.nps.gov/inde; 520 Chestnut St; ⊙9–17 Uhr, Ende Mai–Anfang Sept. bis 19 Uhr) GRATIS Als „Wiege der amerikanischen Unabhängigkeit" gilt dieses Quäker-Gebäude, in dem Delegierte aus den 13 Kolonien am 4. Juli 1776 zusammentraten, um die Unabhängigkeitserklärung zu verabschieden. Der Eingang liegt an der Kreuzung der Chestnut und der 5th St. Die Warteschlangen können weit über den Block hinaus reichen – der Bau ist die Hauptattraktion in einer Stadt

Philadelphia

voller Geschichte. Man muss mindestens eine Stunde Wartezeit einplanen.

★ **Independence National Historic Park** PARK

(Karte S. 166; ☎215-965-2305; www.nps.gov/inde; 3rd & Chestnut St; ⏲Besucherzentrum & meiste Stätten 9–17 Uhr; 🚌9, 21, 38, 42, 47, Ⓤ SEPTA 5th St Station) Der L-förmige Park wurde zusammen mit Philadelphias Old City als „Amerikas geschichtslastigste Quadratmeile" bezeichnet. Das einstige Rückgrat der US-Regierung ist heute der Stützpfeiler des Tourismus in Philadelphia. Bei einem Rund-

gang erblickt man die geschichtsträchtigen Gebäude, in denen der Unabhängigkeitskrieg vorbereitet wurde und die amerikanische Demokratie heranreifte. Man findet hier auch schöne, schattige Grünflächen voller kostümierter Darsteller, Eichhörnchen und Tauben.

★ Museum of the American Revolution

MUSEUM

(Karte S. 166; ☎ 215-253-6731; www.amrevmuseum.org; 101 S 3rd St; Erw./Kind 19/12 US$; ⏲ Sept.–Ende Mai 10–17 Uhr, Ende Mai–Aug. 9.30–18 Uhr) Das riesige neue Multimedia-Museum lässt die Besucher virtuell an der

Philadelphia

Amerikanischen Revolution teilnehmen. Interaktive Dioramen und 3-D-Installationen zeichnen den Weg von der anfänglichen Zufriedenheit mit der britischen Herrschaft bis zur schlussendlichen Auflehnung nach. So erfährt man viel über die Ereignisse und die Menschen, Kulturen und Religionen, die an einer der folgenreichsten Revolutionen der Menschheitsgeschichte beteiligt waren. Die vielen interaktiven Exponate und Videos sorgen dafür, dass auch Kinder ihren Spaß haben. Achtung: Die Tickets sind zeitgebunden, möglichst früh online reservieren!

★ Philadelphia Museum of Art MUSEUM

(Karte S. 162; ☎215-763-8100; www.philamuseum.org; 2600 Benjamin Franklin Pkwy; Erw./Kind 20 US$/frei; ⏲Di, Do Sa & So 10–17, Mi & Fr bis 20.45 Uhr) Viele verbinden mit diesem Gebäude lediglich die prächtige Freitreppe, die Sylvester Stallone 1976 im Film *Rocky* hinaufrannte. Aber natürlich steckt hinter dieser Fassade noch weit mehr. Es ist die bedeutendste Schatztruhe der Nation mit hervorragenden Sammlungen asiatischer Kunst, Meisterwerken der Renaissance, postimperialistischen Gemälden und modernen Werken von Picasso, Duchamp und Matisse. Besonders sehenswert sind die Themenräume: ein mittelalterliches Kloster, ein chinesischer Tempel und ein österreichisches Landhaus.

Es gibt so viel zu sehen, dass das Ticket zwei Tage gültig ist. Damit kommt man ins Museum, das separate Perelman Building, zwei nahe gelegene Wohnhäuser und das Rodin Museum (S. 165). Mittwochs und freitags gibt's keine festen Eintrittspreise (jeder bezahlt, was er möchte), das Perelman Building ist an beiden Tagen geschlossen.

Mütter Museum MUSEUM

(Karte S. 162; ☎215-560-8564; www.muttermuseum.org; 19 S 22nd St; Erw./Kind 15/10 US$; ⏲10–17 Uhr) Wer weiß, was ein Bezoar ist, ist morbide genug, diese Schatztruhe medizinischer Kuriositäten zu schätzen. Die Einrichtung des College of Physicians, ein Museum der seltenen, seltsamen und verstörenden Krankheiten, ist eine Attraktion, die man in den USA so nur in Philadelphia findet.

★ Benjamin Franklin Museum MUSEUM

(Karte S. 166; ☎215-965-2305; www.nps.gov/inde; Market St, zw. 3rd & 4th St; Erw./Kind 5/2 US$; ⏲9–17 Uhr, Ende Mai–Anfang Sept. bis 19 Uhr) In einem Hof südlich der Market St befindet sich das unterirdische Museum, das Benjamin Franklins vielseitigem Leben als Drucker (er gründete die erste Zeitung des Landes), Erfinder (u. a. des Blitzableiters und der Bifokalbrille) und Politiker (er war Mitunterzeichner der Unabhängigkeitserklärung) gewidmet ist.

★ Rodin Museum
MUSEUM

(Karte S. 162; ✆ 215-763-8100; www.rodinmuseum.org; 2151 Benjamin Franklin Pkwy; Eintritt gegen Spende 10 US$; ⌚ Mi–Mo 10–17 Uhr) In diesem kürzlich renovierten Museum finden sich Abgüsse von Rodins bekanntesten Werken, dem *Denker* und den *Bürgern von Calais*, sowie 138 weitere Skulpturen aus allen Schaffensperioden des berühmten französischen Bildhauers.

Liberty Bell Center
HISTORISCHE STÄTTE

(Karte S. 166; ✆ 215-965-2305; www.nps.gov/inde; 526 Market St; ⌚ 9–17 Uhr, Ende Mai–Anfang Sept. bis 19 Uhr) GRATIS Diese Ikone der Geschichte Philadelphias wird durch einen Glasbau vor den Elementen geschützt. Man kann sich die Glocke von außen ansehen oder sich in die Schlange der Wartenden einreihen, um direkt an ihr vorbeigeschoben zu werden und dabei auf Infotafeln Fakten zur Geschichte des 943,5 kg schweren Kolosses zu lesen. Die Reihe der Wartenden beginnt am Nordende des Gebäudes, wo die Fundamente von George Washingtons Wohnhaus auf dem Boden markiert sind. Eine kurze Zusammenfassung der Hintergründe: Die Glocke wurde 1751 als Erinnerung an das 50. Jubiläum der Verfassung Pennsylvanias gegossen und in der Independence Hall (S. 161) aufgehängt, wo sie bei der ersten öffentlichen Verlesung der Unabhängigkeitserklärung erklang. Im 19. Jh. wurde die Glocke schwer ramponiert und läutet aufgrund eines Risses seit 1846 nicht mehr.

Philly from the Top
OBSERVATORIUM

(One Liberty Observation Deck; Karte S. 162; ✆ 215-561-3325; http://phillyfromthetop.com; 1650 Market St; Erw./Kind 14/9 US$; ⌚ 10–20 Uhr) Von der 269 m hoch gelegenen Terrasse in der 57. Etage des One Liberty Place genießt man den Blick auf die Stadt von oben. Spektakulär ist die Aussicht bei Dunkelheit.

Shofuso Japanese House & Garden
GARTEN

(✆ 215-878-5097; www.japanesehouse.org; Horticultural Dr, Fairmount Park; Erw./Kind 10/5 US$; ⌚ April–Okt. Mi–Fr 10–16, Sa & So 11–17 Uhr) Das malerische Wohnhaus mit Teehaus im Stil des 16. Jhs. steht inmitten traditionell gestalteter Gärten auf einem 0,5 ha großen Gelände. Besonders prächtig ist die Anlage im Frühjahr während der Kirschblüte.

★ City Hall
GEBÄUDE

(Karte S. 162; ✆ 215-686-2840; www.phlvisitorcenter.com; Ecke Broad St & Market St; Turm 6 US$, Führung & Turm 12 US$; ⌚ Mo–Fr 9–17, ein Sa im Monat auch 11–16 Uhr, Führung 12.30 Uhr, Turmschließung Mo–Fr 16.15 Uhr) Das 1901 fertiggestellte Rathaus nimmt einen kompletten Häuserblock ein und ist mit 167 m – die 27 t schwere Bronzestatue von William Penn nicht eingerechnet – das weltweit höchste Bauwerk ohne Stahlträger. Von der Aussichtsplattform nahe der Spitze des Turms blickt man über fast die ganze Stadt (Tickets vorab reservieren!). Auch die täglich angebotenen Führungen durch das Innere des Gebäudes lohnen sich. Im Winter wird auf der Westseite der Plaza eine Schlittschuhbahn aufgebaut.

Eastern State Penitentiary
MUSEUM

(Karte S. 162; ✆ 215-236-3300; www.easternstate.org; 2027 Fairmount Ave; Erw./Kind 14/10 US$; ⌚ 10–17 Uhr) Das moderne Gefängnis, wie man es heute kennt, entstand nicht einfach, sondern wurde erfunden und geplant. Das Eastern State Penitentiary war das erste; es wurde 1829 in Betrieb genommen und 1971 endgültig geschlossen. Mit einem Audio-Guide besichtigen Besucher die unheimlichen, hallenden Korridore, eine Station ist die luxuriöse Zelle Al Capones. In dem Gebäude gibt's auch Infos zum gegenwärtigen Gefängnissystem der USA und viele Kunstinstallationen. Die Strafanstalt ist eine Attraktion; in den Spitzenzeiten ist der Andrang groß.

Edgar Allen Poe National Historic Site
HISTORISCHE STÄTTE

(Karte S. 162; ✆ 215-597-8780; www.nps.gov/edal; 532 N 7th St; ⌚ Fr–So 9–12 & 13–17 Uhr) GRATIS Edgar Allen Poe, der Erfinder der Kurzgeschichte, lebte sieben Jahre in Philadelphia. Dieses Haus ist das einzige erhaltene der Häuser, in denen er hier wohnte. Es wurde in ein kleines, aber interessantes Museum mit vielen originalen Zeugnissen und restaurierten Zimmern umgewandelt. Unbedingt anschauen sollte man sich auch den aus Backstein gemauerten Keller (voller Spinnweben), der Poe zu seinem Meisterwerk *Die schwarze Katze* inspiriert haben soll. Eine Statue des Raben steht draußen.

Mural Tours
GEFÜHRTE TOUR

(✆ 215-925-3633; www.muralarts.org/tours; 22–32 US$) Geführte Touren im Trolleybus, mit dem Zug oder zu Fuß vorbei an den vielen verstreut in der Stadt sichtbaren Wandmalereien. Wer sich diese auf eigene Faust anschauen möchte, findet online eine kostenlose Straßenkarte.

Philadelphia - Old City

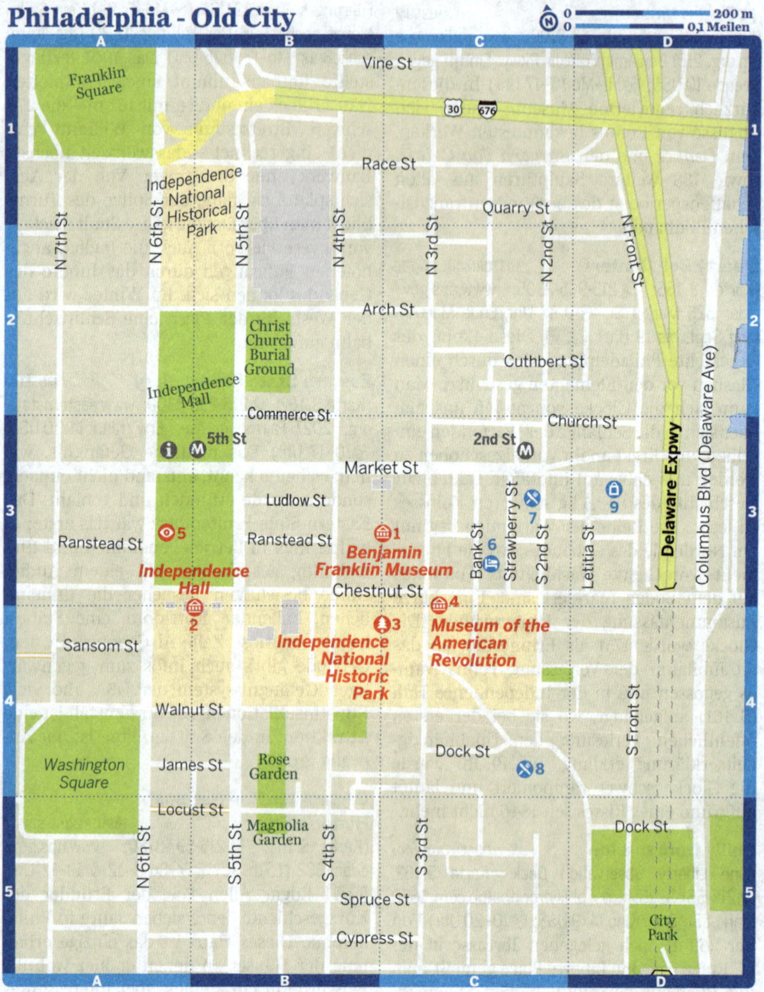

Taste of Philly Food Tour ESSEN & TRINKEN

(Karte S. 162; ☎800-838-3006; www.tasteofphillyfoodtour.com; 51 N 12th St; Erw./Kind 17/10 US$; ⌚Mi & Sa 10 Uhr) Bei dem 75-minütigen Spaziergang mit einem örtlichen Autor über den Reading Terminal Market erfährt man viel über Phillys kulinarische Kultur und isst auch selbst was. Reservierung erforderlich!

Feste & Events

Feastival ESSEN & TRINKEN

(☎267-443-1886; http://phillyfeastival.com/; 140 N Columbus Blvd; 300 US$) Bei dem beliebten Food-Festival, das jedes Jahr an einem Septemberabend zur Unterstützung von Fringe Art, der Kulturorganisation, die das Fringe Festival veranstaltet, ausgerichtet wird, isst man und trifft sich. Der Abend ist nicht billig, aber wer ihn sich leisten kann, wird ihn nicht vergessen.

Mummers Parade KARNEVAL

(www.mummers.com; ⌚1. Jan.) Typisch Philly: Der Umzug mit aufwendigen Kostümen, Musik und viel Tradition ist noch am ehesten mit dem Mardi Gras in New Orleans zu vergleichen, findet aber in schneidender Winterkälte statt. Die Parade auf der Broad St im Stadtzentrum zieht sich nicht selten über 1,6 km und länger.

Philadelphia - Old City

Fringe Festival DARSTELLENDE KUNST
(www.fringearts.com; Mitte Sept.) Philadelphias Festival der darstellenden Kunst gibt's schon seit 1996: An 17 Tagen stehen Mitte September Events, Theater und Verrücktheit auf dem Programm.

Schlafen

★ **Apple Hostels** HOSTEL $
(Karte S. 166; ☎215-922-0222; www.applehostels.com; 33 Bank St; B/DZ 20/95 US$;) Das fröhliche Hostel breitet sich am Ende einer Gasse der Old City auf beiden Seiten der Straße aus. Das apfelgrüne Farbschema passt zum Namen, ansonsten zeichnet sich dieses HI-Hostel durch seine Details aus: zwei makellose Küchen, Lounges und eine Bibliothek sowie Steckdosen in den Schließfächern, USB-Ports und Leselampen an jedem Bett, kostenlosen Kaffee und Ohrstöpsel.

Es gibt nach Geschlechtern getrennte und gemischte Schlafsäle sowie zwei Privatzimmer. Das nette Personal bietet Aktivitäten wie Stadtspaziergänge, Pasta-Abende und donnerstags einen Kneipenbummel an.

Chamounix Mansion Hostel HOSTEL $
(☎215-878-3676; www.philahostel.org; 3250 Chamounix Dr, West Fairmount Park; B HI-Mitglieder/Nichtmitglieder 22/25 US$, DZ 55 US$; 15. Dez.–15. Jan. geschl.; ; 38 & 40) Dieses HI-Hostel liegt in einem hübschen Waldgebiet im Norden der Stadt und eignet sich daher am besten für Gäste mit Auto. Die Gemeinschaftsbereiche, die mit Möbeln aus dem 19. Jh. ausgestattet sind, sind eher B&B- als hosteltypisch; die Schlafsäle sind schlicht. Doch wegen all der Antiquitäten, einer Harfe, Orientteppichen und Gemälden wirkt das Haus regelrecht luxuriös.

Das Gebäude steht auf der Baudenkmalsliste von Philadelphia.

★ **Alexander Inn** BOUTIQUEHOTEL $$
(Karte S. 162; ☎215-923-3535; www.alexanderinn.com; Ecke 12th & Spruce St; EZ/DZ ab 143/182 US$;) Die Fotos im Internet werden dieser Unterkunft nicht gerecht. Die makellos gepflegten Zimmer haben eine unaufdringliche, leicht traditionelle Anmutung; einige verfügen über altmodische Sitzbadewannen. Das kontinentale Frühstück ist durchschnittlich, aber eine bequeme Option, wenn man nicht die Zeit hat, die anderen Frühstücksmöglichkeiten in der Nähe zu erkunden.

Independent BOUTIQUEHOTEL $$
(Karte S. 162; ☎215-772-1440; www.theindependenthotel.com; 1234 Locust St; Zi. ab 175 US$;) Eine gute Option in Center City, untergebracht in einem hübschen Backsteingebäude im georgianischen Stil mit einem viergeschossigen Atrium. Der Anstrich des Fahrstuhls täuscht vor, es handele sich um eine Folge von Türen. Die 24 Zimmer mit Holzboden sind großzügig bemessen und sonnig, und der kostenlose Pass für das Fitnesscenter außerhalb des Hauses und Wein und Käse, die montags bis donnerstags serviert werden, runden das Angebot ab.

Le Méridien HOTEL $$
(Karte S. 162; ☎215-422-8200; www.starwoodhotels.com; 1421 Arch St; DZ ab 231 US$;) Das Hotel gehört zwar zu einer Luxuskette, zeichnet sich aber durch seine Lage und die geschmackvolle Anpassung eines alten Gebäudes an die Bedürfnisse eines modernen Hotels aus. Das Haus ist gänzlich rauchfrei, nimmt Haustiere auf, bietet eine große Palette von Einrichtungen – Fitnessraum, Businesscenter, Parkplatz – und liegt recht zentral in der City Hall.

Windsor Suites HOTEL $$
(Karte S. 162; ☎215-981-5678; www.thewindsorsuites.com; 1700 Benjamin Franklin Pkwy; Suite ab 229 US$;) Die komfortablen Suiten besitzen voll ausgestattete Küchen und können auch länger, etwa für einen Monat, gemietet werden. Das Hotel hat eine kom-

fortable Lage zwei Blocks vom Logan Sq entfernt und ist sehr haustierfreundlich: Vierbeiner können kostenlos mitkommen, und es gibt sogar besondere Einrichtungen für sie. Bei Online-Buchung werden wesentlich günstigere Preise berechnet.

★ **Rittenhouse Hotel** HOTEL $$$
(Karte S. 162; ☎ 215-546-9000; www.rittenhousehotel.com; 210 W Rittenhouse Sq; DZ 400 US$;) Die Zimmer des Fünf-Sterne-Hotels am Rittenhouse Square haben Marmorbäder. Unter den Optionen im Stadtzentrum mit Pool ist diese eine der schönsten. Es gibt einen erstklassigen Brunch und einen entspannenden Nachmittagstee mit Musik. Von Donnerstag bis Samstag spielt live eine Jazzband in der Bibliothek/Bar.

Essen

Big Gay Ice Cream EIS $
(Karte S. 162; ☎ 267-886-8024; www.biggayicecream.com; 521 S Broad St; Eiscreme ab 3 US$; So–Do 13–22, Fr & Sa bis 23 Uhr; M Lombard South) Das Big Gay Ice Cream zählt zu den besten Eiscremeketten der Welt. Sie stammt nicht aus Philadelphia, sondern aus New York City. Das Markenzeichen, die Eiswaffel „Salty Pimp" (Vanille, *dulce de leche* und Schokoladenmantel) ist auf alle Fälle unwiderstehlich. Die Beschreibungen der verschiedenen Eiswaffeln sind schön doppeldeutig und geben Anlass zum Schmunzeln.

Luke's Lobster SEAFOOD $
(Karte S. 162; ☎ 215-564-1415; www.lukeslobster.com; 130 S 17th St; Hummerbrötchen 16,50 US$; So–Do 11–21, Fr & Sa bis 22 Uhr) Das Lokal gehört zu einer entspannten, kleinen Ostküstenkette und serviert authentische Kost aus Maine, für die nachhaltig gefangene Meeresfrüchte verwendet werden. Zum gebutterten Hummerbrötchen passt der Blaubeer-Soda hervorragend.

Tom's Dim Sum CHINESISCH $
(Karte S. 162; ☎ 215-923-8880; www.tomsdimsumpa.com; 59 N 11th St; Hauptgerichte 8–12 US$; 11–22.30, Fr–So bis 23 Uhr) Schmackhafte Brötchen und Suppenklößchen in einem zwanglosen Lokal nahe dem Busbahnhof.

Zahav NAHÖSTLICH $$
(Karte S. 166; ☎ 215-625-8800; www.zahavrestaurant.com; 237 St. James Pl, abseits der Dock St; Hauptgerichte 15 US$, Verkostungsmenüs 45–54 US$; So–Do 17–22, Fr & Sa bis 23 Uhr) Das Restaurant bietet raffinierte modern-israelische Küche, deren Gerichte hauptsächlich nordafrikanisch, persisch und levantinisch geprägt sind. Man stellt sich selbst Meze und Grillspeisen zusammen oder entscheidet sich für das Verkostungsmenü Mesibah („Partyzeit"). Das Restaurant ist in einem etwas unpassenden Gebäude auf dem Gelände der Society Hill Towers untergebracht und nimmt keine Reservierungen von.

White Dog Cafe AMERIKANISCH $$
(☎ 215-386-9224; www.whitedog.com; 3420 Sansom St; Hauptgerichte abends 18–29 US$; Mo–Fr 11.30–21.30, Sa 10–22, So 10–21 Uhr) Dass die zwölf Boston-Terrier an der Wand nicht recht zum Essen passen, braucht einen nicht zu kümmern, denn dieses Restaurant serviert schon seit 1983 farmfrische Gerichte. Hier gibt's Trüffel und traditionell hergestellten Käse, Sommertomaten und vieles mehr. Dass der bevorzugte Drink hier Greyhound (nach der Hunderasse) heißt, versteht sich angesichts des Namens des Lokals wohl von selbst.

★ **Cuba Libre** KARIBISCH $$
(Karte S. 166; ☎ 215-627-0666; www.cubalibrerestaurant.com; 10 S 2nd St; Hauptgerichte 15–24 US$; Mo–Mi 11.30–22, Do 11.30–23, Fr 11.30–2, Sa 10.30–2, So 10–2 Uhr) In diesem munteren, mehrstöckigen kubanischen Lokal mit Rum-Bar wirkt das koloniale Amerika ganz weit entfernt. Zu den kreativen Gerichten zählen Shrimp-*ceviche*, kubanische Sandwiches und mit Guave aromatisierte Grillspeisen. Die Mojitos sind ausgezeichnet. Das Verkostungsmenü für 43 US$ beinhaltet eine Auswahl der Spezialitäten – der Preis versteht sich pro Portion, nicht pro Person, sodass man sich das Menü auch teilen kann. Die Rechnung wird in einer Zigarrenschachtel überreicht.

Baril FRANZÖSISCH $$$
(Karte S. 162; ☎ 267-687-2608; www.barilphilly.com; 267 S 19th St; Hauptgerichte ab 25 US$, Festpreismenü 35 US$; Di–Fr 16–2, Sa & So ab 10.30 Uhr) Dieses Restaurant am Rittenhouse Sq serviert französische Haute Cuisine, die kreativ in einem rustikalen, von Holz geprägten Ambiente aufgetischt wird. Man sollte unbedingt vom Käsekarren wählen – der Eigentümer oder das Personal empfehlen dazu den jeweils passenden Wein. Die kundig gemixten Cocktails sind hervorragend.

★ **Morimoto** JAPANISCH $$$
(Karte S. 162; ☎ 215-413-9070; www.morimotorestaurant.com; 723 Chestnut St; Hauptgerichte 30 US$; Mo–Do 11.30–14 & 17–22, Fr & Sa

INSIDERWISSEN

TYPISCHE PHILLY-SANDWICHS

Die Einwohner Philadelphias streiten sich über die unterschiedlichen Ausführungen der Cheesesteaks – ein warmes Sandwich, das aus dünn geschnittenem, scharf angebratenem Rindfleisch in einem weichen Brötchen besteht –, als seien sie Bibelgelehrte, die über das Fünfte Buch Mose debattieren. Besucher sollten vor allem wissen, wie man den Philly-Klassiker bestellt. Zuerst wählt man die Käseart – *prov* (Provolone), American (gelber Schmelzkäse) oder *whiz* (geschmolzene, orangefarbene Käsesauce) – und hängt dann noch ein *wit* (with) oder *widdout* (without) für mit oder ohne Röstzwiebeln an. Daraus wird also *prov wit* oder *whiz widdout*.

Pat's King of Steaks (215-468-1546; www.patskingofsteaks.com; 1237 E Passyunk Ave; Sandwiches 8 US$; ⏲24 Std.) Hier wurde das Cheesesteak 1930 erfunden.

Jim's Steaks (Karte S. 162; ☎215-928-1911; www.jimssouthstreet.com; 400 South St; Sandwiches 10 US$; ⏲10–1, Fr & Sa bis 3, So ab 11 Uhr) Pizza Steak – mit Tomatensauce – ist eine Option, genauso *hoagies* (Sandwiches auf langen Brötchen mit kaltem Belag). Der Laden ist komfortabler als die meisten: Es gibt hier Bier und Sitzplätze drinnen.

Tony Luke's (☎215-551-5725; www.tonylukes.com; 39 E Oregon Ave; Sandwiches 7–11 US$; ⏲Mo–Do 6–24, Fr & Sa bis 2, So 11–20 Uhr) Der Laden ist berühmt für seine Schweinebraten-Sandwiches mit Provolone und Rübstiel (ein etwas bitteres Grüngemüse aus der Familie der Kreuzblütengewächse). Auch das vegetarische Sandwich ist prima.

John's Roast Pork (☎215-463-1951; www.johnsroastpork.com; 14 E Snyder Ave; Sandwiches 8–12 US$; ⏲Mo–Sa 9–19 Uhr) Dieser typische Sandwichladen, in dem bar bezahlt werden muss, existiert schon seit 1930 an seiner Ecke weit im Süden der Stadt neben einer Fabrik.

bis 24, So 17–22 Uhr) Das Morimoto gibt sich ausgesprochen stylish – vom Speisesaal, der aussieht wie ein futuristisches Aquarium, bis zu der Karte, die von bunten Kombinationen und Einflüssen aus aller Welt geprägt ist. Ein Mahl in diesem Restaurant, das bei *Iron Chef* dabei ist, hat etwas von einer Theatervorstellung. Wer es sich leisten kann, bestellt *omakase*, das vom Koch zusammengestellte Überraschungsmenü.

★ Gran Caffè L'Aquila ITALIENISCH **$$$**

(Karte S. 162; ☎215-568-5600; http://grancaffe laquila.com; 1716 Chestnut St; Hauptgerichte 18–30 US$; ⏲Mo–Do 7–22, Fr 7–23, Sa 8–23, So 8–22 Uhr, Bar öffnet 1 Std. später) *Mamma mia*, das ist wirklich eindrucksvolles italienisches Essen, so aromatisch, wie man es sich nur wünschen kann. Einer der Eigentümer ist ein preisgekrönter *gelato*-Hersteller, und im 2. Stock gibt's sogar eine eigene Eisfabrik. Manche Hauptgerichte sind mit pikantem Eis garniert. Der Kaffee wird im Haus geröstet, und das adrette Personal ist sehr ums Wohl der Gäste bemüht.

Die drei Besitzer des Restaurants kamen ins Land, nachdem ihr Dorf in Italien 2014 bei einem Erdbeben zerstört worden war. Wer nicht längere Zeit warten will, sollte unbedingt reservieren.

Ausgehen & Nachtleben

1 Tippling Place BAR

(Karte S. 162; ☎215-665-0456; http://1tpl.com; 2006 Chestnut St; Cocktails 8–15 US$; ⏲Di–So 17–2 Uhr) Ob man an der Bar oder auf einem gemütlichen Sofa Platz nimmt – dieses Lokal hat alles, was man von einer gehobenen Cocktailbar erwartet. Extrapunkte für alle, die mehr als vier Schreibfehler auf der Karte finden! Achtung: Das Lokal wirkt geschlossen, auch wenn es geöffnet ist, denn draußen ist kein Schild zu sehen!

★ Monk's Cafe BAR

(Karte S. 162; ☎215-545-7005; www.monkscafe.com; 264 S 16th St; ⏲11.30–2 Uhr, Küche bis 1 Uhr) Bierfreunde versammeln sich in diesem gemütlichen, holzgetäfelten Lokal mit belgischen und amerikanischen Kleinbrauereibieren vom Fass. Es gibt auch eine Speisekarte mit vernünftigen Preisen, auf der z. B. Muscheln und Pommes sowie täglich ein veganes Angebot stehen. Wer sich bei der Wahl seines Getränks nicht sicher ist, wirft einen Blick in die „Bierbibel".

R2L Restaurant LOUNGE

(Karte S. 162; ☎215-564-5337; https://r2lrestau rant.com; 50 S 16th St; Cocktails 15 US$; ⏲Lounge Mo–Do 16–1, Fr & Sa 16–2, So 16–23 Uhr) Hier dreht sich alles um die Aussicht. Den Blick aufs nächtliche Philadelphia gibt's hier zu allem dazu, was auf der Karte steht. Die Cocktails sind mild und ausbalanciert, aber beim Blick auf das Lichtermeer kommt einem selbst Leitungswasser vor wie eine erlesene Spezialität. Hier kann man einen besonderen Abend mit jemandem verbringen, der einem am Herzen liegt.

★ Trestle Inn BAR
(Karte S. 162; 267-239-0290; www.thetrestleinn.com; 339 N 11th St; Mi–Do 17–1, Fr & Sa 17–2 Uhr) Eine aufgewertete alte Kneipe in einer dunklen Ecke des sogenannten „Eraserhood" (das teilweise als Industriegebiet dienende Viertel, in dem der Regisseur David Lynch die Inspiration zu seinem Film *Eraserhead* fand) mit sorgfältig zubereiteten Cocktails und Go-Go-Tänzerinnen.

Double Knot BAR
(Karte S. 162; 215-631-3868; www.doubleknotphilly.com; 120 S 13th St; Cocktails 10–15 US$; 7–24 Uhr) Die japanisch inspirierte Bar ist einer der wenigen Orte in Philly, wo Sake richtig kredenzt wird (in einem überfließenden Glas, das in einem *masu*-Holzbecher steht). Das Double Knot macht auch prima Cocktails und serviert köstliches Essen. Das Lokal ist oft überfüllt, aber dank der stilvollen, modernen Deko und der freundlichen Bedienung ein netter Ort für einen Happen und einen Drink am späteren Abend.

Tavern on Camac SCHWULE & LESBEN
(Karte S. 162; 215-545-0900; www.tavernoncamac.com; 243 S Camac St; Pianobar 16–2 Uhr, Restaurant Mi–Mo 18–1, Club Di–So 21–2 Uhr) Dies ist eine der ältesten Schwulenbars in Philadelphia und besitzt eine Pianobar und ein Restaurant im Erdgeschoss. Im Obergeschoss befindet sich der kleine Club Ascend mit einer Tanzfläche. Mittwochs ist Frauenabend, freitags und samstags legen DJs auf. Allemal lohnen ist der Showtune Sunday.

Dirty Franks BAR
(Karte S. 162; 215-732-5010; www.dirtyfranksbar.com; 347 S 13th St; DF-Special 2,50 US$; 11–2 Uhr) Die Stammgäste nennen diese Bar nicht ohne eine gewisse Ironie eine Institution. Wie in vielen Kneipen Phillys bekommt man hier einen „Citywide Special", bestehend aus einem Jim Beam und einer Dose Pabst Blue Ribbon für 2,50 US$. Wem das zu viel ist, der versucht ein DF Shelf of Shame für nur 2 US$

✪ Unterhaltung

PhilaMOCA DARSTELLENDE KUNST
(Philadelphia Mausoleum of Contemporary Art; Karte S. 162; 267-519-9651; www.philamoca.org; 531 N 12th St) Erst war er ein Lager für Grabsteine, dann das Studio des Produzenten Diplo, und heute ist dieser Laden eine Location u. a. für Filmvorführungen, Liveshows, Kunst und Comedy.

Wanamaker Organ LIVEMUSIK
(Macy's; Karte S. 162; 484-684 7250; www.wanamakerorgan.com; 1300 Market St; Konzerte Mo–Sa 12 & Mo, Di, Do & Sa 17.30, Mi & Fr 19 Uhr) Als Macy's noch Wanamaker's war, ließ Inhaber John Wanamaker 1909 diese riesige Pfeifenorgel aufstellen, um die Käufer mit Gratis-Konzerten zu unterhalten und zum längeren Bleiben zu verführen. Diese Tradition gibt es noch: Mehrmals täglich füllen klassische und Pop-Melodien das zentrale Atrium des Kaufhauses. Die Angestellten sind davon nicht begeistert, aber die Besucher freut es.

Johnny Brenda's LIVEMUSIK
(215-739-9684; www.johnnybrendas.com; 1201 N Frankford Ave; Tickets 10–15 US$; Küche 11–1 Uhr, Vorstellungsbeginn variiert; M Girard) Die großartige kleine Location mit Balkon ist der Mittelpunkt der Indie-Szene in Fishtown/Northern Liberties. Gleichzeitig fungiert sie als solides Lokal mit Bar, die ebenso individuelle Biere vorrätig hat.

Shoppen

AIA Bookstore & Design Center BÜCHER
(Karte S. 162; 215-569-3188; www.aiabookstore.com; 1218 Arch St; Mo–Sa 10–18, So 12–17 Uhr) Der vom American Institute of Architects geführte Buchladen hat kreatives Kinderspielzeug, z. B. Lego-Bausätze, und andere ungewöhnliche Geschenke, die irgendwie mit Architektur und Innenarchitektur zusammenhängen. Selbstverständlich gibt's auch jede Menge Bücher über Architektur.

Omoi Zakka Shop MODE & ACCESSOIRES
(Karte S. 162; 215-545-0963; http://omoionline.com; 1608 Pine St; Mo 12–19, Di –Sa 11–19, So 12–18 Uhr) Dieser Laden widmet sich allem, was japanisch ist. Die Modeartikel, Bücher, Kleidungsstücke, Haushaltswaren, Briefpapiere etc. zeigen den japanisch inspirierten Sinn für Schönheit und gutes Design.

Shane Confectionery ESSEN & TRINKEN
(Karte S. 166; 215-922-1048; www.shanecandies.com; 110 Market St; 11–20, Fr & Sa bis 22

Uhr) Dieser wundervolle Süßwarenladen alter Schule macht wunderschöne Leckereien nach alten Vorbildern; hinten ist sogar eine historische Maschine für heiße Schokolade in Betrieb.

Praktische Informationen

Independence Visitor Center (Karte S. 166; ☎800-537-7676; www.phlvisitorcenter.com; 599 Market St; ⏰Sept.–Mai 8.30–18 Uhr, Juni–Aug. 8.30–19 Uhr) Das vom Independence Visitor Center Corps und dem National Park Service geführte Besucherzentrum hat Infos zum Nationalpark und zu allem Sehenswerten in Philadelphia.

Sister Cities Park Visitor Center (Karte S. 162; ☎267-514-4760; www.phlvisitorcenter.com; 200 N 18th St; ⏰Mai–Sept. Mo–Sa 9.30–17.30, So bis 17 Uhr) Das regionale Besucherzentrum nahe dem Brunnen auf dem Logan Sq verkauft Tickets und informiert über die Attraktionen der Stadt.

An- & Weiterreise

AUTO & MOTORRAD

Von Nord nach Süd verläuft die I-95 (Delaware Expwy) am östlichen Stadtrand am Delaware River entlang und hat mehrere Ausfahrten Richtung Center City. Die I-276 (Pennsylvania Turnpike) verläuft in östlicher Richtung durch den Norden der Stadt, überquert den Fluss und bietet Anschluss an den New Jersey Turnpike.

BUS

Greyhound (www.greyhound.com), Peter Pan Bus Lines (www.peterpanbus.com) und NJ Transit (www.njtransit.com) fahren alle an der **Central Bus Station** (Karte S. 162; 1001 Filbert St) in der Innenstadt nahe dem Kongresszentrum ab; Greyhound steuert Ziele im ganzen Land an, Peter Pan konzentriert sich auf den Nordosten, und NJ Transit bedient New Jersey. Bei Onlinebuchung sind die Preise der ersten beiden Anbieter günstiger – so kann eine Fahrt nach Washington, D. C., mit Greyhound z. B. mitunter gerade einmal 16 US$ (3½ Std.) kosten.

Megabus (Karte S. 162; http://us.megabus.com; JFK Blvd & N 30th St) fährt nahe der 30th St Station ab und bedient alle größeren Städte im Nordosten sowie Toronto. Nach NYC und Boston bietet die Greyhound-Tochter **Bolt Bus** (Karte S. 162; ☎877-265-8287; www.boltbus.com; JFK Blvd & N 30th St) die geräumigsten Busse; bei Onlinebuchung kann die Fahrt nach NYC (2½ Std.) beispielsweise gerade einmal 9 US$ kosten.

FLUGZEUG

Der **Philadelphia International Airport** (PHL; ☎215-937-6937; www.phl.org; 8000 Essington Ave; 🚇Airport Line) liegt 10 Meilen (16 km) südlich der Center City und ist ein Drehkreuz von American Airlines sowie das Ziel internationaler Direktfüge.

ZUG

Unmittelbar westlich der Innenstadt liegt auf der anderen Seite des Schuylkill die schöne, im neoklassizistischen Stil erbaute **30th St Station** (www.amtrak.com; 2955 Market St), die ein wichtiges Drehkreuz des Bahnverkehrs ist. Amtrak bietet von hier aus auf seiner Nord-Ost-Korridor-Strecke Verbindungen nach New York City (56–190 US$, 1–1½ Std.), Boston (130–386 US$, 5–5¾ Std.) und Washington, D. C., (56–216 US$, 2 Std.) sowie nach Lancaster (20–40 US$, 1 Std.) und Pittsburgh (ab 64 US$, 7½ Std.) an.

Langsamer, aber preiswerter kommt man nach NYC, indem man einen SEPTA-Regionalzug (☎215-580-7800; www.septa.org) bis nach Trenton (9 US$, 50 Min.) nimmt und dort in einen NJ-Transit-Bus (www.njtransit.com) bis zu New York Citys Penn Station (16,75 US$, 1½ Std.) steigt.

Unterwegs vor Ort

SEPTA (www.septa.org) betreibt Philadelphias öffentliche Verkehrsmittel, darunter die Airport-Line-Züge (8 US$, 25 Min., alle 30 Min.), die in University City und Center City halten. Ein Taxi ins Zentrum kostet pauschal 28,50 US$. Mit dem Independence Pass (Pers./Fam. 12/29 US$) kann man einen Tag unbegrenzt alle Busse, Züge und U-Bahnen nutzen, einschließlich der Airport Line.

Die Entfernungen im Zentrum sind kurz – zwischen den Flüssen Delaware und Schuylkill sind es gerade einmal 3,2 km –, sodass die meisten Strecken zu Fuß zurückgelegt werden können. Wer seine Beine schonen oder etwas weiter fahren möchte, steigt in einen der SEPTA-Busse, eine der beiden U-Bahn-Linien oder den Trolleybus (Fahrpreis 2,25 US$). Günstiger wird es, wenn man eine Key-Card (wird stufenweise eingeführt) mit Guthaben auflädt. Die Market St ist die Hauptverkehrsstraße. Hier kann man in einen Bus steigen, der quer durchs Zentrum fährt, oder einen unterirdisch verkehrenden Trolleybus nach University City nehmen. In der Hauptsaison fährt der lilafarbene Phlash-Bus (www.ridephillyphlash.com) eine Rundroute entlang der wichtigsten Sehenswürdigkeiten. Ein Fahrt kostet 2 US$, ein Tagespass 5 US$. Im Bus passend bezahlen!

Philadelphias Bike-Sharing-Dienst ist Indego (www.rideindego.com). Ohne Anmeldung werden 4 US$ für 30 Minuten fällig; eine 30-tägige Mitgliedschaft ist mit 15 US$ ein echtes Schnäppchen, allerdings muss man die entsprechende Karte rechtzeitig im Voraus bestellen.

Vor allem im Zentrum kann man an der Straße ganz einfach ein Taxi heranwinken. Der Startpreis beträgt 2,70 US$, dann kommen pro Meile 2,30 US$ hinzu. Alle lizenzierten Taxis haben ein Navigationssystem und akzeptieren meist Kreditkarten. Hier fahren auch Uber und Lyft.

Pennsylvania Dutch Country

Lancaster County und seine weitere Umgebung, grob gesagt zwischen Reading und dem Susquehanna River, gelten als Zentrum der Gemeinschaft der sogenannten Pennsylvania Dutch. Dabei handelt es sich um eine Vielzahl von religiösen Orden und Kulturen mit deutschen Wurzeln, die sich im 18. Jh. hier ansiedelten. Am bekanntesten sind die Amish, Mennoniten und die German Baptists (Schwarzenauer Brüder), die alle eine kulturelle Gemeinsamkeit besitzen: Sie haben sich alle verschiedenen Ausprägungen einer einfachen, technologiearmen Lebensweise verschrieben.

Ironischerweise ist es genau dieses einfache Leben mit den malerischen Pferdekutschen und Ochsenkarren, mit denen die Felder gepflügt werden, das busladungsweise Besuchern anzieht und eine überraschend kitschige Touristenindustrie mit sich bringt, die oft eher abstoßend ist. Hält man sich jedoch an die Nebenstraßen, kann man auch weiterhin die Ruhe genießen, die sich diese religiösen Gemeinschaften bewahrt haben.

Zu den kleinen Siedlungen in diesem Gebiet zählen das winzige Christiana und das eisenbahnverrückte Strasburg. Lititz ist der Sitz von Wilbur Chocolates (dessen Produkte die Einheimischen Hershey's vorziehen) und von Sturgis, der ersten Brezelfabrik der USA. Ephrata ist die Zentrale von Ten Thousand Villages, einem riesigen, von Mennoniten geführten Fair-Trade-Importunternehmen, das überall Filialen hat.

Sehenswertes

★ Railroad Museum of Pennsylvania MUSEUM

(☎717-687-8628; www.rrmuseumpa.org; 300 Gap Rd, Ronks; Erw./Kind 10/8 US$; ⌚April–Okt. Mo–Sa 9–17, So 12–17 Uhr, Nov.–März Mo geschl.; 👪) Das auf einem 7 ha großen Gelände gelegene Railroad Museum of Pennsylvania besitzt 100 gigantische mechanische Wunderwerke, die man bewundern und auf denen man herumklettern kann. Es gibt Kombitickets, die auch für die **Strasburg Railroad** (☎866-725-9666; www.strasburgrailroad.com; 301 Gap Rd, Ronks; 2. Klasse Erw./Kind 15/8 US$; ⌚unterschiedliche Zeiten; 👪) auf der anderen Straßenseite gelten.

★ National Toy Train Museum MUSEUM

(☎717-687-8976; www.nttmuseum.org; 300 Paradise Lane, Ronks; Erw./Kind 7/4 US$; ⌚Mai–Okt. 10–17 Uhr, Nov.–April variierende Öffnungszeiten; 👪) Die auf Knopfdruck funktionierenden interaktiven Dioramen sind so aktuell und clever (z. B. der *Drive-in Movie* – ein Live-Video von Kindern, die die Züge bedienen) und die Wände sind so vollgepackt mit glänzenden Triebwagen, das man sich wie ein Kind am Weihnachtsabend fühlt.

Auch wer nicht im Ort übernachtet, sollte einen Halt im **Red Caboose Motel** (☎717-687-5000; www.redcaboosemotel.com; 312 Paradise Lane, Ronks; EZ/DZ ab 95/130 US$; ❄📶) neben dem Museum einlegen: Man kann auf das Silo hinter der Anlage klettern (0,50 US$), um die Aussicht zu genießen, und die Kinder werden den kleinen Streichelzoo lieben.

Landis Valley Museum MUSEUM

(☎717-569-0401; www.landisvalleymuseum.org; 2451 Kissel Hill Rd; Erw./Kind 12/8 US$; ⌚März–Dez. Di–Sa 9–17, So 12–17 Uhr, Jan. & Feb. verkürzte Öffnungszeiten) Das Freilichtmuseum basiert auf einem Dorf aus dem 18. Jh. und ist die beste Möglichkeit, sich einen Überblick über die frühe Pennsylvania-Dutch-Kultur und die Mennoniten im Besonderen zu verschaffen. Verkleidete Mitarbeiter zeigen den Besuchern beispielsweise, wie ein Blechschmied zu jener Zeit arbeitete. Zudem gibt's eine Taverne, ein Waffengeschäft und eine Ausstellung wunderschöner Handarbeiten.

Schlafen & Essen

Cork Factory BOUTIQUEHOTEL $$

(☎717-735-2075; www.corkfactoryhotel.com; 480 New Holland Ave, Suite 3000; Zi. ab 190 US$; P⊖❄📶) In dem Backsteinkoloss nur ein paar Autominuten von Lancasters Zentrum entfernt, der lange leer stand, ist heute dieses stilvolle Hotel mit 93 schicken Zimmern untergebracht.

★ Maison EUROPÄISCH $$$

(☎717-293-5060; www.maisonlancaster.com; 230 N Prince St; Hauptgerichte 26–30 US$; ⌚Mi–Sa 17–23 Uhr; 🍷) Ein Ehepaar betreibt das gemütliche, aber gut bewirtschaftete Lokal im Zentrum und zaubert aus regionalen

Farmzutaten rustikale italienische und französische Gerichte: In Milch geschmortes Schweinefleisch, hausgemachte Kaninchen-Würstchen, gebratene Kürbisblüten oder hausgemachte Gnocchi zählen zu den saisonalen Gerichten.

★Lancaster Brewing Co KNEIPENKOST $$
(☎717-391-6258; www.lancasterbrewing.com; 302 N Plum St; Hauptgerichte 16–24 US$; ⏰11.30–21.30 Uhr;) Die 1995 gegründete Brauerei ist bei den Einheimischen sehr beliebt. Das Restaurant serviert herzhafte, reichhaltige Kost (z. B. Lammkoteletts mit Tzatziki) und hausgemachte Wurst. Man sitzt an Tischen mit Platten aus Kupfer, von denen man eine gute Sicht auf die Braukessel hat. Die Sonderangebote – *All-you-can-eat*-Hühnerflügel für 5 US$; Bier-Verkostungsgedeck 6 US$ – sind unschlagbar.

An- & Weiterreise

Lancaster liegt im Zentrum des zusammengequetschten H, das von der Rte 30, der Rte 283 und der Rte 222 gebildet wird. Busse fahren nach Philadelphia und Pittsburgh, wenn man sich in der Region umschauen will, ist aber ein Mietwagen die beste Option. Um nach Strasburg zu kommen, nimmt man von Lancaster die Rte 30 nach Osten.

Pennsylvania Wilds

Der zentrale Norden von Pennsylvania, bekannt als „Wilds", ist vorwiegend von dichten Wäldern geprägt, in denen vereinzelte majestätische Gebäude und prächtige Herrenhäuser verstreut liegen. Diese sind die Überreste einer Zeit, als Holz, Kohle und Öl für großen Wohlstand in dieser heute nur wenig besuchten Ecke des Bundesstaats sorgten. Mehrere Museen (in **Titusville**, **Bradford** und **Galeton**) schildern den Aufstieg und den Niedergang der Gegend. Seit jenem Niedergang verfallen die zwölf Countys wieder in ihren ursprünglichen Zustand, und der Großteil der Fläche gehört entweder zu einem National Forest oder zu einem State Park.

Die malerische Rte 6 verläuft von Ost nach West, wobei das kleine Universitätsstädtchen **Mansfield** als östliches Zugangstor fungiert. Westlich von hier liegt die nach Süden verlaufende **Pine Creek Gorge**. Ihr tiefer gelegenes Ende (442 m) befindet sich unten in der Nähe von Waterville, es ist aber leichter zugänglich und bietet eine schöne Aussicht und gute Wanderwege, die am Abgrund entlang verlaufen oder hinunter in die Schlucht führen; das nördliche Ende liegt im **Colton Point State Park** (www.visitpaparks.com; 927 Colton Rd, Wellsboro; ⏰Sonnenaufgang–Sonnenuntergang). Im hübschen, von Gaslampen beleuchteten Ort **Wellsboro** ist der Weg zum Park ausgeschildert.

Sehenswertes

★Cherry Springs State Park STATE PARK
(☎814-435-5011; http://dcnr.state.pa.us; 4639 Cherry Springs Rd, Coudersport; ⏰24 Std.) Der auf einer Hochebene gelegene Park gilt als einer der besten Orte östlich des Mississippi, um in den Sternenhimmel zu schauen. Der Park ist zwar groß, aber für den Juli und August, wenn die Milchstraße fast direkt über einem am Himmel steht, sollte man dennoch weit im Voraus buchen. Wer das erste Mal kommt, zahlt eine zusätzliche einmalige Gebühr von 5 US$ (nicht pro Tag).

Leonard Harrison State Park STATE PARK
(☎570-724-3061; www.visitpaparks.com; 4797 Rte 660, Wellsboro; ⏰Park Sonnenaufgang–Sonnenuntergang, Visitor Center Mo–Do 10–16.30, Fr–So bis 18.30 Uhr) In diesem Park hat man die volle Sicht auf die Pine Creek Gorge, die auch als der Grand Canyon Pennsylvanias bezeichnet wird. Wege führen 244 m hinunter zum Bach. Im Visitor Center gibt's eine schlichte Ausstellung zur örtlichen Fauna. Dank vorhandener Toiletten und einer Aussichtsterrasse ist diese Seite besser für Leute zugänglich, die nicht wandern wollen. Wer die unerschlossene Seite kennenlernen will, fährt stattdessen zum Colton Point State Park.

★Kinzua Bridge Skywalk BRÜCKE
(☎814-778-5467; www.visitpaparks.com; 1721 Lindholm Rd, Mt. Jewett; ⏰Skywalk 8 Uhr–Sonnenuntergang, Visitor Center 8–18 Uhr) GRATIS Bei ihrer Errichtung im Jahr 1882 war die 92 m hohe Bahnbrücke die höchste der Welt, 1900 wurde sie als Stahlkonstruktion erneuert, stürzte aber 2003 bei einem Tornado der Stärke F1 teilweise ein. Das stehen gebliebene, in die Luft ragende Teilstück ist heute eine Aussichtsterrasse mit einem eindrucksvollen, schwindelerregenden Blick auf die Stümpfe der Stahlpfeiler unten im Tal.

Schlafen & Essen

Mansfield Inn MOTEL $
(☎570-662-2136; www.mansfieldinn.com; 26 S Main St, Mansfield; Zi. ab 70 US$;) Vielleicht gibt es noch bezauberndere B&Bs, die noch tiefer in den Pennsylvania Wilds ver-

steckt liegen, dieses 24-Zimmer-Motel hier ist aufgrund seines Preis-Leistungs-Verhältnisses jedoch fast unschlagbar.

★ Night & Day Coffee Cafe CAFÉ $
(☎ 570-662-1143; http://nightanddaycoffee.wixsite.com/cafe; 2 N Main St, Mansfield; Sandwiches 7–10 US$; ⏲ Mo–Fr 7–19, Sa bis 17, So 8–17 Uhr; ✎) Das Café, das sich rühmt, die Nachbarschaft mit Latte zu versorgen, lohnt einen Abstecher. Dank Kaffeespezialitäten, tollem Chai und einer großartigen Auswahl von Salaten und Sandwiches ist das Lokal perfekt zum Frühstücken oder Mittagessen.

Pittsburgh

Pittsburgh liegt zwischen dem Monongahela River, dem Allegheny River und einem Berg, der Mt. Washington genannt wird, und besitzt einen einmaligen Charakter, den man gleich bei der Ankunft spürt. Die rumpelnden Güterzüge und berühmten Brücken bilden einen Kontrast zu den futuristischen Uber-Vehikeln, die die Straßen mit rotierenden Lidar-Geräten scannen. Pittsburgh hat Zeiten des Booms und des Niedergangs erlebt und befindet sich heute wieder einmal in einer Aufschwungsphase (Immobilien, die einst 30 000 US$ kosteten, bringen nun 300 000 US$). Ein Besuch in der Stadt mit den erstklassigen Museen, tollen Gärten und Parks und dem hervorragenden Essen (von schlichter Kost bis zu Haute Cuisine) macht Spaß. Die einst von Problemen gebeutelte Stadt hat sich als kulinarisches und Bier-Mekka neu erfunden.

Der schottische Einwanderer Andrew Carnegie hat sich hier durch die Modernisierung der Stahlproduktion einen Namen gemacht, und sein Vermächtnis ist immer noch fest mit der Stadt und ihren vielen Kultur- und Bildungseinrichtungen verbunden. Der zweite Name, um den man in Pittsburgh nicht herumkommt, ist Heinz. Der Ketchuphersteller ließ sich hier 1869 nieder.

Sehenswertes & Aktivitäten

Die interessanten Stellen in Pittsburgh verteilen sich über alle Viertel, und die Abstände zwischen ihnen sind zu Fuß wegen der Hügel nur beschwerlich zu überwinden. Fahrräder, Taxis und Busse (in manchen Gebieten auch die Stadtbahn) sind am besten geeignet, um die Vorstädte zu erkunden. Man kann auch eines der futuristischen, selbst fahrenden Uber-Vehikel reservieren.

★ Andy Warhol Museum MUSEUM
(☎ 412-237-8300; www.warhol.org; 117 Sandusky St; Erw./Kind 20/10 US$, Fr 17–22 Uhr 10/5 US$; ⏲ Di–Do, Sa & So 10–17, Fr bis 22 Uhr) In dem sechsstöckigen Museum wird Pittsburghs coolster Sohn gefeiert, der nach New York City ging, sich die Nase richten ließ und als Pop-Art-Künstler berühmt wurde. Die Ausstellung beginnt mit den frühesten Zeichnungen und Werbeillustrationen Warhols und zeigt u. a. ein simuliertes Velvet-Underground-Spektakel, einen DIY-Screen-Test sowie einige Stücke aus Warhols riesiger Schnickschnack-Sammlung. Wer schon immer eine aufblasbare Campell's-Soup-Dose wollte: Hier kann man sie kaufen.

★ Duquesne Incline STANDSEILBAHN
(☎ 412-381-1665; www.duquesneincline.org; einfache Strecke Erw./Kind 2,50/1,25 US$; ⏲ Mo–Sa 5.30–00.45, So 7–12.45 Uhr) Diese tolle Standseilbahn und ihr Zwilling **Monongahela Incline** (5 Grandview Ave; einfache Strecke Erw./Kind 2,50/1,25 US$; ⏲ Mo–Sa 5.30–12.45, So 7–12.45 Uhr) gleich die Straße runter wurden beide im späten 19. Jh. gebaut und sind Wahrzeichen von Pittsburgh. Sie fahren im Fünf- bis Zehnminutentakt die steilen Hänge des Mt. Washington hinauf und hinunter. Sie sind nicht nur praktisch für Pendler, sondern bieten – besonders bei Dunkelheit – auch einen tollen Blick auf die Stadt. Man kann mit der einen Bahn hinauf und mit der anderen hinunter fahren; dafür geht man, nachdem man oben angekommen ist, über die treffend benannte Grandview Ave (etwa 1,6 km oder mit Bus 40) zur anderen Bahnstation und steigt dort ein.

Wenn die Zeit nur für eine Fahrt reicht, ist die Duquesne (sprich: du-*kaine*) die bessere Wahl. Oben kann man für 0,50 US$ die Getriebe und Kabel in Aktion anschauen.

Frick Art & Historical Center MUSEUM
(☎ 412-371-0600; www.thefrickpittsburgh.org; 7227 Reynolds St; ⏲ Di–Do, Sa & So 10–17, Fr bis 21 Uhr) GRATIS Henry Clay Frick, berühmt durch das Frick Museum in Manhattan, baute sein Stahlimperium in Pittsburgh auf. Dieses Museum zeigt eine kleine Kunstsammlung (u. a. mit schönen mittelalterlichen Ikonen) und seine Autos. Noch mehr Kunst und Pracht bietet die Führung (Erw./Kind 12/6 US$) durch den Familiensitz Clayton. Das hiesige Café ist ausgezeichnet, vorab reservieren!

Carnegie Museums MUSEUM
(☎ 412-622-3131; www.carnegiemuseums.org; 4400 Forbes Ave; Erw./Kind beide Museen 20/12 US$;

⌚Mo & Mi–Sa 10–17, So 12–17 Uhr; 👪) Diese beiden benachbarten Museen wurden 1895 gegründet und beherbergen einen ungeheuren Wissensschatz. Das **Carnegie Museum of Art** stellt europäische Meisterwerke aus und hat eine hervorragende architektonische Sammlung, während das **Carnegie Museum of Natural History** ein vollständiges Skelett eines Tyrannosaurus Rex und wunderschöne alte Dioramen zeigt.

Cathedral of Learning TURM
(☎412-624-6001; www.tour.pitt.edu; 4200 Fifth Ave; ⌚Mo–Sa 9–16, So 11–16 Uhr) GRATIS Mitten auf dem Campus der University of Pittsburgh ragt der prächtige, 42 Stockwerke hohe gotische Turm in den Himmel und bildet so ein Wahrzeichen der Stadt. Ein Besuch lohnt auch, um die herrlichen Nationality Rooms zu sehen – das sind Unterrichtsräume für Russisch, Syrisch und afrikanische Sprachen. Am Samstag und Sonntag kann man eine Audioführung buchen (Erw./Kin 4/2 US$)

Center for PostNatural History MUSEUM
(☎412-223-7698; www.postnatural.org; 4913 Penn Ave; Eintritt gegen Spende; ⌚So 12–16 Uhr) GRATIS „Postnatürliche Geschichte", damit bezeichnet der Künstler, der dieses skurrile Museum schuf, Pflanzen und Tiere, die von Menschen designt wurden. Hier erfährt man von Ziegen, die in ihrer Milch Spinnenseide produzieren, von selektiver Züchtung und mehr. Das Museum ist vielleicht nicht die beste Adresse für ein erstes Date, aber definitiv ein witziges, unkonventionelles Fleckchen, um etwas über die vom Menschen manipulierte Natur zu erfahren.

Pittsburgh Glass Center KUNST
(☎412-365-2145; www.pittsburghglasscenter.org; 5472 Penn Ave; ⌚Mo–Do 10–19, Fr–So bis 16 Uhr) Hier kann man sich unterschiedliche Verfahren der Glasherstellung anschauen und sich bei einer Vorführung auch selbst darin versuchen. Das PGC bietet auch Kurse an, von Kursen für Anfänger bis zu Kursen für Experten (unterschiedliche Preise).

'Burgh Bits & Bites ESSEN & TRINKEN
(☎412-901-7150; www.burghfoodtour.com; Tour 42 US$) Die zweistündigen kulinarischen Touren durch diverse Viertel sind eine coole Art, die einmaligen Ethno-Lokale der Stadt kennenzulernen. Am beliebtesten ist die Tour durch den Strip District, aber es gibt noch weitere, u. a. durch Bloomfield, Brookline, Lawrenceville und South Side.

Pittsburgh History & Landmarks Foundation STADTSPAZIERGANG
(☎412-471-5808; www.phlf.org; Führungen gratis–20 US$) Kostenlose Stadtspaziergänge, die freitags um 12 Uhr am Market Sq beginnen. Es werden auch andere Führungen angeboten.

Schlafen

Residence Inn by Marriott North Shore HOTEL $$
(☎855-239-9485; www.marriott.com; 574 W General Robinson St; DZ/Suite ab 190/225 US$; P⊖❄@📶🏊) Das kürzlich renovierte Kettenhotel bietet einen Pool, ein Fitnesscenter, kostenloses Frühstück und hochherrschaftliche Zimmer. Das Haus ist gut gelegen: Eine kurze Fahrt bringt einen über die Brücken nach Downtown, und man wohnt in Gehweite zu einigen Teilen und Attraktionen der North Side. Achtung: Bei einem Spiel der Pirates oder auf dem Heinz Field kann großer Trubel herrschen!

★**Priory Hotel** INN $$
(☎412-231-3338; www.thepriory.com; 614 Pressley St; EZ/DZ/Suite ab 115/210/270 US$; P❄📶) Als das Gebäude noch ein katholisches Kloster war, lebten die Mönche hier nicht schlecht: Das Haus hat geräumige Zimmer, hohe Decken und einen Kamin im Salon. Das Frühstück mit Gebäck und kaltem Aufschnitt erinnert an das in einem europäischen Hostel. Der Gasthof befindet sich in North Side, genauer in dem historischen, aber heruntergekommenen Gebiet von Deutschtown. Die winzige **Monk's Bar** gleich neben dem Foyer ist täglich von 17 bis 23 Uhr geöffnet und perfekt für einen Drink am Abend.

★**Omni William Penn Hotel** HOTEL $$$
(☎412-281-7100; www.omnihotels.com; 530 William Penn Pl; Zi. 215–540 US$; P⊖❄📶) Pittsburghs stattlichstes altes Hotel wurde von Henry Frick erbaut und verfügt über ein riesiges Foyer und über im Jahr 2016 umgestaltete Luxussuiten. Die großzügigen Gemeinschaftsbereiche verleihen ihm eine Pracht, die manch anderem Luxushotel fehlt. Das Haus ist sehr zu empfehlen, wenn man das nötige Kleingeld hat oder ein Zimmer zu einem Sonderpreis ergattert.

Essen

In der E Carson St in South Side findet sich die dichteste Konzentration von Restaurants, aber der Strip District folgt mit geringem Abstand gleich auf Platz zwei. Wie in vielen anderen Bereichen ist Lawrenceville auch in dieser Hinsicht besonders aufstrebend. Wegen des großen katholischen Bevölkerungsanteils steht in vielen Restaurants der Stadt freitags Fisch auf dem Speiseplan. Besonders beliebt sind Sandwiches mit Bratfisch – und die sind richtig lecker, auch wenn die Stadt nicht an der Küste liegt!

Pittsburgh Public Market MARKT

(☎ 412-281-4505; www.pittsburghpublicmarket.org; 2401 Penn Ave; ⌚ Mi–Fr & So 10–16, Sa 9–17 Uhr) Die riesige Markthalle versorgt die Downtown mit frischem Obst und Gemüse, Fleisch, Käse und anderen regionalen Produkten. Viele Verkäufer haben auch montags und dienstags geöffnet.

Conflict Kitchen FAST FOOD $

(☎ 412-802-8417; www.conflictkitchen.org; 221 Schenley Dr; Hauptgerichte 8–14 US$; ⌚ Mo–Sa 11–18 Uhr) Dieser Imbissstand nahe der Cathedral of Learning erfindet sich von Zeit zu Zeit neu und bereitet jeweils Speisen aus einem Land zu, das mit den USA im Krieg steht oder stand. Bislang gab es hier u. a. afghanische, palästinensische, kubanische und indianische Gerichte.

★ **La Prima** CAFÉ $

(☎ 412-281-1922; www.laprima.com; 205 21st St; Gebäck 2–4 US$; ⌚ Mo–Mi 6–16, Do bis 19, Fr & Sa bis 17, So 7–16 Uhr) Wegen des tollen italienischen Kaffees und des Gebäcks bilden sich zu den Spitzenzeiten Schlangen bis vor die Tür. Das Almond Mele ist die leckere süße Spezialität des Hauses, aber es gibt noch viele weitere leckere Dinge (*sfogliatelle*, Tarts, Kekse etc.). Wer italienisch versteht, kann über das Zitat des Tages nachdenken, das jeden Morgen auf die grüne Tafel geschrieben wird.

Zenith VEGAN $

(☎ 412-481-4833; www.zenithpgh.com; 86 S 26th St; Hauptgerichte 7–10 US$; ⌚ Do–Sa 11.30–20.30, So 11–14.30 Uhr; ✎) Alle Mahlzeiten hier sind vegan, auf Wunsch gibt's aber Käse. Beim Essen fühlt man sich wie in einem Antiquitätenladen, denn alles, einschließlich der Resopaltische, steht zum Verkauf. Zum sonntäglichen Brunch-Büfett (11,50 US$) kommen viele Stammgäste.

★ **Bar Marco** ITALIENISCH $$

(☎ 412-471-1900; www.barmarcopgh.com; 2216 Penn Ave; Hauptgerichte 15–26 US$; ⌚ Di–Fr 17–23, Sa & So 10–15 & 17–23 Uhr) Das beliebte Lokal im Strip District ist eines der anspruchsvolleren Restaurants der Stadt. Es bietet auch einen ausgezeichneten Brunch an. Die Cocktails sind einmalig, man kann aber auch den Empfehlungen des Barkeepers folgen, ausgehend davon, welchen Drink man mag. Erfrischend ist, dass kein Trinkgeld erwartet wird, weil das Personal fair und angemessen entlohnt wird.

Legume FUSION $$$

(☎ 412-621-2700; www.legumebistro.com; Hauptgerichte 23–36 US$, 3-Gänge-Verksotungsmenü 38 US$; ⌚ Mo–Sa 16.30–24 Uhr) Für die täglichen wechselnden Gerichte werden farmfrische Zutaten und ausgezeichnetes Fleisch sowie hervorragender Fisch verwendet. Wenn verfügbar, sollte man die Brennnesselsuppe wählen – weil so etwas nur selten auf der Karte steht und weil die Suppe wundervoll schmeckt.

★ **Paris 66** FRANZÖSISCH $$$

(☎ 412-404-8166; www.paris66bistro.com; 6018 Centre Ave; Hauptgerichte abends 26–33 US$; ⌚ Mo–Do 11–22, Fr & Sa bis 23, So 10–15 Uhr) Mit einem *merci* kann man die Kellner hier nicht beeindrucken, denn sie sprechen fließend Französisch. In einem gemütlichen Bistro-Ambiente gibt's hier französische Kost vom Feinsten, sodass man glauben könnte, man wäre in Frankreich.

Ausgehen & Unterhaltung

Church Brew Works KLEINBRAUEREI

(☎ 412-688-8200; www.churchbrew.com; 3525 Liberty Ave; ⌚ So–Do 11.30–21, Fr & Sa bis 23 Uhr) Für manche ist ein guter Umtrunk etwas Himmlisches, und für solche Leute ist das Church Brew Works wie gemacht. Die glänzenden, funkelnden Brauereifässer stehen auf der ehemaligen Kanzel. Für wen das Gotteslästerung ist, der sollte gehen, aber bedenken, dass die besten belgischen Biere von frommen Mönchen gebraut werden.

Wigle Whiskey DESTILLERIE

(☎ 412-224-2827; www.wiglewhiskey.com; 2401 Smallman St; Führung ab 25 US$; ⌚ Mo 11–18, Di–Sa 10–18, So bis 16 Uhr) Die von einer Familie geführte kleine Destillerie in einem Backsteinlagerhaus im Strip veranstaltet samstags (und an einigen Freitagen) Führungen und bietet auch günstige Verkostungsgedecke (10 US$) mit vielen ihrer Spezialitäten. Whiskey steht im Mittelpunkt, es gibt aber auch Gin, Wodka, Magenbitter und sogar einen hausgemachten Absinth.

Spice Island Tea House TEEHAUS
(☎412-687-8821; www.spiceislandteahouse.com; 253 Atwood St; ⊙Mo–Do 11.30–20.45, Fr & Sa bis 21.45 Uhr) Wenn man eine Tasse Tee (3,50–5,50 US$) schlürfen will, während sich die Begleitung einen Cocktail gönnt, ist man hier genau richtig. Neben einer Reihe köstlicher Tees gibt's auch Gerichte der südostasiatischen Fusion-Küche.

★ **Allegheny Wine Mixer** WEINBAR
(☎412-252-2337; www.alleghenywinemixer.com; 5326 Butler St; ⊙Di–Do 17–24, Fr–So bis 1 Uhr) Das Allegheny vereint all die Vorteile einer hochwertigen Weinbar – großartige Weinkarte, pfiffiges Personal, leckere Knabbereien – mit der Gemütlichkeit einer Nachbarschaftskneipe.

Rex Theater LIVEMUSIK
(☎412-381-6811; www.rextheatre.com; 1602 E Carson St) In dem beliebten umgebauten Filmtheater in South Side treten tourende Jazz-, Rock- und Indie-Bands auf.

★ **Elks Lodge** LIVEMUSIK
(☎412-321-1834; www.elks.org; 400 Cedar Ave; Eintritt 5 US$; ⊙Bluegrass Mi 20 Uhr, Big Band 1. & 3. Do im Monat 19 Uhr) Bei einer Banjo Night im Elks wird schnell klar, warum Pittsburgh als das Paris der Appalachen gilt. Dann ist die Bühne brechend voll, und das Publikum singt zu den Bluegrass-Klassikern munter mit. Zweimal im Monat tritt auch eine Big Band auf; davor gibt's Tanzunterricht. In Deutschtown in der North Side.

ℹ Praktische Informationen

VisitPITTSBURGH Main Branch (☎412-281-7711; www.visitpittsburgh.com; 120 Fifth Ave, Suite 2800; ⊙Mo–Fr 8.30–16.40 Uhr) Gibt den *Official Visitors Guide* heraus und versorgt Traveller mit Stadtplänen und Tipps.

ℹ An- & Weiterreise

AUTO & MOTORRAD

Pittsburgh ist über die großen Highways leicht zu erreichen: von Norden oder Süden über die I-76 bzw. die I-79, von Westen über die Rte 22 und von Osten über die I-70. Die Fahrt mit dem Auto von NYC dauert ca. acht Stunden, von Buffalo etwa drei Stunden.

BUS

Vom **Greyhound-Busbahnhof** (Grant Street Transportation Center; ☎412-392-6514; www.greyhound.com; 55 11th St) am äußersten Ende des Strip District fahren Busse nach Philadelphia (ab 20 US$, 6–7 Std.), NYC (ab 30 US$, 8½–11 Std.) und Chicago (72 US$, 11–14 Std.).

FLUGZEUG

Am **Pittsburgh International Airport** (☎412-472-3525; www.flypittsburgh.com; 1000 Airport Blvd), 18 Meilen (ca. 29 km) westlich von Downtown, bieten mehrere Fluglinien Direktflüge nach Europa, Kanada und in US-amerikanische Großstädte an.

ZUG

Pittsburgh hat einen wunderschönen alten Bahnhof. Die Züge von **Amtrak** (☎800-872-7245; www.amtrak.com; 1100 Liberty Ave) halten aber in einem modernen, trostlosen Gebäude dahinter. Es gibt Verbindungen nach Philadelphia (ab 64 US$, 7½ Std.), NYC (ab 97 US$, 9½ Std.), Chicago (90 US$, 10 Std.) und Washington, D. C. (52 US$, 8 Std.).

ℹ Unterwegs vor Ort

PortAuthority (www.portauthority.org) ist für das öffentliche Verkehrsnetz in Pittsburgh zuständig, auch für den 28X Airport Flyer (2,75 US$, 40 Min., 5.30–24 Uhr alle 30 Min.), der vom Flughafen ins Zentrum und nach Oakland fährt. Ein Taxi vom Flughafen bis ins Zentrum kostet um die 40 US$ (Trinkgeld nicht inkl.). Es gibt auch mehrere Shuttle-Busse, die für etwa 25 US$ pro Nase in die Downtown fahren.

Selbst mit dem Auto in Pittsburgh herumzufahren, kann frustrierend sein – Straßen enden unvermittelt oder führen plötzlich über eine Brücke. Parkplätze sind in der Innenstadt sowieso ein kostbares Gut. Wann immer es möglich ist, sollte man auf das umfangreiche Busnetz zurückgreifen, das auch schnellere Expressbusse hat (die Namen der Routen beginnen mit P). Es gibt noch ein kleines Straßenbahnsystem namens „T", das ganz praktisch ist für Fahrten zwischen Downtown und South Side. Fahrten innerhalb Downtown Pittsburgh sind mit der T-Linie kostenlos. Sonst bezahlt man innerhalb der Stadt pro Fahrt 2,50 US$, fürs Umsteigen 1 US$.

Neuenland

Inhalt ➡

Gut essen

- TJ Buckley's (S. 239)
- Simon Pearce Restaurant (S. 242)
- Captain Daniel Packer Inne (S. 232)
- Row 34 (S. 196)
- birch (S. 222)

Schön übernachten

- Liberty Hotel (S. 195)
- Carpe Diem (S. 209)
- Attwater (S. 225)
- Hopkins Inn (S. 230)
- Ale House Inn (S. 249)

Auf nach Neuengland!

Neuenglands Geschichte ist die Geschichte der USA: In dieser Region landeten die Pilgerväter am Plymouth Rock, und später kämpften hier die Minutemen für Amerikas Unabhängigkeit. Im Lauf der Jahrhunderte setzten in Neuengland auch viele fortschrittliche Denker ihre Ideen in die Tat um, während diverse Philosophen und Schriftsteller (z. B. Ralph Waldo Emerson oder Harriet Beecher Stowe) ihre Werke verfassten. Zahllose Einwanderer haben ebenfalls dazu beigetragen, dass die Region bis heute sehr dynamisch ist.

Sanfte Hügel und die uralten Gipfel der Appalachen locken in die freie Natur. Die fast 8000 km lange Küste bietet unendlich viele Gelegenheiten zum Angeln, Baden, Surfen und Segeln. Für den mächtigen Appetit, den solche Aktivitäten todsicher aufbauen, ist ebenfalls gesorgt, denn Neuengland ist ein Füllhorn kulinarischer Freuden: Es winken in Ahornsirup getränkte Pfannkuchen, frisch gepflücktes Obst, würziger Cheddar-Käse und vor allem herrlich frische Meeresfrüchte, das Markenzeichen der Region.

Reisezeit

Boston

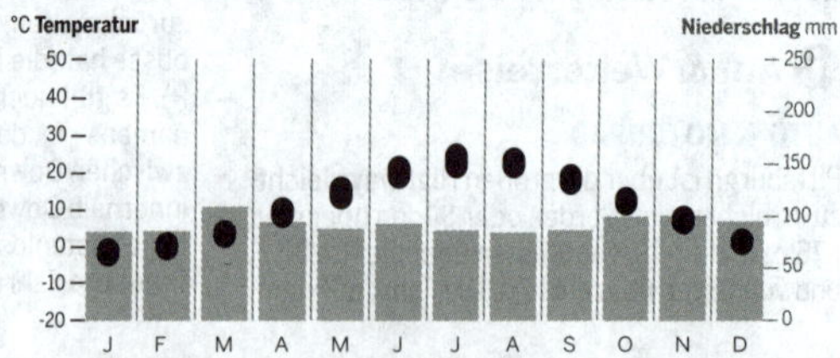

Mai–Juni Wenige Wanderer, keine Menschenmassen; Beginn der Walbeobachtungszeit.

Juli–Aug. Hauptsaison mit Sommerfestivals und wärmerem Meerwasser.

Sept.–Okt. Höhepunkt von Neuenglands Herbstlaubpracht (Mitte Sept.–Mitte Okt.).

Geschichte

Als die ersten europäischen Siedler in Neuengland eintrafen, fanden sie hier ca. 100 000 indigene Ureinwohner vor. Die meisten davon waren Algonkin, die in kleinen Stämmen zusammenlebten. Die Stämme im Norden waren ausschließlich Jäger bzw. Sammler, während die im Süden auch Brandrodungen (Mais, Speisekürbisse, Bohnen) betrieben.

1602 landete der englische Kapitän Bartholomew Gosnold in Cape Cod und segelte nordwärts nach Maine weiter. Erst Kapitän John Smith kartografierte 1614 im Auftrag von König Jakob I. die Küste und taufte das Land „Neuengland". Mit der Ankunft der Pilgerväter in Plymouth im Jahr 1620 begann die Besiedlung des Gebiets durch die Europäer. Im folgenden Jahrhundert wuchsen die Kolonien – vielfach auf Kosten der indigenen Bevölkerung.

Die Bürger Neuenglands waren zwar Untertanen der britischen Krone, besaßen aber eine Selbstverwaltung mit Gesetzgebung und sahen ihre Interessen nicht unbedingt als identisch mit denen Englands an. Um 1770 erließ König Georg III. eine Reihe Steuern, um Englands Beteiligung an kostspieligen Kriegen zu finanzieren. Die im britischen Parlament nicht vertretenen Kolonisten reagierten mit einer Steuerrevolte unter dem Motto *no taxation without representation* (keine Besteuerung ohne parlamentarische Vertretung). Versuche, die Proteste niederzuschlagen, führten schließlich zu den Schlachten von Lexington und Concord, mit denen der Amerikanische Unabhängigkeitskrieg begann, in dessen Folge 1776 die USA gegründet wurden.

Mit der staatlichen Unabhängigkeit wurde Neuengland zu einer Wirtschaftsmacht: In den Häfen boomten Schiffbau und Handel. Die berühmten Yankee Clippers fuhren bis China und Südamerika. Der Walfang brachte Nantucket und New Bedford beispiellosen Wohlstand. Auf Rhode Island wurde 1793 die erste mit Wasserkraft betriebene Baumwollspinnerei der USA gegründet. Aber kein Aufschwung hält ewig an. Im frühen 20. Jh. waren viele der Fabriken in den Süden verlegt worden. Heute sind Bildung, Finanzwesen, Biotechnologie und Tourismus die Stützen der Wirtschaft in der Region.

ℹ Infos im Internet

Visit New England (www.visitnewengland.com) Verzeichnisse mit Events, Sehenswürdigkeiten, Restaurants und Hotels.

New England Guide (www.boston.com/travel/newengland) Reisetipps und Routenvorschläge vom *Boston Globe*.

Lonely Planet (www.lonelyplanet.com/usa/new-england) Regional- bzw. Lokalinfos plus Travellerforum, Hotelbuchungen und mehr.

Appalachian Mountain Club (www.outdoors.org) Super Infos zum Wandern, Radeln, Campen, Klettern und Paddeln in Neuenglands großartiger Natur.

New England Lighthouses (www.lighthouse.cc) Verzeichnis mit regionalen Leuchttürmen (nach Bundesstaaten sortiert).

MASSACHUSETTS

Ob Cape Cod mit seinen Sandstränden, das Pioneer Valley mit seinen College-Städten oder die bewaldeten Hügel der Berkshires: Massachusetts punktet mit Vielfalt. Zudem ist Neuenglands bevölkerungsreichster Bundesstaat äußerst geschichtsträchtig. So kann man z. B. an der Küste bei Plymouth den Landungsort der Pilgerväter in der Neuen Welt besuchen oder die Schlachtfelder von Lexington und Concord, auf denen die ersten Schüsse des Amerikanischen Unabhängigkeitskriegs fielen. Bei Stadtspaziergängen über das Kopfsteinpflaster von Salem, Nantucket und New Bedford locken alte Häfen, an denen einst Walfang- und Handelsschiffe festmachten. Das moderne, dynamische Massachusetts ist gleichsam facettenreich, wobei Boston als kulturelle und politische Hauptstadt zweifellos die Hauptrolle spielt. Doch auch kleinere Städte in der Region (z. B. Provincetown oder Northampton) haben lebendige Kunst- und Kulturszenen, aktive Schwulengemeinden und allerlei tolle Optionen für Outdoorfans.

ℹ Praktische Informationen

Massachusetts Department of Conservation and Recreation (☎617-626-1250; www.mass.gov/dcr) Bietet Campingplätze in 29 State Parks.

Boston

Die Geschichte Bostons steht für Revolution und Wandel. Und bis heute ist Boston eine der fortschrittlichsten und freigeistigsten Großstädte der USA.

Außerdem florieren hier nach wie vor Kunst und Kultur, was Boston bereits im 19. Jh. den Spitznamen „amerikanisches Athen" einbrachte. Damals ergötzte sich die

Highlights

❶ **Freedom Trail** (Boston; S. 193) Den Spuren der amerikanischen Unabhängigkeitskämpfer folgen

❷ **Cape Cod National Seashore** (S. 210) Mit Wind in den Haaren durch Dünen wandern

❸ **Nantucket Whaling Museum** (S. 211) In die Geschichte des Walfangzentrums aus dem 19. Jh. eintauchen

❹ **Tanglewood Music Festival** (Lenox; S. 217) Erstklassiger Musik unter dem Sternenzelt lauschen

❺ **Lincoln Woods Trail** (White Mountains; S. 252) Strahlend buntes Herbstlaub bei erholsamen Wanderungen bewundern

❻ **Mad River Glen** (Mad River Valley; S. 243) Vom letzten

einsitzigen Sessellift der kontinentalen USA auf halsbrecherische Skipisten hinabschauen

7 VINS Nature Center (bei Woodstock; S. 242) Den Atem anhalten, wenn Greifvögel herabstoßen

8 Acadia National Park (Mount Desert Island; S. 264) Die Landschaft von Neuenglands einzigem Nationalpark genießen

9 Lobster Dock (Boothbay Harbor; S. 263) Fangfrisch gekochte Hummer knacken

Boston

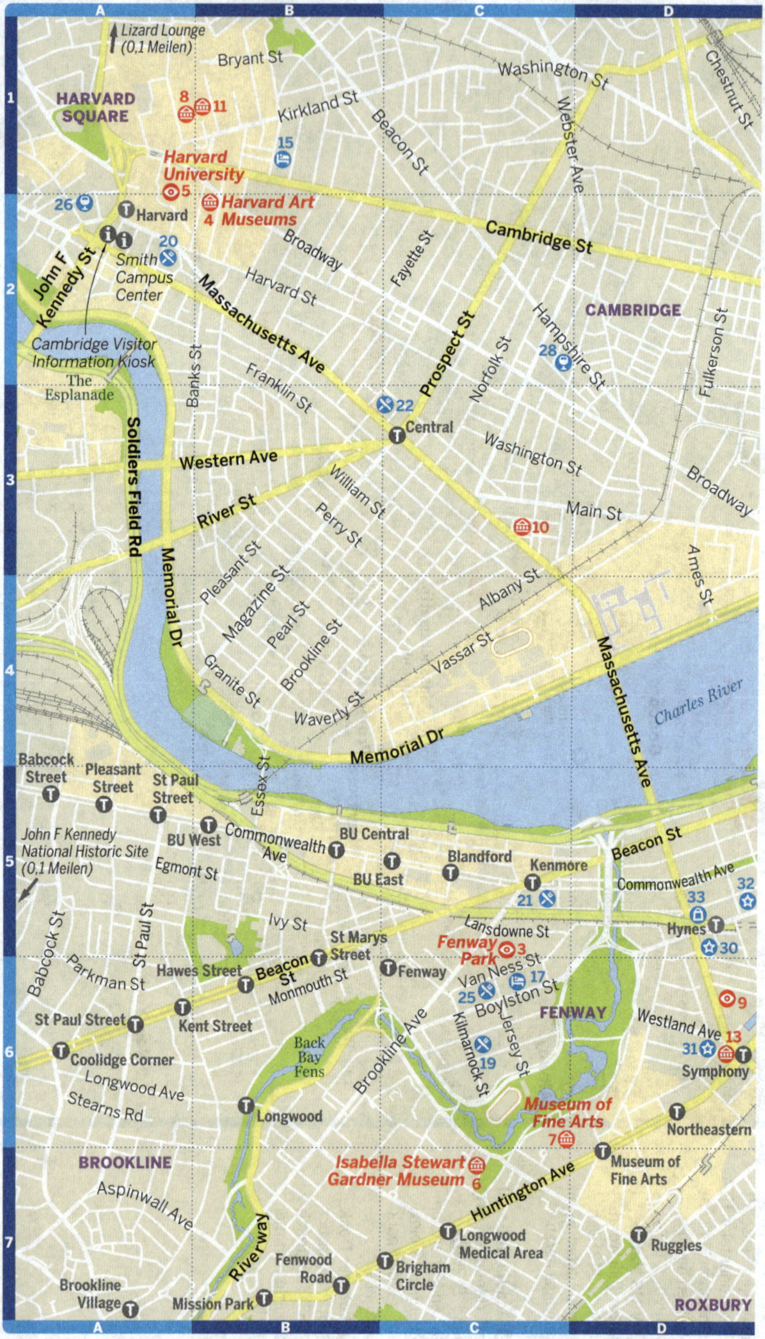
A
B
C
D
1
2
3
4
5
6
7
Lizard Lounge (0,1 Meilen)
HARVARD SQUARE
8
11
Bryant St
Kirkland St
Washington St
Chestnut St
Beacon St
Webster Ave
15
Harvard University
5
26
Harvard
Harvard Art Museums
4
Cambridge St
Broadway
20
Smith Campus Center
Fayette St
John F Kennedy St
Harvard St
Massachusetts Ave
Prospect St
Norfolk St
Hampshire St
CAMBRIDGE
Fulkerson St
28
Cambridge Visitor Information Kiosk
The Esplanade
Banks St
Franklin St
22
Central
Soldiers Field Rd
Western Ave
Washington St
Broadway
William St
Perry St
River St
Main St
10
Memorial Dr
Pleasant St
Magazine St
Pearl St
Brookline St
Albany St
Ames St
Vassar St
Granite St
Massachusetts Ave
Waverly St
Charles River
Memorial Dr
Essex St
Babcock Street
Pleasant Street
St Paul Street
BU West
Commonwealth Ave
BU Central
John F Kennedy National Historic Site (0,1 Meilen)
Egmont St
BU East
Blandford
Kenmore
Beacon St
Commonwealth Ave
32
33
21
Babcock St
St Paul St
Ivy St
Lansdowne St
Hynes
30
St Marys Street
Fenway Park
3
Parkman St
Hawes Street
Beacon St
Fenway
Van Ness St
17
Monmouth St
25
Boylston St
FENWAY
9
St Paul Street
Kent Street
Westland Ave
13
Brookline Ave
Jersey St
Coolidge Corner
Back Bay Fens
19
31
Symphony
Kilmarnock St
Longwood Ave
Stearns Rd
Longwood
Museum of Fine Arts
7
Northeastern
BROOKLINE
Isabella Stewart Gardner Museum
6
Museum of Fine Arts
Aspinwall Ave
Huntington Ave
Riverway
Longwood Medical Area
Ruggles
Fenwood Road
Brigham Circle
Brookline Village
Mission Park
ROXBURY

0 1 km
0 0,5 Meilen
E
F
G
H
1
2
3
4
5
6
7
Bunker Hill St
Medford St
CHARLESTOWN
Rutherford Ave
High St
Main St
1
Bunker Hill Monument
Northern Expwy
First Ave
93
Monsignor O'Brien Hwy
Community College
Charlestown Navy Yard
2
14
Gore St
Lechmere
s. Karte Boston Zentrum (S. 186)
Third St
Charles St
First St
Science Park
Binney St
Memorial Dr
North Station
NORTH END
WEST END
Atlantic Ave
Kendall/MIT
Haymarket
Bowdoin
Longfellow Bridge
Cambridge St
Charles/MGH
Government Center
State
State St
Aquarium
BEACON HILL
DOWNTOWN
Beacon St
Boston Common
Park St
Downtown Crossing
Congress St
Storrow Dr
Public Garden
Berkeley St
South Station
Fort Point Channel
Marlborough St
BACK BAY
Boylston
Essex St
Newbury St
Boylston St
Arlington
Chinatown
Institute of Contemporary Art (0,2 Meilen); Yankee Lobster Co (0,6 Meilen); Harpoon Brewery & Beer Hall (0,7 Meilen)
24
16
Copley
Kneeland St
34
18
Tremont St
Tufts Medical Center
Dorchester Ave
12
Back Bay/South End
CHINATOWN
29
Herald St
Prudential
Appleton St
Columbus Ave
Warren Ave
27
E Berkeley St
Broadway
A St
SEAPORT DISTRICT
23
South Boston Bypass
Massachusetts Avenue
SOUTH END
Randolph St
W 1st St
Bolton St
Tremont St
Shawmut Ave
Washington St
W Broadway
Harrison Ave
Albany St
SE Expwy
D St
E St
Lenox St
Old Colony Ave

Boston

Highlights
1 Bunker Hill Monument ... G1
2 Charlestown Navy Yard ... G2
3 Fenway Park ... C5
4 Harvard Art Museums ... B2
5 Harvard University ... A1
6 Isabella Stewart Gardner Museum ... C7
7 Museum of Fine Arts ... C6

Sehenswertes
8 Harvard Museum of Natural History ... A1
9 Mary Baker Eddy Library & Mapparium ... D6
10 MIT Museum ... C3
11 Peabody Museum of Archaeology & Ethnology ... B1
12 Prudential Center Skywalk Observatory ... E5
13 Symphony Hall ... D6
14 USS Constitution ... G2

Schlafen
15 Irving House at Harvard ... B1
16 Newbury Guest House ... E5
17 Verb Hotel ... C6

Essen
18 Courtyard ... E5
19 El Pelon ... C6
20 Hokkaido Ramen Santouka ... A2
21 Island Creek Oyster Bar ... C5
22 Life Alive ... C3
23 Myers & Chang ... F6
24 Sweetgreen ... E5
25 Tasty Burger ... C6

Ausgehen & Nachtleben
26 Beat Brasserie ... A2
27 Beehive ... F6
Hawthorne ... (siehe 21)
28 Lord Hobo ... C2
29 Top of the Hub ... E5

Unterhaltung
30 Berklee Performance Center ... D5
Boston Red Sox ... (siehe 3)
31 Boston Symphony Orchestra ... D6
32 Red Room @ Café 939 ... D5

Shoppen
33 Converse ... D5
34 Three Wise Donkeys ... E5

intellektuelle Elite der Stadt an ausgezeichneten Gemälden und klassischer Musik, förderte aber auch selbst die Verbreitung des kulturellen Reichtums. Der Öffentlichkeit bescherte dies u.a. Museen, Bibliotheken und Sinfonieorchester. Die altehrwürdigen Institutionen beglücken Einheimische (und Besucher) noch heute und sind Säulen des kulturellen Lebens. Parallel bietet Boston aber auch viel moderne Kunst, Musik und Theater.

Geschichte

In jeglicher Hinsicht ist Boston die älteste Großstadt der USA. Beim Bummeln übers Kopfsteinpflaster stößt man hier überall auf Geschichtsträchtiges. Durch die ganze Stadt schlängelt sich der Freedom Trail zu 16 bedeutenden historischen Stätten – darunter Amerikas erste öffentliche Schule, Bostons älteste Kirche und diverse Originalschauplätze des Amerikanischen Unabhängigkeitskriegs. All dies kombiniert ergibt quasi ein riesiges urbanes Freilichtmuseum.

Sehenswertes

Beacon Hill & Boston Common

Der Boston Common ist der älteste öffentliche Park der USA und das Herzstück der Stadt. Er grenzt an den Beacon Hill, auf dem die vergoldete Kuppel des Massachusetts State House über zauberhaften Geschäfts- und Wohnstraßen emporragt – ein Motiv, das die meisten Bostoner Postkarten ziert.

★ Boston Common PARK

(Karte S. 186; zw. Tremont, Charles, Beacon & Park St; 6–24 Uhr; P; T Park St) Im Lauf der Jahre hat dieser Park schon vielen Zwecken gedient. So war er z.B. ein Lagerplatz für britische Truppen im Amerikanischen Unabhängigkeitskrieg und bis in die 1830er-Jahre eine Viehweide. Offiziell dürften Rinder hier immer noch grasen. Auf den Rasenflächen tummeln sich heute aber nur noch Menschen, die picknicken, sich sonnen und Leute beobachten. Im Winter lädt der **Frog Pond** (Karte S. 186; www.bostonfrogpond.com; Boston Common; Erw./Kind 6 US$/frei, Schlittschuhverleih 12/6 US$; Mitte Nov.–Mitte März Mo 10–15.45, Di–Do & So 10–21, Fr & Sa 10–22 Uhr; T Park St) zum Eislaufen ein, während Theaterfans im Sommer zum **Shakespeare on the Common** (Karte S. 186; www.commshakes.org; Boston Common; Juli & Aug.) strömen. Der Park ist zudem Startpunkt des Freedom Trail.

★ Massachusetts State House GEBÄUDE

(Karte S. 186; www.sec.state.ma.us; Ecke Beacon St & Bowdoin St; Mo–Fr 8.45–17 Uhr, Führungen

Mo–Fr 10–15.30 Uhr; Ⓣ Park St) GRATIS Oben auf dem Beacon Hill setzen Massachusetts' Regierung und Parlamentarier im State House ihre Ideen in konkrete Politik und Gesetze um. John Hancock stellte das Land zur Verfügung, und Charles Bulfinch entwarf das monumentale State Capitol, das Oliver Wendell Holmes „das Zentrum (engl. *hub*) des Sonnensystems" nannte. Bei den kostenlosen 40-minütigen Führungen erhalten Besucher Einblick in Geschichte, Kunst, Architektur und Politik in dem Gebäude.

★ Public Garden GARTEN

(Karte S. 186; www.friendsofthepublicgarden.org; Arlington St; ⏲ Sonnenaufgang–Sonnenuntergang; 👪; Ⓣ Arlington) Der fast 10 ha große Garten neben dem Boston Common ist eine botanische Oase mit viktorianischen Blumenbeeten, grünen Rasenflächen und einem idyllischen Teich im Schatten von Trauerweiden. Darauf schwimmen altmodische **Schwanen-Tretboote** (Swan Boats; Karte S. 186; www.swanboats.com; Public Garden; Erw./Kind 3,50/2 US$; ⏲ Mitte April–Mitte Juni 10–16 Uhr, Ende Juni–Aug. 10–17 Uhr, 1.–15. Sept. 12–16 Uhr), die Kinder seit Generationen erfreuen. Die bezauberndste Attraktion ist die **Make Way for Ducklings Statue** (Karte S. 186), die den beliebten Protagonisten von Robert McCloskeys gleichnamigem Bilderbuch (spielt in Boston) gewidmet ist: Die Bronzeskulptur zeigt die Stockente Mrs. Mallard und ihre acht Küken.

Granary Burying Ground FRIEDHOF

(Karte S. 186; Tremont St; ⏲ 9–17 Uhr; Ⓣ Park St) Der stimmungsvolle Friedhof von 1660 ist voller historischer Grabsteine, viele mit berührenden (und unheimlichen) Inschriften. Hier ruhen viele Helden aus dem Unabhängigkeitskrieg, z. B. Paul Revere, Samuel Adams, John Hancock und James Otis. Benjamin Franklin wurde in Philadelphia begraben, aber seine Eltern liegen im hiesigen Familiengrab.

⊙ Innenstadt & Uferbereich

Geschäftsleben und Tourismus konzentrieren sich in Boston hauptsächlich auf die belebte Innenstadt. Diese mixt viel moderne Architektur mit allerlei kolonialzeitlichen Bauten, darunter die Faneuil Hall und der Quincy Market.

★ Old State House HISTORISCHES GEBÄUDE

(Karte S. 186; www.bostonhistory.org; 206 Washington St; Erw./Kind 10 US$/frei; ⏲ Juni–Aug. 9–18 Uhr, Sept.–Mai bis 17 Uhr; Ⓣ State) Das Old State House von 1713 ist das älteste erhaltene öffentliche Gebäude in Boston. Vor der

BOSTON IN …

… einem Tag

Der erste bzw. einzige Tag in Boston steht ganz im Zeichen des Freedom Trail (S. 193), der ab dem Boston Common (S. 184) durch die Innenstadt führt. Unterwegs reicht die Zeit nicht für alle Museen, man kann aber die Architektur bewundern und erfährt allerlei zur Geschichte. Zu den Highlights gehören das Old South Meeting House, das Old State House und die Faneuil Hall (S. 189).

Nachmittags geht's entlang des Freedom Trail weiter nach North End, um das historische Paul Revere House (S. 189), die Old North Church (S. 189) und den Copp's Hill Burying Ground (S. 192) zu besichtigen. Letzte Station ist dann das noble Liberty Hotel (S. 195) im früheren Charles Street Jail.

… zwei Tagen

Zunächst folgt man dem Plan des ersten Tages. Der zweite Tag beginnt mit Bostons bedeutendsten Architekturschätzen im Umkreis des Copley Sq (S. 190): der Boston Public Library voller Kunst und Bücher, der Trinity Church mit herrlichen Buntglasfenstern und dem John Hancock Tower mit seiner klaren Linienführung.

Der Nachmittag ist für eins von Bostons großartigen Kunstmuseen reserviert. Dabei hat man die Qual der Wahl zwischen dem Museum of Fine Arts (S. 191) mit seiner erlesenen Riesensammlung und dem kleineren, aber gleichsam außergewöhnlichen Isabella Stewart Gardner Museum (S. 191) – Enttäuschung jeweils ausgeschlossen!

Abends heißt's dann das Boston Symphony Orchestra in der Symphony Hall (S. 191) bei grandioser Akustik erleben. Wer's trivialer mag, verfolgt stattdessen ein Baseballspiel im Fenway Park (S. 191) oder zieht durch die Bars an der Lansdowne St.

Boston Zentrum

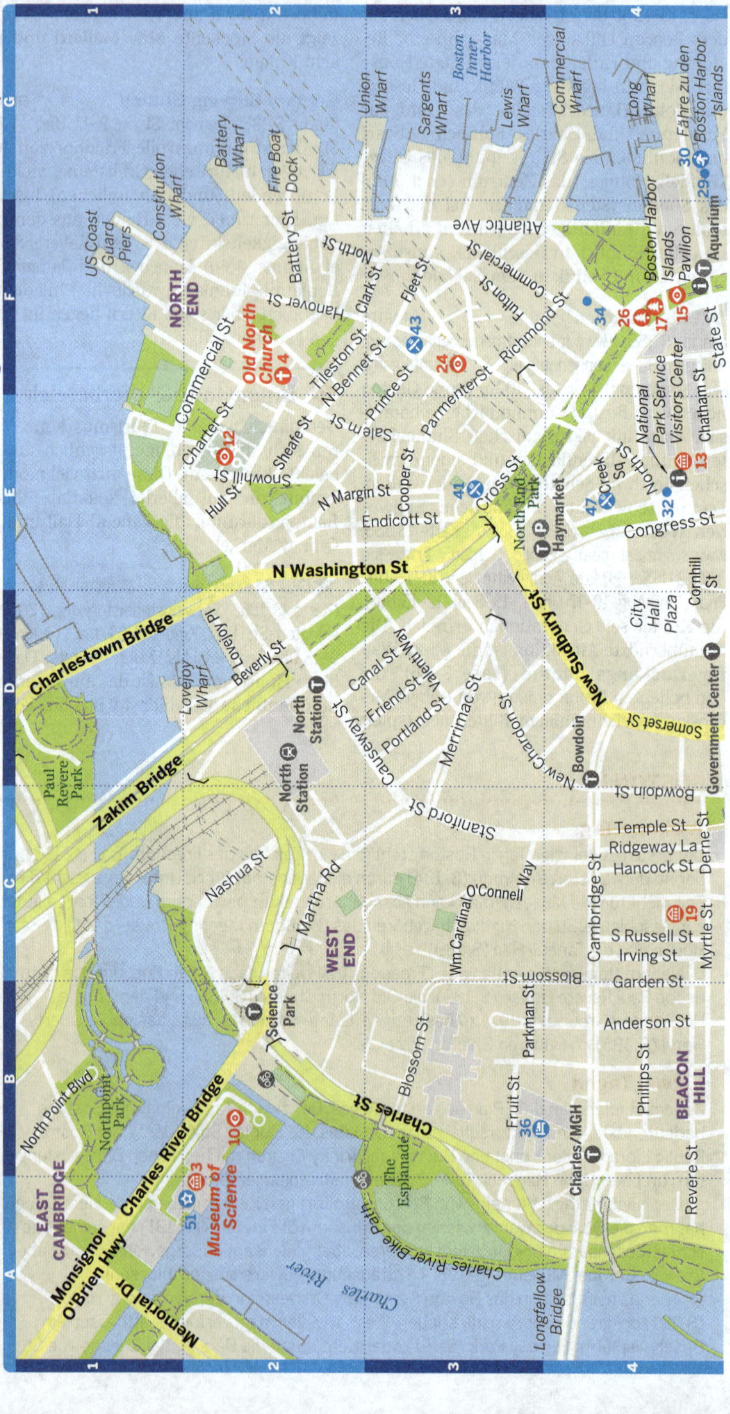

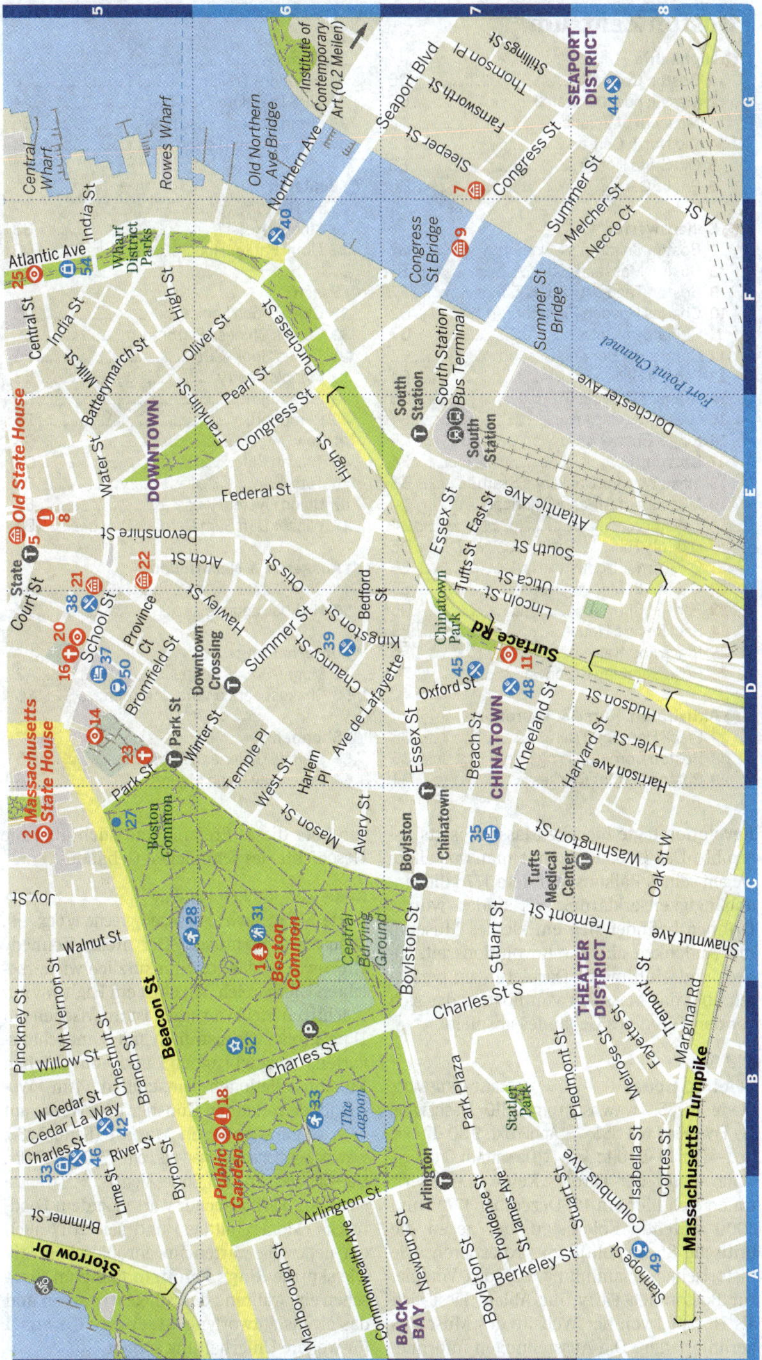
Massachusetts State House
Old State House
Public Garden
Boston Common
DOWNTOWN
CHINATOWN
THEATER DISTRICT
SEAPORT DISTRICT
BACK BAY
Beacon St
Storrow Dr
Charles St
Charles St S
Boylston St
Tremont St
Washington St
Summer St
Congress St
Atlantic Ave
Surface Rd
Massachusetts Turnpike
Central Wharf
Rowes Wharf
Wharf District Parks
Old Northern Ave Bridge
Institute of Contemporary Art (0.2 Meilen)
Congress St Bridge
Summer St Bridge
Fort Point Channel
South Station
South Station Bus Terminal
Downtown Crossing
Park St
State
Boylston
Chinatown
Tufts Medical Center
Arlington
Chinatown Park
Statler Park
Central Burying Ground
The Lagoon
Seaport Blvd
Northern Ave
Dorchester Ave
Columbus Ave
Stuart St
Essex St
Kneeland St
Federal St
Devonshire St
Court St
School St
Water St
Milk St
India St
Central St
High St
Pearl St
Oliver St
Franklin St
Purchase St
Arch St
Hawley St
Otis St
Kingston St
Bedford St
Chauncy St
Ave de Lafayette
Winter St
Temple Pl
West St
Mason St
Avery St
Harlem Pl
Bromfield St
Province Ct
Park St
Joy St
Walnut St
Pinckney St
Mt Vernon St
Willow St
Chestnut St
Branch St
W Cedar St
Cedar La Way
River St
Lime St
Byron St
Brimmer St
Arlington St
Marlborough St
Commonwealth Ave
Newbury St
Boylston St
Providence St
St James Ave
Berkeley St
Stanhope St
Isabella St
Cortes St
Melrose St
Fayette St
Piedmont St
Park Plaza
Marginal Rd
Oak St W
Shawmut Ave
Harrison Ave
Tyler St
Hudson St
Harvard St
Beach St
Oxford St
Lincoln St
Utica St
South St
East St
Tufts St
Sleeper St
Farnsworth St
Thomson Pl
Stillings St
Melcher St
Necco Ct
A St
Batterymarch St
A B C D E F G
5 6 7 8

Boston Zentrum

Highlights
1 Boston Common C6
2 Massachusetts State House C5
3 Museum of Science A2
4 Old North Church F2
5 Old State House E5
6 Public Garden B6

Sehenswertes
7 Boston Children's Museum G7
8 Boston Massacre Site E5
9 Boston Tea Party Ships & Museum F7
10 Charles Hayden Planetarium B2
11 Chinatown Gate D7
12 Copp's Hill Burying Ground E2
13 Faneuil Hall E4
14 Granary Burying Ground D5
15 Greenway Carousel F4
16 King's Chapel & Burying Ground D5
17 Labyrinth F4
18 Make Way for Ducklings Statue B6
19 Museum of African American History C4
20 Old City Hall D5
21 Old Corner Bookstore E5
22 Old South Meeting House E5
23 Park St Church D5
24 Paul Revere House F3
25 Rings Fountain F5
26 Rose Kennedy Greenway F4

Aktivitäten, Kurse & Touren
27 Black Heritage Trail C5
28 Boston Common Frog Pond C5
29 Boston Harbor Cruises G4
30 Codzilla G4
31 Freedom Trail C6
32 NPS Freedom Trail Tour E4
33 Swan Boats B6
34 Urban AdvenTours F4

Schlafen
35 HI-Boston C7
36 Liberty Hotel B3
37 Omni Parker House D5

Essen
38 Clover Food Lab D5
39 Gene's Chinese Flatbread D6
40 James Hook & Co F6
41 Maria's Pastry E3
42 Paramount B5
43 Pomodoro F3
44 Row 34 .... G8
45 Taiwan Cafe D7
46 Tatte B5
47 Union Oyster House E4
48 Winsor Dim Sum Cafe D7

Ausgehen & Nachtleben
49 Club Café A8
50 Highball Lounge D5

Unterhaltung
51 Mugar Omni Theater A2
52 Shakespeare on the Common B6

Shoppen
53 Eugene Galleries B5
54 Greenway Open Market F5

Revolution tagte hier die Massachusetts Assembly. Das Gebäude kennt man vor allem wegen seines Balkons, auf dem 1776 die Unabhängigkeitserklärung verkündet wurde. Drinnen befindet sich ein kleines Museum mit Andenken aus der Revolutionszeit. Videos und Multimedia-Darbietungen berichten über das Massaker von Boston, das sich vor den Türen des Gebäudes abspielte.

Old South Meeting House — HISTORISCHES GEBÄUDE

(Karte S. 186; www.osmh.org; 310 Washington St; Erw./Kind 6/1 US$; April–Okt. 9.30–17 Uhr, Nov.–März 10–16 Uhr; T Downtown Crossing, State) Unter der Parole „Keine Teesteuer!" trafen sich hier am 16. Dezember 1773 rund 5000 wütende Kolonisten, um gegen die britische Steuerpolitik zu protestieren. Die historische Versammlung war das Vorspiel zur Boston Tea Party; ihr Ablauf lässt sich als Hörspiel von der Website des Museums herunterladen. Die Ausstellungen informieren über dieses Ereignis und auch über die Geschichte des schmucken Gebäudes.

Rose Kennedy Greenway — PARK

(Karte S. 186; www.rosekennedygreenway.org; T Aquarium, Haymarket) Der Rose Kennedy Greenway ist das Tor zum kürzlich wiederbelebten Uferbereich. Wo einst ein Highway auf mächtigen Pfeilern verlief, ist inzwischen ein 11 ha großer Grünstreifen mit Landschaftsgärten, Springbrunnen und öffentlichen Kunstinstallationen entstanden. Am Wochenende verkaufen Künstler ihre Werke auf dem **Greenway Open Market** (Karte S. 186; www.newenglandopenmarkets.com; Sa 11–17 Uhr, Mai–Okt. auch am 1. & 3. So des Monats; T Aquarium). Auf Parkbesucher warten zudem Foodtrucks (Mo–Fr mittags) und seit 2017 auch ein neuer Biergarten im europäischen Stil. Die skurrile **Rings Fountain** lädt zum Planschen ein, während der ruhige **Irrgarten** und das eigens entworfene **Greenway Carousel** für weitere Unterhaltung sorgen.

Faneuil Hall HISTORISCHES GEBÄUDE
(Karte S. 186; www.nps.gov/bost; Congress St; 9–17 Uhr; T State, Haymarket, Government Center) GRATIS „Wer freie Rede nicht ertragen kann, sollte besser nach Hause gehen", sagte Wendell Phillips. „Faneuil Hall ist kein Ort für Sklavenherzen." Tatsächlich wurden an diesem öffentlichen Versammlungsort so viele stürmische Reden gehalten, dass er den Spitznamen „Cradle of Liberty" (Wiege der Freiheit) erhielt. Nach der Unabhängigkeit gab es hier Versammlungen für die Abschaffung der Sklaverei, die Einführung des Frauenwahlrechts und zu Fragen von Krieg und Frieden. Der historische Saal im 2. Stock ist normalerweise für die Öffentlichkeit zugänglich; Ranger des National Park Service (NPS) erläutern die Geschichte des Gebäudes.

Design Museum Boston MUSEUM
(www.designmuseumboston.org; wechselnde Öffnungszeiten) Diese Einrichtung definiert den Begriff „Museum" ganz neu: Die tollen „Pop-Up"-Ausstellungen finden an öffentlichen Orten (z. B. Einkaufszentren, Parks, Flughäfen) in ganz Boston statt.

West End & North End

Das West End und North End grenzen direkt aneinander, unterscheiden sich aber stark in puncto Atmosphäre: Im West End gibt's größtenteils nur langweilige Zweckbauten, das North End ist dagegen mit seinen vielen italienischen Restaurants und *salumerie* (Feinkostläden) sehr abwechslungsreich.

★ **Museum of Science** MUSEUM
(Karte S. 186; www.mos.org; Charles River Dam; Erw./Kind 25/20 US$; Juli & Aug. Sa–Do 9–19 Uhr, Sept.–Juni 9–17 Uhr, ganzjährig Fr 9–21 Uhr; P; T Science Park/West End) Das riesige Wissenschaftsmuseum wartet mit über 600 interaktiven Exponaten auf. So können kleine wie große Besucher sehr abwechslungsreiche Entdeckungsreisen zu Themen wie (Computer-)Technologie, Vögel, Bienen oder Humanevolution unternehmen – teils unterstützt durch Karten und Modelle. Zu den Highlights zählen dabei der weltgrößte Blitzgenerator, eine Raumkapsel in Originalgröße, eine eindrucksvolle Dinosaurier-Ausstellung und ein Display, das das Wachstum der Weltbevölkerung in Echtzeit anzeigt. Unter den neuesten Attraktionen sind die Hall of Human Life mit Brutstationen für Hühnerküken und die Yawkey Gallery mit deckenhohen Fenstern, durch die man wunderbar auf den Charles River schaut.

Zum Museum gehören auch das Discovery Center (ein interaktiver Spielbereich für Kinder unter acht Jahren), das **Charles Hayden Planetarium** (Karte S. 186; www.mos.org; Museum of Science, Charles River Dam; Erw./Kind 10/8 US$; Sa–Do 9–17, Fr 9–21 Uhr) und das **Mugar Omni Theater** (Karte S. 186; www.mos.org; Museum of Science, Charles River Dam; Erw./Kind 10/8 US$;).

★ **Old North Church** KIRCHE
(Karte S. 186; www.oldnorth.com; 193 Salem St; erbetene Spende 3 US$, Führung Erw./Kind 6/4; Juni–Okt. 9–18 Uhr, März–Mai, Nov. & Dez. 9–17 Uhr, Jan. & Feb. 10–16 Uhr; T Haymarket; North Station) Longfellow verewigte diese würdevolle Kirche in seinem berühmten Gedicht „Paul Reveres Ritt". In der Nacht des 18. April 1775 hängte der Küster hier zwei Laternen an den Turm – das vereinbarte Signal, falls britische Schiffe übers Meer auf Lexington und Concord vorrückten. Die anglikanische Old North Church (auch Christ Church genannt; erb. 1723) ist zudem Bostons älteste Kirche.

Paul Revere House HISTORISCHE STÄTTE
(Karte S. 186; www.paulreverehouse.org; 19 North Sq; Erw./Kind 5/1 US$; Mitte April–Okt. 9.30–17.15 Uhr, Nov.–Mitte April bis 16.15 Uhr, Jan.–März Mo geschl.; T Haymarket) Als der Silberschmied Paul Revere seinen berühmten Ritt unternahm, um die Patrioten vor dem Vormarsch der britischen Truppen auf Lexington und Concord zu warnen, machte er sich von diesem Haus am North Sq auf den Weg. Das kleine Schindelhaus wurde 1680 erbaut und ist damit das älteste Wohnhaus Bostons. Bei einem Rundgang (Gebäude & Hof) erhält man einen kleinen Einblick in den Alltag der Familie Revere (mit 16 Kindern!).

Seaport District

Der Seaport District in South Boston (alias Southie) mausert sich momentan schnell zu einem attraktiven Uferviertel. Hierfür sorgen frische Meeresluft, ein Museum für moderne Kunst, viele neue Restaurants, jede Menge Bier und etwas Geschichte.

★ **Institute of Contemporary Art** MUSEUM
(ICA; www.icaboston.org; 25 Harbor Shore Dr; Erw./Kind 15 US$/frei; Di, Mi, Sa & So 10–17, Do & Fr bis 21 Uhr; ; SL1, SL2, T South Station) Vor allem dieses Museum hat Boston im 21. Jh. zu einem Zentrum der modernen

Kunst gemacht. Bereits das Gebäude ist ein Kunstwerk für sich: Die verglaste und lichtdurchflutete Konstruktion schwebt frei über einem Platz am Ufer. Die riesigen Innenräume bieten genügend Platz für Multimedia-Präsentationen, Bildungsprogramme, Künstlerateliers und die Erweiterung der ständigen Sammlung des ICA.

Boston Children's Museum MUSEUM

(Karte S. 186; www.bostonchildrensmuseum.org; 308 Congress St; Eintritt 16 US$, Fr 17–21 Uhr 1 US$; Sa–Do 10–17, Fr bis 21 Uhr; ; South Station) Die interaktiven und lehrreichen Ausstellungen des tollen Museums unterhalten Kinder stundenlang. Unter den Highlights finden sich ein Seifenblasen-Generator, Kletterwände, interkulturelle Erfahrungen und eine Baustelle zum Mitmachen. Im lichtdurchfluteten Atrium ragt ein super Kletterlabyrinth mit drei Ebenen empor. Bei schönem Wetter können die Kinder im Freien essen und sich in einem Wasserpark vergnügen. Vor dem Gebäude steht die markante, große Hood Milk Bottle am Ufer des Fort Point Channel.

Boston Tea Party Ships & Museum MUSEUM

(Karte S. 186; www.bostonteapartyship.com; Congress St Bridge; Erw./Kind 28/18 US$; 10–17 Uhr; ; South Station) „Der Boston Harbor wird heute zur Teekanne!": Aus Protest gegen unfaire Steuern kippten aufrührerische Kolonisten 342 Kisten mit Tee ins Wasser. Mit der Boston Tea Party begannen 1773 jene Ereignisse, die in den Amerikanischen Unabhängigkeitskrieg mündeten. Heute liegen die nachgebauten Schiffe im Griffin's Wharf vor Anker, und gleich nebenan widmet sich ein ausgezeichnetes interaktives Museum dem Auslöser der Revolution. Mithilfe von Nachbildungen, Multimedia-Exponaten und anderen Ausstellungsstücken beleuchtet das Museum alle Aspekte der Boston Tea Party.

South End & Chinatown

Chinatown, der Theater District und der Leather District gehen nahtlos ineinander über. In umgebauten Gemäuern aus der Zeit von Bostons Schuh- und Lederindustrie sind dort viele funkelnde Theater, chinesische Restaurants, Nachtclubs und Lofts untergebracht. Die viktorianischen Reihenhäuser des benachbarten South End beherbergen heute u. a. Künstlerateliers, Galerien und belebte Restaurants.

Chinatown Gate WAHRZEICHEN

(Karte S. 186; Beach St; Chinatown) Das schmucke Tor *(paifong)* ist ein Geschenk der taiwanesischen Hauptstadt Taipeh. Als offizieller Eingang zu Chinatown hat es nicht nur für Besucher eine symbolische Bedeutung: Nach wie vor lassen sich hier Einwanderer nieder, um Familien und neue Existenzen zu gründen.

Back Bay

Die Newbury St in Back Bay ist Bostons hippste Meile in puncto Schaufensterbummeln, Latteschlürfen und Leutebeobachten. Zudem prunkt das Viertel mit den elegantesten Bauten der ganzen Stadt.

Am schönsten ist diesbezüglich der **Copley Square** (Plaza), der diverse Architekturströmungen würdevoll miteinander vereint: Dort findet man z. B. die **Boston Public Library** (www.bpl.org) im Stil der Neorenaissance, die **Trinity Church** (www.trinitychurchboston.org) als Vertreterin der „Richardsonian Romanesque" (eine Spielart der Neoromanik) oder den modernistischen John Hancock Tower. Ein Besuch von Back Bay sollte daher stets mit diesem Platz beginnen, auf dem man locker ein paar Stunden oder sogar einen ganzen Tag verbringen kann.

Mary Baker Eddy Library & Mapparium BIBLIOTHEK

(Karte S. 182; www.marybakereddylibrary.org; 200 Massachusetts Ave; Erw./Kind 6/4 US$; Di–So 10–16 Uhr; ; Symphony) Einer von Bostons versteckten Schätzen: Das Mapparium in der Mary Baker Eddy Library ist ein Riesenglobus aus Buntglas, den Besucher mittels einer Glasbrücke durchqueren können. Das Gebilde stammt aus dem Jahr 1935 und zeigt daher die damalige Weltkarte. Die grandiose Akustik überraschte einst sogar den Konstrukteur: In dem kreisrunden Raum ist selbst das leiseste Flüstern noch deutlich zu vernehmen.

Prudential Center Skywalk Observatory AUSSICHTSPUNKT

(Karte S. 182; www.skywalkboston.com; 800 Boylston St; Erw./Kind 18/13 US$; März–Okt. 10–22 Uhr, Nov.–Feb. bis 20 Uhr; ; Prudential) Das nicht zu übersehende Gebäude ist nur ein schickes Einkaufszentrum und heißt eigentlich „Shops at Prudential Center". Aber vom Skywalk im 50. Stock hat man hinter Glas einen spektakulären Panoramablick auf Boston und Cambridge. Dazu gibt's auch eine unterhaltsame Audiotour (und eine speziell auf Kinder zugeschnittene Version). Für den Preis eines Drinks kann man die gleiche Aussicht auch vom **Top of the Hub** (Karte S. 182; ☎617-536-1775; www.topofthehub.net; 800 Boylston St; ⏲11.30–1 Uhr; 📶; Ⓣ Prudential) genießen.

Kenmore Square & Fenway

Zu Fenway gehören u.a. der Kenmore Square und der Fenway Park, in dessen Umkreis sich Baseballfans und Nachtschwärmer tummeln. Die Avenue of the Arts (Huntington Ave) wird von vielen Attraktionen für Kunst- und Kulturfans gesäumt.

★ Fenway Park BASEBALLSTADION
(Karte S. 182; www.redsox.com; 4 Yawkey Way; Führungen Erw./Kind 20/14 US$, exklusive Führung 35 US$; ⏲9–17 Uhr; Ⓣ Kenmore) Was macht den Fenway Park von 1912 zu „Amerikas beliebtestem Baseballstation"? Erstens: Hier sind die Boston Red Sox zu Hause. Zweitens: Es ist das älteste amerikanische Baseballstadion mit aktivem Spielbetrieb. Und obendrein können hier viele einzigartige Kuriositäten bei Führungen besichtigt werden.

★ Museum of Fine Arts MUSEUM
(MFA; Karte S. 182; www.mfa.org; 465 Huntington Ave; Erw./Kind 25 US$/freier Eintritt; ⏲Sa–Di 10–17, Mi–Fr bis 22 Uhr; Ⓣ Museum of Fine Arts, Ruggles) Seit 1876 ist das Museum of Fine Arts Bostons wichtigster Ausstellungsort für das Werk regionaler, landesweit bekannter und ausländischer Künstler. Heute umfasst die enzyklopädische Sammlung Kunstwerke aus allen Epochen vom Altertum bis zur Gegenwart und aus allen Gegenden der Welt. Mit den eindrucksvollen neuen Flügeln, die sich der Kunst des amerikanischen Doppelkontinents und zeitgenössischer Kunst widmen, unterstreicht das Museum Bostons Rolle als Kunstzentrum des 21. Jhs.

★ Isabella Stewart Gardner Museum MUSEUM
(Karte S. 182; www.gardnermuseum.org; 25 Evans Way; Erw./Kind 15 US$/frei; ⏲Mi–Mo 11–17, Do bis 21 Uhr; 👪; Ⓣ Museum of Fine Arts) Der prächtige Palazzo venezianischen Stils, in dem sich das Museum befindet, wurde von „Mrs. Jack" Gardner bis zu ihrem Tod 1924 bewohnt. Mit seinen etwa 2500 unbezahlbaren Objekten vorwiegend europäischen Ursprungs, darunter herrlichen Gobelins und Gemälden der italienischen Renaissance und aus dem Goldenen Zeitalter der niederländischen Malerei, ist das Museum ein Denkmal für den exquisiten Kunstgeschmack dieser Frau. Der vierstöckige, gewächshausartige Innenhof ist eine ruhige Oase, die allein schon den Eintritt lohnt.

Symphony Hall HISTORISCHES GEBÄUDE
(Karte S. 182; www.bso.org; 301 Massachusetts Ave; ⏲wechselnde Öffnungszeiten; Ⓣ Symphony) Die majestätische Heimat des Boston Symphony Orchestra wurde 1900 von dem Architektentrio McKim, Mead & White erbaut, das auch die berühmte BPL entwarf. Besucher können die öffentlichen Bereiche besichtigen und bei Gratisführungen (1 Std., wechselnde Zeiten; Reservierung erforderlich) einen Blick hinter die Kulissen werfen.

BOSTON MIT KINDERN

Boston ist ein riesiges Geschichtsmuseum, das zu vielen abwechslungsreichen und informativen Erkundungen animiert. Die Kopfsteinpflasterstraßen und kostümierten Tourguides der Stadt erwecken historische Ereignisse zum Leben, die Kinder sonst nur aus Büchern kennen. Lehrreiche Unterhaltung bieten hier ansonsten auch allerlei interaktive Ausstellungen mit Exponaten für Experimentierfreudige.

➡ Boston by Little Feet (S. 194) heißt der einzige Stadtspaziergang, der den Freedom Trail speziell für Sechs- bis Zwölfjährige aufbereitet. Vor dem Start empfiehlt es sich, unter www.thefreedomtrail.org einen kindgerechten Podcast oder Literaturtipps zum Thema herunterzuladen.

➡ Mit Boston Duck Tours können Kinder jeden Alters per „Duck" (Ente; ein Amphibienfahrzeug) über den wilden Charles River (S. 193) schippern und dabei gern laut quaken.

➡ **Urban AdvenTours** (Karte S. 186; ☎617-670-0637; www.urbanadventours.com; 103 Atlantic Ave; Touren ab 40 US$, Fahrradverleih 40–75 US$/24 Std.; ⏲April–Sept. 9–20 Uhr, Okt.–März kürzere Öffnungszeiten; Ⓣ Aquarium) veranstaltet super Radtouren für alle Altersklassen. Die Firma verleiht auch Kinderfahrräder, Schutzhelme und Fahrradanhänger für Kleinkinder.

Stadtspaziergang
Freedom Trail

START BOSTON COMMON
ZIEL BUNKER HILL MONUMENT
LÄNGE/DAUER 4 KM/3 STD.

Los geht's am 1 **Boston Common** (S. 184), dem ältesten öffentlichen Park der USA. Am Nordrand thront das 2 **Massachusetts State House** (S. 184) mit vergoldeter Kuppel auf dem Beacon Hill. Dann der Tremont St gen Norden folgen – vorbei am Turm der 3 **Park Street Church** und am ägyptisch angehauchten Eingangstor des 4 **Granary Burying Ground** (S. 185).

An der School St steht die von Säulen gezierte 5 **King's Chapel** am Rand eines weiteren Friedhofs. Nun entlang der School St ostwärts bis zur 6 **Old City Hall** laufen: Eine Tafel erinnert hier daran, dass dort einst die erste öffentliche Schule der Stadt war.

Die nächste Station ist der 7 **Old Corner Bookstore**. Schräg gegenüber nahm die Boston Tea Party ihren Anfang im 8 **Old South Meeting House** (S. 188). Weiter nördlich an der Washington St wurde die amerikanische Unabhängigkeitserklärung im 9 **Old State House** (S. 185) erstmals öffentlich in Boston verlesen. Vor dem State House markiert ein Ring aus Pflastersteinen den Ort des 10 **Massakers von Boston**, das die Revolutionsbestrebungen weiter befeuerte. Die 11 **Faneuil Hall** (S. 189) jenseits der Kreuzung dient seit über 250 Jahren als Markt- und Versammlungshalle.

Von dort aus der Hanover St über den Rose Kennedy Greenway folgen. Nach einem Block gen Osten erblickt man am North Sq das 12 **Paul Revere House** (S. 189). Danach geht's zurück zur Hanover St, um von der Paul Revere Mall aus einen Panoramablick auf die 13 **Old North Church** (S. 189) zu genießen. Von der Kirche aus führt die Hull St nun westwärts zum 14 **Copp's Hill Burying Ground**: Hier schaut man wunderbar auf Charlestowns anderes Flussufer.

Jenseits der Charlestown Bridge liegt an der Constitution Rd der Charlestown Navy Yard mit der 15 **USS Constitution**, dem dienstältesten Kriegsschiff der Welt. Durch die historischen Straßen von Charlestowns Zentrum führt der Weg zum 16 **Bunker Hill Monument**, wo die erste Schlacht des Amerikanischen Unabhängigkeitskriegs tobte.

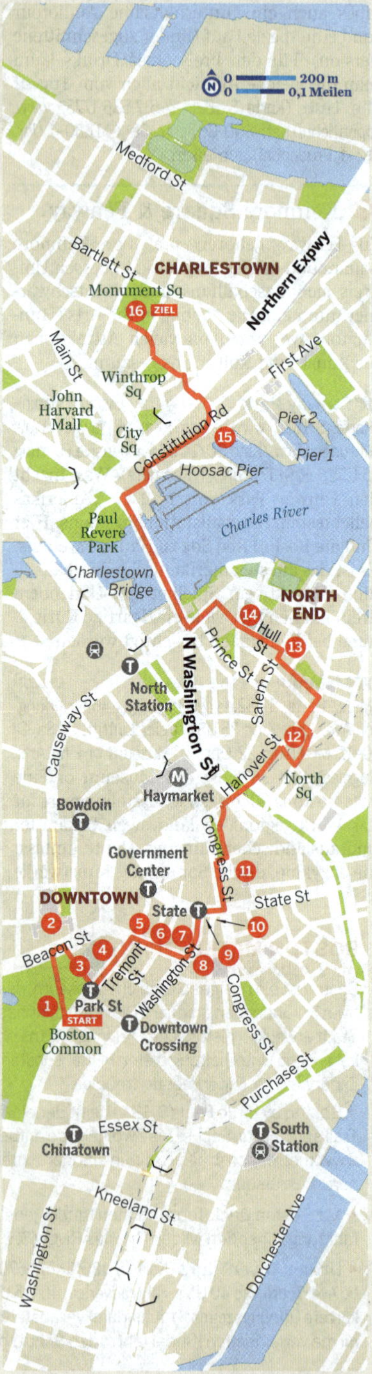

Cambridge

Harvard University UNIVERSITÄT
(Karte S.182; www.harvard.edu; Massachusetts Ave; Führungen gratis; T Harvard) Die älteste Hochschule der USA wurde 1636 ursprünglich zur Ausbildung von Geistlichen gegründet. Zu den Absolventen der allerersten Ivy-League-Universität zählen neben acht US-Präsidenten auch viele Pulitzer- und Nobelpreisträger. Herz des Campus ist der historische und höchst akademisch wirkende Harvard Yard, dessen rote Backsteingebäude am Rand von grünen Spazierwegen bei Gratisführungen ab dem **Smith Campus Center** (Karte S.182; www.harvard.edu/visitors; 30 Dunster St; Mo–Sa 9–17 Uhr; T Harvard) besichtigt werden können. Alternativ sind auch Erkundungen auf eigene Faust möglich.

Harvard Art Museums MUSEUM
(Karte S.182; www.harvardartmuseums.org; 32 Quincy St; Erw./Stud. 15/10 US$, Kind frei; 10–17 Uhr; T Harvard) 2014 renovierte und erweiterte der Stararchitekt Renzo Piano die Kunstmuseen auf dem Campus. Seitdem ist die gigantische Harvard-Sammlung (250 000 Stücke) unter einem sehr stilvollen Dach vereint. Die ausgestellten Werke stammen aus aller Welt. Im früheren Arthur M. Sackler Museum warten separate Abteilungen zu asiatischer und islamischer Kultur. Das ehemalige Busch-Reisinger Museum ist den nordeuropäischen und deutschsprachigen Ländern gewidmet. Weitere Kunst im westlichen Stil (vor allem des europäischen Modernismus) zeigt das einstige Fogg Museum.

MIT Museum MUSEUM
(Karte S.182; http://mitmuseum.mit.edu; 265 Massachusetts Ave; Erw./Kind 10/5 US$; Juli & Aug. 10–18 Uhr, Sept.–Juni 10–17 Uhr; P; T Central) Hinter Bostons schrägstem Museum stecken die schelmischen Superhirne des Massachusetts Institute of Technology (MIT). Aktuelle Arbeiten des Instituts im Bereich der künstlichen Intelligenz werden u.a. im Rahmen der Ausstellung „Robots and Beyond" vorgestellt. Besucher machen Bekanntschaft mit Androiden wie dem aufmerksamen Cog oder dem freundlichen Kismet – und müssen dann entscheiden, ob diese menschenähnlichen Roboter schlauer als ihre echten Vorbilder sind.

Harvard Museum of Natural History MUSEUM
(Karte S.182; www.hmnh.harvard.edu; 26 Oxford St; Erw./Kind/Stud. 12/8/10 US$; 9–17 Uhr; ; 86, T Harvard) Berühmt ist dieses Museum vor allem für seine botanische Sammlung, die auch ca. 3000 mundgeblasene Blumen und Pflanzen aus Glas umfasst – komplex gestaltete Beispiele für einen eindrucksvollen Mix aus Kunst und Wissenschaft. Die Stücke der vergleichsweise kleineren Zusatzausstellung „Sea Creatures in Glass" stammen von denselben Künstlern. Die zoologischen Säle nebenan beeindrucken mit zahllosen Fossilien und Tierpräparaten (darunter zusammengesetzte Skelette). Weitere coole Ausstellungen widmen sich Gliederfüßern, funkelnden Edelsteinen und dem Klimawandel.

Peabody Museum of Archaeology & Ethnology MUSEUM
(Karte S.182; www.peabody.harvard.edu; 11 Divinity Ave; Erw./Kind/Stud. 12/8/10 US$; 9–17 Uhr; 86, T Harvard) Herzstück dieses Museums ist die eindrucksvolle Hall of the North American Indian: Hier erfahren Besucher, wie Nordamerikas Ureinwohner auf die europäische Einwanderung (15.–18. Jh.) reagierten. Die anderen Ausstellungen beleuchten indigene Kulturen auf dem übrigen amerikanischen Kontinent. Sehr faszinierend ist dabei u.a. der Vergleich zwischen den Höhlen- bzw. Wandbildern der Awatovi (New Mexico), Maya (Guatemala) und Moche (Peru).

Aktivitäten

Angesichts der Studentenscharen und großen Grünflächen in Boston überrascht es kaum, dass hier viele urbane Outdoorfans auf der Esplanade joggen oder durch das Emerald Necklace radeln. Der Charles River und der Boston Harbor bieten verschiedene Möglichkeiten für Wasserratten (Kajakfahren, Segeln und sogar Schwimmen).

Freedom Trail STADTSPAZIERGANG
(Karte S.186; www.thefreedomtrail.org; T Park St) Der rote Backsteinpfad (4 km) durch die Innenstadt passiert Bostons wichtigste Sehenswürdigkeiten aus der Zeit der amerikanischen Revolution. Zwischen dem Boston Common und dem Bunker Hill Monument portraitiert er dabei die örtlichen Ereignisse vor und nach dem Amerikanischen Unabhängigkeitskrieg. Die gut ausgeschilderte Route erfordert keinen Guide. Details zum Stadtspaziergang gibt's auf S. 193.

Codzilla BOOTFAHREN
(Karte S.186; www.bostonharborcruises.com/codzilla; 1 Long Wharf; Erw./Kind 29/25 US$; Mai–An-

fang Okt., wechselnde Zeiten; Ⓣ Aquarium) „Bootfahren" ist wohl ein zu harmloses Wort für die Trips mit diesem Schnellboot, das dank 2800 PS ein Höchsttempo von bis zu 64 km/h erreicht. Die spezielle Rumpfkonstruktion wird am Bug von einem breiten Haigrinsen geziert und meistert auch die heftigsten Meereswellen.

Boston Harbor Cruises BOOTFAHREN
(BHC; Karte S. 186; ☎617-227-4321; www.bostonharborcruises.com; 1 Long Wharf; Erw./Kind 29/25 US$; Ⓣ Aquarium) Nach eigenen Angaben ist BHC die älteste und größte Passagierbootfirma der USA. Im Sommer veranstaltet das Unternehmen pro Tag über 300 Fahrten mit 50 verschiedenen Kähnen. Das riesige Angebot beinhaltet u. a. Walbeobachtungen, Sonnenuntergangstrips, Wochenendausflüge zu Leuchttürmen und eine schlichte Historic Sightseeing Tour durch den Inner Harbor.

Geführte Touren

Boston by Foot STADTSPAZIERGANG
(www.bostonbyfoot.com; Erw./Kind 15/10 US$; 👪) Die Stadtspaziergänge (jeweils 90 Min.) der gemeinnützigen Organisation widmen sich bestimmten Stadtvierteln bzw. Themen (z. B. „Hub of Literary America", „Dark Side of Boston"). Die Variante „Boston by Little Feet" bereitet den Freedom Trail kindgerecht auf.

Black Heritage Trail STADTSPAZIERGANG
(Karte S. 186; www.nps.gov/boaf; ⏲ Juli & Aug. Mo–Sa 10, 12 & 13 Uhr; Ⓣ Park St) Die super Stadtspaziergänge (90 Min.) unter der Leitung des NPS beleuchten die Geschichte der Sklavenbefreiung in den USA und erkunden die afroamerikanische Siedlung auf dem Beacon Hill. Die informativen Trips starten jeweils am Robert Gould Shaw Memorial im Boston Common. Wer lieber auf eigene Faust loszieht, lädt sich die NPS-App zum Freedom Trail herunter (www.nps.gov/bost/planyourvisit/app.htm) und/oder holt sich einen Routenplan beim **Museum of African American History** (Karte S. 186; www.maah.org; 46 Joy St; Erw./Kind 5 US$/frei; ⏲ Mo–Sa 10–16 Uhr; Ⓣ Park St, Bowdoin).

Boston Duck Tours BOOTFAHREN
☎617-267-3825; www.bostonducktours.com; Erw./Kind 39,50/27 US$; 👪; Ⓣ Aquarium, Science Park, Prudential) Die ungemein beliebten Trips mit Amphibienfahrzeugen aus dem Zweiten Weltkrieg führen zunächst durch die Straßen der Innenstadt und dann hinaus auf den Charles River. Die 80-minütigen Fahrten beginnen am Museum of Science, dem Prudential Center oder dem New England Aquarium. Im Voraus reservieren!

Feste & Events

★ **Boston Marathon** SPORT
(www.baa.org; ⏲ 3. Mo im April) Der Boston Marathon am Patriots Day, einem Feiertag (3. Mo im April) in Massachusetts, ist einer der prestigeträchtigsten des Landes. Der 42,16 km lange Lauf endet am Copley Sq.

Boston Pride Festival SCHWULE & LESBEN
(☎617-262-9405; www.bostonpride.org; ⏲ Juni) Während der ersten kompletten Juniwoche feiert Boston wie andere US-Großstädte dieses LGBT-Festival, das hier stets mit dem Hissen der Regenbogenflagge auf der City Hall Plaza beginnt. Das Programm mit täglichen Events gipfelt in der Pride Parade and Festival am zweiten Samstag im Juni.

Independence Day KULTUR
(www.bostonpopsjuly4th.org; ⏲ 4. Juli) Am Unabhängigkeitstag steigt in Boston eine der größten Partys der USA. Die Boston Pops geben auf der Esplanade ein Gratiskonzert, und das Feuerwerk wird landesweit im Fernsehen übertragen.

Schlafen

Bostons großes Unterkunftsangebot reicht von einladenden Pensionen in historischen Vierteln bis hin zu Nobelhotels mit allen Annehmlichkeiten. Obwohl dies eine Universitätsstadt ist, gibt's hier überraschend wenig kostengünstige Bleiben für Backpacker und Budgetreisende.

HI-Boston HOSTEL $
(Karte S. 186; ☎617-536-9455; www.bostonhostel.org; 19 Stuart St; B ab 40 US$, DZ mit Bad ab 170 US$; ❄@📶; Ⓣ Chinatown, Boylston) 🍃 Mit seinem modernen, umweltschonenden Standort im historischen Dill Building bildet das HI-Boston die Bezugsgröße für die Hostels der Stadt. Die eigens für diesen Zweck geschaffenen Zimmer und die zugehörigen Gemeinschaftsbäder sind komfortabel und sauber. Zu den vielen Gemeinschaftseinrichtungen gehören eine komplett ausgestattete Küche und das trendige Café im Erdgeschoss. Jede Menge Aktivitäten werden außerdem angeboten.

Irving House at Harvard PENSION $$
(Karte S. 182; ☎617-547-4600; www.irvinghouse.com; 24 Irving St; Zi. mit/ohne Bad ab 255/155 US$;

; Harvard) Die große Pension – oder das heimelige Hotel – ist das Richtige für weit gereiste Traveller. Die 44 verschieden großen Zimmer haben Betten mit Steppdecken und große Fenster, durch die viel Licht fällt. Im Untergeschoss mit seinen Ziegelwänden herrscht Bistro-Atmosphäre: Man stöbert in den dortigen Büchern, plant seine Reise oder genießt das kostenlose kontinentale Frühstück.

★ Liberty Hotel HOTEL $$$
(Karte S. 186; 617-224-4000, 866-961-3778; www.libertyhotel.com; 215 Charles St; Zi. ab 515 US$; ; Charles/MGH) Absichtliche Ironie: Das berüchtigte Charles Street Jail beherbergt heute das luxuriöse Liberty Hotel, dessen grandiose Lobby eine Deckenhöhe von 27 m hat. Die 298 Zimmer warten mit hochwertiger Bettwäsche und Hightech-Extras auf. 18 der Zimmer befinden sich im originalen Gefängnisflügel und besitzen deckenhohe Fenster mit Traumblick auf den Charles River bzw. Beacon Hill.

★ Verb Hotel BOUTIQUEHOTEL $$$
(Karte S. 182; 617-566-4500; www.theverbhotel.com; 1271 Boylston St; Zi. 349–399 US$; ; Kenmore) Aus einem heruntergekommenen Kettenhotel ist Bostons rockigstes Retro-Hotel geworden. Musik ist das Thema, im Stil hält es sich an den Modernismus der Mitte des vorigen Jahrhunderts. Überall finden sich Erinnerungsstücke, und im Foyer dudelt die Jukebox. Die Zimmer haben Klasse und klare Linien und blicken entweder auf den Pool oder den Fenway Park. Service und Stil verdienen eine 1+.

Newbury Guest House PENSION $$$
(Karte S. 182; 617-670-6000, 800-437-7668; www.newburyguesthouse.com; 261 Newbury St; DZ ab 269 US$; ; Hynes, Copley) Diese Pension erfreut sich einer super Lage am mittleren Abschnitt der Newbury St. Ihre drei miteinander verbundenen Gebäude von 1882 bestehen aus Backstein und rötlich-braunem Sandstein. Bei der kürzlichen Renovierung sind die zauberhaften historischen Elemente (z. B. offene Zimmerkamine und Deckenornamente) erhalten geblieben. Die Quartiere punkten nun aber auch mit klaren Linien, feiner Bettwäsche und modernen Extras.

Omni Parker House HISTORISCHES HOTEL $$$
(Karte S. 186; 617-227-8600; www.omnihotels.com; 60 School St; Zi. ab 345 US$; ; Park St) Das Parker House ist äußerst geschichtsträchtig: John F. und Jackie Kennedy verlobten sich in diesem Hotel. Malcolm X arbeitete hier als Hilfskellner, Ho Chi Minh als Konditor. Und unter demselben Dach wurde auch noch die Bostoner Cremetorte (offizielles Staatsdessert von Massachusetts) erfunden. Die komfortablen Zimmer erfreuen sich einer unschlagbaren Lage im Herzen des Freedom Trail.

Essen

Beacon Hill & Boston Common

★ Tatte BÄCKEREI $
(Karte S. 186; www.tattebakery.com; 70 Charles St; Backwaren ab 3 US$; Mo–Fr 7–20, Sa 8–20, So 8–19 Uhr; Charles/MGH) Hier reicht die Warteschlange bis auf die Straße: Die tolle Bäckerei im Untergeschoss des Charles Street Meeting House empfängt Kunden mit herrlichem Butterduft. Köstlichkeiten wie himmlische Frühstücksbrötchen mit Zimt, Schoko-Haselnuss-Stangen oder Sandwiches mit Pilzen und Avocados laden zum Schwelgen ein. Noch besser schmeckt's, wenn man einen Tisch auf der sonnigen Vorderterrasse ergattern kann.

★ Paramount CAFETERIA $$
(Karte S. 186; www.paramountboston.com; 44 Charles St; Hauptgerichte morgens & mittags 8–15 US$, abends 17–24 US$; Mo–Fr 7–22, Sa & So 8–22 Uhr; ; Charles/MGH) Die altmodische Cafeteria ist in dem Viertel sehr beliebt. Es gibt sehr gute einfache Speisen wie Pfannkuchen, Bratkartoffeln, Burger, Sandwiches und herzhafte Salate. Zum Brunch sind Arme Ritter mit Bananen und Karamell angesagt. Erst hinsetzen, wenn man sein Essen geholt hat!

Innenstadt & Uferbereich

Gene's Chinese Flatbread CHINESISCH $
(Karte S. 186; 86 Bedford St; Sandwiches 4,50 US$, Hauptgerichte 6–11 US$; Mo–Sa 11–18.30 Uhr; Chinatown) Chinesische Restaurants außerhalb von Chinatown (in diesem Fall nur ein paar Blocks entfernt) werden von uns generell nur sehr selten empfohlen. Doch der Abstecher zu diesem unscheinbaren Lokal in einer Ladenzeile lohnt sich wirklich: Hier locken u. a. Nudeln im Xi'an-Stil. Besonders beliebt sind die Gerichte Nr. 9 (Lammfleisch mit Kreuzkümmel plus von Hand hergestellte Nudeln) und Nr. 4 (Fladenbrot-Sandwich mit Schweinefleisch).

James Hook & Co SEAFOOD $$
(Karte S. 186; www.jameshooklobster.com; 15–17 Northern Av; Hummerbrötchen 20–24 US$; ⊙ Mo–Do & Sa 10–17, Fr 10–18, Sa 10–16 Uhr) Lust auf spitzenmäßige Hummerbrötchen in Zentrumsnähe? Dann ist der schlichte Seafood-Schuppen am Hafen genau die richtige Adresse. Nahe der Brücke zum Seaport District warten hier Tische im Freien, die an Sonnentagen perfekt für ein Mittagessen zwischen Museumsbesuchen sind.

Union Oyster House SEAFOOD $$$
(Karte S. 186; www.unionoysterhouse.com; 41 Union St; Hauptgerichte mittags 14–26 US$, abends 22–32 US$; ⊙ So–Do 11–21.30, Fr & Sa bis 22 Uhr; T Haymarket) Das älteste Restaurant in Boston, das Union Oyster House, serviert schon seit 1826 in diesem roten Ziegelhaus Meeresfrüchte. Historische Persönlichkeiten wie Daniel Webster und John F. Kennedy haben hier schon an der Bar gesessen (Kennedy soll vor allem die Hummercremesuppe gemocht haben). Der Laden ist überteuert, aber stimmungsvoll.

West End & North End

Maria's Pastry BÄCKEREI $
(Karte S. 186; www.mariaspastry.com; 46 Cross St; Backwaren 2–5 US$; ⊙ Mo–Sa 7–19, So bis 17 Uhr; ✎; T Haymarket) Drei Italienerinnen (Tochter, Mutter und Großmutter) aus Merola produzieren das authentischste italienische Gebäck der ganzen Stadt. Viele behaupten, dass Maria die besten Cannoli im North End machen würde. Das Angebot umfasst aber auch komplexere Kreationen wie *sfogliatelle* (muschelförmige Blätterteigtaschen mit Ricottafüllung) oder *aragosta* („Hummerschwänze"; mit einer Füllung aus Konditorcreme).

★ **Pomodoro** ITALIENISCH $$
(Karte S. 186; ☎ 617-367-4348; 351 Hanover St; Hauptgerichte 23–24 US$; ⊙ Mo–Fr 17.30–23; T Haymarket) Das verlockende Pomodoro ist eines der romantischsten Lokale im North End mit leckerer italienischer Küche. Das Essen ist einfach, aber perfekt zubereitet: frische Pasta, würzige Tomatensauce, Fisch und Fleisch vom Grill und offene Weine. Wer Glück hat, bekommt noch etwas von dem kostenlosen Tiramisu zum Nachtisch ab.

Seaport District

Yankee Lobster Co SEAFOOD $
(www.yankeelobstercompany.com; 300 Northern Ave; Hauptgerichte 10–25 US$; ⊙ Mo–Sa 10–21, So 11–18 Uhr; 🚌 SL1, SL2, T South Station) Angehörige der Familie Zanti sind seit drei Generationen Fischer – sie kennen sich also mit Meeresfrüchten bestens aus. Ein ziemlich neuer Zuwachs ist dieser Fischladen, in dem auch ein paar Tische stehen, wenn man gleich hier essen will. Und das sollte man auch tun. Wer etwas Einfaches wie einen Muscheleintopf oder ein Hummerbrötchen und ein kaltes Bier bestellt, wird nicht enttäuscht werden.

★ **Row 34** SEAFOOD $$
(Karte S. 186; ☎ 617-553-5900; www.row34.com; 383 Congress St; Austern 2–3 US$, Hauptgerichte 13–29 US$; ⊙ So–Do 11.30–22, Fr & Sa bis 23 Uhr; T South Station) Diese Bar liegt im Herzen des neuen Seaport District. In einem schnittigen Gewerbeambiente gibt's hier ein Dutzend verschiedene rohe Austern und Muscheln und eine überzeugende Auswahl an Kleinbrauereibieren sowie eine ganze Karte mit gekochten und gebratenen Meeresfrüchten, mal auf traditionelle, mal auf trendige Art.

South End & Chinatown

Taiwan Cafe TAIWANESISCH $
(Karte S. 186; www.taiwancafeboston.com; 34 Oxford St; Hauptgerichte 6–16 US$; ⊙ 11–1 Uhr; ✎; T Chinatown) Das Taiwan Cafe liegt etwas abseits der Hauptstraße, was die Wartezeit potenziell reduziert. Unter den taiwanesischen Spezialitäten auf der Karte sind z. B. hervorragende Teigtaschen mit einer Füllung aus Fleisch und Brühe. Stammgäste loben besonders die Pfannkuchen mit Roastbeef und Schalotten. Wie die meisten anderen Lokale in Chinatown ist der Laden günstig und kaum dekoriert. Nur Barzahlung.

Winsor Dim Sum Cafe CHINESISCH $
(Karte S. 186; 10 Tyler St; Dim Sum ab 3,50 US$, andere Gerichte 7–14 US$; ⊙ 9–22 Uhr; ✎; T Chinatown) Dieser schlichte Lokalfavorit in Chinatown empfiehlt sich vor allem wegen seiner Garnelenklöße und Sandwiches mit gedünstetem Schweinefleisch. Leider gibt's keine Direktauswahl per Servierwagen – der Laden ist zu klein dafür! Daher muss man sein Essen anhand von Fotos auf der Speisekarte bestellen. Das macht aber nichts: Die Gerichte sind lecker und stets frisch zubereitet.

★ **Myers & Chang** ASIATISCH $$
(Karte S. 182; ☎ 617-542-5200; www.myersandchang.com; 1145 Washington St; kleine Gerichte 9–19 US$; ⊙ So–Do 11.30–22, Fr & Sa bis 23 Uhr;

; SL4, SL5, Tufts Medical Center) Das super hippe Asia-Restaurant kredenzt einen kulinarischen Mix aus Thailand, China und Vietnam. So gibt's hier leckere Klöße, Pikantes aus dem Wok und natürlich jede Menge Nudeln. Wer möglichst viel durchprobieren will, freut sich über die zahlreichen kleinen Gerichte. Optimal für Dim Sum am Abend.

Back Bay

Sweetgreen VEGETARISCH $

(Karte S. 182; 617-936-3464; www.sweetgreen.com; 659 Boylston St; Hauptgerichte 7–13 US$; 10.30–22.30 Uhr; ; Copley) Vegetarier, Gesundheitsfanatiker, Glutenhasser und alle anderen Menschen lieben die köstliche Küche dieses Lokals. Gäste können hier Salate und Wraps bei Bedarf auch selbst zusammenstellen. Alternativ lässt man sich von einem der schmackhaften und frisch zubereiteten Kombigerichte (teils mit regionalen Spezialitäten) überraschen. Rundum zu empfehlen.

★ **Courtyard** AMERIKANISCH $$$

(Karte S. 182; 617-859-2251; www.thecateredaffair.com/bpl; 700 Boylston St; Nachmittagstee Erw./Kind 39/19 US$, inkl. Sekt 49 US$; Mo–Sa 11.30–15 Uhr; Copley) Kaum zu glauben, aber die Boston Public Library ist die beste Adresse für Nachmittagstee in eleganter Atmosphäre: Am Rand eines schönen Innenhofs mit italienischem Touch schenkt dieses Nobelrestaurant allerlei Schwarz-, Grün- und Kräuterteesorten aus. Dazu gibt's kunstvoll gemachte Sandwiches, Scones und Süßigkeiten sowie optional auch ein Glas Sekt. Vor allem für den Samstag unbedingt rechtzeitig reservieren!

Kenmore Square & Fenway

El Pelon MEXIKANISCH $

(Karte S. 182; www.elpelon.com; 92 Peterborough St; Tacos 4 US$, Burritos 6–8 US$; 11–23 Uhr; ; Fenway) Bei kleinem Geldbeutel und großem Hunger hilft das El Pelon: Bostons beste Burritos, Tacos und Tortas werden in diesem Restaurant aus super frischen Zutaten hergestellt. Besonders lecker sind die *tacos de la casa* – vor allem die *pescado*-Variante mit isländischem Dorsch und Chili-Mayonnaise. Die Gäste essen mit Plastikbesteck von Papptellern.

Tasty Burger BURGER $

(Karte S. 182; www.tastyburger.com; 1301 Boylston St; Burger 5–6 US$; 11–2 Uhr; Fenway) Vor dem retromäßigen Burgerschuppen in einer früheren Mobil-Tankstelle stehen Picknicktische; drinnen gibt's einen Pooltisch. Der Name des Lokals ist eine Hommage an *Pulp Fiction* – ebenso das Riesenposter von Samuel L. Jackson an der Wand. Dessen Filmcharakter hätte sicherlich zugestimmt: „Das ist ein leckerer Burger!"

Island Creek Oyster Bar SEAFOOD $$$

(Karte S. 182; 617-532-5300; www.islandcreekoysterbar.com; 500 Commonwealth Ave; Austern 2,50–3,50 US$, Hauptgerichte mittags 12–27 US$, abends 17–36 US$; Mo–Fr 16–23, Sa 11.30–23.30, So 10.30–23 Uhr; Kenmore) Das Ziel des Island Creek ist es, „Bauernkost, gehobene Küche und Diner unter einem Dach" zu vereinen – und das in einem ätherisch anmutenden New-Age-Ambiente. Hier gibt's die besten Austern und Meeresfrüchte aus der Region. Die Spezialität – geschmorte Rippchen und gebratener Hummer auf Nudeln

SCHWULEN- & LESBENSZENE IN BOSTON

Bostons Schwulengemeinde ist in der ganzen Stadt aktiv (vor allem in South End und in Jamaica Plain).

So gibt's hier auch ein großes und vielfältiges Unterhaltungsangebot für die LGBTQ-Szene, das von Travestieshows bis hin zu Lesbenabenden reicht.

Größtes Jahresevent ist dabei die einwöchige Boston Pride (Juni; S. 194) mit Paraden, Partys, Festivals und dem Hissen der Flaggen.

Empfehlenswerte Infoquellen zur lokalen Schwulen- und Lesbenszene:

Bay Windows (www.baywindows.com) Die gedruckte Ausgabe dieser LGBTQ-Tageszeitung erscheint in ganz Neuengland. Die Website liefert ebenfalls hervorragende News und Infos.

Edge Boston (www.edgeboston.com) Bostoner Präsenz des Edge-Mediennetzwerks, das die LGBTQ-Szene landesweit mit News, Unterhaltung und lokalspezifischen Nightlife-Tipps (inklusive Kulturevents und Club-Reviews) versorgt.

mit Hummerrogen – erklärt, warum der Laden so beliebt ist.

Cambridge

Hokkaido Ramen Santouka JAPANISCH $

(Karte S. 182; www.santouka.co.jp/en; 1 Bow St; Hauptgerichte 11–17 US$; Mo–Do 11–21.30, Fr & Sa bis 22.30, So bis 21 Uhr; T Harvard) Die globale Restaurantkette serviert etwas schlichte Raffinesse à la Japan nun auch am Harvard Sq. Der freundliche und schnelle Service verköstigt einen mit rundum perfekten Ramen-Nudeln. Nicht wundern, wenn das Personal gelegentlich laute Rufe ausstößt: Hierbei handelt es sich um die Begrüßung bzw. Verabschiedung von Gästen auf traditionelle japanische Art.

★ **Life Alive** VEGETARISCH $

(Karte S. 182; www.lifealive.com; 765 Massachusetts Ave; Hauptgerichte 6–10 US$; Mo–Sa 8–22, So 11–19 Uhr; T Central) Dieses fröhliche Fastfood-Lokal verfolgt einen gesunden und nachhaltigen Ansatz: Hier gibt's ungewöhnliche Köstlichkeiten ohne tierische Zutaten – meist in Schüsseln (z. B. Salate) oder als Wraps.

Ausgehen & Nachtleben

Innenstadt & Uferbereich

Highball Lounge COCKTAILBAR

(Karte S. 186; www.highballboston.com; 90 Tremont St; Mo & Di 17–24, Mi–Sa bis 2 Uhr; T Park St) Ob Connect Four für Verliebte oder Jenga für Gruppen: Wer auf Gesellschaftsspiele aller Art steht, ist in der Highball Lounge goldrichtig. Auf der Karte stehen Biere aus der Region, einfallsreiche Cocktails und verführerische Snacks (z. B. Nachos aus frittierten Kartoffelbällchen oder knackiger Rosenkohl). Das Essen wird mit einem 3D-View-Master ausgewählt. Bis aufs Bechern fühlt man sich wieder wie ein Kind.

Seaport District

Harpoon Brewery & Beer Hall BRAUEREI

(www.harpoonbrewery.com; 306 Northern Ave; Schankraum So–Mi 11–19, Do–Sa bis 23 Uhr, Führungen Mo–Mi 12–17, Do–Sa 12–18, So 11.30–17.30 Uhr; SL1, SL2, T South Station) Bei den Führungen (1 Std., 5 US$) durch die größte Brauerei des Bundesstaats kann man auch deren Produkte probieren. Alternativ ist dies auch am Tresen der hauseigenen Bierstube möglich.

South End & Chinatown

★ **Beehive** COCKTAILBAR

(Karte S. 182; 617-423-0069; www.beehivebos ton.com; 541 Tremont St; Mo–Mi 17–24, Do bis 1, Fr bis 2, Sa 9.30–2, So bis 24 Uhr; T Back Bay) Das Beehive im Kellergeschoss des Boston Center for the Arts erinnert an einen Pariser Jazzclub aus den 1920er-Jahren. Hier geht's mehr ums Ambiente als um die Musik, die oft von Studenten des Berklee College of Music gespielt wird. Der Vibe ist aber definitiv angesagt; das Essen geht ebenfalls in Ordnung. Tische müssen reserviert werden.

Back Bay

Club Café SCHWULENCLUB

(Karte S. 186; www.clubcafe.com; 209 Columbus Ave; 11–2 Uhr; T Back Bay) Der glamouröse Schwulenclub ist ein extravaganter Mix aus Disco, Café und Kabarett-Theater. Hier wird für jeden Geschmack etwas geboten: Sechsmal pro Woche gibt's Live-Kabarett im Napoleon Room. Im Hauptbereich mit Sitzgelegenheiten und Tanzfläche stehen Teepartys, Salsatanzen, Quizwettbewerbe, Karaoke, Bingo und klassische Disco-Abende auf dem Programm.

Kenmore Square & Fenway

Hawthorne COCKTAILBAR

(Karte S. 182; www.thehawthornebar.com; 500a Commonwealth Ave; 17–1 Uhr; T Kenmore) Die Cocktailbar mit Wohnzimmer-Stil lockt Bostons Schickeria ins Kellergeschoss vom Hotel Commonwealth. Auf vornehmem Mobiliar schlürft man individuell zubereitete Drinks.

Cambridge

★ **Beat Brasserie** BAR

(Karte S. 182; www.beatbrasserie.com; 13 Brattle St; Mo–Fr 16 Uhr–open end, Sa & So 10 Uhr–open end; T Harvard) Die attraktive Kundschaft des großen unterirdischen Bistros drängt sich um internationale Speisen, Cocktails mit Klasse und lauscht Livejazz und Blues. Der angesagte Treff bezieht sich zwar auf die Autoren der Beat-Generation und im Namen auf das heruntergekommene Pariser Motel, in dem sie wohnten, ist aber alles andere als abgerissen und schäbig.

★ **Lord Hobo** KLEINBRAUEREI

(Karte S. 182; www.lordhobo.com; 92 Hampshire St; Mo–Mi 16–1, Do & Fr bis 2, Sa 11–2, So bis 1

Uhr; T Central, Kendall/MIT) Fans von hochwertigen und von Hand gebrauten IPA-Bieren sollten sich schleunigst zu dieser unscheinbaren Kleinbrauerei an einer Straßenecke nördlich vom Central Sq begeben. Der Laden war zuerst nur ein lokaler Geheimtipp, gewann dann aber ungemein an Popularität. So liefert er seine Aushängeschilder (Hobo Life, Boom Sauce, Consolation Prize) heute bis hinunter nach Colorado.

Unterhaltung

Boston Red Sox BASEBALL

(Karte S. 182; www.redsox.com; 4 Yawkey Way; Tickets unüberdachte Tribüne 10–45 US$, Haupttribüne 23–87 US$, Loge 38–189 US$; T Kenmore) Von April bis Oktober spielen die Red Sox im Fenway Park, dem ältesten und legendärsten Baseballstadion der USA. Einen weiteren nationalen Rekord halten leider die Preise für die stets heiß begehrten Tickets. An manchen Spieltagen gibt's Last-Minute-Karten (Verkaufsstart 90 Min. vor Spielbeginn).

★ Boston Symphony Orchestra KLASSISCHE MUSIK

(BSO; Karte S. 182; 617-266-1200; www.bso.org; 301 Massachusetts Ave; Tickets 30–145 US$; T Symphony) Die makellose Akustik passt zum ehrgeizigen Spielplan des weltbekannten Boston Symphony Orchestra. Von September bis April spielt das BSO für ein schick gekleidetes Publikum in der schönen Symphony Hall (S. 191), die eine hohe, ornamental verzierte Decke hat.

★ Red Room @ Café 939 LIVEMUSIK

(Karte S. 182; www.cafe939.com; 939 Boylston St; T Hynes) Das von Berklee-Studenten betriebene Red Room ist einer der besten, immer wieder Überraschungen bietenden Musikclubs in Boston. Es gibt hier eine ausgezeichnete Musikanlage und einen Stutzflügel. Das Wichtigste aber ist die bunte Mischung aus interessanten, aufstrebenden Musikern, die hier auftreten. Tickets kann man vorab im **Berklee Performance Center** (Karte S. 182; www.berklee.edu/bpc; 136 Massachusetts Ave; Tickets 8–58 US$; T Hynes) kaufen.

Lizard Lounge LIVEMUSIK

(www.lizardloungeclub.com; 1667 Massachusetts Ave; Eintritt 8–15 US$; So & Mo 19.30 Uhr–open end, Di–Sa 20.30 Uhr–open end; T Harvard) Dieser Kellerclub ist zugleich ein Rock- und Jazzschuppen. Hauptmagnet ist der Poetry Slam (So) mit Jazz vom Jeff Robinson Trio. Ebenfalls beliebt sind die Open-Mike Challenge (Mo) und die regelmäßigen Konzerte der populären Lokalband Club d'Elf. Die Bar serviert Pommes aus Süßkartoffeln zu hervorragenden Bieren aus Neuengland.

Im Kellergeschoss des Restaurants Cambridge Common liegt der Laden etwa 400 m nördlich vom Park Cambridge Common.

Shoppen

Converse SCHUHE

(Karte S. 182; www.converse.com; 348 Newbury St; Mo–Fr 10–19, Sa bis 20, So 11–18 Uhr; T Hynes) Gleich die Straße rauf, in Malden, MA, begann Converse 1908 Schuhe herzustellen. In den 1920er-Jahren stieß Chuck Taylor zum Team, und der Rest ist Geschichte. Dieses Outlet hat Sneakers, Jeans und andere Klamotten im Angebot. Die kultigen Schuhe gibt's in allen Farben und Mustern – und noch besser: Man kann sie sich in der Customization Area im 2. Stock auch nach eigenen Vorstellungen gestalten.

Three Wise Donkeys BEKLEIDUNG

(Karte S. 182; www.facebook.com/ThreeWiseDonkeys; 51 Gloucester St; Mo–Do 11–18, Fr & Sa bis 20, So 12–17 Uhr; T Hynes Convention Center) Cooles Konzept, tolle Designs und hochwertige Produkte – das ist das Erfolgsrezept dieses Ladens, der direkt mit den (teils einheimischen) Künstlern kooperiert, von denen die einzigartigen Werke an den Wänden stammen. Kunden können hier T-Shirts aus Bio-Baumwolle (Farbe und Schnitt wählbar) mit Designs ihrer Wahl bedrucken lassen, was jeweils insgesamt ca. 15 Minuten dauert.

Eugene Galleries ANTIQUITÄTEN

(Karte S. 186; www.eugenegalleries.com; 76 Charles St; Mo–Sa 11–18, So 12–18 Uhr; T Charles/MGH) Der winzige Laden führt eine bemerkenswerte Auswahl von alten Drucken und Karten, wobei der Schwerpunkt auf dem alten Boston liegt. Anhand von Plänen aus dem 18. und 19. Jh. lässt sich hier die historische Stadtentwicklung nachvollziehen – inklusive der Aufschüttung von Back Bay und

PREISWERTE TICKETS

BosTix (www.bostix.org) verkauft vergünstigte Karten für Theatervorstellungen in ganz Boston und gewährt bei Online-Reservierung bis zu 25 % Rabatt. Bis zu 50 % Ermäßigung gibt's bei Theater-Tickets für denselben Tag (persönliches Abholen erforderlich).

der Begrünung Bostons. Die historischen Drucke mit örtlichen Wahrzeichen sind klasse Souvenirs der altmodischen Art.

Praktische Informationen

Greater Boston Convention & Visitors Bureau (www.bostonusa.com) Die Website liefert u. a. viele Infos zu Hotels, Restaurants, Sonderveranstaltungen, LGBTQ-Adressen und Besuchen mit Kindern.

Boston Harbor Islands Pavilion (Karte S. 186; www.bostonharborislands.org; Rose Kennedy Greenway; ⌚ Mitte Mai–Juni & Sept.–Anfang Okt. 9–16.30 Uhr, Juli & Aug. 9–18 Uhr; 📶; Ⓣ Aquarium) In perfekter Lage am Rose Kennedy Greenway gibt's alle relevanten Infos für die Planung von Trips zu den Boston Harbor Islands. Neben dem Zentrum befindet sich die interessante Skulptur *Harbor Fog*, die Passanten optisch und visuell in den Hafen versetzt.

Cambridge Visitor Information Kiosk (Karte S. 182; ☎ 617-441-2884; www.cambridge-usa.org; Harvard Sq; ⌚ Mo–Fr 9–17, Sa & So bis 13 Uhr; Ⓣ Harvard) Aktuelle und detaillierte Lokalinformationen zu Cambridge plus Broschüren für Stadtspaziergänge auf eigene Faust.

Massachusetts Office of Travel & Tourism (www.massvacation.com) Erteilt Infos zu Events bzw. Aktivitäten im ganzen Bundesstaat und gibt einen super Öko-Touristenführer heraus.

National Park Service Visitors Center (NPS; Karte S. 186; www.nps.gov/bost/faneuil-hall-vc.htm; Faneuil Hall; ⌚ 9–18 Uhr; Ⓣ State) Liefert viele Infos zu den Sehenswürdigkeiten am Freedom Trail und ist Startpunkt der kostenlosen **NPS Freedom Trail Tour** (Karte S. 186; www.nps.gov/bost; Faneuil Hall; ⌚ Juli–Sept. 10–15 Uhr stündl.; Ⓣ State). Der NPS betreibt ein weiteres Visitor Center am **Charlestown Navy Yard** (Karte S. 182; www.nps.gov/bost; ⌚ Mai–Sept. Di–So 9–17 Uhr, Okt.–April Do–So 13–17 Uhr; 🚌 93 ab Haymarket, ⛴ Inner Harbor Ferry ab Long Wharf, Ⓣ North Station).

An- & Weiterreise

Die meisten Traveller erreichen und verlassen Boston per Flieger über den **Logan International Airport** (☎ 800-235-6426; www.massport.com/logan), an dem häufig In- und Auslandsverbindung besteht. Die Alternativen sind der Manchester Airport in New Hampshire und der Green Airport bei Providence (Rhode Island): Diese beiden kleineren Regionalflughäfen bieten ebenfalls guten Anschluss nach Boston; zudem sind Flüge dorthin teilweise günstiger.

Die meisten Amtrak-Züge (www.amtrak.com) halten an Bostons **South Station** (Karte S. 186; www.south-station.net; 700 Atlantic Ave), die der nördliche Endbahnhof des Northeast Corridor ist. Diese Bahnstrecke bietet regelmäßige Verbindung nach NYC (3½–4½ Std.), Philadelphia (Pennsylvania; 5–6 Std.) und Washington, DC (6¾–8 Std.). Der *Lake Shore Limited* fährt täglich ab der South Station nach Buffalo (New York State; 11 Std.) und Chicago (22 Std.). Ab der North Station rollt der *Downeaster* nach Portland (Maine; 2½ Std.).

Ziele im Großraum Boston sind am besten mit Regionalbussen zu erreichen. Parallel verbindet Greyhound (www.greyhound.com) die Stadt mit den übrigen USA. Seit einigen Jahren fahren auch ein paar neue Busfirmen günstig und gut organisiert von Boston nach New York City (4–5 Std.).

Flüge, Mietwagen und geführte Touren lassen sich online unter lonelyplanet.com/bookings buchen.

Unterwegs vor Ort

VOM/ZUM FLUGHAFEN

Boston Logan International Airport Von 5.30 bis 0.30 Uhr fahren Busse der Silver Line (gratis) und U-Bahnen der Blue Line (2,25–2,75 US$) ins Zentrum von Boston. Die Alternative sind Taxis (25–30 US$).

Manchester Airport Shuttlebusse der Flight Line Inc fahren stündlich zum Logan International Airport (Reservierung erforderlich). Zudem besteht unregelmäßig eine Greyhound-Busverbindung zur South Station im Zentrum, wo auch die U-Bahnen der Red Line halten.

Green Airport Pendlerzüge zur South Station (12 US$).

ÖFFENTLICHER NAHVERKEHR

T (U-Bahn) Schnellste und bequemste Option zu den meisten Zielen in Boston (Betriebszeit von 5.30 oder 6 Uhr bis 0.30 Uhr).

Hubway Städtisches Bikesharing-Programm mit 1600 Leihfahrrädern an 185 Stationen.

MBTA-Stadtbusse Ergänzen das U-Bahn-Netz.

Nordwestlich von Boston

Lexington

Der belebte Nobelvorort Lexington liegt 18 Meilen (29 km) von Bostons Zentrum entfernt. Zwischen weißen Kirchen und historischen Kneipen parken Tourbusse rund um die Dorfwiese, auf der am 19. April 1775 das berühmte Scharmützel zwischen den Minutemen und den britischen Truppen stattfand – der Auftakt zum Amerikanischen Unabhängigkeitskrieg. Immer am 19. April wird das Ereignis am Originalschauplatz aufwendig von Historikern und Patrioten nachgestellt, die mit historischen Kostümen und Gewehren ausstaffiert sind.

Dieses Stück Lokalgeschichte wird hier auch ansonsten gefeiert und bewahrt, steht aber in starkem Kontrast zur friedvollen und fast biederen Idylle der heutigen Ortschaft: Ein paar Blocks von der Dorfwiese entfernt wähnt man sich irgendwo in den USA – auf den Anfang von Amerikas Unabhängigkeit weist dort kaum etwas hin. Allerdings hat Lexington eine nette Hauptstraße mit Restaurants, Läden und eindrucksvoller georgianischer Architektur an beiden Enden.

★ **Minute Man National Historic Park** PARK
(www.nps.gov/mima; 3113 Marrett Rd; ⌚April–Okt. 9–17 Uhr; 👪) GRATIS Durch diesen Park verläuft die Route, auf der die britischen Truppen einst gen Concord vorrückten. Das Visitor Center am östlichen Ende zeigt eine multimediale Präsentation, die viele Infos zu Paul Reveres Ritt und den darauf folgenden Schlachten liefert. Deren Schauplätze sind auf dem Gelände über die Battle Rd (8 km) miteinander verbunden. Dieser Waldweg verläuft von der Meriam's Corner (wo sich die Briten unter amerikanischem Beschuss zurückzogen) bis zur Stelle von Paul Reveres Gefangennahme.

Der Park liegt rund 2 Meilen (3,2 km) westlich von Lexingtons Zentrum an der Rte 2A.

Concord

Am 18. April 1775 marschierten britische Truppen von Boston aus gen Westen, um nach einem versteckten Waffenlager der Kolonialisten zu suchen. Am nächsten Morgen lieferten sie sich in Lexington eine Auseinandersetzung mit den Minutemen und zogen danach weiter nach Concord. An der dortigen North Bridge entbrannte dann zwischen Rotröcken und Freiheitskämpfern die erste echte Schlacht des Amerikanischen Unabhängigkeitskriegs.

Concord ist heute ein würdevolles Städtchen, in dem hohe weiße Kirchtürme zwischen alten Eichen, Ulmen und Ahornbäumen emporragen. Auch hier weist allgemein kaum etwas auf die revolutionären Aktivitäten vor mehreren Jahrhunderten hin. Besucher können vielmehr leicht nachvollziehen, warum sich Schriftsteller wie Ralph Waldo Emerson, Nathaniel Hawthorne, Henry David Thoreau und Louisa May Alcott von diesem Ort inspirieren ließen. Concord war auch die Heimat des berühmten Bildhauers Daniel Chester French, dem Schöpfer des Lincoln Memorial in Washington D.C.

Der Patriots' Day (www.lexingtonma.gov/patriotsday) wird hier mit viel Begeisterung gefeiert. Eintauchen in die Lokalgeschichte ermöglichen ansonsten auch die vielen örtlichen Attraktionen mit literarischem Bezug.

Sehenswertes & Aktivitäten

★ **Old North Bridge** HISTORISCHE STÄTTE
(www.nps.gov/mima; Monument St; ⌚Sonnenaufgang–Sonnenuntergang) GRATIS Die Holzbrücke im Zentrum von Concord, 800 m nördlich vom Monument Sq, war der Schauplatz des „Schusses, den die ganze Welt hörte", wie das Emerson im Gedicht *Concord Hymn* formulierte. Hier schossen die aufgebrachten Minutemen auf britische Truppen und zwangen sie zum Rückzug nach Boston. Daniel Chester Frenchs Statue *Minute Man* blickt von der anderen Seite der Brücke auf den Park.

★ **Sleepy Hollow Cemetery** FRIEDHOF
(www.friendsofsleepyhollow.org; Bedford St) Auf diesem Friedhof ruhen Concords berühmteste Einwohner. Der Eingang liegt nur einen Block östlich des Monument Sq. Wer den interessantesten Bereich namens **Authors' Ridge** besichtigen will, muss jedoch einen Fußmarsch (15 Min.) entlang der Bedford St unternehmen. Aber es lohnt sich: Dort liegen Henry David Thoreau und seine Familie begraben – ebenso die Alcotts, die Hawthornes und Ralph Waldo Emerson, dessen großes Grabmal aus einem unbehauenen Rosenquarzbrocken ein passendes Symbol für den Transzendentalismus ist.

An- & Weiterreise

Ab Boston fahren Pendlerzüge der MBTA (www.mbta.com) nach Concord.

Lexington ist per Bus erreichbar (außer So). Der Besuch des Minute Man National Historic Park erfordert jedoch ein eigenes Auto.

Rund um Boston

Salem

Salems Name beschwört Bilder von teuflischer Hexerei und Verbrennungen auf dem Scheiterhaufen herauf. Die berüchtigten Hexenprozesse von 1692 sind Teil der nationalen Erinnerung. Ihr Image pflegt die „Hexenstadt" vor allem zu Halloween: Dann wirft sich hier jedermann für Paraden und Partys in Schale, während die Läden allen möglichen Hexenkram verkaufen.

All dies verschleiert aber den wahren Grund für den Ruhm der Stadt: Salem erlebte vor allem eine Blütezeit als Seehafen des Fernosthandels. Elias Hasket Derby, Amerikas erster Millionär, erbaute hier die Derby Wharf, die heute das Herz der Salem Maritime National Historic Site bildet.

Das moderne Salem ist ein Bostoner Vorort, in dem Pendler aus der Mittelschicht in beneidenswerter Lage am Meer wohnen. Doch egal ob Hexen, Schiffe oder Kunst – die facettenreiche Lokalgeschichte und -kultur sind nach wie vor faszinierende Touristenmagneten.

Ab der North Station in Boston fahren MBTA-Pendlerzüge (www.mbta.com) entlang der Rockport/Newburyport Line zum Salem Depot (7,50 US$, 30 Min.). Von Montag bis Freitag verkehren morgens und abends die Züge zur Hauptverkehrszeit alle 30 Minuten, den restlichen Tag über stündlich und am Wochenende noch seltener.

Plymouth

Plymouth zelebriert sich als „America's Hometown", denn hier gingen im Winter 1620 die Pilgerväter auf ihrer Suche nach einem Ort, an dem sie ihre Religion ohne Behinderung durch die Regierung frei ausüben konnten, an Land. Ein nichtssagender, verwitterter Granitfelsen – der berühmte Plymouth Rock – markiert die Stelle, an der sie angeblich zum ersten Mal das fremde Land betraten. Viele Museen und historische Gebäude in den umliegenden Straßen erinnern an ihre Kämpfe, Opfer und Siege.

Ab der South Station in Boston nimmt man einen der MBTA-Pendlerzüge (www.mbta.com) zum Bahnhof am Cordage Park in Plymouth (11,50 US$, 90 Min., 3- bis 4-mal tgl.). Mit PAL besteht dort Busanschluss zum Zentrum.

Cape Cod

Malerische Fischerdörfer, kitschige Touristenfallen und vornehme Kleinstädte – Cape Cod besitzt viele Facetten, die jeweils ihre eigenen Fans haben. Die Cape Cod Bay auf der ruhigeren Nordseite des Kaps ist dank der sanften Wellen bei Familien mit Kindern populär. Gestresste Studenten strömen abends zum Feiern nach Falmouth oder Wellfleet. Und egal ob Kunstliebhaber, Walbeobachter, Schwule oder Lesben: Das beliebte Provincetown bietet für fast jeden Geschmack etwas.

ℹ Anreise & Unterwegs vor Ort

Cape Cod lässt sich am besten mit einem eigenen Fahrzeug erkunden. Eine Alternative sind die Regionalbuslinien der Cape Cod Regional Transport Authority (Fahrplan- und Routendetails unter www.capecodrta.org) – im Sommer ergänzt durch Zusatzverbindungen nach Falmouth, Hyannis und Provincetown.

Sandwich

Sandwich ist die älteste Stadt des Kaps (gegr. 1637) und vermittelt einen perfekten ersten Eindruck, wenn man vom Festland her über den Kanal anreist. Der Weg führt dann am besten direkt in den Ortskern: Weiße Kirchtürme, historische Wohnhäuser und eine bewirtschaftete Getreidemühle umgeben dort einen idyllischen Schwanenteich.

Sehenswertes

★ Heritage Museums & Gardens MUSEUM, GARTEN

(☎508-888-3300; www.heritagemuseumsandgardens.org; 67 Grove St; Erw./Kind 18/8 US$; ⌚Mitte April–Mitte Okt. 10–17 Uhr; 👪) Dieses Museum ist ein Spaß für Groß und Klein: Auf dem 40 ha großen Gelände warten u.a. ungewöhnliche Sammlungen von Volkskunst, ein historisches Karussell aus dem Jahr 1908 (Fahrten im Eintritt enthalten) und ein runder Schuppen im Shaker-Stil, der einen tollen Oldtimer-Fuhrpark beherbergt. Hinzu kommt einer von Amerikas schönsten Rhododendrongärten, dessen zahllose „Rhodies" von Mitte Mai bis Mitte Juni in voller Farbenpracht erstrahlen. Und dank des neuen **Adventure Park** (☎508-866-0199; www.heritageadventurepark.org; Tickets 34–45 US$/2 Std.; ⌚Juni & Juli 8–20 Uhr, Aug. 8–19 Uhr, Mitte April–Mai & Sept.–Mitte Nov. kürzere Öffnungszeiten; 👪) kommen auch Adrenalinjunkies auf ihre Kosten.

Sandwich Boardwalk UFERPROMENADE

(Boardwalk Rd; Parken Juli & Aug. 15 US$, übriges Jahr gratis) Sandwichs malerische Uferpromenade wird von den meisten Reisenden links liegen gelassen. Das letzte Stück (ca. 410 m) des Plankenstegs führt über eine weite Wattfläche hinaus zum **Town Neck Beach**. Das leicht felsige Gestade dort ist nicht unbedingt optimal zum Schwimmen, aber prima zum Spazierengehen und Sammeln von Strandgut. Am Strandeingang beginnt rechts ein Rundweg (2,4 km), der zunächst der Küste folgt und dann entlang eines Bachs zurück zur Promenade führt.

Cape Cod, Martha's Vineyard & Nantucket

Schlafen & Essen

Belfry Inn & Bistro B&B $$$

(☎ 508-888-8550; www.belfryinn.com; 6 Jarves St; Zi. 179–275 US$; ❄📶) Wer schon immer mal in einer Kirche übernachten wollte, wird dieses noble B&B lieben: Die Zimmer (teils mit Buntglasfenstern) befinden sich in einem früheren Gotteshaus, das einfallsreich umgebaut wurde. Schlafen unter den Augen des Erzengels Gabriel ist aber potenziell nicht Jedermanns Sache. So betreiben die Inhaber in der Nähe noch zwei weitere Unterkünfte mit vergleichsweise konventionelleren, aber ebenso hochwertig eingerichteten Zimmern.

Seafood Sam's SEAFOOD **$$**
(☎508-888-4629; www.seafoodsams.com; 6 Coast Guard Rd; Hauptgerichte 7–25 US$; ⏲März–Okt. 11–21 Uhr;) Gegenüber vom Cape Cod Canal Visitor Center leitet eine Familie dieses schlichte Lokal mit solidem Seafood (z.B. Fish & Chips, gebratene Venusmuscheln und Hummerbrötchen). Für den Laden sprechen auch die Kindergerichte (7 US$) und die Picknicktische mit perfektem Blick auf vorbeifahrende Fischerboote.

An- & Weiterreise

Bei Anreise über die US 6 gelangen Fahrer mit einem eigenen Auto über die Ausfahrt/Exit 2 (MA 130) nach Sandwich. In dessen Zentrum treffen die Water (MA 130), Main und Grove St am Shawme Pond aufeinander. Abseits der MA 6A führt die Tupper Rd zum Cape Cod Canal.

Falmouth

Belebte Strände, ein großartiger Radweg und das malerische Küstendorf Woods Hole sind die Hauptattraktionen von Falmouth. Die zweitgrößte Ortschaft des Kaps ist mächtig stolz auf ihre berühmte Tochter Katharine Lee Bates, die einst den Text für *America the Beautiful*, der beliebtesten patriotischen Hymne der USA, schrieb.

Schlafen & Essen

Falmouth Heights Motor Lodge MOTEL **$$**
(☎508-548-3623; www.falmouthheightsresort.com; 146 Falmouth Heights Rd; Zi. 149–269 US$; ⏲Mai–Okt.;) Der Name täuscht: Das saubere Falmouth Heights ist kein normales Motel und liegt nicht einmal am Highway. Zur Auswahl stehen hier überdurchschnittlich gute Zimmer in acht verschiedenen Varianten. Dabei reicht die Palette von klein und günstig bis hin zu größeren Quartieren mit Kochgelegenheit. Zudem können Gäste ihre eigenen Partys schmeißen: Auf dem großen Gelände gibt's auch einen Picknickbereich mit Gasgrills.

Tides Motel of Falmouth MOTEL **$$**
(☎508-548-3126; www.tidesmotelcapecod.com; 267 Clinton Ave; Zi. 120–260 US$; ⏲Mitte Mai–Mitte Okt.;) Bei diesem Motel mit eigenem Privatstrand dreht sich alles ums Wasser: Von den Terrassen aus könnten Gäste hier direkt ins Meer spucken. Ansonsten ist das Ganze aber recht schlicht – die spartanischen Zimmer (in vielen Fällen mit Kochgelegenheit) würden anderswo wohl nur Gähnen ernten. Das abendliche Wellenrauschen und die Traumaussicht im Sommer sorgen dennoch für einen stetigen Strom von Stammgästen; rechtzeitige Reservierung ist daher ratsam.

Maison Villatte CAFÉ **$**
(☎774-255-1855; 267 Main St; Snacks 3–10 US$; ⏲Di–Do & So 7–17, Fr & Sa bis 19 Uhr) Zwei Franzosen mit weißen Mützen stehen an den Öfen der belebten Bäckerei mit Café. Hier gibt's u.a. knuspriges Brot, lockere Croissants und verführerisches Süßgebäck. Mittags empfehlen sich die herzhaften Sandwiches und der kräftige Kaffee.

An- & Weiterreise

Falmouth liegt in der südwestlichen Ecke des Kaps und ist über die MA 28 erreichbar, die im Ortskern zur Main St wird. Busverbindungen bestehen nach Boston und zu anderen Zielen auf Cape Cod.

Fähren nach Martha's Vineyard (S. 212) starten am Falmouth Harbor (nur im Sommer) und in Woods Hole (ganzjährig), das 4,5 Meilen (7 km) vom Ortskern entfernt liegt.

Hyannis

Hyannis ist das Wirtschaftszentrum von Cape Cod und ein Teil der größeren Gemeinde Barnstable. Vor Ort bestehen Bus- und Flugverbindungen – ergänzt durch Fähren nach Nantucket und Martha's Vineyard. An- und Weiterreise gestalten sich daher recht leicht. Der sanierte Ortskern und vor allem der Hafenbereich laden zu einem netten Zwischenstopp ein.

Kennedy-Fans pilgern außerdem nach Hyannis: Bis zum Tod von Senator Edward „Teddy" Kennedy im Jahr 2009 im hiesigen Kennedy Compound war hier der Sommersitz des Clans. Hyannis Harbor mit den Uferrestaurants und Fährkais liegt nur ein paar Gehminuten von der Main St entfernt.

Sehenswertes

★ **John F. Kennedy Hyannis Museum** MUSEUM
(☎508-790-3077; www.jfkhyannismuseum.org; 397 Main St; Erw./Kind 10/5 US$; ⏲Juni–Okt. Mo–Sa 9–17, So 12–17 Uhr, Mitte April–Mai & Nov. Mo–Sa 10–16, So 12–16 Uhr) Jahrzehntelang war Hyannis der Sommersitz der Kennedys. Auch John F. Kennedy verbrachte hier die warmen Monate, was dieses Museum wun-

derbar mit Fotos und Videos dokumentiert. Das Leben des früheren US-Präsidenten wird dabei von der Kindheit bis zur Zeit im Weißen Haus abgedeckt. Die fesselnden Ausstellungen widmen sich jedes Jahr einem anderen Thema. Gezielt beleuchtet wurden dabei schon die Matriarchin Rose Kennedy oder die brüderliche Beziehung zwischen Jack und Bobby.

Cape Cod Potato Chip Factory FABRIK

(☎888-881-2447; www.capecodchips.com; 100 Breed's Hill Rd; ⏲Mo–Fr 9–17 Uhr) GRATIS Nichts für Laptops, aber umso mehr für den Gaumen: Die beliebten Chips dieser Firma bestehen nicht aus Silikon, sondern aus Kartoffeln. Die Fabrik kann auf eigene Faust besichtigt werden. Hierbei schaut man quasi nur durch Fenster auf die Produktions- und Verpackungsmaschinen, bekommt aber auch ein paar Kostproben. Der ganze Besuch dauert rund zehn Minuten.

Gleich westlich des Flughafens zweigt von der MA 132 die Independence Rd ab und führt etwa 0,5 Meilen (800 m) gen Norden zur Fabrik.

Schlafen & Essen

HI Hyannis HOSTEL $

(☎508-775-7990; www.hiusa.org; 111 Ocean St; B 35–40 US$, DZ 79–99 US$, 4BZ 99–129 US$; ⏲Mitte Mai–Mitte Okt.; P @ 📶) Dieses Hostel mit Hafenblick bietet eine Traumaussicht zum Budgettarif. Beim Bau des Komplexes 2010 wurde ein historisches Wohnhaus um moderne Flügel erweitert. Die belebte Main St, die Strände und die Fährkais sind von hier aus gut zu Fuß erreichbar. In den Schlafsälen und Privatzimmern stehen aber insgesamt nur 42 Betten zur Verfügung – daher unbedingt rechtzeitig reservieren!

Die angegebenen Preise gelten für HI-Mitglieder und beinhalten Frühstück plus Bettwäsche. Gäste ohne HI-Ausweis bezahlen jeweils 3 US$ mehr.

Tumi SEAFOOD $$

(☎508-534-9289; www.tumiceviche.com; 592 Main St; Ceviche 9–23 US$, Hauptgerichte 19–31 US$; ⏲11.30–22 Uhr; 🖉) Wer Meeresfrüchte liebt, aber auch Abwechslung mag, ist in diesem versteckten italienisch-peruanischen Lokal gerade richtig. Zur Auswahl stehen neun Sorten Ceviche (auch vegetarische), andere rohe Meeresfrüchte, Nudeln mit Meeresfrüchten und ein paar interessante peruanische Gerichte.

Brewster

Das bewaldete Brewster auf der Buchtseite des Kaps ist prima für Outdoorfans: Der Cape Cod Rail Trail führt mitten durch das Städtchen, und man kann hier super campen und Wassersport treiben. Zudem hat Brewster für seine Größe äußerst viele und gute Restaurants. Alle wichtigen Einrichtungen liegen im Bereich der Main St (MA 6A), die sich über die komplette Ortslänge erstreckt.

Sehenswertes & Aktivitäten

Cape Cod Museum of Natural History MUSEUM

(☎508-896-3867; www.ccmnh.org; 869 MA 6A; Erw./Kind 15/6 US$; ⏲Juni–Aug. 9.30–16 Uhr, Sept. 11–15 Uhr, übriges Jahr kürzere Öffnungszeiten; 👪) Dieses familienfreundliche Museum informiert über die Flora und Fauna von Cape Cod. Neben einem Aquarium und einem Schmetterlingshaus gibt's auch einen **Plankenweg**, der durch Salzmarschen zu einem einsamen Strand mit Gezeitenbecken führt. Auf dem Veranstaltungskalender stehen viele Vorträge, Kinderprogramme und Wanderungen unter der Leitung von Naturkundlern.

Jack's Boat Rental BOOTFAHREN

(☎508-896-8556; www.jacksboatrental.com; Flax Pond, Nickerson State Park; Bootsverleih 11–31 US$/30 Min.; ⏲Mitte Juni–Mitte Sept. 10–18 Uhr) Am Flax Pond im schönen Nickerson State Park kann man Kanus, Kajaks und Stehpaddelbretter ausleihen.

Schlafen & Essen

★ **Old Sea Pines Inn** B&B $$

(☎508-896-6114; www.oldseapinesinn.com; 2553 Main St/MA 6A; Zi. 125–170 US$, Suite 190–210 US$; @ 📶) Antiquitäten, Schlittenbetten und Sepia-Fotos im Verwaltungsbüro: Dieses frühere Mädcheninternat von 1840 erin-

PANORAMAFAHRT: MA 6A

Beim Erkunden des Kaps ignoriert man den schnellen Mid-Cape Hwy (US 6) am besten zugunsten des kurvigen Old King's Hwy (MA 6A): Der historische Straßenabschnitt entlang der Cape Cod Bay ist in den USA der längste durchgängige seiner Art. Unterwegs laden altehrwürdige Wohnhäuser, Antiquitätenläden und Kunstgalerien zu Zwischenstopps ein.

nert etwas an Omas Häuschen. Bei den 24 Zimmern reicht die Palette von kleinen Varianten bis hin zu geräumigen Quartieren mit offenen Kaminen (teils auch für Familien geeignet). Auf der Veranda mit Schaukelstühlen lässt sich die altmodische Atmosphäre besonders gut genießen.

★ Brewster Fish House SEAFOOD **$$$**
(☎508-896-7867; www.brewsterfishhouse.com; 2208 Main St/MA 6A; Hauptgerichte mittags 12–20 US$, abends 21–39 US$; ⏲11.30–15 & 17–21.30 Uhr) Dieses Lokal serviert leckeres Seafood hinter hässlicher Fassade. Am besten beginnt man mit der Hummercremesuppe, die mit natürlicher Süße und dicken Fleischbrocken überzeugt. Danach ist die Wahl quasi egal: Die einfallsreichen Hauptgerichte aus frischen Zutaten sind allesamt empfehlenswert. Der Laden hat nur ein Dutzend Tische und bietet keine Reservierungsmöglichkeit. Wer nicht lange warten will, kommt daher am besten mittags oder am frühen Abend.

ℹ An- & Weiterreise

Zwischen Dennis und Orleans säumt Brewster die Cape Cod Bay. Die Anfahrt erfolgt am besten über die MA 6A. Von Süden her empfehlen sich die MA 124 oder MA 137 ab Harwich.

Chatham

Unter den Ortschaften auf Cape Cod ist Chatham so etwas wie ein Patriarch. Die ruhige Eleganz des Städtchens verkörpert besonders die Main St mit ihren noblen Läden und schicken Unterkünften. Dennoch ist hier für jeden Geschmack etwas geboten: Die örtliche Robbenkolonie lockt Familien an, während Vogelbeobachter zum nahegelegenen Naturschutzgebiet pilgern. Und natürlich wären da auch noch die vielen Strände: Chatham liegt am „Ellenbogen" des Kaps. Um das Kap herum säumen insgesamt 97 herrliche Küstenkilometer den Atlantik, den Sund, zahllose Buchten und diverse Meeresarme.

Chatham ist wie gemacht für Spaziergänge. Die MA 28 führt direkt zur Main St, an der die meisten Läden und Restaurants der Stadt liegen. Zudem gibt's dort Gratisparkplätze. Alternativ kann man sein Auto gebührenfrei hinter dem Chatham Squire abstellen.

ℹ An- & Weiterreise

Am „Ellenbogen" des Kaps liegt Chatham an der MA 28, die als Main St durch den Ortskern führt.

Über die MA 137 besteht von Chatham aus Anschluss zur US 6.

Wellfleet

Wellfleet lockt Besucher mit Kunstgalerien, genialen Surferstränden und seinen berühmten Austern. Auch ansonsten gibt's hier – bis auf Menschenmassen – so gut wie alles. Zudem versetzt einen das Küstendorf in frühere Zeiten zurück. Hierfür sorgen u. a. ein Autokino und ein schmucker Ortskern, die sich seit den 1950er-Jahren jeweils kaum verändert haben.

Mitte Oktober verwandelt das **Wellfleet OysterFest** (www.wellfleetoysterfest.org) das Ortszentrum ein Wochenende lang in eine Schlemmerzone mit einem Biergarten, einem Wettbewerb im Austernknacken und natürlich mit tonnenweise leckeren Schalentieren. Während des ungemein beliebten Events zeigt sich Wellfleet von seiner fröhlichsten Seite.

◉ Sehenswertes & Aktivitäten

Wellfleet Bay Wildlife Sanctuary NATURSCHUTZGEBIET
(☎508-349-2615; www.massaudubon.org; 291 US 6, South Wellfleet; Erw./Kind 5/3 US$; ⏲Pfade 8 Uhr–Sonnenuntergang, Naturlehrzentrum Ende Mai–Anfang Okt. 8.30–17 Uhr; 👪) Die Mass Audubon Society verwaltet dieses 3,8 km² große Schutzgebiet, das von vielen Vogelbeobachtern besucht wird. Wanderwege (insgesamt 8 km) führen hier zu Prielen, Salzwiesen und Stränden. Am beliebtesten ist der **Goose Pond Trail** (hin & zurück 2,4 km): Über diese Route geht's hinaus zu Salzwiesen mit zahlreichen Möglichkeiten zum Beobachten von Vögeln und Meerestieren. Das Naturschutzgebiet veranstaltet auch geführte Touren (Wanderungen, Kajaktrips, Robbenbeobachtung per Boot) und Sommerprogramme für Kinder.

SickDay Surf Shop SURFEN
(☎508-214-4158; www.sickday.cc; 361 Main St; Leihsurfbrett pro Tag/Woche 30/150 US$; ⏲Mai–Okt. Mo–Sa 9–21 Uhr) Bietet Surfausrüstung, Neoprenanzüge, Bodyboards und Stehpaddelbretter an (auch zum Ausleihen); zudem gibt's Kurse und Lokalinfos.

🛏 Schlafen & Essen

Even'Tide Motel MOTEL **$$**
(☎508-349-3410; www.eventidemotel.com; 650 US 6, South Wellfleet; Zi. 95–207 US$, Cottage 1400–2900 US$/Woche; ⏲Mai–Mitte Okt.; ❄ 📶 🏊) Abseits vom Highway versteckt sich dieses sehr empfehlenswerte Motel in einem

NEUENGLAND MASSACHUSETTS

Kiefernhain. Neben normalen Motelzimmern gibt's hier auch zehn verschiedene Arten von Cottages (2–10 Pers.; meist nur Wochenmiete möglich). Auf dem 2 ha großen Waldgelände warten zudem Picknicktische und Sporteinrichtungen wie ein großes beheiztes Hallenbad.

★ PB Boulangerie & Bistro BÄCKEREI $

(☎ 508-349-1600; www.pbboulangeriebistro.com; 15 Lecount Hollow Rd, South Wellfleet; Backwaren 3–5 US$; ⌚ Bäckerei Mi–So 7–19 Uhr, Bistro Mi–So 17–21.30 Uhr) Ein französischer Bäcker mit Michelinstern eröffnet ein Geschäft im winzigen Wellfleet? Klingt zunächst nicht unbedingt erfolgsträchtig, doch vor der markanten Fassade mit rosa Anstrich reicht die Warteschlange bis hinaus auf die Straße: Etwas abseits der US 6 findet man hier Vitrinen voller Obstkuchen, Schoko-Mandel-Croissants und Baguette-Sandwiches, die einen direkt nach Paris versetzen.

Mac's on the Pier SEAFOOD $$

(☎ 508-349-9611; www.macsseafood.com; 265 Commercial St, Wellfleet Town Pier; Hauptgerichte 8–33 US$; ⌚ Ende Mai–Anfang Okt. 11–20.30 Uhr; 🍸 👪) Das Lokal punktet mit fangfrischem Seafood zu Schnäppchenpreisen. Neben dem üblichen Bratfisch stehen auf der Karte z.B. auch Po'boy-Sandwiches mit Austern, Sushirollen oder gegrillter Felsenbarsch. Gäste bestellen ihr Essen am Verkaufsfenster und futtern dann an Picknicktischen mit Blick auf den Wellfleet Harbor.

ℹ An- & Weiterreise

Östlich der US6 gehört Wellfleet größtenteils zum Cape Cod National Seashore. Von der US 6 führen die Main St und School St westwärts zum Ortskern.

Provincetown

Provincetown ist buchstäblich die Spitze: Auf Cape Cod kann man sich nicht weiter hinauswagen (nicht nur in geografischer Hinsicht). Vor 100 Jahren erlagen unkonventionelle Künstler und Schriftsteller erstmals dem unwiderstehlichen Reiz der Stadt und erkoren sie zu ihrem Sommerdomizil. Heute ist der sandige Außenposten das angesagteste schwul-lesbische Reiseziel im ganzen Nordosten der USA. Schriller Trubel auf den Straßen, großartige Kunstgalerien und ausschweifendes Nachtleben prägen den Ortskern. Doch das ist noch längst nicht alles: Rund um Provincetown lädt eine wilde Küste mit weiten Stränden zu Erkundungen ein. Ob Walbeobachtungen per Boot, Feiern bis zum frühen Morgen oder Streifzüge durch die Dünen: Diese einzigartige und freigeistige Ecke Neuenglands sollte man auf keinen Fall verpassen.

INSIDERWISSEN

AUTOKINO-NOSTALGIE

Lust auf einen nostalgischen Abend? Dann auf zum **Wellfleet Drive-In** (☎ 508-349-7176; www.wellfleetcinemas.com; 51 US 6, South Wellfleet;Tickets Erw./Kind 11/8 US$; ⌚ Ende Mai–Mitte Sept.; 👪), das zu Amerikas allmählich aussterbenden Autokinos gehört. Beim Bau der Anlage in den 1950er-Jahren war Cineplex noch ferne Zukunftsmusik. Heute ist hier bis auf die eigentlichen Streifen auf der Großleinwand (natürlich laufen darauf stets Doppelfilme) noch fast alles so wie damals – inklusive der originalen Mono-Lautsprecher zum Einhängen am Autofenster. Vor Ort gibt's auch eine altmodische Snackbar. Und am Eingangstor gilt „nur Bares ist Wahres".

Etwas Moderne hat aber selbst hier Einzug gehalten: Zwecks freien Blicks für alle Besucher ist die Parkfläche nun in zwei separate Bereiche für SUVs und normale Autos unterteilt. Wer die sperrigen Fensterlautsprecher scheut, kann den Filmton auch per Autoradio auf einer FM-Frequenz empfangen. Ansonsten hat sich das Ganze kaum verändert – Decke und Insektenspray nicht vergessen!

◉ Sehenswertes

Ein Bummel beginnt am besten an der Commercial St, dem pulsierenden Herz von Provincetown: Entlang dieser uferseitigen Café-, Galerie- und Clubmeile tummeln sich täglich Transvestiten, Motorradfahrer in Lederkluft, kaum bekleidete Inlineskater und gleichgeschlechtliche Paare, die Hand in Hand spazieren gehen – ein Anblick, der manch heterosexuellen Reisenden auf dem Weg zu einer Walbeobachtung verblüfft.

★ Provincetown Art Association & Museum MUSEUM

(PAAM; ☎ 508-487-1750; www.paam.org; 460 Commercial St; Erw./Kind 10 US$/frei; ⌚ Juli & Aug. Mo–Do 11–20, Fr bis 22, Sa bis 18, So bis 17 Uhr, übriges Jahr kürzere Öffnungszeiten) Das facetten-

NICHT VERSÄUMEN

CAPE COD RAIL TRAIL

Der herrliche Cape Cod Rail Trail (CCRT) ist der schönste Radweg des Kaps und zählt in ganz Neuengland zu den attraktivsten seiner Art. Die befestigte Strecke (36 km) entlang einer alten Bahntrasse passiert Wälder, Sümpfe mit Moosbeerenbüschen und Badeteiche mit sandigen Ufern.

Die ländliche Route beginnt in Dennis an der MA 134 und führt dann durch den **Nickerson State Park** (☎508-896-3491; www.mass.gov/dcr; 3488 MA 6A; Parken 15 US$; ⊙Sonnenaufgang–Sonnenuntergang; 👪) in Brewster. Danach geht's durch Orleans und über den Cape Cod National Seashore (S. 210) bis hinaus nach South Wellfleet.

Unterwegs sieht man jede Menge vom guten alten Cape Cod und kann zwecks Essen oder Sightseeing zu diversen Dörfern abbiegen. Wenn man nur Zeit für einen Wegabschnitt hat, beginnt man unbedingt am Nickerson State Park und fährt zum National Seashore – die Landschaft ist einfach unglaublich!

Leihfahrräder gibt's an den Routenanfängen in Dennis bzw. Wellfleet, im Nickerson State Park und gegenüber vom Visitor Center des National Seashore in Eastham. Dort kann jeweils auch geparkt werden(meistens gratis; nur im State Park mit einer geringen Gebühr verbunden).

reiche Museum wurde 1914 als Hommage an die florierende Künstlergemeinde der Stadt gegründet. So zeigt es zahllose Werke von Künstlern, die einst Inspiration auf dem Lower Cape fanden. Viele der ausgestellten Stücke stammen von Charles Hawthorne, der früher die Kunstbewegung in Provincetown anführte. Ebenfalls stark vertreten ist Edward Hopper, der einst in den Truro Dunes ein Wohnhaus mit Galerie besaß.

★ Pilgrim Monument & Provincetown Museum MUSEUM

(☎508-487-1310; www.pilgrim-monument.org; 1 High Pole Hill Rd; Erw./Kind 12/4 US$; ⊙April, Mai & Sept.–Nov. 9–17 Uhr, Juni–Aug. bis 19 Uhr) Wer zur Spitze des höchsten Vollgranitbaus der USA (77 m; erbaut 1910) hinaufsteigt, wird mit weiter Aussicht auf die Stadt, die Strände und die Mitte des Lower Cape belohnt. Bei gemütlichem Tempo dauert der Aufstieg über die 116 Stufen und 60 Rampen rund zehn Minuten. Das faszinierende Museum am Fuß des Turms beleuchtet die Landung der Pilgerväter mit der *Mayflower* und andere Aspekte aus der Stadtgeschichte.

Provincetown Public Library BIBLIOTHEK

(☎508-487-7094; www.provincetownlibrary.org; 356 Commercial St; ⊙Mo & Fr 10–17, Di–Do bis 20, Sa & So 13–17 Uhr; 👪) Dieses Gebäude von 1860 war ursprünglich eine Kirche und wurde 100 Jahre später zu einem Museum umgebaut. Es beherbergte u.a. ein Modell (Maßstab 1:2) des berühmten Segelschoners *Rose Dorothea*, der für Provincetown diverse Regatten gewann. Als das Museum Pleite machte, verwandelte die Stadtverwaltung den Bau wiederum in eine Bibliothek. Dabei konnte das Bootsmodell im Obergeschoss aufgrund seiner Größe nicht entfernt werden. So wird es dort bis heute von Bücherregalen umgeben – ein interessanter Anblick.

Race Point Beach STRAND

(Race Point Rd) Der atemberaubende Sandstrand an der Spitze des Kaps gehört zum Cape Cod National Seashore (S. 210). Donnernde Brandungswellen und wellige Dünen erstrecken sich hier bis zum Horizont – nicht nur Kinder ziehen da gern mal die Schuhe aus und rennen über den weichen, körnigen Sand. Der Strand animiert auch zu kilometerlangen Spaziergängen, bei denen man allerhöchstens ein paar Angler trifft, die es auf Blaubarsche abgesehen haben. Im Sommer kostet das Parken 20 US$ (Zugangsgebühr für den National Seashore).

Aktivitäten

Durch die Wälder und Dünen des Cape Cod National Seashore (S. 210) führen die asphaltierten Radwege des großartigen Province Lands Bike Trail (insgesamt 12 km; Details unter www.nps.gov/caco). Dieser bietet auch Gelegenheit zum Abkühlen im Meer: Von der Hauptroute (ein 9 km langer Rundkurs) zweigen unbefestigte Pisten zum **Herring Cove Beach** (Province Lands Rd) und Race Point Beach ab.

★ Dolphin Fleet Whale Watch WALBEOBACHTUNG

(☎800-826-9300, 508-240-3636; www.whalewatch.com; 307 Commercial St; Erw./Kind 47/31 US$;

Mitte April–Okt.;) In der Hauptsaison veranstaltet diese Firma pro Tag bis zu zehn Walbeobachtungen (jeweils 3–4 Std.), die mit nassem Spaß aufwarten: Unterwegs zeigen Buckelwale ihre akrobatischen Possen und kommen überraschend nahe an die Boote heran, was tolle Gelegenheiten für Fotos bietet. Die mitfahrenden Naturkundler wissen alles über die riesigen Meeressäuger und spielen auch eine zentrale Rolle bei der Überwachung des Walbestands.

Schlafen

Moffett House PENSION $$

(508-487-6615; www.moffetthouse.com; 296a Commercial St; DZ ohne Bad 75–164 US$, mit Bad 115–184 US$;) Die ruhige Pension an einer Seitengasse punktet u.a. mit zwei kostenlosen Leihfahrrädern pro Zimmer und Gratisfrühstück (Bagels und Kaffee) im Sommer. Zudem hat man hier Zugang zur Küche und man kann prima Kontakt zu anderen Travellern knüpfen. Die einfachen Zimmer erinnern jedoch mehr an die Bude eines Kumpels als an ein B&B.

★ **Carpe Diem** BOUTIQUEHOTEL $$$

(508-487-4242; www.carpediemguesthouse.com; 12–14 Johnson St; Zi. 199–549 US$;) Buddhas, Orchideen und künstlerisches Dekor machen das elegante, entspannte Ambiente aus. Jedes Zimmer widmet sich einem anderen homosexuellen Schriftsteller. So punktet das nach dem Dichter Raj Rao benannte Quartier mit aufwendig bestickten Stoffen und handgefertigten indischen Möbeln.

Essen

Cafe Heaven CAFÉ $

(508-487-9639; www.facebook.com/cafeheavenptown; 199 Commercial St; Hauptgerichte 8–17 US$; 8–14 & 18–22 Uhr;) Das helle, luftige und stets volle Café in einer Ladenzeile wird von vielen Kunstwerken geziert. Am bekanntesten ist der Laden für sein günstiges Ganztagesfrühstück; Mittag- und Abendessen werden hier aber auch serviert. Auf der Karte stehen z.B. gesunde Salate und köstliche Arme Ritter aus Plunderteig. Unter den tollen Sandwiches sind Croque-Varianten mit Hühnerfleisch, Pesto und Schmelzkäse. Keine Panik wegen der Wartezeit: Die Tische werden recht schnell wieder frei.

Lobster Pot SEAFOOD $$$

(508-487-0842; www.ptownlobsterpot.com; 321 Commercial St; Hummer-Sandwiches 12–23 US$, Hauptgerichte 25–34 US$; April–Nov. 11.30–21 Uhr) Der Name ist Programm: Das belebte Seafood-Lokal mit Hafenblick und reizvollem Retro-Neonschild ist die beste örtliche Adresse für Hummer. Zuerst bestellt man idealerweise die Hummercremesuppe, danach heißt's einen Latz anlegen und eins der perfekt gegarten Krustentiere knacken. Auf der Karte stehen auch viele glutenfreie Optionen. Mitten am Nachmittag ist am wenigsten los.

★ **Mews Restaurant & Cafe** MODERN-AMERIKANISCH $$$

(508-487-1500; www.mews.com; 429 Commercial St; Hauptgerichte 22–44 US$; 17–22 Uhr) Das beste Restaurant in Provincetown punktet mit leckerem Essen, Traumblick aufs Wasser und der hippsten Martinibar der ganzen Stadt. Unten labt man sich (bei Bedarf direkt auf dem Sand) an Gourmetküche wie Hummer-Risotto oder Filet Mignon. Im Obergeschoss gibt's vergleichsweise einfachere Bistrogerichte, darunter Burger mit saftigem Fleisch vom Angusrind. Eine Reservierung ist ratsam.

Ausgehen

Aqua Bar BAR

(774-593-5106; www.facebook.com/aquabarptown; 207 Commercial St; Ende April–Nov. Mo–Do 11–20, Fr–So bis 23 Uhr) Ein Food-Court mit Rohfischtheke, Sushi, Eiscreme und anderen internationalen Leckereien, dazu eine gut bestückte Bar, in der großzügige Barkeeper Drinks ausschenken. Und all das in toller Uferlage mit Blick auf einen kleinen Strand und einen schönen Hafen bei Sonnenuntergang: Das ist die Aqua Bar.

EAST END GALLERY DISTRICT

In Provincetown haben schon viele Künstler gearbeitet. So überrascht es auch nicht, dass hier ein paar der besten regionalen Kunstgalerien warten. Ein Bummel beginnt idealerweise am **PAAM**, anschließend folgt man der Commercial St ein par Blocks weit gen Südwesten. Dabei findet man hinter jedem zweiten Schaufenster eine andere interessante Galerie.

Details zu lokalen Galerien (inkl. Lageplan und Eventkalender) liefern der *Provincetown Gallery Guide* (www.provincetowngalleryguide.com) und die dazugehörige Website.

Boatslip Beach Club SCHWULENCLUB
(☎508-487-1669; www.boatslipresort.com; 161 Commercial St; ⊙Tea Dances tgl.ab 16 Uhr) Bei den äußerst beliebten Tanzpartys am Nachmittag (*tea dances*; 16–19 Uhr) des Strandclubs feiern oft viele hübsche Männer mit. Donnerstags heizen DJs die Stimmung zusätzlich mit Dance-Klassikern der 1970er- und 1980er-Jahre an. Der Club vermietet auch Zimmer.

Crown & Anchor SCHWULEN- & LESBENCLUB
(☎508-487-1430; www.onlyatthecrown.com; 247 Commercial St; ⊙wechselnde Öffnungszeiten) Das Zentrum der lokalen LGBT-Szene ist ein mehrteiliger Gebäudekomplex mit einer Disco, einer Videobar, einer Lederbar, einem Restaurant und Gästezimmern. Hier steigen außerdem eine spaßige, maximal schlüpfrige Kabarettshow und allerlei andere Events (z.B. Konzerte mit Broadwaymusik, Drag-Revues, Varietévorstellungen). Die Website mit Möglichkeit zum Ticketkauf informiert über das aktuelle Veranstaltungsprogramm.

An- & Weiterreise

Bei Anfahrt über die US 6 ab dem Cape Cod Canal braucht man je nach Verkehrsaufkommen etwa eineinhalb Stunden (65 Meilen/105 km) bis Provincetown. Die Commercial St ist schmal und wird von vielen Passanten bevölkert. Die autofreundlichere Bradford St ist daher die bessere Alternative für Fahrten durch die Stadt.

BUS

Busse der Plymouth & Brockton Street Railway Co. (www.p-b.com) verbinden die South Station und den Logan Airport in Boston mit dem **MacMillan Pier** (einfache Strecke 32–38 US$, 3–3½ Std., mehrmals tgl.). Unterwegs halten sie in weiteren Ortschaften auf Cape Cod.

SCHIFF/FÄHRE

Etwa von Mai bis Oktober verbinden Passagierfähren den **MacMillan Pier** in Provincetown mit Boston und Plymouth. Die Fahrpläne mit Ankunft am Morgen und Rückfahrt am späten Nachmittag zielen auf Tagesausflügler ab. Autos werden nicht transportiert; Passagiere können aber Fahrräder mitnehmen (hin & zurück ca. 12 US$). Vor allem am Wochenende und im Hochsommer sollten die Fährtickets rechtzeitig gebucht werden.

Bay State Cruise Co (www.boston-ptown.com) Schnellfähren ab dem World Trade Center Pier in Boston (3-mal tgl., einfache Strecke 1½ Std.).

Boston Harbor Cruises (www.bostonharborcruises.com) Schnellfähren ab der Long Wharf in Boston (bis zu 3-mal tgl., einfache Strecke 1½ Std.).

Plymouth-to-Provincetown Express Ferry (www.captjohn.com) Normale Fähren von Plymouth zum MacMillan Pier in Provincetown (1-mal tgl., einfache Strecke 1½ Std.).

> **CAPE COD NATIONAL SEASHORE**
>
> An der Atlantikküste zwischen Orleans und Provincetown erstreckt sich der ca. 40 Meilen (65 km) lange **Cape Cod National Seashore** (☎508-255-3421; www.nps.gov/caco; Fußgänger/Radfahrer/Motorrad/Auto 3/3/10/20 US$/pro Tag) rund um das Outer Cape. Der vom NPS verwaltete Park ist ein Paradies mit unberührten Stränden, Dünen, Salzmarschen, Wäldern und Naturlehrpfaden. Dank John F. Kennedys Unterstützung wurde das riesige Gebiet in den 1960er-Jahren unter Naturschutz gestellt. Kurz darauf befiel ein Bauboom das übrige Cape Cod, das auch die Heimat des früheren US-Präsidenten war.

Nantucket

Für einen Besuch von Nantucket muss man kein Millionär sein, schaden kann das aber nicht: Die übersichtliche Insel (48 km südlich von Cape Cod) wurde im 19. Jh. durch den Walfang reich. Vor ein paar Jahrzehnten kam sie dann wieder als Sommerdomizil der Gutbetuchten in Mode. So tummeln sich hier bis heute z.B. Firmenbosse und Promis aus Boston oder NYC.

Das ist auch kein Wunder: Auf Nantucket zeigt sich Neuengland von seiner malerischsten Seite. Hier findet man überall Rosen, Kopfsteinpflasterstraßen und Sandstrände, die selbst im Hochsommer mitunter menschenleer sind. Hinzu kommen viele Outdoor-Aktivitäten, tolle Museen, schicke Restaurants und unterhaltsame Bars.

Die einzige größere Siedlung auf der Insel ist Nantucket (alias „Town"), das als einzige Ortschaft der USA komplett unter Denkmalschutz steht. Dort lag auch einst die größte Walfangflotte der Welt vor Anker. Unter den würdevollen Gebäuden an den grünen Straßen ist die landesweit größte Gruppe von Häusern, die vor 1850 errichtet wurden. Auch diese Zeugen der facettenreichen Lokalgeschichte machen Nantucket zum perfekten Pflaster für stimmungsvolle Spaziergänge.

Sehenswertes

★ Nantucket Whaling Museum MUSEUM
(☎ 508-228-1894; www.nha.org; 13 Broad St; Erw./Kind 20/5 US$; ⊙ April & Mai 11–16 Uhr, Juni–Okt. 10–17 Uhr, Nov., Dez. & Mitte Feb.–März kürzere Öffnungszeiten, Jan.–Mitte Feb. geschl.) Eins der Highlights auf der Insel: Das faszinierende Museum befindet sich in einer alten Fabrik von 1847, die einst Kerzen aus Walöl produzierte. Die tollen Ausstellungen versetzen einen zurück in Nantuckets Blütezeit als *das* Walfangzentrum des 19. Jhs. Zu sehen gibt's hier u. a. ein interessantes, wenn auch etwas langes Doku-Video (54 Min.) zur Inselgeschichte. Ausgestellt sind außerdem das 14 m lange Skelett eines Pottwals und eindrucksvolle *scrimshaws* (Schnitzereien bzw. Gravuren), die von Seeleuten aus Walzähnen, -knochen oder -barten angefertigt wurden. Unbedingt auch die Dachterrasse mit schöner Aussicht aufsuchen!

Schlafen

Im Sommer wird ein Aufenthalt auf Nantucket ganz schön teuer, sofern man nicht privat bei Freunden übernachten kann. Motels oder Campingplätze sind hier nicht vorhanden: Die noble Insel steht ganz im Zeichen von Pensionen und B&Bs. Viele davon werden gerade spektakulär zu Vorzeigeadressen – ähnlich denen aus Designermagazinen – umgebaut.

★ HI Nantucket HOSTEL $
(Star of the Sea; ☎ 508-228-0433; www.hiusa.org; 31 Western Ave; B 39–45 US$; ⊙ Mitte Mai–Mitte Okt.; @ 📶) Wenige Gehminuten vom Surfside Beach entfernt erfreut sich dieses coole Hostel (auch bekannt als Star of the Sea) einer grandiosen Lage. Das Gebäude ist eine denkmalgeschützte Seenotrettungsstation von 1873. Als einzige Budgetoption auf Nantucket sind die 49 Betten immer schwer gefragt, weshalb man so früh wie möglich buchen sollte!

Die Preise (ohne HI-Mitgliedsausweis jeweils zzgl. 3 US$) beinhalten Frühstück und Bettwäsche.

Barnacle Inn B&B $$
(☎ 508-228-0332; www.thebarnacleinn.com; 11 Fair St; Zi. ohne Bad 125–300 US$, Zi. mit Bad 155–420 US$, Suite 180–550 US$; ⊙ Ende April–Anfang Nov.; ❄ 📶) Genau das erwartet man vom alten Nantucket: herzliche Inhaber und schlichte, malerische Quartiere aus früheren Tagen (hier aus der Zeit der vorletzten Jahrhundertwende). In den Zimmern gibt's weder TV noch Telefon. Allerdings sind vor allem die Varianten mit Gemeinschaftsbädern für hiesige Verhältnisse recht erschwinglich.

> INSIDERWISSEN
>
> **STRASSENBUMMEL**
>
> „Go laning" bedeutet in etwa „auf zum Straßenbummel" und wurde in den 1930er-Jahren von den Einwohnern Nantuckets als Begriff für (vor allem frühabendliche) Spaziergänge durch die schmalen Altstadtstraßen geprägt. Die schönste Route folgt dem Kopfsteinpflaster der Main St: Nahe der Pacific National Bank von 1818 reihen sich dort die prächtigsten Villen aus der Walfängerzeit aneinander. Beliebte „laning"-Reviere sind auch die Gardner St und die Liberty St sowie das Gassengewirr zwischen Federal St und S Water St.

Essen & Ausgehen

Downyflake DINER, BÄCKEREI $
(☎ 508-228-4533; www.thedownyflake.com; 18 Sparks Ave; Hauptgerichte 5–13 US$; ⊙ April–Mitte Jan. Mo–Sa 6–14, So bis 13 Uhr) In dem schlichten Diner am Stadtrand stärken sich viele einheimische Arbeiter mit einfacher Hausmannskost und Ganztagsfrühstück (üppige Omelettes, Heidelbeerpfannkuchen). Die dazugehörige Bäckerei verkauft selbstgemachte Donuts.

Black-Eyed Susan's MODERN-AMERIKANISCH $$$
(☎ 508-325-0308; www.black-eyedsusans.com; 10 India St; Hauptgerichte morgens 8–13 US$, abends 26–29 US$; ⊙ April–Okt. tgl. 7–13, Mo–Sa auch 18–22 Uhr; 🖉) Das kleine, ruhige und allseits beliebte Gourmetrestaurant ist schon lange im Geschäft. Morgens empfehlen sich hier die Armen Ritter mit Sauerteigtoast, Zimt, Pekannüssen und Orangenbutter. Abendgäste schauen vom Tresen aus zu, wie die Köche wahre Wunder in ihrer winzigen Küche vollbringen. Der Fisch des Tages ist oft das Highlight unter den generell hervorragenden Gerichten. Alkohol muss selbst mitgebracht werden.

★ Cisco Brewers BRAUEREI
(☎ 508-325-5929; www.ciscobrewers.com; 5 Bartlett Farm Rd; Führungen 20 US$; ⊙ Brauerei ganzjährig Mo–Sa 11–19, So 12–18 Uhr, Führungen nur Mitte Mai–Dez.) Die super freundliche Brauerei steht für das „andere" Nantucket: In der ruhigen Bierstube geht's deutlich spaßiger

und zwangloser zu als in den vielen teureren Schänken auf der Insel. Neben Gerstensaft (Tipp: das hopfige Whale's Tale) gibt's hier auch eine kleine **Brennerei**, Livemusik und einen ebenso geselligen Außenbereich. Zudem halten Food Trucks regelmäßig draußen vor dem Eingang.

Praktische Informationen

Visitor Services & Information Bureau (508-228-0925; www.nantucket-ma.gov; 25 Federal St; Mitte April–Mitte Okt. tgl. 9–17 Uhr, übriges Jahr nur Mo–Sa) Touristeninformation in Nantucket.

Nantucket.net (www.nantucket.net) Privat geführte Verzeichnisse mit Restaurants, Unterkünften, Kunstadressen und Freizeitmöglichkeiten.

Inquirer and Mirror (www.ack.net) Lokalzeitung mit anständigem Besucherführer.

An- & Weiterreise

FLUGZEUG

Der **Nantucket Memorial Airport** (508-325-5300; www.nantucketairport.com; 14 Airport Rd) liegt 3 Meilen (4,8 km) südöstlich von Nantucket Town. Cape Air (www.capeair.com) fliegt von hier aus nach Boston, Hyannis, New Bedford, Martha's Vineyard (jeweils ganzjährig) und NYC (nur saisonal). Mit Delta, American, United und JetBlue bestehen saisonal Verbindungen nach NYC, Newark und Washington, D.C.

Zwischen Flughafen und Stadt verkehren Lokalbusse (2 US$; nur Mitte Juni–Anfang Sept.).

SCHIFF/FÄHRE

Die meisten Besucher reisen mit Fähren von Steamship Authority oder Hy-Line Cruises ab Hyannis an.

Steamship Authority (www.steamshipauthority.com) schickt ganzjährig Linienfähren von Hyannis (Steamboat Wharf) nach Nantucket.

Hy-Line Cruises (www.hylinecruises.com) betreibt ganzjährig schnelle Passagierfähren zwischen Hyannis (Steamboat Wharf) und Nantucket. Im Sommer kommt täglich noch eine normale Fähre zwischen Nantucket und Oak Bluffs (Martha's Vineyard) hinzu.

Seastreak (www.seastreak.com) schickt Hochgeschwindigkeits-Passagierfähren im Sommer (Mitte Mai–Anfang Sept.) täglich von New Bedford (Massachusetts) nach Nantucket – ergänzt durch Wochenendverbindungen ab New Jersey und NYC.

Martha's Vineyard

Die malerische Schönheit von Martha's Vineyard fasziniert nicht nur Tagesausflügler: Auf der Insel suchen Großstädter nach ruhigen Refugien, während einige Promis hier ihre Zweitwohnsitze haben. Unter den 15 000 permanenten Einwohnern sind viele Künstler, Musiker und Naturfans. Von allumfassender Kommerzialisierung wie auf dem Festland blieb Martha's Vineyard bislang verschont. So gibt's hier keinerlei Kettenrestaurants oder -motels – dafür aber gemütliche Pensionen, Lokale unter der Leitung von Chefköchen, zahlreiche grüne Farmen und viele tolle Strände. Zudem bietet das Eiland für jeden Geschmack etwas: Besucher können z. B. einen Tag lang Spitzenküche im noblen Edgartown genießen und sich dann am nächsten Morgen mit Zuckerwatte und Karussells in Oak Bluffs vergnügen.

Martha's Vineyard (maximale Breite ca. 37 km) ist Neuenglands größte Insel und liegt nur etwa 11 km vor Cape Cod im offenen Meer. Dennoch wähnen sich die Einheimischen so sehr in ihrer eigenen Welt, dass sie das Festland oft als „Amerika" bezeichnen.

Sehenswertes & Aktivitäten

★ Campgrounds & Tabernacle — HISTORISCHE STÄTTE

(508-693-0525; www.mvcma.org) Ab der Mitte des 19. Jhs. war Oak Bluffs das Sommerdomizil einer Erweckungskirche, deren Mitglieder Strandtage genauso sehr genossen wie Gottesdienste. So übernachteten sie hier zuerst in Zelten, errichteten dann aber rund 300 Holzhäuschen mit wunderlichen und filigranen Zierornamenten.

Flying Horses Carousel — HISTORISCHES KARUSSELL

(508-693-9481; www.mvpreservation.org; Oak Bluffs Ave; Einzelfahrt/10 Fahrten 3/25 US$; Mitte Juni–Mitte Sept. 10–22 Uhr) Nostalgie pur: Das älteste funktionierende Karussell der USA verzückt Kinder jeden Alters seit 1876 und steht heute unter Denkmalschutz. Die historischen Holzpferde haben Mähnen aus echtem Rosshaar.

Anderson's Bike Rentals — FAHRRADVERLEIH

(508-693-9346; www.andersonsbikerentals.com; Circuit Ave Extension; Leihfahrrad pro Tag/Woche 22/95 US$; Mai–Okt. 9–18 Uhr) Am Fährkai gibt's diverse Fahrradverleiher. Dennoch lohnt sich der etwas weitere Fußmarsch zu diesem alteingesessenen Shop: Zu günstigen Preisen vermietet eine Familie gut gewartete Drahtesel, die optional auch direkt zu den Kunden gebracht werden.

ABSEITS DER ÜBLICHEN PFADE

UP-ISLAND

Die ländliche Westhälfte von Martha's Vineyard wird auch Up Island genannt. Wilde Truthähne und Hirsche bevölkern diesen Flickenteppich aus sanften Hügeln, kleinen Farmen und weiten Feldern. Das malerische Fischernest **Menemsha** erfreut die Augen und den Magen: Dort laden Boote ihre fangfrischen Meeresfrüchte direkt hinter Seafood-Buden aus. Diese knacken Austern und kochen Hummer vor den Augen ihrer Gäste, die dann im Freien auf Bänken am Hafen das Essen genießen.

Die **Aquinnah Cliffs** (oder auch Gay Head Cliffs) an der Küste sind ein National Natural Landmark. Das herrliche Farbenspiel der 46 m hohen Klippen wirkt spätnachmittags am schönsten. Direkt darunter kann man am **Aquinnah Public Beach** relaxen oder von dort aus gen Norden zu einem beliebten FKK-Strand laufen (ca. 1,6 km).

Abseits der State Rd führt im **Cedar Tree Neck Sanctuary** (☎508-693-5207; www.sheriffsmeadow.org; Obed Daggett Rd abseits der Indian Hill Rd; ⏲8.30–17.30 Uhr) GRATIS ein einladender, 4 km langer Wanderpfad durch natürliche Sümpfe und Wälder zu Küstenklippen mit Aussicht auf Cape Cod. Die Massachusetts Audubon Society verwaltet das **Felix Neck Wildlife Sanctuary** (☎508-627-4850; www.massaudubon.org; 100 Felix Neck Dr; Erw./Kind 4/3 US$; ⏲Pfade Sonnenaufgang–Sonnenuntergang, Visitor Center Juni–Sept. Mo–Fr 9–16, Sa & So 10–15 Uhr;), das Vogelbeobachter mit einem 6,4 km langen Wegenetz am Rand von Feuchtgebieten und Teichen begeistert.

Schlafen

HI Martha's Vineyard HOSTEL $
(☎508-693-2665; www.hiusa.org; 525 Edgartown–West Tisbury Rd; B 36–42 US$, 2 BZ 99 US$, 4BZ 125–149 US$; ⏲Mitte Mai–Anfang Okt.; P @) Dieser Zweckbau in der Inselmitte bietet alles, was Backpacker brauchen: eine anständige Küche, einen Aufenthaltsraum mit Gesellschaftsspielen, Leihfahrräder und freundliches Personal. Außerdem hat das Hostel keine Sperrstunde, liegt direkt am Radweg und bietet direkten Zugang zu einer öffentlichen Bushaltestelle. Die Schlafsäle und Privatzimmer sind schwer gefragt – unbedingt rechtzeitig reservieren!

Nashua House PENSION $$
(☎508-693-0043; www.nashuahouse.com; 9 Healy Way; Zi. 119–219 US$;) Das malerische Nashua von 1873 steht für das alte Martha's Vineyard. Die schlichten, blitzsauberen und charaktervollen Zimmer machen dennoch auch ein paar Zugeständnisse an die Moderne (teils in Form von TV und/oder eigenen Bädern). Direkt vor der Tür findet man Restaurants und Kneipen. Die Pension bietet im Sommer ein gutes Preis-Leistungs-Verhältnis und ist in der Nachsaison dank hoher Rabatte (bis zu 50 %) ein echtes Schnäppchen.

Essen & Ausgehen

★ **ArtCliff Diner** CAFÉ $
(☎508-693-1224; 39 Beach Rd; Hauptgerichte 8–20 US$; ⏲Do–Di 7–14 Uhr) Das beste Frühstücks- und Mittagslokal der Insel: Inhaberin und Küchenchefin Gina Stanley ist Absolventin des renommierten Culinary Institute of America. Ihr kulinarisches Talent äußert sich in allen Gerichten auf der vielfältigen Karte (darunter Arme Ritter mit Mandelkruste und Tacos mit frischem Fisch). Die meisten Zutaten stammen von regionalen Bauernhöfen. Hier lohnt sich die Wartezeit!

Among the Flowers Café CAFÉ $$
(☎508-627-3233; 17 Mayhew Lane; Mittagessen 8–20 US$, Hauptgerichte abends 22–35 US$; ⏲Mitte April–Mai, Sept. & Okt. 8–16 Uhr, Juni–Aug. bis 22 Uhr;) Der Name ist Programm: Zwischen blühenden Pflanzen tummeln sich Gäste, die sich auskennen, unter den gestreiften Markisen einer Gartenterrasse. Auf der Karte stehen selbstgemachte Suppen, Waffeln, Sandwiches, Crêpes und sogar Hummerbrötchen. Obwohl das Essen auf Papptellern serviert und Plastikbesteck benutzt wird, wirkt die Atmosphäre leicht affektiert. Im Sommer (dann kredenzt das Café auch Abendessen) ist das kulinarische Niveau etwas höher.

★ **Offshore Ale Co** KLEINBRAUEREI
(☎508-693-2626; www.offshoreale.com; 30 Kennebec Ave; ⏲So–Do 11.30–21, Fr & Sa bis 22 Uhr) Diese Kleinbrauerei ist sowohl bei Einheimischen als auch bei Travellern sehr beliebt. Bier (Tipp: das Hop Goddess Ale) und klasse Kneipenessen (Highlight: die Hummerbrötchen) gehen hier mit entspanntem Ambien-

LEUCHTTÜRME AUF MARTHA'S VINEYARD

Leuchttürme sind typisch für Neuengland. Die landesweit größte Gruppe davon findet man auf Martha's Vineyard.

West Chop (erb. 1838) Der letzte bemannte Leuchtturm der Insel steht auf der Westseite des Vineyard Haven Harbor.

East Chop (erb. 1875) Die gusseiserne Konstruktion ist das Wahrzeichen von Oak Bluffs.

Edgartown (erb. 1828) Dieser Leuchtturm stand ursprünglich auf einer Insel, die heute eine Landverbindung zu Edgartown hat (der einst dazwischen befindliche Meeresarm versandete komplett).

Cape Poge (erb. 1801) Starke Winderosion erforderte die viermalige Standortverlegung des Leuchtturms auf Chappaquiddick Island.

Gay Head (erb. 1844) Der rote Backsteinbau auf den Aquinnah Cliffs ist der wohl malerischste Leuchtturm der Insel.

te einher: An der Decke hängen Bootsmodelle, während Erdnussschalen einfach auf den Boden geworfen werden.

An- & Weiterreise

FLUGZEUG

Regionalbusse bedienen den Martha's Vineyard Airport (MVY; www.mvyairport.com), der rund 6 Meilen (10 km) südlich von Vineyard Haven in der Inselmitte liegt. Cape Air (www.capeair.com) startet hier gen Boston, Nantucket (jeweils ganzjährig), Hyannis, NYC und New Bedford, MA (jeweils saisonal). Mit Delta und JetBlue besteht saisonal Flugverbindung ab dem JFK Airport in NYC.

SCHIFF/FÄHRE

Linienfähren von Steamship Authority (www.steamshipauthority.com) verbinden Vineyard Haven (Martha's Vineyard) ganzjährig mit Woods Hole, das südlich von Falmouth auf Cape Cod liegt. Hinweis: Nur diese Passagen (einfache Strecke 45 Min., bis zu 14-mal tgl. in beide Richtungen) bieten eine Möglichkeit zur Kfz-Mitnahme (rechtzeitige Reservierung erforderlich).

Unterwegs vor Ort

Vor Ort geht's ganz gut per Auto voran. Allerdings sind die Straßen schmal; im Sommer bilden sich zudem oft Staus in den größeren Siedlungen. Die Insel lässt sich aber auch leicht ohne eigenes Vehikel erkunden: Das große Lokalbusnetz verbindet alle Ortschaften miteinander.

Radeln ist eine weitere tolle Option. Leihfahrräder gibt's in Edgartown, Oak Bluffs und Vineyard Haven.

Zentrales Massachusetts

Das Pioneer Valley und die Berkshires verbinden kosmopolitische Kultiviertheit kunstvoll mit rustikaler Ländlichkeit. Das Ergebnis ist ein verführerischer Mix aus Kunst, Kultur, grünen Hügeln und idyllischen Feldern.

Auf Wanderwegen warten der höchste Berg des Bundesstaats und die Naturschutzgebiete auf den umliegenden Hügeln. Alternativ können Besucher die Anwesen einstiger Berühmtheiten erkunden und Spitzenküche aus frischen Zutaten vom Bauernhof genießen. Oder auf gepflegten Rasenflächen picknicken und dabei Musikern von Weltrang lauschen. Mit dem Abklappern der regionalen Wildnisgebiete lässt sich leicht ein ganzer Sommer verbringen, wobei Tanzfestivals, Theatervorstellungen und tolle Konzerte immer wieder für Abwechslung sorgen.

Das zentrale Massachusetts hat außerdem viele Studentenstädte mit schattigen Uni-Campussen, unkonventionellen Cafés und außergewöhnlichen Kunstmuseen. Und im Herbst kann man hier Äpfel pflücken, während der Blick auf Hänge voller strahlend buntem Herbstlaub fällt.

Northampton

Die Region ist für ihre zauberhaften Universitätsstädte bekannt. Den größten Reiz hat dabei Northampton: An verwinkelten Innenstadtstraßen voller Passanten stehen alte, rote Backsteingebäude – prima für Stadtbummel in belebter Atmosphäre. Währenddessen klappert man die zahllosen Cafés, Rockclubs und Buchläden ab, denen die Stadt ihren Spitznamen „NoHo" verdankt. Der malerische Geschäftsbezirk grenzt direkt an den idyllischen Campus des Smith College. Berühmt ist Northampton zudem für seine Liberalität und seine Lesbengemeinde: Regenbogenfahnen sieht man hier überall.

Sehenswertes

Smith College COLLEGE

(☎413-584-2700; www.smith.edu; Elm St) Das Smith College wurde 1875 „zur Erziehung der intelligenten Dame" gegründet. Mit 2600 Studentinnen zählt es heute zu den größten Mädchen-Colleges der USA. Studiert haben hier Berühmtheiten wie Sylvia Plath, Julia Child oder Gloria Steinem. Auf dem begrünten Gelände (ca. 51 ha) umgibt ein bunter Architekturmix aus fast 100 Gebäuden einen hübschen Teich (Paradise Pond). Nach dessen Umrundung und einer Campuserkundung nicht vergessen, den japanischen Teepavillon zu fotografieren!

Smith College Museum of Art MUSEUM

(☎413-585-2760; www.smith.edu/artmuseum; 20 Elm St; Erw./Kind 5 US$/frei; ⏲Di–Sa 10–16, So 12–16 Uhr) Bei der eindrucksvollen Sammlung (25 000 Stücke) des Campusmuseums liegt ein Schwerpunkt auf europäischen und nordamerikanischen Malern des 19. und 20. Jhs. (z.B. Degas, Winslow Homer, Picasso, James Abbott McNeill Whistler). Als weiteres Highlight wartet hier „Gebrauchskunst" von zeitgenössischen US-Künstlern. Darunter sind bemerkenswerte Toiletten und diverse Sitzbänke, die sich allesamt normal benutzen lassen.

Aktivitäten

Norwottuck Rail Trail (nor-wah-tuk; www.mass.gov/eea/agencies/dcr/massparks/region-west/norwottuck-rail-trail.html) Entlang der früheren Boston & Maine Railroad führt dieser Multifunktionsweg (18 km) von Amherst nach Hadley und Northampton (Vorfahrtsrecht in dieser Richtung). Größtenteils parallel zur MA 9 verläuft die Route durch weites Farmland. Dabei überquert sie auch eine historische Holzbrücke (457 m) über dem breiten Connecticut River.

Zugang zum Trail (inkl. Parkmöglichkeiten) bieten die Station Rd in Amherst, die Mountain Farms Mall an der MA 9 in Hadley und der Elwell State Park an der Damon Rd in Northampton. **Northampton Bicycle** (www.nohobike.com; 319 Pleasant St; Fahrradverleih ab 25 US$/Tag; ⏲Mo–Fr 9.30–19, Sa bis 17, So 12–17 Uhr) verleiht Drahtesel.

Schlafen & Essen

Hotel Northampton HISTORISCHES HOTEL $$

(☎413-584-3100; www.hotelnorthampton.com; 36 King St; Zi. 186–286 US$; [P][wifi]) Dieser Oldtimer erfreut sich einer perfekten Lage im Zentrum von Northampton und ist seit 1927 das beste Hotel der Stadt. Die 100 luftigen Zimmer sind attraktiv mit traditionellen Möbeln, Vorhängen und Blumensteppdecken eingerichtet. Im ganzen Haus herrscht mondäne Ruhe. Zudem macht es Spaß, Postkarten über das altmodische Briefkastensystem zu verschicken.

Bela VEGETARISCH $

(☎413-586-8011; www.belaveg.com; 68 Masonic St; Hauptgerichte 8–13 US$; ⏲Di–Sa 12–20.30 Uhr; [vegetarisch][Kinder]) 🍃 Bei seiner selbstgekochten Hausmannskost legt das vegetarische Restaurant größten Wert auf Frische: Das Angebot auf der Kreidetafel wechselt analog zur Tagesernte der örtlichen Farmer. Das Ambiente ist behaglich und familienfreundlich – hier gibt's sogar Spielzeug für Kinder. Nur Barzahlung.

Paul & Elizabeth's SEAFOOD $$

(☎413-584-4832; www.paulandelizabeths.com; 150 Main St; Hauptgerichte 8–21 US$; ⏲So–Do 11.30–21, Fr & Sa bis 21.45 Uhr; [wifi][vegetarisch][Kinder]) 🍃 Das luftige Restaurant (auch bekannt als P&E's) im obersten Stockwerk des Thornes Marketplace ist das führende Naturkostlokal der Stadt. Zwischen Zierpflanzen gibt's vegetarische Küche und Seafood (oft mit asiatischem Touch). Bei einem Besuch zwischen Herbst und Frühlingsanfang unbedingt auch den traditionellen Indian Pudding probieren!

An- & Weiterreise

Rund 18 Meilen (29 km) nördlich von Springfield liegt Northampton an der I-91. Wer an der Main St keinen Parkplatz findet, nutzt einfach die öffentlichen Abstellflächen am **Thornes Marketplace** (www.thornesmarketplace.com; 150 Main St; ⏲Mo–Mi 10–18, Do–Sa bis 20, So 12–17 Uhr) im Stadtzentrum.

Die Pioneer Valley Transit Authority (www.pvta.com) schickt Regionalbusse mit Fahrradständern durch die ganze Five College Area. Die Route Northampton–Amherst wird dabei am häufigsten bedient.

Amherst

Amherst ist eine regionaltypische Universitätsstadt: Am Rand des Stadtparks liegt das renommierte Amherst College als Vertreter der „Junior Ivy League". Zudem findet man hier die riesige University of Massachusetts und das heimelige Hampshire College, das sich den Geisteswissenschaften widmet. Der beste Ausgangspunkt für Erkundungen ist der Stadtpark an der Kreuzung von MA 116 und MA 9. An den umliegenden Straßen warten einige abgefahrene Kunstgalerien, diverse Buchläden und zahllose Cafés. Hinzu kommen ein paar kleine, aber sehenswerte Museen, die teilweise zu den Universitäten gehören.

Emily Dickinson Museum MUSEUM
(☎ 413-542-8161; www.emilydickinsonmuseum.org; 280 Main St; Führung Erw./Kind 15 US$/frei; ⌚ Juni–Aug. Mi–Mo 10–17 Uhr, April, Mai & Sept.–Dez. Mi–So 11–16 Uhr, März Sa & So 11–16 Uhr) Zu ihren Lebzeiten veröffentlichte Emily Dickinson (1830–86) nur sieben Gedichte. Weitere 1000 davon wurden jedoch nach ihrem Tod entdeckt und gedruckt. Mit ihren Versen über Liebe, Natur und Unsterblichkeit zählt Dickinson zu den bedeutendsten US-Poetinnen. Den Großteil ihres Lebens verbrachte sie in fast völliger Einsamkeit auf diesem stattlichen Anwesen nahe Amhersts Zentrum.

Über ihre Person und ihr Werk informieren Führungen (60 Min.; für Zeiten s. Website), die das Dickinson Homestead und die angrenzenden Evergreens besichtigen. Das Gelände kann auch auf eigene Faust per Audioguide erkundet werden.

Eric Carle Museum of Picture Book Art MUSEUM
(☎ 413-559-6300; www.carlemuseum.org; 125 W Bay Rd; Erw./Kind 9/6 US$; ⌚ Di–Fr 10–16, Sa bis 17, So 12–17 Uhr; 👪) Mitbegründer dieses tollen Museums ist Eric Carle, der Autor und Illustrator von *Die kleine Raupe Nimmersatt.* Zu sehen gibt's hier Buchillustrationen aus aller Welt. Die ständige Sammlung wird dabei durch Wechselausstellungen in drei separaten Räumen ergänzt. Darüber hinaus können alle kleinen und großen Besucher ihre eigene Kreativität in einem interaktiven Atelier ausdrücken.

Berkshires

Nur wenige andere Orte in den USA kombinieren Kultur und Landleben so gewandt wie die Berkshire Hills: Neben erstklassigen Musik-, Tanz- und Theaterfestivals (z.B. Tanglewood und Jacob's Pillow) warten auch kilometerlange Wanderrouten durch weites Farmland.

Vom Mt. Greylock, dem höchsten Berg in Massachusetts, erstrecken sich die Berkshires südwärts bis zur Staatsgrenze zu Connecticut. Vor über 100 Jahren erkoren die ersten Reichen bzw. Prominenten die Region zu ihrem Sommerdomizil und errichteten prachtvolle „Cottages". Viele dieser Anwesen beherbergen heute Pensionen oder Veranstaltungsbühnen. Und nach wie vor fahren zahllose Großstädter in die luftigen Berkshires, wenn die Bostoner und New Yorker Bürgersteige an Sommerwochenenden richtig kochen.

ℹ Anreise & Unterwegs vor Ort

Die Berkshires werden hauptsächlich von Selbstfahrern ab Boston, Hartford oder NYC besucht. Eine Anreise per Bus oder Zug ist ebenfalls möglich. Für das Erkunden der ländlicheren Ecken empfiehlt sich ein eigenes Fahrzeug. Alternativ verkehren Regionalbusse der Berkshire Regional Transit Authority (www.berkshirerta.com; Einzelfahrt 1,75 US$) zwischen den größeren Ortschaften.

Great Barrington

An der Main St von Great Barrington gab es einst nur Eisenwarengeschäfte, Trödelläden, eine Filiale von Woolworth's und ein heruntergekommenes Diner. Nun findet man dort stattdessen künstlerisch angehauchte Boutiquen, Antiquitätenhändler, Cafés und die besten Restaurants der ganzen Region. In Ortsnähe führen Wanderwege hinein in die herrliche Landschaft der umliegenden Hügel.

Gleich östlich der zentralen Main St (US 7) fließt der Housatonic River durch den Ortskern.

Sehenswertes & Aktivitäten

Beartown State Forest PARK
(☎ 413-528-0904; www.mass.gov/dcr; 69 Blue Hill Rd, Monterey; Parken 15 US$) Der reizende State Forest erstreckt sich rund um den Benedict Pond, der sich ideal zum Schwimmen, Angeln, Kanu- und Kajakfahren eignet. Das kilometerlange Wanderwegnetz des Parks umfasst auch einen Abschnitt des Appalachian Trail. Die entlegensten Waldecken beheimaten Hirsche, Bären, Rotluchse und Fischermarder (Pekans). Für weniger ambitionierte Wanderer empfiehlt sich der Benedict Pond Loop (2,4 km).

Housatonic River Walk SPAZIERGANG
(www.gbriverwalk.org; ⌚ April–Nov. Sonnenaufgang–Sonnenuntergang) GRATIS Mitten durch Great Barrington fließt der malerische Housatonic River, dessen Anblick sich entlang dieses Spazierwegs ideal genießen lässt. Zugang zum Pfad bieten die Main St (hinter der Rite-Aid-Filiale) und die Bridge St.

Essen & Ausgehen

Baba Louie's PIZZA $$

(☎413-528-8100; www.babalouiespizza.com; 286 Main St; Pizzas 10–20 US$; ⏰11.30–15 & 17–21.30 Uhr; 📶🅥) Das Baba's ist bekannt für Pizzas mit Bio-Sauerteigboden, die von jungen Männern mit Dreadlocks produziert werden. Die Auswahl für jeden Geschmack reicht von der beliebten Dolce Vita (Feigen, Gorgonzola und Prosciutto) bis hin zur glutenfreien Vegetazione (Artischockenherzen, Brokkoli, Tofu und Mozzarella aus Sojamilch).

Barrington Brewery KLEINBRAUEREI

(☎413-528-8282; www.barringtonbrewery.net; 420 Stockbridge Rd; ⏰11.30–21.30 Uhr; 📶) Gut fürs Gewissen: In der Barrington Brewery trinkt man Bier, das mit Solarstrom gebraut wird. Zur schaumig-hopfigen Hauptattraktion gibt's anständige Burger mit Fleisch vom Freilandrind. Ebenfalls prima sind die Tische im Freien für laue Sommerabende.

Stockbridge

Bei sorgfältiger Betrachtung von Stockbridges breiter Main St fällt auf, dass hier bestimmte Dinge fehlen: Weder Ampeln noch Telefonmasten trüben den Anblick – es ist fast noch so wie in den Tagen von Norman Rockwell, der die letzten 25 Jahre seines Lebens vor Ort verbrachte und hier auch arbeitete.

Heute lockt Stockbridge im Sommer und Herbst jede Menge Reisende an, die durch die Straßen bummeln, die Läden durchstöbern und auf der Veranda des historischen Red Lion Inn in Schaukelstühlen relaxen. Zudem steuern zahllose Tourbusse das Norman Rockwell Museum am Stadtrand an.

Die konservierte Idylle äußert sich jedoch auch in hohen Preisen. Und außerhalb vom Zentrum herrscht hier genau derselbe Betrieb wie in den Nachbarorten.

Norman Rockwell Museum MUSEUM

(☎413-298-4100; www.nrm.org; 9 Glendale Rd/MA 183; Erw./Kind 20 US$/frei; ⏰Mai–Okt. 10–17 Uhr, Nov.–April bis 16 Uhr) Norman Rockwell (1894–1978) wurde in NYC geboren und gestaltete ab 1916 im Lauf von 50 Jahren insgesamt 322 Titelbilder für die *Saturday Evening Post*. Parallel kreierte er auch Bilder für viele Bücher, Plakate und andere Magazine. Heute gilt Rockwell als beliebtester Illustrator der US-Geschichte. Dieses tolle kleine Museum zeigt die landesweit größte Sammlung von Originalwerken des Meisters. Zu sehen gibt's hier auch Rockwells Atelier, das sich ursprünglich in dessen örtlichem Wohnhaus befand.

Anfahrt: Der MA 102 ab Stockbridge gen Westen folgen, dann nach links (südwärts) in die MA 183 einbiegen.

Lenox

Das würdevolle und wohlhabende Lenox ist eine historische Besonderheit: Die Industrialisierung konnte dem Charme der Stadt nichts anhaben. Die ländliche Idylle begeisterte wiederum Industriellenfamilien (z. B. Carnegie, Vanderbilt und Westinghouse), die hier Sommerdomizile bauten, aber anderswo mit ihren Fabriken reich geworden waren.

Von dieser glorreichen Vergangenheit zeugt auch bis heute, dass Lenox das kulturelle Zentrum der Berkshires ist. Das Highlight unter den lokalen Veranstaltungen ist das sehr beliebte Tanglewood Music Festival, das im Sommer viele Besucher aus NYC, Boston und dem übrigen Neuengland anzieht.

Tanglewood Music Festival MUSIK

(☎888-266-1200; www.tanglewood.org; 297 West St/MA 183, Lenox; Tickets für die Rasenfläche Erw./Kind 12 US$/frei; ⏰Ende Juni–Anfang Sept.) Das Musikfestival fand 1934 zum ersten Mal statt und gehört heute zu den renommiertesten Sommer-Konzertreihen der Welt. Das Programm (klassische Sinfonien, Kammermusik, Pop, Jazz, Blues) wird von weltberühmten Gastkünstlern und Dirigenten dargeboten. Darunter sind z. B. regelmäßig der bekannte Cellist Yo-Yo Ma, der Stargeiger Joshua Bell oder der Liedermacher James Taylor.

Schlafen & Essen

Birchwood Inn PENSION $$$

(☎413-637-2600; www.birchwood-inn.com; 7 Hubbard St; Zi. Standard 199–289 US$, Deluxe 359–394 US$; ❄📶🐾) Ein paar Blocks vom Zentrum entfernt beherbergt das älteste Wohnhaus der Stadt (erb. 1767) diese hübsche Pension. Auf einem Hügel warten elf geräumige und romantische Luxuszimmer. Das Dekor variiert zwischen altmodischen Blumenmustern und klassischem Country-Stil. Die Deluxe-Quartiere haben Kingsize-Betten und offene Kamine.

Über einen Kamin verfügt auch der Speiseraum, in dem das selbstgemachte Frühstück (z. B. Florentiner Käseauflauf sowie Eierkuchen mit Heidelbeeren oder Käse) serviert wird.

Haven Cafe & Bakery CAFÉ $
(☎ 413-637-8948; www.havencafebakery.com; 8 Franklin St; Hauptgerichte 8–16 US$; ⏲ Mo–Fr 7.30–15, Sa & So ab 8 Uhr; 📶 ✎) Das Haven sieht aus wie ein normales Café, bietet aber kulinarische Raffinesse der gehobenen Art: Morgens gibt's hier u.a. Einfallsreiches aus Eiern (z.B. Rührei mit Lachs) und Arme Ritter aus Croissants. Auf der Mittagskarte stehen appetitliche Salate und Sandwiches. Alle Gerichte basieren auf regionalen Bio-Zutaten. Unbedingt auch das Süßgebäck an der Backwarentheke probieren!

★ **Nudel** AMERIKANISCH $$$
(☎ 413-551-7183; www.nudelrestaurant.com; 37 Church St; Hauptgerichte 26 US$, Festpreismenü mit 3/4 Gängen 45/55 US$; ⏲ Di–Sa 17–21.30, So bis 21 Uhr) Das Nudel ist eine Institution der regionalen Naturkostszene: Fast alles besteht aus saisonalen und regionalen Zutaten. Die Gerichte sind schlicht, aber einfallsreich und sehr aromatisch – trotz täglichen Wechsels sind Enttäuschungen quasi ausgeschlossen. So hat das Lokal viele treue Stammgäste, was rechtzeitiges Reservieren vor allem in der Hauptsaison ratsam macht.

Williamstown

Das kleine, aber stolze Williamstown liegt mitten im Purple Valley – benannt nach dem violetten Schimmer, den die umliegenden Berge oft in der Abenddämmerung absondern. Im freundlichen Ortskern (nur zwei Blocks lang) treffen sich die Einheimischen, während Kinder und Hunde auf den lokalen Grünflächen herumtollen.

Zudem ist Williamstown eine typische College-Stadt in dieser Region: Zwischen den zauberhaften Straßen und Parks ziert Marmor die stattlichen Backsteingebäude des Williams College. Zum vielfältigen Kulturleben vor Ort tragen zwei außergewöhnliche Kunstmuseen und eins von Neuenglands renommiertesten Sommer-Theaterfestivals bei.

Sehenswertes

★ **Clark Art Institute** MUSEUM
(☎ 413-458-2303; www.clarkart.edu; 225 South St; Erw./Kind 20 US$/frei; ⏲ Sept.–Juni Di–So 10–17 Uhr, Juli & Aug. tgl.) Selbst Kunstmuffel sollten dieses Museum unbedingt besuchen: Allein schon das sanft gewellte, 57 ha große Gelände mit weiten Rasenflächen und Blumenwiesen ist eine großartige Attraktion. Gleiches gilt für das Hauptgebäude, das sich in einem Wasserbecken mit drei Ebenen spiegelt. Bei den Ausstellungen liegt ein Schwerpunkt auf Meistern des Impressionismus (z.B. Monet, Pissarro und Renoir). Die moderne amerikanische Malerei vertreten hier u.a. Werke von Mary Cassatt, Winslow Homer und John Singer Sargent.

Williams College Museum of Art MUSEUM
(☎ 413-597-2429; https://wcma.williams.edu; 15 Lawrence Hall Dr; ⏲ 10–17, So 10–20 Uhr, Sept.–Mai Mi geschl.) GRATIS Das Schwestermuseum des Clark Art Institute liegt im Ortskern und kann sogar gratis besichtigt werden. Es hat eine eigene Sammlung mit 13 000 Stücke, die etwa zur Hälfte aus der sogenannten American Collection besteht. Diese umfasst auch Werke von Berühmtheiten wie Edward Hopper (*Morning in a City*), Winslow Homer oder Grant Wood. Die ebenso bemerkenswerte Fotografiesammlung zeigt z.B. Arbeiten von Man Ray und Alfred Stieglitz.

Feste & Events

Williamstown Theatre Festival THEATER
(☎ Theaterkasse 413-458-3253; www.wtfestival.org; 1000 Main St; ⏲ 3. Woche im Juni–3. Woche im Aug.; 👪) Berühmte Bühnenschauspieler nehmen jedes Jahr an diesem Festival teil, das weithin als beste Sommer-Theaterreihe der Region gilt. Als allererstes Event dieser Art in Neuengland wurde das Ganze 2002 mit dem Art Regional Theatre Tony Award ausgezeichnet.

Schlafen & Essen

Maple Terrace Motel MOTEL $$
(☎ 413-458-9677; www.mapleterrace.com; 555 Main St; DZ 119–178 US$; 📶 🏊) Am östlichen Stadtrand steht diese schlichte Bleibe mit 15 behaglichen Zimmern. Das Motel ist zwar nicht sonderlich schick, punktet aber mit Komfort und sehr freundlichem bzw. aufmerksamem Service. Dank der schwedischen Inhaber lädt auch ein schöner Garten zum Verweilen ein.

River Bend Farm B&B B&B $$
(☎ 413-458-3121; www.riverbendfarmbb.com; 643 Simonds Rd/US 7; Zi. 120 US$; ⏲ April–Okt.; ❄ 📶) Im Jahr 1770 war dieses B&B im georgianischen Kolonialstil noch eine Kneipe und gehörte Benjamin Simonds. Die heutigen Inhaber, Judy und Dave Loomis, haben das ganze Gebäude äußerst originalgetreu restauriert. Die vier einfachen, aber komfortablen Doppelzimmer teilen sich zwei Gemein-

ABSTECHER

NORTH ADAMS: MASS MOCA

Die schöne, aber auch etwas düstere Innenstadt von North Adams stammt aus dem 19. Jh. und scheint auf den ersten Blick nicht so recht zu den übrigen Berkshires zu passen: Hier geht es nicht so lebhaft zu und die Annehmlichkeiten sind vergleichsweise geringer. Doch dafür entschädigt schon nach kurzer Zeit die Hauptattraktion: das Mass MoCA ist ein beispielhaftes Museum für moderne Kunst. Der riesige Komplex ist fast so groß wie ein ganzes Dorf und beherbergt auch ein paar der besten örtlichen Restaurants, Bars und Läden.

Mit 5,3 ha Innenstadtfläche nimmt das **MASS MoCA** (Massachusetts Museum of Contemporary Art; ☎413-662-2111; www.massmoca.org; 1040 MASS MoCA Way; Erw./Kind 20/8 US$; ⊙Juli & Aug. So–Mi 10–18, Do–Sa bis 19 Uhr, Sept.–Juni Mi–Mo 11–17 Uhr;) ein Drittel des ganzen Geschäftsbezirks von North Adams ein. Das Museum befindet sich im früheren Werk der Sprague Electric Company, das nach seiner Schließung 1985 für rund 31 Mio. US$ zur „größten Galerie der USA" umgebaut wurde. In den 25 Gebäuden (insgesamt 2,06 ha Innenfläche) findet man neben 19 Galerien auch Künstlerateliers und Bühnensäle. Eine Ausstellungshalle ist so groß wie ein Fußballfeld, um Installationskünstlern gezielt Gelegenheit für Gigantomanie zu bieten – also besser Laufschuhe anziehen!

schaftsbäder mit Klauenfuß-Badewannen. Gäste frühstücken im früheren Schankraum mit Holzvertäfelung und großem offenem Steinkamin.

Der Name täuscht: Das B&B liegt nicht auf einer Farm, sondern direkt an der US 7 (nördlich der kleinen Brücke über den Hoosic River).

Pappa Charlie's Deli FEINKOST $

(☎413-458-5969; 28 Spring St; Hauptgerichte 5–8 US$; ⊙Mo–Sa 8–20, So bis 19 Uhr;) In dem einladenden Frühstückslokal bestellen Einheimische tatsächlich „das Übliche". Die Sandwiches zum Mittagessen wurden eigenhändig von Promis kreiert und sind auch nach diesen benannt. Beliebt ist z. B. die Variante „Mary Tyler Moore" (Speck, Kopfsalat, Tomaten, Avocados). Diese gibt's alternativ auch mit Soja-Ersatzspeck, da die Schauspielerin später zum Vegetarismus konvertierte. Die Option „Politician" ist komplett individuell gestaltbar.

★ **Mezze Bistro & Bar** FUSION $$

(☎413-458-0123; www.mezzerestaurant.com; 777 Cold Spring Rd/US 7; Hauptgerichte 18–28 US$; ⊙So–Do 17–21, Fr & Sa bis 22 Uhr) Das moderne Nobellokal auf großartigem Gelände (1,2 ha) bereitet Gästen immer wieder Überraschungen: Die saisonalen und stets leckeren Gerichte wechseln regelmäßig. Hier wird viel Wert auf frische Agrarerzeugnisse gelegt, was mit einem Hausgarten voller essbarer Pflanzen beginnt. Ein Großteil des übrigen Angebots, darunter Bio-Fleisch und limitierte Craft-Biere, stammt ebenfalls aus der Region.

RHODE ISLAND

Der kleinste US-Bundesstaat ist in Wirklichkeit gar keine Insel und lässt sich in nur 45 Minuten komplett durchqueren. Dafür hat dieses kleine Wunderland eine über 640 km lange Küstenlinie mit menschenleeren Buchten, schroffen Klippen, einsamen Leuchttürmen und dem besten weißen Sandstrand des Nordostens zum Baden.

Rhode Islands Küste wird außerdem von großartigen Ferienorten, extravaganten Villen und malerischen Dörfern aus der Kolonialzeit gesäumt. Im Land dahinter findet man Weinberge, ertragreiche Beerenplantagen und zwei Zentren der Pferdezucht (Middletown und Portsmouth). In der Region gibt's auch zwei Großstädte: Providence ist tief in der Arbeiterklasse verwurzelt, und Newport dagegen verdankt seine Existenz altem Geld aus oft obskuren Quellen. Beide Städte zählen zu den schönsten urbanen Zielen in Neuengland. Hierfür sorgen jeweils viele tolle Museen, Stadtviertel mit herrlichen historischen Häusern, spitzenmäßige Restaurants und coole Bars. Da verwundert es nicht, dass nach wie vor Neureiche zwecks Sommervergnügen hierherkommen.

Geschichte

Roger Williams gründete Providence im Jahr 1636, nachdem er als religiöser Abweichler aus Boston vertrieben worden war. Seitdem ist die Stadt von einem Hang zur Freigeistigkeit geprägt: Williams' oberstes Prinzip war die Glaubensfreiheit des Individuums, was auch zu seiner Verbannung aus

Massachusetts führte. Bei der Gründung von Providence setzte er seine liberalen Ansichten dann in die Tat um: Er kaufte Land von den indigenen Narragansett und pflegte mit diesen auch danach noch freundliche Beziehungen – damals ein kühnes Experiment in Sachen Toleranz und friedlicher Koexistenz.

Williams' Projekterfolge wurden jedoch rasch wieder zunichte gemacht. Als Providence und Newport wuchsen und zu einer großen Kolonie verschmolzen, kam es zu bewaffneten Konflikten mit Indianerstämmen. Diese Auseinandersetzungen führten schließlich zur Dezimierung der indigenen Wampanoag, Pequot, Narragansett und Nipmuck. Zudem war Rhode Island ein Zentrum des amerikanischen Sklavenhandels, der in den ersten Jahren nach dem Unabhängigkeitskrieg größtenteils von hier aus kontrolliert wurde.

Die Industrialisierung der USA begann 1790 mit der Slater Mill in Pawtucket, die durch Wasserkraft angetrieben wurde. Steigende Industrie- und Siedlungsdichte prägten den Charakter von Providence und deren Umgebung (vor allem entlang des Blackstone River). Doch wie viele andere Kleinstädte an der Ostküste erlebten diese urbanen Gebiete in den 1940er- und 1950er-Jahren einen raschen Niedergang, als die örtliche Fertigungsindustrie (Textilien und Modeschmuck) einbrach. In den 1960er-Jahren sorgten Denkmalschutzmaßnahmen für den Erhalt der historischen Stadtbilder von Providence und Newport – letzteres hat heute eine der schönsten historischen Innenstädte des ganzen Landes.

Auch Providence ist nun wieder eine stilvolle Stadt mit einem pulsierenden Zentrum und einer dynamischen Wirtschaft. Größtenteils ist dies ein Verdienst von Buddy Cianci, dessen zwei Amtszeiten als Bürgermeister (1975–1984, 1991–2002) jeweils mit gerichtlichen Verurteilungen endeten. Cianci wird zugutegehalten, den industriellen und urbanen Verfall der Stadt mit einem groß angelegten Sanierungsprojekt gestoppt zu haben. Dabei wurden u.a. vormals verdohlte Wasserläufe freigelegt und zu einem künstlichen See im Stadtzentrum umgeleitet. Das äußerst beliebte WaterFire Festival (S. 221) ist heute ein spektakuläres und stolzes Symbol für die phönixgleiche Wiedergeburt von Providence, das einst am Zusammenfluss dreier Flüsse gegründet wurde. Cianci starb 2016 im Alter von 74 Jahren.

ℹ Praktische Informationen

Rhode Island Division of Parks & Recreation (www.riparks.com) Listet u. a. alle regionalen State Beaches auf.

Rhode Island Tourism Division (www.visitrhodeisland.com) Offizielle Touristeninformation des Bundesstaats.

Providence

Die Staatshauptstadt von Rhode Island liegt am Zusammenfluss der Flüsse Providence, Moshassuck und Woonasquatucket. Hier warten ein paar der schönsten Stadtspaziergänge in ganz Neuengland – z.B. durch die Landschaftsgärten entlang des Riverwalk Trail oder über den historischen Campus der Brown University auf dem College Hill aus dem 18. Jh. Hippe Cafés, Programmkinos, trendige Bars und Fusion-Restaurants säumen die schmucken Straßen und Gassen im Stadtzentrum.

Ein Schicksal als weitere US-Industrieruine blieb Providence dank Buddy Cianci erspart: Der zweimalige (und umstrittene) Bürgermeister sanierte die Innenstadt mittels eines Großprojekts. Dabei wurden vormals verdohlte Flüsse zwecks Umleitung freigelegt, Brachflächen neu belebt und historische Fassaden restauriert. Das Ergebnis bewahrt historische Schätze nicht nur einfach, sondern integriert sie vielmehr in eine kreative Gegenwart: Architekturstile aus 30 Jahren verschmelzen hier zu einer bunten urbanen Landschaft, die zugleich kühn, wunderschön und sehr cool wirkt. Auch dank der vielen Studenten ist bei aktuellen Events der örtlichen Kunst- und Kulturszene immer ordentlich was los.

Sehenswertes

★ Providence Athenaeum BIBLIOTHEK
(☎401-421-6970; www.providenceathenaeum.org; 251 Benefit St; ⌚Mo–Do 10–18, Fr 9–17 Uhr, Sa 10–14 Uhr) GRATIS Die Bibliothek im Greek-Revival-Stil gehört zu den markantesten Gebäuden an der Benefit St. Sie wurde von William Strickland entworfen und im Jahr 1838 vollendet. Ihre traditionelle Inneneinrichtung füllt die Lücken zwischen den Bücherregalen mit Gipsbüsten und Ölgemälden. Edgar Allen Poe ging hier oft auf Schürzenjagd. Über die lokale Architektur und Kunst informiert die **Raven Tour**, bei der man das Gebäude auf eigene Faust anhand einer Broschüre erkundet. Der Prospekt ist vor Ort erhältlich.

★ **Rhode Island State House** HISTORISCHES GEBÄUDE
(☎ 401-222-3983; www.sos.ri.gov; 82 Smith St; ⌚ Besichtigung ohne Guide Mo–Fr 8.30–16.30 Uhr, Führungen Mo–Fr 9, 10, 11, 13 & 14 Uhr) GRATIS Das Rhode Island State House wurde 1904 von McKim, Mead & White entworfen. Der Bau dominiert das Stadtbild von Providence und ist aus mehreren Kilometern Entfernung zu sehen. Die freitragende Marmorkuppel (die viertgrößte der Welt) ist teilweise dem Dach des Petersdoms in Rom nachempfunden. Im Inneren hängt eins der Originalportraits, die Gilbert Stuart von George Washington malte.

★ **John Brown House** MUSEUM
(☎ 401-331-8575, Durchwahl 362; www.rihs.org; 52 Power St; Erw./Kind 10/6 US$; ⌚ Führungen April–Nov. Di–Fr 13.30 & 15, Sa 10.30, 12, 13.30 & 15 Uhr) John Quincy Adams bezeichnete die Backsteinvilla aus dem Jahr 1786 auf dem College Hill einst als „schönstes und elegantestes Anwesen, das ich auf diesem Kontinent jemals gesehen habe".

★ **Brown University** UNIVERSITÄT
(☎ 401-863-1000; www.brown.edu) Die Brown University versprüht ihren Ivy-League-Charme auf dem höchsten Punkt des College Hill, worunter sich die East Side des Viertels erstreckt. Herzstück des Campus ist die aus Backstein bestehende **University Hall** von 1770, die während des Amerikanischen Unabhängigkeitskriegs als Kaserne diente. Der beste Startpunkt für eine Erkundung des Geländes sind die schmiedeeisernen Eingangstore am oberen Ende der College St – von dort aus einfach über den Rasen in Richtung Thayer St laufen.

Benefit Street ARCHITEKTUR
Gleich östlich der Innenstadt liegt das Viertel College Hill. Durch dessen East Side führt die Benefit St, an der Gebäude aus dem 18. Jh. von der örtlichen Kolonialgeschichte zeugen. Diese Häuser sind zumeist in Privatbesitz, können aber häufig im Juni am Wochenende des **Festival of Historic Homes** bei einer Führung besichtigt werden. Die Benefit St ist ein passendes Symbol für die Renaissance von Providence: In den 1960er-Jahren verhinderten einheimische Denkmalschützer ihre bevorstehende komplette Zerstörung durch fehlgeleitete Stadtsanierungsmaßnahmen.

RISD Museum of Art MUSEUM
(☎ 401-454-6500; www.risdmuseum.org; 224 Benefit St; Erw./Kind 12/3 US$, Eintritt So bis 13 Uhr frei; ⌚ Di–So 10–17, am 3. Do des Monats 10–21 Uhr; 👪) Das herrlich vielfältige Kunstmuseum der Rhode Island School of Design zeigt z. B. Antikes aus Griechenland oder US-amerikanische Gemälde und Kunsthandwerksgegenstände aus dem 20. Jh.

Roger Williams Park PARK
(1000 Elmwood Ave) GRATIS Betsey Williams (Ur-Ur-Urenkelin des Stadtgründers) stiftete 1871 ihre Farm, um Providence diesen öffentlichen Park (174 ha) zu bescheren. Ein paar Fahrtminuten südlich vom Zentrum warten dort heute Seen, Teiche, Wäldchen, weite Rasenflächen, Picknicktische, Gewächshäuser und ein funktionierendes Karussell aus viktorianischer Zeit. Ebenfalls vor Ort findet man das **Planetarium and Museum of Natural History** (☎ 401-680-7221; www.providenceri.com/museum; Museum/Planetarium 2/3 US$; ⌚ 10–16 Uhr; 👪) und das frühere Cottage von Betsey Williams.

Feste & Events

★ **WaterFire** STRASSENFEST
(☎ 401-273-1155; www.waterfire.org; ⌚ wechselnde Termine) Vor allem im Sommer verwandeln sich große Teile der Innenstadt regelmäßig in ein Straßenfest, dessen Existenzgrund seit 1994 die äußerst beliebte Kunstinstallation „WaterFire" von Barnaby Evans ist. Am Zusammenfluss des Providence, Moshassuck und Woonasquatucket River werden dabei alljährlich 100 schwimmende Feuerschalen verankert. Vom Ufer und von den Brücken aus schauen Scharen von Passanten auf das flammende Spektakel.

Schlafen

Christopher Dodge House B&B $$
(☎ 401-351-6111; www.providence-hotel.com; 11 W Park St; Zi. 149–189 US$; P) Dieses B&B im Federal Style (erb. 1858) wartet mit historischen amerikanischen Stilmöbeln, Holzböden und offenen Kaminen aus Marmor auf. Große Fenster mit Klappläden zieren die nüchterne, aber elegant proportionierte Fassade.

Old Court B&B B&B $$
(☎ 401-751-2002; www.oldcourt.com; 144 Benefit St; Zi. Mo–Fr 155–195 US$, Sa & So 185–225 US$) Das dreistöckige Wohnhaus von 1863 mit italienischem Touch versprüht seinen Charme in perfekter Lage: Um das B&B herum stehen die historischen Gebäude von College Hill. Gäste freuen sich hier über abgefahrene Tapeten, leckere Frühstücksmarmelade und gelegentliche Rabatte im Winter.

Providence Biltmore HISTORISCHES HOTEL $$
(☎401-421-0700; www.providencebiltmore.com; 11 Dorrance St; Zi. 165–379 US$; P 📶) Das Biltmore aus den 1920er-Jahren ist sozusagen der Großvater aller örtlichen Hotels. Die lauschig-mondäne Lobby paart dunkles Holz mit Kronleuchtern und Wendeltreppen. Die vielen Stockwerke mit 292 gepflegten Zimmern ragen hoch über der Altstadt empor. Wer gern eine gute Aussicht haben möchte, wählt am besten ein Quartier weiter oben.

Essen

Louis Family Restaurant DINER $
(☎401-861-5225; www.louisrestaurant.org; 286 Brook St; Hauptgerichte 4–9 US$; ⏲5–15 Uhr; 👪) Unter den Stammgästen dieses Diners sind Zimmerleute und übernächtigte Studenten, die sich hier in aller Frühe stärken (lange bevor das übrige College Hill erwacht). Zu Filterkaffee serviert das Lokal u. a. Pfannkuchen mit Bananen und Erdbeeren.

Haven Brothers Diner DINER $
(☎401-603-8124; www.havenbrothersmobile.com; Ecke Dorrance & Fulton St; Gerichte 5–12 US$; ⏲17–3 Uhr) Das mobile Diner befindet sich hinten auf einem Lastwagen, der seit Jahrzehnten abends an der selben Stelle neben der City Hall parkt. Über eine klapperige Leiter geht's hinauf in den Innenraum, in dem sich die Gäste an einfacher Diner-Kost (Tipp: der Murder Burger) laben. Das Publikum reicht von prominenten Politikern bis hin zu Studenten auf Sauftour.

Local 121 MODERN-AMERIKANISCH $$
(☎401-274-2121; www.local121.com; 121 Washington St; Hauptgerichte 17–30 US$; ⏲Mi & Do 17–22, Fr bis 23, Sa 10–15 & 17–23, So 10–15 & 17–21 Uhr) Das opulente Restaurant huldigt dem Trend zu Regionalprodukten in Form von US-Klassikern mit einem leicht modernen Touch. Es befindet sich im alten Dreyfus Hotel aus den 1890er-Jahren, das heute zum Kunstzentrum AS220 gehört. Das Ambiente ist zugleich zwanglos, schlicht und elegant. Unter den saisonal wechselnden Köstlichkeiten waren schon Po'boy-Sandwiches mit perfekt gegarten Jakobsmuscheln oder Pizza mit Entenschinken.

★**birch** MODERN-AMERIKANISCH $$$
(☎401-272-3105; www.birchrestaurant.com; 200 Washington St; 4-gängiges Menü 49 US$, passende Getränke 35 US$; ⏲Do–Mo 17–22 Uhr) Küchenchef Benjamin Sukle und seine Ehefrau Heidi zählen das Noma in Kopenhagen und das tolle Dorrance im Biltmore Hotel zu ihren Referenzen. Nun betreiben sie ihr eigenes Lokal: das dezent eingerichtete birch mit super Küche. Das lauschige und stilvolle Ambiente zeugt von einem Auge fürs Detail (Ein Beispiel: Die Gäste sitzen an einem U-förmigen Tresen). Gleiches gilt für die strikt saisonalen Gerichte aus Zutaten, die generell selten verwendet und/oder nur in Kleinmengen produziert werden.

Ausgehen

AS220 KUNSTZENTRUM
(☎401-831-9327; www.as220.org; 115 Empire St; ⏲Bar Di–Sa 17–1 Uhr, Café Di–Sa 12–22 Uhr) Das AS220 (sprich: A-S-two-twenty) ist schon lange ein Zentrum für alle kreativen Ausdrucksformen, die Rhode Island zu bieten hat. Für regen Betrieb sorgen Experimentalmusik, Lesungen und Kunstausstellungen. Die hauseigene Cafébar (wechselnde Öffnungszeiten) serviert u. a. Kaffee, Spinatauflauf und vegane Kekse.

Salon BAR, CLUB
(☎401-865-6330; www.thesalonpvd.com; 57 Eddy St; ⏲Di–Do 19–1, Fr & Sa bis 2 Uhr) Im Obergeschoss des Salon warten auf die Gäste Tischtennisplatten, Flipperautomaten, 1980er-Jahre-Pop und Picklebacks (Whiskey plus Gurkenessig zum Nachspülen). Unten werden Liveshows, Open-Mike-Events, DJs und Tanzpartys geboten. Für Hungrige gibt's Sandwiches mit Erdnussbutter und Marmelade.

Anreise & Unterwegs vor Ort

In Providence finden sich Fahrer mit einem eigenen Auto eventuell etwas schwer zurecht: Hügel, zwei Interstates und zwei Flüsse prägen die Innenstadt. Dort und in Bahnhofsnähe herrscht zudem oft Parkplatzmangel. Wer im Zentrum parken will, benutzt am besten das große Parkhaus der Providence Place Mall und lässt sein Ticket von einem der Geschäfte entwerten. Im Bereich der East Side sind meistens recht viele Parkplätze an der Straße frei.

Große Autovermieter sind am Flughafen und im Zentrum vertreten.

Providence ist klein, hübsch und fußgängerfreundlich, weshalb man wahrscheinlich häufig zu Fuß unterwegs sein wird.

Die Rhode Island Public Transit Authority (www.ripta.com) betreibt zwei „Trolley"-Linien: Die Green Line rollt ab der East Side durch die Innenstadt zum Federal Hill. Die Gold Line fährt vom Marriott Hotel südwärts zum Krankenhaus (über die Kennedy Plaza und den Fähranleger an der Point St).

BUS

- Alle Fernbusse und die meisten Lokalbusse halten am **Intermodal Transportation Center** (Kennedy Plaza; ⏲6–19 Uhr) im Stadtzentrum. Greyhound (www.greyhound.com) und Peter Pan Bus Lines (www.peterpanbus.com) betreiben dort Ticketschalter. Das Personal verteilt auch Übersichtspläne zum Stadtbusnetz.
- Peter Pan verbindet den Green Airport in Providence mit der South Station (ab 9 US$, 1 Std., 12-mal tgl.) und dem Logan International Airport (ab 18 US$, 70 Min., 10-mal tgl.) in Boston.
- Greyhound (www.greyhound.com) fährt ab Providence z. B. nach Boston (ab 9 US$, 65 Min.) und NYC (ab 15 US$, 5½–6 Std.).

ZUG

- Ab Providence schickt die Amtrak (www.amtrak.com) u. a. Acela-Hochgeschwindigkeitszüge nach Boston (ab 12 US$, 50 Min.) und NYC (ab 50 US$, 3–3½ Std.).
- Mit Pendlerzügen der MBTA (www.mbta.com) besteht ebenfalls Verbindung nach Boston (11,50 US$, 60–75 Min.).

Newport

Der „neue Hafen" wurde von moderaten religiösen Siedlern gegründet und florierte prächtig in der unabhängigen Kolonie Rhode Island, die sich hier 1776 zum Staat erklärte. Im Stadtzentrum knipsen Fotonarren an gefühlt jeder Ecke begeistert die makellos erhaltene Architektur und die Wahrzeichen aus der Kolonialzeit.

Doch so faszinierend Newports frühe Geschichte auch ist, wirklich interessant wurde es erst in den 1850er-Jahren, als wohlhabende Industrielle begannen, opulente Sommerhäuser entlang der Bellevue Ave auf den Klippen zu errichten. Die stilsicheren italienisch inspirierten Palazzi, die französischen Châteaus und elisabethanischen Prachtvillen sind heute grandios restauriert und mit unbezahlbaren Antiquitäten gefüllt – und ihre atemberaubende Lage muss man gesehen haben, um es zu glauben. Die Kuriosität, Vielfältigkeit, Extravaganz und Einzigartigkeit dieses spektakulären Ortes ist unvergleichlich.

Newport hält auch seine maritimen Wurzeln in Ehren und ist nach wie vor ein weltweites Zentrum für Jachtfreunde. Kein Wunder: Die Sommer hier sind glänzend. Die Einheimischen haben ausgezeichneten Geschmack und wissen, wie man eine Party schmeißt. Es ist immer was los, so gibt es u. a. mehrere Cross-Genre-Festivals, die zu den besten in den USA gehören.

Sehenswertes & Aktivitäten

Im 19. Jh. wählten die reichsten New Yorker Bankiers- und Industriellenfamilien Newport als ihren Sommerspielplatz und bauten entlang der Bellevue Ave fabelhafte Herrenhäuser. Zehn dieser Villen (ausgenommen Rough Point und Ochre Court) werden von der **Preservation Society** (☎401-847-1000; www.newportmansions.org; 424 Bellevue Ave; Ticket für 5 Häuser Erw./Kind 35/12 US$) verwaltet und sind saisonal zwischen Juni und November geöffnet, manche auch das ganze Jahr über. Kombitickets sind günstiger, falls man plant, mehrere Häuser zu besuchen. Einige Touren sollte man vorab buchen, dies gilt besonders für die Hauptsaison. Die Tickets gibt's online oder vor Ort. Die Gesellschaft bietet außerdem verschiedene Events zu den Themen Wein und Essen an.

Alternativ kann man sich ein Fahrrad ausleihen, die Bellevue Ave entlang radeln und den Blick auf die Villen und schicken Anwesen genießen. Oder man schlendert über den berühmten Cliff Walk, einem Fußweg, der zwischen den Herrenhäusern mit Meerblick an der Landzunge verläuft.

★ **The Breakers** HISTORISCHES GEBÄUDE
(☎401-847-1000; www.newportmansions.org; 44 Ochre Point Ave; Erw./Kind 24/8 US$; ⏲April–Mitte Okt. 9–17 Uhr, Mitte Okt.–März abweichend; P) Das Breakers ist ein gigantischer italienischer Renaissance-Palast mit 70 Zimmern. Es ist von den Palazzi des 16. Jhs. aus Genua inspiriert und das prachtvollste Herrenhaus in Newport. Das Gebäude wurde auf Geheiß von Cornelius Vanderbilt II. erbaut und größtenteils von Richard Morris Hunt entworfen (die dekorativen Feinarbeiten wurden aber von Handwerkern aus der ganzen Welt erledigt). 1895 wurde der Palast fertiggestellt, der sich mit grandiosem Blick auf den Ozean in der Ochre Point Ave befindet. Das **Children's Cottage** auf dem Gelände sollte man nicht verpassen.

★ **The Elms** HISTORISCHES GEBÄUDE
(☎401-847-1000; www.newportmansions.org; 367 Bellevue Ave; Er./Kind 17,50/8 US$, Touren zum Leben der Dienstboten Erw./Kind 18/7,50 US$; ⏲April–Mitte Okt. 10–17 Uhr, Mitte Okt.–März unterschiedliche Öffnungszeiten; P 👪) Das Elms wurde 1901 von Horace Trumbauer entworfen und ist dem 1750 nahe Paris erbauten Château d'Asnières nachempfunden. Die Tour „Hinter den Kulissen" führt durch die Dienstbotenquartiere und aufs Dach. Unterwegs erfährt man alles über die Aufgaben

der Heerscharen an Bediensteten und die architektonischen Details, die sie vor jenen verbargen, die in den edlen Salons Port nippten.

★ Rough Point HISTORISCHES GEBÄUDE
(☎401-849-7300; www.newportrestoration.com; 680 Bellevue Ave; Erw./Kind 25 US$/frei; ⏲April–Anfang Mai Do–So 9.30–14, Anfang Mai–Anfang Nov. Di–So 9.30–15.30 Uhr; P) Allein die unvergleichliche Lage und Pracht des Anwesens sind den Eintrittspreis wert, aber dieses nachgebaute englische Herrenhaus beherbergt darüber hinaus auch die eindrucksvolle Kunstsammlung der Erbin und Philanthropin Doris Duke. Mittelalterliche Wandteppiche, Möbel aus dem Besitz französischer Kaiser, Keramiken der Ming-Dynastie und Gemälde von Renoir und Van Dyck gehören u. a. zu dieser einmaligen Sammlung.

★ Fort Adams State Park STATE PARK
(www.fortadams.org; Harrison Ave; ⏲Sonnenaufgang–Sonnenuntergang) Das Herzstück dieses wunderschönen State Parks, der in die Narragansett Bay hineinragt, ist **Fort Adams** (☎401-841-0707; 90 Fort Adams Dr; Touren Erw./Kind 12/6 US$; ⏲Ende Mai–Okt. 10–16 Uhr, Nov. & Dez. kürzere Öffnungszeiten). In Amerikas größter Küstenfestung finden Newports **Jazz Festival** (www.newportjazz.org; Tickets 65–89 US$, 3 Tage 170 US$; ⏲Juli/Aug.) und Folk Festival (S. 224) sowie viele weitere Events statt. Ein Strand, Picknick- und Angelbereiche sowie eine Bootsrampe sind täglich geöffnet.

Museum of Newport History MUSEUM
(☎401-841-8770; www.newporthistory.org; 127 Thames St; empfohlene Spende Erw./Kind 4/2 US$; ⏲10–17 Uhr) Newports ausgezeichnetes Museum für Lokalgeschichte erweckt die Vergangenheit der Stadt wieder zum Leben.

International Tennis Hall of Fame MUSEUM
(☎401-849-3990; www.tennisfame.com; 194 Bellevue Ave; Erw./Kind 15 US$/frei; ⏲Sept.–Juni 10–17, Juli & Aug. bis 18 Uhr, Jan.–März Di geschlossen) Wer einen Einblick davon gewinnen möchte, wie die amerikanische Aristokratie im 19. Jh. ihre Freizeit gestaltete, sollte dieses Museum besuchen. Die Tennis Hall of Fame befindet sich im historischen Gebäude des Newport Casino (1880), das Newports wohlhabendsten Einwohnern als Sommerclub diente. Die US National Lawn Tennis Championships, die die Vorläufer der heutigen US Open waren, fanden 1881 hier statt. Eine Schatzsuche bringt Kindern acht Jahrhunderte des Tennis näher; Zubehör ist am Empfang des Museums erhältlich.

Feste

Newport Folk Festival MUSIK
(www.newportfolk.org; Fort Adams State Park; 1-/3-Tagespass 85/199 US$, Parken 15 US$/Tag; ⏲Ende Juli) Große Stars und aufstrebende Talente treten im Fort Adams State Park (S. 224) und an anderen Orten in der ganzen Stadt auf. Man sollte unbedingt einen Sonnenschutz mitbringen.

Newport Music Festival MUSIK
(www.newportmusic.org; Tickets 25–50 US$; ⏲Mitte Juli) Dieses international renommierte Festival bietet Klassikkonzerte in vielen der grandiosen Herrenhäuser.

NEWPORTS BESTE STRÄNDE

Newports öffentliche Strände befinden sich entlang des Memorial Blvd auf der Ostseite der Halbinsel. Alle sind im Sommer von 9 Uhr bis 18 Uhr geöffnet; die Parkgebühr beträgt 10/20 US$ an Werktagen/am Wochenende (außer am Gooseberry Beach, der die ganze Woche 20 US$ fürs Parken verlangt).

Easton Beach (First Beach; Memorial Blvd) Dies ist der größte Strand am Ort. In einem pseudo-viktorianischen Pavillon sind Bäder und Duschen, eine Snackbar und ein großes Karussell untergebracht. Außerdem kann man dort Sonnenschirme, Stühle und Surfbretter ausleihen.

Sachuest Beach (Second Beach; ☎401-846-6273; http://parks.middletownri.com; Sachuest Point Rd, Middletown) Der schönste Strand auf Aquidneck Island umringt die Sachuest Bay und grenzt an das 180 ha große Norman Bird Sanctuary.

Third Beach (Third Beach Rd, Middleton) Der Third Beach ist bei Familien dank seiner vor dem offenen Meer geschützten Lage beliebt. Hier tummeln sich aber auch Windsurfer, da das Wasser sehr ruhig und der Wind gleichmäßig ist.

Gooseberry Beach (130 Ocean Ave) Ruhiges Wasser, weißer Sand und ein Restaurant.

Schlafen

Newport International Hostel HOSTEL $

(William Gyles Guesthouse; ☎401-369-0243; www.newporthostel.com; 16 Howard St; B 29–99 US$, DZ 59–200 US$; ⏲Mai–Nov.; 📶) Wer in Rhode Islands einzigem Hostel absteigen möchte, sollte so früh wie möglich buchen. Der Gastgeber ist ebenso entspannt wie sachkundig. Die winzige Unterkunft bietet einfache Frühstücksmöglichkeiten, eine Waschmaschine und zusätzliche saubere Betten in einem Schlafsaal.

Sea Whale Motel MOTEL $$

(☎888-257-4096; www.seawhale.com; 150 Aquidneck Ave, Middletown; DZ werktags 139–149 US$, Wochenende 209–239 US$; P📶) Der Besitzer dieses hübschen Motels wohnt selbst hier. Die Unterkunft blickt auf den Easton's Pond und überall sieht man Blumen. Die Zimmer sind eher schlicht, aber gemütlich und ordentlich; außerdem gibt's jeweils einen Kühlschrank, eine Mikrowelle und gratis Tee und Kaffee.

★**Attwater** BOUTIQUEHOTEL $$$

(☎401-846-7444; www.theattwater.com; 22 Liberty St; Zi. 259–599 US$; P❄📶) Das neueste Hotel in Newport versprüht das auffällige Flair einer sommerlichen Strandparty mit türkisfarbenen, limettengrünen und korallenroten Drucken, Ikat-Kopfteilen und ungewöhnlichen Teppichen mit geometrischem Muster. Die Panoramafenster und Veranden fangen das Sommerlicht ein und die Zimmer sind mit durchdachtem Luxus ausgestattet, z. B. iPads, Apple TV und Strandtaschen.

Essen

★**Rosemary & Thyme Cafe** BÄCKEREI, CAFÉ $

(☎401-619-3338; www.rosemaryandthymecafe.com; 382 Spring St; Gebäck 2,50–5 US$, Sandwiches 8–11 US$; ⏲Di–Sa 7–14, So bis 11.30 Uhr; 👪) Mit einem deutschen Bäcker in der Küche überrascht es wenig, dass sich in der Theke des Rosemary & Thyme butterzarte Croissants, Apfel- und Kirschkuchen und große Muffins stapeln. Zum Mittagessen gibt's Gourmet-Sandwiches mit Ziegenkäse und getrockneten Tomaten aus der Toskana, kubanische Schweinelende à la Havanna und traditionell hergestellte Käsesorten. Die Kinderkarte ist ein weiteres aufmerksames Detail.

Flo's Clam Shack FISCH & SEAFOOD $$

(☎401-847-8141; www.flosclamshacks.com; 4 Wave Ave, Middletown; Hauptgerichte 11–22 US$; ⏲Mitte Mai–Mitte Sept. So–Do 11–21, Fr & Sa bis 22 Uhr, Mitte Sept.–Mitte Mai kürzere Öffnungszeiten) Diese unauffällige lokale Institution ist seit den 1930er-Jahren die erste Wahl für Fish & Chips, Fischsuppe, gebratene Venusmuscheln und „Quahog Stuffies" (diese typisch regionale Mischung aus Brotsamen und Muscheln wird auf der Hälfte einer Venusmuschel gebacken). Eine Austern-Bar gibt's hier ebenfalls.

★**Fluke Wine Bar** FISCH & SEAFOOD $$$

(☎401-849-7778; www.flukenewport.com; 41 Bowens Wharf; Hauptgerichte 26–36 US$; ⏲Mai–Okt. tgl. 17–23 Uhr, Nov.–April Mi–Sa) Im skandinavisch inspirierten Gastraum des Fluke mit hellem Holz und Panoramafenstern bestellt man von einer Fisch- und Meeresfrüchtekarte, auf der gebratener Seeteufel, saisonaler Wolfsbarsch und pralle Jakobsmuscheln stehen.

Unterhaltung

Newport Blues Café LIVEMUSIK

(☎401-841-5510; www.newportblues.com; 286 Thames St; ⏲Di–So 19–1 Uhr) Diese beliebte Rhythm-and-Blues-Bar mit Restaurant lockt erstklassige Musiker in ein altes Brownstone-Gebäude, das einst als Bank fungierte. In diesem heimeligen Laden genießen die Gäste Quahogs (Venusmuscheln), im Haus geräucherte Spare Ribs oder Schweinelende an den Tischen vor der kleinen Bühne. Abendessen gibt's zwischen 19 Uhr und 22 Uhr; die Musik beginnt um 21.30 Uhr.

Newport Polo Club ZUSCHAUERSPORT

(☎401-846-0200; www.nptpolo.com; 250 Linden Lane, Portsmouth; Rasenplätze Erw./Kind 12 US$/frei; ⏲Einlass ab 13 Uhr) Im Sommer kann man hier die Polospiele des Clubs besuchen (Termine stehen auf der Website) und einen authentischen Einblick in das Leben der High Society von Newport gewinnen.

Praktische Informationen

Newport Visitor Center (☎401-845-9131; www.discovernewport.org; 23 America's Cup Ave; ⏲9–17 Uhr) Bietet Karten, Broschüren, Infos zu Nahverkehrsbussen, Tickets zu den wichtigsten Attraktionen, öffentliche Toiletten und einen Geldautomaten.

An- & Weiterreise

Parken kann in Newport schwierig werden. Kostenlose Parkplätze an der Straße sind zwar hier und da vorhanden, allerdings sollte man sich immer vergewissern, dass sie nicht für die Anwohner reserviert sind.

ABSEITS DER ÜBLICHEN PFADE

BLOCK ISLAND

Schon vom Deck der Fähre aus sieht man eine Ansammlung von Mansardendächern und Lebkuchenhäuschen, die malerisch im Dörfchen Old Harbor aufragen, wo sich seit 1895 wenig verändert hat – abgesehen vom Anschluss ans Stromnetz und den Spültoiletten! Wer auch nach der Abreise der Massen mit der letzten Fähre noch bleibt, wird von der Größe und Ruhe der Insel entweder begeistert oder enttäuscht sein: Die einen lieben die herrliche Stille, andere kriegen schnell einen Inselkoller.

Block Islands schlichte Hauptvergnügen sind Spaziergänge am Strand, der sich von Old Harbor aus nach Norden erstreckt, Radtouren durch die sanften Hügel des Inselfarmlands und das Erlernen der Stimmen von verschiedenen Vögeln, die auf dem Eiland zu Hause sind. Während der Nebensaison, wenn die Bevölkerung auf ein paar Hundert Einwohner schrumpft, erinnert die Landschaft an die karge, unheimliche Atmosphäre eines Andrew-Wyeth-Gemäldes: Steinmauern markieren jahrhundertealte Grenzlinien und ein paar Bäume versperren hier und da den spektakulären Blick auf den Ozean.

Im Sommer gilt in vielen Häusern ein Mindestaufenthalt von zwei oder drei Tagen; von November bis April sind sie oft geschlossen. Reservierungen sind vorab erforderlich. Die Hauptsaison dauert etwa von Mitte Juni bis zum Labor Day. In der Nebensaison sind die Preise oft viel günstiger als die hier aufgeführten. Campen ist auf der Insel nicht erlaubt.

Das **Visitor Center** (☎401-466-2982; www.blockislandchamber.com; Water St, Old Harbor Ferry Landing; ⏰Ende Mai–Anf. Sept. 9–17, Rest des Jahres 10–16 Uhr) in der Nähe des Fährdocks weiß, wo noch Zimmer frei sind und versucht zu helfen, falls man ohne Reservierung anreist.

Die Insel ist nur per Fähre oder Flugzeug zu erreichen:

Block Island Ferry (☎401-783-7996; www.blockislandferry.com) unterhält eine ganzjährige traditionelle Autofähre sowie eine Expressfähre von Point Judith in Narragansett, die vom Memorial Day bis Mitte Oktober verkehrt. Von Newport und Fall River, MA, verkehren außerdem reine Express-Passagierfähren.

Block Island Express (www.goblockisland.com) bietet zwischen Mai und September Verbindungen aus New London, CT, nach Old Harbor auf Block Island.

New England Airlines (☎800-243-2460; www.block-island.com/nea; 56 Airport Rd; einfach/hin & zurück 54/99 US$) fliegt zwischen dem Westerly State Airport an der Airport Rd abseits des RI 78 und dem Block Island State Airport (12 Min.).

Bonanza Bus Lines unterhält Busse nach Boston (ab 22 US$, 1¾–2 Std, 4-mal tgl.); Abfahrt ist am Newport Visitor Center.

Bus 60 von **RIPTA** (www.ripta.com) fährt fast stündlich nach Providence (2 US$, 1 Std.). Zum Amtrak-Bahnhof West Kingston gelangt man mit Bus 64 (2 US$, 1 Std., fünf Busse von Montag bis Freitag, drei am Samstag). Bus 14 verkehrt zum TF Green Airport (2 US$, 1 Std.) in Warwick. Die meisten RIPTA-Busse fahren zum und ab dem **Newport Visitor Center**.

East Bay

Die schroffe East Bay in Rhode Island ist eine Art Mikrokosmos der amerikanischen Frühgeschichte, von den Gräbern der ersten Siedler in Little Compton über die Höfe und Häuser der Walfänger und Farmer in Warren und Barrington bis hin zu den Villen der Sklavenhändler in Bristol.

Abgesehen vom historischen, pittoresken **Tyler Point Cemetery**, einem Friedhof in Barrington zwischen dem Warren und Barrington River, sowie von der Ansammlung von frühen (im 18. und 19. Jh.) aus Stein und Schindeln erbauten Kirchen in Warren ist Bristol die wohl interessanteste Gemeinde hier. Weiter südlich liegt Sakonnet, das von den Wampanoag als „Ort der schwarzen Gänse" bezeichnet wird. Diese ländliche Gegend aus Weiden und Wäldern umrahmt die beiden kleinen Städtchen Tiverton und Little Compton.

Sehenswertes

Colt State Park STATE PARK
(☎401-253-7482; www.riparks.com; RI 114; ⏰Sonnenaufgang–Sonnenuntergang; P) GRATIS Der Colt State Park in Bristol ist der malerischste Park von Rhode Island. Sein Westrand grenzt an die von 6 km langen Radwegen

und schattigen Picknicktischen gesäumte Narragansett Bay.

Blithewold Mansion HISTORISCHES GEBÄUDE
(☎ 401-253-2707; www.blithewold.org; 101 Ferry Rd; Erw./Kind 14/5 US$; ⌚ April–Mitte Okt. Di–Sa 10–16, So bis 15 Uhr; P) Der ortsansässige Augustus Van Wickle kaufte 1895 eine 22 m lange Herreshoff-Jacht für seine Frau Bessie. Leider hatte er keinen geeigneten Platz, um sie festzumachen und musste das Blithewold Mansion bauen. Die Kunsthandwerker-Villa steht in unvergleichlicher Lage in der Narragansett Bay und ist im Frühling besonders schön, wenn Narzissen am Ufer blühen.

Wilbor House HISTORISCHE STÄTTE
(☎ 401-635-4035; www.littlecompton.org; 548 West Main Rd; Erw./Kind 6/3 US$; ⌚ April–Okt. 13–17, Nov.–März Di–Fr 9–15 Uhr) Wilbor House stammt aus dem 17. Jh. und gehörte dem frühen Siedler Samuel Wilbor, der 1690 von Portsmouth den Sakonnet River überquerte und dieses riesige Haus baute, das seiner Familie über acht Generationen als Zuhause diente.

Schlafen & Essen

Stone House Inn HISTORISCHES HOTEL $$$
(☎ 401-635-2222; www.newportexperience.com/stonehouse; 122 Sakonnet Point Rd; DZ 229–544 US$; P 📶) Als dieses unverhohlen teure Hotel 2016 seine Türen öffnete, befürchtete Little Comptons auf Privatsphäre bedachte Elite, die Auswärtigen könnten scharenweise einfallen. Bei nur 13 (wenn auch sehr luxuriösen) Zimmern kann man jedoch kaum von einer Invasion sprechen. Wer das nötige Kleingeld hat und neugierig ist: Hier hat man die Chance, einen Blick auf das Leben der „anderen" zu erhaschen.

Das Gebäude ist im National Register of Historic Places verzeichnet und beherbergte einst eine Pension und eine Flüsterkneipe, bevor es in der Versenkung verschwand. Heute ist die einzigartige Unterkunft mit eigener Privatjacht, Luxus-Wellnessbereich, Bar und dem exzellentem Service, der wie in guten alten Zeiten ist, eine echte Attraktion. In besonderer, geschützter Umgebung punktet sie mit wunderschöner historischer Neuengland-Architektur.

Provender Fine Foods FEINKOST $
(☎ 401-624-8084; www.provenderfinefoods.com; 3883 Main Rd; Essen 4–18 US$; ⌚ Di–So 9–17 Uhr) Im „Four Corners" in Tiverton lässt man sich im Provender ein herzhaftes Sandwich aus frischem Brot oder leckere Kekse schmecken.

Gray's Ice Cream EISCREME $
(☎ 401-624-4500; www.graysicecream.com; 16 East Rd; Kugel ab 3 US$; ⌚ 6.30–21 Uhr) Gray's Ice Cream ist seit 1923 im Geschäft und produziert täglich vor Ort über 40 Sorten frisches Milcheis. Man kann sich einen „coffee cabinet" (Milchshake mit Eiscreme) schmecken lassen, wie es die Strandbesucher seit Jahrzehnten tun.

CONNECTICUT

New Yorks Nachbarstaat ist für seine Pendler-Städte bekannt und ein Synonym für die wohlhabenden Straßen und Villen aus *Die Frauen von Stepford* und der TV-Serie *Gilmore Girls*. In Greenwich (hier sitzt das alte Geld), den Litchfield Hills und Quiet Corner wirken diese Darstellungen ziemlich treffend.

Viele betrachten den Bundesstaat als bloßes Sprungbrett ins „echte" Neuengland, von dessen Touristenboom Connecticut bislang verschont blieb. Der Vorteil ist, dass sich Connecticut (noch) authentischer anfühlt. Der Nachteil ist hingegen der langsame Verfall früherer Schwergewichte wie Hartford und New London. Hier können Besucher über den Preis des Fortschritts nachdenken und sich von der urbanen Wiederbelebung begeistern lassen. New Haven, das Zuhause der Yale University, ist einer dieser Orte, die sich als lebendiges, kulturelles Zentrum neu erfinden.

Die vielen historischen Attraktionen und die idyllische Natur inspirieren Künstler noch genauso sehr wie vor hundert Jahren. Connecticut ringt förmlich um die Aufmerksamkeit der Besucher und verdient einen Platz auf jeder Neuengland-Reiseroute.

Geschichte

Als die ersten europäischen Entdecker, allen voran die Holländer, im frühen 17. Jh. hier ankamen, lebten verschiedene Stämme amerikanischer Ureinwohner (insbesondere die Pequot und die Mohegan, deren Bezeichnung für den Fluss zum Namen des Staates geworden ist) in dem Gebiet. Die erste englische Siedlung entstand 1635 mit Old Saybrook, gefolgt von der ein Jahr später von den Puritanern aus Massachusetts unter der Führung von Thomas Hooker gegründeten Connecticut Colony. Eine dritte Kolonie entstand 1638 in New Haven. Nach dem Pequot-Krieg (1637) waren die amerikanischen Ureinwohner keine Hürde mehr für die koloniale Expansion in Neuengland, sodass die

Einwohnerzahl der Engländer in Connecticut wuchs. 1686 wurde Connecticut in das Dominion of New England aufgenommen.

Die Amerikanische Revolution fegte durch Connecticut und hinterließ nach großen Schlachten bei Stonington (1775), Danbury (1777), New Haven (1779) und Groton (1781) viele Narben. Connecticut wurde 1788 zum fünften Bundesstaat der USA. Es folgte eine Periode des Wohlstands, befeuert durch den Walfang, den Schiffsbau, die Landwirtschaft und die Fertigungsindustrie (von Feuerwaffen bis hin zu Fahrrädern und Haushaltsgegenständen), die bis ins 19. Jh. hinein anhielt.

Das 20. Jh. brachte die Weltkriege und die Weltwirtschaftskrise, aber Connecticut konnte sich gut behaupten, vor allem dank der Rüstungsindustrie, denn hier wurde alles von Flugzeugen bis zu U-Booten gebaut. Und als die Bedeutung der Verteidigungsindustrie in den 1990er-Jahren in dem Bundesstaat schwand, füllten andere Wirtschaftszweige (z. B. die Versicherungsbranche) die entstehende Lücke.

Infos im Internet

Connecticut Office of Tourism (www.ctvisit.com) Die offizielle Seite für Tourismus in Connecticut.

CTNow (www.ctnow.com) Regelmäßig aktualisierte Auflistungen und Informationen zu allem, was wann und wo angesagt ist.

Connecticut River Valley and Shoreline Travel Information (www.ctrivervalley.com) Eine private Quelle und Touristeninformation rund um das Connecticut River Valley.

Lonely Planet (www.lonelyplanet.com/usa/new-england/connecticut) Informationen zu verschiedenen Zielen und Hotelbuchungen, ein Traveller-Forum und mehr.

Hartford

Connecticuts Hauptstadt ist eine der ältesten Städte Amerikas. Sie ist als Geburtsstätte der lukrativen Versicherungsindustrie bekannt, die sich entwickelte, als ein örtlicher Landbesitzer nach einer Feuerversicherung suchte. Für die Dokumente der Policen wurden Druckmaschinen benötigt, was wiederum zu einem Boom in der Verlagsbranche führte und Mark Twain, Harriet Beecher Stowe und Wallace Stevens anlockte. 1855 entwickelte Samuel Colt außerdem die lukrative Massenproduktion des Revolvers. Hartford war damals ganz groß im Geschäft.

Es ist schon eine Ironie, dass die Branchen, die für den Wohlstand der Stadt verantwortlich waren (Versicherung und Waffen), auch zu ihrem langsamen Niedergang beitrugen: Hartford liegt in den Kriminalstatistiken recht weit vorne. Auch wenn sich die Situation allmählich verbessert, sollte man dies im Hinterkopf behalten. Das alte Geld hat aber auch ein wirklich beeindruckendes Vermächtnis großartiger historischer Attraktionen hinterlassen, die auf keinem Neuengland-Reiseplan fehlen sollten. Wer im Frühling kommt, wenn die hübschen Blüten sprießen, oder im Sommer, wenn die Bäume grün sind und der Himmel blau, wird mit ziemlicher Sicherheit angenehm überrascht sein.

Sehenswertes

★ Mark Twain House & Museum MUSEUM
(☎860-247-0998; www.marktwainhouse.org; 351 Farmington Ave, Parken in 385 Farmington Ave; Erw./Kind 20/11 US$; ⏲9.30–17.30 Uhr, Jan. & Feb. Di geschlossen; P) 17 Jahre lang, in der produktivsten Phase seines Lebens, wohnte Samuel Langhorne Clemens (1835–1910) mit seiner Familie in diesem wunderschönen orange-schwarzen viktorianischen Backsteinhaus. Damals war diese Gegend der Stadt, Nook Farm, noch ein eher ländliches Gebiet. Der Architekt Edward Tuckerman Potter verzierte es üppig mit Türmchen, Giebeln und Veranden, während ein Teil des Inneren von Louis Comfort Tiffany entworfen wurde. Der Eintritt zum Haus und Museum ist nur im Rahmen einer geführten Tour möglich. Es ist empfehlenswert, die Karten vorab zu kaufen.

★ Wadsworth Atheneum MUSEUM
(☎860-278-2670; https://thewadsworth.org; 600 Main St; Erw./Kind 15 US$/frei; ⏲Mi–Fr 11–17, Sa & So ab 10 Uhr) Das älteste Kunstmuseum des Landes eröffnete 2015 nach fünfjähriger und 33 Mio. US$ teurer Renovierung mit 32 neuen Galerien und 15 öffentlichen Räumen wieder. Das Wadsworth beherbergt fast 50 000 Kunstwerke in einem burgartigen neugotischen Gebäude. Zu sehen sind Gemälde von Mitgliedern der Hudson River School – darunter einige von dem in Hartford geborenen Frederic Church – sowie impressionistische Werke aus dem 19. Jh. Darüber hinaus gibt es Möbel aus dem Neuengland des 18. Jhs., Skulpturen des aus Connecticut stammenden Künstlers Alex-

ander Calder und eine außergewöhnliche Sammlung surrealistischer Nachkriegswerke sowie zeitgenössischer Kunstwerke.

Old State House HISTORISCHES GEBÄUDE
(☎860-522-6766; www.ctoldstatehouse.org; 800 Main St; Erw./Kind 6/3 US$; ⏲Juli–Mitte Okt. Di–Sa 10–17, Mitte Okt.–Juni Mo–Fr 10–17 Uhr;) Connecticuts ursprüngliches Kapitol (von 1797 bis 1873) wurde von Charles Bulfinch entworfen, der auch für das Massachusetts State House in Boston verantwortlich war. Hier fand der Prozess gegen die Gefangenen der Amistad statt. Gilbert Stuarts berühmtes Porträt von George Washington (1801) hängt in der Senatskammer. In den erst kürzlich erweiterten Räumlichkeiten befinden sich an Kinder gerichtete interaktive Ausstellungen sowie ein **Museum of Curiosities**, das ein zweiköpfiges Kalb, das Horn eines Narwals und verschiedene mechanische Geräte zeigt.

Harriet Beecher-Stowe Center MUSEUM
(☎860-522-9258; www.harrietbeecherstowe.org; 77 Forest St; Erw./Kind 14/8 US$; ⏲Mo–Sa 9.30–17, So 12–17 Uhr; P) Neben dem literarischen Giganten Mark Twain lebte auch Harriet Beecher Stowe, die Autorin von *Onkel Toms Hütte*, dem bedeutenden Roman gegen Sklaverei, in Hartford. Nach einem Treffen mit Stowe soll Abraham Lincoln angeblich gesagt haben: „Das ist also die kleine Dame, die diesen großen Krieg angezettelt hat." Zentrum des Komplexes ist das 1871 erbaute und 2017 restaurierte Stowe House. Es spiegelt die überzeugten Ansichten der Schriftstellerin zu Einrichtung und häuslicher Effizienz wieder, die sie auch in ihrem Bestseller *American Woman's Home* ausdrückte (der fast so beliebt war wie ihr berühmter Roman).

Schlafen

Leider gibt's in der Innenstadt von Hartford kaum anständige Hotels und die Preise können für das, was man kriegt, ziemlich gesalzen sein. Ein besseres Preis-Leistungs-Verhältnis bieten die Ketten-Optionen außerhalb des Zentrums.

Daniel Rust House B&B $$
(☎860-742-0032; www.thedanielrusthouse.com; 2011 Main St, Coventry; DZ 120–185 US$; P) In den vier traditions- und geschichtsreichen Zimmern steigen seit 1800 Gäste ab. Am schönsten ist das Anna-White-Zimmer mit antikem Himmelbett, aber das Mary Rose bietet einen Geheimschrank, der benutzt wurde, um Sklaven zu verstecken, die mit der Underground Railroad den Weg in die Freiheit suchten.

Essen & Ausgehen

Salute ITALIENISCH $$
(☎860-899-1350; www.salutehartford.com; 100 Trumbull St; Hauptgerichte mittags 8–18 US$, abends 16–36 US$; ⏲Mo–Do 11.30–23, Fr & Sa bis 24, So 15–22 Uhr;) Charmanter Service ist das Markenzeichen dieses urbanen Restaurants, das zeitgemäße Abwandlungen italienischer Gerichte serviert. Stammgäste rühmen das Knoblauchbrot mit Käse, es gibt aber auch raffiniertere Speisen. Von der hübschen Terrasse blickt man auf den Bushnell Park.

★**City Steam Brewery Café** BRAUEREI
(☎860-525-1600; www.citysteam.biz; 942 Main St; ⏲Mo–Do 11.30–24, Fr & Sa bis 1, So 11–22 Uhr) In diesem großen, lauten Laden gibt's hausgebrautes Bier vom Fass. Das Naughty Nurse Pale Ale ist ein Bestseller, aber die saisonalen Optionen lohnen ebenfalls eine Verkostung. Im Keller der Brauerei befindet sich der **Brew Ha Ha Comedy Club** (☎860-525-1600; www.citysteam.biz; 942 Main St; Ticketpreise variieren; ⏲Showzeiten variieren), in dem Comedians aus New York und Boston die Gäste zum Lachen bringen. Mit dem leckeren Essen kann man das ganze Ale prima aufsaugen.

An- & Weiterreise

Die zentral gelegene **Union Station** (www.amtrak.com; 1 Union Pl) ist das Transportzentrum der Stadt. Hier fahren Züge, Flughafen-Shuttles, Stadtbusse und Taxis.

Litchfield Hills

Die sanften Hügel in der Nordwestecke Connecticuts sind von Seen, Wäldern und State Parks durchzogen. Das historische Litchfield ist das Zentrum der Region, aber auch die weniger bekannten Orte Bethlehem, Kent und Norfolk locken mit ähnlich illustrer Geschichte und sind mindestens so fotogen.

Dank der absichtlich gedämpften Entwicklung in der Gegend hat sie sich ihren ländlichen Charakter bewahrt: Unterkünfte sind begrenzt und Ehrenamtliche schmeißen von Juni bis November die nützliche kleine Touristeninformation im Stadtpark von Litchfield.

Wer ein Auto hat, kann die schier endlose Postkartenidylle in den Litchfield Hills auf eigene Faust erkunden. Besonders schön ist die Strecke zwischen Cornwall Bridge auf dem CT 4 nach Westen und dann auf dem CT 41 weiter Richtung Norden nach Salisbury.

Anreise & Unterwegs vor Ort

Die Litchfield Hills erstrecken sich von Danbury nach Norden und nehmen den Nordwestteil des Bundesstaats bis zur Grenze mit Massachusetts bzw. New York im Norden bzw. Westen ein.

Die Highways US 7 und CT 8 sind die wichtigsten Nord-Süd-Verbindungen. Man braucht auf jeden Fall ein Auto.

Litchfield

Litchfield ist Connecticuts am besten erhaltene Stadt aus dem 18. Jh. Hier wurde auch die erste juristische Fakultät des Landes eröffnet. Die Stadt selbst erstreckt sich über ein langes grünes Oval und ist von noch grünerem Naturschutzgebiet umgeben, das zum Wandern und Picknicken einlädt.

Litchfield wurde 1719 gegründet und florierte zwischen 1780 und 1840 durch den dank der Postkutsche möglichen Handel auf der Strecke zwischen Hartford und Albany, NY. Mitte des 19. Jhs. machte die Eisenbahn die Postkutschen überflüssig, während industrielle, wasserbetriebene Maschinen Litchfields Handwerker vom Markt vertrieben. Der Glanz der Stadt verblasste nach und nach immer mehr. Heute sind Landwirtschaft und Tourismus die wichtigste Einnahmequelle.

Sehenswertes & Aktivitäten

Litchfield History Museum MUSEUM
(☎860-567-4501; www.litchfieldhistoricalsociety.org; 7 South St; ⏲Mitte April–Nov. Di–Sa 11–17, So 13–17 Uhr) GRATIS Dieses Museum zeigt eine kleine Dauerausstellung, darunter eine bescheidene fotografische Chronik der Stadt und eine Kiste mit Kleidung aus der Kolonialzeit, die Kinder anprobieren können. Außerdem gibt's Wechselausstellungen zu lokalen Themen.

Reeve House & Litchfield Law School HISTORISCHE STÄTTE
(☎860-567-4501; www.litchfieldhistoricalsociety.org; 82 South St; ⏲Mitte April–Nov. Di–Sa 11–17, So 13–17 Uhr) GRATIS 1775 rief Tapping Reeve in seinem Wohnhaus die erste juristische Fakultät der englischsprachigen Welt ins Leben. Als der Andrang die Kapazitäten seines Heims überstieg, baute er im Hof nebenan das perfekt erhaltene Schulhaus, das nur über ein einziges Zimmer verfügt. John C. Calhoun sowie 13 Kongressabgeordnete studierten hier.

White Memorial Conservation Center SPAZIERGANG
(☎860-567-0857; www.whitememorialcc.org; 80 Whitehall Rd, ab US 202; Park frei, Museum Erw./Kind 6/3 US$; ⏲Park Sonnenaufgang–Sonnenuntergang, Museum Mo–Sa 9–17, So 12–17 Uhr) GRATIS Dieser über 1500 ha große, herrlich friedliche Park bietet zwei Dutzend Spazierwege (300 m bis 10 km lang), die kreuz und quer über das Zentrum verlaufen, darunter Sumpfpfade auf einem erhöhten Holzsteg. Das Zentrum unterhält außerdem drei Campingplätze und ein kleines Naturkundemuseum. Es liegt 3 km westlich von Litchfield am US 202.

Lake Waramaug

Der Lake Waramaug, nördlich von New Preston, sticht unter den zahlreichen Seen und Teichen in den Litchfield Hills besonders hervor. Entlang seines Ufergebiets, das teilweise zu einem State Park gehört, stehen hübsche Pensionen verstreut.

★ **Hopkins Inn** PENSION $$
(☎860-868-7295; www.thehopkinsinn.com; 22 Hopkins Rd, Warren; Zi. 135–145 US$, ohne Bad 125 US$, Apt. 160–250 US$; P ❄ 🐾) Das Hopkins Inn aus dem 19. Jh. lockt mit einem vielgelobten Restaurant, das österreichisch inspirierte Landesküche serviert, und verschiedenen Unterkunftsoptionen, von schlichten Zimmern mit Gemeinschaftsbad bis hin zu Apartments mit Seeblick. Egal, in welcher Jahreszeit, es hat immer etwas Magisches, auf der Veranda zu sitzen und auf den Lake Waramaug und die Hügel dahinter zu blicken.

Connecticuts Küste

In der südostlichen Ecke Connecticuts befindet sich die Hauptattraktion des Bundesstaats, die gleichzeitig das größte Seefahrtmuseum des Landes ist: Mystic Seaport. Es wurde 1929 am Standort einer ehemaligen Schiffsbauwerft errichtet und feiert mit der Seefahrtgeschichte der Region eine Zeit, in der Fischer, Walfänger und Klipper-Ingenieure Geschwindigkeitsweltrekorde brachen und Kanonenboote und Kriegsschiffe für den Bürgerkrieg bauten.

Westlich von Mystic liegt Groton, die U-Boot-Hauptstadt der USA. In dieser Stadt sowie auf der anderen Seite des Thames River, in New London, baute General Dynamics im Zweiten Weltkrieg U-Boote. Weiter östlich befindet sich das historische Fischerdorf Stonington, das sich über eine schmale,

1,5 km lange Halbinsel ins Meer erstreckt. Es gehört zu den charmantesten Küstenstädtchen in Neuengland. Hier ist Connecticuts einzige verbliebene Handelsflotte noch immer aktiv. Im Sommer gehen außerdem Jachtliebhaber an Land und genießen die hübschen Restaurants in der Water St.

Anreise & Unterwegs vor Ort

Die Gegend ist gut ans Straßennetz angeschlossen. Der I-95 führt mitten durch New London und rund um die Vororte von Mystic. Der I-395 verläuft Richtung Nordosten nach Norwich und darüber hinaus.

Viele Amtrak-Züge aus New York City halten in New London (ab 39 US$, 3 Std.) und Mystic (ab 41 US$, 3¼ Std.). Auf der Rückfahrt halten die Züge aus Boston ebenfalls in Mystic (ab 26 US$, 80 Min.) und anschließend in New London (ab 29 US$, 1½ Std.).

SEAT (www.seatbus.com) unterhält Nahverkehrsbusse, die Norwich, New London, Groton und Mystic miteinander verbinden.

Mystic

Bei der Fahrt hinein in die Stadt auf dem US 1 wird man von einer Skyline aus Masten begrüßt. Sie gehören zu den Schiffen, die sanft im Postkartenidyll des Hafens schaukeln. Hier liegt ein Hauch von Zufriedenheit und Gelassenheit in der Luft – bis plötzlich das ohrenbetäubende Pfeifen eines Dampfschiffs ertönt, gefolgt vom fröhlichen Schrillen der Glocke einer Zugbrücke. Dann weiß man, dass man in Mystic ist.

Mystic entstand im 17. Jh. als kleines Dorf, wurde dann aber zu einem wohlhabenden Zentrum des Walfangs und Schiffbaus an der Ostküste. Mitte des 19. Jhs. liefen Klipper, Kanonenboote und Transportfahrzeuge der Marine in den Werften vom Stapel. Viele wurden vom George Greenman & Co Shipyard gebaut, wo sich heute das Mystic Seaport Museum befindet.

Sehenswertes & Aktivitäten

★ Mystic Seaport Museum MUSEUM
(☎860-572-0711; www.mysticseaport.org; 75 Greenmanville Ave; Erw./Kind 29/19 US$; ⏲April–Okt. 9–17, Nov.–Mai Do–So 10–16 Uhr; P 👪) Mystic Seaport ist mehr als nur ein Museum. Es ist der Nachbau eines kompletten neuenglischen Walfangdorfes, das sich auf dem Gelände der ehemaligen Schiffbauwerft George Greenman & Co über 7 Hektar erstreckt. Die Vergangenheit lebt hier mit 60 historischen Gebäuden, vier Großseglern und fast 500 kleineren Schiffen wieder auf, die auf dem Mystic River versammelt sind. Überall sind Helfer anzutreffen, die gerne mehr zu traditionellem Handwerk und Handel erzählen. Am interessantesten sind die Darstellungen zu Schiffsrettung, Austernfang und dem Stapellauf von Walbooten.

Mystic Aquarium & Institute for Exploration AQUARIUM
(☎860-572-5955; www.mysticaquarium.org; 55 Coogan Blvd; Erw./Jugendlicher/Kind 36/30/26 US$; ⏲April–Aug. 9–17.50, März & Sept.–Nov. 9–16.50, Dez.–Feb. 10–16.50 Uhr; 👪) Das hochmoderne Aquarium beherbergt über 6000 Arten von Meerestieren sowie einen Pinguin-Pavillon und einen Aussichtspunkt unter freiem Himmel, von dem aus man Robben und Seelöwen beobachten kann. Die berühmtesten (und kontroversesten) Bewohner des Aquariums sind die drei Weißwale, die in der Ausstellung „Arctic Coast" zu Hause sind. Tierschutzgruppen sind der Ansicht, es sei belastend für die Wale, sie in geschlossenen Becken zu halten.

Argia Mystic Cruises BOOTSTOUR
(☎860-536-0416; www.argiamystic.com; 12 Steamboat Wharf; Erw./Kind 50/40 US$) Dieser Anbieter hat zwei- und dreistündige Touren an Bord des authentischen Nachbaus des Schoners *Argia* aus dem 19. Jh. im Programm. Sie finden tagsüber oder bei Sonnenuntergang statt und führen auf dem Mystic River zum Fishers' Island Sound.

Schlafen & Essen

Whaler's Inn PENSION $$
(☎860-536-1506; www.whalersinnmystic.com; 20 E Main St; DZ 159–299 US$; P @ 📶) Dieses Hotel in der Innenstadt von Mystic, gleich neben der historischen Zugbrücke, vereint ein viktorianisches Haus von 1865 mit einem rekonstruierten Luxushotel aus derselben Zeit (das ursprüngliche Wahrzeichen der Stadt, „Hoxie House", wurde in den 1970er-Jahren durch einen Brand zerstört) und einem modernen Motel mit dem Namen Stonington House. Es sind saisonale Pauschalangebote erhältlich, in denen das Abendessen und diverse Attraktionen der Gegend inbegriffen sind. In den Zimmerpreisen sind Frühstück sowie die Nutzung eines kleinen Fitnessstudios und der Leihfahrräder enthalten.

★ Steamboat Inn PENSION $$$
(☎860-536-8300; www.steamboatinnmystic.com; 73 Steamboat Wharf; DZ 220–350 US$; P ❄ 📶) Die Zimmer dieser direkt in Mystics Stadt-

kern gelegenen historischen Pension bieten alle Blick aufs Wasser und luxuriöse Annehmlichkeiten, etwa Whirlpool-Wannen für zwei Personen, Kabelfernsehen, kostenlose Stadtgespräche und Kamine. Die Antiquitäten verleihen dem Inneren ein romantisch-traditionelles Flair und der Service mit Gebäck zum Frühstück, kostenlosem Fahrradverleih und Bootsanleger ist einfach erstklassig.

★Captain Daniel Packer Inne AMERIKANISCH $$$
(☎860-536-3555; www.danielpacker.com; 32 Water St; Hauptgerichte 14–34 US$; ⏲11–16 & 17–22 Uhr) Dieses historische Gebäude von 1754 hat tief liegende Deckenbalken und knarrende Fußböden. Unten befindet sich eine Kneipe; an der Bar sitzen Stammgäste und lassen sich Bier vom Fass und das ausgezeichnete Essen schmecken: Wir empfehlen Fish & Chips. Oben bietet der Speisesaal Blick auf den Fluss und eine einfallsreiche amerikanische Speisekarte, auf der z.B. Petite Filet Mignon mit Gorgonzolasoße und Walnuss-Demi-glace stehen. Vorab reservieren.

★Oyster Club FISCH & SEAFOOD $$$
(☎860-415-9266; www.oysterclubct.com; 13 Water St; Austern 2–2,50 US$, Mittagessen Hauptgerichte 13–20 US$, Abendessen Hauptgerichte 18–40 US$; ⏲Fr & Sa 12–15 & 17–22, So 10–15 & 17–21, Mo–Do 17–21 Uhr; P 🐾) Dieses Restaurant bietet edle Speisen in lässiger Atmosphäre. Hinten auf der Terrasse lassen sich die Einheimischen Austern schmecken. Außerdem gibt's gegrillten Hummer, in der Pfanne gebratenen Seeteufel oder Flunder, Kalbfleisch, Steaks und saftige Burger. Wenn Austern wirklich ein Aphrodisiakum sind, könnte an der Bar bei der täglichen Happy Hour (16–18 Uhr) alles passieren: Dann gehen die Austern für einen Dollar pro Stück über die Theke.

New London

Während seiner goldenen Jahre Mitte des 19. Jhs. war New London mit rund 200 Walfangbooten das größte Walfangzentrum und eine der reichsten Hafenstädte der USA. 1858 rutschte der Wert von Walöl durch die Entdeckung von Rohöl in Pennsylvania schlagartig in den Keller. Für die Stadt begann ein langsamer Verfall, von dem sie sich nie vollständig erholte. Trotzdem ist New London noch heute eng mit seiner Seefahrervergangenheit verbunden (die Akademie der US-Küstenwache und der U-Boot-Stützpunkt der US Navy sind hier) und das Stadtzentrum ist im National Register of Historic Places verzeichnet. Auch wenn der Ort nicht mit denselben, beinahe sterilen Touristenattraktionen lockt wie die benachbarten Mystic und Stonington sind überall in New London noch immer Überbleibsel seiner ruhmreichen, opulenten Vergangenheit zu erkennen. Die Stadt ist eines der überraschendsten Ziele in Connecticut, wenn man sich für Geschichte, Architektur und urbane Soziologie interessiert.

Lower Connecticut River Valley

Der Connecticut River, Neuenglands längster Fluss, fließt von seiner bescheidenen Quelle am Fourth Connecticut Lake, nur 300 m von der kanadischen Grenze in New Hampshire entfernt, über 660 km Richtung Süden. Er bildet die Grenze zwischen Vermont und New Hampshire, bevor er sich durch Massachusetts und Connecticut schlängelt und schließlich im Long Island Sound in den Atlantik mündet. Glücklicherweise entkam er der boomenden Industrie und dem schnellen Kommerz, die viele Flüsse im Nordosten für immer zeichneten.

Heute säumen gut erhaltene historische Städte das Flussufer. Besonders hübsch sind Old Lyme, Essex, Ivoryton, Chester und East Haddam. Sie verzaubern Besucher mit stilvoll-ländlichen B&Bs, edlen Restaurants, Zugfahrten und Flussexkursionen, die einen authentischen Einblick in das provinzielle Leben auf dem Connecticut gewähren.

Old Lyme

In der Nähe der Mündung des Connecticut River schmiegt sich Old Lyme an den kleineren Lieutenant River. Im 19. Jh. waren hier rund 60 Schiffskapitäne zu Hause. Seit Beginn des 20. Jhs. ist Old Lyme jedoch als das Zentrum der Lyme Art Colony bekannt, die den aufstrebenden amerikanischen Impressionismus kultivierte. Zahlreiche Künstler, darunter William Chadwick, Childe Hassam, Willard Metcalfe und Henry Ward Ranger, kamen hierher, um zu malen und sie wohnten in der Villa der örtlichen Kunstpatronin Florence Griswold.

Sehenswertes

Florence Griswold Museum MUSEUM
(☎860-434-5542; http://florencegriswoldmuseum.org; 96 Lyme St; Erw./Kind 10 US$/frei; ⏲Di–Sa

ABSTECHER

GILLETTE CASTLE

Das auffällige, mittelalterlich anmutende **Gillette Castle** (☎860-526-2336; www.ct.gov/deep/gillettecastle; 67 River Rd; Erw./Kind 6/2 US$; ⏲Burg Ende Mai–Anfang Sept. Do–So 11–17 Uhr, Gelände ganzjährig 8 Uhr–Abenddämmerung; P) wurde 1919 vom Schauspieler William Hooker Gillette erbaut, der sein Vermögen dank der Darstellung von Sherlock Holmes machte. Die exzentrische, mit zahlreichen Türmen verzierte Feldstein-Burg erhebt sich auf einem der Hügel der Seven Sisters über East Haddam und ist den mittelalterlichen deutschen Burgen im Rheinland nachempfunden. Die Aussicht von den Terrassen ist schlichtweg spektakulär. Das 50 ha große Land ringsum ist als State Park verzeichnet.

Im Sommer kann man mit der Chester–Hadlyme Ferry (www.ctvisit.com/listings/chesterhadlyme-ferry) über den Connecticut River schippern. Bei der kurzen Überfahrt, die nur fünf Minuten dauert, genießt man einen tollen Blick und wird am Fuß des Gillette Castle abgesetzt.

10–17, So 13–17 Uhr; P) Das Florence Griswold Museum ist das „Zuhause des amerikanischen Impressionismus“. Es zeigt 6000 Werke solider Sammlungen amerikanisch-impressionistischer Bilder und Barbizon-Gemälde sowie Skulpturen und dekorative Kunst. Das Haus, das von den Künstlerfreunden der Patronin mit Wandgemälden dekoriert wurde (oft anstatt Miete zu zahlen), ist heute das Florence Griswold Museum. Das Anwesen umfasst das Wohnhaus im georgianischen Stil, die Krieble Gallery, das Chadwick-Atelier und Griswolds geliebte Gärten.

Lyme Academy of Fine Arts GALERIE
(☎860-434-5232; www.lymeacademy.edu; 84 Lyme St; ⏲Mo–Sa 10–16 Uhr) GRATIS Die Lyme Academy of Fine Arts, ein College der University of New Haven, ist ein Nachbar des Florence Griswold Museum und zeigt wechselnde studentische Ausstellungen mit Zeichnungen, Gemälden und Skulpturen.

Schlafen

★ **Bee & Thistle Inn** PENSION $$
(☎860-434-1667; www.beeandthistleinn.com; 100 Lyme St; Zi. 129–289 US$; P 📶) Diese stilvolle Unterkunft in einem hübschen niederländischen Kolonialfarmgebäude von 1756 verfügt über wunderschöne, gut gepflegte Gärten, die sich bis zum Lieutenant River erstrecken. Die meisten der elf schicken, gut ausgestatteten Zimmer bieten Antiquitäten in Hülle und Fülle sowie ein Himmelbett.

Der romantische Speisesaal ist die perfekte Kulisse für die hervorragende modern-amerikanische Küche. Mittag- und Abendessen (Hauptgerichte 30–60 US$) werden mittwochs bis sonntags serviert und oft von Harfenmusik untermalt. Reservierungen sind hier erforderlich.

Essex

Das von Bäumen gesäumte Essex wurde 1635 gegründet und ist die größte Stadt im Connecticut River Valley. Sie ist einen Besuch wert und sei es nur, um die wunderschönen, gut erhaltenen Gebäude im Federal-Stil zu bewundern, die den Rum- und Tabakvermögen aus dem 19. Jh. zu verdanken sind. Außerdem ist die Stadt ein Lieblingsziel all jener, die sich für Dampfzüge und Flussschiffe begeistern können.

Sehenswertes & Aktivitäten

Hammonasset Beach State Park STATE PARK
(☎203-245-2785; www.ct.gov/deep/hammonasset; 1288 Boston Post Rd; Werktags/Wochenende 15/22 US$; ⏲8 Uhr–Sonnenuntergang; P) Dieser gut 3 km lange, flache Sandstrand im Hammonasset Beach State Park liegt alles andere als ab vom Schuss und beherbergt im Sommer locker größere Menschenmassen. Dies ist der ideale Strand, um einen Stuhl mit Sonnenschirm aufzustellen, ein Buch aufzuschlagen und den Rest der Welt zu vergessen. Die Brandung ist harmlos und man kann hier wunderbar schwimmen. Die Toiletten und Duschen sind sauber und zahlreich vorhanden, und ein Holzsteg verläuft über die gesamte Länge des Parks.

Connecticut River Museum MUSEUM
(☎860-767-8269; www.ctrivermuseum.org; 67 Main St; Erw./Kind 10/6 US$; ⏲Okt.–Mai 10–17 Uhr, Mo geschlossen; P 👪) Dieses Museum befindet sich neben Essex' Dampfschiff-Dock. Die perfekt präsentierten Ausstellungen erzählen die regionale Geschichte, u.a. mit einer Nachbildung des ersten U-Boots der Welt, der *American Turtle:* Dieses hand-

betriebene, fassartige Gefährt wurde 1776 von dem Yale-Studenten David Bushnell erbaut und im nahen Old Saybrook zu Wasser gelassen. Das Museum zeigt außerdem Wanderausstellungen, veranstaltet Sommer-Workshops und organisiert Flussfahrten. Termine und Preise variieren.

★ Essex Steam Train & Riverboat Ride TOUREN
(☎860-767-0103; www.essexsteamtrain.com; 1 Railroad Ave; Erw./Kind 19/10 US$, inkl. Bootsfahrt 29/19 US$; ⏲Mai–Okt.; 👪) Diese Attraktion mit Dampflokomotive und antiken Waggons erfreut sich großer Beliebtheit. Die Reise geht über knapp zehn malerische Kilometer nach Deep River, wo man per Boot zum **Goodspeed Opera House** (☎860-873-8668; www.goodspeed.org; 6 Main St; Tickets 45–85 US$) in East Haddam fahren kann, bevor es mit dem Zug wieder nach Essex zurückgeht. Die Zugfahrt dauert hin und zurück etwa eine Stunde, inklusive Bootstour 2½ Stunden.

Es sind verschiedene Ausflüge buchbar – auf der Website gibt's Näheres zu Preisen, Zeiten und weiteren Details. Wer in Essex übernachtet (hier ist das Angebot zum Abendessen begrenzt), kann auch den **Essex Clipper Dinner Train** buchen: Im Preis von 80 US$ (inkl. Steuer) sind die 2½-sündige Hin- und Rückfahrt mit dem Zug und ein Vier-Gänge-Menü inbegriffen (Getränke an der Bar kosten extra).

Schlafen

Griswold Inn PENSION $$
(☎860-767-1776; www.griswoldinn.com; 36 Main St; DZ/Suite ab 195/240 US$; P 📶) Das legendäre Griswold Inn ist eine der ältesten Unterkünfte des Landes mit durchgängigem Betrieb und seit 1776 Essex' soziales und eigentliches Herzstück. Das Frühstücksbuffet „Hunt Breakfast" (sonntags zwischen 11 und 13 Uhr) ist seit dem Krieg von 1812 eine Tradition: Damals besetzten britische Soldaten Essex und verlangten nach etwas zu essen.

Ansonsten kann man im sehr beliebten Restaurant traditionelle Neuengland-Küche in historischer Kulisse genießen.

New Haven

Während man über den ehrwürdigen Campus der Yale University schlendert und die wunderschöne pseudo-gotische und viktorianische Architektur bewundert, kann man sich nur schwer vorstellen, dass New Haven verzweifelt versucht, seinen Ruf als gefährliche, verfallende Hafenstadt abzuschütteln.

Connecticuts zweitgrößte Stadt strahlt vom hübschen New Haven Green aus, das im 17. Jh. von puritanischen Siedlern angelegt wurde. Rundum bietet Yales über 300 Jahre alter Campus Besuchern eine Fülle erstklassiger Attraktionen, von Museen und Galerien bis hin zu einem lebendigen Konzertprogramm und geführten Touren mit Geschichten über Geheimorganisationen. New Haven versucht, sich als florierendes Zentrum für Kunst, Architektur und den menschlichen Geist neu aufzustellen – und es gibt gute Neuigkeiten: Der Tourismus erfreut sich eines Aufwärtstrends, während die Kriminalitätsrate sinkt.

Yale hat New Haven bekannt gemacht, aber auch jenseits des Campus gibt's viel zu entdecken. Dank der Kneipen, Multikulti-Restaurants, Grilllokale und Cocktailbars ist die Gegend fast so lebendig wie der Harvard Square in Cambridge – nur mit besserer Pizza und weniger Ego.

Sehenswertes

★ Yale University UNIVERSITÄT
(☎203-432-2300; www.yale.edu/visitor; 149 Elm St; ⏲Visitor Center Mo–Fr 9–16.30, Sa & So 11–16 Uhr) GRATIS Jedes Jahr pilgern Tausende High-School-Studenten nach Yale und träumen davon, an der drittältesten Universität des Landes angenommen zu werden, die so prominente Absolventen wie Noah Webster, Eli Whitney, Samuel Morse und die ehemaligen Präsidenten William H. Taft, George H.W. Bush, Bill Clinton und George W. Bush hervorgebracht hat. Man braucht die Ambitionen der Studenten aber natürlich nicht zu teilen, um über den Campus zu bummeln. Einen Campusplan erhält man im Visitors Center. Es gibt auch kostenlose einstündige Führungen.

★ Yale Center for British Art MUSEUM
(☎203-432-2800; www.ycba.yale.edu; 1080 Chapel St; ⏲Di–Sa 10–17, So 12–17 Uhr) GRATIS Diese fantastische Galerie wurde 2016 nach umfassender Renovierung wiedereröffnet. Sie war der letzte Auftrag des Architekten Louis Kahn und beherbergt die größte Sammlung britischer Kunst außerhalb des Vereinigten Königreichs. Die Ausstellungen umspannen drei Jahrhunderte, von der elisabethanischen Zeit bis ins 19. Jh. Sie sind sowohl thematisch als auch chronologisch angeordnet und bieten einen unvergleichlichen Ein-

blick in die Kunst, das Leben und die Kultur Großbritanniens. Ein Besuch hier ist ein absolutes Muss für alle, die sich für schöne Dinge interessieren. Und ja, der Eintritt ist frei. Geführte Touren, auch für Privatgruppen, sind möglich.

★ Yale University Art Gallery MUSEUM
(☎ 203-432-0600; http://artgallery.yale.edu; 1111 Chapel St; ⊙ Di–Fr 10–17, Do bis 20, Sa & So 11–17 Uhr) GRATIS Das hervorragende Museum war das erste Werk des Architekten Louis Kahn. Es beherbergt die älteste Universitätskunstsammlung des Landes, darunter Vincent Van Goghs *Das Nachtcafé* und europäische Meisterwerke von Frans Hals, Peter Paul Rubens, Manet und Picasso. Außerdem zeigen Ausstellungen ebenso meisterhafte amerikanische Werke von Winslow Homer, Edward Hopper und Jackson Pollock, Silber aus dem 18. Jh. sowie Kunst aus Afrika, Asien und dem prä- und postkolumbianischen Amerika. Das Beste ist aber, dass man all das völlig kostenlos bewundern kann.

★ Shore Line Trolley Museum MUSEUM, STRASSENBAHN
(☎ 203-467-6927; www.shorelinetrolley.org; 17 River St, East Haven; Erw./Kind 10/7 US$; ⊙ Juli & Aug. tgl. 10.30–16.30 Uhr, Mai, Juni, Sept. & Okt. Sa & So;) Wer die Küste von East Haven auf besondere Art besichtigen möchte, kann mit dieser offenen antiken Straßenbahn fahren. Es ist die älteste durchgehend betriebene Vorstadt-Straßenbahn des Landes. Die Fahrt geht über 5 km, von der River St in East Haven nach Short Beach in Branford. Hinterher kann man das Museum und die schön erhaltenen Waggons besichtigen. Zum Mittagessen am besten ein Picknick mitbringen.

New Haven Green PARK
New Havens weitläufiger Stadtpark ist das spirituelle Zentrum der Stadt, seit er 1638 von den Puritanern als möglicher Ort der Wiederkunft Jesu Christi angelegt wurde. Seither befanden sich dort der Gemeindefriedhof (die Gräber wurden später auf den Grove St Cemetery umgebettet), mehrere staatliche Gebäude und verschiedene Kirchen, von denen drei noch immer vorhanden sind.

Schlafen

Hotel Duncan HISTORISCHES HOTEL $
(☎ 203-787-1273; 1151 Chapel St; EZ 65–80 US$, DZ 85–100 US$;) Auch wenn der Glanz dieses New-Haven-Schmuckstücks ein wenig verblasst ist – die Teppiche sind fleckig, der Wasserdruck instabil und die Handtücher zerschlissen – freuen sich viele über seine beständigeren Details, etwa die elegante Lobby und den handbetriebenen Fahrstuhl inklusive Liftboy in Uniform. Die Zimmer werden langfristig und für Einzelübernachtungen vermietet. Wer keinen Luxus erwartet, wird vielleicht angenehm überrascht.

Farnam Guest House B&B $$
(☎ 203-562-7121; www.farnamguesthouse.com; 616 Prospect St; Zi. 149–199 US$, mit Gemeinschaftsbad 89–139 US$; P) Die Farnams sind seit Langem mit Yale verbunden – als Studenten, Spender und Professoren. Man steigt in ihrer grandiosen georgianischen Kolonialvilla in der besten Gegend der Stadt ab und kann den Charme der alten Welt mit Chippendale-Sofas, Ohrensesseln, viktorianischen Antiquitäten und weichen Orientteppichen erwarten. Im Salon steht ein Steinway-Flügel.

The Study at Yale HOTEL $$$
(☎ 203-503-3900; www.thestudyatyale.com; 1157 Chapel St; Zi. 219–389 US$; P) The Study at Yale erweckt ein stilvolles, modernes Ambiente wie aus der Mitte des Jahrhunderts (man könnte es auch *Mad-Men-Schick* nennen), ohne dabei übertrieben oder einschüchternd zu wirken. Zu den ultra-modernen Extras in den Zimmern gehören iPod-Dockingstationen und Fitnessgeräte mit eingebautem Fernseher. Zudem gibt's ein hauseigenes Restaurant und Café, in dem man sich morgens eine kleine Stärkung holen kann.

Essen

Frank Pepe PIZZA $
(☎ 203-865-5762; www.pepespizzeria.com; 157 Wooster St; Pizza 7–29 US$; ⊙ So–Do 10.30–22, Fr & Sa bis 23 Uhr;) Das Pepe kann von sich behaupten, die „beste Pizza in Amerika" zu backen – eine Auszeichnung, die das Lokal drei Mal in Folge gewinnen konnte. Wir lassen natürlich jeden selbst urteilen, können aber bestätigen, dass hier köstliche Pizzas aus dem Kohle-Ofen kommen, genau wie schon 1925. Heute gibt's jedoch noch weitere über ganz Connecticut verstreute Filialen, wodurch ein konstantes Niveau etwas schwerer zu halten ist. Nur Barzahlung.

Die weiße Pizza mit Venusmuscheln loben übrigens die Gäste am meisten.

★ Caseus Fromagerie & Bistro BISTRO $$
(☎ 203-624-3373; http://caseusnewhaven.com; 93 Whitney Ave; Hauptgerichte 12–30 US$; ⊙ Mo–Sa

11.30–14.30 & Mi–Sa 17.30–21 Uhr; ☎) Mit einer Feinschmeckerkäsetheke voller Käsesorten aus der Region und einer durchdachten Speisekarte rund um *le grand fromage* trifft das Caseus voll ins Schwarze. An den perfekt zubereiteten Käsemakkaroni oder der gefährlich leckeren Poutine (Pommes mit Käsebruch und Bratensauce) ist rein gar nichts auszusetzen.

Miya's Sushi SUSHI **$$$**

(☎203-777-9760; www.miyassushi.com; 68 Howe St; Hauptgerichte 11–35 US$; ⏲Mi 17–23, Do–Sa bis 24 Uhr; ☎) Der zweifache Gewinner des Taste of the Nation Award, Küchenchef Bun Lai, zaubert makellos präsentierte, nachhaltige Sushi- und Sashimi-Kreationen mit fantastischen Namen. Aber noch fantastischer sind die Frische und der Geschmack der rohen Zutaten. Man kann perfekte Schlichtheit genießen (Sashimi) oder sich auf Buns abenteuerliche Zutatenkombinationen einlassen. Fans des modernen amerikanischen Sushis werden beeindruckt sein.

Ausgehen & Unterhaltung

Egal, ob man Lust auf einen kunstvollen Cocktail in schicker Umgebung oder auf ein Bier aus der Region in einer altmodischen Kneipe hat: New Haven bietet ein buntes Nachtleben mit einem Publikum aus unkonventionellen Künstler-Typen, geschiedenen Professoren und Millionären von morgen, mit denen man ganz entspannt einen trinken kann.

Toad's Place LIVEMUSIK

(☎203-624-8623; www.toadsplace.com; 300 York St) Das Toad's ist vielleicht die beste Musik-Location in Neuengland. Es hat sich seinen Ruf durch Auftritte solcher Größen wie den Rolling Stones, U2 und Bob Dylan verdient. Auch heute tritt hier noch eine ausgefallene Mischung aus Künstlern auf der kleinen Bühne auf, darunter They Might Be Giants und Martin & Wood.

Shubert Theater THEATER

(☎203-562-5666; www.shubert.com; 247 College St) Das Shubert trägt den Beinamen „Geburtsstätte der größten Hits des Landes". Seit 1914 finden hier die Testaufführungen von Balletten und Broadway-Musicals statt, bevor sie nach New York City weiterziehen. In jüngster Vergangenheit hat das Haus sein Repertoire etwas erweitert und leiht seine Bühne auch einer Interviewreihe und musikalischen Darbietungen.

ℹ Praktische Information

INFO New Haven (☎203-773-9494; www.infonewhaven.com; 1000 Chapel St; ⏲Mo–Sa 10–21, So 12–17 Uhr) Diese Touristeninformation im Stadtzentrum bietet Karten und hat hilfreiche Tipps.

ℹ An- & Weiterreise

New Haven liegt 227 km südwestlich von Boston, 58 km südlich von Hartford, 120 km außerhalb von New York und 162 km von Providence entfernt und ist über Interstate Highways erreichbar.

Züge von Metro-North (www.mta.info/mnr) verkehren zwischen der Union Station und dem Grand Central Terminal in New York City beinahe stündlich zwischen 7 Uhr und 24 Uhr.

Shore Line East (www.shorelineeast.com) unterhält Regionalzüge, die an der Küste des Long Island Sound entlang nach Old Saybrook (45 Min.) und New London (70 Min.) führen sowie Commuter-Connection-Busse, die Passagiere von der Union Station (abends) und von der State St Station (morgens) nach New Haven Green bringen.

Amtrak-Expresszüge (www.amtrak.com) fahren von der Penn Station in New York City nach New Haven (ab 32 US$, 1¾ Std.).

Peter Pan Bus Lines (www.peterpanbus.com) verbindet New Haven mit New York City (ab 12 US$, 2 Std., 8-mal tgl.), Hartford (ab 12 US$, 1 Std., 6-mal tgl.) und Boston (ab 11 US$, 4–5 Std., 7-mal tgl.), ebenso macht das Greyhound (www.greyhound.com). Die Busse fahren in der Union Station in New Haven ab.

Connecticut Limousine (www.ctlimo.com) ist ein Flughafen-Shuttle, das den Bradley Airport in Hartford, den JFK- und LaGuardia-Flughafen in New York und den Newark Airport in New Jersey ansteuert. Man kann an der Union Station und ausgewählten Hotels im Zentrum von New Haven ein- bzw. aussteigen. Die Verbindungen nach Newark sind teurer.

VERMONT

Egal, ob es unter einer Schneedecke liegt, vor buntem Herbstlaub leuchtet oder im Frühling und Sommer in saftigem Grün erstrahlt: Vermonts Mischung aus idyllischem Farmland, Bergen und malerischen kleinen Dörfern macht den Bundesstaat zu einem der ansprechendsten des Landes. Wanderer, Radfahrer, Skifahrer und Kajakfahrer kommen hier zu jeder Jahreszeit auf ihre Kosten, sei es auf den weiten Wassern des Lake Champlain, dem preisgekrönten Kingdom Trails Network, den 500 km langen Wanderwegen des Long bzw. Catamount Trail oder den legendären Hängen von Killington, Stowe und Sugarbush.

Auch Feinschmecker lieben diese Region: Kleine Farmen haben Vermont in ein Paradies für Gourmets verwandelt, und die größte Dichte an Craft-Brauereien in ganz Amerika tut ein Übriges. Doch Vermont zeichnet sich vor allem durch seinen Freigeist aus: Dies ist der einzige Bundesstaat mit einem sozialistischen Senator und ohne McDonald's-Filiale in der Hauptstadt. Vermont ist und bleibt ein Hafen für skurrile Kreativität, ein Musterbeispiel in Sachen Basisdemokratie und eine Hochburg des Mottos „Kleiner ist schöner" – das findet man sonst nirgendwo in Amerika.

Geschichte

Der Franzose Samuel de Champlain erkundete 1609 Vermont und war somit der erste Europäer, der diese seit Langem von den einheimischen Abenaki bewohnte Gegend besuchte.

Vermont spielte 1775 eine Schlüsselrolle im Amerikanischen Unabhängigkeitskrieg, als Ethan Allen mit seiner örtlichen Miliz, den Green Mountain Boys, nach Fort Ticonderoga zog und es von den Briten eroberte. 1777 erklärte sich Vermont zur unabhängigen Republik und verabschiedete die erste Verfassung in der neuen Welt, in der die Abschaffung der Sklaverei und der Aufbau eines öffentlichen Schulsystems festgeschrieben waren. 1791 trat Vermont als 14. Bundesstaat den USA bei.

Praktische Informationen

Vermont Chamber of Commerce (www.visitvt.com) Hält eine Fülle an Informationen rund um den Bundesstaat bereit.

Vermont Division of Tourism (www.vermontvacation.com) Unterhält ein Welcome Center am I-91 nahe der Grenze zu Massachusetts sowie eins am VT-4A in der Nähe der Grenze zu New York und drei weitere entlang des I-89 zwischen der White River Junction und der kanadischen Grenze. Eine kostenlose, detaillierte Karte und ein Campingführer werden auch herausgegeben.

Vermont Public Radio (www.vpr.net) Vermonts öffentlicher Radiosender bietet ausgezeichnete lokale Programme, darunter „Vermont Edition" (werktags um 12 Uhr) mit allem Wichtigen zu aktuellen Events sowie die skurrile, mit Infos vollgepackte Wettervorhersage „Eye on the Sky".

Vermont Ski Areas Association (www.skivermont.com) Nützliche Informationen für die Planung von Skiausflügen und Sommerabenteuern in Vermonts Skigebieten.

Südliches Vermont

Weiße Kirchen und Pensionen umschließen die Stadtparks im historischen Süden Vermonts, einer Region mit mehreren Städten aus der Zeit vor der Amerikanischen Revolution. Im Sommer schlängeln sich die Straßen zwischen den drei „Städten" Brattleboro, Bennington und Manchester über grüne Hügel, im Winter führen sie zu den Skipisten des Mt. Snow, Vermonts südlichstem Tummelplatz für kalte Tage. Wanderer können den Appalachian und den Long Trail in Angriff nehmen, die hier durch den Green Mountain National Forest führen und besonders im Herbst mit dem bunten Laub eine tolle Kulisse bieten.

Anreise & Unterwegs vor Ort

Wer von Massachusetts, Connecticut oder Rhode Island hierher fährt, trifft höchstwahrscheinlich auf einer von zwei Routen im Süden Vermonts ein: über den I-91 im Osten oder den US 7 im Westen. Der öffentliche Nahverkehr ist auf einen Bus oder Zug pro Tag begrenzt; beide fahren durch das Connecticut River Valley. Im südlichen Vermont gibt's keinen kommerziellen Flughafen, aber die Flughäfen in Albany, NY, Hartford, CT, und Manchester, NH, liegen jeweils ein bis zwei Stunden von der Grenze Vermonts entfernt.

Brattleboro

Brattleboro liegt am Zusammenfluss des Connecticut und West River und ist ein wahres Schmuckstück. Wer durch die Straßen der Stadt schlendert und durch die zahlreichen unabhängigen Läden und Lokale bummelt, wird ihrem Charme schnell erliegen. Eine dynamische Mischung aus alternden Hippies und gepiercten und tätowierten Hipstern unterstreicht die niveauvolle Vielfalt, garantiert eine bunte Kulturszene und sorgt für eine politisch linke Ausrichtung.

Der Whetstone Brook fließt durch den Süden der Stadt, wo 1724 eine Einfriedung aus Holz errichtet wurde, die den Namen Fort Dummer trägt. Es war die erste europäische Siedlung in Vermont, dessen Wildnis zuvor ausschließlich von den indigenen Einwohnern bevölkert wurde.

In der Old Town Hall (am Standort der heutigen Main Street Gallery) diskutierten gefeierte Denker und Unterhalter, darunter Oliver Wendell Holmes, Horace Greeley und Will Rogers, über bürgerliche und politische Angelegenheiten. Rudyard Kipling heiratete 1892 eine Frau aus Brattleboro und schrieb *Das Dschungelbuch*, während er hier lebte.

Vermont & New Hampshire

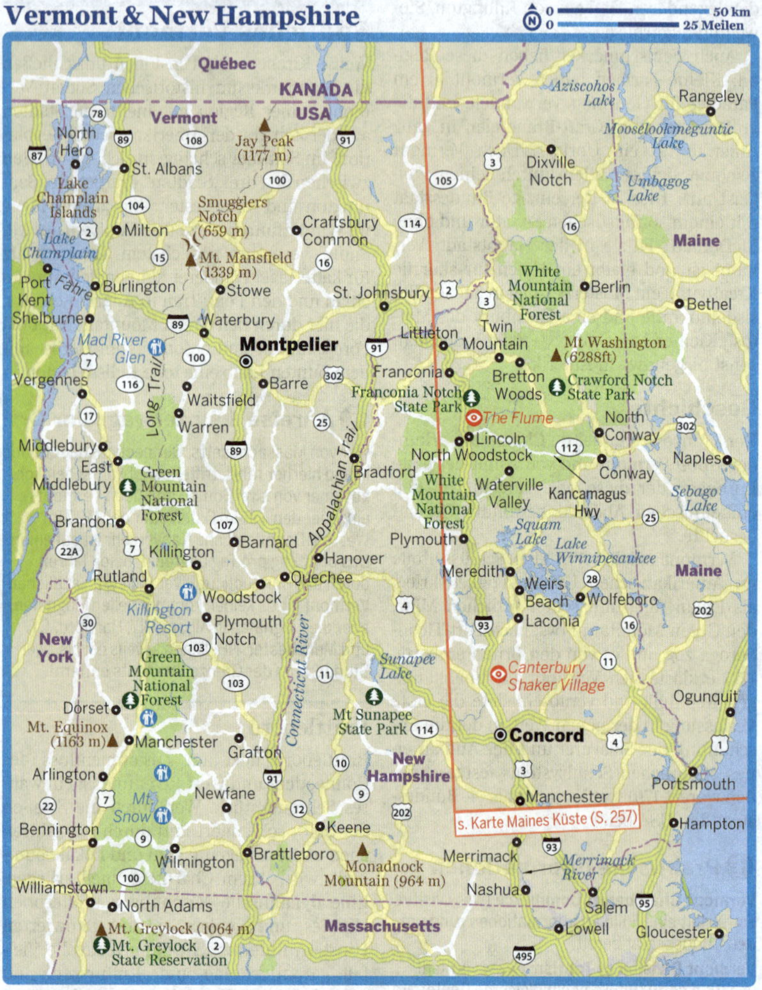

Sehenswertes

Das meiste Leben in Brattleboro spielt sich im Geschäftsviertel in der Innenstadt ab, aber die umliegenden Hügel sind von Farmen, Käseherstellern und Kunsthandwerkern durchzogen, die nur darauf warten, auf einem Ausflug ins Grüne erkundet zu werden.

Brattleboro Museum & Art Center MUSEUM
(☎802-257-0124; www.brattleboromuseum.org; 10 Vernon St; Erw./Kind 8 US$/frei; ⊙Mi–Mo 11–17 Uhr) Dieses Museum ist in einem Bahnhofsgebäude von 1915 untergebracht und zeigt eine Fülle einfallsreicher Ausstellungen mit verschiedenen Medien von lokalen Künstlern. Zudem gibt's ein wechselndes Multimedia-Programm mit zeitgenössischer Kunst.

Schlafen & Essen

Latchis Hotel HOTEL $$
(☎802-348-4070, 800-798-6301; www.latchishotel.com; 50 Main St; Zi. 100–200 US$, Suite 180–240 US$; 📶) Die Lage dieser 30 Zimmer und Suiten zu vernünftigen Preisen – direkt im Epizentrum der Innenstadt, neben dem historischen Theater desselben Namens – ist einfach unschlagbar. Die Art-déco-Elemente des Hotels sind wirklich erfrischend und in Neuengland eine wunderbare Überraschung.

★ **Inn on Putney Road** B&B $$$
(☎802-254-6268; www.vermontbandbinn.com; 192 Putney Rd; Zi. 179–299 US$; @ 📶) Das hübsche Vintage-B&B nördlich der Stadt ist seit 2016 unter neuer Führung. Es verfügt über einen schönen Innenhof, fünf Zimmer und eine Luxussuite mit Kamin. Das Haus mit Blick über das Mündungsgebiet des West River bietet ideale Möglichkeiten zum Wandern, Radfahren und Bootfahren direkt vor der Tür sowie jede Menge Aktivitäten für regnerische Tage, z.B. Billard, Brettspiele, DVDs, eine Gästebibliothek und einen Innen-Whirlpool.

★ **TJ Buckley's** AMERIKANISCH $$$
(☎802-257-4922; www.tjbuckleysuptowndining.com; 132 Elliot St; Hauptgerichte 45 US$; ⏲ ganzjährig Do–So 15.30–21 Uhr, Mitte Juni–Anfang Okt. auch Mi) Küchenchef und Besitzer Michael Fuller eröffnete dieses außergewöhnliche kleine Edelrestaurant vor über 30 Jahren in einem authentischen Diner. Seither präsentiert er mündlich eine Speisekarte mit vier saisonal variierenden Gerichten, die hauptsächlich von regionalen Farmen stammen. Die Einheimischen sind sich einig: Hier gibt's das beste Essen in Brattleboro. Das Lokal bietet nur Platz für 18 Personen, also unbedingt reservieren. Keine Kreditkarten.

Praktische Informationen

Brattleboro Chamber of Commerce (☎802-254-4565, 877-254-4565; www.brattleborochamber.org; 180 Main St; ⏲ Mo–Fr 9–17 Uhr) Zuverlässige ganzjährige Informationsquelle für Reisende.

Brattleboro Chamber of Commerce Information Booth (80 Putney Rd; ⏲ Ende Mai–Mitte Okt. Sa & So) Im Park, gleich nördlich des Stadtzentrums.

Bennington

Bennington ist eine Mischung aus historischen Vermont-Dorf (Old Bennington), Arbeiterstadt (Bennington-Zentrum) und Collegestadt (North Bennington). Außerdem steht hier das berühmte **Bennington Battle Monument** (☎802-447-0550; www.benningtonbattlemonument.com; 15 Monument Circle, Old Bennington; Erw./Kind 5/1 US$; ⏲ Mitte April–Okt. 9–17Uhr), das an die entscheidende Schlacht von Bennington während der Amerikanischen Revolution erinnert. Hätten Colonel Seth Warner und die örtlichen „Green Mountain Boys" während dieser Schlacht nicht geholfen, die britischen Verteidigungslinien zu schwächen, wären die Kolonien möglicherweise doch gespalten worden.

Die charmante Kulisse auf einem Hügel im kolonialen Old Bennington ist von 80 Gebäuden im georgianischen bzw. Federal-Stil durchzogen (sie wurden zwischen 1761, Benningtons Gründungsjahr, und 1830 erbaut). Der Dichter Robert Frost liegt hier begraben und ein Museum in seinem alten Wohnhaus zollt ihm Tribut. Da Bennington im Green Mountain National Forest liegt, findet man zahlreiche Wandermöglichkeiten, darunter die „Urgroßmütter aller Wanderwege": den Appalachian Trail und den Long Trail.

Sehenswertes

Bennington Museum MUSEUM
(☎802-447-1571; www.benningtonmuseum.org; 75 Main St; Erw./Kind 10 US$/frei; ⏲ Juni–Okt. tgl. 10–17 Uhr, Nov.–Mai Do–Di, Jan. geschlossen) Zwischen dem Zentrum und Old Bennington bietet das Museum, das ständig erweitert wird, 14 Galerien mit Dauer- und Wechselausstellungen. Es zeigt die weltweit größte Sammlung mit Gemälden von Grandma Moses, aber auch Töpferwaren aus Bennington sowie eine große Auswahl an Gemälden, dekorativer Kunst und Volkskunst aus Vermont vom 18. Jh. bis heute. Hier gibt's einfach alles: von Vermonts „Goldenem Zeitalter" über Bennington-Modernismus bis hin zu „Art bru". 2015 entstand die „Works on Paper Gallery", die Drucke, Lithografien, Fotografien und vieles mehr von anerkannten nationalen Künstlern zeigt.

Old First Church HISTORISCHE STÄTTE
(☎802-447-1223; www.oldfirstchurchbenn.org; Ecke Monument Ave & VT 9; ⏲ Juli–Mitte Okt. Mo–Sa 10–16, So 13–16 Uhr, Ende Mai–Juni nur am Wochenende) GRATIS Die historische Kirche wurde 1805 im palladianischen Stil erbaut und schmückt das Zentrum von Old Bennington. Auf dem Friedhof sind die sterblichen Überreste von fünf Vermonter Gouverneuren, zahlreichen Soldaten der Amerikanischen Revolution sowie des Dichters Robert Frost (1874–1963) begraben. Die Grabinschrift des bekanntesten und vielleicht beliebtesten amerikanischen Dichters des 20. Jhs. lautet: „Ich hatte einen Liebestreit mit der Welt."

Schlafen & Essen

Greenwood Lodge & Campsites HOSTEL, CAMPINGPLATZ $
(☎802-442-2547; www.campvermont.com; VT 9, Prospect Mountain; Stellplatz 2-Pers.-Zelt/Wohn-

mobil 30/39 US$, B 35–38 US$, Zi. 79 US$; ⏲ Mitte Mai–Ende Okt.; 📶) Dieser 50 ha große Platz mit drei Teichen in den Green Mountains in Woodford bietet das vielleicht am schönsten gelegene Hostel in ganz Vermont. Zu den Unterkünften gehören 17 Budgetbetten und 40 Campingplätze. Sie sind leicht zu finden: Sie liegen 13 km östlich von Bennington am VT 9 im Skigebiet Prospect Mountain. Zur Ausstattung gehören warme Duschen und ein Spielzimmer.

Blue Benn Diner DINER $
(☎802-442-5140; 314 North St; Hauptgerichte 6–14 US$; ⏲Mo & Di 6–17, Mi–Fr bis 20, Sa bis 16, So 7–16 Uhr; ✎) Das klassische 50er-Jahre-Diner serviert den ganzen Tag Frühstück sowie eine gesunde Mischung aus amerikanischen, asiatischen und mexikanischen Favoriten, darunter auch vegetarische Optionen. Kleine Jukeboxen auf den Tischen runden das Retro-Flair perfekt ab. Man kann z.B. *Moonlight in Vermont* von Willie Nelson oder Chers *Gypsies, Tramps and Thieves* laufen lassen, bis die Tischnachbarn um Gnade flehen.

★ **Pangaea** INTERNATIONAL $$
(☎802-442-7171; www.vermontfinedining.com; 1 Prospect St, North Bennington; Hauptgerichte Lounge 10–24 US$, Restaurant 31 US$; ⏲Lounge tgl. 17–22, Restaurant Di–Sa 17–21 Uhr) Egal, ob man sich für den geschmackvoll eingerichteten Speisesaal, die intime Lounge oder die kleine Terrasse am Fluss entscheidet – überall bekommt man köstliches Essen. Die Karte ist voll von frischen Zutaten und internationalen Einflüssen: Die thailändischen Shrimps auf Bio-Udon-Nudeln in Curry-Erdnuss-Soße oder das in Kräuter der Provence getauchte Steak mit Gorgonzola sollte man probieren. Das Pangaea ist eins der edelsten Restaurants in ganz Vermont.

Praktische Informationen

Bennington Welcome Center (☎802-447-2456; www.informationcenter.vermont.gov; 100 VT 279; ⏲7–21 Uhr) Benningtons schicke neue Touristeninformation bietet jede Menge Infos, lange Öffnungszeiten sowie kostenlosen Kaffee und Tee. Es liegt an der Highway-Kreuzung des VT 279 und US 7.

Manchester

Manchester ist seit fast 200 Jahren ein angesagter Ferienort. Heute zieht es im Winter vor allem Skifahrer und Schnäppchenjäger an (das Outlet-Zentrum bietet über 100 Läden, von Armani bis Banana Republic).

Zwei Familien machten Manchester berühmt. Ein Sohn der Stadt, Franklin Orvis (1824–1900), arbeitete sich zu einem einflussreichen New Yorker Geschäftsmann hoch, kehrte jedoch wieder nach Manchester zurück und eröffnete dort das Equinox House Hotel (1849). Franklins Bruder Charles gründete 1856 die Orvis Company, die Zubehör fürs Fliegenfischen herstellte. Die noch immer in Manchester ansässige Firma erfreut sich heute einer weltweiten Kundenschaft.

Die zweite Familie war die von Abraham Lincoln (1809–65). Seine Frau, Mary Todd Lincoln (1818–82), und ihr gemeinsamer Sohn, Robert Todd Lincoln (1843–1926), kamen während des Bürgerkriegs hierher. Robert kehrte einige Jahre später zurück und baute in der Stadt eine Villa: Hildene.

Sehenswertes & Aktivitäten

★ **Hildene** HISTORISCHE STÄTTE
(☎802-362-1788; www.hildene.org; 1005 Hildene Rd/VT 7A; Erw./Kind 20/5 US$, geführte Touren 7,50/2 US$; ⏲9.30–16.30 Uhr) Das im georgianischen Stil erbaute und 24 Zimmer umfassende Herrenhaus von Robert Todd Lincoln, dem Sohn von Abraham und Mary Lincoln, liegt außerhalb von Manchester und ist ein nationales Denkmal. Mitglieder der Familie Lincoln lebten hier bis 1975, als das Haus in ein Museum umgewandelt und mit zahlreichen persönlichen Familiengegenständen und Möbeln eingerichtet wurde. Dazu gehören auch der Hut, den Abraham Lincoln wahrscheinlich bei der Gettysburg Address trug, und der eindrucksvolle Messingabdruck seiner Hände: Die rechte Hand ist vom vielen Händeschütteln während des Präsidentschaftswahlkampfs ganz geschwollen.

Mt. Equinox Skyline Drive PANORAMASTRASSE
(☎802-362-1114; www.equinoxmountain.com; VT 7A, zw. Manchester & Arlington; Auto & Fahrer 15 US$, jeder zusätzliche Passagier 5 US$, unter 13 Jahre frei; ⏲Mai–Okt. 9–16 Uhr) Wer ein außergewöhnliches Panorama genießen will, kann den irrsinnig steilen, 8 km langen Skyline Dr entlang fahren, eine private Mautstraße, die zum Gipfel des 1172 m hohen Mt. Equinox führt. Der höchste Berg in der Taconic Range befindet sich südlich von Manchester, gleich abseits des VT 7A.

Schlafen & Essen

Aspen Motel MOTEL $$
(☎802-362-2450; www.theaspenatmanchester.com; 5669 Main St/VT 7A; Zi. 95–160 US$; ❄📶

(🅗) Dieses familiengeführte Hotel ist eine erfreulich erschwingliche Option. Es befindet sich in ruhiger Kulisse abseits der Straße und hat 25 gemütliche Zimmer, einen Pool und eine praktische Lage in Gehweite zum Zentrum von Manchester.

Ye Olde Tavern AMERIKANISCH $$$
(☎802-362-0611; www.yeoldetavern.net; 5183 Main St; Hauptgerichte 19–34 US$; ⏲17–21 Uhr) Das stilvolle Lokal aus den 1790er-Jahren liegt direkt an der Straße. Das Abendessen wird bei Kerzenschein am Kamin serviert – eine stimmungsvolle Erfahrung. Die Karte ist umfangreich: Von „Yankee"-Klassikern wie traditionellen in hauseigenen Ale geschmorten Braten über frischen Fisch aus Neuengland (mit Vermonter Cheddar überbacken und mit Semmelbröseln, Sherry und Zitrone verfeinert) bis hin zu lokalem Wild (am Freitag oft das Tagesgericht) ist alles dabei.

Praktische Informationen

Green Mountain National Forest Ranger Station (☎802-362-2307; www.fs.usda.gov/gmfl; 2538 Depot St, Manchester Center; ⏲Mo–Fr 8–16.30 Uhr) Hier gibt's Infos zum Appalachian bzw. Long Trail, Wanderkarten und Näheres zu kürzeren Tageswanderungen.

Zentrales Vermont

Im Herzen Vermonts lockt die vielleicht schönste ländliche Idylle Neuenglands. Schon ein Stück nördlich von Rutland (Vermonts zweitgrößter Stadt mit spektakulären 16500 Einwohnern) sind Kühe den Menschen zahlenmäßig überlegen. Wer die Natur liebt, kehrt immer wieder ins Landesinnere von Vermont zurück – vor allem in die Feriengebiete Killington, Sugarbush und Mad River Glen, die im Winter unzählige Skifahrer und im Sommer begeisterte Wanderer anziehen. Wer sich lieber drinnen vergnügt, kann zwischen Antiquitätenläden und Kunstgalerien wählen, die sich in den Nebenstraßen zwischen malerischen überdachten Brücken verstecken.

Anreise & Unterwegs vor Ort

Am besten bewegt man sich im zentralen Vermont mit eigenem fahrbarem Untersatz fort, egal ob per Auto oder Fahrrad. Die wichtigsten Verbindungsstraßen sind der US 4 von Ost nach West und der VT 100 von Nord nach Süd, die sich in Killington kreuzen. Der öffentliche Nahverkehr beschränkt sich auf den einmal täglich auf der Ost-West-Route verkehrenden Bus von Vermont Translines zwischen Rutland, VT, und Hanover, NH, sowie den einmal täglich fahrenden *Vermonter*-Zug von Amtrak. Letzterer rauscht zwischen Brattleboro und Burlington am Connecticut und White River entlang. In Rutland gibt's einen kleinen Flughafen, der jedoch nur Pendlerflüge nach/von Boston bietet.

Woodstock & Quechee

Woodstock wurde 1761 gegründet und ist seit 1766 Hauptstadt des malerischen Windsor County. Viele grandiose Häuser umrahmen den ovalen Stadtpark, und vier Kirchen des Ortes warten mit von Paul Revere gegossenen Glocken auf. Der Senator Jacob Collamer, ein Freund von Abraham Lincoln, bemerkte einst: „Die guten Menschen von Woodstock haben weniger Grund als andere, sich nach dem Himmel zu sehnen."

Woodstock ist auch heute noch sehr schön und sehr reich. Man kann durch den Park spazieren, der von im Federal- und neoklassischen Stil erbauten Häusern und öffentlichen Gebäuden umgebenen ist, oder am Ottauquechee River entlangschlendern, über den sich drei überdachte Brücken spannen. Die Rockefellers und Rothschilds besitzen Anwesen in dieser Gegend und die Schönen und Reichen steigen gerne im großartigen Woodstock Inn & Resort ab.

Etwa fünf Minuten Fahrt östlich von Woodstock liegt das kleine putzige Quechee Village, in dem sich die Quechee Gorge – Vermonts Miniaturformat-Antwort auf den Grand Canyon – und einige hervorragende Restaurants befinden.

Sehenswertes

★ Quechee Gorge SCHLUCHT
(US 4, Quechee) GRATIS Diese Schlucht lauert unter dem US 4, ca. 1 km östlich von Quechee Village. Die 50 m tiefe Narbe schneidet sich gut 900 m an einem Fluss entlang durch das Land. Man kann sie von einer der Brücken aus betrachten, aber sie ist von der Straße aus auch leicht über mehrere Fußwege zugänglich. Eine Reihe gut markierter, einfacher Wanderwege, von denen keiner mehr als eine Stunde dauern sollte, führen in die Schlucht hinunter.

Billings Farm & Museum FARM
(☎802-457-2355; www.billingsfarm.org; 69 Old River Rd, Woodstock; Erw./Kind 15/8 US$; ⏲April–Okt. tgl. 10–17, Nov.–Feb. Sa, So & Feiertage bis 16 Uhr, März geschl.; 👪) 1,5 km nördlich von Woodstocks Stadtpark liegt diese im 19. Jh.

vom Eisenbahnmagnaten Frederick Billings gegründete Farm. Sie erfreut Kinder mit spielerischen Aktivitäten rund um das traditionelle Farmleben. Zahlreiche Farmtiere gibt's auch, z.B. hübsche von der britischen Insel Jersey stammende Kühe. Die familienfreundlichen saisonalen Events, etwa Kutsch- und Schlittenfahrten, Kürbis- und Apfelfeste und altmodische Halloween-, Erntedank- und Weihnachtsfeste, sind ebenfalls beliebt.

Marsh-Billings-Rockefeller National Historical Park PARK

(☎802-457-3368; www.nps.gov/mabi; 54 Elm St, Woodstock; Villa-Tour Erw./Kind 8 US$/frei, Wege & Kutschstraßen frei; ⌚Besucherzentrum & Touren Ende Mai–Okt. 10–17 Uhr, Wege & Kutschstraßen ganzjährig) Vermonts einziger Nationalpark umschließt das historische Wohnhaus des frühen amerikanischen Naturschützers George Perkins Marsh, und hier wird die Beziehung zwischen Landverwaltung und Umweltschutz erforscht. Die 32 km Wanderwege und Kutschstraßen auf dem Gelände laden zu einer Erkundungstour zu Fuß, auf Langlaufski oder mit Schneeschuhen ein.

VINS Nature Center NATURRESERVAT

(Vermont Institute of Natural Science; ☎802-359-5000; www.vinsweb.org; 6565 Woodstock Rd, Quechee; Erw./Kind 15/13 US$; ⌚Mitte April–Okt. 10–17, Nov.–Mitte April bis 16 Uhr; 👪) Das Wissenschaftszentrum in der Nähe von Quechee beherbergt zwei Dutzend Raubvogelarten, vom winzigen 85 g schweren Sägekauz bis zum mächtigen Weißkopfseeadler. Vögel, die hier untergebracht sind, haben permanente Verletzungen erlitten und können nicht mehr in die Wildnis zurückkehren. Es stehen regelmäßig lehrreiche Präsentationen sowie drei selbstgeführte Touren auf Naturpfaden auf dem Programm. Das Naturreservat ist beim Wandern im Sommer ebenso schön wie bei einer Schneeschuh-Tour im Winter.

Schlafen & Essen

Shire HOTEL $$

(☎802-457-2211; www.shiremotel.com; 46 Pleasant St/US 4, Woodstock; Zi. 159–269 US$; ❄📶🐾) Dieses vor Kurzem renovierte Hotel liegt in Fußweite von Woodstocks Zentrum am US 4 und hat 44 gemütliche Zimmer (die besten sind die mit Kamin). Whirlpools und/oder Terrassen mit Schaukelstuhl bieten Blick auf den Ottauquechee River. Viele Zimmer wurden 2015 mit neuen Betten ausgestattet, und alle verfügen über brandneue Bettwäsche. Von Zimmer 218 und 405 ist die Aussicht auf den Fluss besonders schön.

Ardmore Inn B&B $$$

(☎802-457-3887; www.ardmoreinn.com; 23 Pleasant St, Woodstock; Zi. inkl. Frühstück 189–299 US$; ❄📶) Das angenehme, zentral gelegene B&B nimmt ein stattliches viktorianisch-neoklassisches Gebäude ein und verfügt über vier Zimmer, die mit Antiquitäten, Orientteppichen und Marmorbädern ausgestattet sind. Die Besitzer sind unglaublich hilfsbereit, und das Frühstück nimmt scheinbar gar kein Ende.

★ Simon Pearce Restaurant MODERN AMERIKANISCH $$$

(☎802-295-1470; www.simonpearce.com; 1760 Quechee Main St, Quechee; Hauptgerichte mittags 14–19 US$, abends 22–40 US$; ⌚Mo–Sa 11.30–14.45 & 17.30–21, So ab 10.30 Uhr) Man sollte im Simon Pearce unbedingt einen Fensterplatz mit Blick auf den Wasserfall reservieren. Der Speisesaal in dieser umgebauten Backsteinmühle schwebt scheinbar über dem Fluss. Regionale Zutaten werden zu einfallsreichen Köstlichkeiten verarbeitet, etwa gegrillten Sandwiches mit Krebs und Kabeljau oder sautiertem Hühnchen mit gerösteter Mais-Mascarpone-Polenta. Die Gläser des Restaurants werden in der Glasbläserei nebenan handgefertigt.

ℹ Praktische Informationen

Woodstock Area Chamber of Commerce Welcome Center (☎888-496-6378, 802-457-3555; www.woodstockvt.com; 3 Mechanic St, Woodstock; ⌚Ende Mai–Mitte Okt. 9–17, Rest des Jahres 10–17 Uhr) Woodstocks Besucherzentrum ist in einem hübschen roten Backsteingebäude in einer Nebenstraße am Fluss, zwei Blocks vom Standpark entfernt, untergebracht. Außerdem gibt's im Park selbst einen kleinen Infokiosk. Beide helfen bei der Buchung von Unterkünften.

Killington

Killington ist das größte Skigebiet im Osten und erstreckt sich über sieben Berge, die vom 1292 m hohen Killington Peak dominiert werden, dem zweithöchsten Berg in Vermont. Mindestens 20000 Besucher können hier in einem Umkreis von rund 30 km eine Unterkunft finden, und die vielen Outdoor-Möglichkeiten liegen zentral direkt am Berg. Die offizielle Stadt am Berg ist Killington Village, aber in der Gegend spielt sich alles entlang der Killington Rd auf dem Weg nach oben ab.

Wirklich alle Besucher sind hier, um Ski zu fahren – was bedeutet, dass die Berg-Lodges und -hütten für viele die erste Wahl sind. Allerdings findet man auch im umliegenden „Tiefland" jede Menge Alternativen entlang des US 4 und VT 100: von Motels über Campingplätze bis hin zu einer historischen Pension direkt am Wanderweg, die schon zahlreiche müde Wanderer auf dem Long Trail empfangen hat.

Killington Resort SKIFAHREN
(☎Info 800-734-9435, Reservierung 800-621-6867; www.killington.com; 4763 Killington Rd; Liftpass Erw./Jugendliche/Senioren 105/89/81 US$) Vermonts bestes Skigebiet ist als „Beast of the East" bekannt. Es ist schlichtweg gigantisch und wird so effizient betrieben, dass es nie überfüllt wirkt. Man kann aus fünf verschiedenen Lodges wählen, alle mit etwas anderem Fokus. Es locken 29 Lifts und 148 km Piste. Die Skisaison dauert von November bis Anfang Mai und wird durch das größte Schneekanonen-System Amerikas unterstützt.

Praktische Informationen

Killington Welcome Center (☎802-773-4181; http://killingtonpico.org; 2319 US 4; ⏲Mo–Fr 9–16, Sa & So 10–14 Uhr) Allgemeine Touristeninformation in praktischer Lage am US 4.

Killington/Pico Central Reservations (☎800-621-6867; www.killington.com; 4763 Killington Rd; ⏲Nov.–April 8–21, Mai–Okt. bis 16 Uhr) Tipps zu Unterkünften und Pauschalangeboten.

Mad River Valley

Der VT 100 nördlich von Killington ist einer der schönsten Straßenabschnitte des Landes: eine idyllische Mischung aus sanften Hügeln, überdachten Brücken, weißen Kirchtürmen und fruchtbarem Farmland. Hier findet man auch das Mad River Valley, in dem sich die hübschen Dörfer Waitsfield und Warren in die Schatten zweier bekannter Skigebiete schmiegen: Sugarbush und Mad River Glen.

Wer einen atemberaubenden Blick ins Tal genießen möchte, sollte die Nebenstraßen auf beiden Seiten des VT 100 erkunden. Man kann den Asphalt hinter sich lassen und sich an der Ostseite des Tals hinaufschlängeln, indem man der Brook, E Warren, Common, North und Pony Farm Rd von Warren aus Richtung Norden nach Moretown folgt. Alternativ kann man auf der Lincoln Gap Rd nach Westen fahren, der höchsten, steilsten und vielleicht schönsten der „Gap"-Straßen, die von Ost nach West über die Green Mountains verlaufen. Auf dem Lincoln Gap (738 m) kann man über den 5 km langen **Long Trail** zum Mt. Abraham (1224 m) wandern, dem fünfthöchsten Berg in Vermont.

Aktivitäten

★ Mad River Glen SKIFAHREN
(☎802-496-3551; www.madriverglen.com; VT 17, Waitsfield; Liftpass Erw./Kind Wochenende 79/63 US$, werktags 65/60 US$) Mad River ist das zerklüftetste mit Liften ausgestattete Skigebiet im Osten und noch dazu eins der skurrilsten. Es wird von einer Kooperative gemanagt, nicht von einem der großen Skikonzerne. Es verzichtet weitgehend auf Kunstschnee und auch Snowboards sind verboten, aber dafür ist Amerikas letzter Einer-Sessellift – das antike Modell stammt von 1948! – noch immer in Benutzung.

Vermont Icelandic Horse Farm REITEN
(☎802-496-7141; www.icelandichorses.com; 3061 N Fayston Rd, Waitsfield; 1–3-stündige Ausritte 60–120 US$, ganzer Tag inkl. Mittagessen 220 US$, mehrtägige Treks 675–1695 US$; ⏲nach Vereinbarung; 👪) Hier kann man die malerische Hügellandschaft oberhalb von Waitsfield auf dem Rücken wunderschöner, sanfter und leicht zu reitender Islandpferde erkunden. Die Ausritte dauern von einstündigen Touren bis zu mehrtägigen Ausflügen, die von B&B zu B&B führen.

Schlafen & Essen

★ Inn at Round Barn Farm PENSION $$$
(☎802-496-2276; www.roundbarninn.com; 1661 E Warren Rd, Waitsfield; Zi. inkl. Frühstück 179–359 US$; 📶🏊) Die Pension hat ihren Namen der angeschlossenen Rundscheune von 1910 zu verdanken, eines der wenigen noch verbliebenen authentischen Beispiele in Vermont. Die entschieden teurere Unterkunft bietet Zimmer mit antiken Möbeln, Kamin, Himmelbett und Blick auf die Wiesen und Berge. Im Winter stellen die Gäste die Schuhe an der Tür ab, um den Hartholzboden zu schützen. Das ländliche Frühstück ist sehr reichlich.

★ Warren Store SANDWICHES $
(☎802-496-3864; www.warrenstore.com; 284 Main St, Warren; Sandwiches & leichte Gerichte 5–9 US$; ⏲Mo–Sa 7.45–19, So bis 18 Uhr) Dieser stimmungsvolle ländliche Laden serviert die besten Sandwiches weit und breit und dazu köstliches Gebäck und Frühstück. Im

Sommer kann man vorne auf der Veranda bei einem Kaffee in der New York Times blättern oder auf der Terrasse mit Blick auf den Wasserfall einen Happen essen und sich anschließend bei einem Bad zwischen vom Fluss geformten Felsen abkühlen. Wer gern shoppen geht, wird sich über die bunte Sammlung an Kleidern, Spielzeug und Schmuck auf der oberen Etage freuen.

Praktische Informationen

Mad River Valley Chamber of Commerce (☎800-828-4748, 802-496-3409; www.madrivervalley.com; 4061 Main St/VT 100, Waitsfield; ⏲Mo–Fr 8–17 Uhr) Das Personal hier hilft bei der Buchung von Unterkünften und hält aktuelle Infos für Skifahrer bereit. Außerdem gibt's einen 24-Stunden-Infokiosk mit öffentlichen Toiletten für Besucher.

Nördliches Vermont

Im nördlichen Vermont befinden sich die größte Stadt des Bundesstaates, Burlington, und seine Hauptstadt, Montpelier. Aber keine Angst: Auch diese Region versprüht denselben ländlichen Charme, den man auch im restlichen Vermont findet. Selbst in Burlington gehen die von Cafés gesäumten Straßen nahtlos in malerische Wege am Ufer des Lake Champlain bzw. des Winooski River über. Weiter nördlich reizt das ländliche Northeast Kingdom mit einer Fülle von Outdoor-Aktivitäten mitten im Herzen der Berge (von Ski bis hin zu Rad fahren).

Anreise & Unterwegs vor Ort

Burlington verfügt über den einzigen internationalen Flughafen in Vermont und die besten Busverbindungen, was die Stadt zur logischen ersten Anlaufstelle für Besucher macht, die mit dem Flugzeug oder den öffentlichen Verkehrsmitteln anreisen. Aber auch mit dem Auto kommt man im nördlichen Vermont – dank der beiden Interstate Highways I-89 zwischen Montpelier und Burlington und I-91 zwischen St. Johnsbury und dem Northeast Kingdom schneller und effizienter voran als in anderen Teilen des Bundesstaats. Wenn man jedoch auf die pittoresken Nebenstraßen ausweicht – etwa den VT 108, der über das schöne Smugglers Notch führt –, geht es geruhsamer zu.

Montpelier

Montpelier (Mont-piel-yer) würde in den meisten Gegenden höchstens als größeres Dorf durchgehen. Im spärlich besiedelten Vermont ist es hingegen die Hauptstadt – die kleinste des Landes (und die einzige ohne McDonald's, falls sich das jemand gefragt hat). Für eine Stadt mit nur 8000 Einwohnern ist sie überraschend kosmopolitisch. Ihre beiden Hautschlagadern – State St und Main St – laden mit netten Buchläden, Boutiquen und Lokalen zu einem angenehmen Bummel ein.

Montpeliers kleinerer Arbeiterklasse-Nachbar Barre (bär-ie) bezeichnet sich selbst als „Granithauptstadt der Welt" und liegt 15 Minuten Fahrt in südöstliche Richtung entfernt.

State House HISTORISCHES GEBÄUDE
(☎802-828-1411; www.vtstatehousefriends.org; 115 State St; ⏲geführte Touren Juli–Mitte Okt. Mo–Fr 10–15.30, Sa 11–14.30, Mitte Okt.–Juni Mo–Fr 9–15 Uhr) GRATIS Montpeliers Wahrzeichen, das Capitol-Gebäude mit goldener Kuppel, kann man das ganze Jahr über im Rahmen einer von Ehrenamtlichen geführten Tour besuchen, aber es gibt auch selbstgeführte Audiotouren auf Englisch, Französisch, Spanisch und Deutsch. Die Eingangstüren werden von einer mächtigen Statue des amerikanischen Revolutionshelden Ethan Allen bewacht. Das Fundament, das die goldene Kuppel stützt, wurde 1836 aus im nahen Barre gewonnenen Granit erbaut.

La Brioche CAFÉ, BÄCKEREI $
(☎802-229-0443; www.neci.edu/labrioche; 89 Main St; Gebäck 1–5 US$, Sandwiches 5–8 US$; ⏲Mo–Fr 7–18, Sa bis 15 Uhr) Diese entspannte Bäckerei mit Café ist das erste Lokal des New England Culinary Institute und hier werden köstliches Gebäck und Kaffee zum Frühstück serviert, gefolgt von Suppen, Salaten und Sandwiches aus hausgebackenem Brot zum Mittagessen.

Praktische Informationen

Capitol Region Visitors Center (☎802-828-5981; www.informationcenter.vermont.gov; 134 State St; ⏲Mo–Fr 6–17, Sa & So 9–17 Uhr) Gegenüber vom Vermont State Capitol.

Stowe

Das ultimative, entspannt-lebendige Vermont-Städtchen Stowe (gegründet 1794) liegt in einem schnuckeligen Tal, in dem der West Branch River in den Little River fließt und in allen Richtungen Berge aufragen. Der Ort erfreut sich seit Langem des Rufs als eines der stilvollsten Bergresorts im Osten und zieht gut betuchte Städter aus Boston, New York und darüber hinaus an. Zahlreiche Pensionen und Restaurants säumen die Hauptstraßen, die nach Smuggler's Notch führen. Dieser ist ein traumhafter, von Felswänden flankierter schmaler Pass durch die Green Mountains, direkt unterhalb des Mt. Mansfield (1339 m), dem höchsten Punkt in Vermont. Über 300 km Langlaufloipen, einige der besten Mountainbike-Strecken und alpine Skipisten im Osten sowie erstklassige Fels- und Eisklettermöglichkeiten machen die Gegend zu einem Mekka für Adrenalinjunkies.

Waterbury, 16 km südlich am Interstate Highway, ist das Tor nach Stowe. Zu seinen Attraktionen gehören zwei hervorragende Restaurants, eine beliebte Brauerei und die berühmte Ben & Jerry's Ice Cream Factory.

Sehenswertes & Aktivitäten

★ Ben & Jerry's Ice Cream Factory

FABRIK

(☎802-882-2047; www.benjerrys.com; 1281 VT 100, Waterbury; Erw./Kind unter 13 Jahre 4 US$/frei; ⌚Juli–Mitte Aug. 9–21, Mitte Aug.–Mitte Okt. bis 19, Mitte Okt.–Juni 10–18 Uhr; 👪) 1978 übernahmen Ben Cohen und Jerry Greenfield eine verlassene Tankstelle in Burlington und brachten trotz minimaler Ausbildung ungewöhnliche Geschmackssorten auf den Markt, die die Eiscremeherstellung für immer verändern sollten. Eine Tour durch die Ben & Jerry's Ice Cream Factory ist zwar keine abgedrehte Willy-Wonka-Erfahrung, aber sie umfasst ein kitschiges Video, das den langen, seltsamen Weg des Unternehmens zum Konzernriesen nacherzählt – auch wenn es ein sehr netter Riese mit inspirierender Ansicht zu Gemeinschaftsbildung und Führungsgeist ist.

★ Stowe Recreation Path

OUTDOOR-AKTIVITÄTEN

(⌚ganzjährig; 👪🐾) Der flache bis sanft geschwungene 9 km lange Stowe Recreation Path beginnt an der Stowe Community Church mit dem spitzen Kirchturm im Ortskern und bietet ein fantastisches Naturerlebnis für alle Altersklassen. Er schlängelt sich durch Wälder, Wiesen und Skulpturengärten am West Branch des Little River entlang. Der weite Ausblick auf den Mt. Mansfield in der Ferne ist einfach grandios.

Man kann Rad fahren, wandern, Eis laufen oder Ski fahren – oder in einem der Badelöcher entlang des Weges schwimmen.

Schlafen & Essen

Stowe Motel & Snowdrift

MOTEL, APARTMENT $$

(☎802-253-7629, 800-829-7629; www.stowemotel.com; 2043 Mountain Rd; Zi. 99–210 US$, Suite 190–250 US$, Apt. 169–275 US$; @📶🏊) Neben den „efficiency rooms" (Zimmer mit Küchenzeile) stehen in dem Motel auch Suiten, Apartments sowie Häuser mit zwei bis sechs Zimmern (Preise variieren stark, am besten telefonisch informieren) zur Verfügung. Sie sind über ein weitläufiges 6 ha großes Gelände verteilt, das zudem einen Tennisplatz, Whirlpools, Badmintonfelder und Rasenspiele bietet.

Pie-casso

PIZZA $$

(☎802-253-4411; www.piecasso.com; 1899 Mountain Rd; Hauptgerichte 8–22 US$; ⌚So–Do 11–21, Fr & Sa bis 22 Uhr) Das Pie-casso ist vor allem für seine große Auswahl an Pizzas bekannt: Die mit Würstchen und Peperoni überfrachtete „Heart Stopper" ist ebenso lecker wie die vegetarische „Vienna" mit Spinat, Oliven, sonnengetrockneten Tomaten und Mozzarella. Aber es gibt auch Auberginen-Parmesan-Sandwiches, Fettuccine Alfredo, Penne mit Pesto und vieles mehr. Glutenfreie Pizza mit Mehl von der nahen West Meadow Farm ist ebenfalls erhältlich.

Bistro at Ten Acres

FUSION $$$

(☎802-253-6838; www.tenacreslodge.com; 14 Barrows Rd; Hauptgerichte 19–32 U$; ⌚Mi–So 17–22 Uhr) Dieses ungemein beliebte Restaurant mit Dielenboden in einem Farmhaus aus den 1820er-Jahren vereint eine gemütliche Atmosphäre mit dem köstlichen Essen des in New York ausgebildeten Kochs Gary Jacobson (z. B. Steak mit Pommes, langsam gebratene Ente oder Hummer mit Bourbon-Estragon-Soße und Polenta). Die angeschlossene Bar serviert eine gute Auswahl an Cocktails und Bier vom Fass sowie eine günstigere Speisekarte mit Burger-Schwerpunkt.

Praktische Informationen

Green Mountain Club Visitors Center (☎802-244-7037; www.greenmountainclub.org; 4711 Waterbury-Stowe Rd/VT 100, Waterbury Center; ⌚Mitte Mai–Mitte Okt. tgl. 9–17, Mitte Okt.–Mitte Mai Mo–Fr 10–17 Uhr) Man kann in dieser Filiale (8 km südlich von Stowe) vorbeischauen oder sich auf der Website über Näheres zum Long Trail sowie kürzere Tageswanderungen in der Region informieren.

Stowe Area Association (☎802-253-7321, 800-467-8693; www.gostowe.com; 51 Main

St; ⏲ Mo–Sa 9–17, So 11–17 Uhr;) Diese gut organisierte Gesellschaft hilft bei der Reiseplanung und reserviert beispielsweise Mietwagen und lokale Unterkünfte.

Burlington

Vermonts größte Stadt liegt am Ufer des Lake Champlain und würde in den meisten anderen Bundesstaaten als winzig gelten. Seine relativ geringe Größe trägt aber nur zu Burlingtons besonderem Charme bei. Dank der University of Vermont (UVM) ist die Stadt um 13 400 Studenten, eine lebendige Kulturszene und ein aktives Sozialleben reicher. Burlington versprüht einen freien, jugendlichen Charakter, und in Sachen Nachtleben ist es das Epizentrum Vermonts.

Südlich der Stadt liegt Shelburne, ein schickes Dorf und das Zuhause eines der Kronjuwelen Vermonts, des Shelburne Museums. Das Dorf wird jedoch eher als Erweiterung Burlingtons denn als separater Vorort betrachtet und viele kommen abends hierher, um in einem der edlen Restaurants zu speisen.

Burlington liegt weniger als eine Stunde Fahrt von Stowe und anderen Green-Mountain-Orten entfernt. Die Stadt eignet sich bestens als Basislager für die Erkundung von Vermonts Nordwesten.

Sehenswertes & Aktivitäten

★ Shelburne Museum MUSEUM
(☎802-985-3346; www.shelburnemuseum.org; 6000 Shelburne Rd/US 7, Shelburne; Erw./Kind/Jugendlicher 24/12/14 US$; ⏲ Mai–Dez. tgl. 10–17 Uhr, Jan.–April Mi–So;) Das außergewöhnliche Museum erstreckt sich über 18 Hektar. Es liegt 9 km südlich von Burlington und zeigt die unbezahlbaren Americana-Sammlungen von Electra Havemeyer Webb (1888–1960) und ihren Eltern, insgesamt sind es 150 000 Exponate. Die Mischung aus Volks- und dekorativer Kunst und vielem mehr ist auf 39 historische Gebäude verteilt. Die meisten wurden aus anderen Teilen Neuenglands hierher versetzt, um sie besser erhalten zu können.

★ Intervale Center FARM
(☎802-660-0440; www.intervale.org; 180 Intervale Rd) GRATIS Man würde es nie vermuten, wenn man an einer der geschäftigen Straßenecken in Burlington steht, aber einer der idyllischsten, grünsten Orte in ganz Vermont liegt nur 3 km außerhalb des Stadtzentrums. Das Intervale Center schmiegt sich an die sanften Kurven des Winooski River und umfasst ein Dutzend Bio-Farmen und ein tolles Netz aus Wegen, die an 365 Tagen im Jahr zum Wandern, Rad fahren, Ski fahren, Beeren sammeln und sehr vielem mehr geöffnet sind.

Echo Leahy Center for Lake Champlain AQUARIUM
(☎802-864-1848; www.echovermont.org; 1 College St; Erw./Kind 16,50/13,50 US$; ⏲ 10–17 Uhr;) Dieses kinderfreundliche Museum am See widmet sich der bunten Vergangenheit, Gegenwart und Zukunft des Lake Champlain. In den verschiedenen Aquarien wuselt es nur so, und die naturorientierten Ausstellungen laden zum Nachdenken und mitmachen ein: Hier kann man spritzen, testen, lauschen und selber krabbeln. Die regelmäßigen Wechselausstellungen konzentrieren sich auf wissenschaftliche Themen – von Windenergie über Rieseninsekten bis zu Dinosauriern und Kadavern – und bieten zahlreiche interaktive Elemente.

Whistling Man Schooner Company BOOTSTOUR
(☎802-825-7245; www.whistlingman.com; Burlington Community Boathouse, 1 College St, am Lake Champlain; 2-stündige Bootstour Erw./Kind 50/35 US$; ⏲ 3–4 Touren tgl., Ende Mai–Anfang Okt.) An Bord der *Friend Ship,* einer klassischen 13 m langen Neuengland-Schönheit, die Platz für 17 Passagiere bietet, kann man mit Wind im Haar und einem Vermonter Mikrobier in der Hand über den Lake Champlain schippern. Die Kapitäne kennen die Gegend wie ihre Westentasche und Passagiere dürfen gern ein Picknick mitbringen. Private Chartertouren sind ebenfalls möglich (ab 450 US$ für zwei Stunden).

Schlafen

Burlington Hostel HOSTEL $
(☎802-540-3043; www.theburlingtonhostel.com; 53 Main St, 2. St.; B inkl. Frühstück werktags/Wochenende 39/49 US$; ⏲ Mai–Okt.;) Burlingtons Hostel liegt nur wenige Minuten von den Epizentren in der Church St und am Lake Champlain entfernt. Es bietet Platz für 48 Gäste in gemischten und reinen Frauenschlafsälen.

★ Willard Street Inn PENSION $$
(☎802-651-8710; www.willardstreetinn.com; 349 S Willard St; Zi. inkl. Frühstück 169–269 US$;) Diese Villa steht auf einem Hügel in praktischer Fußentfernung zur UVM und dem Church St Marketplace. Das Haus wurde in

den späten 1880er-Jahren erbaut und vereint den neugeorgianischen Stil mit Queen-Anne-Elementen. Es besticht durch dezente Eleganz mit edlem Holz und geschliffenem Glas und strahlt dennoch einladende Wärme aus. Viele Zimmer bieten Blick auf den Lake Champlain.

★ Inn at Shelburne Farms PENSION $$$
(☎802-985-8498; www.shelburnefarms.org/staydine; 1611 Harbor Rd, Shelburne; Zi. 270–525 US$, ohne Bad 160–230 US$, Hütten & Häuser 270–850 US$; ⏲Anfang Mai–Ende Okt.; 📶) Diese Unterkunft gehört zu den zehn besten in Neuengland. Sie liegt 11 km südlich von Burlington abseits des US 7 und war einst die Sommerresidenz der wohlhabenden Familie Webb. Heute werden die Gäste im eleganten Landhaus am See sowie in vier frei stehenden, mit einer Küche ausgestatteten Hütten und Ferienhäusern untergebracht, die auf dem Gelände verstreut stehen, das man auch besuchen kann, wenn man nicht hier absteigt (Erw./Kind 8/5 US$). Von Mitte Mai bis Mitte Oktober kann man auf den kilometerlangen Wegen wandern, die Tiere im „Children's Farmyard" besuchen oder sich einer geführten Tour anschließen.

Essen

★ Penny Cluse Cafe CAFÉ $
(☎802-651-8834; www.pennycluse.com; 169 Cherry St; Hauptgerichte 6–14 US$; ⏲Mo–Fr 6.45–15, Sa & So 8–15 Uhr) Im Herzen der Innenstadt serviert eins der beliebtesten Frühstückscafés in Burlington Pfannkuchen, *biscuits and gravy*, Frühstücks-Burritos, Omeletts und Tofu-Gebratenes sowie Sandwiches, Fisch-Tacos, Salate und das beste *chile relleno* östlich des Mississippi. Am Wochenende muss man mit einer Stunde Wartezeit rechnen.

Stone Soup VEGETARISCH $
(☎802-862-7616; www.stonesoupvt.com; 211 College St; Buffet 11,25 US$/1 Pfund (453 g), Sandwiches 9,50–12 US$; ⏲Mo–Fr 7–21, Sa 9–21 Uhr; 📶🖉) Dieser Laden ist seit Langem ein Favorit der Einheimischen. Er ist vor allem für sein ausgezeichnetes vegetarier- und veganerfreundliches Buffet bekannt, bietet aber auch hausgemachte Suppen, Sandwiches mit selbstgebackenem Brot, eine Salatbar, Gebäck und Fleisch aus der Region.

★ American Flatbread PIZZA $$
(☎802-861-2999; www.americanflatbread.com; 115 St Paul St; Flatbread 14–23 US$; ⏲Mo–Fr 11.30–15 & 17–23.30, Sa & So 11.30–23.30 Uhr) 🍃 Die zentrale Lage, die gesellige Atmosphäre, das leckere Bier vom Fass aus der hauseigenen Mikrobrauerei Zero Gravity und das ausgezeichnete Flatbread (sehr dünne Pizza) mit regional erzeugten Zutaten sind Grund genug, diesen Laden zur ersten Anlaufstelle fürs Mittag- oder Abendessen in Burlington zu machen.

Revolution Kitchen VEGAN, VEGETARISCH $$
(☎802-448-3657; http://revolutionkitchen.com; 9 Center St; Hauptgerichte 14–18 US$; ⏲Di–Sa 17–22 Uhr; 🖉) Vegetarische Haute Cuisine? Noch dazu in romantischer Atmosphäre? Ja, in diesem gemütlichen Restaurant mit offenen Backsteinwänden gibt's beides. Es nutzt Vermonts Fülle an Bio-Zutaten auf ebenso umfangreiche wie kreative Weise. Die Favoriten des Hauses sind asiatisch, mediterran und lateinamerikanisch beeinflusst, z. B. die Revolution-Tacos, die knusprige Seitan-Piccata oder der Laksa-Nudeltopf. Die meisten Gerichte sind vegan.

Ausgehen & Unterhaltung

Citizen Cider MIKROBRAUEREI
(☎802-497-1987; www.citizencider.com; 316 Pine St; ⏲Mo–Sa 11–22, So bis 19 Uhr) Die belebte Cider-Manufaktur ist eine lokale Erfolgsgeschichte. Sie ist in einem Gebäude im Industrie-Chic-Stil mit gestrichenen Betonböden und langen Holztischen untergebracht. Hier werden nur Äpfel aus Vermont verarbeitet und die Cider-Palette wächst stetig. Für 7 US$ kann man fünf davon in kleiner Menge verkosten, z. B. den das ganze Jahr über beliebten, klassisch-frischen Unified Press oder den Dirty Mayor, der mit Ingwer und Zitronenschale verfeinert ist.

★ Light Club Lamp Shop LIVEMUSIK
(☎802-660-9346; www.facebook.com/LightClubLampShop; 12 N Winooski Ave; ⏲Mo–Do 19–2, Fr–So 17–2 Uhr) Dieser Schuppen gehört zu den coolsten und skurrilsten Läden in Burlington und dient gleichzeitig als Lampenladen (das unglaubliche Sortiment hängt an der Decke und den Wänden), Weinbar und Livebühne. Die Shows (in der Regel kostenlos) sind vielfältig, von Indie-Singer-Songwritern über Gedichtlesungen bis hin zu Comedy ist alles dabei.

Nectar's LIVEMUSIK
(☎802-658-4771; www.liveatnectars.com; 188 Main St; ⏲Mo & Di 19–2, Mi–So 17–2 Uhr) Die Indie-Lieblinge Phish fanden einst hier ihr Sprungbrett und auch heute noch bringen

Nachwuchstalente den Laden zum Rocken. Man kann sich in eine Sitznische setzen, an der Bar abhängen oder oben im Club Metronome (http://clubmetronome.com) die Tanzfläche stürmen, wenn verschiedene Mottopartys stattfinden (freitags ist 90er-Abend) oder größere Liveacts auftreten.

ℹ Praktische Informationen

BTV Information Center (☎802-863-1889; www.vermont.org; Burlington International Airport; ⏲16–24 Uhr) Dieses hilfsbereite Zentrum im Flughafen von Burlington wird vom Lake Champlain Regional Chamber of Commerce gemanagt.

Lake Champlain Regional Chamber of Commerce (☎877-686-5253, 802-863-3489; www.vermont.org; 60 Main St; ⏲Mo–Fr 8–17 Uhr) Touristeninformation im Herzen der Innenstadt.

Waterfront Tourism Center (College St; ⏲Ende Mai–Aug. tgl. 10–20, Sept.–Mitte Okt. bis 18 Uhr) Saisonal geöffnet; in der Nähe des Sees.

ℹ An- & Weiterreise

Wer mit dem Auto aus Boston (3½ Std., 348 km) anreist, kommt über die I-93 oder I-89 hierher. Von Burlington nach Montreal in Kanada sind es weitere 1¾ Stunden (153 km) Richtung Norden.

BUS

Greyhound (www.greyhound.com) bietet mehrere Busse täglich vom Burlington International Airport nach Montreal, Kanada (ab 16 US$, 2½ Std.), und Boston (ab 29 US$, 4½–5½ Std.).

Megabus (☎877-462-6342; www.megabus.com; 119 Pearl St) bietet einmal täglich eine Busverbindung nach Boston (ab 10 US$, 4 Std.) und gelegentliche Busse nach New York City von Burlingtons brandneuem **GMT Downtown Transit Center** (Green Mountain Transit; ☎802-864-2282; www.ridegmt.com; Ecke St. Paul & Cherry St). GMT unterhält außerdem ein paar Langstreckenbusse in andere Städte im Nordwesten Vermonts. Auf der Website (www.ridegmt.com) gibt's Näheres zu Preisen und Fahrplänen.

Middlebury Route 46 und 76

Montpelier Route 86

FLUGZEUG

Mehrere nationale Fluglinien, darunter JetBlue, nutzen den **Burlington International Airport** (BTV; ☎802-863-2874; www.btv.aero; 1200 Airport Dr, South Burlington), 5 km östlich des Stadtzentrums. Am Flughafen findet man auch alle großen Mietwagenfirmen.

ZUG

Der tägliche *Vermonter*-Zug von Amtrak (www.amtrak.com/vermonter-train) bietet Verbindungen in den Süden bis nach New York City und Washington, D. C. Er hält in Essex Junction, 8 km von Burlington entfernt.

NEW HAMPSHIRE

New Hampshire lockt Besucher mit zerklüfteten Bergen, malerischen Tälern und von Wäldern umringten Seen, die in jeder Ecke dieses wild-romantischen Bundesstaats zu finden sind. Die Natur lädt zu unzähligen Outdoor-Aktivitäten ein, die von Kajakfahren in den versteckten Buchten der Lakes Region bis zu Wanderungen auf die hohen Gipfel rund um den Mt. Washington reichen. Jede Jahreszeit bietet zahlreiche Möglichkeiten für einen Adrenalinschub und andere Zeitvertreibe: Ski fahren und Schneeschuh-Touren im Winter, wunderschöne Wanderungen und Panoramafahrten in bunter Kulisse im Herbst und im Sommer schwimmt man in kühlen Bergflüssen und pflückt Beeren.

Kolonialsiedlungen wie Portsmouth sind wahre Schmuckstücke und verströmen eine angenehme Atmosphäre, während unverfälschte Dörfer wie Keene und Peterborough mit historischen Reizen und Kleinstadtkultur glänzen. Trotzdem liegt über allem eine gelassene Grundstimmung – man kann in aller Ruhe aufs von Seetauchern übersäte Wasser blicken, sich bei einer malerischen Eisenbahnfahrt entspannt zurücklehnen oder bei Sonnenuntergang mit dem Boot über einen See schippern. Nebenbei lässt man sich natürlich immer einen Teller mit gebratenen Venusmuscheln oder ein Hummer-Brötchen schmecken.

Geschichte

New Hampshire erhielt seinen Namen 1629 nach der englischen Grafschaft Hampshire und war eine der ersten amerikanischen Kolonien, die 1776 ihre Unabhängigkeit von England erklärten. Während des Industrialisierungs-Booms im 19. Jh. entwickelte Manchester eine derartige Wirtschaftskraft, dass seine Textilfabriken die größten auf der ganzen Welt wurden.

Eine wichtige Rolle in der Weltpolitik spielte New Hampshire im Jahr 1944, als Präsident Franklin D. Roosevelt die Regierungen aus 44 verbündeten Staaten zu einer Konferenz in das abgelegene Bretton Woods einlud, um ein stabiles Währungssystem zu begründen. Im Rahmen der Bretton-Woods-Konferenz wurden die Weltbank und der

Internationale Währungsfonds (IWF) ins Leben gerufen.

Im Jahr 1963 fand New Hampshire, lange berüchtigt für seine steuerfeindliche Haltung, ein neues Mittel, um Einkünfte zu erzielen: Es war der erste Bundesstaat der USA, in dem eine legale Lotterie aus der Taufe gehoben wurde.

Praktische Informationen

New Hampshire Division of Parks & Recreation (www.nhstateparks.org) Bietet Informationen zu einem Netz aus Radwegen, das sich über den ganzen Bundesstaat erstreckt, und einen umfassenden Campingführer.

New Hampshire Division of Travel & Tourism Development (www.visitnh.gov) Bietet u. a. aktuelle Infos zu Skibedingungen und zur Herbstlaubsituation.

Portsmouth

Portsmouth liegt am Piscataqua River und ist eine der elegantesten Städte in New Hampshire mit historischem Stadtkern, von Bäumen gesäumten Straßen und Kolonialgebäuden aus dem 18. Jh. Trotz der ehrwürdigen Geschichte als frühes Zentrum der amerikanischen Schiffsindustrie versprüht die Stadt jugendliche Energie, und Traveller wie Einheimische füllen die zahlreichen Restaurants und Cafés. Viele Museen und historische Gebäude erlauben Besuchern einen Einblick in die vielschichtige Vergangenheit der Stadt, während ihr die Nähe zur Küste sowohl Hummer-Festmahle als auch regelmäßig eine dichte Nebeldecke beschert.

Portsmouth macht seinem Namen noch immer alle Ehre und ist nach wie vor eine aktive Hafenstadt, deren Wirtschaftskraft von der Flottenwerft (die eigentlich auf der anderen Flussseite in Maine liegt) und dem Zustrom von Hightech-Unternehmen angekurbelt wird.

Sehenswertes & Aktivitäten

★ Strawbery Banke Museum — MUSEUM

(☎603-433-1100; www.strawberybanke.org; 14 Hancock St; Erw./Kind 19,50/9 US$; ⏲Mai–Okt. 10–17 Uhr; Nov.–Apr. Sonderveranstaltung) Auf einem Gelände von 4 ha Fläche zeigt das Strawbery Banke Museum eine bunte Mischung alter Häuser, die bis in die 1690er-Jahre zurückdatieren. Kostümierte Führer schildern die Geschichten, die sich um diese 40 Häuser (zehn davon sind möbliert) ranken. Dazu gehören die **Pitt Tavern** (1766), eine Brutstätte des revolutionären Gedankens, die **Goodwin Mansion**, ein prächtiges Herrenhaus aus dem 19. Jh. aus der Blütezeit von Portsmouth, und der **Abbott's Little Corner Store** (1943). Die Eintrittskarte gilt für zwei aufeinanderfolgende Tage.

USS Albacore — MUSEUM

(☎603-436-3680; www.ussalbacore.org; 600 Market St; Erw./Kind 7/3 US$; ⏲Ende Mai–Mitte Okt. 9.30–17 Uhr; kürzere Öffnungszeiten im restlichen Jahr) Wie ein gestrandeter Fisch liegt das 63 m lange U-Boot heute auf einer Rasenfläche am Strand und dient als Museum. Die *Albacore*, die im Jahr 1953 im Portsmouth Naval Shipyard vom Stapel lief, war früher einmal das schnellste U-Boot der Welt.

Isles of Shoals Steamship Co — BOOTSTOUR

(☎603-431-5500; www.islesofshoals.com; 315 Market St; Erw./Kind ab 28/18 US$; 👪) Von Mitte Juni bis Oktober veranstaltet dieser Anbieter ausgezeichnete Touren durch den Hafen und zu den historischen Isles of Shoals. Das Schiff ist einer Fähre aus dem frühen 20. Jh. nachempfunden. Außerdem stehen geführte Wanderungen auf Star Island und Party-Bootstouren mit DJs oder Livebands auf dem Programm.

Schlafen & Essen

Portsmouth ist ein Traumziel für Feinschmecker. Hier gibt's alles: von Hummer-Brötchen über internationales Streetfood bis hin zu ausgezeichneter vegetarischer Küche und Nouvelle Cuisine à la Neuengland.

Port Inn — MOTEL $$

(☎603-436-4378; www.portinnportsmouth.com; 505 US 1 Bypass; Zi. 189–339 US$; ❄@📶🏊🐾) Das einladende Motel rund um einen kleinen Hof hat eine praktische Lage abseits der I-95, rund 1,5 Meilen (2,4 km) südwestlich von Downtown. In den Zimmern geben einfarbige Kissen und Tagesdecken der klassischen Möblierung etwas Farbe. Für mitgebrachte Haustiere werden 20 US$ pro Nacht berechnet.

★ Ale House Inn — PENSION $$$

(☎603-431-7760; www.alehouseinn.com; 121 Bow St; Zi. 209–379 US$; P❄📶) Das ehemalige aus Backstein erbaute Lagerhaus der Portsmouth Brewing Company ist heute die schickste Boutique-Pension der Stadt. Sie vereint zeitgenössisches Design mühelos mit Gemütlichkeit. Die Zimmer sind modern und mit strahlend weißer Bettwäsche, Flachbildfernsehern und – in den Suiten – herrlichen, dunklen Plüschsofas ausgestattet. In den Luxuszimmern gibt's sogar ein iPad. Im Preis ist die Nutzung der Vintage-Fahrräder inbegriffen.

Surf FISCH & SEAFOOD $$
(☎603-334-9855; www.surfseafood.com; 99 Bow St; Mittagessen 10–24 US$, Abendessen 12–42 US$; ⊙Di & Mi 16–21, Do & So 11–21, Fr & Sa bis 22 Uhr) Wir sind uns nicht sicher, ob in diesem luftigen Restaurant der – vor allem bei Sonnenuntergang – grandiose Blick auf den Piscataqua River das wundervolle Essen unterstreicht oder umgekehrt. So oder so, hier kann man den Tag wunderbar ausklingen lassen. Aus Fisch und Meeresfrüchten werden globale Geschmackserlebnisse gezaubert, darunter finden sich auch Schellfisch-Tacos, portugiesischer Meeresfrüchte-Eintopf oder Shrimp-Vindalho.

★ **Black Trumpet Bistro** INTERNATIONAL $$$
(☎603-431-0887; www.blacktrumpetbistro.com; 29 Ceres St; Hauptgerichte 17–32 US$; ⊙17–21 Uhr) Dieses Bistro mit Backsteinwänden und stilvollem Ambiente serviert einzigartige Kombinationen – von hausgemachten Würstchen mit Kakaobohnen bis zu sautiertem Schellfisch mit Yuzu (eine asiatische Zitrusfrucht). Man kann auch oben in der Weinbar, die ähnlich einfallsreiche Cocktails zaubert, von der kompletten Speisekarte bestellen.

ℹ Praktische Informationen

Greater Portsmouth Chamber of Commerce (☎603-610-5510; www.portsmouthchamber.org; 500 Market St; ⊙ganzjährig Mo–Fr 9–17, Mai–Mitte Okt. auch Sa & So 10–17 Uhr) Unterhält außerdem den saisonal geöffneten **Infokiosk** (Market Sq) im Stadtzentrum.

ℹ An- & Weiterreise

Portsmouth liegt gleich weit (92 km) von Boston und Portland, ME, entfernt. Die Fahrt auf dem I-95 nach Portland dauert ca. 1¼ Stunden, nach Boston 1½ Stunden. Während Stoßzeiten und in der Hochsaison kann das Verkehrsaufkommen jedoch locker doppelt oder drei Mal so hoch sein.

Lakes Region

Die Lakes Region mit ihrer seltsamen Mischung aus natürlicher Schönheit und kommerziellem Kitsch ist eins der beliebtesten Ferienziele New Hampshires. Der riesige Lake Winnipesaukee, das Herzstück der Region, umfasst 295 km Küstenlinie sowie über 300 Inseln und bietet ausgezeichnete Voraussetzungen fürs Lachsfischen. Wer einmal den frühen Morgennebel über den See hat wabern sehen, versteht, warum die amerikanischen Ureinwohner ihm den Namen „Lächeln des Großen Geistes" gaben. Die schönsten Gegenden sind die Südwestecke zwischen Glendale und Alton (an der Uferstraße Belknap Point Rd) und die Nordostecke zwischen Wolfeboro und Moultonborough (am NH 109). Gleich nördlich befinden sich die kleineren Squam Lake und Little Squam Lake.

Die Straßen, die das Seeufer säumen und die hiesigen Städte miteinander verbinden, warten mit einem bunten Sammelsurium provinzieller Americana-Kultur auf: Spielhallen, Gokart-Bahnen, Muschellokale, Fastfoodläden und Bootsstege.

ℹ Anreise & Unterwegs vor Ort

Am schnellsten erreicht man die Lakes Region über den I-93. Von Boston und anderen Orten im Süden nimmt man die Ausfahrt 15E nach Wolfeboro, Ausfahrt 20 nach Weirs Beach, Ausfahrt 23 nach Meredith oder Ausfahrt 24 nach Holderness (Squam Lake).

Weirs Beach

Weirs Beach wurde von den amerikanischen Ureinwohnern „Aquedoctan" genannt und hat seinen englischen Namen den Wehren (*weirs*) zu verdanken, die die ersten europäischen Siedler entlang des kleinen Sandstrands fanden. Heute steht Weirs Beach für fröhlich-lautes, kindliches Vergnügen in der Lake-Winnipesaukee-Region und ist für Videospielarkaden und *fried dough* (süßer Snack) berühmt. Die Uferpromenade am See, der öffentliche Strand und das Dock für kleine Boote bieten die perfekten Voraussetzungen für einen entspannten Urlaub. Außerdem gibt's in der Nähe einen Wasserpark und ein Autokino. Abseits des Trubels am Seeufer wartet interessante viktorianische Architektur, die in dieser Hauptstadt des Kitschs fast etwas deplatziert wirkt.

Südlich von Weirs Beach liegen **Laconia**, die größte Stadt der Region, der es allerdings an echten Sehenswürdigkeiten mangelt, und das sich an den See schmiegende **Gilford**. Zur Information: Diese Seite des Sees wird jedes Jahr im Juni während der Laconia Motorcycle Week (www.laconiamcweek.com), der ältesten Motorradrallye der Welt, neun Tage lang von Bikern in Beschlag genommen.

MS Mount Washington BOOTSFAHRT
(☎603-366-5531; www.cruisenh.com; 211 Lakeside Ave; Erw./Kind reguläre Bootstour 32/16 US$, Bootstour mit Sonntagsbrunch 50/25 US$) Die klassische MS *Mount Washington* legt zwischen Mitte Mai und Mitte Oktober jeden Tag in Weirs Beach ab und unternimmt eine entspannte 2½-stündige Panoramatour auf dem Lake Winnipesaukee mit Halt in Wolfeboro und gelegentlichen Abstechern nach Alton Bay, Center Harbor und/oder Meredith. Spezielle Events gibt es ebenfalls, etwa die wöchentliche Champagner-Rundfahrt am Sonntag und verschiedene Motto-Fahrten im Sommer.

Winnipesaukee Scenic Railroad EISENBAHN
(☎603-745-2135; www.hoborr.com; 211 Lakeside Ave; Erw./Kind 1 Std. 18/14 US$, 2 Std. 20/16 US$) Die touristische Scenic Railroad bietet ein- und zweistündige Ausflüge am See entlang. Man sitzt in Zugwaggons aus den 1920er- und 30er-Jahren. Abfahrt ist in Weirs Beach und Meredith (154 Main St). Der Zug fährt zur Südspitze des Lake Winnipesaukee in Alton Bay, bevor er einen U-Turn macht.

Praktische Informationen

Lakes Region Chamber of Commerce (☎603-524-5531; www.lakesregionchamber.org; 383 S Main St, Laconia; ⏲Mo–Fr 9–15 Uhr) Bietet Informationen zur Gegend rund um Laconia/Weirs Beach.

Weirs Beach Information Booth (513 Weirs Blvd; ⏲24 Std. Ende Mai–Anfang Sept.) Hilfreich bei der kurzfristigen Buchung von Unterkünften am selben Tag.

Wolfeboro

Wolfeboro liegt am Ostufer des Lake Winnipesaukee. In dieser idyllischen Stadt scharen sich Kinder an warmen Sommerabenden immer noch um den Eis-Stand, während es Jung und Alt zu den wöchentlichen Konzerten in den grünen Park am See treibt. Der Ort ist nach General Wolfe benannt, der beim Sieg über Montcalm in der Schlacht auf der Abraham-Ebene in Quebec fiel. Wolfeboro (gegründet 1770) bezeichnet sich selbst als „ältestes Sommerresort in Amerika". Ob das nun stimmt oder nicht, es ist definitiv eins der charmantesten Resorts mit hübschen Stränden am See, interessanten Museen, wunderbarer Neuengland-Architektur (von georgianisch über Federal bis zu neoklassisch und Second Empire), gemütlichen B&Bs und einem schönen Wanderweg, der an mehreren Seen entlang aus der Stadt führt.

Schlafen & Essen

Wolfeboro Campground CAMPINGPLATZ $
(☎603-569-9881; www.wolfeborocampground.com; 61 Haines Hill Rd; Stellplatz Zelt/Wohnwagen 29/33 US$; ⏲Ende Mai–Mitte Okt.; 📶) 7 km nördlich von Wolfeboros Stadtzentrum liegt dieser Campingplatz abseits des NH 28 und verfügt über 50 private bewaldete Stellplätze.

Wolfe's Tavern AMERIKANISCH $$
(☎603-569-3016; www.wolfestavern.com; 90 N Main St; Hauptgerichte abends 15–34 US$; ⏲So–Do 7–21, Fr & Sa bis 22 Uhr) Die umfangreiche Karte des rustikalen Wolfe's Tavern reicht von Pizzas bis zu Burgern, Meeresfrüchten und Steak und bietet darüber hinaus vegetarische und glutenfreie Optionen. Bei gutem Wetter kann man auf der Terrasse sitzen.

Praktische Informationen

Wolfeboro Chamber of Commerce Information Booth (☎603-569-2200; www.wolfeborochamber.com; 32 Central Ave; ⏲Ende Mai–Mitte Okt. Mo–Sa 10–15, So bis 12 Uhr, Rest des Jahres kürzere Öffnungszeiten) Diese kleine Touristeninformation im alten Bahnhof weiß alles über die Aktivitäten vor Ort.

White Mountains

Die weitläufigen White Mountains bedecken ein Viertel der Fläche New Hampshires (und Teile von Maine). Diese spektakuläre Region mit hoch aufragenden Gipfeln und grünen Tälern lockt mit den zerklüftetsten Bergen Neuenglands. Man kann sich mit unzähligen Aktivitäten die Zeit vertreiben: von Wandern über Campen bis hin zu Ski- oder Kanufahren. Ein Großteil der Gegend – 3200 km² – sind als White Mountain National Forest (WMNF) vor Überbauung geschützt, damit diese wunderschöne Natur noch viele Jahre erhalten bleibt. Man sollte jedoch wissen, dass die Region äußerst beliebt ist: Sechs Millionen Besucher strömen alljährlich hierher und machen den Park zum meistbesuchten des Landes (gleich nach dem Great Smoky Mountains).

Für bestimmte Wege und Parkplätze im National Forest braucht man einen „Recreation Pass" (5/30 US$ pro Tag/Jahr). Man kann die Pässe an jedem Besucherzentrum der Gegend oder an Automaten am Beginn der Wege kaufen.

Praktische Informationen

Rangerstationen an den wichtigsten Straßen durch den National Forest halten Informationen zu Wanderwegen und Sehenswürdigkeiten bereit. Auf der Website (www.fs.usda.gov/white mountain) erfährt man, wo sie zu finden sind.

Anreise & Unterwegs vor Ort

Der I-93 führt von Boston Richtung Norden nach St. Johnsbury, VT, und bietet den einfachsten Zugang zu den White Mountains. Man kann an jeder beliebigen Ausfahrt zwischen Waterville Valley im Süden und Littleton im Norden abfahren, um die kleineren Ost-West-Routen zu erkunden, die tiefer in die Berge führen.

Kancamagus Highway

Der Kancamagus Hwy (NH 112) schlängelt sich über 56 km zwischen Lincoln und Conway mitten durch den White Mountain National Forest (WMNF) und über den Kancamagus Pass (874 m) und gehört zu den schönsten Panoramastraßen in New Hampshire. Der „Kanc" wurde erst 1964 asphaltiert und ist von kommerzieller Entwicklung weitgehend verschont geblieben. Er bietet einfachen Zugang zu den Campingplätzen des US Forest Service (USFS), zu schönen Wanderwegen und fantastischer Landschaft.

Die Route ist nach Chief Kancamagus („Der Furchtlose") benannt, der um 1684 zum *sagamore* (Anführer) des amerikanischen Ureinwohnerstammes der Penacook wurde. Er war der letzte *sagamore* und folgte auf seinen Großvater, den großen Passaconaway, und seinen Onkel Wonalancet. Kancamagus versuchte, den Frieden zwischen den indigenen Stämmen und den europäischen Entdeckern und Siedlern zu erhalten, aber die Neuankömmlinge strapazierten seinen Geduldsfaden so sehr, dass er schließlich riss. Am Ende zog er in die Schlacht, um die Region von den Europäern zu befreien. 1691 waren er und sein Stamm jedoch gezwungen, nach Norden zu fliehen.

★ Lincoln Woods Trail WANDERN

(NH 112/Kancamagus Hwy, 8 km östlich des I-93) Zu den einfachsten und beliebtesten Wanderwegen im White Mountain National Forest gehört auch der 4,5 km lange Lincoln Woods Trail in 353 m Höhe, der einem ausgedienten Gleisbett zur Grenze der Pemigewasset Wilderness (442 m Höhe) folgt. Man erreicht den Beginn des Weges, indem man dem Kancamagus Hwy östlich des I-93 für 8 km folgt; parken kann man am Lincoln Woods Visitor Center.

Sobald man die Grenze der Pemigewasset Wilderness erreicht, kann man entweder auf demselben Weg wieder zurückgehen oder auf 10 km dem leichten **Wilderness Trail** weiter zur Stillwater Junction (628 m Höhe) folgen, von wo man auf dem **Cedar Brook** bzw. **Hancock Notch Trail** wieder zum Kancamagus Hwy zurückwandern kann (9 km östlich des Parkplatzes am Lincoln Woods).

Saco Ranger District Office TOURISTENINFORMATION

(☎603-447-5448; 33 Kancamagus Hwy, Conway; ⏱Di–So 8–16.30, Mo 9–16.30 Uhr) Im Saco Ranger District Office am Ostende des Kancamagus Hwy in der Nähe von Conway gibt's WMNF-Broschüren und Wanderkarten.

North Woodstock & Lincoln

North Woodstock und sein Nachbarort Lincoln ziehen eine Mischung aus Abenteuerlustigen und Reisenden auf der Durchreise zum Kancamagus Hwy (NH 112) an. North Woodstock versprüht eine geschäftige Kleinstadtatmosphäre mit etwas altersschwachen Motels und Diners entlang der Hauptstraße sowie mit einem parallel dazu verlaufenden gurgelnden Fluss. Das Nahe Lincoln hat weniger Charme, ist aber der Startpunkt der unterhaltsamen Hobo Railroad und bietet weitere familienfreundliche Aktivitäten, z. B. Seilrutschen und einen abenteuerlichen Kletterpark.

Schlafen & Essen

Woodstock Inn Station & Brewery PENSION $$

(☎603-745-3951; www.woodstockinnnh.com; 135 Main St/US 3, North Woodstock; Zi. inkl. Frühstück 102–257 US$; ❄📶) Diese viktorianisch-ländliche Pension ist das Herzstück von North Woodstock. Sie bietet 33 individuell eingerichtete Zimmer in fünf Gebäuden (drei stehen nebeneinander, zwei auf der anderen Straßenseite), alle mit modernen Annehmlichkeiten, aber altmodischem Stil. Das hauseigene Restaurant, Woodstock Inn Station & Microbrewery, lockt mit Tischen im Freien auf der hübschen, üppig mit Blumen dekorierten Terrasse.

Woodstock Inn Station & Brewery KNEIPENESSEN $$

(☎603-745-3951; www.woodstockinnnh.com; 135 Main St/US 3, North Woodstock; Hauptgerichte

9–27 US$; ⌚11.30–1 Uhr) Dieses Lokal war früher ein Bahnhof und versucht, es allen recht zu machen – und mit über 150 Angeboten auf der Karte sollten hier auch sämtliche Gelüste abgedeckt sein. Wir finden die Pasta-Gerichte, Sandwiches und Burger am Interessantesten.

Praktische Informationen

Western White Mountains Chamber of Commerce (☎603-745-6621; www.lincolnwoodstock.com; 126 Main St/US 3, North Woodstock; ⌚Mo–Fr 8–16 Uhr) Allgemeine Touristeninformation.

White Mountains Visitor Center (☎Info National Forest 603-745-3816, Besucherinfo 603-745-8720; www.visitwhitemountains.com; 200 Kancamagus Hwy, abseits I-93, Ausfahrt 32, North Woodstock; ⌚Besucherinfo ganzjährig tgl. 8.30–17, Info National Forest Mitte Mai–Okt. tgl. 9–15.30 Uhr, Rest des Jahres Fr–So) Infos zu Wanderwegen und „Recreation-Pässe" für den National Forest.

Franconia Notch State Park

Die Franconia Notch ist ein wirklich dramatischer Gebirgspass – die schmale Schlucht, die über Millionen von Jahre von einem Wildbach geformt wurde, schneidet sich durch den zerklüfteten Granit. Hier konnte man lange Zeit den vielgeliebten Old Man of the Mountain bewundern, eine natürliche Felsformation, die zum Wahrzeichen des Granite State wurde. Leider stürzte der Old Man 2003 ein – was Traveller jedoch nicht davon abhält, hierher zu reisen und sich die unscheinbaren Überreste der Felsen anzuschauen. Doch trotz des Verlusts des „Alten Mannes" hat die Franconia Notch zahlreiche Attraktionen zu bieten, von der dramatischen Wanderung durch die Flume Gorge bis zur fantastischen Aussicht von der Presidential Range.

Die malerischsten Teile sind im schmalen Franconia Notch State Park geschützt. Der I-93 quetscht sich hier – begrenzt auf zwei Spuren – durch die Schlucht. Tankstellen findet man in Lincoln und North Woodstock im Süden bzw. in Franconia und Littleton im Norden.

Sehenswertes & Aktivitäten

Cannon Mountain Aerial Tramway SEILBAHN

(☎603-823-8800; www.cannonmt.com; 260 Tramway Dr, abseits I-93, Ausfahrt 34B; hin & zurück Erw./Kind 18/16 US$; ⌚Juni–Mitte Okt. 8.30–17 Uhr; 👪) Diese Seilbahn klettert an der Seite des Cannon Mountain hinauf und bietet einen atemberaubenden Blick auf die Franconia Notch. 1938 wurde die erste Passagier-Gondelbahn Nordamerikas an diesem Hang erbaut. Sie wurde 1980 durch die heutige größere Seilbahn ersetzt, die 80 Passagiere zum Gipfel des Cannon Mountain transportieren kann. Die 1,6 km lange Fahrt steigt 616 Höhenmeter auf und dauert weniger als zehn Minuten. Man kann aber auch auf den Berg hinaufwandern und mit der Bahn wieder runterfahren (Erw./Kind 13/10 US$).

Echo Lake Beach STRAND

(☎603-745-8391; www.nhstateparks.org; I-93, Ausfahrt 34C; Erw./Kind 4/2 US$; ⌚Ende Mai–Anfang Okt. 9–17 Uhr) Trotz seiner Nähe zum Highway ist dieser kleine See am Fuß des Cannon Mountain ein angenehmer Ort, um sich einen Nachmittag mit Schwimmen, Kajak- oder Kanufahren (ab 11 US$/Std.) im kristallklaren Wasser zu vertreiben.

★ Flume Gorge & the Basin WANDERN

(☎603-745-8391; www.flumegorge.com; I-93, Ausfahrt 34A; Erw./Kind 16/14 US$; ⌚ Anfang Mai–Ende Okt. 8.30–17 Uhr) Ein Wunder der Natur ist diese 3,6 bis 6,1 m breite Felsspalte im Granit, durch die ein 244 m langer begehbarer Plankenweg führt. Zu beiden Seiten ragen die Granitwände 21 bis 27 m in die Höhe, und aus den gefährlich wirkenden Nischen und Spalten wachsen Pflanzen und Moos. Schilder entlang des Weges erläutern, wie die Natur dieses Phänomen erschaffen hat.

ABSTECHER

MONADNOCK STATE PARK

Der majestätische 965 m hohe **Mt. Monadnock** (☎603-532-8862; www.nhstateparks.org; 169 Poole Rd, Jaffrey; Tageskarte Erw./Kind 5/2 US$) ist das Herzstück dieses beliebten State Parks zwischen Keene und Jaffrey. Am Besucherzentrum kann man sich über Wanderungen informieren und sich dann zu einer malerischen Rundtour zum kahlen Gipfel über den White Dot bzw. White Cross Trail aufmachen (hin & zurück ca. 3½ Std.). Wer über Nacht bleiben möchte, kann auf dem **Gilson Pond Campground** (☎Info 603-532-2416, Reservierungen 877-647-2757; 585 Dublin Rd/NH 124, Jaffrey; Zeltplatz 25 US$; ⌚Mai–Okt.) zelten.

Praktische Informationen

Franconia Notch State Park Visitor Center (☎603-745-8391; www.nhstateparks.org; I-93, Ausfahrt 34A; ⊙Anfang Mai–Ende Okt. 8.30–17 Uhr) Das Besucherzentrum des State Parks befindet sich an der Flume Gorge und ist saisonal geöffnet. Es bietet Informationen rund um den Park und die Umgebung. Außerdem gibt's eine Cafeteria und einen Souvenirladen.

Mt. Washington Valley

Die winzigen Dörfer in diesem beliebten Gebirgsziel sind von dramatischer Bergkulisse umgeben. Die Gegend lädt zu zahlreichen Outdoor-Abenteuern ein: Man kann wunderbar wandern, Ski fahren, Kajak fahren und raften, idyllisch in Bächen planschen, in hübschen Farmhäusern übernachten oder einfach die Landschaft erkunden.

Das Mt. Washington Valley erstreckt sich von Conway nach Norden, am Ostende des Kancamagus Hwy, und bildet den Ostrand der White Mountains. Die zentrale Stelle des Tals ist North Conway, aber auch alle anderen Städte entlang des NH 16/US 302 (auch White Mountain Hwy genannt) können als Tor in die Berge dienen. Namensgeber des Tals ist natürlich der Mt. Washington, Neuenglands höchster Gipfel (1916 m), der im Nordwesten über dem Tal thront.

MT. WASHINGTON

Der Mt. Washington ist mit 1916 m Höhe der höchste Berg in Neuengland. Er ist für sein äußerst schlechtes Wetter bekannt – die Durchschnittstemperatur auf dem Gipfel beträgt -3 °C. Das Thermometer ist schon mal auf -43 °C gefallen, aber nur auf 22 °C gestiegen. Und jedes Jahr fallen über 6 m Schnee (in einem Jahr waren es sogar 14 m). Ab und zu herrscht ein ähnliches Klima wie in der Antarktis, und orkanartige Winde fegen etwa alle drei Tage über den Berg. Tatsächlich wurde hier bei einem Sturm 1934 die zweithöchste Windgeschwindigkeit aller Zeiten gemessen: Einzelne Böen erreichten 372 km/h.

Wer den Aufstieg zum Gipfel wagen will, sollte warme, winddichte Kleidung und Schuhe einpacken, auch im Hochsommer, und vorher immer mit dem Hüttenpersonal des Appalachian Mountain Club (AMC) sprechen. Man sollte sich auch nicht scheuen, umzukehren, falls sich das Wetter verschlechtert. Dutzende Wanderer ignorierten in der Vergangenheit derartige Warnzeichen und ließen ihr Leben. Am Wegesrand wird mit Denkmälern und Kreuzen an sie erinnert.

Bei gutem Wetter ist die Wanderung allerdings ein erhebendes Erlebnis. Die einzige Enttäuschung, wenn man nach dem stundenlangen anstrengenden Anstieg und der Erkundung abgeschiedener Seitenpfade endlich den Gipfel erreicht, ist der riesige Parkplatz mit all den Autos, die einfach hochgefahren sind. Aber was soll's? Man kann sich ja trotzdem einen „Dieses Auto hat den Mt. Washington bestiegen"-Aufkleber kaufen.

BRETTON WOODS & CRAWFORD NOTCH

Dieser wunderschöne 540 m hohe Bergpass am Westhang des Mt. Washington ist tief in den Legenden New Hampshires verwurzelt. 1826 lösten sintflutartige Regenfälle hier Erdrutsche aus und töteten die Familie Willey unten im Tal. Zeitungen berichteten damals über den dramatischen Vorfall, der auch die Fantasie des Malers Thomas Cole und des Schriftstellers Nathaniel Hawthorne anregte: Beide ließen sich von der Katastrophe inspirieren und machten Crawford Notch damit unwissentlich zu einem Touristenziel.

Trotzdem war die Gegend lange Zeit nur den Einheimischen und wohlhabenden Sommerurlaubern bekannt, die im luxuriösen Mt. Washington Hotel in Bretton Woods abstiegen – bis Präsident Roosevelt 1944 eine Konferenz in dem Hotel abhielt, die sich mit der Weltwirtschaftsordnung nach dem Zweiten Weltkrieg befasste.

Auch heute ist das Hotel noch genauso grandios wie früher, nur dass nun viel mehr Besucher auf den Mt. Washington strömen – zu Fuß oder an Bord einer Dampflokomotive der atemberaubenden Mount Washington Cog Railway.

Sehenswertes & Aktivitäten

★ **Crawford Notch State Park** STATE PARK
(☎603-374-2272; www.nhstateparks.org; 1464 US 302, Harts Location; ⊙Besucherzentrum Ende Mai–Mitte Okt. 9.30–17 Uhr, Park ganzjährig, sofern nicht anders angegeben) GRATIS Dieser hübsche Park verfügt über ein umfangreiches Netz aus Wanderwegen. Vom Besucherzentrum am Willey House kann man den leichten 800 m langen Pond Loop Trail, den 1,6 km langen Sam Willey Trail und den Ripley Falls Trail absolvieren, der 1,6 km vom US 302 über den Ethan Pond Trail führt. Der Beginn des Wegs zu den Arethusa Falls (2,2 km) befindet sich 800 m südlich des Dry River Campground am US 302. Wer

eine anspruchsvollere Wanderung sucht, kann den längeren Aufstieg zum Mt. Washington wagen.

★ Mount Washington Cog Railway EISENBAHN

(☎603-278-5404; www.thecog.com; 3168 Base Station Rd; Erw. 69–75 US$, Kind 39 US$; ⌚Juni–Okt. tgl., Ende April, Mai & Nov. Sa & So) Puristen wandern und wer faul ist, der fährt – aber die skurrilste Art, den Gipfel des Mt. Washington zu erklimmen, ist eine Fahrt mit dieser Zahnradbahn. Die mit Kohle angeheizten Dampflokomotiven absolvieren den malerischen, 5,5 km langen Anstieg (hin & zurück 3 Std.) über die steilen Berghänge seit 1869. Zwei altmodische Dampfzüge fahren täglich von Ende Mai bis Oktober, zusätzlich verkehren noch von Ende April bis November Biodiesel-Züge.

Bretton Woods Canopy Tour ABENTEUER

(☎603-278-4947; www.brettonwoods.com; US 302; 89–110 US$/Pers.; ⌚Touren ganzjährig 2-mal tgl., während der Hochsaison zusätzliche Zeiten) Diese Klettertour durch die Baumwipfel findet bei allen Jahreszeiten statt. Man wandert durch die Wälder, spaziert über hohe Seilbrücken und saust an Seilrutschen mit 50 km/h über 300 m von einer Baumplattform zur anderen.

Schlafen

AMC Highland Lodge LODGE $$

(☎Rezeption 603-278-4453, Reservierungen 603-466-2727; www.outdoors.org; NH 302, Bretton Woods; mit Frühstück & Abendessen Erw./Kind/Jugendlicher Zi. ab 163/50/95 US$, ohne eigenes Bad 113/50/95 US$;) Die gemütliche Lodge des Appalachian Mountain Club (AMC) liegt inmitten der landschaftlichen Schönheiten von Crawford Notch und ist ein ideales Basislager zur Erkundung der Wanderwege, die sich kreuz und quer durch die Presidential Range ziehen. Das Anwesen ist schön, die Zimmer sind schlicht, aber komfortabel und die Mahlzeiten herzhaft. Die Gäste, die hier wohnen, sind Outdoorfans; für AMC-Mitglieder gibt's Rabatt.

★ Omni Mt. Washington Hotel & Resort HOTEL $$$

(☎603-278-1000; www.omnihotels.com; 310 Mt. Washington Hotel Rd, Bretton Woods; Zi. 259–849 US$;) Das prächtige Hotel gibt es schon seit 1902, und es hat Sinn für Humor, wie an dem Elchkopf im Foyer und den eingerahmten Wildblumen aus der Gegend in vielen der Zimmer deutlich wird. Es gibt hier auch einen Golfplatz mit 27 Löchern, einen Tennisplatz mit Lehmboden, ein Reitzentrum und ein Spa. Die Resortgebühr beträgt 25 US$ pro Tag.

Praktische Informationen

Twin Mountain-Bretton Woods Chamber of Commerce (☎800-245-8946; www.twinmountain.org; Ecke US 302 & US 3; ⌚Infokiosk besetzt Ende Mai–Mitte Okt. Fr–So 9–17 Uhr, Juli & Aug. tgl., Rest des Jahres Selbstbedienung) Hier gibt's das ganze Jahr über eine Infotafel und einen saisonal besetzten Infokiosk. An der Kreuzung US 3–US 302 einfach nach den bunt bemalten Eisenbahnwaggons Ausschau halten.

Hanover

Hanover ist eine typische neuenglische Collegestadt. An warmen Tagen werfen Studenten auf dem weitläufigen Rasen vor den mit Efeu bedeckten georgianischen Gebäuden Frisbees, während sich Einheimische und Akademiker in den entspannten Cafés, Restaurants und Läden tummeln, die die Main St säumen. Das Dartmouth College ist seit Langem das Herz der Stadt und bringt Kunst nach Hanover.

Dartmouth wurde 1769 hauptsächlich „zur Bildung und Anleitung der Jugend der Indianerstämme" gegründet. Damals befand sich die Schule noch in den Wäldern, in denen ihre zukünftigen Schüler lebten. Auch wenn die Ausbildung „englischer und anderer Jugendlicher" nur ein Nebenzweck war, machten dort de facto nur wenige amerikanische Ureinwohner ihren Abschluss und schon bald wurde die Schule fast ausschließlich von Kolonisten besucht. Der berühmteste Absolvent des Colleges ist Daniel Webster (1782–1852), der 1801 seinen Abschluss machte und ein bekannter Anwalt, US-Senator, Staatssekretär und der vielleicht meistgeschätzte Redner der USA wurde.

Sehenswertes & Aktivitäten

Dartmouth College UNIVERSITÄT

(☎603-646-1110; www.dartmouth.edu) In Hanover dreht sich alles um das Dartmouth College, also steuert man am besten direkt den Campus an. Dort kann man sich einer kostenlosen von Studenten geführten **Campus-Tour** (☎603-646-2875; http://dartmouth.edu; 6016 McNutt Hall, 10 N Main St) anschließen oder an der Anmeldung einfach eine Karte mitnehmen und alles allein erkunden.

Die **Baker Berry Library** (☎603-646-2560; http://dartmouth.edu; 25 N Main St; ⌚Mo–Fr 8–2, Sa & So 10–2 Uhr) sollte man nicht versäumen; hier hängt das Werk *Epic of American Civilization* des freimütigen mexikanischen Wandmalers José Clemente Orozco (1883–1949). Er unterrichtete in den 1930er-Jahren in Dartmouth.

Sanborn Library GEBÄUDE
(Dartmouth College; ⌚tgl. 8–24, Teezeit Mo–Fr 16 Uhr) Die Sanborn Library ist nach Professor Edwin Sanborn benannt, der fast 50 Jahre lang an Dartmouths englischer Fakultät unterrichtete. Die Bibliothek ist auf zwei Ebenen mit aufwendigen Holzarbeiten, weichen Ledersesseln und bis unter die Decke gefüllten Bücherregalen ausgestattet. Zu den schönsten Traditionen von Dartmouth gehört der Nachmittagstee, der an Werktagen zwischen 16 und 17 Uhr serviert wird: Tee kostet 10 ¢, Kekse 15 ¢. Besucher sind willkommen, werden jedoch gebeten, aus Rücksicht auf die fleißig büffelnden Studenten leise zu sein.

Gile Mountain WANDERN
Dieser Berg erhebt sich gleich auf der anderen Flussseite in Norwich, VT, 11 km von Hanover entfernt. Er ist bei Dartmouth-Studenten beliebt, wenn sie der geistigen Schinderei mal für eine Weile entfliehen wollen. Nach einer halbstündigen Wanderung – und dem schnellen Aufstieg auf den **Fire tower** – werden Abenteurer mit einer unglaublichen Aussicht auf das Connecticut River Valley belohnt.

Schlafen & Essen

Hanover Inn PENSION $$$
(☎603-643-4300; www.hanoverinn.com; 2 E Wheelock St; Zi. 259–619 US$;) Hanovers hübscheste Pension ist im Besitz von Dartmouth und steht direkt gegenüber dem College-Campus. Sie bietet nett eingerichtete Zimmer mit eleganten Holzmöbeln. Eine Weinbar und ein preisgekröntes Restaurant gibt es ebenfalls.

Lou's DINER $
(☎603-643-3321; www.lousrestaurant.net; 30 S Main St; Hauptgerichte 9–15 US$; ⌚Mo–Fr 6–15, Sa & So 7–15 Uhr) Das älteste Etablissement in Hanover ist seit 1947 eine echte Dartmouth-Institution. Der Laden ist immer voll mit Studenten, die sich auf einen Kaffee treffen oder ihre Nase in die Bücher stecken. Man kann sich an einen der Retro-Tische setzen oder direkt an der Resopal-Theke bestellen. Zur Auswahl stehen Diner-Klassiker wie Eier, Sandwiches und Burger.

Ausgehen & Unterhaltung

Murphy's on the Green PUB
(☎603-643-4075; www.murphysonthegreen.com; 11 S Main St; ⌚Mo–Do 16–0.30, Fr–So 11–0.30 Uhr) In der klassischen Collegekneipe treffen sich Studenten und Dozenten auf ein Bier. Es gibt mehr als zehn Biere vom Fass, darunter auch welche von Kleinbrauereien aus der Region (z.B. das Long Trail Ale). Im Murphy's wird zudem sättigendes Kneipenessen serviert.

Hopkins Center for the Arts DARSTELLENDE KUNST
(☎603-646-2422; http://hop.dartmouth.edu; 4 E Wheelock St) Es ist ein langer Weg von den Großstadtlichtern New Yorks und Bostons bis hierher. In diesem hervorragenden Kulturzentrum sorgt das Dartmouth College selbst für Unterhaltung und zeigt während der Spielzeit so ziemlich alles von Filmen bis zu Liveauftritten internationaler Ensembles.

Praktische Informationen

Hanover Area Chamber of Commerce
(☎603-643-3115; www.hanoverchamber.org; 53 S Main St, Suite 208; ⌚Mo–Fr 9–12 & 13–16 Uhr) unterhält auch einen Informationsstand (Dartmouth Green; ⌚Mitte Juni–Mitte Sept.) am Town Green.

Anreise & Unterwegs vor Ort

Die Fahrt von Boston nach Hanover dauert je nach Verkehr zwei bis drei Stunden; man fährt vom I-93 über den I-89 zum I-91. Von Hanover nach Burlington, VT, dauert es weitere 1½ Stunden auf dem I-89.

Advance Transit (www.advancetransit.com) bietet kostenlose Verbindungen zur White River Junction sowie nach Lebanon, West Lebanon und Norwich. Bushaltestellen sind durch ein blau-gelbes AT-Symbol gekennzeichnet.

MAINE

In Maine gibt's mehr Hummer, Leuchttürme und charmante Feriendörfer, als man Selfies schießen kann – es ist der Kult-Bundesstaat Neuenglands. Das Meer spielt hier mit kilometerlangen zerklüfteten Klippen, friedlichen Häfen und herrlichen Kiesstränden eine zentrale Rolle. Man kann sich durch das nach Essen und Bier verrückte Portland

Maines Küste

schlemmen – eine der coolsten Kleinstädte Amerikas –, die historischen Schiffsbau-Dörfer an der Midcoast erkunden, durch den Acadia National Park wandern (eine spektakuläre Insel mit Bergen und Fjord-Mündungsgebieten), sich vom Küstenwind durchpeitschen lassen und die salzige Luft einatmen. Oder man unternimmt einen Ausflug ins Landesinnere des Bundesstaats, einer weiten Wildnis aus Kiefernwäldern und schneebedeckten Gipfeln.

Geschichte

Die ersten Einwohner von Maine waren die Nachfahren eiszeitlicher Jäger, die als Wabanaki („Volk der Morgendämmerung") bezeichnet werden. Ihre Zahl belief sich auf rund 20 000, als die ersten englischen Siedler Anfang des 17. Jhs. eintrafen.

Im Laufe des 17. Jhs. entstand in der Provinz Maine eine Reihe englischer Siedlungen, aber die Menschen hatten sehr unter den harschen Wintern und den Spannungen mit den Ureinwohnerstämmen zu leiden, die den europäischen Neuankömmlingen gegenüber (zu Recht) misstrauisch waren: Diese entführten oft Eingeborene, um sie zu Hause in England zur Schau zu stellen. 1692 wurde alles noch schlimmer, als Maine seine Souveränität verlor und Massachusetts die schwächelnde Kolonie übernahm.

Über mehrere Generationen hinweg tobten blutige Schlachten, die ganze Dörfer in Maine zerstörten. Die Siedler kämpften mit der indigenen Bevölkerung, mit den Franzosen und später den Briten um das Land. All dies endete erst mit dem Krieg von 1812, als die Briten sich schließlich aus Maine zurückzogen. 1820 wurde Maine zum 23. Bundesstaat der Union.

Das 19. Jh. bescherte dem jungen Staat eine starke Wachstumsperiode, als sich neue Industrien ansiedelten. Holz brachte dem Landesinneren Wohlstand, und Bangor stieg in den 1830er-Jahren zur Holzhauptstadt der Welt auf. Auch Fischerei, Schiffsbau, Granitabbau und Landwirtschaft wurden zu florierenden Industriezweigen, ebenso wie die Fertigungsindustrie, wobei Textil- und Papierfabriken einen Großteil der Bevölkerung beschäftigten.

Leider war dieser Boom nur von kurzer Dauer. Sägewerke mussten schließen und das Meer war hoffnungslos überfischt. Zu Beginn des 20. Jhs. stagnierte das Bevölkerungswachstum und Maine wurde wieder zum Nebenschauplatz. Heute trägt der Tourismus 15 % zur Wirtschaft des Bundesstaates bei (verglichen mit durchschnittlich 6 % im Rest Neuenglands).

ℹ Praktische Informationen

Maine Office of Tourism (www.visitmaine.com) Umfangreiche Website; man kann sich Karten und Broschüren zuschicken lassen.

Maine Tourism Association (www.mainetourism.com) Unterhält Informationszentren auf den wichtigsten Routen nach Maine: Calais, Fryeburg, Hampden, Houlton, Kittery, West Gardiner und Yarmouth. Alle sind in der Regel von 9 bis 17.30 Uhr geöffnet, im Sommer länger (8 bis 18 Uhr).

Maine Bureau of Parks & Lands (☎207-287-3821; www.parksandlands.com) Verwaltet 48 State Parks und historische Stätten. Näheres zu den einzelnen Parks (u. a. zu Aktivitäten und Camping) gibt's auf der Website.

Lonely Planet (www.lonelyplanet.com/usa/new-england/maine) Gezielte Informationen, Hotelbuchungen, Traveller-Forum und mehr.

Maines Südküste

Maines Südküste verkörpert den Beinamen des Bundesstaats, „Vacationland" (Urlaubsland), perfekt. Die geschäftigen Zentren, Sandstrände und Ferienorte sind in den Sommermonaten rappelvoll. Doch trotz der Massen hat diese Gegend großen Charme: Kittery gleicht einer langen Einkaufsmeile, und Ogunquit lockt mit einem hübschen Strand und gilt als Maines Schwulen-Mekka. Zwischen den beiden befinden sich das altmodische York Village und das beliebte York Beach. Dahinter liegen die Kennebunks, kleine historische Siedlungen mit feudalen Villen (die heute teilweise als B&Bs dienen) in der Nähe von hübschen Stränden und der rauen Küstenlinie. Auch wenn man seine Fantasie ein wenig spielen lassen muss: Die Südküste ist eng mit den Werken des amerikanischen Künstlers Winslow Homer verbunden, der seine Sommer in Prouts Neck verbrachte (gleich südlich von Portland) und die wundervolle Landschaft dort genoss.

ℹ An- & Weiterreise

Der US 1 ist die wichtigste Zugangsstraße für diesen Teil des Bundesstaats. Man sollte jedoch wissen, dass der Verkehr auf den Küstenstraßen während der Touristensaison im Sommer ein Albtraum sein kann. Wer schneller ankommen will, sollte den I-95 nehmen.

Der nächste große Flughafen ist in Portland.

Ogunquit

Der Stamm der Abenaki nennt Ogunquit „den wunderschönen Ort am Meer", und er ist zu Recht für seinen 5 km langen Sandstrand berühmt. An dem weiten Küstenstreifen tost die wilde Atlantikbrandung, während die geschützten Buchten mit ihrem warmen Wasser eine malerische Kulisse zum Schwimmen bieten. Im Sommer zieht der Strand Horden von Besuchern aus nah und fern an, wodurch die Bevölkerung der Stadt explosionsartig ansteigt.

Bevor es zum Ferienziel wurde, war Ogunquit im 17. Jh. ein Zentrum des Schiffsbaus. Später entwickelte es sich zu einem wichtigen Kunstzentrum, als 1898 die Künstlerkolonie gegründet wurde. Heute ist Ogunquit das nordöstlichste Schwulen- und Lesben-Mekka der USA und versprüht einen Hauch der offenen San-Francisco-Kultur im ansonsten eher konservativen Maine.

Sehenswertes & Aktivitäten

Ogunquit Beach STRAND
(Zugang über Beach St) Der Ogunquit Beach ist ein herrlicher, familienfreundlicher Küstenstreifen. Man erreicht ihn in fünf Gehminuten entlang der Beach St, östlich des US 1. Im Sommer bietet es sich an, zu Fuß zum Strand zu gehen, da die Parkplätze schon früh voll sind (und 4 US$ pro Stunde kosten!). Der 5 km lange Strand grenzt im Süden an die Ogunquit Bay; auf der Westseite des Strandes lockt das wärmere Wasser des Tideflusses Ogunquit River.

★ **Marginal Way** WANDERN
(Zugang über Shore Rd) Ogunquits berühmter 1,6 km langer Wanderweg schlängelt sich über den tosenden grauen Wellen an der Küste entlang und bietet einen grandiosen Blick auf die felsigen Buchten – hier kann man wunderbar von einem Traumhaus am Meer träumen. Der gut asphaltierte Pfad ist auch für Kinder und langsame Spaziergänger geeignet und bietet zahlreiche einladende Bänke für Erholungspausen. Er beginnt südlich der Beach St an der Shore Rd und endet nahe der Perkins Cove.

Schlafen & Essen

Ogunquit Beach Inn B&B $$
(☎ 207-646-1112; www.ogunquitbeachinn.com; 67 School St; Zi. 169–249 US$; ⊙ Mai–Okt.; ❄ 🛜) Das schwulen- und lesbenfreundliche B&B in einem ordentlichen Bungalow im Craftsman-Stil bietet fünf farbenfrohe, heimelige Zimmer und hat gesellige Besitzer, die alles über die besten neuen Bistros und Bars des Ortes wissen. Dank der zentralen Lage findet sich in gemächlicher Gehweite sicher auch ein Abendessen.

★ **Gazebo Inn** B&B $$
(☎ 207-646-3733; www.gazeboinnogt.com; 572 Main St/US 1; Zi. 169–369 US$; ❄ 🛜 🏊) Dieses stattliche Farmhaus mit umgebauter Scheune von 1847 bietet 14 Zimmer und Suiten und versprüht eher das Flair einer Boutique-Lodge. Rustikal-schicke Elemente runden das Bild ab, und es gibt großzügige Gemeinschaftsbereiche, darunter eine einladende Lounge-Bar mit Deckenbalken. Weitere Pluspunkte sind der hübsche Poolbereich und die ruhige, reife Atmosphäre (Kinder sind nicht erlaubt).

Lobster Shack FISCH & SEAFOOD $$
(☎ 207-646-2941; www.lobster-shack.com; 110 Perkins Cove Rd; Hauptgerichte 5–28 US$; ⊙ April–Okt. 11–21 Uhr) Wer guten Fisch und Meeresfrüchte genießen will, aber keinen großen Wert auf die Aussicht legt, ist in dem freundlichen, zuverlässigen Lokal goldrichtig. Es serviert Hummer in allen Darreichungsformen: von Hummer-Brötchen bis Hummer in der Schale, als Suppe, mit gedämpften Muscheln, als Fisch-Tacos und sogar als Cheeseburger.

An- & Weiterreise

Es gibt keine Direktbusse nach Ogunquit; die nächstgelegene Haltestelle von Greyhound (www.greyhound.com) ist in Portsmouth, NH, 26 km südlich.

Amtraks *Downeaster-Zug* (www.amtrakdowneaster.com) hält auf seiner Schleife Portland–Boston in Wells.

Unterwegs vor Ort

Von Ende Juni bis zum Labour Day (Anfang Oktober) fahren rote Pendelbusse (Erw./Kind 2/1,50 US$ pro Fahrt) durch Ogunquit (alle 20–30 Min., 8–23 Uhr). Vom Labour Day bis zum Columbus Day (Mitte Oktober) verkehren sie zwischen 9 und 17 Uhr. In dieser furchtbar überfüllten Stadt überlässt man das Fahren am besten den Busfahrern: Sie bringen Passagiere vom Zentrum zum Strand oder zur Perkins Cove und sogar bis nach Wells im Norden.

Kennebunks

Die Kennebunks bestehen aus den Städten Kennebunk und Kennebunkport. Sie sind seit Langem ein beliebtes Ferienziel wohlhabender Ostküstenbewohner.

Kennebunk ist eine bescheidene Stadt, die sich hauptsächlich um den US 1 erstreckt und abgesehen von den hübschen Stränden kaum Touristenattraktionen bietet. Gleich am anderen Flussufer wimmelt es im stolzen, weiß-protestantischen Kennebunkport das ganze Jahr über von Besuchern. Das Epizentrum ist der Dock Square, der von Cafés, Kunstgalerien und teuren Boutiquen gesäumt ist, die todschicke Must-haves verkaufen (wie wäre es mit Shorts, die mit Walen bedruckt sind?). Man kann die Ocean Ave entlangfahren und die prächtigen Villen und Hotels bestaunen, von denen man auf die Brandung blickt. Unter ihnen befindet sich auch das riesige Anwesen von George H. W. Bush, das sich auf einer geschützten Landzunge namens Walker's Point erstreckt.

Am Ostende der School St lockt das charmante Dörfchen **Cape Porpoise**, in dem erschwingliche Hotels und Restaurants zu finden sind.

Schlafen & Essen

Franciscan Guest House PENSION $$

(207-967-4865; www.franciscanguesthouse.com; 26 Beach Ave, Kennebunk; DZ 89–189 US$; FZ 135–259 US$;) In der zu einer Pension umgebauten Schule auf dem friedlichen Anwesen des St. Anthony Monastery kann man fast die Tafelkreide riechen. Die früheren Klassenzimmer sind heute einfache, schmucklose Gästezimmer mit Schallschutz, unechter Holzverkleidung und Motelbetten.

Bandaloop INTERNATIONAL $$

(207-967-4994; www.bandaloop.biz; Cross St, Kennebunkport; kleine Teller 9–21 US$, Hauptgerichte 18–31 US$; Di–So 17–21, Fr & So bis 22 Uhr;) Das Bandaloop zaubert aus regionalen Bio-Zutaten köstliche, innovative Gerichte (von gegrilltem Rib-Eye-Steak bis zu gebackenem Tofu mit Hanfsamenkruste). Als Vorspeise sind die in der Pfanne gegarten Muscheln perfekt, dazu schmeckt ein Peak Organic Ale. Die Salate sind eine Geschmacksoffenbarung und die Cocktails mindestens so kreativ. Veganer und Vegetarier kommen hier auf jeden Fall voll auf ihre Kosten.

An- & Weiterreise

Die Kennebunks liegen auf halber Strecke (45 km von jeder Stadt entfernt) zwischen Portsmouth, NH, und Porland, ME, gleich abseits des I-95 am ME 9.

Es gibt keine Direktbusse nach Kennebunkport; Greyhound (www.greyhound.com) hält in Portland und Portsmouth.

Der *Downeaster*-Zug von Amtrak(www.amtrak downeaster.com) macht auf seiner Schleife Boston–Portland Halt in Wells, 14 km südlich.

Portland

Maines größte Stadt wusste Kapital aus ihrer Hafenvergangenheit zu schlagen: Die roten Backstein-Lagerhäuser, die viktorianischen Villen der Schiffsbauer und die schmalen Pflasterstraßen haben sich in die vielleicht hippste, lebendigste Kleinstadt Amerikas verwandelt. Mit dem lebendigen Uferbereich, den ausgezeichneten Museen und Galerien, jeder Menge Grün und einer Gastro- und Brauereiszene, um die sie viele größere Städte beneiden würden, lohnt sich Portland nicht nur für einen kurzen Zwischenstopp.

Portland liegt auf einer Halbinsel, die in das graue Wasser der Casco Bay ragt, und war schon immer eine typische Stadt am Meer. Sie wurde 1633 als Fischerdorf gegründet und wuchs zu Neuenglands größtem Hafen heran. Heute ist das Viertel Old Port das historische Herz der Stadt mit hübsch restaurierten Backsteingebäuden, in denen Cafés, Läden und Bars untergebracht sind. Die Werften sind noch immer in Betrieb und sorgen dafür, dass der Ort nicht zu schick oder museumsartig wird: Fischhändler in Gummistiefeln mischen sich hier fröhlich unter gut betuchte Yankee-Damen.

Sehenswertes & Aktivitäten

★ Fort Williams Park PARK

(207-767-3707; www.fortwilliams.org; 1000 Shore Rd, Cape Elizabeth; Sonnenaufgang–Sonnenuntergang) GRATIS Der 36 ha große Fort Williams Park, 4 Meilen (6,4 km) südöstlich von Portland am Cape Elizabeth, lohnt schon wegen des tollen Panoramas und der Picknickmöglichkeiten einen Besuch. Beim Bummel zwischen den Ruinen des Fort, einem Artilleriestützpunkt aus dem späten 19. Jh., sieht man auch die aus dem Zweiten Weltkrieg stammenden Bunker und Geschützstellungen auf dem hügeligen Rasen.

Portland Head Light LEUCHTTURM

(207-799-2661; https://portlandheadlight.com; 1000 Shore Rd, Cape Elizabeth; Museum Erw./Kind

2/1 US$; ⏲ Museum Juni–Okt. 10–16 Uhr, April, Mai & Nov. nur Sa & So) Portland Head Light ist der älteste der 52 noch aktiven Leuchttürme in Maine. Er wurde 1791 von Präsident George Washington erbaut und war bis 1989 besetzt; seither wird er maschinell betrieben. Das Haus des Leuchtturmwärters ist heute ein **Museum**, das die maritime und militärische Geschichte der Region nacherzählt.

Portland Museum of Art MUSEUM
(☎ 207-775-6148; www.portlandmuseum.org; 7 Congress Sq; Erw./Kind 15 US$/frei, Fr 16–20 Uhr frei; ⏲ Sa–Mi 10–18, Do & Fr bis 20 Uhr, Okt.–Mai kürzere Öffnungszeiten) Dieses renommierte Museum wurde 1882 eröffnet und zeigt eine hervorragende Sammlung amerikanischer Künstler. Künstler aus Maine sind besonders stark vertreten, etwa Winslow Homer, Edward Hopper, Louise Nevelson und Andrew Wyeth. Außerdem sind einige Werke europäischer Meister zu sehen, u. a. von Monet, Degas, Picasso und Renoir.

★ **Maine Brew Bus** BUS
(☎ 207-200-9111; https://themainebrewbus.com; 79 Commercial St; Touren 55–80 US$) Lust, sich durch Portland zu trinken? Das können wir nachvollziehen. Zum Glück kann man an Bord dieses grünen Busses eine Verkostungstour durch einige der beliebtesten Brauereien, Brauerei-Kneipen und Destillerien der Stadt machen, darunter finden sich sowohl etablierte als auch aufstrebende, neue Unternehmen.

Casco Bay Lines BOOTSTOUR
(☎ 207-774-7871; www.cascobaylines.com; Maine State Pier, 56 Commercial St; Postboot Erw./Kind 16/8 US$) Dieser Anbieter schippert das ganze Jahr über zu den Inseln der Casco Bay und transportiert dabei Post, Fracht und Passagiere. **Peaks Island**, nur 17 Minuten von Portland entfernt, ist für Tagesausflüge beliebt (hin & zurück 7,70 US$); hier kann man wandern oder Rad fahren (auf der Insel gibt's einen Fahrradverleih).

Schlafen & Essen

Morrill Mansion B&B $$
(☎ 207-774-6900; www.morrillmansion.com; 249 Vaughan St; Zi. 179–259 US$; P ❄ 📶) Charles Morrill, der ursprüngliche Besitzer dieses Stadthauses aus dem 19. Jh. im West End, machte sein Glück mit der Gründung von B&M Baked Beans; die Dosen füllen auch heute noch die Vorratskammern in Maine. Sein Haus wurde mittlerweile in ein hübsches B&B mit acht schicken und klassisch möbilierten Gästezimmern umgewandelt.

Portland Harbor Hotel HOTEL $$$
(☎ 207-775-9090; www.portlandharborhotel.com; 468 Fore St; Zi. ab 299–519 US$; P ❄ @ 📶 🐾) Das stattliche unabhängige Hotel hat eine klassisch eingerichtete Lobby, in der es sich die Gäste auf den gepolsterten Ledersesseln rund um den glühenden Kamin gemütlich machen können.

Green Elephant VEGETARISCH, ASIATISCH $
(☎ 207-347-3111; http://greenelephantmaine.com; 608 Congress St; Hauptgerichte 12–15 US$; ⏲ Mo–Sa 11.30–14.30 & 17–21.30, So 17–21 Uhr; 🖉) Selbst Fleischfresser sollten das vegetarische Essen in diesem thailändisch inspirierten Café mit schicker Zen-Atmosphäre nicht verpassen (das auch zahlreiche vegane und glutenfreie Optionen bietet). Man kann mit den knusprigen Spinat-Wontons beginnen und dann zu einem der allseits beliebten Wok-, Nudel- oder Curry-Gerichte übergehen, z. B. Tofu Tikka Masala oder malaysisches *char kway teow* (gebratene flache Reisnudeln).

★ **Fore Street** MODERN-AMERIKANISCH $$$
(☎ 207-775-2717; www.forestreet.biz; 288 Fore St; kleine Teller 12–15 US$, Hauptgerichte 26–38 US$; ⏲ So–Do 17.30–22, Fr & Sa bis 22.30 Uhr) Das Fore Street ist ein gefeiertes, seit Langem erfolgreiches Restaurant, das viele für die Quelle der heutigen Gourmetwelle in Portland halten. Küchenchef und Besitzer Sam Hayward hat Braten in eine hohe Kunst verwandelt: Hähnchen drehen sich an Spießen in der offenen Küche, während die Köche Eisenkessel voller Muscheln in den Holzofen schieben.

Ausgehen & Unterhaltung

Allagash Brewing Company BRAUEREI
(☎ 207-878-5385; www.allagash.com; 50 Industrial Way; ⏲ Verkostungen 11–18 Uhr) Das Allagash ist landesweit für seine belgisch inspirierten Biere bekannt und öffnet seine Türen täglich für kostenlose Touren und Verkostungen (Touren vorab online buchen, am Wochenende sind sie besonders beliebt). Die Brauerei liegt 5,5 km nordwestlich von Portlands Old Port abseits der Forest Ave.

Port City Music Hall KONZERTHALLE
(☎ 207-956-6000; www.portcitymusichall.com; 504 Congress St) In dieser dreistöckigen Veranstaltungshalle treten berühmte Bands auf, aber auch kleinere Darbietungen werden auf der Bühne präsentiert.

Praktische Informationen

Ocean Gateway Information Center (☎207-772-5800; www.visitportland.com; 14 Ocean Gateway Pier; ⊙Juni–Okt. Mo–Fr 9–17, Sa & So bis 16 Uhr, Rest des Jahres kürzere Öffnungszeiten) Touristeninformation am Wasser.

Visitor Information Booth (☎207-772-6828; www.portlandmaine.com; Tommy's Park, Exchange St; Juni–Okt. 10–17 Uhr) Im Sommer ist dieser Infokiosk in Old Port geöffnet.

An- & Weiterreise

BUS

Greyhound (☎800-231-2222, 207-772-6588; www.greyhound.com; 950 Congress St) bietet täglich Direktverbindungen nach Bangor und Boston mit Anschluss in den Rest der USA.

Concord Coach Lines (www.concordcoachlines.com) unterhält tägliche Busse zwischen Boston (auch zum Logan Airport) und Portland, es gibt dann auch Anschluss in die Städte am mittleren Abschnitt von Maines Küste. Zudem bestehen Verbindungen zwischen Boston, Portland und den Städten Augusta, Waterville und Bangor. Darüber hinaus verkehren täglich zwei Busse zwischen Portland und New York City.

FLUGZEUG

Der **Portland International Jetport** (PWM; ☎207-874-8877; www.portlandjetport.org; 1001 Westbrook St) ist Maines größter und chaotischster Flughafen. Er wird von nationalen Airlines genutzt und bietet Direktflüge in Städte im Osten der USA. Metro-Bus 5 bringt Passagiere für 1,50 US$ ins Stadtzentrum. Ein Taxi in die Innenstadt kostet rund 20 US$.

ZUG

Der *Downeaster* von Amtrak (www.amtrak.com) verkehrt fünf Mal täglich zwischen Boston und Portland (2½ Std.); Abfahrt ist im **Portland Transportation Center** (100 Thompson's Point Rd). Einige der Züge fahren weiter nach Freeport und Brunswick.

Mittlerer Küstenabschnitt

Die dramatisch zerklüftete Küste am mittleren Abschnitt wurde von uralten Gletschern geformt. Wilde, natürliche Schönheit und bodenständige Einwohner – genau das stellen sich die meisten Menschen vor, wenn sie an Maine denken: Man fährt Fahrrad in Bilderbuchdörfern am Meer und bummelt durch Antiquitätenläden, unternimmt gemütliche Fahrten ins Blaue auf ländlichen Halbinseln und segelt an Bord eines der berühmten Windjammern über das blaue Meer. Diese Landschaft lädt zu gemächlichen, ziellosen Erkundungen ein. Man weiß nie, wann man zufällig auf das nächste großartige Hummer-Lokal, ein weiteres in der Zeit verlorenes Fischerdorf oder die nächsten üppigen Heidelbeerbüsche trifft.

Die Engländer siedelten sich 1607 erstmals in dieser Region an, zur selben Zeit, als die Siedlung Jamestown in Virginia entstand. Im Gegensatz zu ihren Landsleuten weiter südlich kehrten diese frühen Siedler bereits nach einem Jahr nach England zurück. Die britische Kolonisierung wurde erst 1620 fortgesetzt. Nachdem die Region schwer unter dem Siebenjährigen Krieg in Nordamerika gelitten hatte, entwickelte sich jedoch eine florierende Schiffsbauindustrie, die bis heute besteht.

Anreise & Unterwegs vor Ort

Der US 1 ist die wichtigste Zugangsroute für diesen Teil des Bundesstaats, aber man sollte wissen, dass die Küstenstraßen während der Touristensaison im Sommer im Verkehr ertrinken.

Concord Coach Lines (www.concordcoachlines.com) unterhält tägliche Busse zwischen Boston (einschließlich Logan Airport) und Portland, die in Städte von Maines mittleren Küstenabschnitt weiterfahren (Bath, Belfast, Brunswick, Camden, Damariscotta, Lincolnville, Rockland, Searsport und Waldoboro). Greyhound (www.greyhound.com) hält in Bangor, Portland, Bath, Rockland und diversen anderen Orten.

Freeport

In der natürlichen Schönheit der felsigen Küsten Maines versteckt sich eine Stadt, die sich fast ausschließlich dem Einkaufsvergnügen widmet. Knapp 200 Geschäfte säumen den 1,5 km langen Abschnitt des US 1 durch die Stadt und verursachen im Sommer lange Verkehrsstaus. Strenge Bauvorschriften verbieten das Abreißen historischer Gebäude. So kommt es, dass ein McDonald's in einem neoklassischen Wohnhaus aus den 1850er-Jahren und ein Outlet von Abercrombie & Fitch in einer Bibliothek aus dem frühen 20. Jh. untergebracht sind. Alles in allem entsteht dadurch ein etwas seltsames „Main Street, USA"-Flair.

Freeports Ruhm und Wohlstand reichen etwa ein Jahrhundert zurück, als Leon Leonwood Bean einen Laden eröffnete und Ausrüstung an Jäger und Fischer verkaufte, die auf dem Weg in die Wälder im Norden Maines waren. Sein Erfolg lockte später auch andere Einzelhändler in die Gegend, die Freeport zu dem machten, was es heute ist.

Bath

Diese skurrile Stadt am Kennebec River ist als „Stadt der Schiffe" bekannt. Einst befanden sich hier über 20 Schiffswerften, die über ein Viertel der frühen Holzsegelschiffe Amerikas bauten. Zu Baths Blütezeit im 19. Jh. gehörte es zu den größten Städten in Maine und hatte einem lebendigen Stadtkern voller Banken und imposanter öffentlicher Gebäude. In Bath gebaute Schoner und Klipper segelten über die sieben Weltmeere und der Name der Stadt war in nah und fern bekannt.

Im Stadtzentrum säumen Gehwege aus rotem Backstein und solide Gebäude aus dem 19. Jh. die altmodische Front St, während man ein Stück bergab von einem kleinen grünen Park aus aufs Wasser blickt. Südlich von Bath erstrecken sich zwei malerische Halbinseln, die definitiv einen Abstecher wert sind: Der ME 209 führt nach **Phippsburg**, das mit ausgezeichneten Stränden und einer historischen Festung lockt, während der ME 127 nach **Georgetown** im Süden verläuft und an einem großartigen Hummer-Lokal mit Blick auf die von Inseln gespickte Bucht endet.

★ Maine Maritime Museum MUSEUM
(☎ 207-443-1316; www.mainemaritimemuseum.org; 243 Washington St; Erw./Kind 16/10 US$; ⏱ 9.30–17 Uhr) Dieses wundervolle Museum am Westufer des Kennebec River bewahrt Kennebecs lange Schiffsbautradition mithilfe von Gemälden, Modellen und interaktiven Ausstellungen, die die Geschichte der Seefahrt der letzten 400 Jahre nacherzählen. Zu den Highlights gehören die Überreste der *Snow Squall*, eines Dreimaster-Klippers von 1851. Auch der Percy & Small Shipyard aus dem 19. Jh., Amerikas letzte noch verbliebene Holzschiffswerft, befindet sich noch auf dem Gelände und wird ebenfalls von dem Museum erhalten. Außerdem gibt's eine lebensgroße Skulptur der *Wyoming*, des größten jemals gebauten Holzsegelschiffs.

Boothbay Harbor

Boothbay Harbor war einst ein wunderschönes kleines Seefahrerdorf an einem weiten blauen Hafen und ist heute im Sommer ein sehr beliebtes Touristenziel, in dessen schmalen sich windenden Gassen es von Besuchern nur so wimmelt. Trotzdem gibt es gute Gründe, sich den Massen in diesem malerischen Städtchen anzuschließen: Mit Blick auf einen hübschen Hafen krönen prächtige, gut erhaltene viktorianische Gebäude die zahlreichen Hügel der Stadt und eine Fußgänger-Holzbrücke spannt sich über den Hafen. Von Mai bis Oktober sind Walbeobachtungen die Hauptattraktion.

Nach einem Spaziergang durch die Commercial St am Wasser und das Geschäftsviertel in der Todd bzw. Townsend Ave kann man durch die McKown St auf den **McKown Hill** wandern und die tolle Aussicht genießen.

Schlafen & Essen

Topside Inn B&B $$$
(☎ 207-633-5404; www.topsideinn.com; 60 McKown St; Zi. 219–369 US$; ⏱ Mai–Mitte Okt.; ❄ 📶) Die prächtige graue Villa oben auf dem McKown Hill, die jetzt neue Eigentümer hat, bietet den besten Hafenblick in Boothbay. Die Zimmer sind elegant mit spritzigen Seefahrtsdrucken und Strandfarben gestaltet. Die Zimmer im Haupthaus verströmen historischen Charme, aber auch die Zimmer in den zwei modernen Gästehäusern nebenan sind sonnig und hübsch.

Lobster Dock FISCH & SEAFOOD $$
(☎ 207-633-7120; www.thelobsterdock.com; 49 Atlantic Ave; Hauptgerichte 15–29 US$; ⏱ Ende Mai–Mitte Okt. 11.30–20.30 Uhr) Von allen Hummer-Lokalen in Boothbay Harbor ist dieses große aus Holz erbaute Restaurant am Wasser eins der besten und günstigsten. Es serviert traditionelle gebratene Fischplatten, Sandwiches und Dampfgegartes, aber der ganze, vor Butter triefende Hummer ist definitiv das Highlight. Hummer-Brötchen (17 US$) gibt's warm mit Butter oder kalt mit Majo.

Praktische Informationen

Boothbay Harbor Region Chamber of Commerce (☎ 207-633-2353; www.boothbayharbor.com; 192 Townsend Ave; ⏱ ganzjährig Mo–Fr 8–17, Ende Mai–Anfang Okt. auch Sa 10–16 Uhr) Bietet gute Informationen auf der Website; unterhält im Sommer außerdem die **Touristeninformation** (17 Commercial St; ⏱ Ende Mai–Anfang Okt. 9–18 Uhr) in der Innenstadt.

Rockland

Dieser florierende kommerzielle Hafen kann sich einer großen Fischereiflotte rühmen. Zudem verleiht die stolze ganzjährige Bevölkerung Rockland ein lebendiges Flair, das einige andere Städte am mittleren Küstenabschnitt vermissen lassen. Die Main St spiegelt die soziokulturelle Vielfalt der Stadt bestens wider und lockt mit einer bunten Mischung aus günstigen Diners, trendigen Cafés und teuren Restaurants sowie Galerien, altmodischen Läden und einem der besten Kunstmuseen des Bundesstaates, dem **Center for Maine Contemporary Art** (CMCA; www.cmcanow.org). Rockland geht inzwischen ein Ruf als neues Kunstzentrum voraus, nicht zuletzt wegen des **Farnsworth Art Museum** (www.farnsworthmuseum.org) und der Tatsache, dass das CMCA 2016 hierher umsiedelte.

Rockland wurde 1769 gegründet und war einst ein wichtiges Schiffsbau- und Transportzentrum, von dem aus Waren an der Küste auf und ab befördert wurden. Auch heute noch füllen Segelschiffe mit hohen Masten den Hafen: Rockland ist (neben Camden) das Herz von Maines florierender Windjammer-Kreuzfahrtindustrie.

★ Rockland Breakwater Lighthouse — LEUCHTTURM

(☎207-542-7574; www.rocklandharborlights.org; Samoset Rd; ⏲Ende Mai–Mitte Okt. Sa & So 10–17 Uhr) GRATIS Man kann sich auf den rauen, steinernen Wellenbrecherdamm wagen, der sich vom Jameson Point am Nordufer des Hafens für 1,5 km nach Rockland erstreckt. Dieser aus Granitblöcken erbaute „Spazierweg" – sein Bau dauerte 18 Jahre – endet am Rockland Breakwater Lighthouse, einem hübschen Leuchtturm, der auf einem Backsteingebäude aufragt und einen tollen Blick über die Stadt bietet.

Maine Windjammer Association — BOOTSFAHRT

(☎800-807-9463; www.sailmainecoast.com; ⏲Touren Ende Mai–Mitte Okt.) Auch wenn das Reisen an Bord eines Schoners zu Beginn des 20. Jhs. allmählich aus der Mode kam, können Abenteuerlustige noch heute die raue Küste Maines auf diese altmodische Weise erkunden. Die schnellen Segelschiffe werden als Windjammern bezeichnet, und neun der Mehrmaster liegen in Rockland und Camden vor Anker und bieten verschiedene Ausflüge an, die von Übernacht-Touren bis zu elftägigen Trips durch die Penobscot Bay reichen.

Camden

Camden ist mit seinem Bilderbuchhafen, der von den Bergen des Camden Hills State Park eingerahmt wird, einer der hübschesten Orte in ganz Maine. Hier ist die große und zu Recht berühmte Windjammer-Flotte des Bundesstaats zu Hause, und Camden ist wie in alten Zeiten auch heute noch eng mit dem Meer verbunden. Die meisten Urlauber kommen zum Segeln hierher, aber die Stadt bietet auch Galerien, schicke Restaurants und Nebenstraßen, die sich prima zum Schlendern eignen. Beim Chamber of Commerce gibt's einen Stadtführer zu den historischen Gebäuden des Ortes, und im benachbarten State Park kann man wunderbar wandern, picknicken und campen.

Wie viele andere Gemeinden entlang der Küste Maines blickt auch Camden auf eine lange Schiffsbautradition zurück. Der mächtige Sechsmast-Schoner *George W. Wells* wurde 1900 hier gebaut und stellte einen neuen Weltrekord für die meisten Masten an einem Segelschiff auf.

Genau wie im nahen Rockland werden in Camden zahlreiche Windjammer-Touren angeboten, von zweistündigen Ausfahrten bis zu mehrtägigen Trips entlang der Küste.

Verschiedene Boote brechen vom Camden's Town Landing oder dem benachbarten Bayview Landing zu zweistündigen Rundfahrten auf (u.a. bei Sonnenuntergang); die Preise sind überall ähnlich. Online findet man die Fahrpläne der **Appledore II** (☎207-236-8353; https://appledore2.com; Bayview Landing; Erw./Kind 45/25 US$; ⏲Juni–Okt.), **Olad** (☎207-236-2323; www.maineschooners.com; Public Landing; Erw./Kind 43/33 US$; ⏲Ende Mai–Mitte Okt.) und **Surprise** (☎207-236-4687; http://schoonersurprise.com; Public Landing; Erw./Kind 43/33 US$; ⏲Ende Mai–Mitte Okt.) – so sieht die ultimative Sightseeing-Tour durch Maine aus.

Das **Penobscot Bay Regional Chamber of Commerce** (☎207-236-4404; www.camdenrockland.com; 2 Public Landing; ⏲Ende Mai–Mitte Okt. Mo–Fr 9–17, Sa & So 10–16, Rest des Jahres Mo–Fr 9–16 Uhr) verfügt über ein Informationsbüro am öffentlichen Anleger in Camden.

Acadia National Park

Der Acadia National Park (☎207-288-3338; www.nps.gov/acad; 7-Tage Eintritt pro Auto/Motorrad 25/20 US$, Fußgänger & Radfahrer 12 US$) ist der einzige Nationalpark Neuenglands und feierte 2016 seinen 100. Geburtstag – und für sein Alter sieht er wirklich blendend aus. Er lockt mit beeindruckender Küstenlandschaft und zahlreichen Aktivitäten.

Motorisierte und nicht-motorisierte Besucher können sich bei John D. Rockefeller und anderen wohlhabenden Landbesitzern für die ästhetischen Brücken, Aussichtspunkte und Steintreppen bedanken, die dem Park auch künstlerischen Wert geben. Vor allem Rockefeller arbeitete unermüdlich mit Architekten und Steinmetzen zusammen, um sicherzustellen, dass sich die Infrastruktur an die Umgebung anpasst.

Im Acadia Welcome Center (☎ 207-288-5103, 800-345-4617; www.acadiainfo.com; 1201 Bar Harbor Rd/ME 3, Trenton; ⏲ Ende Mai–Mitte Okt. Mo–Sa 9–17, So 10–16, Mitte April–Mitte Okt. Mo–Fr 9–17 Uhr) in Trenton gibt's Broschüren, Karten und lokale Infos. Es befindet sich nördlich der Brücke zur Mt. Desert Island (18 km vor Bar Harbor).

Downeast Maine

Keine Frage: So sieht das typische Maine aus. Je weiter man der Küste Richtung Kanada folgt, desto schmaler wirken die Halbinseln, die sich scheinbar immer weiter ins Meer erstrecken. Auch die Fischerdörfer wirken immer kleiner, während die Hummer-Lokale noch näher am Wasser stehen. Wer einmal direkt an den Rand der Küste fahren möchte, sollte es hier südlich des US 1 tun. „Downeast" beginnt am Penobscot River, wo eine Brücke mit Observatorium inoffiziell die Grenze markiert. Die Region setzt sich weiter nach „Downeast" fort, von Acadia bis zur Grenze mit New Brunswick in Kanada.

Nähere Informationen zur Region gibt's online unter www.downeastacadia.com.

Bar Harbor

Bar Harbor ist ein gutes Basislager für einen Besuch in Acadia. Der Ort ist die meiste Zeit des Jahres von Urlaubern und Kreuzfahrtpassagieren überfüllt. Das Zentrum ist voll von Souvenirläden, Eisdielen, Cafés und Bars, die alle mit noch längeren und besseren Happy Hours, Tagesgerichten und Zwei-für-eins-Angeboten locken. In den ruhigeren Nebenstraßen der Wohngebiete scheint es fast so viele B&Bs wie Privathäuser zu geben.

Auch wenn Bar Harbors wildes Treiben nicht jedem gefällt, bietet der Ort mit Abstand die meisten Annehmlichkeiten in dieser Gegend. Selbst wenn man wo anders absteigt, wird man sich früher oder später hier wiederfinden, um etwas zu essen, sich einen Drink zu gönnen oder eine Kajak-, Segel- oder Felsklettertour zu buchen. Bar Harbors Hochsaison dauert von Ende Juni bis August. Nach dem Labor Day (Anfang September) gibt's eine kurze Verschnaufpause, bevor es während der farbenprächtigen Herbstzeit, die bis Mitte Oktober dauert, wieder turbulenter wird. Die Saison endet schließlich mit dem Mount Desert Island Marathon (www.runmdi.org).

PARKSCHLEIFE

Für einige Besucher ist die 43 km lange Fahrt auf der Park Loop Rd das einzige Erlebnis im Acadia National Park. Auf dem Abschnitt mit dem Namen Ocean Dr kann man am hübschen **Sand Beach** und **Thunder Hole** eine Pause einlegen und zusehen, wie die Brandung in einer Granitspalte tost. Bei starker auflaufender Flut ist der Effekt besonders dramatisch.

Otter Cliff, nicht weit südlich von Thunder Hole, ist eigentlich nichts weiter als eine rosa Wand aus Granit, die aus dem Meer aufragt. Diese Ecke ist bei Felskletterern beliebt.

Die Straße ist größtenteils eine Einbahnstraße. Im Sommer kann man die Strecke auch mit dem Insel-Explorer-Bus zurücklegen (Shuttle-Route 4; www.exploreacadia.com). Im Winter ist die Straße gesperrt; die Wiedereröffnung kann sich durch starken Schneefall schon mal verzögern.

Sehenswertes & Aktivitäten

Abbe Museum MUSEUM
(☎ 207-288-3519; www.abbemuseum.org; 26 Mount Desert St; Erw./Kind 8/4 US$; ⏲ Mai–Okt. 10–17, Nov.–April 10–16 Uhr) Dieses Museum im Stadtzentrum zeigt eine faszinierende Sammlung kultureller Artefakte zur Geschichte der amerikanischen Ureinwohner in Maine. Die Ausstellung umfasst über 50 000 Exponate, etwa Tonwaren, Werkzeuge, Kämme und Angelausrüstung, die über 2000 Jahre zurückreichen. Zu den zeitgenössischen Stücken gehören filigran gearbeitete Holzschnitzereien, Behälter aus Birkenrinde und Körbe. Das Museum verfügt auch über eine kleinere, nur im Sommer geöffnete **Zweigstelle** (☎ 207-288-3519; www.abbemuseum.org; ME 3 & Park Loop Rd; Erw./Kind 3/1 US$; ⏲ Ende Mai–Okt. 10–17 Uhr) in grüner Parkumgebung in Sieur de Monts Spring im Acadia National Park.

National Park Sea Kayak Tours KAJAKFAHREN
(☎800-347-0940; www.acadiakayak.com; 39 Cottage St; Halbtagstour 52 US$; ⊙Ende Mai–Mitte Okt.) Die vierstündigen Kajaktouren beginnen zu unterschiedlichen Zeiten (morgens, nachmittags, abends). Man erkundet die „Quietside" (ruhige Seite) der Mount Desert Island: die abgeschiedene Westküste. In kleinen Gruppen verbringt man zweieinhalb bis drei Stunden auf dem Wasser. Für den Transport von Bar Harbor zur Ablegestelle wird gesorgt.

Schlafen & Essen

Moseley Cottage Inn & Town Motel B&B, MOTEL $$
(☎207-288-5548; http://moseleycottage.net; 12 Atlantic Ave; Zi. 175–305 US$; ❄📶) Diese Unterkunft bietet zwei Optionen und befindet sich in einer ruhigen Straße, nur wenige Schritte von der Main St entfernt. Hier gibt's alles, was man braucht: neun große, charmante mit Antiquitäten gefüllte B&B-Zimmer in einer traditionellen Pension von 1884 (teils mit Kamin und Privatterrasse) sowie ein paar billigere Zimmer im Motelstil nebenan. Alle bieten einen durchgängig hohen Standard.

★ **Bass Cottage Inn** PENSION $$$
(☎207-288-1234; www.basscottage.com; 14 The Field; Zi. 230–440 US$; ⊙Mitte Mai–Okt.; ❄📶) Auch wenn die meisten B&Bs in Bar Harbor in Sachen Stilsicherheit eine „Fünf" erreichen, hat diese Gilded-Age-Villa definitiv eine „Elf" verdient. Die zehn sonnendurchfluteten Zimmer erstrahlen in elegantem Sommerhaus-Schick mit strahlend weißer Bettwäsche und unaufgeregten botanischen Drucken.

2 Cats FRÜHSTÜCK $
(☎207-288-2808; http://twocatsbarharbor.com; 130 Cottage St; Hauptgerichte 9–15 US$; ⊙7–13 Uhr; 🌶) Frühstück ist bekanntlich die wichtigste Mahlzeit des Tages und das 2 Cats widmet ihm seine komplette Aufmerksamkeit. Am Wochenende stehen die Gäste in diesem sonnigen, kleinen, künstlerischen Café für Bananen-Pekannuss-Pfannkuchen, Omeletts mit geräucherter Forelle, Tofu-Pfannen und hausgemachte Muffins Schlange. Im Geschenkeladen kann man noch ein „katzenartiges" Souvenir mitnehmen.

★ **Havana** LATEINAMERIKANISCH $$$
(☎207-288-2822; www.havanamaine.com; 318 Main St; Hauptgerichte 27–39 US$; ⊙Mai–Okt. 17–21 Uhr) Das Wichtigste zuerst: unbedingt einen grandiosen Cuba Libre oder Mojito bestellen. Wenn das erledigt ist, kann man sich mit der Speisekarte und der epischen Weinkarte Zeit lassen. Das Havana verleiht seinen Gerichten aus regionalen Zutaten eine lateinamerikanische Note und die Zubereitung ist wirklich fantastisch. Am besten sind die Crab Cakes, Paella und das köstlich leichte Hummer-*moqueca* (Eintopf). Reservierungen empfohlen.

ℹ Praktische Informationen

Für Besucher gibt's verschiedene Informationsquellen. Die erste Anlaufstelle für alle motorisierten Urlauber ist das **Acadia Welcome Center** (S. 265) direkt beim Eintreffen auf Mt. Desert Island (18 km nordwestlich von Bar Harbor), gefolgt vom **Hulls Cove Visitor Center** (☎207-288-8832; www.nps.gov/acad; ME 3; ⊙Mitte April–Juni, Sept. & Okt. 8.30–16.30, Juli & Aug. 8–18 Uhr) des NPS im Acadia National Park.

Das **Bar Harbor Chamber of Commerce** (Acadia Welcome Center; ☎207-801-2558, 800-345-4617; www.barharborinfo.com; Ecke Main & Cottage St; ⊙Mitte Juni–Sept. 8–20, Sept.–Mitte Juni 9–17 Uhr) unterhält eine zentral gelegene, ganzjährig geöffnete Touristeninformation in Bar Harbor.

Das Landesinnere Maines

Der Interstate 95 (I-95), der wichtigste Nord-Süd-Highway der Ostküste, verläuft 488 km durch Maine, von der Grenze zu New Hampshire nahe Kittery bis zur kanadischen Grenze bei Houlton. Unterwegs führt er an Maines größten Städten vorbei: Portland, Augusta (der Hauptstadt) und Bangor. In Augusta und Bangor (ebenso wie im nahen Waterville) gibt's Colleges, eine Handvoll anständiger Museen und ein paar gute Restaurants, aber sie sind eigentlich keine Touristenziele.

Nördlich von Bangor nimmt das Verkehrsaufkommen dramatisch ab. Hier liegt das Tor zu den North Woods und dem weiten, spärlich besiedelten Aroostook County.

Bethel

Bethel liegt 90 Minuten Fahrt nordwestlich von Portland und ist für eine auf allen Seiten von tiefen, düsteren Wäldern umgebene Stadt überraschend lebendig. Besucher kommen schon seit dem frühen 19. Jh. im Sommer hierher, um der Schwüle der Küste zu entkommen, und viele der schicken alten

Häuser sind noch immer im Geschäft. Die Stadt ist einer der schönsten Orte während der Farbenpracht des Indian Summer, aber auch zur Skisaison im Winter.

Sehenswertes & Aktivitäten

Grafton Notch State Park STATE PARK
(☎207-824-2912; www.maine.gov/graftonnotch; 1941 Bear River Rd/ME 26; Erw./Kind 4/1 US$; ⌚Mitte Mai–Mitte Okt. 9 Uhr–Sonnenuntergang) Dieser wilde Park umschließt den Grafton Notch Scenic Byway in der Mahoosuc Range und ist schlichtweg atemberaubend. Der Einschnitt im Gelände wurde von einem Gletscher geformt, der sich vor 12000 Jahren zurückzog, und ist ein Spielplatz für alle Jahreszeiten. Hier gibt's Wasserfälle, Schluchten, luftige Aussichtspunkte und Wanderwege, darunter eine anstrengende 19 km lange Strecke des **Appalachian Trail** (www.appalachiantrail.org).

Bethel Outdoor Adventure & Campground KAJAKFAHREN
(☎207-824-4224; www.betheloutdooradventure.com; 121 Mayville Rd/US 2; Kajak pro Tag mit/ohne Shuttle 45/32 US$; ⌚Mitte Mai–Ende Okt. 8–18 Uhr) Dieser Anbieter befindet sich auf einem idyllischen Campingplatz am Fluss und verleiht Kanus, Kajaks und Stehpaddel-Boards. Er bringt seine Kunden per Shuttle zum Startpunkt, von wo man wieder flussabwärts paddelt.

Schlafen

Chapman Inn B&B $
(☎207-824-2657; www.chapmaninn.com; 2 Church St; B 35 US$, Zi. 59–139 US$;) Dieses großzügige B&B im Stadtzentrum wird von einem freundlichen, weitgereisten Rentner geführt und hat jede Menge Charakter. Die zehn Privatzimmer sind mit Blumenmuster und Antiquitäten eingerichtet, und der leicht abschüssige Boden zeugt vom hohen Alter des Hauses.

Praktische Informationen

Bethel Area Chamber of Commerce (☎800-442-5826, 207-824-2282; www.bethelmaine.com; 8 Station Pl; ⌚ganzjährig Mo–Fr 9–17 Uhr, an Wochenenden in der Hochsaison abweichende Öffnungszeiten) Diese hilfreiche Touristeninformation befindet sich im Gebäude der Bethel Station und bietet jede Menge Broschüren zu verschiedenen Sehenswürdigkeiten, Wanderwegen und Aktivitäten.

Baxter State Park

Der Baxter State Park zeigt Maine von seiner ursprünglichsten Seite: Der Wind peitscht um Dutzende Berggipfel, Schwarzbären streunen durchs Gehölz und Wanderer sind oft meilenweit unterwegs, ohne einer Menschenseele zu begegnen. Besucher können den Park auf den Hunderten von Kilometern an Wanderwegen erkunden, die kargen Klippen erklimmen (dies ist ein Paradies für Kletterer), in den Teichen und Flüssen Fliegenfischen oder wilde Tiere beobachten, z. B. Weißkopfseeadler, Elche und fuchsähnliche Marder. Der Park ist in den wärmeren Monaten am beliebtesten, aber auch in der Wintersportsaison geöffnet, etwa zum Schneemobil fahren. Der 1605 m hohe **Mt. Katahdin** – die Krone der Schöpfung im Park – ist der höchste Berg in Maine und das nördlichste Ende des 3524 km langen Appalachian Trail.

Katahdin Area Chamber of Commerce TOURISTENINFORMATION
(☎207-723-4443; www.katahdinmaine.com; 1029 Central St, Millinocket; ⌚Mo–Fr 9–15 Uhr) Infos rund um die Gegend, auch zu Unterkünften.

Washington, D.C. & Capital Region

Inhalt ➡

Gut essen

- Rose's Luxury (S. 292)
- Woodberry Kitchen (S. 308)
- L'Opossum (S. 333)
- Public Fish & Oyster (S. 341)
- Faidley's (S. 307)

Schön übernachten

- Hotel Lombardy (S. 289)
- Inn at 2920 (S. 307)
- Georges (S. 346)
- HI Richmond (S. 332)

Auf nach Washington, D. C., & in die Capital Region!

Es ist schwer, dem Charme der US-Hauptstadt nicht zu verfallen: Symbolträchtige Denkmäler, großartige Museen, die man kostenlos besichtigen kann, und erstklassige Restaurants mit Gerichten aus aller Welt sind nur einige der Highlights, die einen hier erwarten. Es gibt weitläufige Märkte, ein multikulturelles Nachtleben und grüne Parks zu entdecken – ganz zu schweigen von den Zentren der Macht. Jenseits des Beltway bietet die vielfältige Landschaft von Maryland, Virginia, West Virginia und Delaware genug Gründe, der Hauptstadt den Rücken zu kehren. Zerklüftete Berge, reißende Ströme und große Naturschutzgebiete (darunter Inseln mit Wildpferden), glitzernde Strände, historische Dörfer und die wundervolle Chesapeake Bay sind die passende Kulisse für Abenteuer. Nicht minder spannend ist es, alte Traditionen zu erkunden, sei es nun an der Geburtsstätte der Nation oder in Virginias Bluegrass-Szene.

Reisezeit

Washington, D. C.

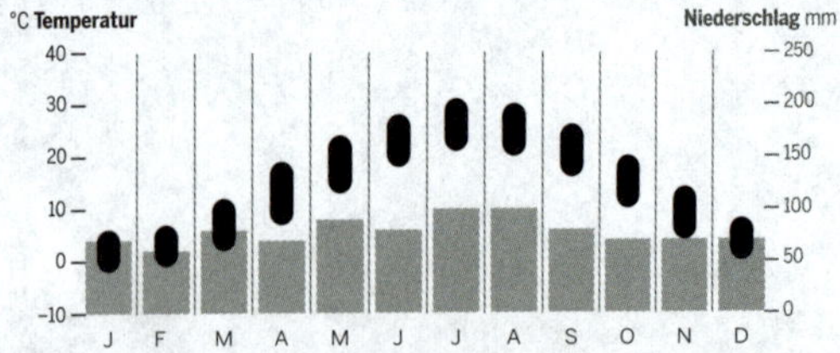

März–April Während des beliebtesten Festes von D. C. lockt die Kirschblüte Besuchermassen an.

Juni–Aug. Hauptsaison an den Stränden: hohe Hotelpreise und kaum freie Unterkünfte.

Sept.–Okt. Weniger Menschen, niedrigere Preise, angenehmeres Klima und herbstliche Farben.

Geschichte

Die Ureinwohner Amerikas lebten in dieser Gegend schon lange, bevor die ersten europäischen Siedler kamen. Viele geografische Landmarken tragen noch heute ihren indianischen Namen, etwa die Bucht von Chesapeake, die Appalachen oder die Flüsse Shenandoah und Potomac. 1607 gründeten 108 englische Kolonisten die erste dauerhafte europäische Siedlung in der Neuen Welt: Jamestown. Von Anfang an hatten die Siedler mit dem harten Winter, Hunger, Krankheiten und immer wieder auch mit feindlichen Ureinwohnern zu kämpfen.

Doch Jamestown überdauerte. 1624 wurde die Royal Colony of Virginia ins Leben gerufen, zehn Jahre später gründete der vor dem englischen Bürgerkrieg geflohene Lord Baltimore eine katholische Kolonie namens Maryland. Es gab eine Stadtversammlung, zu der auch ein schwarzer portugiesischer Seemann und Margaret Brent gehörte, die erste Frau, die in der nordamerikanischen Politik wählte. Und alle zusammen ließen sich von einem spanisch-jüdischen Arzt behandeln. Delaware wurde 1631 von Holländern als Walfangstation eingerichtet, von ansässigen Indianern praktisch dem Erdboden gleichgemacht und später nochmals von Briten in Besitz genommen. Aus England vertriebene Kelten ließen sich in den Appalachen nieder und schufen eine komplett unabhängige Kultur, die bis heute besteht. Grenzstreitigkeiten zwischen Maryland, Delaware und Pennsylvania führten zur Entstehung der Mason-Dixon-Linie, die letztlich den industrialisierten Norden vom landwirtschaftlich geprägten, Sklaven haltenden Süden trennte.

1781 endete der handgreifliche Teil des Unabhängigkeitskriegs mit der britischen Kapitulation bei Yorktown. Um die regionalen Spannungen etwas zu entkrampfen, wurde die Hauptstadt der neuen Nation auf einem sumpfigen Gebiet gegründet, das Teile Marylands und Virginias umfasste: Washington im District of Columbia (D.C.) war geboren. Doch Klassen-, Rassen- und wirtschaftliche Unterschiede waren zu stark, und so zerriss die Region während des Amerikanischen Bürgerkriegs (1861–1865) an ihren Nähten. Virginia trennte sich von der Union. Und die verarmten Bauern im Westen Virginias – schon lange aufgebracht gegen die affektierten Plantagenbesitzer – trennten sich vom Osten des Bundesstaats. Maryland dagegen blieb in der Union, doch seine weißen Sklavenhalter polterten gegen die Nordstaatentruppen, während Tausende von Afroamerikanern der Unionsarmee beitraten.

WASHINGTON, D.C.

Symbolträchtige Monumente, großartige Museen und Machtzentren, in denen sich Visionäre und Demagogen tummeln, muss man in der Hauptstadt der USA nicht lange suchen. Doch gibt es hier noch so viel mehr: von Bäumen gesäumte Viertel, pulsierende Märkte, eine Gastroszene mit imposanter ethnischer Vielfalt, eine große Einwanderergemeinde und eine unmittelbar unter der Oberfläche brodelnde Dynamik. Hier ist immer etwas geboten – kein Wunder, zieht doch keine andere Stadt vergleichbarer Größe mehr Talente und Macher an. Besucher sind tagsüber vollauf mit Sightseeing und den zahllosen Museen beschäftigt, von denen die meisten übrigens keinen Eintrittsgebühr verlangen. Abends kann man sich unter die Städter mischen und in brummenden Vierteln wie an der U St und am Logan Circle in gemütlichen Restaurants essen und an einem hausgebrauten Bier nippen.

Geschichte

Nach dem Unabhängigkeitskrieg einigten sich die Politiker aus dem Norden und dem Süden auf den Kompromiss, die neue Hauptstadt irgendwo zwischen den Machtbasen beider Gruppen anzusiedeln. Mögliche Hauptstädte wie Boston, Philadelphia oder Baltimore wurden von den Plantagenbesitzern aus den Südstaaten als zu städtisch und industrialisiert abgelehnt, weshalb man sich entschied, eine neue Stadt an den Ufern des Potomac River in der geografischen Mitte der 13 Gründerstaaten zu erbauen. Maryland und Virginia traten das hierzu benötigte Land ab.

Der D.C. wurde von den Briten im Krieg von 1812 marodiert und die Stadt in Brand gesteckt. Als Forderungen nach Abschaffung der Sklaverei die Hauptstadt in Atem hielten, wurde 1846 die sklavenhaltende Hafenstadt Alexandria am Südufer an Virginia zurückgegeben. Mit dem Jahren entwickelte sich die Hauptstadtregion in zwei unterschiedliche Richtungen: einerseits zu einem Marmortempel der Bundesregierung, andererseits zu einem städtischen Ghetto von nach Norden ziehenden Afroamerikanern und Einwanderern aus Übersee. Nach-

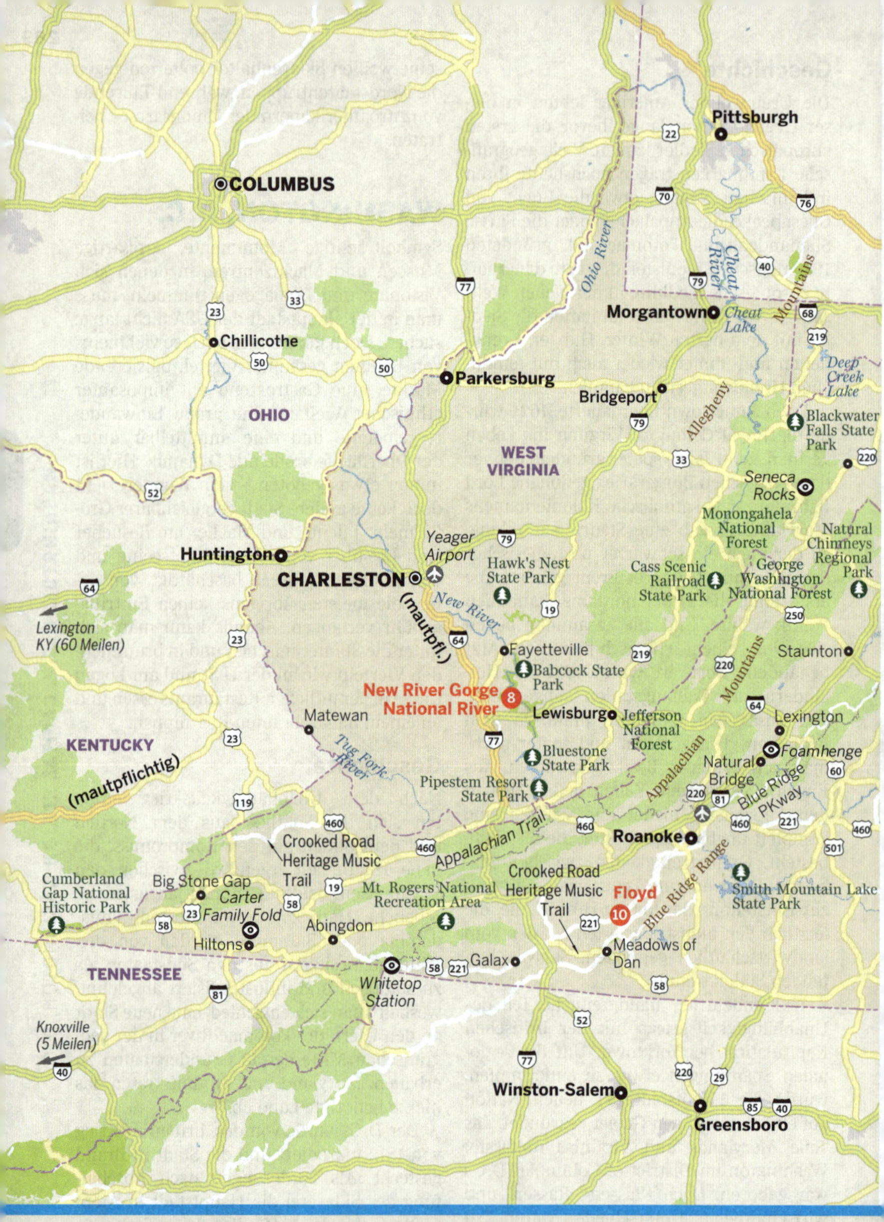

Highlights

1 National Air and Space Museum (S. 273) Die Museen der Hauptstadt besichtigen

2 Lincoln Memorial (S. 273) Den Sonnenuntergang am Denkmal genießen

3 Colonial Williamsburg (S. 336) Die Geschichte Amerikas hautnah erleben

4 Annapolis (S. 309) Bei einem Bummel durch das Capitol, die Naval Academy und entlang der Main St zur Ego Alley die nautische Geschichte der Stadt erkunden

5 Shenandoah National Park (S. 345) An einem Sonntag über den Skyline

Drive hierher fahren und nach einer Wanderung unter den Sternen übernachten

6 Monticello (S. 340) Das Meisterwerk von Thomas Jefferson bewundern

7 Rehoboth Beach (S. 319) Schlendern im familien- und schwulenfreundlichen Ferienort

8 New River Gorge National River (S. 356) Dem Gauley River folgen

9 Faidley's (S. 307) Einen der besten Krabbenkuchen in Baltimore genießen

10 Floyd (S. 351) Bei einem Jamboree den Rhythmus der alten Musik spüren

dem die Stadt fast zwei Jahrhunderte direkt vom Kongress regiert worden war, erhielt sie 1973 ihren ersten Bürgermeister (Walter Washington, einer der ersten Afroamerikaner, der Bürgermeister einer größeren US-amerikanischen Stadt wurde). Heute werden die Einwohner des D.C. besteuert wie alle anderen US-Bürger, haben aber keine demokratisch gewählte Vertretung im Kongress.

Seit den späten 1990er-Jahren erlebt die Hauptstadt eine weitreichende Gentrifizierung. Mit der Wahl von Barack Obama 2008 zog eine gewisse Coolness ein – heute zieht es New Yorker hierher, während es früher umgekehrt war. Leider sind auch die Lebenshaltungskosten heftig gestiegen. Sie gehören inzwischen zu den landesweit höchsten. Und da die Wirtschaft in der Stadt boomt, dürfe sich daran wenig ändern.

Sehenswertes

National Mall

The Mall, auch bekannt als Amerikas Vorgarten, beinhaltet die meisten der Smithsonian-Museen sowie die wichtigsten Denk-

WASHINGTON, D.C., IN ZWEI TAGEN ...

Tag eins

Man kann auch gleich mit dem Wichtigen beginnen: Das Lincoln Memorial steht für Washington, D.C., wie kein anderes Wahrzeichen. Mit Abraham, der am Ende der langen Allee sitzt, bietet es sich auch als Ausgangspunkt an. Geht man weiter gen Osten, kommt man zum mächtigen Vietnam Veterans Memorial. Dann folgt das Washington Monument (S. 273), das man unmöglich übersehen kann, weil es D.C.s größtes Bauwerk ist.

Zu Mittag gibt es Sandwiches neben einem künstlichen Wasserfall im Cascade Café in der National Gallery of Art, bevor man die Galerie besichtigt.

Dann wird es Zeit, das National Museum of African American History and Culture zu besuchen, vorausgesetzt, man konnte ein Ticket ergattern. Aber man sollte sich für eine Seite entscheiden: moderne Kunst im Osten, Impressionisten und andere Klassiker im Westen. Danach spaziert man über den Rasen zum National Air and Space Museum (S. 273), wo beeindruckende Dinge von der Decke hängen. Die Geschosse und das Originalflugzeug der Gebrüder Wright sind definitiv cool.

Für ein herzhaftes, bodenständiges Abendessen eignet sich **Duke's Grocery** (☎202-733-5623; www.dukesgrocery.com; 1513 17th St NW; Hauptgerichte 12–16 US$; ⏲Mo & Di 11–22, Mi & Do 11–1, Fr 11–2, Sa 10–2, So 10–22 Uhr; 📶; Ⓜ Red Line bis Dupont Circle) bestens. Dann kann man sich einen köstlichen Drink in der Bar Charley (S. 299) gönnen – die Nacht ist noch jung! Wer es ruhiger mag, kann im Board Room (S. 299) Brettspiele spielen.

Tag zwei

Heute ist das Regierungsviertel an der Reihe. Den Beginn macht das Capitol (S. 281) mit seinen von Statuen gesäumten Gängen. Auf der anderen Straßenseite geht's die Stufen zum Supreme Court (S. 281) hinauf, in dem man mit Glück eine Verhandlung verfolgen kann. Nebenan raubt einem die Library of Congress (S. 281) mit ihren kilometerlangen Buchreihen den Atem.

Wer mal inmitten von Politikern einen Burger essen will, der geht am besten in den **Old Ebbitt Grill** (☎202-347-4800; www.ebbitt.com; 675 15th St NW; Hauptgerichte 18–28 US$; ⏲Mo–Fr 7.30–1, Sa & So ab 8.30 Uhr; Ⓜ Red, Orange, Silver, Blue Lines bis Metro Center).

Wer klug war, hat die Führung durchs Weiße Haus (S. 282) schon im Voraus gebucht. Wer nicht, der macht das noch im White House Visitor Center. In der Round Robin kann man schauen, ob irgendwelche großen Persönlichkeiten oder Lobbyisten miteinander anstoßen. Um 18 Uhr findet im Kennedy Center (S. 300) eine kostenlose Show statt.

Zum Abendessen geht's in das elegante, französische Chez Billy Sud (S. 296) in Georgetown, und im Anschluss bietet sich ein Bier in einem freundlichen Pub wie dem Tombs (S. 299) an. An lauen Sommerabenden kann man sich vor die Cafés im Georgetown Waterfront Park (S. 285) setzen und den Booten zusehen. Und man sollte sich informieren, ob in dem berühmten Jazzclub Blues Alley (www.bluesalley.com) ein interessanter Act auftritt.

mäler. Das Lincoln Memorial, Washington Monument, Luft- und Raumfahrtmuseum, die National Gallery of Art und vieles mehr finden sich an dieser 3 km langen Wiese.

★ Lincoln Memorial MONUMENT
(www.nps.gov/linc; 2 Lincoln Memorial Circle NW; 24 Std.; Circulator, M Orange, Silver, Blue Lines bis Foggy Bottom-GWU) GRATIS Das westliche Ende der Mall wird vom Schrein für Abraham Lincoln begrenzt, dessen Statue friedlich von ihrem neo-klassizistischem Domizil mit den dorischen Säulen über den **Reflecting Pool** blickt. An der nördlichen und der südlichen Wand sind die Worte der Gettysburg-Rede und seiner zweiten Amtsantrittsrede zu lesen. Auf den Treppenstufen hielt Martin Luther King Jr. seine berühmte *I have a dream*-Rede; eine Gravur kennzeichnet die Stelle.

★ National Air and Space Museum MUSEUM
(202-633-2214; www.airandspace.si.edu; Ecke 6th St & Independence Ave SW; 10–17.30 Uhr, an einigen Tagen bis 19.30 Uhr; ; Circulator, M Orange, Silver, Blue, Green, Yellow Lines zur L'Enfant Plaza) GRATIS Das Air and Space Museum zählt zu den beliebtesten Museen der Smithsonian Institution. Besuchermagneten sind die Flugmaschinen der Brüder Wright, Chuck Yeagers *Bell X-1,* Charles Lindberghs *Spirit of St Louis,* Amelia Earharts flottes rotes Flugzeug und die Apollo-Mondlandefähre. Außerdem gibt's ein IMAX-Kino, ein Planetarium und Flugsimulatoren (je 8–10 US$). Weitere Maschinen finden sich in Virginia im **Steven F. Udvar-Hazy Center** (703-572-4118; www.airandspace.si.edu/visit/udvar-hazy-center; 14390 Air & Space Museum Pkwy, Chantilly; 10–17.30 Uhr; ; M Wiehle-Reston East zum Bus 983) GRATIS, einer Filiale für die Exponate, die im Museum keinen Platz fanden.

★ Vietnam Veterans Memorial MONUMENT
(www.nps.gov/vive; 5 Henry Bacon Dr NW; 24 Std.; Circulator, M Orange, Silver, Blue Lines bis Foggy Bottom-GWU) GRATIS Das schwarze, in den Boden eingelassene „V" ist das genaue Gegenstück zum üblichen weißen, glänzenden Marmor Washingtons. Es verkörpert die Narbe, die der Vietnamkrieg in der nationalen Seele der USA hinterlassen hat. Das Denkmal reicht bis in die Erde, und in seine dunkle, spiegelglatte Wand sind die Namen der über 58300 Opfer gemeißelt – chronologisch in Reihenfolge ihres Todes. Das Ganze ist ein schlichtes, aber ergreifendes Monument, das erstaunlicherweise 1981 von der Studentin Maya Lin entworfen wurde.

★ National Gallery of Art MUSEUM
(202-737-4215; www.nga.gov; Constitution Ave NW, zw. 3rd St & 7th St; Mo–Sa 10–17, So 11–18 Uhr; Circulator, M Green, Yellow Lines bis Archives) GRATIS Die Sammlung umfasst den Zeitraum vom Mittelalter bis heute. Im neoklassizistischen Westgebäude wird europäische Kunst des 19. Jhs. ausgestellt; zu den Highlights gehört das einzige Werk Da Vincis in der westlichen Hemisphäre und viele impressionistische und postimpressionistische Arbeiten. Im von Ioeh Ming Pei entworfenen Westgebäude werden moderne Kunst mit Werken von Picasso, Matisse und Pollock sowie in der Lobby ein riesiges Mobile von Calder ausgestellt. Nach der vor Kurzem erfolgten Renovierung und Erweiterung erstrahlt dieser Flügel in neuem Glanz. Die beiden Gebäude sind durch einen abgefahrenen Tunnel verbunden.

★ Washington Monument MONUMENT
(www.nps.gov/wamo; 2 15th St NW; 9–17 Uhr, Juni–Aug. bis 22 Uhr; Circulator, M Orange, Silver, Blue Lines bis Smithsonian) GRATIS Das Washington Monument ist mit einer Höhe knapp 170 m das höchste Gebäude im Bezirk und wurde aus 36000 Steinblöcken errichtet. Es wurde so viel Material verwendet, dass aus dem ursprünglich genutzten Steinbruch nicht genug Werkstoff gewonnen werden konnte. Auf einem Drittel der Höhe erkennt man die farbliche Grenze zwischen den alten und den neuen Marmorblöcken. Leider ist das Denkmal aufgrund von Reparaturarbeiten bis zum Frühling 2019 gesperrt, weshalb man bis dahin warten muss, um den Sternenhimmel von der Aussichtsplattform betrachten zu können.

★ Martin Luther King Jr. Memorial MONUMENT
(www.nps.gov/mlkm; 1850 W Basin Dr SW; 24 Std.; Circulator, M Orange, Silver, Blue Lines bis Smithsonian) GRATIS Das 2011 eingeweihte Denkmal ist das neueste auf der Mall und das erste, das einen Afroamerikaner ehrt. Es wurde von dem Bildhauer Lei Yixin gemeißelt. Neben Dr. Kings auffälligem, 9 m hohen Bildnis, das als Stein der Hoffnung bekannt ist, stehen zwei Granitblöcke, die den Berg der Hoffnungslosigkeit repräsentieren sollen. Eine Wand mit Kings bewegenden Zitaten zu Demokratie, Gerechtigkeit und

Washington, D. C.

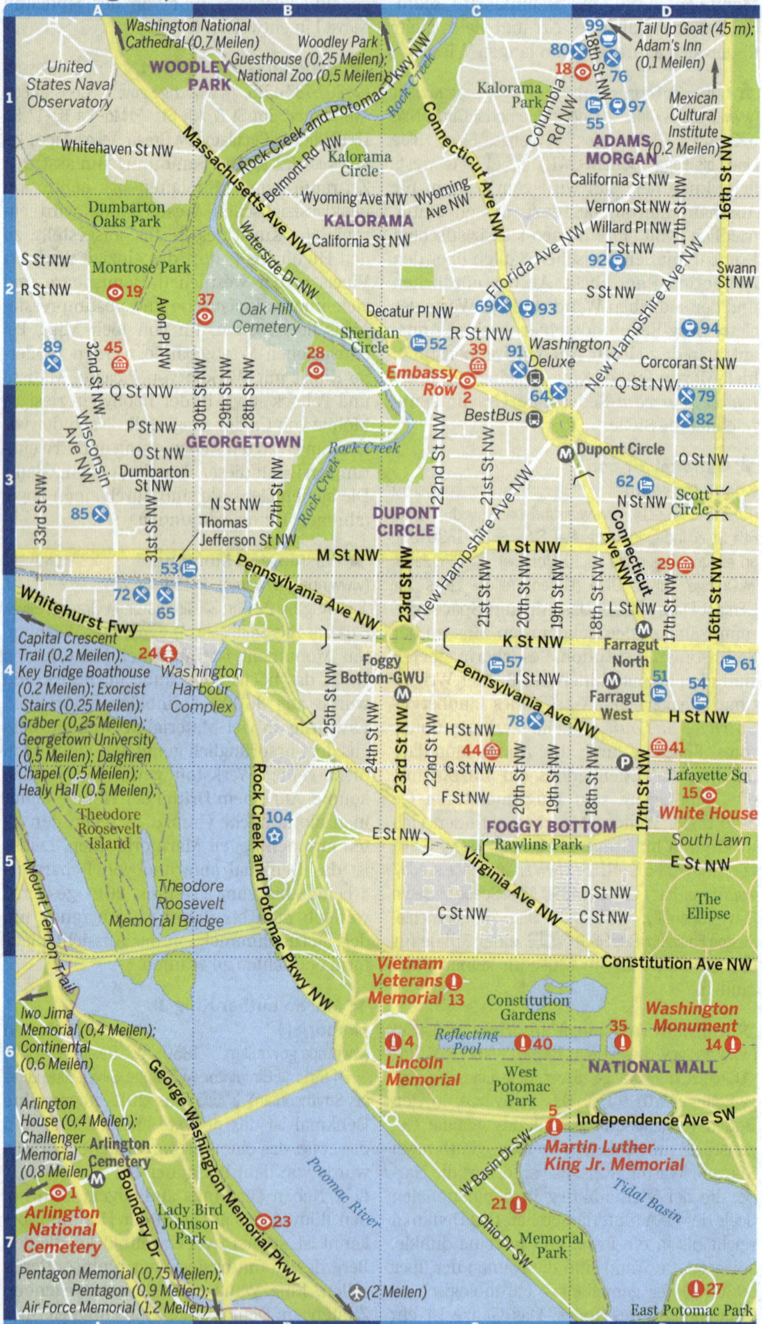

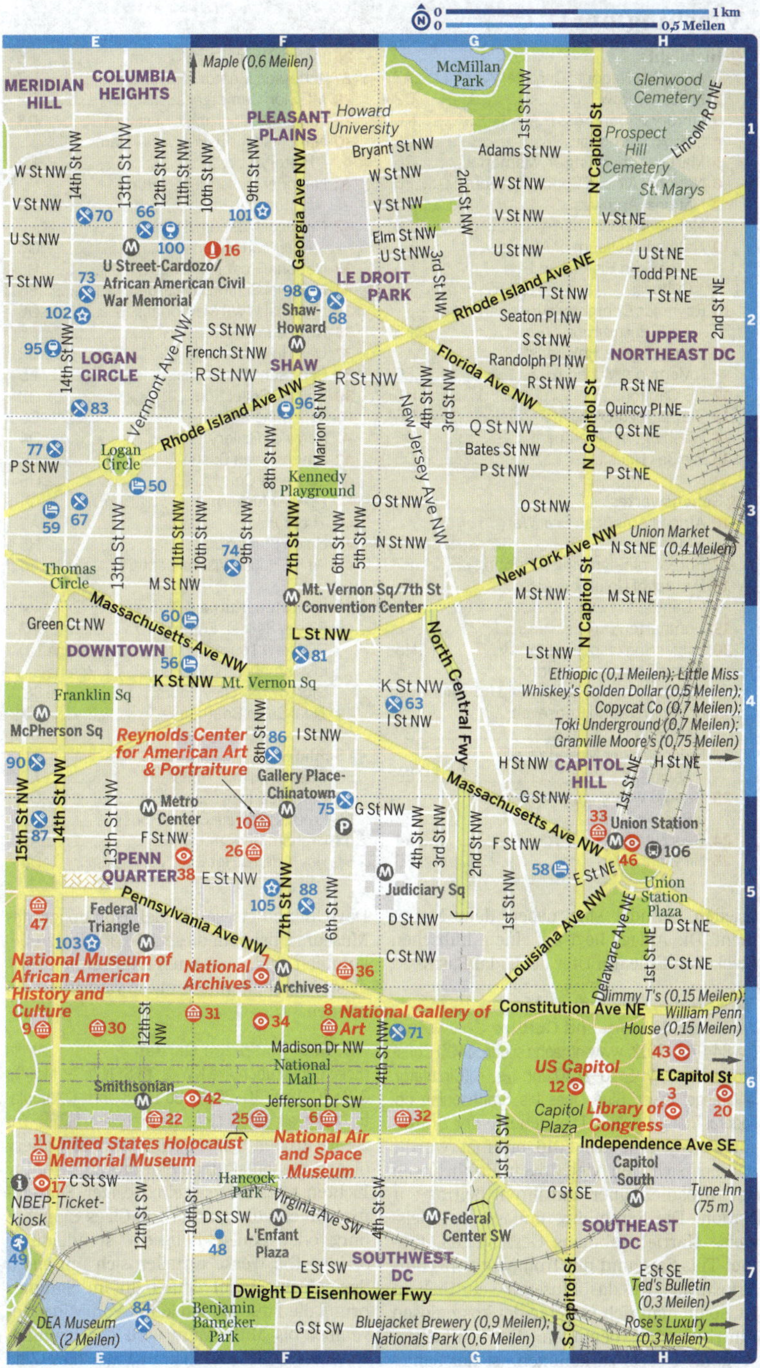
0 1 km
0 0,5 Meilen
E
F
G
H
1
2
3
4
5
6
7
Maple (0.6 Meilen)
MERIDIAN HILL
COLUMBIA HEIGHTS
McMillan Park
Glenwood Cemetery
PLEASANT PLAINS
Howard University
Prospect Hill Cemetery
St. Marys
Lincoln Rd NE
Bryant St NW
Adams St NW
W St NW
V St NW
U St NW
T St NW
S St NW
R St NW
Q St NW
P St NW
O St NW
N St NW
M St NW
L St NW
K St NW
I St NW
H St NW
G St NW
F St NW
E St NW
D St NW
C St NW
Elm St NW
V St NE
U St NE
Todd Pl NE
T St NE
R St NE
Quincy Pl NE
Q St NE
P St NE
N St NE
M St NE
H St NE
D St NE
C St NE
14th St NW
13th St NW
12th St NW
11th St NW
10th St NW
9th St NW
8th St NW
7th St NW
6th St NW
5th St NW
4th St NW
3rd St NW
2nd St NW
1st St NW
15th St NW
N Capitol St
2nd St NE
1st St NE
Georgia Ave NW
Vermont Ave NW
Rhode Island Ave NW
Rhode Island Ave NE
Florida Ave NW
New Jersey Ave NW
New York Ave NW
Massachusetts Ave NW
Pennsylvania Ave NW
Louisiana Ave NW
Delaware Ave NE
North Central Fwy
Marion St NW
Seaton Pl NW
Randolph Pl NW
Bates St NW
French St NW
Green Ct NW
U Street-Cardozo/ African American Civil War Memorial
LE DROIT PARK
Shaw-Howard
SHAW
LOGAN CIRCLE
Logan Circle
Kennedy Playground
UPPER NORTHEAST DC
Union Market (0,4 Meilen)
Thomas Circle
Mt. Vernon Sq/7th St Convention Center
DOWNTOWN
Mt. Vernon Sq
Franklin Sq
McPherson Sq
Ethiopic (0,1 Meilen); Little Miss Whiskey's Golden Dollar (0,5 Meilen); Copycat Co (0,7 Meilen); Toki Underground (0,7 Meilen); Granville Moore's (0,75 Meilen)
Reynolds Center for American Art & Portraiture
Gallery Place-Chinatown
Metro Center
CAPITOL HILL
Union Station
Union Station Plaza
PENN QUARTER
Judiciary Sq
Federal Triangle
National Museum of African American History and Culture
National Archives
Archives
Constitution Ave NE
Jimmy T's (0,15 Meilen); William Penn House (0,15 Meilen)
National Gallery of Art
Madison Dr NW
National Mall
Jefferson Dr SW
Smithsonian
US Capitol
E Capitol St
Capitol Plaza
Library of Congress
National Air and Space Museum
United States Holocaust Memorial Museum
Independence Ave SE
Capitol South
NBEP-Ticket-kiosk
C St SW
D St SW
E St SW
G St SW
C St SE
E St SE
12th St SW
10th St
4th St SW
1st St SW
S Capitol St
Hancock Park
Virginia Ave SW
L'Enfant Plaza
Federal Center SW
Tune Inn (75 m)
SOUTHEAST DC
SOUTHWEST DC
Ted's Bulletin (0,3 Meilen)
Dwight D Eisenhower Fwy
DEA Museum (2 Meilen)
Benjamin Banneker Park
Bluejacket Brewery (0,9 Meilen); Nationals Park (0,6 Meilen)
Rose's Luxury (0,3 Meilen)
70
66
100
16
101
73
102
98
68
95
96
83
77
50
59
67
74
60
56
81
63
86
90
87
75
10
26
38
33
46
106
58
47
88
105
103
7
36
31
34
8
71
9
30
43
12
3
20
42
22
25
6
32
11
17
49
48
84

Washington, D. C.

Highlights
1 Arlington National Cemetery A7
2 Embassy Row C2
3 Library of Congress H6
4 Lincoln Memorial C6
5 Martin Luther King Jr. Memorial C6
6 National Air and Space Museum F6
7 National Archives.................................F5
8 National Gallery of Art..........................F6
9 National Museum of African American History and Culture...E6
10 Reynolds Center for American Art & Portraiture F5
11 United States Holocaust Memorial Museum..............................E6
12 US Capitol H6
13 Vietnam Veterans Memorial C6
14 Washington Monument D6
15 Weißes Haus.......................................D5

Sehenswertes
16 African American Civil War Memorial F2
17 Bureau of Engraving & Printing E7
18 District of Columbia Arts Center...D1
19 Dumbarton Oaks.................................A2
20 Folger Shakespeare Library H6
Ford's Theatre Center for Education and Leadership...... (siehe 38)
21 Franklin Delano Roosevelt Memorial C7
22 Freer-Sackler Museums of Asian Art E6
23 George Washington Memorial Parkway..B7
24 Georgetown Waterfront Park...............A4
25 Hirshhorn Museum...............................F6
26 International Spy Museum....................F5
27 Jefferson Memorial D7
28 Mt. Zion Cemetery.................................B2
29 National Geographic Museum..............D3
30 National Museum of American History E6
31 National Museum of Natural History F6
32 National Museum of the American Indian G6
33 National Postal Museum H5
34 National Sculpture Garden F6
35 National WWII Memorial........................D6
36 Newseum..F5
37 Oak Hill Cemetery B2
38 Petersen House E5
39 Phillips Collection C2
40 Reflecting Pool C6
41 Renwick Gallery D4
42 Smithsonian Castle E6
43 Supreme Court H6
44 Textile Museum C4
45 Tudor Place A2
46 Union Station H5
47 White House Visitor Center E5

Aktivitäten, Kurse & Touren
48 Bike & Roll – L'Enfant Plaza F7
DC Brew Tours.......................... (siehe 10)
Eislaufbahn............................... (siehe 34)
Old Town Trolley Tours .... (siehe 38)
49 Tidal Basin Boathouse..........................E7

Schlafen
50 Chester Arthur House...........................E3
51 Club Quarters D4
52 Embassy Circle Guest House C2
53 Graham Georgetown A3
54 Hay-Adams Hotel D4

Frieden befindet sich neben dem Monument. Die Anlage liegt auf einem hübschen Fleckchen Erde um Ufer des Tidal Basin.

★ National Museum of African American History and Culture MUSEUM

(☎844-750-3012; www.nmaahc.si.edu; 1400 Constitution Ave NW; 🕙10–17.30 Uhr; ♿; 🚌Circulator, Ⓜ Orange, Silver, Blue Lines bis Smithsonian od. Federal Triangle) GRATIS Das neueste der Smithsonian-Museen, das 2016 eröffnet wurde, widmet sich den vielfältigen Erfahrungen der Afroamerikaner und ihrem Beitrag zur Nation. Die Sammlung umfasst beispielsweise Harriet Tubmans Gesangbuch, Emmet Tills Sarg und die Trompete von Louis Armstrong. Da das Museum sehr beliebt ist, sollte man sich um eine der kostenlosen Eintrittskarten bemühen. Der einfachste Weg, an Tickets zu kommen, ist der Same-Day-Online-Release auf der Homepage des Museums, bei dem diese ab 6.30 Uhr zu bekommen sind. Man muss aber schnell sein, da sie innerhalb von Minuten vergriffen sein können.

National Sculpture Garden GÄRTEN

(Ecke Constitution Ave NW & 7th St NW; 🕙Mo–Do & Sa 10–18, Fr 10–20.30, So 11–18 Uhr; 🚌Circulator, Ⓜ Green, Yellow Lines bis Archives) GRATIS Im 2,4 ha großen Garten der National Gallery of Arts stehen skurrile Skulpturen, wie Roy Lichtensteins *House*, ein riesiger Schreibmaschinenradiergummi von Claes Cloppenburg oder Louise Bougeois' spindeldürre *Spider*. Die Werke verteilen sich um einen Springbrunnen, in dem man im Sommer prima die Füße kühlen kann. Von Mitte November bis Mitte März wird der Brunnen zu einer beliebten **Eislaufbahn** (Erw./Kind

55 HighRoad Hostel D1
56 Hostelling International – Washington, D. C. E4
57 Hotel Lombardy C4
58 Kimpton George Hotel G5
59 Kimpton Mason & Rook Hotel E3
60 Morrison-Clark Inn E4
61 St. Regis Washington D4
62 Tabard Inn D3

Essen

63 A Baked Joint G4
64 Afterwords Cafe C3
65 Baked & Wired A4
66 Ben's Chili Bowl E2
67 Birch & Barley E3
68 Bistro Bohem F2
69 Bistrot du Coin C2
70 Busboys & Poets E1
71 Cascade Cafe G6
72 Chez Billy Sud A4
73 Compass Rose E2
74 Dabney F3
75 Daikaya F5
76 Diner D1
Donburi .... (siehe 18)
Duke's Grocery .... (siehe 82)
77 Estadio E3
78 Founding Farmers C4
79 Hank's Oyster Bar D3
80 Julia's Empanadas D1
81 Kinship F4
82 Komi D3
83 Le Diplomate E2
Little Serow .... (siehe 82)
84 Maine Avenue Fish Market E7
85 Martin's Tavern A3
86 Matchbox Pizza F4
87 Old Ebbitt Grill E5
88 Rasika F5
89 Simply Banh Mi A2
90 Woodward Takeout Food E4
91 Zorba's Cafe C2

Ausgehen & Nachtleben

92 Bar Charley D2
93 Board Room C2
Churchkey .... (siehe 67)
94 Cobalt D2
Columbia Room .... (see 74)
95 Cork Wine Bar E2
96 Dacha Beer Garden F2
97 Dan's Cafe D1
JR's .... (siehe 79)
Off The Record .... (siehe 54)
98 Right Proper Brewing Co F2
99 Songbyrd Record Cafe & Music House D1
100 U Street Music Hall E2

Unterhaltung

101 9:30 Club F1
102 Black Cat E2
103 Capitol Steps E5
Folger Theatre .... (siehe 20)
104 Kennedy Center B5
105 Shakespeare Theatre Company F5
Woolly Mammoth Theatre Company .... (siehe 88)

Transport

BoltBus .... (siehe 106)
106 Greyhound H5
Megabus .... (siehe 106)
Peter Pan Bus Lines .... (siehe 106)

8,50/7,50 US$, Schlittschuhverleih 3 US$; ⏲ Mitte Nov.–Mitte März Mo–Do 10–21, Fr 10–23, Sa 11–23, So 11–21 Uhr; Circulator, Ⓜ Green, Yellow Lines bis Archives), und der Garten bleibt ein bisschen länger geöffnet.

National Museum of Natural History
MUSEUM

(202-663-1000; www.naturalhistory.si.edu; Ecke 10th St & Constitution Ave NW; ⏲ 10–17.30 Uhr, an einigen Tagen bis 19.30 Uhr; ; Circulator, Ⓜ Orange, Silver, Blue Lines bis Smithsonian od. Federal Triangle) GRATIS Keines der Smithsonian-Museen ist beliebter – man sollte sich auf Menschenmassen einstellen. Man winkt dem Elefanten Henry in der Rotunde zu und schaut sich im 2. Stock den Hope-Diamanten an. Auf dem 45,52 Karat schweren Klunker soll ein Fluch lasten – auch Marie Antoinette gehörte zu seinen Besitzern. Die Dinosaurierhalle wird bis 2019 renoviert, doch der Riesenkalmar (1. Stock, Ocean Hall) und die Fütterung der Taranteln (2. Stock, Insektarium) sorgen bei Kids trotzdem für gespannte Aufmerksamkeit.

National Museum of American History
MUSEUM

(202-663-1000; www.americanhistory.si.edu; Ecke 14th St & Constitution Ave NW; ⏲ 10–17.30 Uhr, an einigen Tagen bis 19.30 Uhr; ; Circulator, Ⓜ Orange, Silver, Blue Lines bis Smithsonian od. Federal Triangle) GRATIS Das Museum sammelt alle möglichen Artefakte zur amerikanischen Geschichte. Hauptattraktion ist die Fahne, die im Britisch-Amerikanischen Krieg von 1812 über Fort McHenry in Baltimore wehte und Francis Scott Key zum Text der amerikanischen Nationalhymne *(The Star-Spangled Banner)* inspirierte. Weitere

National Mall

TAGESTOUR

So abwegig ist es nicht, die Mall als „Amerikas Vorgarten" zu bezeichnen. Tatsächlich besteht sie größtenteils aus einer Wiese, die sich vom Capitol westwärts bis zum Lincoln Memorial erstreckt. Der größte öffentliche Platz der USA war oft Zeuge von Demonstrationen und Protestmärschen vor der monumentalen Kulisse aus Gedenkstätten, die Werte und Errungenschaften der ganzen Nation repräsentieren.

Man kann recht viel an einem einzigen, wenn auch anstrengenden Tag sehen, bei dem man ungefähr 6 km zu Fuß zurücklegt.

Man startet am **1 Vietnam Veterans Memorial** und geht gegen den Uhrzeigersinn um die Mall, am **2 Lincoln Memorial**, **3 Martin Luther King Jr. Memorial** und am **4 Washington Monument** vorbei. Wer will, kann auch Abstecher zum Korean War Veteran Memorial, zum National WWII Memorial und weiteren Monumenten im westlichen Teil der Mall machen.

F11PHOTO / SHUTTERSTOCK ©

DAVE NEWMAN / SHUTTERSTOCK ©

Martin Luther King Jr. Memorial

Man kann rund um die von Lei Yixin gestaltete Statue des Bürgerrechtlers schlendern und alle Zitate lesen. Kings Statue ist 3 m höher als die Lincolns und Jeffersons auf ihren Denkmälern.

Smithsonian Castle

Neben dem Eingang an der Mall befindet sich die Krypta mit dem Grabmal von James Smithson, jenem exzentrischen Engländer, dessen Vermächtnis 1826 den Grundstein für die Smithsonian Institution legte.

FSTOCKFOTO / SHUTTERSTOCK ©

National Air & Space Museum

Eintreten und nach oben blicken – der Anblick ist überwältigend. Lindberghs *Spirit of St. Louis* und Chuck Yeagers Bell X-1, mit der er die Schallmauer durchbrach, gehören zu den Maschinen, die von der Decke hängen.

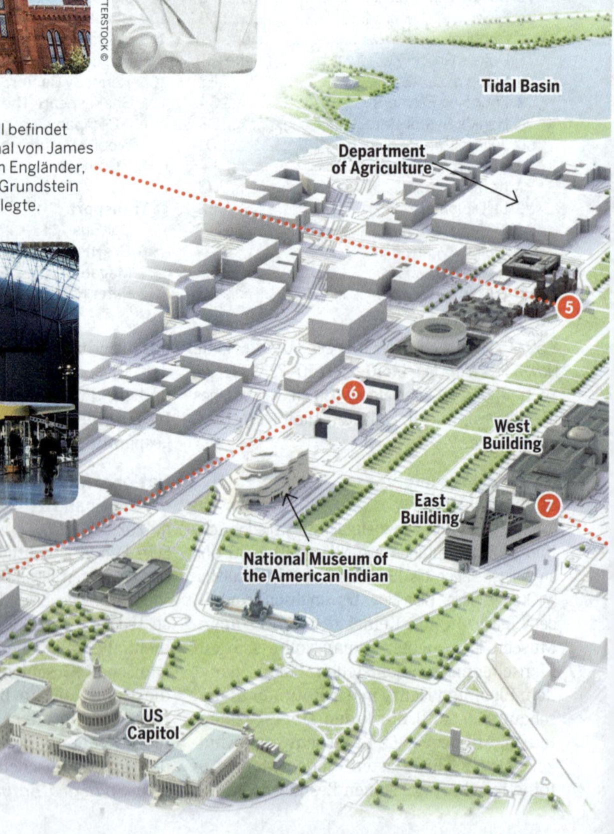

Danach geht's weiter zu den Museen, die allesamt hervorragend und noch dazu kostenlos sind. Beginnen sollte man im **5 Smithsonian Castle** wo man alle Infos bekommt und dem Menschen huldigen kann, der die großartigen Einrichtungen ermöglicht hat. Danach geht es weiter mit dem Rundgang durch **6 National Air & Space Museum**, **7 National Gallery of Art & National Sculpture Garden** und **8 National Museum of Natural History**.

TOP-TIPPS

Man sollte, vor allem im Sommer, früh aufbrechen – so entgeht man den Massen und der brütenden Hitze. Bis 10.30 Uhr sollte man die Gedenkstätten besichtigt haben, um sich dann in die klimatisierten Räume der Museen flüchten zu können. Und Snacks nicht vergessen – das kulinarische Angebot auf der Mall ist dürftig!

Lincoln Memorial

Zuerst betracht man den sitzenden Lincoln, dann geht man die Treppen hinunter zu der Stelle, an der Martin Luther King Jr. über seinen „Traum“ sprach. Der Blick auf den Reflecting Pool und das Washington Monument ist ein Highlight eines D. C.-Besuchs.

ADAM PARENT / SHUTTERSTOCK ©

Vietnam Veterans Memorial

Man sollte auf das Symbol neben jedem Namen achten: Eine Raute steht für „gefallen, Leiche geborgen“, ein Plus-Zeichen für „vermisst, Umstände ungeklärt“ – auf fast 1200 Soldaten trifft Letzteres zu.

Washington Monument

Bei der Annäherung an den Obelisken sollte man den Blick nach oben wenden: Ungefähr ab dem ersten Drittel wird der Stein dunkler, da die Erbauer auf einen anderen Marmor zurückgreifen mussten.

National Museum of Natural History

Nachdem man den Elefanten Henry begrüßt hat, geht's hinauf zum Hope-Diamanten. Der 45,52 Karat schwere Edelstein belegte seine Besitzer, u. a. auch Marie Antoinette, angeblich mit einem Fluch.

KAMIRA / SHUTTERSTOCK ©

National Gallery of Art & National Sculpture Garden

Besonders sehenswert ist das einzige Gemälde Leonardos, das in den USA aufbewahrt wird (im West Building). Draußen schlendert man inmitten skurriler Skulpturen von Miró, Calder und Roy Lichtenstein umher. Ein Hingucker ist auch das von I. M. Pei entworfene East Building.

Highlights sind Julia Childs Küche (1. Stock, *Food Exhibition*), George Washingtons Schwert (3. Stock, *Price of Freedom*-Ausstellung), Dorothys rubinrote Schuhe und ein Stück des Plymouth Rock (beide im 2. Stock, Ausstellung *American Stories*).

Jefferson Memorial DENKMAL
(www.nps.gov/thje; 900 Ohio Dr SW; 24 Std.; Circulator, M Orange, Silver, Blue Lines bis Smithsonian) GRATIS Die Gedenkstätte inmitten von Kirschbäumen am Südufer des Tidal Basin ehrt den politischen Philosophen Thomas Jefferson, den dritten Präsidenten der USA, der zudem die Unabhängigkeitserklärung verfasste und die University of Virginia gründete. Die Rotunde, von John Russell Pope in Anlehnung an Jeffersons Entwurf der Bibliothek von Virginia errichtet, wurde anfangs als „Jefferson Muffin" verspottet.

National World War II Memorial DENKMAL
(www.nps.gov/wwii; 17th St; 24 Std.; Circulator, M Orange, Silver, Blue Lines bis Smithsonian) GRATIS Die 2004 eingeweihte Gedenkstätte, eine ovale Anlage mit zentralem Springbrunnen, ehrt die 400 000 US-Amerikaner, die in diesem Krieg starben, sowie die 16 Mio. G.I.s, die zwischen 1941 und 1945 ihren Dienst verrichteten. Die beiden steinernen Pavillons symbolisieren den Sieg auf dem europäischen (atlantischen) und dem asiatischen (pazifischen) Kriegsschauplatz. Die 56 Pfeiler stehen für die einzelnen US-Bundesstaaten und -Territorien

Hirshhorn Museum MUSEUM
(202-633-1000; www.hirshhorn.si.edu; Ecke 7th St & Independence Ave SW; 10–17.30 Uhr; ; Circulator, M Orange, Silver, Blue, Green, Yellow Lines zur L'Enfant Plaza) GRATIS In dem zylindrischen Museum für moderne Kunst des Smithsonian sind Gemälde und Skulpturen von der Frühzeit des Modernismus über die Pop-Art bis zur zeitgenössischen Kunst ausgestellt. Sonderausstellungen nehmen den 2. Stock ein, Wechselausstellungen aus der Dauersammlung den 3. Stock, wo es auch einen schicken Sitzbereich mit Sofas, deckenhohen Fenstern und einen Aussichtsbalkon zur National Mall hinaus gibt.

Smithsonian Castle GEBÄUDE
(202-633-1000; www.si.edu; 1000 Jefferson Dr SW; 8:30am-5:30pm; Circulator, M Orange, Silver, Blue Lines bis Smithsonian) James Renwick entwarf das von Türmen bekrönte, 1855 fertiggestellte rote Sandsteingebäude, das an ein Märchenschloss erinnert. Heute beherbergt die „Burg" das **Smithsonian Visitors Center**, eine gute erste Anlaufstelle auf der National Mall. Im Haus gibt es historische Exponate, mehrsprachige Touchscreens, einen mit Personal besetzten Informationsschalter, kostenlose Lagepläne, ein Café – und das Grab von James Smithson, der den USA sein Vermögen zum Aufbau einer Einrichtung zur Verbreitung des Wissens hinterließ. Die Krypta befindet sich in einem kleinen Raum am Haupteingang abseits der Mall.

Freer-Sackler Museums of Asian Art MUSEUM
(202-633-1000; www.asia.si.edu; Ecke Independence Ave & 12th St SW; 10–17.30 Uhr; Circulator, M Orange, Silver, Blue Lines bis Smithsonian) GRATIS Ein hübsches Museum, in dem sich gut ein Nachmittag in Washington verbringen lässt: Japanische Seidenwandschirme, lächelnde Buddhas, seltene islamische Manuskripte und chinesische Schmuckstücke aus Jade verteilen sich über die stillen, kühlen Säle. Das Freer und das Sackler sind eigentliche separate Einrichtungen, die aber durch einen Tunnel verbunden sind. Das Sackler konzentriert sich mehr auf Wechselausstellungen, während das Freer, recht zusammenhangslos, auch Werke des US-amerikanischen Malers James Whistler präsentiert. Unbedingt anschauen sollte man sich den blau-goldenen, mit Keramik überfüllten Pfauensaal.

National Museum of the American Indian MUSEUM
(202-663-1000; www.nmai.si.edu; Ecke 4th St & Independence Ave SW; 10–17.30 Uhr; ; Circulator, M Orange, Silver, Blue, Green, Yellow Lines zur L'Enfant Plaza) GRATIS Das Gebäude mit seiner kurvigen Fassade aus honiggelbem Sandstein fällt ins Auge. Drinnen finden sich kulturelle Artefakte, Kostüme, Bild- und Tonaufnahmen der indigenen Völker des amerikanischen Doppelkontinents. Die Ausstellungen wurden überwiegend von den jeweiligen Völkern selbst konzipiert, woraus sich ein persönlich gefärbtes, manchmal etwas zusammenhangloses Gesamtbild ergibt. Faszinierend ist die Galerie *Our Universes* (Ebene 4), die sich mit den Glaubensvorstellungen und Schöpfungsmythen der Ureinwohner befasst.

Franklin Delano Roosevelt Memorial DENKMAL
(www.nps.gov/frde; 400 W Basin Dr SW; 24 Std.; Circulator, M Orange, Silver, Blue Lines bis Smith-

sonian) GRATIS Die 3 ha große Gedenkstätte ist dem Präsidenten mit der längsten Amtszeit der US-Geschichte und seiner Ära gewidmet. Die Besucher werden durch vier von rotem Granit eingefasste „Räume" geleitet, in denen Statuen und Inschriften von Roosevelts Amtszeit von der Weltwirtschaftskrise über die New-Deal-Politik bis zum Zweiten Weltkrieg erzählen. Dazwischen finden sich Brunnen und friedliche Nischen. Die Anlage ist besonders reizvoll bei Nacht, wenn sich der Marmor in dem ruhigen Wasser des Tidal Basin spiegelt.

Capitol Hill

Das geografische Herz der Stadt – und auch das Herz der amerikanischen Gesetzgebung – überrascht dadurch, dass es überwiegend aus herrschaftlich anmutenden Reihenhäusern besteht. Auf diesem riesigen Areal finden sich wichtige Sehenswürdigkeiten, etwa das Capitol, die Kongressbibliothek und das Holocaust Memorial Museum. Im Bereich zwischen dem Eastern Market und der H St NE befindet sich der Mittelpunkt des sozialen Lebens der Einheimischen mit netten Restaurants und einem tollen Nachtleben.

★ Capitol — WAHRZEICHEN

(☎ 202-226-8000; www.visitthecapitol.gov; 1st St NE & E Capitol St; ⌚ Mo–Sa 8.30–16.30 Uhr; Ⓜ Orange, Silver, Blue Lines bis Capitol South) GRATIS Seit 1800 tritt hier die Legislative der USA – also der Kongress – zusammen, und beschließt die Gesetze des Landes. Die 435 Abgeordneten des Repräsentantenhauses und die 100 Mitglieder des Senats versammeln sich im Süd-, bzw. Nordflügel des Hauses. Besucher betreten das Gebäude über das unterirdische Besucherzentrum unterhalb der East Plaza. Die Führungen sind kostenlos, man benötigt jedoch eine Eintrittskarte, die nur begrenzt verfügbar sind. Außerdem muss man mit langen Wartezeiten rechnen. Es ist sinnvoll, die Tickets im Voraus gebührenfrei zu reservieren (keine Bearbeitungsgebühr).

Die einstündige Tour zeigt ausführlich die Vergangenheit eines Gebäudes auf, das vor Geschichte nur so strotzt. Zuerst sieht man sich einen kitschigen Film an, wird dann von den Mitarbeitern in die kunstvollen Hallen und ruhige Kammern gebracht, die mit Büsten, Statuen und Andenken an Generationen von Kongressmitgliedern geradezu vollgestopft sind.

Um sich eine Sitzung des Kongresses anschauen zu dürfen, benötigt man einen speziellen Pass. US-Bürger bekommen diesen von ihrem Abgeordneten oder Senator. Ausländische Besucher gehen mit ihrem Reisepass zum House and Senate Appointment Desk im oberen Stockwerk. Die interessanteren und inhaltsreicheren sind die Ausschussanhörungen des Kongresses, wenn man an einer echten Debatte interessiert ist. Man kann sich bezüglich der Termine und Räumlichkeiten der häufig öffentlichen Debatten auf www.house.gov und www.senate.gov informieren.

★ United States Holocaust Memorial Museum — MUSEUM

(☎ 202-488-0400; www.ushmm.org; 100 Raoul Wallenberg Pl SW; ⌚ 10–17.20 Uhr, April & Mitte Juni längere Öffnungszeiten; 🚌 Circulator, Ⓜ Orange, Silver, Blue Lines bis Smithsonian) GRATIS Für ein umfassendes Verständnis des Holocaust – seiner Opfer, Täter und Zuschauer – ist ein Besuch in diesem erschütternden Museum ein Muss. In der Hauptausstellung erhält jeder Besucher den Ausweis eines bestimmten Holocaust-Opfers. Dessen Geschichte folgt man dann auf dem gewundenen Rundgang in die höllische, von Ghettos, Viehwaggons und Vernichtungslagern geprägte Vergangenheit. Gezeigt werden aber auch Aspekte der Menschlichkeit anhand vieler Beispiele, in den Menschen Risiken in Kauf nahmen, um den Verfolgten zu helfen.

★ Library of Congress — BIBLIOTHEK

(☎ 202-707-8000; www.loc.gov; 1st St SE; ⌚ Mo–Sa 8.30–16.30 Uhr; Ⓜ Orange, Silver, Blue Lines bis Capitol South) GRATIS Die weltweit größte Bibliothek hat einen Bestand von 164 Mio. Büchern, Manuskripten, Karten, Bildern, Filmen und anderen Objekten und beeindruckt in Größe und Design. Das Herzstück ist das 1897 errichtete Jefferson Building. Besucher bestaunen den mit Buntglas, Marmor und Mosaiken mystischer Figuren geschmückten großen Saal, das Exemplar der Gutenberg-Bibel von ca. 1455 und Thomas Jeffersons Bibliothek sowie den Aussichtsbereich des Lesesaals. Zwischen 10.30 und 15.30 Uhr finden halbstündig kostenlose Führungen statt.

Supreme Court — WAHRZEICHEN

(☎ 202-479-3030; www.supremecourt.gov; 1 1st St NE; ⌚ Mo–Fr 9–16.30 Uhr; Ⓜ Orange, Silver, Blue Lines bis Capitol South) GRATIS Das höchste Gericht der USA residiert in einem altgriechisch anmutenden Tempel, der von 5897 kg schweren Türen geschützt wird. Frühaufsteher können bei Verhandlungen zuschauen (Okt.–April regelm. Mo–Mi). Die Dauerausstellung und die Wendeltreppe aus Marmor und Bronze über fünf Stockwerke können ganzjährig besichtigt werden. An sitzungsfreien Tagen gibt es auch Lesungen im Gerichtssaal (stündlich zur halben Stunde). Man sollte beim Verlassen darauf achten, dass man durch die Türen zu den majestätischen Vordertreppen geht.

National Postal Museum MUSEUM

(☎202-633-5555; www.postalmuseum.si.edu; 2 Massachusetts Ave NE; ⏱10–17.30 Uhr; 👪; Ⓜ Red Line zur Union Station) GRATIS Das von der Smithsonian Institution geführte Postmuseum ist viel cooler, als man es vielleicht erwartet. Unten (Ebene 1) gibt es eine Ausstellung zur Postgeschichte von den Zeiten des Pony Express bis zur Gegenwart – zu sehen sind beispielsweise alte Postflugzeuge und anrührende Briefe von Soldaten und Pionieren. Auf Ebene 2 findet sich die weltweit größte Briefmarkensammlung. Philatelisten ziehen die Schubladen heraus und machen Schnappschüsse der seltensten Marken (z. B. der Benjamin Franklin Z Grill). Man kann auch selbst mit dem Sammeln anfangen, indem man aus Tausenden kostenlosen Marken aus Ländern wie Guyana, dem Kongo oder Kambodscha wählt.

Folger Shakespeare Library BIBLIOTHEK

(☎202-544-4600; www.folger.edu; 201 E Capitol St SE; ⏱Mo–Sa 10–17, So 12–17 Uhr; Ⓜ Orange, Silver, Blue Lines bis Capitol South) GRATIS Shakespeare-Fans werden begeistert sein: Die Bibliothek besitzt den weltweit größten Bestand seiner Werke. Im Großen Saal sind elisabethanische Artefakte, Gemälde, Kupferstiche und Manuskripte ausgestellt. Das Highlight ist die Möglichkeit, eine seltene erste Shakespeare-Gesamtausgabe von 1623 digital zu durchblättern. Man kann auch das schöne, dort befindliche **Theater** (www.folger.edu/theatre; Tickets ab 30 US$) besuchen, eine Nachbildung des Elizabethan Globe Theatre. Und abends kommt man wieder, um sich ein Stück anzusehen.

Bureau of Engraving & Printing WAHRZEICHEN

(☎202-874-2330; www.moneyfactory.gov; Ecke 14th St & C St SW; ⏱März–Aug. Mo–Fr 9–10.45, 12.30–15.45 & 17–18 Uhr, Sept.–Feb. kürzere Öffnungszeiten; 🚌 Circulator, Ⓜ Orange, Silver, Blue Lines bis Smithsonian) GRATIS Hier wird richtig Geld gemacht! Die Banknoten des Landes werden hier entworfen und gedruckt. Im Rahmen der 40-minütigen Führungen blickt man in die Werkhalle hinunter, wo Millionen US-Dollar aus der Presse laufen und per Fallbeil zurechtgeschnitten werden. Aber das Ganze ist eine recht trockene Tour; man sollte keine tollen Bilder oder flotten Sprüche erwarten. In der Hauptsaison (März–Aug.) braucht man terminierte Eintrittskarten, die man sich frühzeitig am **Ticketkiosk** (Raoul Wallenberg Pl, aka 15th St; ⏱8 Uhr–Tickets ausverkauft sind; Ⓜ Orange, Silver, Blue Lines bis Smithsonian) besorgen sollte. Er öffnet um 8 Uhr; um 10 Uhr sind die Tickets häufig schon vergeben.

Weißes Haus & Foggy Bottom

Der Präsident lebt mitten *in da 'hood*. Das State Department, die Weltbank und andere Einrichtungen befinden sich ganz in der Nähe in Foggy Bottom. Das ist tagsüber ein belebtes Viertel, aber außer beim Kennedy Center für darstellende Kunst ist hier abends wenig los.

★ Weißes Haus WAHRZEICHEN

(☎202-456-7041; www.whitehouse.gov; 1600 Pennsylvania Ave NW; ⏱geführte Touren Di–Do 7.30–11.30, Fr & Sa bis 13.30 Uhr; Ⓜ Orange, Silver, Blue Lines bis Federal Triangle od. McPherson Sq) GRATIS Das „Haus des Präsidenten" wurde zwischen 1792 und 1800 erbaut. Falls man das Glück hat, an einer öffentlichen Führung teilnehmen zu können, besichtigt man mehrere Räumlichkeiten, alle vollgestopft mit präsidialer Geschichte. Diese Führungen müssen im Vorfeld organisiert werden. Wer kein US-Bürger ist, kann das bei der Botschaft des eigenen Landes in Washington tun. Die Anträge können zwischen 21 Tagen und drei Monaten im Voraus gestellt werden – je früher, desto besser.

White House Visitor Center MUSEUM

(☎202-208-1631; www.nps.gov/whho; 1450 Pennsylvania Ave NW; ⏱7.30–16 Uhr; Ⓜ Orange, Silver, Blue Lines bis Federal Triangle) GRATIS Wem die Zugangsprozeduren fürs Weiße Haus zu mühselig sind, der kann sich mit diesem Museum begnügen. Hier gibt's Artefakte zu sehen, etwa den Schreibtisch, von dem Franklin D. Roosevelt seine Kaminansprachen hielt, oder den Stuhl, auf dem Lincoln bei Kabinettssitzungen Platz nahm. Multimediapräsentationen ermöglichen einen virtuellen Rundgang durchs Weiße Haus.

Das ist natürlich kein Erlebnis aus erster Hand, doch das Besucherzentrum macht seine Sache ganz gut: Man bekommt einen historischen Einblick, garniert mit Anekdoten über die First Ladys, Kinder, Haustiere und Speisevorlieben der Präsidenten.

Textile Museum MUSEUM
(☎202-994-5200; www.museum.gwu.edu; 701 21st St NW; empfohlene Spende 8 US$; ⏲Mo & Fr 11–17, Mi & Do 11–19, Sa 10–17, So 13–17 Uhr; Ⓜ Orange, Silver, Blue Lines bis Foggy Bottom-GWU) Dieses Schmuckstück ist das einzige Textilmuseum des Landes. In seinen Sälen sind exquisite Stoffe und Teppiche auf zwei Ebenen ausgestellt. Die (einige Male im Jahr wechselnden) Ausstellungen beschäftigen sich mit bestimmten Themen, z. B. mit asiatischen Textilien mit Drachenmotiven oder Geweben der Kuba aus der Demokratischen Republik Kongo. Und das Gute ist: Das Museum teilt sich das Gebäude mit der Washingtonia-Sammlung der George Washington University, die historische Pläne, Zeichnungen u. Ä. zur Hauptstadt umfasst.

Renwick Gallery MUSEUM
(☎202-633-7970; http://renwick.americanart.si.edu; 1661 Pennsylvania Ave NW; ⏲10–17.30 Uhr; Ⓜ Orange, Silver, Blue Lines bis Farragut West) GRATIS Die zum Smithsonian-Imperium gehörende Galerie residiert in einer prächtigen Villa aus dem Jahr 1859 und zeigt eine verspielte Sammlung amerikanischen Kunsthandwerks.

Downtown & Penn Quarter

Das Penn Quarter erstreckt sich rund um die Pennsylvania Ave, vom Weißen Haus bis zum Capitol. Die Innenstadt befindet sich von hier aus in westlicher Richtung. Die wichtigsten Sehenswürdigkeiten sind die National Archives, das Reynolds Center for American Art & Portraiture, sowie das Ford's Theatre. Des Weiteren beheimatet es mehrere Theater und das Basketball- und Eishockey-Stadion.

★ National Archives WAHRZEICHEN
(☎866-272-6272; www.archives.gov/museum; 700 Pennsylvania Ave NW; ⏲10–17.30 Uhr; Ⓜ Green, Yellow Lines bis Archives) GRATIS Es ist kaum möglich, nicht zumindest ein bisschen Ehrfurcht zu empfinden, wenn man vor den berühmten Dokumenten in den National Archives steht: der Unabhängigkeitserklärung, der Verfassung und der Bill of Rights (erste zehn Verfassungszusätze) sowie einer von vier Kopien der Magna Carta. Gemeinsam verdeutlichen diese Dokumente dem Besucher, wie radikal dieses „Experiment USA" in der damaligen Zeit war. Die Public Vaults sind lediglich ein Kratzen an der Oberfläche des gesamten archivierten Materials – und eine spektakuläre Ergänzung zur Hauptausstellung.

Newseum MUSEUM
(☎202-292-6100; www.newseum.org; 555 Pennsylvania Ave NW; Erw./Kind 25/15 US$; ⏲9–17 Uhr; 👪; Ⓜ Green, Yellow Lines bis Archives) Das sechsstöckige, hochgradig interaktive Nachrichtenmuseum ist das Eintrittsgeld wert. Man kann die wichtigsten Ereignisse der letzten Jahre Revue passieren lassen (den Fall der Berliner Mauer, 09/11, Hurrikan Katrina), stundenlang Filmmaterial anschauen und in mit dem Pulitzer-Preis ausgezeichneten Fotos stöbern. Auf einem Stockwerk ist FBI-Material zu bekannten Fällen ausgestellt, etwa die Hütte des Unabomber oder der Fischerhut des Verbrechers Whitey Bluger.

Ford's Theatre Center for Education and Leadership MUSEUM
(☎202-347-4833; www.fords.org; 514 10th St NW; ⏲9–17 Uhr; Ⓜ Red, Orange, Silver, Blue Lines bis Metro Center) GRATIS Noch mehr Exponate zum Fall Lincoln! Gegenüber dem berühmten Theater, in dem Lincoln erschossen wurde, wird man durch das **Petersen House** (www.nps.gov/foth) geführt, wo er starb. Man arbeitet sich vom 4. Stock, in dem dargestellt wird, wie sich Lincolns Amtszeit bis auf die heutige Politik und Popkultur auswirkt, bis in den 2. Stock vor, der einen Blick auf die Herrscher vermittelt, die von Lincolns Handeln beeinflusst waren und sind. Das Ticket für das Ford's Theatre und das Petersen House gilt auch hier.

★ Reynolds Center for American Art & Portraiture MUSEUM
(☎202-633-1000; www.americanart.si.edu; Ecke 8th & F St NW; ⏲11.30–19 Uhr; Ⓜ Red, Yellow, Green Lines bis Gallery Pl-Chinatown) GRATIS Wer bei einem Washington-Besuch nur Zeit für ein Museum hat, sollte sich für das Reynolds Center entscheiden, das die National Portrait Gallery mit dem American Art Museum vereint. Es gibt schlicht keine bessere Sammlung US-amerikanischer Kunst als in diesen beiden Smithsonian-Museen. Berühmte Werke von Edward Hopper, Georgia O'Keeffe, Andy Warhol, Winslow Homer und vielen weiteren bedeutenden Künstlern füllen die Säle.

International Spy Museum MUSEUM

(☎202-393-7798; www.spymuseum.org; 800 F St NW; Erw./Kind 22/15 US$; ⏱Mitte April–Mitte Aug. 9–19 Uhr, restliches Jahr 10–18 Uhr; 👪; Ⓜ Red, Yellow, Green Lines bis Gallery Pl-Chinatown) Eines der beliebtesten Museen D.C.s.: Es ist grell, ein bisschen übertrieben und definitiv für schuldig befunden, das Leben eines James-Bond-Fans zu bereichern. Und das möchte man hier erreichen! Im Prinzip kommen Besucher hierher, um einen Blick in Qs Labor zu werfen – und so ist das ganze Museum. Man sieht Bonds mit Waffen und Gadgets vollgepackten Aston Martin, die als Lippenstift getarnte Pistole des KGB und vieles mehr. Kinder lieben das. Aber Achtung: Hier bilden sich schon früh lange Schlangen! Eine Online-Reservierung im Voraus spart Wartezeit.

Logan Circle, U Street & Columbia Heights

Diese Viertel haben sich in den letzten Jahren stärker verändert als die meisten anderen in Washington. Der U Street Corridor hat das ausgeprägteste Nachtleben vor Ort und schon so einiges erlebt: Hier befand sich einst der „Black Broadway" wo Duke Ellington und Ella Fitzgerald zwischen den 1920er- und 1950er-Jahren auftraten und 1968 das Zentrum der Rassenunruhen lag. Hier gab es – nach einem beunruhigenden Niedergang – in den letzten Jahren eine echte Wiedergeburt. Ein Bummel durch das Viertel ist ein Muss und lohnt sich wegen der Wandbilder in den Straßen, der heißen Musikbars und der Antiquitätenläden.

Die U Street gehört zum größeren Viertel Shaw, das derzeit besonders angesagt ist. Dabei ist es aber nicht auf nervige Weise trendy: Die Brauereien, Bars und Cafés, die hier jede Woche neu hinzuzukommen scheinen, werden schnell Orte, an denen sich die Bewohner des Viertels und vor allem Studenten (die Howard University befindet sich hier) gern treffen. Der Logan Circle direkt nebenan boomt ebenfalls. Wenn man die 14th St NW hinunterläuft, entdeckt man Weinbars angesagter Chefköche, Kneipen, Tapas-Lokale und Austernbars. In den Seitenstraßen stehen stattliche alte Villen, die dem Viertel seine Klasse verleihen.

Columbia Heights im Norden hat den Ruf, eine Enklave für lateinamerikanische Einwanderer und Hipster zu sein. Hier gibt es keine Sehenswürdigkeiten, aber die günstige Ethno-Küche und die schlichten Bars versprechen einen netten Abend.

Northeast D.C. besteht aus einem langen Streifen herrschaftlicher Häuser mit vielen verstreuten Sehenswürdigkeiten und Brauereien. Naturliebhaber können tolle Landschaften erkunden, vorausgesetzt, sie verfügen über ein Auto oder es macht ihnen nichts aus, längere Zeit in öffentlichen Verkehrsmitteln zu verbringen.

African American Civil War Memorial MONUMENT

(www.afroamcivilwar.org; Ecke U St & Vermont Ave NW; Ⓜ Green, Yellow Lines bis U St) Dieses bronzene Denkmal auf einem Granitplatz stellt bewaffnete Truppen dar und ist das erste wichtige Kunstwerk in D.C., das von dem schwarzen Bildhauer Ed Hamilton gefertigt wurde. Die Statue wird auf drei Seiten von der Wall of Honor eingerahmt, auf der die Namen von 209 145 farbigen Soldaten verewigt sind, ebenso wie die der 7000 Weißen, die mit ihnen gedient haben. Mithilfe eines Verzeichnisses ist es möglich, einen bestimmten Namen innerhalb der einzelnen Regimenter ausfindig zu machen.

Um zu dem Denkmal zu kommen, verlässt man die Metrostation in Richtung 10th St, indem man den *Memorial*-Schildern folgt, nachdem man den Zug verlassen hat.

Mexican Cultural Institute BEMERKENSWERTES GEBÄUDE

(☎202-728-1628; www.instituteofmexicodc.org; 2829 16th St NW; ⏱Mo–Fr 10–18, Sa 12–16 Uhr; Ⓜ Green, Yellow Lines bis Columbia Heights) GRATIS Das Mexican Cultural Institute wirkt verschlossen und einschüchternd. Nicht abschrecken lassen! Das mit viel Gold geschmückte, kunstvolle Herrenhaus ist für die Öffentlichkeit zugänglich und beherbergt herausragende Kunst und kulturelle Exponate mit Bezug auf Mexiko. Man kann dort Diego Riveras Kunst, religiöse Artefakte der Maya oder Octavio Paz' Schriften sehen. Einfach an der Tür klingeln!

Dupont Circle & Kalorama

Dupont verfügt über schillernde, neue Restaurants, hippe Bars, Cafés und coole Buchläden. Es ist auch das Herz der hier ansässigen Lesben-Schwule-Bi-Transgender-Gemeinde. Hier lebten auch viele der Internetmillionäre, die um die Jahrtausendwende reich wurden. Heute haben in der gegend zudem viele Botschaften ihren Sitz. Kalorama liegt in der nordwestlichen Ecke und vervollständigt dieses hoheitsvolle Gebiet.

★ Embassy Row ARCHITEKTUR
(www.embassy.org; Massachusetts Ave NW, zw. Observatory Circle & Dupont Circle NW; Ⓜ Red Line bis Dupont Circle) Eine Reise um die Welt gefällig? Man spaziert in nordwestlicher Richtung vom Dupont Circle aus entlang der Massachusetts Ave und kommt an über 40 Botschaften vorbei, die in Villen untergebracht sind – von unauffällig über elegant bis herrschaftlich. Tunesien, Chile, Turkmenistan, Togo, Haiti – die Flaggen wehen über schweren Toren und zeigen an, welches Hoheitsgebiet man beträte, während Limousinen mit getönten Scheiben Diplomaten hinein- oder herausbringen. Im Bezirk gibt es 130 weitere Botschaften, aber dies ist die Hauptschlagader.

National Geographic Museum MUSEUM
(☎202-857-7700; www.nationalgeographic.org/dc; 1145 17th St NW; Erw./Kind 15/10 US$; ⏲10–18 Uhr; Ⓜ Red Line bis Farragut North) Das Museum am Hauptsitz der National Geographic Society kann mit dem riesigen Angebot der Smithsonians nicht mithalten, lohnt sich aber, abhängig von der aktuellen Ausstellung, durchaus ebenfalls. Die Exponate sind Mitbringsel von den bestens bekannten Expeditionen von National Geographic in die entlegensten Winkel der Erde und wechseln regelmäßig.

Phillips Collection MUSEUM
(☎202-387-2151; www.phillipscollection.org; 1600 21st St NW; Di–Fr Eintritt frei, Sa & So 10 US$, Ausstellung 12 US$/Tag; ⏲Di, Mi, Fr & Sa 10–17, Do bis 20.30, So 12–19 Uhr; Ⓜ Red Line bis Dupont Circle) Das landesweit erste Museum für moderne Kunst eröffnete 1921. Es beherbergt eine kleine, aber exquisite Sammlung europäischer und amerikanischer Werke. Renoirs *Frühstück der Ruderer* ist eines der Highlights, überdies werden Gemälde von Gauguin, van Gogh, Matisse, Picasso und vielen anderen bedeutenden Meistern gezeigt. In den Sälen der restaurierten Villa kommt man den Kunstwerken ungewohnt nah. An Werktagen ist die Dauerausstellung kostenlos. Für eine Audio-Tour kann man die kostenlose App herunterladen oder 202-595-1839 anrufen.

Adams Morgan

Adams Morgan war lange Zeit die Gegend Washingtons, die für Spaß und Nachtleben stand. Außerdem galt es als eine Art globales Dorf. Daraus ist mittlerweile ein lebhaftes Viertel an der 18th St NW geworden. Klassische Boutiquen, Plattenläden und Lokale mit Speisen aus aller Herren Länder schießen zwischen coolen Bars und einer wachsenden Anzahl von stylischen Gourmetparadiesen aus dem Boden.

District of Columbia Arts Center KUNSTZENTRUM
(DCAC; ☎202-462-7833; www.dcartscenter.org; 2438 18th St NW; ⏲Mi–So 14–19 Uhr; Ⓜ Red Line bis Woodley Park-Zoo/Adams Morgan) GRATIS Das bodenständige DCAC gibt aufstrebenden Künstlern eine Bühne, um ihre Arbeit vorzuführen. Die knapp 75 m² große Galerie bietet wechselnde Visual-Art Exponate, und in dem 50 Sitze fassenden Saal finden Schauspiele, Improvisationen, Avantgarde-Musicals und andere Theateraufführungen statt. Der Besuch der Galerie ist kostenlos. Ein Besuch lohnt sich immer, schon um mal zu schauen, was dort gerade geboten ist.

Georgetown

Georgetown ist D.C.s aristokratischste Ecke, die Heimat von Elite-Studenten, Akademikern in ihren Elfenbeintürmen und Diplomaten. Hier reihen sich elegante Markenboutiquen, edelholzverkleidete Bars und Spitzenklasserestaurants aneinander. Hübsche Parks und Gärten bilden einen schönen Rahmen.

Dumbarton Oaks GARTEN, MUSEUM
(☎202-339-6401; www.doaks.org; 1703 32nd St NW; Museum Eintritt frei, Garten Erw./Kind 10/5 US$; ⏲Museum Di–So 11.30–17.30 Uhr, Garten 14–18 Uhr; 🚌Circulator) Der 4 ha große, bezaubernde Landschaftsgarten wirkt wie einem Märchenbuch entnommen. Im Frühjahr ist der Anblick der Blüten – insbesondere der Kirschblüten – einfach überwältigend. Auch die Villa lohnt eine Besichtigung; die Sammlung umfasst exquisite byzantinische und präkolumbische Kunst (u.a. El Grecos *Heimsuchung*) sowie eine faszinierende Bibliothek mit vielen seltenen Bänden.

Georgetown Waterfront Park PARK
(www.georgetownwaterfrontpark.org; Water St NW, zw. 30th St & Key Bridge; 👪; 🚌Circulator) Der Park ist beliebt bei Liebespärchen, Familien auf einem Abendspaziergang und Yuppies, die mit ihren großen Jachten protzen. Bänke säumen den Weg, von denen aus man den Ruderern auf dem Potomac River zuschauen kann. Freiluftrestaurants ballen sich nahe dem Hafen an der 31st St NW. Sie umringen eine ter-

rassierte Plaza voller Springbrunnen (die im Winter zu einer Eisbahn wird). Hier ankern auch die Sightseeing-Boote, die auf dem Potomac nach Alexandria, VA, schippern.

Georgetown University UNIVERSITÄT
(☎202-687-0100; www.georgetown.edu; Ecke 37th & O St NW; Circulator) Die Georgetown, eine der führenden Universitäten des Landes, besitzt eine Studentenschaft, die kräftig zu arbeiten und zu feiern versteht. 1789 gegründet, ist sie zugleich die älteste römisch-katholische Akademikerschmiede des Landes. Bill Clinton und gekrönte Häupter und Staatsführer aus aller Welt zählen zu den berühmten „Hoyas" (Alumni; der Begriff ist abgeleitet vom lateinischen Schlachtruf *hoya saxa*, der in etwa „was für Felsen" bedeutet). Nahe dem Osttor des Campus beeindruckt die mittelalterlich wirkende **Healy Hall** mit einem hohen Uhrenturm, der auch in Hogwarts eine gute Figur abgäbe. Dahinter versteckt sich die hübsche **Dalghren Chapel** mit ihrem ruhigen Hof.

Exorcist Stairs FILM-LOCATION
(3600 Prospect St NW; Circulator) Die steile Treppe hinunter zur M St ist eine beliebte Jogging-Strecke, vor allem aber bekannt als die Stelle, wo der von Dämonen besessene Father Karras in dem Horror-Klassiker *Der Exorzist (1973)* zu Tode stürzt. An einem nebligen Abend wirken die Steinstufen tatsächlich ganz schön gruselig.

Tudor Place MUSEUM
(☎202-965-0400; www.tudorplace.org; 1644 31st St NW; Haus 1-stündige Führung Erw./Kind 10/3 US$, Gartentour auf eigene Faust 3 US$; Di–Sa 10–16, So ab 12 Uhr, Jan. geschl.; Circulator) Die klassizistische Villa von 1816 gehörte einst Martha Custis Peter, der Enkelin von Martha Washington, und ihrem Mann Thomas. Heute ist die Villa ein kleines Museum mit Kunstwerken und Möbeln aus Mount Vernon, das einen guten Einblick in amerikanisches Kunsthandwerk gewährt. Rosen, Lilien, Pappeln und Palmen schmücken den prächtigen, 2 ha großen Garten.

Upper Northwest DC

★ Washington National Cathedral KIRCHE
(☎202-537-6200; https://cathedral.org; 3101 Wisconsin Ave NW; Erw./Kind 12/8 US$, So frei; Mo–Fr 10–17.30, Sa 10–16, So 8–16 Uhr; M Red Line bis Tenleytown-AU, dann südwärts mit Bus 30, 31, 33 od. 37) Die neugotische Kathedrale ist ebenso überwältigend wie ihre europäischen Pendants. Ihre architektonischen Schätze verbinden das Geistliche mit dem Weltlichen. Die bunten Glasfenster sind atemberaubend (toll ist das Space Window mit dem eingebetteten Mondstein). Um den Darth-Vader-Wasserspeier an der Außenfassade zu entdecken, benötigt man ein Fernglas. Spezielle Führungen tauchen tiefer ins Esoterische ein; vorher anrufen oder online nachschauen!

National Zoo ZOO
(☎202-633-4888; www.nationalzoo.si.edu; 3001 Connecticut Ave NW; Mitte März–Sept. 9–18 Uhr, Okt.–Mitte März bis 16 Uhr, Gelände Mitte März–Sept. 8–19 Uhr, Okt.–Mitte März bis 17 Uhr; M Red Line bis Cleveland Park od. Woodley Park-Zoo/Adams Morgan) GRATIS Mehr als 1800 Tiere, die über 300 Arten angehören, leben im National Zoo in natürlicher Umgebung. Berühmtheit erlangte der Zoo zuletzt mit seinen Großen Pandas Mei Xiang und Tian Tian. Weitere Attraktionen sind afrikanische Löwen, asiatische Elefanten und Orang-Utans, die in 15 m Höhe an zwischen Türmen befestigten Stahlseilen herumturnen.

Aktivitäten

Wandern & Radfahren

Capital Bikeshare RADFAHREN
(☎877-430-2453; www.capitalbikeshare.com; 1/3 Tag(e) 8/17 US$) In der Region stehen Interessierten über 3700 Mietfahrräder an 440 Stationen zur Verfügung. An Automaten kann man die Pässe dafür sofort kaufen. Einfach eine Kreditkarte einschieben und mithilfe des Codes ein Rad losmachen! Die ersten 30 Minuten sind kostenlos, danach steigen die Preise rasant, wenn man das Rad nicht wieder anschließt.

Capital Crescent Trail RADFAHREN
(www.cctrail.org; Water St; Circulator) Der herrliche (und sehr beliebte) Jogging- und Radweg erstreckt sich zwischen Georgetown und Bethesda (Maryland) und wird ständig erweitert. Die knapp 18 km lange asphaltierte Strecke folgt einer stillgelegten Bahnlinie und eignet sich perfekt für einen Tagesausflug. Man radelt durch Waldgebiete und elegante Viertel und genießt den Ausblick auf den Potomac River.

Bootstouren

Tidal Basin Boathouse BOOTSTOUR
(☎202-479-2426; www.boatingindc.com/boathouses/tidal-basin; 1501 Maine Ave SW; Boot für

2/4 Pers. 18/30 US$; Mitte März–Mitte Okt. 10–18 Uhr; Circulator, M Orange, Silver, Blue Lines bis Smithsonian) Verleiht Tretboote für die Fahrt auf dem Tidal Basin. Unbedingt die Kamera mitnehmen: Vom Wasser aus hat man großartige Sicht, ganz besonders auf das Jefferson Memorial!

Key Bridge Boathouse KAJAKFAHREN
(202-337-9642; www.boatingindc.com/boathouses/key-bridge-boathouse; 3500 Water St NW; Mitte April–Okt. Öffnungszeiten variieren; Circulator) Das Bootshaus unter der Key Bridge verleiht Kanus, Kajaks und SUP-Bretter (ab 15 US$/Std.). Im Sommer werden auch geführte 90-minütige Kajaktouren (45 US$/Pers.) angeboten, bei denen man bei Sonnenuntergang am Lincoln Memorial vorbeikommt. Das Bootshaus ist nur ein paar Stufen vom Capital Crescent Trail entfernt, also für Radler prima zu erreichen.

Geführte Touren

DC by Foot STADTSPAZIERGANG
(202-370-1830; www.freetoursbyfoot.com/washington-dc-tours) Bei diesem Spaziergang bezahlt man die Guides nach eigenem Ermessen. Sie kennen faszinierende Geschichten und historische Einzelheiten, z. B. zur National Mall, zu Lincolns Ermordung, den Geistern des Dupont Circle und noch viele mehr. Die meisten Teilnehmer geben rund 10 US$ pro Nase. Im Voraus reservieren, um sicher einen Platz zu bekommen!

DC Metro Food Tours STADTSPAZIERGANG
(202-851-2268; www.dcmetrofoodtours.com; 30–65 US$/Pers.) Bei diesen Stadtspaziergängen erkundet man die kulinarischen Geheimnisse der Viertel und bleibt unterwegs oft zum Essen stehen. Es geht u. a. zum Eastern Market, zur U St, nach Little Ethiopia, Georgetown und Alexandria, VA. Die meisten Touren dauern zwischen eineinhalb und dreieinhalb Stunden. Unterschiedliche Startorte.

DC Brew Tours BUS
(202-759-8687; www.dcbrewtours.com; 801 F ST NW; geführte Touren 65–90 US$; M Red, Yellow, Green Lines bis Gallery Pl-Chinatown) Das Unternehmen veranstaltet fünfstündige Kleinbustouren, bei denen drei bis vier Brauereien besucht werden. Die Routen variieren, u. a. können DC Brau, Bardo, Capital City und Port City auf dem Programm stehen. Die Verkostung von mehr als 15 Bieren und eine Mahlzeit rund ums Bier sind im Preis inbegriffen. Bei der dreieinhalbstündige Sips-and-Sights-Tour lässt man die Mahlzeit aus und hält dafür noch am Lincoln Memorial, am Pentagon und an weiteren Sehenswürdigkeiten. Die Touren beginnen in Downtown am Reynolds Center.

Bike & Roll – L'Enfant Plaza RADFAHREN
(202-842-2453; www.bikeandrolldc.com; 955 L'Enfant Plaza SW; geführte Touren Erw./Kind 45/35 US$; Mitte März–Anfang Dez.; M Orange, Silver, Blue, Yellow, Green Lines bis L'Enfant Plaza) Dieser Fahrradverleih (ab 16 US$/2 Std.) ist der Mall am nächsten. Zusätzlich zu Leihrädern bietet das Unternehmen geführte Touren an. Bei den dreistündigen Trips kommt man am Capitol Hill und an der National Mall vorbei.

Old Town Trolley Tours BUS
(202-832-9800; www.trolleytours.com; 1001 E St NW; Erw./Kind 40/30 US$; M Red, Orange, Silver, Blue Lines bis Metro Center) Die offenen Hop-On-Hop-Off-Busse verkehren zwischen 25 Sehenswürdigkeiten rund um die Mall, in Arlington und Downtown. Das Unternehmen bietet auch die Monuments-by-Moonlight-Tour und die DC-Ducks-Tour an, bei der es mit einem Amphibienfahrzeug in den Potomac River geht. Tickets gibt's beim Washington Welcome Center (1001 E St NW), an der Union Station oder online.

Feste & Events

Independence Day KULTUR
(4. Juli) Am 4. Juli versammeln sich die Menschenmassen an der Mall, um Paraden zu sehen und zu hören, wie die Unabhängigkeitserklärung von den Stufen der National Archives laut vorgelesen wird. Später gibt das National Symphony Orchestra ein Konzert auf den Stufen des Capitols, gefolgt von einem gigantischen Feuerwerk.

National Cherry Blossom Festival KULTUR
(www.nationalcherryblossomfestival.org; Ende März–Mitte April) Bei diesem regionalen Fest wird der Frühling mit Bootsfahrten im Tidal Basin, Laternenläufen am Abend, kulturbetonten Märkten und einer Parade willkommen geheißen. Das dreiwöchige Event von Ende März bis Mitte April erinnert auch an die 3000 Kirschbäume, die Washington 1912 von Japan geschenkt bekommen hat, und ist das schönste der Region.

Smithsonian Folklife Festival KULTUR
(www.festival.si.edu; Ende Juni – Anfang Juli; ; Circulator, M Orange, Silver, Blue, Green, Yellow Lines bis L'Enfant Plaza) Bei diesem spaßigen

Stadtspaziergang
Vornehmes Georgetown

START MT. ZION CEMETERY
ZIEL GEORGETOWN WATERFRONT PARK
LÄNGE/DAUER 4,8 KM; 3 STD.

Der afroamerikanische 1 **Mt. Zion Cemetery** nahe der Kreuzung von 27th St und Q St stammt aus dem frühen 19. Jh. Eine Kirche in der Nähe war eine Haltestelle der Underground Railroad und versteckte entflohene Sklaven in einer Gruft des Friedhofs.

Der Eingang zum 2 **Oak Hill Cemetery** (Mo–Fr 9–16.30, Sa 11–16, So 13–16 Uhr) befindet sich ein paar Blocks weiter an der 30th St und R St NW. Bei einem Bummel über die mit Obelisken verzierte Anlage kann man nach Gräbern berühmter Washingtoner (z.B. Edwin Stanton, Lincolns Kriegssekretär) Ausschau halten. Die Straße rauf bietet 3 **Dumbarton Oaks** (S. 285) tolle byzantinische Kunst im Gebäude und tolle Gärten mit Brunnen draußen. Herrlich im Frühling!

Die neoklassische Villa 4 **Tudor Place** (S. 286) in der 1644 31st St NW gehörte einst George Washingtons Stiefenkelin Martha Custis Peter. Hier sind einige von Georges Möbeln aus Mount Vernon ausgestellt, und die Gärten sind hübsch gestaltet.

In 5 **Martin's Tavern** (www.martinstavern.com) in der Wisconsin Ave NW hat John F. Kennedy seiner Jackie den Heiratsantrag gemacht. Läuft man auf der N St gen Westen, kommt man im Block 3300 an Stadthäusern im Federal-Stil vorbei. JFK und Jackie haben von 1958 bis 1961 in der 6 **3307 N St** gewohnt. An der Ecke 36th NW St und Prospect St befinden sich die 7 **Exorcist Stairs** (S. 286). Hier stürzt der von einem Dämon besessene Pater Karras in *Der Exorzist* zu Tode. Tagsüber rennen Jogger die Stufen rauf und runter, aber nachts ist es hier gruselig.

In der M St NW gibt es viele Boutiquen und moderne Geschäfte. An der Thomas Jefferson St rechts abbiegen und immer der Nase nach zum 8 **Baked & Wired** (S. 296) laufen, wo man sich mit einem Riesen-Cupcake und einem Cappuccino stärkt. Von hier kann man zum 9 **Georgetown Waterfront Park** (S. 285) spazieren und die Boote und das Treiben auf dem Potomac River beobachten.

Familienfest, das an zehn Tagen Ende Juni bis Anfang Juli stattfindet, werden internationale und die amerikanischen Kulturen gefeiert. Geboten werden Volksmusik, Tanz, Kunsthandwerk, Erzähl-Events und Ethnoküche. Es findet am Ostende der Mall statt.

Schlafen

Capitol Hill

William Penn House HOSTEL **$**
(☎202-543-5560; www.williampennhouse.org; 515 E Capitol St SE; B 45–55 US$; ⊖❄@; Ⓜ Orange, Silver, Blue Lines bis Capitol South od. Eastern Market) Das freundliche, von Quäkern geführte Hostel mit Garten bietet saubere, ordentliche Schlafsäle. Allerdings könnte es ein paar mehr Badezimmer geben. Insgesamt stehen Gästen 30 Betten zur Verfügung, u.a. ein Vierbettzimmer für Familien (150 US$/ Nacht). Man muss nicht gläubig sein, um in dieser Unterkunft übernachten zu dürfen, aber das religiöse Motto zieht sich überall durch, und Gäste, die sich aktiv in die Gemeinde einbringen, sind gern gesehen.

Kimpton George Hotel BOUTIQUEHOTEL **$$**
(☎202-347-4200; www.hotelgeorge.com; 15 E St NW; Zi. 269–389 US$; P⊖❄@; Ⓜ Red Line bis Union Station) Washingtons ältestes Boutiquehotel ist immer noch eines der besten. Elegante Möbel und moderne Kunst sorgen für klar gestaltete Innenräume. Die Zimmer sind in nüchternen Cremetönen gehalten und vermitteln eine Zen-Atmosphäre. Die Pop-Art-Elemente – grell, bunt und überdimensionale Präsidentendarstellungen von amerikanischen Geldscheinen – sind vielleicht ein wenig zu viel des Guten, mehr gibt's aber in der wohl schicksten Unterkunft auf dem Hill wirklich nicht zu bemängeln.

Weißes Haus & Foggy Bottom

Club Quarters HOTEL **$$**
(☎202-463-6400; www.clubquarters.com/washington-dc; 839 17th St NW; Zi. 179–259 US$; P⊖❄@; Ⓜ Orange, Silver, Blue Lines bis Farragut West) Das Club Quarters ist ein sachlich-funktionales Hotel, in dem gern Geschäftsleute auf der Durchreise absteigen. Die Zimmer sind klein, haben weder Aussicht noch Pfiff oder Charme, die Betten aber sind bequem, die Schreibtische brauchbar, das WLAN ist ziemlich schnell und die Kaffeemaschine gut gefüllt. Und die Preise sind für eine Gegend, in der sie sonst durch die Decke schießen, wirklich erstaunlich moderat.

★**Hotel Lombardy** HISTORISCHES HOTEL **$$**
(☎202-828-2600; www.hotellombardy.com; 2019 Pennsylvania Ave NW; Zi. 180–330 US$; P⊖❄@; Ⓜ Orange, Silver, Blue Lines bis Foggy Bottom-GWU) Das venezianisch mit Flügeltüren und Wänden in warmen Goldtönen aufgemachte Boutiquehotel im europäischen Stil ist bei Angehörigen der Weltbank und des State Department beliebt. Es hat mehrsprachiges Personal und wirkt auch sonst international – in den Korridoren hört man genauso oft Französisch oder Spanisch wie Englisch. Der Stil setzt sich auch in den Zimmern fort, die mit Originalkunstwerken und europäischen Antiquitäten dekoriert sind.

★**Hay-Adams Hotel** HISTORISCHES HOTEL **$$$**
(☎202-638-6600; www.hayadams.com; 800 16th St NW; Zi. ab 400 US$; P❄@; Ⓜ Orange, Silver, Blue Lines bis McPherson Sq) Eines der großartigen Heritage Hotels der Stadt: Das Hay befindet sich in einem schönen, alten Gebäude mit gutem Blick aufs Weiße Haus, einem an einen Palazzo erinnernden Foyer und den wohl besten Luxuszimmern altmodischer Art – mit wolkenweichen, freistehenden Himmelbetten, die mit goldenen Quasten verziert sind.

St. Regis Washington HOTEL **$$$**
(☎202-638-2626; www.stregiswashingtondc.com; 923 16th St NW; Zi. ab 500 US$; P❄@; Ⓜ Orange, Silver, Blue Lines bis McPherson Sq) Das St. Regis im Neo-Renaissance-Stil ist eines der prächtigsten Hotels der Stadt. Wie sonst könnte man ein Gebäude beschreiben, das einem italienischen Palazzo gleicht? Die Zimmer sind natürlich mit handgeschnitzten Schränken, Doppelwaschbecken aus Marmor und TVs in den Badspiegeln ausgestattet. WLAN kostet 7 US$ pro Tag.

Downtown & Penn Quarter

Hostelling International – Washington, D.C. HOSTEL **$**
(☎202-737-2333; www.hiwashingtondc.org; 1009 11th St NW; B 33–55 US$, Zi. 110–150 US$; ⊖❄@; Ⓜ Red, Orange, Silver, Blue Lines bis Metro Center) Die beste Budgetadresse vor Ort. Das große, freundliche Hostel lockt mit seinen vielen Annehmlichkeiten – gemütliche Clubzimmer, Billardtisch und ein 60-Zoll-Fernseher für Filmabende – ein entspanntes internationales Publikum an. Kostenlose

Extras sind geführte Touren, kontinentales Frühstück und WLAN-Zugang.

Morrison-Clark Inn HISTORISCHES HOTEL **$$**
(☎202-898-1200; www.morrisonclark.com; 1011 L St NW; Zi. 180–310 US$; P ⊖ ❄ @ ᯤ; M Green, Yellow Lines bis Mt. Vernon Sq/7th St-Convention Center) Als historische Stätte ausgezeichnet und von fürsorglichem Personal geleitet: Das elegante Morrison Clark mit 114 Zimmern ist in zwei viktorianischen Gebäuden von 1864 mit schönen antiken Möbeln, traumhaften Kronleuchtern und vergoldeten Spiegeln untergebracht. Ein neuerer Flügel mit asiatisch beeinflusstem Dekor befindet sich in der umgebauten chinesischen Kirche nebenan. Das klingt vielleicht ein bisschen seltsam, ist aber hübsch und würdevoll.

Logan Circle, U Street & Columbia Heights

★ **Chester Arthur House** B&B **$$**
(☎877-893-3233; www.chesterarthurhouse.com; 23 Logan Circle NW; Zi. 180–215 US$; ⊖ ❄ ᯤ; M Green, Yellow Lines bis U St) Die Unterkunft verfügt über vier Zimmer in einem schönen Reihenhaus am Logan Circle, nur einen Steinwurf entfernt von der boomenden Restaurantszene an der P und der 14th St. Das Haus von 1883 prunkt mit Kronleuchtern, antiken Ölgemälden, Orientteppichen, Mitbringseln von den Reisen der Besitzer und einem mahagonigetäfelten Treppenhaus.

Kimpton Mason & Rook Hotel HOTEL **$$**
(☎202-742-3100; www.masonandrookhotel.com; 1430 Rhode Island Ave NW; Zi. 189–399 US$; P ⊖ ❄ @ ᯤ ≋ 🐾; M Orange, Silver, Blue Lines bis McPherson Sq) 🍃 Versteckt in einem von Bäumen gesäumten Viertel in der Nähe der 14th St wirkt das Mason & Rook wie das schicke Apartment eines Freundes aus der City. Die Lobby gleicht einem Wohnzimmer mit bequemen Sitzmöbeln, Bücherregalen und ausgefallener Kunst. Die großen Zimmer sind mit eleganten Stoffen, dunklem Holz und Möbeln mit Leder sowie mit Marmorbadezimmern samt begehbaren Duschen ausgestattet. Mit den kostenlosen Leihrädern kann man prima die Stadt erkunden.

Dupont Circle & Kalorama

Embassy Circle Guest House B&B **$$**
(☎202-232-7744; www.dcinns.com; 2224 R St NW; Zi. 200–310 US$; ⊖ ❄ ᯤ; M Red Line bis Dupont Circle) Botschaften umgeben das 1902 im französischen Landhausstil errichtete Haus, das nur ein paar Blocks von Duponts Nachtleben entfernt ist. Die elf Zimmer mit großen Fenstern sind mit Perserteppichen und originalen Kunstwerken eingerichtet, es gibt keinen Fernseher, jedoch WLAN in allen Zimmern. Gäste werden den ganzen Tag gut versorgt: Morgens gibt's ein warmes Biofrühstück, nachmittags Kekse und abends eine Soiree mit Wein und Bier.

★ **Tabard Inn** BOUTIQUEHOTEL **$$**
(☎202-785-1277; www.tabardinn.com; 1739 N St NW; Zi. 200–270 US$, ohne Bad 115–170 US$; ⊖ ❄ @ ᯤ; M Red Line bis Dupont Circle) Benannt nach dem Gasthof in Chaucers *Canterbury*-Geschichten, umfasst das Tabard drei Reihenhäuser aus viktorianischer Zeit. Die 40 Zimmer sind schwer auf einen Nenner zu bringen: Alle haben alte Elemente wie eiserne Bettgestelle oder Ohrensessel, kleine Akzente – ein à la Matisse bemaltes Kopfstück hier, an die Amish erinnernde Decken da –, sind jedoch auch individuell. Es gibt keine Fernseher, und das WLAN kann holpern – im Großen und Ganzen fühlt man sich hier also in frühere Zeiten versetzt.

Adams Morgan

Adam's Inn B&B **$**
(☎202-745-3600; www.adamsinn.com; 1746 Lanier Pl NW; Zi. 109–204 US$, ohne Bad 89–110 US$; P ⊖ ❄ @ ᯤ; M Red Line bis Woodley Park-Zoo/Adams Morgan) Das in einer schattigen Wohnstraße versteckte Gästehaus mit 27 Zimmern ist bekannt für seinen persönlichen Service, flauschige Bettwäsche und eine Lage nur ein paar Blocks entfernt von der globalen Melange an der 18th St. Die einladenden, gemütlichen Zimmer verteilen sich auf zwei nebeneinander stehende Stadthäuser und eine Remise. Zu den Gemeinschaftsbereichen zählt ein hübscher Gartenhof; Sherry und Chintz prägen die Atmosphäre.

HighRoad Hostel HOSTEL **$**
(☎202-735-3622; www.highroadhostels.com; 1804 Belmont Rd NW; B. 42–60 US$; ❄ ᯤ; M Red Line bis Woodley Park-Zoo/Adams Morgan) Die viktorianische Fassade dieses Reihenhauses, in dem das HighRoad untergebracht ist, täuscht über die brandneue Inneneinrichtung hinweg. In den modernen Schlafsälen stehen vier bis vierzehn Betten, teils in für beide Geschlechter gedachten Räumen, teils in nach Geschlechtern getrennten Quartieren. Alle haben schlichte weiße Wände,

graue Metallstockbetten und schwarze Schließfächer. Es gibt eine schicke (aber kleine) Gemeinschaftsküche und einen Gemeinschaftsraum mit Kamin und einem riesigen TV mit Netflix. Nachteulen können sich in der nahe gelegenen 18th St vergnügen.

Georgetown

Graham Georgetown BOUTIQUEHOTEL $$
(☎202-337-0900; www.thegrahamgeorgetown.com; 1075 Thomas Jefferson St NW; Zi. 300–375 US$; P ⊖ ❄ @ ; Circulator) Das Graham liegt mitten in Georgetown und bietet einen Mix aus vornehmer Tradition und modernistischem Schick. Die geräumigen Zimmer sind mit Möbeln in geschmackvollen Silber-, Crème- und Schwarztönen mit weinroten geometrischen Akzenten eingerichtet. Auch in den einfachsten Zimmer gibt es Bettzeug von Liddell Ireland und Kosmetikartikel von L'Occitane, wodurch Gäste so frisch, sauber und hübsch erstrahlen wie das umliegende Georgetown.

Essen

Die einst so steife Gastroszene von Washington, D.C., erlebt eine regelrechte Revolution – prägend sind dabei selbst angebaute bzw. erzeugte Lebensmittel. Logisch, bei den vielen Farmen vor den Toren der Stadt, der florierenden hiesigen Wirtschaft und dem Einfluss von mehr und mehr jüngeren Bürgern! Kleine, unabhängige, von einheimischen Chefköchen geführte Lokale geben jetzt den Ton an. Und die Köche machen ihren Job so gut, dass die Stadt sich ihre Michelin-Sterne verdient hat.

Capitol Hill

Capitol Hill war lange Zeit ein Außenposten der typischen Burgerläden von D.C.: Es gab unauffällige Bars, in denen sich die Gäste die Ärmel hochkrempelten, sich Ketchup auf die Burger schmierten und dazu ein paar Bier hinunterkippten. Angesagte, gehobene Restaurants haben das Viertel revolutioniert, vor allem entlang der Pennsylvania Ave, der Barracks Row (z. B. 8th St SE, nahe den Marine Barracks) und rund um den Navy Yard (in der Nähe des Baseball-Felds). In der H St NE, östlich der Union Station, steppt der Bär. Die ehemals ruhige Gegend hat sich in ein Vergnügungsviertel mit ausgefallenen Restaurants und Bars verwandelt, das sich von der 4th St bis zur 14th St erstreckt.

Toki Underground ASIATISCH $
(☎202-388-3086; www.tokiunderground.com; 1234 H St NE; Hauptgerichte 13–15 US$; ⏲Mo–Do 11.30–14.30 & 17–22, Fr & Sa bis 24 Uhr; Ⓜ Red Line bis Union Station, dann Straßenbahn) Würzige Ramen mit Nudeln und Teigtaschen dominieren die Speisekarte im winzigen Toki. Die geschäftigen Köche schuften im Dampf der Töpfe, während die Gäste ihr Essen schlürfen und zufrieden seufzen. Da das Restaurant nur begrenzt Reservierungen annimmt, sind Warteschlangen an der Tagesordnung. Man sollte die Gelegenheit nutzen, die umliegenden Bars zu erkunden – das Toki schickt eine Textnachricht, wenn der Tisch bereit ist. Das Lokal ist nicht ausgeschildert: einfach nach der Bar Pug Ausschau halten – das Toki befindet sich darüber!

Maine Avenue Fish Market SEAFOOD $
(1100 Maine Ave SW; Hauptgerichte 7–13 US$; ⏲8–21 Uhr; Ⓜ Orange, Silver, Blue, Yellow, Green Lines zum L'Enfant Plaza) Der geruchsintensive, offene Fischmarkt an der Maine Ave ist ein hiesiges Wahrzeichen. Wortkarge Händler verkaufen superfrische Fische, Krabben, Austern und andere Meeresfrüchte. Sie töten, schälen, zerlegen die Tiere, nehmen sie aus und frittieren oder dämpfen sie nach Kundenwunsch. Sein Mahl verzehrt man anschließend auf den Bänken am Ufer (die Möwen im Auge behalten!).

Jimmy T's DINER $
(☎202-546-3646; 501 E Capitol St SE; Hauptgerichte 6–10 US$; ⏲Di–Fr 6.30–15, Sa & So ab 8 Uhr; ; Ⓜ Orange, Silver, Blue Lines bis Eastern Market) Das Jimmy T's ist ein richtig altmodischer Diner, in den die Gäste noch mit ihren Hunden kommen, die Zeitung lesen, einen Burger, einen Kaffee oder ein Omelett bestellen (es gibt den ganzen Tag lang Frühstück) und einfach nur sie selbst sein können. Wer an einem Sonntagmorgen einen Kater hat, kann sich hier hervorragend auskurieren. Nur Barzahlung möglich.

Ted's Bulletin AMERIKANISCH $$
(☎202-544-8337; www.tedsbulletincapitolhill.com; 505 8th St SE; Hauptgerichte 11–19 US$; ⏲So–Do 7–22.30, Fr & Sa bis 23.30 Uhr; ; Ⓜ Orange, Silver, Blue Lines bis Eastern Market) Hier kann man in eine Bude mit Art-déco-Flair einfallen und gleich einmal den Gürtel lockern. Beer Biscuits & Sausage Gravy zum Frühstück, Hackbraten mit Ketchup-Glasur zum Abendessen und andere hippe Leckereien zieren den Tisch. Man muss einen Ort bewundern, an dem man statt Toast Maistörtchen mampfen

INSIDERWISSEN

KULINARISCHE STRASSEN

14th St NW (Logan Circle) Die munterste Straße in D. C. schickt ein großes Aufgebot von Bars und Restaurants renommierter Köche ins Rennen.

18th St NW (Adams Morgan) Koreanische, westafrikanische, japanische und lateinamerikanische Restaurants sowie noch spätabends geöffnete Imbisse.

11th St NW (Columbia Heights) Eine ständig wachsende Szene von Hipster-Cafés und angesagten Gastropubs.

8th St SE (Capitol Hill) Die „Barracks Row" ist die Lieblingsadresse der Einheimischen – hier haben sich nette Lokale niedergelassen, die schlichte, vertraute Gerichte anbieten.

H St NE (Capitol Hill) Eine hippe Meile von Pie-Cafés, Nudelläden und kulinarisch anspruchsvollen Pubs.

darf. Frühstück wird den ganzen Tag über serviert.

Ethiopic ÄTHIOPISCH **$$**

(☎202-675-2066; www.ethiopicrestaurant.com; 401 H St NE; Hauptgerichte 13–19 US$; ⏲Di–Do 17–22, Fr–So ab 12 Uhr; 🖉; Ⓜ Red Line bis Union Station) In einer Stadt, in der es an äthiopischen Lokalen nicht mangelt, nimmt das Ethiopic den Spitzenplatz ein. Besonders empfohlen seien die diversen *wats* (Eintöpfe) und die ausgezeichneten *tibs* (sautiertes Fleisch und Gemüse) mit zartem Lamm, das in Kräutern und scharfen Gewürzen mariniert wurde. Auch für Veganer gibt es hier eine große Auswahl von leckeren Gerichten.

★ **Rose's Luxury** AMERIKANISCH **$$$**

(☎202-580-8889; www.rosesluxury.com; 717 8th St SE; kleine Gerichte 13–16 US$, Familienportion 28–33 US$; ⏲Mo–Sa 17–22 Uhr; Ⓜ Orange, Silver, Blue Lines bis Eastern Market) Das Rose's ist eines der mit Michelin-Sternen ausgezeichneten Restaurant in D.C., um die derzeit der größte Wirbel gemacht wird. In dem halbfertig wirkenden Gastraum stürzen sich die Massen im Kerzenschein und unter funkelnden Lampen auf die kleinen Häppchen im Südstaaten-Style. Das Rose's nimmt keine Reservierungen an; man kann aber Zeit sparen, wenn man sein Essen in der Bar im Obergeschoss bestellt (zumal die Cocktails lecker sind).

Weißes Haus & Foggy Bottom

Woodward Takeout Food AMERIKANISCH **$**

(☎202-347-5355; http://woodwardtable.com; 1426 H St NW; Hauptgerichte 7–11 US$; ⏲Mo–Fr 7.30–16.30 Uhr; Ⓜ Orange, Silver, Blue Lines bis McPherson Sq) Das Woodward Takeout ist die kleine Mitnehmfiliale des Woodward Table, eines eleganten Restaurants, in dem es keine Takeaway-Gerichte gibt. Traveller können sich zu den Büroangestellten in die Schlange stellen und ein Reuben-Sandwich, Pastrami auf Schwarzbrot oder Butternusskürbis auf Fladenbrot bestellen. Die Wartezeiten sind nicht lang. Auch das Frühstück ist beliebt: Es gibt z. B. Eiersandwiches mit krümeligen Biskuits und gesalzene Schokocroissants.

Ein paar eng aneinander stehende Tische bieten Sitzmöglichkeiten. Man kann über die Website vorbestellen und so Zeit sparen.

Founding Farmers AMERIKANISCH **$$**

(☎202-822-8783; www.wearefoundingfarmers.com; 1924 Pennsylvania Ave NW; Hauptgerichte 15–28 US$; ⏲Mo 7–22, Di–Do 7–23, Fr 7–24, Sa 9–24, So 9–22 Uhr; 🖉; Ⓜ Orange, Silver, Blue Lines bis Foggy Bottom-GWU od. Farragut West) 🍃 Pickles in Einmachgläsern dienen in diesem geschäftigen Lokal im IMF-Gebäude als Deko. Die Kombination aus rustikaler Coolness und moderner Kunst findet sich hier auch in den Speisen wieder: Es gibt moderne amerikanische Gerichte aus regionalen Zutaten. In Buttermilch gegartes Hähnchen mit Waffeln und Butternusskürbis-Mascarpone-Ravioli sind nur einige der Köstlichkeiten, die auf die Holztische kommen.

Downtown & Penn Quarter

★ **A Baked Joint** CAFÉ **$**

(☎202-408-6985; www.abakedjoint.com; 440 K St NW; Hauptgerichte 5–11 US$; ⏲Mo–Do 7–20, Fr 7–21, Sa & So 8–20 Uhr; Ⓜ Red, Yellow, Green Lines bis Gallery Pl-Chinatown) Man bestellt am Tresen und nimmt das üppige Sandwich aus selbst gemachtem Brot dann mit an einen der Tische in dem großen, offenen Speisesaal. Vielleicht eines mit gebratenen Süßkartoffeln und Ziegenkäse auf Focaccia? Oder das Nutella-Bananen-Sandwich aus Vollkornteig? Die hohen Fenster lassen viel Licht rein, und wer keinen Hunger hat, kann auch nur einen Latte Macchiato trinken.

Daikaya JAPANISCH **$**

(☎202-589-1600; www.daikaya.com; 705 6th St NW; Hauptgerichte 12–14 US$; ⏲So & Mo 11–22,

Di & Mi bis 22.30, Do–Sa bis 23 Uhr; Ⓜ Red, Yellow, Green Lines bis Gallery Pl-Chinatown) Das Daikaya besteht aus zwei Läden: Unten befindet sich ein zwangloses Ramen-Lokal, wo sich Einheimische zum Essen mit Freunden in den schicken hölzernen Sitznischen niederlassen. Im Obergeschoss residiert eine japanische Izakaya (Kneipe), wo der Sake in Strömen fließt und mittags Reis- und abends kleine Fischgerichte serviert werden. Der Laden im Obergeschoss bleibt zwischen Mittag- und Abendessen (14–17 Uhr) geschlossen.

Rasika INDISCH **$$**
(☎ 202-637-1222; www.rasikarestaurant.com; 633 D St NW; Hauptgerichte 14–28 US$; ⏲ Mo–Fr 11.30–14.30, Mo–Do 17.30–22.30, Fr & Sa 17–23 Uhr; 🖉; Ⓜ Green, Yellow Lines bis Archives) Das Rasika ist ein echter Hammer in puncto indischer Küche. Man könnte glauben, man sei in einem Palast in Jaipur, den eine Schar hipper Kunstgaleristen dekoriert hat. Ganz hervorragend ist das *murgh mussalam*, saftiges Hühnchen aus dem Tandur mit Cashew-Nüssen und Wachteleiern. Das schlichte *dal* (Linsen) ist genau richtig mit Bockshornklee gewürzt. Veganer und Vegetarier werden sich hier pudelwohl fühlen.

Matchbox Pizza PIZZA **$$**
(☎ 202-289-4441; www.matchboxrestaurants.com; 713 H St NW; 25 cm-Pizza 13–15 US$; ⏲ Mo–Do 11–22.30, Fr 11–23.30, Sa 10–23.30, So 10–22.30 Uhr; 👪; Ⓜ Red, Yellow, Green Lines bis Gallery Pl-Chinatown) Die Pizza hier hat viele treue Fans, und das Restaurant mit der gemütlichen Deko und den Backsteinwänden ist immer gut besucht. Das Geheimnis? Frische Zutaten, dünner, blättriger Teig wie von Engeln gebacken und noch mehr frische Zutaten. Ach ja, und die Bierauswahl ist der absolute Wahnsinn: Hier fließen belgisches Ale und Hopfen-Craft-Biere aus den Zapfhähnen. Wer nicht warten will, sollte im Voraus reservieren.

Kinship AMERIKANISCH **$$**
(☎ 202-737-7700; http://kinshipdc.com; 1015 7th St NW; Hauptgerichte 16–28 US$; ⏲ Sa–Fr 17.30–22 Uhr; Ⓜ Yellow, Green Lines bis Mount Vernon Square 7th Street-Convention Center) In diesem Restaurant von Eric Ziebold, das mit Michelin-Sternen geadelt wurde, kann man prima einen netten Abend mit Freunden verbringen. Die Speisekarte ist in fünf Kategorien unterteilt, welche die Leidenschaften des Kochs widerspiegeln: Zutaten (Trogmuscheln, Rohan-Ente), Geschichte (Klassiker), Handwerk (mit bestimmten Küchentechniken zubereitet), Genuss (Kaviar, weiße Trüffel) und For the Table.

★ **Dabney** AMERIKANISCH **$$$**
(☎ 202-450-1015; www.thedabney.com; 122 Blagden Alley NW; kleine Teller 14–22 US$; ⏲ Di–Do 17.30–22, Fr & Sa 17.30–23, So 17–22 Uhr; Ⓜ Green, Yellow Line bis Mount Vernon Square/7th St-Convention Center) Chefkoch Jeremiah Langhorne hat auf seiner Mission, die lange verschwunden geglaubte mittelatlantische Küche wiederzubeleben, historische Kochbücher studiert und Rezepte entdeckt, die lokale Zutaten und kaum bekannte Aromen beinhalten. Die meisten Gerichte werden sogar über einem Holzfeuer gekocht. Das heißt aber nicht, dass das Restaurant wirkt wie aus Zeiten George Washingtons. Langhorne hat dem Lokal einen sehr modernen Touch verliehen – was ihm einen Michelin-Stern eingebracht hat.

Logan Circle, U Street & Columbia Heights

★ **Ben's Chili Bowl** AMERIKANISCH **$**
(☎ 202-667-0909; www.benschilibowl.com; 1213 U St; Hauptgerichte 6–10 US$; ⏲ Mo–Do 6–2, Fr 6–4, Sa 7–4, So 11–24 Uhr; Ⓜ Green, Yellow Lines bis U St) Das Ben's ist eine Institution in Washington. Das beste Geschäft macht es mit seinen Half-Smokes, die stärker geräucherte und fleischigere Hauptstadtversion eines Hotdogs, in aller Regel mit viel Senf, Zwiebeln und Chili. Seit fast 60 Jahren schlagen sich Präsidenten, Rockstars und Richter des Obersten Gerichtshofs in dem bescheidenen Diner den Bauch voll. Doch trotz all des Rummels ist das Ben's ein echter Nachbarschaftstreff geblieben. Nur Barzahlung.

★ **Compass Rose** INTERNATIONAL **$$**
(☎ 202-506-4765; www.compassrosedc.com; 1346 T St NW; kleine Gerichte 10–15 US$; ⏲ Mo–Do 17–2, Fr & Sa 17–3, So 11–2 Uhr; Ⓜ Green, Yellow Lines bis U St) In einem unscheinbaren Stadthaus nur ein kleines Stück vom Trubel der 14th St entfernt befindet sich das wie ein geheimnisvoller Garten wirkende Compass Rose. Die unverputzten Backsteinwände, die rustikale Holzdeko und die himmelblaue Decke schaffen ein zwanglos-romantisches Flair. Auf der Karte stehen einfache Gerichte aus aller Welt; ein Abendessen kann beispielsweise aus chilenischem *lomito* (Schweinefleisch-Sandwich), libanesischen *kefta* (gewürzte Lamm-Köfte) und georgischem *chatscha-*

puri (überbackenes, butteriges Käsebrot) bestehen.

Estadio SPANISCH $$

(☎202-319-1404; www.estadio-dc.com; 1520 14th St NW; Tapas 6–17 US$; ⏲Mo–Do 17–22, Fr & Sa bis 23, So bis 21, Fr–So 11.30–14 Uhr; Ⓜ Green, Yellow Lines bis U St) Im Estadio sorgt schummrige Beleuchtung für romantische Stimmung. Das Tapas-Angebot (auf dem der Schwerpunkt liegt) schürft richtig tief. Es gibt drei Variationen von Iberico-Schinken und köstliche belegte Brote mit Gänseleber, Rührei und Trüffeln. Dazu gibt's traditionelles *calimocho* (Rotwein mit Cola). Für die Zeit nach 18 Uhr kann nicht reserviert werden, sodass man in der Regel einige Zeit an der Bar warten muss.

Busboys & Poets CAFÉ $$

(☎202-387-7638;www.busboysandpoets.com;2021 14th St NW; Hauptgerichte 11–21 US$; ⏲Mo–Do 8–24, Fr 8–2, Sa & So ab 9 Uhr; 📶; Ⓜ Green, Yellow Lines bis U St) Das Busboys & Poets ist der Dreh- und Angelpunkt der U St. Die Einheimischen kommen wegen des Kaffees, des WLANs und des progressiven Vibes (und des angrenzenden Buchladens) hierher, der San Francisco konservativ erscheinen lässt. Auf der üppigen Speisekarte stehen Sandwiches, Pizzas und Südstaatengerichte wie Shrimps und Maisgrütze. Die Open-Mic-Poetry-Lesungen am Dienstagabend (Eintritt 5 US$, 9–23 Uhr) ziehen viele Gäste an.

Maple ITALIENISCH $$

(☎202-588-7442; www.dc-maple.com; 3418 11th St NW; Hauptgerichte 16–23 US$; ⏲Mo–Do 17.30–23.30, Fr 17–1, Sa 10.30–1, So 10.30–23 Uhr; Ⓜ Green, Yellow Lines bis Columbia Heights) Im gemütlichen Maple stecken Ladys in knappen Kleidern und schwarzen Spitzenstrümpfen ihre Gabeln in deftige Pastagerichte, während neben ihnen tätowierte Kerle in T-Shirts an der Holzbar stehen. Hausgemachter Limoncello, italienisches und Craft-Bier sowie ausgefallene Weine werden ebenfalls über den langen Tresen geschoben.

Bistro Bohem OSTEUROPÄISCH $$

(☎202-735-5895; www.bistrobohem.com; 600 Florida Ave NW; Hauptgerichte 14–22 US$; ⏲Mo 11–22, Di–Do 11–23, Fr 17–24, Sa 10–24, So 10–22 Uhr; 📶; Ⓜ Green, Yellow Lines bis Shaw-Howard U) Das gemütliche Bistro Bohem ist bei den Einheimischen wegen der fantastischen tschechischen Küche (Schnitzel, Gulasch, Pilsner) sehr beliebt. Werke örtlicher Künstler schmücken die Wände, und gelegentlich werden tschechische Filme gezeigt. Bei dem freundlichen, böhmischen Ambiente fühlt man sich im Nu nach Prag versetzt.

Le Diplomate FRANZÖSISCH $$$

(☎202-332-3333; www.lediplomatedc.com; 1601 14th St NW; Hauptgerichte 23–35 US$; ⏲Mo–Do 17–23, Mi & Do 17–23, Fr 17–24, Sa 9.30–24, So 9.30–23 Uhr; Ⓜ Green, Yellow Lines bis U St) Das charmante, französische Bistro ist ungeheuer beliebt. Jede Menge Promis quetschen sich auf die Lederbänke oder bevölkern die Tische auf dem Bürgersteig, um ein authentisches Stück Paris zu genießen, vom Coq au vin bis zu den aromatischen Baguettes. Skurrile Antiquitäten zieren den Raum und Aktfotos die Toiletten. Reservierung empfohlen!

Dupont Circle & Kalorama

Zorba's Cafe GRIECHISCH $

(☎202-387-8555; www.zorbascafe.com; 1612 20th St NW; Hauptgerichte 13–16 US$; ⏲Mo–Sa 11–23.30, So bis 22.30 Uhr; 👪; Ⓜ Red Line bis Dupont Circle) Üppige Portionen Moussaka und Souvlaki sowie Rolling-Rock-Bier machen das familiengeführte Zorba's Cafe zu einem der besten günstigen Restaurants in D.C. An warmen Tagen ist die Terrasse voller Einheimischer. Bei all der Bouzouki-Musik, die im Hintergrund spielt, fühlt man sich fast wie auf den griechischen Inseln.

Afterwords Cafe AMERIKANISCH $$

(☎202-387-3825; www.kramers.com; 1517 Connecticut Ave NW; Hauptgerichte 17–21 US$; ⏲So–Do 7.30–1, Fr & Sa bis 3 Uhr; Ⓜ Red Line bis Dupont Circle) Das an Kramerbooks angeschlossene, quirlige Lokal ist kein durchschnittliches Buchladenlokal. An den vollbesetzten Tischen und der winzigen Theke drinnen sowie auf der Terrasse draußen herrscht beste Stimmung. Auf der Karte stehen schmackhafte Bistrogerichte und eine reiche Auswahl von Bieren, sodass man hier prima zur Happy Hour, zum Brunch und am Wochenende (da ist bis 3 Uhr morgens geöffnet) jederzeit einkehren kann.

Viele Einheimischen verbringen ihr Wochenende damit, zuerst die Bücherregale zu durchstöbern und sich dann den Bauch vollzuschlagen.

★ Bistrot du Coin FRANZÖSISCH $$

(☎202-234-6969; www.bistrotducoin.com; 1738 Connecticut Ave NW; Hauptgerichte 16–29 US$; ⏲Mo–Mi 11.30–24, Do & Fr 11.30–1, Sa 12–1, So 12–24 Uhr; Ⓜ Red Line bis Dupont Circle) Das mun-

INSIDERWISSEN

FOOD TRUCKS

Über 150 Food Trucks rollen durch D.C., und das Viertel rund ums Weiße Haus profitiert am meisten davon. Sie stehen an Werktagen zwischen 11.30 und 13.30 Uhr am Farragut Sq, am Franklin Sq, am State Department und an der George Washington University. Man kann einfach den Einheimischen folgen, wenn man Lust auf köstliches Essen für unter 15 US$ hat, etwa auf ein Hummerbrötchen mit Butter oder eine Schüssel Drunken Noodles. Food Truck Fiesta (www.foodtruckfiesta.com) verfolgt die immer größer werdende Flotte und twittert. Hier sind ein paar Tipps:

Lilypad on the Run (twitter.com/LilypadontheRun) Äthiopische Fleischgerichte und vegetarische Angebote, die einem das Wasser im Mund zusammenlaufen lassen.

Far East Taco Grille (twitter.com/fareasttg) Asiatisch-inspirierte Tacos mit Fleisch oder Tofu, Mais- oder Weizentortillas.

DC Pie Truck (twitter.com/ThePieTruckDC) Unglaublich leckere Pasteten werden in zwei roten Trucks ausgefahren. Das Personal reicht die süßen und herzhaften Teile durch die Fenster. Die Geschmacksrichtungen reichen von Spinat mit Ziegenkäse über Schokocreme bis hin zu Kokosnuss.

Red Hook Lobster Truck (twitter.com/LobsterTruckDC) Hier gibt es Hummerbrötchen mit Mayo, wie sie in Maine gegessen werden, oder mit Butter à la Connecticut.

tere Bistrot du Coin ist wegen seiner unprätentiösen französischen Imbissgerichte überall im Viertel beliebt. Die Küche liefert gute Zwiebelsuppe, klassische *steak-frites* (gegrillte Steaks mit Pommes), Cassoulet, belegte Brote und neun Varianten der berühmten *moules* (Miesmuscheln). Weine aus allen Regionen Frankreichs, erhältlich im Glas, in der Karaffe oder Flasche, komplettieren das Essen.

★ Little Serow THAI $$$

(www.littleserow.com; 1511 17th St NW; Menü 49 US$; ⏲ Di–Do 17.30–22, Fr & Sa bis 22.30 Uhr; Ⓜ Red Line bis Dupont Circle) Kein Telefon, keine Reservierung, kein Schild über der Tür – nur Gruppen von höchstens vier Personen finden Platz (größere werden getrennt), aber dennoch stehen die Leute noch um die Ecke an, und zwar wegen der erstklassigen nordthailändischen Küche. Man bekommt ein einziges Menü mit meist sechs scharf gewürzten Gängen, das jede Woche wechselt.

Komi FUSION-KÜCHE $$$

(☎ 202-332-9200; www.komirestaurant.com; 1509 17th St NW; Menü 150 US$; ⏲ Di–Sa 17.30–22 Uhr; Ⓜ Red Line bis Dupont Circle) Die wechselnde Speisekarte des Komi, die ziemlich griechisch geprägt ist, ist erfrischend einfach und weist viele verschiedene Einflüsse auf – hauptsächlich von Genialem. Für abends gibt es etwa zwölf Gerichte auf der Karte, z.B. Spanferkel, Muscheln und Trüffel oder gebratenes Zicklein. In dem märchenhaften Speiseraum des Komi haben nur Gruppen von bis zu vier Personen Platz, und man muss im Voraus reservieren. Am besten einen Monat vorher anrufen!

Hank's Oyster Bar SEAFOOD $$$

(☎ 202-462 4265; www.hanksoysterbar.com; 1624 Q St NW; Hauptgerichte 22–30 US$; ⏲ Mo & Di 11.30–1, Mi–Fr 11.30–2, Sa 11–2, So 11–1 Uhr; Ⓜ Red Line bis Dupont Circle) In Washington, D.C., gibt es mehrere Austernbars, aber das winzige Hank's punktet als absolutes Highlight, weil es eine Mischung aus Sportsbar und altmodischer Tradition ist. Wie zu erwarten, ist die Austernauswahl reichhaltig und ausgezeichnet. Es gibt immer mindestens vier Sorten auf den Teller. Hier ist es zu jeder Zeit recht voll, und man muss oft auf einen Tisch warten – aber das machen die himmlischen Gerichte wieder wett.

Adams Morgan

Diner AMERIKANISCH $

(☎ 202-232-8800; www.dinerdc.com; 2453 18th St NW; Hauptgerichte 9–18 US$; ⏲ 24 Std.; ; Ⓜ Red Line bis Woodley Park-Zoo/Adams Morgan) Der Diner serviert zu jeder Tages- und Nachtzeit herzhafte, einfache Gerichte. Er eignet sich perfekt, um spät in der Nacht ein reichhaltiges Frühstück einzunehmen, oder immer dann, wenn einem der Sinn nach schlichter, gut zubereiteter amerikanischer Kost steht. Der Bloody-Mary-Brunch am Wochenende ist großartig (sofern einen der

Massenandrang nicht stört). Omeletts, dicke Pancakes, Mac'n'Cheese, gegrillte Tofu-Tacos und Burger landen flink auf dem Tisch. Auch für Kinder gut geeignet.

★ Donburi JAPANISCH $
(☎202-629-1047; www.facebook.com/donburidc; 2438 18th St NW; Hauptgerichte 10–15 US$; ⊙11–22 Uhr; Ⓜ Red Line bis Woodley Park-Zoo/Adams Morgan) In dem kleinen Ladenlokal gibt's 15 Sitze an der Holztheke, von denen aus man den Köchen beim Schnippeln und Würfeln des Essens zuschauen kann. *Donburi* ist das japanische Wort für „Schale" – das Essen, z. B. mit Panko panierte Garnelen auf Reis mit süß-scharfer Sauce, kommt denn auch in dampfenden Schalen. Hier erwarten einen schlichte, authentische Gerichte. Oft bilden sich Schlangen, die aber fix bedient werden. Keine Reservierung möglich.

Julia's Empanadas LATEINAMERIKANISCH $
(☎202-328-6232; www.juliasempanadas.com; 2452 18th St NW; Empanadas ab 5 US$; ⊙Mo–Do 10–24, Fr & Sa bis 4, So bis 20 Uhr; Ⓜ Red Line bis Woodley Park-Zoo/Adams Morgan) Das Julia's gehört laut Umfragen zu den besten Lokalen in Washington, D.C., wenn es darum geht, spätabends noch gut essen zu gehen. Die Teigtaschen hier sind mit Chorizo, jamaikanischem Beef-Curry, Spinat und Ähnlichem gefüllt. Die Aromen werden noch intensiver, wenn man getrunken hat. Die kleine Restaurantkette hat auch noch ein paar Läden in der Stadt, wo man Take-aways kriegt. Nur Barzahlung möglich.

★ Tail Up Goat MEDITERRAN $$
(☎202-986-9600; www.tailupgoat.com; 1827 Adams Mill Rd NW; Hauptgerichte 18–27 US$; ⊙Mo–Do 17.30–22, Fr–So 17–22 Uhr; Ⓜ Red Line bis Woodley Park-Zoo/Adams Morgan) Mit den blassblauen Wänden, dem hellen Holzdekor und den Laternenlichtern hoch über den Köpfen verströmt das Tail Up Goat Inselflair. Die Spezialität des Hauses sind die Lammrippen – knusprig und sehr fettig mit gegrillten Zitronen, Feigen und Gewürzen. Das hausgemachte Brot und die Aufstriche können ebenfalls punkten, etwa Leinsamensauerteig mit Roter Bete. Kein Wunder, dass der Laden einen Michelin-Stern hat!

Georgetown

★ Simply Banh Mi VIETNAMESISCH $
(☎202-333-5726; www.simplybanhmidc.com; 1624 Wisconsin Ave NW; Hauptgerichte 7–10 US$; ⊙Di–So 11–19 Uhr; ; Circulator) Das kleine Lokal im Kellergeschoss hat nichts Elegantes an sich, und auf der kompakten Speisekarte stehen überwiegend Sandwiches und Bubble Tea. Aber die Besitzer wissen, wie man ein knuspriges Sandwich zubereitet. Sie füllen es mit leckerem, mit Zitronengras gewürztem Schweinefleisch (oder anderen Fleischsorten oder Tofu) und verschönern ihren Gästen damit den Tag.

Baked & Wired BÄCKEREI $
(☎202-333-2500; www.bakedandwired.com; 1052 Thomas Jefferson St NW; Backwaren 3–6 US$; ⊙Mo–Do 7–20, Fr 7–21, Sa 8–21, So 8–20 Uhr; Circulator) Im freundlichen Baked & Wired gibt es köstlichen Kaffee, Bacon-Cheddar-Buttermilch-Biscuits und riesige Cupcakes (z. B. den Elvis mit Banane und Erdnussbutter-Glasur). Hier trifft man viele Studenten und Radler von den nahegelegenen Trails.

Chez Billy Sud FRANZÖSISCH $$$
(☎202-965-2606; www.chezbillysud.com; 1039 31st St NW; Hauptgerichte 26–37 US$; ⊙Di–Fr 11.30–14, Sa & So 11–14, zusätzl. Di–Do & So 17–22, Fr & Sa 17–23 Uhr; ; Circulator) Das bezaubernde, kleine Bistro versteckt sich in einem Wohnblock. Minzgrüne Wände, vergoldete Spiegel und eine winzige Marmortheke strahlen entspannte Eleganz aus, und schnauzbärtige Kellner bringen Körbchen mit warmem Brot an die weiß eingedeckten Tische. Zu den Gerichten zählen knuspriger Schweinebraten, Würstchen mit Pistazien, Goldforelle, Nizzasalat mit Thunfisch und als Nachspeise üppige Éclairs.

Ausgehen & Nachtleben

Als Andrew Jackson 1800 den Amtseid schwor, hat der selbst ernannte Populist Glanz und Gloria in die Stadt gebracht und jede Menge Partys geschmissen. Die Leute wurden so hemmungslos, dass sie anfingen, Kunst aus dem Weißen Haus zu stehlen. Aus dieser Geschichte ist zu lernen, dass in Washington gern gefeiert wird, und heutzutage geht das auch außerhalb der riesigen Politikervillen.

Capitol Hill

Copycat Co COCKTAILBAR
(☎202-241-1952; www.copycatcompany.com; 1110 H St NE; ⊙So–Do 17–2, Fr & Sa bis 3 Uhr; Ⓜ Red Line bis Union Station, dann Straßenbahn) Wenn man das Copycat betritt, kommt man sich vor wie in einem chinesischen Fast-Food-Re-

staurant. Im Erdgeschoss gibt es nämlich so etwas wie einen chinesischen Straßenimbiss. Im 1. Stock werden an einer schummrig beleuchteten Bar, die ein bisschen an eine Opiumhöhle erinnert, ausgefallene Drinks und Cocktails serviert. Das Personal ist unaufdringlich und hilft Neulingen gern mit der langen Getränkekarte.

Little Miss Whiskey's Golden Dollar BAR
(www.littlemisswhiskeys.com; 1104 H St NE; ⏲ So–Do 17–2, Fr & Sa bis 3 Uhr; Ⓜ Red Line bis Union Station, dann Straßenbahn) Wäre Alice infolge ihrer Beinahe-Enthauptung so traumatisiert aus dem Wunderland zurückgekehrt, dass sie etwas Hochprozentiges gebraucht hätte, wäre sie sicher im Little Miss Whiskey's eingekehrt. Ihr hätte das Dekor – halb skurril, halb Alptraum – bestimmt zugesagt. Und sie hätte wohl ihren Spaß gehabt mit den Club-Kids, die am Wochenende auf der Tanzfläche im Obergeschoss abfeiern.

Bluejacket Brewery BRAUEREI
(☎ 202-524-4862; www.bluejacketdc.com; 300 Tingey St SE; ⏲ So–Do 11–1, Fr & Sa bis 2 Uhr; Ⓜ Green Line bis Navy Yard) Bierfreunde kommen im Bluejacket richtig auf Touren. Man zieht sich einen Hocker an die moderne, Theke im Industrial-Look, blickt auf die silbernen Tanks, in denen das anspruchsvolle Gebräu heranreift, und hat die Qual der Wahl zwischen 25 Fassbieren. Ein hopfiges Kölsch? Ein süßes Stout? Ein im Fass gereiftes Farmhouse-Ale? Kleine Probiergläschen helfen bei der Auswahl.

Granville Moore's PUB
(☎ 202-399-2546; www.granvillemoores.com; 1238 H St NE; ⏲ Mo–Do 17–24, Fr 17–3, Sa 11–3, So 11–24 Uhr; Ⓜ Red Line bis Union Station, dann Straßenbahn) Abgesehen davon, dass diese Kneipe mit die besten Pommes und Steaksandwiches in D.C. hat, punktet sie vor allem mit ihrer großen Auswahl von belgischen Bieren, die alle Fans dieser Spezialität zufriedenstellt. Mit roh gezimmerten Holzmöbeln und Wänden, die aussehen, als seien sie aus Lehm und Schlamm gemacht, erinnert der Innenraum an ein mittelalterliches Feldlager. Der Platz am Kamin ist an Winterabenden goldrichtig.

Tune Inn BAR
(☎ 202-543-2725; 331 Pennsylvania Ave SE; ⏲ So–Do 8–2, Fr & Sa bis 3 Uhr; Ⓜ Orange, Silver, Blue Lines bis Capitol South od. Eastern Market) Diese Kneipe existiert schon seit Jahrzehnten; hier treffen sich ältere Leute aus dem Viertel, um ein paar Budweiser zu kippen. Die Rehköpfe an der Wand und der Geweih-Kronleuchter prägen die Atmosphäre; die ganztägig erhältlichen Frühstücks- und sonstigen Kneipengerichte verzehrt man in den mit Vinyl verkleideten Sitzecken.

BIER

In dieser Stadt wird Bier sehr ernst genommen; ein großer Teil des Gebrauten wird hier nicht nur konsumiert, sondern auch produziert. Der Trend begann 2009, als mit DC Brau die erste neue Brauerei seit mehr als 50 Jahren ihren Betrieb in Washington aufnahm – inzwischen sind weitere neue Bierproduzenten hinzugekommen. In den Bars der Stadt sollte man deshalb Ausschau halten nach hiesigen Schöpfungen von 3 Stars, Atlas Brew Works, Hellbender und Lost Rhino (Letztere aus dem Norden Virginias).

Weißes Haus & Foggy Bottom

★ Off The Record BAR
(☎ 202-638-6600; 800 16th St NW, Hay-Adams Hotel; ⏲ So–Do 11.30–24, Fr & Sa bis 0.30 Uhr; Ⓜ Orange, Silver, Blue Lines bis McPherson Sq) Trauliche rote Sitzecken und eine versteckte Lage im Untergeschoss eines der edelsten Hotels der Stadt, direkt gegenüber vom Weißen Haus – kein Wunder, dass die einflussreichen Leute von Washington im Off The Record abtauchen, wo sie nicht gesehen und gehört werden! Erfahrene Barkeeper mixen Martinis und Manhattans für die Anzugträger. An den Wänden hängen lustige gerahmte Karikaturen von Politikern.

Downtown & Penn Quarter

★ Columbia Room COCKTAILBAR
(☎ 202-316-9396; www.columbiaroomdc.com; 124 Blagden Alley NW; ⏲ Di–Do 17–0.30, Fr & Sa bis 1.30 Uhr; Ⓜ Green, Yellow Lines bis Mt. Vernon Sq/7th St-Convention Center) Im Columbia Room wird das Cocktailmixen sehr ernst genommen. Hier holt man sich noch Quellwasser aus Kentucky oder Schottland und verwendet Zutaten wie eingelegte Kirschblüten und Gerstentee. Aber all das geschieht in einer erfrischend lockeren Atmosphäre. Es gibt hier drei verschiedene Bereiche: den festlichen Punch Garden draußen auf der Dachterrasse, die gemütliche, mit

Ledersesseln ausgestattete Spirits Library und den Tasting Room mit 14 Plätzen und fixen Menüs.

Logan Circle U Street, & Columbia Heights

★ Right Proper Brewing Co. BRAUEREI

(☎202-607-2337; www.rightproperbrewery.com; 624 T St NW; ⏰Mo–Do 17–24, Fr & Sa 11.30–1, So 11.30–23 Uhr; Ⓜ Green, Yellow Lines bis Shaw-Howard U) Wow, was für ein Kunstwerk: ein Wandgemälde der Großen Pandas aus dem National Zoo, die mit Laseraugen die Downtown von D.C. zerstören! Doch damit nicht genug – die Right Proper Brewing Co. in einem Gebäude, in dem einst Duke Ellington Billard spielte, macht auch noch ein ausgezeichnetes Ale. Dieser große, sonnige Schuppen, wo die Menschen an alten Holztischen sitzen, ist das Clubhaus der Leute aus dem Shaw-Viertel.

★ Dacha Beer Garden BIERGARTEN

(☎202-350-9888; www.dachadc.com; 1600 7th St NW; ⏰Mo–Do 16–22.30, Fr & Sa 11.30–24, So 11–22.30 Uhr; Ⓜ Green, Yellow Lines bis Shaw-Howard U) Pures Glücksgefühl herrscht in diesem lockeren Biergarten vor. Kinder und Hunde tollen um die Picknicktische, während die Erwachsenen Glasstiefel mit deutschem Bier an die Lippen setzen. Wenn die Temperaturen frisch werden, bringen die Kellner Heizkörper und Decken und bestücken die Feuergrube – alles unter dem sinnlichen Blick von Elizabeth Taylor (beziehungsweise eines riesigen Wandgemäldes von ihr).

Churchkey BAR

(☎202-567-2576; www.churchkeydc.com; 1337 14th St NW; ⏰Mo–Do 16–1, Fr 16–2, Sa 12–2, So 11.30–1 Uhr; Ⓜ Orange, Silver, Blue Lines bis McPherson Sq) Das kupferbetonte, modern-industrielle Ambiente des Churchkey wirkt durch und durch hip. Hier gibt's 50 Biere vom Fass, darunter fünf hirnvernebelnde, fassgereifte Ales. Wem das noch nicht reicht, der kann noch aus rund 500 Flaschenbieren wählen (auch ein paar glutenfreie sind zu haben). Unter dem Churchkey befindet sich das zugehörige **Birch & Barley** (☎202-567-2576; www.birchandbarley.com; Hauptgerichte 16–29 US$; ⏰Di–Do 17.30–22, Fr & Sa 17.30–23, So 11–20 Uhr), ein beliebtes Restaurant mit modernen, schlichten Gerichten, von denen man viele auch oben an der Bar bestellen kann.

Cork Wine Bar WEINBAR

(☎202-265-2675; www.corkdc.com; 1720 14th St NW; ⏰Di & Mi 17–24, Do–Sa 17–1, So 11–15 & 17–22 Uhr; Ⓜ Green, Yellow Lines bis U St) Die dunkle, gemütliche Weinbar ist gleichzeitig ein Gourmettempel und ein freundlicher Nachbarschaftstreff. Zur Auswahl stehen rund 50 tolle, offene Weine und 160 Flaschenweine. Für den kleinen Hunger gibt's Käse- und Wurstteller.

U Street Music Hall CLUB

(☎202-588-1889; www.ustreetmusichall.com; 1115 U St NW; ⏰unterschiedliche Zeiten; Ⓜ Green, Yellow Lines bis U St) Hier kann man grooven – ohne die Leute, die auf VIP- und Bottle Service stehen. Zwei örtlichen DJs gehört der Kellerclub, den sie auch selbst betreiben.

SCHWULEN- & LESBENSZENE IN WASHINGTON, D.C.

Washington, D.C., ist eine der schwulenfreundlichsten Städte in den USA. Ihre progressive Geschichte ist beeindruckend, und die Szene hat so Einiges zu bieten. Der klassische Homosexuelle hier ist ein gut angezogener Geschäftsmann und Aktivist, der sich politisch für die Rechte von Homosexuellen einsetzt, beispielsweise in Sachen Homo-Ehe (seit 2010 legal). Die Szene hat ihren Schwerpunkt in Dupont Circle, aber auch in den Vierteln U Street, Shaw, Capitol Hill und Logan Circle gibt es viele schwulenfreundliche Läden.

Capital Area Gay & Lesbian Chamber of Commerce (www.caglcc.org) Sponsert viele Networking-Events in der ganzen Stadt.

LGBT DC (https://washington.org/lgbtq) Das Portal der Touristeninformation von Washington, D.C., mit Events, Treffen in den einzelnen Vierteln und einem Reiseführer.

Metro Weekly (www.metroweekly.com) Kostenloses Wochenmagazin, das auf jüngere Leser ausgerichtet ist als das Rivalblatt *Washington Blade*.

Washington Blade (www.washingtonblade.com) Kostenloses Wochenmagazin mit politischen Themen sowie Business- und Unterhaltungstipps.

Der Laden wirkt wie ein primitiver Rock-Schuppen, hat aber eine Profi-Musikanlage, eine mit Kork ausgelegte Tanzfläche und weitere Requisiten eines richtigen Dance-Clubs. Alternative-Bands sorgen ein paar Mal die Woche abends für aktuelle Sounds.

Dupont Circle & Kalorama

Bar Charley BAR
(202-627-2183; www.barcharley.com; 1825 18th St NW; Mo–Do 17–0.30, Fr 16–1.30, Sa 10–1.30, So 10–0.30 Uhr; M Red Line bis Dupont Circle) Die Bar Charley lockt ein gemischtes Publikum aus dem Viertel an: Junge, Alte, Schwule und Heteros. Sie kommen wegen der für D.C. günstigen Cocktails, die beschwingt in alten Gläsern und Tiki-Keramikbechern schwappen. Unser Tipp: der Suffering Bastard mit Gin und Ginger Ale. Die Bierkarte ist zwar nicht umfangreich, hat aber einige prima Ales zu bieten. Angeboten werden außerdem rund 60 verschiedene Weine.

Board Room BAR
(202-518-7666; www.boardroomdc.com; 1737 Connecticut Ave NW; Mo–Do 16–2, Fr 16–3, Sa 12–3, So 12–2 Uhr; M Red Line bis Dupont Circle) Hier zieht man sich einen Stuhl an einen der Tische und versucht, seinen Gegner beim Hungry Hungry Hippos zu schlagen. Oder man testet das Quija-Brett und spricht mit den Geistern. Im Board Room fühlt man sich durch die vielen Brettspiele wieder in die eigene Kindheit zurückversetzt. Schiffeversenken, Risiko, Doktor Bibber – hier kann man sich alles für nur 2 US$ ausleihen.

JR's SCHWULENBAR
(202-328-0090; www.jrsbar-dc.com; 1519 17th St NW; Mo–Do 16–2, Fr 16–3, Sa 13–3, So 13–2 Uhr; M Red Line bis Dupont Circle) Button-down-Hemden sind in dieser Schwulenbar, die von hart arbeitenden Leuten zwischen 20 und 40 besucht wird, an der Tagesordnung. Einige hiesige DJs behaupten, die Klientel im JR's verkörpere die konservative Natur der Schwulenszene der Hauptstadt, aber auch wenn man diese Atmosphäre hasst (was viele tun), versteht diese Bar etwas von einer guten Happy Hour und ist meistens voll.

Cobalt SCHWULENBAR
(202-232-4416; www.cobaltdc.com; 1639 R St NW; So–Do 16–2, Fr & Sa bis 3 Uhr; M Red Line bis Dupont Circle) Ins Cobalt kommen gut gekleidete Leute zwischen Ende 20 und Ende 30, die lustige (aber laute!) Partys feiern wollen – und zwar an jedem Tag der Woche. Hier sieht man die ausgefallensten Frisuren und Körper frisch aus dem Fitnessstudio. Der Club befindet sich im 2. Stock eines Gebäudes, das im Erdgeschoss ein Restaurant und im 1. Stock eine Lounge beherbergt.

Adams Morgan

★ **Dan's Cafe** BAR
(202-265-0299; 2315 18th St NW; Di–Do 19–2, Fr & Sa bis 3 Uhr; M Red Line bis Woodley Park-Zoo/Adams Morgan) Dies ist eine der tollsten Kneipen von D.C. Innen wirkt sie mehr oder weniger wie eine schäbige Hinterwäldler-Kneipe mit ganz unironischer altmodischer „Kunst", billiger Täfelung und schummriger Beleuchtung, die den ganzen Schmuddel kaum erhellen. Der Laden ist berühmt für seine Drinks zum Selbermixen: Man bekommt eine Spritzflasche mit Schnaps, eine Büchse Soda und einen Eimer Eis für ganze 20 US$. Gezahlt wird ausschließlich bar.

Songbyrd Record Cafe & Music House CAFÉ
(202-450-2917; www.songbyrddc.com; 2477 18th St NW; So–Do 8–2, Fr & Sa bis 3 Uhr; ; M Red Line bis Woodley Park-Zoo/Adams Morgan) Tagsüber kann man im altmodischen Café ausgezeichneten Kaffee trinken, köstliche Sandwiches mampfen und die kleine Auswahl von Soul- und Indie-Platten durchstöbern, die hier verkauft werden. In dem alten Tonstudio kann man für 15 US$ sogar eine eigene Platte aufnehmen. Abends verlagert sich die Party in die Bar, wo es Bier, Cocktails, Burger und Tacos gibt. In dem Kellerclub spielen immer wieder Indie-Bands.

Georgetown

Tombs PUB
(202-337-6668; www.tombs.com; 1226 36th St NW; Mo–Do 11.30–1.30, Fr & Sa bis 2.30, So 9.30–1.30 Uhr; Circulator) Jedes College mit einem Stammbaum hat seine ureigene Kneipe, in der Fakultätsangehörige und Studenten unter Sportmemorabilia ihr Bier schlürfen – für die Georgetown ist dies das Tombs. Wem der Laden vertraut vorkommt: Die Kneipe war einer der Schauplätze im Film *St. Elmo's Fire – Die Leidenschaft brennt tief.*

Unterhaltung

Livemusik

★ **Black Cat** LIVEMUSIK
(202-667-4490; www.blackcatdc.com; 1811 14th St NW; M Green, Yellow Lines bis U St) Das

verschlissene Black Cat ist seit den 1990er-Jahren ein Grundpfeiler der Rock- und Indieszene in D.C. Hier sind alle Größen der vergangenen Jahre aufgetreten (u.a. White Stripes, die Strokes und Arcade Fire). Wer für die Bands auf der Hauptbühne im oberen Stock (oder die kleinere Backstage unten) keine 20 US$ bezahlen möchte, wählt lieber den Red Room mit seiner Jukebox, Billard, Flipper und starken Cocktails.

9:30 Club LIVEMUSIK

(☎ 202-265-0930; www.930.com; 815 V St NW; Ⓜ Green, Yellow Lines bis U St) Der Club 9:30, der bis zu 1200 Menschen an einem überraschend gemütlichen Ort vereint, ist der Vorreiter der Livemusikszene von D.C. Alle, die Rang und Namen haben und in dieser Stadt auftreten, landen schließlich auf dieser Bühne. Und ein Konzert hier ist für viele Teenager von D.C. eine bleibende Erinnerung. Die Stars beginnen meist zwischen 22.30 und 23.30 Uhr. Tickets kosten 20 bis 35 US$.

Darstellende Kunst

★ **Kennedy Center** DARSTELLENDE KUNST

(☎ 202-467-4600; www.kennedy-center.org; 2700 F St NW; Ⓜ Orange, Silver, Blue Lines bis Foggy Bottom-GWU) Das prächtige, sich auf 6,9 ha erstreckende Kennedy Center am Potomac River hat eine beeindruckende Anzahl Aufführungen: Mehr als 2000 pro Jahr gibt es an diversen Spielstätten, darunter die Concert Hall (Sitz der National Symphony) und das Opera House (Sitz der National Opera). Ein kostenloser Shuttle-Bus pendelt alle 15 Minuten zwischen dem Center und der Metrostation (Mo–Sa 9.45–24, So ab 12 Uhr).

Shakespeare Theatre Company THEATER

(☎ 202-547-1122; www.shakespearetheatre.org; 450 7th St NW; Ⓜ Green, Yellow Lines bis Archives) Das führende Shakespeare-Ensemble des Landes präsentiert neben dessen Meisterwerken auch Stücke von George Bernard Shaw, Oscar Wilde, Eugene O'Neill und anderen berühmten Dramatikern. In der Saison gibt's jedes Jahr rund ein halbes Dutzend Produktionen, hinzu kommt Ende August die vierzehntägige, kostenlose Shakespeare Series.

Woolly Mammoth Theatre Company THEATER

(☎ 202-393-3939; www.woollymammoth.net; 641 D St NW; Ⓜ Green, Yellow Lines bis Archives) Woolly Mammoth ist die ausgefallenste experimentelle Theatergruppe in D.C. Für die meisten Aufführungen sind Stampede-Plätze für 20 US$ zwei Stunden vor Beginn am Ticketschalter erhältlich. Die Kartenanzahl ist begrenzt, und wer zuerst kommt, mahlt zuerst. Also früh da sein!

Capitol Steps KOMÖDIE

(☎ 202-397-7328; www.capsteps.com; Ronald Reagan Bldg, 1300 Pennsylvania Ave NW; Tickets 40,50 US$; ⏲ Shows Fr & Sa 19.30 Uhr; Ⓜ Orange, Silver, Blue Lines bis Federal Triangle) Diese Singgruppe sagt von sich selbst, dass sie die einzige in Amerika ist, die witziger ist als der Kongress. Sie besteht aus aktuellen und ehemaligen Mitarbeitern des Kongresses, die Ahnung von Politik haben – auch wenn das manchmal doch sehr kitschig ist. Die parteiübergreifende Satire verspricht Spaß für beide Seiten.

Sports

★ **Nationals Park** STADION

(☎ 202-675-6287; www.mlb.com/nationals; 1500 S Capitol St SE; 📶; Ⓜ Green Line bis Navy Yard) Das Major-League-Baseballteam der Washington Nationals spielt in diesem schicken Stadion am Anacostia River. Anschauen sollte man sich im vierten Inning die „Racing Presidents" – ein skurriler Wettlauf von Darstellern mit den riesigen, karikierten Köpfen von George Washington, Abraham Lincoln, Thomas Jefferson, Teddy Roosevelt und William Taft. Das Stadion ist von hippen Bars und Lokalen sowie schönen Grünflächen umgeben. Die Gentrifizierung der Gegend führt dazu, dass noch weitere hinzukommen werden.

ℹ Praktische Informationen

Cultural Tourism DC (www.culturaltourismdc.org) Stadtviertelorientierte Veranstaltungen und Touren.

Destination DC (www.washington.org) Offizielle Tourismus-Website mit Infos zu Sehenswürdigkeiten und Veranstaltungen.

Lonely Planet (www.lonelyplanet.com/usa/washington-dc) Infos zu Reisezielen, Hotelbuchungen, Travelerforum und mehr.

Washingtonian (www.washingtonian.com) Spezialisiert sich auf Restaurants, Unterhaltung und lokale Koryphäen.

ℹ An- & Weiterreise

BUS

Es gibt jede Menge günstige Busverbindungen von/nach Washington, D.C. Für eine einfache Fahrt nach NYC (4–5 Std.) verlangen die meisten Anbieter 25 bis 30 US$. Viele Busse fahren an der Union Station ab, aber es gibt noch weitere

Haltestellen überall in der Stadt, die per Metro zu erreichen sind. Die Tickets müssen in der Regel online gekauft werden, manchmal kann man das aber auch im Bus selbst tun, falls noch Sitzplätze frei sind.

BestBus (☎ 202-332-2691; www.bestbus.com; 20th St & Massachusetts Ave NW; Ⓦ; Ⓜ Red Line bis Dupont Circle) Täglich mehrere Fahrten ab/nach NYC. Die wichtigste Haltestelle liegt am Dupont Circle, eine weitere an der Union Station.

BoltBus (☎ 877-265-8287; www.boltbus.com; 50 Massachusetts Ave NE; Ⓦ; Ⓜ Red Line bis Union Station) Fährt mehrmals täglich nach NYC und in andere Städte an der Ostküste. Verspätungen und schlechte WLAN-Verbindung können vorkommen. Die Busse starten an der Union Station.

Greyhound (☎ 202-589-5141; www.greyhound.com; 50 Massachusetts Ave NE; Ⓜ Red Line bis Union Station) Verbindungen in alle Ecken des Landes. Die Busse fahren von der Union Station ab.

Megabus (☎ 877-462-6342; http://us.megabus.com; 50 Massachusetts Ave NE; Ⓦ; Ⓜ Red Line bis Union Station) Bietet die meisten Fahrten nach NYC (etwa 20 pro Tag) an sowie weitere Verbindungen in Städte an der Ostküste. Die Busse starten an der Union Station bzw. kommen dort an, und sie sind oft unpünktlich.

Peter Pan Bus Lines (☎ 800-343-9999; www.peterpanbus.com; 50 Massachusetts Ave NE; Ⓜ Red Line bis Union Station) Verkehrt im Nordosten der USA. Busse starten an der Union Station.

Vamoose Bus (☎ 212-695-6766; www.vamoosebus.com; 1801 N Lynn St) Verbindungen zwischen NYC und Arlington, VA (die Bushaltestelle liegt nahe der Metrostation Rosslyn).

Washington Deluxe (☎ 866-287-6932; www.washny.com; 1610 Connecticut St NW; Ⓦ; Ⓜ Red Line bis Dupont Circle) Gute Expressverbindungen ab/nach NYC. Hält am Dupont Circle und an der Union Station.

FLUGZEUG

Washington Dulles International Airport (IAD; www.flydulles.com) Der Flughafen liegt am Rand von Virginia, 42 km westlich von D. C. Es gibt dort kostenlose WLAN-Verbindung, mehrere Wechselstuben und Restaurants in den Terminals. Der berühmte Architekt Eero Saarinen hat das beeindruckende Hauptgebäude entworfen. Bis Ende 2019 soll die Metro Silver Line endlich bis zum Flughafen fahren.

Ronald Reagan Washington National Airport (DCA; www.flyreagan.com) Dieser Flughafen liegt 7,2 km südlich von Downtown Arlington, VA. Es gibt kostenloses WLAN, mehrere Lokale und eine Wechselstube (National Hall, Concourse Level).

Baltimore/Washington International Thurgood Marshall Airport (BWI; ☎ 410-859-7111; www.bwiairport.com) 48 km nordöstlich von D. C. in Maryland.

ZUG

Die prächtige, im Beaux-Arts-Stil errichtete **Union Station** (www.unionstationdc.com; 50 Massachusetts Ave NE; Ⓜ Union Station) ist der wichtigste Bahnhof der Stadt. Von der Metrostation (Red Line) fahren Züge weiter in die Stadt.

Amtrak (www.amtrak.com) kommt mindestens stündlich aus den größeren Städten der Ostküste hier an. Die Züge von Northeast Regional sind günstiger, aber auch langsamer (NYC–D. C. ca. 3½ Std.).

Die Züge von Acela Express sind teurer, aber schneller (NYC–D. C. 2¾ Std.; Boston–D. C. 6½ Std.). Die Expresszüge haben auch breitere Sitze und andere Annehmlichkeiten der Business Class.

MARC-Züge (www.mta.maryland.gov) kommen regelmäßig aus Downtown Baltimore (1 Std.) und anderen Städten in Maryland sowie aus Harpers Ferry, WV, hier an.

ℹ Unterwegs vor Ort

In der Stadt bewegt man sich am besten mit der Metro fort. An der Metrostation kann man sich die wiederaufladbare SmarTrip Card kaufen, die man beim Betreten und beim Verlassen der Station braucht.

Metro Schnell, regelmäßig, allgegenwärtig (außer während Wartungsarbeiten am Wochenende). Sie fährt zwischen 5 und 24 Uhr (Fr & Sa bis 3 Uhr). Tickets kosten 1,85 bis 6 US$, je nach Fahrtdauer. Ein Tagesticket gibt's für 14,50 US$.

DC Circulator Bus Gute Verbindungen zur Mall, nach Georgetown, Adams Morgan und in andere Gegenden, in denen die Metro nicht regelmäßig fährt. Die Fahrt kostet 1 US$.

Fahrrad Capital-Bikeshare-Stationen sind allgegenwärtig. Ein Tagespass kostet 8 US$.

Taxi Relativ einfach zu finden (außer in der Nacht), aber teuer. Im District sind überwiegend die Unternehmen Uber, Lyft und Via unterwegs.

VOM/ZUM FLUGHAFEN

Washington Dulles International Airport

Der Silver Line Expressbus von Washington Flyer (www.washfly.com) fährt zwischen 6 und 22.40 Uhr (Wochenende ab 7.45 Uhr) alle 15 bis 20 Minuten vom Flughafen Dulles (Hauptterminal, Ankunftshalle, Tor 4) zur Metrostation Wiehle-Reston East. Die Fahrt ins Zentrum von D. C. dauert 60 bis 75 Minuten und kostet rund 11 US$.

Metrobus 5A (www.wmata.com) fährt zwischen 5.50 (Sa & So 6.30 Uhr) und 23.35 Uhr alle 30 bis 40 Minuten vom Flughafen Dulles zur Metrostation Rosslyn (Blue, Orange und Silver Lines) und weiter ins Zentrum von D. C. (L'Enfant Plaza). Die Fahrt ins Zentrum dauert etwa 60 Minuten und kostet 7 US$.

Die Vans von Supershuttle (www.supershuttle.com) fahren zwischen 5.30 und 0.30 Uhr für 30 US$ ins Stadtzentrum. Die Fahrt dauert 30 bis 60 Minuten.

Taxifahrten ins Stadtzentrum dauern 30 bis 60 Minuten (je nach Verkehr) und kosten 62 bis 73 US$. Den Schildern mit der Aufschrift *Ground Transportation* oder *Taxi* folgen!

Ronald Reagan Washington National Airport

Der Flughafen hat seine eigene Metrostation (www.wmata.com), an der die Blue und Yellow Lines halten. Die Züge (2,60 US$) fahren zwischen 5 und 24 Uhr (Fr & Sa bis 3 Uhr) alle zehn Minuten ab und brauchen 20 Minuten ins Stadtzentrum. Sie verbinden auch die Terminals B und C miteinander.

Die Vans von Supershuttle (www.supershuttle.com) fahren zwischen 5.30 und 0.30 Uhr für 16 US$ ins Zentrum (10–30 Min.).

Taxifahrten ins Stadtzentrum dauern zwischen 10 und 30 Minuten (je nach Verkehr) und kosten 15 bis 22 US$. Die Taxis halten vor jedem Terminal bei der Gepäckausgabe.

Baltimore-Washington International Thurgood Marshall Airport

Der Metrobus B30 (www.wmata.com) fährt vom BWI zur Metrostation Greenbelt (letzter Halt an der Green Line). Er fährt alle 40 Minuten von Haltestellen in der Flughalle für internationale Flüge und in der Halle A/B ab. Die Fahrt kostet 11 US$ und dauert rund 75 Minuten.

Die Vans von Supershuttle (www.supershuttle.com) fahren zwischen 5.30 und 0.30 Uhr für 37 US$ ins Stadtzentrum. Die Fahrt dauert zwischen 45 und 60 Minuten.

Eine Taxifahrt nach D. C. dauert etwa 45 Minuten und kostet 90 US$. Die Taxis halten vor der Gepäckausgabe des Marshall Terminals.

Züge von MARC (Maryland Rail Commuter; www.mta.maryland.gov) und Amtrak (www.amtrak.com) fahren zur Union Station in Washington, D. C. Sie fahren von einem Terminal 1 Meile (1,6 km) vom BWI entfernt, ab. Ein kostenloser Shuttle-Bus bringt die Passagiere dorthin. Die Züge fahren ein- oder zweimal pro Stunde ab; nach 21.30 Uhr gibt es keine Verbindungen mehr (am Wochenende noch weniger). Die Fahrt dauert 30 bis 40 Minuten und kostet ab 7 US$.

MARYLAND

Maryland wird oft auch als „Miniatur-Amerika" beschrieben. Und das mit gutem Grund. Auf der Fläche des kleinen Staates liegen einige der schönsten Flecken des Landes, etwa die Appalachen im Westen oder die weißen Sandstrände im Osten. Eine Mischung aus Nordstaaten-Cleverness und Südstaaten-Bodenständigkeit beschert dem Bundesstaat zwischen den alten Fronten eine ausgewachsene Identitätskrise. Baltimore, die wichtigste Metropole Marylands, ist eine pfiffige, fordernde Hafenstadt, während an der Ostküste künstlerisch angehauchte Stadtmigranten und hart arbeitenden Fischer leben. Die Vororte von D.C. werden dagegen von Regierungsangestellten und anderen Büromenschen bewohnt, die sich nach der Natur sehnen, aber auch von ärmeren Schichten, die vor allem auf die niedrigen Mieten aus sind. Trotzdem funktioniert das alles irgendwie. Köstliche Blaukrabben, Natty-Boh-Bier und die herrliche Landschaft von Chesapeake sind der Kitt, der alles miteinander verbindet. Schließlich ist Maryland auch ein sehr vielfältiger und liberaler US-Staat, der u.a. als einer der ersten die gleichgeschlechtliche Ehe legalisierte.

Geschichte

George Calvert gründete Maryland 1634 als Zuflucht für verfolgte englische Katholiken. Dafür kaufte er den Piscataway, mit denen er friedlich koexistieren wollte, St. Mary's City ab. Puritanische Flüchtlinge entrissen den Piscataway und den Katholiken die Kontrolle und verlagerten das Zentrum nach Annapolis. Die Schikanierung der Katholiken führte zum Tolerance Act, einem lückenhaften, aber wegweisenden Gesetz, das in Maryland jede Form des (christlichen) Gottesdienstes zuließ – zum ersten Mal in Nordamerika.

Diese Verpflichtung zur Diversität hat den Staat schon immer gekennzeichnet, trotz gemischter Einstellungen gegenüber der Sklaverei. Obwohl Maryland während des Bürgerkriegs gespalten war, wurde 1862 bei Antietam eine Invasion der Konföderation gestoppt. Nach dem Krieg nutzte das Land seine schwarze, weiße und zugewanderte Arbeiterschaft, um die Wirtschaftskraft zwischen Baltimores Industrien und Werften aufzuteilen; später kamen noch Dienstleistungen für Washington hinzu. All das macht heute den Marylander aus: Der Bundesstaat vermischt Reiche, Arme, Fremde, urbane Weltenbummler und ländliche Dörfchen wie wenige andere Staaten.

ABSTECHER

SCENIC DRIVE: MARITIMES MARYLAND

Maryland und die Chesapeake Bay waren schon immer untrennbar miteinander verbunden; es gibt noch einige Orte, an denen sich die althergebrachte Lebensweise an der Bay im Lauf der vergangenen Jahrhunderte kaum verändert zu haben scheint.

Etwa 150 Meilen (241 km) südlich von Baltimore, am Rand des Eastern Shore, liegt **Crisfield**, die größte Stadt Marylands, die noch vom Wasser lebt. Nähere Infos über Sehenswertes gibt's im **J. Millard Tawes Historical Museum** (☎ 410-968-2501; www.crisfieldheritagefoundation.org/museum; 3 9th St, Crisfield; Erw./Kind 3/1 US$; ⏲ Juni–Aug. Mi–Sa 11–17 & So 11–15 Uhr; restliches Jahr geschl.), das gleichzeitig als Touristeninformation dient. Alle Gerichte mit Meeresfrüchten, die man hier vorgesetzt bekommt, sind vorzüglich. Wer aber ein richtiges maritimes Erlebnis sucht, ist im legendären **Watermen's Inn** (☎ 410-968-2119; www.crisfield.com/watermens; 901 W Main St, Crisfield; Hauptgerichte 8–27 US$; ⏲ Do 15–20, Fr & Sa bis 21 Uhr, So 12–20 Uhr) genau richtig; in einem anspruchslosen Ambiente kann man den lokalen Fang bei einem sich regelmäßig ändernden Menü genießen. Den einheimischen Fischern begegnet man in ihrem Stammlokal, wenn sie um 4 Uhr morgens einen Kaffee im **Gordon's Confectionery** (☎ 410-968-0566; 831 W Main St, Crisfield; Hauptgerichte 2–7 US$; ⏲ 4–20.30 Uhr) trinken, bevor sie hinaus aufs Meer fahren und die Netze auswerfen.

Mit dem Boot – aber ohne Auto – geht es von hier weiter nach **Smith Island** (www.smithisland.org), der einzigen Siedlung von Maryland außerhalb des Festlands. Vor etwa 400 Jahren ließen sich Fischer aus den westlichen Regionen Englands hier nieder. Seither spricht die winzige Inselgemeinde immer noch eine Sprache, der Linguisten eine nahe Verwandtschaft zum Walisischen des 17. Jhs. attestieren.

Um ehrlich zu sein: Das ist eher ein dahinsterbendes Fischerdorf als eine reizvolle Sehenswürdigkeit, obwohl es B&Bs und Restaurants gibt (Details gibt's auf der Website). Zugleich ist Smith Island aber die letzte Verbindung zur Vergangenheit des Bundesstaats, und wenn man sich dem Eiland auf diese Weise annähert, versteht man, warum es hier noch deutlich einfacher zugeht. Zudem besteht die Möglichkeit zu einer Paddeltour durch unberührtes Sumpfland am östlichen Meeresufer (www.paddlesmithisland.com). Die Fähre bringt einen (am selben Tag) um 15.30 Uhr zurück aufs Festland.

Baltimore

Einst eine der wichtigsten Hafenstädte Amerikas, ist Baltimore – oder „Bawlmer", wie die Einheimischen es nennen – eine Stadt der Gegensätze. Baltimore bleibt immer noch eine trotzige Arbeiterstadt, der ihre nautische Vergangenheit anhaftet, hat sich aber in den letzten Jahren wirtschaftlich deutlich gemausert, was Besucher wie Einheimische gleichermaßen beeindruckt: Es gibt neue Boutiquehotels, moderne Ausstellungen in erstklassigen Museen und einst verlassene Stadtviertel, in denen jetzt angesagte Läden und Restaurants entstehen, die mit farmfrischen Zutaten arbeiten. Aber Traditionsbewusste müssen sich keine Sorgen machen – die hiesige Kultur und der Sport (von Lacrosse bis Baseball) sind immer noch Bestandteil der Stadt.

Besucher „B'mores" (so ein weiterer Spitzname) sollten auf jeden Fall einen Ausflug ans Wasser machen, wo der an Disneyland erinnernde Inner Harbor, die kopfsteingepflasterten Straßen des Hafenviertels Fell's Point oder die Buchten von Fort McHenry, Geburtsstätte der amerikanischen Nationalhymne *The Star-Spangled Banner*, auf sie warten. Es herrscht eine intensive, aufrichtige Freundlichkeit in dieser Stadt, was auch erklärt, warum Baltimore seinem letzten und treffendsten Spitznamen „Charm City" (Bezaubernder Stadt) voll gerecht wird.

⦿ Sehenswertes

⦿ Harborplace & Inner Harbor

Hier starten viele Touristen ihren Rundgang – und beenden ihn leider auch gleich wieder. Das Gebiet um den Inner Harbor wurde umfassend und glanzvoll erneuert. Deshalb schimmern hier Glasfassaden, locken klimatisierte Einkaufspassagen und glitzernde Bars, die es irgendwie schaffen, in einer familienfreundlichen Verpackung das maritime Herz der Stadt zu bewahren. Im Viertel gibt es ein beeindruckendes Aquarium und mehrere eindrucksvolle historische Schiffe, aber diese Sehenswürdigkeiten sind nur die Spitze des Eisbergs.

National Aquarium AQUARIUM

(☎410-576-3800; www.aqua.org; 501 E Pratt St, Piers 3 & 4; Erw./Kind 3–11 Jahre 40/25 US$; ⌚So–Do 9–17, Fr bis 20, Sa bis 18 Uhr) Das Aquarium mit seinen sieben Stockwerken und der Glaspyramide auf der Spitze gilt vielen als das beste Amerikas. Es beherbergt fast 20 000 Tiere (die mehr als 700 Arten angehören), einen Regenwald auf dem Dach, ein mehrstöckiges Haibecken und eine Nachbildung eines indopazifischen Riffs, in dem Schwarzspitzen-Riffhaie, eine Grüne Meeresschildkröte und Stachelrochen leben. Außerdem gibt es einen Nachbau der Umbrawarra Gorge aus dem Northern Territory Australiens mit einem 10 m hohen Wasserfall, Felsklippen, frei fliegenden Vögeln und herumkriechenden Echsen.

Downtown & Little Italy

Man kann leicht von Downtown Baltimore nach Little Italy zu Fuß gehen, sollte dabei aber dem ausgeschilderten Weg folgen, da es an einem ungemütlichen Block vorbeigeht.

National Great Blacks in Wax Museum MUSEUM

(☎410-563-3404; www.greatblacksinwax.org; 1601 E North Ave; Erw./Student/Kind 3–11 Jahre 15/14/12 US$; ⌚Di–Sa 9–17, So 12–17 Uhr, Juli & Aug. auch Mo & So bis 18 Uhr) Dieses einfache, aber nachdenklich machende Museum über die afroamerikanische Geschichte widmet sich u.a. Frederick Douglass, Jackie Robinson, Martin Luther King Jr. und Barack Obama sowie anderen weniger bekannten Persönlichkeiten wie dem Entdecker Matthew Henson. Das Museum informiert auch über die Sklaverei, die Jim-Crow-Ära und afrikanische Anführer – alle dargestellt auf surrealistische, aber informative Art mit Wachsfiguren à la Madame Tussauds. Unverhohlene und anschauliche Ausstellungen über den Schrecken der Sklavenschiffe und Lynchmorde sind nichts für kleinere Kinder.

Star-Spangled Banner Flag House & 1812 Museum MUSEUM

(☎410-837-1793; www.flaghouse.org; 844 E Pratt St; Erw./Kind 8/6 US$; ⌚Di–Sa 10–16 Uhr; 👪) In diesem historischen Haus aus dem Jahr 1793 hat Mary Pickersgill die gigantische Flagge genäht, die zur Inspiration für Amerikas Nationalhymne wurde. Mithilfe kostümierter Guides und von Exponaten aus dem 19. Jh. reisen Besucher zurück in eine dunkle Zeit während des Krieges von 1812; für Kinder gibt's auch eine Ausstellung zum Anfassen.

Jewish Museum of Maryland MUSEUM

(☎410-732-6400; www.jewishmuseummd.org; 15 Lloyd St; Erw./Student/Kind 4–12 Jahre 10/6/4 US$; ⌚So–Do 10–17 Uhr) Maryland ist traditionell die Heimat einer der größten und aktivsten jüdischen Gemeinden des Landes. Und das Museum ist ein toller Ort, um die jüdische Seite Amerikas kennenzulernen. Es beherbergt außerdem zwei der am besten erhaltenen historischen Synagogen. Termine für die Führungen in der Synagoge erhält man telefonisch oder online.

Edgar Allan Poe House & Museum MUSEUM

(☎410-462-1763; www.poeinbaltimore.org; 203 N Amity St; Erw./Student/Kind 5/4 US$/frei; ⌚Di–So 11–16 Uhr) Von 1832 bis 1835 lebte in diesem Haus der berühmteste Ziehsohn Baltimores, Edgar Allan Poe, der genial-makabre Dichter und Schriftsteller, der nach dem Gewinn von 50 US$ in einem Kurzgeschichtenwettbewerb ersten Ruhm erlangte. Nachdem er ein paar Jahre unterwegs gewesen war, kehrte Poe 1849 nach Baltimore zurück, wo er unter mysteriösen Umständen verstarb. Sein Grab befindet sich auf dem Westminster Cemetery.

Mt. Vernon

★ **Walters Art Museum** MUSEUM

(☎410-547-9000; www.thewalters.org; 600 N Charles St; ⌚Mi–So 10–17, Do bis 21 Uhr) GRATIS Die herrliche Chamber of Wonders sieht aus wie das Studierzimmer eines weitgereisten Gelehrten mit Sinn für Abenteuer. Die angrenzende Waffen- und Rüstungsgalerie ist die beeindruckendste Sammlung mittelalterlicher Waffen, die man außerhalb von *Game of Thrones* sehen kann. Das heißt, man sollte dieses ausgezeichnete, bunt gemischte Museum auf keinen Fall verpassen! Es umfasst einen Zeitraum von der Antike bis zur Gegenwart. Gezeigt werden außergewöhnliche Schätze aus Asien, seltene und reich verzierte Handschriften und Bücher sowie eine umfassende Sammlung französischer Gemälde.

Washington Monument MONUMENT

(www.mvpconservancy.org; 699 Washington Pl; empfohlene Spende 5 US$; ⌚Mi–Fr 11–15, Sa & So 10–17 Uhr) Wer den besten Blick über Baltimore genießen will, muss die 228 Stufen der 54 m hohen dorischen Säule hinaufklettern, die George Washington, dem Gründervater der USA, gewidmet ist. Sie wurde von Robert Mills entworfen, der auch das Washington Monument in D.C. schuf, und sieht nach einer 6 Mio. US$ teuren Restaurierung besser aus den je. Im Erdgeschoss informiert ein Museum über Washingtons Leben. Um die Säule zu besteigen, kauft man das Ticket entweder vor Ort oder reserviert online (Erw./Kind unter 14 Jahren 6/4 US$).

Maryland Historical Society MUSEUM
(☎410-685-3650; www.mdhs.org; 201 W Monument St; Erw./Kind 3–18 Jahre 9/6 US$; ⏲Mi–Sa 10–17, So 12–17 Uhr) Mit mehr als 350 000 Objekten und 7 Mio. Büchern und Dokumenten ist dies eine der weltweit größten Sammlungen zur amerikanischen Geschichte. Zu den Highlights zählen eine von zwei erhaltenen Offiziersuniformen aus dem Amerikanischen Unabhängigkeitskrieg, Fotos der Bürgerrechtsbewegung in Baltimore aus den 1930er-Jahren und Francis Scott Keys Originalmanuskript der US-amerikanischen Nationalhymne (wird zur vollen Stunde zur Schau gestellt). Die 3 m hohe Nachbildung eines Mastodons – das Original wurde von dem aus Maryland stammenden Künstler Charles Wilson Peale konserviert – ist beeindruckend. Auch ein paar der Originalknochen sind ausgestellt.

Federal Hill & Umgebung

Auf einem Steilhang oberhalb des Hafens gibt der Federal Hill Park seinen guten Namen an das nette Viertel weiter, das sich rund um den Cross Street Market erstreckt und erst nach Sonnenuntergang so richtig zum Leben erwacht.

★ American Visionary Art Museum MUSEUM
(AVAM; ☎410-244-1900; www.avam.org; 800 Key Hwy; Erw./Kind 16/10 US$; ⏲Di–So 10–18 Uhr) Das Museum beherbergt eine atemberaubende Sammlung von Art-Brut- bzw. autodidaktischer Kunst – Werke von einer unbändigen Kreativität, völlig frei von dem gespreiztem Gehabe der Kunstwelt. Auf zwei Gebäuden und zwei Skulpturengärten verteilt findet man hier Collagen aus Spiegelstückchen, selbst gebastelte Roboter und Flugmaschinen, aufwendige Skulpturen aus Nadelspitze und riesige Modellschiffe, die sorgsam aus Streichhölzern gebastelt sind. Auf keinen Fall die skurrilen Automaten im Cabaret Mechanical Theater verpassen!

Fort McHenry National Monument & Historic Shrine HISTORISCHE STÄTTE
(☎410-962-4290; www.nps.gov/fomc; 2400 E Fort Ave; Erw./Kind unter 16 Jahren 10 US$/Eintritt frei; ⏲9–17 Uhr) Während der Schlacht von Baltimore hat dieses sternförmige Fort am 13. und 14. September 1814 erfolgreich einem Angriff der britischen Marine standgehalten. Nach einer langen Nacht mit unzähligen Kanonenschlägen sah der Gefangene Francis Scott Key im ersten Licht des Tages die immer noch wehende, wenn auch zerrissene US-Flagge. Das inspirierte ihn zu *The Star-Spangled Banner*, das er zur Melodie eines beliebten Trinklieds verfasste.

Fell's Point & Canton

Fell's Point, das einstige Zentrum der berühmten Schiffsbauindustrie von Baltimore, ist heute ein historisches Stadtviertel mit kopfsteingepflasterten Straßen und einer hübschen Mischung aus Wohnhäusern aus dem 18. Jh., Restaurants, Bars und Geschäften. In dem recht bürgerlichen Ambiente wurden verschiedene Kinofilme und Fernsehserien gedreht, allen voran natürlich die Folgen der Krimiserie *Homicide*. Weiter östlich breiten sich die Straßen des etwas feineren Canton rund um den mit Gras bewachsenen zentralen Platz aus, der von Restaurants und Bars umgeben ist.

North Baltimore

Der Ausruf *hon* als Ausdruck der Zuneigung ist eine oft nachgeahmte, aber nie erreichte Besonderheit des in Baltimore gesprochenen Dialekts „Bawlmerese" und stammt aus **Hampden**, einem Stadtteil, der einen Mix aus Arbeitern und hyperkreativen Hipstern beheimatet. Man kann einen gemütlichen Nachmittag damit verbringen, in den Läden an der **Avenue** (der W 36th St) nach Kitsch, Antiquitäten und Vintage-Klamotten zu stöbern. Nach Hampden gelangt man auf der I-83 N, die (in nördlicher Richtung) zur Falls Rd wird; die Avenue zweigt rechts von dieser ab. In der Nähe befindet sich die renommierte **Johns Hopkins University** (☎410-516-8000; www.jhu.edu; 3400 N Charles St). Südlich der Universität, direkt östlich der I-83, markieren neue Restaurants und Wohnungskomplexe das sich schnell entwickelnde **Remington**, ein Viertel, das man

BALTIMORE MIT KINDERN

Die meisten Attraktionen konzentrieren sich auf den Inner Harbor, wo sich auch das perfekt für Kinder geeignete National Aquarium (S. 304) befindet. Von den Befestigungsanlagen des historischen **Fort McHenry National Monument & Historic Shrine** sind Kinder ebenfalls begeistert.

Das **Maryland Science Center** (☎410-685-2370; www.mdsci.org; 601 Light St; Erw./Kind 3–12 Jahre 25/19 US$; ⌚Mo–Fr 10–17, Sa bis 18, So 11–17 Uhr, im Sommer verlängerte Öffnungszeiten) ist ein überwältigendes Zentrum mit einem dreistöckigen überdachten Innenhof, jeder Menge interaktiven Ausstellungen zu Dinosauriern, dem Weltraum und dem menschlichen Körper sowie dem – bei solchen Museen unvermeidlichen – IMAX-Kino (zzgl. 4 US$).

Zwei Blocks weiter nördlich lockt **Port Discovery** (☎410-727-8120; www.portdiscovery.org; 35 Market Pl; 15 US$; ⌚Juni–Aug. Mo–Sa 10–17 & So 12–17 Uhr, Sept.–Mai früher geschl.) in einem umgebauten Fischmarkt mit einem Baumhaus, einem Labor und einem Künstleratelier. Hier kann sich der Nachwuchs richtig austoben. Im **Maryland Zoo in Baltimore** (www.marylandzoo.org; 1 Safari Place, Druid Hill Park; Erw./Kind 2–11 Jahre 18/14 US$; ⌚März–Dez. tgl. 10–16 Uhr, Jan. & Feb. Fr–Mo 10–16 Uhr) können die Kleinen den ganzen Tag über Seerosenblätter hüpfen, Abenteuer mit Billy der Moorschildkröte erleben und Tiere streicheln.

gut zu Fuß erkunden kann und das in puncto Demografie Hampden gleicht.

★ Evergreen Museum MUSEUM
(☎410-516-0341; http://museums.jhu.edu; 4545 N Charles St; Erw./Kind 8/5 US$; ⌚Di–Fr 11–16, Sa & So 12–16 Uhr) Die prächtige Villa aus dem 19. Jh. vermittelt einen faszinierenden Einblick in das Leben der Oberschicht von Baltimore im 19. Jh. und lohnt die Anfahrt. Das Haus ist vollgepackt mit Meisterwerken der bildenden und dekorativen Kunst: Gemälden von Modigliani, Glasgegenständen von Louis Comfort Tiffany und exquisites asiatisches Porzellan, außerdem eine erstaunliche Bibliothek mit 32 000 Bänden, darunter viele bibliophile Raritäten.

Geführte Touren

Baltimore Ghost Tours STADTSPAZIERGANG
(☎410-357-1186; www.baltimoreghosttours.com; Erw./Kind 15/10 US$; ⌚März–Nov Fr & Sa 19 Uhr) Bietet mehrere Spaziergänge, bei denen man die gespenstische und bizarre Seite von Baltimore kennenlernt. Der beliebte Fell's Point Ghost Walk beginnt beim Max's am Broadway (731 S Broadway). Wer online bucht, spart 2 US$ pro Ticket.

Feste & Events

Artscape KUNST
(www.artscape.org; 140 W Mt Royal Ave, Patricia & Arthur Modell Performing Arts Center; ⌚Mitte Juli) Amerikas größtes Festival für freie Künste mit Ausstellungen, Musik, Theater und Tanz.

Honfest KULTUR
(www.honfest.net; ⌚Juni) Hierfür sollte man seinen besten „Bawlmerese"-Akzent einstudieren und sich nach Hampden aufmachen. Denn es wird gefeiert: mit Kitsch, Beehive-Frisuren, Strassbrillen und anderen Exzentrizitäten aus Baltimore.

Schlafen

Die meisten stilvollen und erschwinglichen B&Bs stehen in den Vierteln Canton, Fell's Point und Federal Hill. Neue Boutiquehotels bringen eine frische und hippe Atmosphäre nach Downtown und Mt. Vernon.

HI-Baltimore Hostel HOSTEL $
(☎410-576-8880; www.hiusa.org/baltimore; 17 W Mulberry St, Mt. Vernon; B 29–30 US$; ❄@📶) Das HI-Baltimore Hostel befindet sich in einem wundervoll restaurierten Herrenhaus von 1857 und verfügt über Schlafräume mit vier, acht oder zwölf Betten. Das hilfsbereite Personal, das reizende Haus und die klassisch-elegante Einrichtung machen es zu einem der besten Hostels dieser Gegend.

Hotel Brexton HOTEL $$
(☎443-478-2100; www.hotelbrexton.com; 868 Park Ave, Mt. Vernon; Zi. 159–219 US$; P❄📶🐾) Das Haus aus rotem Backstein ist ein Wahrzeichen aus dem 19. Jh. und hat kürzlich seine Wiedergeburt als ein ansprechendes, wenn auch nicht übermäßig prunkvolles Hotel erlebt. Die Zimmer präsentieren sich mit Holzböden oder Teppichen, komfortablen Matratzen, Kleiderschränken mit

Spiegeln und eingerahmten Stichen an den Wänden. Historisch bemerkenswertes Schmankerl: Wallis Simpson, jene Frau, derentwegen Edward VIII. auf den britischen Thron verzichtete, lebte einst als junges Mädchen in diesem Haus.

★ Inn at 2920 B&B $$
(☎410-342-4450; www.theinnat2920.com; 2920 Elliott St, Canton; Zi. 195–235 US$; ❄@📶) Das Boutique-B&B ist in einem ehemaligen Bordell untergebracht. Die fünf individuell eingerichteten Zimmer bestechen durch die feine Bettwäsche, die elegante avantgardistische Einrichtung und das Partyviertel Canton direkt vor der Tür.

Essen

Baltimore ist eine ethnisch sehr vielfältige Stadt. Es liegt zudem in einer Region, die überreich mit großartigen Meeresfrüchten gesegnet ist und sich immer wieder sowohl vom bodenständigen Süden als auch von den Innovationen des Nordostens kulinarisch inspirieren lässt.

Papermoon Diner DINER $
(www.papermoondiner24.com; 227 W 29th St, Harwood; Hauptgerichte 10–18 US$; ⏲So 7–21, Mo, Mi & Do bis 22, Fr & Sa bis 22 Uhr) Das bunte, für Baltimore typische Restaurant ist mit Tausenden Spielsachen, gruseligen Puppen und anderem skurrilem Krimskrams dekoriert. Das Highlight ist das zu jeder Zeit angebotene Frühstück: Es gibt fluffige Buttermilch-Pancakes, knusprigen Speck und Omeletts mit Krabben und Artischockenherzen. Zum Runterspülen empfiehlt sich ein Milchshake mit Karamell und Meersalz.

Artifact CAFÉ $
(www.artifactcoffee.com; 1500 Union Ave, Woodberry; Hauptgerichte 7–14 US$; ⏲Mo–Fr 7–19, Sa & So 8–19 Uhr; 📶☎) Im Artifact gibt's den besten Kaffee der Stadt und dazu kleine Gerichte wie Eiermuffins, Spinatsalat, vegetarisches *banh mi* oder Pastrami-Sandwiches. Das Café befindet sich in einem früheren Fabrikgebäude, das schön umgestaltet wurde, zwei Gehminuten von der Straßenbahnhaltestelle Woodberry entfernt.

Vaccaro's Pastry ITALIENISCH $
(www.vaccarospastry.com; 222 Albemarle St, Little Italy; Desserts 3–7 US$; ⏲So–Do 9–22, Fr & bis 24 Uhr) Seit mehr als 60 Jahren serviert das Vaccaro's Kaffee und Desserts, die zu den besten der Stadt zählen. Die Cannoli sind legendär.

Lexington Market FAST FOOD $
(www.lexingtonmarket.com; 400 W Lexington St, Mt. Vernon; ⏲6.30–18 Uhr) Der Lexington Market in Mt. Vernon besteht seit etwa 1782 und ist einer der traditionsreichsten Lebensmittelmärkte. Von außen wirkt er etwas heruntergekommen, die Lebensmittel aber sind erste Sahne.

Faidley's SEAFOOD $$
(☎410-727-4898; www.faidleyscrabcakes.com; 203 N Paca St, Lexington Market; Hauptgerichte 10–20 US$; ⏲Mo–Mi 9–17, Do–Sa bis 17.30 Uhr) Ein schönes Beispiel für ein Restaurant, dass die Presse und die Touristen schon vor langer Zeit für sich entdeckt haben, dessen Brillanz aber durch die Bekanntheit nicht geschmälert wurde: Das Faidley's ist berühmt für *crab cakes, in-claw meat, backfin* (Körperfleisch) und alle Formen von *lump* (die größten Teile vom Körperfleisch). Einfach mit einem kalten Bier an den Tresen stellen und das Seafood genießen!

★ Thames St. Oyster House SEAFOOD $$
(☎443-449-7726; www.thamesstreetoysterhouse.com; 1728 Thames St, Fell's Point; Hauptgerichte 12–29 US$; ⏲Mi–So 11.30–14.3 & So–Do 17–21.30, Fr & Sa bis 22.30 Uhr) Ein Wahrzeichen am Fell's Point: In der alten Speise- und Trinkhalle gibt's mit die besten Meeresfrüchte in Baltimore. Man speist in dem eleganten Speisesaal im Obergeschoss mit Blick aufs Ufer, nimmt im Hof Platz oder setzt sich vorn an die Bar (die bis 24 Uhr geöffnet ist) und schaut den Barmixern und Austernknackern zu. Das Hummerbrötchen ist auch zu empfehlen.

Birroteca PIZZERIA $$
(☎443-708-1934; www.bmorebirroteca.com; 1520 Clipper Rd, Roosevelt Park; Pizzas 18–22 US$; ⏲Mo–Fr 17–23, Sa 12–23, So 12–22 Uhr) Zwischen Steinwänden und Indie-Rock liefert das Birroteca köstliche Pizzas mit dünnem Boden in schrillen Kombinationen (z. B. Entenconfit mit Feigen-Zwiebel-Marmelade). Man darf sich auf Bier aus Kleinbrauereien, gute Weine, einfallsreiche Cocktails und Barkeeper mit eindrucksvollen Bärten freuen. Die Bar ist rund 800 m sowohl von Hampdens 36th St als auch von der Straßenbahnhaltestelle Woodberry entfernt.

Helmand AFGHANISCH $$
(☎410-752-0311; www.helmand.com; 806 N Charles St, Mt. Vernon; Hauptgerichte 14–19 US$; ⏲So–Do 17–22, Fr & Sa bis 23 Uhr) Das Helmand ist seit Langem wegen seines *kaddo boraw-*

ni (Kürbis in Joghurt-Knoblauchsauce), seiner Gemüsegerichte und der aromatischen Bällchen aus Rind- oder Lammfleisch beliebt. Und dann wäre da noch die leckere Kardamom-Eiscreme. Wer noch nie afghanisch gegessen hat, sollte es hier einmal probieren.

LP Steamers SEAFOOD **$$**

(☎ 410-576-9294; www.locustpointsteamers.com; 1100 E Fort Ave, South Baltimore; Hauptgerichte 8–27 US$; ⏰ So–Do 11.30–21.30, Fr & Sa bis 22 Uhr) Das LP ist die beste Adresse Baltimores in Sachen Seafood: Arbeiter, Frotzeleien und die frischesten Krabben.

★ **Woodberry Kitchen** AMERIKANISCH **$$$**

(☎ 410-464-8000; www.woodberrykitchen.com; 2010 Clipper Park Rd, Woodberry; Hauptgerichte 20–35 US$; ⏰ Abendessen Mo–Do 17–22, Fr & Sa bis 23, So bis 21 Uhr, Brunch Sa & So 10–14 Uhr) Das Woodberry schafft alles heran, was die Region Chesapeake zu bieten hat, packt es in eine Industriehalle und vollbringt damit kulinarische Wunder. Die Speisekarte liest sich wie ein kreatives Puzzle aus den besten regionalen Gemüsesorten, Meeresfrüchten und Fleischsorten, von Wolfsbarsch aus Maryland mit kalifornischer Maisgrütze über Lamm aus dem Shenandoah Valley mit Blattkohl bis hin zu herzhaften Gerichten mit Grünzeug von nahe gelegenen Farmen. Vorab reservieren!

Food Market MODERN-AMERIKANISCH **$$$**

(☎ 410-366-0606; www.thefoodmarketbaltimore.com; 1017 W 36th St, Hampden; Hauptgerichte 18–36 US$; ⏰ So–Do 17–23, Fr & Sa bis 24 Uhr, zusätzlich Fr–So 9–15 Uhr) Das Food Market schlug bei seiner Eröffnung an Hampdens geschäftiger Restaurant- und Shoppingmeile im Jahr 2012 sofort ein. Der preisgekrönte hiesige Küchenchef Chad Gauss erhebt amerikanische Alltagskost mit Gerichten wie paniertem Seebarsch mit schwarzer Trüffel-Vinaigrette oder Crab Cakes mit Hummer-Mac-'n'-Cheese zur hohen Kunst.

Ausgehen & Nachtleben

Am Wochenende verwandeln sich Fell's Point und Canton in Stätten ungehemmter Zechgelage, die selbst einen römischen Kaiser vor Neid hätten erblassen lassen. In Mt. Vernon und North Baltimore geht es etwas gesitteter zu, gemütliche Kneipen wird man aber in keinem Stadtteil von Baltimore vergeblich suchen. Sperrstunde ist meistens um 2 Uhr früh.

Brewer's Art PUB

(☎ 410-547-6925; www.thebrewersart.com; 1106 N Charles St, Mt. Vernon; ⏰ Mo–Fr 16–1.45, Sa & So 12–1.45 Uhr) In einer Villa aus dem frühen 20. Jh. serviert das Brewer's Art der entspannten Kundschaft aus Mt. Vernon gute Biere belgischer Art aus Kleinbrauereien. An der Bar gibt's schmackhafte Kneipenkost (Mac'n'Cheese, Champignon-Wraps), hinten im eleganten Speisesaal gehobene amerikanische Küche. Rauer geht es unten in der Kellerkneipe zu. Während der Happy Hour (16–19 Uhr) kostet das Hausbier nur 3,75 US$.

Ale Mary's BAR

(☎ 410-276-2044; www.alemarys.com; 1939 1939 Fleet St, Fell's Point; ⏰ Mo–Do 16–2, Fr 14–2, Sa & So 10–2 Uhr) Der Name und die Einrichtung mit den vielen Kruzifixen und Rosenkränzen erinnern an Marylands katholische Wurzeln. Das muntere Publikum aus dem Viertel labt sich hier an Hochprozentigem und gutem Kneipenessen wie Tater Tots – eine Art Kroketten – oder Käse-Steak-Sandwiches sowie an Muscheln. Sonntags gibt's einen Brunch.

Little Havana BAR

(☎ 410-837-9903; www.litlehavanas.com; 1325 Key Hwy, Federal Hill; ⏰ Mo–Do 11.30–24, Fr & Sa 11.30–2, So 11–24 Uhr) Das ehemalige Ziegellager ist der richtige Treffpunkt, um auf der Terrasse direkt am Wasser den Feierabend zu genießen und an Mojitos zu nippen. Es wird gern auch an warmen, sonnigen Tagen angesteuert (vor allem wochenends zur Brunch-Zeit).

Club Charles BAR

(☎ 410-727-8815; www.clubcharles.us; 1724 N Charles St, Mt. Vernon; ⏰ 18–2 Uhr) Hipster in ihrer üblichen Uniform aus hautengen Jeans und auf alt getrimmten T-Shirts, aber auch Typen, die nicht dem Mainstream folgen, strömen in diese Cocktailbar im Art-déco-Stil der 1940er-Jahre. Sie bekommen gute Musik auf die Ohren und preiswerte Drinks in die Kehlen.

Unterhaltung

Die Einwohner von Baltimore *lieben* Sport. Sie sind mit vollem Einsatz dabei – etwa bei „Tailgate-Partys" auf Parkplätzen, bei denen man sich aus der Ladefläche von Kombis bedient, oder bei Liveübertragungen in den zahlreichen Kneipen.

★ **Oriole Park at Camden Yards** STADION

(☎ 888-848-2473; www.orioles.com; 333 W Camden St, Downtown) Die **Baltimore Orioles** spielen hier, im wohl besten Baseball-Stadion Amerikas. Während der Saison (April–Sept.) gibt's täglich Führungen (Erw./Kind unter 15 Jahren 9/6 US$).

M&T Bank Stadium STADION
(☎410-261-7283; www.baltimoreravens.com; 1101 Russell St, Downtown) Hier spielen die **Baltimore Ravens** von September bis Januar Football.

Praktische Informationen

Baltimore Area Visitor Center (☎877-225-8466; www.baltimore.org; 401 Light St, Inner Harbor; ⏲Okt.–April 10–17, Mai–Sept. 9–16 Uhr, Jan. & Feb. Mo geschl.) Liegt am Inner Harbor. Hier wird der Harbor Pass verkauft (Erw./Kind 52/38 US$), der zum Eintritt zu fünf Hauptsehenswürdigkeiten berechtigt.

University of Maryland Medical Center (☎410-328-8667; www.umm.edu; 22 S Greene St, University of Maryland-Baltimore) 24-Stunden-Notaufnahme.

An- & Weiterreise

Der **Baltimore/Washington International Thurgood Marshall Airport** (S. 302) befindet sich 10 Meilen (16 km) südlich vom Zentrum an der I-295.

Am Busbahnhof 2 Meilen (3,2 km) südwestlich vom Inner Harbor gibt es mehrere Verbindungen von Greyhound (www.greyhound.com) und **Peter Pan Bus Lines** (☎800-343-9999; www.peterpanbus.com; 2110 Haines St, Carroll-Camden) von/nach Washington, D. C., (8–12 US$, ca. alle 45 Min., 1 Std.) und New York (15–42 US$, tgl. 14- bis 17-mal, 4½ Std.). **BoltBus** (☎877-265-8287; www.boltbus.com; 1578 Maryland Ave; 📶; 15–34 US$) hat sechs bis zehn Busse täglich von/nach New York City; die Busse fahren an der Straße vor Baltimores Penn Station ab.

Die **Penn Station** (https://mta.maryland.gov/marc-train; 1500 N Charles St, Charles North) befindet sich im Norden der Stadt. MARC betreibt werktags Pendlerzüge von/nach Washington, D. C. (8 US$, etwa 1 Std.). Die Züge von **Amtrak** (☎www.amtrak.com) steuern Städte an der Ostküste und darüber hinaus an.

Unterwegs vor Ort

Die Light-Rail (http://mta.maryland.gov/light-rail) fährt alle 5 bis 10 Minuten vom Flughafen BWI zum Lexington Market und zur Penn Station. MARC-Züge verkehren werktags stündlich und an Wochenenden täglich sechs- bis neunmal zwischen der Penn Station und dem Flughafen BWI (5 US$). Alle regionalen Fahrpläne finden sich online bei der Maryland Transit Administration (www.mtamaryland.gov).

Supershuttle (www.supershuttle.com) bietet einen Kleinbusservice vom BWI zum Inner Harbor (23 US$).

Baltimore Water Taxi (☎410-563-3900; www.baltimorewatertaxi.com; Inner Harbor; Tageskarte Erw./Kind 3–12 Jahre 14/6 US$; ⏲Mitte Mai–Aug. 10–24 Uhr, restliches Jahr kürzere Öffnungszeiten) legt bei allen Attraktionen im Hafengebiet an.

Annapolis

Annapolis ist so bezaubernd wie die Hauptstadt eines Bundesstaats nur sein kann. Die Gebäude aus der Kolonialzeit, das Kopfsteinplaster, die flackernden Straßenlaternen und die Reihenhäuser aus Backstein scheinen einem Roman von Charles Dickens zu entstammen – aber das Ganze ist wirklich echt. Diese Stadt hat ihr historisches Erbe nicht neu geschaffen, sondern tatsächlich bewahrt.

In Annapolis, das sich in die Chesapeake Bay schmiegt, dreht sich alles um die maritimen Traditionen der Stadt. Hier befindet sich die US Naval Academy, an der künftige Marineoffiziere ausgebildet werden, die in ihren weißen Uniformen durch die Stadt stolzieren. Segeln ist hier nicht nur eine Freizeitbeschäftigung, sondern ein Lebensgefühl. Der Hafen ist voller Schiffe jeder Art und Größe. Mit ihren historischen Sehenswürdigkeiten, den Wassersportangeboten und den tollen Restaurants und Geschäften ist Annapolis definitiv mehr als nur einen Tagesausflug wert.

Sehenswertes

US Naval Academy UNIVERSITÄT
(☎Visitor Center 410-293-8687; www.usnabsd.com/for-visitors; Randall St zw. Prince George St & King George St) Das Undergraduate College der US Navy ist eines der exklusivsten in den USA. Im Armel-Leftwich Visitor Center kann man geführte Touren buchen und sich alles ansehen, was mit der Akademie zu tun hat. An Werktagen besteht die Möglichkeit, exakt um 12.05 Uhr beim Exerzieren zuzuschauen. Dann zeigen 4000 Kadettinnen und Kadetten im Hof eine 20-minütige Parade. Einlass wird nur gewährt, wenn man einen Personalausweis oder Reisepass hat. Wer etwas über die Geschichte der US Navy erfahren will, sollte das **Naval Academy Museum** (☎410-293-2108; www.usna.edu/museum; 118 Maryland Ave; ⏲Mo–Sa 9–17, So 11–17 Uhr) GRATIS ansteuern.

Maryland State House HISTORISCHES GEBÄUDE
(☎410-946-5400; http://msa.maryland.gov/msa/mdstatehouse/html/home.html; 91 State Circle; ⊙9–17 Uhr) GRATIS Das älteste Capitol eines US-Staats, das durchgehend für die Legislative genutzt wurde, steht in Annapolis. Das prächtige State House von 1772 diente 1733/34 auch als Sitz der US-Regierung. General George Washington hat hier 1783 nach dem Unabhängigkeitskrieg seinen Dienst als Oberbefehlshaber der Kontinentalarmee quittiert und so sichergestellt, dass die Befehlsgewalt mit dem Kongress geteilt wird. Von Januar bis April tagt hier der Senat. Die Eichel auf der Kuppel symbolisiert Weisheit.

Hammond Harwood House MUSEUM
(☎410-263-4683; www.hammondharwoodhouse.org; 19 Maryland Ave; Erw./Kind 10/5 US$; ⊙April–Dez. Di–So 12–17 Uhr) Von den vielen historischen Wohnhäusern vor Ort sollte man sich dieses unbedingt anschauen. In dem 1774 erbauten Haus zeigt eine tolle Sammlung von Kunstgewerbe u. a. Möbel, Gemälde und Gebrauchsgrafiken aus dem 18. Jh.; überdies ist es eines der schönsten erhaltenen Wohnhäuser aus der britischen Kolonialzeit in den USA. Kundige Guides erwecken bei den 50-minütigen Führungen (jeweils zur vollen Stunde) die Vergangenheit zum Leben.

William Paca House & Garden HISTORISCHES GEBÄUDE
(☎410-990-4543; www.annapolis.org; 186 Prince George St; ganzes Haus & Garten 10 US$, 1. Stock & Garten 8 US$, nur Garten 5 US$; ⊙Mo–Sa 10–17, Ende März–Dez. So 12–17 Uhr) Bei den Führungen (jeweils stündlich zur halben Stunde) durch dieses georgianische Herrenhaus gewinnt man einen Einblick ins Leben der Upperclass von Maryland im 18. Jh. Im Frühling auch den blühenden Garten anschauen!

Kunta Kinte–Alex Haley Memorial MONUMENT
Neben dem City Dock markiert das Kunta Kinte–Alex Haley Memorial den Punkt, an dem Kunta Kinte, ein Vorfahr des *Roots*-Autors Alex Haley, in Ketten aus Afrika hergebracht wurde. Die Statuen stellen Haley dar, wie er drei Kindern die Geschichte seines Vorfahren erzählt.

Geführte Touren

Four Centuries Walking Tour STADTSPAZIERGANG
(☎410-268-7601; www.annapolistours.com; 2¼-stündige Tour Erw./Kind 3–11 Jahre 18/10 US$) Ein kostümierter Führer zeigt auf dieser hervorragenden Einführungstour alles Sehenswerte in Annapolis. Die Tour um 10.30 Uhr beginnt am Visitor Center, um 13.30 Uhr geht's am Infokiosk am City Dock los. Die Touren unterscheiden sich ein wenig, führen jedoch beide an zahlreichen Gebäuden aus dem 18. Jh. vorbei und erzählen von einflussreichen Afroamerikanern und dem Geist der Kolonialzeit, der einfach nicht verschwinden will. Die zusätzliche einstündige **Pirates of the Chesapeake Cruise** (☎410-263-0002; www.chesapeakepirates.com; 311 3rd St; 22 US$; ⊙Mitte April–Sept.; 👪) bietet jede Menge „Joho"-Spaß.

Woodwind BOOTSTOUR
(☎410-263-7837; www.schoonerwoodwind.com; 80 Compromise St; Bootstour in der Abenddämmerung Erw./Kind unter 12 Jahren 46/29 US$; ⊙Mitte April–Okt.) Die Crew des traumhaften, 23 m langen Schoners veranstaltet zweistündige Rundfahrten tagsüber und in der Abenddämmerung. Oder man bucht das „Boat & Breakfast"-Angebot, eine der ungewöhnlichsten Unterkünfte der Stadt.

Schlafen

Die historische Altstadt ist voller Pensionen und B&Bs. Mehrere Hotels säumen die West St, die vom Church Circle in westlicher Richtung verläuft. Nationale Hotelketten sammeln sich in der Nähe der Exits 22 und 23 der USA 50/301.

Historic Inns of Annapolis HOTEL $$
(☎410-263-2641; www.historicinnsofannapolis.com; 58 State Circle; Zi. ab 189 US$; P❄📶) Die Historic Inns umfassen drei verschiedene Boutique-Gästehäuser in je einem historischen Gebäude im Herzen des alten Annapolis: das Maryland Inn, das Governor Calvert House und das Robert Johnson House. Die Gemeinschaftsbereiche prunken mit Elementen der Entstehungszeit und die besten Zimmer mit Antiquitäten, einem Kamin und einer schönen Aussicht (die preiswerteren sind sehr klein). Eingecheckt wird im Governor Calvert House.

ScotLaur Inn PENSION $$
(☎410-268-5665; www.scotlaurinn.com; 165 Main St; Zi. 119–149 US$; P❄📶) Die Leute vom Chick & Ruth's Delly vermieten zehn Zimmer mit schmiedeeisernen Betten, Blümchentapeten und Bad. Die Zimmer sind klein, aber nett (die Pension ist nach Scott und Lauren benannt, den Kindern der Besitzer).

O'Callaghan Hotel HOTEL $$

(☎ 410-263-7700; www.ocallaghanhotels-us.com; 174 West St; Zi. ab 180 US$; P ❄ ☎) Das Hotel der irischen Kette punktet mit attraktiv eingerichteten, gut ausgestatteten Zimmern mit großen Fenstern, einem Schreibtisch, Messingarmaturen und bequemen Matratzen. Das Haus steht an der West St, nur einen kurzen Spaziergang von einer ganzen Reihe Bars und Restaurants entfernt; ca. zwölf Gehminuten sind es in die Altstadt.

Essen & Ausgehen

Dank der Chesapeake Bay vor der Haustür kann Annapolis mit erstklassigem Seafood aufwarten. Die neu eröffneten Restaurants, die darauf Wert legen, frische Zutaten auf den Tisch zu bringen, haben der Gastroszene entlang der Main St und in der Nähe des Docks eine gewisse Tiefe verliehen.

Die historische Altstadt brummt freitag- und samstagabends entlang der Main St und der Uferpromenade nur so vor Action – rund um das Dock kippen sehr viele Leute auf den Terrassen zur Straße hin sehr viel Bier runter und beobachten dabei die Schiffe, die vorüberziehen. Downtown gibt es eine Menge gemütlicher Pubs.

49 West CAFÉ $

(☎ 410-626-9796; www.49westcoffeehouse.com; 49 West St; Frühstück 6–14 US$; Hauptgerichte mittags 9–15 US$, abends 9–24 US$; ⏲ So–Do 7.30–24, Fr & Sa bis 2 Uhr; ☎) Das gemütliche, mit Kunst geschmückte Kaffeehaus ist tagsüber ein guter Ort für einen Kaffee und einen kleinen Happen (Sandwiches, Suppen, Salate) sowie abends für herzhaftere Bistrogerichte, einen Wein oder Cocktail. An manchen Abenden gibt's Livemusik.

Chick & Ruth's Delly DINER $

(☎ 410-269-6737; www.chickandruths.com; 165 Main St; Hauptgerichte 8–15 US$; ⏲ So–Do 6.30–23.30, Fr & Sa bis 12.30 Uhr; 👪) Dieser Diner ist eine der tragenden Säulen von Annapolis – er strotzt nur so vor liebenswerter Schrulligkeit und hat eine riesige Speisekarte. Wert wird vor allem auf Sandwiches und Frühstück gelegt. US-Patrioten können hier ihre Grundschulzeiten nacherleben und werktags um 8.30 Uhr (Sa & So um 9.30 Uhr) den Treueschwur gegenüber den USA schwören.

★ Vin 909 AMERIKANISCH $$

(☎ 410-990-1846; www.vin909.com; 909 Bay Ridge Ave; kleine Gerichte 12–20 US$; ⏲ Di–So 17.30–22 & Mi–Sa 12–15 Uhr, im Winter Di & So ab 21 Uhr geschl.) Mit der Lage auf einem kleinen, bewaldeten Hügel und einem traulichen, aber netten und zwanglosen Ambiente ist das Vin die beste gastronomische Adresse in Annapolis. Frischen Produkten direkt vom Erzeuger begegnet man hier in der Form von Entenconfit, Grill-Sandwiches und hausgemachten Pizzas mit Belägen wie Wildpilzen, Foie Gras oder spanischer Chorizo. Es gibt auch eine tolle Weinkarte mit mehr als drei Dutzend offenen Weinen.

★ Jimmy Cantler's Riverside Inn SEAFOOD $$

(☎ 410-757-1311; www.cantlers.com; 458 Forest Beach Rd, Annapolis; Hauptgerichte 10–34 US$; ⏲ So–Do 11–23, Fr & Sa bis 24 Uhr) Eines der besten Krabbenlokale im ganzen Bundesstaat, in dem das Verspeisen von geräucherten Krabben zu einer Art Kunstform erhoben wird – ein aktives, chaotisches Unterfangen, das normalerweise von einem Maiskolben und einem eiskalten Bier begleitet wird. Das Cantler's liegt ein kleines bisschen außerhalb von Annapolis, aber wie viele andere Krabbenlokale ist es gut mit dem Auto oder dem Boot erreichbar (die Lage am Wasser ist Standard in der Krabbenindustrie).

Boatyard Bar & Grill SEAFOOD $$

(☎ 410-216-6206; www.boatyardbarandgrill.com; 400 4th St ; Hauptgerichte 10–27 US$; ⏲ Mo–Fr 7.30–24, Sa & So 8–24 Uhr; 👪) Das helle, maritim aufgemachte Restaurant ist ein einladendes Plätzchen, um Crab Cakes, Fish & Chips, Fischtacos und andere Seafood-Gerichte zu genießen. Die Happy Hour (Mo–Fr 15–19 Uhr) mit Austern für 0,99 US$ und Bier für 3 US$ ist ein Renner. Das Restaurant liegt jenseits der Spa Creek Bridge, eine kurze Fahrt (bzw. zehn Gehminuten) vom City Dock entfernt.

Rams Head Tavern KNEIPENKOST $$$

(☎ 410-268-4545; www.ramsheadtavern.com; 33 West St; Hauptgerichte 10–30 US$; ⏲ Mo–Sa 11–2, So ab 10 Uhr) Die Schenke serviert Kneipenkost und erfrischende Biere aus Kleinbrauereien in attraktivem Ambiente mit unverputzten Backsteinwänden und Eichenholztäfelung. Bekannte Bands spielen nebenan im **Rams Head On Stage** (Tickets 23–115 US$).

Fox's Den PUB

(☎ 443-808-8991; www.foxsden.com; 179 Main St; ⏲ Mo, Mi & Do 17–23, Fr 17–24, Sa 16–24, So 16–23 Uhr) Ab in den Untergrund – da gibt's Biere aus Kleinbrauereien und ganz eigene

Cocktails, alle serviert in einem gemütlichen Pub mitten im Trubel der Main St.

Praktische Informationen

Es gibt ein **Visitor Center** (☎410-280-0445; www.visitannapolis.org; 26 West St; ⌚9–17 Uhr) in der West St und einen Infoschalter am City Dock (März–Okt. 9–17 Uhr). Informationen über Touren und Sehenswürdigkeiten in der Naval Academy bekommt man beim **Armel-Leftwich Visitor Center** (☎410-293-8687; www.usnabsd.com/for-visitors; 52 King George St, Gate 1, City-Dock-Eingang; geführte Touren Erw./Kind 11/9 US$; ⌚März–Dez. 9–17 Uhr, Jan. & Feb. 9–16 Uhr) am Yard in der Nähe des Ufers.

An- & Weiterreise

Greyhound (☎800-231-2222; www.greyhound.com; 275 Harry S Truman Pkwy) lässt Busse nach Washington, D.C. (12–15 US$, tgl.) tuckern, die von einer Haltestelle 8 km westlich der historischen Altstadt abfahren.

Eastern Shore

Gleich jenseits der Chesapeake Bay Bridge weichen ausdruckslose Vororte kilometerlangen Sumpfgebieten voller Wasservögel, friedlichen Wasserlandschaften, endlosen Maisfeldern, feinen Sandstränden und freundlichen, kleinen Dörfern. Die Ostküste hat sich ihren Charme trotz der vielen Tagesausflügler und der Zuwanderung von Yuppies aus der Stadt erhalten. In dieser Gegend dreht sich alles ums Wasser: Die Einwohner der kleinen Küstensiedlungen leben immer noch von der Chesapeake Bay und ihren Zuflüssen; Bootfahren, Angeln, Krabbenfischen und Jagen sind hier Teil des Alltags. Wer hierher kommt, kann die Natur zu Fuß, per Boot oder Fahrrad erkunden, am Strand ein Buch lesen, in die Geschichte der Region eintauchen und natürlich das ausgezeichnete Seafood genießen.

Anreise & Unterwegs vor Ort

Die Region kann am besten mit dem Auto erkundet werden. Baltimore liegt 112 km von Easton und 241 km von Ocean City entfernt.

St. Michaels & Tilghman Island

St. Michaels, das hübscheste kleine Dorf an der Ostküste, wird seinem Namen als „Herz und Seele der Chesapeake Bay" mehr als gerecht. Am US 33 gelegen, ist es ein Mix aus alten viktorianischen Häusern, idyllischen B&Bs, Boutiquen und Fischerdocks, die noch immer in Betrieb sind. Stadtflüchtlinge aus Washington mischen sich unter die erfahrenen Fischer. Im Amerikanisch-Britischen Krieg von 1812 hängten die Bewohner Laternen in den benachbarten Wald und verdunkelten die Stadt. Die Kanonen der britischen Schiffe beschossen die Bäume, während St. Michaels der Vernichtung entging. Das heute als **Cannonball House** (Mulberry St, St. Michaels) bekannte Gebäude wurde als einziges getroffen.

Am Ende der Insel und auf dem US 33 gelangt man über eine Zugbrücke auf die winzige **Tilghman Island**, auf der Fischer immer noch ihrem Gewerbe nachgehen und die Kapitäne Besucher schon mal auf ihren Segelschiffen mit auf den Ozean nehmen.

Sehenswertes & Aktivitäten

Chesapeake Bay Maritime Museum MUSEUM
(☎410-745-2916; www.cbmm.org; 213 N Talbot St, St. Michaels; Erw./Kind 6–17 Jahre 15/6 US$; ⌚Mai–Okt. 9–17 Uhr, Nov.–April 10–16 Uhr; 👪) Die Innen- und Außenausstellungen des Chesapeake Bay Maritime Museum widmen sich dem engen Band zwischen der Küstenbevölkerung und Amerikas größtem Meeresarm. Im Innern des versetzten Leuchtturms von 1879 kann man alles über das Leben eines Leuchtturmwärters im 19. Jh. lernen.

Lady Patty Classic Yacht Charters BOOTSFAHRTEN
(☎410-886-1127; www.ladypatty.com; 6176 Tilghman Island Rd, Tilghman Island; Cruise Erw./Kind unter 13 Jahren ab 40/25 US$; ⌚geführte Touren Mai–Okt. Mi–Mo) Veranstaltet denkwürdige zweistündige Segeltouren in der Chesapeake Bay auf einer Rennjacht von 1935.

Schlafen & Essen

Parsonage Inn GASTHAUS $$
(☎410-745-8383; www.parsonage-inn.com; 210 N Talbot St, St Michaels; Zi. 210–290 US$; P ❄ 📶) Das klassische viktorianische Dekor wird hier und da von unerwarteten Farbakzenten aufgehellt – ist das da etwa ein hawaiianischer Quilt? Das Gasthaus in dem roten Backsteingebäude hat mittlerweile eine neue Leitung. Aufs Frühstück wird hier sehr viel Wert gelegt; eventuell findet man Scotch Eggs (Eier mit Fleischhülle) auf der Karte. Liegt in der Nähe des Maritime Museum.

Crab Claw SEAFOOD $$
(☎410-745-2900; www.thecrabclaw.com; 304 Burns St, St. Michaels; Hauptgerichte 11–30 US$;

⏲ Mitte März–Okt. 11–22 Uhr) Gleich neben dem Chesapeake Bay Maritime Museum serviert das Crab Claw schmackhafte Maryland-Blaukrabben bei prächtigem Ausblick auf den Hafen. Den gemischten Meeresfrüchteteller sollte man nicht nehmen, wenn man kein Fan von Frittiertem ist.

An- & Weiterreise

St. Michaels und Tilghman Island liegen auf einer schmalen, kurvigen Halbinsel und grenzen an den US 33. Der US 33 führt von Easton aus in westliche Richtung zu den Städten. Wenn man einen Freund mit einem Boot in der Chesapeake Bay hat, sollte man ihn jetzt um eine Fahrt bitten – beide Städte haben Bootsanleger. Die gibt es auch in Talbot County, was über 965 km vor der Küste liegt.

Berlin

Wenn man sich eine typisch nordamerikanische Hauptstraße einer Kleinstadt vorstellt und das Ganze noch ein wenig schrumpft, hat man eine ungefähre Vorstellung von dem Küstendorf Berlin. Die meisten Gebäude der Region, in der es bezeichnend viele Antiquitätenläden gibt, sind hübsch restauriert. Ein paar großartige Restaurants verteilen sich im gut zu Fuß erkundbaren Ortskern. Das Dorf ist ein praktischer Ausgangspunkt für Ausflüge nach Assateague Island (S. 315) und in die umliegenden Gebiete der Ostküste.

Für so einen kleinen Ort hat Berlin überraschend viele Restaurants zu bieten, die großartiges Seafood und Amerikanisches servieren. Die meisten liegen in fußläufiger Entfernung vom historischen Inn in der Altstadt.

Essen

Drummer's Cafe AMERIKANISCH $$

(https://atlantichotel.com/drummers-cafe-atlantic-hotel; 2 N Main St; Hauptgerichte mittags 10–16 US$, Hauptgerichte abends 18–34 US$; ⏲ 11–21 Uhr) Das Lokal des Atlantic Hotel ist genauso prächtig wie das Hotel selbst: große Fenster, natürliches Licht und am Abend flackernde Kerzen. Das Essen bekommt die besten Kritiken in der Region – das Filet Mignon wird mit einem Crab Cake sogar noch dekadenter. Abends ist es besonders toll, bei einem Drink auf der Hotelterrasse die Leute beim Vorbeigehen zu beobachten.

Fins Ale House & Raw Bar SEAFOOD $$

(☎ 410-641-3000; www.facebook.com/FinsAleHouseBerlin; 119 N Main St; Hauptgerichte 12–30 US$; ⏲ So–Do 11–21.15, Fr & Sa bis 22 Uhr) Der Lump Crab Cake ist so umwerfend gut, dass man sich fast überlegt, seine Sachen zu packen und nach Berlin zu ziehen. Und unter den geselligen Leuten, die sich hier treffen, sind bestimmt einige dabei, die genauso denken. Das Lokal liegt nicht am Wasser, aber aufmerksamer Service, große Fenster, eine gemütliche Terrasse und köstliches Seafood aller Art machen das Fins zum Besten, wo man – außer vielleicht in einem Krabbenlokal am Wasser – einkehren kann.

An- & Weiterreise

Berlin liegt an der Kreuzung des Hwy 113 und dem US 50, etwa 13 km südwestlich von Ocean City.

Ocean City

Von Juni bis August kann „O.C." mit einem Wort beschrieben werden: Partyzentrale.

MARYLANDS BLAUKRABBEN

In einer Krabbenbude zu essen, wo sich die Kleiderordnung auf Shorts und Badelatschen beschränkt, ist ein absolut typisches Erlebnis an der Chesapeake Bay. Für die Leute hierzulande sind die Krabben eine wichtige Sache. Stundenlang können sie darüber debattieren, wie man sie schält, sie richtig zubereitet und wo man die besten findet. In einem sind sich die Marylander aber vollkommen einig: Es müssen Blaue Schwimmkrabben (Blaukrabben, wissenschaftlich: *Callinectes sapidus*) sein. Leider sind deren Bestände wegen der anhaltenden Verschmutzung der Chesapeake Bay zurückgegangen, weshalb viele der hier servierten Krabben mittlerweile von anderswo her importiert werden.

Gedämpfte Krabben werden einfach nur mit Bier und der Gewürzmischung Old Bay zubereitet. Eine der besten Krabbenbuden weit und breit ist Jimmy Cantler's Riverside Inn (S. 311). Vom Zentrum von Annapolis ist's nur ein Katzensprung: Der Laden befindet sich 4 Meilen (6,4 km) nordöstlich des Maryland State House jenseits der Severn River Bridge. Eine weitere gute Adresse ist das Crab Claw auf der anderen Seite der Bucht.

Hier lernt man ein amerikanisches Strandresort von der wildesten Seite kennen. Für die einen ist das Ganze geschmacklos, für die anderen einfach nur Spaß. Hier kann man sich an Fahrgeschäften erfreuen, die wahlweise das Adrenalin in die Höhe jagen oder Übelkeit hervorrufen, ein T-Shirt mit schmierigen Sprüchen kaufen und in billigen Themenbars bis zum Umfallen saufen. Das Zentrum der Action ist die 4 km lange Uferpromenade, die von der Flussmündung bis zur 27th St reicht. Der Strand ist zwar recht hübsch, wird aber oft von lüsternen Teenagern, dichtem Verkehr und lärmenden Massen in Beschlag genommen. An den Stränden nördlich der Promenade ist es viel ruhiger. Im Sommer kommen ca. 3,4 Mio. Besucher nach Ocean City – in eine Stadt, in der es ganzjährig nur knapp über 7000 Einwohner gibt!

Sehenswertes

Ocean City Life-Saving Station Museum MUSEUM
(☎410-289-4991; www.ocmuseum.org; 813 S Atlantic Ave; Erw./Kind 6–17 Jahre 3/1 US$; ⌚Mai & Okt. 10–16 Uhr, Juni–Sept. bis 18 Uhr, April & Nov. Mi–So 10–16 Uhr) Am südlichen Ende der Promenade befindet sich dieses kleine, aber interessante Museum in einer Rettungsschwimmerstation von 1891. Hier lebten der Wärter und sechs bis acht Surfer, die auf Notrufe von Schiffen warteten. Ausstellungen erzählen Geschichten von nahen Wracks und zeigen die Ausrüstung der Rettungsschwimmer, u.a. ein 8 m langes Rettungsboot, das in einem Sturm wohl eher klein und zerbrechlich aussehen würde.

Trimpers Rides VERGNÜGUNGSPARK
(☎410-289-8617; www.trimpersrides.com; S 1st St & Boardwalk; unbegrenzte Fahrten nachmittags 26 US$; ⌚Mo–Fr 15–24, Sa & So 12–24 Uhr, Öffnungszeiten variieren) Wer so richtig kitschigen Spaß haben möchte, der sollte sich Trimpers Rides, einen der ältesten Vergnügungsparks, auf keinen Fall entgehen lassen. Hier gibt es Pommes mit Essig, jede Menge Spielautomaten und Teenager, die vor lauter sommerlichen Hormonen zu tanzen beginnen. Die Tickets kosten je 0,60 US$, wobei für jede Fahrt eine gewisse Anzahl Tickets nötig ist.

Schlafen

Hotels und Motels säumen die Uferpromenade und die Straßen, die parallel zum Ozean verlaufen. Die Übernachtungsmöglichkeiten sind eine Mischung aus nationalen Hotelketten und unabhängigen Unterkünften. Von Juni bis August sind sie bereit für jede Menge Gäste. Wer es ruhiger mag, der sollte sein Glück in einem B&B versuchen oder die Nacht in Berlin, 12,8 km weiter südlich, verbringen.

King Charles Hotel PENSION $$
(☎410-289-6141; www.kingcharleshotel.com; 1209 N Baltimore Ave, Ecke N Baltimore Ave & 12th St; Zi. 169–189 US$; P ❄ 📶) Diese Pension könnte eine malerische Sommerhütte sein, wäre sie nicht so nah dran an der Action der Uferpromenade. Die Zimmer sind veraltet, aber sauber und haben eine kleine Veranda. Und es ist ruhig (also kein Partyhotel).

Essen & Ausgehen

Surf'n'Turf und All-You-Can-Eat-Angebote gibt's hier rund um die Uhr und an jeder Ecke.

Bier. Wein. Schnaps. Süße Cocktails. Das alles findet man hier zur Genüge. Und häufig geradezu lächerlich günstig, vor allem während der Happy Hour am späten Nachmittag. Die Uferpromenade ist bis in die Nacht hinein ein lebhafter Ort mit einem Vergnügungspark, kitschigen Museen und Straßenkünstlern, die das Ganze interessant machen.

Liquid Assets MODERN-AMERIKANISCH $$
(☎410-524-7037; https://la94.com/; 9301 Coastal Hwy, Ecke 94th St & Coastal Hwy; Hauptgerichte 13–34 US$; ⌚So–Do 11.30–23, Fr & Sa bis 24 Uhr) Wie ein Rohdiamant liegt dieses Bistro und Weingeschäft verborgen in einer Einkaufsstraße im Norden von O.C. Die Speisekarte bietet einen erfrischenden Mix von innovativen Spezialitäten aus Meeresfrüchten und gegrilltem Fleisch sowie regionalen Klassikern.

Seacrets BAR
(☎410-524-4900; www.seacrets.com; 117 49th St, Ecke W 49th St & Bay; ⌚11–24 Uhr) Die fast schon mit Rum getränkte Bar im Jamaika-Look scheint direkt aus MTVs *Spring Break* zu stammen. Man kann sich in einem Reifen auf dem Wasser umhertreiben lassen, dabei an einem Drink nippen und die Leute auf O.C.s berühmtestem Fleischmarkt beobachten. Wenn es darum geht, wo die wildeste Strandparty steigt, müssen sich alle anderen Anwärter mit dieser Bar messen. Die Destillerie, die 2016 eröffnet hat, ist ein bisschen überflüssig.

ABSTECHER

ASSATEAGUE ISLAND

Nur 8 Meilen (13 km) südlich von Ocean City und doch eine Weltreise entfernt, erstreckt sich die Küste von Assateague Island, eine karge Landschaft aus Sanddünen und wunderschönen, abgeschiedenen Stränden. Auf der unerschlossenen Düneninsel lebt eine Herde Wildpferde, die durch das Buch *Misty of Chincoteague* berühmt geworden ist.

Die Insel ist in drei Abschnitte unterteilt. In Maryland befinden sich der **Assateague State Park** (☎ 410-641-2918; Rte 611; Eintritt 6 US$; Stellplätze 28–39 US$; ⏲ Tagesbesucher 7 Uhr–Sonnenuntergang, Campingplatz Ende April–Okt.) und die vom Bundesstaat verwaltete **Assateague Island National Seashore** (☎ 410-641-1441; www.nps.gov/asis; Rte 611; 5/20 US$ pro Fußgänger/Fahrzeug & Woche; ⏲ Visitor Center März–Dez. 9–17 Uhr, Jan. & Feb. Di & Mi geschl.). Das **Chincoteague National Wildlife Refuge** (www.fws.gov/refuge/chincoteague; 8231 Beach Rd, Chincoteague Island; Tages-/Wochenpass für Fahrzeug 8/15 US$; ⏲ Mai–Sept. 5–22 Uhr, Nov.–März 6–18 Uhr, April & Okt. bis 20 Uhr; P) gehört zu Virginia. Einen Überblick über die drei Abschnitte bieten der *Plan Your Visit*-Bereich auf der Website des Nationalparks (www.nps.gov/asis) und die Broschüre *Assateague Island National Seashore*, die eine hilfreiche Karte beinhaltet.

Schwimmen, Sonnenbaden, Vögelbeobachten, Kajak- und Kanufahren, Krabbenfischen und Angeln bestimmen das Freizeitprogramm auf der Insel. Auf der Maryland-Seite der Insel gibt es keine Versorgungsmöglichkeiten. Essen und Trinken muss selbst mitgebracht werden. Auf keinen Fall sollte man Insektenschutzmittel vergessen – die Moskitos und Bremsen sind bösartige Biester!

ℹ Anreise & Unterwegs vor Ort

Ocean City ist über den Hwy 10 und den US 50 225 km südöstlich von Baltimore entfernt. Greyhound-Busse steuern Ocean City nicht mehr an.

Der **Coastal Highway Beach Bus** (☎ 410-723-2174; http://ococean.com/explore-oc/getting-around-oc; Tagespass 3 US$; ⏲ 24 Std.) fährt ganzjährig rund um die Uhr den Strand rauf und runter. Es gibt auch eine **Straßenbahn** (☎ 410-289-5311; http://ococean.com/explore-oc/getting-around-oc; 3 US$/Fahrt, Tagespass 6 US$; ⏲ Juni–Aug. 11–24 Uhr), die von Juni bis September an der Uferpromenade entlangtuckert (https://oceancitymd.gov/oc). Infos zu Transport und Fahrplänen außerhalb der Hauptsaison gibt es unter www.shoretransit.org.

Westliches Maryland

Marylands westliches Rückgrat ist gebirgig. Die Gipfel der Appalachen erreichen Höhen von über 900 m über dem Meeresspiegel; zerklüftete Landschaften und Schlachtfelder des Amerikanischen Bürgerkriegs prägen die umliegenden Täler. Dies ist Marylands Abenteuerspielplatz, wo Outdoor-Fans wandern, Ski fahren, klettern oder raften.

Bei der Reiseplanung sollte man bedenken, dass der schmale Landzipfel Marylands an Virginia, West Virginia und Pennsylvania grenzt. Wer Schlachtfelder aus dem Bürgerkrieg erkunden möchte oder größere Städte für eine Übernachtung ansteuern möchte, kann sich die Karte am Anfang des Kapitels anschauen. Darauf sind Möglichkeiten eingezeichnet, die vielleicht nur ein paar Kilometer hinter der Staatsgrenze liegen.

ℹ Anreise & Unterwegs vor Ort

Auf der Karte sieht es vielleicht so aus, als lägen die Städte des westlichen Maryland nah beieinander, aber die schmalen und kurvigen Bergstraßen können die Fahrtdauer ziemlich verlängern. Die Hauptstraßen, die von Osten nach Westen verlaufen, sind die I-70 und die I-68, während die I-81 von Nord nach Süd durch die Region verläuft. Züge von MARC halten in **Frederick** (☎ 301-682-9716; https://mta.maryland.gov/marc-train; 100 S East St, Frederick), und Amtrak-Züge fahren nach Cumberland (S. 317). Greyhound-Busse halten sowohl in Cumberland als auch in Frederick. Wer fliegen will: Als Ziele kommen die Flughäfen Dulles (S. 301) oder der Baltimore/Washington International Thurgood Marshall Airport (S. 302) infrage.

Frederick & Mt. Airy

Das zentral gelegene Frederick ist einfach perfekt. Sein historisches, fußgängerfreundliches Zentrum mit Reihenhäusern aus rotem Backstein ist voller verschiedenster Restaurants. Hier finden Traveller auch eine motivierte und kultivierte Kunstszene vor, die vom ausgezeichneten Weinberg Center for the Arts unterstützt wird. Der gewundene Carroll Creek schlängelt sich durch die

Stadt und wird von einem hübschen Park mit einer bemalten Brücke an der Carrol St flankiert. Anders als andere Gemeinden in der Gegend, die historische Viertel besitzen, ist Frederick auch ein wichtiger Ort für Pendler, die bei der Regierung angestellt sind, und ein biotechnologischer Verkehrsknotenpunkt.

Mt. Airy liegt 11 km östlich von Frederick. Im kompakten historischen Zentrum stehen viele Gebäude aus dem 19. und 20. Jh. Der Ortskern war einst ein geschäftiger Halt der B&O Railroad und ist heute ein hübsches Fleckchen, um während einer Fahrt entlang der National Historic Road (www.visitmaryland.org), die Baltimore mit dem westlichen Maryland verbindet, ein Päuschen einzulegen. In der Region gibt es viele Weingüter.

Sehenswertes

Brunswick Visitor Center MUSEUM

(☎ 301-834-7100; www.nps.gov/choh; 40 W Potomac St, Brunswick; Rail Museum Erw./Kind 7/4 US$; ⊙ Do & Fr 10–14, Sa bis 16, So 13–16 Uhr) Das kleine Brunswick Visitor Center des C&O Canal fungiert gleichzeitig als Brunswick Rail Museum. So ruhig dieses Städtchen auch ist, einst war es der Standort des längsten Bahndepots der Welt (11 km lang), das einer einzigen Gesellschaft gehörte. Diese Zeiten sind zwar längst passé, aber das Museum ist für Bahnliebhaber trotzdem sehr interessant, und man muss schon ein Herz aus Stein haben, um nicht von der 158 m² großen Modelleisenbahn verzaubert zu sein, die das alte Schienennetz von Baltimore und Ohio darstellt.

Elk Run Vineyards WEINGUT

(☎ 410-775-2513; www.elkrun.com; 15113 Liberty Rd, Mt Airy; Verköstigungen ab 6 US$, geführte Touren Eintritt frei; ⊙ Mai–Sept. Di, Mi & Sa 10–18, Fr bis 21, So 13–17 Uhr, Okt.–April Mi–Sa 10–17, So 12–17 Uhr) Mit Elk Run Vineyards, das auf halber Strecke zwischen Mt. Airy und New Market liegt, kann man eigentlich nichts falsch machen. An den Wine Down Fridays (5 US$, 15–17 Uhr) gibt's hier Livemusik.

National Museum of Civil War Medicine MUSEUM

(☎ 301-695-1864; www.civilwarmed.org; 48 E Patrick St; Erw./Student/Kind 9,50/7 US$/frei; ⊙ Mo–Sa 10–17, So ab 11 Uhr) Das National Museum of Civil War Medicine bietet einen faszinierenden, wenn auch mitunter grausigen Einblick in die hygienischen und medizinischen Bedingungen, mit denen Soldaten und Ärzte im Bürgerkrieg konfrontiert waren. Es zeigt aber auch die Fortschritte in der Medizin, die durch den Krieg erreicht wurden.

Antietam National Battlefield HISTORISCHE STÄTTE

(☎ 301-432-5124; www.nps.gov/anti; 5831 Dunker Church Rd, Sharpsburg, MD; 3-Tagespass pro Pers./Fahrzeug 5/10 US$; ⊙ Anlage Sonnenaufgang–Sonnenuntergang, Visitor Center 9–17 Uhr) Der Ort des blutigsten Tages in der Geschichte Amerikas ist heute äußerst friedvoll, ruhig und eindringlich, ja schlicht, sieht man einmal von den Plaketten und Statuen ab. Am 17. September 1862 kam General Robert E. Lees erster Versuch einer Invasion der Nordstaaten hier zum Stillstand. Bei dem militärischen Patt wurden mehr als 23 000 Soldaten getötet, verwundet oder als vermisst gemeldet – mehr Opfer als in allen vorangegangenen Kriegen zusammen. Erst die Ausstellungen im Visitor Center begutachten und dann übers Gelände laufen!

Schlafen & Essen

Hollerstown Hill B&B B&B $$

(☎ 301-228-3630; www.hollerstownhill.com; 4 Clarke Pl, Frederick; Zi. 149 US$; P ❄ 📶) Im eleganten, freundlichen Hollerstown finden Gäste vier stark gemusterte Zimmer, zwei Terrier und ein elegantes Billardzimmer vor. Das hübsche viktorianische Gästehaus liegt mitten in dem historischen Stadtzentrum von Frederick, in Gehweite zu allen Sehenswürdigkeiten.

Brewer's Alley KNEIPENESSEN $$

(☎ 301-631-0089; www.brewers-alley.com; 124 N Market St, Frederick; Hauptgerichte 9–22 US$; ⊙ 12–23.30 Uhr; 📶) Dieser lebhafte Pub mit Brauerei ist aus verschiedenen Gründen einer der besten Orte in Frederick. Erstens wäre da das Bier: selbst gebraut, viele Variationen, köstlich. Zweitens sind da die Burger: riesige, einfach himmlisch schmeckende Portionen. Drittens punktet die restliche Speisekarte: ausgezeichnetes Chesapeake-Seafood (darunter Holzofenpizza mit Krabben) und Zutaten und Fleisch von den Farmen aus Frederick. Die kleine Terrasse lädt an sonnigen Tagen zum Verweilen ein.

An- & Weiterreise

Busse von Greyhound (www.greyhound.com) und Züge von MARC (S. 354) halten am Bahnhof von Frederick gegenüber der **Touristeninformation** (☎ 301-600-4047; www.visit

frederick.org/visit/visitor-center; 151 S East St; ⌚9–17.30 Uhr). Die Brunswick Line von MARC verbindet Frederick mit Harpers Ferry, WV, Silver Spring, MD und Washington, D.C.

Cumberland

Am Potomac River liegt der Grenzposten Fort Cumberland (nicht zu verwechseln mit der Cumberland Gap zwischen Virginia und Kentucky). Er war für die Pioniere das Tor über die Allegheny Mountains bis nach Pittsburgh und zum Ohio River. Heute steht der Ort für Erholung in der freien Natur mit ihren Flüssen, Wäldern und Bergen. Die hier aufgeführten Sehenswürdigkeiten sind nur einen kurzen Fußweg von den fußgängerfreundlichen Straßen der Innenstadt entfernt zu finden.

Sehenswertes

C&O Canal National Historic Park NATIONALPARK
(☎301-739-4200; www.nps.gov/choh; ⌚Sonnenaufgang–Sonnenuntergang) GRATIS Das Meisterwerk der Ingenieurskunst wurde entworfen, um parallel zum Potomac River die Chesapeake Bay mit dem Ohio River zu verbinden. Der Bau des Kanals begann 1828, wurde aber 1850 an den Appalachen gestoppt. In dem durch den Park geschützten, 298 km langen Korridor gibt's einen 4 m breiten Treidelpfad zum Wandern und Radeln, der den ganzen Weg von hier bis nach Georgetown in D.C. führt. Das **Cumberland Visitor Center** (☎301-722-8226; www.nps.gov/choh; 13 Canal St; ⌚9–17 Uhr; P) illustriert chronologisch die Bedeutung des Flusshandels für die Geschichte der Ostküste.

Allegany Museum MUSEUM
(☎301-777-7200; www.alleganymuseum.org; 3 Pershing St; ⌚Di–Sa 10–16, So ab 13 Uhr) GRATIS Das im alten Gerichtsgebäude untergebrachte Museum gibt die faszinierende Gelegenheit, in Cumberlands Vergangenheit einzutauchen. Man sieht u.a. Werke des von hier stammenden Volkskünstlers und Holzschnitzers Claude Yoder, ein Modell der alten Barackensiedlung, die sich am Kanal entwickelte, Feuerwehrausrüstung aus den 1920er-Jahren, schön herausgeputzte Puppen und andere Kuriositäten.

Western Maryland Scenic Railroad GEFÜHRTE TOUR
(☎800-872-4650; www.wmsr.com; 13 Canal St; Erw./Kind 46/31 US$; ⌚normalerweise Fr & Sa 11.30 Uhr, Mitte April–Okt. So 13 Uhr, Uhrzeit & Touren variieren saisonal) Vor dem Cumberland Visitor Center, unweit des Beginns des C&O Canal, kann man mit einem von einer Dampflok gezogenen Zug auf Tour gehen. Er fährt durch Wälder und tiefe Schluchten zum Frostburg Depot. Hin und zurück dauert das dreieinhalb Stunden.

Cumberland Trail Connection RADFAHREN
(☎301-777-8724; www.ctcbikes.com; 14 Howard St, Canal Pl; halber Tag/Tag/Woche ab 20/30/150 US$; ⌚April–Okt. 8–19 Uhr, Nov.–März 10.30–18 Uhr) Praktisch neben dem Anfang des C&O Canal gelegen. Dieser Ausrüster verleiht Fahrräder (Cruiser, Tourenräder und Mountainbikes) und organisiert auch einen Shuttle-Service von überall in Pittsburgh und Washington, D.C.

Schlafen & Essen

Inn on Decatur PENSION $$
(☎301-722-4887; www.theinnondecatur.net; 108 Decatur St; Zi. 142 US$; ❄📶) Gemütliche Gästezimmer nur ein kurzes Stück von der verkehrsberuhigten Baltimore St im Zentrum von Cumberland entfernt. Die freundlichen Inhaber wissen eine Menge über die Gegend und haben Fahrrad-Shuttle-Angebote.

Queen City Creamery & Deli DINER $
(☎301-777-0011; www.queencitycreamery.com; 108 W Harrison St; Hauptgerichte 4–9 US$; ⌚Mo–Do 7–21, Fr 7–22, Sa 8–22, So 8–21 Uhr) In diesem Retro-Laden kommt man sich vor wie in den 1940er-Jahren. Auf den Tischen landen cremige Shakes und hausgemachtes Vanilleeis, dicke Sandwiches und ein supersättigendes Frühstück.

An- & Weiterreise

Der **Amtrak-Bahnhof** (www.amtrak.com; 201 E Harrison St) ist nicht weit vom Zentrum entfernt. Cumberland liegt auf der Strecke der Capitol-Limited-Linie, die Washington, D.C., täglich mit Chicago verbindet. Pittsburgh liegt 160 km nordwestlich der Stadt. Auch Greyhound-Busse halten hier. Vom Osten Marylands gelangt man über die I-70 und die I-68 nach Cumberland.

DELAWARE

Das kleine Delaware, mit 155 km Länge und 56 km Breite der zweitkleinste Bundesstaat der USA, steht im Schatten seiner Nachbarn und wird von Besuchern der Capital Region oft übersehen. Das ist schade, hat doch Delaware viel mehr zu bieten als nur steuerfreies Einkaufen und Hühnerfarmen.

Lange, weiße Sandstrände, putzige kolonialzeitliche Dörfer, gemächliches Landleben und kleinstädtischer Charme charakterisieren diesen Staat, der sich selbst als „Kleines Wunder" bezeichnet. Es ist auch der Heimatstaat des ehemaligen Vizepräsidenten und US-Senators Joe Biden, der aus Wilmington kommt.

Geschichte

In der Kolonialzeit war das Land von Delaware Gegenstand eines erbitterten Streits zwischen holländischen, schwedischen und britischen Siedlern. Während Holländer und Schweden eine Gesellschaft aufbauten, in der nach dem Vorbild nordeuropäischer Länder das Bürgertum das Sagen haben sollte, errichteten die Briten eine Aristokratie der Plantagenbesitzer. Dies erklärt zum Teil, warum Delaware bis heute eine für die Mittelatlantikstaaten typische hybride Kultur aufweist.

Den vielleicht größten Moment seiner Geschichte erlebte der kleine Staat am 7. Dezember 1787, als Delaware als Erster die amerikanische Verfassung unterzeichnete und damit der erste Staat der Union wurde. Der Union blieb Delaware während des gesamten Bürgerkriegs treu, obwohl der Staat die Sklaverei befürwortete. Die Wirtschaftskraft Delawares beruhte in dieser Zeit – wie nahezu im gesamten Verlauf seiner Geschichte – auf der chemischen Industrie. 1802 gründete der französische Einwanderer Eleuthère Irénée du Pont eine Fabrik zur Herstellung von Sprengstoff. Heute ist DuPont der zweitgrößte Chemiekonzern der Welt. Im 20. Jh. lockten die niedrigen Steuersätze weitere Firmen an und ließen den Staat wachsen und gedeihen.

Anreise & Unterwegs vor Ort

Die Küstenstädte liegen 193 km von Washington, D. C., und Baltimore entfernt. Wilmington liegt am nördlichen Rand des Bundesstaats, 120 nordöstlich von Baltimore über die I-95 und 48 km südlich von Philadelphia über die I-95 – und nur ein paar Meilen von der Staatsgrenze zu Pennsylvania entfernt. Amtrak fährt auf sieben Routen durch Wilmington. Der Wilmington am nächsten gelegene Flughafen ist der Philadelphia International Airport.

Strände in Delaware

Mit Strandorten für jeden Geschmack und traumhaften Ausblicken auf die Küste sind Delawares 45 km langen Sandstrände am Atlantik der beste Grund, hier zu verweilen. Sie sind auch für Stadtbewohner aus Washington, D.C., Baltimore und NYC, die nach einer Auszeit suchen, schnell zu erreichen. Die meisten Läden und Einrichtungen sind ganzjährig geöffnet. Außer von Juni bis August gibt es jede Menge günstige Angebote.

Lewes

1631 gaben die Holländer dieser Walfangsiedlung den hübschen Namen Zwaanendael (Schwanental), wurden aber kurz darauf von den hier ansässigen Nanticokes niedergemetzelt. Der Name wurde in Lewes (gesprochen *lu*-iss) geändert, als William Penn die Kontrolle über dieses Gebiet übernahm. Heute ist die Stadt ein attraktiver Küstenort mit einer Mischung aus englischer und niederländischer Architektur. Der hübsche Cape Henlopen State Park liegt 4 km vom Stadtzentrum entfernt.

Sehenswertes & Aktivitäten

Cape Henlopen State Park STATE PARK
(☎302-645-8983; www.destateparks.com/park/cape-henlopen; 15099 Cape Henlopen Dr; pro Auto innerstaatlich/außerstaatlich 10/5 US$; ⏲8 Uhr–Sonnenuntergang) 1,6 km östlich von Lewes liegt dieser schöne, über 16 km² große State Park mit Küstendünen, Pinienwäldern und Feuchtgebieten, der bei Vogelbeobachtern, Strandgängern und Campern sehr beliebt ist. Vom Aussichtsturm kann man bis nach Cape May sehen. Der **North Shores Beach** zieht viele schwule und lesbische Pärchen an. Es stehen auch Stellplätze (30–54 US$) und Hütten (120 US$) zur Verfügung. Der Eintritt kann nur bar bezahlt werden.

Zwaanendael Museum MUSEUM
(☎302-645-1148; www.http://history.delaware.gov/museums/zm/zm_main.shtml; 102 Kings Hwy; ⏲Di 10–17, Mi–Sa bis 16.30, So 13.30–16.30 Uhr; nur März–Okt. Mi–Sa geöffnet) GRATIS Das kleine, ansprechende Museum ist ein gutes Örtchen, um etwas über die niederländischen Wurzeln von Lewes zu erfahren.

Quest Fitness Kayak KAJAKFAHREN
(☎302-745-2925; www.questkayak.com; 514 E Savannah Rd; Kajakverleih pro 2/8 Std. 25/50 US$; ab 8 Uhr, Öffnungszeiten variieren von Mai–Sept., Reservierungen nur Okt.–April) Der Anbieter betreibt einen Kajakverleih neben dem Beacon Motel. Er veranstaltet auch malerische Paddeltouren rund ums Kap (65 US$).

Schlafen & Essen

Hotel Rodney HOTEL $$
(☎302-645-6466; www.hotelrodneydelaware.com; 142 2nd St; Zi. 179–259 US$, Suite 329 US$; P ❄ @ ☎ ☒) Das charmante Boutiquehotel punktet mit feinem Bettzeug und restaurierten Antikmöbeln, verzichtet aber nicht auf jede Menge moderne Annehmlichkeiten, die dem Ganzen eine frische Atmosphäre verleihen.

Wharf SEAFOOD $$
(☎302-645-7846; www.thewharflewes.com; 7 Anglers Rd; Hauptgerichte 13–30 US$; ⏲Mitte Mai–Anfang Okt. 11.30–1 Uhr; P ♿) Das Lokal jenseits der Zugbrücke liegt hübsch am Ufer und serviert eine große Auswahl von Meeresfrüchten und Kneipenkost. An den Wochenenden gibt's Livemusik.

An- & Weiterreise

Cape May–Lewes Ferry (☎800-643-3779; www.capemaylewesferry.com; 43 Cape Henlopen Dr; pro Motorrad/Auto 39/47 US$, pro Erw./Kind 6–13 Jahre 10/5 US$) verkehrt täglich in 90 Minuten über die Delaware Bay nach New Jersey; ihr Anleger befindet sich gut 1,5 km vom Stadtzentrum von Lewes entfernt. Für Fußgänger fährt während der Saison ein Shuttle-Bus (5 US$) von der Anlegestelle nach Lewes. Reservierung empfohlen. Die Stadt liegt an der Küste abseits des Coastal Hwy/Rte 1.

Rehoboth Beach

Rehoboth Beach ist zwar rund 200 km von Washington, D.C., entfernt, aber der der Hauptstadt am nächsten gelegene Sandstrand, weshalb er scherzhaft auch als „Sommerhauptstadt der USA" bezeichnet wird. Der Ort ist ein familien- wie auch schwulenfreundliches Ausflugsziel. Um dem Chaos auf der geschäftigen Rehoboth Ave (und am stark bebauten Ortsrand) zu entgehen, schlendert man im Ort am besten die Nebenstraßen mit ihren viktorianischen Häusern, die baumgesäumte Straßen, an schicken Restaurants und an Vergnügungsstätten für Kinder entlang. Toll ist auch der breite Strand mit seiner kilometerlangen Promenade.

Schlafen

★**Cottages at Indian River Marina** COTTAGE $$$
(☎302-227-3071; www.destateparks.com/camping/cottages; 39415 Inlet Rd; pro Woche Haupt-/Neben-/Nachsaison 1900/1250/850 US$, 2 Tage Nebensaison 300 US$; P ❄) Diese Cottages im Delaware Seashore State Park, 8 km südlich der Stadt, sind wirklich schöne Unterkünfte. Nicht unbedingt wegen der Einrichtung, aber wegen der Terrassen und des ungetrübten Blicks über den einsamen Strand auf den Ozean. Jedes Cottage verfügt über zwei Schlafzimmer und ein Loft.

Crosswinds Motel MOTEL $$$
(☎302-227-7997; www.crosswindsmotel.com; 312 Rehoboth Ave; Zi. 269–299 US$; P ❄ ☎) In diesem schlichten, aber nett gestalteten Motel im Zentrum von Rehoboth versprühen die Zimmer mit willkommenen Annehmlichkeiten (Mini-Kühlschrank, Kaffeemaschine, Flachbild-TV) und freundlichem Service ein frisches, modernes Flair. Bis zum Strand sind es zwölf Gehminuten. An Werktagen und in der Nebensaison sinken die Preise erheblich.

Hotel Rehoboth BOUTIQUEHOTEL $$$
(☎302-227-4300; www.hotelrehoboth.com; 247 Rehoboth Ave; Zi. 359 US$; P ❄ @ ☎ ☒) Dieses Boutiquehotel ist für seinen großartigen Service und die luxuriösen Annehmlichkeiten bekannt. Außerdem bietet es einen kostenlosen Shuttle-Service zum Strand an.

Essen & Ausgehen

Henlopen City Oyster House SEAFOOD $$$
(☎302-260-9193; www.hcoysterhouse.com; 50 Wilmington Ave; Hauptgerichte 10–36 US$; ⏲Happy Hour 15 – 17 Uhr, Abendessen ab 17 Uhr, in der Nebensaison mittags) Wer gern Meeresfrüchte isst, sollte sich dieses Lokal mit prima Rohfischtheke und leckeren Seafood-Gerichten nicht entgehen lassen. Die Menschen kommen in Scharen hierher – da nicht reserviert werden kann, sollte man frühzeitig aufschlagen. Gute Biere aus Kleinbrauereien, Cocktails und Weine.

★**Dogfish Head Brewings & Eats** MIKROBRAUEREI
(☎302-226-2739; www.dogfish.com; 320 Rehoboth Ave; Hauptgerichte 12–25 US$; ⏲11–23 Uhr) An der Tafel stehen all die vielen Biersorten, die hier serviert werden. Die ausgezeichnete Brauerei serviert auch schmackhafte Pizzas, Burger, Crab Cakes und andere Kneipengerichte, die prima zu dem preisgekrönten Indian Pale Ale passen. Es gibt auch Kindermenüs für 6 US$. Das Dogfish, das sich seit 22 Jahren in dem jetzigen Gebäude befindet, hat zur Zeit der Recherche geplant, nebenan einen 4 Mio. US$ teuren Pub zu errichten, in dem es auch Livemusik gibt.

An- & Weiterreise

BestBus (www.bestbus.com) hat Busverbindungen von Washington, D. C., (40 US$, 2 ¼ Std.) und NYC (49 US$, 4 ½ Std.) nach Rehoboth, allerdings nur im Sommer (Ende Mai–Anfang Sept.).

Der Jolly Trolley (www.jollytrolly.com) verbindet Rehoboth mit den Stränden von Dewey und hält mehrmals auf der Strecke. Hin- und Rückfahrt kosten 5 US$, und der Trolley fährt von Juni bis August zwischen 8 und 2 Uhr. Nur Barzahlung möglich.

Wilmington

Ein einmaliger kultureller Mix aus afroamerikanischen, jüdischen und karibischen Einflüssen und eine lebendige Kunstszene machen diese Stadt besuchenswert. Wilmington ist auch eine gute Basis für Ausflüge in das schöne Brandywine Valley, knapp 10 km weiter nördlich. Und keine Beschreibung von Wilmington ist vollständig, wenn man den von hier stammenden Politiker Joe Biden nicht erwähnt. Der ehemalige Vizepräsident und US-Senator ist regelmäßig mit dem Amtrak-Zug zwischen Wilmington und Washington, D.C., gefahren. Als seine Vizepräsidentschaft 2017 endete, ist er mit dem Zug auch wieder nach Hause gefahren.

Sehenswertes

Delaware Art Museum MUSEUM
(☎302-571-9590; www.delart.org; 2301 Kentmere Pkwy; Erw./Kind 7–18 Jahre 12/6 US$, Do abends & So Eintritt frei; ⏰Mi & Fr–So 10–16, Do bis 20 Uhr) Gezeigt werden Arbeiten der Künstler der hiesigen Brandywine School, darunter Werke von Edward Hopper, John Sloan und drei Generationen der Wyeth-Familie.

Delaware Center for the Contemporary Arts MUSEUM
(☎302-656-6466; www.thedcca.org; 200 S Madison St; ⏰Di & So 12–17, Mi 12–19, Do–Sa 10–17 Uhr) GRATIS Zeigt innovative Ausstellungen.

Delaware History Museum MUSEUM
(☎302-656-0637; www.dehistory.org; 504 N Market St; Erw./Kind 3–18 Jahre 6/4 US$; ⏰Mi–Sa 11–16 Uhr) Dieses Museum ist in einem Art-déco-Woolworth-Gebäude untergebracht und wird von der Delaware Historical Society betrieben. Es beweist mit historischen Dokumenten, Bekleidung und verschiedenen Artefakten, dass der erste Bundesstaat weit mehr getan hat, als sich einfach nur seinen Spitznamen zu verdienen.

Schlafen & Essen

Inn at Wilmington HOTEL $$
(☎855-532-2216; www.innatwilmington.com; 300 Rocky Run Pkwy; Zi./Suite 129/159 US$; P ❄ 📶) Eine charmante Unterkunft mit gutem Preis-Leistungs-Verhältnis, 5 Meilen (8 km) nördlich der Downtown.

Hotel du Pont HOTEL $$$
(☎302-594-3100; www.hoteldupont.com; Ecke Market St & 11th St; Zi. ab 199 US$; P ❄ 📶) Das beste Hotel im Bundesstaat ist luxuriös und elegant genug, um seinem Namen alle Ehre zu machen (es ist nach einer der erfolgreichsten Industrialistenfamilien der USA benannt). Das Hotel zeigt eine Art-déco-Pracht, die Jay Gatsby stolz gemacht hätte. Und das gilt nicht nur für die beeindruckende Lobby, sondern auch für die schön eingerichteten Zimmer. Die Nähe zu einer Shopping-Arkade ist auch praktisch.

Iron Hill Brewery KNEIPENESSEN $$
(☎302-472-2739; www.ironhillbrewery.com; 620 Justison St; Hauptgerichte 12–30 US$; ⏰Mo–Fr 11.30–23, Sa & So ab 11 Uhr) Die geräumige und luftige, mehrstöckige Iron Hill Brewery residiert in einem umgebauten Lagerhaus aus Backstein am Flussufer. Die ganz guten Biere passen prima zur herzhaften Kneipenkost, die es hier gibt.

An- & Weiterreise

Gleich abseits der I-95 liegt Wilmington auf halbem Weg zwischen Washington, D. C., und New York City und ist somit etwa zwei Stunden von jeder der beiden Städte entfernt. Busse von **Greyhound** (101 N French St) halten im Stadtzentrum. Züge von Amtrak (www.amtrak.com) fahren an der **Joseph R. Biden Jr. Railroad Station** (☎800-872-7245; www.amtrak.com; 100 S French St) ab und verbinden Wilmington mit D. C. (1 ½ Std.), Baltimore (45 Min.) und New York (2 Std.).

Brandywine Valley

Nachdem sie vermögend geworden war, verwandelte die aus Frankreich stammende Familie Du Pont das Brandywine Valley in eine Art amerikanisches Loire-Tal, in dem sich bis heute mit Vorliebe die Wohlhabenden und die Aufschneider niederlassen. Der Delaware-Abschnitt ein paar Meilen nördlich vom Stadtzentrum Wilmingtons ist nur ein Teil des 906 km² großen Tals, das dem Brandywine River bis hinüber nach Pennsylvania folgt.

Sehenswertes & Aktivitäten

Winterthur HISTORISCHE STÄTTE
(☎302-888-4600; www.winterthur.org; 5105 Kennett Pike (Rte 52); Erw./Kind 2–11 Jahre 20/5 US$; ⏰Di–So 10–17 Uhr) 6 Meilen (9,6 km) nordwestlich von Wilmington befindet sich der 175 Zimmer umfassende Landsitz des Industriellen Henry Francis du Pont mit seiner Sammlung von Antiquitäten und amerikanischer Kunst, die zu den größten der Welt zählt. Der Garten ist auch schön.

Brandywine Creek State Park STATE PARK
(☎302-577-3534; www.destateparks.com/park/brandywine-creek/; 41 Adams Dam Rd; 8 US$/Fahrzeug; ⏰8 Uhr–Sonnenuntergang) Der State Park ist das Kleinod der Region. Die weite Grünfläche wäre überall eindrucksvoll, ganz besonders ist sie das aber hier in der Nähe so dichter Besiedlung. Naturpfade und flache Bäche winden sich durch den Park.

Wilderness Canoe Trips KANUFAHREN
(☎302-654-2227; www.wildernesscanoetrips.com; 2111 Concord Pike; Kajak 53 US$ Tandem-Kajak- od. Kanutrip ab 63 US$, Gummischlauch 23 US$) Für Infos zu Paddeltouren und Fahrten im Gummischlauch auf dem dunkelgrünen Brandywine Creek sollte man diesen Veranstalter anrufen.

Schlafen & Essen

Im Zentrum von Wilmington gibt es mehrere Kettenhotels. B&Bs und Pensionen liegen in der Landschaft rund um den Brandywine River, gleich nördlich vom Stadtzentrum, und im nahen südlichen Pennsylvania verstreut.

Wer eine größere Auswahl bevorzugt, der muss nach Wilmington fahren. In Chadd's Ford und am Kennett Sq direkt hinter der Staatsgrenze zu Pennsylvania gibt es gute Restaurants, Tavernen und Pubs.

An- & Weiterreise

Greyhound-Busse halten am Wilmington Transportation Center. Züge von Amtrak (www.amtrak.com) fahren ebenfalls von hier ab und verbinden Wilmington mit Washington (1½ Std.), Baltimore (45 Min.) und New York (2 Std.).

New Castle

Superniedlich – das fällt einem am ehesten zu dem am Fluss gelegenen New Castle mit seinem Gewirr aus kopfsteingepflasterten Straßen und gut erhaltenen Häusern aus dem 18. Jh. ein (leider ähnelt das Umland einer urbanen Ödnis). Zu den Sehenswürdigkeiten gehören das Old Court House, das Arsenal on the Green, Kirchen und Friedhöfe, die bis ins 17. Jh. zurückreichen und historische Gebäude.

Sehenswertes

Amstel House MUSEUM
(☎302-322-2794; www.newcastlehistory.org; 2 E 4th St; Erw./Kind 6–12 Jahre 6/2 US$, mit Dutch House 10/3 US$; ⏰Mi–Sa 10–16 Uhr, April–Dez. So ab 12 Uhr) Dieses Haus ist eines der drei Museen von der New Castle Historical Society und ein Überbleibsel der Kolonialpracht der 1730er-Jahre. Von April bis Dezember werden geführte Touren angeboten.

Dutch House MUSEUM
(☎302-322-2794; www.newcastlehistory.org; 32 E 3rd St; Erw./Kind 6–12 Jahre 6/2 US$, mit Amstel House 10/3 US$; ⏰Mi–Sa 10–16 Uhr, April–Dez. So ab 12 Uhr) Ein kleines Beispiel für ein Wohnhaus vom Ende des 17. Jhs. Um 13 und 15 Uhr werden geführte Touren angeboten.

Old Court House MUSEUM
(☎302-323-4453; http://history.delaware.gov; 211 Delaware St; ⏰Di–Sa 10–16.30, So 13.30–16.30 Uhr) GRATIS Stammt aus dem 17. Jh. und wird mittlerweile vom Staat als Museum betrieben.

Schlafen & Essen

Terry House B&B B&B $
(☎302-322-2505; www.terryhouse.com; 130 Delaware St; Zi. 90–110 US$; P 📶) Manchmal spielt der Besitzer des Terry House B&B auf dem Klavier, während die Gäste, die in den fünf Zimmern wohnen, ihr Frühstück genießen. Das ist schon toll, aber noch beeindruckender sind das historische Gelände und die äußerst gemütlichen Zimmer. Es gibt nichts Besseres, als von einem Spaziergang durch ein historisches Dorf in eine ebenso historische Herberge zu kommen.

Dog House AMERIKANISCH $
(☎302-328-5380; 1200 N Dupont Hwy; Hauptgerichte unter 10 US$; ⏰10.30–24 Uhr) Dieser unauffällige Diner am Rand von New Castle ist vielleicht das beste Lokal der Stadt. Man sollte sich nicht vom Namen täuschen lassen: Obwohl hier natürlich Hotdogs verkauft werden, die ausgezeichnet schmecken (die mit Chili sind besonders lecker), gibt es auch fantastische Sandwiches und Cheese-

steaks, die sogar in Philadelphia punkten würden.

Jessop's Tavern AMERIKANISCH $$

(☎ 302-322-6111; www.jessops-tavern; 114 Delaware St; Hauptgerichte 12–24 US$; ⌚ Mo–Do 11.30–22, Fr & Sa bis 23, So bis 21 Uhr) Hier wird in kolonialer Atmosphäre gefeiert wie 1679. Auf den Tisch kommen holländisches Schmorfleisch, Pilgrim's Feast (im Ofen gebratener Truthahn mit allem, was dazu gehört) und belgisches Bier. 21 Fassbiere sind im Angebot – elf belgische und zehn Craft-Biere. Das Gebäude stammt aus dem Jahr 1674.

An- & Weiterreise

New Castle grenzt an den Delaware River. Der Hwy 9 verbindet New Castle mit Wilmington, das sich 7 Meilen (11 km) weiter nördlich befindet.

Dover

Dovers Stadtzentrum ist recht hübsch; Reihenhäuser mit Restaurants und Läden säumen die Straßen, und ausladende Bäume spenden in den hübschen kleinen Gassen Schatten. Die meisten Museen und historischen Stätten befinden sich im Stadtzentrum in der Nähe des Capitols, ein paar liegen auch südlich von Downtown abseits der Rte 1.

Sehenswertes

Old State House MUSEUM

(☎ 302-744-5055; http://history.delaware.gov/museums; 25 The Green; ⌚ Mo–Sa 9–16.30 Uhr, April–Sept. auch So 13.30–16.30 Uhr) GRATIS Man sollte sich die Zeit nehmen und an der kurzen Dozententour durch das kleine, aber interessante Gebäude teilnehmen. In dem 1791 errichteten und später restaurierten Old State House befinden sich Kunstgalerien und vertiefende Ausstellungen zur Geschichte und Politik des ersten Bundesstaats der USA. Hier erfährt man auch, dass in jedem State House der USA ein Porträt von George Washington hängt.

First State Heritage Park Welcome Center & Galleries MUSEUM

(☎ 302-739-9194; www.destateparks.com/park/first-state-heritage/; 121 Martin Luther King Blvd N; ⌚ Mo–Fr 8–16.30, Sa 9–16.30, So 13.30–16.30 Uhr) GRATIS Im First State Heritage Park, der als Besucherzentrum für die Stadt Dover, den Bundesstaat Delaware und das angrenzende State House dient, kann man tief in die Geschichte Delawares eintauchen. Zu diesem nicht abgegrenzten Areal gehören rund zwei Dutzend historische Stätten, die nur ein paar Blocks voneinander entfernt sind. Am besten beginnt man im Welcome Center & Galleries mit den Ausstellungen zur Geschichte Delawares. Weiter Infos erhält man hier und bei anderen wichtigen Stätten in der Nähe.

John Dickinson Plantation MUSEUM

(☎ 302-739-3277; http://history.delaware.gov/museums; 340 Kitts Hummock Rd; ⌚ Di–Sa 10–16.30 Uhr, April–Sept. auch So 13.30–16.30 Uhr; P) GRATIS Dies ist das im 18. Jh. gebaute und inzwischen restaurierte Haus des Gründervaters John Dickinson, der wegen seiner eloquenten Argumente für die Unabhängigkeit auch als „Schönschreiber der Revolution" bekannt war.

Air Mobility Command Museum MUSEUM

(☎ 302-677-5938; www.amcmuseum.org; 1301 Heritage Rd; ⌚ Di–Sa 9–16 Uhr) GRATIS Wer sich für Luftfahrt interessiert, wird an diesem Museum seine Freude haben: Auf dem nahe gelegenen Flugplatz stehen über 30 restaurierte alte Cargo- und Frachtflugzeuge, darunter C-130s, eine C-7 aus der Zeit des Vietnamkriegs und eine Flying Boxcar aus dem Zweiten Weltkrieg.

Die Dover Air Force Base (AFB) ist ein Symbol für die amerikanische Militärmacht und rückt nachdrücklich ins Bewusstsein, wie hoch der Preis für einen Krieg ist. Hier befindet sich die größte Leichenhalle des Verteidigungsministeriums, und die Überreste der amerikanischen Soldaten, die in Übersee getötet wurden, kommen stets zuerst hierher.

Bombay Hook National Wildlife Refuge NATURSCHUTZGEBIET

(☎ 302-653-9345; www.fws.gov/refuge/Bombay_Hook; 2591 Whitehall Neck Rd, Smyrna; 4/2 US$ pro Fahrzeug/Fußgänger; ⌚ Sonnenaufgang–Sonnenuntergang) Hunderttausende Wasservögel nutzen dieses geschützte Feuchtgebiet als eine Zwischenstation bei ihren jahreszeitlichen Wanderungen. Ein 12 Meilen (19,2 km) langer, mit dem Auto befahrbarer Naturpfad führt durch das 6577 ha große Gebiet mit Salzmarschen, Schlickgras und Gezeitenbecken, das die zurückhaltende Schönheit der DelMarVa-Halbinsel in einem perfekt erhaltenen ökologischen System präsentiert. Kurze Wanderwege und einige Beobachtungstürme laden Besucher zum Verweilen ein.

Schlafen

Dover ist zwar recht klein, aber immerhin die Hauptstadt des Bundesstaats. Also gibt es hier auch jede Menge Unterkünfte.

State Street Inn B&B $$
(☎302-734-2294; www.statestreetinn.com; 228 N State St; Zi. 100–135 US$; ❄) Zur Zeit der Recherche wechselte dieses B&B den Besitzer, also können sich Veränderungen ergeben. Aber im Moment gibt es hier nette Zimmer mit Blumentapeten. Unschlagbar zentral!

Essen & Ausgehen

Flavors of India INDISCH $$
(☎302-677-0121; www.flavorofindia.com; 348 N Dupont Hwy; Hauptgerichte 12–19 US$; ⌚11–22 Uhr; P) Zu sagen, dass dieses Lokal ein unerwartetes Juwel ist, wäre eine Untertreibung. Erstens befindet es sich in einem Super 8 Motel abseits des Hwy, zweitens ist es einfach fantastisch! Die Standardgerichte wie Vindaloo, Korma und Tikka Masala sind hervorragend. Ziegen-Palakwala (Ziegencurry mit Spinat)? Köstlich. Hier gibt es auch die besten Veggie-Gerichte der Gegend.

Golden Fleece PUB
(☎302-674-1776; www.goldenfleecetavern.com; 132 W Loockerman St; Hauptgerichte 4–11 US$; ⌚Sa–Do 18–1, Fr ab 16 Uhr) Die beste Bar in Dover serviert auch recht gutes Essen – das man beim einheimischen Pizzaservice bestellen kann. Oberste Priorität hat hier die Erhaltung der Atmosphäre eines alten englischen Pubs, der sich wunderbar ins Zentrum von Dover mit seinen roten Backsteingebäuden einfügt. An Sommerabenden kann man draußen auf der Terrasse sitzen.

An- & Weiterreise

Dover liegt, wenn man über die Rte fährt, 50 Meilen (80 km) südlich von Wilmington. Der US 301 verbindet Dover mit Baltimore, das 85 Meilen (137 km) westlich liegt. Der DART-Bus 301 verkehrt zwischen Wilmington und dem **Dover Transit Center** (www.dartfirststae.com), welches 0,5 Meilen (800 m) von Dovers Zentrum entfernt ist. Die einfache Fahrt kostet 6 US$. **Greyhound-Busse** (☎800-231-2222; www.greyhound.com; 654 N Dupont Hwy) halten 3,2 km nördlich von Downtown.

VIRGINIA

Der Commonwealth of Virginia trieft nur so vor Geschichte und Tradition: Hier wurde Amerika geboren, hier gründeten englische Siedler 1607 die erste dauerhafte Kolonie der Neuen Welt. Bis heute hat Virginia eine tragende Rolle in fast jedem großen Drama der amerikanischen Geschichte gespielt, sei es während des Unabhängigkeitskriegs, des Bürgerkriegs, in der Bürgerrechtsbewegung oder bei den Anschlägen vom 11. September 2001.

So verschiedenartig und vielfältig wie die Geschichte und Bevölkerung Virginias ist auch dessen Landschaft: die Chesapeake Bay und die breiten Sandstrände am Atlantik im Osten, Pinienwälder, Sumpfgebiete und sanft wellige grüne Hügel der Region Piedmont in der Mitte, der raue Gebirgszug der Blue Ridge Mountains und das beeindruckende Shenandoah Valley im Westen.

Jenseits des nördlichen Virginia schüttelt der Staat seine Spinnweben und veralteten Traditionen ab. Ein alter Witz geht so: Wie viele Einwohner Virginias braucht es, um eine Glühbirne zu wechseln? Zwei. Einen, der die Glühbirne wechselt, den anderen, um darüber zu reden, wie gut doch die alte Birne war. In diesem Witz steckt zwar ein Funken Wahrheit, aber selbst bisher etwas aus der Zeit gefallene Städte wie Richmond und Roanoke werden in letzter Zeit lebhafter. Die Veränderung kommt in Form einer wachsenden Kunstszene, mehrerer neuer Restaurants und Kleinbrauereien sowie Werbekampagnen, die auf Outdoor-Aktivitäten (wie die neuen Radwege und Rudermöglichkeiten) hinweisen und nicht nur auf die verstaubte Geschichte.

Geschichte

Seit mindestens 5000 Jahren leben Menschen im Gebiet des heutigen Bundesstaats Virginia. Es waren einige Tausend Ureinwohner, die im Mai 1607 mit ansehen mussten, wie Kapitän James Smith mit seiner Mannschaft die Chesapeake Bay hinaufsegelte und Jamestown gründete, die erste dauerhafte englische Kolonie in der Neuen Welt. Benannte nach der Virgin Queen, der jungfräulichen Königin Elisabeth I., erstreckte sich die Kolonie ursprünglich über fast die gesamte Ostküste Amerikas. Nachdem 1610 die meisten Siedler auf der Suche nach Gold verhungert waren, entdeckte John Rolfe, der Ehemann von Pocahontas, den wahren Reichtum Virginias: den Tabak.

Aus dem Tabakanbau entstand eine feudale Aristokratie. Viele Sprösslinge des niederen Adels wurden zu Gründungsvätern, nicht zuletzt der hier geborene George Washington. Im 19. Jh. wucherte das auf Sklaverei basierende Plantagensystem unaufhaltsam – und geriet in einen immer schärfer werdenden Widerspruch zur industrialisierten Wirtschaft des Nordens. 1861 spaltete sich Virginia schließlich von der Union ab und wurde zum Zentrum des Bürgerkriegs. Nach der Niederlage vollführte der Bundesstaat einen kulturellen Drahtseilakt. Er musste sich eine vielschichtige Identität zulegen, zu der ältere Aristokraten, eine ländliche und städtische Arbeiterklasse, Einwanderer und schließlich auch die Bewohner der florierenden technologielastigen Vorstädte von Washington, D.C., ihren Beitrag leisteten. Der Staat zehrt von seiner Geschichte, will aber dennoch beim amerikanischen Experiment in der ersten Reihe mitmischen. Obwohl Virginia die Rassenschranken in den 1960er-Jahren nur widerstrebend aufhob, beherbergt es heute eine der ethnisch vielfältigsten Bevölkerungen in Amerikas Neuem Süden.

Anreise & Unterwegs vor Ort

Die größten regionalen Flughäfen sind der **Washington Dulles International Airport** (IAD; www.metwashairports.com;) in Nord-Virginia, der Richmond International Airport (S. 334) in Richmond, der **Norfolk International Airport** (NIA; 757-857-3351; www.norfolkairport.com; 2200 Norview Ave;) in Norfolk und der **Roanoke-Blacksburg Regional Airport** (540-362-1999; www.roanokeairport.com; 5202 Aviation Dr NW) in Südwest-Virginia. American und Delta fliegen den Albemarle Airport (S. 342) in Charlottesville im Piedmont an.

Amtrak-Züge halten in Richmond an der Main St Station (S. 334) und an der Staples Mill Rd Station (S. 334). Es gibt auch Bahnhöfe in Charlottesville (S. 342) und in Staunton (S. 343). In und rund um Nord-Virginia halten die Züge von Amtrak in Fredericksburg (S. 330) und in der Nähe des Manassas National Battlefield Park (S. 325).

Nord-Virginia

Sicher, umweltbewusst, gepflegt und voller Überraschungen: Nord-Virginia (NoVa) ist der perfekte Nachbar für Washington, D.C., und liegt gleich auf der anderen Seite des Potomac River. Die Gemeinden von Nord-Virginia sind eigentlich Vororte von Washington und alle mit der Metro zu erreichen. Die Städte Arlington und Alexandria vereinen wichtige historische Stätten mit gemütlichen Pubs und einer wachsenden Gastro-Szene.

Den Anfang macht Arlington. Die Stadt liegt nur eine Metrostation von D.C. entfernt und bietet die zwei Hauptgründe, die Grenze zu überqueren: den Arlington National Cemetery und das Pentagon. Für diese beiden Attraktionen sollte man einen halben Tag einplanen. Außerhalb von Arlington befindet sich noch das beeindruckende Steven F. Udvar-Hazy Center, auch bekannt als Erweiterung des National Air and Space Museum, in dem es dreimal so viele Jets und Raketen gibt wie in dem Gebäude an der Mall. Ebenfalls in dieser Richtung liegen das Eden Center, ein Gastro-Imperium im Saigon-Stil, in dem sich die vietnamesische Gemeinde trifft, und Annandale, der Mittelpunkt der koreanischen Gemeinde. Leider kommt man hier ohne Auto nicht hin.

Das charmante Dorf Alexandria liegt 5 Meilen (8 km) und gefühlte 250 Jahre von Washington entfernt. Alexandria war einst ein Hafenort – den Einheimischen nun als Altstadt bekannt – und ist heute eine schicke Ansammlung von roten Backsteinhäusern, Kopfsteinpflasterstraßen, Gaslaternen und einer Uferpromenade. Boutiquen, Straßencafés und Bars säumen die Hauptstraße und machen den Ort zu einem schönen Ausflugsziel für einen Nachmittag oder Abend. Alexandria ist auch ein guter Ausgangspunkt für einen Ausflug nach Mount Vernon.

Arlington

Sehenswertes

★ **Pentagon** GEBÄUDE

(703-697-1776; www.pentagontours.osd.mil; Arlington; Memorial 24 Std., geführte Touren nach Vereinbarung Mo–Do–10–16, Fr 12–16 Uhr; M Blue, Yellow Lines bis Pentagon) Südlich des Arlington Cemetery befindet sich das Pentagon, das größte Bürogebäude der Welt. Draußen kann man das **Pentagon Memorial** (www.pentagonmemorial.org; 24 Std.) GRATIS besichtigen: Mit 184 beleuchteten Bänken wird der Opfer gedacht, die hier bei dem Terroranschlag auf das Pentagon am 11. September 2001 ums Leben kamen. Um ins Innere des Gebäudes zu gelangen, muss man auf der Website 14 bis 90 Tage im Voraus eine kostenlose einstündige Führung buchen und seinen Pass bereithalten.

Nicht weit vom Pentagon entfernt sieht man die drei Bogen des **Air Force Memorial** (703-247-5805; www.airforcememorial.org;

1 Air Force Memorial Dr; ⌚April–Sept. 9–21 Uhr, Okt.–März 8–20 Uhr) GRATIS aufragen, die die Kondensstreifen von Jets darstellen sollen.

★ **Arlington National Cemetery** FRIEDHOF

(☎877-907-8585; www.arlingtoncemetery.mil; ⌚April–Sept. 8–19 Uhr, Okt.–März bis 17 Uhr; Ⓜ Blue Line bis Arlington Cemetery) GRATIS Arlington ist die düstere letzte Ruhestätte von mehr als 400 000 Militärbediensteten und ihren Angehörigen. Auf dem 248 ha großen Gelände liegen Veteranen aller Kriege, die die USA seit der Revolution geführt haben. Zu den Highlights zählen das Tomb of the Unknown Soldier (Grab des unbekannten Soldaten) mit der aufwendigen Zeremonie beim Wachwechsel (Okt.–März immer zur vollen Std; April–Sept. alle 30 Min.) und die mit einer ewigen Flamme gekennzeichnete Grabstätte von John F. Kennedy und seiner Familie.

Vom Visitor Center fahren Hop-on-hop-off-Busse zu den Attraktionen des Friedhofs. Zu weiteren interessanten Highlights zählen das **Space Shuttle Challenger Memorial**, das **USS Maine Memorial**, das durch den riesigen Mast des Kriegsschiffes gekennzeichnet ist, das kontroverse **Confederate Memorial**, das die Kriegstoten des Bürgerkriegs aus den Sezessionsstaaten ehrt, und das Grab von **Pierre L'Enfant**, dem Stadtplaner von Washington, D.C. Das **Iwo Jima Memorial** (Ⓜ Blue Line bis Arlington Cemetery), welches das bekannte Hissen der Flagge über dem Mt. Suribachi zeigt, befindet sich am Rand des Friedhofs.

Der Großteil des Friedhofs wurde auf dem Gelände des **Arlington House** (☎703-235-1530; www.nps.gov/arho; ⌚9.30–16.30 Uhr) GRATIS gebaut, des ehemaligen Hauses von Robert E. Lee und seiner Frau Mary Anna Custis Lee, einer Nachfahrin von Martha Washington. Als Lee das Haus verließ, um Virginias Armee im Bürgerkrieg anzuführen, haben Truppen der Union das Anwesen konfisziert, um hier ihre Toten zu begraben.

George Washington Memorial Parkway PARKWAY

(☎703-289-2500; www.nps.gov/gwmp; Ⓜ Blue Line bis Arlington Cemetery) Die 40 km dieses Hwy, die durch Virginia führen, ehren den Namensgeber des Hwy mit Erholungsgebieten und Memorials den ganzen Weg in südliche Richtung bis zum alten Anwesen von Mount Vernon. Der Parkway ist gesäumt von Überresten von Georges Washingtons Leben und Arbeit, etwa seinem alten Patowmack-Company-Kanal (im Great Falls National Park) und Parks, die einst zu seinem Farmland gehörten (Riverside Park, Fort Hunt Park). Der knapp 30 km lange **Mount Vernon Trail** verläuft parallel zum Parkway.

ABSEITS DER ÜBLICHEN PFADE

MANASSAS NATIONAL BATTLEFIELD PARK

Der **Manassas National Battlefield Park** (☎703-361-1339; www.nps.gov/mana; 12521 Lee Hwy; ⌚Park Sonnenaufgang–Sonnenuntergang, Touristeninformation 8.30–17 Uhr, geführte Touren Juni–Aug. 11.15, 12.15 & 14.15 Uhr) ist die Stätte zweier wichtiger Siege der Konföderierten zu Beginn des Bürgerkriegs. Heute ist die grüne Hügellandschaft durch Holzzäune in Wiesen mit hohem Gras und Wildblumen unterteilt. Die Tour beginnt am **Henry Hill Visitor Center** (☎703-361-1339; www.nps.gov/mana; ⌚8.30–17 Uhr) GRATIS mit einem Infofilm. Hier kann man auch Park- und Wegekarten mitnehmen. Es werden auch geführte Touren angeboten.

Kennedy Gravesites GRAB

(Ⓜ Blue Line bis Arlington Cemetery) Neben der schlichten, aber bewegenden Grabstätte flackert eine ewige Flamme, die die letzte Ruhestätte von Präsident John F. Kennedy und Jacqueline Kennedy Onassis markiert.

DEA Museum MUSEUM

(United States Drug Enforcement Agency Museum; ☎202-307-3463; www.deamuseum.org; 700 Army Navy Dr, Eingang in der S Hayes St; ⌚Di–Fr 10–16 Uhr; Ⓜ Blue, Yellow Lines bis Pentagon City) GRATIS In diesem bedrückenden Museum der Drug Enforcement Agency (DEA) gibt's wahrlich nichts zu lachen. Ausstellungen decken die letzten 150 Jahre der Geschichte des Drogenmissbrauchs ab: von den Opiumhöllen des 19. Jhs. über die Kokain verteilenden Apotheker der 1920er, die Trips der 1960er und die Crack-Epidemie der 1980er-Jahre bis hin zur heutigen Zeit mit Crystal-Meth-Laboren und Pulverdrogen, die sich das moderne Partyvolk reinzieht.

Schlafen & Essen

Zusätzlich zu den Hotels gibt es am Clarendon Blvd und am Wilson Blvd in der Nähe der Metrostationen Rosslyn und Clarendon noch schicke Restaurants und Bars.

El Pollo Rico LATEINAMERIKANISCH $
(☎703-522-3220; www.elpolloricorestaurant.com; 932 N Kenmore St; Hühnchen mit Beilage 7–18 US$; ⏰11.30–20.30 Uhr; Ⓜ Orange, Silver Lines bis Clarendon od. Virginia Sq-GMU) Die Einheimischen gehen schon seit Jahrzehnten zu diesem Peruaner, der zartes, saftiges und geschmackvolles Geflügel mit leckeren (und höchst süchtig machenden) Saucen, knusprigen Pommes und frischem Krautsalat serviert. Zum Abendessen stehen die Leute hier vor der Tür Schlange.

Myanmar BIRMANISCH $
(☎703-289-0013; 7810 Lee Hwy, Falls Church; Hauptgerichte 10–14 US$; ⏰12–22 Uhr; Ⓜ Orange Line bis Dunn Loring Merrifield) Die Einrichtung ist äußerst schlicht, der Service lahm, und die Portionen sind klein. Doch das köstliche Essen lässt einen all das vergessen. Zu den typisch birmanischen Gerichten zählen mit viel Knoblauch, Kurkuma und Öl zubereitete Currys, Chili-Fisch, Mangosalate und Hähnchen mit reichhaltiger Bratensauce.

Yechon KOREANISCH $$
(☎703-914-4646; www.yechon.com; 4121 Hummer Rd, Annandale; Hauptgerichte 7–40 US$; ⏰24 Std.; Ⓜ Blue, Yellow Lines bis King St) Es wurde schon viel darüber diskutiert, wer der beste Koreaner rund um D.C. ist – das Yechon liegt aber immer auf den vorderen Plätzen. Das *kalbi* (Spare Ribs) ist herzhaft, rauchig und sehr geschmackvoll und wird mit raffiniertem Seetang und heißem Kimchi serviert.

Ausgehen & Unterhaltung

Continental LOUNGE
(www.continentalpoollounge.com; 1911 N Fort Myer Dr; ⏰Mo–Fr 11.30–2, Sa & So 18–2 Uhr; Ⓜ Rosslyn) Einen Steinwurf von den vielen Hotels in Rosslyn entfernt, verbreitet diese muntere Pool-Lounge mit Wandmalereien von Palmen, übergroßen Tiki-Köpfen und bunten Barhockern eine schwüle Tropenatmosphäre. Hier kann sich mit Billard, Tischtennis und Shuffleboard vergnügen.

Whitlow's on Wilson BAR
(☎703-276-9693; www.whitlows.com; 2854 Wilson Blvd; ⏰Mo–Fr 11–2, Sa & So 9–2 Uhr; Ⓜ Clarendon) Das Whitlow's on Wilson belegt fast einen ganzen Block gleich östlich der Metrostation Clarendon und bietet etwas für jedermann: Burger, Brunch und Soulfood stehen auf der Speisekarte. Während der Happy Hours lernt man leicht Leute kennen. Außerdem gibt es zwölf Biersorten vom Fass, einen Billardtisch, eine Jukebox, Livemusik und eine entspannte Atmosphäre. In den wärmeren Monaten kann man die Tiki Bar auf dem Dach aufsuchen.

★ **Iota** LIVEMUSIK
(☎703-522-8340; www.iotaclubandcafe.com; 2832 Wilson Blvd; Karten 10–15 US$; ⏰Mo–Do 16–2, Fr–So ab 10 Uhr; 📶; Ⓜ Clarendon) Mit Veranstaltungen an fast jedem Abend in der Woche ist das Iota die beste Adresse für Livemusik in Clarendons Musikviertel. Die hier auftretenden Bands beschäftigen sich mit diversen Genres wie Folk, Reggae, Irish Folk oder Südstaatenrock. Die Karten sind nur am Eingang erhältlich (kein Vorverkauf) und oft schnell weg.

An- & Weiterreise

Arlington liegt an der I-66 und ist zum Teil von der I-495 umgeben, die auch um Washington, D.C., führt.

Der riesige **Washington Dulles International Airport** (S. 301) liegt 26 Meilen (42 km) westlich von D.C.

Von Washington aus nimmt man die Metro gen Arlington Cemetery (Blue Line), um zum Friedhof und zum Pentagon (Blue und Yellow Lines) zu kommen.

Alexandria

Sehenswertes

★ **Mount Vernon** HISTORISCHE STÄTTE
(☎800-429-1520, 703-780-2000; www.mountvernon.org; 3200 Mount Vernon Memorial Hwy; Erw./Kind 6–11 J. 20/10 US$; ⏰April–Aug. 8–17 Uhr, Nov.–Feb. 9–16 Uhr, März, Sept. & Okt. bis 17 Uhr, Getreidemühle & Destillerie April–Okt. 10–17 Uhr) Mount Vernon ist eine der am häufigsten besuchten historischen Stätten des Landes. Hier lebten George und Martha Washington während ihrer Ehe von 1759 bis zu Georges Tod 1799. Das Anwesen befindet sich heute im Besitz der Mount Vernon Ladies Association und gibt Einblicke in das Farmerleben des 18. Jhs. und in den Alltag des ersten Präsidenten als Landwirt. Mount Vernon vertuscht auch nicht, dass der Gründervater ein Sklavenhalter war: Besucher können die Sklavenquartiere und den Friedhof besichtigen.

★ **Carlyle House** HISTORISCHES GEBÄUDE
(☎703-549-2997; www.novaparks.com; 121 N Fairfax St; Erw./Kind 6–12 Jahre 5/3 US$; ⏰Di–Sa 10–16, So 12–16 Uhr; Ⓜ King St, Old Town) Wem

in Alexandria nur Zeit für die Besichtigung eines einzigen historischen Hauses bleibt, der sollte sich für dieses entscheiden. 1753 erbaute der Kaufmann und Stadtgründer John Carlyle den seinerzeit prächtigsten Wohnsitz der Stadt (die zu dieser Zeit eigentlich nur aus Blockhütten und schlammigen Gassen bestand). Die georgianische Villa im palladianischen Stil ist vollgepackt mit Gemälden, historischen Relikten und Möbeln aus früheren Zeiten, die die Vergangenheit wieder aufleben lassen.

Freedom House Museum MUSEUM

(☎708-836-2858; www.visitalexandriava.com/listings/freedom-house/4676; 1315 Duke St; ⏲Mo–Fr 10.30–14.30 Uhr, geführte Touren & am Wochenende nach Vereinbarung; Ⓜ King St, Old Town) GRATIS Dieses nüchterne Reihenhaus im Federal Style hat eine tragische Geschichte. Als Alexandria nach New Orleans das zweitgrößte Sklavenzentrum der Nation war, beherbergten das Gebäude und das umliegende Anwesen ein florierendes Sklavenhandelsunternehmen. Ein gut gestaltetes Museum im Erdgeschoss, das von der Northern Virginia Urban League gegründet wurde, erzählt die Geschichten der Tausenden versklavten Menschen, die hier durchgeschleust wurden. Persönliche Videoaufnahmen und Artefakte zeugen von diesen herzzerreißenden Schicksalen.

George Washington Masonic National Memorial MONUMENT

(☎703-683-2007; www.gwmemorial.org; 101 Callahan Dr at King St; Erw./Kind unter 13 Jahren 15 US$/Eintritt frei; ⏲9–17 Uhr; Ⓜ Blue, Yellow Lines bis King St, Old Town) Alexandrias auffallendstes Wahrzeichen gewährt einen tollen Ausblick: Vom 101,5 m hohen Turm erspäht man das Capitol, den Mount Vernon und den Potomac River. Es ist dem Leuchtturm der ägyptischen Stadt Alexandria nachempfunden und wurde zu Ehren des ersten Präsidenten erbaut (dieser trat 1752 in Fredericksburg der Freimaurerloge bei und wurde später zum Großmeister der Alexandria-Loge Nr. 22). Im Säulengang steht eine imposante, 5 m hohe Statue von George Washington. Beim Rundgang sieht man die Artefakte, die von Washingtons Familie gespendet wurden, u. a. die Familienbibel von 1792.

Torpedo Factory Art Center KUNSTZENTRUM

(☎703-746-4570; www.torpedofactory.org; 105 N Union St; ⏲Fr–Mi 10–18, Do bis 21 Uhr; Ⓜ King St) GRATIS Was anfangen mit einer ehemaligen Munitions- und Waffenfabrik? Wie wäre es, daraus eine der führenden Kunststätten der Region zu machen? Drei Stockwerke mit Ateliers und voller freier künstlerischer Kreativität gibt's hier in der Altstadt Alexandrias, und auch die Möglichkeit, Gemälde, Skulpturen, Glasarbeiten, Textilien und Schmuck direkt bei den Künstlern zu erwerben. Die Torpedo Factory ergänzt das neu gestaltete Hafengebiet Alexandrias mit seinem Jachthafen, den Parks, Alleen, Wohnvierteln und Restaurants.

National Inventors Hall of Fame & Museum MUSEUM

(☎571-272-0095; www.invent.org/honor/hall-of-fame-museum/; 600 Dulany St, Madison Bldg; ⏲Mo–Fr 10–17, Sa 11–15 Uhr; Ⓜ Blue, Yellow Lines bis King St) GRATIS Dieses Museum im Atrium des US Patent and Trademark Office erzählt die Geschichte des amerikanischen Patents. Im Inneren sieht man, wie die Geschichte 1917 in Memphis, Tennessee begann, als ein Händler namens Clarence etwas erfand und patentieren ließ, was er damals „Selbstbedienungsläden" nannte – heute bekannt als Supermärkte.

Schlafen

In und rund um die Altstadt liegen teure Boutiquehotels. Wer günstigere Unterkünfte sucht, wird etwas außerhalb fündig.

Alexandrian HISTORISCHES HOTEL $$

(☎703-549-6080; www.thealexandrian.com; 480 King St; Zi. 209–259 US$; 📶🏊🐾; Ⓜ Blue, Yellow Lines bis King St-Old Town) Mutige Farben und lustige Details (moderne Dekokissen und geometrische Teppiche) verleihen den 241 Zimmern und Suiten dieses einzigartigen, eleganten Hotels einen künstlerischen Touch. Das Hotel ist in einem historischen sechsstöckigen roten Backsteingebäude untergebracht, und zwar zentral in der King St, nur vier Blocks vom Wasser entfernt. Gäste können sich über freundliches Personal, die unmittelbare Nähe zu Restaurants und Läden und einen beheizten Indoor-Pool freuen.

Morrison House BOUTIQUEHOTEL $$

(☎703-838-8000; www.morrisonhouse.com; 116 S Alfred St; Zi. 199–259 US$, Suite 329 US$; Ⓟ🚭❄@📶🏊🐾; Ⓜ Blue Line bis King St) 🍃 Dieses schicke Boutiquehotel ist eine romantische Unterkunft in der Altstadt und wird mittlerweile als Teil der Autograph-Collection-Hotelkette vom Marriott verwaltet. Das schöne Hotel im Federal Style verbindet moderne Details mit alter Tradition: Himmelbetten, orange karierte Teppiche, hellblaue Kunstwerke, Badezimmer mit italienischem Marmor und überall viel natürliches Licht.

Essen

In der King St und ihren Nebenstraßen in der Altstadt reihen sich gut besuchte Restaurants und Bars aneinander. Entlang der Mt. Vernon Ave im Viertel Del Ray, nur eine kurze Fahrt von der Altstadt entfernt, findet man eine wachsende Anzahl von Cafés und Restaurants, von denen viele über eine einladende Terrasse verfügen. Der kostenlose Shuttle-Bus von der Metrostation King St fährt zu Alexandrias Restaurants und Lokalen in der Altstadt.

Stomping Ground FRÜHSTÜCK $
(☎703-364-8912; www.stompdelray.com; 309 Mt. Vernon Ave; Hauptgerichte 9–12 US$; ⏲Di–Sa 7–15, So 9–15 Uhr) Hat hier jemand etwas von Biskuit gesagt? Oh ja! Und zwar von selbst gemachten Buttermilch-Biskuits, die nach eigenem Belieben gefüllt werden können: mit Brathähnchen und Benton's Bacon, aber auch mit pochierten Eiern, Paprika-Käse und Avocado. Oder man kommt einfach mit seinem Laptop hierher und trinkt einen Kaffee. Am Tresen bestellen und es sich dann in einer der rustikal-schicken Sitzecken gemütlich machen!

Caphe Banh Mi VIETNAMESISCH $
(☎703-549-0800; www.caphebahnmi.com; 407 Cameron St; Hauptgerichte 6–12 US$; ⏲Mo–Fr 11–15 & 17–21, Sa 11–21, So 11–20 Uhr; Ⓜ King St) Ein beliebtes Lokal im Viertel, das leckere *Banh mi*-Sandwiches, große Schüsseln mit Pho, Brötchen mit geräuchertem Bauchspeck und weitere einfache, aber gut zubereitete vietnamesische Gerichte serviert. Das kleine, aber gemütliche Lokal zieht immer jede Menge Gäste an; man sollte also früh kommen, wenn man zum Abendessen noch einen Tisch ergattern will.

Hank's Oyster Bar SEAFOOD $$
(☎703-739-4265; www.hanksoysterbar.com; 1026 King St; Hauptgerichte mittags 13–25 US$, abends 14–32 US$; ⏲Mo–Fr 11.30–24, Sa & So ab 11 Uhr) Während der Happy Hour (Mo–Fr 15–19 Uhr) kosten die Austern in diesem neuen Lokal des beliebten Dupont-Circle-Flaggschiffs nur 2,50 US$ pro Stück. Wer sich nicht entscheiden kann, welche der vielen Sorten er nehmen soll, für den wird eine Auswahl zusammengestellt. Die Seafood-Gerichte und verschiedenen kleinen Platten schmecken ebenfalls hervorragend. Diese Bar ist ein absolutes Muss.

Brabo Tasting Room BELGISCH $$
(☎703-894-5252; www.braborestaurant.com; 1600 King St; Frühstück 14–16 US$, Hauptgerichte mittags & abends 14–22 US$; ⏲Mo–Do 7.30–10.30 & 11.30–23, Fr 7.30–10.30 & 11.30–24, Sa 8–11 & 11.30–24, So 8–11 & 11.30–22 Uhr; Ⓜ King St) Das einladende und sonnige Brabo Tasting Room serviert Muscheln (sein Markenzeichen), schmackhafte Tarts aus dem Holzofen und Gourmetsandwiches und bietet eine gute Auswahl von Bieren und Weinen. Vormittags gibt's Arme Ritter aus Brioche und Bloody Marys. Das Restaurant Brabo nebenan ist die gehobene Version und liefert Gerichte aus saisonalen Zutaten.

Restaurant Eve AMERIKANISCH $$$
(☎703-706-0450; www.restauranteve.com; 110 S Pitt St; Hauptgerichte mittags 17–26 US$, abends 27–42 US$, 5-Gänge-Menü 105 US$; ⏲Mo–Fr 11.30–14, Mo–Sa 17.30–22 Uhr; 🖉; Ⓜ King St) Eines der besten (und teuersten) Restaurants in Alexandria: Das Eve vereint großartige, amerikanische Zutaten, präzise französische Zubereitung und erstklassigen Service. Die Verkostungsmenüs sind ein kulinarisches Erlebnis vom Feinsten. Mittags lockt das Lickety-Split-Menü (15 US$; 2 Gerichte von einer kleineren Karte) jede Menge Gäste an.

Ausgehen & Unterhaltung

In der King St gibt es jede Menge Bars mit Gästen, die wirken, als wären sie immer noch an der University of Virginia, der Virginia Tech oder der George Mason University eingeschrieben.

Captain Gregory's COCKTAILBAR
(www.captaingregorys.com; 804 N Henry St; ⏲Mi & Do 18–24, Fr & Sa 17.30–2, So 17.30–23 Uhr) Diese billige Kneipe mit nautischem Motto versteckt sich in einer Zuckerhütte mit Donut-Shop, was den dekadenten Feinschmecker-Donut auf der Karte erklärt. Was die Drinks angeht, sind die Namen (von Anais Needs a Vacay bis Moaning Myrtles Morning Tea) so ausgefallen wie die Zutaten: Liköre in verschiedenen Geschmacksrichtungen, Spirituosen sowie verschiedene Obstsorten und Gewürze. Die Cocktails kosten zwischen 14 und 16 US$, und die Speisekarte wechselt regelmäßig. Im Voraus reservieren!

Union Street Public House PUB
(☎703-548-1785; www.unionstreetpublichouse.com; 121 S Union St; ⏲Mo–Do 11.30–22, Fr 11.30–

23, Sa 10–23, So 10–21 Uhr; Ⓜ King St) Gaslampen am Eingang leuchten Travellern und Einheimischen den Weg in diesen geräumigen Pub, wo sie kühles Bier, Bar-Snacks und tägliche Dinner-Specials bekommen.

Birchmere LIVEMUSIK
(www.birchmere.com; 3701 Mt Vernon Ave; Tickets 25–70 US$; ⏲ Ticketschalter 17–21 Uhr, Shows 19.30 Uhr; Ⓜ Pentagon City) In diesem 50 Jahre alten Laden, der sich selbst als „Amerikas legendäre Musikhalle" bezeichnet, treten von klassischen Folk-Musikern bis hin zu Country-, Blues- und R&B-Stars alle möglichen Künstler auf. Ab und zu gibt es auch Burlesque-Shows, Indie-Rockbands und Comedians auf der Bühne zu sehen.

An- & Weiterreise

Um vom Zentrum D. C.s nach Alexandria zu kommen, nimmt man die Metro bis zur King St. Ein kostenloser **Shuttle** (www.dashbus.com/trolley; ⏲ So–Mi 10–22.15, Do–Sa bis 24 Uhr) verkehrt zwischen der Metro-Haltestelle und der Uferpromenade. **Capitol Bikeshare** (☎ 877-430-2453; www.capitalbikeshare.com) hat 31 Stationen in Alexandria.

Fredericksburg

Fredericksburg ist eine hübsche Stadt mit einem historischen Viertel, das schon fast klischeeartig „typisch amerikanische Kleinstadt" schreit. In den Straßen und der Umgebung des Ortes, in dem George Washington aufgewachsen ist, brach einst der Bürgerkrieg aus. Heute finden sich an der Hauptstraße Buchläden, Gaststätten und Cafés.

Sehenswertes

Ellwood Manor HISTORISCHE STÄTTEC SITE
(☎ 540-786-2880; www.nps.gov/frsp; Rte 20, gleich westlich der Rte 3; ⏲ Sa & So 10–17 Uhr) Dieses faszinierende Anwesen steht auf dem Gelände des Wilderness Battlefield. Der Landsitz aus dem Jahr 1790 umfasste einst gut 200 ha und ist u. a. dafür bekannt, dass hier der amputierte Arm des Konföderierten-Generals Stonewall Jackson begraben liegt – die Stelle ist markiert. Im Haus erfahren Besucher viel über die interessante Geschichte dieses Hauses. Hier hat einst schon der Marquis de Lafayette diniert.

Fredericksburg & Spotsylvania National Military Park HISTORISCHE STÄTTE
(☎ 540-693-3200; www.nps.gov/frsp; 1013 Lafayette Blvd; ⏲ Fredericksburg & Chancellorsville Touristeninformationen 9–17 Uhr, andere Ausstellungsräume variierende Öffnungszeiten) GRATIS Mehr als 13 000 Amerikaner fielen während des Amerikanischen Bürgerkriegs in vier Schlachten in einem Umkreis von 27 km, der heute diesen Park bildet: Fredericksburg, Chancellorsville, die Wilderness und Spotsylvania Courthouse. Heute wird das gesamte Areal vom National Park Service verwaltet. Auf der Website des Parks ist die Lage der verschiedenen Visitor Centers und Ausstellungsräume beschrieben, und es wird darüber informiert, welche Einrichtungen wann besetzt sind. Für die Führungen über die Schlachtfelder kann man sich Audioguides ausleihen (20 US$ Kaution).

James Monroe Museum & Memorial Library HISTORISCHE STÄTTE
(☎ 540-654-1043; http://jamesmonroemuseum.umw.edu; 908 Charles St; Erw./Kind 6–17 Jahre 6/2 US$; ⏲ Mo–Sa 10–17, So ab 13 Uhr, Dez.–Feb. bis 16 Uhr) Das Museum ist nach dem fünften Präsidenten der USA benannt. Wer sich für die amerikanische Geschichte interessiert, findet hier eine kleine, kuriose Sammlung von Monroe-Andenken, darunter den Schreibtisch, an dem er die berühmte Monroe-Doktrin formulierte. Auch sein Diplomatenanzug, den er bei der Krönung Napoleons getragen hat und der um ca. 1785 genäht wurde, ist hier ausgestellt.

Mary Washington House HISTORISCHS GEBÄUDE
(☎ 540-373-1569; www.washingonheritagemuseums.org; 1200 Charles St; Erw./Kind 6–18 Jahre 7/3 US$; ⏲ März–Okt. Mo–Sa 10–16 & So 12–16 Uhr, Nov.–Feb. Mo–Sa 11–16 & So 12–16 Uhr) In dem aus dem 18. Jh. stammenden Haus der Mutter von George Washington erläutern kundige, kostümierte Guides bei Führungen die Persönlichkeit der Frau und die Lebensumstände ihrer Zeit. In dem schönen Garten kann man sich von all den Fakten erholen.

Schlafen & Essen

Richard Johnston Inn B&B $$
(☎ 540-899-7606; www.therichardjohnstoninn.com; 711 Caroline St; Zi. 165–300 US$; P ❄ 📶) Das gemütliche B&B ist in einer Backsteinvilla aus dem 18. Jh. untergebracht und punktet mit Lage, Komfort und Gastfreundlichkeit. Die Cookies, die nachmittags angeboten werden, sind hervorragend.

Sammy T's AMERIKANISCH $
(☎ 540-371-2008; www.sammyts.com; 801 Caroline St; ⏲ Mo, Mi & Do 11.30–21, Fr & Sa 11.30–22,

So 9.30–19 Uhr;) Untergebracht in einem Gebäude von ca. 1805 im Herzen der Altstadt von Fredericksburg, serviert das Sammy T's Suppen, Sandwiches, Kneipenkost und eine gute Auswahl vegetarischer Gerichte wie Veggie-Lasagne und Quesadillas mit Schwarzen Bohnen.

Foode AMERIKANISCH $$

(540-479-1370; www.facebook.com/foodeonline; 900 Princess Anne St; Hauptgerichte mittags 10–12 US$, abends 15–26 US$; Di–Do 11–21, Fr 11–22, Sa 9–22, So 9–15 Uhr;) In einem rustikalen, aber künstlerisch angehauchten Ambiente serviert das Foode Gerichte aus Zutaten frisch von der Farm. Abends gibt es viele kleine Gerichte zum Teilen. Der Service ist sehr aufmerksam.

Bistro Bethem AMERIKANISCH $$$

(540-371-9999; www.bistrobethem.com; 309 William St; Hauptgerichte mittags 9–22 US$, abends 17–32 US$; Di–Sa 11.30–14.30 & 17–22, So bis 21 Uhr) Die modern-amerikanische Speisekarte, die saisonalen Zutaten und die bodenständige, aber angenehme Atmosphäre sorgen für gastronomische Glückseligkeit. Hier gibt es jederzeit Enten-Confit mit Quinoa und Salat mit gerösteter Beete und Muscheln aus der Gegend.

An- & Weiterreise

Der Virginia Railway Express (www.vre.org; 11,90 US$, 1½ Std.) und Züge von Amtrak (20–67 US$, 1¼ Std.) fahren vom **Bahnhof in Fredericksburg** (www.amtrak.com; 200 Lafayette Blvd) nach Washington, D. C., Greyhound-Busse fahren von/nach D. C. (10–24 US$, 4- od. 5-mal tgl., 1½ Std.) und Richmond (10–30 US$, 2- od. 3-mal tgl., 1 Std.). Der **Greyhound-Busbahnhof** (540-373-2103; www.greyhound.com; 1400 Jefferson Davis Hwy) befindet sich ca. 3 km westlich des historischen Viertels. Fredericksburg liegt an der I-95 auf halber Strecke zwischen Washington, D. C., und Richmond, VA. Es sind ca. 55 Meilen (88 km) in nördliche Richtung nach Washington und 60 Meilen (96 km) in südliche Richtung nach Richmond.

Richmond

Richmond ist aus einem sehr langen Schlaf aufgewacht – zum Glück. Die Hauptstadt des Commonwealth of Virginia seit 1780 und der Konföderierten Staaten von Amerika während des Bürgerkriegs ist eine altmodische Südstaatenstadt, in der die Südstaatentradition tief verwurzelt ist. Jahrzehntelang waren die Sehenswürdigkeiten aus dem Bürgerkrieg die Hauptattraktionen hier, und die Einwohner haben sich nicht viele Gedanken über die Straßen und Schulen gemacht, die alle nach Generälen der Konföderation benannt sind.

Aber der Einfluss von neuen, kreativen jungen Bürgern weckt die Gemeinde auf und modernisiert sie. Heute ist die „River City" ein dynamisches Pflaster mit munterer Gastronomie und einer aktiven Künstlerszene. Auch der tosende James River ist mehr in den Mittelpunkt gerückt und zieht immer mehr Abenteuersportler an. Richmond ist zweifellos eine schöne Stadt mit Reihenhäusern aus rotem Backstein, stattlichen Alleen und grünen Parks.

Sehenswertes & Aktivitäten

Virginia State Capitol GEBÄUDE

(804-698-1788; www.virginiacapitol.gov; Ecke 9th St & Grace St, Capitol Sq; Mo–Sa 9–17, So 13–17 Uhr) GRATIS Das State Capitol wurde von Thomas Jefferson entworfen und 1788 fertiggestellt. Es beherbergt das älteste gesetzgebende Organ der westlichen Hemisphäre, die Virginia General Assembly, die 1619 eingerichtet wurde. Kostenlose Führungen sind möglich, und auf der Website findet man eine Broschüre für Touren auf eigene Faust.

Virginia Museum of Fine Arts MUSEUM

(VMFA; 804-340-1400; www.vmfa.museum; 200 N Blvd; So–Mi 10–17, Do & Fr bis 21 Uhr) GRATIS Das Museum besitzt eine bemerkenswerte Sammlung europäischer Kunst, religiöser Kunst des Himalaja und eine der größten Sammlungen von Fabergé-Eiern außerhalb Russlands. Draußen im Skulpturengarten warten Andy Warhols Triple Elvis und die faszinierende Chloe-Skulptur von Jaume Plansa auf Bewunderer. Es werden auch hervorragende Wechselausstellungen gezeigt (Eintritt frei–22 US$). Nach einem Vormittag im Museum ist das Restaurant **Amuse** mit den großen Fenstern ein schöner Ort zum Mittagessen.

Virginia Historical Society MUSEUM

(www.vahistorical.org; 428 North Blvd; Mo–Sa 10–17 Uhr) GRATIS Nach einer Renovierung, die viele Millionen geschluckt hat, wirkt die VHS heute prächtiger denn je. Wechsel- und Dauerausstellungen zeichnen die Geschichte des Commonwealth von prähistorischen Zeiten bis zur Gegenwart nach. Das Museum vermittelt einen guten Einblick in die Geschichte, bevor man die vielen Sehenswürdigkeiten des Bundesstaats erkundet.

St. John's Episcopal Church KIRCHE
(☎804-648-5015; www.historicstjohnschurch.org; 2401 E Broad St; geführte Touren Erw./Kind 7–18 Jahre 8/6 US$; ⊙Mo–Sa 10–16, So ab 13 Uhr) An dieser Stelle hat der Hitzkopf Patrick Henry seinen berühmten Schlachtruf („Gebt mir Freiheit, oder gebt mir den Tod!") während der rebellischen Second Virginia Convention im Jahr 1775 von sich gegeben. Die kurze, aber informative Führung klärt über die Geschichte der Kirche und die berühmte Rede auf. Das seltene Schallbrett von 1741 über der Kanzel ist einen genaueren Blick wert, wenn es von der Sonne angestrahlt wird. Im Sommer wird Henrys Rede jeden Sonntag um 13 Uhr nachgestellt.

Statuen an der Monument Avenue STATUE
(zw. N Lombardy St & Roseneath Rd) Die Monument Ave, ein von Bäumen gesäumter Boulevard im Nordosten von Richmond, wartet mit Statuen von verehrten Südstaatengrößen auf, darunter J.E.B. Stuart, Robert E. Lee, Matthew Fontaine Maury, Jefferson Davis, Stonewall Jackson und – um die ethnische Vielfalt nicht zu kurz kommen zu lassen – der afroamerikanische Tennischampion Arthur Ashe. Gehässige Studenten der nahe gelegenen Universität von Richmond bezeichnen die Avenue als „größte Sammlung von Silberpokalen in Amerika".

American Civil War Museum: Historic Tredegar MUSEUM
(☎804-649-1861; www.acwm.org; 500 Tredegar St; Erw./Kind 6–17 Jahre 10/5 US$; ⊙9–17 Uhr) Das faszinierende, in einer Geschützgießerei von 1861 untergebrachte Museum erkundet die Ursachen und den Verlauf des Amerikanischen Bürgerkriegs aus der Sicht der Union, der Konföderation und der Afroamerikaner. Gleich nebenan geht eine vom National Park Service verwaltete, kostenlose Stätte auf Richmonds Rolle im Bürgerkrieg ein. Sie gehört zu 13 geschützten Stätten in der Gegend, die zusammen den **Richmond National Battlefield Park** (☎804-771-2145; www.nps.gov/rich; 470 Tredegar St; ⊙Schlachtfeld Sonnenaufgang–Sonnenuntergang, Tredegar Visitor Center 9–17 Uhr) GRATIS bilden.

Belle Isle PARK
(www.jamesriverpark.org; 300 Tredegar St) Eine lange Fußgängerbrücke führt von der Tredegar St (gleich hinter der Nationalparkstätte) hinüber auf die autofreie Insel. Früher befanden sich hier (zu verschiedenen Zeiten) ein Steinbruch, ein Kraftwerk und während des Bürgerkriegs ein Gefangenenlager, inzwischen hat sie sich aber zu einem der schönsten Stadtparks von Richmond gemausert. Die großen, flachen Felsen laden zum Sonnenbaden ein, und es gibt viele Wander- und Radwege. Man sollte aber auf keinen Fall im James River baden – der Fluss hat gefährliche Strömungen.

Canal Walk UFERPROMENADE
(www.rvariverfront.com; zw. 5th & 17th St) Der rund 2 km lange Canal Walk ist ein hübscher Uferweg zwischen dem James River, dem Kanawha (ka-*noh*-wha) Canal und dem Haxall Canal, auf dem man ein Dutzend Highlights aus Richmonds Geschichte auf einmal zu sehen bekommt. Eine Fußgängerbrücke führt hinüber zur Belle Isle, einer etwas ungepflegten, aber interessanten Insel im James River.

Poe Museum MUSEUM
(☎804-648-5523; www.poemuseum.org; 1914-16 E Main St; Erw./Kind 7–17 Jahre 8/6 US$; ⊙Di–Sa 10–17 Uhr, So ab 11 Uhr) Das Museum besitzt die weltgrößte Sammlung von Manuskripten von dem und Erinnerungsstücken an den Dichter und Horrorgeschichtenautor Edgar Allan Poe, der in Richmond gelebt und gearbeitet hat. Die Ausstellungen beinhalten den ersten Druck von *Der Rabe*, Poes Weste, sein Taschenmesser und einen Schreibtischstuhl, bei dem die Lehne fehlt – man sagt, dass sein Chef beim *Southern Literary Messenger* wollte, dass Poe aufrecht saß. Unnützes Wissen… Jeden vierten Donnerstag im Monat findet hier die Unhappy Hour statt (April–Okt. 18–21 Uhr, 8 US$).

Hollywood Cemetery FRIEDHOF
(☎804-648-8501; www.hollywoodcemetery.org; 412 S Cherry St, Eingang Ecke Albemarle St & Cherry St; ⊙8–18 Uhr) GRATIS Der ruhige Friedhof liegt oberhalb der Stromschnellen des James River und beherbergt die Gräber von zwei US-Präsidenten (James Monroe und John Tyler), vom einzigen Präsidenten der Konföderierten (Jefferson Davis) und von 18 000 konföderierten Soldaten. Von April bis Oktober gibt es montags bis samstags und im November nur sonntags um 10 Uhr geführte Touren (15 US$/Pers.). Wer das Gelände auf eigene Faust erkunden will, kann sich vorher auf der Website die virtuelle Tour ansehen.

Riverside Outfitters KANUFAHREN
(☎804-560-0068; www.riversideoutfitters.net; Brown's Island, Downtown; Kajak-/SUP-/Fahrradverleih pro Std. 15/15/10 US$; ⊙Juni–Aug. 11–

ABSTECHER

VIRGINIAS WEINGÜTER

Mit rund 230 Weingütern erlangt Virginia zunehmend Beachtung in der Weinwelt. Empfehlenswerte Adressen für eine erste Erkundungstour finden sich gleich außerhalb von Washington im Loudon County. Lagepläne, Weinrouten und viele andere Infos zum Thema Wein gibt's auf der Website www.virginiawine.org.

King Family Vineyards (434-823-7800; www.kingfamilyvineyards.com; 6550 Roseland Farm, Crozet; Verkostung 10 US$; Di–Do 10–17.30, Mi bis 20.30 Uhr;) Das Weingut zählt beständig zu den besten in Virginia. Man bringt ein Picknick mit (auf dem Gut wird aber auch allerlei Feinkost angeboten) und genießt die herrliche Landschaft. Sonntags kann man um 13 Uhr kostenlos bei einem Polo-Spiel zuschauen (Ende Mai–Mitte Okt.). Die „Königsfamilie" hat ihr Domizil 18 Meilen (29 km) östlich von Charlottesville.

Jefferson Vineyards (434-977-3042; www.jeffersonvineyards.com; 1353 Thomas Jefferson Pkwy; Verkostung 12 US$; 11–18 Uhr;) Das Weingut in der Nähe von Charlottesville profitiert von dem namensgleichen Original-Weingut von 1774. Im Sommer gibt's zweimal im Monat Gratiskonzerte unter freiem Himmel.

Bluemont Vineyard (540-554-8439; www.bluemontvineyard.com; 18755 Foggy Bottom Rd, Bluemont; Verkostung 10 US$; Sa–Do 11–18, Fr bis 20 Uhr;) Das Bluemont keltert rubinrote Nortons und markante Viogniers, ist aber auch für seine spektakuläre Lage berühmt – auf 285 m über dem Meer hat man einen weiten Blick über das Land.

Chrysalis Vineyards (540-687-8222; www.chrysaliswine.com; 39025 John Mosby Hwy; Verkostung 7–10 US$; 10–18 Uhr;) Das Gut greift stolz auf die autochthon amerikanische Rebsorte Norton zurück, die erstmals 1830 beschrieben wurde. Aus seinen Fässern rinnen sehr trinkbare Rot- und Weißweine, darunter ein erfrischender Viognier. Auf dem hübschen Gut findet im Oktober ein Bluegrass-Festival statt.

Tarara Vineyard (703-771-7100; www.tarara.com; 13648 Tarara Lane; Verkostung 6–10 US$; Mo–Do 11–17, Fr–So bis 18 Uhr) Das 192 ha große Weingut auf einem Steilhang über dem Potomac veranstaltet Führungen, die den Weg der Trauben vom Stock bis ins Glas erläutern. Das Weingut hat einen 560 m² großen Keller; Besucher können im Obstgarten Früchte pflücken und auf dem fast 10 km langen Wegenetz durch die hügelige Landschaft wandern. Im Sommer gibt's drei größere Weinfeste und samstagabends Konzerte.

18 Uhr) Hier kann man ein Kajak, SUP-Brett oder Fahrrad mieten. Der Laden liegt auf Brown's Island, gegenüber vom Historic Tredegar in der 500 Tredegar St. Hier werden auch geführte Rafting-Touren angeboten, die an verschiedenen Orten starten.

Virginia Capital Trail RADFAHREN
(www.virginiacapitaltrail.org) Der neue, 84 km lange geteerte Fuß- und Radweg verbindet Richmond mit Jamestown und den Vororten von Williamsburg und führt an Plantagen vorbei. Auf der nützlichen Website gibt es eine Karte mit Parkplätzen, Klos, Fahrradgeschäften, Restaurants und Unterkünften. Am Weg liegen jede Menge historische Stätten und Markierungen. Er beginnt an der Kreuzung S 17th ST und Dock St.

Schlafen

HI Richmond HOSTEL $
(804-729-5410; www.hiusa.org; 7 N 2nd St; B 30–34 US$, Zi. 90–135 US$, Nichtmitglieder zzgl. 3 US$;) Das schicke, umweltfreundliche Hostel in einem historischen Gebäude von 1924 hat eine tolle zentrale Lage und helle Zimmer (Schlafsäle und Privatzimmer) mit hohen Decken und vielen Originaldetails. Es gibt eine Gästeküche und einladende Gemeinschaftsbereiche. Das Haus ist vollständig barrierefrei eingerichtet.

Linden Row Inn BOUTIQUEHOTEL $$
(804-783-7000; www.lindenrowinn.com; 100 E Franklin St; Zi. ab 139 US$, Suite 289 US$; P @) Die Perle aus der Antebellum-Ära (bis 1861) hat 70 hübsche Zimmer mit Möbeln aus der viktorianischen Zeit. Das Haus ist von Gebäuden im amerikanischen Greek-Revival-Stil umgeben und steht in ausgezeichneter Lage in der Innenstadt. Die herzliche Südstaaten-Gastfreundlichkeit, angemessene Preise und aufmerksame Extras (kostenlose YMCA-Pässe, ein kostenloser Shuttle-Service in der Stadt und Frühstück) komplettieren das gute Angebot.

★ Jefferson Hotel LUXUSHOTEL $$$

(☎804-649-4750; www.jeffersonhotel.com; 101 W Franklin St; Zi. ab 355 US$; P❄📶🏊) Das Jefferson ist Richmonds prächtigstes Hotel und eines der schönsten in den USA. Das Hotel im Beaux-Arts-Stil war die Vision des Tabakbarons und Konföderiertenmajors Lewis Ginter und wurde 1895 fertiggestellt. Die Zimmer sind schick und einladend; man schläft wunderbar. Es heißt, die opulente Treppe im Foyer sei das Vorbild der berühmten Treppe aus *Vom Winde verweht* gewesen.

Essen

Kuba Kuba KUBANISCH $

(☎804-355-8817; www.kubakuba.info; 1601 Park Ave; Hauptgerichte 5–20 US$; ⏲Mo–Do 9–21.30, Fr & Sa bis 22, So bis 20 Uhr) Das winzige Ladenlokal im Viertel Fan wirkt wie eine Bodega aus dem alten Havanna. Serviert werden leckere Schweinefleischgerichte, Omeletts auf spanische Art und Panini zu supergünstigen Preisen.

Mama J's AMERIKANISCH $

(☎804-225-7449; www.mamajskitchen.com; 415 N 1st St; Hauptgerichte 7–10 US$; ⏲So–Do 11–21, Fr & Sa bis 22 Uhr) Im historischen afroamerikanischen Viertel Jackson Ward bereitet das Personal des Mama J's köstliche Brathähnchen, den legendären gebratenen Wels (der vielleicht nicht besonders aussieht, aber dafür himmlisch schmeckt) mit Blattkohl, Süßkartoffeln, Mac'n'Cheese und andere Beilagen zu. Der Service ist freundlich, die Warteschlange lang – daher früh kommen!

Sidewalk Cafe AMERIKANISCH, GRIECHISCH $

(☎804-358-0645; www.sidewalkinthefan.com; 2101 W Main St; Hauptgerichte 9–18 US$; ⏲Mo–Fr 11–2, Sa & So ab 9.30 Uhr) Das Café ist ein beliebter Nachbarschaftstreff und erinnert mit seiner ganzjährigen Weihnachtsbeleuchtung, den holzgetäfelten Wänden und der kitschigen Kunst an eine Kneipe. Das Essen ist aber erstklassig. Man kann draußen auf dem Bürgersteig sitzen, es gibt täglich Sonderangebote und am Wochenende einen Brunch.

Burger Bach KNEIPENESSEN $

(☎804-359-1305; www.theburgerbach.com; 10 S Thompson St; Hauptgerichte 9–13 US$; ⏲So–Do 11–22, Fr & Sa bis 23 Uhr; ❄🍸👪) 🌿 Burger Bach ist das einzige Restaurant in der Gegend, das sich als neuseeländisch inspiriertes Burgerlokal klassifiziert. Die Lammburger sind ausgezeichnet, aber auch die Rindfleischburger von hiesigen Rindern und die vegetarischen Angebote sind sehr gut. Zu den dick geschnittenen Pommes wählt man eine von 14 Saucen.

Daily Kitchen & Bar MODERN-AMERIKANISCH $$

(☎804-342-8990; www.thedailykitchenandbar.com; 2934 W Cary St; Hauptgerichte mittags 9–20 US$, abends 9–26 US$; ⏲So–Do 7–23, Fr & Sa bis 1 Uhr; 🍸) 🌿 Das Daily im Herzen von Carytown ist zu allen Tageszeiten eine prima Anlaufstelle, egal ob man nun Hunger, Durst oder beides hat. Als Frühstück gibt's üppige Krabbenomeletts, mittags BLT-Sandwiches mit schwarz mariniertem Mahi-Mahi und abends scharf angebratene Muscheln. Verschiedene vegane Angebote, erstklassige Cocktails und das muntere, künstlerisch gestaltete Ambiente runden das Ganze zusätzlich ab.

Millie's Diner MODERN-AMERIKANISCH $$

(☎804-643-5512; www.milliesdinner.com; 2603 E Main St; Hauptgerichte mittags 9–14 US$, abends 16–29 US$; ⏲Di–Fr 11–14.30 & 17.30–22.30, Sa & So 9–15 & 17.30–22.30 Uhr) Mittagessen, Dinner oder Wochenend-Brunch – Richmonds Ikone bietet das alles in bester Qualität. Das kleine, aber hübsch gestaltete Restaurant überzeugt mit kreativen saisonalen Gerichten. Das Devil's Mess – ein Omelett, belegt mit scharfer Wurst, Curry, Gemüse, Käse und Avocado – ist legendär.

Croaker's Spot SEAFOOD $$

(☎804-269-0464; www.croakersspot.com; 1020 Hull St; Hauptgerichte 10–26 US$; ⏲Mo–Mi 11–21, Do bis 22, Fr bis 23, Sa 12–23, So 12–21 Uhr; P) Das Croaker's ist eine Institution in der Gegend und das Rückgrat der hiesigen afroamerikanischen Restaurantszene. Richmonds berühmtestes Soul Food ist köstlich, befriedigend und liegt gern mal wie ein Stein im Magen. Besonders verlockend ist das Fish Boat: gebratener Wels, Maisbrot und Mac'n'Cheese.

★ L'Opossum AMERIKANISCH, FRANZÖSISCH $$$

(☎804-918-6028; www.lopossum.com; 626 China St; Hauptgerichte 18–32 US$; ⏲Di–Sa 17–24 Uhr) Das L'Opossum ist ein sehr skurriles Lokal, aber es scheint zu funktionieren. Der Name ist schrecklich, überall stehen Statuen von Michelangelos David rum, und die Gerichte haben Namen, die fast schon zu hip sind, um sie zu verstehen: beispielsweise Darth Grouper Held at Bay by a Rebellious Coalition.

Ausgehen & Unterhaltung

Saison COCKTAILBAR

(☎804-269-3689; www.saisonrva.com; 23 W Marshall St; ⏱17–2 Uhr) Die Bar in Jackson Ward unweit der Downtown hat Klasse und lockt passionierte Cocktail-Kenner an, die hier mit kreativ gemixten Cocktails oder Bieren aus Kleinbrauereien anstoßen und sich die Gerichte aus farmfrischen Zutaten schmecken lassen.

Veil Brewing MIKROBRAUEREI

(www.theveilbrewing.com; 1301 Roseneath Rd; ⏱Di–Do 16–21, Fr bis 22, Sa 12–22, So 12–18 Uhr) Wenn eine lange Schlange Geschäftsmänner vor einem unauffälligen Backsteingebäude in der Roseneath Rd gleich westlich der Broad St steht, ist wahrscheinlich Dienstag. Dann gibt es in dieser vielgepriesenen neuen Brauerei nämlich limitiertes Bier, das schnell ausverkauft ist. Eine der beliebtesten Craft-Bier-Brauereien in dem aufstrebenden Viertel Scott's Addition.

Byrd Theater KINO

(☎804-353-9911; www.byrdtheatre.com; 2908 W Cary St; Karten ab 4 US$) Die Preise in diesem klassischen Kino von 1928 sind unschlagbar. Hier laufen alte Filme und absolute Klassiker. Vor den Samstagabendvorführungen gibt's Wurlitzer-Konzerte.

Anreise & Unterwegs vor Ort

Die Züge von Amtrak (www.amtrak.com) halten am **Staples Mill Rd-Bahnhof** (www.amtrak.com; 7519 Staples Mill Rd), 11 km nördlich der Stadt (Bus 27 fährt ins Zentrum). Bequemer, aber weniger zahlreich sind die Verbindungen mit Halt im Zentrum an der **Main St Station** (www.amtrak.com; 1500 E Main St).

Der **Greyhound/Trailways-Busbahnhof** (☎804-254-5910; www.greyhound.com) liegt am 2910 North Blvd.

Die Taxifahrt vom **Richmond International Airport** (RIC; ☎804-226-3000; www.flyrichmond.com; 1 Richard E Byrd Terminal Dr), 10 Meilen (16 km) östlich der Stadt, kostet zwischen 30 und 35 US$.

Im Herbst 2017 sollte ein neues **Bike-Sharing-Programm** ins Leben gerufen werden.

Die Greater Richmond Transit Company (www.ridegrtc.com) betreibt Stadtbusse, in denen passend gezahlt werden muss.

Historic Triangle

Willkommen im „Historischen Dreieck", der Geburtsstätte der Vereinigten Staaten von Amerika. Nirgendwo sonst hat ein so kleines Gebiet eine so entscheidende Rolle für den Verlauf der amerikanischen Geschichte gespielt. In Jamestown, der ersten dauerhaften englischen Siedlung in der Neuen Welt, wurde der Grundstein der Nation gelegt. Das Feuer des Amerikanischen Unabhängigkeitskriegs wurde in Williamsburg entfacht, damals Hauptstadt der britischen Kolonie Virginia. Und in Yorktown schließlich errang Amerika die uneingeschränkte Unabhängigkeit von Großbritannien. Um der Bedeutung des historischen Dreiecks annähernd gerecht zu werden, sollte man für den Besuch mindestens zwei Tage einplanen.

Anreise & Unterwegs vor Ort

Das Historic Triangle umgibt die I-64. Der größte regionale Flughafen ist der Norfolk International Airport (S. 324), gefolgt vom Newport News/Williamsburg International Airport (PHF; www.flyphf.com).

Williamsburg

Wer in Virginia nur einen historischen Ort besuchen will oder kann, sollte sich für Williamsburg entscheiden. In Colonial Williamsburg, einem der größten und umfangreichsten Museumsdörfer der Welt, wird Geschichte wirklich gelebt. Es gibt kaum einen besseren Ort, um Kindern Geschichte zu vermitteln. Aber natürlich werden auch die Erwachsenen ihren Spaß haben.

Die heutige Stadt Williamsburg, die von 1699 bis 1780 die Hauptstadt von Virginia war, präsentiert sich recht herrschaftlich. Den Studenten des College of William & Mary ist es jedoch zu verdanken, dass es auch so etwas wie eine Jugendkultur gibt: lässige Cafés, günstige Kneipen und Modeboutiquen.

Sehenswertes

★**Colonial Williamsburg** HISTORISCHE STÄTTE

(☎888-974-7926; www.colonialwilliamsburg.org; Erw./Kind 6–12 Jahre 1 Tag 41/21 US$, mehrere Tage 51/26 US$; ⏱9–17 Uhr) Die rekonstruierte Hauptstadt von Englands größter Kolonie in der Neuen Welt ist eine Attraktion für Besucher jedes Alters. Diese erwartet kein kitschiger, eingezäunter Themenpark, sondern ein lebendes, atmendes und arbeitendes Geschichtsmuseum, so sorgfältig und gestaltet, dass es brillant den Alltag der amerikanischen Kolonisten im 18. Jh. einfängt.

Auf dem rund 120 ha großen Gelände stehen 88 Originalgebäude aus dem 18. Jh. und mehrere Hundert originalgetreue Nachbauten. Kostümierte Darsteller und Guides in historischer Aufmachung gehen ihrer Arbeit als Schmied, Apotheker, Bardame, Drucker, Soldat oder Patriot nach und fallen nur kurz aus ihrer Rolle, um für einen Schnappschuss zu posieren.

Kostümierte Darsteller von Patrioten wie Patrick Henry oder Thomas Jefferson schwingen immer noch leidenschaftliche Freiheitsreden, aber auch Amerikas weniger glorreiche Momente werden nicht schamhaft verschwiegen. Die Schauspieler debattieren heute auch über die Sklaverei, das Frauenwahlrecht, die Rechte der indigenen Amerikaner und ob es überhaupt moralisch legitim ist, sich an einer Revolution zu beteiligen.

Das historische Viertel einschließlich der Läden und Tavernen kostet keinen Eintritt, für die Führungen durch die Gebäude und für die meisten Ausstellungen wird aber ein Ticket benötigt. Besonders im Sommer muss man mit Massenandrang, Warteschlangen und quengelnden Kindern rechnen.

Um zu parken und die Eintrittskarten zu kaufen, folgt man der Ausschilderung zum **Visitor Center** (☎757-220-7645, 888-965-7254; www.colonialwilliamsburg.com; 101 Visitor Center Dr; ⏲8.45–21 Uhr), das sich nördlich des historischen Viertels zwischen dem Hwy 132 und dem Colonial Pkwy befindet; für Kinder gibt es dort auch historische Kostüme zum Ausleihen (25 US$/Tag). Im Center wird ein 30-minütiger Film über Williamsburg gezeigt, und man kann sich nach den aktuell angebotenen Veranstaltungen und Events erkundigen.

Die Parkplätze sind kostenlos; wer von hier nicht den von Bäumen gesäumten Fußweg einschlagen will, kann die häufig fahrenden Shuttle-Busse zum historischen Viertel nutzen. Eintrittskarten erhält man auch am **Informationskiosk am Merchants Square** (W Duke of Gloucester St; ⏲9–17 Uhr).

College of William & Mary HISTORISCHES GEBÄUDE
(☎757-221-4000; www.wm.edu; 200 Stadium Dr) Das 1693 gegründete College of William & Mary ist das zweitälteste College der USA. Zu ihm gehört auch das **Sir Christopher Wren Building**, das älteste akademische Gebäude der USA, das ununterbrochen als solches genutzt wurde. Zu den Absolventen dieses Colleges gehörten Thomas Jefferson, James Monroe und der Komiker Jon Stewart. Es gibt eine kostenlose Campus-Audioführung.

Schlafen & Essen

Governor's Inn HOTEL $
(☎757-220-7940; www.colonialwilliamsburg.com; 506 N Henry St; Zi. inkl. Frühstück 74–89 US$; P 📶 ❄) Williamsburgs offizielle Budgetunterkunft ist einfach nur ein großer Kasten, aber die Zimmer sind sauber, und die Gäste können den Pool und die Einrichtungen im Woodlands Hotel benutzen. Das Haus hat zudem eine großartige Lage nahe dem Visitor Center, drei Blocks vom historischen Viertel entfernt.

PLANTAGEN AM JAMES RIVER

Die prächtigen Häuser der Sklavenhalter-Aristokratie von Virginia waren ein klares Zeichen der Klassentrennung dieser Zeit. Ein paar von ihnen säumen den schönen Hwy 5 am Nordufer des Flusses, aber nur wenige sind für die Öffentlichkeit zugänglich. Gut zu wissen für Radfahrer: Der Virginia Capital Trail (S. 332) verbindet Richmond mit Williamsburg und verläuft entlang der Rte 5.

Berkeley Plantation (☎804-829-6018; www.berkeleyplantation.com; 12602 Harrison Landing Rd, Charles City; Erw./Kind 6–16 Jahre 12/7 US$; ⏲9.30–16.30 Uhr) In Berkeley wurde 1619 das erste offizielle Thanksgiving gefeiert. Es war die Geburtsstätte und der Heimatort von Benjamin Harrison V., einem Unterzeichner der Unabhängigkeitserklärung, und seines Sohnes William Henry Harrison, dem 9. US-Präsidenten.

Shirley Plantation (☎800-829-5121; www.shirleyplantation.com; 501 Shirley Plantation Rd, Charles City; Erw./Kind 7–16 Jahre 12,50/8,50 US$; ⏲9.30–16 Uhr) Shirley – malerisch am Fluss gelegen – ist die älteste Plantage in Virginia (1613) und das vielleicht beste Beispiel dafür, wie eine Plantage nach britischem Vorbild wirklich entstanden ist: von der ordentlichen Anordnung an Handels- und Dienstleistungshäusern aus Backstein (Werkzeugschuppen, Eishaus, Wäscherei, etc.) bis hin zum Haupthaus.

Williamsburg Woodlands Hotel & Suites HOTEL $$
(☎757-220-7960; www.colonialwilliamsburg.com; 105 Visitor Center Dr; Zi./Suite 179/209 US$; P❄📶🏊) Das Hotel mit gutem Preis-Leistungs-Verhältnis hat gemütliche, mit Teppichen ausgelegte Zimmer (bei einigen sind die gemusterten Tapeten etwas heftig ausgefallen). Es befindet sich in der Nähe der Haupttouristeninformation von Colonial Williamsburg. Dank Wasserpark, Spielen (Minigolf, Volleyball) und kostenlosem Frühstück ist das Haus bei Familien sehr beliebt. Allerdings ist es ein bisschen unpersönlicher als die meisten anderen Unterkünfte.

Colonial Williamsburg Historic Lodging – Colonial Houses PENSION $$$
(☎888-965-7254, 757-565-8440; www.colonialwilliamsburg.com; 136 E Francis St; Zi. 199 US$) Wer wirklich ins 18. Jh. eintauchen will, kann in einem der 26 Originalhäuser der Kolonialzeit auf dem Gelände des Colonial Williamsburg übernachten. Sie sind zwar individuell eingerichtet und dekoriert, haben aber alle vorzügliches historisches Mobiliar, Himmelbetten und Kamine, die auch tatsächlich mit Holz befeuert werden.

Cheese Shop DELI $
(☎757-220-0298; www.cheeseshopwilliamsburg.com; 410 W Duke of Gloucester St, Merchants Sq; Hauptgerichte 6–8 US$; ⏲Mo–Sa 10–20, So 11–18 Uhr) Dieses Feinschmecker-Deli serviert einige schmackhafte Sandwiches und Antipasti, Baguettes, Gebäck, Wein, Bier und köstlichen Käse. Am besten bestellt man sich ein Sandwich und ein Glas Wein – an verschiedenen Theken – und beobachtet dann während dem Essen die Leute von der Terrasse aus.

Aromas CAFÉ $
(☎757-221-6676; www.aromasworld.com; 431 Prince George St; Hauptgerichte mittags 7–9 US$, Hauptgerichte abends 7–15 US$; ⏲Mo–Do 7–22, Fr & Sa bis 1, So 8–20 Uhr; 📶) Das einladende Kaffeehaus einen Block nördlich des Merchants Sq serviert Salate, Sandwiches und ein paar Hauptgerichte am Abend wie geschwärzten Lachs und Barbecue Chicken mit Mac'n'Cheese. Dazu gibt es Wein und Bier. Man kann im Freien sitzen, und es gibt Livemusik (dienstags Jazz, am Wochenende bunt gemischt).

King's Arms Tavern MODERN-AMERIKANISCH $$$
(☎866-348-9022; www.colonialwilliamsburg.com; 416 E Duke of Gloucester St; Hauptgerichte mittags 14–16 US$, abends 25–40 US$; ⏲11.30–14.30 & 17–20 Uhr) Diese traditionelle Taverne serviert moderne amerikanische Gerichte wie Wildpastete – Wild, Kaninchen und Ente geschmort in Portweinsauce. Von den vier Restaurants in Colonial Williamsburg ist dieses hier das eleganteste. Manchmal kann man zum Essen Flötenmusik lauschen, und das Personal gibt gerne Geschichten zum Essverhalten während der Kolonialzeit zum Besten.

An- & Weiterreise

Züge von Amtrak (www.amtrak.com) starten zweimal am Tag vom **Williamsburg Transportation Center** (☎757-229-8750; www.williamsburgva.gov; 468 N Boundary St, Ecke Boundary St & Lafayette St; ⏲7.30–22 Uhr) nach Washington, D.C., (46 US$, 4 Std.) und Richmond (22 US$, 90 Min.), beides auf der Northeast Regional-Route.

Jamestown

Am 14. Mai 1607 ließen sich 104 englische Männer und Jungen auf dieser sumpfigen Insel nieder, ausgestattet mit einem Freibrief der Virginia Company of London, nach Gold und anderen Reichtümern suchen zu dürfen. Stattdessen aber fanden sie Hunger und Krankheiten. Im Januar 1608 lebten nur noch etwa 40 Kolonisten, die Überlebenden schreckten in ihrer Verzweiflung gar vor Kannibalismus nicht zurück. Die Kolonie überlebte diese Hungerzeit dank der Führung von Captain James Smith und der Hilfe des Häuptlings der Powhatan. 1619 trat das gewählte House of Burgesses zusammen, das damit zur ersten demokratischen Regierung auf dem amerikanischen Kontinent wurde.

Sehenswertes

Historic Jamestowne HISTORISCHE STÄTTE
(☎757-856-1250; www.historicjamestowne.org; 1368 Colonial Pkwy; Erw./Kind unter 16 Jahren 14 US$/frei; ⏲9–17 Uhr) Die faszinierende, vom NPS geleitete Stätte befindet sich an der Stelle des originalen Jamestown, der ersten dauerhaften englischen Siedlung in Nordamerika, die 1607 errichtet wurde. Der Besuch beginnt im Museum mit Blick auf die Statuen von Pocahontas und John Smith. Die Ruinen der originalen Siedlung wurden 1994 wiederentdeckt; Besucher können bei den anhaltenden archäologischen Grabungen zuschauen. Im Archaearium kann man über 4000 Artefakte bewundern, darunter

auch den Schädel eines jungen Siedlers, der wahrscheinlich dem Kannibalismus zum Opfer fiel.

Jamestown Settlement HISTORISCHE STÄTTE
(☎757-253-4838; www.historyisfun.org; 2110 Jamestown Rd; Erw./Kind 6–12 Jahre 17/8 US$, inkl. American Revolutionary Museum in Yorktown 23/12 US$; ⌚9–17 Uh, Mitte Juni–Mitte Aug. bis 18 Uhr; P 👪) Bei Kindern beliebt ist die vom Bundesstaat Virginia betriebene Jamestown Settlement mit Rekonstruktionen des James Fort von 1607, eines Indianerdorfs und den originalgroßen Nachbauten der ersten Schiffe, die die Siedler nach Jamestown brachten. Dazu gibt's jede Menge lebendige Geschichte, Multimedia-Ausstellungen und kostümierte Schauspieler, die das 17. Jh. zum Leben erwecken. Außerhalb der Ferien sind oft Schulklassen hier, und es kann ziemlich voll werden. Am besten schon sehr früh kommen!

ℹ An & Weiterreise

Am besten kommt man mit dem Auto nach Jamestown. Züge von Amtrak (www.amtrak.com) halten in der Nähe von Williamsburg, wo vom Williamsburg Transportation Center zweimal täglich Züge nach Washington, D. C., (46 US$, 4 Std.) und Richmond (22 US$, 90 Min.) fahren, beides auf der Northeast Regional-Route.

Yorktown

Am 19. Oktober 1781 kapitulierte hier der britische General Cornwallis vor George Washington, womit der Amerikanische Unabhängigkeitskrieg de facto beendet war. Angesichts der Übermacht der US-amerikanischen Artillerie an Land und auf See durch die Franzosen vom Nachschub abgeschnitten, befanden sich die Briten in einer hoffnungslosen Lage. Washington hatte zwar mit einer wesentlich längeren Belagerung gerechnet, doch Cornwallis, vom unausgesetzten Sperrfeuer entnervt, ergab sich schon nach wenigen Tagen.

Das gegenwärtige Yorktown ist ein angenehmes Uferdorf am York River mit einer netten Reihe von Läden, Galerien, Restaurants und Pubs.

Sehenswertes

American Revolution Museum at Yorktown MUSEUM
(☎757-887-1776; www.historyisfun.org; 200 Water St; Erw./Kind 6–12 Jahre 12/7 US$; inkl. Jamestown Settlement Erw./Kind 23/12 US$; ⌚9–17 Uhr, Mitte Juli–Mitte Aug. bis 18 Uhr; P 👪) Dieses neue und erweiterte Ausstellungszentrum und Geschichtsmuseum, einst das Yorktown Victory Center, erzählt vom Weg bis zum Revolutionskrieg, vom Krieg selbst und vom Alltagsleben an der Heimatfront. Der spannende, 90-minütige 4D-Film *Siege* beleuchtet die Schlacht von Yorktown, die den Krieg beendet hat. Hier sind auch viele bedeutenden Artefakte ausgestellt, etwa ein früher Druck der Unabhängigkeitserklärung. In einem nachgebauten Militärcamp auf dem Außengelände erläutern kostümierte Soldaten Details über das Leben in einem Kriegslager.

Yorktown Battlefield HISTORISCHE STÄTTE
(☎757-898-2410; www.nps.gov/york; 1000 Colonial Pkwy; Erw./Kind unter 16 Jahre 7 US$/frei; ⌚9–17 Uhr; P 👪) Das vom NPS geführte Yorktown Battlefield ist der Schauplatz der letzten großen Schlacht des amerikanischen Unabhängigkeitskriegs. Eine Tour beginnt man am besten am Visitor Center, wo man sich den Film zur Orientierung und das dort ausgestellte originale Zelt von Washington anschaut. Die gut 11 km lange Battlefield Rd Tour führt an den wichtigsten Sehenswürdigkeiten des Geländes vorbei. Man sollte auf keinen Fall die letzten Abwehrstellungen der Briten an den Schanzen 9 und 10 auslassen, die über die Ballard St zu erreichen sind.

ℹ An- & Weiterreise

Am besten kommt man mit dem Auto nach Yorktown. Alle 20 bis 35 Minuten verkehrt ein kostenloser Shuttle zwischen den historischen Stätten und dem Dorf (April–Mitte Nov. 11–17 Uhr, Juni–Aug. verlängerte Öffnungszeiten).

Hampton Roads

Die Region Hampton Roads ist nicht nach Straßen, sondern nach dem James River, dem Nansemond River und dem Elizabeth River benannt, die hier allesamt in die Chesapeake Bay münden. Hampton Roads war schon immer eine erstklassige Wohngegend. Die Powhatan-Indianer angelten in den Gewässern ihre Fische und jagten das Wild entlang der Küste Virginias schon Tausende von Jahren, bevor John Smith 1607 hier landete. Heute ist die Region Hampton Roads wegen ihrer verstopften Straßen – vor allem rund um den Chesapeake Bay Bridge

Tunnel – und des kulturellen Mischmaschs aus Geschichte, Militär und Kunst berühmt. In Norfolk hofft man, dass ein brandneues Restaurant- und Vergnügungsviertel die Innenstadt wiederbeleben wird.

Anreise & Unterwegs vor Ort

Der Norfolk International Airport (S. 324) ist der Hauptflughafen der Gegend. Die I-64 ist die Haupt-Interstate. Rund um den Hampton Roads-Bridge Tunnel, der Newport News und Norfolk miteinander verbindet, gibt es immer wieder Staus. Wenn auf den elektronischen Schildern steht, dass man die I-664 nehmen soll, sollte man diesem Rat folgen.

Norfolk

Norfolk ist der Standort des weltgrößten Flottenstützpunkts – und so überrascht es nicht, dass es lange den Ruf hatte, eine raue Hafenstadt voller betrunkener Seeleute zu sein. In den vergangenen Jahren hat die Stadt aber hart daran gearbeitet, dieses Image mithilfe von Bauprogrammen, Gentrifizierungsmaßnahmen und der Konzentration auf eine aufstrebende Kunstszene aufzupolieren. Der Waterside District, ein neues Restaurant- und Vergnügungsviertel am Elizabeth River im Stadtzentrum, hat im Frühjahr 2017 eröffnet.

Sehenswertes

Chrysler Museum of Art MUSEUM

(☎757-664-6200; www.chrysler.org; 1 Memorial Pl; ⌚Di–Sa 10–17, So 12–17 Uhr) GRATIS Ein hervorragender Standort für eine vielfältige Kunstsammlung. Das Chrysler Museum vereint Objekte aus dem alten Ägypten bis zur Gegenwart, darunter Werke von Henri Matisse, Albert Bierstadt, Georgia O'Keeffe Jackson Pollock und Andy Warhol, und nennt auch eine große Sammlung von Glasgegenständen aus den letzten 3000 Jahren sein Eigen. Auf jeden Fall die mundgeblasenen Tiffany-Gläser besichtigen! Täglich um 14 Uhr gibt es Vorträge in der Galerie.

Naval Station Norfolk MUSEUM

(☎757-444-7955; www.cnic.navy.mil/norfolksta; 9079 Hampton Blvd, nahe Gate 5; Erw./Kind 3–11 Jahre 10/5 US$; ⌚Tourzeiten variieren) Die weltweit größte Marinebasis und einer der betriebsamsten Flugplätze des Landes ist ein Muss für Besucher der Region. Die 45 Minuten langen Bustouren werden von Marineangehörigen durchgeführt und müssen im Voraus gebucht werden (wechselnde Anfangszeiten). Erwachsene benötigen den Reisepass oder Personalausweis.

Nauticus MUSEUM

(☎757-664-1000; www.nauticus.org; 1 Waterside Dr; Erw./Kind 4–12 Jahre 16/11,50 US$; ⌚tgl. Juni–Aug. 10–17 Uhr, Sept.–Mai Di–Sa 10–17 & So 12–15 Uhr) Das riesige interaktive Meeresmuseum zeigt Ausstellungen zur Unterwasserforschung und zum Leben in der Chesapeake Bay. Außerdem gibt es hier Geschichten über die US Navy. Das Highlight des Museums ist die Möglichkeit, auf den Decks und im Innern der **USS Wisconsin** herumzuklettern. Das 1943 gebaute und 270 m lange Schlachtschiff war eines der größten und letzten Schiffe dieser Art, die die US Navy vom Stapel laufen ließ.

Schlafen

Residence Inn HOTEL $$

(☎757-842-6216; www.marriott.com; 227 W Brambleton Ave; Zi./Suite 164/174 US$; P@☎≋) Einen kurzen Spaziergang von den Restaurants in der Granby St entfernt liegt dieses freundliche Kettenhotel mit gemütlicher Atmosphäre und eleganten, geräumigen Zimmern mit kleiner Küchenzeile und hervorragender Ausstattung.

Main Hotel HOTEL $$$

(☎757-763-6200; www.3hilton.com; 100 E Main St; Zi. 239–329 US$, Suite 369 US$; P❄☎≋) Dieses neue Mitglied der Hilton-Familie hat erst vor Kurzem eröffnet und verfügt über kleine, aber recht schicke Zimmer. Ein Zimmer mit Blick auf den Elizabeth River ist teurer, aber das ist vielleicht gar nicht nötig. Man kann sich auch auf der Dachterrasse einen Drink im **Grain** gönnen und dabei prima die Aussicht auf den Fluss genießen. Diese Bar ist nur eine von dreien innerhalb des Geländes.

Essen & Ausgehen

Luna Maya MEXIKANISCH $$

(☎757-622-6986; www.lunamayarestaurant.com; 2010 Colley Ave; Hauptgerichte 13–19 US$; ⌚Di–Sa 16.30–22 Uhr) Mit Mauervorsprüngen, einer Zinndecke und einem kleinen Speisesaal mit großen Fenstern ist dieses belebte und beliebte Lokal absolut hip. Der freundliche Service und die fantastischen Burritos heben den Laden von den anderen Restaurants in der quirligen Colley Ave ab. Ganz zu schweigen von den leckeren Margaritas und der großen Auswahl von vegetarischen Gerichten ...

Press 626 Cafe & Wine Bar MODERN-AMERIKANISCH $$
(757-282-6234; www.press26.com; 626 W Olney Rd; Hauptgerichte mittags 10–13 US$, abends 10–24 US$; Mo–Fr 11–23, Sa 17–23, So 10.30–14.30 Uhr;) Als Vertreter der Slow-Food-Bewegung hat das sehr ansprechende Press 626 eine umfangreiche Karte. Es gibt Gourmetsandwiches (mittags), gedämpfte Muscheln, Bouillabaisse und eine tolle Weinauswahl.

Smartmouth Brewing BRAUEREI
(757-624-3939; www.smartmouthbrewing.com; 1309 Raleigh Ave; Mi–Fr 16.30–21, Sa 12–19, So 13–17 Uhr) Im aufkeimenden Künstlerviertel Chelsea befindet sich diese Brauerei, in der man drinnen und draußen sitzen kann. Die Atmosphäre ist sehr einladend, und es gibt einen Food Truck für hungrige Gäste. Wer gern Hefeweizen trinkt, der sollte das saisonale Sommer Fling (April–Dez.) probieren.

An- & Weiterreise

Die Region wird vom Norfolk International Airport (S. 324), 7 Meilen (11,3 km) nordöstlich des Zentrums von Norfolk, bedient. **Greyhound** (757-625-7500; www.greyhound.com; 701 Monticello Ave) hat Busse nach Virginia Beach (16 US$, 35 Min.), Richmond (32 US$, 2¾ Std.) und Washington (50 US$, 6½ Std.).

Busse von Hampton Roads Transit (www.gohrt.com; 1,75 US$) fahren vom Zentrum durch die ganze Stadt sowie nach Newport News und Virginia Beach.

Virginia Beach

Angesichts eines 56 km langen Sandstrands, einer fast 5 km langen, betonierten Strandpromenade und eines großen Freizeitprogramms in der Umgebung überrascht es nicht, dass Virginia Beach ein sehr beliebtes Touristenziel ist. Die Stadt hat hart daran gearbeitet, ihren Ruf als ungehobelte „Redneck Riviera" abzuschütteln – tatsächlich ist der Strand jetzt breiter und sauberer und nicht mehr voller Rüpel. Abseits des Strandes locken auch einige hübsche Parks und Naturgebiete hinter den überfüllten Bettenburgen am Ufer. Im Sommer drängen sich die Massen, der Verkehr staut sich, und die Preise steigen.

Sehenswertes

Virginia Aquarium & Marine Science Center AQUARIUM
(757-385-3474; www.virginiaaquarium.com; 717 General Booth Blvd; Erw./Kind 3–11 Jahre 25/20 US$; 9–17 Uhr) Wer ein gut konzipiertes Aquarium sehen möchte, ist hier genau richtig. In verschiedenen Habitaten sieht man eine große Menge Meeresbewohner, darunter Meeresschildkröten, Fischotter und Komodowarane. Wenn die Kinder noch nicht ausgelastet sind, können sie im neuen Abenteuerpark in den Bäumen zwischen den Gebäuden des Aqariums den Klettergarten ausprobieren (Erw./Kind 7–11 Jahre 52/44 US$).

Virginia Museum of Contemporary Art MUSEUM
(757-425-0000; www.virginiamoca.org; 2200 Parks Ave; Erw./Kind 7,70/5,50 US$; Di 10–21, Mi–Fr bis 17, Sa & So bis 16 Uhr) In dem neuen, ultramodernen Gebäude werden tolle Sonderausstellungen gezeigt.

Back Bay National Wildlife Refuge NATURSCHUTZGEBIET
(757-301-7329; www.fws.gov/refuge/back_bay; 4005 Sandpiper Rd; April–Okt. pro Fahrzeug/Fußgänger 5/2 US$, Nov.–März freier Eintritt; Sonnenaufgang–Sonnenuntergang) Das 37,4 km² große Sumpflandreservat für Wildtiere und Zugvögel ist vor allem während der Zugsaison im Dezember atemberaubend.

First Landing State Park NATURSCHUTZGEBIET
(757-412-2300; www.dcr.virginia.gov; 2500 Shore Dr; 7–9 US$/Fahrzeug; 8 Uhr–Sonnenuntergang) In dem 1169 ha großen Waldgebiet gibt es **Wanderwege** von insgesamt 23 km Länge sowie Möglichkeiten zum Campen, Radfahren, Angeln, Kajakfahren und Baden. Ein wunderbarer Ort zum Erholen!

Schlafen & Essen

First Landing State Park CAMPING $
(800-933-7275; http://dcr.virginia.gov; Cape Henry; Stellplatz 28–41 US$, Hütten ab 83 US$; P) Es gibt keinen malerischeren Campingplatz als diesen im Naturschutzgebiet entlang der Bucht, auch wenn die Hütten keinen Ausblick aufs Wasser bieten.

Hilton Virginia Beach Oceanfront HOTEL $$$
(757-213-3000; www.hiltonvb.com; 3001 Atlantic Ave; Zi. ab 417 US$; P) Das 20-stöckige Hotel ist luxuriös und die beste Unterkunft am Strand. Die Zimmer mit Meerblick sind geräumig, komfortabel und voller Annehmlichkeiten wie Flatscreen-TV, kuscheliger Bettwäsche und großem Balkon mit Blick auf Strand und Neptune Park. Im Sommer sinken die Preise werktags um 100 US$.

Blue Pete's SEAFOOD **$$**
(757-426-2278; www.bluepetespungo.com; 1400 N Muddy Creek Rd; Hauptgerichte 11–32 US$; Mo–Fr 17–22, Sa 12–23.45, So 12–22 Uhr) Oberhalb eines friedlichen Baches nahe der Back Bay hat das Blue Pete's eine bezaubernde Lage im Wald. Auf der vielseitigen Karte stehen u. a. Crab Cakes, Rinderbrust-Sandwiches, Pastagerichte und Garnelen im Kokosmantel.

Esoteric AMERIKANISCH **$$$**
(757-822-6008; www.esotericvb.com; 501 Virginia Beach Blvd; Hauptgerichte 10–30 US$; Mo–Mi 16–22, Do bis 23, Fr bis 24, Sa 12–24 Uhr) Gourmet-Sandwiches und das vielfältige Sortiment von typisch amerikanischen Gerichten machen die Einheimischen hier glücklich – genau wie das Craft-Bier. Das Betreiberehepaar, das die Seele hinter diesem stylischen Lokal verkörpert, unterstützt die hiesigen Lebensmittelhändler und Arbeiter.

An- & Weiterreise

Greyhound (757-422-2998; www.greyhound.com; 971 Virginia Beach Blvd) Busse fahren täglich nach Richmond (ab 14 US$; 3½ Std.). Sie halten auch in Norfolk und Hampton; für Verbindungen nach Washington, Wilmington, New York City und darüber hinaus muss man allerdings in Richmond umsteigen. Die Busse starten am Circle D Food Mart, rund 1,5 km westlich der Promenade.

Hampton Roads Transit betreibt den Virginia Beach Wave Trolley (Fahrkarte 2 US$), der im Sommer die Atlantic Ave entlangfährt.

Piedmont

Die sanft gewellten Hügel und Hochebenen im Herzen Virginias trennen die flache Küstenebene von einer Gebirgskette. In dem fruchtbaren Tal befinden sich Dutzende Weingüter, ein paar ländliche Dörfer und einige prächtige Anwesen aus der Kolonialzeit. Stetig neu entstehende Kleinbrauereien, Destillerien und Cider-Lokale ziehen zudem immer mehr Aufmerksamkeit auf sich.

Anreise & Unterwegs vor Ort

Das Piedmont wird von den Interstates I-81 und I-64 flankiert. Am besten erkundet man die Gegend mit dem Auto. In Charlottesville gibt es einen **Flughafen** und einen **Amtrak**-Bahnhof. Freitags sind immer viele Studenten der UVA im Zug nach Washington, D. C.

Charlottesville

Das im Schatten der Blue Ridge Mountains gelegene Charlottesville landet bei Umfragen regelmäßig unter den Orten mit der höchsten Lebensqualität in den USA. Die Stadt hat eine vielfältige Kultur und ist der Standort der University of Virginia (UVA), die die alten Südstaaten-Aristokraten genauso anzieht wie künstlerisch angehauchte Linksgerichtete. Der UVA-Campus und die Fußgängerzone in der Innenstadt mit dem Einkaufszentrum sind fest in der Hand von Studenten, Pärchen, Professoren und der einen oder anderen Berühmtheit, während am makellos blauen Himmel die Sonne lacht – kurz: „C-Ville" ist eigentlich perfekt.

Sehenswertes

Monticello HISTORISCHE STÄTTE
(434-984-9800; www.monticello.org; 931 Thomas Jefferson Pkwy; Erw./Kind 5–11 Jahre 28/9 US$; Mo–Fr 8.30–18, Sa & So bis 19 Uhr, Öffnungszeiten variieren saisonal) Monticello ist ein architektonisches Meisterwerk. Es wurde von Thomas Jefferson, dem Gründervater und dritten Präsidenten der USA, entworfen und bewohnt, der 40 Jahre damit verbracht hat, sein Traumhaus zu bauen, das 1809 schließlich fertiggestellt wurde. Heute ist es das einzige Wohnhaus in Amerika, das den Titel UN-Weltkulturerbe trägt. Jefferson hat einst geschrieben, dass er nirgendwo anders so glücklich sei wie hier und dass in Monticello all seine Wünsche ihre Erfüllung fänden – und seine Lebenszeit enden solle.

University of Virginia UNIVERSITÄT
(434-924-0311; www.virginia.edu; Charlottesville) Thomas Jefferson hat die University of Virginia gegründet, deren klassisch entworfene Gebäude und Anwesen den Geist des gemeinschaftlichen Lebens und Lernens, von dem Jefferson geträumt hat, verkörpern. Während des Semesters bieten Studenten kostenlose Führungen an, die täglich um 10, 11 und 14 Uhr an der Rotunda beginnen (www.uvaguides.org; Sept.–April). Jene von Jefferson entworfene **Rotunda** (434-924-7969; www.rotunda.virginia.edu; 1826 University Ave; 9–17 Uhr), eine maßstabsgetreue Nachbildung des Pantheons in Rom, kann man auch besichtigen. Im **Fralin Art Museum** (434-924-3592; http://uvafralinartmuseum.virginia.edu/; 155 Rugby Rd; Di, Mi, Fr & Sa 10–17, Do bis 19, So 12–17 Uhr) GRATIS gibt es eine eklektische Sammlung amerikanischer, europäischer und asiatischer Kunst.

Ash Lawn-Highland HISTORISCHES GEBÄUDE
(☎ 434-293-8000; www.ashlawnhighland.org; 2050 James Monroe Pkwy; Erw./Kind 6–11 Jahre 14/8 US$; ⏱ April–Okt. 9–18 Uhr, Nov.–März 11–17 Uhr) Diese historische Stätte war von 1799 bis 1823 die Heimat von James Monroe (dem 5. US-Präsidenten) und seiner Frau Elizabeth.

Schlafen

Fairhaven PENSION $
(☎ 434-933-2471; www.fairhavencville.com; 413 Fairway Ave; Zi. 80 US$; P ❄ 📶) Das freundliche und einladende Gästehaus ist eine tolle Option, sofern es einen nicht stört, sich das Bad zu teilen (es gibt nur ein Badezimmer für die Gäste der drei Zimmer). Jedes Zimmer hat einen Holzboden, komfortable Betten und einen farbenfrohen Anstrich. Die Gäste können die Küche, das Wohnzimmer und den Hinterhof benutzen. Bis zur Fußgängerzone muss man ca. 1,5 km gehen.

South Street Inn B&B $$
(☎ 434-979-0200; www.southstreetinn.com; 200 South St; Zi. 169–219 US$, Suite 249–259 US$; P ❄ 📶) Das elegante, 1856 erbaute Gebäude im Herzen von Charlottesville hat eine wechselvolle Geschichte hinter sich: Zunächst war es ein Mädchenpensionat, dann eine Pension und schließlich ein Bordell. Heute sind die insgesamt zwei Dutzend Zimmer im Stil des 19. Jhs. eingerichtet, was diesem Ort eine persönlichere Note und größere Vielfalt verleiht, als man sie in einem gewöhnlichen B&B fände.

Hyatt Place HOTEL $$
(☎ 434-995-5200; https://charlottesville.place.hyatt.com; 2100 Bond Pl; Zi. ab 209 US$; P @ 📶 🐾) Manchmal will man einfach kein historisches Gasthaus oder geselliges B&B. Manchmal will man schicke Möbel, funktionierendes WLAN und ein gutes, kostenloses Frühstück, bei dem man sich nicht mit fremden Menschen über seine Pläne für den Tag unterhalten muss. Da ist das neue Hyatt Place genau das Richtige. Wer sein Haustier mitbringt, zahlt 75 US$ pro Aufenthalt.

Essen & Ausgehen

Citizen Burger AMERIKANISCH $
(☎ 434-979-9944; www.citizenburgerbar.com; 212 E Main St; Hauptgerichte 12–15 US$; ⏱ So–Do 12–24, Fr & Sa bis 2 Uhr) Das Personal dieses Lokals in der Fußgängerzone serviert in seinem gut besuchten, mit Backstein verkleideten Speisesaal köstliche Burger und Biere aus Kleinbrauereien. Regionale Bio-Produkte sind hier Trumpf (Rindfleisch, Käse und Biere aus Virginia). Die Trüffelfritten sollte man sich nicht entgehen lassen.

Oakhart Social MODERN-AMERIKANISCH $$
(☎ 434-995-5449; www.oakheartsocial.com; 511 W Main St; kleine Gerichte 10–23 US$; ⏱ Di–So 17–24, Fr & Sa bis 2 Uhr) Das stilvolle Lokal bringt in einem hübschen und entspannten Ambiente kreative, saisonal inspirierte kleine Gerichte (gegrillter Oktopus mit Kichererbsen-Püree, süß-knuspriger Schweinebauchsalat) sowie Holzofenpizza auf die Tische. Auf der Vorderveranda kann man schön sitzen und einen erfrischenden Corpse Reviver #2 und andere gut gemixte Cocktails schlürfen.

★ **Public Fish & Oyster** SEAFOOD $$$
(☎ 434-995-5542; www.publicfo.com; 513 W Main St; Hauptgerichte 19–29 US$; ⏱ Mo–Do 16–21.30, Fr & Sa bis 22, So bis 21 Uhr) Das helle, einladende Restaurant ist ein richtiger Blickfang. Aber letztlich sind es die saisonalen Seafood-Gerichte, die Besucher dazu bringen, Teller um Teller voller Austern, Muscheln und anderen Meeresfrüchten zu bestellen. Wer noch nie rohe Austern gegessen hat, sollte das hier ändern. Die belgischen Pommes mit Meersalz sind fantastisch.

Whiskey Jar COCKTAILBAR
(☎ 434-202-1549; http://thewhiskeyjarcville.com; 227 W Main St; Hauptgerichte mittags 10–15 US$, abends 12–32 US$; ⏱ Mo–Do 11–24, Fr & Sa bis 2, So 10–14.30 Uhr) Das Whiskey Jar in der

ABSTECHER

MONTPELIER

In dieser Gegend dreht sich alles um Thomas Jefferson, aber es lohnt sich auch, James Madisons **Montpelier** (www.montpelier.org; 11350 Constitution Hwy; Erw./Kind 20/7 US$; ⏱ April–Okt. 9–17 Uhr, Nov.–März 10–16 Uhr) einen Besuch abzustatten. Das spektakuläre Anwesen liegt 40 km nordöstlich von Charlottesville (abseits des Hwy 20). Madison war ein genialer, aber schüchterner Mann, der sich ganz seinen Büchern verschrieben hat. Er hat fast ganz allein die amerikanische Verfassung formuliert und aufgeschrieben. **Geführte Touren** beleuchten das Leben von James und seiner talentierten und charismatischen Frau Dolley sowie von anderen Bewohnern des Anwesens.

Fußgängerzone bietet eine riesige Auswahl von Whiskeys (über 125 Sorten!) in rustikalem Ambiente samt Holzmobiliar. Das Personal trägt karierte Hemden, und die Drinks werden in Einmachgläsern serviert. Und wer seine Bloody Mary scharf mag, der bekommt sie hier auch scharf. Dazu gibt es einfache Gerichte der modernen Südstaatenküche und tolles Grillfleisch.

Anreise & Unterwegs vor Ort

Amtrak (www.amtrak.com; 810 W Main St) Hat täglich zwei Züge nach Washington, D. C. (ab 30 US$, 3 Std.).

Charlottesville Albemarle Airport (CHO; ☎434-973-8342; www.gocho.com) 10 Meilen (16 km) nördlich vom Zentrum; Direktflüge zu Zielen an der Ostküste und nach Chicago.

Greyhound/Trailways Terminal (☎434-295-5131; www.greyhound.com; 310 W Main St) Lässt täglich drei Busse nach Richmond (ab 18 US$, 1¼ Std.) und einen nach Washington, D. C. (ab 21 US$, 3 Std.), fahren.

Ein kostenloser Shuttle verkehrt zwischen W Main St und UVA.

Appomattox

Im McLean House im Ort Appomattox Court House besiegelte General Robert E. Lee die Kapitulation seiner Nord-Virginia-Armee vor dem Nordstaaten-General Ulysses S. Grant. Damit war der Bürgerkrieg offiziell beendet.

Heute ist Appomatox (3 Meilen/4,8 km südwestlich des Nationalparks) eine kleine, aber malerische Stadt mit einer Hauptstraße, in der sich Antiquitätenläden aneinanderreihen (eine wahre Goldgrube für Liebhaber von Bürgerkriegsmemorabilia).

VIRGINIAS BREW RIDGE TRAIL

Von Charlottesville in westliche Richtung nach Crozet und entlang des Hwy 151, der unterhalb des Blue Ridge Pkwy durch die Ausläufer der Blue Ridge Mountains führt, reihen sich ein paar fantastische Craft-Brauereien aneinander. Als Teil des Brew Ridge Trail (www.brewridgetrail.com) bieten viele der Brauereien leckeres Craft-Bier, Ausblick auf die Berge und großartiges Essen. An schönen Tagen sind die Terrassen voller Bierkenner und Outdoor-Abenteurer. Charlottesville Hop on Tours (www.cvillehopontours.com) hat einen Shuttle-Service zwischen den Brauereien.

Sehenswertes

Appomattox Court House National Historic Park PARK
(☎434-352-8987; www.nps.gov/apco; 111 National Park Dr; ⏲9–17 Uhr) GRATIS Am 9. April 1865 fand hier im McClean House die Kapitulation der Nord-Virginia-Armee statt. Der Park umfasst über zwei Dutzend restaurierte Gebäude, von denen einige für Besucher geöffnet sind und noch über die Originalmöbel aus dem Jahr 1865 verfügen.

Zu den Highlights zählen das Wohnzimmer des **McLean House**, in dem Lee und Grant zusammentrafen, die **Clover Hill Tavern**, in der Soldaten der Union 30 000 Entlassungspapiere für kriegsgefangene konföderierte Soldaten druckten, und der mit Trockengut angefüllte **Meeks General Store**.

Schlafen & Essen

Longacre B&B $$
(☎434-352-9251; www.longacreva.com; 1670 Church St; Zi. ab 115 US$; P ❄) Das Longacre wirkt, als wäre es von irgendwo in England auf dem Land nach Virginia versetzt worden. Die eleganten Zimmer sind mit Antiquitäten ausstaffiert, und ein üppig grünes Gelände umgibt das weitläufige Haus im Tudor-Stil.

Baine's Books and Coffee CAFÉ $
(☎434-432-3711; www.bainesbooks.com; 205 Main St; Snacks 2–6 US$; ⏲Mo–Mi 7–20, Do & Fr bis 21.30, Sa 8.30–21.30, So 9–17 Uhr) Hier gibt es Sandwiches, Quiche und Scones (dazu an manchen Abenden in der Woche Livemusik).

Shenandoah Valley

Der einheimischen Überlieferung zufolge soll Shenandoah das indianische Wort für „Tochter der Sterne“ sein. Ob das nun stimmt oder nicht – das hier ist wirklich Gottes eigenes Land und einer der schönsten Flecken in den USA. Das 320 km lange Tal und die Blue Ridge Mountains sind übersät mit idyllischen Kleinstädten, malerischen Weingütern, Kleinbrauereien, geschützten Schlachtfeldern und Höhlen. Hier verlief einst die Westgrenze des kolonialen Amerikas, wo sich schottisch-irische Pioniere niedergelassen hatten, die aus dem schottischen Hochland vertrieben worden waren, weil dort flächendeckend Schafe gezüchtet werden sollten. Wer sich unter freiem Himmel austoben – sprich wandern, Fahrrad fahren, campen, angeln, reiten oder Kanu fahren – möchte, findet hierzu Möglichkeiten in Hülle und Fülle.

Anreise & Unterwegs vor Ort

Die I-81 und die I-64 sind die Haupt-Interstates in der Gegend. Der größte Flughafen ist der Roanoke-Blacksburg Regional Airport (S. 324). Amtrak-Züge halten am Bahnhof in Staunton (www.amtrak.com; 1 Middlebrook Ave).

Front Royal & Luray

Das nördlichste Ende des Skyline Dr in Front Royal wirkt wie eine triste Straße mit Tankstellen, aber es gibt hier eine recht freundliche Hauptstraße und einige coole Höhlen in der Nähe. Bevor man ins Tal hineinfährt, sollte man am **Visitor Center** (☎800-338-2576; https://frontroyalva.com/101/Visiting; 414 E Main St; ⏲9–17 Uhr) halten. Luray ist zwar vor allem für seine Höhlen bekannt, aber man kann auch einen schönen Spaziergang durch die Innenstadt unternehmen.

Sehenswertes

Luray Caverns HÖHLE
(☎540-743-6551; www.luraycaverns.com; 970 US Hwy 211 W, Luray; Erw./Kind 6–12 Jahre 27/14 US$; ⏲Mitte Juni–Aug. tgl. 9–19 Uhr, Sept.–Nov. & April–Mitte Juni bis 18 Uhr, Dez.–März Mo–Fr bis 16 & Sa & So bis 17 Uhr) Wer auf seiner Reiseroute nur eine Höhle unterkriegt, der sollte zu den herrlichen Luray Caverns, 25 Meilen (40 km) südlich von Front Royal, fahren und der „Stalagpipe-Orgel" lauschen, die das größte Musikinstrument der Welt sein soll. An Wochenenden mit viel Betrieb können einem die Führungen wie Massenveranstaltungen vorkommen, aber die atemberaubenden Formationen entschädigen für das Gedränge. Wer sich am Eingang Zeit sparen möchte, der kann sein Ticket vorher schon online kaufen und muss nicht mehr warten.

Museum of the Shenandoah Valley MUSEUM
(☎540-662-1473, 888-556-5799; www.themsv.org; 901 Amherst St, Winchester; Erw./Schüler 13–18 Jahre/Kind 10/8 US$/frei, Mi frei; ⏲April–Dez. Di–So 10–17 Uhr, Jan.–März 11–16 Uhr) Das im Städtchen Winchester rund 25 Meilen (40 km) nördlich von Front Royal gelegene Museum umfasst ein Haus aus dem 18. Jh. mit zeitgenössischem Mobiliar, einen 2,4 ha großen Park und ein Multimedia-Museum, das sich mit der Geschichte des Tals befasst.

Skyline Caverns HÖHLE
(☎800-296-4545; www.skylinecaverns.com; 10344 Stonewall Jackson Hwy, Anfang des Skyline Dr, Front Royal; Erw./Kind 7–13 Jahre 22/11 US$; ⏲9–17 Uhr, Öffnungszeiten variieren saisonal) Front Royal verdankt seinen Ruhm den Skyline Caverns mit ihren seltenen weißen, mineralischen Nadelformationen, die an Seeigel erinnern.

Schlafen & Essen

Yogi Bear's Jellystone Park Campsite CAMPING $
(☎540-743-4002; www.campluray.com; 2250 Hwy 211 E, Luray; Stellplatz/Hütte ab 45/116 US$) Minigolfplätze, Wasserrutschen und Paddelboote erwarten einen auf diesem tollen Gelände. Zu den günstigen Preisen für Stellplätze und Hütten kommt noch die Chance hinzu, reich zu werden, wenn man in der Old Faceful Mining Company nach Gold gräbt.

Woodward House on Manor Grade B&B $$
(☎540-635-7010, 800-635-7011; www.acountryhome.com; 413 S Royal Ave/US 320, Front Royal; Zi. 110–155 US$, Cottage 225 US$; P 📶) Die Unterkunft verfügt über sieben freundliche Zimmer und ein separates Cottage. Während man seinen Kaffee auf der Terrasse trinkt, lenkt man sich am besten mit dem Blick auf die Blue Ridge Mountains von der stark befahrenen Straße unterhalb der Anlage ab.

Element FUSION $$
(☎540-636-9293; www.jsgourmet.com; 317 E Main St, Front Royal; Hauptgerichte mittags 8–10 US$, abends 14–28 US$; ⏲Di–Sa 11–15 & 17–21 Uhr; 🌿) Das Restaurant wird unter Genießern wegen seiner leckeren Bistrogerichte geschätzt. Auf der kleinen Abendkarte stehen wechselnde Spezialitäten wie gebratene Wachteln mit mexikanischem Maissalat und Süßkartoffeln.

An- & Weiterreise

Am besten erkundet man die Gegend mit dem Auto. Washington, D. C., liegt 70 Meilen (112 km) östlich von Front Royal. Luray grenzt an den US 211 zwischen der I-81 und dem Thornton-Gap-Eingang zum Nationalpark.

Staunton

Das hübsche, kleine Städtchen hat viel zu bieten: ein historisches, gut zu Fuß erkundbares Stadtzentrum, tolle Restaurants, großartige Kleinbrauereien, ein paar faszinierende Museen, regelmäßige Livekonzerte in der Innenstadt und ein erstklassiges Theater. Da in der Nähe auch noch jede Menge Outdoor-Spaß winkt, guckt sich der eine oder andere vielleicht sogar auf dem hiesigen Immobilienmarkt um.

Sehenswertes

Im fußgängerfreundlichen, hübschen Zentrum gibt es über 200 Gebäude, die vom bekannten viktorianischen Architekten T.J. Collins entworfen wurden. Der kleinen geisteswissenschaftlichen Mary Baldwin University ist es zu verdanken, dass in der Stadt eine lockere Atmosphäre herrscht.

Frontier Culture Museum MUSEUM
(☎540-332-7850; www.frontiermuseum.org; 1290 Richmond Rd; Erw./Student/Kind 6–12 Jahre 12/11/7 US$; ⊙Mitte März–Nov. 9–17 Uhr, Dez.–Mitte März 10–16 Uhr) Das ausgezeichnete Frontier Culture Museum ist cooler, als der Name vermuten lässt. Auf dem mehr als 40 ha großen Museumsgelände finden sich authentische historische Gebäude aus Deutschland, Irland und England, Nachbauten westafrikanischer Hütten sowie in einem separaten Bereich Behausungen aus dem amerikanischen Grenzland.

Woodrow Wilson Presidential Library HISTORISCHE STÄTTE
(www.woodrowwilson.org; 20 N Coalter St; Erw./Student/Kind 6–12 Jahre 14/7/5 US$; ⊙Mo–Sa 9–17, So ab 12 Uhr) Geschichtsinteressierte sollten sich die Woodrow Wilson Presidential Library in der Nähe der Innenstadt nicht entgehen lassen. Das auf einem Hügel thronende klassizistische Haus aus dem Jahr 1856, in dem der 28. US-Präsident Woodrow Wilson aufwuchs, wurde sorgsam in den Originalzustand zurückversetzt.

Schlafen & Essen

Frederick House B&B $$
(☎540-885-4220; www.frederickhouse.com; 28 N New St; Zi. 145–208 US$; P ❄ 📶) Im Herzen der Innenstadt gelegen, besteht das leuchtend violette und überaus gastfreundliche Frederick House aus fünf historischen Domizilen mit insgesamt 25 verschiedenen Zimmern und Suiten, die alle über ein eigenes Bad verfügen; einige Zimmer sind mit Antiquitäten eingerichtet und haben Terrassen.

Stonewall Jackson Hotel HOTEL $$
(☎540-885-4848; www.stonewalljacksonhotel.com; 24 S Market St; Zi./Suite 179/385 US$; P ❄ 📶 🏊 🐾) Das Stonewall, ein restaurierter und renovierter Klassiker in Staunton, punktet mit Schick und verhaltenem Commonwealth-Stil. Die Eingangshalle könnte direkt einem Kapitel von *Der große Gatsby* entstammen (wenn die Geschichte im alten Virginia gespielt hätte). Die Zimmer sind gemütlich und werden dem klassischen Ambiente der Eingangshalle gerecht. Hinzu kommen noch jede Menge schicke Details.

Byers Street Bistro MODERN-AMERIKANISCH $$
(☎540-887-6100; www.byersstreetbistro.com; 18 Byers St; Hauptgerichte mittags 10–19 US$, abends 10–28 US$; ⊙11–24 Uhr) Das Bistro am Bahnhof zaubert hochwertige Kneipenkost wie Pizza mit über Apfelholz geräuchertem Schinken und karamellisierten Zwiebeln, Mahimahi-Tacos, Burger vom Angus-Rind oder langsam gegarte Babyback Ribs. An warmen Tagen schnappt man sich am besten draußen einen Tisch. Am Freitag- und Samstagabend treten Bands (Bluegrass, Blues und Folk) auf.

Zynodoa SÜDSTAATENKÜCHE $$$
(☎540-885-7775; www.zynadoa.com; 115 E Beverley St; Hauptgerichte 19–32 US$; ⊙So–Di 17–21.30, Mi–Sa bis 22.30 Uhr; ✎) 🍃 Das Restaurant mit Klasse liefert feine Gerichte aus erlesenen Zutaten, darunter traditionell hergestellter Käse aus Virginia, gebratene Hähnchen aus dem Shenandoah Valley oder aus der Region stammende Regenbogenforellen von Casta Line. Hiesige Farmen und Weingüter bestücken also die Vorratskammer des Zynodoa.

Ausgehen & Unterhaltung

Yelping Dog WEINBAR
(☎540-885-2275; www.yelpingdogwine.com; 9 E Beverly St; ⊙Di–Do 11–21, Fr & Sa bis 22, So 12–18 Uhr) In dieser einladenden Weinbar mitten im Stadtzentrum kann man wunderbar mit Freunden ein Glas Wein trinken und dazu eine Käseplatte genießen. Wer möchte, kann sich auch eines der ausgezeichneten gegrillten Käsesandwiches (9–10 US$) bestellen.

Redbeard Brewery MIKROBRAUEREI
(www.redbeardbrews.com; 102 S Lewis St; ⊙Di–Do 16–23, Fr–So 13–23 Uhr) Die Brauerei produziert Bier in kleinen Chargen, z. B. leckere India Pale Ales, Amber Ales und andere saisonale Köstlichkeiten.

★ **Blackfriars Playhouse** THEATER
(☎540-851-1733; www.americanshakespearecenter.com; 10 S Market St; Tickets 29–49 US$)

Man sollte nicht in Staunton gewesen sein, ohne sich eine Vorstellung im Blackfriars Playhouse angesehen zu haben. In der originalgetreuen Nachbildung von Shakespeares Indoor-Theater tritt regelmäßig die American Shakespeare Center Company auf. Die Schauspieler sind ganz nah am Publikum, und wer sich traut, kann sich direkt neben die Bühne setzen.

An- & Weiterreise

Staunton liegt neben der I-81, nicht weit von der Kreuzung mit der I-64 E entfernt. Amtrak-Züge (S. 343) halten dreimal die Woche hier.

Lexington & Rockbridge County

Hier gibt sich der Südstaatenadel besonders stattlich, wenn die Kadetten des Virginia Military Institute an den angesehenen Akademikern der Washington & Lee University vorbeitrotten. Zwei Generäle aus dem Bürgerkrieg – Robert E. Lee und Stonewall Jackson – sind hier begraben, und Lexington ist schon lange ein beliebter Ort bei denen, die sich für den Bürgerkrieg interessieren. Heute sieht man hier viele Wanderer, Radfahrer und Paddler, die Lexington als Basislager für Abenteuerausflüge in die nahe gelegenen

NICHT VERSÄUMEN

SHENANDOAH NATIONAL PARK

Einer der spektakulärsten Nationalparks im Land ist der **Shenandoah National Park** (☎540-999-3500; www.nps.gov/shen; Skyline Dr; Wochenpass 25 US$/Auto). Hier lacht wahrlich die Natur: Im Frühling und Sommer stehen die Wildblumen in voller Blüte, im Herbst färben sich die Blätter rot und orange, und im Winter setzt eine kalte, unglaublich schöne Ruhephase ein. Weißwedelhirsche sind hier keine Seltenheit, und wer Glück hat, bekommt auch einen Schwarzbären, einen Rotluchs oder wildlebende Truthähne zu Gesicht. Der Park befindet sich nur 75 Meilen (120 km) westlich von D.C.

Zuerst sollte man beim **Dickey Ridge Visitors Center** (☎540-635-3566; www.nps.gov/shen; Meile 4,6, Skyline Dr; ⊙Mitte April–Nov. 9–7 Uhr), in der Nähe des nördlichen Endes des Skyline Dr, oder dem **Byrd Visitors Center** (☎540-999-3283; www.nps.gov/shen; Meile 51, Skyline Dr; ⊙Ende März–Nov. 9–17 Uhr) halten. In beiden gibt es Ausstellungen über die Flora und Fauna, sowie Karten und Infos über Wanderwege und Aktivitäten.

Der Shenandoah National Park ist eine Wohltat für die Augen: Die Kulisse besteht aus den traumhaften Blue Ridge Mountains, alten Granitformationen und metamorphem Gestein, die über 1 Mrd. Jahre alt sind. Der Park selbst wurde 1935 als Erholungsgebiet für Bewohner der Ostküste eingerichtet. Man kann problemlos einen Tagesausflug von Washington, D.C., aus hierher unternehmen, aber wer kann, sollte länger bleiben. Die über 800 km langen Wanderwege, 75 Aussichtspunkte, 30 Bäche zum Angeln, sieben Picknickplätze und vier Campingplätze sorgen für jede Menge Abwechslung.

Der **Skyline Drive** ist die atemberaubende Straße, die dem Hauptkamm der Blue Ridge Mountains folgt und sich knapp 170 km durch die Mitte des Parks schlängelt. Er beginnt in Front Royal, in der Nähe des westlichen Endes der I-66, und endet im südlichen Teil des Gebirgskamms nahe Rockfish Gap an der I-64. Meilensteine am Straßenrand erleichtern die Orientierung. Durch den Park führen lange, schöne Wanderwege.

Der bekannteste Weg im Park ist der Abschnitt des 3500 km langen **Appalachian Trail** (AT), der 162 km von Süden nach Norden durch Shenandoah führt. Der Appalachian Trail zieht sich durch 14 Bundesstaaten. Zugang hat man vom parallel verlaufenden Skyline Dr aus. Abgesehen vom Appalachian Trail hat Shenandoah noch über 640 km an Wanderwegen innerhalb des Parks zu bieten. Zu kürzeren Wanderungen gehören der **Compton Peak** (Meile 10,4; 3,9 km; leicht–mittel), **Traces** (Meile 22,2; 2,7 km; leicht), **Overall Run** (Meile 22,2; 9,7 km; mittel) und **White Oak Canyon** (Meile 42,6; 7,4 km; schwer). Der **Hawksbill Mountain Summit** (Meile 46,7; 3,4 km; mittel) ist der höchste Gipfel im Park.

Züge von Amtrak (www.amtrak.com) fahren täglich von Washington, D.C., nach Charlottesville (ab 35 US$, 2 Std. 45 Min.) und mittwochs, freitags und sonntags nach Staunton (ab 55 US$, 4 Std.). Wer den Park erkunden will, braucht auf jeden Fall ein Auto. Mehrere Ausfahrten von der I-81 führen hin.

In Big Meadows Wayside gibt es eine **Tankstelle** (Meile 51,2, Skyline Dr).

Blue Ridge Mountains nutzen, wo der Blue Ridge Pkwy und der Appalachian Trail das Tal und den James River überblicken. Neue Hotels, Bars und Restaurants haben die Innenstadt wieder zum Leben erweckt.

Sehenswertes & Aktivitäten

Virginia Military Institute UNIVERSITÄT
(VMI; www.vmi.edu; Letcher Ave) Man kann nur beeindruckt oder abgestoßen sein von dem extremen Drill der Kadetten des Virginia Military Institute, der einzigen Universität, die ihren ganzen Abschlussjahrgang in den Krieg schicken muss (die Gedenktafeln für gefallene Kadetten sind anrührend und allgegenwärtig). Im **VMI Museum** (540-464-7334; 9–17 Uhr) GRATIS werden Stonewall Jacksons ausgestopftes Pferd und eine amerikanische Flagge gezeigt, die ein ehemaliger Absolvent als Kriegsgefangener in Vietnam anfertigte. Überdies wird der Studenten des VMI gedacht, die im Krieg gegen den Terror ums Leben kamen.

Kostenlose Campusführungen (um 12 Uhr) können direkt im Museum vereinbart werden. In der Vorlesungszeit finden an den meisten Freitagen um 16.30 Uhr Paraden in voller Uniform statt. Das zum Institut gehörende **George C. Marshall Museum** (540-463-2083; www.marshallfoundation.org/museum/; Erw./Student 5/2 US$; Di–Sa 11–16 Uhr) ehrt den Schöpfer des Marshallplans zum Wiederaufbau Europas nach dem Zweiten Weltkrieg.

Washington & Lee University UNIVERSITÄT
(540-458-8400; www.wlu.edu) Dieses hübsche, adrette und liberale Kunst-College ist nach George Washington und Robert E. Lee benannt und wurde 1749 gegründet. George Washington hat die junge Schule 1796 gerettet, indem er ihr 20 000 US$ gespendet hat. Der Konföderierten-General Robert E. Lee war nach dem Bürgerkrieg der Präsident der Universität und hatte die Hoffnung, das Land durch Bildung zu vereinen. Heute können die Besucher die traumhafte rote Backstein-Kolonnade entlangschlendern und das **Lee Chapel & Museum** (540-458-8768; http://leechapel.wlu.edu; Nov.–März Mo–Sa 9–16 & So 13–16 Uhr, April–Okt. bis 17 Uhr) besuchen.

Natural Bridge State Park BRÜCKE
(540-291-1326; www.dcr.virginia.gov; 6477 S Lee Hwy; Erw./Kind 6–12 Jahre 8/6 US$; 8 Uhr–Sonnenuntergang) Dieser neue State Park gehörte einst Thomas Jefferson, und er hat ihn auch in seinem Buch *Betrachtungen über den Staat Virginia* beschrieben: „Die Emotionen, die an diesem erhabenen Ort in einem aufsteigen, sind überwältigend. Man fühlt sich so leicht und himmelhochjauchzend, als spränge man dem Himmel entgegen. Das Glücksgefühl, das man hier empfindet, ist einfach unbeschreiblich!" Der Park mit seiner fotogenen 66 m hohen Naturbrücke ist nicht mehr länger nur eine kitschige Touristenfalle.

Dinosaur Kingdom II VERGNÜGUNGSPARK
(540-464-2253; www.facebook.com/dinosaurkingdom; 5781 S Lee Hwy, Lexington; Erw./Kind 3–12 Jahre 10/3 US$; 10–18 Uhr;) Dieser kitschige Vergnügungspark ist bis jetzt eine der schrulligsten Attraktionen des Künstlers und kreativen Wunderkinds Mark Cline. Er befördert seine Besucher in eine andere Realität: ein bewaldetes Königreich, in dem Soldaten der Union versuchen, lebensgroße Dinosaurier als Massenvernichtungswaffen gegen die konföderierten Streitkräfte im Bürgerkrieg einzusetzen. Sogar Präsident Lincoln versucht hier, mit einem Lasso einen fliegenden Pteranodon zu fangen. Die Kreaturen aus Styropor und Fiberglas sind lebensecht genug, um jüngere Kinder zu begeistern, und die historischen Absurditäten werden auch den grummeligsten Erwachsenen amüsieren.

Twin River Outfitters KANUFAHREN, TUBING
(540-261-7334; https://canoevirginia.net/; 653 Lowe St, Buchanan; 2-stündiger Paddelausflug ab 34 US$; April–Okt. 9–17 Uhr) Dieser beliebte Anbieter wird von Zwillingsbrüdern geführt und bietet Kanufahren und Tubing auf dem neuen Upper James River Paddling Trail des James River an, bei denen man Adler und Rehe sehen kann. Länge, Zeit und Schwierigkeitsgrad der Touren variieren. Im Preis ist ein Shuttle-Service inbegriffen.

Upper James River Water Trail KANUFAHREN
(www.upperjamesriverwatertrail.com; Botetourt) Diese neue Paddelroute folgt dem James River durch die ersten Ausläufer der Blue Ridge Mountains Richtung Richmond und an der Küste entlang.

Schlafen & Essen

Georges BOUTIQUEHOTEL $$
(540-463-2500; www.thegeorges.com; 11 N Main St; Zi. ab 205 US$; P) Das in zwei historischen Gebäuden auf den beiden entgegengesetzten Seiten der Main St untergebrachte

Hotel hat wunderbar gestaltete Zimmer, die individuell mit hochwertigen Möbeln eingerichtet sind. Die tolle Lage, der freundliche Service und die Restaurants im Haus tragen zum Reiz bei.

Applewood Inn & Llama Trekking INN $$
(☎540-463-1962; www.applewoodbb.com; 242 Tarn Beck Lane; Zi. 169–175 US$, Cottage ab 235 US$; P ❄) Das charmante und umweltbewusst arbeitende Applewood Inn & Llama Trekking bietet Unterkünfte und eine ganze Menge Outdoor-Aktivitäten (darunter wirklich auch Treks mit Lamas). Untergebracht ist das Ganze auf einer Farm in einem beschaulichen Tal, das nur zehn Fahrtminuten von Lexingtons Innenstadt entfernt ist. Man sollte erwähnen, dass man während der Wanderungen nicht auf den Lamas reitet – man geht Seite an Seite wie mit alten Freunden. Die einen manchmal anspucken.

Blue Sky Bakery SANDWICHES $
(☎540-463-6546; 125 W Nelson St; Sandwiches 8 US$; ⏲Mo–Fr 10.30–16 Uhr) Das bei Einheimischen beliebte Lokal tischt schmackhafte Focaccia, herzhafte Suppen und frische Salate auf.

SCENIC DRIVE: VIRGINAS PFERDELAND

Rund 64 km westlich von Washington, D.C., weichen die ausufernden Vororte endlosen grünen Farmen, Weinbergen, idyllischen Dörfern, palastartigen Landsitzen und den Mustangs. Willkommen im „Pferdeland", wo wohlhabende Hauptstädter ihrer Reitleidenschaft frönen!

Die folgende Route ist die landschaftlich reizvollste Strecke in den Shenandoah National Park (S. 345). Von D.C. geht's auf der Rte 50 West nach **Middleburg**, das ein durch und durch niedliches Städtchen mit B&Bs, Tavernen, Weinläden und Boutiquen ist. Die **National Sporting Library** (☎540-687-6542; www.nationalsporting.org; 102 The Plains Rd; Museum Erw./Kind 13–18 Jahre 10/8 US$, Bibliothek Eintritt frei; ⏲Mi–So 10–17 Uhr) ist ein Museum und eine Forschungseinrichtung, die sich dem Pferd sowie den diversen Pferdesportarten wie der Fuchsjagd, der Dressur, dem Jagdrennen und dem Polo widmet. 20 Meilen (32 km) nordöstlich von Middleburg liegt **Leesburg**, ein weiteres Städtchen mit kolonialem Charme und historischen Sehenswürdigkeiten. Einen Halt lohnt der **Morven Park** (☎703-777-2414; www.morvenpark.org; 17263 Southern Planter Lane; Anlage Eintritt frei, geführte Touren durch das Gebäude Erw./Kind 10/5 US$; ⏲Anlage tgl. 8–17.45 Uhr, geführte Touren Sa–So stündl. 12–17 Uhr, letzte Tour 16 Uhr), ein 400 ha großes, beeindruckendes Landgut. Wer noch mehr Greek-Revival-Pracht sehen will, kann sich auch noch die **Oatlands Plantation** (☎703-777-3174; www.oatlands.org; 20850 Oatlands Plantation Lane; Erw./Kind 6–16 Jahre 15/8 US$, nur Anlage 10 US$; ⏲April–Dez. Mo–Sa 10–17 & So 13–17 Uhr, Jan.–März geschl.) außerhalb der Stadt anschauen.

In der Gegend gibt es viele ansprechende Restaurants. Das **Shoes Cup & Cork** (☎703-771-7463; www.shoescupandcork.com; 17 N King St; Hauptgerichte mittags 10–18 US$, abends 11–25 US$; ⏲Mo–Do 7–21, Fr bis 22, Sa 9–22, So 9–21 Uhr) in Leesburg serviert kreative amerikanische Gerichte, das **Chimole** (☎703-777-7011; www.facebook.com/CH1MOLE; 10 S King St; Tapas 8–18 US$; ⏲Mo–Fr 11–14, Mi & Do 17–22, Fr & Sa 17–1 Uhr) dagegen Wein und lateinamerikanische Tapas. In Middleburg wartet das **Red Fox Inn & Tavern** (☎540-687-6801; www.redfox.com; 2 E Washington St; Hauptgerichte morgens 12–15 US$, abends 26–58 US$; ⏲Mo–Fr 8–10 & 17–21, Sa 11.30–14.30 & 17–21, So 11.30–14.30 & 17–20 Uhr) in einem schönen restaurierten Speisesaal von 1728 mit erstklassiger amerikanischer Cuisine auf.

6 Meilen (9,7 km) westlich von Middleburg vermietet das **Welbourne B&B** (☎540-687-3201; www.welbourneinn.com; 22314 Welbourne Farm Lane; Zi. 147 US$; ❄ 📶 🚭 🐾) fünf historisch eingerichtete Zimmer. Untergebracht ist es in einem denkmalgeschützten Haus von ca. 1770, das von einem 210 ha großen Gelände umgeben ist. Das **Leesburg Colonial Inn** (☎703-777-5000; www.theleesburgcolonialinn.com; 19 S King St; Zi. 129–179 US$) zeichnet sich durch eine tolle zentrale Lage und unschlagbare Preise aus.

Folgt man der Straße ein Stück weiter, gelangt man nach **Sperryville** in den Ausläufern der Blue Ridge Mountains. Antiquitätenfans sollten sich hier unbedingt die vielen Galerien und Läden anschauen. Nach weiteren 9 Meilen (14,5 km) westwärts erreicht der Skyline Dr den Eingang Thornton Gap des Shenandoah National Park.

Red Hen SÜDSTAATENKÜCHE $$$
(☎540-464-4401; www.redhenlex.com; 11 E Washington St; Hauptgerichte 24–28 US$; ⏲Di–Sa 17–21.30 Uhr; ☎) Für ein denkwürdiges Mahl im Red Hen muss man rechtzeitig im Voraus reservieren. Die kreativen Gerichte sind ausschließlich aus den besten Zutaten aus der Region zubereitet. Außerdem gibt's tolle Cocktails und Desserts.

Ausgehen & Unterhaltung

Taps BAR
(☎540-463-2500; www.thegeorges.com; 11 N Main St, Georges; ⏲Mo–Do 15–23, Fr & Sa ab 11 Uhr) Diese gemütliche Bar im Georges ist gleichzeitig das Wohnzimmer Lexingtons, in dem es sich Studenten, Professoren und andere Einheimische auf den kuscheligen Sofas und am Tresen bequem machen. Hier gibt es auch Craft-Bier, gute Cocktails und jede Menge Klatsch und Tratsch. Die wenigen Gerichte auf der Speisekarte sind ebenfalls hervorragend.

Hull's Drive-in KINO
(☎540-463-2621; www.hullsdrivein.com; 2367 N Lee Hwy/US 11; Erw./Kind 5–11 Jahre 7/3 US$; ⏲Mai–Okt. Fr & Sa Einlass 19 Uhr;) Altmodische Unterhaltung in einem Autokino, das 8,8 km nördlich von Lexington liegt. Die Filme fangen immer 20 Minuten nach Sonnenuntergang an.

An- & Weiterreise

Lexington liegt an der Kreuzung der I-81 und der I-64. Der nächste Flughafen ist der Roanoke-Blacksburg Regional Airport (S. 324), 88 km südlich. In der Nähe von Staunton befindet sich ein Amtrak-Bahnhof (S. 343), von dem dreimal in der Woche Züge nach Washington, D.C., fahren.

Blue Ridge Highlands & Südwest-Virginia

Die Blue Ridge Highlands und das Roanoke Valley sind zwei der schönsten Regionen im Bundesstaat. Die Täler zwischen den Blue Ridge Mountains und den Allegheny Mountains sind mit kleinen Dörfern gesprenkelt. Der Blue Ridge Pkwy und der Appalachian Trail schlängeln sich hier durch die Berge, wo sich auch schöne Flüsse, Stromschnellen und Seen finden. Es ist regelmäßig traditionelle Mountain Music zu hören, und die Weingüter und Craft-Brauereien bieten in den kleinen Dörfern und an den Hängen Verkostungen an. Die Südwestspitze Virginias ist der raueste Teil der Region – und des Bundesstaats. Hier hat auch die Mountain Music ihren Ursprung. Biegt man in eine Nebenstraße, versinkt man in Streifen aus Hartriegelgewächsen und Tannen, die lediglich von ungezähmten Strömen und Wasserfällen durchbrochen werden. In den Kleinstädten wehen Konföderiertenflaggen. Hinter all dem Gerede über Unabhängigkeit kommt aber schnell eine herzliche Gastfreundschaft zum Vorschein.

Anreise & Unterwegs vor Ort

Die I-81 ist die Haupt-Interstate der Region, die von Norden nach Süden durch den westlichen Teil des Staates führt. Der Blue Ridge Pkwy verläuft parallel zur I-81, aber dort kommt man viel langsamer voran. Der größte Flughafen der Gegend ist der Roanoke Regional Airport (S. 324).

Roanoke

Roanoke, das von einem riesigen Stern auf dem Gipfel des Mill Mountain beleuchtet wird, ist die größte Stadt im Roanoke Valley und die selbst ernannte „Hauptstadt des Blue Ridge". Da Roanoke in der Nähe des Blue Ridge Pkwy und des Appalachian Trail liegt, gibt es ein prima Basislager für Erkundungstouren in der Gegend ab. In den letzten Jahren haben neue Grünanlagen, eine aufstrebende Kunstszene und jede Menge neue Craft-Brauereien die Stadt wiederbelebt.

Sehenswertes & Aktivitäten

Center in the Square MUSEUM
(☎540-342-5700; www.centerinthesquare.org; 1 Market Sq; ⏲Di–Sa 10–17, So ab 13 Uhr) Dies ist das kulturelle Herz der Stadt. Hier findet man vier Museen, einen Schmetterlingsgarten, ein Theater und eine Aussichtsplattform auf dem Dach. Die Museen decken die afroamerikanische Kultur, die Geschichte des Flipper-Spiels, Wissenschaft und die hiesige Geschichte ab. Im Erdgeschoss befinden sich sechs Aquarien. Im Center Pass (Erw./Kind 21/16 US$) sind alle Attraktionen außer der Eintritt zum Roanoke Pinball Museum enthalten.

Harrison Museum of African American Culture MUSEUM
(☎540-857-4395; www.harrisonmuseum.com; 1 Market Sq; Erw./Kind 5–17 Jahre 7/4,75 US$; ⏲Di–Sa 10–17, So ab 13 Uhr) GRATIS Dieses Museum

im Center in the Square zeigt Ausstellungen zur hiesigen afroamerikanischen Kultur und traditionelle und zeitgenössische afrikanische Kunst. Der Eintritt ist im Center Pass enthalten, genau wie der für die anderen Museen im Center in the Square.

Roanoke Star & Mill Mountain Park PARK
(☎ 540-853-2236; www.playroanoke.com; 2000 JP Fishburn Pkwy) Im Mill Mountain Park gibt's Wanderwege, ein Discovery Center, einen Zoo (Erw./Kind 3–11 Jahre 9/7 US$) und einen tollen Blick auf Roanoke. Hier befindet sich auch der riesige **Roanoke Star**, der nachts über der Stadt leuchtet.

Taubman Museum of Art MUSEUM
(www.taubmanmuseum.org; 110 Salem Ave SE; ⌚ Mi–Sa 10–17, So 12–17, Do & 1. Fr im Monat bis 21 Uhr; P) GRATIS Das eindrucksvolle Taubman Museum of Art residiert in einem skulpturalen Gebäude aus Stahl und Glas, das stark an das Guggenheim Museum in Bilbao erinnert. Drinnen findet sich eine wundervolle Sammlung von Kunstwerken aus 3500 Jahren.

Greenways OUTDOOR
(www.roanokeoutside.com/land/greenways/) Bevor man sich ins Auto setzt und zur nächsten Attraktion von Roanoke fährt, sollte man schauen, ob man nicht auch zu Fuß oder mit dem Rad über eine der neuen Grünanlagen der Stadt dorthin gelangt.

Schlafen & Essen

Hotel Roanoke HOTEL $$$
(☎ 540-985-5900; www.hotelroanoke.com; 110 Shenandoah Ave NW; Zi. 189–224 US$, Suite 289–414 US$; P@🛜🏊) Dieses elegante Hotel im Tudor-Stil gehört schon fast seit einem Jahrhundert zu der Stadt zu Füßen der Blue Ridge Mountains und gibt einen willkommenen Rückzugsort ab. Unten im **Pine Room** können Gäste einen Drink zu sich nehmen. Das Hotel gehört mittlerweile zur Hilton-Kette.

Local Roots MODERN-AMERIKANISCH $$
(☎ 540-206-2610; www.localrootsrestaurant.com; 1314 Grandin Rd; Hauptgerichte mittags 11–14 US$, abends 26–31 US$; ⌚ Di–Sa 11.30–14 & 17–22, So 11–14.30 & 17–21 Uhr) Das einladende Restaurant, in dem die Zutaten frisch vom Bauernhof kommen, tischt Köstlichkeiten wie Garnelen mit Grütze, Felsenbarsch und die wahrscheinlich besten Hamburger der Stadt auf. Dabei ändert sich der Großteil der Speisekarte saisonal.

★ **Lucky** MODERN-AMERIKANISCH $$
(☎ 540-982-1249; www.eatatlucky.com; 18 Kirk Ave SW; Hauptgerichte 18–29 US$; ⌚ Mo–Mi 17–21, Do–Sa bis 22 Uhr) Das Lucky hat ausgezeichnete Cocktails (z. B. The Cube), saisonal inspirierte kleine Gerichte (über Hickory-Rauch geräucherten Porchetta, gebratene Austern) und herzhaftere Hauptgerichte (in Buttermilch angebratenes Hähnchen, Gnocchi mit Morcheln und Spargel). Das Team des Lucky hat auch den gleichermaßen guten Italiener **Fortunato** (www.fortunatorestaurant.com) ein paar Häuser weiter eröffnet.

An- & Weiterreise

Der Flughafen (S. 324) liegt 5 Meilen (8 km) nördlich der Innenstadt und bedient die Regionen Roanoke und Shenandoah Valley. Wer mit dem Auto kommt, gelangt über die I-81 und die I-581 in die Stadt. Der Blue Ridge Pkwy befindet sich 5 Meilen (8 km) vom Zentrum entfernt.

Mt. Rogers National Recreation Area

Diese Gegend von erhabener Schönheit ist für Outdoor-Fans fast schon ein Muss. Unter uralten Laubbäumen und mit Blick auf den höchsten Gipfel Virginias kann man hier wandern, angeln, oder langlaufen. Der 54 km lange Virginia Creeper Trail, der durch das Erholungsgebiet führt, ist besonders bei Radfahrern sehr beliebt. Seinen Proviant kann man in den Orten Abingdon oder Marion aufstocken. Am besten kommt man mit dem Auto zu den Wanderwegen und Campingplätzen. Das schmale Erholungsgebiet erstreckt sich von Nord nach Süd, mit der I-81 im Westen und dem Blue Ridge Pkwy im Osten. Die Grenzen zu Tennessee und North Carolina sind nicht weit entfernt. Hier führt der Appalachian Trail durch die Berge, und auch der Virginia Creeper Trail durchquert das Gebiet.

Abingdon

Abingdon ist eine der fotogensten Städte in Virginia. Im historischen Viertel sind schöne Beispiele für die Federal-Style- und die viktorianische Architektur erhalten. Das regionale Theater im Stadtzentrum, das schon sehr lange besteht, zieht Publikum aus dem ganzen Bundesstaat an, genau wie der wunderschöne Virginia Creeper Trail. Der bei Radfahrern und Wanderern sehr beliebte Wanderweg ist üppig bewachsen und verläuft in einem alten Schienenbett.

BLUE RIDGE PARKWAY

Wo der Skyline Dr endet, fängt der Blue Ridge Pkwy an. Letzterer wird vom National Park Service verwaltet und ist wunderschön. Er erstreckt sich vom südlichen Appalachian-Kamm im Shenandoah National Park (bei Meile 0) bis zum Great Smoky Mountains National Park (bei Meile 469) in North Carolina. Im Frühling blühen hier Wildblumen, und im Herbst färbt sich alles spektakulär. An nebligen Tagen sollte man aufpassen: Fehlende Leitplanken erschweren die Fahrt. Entlang des Blue Ridge Pkwy befinden sich Dutzende Visitor Centers, die alle einen guten Ausgangspunkt für eine Tour darstellen. Während der gesamten Fahrt bekommt man keine einzige Ampel zu Gesicht, dafür aber jede Meng Wild. Eine hilfreiche Website ist www.blueridgeparkway.org.

Entlang des Blue Ridge Pkwy gibt es Wege zu den **Peaks of Otter** (www.peaksofotter.com; Meile 86, Blue Ridge Pkwy;). Insgesamt finden sich hier drei Gipfel: Sharp Top, Flat Top und Harkening Hill. Shuttle-Busse fahren hoch zum Sharp Top, oder man versucht sich an der ziemlich anstrengenden Wanderung (hin & zurück 4,8 km) zum Gipfel und retour. Der Panoramablick auf die Blue Ridge Mountains vom felsigen Gipfel aus ist fantastisch. Ein kurzer Weg führt zu der nahe gelegenen Johnson Farm, auf der vor der Errichtung des Blue Ridge Pkwy Äpfel für den hiesigen Gasthof gepflanzt worden sind.

Mehr Informationen gibt es unter www.nps.gov/blri.

Sehenswertes & Aktivitäten

Heartwood KUNSTZENTRUM
(276-492-2400; www.myswva.org/heartwood; One Heartwood Circle; Mo–Mi, Fr & Sa 9–17, Do bis 21, So 10–15 Uhr) Das Heartwood ist ein Schaufenster für regionales Kunsthandwerk, Kulinarisches (Sandwiches, Salate, Weine aus Virginia) und traditionelle Musik. Am Donnerstagabend locken Bluegrass-Bands und ein Barbecue.

Virginia Creeper Trail RADFAHREN, WANDERN & TREKKEN
(www.vacreepertrail.com) Dieser 54 km lange Wanderweg entlang einer alten Eisenbahnstrecke schlängelt sich durch die Mount Rogers National Recreation Area und verbindet das erhabene Whitetop mit Damascus und schließlich auch mit Abingdon. Hiesige Fahrradläden verleihen Räder und bieten einen Shuttle-Service an.

Schlafen

Alpine Motel MOTEL $
(276-628-3178; www.alpinemotelabingdon.com; 882 E Main St; Zi. ab 59–69 US$; P) Das Alpine Motel ist eine schlichte Unterkunft mit gutem Preis-Leistungs-Verhältnis. Die Zimmer sind mit Teppichen und alten TVs ausgestattet; gegenüber zwitschern die Vögel. Das Motel befindet sich rund 2 Meilen (3,2 km) westlich vom Stadtzentrum.

Martha Washington Inn HOTEL $$$
(276-628-3161; www.themartha.com; 150 W Main St; Zi./Suite ab 215/425 US$; P@) Das beste historische Hotel der Gegend mit viel Schmiedeeisen und viktorianischer Eleganz. Die Schaukelstühle auf der Veranda laden zum Entspannen ein.

Essen & Ausgehen

128 Pecan MODERN-AMERIKANISCH $$
(276-698-3159; www.128pecan.com; 128 Pecan St; Hauptgerichte mittags 8–17 US$, abends 8–23 US$; Di–Sa 11–21 Uhr;) Das bei Einheimischen beliebte Lokal serviert ausgezeichnete Sandwiches, Tacos und herzhaftere Fleisch- oder Seafood-Gerichte, die auf der Veranda eingenommen werden können.

Rain AMERIKANISCH $$$
(276-739-2331; www.rainabingdon.com; 283 E Main St; Hauptgerichte mittags 9–10 US$, abends 22–29 US$; Di–Sa 11–14 & 17–21 Uhr; P) Tolle modern-amerikanische Küche, inspiriert von den Appalachen. Die Hauptgerichte, beispielsweise getrockneter Lachs und Schweinekoteletts mit süßem Senf, sind hervorragend zubereitet und bestehen aus den besten Zutaten. Besser kann man in der Stadt nirgendwo essen.

Wolf Hills Brewing Co KLEINBRAUEREI
(276-451-5470; www.wolfhillsbrewing.com; 350 Park St; Mo–Fr 17–21, Sa ab 13 Uhr, So 13–18 Uhr) Gute Biere aus Kleinbrauereien und gelegentlich Livemusik.

An- & Weiterreise

Abingdon breitet sich an der I-81 in der Nähe der Grenze zu Tennessee aus. Die Stadt liegt 366 Meilen (590 km) südwestlich von Washington, D.C., und 180 Meilen (290 km) nordwestlich von Charlotte, NC. Die nächsten Flughäfen sind der Asheville Regional Airport in Asheville, NC und der Roanoke-Blacksburg Regional Airport (S. 324) in Roanoke.

The Crooked Road

Als schottisch-irische Fideln und der Reel (Volkstanz) auf afroamerikanische Banjo- und Percussion-Klänge trafen, wurde die amerikanische Mountain Music geboren, auch Old-Time-Music genannt, darunter Country und Bluegrass. Letzteres dominiert immer noch die Blue Ridge Mountains und den Virgina's Heritage Music Trail, die 330 Meilen (531 km) lange Crooked Road (www.myswva.org/tcr). Sie führt an neun Stätten vorbei, die mit dieser Geschichte verbunden sind; obendrein gibt's noch ein tolles Bergpanorama, so weit das Auge reicht. Es lohnt sich auf alle Fälle, diesen Umweg zu machen und sich zu den musikliebenden Fans aller Altersklassen zu gesellen, die bei den festlichen Jamborees mit ihren Schuhen stampfen (viele kommen eigens mit Steppschuhen hierher). Während einer Liveshow kann man die Lebensfreude rüstiger Senioren sehen, die noch intakte Verbindungen zu ihren kulturellen Wurzeln haben, und erlebt zugleich die Generation von Musikern, die das Erbe am Leben erhalten. Zu den besten Veranstaltungsorten gehören freitagabends der Floyd Country Store und samstagabends der **Carter Family Fold** (☎276-386-6054; www.carterfamilyfold.org; 3449 AP Carter Hwy, Hiltons; Erw./Kind 6–11 Jahre 10/2 US$; ⌚Sa 19.30 Uhr; 👪).

FLOYD

Versteckt in den Ausläufern der Blue Ridge Mountains, ist das winzige, pittoreske Floyd nichts weiter als eine Kreuzung zwischen dem Hwy 8 und dem Hwy 221. Tatsächlich gibt es in der ganzen Gegend nur eine wirkliche Attraktion. Freitagabends erwacht die Stadt zum Leben, wenn beim Friday Night Jamboree im **Floyd Country Store** (☎540-745-4563; www.floydcountrystore.com; 206 S Locust St; 5 US$; ⌚Di–Do 10–17, Fr bis 22.30, Sa bis 18, So 11–18 Uhr) und in den umliegenden Straßen Leute von nah und fern kommen, um zu Mountain Music das Tanzbein zu schwingen und zu plaudern.

Schlafen & Essen

Oak Haven Lodge INN $
(☎540-745-5716; www.oakhavenlodge.com; 323 Webb's Mill Rd, Rte 8; Zi./Suite 75/90 US$; P ❄ 📶) Nur 1,5 km nördlich von Floyd hat diese Unterkunft mit gutem Preis-Leistungs-Verhältnis geräumige Zimmer (einige mit Whirlpool), die mit einem Gemeinschaftsbalkon voller Schaukelstühle verbunden sind.

Hotel Floyd HOTEL $$
(☎540-745-6080; www.hotelfloyd.com; 300 Rick Lewis Way; Zi. 139 US$, Suite 169–199 US$; P ❄ 📶 🐾) 🍃 Das aus umweltfreundlichen Materialien erbaute Hotel Floyd ist ein Musterbeispiel in Sachen Nachhaltigkeit. Werke örtlicher Kunsthandwerker schmücken die Zimmer.

Oddfella's TEX-MEX $$
(☎540-745-3463; www.facebook.com/Oddf3llows; 110 N Locust St; Hauptgerichte 11–25 US$; ⌚Mi–Sa 11–21, So 10.30–14.30 Uhr; P 🖉) Ausgelaugt? Dann kann man in diesem gemütlichen Lokal bei amerikanischen Gerichten und leckeren Bieren aus Kleinbrauereien wieder auftanken. Der Name des Ladens bezieht sich auf die drei vorherrschenden Menschentypen der Stadt, die auf dem Schild über der Tür abgebildet sind: Hippies, Bauern und Geschäftsleute.

Dogtown Roadhouse PIZZA $$
(☎540-745-6836; www.dogtownroadhouse.com; 302 S Locust St; Hauptgerichte 8–18 US$; ⌚Mi & Do 16–21, Fr 16–24, Sa 12–24, So 12–21 Uhr) In diese belebte Pizzeria stapft schon mal ein Bauer, der gerade die Zutaten für die Holzofenpizzas liefert. Wer Pizza und Bier aus Kleinbrauereien liebt, der muss hierherkommen. Freitag- und Samstagabend wird live gerockt.

ℹ An- & Weiterreise

Floyd liegt 20 Meilen (32 km) südöstlich der I-81. Der nächste Flughafen ist der Roanoke-Blacksburg Regional Airport (S. 324), etwa 50 Meilen (80 km) nördlich.

GALAX

Galax erhebt den Anspruch, Welthauptstadt der Old-Time-Music zu sein, wirkt aber außerhalb des Zentrums – das im nationalen Denkmalregister steht – wie eine x-beliebige Kleinstadt.

Schlafen & Essen

Fiddlers Roost HÜTTE $$
(☎276-236-1212; http://fiddlersroostcabins.com; 485 Fishers Peak Rd; Hütten 120–300 US$; P) Diese acht Hütten erinnern an Holzspiel-

zeug für Kinder. Innen sind sie altmodisch-schick eingerichtet und gewinnen zwar keine Preise von Designermagazinen, sind aber gemütlich und mit Gasofen, Küche, TV und DVD-Player ausgestattet. Bei allen Hütten außer der Cabin on the Blue ist das Frühstück im Preis inbegriffen.

Creek Bottom Brewing MIKROBRAUEREI
(☎276-236-2337; www.cbbrews.com; 307 N Meadow St; Hauptgerichte 6–16 US$; ⊙Di & Mi 11–21, Do–Sa 11–22, So 12–18 Uhr) Hier wird ein wechselndes Sortiment von Craft-Bieren offeriert, zu denen man gut die Holzofenpizza oder die vor Ort gegrillten Chicken Wings genießen kann.

☆ Unterhaltung

Blue Ridge Music Center LIVEMUSIK
(☎276-236-5309; www.blueridgemusiccenter.net; 700 Foothills Rd, Meile 213, Blue Ridge Pkwy; ⊙Mai–Okt. Wochenendshows) Ein Kunst- und Musikzentrum, das sich auf lokale Musiker spezialisiert hat, die die Tradition der Appalachen-Musik aufrecht halten.

Rex Theater LIVEMUSIK
(☎276-236-0329; www.rextheatergalax.com; 113 E Grayson St) Eine muffige, mit roten Vorhängen prunkende altmodische Bühne. Häufig spielen hier Bluegrass-Musiker, vor allem aber lockt freitagabends die Liveshow von WBRF 98.1 (5 US$).

ℹ An- & Weiterreise

Galax grenzt 10 Meilen (16 km) südwestlich der I-77 an den US 58. Der Roanoke-Blacksburg Regional Airport (S. 324) liegt 90 Meilen (145 km) nordöstlich und ist über die I-77 nach Norden und über die I-81 N zu erreichen. Der Ort liegt 10 Meilen (16 km) vom Blue Ridge Pkwy entfernt.

WEST VIRGINIA

Bereit für ein raues Ostküsten-Abenteuer vor einer einzigartigen Bergkulisse? Dann auf ins wilde und wunderschöne West Virginia, das von amerikanischen wie ausländischen Reisenden oft übersehen wird. Das liegt wohl daran, dass der Staat anscheinend nicht in der Lage ist, all die negativen Klischees, die mit ihm verbunden sind, zu widerlegen. Das ist jammerschade, den West Virginia ist einer der schönsten Bundesstaaten der USA. Die ursprünglichen, grün bewaldeten Berge mit rauschenden Wildwasserläufen und schneereichen Wintersportorten sind ein wahres Paradies für Outdoor-Fans. Der Staat liegt mit dem Auto auch nur ein paar Stunden von Washington, D.C., Pittsburgh, PA, und Richmond, VA, entfernt.

Die Menschen hier halten sich immer noch für die ärmlichen Nachfahren der einstigen Minenarbeiter – und diese Einstellung ist gar nicht mal so weit von der Realität entfernt. Aber der Mountain State wird gerade gentrifiziert, und in diesem Fall ist das eine gute Sache. Im Tal blüht die Kunst, und einige Städte gewähren eine willkommene Abwechslung von all den Outdoor-Aktivitäten.

Geschichte

Virginia war früher einmal der größte Bundesstaat der USA und erstreckte sich von den Plantagen der Küstenregion bis zu den Bergen, die jetzt West Virginia bilden. Letztere waren besiedelt von beinharten Farmern, die ihre Besitzrechte über die Appalachen hinaus ausdehnten. Ihren östlichen Schwestern und Brüdern gegenüber waren sie immer ein wenig skeptisch eingestellt – vor allem in Bezug auf die Ausbeutung von billiger (d.h. Sklaven-)Arbeitskraft, die diese betrieben. Und so erklärte das Bergvolk von West Virginia seine Unabhängigkeit, als Virginia versuchte, sich während des Bürgerkriegs von den USA abzuspalten.

Die konfrontationslustige „Unabhängig um jeden Preis"-Einstellung wurde im späten 19. und frühen 20. Jh. auf die Probe gestellt, als die Minenarbeiter Gewerkschaften gründeten und in einer der blutigsten Auseinandersetzungen der amerikanischen Arbeiterbewegung ihre Arbeitgeber bekämpften. Der seltsame Mix aus einer Art Allergie gegen sämtliche Autoritäten und einem besorgten nachbarschaftlichen Gemeinschaftssinn prägt auch das heutige West Virginia noch.

ℹ Praktische Informationen

Die West Virginia Division of Tourism (www.wvtourism.com) betreibt Visitor Centers an den Staatsgrenzen und in **Harpers Ferry** (☎304-535-2627; www.discoveritallwv.com; 37 Washington Ct; ⊙9–17 Uhr). Auf der Website findet man Infos zu den unzähligen Outdoor-Aktivitäten im Bundesstaat.

ℹ Anreise & Unterwegs vor Ort

Der Eastern Panhandle beginnt etwa 60 Meilen (97 km) nordwestlich von Washington, D.C. Die

Fahrt von der belebten Metropolregion aus ist recht einfach zu bewältigen – von den Staus mal abgesehen. Züge von Amtrak und MARC halten am **Bahnhof** in Harpers Ferry. Wer die Nationalparks und die südlichen Regionen des Bundesstaats erkunden will, braucht ein Auto. Dann kommt man über zweispurige Straßen, die von der I-81, der I-64 und der I-79 abgehen, auch in die Bergdörfer und die Parks. Aber auch wenn die Entfernung kleiner ist, braucht man länger als über die Interstate.

Eastern Panhandle

Der zugänglichste Teil West Virginias war schon immer ein bergiger Rückzugsort für die Menschen aus D.C., denn die Region liegt nur 70 Meilen (113 km) westlich der Hauptstadt. Hier ist für Besucher jede Menge geboten: Bürgerkriegsgeschichte, Thermalquellen, grüne Landschaften und jede Menge Möglichkeiten für Outdoor-Aktivitäten auf Pfaden und Flüssen. Am besten nimmt man sich dafür ein langes Wochenende Zeit.

Da hier drei Bundesstaaten praktisch überlappen – West Virginia, Virginia und Maryland – und Pennsylvania direkt im Norden angrenzt, kann es ein bisschen kompliziert sein, den Panhandle zu bereisen. Bei der Planung sollte man die Landkarten gründlich studieren, damit man auch wirklich alle Attraktionen in dieser Mehrstaatenregion mitnimmt.

Harpers Ferry

Das hübsche Dorf mit seinen steilen, kopfsteingepflasterten Straßen wird von den Shenandoah Mountains und dem Zusammenfluss der rauschenden Flüsse Potomac und Shenandoah eingerahmt. Hier wird Geschichte lebendig: Der untere Teil der Stadt ist ein Freiluftmuseum mit über einem Dutzend Gebäuden, die man erkunden kann, um eine Vorstellung vom Leben in einer Kleinstadt des 19. Jhs. zu bekommen. In Ausstellungen wird die Rolle der Stadt als Vorposten zur Expansion gen Westen, in der amerikanischen Industrialisierung und – am berühmtesten – in der Geschichte der Antisklavereibewegung erzählt. 1859 versuchte der alte John Brown, hier einen Sklavenaufstand anzuzetteln und wurde für seine Bemühungen gehängt. Der Vorfall vertiefte die Spannungen zwischen Norden und Süden bis hin zu den Schlachten des Bürgerkriegs.

Sehenswertes & Aktivitäten

Harpers Ferry National Historic Park PARK

(☎304-535-6029; www.nps.gov/hafe; 171 Shoreline Dr; pro Pers./Fahrzeug 5/10 US$; ⏲Trails 9 Uhr–Sonnenuntergang, Visitor Center 9–17 Uhr; P) Am Harpers Ferry National Historic Park Visitor Center nördlich der Stadt am Hwy 340 bekommt man einen Pass, mit dem man die historischen Gebäude und Museen besuchen kann. Hier stehen auch Parkplätze (in Harpers Ferry selbst gibt es nur wenige Parkmöglichkeiten) und ein Shuttle-Bus zur Verfügung. Es ist eine kurze und landschaftlich schöne Fahrt.

John Brown Museum MUSEUM

(www.nps.gov/hafe; Shenandoah St; ⏲9–17 Uhr) GRATIS Gegenüber vom Arsenal Sq und von einem der Museen des Parks gibt diese Galerie in drei Räumen einen guten Überblick über den legendären Angriff John Browns (mithilfe von Videos und historischen Dokumenten).

Black Voices MUSEUM

(www.nps.gov/hafe; High St; ⏲9–17 Uhr) GRATIS Als Teil des National Parks erzählt das lohnende interaktive Museum Geschichten vom Leiden und von hart erfochtenen Siegen der Afroamerikaner aus der Zeit von der Sklaverei bis zur Bürgerrechtsbewegung. Auf der anderen Straßenseite gibt die Ausstellung im ehemaligen Storer College einen Überblick über die Pionierarbeit dieser schwarzen Bildungsstätte und über die Niagara-Bewegung, die in ihrem Umkreis entstand.

Master Armorer's House HISTORISCHE STÄTTE

(☎304-535-6029; www.nps.gov/hafe; Shenandoah St; ⏲9–17 Uhr) GRATIS Das Haus von 1858 steht inmitten der kostenlos zugänglichen Stätten im historischen Viertel. Hier wird erläutert, wie die Neuerungen im Gewehrbau, die vor Ort entwickelt wurden, die Waffenindustrie revolutionierten.

Storer College Campus HISTORISCHE STÄTTE

(www.nps.gov/hafe; Fillmore St) Das unmittelbar nach dem Amerikanischen Bürgerkrieg gegründete Storer College entwickelte sich von einer Einraumschule für befreite Sklaven zu einem angesehenen College, das Schülern aller Ethnien und Glaubensbekenntnisse offenstand. Das College wurde 1955 geschlossen. Besucher können kostenlos über den historischen Campus spazieren. Man erreicht ihn über den Pfad zur Oberstadt vorbei an der St. Peter's Church, Jefferson Rock und dem Harper Cemetery.

C&O Canal National Historic Park RADFAHREN, WANDERN & TREKKEN
(www.nps.gov/choh) Der knapp 300 km lange Weg führt auf der Maryland-Seite am Potomac River entlang. Unter www.nps.gov/hafe findet man Zugangspunkte zum Pfad und eine Liste der Fahrradverleihs.

Appalachian Trail Conservancy WANDERN
(☎304-535-6331; www.appalachiantrail.org; Ecke Washington St & Jackson St; ⏲9–17 Uhr) Der 3476 km lange Appalachian Trail wird von seinem Hauptquartier in diesem riesengroßen Informationszentrum für Wanderer aus verwaltet. Der AT führt durch die nahe gelegene Stadt, und Wanderer – und andere – können hier Halt machen, um Informationen und News über den Pfad zu bekommen, um sich zu unterhalten und um auf die Toilette zu gehen. In der Lounge für Wanderer gibt es WLAN, einen Computer und ein kostenlos nutzbares Telefon – neben einem großen Schild, mit dem die Wanderer daran erinnert werden, ihre Mütter anzurufen.

O Be Joyfull STADTSPAZIERGANG
(☎732-801-0381; www.obejoyfull.com; 110 Church St, Thomas Hall bei der St. Peter's Church; geführte Touren Erw./Kind 8–12 Jahre 34/15 US$) Bietet interessante historische Stadtspaziergänge rund um Harpers Ferry (3–4 Std.).

River Riders ABENTEUERSPORT
(☎800-326-7238; www.riverriders.com; 408 Altstadts Hill Rd; ⏲Juni–Aug. 8–18 Uhr, restliches Jahr andere Öffnungszeiten) Wer raften, Kanu fahren, Tubing betreiben, Kajak fahren oder mehrtägige Wanderungen machen möchte, der ist hier richtig. Außerdem gibt es einen Fahrradverleih und eine 365 m lange Zipline.

Schlafen & Essen

HI-Harpers Ferry Hostel HOSTEL $
(☎301-834-7652; www.hiusa.org; 19123 Sandy Hook Rd, Knoxville, MD; B 25 US$; ⏲Mai–Mitte Nov.; P❄@📶) Das sympathische Hostel liegt 2 Meilen (gut 3 km) von der Innenstadt entfernt auf der Maryland-Seite des Potomac River und hat jede Menge Annehmlichkeiten zu bieten, so etwa eine Küche, eine Wäscherei und einen Aufenthaltsbereich mit Spielen und Büchern.

Jackson Rose B&B $$
(☎304-535-1528; www.thejacksonrose.com; 1167 W Washington St; Zi. werktags/Wochenende 140/160 US$; Jan. & Feb. geschl.; P❄📶) Elegante Gärten umgeben die herrliche Backsteinresidenz aus dem 18. Jh. In einem der drei hübschen Gästezimmer hat Stonewall Jackson während des Bürgerkriegs für kurze Zeit gewohnt. Alte Möbel und Kuriositäten sind über das Haus verteilt. Das Frühstück ist ausgezeichnet.

Beans in the Belfry AMERIKANISCH $
(☎301-834-7178; www.beansinthebelfry.com; 122 W Potomac St, Brunswick, Maryland; Sandwiches rund 7 US$; ⏲Mo–Do 9–21, Fr 9–22, Sa 8–22, So 8–19 Uhr; 📶👪) Die umgebaute Kirche aus rotem Backstein befindet sich rund 10 Meilen (16 km) östlich in Maryland, auf der anderen Seite des Brunswick River. Der Laden punktet mit bunt zusammengewürfelten Sofas, kitschüberladenen Wänden, kleinen Gerichten und einer winzigen Bühne, auf der mehrmals pro Woche abends Folk-, Blues- und Bluegrass-Bands aufspielen. Der sonntägliche Jazz-Brunch (18 US$) ist ein echter Hit.

Anvil AMERIKANISCH $$
(☎304-535-2582; www.anvilrestaurant.com; 1290 W Washington St; Hauptgerichte 11–28 US$; ⏲Mi–So 11–21 Uhr) In der Region gefangene Forelle in Honig-Pekanuss-Butter und der elegante, föderale Speisesaal zeugen von der Klasse des Anvil.

An- & Weiterreise

Amtrak-Züge (www.amtrak.com) fahren vom Bahnhof **Harpers Ferry Station** (www.amtrak.com; Potomac St & Shenandoah St) auf der Capitol-Limited-Route zur Union Station in Washington (tgl., 90 Min.). Züge von MARC (http://mta.maryland.gov) verkehren an Werktagen dreimal täglich auf der Brunswick Line.

Berkeley Springs

Aktivitäten

Berkeley Springs State Park SPA
(☎304-258-2711; www.berkeleyspringssp.com; 2 S Washington St; 30-minütiges Bad 27 US$, 1-stündige Massage 99–111 US$; ⏲10–18 Uhr) Man sollte sich nicht von der Umkleide der Römischen Bäder des Berkeley Springs State Park abschrecken lassen – dies ist der beste Wellness-Deal der Stadt. Im Brunnen vor der Tür kann man seine Flasche mit dem magischen Wasser auffüllen, und im Sommer werden die Kids ihren Spaß im gechlorten Freibad mit Quellwasser haben (Erw./Kind unter 12 Jahren 5/3 US$).

Schlafen & Essen

Cacapon Resort State Park HÜTTEN $$
(☎304-258-1022; www.capaconresort.com/; 818 Cacapon Lodge Dr; Zi. ab 154 US$) Im Cacapon State Park gibt's schlichte Unterkünfte in einer Lodge und moderne, rustikale Hütten (einige mit Kamin) in friedlicher Waldlage 9 Meilen (14,5 km) südlich von Berkeley Springs (abseits des US 522).

Country Inn of Berkeley Springs HOTEL $$
(☎304-258-1200; www.thecountryinnwv.com; 110 S Washington St; Zi./Suite ab 119/199 US$; P ❄ 📶) Das Country Inn gleich neben dem Park hat Pauschalangebote mit Unterkunft und luxuriösen Anwendungen. Vor Ort gibt's auch ein gutes Restaurant.

Tari's FUSION $$
(☎304-258-1196; www.tariscafe.com; 33 N Washington St; Hauptgerichte mittags 9–14 US$, abends 20–29 US$; ⏲Mo–Sa 11–21, So bis 19 Uhr; 📝) 🌿 Das Tari's ist ein für Berkeley Springs typisches Restaurant, wo man Gerichten aus frischen, regionalen Lebensmitteln und gute vegetarische Angebote bekommt. Die Atmosphäre ist so entspannt, dass am guten Karma nicht zu zweifeln ist.

An- & Weiterreise

Berkeley Springs liegt 40 Meilen (64 km) westlich der I-95. Die Fahrt von Washington, D.C., hierher dauert 90 Minuten.

Monongahela National Forest

Fast die gesamte östliche Hälfte von West Virginia erscheint auf der Landkarte als grüne Parklandschaft – dieser ganze Reichtum wird vom überwältigenden Monongahela National Forest geschützt. Auf einer Fläche von mehr als 3600 km² finden sich reißende Flüsse, Höhlen und der höchste Gipfel des Bundesstaats, der **Spruce Knob**. Zu dem rund 1370 km umfassenden Netz von Wanderwegen gehören auch der 200 km lange, bei Wanderern beliebte **Allegheny Trail** sowie der 121 km lange **Greenbrier River Trail**.

Elkins, an der westlichen Grenze des Parks gelegen, ist ein guter Ausgangspunkt. Auch das **Snowshoe Mountain Resort** (☎877-441-4386; www.snowshoemtn.com; 10 Snowshoe Dr; 👪) im Süden auf dem Gipfel des Cheat Mountain eignet sich gut als Basislager für Unternehmungen.

Die surreal wirkende Landschaft der **Seneca Rocks**, 35 Meilen (56 km) südöstlich von Elkins, zieht Kletterer an, die die 274 m hohen Sandsteinwände besteigen.

Sehenswertes

Cranberry Mountain Nature Center MUSEUM
(☎304-653-4826; www.fs.usda.gov; Ecke Hwy 150 & Hwy 39/55; ⏲Mitte April–Mitte Okt. Do–Mo 9–16.30 Uhr) Die Exkremente-Ausstellung an der Wand ist ein echter Hingucker – genau wie die lebenden Schlangen, die in mehreren Terrarien dieses Naturzentrums am südlichen Ende des Waldes leben. Das Cranberry Mountain Nature Center hat 2017 seinen 50. Geburtstag gefeiert und bietet wissenschaftliche Informationen über den Wald und das umliegende 3 km² große Sumpf-Ökosystem.

Blackwater Falls State Park STATE PARK
(☎304-259-5216; www.blackwaterfalls.com; 1584 Blackwater Lodge Rd) GRATIS Der Wasserfall stürzt in eine 13 km lange Schlucht, die von Amerikanischen Rot-Fichten, Hickory-Bäumen und Hemlocktannen gesäumt ist. Es gibt hier jede Menge Wanderwege. Ausschau halten nach dem Pendleton Point Overlook, der über dem tiefsten und breitesten Punkt des Canaan Valley thront!

Schlafen & Essen

Im National Forest befinden sich 23 Campingplätze, aufgeteilt auf sechs verschiedene Bezirke. Man sucht sich also zuerst sein Areal aus und macht sich von dort auf den Weg. Einer der Campingplätze erstreckt sich über zwei Districts, und im Greenbrier District gibt es Hütten. Wer es komfortabler braucht, für den stehen in Elkins etwa ein halbes Dutzend Hotels parat. Snowshoe bietet ebenfalls Unterkünfte, von einfachen Studios bis hin zu eleganten Hütten.

Seneca Shadows Campground CAMPING $
(☎877-444-6777; www.recreation.gov; Stellplätze 17–50 US$; ⏲April–Okt.) Umgeben von Bergen und mit Blick auf die Kletterfelsen der Seneca Rocks stehen auf diesem grünen Campingplatz Picknicktische, Feuerstellen und Toiletten mit Spülung bereit.

Vintage MODERN-AMERIKANISCH $$
(☎304-636-0808; www.vintageelkins.com; 25 Randolph Ave, Elkins; Hauptgerichte 15–33 US$; ⏲Mo–Do 11–22, Fr & Sa bis 23, So bis 21 Uhr) Ein

tolles Plätzchen für Holzofenpizza und Wein nach einem langen Wandertag.

An- & Weiterreise

Um diese abgeschiedene und raue Region erkunden zu können, braucht man ein Auto. Elkins liegt 155 Meilen (250 km) von Pittsburgh entfernt, Snowshoe 230 Meilen (370 km) von Washington, D.C.

Südliches West Virginia

Dieser Teil von West Virginia hat sich zum nicht zu unterschätzenden Abenteuerspielplatz an der Ostküste gemausert: Es gibt Wildwasser-Rafting, coole Möglichkeiten zum Mountainbiken, jede Menge Wanderwege durchs Grüne und einladende kleine Städte, die hier alles zusammenhalten. Das vornehme Greenbrier Resort lockt Geldgeber und Golfer in die Gegend.

New River Gorge National River

Der New River ist genau genommen einer der ältesten Flüsse der Welt. Seine urzeitliche, bewaldete Schlucht gehört zu den faszinierendsten Flussläufen in den Appalachen. Der NPS schützt einen Abschnitt des New River, der auf einer Strecke von 80 km 228 Höhenmeter hinunterrauscht; am nördlichen Ende gibt's dicht aneinandergedrängte Stromschnellen bis Klasse V. Das **Canyon Rim Visitor Center** (☎304-574-2115; www.nps.gov/neri; 162 Visitor Center Rd Lansing, WV, GPS 38,07003 N, 81,07583 W; ⏲9–17 Uhr; ♿) 🍃, unmittelbar nördlich der imposanten Brücke über die Schlucht, ist nur eines von vier Visitor Centers des NPS am Flussufer. Hier bekommen Interessierte Infos zu Panoramafahrten (beispielsweise zur denkwürdigen Tour zu der verlassenen Bergwerkssiedlung **Nuttallburg**), zu Anbietern von Wassersportausrüstung, zum Klettern in den Schluchten, zum Wandern, Mountainbiken und zu Raftings auf dem **Gauley River** im Norden. Während der Dammöffnung im Herbst auf dem Gauley River zu raften, ist eine der aufregendsten Erfahrungen, die man in den USA überhaupt machen kann. Wanderwege auf Bergkämmen und in Schluchten gewähren wunderschöne Ausblicke. Hinter der Touristeninformation beginnt ein kurzer Weg, von dem aus man eine herrliche Aussicht auf die Brücke hat. Es gibt hier einige einfache und kostenlose Campingmöglichkeiten.

Sehenswertes & Aktivitäten

Hawks Nest State Park STATE PARK
(☎304-658-5212; www.hawksnestsp.com; 49 Hawks Nest Park Rd; Lodge-Zi./Suite ab 124/151 US$) GRATIS Hier gibt es Wanderwege, ein Naturzentrum und eine Seilbahn (Mai–Okt.; Erw./Kind 7/5 US$), die von der Lodge runter zum Fluss führt. Die gemütlichen Zimmer bieten eine tolle Aussicht auf die Schlucht.

Babcock State Park STATE PARK
(☎304-438-3004; www.babcocksp.com; 486 Babcock Rd; Hütten 66–223 US$, Stellplatz 25–28 US$) Im Babcock State Park können Outdoor-Fans wandern, Kanu fahren, reiten, campen und in Hütten übernachten. Das Highlight des Parks ist die malerische **Glade Creek Grist Mill**.

Mystery Hole MUSEUM
(☎304-658-9101; www.mysteryhole.com; 16724 Midland Trail, Ansted; Erw./Kind 7/6 US$; ⏲Juni–Okt. 10.30–17.30 Uhr) Das Mystery Hole ist eine der größten Straßenrandattraktionen der ganzen USA. Hier wird den Gesetzen der Physik und den Grenzen des guten Geschmacks ein Schnippchen geschlagen. Alles in diesem Irrenhaus ist irgendwie ein bisschen schräg.

Adventures on the Gorge ABENTEUER
(☎855-379-8738; www.adventuresonthegorge.com; 219 Chestnutburg Rd, Lansing; Hütte ab 89 US$) Der angesehene Veranstalter Adventures on the Gorge hat jede Menge Aktivitäten im Programm, darunter Wildwasser-Rafting, Ziplining, Abseilen und mehr. Er betreibt auch diverse Hütten (ein paar davon mit Whirlpool) und mehrere beliebte Restaurants, darunter das **Smokey's Steakhouse** (Hauptgerichte 18–36 US$) in der Nähe der Schlucht.

Bridgewalk WANDERN
(☎304-574-1300; www.bridgewalk.com; 69 US$/Pers.; ⏲10–15 Uhr) Im Rahmen der geführten Wanderungen genießen die Teilnehmer den tollen Ausblick auf die New River Gorge von einem Weg unterhalb der berühmten Brücke aus.

An- & Weiterreise

Es gibt einen Flughafen in Charleston, WV, 70 Meilen (113 km) nördlich. Züge von Amtrak (www.amtrak.com) halten an drei Orten im Park, z. B. am Prince Depot, 23 Meilen (37 km) südlich von Fayetteville. Greyhound-Busse (www.greyhound.com) halten in Beckley (360 Prince St).

Fayetteville

Das winzige Fayetteville ist der perfekte Anlaufpunkt für diejenigen, die den Nervenkitzel auf dem New River suchen, und zugleich ein künstlerisch angehauchtes Bergstädtchen.

Sehenswertes & Aktivitäten

Beckley Exhibition Coal Mine MINE
(☎304-256-1747; www.beckley.org/general-information-coal-mine; 513 Ewart Ave, Beckley; Erw./Kind 20/12 US$; ⏲April–Okt. 10–18 Uhr) Diese Mine in Beckley ist heute ein Museum über die Kohlegeschichte der Stadt. Besucher können 450 m in eine alte Zeche einfahren, Ausstellungen über den Alltag in einer Mine bestaunen und das Bergwerkslager im Ort erkunden.

Cantrell Ultimate Rafting RAFTING
(☎304-877-8235; www.cantrellultimaterafting.com; 49 Cantrell Dr; Lower/Upper Gauley Rafting ab 130/144 US$) Unter den vielen staatlich lizenzierten Rafting-Anbietern in der Gegend sticht Cantrell Ultimate Rafting mit seinen Wildwassertouren hervor.

Long Point Trail WANDERN
(www.nps.gov/neri/planyourvisit/longpoint_trail.htm; Newtown Rd, Fayetteville) Dieser 4,8 km lange Rundweg führt zu Aussichtspunkten auf die New River Gorge und die New River Gorge Bridge.

New River Bikes RADFAHREN
(☎304-574-2453; www.newriverbikes.com; 221 N Court St; Leihfahrrad 35 US$/Tag, geführte Touren 79–110 US$; ⏲Mo–Fr 10–18, Sa bis 16 Uhr) In der Gegend gibt es tolle Möglichkeiten zum Mountainbiken, besonders auf den abgestuften Hängen der Arrowhead Trails.

Schlafen & Essen

River Rock Retreat Hostel HOSTEL $
(☎304-574-0394; www.riverrockretreatandhostel.com; Lansing-Edmond Rd; B 23 US$; P❄) Dieses Hotel mit einfachen, sauberen Zimmern und großen Gemeinschaftsbereichen befindet sich knapp 1,5 km nördlich der New River Gorge Bridge. Die Besitzerin Joy Marr weiß viel über die Region.

Cathedral Café CAFÉ $
(☎304-574-0202; www.facebook.com/cathedralcafe; 134 S Court St; Hauptgerichte mittags 8–9 US$, abends 11–14 US$; ⏲So–Do 7.30–16, Fr & Sa bis 21 Uhr; 📶🌿) Man startet gut in den Tag mit Frühstück unter den Buntglasfenstern.

An- & Weiterreise

Mittwochs, freitags und samstags halten Züge von Amtrak (www.amtrak.com) am **Prince Depot** (www.amtrak.com; 5034 Stanaford Rd), 23 Meilen (37 km) südlich von Fayetteville auf der Cardinal-Route, die NYC, Washington, D. C., und Chicago verbindet. Der Bahnhof ist abgelegen, und es gibt keine Autovermietungen vor Ort. Man muss sich hinfahren lassen.

DENISE LEBLANC/SHUTTERSTOCK ©

1. Junger Fuchs, Acadia National Park (S. 264) 2. Mammoth Cave National Park (S. 427) 3. Shenandoah National Park (S. 345) 4. Schwarzbär, Great Smoky Mountains National Park (S. 382)

ZACK FRANK/SHUTTERSTOCK ©

Nationalparks

In Neuengland warten wilde, felsige Strände, in Florida tanzen die Schatten der Palmen über den feinen, weißen Sand. In Washington, DC, gibt es unzählige historische Stätten zu entdecken und – ganz in der Nähe – die Appalachen mit sanften Hügeln und dem malerischen Blue Ridge Parkway.

Great Smoky Mountains National Park

Dieser Nationalpark in den südlichen Appalachen zieht mehr Besucher an, als jeder andere der USA. Die dicht bewaldeten Bergrücken sind Lebensraum von Schwarzbären, Weißwedelhirschen, Wapitis, Wildtruthühnern und mehr als 1500 Arten von Blütenpflanzen. (S. 382)

Acadia National Park

Wie wär's mit dem ersten Sonnenaufgang des neuen Jahres vom Gipfel des Cadillac Mountains aus, dem höchsten Punkt an der Ostküste der USA? Oder man kommt im Sommer her, um eine der Inseln zu erkunden, die vor der zerklüfteten, rauen Nordatlantikküste des Parks liegen. (S. 264)

Shenandoah National Park

Mit dem Auto geht's von den Great Smoky Mountains Richtung Norden den historischen Blue Ridge Pkwy entlang, vorbei an Appalachen-Dörfern, nach Shenandoah, einem Schutzgebiet, wo – nur 120 km von der Hauptstadt entfernt – Wasserfälle und Waldwege warten. (S. 345)

Everglades National Park

Die Heimat von Krokodilen, Flamingos, Seekühen und Panthern, die karibischen Buchten, die "Grasflüsse", und vor allem die einzigartigen Schwemmebenen mit ihren Hartholzgewächsen (Hammocks) locken Naturfreunde nach Südflorida. (S. 524)

Mammoth Cave National Park

Mit seinen zahlreichen unterirdischen Wasserläufen und mehr als 640 km kartierten Gängen bietet das längste Höhlensystem der Erde die Möglichkeit, Stalaktiten und Stalagmiten, die an Sci-Fi-Welten erinnern, aus nächster Nähe zu bestaunen. (S. 427)

Der Süden

Inhalt ➡

Gut essen

- Peche Seafood Grill (S. 483)
- Hattie B's (S. 412)
- Dish Dive (S. 436)
- Edmund's Oast (S. 390)
- Saw's Soul Kitchen (S. 451)

Schön übernachten

- Bunn House (S. 381)
- Urban Oasis B&B (S. 434)
- Crash Pad (S. 416)
- 21c Museum Hotel (S. 423)
- Shaker Village at Pleasant Hill (S. 425)

Auf in den Süden!

Der Süden war vermutlich die erste Region der USA, die als solche betrachtet wurde – eine „Region" mit besonderen kulturellen und geografischen Eigenschaften, die sich durch ihre eigene Küche, Landschaft, Literatur und Musik, ihren eigenen Akzent und durch ihre eigene Geschichte auszeichnet, die ebenso lang und prachtvoll wie brutal und blutig ist.

Der Süden erstreckt sich von den Granitfelsen und bewaldeten Landstrichen Kentuckys und Tennessees über raue Hügel und dichte Wälder, bevor er in das Land der Flüsse übergeht, darunter auch der längste in Nordamerika, der Mississippi. Diese sumpfigen, sonnengetränkten Marschen verlieren sich schließlich in den salzigen Weiten des Atlantischen Ozeans und des Golfs von Mexiko. Auch wenn sich die Einwohner des Südens Land und Wasser sehr verbunden fühlen, leben die meisten von ihnen in tief in der amerikanischen Seele verwurzelten Städten, vom schweißgetränkten, schwarz geprägten Charleston oder New Orleans bis hin zum kunterbunten Atlanta, das jeden offen empfängt.

Reisezeit

New Orleans

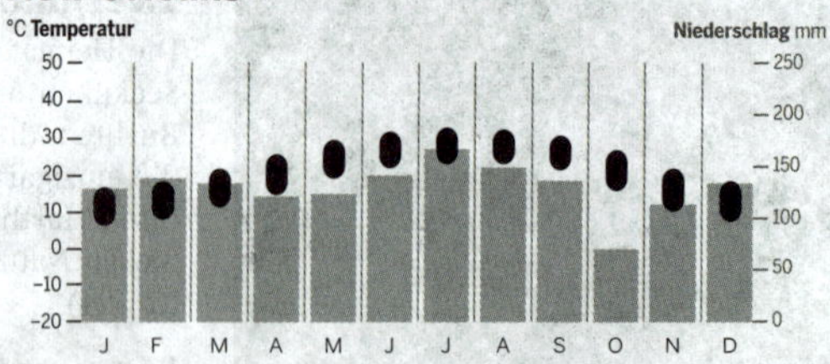

Nov.–Feb. Der Winter ist im Süden meist mild, und Weihnachten wird mit viel Inbrunst gefeiert.

April–Juni Der Frühling ist grün und warm, es blühen duftender Jasmin, Gardenien und Tuberosen.

Juli–Sept. Im Sommer ist es oft sehr schwül, und die Einheimischen stürmen die Strände.

NORTH CAROLINA

Der konservative Old South und der liberale New South kämpfen im schnell wachsenden „Tar Heel State", dem Zuhause von Hipstern, Schweinefarmern, Hightech-Wunderkindern und einer stetig steigenden Zahl an Craft-Bier-Brauereien, um die politische Vorherrschaft. Meist existieren die verschiedenen Kulturen und Gemeinden hier friedlich nebeneinander, von den uralten Bergen im Westen bis zu den vorgelagerten, sandigen Inseln im Atlantik.

Mit 52 218 über den Bundesstaat verteilten Farmen ist die Landwirtschaft eine starke Wirtschaftskraft. North Carolina ist landesweit führend in der Tabakproduktion und der zweitgrößte Schweinelieferant. Aber auch neue Technologien kurbeln die Wirtschaft an: Über 200 Unternehmen haben sich allein im Research Triangle Park angesiedelt. Weitere wichtige Industriezweige sind Finanzen, Nanotechnologie und Weihnachtsbäume – und die Craft-Bier-Brauer trugen über 2 Mrd. US$ bei.

Am besten schnappt man sich einen Grillteller, gießt sich ein lokales Bierchen ein und schaut zu, wie die Duke Blue Devils auf dem Basketballplatz gegen die Carolina Tar Heels kämpfen – Collegemannschaften sind in der Seele Carolinas fast genauso tief verwurzelt wie Jesus.

Geschichte

Schon seit über 10 000 Jahren leben amerikanische Ureinwohner in North Carolina. Zu den größten Stämmen zählten die Cherokee in den Bergen, die Catawba im Piedmont und die Waccamaw in der Küstenebene.

Der Bundesstaat – benannt nach dem englischen König Karl I. (lat. Carolus) – war das zweite Gebiet, das die Briten kolonisierten, und die erste Kolonie, die für die Unabhängigkeit von der britischen Krone stimmte. Mehrere wichtige Schlachten des Unabhängigkeitskriegs wurden hier ausgefochten.

Bis weit ins 19. Jh. hinein blieb North Carolina ein verschlafene, von der Landwirtschaft geprägte provinzielle Region, was ihm den Spitznamen „Rip Van Winkle State" eintrug (nach dem Held aus Irvings Erzählung *Rip Van Winkle*). In der Sklavereifrage gespalten – die meisten Einwohner waren schlichtweg zu arm, um sich Sklaven zu halten –, schloss es sich im Bürgerkrieg als letzter Bundesstaat der Sezession an, stellte dann jedoch mehr Soldaten für die konföderierte Armee als jeder andere.

In der Mitte des 20. Jhs. war North Carolina ein Zentrum der Bürgerrechtsbewegung. So fanden in Greensboro von den Medien stark beachtete Sit-ins statt, und in Raleigh wurde das einflussreiche Student Nonviolent Coordinating Committee (SNCC) gegründet. In der zweiten Hälfte des 20. Jhs. siedelten sich in Charlotte die Finanzindustrie und in der Region Raleigh-Durham Technologie- und Pharmaunternehmen an. Das führte zu einem hohen Bevölkerungszuwachs und zu deutlich mehr kultureller Vielfalt.

Auch in jüngerer Vergangenheit war North Carolina einmal mehr wegen Diskriminierung und sozialer Probleme in den Schlagzeilen, als es 2016 das berüchtigte „Toilettengesetz" verabschiedete, das es Städten untersagte, Transgender-Menschen die freie Toilettenwahl zu erlauben, je nachdem, mit welchem Geschlecht sie sich identifizieren. Die Aktion kostete den Bundesstaat (bisher) rund 630 Mio. US$ an verlorenen Einkünften (die NBA etwa verlegte ihr jährliches All-Star Game nach New Orleans, die NCAA strich für 2016 und 2017 gar alle Turniere im Bundesstaat). Dies riss zwar kein riesiges Loch in North Carolinas jährlichen BIP-Topf von 510 Mrd. US$, aber es war auch nicht nur Kleingeld. Gouverneur Roy Cooper setzte das Gesetz daher im Frühjahr 2017 wieder außer Kraft, kaum ein Jahr nach seiner Verabschiedung.

Küste North Carolinas

Die Küste North Carolinas erstreckt sich über fast 500 km. Sie ist erstaunlich wenig erschlossen; oft sieht man den Strand schon von der Küstenstraße aus. O.k., südlich von Corolla bis Kitty Hawk hat man mitunter das Gefühl, die Cottage-Fluten würden niemals abebben, der Großteil der Küste des Bundesstaats ist bisher aber von grellen, kommerzialisierten Urlaubsorten verschont geblieben. Stattdessen findet man hier schroffe, windgepeitschte Düneninseln, koloniale, einst von Piraten heimgesuchte Dörfer und entspannte Strandorte, in denen die Eisdielen noch den Einheimischen gehören und die Motels noch Familienbetriebe sind. Selbst die touristischsten Strände versprühen eine sympathische Kleinstadtatmosphäre.

Für echte Abgeschiedenheit fährt man zu den abgelegenen Outer Banks, wo die Fischer noch immer vom Garnelenfang leben und die älteren Leute einen archaischen,

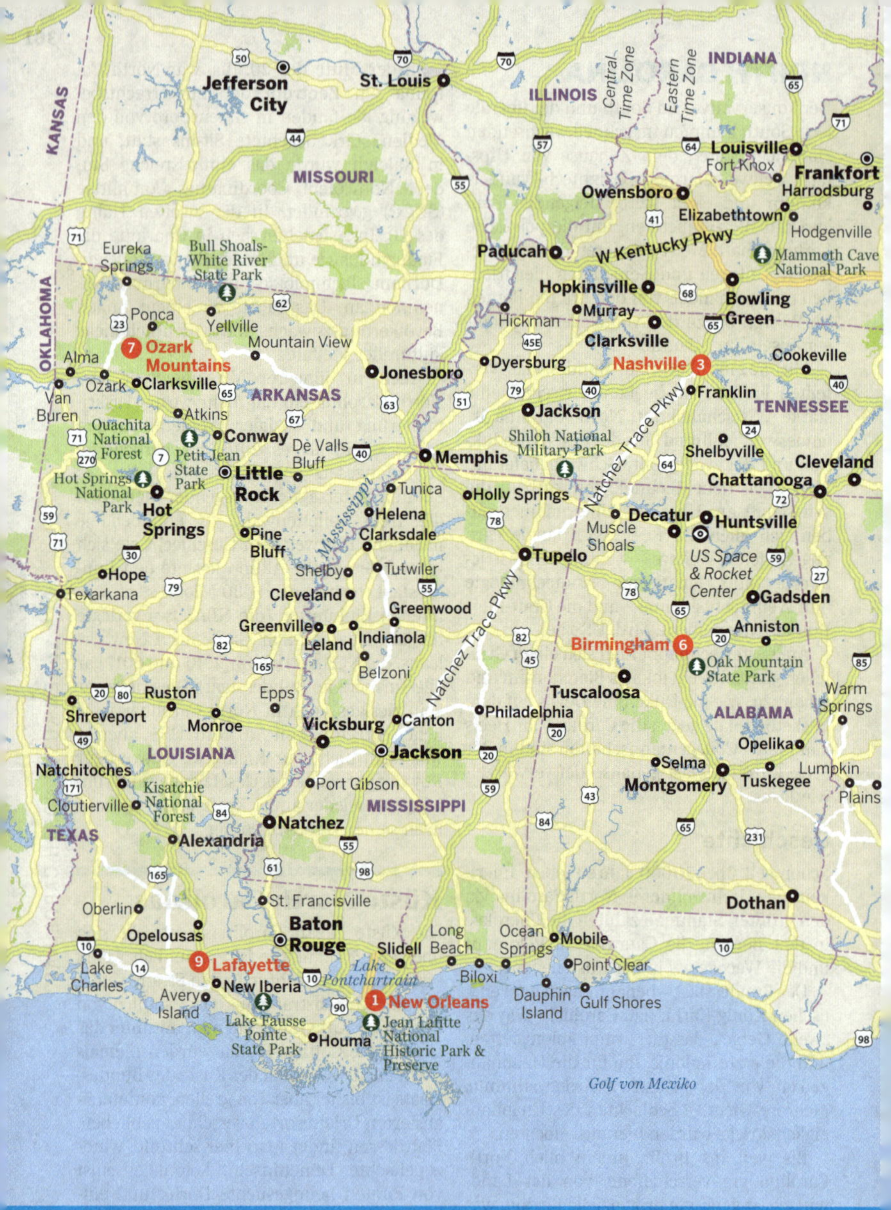

Highlights

1 New Orleans (S. 471) Der Magie von Amerikas ungewöhnlichster Stadt erliegen

2 Great Smoky Mountains National Park (S. 383) In der spektakulärsten Landschaft des Südens wandern und campen

3 Nashville (S. 406) Durch Honky-Tonk-Bars ziehen

4 Outer Banks (S. 364) Auf dem windumtosten Hwy 12 North Carolina der Länge nach „erfahren"

5 Charleston (S. 386) Häuser aus der Vorbürgerkriegszeit und die Küche des Low Country entdecken

6 Birmingham Civil Rights Institute (S. 450) Die Geschichte der Bürgerrechtsbewegung kennenlernen

7 Ozark Mountains (S. 467) Höhlen, Berge, Flüsse, Wälder und Folkmusik der Hochlandregion erleben

8 Savannah (S. 442) Sich von der Romantik und der Gastfreundschaft der Südstaaten verführen lassen

9 Lafayette (S. 491) Tolles Essen und noch bessere Musik genießen

10 Atlanta (S. 428) Sich von der Energie der größten Stadt des Südens mitreißen lassen

britisch gefärbten Dialekt sprechen. Das weiter im Süden gelegene Wilmington ist ein Zentrum für Film- und Fernsehproduktionen, und an den umliegenden Stränden tummeln sich Traveller sowie – während des Spring Break – massenhaft Studenten.

An- & Weiterreise

Die den Outer Banks am nächsten gelegenen kommerziellen Flughäfen sind der Norfolk International Airport (S. 324), 132 km nördlich in Virginia, und der Raleigh-Durham International Airport (S. 374) in North Carolina, 309 km westlich. Fähren verbinden die isoliertere Ocracoke Island in den Outer Banks mit Hatteras Island und Cedar Island sowie Swan Quarter auf dem Festland.

Wilmington hat einen eigenen Flughafen, den **Wilmington International Airport** (ILM; ☎ 910-341-4125; www.flyilm.com; 1740 Airport Blvd).

Outer Banks

Die Outer Banks (kurz: OBX) bilden ein zartes Band aus Sand, das sich über 160 km an die Küste schmiegt und durch Meerengen und Wasserstraßen vom Festland getrennt ist. Von Norden nach Süden reihen sich die Inseln Bodie (ausgesprochen: „Body"), Roanoke, Hatteras und Ocracoke aneinander. Im Prinzip sind sie nichts anderes als durch Brücken und Fähren verbundene Sandbänke. Ganz im Norden liegen die wunderbar ruhigen, teuren Gemeinden **Corolla** (ausgesprochen „kur-all-ah", nicht wie das Auto), **Duck** und **Southern Shores**, ehemalige Entenjagdgebiete der Schönen und Reichen aus dem Nordosten. Die beinahe zusammenhängenden Städte **Kitty Hawk**, **Kill Devil Hills** und **Nags Head** auf Bodie Island sind stark bebaut und eher touristisch, mit Fisch-Schnellrestaurants, Drive-in-Bierläden, Motels und Dutzenden Geschäften mit Strandzubehör. **Roanoke Island**, westlich von Bodie, bietet Kolonialgeschichte und das altmodische Hafenstädtchen **Manteo**. Weiter südlich liegt **Hatteras Island**, ein nationales Meeresschutzgebiet mit winzigen Dörfern und wilder, windiger Schönheit. Am äußersten Südende von OBX knacken alte Seebären auf der nur per Fähre zu erreichenden **Ocracoke Island** Austern und weben Hängematten.

Sehenswertes

Corolla, die nördlichste Stadt am Hwy 158, ist für ihre Wildpferde berühmt. Die Pferde, Nachkommen der kolonialen spanischen Mustangs, streifen frei über die Dünen im Norden; zahlreiche Anbieter haben entsprechende Touren im Programm. Der von Dörfern unterbrochene Cape Hatteras National Seashore lockt mit mehreren sehenswerten Leuchttürmen. Eine Fahrt auf dem Hwy 12, der viele der Outer Banks miteinander ver-

DER SÜDEN IN ...

... einer Woche

Nach der Ankunft in New Orleans (S. 471) vertritt man sich bei einem Spaziergang durch das legendäre French Quarter erst einmal die Beine und verbringt die verbleibende Zeit dann in einem Zydeco-Schuppen, wo man in die Jazzgeschichte eintaucht und die Nacht zum Tag macht. Auf dem Weg ins entspannte Delta lohnt sich ein Halt in Clarksdale, wo ein temperamentvoller Blues-Abend in den Juke Joints ansteht, bevor man, in Memphis (S. 398) angekommen, in Graceland (S. 400) auf den Spuren des King of Rock 'n' Roll wandelt. Von hier aus geht's den Music Hwy hinunter nach Nashville (S. 406), wo im Country Music Hall of Fame and Museum (S. 407) Elvis' goldener Cadillac ausgestellt ist. In den Country-Kneipen (Honky Tonks) des District kann man dann an seinen Fähigkeiten im Line Dance arbeiten.

... zwei bis drei Wochen

Von Nashville aus geht es gen Osten zu einer Wanderung inmitten der zerklüfteten Gipfel und Wasserfälle des Great Smoky Mountains National Park (S. 383), bevor man eine erholsame Nacht im künstlerisch angehauchten Gebirgsstädtchen Asheville (S. 379) verbringt und das unverschämt protzige Biltmore Estate (S. 380), das größte Privathaus der USA, besichtigt. Danach führt die Reise weiter an die atlantische Küste, wo die sandigen Düneninseln der abgelegenen Outer Banks zum Entspannen einladen. Etwas weiter die Küste hinunter liegt Charleston (S. 386), das mit kulinarischen Köstlichkeiten und traumhaft schöner Architektur einen gelungenen Abschluss bildet.

bindet und einen Abschnitt des Outer Banks National Scenic Byway (mit seinen 21 Küstenorten) einnimmt, gehört zu den schönsten amerikanischen Panoramastraßen, egal, ob man in den erstaunlich einsamen Wintermonaten oder im sonnigen Sommer kommt.

Wer über die Strände der Outer Banks oder des Cape Hatteras National Seashore fahren will, braucht eine Fahrerlaubnis für Geländefahrzeuge (ORVs); sie kostet 25 US$ bis 50 US$. Näheres gibt's unter www.outerbanks.org/plan-your-trip/beaches/driving-on-beach.

Whalehead Club HISTORISCHES GEBÄUDE

(☎252-453-9040; www.visitcurrituck.com; 1160 Village Lane, Corolla; Erw./Kind 6–12 Jahre 7/5 US$; ⌚Touren Mo–Sa 10–16 Uhr, kann saisonal abweichen) Der sonnenblumengelbe Whalehead Club wurde in den 1920er-Jahren im Jugendstil als „Jagdhütte" für einen Industriemagnaten aus Philadelphia erbaut. Das Gebäude ist das Herzstück des Currituck Heritage Park im Städtchen Corolla.

Currituck Beach Lighthouse LEUCHTTURM

(www.curritukbeachlight.com; 1101 Corolla Village Rd, Corolla; Erw./Kind unter 8 Jahre 10 US$/frei; ⌚März–Nov. 9–17 Uhr) 220 Stufen führen auf diesen Leuchtturm aus rotem Backstein, der immer noch in Betrieb ist.

Wright Brothers National Memorial PARK, MUSEUM

(☎252-473-2111; www.nps.gov/wrbr; 1000 North Croatan Hwy, Kitty Hawk; Erw./Kind unter 16 Jahre 7 US$/frei; ⌚9–17 Uhr) Die autodidaktischen Ingenieure Wilbur und Orville Wright starteten am 17. Dezember 1903 den ersten erfolgreichen Flug mit einem Flugzeug (er dauerte 12 Sekunden). Die Startstelle ist durch einen Felsen markiert. Man kann auf den nahen Hügel steigen, auf dem die Brüder frühe Gleiter-Experimente durchführten, und der Blick aufs Meer und die Meerenge ist auch nicht schlecht. Das **Wright Brothers Visitor Center** soll nach einer Komplettrenovierung im Sommer 2018 wiedereröffnen und zeigt Ausstellungen und eine Reproduktion des Flugapparats von 1903.

Fort Raleigh National Historic Site HISTORISCHE STÄTTE

(www.nps.gov/fora; 1401 National Park Dr, Manteo; ⌚Gelände Sonnenaufgang–Sonnenuntergang) Ende der 1580er-Jahre, drei Jahrzehnte, bevor die Pilgerväter am Plymouth Rock an Land gingen, verschwand eine Gruppe von 116 britischen Kolonisten spurlos aus ihrer Siedlung auf Roanoke Island. Wurden sie Opfer einer Dürre? Flohen sie mit einem Stamm von Ureinwohnern? Das Schicksal der „Verlorenen Kolonie" bleibt eines der größten Rätsel Amerikas. Im Visitor Center kann man ihre Geschichte erforschen.

Zu den Hauptattraktionen der Stätte gehört das beliebte Musical **Lost Colony Outdoor Drama** (☎252-473-6000; www.thelostcolony.org; 1409 National Park Dr, Manteo; Erw./Kind ab 20/10 US$; ⌚Ende Mai–Mitte Aug. Mo–Sa 19.45 Uhr), das von Ende Mai bis August aufgeführt wird. Das Stück des mit dem Pulitzer-Preis ausgezeichneten, aus North Carolina stammenden Dramatikers Paul Green erzählt vom Schicksal der Kolonisten und feierte 2017 seinen 80. Jahrestag. Es wird den ganzen Sommer über im Waterside Theater gezeigt. Zu den weiteren Attraktionen gehören Ausstellungen, Landkarten und ein kostenloser, die Fantasie anregender Film (17 Min.) im Visitor Center. Die **Elizabethan Gardens** (☎252-473-3234; www.elizabethangardens.org; 1411 National Park Dr, Manteo; Erw./Kind 6–17 Jahre 9/6 US$; ⌚Juni–Aug. 9–19 Uhr, Sept.–Mai kürzere Öffnungszeiten) im Stil des 16. Jhs. umfassen einen shakespearesken Kräutergarten und reihenweise wunderschön angelegte Blumenbeete. Am Eingang wacht eine imposante Statue von Elizabeth I.

Cape Hatteras National Seashore INSEL

(☎255-475-9000; www.nps.gov/caha) Über rund 110 km erstreckt sich südlich von Nags Head bis zum Südende der Ocracoke Island eine fragile Inselkette, die zum Glück von starker Bebauung verschont blieb. Hier lockt die Natur mit Wasservögeln (sowohl Stand- als auch Zugvögel), Sümpfen, Wäldern, Dünen und meilenlangen leeren Stränden.

Bodie Island Lighthouse LEUCHTTURM

(☎255-473-2111; www.nps.gov/caha; Bodie Island Lighthouse Rd, Nags Head; Museum Eintritt frei, Führung Erw./Kind bis 11 Jahre 8/4 US$; ⌚Visitor Center 9–17 Uhr, Leuchtturm Ende April–Anfang Okt. Bis 16.30 Uhr 👪) Der fotogene, 1872 erbaute Leuchtturm ist seit 2013 für Besucher zugänglich. Der 50 m hohe Turm hat noch immer seine originale Fresnel-Linse – eine Seltenheit. Bis nach oben sind es mehr als 200 Stufen. Im ehemaligen Leuchtturmwärterhäuschen ist heute das Visitor Center untergebracht.

Pea Island National Wildlife Refuge NATURRESERVAT

(☎252-987-2394; www.fws.gov/refuge/pea_island; Hwy 12, Rodanthe; ⌚Visitor Center 9–16 Uhr,

Wege Sonnenaufgang–Sonnenuntergang) Dieses 2361 ha große Reservat (reine Landmasse) ist ein Paradies für Vogelbeobachter, mit zwei Naturpfaden (beide rollstuhlgerecht) und 21 km unberührtem Strand für die 365 hier verzeichneten Arten. Die Beobachtungsstationen im Visitor Center bieten Blick auf den benachbarten Teich.

Cape Hatteras Lighthouse LEUCHTTURM
(☎ 252-475-9000; www.nps.gov/caha; 46368 Lighthouse Rd, Buxton; Turmbesteigung Erw./Kind bis 12 Jahre 8/4 US$; ⏰ Visitor Center 9–17 Uhr, Leuchtturm Mitte April–Anfang Okt. bis 16.30 Uhr) Der beeindruckende schwarz-weiß gestreifte Bau ist mit einer Höhe von 63,4 m der höchste aus Backsteinen erbaute Leuchtturm der USA und eines der größten Wahrzeichen North Carolinas. Nachdem man die 257 Stufen bis nach oben bezwungen hat, kann man sich die interessante Ausstellung über die Lokalgeschichte im Museum of the Sea anschauen, das im ehemaligen Leuchtturmwärterhaus untergebracht ist.

Graveyard of the Atlantic Museum MUSEUM
(☎ 252-986-2995; www.graveyardoftheatlantic.com; 59200 Museum Dr, Hattaras; ⏰ 10–16 Uhr) GRATIS Ausstellungen über Schiffwracks, Piraterie und geborgene Schiffsfracht sind die Highlights des Schifffahrtsmuseums am Ende der Straße. Vor der Küste der Outer Banks liegen mehr als 2000 Schiffwracks. Eine Ausstellung schildert, wie 2006 nahe Frisco ein Container mit Tausenden Doritos-Chipstüten an Land gespült wurde.

Aktivitäten

Kitty Hawk Kites ABENTEUERSPORT
(☎ 252-441-6800; www.kittyhawk.com; 3933 S Croatan Hwy, Jockey's Ridge Crossing, Nags Head; E-Bike-Verleih 15 US$/Tag, Kajak 39–59 US$, Stehpaddelbrett 59–69 US$) Das schon seit mehr als 30 Jahren bestehende Kitty Hawk Kites hat mehrere Standorte an der Küste der Outer Banks. Im Angebot sind Anfängerkurse im Kiteboarden (5 Std., 400 US$) in Rodanthe sowie Hängegleiterkurse im Jockey's Ridge State Park (ab 109 US$). Vermietet auch Kajaks, Segelboote, Stehpaddelbretter, Fahrräder und Inlineskates.

Corolla Outback Adventures TOUREN
(☎ 252-453-4484; www.corollaoutback.com; 1150 Ocean Trail, Corolla; 2-stündige Tour Erw./Kind unter 13 Jahren 50/25 US$) Der Tourenbetreiber Jay Bender, dessen Familie die ersten geführten Touren in Corolla anbot, weiß bestens über die Geschichte und die Pferde der Umgebung Bescheid. Im Geländewagen geht's hinunter zum Strand und durch die Dünen, um die wilden Mustangs zu beobachten, die über die nördlichen Outer Banks streifen.

Schlafen

Breakwater Inn MOTEL $
(☎ 252-986-2565; www.breakwaterhatteras.com; 57896 Hwy 12, Hattaras; Zi./Suite ab 179/213 US$, Zi. Motel ab 117 US$; P ❄ 📶 🏊 🐾) Diese dreistöckige, mit Schindeln gedeckte Unterkunft ist gar nicht so übel. Die Zimmer bieten Küchenzeile und Privatterrasse mit Blick auf die Meerenge. Bei kleinem Budget kann man auf eines der „Fisherman's Quarters"-Zimmer mit Mikrowelle und Kühlschrank ausweichen.

Shutters on the Banks HOTEL $$
(☎ 252-441-5581; www.shuttersonthebanks.com; 405 S Virginia Dare Trail; Zi. 69–269 US$; P ❄ 📶 🏊) Dieses einladende Strandhotel mit 86 Zimmern liegt zentral in Kill Devil Hills und versprüht ein fröhlich-buntes Flair. Die hübschen Zimmer bieten Lamellenfenster und farbenfrohe Kunst sowie Flachbild-TVs, Kühlschrank und Mikrowelle.

Sanderling Resort & Spa RESORT $$$
(☎ 252-261-4111; www.sanderling-resort.com; 1461 Duck Rd, Duck; Zi. 160–599 US$, Suite 599–750 US$; P ❄ 📶 🏊) Die umgestalteten Zimmer geben dieser teuren Unterkunft einen stilvollen Kick. Sportleggings nicht vergessen: Das Resort bietet Yoga am Strand bei Sonnenaufgang an. Die Einrichtung ist makellos geschmackvoll, und die zugehörigen Balkone laden dazu ein, das Rauschen des Ozeans und die sanfte Brise zu genießen.

Essen & Ausgehen

John's Drive-In SEAFOOD, EIS $
(www.johnsdrivein.com; 3716 N Virginia Dare Trail, Kitty Hawk; Hauptgerichte 2,25–9.50 US$; ⏰ Do–Di 11–17 Uhr) Die Institution in Kitty Hawk verkauft perfekt gebratene Goldmakrelen, die man draußen an den Picknicktischen verdrücken kann. Zum Runterspülen kann man unter Hunderten Milchshakes wählen.

★ Kill Devil Grill FISCH & SEAFOOD, AMERIKANISCH $$
(☎ 252-449-8181; www.thekilldevilgrill.com; 2008 S Virginia Dare Trail, Kill Devil Hills; Mittagessen 7–13 US$, Abendessen 10–22 US$; ⏰ Di–Do 11.30–21, Fr & Sa bis 22 Uhr) Uns fällt nur ein Wort ein: Wow! Dieses historische Restaurant – der

Eingang ist ein denkmalgeschütztes Diner von 1939 – serviert Klassiker und Fisch & Meeresfrüchte, alles sehr lecker und in üppigen Portionen. Bei den speziellen Tagesgerichten glänzt die Küche so richtig.

★ Blue Moon Beach Grill SEAFOOD, SANDWICHES $$
(☎ 252-261-2583; www.bluemoonbeachgrill.com; 4104 S Virginia Dare Trail, Nags Head; Hauptgerichte 10–29 US$; ⌚ 11.30–21 Uhr) Kann man bei Pommes ins Schwärmen geraten? Kann man. Denn in diesem zwanglosen Strandlokal sind die leicht gewürzten Fritten wirklich fantastisch. Selbiges gilt für die Sandwiches mit getrockneten Goldmakrelen, Applewood-Schinken, lokalen Currituck-Tomaten und Jalapeño-Remoulade.

ℹ Praktische Informationen

Die besten Infoquellen sind die großen Visitor Centers; viele kleinere sind nur saisonal geöffnet. Ebenfalls nützlich: www.outerbanks.org.

Aycock Brown Welcome Center (☎ 877-629-4386; www.outerbanks.org; 5230 N Croatian Hwy, Kitty Hawk; ⌚ 9–17 Uhr) An der Umgehungsstraße in Kitty Hawk; bietet Karten und Informationen.

Fort Raleigh National Historic Site Visitor Center (☎ 252-475-9001; www.nps.gov/fora; 1401 National Park Dr; ⌚ Mo–Sa 9–16, So 12–16 Uhr)

Hatteras Island Visitor Center (☎ 252-475-9000; www.nps.gov/caha; 46368 Lighthouse Rd, Buxton; ⌚ 9–17 Uhr) Neben dem Leuchtturm von Cape Hatteras.

Ocracoke Island Visitor Center (☎ 252-475-9701; www.nps.gov/caha; 38 Irvin Garrish Hwy; ⌚ 9–17 Uhr) Nahe dem südlichen Fährdock.

Sarah Owen Welcome Center (☎ 877-629-4386; www.outerbanks.org; 1 Visitors Center Cir, Manteo; ⌚ 9–17 Uhr) Gleich östlich der Virginia Dare Memorial Bridge am US 64 Bypass auf Roanoke Island.

Whalebone Welcome Center (☎ 877-629-4386; www.outerbanks.org; 2 NC Hwy 12, Nags Head; ⌚ März–Dez. 8.30–17 Uhr) An der Kreuzung Hwy 64 und Hwy 12 in Nags Head.

ℹ An- & Weiterreise

Zu oder auf den Outer Banks gibt's keinen öffentlichen Nahverkehr.

Wer selbst fährt, sollte im Sommer möglichst nicht am Wochenende ankommen oder abreisen, dann treibt einen der Verkehr in den Wahnsinn. Das Outer Banks Visitors Bureau bietet auf seiner Website einen umfassenden Straßenführer für OBX mit vielen Tipps und alternativen Routen, damit man seinen Urlaub nicht nur im Auto verbringt (www.outerbanks.org).

FÄHRE

Das North Carolina Ferry System (www.ncdot.gov/ferry) unterhält verschiedene Verbindungen, u. a. die kostenlose Autofähre Hatteras–Ocracoke (1 Std.), die in der Hochsaison von Hatteras stündlich bzw. halbstündlich 36-mal zwischen 5 Uhr und Mitternacht fährt; Reservierungen sind nicht möglich. Die North-Carolina-Fähren fahren zudem ca. alle drei Stunden zwischen Ocracoke und Cedar Island (einfache Strecke Auto/Motorrad 15/10 US$, 2¼ Std.) sowie Ocracoke und Swan Quarter auf dem Festland (15/10 US$/2¾ Std.); Reservierungen sind im Sommer auf beiden Strecken empfehlenswert.

Ocracoke Island

Ocracoke Village ist eine lässige kleine Gemeinde, in der es ziemlich entspannt zugeht.

OCRACOKES EINGEZÄUNTE PONYS

Der Legende zufolge sind die „wilden" Ponys von Ocracoke Island Nachfahren der ungezähmten spanischen Mustangs, die von den Entdeckern im 16. und 17. Jh. ausgesetzt wurden, nachdem sie Schiffbruch erlitten hatten. Damals war es üblich, Vieh abzuladen, um die Fracht zu verringern und wieder auf die offene See fahren zu können, wenn man auf Grund gelaufen war. Die als „Banker Ponys" bekannten Tiere sind in der Pferdewelt einzigartig – sie haben eine andere Zahl an Wirbeln und Rippen, eine ganz eigene Form, Haltung, Farbe und Größe und ein anderes Gewicht als alle anderen Pferde. Am faszinierendsten an den Ocracoke-Ponys ist jedoch, dass sie in den 1950er-Jahren schließlich von einer Pfadfindertruppe eingefangen und gezähmt wurden – im Pony Island Restaurant kann man sich die Fotos dazu anschauen. 1959 wurden sie in einem *pony pen* (Pony-Koppel) eingezäunt, um eine Überweidung zu vermeiden und die Tiere vor den Gefahren des NC Hwy 12 zu schützen, der damals gebaut wurde. Heute leben 17 Ponys im Ocracoke Pony Pen am Pony Pen Beach. Sie werden vom National Park Service versorgt, können sich am Strand frei bewegen und auch im Meer baden. Von einer Aussichtsterrasse kann man sie beobachten.

Abgesehen von diesem Dorf ist die gesamte Insel im Besitz des National Park Service.

Die älteren Einwohner sprechen noch immer den als „Hoi Toide“ („high tide“, dt. „Flut“) bezeichneten britischen Dialekt aus dem 17. Jh. und nennen Nicht-Inselbewohner *dingbatters* (auch wenn diese Tradition wohl bald aussterben wird). Edward Teach – alias Blackbeard, der Pirat – versteckte sich in der Gegend und wurde 1718 hier getötet. Man kann am Pony Pen Beach zelten, wo sich wilde Ponys tummeln und manchmal sogar schwimmen gehen, in einer lokalen Kneipe ein Fisch-Sandwich genießen, durch die schmalen Gassen des Dorfes radeln oder entlang der 25 km langen Küste in den Sanddünen lümmeln und Sonne tanken.

Ocracoke ist als Tagesausflug von Hatteras aus beliebt, aber dank seiner lebendigen Kultur und des entspannten Flairs lohnt sich auch ein längerer Aufenthalt von ein oder zwei Nächten. Zur Wahl stehen eine Handvoll B&Bs, ein paar Motels, ein Campingplatz des Park Service in Strandnähe und Hütten.

Sehenswertes & Aktivitäten

Ocracoke Lighthouse LEUCHTTURM
(www.nps.gov/caha; Lighthouse Rd) Dieser Leuchtturm wurde 1823 erbaut und ist der älteste in North Carolina, der noch im Dienst ist. Besteigen kann man ihn aber nicht.

Ocracoke Pony Pen AUSSICHTSPUNKT
(www.nps.gov/caha; Hwy 12) Von der Aussichtsterrasse des National Park Service kann man einen Blick auf Ocracokes „wilde“ Ponys erhaschen, die hier seit Ende der 1950er-Jahre in einem Gehege leben und vom NPS versorgt werden. Die Gehege befinden sich vom Ocracoke-Hatteras-Fähranleger 10 km entfernt am Hwy 12.

Portsmouth Island ATV Tours GESCHICHTE
(☎252-928-4484; www.portsmouthislandatv.com; 396 Irvin Garrish Hwy; Tour 90 US$; ⏲April–Okt.) Bietet täglich zwei faszinierende Touren (8 & 13 Uhr) zur nahen Insel Portsmouth, eine 20-minütige Bootsfahrt von Ocracoke entfernt. Dort wartet eine Outer-Banks-Geisterstadt, die in den 1970er-Jahren verlassen wurde. Die geführten Touren in einer Art Strandbuggy legen den Fokus auf Muschel sammeln, Vögel beobachten und schwimmen.

Ride the Wind KAJAKFAHREN
(☎252-928-6311; www.surfocracoke.com; 486 Irvin Garrish Hwy; 2–2½-stündige Touren Erw. 39–45 US$, Kind unter 13 Jahre 18 US$; ⏲Mo–Sa 10–19, So 18 Uhr) Wer hinaus aufs Wasser will, ist bei dieser Kajaktour von Ride the Wind goldrichtig. Die Touren bei Sonnenuntergang sind schonender für die Arme.

Schlafen & Essen

Ocracoke Campgrounds CAMPING $
(☎252-928-6671; www.recreation.gov; 4352 Irvin Garrish Hwy; Stellplatz Zelt 28 US$; ⏲Mitte April–Ende Nov.) Umfasst 136 Plätze auf dem Sand von Ocracoke Island. Spültoiletten, Trinkwasser, kalte Duschen und Grills gibt's auch.

★ **Eduardo's Taco Stand** MEXIKANISCH $
(950 Irvin Garrish Hwy; Hauptgerichte 4–11 US$; ⏲Mo–Sa 8–21 Uhr) Dieser tolle kleine Taco-Stand bietet eine lange Liste mit Tacos, Burritos und frischen, scharfen Salsas. Wer von gebratenen Muscheln und Crab Cakes genug hat, kann sich Tacos mit erstklassigem Rindfleisch und Salsa *de xoconostle* schmecken lassen, aber der Fisch mit cremigem Chipotle-Apfel-Krautsalat und die Poblano-Suppe mit Krabben oder Muscheln sind auch lecker.

Howard's Pub KNEIPENESSEN $
(www.howardspub.com; 1175 Irvin Garrish Hwy; Hauptgerichte 8–26 US$; ⏲Anfang März–Ende Nov. 11–22 Uhr, Fr & Sa manchmal länger) Diese große alte (frisch renovierte!) Kneipe aus Holz ist eine Inselinstitution. Sie serviert seit den 1850er-Jahren Bier und Frisches aus dem Meer. Gute Auswahl an lokalen Craft-Bieren.

An- & Weiterreise

Das Dorf liegt am Südende der 22 km langen Ocracoke Island und ist von Hatteras aus mit der kostenlosen Hatteras–Ocracoke-Fähre zu erreichen (www.ncdot.gov/ferry; wer zuerst kommt, fährt zuerst). Die Fähre legt am Nordostende der Insel an. Alternativ kommt man mit der Cedar Island–Ocracoke-Fähre (15 US$) oder der Swan Quarter–Ocracoke-Fähre hierher, die am südlichen Dock anlegen. Reservierungen möglich.

Crystal Coast

Der südliche Teil der Outer Banks wird unter dem Namen „Crystal Coast“ zusammengefasst – zumindest zu Werbezwecken der Touristeninformationen. Dieser Küstenabschnitt ist weniger zerklüftet als die Strände im Norden. Es gibt hier mehrere historische Küstenorte, dünn besiedelte Inseln und urlaubstaugliche Strände.

Ein industriell und kommerziell geprägter Abschnitt der US 70 führt durch **More-**

head City, wo es viele Kettenhotels und Restaurants gibt. Die **Bogue Banks** liegen gegenüber von Morehead City auf der anderen Seite der Meerenge und sind über den Atlantic Beach Causeway zu erreichen. Dort gibt es mehrere viel besuchte Strandorte – wer den Duft von Sonnenöl mit Kokosaroma und von Donuts mag, ist in Atlantic Beach bestens aufgehoben.

Gleich nördlich liegt das Bilderbuchörtchen **Beaufort** (sprich: Bo-fort), die drittälteste Ortschaft im Bundesstaat mit einer hübschen Promenade und vielen B&Bs. Es heißt, dass Blackbeard höchstpersönlich im Hammock House in einer Seitenstraße der Front St gewohnt hat. Das Haus selbst darf man nicht betreten, aber einige schwören, sie hätten nachts die Schreie der ermordeten Frau des Piraten gehört.

Sehenswertes & Aktivitäten

Fort Macon State Park FORT
(www.ncparks.gov/fort-macon-state-park; 2303 E Fort Macon Rd, Atlantic Beach; 9–17.30 Uhr) GRATIS Die robuste fünfeckige Festung mit 26 Räumen mit Gewölbedecken wurde 1834 fertiggestellt. Die Ausstellungen nahe dem Eingang beschäftigen sich mit dem Bau der Festung und dem Alltag der Soldaten, die hier stationiert waren. Die aus Ziegeln und Steinen konstruierte Festung wechselte im Bürgerkrieg zweimal den Besitzer.

North Carolina Maritime Museum MUSEUM
(http://ncmaritimemuseums.com/beaufort.html; 315 Front St; Mo–Fr 9–17, Sa 10–17, So 13–17 Uhr) GRATIS Der Pirat Blackbeard war Anfang des 18. Jhs. ein häufiger Besucher in der Gegend von Beaufort. 1996 wurde das Wrack seines Flaggschiffs, der *Queen Anne's Revenge*, auf dem Grund des Beaufort Inlet entdeckt. Man sieht Teller, Flaschen und andere Artefakte von Bord des Schiffes in diesem kleinen, aber spannenden Museum, das auch den Fischfang und Meeresschutzprojekte beleuchtet.

Hungry Town Tours ESSEN & TRINKEN, GESCHICHTE
(252-648-1011; www.hungrytowntours.com; 400 Front St; Touren 20–60 US$) Bietet empfehlenswerte Spaziergänge mit geschichtlichem oder kulinarischem Thema sowie Touren mit Cruiser Bikes.

Schlafen & Essen

Hampton Inn Morehead City HOTEL $$
(252-240-2300; www.hamptoninn3.hilton.com; 4035 Arendell St, Morehead City; Zi. ab 169 US$;) Das Hotel gehört zwar zu einer landesweiten Kette, aber die hilfsbereiten Angestellten und der Blick auf den Bogue Sound machen dieses Hampton Inn zu einer guten Wahl. Außerdem hat es eine gute Anbindung an die US 70, die für diejenigen praktisch ist, die die Küste entlangfahren. Im Sommer sinken die Preise werktags erheblich.

★ **Inn on Turner** B&B $$
(919-271-6144; www.innonturner.com; 217 Turner St; Zi. 200–250 US$; P) Unglaublich geschmackvolles Küstendekor in Aqua-Tönen – hier gibt's keine verstaubten Antiquitäten – dominieren dieses B&B mit vier Zimmern. Es ist in einem historischen Wohnhaus von 1866 untergebracht, zwei Blocks vom Wasser entfernt. Die Besitzer, Kim und John, sind der Inbegriff der Südstaaten-Gastfreundschaft, obwohl sie gar nicht aus dem Süden stammen.

El's Drive-In SEAFOOD $
(www.elsdrivein.com; 3706 Arendell St, Morehead City; Hauptgerichte 1,60–14,25 US$; So–Do 10–22, Fr & Sa bis 23 Uhr) In dem legendären Meeresfrüchtelokal, das es schon seit 1959 gibt, wird einem das Essen direkt ans Auto gebracht. Sehr zu empfehlen ist der Burger mit gebratenen Shrimps, Ketchup und Krautsalat und Pommes als Beilage. Nur Barzahlung.

Beaufort Grocery MODERN-AMERIKANISCH $$$
(252-728-3899; www.beaufortgrocery.com; 117 Queen St; Hauptgerichte 25–42 US$; Mi–Mo 11.30–14 & 17.30–21.30 Uhr;) Angesichts der schlichten, unaufdringlichen Einrichtung würde man nie vermuten, dass Koch Charles Park mal den James Beard Award gewonnen hat. Das Essen ist erstklassig, vom geräucherten Tunfisch mit Meersalz und Chili-Joghurt über die Ente auf zwei Arten mit Süßkartoffel-Karamell bis hin zu in Salbei gewickelten Hühnchen-Saltimbocca mit Tagliatelle. Wir haben kein schlechtes Wort über dieses Restaurant gehört – und wurden auch nicht enttäuscht.

Wilmington

Auf der Fahrt entlang der Küste lohnt es sich, ein oder zwei Tage für das hübsche Wilmington einzuplanen. Der charmante Küstenort mag zwar nicht so bekannt sein wie Charleston oder Savannah, hat aber als größte Stadt im Osten North Carolinas viele historische Viertel, Gärten voller Azaleen und nette Cafés. Hinzu kommen vernünftige Hotelpreise. Abends wird das historische Zentrum am Flussufer zur Spielwiese von College-Studenten, Craft-Bier-Fans, Travellern und dem einen oder anderen Hollywood-Star – hier gibt es so viele Filmstudios, dass die Stadt den Spitznamen „Wilmywood" hat. Schließlich kennt man *Dawson's Creek*, oder?

Sehenswertes & Aktivitäten

Battleship North Carolina HISTORISCHE STÄTTE
(www.battleshipnc.com; 1 Battleship Rd; Erw./Kind 6–11 Jahre 14/6 US$; Sept.–Mai 8–17 Uhr, Juni–Aug. bis 20 Uhr) Das 45 000 t schwere Megaschiff verdiente sich im Zweiten Weltkrieg bei den Schlachten im Pazifik 15 Battle Stars, bevor es 1947 ausgemustert wurde. Heute kann man es besichtigen und auf den Decks herumlaufen. Sehenswert sind u.a. die Bäckerei und die Bordküche, die Druckerei, der Maschinenraum, das Pulvermagazin und die Funkzentrale. Vorsicht: Die Treppen zu den Unterdecks sind steil!

Airlie Gardens GARTEN
(www.airliegardens.org; 300 Airlie Rd; Erw./Kind 4–12 Jahre 9/3 US$; 9–17 Uhr, Jan.–März Mo geschl.) Das 27 ha große Wunderland besteht aus bezaubernden Blumenbeeten, saisonal gestalteten Bereichen, Kiefern, Seen und Wegen. Im Frühjahr schlendert man hier an Tausenden bunter Azaleen vorbei. Die Airlie-Eiche stammt von 1545.

Cape Fear Serpentarium SCHLANGENZOO
(910-762-1669; www.capefearserpentarium.com; 20 Orange St; 9 US$; Mo–Fr 11–17, Sa & So bis 18 Uhr) Das Museum des Herpetologen (Lurch- und Kriechtierforschers) Dean Ripa ist nicht nur sehr informativ, sondern es macht auch noch Spaß, ein oder zwei Stunden hier zu verbringen – solange man bei dem Gedanken an ein Gebäude voller Giftschlangen, meterlanger Würgeschlangen und Krokodilen mit Riesenzähnen nicht gleich Reißaus nimmt. Natürlich gibt es eine Glaswand, die Besucher und Bewohner trennt. Bleibt nur zu hoffen, dass es kein Erdbeben gibt… Auf einem Schild ist nachzulesen, was passiert, wenn man von einer Schlange der Gattung Buschmeister gebissen wird: „Am besten legt man sich einfach unter einen Baum und ruht sich aus, da man sowieso bald sterben wird." Na dann viel Spaß! Nur Bargeldzahlung möglich.

In der Nebensaison ist das Serpentarium manchmal montags und dienstags geschlossen. An Samstagen und Sonntagen kann man um 15 Uhr bei der Fütterung der Tiere zusehen. Termine vorab telefonisch bestätigen lassen!

Schlafen & Essen

Best Western Plus Coastline Inn HOTEL $$
(910-763-2800; www.bestwestern.com; 503 Nutt St; Zi. 89–199 US$, Suite 129–279 US$;) Wir sind uns nicht sicher, was uns am besten gefällt: der wundervolle Blick auf den Cape Fear River, die Holzpromenade zum Schlendern oder der kurze Weg ins Herz der lebendigen Stadt. Die Standardzimmer sind nicht sehr groß, machen dies aber mit einem Hauch von modernem Flair locker wett. Jedes Zimmer bietet Blick auf den Fluss. Haustiere kosten 20 US$ pro Tag und man kann nagelneue Fahrräder ausleihen.

★ **CW Worth House** B&B $$
(910-762-8562; www.worthhouse.com; 412 S 3rd St; Zi. 164–200 US$;) Eines unserer Lieblings-B&Bs in North Carolina ist dieses mit Türmen versehene Haus im Queen-Anne-Stil von 1893 voller Antiquitäten und viktorianischer Details, das aber trotzdem entspannt und gemütlich wirkt. Das Frühstück ist erste Sahne. Das B&B ist nur ein paar Häuserblocks vom Zentrum entfernt.

Flaming Amy's Burrito Barn MEXIKANISCH $
(www.flamingamys.com; 4002 Oleander Dr; Burritos 8 US$; 11–22 Uhr) Das Flaming Amy's ist in einem chaotischen Schuppen voller kitschiger Deko mit Themen von Elvis bis Route 66 untergebracht. Die Burritos, z.B. der Philly Phatboy, der Thai Mee Up oder der vor Peperoni und Paprikaschoten strotzende Flaming Amy, sind üppig und lecker. Wer nicht sowieso schon da ist, ist gerade auf dem Weg hierher.

★ **PinPoint** SÜDSTAATENKÜCHE $$$
(910-769-2972; www.pinpointrestaurant.com; 114 Market St; Hauptgerichte 21–38 US$; Di–Fr 17.30–22.30, Sa & So 10.30–14 Uhr;) Das PinPoint wurde vom Magazin Southern Living 2016 zu einem der besten neuen Restaurants im Süden gewählt – und sie haben nicht übertrieben! Koch Dean Neff hat sich im ausgezeichneten Five & Ten in Athens, Georgia, die Küche mit Hugh Acheson geteilt und glänzt nun in Wilmington auch solo. Er kennt alle Farmer und Fischer persönlich und man merkt, wie viel Liebe in seinen fantastischen Gerichten steckt.

Ausgehen & Unterhaltung

★ Satellite Lounge BAR
(www.facebook.com/satellitebarandlounge; 120 Greenfield St; Mo–Sa 16–2, So 14–2 Uhr;) Wer in North Carolinas grandiosester Bar einen draufmachen will, muss Wilmingtons historischen Stadtkern verlassen und sich in das aufstrebende Lagerhausviertel South Front begeben. Dieses wunderschön renovierte Gasthaus bietet ziemlich professionelle Cornhole-Bahnen, eine Feuerstelle und ein Open-Air-Kino.

Dead Crow Comedy Room COMEDY
(910-399-1492; www.deadcrowcomedy.com; 265 N Front St; Tickets 15–18 US$, Di–Do ab 19 Uhr, Fr & Sa ab 18 Uhr) Dunkel, beengt, im Keller und mitten im Zentrum – genauso muss ein Comedyclub sein. Vor der Abreise unbedingt reinschauen und einen Abend mit Improvisationscomedy, Open-Mike oder Gastauftritten von tourenden Comedians miterleben!

Praktische Informationen

Visitor Information Center (877-406-2356, 910-341-4030; www.wilmingtonandbeaches.com; 505 Nutt St; Mo–Fr 8.30–17, Sa 9–16, So 13–16 Uhr) In einem Lagerhaus aus dem 19. Jh.; hier sind Stadtpläne für Stadtspaziergänge erhältlich.

Anreise & Unterwegs vor Ort

American Airlines und Delta Airlines fliegen von Atlanta, Charlotte, New York und Philadelphia zum Wilmington International Airport (S. 364). Der **Greyhound**-Busbahnhof (910-791-8040; www.greyhound.com; 505 Cando St) liegt unpraktische 5 Meilen (8 km) östlich des Zentrums.

Downtown Wilmington kann man prima zu Fuß erkunden, aber von morgens bis abends verkehrt auch ein kostenloser Bus (www.wavetransit.com) durch das historische Viertel

Triangle

Die Städte Raleigh, Durham und Chapel Hill bilden ein etwa gleichseitiges Dreieck im Zetrum der Region Piedmont. In diesem Gebiet liegen drei führende Forschungsuniversitäten – die Duke, die University of North Carolina und die North Carolina State – sowie ein über 28 km² großer Campus mit Bürokomplexen der Computer- und Biotechnologieindustrie, der Research Triangle Park genannt wird. Hochintelligente Programmierfreaks und bärtige Friedensaktivisten trifft man hier ebenso an wie hippe, junge Familien. Obwohl die Städte nur wenige Kilometer voneinander entfernt liegen, hat jede ihren ureigenen Charme. Wenn im März College-Basketball angesagt ist, spielen hier alle – wirklich alle – völlig verrückt.

Anreise & Unterwegs vor Ort

Der Raleigh-Durham International Airport (S. 374) liegt 21 km nordwestlich des Zentrums von Raleigh. Es gibt Direktflüge aus 48 Städten, darunter London, Paris und Cancún.

Der **Greyhound-Bahnhof** (919-834-8275; www.greyhound.com; 2210 Capital Blvd) liegt 5 km nordöstlich des Zentrums von Raleigh und ist zu Fuß schlecht zu erreichen. Besser versucht man es am **Greyhound-Bahnhof** (www.greyhound.com; 515 W Pettigrew St) in Durham, in der Nähe des **Amtrak-Bahnhofs** (www.amtrack.com; 601 W Main St) im Durham Station Transportation Center.

Die Triangle Transit Authority (www.triangletransit.org) unterhält Busverbindungen zwischen Raleigh, Durham, Chapel Hill und dem Flughafen. Bus 100 fährt von Raleighs Innenstadt zum Flughafen und zum Regional Transit Center in der Nähe des Research Triangle Park, wo Anschluss nach Durham und Chapel Hill besteht. Fahrpreis für Erwachsene 2,25 US$.

Raleigh

Raleigh wurde 1792 speziell als Hauptstadt des Bundesstaats gegründet, ist heute aber eher eine biedere Verwaltungsstadt, die dazu neigt, immer weiter zu wuchern. Dennoch findet man im hübschen Zentrum ein paar nette (kostenlose) Museen und Galerien. Auch die Restaurant- und Musikszene ist auf dem Vormarsch.

Sehenswertes

★ North Carolina Museum of Art MUSEUM
(www.ncartmuseum.org; 2110 Blue Ridge Rd; Di–Do, Sa & So 10–17, Fr bis 21 Uhr, Park Sonnenaufgang–Sonnenuntergang) GRATIS Das lichtdurchflutete West Building aus Glas und eloxiertem Stahl erhielt bei seiner Eröffnung im Jahr 2010 viel Lob von Architekturexperten aus dem ganzen Land. Mindestens ebenso sehenswert ist die gute, umfassende Sammlung, die von antiken griechischen Skulpturen bis zu bekannten Gemälden amerikanischer Landschaftsmaler und kunstvollen afrikanischen Masken reicht.

North Carolina Museum of History MUSEUM
(www.ncmuseumofhistory.org; 5 E Edenton St; Mo–Sa 9–17, So 12–17 Uhr) GRATIS In dem fes-

selnden Museum gibt's wenig technischen Schnickschnack, dafür aber jede Menge verständliche Informationen. In der Ausstellung *Story of North Carolina* sind u.a. ein 3000 Jahre altes Kanu, das älteste Haus des Bundesstaats (es stammt von 1742), eine restaurierte Sklavenbaracke und eine Sitztheke aus den 1960er-Jahren zu sehen. Meist gibt's auch eine hervorragende Sonderausstellung.

North Carolina Museum of Natural Sciences MUSEUM
(www.naturalsciences.org; 11 W Jones St; Mo–Sa 9–17, So 12–17 Uhr) GRATIS Walskelette hängen von der Decke, Schmetterlinge umschwirren einen, Grüne Hundskopfboas lassen einen schaudern, und haufenweise Grundschulkinder stürmen an einem vorbei, wenn man an einem Schultag nach 10 Uhr hier ankommt. Das nur zur Warnung. Das schicke, neue **Nature Research Center** mit seinem drei Stockwerke hohen Globus direkt vor der Tür rückt verschiedene Wissenschaftler und ihre Projekte ins Rampenlicht und gibt Besuchern die Möglichkeit, den Forschern bei ihrer Arbeit zuzusehen. Ein verglaster Übergang führt ins Hauptgebäude des Museums, in dem Habitat-Dioramen und präparierte Tiere ausgestellt sind.

Nicht versäumen sollte man die Ausstellung über den Acrocanthosaurus, einen 3 t schweren fleischfressenden Dino, der als Schrecken des Südens bekannt ist.

Schlafen & Essen

Umstead Hotel & Spa HOTEL $$$
(919-447-4000; www.theumstead.com; 100 Woodland Pond Dr; Zi. 329–389 US$, Suite 409–599 US$;) Das Umstead befindet sich in einem grünen Büroviertel in der Vorstadt und richtet sich an Bio-Tech-Manager auf Geschäftsreise. Es bietet einfache, teure Zimmer (luxuriöse Badewannen, Doppelwaschbecken) und einen 1500 m² großen Zen-Wellnessbereich mit Innenhof zum Meditieren. Hinter dem Anwesen liegt ein 1,2 ha großer Teich mit 400 m langem Spazierweg. Haustiere kosten 200 US$ pro Aufenthalt und das Hotel bietet einen neuen, eingezäunten Hunde-Spielplatz, DogWoods.

Raleigh Times KNEIPENKOST $
(www.raleightimesbar.com; 14 E Hargett St; Hauptgerichte 8–14 US$; 11–2 Uhr;) In der beliebten Kneipe in der Innenstadt bekommt man gegrillte Nachos, Fisch in Bierteig mit Chips und Craft-Biere aus North Carolina.

Beasley's Chicken + Honey SÜDSTAATENKÜCHE $
(www.ac-restaurants.com/beasleys; 237 Wilmington St; Hauptgerichte 7–13 US$; Mo–Mi 11.30–22, Do & Fr 11.30–24, Sa 11–24, So 11–22 Uhr) Nach einem Essen in diesem Projekt der James-Beard-Preisträgerin und Restaurantexpertin Ashley Christensen wird man wohl seinen Gürtel weiter schnallen müssen. In dem schicken Restaurant in der Innenstadt dreht sich alles um Brathähnchen – auf einem Biscuit, mit Waffeln, im Schmortopf. Auch die Beilagen sind dekadent.

★ **Bida Manda** LAOTISCH $$
(919-829-9999; www.bidamanda.com; 222 S Blount St; Mittagessen 11–21 US$, Abendessen 18–30 US$; Mo–Do 11.30–14 & 17–22, Fr 11.30–14 & 17–24, Sa 17–24 Uhr;) Alle Gerichte in diesem angesagten laotischen Lokal – eines von nur einer Handvoll in den USA – sind mindestens so grandios wie die dekorative Kombination aus frei liegenden Lüftungsrohren und üppigem Bambus im gesamten Restaurant. Hier werden laotische Traditionen mit einem Hauch von Thailand, Vietnam und China vereint und führen zu einer wahren Geschmacksexplosion.

Praktische Informationen

Raleigh Visitor Information Center (919-834-5900; www.visitraleigh.com; 500 Fayetteville St; Mo–Fr 8.30–17, So 9–17 Uhr) Hat Karten und sonstige Infos. Das Büro ist sonntags geschlossen, doch der Stadtführer und der Stadtplan sind am Schalter erhältlich.

Durham

Durham war früher eine düstere, von der Tabak- und Eisenbahnindustrie beeinflusste Stadt, die in den 1960er-Jahren in eine wirtschaftliche Krise schlitterte, von der sie sich erst vor Kurzem wieder erholt hat. Im Grunde ist sie noch immer eine typische Südstaaten-Arbeiterstadt, allerdings lockt die renommierte Duke University kreative Geister an, die Durham in ein Zentrum für Feinschmecker, Künstler, Schwule und Lesben verwandelt haben.

Sehenswertes

★ **Duke Lemur Center** ZOO
(919-401-7240; www.lemur.duke.edu; 3705 Erwin Rd; Erw./Kind 12/9 US$;) Das Geheimnis ist keines mehr: Das Lemur Center ist die coolste Attraktion in Durham. Es befindet sich rund 2 Meilen (3,2 km) vom Hauptcampus

entfernt. Das Forschungs- und Naturschutzzentrum beherbergt die größte Sammlung dieser gefährdeten Feuchtnasenaffen (z. B. Lemuren) außerhalb ihrer Heimatinsel Madagaskar. Nur ein Holzklotz könnte von den süßen Wuschelköpfen mit riesigen Augen ungerührt bleiben. Besichtigen kann man die Anlage nur im Rahmen einer Führung. Um sich einen Platz bei einer Führung zu sichern, muss man sich jedoch so früh wie möglich telefonisch anmelden. Man sollte mindestens drei Wochen vor dem Besuch anrufen, wenn man werktags kommen will, und fürs Wochenende sogar einen bis zwei Monate vorab reservieren.

Duke University UNIVERSITÄT
(www.duke.edu; Campus Dr) Diese Universität ist dem Zigaretten-Vermögen der Familie Duke zu verdanken. Der Ost-Campus ist im georgianischen Stil gehalten, der West-Campus im neugotischen. Parken auf dem Campus kostet 2 US$ pro Stunde.

Duke Chapel KAPELLE
(https://chapel.duke.edu; 401 Chapel Dr; ⏲8–22, Sommer bis 20 Uhr) Die imposante Duke Chapel aus den 1930er-Jahren blickt über den West-Campus der Universität. Die atemberaubende Kapelle mit ihrem 64 m hohen Turm und 77 farbenfrohen Fenstern mit Bibelszenen ist einen Besuch wert.

American Tobacco Campus HISTORISCHE STÄTTE
(https://americantobaccocampus.com; 318 Blackwell St) Heute werden Durhams Rechnungen nicht mehr mit Zigaretten bezahlt, aber diese riesige ehemalige Tabakfabrik, die bis in die 1950er-Jahre die American Tobacco Company beherbergte, füllt nach wie vor die Kassen der Stadt. Teile des Gebäudes sind dank des National Register of Historic Places denkmalgeschützt. Es bietet eine bunte Mischung aus Restaurants, Bars und Unterhaltung auf über 90 000 m², darunter eine Menge Optionen für ein köstliches Essen unter freiem Himmel.

Schlafen & Essen

★ Durham BOUTIQUEHOTEL $$
(☎919-768-8830; www.thedurham.com; 315 E Chapel Hill St; Zi. ab 209 US$; P ❄ @ 📶) Es war nur eine Frage der Zeit, bevor das wiederbelebte Zentrum von Durham sein eigenes Hipster-Hotel bekam. Das schicke Durham mit 53 Zimmern erstrahlt in herrlicher Mid-Century-Pracht und füllt genau diese Nische. Es eröffnete 2015, nachdem man ein ehemaliges Bankgebäude in ein strikt lokales Etablissement mit perfektem Retro-Charme verwandelt hatte.

JB Duke Hotel BOUTIQUEHOTEL $$
(☎919-660-6400; www.jbdukehotel.com; 230 Science Dr; Zi. 159–279 US$, Suite 329–529 US$; P ❄ @ 📶 🐾) Man kann es schlimmer treffen, als auf dem wunderschönen Duke-Campus zu übernachten. Dieses schicke neue Hotel mit 198 Zimmern balanciert auf einem schmalen Grat zwischen modern und rustikal. Die angenehme Lobby mit Teppichboden, plüschigen Möbeln, rauen knorrigen Tischen aus Walnussholz und einer Bar mit dunklem Quarzit und metallisch-glasierten Stahlkacheln harmoniert wunderbar mit dem Duke Forest. Die geräumigen Zimmer bieten Schreibtische, Kaffeeautomaten und Blick auf den Campus.

Toast SANDWICHES $
(www.toast-fivepoints.com; 345 W Main St; Sandwiches 8 US$; ⏲Mo 11–15, Di–Sa bis 20 Uhr) Familien, Pärchen, Singles und zur Mittagszeit auch die Angestellten aus der Downtown strömen in diesen winzigen, von allen geliebten italienischen Sandwich-Laden. Er ist einer von mehreren Lokalen, die zur Wiederbelebung der Innenstadt Durhams beigetragen haben. An der Theke Panini (warm und gegrillt), Tramezzini (kalt) oder Crostini (ein Leckerbissen!) bestellen, dann, wenn möglich, einen Tisch am Fenster schnappen und die Leute draußen beobachten!

★ Mateo TAPAS $$
(☎919-530-8700; www.mateotapas.com; 109 W Chapel Hill St; ⏲Di–Do 11.30–14.30 & 15–22.30, Fr 11.30–14.30 & 17–24, Sa 17–24, So 17–21.30 Uhr) Man kann nicht über Durhams unglaubliches Comeback sprechen, ohne das Mateo zu erwähnen. Die Tapas hier, teilweise mit Südstaaten-Touch, waren für den James Beard Award nominiert und sind der kulinarische Anker der Stadt. Das *pan com tomate* mit Manchego, der Rosenkohl mit Pinienkernen, Rosinen und Safranjoghurt und das Spiegelei mit Käse (das „Weiße" ist gebratener Frischkäse!) sind eine echte Offenbarung.

Ausgehen & Unterhaltung

★ Cocoa Cinnamon KAFFEE
(www.cocoacinnamon.com; 420 W Geer St; Espresso/heiße Schokolade ab 2,75/3,50 US$; ⏲Mo–Do 7.30–22, Fr bis 22.30, Sa 8–22.30, So bis 22 Uhr;

INSIDERWISSEN

DER BARBECUE-TRAIL

North Carolinas meistgeliebter Beitrag zur kulinarischen Tradition ist das Pulled-Pork-Barbecue, das in einigen Teilen des Bundesstaates beinahe als Religion betrachtet wird. Hin und wieder kommt es zu offenen Auseinandersetzungen zwischen den Anhängern des östlichen Stils (mit dünner Essigsauce und eindeutig säuerlichen, afrikanisch inspirierten Aromen) und des westlichen Stils (mit süßer Sauce auf Tomatenbasis). Die North Carolina Barbecue Society veröffentlicht eine interaktive Karte, die Barbecue Trail Map (www.ncbbqsociety.com), die Pilger zu den wichtigsten Zielen führt.

) Wenn jemand sagt, dass man im Cocoa Cinnamon unbedingt eine heiße Schokolade bestellen *muss*, dann muss er sich genauer ausdrücken: Dieses angesagte Café serviert Kakao in den unterschiedlichsten Variationen, und Neulingen wird von der Fülle an schokoladigen Köstlichkeiten schon mal schwindelig. Die ehemalige Tankstelle bietet neben Kakao aber auch Tee, Single-Source-Kaffee und eine lebendige Atmosphäre.

Fullsteam Brewery BRAUEREI
(www.fullsteam.ag; 726 Rigsbee Ave; Glas/Krug 5/18 US$; Mo–Do 16–24, Fr 14–2, Sa 12–2, So 12–24 Uhr;) Das Fullsteam beschreibt sich selbst als „vom Pflug ins Glas"-Brauerei. Sie hat sich dank ihrer Biere in den wildesten Südstaaten-Kreationen einen landesweiten Ruf erarbeitet und unterstützt dabei lokale Farmer und örtliche landwirtschaftliche Unternehmen, indem sie wann immer möglich Zutaten aus Carolina verwendet.

Durham Bulls Athletic Park STADION
(www.dbulls.com; 409 Blackwell St; Tickets 7–10 US$) Hier kann man einen typisch amerikanischen Nachmittag mit Bier und Basketball erleben. Die Durham Bulls (bekannt durch den Kevin-Costner-Film *Bull Durham* von 1988) spielen von April bis Anfang September in der Minor League.

Praktische Informationen

Durham Visitor Info Center (919-687-0288; www.durham-nc.com; 212 W Main St; Mo 9–17, Di–Fr 9–18, Sa 10–18 Uhr) Informationen und Karten in einem historischen Bankgebäude.

An- & Weiterreise

Durhams Flughafen ist der **Raleigh-Durham International Airport** (RDU; 919-840-2123; www.rdu.com; 1000 Trade Dr) in Morrisville, 22 km südöstlich der Stadt. Außerhalb der Stoßzeiten kostet es mit Uber zum Flughafen ca. 20 US$. Greyhound (S. 371) und Amtrak (S. 371) befinden sich einander gegenüber in der Nähe des Durham Station Transportation Center.

Chapel Hill & Carrboro

Chapel Hill ist eine hübsche Südstaaten-Collegestadt, deren Kultur stark von den knapp 30 000 Studenten der renommierten University of North Carolina geprägt ist. Sie wurde 1789 als erste staatliche Universität des Landes gegründet. Zusammen mit dem benachbarten Carrboro ist das hippe, vorausdenkende Chapel Hill für seine Indie-Rock-Szene bekannt und stolz auf seine Hippie-Kultur.

Sehenswertes

University of North Carolina UNIVERSITÄT
(www.unc.edu) Die älteste öffentliche Universität der USA hat einen klassischen, von blühenden Birnbäumen gesäumten Campus mit prächtigen Gebäuden aus der Zeit vor dem Bürgerkrieg. Sehenswert ist auch der **alte Brunnen**, der Studenten, die aus ihm trinken, angeblich Glück bringt. Einen Campusplan erhält man im **Visitor Center** (919-962-1630; www.unc.edu/visitors; 250 E Franklin St; Mo–Fr 9–17 Uhr) im Morehead Planetarium and Science Center sowie im **Chapel Hill Visitor Center** (919-245-4320; www.visitchapelhill.org; 501 W Franklin St; Mo–Fr 8.30–17 Uhr, Sa 10–15 Uhr).

Carolina Basketball Museum MUSEUM
(www.goheels.com/fls/3350/museum; 450 Skipper Blowles Dr, Ernie Williamson Athletics Center; Mo–Fr 10–16, Sa 9–13 Uhr) GRATIS Die Zahlen sprechen für sich: sechs Landesmeisterschaften, 19-mal unter den ersten vier, 30 ACC-Meisterschaften während der regulären Saison und 47-mal Erster beim NBA Draft. Egal, welches Team man unterstützt – Basketballfans werden diesen kleinen, aber feinen Tempel der Tar-Heel-Werfer zu schätzen wissen. Er ist randvoll mit Andenken, Trophäen und Videoclips, darunter auch eine Michael Jordan gewidmete Ausstellung mit dem Original seines National Letter of Intent und anderen interessanten Dokumenten.

Schlafen & Essen

★ Carolina Inn HOTEL $$
(☎919-933-2001; www.carolinainn.com; 211 Pittsboro St; Zi. ab 179 US$; P❄📶) Selbst wenn man kein *tar heel* (Zugehöriger der University of North Carolina) ist, wird einen diese liebenswerte Bleibe mitten auf dem Campus mit ihrer Gastfreundlichkeit und ihrem historischem Flair begeistern. Der Charme beginnt bereits in der schicken Lobby und setzt sich in den mit Fotos von Alumni und Meisterteams gesäumten Fluren fort. Das von Südstaatenantiquitäten inspirierte Dekor verleiht den 185 hellen, mit Bildern berühmter Alumni geschmückten Zimmern eine frische Atmosphäre.

Neal's Deli FRÜHSTÜCK, FEINKOST $
(www.nealsdeli.com; 100 E Main St, Carrboro; Frühstück 3,50–6,75 US$, Mittagessen 5,50–8,50 US$; ⌚Di–Fr 7.30–16, Sa & So 8–16 Uhr; 📶) Bevor der Tag beginnt, kann man sich in diesem winzigen Feinkostladen im Herzen von Carrboro ein köstliches Frühstück mit Buttermilchbrötchen schmecken lassen. Eier, Käse und Speck sind ebenfalls lecker. Zum Mittagessen serviert das Neal's Sandwiches und belegte Baguettes, von Hühnersalat bis zu Pastrami und Drei-Käse-Pimiento mit einem Spritzer Bourbon. Das beste Café in Chapel Hill/Carrboro, das **Open Eye Cafe**, ist direkt nebenan.

★ Lantern ASIATISCH $$$
(☎919-969-8846; www.lanternrestaurant.com; 423 W Franklin St; Hauptgerichte 23–32 US$; ⌚Mo–Sa 17.30–22 Uhr) Wer nur Zeit für ein Abendessen im Triangle hat, sollte hier speisen. Dieses moderne asiatische Lokal verwendet Zutaten aus North Carolina und schart eine große Fangemeinde um sich. Küchenchefin Andrea Reusing hat außerdem den James Beard Award gewonnen.

Ausgehen & Unterhaltung

Beer Study CRAFT-BIER
(www.beerstudy.com; 106 N Graham St; Glas 3–7 US$; ⌚Mo–Mi 10–24, Do–Sa bis 1, So 12–24 Uhr; 📶) Rund um Chapel Hill gibt's mehrere Brauereien, aber in diesem lässigen Schuppen – halb Kneipe, halb Laden – ist man besser aufgehoben. Aus 18 Zapfhähnen fließen lokale und regionale Craft-Biere und es stehen über 500 Flaschen zu Wahl (man kann sie einzeln kaufen, aber nicht im Sixpack). Laut städtischer Vorschrift müssen hundefreundliche Läden Plastikbecher verwenden, aber das ist ein kleiner Preis für einen glücklichen Vierbeiner.

Cat's Cradle LIVEMUSIK
(☎919-967-9053; www.catscradle.com; 300 E Main St, Carrboro) Alle, von Nirvana bis Arcade Fire, haben schon im Cradle gespielt. Hier tritt seit drei Jahrzehnten die Crème de la Crème der Indie-Szene auf. Die meisten Gigs sind ohne Altersbeschränkung.

An- & Weiterreise

Der Raleigh-Durham International Airport in Morrisville liegt 29 km östlich von Chapel Hill. Außerhalb der Stoßzeiten kostet es mit Uber zum Flughafen rund 25 US$.

Charlotte

Charlotte ist die größte Stadt in North Carolina und nach New York das größte Bankenzentrum der USA. Die Stadt wirkt wie viele Großstädte in den Außenbereichen des New South zersiedelt und stellenweise gesichtslos. Doch obwohl die „Queen City" in erster Linie ein Geschäftszentrum ist, hat sie ein paar gute Museen, stattliche alte Viertel und viele gute Restaurants und Bars zu bieten.

Sehenswertes & Aktivitäten

NASCAR Hall of Fame MUSEUM
(www.nascarhall.com; 400 E Martin Luther King Blvd; Erw./Kind 5–12 Jahre 20/13 US$; ⌚10–18 Uhr) Der erstaunlich realistisch wirkende Autorennen-Simulator in diesem hervorragenden Museum versetzt einen auf die Piste in einem Rennen gegen acht Autos. Ansonsten erfährt man hier viel über die Geschichte des typisch amerikanischen Sports (dessen Geschichte auf den Schmuggel von schwarz gebranntem Alkohol zurückgeht), kann sich sechs Generationen von Rennwagen ansehen und seine eigenen Fähigkeiten im Boxenteam testen. NASCAR ist übrigens die Abkürzung für National Association for Stock Car Auto Racing.

Levine Museum of the New South MUSEUM
(www.museumofthenewsouth.org; 200 E 7th St; Erw. 8 US$, Kind 6–18 Jahre 5 US$; ⌚Mo–Sa 10–17, So 12–17 Uhr) Wer sich für die komplizierte Nachbürgerkriegsgeschichte des Südens interessiert, sollte für einen Besuch der umfangreichen Ausstellung „Von Baumwollfeldern zu Wolkenkratzern" ein bis zwei Stunden einplanen. Dieses elegante Museum widmet sich der Baumwollindustrie, den

Jim-Crow-Gesetzen, Sitzstreiks, Frauenförderung und der jüngsten Einwanderungsentwicklung. Tipp: Wer im Parkhaus in der 7th Street Station nebenan parkt, steht dort zwei Stunden lang gratis.

Billy Graham Library RELIGIÖSE STÄTTE
(www.billygrahamlibrary.org; 4330 Westmont Dr; ⌚Mo–Sa 9.30–17, letzte Tour 15.30 Uhr) GRATIS Diese Multimedia-„Bibliothek" ist eine Hommage an das Leben des Evangelisten-Superstars und „Pastors der Präsidenten" Billy Graham, der aus Charlotte stammte. Die 90-minütige Tour „Reise des Glaubens" beginnt mit einer mechanischen, das Evangelium predigenden Kuh, bevor sie wichtige Momente in Grahams Leben zeigt, darunter auch seine transformative Erweckungspredigt 1949 in Los Angeles (mit der er auch den durch *Unbroken* bekannten Olympia-Teilnehmer Louis Zamperini inspirierte).

Die Tour ist ebenso fesselnd wie informativ, vor allem, wenn man neugierig auf Grahams eigene Reise und die Wurzeln des modernen Evangelikalismus ist (die aber in christlicher Propaganda und Anwerbungsversuchen ertrinkt). Man kann auch Grahams Kindheitszuhause von 1927 besuchen, das von seinem ursprünglichen Standort 5 km weiter hierher versetzt wurde.

★US National Whitewater Center ABENTEUERSPORT
(www.usnwc.org; 5000 Whitewater Center Pkwy; Tageskarte für alle Sportarten Erw./Kind bis 10 Jahre 59/49 US$, einzelne Aktivitäten 25 US$, Baumwipfeltour 3 Std. 89 US$; ⌚Sonnenaufgang–Sonnenuntergang) Die 162 ha große Anlage, eine Mischung aus Naturzentrum und Wasserpark, ist der absolute Hammer! Hier gibt es den größten künstlich angelegten Wildwasserfluss der Erde. Kanu- und Kajakteams trainieren für die Teilnahme an den Olympischen Spielen auf den hiesigen Stromschnellen. Besucher können im Rahmen einer geführten Raftingtour paddeln oder einen anderen Abenteuersport ausprobieren.

Schlafen & Essen

Dunhill Hotel BOUTIQUEHOTEL $$
(☎704-332-4141; www.dunhillhotel.com; 237 N Tryon St; Zi. 149–349 US$; P ❄ @ 📶) Das Personal in diesem Hotel im Herzen von Uptown ist einfach grandios. Das Haus empfängt seit 1929 Gäste und war das erste Hotel in Charlotte mit Zimmern mit eigenem Bad. Das klassische Dekor ist eine Hommage an die 1920er-Jahre, aber die Flachbild-TVs, die Kaffeeautomaten und die Smartphone-Dockingstationen sichern ihm einen Platz im 21. Jh.

★Ivey's Hotel BOUTIQUEHOTEL $$$
(www.theiveyshotel.com; 127 N Tryon St; Zi. 299–450 US$; P @ 📶 🐾) Die 42 von Paris inspirierten Zimmer des Ivey's liegen alle im 2. Stock eines Kaufhauses von 1924. Seine bemerkenswerte Geschichte (400 Jahre alte, von einem französischen Weingut stammende Holzböden) strömt aus allen Poren und harmoniert perfekt mit dem modernen Flair (55-Inch-Flachbild-TVs, Bose-Soundbars). Die Top-Suiten mit Balkon, sonnendurchfluteten Fenstern und frei liegenden Backsteinwänden sind einfach himmlisch.

Price's Chicken Coop SÜDSTAATENKÜCHE $
(www.priceschickencoop.com; 1614 Camden Rd; Hauptgerichte 3,25–12,25 US$; ⌚Di–Sa 10–18 Uhr) Das leicht schmuddelige Price's ist eine Institution in Charlotte, und seine Brathähnchen schaffen es regelmäßig auf die Liste der „Best Fried Chicken in America". Einfach anstellen und bei einem der zahllosen Köche in weißen Kitteln ein Dark Quarter oder White Half bestellen und das Ganze dann draußen (keine Sitzplätze) genießen! Der nur ein paar Blocks östlich an der E Park Ave gelegene Latta Park eignet sich gut zum Picknicken. Es ist nur Barzahlung möglich, aber es gibt einen Geldautomaten vor Ort.

★Soul Gastrolounge Tapas SUSHI, SANDWICHES $$
(☎704-348-1848; www.soulgastrolounge.com; 1500 Central Ave; kleine Teller 7–20 US$, Sushi 4–14 US$, Sandwiches 9–15 US$; ⌚17–2 Uhr) Dieses etwas schwüle, aber einladende Lokal in Plaza Midwood serviert eine global inspirierte Auswahl kleiner Gerichte. Sie reichen von Spießen und Sushi-Rollen bis zu kubanischen und vietnamesischen Sandwiches, aber die Küche verleiht jedem Bissen eine einzigartige, köstliche Note. Die Tunfisch-Rollen mit Jalapeños und zweierlei würziger Mayo sind sehr zu empfehlen, wenn man es scharf mag.

Ausgehen & Nachtleben

★NoDa Brewing Co KLEINBRAUEREI
(www.nodabrewing.com; 2921 N Tryon St; Glas 4–7 US$; ⌚Mo–Do 16–21, Fr bis 22, Sa 12–22, So 12–19 Uhr; 📶) Charlottes bestes Craft-Bier versteckt sich hinter NoDas neuer, leicht zu übersehender Brauerei in North End. Wir

sind freitagabends mit Uber hingefahren und alles wirkte menschenleer, aber der Eindruck täuschte: Hinten erwartete uns ein vollgepackter Spielplatz mit Bier und Boule-Ausrüstung.

Praktische Informationen

Visitor Info Center (☎800-231-4636; www.charlottesgotalot.com; 501 S College St, Charlotte Convention Center; ⊙Mo–Sa 9–17 Uhr) Die Haupttouristeninformation in Downtown Charlotte befindet sich im Charlotte Convention Center; es gibt jeweils einen Schalter nahe dem Eingang S College St und E MLK Jr Blvd. Außerdem gibt's einen Kiosk im Levine Museum of the New South und einen am Flughafen. Veröffentlicht Karten und einen Reiseführer.

Anreise & Unterwegs vor Ort

Der **Charlotte Douglas International Airport** (CLT; ☎704-359-4013; www.cltairport.com; 5501 Josh Birmingham Pkwy) ist ein Drehkreuz von US Airways und bietet Direktflüge aus Europa. Sowohl der **Greyhound-Bahnhof** (☎704-375-3332; www.greyhound.com; 601 W Trade St) als auch der **Amtrak-Bahnhof** (www.amtrak.com; 1914 N Tryon St) liegen praktisch in Uptown.

Charlottes öffentliches Nahverkehrssystem heißt CATS (Charlotte Area Transit System; www.charlottenc.gov/cats) und umfasst Stadtbusse, eine Stadtbahn (LYNX Blue Line) und eine Straßenbahn (CityLYNX Gold Line). Eine einfache Fahrt kostet 2,20 US$ bis 4,40 US$. Das **Charlotte Transportation Center** (www.ridetransit.org; 310 East Trade St) befindet sich in Uptown in der Brevard St, zwischen der 4th und Trade St. In Charlotte gibt's auch ein Bike-Sharing-System (https://charlotte.bcycle.com).

North Carolina Mountains

Die Cherokee kamen in diese alten Berge um zu jagen, schottisch-irische Einwanderer hofften im 18. Jh. auf ein besseres Leben, und vornehme Orte wie Blowing Rock lockten Kranke mit ihrer frischen Höhenluft an. Heute zieht es Abenteurer und Naturfans zu den schönen Panoramastraßen, Waldwanderwegen und tosenden Flüssen.

Zu den Appalachen im westlichen Teil des Bundesstaats gehören die Gebirgsketten der Great Smoky, Blue Ridge, Pisgah und Black Mountains. Die kühlen Hügel erscheinen durch den Bewuchs mit Hemlocktannen, Kiefern und Eichen blaugrün; in den Wäldern leben Pumas, Hirsche, Schwarzbären, wilde Truthähne und Virginia-Uhus. Möglichkeiten zum Wandern, Campen, Klettern und Raften gibt es in Hülle und Fülle, und nach jeder Kurve zeigt sich ein neues, atemberaubendes Fotomotiv.

Anreise & Unterwegs vor Ort

Der Asheville Regional Airport (S. 382) ist das Tor in die Berge von North Carolina, mit Direktflügen nach/von Atlanta, Charlotte, Chicago, New York und anderen Städten. Außerdem gibt's in Asheville einen Greyhound-Bahnhof (S. 382).

High Country

Der nordwestliche Teil des Bundesstaats nennt sich „High Country“. Die größten Orte hier sind Boone, Blowing Rock und Banner Elk, die alle eine kurze Fahrt vom Blue Ridge Parkway entfernt sind. In dem lebendigen Collegestädtchen Boone sitzt die Appalachian State University (ASU). Blowing Rock und **Banner Elk** sind idyllische Touristenzentren in der Nähe der Skigebiete.

BLOWING ROCK

Das winzige Blowing Rock, ein altehrwürdiges, malerisches Bergdorf, lockt Besucher charmant in 1200 m Höhe und ist der einzige Ort am Blue Ridge Parkway, in dem es alles gibt, was man braucht. Man lässt sich leicht von der Postkartenidylle der Main St verführen, die von Antiquitätenläden, überladenen Boutiquen, Töpfereien, Silberschmieden, Süßwarenläden, geselligen Kneipen und ausgezeichneten Lokalen gesäumt ist. Sie alle schaffen es, nicht in Kitsch zu verfallen, was in anderen Touristenhochburgen nur allzu schnell passiert. Hier gibt's sogar ein paar Bilderbuch-Seen, auf denen Enten schwimmen. Man könnte sich beinahe wie im Märchen fühlen.

Sehenswertes & Aktivitäten

Grandfather Mountain WANDERN & TREKKEN
(☎828-733-4337; www.grandfather.com; Blue Ridge Pkwy, Mile 305, Linville; Erw./Kind 4–12 Jahre 20/9 US$; ⊙Juni–Aug. 8–19 Uhr, Herbst, Winter & Frühling kürzere Öffnungszeiten) Wie jetzt? Hängt die Mile High Suspension Bridge etwa wirklich 1 Meile (1,6 km) über dem Erdboden? Nicht wirklich – Höhenphobiker brauchen keine Angst zu haben. Tatsächlich befindet sich die Hängebrücke, die Attraktion des Parks, 1 Meile *über dem Meeresspiegel*, und die Schlucht darunter ist (nur) 24 m tief. Das ist zwar auch nicht zu verachten, aber nicht ganz so furchterregend.

River and Earth Adventures OUTDOOR-AKTIVITÄTEN
(☎828-963-5491; www.raftcavehike.com; 1655 Hwy 105; Rafting halber/ganzer Tag ab 60/100 US$; 👪) Bietet alles Mögliche von familienfreundlichen Höhlenwanderungen bis hin zu Raftingtouren auf Stromschnellen der Kategorie V in der Watauga Gorge. Die umweltbewussten Guides versorgen die Teilnehmer sogar mit Bio-Lunch-Paketen. Verleiht auch Kanus (60 US$), Kajaks (35–60 US$) und Reifen (20 US$).

Schlafen & Essen

Cliff Dwellers Inn MOTEL $$
(☎828-414-9596; www.cliffdwellers.com; 116 Lakeview Terrace; Zi./Apt. ab 99/149 US$; P❄📶🐾) Dieses passend benannte Motel liegt hoch über der Stadt. Es lockt seine Gäste mit gutem Service, vernünftigen Preisen, stilvollen Zimmern und Balkonen mit Panoramablick.

Green Park Inn HISTORISCHES HOTEL $$
(☎828-414-9230; www.greenparkinn.com; 9239 Valley Blvd; Zi. 89–299 US$; P❄📶🐾) Die

NICHT VERSÄUMEN

SCENIC DRIVE: BLUE RIDGE PARKWAY

Auf dem gesamten Blue Ridge Parkway, der die südlichen Appalachen vom Shenandoah National Park in Virginia (Meile 0) bis zum Great Smoky Mountains National Park in North Carolina (Meile 469 bzw. Km 755) durchquert, gibt es keine einzige Ampel.

Der von Präsident Franklin D. Roosevelt während der Weltwirtschaftskrise als Arbeitsbeschaffungsprojekt in Auftrag gegebene Parkway ist eine der klassischen Panoramastraßen der USA. Der North Carolina durchziehende 262 Meilen (422 km) lange Abschnitt windet sich durch eine atemberaubende Berglandschaft.

Der **National Park Service** (☎828-298-5330; www.nps.gov/blri; Meile 384; ⌚9–15 Uhr) betreibt Campingplätze und Visitor Centers. Toiletten und Tankstellen sind auf der Strecke dünn gesät. Infos über die Haltepunkte entlang der Strecke gibt's unter www.blueridgeparkway.org.

Hier einige Highlights und Campingplätze:

Cumberland Knob (Meile 217,5) NPS Visitor Center; zum Knob führt ein einfacher Spazierweg.

Doughton Park (Meile 241,1) Wanderwege und Campingmöglichkeiten.

Blowing Rock (Meile 291,8) Kleine Ortschaft, die nach einer zerklüfteten, kommerziell genutzten Klippe benannt ist, die einen tollen Ausblick und gelegentliche Aufwinde bietet sowie der Schauplatz einer indianischen Liebesgeschichte ist.

Moses H. Cone Memorial Park (Meile 294,1) Hübsches, altes Anwesen mit breiten Wegen und einem Kunsthandwerksladen.

Julian Price Memorial Park (Meile 296,9) Campingplatz.

Grandfather Mountain (Meile 305,1) Sehr beliebt wegen seiner hoch gelegenen Fußgängerhängebrücke. Es gibt auch ein Nature Center und ein Schutzgehege für Kleintiere.

Linville Falls (Meile 316,4) Kurze Wanderwege zum Wasserfall; Stellplätze.

Little Switzerland (Meile 334) Traditioneller Höhenkurort.

Mt. Mitchell State Park (Meile 355,5) Höchster Gipfel östlich des Mississippis (2037 m); Wander- und Campingmöglichkeiten.

Craggy Gardens (Meile 364) Entlang der Wanderwege blühen im Sommer prächtige Rhododendren.

Folk Art Center (Meile 382) Verkauf von hochwertigem Kunsthandwerk der Appalachenregion.

Blue Ridge Pkwy Visitor Center (Meile 384) Hervorragender Film, interaktive Karte und Infos zu Wanderwegen.

Mt. Pisgah (Meile 408,8) Wander- und Campingmöglichkeiten, Restaurant, Inn.

Graveyard Fields (Meile 418) Kurze Wanderwege zu einem Wasserfall.

Östliche Kontinentale Wasserscheide verläuft direkt durch die Bar dieses mit weißen Schindeln gedeckten Grandhotels, das 1891 eröffnete. Es heißt, die Schriftstellerin Margaret Mitchell hätte bei ihrem Aufenthalt hier an *Vom Winde verweht* gearbeitet.

★ **Bistro Roca** MODERN-AMERIKANISCH **$$**
(☎ 828-295-4008; www.bistroroca.com; 143 Wonderland Trail; Mittagessen Hauptgerichte 9–16 US$, Abendessen Hauptgerichte 9–34 US$; ⌚ Mi–Mo 11–15 & 17–22 Uhr; 📶) Dieses gemütliche, lodge-artige Bistro versteckt sich abseits der Main St in einem Gebäude aus der Prohibitionszeit und serviert edle New-American-Kost (Hummer, Käse-Makkaroni mit Schweinebauch, Habanero-Burger mit Kick, Holzofenpizzas, *bánh mì*-Sandwiches mit Bergforelle), vieles lokal erzeugt. Wer was mit Entenspeck bestellt, liegt immer richtig

ℹ An- & Weiterreise

Blowing Rock liegt 13 km südlich von Boone am Blue Ridge Parkway. Der nächste kommerzielle Flughafen ist der Charlotte Douglas International Airport (S. 377), 140 km südöstlich.

BOONE

Boone ist eine fröhlich-lebendige Stadt in den Bergen und das Zuhause der geschäftigen Appalachian State University. Die junge Bevölkerung hat ein Faible für Outdooraktivitäten. Der Ort ist eine Domäne der Bluegrass-Musiker und Geschichtenerzähler aus den Appalachen und nach dem berühmten Pionier und Entdecker Daniel Boone benannt, der oft sein Lager dort aufschlug, wo die Stadt heute steht. Boones Geschichte wird seit 1952 jeden Sommer in dem Theaterstück *Horn in the West* erzählt, das in einem Freiluft-Amphitheater oberhalb des Ortes aufgeführt wird.

Boones Innenstadt besteht aus einer netten Mischung aus niedrigen Ziegelgebäuden und Colonial-Revival-, Art-déco- und Stromlinien-Moderne-Architektur. In vielen Gebäuden sind heute charmante Boutiquen und Cafés untergebracht.

Ansonsten bietet die Stadt hauptsächlich standardmäßige Kettenhotels, aber hin und wieder finden sich in und um Boone auch historische B&Bs, Ferienfarmhäuser oder gemütliche Blockhütten. Das Horton Hotel, Boones erstes Boutiquehotel, öffnet 2018.

Folk Art Center KULTURZENTRUM
(☎ 828-298-7928; www.southernhighlandguild.org; Mile 382; ⌚ April–Dez. 9–18, Jan.–März bis 17 Uhr) Wenn man die Lobby des Folk Art Center betritt, sollte man erst mal nach oben schauen: Unter der Decke hängt eine Reihe handgefertigter „Appalachian"-Klappstühle. Sie sind eine beeindruckende Visitenkarte für die Galerie hier, die sich dem Südstaaten-Handwerk widmet. Die Stühle sind Teil der Dauerausstellung der Southern Highland Craft Guild, die über 2400 traditionelle und moderne Handwerke umfasst. Stücke aus der Sammlung sind im 2. Stock zu sehen.

★ **Melanie's Food Fantasy** CAFÉ **$$**
(www.melaniesfoodfantasy.com; 664 W King St; Frühstück 6–10 US$, Mittag- & Abendessen 9–14 US$; ⌚ Mo–Mi 8–14, Do & Fr 8–14 & 17–21, Sa 8–14.30 & 17–21, So 8.30–14.30 Uhr; 🌿) In diesem beliebten Café in der hübschen King St lassen sich urbane Hippies üppige Frühstücksklassiker (Rührei, Eier Benedict, Omeletts, Waffeln, Pfannkuchen) und hausgemachte Bratkartoffeln schmecken, alles aus lokalen Zutaten und immer mit vegetarischer Option (Tempeh, Sojawürstchen usw.).

Dan'l Boone Inn SÜDSTAATENKÜCHE **$$**
(☎ 828-264-8657; www.danlbooneinn.com; 130 Hardin St; Frühstück Erw. 11 US$, Kind 6–8 US$, Abendessen Erw. 18 US$, Kind 7–11 US$; ⌚ Juni–Okt. Mo–Do 11.30–20.30, Fr & Sa bis 21, So bis 20.30 Uhr, Rest des Jahres variierende Öffnungszeiten; 📶 👪) In diesem Restaurant wird Quantität großgeschrieben und die Familiengerichte sind für hungrige Wanderer ein wahrer Segen. Seit 1959 geöffnet. Nur Barzahlung oder Scheck.

ℹ An- & Weiterreise

Der Boone am nächsten gelegene kommerzielle Flughafen ist der Charlotte Douglas International Airport (S. 377), 94 Meilen (151 km) südöstlich.

Asheville

Dank seiner lokalen Mikrobrauereien, dekadenten Schokoladenläden und stilvollen New-Southern-Lokale ist Asheville eine der trendigsten Kleinstädte im Osten. Hochglanzmagazine schwärmen für diesen Ort. Aber man sollte sich von all dem Glamour nicht abschrecken lassen: Im Herzen ist Asheville noch immer ein zugewucherter Bergort, der tief in seinen Traditionen verwurzelt ist. Man muss sich nur umschauen: In der Biltmore Ave fiedelt ein Straßenmusiker ein Bluegrass-Stück, ein wenig entfernt füllen Wanderer nach der Besteigung des Mt. Pisgah die Energiereserven wieder auf und Autos rauschen zum und vom Blue Ridge Parkway, der um die Stadt herum verläuft. In Asheville leben vieler Künstler und eine Gemeinde sehr präsenter Hippies, die dafür sorgen, dass niemand zu sehr abhebt.

Sehenswertes & Aktivitäten

★ Biltmore Estate GEBÄUDE
(☎800-411-3812; www.biltmore.com; 1 Approach Rd; Erw./Kind 10–16 Jahre 65/32,50 US$; ⌚Haus 9–16.30 Uhr, saisonal abweichend) Dies ist das landesweit größte Haus in Privatbesitz und Ashevilles größte Touristenattraktion: Das Biltmore wurde 1895 für den Erben eines Schiffs- und Eisenbahnimperiums, George Washington Vanderbilt II., erbaut. Es ist drei französischen Loire-Schlössern nachempfunden, die er auf seinen zahlreichen Europareisen sah. Der Besuch des Hauses und der 100 ha großen, wunderschön angelegten Gärten dauert mehrere Stunden.

Chimney Rock Park PARK
(www.chimneyrockpark.com; Hwy 64/74A; Erw./Kind 5–15 Jahre 15/7 US$; ⌚Mitte März–Nov. 8.30–18 Uhr, Nov.–Mitte März 10–16.30 Uhr) Der Chimney Rock ist ein 96 m hoher Granitmonolith, und der Blick von dort oben auf den Broad River und den Lake Lure ist einfach herrlich. Ein Aufzug bringt die Besucher hinauf, doch das Highlight ist die wunderbare Wanderung rund um die Klippen zu einem 123 m hohen Wasserfall. Der Park befand sich früher in Privatbesitz und ist heute ein State Park. Der Zugang zum Felsen wird jedoch auch weiterhin kommerziell verwaltet. Der Park liegt 20 Meilen (32 km) südöstlich von Asheville.

BREW-ed BRAUEREI
(☎828-278-9255; www.brew-ed.com; 37–50 US$) Diese geschichtlichen Brauereitouren durch die Innenstadt unter Führung von Cicerone-zertifizierten Bierfans finden donnerstags (17.30 Uhr), freitags (14 Uhr), samstags (11.30 Uhr und 14 Uhr) und sonntags (13 Uhr) statt.

Smoky Mountain Adventure Center OUTDOOR-AKTIVITÄTEN
(☎828-505-4446; www.smacasheville.com; 173 Amboy Rd; ⌚Mo 10–20, Di–Do 9–22, Fr & Sa bis 21.30, So 12–20 Uhr) Gegenüber dem French Broad River im Viertel River Arts gibt's hier alles, was das Outdoor-Fanherz begehrt: Leihfahrräder für eine Erkundung des Blue Ridge Parkway, Schlauchreifen und Paddleboards für den Fluss sowie geführte Touren, z. B. Felsklettern, Treks, Tageswanderungen, Eisklettern und Bergsteigen in den umliegenden Bergen.

Schlafen

Sweet Peas Hostel HOSTEL $
(☎828-285-8488; www.sweetpeashostel.com; 23 Rankin Ave; B/Pod 32/40 US$, Zi. ohne/mit Bad 75/105 US$; ❄@📶) Dieses brandneue Hostel erstrahlt im IKEA-Stil mit makellosen Stockbetten aus Stahl und Schlaf-„Pods“ aus hellem Holz. Die loftartigen Räumlichkeiten sind wunderbar offen, aber es kann recht laut zugehen (die Lexington Ave Brewery unten trägt ihren Teil dazu bei, aber dafür gibt's dort auch Rabatt). Was man an Privatsphäre und Ruhe einbüßt, bekommt man jedoch an Stil, Sauberkeit, Geselligkeit und der unschlagbar zentralen Lage wieder zurück.

Campfire Lodgings CAMPING $$
(☎828-658-8012; www.campfirelodgings.com; 116 Appalachian Village Rd; Stellplatz Zelt 35–40 US$, Stellplatz Wohnmobil 50–70 US$, Jurte 115–135 US$, Hütte 160 US$; P❄📶) Wenn doch nur alle Jurten der Welt mit einem Flachbild-TV ausgestattet wären … In diesen komplett möblierten Zelten mit mehreren „Zimmern“ an einem Hang nächtigen die wohl stilvollsten mongolischen Nomaden der Welt. Es gibt auch Hütten und Stellplätze für Zelte. Die Wohnwagenstellplätze haben WLAN-Zugang sowie einen wunderschönen Blick auf das Tal.

Omni Grove Park Inn HISTORISCHES HOTEL $$$
(☎828-252-2711; www.omnihotels.com; 290 Macon Ave; Zi. 149–419 US$; P❄@📶🏊🐾) Diese riesige, kunstvolle historische Lodge lässt die Zeit des amerikanischen Gebirgs-Glamours wiederaufleben und versprüht mit seinem gesund-und-munteren Charme echte Abenteuerlust. Schon die Kamine in der Lobby gesehen? Wie könnte man nicht: In die 10 m breiten Kolosse passt ein aufrecht stehender erwachsener Mann und in jedem führt ein Aufzug zum Schornstein hinauf!

Aloft Asheville HOTEL $$$
(☎828-232-2838; www.aloftasheville.com; 51 Biltmore Ave; Zi. ab 320 US$; P❄@📶🏊🐾) Mit seiner riesigen Kreidetafel im Foyer, den coolen, jungen Angestellten und einem Laden für Outdoor-Klamotten im 1. Stock wirkt das Hotel wie eine Hipster-Community. Das einzige, was noch fehlt, ist ein bärtiger Typ mit

Wollmütze und einem Craft-Bier in der Hand – ach halt, da drüben ist er ja! O.k., kleiner Scherz. Aber wenn man sich erst einmal auf das Aloft einlässt, merkt man schnell, dass die Angestellten sich gut auskennen und die Zimmer schön groß und bunt sind.

Bunn House BOUTIQUEHOTEL **$$$**
(828-333-8700; www.bunnhouse.com; 15 Clayton St; Zi. 249–424 US$; P❄📶) Ashevilles vielleicht geschmackvollste Option: In diesem grandios restaurierten Haus von 1905 wurden Schlüssel gegen Codes eingetauscht. Frei liegende Ziegelmauern und dunkles Holz ziehen sich durch alle sechs Zimmer und Suiten. Die beheizten Badezimmerböden und mit kleinen Kacheln gefliesten Dampfduschen sind an einem kühlen Morgen in den Bergen einfach himmlisch. In den Minibars und Gemeinschaftsbereichen stehen kostenlos Snacks von Herban Baker und Bier der Asheville Brewing Company bereit.

Essen

Asheville ist ein wahres Paradies für Gourmets. In Downtown, South Slope und dem aufstrebenden River Arts District entlang des French Broad River wimmelt es nur so von gutem Essen, das von simplen (aber hippen!) Südstaaten-Cafés über Multikulti-Lokale bis zu eleganter Modern-American- und Appalachian-Küche reicht. Direkt vom Erzeuger zum Verbraucher ist das generelle Motto und „lokal, Bio und nachhaltig" werden großgeschrieben.

Early Girl Eatery CAFÉ **$**
(www.earlygirleatery.com; 8 Wall St; Hauptgerichte 4–15 US$; Mo–Mi 7.30–15, Do & Fr bis 21, Sa & So 9–21 Uhr) In diesem Vom-Erzeuger-zum-Verbraucher-Café kann man den ganzen Tag Frühstück (wir empfehlen das „Benny" mit Tomaten, Spinat, Avocado und pochierten Eiern auf Grit Cakes) oder ein gegrilltes Pimiento-Käse-Sandwich bestellen. Man genießt sie im sonnigen, aber überfüllten Gastraum mit Blick auf einen kleinen Platz.

White Duck Taco Shop MEXIKANISCH **$**
(www.whiteducktacoshop.com; 12 Biltmore Ave; Tacos 3,45–5,25 US$; 11.30–21 Uhr) In diesem Taco-Laden im Zentrum ist die Speisekarte eine Schiefertafel. Alle Optionen klingen nach grandiosen Geschmacksexplosionen – wie soll man sich da nur entscheiden? Scharfes Buffalo-Hühnchen mit Blauschimmelkäse-Sauce, knuspriger Schweinebauch, gebratene Mole-Ente und Krabben und Grits! Noch besser? Diese weichen Tacos machen richtig satt. Gruppen können vorher Chips und dreierlei Salsa bestellen.

★12 Bones GRILLGERICHTE **$**
(www.12bones.com; 5 Foundy St; Gerichte 5,50–22 US$; Mo–Fr 11–16 Uhr) Wie gut es in die-

DIE BIER-HAUPTSTADT DER USA

Wenn es je eine Stadt gab, die sich durch die Craft-Bier-Bewegung verändert hat, dann ist es Asheville. Der Ort hat sich vom recht verschlafenen Gebirgsstädtchen zu einer der wichtigsten Pilgerstätten für trinkfreudige Hopfenfans in Nordamerika entwickelt, seit dort 1994 mit Highland Brewing die erste Brauerei eröffnete.

Heute gibt's in Buncombe County 33 Brauereien (27 davon im Stadtgebiet von Asheville) bei einer Bevölkerung von rund 87 000 – eine der höchsten Brauereizahlen pro Einwohner des ganzen Landes. Hier unsere Favoriten:

Burial (www.burialbeer.com; 40 Collier Ave; Glas 5 US$; Mo–Do 16–22, Fr ab 14, Sa & So 12–22 Uhr; 📶) Klein und gemütlich; produziert mit die besten und experimentellsten belgisch inspirierten Biere (saisonale Farmhouse-Varianten, starke Dubbels und Tripels). Gilt fast allen als die beste Brauerei der Stadt.

Funkatorium (www.wickedweedbrewing.com/locations/funkatorium; 147 Coxe Ave; Bier 4,50–10 US$; Mo–Do 14–22, Fr & Sa 12–24, So 12–22 Uhr; 📶) Im neuen Zapfraum des Wicked Weed gibt's nur Sauerbier – dieser lässig-herbe Tempel ist einer Pilgerreise würdig.

Wedge (www.wedgebrewing.com; 37 Paynes Way; Glas 3,50–6 US$; 12–22 Uhr; 📶) In diesem geselligen Biergarten sind alle willkommen: Hunde, Kinder auf Dreirädern, verliebte Pärchen und aktive Outdoor-Typen.

Wicked Weed (www.wickedweedbrewing.com; 91 Biltmore Ave; Glas 4,50–6,40 US$; Mo & Di 11.30–23, Mi & Do bis 24, Fr & Sa bis 1, So 12–23 Uhr; 📶) Eine ehemalige Tankstelle hat sich in dieses Craft-Bier-Wunderland verwandelt. 58 Sorten vom Fass!

sem Grillrestaurant schmeckt? Nun, auch Ex-Präsident Obama und seine Frau Michelle haben vor ein paar Jahren hier gegessen. Das langsam gegrillte Fleisch ist rauchig-zart und die Beilagen – von Jalapeño-Käse-Grits bis zu geräuchertem Kartoffelsalat – treffen mitten ins Herz des wilden Südens.

★ Cúrate TAPAS $$
(☎ 828-239-2946; www.curatetapasbar.com; 13 Biltmore Ave; kleine Teller 4–18 US$; ⏲ Di–Do 11.30–23.30, Fr & Sa bis 23, So bis 22.30 Uhr) Dieses fröhliche Lokal feiert den einfachen Charme und die sinnlichen Aromen traditioneller spanischer Tapas, hin und wieder mit feiner Südstaaten-Note. Es gehört einem echten Katalanen und seiner hippen Frau aus Asheville. Highlights gibt's viele: *pan con tomate* (gegrilltes Brot mit frischen Tomaten), kurz gebratene Aubergine mit Honig und Rosmarin und die sagenhafte Sepia-Tinten-„Paella" mit Vermicelli.

Smoky Park Supper Club MODERN-AMERIKANISCH $$
(☎ 828-350-0315; www.smokypark.com; 350 Riverside Dr; Hauptgerichte 10–34 US$; ⏲ Di–Do 17–21, Fr & Sa 16–22, So 10.30–21 Uhr; 📶) Das SPSC ist eines der coolen Aushängeschilder im aufstrebenden Rivers Arts District und viel mehr als die Summe seiner Teile – 19 Schiffscontainer, um genau zu sein. Es ist damit das größte aus Containern erbaute Restaurant in den USA. Bei den auf Holz gegrillten Köstlichkeiten hat man die Qual der Wahl: ein halbes Hähnchen mit Knoblauch und Zitrone, in Gusseisen sautierter Carolina-Fisch oder Käse-Dip mit Chorizo und Poblano- Schoten?

Ausgehen & Unterhaltung

Trade & Lore KAFFEE
(www.tradeandlore.com; 37 Wall St; Kaffee 2–5,25 US$; ⏲ 8–19 Uhr; 📶) In diesem trendigen Café in Downtown bereiten kompetente Baristas grandiosen Kaffee zu. Die industrielle Coolness des Dekors wird durch vereinzelte Vintage-Möbel ergänzt. Der Espresso kommt aus einer edlen La Marzocco-Maschine und man kann aus verschiedenen Espresso-mit-Milch-Kreationen wählen. Die Unisex-Toiletten sind ein kleiner Seitenhieb auf die Regierung des Bundesstaats.

Orange Peel LIVEMUSIK
(www.theorangepeel.net; 101 Biltmore Ave; Tickets 10–30 US$; ⏲ Shows ab 20 Uhr) Wer Lust auf Livemusik hat, ist in diesem lagerhausartigen Laden richtig, in dem bekannte Indie- und Punk-Acts auftreten.

ℹ Praktische Informationen

Das glänzende **Visitor Center** (☎ 828-258-6129; www.exploreasheville.com; 36 Montford Ave; ⏲ Mo–Fr 8.30–17.30, Sa & So 9–17 Uhr) liegt an der I-240, Ausfahrt 4C. Hier gibt's 10 US$ Rabatt auf Eintrittskarten für Biltmore. In Downtown Asheville gibt's eine Außenstelle des **Visitor Center** mit Toiletten (☎ 828-258-6129; www.exploreasheville.com; 80 Court Pl; ⏲ April–Okt. Fr–So 9–17 Uhr), direkt neben dem Pack Square Park.

ℹ Anreise & Unterwegs vor Ort

Der **Asheville Regional Airport** (AVL; ☎ 828-684-2226; www.flyavl.com; 61 Terminal Dr, Fletcher) liegt 20 Minuten südlich der Stadt und bietet eine Handvoll Direktflüge, u. a. nach/von Atlanta, Charlotte, Chicago und New York. Der **Greyhound**-Bahnhof (☎ 828-253-8451; www.greyhound.com; 2 Tunnel Rd) befindet sich 1,5 km nordöstlich des Zentrums.

Kostenloses Parken ist in Downtown Asheville fast ein Ding der Unmöglichkeit, aber öffentliche Parkhäuser sind zumindest für die erste Stunde gratis und kosten danach nur 1 US$ pro Stunde, es könnte also schlimmer sein. Passport (https://passportinc.com) ist eine praktische App, die über Parkgebühren und gebührenpflichtige Parkplätze hier (und in ein paar anderen US-Städten) informiert.

Asheville Transit (☎ 828-253-5691; www.ashevilletransit.com; 49 Coxe Ave; ⏲ Mo–Fr 6–21.30, Sa 7–21.30, So 8.30–18 Uhr) fährt auf 18 lokalen Busrouten, von Montag bis Samstag etwa zwischen 5.30 und 22.30 Uhr, an Sonntagen kürzer. Tickets kosten 1 US$. Fahrradgepäckträger kostenlos. Die Route S3 verbindet die Art Station in Downtown zehnmal täglich mit dem Flughafen.

Great Smoky Mountains National Park

Egal, ob man die mit einem Initiationsritus vergleichbare Wanderung durch die Wälder des Appalachian Trail in Angriff nimmt, den umwerfenden Panoramablick vom 2025 m hohen Clingmans Dome genießt oder in Cades Cove das gut erhaltene Zuhause der Pioniere besucht, der Great Smoky Mountains National Park ist eine amerikanische Legende in Sachen Natur und Geschichte. Dieser stimmungsvolle, magische Park erstreckt sich in North Carolina und Tennessee über 2100 km². Er gehört zu den vielfältigsten Landschaften der Welt, die von dichten, dunklen Fichtenwäldern über sonnige, mit Gänseblümchen und Bischofskraut bedeckte Wiesen bis zu kaffeebraunen Flüssen reichen. Wander- und Campingmöglichkeiten sind schier endlos, aber man kann auch reiten, Rad fahren und Fliegenfischen. Leider ist es hier dank der jährlich 10 Mio. Besucher – mehr als jeder andere Nationalpark der USA – oft ziemlich überfüllt. Die North-Carolina-Seite ist jedoch leerer als die Tennessee-Seite. Dort kann man sich selbst auf dem Höhepunkt der Touristensaison im Sommer noch wunderbar frei bewegen.

Sehenswertes

Great Smoky Mountains National Park NATIONALPARK

(www.nps.gov/grsm) GRATIS Dieser 2100 km² große Park ist der meistbesuchte des Landes. Die Hauptwege und -attraktionen können zwar ziemlich voll sein, aber 95 % der Besucher entfernen sich nie weiter als 100 m von ihrem Auto, daher ist es ein Leichtes, den Massen zu entkommen. Im Gegensatz zu den meisten anderen Nationalparks ist der Eintritt zum Great Smoky frei. 2016 wurden 40 km² des Parks durch Waldbrände (s. Kasten unten) zerstört, darunter auch der sehr beliebte **Chimney Tops Trail**, der zum Zeitpunkt der Recherche noch immer gesperrt war. Am besten informiert man sich vorab telefonisch über den aktuellen Stand.

Im Visitor Center gibt's eine Karte des Parks sowie den kostenlosen Smokies Guide. Die Überreste der Siedlung **Cades Cove** aus dem 19. Jh. gehören zu den beliebtesten Sehenswürdigkeiten des Parks, was auch die nervtötenden Staus auf der Ringstraße im Sommer beweisen. Der Mt. LeConte ist ein tolles Wandergebiet und bietet mit der **LeConte Lodge** die einzige Übernachtungsmöglichkeit, die kein Campingplatz ist. Allerdings erreicht man die rustikalen, nicht ans Stromnetz angeschlossenen Hütten nur zu Fuß über einen von fünf Aufstiegen, die zwischen 9 km (**Alum Cave Trail**) und 13 km (**Boulevard**) lang sind. Die Unterkunft ist jedoch so beliebt, dass man mindestens ein Jahr im Voraus reservieren muss. Der schwindelerregende Gipfel des **Clingmans Dome** ist auch mit dem Auto zu erreichen. Auf dem dritthöchsten Berg östlich des Mississippi steht ein futuristischer Aussichtsturm.

DIE WALDBRÄNDE IN DEN GREAT SMOKY MOUNTAINS 2016

Am 23. November 2016 kam es im Great Smoky Mountains National Park zu einer Katastrophe, als auf dem Chimney Tops Trail, einem der beliebtesten Wanderwege des Parks, ein Feuer gemeldet wurde, das sich mit verheerenden Folgen im gesamten Park und in Gatlinburg ausbreiten und zum tödlichsten Flächenbrand im Osten der USA seit den Great Fires von 1947 entwickeln sollte.

Der Brand wurde von den Feuerwehrleuten „Chimney Tops 2" getauft (eine Woche zuvor war auf dem Chimney Tops bereits ein kleineres Feuer ausgebrochen). Die Eindämmung erfolgte nicht schnell genug (es vergingen mehrere Tage, bevor etwas unternommen wurde). Am 28. November rollte ein mächtiger Feuerball mit erschreckender Geschwindigkeit auf Gatlinburg zu. Am 5. Dezember erfolgte schließlich ein Großeinsatz der Feuerwehr: 25 Bodencrews, 61 Löschfahrzeuge, sechs Helikopter und insgesamt 780 Feuerwehrleute. Doch erst im Januar gelang es ihnen, das Feuer zu über 90 % einzudämmen. Die Stadt Gatlinburg blieb dank des heroischen Einsatzes der Feuerwehrleute verschont – das einzige wirkliche Opfer in der Stadt war der Gatlinburg Sky Lift, an dem im oberen Bereich und der Bergstation gravierende Schäden entstanden. Andernorts waren jedoch schreckliche Verluste zu beklagen: 14 Tote, über 175 Verletzte, über 2400 beschädigte oder zerstörte Gebäude und die Zwangsevakuierung von 14 000 Einwohnern. Der finanzielle Schaden? Über 500 Mio. US$.

Im Park verbrannten rund 40 km² Fläche, wobei Chimney Tops am schlimmsten betroffen war. Einer der beliebtesten Wanderwege des Parks musste gesperrt werden. Parkoffizielle schätzen, dass es 80 Jahre dauern könnte, bis sich die Gegend wieder vollständig regeneriert hat. Der Wanderweg könnte für mehrere Jahre unzugänglich bleiben.

Zwei Jugendliche aus Tennessee wurden beschuldigt, das Feuer ausgelöst zu haben. Sie wurden festgenommen und der schweren Brandstiftung angeklagt. Falls sie vor Gericht als Erwachsene behandelt werden – worüber die Einwohner von Gatlinburg hitzig diskutieren – könnten ihnen über 60 Jahre Gefängnis drohen.

Neben dem Chimney Tops waren zum Zeitpunkt der Recherche auch der Road Prong Trail, der Sugarland Mountain Trail und der Bullhead Trail auf unbestimmte Zeit gesperrt. Am besten vorher anrufen.

Aktivitäten

Egal, ob man den unwiderstehlichen Drang verspürt, einen Berg zu besteigen oder einfach nur ein bisschen frische Luft schnappen möchte: Wandern im Great Smoky Mountains National Park ist die beste Art, die grandiose Schönheit seiner Natur zu erleben. Auch wenn man nur Zeit für einen kurzen Besuch hat, sollte man mindestens eine Wanderung machen. Die Wege reichen von flachen, einfachen kurzen Pfaden bis zu längeren, anstrengenderen Alternativen. Viele eignen sich hervorragend für Familien, einige sind rollstuhlgerecht und die Mehrheit beginnt an einer der Hauptattraktionen. Körperliche Fitness und Ausdauer spielen hier praktisch keine Rolle: Der Park bietet für jeden die passende Option.

Hier ein paar unserer Favoriten:

Charlies Bunion WANDERN

Ein 13 km langer Rundweg, der dem Appalachian Trail vom Aussichtspunkt Newfound Gap über 6,5 km zu einem Felsvorsprung mit tollem Blick über Berge und Täler folgt.

Big Creek Trail WANDERN

Man kann auf einem gut 3 km langen Weg zu den Mouse Creek Falls wandern oder noch knapp 5 km zu einem Campingplatz im Hinterland anschließen. Der Weg beginnt nahe des I-40 am Nordostrand des Parks.

Boogerman Trail WANDERN

Mäßig schwieriger, 12 km langer Rundweg, der an alten Farmen vorbeiführt; über die Cove Creek Rd erreichbar.

Chasteen Creek Falls WANDERN

Dieser 5,8 km lange Rundweg führt vom Smokemont Campground aus an einem kleinen Wasserfall vorbei.

Oconaluftee River Trail WANDERN

Einer von nur zwei Wegen im Park auf denen angeleinte Hunde und Fahrräder erlaubt sind: Dieser knapp 5 km lange Rundweg beginnt am Oconaluftee Visitor Center und folgt dem Fluss für 2,5 km.

Schlafen & Essen

Der Great Smoky Mountains National Park bietet diverse Campingoptionen. Die LeConte Lodge ist die einzige Unterkunft, in der man ein Zimmer mieten kann, aber man muss den Gipfel eines Berges erklimmen, um dieses Privileg genießen zu können. Gatlinburg bietet die meisten Unterkünfte aller Städte rund um den Park, aber die Preise haben's in sich. Im nahen Pigeon Forge, 16 km nördlich des Sugarlands Visitor Center, und dem 27 km nördlich gelegenen Sevierville gibt's günstigere Alternativen.

Der National Park Service unterhält zehn Campingplätze im Park. Jeder verfügt über Waschräume mit kaltem Wasser und Spültoiletten, aber es gibt weder Duschen noch Strom- oder Wasseranschlüsse (einige Campingplätze haben jedoch Strom für Notfälle). Jeder Stellplatz hat einen eigenen Feuerkorb und einen Picknicktisch, viele Plätze kann man im Voraus unter www.recreation.gov buchen (einen, Cataloochee, muss man sogar vorab reservieren).

Mit über 1000 auf die Campingplätze verteilten Stellplätzen sollte man meinen, dass man immer irgendwo unterkommt. In der überfüllten Sommersaison ist dies jedoch nicht der Fall, also unbedingt gut planen. Einige Plätze kann man vorab reservieren, bei anderen gilt: Wer zuerst kommt, zeltet zuerst. Cades Cove und Smokemont sind das ganze Jahr über geöffnet, andere nur von März bis Oktober.

Zelten im Hinterland ist eine hervorragende Option und nur in den ersten fünf Nächten gebührenpflichtig (4 US$/Nacht, danach kostenlos). Eine Genehmigung ist erforderlich. Man kann Reservierungen online unter www.smokiespermits.nps.gov durchführen, die Genehmigungen bekommt man in den Rangerstationen oder den Visitor Centers.

Außer Nüssen und Beeren gibt's im Great Smoky Mountains National Park nichts zu essen, abgesehen von den nur für Gäste erhältlichen Mahlzeiten in der LeConte Lodge, den Automaten im Sugarlands Visitor Center und dem mageren Angebot im Laden des Cades Cove Campground. Zum Glück bieten die umliegenden Städte eine große Auswahl an Restaurants.

Touristeninformation

Im Park gibt's vier Visitor Centers:

Sugarlands Visitor Center (☎ 865-436-1291; www.nps.gov/grsm; 107 Park Headquarters Rd; ⏲ Juni–Aug. 8–19.30 Uhr, Sept.–Mai variabel) Am Nordeingang des Parks in der Nähe von Gatlinburg.

Cades Cove Visitor Center (☎865-436-7318; Cades Cove Loop Rd; ⌚Mai–Juli 9–19 Uhr, Sept–März früher) Auf halber Strecke der Cades Cove Loop Rd, 39 km abseits des Hwy 441 vom Gatlinburg-Eingang.

Oconaluftee Visitor Center (☎828-497-1904; www.nps.gov/grsm; 1194 Newfound Gap Rd, North Cherokee, NC; ⌚Juni–Aug. 8–19.30 Uhr, Sept.–Mai variabel) Am Südeingang des Parks nahe Cherokee in North Carolina.

Clingmans' Dome Visitor Center (☎865-436-1200; Clingmans Dome Rd; ⌚April–Juni & Aug.–Okt. 10–18 Uhr, Nov. 9.30–17 Uhr)

An- & Weiterreise

Die nächsten großen Flughäfen sind der McGhee Tyson Airport in Knoxville (S. 418), 40 Meilen (64 km) vom Sugarlands Visitor Center entfernt auf der Tennessee-Seite, und der Asheville Regional Airport (S. 382), 58 Meilen (93 km) östlich des Oconaluftee Visitor Center auf der North-Carolina-Seite. Beide werden von Greyhound angefahren.

SOUTH CAROLINA

Mit Moos bewachsene Eichen, stattliche Herrenhäuser, breite Strände, wellige Hügellandschaften und ein widerspenstiger Charakterzug prägen South Carolina. Hier im tiefen Süden sind der Dialekt und die Traditionen ausgeprägter. Von seinen Patrioten im Amerikanischen Unabhängigkeitskrieg und den Sezessionisten der 1860er-Jahre bis hin zu der streitsüchtigen Führungsriege von heute hat der Palmetto State nie eine Konfrontation gescheut.

Die meisten Traveller beschränken ihre Reise auf die Küste mit ihren hübschen Städten aus der Antebellum-Ära und die palmengesäumten Strände. Doch das Hinterland wartet mit einer Vielzahl verschlafener alter Städtchen, rauer, nicht erschlossener State Parks und gespenstisch düsterer Sümpfe auf, und auf den Inseln im Ozean kann man die sanften Gesänge der Gullah hören. Die Sprache und die Kultur wurden von ehemaligen Sklaven begründet, die über die Jahrhunderte hinweg an vielen ihrer westafrikanischen Traditionen festhielten. Ob man nun das vornehme, nach Geranien duftende Charleston oder das grelle, kitschige Myrtle Beach besucht: South Carolina ist immer ein einnehmendes Reiseziel.

Geschichte

Im Gebiet des heutigen South Carolina lebten mehr als 28 verschiedene Indianerstämme. Viele gehörten dem Volk der Cherokee an, das in den 1830er-Jahren über den „Pfad der Tränen" gewaltsam umgesiedelt wurde.

Die Engländer gründeten die Kolonie Carolina im Jahr 1670, die ersten Siedler kamen vom britischen Vorposten Barbados, sodass die damals „Charles Towne" genannte Hafenstadt einen karibischen Touch erhielt. Um die Küstensümpfe in Reisfelder zu verwandeln, wurden westafrikanische Sklaven ins Land verschleppt. Mitte des 18. Jhs. war das Land tief gespalten: Im „Lowcountry" herrschte eine Schicht Sklaven haltender Aristokraten, im ländlichen „Backcountry" siedelten arme Bauern aus Schottland, Irland und Deutschland.

South Carolina war der erste Staat, der sich von der Union abspaltete; die erste Schlacht des Amerikanischen Bürgerkriegs wurde bei Fort Sumter im Hafen von Charleston geschlagen. Am Ende des Krieges war ein großer Teil des Bundesstaates verwüstet.

Im 20. Jh. lebte die Bevölkerung des Bundesstaats vorrangig vom Baumwoll- und Textilhandel. Auch heute noch ist South Carolina ein relativ armer Agrarstaat, auch wenn die Tourismusindustrie an der Küste Zuwachs verzeichnet.

In den letzten Jahren machte der Palmetto State mit seinen Politikern Schlagzeilen, von Nikki Haley, der ersten Frau als Gouverneurin und der ersten mit indianischen Wurzeln in diesem Amt, bis hin zum Kongressabgeordneten Joe Wilson, der während einer Rede von Präsident Obama im Kongress ausrief „Du lügst!", oder dem Kongressabgeordneten Mark Sanford, der während seiner Amtszeit als Gouverneur dadurch berühmt wurde, dass er behauptet hatte, eine Wanderung auf dem Appalachian Trail gemacht zu haben, während er in Wirklichkeit seine argentinische Geliebte besuchte.

Nachdem bei einem offenkundig rassistisch motivierten Attentat im Jahr 2015 neun Gemeindemitglieder einer traditionell von Schwarzen besuchten Kirche erschossen worden waren, beschloss das Parlament, die Konföderiertenflagge vom Gelände des State Capitol zu entfernen, wo sie seit 1962 geflattert hatte.

Praktische Informationen

Das South Carolina Department of Parks, Recreation & Tourism (☎803-734-0124; www.discoversouthcarolina.com) gibt den offiziellen

Ferienführer für South Carolina heraus. In allen neun Highway Welcome Centers gibt es kostenloses WLAN. Das Passwort holt man sich drinnen.

Charleston

Diese liebenswürdige Stadt empfängt Besucher mit der Wärme und Gastfreundschaft eines alten, geliebten Freundes – der leider im 18. Jh. verstarb. Na ja, das mag vielleicht etwas übertrieben sein, aber die Kanonen, Friedhöfe und Kutschfahrten erinnern wirklich an eine vergangene Ära. Und diese historische Romantik, das kulinarische Angebot und die Liebenswürdigkeit des Südens machen Charleston zu einem der beliebtesten Reiseziele im amerikanischen Süden mit jährlich mehr als 4,8 Mio. Besuchern.

Wie genießt man den Charme nun am besten? Nun, Charleston ist eine Stadt, für die man sich Zeit nehmen sollte – für einen Spaziergang zwischen den historischen Gebäuden, um die Antebellum-Architektur zu bestaunen, den Duft des blühenden Jasmin aufzusaugen und ein ausführliches Abendessen auf der Veranda zu zelebrieren. Aber die Stadt ist auch sehr romantisch: An jeder Ecke steht eine glückliche Braut auf den Stufen einer hübschen Kirche. Aber vor allem kann man sich hier von der berühmten Südstaaten-Gastfreundschaft verführen lassen. Charleston Charme lässt auch den letzten Schweißtropfen auf der Stirn vergessen.

Geschichte

Bereits lange vor dem Amerikanischen Unabhängigkeitskrieg war Charles Towne (benannt nach Karl II.) einer der geschäftigsten Häfen an der Ostküste und das Zentrum einer prosperierenden Reisanbau- und -handelskolonie. Durch Einflüsse aus Westindien, Afrika, Frankreich und anderen europäischen Ländern entwickelte es sich zu einer kosmopolitischen Stadt, die oft mit New Orleans verglichen wurde.

Einen tragischen, doch bedeutenden Bestandteil der Geschichte der Stadt bildet die Sklaverei. Charleston war ein wichtiger Hafen und die Drehscheibe des Sklavenhandels mit florierenden Auktionshäusern für Sklaven nahe dem Cooper River. Die ersten Schüsse des Bürgerkriegs fielen bei Fort Sumter im Hafen von Charleston. Als nach dem Krieg mit der Abschaffung der Sklaverei die arbeitsintensiven Reisplantagen unrentabel wurden, verlor die Stadt ihre Bedeutung.

Sehenswertes

In dem Viertel südlich der Beaufain St und der Hasell St befinden sich die meisten Herrenhäuser aus der Zeit vor dem Bürgerkrieg sowie viele Geschäfte, Bars und Cafés. Ganz im Süden der Halbinsel stehen die Vorkriegsvillen von Battery. Der **Gateway Walk** windet sich von der **St. John's Lutheran Church** (www.stjohnscharleston.org; 5 Clifford St) an mehreren Kirchen und Friedhöfen vorbei zur **St. Philip's Church** (www.stphilipschurchsc.org; 146 Church St).

Historisches Viertel

Old Exchange & Provost Dungeon HISTORISCHES GEBÄUDE
(www.oldexchange.org; 122 E Bay St; Erw./Kind 7–12 Jahre 10/5 US$; ⌚9–17 Uhr; 👪) Kinder lieben das gruselige Verlies, in dem einst im Unabhängigkeitskrieg amerikanische Patrioten von den Briten gefangen gehalten wurden. Die engen Zellen befinden sich unterhalb des stattlichen georgianisch-palladianischen Zollhauses von 1771. Die Führung durch das Verlies wird von kostümierten Guides geleitet. In den oberen Etagen lässt sich eine Ausstellung über die Stadt besichtigen.

Old Slave Mart Museum MUSEUM
(www.nps.gov/nr/travel/charleston/osm.htm; 6 Chalmers St; Erw./Kind 5–17 Jahre 8/5 US$; ⌚Mo–Sa 9–17 Uhr) Der Ryan's Mart war ein Freiluftmarkt, auf dem bis Mitte des 19. Jhs. afrikanische Männer, Frauen und Kinder verkauft wurden, die größte von rund 40 ähnlichen Auktionen. Die schändliche Geschichte South Carolinas wird in textreichen Ausstellungen erzählt, die auch auf die Erfahrungen der Sklaven eingehen. Die Artefakte, z. B. Beinfesseln, sind besonders verstörend.

Gibbes Museum of Art GALERIE
(www.gibbesmuseum.org; 135 Meeting St; Erw./Kind 12/6 US$; ⌚Di & Do–Sa 10–17, Mi bis 20, So 13–17 Uhr) Beherbergt eine anständige Sammlung an Werken aus Amerika und dem Süden. Die zeitgenössische Sammlung umfasst Arbeiten lokaler Künstler, mit Schwerpunkt auf der Darstellung des Lowcountry-Lebens.

Battery & White Point Gardens GARTEN
(Ecke East Battery & Murray Blvd) Battery wird die südlichste, von der Ufermauer geschützte Spitze der Charleston Peninsula genannt. Beim Bummel durch die Gartenanlagen kommt man vorbei an Kanonen und den

Statuen von Kriegshelden. Von der Promenade blickt man auf Fort Sumter.

Kahal Kadosh Beth Elohim SYNAGOGE
(www.kkbe.org; 90 Hasell St; ⏲Touren Mo–Do 10–12 & 13.30–15.30, Fr 10–12 & 13–15, So 13–15.30 Uhr) Die älteste, durchgehend genutzte Synagoge des Landes. Die von Ehrenamtlichen geführten Touren kosten 10 US$. Mehr über die Tourzeiten gibt's auf der Website.

Rainbow Row GEBIET
(83 E Bay St) Dieser Abschnitt der unteren E Bay St mit seinen bonbonfarbenen Häusern ist der meistfotografierte Teil der Stadt.

Historische Wohnhäuser

Aiken-Rhett House HISTORISCHES GEBÄUDE
(www.historiccharleston.org; 48 Elizabeth St; Erw./Kind 6–16 Jahre 12/5 US$; ⏲Mo–Sa 10–17, So 14–17, letzte Tour 16.15 Uhr) Dieses Gebäude von 1820 ist das einzige überlebende Stadthaus und gewährt auf den 45-minütigen selbstgeführten Audiotouren einen faszinierenden Einblick in das urbane Leben in der Zeit vor dem Bürgerkrieg. Die Rolle der Sklaven wird besonders hervorgehoben und man kann ihre schlafsaalartigen Quartiere hinter dem Haupthaus besuchen, bevor man erfährt, wie die Reichen und Berühmten damals lebten.

Die Historic Charleston Foundation erhält das Haus im „vorgefundenen Zustand“: Ziel ist es, das Gebäude zu erhalten, aber nicht zu restaurieren. Es wurden daher kaum Änderungen vorgenommen und die Besucher sehen es im Originalzustand, inklusive abblätternder Pariser Tapete.

Joseph Manigault House HISTORISCHES GEBÄUDE
(www.charlestonmuseum.org; 350 Meeting St; Erw./Kind 13–17 Jahre/Kind 3–12 Jahre 12/10/5 US$; ⏲Mo–Sa 9–17, So 12–17, letzte Tour 16.30 Uhr) Dieses dreistöckige Haus im Federal-Stil wurde 1803 erbaut und war einst der ganze Stolz eines französisch-hugenottischen Reisbauers. Der winzige neoklassizistische Tempel im Garten war damals einer von nur dreien in den USA.

Nathaniel Russell House HISTORISCHES GEBÄUDE
(www.historiccharleston.org; 51 Meeting St; Erw./Kind 6–16 Jahre 12/5 US$; ⏲Mo–Sa 10–17, So 14–17, letzte Tour 16.30 Uhr) Die spektakuläre selbsttragende Wendeltreppe ist das Highlight dieses 1808 im Federal-Stil von einem Rhode Islander erbauten Hauses, der in Charleston als „der König der Yankees“ bekannt war. Dank einer makellosen, noch andauernden Restaurierung kommen auch die feinsten Details zur Geltung, etwa die 1000 Streifen 22-karätigen Blattgolds im Salon. Außerdem wurden 20 Schichten Farbe bis zum Originalanstrich abgetragen und handgefertigte Konturteppiche aus Großbritannien importiert, genau wie es die Russells damals taten.

Marion Square

Der 4 ha große Park beherbergte einst das Waffenarsenal des Bundesstaats und ist heute mit seinen verschiedenen Monumenten und einem exzellenten Farmers Market an Samstagen quasi die Wohnstube von Charleston.

Charleston Museum MUSEUM
(www.charlestonmuseum.org; 360 Meeting St; Erw./Kind 13–17 Jahre/Kind 3–12 Jahre 12/10/ 5 US$; ⏲Mo–Sa 9–17, So 12–17 Uhr) Das 1773 gegründete Museum ist angeblich das älteste des Landes. Es ist sehr hilfreich und informativ, wenn man vor einem Bummel durch die Altstadt erst einmal etwas über den historischen Hintergrund erfahren will. Die Ausstellung beleuchtet verschiedene Epochen der verwickelten Geschichte Charlestons.

Aquarium Wharf

Die Aquarium Wharf umgibt den hübschen Liberty Sq. Hier kann man prima umherschlendern und dabei zusehen, wie Schlepper Schiffe in den viertgrößten Containerhafen der USA ziehen. Der Kai ist zudem einer von zwei Landeplätzen, an denen die Bootstouren nach Fort Sumter beginnen. Der andere ist Patriot's Point.

Fort Sumter National Monument HISTORISCHE STÄTTE
(www.nps.gov/fosu) Die ersten Schüsse im Amerikanischen Bürgerkrieg wurden vom Fort Sumter aus abgegeben, einer fünfeckigen Insel im Hafen. Die Festung der Konföderierten wurde zwischen 1863 und 1865 von den Unionstruppen bis auf ihre Grundmauern niedergeschossen. Ein paar wenige originale Geschütze und Befestigungsanlagen lassen die ereignisreiche Geschichte lebendig werden.

Plantagen am Ashley River

Drei spektakuläre Plantagen säumen den Ashley River rund 20 Fahrtminuten vom

Zentrum Charlestons entfernt. Alle drei wird man an einem Tag nicht schaffen, aber zwei schon; trotzdem sollte man für jede mindestens ein paar Stunden einplanen. Die Ashley River Rd, auch SC 61 genannt, ist von der Innenstadt Charlestons über den Hwy 17 erreichbar.

★ Middleton Place HISTORISCHES GEBÄUDE
(☎843-556-6020; www.middletonplace.org; 4300 Ashley River Rd, Summerville; Gärten Erw./Kind 6–13 Jahre 28/10 US$, Hausmuseumstour zusätzlich 15 US$; ⏰9–17 Uhr) Die weitläufigen Gärten dieser Plantage wurden 1741 angelegt und sind die ältesten in den USA. Unzählige Sklaven haben hier jahrelang das Land in Terrassen verwandelt und präzise geometrische Kanäle für den Besitzer gegraben, den wohlhabenden Politiker Henry Middleton aus South Carolina. Das faszinierende Anwesen ist eine Mischung aus klassisch angelegten französischen Gärten und romantischen, von überfluteten Reisfeldern begrenzten Wäldern. Außerdem sind hier seltene Nutztiere zu Hause. Unions-Soldaten brannten das Haupthaus 1865 nieder. Der Gästeflügel von 1755, in dem heute das **Hausmuseum** untergebracht ist, steht noch.

Magnolia Plantation HISTORISCHES GEBÄUDE
(☎843-571-1266; www.magnoliaplantation.com; 3550 Ashley River Rd; Erw./Kind 6–10 Jahre 15/10 US$, Führung 8 US$; ⏰März–Okt. 8–17.30 Uhr, Nov.–Feb. bis 16.30 Uhr) Lust auf einen gespenstischen Bummel? Dann einfach an der „Audubon Swamp Garden"-Führung teilnehmen, bei der es auf einem Plankenweg unter den Bäumen entlang durch den Sumpf geht – ein einzigartiges Erlebnis! Die 200 ha große Plantage, die sich seit 1676 im Besitz der Familie Drayton befindet, ist ein richtiger Themenpark samt Kleinbahn, Streichelzoo und Führung durchs Haus. Die „Slavery to Freedom"-Führung durch die rekonstruierten Sklavenbaracken beleuchtet das Leben auf der Plantage aus der Sicht der afroamerikanischen Sklaven.

Drayton Hall HISTORISCHES GEBÄUDE
(☎843-769-2600; www.draytonhall.org; 3380 Ashley River Rd; Erw./Kind 22/10 US$, nur Außengelände 12 US$; ⏰Mo–Sa 9–17, So 11–17 Uhr, letzte Führung 15.30 Uhr) Das palladianische Landhaus wurde 1738 aus Backsteinen errichtet und überstand als einziges Plantagenhaus am Ashley River den Unabhängigkeitskrieg, den Bürgerkrieg und das große Erdbeben von 1886. Das leere Haus kann im Rahmen einer Führung besichtigt werden. Es ist gut erhalten, wurde aber nicht restauriert.

Geführte Touren

Alle Spazier-, Pferdekutschen-, Bus- und Bootstouren in Charleston aufzuzählen, würde ewig dauern. Im Visitor Center gibt's die ganze Palette.

Charleston Footprints STADTSPAZIERGANG
(☎843-478-4718; www.charlestonfootprints.com; 2-stündige Tour 20 US$) Beliebte Stadtführung, bei der die historischen Sehenswürdigkeiten Charlestons zu Fuß erkundet werden.

Culinary Tours of Charleston ESSEN & TRINKEN
(☎843-727-1100; www.culinarytoursofcharleston.com; 18 Anson St; 2½-stündige Führung 60 US$) Bei dem Spaziergang „Savor the Flavors of Charleston" durch die Restaurants und Märkte der Stadt wird man mit Maisgrütze, Pralinen und Grillfleisch verköstigt.

Adventure Harbor Tours BOOTSFAHRT
(☎843-442-9455; www.adventureharbortours.com; 56 Ashley Point Dr; Erw./Kind 3–12 Jahre 55/30 US$) Unterhaltsame Bootstouren zur unbewohnten Morris Island, auf der man wunderbar Muscheln sammeln kann.

Feste & Events

Spoleto USA DARSTELLENDE KÜNSTE
(☎843-579-3100; www.spoletousa.org; ⏰Mai/Juni) Dieses 17-tägige Festival für darstellende Künste ist das größte Event in South Carolina. Es umfasst Opern, Theater und Konzerte überall in der Stadt.

Lowcountry Oyster Festival ESSEN & TRINKEN
(www.charlestonrestaurantassociation.com/lowcountry-oyster-festival; 1235 Longpoint Rd, Boone Hall Plantation, Mt. Pleasant; Austern-Eimer 12–14 US$; ⏰Jan.) Austernliebhaber in Mt. Pleasant lassen sich im Januar knapp 40 000 kg der salzigen Muscheltiere schmecken.

MOJA Arts Festival DARSTELLENDE KÜNSTE
(www.mojafestival.com; ⏰Sept./Okt.) Bei diesem Festival zu Ehren der afroamerikanischen und karibischen Kultur stehen zwei Wochen lang Lesungen und Gospelkonzerte im Mittelpunkt des Geschehens.

Schlafen

Not So Hostel HOSTEL $
(☎843-722-8383; https://notsohostel.com; 156 Spring St; B 28–32 US$, Zi. 75–106 US$; P ❄ 📶 🐾) 🌿 Charlestons einziges Hostel knarrt

zwar ein wenig, ist aber sehr einladend. Es ist größtenteils in einem wunderschönen Gebäude von 1840 untergebracht, inklusive atmosphärischer, Geister vertreibender blauer Veranda und eigenartiger Zwillingsarchitektur. Man kann aus einem gemischten Schlafsaal für acht, mehreren Vier-Bett-Zimmern nur für Frauen bzw. Männer und netten, aber engen Privatzimmern wählen, die auf drei Häuser mit mehreren Gemeinschaftsküchen verteilt sind. Grüne Aktivitäten gibt's zuhauf.

1837 Bed & Breakfast B&B $$
(☎843-723-7166; www.1837bb.com; 126 Wentworth St; Zi. 175–290 US$; P❄📶) Dieses B&B liegt in der Nähe des College of Charleston und erinnert so manchen Gast an seine exzentrische, in Antiquitäten vernarrte Tante. Das 1837 erbaute Haus hat neun charmant überdekorierte Zimmer, darunter drei im alten Backsteingebäude. Und keine Angst, es liegt nicht am Alkohol: Die Verandas sind wirklich furchtbar schief, stecken aber voller Geschichte.

Indigo Inn BOUTIQUEHOTEL $$
(☎843-577-5900; www.indigoinn.com; 1 Maiden Lane; Zi. 209–359 US$; P❄📶🐾) Dieses schicke Hotel mit 40 Zimmern lockt mit bester Lage mitten im historischen Viertel und einem oasenhaften privaten Innenhof, in dem die Gäste neben einem Brunnen kostenlos Wein und Käse genießen können. Das Dekor ist eine Hommage ans 18. Jh. und ein bisschen verspielt, aber die Betten sind gemütlich und die kürzlich renovierten Bäder modern. Haustiere kosten 40 US$ pro Nacht.

Town & Country Inn & Suites HOTEL $$
(☎843-571-1000; www.thetownandcountryinn.com; 2008 Savannah Hwy; Zi. 99–299 US$, Suite ab 249–299 US$; P❄@📶≋) Knapp 10 km vom Zentrum entfernt bietet das Town & Country moderne, stilvolle Zimmer zu vernünftigen Preisen. Das Hotel ist eine gute Bleibe, wenn man am nächsten Morgen die Plantagen am Ashley River besuchen will.

★ **Ansonborough Inn** HOTEL $$
(☎800-522-2073; www.ansonboroughinn.com; 21 Hasell St; Zi. ab 169–329 US$; P❄@📶) Skurrile neoviktorianische Details wie der winzige britische Pub und die hochherrschaftlichen Porträts von Hunden offenbaren in diesem traulichen, wie ein altes Segelschiff wirkenden Hotel in der Altstadt einen gewissen Sinn für Humor. Eine Mischung aus Alt und Neu prägt die riesigen Gästezimmer mit abgewetzten Ledersofas, hohen Decken und Flachbild-TVs.

★ **Restoration** BOUTIQUEHOTEL $$$
(☎843-518-5100; www.therestorationhotel.com; 75 Wentworth St; Suite ab 399 US$; P❄📶≋) Von Louisiana-Moos überwucherte, 200 Jahre alte B&Bs sind natürlich toll, aber wer eher für hip und zeitgenössisch als Antebellum-Stil und antik ist, dürfte sich in dieser Hipster-Enklave, die nur über Suiten verfügt und tief in die amerikanische Kitsch- und Kunstkiste greift, bestens aufgehoben fühlen. Die mit recyceltem Holz verkleideten Flure führen zu 54 über mehrere Gebäude verteilten Zimmern, alle mindestens 45 m² groß und in modernem Indigo gehalten, einige mit Küchenzeile, Waschmaschine und Trockner.

Essen

Charleston gehört zu den Gourmetzentren des Landes – es gibt hier genügend gute Restaurants für eine dreimal so große Stadt. Die klassischen Lokale sind auf raffinierte Meeresfrüchtegerichte mit französischem Touch spezialisiert, während viele aufstrebende, moderne Restaurants innovative Südstaatenküche mit Fokus auf der kulinarischen Vielfalt der Region servieren, von Austern über Reis bis hin zu traditionellen Schweinefleischgerichten.

Artisan Meat Share SANDWICHES $
(www.artisanmeatsharecharleston.com; 33 Spring St; Sandwiches 7–12 US$; ⏰Mo–Fr 11–19, Sa & So 10–19 Uhr) Hier dreht sich alles ums Fleisch: in ein Biscuit gestopft, aufgetürmt auf Kartoffelbrot oder auf alle erdenkliche Art in der Wurst- und Fleischtheke. Man bestellt an der Theke, sucht sich einen Sitzplatz und erhält dann das Gewünschte. Das Geheimnis: Alles ist frisch, hausgemacht und lecker, und die Zutaten stammen aus der Region.

Gaulart & Maliclet FRANZÖSISCH $
(www.fastandfrenchcharleston.com; 98 Broad St; Frühstück 5–11 US$, Mittag- & Abendessen 10–14 US$; ⏰Mo 8–16, Di–Do bis 22, Fr & Sa bis 22.30 Uhr) Einheimische drängen sich um die Gemeinschaftstische des winzigen Bistros, das auch als „Fast & French" bekannt ist, und lassen sich französischen Käse und Wurst, Fondues und die Abendmenüs (21–24 US$) mit Brot, Suppe, einem Hauptgericht und Wein schmecken.

Xiao Bao Biscuit ASIATISCH $$
(www.xiaobaobiscuit.com; 224 Rutledge Ave; Mittagessen 12 US$, abends Hauptgerichte 12–16 US$;

(⌚Mo–Sa 11.30–14, 17.30–22 Uhr) Freiliegende Ziegelwände und Betonboden prägen das in einer ehemaligen Tankstelle untergebrachte gemütliche und zugleich stilvolle Restaurant, das in Bezug auf hippes Ambiente hohe Maßstäbe setzt. Auf der kurzen, aber verführerischen Speisekarte stehen einfache pan-asiatische Gerichte mit Zutaten aus der Region und schmackhaften Gewürzen.

★Edmund's Oast BRAUEREIKNEIPE $$
(☎843-727-1145; www.edmundsoast.com; 1081 Morrison Dr; Hauptgerichte 16–30 US$, Glas 5–10 US$; ⌚Mo–Do 16.30–22, Fr & Sa bis 23, So 10–22 Uhr; 📶) Charlestons interessanteste nächtliche Zerstreuung ist in einem ehemaligen Eisenwarenladen im gentrifizierten NoMo (North Morrison) untergebracht. Die schicke Brauereikneipe führt mit ihren 48 Zapfhähnen (darunter 8 mit Cocktails, Met und Sherrys, und 12 eigene Craft-Biere) zu echten Alkohol-Auswahlproblemen. Zu essen gibt's im Haus gepökeltes Fleisch, hervorragenden frischen Fang auf französische Art und köstlichen kalabrischem Blumenkohl mit Chili.

Hominy Grill SÜDSTAATENKÜCHE $$
(www.hominygrill.com; 207 Rutledge Ave; Frühstück 4,50–11 US$, Hauptgerichte mittags & abends 9–22 US$; ⌚Mo–Fr 7.30–21, Sa 9–21, So 9–15 Uhr; 🖉) Das etwas abseits der ausgetretenen Pfade gelegene Café serviert moderne, vegetarierfreundliche Gerichte der Lowcountry-Küche in einem alten Friseurladen. Die schattige Veranda ist ideal zum Brunchen.

Fleet Landing FISCH & SEAFOOD $$
(☎843-722-8100; www.fleetlanding.net; 186 Concord St; Mittagessen 9–24 US$, Abendessen 13–26 US$; ⌚tgl. 11–16, So–Do 17–22, Fr & Sa bis 23 Uhr; 📶) Hier gibt's das vielleicht beste Mittagessen in Charleston: Flussblick, eine Tasse Krebssuppe mit einem Schuss Sherry und eine große Schüssel mit Krabben und Grits. Das Restaurant befindet sich in einem ehemaligen Entmagnetisierungsgebäude der Marine an einem Pier und ist ein praktisches, malerisches Plätzchen, wenn man nach einem anstrengenden Morgen auf städtischer Erkundungstour Lust auf frischen Fisch, eine Platte mit gebratenen Meeresfrüchten oder einen Burger hat

Ordinary FISCH & SEAFOOD $$$
(☎843-414-7060; www.eattheordinary.com; 544 King St; kleine Teller 6–18 US$, große Teller 21–55 US$; ⌚Di–So 17–22.30 Uhr) Dieses geschäftige Fischrestaurant mit Austern-Bar in einem riesigen Bankgebäude von 1927 versprüht die beste Stimmung der Stadt. Die Karte ist übersichtlich, aber die köstlichen Gerichte sind raffiniert zubereitet.

★FIG SÜDSTAATENKÜCHE $$$
(☎843-805-5900; www.eatatfig.com; 232 Meeting St; Hauptgerichte 30–42 US$; ⌚Mo–Do 17.30–22.30, Fr & Sa bis 23 Uhr; 📶) 🍃 Das FIG ist schon lang ein Favorit der Feinschmecker und man sieht sofort, warum: Das Personal ist freundlich, der Service effizient, aber nicht hektisch und die von James-Beard-Award-Gewinner Mike Lata gezauberten Südstaaten-Klassiker aus nachhaltigen Zutaten erstklassig. Die sechs allabendlich wechselnden Gerichte bestehen aus frischen lokalen Zutaten aus dem Meer und von örtlichen Farmen und Mühlen. FIG steht für Food is Good. Das können wir unterschreiben!

Ausgehen & Nachtleben

★Eclectic KAFFEE
(www.eclecticcafeandvinyl.com; 132 Spring St; ⌚Mo, Mi & Do 7–21, Fr 7–23, Sa 9–23, So 9–21 Uhr; 📶) Unser Lieblingscafé in Charleston ist dieser fantastische, in Indigo gehaltene Neuzugang in Cannonborough/Elliotborough: Die Wände zieren zum Verkauf stehende Schallplatten, die in perfektem Kontrast zu den Hartholzböden, freiliegenden Ziegelmauern, silbervergoldeten Decken und der wunderschönen, handgearbeiteten Arbeitsfläche aus Holz stehen, das aus einem alten Pferdehof in South Dakota stammt. Auf der Karte stehen Kaffee, Wein, Bier und teures Café-Essen.

Rooftop at the Vendue BAR
(www.vendueinn.com; 23 Vendue Range; ⌚So–Do 11.30–22, Fr & Sa bis 24 Uhr) Die Dachbar bietet den besten Blick auf die Stadt – was auch die vielen Gäste belegen. Sonntags Biere, Cocktails und Livemusik genießen!

Closed for Business KNEIPE
(www.closed4business.com; 453 King St; ⌚11 Uhr–open end) 42 Zapfhähne mit lokalen und nationalen Craft-Bieren und eine rustikal-hippe Einrichtung geben diesem einladenden „Brau-Emporium" eine gesellige Atmosphäre mit dem gewissen Etwas.

Shoppen

Shops of Historic Charleston Foundation GESCHENKE & SOUVENIRS
(www.historiccharleston.org; 108 Meeting St; ⌚Mo–Sa 9–18, So 12–17 Uhr) Dieser Laden bie-

tet von den historischen Wohnhäusern der Stadt inspirierten Schmuck, Möbel und Einrichtungsgegenstände, darunter viel chinesisches blaues Porzellan.

Blue Bicycle Books BÜCHER
(www.bluebicyclebooks.com; 420 King St; ⌚Di–Do 10–18, Fr & Sa 10–19, So 13–18 Uhr) Hervorragender Buchladen für alte und gebrauchte Bücher mit einer tollen Auswahl von Literatur zur Geschichte und Kultur der Südstaaten.

Praktische Informationen

Charleston Visitor Center (☎843-724-7174; www.charlestoncvb.com; 375 Meeting St; ⌚April–Okt. 8.30–17 Uhr, Nov.–März bis 17 Uhr) Hilft bei der Suche nach Unterkünften und Touren und zeigt einen halbstündigen Videofilm über die Geschichte von Charleston. Befindet sich in einem großen renovierten Lagerhaus.

Anreise & Unterwegs vor Ort

Der **Charleston International Airport** (CHS; ☎843-767-7000; www.chs-airport.com; 5500 International Blvd) liegt 12 Meilen (20 km) außerhalb der Stadt in North Charleston und bietet Direktflüge zu 18 Zielen. Der **Greyhound-Bahnhof** (☎843-744-4247; www.greyhound.com; 3610 Dorchester Rd) und der **Amtrak-Bahnhof** (www.amtrak.com; 4565 Gaynor Ave) befinden sich ebenfalls in North Charleston.

CARTA (www.ridecarta.com) unterhält ein stadtweites Busnetz; eine einfache Fahrt kostet 2 US$. Die kostenlosen DASH-Straßenbahnen fahren vom Visitor Center aus auf drei Schleifen. Parken ist definitiv ein Problem, aber städtische Parkplätze kosten nur 2 US$ pro Stunde.

Mt. Pleasant

Jenseits des Cooper River liegen das Wohn- und Ausflugsviertel Mt. Pleasant, ursprünglich ein Sommerrefugium der Einwohner Charlestons, und die schmalen Barriereinseln **Isle of Palms** und **Sullivan's Island**. Trotz des zunehmenden Verkehrs und der wachsenden Zahl von Einkaufszentren hat die Stadt immer noch Charme, besonders im historischen Zentrum **Old Village**

Sehenswertes

Boone Hall Plantation HISTORISCHES GEBÄUDE
(☎843-884-4371; www.boonehallplantation.com; 1235 Long Point Rd; Erw./Kind 6–12 Jahre 20/10 US$; ⌚Anfang März–Aug. Mo–Sa 8.30–18.30, So 12–17 Uhr, Sept.–Jan. verkürzte Öffnungszeiten) Nur 11 Meilen (18 km) von der Innenstadt Charlestons entfernt liegt am Hwy 17N die Boone Hall Plantation. Sie ist für ihre zauberhafte Avenue of Oaks berühmt, die 1743 von Thomas Boone angelegt wurde. Auf Boone Hall werden noch immer Ernten eingefahren, aber Erdbeeren, Tomaten und Weihnachtsbäume haben die Baumwolle als wichtigstes Produkt längst abgelöst. Das Haupthaus wurde 1936 errichtet und ist das vierte Haus auf dem Gelände. Am beeindruckendsten sind die Hütten an der Slave St, die zwischen 1790 und 1810 gebaut worden sind.

Patriot's Point Naval & Maritime Museum MUSEUM
(☎866-831-1720; www.patriotspoint.org; 40 Patriots Point Rd; Erw./Kind 6–11 Jahre 22/14 US$; ⌚9–18.30 Uhr) Dieses Museum ist das Zuhause der USS Yorktown, eines gigantischen Flugzeugträgers, der im Zweiten Weltkrieg oft zum Einsatz kam. Man kann sich einer Tour anschließen, die das Flugdeck, die Brücke und die Bereitschaftsräume des Schiffs einschließt und einen Einblick in das Leben der Seeleute gewährt. Außerdem gibt's ein U-Boot, einen Marinezerstörer, das Medal of Honor Museum und einen nachgebildeten „Artilleriestützpunkt" aus Vietnam – diese besondere Ausstellung bietet viel

KULTUR DER GULLAH

Afrikanische Sklaven wurden aus der als Reisküste bekannten Region (Sierra Leone, Senegal, Gambia und Angola) in eine Welt abgelegener Inseln verschleppt, die mit ihren sumpfigen Küstengebieten, der tropischen Vegetation und den heißen, schwülen Sommermonaten ihrer Heimat überraschend stark ähnelte.

Diese neuen Afroamerikaner konnten selbst nach der Abschaffung der Sklaverei und bis weit ins 20. Jh. hinein an vielen ihrer alten Traditionen festhalten. Die sich daraus entwickelnde Gullah-Kultur (in Georgia auch als Geechee-Kultur bekannt) hat eine eigene Sprache – eine auf dem Englischen basierende Kreolsprache mit zahlreichen afrikanischen Wörtern und eigenem Satzbau – und bewahrte sich viele Traditionen wie das Erzählen von Geschichten, die Kunst, Musik und das Kunsthandwerk. Die Gullah-Kultur wird jedes Jahr mit dem munteren **Gullah Festival** (www.theoriginalgullahfestival.org; ⌚Ende Mai) in Beaufort gefeiert.

mehr als nur ein ausgedientes altes Schiff. Wer Lust hat, kann auch eine **Fort-Sumter-Bootstour** (☎ Bootstour 843-722-2628, Park 843-883-3123; www.fortsumtertours.com; 340 Concord St; Erw./Kind 4–11 Jahre 21/13 US$) unternehmen.

Lowcountry

Die Südhälfte der Küste von South Carolina ist ein durch schmale Buchten und Tidemarschen vom Festland getrenntes Gewirr aus Inseln. Hier leben die als Gullah bekannten Nachkommen westafrikanischer Sklaven noch immer in kleinen Gemeinden, trotz der stetig steigenden Zahl an Resorts und Golfplätzen. Die Landschaft reicht von unberührten, in Austerngrau schimmernden Sandstreifen bis zu wilden, von Moos überwucherten maritimen Wäldern.

Das äußerste Südende von South Carolinas Küste ist vor allem bei wohlhabenden Golfern und B&B-Fans beliebt, aber die Gegend versprüht auch für alle anderen jede Menge skurrilen Charme.

Charleston County Sea Islands

Ein Dutzend Inseln, nur eine Autostunde von Charleston entfernt, bilden die Charleston County Sea Islands. **Sullivan's Island** liegt 16 km südöstlich von Charleston auf der Mt.-Pleasant-Seite und lockt Tagesausflügler mit dem Genuss von Wein und kulinarischen Köstlichkeiten unter blauem Himmel an. 6 km in der anderen Richtung wartet **James Island**, eine der urbansten unter den Charleston vorgelagerten Inseln. 9 Meilen (14 km) südlich der Stadt eignet sich **Folly Beach** prima für einen Tag voller Sonne und Sand. Das andere Ende der Insel ist bei Surfern beliebt.

Kiawah Island besticht vor allem durch teure Mietshäuser, Golfplätze und das schicke Sanctuary Resort. Die Insel liegt 26 Meilen (42 km) südwestlich von Charleston. Wer das Glück hat, hier absteigen zu können, fährt gern mal mit dem Rad zu den herrlichsten Stränden der Südstaaten, während das benachbarte **Edisto Island** vor allem für Familienurlaube beliebt ist und keine einzige Verkehrsampel hat.

Sehenswertes

★ **Kiawah Beachwater Park** STRAND
(www.ccprc.com; 8 Beachwalker Dr; ⊙ Mai–Sept. 9–20 Uhr, Rest des Jahres kürzer) Dieser idyllische, sonnenüberflutete Sandstreifen am Südende von Kiawah Island gilt als einer der zehn besten Strände der USA und ist der einzige öffentlich zugängliche Strand der Insel. Am besten kommt man per Fahrrad: Der kompakte Sand eignet sich prima für eine Tour entlang der 16 km langen Inselküste.

Schlafen & Essen

James Island County Park CAMPING $
(☎ 843-795-4386; www.ccprc.com; 871 Riverland Dr, James Island; Stellplätze Zelt ab 31 US$, 8-Pers.-Hütten 194 US$;) Dieser 260 ha große Park südwestlich des Stadtzentrums besteht aus Wiesen, einem Sumpf und einem Hundepark. Man kann Fahrräder (4 US$/Std.) und Kajaks (5,50 US$/Std.) leihen, joggen gehen oder mit dem Hund herumtollen. Der Park bietet einen Shuttleservice in die Innenstadt und nach Folly Beach (10 US$) an. Reservierungen sind dringend empfohlen. Der Campingplatz bietet 125 Stellplätze und zehn ans Sumpfland angrenzende Hütten.

Sanctuary at Kiawah Island Golf Resort RESORT $$$
(☎ 843-768-2121; www.kiawahresort.com; 1 Sanctuary Beach Dr, Kiawah Island; Zi./Suite ab 560/1100 US$, Villa ab 260 US$, Haus ab 5500 US$/Woche;) Lust, mal so richtig aufzudrehen? Dafür ist die Idylle im Sanctuary wie geschaffen. Es hat 21 Meilen (34 km) südlich von Charlestons Zentrum eine hübsche Lage am Meer. Die Hotelzimmer glänzen mit frischer, klassischer Einrichtung (z. B. hellgrüne Töne, Himmelbetten, italienische Bettwäsche, eigens angefertigte Matratzen und Marmorduschen). Es stehen auch Villen und Ferienhäuser zur Auswahl. Zum Anwesen gehören zwei Tenniskomplexe, Golfplätze mit insgesamt 90 Löchern, ein Spa und das Kamp Kiawah für die Kids.

Cory's Grilled Cheese SANDWICHES $
(www.corysgrilledcheese.com; 1739 Maybank Hwy, James Island; Sandwiches 4–8,50 US$; ⊙ Mo–Sa 9–21, So bis 17 Uhr) Hier gibt's kein Hipster-Getue, sondern nur ganz normale Sandwiches mit gegrilltem Käse. Die Wände sind von Löchern übersät – ein Andenken an die wilden Headbanger-Exzesse der Heavy-Metal-Konzerte an den Wochenenden. Corys Grillkäse-Sandwiches sind klebrig-buttrige Perfektion (uns schmeckt vor allem die Lowcountry-Variante mit Pimiento-Käse, Munster, Avocado und Speck auf Sauerteig). Bier gibt's natürlich auch.

★ Poe's Tavern KNEIPENESSEN $$

(☎843-883-0083; www.poestavern.com; 2210 Middle St, Sullivan's Island; Hauptgerichte 9–13 US$; ⏲11–24 Uhr) An einem sonnigen Tag ist die Veranda vor dem Poe's auf Sullivan's Island *die* Adresse schlechthin. Edgar Allan Poe, der Meister des Makaberen und Namensgeber der Taverne, war einst im nahe gelegenen Fort Moultrie stationiert. Die Burger sind ein Traum, und zum Amontillado gibt's leckere Guacamole, Jalapeño Jack, Pico de Gallo und Chipotle Sour Cream dazu. Sprach der Rabe: „Immer mehr!"

ℹ Praktische Informationen

Kiawah Island Visitor Center (☎800-774-0006; www.charlestoncvb.com; 22 Beachwalker Dr, Kiawah Island; ⏲9–15 Uhr) Karten, Touristeninfo und Hilfe bei der Buchung von Unterkünften und Touren in und um Charleston.

ℹ An- & Weiterreise

Charlestons Barrier Sea Islands sind über eine Reihe von Byways und Brücken aus der Stadt erreichbar, wenn auch nicht immer eine Verbindung zwischen den einzelnen Inseln besteht. Wer etwa von Sullivan's Island nach Kiawah oder Edisto will, muss den langen Weg nehmen. Aus dem Süden kommend sind Edisto (über SC 174) sowie Kiawah und Johns (über SC 17) ohne den Umweg über Charleston zu erreichen. Von der Nordküste führt der SC 17 außerdem nach Sullivan's und zur Isle of Palms, ohne dass man durch die Stadt muss.

Beaufort & Hilton Head

Die hübsche Kolonialstadt Beaufort (sprich: „bju-fort") auf Port Royal Island dient oft als Kulisse für Hollywoodfilme. Die Straßen des historischen Viertels sind von Antebellum-Häusern und von vor Louisiana-Moos triefenden Magnolien gesäumt. Das Flussufer in der Innenstadt ist voller Cafés und Galerien, die zum Verweilen einladen.

Südlich von Beaufort quälen sich 20 000 junge Männer und Frauen jedes Jahr durch das Bootcamp des **Marine Corps Recruit Depot** auf Parris Island, das durch Stanley Kubricks *Full Metal Jacket* Berühmtheit erlangte (obwohl er gar nicht hier gedreht wurde). Die Kaserne heißt seit über 100 Jahren Rekruten „willkommen". Bei den Abschlussfeiern am Freitag kann man zusehen, wie frisch gebackene Marines bei der Parade stolz an ihren Familien und Freunden vorbeiziehen. Amerikaner müssen einen Ausweis vorlegen (Ausländer einen Reisepass), bevor sie auf den Stützpunkt fahren. Östlich von Beaufort verbindet der Sea Island Pkwy/Hwy 21 eine Reihe sumpfiger, ländlicher Inseln, darunter auch **St. Helena Island**, das Herzstück des Gullah-Lands und Heimat eines staatlichen Küstenparks.

Auf der anderen Seite des Port Royal Sound liegt Hilton Head Island, South Carolinas größte vorgelagerte Insel und eines der besten Golfziele Amerikas. Hier warten Dutzende von Plätzen, viele in schicken privaten Wohnanlagen (früher als „Plantagen" bezeichnet, heute oft „Resorts" genannt). Die Insel war der erste ökologisch geplante Ort der USA. Gründer Charles Fraser fand, ein Resort sollte mit der Natur verschmelzen: Gedämpfte Farben, strenge Bauverordnungen (kein Gebäude ist höher als fünf Stockwerke, Beschilderungen müssen niedrig angebracht und von unten beleuchtet werden) und das auffällige Fehlen von Straßenlaternen sind charakteristisch für die Umgebung. Trotzdem können einen der Verkehr im Sommer und unzählige Ampeln davon abhalten, die Schönheit dieser Insel wirklich zu genießen. Es gibt aber auch einige herrlich grüne Naturschutzgebiete, weite weiße Strände, die hart genug zum Radfahren sind und jede Menge Delfine.

NICHT VERSÄUMEN

BOWENS ISLAND RESTAURANT

Das **Bowens Island Restaurant** (www.bowensisland.biz; 1870 Bowens Island Rd, Folly Island; Hauptgerichte 8–18 US$; ⏲Di–Sa 17–21.30 Uhr) befindet sich an einer langen unbefestigten Straße durch das Sumpfland des Lowcountry in der Nähe von Folly Beach. Der nicht gestrichene Holzschuppen ist eines der renommiertesten Fischrestaurants der Südstaaten – am besten schnappt man sich ein Austernmesser und knackt drauflos! Ein halber/ganzer Teller kostet 11/16 US$. Kühles Bier und freundliche Einheimische geben dem Laden Seele.

Sehenswertes

Parris Island Museum MUSEUM

(www.parrisislandmuseum.com; 111 Panama St; ⏲Mo–Mi, Sa & So 10–16.30, Do & Fr 8–16.30 Uhr) GRATIS Dieses faszinierende Museum widmet sich der Geschichte des Marinecorps und zeigt antike Uniformen und Waffen. Am fesselndsten sind jedoch die Ausstellungen zur

ABSTECHER

GLÜHWÜRMCHEN & LOUISIANAMOOS: CONGAREE NATIONAL PARK

Tintenschwarzes Wasser, gefärbt von der Gerbsäure verwesender Pflanzenstoffe. Knochenweiße Zypressenstümpfe, die an die Oberschenkelknochen längst verstorbener Riesen erinnern. Louisianamoos, so trocken und grau wie Hexenhaar. Eine Wander- oder Kanutour durch die außerirdische Sumpflandschaft South Carolinas – das größte zusammenhängende Auen-Primärwaldgebiet –, ist mit nichts zu vergleichen. Hier kommt man sich vor wie eine Figur in einem Gothic-Roman der Südstaaten. Im 9000 ha großen **Congaree National Park** (☎803-776-4396; www.nps.gov/cong; 100 National Park Rd, Hopkins; ⊙Visitor Center Di–Sa 9–17 Uhr) gibt's Campingmöglichkeiten und eine begrenzte Anzahl kostenloser, saisonaler von Rangern geführter Kanutouren (vorab reservieren).

Tagesausflügler können auf dem 4 km langen erhöhten Spaziersteg durch den Park wandern. Das Blue-Sky-Wandgemälde im Visitor Center sollte man sich genau ansehen – es scheint sich zu verändern, wenn man sich bewegt. Von Mitte Mai bis Anfang Juni blinken *Photinus carolinus*, eine seltene Glühwürmchenart, in perfektem Einklang und verwandeln den Waldboden in eine schillernde Lichtershow. Das Spektakel findet weltweit nur an einer Handvoll Orten statt. Das **River Runner Outdoor Center** (☎803-771-0353; www.shopriverrunner.com; 905 Gervais St) in Columbia bietet Spaß auf dem Wasser. Der Park liegt nur 30 Minuten Fahrt vom Zentrum Columbias entfernt.

mörderisch anspruchsvollen und ziemlich furchteinflößenden (die CS-Gaskammer-Übung!) 13-wöchigen Marine-Grundausbildung, die hier und in einer zweiten Kaserne in San Diego, Kalifornien, stattfindet.

Penn Center MUSEUM
(☎843-838-2474; www.penncenter.com/museum; 16 Penn Center Circle W, St. Helena Island; Erw./Kind 6–16 Jahre 7/3 US$; ⊙Di–Sa 9–16 Uhr) Die Penn School war eine der landesweit ersten Schulen für befreite Sklaven. Heute betreibt das Penn Center hier ein kleines Museum zur Kultur der Gullah und zur Geschichte der Schule.

Hunting Island State Park STATE PARK
(☎843-838-2011; www.southcarolinaparks.com/huntingisland; 2555 Sea Island Pkwy; Erw./Kind 6–15 Jahre 5/3 US$; ⊙Visitor Center Mo–Fr 9–17, Sa & So 11–17, Nature Center Di–Sa 9–17 Uhr, Juni–Aug. tgl.) Der wunderbar grüne, einladende Hunting Island State Park beeindruckt Besucher mit riesigen, unheimlichen maritimen Wäldern, Tidelagunen und einem leeren, knochenweißen Strand. Die Vietnamkriegsszenen aus *Forrest Gump* wurden hier in den Sümpfen gedreht – ein wahres Paradies für Naturliebhaber. Im Sommer sind die **Campingplätze** (☎Reservierungen 866-345-7275; www.southcarolinaparks.com; Stellplatz Zelt 18,50–20 US$, Stellplatz Wohnmobil 18–45 US$, Hütte 249 US$; ⊙6–18, Anfang März–Anfang Nov. bis 21 Uhr) schnell voll. Wer den **Leuchtturm** (2 US$) besteigt, wird mit einem herrlichen Blick auf die Küste belohnt.

Schlafen & Essen

City Loft Hotel HOTEL $$
(☎843-379-5638; www.cityloftHotel.com; 301 Carteret St; Zi./Suite 169/209 US$; P Wi-Fi Haustiere) Das schicke City Loft Hotel verleiht einer Stadt voller historischer Gebäude und stattlicher Eichen eine erfrischend moderne Note. Es gibt Flachbild-TVs im Schlaf- und Badezimmer, kunstvoll geflieste Duschen und Betten mit Memory-Schaum-Matrazen. Außerdem kommt man in den Genuss eines Fitnessstudios, kostenlosen Fahrradverleihs und hauseigenen Cafés (5-US$-Gutschein im Preis inbegriffen).

★ **Cuthbert House Inn** B&B $$$
(☎843-521-1315; www.cuthberthouseinn.com; 1203 Bay St; Zi. 179–245 US$; P Klima Wi-Fi) Dieses prächtige Herrenhaus mit weißen Säulen ist das romantischste B&B in Beaufort und könnte direkt aus *Vom Winde verweht* stammen. Überall stehen alte Möbel, aber die einfarbigen Wände verleihen ihm einen frischen, modernen Touch. Einige Zimmer bieten Flussblick (3 haben auch einen Kamin). General William T. Sherman übernachtete hier 1865 auf seinem Marsch durch den Süden.

★ **Lowcountry Produce** SÜDSTAATENKÜCHE $
(www.lowcountryproduce.com; 302 Carteret St; Frühstück 9–15 US$, Sandwiches 10–18 US$; ⊙8–15 Uhr; Wi-Fi) Dieses fantastische Café verkauft Picknick-Leckereien wie Kuchen, hausgemachte Chutneys, lokalen Käse und alle nur

denkbaren Lowcountry-Köstlichkeiten (abgesehen von der Frischkäse-Lasagne, die war nicht unser Ding). Man kann sich aber auch ein Oooey Gooey schmecken lassen, ein gegrilltes Sandwich mit Pimiento-Käse, Speck und Knoblauch-Paprika-Marmelade (scharf und klebrig!), oder das leckere Crab-Cake-Sandwich mit Rosenkohlsalat probieren.

Praktische Informationen

Beaufort Tourist Info Center (843-525-8500; www.beaufortsc.org; 713 Craven St; Mo–Sa 9–17 Uhr) Im Beaufort History Museum.

Nordküste

Die Küstenregion zwischen der südlichen Grenze zu North Carolina und der Stadt Georgetown ist als Grand Strand bekannt. Auf 60 Meilen (ca. 100 km) reihen sich Fast-Food-Läden, Strandresorts und Souvenirshops aneinander. Was einst ein relaxtes Sommerziel für die Arbeiterklasse war, ist heute einer der am stärksten erschlossenen Landstriche im ganzen Land. Ob man nun in einem Riesen-Resort unterkommt oder im Zelt in einem staatlichen Park übernachtet – um den Aufenthalt zu genießen, braucht man nur ein Paar Badelatschen, eine Margarita und ein paar Münzen für den Flipper.

Myrtle Beach

Das hoch aufragende Sky Wheel ist ein fantastisches Riesenrad am Ufer im Zentrum von Myrtle Beach; Letzteres besitzt einen fast 100 km langen, sonnengebleichten Strand. Ob man es nun mag oder nicht – Myrtle Beach bedeutet Sommerurlaub auf typisch amerikanische Art. Radfahrer nutzen das Fehlen einer Helmpflicht aus, um den ergrauenden Pferdeschwanz im Wind flattern zu lassen, Teenager im Bikini spielen Computerspiele und essen Hotdogs in verrauchten Ladenpassagen, und Familien rösten auf dem weißen Sand wie Hähnchen auf dem Grill.

North Myrtle Beach ist praktisch eine eigene Ortschaft. Hier geht es etwas entspannter zu; außerdem hat der Ort eine eigene Kultur, die auf dem „Shag" beruht – nein, das ist hier kein vulgärer Ausdruck für Sex, sondern schlicht ein bestimmter Tanz, der an den Jitterbug erinnert und hier in den 1940er-Jahren erfunden wurde. Für Naturliebhaber ist das alles nichts, aber dank der riesigen Shopping Malls, zahllosen Minigolfplätzen, Wasserparks, Daiquiri-Bars und T-Shirt-Shops kann man schon gut einen draufmachen und auch für die Kids ist das hier definitiv ein Hit.

Sehenswertes & Aktivitäten

SkyWheel VERGNÜGUNGSPARK
(www.myrtlebeachskywheel.com; 1110 N Ocean Blvd; Erw./Kind 3–11 Jahre 14/9 US$; 11–24 Uhr) Das 57 m hohe SkyWheel ragt über der 2 km langen Uferpromenade auf. Mit einem Ticket kann man drei Runden auf diesem Riesenrad in einer geschlossenen Gondel drehen. Abends, wenn man auf Millionen blinkender bunter Lichter blickt, ist das Ganze besonders bezaubernd.

Brookgreen Gardens GÄRTEN
(www.brookgreen.org; 1931 Brookgreen Garden Dr, Murrells Inlet; Erw./Kind 4–12 Jahre 16/8 US$; 9.30–17 Uhr) Diese magischen Gärten, 25 km südlich der Stadt am Hwy 17S, beherbergen die größte Sammlung amerikanischer Skulpturen des ganzen Landes. Sie sind auf 3500 ha ehemaliger, in ein tropisches Gartenparadies verwandelter Reisfelder verteilt.

Schlafen & Essen

Myrtle Beach State Park CAMPING $
(843-238-5325; www.myrtlebeachsp.com; 4401 S Kings Hwy; rustikales Zelt 18–36 US$ nur Ostern–Labor Day, Stellplatz Zelt & Wohnmobil 21–50 US$, Hütte 65–205 US$;) Man kann unter den Kiefern schlafen oder sich eine Hütte mieten, nur wenige Schritte vom Ufer entfernt. Der Park liegt 5 km südlich des Zentrums von Myrtle Beach und umfasst einen netten Strand, einen tollen Angelpier und weite, geschützte maritime Wälder.

Hampton Inn Broadway at the Beach HOTEL $$$
(843-916-0600; www.hamptoninn3.hilton.com; 1140 Celebrity Circle; Zi./Suite ab 249/389 US$;) Die hellen renovierten Zimmer mit Blick auf den See und das Broadway at the Beach sind eine hervorragende Wahl, zumal das Hotel weniger hektisch wirkt als die Hotels am Ocean Blvd. Wer mit kleinen Kindern unterwegs ist, wird sich in den angrenzenden Läden und Attraktionen vermutlich sicherer fühlen als an der Uferpromenade.

Prosser's BBQ SÜDSTAATENKÜCHE $$
(www.prossersbbq.com; 3750 Business Hwy 17, Murrells Inlet; Frühstücksbüfett 7 US$, Mittages-

sen 10–11 US$, Abendessen 13–15 US$; ⌚Mo–Sa 6.30–10.30, Mo–Sa 11–14, So 11–14.30, Di–Sa 16–20 Uhr;) Eigentlich sollte man in der „Restaurantmeile" von Murrells Inlet ja nur Fisch und Meeresfrüchte futtern – aber jeder, wie er mag. Das Mittagsbuffet in diesem Laden ist ebenso üppig wie köstlich. Es gibt gebratenen Fisch und Hühnchen, Süßkartoffel-Soufflé, Makkaroni mit Käse, grüne Bohnen und Pulled Pork in Essigmarinade.

★**Wicked Tuna** FISCH & SEAFOOD $$
(☎843-651-9987; www.thewickedtuna.com; 4123 Hwy 17 Bus, Murrells Inlet; Hauptgerichte 14–42 US$; ⌚11–24 Uhr;) Murrells Inlet ist voller kitschiger Fischrestaurants und auf den ersten Blick macht das Wicked Tuna da keine Ausnahme. Man sollte jedoch genauer hinschauen: Der Weg hierher lohnt sich, nicht nur wegen des Blicks auf die schöne Bucht. Sechs Fischerboote fahren für das Lokal zu drei- bis sechstägigen Touren aufs Meer hinaus und kehren jedes Mal mit über 250 kg frischem Fisch wieder zurück.

Die Boote legen direkt an der Küchentür an – hier kommt wirklich alles frisch vom Haken auf den Tisch. Auf der umfangreichen Karte stehen Sushi und andere Verlockungen. Am besten wählt man den Fang des Tages, setzt sich auf die Terrasse am Wasser und schickt uns Dankesschreiben per E-Mail!

Ausgehen & Unterhaltung

American Tap House CRAFT-BIER
(www.broadwayatthebeach.com/listing/american-tap-house; 1320 Celebrity Circle; Glas 5,50–9 US$;) Im Broadway at the Beach gibt's Craft-Bier auch in Supersize: In dieser gehobenen, vom Koch geführten Kneipe findet man 53 nationale Biere vom Fass.

★**Fat Harold's Beach Club** TANZ
(www.fatharolds.com; 212 Main St; ⌚So–Do ab 16, Fr & Sa ab 11 Uhr) In dieser Institution in North Myrtle, die sich selbst „Home of the Shag" nennt, wird zu Doo-Wop und gutem altem Rock'n'Roll das Tanzbein geschwungen. Jeden Dienstag um 19 Uhr gibt's kostenlosen Shag-Unterricht (im Englischen mag das Wort zwar doppeldeutig sein – hier ist aber ganz sicher der Tanzstil gemeint).

Praktische Informationen

Myrtle Beach Visitor Information (☎843-626-7444; www.visitmyrtlebeach.com; 1200 N Oak St; ⌚8.30–17 Uhr) Bietet Karten und Broschüren.

Anreise & Unterwegs vor Ort

Der Verkehr auf dem Hwy 17 Business/Kings Hwy kann in beide Richtungen katastrophal sein. Um „the Strand" komplett zu vermeiden, bleibt man am besten auf dem Hwy 17 Bypass oder nimmt den Hwy 31/Carolina Bays Pkwy, der parallel zum Hwy 17 zwischen Hwy 501 und Hwy 9 verläuft.

Der **Myrtle Beach International Airport** (MYR; ☎843-448-1589; www.flymyrtlebeach.com; 1100 Jetport Rd) liegt innerhalb des Stadtgebiets, ebenso wie der **Greyhound-Bahnhof** (☎843-448-2472; www.greyhound.com; 511 7th Ave N). Ersterer bietet direkte Inlandsflüge aus über 30 Städten.

Greenville & Upcountry

Einst streiften die Cherokee-Indianer durch die Gebirgsausläufer, die sie „die großen blauen Hügel Gottes" nannten. Heute wird diese Region Upcountry genannt. Im Hinblick auf die Geografie befindet sich hier der Punkt, an dem die Blue Ridge Mountains dramatisch abfallen und auf das Piedmont treffen.

Das Zentrum der Region ist Greenville mit einer der schönsten Innenstädte des Südens. Der Reedy River schlängelt sich durch das Zentrum und stürzt als spektakulärer Wasserfall unterhalb der Main St am Falls Park (www.fallspark.com) in die Tiefe.

4 km außerhalb der Innenstadt liegt das Dorf West Greenville, das dank aus dem Boden sprießender Kunstgalerien, Restaurants, Boutiquen und anderer Neuansiedlungen momentan ein Revival erlebt.

Sehenswertes & Aktivitäten

Table Rock State Park STATE PARK
(☎864-878-9813; www.southcarolinaparks.com; 158 Ellison Lane, Pickens; Juni–Nov Erw./Kind 6–15 Jahre 5/3 US$, Dez.–Mai Erw./Kind unter 16 Jahre 2 US$/frei; ⌚So–Do 7–19, Fr & Sa bis 21 Uhr, längere Öffnungszeiten Mitte Mai–Anfang Nov.) Die größte Naturattraktion des Upcountry ist der Table Rock Mountain, ein 952 m hoher Berg mit atemberaubender Granitwand. Die 11,6 km lange Rundwanderung zum Gipfel ist eine beliebte lokale Herausforderung. Zum Übernachten gibt's **Campingplätze** (☎864-878-9813; www.southcarolinaparks.com; Stellplatz 16–25 US$, Hütte 52–181 US$;) für Zelte und Wohnwagen und ein paar vom Civilian Conservation Corps gebaute Hütten.

BMW Performance Center MOTORSPORT
(☎864-968-3000; www.bmwperformancecenter.com; 1155 Hwy 101 S, Greer; 1-/2-tägiger Kurs ab 849/1699 US$) Temposüchtige können ihren

Durst nach Geschwindigkeit in Amerikas einziger BMW Performance Driving Academy stillen. Die ein- und zweitägigen Kurse in verschiedenen Fahrzeugen versprechen unglaubliche Erlebnisse hinter dem Steuer in bester *Fast and Furious*-Manier. Man testet die leistungsstarke M-Serie oder absolviert Stunt-Fahrstunden in einem Mini – *The Italian Job* ist dagegen eine gemütliche Kaffeefahrt.

Schlafen

★ Swamp Rabbit Inn B & B $$

(☎864-517-4617; www.swamprabbitinn.com; 1 Logan St; Zi. mit/ohne Bad 155/105 US$; P ❄ 📶) Dieses fröhliche B & B im Zentrum ist in einer ehemaligen Pension aus den 1950er-Jahren untergebracht. Es erinnert an ein Hostel, bietet aber bunt eingerichtete Privatzimmer, die genauso gemütlich und skurril sind wie der Süden an sich. Zu den wunderbaren Gemeinschaftsbereichen gehören eine moderne Gästeküche und eine holzgedeckte Terrasse mit Grill.

Westin Poinsett HOTEL $$$

(☎864-421-9700; www.westinpoinsettgreenville.com; 120 S Main St; Zi. 189–309 US$; P ❄ @ 📶 🐾) Dieses Grand Hotel eröffnete erstmals 1925. Es liegt im Herzen der Downtown, nur wenige Schritte von den Reedy River Falls entfernt. Hier stiegen schon Amelia Earhart, Cornelius Vanderbilt und Bobby Kennedy ab. Es bietet neue Teppichböden, Scones und Schallplatten an den Wänden des ganzen Hauses, aber die Zimmer sind eher schlicht (die Bäder sollen allerdings demnächst renoviert werden).

Essen & Ausgehen

Stax Omega Diner DINER $

(www.staxs.net; 72 Orchard Park Dr; Frühstück 4–14 US$, Mittag- & Abendessen 9–15 US$; ⏲6.30–21 Uhr; 📶) Niemand kann opulentes Frühstück so gut wie die USA, und dieses geschäftige Diner in Familienbesitz, 6 km östlich der Innenstadt, bietet alles, was daran so fantastisch ist. Der Laden ist riesig – es gibt Platz für 500 Gäste! – und weiß, was er tut: Omeletts, Pfannkuchen, Arme Ritter, Eier Benedict, Rührei – die Liste ist endlos.

Soby's SÜDSTAATENKÜCHE $$

(www.sobys.com; 207 S Main St; Hauptgerichte 18–31 US$; ⏲Mo–Do 17.30–21, Fr 17.30–22, Sa 17–22, So 10.30–13.30 & 17–21 Uhr; 📶) Man kann eine der intimen Sitznischen mit frei gelegten Ziegelwänden in dieser Bastion der New Southern Cuisine in Greenville reservieren, die auch Weinliebhaber begeistert (die Karte mit 5000 Flaschen wurde von *Wine Spectator* 19 Jahre in Folge mit dem Award of Excellence ausgezeichnet). Die Speisekarte ändert sich ständig, steckt aber immer voller Produkte lokaler Farmer und Rancher.

Dark Corner Distillery DESTILLERIE

(www.darkcornerdistillery.com; 241 N Main St; ⏲Mo–Sa 11–19 Uhr) Hier kann man Butterscotch Whiskey oder Wildbeeren-Schnaps verkosten. „Dark Corner" war der Spitzname der verschwiegenen oberen Ecke des Greenville County, die für ihre Schwarzbrennereien und in Armut lebenden schottisch-irischen Einwohner bekannt war.

An- & Weiterreise

Der **Greenville-Spartanburg International Airport** (☎864-877-7426; www.gspairport.com; 2000 GSP Dr, Greer) befindet sich 13 Meilen (21 km) östlich der Stadt, fast auf halber Strecke zwischen Greenville und Spartanburg. Der **Greyhound-Bahnhof** (☎864-235-4741; www.greyhound.com; 9 Hendrix Dr) liegt ebenfalls in dieser Richtung, 7 Meilen (11 km) südlich des Zentrums. Der Amtrak-Bahnhof (www.amtrak.com; 1120 W Washington St) liegt viel praktischer gleich westlich des Zentrums.

TENNESSEE

Die meisten Bundesstaaten haben eine offizielle Hymne – Tennessee hat sieben. Und es gibt einen Grund dafür: Tief in der Seele Tennessees lebt die Musik. Hier traf der Folk der schottisch-irischen Bergbewohner im Osten auf die Blues-Rhythmen der Afroamerikaner im Mississippidelta des Westens, und heraus kam die moderne Country-Musik, die Nashville so berühmt gemacht hat.

Die drei geografischen Regionen des Staates, East, Middle und West Tennessee – auf der Fahne von Tennessee durch drei Sterne symbolisiert –, sind von einer jeweils ganz eigenen Schönheit: Die von lilafarbenem Heidekraut bedeckten Gipfel der Great Smoky Mountains weichen den üppig-grünen Tälern des Zentralplateaus um Nashville und schließlich den heißen, schwülen Niederungen bei Memphis.

In Tennessee kann man morgens auf schattigen Gebirgspfaden wandern und abends in einer Kneipe in Nashville ein Tänzchen wagen oder aber mit dem Geist Elvis' durch die Straßen von Memphis ziehen.

Praktische Informationen

Department of Environment & Conservation (www.state.tn.us/environ ment/parks) Die übersichtliche Website informiert übers Campen, Wandern und Angeln in den über 50 State Parks in Tennessee.

Department of Tourist Development (615-741-2159; www.tnvacation.com) Unterhält Welcome Centers an den Bundesstaatsgrenzen.

Memphis

Memphis ist nicht nur ein Touristenmagnet, es ist ein Touristen-Mekka. Musikfans verlieren sich im Klang der Blues-Gitarren auf der Beale St. Grillfreunde schlagen sich den Bauch bis zum Platzen mit rauchigem Schweinefleisch und Rippchen voll. Elvis-Fans fliegen aus aller Herren Länder hierher, um dem King vor seinem Altar in Graceland zu huldigen. Man könnte Tage damit verbringen, die Museen und historischen Stätten abzuklappern und zwischendurch nur an dem einen oder anderen Grillrestaurant Halt zu machen – und trotzdem wäre es ein erfüllter Aufenthalt.

Die Stadt präsentiert sich in groteskem barockem Verfall, was zugleich traurig und anziehend wirkt. Die Armut grassiert zwar – viktorianische Herrenhäuser stehen neben verfallenen Shotgun-Hütten (sehr schmale, besonders im Süden beliebte Wohnhäuser), und College-Gebäude liegen im Schatten unheimlicher, verlassener Fabriken – doch in der Luft liegt der Hauch von Erneuerung. Viertel wie South Main, Binghampton und Crosstown, die einst heruntergekommen, verlassen und/oder von Unkraut überwuchert waren, sind heute mit kitschigen Boutiquen, schicken Lofts und frechen Restaurants zu neuem Leben erwacht und tragen zu Memphis' rauem Uferstadtcharme bei.

Sehenswertes

Downtown

Der autofreie Abschnitt der Beale St ist rund um die Uhr eine Partyzone, in der frittierte Funnel Cakes (süßes Gebäck), Stände mit Bier zum Mitnehmen und Musik, Musik und nochmals Musik das Ambiente prägen. Auch wenn hier kaum Einheimische sind, scheinen Besucher diesen Hokuspokus zu mögen.

★ National Civil Rights Museum MUSEUM
(Karte S. 401; www.civilrightsmuseum.org; 450 Mulberry St; Erw./Student & Senior/Kind 15/14/12 US$; Mo & Mi–Sa 9–17 Uhr, So 13–17 Uhr) Dem Lorraine Motel gegenüber, in dem Martin Luther King am 4. April 1968 einem Attentat zum Opfer fiel, ist das ergreifende National Civil Rights Museum untergebracht. Es liegt fünf Häuserblocks südlich der Beale St und dokumentiert durch umfangreiche Exponate und eine detaillierte Chronik den Kampf der Afroamerikaner für Freiheit und Gleichheit. Sowohl die kulturellen Errungenschaften als auch die Ermordung des Bürgerrechtlers dienen als Ansatzpunkte für einen Einblick in die Bürgerrechtsbewegung, ihre Vorläufer und ihren unauslöschlichen Einfluss auf das Leben in den USA.

Die türkisfarbene Fassade des Motels aus den 1950er-Jahren sowie zwei Innenräume sind größtenteils genau so erhalten, wie sie zum Zeitpunkt der Ermordung Martin Luther Kings aussahen.

Memphis Rock 'n' Soul Museum MUSEUM
(Karte S. 401; www.memphisrocknsoul.org; 191 Beale St; Erw./Kind 12/9 US$; 10–19 Uhr) Im Museum der Smithsonian Institution neben dem FedEx Forum wird untersucht, wie sich im Mississippi-Delta afroamerikanische und weiße Musikstile vermischten und daraus der moderne Rock und die Soulmusik entstanden.

W.C. Handy House Museum MUSEUM
(Karte S. 401; www.wchandymemphis.org; 352 Beale St; Erw./Kind 6/4 US$; Winter Di–Sa 11–16 Uhr, Sommer 10–17 Uhr) An der Ecke 4th St steht dieses Gebäude, das einst dem Komponisten W.C. Handy gehörte, der als erster den Zwölfer-Takt transponierte. Er wird auch der „Vater des Blues" genannt und schrieb 1916 das Stück *Beale Street Blues*.

Nördlich von Downtown

Mud Island PARK
(www.mudisland.com; 125 N Front St; Mitte April–Okt. Di–So 10–17 Uhr;) GRATIS Die kleine, in den Mississippi hineinragende Halbinsel ist die beliebteste Grünanlage im Zentrum. Entweder man setzt sich in die Tram (www.mudisland.com; 125 N Front St; 4 US$; 10–17 Uhr), die mit Eintritt ins Mississippi River Museum inklusive ist, oder man überquert die Brücke, die in den Park führt, zu Fuß und joggt dort eine Runde bzw. leiht sich ein Fahrrad.

Slave Haven Underground Railroad Museum/Burkle Estate MUSEUM
(Karte S. 399; www.slavehavenundergroundrailroadmuseum.org; 826 N 2nd St; Erw./Kind

Großraum Memphis

Großraum Memphis

Highlights
1 Graceland B4
2 Stax Museum of American Soul Music B2
3 Sun Studio B2

Sehenswertes
4 Children's Museum of Memphis C2
5 Elvis Presley's Memphis B4
6 Slave Haven Underground Railroad Museum/Burkle Estate B1

Schlafen
7 Days Inn Graceland B4
Graceland RV Park & Campground .... (siehe 5)
Guest House at Graceland .... (siehe 1)
8 James Lee House B2

Essen
9 Alcenia's B2
10 Alchemy C2
Bar DKDC .... (siehe 10)
11 Brother Juniper's D2
12 Cozy Corner B2
Imagine Vegan Cafe .... (siehe 10)
13 Payne's Bar-B-Q C2
14 Restaurant Iris C2
Soul Fish Cafe .... (siehe 10)
15 Sweet Grass C2

Ausgehen & Nachtleben
Hammer & Ale .... (siehe 15)
16 Loflin Yard A2
17 Wiseacre Brewing Co C2

Unterhaltung
18 Wild Bill's C1
Young Avenue Deli .... (siehe 15)

10/8 US$; ⌚Mo–Sa 10–16 Uhr, Juni–Aug. bis 17 Uhr) Das unscheinbare Schindelhaus war angeblich eine Zwischenstation der Underground Railroad für entflohene Sklaven. Zu sehen sind hier u.a. Falltüren, Kellerzugänge und Verstecke.

Östlich von Downtown

★ Sun Studio HISTORISCHER ORT

(Karte S. 399; ☎800-441-6249; www.sunstudio.com; 706 Union Ave; Erw./Kind 12 US$/frei; ⌚10–18.15 Uhr) Von außen wirkt das angestaubte Musikstudio eher unscheinbar, doch hier begann der Siegeszug des amerikanischen Rock'n'Roll. Anfang der 1950er-Jahre begann Sam Phillips vom Sun Studio damit, Platten von Blues-Künstlern wie Howlin' Wolf, B.B. King und Ike Turner aufzunehmen. Danach folgte die Rockabilly-Dynastie mit Jerry Lee Lewis, Johnny Cash, Roy Orbison und, natürlich, dem King of Rock'n'Roll höchstpersönlich, dessen phänomenale Karriere 1953 hier ihren Anfang nahm.

Bei der sehr informativen 45-minütigen Führung (Kinder unter 4 Jahren nicht erlaubt, 10.30–17.30 Uhr stündl.) durch das winzige Studio werden Originalbänder von legendären Aufnahme-Sessions vorgespielt, die Guides spicken ihre Ausführungen mit Anekdoten, und man kann ein Foto von sich genau an der Stelle schießen lassen, an der Elvis einst stand (die Stelle ist mit einem „X" markiert). Es gibt auch CDs des Albums *Million Dollar Quartet* zu kaufen, einer Jam-Session mit den Stars Elvis, Johnny Cash, Carl Perkins und Jerry Lee Lewis, die Sun 1956 spontan aufgenommen hatte. Die Geschichte wird Musik-Fans mit den Tränen kämpfen lassen. Der kostenlose Shuttle-Bus des Studios fährt ab 11.15 Uhr stündlich einen Rundkurs zwischen dem Sun Studio, der Beale St und Graceland.

Children's Museum of Memphis MUSEUM

(Karte S. 399; www.cmom.com; 2525 Central Ave; 15 US$; ⌚9–17, Sommer bis 18 Uhr; 👪) Hier können die Kleinen sich mal so richtig austoben und in, auf oder mit den Ausstellungsstücken, etwa einem Flugzeugcockpit, einem Webstuhl oder einem Wasserrad, spielen.

Südlich von Downtown

★ Graceland HISTORISCHES GEBÄUDE

(Karte S. 399; ☎901-332-3322; www.graceland.com; Elvis Presley Blvd/US 51; nur Haus Erw./Kind 7–12 Jahre 38,75/17 US$, mit Flugzeugen 43,75/22 US$, mit Elvis Presley's Memphis 57,50/27 US$, erweiterte Touren ab 62,50/32 US$; ⌚Mo–Sa 9–17, So bis 16 Uhr, Dez. Di kürzer bzw. geschl.; Ⓟ) Wenn man in Memphis nur Zeit für eine Attraktion hat, sollte es diese hier sein: das grandios kitschige, fantastisch bizarre Zuhause des King of Rock n Roll. Obwohl er in Mississippi geboren wurde, war Elvis Presley ein echter Sohn der Stadt. Er wuchs in der Sozialwohnsiedlung Lauderdale Courts auf, wurde von den Blues-Clubs in der Beale St inspiriert und im Sun Studio entdeckt. Im Frühjahr 1957 gab der bereits berühmte 22-Jährige 100 000 US$ für ein Herrenhaus im Kolonialstil aus, das seine Vorbesitzer Graceland getauft hatten.

Der King selbst ließ das Gebäude 1974, ähm, verschönern: mit einer 50 m langen Couch, einem falschen Wasserfall, gelben Vinylwänden und grünem Langflorteppich an den Decken – 1970er-Jahre Pomp wie aus dem Lehrbuch. Die Tour beginnt im nagelneuen, 45 Mio. US$ teuren Unterhaltungskomplex und Visitor Center. **Elvis Presley's Memphis** (Karte S. 399; ☎901-332-3322, 800-238-2000; www.graceland.com; 3765 Elvis Presley Blvd; Erw./Kind 7–12 Jahre 28,75/25,90 US$; ⌚Mo–Sa 9–17, So bis 16 Uhr, Dez. Di kürzer bzw. geschl.) befindet sich auf der anderen Seite des Elvis Presley Blvd und zeigt heute Presleys Automuseum und weitere Ausstellungen, die für Erwachsene zusätzlich 18,75 US$ kosten. Für 5 US$ extra darf man zwei maßgefertigte Flugzeuge besichtigen (man beachte das blau-goldene Bad an Bord der *Lisa Marie*, ein Convair 880 Jet). In der Hauptsaison (Juni–Aug. und an wichtigen Elvis-Lebensdaten) sollte man vorab buchen, damit man sicher an der Tour teilnehmen kann. Für die selbstgeführten Touren durch die Villa bekommt man ein Multimedia-iPad mit interessanten, von John Stamos eingelesenen Erklärungen.

Priscilla Presley, die 1973 von Elvis geschieden wurde, öffnete Graceland 1982 für Besichtigungstouren. Heute kommen Millionen Menschen hierher, um ihrem King zu huldigen. Er starb 1977 im Badezimmer im Obergeschoss an Herzversagen. Zahllose Fans trauern auch heute noch an seinem Grab, das hinter dem Haus gleich neben dem Swimmingpool liegt. Graceland befindet sich 9 Meilen (14,5 km) südlich der Innenstadt am US 51, der auch „Elvis Presley Blvd" genannt wird. Auch der kostenlose Shuttle-Bus des Sun Studio (S. 400) fährt hierher. Parken kostet 10 US$.

Memphis

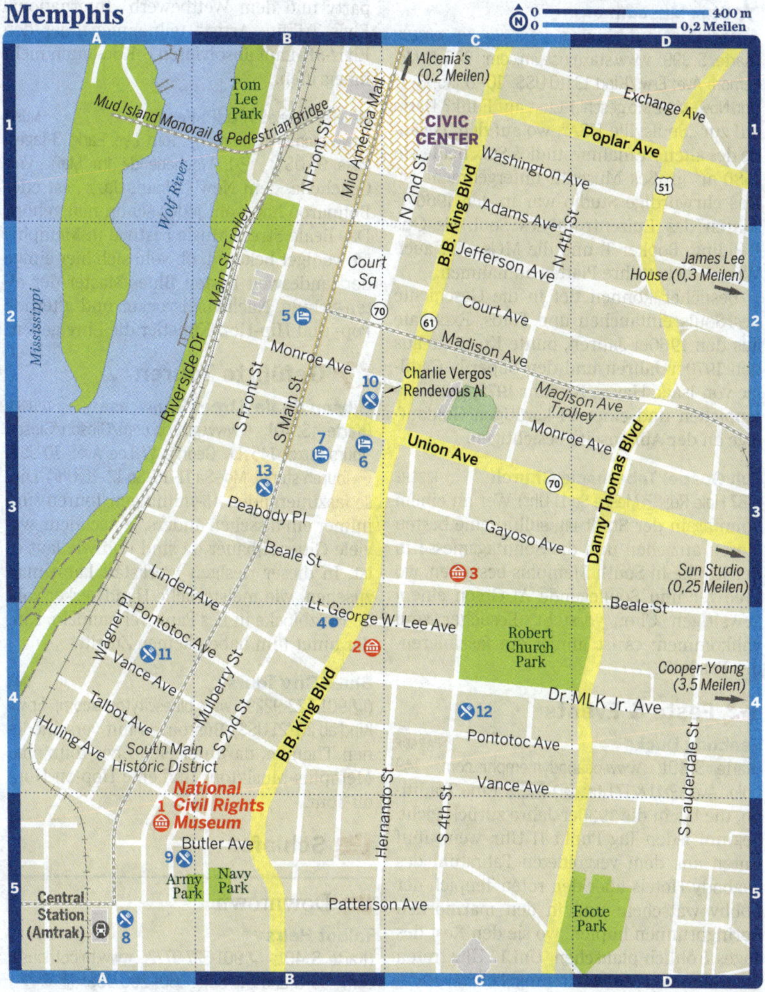

Memphis

Highlights

1 National Civil Rights Museum A5

Sehenswertes

2 Memphis Rock 'n' Soul Museum B4

Peabody Ducks .... (siehe 6)

3 WC Handy House Museum C3

Aktivitäten, Kurse & Touren

4 Gibson Beale Street Showcase B4

Schlafen

5 Madison Hotel B2

6 Peabody Hotel B3

7 Talbot Heirs B3

Essen

8 Arcade A5

9 Central BBQ A5

10 Charlie Vergos' Rendezvous B2

11 Gus's World Famous Fried Chicken A4

12 LUNCHBOXeats C4

13 Majestic Grille B3

★ **Stax Museum of American Soul Music** MUSEUM
(Karte S. 399; www.staxmuseum.com; 926 E McLemore Ave; Erw./Kind 13/10 US$; 10–17, So 13–17 Uhr, Nov.–März Mo geschl.) Lust auf Funk? Dann auf zur „Soulsville USA", wo auf dem Gelände des alten Aufnahmestudios Stax heute ein 1580 m² großes Museum untergebracht ist. Das ehrwürdige Studio war in den 1960er-Jahren das Epizentrum des Soul, als Otis Redding, Booker T. und die MGs oder auch Wilson Pickett ihre Platten aufnahmen.

Besucher können tief in die Geschichte des Souls eintauchen und Fotos, Exponate aus den 1960er-Jahren, bunte Kostüme aus den 1970er-Jahren und den Superfly Cadillac von Isaac Hayes, Baujahr 1972, mit Flor-teppichen und einer 24-karätigen Goldauflage an der Außenseite besichtigen.

Full Gospel Tabernacle Church KIRCHE
(787 Hale Rd; ⌚Messe So 11 Uhr) Wer an einem Sonntag in der Stadt ist, sollte seine besten Hosen anziehen und die Sonntagsmesse in der Kirche in South Memphis besuchen, wo Prediger und Soullegende Al Green einem gewaltigen Chor vorsteht. Besucher sind willkommen; es ist immer ein faszinierendes Erlebnis.

Feste & Events

Peabody Ducks PARADE
(Karte S. 401; www.peabodymemphis.com; 149 Union Ave; ⌚11 & 17 Uhr; 👪) GRATIS Eine Tradition, die bis in die 1930er-Jahre zurückreicht, beginnt jeden Tag Punkt 11 Uhr, wenn fünf Enten aus dem vergoldeten Fahrstuhl des Peabody Hotels über den roten Teppich der Lobby watscheln und in den marmornen Springbrunnen hüpfen, wo sie den Rest des Tages fröhlich planschen. Um 17 Uhr treten die Enten den Marsch in umgekehrter Richtung erneut an und ziehen sich in Begleitung ihres in einen roten Mantel gehüllten „Entenmeisters" wieder in ihr Penthouse zurück.

Elvis Week KULTUR
(☎901-332-3322, 800-238-2000; www.elvisweek.com; Elvis Presley Blvd, Graceland) In ganz Memphis wird während der „Elvis Week" Mitte August dem Leben und Tod des Kings gedacht. Dann pilgern Zehntausende Fans mit glänzenden Augen für die neuntägigen Feierlichkeiten in die Stadt – *das* ist Weird America. Man kann sich eine Vorführung von *Tolle Nächte in Las Vegas* oder *Aloha From Hawaii* anschauen, an einer Tanzparty und dem Wettbewerb „International Elvis Tribute Artist" teilnehmen oder den Elvis-5K-Lauf absolvieren – Koteletten nicht inbegriffen.

Beale Street Music Festival MUSIK
(www.memphisinmay.org; Tom Lee Park; 3-Tages-Pass 95 US$; ⌚1. Wochenende im Mai) Von Coachella, dem New Orleans Jazz Fest oder Bonnaroo hat wohl jeder schon mal gehört. Das Beale Street Music Festival in Memphis ist weniger bekannt, obwohl sich hier einige der landesweit besten Blues-Master der alten Schule, Nachwuchsrocker und alternde Pop- und Hip-Hop-Künstler die Ehre geben.

Geführte Touren

Gibson Beale Street Showcase TOUREN
(Karte S. 401; www.gibson.com/Gibson/Gibson-Tours.aspx; 145 Lt. George W Lee Ave; 10 US$; ⌚Touren stündl. Mo–Sa 11–16, So 12–16 Uhr) Diese faszinierenden 45-minütigen Touren sind immer ein bisschen anders, je nachdem, wie viele Gitarrenbauer da sind und wie laut es ist. In dieser riesigen Werkstatt kann man zusehen, wie meisterliche Handwerker solide Holzblöcke in Les Pauls verwandeln. Kinder unter fünf haben keinen Zutritt.

Blues City Tours BUS
(☎901-522-9229; www.bluescitytours.com; Erw./Kind ab 26/21 US$) Bustouren mit verschiedenen Themen, darunter eine Elvis-Tour, eine Memphis-Musiktour und eine Hop-on-Hop-off-Tour.

Schlafen

Downtown

Talbot Heirs PENSION $$
(Karte S. 401; ☎901-527-9772; www.talbothouse.com; 99 S 2nd St; Suite 160–200 US$; ❄@📶) Diese einzigartige, freundliche Pension liegt unauffällig im 2. Stock in einer geschäftigen Straße in Downtown und gehört zu den bestgehüteten Geheimnissen von Memphis. Die geräumigen Suiten, alle mit jüngst renoviertem Bad, sind eher hippe Studio-Apartments als Hotelzimmer. Sie bieten asiatische Teppiche, ausgefallene lokale Kunst und mit (kostenlosen!) Snacks ausgestattete Küchen.

Peabody Hotel HOTEL $$
(Karte S. 401; ☎901-529-4000; www.peabodymemphis.com; 149 Union Ave; Zi. ab 229–365 US$; ❄📶🏊🐾) Im legendärsten Hotel von Memphis nächtigt seit den 1860er-Jahren das Who's Who des Südstaatenadels. Der heuti-

ge 13-stöckige Bau im italienischen Neorenaissancestil stammt aus den 1920er-Jahren. Das Hotel ist auch weiterhin ein gesellschaftlicher Treffpunkt mit Spa, Geschäften, Restaurants, einer stimmungsvollen Bar im Foyer und 464 Gästezimmern in wohltuenden Türkistönen.

Madison Hotel BOUTIQUEHOTEL **$$$**
(Karte S. 401; ☎901-333-1200; www.madisonhotelmemphis.com; 79 Madison Ave; Zi. ab 279 US$; P ❄ @ ᯤ ≋ 🐾) Wer sich mal was Schickes leisten will, der steigt in diesem feinen, mit Musik als prägendem Thema eingerichteten Boutiquehotel ab. Von der Sky Terrace (Nicht-Gäste 10 US$) auf dem Dach kann man wunderbar den Sonnenuntergang beobachten. Die stilvollen Zimmer weisen nette Details wie Holzflure, hohe Decken und italienische Bettwäsche auf.

★ **James Lee House** B&B **$$$**
(Karte S. 399; ☎901-359-6750; www.jamesleehouse.com; 690 Adams Ave; Zi. 250–450 US$; P ❄ @ ᯤ) Diese exquisite viktorianische Villa stand 56 Jahre lang verlassen im historischen Victorian Village der Stadt am Rand der Downtown. Dank 2 Mio. US$ und dem sicheren Auge für Details und Design des Besitzers gehört sie heute zu den ersten Adressen in Memphis.

Südlich von Downtown

Graceland RV Park & Campground CAMPING **$**
(Karte S. 399; ☎901-396-7125; www.graceland.com/lodging/graceland_campground; 3691 Elvis Presley Blvd; Stellplatz Zelt/Hütte ab 25/47 US$; P ᯤ ≋) Wer hier zeltet oder in einer der schlichten Blockhütten (mit Gemeinschaftsbad) direkt neben Graceland übernachtet, sorgt dafür, dass Lisa Marie weiter über die Runden kommt…

Days Inn Graceland MOTEL **$**
(Karte S. 399; ☎901-346-5500; www.daysinn.com; 3839 Elvis Presley Blvd; Zi. ab 105 US$; P ❄ ᯤ ≋) Das Days Inn bietet mit Pool in Gitarrenform, goldenen Schallplatten und Elvis-Memorabilien in der Lobby sowie neonfarbenen Cadillacs auf dem Dach eine Menge Elvis zu moderaten Preisen. Die Zimmer an sich sind sauber, aber nichts Besonderes.

Guest House at Graceland BOUTIQUEHOTEL **$$**
(Karte S. 399; ☎800-238-2000, 901-443-3000; www.guesthousegraceland.com; 3600 Elvis Presley Blvd; Zi./Suite ab 159/249 US$; P @ ᯤ ≋ 🐾) Das Guest House, Gracelands neues Flaggschiff, klingt intimer, als es ist: Diese Unterkunft mit 450 Zimmern ist ein Hotelkoloss. Die stilvollen schiefergrauen Standardzimmer sind geräumig, mit Dreamcatcher-Betten, dreiseitigen Uhren, Schreibtischen und 55-Zoll-Flachbild-TV. Die Suiten wurden von Priscilla Presley mitentworfen und nach Themen aus Elvis' Leben eingerichtet (in einer gibt's einen rot umhüllten TV unter der Decke, direkt über dem Bett!).

Essen

Die Einheimischen streiten sich darüber, welche Schweinehacksandwiches oder marinierten Rippchen denn nun die besten in der Stadt sind. Grilllokale sind überall in Memphis zu finden, wobei nicht selten die mit der hässlichsten Fassade das leckerste Essen haben. Die hippen, jungen Einheimischen zieht es in den South Main Arts District oder in die Viertel Cooper-Young oder Overton Square in der Midtown, die alle abends sehr angesagt sind.

Downtown

★ **Central BBQ** GRILLGERICHTE **$**
(Karte S. 401; www.cbqmemphis.com; 147 E Butler Ave; Platten 10–25 US$, Sandwiches ab 5 US$; ⏲ So–Do 11–21, Fr & Sa bis 22 Uhr) Dank der Lage dieses in Memphis legendären Grillrestaurants in der Downtown ist es die perfekte Adresse nach einem Nachmittag im National Civil Rights Museum. Das Pulled Pork – das fast immer zum besten der Stadt gewählt wird – ist nicht von dieser Welt und sollte unbedingt mit all den verschiedenen Saucen begossen werden, die so köstlich schmecken, dass man sie am liebsten glasweise trinken würde.

Gus's World Famous Fried Chicken FAST FOOD **$**
(Karte S. 401; www.gusfriedchicken.com; 310 S Front St; Teller 6,40–11,65 US$; ⏲ So–Do 11–21, Fr & Sa bis 22 Uhr) Brathähnchenfans aus aller Welt wälzen sich nachts im Bett herum und träumen von den zarten, goldbraun gebratenen Hähnchen, die in Memphis' Downtown in diesem Betonbau mit witzigem, neonbeleuchtetem Ambiente und einer alten Jukebox serviert werden. Wenn viel los ist, wartet man schon mal über eine Stunde.

LUNCHBOXeats SÜDSTAATENKÜCHE **$**
(Karte S. 401; www.lunchboxeats.com; 288 S 4th St; Sandwiches 8–13 US$; ⏲ Mo–Sa 10.30–15 Uhr;

JACKS ZUHAUSE

Welche Ironie: Die **Jack Daniel's Distillery** (www.jackdaniels.com; 182 Lynchburg Hwy, Lynchburg; Touren 13–75 US$; ⌚9–16.30 Uhr) liegt in einem „Trockengebiet"! Laut lokaler Gesetze ist es verboten, Spirituosen innerhalb des Countys zu verkaufen. Aber keine Angst: Obwohl man bei wenigstens einer der Touren auf dem Trockenen sitzt, stehen auch „vernünftige" Alternativen zur Auswahl, die vom 90-minütigen „Flight of Jack Daniel's" bis zur dreistündigen „Taste of Lynchburg" reichen, die eine köstliche Mahlzeit im **Miss Mary Bobo's Boarding House** (☎931-759-7394; 295 Main St, Lynchburg; ⌚Mo–Sa 11–14 Uhr) und reichlich Whiskey einschließt.

Man muss alle Touren vorab online buchen. Dies ist die älteste registrierte Destillerie in den USA: Die Jack-Daniels-Experten lassen schon seit 1866 Whiskey durch mehrere Schichten Kohle tröpfeln, damit er danach in Eichenfässern reifen kann. Sie liegt abseits des Hwy 55 im winzigen Lynchburg.

📶) Der kreative Sandwich-Laden verleiht klassischem Soul Food einen leckeren Dreh. Das Resultat ist entsprechend verdreht: So gibt's u. a. Hühnchen auf belgischen Waffeln (statt Brot), Sloppy Joe mit Krebs-Étouffée (eine Art Hamburger mit Krebsfleischsauce), Club-Sandwiches mit Schweinekamm, Zwiebeln und Käsemakkaroni, serviert auf traditionellen Tabletts.

Alcenia's SÜDSTAATENKÜCHE $
(Karte S. 399; www.alcenias.com; 317 N Main St; Hauptgerichte 9,55–13 US$; ⌚Di–Fr 11–17, Sa bis 15 Uhr) Gibt es noch etwas, das süßer ist als Alcenia's bekannter „Ghetto-Aid", ein Fruchtgetränk, das den Blutzuckerspiegel in die Höhe schnellen lässt? Ja, und zwar die Besitzerin Betty Joyce „B.J." Chester-Tamayo, die Gästen gern mal einen Kuss auf die Stirn drückt.

Arcade DINER $
(Karte S. 401; www.arcaderestaurant.com; 540 S Main St; Hauptgerichte 7–10 US$; ⌚So–Mi 7–15, Do–Sa bis 23 Uhr) Schon Elvis speiste in diesem Retro-Diner, dem ältesten in Memphis – seine Sitznische befindet sich strategisch günstig in der Nähe des Hinterausgangs. Der King genehmigte sich hier in einer gusseisernen Pfanne gebratene Erdnussbutter-Bananen-Sandwiches und stürmte sofort aus der Tür, sobald er das Gekreische der Fans hörte. Noch heute locken die himmlischen Süßkartoffelpuffer – fluffig, buttrig und verführerisch wie eh und je – die Menschen an.

Charlie Vergos' Rendezvous BARBECUE $$
(Karte S. 401; ☎901-523-2746; www.hogsfly.com; 52 S 2nd St; Hauptgerichte 8–20 US$; ⌚Di–Do 16.30–22.30, Fr 11–23, Sa ab 11.30 Uhr) In einer kleinen Seitengasse der Monroe Ave bringt dieses alteingesessene Kellerlokal jede Woche unglaubliche 5 t der ausgezeichneten marinierten Rippchen an den Mann. Zu den Rippchen gibt's keine Sauce, zur Schweineschulter schon – am besten probiert man beides, dann reicht die Sauce locker.

Majestic Grille EUROPÄISCH $$$
(Karte S. 401; ☎901-522-8555; www.majesticgrille.com; 145 S Main St; Lunch 9–32 US$, Abendessen 10–23 US$; ⌚Mo–Fr 11–open end, Sa & So 11.30–14.30 & 16–open end; 📶) Das Restaurant in einem alten Stummfilmkino nahe der Beale St mit einem hübschen, mit dunklem Holz verkleideten Innenraum und in alter Stummfilmmanier blinkenden schwarzen und weißen Lichtern serviert klassische europäische Gerichte von halben Grillhähnchen bis zu gebratenem Thunfisch, gegrillten Schweinemedaillons und vier Varianten von handgeschnittenem Filet Mignon.

Midtown

Imagine Vegan Cafe VEGAN $
(Karte S. 399; www.imaginevegancafe.com; 2158 Young Ave; Hauptgerichte 6–14 US$; ⌚11–21 Uhr; 📶✍) 🌿 Veganer und Vegetarier kämpfen in Memphis (und überall in den Südstaaten) einen nahezu aussichtslosen Kampf. Dieses innovative Café in Cooper-Young treibt allein in einem Meer aus Pulled Pork und Brathähnchen und zaubert legendäre Südstaatenklassiker, nur eben vegan (weshalb man sie normalerweise links liegen lassen würde) – und sie ändern noch nicht mal die Namen der Gerichte.

Bar DKDC INTERNATIONAL $
(Karte S. 399; www.bardkdc.com; 964 S Cooper St; Gerichte 6–12 US$; ⌚17–3 Uhr) Günstiges, geschmackvolles und – teilweise globales – Street Food ist die Spezialität dieses sich stets weiterentwickelnden Lokals in Cooper-Young. Auf der Karte stehen Muffalatas, vietnamesische *bánh mì*-Sandwiches, thailändische Hähnchenklöße und vieles mehr.

Soul Fish Cafe FISCH & SEAFOOD $
(Karte S. 399; www.soulfishcafe.com; 862 S Cooper St; Hauptgerichte 9,50–16 Uhr; ⏲ Mo–Sa 11–22, So bis 21 Uhr) Dieses nette Betonziegel-Café im Viertel Cooper-Young ist für seine köstlichen *po'boys*, Platten mit gebratenem Fisch und sehr sündigen Kuchen bekannt.

Alchemy TAPAS $$
(Karte S. 399; ☎ 901-726-4444; www.alchemymemphis.com; 940 S Cooper St; Tapas 9–18 US$, Hauptgerichte 17–24 US$; ⏲ Mo 16–1, Di–Do bis 23, Fr & Sa 16.30–1.30, So 10.30–15 & 16–22 Uhr) Dieser schicke Laden in Cooper-Young serviert leckere Südstaaten-Tapas, z. B. mit Trüffel gefüllte Eier mit Blaukrabben-Remoulade und Kaviar, Krabben und Grits mit geräuchertem Gouda und Chorizo-Sauce oder Jakobsmuschel-Bruschetta mit Gremolata und *ponzu*-Vinaigrette.

Sweet Grass SÜDSTAATENKÜCHE $$$
(Karte S. 399; ☎ 901-278-0278; www.sweetgrassmemphis.com; 937 S Cooper St; Hauptgericht 19–34 US$; ⏲ Di–Sa 17 Uhr–open end, So 11–14 & 17 Uhr–open end; 📶) Die zeitgenössische Low-country-Küche (vor allem Seafood-Gerichte von den Küsten South Carolinas und Georgias) begeistert die Gäste dieses Restaurants in Midtown. Es unterteilt sich in die etwas lautere Bar **Next Door** und das edlere Bistro mit gehobener Karte und schicker neuer Bar, das unvergessliche Krabben und Grits serviert.

Östlich von Downtown

★ **Payne's Bar-B-Q** BARBECUE $
(Karte S. 399; 1762 Lamar Ave; Sandwiches 5–9 US$, Teller 7,50–11 US$; ⏲ Di–Sa 11–17 Uhr) In der umgebauten Tankstelle gibt's das wohl beste Schweinehacksandwich der Stadt. Einfach selbst probieren!

Cozy Corner BARBECUE $
(Karte S. 399; www.cozycornerbbq.com; 735 N Pkwy; Teller 6,75–14 US$; ⏲ Di–Sa 11–21 Uhr) In dem wunderbar hässlichen Kultlokal macht man sich's in einer der abgewetzten Sitznischen bequem und verschlingt ein ganzes Brathähnchen (11,75 US$) der Haushuhnrasse Indischer Kämpfer, die Spezialität des kürzlich renovierten Hauses. Auch die Rippchen und Chicken Wings sind grandios, ganz zu schweigen vom fluffigen Süßkartoffelkuchen, einem typischen Südstaatendessert.

Brother Juniper's FRÜHSTÜCK $
(Karte S. 399; www.brotherjunipers.com; 9514 Walker Ave; Gerichte 4–13 US$; ⏲ Di–Fr 6.30–13, Sa 7–12.30, So 8–13 Uhr) Das bescheidene Frühstückslokal begann als Kette in San Franciscos Viertel Haight-Ashbury zur Verpflegung von Obdachlosen. Heute ist nur noch dieses Lokal in Memphis übrig, doch hier bekommt man zweifellos das beste Frühstück in der ganzen Stadt. Es gibt große Portionen Omelett, Pfannkuchen, Frühstücks-Burritos, Waffeln, Biscuits und hausgemachte Pommes. Der Besuch hier ist ein Muss!

Hog & Hominy SÜDSTAATENKÜCHE, ITALIENISCH $$
(☎ 901-207-7396; www.hogandhominy.com; 707 W Brookhaven Circle; Pizzas 12–16 US$; ⏲ Di–Do 11–14 & 17–22 Uhr, Fr & Sa open end, So 10.30–22 Uhr; 📶) Dieses angesagte, vom Koch gemanagte, tief im Süden verwurzelte italienische Restaurant am Brookhaven Circle hat sich im ganzen Land einen Namen gemacht und wurde seit seiner Eröffnung 2011 von so namhaften Magazinen wie GQ und Food & Wine mehrfach zum besten neuen dies und besten neuen das gekürt. Kleine Leckereien und Steinofen-Pizzas sind die „Hauptgerichte", und dazu gibt's saisonale Cocktails und Craft-Bier.

★ **Restaurant Iris** SÜDSTAATENKÜCHE $$$
(Karte S. 399; ☎ 901-590-2828; www.restaurantiris.com; 2146 Monroe Ave; Hauptgerichte 27–39 US$; ⏲ Mo–Sa 17–22 Uhr) Chefkoch Kelly English kreiert zur Freude von Feinschmeckern Spezialgerichte der modernen Südstaaten-Fusion-Küche und wurde daher für den James-Beard-Preis nominiert. Zur Wahl stehen mit gebratenen Austern gefüllte Steaks, himmlische Shrimps mit Maisgrütze sowie köstlicher Rosenkohl mit Räucherschinken und Sherry. Serviert wird alles in einem feinen Wohnhaus. Direkt daneben hat Kelly English noch das Second Line eröffnet, ein etwas erschwinglicheres New-Orleans-Bistro.

Ausgehen & Unterhaltung

Die Beale St ist das Partymekka, auch wenn hier fast zu 100 % Touristen feiern. Die Einheimischen zieht es in die Viertel Cooper-Young und Overton Square in East Memphis. Sie bieten die größte Dichte an hippen Bars und Restaurants. Beide liegen 6,5 km östlich von Downtown. Um 3 Uhr ist meist alles dicht. Die erste Destillerie der Stadt, **Old Dominick**, eröffnete 2017.

Hammer & Ale KNEIPE
(Karte S. 399; www.hammerandale.com; 921 S Cooper St; Pints ab 5 US$; ⏲ Di–Do 14–21, Fr & Sa

11–22, So 13–18 Uhr; 📶) Süchtige zieht es in diese scheunenartige Kneipe für Craft-Biere, die sich in Cooper-Young befindet und gänzlich mit hellem Zypressenholz verkleidet ist. Unter den 24 überwiegend aus den Südstaaten stammenden Craft-Bier-Sorten aus dem Fass sind auch die der in Memphis ansässigen Brauereien Wiseacre, High Cotton, Memphis Made und Ghost River vertreten. Keine Barzahlung möglich!

★ **Loflin Yard** BIERGARTEN, COCKTAILBAR
(Karte S. 399; www.loflinyard.com; 7 W Carolina Ave; Cocktails 9–12 US$, Hauptgerichte 9–12 US$; ⌚Mi & Do 16–22, Fr 11.30–24, Sa 12–24, So bis 21 Uhr; 📶) Dieser neue, angesagte Laden ist ein riesiger, auf ländlich getrimmter Spielplatz für Erwachsene in Downtown Memphis. Der Biergarten mit Schrottplatz-Ästhetik nimmt gut 4000 m² auf dem alten Gelände der Loflin Safe & Lock Co ein und schmiegt sich an die tröpfelnden Überreste des Gayoso Bayou. Beinahe stehlen die Cocktails dem Schuppen die Schau, aber die vorwiegend geräucherten Leckereien (Chicken Wings, Rinderbrust) sind auch nicht zu verachten.

★ **Wiseacre Brewing Co** KLEINBRAUEREI
(Karte S. 399; www.wiseacrebrew.com; 2783 Broad Ave; Glas 5–6 US$; ⌚Mo–Do 16–22, Fr & Sa 13–22 Uhr; 📶) Unser Favorit unter den Brauerei-Kneipen in Memphis liegt im Lagerhausviertel Binghampton, 8 km östlich von Downtown. Man kann draußen auf der Terrasse ganzjährige und saisonale Craft-Biere verkosten oder sich auf die Rundum-Veranda setzen, die zwei riesige, fast 100 Jahre alt Weizensilos aus Beton umschlingt.

Young Avenue Deli LIVEMUSIK
(Karte S. 399; www.youngavenuedeli.com; 2119 Young Ave; ⌚11–3 Uhr; 📶) Dieser Favorit in Midtown bietet Essen, Billard und gelegentlich Livemusik, die sich an ein entspanntes, junges Publikum richtet, das dank der 36 Craft-Biere vom Fass und weiterer 130 Alternativen in Dosen und Flaschen bester Stimmung ist.

★ **Wild Bill's** BLUES
(Karte S. 399; 1580 Vollintine Ave; ⌚Do 17–21, Fr & Sa 22–3 Uhr) Man sollte nicht mal daran denken, vor Mitternacht in diesem schäbig-coolen Schuppen aufzutauchen. Man bestellt sich ein Bier und eine Portion Chicken Wings, lehnt sich zurück und genießt freitags und samstags ab 23 Uhr die besten Blues-Musiker in Memphis. Man kann ein paar schiefe Blicke von den Einheimischen erwarten, aber die phänomenale, ultra-authentische Musik ist das allemal wert.

ℹ Praktische Informationen

Memphis Visitor Center (Karte S. 399; ☎888-633-9099; www.memphistravel.com; 3205 Elvis Presley Blvd; ⌚9–17 Uhr) Städtische Touristeninformation nahe der Ausfahrt nach Graceland.

Tennessee State Visitor Center (Karte S. 399; ☎901-543-6757; www.tnvacation.com; 119 N Riverside Dr; ⌚7–23 Uhr) Infobroschüren zum ganzen Bundesstaat; nahe Mud Island.

ℹ Anreise & Unterwegs vor Ort

Der **Memphis International Airport** (MEM; Karte S. 399; ☎901-922-8000; www.flymemphis.com; 2491 Winchester Rd) liegt ca. 10,5 Meilen (17 km) südöstlich der Beale St und ist über den I-55 erreichbar. Taxis nach Downtown kosten zwischen 25 US$ und 30 US$. Die **Memphis Area Transit Authority** (MATA; Karte S. 399; www.matatransit.com; 444 N Main St; Fahrpreis 1,75 US$) unterhält Nahverkehrsbusse; Bus 2 und 4 fahren zum Flughafen.

MATAs altmodische Busse (1 US$, alle 12 Min.) fahren normalerweise in der Main St und Front St durch Downtown, waren zum Zeitpunkt der Recherche aber wegen Wartungsarbeiten außer Betrieb; sie sollten inzwischen aber wieder im Einsatz sein. Der **Greyhound-Bahnhof** (Karte S. 399; ☎901-395-8770; www.greyhound.com; 3033 Airways Blvd) befindet sich im MATA Airways Transit Center in der Nähe des Memphis International Airport. Der zentrale **Amtrak-Bahnhof** (www.amtrak.com; 545 S Main St) befindet sich mitten in Downtown.

Nashville

Angenommen, man ist ein hoffnungsvoller Country-Sänger und kommt nach mehrtägigem Trampen nur mit einer ramponierten Gitarre im Gepäck in Nashville an. Geblendet von den Neonlichtern am Lower Broadway, atmet man tief die rauch- und biergeschwängerte Luft ein, spürt das Rumpeln der vielen Stiefel aus den überfüllten Kneipen und sagt sich dann: „Ich hab's geschafft!"

Für Country-Fans und Möchtegern-Liedermacher aus aller Welt ist eine Reise nach Nashville die ultimative Pilgerfahrt. Schon seit den 1920er-Jahren zieht die Stadt Musiker an, die das Country-Genre vom Hillbilly des frühen 20. Jhs. über den glatten Nashville-Sound der 1960er-Jahre bis zum punkigen Alternative Country der 1990er-Jahre weiterentwickelt haben.

Die musikalischen Attraktionen Nashvilles reichen von der Country Music Hall of Fame über die ehrwürdige Grand Ole Opry bis zu Jack Whites Plattenlabel für Nischenmusik. Daneben gibt's eine lebhafte Studentengemeinde, ausgezeichnete Hausmannskost sowie einige herrlich kitschige Souvenirs.

Sehenswertes

Nashville liegt auf einer Anhöhe am Cumberland River, die an ihrer höchsten Stelle vom State Capitol beherrscht wird. Die besten Museen sind in der Downtown angesiedelt, aber viele kulturelle Attraktionen findet man in und um die Universitäten. Etwas außerhalb der Stadt ziehen einstige Schlachtfelder und Forts all jene an, die sich für den Amerikanischen Bürgerkrieg und Geschichte begeistern. Die Stadt lockt mit einladenden Parks, von denen einige durch Grünflächen mit gepflasterten Wegen miteinander verbunden sind. Südlich der Downtown bieten der Zoo und ein Science Center reiche Abwechslung für Kids.

Downtown

In Richtung SoBro geht es zur Country Music Hall of Fame und dem Johnny Cash Museum. Überfüllte Kneipen säumen den Lower Broadway, während das Ryman Auditorium und Kunstgalerien sich nördlich, entlang der 5th Ave aneinanderreihen. Nördlich vom Broadway liegen auch die Hauptbibliothek, die Bicentennial Capitol Mall und der Nashville Farmers Market. Zwei Blocks westlich der 2nd Ave N glitzert die Printer's Alley bei Nacht mit ihren bunten Lichtern und lebhaften Bars. Das Westufer des Cumberland River wird vom riesigen Riverfront Park gesäumt, der über die Fußgängern vorbehaltene John Seigenthaler Pedestrian Bridge die Verbindung zum Cumberland Park am anderen Flussufer herstellt.

★ Country Music Hall of Fame & Museum MUSEUM
(www.countrymusichalloffame.com; 222 5th Ave S; Erw./Kind 25/15 US$, mit Audioguide 30/20 US$, Führung mit Studio B 1 Std. 40/30 US$; ⏲9–17 Uhr) Nach seiner 100 Mio. US$ teuren Erweiterung (2014) und dem 50-jährigen Jubiläum (2017) ist dieses monumentale Museum, das die fast biblische Bedeutung der Country-Musik für die Seele von Nashville widerspiegelt, ein Muss, egal ob man ein Fan dieser Musik ist oder nicht. Bestaunen kann man die blauen Wildlederschuhe von Carl Perkins, den goldenen (eigentlich weißen) Cadillac von Elvis, sein goldenes (tatsächlich goldenes) Klavier und den im Western-Stil geschneiderten Anzug mit Musiknotenapplikationen von Hank Williams.

Ryman Auditorium HISTORISCHES GEBÄUDE
(www.ryman.com; 116 5th Ave N; Erw./Kind Rundgang 20/15 US$, Backstage-Führung 30/25 US$; ⏲9–16 Uhr) Die sogenannte „Mutterkirche der Country-Musik" hat bereits viele große Künstler von Martha Graham bis Elvis und Katherine Hepburn bis Bob Dylan beherbergt. Das hohe Backsteingebäude wurde 1892 von dem reichen Flusskapitän Thomas Ryman als Haus für religiöse Erweckungsveranstaltungen erbaut. Von einem der 2362 Sitze aus einer Show zu folgen, hat auch heute noch etwas von einer spirituellen Erfahrung.

Johnny Cash Museum & Store MUSEUM
(www.johnnycashmuseum.com; 119 3rd Ave S; Erw./Kind 19/15 US$; ⏲9–19 Uhr) Nashvilles Museum, das dem „Man in Black" gewidmet ist, ist zwar klein, enthält aber die umfassendste Sammlung von Artefakten und Memorabilien zu Johnny Cash und wurde mit Unterstützung der Familie Cash zusammengetragen. Im zweiten Stock des Gebäudes wurde inzwischen außerdem ein Museum zu Patsy Cline eröffnet.

Frist Center for the Visual Arts GALERIE
(www.fristcenter.org; 919 Broadway; Erw./Senior/Kind 12/9 US$/frei; ⏲Mo–Mi & Sa 10–17.30, Do & Fr bis 21, So 13–17:30 Uhr; P 👪) In dem erstklassigen Kunstmuseum, das in einem renovierten Postamt untergebracht ist, sind Ausstellungen von amerikanischer Volkskunst bis hin zu Picasso zu sehen.

Tennessee State Capitol HISTORISCHES GEBÄUDE
(www.capitol.tn.gov; Charlotte Ave; ⏲Führungen Mo–Fr 8–16 Uhr) GRATIS Beim Bau des zwischen 1845 und 1859 im klassizistischen Stil aus regionalem Kalkstein und Marmor errichteten Gebäudes arbeiteten Sklaven und Sträflinge neben europäischen Handwerkern. An der Rückseite führt eine steile Treppe hinunter zur **Tennessee Bicentennial Mall**, deren Außenmauern historische Fakten zur Geschichte Tennessees schmücken, und zum wunderbaren, täglich stattfindenden **Farmers Market**.

Zu jeder vollen Stunde von 9 bis 15 Uhr starten Führungen durchs Capitol vom Infoschalter im 1. Stock.

Nashville

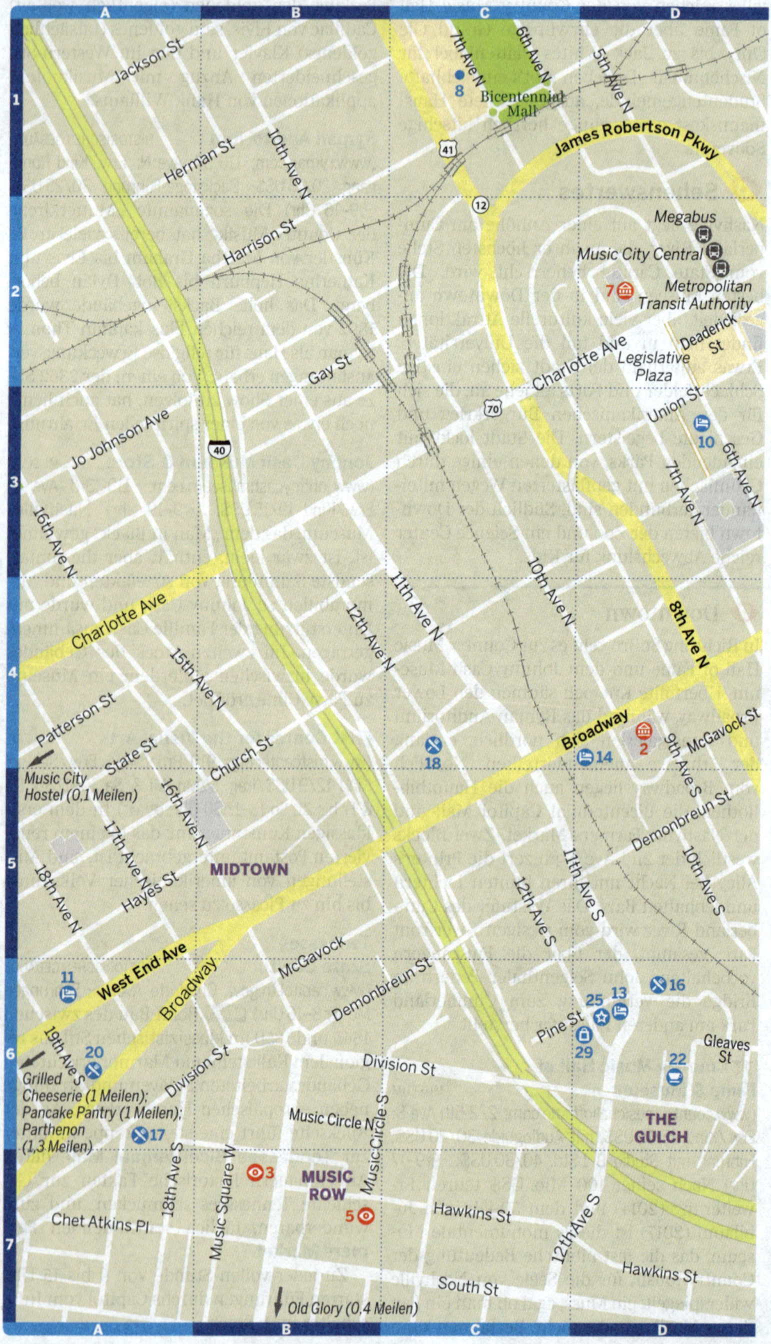
Jackson St
Herman St
10th Ave N
7th Ave N
6th Ave N
8
Bicentennial Mall
5th Ave N
James Robertson Pkwy
41
12
Harrison St
Megabus
Music City Central
Metropolitan Transit Authority
7
Deaderick St
Legislative Plaza
Charlotte Ave
Gay St
70
Union St
10
6th Ave N
7th Ave N
Jo Johnson Ave
40
16th Ave N
10th Ave N
11th Ave N
12th Ave N
8th Ave N
Charlotte Ave
15th Ave N
Patterson St
Music City Hostel (0,1 Meilen)
State St
Church St
18
Broadway
14
2
McGavock St
9th Ave S
Demonbreun St
16th Ave N
17th Ave N
Hayes St
MIDTOWN
18th Ave N
11th Ave S
12th Ave S
10th Ave S
West End Ave
Broadway
McGavock
Demonbreun St
11
19th Ave S
20
Grilled Cheeserie (1 Meilen); Pancake Pantry (1 Meilen); Parthenon (1,3 Meilen)
Division St
Division St
Pine St
25
13
16
29
Gleaves St
22
THE GULCH
17
Music Circle N
Music Circle S
18th Ave S
Music Square W
3
MUSIC ROW
5
Chet Atkins Pl
Hawkins St
12th Ave S
Hawkins St
South St
Old Glory (0,4 Meilen)
DER SÜDEN TENNESSEE

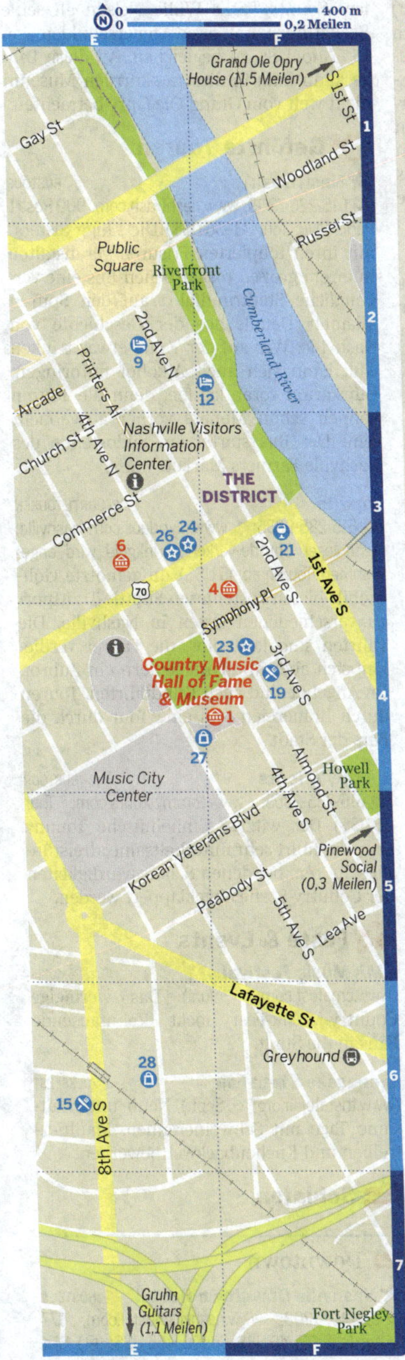

Nashville

Highlights

1 Country Music Hall of Fame & Museum F4

Sehenswertes

2 Frist Center for the Visual Arts D4
3 Historic RCA Studio B B7
4 Johnny Cash Museum & Store F3
5 Music Row B7
6 Ryman Auditorium E3
7 Tennessee State Capitol D2

Aktivitäten, Kurse & Touren

8 NashTrash C1

Schlafen

9 21c Museum Hotel E2
10 Hermitage Hotel D3
11 Hutton Hotel A6
12 Nashville Downtown Hostel F2
13 Thompson Nashville D6
14 Union Station Hotel D4

Essen

15 Arnold's E6
16 Biscuit Love D6
17 Catbird Seat A6
18 Chauhan Ale & Masala House C4
19 Etch F4
20 Hattie B's A6

Ausgehen & Nachtleben

21 Acme Feed & Seed F3
22 Barista Parlor D6

Unterhaltung

23 Nashville Symphony F4
24 Robert's Western World E3
25 Station Inn D6
26 Tootsie's Orchid Lounge E3

Shoppen

27 Hatch Show Print E4
28 Third Man Records E6
29 Two Old Hippies D6

Midtown

Den Kern der Midtown bilden die Universitäten und Parks. Der Centennial Park, in dem das Parthenon steht, und das Belmont Mansion sind die Hauptattraktionen. Hier befindet sich auch die Music Row, die nicht besonders sehenswert ist, außer man nimmt an einer Führung durch die Country Music Hall of Fame teil.

Parthenon HISTORISCHES GEBÄUDE
(www.nashville.gov/Parks-and-Recreation/Parthenon; Centennial Park; Erw./Kind 4–17 Jahre/Senior

6/4/4 US$; ⏲Di–Sa 9–16.30, So 12.30–16.30 Uhr) Nashvilles Parthenon, das 1897 anlässlich des 100-jährigen Bestehens des Bundesstaates Tennessee errichtet wurde, ist ein maßstabsgetreuer Nachbau des Athener Parthenons und wird innen von einer riesigen Statue der Göttin Athene dominiert. Zu den weiteren Exponaten zählen Gipsabgüsse des Giebels und in den Galerien sind Gemälde amerikanischer Künstler des 19. und 20. Jhs. zu sehen.

Music Row VIERTEL

(Music Sq West & Music Sq East) Unmittelbar westlich der Innenstadt findet man auf zwei Abschnitten der 16th Ave und der 17th Ave (genannt Music Sq West und Music Sq East) die Produktionsfirmen, Plattenlabels, Agenten, Manager und Promoter, die das Geschäft mit der Country-Musik in Nashville am Leben erhalten.

Historic RCA Studio B WAHRZEICHEN

(www.studiob.org; 1611 Roy Acuff Pl; Führung Erw./Kind 40/30 US$) Es ist eines der ältesten Studios in der Music Row und hier spielten Elvis, die Everly Brothers und Dolly Parton viele Hits ein. Letztere hat sogar noch mehr getan, denn als sie einmal zu spät zu einer Aufnahme-Session eintraf, fuhr sie versehentlich mit ihrem Wagen in die Wand des Gebäudes und die Spuren sind heute noch sichtbar. Im Rahmen eines vom Country Music Hall of Fame & Museum angebotenen „Platinum Package" kann man eine Tour durch das Historic RCA Studio B buchen, wobei die Karte auch für das Museum gültig ist.

Music Valley

Grand Ole Opry House MUSEUM

(☎615-871-6779; www.opry.com; 2804 Opryland Dr; Führung Erw./Kind 26/21 US$, mit Ryman Auditorium 36/35 US$; ⏲Führungen 9–16 Uhr) In diesem bescheidenen modernen Backsteingebäude mit 4400 Sitzen findet von März bis November dienstags, freitags und samstags sowie von Juni bis August mittwochs die Grand Ole Opry (S. 414) statt. Von Oktober bis Februar gibt es täglich alle 15 Minuten Führungen durch den Backstage-Bereich; eingefleischte Fans können für 125 US$ eine Backstage-Tour nach der Show buchen.

Willie Nelson & Friends Museum Showcase MUSEUM

(www.willienelsongeneralstore.com; 2613 McGavock Pike; Erw./Kind 8 US$/frei; ⏲8.30–21 Uhr) Anfang der 1990er-Jahre verkaufte der „Outlaw Country"-Star Willie Nelson all seine Besitztümer, um seine Steuerschulden von 16,7 Mio. US$ zu begleichen. All diese Dinge kann man in diesem skurrilen Museum nicht weit vom Grand Ole Opry betrachten.

Geführte Touren

★NashTrash BUSTOUR

(☎615-226-7300; www.nashtrash.com; 900 Rosa L Parks Blvd; Tour 33–36 US$) Die „Jugg Sisters" mit ihren toupierten Frisuren veranstalten in ihrem großen rosafarbenen Bus eine vergnügliche Stadtrundfahrt auf den Spuren pikanter Details aus der Geschichte von Nashville. Wer auf der Fahrt etwas trinken will, kann sich auch Alkohol mitbringen. Fahrkarten vorab kaufen, denn die Touren können schon Monate vorher ausgebucht sein! Der Bus startet am Südostende des Nashville Farmers Market.

Joyride GEFÜHRTE TOUREN

(☎615-285-9835; www.joyrideus.com/nashville; kostenloser Shuttle-Verkehr, Trinkgeld wird angenommen, Touren ab 45 US$) Aufgemotzte Golfmobile bieten kostenlosen Shuttle-Transport zu verschiedenen Orten in Nashville. Die Fahrten sind kostenlos, die Fahrer verdienen sich aber mit Trinkgeldern ein Zubrot. Im Angebot sind auch Rundfahrten, Touren durch Brauereien und eine Tour durch die Bars der Stadt.

Tommy's Tours BUSTOUR

(☎615-335-2863; www.tommystours.com; Tour 35 US$) Der witzige Einheimische Tommy Garmon führt sehr unterhaltsame, dreistündige Touren, bei denen Sehenswürdigkeiten der Country-Szene abgeklappert werden.

Feste & Events

CMA Music Festival MUSIK

(www.cmafest.com; ⏲Juni) Das viertägige Country-Musik-Fest lockt Zehntausende Fans in die Stadt.

Tennessee State Fair VOLKSFEST

(www.tnstatefair.org; ⏲Sept.) Neun unterhaltsame Tage mit Schweinerennen, Maultiertreiben und Kuchenbackwettbewerben.

Schlafen

Downtown

★Nashville Downtown Hostel HOSTEL $

(☎615-497-1208; www.nashvillehostel.com; 177 1st Ave N; B 32–45 US$, Zi. 100–165 US$; P) Ein sehr stilvolles und zweckmäßiges Hostel in guter Lage. Der fürstliche Gemeinschaftsbereich im Keller mit unverputzten Steinwänden und Balkendecken ist rund um die Uhr sehr gesellig. Im 3. und 4. Stock finden sich die Schlafsäle mit hübschen Holzböden, freiliegende Holzpfeilern, silbernen Deckenbalken und jeweils vier, sechs oder acht Etagenbetten.

21c Museum Hotel BOUTIQUEHOTEL $$
(615-610-6400; www.21cMuseumHotels.com; 221 2nd Ave N; Zi. ab 299 US$; P ❄) Nashvilles neuestes Boutiquehotel prunkt mit Werken zeitgenössischer Kunst. Dieser Mix aus hippem Südstaaten-Hotel und Museum ist unweit der Printer's Alley in dem von Grund auf modernisierten historischen Gray & Dudley Building untergebrcht. Zusätzlich zu den 124 mit moderner Kunt ausgestatteten Zimmern, von denen sieben eine Dachterrasse mit Blick auf den Cumberland River haben, gibt es einen tollen Wellness-Bereich und sechs Galerien.

★ **Union Station Hotel** HOTEL $$$
(615-726-1001; www.unionstationhotelnashville.com; 1001 Broadway; Zi. ab 300 US$; P ❄) Die hoch aufragende, neoromanische graue Steinburg war zu den Glanzzeiten des Eisenbahnverkehrs der Bahnhof von Nashville. Heute ist hier das kultigste Hotel der Stadt untergebracht. Das gewölbte Foyer ist in Pfirsich- und Goldtönen gehalten und hat einen Marmorboden mit Intarsien sowie eine Buntglasdecke.

Thompson Nashville BOUTIQUEHOTEL $$$
(615-262-6000; www.thompsonhotels.com; 401 11th Ave S; Zi. ab 349 US$; P @) Das neue Thompson Nashville besticht durch seine Hochglanzeinrichtung im Stil der coolen, modernen 1950er-Jahre und ist im Stadtviertel The Gulch ein echter Blickfang, egal ob man sich in der Lobby den Klängen aus der Vinylsammlung des Labels Third Mans Record hingibt oder in der überaus hippen Dachterrasse **LA Jackson** entspannt.

Hermitage Hotel HOTEL $$$
(888-888-9414, 615-244-3121; www.thehermitagehotel.com; 231 6th Ave N; Zi. ab 300 US$; P ❄) Nashvilles erstes millionenschweres Hotel war bei seiner Eröffnung 1910 *der* Hit in Promikreisen. Die Lobby im Beaux-Arts-Stil, die locker mit einem Zarenpalast mithalten könnte, schmücken dicke Wandbehänge und ornamentale Verzierungen. Die originale, aus den 1930er-Jahren stammende Herrentoilette im Art-déco-Stil lohnt ebenso einen Blick wie das Restaurant Capital Grille mit Zutaten von der restauranteigenen Farm.

Midtown

Music City Hostel HOSTEL $
(615-497-1208; www.musiccityhostel.com; 1809 Patterson St; B 33–46 US$, DZ 110–126 US$, 3BZ 128–156 US$; P ❄ @) Diese flachen Backsteinbungalows sind zwar nicht sehr pittoresk, doch das Hostel in Nashvilles West End ist munter und einladend und hat eine Gemeinschaftsküche, draußen einen Grill und eine Feuerstelle. Die Gäste sind jung, kommen aus aller Welt und haben es auf Spaß und die zu Fuß erreichbaren Bars von West End abgesehen.

Hutton Hotel BOUTIQUEHOTEL $$
(615-340-9333; www.huttonhotel.com; 1808 West End Ave; Zi. ab 279 US$; P ❄ @) Eines der besten Boutiquehotels von Nashville gibt sich ganz im modernen Stil der Mitte des 20. Jhs. mit bambusverkleideten Wänden und Holzböden, deren Material von Baracken aus dem Ersten Weltkrieg stammt. Die geräumigen Zimmer in Rost- und Schokotönen sind gut mit elektrisch regulierbaren Regenduschen aus Marmor, Glaswaschbecken, übergroßen Betten, großen Tischen, breiten Flachbild-TVs, hochwertigen Teppichen und Qualitätsbettwäsche ausgestattet.

Music Valley

Gaylord Opryland Resort RESORT $$
(615-889-1000; www.marriott.com/hotels/travel/bnago-gaylord-opryland-resort-and-convention-center; 2800 Opryland Dr; Zi. ab 189 US$; P ❄ @) Das gewaltige Hotel hat 2888 Zimmer und ist eine Welt für sich! Es ist das größte Nicht-Casino-Resort in den USA. Warum einen Fuß nach draußen setzen, wenn man in dem Hotel und seinen drei großen Glasatrien auf einem künstlichen Fluss Tretboot fahren, unter einem künstlichen Wasserfall im Wintergarten Sushi essen oder in einer Villa im Stil der Zeit vor dem Bürgerkrieg einen Scotch Whisky nippen kann?

Essen

Downtown

Arnold's SÜDSTAATENKÜCHE $
(www.arnoldscountrykitchen.com; 605 8th Ave S; Fleisch & 3 9,74 US$; Mo–Fr 10.30–14.45 Uhr) Das Arnold's ist der King in Sachen *meat*

ABSTECHER

FRANKLIN

Die 17 Meilen (27,4 km) südlich von Nashville gelegene Stadt Franklin (www.visitfranklin.com) hat ein reizvolles Zentrum mit zahlreichen Boutiquen, historischen Läden und lebhaften Gaststätten. Hier fand eine der blutigsten Schlachten des Bürgerkriegs statt. Am 30. November 1864 kämpften rund 37 000 Männer (20 000 Soldaten der Konföderiertentruppen und 17 000 Soldaten auf Seiten der Union) um einen 3,2 km breiten Streifen vor den Toren Franklins. Ein Großteil des Schlachtfeldes fiel der Ausdehnung Nashvilles zum Opfer und ist heute Teil seiner Vororte, dennoch blieben einige historischen Gebäude als Zeichen jenes erbitterten Konfliks erhalten.

Die ländliche Gemeinde **Arrington**, wo sich ein beliebtes Weingut befindet, liegt 10 Meilen (16 km) südöstlich des Stadtzentrums.

& three. Man schnappt sich ein Tablett und reiht sich in die Schlange aus Collegestudenten, Müllsammlern und Countrymusik-Stars ein. Das saftige Roastbeef ist die Spezialität des Hauses; dazu gibt's gebratene grüne Tomaten, zwei Arten Maisbrot und große Stücke klebrigen Schokoladencremekuchen.

★ Biscuit Love FRÜHSTÜCK $

(www.biscuitlove.com; 316 11th Ave S; Biscuit 8–10 US$; ⌚7–15 Uhr; 📶) Das Biscuit Love, das 2012 als Food Truck begann, steht für alles, was beim amerikanischen Frühstück ungesund ist. Die köstlichen Gourmet-Versionen des südstaatlichen Biscuit kamen überaus gut an, sodass es bald in diesem extrem coolen Standort in The Gulch Fuß fasste.

Chauhan Ale & Masala House INDISCH $$

(☎615-242-8426; www.chauhannashville.com; 123 12 Ave N; Hauptgerichte 12–29 US$; ⌚So–Do 11–14 & 17–22, Fr –Sa bis 23 Uhr; 📶) Namaste und Nashville begegnen sich in dem Lokal des pandschabischen Promi-Kochs Maneet Chauhan in The Gulch, der eine einfallsreiche indische Fusion-Küche mit internationalem Touch präsentiert. Hier treffen typisch indische Speisen auf mexikanische, kanadische, britische und amerikanische Einflüsse – dunkle Erbsen mit Tikka-Burger (großartig), Hähnchen-Pakora und Tandoori-Hähnchen mit Poutine gehen köstlich einher mit würzigem Craft-Bier und fantasievollen Cocktail-Kreationen.

★ Etch MODERN-AMERIKANISCH $$$

(☎615-522-0685; www.etchrestaurant.com; 303 Demonbreun St; Hauptgerichte 23–39 US$; ⌚Mo–Do 11–14 & 17–22, Fr 11–14 & 17–22.30, Sa 17–22.30 Uhr; 📶) Die aus Nashville stammende bekannte Chefköchin Deb Paquette kreiert in ihrem Restaurant ein paar der einfallsreichsten Gerichte in Nashville – Essen für die Seele, das in Geschmack und Konsistenz derart verführerisch kombiniert ist, dass bei jedem Bissen alle Erwartungen übertroffen werden.

Midtown

Pancake Pantry FRÜHSTÜCK $

(www.thepancakepantry.com; 1796 21st Ave S; Hauptgerichte 7–10 US$; ⌚Mo–Fr 6–15, Sa & So bis 16 Uhr) Seit über 50 Jahren stehen die Gäste in diesem kultigen Frühstückslokal Schlange wegen der hoch aufgestapelten Pfannkuchen aller Art. Ehrlich gesagt sind die Pfannkuchen nichts Besonderes – bis man sie in den Zimt-Sahne-Sirup taucht. Einfach himmlisch!

Grilled Cheeserie AMERIKANISCH $

(www.grilledcheeserie.com; 2003 Belcourt Ave; Sandwiches 7,50–8 US$; ⌚11–21 Uhr; 📶) Man sollte sich beeilen und auf die aufgebrezelten Gourmet-Versionen eines amerikanischen Klassikers warten: das gegrillte Käse-Sandwich. Es wird auf die unterschiedlichsten Arten so toll zubereitet, dass man vergisst, dass es je auch schlichtere Versionen davon gegeben hat. Unbedingt die Käse-Makkaroni mit rotem Paprika in eine cremige Tomatensauce tunken – es schmeckt einfach köstlich! Danach sollte man einen jener unglaublichen Gourmet-Cocktails bestellen.

★ Hattie B's SÜDSTAATENKÜCHE $

(www.hattieb.com; 112 19th Ave S; Viertel-/halber Teller ab 8,50/12 US$; ⌚Mo–Do 11–22, Fr & Sa open end, So bis 16 Uhr) Das Hattie's mag zwar die aufgehippte Social-Media-verliebte Version des schlichten Prince's Hot Chicken sein, aber wenn es hier nicht Nashvilles bestes, mit Cayenne-Pfeffer eingeriebenes, scharfes Brathähnchen gibt, dann sind wir echte Banausen. Die perfekt saftigen Vögel von bester Qualität werden so teuflisch scharf serviert, dass einem die Tränen in die Augen schießen und man nur noch „verdammt scharf!" stammeln kann.

★ **Catbird Seat** INTERNATIONAL $$$

(☎ 615-810-8200; www.thecatbirdseatrestaurant.com; 1711 Division St, über Patterson House; Abendessen 115 US$; ⏲ Mi–Sa ab 17.30 Uhr) Für die 22 glücklichen Gäste, die sich zum Abendessen um die offene Küche scharen, inszeniert Küchenhef Ryan Poli mitsamt seinem gepflegten Team ein unvergessliches 10-Gang-Menü. Man kann mit Poli und seinen Sous-Chefs interagieren, während sie die einzelnen Gerichte zubereiten, für die sowohl frische, lokale Zutaten als auch solche aus der ganzen Welt verwendet werden.

East Nashville

I Dream of Weenie HOTDOGS $

(www.facebook.com/IDreamofWeenie; 113 S 11th St; Hotdog 2,75–4,50 US$; ⏲ Mo–Do 11–16, Fr bis 17, Sa & So 10.30–17) Hier geht's schnell und einfach. Der in einen Hotdog-Stand umgewandelte VW-Bus steht in Five Points und verkauft Rinder-, Puten- und vegetarische Würstchen mit köstlichen Saucen (ein Tipp: *pimento cheese* mit Chili!).

★ **The Pharmacy** BURGER, BIERGARTEN $

(www.thepharmacynashville.com; 731 McFerrin Ave; Burger 8,50–11 US$; ⏲ So–Do 11–22, Fr & Sa bis 23 Uhr; 📶) Hier muss man bereit sein, Krieg zu führen, um einen Tisch zu bekommen, egal ob es am einladenden Gemeinschaftstisch, an der Bar oder im spektakulären Biergarten im Hinterhof ist. Die tätowierten Angestellten servieren in dieser Burger-Bar, die wiederholt zur besten Nashvilles gekürt wurde, Burger, Würstchen und altmodische Beilagen (Kartoffelrösti!), die man mit einem der Spezialbiere und handgemixten Limos hinunterspülen kann.

Ausgehen & Nachtleben

★ **Barista Parlor** CAFÉ

(www.baristaparlor.com; 610 Magazine St; Kaffee 4,50–7 US$; ⏲ Mo–Fr 7–20, Sa–So ab 8 Uhr; 📶) Nashvilles bestes Kaffeehaus hat sich im Gulch als Downtown-Standort für eine alte Werkstatt entschieden, aber der exklusive Espresso – er kommt aus einer 18 000 US$ teuren, von Hand gebauten Kaffeemaschine der Marke Slayer – bleibt ebenso denkwürdig wie der originelle Standort in East Nashville.

★ **Old Glory** COCKTAILBAR

(www.facebook.com/oldglorynashville; 1200 Villa Pl; Cocktail 12–13 US$; ⏲ So–Do 16–1, Fr & Sa bis 2 Uhr) Wie ein Altar ragt der Schornstein in einer Ecke dieser Flüsterkneipe empor, die sich im Edgehill Village in einer Seitenallee versteckt. Das Gebäude diente in den 1930er-Jahren als Heizraum für eine Wäscherei. Die rohen Ziegelwände, die mächtigen Rohrleitungen, der hohe Raum und eine Freitreppe bilden die Kulisse der erstaunlichsten Cocktailbar von Nashville – sofern man sie findet.

Urban Cowboy Public House COCKTAILBAR

(www.urbancowboybnb.com/public-house; 103 N 16th St; Cocktail 13 US$; ⏲ So–Do 4–23, Fr & Sa open end; 📶) Hinter Nashvilles hippstem B&B (das ebenfalls den Namen Urban Cowboy trägt) liegt diese Neueröffnung von 2016. Sie ist eine noch heißere Adresse als der 5 m hohe, offene Grillkamin und die angrenzende Feuerstelle, die den Mittelpunkt des Innenhofes bildet, wohin die Einwohner von East Nashville strömen. Eine Wucht ist auch der von einem Doppelgaragentor getrennte Innenbereich mit Harthölzern und Sitzbänken, die mit Pendleton-Überzügen mit Südwestmotiven bedeckt sind.

Pinewood Social BAR

(☎ 615-751-8111; http://pinewoodsocial.com; 33 Peabody St; ⏲ Mo–Fr 7–13, Sa & So 9–13 Uhr; 📶) Man könnte locker ein Wochenende im Pinewood Social verbringen und sich dennoch nicht langweilen. Es gibt Sofas, die zum Entspannen einladen, Brettspiele, eine große, runde Bar, an der raffinierte Cocktails zubereitet werden und eine Bar des in Nashville so beliebten Kaffeehauses Crema. Die Atmosphäre genießen kann man auch im Freien am Pool, bei einem Boccia-Spiel oder einer Partie Tischtennis. Ach ja, es gibt auch noch eine Bowlingbahn!

Acme Feed & Seed BAR

(www.theacmenashville.com; 101 Broadway; ⏲ Mo–Do 11–23, Fr & Sa bis 2, So 10–23 Uhr; 📶) Dieses ambitionierte, vierstöckige Lokal befindet sich in einem alten Lagerhaus von 1875 und bietet den Einwohnern von Nashville endlich einen Grund, in die Downtown zu fahren, selbst wenn man keine Familienbesuche macht. Im 1. Stock gibt's schnelle Kneipengerichte, dazu Bier aus 27 Zapfhähnen und Livemusik, die an den meisten Abenden eindeutig nicht an Country-Musik erinnert (Südstaaten-Rock, Indie, Roots-Musik usw.).

Unterhaltung

In Nashville gibt's unendlich viele Möglichkeiten, Livemusik zu hören. Neben den großen Veranstaltungsstätten spielen viele talentierte Country-, Folk- Bluegrass-, Süd-

NICHT VERSÄUMEN

BONNAROO MUSIKFESTIVAL

Bonnaroo (www.bonnaroo.com; Manchester, TN; Mitte Juni) ist eines der wichtigsten Musikfestivals Amerikas und das einzige 24/7-Groß-Event im Land. Das Festival steigt auf einem 283 ha großen Bauernhof, der 60 Meilen (96,5 km) südöstlich von Nashville liegt. Das Festival ist eine Mischung aus Camping, Comedy, Kino, Essen, Trinken und Kunst, die das Gemeinschaftsgefühl fördert. Im Mittelpunkt steht aber die Musik, die an vier ausgelassenen Tagen alles beherrscht.

staatenrock- und Bluessänger in verruchten Kneipen, College-Bars, Cafés und Biokaffeehäusern für ein Trinkgeld. Nur selten zahlt man Eintritt. Der Sänger oder Songwriter wird genauso verehrt wie ein Superstar im Stadion; also sollte man nach gut besuchten Abenden mit Songwritern auf kleineren Bühnen Ausschau halten.

★ Station Inn LIVEMUSIK
(615-255-3307; www.stationinn.com; 402 12th Ave S; Open Mike 19 Uhr, Livebands 21 Uhr) Man sitzt an einem der kleinen Cocktail-Tische, die dicht an dicht auf dem abgewetzten Holzfußboden stehen. Bei einem Glas Bier (es gibt keinen anderen Alkohol) kann man unter den Scheinwerfern und Neonschildern die blitzschnellen Finger von Bluegrass-Musikern bewundern. Dabei kommen Kontrabass, Banjo, Mandoline, Fiedel und ab und an sogar noch etwas Jodelkunst zum Einsatz.

Bluebird Cafe LIVEMUSIK
(615-383-1461; www.bluebirdcafe.com; 4104 Hillsboro Rd; Eintritt frei–30 US$) Auch wenn der Club in einer Einkaufsstraße im Vorort South Nashville liegt, sind auf seiner winzigen Bühne schon einige der besten traditionellen Liedermacher des Landes aufgetreten, darunter Steve Earle, Emmylou Harris und die Cowboy Junkies. Das Bluebird diente zudem als Kulisse für die beliebte CMT-Fernsehserie *Nashville*. Montags kann jeder, der will, bei den OpenMic-Abenden sein eigenes Talent unter Beweis stellen.

Grand Ole Opry LIVEMUSIK
(615-871-6779; www.opry.com; 2804 Opryland Dr; Tickets 38–95 US$) Die ganze Woche über werden in der Stadt viele Country-Musik-Shows veranstaltet, eine Pflichtveranstaltung ist aber das *Grand Ole Opry*, eine aufwendige Aufführung, die von Februar bis Oktober jeden Dienstag, Freitag und Samstag abends der klassischen Nashville-Country-Musik Tribut zollt. Von November bis Januar finden die Shows im Ryman statt.

Tootsie's Orchid Lounge KNEIPE
(615-726-7937; www.tootsies.net; 422 Broadway; 10–2.30 Uhr) Das Tootsie's ist die am meisten verehrte Spelunke in Downtown und bietet immer Musik auf drei Stockwerken. Es ist ein überaus beliebter Ort mit reichlich Fußgestampfe, Country-Musik und Bierseligkeit. In den 1960er-Jahren förderte die Clubbesitzerin und Kneipenmutter „Tootsie" Bess die beginnende Karriere von Willie Nelson, Kris Kristofferson und Waylon Jennings.

Nashville Symphony KLASSISCHE MUSIK
(615-687-6400; www.nashvillesymphony.org; 1 Symphony Pl) Hier treten große Maestros, das städtische Sinfonieorchster und bekannte Popstars von Randy Travis bis Smokey Robinson in der Schermerhorn Symphony Hall auf, einem brandneuen Gebäude, das dennoch herrlich antiquiert wirkt.

Robert's Western World KNEIPE
(www.robertswesternworld.com; 416 Broadway; Mo–Sa 11–2, So 12–2 Uhr) Das Robert's ist schon seit Langem sehr beliebt in der Gegend und versorgt seine Gäste mit Stiefeln, Bier und Burgern. Die Musik beginnt ab etwa 11 Uhr und ist bis weit in die Nacht hinein zu hören. Brazilbilly, die hauseigene Band, heizt an den Wochenenden ab 22 Uhr ein. Vor 18 Uhr haben hier alle Altersklassen Zutritt; danach wird streng darauf geachtet, dass die Gäste mindestens 21 Jahre alt sind.

Shoppen

★ Hatch Show Print KUNST, SOUVENIRS
(www.hatchshowprint.com; 224 5th Ave S; Führung 18 US$; 9.30–18 Uhr) Im Hatch, einer der ältesten Plakatdruckereien der USA, wurden seit den frühen Vaudeville-Veranstaltungen altmodische, von Hand geschnittene Blöcke für den Druck der kultigen bunten Plakate eingesetzt. Das Unternehmen hat für fast jeden Country-Star Reklamezettel und Plakate gedruckt und ist inzwischen in den neuen Anbau der umgebauten Country Music Hall of Fame umgezogen.

★ Third Man Records MUSIK
(www.thirdmanrecords.com; 623 7th Ave S; 10–17 Uhr) In einem der letzten Industriegebiete in der Downtown befindet sich Jack Whites

Boutique-Plattenlabel mit Laden und einer Lounge für Neuerscheinungen, die einen eigenen Drehteller und eine Livemusikbühne hat. Verkauft werden hier überwiegend Third-Man-Aufnahmen auf Vinyl und CD, T-Shirts für Sammler, Aufkleber, Kopfhörer und Pro-Ject-Plattenspieler. Man findet hier auch Whites gesamten Aufnahmenkatalog und man kann sich auch selbst auf Vinyl aufnehmen (20 US$).

Two Old Hippies BEKLEIDUNG, LIVEMUSIK
(www.twooldhippies.com; 401 12th Ave S; ⌚Mo–Do 10–17, Fr–Sa bis 20, So 11–17 Uhr) Das gibt's wohl nur in Nashville: Der Laden mit gehobener Retro-Bekleidung hat eine eigene Bühne, auf der regelmäßig erstklassige Liveshows dargeboten werden. Und wie bei der Bekleidung ist auch bei der Musik Country-mäßiger Hippie-Rock angesagt. Im Laden selbst bekommt man maßgeschneiderte T-Shirts, tolle Gürtel, in Tennessee hergestellten Schmuck, Kerzen, Rockerbekleidung sowie eine Menge bühnengerechter Hemden und Jackets sowie ein paar unglaubliche Akustikgitarren.

Gruhn Guitars MUSIK
(www.guitars.com; 2120 8th Ave S; ⌚Mo–Sa 10–18 Uhr) Der berühmte Laden für alte Musikinstrumente hat fachkundige Angestellte. Außerdem kann jederzeit irgendein unscheinbarer Virtuose reinschneien, sich eine Gitarre, eine Mandoline oder ein Banjo von der Wand schnappen und drauflos spielen.

ℹ Praktische Informationen

In Downtown Nashville und in den Gemeinschaftsparks gibt's kostenloses WLAN, ebenso wie in vielen Hotels, Restaurants und Cafés.

Nashville Visitors Information Center (☎615-259-4747; www.visitmusiccity.com; 501 Broadway, Bridgestone Arena; ⌚Mo–Sa 8–17.30, So 10–17 Uhr) im Glasturm bietet kostenlose Stadtpläne an.

Nashville Visitors Information Center (www.visitmusiccity.com; 150 4th Ave N; ⌚Mo–Fr 8–17 Uhr) Die kleinere Touristeninformation befindet sich in ihren Firmenbüros in der Lobby der Regions Bank.

INTERNETQUELLEN

Nashville Public Radio (www.nashvillepublicradio.org) Nachrichten, Musik und Hörfunkprogramme des NPR auf 90,3 WPLN FM.

Nashville Scene (www.nashvillescene.com) Kostenloses alternatives Wochenblatt mit Veranstaltungskalender.

Tennessean (www.tennessean.com) Nashvilles Tageszeitung.

ℹ An- & Weiterreise

Nashville liegt im zentralen Teil von Tennessee am Schnittpunkt dreier Interstates: I-40, I-65 und I-24. Der 9 Meilen (14,5 km) vom Zentrum entfernte **Nashville International Airport** (BNA; ☎615-275-1675; www.flynashville.com; One Terminal Dr) bietet Direktflüge von 28 US-Städten sowie von Mexiko und den Bahamas. Die Busbahnhöfe von **Greyhound** (☎615-255-3556; www.greyhound.com; 709 5th Ave S) und **Megabus** (www.megabus.com; 5th Ave N, zw. Gay St & Charlotte Ave) befinden sich beide in der Downtown und bieten Busverbindungen zu den anderen US-Bundesstaaten.

Flüge, Mietwagen und geführte Touren können über www.lonelyplanet.com/bookings online gebucht werden.

ℹ Unterwegs vor Ort

BUS

Die MTA (www.nashvillemta.org) betreibt den städtischen Busverkehr ab dem **Music City Central** (400 Charlotte Ave) in Downtown. Dazu gehört auch der kostenlose Music City Circuit mit drei Linien, die zu den meisten Sehenswürdigkeiten von Nashville fahren. Expressbusse fahren zum Music Valley.

FAHRRAD

Nashvilles öffentliches Bike-Sharing-Programm Nashville B-Cycle (https://nashville.bcycle.com) unterhält mehr als 30 Stationen im Zentrum. Die erste Stunde ist gratis; danach werden von der Kreditkarte pro halber Stunde 1,50 US$ abgebucht. Außerdem sind Leihfahrräder auch pro Tag, Woche oder Monat erhältlich. Stadtpläne gibt's am Informationszentrum des Flughafens bei der Gepäckausgabe oder online.

ZUM/VOM FLUGHAFEN

Bis ins Zentrum braucht man etwa 35–40 Minuten mit dem Bus 18 (1,70 US$) der **MTA** (MTA; www.nashvillemta.org; 400 Charlotte Ave; Preise 1,70–2,25 US$), der am Flughafen abfährt. Mit dem Express 18 dauert es etwa 20 Minuten. Die Bushaltestelle am Flughafen befindet sich auf Ebene 1 im Bereich der Ground Transportation.

Den offiziellen Flughafen-Shuttleservice betreibt Jarmon Transportation (www.jarmontransportation.com). Der Fahrpreis in die Downtown oder zu den Hotels in West End beträgt 20 US$ bzw. 25 US$. Der Shuttle hält bei Ground Transportation/Ebene 1. Auf der Website des Flughafens findet man auch eine Liste anderer Shuttle-Betreiber.

Taxis berechnen einen Pauschaltarif von 25 US$ für eine Fahrt nach Downtown oder Opryland. Ein Taxi nach Vanderbilt/West End kostet etwa 27 US$. Für eine Fahrt nach Franklin ist mit 55–60 US$ zu rechnen.

Östliches Tennessee

Dolly Parton, die berühmteste Persönlichkeit aus dem Osten Tennessees, liebt ihre Heimatregion so sehr, dass sie früher einmal Lieder über junge Frauen schrieb, die für den falschen Glanz der Großstadt die nach Heckenkirschen duftenden Smoky Mountains verlassen haben und das am Ende immer bereuen. Das Glück war ihr hold – sie machte damit Karriere. Das östliche Drittel des Bundesstaats ist eine überwiegend ländliche Region mit kleinen Ortschaften, sanften Hügeln und Flusstälern. Hier fühlt man sich dank der freundlichen Menschen, des herzhaften Essens und des ländlichen Charmes wie zu Hause. In den üppigen, mit Heidekraut bewachsenen Great Smoky Mountains lässt es sich prima wandern, campen und raften. Die beiden wichtigsten städtischen Regionen, Knoxville und Chattanooga, sind entspannte Ortschaften am Fluss mit vielen munteren Studenten, einer spannenden Musikszene, guten Restaurants und unterhaltsamen Craft-Bier-Brauereien.

Chattanooga

Heute ist Chattanooga eine der grünsten Städte mit kilometerlangen, gut genutzten Uferwegen, Elektrobussen und Fußgängerbrücken über dem Tennessee River, sodass man sich kaum vorstellen kann, dass es in den 1960er-Jahren als schmutzigste Stadt der USA galt. Mit ihren erstklassigen Möglichkeiten zum Klettern, Wandern, Radfahren und Wassersport ist sie auch eine der besten Städte im Süden Amerikas für Outdoor-Fans. Und wie großartig die Stadt heute ist, zeigt sich bei einem Blick vom Bluff View Art District!

Die Stadt war im 19. und 20. Jh. ein bedeutender Knotenpunkt im Eisenbahnverkehr. Daher auch der Begriff „Chattanooga Choo-Choo“, der ursprünglich auf den Personenzug der Cincinnati Southern Railroad von Cincinnati nach Chattanooga verwies und 1941 zum Titel eines Glen-Miller-Song wurde. Die leicht zu Fuß zu erkundende Innenstadt ist ein zunehmend nobler werdendes Labyrinth aus historischen Stein- und Backsteingebäuden und ein paar toller Gourmetrestaurants, Kleinbrauereien und brennereien. „The Noog“, wie Chattanooga genannt wird, hat hat jede Menge Liebenswertes zu bieten.

Sehenswertes & Aktivitäten

Songbirds MUSEUM
(www.songbirdsguitars.com; 35 Station St, Chattanooga Choo Choo Hotel; Erw./Kind 15,95/12,95 US$, Eintritt 38,95/35,95 US$; ⏲ Mo–Mi 10–18, Do–Sa bis 20, So 12–18 Uhr) Das 2017 eröffnete Museum mit seiner verblüffenden Gitarrensammlung – der weltweit größten Sammlung von Vintage- und seltenen Gitarren – ist Chattanoogas neueste Attraktion von Weltrang. Über 500 Gitarren, die meisten davon in zeitlicher Abfolge angeordnet, von der Fender Broadcaster von 1950 (der ersten in Massenfertigung produzierten Massivkorpus-E-Gitarre) bis zu den Instrumenten der 1970er-Jahre füllen den kleinen Raum. Darunter befinden sich auch Gitarren von Rock-Stars wie Chuck Berry, BB King, Bo Diddly, Roy Orbison und Robbie Krieger von The Doors.

Hunter Museum of American Art GALERIE
(www.huntermuseum.org; 10 Bluff View; Erw./Kind 10 US$/kostenlos; ⏲ Mo, Di, Fr & Sa 10–17, Do bis 20, Mi & So 12–20 Uhr) Dieser auffällige Bau aus Stahl und Glas auf den Klippen am Fluss ist zweifelsohne die bemerkenswerteste architektonische Leistung in Tennessee. Und ebenso fantastisch ist die Kunstsammlung mit Werken des 19. und 20. Jhs. Am ersten Donnerstag im Monat ist zwischen 16 und 20 Uhr der Eintritt zu den Dauerausstellungen frei (Sonderausstellungen 5 US$).

Coolidge Park PARK
(150 River St) Er ist ein guter Ausgangspunkt für einen Spaziergang am Fluss. Es gibt ein Karussell, viel genutzte Sportplätze und eine 15 m hohe Kletterwand , die an einem Pfeiler der Walnut Street Bridge, der weltgrößten Fußgängerbrücke, angebracht ist.

Lookout Mountain OUTDOOR-AKTIVITÄTEN
(☎ 800-825-8366; www.lookoutmountain.com; 827 East Brow Rd; Erw./Kind 50/27 US$; ⏲ wechselnde Öffnungszeiten; 👪) Einige der ältesten und beliebtesten Attraktionen von Chattanooga liegen 6 Meilen (9,6 km) außerhalb der Stadt. Im Eintrittspreis enthalten sind die Fahrt mit der **Incline Railway**, die einen Steilhang des Bergs hinauftuckert, der weltweit höchste unterirdische Wasserfall, die **Ruby Falls**, sowie **Rock City**, ein Garten mit einer Felsklippe mit tollem Ausblick.

Schlafen & Essen

★ **Crash Pad** HOSTEL $
(☎ 423-648-8393; www.crashpadchattanooga.com; 29 Johnson St; B/DZ/3BZ 35/85/110 US$;

(P ✻ @ ≋) 🍃 Das von Kletterern betriebene Hostel ist das beste der Südstaaten und setzt ganz auf Nachhaltigkeit und Coolness. Es ist in Southside, dem hippsten Viertel im Zentrum von Noog. Die Schlafsäle, in denen beide Geschlechter übernachten können, sind mehr als nur gut: Es gibt eingebaute Lampen, Steckdosen, Ventilatoren und Vorhänge zur Wahrung der Privatsphäre an jedem Bett. Die privaten Zimmer haben unverputzte Betonwände und ans Bett angebaute Nachttische. Für den Zugang im ganzen Haus bekommt man hochmoderne Schlüssel; Bettwäsche, Schließfächer und Frühstückszutaten sind im Preis inbegriffen.

Dwell Hotel BOUTIQUEHOTEL **$$**
(☎ 423-267-7866; www.thedwellhotel.com; 120 E 10th St; Zi. 225–325 US$; P ✻ ≋) Es ist schwer, das Gute noch besser zu machen, aber das einstige Stone Fort Inn – heute heißt es Dwell – hat dies geschafft. Der neue Besitzer hat dieses historische Downtown-Hotel vollständig zu einem Designerhotel im Retro-Stil der 1950er-Jahre erbaut. Die 16 umgestalteten Zimmer sind ausgestattet mit tadellos erhaltenen Vintage-Möbeln in Erdtonfarben, Regenduschen und Badewannen.

Flying Squirrel MODERN-AMERIKANISCH **$**
(www.flyingsquirrelbar.com; 55 Johnson St; Gerichte 6–18 US$; ⊙ Di–Do 17–1, Fr & Sa bis 2, So 10.30–15 Uhr; ≋) Das Flying Squirrel grenzt an das coolste Hostel des Südens (dieselben Besitzer) und ist eigentlich nur eine überaus coole Bar (Zugang ab 21 Jahren, außer sonntags zum Brunch), aber die kleinen Teller mit Gerichten aus Regionalerzeugnissen passen sind gehobenes Kneipenessen.

St. John's Meeting Place AMERIKANISCH **$$**
(☎ 423-266-4571; www.stjohnsmeetingplace.com; 1274 Market St; Hauptgerichte 12–29 US$; ⊙ Mo–Do 17–21.30, Fr & Sa bis 22 Uhr) Dieser kulinarische Anker in Southside gilt weithin als bestes Abendrestaurant von Chattanooga. Das im Johnny-Cash-Schwarz gehaltene Ambiente (schwarzer Granitboden, Kronleuchter aus schwarzem Glas, schwarze Bänke) gibt dem Innenraum eine für ein Speiselokal unorthodoxe, aber moderne Eleganz. Die farmfrische Küche umfasst geräuchertes Lammfleisch, Schweinefilet und Nacho-Burger mit Chorizo und eingelegten Jalapeños.

ℹ Praktische Informationen

Visitor Center (☎ 800-322-3344; www.chattanoogafun.com; 215 Broad St; ⊙ 10–17 Uhr) Das Visitor Center in einem öffentlichen Verbindungsgang ist leicht zu übersehen.

ℹ Anreise & Unterwegs vor Ort

Chattanoogas bescheidener **Flughafen** (CHA; ☎ 423-855-2202; www.chattairport.com; 1001 Airport Rd) befindet sich östlich der Stadt. Der **Greyhound-Busbahnhof** (☎ 423-892-1277; www.greyhound.com; 960 Airport Rd) liegt gleich am Ende der Straße.

Zu den meisten Sehenswürdigkiten im Zentrum gelangt man mit den kostenlosen Elektrobus **Downtown Electric Shuttle** (www.gocarta.org), der im Zentrum und an der North Shore pendelt. Im Visitor Center gibt's einen Streckenplan.

Bike Chattanooga (www.bikechattanooga.com) ist Chattanoogas städtisch gefördertes Bike-Sharing-Programm. Die Leihfahrräder stehen an 33 Stationen in der ganzen Stadt verteilt. Radfahrer kaufen einen Radpass (ab 8 US$ für 24 Std.) mit der Kreditkarte an allen Kiosken der Stationen. Fahrten unter 1 Stunde sind kostenlos.

Knoxville

Knoxville, das wegen seiner vielen Textilfabriken früher den Beinamen „Welthauptstadt der Unterwäsche" trug, ist heute der Standort der University of Tennessee und Sitz der leidenschaftlichen Fans der College-Football-Mannschaft. Wenn ein College-Spiel ansteht, ist die ganze Stadt in Orange getaucht, denn zehntausende Fans pilgern dann ins Neyland Stadium, um zu verfolgen, wie die heißgeliebten Volunteers auf dem Footballfeld auflaufen. Knoxville hat aber mehr zu bieten als nur das ovale Leder. Seitdem es sich nicht mehr damit zufriedengibt, hinter dem nahen Chattanooga und Asheville die zweite Geige zu spielen, erfuhr die Stadt eine positive Neuausrichtung und mausert sich zunehmend zu einem bedeutenden Zentrum von Outdoor-Aktivitäten, Gastronomie und Craft-Bier-Enthusiasten sowie als Ausgangspunkt für Touren durch den Great Smoky Mountains National Park. Knapp 29 Meilen (46,6 km) vom Sugarlands Visitors Center entfernt, ist Knoxville bestens für Tagesausflüge geeignet und weitaus empfehlenswerter für Essen und Trinken als andere Städte in der Nähe des Parks.

◉ Sehenswertes & Aktivitäten

Women's Basketball Hall of Fame MUSEUM
(www.wbhof.com; 700 Hall of Fame Dr; Erw./Kind 7,95/5,95 US$; ⊙ Sommer Mo–Sa 10–17 Uhr, Winter Di–Fr 11–17, Sa 10–17 Uhr; 👪) Unübersehbar

ist der gewaltige orangefarbene Basketball vor der raffinierten Women's Basketball Hall of Fame. Drinnen bekommt man einen Einblick in die Geschichte des Sports, angefangen bei der Zeit, als Frauen noch in langen Kleidern spielen mussten.

Ijams Nature Center OUTDOOR-AKTIVITÄTEN
(☎865-577-4717; www.ijams.org; 2915 Island Home Ave; ⌚Mo–Sa 9–17, So 11–17 Uhr) Es ist der einzige Laden in Knoxville für Aktivitäten im Freien. Hier gibt's Wanderkarten für die städtische Parklandschaft Knoxville's Urban Wilderness, Infos über Outdoor-Aktivitäten und man kann Ausrüstung für eine Tour auf dem Mead's Quarry Lake leihen.

Schlafen & Essen

★ **Oliver Hotel** BOUTIQUEHOTEL $$
(☎865-521-0050; www.theoliverhotel.com; 407 Union Ave; Zi $160–360 US$; P❄@☜) Hippe Angestellte an der Rezeption begrüßen die Gäste im einzigen Boutiquehotel von Knoxville. Es hat 28 moderne, stilvolle Zimmer mit lustig gefliesten Regenduschen, hochwertiger Bettwäsche, Teppichen und tollen handgefertigten Kaffeetischen. Die Bar **Peter Kern Library** lockt abends Cocktailfans an. Das neue Restaurant **Oliver Royale** ist sehr zu empfehlen (Hauptgerichte 15–46 US$).

★ **Oli Bea** FRÜHSTÜCK $
(www.olibea.net; 119 S Central St; Hauptgerichte 7–12 US$; ⌚Mo–Fr 7–13, Sa 8–14 Uhr; ☜) Eine Übernachtung in Knoxville lohnt sich schon wegen des üppigen, mexikanisch angehauchten Südstaaten-Frühstücks aus farmfrischen Produkten in diesem Frühstückslokal in der Altstadt. Es gibt aufgepeppte Standardgerichte (Rohschinken, Salbeiwürstchen, Bio-Hähnchen), einen himmlisch gut gegrillen Käse mit Buttermilch-Cheddar, Enteneier, Blattkohl, fabelhaftes Schweinefleisch-Confit *carnitas tostadas* und *chilaquiles*.

Praktische Informationen

Visitor Center (Visit Knoxville: ☎800-727-8045; www.visitknoxville.com; 301 S Gay St; ⌚Mo–Fr 8.30–17, Sa 9–17, So 12–16 Uhr) Im Visitor Center neben der Touristeninformation spielen auch Bands des gesamten Americana-Genres für das **Blue Plate Special** des Radiosenders WDVX, einer kostenlosen Konzertreihe von Montag bis Samstag um 12 Uhr.

Anreise & Unterwegs vor Ort

Knoxvilles **McGhee Tyson Airport** (☎865-342-3000; www.flyknoxville.com; 2055 Alcoa Hwy, Alcoa) liegt 15 Meilen (24,1 km) südlich der Stadt und unterhält etwa 20 Inland-Direktflüge. Der Busbahnhof von **Greyhound** (☎865-524-0369; www.greyhound.com; 100 E Magnolia Ave) liegt nur knapp 1 Meile (1,6 km) nördlich des Zentrums und ist daher eine bequeme Option für alle Überlandreisende.

Gatlinburg

Das furchtbar kitschige und familienfreundliche Gatlinburg liegt am Eingang zum Great Smoky Mountains National Park und verführt Wanderer mit dem Duft von Toffee, Zuckerwatte und Pfannkuchen sowie etlichen kuriosen Museen und skurrilen Attraktionen. Hier gibt's alles, was man den USA an Gutem und Schlechtem nachsagt und es zeigt sich als knallbunte Explosion von magischen Shows und Mondschein. Man kann über die Stadt sagen, was man will, aber nicht, dass Gatlinburg keine guten Zeiten erlebt hat.

Mit Ausnahme des Gatlinburg Sky Lift blieb die Stadt an sich bei den verheerenden Waldbränden in den Great Smoky Mountains von 2016 weitgehend verschont, sodass die guten Zeiten andauerten, aber die Menschen, die dabei umkamen, und die allgemeinen Schäden (14 Todesopfer, 7246 ha verbranntes Land inneralb und außerhalb des Parks und über 2400 bis auf die Grundmauern zerstörte Gebäude) bedeuten, dass Gatlinburg weiterhin trauert. Glücklicherweise gibt es einen Hoffnungsschimmer!

Sehenswertes & Aktivitäten

Dollywood VERGNÜGUNGSPARK
(☎865-428-9488; www.dollywood.com; 2700 Dollywood Parks Blvd, Pigeon Forge; Erw./Kind 67/54 US$; ⌚April–Dez.) Dollywood ist eine Hommage an die Schutzheilige des östlichen Tennessee, die langhaarige und großbusige Country-Sängerin Dolly Parton. Der Park umfasst thematisch auf die Appalachen zugeschnittene Fahrgeschäfte und Attraktionen, einen Wasserpark, das DreamMore Resort und weitere Sehenswürdigkeiten. Er befindet sich 9 Meilen (14,5 km) nördlich von Gatlinburg über dem Ort Pigeon Forge, das einem Las Vegas aus zweiter Hand ähnelt und von amerikanischem Kitsch strotzt.

Gatlinburg Sky Lift SEILBAHN
(☎865-436-4307; www.gatlinburgskylift.com; 765 Parkway; Erw./Kind 16,50/13 US$; ⌚Juni–Aug. 9–23 Uhr, im übrigen Jahr unterschiedliche Öffnungszeiten) Dieser umfunktionierte Sessellift bringt die Gäste hoch hinauf auf die

Smokies, von wo man grandiose Ausblicke genießt. Nachdem er 2016 während der Waldbrände in den Great Smoky Mountains beschädigt wurde, wurde er von Grund auf überholt und nahm im Sommer 2017 den Betrieb wieder auf. Die Besucher genießen eine bequeme Fahrt in den nunmehr dreisitzigen statt früher zweisitzigen Sesseln.

★ **Ole Smoky Moonshine Holler** BRENNEREI
(www.olesmokymoonshine.com; 903 Parkway; ⌚10–22 Uhr) Auf den ersten Blick wirkt die Brennerei in dem Stein- und Holzgebäude, die erste Schwarzbrennerei Tennessees mit Lizenz, als ob sie ein Disney-Produkt wäre. Doch ein Besuch lohnt sich, denn die Zeit, die man hier bei den hysterischen Barkeepern, ihren bunten Kommentaren und den Gratisverkostungen der 13 Schnapsvarianten verbringt, ist die beste in Gatlinburg.

Schlafen & Essen

Rocky Waters Motor Inn MOTEL $
(☎865-436-7861; www.rockywatersmotorinn.com; 333 Parkway; DZ 49–169 US$; P ❄ 📶) Das angenehme Retro-Motel liegt über dem Fluss und hat saubere, komfortable Zimmer mit neuen Hartholzböden und großen begehbaren Duschen. Vom Hotel, das abseits von Lärm und Lichtern liegt, ist das Zentrum zu Fuß gut erreichbar.

Buckhorn Inn INN $$
(☎865-436-4668; www.buckhorninn.com; 2140 Tudor Mountain Rd; DZ 125–205 US$, Pension mit 2 Schlafzi. ab 240 US$; P ❄ @ 📶) Nur wenige Fahrminuten, aber Lichtjahre entfernt vom Kitsch und den Menschenmengen aus dem Zentrum von Gatlinburg gelegen, bietet das ruhige Buckhorn neun elegante Zimmer, sieben Einzelhütten und vier Pensionen auf einem Gelände, das wie ein sorgfältig gepflegter privater Himmel wirkt. Wem der freie Blick auf den Mt. LeConte nicht reicht, kann durch das Meditationslabyrinth aus unbehauenen Steinen schlendern.

Three Jimmys AMERIKANISCH $
(www.threejimmys.com; 1359 East Pkwy; Hauptgerichte 9–28 US$; ⌚11–22 Uhr; 📶) Hier kann man beim Essen den Touristenhorden an der Hauptstraße entkommen. Das bei den Einheimischen beliebte Lokal hat freundliche Bedienungen und eine lange Speisekarte mit allem Möglichen: Grillfleisch, Reuben-Sandwich mit Pute, Burger, Champagner-Hähnchen, Steak, köstlichen Spinatsalat usw.

Praktische Informationen

Gatlinburg Welcome Center (☎865-277-8947; www.gatlinburg.com; 1011 Banner Rd; ⌚8.30–17.30 Uhr) Offizielle Infos und Karten, einschließlich einer handlichen Wasserfall-Karte (1 US$), über Gatlinburg ebenso wie über den Great Smoky Mountains National Park.

Anreise & Unterwegs vor Ort

Die meisten Reisenden kommen in Gatlinburg mit dem Auto an. Der nächste Flughafen ist Knoxvilles **McGhee Tyson Airport**, der 41 Meilen (66 km) entfernt ist. Es gibt keinen regelmäßigen Überland-Busverkehr.

Verkehr und Parkmöglichkeiten sind eine echte Herausforderung in Gatlinburg. Der Gatlinburg Trolley (www.gatlinburgtrolley.org) verkehrt im Zentrum und die braune Trolley-Linie (2 US$) fährt von Juli bis Oktober zum Park und hält beim Sugarlands Visitor Center, den Laurel Falls und dem Elkmont Campground. Parkplätze kosten in der Stadt im Allgemeinen 10 US$ pro Tag, aber im Ole Smoky Moonshine Holler sind nur 5 US$ fällig.

KENTUCKY

Angesichts einer Wirtschaft, die auf Bourbon-Whiskey, Pferderennen und Tabak basiert, könnte man meinen, Kentucky mache Las Vegas den Ruf als Hort der Sünde streitig. Die Antwort lautet: ja und nein. Auf jede whiskeylastige Bar in Louisville kommt ein „trockener" County, wo man nichts Stärkeres bekommt als Ginger Ale. Und auf jede Pferderennbahn kommt eine Kirche. Kentucky ist voller solcher Gegensätze. Der Bundesstaat, an einem geografischen wie kulturellen Scheideweg gelegen, vereint in sich die Freundlichkeit des Südens, seine Geschichte als Grenze zum Wilden Westen, die Industrie des Nordens und den aristokratischen Charme des Ostens. Jede Ecke des Bundesstaats ist eine Augenweide, es gibt aber nur wenig, das so herzzerreißend schön ist wie die sanften Sandsteinhügel des „Pferdelands", in dem die Vollblutzucht ein viele Millionen Dollar schweres Geschäft ist. Im Frühling blühen auf den Weiden winzige himmelblaue Blumen, denen der Staat auch seinen Beinamen „Bluegrass State" verdankt.

Praktische Informationen

Kentucky State Parks (☎502-564-2172; www.parks.ky.gov) Hat sinnvolle Informationen zum Wandern, Höhlenwandern, Angeln, Campen etc. in Kentuckys 52 State Parks. Die sogenannten Resort Parks sind mit Lodges ausgestattet, während es in den Recreation Parks weniger komfortabel zugeht.

Kentucky Travel (☎800-225-8747; www.kentuckytourism.com) Gibt eine detaillierte Broschüre über die Attraktionen Kentuckys aus.

Louisville

Das zweifellos coole Louisville (oder „Luhvul", wie die Einheimischen sagen) wird oft etwas unterschätzt und ist vor allem für das Kentucky Derby bekannt. Die größte Stadt Kentuckys, die während der Erschließung des Westens ein wichtiges Schifffahrtszentrum am Ohio River war, ist heute ein aufstrebendes Zentrum mit angesagten Bars, exzellenten Restaurants (die Frisches aus der Region verarbeiten) und einer einnehmenden, jungen und immer fortschrittlicher denkenden Bevölkerung. Hier kann man gut ein oder zwei Tage damit verbringen, die Museen anzuschauen, durch die alten Viertel zu schlendern und Bourbon zu trinken.

Sehenswertes & Aktivitäten

★Churchill Downs WAHRZEICHEN
(☎502-636-4400; www.churchilldowns.com; 700 Central Ave) Am ersten Samstag im Mai wirft sich Amerikas Oberschicht mit Nadelstreifenanzügen und superschrägen Hüten in Schale, um die „zwei großartigsten Minuten des Sports" zu erleben: das Kentucky Derby, das am längsten bestehende Sportereignis in Nordamerika.

Kentucky Derby Museum MUSEUM
(www.derbymuseum.org; Gate 1, Central Ave; Erw./Senior/Kind 15/14/8 US$; ⏲15. März–30. Nov. Mo–Sa 8–17, So 11–17 Uhr, Dez.–14. März Mo–Sa ab 9, So 11–17 Uhr) Das Museum auf dem Gelände der Rennbahn zeigt eine Ausstellung zur Geschichte des Derbys. Man erhält u.a. einen Einblick in den Alltag der Jockeys und lernt die berühmtesten Pferde kennen. Zu den Highlights gehören ein 360°-HD-Film über das Rennen, die 30-minütige Führung durch die Tribünen (mit ein paar spannenden Geschichten) und der tolle Mint Julep im Museumscafé.

Die 90-minütige Inside the Gates Tour (11 US$) führt durch die Quartiere der Jockeys und in den totschicken VIP-Bereich, auch Millionaire's Row genannt.

Muhammad Ali Center MUSEUM
(www.alicenter.org; 144 N 6th St; Erw./Senior/Kind 12/11/7 US$; ⏲Di–Sa 9.30–17, So 12–17 Uhr) Das Zentrum ist ein Liebesbeweis an die Stadt von ihrem berühmtesten Sohn. Der Besuch hier ist ein absolutes Muss. Dass ein Schwarzer aus dem Süden stolz seine Größe und Schönheit zur Schau stellte, war seinerzeit revolutionär und eine Inspiration. Das Museum fängt all das ein.

Louisville Slugger Museum & Factory MUSEUM
(www.sluggermuseum.org; 800 W Main St; Erw./Senior/Kind 14/13/8 US$; ⏲Mo–Sa 9–17, So 11–17, Juli bis 18 Uhr;) Ein fast 37 m großer Baseballschläger lehnt sich von außen an das Museum. Hillerich & Bradsby Co. stellen hier seit 1884 den berühmten Louisville Slugger her. Im Eintritt inbegriffen ist eine Führung durch die Fabrik und durch die Ausstellung mit Erinnerungsstücken aus der Geschichte des Baseballs (auch der Schläger von Babe Ruth ist zu sehen) sowie ein kostenloser Minischläger als Souvenir.

Frazier History Museum MUSEUM
(www.fraziermuseum.org; 829 W Main St; Erw./Senior/Kind 12/10/8 US$; ⏲Mo–Sa 9–17, So 12–17 Uhr) Das für die mittelgroße Stadt erstaunlich ambitionierte, hochmoderne Museum dokumentiert 1000 Jahre Regionalgeschichte mittels Dioramen von grausamen Schlachten und mittels kostümierten Darstellern, die Schwertkämpfe und hitzige Debatten nachstellen.

Kentucky Science Center MUSEUM
(☎502-561-6100; www.kysciencecenter.org; 727 W Main St; Erw./Kind 13/11 US$; ⏲So–Do 9.30–17.30, Fr & Sa bis 21 Uhr;) In einem historischen Gebäude an der Main St ist hier auf drei Ebenen eine familientaugliche und bei Kindern sehr beliebte Ausstellung zu sehen, die Themen aus der Biologie, Physiologie, Physik, Computerwissenschaft und mehr beleuchtet. Für weitere 8 bis 10 US$ kann man sich auch noch einen Film im IMAX-Kino anschauen.

Feste & Events

Kentucky Derby Festival SPORT
(www.kdf.org; Tickets für das Kickoff Event ab 30 US$) Das Kentucky Derby Festival, zu dem eine Ballonwettfahrt, ein Marathonlauf, eine Dampfbootfahrt und das größte Feuerwerk Nordamerikas gehören, beginnt zwei Wochen vor dem großen Event.

First Friday Trolley Hop KUNST
(www.firstfridayhop.com; Main St & Market St; ⏲1. Fr im Monat 17–23 Uhr) Die Zahl unglaublicher Küchen nimmt jedes Jahr exponenziell zu,

vor allem im reizenden NuLu-Viertel, wo man am First Friday Trolley Hop zahlreiche Galerien und Boutiquen mit der Straßenbahn erkunden kann.

Geführte Touren

Waverly Hills Sanatorium GEFÜHRTE TOUR
(☎502-933-2142; www.therealwaverlyhills.com; 4400 Paralee Lane; 2/6/8 Std. Führung 25/75/100 US$; ⏲März–Aug. Fr & Sa) Das verlassene Waverly Hills Sanatorium thront wie die Burg eines verrückten Königs über Louisville. Einst beherbergte es die Opfer einer Tuberkulose-Epidemie Anfang des 20. Jhs. Die Leichname der verstorbenen Patienten wurden über eine Rutsche in den Keller befördert – kein Wunder, dass es in dem Gebäude spuken soll! Wer auf Geisterjagd gehen möchte, kann sich einer nächtlichen Führung anschließen. Wahrhaft Furchtlose können hier sogar die Nacht verbringen. Viele Besucher sprechen hinterher über die Klinik als den unheimlichsten Ort, an dem sie je gewesen sind.

Big Four Bridge STADTSPAZIERGANG, RADFAHREN
(www.louisvillewaterfront.com; East River Rd; ⏲24 Std.) Die zwischen 1888 und 1895 erbaute Big Four Bridge führt über den Ohio River hinüber nach Indiana. Seit 1969 ist sie für den Fahrzeugverkehr gesperrt, wurde aber 2013 für Fußgänger und Radfahrer wieder geöffnet. Von überall auf der Brücke bietet sich ein hübscher Blick auf Stadt und Fluss.

Schlafen

Rocking Horse B&B B&B $$
(☎888-467-7322; 502-583-0408; www.rockinghorse-bb.com; 1022 S 3rd St; Zi. 125–250 US$; P ❄ 📶) Nahe der Universität von Louisville an einem Abschnitt der 3rd St, die einst Millionaire's Row genannt wurde, liegt dieses neoromanische Herrenhaus von 1888 mit vielen bemerkenswerten historischen Elementen. Die sechs Gästezimmer sind mit viktorianischen Antiquitäten und prächtigen, original erhaltenen Buntglasfenstern geschmückt. Gäste können im englischen Garten ihr Zwei-Gänge-Frühstück oder im Salon kostenlosen Portwein genießen.

★ **21c Museum Hotel** HOTEL $$$
(☎502-217-6300; www.21chotel.com; 700 W Main St; Zi. ab 199 US$; P ❄ 📶) Das Hotel, das zugleich ein Museum für zeitgenössische Kunst ist, fällt durch sein außergewöhnliches Design auf: Während die Gäste auf den Aufzug warten, werden ihre verzerrten Abbilder und Stimmen auf eine Videoleinwand übertragen, und in den Herren-WCs finden sich Urinale aus durchsichtigem Glas. Die Zimmer sind zwar nicht ganz so interessant wie die fünf Galerieräume mit zeitgenössischer Kunst, die zugleich als Gemeinschaftsbereiche fungieren, aber mit iPod-Stationen und allem Nötigen zur Zubereitung von Mint Juleps ausgestattet.

Brown Hotel HOTEL $$$
(☎502-583-1234; www.brownhotel.com; 335 West Broadway; Zi. 200–600 US$; P 🚭 ❄ 📶) Opernstars, Königinnen und Ministerpräsidenten sind schon über die Marmorböden dieses legendären Hotels in Downtown geschritten. Nach der Renovierung erstrahlt es mit seinen 294 komfortablen Zimmern und der beeindrucken Bourbon-Bar in der Lobby unter der original erhaltenen vergoldeten Decke im Stil der englischen Renaissance nun wieder im glorreichen Glanz der 1920er-Jahre.

Essen

Gralehaus MODERN-AMERIKANISCH $
(www.gralehaus.com; 1001 Baxter Ave; Hauptgerichte 6–13 US$; ⏲So–Di 8–16, Mi–Sa bis 22 Uhr; 📶) In dem kleinen Lokal in einem historischen Haus aus dem frühen 20. Jh. gibt's den ganzen Tag über Frühstück. Man sollte sich die Abwandlungen der traditionellen Südstaatenküche, die der Chefkoch hier rund um die Uhr fabriziert (wie Biscuits mit regionalen Zutaten, Entenschmalz, Lamm und Maisgrütze), nicht entgehen lassen. Gute Kaffees sind ebenfalls zu haben.

The Post DELI $
(www.thepostlouisville.com; 1045 Goss Ave; Hauptgerichte 3–13 US$; ⏲Mo–Mi 11 Uhr–open end, Do–Fr bis 2, Sa 12–2 Uhr, So 12 Uhr–open end; 📶) Im nobler werdenden Germantown schaffen die Pizza auf New Yorker Art, die Sub-Sandwiches und das tolle Ambiente (vorn eine sonnige Veranda, hinten eine gemütliche Bar mit 16 Zapfhähnen) ein teureres Flair und eine coolere Stimmung, als es die Rechnung vermuten lässt.

Silver Dollar KALIFORNISCH, SÜDSTAATENKÜCHE $$
(☎502-259-9540; www.whiskeybythedrink.com; 1761 Frankfort Ave; Hauptgerichte 9–27 US$, Brunch 9–14 US$; ⏲Mo–Fr 17–2, Sa & So ab 10 Uhr; 📶) Das Silver Dollar zeigt sich gastronomisch unverbindlich – die Küche bezeichnen wir als kalifornisch inspirierte Südstaatenküche –, aber unverhohlen bourbonlastig. Man genießt Hähnchen und Waffeln, *beer can hen*

(gebratenes Junghuhn mit einer Dose Old Milwaukee-Bier) oder fantastische *chilaquiles,* gefolgt von einem Schluck Bourbon.

Garage Bar KNEIPENESSEN $$
(www.garageonmarket.com; 700 E Market St; Gerichte 9–18 US$; ⌚Mo–Do 17–22, Fr–So 11–22 Uhr; 📶) An einem heißen Nachmittag gibt es nichts Besseres, als sich in dieser absolut angesagten, umgebauten Tankstelle in NuLu (mit ihren beiden „sich küssenden“ Chevrolets nicht zu übersehen) einen Basilikum-Gimlet und eine Schinkenplatte zu bestellen (eine Kostprobe von 4 Schinkensorten aus der Region mit frischem Brot und Kompott; 26 US$).

★ **Butchertown Grocery** MODERN-AMERIKANISCH $$$
(📞502-742-8315; www.butchertowngrocery.com; 1076 E Washington St; Hauptgerichte 15–25 US$; ⌚Restaurant Mi–Fr 11–22, Sa & So ab 11 Uhr, Bar Mi–So 18 Uhr–open end, Do–Sa bis 2 Uhr; 📶) Louisvilles angesagtestes neues Restaurant setzt auf den schmalen Grat zwischen bodenständig und raffiniert und bietet europäisch inspirierte, aber amerikanisch geprägte Küche in einem unaufdringlichen Ziegelbau des 19. Jhs. Das Innere schmücken verwitterte Holzdecken und Marmortische sowie ein Schwarzweiß-Mosaikboden.

★ **Proof** MODERN-AMERIKANISCH $$$
(📞502-217-6360; www.proofonmain.com; 702 W Main St; Hauptgerichte 13–38 US$; ⌚Mo–Do 7–10, 11–14 & 17.30–22, Fr bis 23, Sa 7–15 & 17.30–23, So bis 13 Uhr; 📶) Es ist wohl das beste Restaurant in Louisville. Die Cocktails (10–12 US$) sind fabelhaft, die Wein- und Bourbonkarte ist lang und erlesen (im Proof gibt's die exklusiven und seltenen Whiskeys Woodford Reserve und Van Winkle), während die überraschenden Gerichte von einem feinen gegrillten Käse bis zu einem köstlichen Bison-Burger oder raffinierten scharfen Brathähnchen reichen.

Ausgehen & Nachtleben

★ **Holy Grale** KNEIPE
(http://holygralelouisville.com; 1034 Bardstown Rd; Fassbiere ab 6 US$; ⌚Mo–Do 16–1, Fr & Sa bis 2, So 12 Uhr–open end; 📶) Eine der besten Bars von Louisville befindet sich in einer alten Kirche und bietet gehobene Kneipenkost (belgische Gourmet-Fritten, Muscheln mit grünem Curry, Rippchen mit Poutine; Hauptgerichte 6–14 US$) und eine aufregende Bierkarte mit selteneren deutschen, dänischen, belgischen und japanischen Bieren vom Fass. Die stärksten Biere (bis zu 13 % Alkoholgehalt) werden auf der Chorempore serviert. Halleluja!

Mr. Lee's COCKTAILBAR
(www.mrleeslounge.com; 935 Goss Ave; Cocktails 10–12 US$; ⌚Mo–Do 14 Uhr–open end, Fr & Sa bis 2, So bis 23 Uhr) Germantowns Cocktail-Hochburg ist diese neue, überzeugende Retro-Bar mit ihrer kleinen, aber beachtenswerten Liste von Alkoholika aus der Zeit vor der Prohibition. Die halbkreisförmige Bar aus rotem Leder schafft dank des Stils der 1950er-Jahre mit seinen intimen Tischen und Sitzbänken eine Atmosphäre, die perfekt für einen feuchtfröhlichen Abend ist. Es gibt sogar Teppichboden!

Monnik Beer Company KLEINBRAUEREI
(www.monnikbeer.com; 1036 E Burnett Ave; Bier ab 4 US$; ⌚Di–Do 11 Uhr–open end, Fr & Sa bis 1, So bis 22 Uhr; 📶) Unsere bevorzugte Brauerei in Louisville befindet sich im aufstrebenden Schnitzelburg. Es gibt 20 Zapfhähne – erwähnenswert ist vor allem der Zapfhahn für IPA-Biere – in diesem recht engen, hippen Raum, in dem nicht nur das Bier fabelhaft ist. Der Bierkäse mit Vollkornbrot ist derartig lecker, dass man ihn auf Rezept verschreiben sollte. Und auch die Burger von nur mit Gras gefütterten Rindern sind perfekt!

ℹ Praktische Informationen

Visitor Center (📞502-379-6109; www.gotolouisville.com; 301 S 4th Ave; ⌚Mo–Sa 10–17, So 12–17 Uhr) Hat Broschüren und hilfsbereite Angestellte.

ℹ Anreise & Unterwegs vor Ort

Der International Airport von Louisville (S. 425) liegt etwa 5 Meilen (8 km) südlich der Stadt an der I-65. Hierher gelangt man mit einem Taxi zum Pauschalpreis von 19,55 US$ oder mit dem Stadtbus 2. Der Busbahnhof von **Greyhound** (📞800-231-2222; www.greyhound.com; 720 W Muhammad Ali Blvd) befindet sich gleich westlich der Downtown.

Die Stadtbusse (1,75 US$) der TARC (www.ridetarc.org) fahren ab dem historischen Betriebsbahnhof **Union Station Depot** (502-585-1234; 1000 W Broadway). Der kostenlose Zero-Bus ist ein Elektrobus, der die Main St, Market St und 4th St entlang pendelt, wo sich die meisten Sehenswürdigkeiten und coolsten Restaurants der Stadt befinden. In den Bussen muss man zwar nicht passend zahlen, allerdings erhält man kein Wechselgeld zurück.

Bluegrass Country

Wer an einem sonnigen Tag durch das Bluegrass Country im Nordosten Kentuckys fährt, wird nicht nur über die grünen Hügeln staunen, die mit kleinen Teichen, Pappeln und hübschen Landhäusern übersät sind, sondern auch zahllose Pferde beim Grasen beobachten können. Die einst wilden Wald- und Wiesengebiete sind seit fast 250 Jahren ein Zentrum der Pferdezucht, und die Weiden der Region sollen aufgrund der natürlichen Kalksteinvorkommen in der Gegend – auf die majestätisch aufragenden Kalksteinfelsen achten! – besonders nährstoffreich sein.

Lexington

In Lexington gibt's Häuser, die Millionen Dollar kosten, ja sogar Pferde, für die ebenfalls Sümmchen mit etlichen Nullen fällig werden, und selbst das Gefängnis sieht aus wie ein Country-Club. Die einst wohlhabendste und kultivierteste Stadt westlich der Allegheny Mountains, die auch „Athen des Westens" genannt wurde, ist heute Sitz der University of Kentucky und das Zentrum der Vollblutzucht. Im kleinen Zentrum finden sich ein paar hübsche viktorianische Viertel.

Sehenswertes

Kentucky Horse Park MUSEUM, PARK

(www.kyhorsepark.com; 4089 Iron Works Pkwy; im Sommer Erw./Kind 20/10 US$, im Winter Erw./Kind 12/6 US$, März–Okt. Reiten 25 US$; ⌚15. März–5. Nov. 9–17, 6. Nov.–14. März Mi–So 9–17 Uhr; 👪) Das Zentrum für Pferdesport mit lehrreichem Themenpark liegt gleich nördlich von Lexington auf einem 485 ha großen Gelände. Pferde aus 50 verschiedenen Zuchtlinien leben hier und wirken bei besonderen Liveshows mit.

Ashland HISTORISCHES GEBÄUDE

(www.henryclay.org; 120 Sycamore Rd; Erw./Kind 12/6 US$; ⌚März–Dez. Di–Sa 10–16 Uhr, April–Nov. So 13–16 Uhr) Nur 1,5 Meilen (2,5 km) östlich der Downtown gelegen, ist Ashland teils historisches Wohnhaus eines der beliebtesten Söhne Kentuckys und teils öffentlicher Park. Das italienisch angehauchte Anwesen gehörte einst dem berühmten Staatsmann und großen Redner Henry Clay (1777–1852).

Lexington Art League at Loudoun House GALERIE

(www.lexingtonartleague.org; 209 Castlewood Dr; ⌚Di–Do 10–16, Fr 10–20, Sa & So 13–16 Uhr) Kunst- und Architektur-Fans werden diese Galerie mit trendiger, zeitgenössischer Kunst nicht missen wollen, die in einem prächtigen, im Stil des American Gothic Revival erbauten Herrenhauses in NoLi untergebracht ist. Es ist eines von fünf noch erhaltenen Bauwerken dieser Art in den USA. Die topaktuellen Ausstellungen, etwa sechs pro Jahr, sind recht herausfordernd für Lexington-Standards und der nette geschäftsführende Direktor ist stolz, damit provozieren zu können.

Mary Todd-Lincoln House HISTORISCHES GEBÄUDE

(www.mtlhouse.org; 578 W Main St; Erw./Kind 12/5 US$; ⌚15. März–30. Nov. Mo–Sa 10–15 Uhr) Das bescheidene Haus von 1806 beherbergt Gegenstände aus der Kindheit der First Lady und aus ihrer Zeit als Gattin von Abraham Lincoln. Darunter sind auch Originalstücke aus dem Weißen Haus. Führungen gibt's zu jeder vollen Stunde; die letzte beginnt um 15 Uhr.

Schlafen

Gratz Park Inn HOTEL $$

(☎859-231-1777; www.gratzparkinn.com; 120 W 2nd St; Zi. ab 179 US$; P ❄ @ 📶) In Lexingtons historischem Viertel steht dieses Hotel, in dem man einst die Brokatvorhänge zuzog und in einem Himmelbett aus dem 19. Jh. einschlief. Inzwischen wurden die Zimmer renoviert und übrig blieben nur einige wenige alte Himmelbetten für die Gäste. Die überholten Zimmer bewahren aber ihr einstiges Flair, während die Badezimmer mit ihren modernen Duschen mit gefliesten Böden trendig und industriell wirken.

★ Lyndon House B&B $$

(☎859-420-2683; www.lyndonhouse.com; 507 N Broadway; Zi. ab 179 US$; P ❄ @ 📶) Ein ordinierter Geistlicher und Feinschmecker mit viel Liebe fürs Detail ist der Gastgeber in diesem anspruchsvollen, geräumigen B&B in einem historischen Herrenhaus von 1885 in Downtown. Anton nimmt es mit der Gastfreundschaft sehr ernst und macht sogar das Frühstück. Die sieben Zimmer sind mit altmodischen Möbeln und allen modernen Annehmlichkeiten ausgestattet. Zudem findet man viele Restaurants und Kneipen quasi direkt vor der Haustür.

★ 21c Museum Hotel BOUTIQUEHOTEL $$

(☎859-899-6800; www.21cmuseumhotels.com; 167 W Main St; Zi. ab 219 US$; P ❄ 📶) Dieses

ABSTECHER

MAKER'S MARK

Eine Führung im **Maker's Mark** (☎270-865-2099; www.makersmark.com; 3350 Burks Spring Rd, Loretto; Führung 12 US$; ⏲Mo–Sa 9.30–15.30, So 11.30–15.30 Uhr) ist wie ein Besuch in einem kleinen, aber feinen historischen Themenpark. Man sieht die alte Gristmühle, das Haus des Brennmeisters aus den 1840er-Jahren und eine altmodische Feuerwache aus Holz mit dem historischen Löschfahrzeug. Und vor Ort, im neuen Star Hill Provision, kann man sich dem Genuss von Bourbon bei schmackhafter Südstaatenküche hingeben.

Man sieht den hellbraunen Brei in riesigen Fässern aus Zypressenholz gären, verfolgt, wie der Whiskey zweimal in Kupferkesseln gebrannt wird, und kann den Bourbon in alten Holzlagern reifen sehen – danach geht's heim mit der eigenen Bourbon-Flasche, die man zuvor eigenhändig in geschmolzenes rotes Wachs getaucht und versiegelt hat.

Designerhotel in der Downtown bestich durch die verbogenen Straßenlaternen auf dem Gehsteig vor dem Eingang, deren mundgeblasenes Glas aus Venedig stammt. Es gibt schon mehrere Nachahmer dieses Hotels auch in anderen Bundesstaaten, das man als Museum mit Hotel, aber ebenso gut als Hotel mit Museum bezeichnen könnte. Auf jeden Fall beherbergt es vier Galerien mit zeitgenössischer Kunst (sowie Dauerausstellungen mit Kunst aus der Region auf jedem Stockwerk).

Essen & Ausgehen

★County Club — BARBECUE $

(www.countyclubrestaurant.com; 555 Jefferson St; Hauptgerichte 9–13 US$; ⏲Di–Do 17–22, Fr–So ab 11 Uhr; 📶) Das Heiligtum des rauchig-saftigen Fleisches befindet sich in der ehemaligen Lagergarage einer Sunbeam-Brotfabrik. Die Bedienung kann zwar bestenfalls als hip und distanziert beschrieben werden, aber das Essen – Burger, Rinderbrust auf Roggenbrot, geräucherte Chicken Wings mit Sriracha-Limetten, Schweinebauch *bánh mì* usw. – ist saftig, zart und perfekt rauchig. Dazu gibt's vier hausgemachte Saucen (Essig, süß, geräucherte Habenero-Paprika und Senf – oh, diese Senfsauce ist einfach göttlich!).

Stella's Kentucky Deli — DELI $

(www.stellaskentuckydeli.com; 143 Jefferson St; Sandwich 4,50–10 US$; ⏲Mo–Di 10.30–16, Mi–Do bis 21, Fr 10.30–22, Sa 9–22, So 9–21 Uhr; 📶✍)🍃 Dieser Feinkostladen hat 30 Jahre auf den Buckel, ist aber einen Besuch wert. Die aktuellen Inhaber haben ihn vor ein paar Jahren neu ausgerichtet, ihn cooler gemacht und konzentrieren sich seither auf hochwertige Produkte örtlicher Farmer. Es gibt tolle Sandwiches, Suppen und Salate sowie saisonale Biere, die in einem farbenprächtigen historischen Haus mit wiederverwertetem Blechdach und geselliger Bar serviert werden.

Doodles — CAFÉ $

(www.doodlesrestaurant.com; 262 N Limestone; Frühstück 3–12 US$; ⏲Di–So 8–14 Uhr; 📶)🍃 In der ehemaligen Tankstelle kann man prima frühstücken: Es gibt tolles Essen für die Seele, angefangen bei Shrimps und Maisgrütze (mit grüner Zwiebel-Remoulade und Rohschinken), Haferflocken-Brûlée und Eierauflauf – alles soweit möglich nur mit Bio-Zutaten aus der Region.

Middle Fork — MODERN-AMERIKANISCH $$

(☎859-309-9854; www.middleforkkb.com; 1224 Manchester St; kleine Teller 6–22 US$, Hauptgerichte 15–35 US$; ⏲Mo–Di & Do–Sa 17–22 Uhr, Jan.–April So 17–20 Uhr; 📶) Chefkoch Mark Jensen schaffte den Aufstieg vom Food Truck zur kulinarischen Hochburg auf dem Old Pepper Distillery Campus, Lexingtons angesagtestem gastronomischen Viertel. Er bereitet auf einem speziell für ihn angefertigten Holzofengrill nach argentinischer Art die meisten seiner fleischlastigen Gerichte zu, deren Zutaten frisch aus regionaler Produktion stammen. Er hat amerikanische Klassiker veredelt, neu erfunden und der Einsatz von Erdnussbutter und Marmelade mag schockieren oder Ehrfurcht gebieten.

★Country Boy Brewing — KLEINBRAUEREI

(www.countryboybrewing.com; 436 Chair Ave; Bier 3–6 US$) Getreu seinem Namen, bietet das von Trucker-Hüten, ausgestopften Tieren und Tarnfarben geprägte Country Boy das beste Bier in authentischem Kentucky-Ambiente. Bis zu 24 Zapfhähne sind für die eigenen experimentellen Schöpfungen vorbehalten, die mit einem ländlich abgewandelten Ansatz à la Mikkeller gebraut werden (im Eichenfass ausgebautes Bier mit Erdbeeren, rauchige Jalapeño-Porter, im Eichenfass ausgebaute DIPA-Biere). Im Angebot sind auch Biere von Fremdbrauereien.

Es gibt kein Essen, aber irgendein Food Truck hält hier jeden Abend von 17 bis 22 Uhr (So 15–21 Uhr). Eine zweite Brauerei eröffnete 2017 im nahen Georgetown.

☆ Unterhaltung

Keeneland PFERDERENNEN

(☎859-254-3412; www.keeneland.com; 4201 Versailles Rd; Eintritt 5 US$; ⏲Rennen April & Okt.) Was die Qualität der Rennen betrifft, kommt diese Rennbahn nach den Churchill Downs gleich an zweiter Stelle. Die Rennen finden jeweils im April und im Oktober statt. In der Saison kann man auch von Sonnenaufgang bis 10 Uhr beim Training der Champions zuschauen. Die häufig stattfindenden Pferdeauktionen locken Scheichs, Sultane, Hedgefonds-Fürsten sowie deren Gefolge an.

The Burl LIVEMUSIK

(www.theburlky.com; 375 Thompson Rd; Gedeck 5–12 US$; ⏲Mo–Do 18–2.30, Fr–So ab 16 Uhr) Jenseits der Bahngleise vom Gelände der Old Pepper Distillery und in einem sorgfältig restaurierten Zugdepot von 1928 befindet sich das Burl, das Lexingtons Livemusikszene verändert hat. Diese verfügt nun endlich über einen angemessenen Ort für Auftritte lokaler und regionaler Darsteller.

ℹ Praktische Informationen

Visitor Center (VisitLEX; ☎859-233-7299; www.visitlex.com; 401 W Main St; ⏲Mo–Fr 9–17, Sa ab 10) Hier bekommt man Stadtpläne und Infos über die Gegend. Befindet sich in der Downtown in einem gehobenen Restaurantkomplex, der Square genannt wird.

ℹ Anreise & Unterwegs vor Ort

Der **Blue Grass Airport** (LEX; ☎859-425-3100; www.bluegrassairport.com; 4000 Terminal Dr) liegt westlich der Stadt und fertigt rund ein Dutzend Inlandsdirektflüge ab. **Greyhound** (☎800-231-2222; www.greyhound.com; 477 W New Circle Rd) findet sich 2 Meilen (3,2 km) von der Downtown entfernt.

Lex-Tran (☎859-253-4636; 150 East Vine St; ⏲Mo–Fr 6–18, Sa & So 8–16 Uhr) betreibt die Stadtbusse (1 US$; Bus 6 fährt zum Greyhound-Busbahnhof, Bus 21 zum Flughafen und zur Keeneland-Rennbahn).

Zentrales Kentucky

Anschnallen, verehrte Damen und Herren, Sie sind im Bourbon-Land! Kentuckys weltberühmte hier gebrannten Spirituosen lassen die Einnahmen sprudeln, halten die Bewohner bei guter Laune und fügen der lokalen Küche sogar noch einen Schuss Hochprozentiges hinzu. Das kleine, malerische Bardstown ist die „Welthauptstadt des Bourbon" und sorgt jeden September für ausgelassene Stimmung, wenn beim **Kentucky Bourbon Festival** (www.kybourbonfestival.com) alle Teilnehmer wegen des braunen Fusels des Bluegrass-Bundesstaates völlig aufgedreht sind. Das nur 40 Meilen (64 km) südöstlich von Louisville gelegene Bardstown ist eine frohe, künstlerisch angehauchte Kentucky-Stadt, deren Ruhm durch den Bourbon und amerikanische Sportlegenden begründet wurde. Hier ist die Heimat des Kentucky Derby, der Geburtsort von Muhammad Ali und der Louisville Slugger. Die Stadt hat sich aber im letzten Jahrzehnt zu einer der kulinarischen Hochburgen unter den mittelgroßen Städten des Südens entwickelt und ist heute ein reizender Ort, um essen zu gehen, und ein Museums-Stopp zwischen den Versuchen, Amerikas perfekten Old-Fashioned-Cocktail zu finden.

Shaker Village at Pleasant Hill MUSEUM

(www.shakervillageky.org; 3501 Lexington Rd, Pleasant Hill; Erw./Kind 10/5 US$, Bootsfahrt auf dem Fluss 10/5 US$; ⏲Di–Do & So 10–17, Fr & Sa bis 20 Uhr) Dieses Gebiet war bis zum Anfang des 20. Jhs. die Heimat der Mitglieder der religiösen Shaker-Sekte. Man kann 14 tadellos restaurierte Gebäude besichtigen, die inmitten von Wiesen mit Butterblumen liegen und von steinigen Pfaden umgeben sind. Es gibt auch einen Inn, ein Restaurant und einen Souvenirladen, in dem man die berühmten von den Shakern hergestellt kunsthandwerklichen Erzeugnisse kaufen kann.

Shaker Village Inn INN $$

(☎859-734-5611; www.shakervillageky.org; 3501 Lexington Rd, Pleasant Hill; DZ 110–300 US$; P 📶) Das Hauptgebäude diente einst als Verwalterbüro der Siedlung und besitzt eine kunstvoll gearbeitete doppelte Wendeltreppe. Die Zimmer sind groß, freundlich, lichtdurchflutet, haben hohe Decken, Holzmöbel und zwei Schaukelstühle. Die Zimmer in den anderen 13 Gebäuden sind ähnlich eingerichtet.

ℹ Anreise & Unterwegs vor Ort

Der **Louisville International Airport** (SDF; ☎502-367-4636; www.flylouisville.com; 600 Terminal Dr), international nur dem Namen nach, ist Kentuckys größter Flughafen, auf dem u. a. direkte Inlandflüge von Atlanta, Charlotte,

DER BOURBON TRAIL

Der weiche, karamellfarbene Bourbon wurde vermutlich erstmals um 1789 im Bourbon County nördlich von Lexington destilliert. Dank des reinen, durch Kalkstein gefilterten Wassers stammen heute 90 % des in den USA produzierten Bourbons aus Kentucky. Bourbon muss mindestens 51 % Mais enthalten und mindestens zwei Jahre in gebeizten Eichenfässern lagern. Kenner trinken ihn pur oder mit Wasser, die Südstaatler aber gerne auch als Mint Julep, ein Drink aus Bourbon, Zuckersirup und zerstoßener Minze.

Mit alten Schwarzbrennereien und anderen Artefakten erzählt das **Oscar Getz Museum of Whiskey History** (www.whiskeymuseum.com; 114 N 5th St; ⌚Di–Sa 10–16, So 12–16 Uhr) in Bardstown die Geschichte des Bourbon.

Die meisten Destillerien Kentuckys liegen in der Gegend von Bardstown und Frankfort und veranstalten auch Führungen. Infos gibt's auf Kentuckys offizieller Bourbon Trail Website (www.kybourbontrail.com), die aber nicht alle Brennereien aufführt. Folgende Brennereien sind in der Nähe von Bardstown:

Heaven Hill (☎502-337-9593; www.bourbonheritagecenter.com; 1311 Gilkey Run Rd; Führung 10–20 US$; ⌚März–Dez. Mo–Fr 10–17.30, So 12–16 Uhr, Jan.–Feb. Di–Sa 10–17 Uhr) Destillerie-Führungen, man kann aber auch das interaktive Bourbon Heritage Center erkunden.

Jim Beam (☎502-543-9877; www.jimbeam.com; 526 Happy Hollow Rd, Clermont; Führung 12 US$; ⌚Geschenkladen Mo–Sa 9–17.30, So 12– 16 Uhr, Führung Mo–Sa 9–15.30, So 12.30–15 Uhr) In der größten Bourbon-Brennerei des Landes kann man einen Film über die Familie Beam anschauen und kleine Kostproben der Produkte konsumieren. Beam produziert den (guten) Knob Creek, den (besseren) Knob Creek Single Barrel, den (weichen) Basil Hayden's und den fabelhaften Booker's, ein hochprozentiges Erlebnis.

Maker's Mark (S. 424) Die restaurierte viktorianische Brennerei ist ein Bourbon-Themenpark.

Willet (☎502-348-0899; www.kentuckybourbonwhiskey.com; Loretto Rd; Führung 12 US$; ⌚Laden März–Dez. Mo–Fr 9.30–17.30, So 12–16.30 Uhr, Führung Mo–Sa 10–16, So 12.30–15.30 Uhr) Familienbetrieb, der nach eigenem patentierten Verfahren Bourbon in kleinen Chargen produziert. Das 49 ha große Anwesen ist sehr schön. Führungen gibt's den ganzen Tag.

Zu den Brennreien rund um Frankfort/Lawrenceburg gehören:

Buffalo Trace (☎800-654-8471; www.buffalotracedistillery.com; 1001 Wilkinson Blvd, Frankfort; ⌚Laden Mo–Sa 9–17.30, So 12–17 Uhr, Führungen Mo–Sa 9–16, So 12–15 Uhr) GRATIS Die älteste kontinierlich betriebene Brennerei der USA veranstaltet sehr empfehlenswerte Führungen und bietet Gratis-Verkostungen an.

Four Roses (☎502-839-3436; www.fourrosesbourbon.com; 1224 Bonds Mills Rd, Lawrenceburg; Führung 5 US$; ⌚Laden Mo–Sa 9–16, So 12–16 Uhr, Führungen Mo–Sa 9–15, So 12–15 Uhr) Eine der malerischsten Brennereien; sie ist in einem am Flussufer gelegenen Gebäude im spanischen Missionsstil untegebracht.

Woodford Reserve (☎859-879-1812; www.woodfordreserve.com; 7855 McCracken Pike, Versailles; Führung 14–30 US$; ⌚Laden Mo–Sa 9–17, So 12–16 Uhr, Führungen Mo–Sa 10–15, So 13–15 Uhr, Jan.–Feb. geschl.) Die an einem Bach gelegene historische Stätte wurde restauriert und erstrahlt wieder im Glanz des 19. Jhs. In der Brennerei werden noch altmodische Kupferkessel verwendet. Sie ist die bei Weitem reizvollste unter allen Brennereien.

Dem Dilemma, ob man trinken oder Auto fahren soll, kann man leicht entgehen, indem man sich bequem zurücklehnt und, das Whiskeyglas in der Hand, eine Tour mit **Mint Julep Tours** (☎502-583-1433; www.mintjuleptours.com; 140 N 4th St, Ste 326, Louisville; Tour inkl. Lunch wochentags/Wochenende ab 129/149 US$) macht.

Chicago, Minneapolis, New York und Washington, D. C., landen.

Der Bluegrass Pkwy führt von der I-65 im Westen bis zur Rte 60 im Osten und verläuft dabei durch einige der üppigsten Weidelandschaften von Kentucky. Bardstown und das Herz des Bourbon Country liegen 40 Meilen (64 km) südlich von Louisville, und weitere rund 70 Meilen (112,6 km) nach Süden sind es bis zum Mammoth Cave National Park. Der Daniel Boone

National Forest liegt 105 Meilen (169 km) südlich von Lexington. Ein Leihwagen ist eindeutig die beste Option, um diese Ziele zu erreichen.

Daniel Boone National Forest

Über 2800 km² zerklüfteter Schluchten und Sandsteinbogen, die der Erdanziehung zu trotzen scheinen, bedeckten weite Teile der Ausläufer der Appalachen im östlichen Kentucky. Auf dem Gebiet des Daniel Boone National Forest liegen die Klippen und natürlichen Bogenformationen der **Red River Gorge**, die zu den besten Kletterzielen im Land zählen. Der angrenzende familienfreundliche **Natural Bridge State Resort Park** besitzt außer dem berühmtesten Sandsteinbogen, der eindrucksvolle 20 m aufragt und 23,7 m lang ist, über 20 Meilen (32 km) an Wanderwegen sowie Camping- und Übernachtungsmöglichkeiten.

Natural Bridge State Resort Park STATE PARK
(606-663-2214; www.parks.ky.gov; 2135 Natural Bridge Rd, Slade; P) Der an die Red River Gorge angrenzende Park ist vor allem für seinen Sandsteinbogen bekannt. Es ist ein familienfreundlicher Park mit Campingplätzen, Zimmern und Cottages in der **Hemlock Lodge** (606-663-2214, 800-255-7275; www.parks.ky.gov; Hemlock Lodge Rd, Slade; Zi./Cottage ab 85/117 US$) und 20 Meilen (32 km) an kurzen Wanderwegen. Wer nicht selbst laufen will, kann mit der Seilbahn über dem Bogen schweben (13 US$ hin & zurück).

Red River Outdoors ABENTEUER
(859-230-3567; www.redriveroutdoors.com; 415 Natural Bridge Rd; ganztägige geführte Klettertour für 2 Pers. ab 130 US$) Der Veranstalter bietet geführte Klettertouren, Hütten (110–145 US$) am Rand der Schlucht sowie Yoga-Unterricht.

Der Natural Bridge State Resort Park liegt 58 Meilen (93,3 km) südöstlich von Lexington und ist mit dem eigenen Wagen erreichbar.

Mammoth Cave National Park

In diesem **Nationalpark** (800-967-2283; www.nps.gov/maca; 1 Mammoth Cave Pkwy, Ausfahrt 53 der I-65; Führung Erw. 7–55 US$, Kind 5–20 US$; 8–18 Uhr, Sommer bis 18.30 Uhr) befindet sich das größte Höhlensystem der Erde mit mehr als 627 km kartierter Gänge. Die Mammoth Cave ist mindestens dreimal so groß wie jede andere bekannte Höhle und birgt gewaltige Felskathedralen, scheinbar bodenlose Abgründe und seltsame, wellenförmige Felsformationen. Die Höhlen wurden in prähistorischer Zeit als Mineralsammelstellen genutzt, später lieferten sie Salpeter für Schießpulver und dienten auch einmal als Hospital für Schwindsüchtige. Seit 1816 werden Führungen durch die Höhlen angeboten.

Sie wurden 1941 zum Nationalpark erklärt und ziehen heute 600 000 Besucher pro Jahr an.

Die einzige Möglichkeit, die Höhlen mit eigenen Augen zu sehen, ist im Rahmen einer der ausgezeichneten **Ranger-Führungen**, die man besser im Voraus bucht – vor allem im Sommer. Die Führungen reichen von unterirdischen Spaziergängen bis hin zu ganztägigen Abenteuern unter Tage (nur Erw.). Besonders interessant ist die historische Führung.

Neben den Höhlen bietet der Park 85 Meilen (137 km) an Wanderwegen, 60 Meilen (96,5 km) an Reitwegen und 25 Meilen (40,2 km) an Radwegen für Mountainbiking. Außerdem gibt es drei Campingplätze mit sanitären Anlagen, allerdings haben nur wenige Stellplätze Strom- und Wasseranschluss (Stellplatz ab 20 US$); auf 13 Campingplätzen im Hinterland kampiert man kostenlos. Es gibt auch ein Hotel und Hütten. Buchungen für Campingplätze (www.recreation.gov) und für Unterkünfte (www.mammothcavelodge.com) sind online möglich. Die Genehmigung zum Zelten erhält man im Visitor Center des Parks.

GEORGIA

Der größte Bundesstaat östlich des Mississippi ist ein Potpourri geografischer und kultureller Extreme: rechtsgerichtete Politiker der Republikaner in den ländlichen Gebieten stehen einem liberalen Idealismus in Atlanta und Savannah gegenüber; konservative Kleinstädte verschmelzen mit den sich ausdehnenden fortschrittlichen und finanzstarken Großstädten, im Norden ragen die Gipfel bis in die Wolken und entspringen reißende Flüsse, während in den Marschen der Küstengebiete das Riedgras wogt und es von Winkerkrabben wimmelt. Georgias südliche Strände und Inseln sind ebenso wie die Küche und die Bars ein Traum und – in der Tat – widersprüchlich.

Praktische Informationen

Discover Georgia (800-847-4842; www.exploregeorgia.org) Hat Touristeninfos für den ganzen Bundesstaat.

NICHT VERSÄUMEN

ZOMBIE-JÄGER: WILLKOMMEN IN WOODBURY!

Die postapokalyptische Welt menschenfressender Zombies in der AMC-Serie *The Walking Dead* hat seit der Ausstrahlung der ersten Staffel 2010 weltweit Massen von Zuschauern vor den Fernsehbildschirm gebannt und der Endzeit-Showdown findet nirgendwo anders als hier im Peach State statt. Atlanta und die etwa eine Fahrtstunde südlich davon gelegene historische Kleinstadt Senoia samt ihrer Umgebung bilden den Schauplatz dieser ungeheuer beliebten Serie. Atlanta Movie Tours bietet zwei vergnügliche Zombie-Touren zu den Drehorten: einmal zu denen in Atlanta und einmal zu denen rund um Senoia (unser Favorit). Als Guides dienen Statisten aus der Serie, die alle möglichen Insider-Schmankerl über die Stars und die Dreharbeiten preisgeben. Da die Kulisse von Mai bis November immer noch für Dreharbeiten genutzt wird, kann man die Schauspieler oft rund um Senoia bei einem Morgenkaffee im **Senoia Coffee & Cafe** (☎770-599-8000; www.senoiacoffeeandcafe.com; 1 Main St, Senoia; ⌚Mo–Sa 7–17 Uhr; 📶) sehen.

Der ganze Ort, der im National Register of Historic Places steht, hat sich in eine Zombie-Zentrale verwandelt. Man sollte sich den **Woodbury Shoppe** (☎770-727-9394; www.woodburyshoppe.com; 48 Main St, Senoia; ⌚Mo–Sa 11–17, So 13–17 Uhr) nicht entgehen lassen, den offiziellen *Walking-Dead*-Souvenirladen, zu dem auch ein *Walking-Dead*-Café im Erdgeschoss und ein kleines Museum gehören.

Georgia Department of Natural Resources (☎800-864-7275; www.gastateparks.org) Hat Infos zum Campen und zu Aktivitäten in den State Parks.

Atlanta

Mit 5,7 Mio. Einwohnern in der Stadt und den Vororten erlebt die sogenannte Hauptstadt des Südens einen beispiellosen Boom dank der in den Süden ziehenden Einheimischen und der Einwanderer aus dem Ausland. Neben den altbekannten Attraktionen findet man hier eine ganze Reihe hervorragender Restaurants, einen spürbaren Einfluss von Hollywood (Atlanta hat sich zu einem beliebten Filmproduktionszentrum entwickelt) und eine bedeutende afroamerikanische Geschichte. Letztere kann nicht geleugnet werden: Jede landesweite afroamerikanische intellektuelle, politische oder künstlerische Bewegung hatte in Atlanta entweder ihre Wurzeln oder fand hier einen Wirkungsort.

Ohne natürliche Grenzen, welche die Ausbreitung einschränken könnten, wirkt Atlanta zgegebenermaßen eher wie eine Region als wie eine Stadt. Trotz ihres steten Wachstums und der weiteren Ausdehnung der Vorstädte gibt es einen hübschen Stadtkern mit vielen Bäumen und eleganten Häusern. Die unterschiedlichen Stadtviertel ähneln freundlichen Kleinstädten. Die Wirtschaft ist stabil, die Bevölkerung jung und kreativ und die soziale Szene zeigt sich erfreulich unterschiedlich.

Sehenswertes & Aktivitäten

Downtown

Die Innenstadt Atlantas befindet sich gerade wieder im Wandel. Entwickler und Politiker setzen darauf, sie immer lebendiger und lebenswerter zu gestalten.

★Center for Civil & Human Rights MUSEUM
(www.civilandhumanrights.org; 100 Ivan Allen Jr Blvd; Erw./Senior/Kind 15/13/10 US$; ⌚Mo–Sa 10–17, So 12–17 Uhr) 2014 kam in Atlantas **Centennial Olympic Park** (www.centennialpark.com; 265 Park Ave NW) ein eindrucksvoller Neubau hinzu: die 68 Mio. US$ teure ernüchternde Gedenkstätte der amerikanischen Bürgerrechts- und der weltweiten Menschenrechtsbewegung. Das schön gestaltete und durchdacht ausgeführte Museum ist ein unbestreitbares Highlight, in dessen Mittelpunkt eine erschütternde interaktive Simulation an einer nachgebildeten Woolworth-Theke steht, die einen sprachlos macht und die Tränen in die Augen treibt.

College Football Hall of Fame MUSEUM
(www.cfbhall.com; 250 Marietta St; Erw./Senior/Kind 22/19/18 US$; ⌚So–Fr 10–17, Sa 9–18 Uhr; P 👪) Die Bedeutung des College-Footballs für die amerikanische Kultur kann man gar nicht genug hervorheben. Dieses Museum, das 2014 von Indiana in diese dreistöckige, 8756 m² große Institution verlegt wurde, ist ein supercooler, passender Schrein für den Sport.

World of Coca-Cola MUSEUM
(☎404-676-5151; www.woccatlanta.com; 121 Baker St; Erw./Senior/Kind 17/15/13 US$; ⌚Di–Sa 9–19, So 10–17 Uhr) Das selbstgefällige Museum mag für Fans koffeinhaltiger Limo und grenzenloser Kommerzialisierung unterhaltsam sein. Den Höhepunkt des Besuchs bildet die Verkostung von Coke-Produkten aus aller Welt – ein echtes Erlebnis für den Gaumen. Zu sehen sind aber auch Werke von Andy Warhol und ein 4-D-Film. Zudem gibt's jede Menge Infos zur Unternehmensgeschichte und Werbematerial. Wir haben in jeder Ecke des Museums nach dem berühmten Geheimrezept für Coca-Cola gesucht und können es daher hier präsentieren:

Atlanta Movie Tours GEFÜHRTE TOUREN
(☎855-255-3456; www.atlantamovietours.com; 327 Nelson St SW; geführte Touren Erw./Kind ab 20/10 US$) Im Angebot sind mehrere Touren zu Filmschauplätzen, darunter eine Tour ins imaginäre Woodbury aus *The Walking Dead,* mit Zeugnissen aus der TV-Serie, ergänzt durch Einblicke in diese Produktion, die allerlei Insider-Infos über die Mitwirkenden vermitteln. Auf anderen Touren geht's zu den Schauplätzen von *Die Tribute von Panem, Taken* und anderen Produktionen.

CNN Center GEFÜHRTE TOUREN
(☎404-827-2300; http://tours.cnn.com; 1 CNN Center; geführte Tour Erw./Senior/Kind 15/14/12 US$; ⌚Mo–Sa 9–17 Uhr, VIP-Touren 9.30, 23.30, 13.30 & 15.30 Uhr, VIP-Tour 33 US$) Die 55-minütige Führung hinter die Kulissen der Zentrale des internationalen, 24-Stunden-Nachrichtensenders verspricht Fans eine gute Zeit. Obwohl die Besucher Wolf Blitzer (oder seinen Leuten) nicht sehr nah kommen, hat man in der Sendezeit von 9 bis 12 Uhr die besten Chancen, die Moderatoren live auf Sendung zu erleben. Während einer VIP-Tour betritt man das Nachrichtenstudio, die Kontrollräume und die Produktionsstudios.

Midtown

Mit ihren vielen tollen Bars, Restaurants und Kulturstätten ist die Midtown eine hippere Version der Downtown.

★**High Museum of Art** GALERIE
(www.high.org; 1280 Peachtree St NE; Erw./Kind unter 5 Jahren 14,50 US$/frei; ⌚Di–Do & Sa 10–17, Fr bis 21, So 12–17 Uhr) Atlantas modernes High Museum war das erste Museum der Welt, das Leihgaben aus dem Louvre zeigte, und ist wegen seiner Architektur und seiner erstklassigen Exponate einen Besuch wert. Das eindrucksvolle, weiß getünchte Gebäude beherbergt auf mehreren Etagen eine Dauerausstellung mit faszinierenden Möbelstücken aus dem späten 19. Jh., frühe Malereien der American-Modern-Ära von Künstlern wie George Morris und Albert Gallatin sowie Nachkriegswerke von Mark Rothko.

Atlanta Botanical Garden GÄRTEN
(☎404-876-5859; www.atlantabotanicalgarden.org; 1345 Piedmont Ave NE; Erw./Kind 19/13 US$; ⌚April–Okt. Di–So 9–19, Nov.–März bis 17 Uhr; P) In der nordwestlichen Ecke des Piedmont Park liegt der eindrucksvolle, 12 ha große botanische Garten mit einer japanischen Anlage, verschlungenen Wegen und dem faszinierenden Fuqua Orchid Center.

Margaret Mitchell House & Museum MUSEUM
(☎404-249-7015; www.atlantahistorycenter.com; 979 Crescent Ave NE; Erw./Student/Kind 13/10/8,50 US$; ⌚Mo–Sa 10–17, So 12–17.30 Uhr) Das vom Atlanta History Center betriebene Haus wurde in eine Gedenkstätte für die Autorin von *Vom Winde verweht* umgewandelt. Mitchell schrieb ihren Roman in der kleinen Kellerwohnung dieses historischen Gebäudes im Tudor-Revival-Stil, das auf der Liste des National Register of Historic Places steht. Ausgestellt sind Zeugnisse aus Mitchells Leben, zu ihrer schriftstellerischen Laufbahn sowie Material zu der berühmten Verfilmung.

Die Eintrittskarte berechtigt auch zum Besuch des **Atlanta History Center** (☎404-814-4000; www.atlantahistorycenter.com; 130 West Paces Ferry Road NW; Erw./Kind 16,50/11 US$; ⌚Mo–Sa 11–16, Sa ab 13 Uhr).

Piedmont Park PARK
(☎404-875-7275; www.piedmontpark.org; 400 Park Dr NE; ⌚6–23 Uhr) GRATIS Ein herrlicher, weitläufiger Stadtpark, der Schauplatz vieler Kultur- und Musikfestivals ist. Im Park gibt es fantastische Radwege und einen samstäglichen Flohmarkt.

Skate Escape RADFAHREN
(☎404-892-1292; www.skateescape.com; 1086 Piedmont Ave NE; Fahräder & Inlineskates ab 6 US$/Std.; ⌚11–19 Uhr) Verleiht Fahrräder, Inlineskates, Tandems (12 US$/Std.) und Mountainbikes (25/35 US$/Tag/über Nacht).

Sweet Auburn

In der Auburn Ave schlug zu Beginn des 20. Jhs. das wirtschaftliche und kulturelle

Atlanta

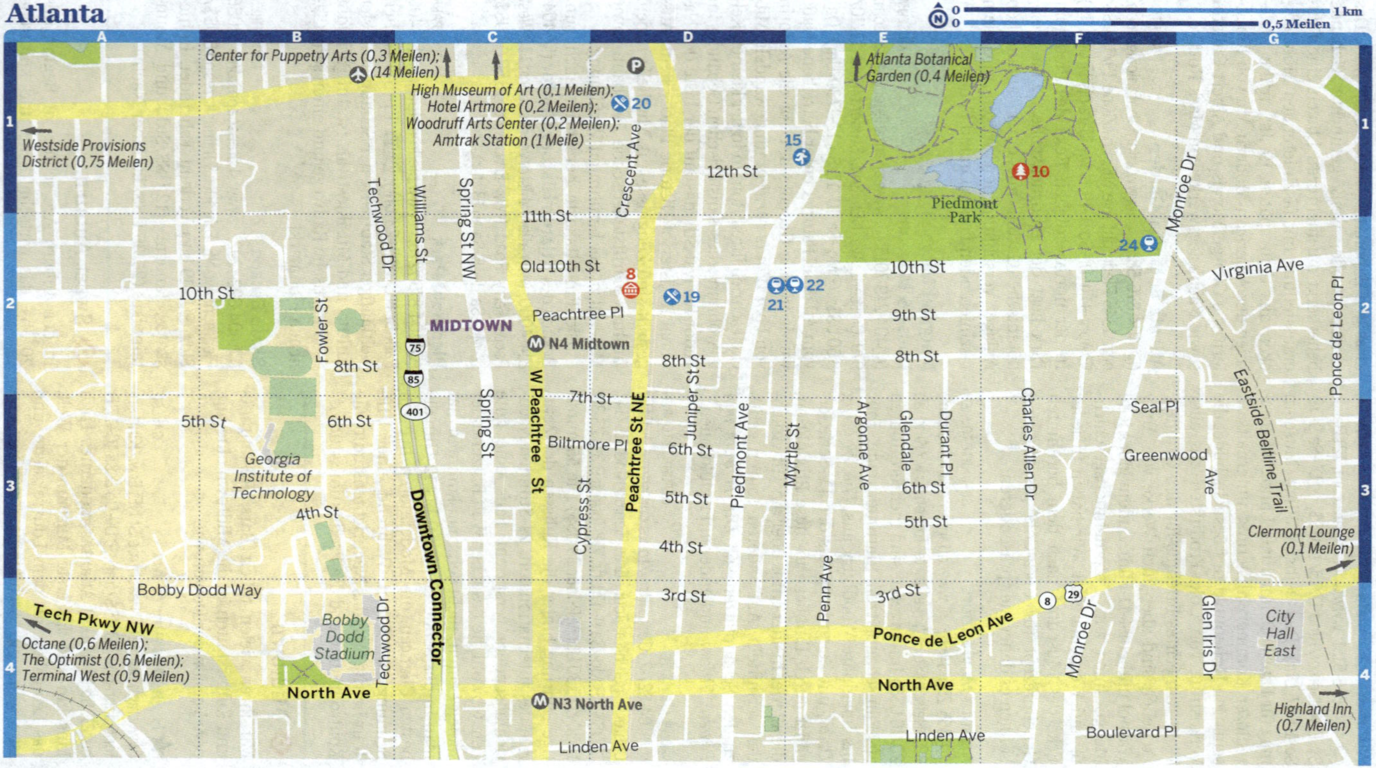
0 1 km
0 0,5 Meilen
A
B
C
D
E
F
G
1
2
3
4
Center for Puppetry Arts (0,3 Meilen); (14 Meilen)
High Museum of Art (0,1 Meilen); Hotel Artmore (0,2 Meilen); Woodruff Arts Center (0,2 Meilen); Amtrak Station (1 Meile)
Westside Provisions District (0,75 Meilen)
Atlanta Botanical Garden (0,4 Meilen)
Piedmont Park
10
15
20
24
8
19
21
22
12th St
11th St
Old 10th St
10th St
Virginia Ave
Monroe Dr
Ponce de Leon Pl
Techwood Dr
Williams St
Spring St NW
Crescent Ave
MIDTOWN
Peachtree Pl
N4 Midtown
9th St
8th St
Fowler St
7th St
Juniper St
6th St
5th St
4th St
3rd St
Biltmore Pl
Cypress St
W Peachtree St
Peachtree St NE
Spring St
Downtown Connector
75
85
401
Georgia Institute of Technology
Piedmont Ave
Myrtle St
Argonne Ave
Glendale
Durant Pl
Charles Allen Dr
Seal Pl
Greenwood Ave
Eastside Beltline Trail
Penn Ave
Clermont Lounge (0,1 Meilen)
Bobby Dodd Way
Bobby Dodd Stadium
Tech Pkwy NW
Octane (0,6 Meilen); The Optimist (0,6 Meilen); Terminal West (0,9 Meilen)
Ponce de Leon Ave
8
29
Glen Iris Dr
City Hall East
North Ave
N3 North Ave
Linden Ave
Boulevard Pl
Highland Inn (0,7 Meilen)

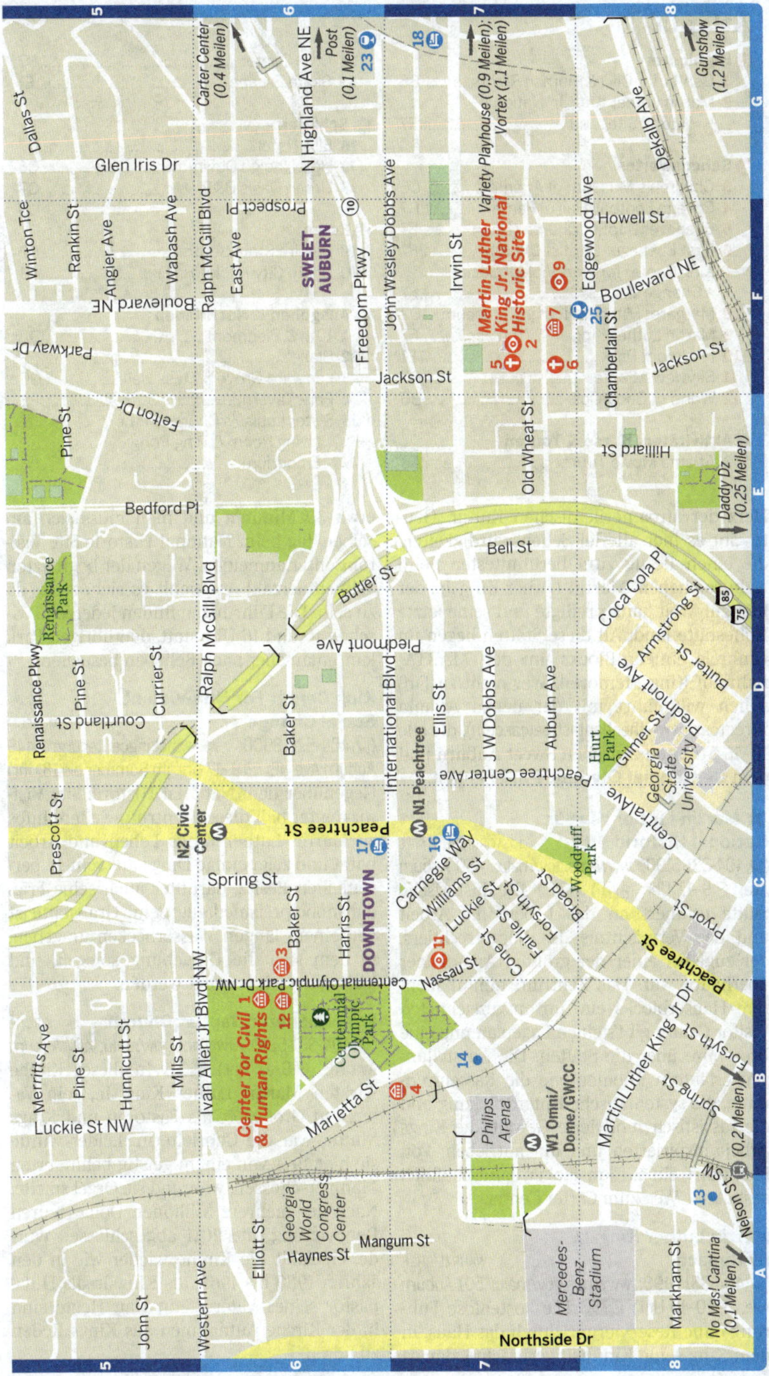
Carter Center (0,4 Meilen)
Post (0,1 Meilen)
23
18
Variety Playhouse (0,9 Meilen); Vortex (1,1 Meilen)
Gunshow (1,2 Meilen)
Dallas St
Glen Iris Dr
N Highland Ave NE
Dekalb Ave
Winton Tce
Rankin St
Angier Ave
Wabash Ave
Ralph McGill Blvd
East Ave
Prospect Pl
SWEET AUBURN
Freedom Pkwy
John Wesley Dobbs Ave
Irwin St
Martin Luther King Jr. National Historic Site
Howell St
Edgewood Ave
Boulevard NE
Parkway Dr
Jackson St
Chamberlain St
Felton Dr
Pine St
Old Wheat St
Hilliard St
Bedford Pl
Daddy Dz (0,25 Meilen)
Bell St
Butler St
Renaissance Park
Renaissance Pkwy
Piedmont Ave
Coca Cola Pl
Armstrong St
Currier St
Courtland St
Baker St
International Blvd
Ellis St
J W Dobbs Ave
Auburn Ave
Butler St
Hurt Park
Gilmer St
Georgia State University
Prescott St
N2 Civic Center
Peachtree St
N1 Peachtree
Peachtree Center Ave
Central Ave
Spring St
17
16
Carnegie Way
Williams St
Luckie St
Forsyth St
Broad St
Woodruff Park
Pryor St
Harris St
DOWNTOWN
11
Nassau St
Cone St
Fairlie St
Centennial Olympic Park Dr NW
Ivan Allen Jr Blvd NW
Center for Civil & Human Rights
Centennial Olympic Park
Merritts Ave
Hunnicutt St
Mills St
14
Marietta St
Luckie St NW
Philips Arena
W1 Omni/ Dome/GWCC
Martin Luther King Jr Dr
Forsyth St
Spring St
Nelson St SW
(0,2 Meilen)
13
Elliott St
Georgia World Congress Center
Haynes St
Mangum St
Mercedes-Benz Stadium
Markham St
No Mas! Cantina (0,1 Meilen)
John St
Western Ave
Northside Dr
85
75

Atlanta

Highlights
1 Center for Civil & Human Rights B6
2 Martin Luther King Jr. National Historic Site F7

Sehenswertes
3 Children's Museum of Atlanta C6
4 College Football Hall of Fame B7
5 Ebenezer Baptist Church (New) F7
6 First Ebenezer Baptist Church F7
7 King Center for Non-Violent Social Change F7
8 Margaret Mitchell House & Museum ... D2
9 Martin Luther King Jr. Birthplace F7
10 Piedmont Park F1
11 Skyview Atlanta C7
12 World of Coca-Cola B6

Aktivitäten, Kurse & Touren
13 Atlanta Movie Tours A8
14 CNN Center B7
15 Skate Escape E1

Schlafen
16 Ellis Hotel C7
17 Hotel Indigo Downtown C6
18 Urban Oasis B&B G7

Essen
19 Empire State South D2
20 South City Kitchen D1

Ausgehen & Nachtleben
21 10th & Piedmont D2
22 Blake's E2
23 Ladybird Grove & Mess Hall G6
24 Park Tavern F2
25 Sister Louisa's Church of the Living Room & Ping Pong Emporium F8

Herz der afroamerikanischen Kultur. Heute gibt es hier allerlei Sehenswürdigkeiten, die einen Bezug zum berühmtesten Sohn Auburns haben, Martin Luther King Jr., der hier zur Welt kam, predigte und seine letzte Ruhestätte fand. All diese Stätten liegen im Umkreis einiger Blocks um den MARTA-Bahnhof King Memorial. Wer nicht zu Fuß gehen will, fährt mit der neuen Atlanta Streetcar (www.theatlantastreetcar.com), die alle 10–15 Minuten zwischen Sweet Auburn und dem **Centennial Olympic Park** pendelt.

★ Martin Luther King Jr. National Historic Site HISTORISCHE STÄTTE
(☎404-331-5190; www.nps.gov/malu; 450 Auburn Ave; ⌚9–17 Uhr; P ♿) GRATIS Die historische Stätte erinnert an das Leben, die Arbeit und das Vermächtnis des Bürgerrechtlers, der zugleich einer der größten Amerikaner überhaupt war. Das Zentrum nimmt mehrere Häuserblocks ein. Im ausgezeichneten Visitor Center gibt's einen Lageplan und eine Broschüre über die Stätten. Die Ausstellungen erläutern Themen wie die Rassentrennung, die systematische Unterdrückung und die rassistisch motivierte Gewalt, die Kings Arbeit inspirierten und ihn antrieben. Von hier führt ein 2,4 km langer, landschaftlich gestalteter Weg zum Carter Center.

Martin Luther King Jr. Birthplace WAHRZEICHEN
(☎404-331-5190; www.nps.gov/malu; 501 Auburn Ave; ⌚10–16 Uhr) GRATIS Die kostenlose Führung ohne Reservierung durch das Haus, in dem King seine Kindheit verbrachte, dauert etwa 30 Minuten und man muss sich am selben Tag beim National Historic Site Visitor Center anmelden. Wegen der begrenzten Teilnehmerzahl empfiehlt es sich, zeitig da zu sein. Die Führungen finden jederzeit zwischen 10 und 16 Uhr statt, den übrigen Park kann man aber nach Belieben besuchen.

King Center For Non-Violent Social Change MUSEUM
(☎404-526-8900; www.thekingcenter.org; 449 Auburn Ave NE; ⌚9–17 Uhr, im Sommer bis 18 Uhr) Gegenüber dem National Historic Site Visitor Center hält dieses Zentrum weitere Infos zu Martin Luther Kings Leben und Arbeit parat und zeigt einige Dinge aus seinem persönlichen Besitz, darunter auch seine Friedensnobelpreismedaille. Seine Grabstätte ist von einem langen Wasserbecken umgeben, in dem sich die Umgebung spiegelt, und kann jederzeit besucht werden.

First Ebenezer Baptist Church KIRCHE
(☎404-331-5190; www.nps.gov/malu; 407 Auburn Ave NE; ⌚9–17 Uhr) GRATIS In dieser Kirche wirkten Martin Luther King Jr., sein Vater und Großvater als Pastoren und Kings Mutter war die Chorleiterin. Leider wurde sie hier 1974 von einem geistig behinderten Mann erschossen, während sie Orgel spielte. Nach der mehrere Millionen Dollar teuren Renovierung, die 2011 abgeschlossen wurde, erstrahlt die Kirche wieder wie in den Jahren 1960 bis 1968, als King Jr. als Hilfspastor seines Vaters tätig war. Heute sind in der Kirche Aufnahmen aus Kings Reden zu hören.

Die Gottesdienste werden sonntags nun in der neuen **Ebenezer-Kirche** (☎404-688-7300; www.historicebenezer.org; 101 Jackson St NE; ⌚Gottesdienste So 9.30 & 11 Uhr) auf der gegenüberliegenden Straßenseite gehalten.

Virginia-Highland

Dieser Stadtteil mit seinen historischen Häusern und ruhigen, grünen Straßen abseits der North Highland Ave ist bei Familien sehr beliebt. Eine Art Zentrum bildet die Gegend rund um die dreieckige Virginia-Highland-Kreuzung, die sich zu einem Geschäftsviertel entwickelt hat und in der es vor Lokalen, Cafés und Boutiquen – Ketten und unabhängige Läden – nur so wimmelt.

Carter Center MUSEUM
(☎404-865-7100; www.jimmycarterlibrary.org; 441 Freedom Pkwy; Erw./Senior/Kind 8/6 US$/frei; ⌚8–17 Uhr; P) Auf einem Hügel oberhalb des Zentrums zeigt dieses Museum Ausstellungen zur Präsidentschaft Jimmy Carters (1977–1981), darunter eine Nachbildung des Oval Office und seinen Nobelpreis. Besonders hübsch sind der idyllische japanische Garten und der neue Schmetterlingsgarten hinter dem Gebäude.

Der 2,4 km lange begrünte **Freedom Park Trail** führt von hier zur Martin Luther King Jr. National Historic Site. Er verläuft durch den Freedom Park.

Feste & Events

Atlanta Jazz Festival MUSIK
(www.atlantafestivals.com; Piedmont Park; ⌚Mai) Der Höhepunkt dieses einen Monat andauernden Festivals sind die Livekonzerte im Piedmont Park, die am Wochenende des Memorial-Day stattfinden.

Atlanta Pride Festival SCHWULE & LESBEN
(www.atlantapride.org; ⌚Okt.) Atlantas jährliches LGBT-Festival.

National Black Arts Festival KULTUR
(☎404-730-7315; www.nbaf.org; ⌚Juli) Künstler aus dem ganzen Land treffen sich auf diesem afroamerikanischen Musik-, Theater-, Literatur- und Filmfestival.

Schlafen

Die Preise in den Downtown-Hotels schwanken stark, je nachdem, ob gerade ein großer Kongress in der Stadt stattfindet. Am günstigsten kommt man in einem der zahlreichen Kettenhotels entlang der Schienen der MARTA-Linie außerhalb der Innenstadt unter. Zum Sightseeing geht es dann mit dem Zug in die Stadt.

Ellis Hotel BOUTIQUEHOTEL $$
(☎877-211-2545; www.ellishotel.com; 176 Peachtree St NW; Zi. 150–190 US$; P❄📶🐾) Das Ellis ist ein Downtown-Juwel mit Zimmern im Business-Chic, die in warmen Holztönen gehalten sind und coole weiße Bettwäsche haben. Zu beachten ist, dass es auch ein Stockwerk für Gäste mit Haustieren gibt, ein nur Frauen vorbehaltenes Stockwerk sowie ein „Saubere Luft"-Stockwerk (mit eigenem Eingang und speziellen Sauberkeitsregeln für jene, die an Allergien leiden).

Hotel Artmore BOUTIQUEHOTEL $$
(☎404-876-6100; www.artmorehotel.com; 1302 W Peachtree St; Zi. 170–200 US$, Suit ab 220 US$; P❄@📶) Das 1924 im spanisch-mediterranen Stil erbaute architektonische Wahrzeichen wurde komplett renoviert und zu einem künstlerisch angehauchten Boutiquehotel umgebaut, das Trendsettern mit einem Bedürfnis nach Diskretion als urbane Zuflucht dient. Es besticht mit exzellentem Service, einem herrlichen Innenhof mit Feuerstelle und einer tollen Lage gegenüber dem MARTA-Bahnhof Arts Center.

Hotel Indigo Downtown BOUTIQUEHOTEL $$
(☎888-233-9450; www.hotelindigo.com; 230 Peachtree St NE; Zi. 135–160 US$; P❄@📶🐾) Atlantas zweites Hotel Indigo punktet durch seine Top-Lage nahe dem Centennial Park und erfüllt die Erwartungen an Bequemlichkeit: ein moderner Bau nach Entwürfen des in Atlanta geborenen John Portman. In den hellen und klaren Zimmern setzen historische Fotos und Flecken von Regenbogenfarben durchdachte Akzente.

Highland Inn INN $$
(☎404-874-5756; www.thehighlandinn.com; 644 N Highland Ave; EZ/DZ ab 75/105 US$; P❄📶) Das 1927 im europäischen Stil erbaute eigenstän-

ATLANTA CITYPASS

Mit dem **Atlanta CityPass** (www.citypass.com; Erw./Kind 75/59 US$) geht es in die Welt von Coca-Cola, ins CNN Center, ins Georgia Aquarium, in den Zoo Atlanta oder ins Center for Civil & Human Rights, und in die College Football Hall of Fame oder das Fernbank Museum of Natural History. Online erhältlich.

dige Inn mit 65 Zimmern hat im Lauf der Jahre viele tourende Musiker beherbergt. Die Zimmer sind nicht sehr groß, aber das Hotel punktet mit seiner Top-Lage in der Virginia-Highland-Gegend in der Downtown und seinem Komfort. Es ist eine der wenigen Unterkünfte, die auch Einzelzimmer haben.

★ Urban Oasis B&B B&B **$$**
(☎ 770-714-8618; www.urbanoasisbandb.com; 130a Krog St NE; Zi. 140–215 US$; P ❄ 📶) In einem umzäunten und umgewandelten Baumwollsortierlager der 1950er-Jahre versteckt sich dieses wunderbare B&B in einem modernen Retro-Loft und ist eine Stadtwohnung vom Feinsten. Nach dem Betreten gelangt man in einen riesigen, flippigen Gemeinschaftsraum mit großen Fenstern, durch die viel Tageslicht fällt. Danach geht man weiter zu einem der drei Zimmer, die alle mit anspruchvollen Haywood-Wakefield-Möbeln im Stil des 1950er-Modernismus ausgestattet sind.

★ The Social Goat B&B B&B **$$**
(☎ 404-626-4830; www.thesocialgoatbandb.com; 548 Robinson Ave SE; Zi. 125–245 US$; P ❄ 📶) Das direkt am Grant Park gelegene und wunderbar restaurierte viktorianische Herrenhaus von 1900 im Queen-Anne-Stil hat sechs Zimmer im französischen Landhausstil mit vielen Antiquitäten. Wichtiger ist aber, dass man sich das Anwesen mit Ziegen, Truthähnen, Hühnern und Katzen teilt. Es ist ein echtes ländliches Refugium, angesiedelt in einer der landesweit größten Städte.

Essen

Nach New Orleans hat Atlanta die beste Restaurantszene des Südens. Die Gastronomie-Kultur ist hier schon fast eine Obsession. Der Westside Provisions District, der Krog Street Market und der Ponce City Market sind alle recht neue und hippe Wohn- und Restaurantgegenden inmitten der sich ständig verändernden Stadtviertel Atlantas.

Downtown & Midtown

Empire State South SÜDSTAATENKÜCHE **$$**
(www.empirestatesouth.com; 999 Peachtree St; Hauptgerichte 12–36 US$; ⏲ Mo–Do 7–22, Do–Sa bis 23, So 10–15 Uhr; 📶) Das rustikal-hippe Bistro in Midtown serviert einfallsreiche Gerichte der modernen Südstaatenküche und enttäuscht nicht – weder beim Frühstück noch zu anderen Tageszeiten. Sie machen ihre eigenen Bagels, schenken dem Kaffee genauso viel Aufmerksamkeit wie die Baristas im Nordwesten und mischen Brathähnchen mit Schinken und *pimento cheese*!

No Mas! Cantina MEXIKANISCH **$$**
(☎ 404-574-5678; www.nomascantina.com; 180 Walker St SW; Hauptgerichte 7–20m US$; ⏲ 8–22 📶 👪) Die Einrichtung wirkt zwar etwas überzogen – als ob man in einer *piñata* speisen würde –, doch die Einheimischen sind begeistert von dem festlich-mexikanischen Ambiente dieser *cantina* in der Downtown in Castleberry Hill. Trotz der ruhigen Lage liegen das Mercedes-Benz Stadium, die Phillips Arena, das CNN Center und der Centennial Park in Gehweite.

Daddy Dz BARBECUE **$$**
(☎ 404-222-0206; www.daddydz.com; 264 Memorial Dr SE; Sandwiches 7–13 US$, Teller 13–23 US$; ⏲ Mo–Do 11–22.30, Fr & Sa bis 23, So 12–21 Uhr; P) Diese Barbecue-Spelunke wurde wiederholt zu einer der besten der Stadt gewählt. Das Restaurant hat viel Charme, begonnen mit den Graffiti-Malereien auf den roten, weißen und blauen Außenwänden, dem rauchigen Interieur und bis zu den recycelten Sitznischen auf der überdachten Terrasse. Wer die saftigen Rippchen bestellt, verlässt zufrieden lächelnd das Lokal.

South City Kitchen SÜDSTAATENKÜCHE **$$$**
(☎ 404-873-7358; www.southcitykitchen.com; 1144 Crescent Ave; Hauptgerichte 18–40 US$; ⏲ Mo–Fr 11–15.30 & 17–22, Sa 10–15 & 17–22.30, So 10–15 & 17–22 Uhr) Das gehobene Südstaatenrestaurant bietet köstliche, modernisierte Gerichte wie Buttermilch-Brathähnchen mit sautiertem Kohl und Kartoffelpüree sowie pfannengebratene Forelle aus Georgia mit gerösteten Möhren. Vor einem Kinobesuch bieten sich gebratene grüne Tomaten an, eine Spezialität der Südstaatenküche.

Westside

West Egg Cafe DINER **$**
(☎ 404-872-3973; www.westeggcafe.com; 1100 Howell Mill Rd; Hauptgerichte 6–15 US$; ⏲ Mo–Fr 7–16, Sa & So bis 17 Uhr; P 📶 👪) Man stellt sich an den marmornen Frühstückstresen oder schnappt sich einen Tisch und genießt schwarze Bohnen und Eier, Putenwürstchen Benedict, Omelett mit *pimiento cheese* und Schinken oder ein Sandwich mit gebratenen grünen Tomaten. Alle Gerichte sind fantasievoll abgewandelte Versionen alter Klassiker, die in einem stilvollen, spartanisch eingerichteten Speisesaal serviert werden.

ATLANTA MIT KINDERN

Atlanta hat eine Fülle von Aktivitäten, die Kinder bei Laune halten, begeistern und zugleich lehrreich sind.

Center for Puppetry Arts (☎Tickets 404-873-3391; www.puppet.org; 1401 Spring St NW; Museum 10,50 US$, Führungen 14 US$; ⏰Di–So 9–17 Uhr, Mo geschl.; 👪) Das Museum ist ein Wunderland für Besucher aller Altersgruppen und zweifellos eine von Atlantas ungewöhnlichsten Sehenswürdigkeiten. Es birgt einen wahren Schatz an Puppen, von denen die Besucher manche auch in die Hand nehmen können. Ein bedeutender Zuwachs ist das **Worlds of Puppetry Museum** mit der weltweit umfassendsten Sammlung an Jim-Henson-Puppen und -Ausstellungsstücken.

Children's Museum of Atlanta (www.childrensmuseumatlanta.org; 275 Centennial Olympic Park Dr NW; $15; ⏰Mo–Fr 10–16, Sa & So bis 17 Uhr; 👪) Ein interaktives Museum, das sich an Kinder bis zu acht Jahren richtet; Erwachsene haben nur in Begleitung eines Kindes Zutritt.

Skyview Atlanta (☎678-949-9023; www.skyviewatlanta.com; 168 Luckie St NW; Erw./Senior/Kind 14/12/9 US$; ⏰So–Do 12–22, Fr bis 23, Sa 10–23 Uhr; 👪) In dem 20-stöckigen, 2013 in Betrieb genommenen Riesenrad mit 42 Kabinen schwebt man in 60 m Höhe über der Skyline von Atlanta.

Fernbank Museum of Natural History (☎404-929-6300; www.fernbankmuseum.org; 767 Clifton Rd; Erw./Kind 18/16 US$; ⏰10–17 Uhr; P 👪) Man kann durch mehrere Hektar große Hartholzwälder wandern oder die riesigen Dinosaurier-Exponate bestaunen.

Star Provisions SUPERMARKT $
(☎404-365-0410; www.starprovisions.com; 1198 Howell Mill Rd; ⏰Mo–Sa 10–24 Uhr; 📶) Wer sich seine Gourmetspeisen gern selbst zubereitet, wird sich hier sehr wohl fühlen. Denn angeschlossen an eines der besten Restaurants der Stadt, das **Bacchanalia** (☎404-365-0410; www.starprovisions.com/bacchanalia; 1198 Howell Mill Rd; Festpreis 95 US$/Pers.; ⏰ab 17.30 Uhr; P), findet man hier Käseläden, Fleischereien, Bäckereien, ein Bio-Café und Küchengeschäfte. Gut fürs nächste Picknick!

★ **Cooks & Soldiers** BASKISCH $$
(☎404-996-2623; www.cooksandsoldiers.com; 691 14th St; kleine Teller 6–19 US$; ⏰So–Mi 17–22, Do bis 23, Fr & Sa bis 2 Uhr; 📶🍸) Dieses baskisch inspirierte Restaurant ist ein bahnbrechender Newcomer in Westside, dessen Spezialitäten *pintxos* (bskische Vorspeisen) und *asadas* (Grillspeisen) aus dem Holzofen sind. Sowohl die Gerichte als auch die Cocktails sind hervorragend. Ein Highlight sind der Blutorangen-Gin-Tonic, der gegrillte amerikanische Weißkäse mit schwarzen Trüffeln, gebratene Austern mit Sauce und Lammrippchen mit gewürztem Joghurt.

★ **The Optimist** SEAFOOD $$$
(☎404-477-6260; www.theoptimistrestaurant.com; 914 Howell Mill Rd; Hauptgerichte 22–34 US$; ⏰Mo–Do 11.30–14.30 & 17–22, Fr & Sa 17–23, So 17–22 Uhr; 📶 🍃) Kein Reiseführer könnte dieses nachhaltige Meeresfrüchterestaurant in Westside genügend loben. Es ist einfach großartig! Man beginnt mit Muscheln in rotem Curry, macht weiter mit in Entenschmalz gedünstetem Schwertfisch oder einer sämigen Muschelsuppe mit Schinken und weißen Bohnen und beendet das Mahl mit einer Kugel hausgemachtem Salzkaramell-Eis.

Virginia-Highland

Vortex BURGER $$
(☎404-688-1828; www.thevortexbarandgrill.com; 438 Moreland Ave NE; Burger 8,25–18 US$; ⏰So–Do 11 Uhr–open end, Fr & Sa bis 2 Uhr) In dem mit US-Memorabilien vollgestopften Burger-Laden für Erwachsene ab 17 Jahren, der als Vater aller Burger-Schuppen Atlantas gilt, treffen alternative Hipster auf texanische Touristen und Morehouse-College-Studenten. Die Vielfalt der Burger reicht von eindrucksvoll bis ausgefallen, sie gehören aber immer zu den meistgepriesenen in Atlanta. Die mit einem 6 m hohen Totenschädel versehene Fassade der Filiale in Little Five Points entstand im Zuge der baulichen Maßlosigkeit vor den Olympischen Spielen und ist heute ein Wahrzeichen.

★ **Octopus Bar** FUSION $$
(☎404-627-9911; www.octopusbaratl.com; 560 Gresham Ave SE, East Atlanta; Gerichte 9–15 US$; ⏰Di–Sa 22.30–2.30 Uhr) Die Vorbehalte soll-

te man am besten im Hotel lassen – das ist ein Punk-Rock-Restaurant – und darauf gespannt sein, was dieses Lokal mit Innen- und Außenbereich, graffitibedeckten Wänden und sphärischer Elektromusik bietet. Man kann nicht reservieren, also heißt es, früh kommen und den geräucherten Branzino mit Grapefruit, die Ramen-Nudeln mit Bauchspeck oder einen Tunfisch sowie andere innovativen, neuen Gerichte der Fusion-Küche genießen. Sind die Öffnungszeiten seltsam? Ergattert man nur schwer einen Sitzplatz? Dauert es so lange, bis man sein Gericht bekommt, weil die Köche zu beschäftigt sind, die vielen Beschwerden der Schar von Hilfsköchen und Kellnern entgegenzunehmen? Die Antwort auf all dies lautet klar: ja.

East Atlanta

Dish Dive AMERIKANISCH **$**
(☎404-957-7918; www.dishdivekitchen.com; 2233 College Ave NE; Hauptgerichte 8–16 US$; ⏲Di–Sa 17–22 Uhr) In einem nicht gekennzeichneten Haus nahe von Bahngleisen befindet sich das Dish Dive, das vermutlich cooler ist seine Gäste. Das Gute ist, dass das keinen stört. Hier ist jeder willkommen, und die frischen, saisonalen Speisen, wie Seewolf aus der Region mit Schweinefleisch und Kohl, die Hähnchenfleischpastete oder die selbstgemacht Lasagne, sind genauso günstig wie Chips.

Northern China Eatery CHINESISCH **$**
(☎770-458-2282; http://northernchinaeatery.com; 5141 Buford Hwy NE; Hauptgerichte 7–14 US$; ⏲Mi–Mo 10–22 Uhr, Di geschl.) Ein beliebtes Restaurant, das schon vom Namen her – und in seiner Küche – eindeutig ist. Im Eatery gibt es echte nordchinesische Küche: würzige Rindslungen, Dan-Dan-Nudeln, gegrilltes Lamm und mehr Knödel, als man mit den Stäbchen greifen kann.

★Gunshow MODERN-AMERIKANISCH **$$$**
(☎404-380-1886; www.gunshowatl.com; 924 Garrett St SE; Gerichte 12–20 US$; ⏲Di–Sa 18–21 Uhr; 📶) Die jüngste Erleuchtung des Promikochs Kevin Gillespie ist ein unorthodoxes kulinarisches Erlebnis. Die Gäste können aus den rund zwölf kleinen Gerichten wählen, die die Köche mit Blut, Schweiß und Tränen in der offenen Küche zaubern und anschließend *dim sum*-mäßig an den Tisch bringen. Es kann schon eine Qual sein, die geräucherte und eingelegte Schinkenhachse zurückzuweisen, weil man auf das Tartar vom Kobe-Rind nach Saigon-Art wartet, aber das Erlebnis ist einmalig und das Restaurant das hippste in Atlanta.

ATLANTA BELTLINE

Atlanta BeltLine (www.beltline.org) ist ein riesiges, nachhaltiges Sanierungsprojekt, in dessen Rahmen ein bestehender, 35 km langer Bahnkorridor rund um die Stadt in ein Netz aus verbundenen Wegen für unterschiedliche Nutzung mit einer Gesamtlänge von 53 km verwandelt werden soll. Es ist das größte Verkehrs- und Wirtschaftsentwicklungsprojekt, das je in Atlanta gestartet wurde, und gehört zu den größten und weitreichendsten Stadtentwicklungsprojekten, an denen gegenwärtig in den USA gearbeitet wird. Für Traveller am interessantesten ist der 3,5 km lange **Eastside Trail**, der das hippe städtische Viertel Inman Park mit dem Piedmont Park in Midtown verbindet.

Decatur

Das unabhängige Städtchen Decatur liegt 6 Meilen (10 km) östlich der Downtown und hat sich zu einer Gegenkultur-Enklave und einem Feinschmeckerparadies entwickelt. Wie in den meisten traditionellen Südstaatenorten ist der von einem Pavillon gekrönte Courthouse Square Mittelpunkt allen Geschehens. Rundherum finden sich verschiedene Restaurants, Cafés und Geschäfte.

Leon's Full Service FUSION **$$**
(☎404-687-0500; www.leonsfullservice.com; 131 E Ponce de Leon Ave; Hauptgerichte 13–27 US$; ⏲Mo 17–1, Di–Do & So 11.30–1, Fr & Sa bis 2 Uhr; 📶) Das Leon's kommt etwas überheblich rüber, doch die fantastische Betontheke, die offene Raumaufteilung und die groovige beheizte und von Balken überspannte Terrasse machen aus der ehemaligen Tankstelle ein cooles Restaurant, das immer gut besucht ist.

Cakes & Ale MODERN-AMERIKANISCH **$$$**
(☎404-377-7994; www.cakesandalerestaurant.com; 155 Sycamore St; Hauptgerichte 10–36 US$; ⏲Café Di–Do 8–22, Fr & Sa bis 23, So 9–15 Uhr, Restaurant Di–Do 6–23, Fr & Sa 17.30–24 Uhr) Ein Schüler des Chez Panisse und Meister der Backkunst betreibt dieses hippe Restaurant. Die Bäckerei nebenan verkauft neben köstlichem Gebäck eine heiße Schokolade, die einfach göttlich ist. Das Restaurant bietet ein kleines, aber erlesenes Sortiment, z. B. perfekt

SCHWULEN- & LESBENSZENE IN ATLANTA

Atlanta – oder „Hotlanta", wie manche sagen – ist einer der wenigen Orte in Georgia mit einer erkennbaren und aktiven Schwulen- und Lesbengemeinde. Midtown bildet das Zentrum des schwulen Lebens, das Epizentrum befindet sich rund um den Piedmont Park und die Kreuzung 10th St und Piedmont Ave, wo sich das **Blake's** (☎404-892-5786; www.blakesontheparkatlanta.com; 227 10th St NE; ⏰Mo–Fr 15–3, Sa 13–3, So 13–1 Uhr), Atlantas klassische Schwulenbar, oder das **10th & Piedmont** (www.communitashospitality.com/10th-and-piedmont; 991 Piedmont Ave NE; ⏰Mo–Do 10–15 & 17–22, Fr 10–15 & 17–23, Sa 10–16 & 17–23, So 10–21 Uhr) befindet, in dem man essen und spät abends etwas erleben kann. Im Städtchen Decatur, östlich von Atlantas Downtown, gibt es eine beträchtliche Lesbengemeinde. News und Infos gibt's im *David Atlanta* (www.davidatlanta.com) sowieonline unter www.gayatlanta.com.

Das **Atlanta Pride Festival** ist ein riesiges jährliches Fest der Schwulen- und Lesbengemeinde der Stadt. Es findet im Oktober im und rund um den Piedmont Park statt.

gegrillte *framani-soppresata*-Sandwiches mit Mangold, Salzzitronen-Ricotta und Dijon-Senf (mittags ein Renner!) und abends Schweinefleisch, Perlhuhn oder Lamm.

Ausgehen & Nachtleben

Atlanta hat eine lebendige Barszene, die von kleinen Buden bis zu hippen Nachbarschaftslokalen reicht, die als unscheinbare, kleine Lokale gelten wollen, aber eigentlich angesagte nächtliche Treffpunkte der Reichen und Schönen sind. Wo immer man auch hingeht, es fällt auf, dass im landesweiten Vergleich in dieser Stadt die Überwindung der Rassengrenzen besonders gut gelungen ist – Grund genug, um darauf das Glas zu erheben.

★ Sister Louisa's Church of the Living Room & Ping Pong Emporium BAR
(☎404-522-8275; www.sisterlouisaschurch.com; 466 Edgewood Ave; ⏰Mo–Fr 17–3, Sa 13–3, So bis 24 Uhr; 📶) Die Wiege der wiederbelebten Barszene in Edgewood ist wie eine Kirche aufgemacht, aber noch lange keine Westminster Abbey. Jeden freien Fleck an den Wänden schmückt Sakrileg-Kunst der offensiven Art, die in manchen Teilen der Welt zu Kriegen führt. Man kann hier seine Widerstandskraft gegenüber ausgefallenen Cocktails testen und sich der Gemeinde anschließen, über die Kunst schmunzeln oder spannenden Tischtennisspielen zuschauen.

★ Argosy KNEIPE
(☎404-577-0407; www.argosy-east.com; 470 Flat Shoals Ave SE; ⏰Mo–Fr 17–2.30, Sa 12–2.30, So open end; 📶) Dieser Gastropub in East Atlanta punktet mit einer langen Liste von seltenen Craft-Bieren, mit perfekten Bargerichten und einer Atmosphäre, die zum Verweilen den ganzen Abend lang einlädt. Die mehreckige Theke schlängelt sich durch einen Raum mit rustikalem Chic und einen Lounge-Bereich im Wohnzimmerstil.

Ladybird Grove & Mess Hall BAR
(☎404-458-6838; www.ladybirdatlanta.com; 684 John Wesley Dobbs Ave NE; ⏰Di–So 11 Uhr–open end, Mo geschl.) Dank seiner beneidenswerten Lage (und dem enormen Innenhof) mit Blick auf die BeltLine bietet das Ladybird seinen Stammkunden einen der tollsten Standorte in Atlanta.

Brick Store Pub BAR
(☎404-687-0990; www.brickstorepub.com; 125 E Court Sq, Decatur; Fassbier 5–12 US$; ⏰So & Mo 11–1, Di–Sa bis 2 Uhr) Bierfans zieht es zu diesem Pub in Decatur mit dem reichhaltigsten Angebot an Craft-Bieren in Atlanta. Zur Wahl stehen ca. 30 sorgfältig ausgewählte Fassbiere (einschließlich jener in der gemütlicheren belgischen Bierbar im Obergeschoss) sowie fast 300 Sorten Flaschenbiere aus dem mit 15 000 Flaschen bestückten Keller. Wohl deshalb trifft man hier allabendlich junge, gutgelaunte Gäste.

Kimball House COCKTAILBAR
(☎404-378-3502; www.kimball-house.com; 303 E Howard Ave, Decatur; ⏰So–Do 17 Uhr–open end, Fr & Sa bis 1 Uhr) Das Kimball House in einem restaurierten und etwas abseits gelegenen Bahndepot in Decatur erinnert in gewisser Weise an einen Saloon. Es bietet Craft-Cocktails, Getränke mit Absinth und eine lange Liste mit frisch eingeflogenen Austern.

Park Tavern BAR
(☎404-249-0001; www.parktavern.com; 500 10th Street NE; ⏰Mo–Fr 16.30 Uhr–open end, Sa & So 11.30 Uhr–open end; 📶) Die Außenterrasse

des Kleinbrauerei-Restaurants am Rand des Piedmont Park ist einer der schönsten Orte in Atlanta, um an einem Wochenendnachmittag herumzusitzen und etwas zu trinken.

Unterhaltung

Clermont Lounge TANZ

(☎404-874-4783; http://clermontlounge.net; 789 Ponce de Leon Ave NE; ⊙Mo–Sa 13– 3 Uhr) Wie lässt sich das Clermont beschreiben? Zunächst ist es ein Strip-Club, der älteste in Atlanta, aber nicht nur ein Strip-Club. Es ist eine Institution in der Szene von Atlanta, in der Tänzer jeden Alters, jeder Hautfarbe und jeden Körperbaus willkommen sind. Kurzum, es ist ein Strip-Club für Stripper, obwohl auch die Zuschauer – und jeder landet irgendwann mal hier – einen tollen Abend erleben.

Terminal West LIVEMUSIK

(☎404-876-5566; www.terminalwestatl.com; 887 W Marietta St) Diese Konzertstätte zählt zu Atlantas besten Livemusikclubs und befindet sich in einer schön umgebauten, 100 Jahre alten Eisen- und Stahlgießerei in Westside.

Woodruff Arts Center KUNSTZENTRUM

(☎404-733-4200; www.woodruffcenter.org; 1280 Peachtree St NE) Auf dem Campus dieses Kunstzentrums findet man das High Museum, das Atlanta Symphony Orchestra und das Alliance Theatre.

Variety Playhouse LIVEMUSIK

(☎404-524-7354; www.variety-playhouse.com; 1099 Euclid Ave NE) Diese ausgebuchte und gut geführte Konzertveranstaltungsstätte, in der verschiedene tourende Künstler auftreten, sichert Little Five Points einen festen Platz in der Musikszene.

Praktische Informationen

INFOS IM INTERNET

Scout Mob (www.scoutmob.com) Tipps zu allem, was in Atlanta neu und hip ist.

Atlanta Travel Guide (www.atlanta.net) Offizielle Website des Atlanta Convention & Visitors Bureau mit ausgezeichneten Links zu Läden, Restaurants, Hotels und anstehenden Events. Auf der Website kann man außerdem den City-Pass (S. 433) kaufen.

MEDIEN

Atlanta (www.atlantamagazine.com) Das Monatsmagazin für lokale Themen, Kunst und Gastronomie.

Atlanta Daily World (www.atlantadailyworld.com) Die älteste kontinuierlich herausgegebene afroamerikanische Tageszeitung (seit 1928).

Atlanta Journal-Constitution (www.ajc.com) Atlantas wichtigste Tageszeitung mit gutem Reiseteil am Sonntag.

Creative Loafing (www.clatl.com) Das kostenlose alternative Wochenblatt, das immer mittwochs erscheint, liefert heiße Tipps zu Musik, Kunst und Theater.

NOTFALL & MEDIZINISCHE VERSORGUNG

Atlanta Medical Center (Wellstar Atlanta Medical Center; ☎404-265-4000; www.atlantamedcenter.com; 303 Parkway Dr NE) Seit 1901 Atlantas bestes Krankenhaus.

MARTIN LUTHER KING JR.: GALIONSFIGUR DER BÜRGERRECHTE

Martin Luther King Jr., die bedeutendste Figur der US-amerikanischen Bürgerrechtsbewegung und die wohl größte Führungspersönlichkeit Amerikas, wurde 1929 als Sohn eines Predigers und einer Chorleiterin in Atlanta geboren. Dieser Hintergrund war nicht nur von Bedeutung, weil er seinem Vater als Pfarrer der Ebenezer Baptist Church folgte, sondern auch, da seine späteren politischen Reden von einer nicht unbedeutenden Kanzelrhetorik geprägt waren.

Der „Busboykott" von Montgomery, Alabama, wurde 1955 von King angeführt, woraufhin der Oberste Gerichtshof der USA die Gesetze aufhob, die eine Rassentrennung in Bussen vorschrieben. Von diesem Moment an war King die inspirierende Stimme mit moralischem Gewicht. Kings Ablehnung von Gewalt bei der Durchsetzung der Rassengleichheit und des Rassenfriedens folgte dem Vorbild Gandhis und diente als mächtige Waffe gegen Hass, Rassentrennung und rassistisch motivierte Gewalt. King wurde 1968, vier Jahre, nachdem er den Friedensnobelpreis erhalten hatte und fünf Jahre nach seiner legendären Washingtoner *I Have a Dream*-Rede, auf dem Balkon eines Hotels in Memphis erschossen.

King bleibt eine der anerkanntesten und am meisten respektierten Persönlichkeiten des 20. Jhs. Zehn Jahre lang führte er eine Bewegung an, um ein System der rechtlichen Diskriminierung zu beenden, das seit der Entstehung des Landes gegolten hatte.

An- & Weiterreise

Atlantas riesiger Flughafen **Hartsfield-Jackson International Airport** (ATL; ☎800-897-1910; www.atl.com) liegt 12 Meilen (19 km) nördlich von Downtown Atlanta und ist ein wichtiges Drehkreuz für den regionalen und internationalen Luftverkehr. Er ist hinsichtlich der Passagierzahlen der größte Flughafen der Welt und sieht auch danach aus.

Die **Greyhound-Haltestelle** (☎404-584-1728; www.greyhound.com; 232 Forsyth St) befindet sich neben der MARTA-Station Garnett. Von hier aus starten Busse nach Nashville (5 Std.), New Orleans (10½ Std.), New York (20 Std.), Miami (16 Std.) nd Savannah (4¾ Std.).

Atlantas Amtrak-Hauptbahnhof (www.amtrak.com; 1688 Peachtree St NW) liegt direkt nördlich der Downtown. Von hier verkehren Züge nach Nordosten sowie in südlich gelegene Städte wie Birmingham und New Orleans.

Unterwegs vor Ort

Die Züge der **Metropolitan Atlanta Rapid Transit Authority** (MARTA; www.itsmarta.com) fahren vom Flughafen in die Downtown und zurück, sie bedienen aber auch einige weniger nützliche Pendlerrouten. Jeder Kunde muss eine Breeze Card (www.breezecard.com) erwerben; sie kostet 2 US$ und kann bei Bedarf aufgeladen werden. Die MARTA-Gebühr beträgt 2,50 US$. Die Shuttle-Anbieter und Autovermietungen haben Büros im Flughafen, auf der Etage der Gepäckausgabe.

Das Atlanta Streetcar ist eine tolle Möglichkeit, in der Innenstadt von Atlanta voranzukommen. Das einfache Ticket kostet 1 US$ (oder als Tageskarte 3 US$). Das Streetcar hat mehr als ein Dutzend Haltestellen auf einer 4,3 km langen Rundstrecke vom Centennial Olympic Park bis zur Martin Luther King Jr. National Historic Site.

Nördliches Georgia

Georgia ist ein geografisch vielgestaltiger Bundesstaat. Im Inneren erstrecken sich Seen und Wälder, an der Küste prägen Sümpfe und vorgelagerte Inseln das Bild. Und wer eine Gebirgslandschaft sucht, muss ins nördliche Georgia aufbrechen, das sich an den südlichen Ausläufern der Appalachen erstreckt. Die Berge und das sie umgebende Vorland sowie die landeinwärts gelegenen Regionen schaffen eine großartige Gebirgslandschaft, sorgen aber auch für gute Weine und reißende Flüsse. Die herbstliche Farbenpracht setzt hier später ein und erreicht ihren Höhepunkt im Oktober. Man sollte einige Tage einplanen, um Sehenswürdigkeiten wie die 366 m tiefe Tallulah Gorge, die Berglandschaft und die Wanderwege im Vogel State Park und Unicoi State Park zu erkunden.

Dahlonega

1828 war Dahlonega Schauplatz des ersten Goldrauschs in den USA. Heute boomt hier der Tourismus, denn der Ort ist von Atlanta aus bequem an einem Tag zu erreichen und zudem ein fantastisches Ziel für einen Abstecher in die Berge. Die Stadt ist nicht nur ein Hotspot für Outdoor-Aktivitäten, die Downtown von Dahlonega rund um den Courthouse Square ist eine tolle Mischung aus Weinverkostungslokalen, Gourmet-Kaufhäusern, großartigem Essen, ländlichen Geschäften und dem Charme eines Bergortes.

Sehenswertes & Aktivitäten

Amicalola Falls State Park STATE PARK
(☎706-265-4703; www.gastateparks.org/amicalolafalls; 280 Amicalola Falls State Park Rd, Dawsonville; 5 US$/Fahrzeug; ⏲7–22 Uhr; P) In diesem 18 Meilen (29 km) westlich von Dahlonega am Hwy 52 gelegenen State Park befinden sich die 222 m hohen Amicalola Falls – der höchste Wasserfall im Südosten. Der Park hat eine spektakuläre Landschaft, eine **Lodge** (☎800-573-9656; www.amicalolafalls.com; 418 Amicalola Falls State Park Rd, Dawsonville; Stellplatz ab 30 US$, Zi. & Cottage 140–240 US$; P ❄ @) und bietet ausgezeichnete Wege zum Wandern und Mountainbiken.

Frogtown Cellars WEINGUT
(☎706-865-0687; www.frogtownwine.com; 700 Ridge Point Dr; Verkostung 15 US$; ⏲Mo–Fr 12–17, Sa bis 18, So 12.30–17 Uhr) Dieses schöne Weingut hat eine tolle Veranda, auf der man Weine probieren und Käse knabbern kann. Es behauptet von sich, das meistprämierte Weingut außerhalb Kaliforniens zu sein, was zwar nicht bestätigt werden kann, aber der Wein passt sehr gut zu einem Sonnenuntergang in den Bergen.

Dahlonega Courthouse Gold Museum MUSEUM
(☎706-864-2257; www.gastateparks.org/dahlonegagoldmuseum; Public Sq; Erw./Kind 7/4,50 US$; ⏲Mo–Sa 9–17, So 10–17 Uhr) Wer Interesse für Münzen, Währungen und Finanzgeschichte hat, muss dieses Museum besuchen. Dahlonegas Wurzeln liegen in der Zeit des Goldrauschs, als die Stadt es schnell zu Wohlstand brachte. 1838 eröffnete die Bundesregierung eine Münzanstalt am Markplatz,

wo über 6 Mio US$ als Goldmünzen bis zum Ausbruch des Bürgerkriegs geprägt wurden, als die Münze schloss.

Schlafen & Essen

Hiker Hostel HOSTEL $
(☎770-312-7342; www.hikerhostel.com; 7693 Hwy 19N; B/Zi. 25/70 US$, Hütte 90–110 US$; P ❄ @ ☺) Zwei begeisterte Rad- und Freizeitsportler betreiben dieses Hostel am Hwy 19N, etwa 7 Meilen (11 km) vom Ort entfernt. Die umgebaute Blockhütte richtet sich vor allem an Wanderer, die den Appalachian Trail erkunden möchten, und bietet saubere, nette Zimmer mit Etagenbetten und jeweils einem eigenem Bad.

Es gibt auch zwei schicke Hütten aus Schiffscontainern, für deren Einrichtung aus ganz Georgia zusammengetragene Materialien wiederverwertet wurden.

Cedar House Inn & Yurts B&B $$
(☎706-867-9446; www.georgiamountaininn.com; 6463 Highway 19 N; Zi. 125–145 US$, Jurte 145 US$; P ❄ ☺) Gebetsfahnen, eine Permakulturfarm, Flaschenbäume und – was naheliegend ist – eine fortschrittliche, umweltbewusste und nachhaltige Einstellung der Natur und dem Leben gegenüber prägen die Atmosphäre im Cedar House, das am Hwy 19 nördlich der Stadt liegt. Auf Wunsch bereitet das Personal glutenfreies und veganes Frühstück zu. Die gemütlichen Zimmer und die zwei bunten Jurten (ohne Klimaanlage) laden zu einem Nickerchen ein.

Spirits Tavern BURGER $
(☎706-482-0580; www.spirits-tavern.com; 19 E Main St; Burger 12–15 US$; ⏲So–Do 11–23, Fr bis 1 Uhr, So open end; ☺) Diese Bar tischt erstaunlich einfallsreiche Burger mit Fleisch von Angus-Rindern oder freilaufenden, hormonfrei gefütterten Truthähnen auf. Die Burger gibt's mit knusprigen Käsemakkaroni, auf griechische, asiatische und Cajun-Art.

Back Porch Oyster Bar SEAFOOD $$
(☎706-864-8623; www.backporchoysterbar.net; 19 N Chestatee St; Hauptgerichte 9–31 US$; ⏲Mo–Do 11.30–21, Fr & Sa bis 22, So bis 20 Uhr; ☺) Austern, Thunfisch, Muscheln und andere Meeresfrüchte werden täglich frisch geliefert und in diesem Nachbarschaftsrestaurant gesäubert, frittiert oder gedünstet.

Praktische Informationen

Visitors Center (☎706-864-3711; www.dahlonega.org; 13 S Park St; ⏲Mo–Fr 9–17.30, Sa 10–17 Uhr) Bietet haufenweise Infos zu den regionalen Sehenswürdigkeiten und Aktivitäten wie Wandern, Kanu- und Kajakfahren, Raften und Mountainbiken.

Anreise & Unterwegs vor Ort

Dahlonega liegt ca. 70 Meilen (113 km) nördlich von Atlanta; am schnellsten gelangt man von dort auf dem Hwy 19 hierher. Es gibt keine Busverbindung.

Athens

Athens ist eine gesellige, künstlerisch angehauchte und lässige College-Stadt, die etwa 80 Meilen (129 km) östlich von Atlanta liegt. Es hat ein extrem beliebtes Footballteam (die University of Georgia Bulldogs), eine weltweit berühmte Musikszene, eine aufstrebende Restaurantkultur und ein überraschend vielseitiges Nachtleben. Die Universität – UGA – ist der Antriebsmotor für das Kulturleben und sichert einen nie versiegenden Nachschub an jungen Barbesuchern und Konzertgängern, von denen etliche nach ihrem Abschluss hierbleiben und sich in der Stadt niederlassen. Die hübsche Downtown, die man gut zu Fuß erkunden kann, bietet eine Fülle an hippen Restaurants, Bars und Geschäften.

Sehenswertes

★ **Georgia Museum of Art** MUSEUM
(☎706-542-4662; www.georgiamuseum.org; 90 Carlton St; ⏲Di–Mi, Fr & Sa 10–17, Do bis 21, So 13–17 Uhr) GRATIS In der schicken, modernen Galerie betreiben geistreiche, kunstinteressierte Gestalten in der Lobby Selbststudien, und Kunstkenner beäugen die modernen Skulpturen im Hofgarten und die beeindruckende Sammlung von Werken amerikanischer Realisten der 1930er-Jahre.

State Botanical Garden of Georgia GÄRTEN
(www.botgarden.uga.edu; 2450 S Milledge Ave; ⏲8–18 Uhr) GRATIS Mit seinen gewundenen Wegen und seiner soziohistorischen Ausrichtung ist dieser großartige botanische Garten ein Juwel für eine Stadt dieser Größe. Schilder informieren über die eindrucksvolle Pflanzensammlung mit ihren seltenen und bedrohten Arten. Außerdem gibt's fast 8 km an tollen bewaldeten Wanderwegen.

Schlafen & Essen

★ **Graduate Athens** INN $$
(☎706-549-7020; www.graduateathens.com; 295 E Dougherty St; Zi. 100–170 US$, Suite 280–

390 US$; P @ ≋ ❄) Dieses wundervoll gestaltete Boutiquehotel bildete den Auftakt für eine College-Campus-Kette und ist von aufgepepptem Retro-Schick geprägt – angefangen bei den mit Topfpflanzen bestückten altmodischen Dewey-Decimal-Karteikartenschränken in der Lobby, bis zu den süßen Crosley-Plattenspielern und den Videospielklassikern in den Suiten.

Lokale Akzente wie das Kreidetafel-Kunstwerk mit der chemischen Formel für süßen Tee verstärken den Reiz des Hauses. Auf dem Gelände befinden sich in einer alten Eisengießerei der Konföderierten auch ein tolles Café, eine Bar mit Grill und eine Livemusikbühne.

Hotel Indigo BOUTIQUEHOTEL **$$**
(☎706-546-0430; www.indigoathens.com; 500 College Ave; Zi./Suite ab 160/265 US$; P @ ≋ ❄ 🐾) Das Boutiquehotel mit viel Öko-Schick gehört zur Indigo-Kette, hat geräumige Zimmer, die an ein cooles Loft erinnern, und wurde mit dem goldenen LEED-Zertifikat für energie- und umweltbewusstes Design ausgezeichnet. Es gibt Aufzüge, die mit Öko-Energie betrieben werden, bei der Parkplatzvergabe haben Hybridfahrzeuge Vorrang, und beim Bau des Gebäudes wurden 30 % recycelte Materialen verwendet.

Pouch PIES **$**
(☎706-395-6696; www.pouchpies.com; 151 E Broad St; Pies 5,50 US$; ⏲Mo–Mi 11–22, Do–Sa bis 23 Uhr; ✎) In den Südstaaten bedeutet „Pie" gemeinhin etwas Süßes und Butterhaltiges, das als Nachtisch serviert wird. Für die südafrikanischen Besitzer des Pouch sind „Pies" köstliche Backwaren aus aller Welt, darunter australische Pasteten mit Rindfleisch und Sauce, portugiesische Pasteten mit Piri-Piri, Weißweinsauce und Chorizo und sogar eine cheeseburgerähnliche amerikanische Pie! Großartige Gerichte zu einem erschwinglichen Preis!

White Tiger BARBECUE **$**
(☎706-353-6847; www.whitetigergourmet.com; 217 Hiawassee Ave; Hauptgerichte 6,75–10,50 US$; ⏲Mo–Sa 11–15, Do 18–20, So 10–14 Uhr; P 👪) Das 100 Jahre alte Gebäude wirkt zwar nicht gerade vertrauenserweckend, doch am abseits gelegenen, bei den Einheimischen sehr beliebten Grill werden hammermäßige Sandwiches mit holzgeräuchertem Pulled Pork, Burger und sogar auf dem Grill geräucherter Tofu für Vegetarier zubereitet. Chefkoch Ken Manring hat seine kulinarische Kunst bereits in gehobeneren Restaurants unter Beweis gestellt, bevor er sich in Athens niederließ.

home.made SÜDSTAATENKÜCHE **$$**
(☎706-206-9216; www.homemadeathens.com; 1072 Baxter St; Hauptgerichte 13–25 US$; ⏲Di–Sa 11–14 & 17.30–21.30) Das home.made setzt neue Maßstäbe, wenn es um die neue Südstaatenküche geht. Die Speisekarte wechselt

NATUR & ABENTEUER IM NÖRDLICHEN GEORGIA

Tallulah Gorge (☎706-754-7981; www.gastateparks.org/tallulahgorge; 338 Jane Hurt Yarn Dr, Tallulah Falls; Eintritt 5 US$/Auto; ⏲8 Uhr –Sonnenuntergang; P) Die 366 m tiefe Tallulah Gorge schneidet eine dunkle Schneise in die bewaldeten Hügel des nördlichen Georgia. Man überquert die eines Indiana Jones würdige Hängebrücke und hält Ausschau nach Wanderwegen, die zum Schluchtrand führen. Oder man kann sich für eine Wanderung auf dem Grund der Schlucht entscheiden; dazu werden aber nur 100 Genehmigungen täglich (nach dem Prinzip „wer zuerst kommt, mahlt zuerst") ausgestellt.

Vogel State Park (☎706-745-2628; www.gastateparks.org/vogel; 405 Vogel State Park Rd, Blairsville; Eintritt 5 US$/Auto; ⏲7–22 Uhr; P) Dieser Park am Fuß des Berges mit dem suggestiven Namen Blood Mountain ist der älteste seiner Art in Georgia und bildet einen Flickenteppich aus bewaldeten Bergen, die einen 89 000 m² großen See einschließen. Es gibt etliche Wanderwege, sowohl für Anfänger als auch für erfahrene Wanderer. Viele der hier vorhandenen Einrichtungen wurden vom Civilian Conservation Corp geschaffen; ein saisonales Museum erzählt die Geschichte dieser Arbeitsteams, die den Park gegründet haben und während der Weltwirtschaftskrise die lokale Wirtschaft retteten.

Unicoi State Park (☎706-878-2201; www.gastateparks.org/unicoi; 1788 Hwy 356, Helen; Eintritt 5 US$/Auto; ⏲7–22 Uhr; P 👪) In diesem auf Abenteuer-Aktivitäten ausgerichteten Park können die Besucher Kajaks (10 US$/Std.) mieten, an Stehpaddel-Kursen teilnehmen (25 US$), auf 19,3 km langen Pfaden wandern, mit dem Mountainbike fahren oder mit der Seilrutsche über den Baumkronen des Waldes schweben (59 US$).

oft, je nach den verfügbaren Zutaten, aber welcher Herkunft auch immer die Produkte sind, stets entstehen kreative, köstliche Gerichte, die ihren Ursprung in der lokalen Küche haben; nicht selten sind sie aber verspielt verrückt, so z. B. die in der Pfanne sautierte Flunder mit Reisgrieß mit Kurkuma.

Five & Ten AMERIKANISCH **$$$**
(☎ 706-546-7300; www.fiveandten.com; 1073 S Milledge Ave; Hauptgerichte 22–36 US$; ⊙ So–Do 17.30–22, Fr & Sa bis 23, So 10.30–14.30 Uhr; ☎) Das Five & Ten, das nachhaltig erzeugte Zutaten verwendet und eine bodenständige, nur leicht verspielte Speisekarte mit Kalbsbries, Augenbohnen-Hummus und Frogmore Stew (Kartoffel-Mais-Eintopf mit Würstchen) hat, zählt zu den besten Restaurants der Südstaaten. Reservierung ist Pflicht.

Ausgehen & Unterhaltung

Trapeze Pub CRAFT-BIER
(☎ 706-543-8997; www.trappezepub.com; 269 N Hull St; ⊙ Mo–Sa 11–2, So 24 Uhr; ☎) Die beste Craft-Bier-Bar in der Downtown gab es schon vor dem Bier-Hype. Es gibt Dutzende Biere vom Fass, darunter das lokale, sehr beliebte Creature Comforts, sowie weitere rund 100 Flaschenbiere. Dazu passen Pommes nach belgischer Art, die besten der Stadt.

The Old Pal BAR
(☎ 706-850-4340; www.theoldpal.com; 1320 Prince Ave; ⊙ Mo–Sa 16–2 Uhr; ☎) Das Old Pal ist die Bar der Denker in Normal Town und setzt auf saisonale Craft-Cocktails und ein wohl durchdachte Bourbon-Karte. Der schöne, dunkle Raum hat schon viele örtliche Denkmalschutzpreise bekommen.

Normal Bar BAR
(☎ 706-548-6186; www.facebook.com/normal.bar.7; 1365 Prince Ave; ⊙ Mo–Fr 16–2, Sa 11.30–2 Uhr; ☎) Die liebenswerte, dunkle Ladenfrontbar ist überhaupt keine Studentenkneipe, aber dennoch typisch für Athens. Das Bier reicht vom billigen PBR-Bier bis zum hochwertigen Kleinbrauerei-IPA. Es gibt eine fabelhafte Weinkarte und das Publikum ist nett, jung und entspannt.

40 Watt Club LIVEMUSIK
(☎ 706-549-7871; www.40watt.com; 285 W Washington St; Eintritt 5–25 US$) Athens' legendärster Schuppen bietet diverse Lounges, eine Tiki-Bar und PBR-Biere zu 2,50 US$. Auf der Bühne wird seit R.E.M., den B-52s und der Widespread Panic Indie-Rock gespielt und hier treten immer noch die großen Bands auf, wenn sie in der Stadt sind.

Praktische Informationen

Athens Welcome Center (☎ 706-353-1820; www.athenswelcomecenter.com; 280 E Dougherty St; ⊙ Mo–Sa 10–17, So 12–17 Uhr) Das Visitor Center, das in einem historischen Antebellum-Gebäude an der Ecke der Thomas St untergebracht ist, hat Stadtpläne und Infos zu Touren durch die Region.

An- & Weiterreise

Die College-Stadt liegt etwa 70 Meilen (113 km) östlich von Atlanta. Es gibt keinen großen Highway, der hierher führt, sodass man sich mit Bundes- und Nebenstraßen begnügen muss. Der örtliche **Greyhound-Busbahnhof** (☎ 706-549-2255; www.greyhound.com; 4020 Atlanta Hwy, Bogart) liegt etwa 6 Meilen (10 km) westlich der Downtown von Athens. Es gibt Busverbindungen nach Atlanta (7½ Std., 2-mal tgl.) und Savannah (14 Std., 1-mal tgl.).

Die Küste Georgias

Im Vergleich zu den städtischen, vorstädtischen oder stadtnahen Bezirken, die Atlanta umgeben, oder dem bergigen Landesinneren des nördlichen Georgia prägen den südlichen Teil des Bundesstaates uraltes Louisianamoos und Lebenseichen. Das in Sümpfen liegende Savannah präsentiert sich als unwiderstehliche Südstaaten-Schönheit. Aber diese Region hat mehr zu bieten als Antebellum-Häuser und Louisianamoos – die wilde, mit geschützten Düneninseln übersäte Küste Georgias ist eine oft übersehene, spektakuläre Landschaft.

Savannah

Savannah ist zweifellos ein Hingucker. Erbaut rund um einen historischen Kern mit vornehmen Stadthäusern, Antebellum-Villen, riesigen Lebenseichen und öffentlichen, mit Louisianamoos bedeckten Grünflächen, ist Savannah eine überaus attraktive Stadt.

Die Stadt hat aber mehr als nur ein schönes Gesicht zu zeigen. Wenn Savannah eine Südstaatenschönheit ist, dann trägt sie auch einen Schuss Whiskey und eine Flasche scharfer Sauce in sich und zeigt vielleicht mit Stolz ihre unrasierten Beine. Diese Stadt ist anmutig – der Ausdruck „Mondschein und Magnolien" ist zwar abgedroschen, trifft hier aber völlig zu –, sie ist allerdings auch etwas grobschlächtig und ausgelassen grenzüberschreitend. Dies erklärt sich zum Teil durch Savannahs Toleranz des Fehlverhaltens (nur teilweises Verbot des Konsums von Alkohol in der Öffentlichkeit!) und die Anwesenheit der Studenten vom Savannah College of Art & Design (SCAD), einer der besten Kunstakademien des Landes.

Sehenswertes & Aktivitäten

★ Wormsloe Plantation Historic Site
HISTORISCHE STÄTTE

(☎ 912-353-3023; www.gastateparks.org/Wormsloe; 7601 Skidaway Rd; Erw./Senior/Kind 6–17 Jahre/Kind 1–5 Jahre 10/9/4,50/2 US$; ⊙ Di–So 9–17 Uhr; P) Nur eine kurze Autofahrt vom Zentrum entfernt auf der schönen Isle of Hope gelegen, ist dies eines der beliebtesten Fotomotive der Stadt. Sobald man sich auf der Zufahrtstraße nähert, fühlt man sich wie in einen Traum versetzt, während man auf einen Korridor aus mit Moos bewachsenen uralten Eichen blickt, der sich über 1,5 Meilen (2,4 km) dahinzieht und als Avenue of the Oaks bekannt ist.

Forsyth Park
PARK

GRATIS Der Central Park von Savannah ist eine weitläufige rechteckige Grünfläche, die von einem schönen Springbrunnen dominiert wird, der ein beliebtes Fotomotiv ist.

Mercer-Williams House
HISTORISCHES GEBÄUDE

(☎ 912-236-6352; www.mercerhouse.com; 429 Bull St; Erw./Student 12,50/8 US$; ⊙ Mo–Sa 10.30–16.10, So 12–16 Uhr) Obwohl Jim Williams, der Kunsthändler aus Savannah, den Kevin Spacey im Film *Mitternacht im Garten der Lüste* spielte, bereits 1990 gestorben ist, wurde sein berüchtigtes Wohnhaus erst 2004 zum Museum. Das Obergeschoss, in dem Williams' Familie noch lebt, ist nicht zugänglich, das Erdgeschoss hingegen ist der Traum eines jeden Innenarchitekten.

Owens-Thomas House
HISTORISCHES GEBÄUDE

(☎ 912-790-8800; www.telfair.org/visit/owens-thomas; 124 Abercorn St; Erw./Senior/Kind 20/18/15 US$; ⊙ So & Mo 12–17, Di–Sa 10–17 Uhr) Die vom britischen Architekten William Jay 1819 fertiggestellte großartige Villa ist ein Beispiel der für ihre Symmetrie bekannten englischen Regency-Architektur. Bei der Führung wird man ein bisschen mit Details aus dem aristokratischen Leben überhäuft, man erfährt aber Interessantes über über die mit „gespensterblauen" Farbe (hergestellt aus zerstoßenem Indigo, Buttermilch und zerriebenen Austernschalen) gestrichenen Decken der Sklavenquartiere und darüber, dass dieses Herrenhaus fast 20 Jahre vor dem Weißen Haus schon fließendes Wasser hatte.

Telfair Academy of Arts & Sciences
MUSEUM

(☎ 912-790-8800; www.telfair.org/visit/telfair; 121 Barnard St; Erw./Kind 20/15 US$; ⊙ So & Mo 12–17, Di–Sa 10–17 Uhr) Das historische Herrenhaus der Familie Telfair gilt als bestes Kunstmuseum in Savannah und beherbergt amerikanische Kunst und Silber des 19. Jhs. sowie einige wenige Werke aus Europa. Das ockerfarbene Gebäude selbst ist großartig und schon an sich ein Kunstwerk, das Besucher in Staunen versetzt.

SCAD Museum of Art
MUSEUM

(www.scadmoa.org; 601 Turner Blvd; Erw./Kind unter 14 Jahre 10 US$/frei; ⊙ Di–Mi 10–17, Do bis 20, Fr & Sa bis 17, So 12–17 Uhr) Architektonisch auffallend – was könnte man anderes erwarten von dieser Designschule? – macht dieses Langhaus aus Ziegelstein, Stahl, Beton und Glas den Besucher sofort mit der zeitgenössischen Kunst bekannt. Es gibt tolle, kreative Sitzbereiche drinnen und draußen und verschiedene Wechselausstellungen, die die bedeutendsten Talente der zeitgenössischen Kunstszene präsentieren.

Jepson Center for the Arts
GALERIE

(JCA; ☎ 912-790-8800; www.telfair.org/visit/jepson; 207 W York St; Erw./Kind 20/15 US$; ⊙ So & Mo 12–17, Di–Sa 10–17 Uhr; 👪) Das vom berühmten Architekten Moshe Safdie errichtete JCA, das für die Standards von Savannah recht futuristisch aussieht, widmet sich, was auch das Gebäude selbst andeutet, der Kunst des 20. und 21. Jhs. Es lohnt sich, nach Wechselausstellungen von SCAD-Studenten und solchen zu Themen von Rennen bis zur Kunst in VR-Videospielen Ausschau zu halten.

Savannah Bike Tours
RADFAHREN

(☎ 912-704-4043; www.savannahbiketours.com; 41 Habersham St; Tour 25 US$; ⊙ jahreszeitlich unterschiedliche Zeiten) Dieser Veranstalter bietet mit seiner Radflotte zweistündige Radtouren durch leichtes, ebenes Gelände an. Abfahrtszeiten der Touren telefonisch erfragen oder auf der Website nachschauen.

Schlafen

Savannah Pensione
PENSION $

(☎ 912-236-7744; www.savannahpensione.com; 304 E Hall St; EZ/DZ ohne Bad ab 55/65 US$; P ❄ @) Das Savannah war etwa 15 Jahre lang ein

Savannah

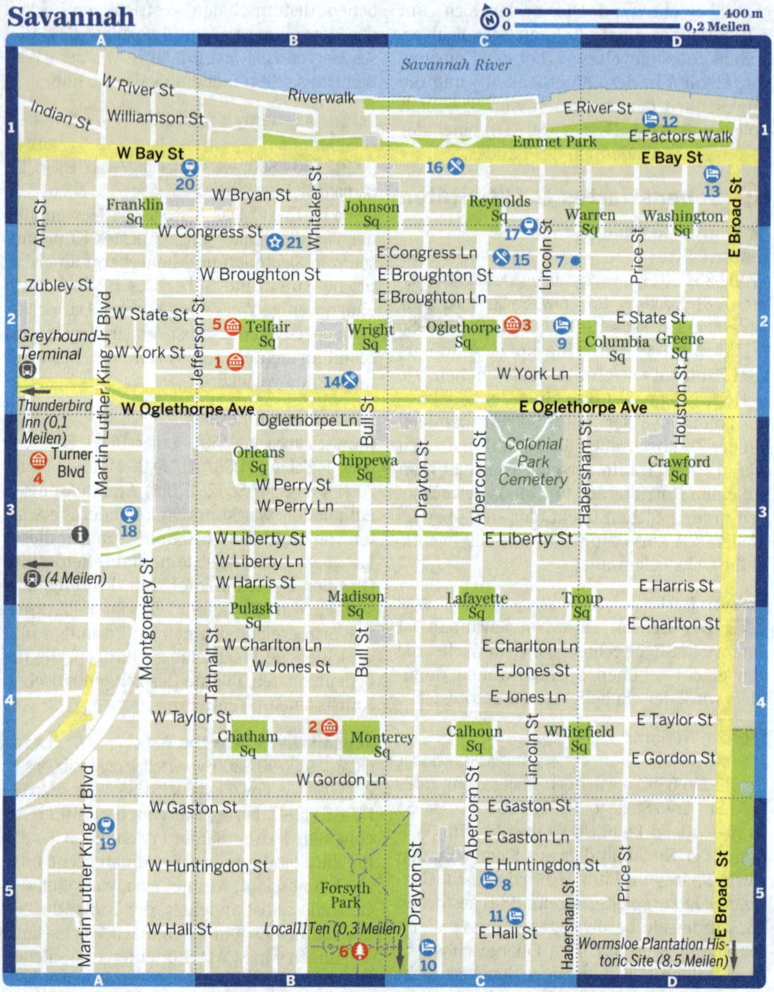

Hostel, doch der Inhaber der einfachen Nachbarschaftsherberge hatte wohl genug davon, dass in seinem italienisch angehauchten Herrenhaus von 1884 Backpacker die historischen Treppen rauf- und runtertrampeln. Heute ist es eine spärlich eingerichtete, nicht gerade stimmungsvolle Pension, hat aber immer noch die preiswertesten historischen Zimmer im Viertel. Zudem ist das Potenzial des Hauses noch lange nicht ausgeschöpft.

★ The Kimpton Brice HOTEL **$$**
(☎912-238-1200; www.bricehotel.com; 601 E Bay St; Zi. ab 175 US$; ❄📶🏊) Die Kimpton-Kette ist bekannt für ihre designbewussten Hotels, also war zu erwarten, dass sie auch in dieser Stadt, die zu den führenden Designzentren des Landes gehört, ein solches eröffnen würde. Und tatsächlich enttäuscht das Kimpton Brice weder in dieser noch in einer anderen Hinsicht. Die modernen Zimmer bestechen durch die verspielten Farbmuster, während Eingang und Lobby des Hotels das Gefühl vermitteln, man betrete einen coolen Club.

Thunderbird Inn MOTEL **$$**
(☎912-232-2661; www.thethunderbirdinn.com; 611 W Oglethorpe Ave; Zi. 120–150 US$; P❄📶🐾) „Eine Prise Palm Springs, ein Hauch Las Vegas" beschreibt das altmodisch-schicke

Savannah

Sehenswertes
1 Jepson Center for the Arts B2
2 Mercer-Williams House B4
3 Owens-Thomas House C2
4 SCAD Museum of Art A3
5 Telfair Academy of Arts & Sciences B2
6 Forsyth Park B5

Aktivitäten, Kurse & Touren
7 Savannah Bike Tours C2

Schlafen
8 Azalea Inn C5
9 Kehoe House C2
10 Mansion on Forsyth Park C5
11 Savannah Pensione C5
12 Old Harbour Inn D1
13 The Kimpton Brice D1

Essen
14 Collins Quarter B2
15 Leopold's Ice Cream C2
16 Treylor Park C1

Ausgehen & Nachtleben
17 Abe's on Lincoln C2
18 Distillery Ale House A3
19 Chromatic Dragon A5
20 Club One A1

Unterhaltung
21 The Jinx B2

Motel von 1964 am besten. Es gewinnt seinen eigenen Beliebtheitswettbewerb: Ein Schild mit der Aufschrift *Hippest Hotel in Savannah* begrüßt die Gäste in der Lobby mit 1960er-Jahre-Hintergrundmusik. Unter den vielen biederen B&Bs in der Gegend ist das groovige Thunderbird wie eine Oase, das durch die Werke von Studenten des Savannah College of Art & Design nur noch mehr aufgewertet wird.

Azalea Inn INN $$
(☎912-236-6080; www.azaleainn.com; 217 E Huntingdon St; Zi./Villa ab 200/300 US$; P❄📶≋) Das hübsche, kanariengelbe historische Inn in einer ruhigen Straße nahe dem Forsyth Park ist ein Kracher. Die zehn schlichten Zimmer sind nicht sehr groß, aber hübsch mit dunkel lackierten Holzböden, Deckenstuck und Himmelbetten eingerichtet. Hinter dem Haus gibt's noch einen kleinen Pool. Für längere Aufenthalte bieten die drei neuen Villen etwas mehr modernen Luxus.

Kehoe House B&B $$$
(☎912-232-1020; www.kehoehouse.com; 123 Habersham St; Zi. ab 240 US$; ❄📶) Das romantische, gehobene B&B im Stil der Neorenaissance stammt von 1892. Angeblich sollen hier in einem Kamin Zwillinge ums Leben gekommen sein, was das Haus zu einem der berüchtigsten Spukhotels der USA macht. Wer auf Nummer sicher gehen will, bleibt den Zimmern 201 und 203 lieber fern. Von den Geistern mal abgesehen, ist das Kehoe eine hübsch eingerichtete, lohnende Luxusbleibe am malerischen Columbia Square.

Mansion on Forsyth Park HOTEL $$$
(☎912-238-5158; www.mansiononforsythpark.com; 700 Drayton St; Zi. werktags/Wochenende 220/360 US$; P❄@📶≋) Das 1672 m² große, schicke Hotel in erstklassiger Lage bietet Luxus pur – allein die Bäder sind den Preis schon fast wert. Das Beste an diesem Hotel-Spa sind die umwerfenden über 400 Kunstwerke von lokalen und internationalen Künstlern an den Wänden und in den Fluren.

Old Harbour Inn BOUTIQUEHOTEL $$$
(☎912-234-4100; www.oldeharbourinn.com; 508 East Factors Walk; Suite 205–290 US$; 📶🐾) Die schicken Suiten dieses Hotels am Flussufer verbinden historische Atmosphäre und modernes Feeling, angefangen vom großzügigen Raumgefühl (auch wenn es nur 42–60 m² sind) bis zu den gedämpften Farben und den Hochglanzböden aus Hartholz. Jeden Abend gibt's einen kostenlosen Empfang mit Wein und Käse.

Essen

★ **B's Cracklin' BBQ** BARBECUE $
(☎912-330-6921; www.bscracklinbbq.com; 12409 White Bluff Rd; Hauptgerichte 9–19 US$; ⏰Di–Sa 11–21, So bis 18 Uhr; P) Hier gibt's ein richtig gutes Barbecue. Grillmeister Bryan Furman hat seinen Job als Schweißer an den Nagel gehängt, um Schweine zu züchten und für regionale Zutaten für seine Gerichte zu sorgen. Das Ergebnis ist himmlisch: butterweiches Bruststück, Rippen mit superzartem Fleisch und perfekt zubereitetes Schweinefleisch nach Carolina-Art. Die Portionen sind riesig, sodass man richtig satt vom Tisch aufsteht. Das B's liegt etwa 8 Meilen (14,5 km) südlich der Innenstadt.

Leopold's Ice Cream EISDIELE $
(☎912-234-4442; www.leopoldsicecream.com; 212 E Broughton St; Kugel 3–5,50 US$; ⏰So–Do 11–23,

Fr & Sa bis 24 Uhr; 📶) In dieser typisch amerikanischen Eisdiele wird schon seit 1919 cremiges Eis nach griechischen Rezepten serviert. Hier wurde die Sorte Tutti Frutti erfunden, aber auch die Sorten Kaffee, Pistazie, Honig-Mandel und Sahne oder Karamell sind nicht zu verachten. Einfach aufkreuzen und sich in die Schlange einreihen!

Sweet Spice JAMAIKANISCH **$**

(☎ 912-335-8146; www.sweetspicesavannah.net; 5515 Waters Ave; Hauptgerichte 6–14 US$; ⌚ Mo–Do 11–20, Fr & Sa bis 21 Uhr) Dieses entspannte jamaikanische Lokal liegt etwa 4,5 Meilen (7,2 km) südöstlich der Innenstadt und ist eine willkommene Abwechslung von den fast überall gleichen amerikanischen und Südstaatengerichten, die in diesem Teil der Welt serviert werden. Ein großer Teller mit Ziegencurry oder Jerk-Brathähnchen kostet kaum mehr als ein Fast-Food-Gericht, ist aber umwerfend köstlich. Und sättigt dazu für fast den Rest des Jahres!

Treylor Park SÜDSTAATENKÜCHE **$**

(☎ 888-873-9567, 912-495-5557; www.treylorparksavannah.com; 115 E Bay St; Hauptgerichte 6–15 US$; ⌚ Mo–Mi 12–1, Fr bis 2, Sa 10–2, So 10–1 Uhr) Alle hippen Jugendlichen zieht es in den „Treylor Park", der im Retro-Chic eines Airstream-Wohnwagens schwelgt. Und das Essen? Es gibt gut zubereitete Südstaatenklassiker: Brathähnchen auf einem Brötchen mit Würstchensauce und würzigem Kohl, oder ein gegrilltes Apple-Pie-Sandwich. Man sucht sich das Gewünschte aus und trinkt dazu einen leckeren Cocktail im angenehm beleuchteten Innenhof.

Collins Quarter CAFÉ **$$**

(☎ 912-777-4147; www.thecollinsquarter.com; 151 Bull St; Hauptgerichte abends 17–32 US$; ⌚ Mo 6.30–17, Di bis 12, Mi–So bis 22 Uhr; 📶) Wer sich schon mal mit Australiern über Kaffee unterhalten hat, wird wissen, dass sie total verrückt nach ihrem Java sind. Das sehr beliebte neue Café mit australischem Inhaber macht aus australisch geröstetem Brooklyn-Kaffee die von den Australiern heiß geliebten Flat Whites und Long Blacks. Neben dem besten Kaffee in Savannah gibt's hier auch exzellente Fusion-Gerichte, darunter einen Rinderbrust-Burger, bei dem einem schon beim Angucken das Wasser im Mund zusammenläuft. Alkohol bekommt man ebenso.

★ **Local11Ten** MODERN-AMERIKANISCH **$$$**

(☎ 912-790-9000; www.local11ten.com; 1110 Bull St; Hauptgerichte 26–45 US$; ⌚ 18–22 Uhr; ✎) Gehoben, nachhaltig, regional und frisch – das ist das Geheimrezept dieses eleganten, gut geführten Restaurants, das zweifellos zu den besten in Savannah zählt. Los geht's mit Kaninchen-Ravioli, weiter mit fabelhaften gebratenen Meermuscheln in Minz-Butter-Sauce oder mit in Harissa mariniertem Bison-Nierenzapfen-Steak, und zum Schluss gibt's Pot de crème mit Salzkaramell. Die Speisekarte wechselt ständig.

Ausgehen & Unterhaltung

Die River St mit ihren Plastikbechern und dem Gesetz über öffentlichen Alkoholkonsum ist das Zentrum des Nachtlebens und des Bar-Hoppings, Savannahs Nachtleben ist aber mehr als aber nur Gelage – hier gibt es einige tolle, äußerst interessante Bars.

★ **Chromatic Dragon** BAR

(☎ 912-289-0350; www.chromaticdragon.com; 514 Martin Luther King Jr. Blvd; ⌚ So–Do 11–23, Fr & Sa bis 2 Uhr) Wem der Name dieser Bar ein Schmunzeln entlockt, der ist gerade richtig in dieser Zocker-Kneipe mit ihren Videospielkonsolen, Brettspielen und phantasievollen Drinks wie z. B. dem Butterbier aus *Harry Potter* und der von Fantasy-Storys inspirierten Health Potion. Es herrscht eine warme, freundliche Stimmung, auch wenn es *das* ultimatives Stammlokal für Nerds ist.

Abe's on Lincoln BAR

(☎ 912-349-0525; www.abesonlincoln.com; 17 Lincoln St; ⌚ Mo–Sa 16–3 Uhr) In dieser dunklen, schwülen, ganz mit Holz verkleideten Bar kann man gemütlich mit SCAD-Studenten oder Einheimischen ein oder zehn Bier herunterkippen. Sie lockt unterschiedlichste Gäste an, die angetrunken bestaunen, welch komisches Verhalten in der Bar gerade abgeht und von den Barkeepern toleriert wird.

Distillery Ale House BAR

(☎ 912-236-1772; www.distilleryalehouse.com; 416 W Liberty St; ⌚ Mo–Sa 11 Uhr–open end, So 12 Uhr–open end) Die Bar befindet sich in der ehemaligen Kentucky Distilling Co, die 1904 eröffnete und während der Prohibition geschlossen wurde. Seltsamerweise ist das aber kein Lokal für Hochprozentiges, sondern eher eine Bar für Craft-Biere. Reisende und Familien schätzen hier auch das Bar-Essen.

Club One SCHWULEN & LESBEN

(☎ 912-232-0200; www.clubone-online.com; 1 Jefferson St; ⌚ 17–3 Uhr) Drag-Shows (der lokale Star Lady Chablis war in *Mitternacht im Garten von Gut und Böse* zu sehen), tolle

Tanzabende und regelmäßig viele Flirts in dieser Schwulenbar, die ansonsten ein lässig-entspannter Ort ist, wo eine Mischung von SCAD-Studenten und Einheimischen Billard spielen und gemütlich plaudern.

The Jinx LIVEMUSIK
(☎ 912-236-2281; www.thejinx912.com; 127 W Congress St; ⌚16–3 Uhr) Das Jinx, ein gutes Beispiel von Savannahs komisch-verrückten Nachtleben, ist bei Studenten, Einheimischen, Musikern und all jenen beliebt, die leicht heruntergekommene, günstige Stammkneipen mit Livemusik – von Rock und Punk bis Alt-Country-Musik und Hip-Hop – und abgefahrenem Kram, der die Wände schmückt, mögen.

ℹ Praktische Informationen

Candler Hospital (☎ 912-819-4100; www.sjchs.org; 5353 Reynolds St; ⌚24 Std.) Das etwa 4 Meilen (6,4 km) südlich der Downtown gelegene Candler Hospital bietet rund um die Uhr und an allen Wochentagen gute medizinische Versorgung. Einen weiteren Campus gibt es auf dem 11075 Mercy Blvd.

Savannah Visitors Center (☎ 912-944-0455; www.savannahvisit.com; 301 Martin Luther King Jr. Blvd; ⌚9–17.30 Uhr) Das Zentrum, das in dem restaurierten Bahnhof der 1860er-Jahre untergebracht ist, bietet exzellente Infos und Dienstleistungen. Von hier starten viele privat betriebene Stadtrundfahrten. Es gibt auch einen kleinen interaktiven Touristeninformationskiosk im Visitor Center am Forsyth Park.

ℹ Anreise & Unterwegs vor Ort

Savannah liegt abseits der I-95, etwa 110 Meilen (177 km) südlich von Charleston, SC. Der **Savannah/Hilton Head International Airport** (SAV; ☎ 912-964-0514; www.savannahairport.com; 400 Airways Ave) liegt etwa 5 Meilen (8 km) westlich der Downtown. Er unterhält vor allem Inlandflüge an die Ostküste, in den Süden und in die Städte des Mittleren Westens. **Greyhound** (☎ 912-232-2135; www.greyhound.com; 610 W Oglethorpe Ave) hat Verbindungen nach Atlanta (ca. 5 Std.), Charleston, SC, (ca. 2 Std.) und Jacksonville, FL (2½ Std.). Der **Amtrak-Bahnhof** (www.amtrak.com; 2611 Seaboard Coastline Dr) ist wenige Kilometer westlich des historischen Viertels; es gibt Verbindungen nach Charleston und Jacksonville und von dort weitere Anschlüsse.

Savannah ist sehr fußgängerfreundlich. Die Chatham Area Transit (www.catchacat.org) betreibt Stadtbusse mit Bio-Dieselmotoren, darunter auch ein kostenloses Shuttle (The Dot), das durch das historische Viertel pendelt und in der Nähe fast aller größerer Sehenswürdigkeiten hält. Der Preis beträgt 1,50 US$ pro Fahrt.

CAT Bike (www.catbike.bcycle.com; ⌚Tages-/Wochenmitglieder 5/20 US$, 2 US$/30 Min.) ist ein komfortables Leihfahrrad-Projekt der Chatham Area Transit. Man muss eine Mitgliedskarte kaufen. Die erste Stunde Radfahren ist gratis. Stationen gibt es überall in der Stadt.

Eine Taxifahrt vom Flughafen ins historische Viertel kostet pauschal 28 US$.

Brunswick & Golden Isles

Brunswick mit seiner großen Shrimps-Fangflotte und einem historischen Viertel im Schatten mächtiger Eichen hat einen Charme, der einem entgeht, wenn man auf der I-95 oder dem Golden Isle Pkwy (US Hwy 17) unterwegs ist. Die Stadt wurde 1733 gegründet und ist nicht so stark touristisch ausgerichtet wie andere Orte an der Küste, Besucher dürften dies aber als wohltuende Abwechslung empfinden.

Mary Ross Waterfront Park PARK
(Bay St) Während des Zweiten Weltkriegs bauten die Werften von Brunswick 99 Liberty-Transportschiffe für die Marine. Heute erinnert im Mary Ross Waterfront Park ein 7 m großes Modell an jene Schiffe und ihre Erbauer.

Hostel in the Forest HOSTEL $
(☎ 912-264-9738; www.foresthostel.com; 3901 Hwy 82; 30 US$/Pers.; P 🐾) 🍃 Die einzige Budgetunterkünfte in dieser Gegend sind diese kahlen, achteckigen Zedernhütten und Baumhäuser (ohne Klimaanlage und Heizung) auf einem umweltfreundlichen, nachhaltig genutzten Gelände. Wer hier übernachten will, muss einen Mitgliedsbeitrag von 10 US$ zahlen; das Abendessen ist inbegriffen. Wie man leicht erraten kann, liegt das Hostel mitten im Wald etwa 10 Meilen (16 km) außerhalb von Brunswick. Nur telefonische Reservierung.

ℹ Anreise & Unterwegs vor Ort

Brunswick liegt abseits des Hwy 17. Die Busse von **Greyhound** (☎ 800-231-2222; 2990 Hwy 17 S) halten an der Tankstelle Flying J, 10 Meilen (16 km) westlich der Stadt. Busverbindungen gibt es u. a. nach Savannah (16 US$, 2 Std., 2-mal tgl.) und Jacksonville (15 US$, 70 Min., 2-mal tgl.) Von beiden Städten sind Anschlussfahrten möglich.

ST. SIMONS ISLAND

Die für ihre Golfplätze, Resorts und majestätischen Lebenseichen berühmte St. Simons

ABSTECHER

CUMBERLAND ISLAND NATIONAL SEASHORE

Ein unberührtes Paradies, ein Backpackertraum, ein Ziel für Tagesausflüge und längere Aufenthalte – kein Wunder, dass sich die Carnegie-Familie für **Cumberland Island National Seashore** (☎912-882-4336; www.nps.gov/cuis) als Landsitz entschied. Fast die Hälfte dieses 147,4 km² großen Schutzgebiets besteht aus Marschen, Sumpfebenen und Prielen. An der dem Ozean zugewandten Seite gibt's einen 26 km langen, breiten Sandstrand, den man nicht selten ganz für sich allein hat. Maritimer Wald prägt das Inselinnere.

Island ist die größte und am besten erschlossene Insel der Golden Isles. Während es auf diesen jede Menge reizender Strände gibt, erschließt sich die natürliche Schönheit von St. Simons aufgrund der hohen Siedlungsdichte als Wohn- und Erholungsgegend nicht so leicht wie im Fall der anderen Inseln. So ist z. B. die Insel Little St. Simons ein naturbelassenes Juwel, das aber ausschließlich für Gäste der exklusiven Lodge on Little St. Simons zugänglich ist. Wer andererseits etwas Golf spielen möchte, ist auf dieser Insel gerade richtig.

Lighthouse Museum MUSEUM
(☎912-638-4666; www.saintsimonslighthouse.org; 610 Beachview Dr; Erw./Kind 5–11 Jahre 10/5 US$; ⏲Mo–Sa 10–17, So 13.30–17 Uhr) Der erste, 1807 erbaute und 26 m hohe, Leuchtturm wurde von den konföderierten Truppen zerstört, als diese hier 1862 landeten. Der zweite Leuchtturm, den man heute besichtigen kann, stammt von 1872. Der Turm hat eine eiserne, 129 Stufen zählende Wendeltreppe und eine angrenzende Wohnung für den Leuchtturmwärter.

Schlafen & Essen

St. Simons Inn By The Lighthouse INN $$
(☎912-638-1101; www.saintsimonsinn.com; 609 Beachview Dr; Zi. 140–160 US$; P ❄ 📶 🏊) Diese nette komfortable Unterkunft mit einem guten Preis-Leistungs-Verhältnis hat weiße Fensterläden aus Holz und verströmt einen Hauch von Lebhaftigkeit. Das Inn liegt praktisch nahe des Stadtzentrums und ist nur einen kurzen Radweg vom East Beach entfernt. Im Preis ist ein kontinentales Frühstück inbegriffen.

Lodge on Little St. Simons Island LODGE $$$
(☎888-733-5774; www.littlestsimonsisland.com; 1000 Hampton River Club Dr, Little St. Simons Island; DZ ab 425 US$; ❄ 📶) Die abgelegene historische Lodge steht auf der unberührten, in Privatbesitz befindlichen Insel Little St. Simons. Im Preis sind die Übernachtung, der Bootsransfer von und zur Insel, drei zubereitete Mahlzeiten, Getränke (inklusive Softdrinks, Bier und Wein), sämtliche Aktivitäten (darunter Ausflüge unter Führung eines Naturwissenschaftlers) und die Benutzung aller Urlaubsutensilien inbegriffen. Die Zimmer verströmen einen rustikalen Hüttenflair, auch wenn sie über alle modernen Annehmlichkeiten verfügen.

Southern Soul BBQ BARBECUE $
(☎912-638-7685; www.southernsoulbbq.com; 2020 Demere Rd; Hauptgerichte 7,50-20 US$; ⏲Mo–Sa 11–21, So bis 18 Uhr; 👪) Saftiges, langsam über Eichenholz geräuchertes Pulled Pork, geschmorte Rinderbrust und Tagesspezialitäten wie Burritos mit marinierten Brathähnchen sorgen dafür, dass sich in diesem Lokal immer zufriedene Grill-Fans drängen. Es gibt eine Reihe wunderbarer hausgemachter Saucen sowie eine tolle Terrasse, auf der man alles genießen kann.

★ **Halyards** SEAFOOD $$$
(☎912-638-9100; www.halyardsrestaurant.com; 55 Cinema Lane; Hauptgerichte 18–42 US$; ⏲Mo–Mi 17–21, Do–Sa bis 22 Uhr; 📶) 🍃 Chefkoch Dave Snyders typisches Meeresfrüchtelokal, das auf Nachhaltigkeit setzt, wurde schon mehrfach als bestes Restaurant auf St. Simons ausgezeichnet – und das mit Recht. Am besten wählt man die Chef's Highlights, wie etwa Goldmakrele auf Maisgrütze aus Boursin-Frischkäse mit grünen Bohnen und Orangen-Vanille-Butter – einfach perfekt!

JEKYLL ISLAND

Jekyll, das im späten 19. und frühen 20. Jh. ein exklusives Refugium für Millionäre war, ist eine 4000 Jahre alte Düneninsel mit einem 16 km langen Strand. Heute ist die Insel ein ungewöhnlicher Mix aus Wildnis, denkmalgeschützten historischen Häusern, modernen Hotels und einem riesigen Campingplatz. Die Fortbewegung auf Jekyll ist nicht schwierig, egal ob man mit dem Auto, mit dem Pferd oder dem Fahrrad unterwegs ist.

Sehenswertes & Aktivitäten

Georgia Sea Turtle Center SCHUTZGEBIET
(☎912-635-4444; www.georgiaseaturtlecenter.org; 214 Stable Rd; Erw./Kind 7/5 US$, geführte Tour 22–6 US$; ⏲9–17 Uhr, Nov.–März geschl.; 👪) Eine reizende Attraktion ist das Georgia Sea Turtle Center, ein Naturschutzzentrum und Schildkrötenhospital, in dem die Patienten von den Besuchern beobachtet werden können. Auf dem Programm stehen u. a. Führungen hinter die Kulissen (15 Uhr) und Schildkrötenspaziergänge (Juni & Juli).

4-H Tidelands Nature Center MUSEUM
(http://caes2.caes.uga.edu/georgia4h/tidelands; 100 S Riverview Dr; ⏲Mo–Fr 9–16, Sa & So 10–14 Uhr; 👪) Das Tidelands, das von einigen engagierten Studenten der Naturwissenschaften der University of Georgia betrieben wird, ist ein kinderfreundliches Naturzentrum mit hübschen Schaukästen zur lokalen Umwelt und der einheimischen Tierwelt, darunter einem Baby-Alligator. In der Nähe gibt es ein reizendes Netz von Naturpfaden durch Sumpfland und Küstenwald.

★ **Kayak Tours & Canoe Rentals** BOOTSFAHRTEN
(☎912-635-5032; http://caes2.caes.uga.edu/georgia4h/tidelands/tours; 100 S Riverview Dr; Einzel-/2-Pers.-Kajaktour 55/95 US$, Kanuverleih pro Std./Tag 15/30 US$) Das 4-H Tidelands Nature Center organisiert sehr empfehlenswerte 3-stündige Touren durch das Marschland; an jedem beliebigen Tag kann man Kajakfahrten unternehmen und Waldstörche, Amerikanische Graureiher, Pelikane und Delfine beobachten. Dies ist die bei Weitem beste Art, mit lokalen Mitteln die Schönheit der salzigen Marschen dieser Düneninsel zu erkunden. Man kann auch Kanus leihen.

Schlafen & Essen

Villas By The Sea FERIENWOHNUNG $
(☎912-635-2521; www.villasbythesearesort.com; 1175 N Beachview Dr; Zi./Ferienwohnung ab 125/235 US$; P❄📶🏊) Die Villas sind eine hübsche Bleibe an der Nordküste in der Nähe der besten Strände. Es gibt geräumige Zimmer und die zwar nicht so schicken, aber recht komfortablen Ferienwohnungen mit einem, zwei oder drei Schlafzimmern in einem über den Garten verteilten Hüttenkomplex.

Jekyll Island Club Hotel HISTORISCHES HOTEL $$
(☎855-535-9547; www.jekyllclub.com; 371 Riverview Dr; DZ/Suite ab 200/300 US$, Resortgebühr 15 US$; P❄@📶🏊) Das vornehme, mehrstöckige Hotel bildet das Rückgrat der Insel und bietet eine große Auswahl von Zimmern, die über fünf historische Gebäude verteilt sind. Jedes Gebäude scheint wie aus einem Roman über die dekadente Jazz-Epoche zu stammen, obwohl die Atmosphäre heute eher an einen Hilton Head Country Club erinnert.

Driftwood Bistro SÜDSTAATENKÜCHE $$
(☎912-635-3588; www.driftwoodbistro.com; 1175 Beach View Dr; Hauptgerichte 9,50–16,50 US$; ⏲Mo–Sa 17–21 Uhr; P) Im Driftwood Bistro gibt's ordentliche Seafood-Gerichte nach Lowcountry-Art zubereitet, die in einem altmodischen, familienfreundlichen Lokal in Resortstil serviert werden. Auf der Karte stehen meist lokale, aus Georgia stammende Shrimps, in Sauce gekocht als kreolische Shrimps, oder einfach nur gedünstet, um sie selbst auslösen zu können. Wie auch immer, man sollte diese fülligen, süßen Delikatessen nicht verpassen.

ALABAMA

Alabama ist voller Geschichte. Diese Aussage könnte zwar auch auf viele andere Bundesstaaten zutreffen, aber bei kaum einem anderen ist die Geschichte dermaßen emotional überfrachtet. Die amerikanischen Ureinwohner der Mississippi-Kultur errichteten Städte und schichteten imposante Erdhügel *(mounds)* auf. Mobile ist übersät mit franko-karibischer Architektur. Aber für viele steht Alabama vor allem für die amerikanische Bürgerrechtsbewegung.

Vielleicht musste dieser Bundesstaat mit seinen klassisch wirkenden Plantagenanlagen, dem kargen Ackerland und seinem hartnäckig verteidigten Heimatgefühl so einen Kampf durchleben – mit all dem Edelmut und all der Verzweiflung, die damit verbunden waren. Vom kleinsten Kaff bis zu den Großstädten am Fluss hat Alabama einen unverwechselbaren Charakter. Manche Besucher tun sich schwer mit der teilweise verstörenden Geschichte dieses Bundesstaats, aber die Leidenschaft der Menschen zeigt sich in Alabama überall: im Essen, in der Kunst und in der Kultur.

Praktische Informationen

Das Alabama Tourism Department (http://alabama.travel) gibt einen Führer für Urlauber heraus und hat eine Website mit umfangreichen Infos für Traveller.

An- & Weiterreise

Es gibt zwar einige mittelgroße Flughäfen für Inlandflüge in Mobile und Montgomery, nach Alabama reist man aber meist über den Birmingham-Shuttlesworth International Airport (S. 452) an.

Alabama wird von den Bundesstaaten Mississippi, Florida, Georgia und Tennessee begrenzt. Die Golfküste von Alabama ist nur knapp eine Stunde von den schönsten Stränden des Florida Panhandle entfernt. Wenn man mit dem Auto unterwegs ist, sind es nach Birmingham von Atlanta, GA, rund 150 Meilen (241 km), von Nashville,TN, 200 Meilen (322 km) und von Oxford, MS, rund 190 Meilen (306 km).

Dier wichtigsten Fernstraßen des Bundesstaates sind die I-10 entlang des Golfs von Mexiko; die I-65, die von Nord nach Süd verläuft; die I-20, die den mittleren und nördlichen Teil waagerecht durchquert, und die I-59, die diagonal nordöstlich von Chattanooga verläuft.

In größeren Städten gibt es Greyhound-Busbahnhöfe. Amtrak unterhält eine Bahnverbindung nach Birmingham; diskutiert wird auch die Wiedereröffnung einer Amtrak-Strecke entlang der Küste des Golfs von Mexiko.

Birmingham

Birmingham mag es an einem unverwechselbaren Erkennungsmerkmal fehlen, so wie etwa New Orleans und Nashville als Hochburgen der Musik oder Atlanta und Houston als Wirtschaftszentren gelten. Dafür zeigt sich Alabamas größte Stadt unerwartet cool. Innovative Projekte zur städtischen Erneuerung und Verschönerung scheinen an allen Ecken aus dem Boden zu sprießen – zumindest an jenen, wo sich keine fantastischen Bars und Restaurants befinden. Und während die Meinungen über die Stadt unterschiedlicher nicht sein könnten, zeigt sie sich weitaus liberaler, als man es angesichts der politischen Neigung des Bundesstaates erwarten würde.

Die hügelige Stadt, die um eine Eisenerzgrube herum entstand, ist noch heute ein Produktionszentrum: Viele Einwohner von Birmingham arbeiten bei Mercedes Benz USA in Tuscaloosa. Zudem sind hier viele Universitäten und Colleges angesiedelt. All das schafft die Voraussetzung, dass es in der Stadt eine uneingeschränkt hervorragende Restaurant- und Barszene gibt. Es gibt aber auch die Schatten der Vergangenheit, als Birmingham auch „Bombingham" genannt wurde, und die Geschichte der Bürgerrechtsbewegung liegt geradezu in der Luft.

Sehenswertes & Aktivitäten

Das trendige **Five Points South** ist voller Art-déco-Gebäude, in denen man Geschäfte, Restaurants und Nachtclubs findet. Im früher industriell geprägten **Avondale** sammeln sich heute die Hipster. Ebenso bemerkenswert ist das gehobene **Homewood** mit seiner malerischen Geschäftsstraße 18th St S. Nicht weit entfernt thront die beleuchtete Vulcan Statue über der Stadt, die Tag und Nacht von nahezu jedem Punkt der Stadt sichtbar ist.

★Birmingham Civil Rights Institute MUSEUM
(☎866-328-9696; www.bcri.org; 520 16th St N; Erw./Kind 12/5 US$, So Spende erwünscht; ⌚Di–Sa 10–17, So 13–17 Uhr) Viele bewegende Ton-, Video- und Fotodokumente erzählen die Geschichte der Rassentrennung und der Bürgerrechtsbewegung in den USA und hebt vor allem die Geschehnisse in Birmingham hervor. Eine umfangreiche Ausstellung widmet sich der 16th St Baptist Church (auf der anderen Straßenseite), gegen die 1963 ein Bombenanschlag verübt wurde. Hier beginnt auch der Civil Rights Memorial Trail.

★Sloss Furnaces FABRIK
(☎205-254-2025; www.slossfurnaces.com; 20 32nd St N; ⌚Di–Sa 10–16, So 12–16 Uhr; P) GRATIS Die Sloss Furnaces sind eine von Birminghams Stätten, die man gesehen haben muss. Von 1882 bis 1971 war dies ein riesiges Werk, in dessen Hochöfen Roheisen erzeugt wurde und das einen bedeutenden Pfeiler in der Wirtschaft von Birmingham darstellte. Statt einer Industrieruine ist es heute ein National Historic Landmark und die riesige, rote Masse an verbautem Stahl und verrosteten Trägern ist ein eindrucksvollen Denkmal der amerikanischen Industrie geworden. Stille Wege führen durch von Spinnweben überzogene Werkhallen und Produktionsstätten, die ein Traummotiv für Fotografen darstellen. Ein kleines Museum auf dem Gelände illustriert die Geschichte des Werkes.

Railroad Park PARK
(☎205-521-9933; www.railroadpark.org; ⌚7–23 Uhr; 🐾) GRATIS Ehre, wem Ehre gebührt: Birminghams Railroad Park, der in der Downtown eine Fläche von rund 7,7 ha einnimmt, ist ein Geniestreich urbaner Planung. Der Park, die grüne Lunge der Stadt, ist mit seinen kilometerlangen Pfaden, den öffentlichen Kunstwerken und der netten

Beleuchtung einfach fantastisch. Ein guter Zugang zum Park befindet sich auf der 1st Ave South, zwischen der 14th St South und der 18th St South.

Vulcan Park PARK
(☎205-933-1409; www.visitvulcan.com; 1701 Valley View Dr; Aussichtsturm & Museum Erw./Kind 6/4 US$, 18–22 Uhr 4 US$; ⏲Park 7–22 Uhr, Aussichtsturm tgl. 10–18 Uhr, Museum Mo–Sa 10–18, So ab 12 Uhr;) Man stelle sich die Christusstatue in Rio vor, aber aus Eisen und als muskelbepackten römischen Gott des Feuers und der Schmiede. Die Vulkan-Statue ist in der Stadt von überall zu sehen. Tatsächlich ist sie die weltweit größte gusseiserne Statue, und der Park, in dem sie steht, bietet tolle Ausblicke und einen **Aussichtsturm**. Das kleine Museum auf dem Gelände erläutert die Geschichte Birminghams.

Birmingham Museum of Art GALERIE
(☎205-254-2565; www.artsbma.org; 2000 Rev Abraham Woods Jr Blvd; ⏲Di–Sa 10–17, So 12–17 Uhr) GRATIS Das wirklich gute Museum besitzt eine eindrucksvolle Sammlung, wenn man bedenkt, dass Birmingham eine nur mittelgroße Stadt ist. Im Inneren werden Werke aus Asien, Afrika, Europa und Amerika gezeigt. Nicht versäumen darf man die Arbeiten von Rodin, Botero und Dalí im Skulpturengarten.

16th Street Baptist Church KIRCHE
(☎205-251-9402; www.16thstreetbaptist.org; Ecke 16th St & 6th Ave N; 5 US$; ⏲geführte Pfarramt-Touren Di–Fr 10–15 Uhr, Sa 10–13 nur nach Vereinbarung) Die Kirche wurde in den 1950er- und 1960er-Jahren zu einem Treffpunkt für organisierte Demonstrationen und zu einem Ausgangspunkt von Protestkundgebungen in Birmingham. Während einer gegen die weißen Händler der Innenstadt gerichteten Kampagne gegen die Rassentrennung legten Mitglieder des Ku Klux Klan 1963 Bomben, die bei einem Kindergottesdienst explodierten, wobei vier kleine Mädchen getötet wurden. Heute dient die wiederaufgebaute Kirche als Mahnmal und als Gotteshaus (Gottesdienst So 11 Uhr).

Birmingham Civil Rights Memorial Trail STADTSPAZIERGANG
(www.bcri.org; 520 16th St N) Der sieben Häuserblocks lange Rundgang ist ergreifend. Er wurde 2013 anlässlich des 50. Jahrestags der Bürgerrechtskampagne eingeweiht. In seinem Verlauf werden mit Tafeln, Statuen und Fotografien 22 Szenen nachgestellt; manche davon sind sehr bewegend, z. B. ein Wall aus zuschnappenden Hundefiguren, durch den sich die Fußgänger ihren Weg bahnen müssen. So wird deutlich, wie viel Schweiß und Blut es gekostet hat, die Kampagne zu führen, die Amerika verändern sollte.

BIRMINGHAM MOUNTAIN RADIO

Wenn man in Birmingham ist, sollte man das Radio einschalten, auf 107,3 FM einstellen und den Sender nicht wechseln, bevor man die Stadt verlassen hat. Auf dieser Wellenlänge sendet das Birmingham Mountain Radio, einer der besten unabhängigen Radiosender des Landes. Die DJs präsentieren eine unglaublich vielfältige Musik, deren Bandbreite von Country und Rock bis Hip-Hop reicht. Es gibt nur wenige Sender im Land – ja, in der ganzen Welt – die man ohne Unterbrechung einen ganzen Tag lang hören kann, und einer davon ist Mountain Radio. In Tuscaloosa ist der Sender auf 97,5 zu empfangen.

Schlafen

Hotel Highland HOTEL $$
(☎205-933-9555; www.thehotelhighland.com; 1023 20th St S; Zi. ab 150 US$;) Das farbenfrohe, leicht schräge, aber moderne Hotel neben dem lebhaften Viertel Five Points kombiniert Komfort mit gutem Preis-Leistungs-Verhältnis. Die Zimmer sind zum Glück nicht ganz so bunt und flippig wie die Lobby.

Redmont Hotel HISTORISCHES HOTEL $$
(☎205-957-6828; www.redmontbirmingham.com; 2101 5th Ave N; Zi./Suite ab 170/230 US$;) Das Klavier und der Kronleuchter in der Lobby des 1925 erbauten Hotels vermitteln das historische Flair einer vergangenen Welt. Sämtliche Luxuszimmer wurden erst vor Kurzem renoviert und erhielten einen modernen Touch. Auch die geräumige Dachbar ist gelungen. Vom Hotel sind die Sehenswürdigkeiten der Bürgerrechtsbewegung gut zu Fuß erreichbar.

Essen

★ **Saw's Soul Kitchen** BARBECUE $
(☎205-591-1409; www.sawsbbq.com; 215 41st St S; Hauptgerichte 9–16 US$; ⏲Mo–Sa 11–20, So bis 16 Uhr;) Das Saw's ist mit einem großen Knall in der Grilllokalszene Birminghams

aufgetaucht. Hier kommen ein paar der besten Fleischstücke der Stadt auf die Teller, und die Atmosphäre ist familienfreundlich. Gefüllte Kartoffeln sind eine leckere Beilage, und das geräucherte Hähnchen mit würziger weißer Sauce ist himmlisch. Trotzdem sind die Rippchen nicht zu übertreffen.

★ Tacos Dos Hermanos MEXIKANISCH $
(98 14th Street N; Hauptgerichte 2–6 US$; ⌚ Mo–Fr 10–14 Uhr; ✎) Vorzügliche Tacos – einfach, köstlich, günstig und ... es muss nochmals gesagt werden: köstlich. Die Leute hier kreieren ein einfaches Menü, denken auch an Vegetarier, arbeiten hart und locken massenweise Gäste an, vom einfachen Bauarbeiter bis zum Manager.

Eagle's Restaurant AMERIKANISCH $
(☎ 205-320-0099; www.eaglesrestaurant.com; 2610 16th St N; Hauptgerichte 6,75–17 US$; ⌚ So–Fr 10.30–15.30 Uhr) Versteckt in einer einsamen Straße bietet das Eagle's das beste Soul Food Birminghams. Das beliebte Lokal serviert Fleisch mit zwei oder drei Beilagen nach diesem Muster: Man bestellt ein Hauptgericht, z. B. ein Steak mit Sauce, ein Nackensteak mit Kartoffeln oder Chicken Wings, und wählt dann am Büfett die gewünschten Beilagen. Alles ist lecker, billig und ortstypisch.

★ Galley & Garden FRANZÖSISCH $$$
(www.galleyandgarden.com; 2220 Highland Ave S; Hauptgerichte Abendessen 28–36 US$) Südstaatenküche trifft auf französische rustikale (und haute) Cuisine in diesem Lokal, das in Birmingham rasch zur ersten Adresse unter Kennern und jenen, die ein gutes Abendlokal suchten, aufstieg. Die superfrischen Gerichte sind vorzüglich. Zu empfehlen sind die gut zubereiteten Hauptgerichte, z. B. Red Snapper und langsam zubereitete Short Ribs.

Ausgehen & Nachtleben

★ Garage Café BAR
(☎ 205-322-3220; www.garagecafe.us; 2304 10th Terrace S; ⌚ So–Mo 15–2, Di–Sa 11–2 Uhr) Eine bunte Mischung aus Hipstern und älteren Gästen genießt das Bier und lauscht der Livemusik in einem Garten voller Gerümpel, Antiquitäten, Tonfiguren und einem Spülbecken.

★ Marty's BAR
(1813 10th Ct S; ⌚ 20–6, zusätzl. Sa 10–15 Uhr) Das Marty's wendet sich an Hipster, coole Kids und langweilige Zeitgenossen, die es alle in eine freundliche Bar zieht, die vollgepackt ist mit Comics, *Star Wars*-Memorabilien, Rollenspielutensilien und die DJ-Abende und Pop-up-Abende bietet. Gelegentlich gibt's auch Livemusik. Die Bar hat keine Telefonnummer.

41 Street Pub & Aircraft Sales BAR
(☎ 205-202-4187; www.41ststreetpub.com; 130 41st St S; ⌚ Mo–Do 16.30–24, Fr 16.30–2, Sa 13–2, So 13–24 Uhr) Ein schicker Holztresen empfängt die Gäste vorn in einem großen, offenen Raum, in dem auch einige Shuffleboard-Tische stehen. Hinter der Bar werden den attraktiven, hippen Gästen starke Drinks in glänzenden Kupferbechern serviert (Gewinner ist eindeutig der Moscow Mule).

The Collins Bar BAR
(☎ 205-323-7995; www.thecollinsbar.com; 2125 2nd Ave N; ⌚ Di–Do 16–24, Fr & Sa bis 2, So 18–24 Uhr) Birminghams schöne Menschen zieht es nach der Arbeit und am Wochenende in diese coole Bar, wo sie unter riesigen Papierflugzeugen und einem Periodensystem der Elemente mit Birmingham im Zentrum einzeln zubereitete Cocktails schlürfen. Es gibt keine Getränkekarte – man sagt dem Barkeeper einfach, was man mag, und der mixt dann was Passendes.

Anreise & Unterwegs vor Ort

Der **Birmingham-Shuttlesworth International Airport** (BHM; ☎ 205-599-0500; www.flybirmingham.com) liegt etwa 5 Meilen (8 km) nordöstlich der Downtown von Birmingham.

Greyhound (☎ 205-252-7190; www.greyhound.com; 618 19th St N), nördlich der Innenstadt, steuert verschiedene Städte an, u. a. Huntsville (1¾ Std., 22 US$, 3-mal tgl.), Montgomery (1¾ Std., 25 US$, 3-mal tgl.), Atlanta, GA, (2½ Std., 17 US$, 5-mal tgl.), Jackson, MS, (4½ Std., 20 US$, 4-mal tgl.) und New Orleans, LA, (9 Std., 56 US$, 1-mal tgl.).

Vom **Amtrak-Bahnhof** (☎ 205-324-3033; www.amtrak.com; 1 19th St North) im Zentrum verkehren täglich Züge nach New York (22 Std., 124 US$) und New Orleans (7½ Std., 47 US$).

Die **Birmingham Transit Authority** (www.bjcta.org) betreibt die MAX-Stadtbusse. Erwachsene zahlen 1,25 US$. In die Umgebung kann man auch über das Fahrrad-Sharingprogramm **Zyp** (☎ 844-997-2453; www.zypbikeshare.com; 24 Std.-/1-Woche-Mitgliedschaft 6/20 US$) reisen.

Montgomery

Alabamas Hauptstadt ist ein netter, wenn auch etwas verschlafener Ort; von ein paar

Ausnahmen abgesehen, stehen die meisten Sehenswürdigkeiten im Zusmmenhang mit der Bürgerrechtsbewegung, in der die Stadt eine Hauptrolle spielte. 1955 weigerte sich Rosa Parks, in einem städtischen Bus ihren Sitzplatz einem Weißen zu überlassen, und löste damit einen Busboykott aus, der von Martin Luther King Jr., dem damaligen Pastor der Dexter Avenue Baptist Church in Montgomery, angeführt wurde. Innerhalb kurzer Zeit kam es zu grauenvollen Gewaltexzessen seitens der weißen Einwohner, die die Rassentrennung unterstützten. Schließlich kam es zur Aufhebung der Rassentrennung in den Bussen, die Bürgerrechtsbewegung wurde im ganzen Land aktiv und schuf die Voraussetzungen für die Protestmärsche von Selma nach Montgomery im März 1965.

Sehenswertes

★ Dexter Avenue Parsonage — HISTORISCHE STÄTTE

(☎ 334-261-3270; www.dexterkingmemorial.org/tours/parsonage-museum; 309 S Jackson St; Erw./Kind 7,50/5,50; ⌚ Di–Fr 10–15, Sa bis 13 Uhr; P) Im Haus von Martin Luther King Jr. und Coretta Scott King scheint die Zeit stehen geblieben zu sein – es wirkt wie die Momentaufnahme eines Hauses aus den 1950er-Jahren mit Möbeln im Stil der *Mad Men*-Epoche, den Haushaltsgeräten und den Aschenbechern (King war Raucher). Der faszinierendste Teil der Führung ist Kings altes Arbeitszimmer, in dem immer einige der Bücher stehen, die seine theologischen, philosophischen Ansichten und seinen Aktivismus beeinflusst haben. Hinter dem Haus gibt's einen Garten mit zahlreichen Steinen, die mit christlichen Tugenden beschriftet sind.

Civil Rights Memorial Center — GEDENKSTÄTTE

(☎ 334-956-8200; www.splcenter.org/civil-rights-memorial; 400 Washington Ave; Mahnmal frei, Museum Erw./Kind 2 US$/frei; ⌚ Mahnmal 24 Std., Museum Mo–Fr 9–16.30, Sa 10–16 Uhr) Mit seiner runden, von Maya Lin entworfenen Form erinnert das bewegende Mahnmal an die 40 Märtyrer der Bürgerrechtsbewegung. Einige Fälle wurden bis heute nicht aufgeklärt. Martin Luther King Jr. war das berühmteste Opfer, aber es gab noch viele namenlose Opfer, sowohl Weiße, als auch Afroamerikaner. Die Gedenkstätte ist Teil des Southern Poverty Law Center, einer Stiftung, die sich für Rassengleichheit und Gleichheit vor dem Gesetz einsetzt.

Scott & Zelda Fitzgerald Museum — MUSEUM

(☎ 334-264-4222; www.fitzgeraldmuseum.net; 919 Felder Ave; Spende Erw./Kind 10 US$/frei; ⌚ Di–Sa 10–15, So 12–17 Uhr) Das Gebäude, in dem das Schriftstellerehepaar von 1931 bis 1932 lebte hat, beherbergt heute diverse Erstausgaben, Übersetzungen und Originalkunstwerke von Zelda aus ihren letzten Jahren, die sie in einer Nervenheilanstalt verbracht hat. Das Highlight sind die handgeschriebenen liebevollen Briefe von Zelda an ihren Ehemann Scott. Anders als viele Häuser anderer berühmter Leute umgibt dieses Museum der Charme einer Bruchbude – Besucher fühlen sich ein wenig, als ob sie plötzlich auf den Dachboden der Fitzgeralds geraten wären.

Rosa Parks Museum — MUSEUM

(☎ 334-241-8615; www.troy.edu/rosaparks; 251 Montgomery St; Erw./Kind 4–12 Jahre 7,50/5,50 US$; ⌚ Mo–Fr 9–17, Sa 9–15 Uhr; 👪) Das Museum, das vor der Bushaltestelle steht, an der Rosa Parks so klar Stellung bezog, zeigt eine Videopräsentation jenes denkwürdigen Augenblicks, der 1955 den Boykott auslöste. Die Besucher werden stark gelenkt – man hat kaum die Möglichkeit, sich auf eigene Faust umzusehen. Ansonsten wirkt das Museum fast wie ein interaktiver Film. Zum Preis einer weiteren Eintrittskarte kann man sich den Kinderflügel anschauen, in dem eine kindgerechte Zeitreise in die Zeit zurückführt, als in den USA noch der Rassismus dominierte.

Schlafen & Essen

Renaissance Hotel — HOTEL $$

(☎ 334-481-5000; www.marriott.com; 201 Tallapoosa St; Zi. ab 140 US$; P ❄ @ 📶 🏊) Das Kettenhotel ist zwar etwas nichtssagend, es punktet aber durch seine Lage am Fluss und gehört zu den besten Adressen in Montgomery. Die Zimmer haben den für ein Kettenhotel üblichen Standard-Chic, sie sind aber sauber und komfortabel.

Davis Cafe — AMERIKANISCH $

(☎ 334-264-6015; 518 N Decatur St; Hauptgerichte 3–7 US$; ⌚ Mo–Fr 7–14 Uhr) Das etwas baufällige Restaurant liegt in einer einsamen Straße, man sollte dessen bauliche Instabilität aber nicht beachten und einfach eintreten: Man kommt in eine Institution von Montgomery, in der Südstaatenfrühstück und Mittagsteller serviert werden – Leber mit Zwiebeln, Brathähnchen, Ochsenschwanz und Tagesspezialitäten, die ihr Geld mehr als wert sind. Das Davis schließt, wenn das Essen zu Ende geht.

Central STEAK $$$

(☎334-517-1121; www.central129coosa.com; 129 Coosa St; Hauptgerichte 16–32 US$; ⊙Mo–Fr 11–14, Mo–Do 17.30–22, Fr & Sa bis 23 Uhr; ☑) Das überwältigende Restaurant mit luftigem Innenraum, hübschen Sitznischen und einer Theke aus wiederverwertetem Holz ist bei Feinschmeckern beliebt. Hier wurde schon mit farmfrischen Zutaten gekocht, bevor das modern wurde. Das Central hat sich auf Fisch, Hühnchen, Steaks und Koteletts aus der Region spezialisiert, die über Holzfeuer gebraten werden. Für Vegetarier gibt's gute Gerichte wie Pasta mit Walnusspesto.

Praktische Informationen

Montgomery Area Visitor Center (☎334-261-1100; www.visitingmontgomery.com; 300 Water St; ⊙Mo–Sa 8.30–17 Uhr) Hält Infos für Traveller bereit und hat eine hilfreiche Website.

Anreise & Unterwegs vor Ort

Der **Montgomery Regional Airport** (MGM; ☎334-281-5040; www.montgomeryairport.org; 4445 Selma Hwy) liegt ca. 15 Meilen (24 km) vom Zentrum entfernt und wird täglich ab Atlanta, Charlotte und Dallas angeflogen. **Greyhound** (☎334-286-0658; www.greyhound.com; 950 W South Blvd) fährt auch die Stadt an. Montgomery liegt rund 100 Meilen (160 km) südlich von Birmingham über die I-65.

Das **Montgomery Area Transit System** (http://montgomerytransit.com) betreibt den städtischen Busverkehr. Eine Fahrkarte kostet 2 US$.

Selma

Selma ist eine ruhige Stadt mitten im „Black Belt" von Alabama, so genannt wegen des dunklen, fruchtbaren Bodens und des hohen Anteils an Afroamerikanern in der Bevölkerung. Sie wurde bekannt wegen des „blutigen Sonntags" (Bloody Sunday), dem 7. März 1965. Die Medien berichteten, wie die Polizei und ihre Hilfskräfte unweit der Edmund Pettus Bridge Afroamerikaner und weiße Sympathisanten zusammenschlugen und mit Tränengas besprühten. Selma ist ein Muss für all jene, die sich für die Geschichte der Bürgerrechtsbewegung interessieren.

Sehenswertes

Edmund Pettus Bridge WAHRZEICHEN

(Broad St & Walter Ave) Nur wenige Stätten sind für die US-amerikanische Bürgerrechtsbewegung so symbolträchtig wie die Pettus Bridge. Am 7. März 1965 waren Demonstranten auf dem Weg nach Montgomery, um gegen die Ermordung eines hiesigen schwarzen Aktivisten zu demonstrieren, der während einer Kundgebung über das Thema Wahlrecht von der Polizei umgebracht worden war. Als sich jene Aktivisten zusammenschlossen, richteten sich die Kameras der Fernsehsender auf die Brücke, wo Sicherheitskräfte mit ihren Hunden die friedlichen Demonstranten angriffen.

National Voting Rights Museum MUSEUM

(☎334-418-0800; www.nvrmi.com; 6 US Hwy 80 East; Erw./Senior & Student 6,50/4,50 US$; ⊙Mo–Do 10–16 Uhr, Fr–So nur nach Vereinbarung; P) Das Museum nahe der Edmund Pettus Bridge erzählt die Geschichte des Marsches von Selma nach Montgomery und zeigt Exponate zum Frauenwahlrecht, dem gewaltfreien Widerstand und anderen Bewegungen, die die Ziele der Bürgerrechtsbewegung teilten.

Selma Interpretive Center MUSEUM

(☎334-872-0509; www.nps.gov/semo; 2 Broad St; ⊙Mo–Sa 9–16.30 Uhr) Das Museum neben der nördlichen Seite der Pettus Bridge umfasst eine kleine interpretative Stätte zur Geschichte der Jim-Crow-Gesetze und dem anschließenden Kampf gegen die Legalisierung der Rassentrennung.

Lowndes County Interpretive Center MUSEUM

(☎334-877-1983; www.nps.gov/semo; 7002 US Hwy 80; ⊙Mo–Sa 9–6.30 Uhr; P) Dieses Zentrum befindet sich auf halber Strecke zwischen Selma und Montgomery, wohin der Protestzug unterwegs war, und zeigt eine kleine, fundierte Ausstellung über die Jim-Crow-Gesetze und die Bürgerrechtsbewegung.

Schlafen & Essen

Zum Zeitpunkt der Recherche stand das historische **St. James Hotel** zum Verkauf. Es ist die einzige wirklich nennenswerte Unterkunft in Selma, wo ansonsten die üblichen amerikanischen Mittelklasse-Hotelketten vertreten sind.

An- & Weiterreise

Es gibt einen Busbahnhof von **Greyhound** (☎800-231-2222; 434 Broad St) an der Broad St (US 80). Um sich aber in der Gegend fortbewegen zu können, benötigt man unbedingt einen eigenen fahrbaren Untersatz. Tuscaloosa liegt rund 75 Meilen (121 km) nördlich an der US 80 und Montgomery 50 Meilen (80,5 km) östlich.

Mobile

Mobile (sprich: mo-*biel*) ist die einzige echte Küstenstadt Alabamas. Sie liegt zwischen den Bundesstaaten Mississippi und Florida und zeigt sich als ein geschäftiger Industriehafen mit Grünflächen, schattigen Boulevards und vier historischen Vierteln. Zum Frühlingsanfang leuchten hier überall die Azaleen, und den ganzen Februar hindurch feiert die Stadt ausgelassen den Mardi Gras – und das schon seit fast 200 Jahren (und damit noch länger als New Orleans).

Im übrigen Jahr ist sie eine bedeutende Hafenstadt mit ein paar schönen historischen Vierteln und der allgegenwärtigen Präsenz der Coast Guard, deren Flugschulungszentrum sich ganz in der Nähe befindet.

Sehenswertes

USS Alabama MUSEUMSSCHIFF
(☎251-433-2703; www.ussalabama.com; 2703 Battleship Pkwy; Erw./Kind $15/6; ⌚April–Sept. 8–18 Uhr, Okt.–März 8–17 Uhr; P) Das 210 m lange Schlachtschiff mit dem Spitznamen *Lucky A* ist berühmt dafür, dass es im Zweiten Weltkrieg neun Schlachten unbeschadet überstanden hat und nicht ein einziger seiner Matrosen im Dienst ums Leben kam. Das gigantische Meisterwerk der Technik kann auf eigene Faust besichtigt werden, was unbedingt zu empfehlen ist. Und wenn man schon mal da ist, sollte man auch noch eine Führung durch ein U-Boot mitmachen und ein Militärflugzeug besichtigen. Parken kostet 2 US$.

Gulf Coast Exploreum MUSEUM
(☎251-208-6893; www.exploreum.com; 65 Government St; Erw./Student/Kind 12/10,50/10 US$ mit IMAX-Kino 16/15/13,50 US$; ⌚Di–Do 9–16, Fr & Sa 9–17, So 12–17 Uhr; 👪) Das Wissenschaftsmuseum präsentiert in drei Galerien gut 150 Ausstellungsstücke zum Anfassen. Außerdem gibt's ein IMAX-Kino und Vorführungen in den Chemie- und Biologielabors.

Feste & Events

Mardi Gras KULTUR
(www.mobilemardigras.com; ⌚Ende Feb./Anfang März) In Mobile wird schon seit fast 200 Jahren der Mardi Gras gefeiert. Höhepunkt ist der Fat Tuesday (Di vor dem Aschermittwoch), wenn bei den großen Umzügen Perlen und anderes geworfen wird und die ganze Stadt mit viel Musik und politisch völlig inkorrekten Wagen feiert.

Schlafen & Essen

Battle House HOTEL $$
(☎251-338-2000; www.marriott.com; 26 N Royal St; Zi. 170–240 US$, Suite ab 375 US$; P❄@📶🏊) Mit Abstand das beste Hotel der Stadt. Der original erhaltene alte Flügel hat eine reich verzierte Eingangshalle aus Marmor und mit einer Kuppel, der neue Wohnturm steht dafür direkt am Wasser. In beiden Gebäuden sind die Zimmer geräumig, luxuriös und mit Vier-Sterne-Schick und -Komfort ausgestattet. Bei Buchungen im Voraus gibt's Ermäßigung.

Callaghan's Irish Social Club KNEIPENESSEN $
(☎251-433-9374; www.callaghansirishsocialclub.com; 916 Charleston St; Burger 8–10 U$; ⌚Mo–Do 11–23, Fr & Sa 11–24, So 10–23 Uhr) Der heruntergekommene Pub befindet sich in einem Gebäude aus den 1920er-Jahren, das früher den Fleischmarkt beherbergte. Heute werden hier mittelmäßige Burger und kaltes Bier serviert, dazu gibt's oft Livemusik.

Mary's Southern Cooking AMERIKANISCH $
(☎251-476-2232; 3011 Springhll Ave; Hauptgerichte 6–12 US$; ⌚11–18 Uhr; 👪) Das Mary's serviert Soul Food mit einem freundlichen Lächeln. Auf der täglich wechselnden Karte finden sich Spezialitäten wie Rindergeschnetzeltes, Schweinsfüße und Hühnchenpastete, die mit Unmengen von Beilagen wie Kohlgemüse, Reis, Bratensauce und Kartoffelpüreee serviert werden.

An- & Weiterreise

Anfang 2017 beschloss man, Mobile wieder an das Eisenbahnnetz anzuschließen. Bis es tatsächlich so weit ist, fährt man am besten mit einem **Greyhound-Bus** (☎251-478-6089; www.greyhound.com; 2545 Government Blvd) oder einem eigenen Fahrzeug dorthin, denn die Stadt liegt günstig an der Kreuzung von I-10 und I-65, nur 60 Meilen (96 km) westlich von Pensacola und 150 Meilen (240 km) östlich von New Orleans.

MISSISSIPPI

Der Bundesstaat wurde nach dem wichtigsten Fluss Nordamerikas benannt und umfasst so viele Identitäten, wie der Fluss lang ist. In Mississippi existieren fürstliche Herrenhäuser und ländliche Armut, gespenstische Baumwollebenen und üppig-grünes Hügelland, honiggelbe Sandstrände an der Küste sowie einsames Ackerland im Norden.

Oft mythologisiert und missverstanden, zeigen sich die Geschichte und die Musik hier so rau wie kaum anderswo in den USA.

Praktische Informationen

Mississippi Division of Tourism Development (866-733-6477, 601-359-3297; www.visitmississippi.org) Hier gibt's ein Verzeichnis der Touristeninformationen und Routenvorschläge zu bestimmten Themen, die meist gut durchdacht sind und einen guten Einblick gewähren.

Mississippi Wildlife, Fisheries, & Parks (800-467-2757; www.mississippistateparks.reserveamerica.com) Bei der Organisation kann man einen Campingplatz in den Staats- und Nationalparks buchen.

An- & Weiterreise

Für die Reise durch Mississippi bieten sich drei beliebte Routen an. Die I-55 und der Hwy 61 durchqueren beide den Staat von Nord nach Süd. Während der Hwy 61 durch das Delta verläuft, führt die I-55 durch Jackson. Der wunderbare Natchez Trace Parkway ist die Querverbindung von Tupelo nach Natchez.

Oxford

Oxford bestätigt und übertrifft alle Vorstellungen, die man von der berühmtesten College-Stadt Mississippis hat. Es gibt sie, die Jungs der Studentenverbindungen in ihren Ford-Pick-ups und die Debütantinnen ihrer Schwesternschaften. Doch daneben gibt es auch Doktoranden, die über die Kritische Theorie diskutieren, und eine lebhafte Kunst- und Kulturszene. Die Lokalkultur spielt sich rund um den Square (aka Courthouse Sq) ab, wo sich Bars, Restaurants und recht ordentliche Shoppingmöglichkeiten befinden und um die fürstliche University of Mississippi, die auch Ole Miss genannt wird. Rundum erstrecken sich ruhige Wohnstraßen mit Antebellum-Häusern im Schatten majestätischer Eichen.

Sehenswertes & Aktivitäten

Der fabelhafte, 1 km lange und nicht sehr anspruchsvolle **Bailee's Woods Trail** verbindet zwei der beliebtesten Sehenswürdigkeiten der Stadt, nämlich Rowan Oak und das University of Mississippi Museum. **The Grove**, das schattige Herz der Ole Miss, ist normalerweise sehr friedlich – außer wenn samstags ein Football-Spiel ansteht und zuvor eine der unvergesslichsten Partys im amerikanischen Universitätssport abgeht.

Rowan Oak HISTORISCHES GEBÄUDE
(662-234-3284; www.rowanoak.com; Old Taylor Rd; Erw./Kind 5 US$/frei; Sept–Mai Di–Sa 10–16, So 13–16 Uhr, Juni–Aug. Di–Sa 10–18, So 13–18 Uhr) Literaturfans eilen zum wunderschönen, aus den 1840er-Jahren stammenden Wohnhaus von William Faulkner. Viele seiner brillanten und tiefgründigen Romane spielen auch in Mississippi. Sein Werk wird alljährlich im Juli mit einer Tagung in Oxford gewürdigt. Von 1930 bis zu seinem Tod im Jahr 1962 lebte Faulkner in Rowan Oak, das aus gutem Grund, um seine eigenen Worte abzuwandeln, als sein „Herkunftssiegel" bezeichnet werden kann. Besucher können sich das Anwesen Faulkners auf eigene Faust anschauen.

University of Mississippi Museum MUSEUM
(www.museum.olemiss.edu; University Ave an der 5th St; Di–Sa 10–18 Uhr) GRATIS Das Museum zeigt Kunstwerke, Volkskunst sowie eine Vielzahl kleiner naturwissenschaftlicher Wunder, etwa ein Mikroskop oder einen Elektromagneten aus dem 19. Jh.

Schlafen & Essen

Inn at Ole Miss HOTEL $$
(662-234-2331; www.theinnatolemiss.com; 120 Alumni Dr; Zi. ab 99–149 US$; P) Wenn am Wochenende nicht gerade Football gespielt wird, bekommt man eigentlich immer eines der 180 hübschen Zimmer des Hotels mit Kongresszentrum direkt am Ole Miss Grove. Ansonsten muss man lang im Voraus buchen. Es ist zwar sehr unpersönlich, aber dennoch gemütlich und vor allem günstig gelegen. Die Innenstadt ist gut zu Fuß zu erreichen.

Neon Pig SÜDSTAATENKÜCHE $
(662-638-3257; http://oxford.eatneonpig.com; 711 N Lamar Blvd; Hauptgerichte 7–14 US$; Mo–Sa 11–21, So 11–16 Uhr; P) Eine Theke mit Barhockern, freundliches Personal am Grill, Regale voller frischer Produkte aus der Region, Käse und Fleisch – die Atmosphäre ist wirklich nichts Besonderes hier. Doch das Essen ist fantastisch und reicht von Wraps mit Schweinebauch und Salat über gegrillten Käse mit Harissa bis zum ganz speziellen Smash Burger (aus grob gehacktem Rinderfilet, Rib-Eye-Steak und Speck).

Taylor Grocery SEAFOOD $$
(662-236-1716; www.taylorgrocery.com; 4 1st St; Gerichte 9–15 US$; Do–Sa 17–22, So bis 21 Uhr; P) In dem grandios rustikalen Restaurant,

das sich auf Welse spezialisiert hat, muss man mit Wartezeiten rechnen – sogar auf dem Parkplatz. Den Wels gibt's gebraten oder gegrillt (beides ist lecker), und wer einen Stift dabei hat, kann sich an der Wand verewigen. Das Restaurant liegt etwa 7 Meilen (11 km) südlich der Innenstadt Oxfords an der Old Taylor Rd.

Ravine AMERIKANISCH $$$
(☎662-234-4555; www.oxfordravine.com; 53 County Rd 321; Hauptgerichte 21–36 US$; ⌚Mi–Do 18–21, Fr & Sa bis 22, So 10.30–14 & 18–21 Uhr; 📶) Das schlichte, gemütlich-elegante Restaurant liegt rund 3 Meilen (5 km) außerhalb von Oxford direkt am Waldrand. Chefkoch Joel Miller holt viele der Zutaten und Kräuter aus seinem Garten und kauft ansonsten, soweit möglich, nur lokale Bio-Produkte – und das tat er schon lang, bevor es Mode wurde, regionale Bio-Kost zu verwenden. Das Ergebnis sind einfache, leckere Gerichte und ein wunderbares kulinarisches Erlebnis.

☆ Unterhaltung

Proud Larry's LIVEMUSIK
(☎662-236-0050; www.proudlarrys.com; 211 S Lamar Blvd; ⌚Auftritte 21 Uhr) In dieser kultigen Musikstätte am Square treten immer sehr gute Bands auf. Außerdem ist das Kneipenessen, das hier mittags und abends vor Beginn der Shows serviert wird, echt lecker.

The Lyric LIVEMUSIK
(☎662-234-5333; www.thelyricoxford.com; 1006 Van Buren Ave) In diesem alten Backsteinhaus ist ein gemütliches, kleines Theater mit Betonboden, freiliegenden Dachsparren und einem Zwischengeschoss untergebracht – genau das Richtige, um Indie-Rocker und Folk-Musiker zu erleben.

ℹ An- & Weiterreise

Oxford ist am besten über die I-55 oder die I-22 zu erreichen. Alternativen sind die US 278 oder MS 7; wobei letztere die landschaftlich reizvollere Strecke ist.

Mississippi-Delta

Das flache Delta mit seinen unendlichen Baumwollfeldern unter dem bleiernen Himmel ist voller surrealer, schauerlicher Extreme. In der feudalen Gesellschaft aus hochherrschaftlichen Anwesen und sklavischer Ergebenheit entstanden die Lieder über Arbeit und Liebe, die zur Grundlage der amerikanischen Popmusik wurden. Die Lieder kamen von Afrika auf die Felder des Südens und gingen schließlich im Blues, dem Vater des Rock'n'Roll auf. Der Tourismus in dieser Gegend, die noch immer von bitterer Armut auf dem Land geprägt ist, dreht sich vor allem um die Entdeckung der schweißgetränkten Wurzeln dieser uramerikanischen Kunstform. Der legendäre Hwy 61 führt an den endlosen, bis weit zum Horizont reichenden Feldern entlang, die hin und wieder von Farmhäusern und Industriegebäuden, winzigen Kirchen und verfallenen Friedhöfen unterbrochen werden.

Clarksdale

Die Stadt ist der beste Ausgangspunkt für die Erkundung des Deltas. Im Umkreis von ein paar Fahrtstunden findet sich alles Sehenswerte für Blues-Fans, und an den Wochenenden treten regelmäßig die Stars der Szene hier auf. Dabei ist Clarksdale immer noch eine sehr arme Stadt, in der sich die Stadtränder allmählich auflösen und die verblichenen Schaufensterfronten schon lange jenseits des romantischen Verfalls sind. Es ist auch erschreckend, wie viele Unternehmen nachts von privaten Sicherheitsdiensten überwacht werden müssen. Andererseits strahlt Clarksdale eine Wärme und Herzlichkeit aus, die dazu führt, dass viele Besucher doch länger bleiben als geplant.

◉ Sehenswertes

Delta Blues Museum MUSEUM
(☎662-627-6820; www.deltabluesmuseum.org; 1 Blues Alley; Erw./Senior & Student 10/5 US$; ⌚März–Okt. Mo–Sa 9–17 Uhr, Nov.–Feb. ab 10 Uhr; Ⓟ) Hier ist eine kleine, aber gut präsentierte Sammlung von Erinnerungsstücken zu sehen. Zum Schrein für die Delta-Legende Muddy Waters gehört auch die Hütte, in der er einst aufwuchs. Ausstellungen regionaler Kunst und ein Souvenirladen runden das Gesamtpaket Museum ab. Gelegentlich wird freitagabends sogar Livemusik gespielt.

The Crossroads SKULPTUR
(Hwy 61 & Hwy 49) GRATIS Die Kreuzung der Hwys 61 und 49 ist angeblich der Ort, an dem der große Robert Johnson seinen Bund mit dem Teufel schloss, den er in seinem *Cross Road Blues* verewigte. Wegen der kitschigen Skulptur ist von der Einsamkeit, Furcht und dunklen Mystik wenig zu spüren. Außerdem sind sich die Historiker gar nicht einig, ob dies wirklich die richtige Kreuzung ist.

ABSTECHER

DIE SEELE DES DELTAS

Es lohnt sich, einen Abstecher in das kleine Deltastädtchen Indianola zu machen. Es liegt eine Autostunde südlich von Clarksdale und bietet das sehenswerte **BB King Museum and Delta Interpretive Center** (☎662-887-9539; www.bbkingmuseum.org; 400 2nd St; Erw./Student/Kind 15/10 US$/frei; ⏲Di–Sa 10–17, So–Mo 12–17 Uhr, Nov.–März Mo geschl.; P). Natürlich widmet sich das moderne Museum in erster Linie dem legendären Bluesmusiker, zeigt aber auch die vielen Aspekte des Lebens im Delta. Es ist voller interaktiver Ausstellungsstücke, Videofilme und unterschiedlichster Artefakte, die alle sehr eindrucksvoll die Geschichte und das Vermächtnis des Blues erläutern und damit ein Licht auf die Seele des Delta werfen.

Schlafen & Essen

Riverside Hotel HISTORISCHES HOTEL $

(☎662-624-9163; ratfrankblues@yahoo.com; 615 Sunflower Ave; Zi. ohne/mit Bad 65/75 US$; ❄ 📶) Das verwitterte Äußere des Hotels sollte Besucher nicht abschrecken, denn es steckt voller Blues-Geschichte: Die Bluessängerin Bessie Smith starb hier, als das Gebäude noch ein Krankenhaus war, und mit den Blues-Größen, die hier übernachtet haben – von Sonny Boy Williamson II. bis zu Robert Nighthawk – ließe sich ein ganzes Festival organisieren. Die Zimmer sind sauber und ordentlich, und das Personal ist wirklich herzlich. Seit 1944 wird die Unterkunft von einer Familie geführt; in jener Zeit war es das „Hotel für Schwarze" der Stadt.

Bluesberry Cafe SÜDSTAATENKÜCHE $

(☎662-627-7008; 235 Yazoo Ave; ⏲Sa & So 7.30–13, Mo 12–18 Uhr) Das Café ist durch und durch schmuddelig, aber was soll's? Das köstliche Essen – Eier, Speck, hausgemachte Würste und riesige Sandwiches – wird frisch zubereitet, und manchmal kommt morgens auch eine Blues-Legende vorbei und spielt zum Frühstück auf. Vorsicht vor der höllisch scharfen Sauce!

Shack Up Inn INN $$

(☎662-624-8329; www.shackupinn.com; 001 Commisary Circle; vom Hwy 49; DZ 75–165 US$; P ❄ 📶) In dem „Bed & Beer" auf der Hopson Plantation wohnt man in aufgemöbelten Pächterhütten oder einer kreativ renovierten Halle, in der früher Baumwolle aufgearbeitet wurde. Die Hütten haben überdachte Veranden und sind mit alten Möbeln und Musikinstrumenten ausgestattet.

Yazoo Pass CAFÉ $$

(☎662-627-8686; www.yazoopass.com; 207 Yazoo Ave; Hauptgerichte mittags 6–10 US$, abends 13–26 US$; ⏲Mo–Sa 7–21 Uhr; 📶) Ein modernes Lokal, in dem morgens frisches Teegebäck und Croissants, mittags Salate vom Büfett, Sandwiches und Suppe und zum Abendessen in der Pfanne gebratener Gelbflossen-Thun, Filet Mignon, Burger und Pasta serviert werden.

Unterhaltung

★ **Red's** BLUES

(☎662-627-3166; 395 Sunflower Ave; Grundpreis 7–10 US$; ⏲Livemusik Fr & Sa 21 Uhr) Clarksdales bester Juke Joint wird von neonrotem Stimmungslicht erhellt, die Decken sind mit Plastikplanen abgehängt, und das Ganze vermittelt den Eindruck wehmütigen Verfalls – dies ist also genau der richtige Ort, um den Blues richtig wirken zu lassen. Red betreibt die Bar, kennt die Musik und die Musiker und schiebt einem ein kaltes Bier rüber, wenn man es braucht.

An- & Weiterreise

Die Haltestelle der Greyhound-Busse ist in der State St. Clarksdale liegt nahe der Hwys 49 und 61, 80 Meilen (128 km) südlich von Memphis, TN, und 70 Meilen (112 km) westlich von Oxford, MS.

Vicksburg

Die hübsche Stadt liegt auf einer Klippe hoch über dem Mississippi. Während des Bürgerkriegs belagerte General Ulysses S. Grant die Stadt 47 Tage lang, bevor sie sich am 4. Juli 1863 ergab, wodurch die Nordstaaten die Kontrolle über den größten Fluss der USA bekamen. Trotz der Belagerung und folgenden Schlacht sind viele alte Wohnhäuser erhalten, sodass die historische Altstadt als eine der schönsten in Mississippi gilt.

Sehenswertes

Vicksburg National Military Park HISTORISCHER ORT

(☎601-636-0583; www.nps.gov/vick; 3201 Clay St; Fahrrad/Auto 5/15 US$; ⏲8–17 Uhr; 👪) 🍃 Vicksburg beherrschte den Zugang zum Mississippi, deshalb markierte die Einnahme der

Stadt einen Wendepunkt im Bürgerkrieg. Eine 16 Meilen (26 km) lange Strecke führt an Schautafeln vorbei, die das historische Schlachtengeschehen und Schlüsselmomente der langen Belagerung verdeutlichen, während der die Einwohner wie die Maulwürfe unter der Erde lebten, um dem Granatenbeschuss durch die Nordstaatler zu entgehen. Für die ganze Tour sollte man mindestens 90 Minuten einplanen; sie lässt sich auch wunderbar mit einem Fahrrad unternehmen. Die Einheimischen nutzen den malerischen Park zum Spazierengehen und Joggen.

Lower Mississippi River Museum MUSEUM
(☎ 601-638-9900; www.lmrm.org; 910 Washington St; ⏱ Mo–Sa 9–16, So 13–16 Uhr; 👪) GRATIS Stolz und Freude der Innenstadt von Vicksburg ist dieses interessante Museum, das sich Themen wie dem berüchtigten Hochwasser von 1927 oder dem Army Corps of Engineers widmet, das den Fluss seit dem 18. Jh. reguliert. Kinder freuen sich über das Aquarium und klettern auf dem im Trockendock liegenden Forschungsschiff MV *Mississippi IV* herum.

Essen & Ausgehen

Walnut Hills SÜDSTAATENKÜCHE $$
(☎ 601-638-4910; www.walnuthillsms.net; 1214 Adams St; Hauptgerichte 8–25 US$; ⏱ Mo–Sa 11–21, So bis 14 Uhr) Ein kulinarisches Erlebnis wie in alter Zeit bietet dieses Restaurant mit deftiger, bodenständiger Südstaatenküche, die man in familiärer Atmosphäre verdrückt.

★ **Highway 61 Coffeehouse** KAFFEE
(☎ 601-638-9221; www.61coffee.blogspot.com; 1101 Washington St; ⏱ Mo–Fr 7–17, Sa ab 9 Uhr; 📶) 🌿 Das tolle Kaffeehaus, das Fairtrade-Kaffee ausschenkt, ist ein energiegeladenes Zentrum für Kunst, Dichterlesungen und dergleichen. Am Samstagnachmittag gibt's gelegentlich Livemusik.

An- & Weiterreise

Die Haltestelle der Greyhound-Busse befindet sich etwas außerhalb im Süden der Stadt. Vicksburg liegt an der I-20 und dem Hwy 61, rund 50 Meilen (80 km) westlich von Jackson.

Jackson

In der Hauptstadt von Mississippi, die auch die größte Stadt im Bundesstaat ist, mischen sich stattliche Wohnviertel und große, öde Areale. Das überraschend abgefahrene Herz der Künstler- und Hipsterszene ist der Fondren District. Da es auch einige ordentliche Bars, gute Restaurants und viel Livemusik gibt, kann man hier problemlos seinen Spaß haben.

Sehenswertes

Mississippi Museum of Art GALERIE
(☎ 601-960-1515; www.msmuseumart.org; 380 South Lamar St; Sonderausstellungen 5–12 US$; ⏱ Di–Sa 10–17, So 12–17 Uhr) GRATIS Diese Attraktion sollte man sich bei einem Aufenthalt in Jackson nicht entgehen lassen: Die Sammlung von Kunst aus Mississippi und die Dauerausstellung *The Mississippi Story* sind hinreißend, und das umgebende Gelände wurde hübsch in einen freundlichen, skurrilen Garten verwandelt.

Old Capitol Museum MUSEUM
(☎ 601-576-6920; www.mdah.ms.gov/oldcap; 100 State St; ⏱ Di–Sa 9–17, So 13–17 Uhr) GRATIS Das Gebäude im Greek-Revival-Stil diente von 1839 bis 1903 als Kapitol von Mississippi und beherbergt heute ein Museum zur Geschichte des Bundesstaats, das zahlreiche Filme und Ausstellungen zeigt. So erfährt man etwa, dass die Sezession alles andere als eine einstimmige Sache war und dass nach der Reconstruction einige der strengsten Black Codes (Gesetze zur Einschränkung der Rechte Schwarzer) eingesetzt wurden, die es in den Südstaaten vor der Zeit der Rassentrennung gab.

Eudora Welty House HISTORISCHES GEBÄUDE
(☎ 601-353-7762; www.eudorawelty.org; 1119 Pinehurst St; Erw./Student/Kind 5/3 US$/frei; ⏱ Führungen Di–Fr 9, 11, 13 & 15 Uhr) Literaturinteressierte sollten sich für eine Führung durch das Haus der mit dem Pulitzerpreis ausgezeichneten Autorin anmelden, die hier mehr als 75 Jahre gelebt hat. Das neo-elisabethanische Haus wurde bis ins kleinste Detail rekonstruiert. Die Besichtigung ist jeweils am 13. jedes Monats frei, sofern es sich dabei um einen normalen Werktag handelt.

Museum of Natural Science MUSEUM
(☎ 601-576-6000; www.mdwfp.com/museum; 2148 Riverside Dr; Erw./Kind 6/4 US$; ⏱ Mo–Fr 8–17, Sa 9–17, So 13–17 Uhr; 👪) 🌿 Das Museum befindet sich mitten im wunderbaren Lefleur's Bluff State Park und zeigt die in Mississippi heimische Flora und Fauna. Es gibt auch einige Aquarien sowie einen künstlichen Sumpf und insgesamt 4 km an

Wanderwegen durch das 121 ha große Naturschutzgebiet.

International Museum of Muslim Cultures MUSEUM
(☎601-960-0440; www.muslimmuseum.org; 201 E Pascagoula St; ⊙Mo–Fr 10–17 Uhr) GRATIS Das kleine Museum hat ein paar interessante Ausstellungen über Timbuktu und das maurische Spanien. Weitere bedeutende muslimische Kulturen werden in Wechselausstellungen präsentiert Die einzelnen Ausstellungsstücke sind zwar nicht sehr bemerkenswert, doch das Museum an sich bietet für alle Interessierten eine gute Einführung in die muslimische Welt und ihre Kultur.

Schlafen & Essen

Old Capitol Inn BOUTIQUEHOTEL $$
(☎601-359-9000; www.oldcapitolinn.com; 226 N State St; Zi./Suite ab 99/145 US$; P ❄ @ 🛜 🏊) Das tolle Boutiquehotel mit 24 Zimmern liegt ganz in der Nähe von Museen und Restaurants. Die Zimmer sind gemütlich und sehr individuell einzigartig eingerichtet. Im Preis enthalten sind ein komplettes Frühstück im Stil des Südens sowie Käse und Wein am frühen Abend. Zum Dachgarten gehört auch ein Thermalbecken.

Fairview Inn INN $$$
(☎601-948-3429, 888-948-1908; www.fairviewinn.com; 734 Fairview St; Suite 200–340 US$; P ❄ @ 🛜) In den 18 Zimmern des Hotels in einem alten Herrenhaus fühlt man sich in die Kolonialzeit zurückversetzt. Die Einrichtung mit vielen Antiquitäten ist überwältigend und kein bisschen muffig, sondern sehr geschmackvoll dem Thema des jeweiligen Zimmers angepasst. Es gibt auch einen komplett ausgestatteten Wellnessbereich.

High Noon Cafe VEGETARISCH $
(☎601-366-1513; www.rainbowcoop.org; 2807 Old Canton Rd; Hauptgerichte 7–12 US$; ⊙Mo–Fr 11.30–14 Uhr; 🛜 ✍) 🍃 Wer genug vom ewig gleichen Gebratenen und Riesenportionen von *pulled pork* hat, findet im Lebensmittelladen Rainbow Co-op im Fondren District ein bio-vegetarisches Grillrestaurant, das Burger mit Rote Beete, Pilz-Sandwiches und andere gesunde Köstlichkeiten serviert. Und natürlich kann man sich auch mit Bio-Lebensmitteln eindecken.

Saltine SEAFOOD $$
(☎601-982-2899; www.saltinerestaurant.com; 622 Duling Ave; Hauptgerichte 12–26 US$; ⊙Mo–Do 11–22, Fr bis 23, So bis 21 Uhr) Der verspielte Laden hat es zu seiner leckeren Aufgabe gemacht, Austern in die kulinarische Welt von Jackson einzuführen. Die Schalentiere werden in mehreren Versionen angeboten: roh, über Holzfeuer gegart, mit weißer Alabama-Barbecuesauce und „Nashville", d.h. *(sehr)* scharf. Man tunkt die Austernsauce mit dem leckeren pfannengebratenen Maisbrot auf und probiert dann die Regenbogenforelle.

Walker's Drive-In SÜDSTAATENKÜCHE $$$
(☎601-982-2633; www.walkersdrivein.com; 3016 N State St; mittags Hauptgerichte 8–17 US$, abends 29–37 US$; ⊙Mo–Fr 11–14 & Di–Sa ab 17.30–22 Uhr) Der Retro-Diner wurde mit viel Liebe restauriert und mit moderner Südstaaten-Feinschmeckerküche aufgepeppt. Mittags gibt's ausgezeichnete Diner-Kost wie gegrillte Rotbarsch-Sandwiches, zarte Burger und gegrillte Austern-Po'boys oder den außergewöhnlichen Salat mit schonend gegartem, mit Chili ummanteltem Thunfisch, zu dem scharf gewürzte Tintenfischringe und Seetang serviert werden.

Ausgehen & Unterhaltung

The Apothecary at Brent's Drugs COCKTAILBAR
(www.apothecaryjackson.com; 655 Duling Ave; ⊙Di–Do 17–1, Fr & Sa bis 2 Uhr) Versteckt hinten in einem Limonaden-Laden im Stil der 1950er-Jahre befindet sich diese ganz eindeutig aus dem frühen 21. Jh. stammende Cocktailbar: Die Barkeeper tragen Brillen mit dicken, auffälligen Rahmen, und die Getränke auf der umfangreichen Karte sind alle fachkundig gemixt.

Martin's BAR
(☎601-354-9712; www.martinslounge.net; 214 S State St; ⊙Mo–Sa 10–1.30, So bis 24 Uhr) Dies ist eine nette Schmuddelkneipe, also einer jener Orte, wo die Barkeeper die Telefonnummern ihrer Stammgäste kennen – zur Sicherheit, falls diese vom Barhocker kippen. Zu dem gemischten Publikum gehören ältere Leute, Angestellte aus der Staatsverwaltung, schmierige Lobbyisten und Rechtsverdreher, die aus einem Roman von John Grisham stammen könnten.

F Jones Corner BLUES
(☎601-983-1148; www.fjonescorner.com; 303 N Farish St; ⊙Di–Fr 11–14, Do–Sa 22 Uhr–open end) Wenn die anderen Lokale schließen, strömt alles in diesen bodenständigen Club in der Farish St. Dort spielen authentische Delta-Musiker schon mal bis zum Sonnenaufgang.

Praktische Informationen

Convention & Visitors Bureau (☎800-354-7695; www.visitjackson.com; 111 E Capitol St, Suite 102; ⌚Mo–Fr 8–17 Uhr) Kostenlose Infos.

An- & Weiterreise

Jackson liegt an der Kreuzung der I-20 mit der I-55 und ist deshalb leicht zu erreichen. Der internationale **Flughafen** (☎601-939-5631; JAN; www.jmaa.com; 100 International Dr) liegt 10 Meilen (16 km) östlich der Downtown. Busse von **Greyhound** (☎601-353-6342; www.greyhound.com; 300 W Capitol St) fahren nach Birmingham, Memphis und New Orleans. Der Amtrak-Zug *City of New Orleans* hält am hiesigen Bahnhof.

Natchez

Rund 668 Häuser im klassizistischen Antebellum-Stil zieren die älteste europäische Siedlung am Mississippi (2 Jahre älter als New Orleans!). Natchez ist zudem der Ausgangs- oder Endpunkt des malerischen 710 km langen Natchez Trace Pkwy, dem schönsten Rad- und Wanderweg des Bundesstaates. Führungen durch die historische Innenstadt und zu den Antebellum-Herrenhäusern beginnen beim Visitor and Welcome Centre. In der „Pilgersaison" im Frühjahr und Herbst sind diese Häuser sogar für Besucher geöffnet.

Sehenswertes & Aktivitäten

Emerald Mound ARCHÄOLOGISCHE STÄTTE
(www.nps.gov/natr; Natchez Trace Pkwy Meile 10,3; ⌚Sonnenaufgang–Sonnenuntergang; P🐾) GRATIS Direkt am Trace Pkw außerhalb der Stadt liegen die grasbewachsenen Ruinen einer Stadt der amerikanischen Ureinwohner, die über den zweitgrößten präkolumbischen Erdhügel der USA verfügte. Mit einfachen Steinwerkzeugen verwandelten die präkolumbischen Vorfahren der heutigen Bewohner den Erdhügel mit einer Grundfläche von 3,24 ha in eine Pyramide mit abgeflachter Spitze. Sie gilt heute als zweitgrößte Stätte dieser Art in der USA. In Richtung des kleinen Baches gibt es schattige Picknickplätze, und man sollte unbedingt auf die Pyramide hinaufsteigen, wo sich ein riesiger Rasen befindet.

Auburn Mansion WAHRZEICHEN
(☎601-446-6631; www.auburnmuseum.org; 400 Duncan Ave; Erw./Kind 15/10 US$; ⌚Di–Sa 11–15 Uhr, letzte Führung um 14.30 Uhr; 👪) Die rote Backsteinvilla ist berühmt für ihre freistehende Wendeltreppe. Die Architektur dieser 1812 errichteten Villa beeinflusste den Bau zahlloser Herrenhäuer im Süden der USA.

Natchez Pilgrimage Tours GESCHICHTE
(☎800-647-6742, 601-446-6631; www.natchezpilgrimage.com; 640 S Canal St; Führung ab 20 US$) Wer sich für alte Wohnhäuser und die Antebellum-Architektur interessiert, ist bei diesem Veranstalter richtig. Die Touren führen das ganze Jahr über zu einem guten Dutzend alter Wohnhäuser und informieren zugleich über die Geschichte dieser Gegend.

Schlafen & Essen

Historic Oak Hill Inn INN $$
(☎601-446-2500; www.historicoakhill.com; 409 S Rankin St; Zi. inkl. Frühstück 135–160 US$, Suite

ABSTECHER

DER NATCHEZ TRACE PARKWAY

Wer durch Mississippi fährt, sollte zumindest einen Teil seiner Reise im Hinblick auf eine der ältesten Straßen Nordamerikas planen: den Natchez Trace. Dieser ca. 710 km lange Weg folgt einem natürlichen Gebirgskamm, der von prähistorischen Tieren vielfach bei deren Weidezügen benutzt wurde; so trampelten diese Tiere einen Pfad, den die Völker der amerikanischen Ureinwohner als Handelsroute nutzten. Daraus wurde dann schließlich der Natchez Trace, eine wichtige, oft von Banditen heimgesuchte Straße ins westliche Landesinnere der jungen USA.

1938 wurde der Abschnitt des Trace, der sich von Pasquo in Tennessee in südwestlicher Richtung nach Natchez in Mississippi erstreckt, als Natchez Trace Pkwy (www.nps.gov/natr) unter den Schutz des Bundes gestellt und der Verwaltung des National Park Service unterstellt. Die hübsche, malerische Fahrt führt durch eine ganze Palette südlicher Landschaften: dichte, dunkle Wälder, sumpfige Feuchtgebiete, sanft gewelltes Hügelland und große Flächen Farmland. Es gibt mehr als 50 Zugangspunkte zum Parkway und ein hilfreiches **Visitor Center** (☎800-305-7417, 662-680-4025; www.nps.gov/natr; Natchez Trace Pkwy Meile 266; ⌚8–17 Uhr, Weihnachten geschl.; 👪🐾) 🍃 außerhalb von Tupelo.

235 US$; P ❄ ⓦ) Hier wird der Traum vom Übernachten in einem der schönen alten Wohnhäuser wahr. In dem klassischen B&B leben die Gäste genau wie die Aristokratie des Südens vor dem Krieg: Geschlafen wird in einem Originalbett von 1835, gegessen vom feinen Porzellan der Vorkriegszeit unter Waterford-Gaskronleuchtern von 1850.

Magnolia Grill SÜDSTAATENKÜCHE **$$**
(☎601-446-7670; www.magnoliagrill.com; 49 Silver St; Hauptgerichte 13–22 US$; ⊙11–21, Fr & Sa bis 22 Uhr; 👪) Der Grill in einem Ladengeschäft in einem attraktiven Holzhaus mit freiliegenden Balken und Außenveranda befindet sich unten am Fluss – ein guter Ort für ein Schweinelenden-Po'boy oder einen Salat mit gebratenen Krebsen und Spinat!

Ausgehen

Under the Hill Saloon BAR
(☎601-446-8023; 25 Silver St; ⊙10 Uhr–open end) Die ungemein witzige, historische Bar war einst die Stammkneipe von Samuel Clemens, einem Flussschiffkapitän, der aber unter seinem Pseudonym Mark Twain besser bekannt ist. Die Bar schließt erst, wenn auch der letzte Gast gegangen ist.

Praktische Informationen

Das **Visitor and Welcome Center** (☎800-647-6724; www.visitnatchez.org; 640 S Canal St; ⊙Mo–Sa 8.30–17, So 9–16 Uhr) ist eine große, gut gemachte Touristeninformation, in der Ausstellungsstücke zur Geschichte der Gegend zu sehen und Unmengen von Infos über die Sehenswürdigkeiten der Region erhältlich sind.

An- & Weiterreise

Natchez liegt am Hwy 61 und bildet auch den Endpunkt (oder Startpunkt) des Natchez Trace Pkwy. Die Haltestelle der Busse von **Greyhound** (☎601-445-5291; 127 Wood Ave) liegt etwa 3,5 Meilen (5,6 km) östlich der Stadt.

Golfküste

Die flache Golfküste von Mississippi ist eine lange Abfolge von windgepeitschten Dünen, Flecken von Strandgras, Kunstgalerien am Meer und Casinos im Stil von Las Vegas. Das Erholungsgebiet ist sehr beliebt bei Familien und Militärangehörigen, denn mehrere große Stützpunkte liegen an dieser Küste zwischen Florida und Texas.

Das bezaubernde Bay St. Louis zieht vor allem Angestellte der Bundesbehörden an, darunter auch viele Wissenschaftler des Stennis Space Center an der Grenze zu Louisiana. So erscheinen die Einwohner dieses Städtchens auch deutlich fortschrittlicher als in anderen Städten und Orten in Mississippi. Yogastudios, Antiquitätenläden und Kunstgalerien säumen die Hauptstraße.

Ocean Springs ist ein friedliches Refugium mit einem Hafen, in dem Shrimps-Boote neben noblen Jachten liegen, einer historischen Altstadt und einem feinen weißen Sandstrand am Golf.

An den Abfahrten der I-10 zu den verschiedenen Städten der Golfküste befinden sich überall preiswerte Kettenhotels. In den Städten selbst gibt es nette B&Bs und mehrstöckige Hotels, die sich an Tagesausflügler richten.

An- & Weiterreise

Ocean Springs liegt an der I-10, 33 Meilen (53 km) östlich von Bay St. Louis und 60 Meilen (96 km) westlich von Mobile. In dieser Gegen verkehren keine öffentlichen Verkehrsmittel.

ARKANSAS

Arkansas (sprich: *ar*-ken-soh), das gebirgige Verbindungsstück zwischen dem Mittleren Westen und den eigentlichen Südstaaten, ist ein oft übersehenes landschaftliches Juwel, geprägt von reißenden Strömen, dunklen, grünen Tälern, zinnenartigen Granitfelsen und den verwitterten Gebirgskämmen der Ozark und der Ouachita (sprich: wa-schitoh) Mountains. Im gesamten Bundesstaat locken ausnehmend gut aufgemachte State Parks und kleine, einsame Straßen, die durch dichte Wälder zu hinreißenden Aussichtspunkten oder lieblichen Wiesen mit grasenden Pferden führen. In den Gebirgsstädtchen trifft man auf evangelikalen Fundamentalismus, Hippie-Kommunen und Biker-Bars, aber alle diese sehr unterschiedlichen Kulturen eint die Liebe zur atemberaubenden Natur ihres Heimatstaats.

Praktische Informationen

Arkansas State Parks (☎888-287-2757; www.arkansasstateparks.com) Die 52 State Parks von Arkansas werden tadellos verwaltet, 30 von ihnen bieten Campingmöglichkeiten (Stellplatz Zelt & Wohnmobil 12–55 US$, je nach Ausstattung). Einige der Parks haben sogar eigene Lodges und Hütten. Letztere sind sehr beliebt, und deshalb muss man am Wochenende und in den Ferien reservieren und mehrere Nächte bleiben.

Little Rock

Little Rock wird seinem Namen absolut gerecht: Die charmante Hauptstadt des Bundesstaats wirkt wirklich ziemlich klein. Gleichwohl ist sie aber auch das Zentrum des städtischen Lebens in Arkansas und dabei recht cool – in den grünen Wohnvierteln trifft man auf freundliche Bars, neue Restaurants, viele Radwege und einen toleranten Lebensstil. Die Stadt ist klein, hat aber eine wunderbare Lage am Arkansas River, und, wie es zu diesem Bundesstaat voller Naturwunder passt, man ist im Handumdrehen in üppig bewaldeten Flusstälern.

Sehenswertes

William J. Clinton Presidential Center MUSEUM

(☎501-374-4242; www.clintonlibrary.gov; 1200 President Clinton Ave; Erw./Student & Senior/Kind 10/8/6 US$; ⌚Mo–Sa 9–17, So 13–17 Uhr; P) Diese Bibliothek beherbergt das größte Archiv einer US-amerikanischen Präsidentschaft. Es umfasst 80 Mio. Seiten an Dokumenten und 2 Mio. Fotografien (leider kaum etwas zum Skandal um eine gewisse Praktikantin). Das Ganze fühlt sich wie eine Zeitreise in die 1990er-Jahre an. Zu sehen und zu begehen ist auch eine Nachbildung des Oval Office in Originalgröße. Außerdem sind Ausstellungsstücke zu allen Stationen von Bill Clintons Leben und die Geschenke ausländischer Besucher zu bewundern. Das Gebäude wurde nach umweltfreundlichen Vorgaben errichtet.

Die Bibliothek befindet sich auf einem hügeligen Campus, den Fußwege durch Waldgebiete und ein 5 ha großes Sumpfgebiet durchziehen.

Riverfront Park PARK

(☎501-371-4770; Ottenheimer Plaza; ⌚Sonnenaufgang–Sonnenuntergang) GRATIS Der hübsche Park, der sich entlang des Arkansas River erstreckt, ist bei Spaziergängern und Radfahrern gleichermaßen beliebt. Er ist die gelungene Integration einer speziellen Landschaft (des Flusses) in die Stadt. Sein bemerkenswertestes Wahrzeichen ist die Clinton Presidential Park Bridge, die imposante Fußgängerbrücke über den Fluss.

Little Rock Central High School HISTORISCHE STÄTTE

(☎501-374-1957; www.nps.gov/chsc; 2125 Daisy L Gatson Bates Dr; ⌚9–16.30 Uhr; P) GRATIS Die interessanteste Sehenswürdigkeit von Little Rock ist der Ort, wo ein Vorfall der Bürgerrechtsbewegung 1957 das Land für immer veränderte. Es war an dieser damals noch rein weißen High School, dass neun afroamerikanischen Studenten der Zutritt verboten wurde (obwohl ein einstimmig gefasster Beschluss des Obersten Gerichtshofs bereits 1954 die öffentlichen Schulen zur Integration zwang). Die Studenten wurden später als die Little Rock Nine bekannt.

Museum of Discovery MUSEUM

(☎501-396-7050; www.museumofdiscovery.org; 500 President Clinton Ave; Erw./Kind 10/8 US$; ⌚Di–Sa 9–17, So 13–17 Uhr, Sommer Mo 9–17 Uhr;) Das großartige Wissenschafts- und Naturkundemuseum ist vor allem für Familien interessant. Zu sehen sind Exponate zum menschlichen Körper, den Ökosystemen in Arkansas, Wirbelstürmen, Paläontologie und vieles mehr.

Schlafen & Essen

★ **Capital Hotel** BOUTIQUEHOTEL $$

(☎501-374-7474; www.capitalhotel.com; 111 W Markham St; Zi./Suite ab 220/375 US$; P@) Das ehemalige Bankgebäude von 1872 mit der selten gewordenen schmiedeeisernen Fassade ist heute eines der besten Hotels in Little Rock. Auf dem Balkon kann man herrlich Cocktails schlürfen, und im ganzen Hotel herrscht eine sehr gediegene, elegante Atmosphäre. Eigentlich müsste in jedem Sessel ein vornehmer Lobbyist mit Zigarre sitzen.

Rosemont B&B $$

(☎501-766-0355; www.rosemontoflittlerock.com; 515 W 15th St; Zi. 105–195 US$; P) Das restaurierte Farmhaus aus den 1880er-Jahren liegt nahe der Governor's Mansion und ist voller südlichem Charme. Es werden auch einige rustikale, alte Cottages vermietet (ab 135 US$). Und es ist eines der wenigen B&Bs, in denen Haustiere erlaubt sind.

Big Orange AMERIKANISCH $

(☎501-379-8715; www.bigorangeburger.com; 207 N University Ave; Hauptgerichte 8–14 US$; ⌚So–Do 11–22, Fr & Sa 11–23 Uhr; P) Manchmal muss es einfach ein Burger sein, aber dann nicht irgendeiner, sondern einer mit richtig viel Fleisch zwischen zwei Brötchenhälften. Dieses Restaurant bietet alle nur erdenklichen Variationen von Burgern, die vom Klassiker mit amerikanischem Käse und weißem Trüffel bis zur vegetarischen Falafel-Version reichen.

Three Fold Noodles and Dumpling Co CHINESISCH $
(☎501-372-1739; http://eat3fold.com; 215 Center St; Teigtaschen & Nudeln 7–8 US$; ⌚Mo–Sa 11–20 Uhr) In Little Rock erwartet man nicht unbedingt hervorragende chinesische Küche, doch dieses Restaurant mit leckerer Hühner-Nudel-Suppe, hausgemachten frittierten und gedämpften Teigtaschen belehrt jeden eines besseren. Und es ist auch nicht viel teurer als bei McDonald's.

★ **South on Main** AMERIKANISCH $$
(☎501-244-9660; www.southonmain.com; 1304 S Main St; Hauptgerichte 16–24 US$; ⌚Mo–Fr 11–14.30, Di–Sa 17–22, So 10–14 Uhr) Das wunderbare Restaurant ist ein gastronomisches Lieblingsprojekt des *Oxford American*, der wichtigen literarischen Vierteljahresschrift des Südens. Es widmet sich der Küche der Region mit kreativ-köstlicher Verve und Energie, z. B. mit Wels mit Maispfannkuchen oder Kaninchenkeule im Schinkenmantel. Eine tolle Bar und häufige Livemusik runden das Erlebnis ab.

Ausgehen & Unterhaltung

The New 610 Center SCHWULENBAR
(☎501-374-4678; http://610center.com; 610 Center St; ⌚Mo–Do 16–24, Fr 16–1, Sa 18–1, So 11–22 Uhr) Markenzeichen dieser lässigen Bar sind die ausgezeichneten Martinis, eine freundliche Stimmung und das einheimische, zumeist schwule Publikum. Damit ist sie ideal für einen starken Drink und vielleicht auch mal eine Drag-Show oder eine Bear Night.

White Water Tavern LIVEMUSIK
(☎501-375-8400; www.whitewatertavern.com; 2500 W 7th St; ⌚Mo–Fr 12–2, Sa 18–1 Uhr) Das White Water versammelt ausgezeichnete Musiker und Bands aller Stilrichtungen (von Hardcore-Rock über Alt-Country bis zu Indie-Pop und Hip-Hop) auf seiner Bühne. Wenn gerade kein Konzert gegeben wird, ist der Laden eine ausgezeichnete, freundliche Eckkneipe.

Arkansas Repertory Theatre THEATER
(☎501-378-0405; www.therep.org; 601 Main St) „The Rep" ist eines der dynamischsten kleinen Regionaltheater des Südens. Das fantastische Repertoire reicht von Broadway-Musicals zu schrägen Indie-Shows.

Praktische Informationen

Das **Little Rock Convention Center & Tourism Bureau** (☎501-376-4781; www.littlerock.com; 101 S Spring St; ⌚Mo–Fr 8.30–17 Uhr) ist ein sehr informatives Tor in die Stadt.

Anreise & Unterwegs vor Ort

Der **Bill & Hillary Clinton National Airport** (LIT; Little Rock National Airport; ☎501-372-3439; www.fly-lit.com; 1 Airport Dr) liegt östlich der Innenstadt. Von der Haltestelle der **Greyhound-Busse** (☎501-372-3007; www.greyhound.com; 118 E Washington St, North Little Rock) in North Little Rock fahren Busse nach Hot Springs (19 US$, 1–2 Std., 2-mal tgl), Memphis, TN, (31 US$, 2½ Std., 7-mal tgl) und New Orleans (93 US$, 18 Std., 2-mal tgl). In der **Union Station** (☎501-372-6841; 1400 W Markham St) hält der *Texas Eagle* von Amtrak, der von Chicago (100 US$, 14 Std.) nach Los Angeles (154 US$, 19 Std.) fährt und unterwegs in einem guten Dutzend Städte hält.

Central Arkansas Transit (www.cat.org) betreibt den städtischen Busverkehr. Die **River Rail Streetcar** ist eine Straßenbahn, die in der W Markham und der President Clinton Ave verkehrt (Erw./Kind 1,35/0,60 US$).

Hot Springs

Dass Hot Springs ein schmuckes Gebirgsstädtchen ist, haben wir bestimmt nicht als Erste entdeckt. Die heilkräftigen Quellen, nach denen der Ort benannt ist, haben schon die amerikanischen Ureinwohner angelockt, im frühen 20. Jh. dann Gesundheitsfanatiker und schließlich mehr als nur eine Größe des organisierten Verbrechens in den USA. In seiner Blütezeit in den 1930er-Jahren war Hot Springs ein Tummelplatz von Glücksspielern, Schwarzbrennern, Prostituierten und Stinkreichen.

Heutzutage lockt der Ort nicht mehr mit den eigentlichen Thermalquellen, sondern mit der touristischen Infrastruktur, die an die alte Badekultur erinnert. So gibt es in der Bathhouse Row, die sich unter schattigen Magnolien im Osten der Central Ave erstreckt, einige sorgfältig restaurierte Badehäuser, die Wellnessbehandlungen der alten Schule anbieten. Ansonsten ist Hot Springs eine interessante, schattige Stadt, die es geschafft hat, ihr historisches Zentrum zu bewahren, was schon viel wert ist.

Sehenswertes & Aktivitäten

Hot Springs National Park MUSEUM
(Fordyce Bathhouse; ☎501-620-6715; www.nps.gov/hosp; 369 Central Ave; ⌚9–17 Uhr) GRATIS An der Bathhouse Row zeigt das NPS Visitor Center, das im Fordyce-Badehaus von 1915

untergebracht ist, in seinem Museum Exponate zur Geschichte des Parks, der einst eine Freihandelszone der Ureinwohner und um die Wende zum 20. Jh. ein Kurbad nach europäischem Vorbild war. Am faszinierendsten sind die Einrichtungen des Kurbads aus dem frühen 20. Jh.: Das Buntglas und die griechischen Statuen sind reizend, auf die kahlen weißen Wände, den Mörtel und die Elektroschocktherapie können wir hingegen gut und gern verzichten.

Hot Springs Mountain Tower AUSSICHTSPUNKT
(501-881-4020; 401 Hot Springs Mountain Rd; Erw./Kind 7/4 US$; Sept.–Mai 9–17 Uhr, Juni–Aug. bis 21 Uhr; P) Auf dem Gipfel des Hot Springs Mountain bietet sich von dem 65 m hohen Turm eine spektakuläre Aussicht auf die umliegenden Berge, die mit Hornsträuchern, Hickory-Bäumen, Eichen und Kiefern bewachsen sind, welche im Frühjahr und Herbst ihre volle Pracht entfalten.

Gangster Museum of America MUSEUM
(501-318-1717; www.tgmoa.com; 510 Central Ave; Erw./Kind 15/6 US$; So–Do 10–17, Fr & Sa 10–18 Uhr) Hier erfährt man alles über die sündig glorreiche Zeit der Prohibition, als diese kleine Stadt im Nirgendwo dank den Alkoholschmugglern aus Chicago wie Al Capone und ihren Partnern in New York zu üppigem Wohlstand gelangte. Zu den Glanzstücken des Museums gehören alte Original-Spielautomaten, jede Menge alter Fotos und eine Maschinenpistole.

Galaxy Connection MUSEUM
(501-276-4432; www.thegalaxyconnection.com; 626 Central Ave; 7 US$; Mo–Do 11–17,Fr & Sa bis 20, So 12.30–17 Uhr) Mal etwas ganz anderes: ein *Star-Wars*-Museum. Der fantastisch-kitschige Tempel ist das Werk eines besonders besessenen Fans aus Arkansas und vielleicht etwas amateurhaft. Es hat aber doch so viele Attraktionen – von lebensgroßen Boba-Fett-Puppen bis hin zu einem Areal, in dem man sich als Jedi verkleiden kann –, dass echte Fans in jedem Fall nostalgisch werden.

Buckstaff Bathhouse THERMALBAD
(501-623-2308; www.buckstaffbaths.com; 509 Central Ave; Thermalbad 33 US$, mit Massage 71 US$; tgl. 8–11.45 Uhr sowie März–Nov. Mo–Sa 13.30–15 Uhr, Dez.–Feb. Mo–Fr 13.30–15 Uhr) Wellness im Stil von Hot Springs war noch nie sonderlich luxuriös, doch hier wird man noch wie in ganz alten Tagen behandelt. Wie in den 1930er-Jahren hetzt das energische Personal die Besucher durch die Bäder, Behandlungen und Massagen. Trotzdem ist es schlicht wunderbar.

Schlafen & Essen

★ **Alpine Inn** INN $
(501-624-9164; www.alpine-inn-hot-springs.com; 741 Park Ave; Zi. 65–95 US$; P) Die freundlichen schottischen Betreiber des Inns, das weniger als eine Meile (1,6 km) von der Bathhouse Row entfernt liegt, haben das alte Motel mehrere Jahre lang einer Renovierung unterzogen – mit beeindruckendem Ergebnis. Die Zimmer sind tadellos, komfortabel und haben Flachbild-TVs sowie gemütliche Betten.

Arlington Resort Hotel & Spa HISTORISCHES HOTEL $
(501-623-7771; www.arlingtonhotel.com; 239 Central Ave; EZ/DZ/Suite ab 99/120/180 US$; P) Das imposante historische Hotel thront über der Bathhouse Row und erinnert immer noch ausdauernd an seine Glanzzeit, auch wenn die mittlerweile vorbei ist. In dem prächtigen Foyer herrscht abends, wenn vielleicht auch eine Liveband spielt, viel Betrieb. Es gibt ein Spa im Haus, und die Zimmer sind gut gepflegt, wenn auch nicht mehr die Allerneuesten. Die Eckzimmer mit Aussicht sind ein Schnäppchen.

Colonial Pancake House DINER $
(501-624-9273; 111 Central Ave; Hauptgerichte 6–10 US$; 7–15 Uhr) Dieser Klassiker in Hot Springs hat türkisfarbene Sitznischen sowie Quilts und Zierdeckchen an den Wänden, die dem Diner einen heimeligen Touch verleihen und einen zurück in Omas Küche versetzen. Neben Pfannkuchen werden auch Arme Ritter (mit Texas-Toast) sowie Malz- und Buchweizenwaffeln (lecker, mit Pekannüssen!) serviert, die noch besser schmecken als die von Großmutter. Mittags gibt's auch Burger und andere typische Diner-Gerichte.

McClard's BARBECUE $$
(501-623-9665; www.mcclards.com; 505 Albert Pike; Hauptgerichte 4–15 US$; Di–Sa 11–20 Uhr) Am südwestlichen Rand der Downtown von Hot Springs liegt das Lieblingsgrillrestaurant des kleinen Bill Clinton. Es ist auch heute noch wegen seiner Rippchen, der schonend gegarten Bohnen, der Chilis und Tamales beliebt.

Ausgehen & Nachtleben

Maxine's BAR

(☎501-321-0909; www.maxineslive.com; 700 Central Ave; ⊙Mo–Fr 15–3, Sa bis 2, So 12–24 Uhr) Wem abends der Sinn nach (lauter) Musik steht, der sollte sich zu diesem Livemusikschuppen aufmachen, der früher ein berüchtigtes Bordell war. Hier treten regelmäßig Bands aus Austin auf.

Superior Bathhouse Brewery and Distillery BRAUEREI

(☎501-624-2337; www.superiorbathhouse.com; 329 Central Ave; ⊙11–21, Fr & Sa bis 23 Uhr) Erstaunlich, dass in einem Ort mit so vielen Outdoor-Begeisterten, Wanderern und Hipstern bislang eine Kleinbrauerei fehlte. Aber es war nur eine Frage der Zeit, und nun es ist soweit. Und das örtliche Gebräu ist köstlich und bestens geeignet, jeden gesundheitlichen Zuwachs, den man sich in Hot Springs versehentlich zugezogen haben könnte, gleich wieder gründlich wegzuspülen.

An- & Weiterreise

Die Busse von **Greyhound** (☎501-623-5574; www.greyhound.com; 100 Broadway Tce) fahren von Hot Springs nach Little Rock (1½ Std., ab 13 US$, ca. 3-mal tgl). Hot Springs liegt an der I-30, etwa 60 Meilen (96 km) südwestlich von Little Rock.

Tri-Peaks

Das Gebiet von Tri-Peaks ist das Kronjuwel im großartigen, grünen Arkansas-Tal und eine der bedeutendsten geografischen Zonen des Bundesstaates. Im Schatten von Tri-Peaks befinden sich vier State Parks mit fantastischen Möglichkeiten zum Wandern, Trekken und Bootfahren.

Die Gegend erstreckt sich über mehrere Counties des Staates. Benannt ist sie nach den drei Gipfeln des Mt. Magazine, Mt. Nebo und Petit Jean Mountain. Es gibt keinen großen zentralen Ort, der als Basislager geeignet wäre, doch kann man sich in den zahlreichen kleinen Orten gut mit Proviant eindecken. Der größte dieser Orte ist Russellville. Bei der folgenden Beschreibung der State Parks sind jeweils die nächstgelegenen Städte zu den Parkeingängen angegeben.

Sehenswertes & Aktivitäten

Mit Ausnahme des vom Wasser geprägten Lake Dardanelle Park verfügt jeder der folgenden Parks über eine Vielzahl von **Wanderwegen**, die von einfachen Naturpfaden in der Ebene bis zu steil ansteigenden Bergwanderwegen reichen. Ein vollständiges Verzeichnis der einzelnen Wanderwege findet man auf der Website des jeweiligen Parks. Über den aktuellen Zustand der Wege geben die Ranger Auskunft.

Mount Magazine State Park STATE PARK

(☎479-963-8502; www.mountmagazinestatepark.com; 577 Lodge Drive, Paris, GPS: N 35°09'52.4 W 93°38'49.7"; ⊙24 Std.) Der wunderbare Park verfügt über ein Wegenetz von insgesamt 22,4 km, das rund um den höchsten Gipfel von Arkansas führt. Die Aussicht ist spektakulär, denn man blickt auf die herrlichen Bergwälder entlang des gesamten Arkansas-Tals. Wer keine Zeit für einen kurzen Aufenthalt hat, kann auf dem **Mount Magazine Scenic Byway** durch den Park fahren und einige der fantastischen Ausblicke genießen. Lebensmittel und Benzin gibt es in Paris, rund 17 Meilen (27 km) entfernt.

Mount Nebo State Park STATE PARK

(☎479-229-3655; www.arkansasstateparks.com/mountnebo; 16728 West State Hwy 155, Dardanelle, GPS: N 35°13'41.0" W 93°15'19.7"; ⊙Sonnenaufgang–Sonnenuntergang; P 👪 🐾) GRATIS Der unglaublich schöne Park ist von einem Wegenetz von insgesamt 22,5 km Länge durchzogen, das bis zu den dicht bewaldeten Berghängen führt. Der anstrengende Nebo Springs Trail ist ein Rundweg, der durch eine moosbewachsene Wasserlandschaft führt. Die nächstgelegene Stadt Dardanelle befindet sich 8 Meilen (12,8 km) östlich des Parks.

Petit Jean State Park STATE PARK

(☎501-727-5441; www.petitjeanstatepark.com; 1285 Petit Jean Mountain Rd, Morrilton, GPS: N 35°07'04.3" W 92°56'17.8"; ⊙Sonnenaufgang–Sonnenuntergang; P 👪 🐾) GRATIS Die bestens gepflegten Wanderwege des ältesten State Parks von Arkansas führen zu einem 29 m hohen Wasserfall, romantischen Höhlen und dichten Wäldern. Überall bieten sich den Besuchern wunderbar weite Ausblicke, z. B. auf eine natürliche Steinbrücke mitten in der Wildnis und die riesigen Sumpfgebiete des Arkansas-Tals. Die nächstgelegene Stadt ist Morrilton (18 Meilen/28,8 km entfernt), doch auch Little Rock liegt nur 70 Meilen (112 km) südöstlich des Parks, sodass man von dort aus gut einen Tagesausflug unternehmen kann.

Lake Dardanelle State Park STATE PARK
(www.arkansasstateparks.com/lakedardanelle; 100 State Park Dr (Breakwater Rd), Russellville; Visitor Center tgl. 8–17 Uhr, Mai–Aug. 8–20 Uhr; P) Das 13 881 ha große Naturschutzgebiet ist von kilometerlangen, eisblauen Wasserwegen durchzogen, an denen sich überall Bootsrampen befinden und tolle Ausblicke bieten. Im großen Visitor Center in Russellville gibt es eine aufschlussreiche Ausstellung für Kinder sowie Aquarien und Kajakverleihe.

Buffalo National River RAFTING
(870-439-2502; www.nps.gov/buff; 170 Ranger Road, St Joe, Tyler Bend Visitor Center;) Der 216 km lange Fluss, ein weiteres wenig beachtetes Juwel in Arkansas, fließt an spektakulären Klippen vorbei durch den unberührten Wald der Ozarks. Der obere Abschnitt weist die meisten Stromschnellen auf, im unteren Teil fließt der Fluss gemächlicher, sodass man dort angenehm paddeln kann.

Der Buffalo National River (S. 470) hat zehn **Campingplätze** und drei ausgewiesene Schutzgebiete. Am einfachsten erreicht man diese über das Tyler Bend Visitor Center, 11 Meilen (17,6 km) nördlich von Marshall am Hwy 65, wo es auch eine Liste der zugelassenen Anbieter für Rafting- und Kanutouren auf eigene Faust gibt – die beste Art, den Park zu erkunden und die gigantischen Kalksteinklippen zu bestaunen. Oder man wendet sich an das Buffalo Outdoor Center (S. 470), das weitere Auskünfte erteilt und auch schöne Hütten im Wald vermietet.

Kajakfahren BOOTSFAHRTEN
(479-967-5516; www.arkansasstateparks.com; 100 State Park Drive (Breakwater Rd), Russellville; pro Std./halber Tag/Tag ab 8/14/20 US$) Es werden Einer- und Zweierkajaks verliehen, um den Lake Dardanelle auf eigene Faust zu erkunden, und auch 90-minütige Kajaktouren für einen Aufpreis von 12/6 US$ pro Erw./Kind angeboten.

Schlafen & Essen

In den Städten rund um die State Parks von Tri-Peaks gibt es einige langweilige Kettenhotels und Hotels, doch schöner ist es, in den Parks selbst zu übernachten, sei es auf einem einfachen Campingplatz oder in einer schicken Lodge.

Campingplätze (www.arkansasstateparks.com/camping-cabins-lodging; 12–32 US$) stehen in den vier State Parks in Hülle und Fülle zur Verfügung. Die Ausstattung reicht von primitivem Camping ohne Anschlüsse bis hin zu Strom, fließendem Wasser und Toiletten. Infos über die einzelnen Campingplätze gibt's bei den Parks direkt, gebucht wird über die jeweilige Homepage.

Mit Ausnahme des Lake Dardanelle, der sich in Russellville befindet, sollte man sich für jeden Park mit ausreichend Proviant eindecken.

Praktische Informationen

Das **Tyler Bend Visitor Center** (870-439-2502; www.nps.gov/buff; 170 Ranger Rd, St Joe; 8.30–16.30 Uhr) ist ein Muss für alle, die den Buffalo National River erkunden wollen.

An- & Weiterreise

Die Region Tri-Peaks liegt im nördlichen Zentrum von Arkansas und hat in etwa die Form von Arkansas. Die vier Parks sind über die bei den einzelnen Parks aufgeführten Städte zu erreichen. Keiner ist weiter als zwei Autostunden von Little Rock entfernt.

Am schönsten, wenn auch langwierigsten, ist die Fahrt auf dem spektakulären Hwy 23/Pig Trail Byway, der durch Wälder und den Ozark National Forest von Eureka Springs zum Mount Magazine State Park (S. 466) führt.

Ozark Mountains

Vom nordwestlichen und zentralen Arkansas bis hinein nach Missouri erstrecken sich die Ozark Mountains, eine uralte, einst von Meer umgebene Gebirgskette, die inzwischen vom Zahn der Zeit mächtig angenagt wurde. Grüne Berge folgen auf nebelverhangene Felder und karge Farmen, dramatische Karstformationen säumen funkelnde Seen, rauschende Flüsse und winzige Nebenstraßen. Die Bewohner der Region sind stolz auf ihr Unabhängigkeitsstreben und ihr Heimatgefühl – eine Einstellung, die sie zumindest teilweise den viele Generationen zurückreichenden Familiengeschichten und der langen Geschichte als Region der Armut verdanken. Als Lektüre auf der Reise bietet sich Daniel Woodrells Krimi *Winters Knochen* an, der auch mit großem Erfolg verfilmt wurde (*Winter's Bone*, 2010).

An- & Weiterreise

Das riesige Gebiet der Ozarks wird von unzähligen Bergstraßen durchzogen, die teilweise schon richtige Schnellstraßen sind. Die wichtigsten Verbindungen sind Hwy 62, AR 21, AR 43 und

AR 66. Der nächste Regionalflughafen ist der **Northwest Arkansas Regional Airport** (XNA; ☎479-205-1000; www.flyxna.com; 1 Airport Blvd) bei Bentonville. Nach Eureka Springs fahren auch die Busse von **Greyhound** (☎800-451-5333; 131 E Van Buren).

Mountain View

Dem Städtchen ist es gelungen, die Kultur der Ozarks touristisch so zu nutzen, dass daraus eine Gemeinschaft entsteht. Die traditionelle Lebensweise und Kreativität der Bergbewohner werden uneingeschränkt ausgelebt, und wenn diejenigen, die die Kultur suchen, auf diejenigen, treffen, die diese Kultur schaffen, ergibt sich eine merkwürdige Mischung aus tief religiösem Christentum, Hippiemusik und herzlicher Gastfreundschaft.

Das **Visitor Information Center** (☎870-269-8068; www.yourplaceinthemountains.com; 122 W Main St; ⌚Mo–Sa 9–16.30 Uhr) erhebt Mountain View zur „Welthauptstadt des Folks". Auch wenn das sehr ehrgeizig ist, tut es der prinzipiellen Freundlichkeit der Stadt keinen Abbruch. Egal aus welcher Richtung man nach Mountain View kommt, man fährt unweigerlich durch die stark gebeutelten, heruntergekommenen Städte der Ozarks. Mountain View ist genau das Gegenteil: es bewahrte seine Geschichte, indem es eine zeitgemäße Stimme und Energie fand, die die globalisierte Welt mit den uralten regionalen Traditionen verbindet.

Sehenswertes & Aktivitäten

Blanchard Springs Caverns HÖHLE
(☎870-757-2211, 877-444-6777; www.blanchardsprings.org; NF 54, Forest Rd, nahe Hwy 14; Drip Stone Tour Erw./Kind 10/5 US$, Wild Cave Tour 75 US$; ⌚wechselnde Öffnungszeiten; 👪) Die spektakulären Höhlen 15 Meilen (24 km) nordwestlich von Mountain View entstanden durch einen unterirdischen Fluss und können mit den berühmten Carlsbad Caverns durchaus mithalten – und damit ist auch dies eine weitgehend unbekannte, atemberaubende Sehenswürdigkeit in Arkansas. Das Angebot von Three Forest Service reicht von behindertengerechten Führungen bis zu abenteuerlichen drei- bis viertägigen Höhlenforschungstouren. Die Höhlen sind je nach Saison unterschiedlich geöffnet, meist aber von 9.30 Uhr bis Sonnenuntergang.

Ozark Folk Center State Park STATE PARK
(☎870-269-3851; www.ozarkfolkcenter.com; 1032 Park Ave; Auditorium Erw./Kind 12/7 US$; ⌚April–Nov. Di–Sa 10–17 Uhr, Abendvorstellung 18 Uhr; P) Die größte kulturelle Sehenswürdigkeit der Stadt liegt nördlich von Mountain View und bietet ständig handwerkliche Vorführungen, einen traditionellen Kräutergarten und abends Livemusik vor begeistertem Publikum. Neben diesen ständigen Shows veranstaltet das Zentrum auch regelmäßig Konzerte mit den besten Folk- und Bluegrassmusikern der USA.

LocoRopes OUTDOOR-AKTIVITÄTEN
(☎888-669-6717, 870-269-6566; www.locoropes.com; 1025 Park Ave; 7,50 US$/Seilrutsche; ⌚1. März–30. Nov. 10–17 Uhr) Der beliebte Veranstalter bietet einen Hochseilgarten, eine Kletterwand und drei Seilrutschen.

Schlafen & Essen

Wildflower B&B B&B $
(☎870-269-4383; www.wildflowerbb.com; 100 Washington St; Zi. 99–139 US$; P❄📶) Das B&B liegt direkt am Court Square und bietet seinen Gästen eine umlaufende Veranda mit Schaukelstühlen und coole Volkskunst an den Wänden. Am besten bucht man das Zimmer nach vorne hinaus im Obergeschoss: Hier genießt man die Nachmittagssonne, schläft in einem großen Bett oder sieht im angeschlossenen Wohnzimmer fern. Online buchen!

Tommy's Famous Pizza and BBQ PIZZERIA, GRILLRESTAURANT $
(☎870-269-3278; www.tommysfamous.com; Ecke Carpenter St & W Main St; Pizzas 7–26 US$, Hauptgerichte 7–13 US$; ⌚ab 15 Uhr) Das Restaurant wird von den freundlichsten Alt-Hippies geleitet, die man sich nur vorstellen kann. In der BBQ-Pizza werden beide Spezialitäten des Hauses genial miteinander kombiniert. Der liebenswürdige Besitzer ist ein ehemaliger Rocker aus Memphis und macht auch heute noch großartige Musik und gute Stimmung. In seinem Lokal gelten zwei Bedingungen: keine Attitüden und keine lauten Kinder.

Das Restaurant schließt eine Stunde, nachdem der letzte Gast bezahlt hat.

PJ's Rainbow Cafe AMERIKANISCH $
(☎870-269-8633; 216 W Main St; Hauptgerichte 5,50–13 US$; ⌚Di–Sa 7–20, So bis 14 Uhr; 🖉👪) Das Country-Café serviert sehr schmackhaftes Diner-Essen mit Pfiff, beispielsweise Schweinshaxe mit Spinatfüllung oder Regenbogenforelle aus den örtlichen Flüssen. Nur Barzahlung.

Eureka Springs

Unweit der nordwestlichen Ecke von Arkansas liegt Eureka Springs in einem steil abfallenden Tal. Der Ort ist geprägt von viktorianischen Gebäuden, krummen Straßen und landverbundenen, ökologisch denkenden Leuten, die Menschen jeglicher Couleur willkommen heißen - deswegen ist Eureka Springs auch einer der offensten, schwulenfreundlichsten Orte in den Ozarks. Hier findet sich ein seltsamer Mix aus (für amerikanische Verhältnisse) liberaler Politik, Regenbogenflaggen und bikerfreundlichen Harley-Bars. Besucher finden viele Möglichkeiten zum Wandern, Radfahren und Reiten vor.

Im **Visitor Center** (☎479-253-8737; www.eurekaspringschamber.com; 516 Village Circle, Hwy 62 E; ⊙9–17 Uhr) gibt's Infos über Unterkünfte, Aktivitäten, Touren und örtliche Attraktionen. Infos für LGBTQ-Besucher in der Region findet man unter Out In Eureka (www.gayeurekasprings.com).

Sehenswertes & Aktivitäten

Historic Loop HISTORISCHE STÄTTE
(www.eurekasprings.org) GRATIS Der 5,6 km lange Rundweg führt durch die Innenstadt von Eureka Springs und die angrenzenden Wohnviertel. Entlang des Wegs stehen mehr als 300 viktorianische Wohnhäuser, die vor 1910 gebaut wurden, und alle in einem beeindruckend guten Zustand sind. Zum Startpunkt des Rundwegs kann man mit der Straßenbahn fahren oder laufen (aber Achtung: die Straßen sind sehr steil!). Ein Stadtplan mit der Route und die Fahrkarten für die Straßenbahn sind im Visitor Center erhältlich.

Thorncrown Chapel KIRCHE
(☎479-253-7401; www.thorncrown.com; 12968 Hwy 62 W; ⊙April–Nov. 9–17 Uhr, März & Dez. 11–16 Uhr; P) GRATIS Das prächtige Gotteshaus aus Glas wird von einer fast 15 m hohen Holzkonstruktion gestützt und hat nicht weniger als 425 Fenster. Zwischen dem eigenen Gebet und Gottes grüner Erde ist hier wirklich nicht viel. Die Kirche steht gleich außerhalb von Eureka Springs in den Wäldern. Spende erbeten.

1886 Crescent Hotel HISTORISCHES GEBÄUDE
(☎855-725-5720; www.crescent-hotel.com; 75 Prospect Ave) Das 1886 erbaute Crescent ist ein prächtiges, immer noch bewirtschaftetes Relikt eines vergangenen Zeitalters. Betritt man das mit dunklem Holz ausgekleidete Foyer mit seinen Teppichen und dem knisternden Feuer im Kamin, das durch ein paar Stilelemente aus den 1920er-Jahren aufgepeppt wird, fühlt man das unbändige Verlangen, einen Cognac zu bestellen und Daisy Buchanan (aus *Der Große Gatsby*) dafür auszuschimpfen, dass sie den Flegel Tom Buchanan geheiratet hat. Das Haus thront auf einem Hügel und bildet ein schönes Ziel für einen Drink oder den Blick von der Dachterrasse.

Lake Leatherwood City Park PARK
(☎479-253-7921; www.lakeleatherwoodcitypark.com; 1303 Co Rd 204; ⊙24 Std.; P) In dem großen Park gibt es 34 km an Wander- und Radwegen, die kreuz und quer durch die bewaldeten Berge und rund um einen 34 ha großen See führen. Der Park befindet sich rund 3,5 Meilen (5,6 km) vom Zentrum von Eureka Springs entfernt und ist das Eureka Springs am nächsten liegende Naturreservat.

Eureka Trolley TOUREN
(☎479-253-9572; www.eurekatrolley.org; 137 W Van Buren St; Tageskarte Erw./Kind 6/2 US$; ⊙Mai–Okt. So–Fr 10–18, Sa 9–20 Uhr, kürzere Betriebszeiten zu anderen Zeiten;) Der altmodische Trolley, in den bzw. aus dem beliebig oft ein- und ausgestiegen werden darf, pendelt auf vier Routen durch den Großraum Eureka Springs. Jede Fahrt dauert rund 20 bis 30 Minuten und enthüllt andere Seiten des Lebens in dem Gebirgsstädtchen. Wann der Trolley unterwegs ist, erfährt man online oder telefonisch.

Schlafen & Essen

★ **Treehouse Cottages** COTTAGES $$
(☎479-253-8667; www.treehousecottages.com; 165 W Van Buren St; Cottage 149–169 US$; P) Die netten, kitschigen aber geräumigen Holzhäuschen auf Stelzen stehen mitten in einem 13,35 ha großen Kiefernwald. Die Bäder sind hübsch gefliest, vom Whirlpool blickt man über die Bäume, auf dem eigenen Balkon steht ein betriebsbereiter Grill und es gibt auch Flachbild-TV und Kamin. Mindestaufenthalt sind zwei Nächte.

The Crescent Hotel HISTORISCHES HOTEL $$
(☎855-725-5720; www.crescent-hotel.com; 75 Prospect Ave; Zi. 160–200 US$, Suite 200–280 US$; P) Von all den schönen alten Gebäuden in Eureka Springs ist dieses mit Abstand das schönste: es wirkt wie *Downton Abbey* im

Zeitalter des Jazz in den 1920er-Jahren (4. Staffel, oder?). Die Zimmer sind eine gelungene Mischung aus historischen Akzenten und modernem Komfort, und das ganze Haus hat eine elegante und zugleich witzige Ausstrahlung. Am Wochenende ist es teurer.

★ **FRESH** MODERN-AMERIKANISCH $$
(☎ 479-253-9300; www.freshanddeliciousofeurekasprings.com; 179 N Main St; Hauptgerichte 10–27 US$; ⌚ Mo–Do 11–21, So 10–14 Uhr; ✎) In dem hübschen Café werden nur Produkte direkt vom Erzeuger verarbeitet, u. a. zu fantastischen Backwaren. Das Personal ist etwas schräg. Frisch gebackenes französisches Weißbrot wird üppig mit Schinkenstreifen und mehr belegt, für Vegetarier gibt's Salate oder Pasta mit Pesto. Abends ist das Angebot feiner. Dann kommt Pastete mit gebratenem Hühnchen und gebratener Gelbflossen-Thunfisch auf den Tisch.

★ **Stone House** MODERN-AMERIKANISCH $$$
(☎ 479-363-6411; www.eurekastonehouse.com; 89 S Main St; Käseplatte 25–47 US$; ⌚ Do–Sa 13–22, So bis 20 Uhr) Das Stone House hält alle Zutaten für einen gelungenen Abend bereit: viele Weine, eine auf Käse, Brot, Oliven, Honig und Wurstwaren spezialisierte Karte, Livemusik, einen hübschen Hof und wirklich viel Wein. Das Lokal ist bis 22 Uhr geöffnet, und zu dieser Zeit das einzige in Eureka Springs, in dem es noch etwas zu essen gibt.

Ausgehen & Unterhaltung

Chelsea's Corner Cafe & Bar BAR
(☎ 479-253-8231; www.chelseascornercafe.com; 10 Mountain St; ⌚ So–Do 12–22, Fr & Sa bis 24 Uhr) Livebands stehen oft auf der Bühne in dieser Bar, die eine für Eureka Springs typische Mischung aus Hippies und Bikern anlockt. Die Küche ist eine der wenigen vor Ort, die noch nach 21 Uhr geöffnet sind, und sie liefert ihre Pizza auch außer Haus.

Opera in the Ozarks OPER
(☎ 479-253-8595; www.opera.org; 16311 Hwy 62 West; Karten ab 20 US$) Dieses vielgepriesene Programm hält die Oper in den Bergen gut am Leben. Der vollgepackte Veranstaltungskalender und das Theater gleich außerhalb der Stadt sind der ganze Stolz von Eureka Springs.

Buffalo National River

Für die Erkundung des Buffalo National River bietet sich Ponca als Basislager an. Am besten lässt man sich die atemberaubende Landschaft mit der vom Fluss geprägten Wildnis, bunten Klippen und rauschenden Wasserfällen im Rahmen einer Abenteuer-Tour zeigen. Oder man paddelt auf dem Fluss durch den Park. In Ponca gibt es mehrere Outdoor-Veranstalter, die solche Touren organisieren können.

Aktivitäten

Buffalo Outdoor Center ABENTEUERTOUREN
(BOC; ☎ 870-861-5514; www.buffaloriver.com; 4699 AR 43; Kajak/Kanu 55/62 US$ pro Tag, Seilrutschen 89 US$; ⌚ März–Okt. 8–18 Uhr, Nov.–Feb. 8–17 Uhr;) Im Angebot sind Paddeltouren, Wanderungen, Ausritte und Seilrutschen. Die Plätze müssen im Voraus gebucht werden.

Big Bluff via Centerpoint & Goat Trail WANDERN
(AR 43 & Fire Tower Rd, GPS Centerpoint Trail: N 36°03'50.7" W 93°21'43.6") Der knapp 168 m hohe kahle Big Bluff ist der höchste Felsengipfel zwischen den Rocky Mountains und den Appalachen. Zum Gipfel führt der Centerpoint Trail, der 3 Meilen (4,8 km) nördlich von Ponca an der AR 43 beginnt (der Startpunkt ist bei der Kreuzung mit der Fire Tower Rd). Dort nimmt man den schmalen Weg, den Goat Trail, der zum Gipfel führt. Auf dem 4 km langen Rundweg geht es zumeist steil bergauf.

Lost Valley Canoe KANUFAHREN
(☎ 870-861-5522; www.lostvalleycanoe.com; AR 43; Kajak ab 55 US$/Tag, Shuttle-Service ab 20 US$) Der erfahrene Veranstalter verleiht Kanus und Kajaks und bietet auch den entsprechenden Shuttle-Service. Auperdem werden gemütliche Hütten (mit Whirlpool) für zwei Personen vermietet (125 US$, jede weitere Pers. 15 US$).

An- & Weiterreise

Ponca liegt weit abseits aller üblichen Wege etwa 50 Meilen (80 km) südlich von Eureka Springs und 80 Meilen (128 km) östlich von Bentonville. Es ist nur mit einem eigenen Fahrzeug zu erreichen.

LOUISIANA

Louisiana war einst eine französische Kolonie und wurde dann zu einem Protektorat Spaniens, das schließlich von den USA eher unwillig gekauft wurde. Das Land besteht im Süden, am Golf von Mexiko, aus Sümpfen und Bayous (langsam fließende oder stehende Gewässer) und im Norden aus einem Flickenteppich aus Prärie und Ackerland. Doch überall eint die Menschen die tiefe, unerschütterliche Vorliebe für die guten Dinge des Lebens, vor allem das Essen und die Musik.

New Orleans, die wichtigste Stadt im Bundesstaat, ist ohne diese Qualitäten gar nicht denkbar – ihre Restaurants und Musikstätten sind unvergleichlich. Aber überall im Bundesstaat ist die gleiche *joie de vivre* spürbar. Dass wir hier eine französische Formulierung einflechten, hat einen guten Grund: Zwar ist die Sprache im Norden Louisianas kulturell nicht verankert, aber nahe der I-10 und südlich davon wird sie in den Familien teilweise auch heute noch gesprochen – oder wurde das zumindest noch von der Elterngeneration.

Geschichte

Das Gebiet des unteren Mississippi war von der Moundbuilder-Kultur („Hügelbauer") geprägt, bis um 1592 die Europäer auf der Bildfläche erschienen und die Ureinwohner mit der üblichen Kombination aus Krankheiten, Knebelverträgen und offener Feindseligkeit dezimierten.

Das Land wurde in der Folgezeit zwischen Frankreich, Spanien und England hin und her gereicht. Unter dem französischen „Code Noir" waren Sklaven zwar nicht frei, hatten aber doch ein paar Freiheiten mehr und konnten somit ihre Kultur besser pflegen als ihre Leidensgenossen in Britisch-Nordamerika.

Nach der Amerikanischen Revolution ging das gesamte Gebiet 1803 durch den berühmten Louisiana Purchase in den Besitz der USA über, und Louisiana wurde 1812 zum amerikanischen Bundesstaat. Die daraus resultierende Mischung aus amerikanischen und französisch-spanischen Traditionen gepaart mit dem Einfluss afrokaribischer Gemeinden verlieh Louisiana eine einzigartige Kultur, die es sich bis heute bewahrt hat.

Nach dem Bürgerkrieg wurde Louisiana 1868 wieder in die Union aufgenommen. In den 30 darauffolgenden Jahren sah der Bundesstaat politisches Gerangel, eine stagnierende Wirtschaft und die erneute Diskriminierung der afroamerikanischen Bevölkerung.

Der Hurrikan Katrina (2005) und die von BP verursachte Ölpest im Golf von Mexiko (2010) haben sowohl der Wirtschaft als auch der Infrastruktur vor Ort schwer zugesetzt. Louisiana rangiert auch weiterhin auf den hinteren Plätzen, was das Pro-Kopf-Einkommen und das Bildungsniveau anbelangt. Gleichzeitig ist es aber in den nationalen Zufriedenheitsumfragen ganz vorne mit dabei.

ℹ Praktische Informationen

Louisiana Office of Tourism (☎800-677-4082, 225-635-0090; www.louisianatravel.com) Insgesamt 16 Welcome Centers verteilen sich entlang der Freeways in Louisiana. Man kann das Hauptbüro aber auch direkt kontaktieren.

Louisiana State Parks (☎888-677-1400; www.crt.state.la.us/louisiana-state-parks; Primitiver/Premium-Stellplatz ab 18/25 US$) In 22 State Parks von Louisiana gibt es auch Campingplätze. In einigen Parks werden zudem Lodges und Hütten vermietet. Die Plätze können online, telefonisch oder vor Ort gebucht werden. Von April bis September ist es etwas teurer.

New Orleans

New Orleans ist ganz typisch für Amerika – und doch auch wieder ganz anders. Die Stadt, die von Franzosen gegründet, von Spaniern (und dann wieder Franzosen) verwaltet wurde, ist die europäischste Stadt der USA. Doch mit Voodoo, ständigen Umzügen, Mardi-Gras-Indians, Jazz, Blasmusik und Gumbo ist sie zugleich die am stärksten afrikanisch und karibisch geprägte Stadt der USA.

New Orleans feiert das Leben. Während Amerika von Terminen und Fristen beherrscht wird, werden hier nach einem ausgedehnten Mittagessen erst einmal ein paar Cocktails geschlürft. Deswegen sind die Menschen hier aber keinesfalls faul, denn sonst hätten sie ihre Häuser nach den vielen Überflutungen und Wirbelstürmen nicht jedes Mal wieder aufgebaut.

„Alles zu tolerieren und daraus zu lernen" ist eine Art Motto dieser Stadt. Wenn die Einwohner von New Orleans dem allumfassenden kreolischen Ideal entsprechen wollen, demzufolge das Ganze größer als die Summe seiner Einzelteile ist, entstehen daraus Jazz, die Nouveau Cuisine von Louisiana, Geschichtenerzähler von den afrikanischen *griots* (westafrikanische Barden) über Rapper aus Seventh Ward bis zu Ten-

New Orleans

500 m
0,25 Meilen
Willie Mae's Scotch House (45 m)
Parkway Tavern (0,9 Meilen)
27
Carousel Gardens (2,1 Meilen); City Park (2,1 Meilen)
Degas House (0,6 Meilen)
St. Roch Market (0,1 Meilen)
21
Red's Chinese (0,4 Meilen)
BJ's (1 Meile)
32
Franklin Ave
Port St
Joint (0,9 Meilen)
Crescent Park (0,4 Meilen); Pizza Delicious (0,5 Meilen); Bacchanal (1 Meile)
34
FAUBOURG MARIGNY
Burgundy St
Royal St
Mandeville St
Marigny St
Chartres St
Decatur St
N Peters St
Elysian Fields Ave
N Rampart St
Frenchmen St
16
4
Frenchmen Art Market
Touro St
Dauphine St
Washington Sq Park
Pauger St
Esplanade Ave
Esplanade
Ursulines
Dumaine
Barracks St
Governor Nicholls St
20
15
26
New Orleans Welcome Center
Jackson Square
5
8
2
St. Louis Cathedral
Cabildo
1
Woldenberg Park
Moonwalk
Toulouse
Bienville
Wilkinson St
FRENCH QUARTER
17
Bourbon St
Dauphine St
Burgundy St
Dumaine St
St. Ann St
Orleans Ave
St. Peter St
Toulouse St
22
36
10
State Supreme Court
30
23
Chartres St
Decatur St
N Peters St
St Charles Ave
Bourbon St
31
24
St. Louis St
McShane Pl
Kerlerec St
Henriette Delille St
Backstreet Cultural Museum
3
14
Treme St
Ursulines Ave
Marais St
St Philip St
N Villere St
N Robertson St
12
11
33
35
N Rampart St
Basin St
Bienville St
Iberville St
Canal St
19
University Pl
Baronne St
THE TREMÉ
Dumaine St
St Peter St
St Ann St
Orleans Ave
N Claiborne Ave
St Louis St
Conti St
Crozat St
Treme St
Marais St
S Rampart St
Elk Pl
S Saratoga St
Cleveland St
S Villere St
S Robertson St
N Robertson St
La Salle St
St. Louis Cemetery No 2
N Derbigny St
N Roman St
N Prieur St
N Johnson St
N Galvez St
N Miro St
Lafitte Ave
Toulouse St
Bienville St
Iberville St
Canal St
S Claiborne Ave
S Derbigny St
S Roman St
S Prieur St
Palmyra St
Tulane Ave
Twelve Mile Limit (1,3 Meilen)
Gravier St
Perdido St
Delaronde St
10

DER SÜDEN NEW ORLEANS

New Orleans

Highlights
1 Cabildo ... D3
2 St. Louis Cathedral ... E3
3 Backstreet Cultural Museum ... D2
4 Frenchmen Art Market ... F2
5 Jackson Square ... E3
6 Ogden Museum of Southern Art ... C7

Sehenswertes
7 National WWII Museum ... C7
8 Presbytère ... E3
9 Blaine Kern's Mardi Gras World ... E8
10 Historic New Orleans Collection ... D4
11 Louis Armstrong Park ... C2
12 Louis Armstrong Statue ... D2
13 Louisiana Children's Museum ... D6
14 St. Augustine's Church ... D1
15 Beauregard-Keyes House ... E2

Aktivitäten, Kurse & Touren
16 Confederacy of Cruisers ... F2

Schlafen
17 Cornstalk Hotel ... E3
18 Le Pavillon ... C5
19 Roosevelt New Orleans ... C4
20 Soniat House ... E2
21 Auld Sweet Olive Bed & Breakfast ... G1
22 Hotel Maison de Ville ... D3
23 Hotel Monteleone ... D4

Essen
24 Bayona ... D3
25 Cochon Butcher ... D7
26 Coop's Place ... E3
Croissant D'Or Patisserie ... (siehe 15)
27 Dooky Chase ... A1
28 Peche Seafood Grill ... C6
29 Restaurant August ... D5
30 Café Beignet ... D4
31 Café Beignet ... D4

Ausgehen & Nachtleben
32 Mimi's in the Marigny ... G1
33 Tonique ... D2

Unterhaltung
34 AllWays Lounge ... F1
35 Mahalia Jackson Theater ... C2
36 Preservation Hall ... D3
Spotted Cat ... (siehe 4)

nessee Williams, französische Stadthäuser neben noblen Herrenhäusern, die unter duftender Myrte und Bougainvillea verschwinden, sowie der Mardi Gras, in dem sich heidnische Mythen mit katholischem Prunk vereinen.

Und nicht zu vergessen: die Nachsicht und Hingabe, denn diese „Kreolisierung" funktioniert nur, wenn man sich ihr mit Geist und Seele hingibt.

Sehenswertes

French Quarter

Das auch als Vieux Carré (sprich: wu-ker-*rey;* Altes Viertel) oder nur „the Quarter" bekannte „Französische Viertel" ist der Ursprung der Stadt, wie sie die Franzosen Anfang des 18. Jhs. geplant haben. Hier befindet sich die berühmt-berüchtigte Bourbon St – doch wesentlich interessanter sind das Netz der alten, eleganten Schaufensterfronten, die schmiedeeisernen Lampen und die schönen Gärten in den Hinterhöfen. Die meisten Besucher beginnen die Stadtbesichtigung in diesem Viertel und bleiben dann für immer dort. Das heißt nicht, dass das French Quarter nicht schön ist, aber es ist auch ein klein wenig wie Disney World: von Touristen und Straßenverkehr überlaufen und (abgesehen von Barkeepern und Bedienungen) weitgehend frei von Einheimischen.

★ Jackson Square PLATZ
(Decatur St/St. Peter St) Der Platz ist eine der schönsten innerstädtischen Grünflächen der USA und das Zentrum des Viertels. Umrahmt von Kathedralen, Bürogebäuden und Geschäften mit Pariser Flair sitzen hier Müßiggänger, Porträtzeichner, Wahrsager und Straßenkünstler einträchtig nebeneinander. Die identischen, einen Häuserblock langen Pontalba Buildings erheben sich majestätisch über der Szene.

★ St. Louis Cathedral KATHEDRALE
(☎504-525-9585; www.stlouiscathedral.org; Jackson Sq; Spenden erwünscht, Beichtigung 1 US$; ⏲8–16 Uhr, Hl. Messe Mo–Fr 12, Sa 17, So 9 & 11 Uhr) Die Kathedrale mit drei Türmen ist eines der schönsten Beispiele französischer Architektur im ganzen Land. Sie ist dem französischen König Ludwig IX. geweiht, der 1297 heilig gesprochen wurde. Damit ist sie ein äußerst harmloses Symbol des gallischen Erbes mitten in einer US-amerikanischen Stadt. Zu den Gottesdiensten versammeln sich hier schwarze, weiße und kreolische Gläubige ebenso wie die Einwohner, in denen sich nach bester Tradition von New Or-

leans, all diese Einfläusse mischen, wie die Voodoo-Königin Marie Laveau.

★ Cabildo
MUSEUM

(☎800-568-6968,504-568-6968; http://louisianastatemuseum.org/museums/the-cabildo; 701 Chartres St; Erw./Stud./Kind bis 12 Jahre 6/5 US$/frei; ⌚Di–So 10–16.30 Uhr, Mo geschl.;) Der frühere Sitz des Gouverneurs im kolonialen Louisiana dient heute als Ausgangspunkt zur Erkundung der Geschichte des Bundesstaats und von New Orleans. Allein schon das Gebäude ist prächtig: Das elegante Cabildo vereint Elemente der spanischen Kolonialarchitektur mit französischem Stadtdesign besser als die meisten anderen Gebäude in der Stadt. Die Ausstellungen reichen von Werkzeugen der amerikanischen Ureinwohner und den Steckbriefen entflohener Sklaven bis zu vielen Gemälden, auf denen alte Einwohner der Stadt mit stoischen Gesichtern abgebildet sind.

Presbytère
MUSEUM

(☎800-568-6968,504-568-6968; http://louisianastatemuseum.org/museums/the-presbytere; 751 Chartres St; Erw./Student 6/5 US$; ⌚Di–So 10–16.30 Uhr) Das hübsche Presbytère-Gebäude wurde 1791 als Pfarrhaus der St. Louis Cathedral erbaut und dient heute als Mardi-Gras-Museum. Man entdeckt hier, dass an den berühmtesten Festivitäten der Stadt mehr dran ist als bloße Ausschweifung. Zumindest versteht man, wie viele Bedeutungsebenen hinter der Ausschweifung stecken. Es gibt hier jede Menge Material über die Vereine, Geheimgesellschaften, Kostüme und ethnischen Hintergründe des Mardi Gras.

Historic New Orleans Collection
MUSEUM

(THNOC; ☎504-523-4662; www.hnoc.org; 533 Royal St; Eintritt frei, Führung 5 US$; ⌚Di–Sa 9.30–16.30, So 10.30–16.30, Führungen Di–Sa 10, 11, 14 & 15 Uhr) Mit den vielen gut erhaltenen Gebäuden, Museen und Forschungszentren bietet das Museum eine gute Einführung in die Geschichte der Stadt. Im Mittelpunkt des Komplexes befindet sich der Royal St Campus, wo die Ausstellungsstücke regelmäßig wechseln und gelegentlich auch längerfristig zu sehen sind. Zu den Ausstellungsstücken gehören ein Originalposter des Jazz Fests, Dokumente über den Verkauf Louisianas und verstörende Anzeigen aus der Zeit des Sklavenhandels.

Mid-City & Tremé

Als ältestes afroamerikanisches Viertel der USA ist Tremé von einfacher Architektur und niederen Wohnblocks geprägt, die teilweise von der Mittelschicht bewohnt werden, zumeist aber ärmlich, heruntergekommen und verwahrlost sind. Einige wur-

CAJUNS, KREOLEN UND ... KREOLEN

Traveller in Louisiana verwenden die Bezeichnungen „Cajun" und „Kreolen" oft synonym, doch beide Kulturen unterscheiden sich erheblich. „Kreolen" bezieht sich auf die Nachkommen der ersten europäischen Siedler in Louisiana, die überwiegend französische und spanische Vorfahren hatten. Die Kreolen haben meist familiäre Bindungen an New Orleans und betrachten sich als kultivierte Städter.

Die Cajuns führen ihre Abstammung auf die Akadier zurück, Kolonisten aus dem ländlichen Frankreich, die sich in Nova Scotia angesiedelt hatten. Nach der Eroberung Kanadas durch die Briten weigerten sich die stolzen Akadier, vor der neuen Krone niederzuknien, und wurden daraufhin in der Mitte des 18. Jhs. verbannt (das Ereignis ging als Le Grand Dérangement, die Deportation der Akadier, in die Geschichte ein). Viele der Vertriebenen ließen sich im Süden Louisianas nieder, da sie wussten, dass dieses Gebiet französisch war. Allerdings wurden die Akadier („Cajun" ist eine englische Verballhornung des Wortes) von den Kreolen oft als Bauerntrampel behandelt. Die Akadier (also die Cajuns) siedelten sich an den Bayous und in den Prärien an, weshalb ihre Kultur bis zum heutigen Tag einen eher ländlichen Grenzlandcharakter hat.

Um die Verwirrung perfekt zu machen, werden in vielen ehemaligen französischen Kolonien alle Menschen gemischter Abstammung als „Kreolen" bezeichnet. So natürlich auch in Louisiana – doch hier gibt es einen kulturellen Unterschied zwischen den Kreolen mit französisch-spanischen Wurzeln und den Kreolen mit anderen gemischten Wurzeln, selbst wenn diese beiden Gruppen sehr wahrscheinlich eine Blutsverwandtschaft verbindet.

den auch gentrifiziert. Im Westen grenzt das Viertel an Mid-City, ein sehr uneinheitliches Viertel mit langen Reihen einfacher Shotgun-Häuser, Armenprojekten, dem üppig grünen City Park, den eleganten Herrenhäusern der Esplanade Ave und dem hübschen, gemächlichen Bayou St. John.

★ Backstreet Cultural Museum MUSEUM
(☎504-522-4806; www.backstreetmuseum.org; 1116 Henriette Delille St; 10 US$/Pers.; ⊙Di–Sa 10–16 Uhr) Das informative Museum widmet sich den charakteristischen Elementen der afroamerikanischen Kultur in New Orleans. Dabei ziehen die bunten Kostüme der Mardi-Gras-Indians mit ihren fein gearbeiteten Details sämtliche Aufmerksamkeit auf sich. Das Museum im ehemaligen Bestattungsinstitut in Blandin ist nicht sonderlich groß, aber wer sich für die Kostüme und Rituale der Mardi-Gras-Indians oder für die Second-Line-Umzüge und die Social Aid & Pleasure Clubs (die hiesige Version von Bürgervereinen der schwarzen Gemeinden) interessiert, muss einfach mal reingeschaut haben.

★ City Park PARK
(☎504-482-4888; www.neworleanscitypark.com; Esplanade Ave & City Park Ave; P) Lebenseichen, Louisianamoos und langsam fließende Gewässer prägen dieses grüne Meisterwerk der Stadtplanung. Der knapp 5 km lange und 1,6 km breite Park ist voller Gärten, Wasserwege und Brücken. Außerdem befindet sich hier auch ein tolles Kunstmuseum. Der City Park ist größer als der Central Park in New York und die schönste Grünfläche der Stadt. Trotz eines sorgfältig gepflegten Golfplatzes ist die natürliche Schönheit der ursprünglichen Wälder und Sumpfgebiete Louisianas noch gut zu erkennen.

Natur- und Kunstliebhaber sollten sich mindestens einen Tag Zeit für diesen herrlichen Park nehmen. Im Mittelpunkt steht das stattliche New Orleans Museum of Art, in dem die Werke von Künstlern aus der Region und dem ganzen Land zu sehen sind. Von dort geht es an den skurrilen Skulpturen des **Sydney & Walda Besthoff Sculpture Garden** (www.noma.org/sculpture-garden; One Collins Diboll Circle; ⊙Mo–Fr 10–18, Sa & So 10–17 Uhr) GRATIS vorbei in den üppig blühenden **Botanischen Garten**. Wer mit Kindern unterwegs ist, kann einen Abstecher zum **Carousel Gardens Amusement Park** (☎504-483-9402; www.neworleanscitypark.com; 7 Victory Ave, City Park; Erw./Kind bis 91,5 cm 4 US$/frei, 1 Fahrt 4 US$; ⊙März–Mai & Aug.–Okt. Sa & So 11–18 Uhr, Juni & Juli Di–Fr 11–17, Sa & So 11–18 Uhr) machen oder auf den fantastischen Statuen im Storyland herumklettern.

Louis Armstrong Park PARK
(835 N Rampart St; ⊙Sonnenauf–Sonnenuntergang) Am Eingang dieses gewaltigen Parks steht eines der schönsten Portale in den USA: Der malerische Bogen könnte problemlos das Schlussbild in einem Kostümfilm über das New Orleans des Jazz Age bilden. In dem Park findet man den originalen Congo Sq sowie die **Louis Armstrong Statue** und eine **Büste von Sidney Bechet**. Im **Mahalia Jackson Theater** (☎504-525-1052, Theaterkasse 504-287-0350; www.mahaliajacksontheater.com; 1419 Basin St) werden Opern und Broadway-Produktionen gezeigt.

New Orleans Museum of Art MUSEUM
(NOMA; ☎504-658-4100; www.noma.org; 1 Collins Diboll Circle; Erw./Kind 7–17 Jahre 12/6 US$; ⊙Di–Do 10–18, Fr 10–21, Sa 10–17, So 11–17 Uhr) Das elegante Museum im City Park wurde 1911 eröffnet und lohnt den Besuch nicht nur wegen der vielen Sonderausstellungen, sondern auch wegen dem prachtvollen Innenhof aus Marmor und den Ausstellungen zu afrikanischer, asiatischer, indianischer und ozeanischer Kunst. Die hervorragende Sammlung des Skulpturengartens steht auf einem üppig grünen, sorgfältig geplanten Gelände.

St. Augustine's Church KIRCHE
(☎504-525-5934; www.staugchurch.org; 1210 Governor Nicholls St; ⊙Hl. Messe So 10 & Mi 17 Uhr) Die 1841 geweihte Kirche ist die zweitälteste afroamerikanische Kirche der USA. Hier beteten kreolische Auswanderer aus Santo Domingo neben freien Farbigen, nur für die Sklaven waren eigene Bänke reserviert. Wer die Kirche besichtigen möchte, muss vorher anrufen. Bei der Besichtigung sollte man unbedingt das Grab des Unbekannten Sklaven besuchen, das ein düsteres Kreuz aus Kettengliedern kennzeichnet.

⊙ Faubourg Marigny & Bywater

Nördlich des French Quarter erstrecken sich die kreolischen *faubourgs* (wörtlich „Vororte“, die aber noch innerhalb der Stadt liegen und deshalb eher Stadtviertel sind). Die beiden *faubourgs* Marigny und Bywater wurden vor kurzem gründlich gentrifiziert, und die Einheimischen beklagen nun, dass sich viele Bewohner die enorm gestiegenen Mieten nicht mehr leisten können und die Viertel zunehmend verlassen. Dabei sind diese Viertel wirklich wunderschön. Die Häuser sind in freundlichen Pastellfarben gestrichen, und die vielen Künstler und Designer sorgen für eine revolutionäre Stimmung.

★ Frenchmen Art Market MARKT

(☎ 504-941-1149; www.frenchmenartmarket.com; 619 Frenchmen St; ⌚ Do–Sa 19–1, So 18–24 Uhr) Unabhängige Künstler und Handwerker bevölkern diesen Straßenmarkt, auf dem man garantiert ein einzigartiges Souvenir von New Orleans findet. Zu „Kunst" zählen in diesem Fall auch witzige T-Shirts, handgefertigter Schmuck, jede Menge Plunder und auch hübsche Kunstdrucke und echte Kunstwerke. Ein Ableger des Markts befindet sich in 2231 St. Claude Ave.

Crescent Park PARK

(☎ 504-636-6400; www.crescentparknola.org; Piety, Chartres St & Mazant St; ⌚ 6–18.30 Uhr, Mitte März–Anfang Nov. 6–19.30 Uhr; P) Dieser schöne Park am Wasser ist der beste Ort in der Stadt, um sich wirklich am Mississippi zu fühlen. Egal, ob man über die gigantische Brücke an der Piety St und Chartres St oder über die Treppe von Marigny und N Peters kommt, der Blick auf die vom Nebel umhüllte Skyline ist spektakulär. Eine Promenade schlängelt sich an dem eckigen Metall- und Betongerüst des neuen „Kais" (neben den Überresten des abgebrannten Handelskais) vorbei. Beim Eingang an der Mazant St befindet sich auch ein Hundepark.

CBD & Warehouse District

Die Canal St ist die große Trennlinie zwischen dem French Quarter und dem Geschäftsviertel CBD sowie dem Warehouse District. Hier befinden sich zwischen Bürogebäuden und unbedeutenden Verwaltungsgebäuden die besten Museen der Stadt, viele schicke Restaurants, ein hässliches Kasino, Kunstgalerien und ausgezeichnete Kunstspazierwege. Mit seinen Hochhäusern und umgebauten Apartmentblocks ist dieser District das am wenigstens für New Orleans typische Viertel der Stadt.

★ Ogden Museum of Southern Art MUSEUM

(☎ 504-539-9650; www.ogdenmuseum.org; 925 Camp St; Erw./Kind 5–17 Jahre 13,50/6,75 US$; ⌚ Mi–Mo 10–17, Do 10–20 Uhr) Eines der besten Museen der Stadt ist schön, lehrreich und bescheiden zugleich. Unternehmer Roger Houston Ogden aus New Orleans hat hier eine der schönsten Sammlungen von Kunst des Südens zusammengetragen, die von impressionistischen Landschaftsbildern über Volkskunst von schrägen Außenseitern bis zu zeitgenössischen Installationen reicht. Donnerstags nach Feierabend treten tolle Musiker des Südens auf. Das fröhliche, kunstbegeisterte Publikum trinkt dazu leckeren Wein inmitten der Kunstwerke.

National WWII Museum MUSEUM

(☎ 504-528-1944; www.nationalww2museum.org; 945 Magazine St; Erw./Senior/Kind 26/22,50/16,50 US$, mit 1 Film 5/10 US$ extra; ⌚ 9–17 Uhr) Das umfangreiche Museum präsentiert eine recht gründliche Analyse des Zweiten Weltkriegs. Die riesigen Ausstellungsstücke, die in mehreren großen Pavillons gezeigt werden, sind überwältigend. Deckenhohe Fotografien zeigen das Chaos am D-Day, während es beim Gang durch die verschneiten Wälder der Ardennen richtig frostig wird. So werden die Ereignisse zu ganz persönlichen, Ehrfurcht gebietenden Erlebnissen der Besucher. Allerdings wird dieser größte Krieg aller Zeiten alleine aus der amerikanischen Perspektive dargestellt, in der die Geschichte der anderen Alliierten nicht vorkommt.

Blaine Kern's Mardi Gras World MUSEUM

(☎ 504-475-2057; www.mardigrasworld.com; 1380 Port of New Orleans Pl; Erw./Senior/Kind 2–11 Jahre 20/16/13 US$; ⌚ Führungen 9.30–16.30 Uhr;) Tagsüber ist das Museum einer der fröhlichsten Orte in New Orleans, doch nachts dürfte es sich in eine der schrecklichsten Geisterbahnen der Welt verwandeln. Das liegt an all den *Gesichtern*: Drachen, Clowns, Könige und Elfen, lüstern und mit toten Augen. Dennoch ist das Lager von Blaine Kern (Mr. Mardi Gras) und seiner Familie, die seit 1947 die fantastischen Wagen für die Umzüge baut, unbedingt einen Besuch wert. Eine Führung dauert 30 bis 45 Minuten.

Garden, Lower Garden & Central City

Geht man entlang des Mississippi in Richtung Süden, stellt man fest, dass nach der großen Flussschleife die Straßen von mehr Bäumen gesäumt sind und die Häuser deutlich prachtvoller werden. Das sind die Viertel Garden und Lower Garden, die den Beginn des „amerikanischen Sektors" von New Orleans markieren, denn sie entstanden erst nach der Louisiana Purchase. Hier wohnen junge Akademiker und Angestellte, zu denen die hippen Geschäfte und Bars passen.

★ **Lafayette Cemetery No. 1** FRIEDHOF
(Washington Ave, an der Prytania St; ⌚7–15 Uhr) Dem im Schatten von grünen Hecken gelegenen Friedhof haftet ein gewisses subtropisches Südstaaten-Gruselflair an. Er wurde 1833 angelegt und ist durch zwei Fußwege, die die Form eines Kreuzes bilden, unterteilt. Sehenswert sind die Krypten von Bruderschaften wie der Jefferson Fire Company No. 22, die für ihre Mitglieder und deren Angehörige große Gemeinschaftsgräber erbauten. Einige der Gräber der reicheren Familien wurden aus Marmor erbaut und sind aufwendig verziert; die meisten bestehen aber aus billigem verputztem Backstein.

Geführte Touren

Confederacy of Cruisers RADFAHREN
(☎504-400-5468; www.confederacyofcruisers.com; 634 Elysian Fields Ave; Radtour ab 49–89 US$) Bei unserem Lieblingsanbieter von Radtouren in New Orleans schwingt man sich auf die Räder mit dicken Reifen und gepolsterten Sätteln und kurvt durch Nolas (wie New Orleans auch genannt wird) ebene, aber von Schlaglöchern durchsetzte Straßen. Die längste Radtour zum Thema „kreolisches New Orleans" führt vorbei am Großartigsten, was die Architekten in Marigny, Bywater, an der Esplanade Ave und im Tremé umgesetzt haben. Im Angebot sind außerdem die Radtour „History of Drinking" (für 21-jährige oder älter) und eine kulinarische Tour mit vielen Leckereien.

Feste & Events

Mardi Gras KULTUR
(www.mardigrasneworleans.com; ⌚Feb. oder Anfang März) Der „Fat Tuesday" im Februar oder Anfang März ist Höhepunkt und Ende der ausgelassenen Karnevalssaison. An diesem Tag feiert die ganze Stadt mit Umzügen, Wagen, verrückten Kostümen und wilden Gelagen.

Jazz Fest MUSIK
(www.nojazzfest.com; ⌚April–Mai) Das weltberühmte Musikfestival am letzten Wochenende im April und ersten Wochenende im Mai ist fester Bestandteil im Veranstaltungskalender von New Orleans. Dann gibt es Musik, Essen, Kunsthandwerk und Lebensfreude im Überfluss. Für Unterhaltung sorgen sowohl internationale Größen als auch Künstler aus der Region.

St. Joseph's Day – Super Sunday KULTUR
(⌚19. März) Am 19. März und dem nächstgelegenen Sonntag ziehen die Mardi-Gras-Indians scharenweise mit Federschmuck und Trommelwirbeln durch die Straßen. Der Umzug am Super Sunday beginnt in der Regel gegen 12 Uhr am Bayou St. John und der Orleans Ave, folgt aber keiner festen Route.

French Quarter Festival MUSIK
(☎504-522-5730; www.fqfi.org; ⌚April) Am zweiten Wochenende im April findet im French Quarter das größte Musikfestival des Landes statt.

Schlafen

★ **Le Pavillon** HISTORISCHES HOTEL $$
(☎504-581-3111; www.lepavillon.com; 833 Poydras Ave; Zi. 135–200 US$, Suite ab 600 US$; P ❄ 📶 🏊) Das Le Pavillon ist von einer altmodischen Lebensfreude geprägt, der man sich nicht entziehen kann. Geriffelte Säulen stützen die Wagenauffahrt vor der Alabasterfassade, und am Eingang begrüßt ein Portier mit weißen Handschuhen und Zylinder (was irgendwie albern aussieht) die Gäste. Die privaten und öffentlichen Bereiche sind mit historischen Porträts, prächtigen Kronleuchtern, Marmorböden und schweren Gardinen ausgestattet.

★ **Auld Sweet Olive Bed & Breakfast** B&B $$
(☎504-947-4332; www.sweetolive.com; 2460 N Rampart St; Zi. inkl. Frühstück 145–180 US$, Suite 180–290 US$; ⊖ ❄ 📶) An diesem großartigen B&B führt beim Mardi Gras der Krewe-de-Vieux-Umzug vorbei. Doch auch außerhalb des Karnevals gibt es hier viel Närrisches zu sehen, so etwa das König-Endymion-Kostüm des Miteigentümers. Das Haus selbst erinnert eher an ein Theater. Kein Wunder, es gehörte einst einem Bühnenbildner und einem Wandmaler. So sind die einzelnen Zimmer auch sehr dekorativ ausgestattet, mit Holzimitaten und Magnolienblüten.

Columns Hotel HISTORISCHES HOTEL $$
(☎504-899-9308; www.thecolumns.com; 3811 St Charles Ave; Zi. inkl. Frühstück 145–180 US$; ❄ 📶) Das 1883 errichtete Herrenhaus mit der weißen Veranda sieht immer noch aus wie in der großen alten Zeit des Südens. Zum Glück ist diese Vergangenheit nicht mehr allzu gegenwärtig. Eine wunderbare Maha-

Stadtspaziergang **French Quarter**

START/ZIEL JACKSON SQ
LÄNGE/DAUER 1,8 KM; 1½ STD.

Der Spaziergang beginnt am **1 Presbytère** (S. 475) am Jackson Sq. Von dort geht's die Chartres St runter bis zur Ecke Ursulines Ave. Gegenüber, in der Chartres St Nr. 1113, verbindet das 1826 erbaute **2 Beauregard-Keyes House** (www.bkhouse.org) kreolische und amerikanische Stilelemente. Weiter geht es auf der Ursulines Ave zur Royal St. Der Sodabrunnen bei der **3 Royal Pharmacy** ist ein Relikt aus jenen Tagen, als es noch Soda Shops gab.

In Bezug auf Postkartenmotive hat die Royal St die Nase vorn. Gusseiserne Balkone zieren die Gebäude, und eine Fülle hübscher Blumen schmückt die Fassaden.

In der Royal St Nr. 915 steht das **4 Cornstalk Hotel** (www.cornstalkhotel.com) hinter einem der meistfotografierten Zäune. An der Orleans Ave füllen Magnolien und tropische Pflanzen den **5 St. Anthony's Garden** hinter der **6 St. Louis Cathedral** (S. 474).

Am Garten entlang führt die Pirate's Alley, von der man rechts in die Cabildo Alley und dann wieder rechts in die St. Peter St einbiegt und Richtung Royal St läuft. In der St. Peter St Nr. 632 lebte Tennessee Williams von 1946 bis 1947 im **7 Avart-Peretti House**, während er *Endstation Sehnsucht* schrieb.

Weiter geht's links in die Royal St. An der Ecke Royal und Toulouse St stehen zwei Häuser, die Jean François Merieult in den 1790er-Jahren baute. Der Bau in der Royal St 541 wird **8 Court of Two Lions** genannt und öffnet sich zur Toulouse St; nebenan ist die **9 Historic New Orleans Collection** (S. 475).

Im nächsten Block liegt das gewaltige **10 State Supreme Court Building** von 1909, in dem viele Szenen für Oliver Stones Film *JFK – Tatort Dallas* gedreht wurden.

Einmal drehen, rechts in die Toulouse St einbiegen, bis zur Decatur St gehen und dann links einbiegen! Die Straße überqueren und am Fluss entlang. Wenn der Jackson Sq in Sicht kommt, liegt auf der anderen Straßenseite das **11 Cabildo** (S. 475), dem Presbytère sehr ähnlich.

gonitreppe führt an Buntglasfenstern vorbei zu den Zimmern, die von recht kleinen Doppelzimmern bis zur Pretty-Baby-Suite mit zwei Zimmern reichen, die nach dem Film von Louis Malle benannt ist, der hier in den 1970er-Jahren gedreht wurde. Der Außenbereich ist nicht so toll, aber liebevoll gepflegt.

Degas House HISTORISCHES HOTEL **$$**
(☎504-821-5009; www.degashouse.com; 2306 Esplanade Ave; Zi. 130–250 US$, Suite ab 300 US$; P❄📶) In dem italienisch angehauchten Haus von 1852 lebte der französische Impressionist Edgar Degas, als er Anfang der 1870er-Jahre die Familie seiner Mutter besuchte. In Erinnerung an diese Zeit sind die Zimmer mit Stilmöbeln und Kopien seiner Werke eingerichtet. Die Suiten haben Balkon und Kamin. Dagegen sind die preiswerten Zimmer im Dachgeschoss nur enge Dachkammern, die einst die Dienerschaft der Familie Degas beherbergte. Im Preis inbegriffen ist ein warmes Frühstück.

★ **Roosevelt New Orleans** HOTEL **$$$**
(☎504-648-1200; www.therooseveltneworleans.com; 123 Baronne St; Zi./Suite ab 300/400 US$; P@📶🏊) Die majestätische, bis zur Rückseite des Hauses reichende Empfangshalle stammt noch vom Anfang des 20. Jhs, dem goldenen Zeitalter luxuriöser Hotels und prachtvoller Unterkünfte. Die noblen Zimmer sind sehr klassisch eingerichtet, doch die wirklichen Pluspunkte des Hotels sind der Wellnessbereich, das Restaurant John Besh, die legendäre Sazerac Bar und die schicke Jazz-Lounge. Nicht zu vergessen den Pool auf dem Dach. Und das French Quarter ist nur einen kleinen Spaziergang entfernt.

★ **Soniat House** BOUTIQUEHOTEL **$$$**
(☎504-522-0570, 800-544-8808; www.soniathouse.com; 1133 Chartres St; Zi./Suite ab 245/

NEW ORLEANS MIT KINDERN

New Orleans ist eine Märchenstadt mit bunten Perlen, wöchentlichen Kostümfesten und Musik ohne Ende. Der gleiche irreale Zauber, der einst Dichter und Künstler in die Stadt lockte, macht sie auch heute noch zu einem Wunderland für Kinder.

Im Bauch der Stadt

Das **Louisiana Children's Museum** (☎504-523-1357; www.lcm.org; 420 Julia St; Eintritt 8,50 US$; ⏲Di–Sa 9.30–16.30, So 12–16.30 Uhr; 👪) ist für Kleinkinder eine gute Einführung in die Region. Für größere Kinder und Teenager sind eher das Ogden Museum (S. 477), Cabildo (S. 475) und Presbytère (S. 475) geeignet. Kleine Kinder sind auch hellauf begeistert von den farbigen Häusern im French Quarter, dem *faubourg* Marigny und der Oberstadt. Die **Latter Library** (☎504-596-2625; www.nolalibrary.org; 5120 St. Charles Ave; ⏲Mo–Do 10–20, Fri & Sa 10–17, So 13–17 Uhr; 👪) befindet sich in einem schönen alten Herrenhaus in der St. Charles Ave und hat eine gute Auswahl an Kinderbüchern. Die Friedhöfe der Stadt, vor allem der Lafayette Cemetery No 1 (S. 478) im Garden District sind authentische Zeugen der Geschichte und immer gut für einen gruseligen Spaziergang.

Festivalspaß

Bei den vielen Straßenfesten und Festivals in New Orleans gibt es immer jede Menge Essensstände und natürlich tolle Musik, zu der die Kinder tanzen können. Mit Kindern sollte man sich auf die Festivals beschränken, die tagsüber stattfinden, wie z. B. das Bayou Boogaloo (www.thebayouboogaloo.com).

Mardi Gras mit der Familie

Der Mardi Gras wie auch die ganze Karnevalsaison sind außerhalb der berüchtigten Trinkgelage im French Quarter überraschend familienfreundlich. In der St. Charles Ave finden tagsüber viele Umzüge mit bunten Wagen statt, bei denen die Familien der Stadt Grills und Zelte aufbauen. Betrunkene sind hier nicht gern gesehen. Die Kleinen werden in spezielle Hochstühle gesetzt (www.momsminivan.com/extras/ladderseat.html), damit sie das Geschehen auf Augenhöhe der Erwachsenen verfolgen und die von den Wagen geworfenen Süßigkeiten auffangen können. Die verrückten Kostüme tragen ebenfalls zum kinderfreundlichen Spaß bei. Siehe auch www.neworleansonline.com/neworleans/mardigras/mgfamilies.html.

450 US$;) Das auf drei Häuser verteilte Hotel im Lower Quarter verkörpert kreolische Eleganz vom Feinsten. Durch eine coole Loggia gelangt man in einen Innenhof voller Farne und mit einem plätschernden Springbrunnen. Manche Zimmer gehen zum Hof hinaus, und eine Wendeltreppe führt zu den eleganten Suiten hinauf. Große Aufmerksamkeit wurde auf die Kunst und die Antiquitäten im gesamten Hotel verwendet.

Hotel Maison de Ville HISTORISCHES HOTEL $$$
(504-324-4888; www.hotelmaisondeville.com; 727 Toulouse St; Zi. ab 275 US$;) Das elegante Hotel verfügt über eine Reihe umgestalteter Suiten, Cottages und Apartments, darunter auch die Suiten des Audubon Cottage mit ein bis zwei Schlafzimmern, in denen der Maler John J. Audubon bei seinem Aufenthalt in der Stadt lebte und arbeitete. Das für das French Quarter so typische Hotel ist ganz im historischen Tropenstil ausgestattet. Im üppig grünen Innenhof scheint die Zeit stehengeblieben zu sein.

Hotel Monteleone HOTEL $$$
(504-523-3341, 866-338-4684; www.hotelmonteleone.com; 214 Royal St; Zi. 190–270 US$, Suite ab 370 US$;) Das wohl älteste und angesehenste Hotel der Stadt ist zugleich das größte in diesem Viertel. Kurz nach seiner Fertigstellung setzten Denkmalschützer einen Baustopp für so große Gebäude unterhalb der Iberville St durch. Seit der Eröffnung 1866 übernachteten hier viele große Schriftsteller wie William Faulkner, Truman Capote und Rebecca Wells. Die Zimmer sind im europäischen Stil mit französischen Toile-Stoffen und Kronleuchtern eingerichtet.

Essen

French Quarter

Café Beignet CAFÉ $
(504-524-5530; www.cafebeignet.com; 334 Royal St; Hauptgerichte 6–8 US$; 7–22 Uhr) Auf der schattigen Terrasse mit Blick auf die Royal St serviert das gemütliche Café Omelettes, belgische Waffeln, Quiches und natürlich Beignets. Im Streit, ob die Beignets hier besser sind als die des bekannteren Café du Monde konnten sich die Feinschmecker bis jetzt nur darauf einigen, dass letztere mit mehr Puderzucker bestäubt sind. Eine Filiale des Café Beignet gibt es auch im **Musical Legends Park** (311 Bourbon St, Musical Legends Park; So–Do 8–22, Fr & Sa 8–24 Uhr).

Café du Monde CAFÉ $
(800-772-2927; www.cafedumonde.com; 800 Decatur St; Beignet 3 US$; 24 Std.) Das Café ist das beliebteste Ziel von Touristen in New Orleans und dementsprechend meistens überfüllt. Wer dennoch einen Platz ergattert, wird mit superleckeren Beignets (mit Puderzucker bestäubte Krapfen) und köstlichem Café au lait belohnt. Beides wird hier schon seit 1862 serviert. Das Café ist jeden Tag rund um die Uhr geöffnet, nur an Weihnachten ist es geschlossen.

Croissant D'Or Patisserie BÄCKEREI $
(504-524-4663; www.croissantdornola.com; 617 Ursulines Ave; Gerichte 3–7 US$; Mi–Mo 6–15 Uhr) Viele Einheimische beginnen ihren Tag mit einem Frühstück in dieser blitzblanken Bäckerei im ruhigeren Teil des French Quarter. Man bringt sich seine Zeitung mit, bestellt einen Kaffee und ein Croissant (oder Tarte, Quiche oder Sandwich mit Béchamelsauce) und lässt sich's gutgehen. Am Eingang fällt das Emailleschild mit der Aufschrift „Ladies Entrance“ ins Auge – ein Überbleibsel aus früherer Zeit.

Coop's Place CAJUN-KÜCHE $
(504-525-9053; www.coopsplace.net; 1109 Decatur St; Hauptgerichte 8–20 US$; 11–3 Uhr) Das Coop's ist ein echter Cajun-Schuppen, aber etwas rockiger. Damit keine Missverständnisse aufkommen: Es ist ein schäbiger, chaotischer Laden, die Kellner sind affektiert, und die Einrichtung ist nervig. Aber das Essen macht all das wieder wett: Kaninchen-Jambalaya, Hühnchen mit Shrimps und *tasso* (Räucherschinken) in Sahnesauce – hier kann nichts „zu schwer“ sein.

★ **Bayona** LOUISIANA-KÜCHE $$$
(504-525-4455; www.bayona.com; 430 Dauphine St; Hauptgerichte 28–34 US$; Mi–So 11.30–13.30 sowie Mo–Do 18–21.30, Fr & Sa 17.30–22 Uhr;) Das Restaurant ist eine heißgeliebte Extravaganz im French Quarter. Es ist üppig, aber nicht überwältigend, elegant und bescheiden, innovativ, aber nicht überheblich und ganz einfach ein richtig gutes Restaurant. Die Speisekarte wechselt täglich, enthält jedoch immer frischen Fisch, Geflügel und Wild, das sehr fein und zutiefst wohltuend zubereitet wird.

Mid-City & Tremé

Parkway Tavern SANDWICHES $
(504-482-3047; www.parkwaypoorboys.com; 538 Hagan Ave; Po'boy-Sandwich als Hauptgericht

8–13 US$; ⌚ Mi–Mo 11–22 Uhr; P 👪) Wer weiß schon, wo die besten Po'boy-Sandwiches in New Orleans gemacht werden? Die Einheimischen sind sich weitgehend darin einig, dass es die besten Sandwiches hier gibt. Das gebratene Rindfleisch, das viele Sandwichbuden angeblich schon nicht mehr so richtig hinbekommen sollen, ist wild zerfleddert und schmeckt höllisch gut.

Willie Mae's Scotch House SÜDSTAATEN $
(☎504-822-9503; www.williemaesnola.com; 2401 St. Ann St; Brathähnchen 11 US$; ⌚ Mo–Sa 10–17 Uhr) Laut James Beard Foundation, Food Network und anderer Fachmedien soll es hier die besten Brathähnchen der Welt geben, und das ist keineswegs übertrtrieben. Die weißen Bohnen sind aber auch hervorragend. Leider hat sich das schon weit herumgesprochen, sodass die Warteschlange manchmal um den ganzen Häuserblock reicht. Eine Filiale gibt's in 7457 St. Charles Ave, mitten in den Wohnvierteln.

★ Dooky Chase KREOLISCH $$
(☎504-821-0600; www.dookychaserestaurant.com; 2301 Orleans Ave; Buffet 20 US$, Hauptgerichte 20–25 US$; ⌚ Di–Do 11–15, Fr 11–15 & 17–21 Uhr) Ray Charles schrieb seinen Song „Early in the Morning" über das Dooky's; in den 1960er-Jahren war es das inoffizielle Hauptquartier der Bürgerrechtsbewegung, und Barack Obama kam nach seiner Amtseinführung hierher. Die umtriebige Leah Chase ist das Rückgrat von Tremé, und ihre Büfetts sind der Stoff, aus dem kulinarische Träume sind: eine Riesenauswahl an erstklassigen Gumbos und Brathähnchen, die an Tischen mit weißen Tischdecken serviert werden.

Das vegetarische *gumbo z'herbes*, das es immer donnerstags in der Fastenzeit gibt, besteht aus Kapern, Roter Beete, Spinat, Grünkohl, anderem Kohl und vielem mehr, das Leahs Geheimnis bleibt. Das schmeckt so gut, dass es selbst Fleischfans probieren sollten.

Faubourg Marigny & Bywater

★ Bacchanal MODERN-AMERIKANISCH $
(☎504-948-9111; www.bacchanalwine.com; 600 Poland Ave; Hauptgerichte 8–18 US$, Käse ab 6 US$; ⌚ So–Do 11–23, Fr & Sa bis 24 Uhr) Von außen wirkt das Bacchanal wie eine klapprige Hütte, doch drinnen findet man Regale voller Wein und stinkenden, aber echt leckeren Käse. Im Garten spielen Musiker, und die Köche verteilen Schmankerl aus der Küche hinten auf die Pappteller. Man sollte unbedingt die mit Chorizo gefüllten Datteln oder die zart gegarten Muscheln probieren.

Pizza Delicious ITALIENISCH $
(☎504-676-8482; www.pizzadelicious.com; 617 Piety St; Stück Pizza ab 2,25 US$, ganze Pizza ab 15 US$; ⌚ Di–So 11–23 Uhr; 🖉 👪 🐾) Die New York-Style-Pizza ist außen knusprig, hat einen dünnen, weichen Boden und ist *superlecker*. Die Konzeption ist ganz einfach, doch die Zutaten sind immer superfrisch und von bester Qualität. In dem hübschen Restaurant herrscht eine zwanglose, familienfreundliche Atmosphäre. Und es gibt auch gutes Bier.

St. Roch Market MARKT $
(☎504-609-3813; www.strochmarket.com; 2381 St. Claude Ave; Preise je nach Verkaufsstand; ⌚ So–Do 7–22, Fr & Sa 7–23 Uhr; 🖉 👪) 🍃 In dieser Markthalle deckten sich einst die einfachen Arbeiter dieses Viertels mit Meeresfrüchten und anderen Lebensmitteln ein. Doch nach der Zerstörung durch den Hurrikan Katrina wurde sie als schicker Food Court wieder aufgebaut. Jetzt befinden sich in der luftigen Halle 13 Restaurants, die Crêpes, Burritos und haitianische Küche servieren.

Die Preise sind abhängig von den einzelnen Anbietern, doch nirgends kostet ein Hauptgericht mehr als 15 US$.

Joint BARBECUE $
(☎504-949-3232; www.alwayssmokin.com; 701 Mazant St; Hauptgerichte 7,50–18 US$; ⌚ Mo–Sa 11.30–22 Uhr) Wie der betörende Gesang der Sirenen lockt der Duft des geräucherten Fleischs den modernen Reisenden in den köstlichen Tod des Fleischgenusses (die Analogie zur griechischen Mythologie endet besser *hier*). Die Grillrippchen, *pulled pork* oder Rinderbrust genießt man mit süßem Eistee im Garten hinter dem Haus. Wer das Leben jetzt noch nicht genießen kann, ist selber schuld.

★ Red's Chinese CHINESISCH $$
(☎504-304-6030; www.redschinese.com; 3048 St Claude Ave; Hauptgerichte 5–17 US$; ⌚ 12–23 Uhr) Mit seiner aufgewerteten chinesischen Küche setzt dieses Restaurant ganz neue Maßstäbe in New Orleans. Dabei gelingt es dem Küchenchef, Einflüsse der Küche Louisianas einfließen zu lassen, ohne dass sich eine echte Fusionsküche ergibt. Die scharfe Sichuan-Würze dominiert deutlich, passt aber gut zum Cayenne der Südstaaten. Besonders zu empfehlen ist „General Lee's Chicken".

WAS IST KREOLISCH?

Nach dem Louisiana Purchase 1803 wurde New Orleans von den USA absorbiert. Wie nicht anders zu erwarten, kam es dabei zu Spannungen zwischen den überwiegend protestantischen Angloamerikanern und den katholischen Kreolen der Stadt. Letztere empfanden Erstere als ungehobelt und langweilig, während die Kreolen als schwach und träge galten. Auch andere jahrhundertealte regionale Klischees wurden bemüht.

Doch New Orleans hat schon immer Neuankömmlinge aufgenommen und sie nach der Stadt geformt. In mehreren Einwanderungswellen legten sich immer neue Schichten auf die Bevölkerung, doch die ursprünglich kreolische Stadt pickte sich aus jeder neuen Schicht des Bevölkerungskuchens etwas für New Orleans Typisches heraus, wie z. B. die Liebe zu Essen, Spaß und Musik.

So bereicherten die Italiener das Essen und die Musik der Stadt mit *muffuletta*-Sandwiches und Schnulzensängern wie Louis Prima. Ebenso brachten die Vietnamesen ihre Essen und die Liebe zu Festivals nach New Orleans. Das vietnamesische Neujahrsfest ist heute fester Bestandteil im Veranstaltungskalender der ganzen Bevölkerung. Kreolisch steht für Vermischung und diese beherrscht New Orleans meisterhaft, auch wenn es nicht immer leicht fällt.

CBD & Warehouse District

Cochon Butcher SANDWICHES $

(☎504-588-7675; www.cochonbutcher.com; 930 Tchoupitoulas St; Hauptgerichte 10–14 US$; ⊙Mo–Do 10–22, Fr & Sa bis 23, So bis 16 Uhr) Hinter dem etwas formelleren Cochon versteckt sich dieser Sandwich- und Fleischladen, der sich selbst als „Swine Bar and Deli" bezeichnet und einer der besten in der Stadt, wenn nicht sogar des gesamten Südens ist. Von dem geselligen Mittagspublikum bis hin zu den herzhaften Sandwiches und den witzigen Cocktails vereint der Laden das Beste von New Orleans.

★ **Peche Seafood Grill** SEAFOOD $$

(☎504-522-1744; www.pecherestaurant.com; 800 Magazine St; kleine Gerichte 9–14 US$, Hauptgerichte 14–27 US$; ⊙So–Do 11–22, Fr & Sa 11–23 Uhr) Die Meeresfrüchtegerichte werden hier zwar ganz einfach zubereitet, kitzeln die Geschmacksnerven aber mit überraschenden Aromen – von Salz, Gewürzen oder anderen Wundermitteln. Die Stimmung ist gut, die stylischen, gut gelaunten Gäste genießen das Essen zwischen Backsteinwänden und Holzbalken. Spezialität des Hauses ist ein ganzer Fisch für mehrere Personen. Für den Anfang empfiehlt sich jedoch der geräucherte Thunfisch-Dip mit frittiertem Brot und Meersalz.

★ **Restaurant August** KREOLISCH $$$

(☎504-299-9777; www.restaurantaugust.com; 301 Tchoupitoulas St; Mittagessen 23–42 US$, Abendessen 37–47 US$, Verkostungsmenü mit 5 Gängen 97 US$, mit Wein 147 US$; ⊙tgl. 17–22, Fr 11–14 Uhr; 🖉) Der Außenposten des Restaurant-Imperiums von John Besh ist ideal für ein romantisches Abendessen zu zweit. Das Restaurant befindet sich in einem ehemaligen Tabaklager des 19. Jhs und ist in sanften, warmen Tönen gehalten. Zusammen mit den Kerzen auf den Tischen ist es eindeutig das nobelste Restaurant der Stadt, hat aber gleichzeitig eine heimelige, irgendwie lebendige Atmosphäre. Das köstliche Essen ist Kochkunst der Spitzenklasse. Spezialität des Hauses ist der Gefleckte Umberfisch Pontchartrain, der in Schichten mit Krabbenfleisch, wilden Pilzen und Sauce Hollandaise zubereitet wird.

Garden, Lower Garden & Central City

Surrey's Juice Bar AMERIKANISCH $

(☎504-524-3828; www.surreysnola.com; 1418 Magazine St; Frühstück & Mittagessen 6,50–13 US$; ⊙8–15 Uhr; 🖉) Die schlichten Sandwiches mit Schinken und Ei machen in Sachen Geschmack – und Aussehen – das beste Frühstück aus, das man wohl je hatte. Boudin Biscuit, Rührei mit Lachs, Biscuit mit Würstchen in Salzsauce und Shrimps mit Maisgrütze und Schinken sind so gut, dass sie verboten werden müssten. Und auch die Säfte sind, wie man vermuten wird, superfrisch.

Ausgehen & Nachtleben

★ **Tonique** BAR

(☎504-324-6045; www.bartonique.com; 820 N Rampart St; ⊙12–2 Uhr) Das Tonique ist die Bar der Barkeeper. Ganz ehrlich: Sonntagnachts, wenn der Wochenendansturm vorüber ist, treiben sich hier mindestens drei der besten Barkeeper der Stadt rum. Warum? Na, um selbst mal zu entspannen, und weil hier die besten Drinks der Stadt gemixt werden und die Getränkekarte so lang ist wie ein Tolstoi-Roman.

★ Twelve Mile Limit BAR
(☎504-488-8114; www.facebook.com/twelve.mile.limit; 500 S Telemachus St; ⊙Mo–Mi 17–2, Do & Fr 11–2, Sa 10–2, So 10–24 Uhr) Eine großartige Bar: Die Leute hinter dem Tresen und in der Küche sind Profis, die in Vier-Sterne-Lokalitäten gearbeitet haben, aber lieber einen Laden in einem Viertel für die Leute in dem Viertel eröffnen wollten. Die gemixten Drinks sind hervorragend und können sich mit jedem Cocktail eines Fachmanns aus Manhattan messen. Und wie die Stimmung beweist, kommt der Schuppen super an.

NOLA Brewing BRAUEREI
(☎504-301-1117; www.nolabrewing.com; 3001 Tchoupitoulas St; ⊙Ausschank 11–23 Uhr, Führungen Fr 14–15, Sa & So 14–16 Uhr) Die winzige Brauerei bietet am Wochenende kostenlose Führungen an. Diese beginnen mit einigen süffigen Bierproben und einer Stärkung an dem oder den Food Trucks vor der Tür. Ansonsten ist der Schankraum geöffnet, wo es jede Menge Bier vom Fass gibt, das man auch auf der Dachterrasse genießen kann.

Mimi's in the Marigny BAR
(☎504-872-9868; http://mimismarigny.com; 2601 Royal St; ⊙Mo–Fr 15 Uhr–open end, Sa & So 11 Uhr–open end) Eigentlich müsste die Bar „Mimi's *is* the Marigny" heißen, denn sie ist eine Institution in dem Viertel. Die angenehm schmuddelige Bar ist gemütlich eingerichtet, hat Billardtische und im Obergeschoss eine Tanzfläche, die wie eine kreolische Punkervilla ausgestattet ist und mit der düster bräunlichen Beleuchtung wie eine alte Sepia-Fotografie wirkt. Wann die Bar schließt entscheiden die Barkeeper.

BJ's BAR
(www.facebook.com/bjs.bywater; 4301 Burgundy) In dieser kleinen Kneipe trifft sich das ganze Viertel, um preiswertes Bier zu trinken, sich gegenseitig auf die Schippe zu nehmen und die regelmäßigen Veranstaltungen zu genießen, die von Bluesrock mit Little Freddie King bis zu Science-Fiction-Lesungen von Autoren aus der Region reichen. Selbst Robert Plant trat hier spontan auf, als er das letzte Mal in der Stadt war.

☆ Unterhaltung

★ Tipitina's LIVEMUSIK
(☎504-895-8477; www.tipitinas.com; 501 Napoleon Ave; Mindestverzehr 5–20 US$) Das „Tips" ist einer der großen Musikclubs von New Orleans. Der legendäre Nachtclub in Uptown, der nach dem Hit von Professor Longhair aus dem Jahr 1953 benannt ist, veranstaltet ein paar der denkwürdigsten Shows in der Stadt, vor allem dann, wenn große Namen wie Dr. John wieder im Haus sind. Hervorragende Musik von lokalen Talenten lockt das ganze Jahr über ein großes Publikum an.

Spotted Cat LIVEMUSIK
(www.spottedcatmusicclub.com; 623 Frenchmen St; ⊙Mo–Fr 14–2, Sa & So 12–2 Uhr) Die Bar ist der Traum eines rauchigen Jazzclubs, in dem die Getränke im Plastikbecher serviert werden, spontan getanzt wird und die Musik immer hervorragend ist.

Preservation Hall JAZZ
(☎504-522-2841; www.preservationhall.com; 726 St. Peter St; Eintritt So–Do 15 US$, Fr & Sa 20 US$, Sitzplatzreservierung 34–45 US$; ⊙Vorstellungen Mo–Mi 20, 21 & 22, Do–So 18, 20, 21 & 22 Uhr) Die Musikhalle in einer ehemaligen Kunstgalerie von 1803 ist die legendärste Musikkneipe in ganz New Orleans. Die hauseigene Band Preservation Hall Jazz Band ist unglaublich gut und tourt regelmäßig durch die Welt. Die Halle gibt es seit 1961, als Barbara Reid und Grayson „Ken" Mills die *Society for the Preservation of New Orleans Jazz* gründeten.

AllWays Lounge THEATER
(☎504-218-5778; www.theallwayslounge.net; 2240 St. Claude Ave; ⊙So–Do 18–2, Fr & Sa 18–4 Uhr) In einer Stadt voller abgefahrener Musikkneipen sticht diese Lounge als eine der abgefahrensten hervor. Jeden Abend in der Woche gibt's experimentelle Gitarre, örtliches Theater, Thrash Rock, Livecomedy, oder eine von den 1960er-Jahren inspirierte Shagadelic Dance Party. Außerdem sind die Getränke recht preiswert.

Rock 'N' Bowl LIVEMUSIK
(☎504-861-1700; www.rockandbowl.com; 3000 S Carrollton Ave; Eintritt 10 US$; ⊙So–Do 11.30–24, Fr & Sa 11.30–2 Uhr) Das Lokal ist eine seltsame Mischung aus Bowlingbahn, Feinkostgeschäft, riesigem Livemusik- und Tanzclub, wo die Gäste zu Rootsmusik aus New Orleans tanzen und dabei versuchen, einen 7-10-Split zu vermeiden.

SCHWULE- UND LESBENSZENE IN NEW ORLEANS

Louisiana ist insgesamt ein zutiefst konservativer Staat, doch die größte Stadt ist es ganz und gar nicht. New Orleans war schon immer ein Symbol für Toleranz und ist immer noch eine der ältesten schwulenfreundlichen Städte der westlichen Hemisphäre. Sie bezeichnet sich selbst als „Schwulenhauptstadt der Südstaaten". Viertel wie das French Quarter und Marigny sind Hauptreiseziele für Schwule ud Lesben.

Die folgenden Internetseiten bieten Infos für schwule und lesbische Reisende in New Orleans:

Gay New Orleans Online (www.neworleansonline.com/neworleans/lgbt) hat vermutlich die umfangreichste Zusammenstellung schwuler und lesbischer Veranstaltungen im Internet.

Gay New Orleans (www.gayneworleans.com) Infos in Hülle und Fülle.

Gay Cities (http://neworleans.gaycities.com) Veranstaltungskalender, Kritiken und relevante Themen für Schwule und Lesben.

Ambush Magazine (www.ambushmag.com) Lokale Nachrichten und Themen aus der Szene.

Purple Roofs (www.purpleroofs.com/usa/louisiana.html) Sehr zuverlässige Reiseinfos für Schwule.

Shoppen

Magazine Antique Mall ANTIQUITÄTEN
(☎504-896-9994; www.magazineantiquemall.com; 3017 Magazine St; ⏲10.30–17.30, So 12–17.30 Uhr) Gruselige Babypuppen, Hüte, Kronleuchter, Coca-Cola-Fanartikel – in dem vollgestopften Warenhaus wird man beim Stöbern in den rund zwölf Läden, in denen unabhängige Händler eine beeindruckende Vielfalt von altem Schnickschnack verkaufen, garantiert fündig.

Maple Street Book Shop BÜCHER
(☎504-866-4916; www.maplestreetbookshop.com; 7523 Maple St; ⏲Mo, Di, Do, Sa 10–18, Mi 12–18, So 10–17 Uhr) Der beliebte Laden in Uptown feierte 2014 seinen 50. Jahrestag. Er wurde von den Geschwistern Mary Kellogg und Rhoda Norman gegründet und ist einer der politisch fortschrittlichsten und am besten bestückten Buchläden der Stadt. Zum Verkauf stehen neue, gebrauchte und seltene Bücher in einladendem Ambiente.

Praktische Informationen

GEFAHREN UND ÄRGERNISSE

New Orleans hat eine beunruhigend hohe Kriminalitätsrate und verzeichnet die meisten Morde im ganzen Land. Die allermeisten Gewaltverbrechen ereignen sich unter Leuten, die sich gut kennen, doch manchmal werden auch Reisende zu Opfern.

Deshalb sollte man einfach die gleiche Vorsicht walten lassen, wie in jeder anderen Stadt der USA. Allerdings können Touristen auch in Vierteln ausgeraubt werden, die eigentlich als sicher gelten , wie z. B. der Garden District. Einzelne Fußgänger sind dabei ein leichteres Ziel als Gruppen, und man sollte auch abends und nachts möglichst nicht zu Fuß unterwegs sein. Auch sollte man nie alleine zu abgeschiedenen Orten wie Friedhöfen gehen.

Dank der großen Touristenmassen kann das French Quarter rund um die Uhr als sicher gelten. Befindet sich das Hotel oder das Fahrzeug aber am Rand des Viertels, sollte man abends und nachts besser mit dem Taxi hinfahren. Im CBD und Warehouse District ist unter der Woche immer was los, doch abends und am Wochenende sind sie relativ einsam und verlassen. In den B&Bs am Esplanade Ridge kann man abends und nachts notfalls Zuflucht suchen. Im French Quarter werden Touristen oft auch von Strichern angesprochen. Am besten einfach ignorieren und weitergehen.

Fußgänger, die die Straße überqueren, haben absolut keinen Vorrang, und kein Autofahrer wird für sie anhalten (es sei denn, er kommt aus einem anderen Bundesstaat). Egal, ob man zu Fuß oder im Auto unterwegs ist, sollte man bei jeder Kreuzung äußerst vorsichtig sein, denn die Autofahrer von New Orleans kümmern sich um keine orangen oder selbst roten Ampeln.

Einen „Stadtplan der Kriminalität" gibt es auf www.crimemapping.com/map/la/neworleans.

INTERNETZUGANG

Viele Hotels bieten WLAN und Internetzugang. Auch in fast jedem Café der Stadt und allen öffentlichen Bibliotheken ist WLAN verfügbar (www.neworleanspubliclibrary.org).

MEDIEN

Gambit (www.bestofneworleans.com) Wochenmagazin über Kunst, Kultur und Musik.

The Times-Picayune (www.nola.com) Die großformatige Zeitung berichtet dreimal wöchentlich über aktuelle Themen und Kunst.

The Advocate (www.theadvocate.com/new_orleans) Zeitung mit großem Kulturteil.

New Orleans Magazine (www.myneworleans.com/new-orleans-magazine) Monatsmagazin mit Gesellschaftsnachrichten.

The Lens (http://thelensnola.org) Das investigative Magazin mit großem Kulturteil gibt's nur online.

TOURISTENINFORMATION

Mitten im French Quarter befindet sich direkt beim populären Jackson Sq im unteren Pontalba Building das **New Orleans Welcome Center** (☎504-568-5661; www.crt.state.la.us/tourism; 529 St. Ann St; ⊙8.30–17 Uhr), in dem Karten und Stadtpläne, Veranstaltungskalender und Broschüren zu Sehenswürdigkeiten, Restaurants und Hotels erhältlich sind. Das hilfsbereite Personal vermittelt auch Unterkünfte, beantwortet Fragen und gibt Tipps und Infos zu New Orleans.

In den Kiosken der Touristeninformation überall in der Stadt gibt es die gleichen Broschüren wie in der Hauptstelle, doch das Personal dort ist in der Regel weniger kompetent.

Beim Louisiana Office of Tourism (www.louisianatravel.com) kann man einen Reiseführer für Louisiana online bestellen oder herunterladen.

Im Basin St Visitors Center in der Basin St Station in Tremé ist eine Ausstellung der Sehenswürdigkeiten der Stadt zu sehen und es gibt auch Stadtpläne.

Ansonsten bietet auch das **New Orleans Convention & Visitors Bureau** (☎504-566-5003; www.neworleanscvb.com; 2020 St Charles Ave; ⊙8.30–17 Uhr) jede Menge kostenlose Karten und hilfreiche Infos.

ℹ An- & Weiterreise

Die meisten Besucher reisen mit dem Flugzeug an und landet auf dem **Louis Armstrong New Orleans International Airport** (MSY; ☎504-303-7500; www.flymsy.com; 900 Airline Hwy, Kenner). Der Flughafen hieß ursprünglich Moisant Stock Yards nach dem Piloten John Moisant, worauf sich heute noch der IATA-Code bezieht.

Weitere Flughäfen sind **Baton Rouge** (BTR; S. 488), 89 Meilen (142 km) nördlich der Stadt und **Gulfport-Biloxi** (GPT; ☎228-863-5951; www.flygpt.com), MS, 77 Meilen (123 km) östlich. Die beiden liegen lange nicht so günstig wie der Hauptflughafen von New Orleans, könnten aber eine preiswerte Alternative sein, vor allem während des Mardi Gras oder Jazz Fest.

Viele Reisende kommen auch mit dem Bus nach New Orleans, wo zahlreiche große Highways aufeinandertreffen. Auch mit dem Zug ist New Orleans gut zu erreichen, denn es gibt drei Amtrak-Verbindungen.

ℹ Unterwegs vor Ort

Streetcar Die bezaubernde Straßenbahn verkehrt leider nicht sehr häufig und hat nur wenige Linien. Eine Fahrt kostet 1,25 US$, es gibt auch Mehrfachkarten.

Bus Die Busverbindungen sind o. k., für die Erkundung der Stadt aber eher ungeeignet. Eine Fahrt kostet nicht mehr als 2 US$.

Zu Fuß Wer nur im French Quarter unterwegs ist, kann dies gut zu Fuß machen.

Fahrrad Im flachen New Orleans kann man sehr gut Rad fahren. Die Fahrt quer durch die ganze Stadt dauert nur 45 Minuten.

Auto Damit erreicht man auch gut die äußeren Stadtviertel wie Mid-City. Allerdings ist Parken im French Quarter und im CBD ein Problem.

VOM/ZUM FLUGHAFEN

Der Louis Armstrong International Airport (MSY) liegt 13 Meilen (20,8 km) westlich von New Orleans. Ein Taxi in den CBD kostet 36 US$ bzw. 15 US$ pro Person bei drei oder mehr Passagieren. Shuttle-Busse in den CBD kosten 20/38 US$ pro Person für die einfache Fahrt/Hin-& Rückfahrt. Mit dem Bus E2 kann man für 2 US$ in die Carrollton Ave und Tulane Ave in Mid-City fahren.

Der Bahnhof (www.amtrak.com; 1001 Loyola Ave) und der Busbahnhof von Greyhound (www.greyhound.com; 1001 Loyola Ave) liegen direkt nebeneinander in der Innenstadt. Von dort kann man zu Fuß in den CBD oder ins French Quarter gehen, sollte dies aber nur tagsüber und ohne schweres Gepäck tun. Eine Taxifahrt ins French Quarter kostet rund 10 US$. Je weiter man sich vom Bahnhof entfernt, desto sicherer wird man mehr als 20 US$ bezahlen müssen.

Rund um New Orleans

Lässt man das farbenfrohe New Orleans hinter sich, findet man sich sofort in einer Welt aus Sümpfen, Bayous, Plantagenhäusern aus der Zeit vor dem Bürgerkrieg, entspannten kleinen Gemeinden, endlosen Trabantenvorstädten und Einkaufsstraßen wieder.

Barataria Preserve

★ **Barataria Preserve** PARK

(☎504-689-3690; www.nps.gov/jela/barataria-preserve.htm; 6588 Barataria Blvd, Crown Point; ⊙Wanderparkplatz tgl. 9–17 Uhr; P) GRATIS

Dieser Teil des Jean Lafitte National Historical Park & Preserve liegt südlich von New Orleans in der Nähe der Stadt Marrero. Er bietet den einfachsten Zugang zu dem ausgedehnten Sumpfgebiet rund um New Orleans. Auf Plankenwegen in einer Gesamtlänge von fast 13 km kann man sicher und einfach durch den dicht bevölkerten Sumpf gehen und dabei Alligatoren, Nutrias, Greiffrösche und Hunderte von Vogelarten beobachten.

Ein guter Ausgangspunkt für die Erkundung des Schutzgebiets ist das **NPS Visitors Center** (☎504-689-3690; www.nps.gov/jela; Hwy 3134; ⏲Mi–So 9.30–16.30 Uhr; ♿) 1 Meile (1,6 km) westlich des Hwy 45 bei der Ausfahrt Barataria Blvd. Dort erhält man eine Karte für die Erkundung auf eigene Faust oder kann sich einer geführten Wanderung (Mi–So 10 Uhr) oder Kanutour anschließen. Weitere Infos gibt's per Telefon. Ein Kanu oder Kajak mieten kann bei **Bayou Barn** (☎504-689-2663; www.bayoubarn.com; 7145 Barataria Blvd, Marrero; Kanu/Kajak 20/25 US pro Pers.; ⏲Do–So 10–18 Uhr), rund 3 Meilen (4,8 km) vom Parkeingang entfernt.

Nordufer

Am Nordufer des Lake Pontchartrain erstrecken sich die Vororte von New Orleans – im Prinzip Schlafstädte der Mittel- und Oberschicht der Stadt. Das idyllische Dorf Abita Springs ganz in der Nähe war Ende des 19. Jh. für sein Heilwasser bekannt. Das edle Wasser sprudelt auch heute noch aus einem Brunnen in der Mitte des Dorfs, doch wesentlich wichtiger für die meisten Einwohner ist heute die Abita Brewery, die größte lokale Brauerei in Louisiana. Der Lake Pontchartrain liegt genau zwischen dieser Region und New Orleans, die durch die gigantische, gut 38 km lange Brücke des Lake Pontchartrain Causeway miteinander verbunden sind. Allein der Anblick dieser Brücke lohnt die Fahrt hierher.

River Road

Schmucke Plantagenhäuser liegen zwischen New Orleans und Baton Rouge verstreut am Ost- und Westufer des Mississippis. Die Plantagen brachten ihren Besitzern zunächst mit Indigo, dann mit Baumwolle und Zuckerrohr großen Reichtum ein. Viele von ihnen sind für die Öffentlichkeit zugänglich. Die meisten Führungen konzentrieren sich auf das Leben der Besitzer, die restaurierten Häuser und die kunstvollen Gärten im Louisiana aus der Zeit vor dem Bürgerkrieg.

Sehenswertes

★ **Whitney Plantation** HISTORISCHE STÄTTE
(☎225-265-3300; www.whitneyplantation.com; 5099 Highway 18, Wallace; Erw./Student/Kind unter 6 Jahren 22/10 US$/frei; ⏲Museum Mi–Mo 9.30–16.30 Uhr) Die Plantage war die erste in Louisiana, die nur von Sklaven bewirtschaftet wurde. Nachdem dies bekannt geworden war, musste der Schwerpunkt der Führungen verlagert werden. Stand zuvor die Geschichte des „großen Hauses" im Vordergrund, so wird heute an die Hunderte von Sklaven erinnert, die sterben mussten, um den wirtschaftlichen Erfolg und das gute Leben der Bewohner dieses großen Hauses zu ermöglichen. Das Museum vor Ort kann auf eigene Faust besichtigt werden, die Plantage jedoch nur im Rahmen einer 1½-stündigen Führung.

Laura Plantation HISTORISCHE STÄTTE
(☎225-265-7690; www.lauraplantation.com; 2247 Hwy 18, Vacherie; Erw./Kind 20/6 US$; ⏲10–16 Uhr; P) Die beliebte Plantagen-Tour wird ständig weiterentwickelt und arbeitet die Unterschiede im Leben der Kreolen, Angloamerikaner sowie der freien und unfreien Afroamerikaner in der Antebellum-Ära heraus. Dies geschieht durch gründliche Nachforschungen und anhand schriftlicher Zeugnisse von kreolischen Frauen, die die Plantage über Generationen hinweg führten. Auch Laura selbst ist faszinierend: Das kreolische Herrenhaus wurde nicht von Angloamerikanern, sondern von einer aus Europa stammenden Elite gegründet und unterhalten. Die kulturellen und architektonischen Unterschiede zwischen dieser Plantage und den anderen sind offensichtlich und beeindruckend. Die Touren werden auch auf Französich angeboten.

Oak Alley Plantation HISTORISCHE STÄTTE
(☎225-265-2151; www.oakalleyplantation.com; 3645 Hwy 18, Vacherie; Erw./Student/Kind 22/8/5 US$; ⏲März–Okt. 9–17 Uhr, Nov.–Feb. Mo–Fr 9–16.30, Sa & So 9–17 Uhr; P) Das herausragende Merkmal dieser Plantage ist die namensgebende Allee aus 28 majestätischen Lebenseichen, die zum Eingang des grandiosen Herrenhauses im neogriechischen Stil führt. Bei den Führungen werden den Besuchern eine Schmiedewerkstatt, eine Ausstellung zur Sklaverei und weitere interessante Orte gezeigt.

Baton Rouge

Als französische Entdeckungsreisende 1699 auf einen rot gefärbten Pfosten aus Zypressenholz stießen, den die Bayagoulas- und Houma-Indianer in den Boden gerammt hatten, um ihre Jagdgründe abzugrenzen, nannten sie die Gegend kurzerhand *Baton Rouge* („roter Stab"). Dieser eine Pfosten ist im Lauf der Zeit ganz schön gewuchert: Baton Rouge ist heute ein weitläufiges Chaos, das sich in alle Richtungen ausbreitet. Besucher der Hauptstadt Louisianas kommen hauptsächlich wegen der Louisiana State University (LSU) und der Southern University hierher; Letztere war einst die größte rein afroamerikanische Universität des Landes.

Sehenswertes & Aktivitäten

Louisiana State Capitol HISTORISCHES GEBÄUDE
(☎225-342-7317; 900 N 3rd St; ⌚8.30–16.30 Uhr, Aussichtsplattform 8.30–16 Uhr) GRATIS Der Wolkenkratzer im Art-déco-Stil wurde auf dem Höhepunkt der Weltwirtschaftskrise für 5 Mio. US$ errichtet und ist bis heute das unübersehbare Vermächtnis des populistischen Gouverneurs „Kingfish" Huey Long. Die Aussichtsplattform im 27. Stock bietet einen fantastischen Blick auf die Stadt, und die reich verzierte Eingangshalle ist nicht minder beeindruckend.

LSU Museum of Art MUSEUM
(LSUMOA; ☎225-389-7200; www.lsumoa.com; 100 Lafayette St; Erw./Kind 5 US$/frei; ⌚Di–Sa 10–17, Do bis 20, So 13–17 Uhr) Die klaren, geometrischen Formen des Shaw Center, in dem dieses Museum untergebracht ist, beeindrucken mindestens genauso wie das Museum selbst. Zu sehen sind eine Dauerausstellung mit mehr als 5000 Werken und sorgfältig zusammengestellte Ausstellungen zum künstlerischen Erbe der Region und zu zeitgenössischen Trends.

Old State Capitol HISTORISCHES GEBÄUDE
(☎225-342-0500; www.louisianaoldstatecapitol.org; 100 North Blvd; ⌚Di–Fr 10–16, Sa 9–15 Uhr) GRATIS Das neugotische Bauwerk erinnert nicht nur an ein Märchenschloss, es ist zu allem Überfluss auch noch rosarot – ein klares Anzeichen dafür, wie exzentrisch die Regierung des Bundesstaats mitunter sein kann. Heute ist hier eine Ausstellung über die politische Vergangenheit Louisianas untergebracht.

Rural Life Museum MUSEUM
(☎225-765-2437; www.lsu.edu/rurallife; 4560 Essen Lane; Erw./Kind 10/8 US$; ⌚8–17 Uhr; P 👪) Ein Besuch in diesem Freiluftmuseum ist ein Ausflug in die Architektur, das Arbeitsleben und die Traditionen des ländlichen Louisiana. Auf dem Gelände liegen zahlreiche einfache Gebäude verstreut, und die Ausstellungen malen das harte Leben auf dem Land, das den Bundesstaat aufgebaut hat, nicht schön, sondern sind erfrischend ehrlich und informativ.

Schlafen & Essen

Stockade Bed & Breakfast B&B $$
(☎225-769-7358; www.thestockade.com; 8860 Highland Rd; Zi. 150–160 US$, Suite 215 US$; P 📶) Das freundliche B&B 3,5 Meilen (5,6 km) südöstlich der Louisiana State University hat fünf große, elegante, aber gemütliche Zimmer. Ganz in der Nähe befinden sich mehrere hervorragende Restaurants. An den Wochenenden, vor allem während der Football-Saison, unbedingt im Voraus reservieren!

★ **Dang's Vietnamese Restaurant** VIETNAMESISCH $
(☎225-275-2390; 12385 Florida Blvd; Hauptgerichte 8–13 US$; ⌚9–21 Uhr; P 👪) In dieser vietnamesischen Institution ist alles hervorragend, doch die superleckere Pho-Suppe ist absolut himmlisch. Aber auch bei den anderen Gerichten der Speisekarte kann man nichts falsch machen, denn ob knusprige Ente oder leckere Currys, alles ist einfach wunderbar.

Louisiana Lagniappe CAJUN-KÜCHE $$$
(☎225-767-9991; www.louisianalagniapperestaurant.com; 9900 Perkins Rd; Hauptgerichte 21–36 US$; ⌚Mo–Do 17.30–21, Fr & Sa 17–22 Uhr; P) Wer in Baton Rouge abends ausgehen und die leckere örtliche Küche genießen will, ist hier genau richtig. Lagniappe (sprich: lanjap) bedeutet auf Louisiana-Französisch in etwa „ein wenig mehr" – was aber missverständlich ist, denn hier gibt's von allem *viel* mehr: Fisch mit Krabbenfleisch, Rib-Eye-Steak und Pasta mit Shrimps und Würstchen.

Unterhaltung

Varsity Theatre LIVEMUSIK
(☎225-383-7018; www.varsitytheatre.com; 3353 Highland Rd) Das Lokal am Eingang zur Universität gehört zu den besten Livemusik-Kneipen in Baton Rouge. Wenn nicht gerade

die Großen der Musikszene auf der Bühne stehen, finden hier Sportveranstaltungen statt.

Praktische Informationen

Visitors Center (225-383-1825; www.visitbatonrouge.com; 359 3rd St; 8–17 Uhr) Die städtische Touristeninformation in der Innenstadt hat Stadtpläne, Broschüren lokaler Attraktionen und einen Veranstaltungskalender.

Capital Park (225-219-1200; www.louisianatravel.com; 702 River Rd N; 8–16.30 Uhr) Nahe dem Visitors Center von Baton Rouge. Die offizielle Touristeninformation hat umfangreiches Infomaterial zu Louisiana.

Anreise & Unterwegs vor Ort

Baton Rouge liegt 80 Meilen (128 km) westlich von New Orleans an der I-10. Der **Baton Rouge Metropolitan Airport** (BTR; 225-355-0333; www.flybtr.com; 9430 Jackie Cochran Dr) liegt 7 Meilen (11,2 km) nördlich der Innenstadt unweit der I-110. Von hier sind es nur 1½ Autostunden nach New Orleans. Der Flughafen bietet gute Verbindungen zu großen Verkehrsknotenpunkten wie Houston, Dallas, Charlotte und Atlanta.

Greyhound -Busse(225-383-3811; www.greyhound.com; 1253 Florida Blvd) fahren regelmäßig nach New Orleans, Lafayette und Atlanta.

Die Busse des Capitol Area Transit System (www.brcats.com) verkehren in der ganzen Stadt. Eine Fahrt kostet 1,75 US$.

St. Francisville

Der üppig grüne Ort ist der Inbegriff einer pseudokünstlerischen Südstaaten-Kleinstadt mit vielen schönen alten Häusern, unkonventionellen Geschäften und zahllosen Outdoor-Aktivitäten in den nahegelegenen Tunica Hills (ja, es gibt tatsächlich Berge in Louisiana). Vor dem Bürgerkrieg ließen sich die hier ansässigen superreichen Plantagenbesitzer die prachtvollen Villen bauen, die als gut erhaltene Altstadt die Besucher seit mehr als einem Jahrhundert faszinieren.

Sehenswertes & Aktivitäten

Myrtles Plantation HISTORISCHES GEBÄUDE
(225-635-6277; www.myrtlesplantation.com; 7747 US Hwy 61 N; Führung Erw./Kind 15/12 US$, Geistertour 15 US$; 9–17 Uhr, Führungen Fr & Sa 18, 19 & 20 Uhr; P) Besitzer und Historiker sind gleichermaßen davon überzeugt, dass auf dieser Plantage eines der größten Geisterhäuser der USA steht – Es ist aber auch wirklich gruselig. Im Gegensatz zu anderen Plantagen der Region steht bei den Führungen hier nicht so sehr die Architektur und Geschichte der Plantage im Vordergrund, sondern vielmehr die lebendige Schilderung des Lebens zur Zeit der großen Plantagen. So erfahren die Besucher bei den Führungen viele Details über das Gebäude als Wohnhaus und seine Einrichtung, während bei den Geistertouren (Fr & Sa abends) die gruseligen Geschichten des Hauses erzählt werden.

Oakley Plantation & Audubon State Historic Site HISTORISCHE STÄTTE
(225-635-3739; www.audubonstatehistoricsite.wordpress.com; 11788 Hwy 965; Erw./Student/Senior 8/4/6 US$; Mi–So 9–17 Uhr; P) Außerhalb von St. Francisville liegt die Oakley Plantation. John James Audubon kam 1821 als Privatlehrer für die Tochter des Hauses hierher. Seine Anstellung währte zwar nur vier Monate (und sein Zimmer war ziemlich spartanisch eingerichtet), doch in dieser Zeit fertigten er und sein Assistent 32 Gemälde von Vögeln an, die sie in den Wäldern rund um die Plantage fanden.

Auch einige originale Audubon-Drucke finden sich in dem kleinen, karibisch anmutenden Haus von 1806.

Mary Ann Brown Preserve NATURSCHUTZGEBIET
(225-338-1040; www.nature.org; 13515 Hwy 965; Sonnenaufgang–Sonnenuntergang) GRATIS Das von der Nature Conservancy verwaltete 44,5 ha große Naturschutzgebiet umfasst einen Teil der Buchenwälder, der dunklen Sumpfgebiete und des niedrigen, von Lehmböden geprägten Hügellands der Tunica Hills. Ein 3,2 km langes Netzwerk aus Wander- und Plankenwegen durchzieht den Wald, durch den schon John James Audubon zu Beginn seiner Arbeit an den *Birds of America* streifte.

Schlafen & Essen

Shadetree Inn B&B $$
(225-635-6116; www.shadetreeinn.com; Ecke Royal & Ferdinand St; Zi. ab 145 US$; P) Das supergemütliche B&B am Rand des historischen Viertels und eines Vogelschutzgebiets bietet seinen Gästen einen herrlichen Garten voller Blumen und Hängematten sowie geräumige Zimmer in rustikalem Schick. Das europäische Luxusfrühstück inklusive einer Flasche Wein oder Sekt kann man sich aufs Zimmer bringen lassen. Ohne Frühstück und bei einem Aufenthalt während der Woche wird's billiger.

VOM MEKONG AN DEN MISSISSIPPI

Nach Ende des Vietnamkriegs flohen Tausende Südvietnamesen in die USA und ließen sich in Südkalifornien, Boston, rund um Washington, D.C., und in New Orleans nieder. Letzteres mag zunächst überraschen, man muss aber bedenken, dass viele dieser Flüchtlinge Katholiken waren und die katholische Gemeinde von New Orleans – eine der größten im Land – bei der Eingliederung der Flüchtlinge mithalf. Zudem fühlten sich die Neuankömmlinge hier sicher auch aufgrund des subtropischen Klimas, der Reisfelder und der flachen Feuchtgebiete zumindest an ihre Heimat erinnert. Für einen südostasiatischen Immigranten fern von Zuhause mag das Mississippi-Delta wenigstens oberflächlich gesehen eine gewisse Ähnlichkeit mit dem Mekong-Delta gehabt haben.

Die meisten vietnamesischen Einwanderer in Louisiana ließen sich in den neueren Vororten von New Orleans nieder, wie New Orleans East, Versailles, Algiers und Gretna. Einige zogen auch in die ländlichen Gemeinden im Süden Louisianas. Mit ihrer legendären Arbeitsmoral erweckten sie ehemals heruntergekommene Viertel zu neuem Leben, und mit ihrer Geschichte wurde wieder einmal der Amerikanische Traum wahr. Arbeitete die erste Generation der Einwanderer noch in Waschsalons, Nagelstudios, Restaurants und auf Shrimpsbooten, so war die zweite Generation schon Ärzte, Rechtsanwälte und Ingenieure. Nach dem Hurrikan Katrina kehrten die Vietnamesen von New Orleans als erste wieder in die Stadt zurück, um schnell ihre Häuser und Geschäfte wieder aufzubauen.

Die Viertel, in denen die Vietnamesen von New Orleans arbeiten und ihre Freizeit verbringen, liegen etwas außerhalb der eigentlichen Stadt. In New Orleans East befindet sich mit der **Mary Queen of Vietnam Church** (☎504-254-5660; www.arch-no.org; 5069 Willowbrook Dr; P) der Mittelpunkt der vietnamesischen katholischen Gemeinde. Etwas weiter südlich steht der **Chua Bo De Temple** (☎504-733-6634; Hwy 996; ⏲Gottesdienst Sa 19.30 & So 11 Uhr). Der wichtigste buddhistische Tempel ist rund 25 Autominuten außerhalb der Stadt in der Nähe des Golfplatzes English Turn. Der Tempel ist ein typisch vietnamesisches Gebäude voller Bodhisattvas (buddhistischer Heiligenfiguren) im chinesischen Stil, Fotos und Gaben für die toten Angehörigen sowie viel Rot und Gold. Um ihn zu besichtigen, muss man nicht vorher anrufen, sollte es der Höflichkeit halber aber tun.

Das Beste der einheimischen vietnamesischen Kultur ist wahrscheinlich das köstliche Essen. Die meisten Restaurants gibt's in Gretna. **Tan Dinh** (☎504-361-8008; 1705 Lafayette St, Gretna; Hauptgerichte 8–18 US$; ⏲Mo, Mi & Fr 9.30–21, Sa 9–21, So 9–20 Uhr, Di geschl.; P ✎) Eines der besten Restaurants im Großraum New Orleans serviert himmlische Hühnerflügel in Knoblauchbutter und superleckere koreanische Kotelettes. Auch die Pho-Suppe ist hervorragend. In der **Dong Phuong Oriental Bakery** (☎504-254-0296; www.dpbanhmi.com; 14207 Chef Menteur Hwy, New Orleans East; Backwaren 1,50–6 US$, Hauptgerichte 7–13 US$; ⏲Bäckerei Mo, Mi & So 8–17, Restaurant Mo, Mi–So 9–16 Uhr, Di geschl.; P ✎ 👪) gibt's die besten *bánh mì* (oder vietnamesische Po'boy-Sandwiches mit Schweinefleisch, Gurke, Koriander und anderen Köstlichkeiten) sowie leckeren Durian-Kuchen.

Die einheimischen Märkte sind ebenfalls sehenswert. Der **Hong Kong Food Market** (☎504-394-7075; 925 Behrman Hwy; ⏲7.30–21 Uhr) ist ein riesiges internationales Lebensmittelgeschäft, das die Einwanderer (und deren Nachkommen) am gesamten Westufer von New Orleans versorgt. Wie in Saigon fühlt man sich samstagmorgens auf dem **Vietnamese Farmers Market** (14401 Alcee Fortier Blvd; ⏲Sa 6–9 Uhr), der auch als Squat Market bekannt ist, weil die Frauen mit ihren *non la* (hohen Strohhüten) hinter den frischen, wunderbar duftenden Lebensmitteln sitzen. Im Lauf der Jahre wurde der Markt immer kleiner und daher ist er nicht mehr so eindrucksvoll wie früher, doch es hocken immer noch genügend Frauen hinter ihren Produkten.

3-V Tourist Court INN $$
(☎225-721-7003; www.themagnoliacafe.net/magnolia3vtouristcourts.html; 5687 Commerce St; Hütte mit 1/2 B 75/125 US$; P 📶) Dies ist eines der ältesten Motels in den USA (es stammt aus den 1930er-Jahren und steht heute im National Register of Historic Places). Die fünf Wohneinheiten hier versetzen die Gäste zurück in einfachere Zeiten. Die Zimmer sind mit Deko und Einrichtungsgegenständen aus jener Zeit ausgestattet, bieten aber dank der kürzlichen Renovierung neue Betten,

Parkettböden und Flachbild-TVs, sodass die Anlage fast schon wieder trendig ist.

Birdman Coffee & Books CAFÉ $

(☎225-635-3665; 5695 Commerce St; Hauptgerichte 5–8 US$; ⏲Di–Fr 7–17, Sa 8–14, So 8–12 Uhr; 📶) Das Café ist bekannt für seinen starken Kaffee, akustische Livemusik, leckeres Frühstück im Stil der Südstaaten (altmodische Maisgrütze, Süßkartoffelpfannkuchen, salziger Speck) und Kunst aus der Region.

Magnolia Café CAFÉ $

(☎225-635-6528; www.themagnoliacafe.net; 5687 Commerce St; Hauptgerichte 8–16 US$; ⏲Mo–Do 10–16, Fr & Sa 10–22 Uhr; P) Das ehemalige gesundes Lebensmittelgeschäft mit Werkstatt für VW-Busse ist heute das Epizentrum von St. Francisville. Hierher kommen die Einwohner, um etwas zu essen, sich zu treffen und zu amüsieren und freitagabends zu Livemusik zu tanzen.

An- & Weiterreise

St. Francisville liegt rund 35 Meilen (56 km) nördlich von Baton Rouge am Hwy 61, der mitten durch die Stadt führt.

Cajun Country

Mit Louisiana verbinden viele Menschen – außer New Orleans – kilometerlange Bayous, mit Sägemehl bestreute Böden, eine einzigartige Lesart des Französischen und jede Menge gutes Essen. Willkommen also im Cajun Country, das wegen der französischen Siedler, die 1755 von den Briten aus L'Acadie (dem heutigen Nova Scotia in Kanada) vertrieben wurden, auch Acadiana genannt wird.

Die Cajuns sind die größte französischsprachige Minderheit in den USA. Im Lebensmittelladen hört man vielleicht keinen Französisch sprechen, aber es ist noch immer in Radiosendungen, bei Gottesdiensten und nicht zuletzt in der örtlichen Aussprache des Englischen präsent.

Während die Region weitgehend sozialkonservativ ausgerichtet ist, sagt man den Cajuns einen gewissen Hedonismus nach. In dieser Region ein schlechtes Essen zu finden, ist so gut wie ausgeschlossen: Jambalaya (Reis mit Tomaten, Würstchen und Shrimps) und Krebs-Étouffée werden hier ganz langsam und mit viel Liebe und Stolz zubereitet. Wer nicht fischt, der tanzt wahrscheinlich gerade. Da bleibt kein Traveller lange Zaungast!

LAFAYETTE

Der Begriff „Geheimtipp" wird in Reiseführern heutzutage sehr oft verwendet, doch in diesem Fall trifft er wirklich noch zu. Sonntags ist die Stadt wie ausgestorben, doch unter der Woche sind die unzähligen fantastisch guten Restaurants und Musikkneipen geöffnet.

Sehenswertes

Vermilionville MUSEUM

(☎337-233-4077; www.bayouvermiliondistrict.org/vermilionville; 300 Fisher Rd; Erw./Student 10/6 US$, Bootstour 12/8 US$; ⏲Di–So 10–16 Uhr; P 👪) Die friedliche Nachbildung eines Cajun-Dorfs aus dem 19. Jh. liegt direkt am Fluss in der Nähe des Flughafens. Die freundlichen Mitarbeiter in historischen Kostümen erklären mit viel Enthusiasmus die Geschichte der Cajuns, Kreolen und Ureinwohner. Sonntags spielen von 13–15 Uhr Bands aus der Region auf. Im Frühjahr und Herbst werden auch Bootstouren auf dem Bayou Vermilion angeboten (Di–Sa 10.30 Uhr).

Acadian Village MUSEUM

(☎337-981-2364; www.acadianvillage.org; 200 Greenleaf Dr; Erw./Student 8/6 US$; ⏲Mo–Sa 10–16 Uhr; P 👪) Durch das bescheidene, aber sehr aufschlussreiche Museumsdorf führt ein Backsteinpfad entlang des sanft plätschernden Bachs zu restaurierten Häusern, Werkstätten und einer Kirche. Gelegentlich finden sich einige ältere Leute ein, die die Besucher mit Liedern und Geschichten der Cajun unterhalten und die gute alte Zeit heraufbeschwören.

Acadian Cultural Center MUSEUM

(☎337-232-0789; www.nps.gov/jela; 501 Fisher Rd; ⏲Di–Fr 9–16.30, Sa 8.30–12 Uhr; P 👪) 🍃 Das Museum der Nationalparkverwaltung zeigt eine umfangreiche Ausstellung zur Kultur der Cajun und ist damit ein guter Einstieg in die Welt der Akadier.

Feste & Events

★Festival International de Louisiane MUSIK

(www.festivalinternational.org; ⏲April) GRATIS Rund um das letzte Wochenende im April findet an fünf Tagen dieses fantastische internationale Musikfestival statt, bei dem Hunderte von Musikern aus der Region und der ganzen Welt auftreten. Damit ist es eines der größten, kostenlosen Musikfestivals der USA. Auch wenn sich sein Name nur auf frankophone Musik und Kultur bezieht, lockt das Festival mittlerweile Künstler jedweder Sprache aus der ganzen Welt an.

Schlafen & Essen

★ Blue Moon Guest House PENSION $
(337-234-2422; www.bluemoonpresents.com; 215 E Convent St; B 18 US$, Zi. 70–90 US$; P ❄ 📶 @) Ein echtes kleines Juwel Louisianas: Das gepflegte alte Haus birgt eine gehobene Unterkunft im Hostelstil, nur einen kurzen Fußmarsch vom Zentrum entfernt. Wer im Blue Moon übernachtet, landet automatisch auf der Gästeliste für den beliebtesten Treffpunkt in Lafayette, wenn es um bodenständige Livemusik geht: Die Party steigt im Hinterhof. Die freundlichen Besitzer, eine komplett ausgestattete Küche und Geselligkeit fügen sich zu einem einzigartigen musikalischen Urlaubsflair zusammen, das auch Backpacker mit schmalem Geldbeutel anlockt.

Buchanan Lofts APARTMENTS $$
(337-534-4922; www.buchananlofts.com; 403 S Buchanan; Zi. pro Nacht/Woche ab 180/1000 US$; P ❄ 📶 @) Wenn sie nicht so groß wären, würden die hippen Lofts wunderbar nach New York City passen. Die sehr geräumigen Apartments sind mit Küchenzeilen sowie moderner Kunst und schickem Dekor ausgestattet, das der freundliche Besitzer von seinen vielen Reisen mitgebracht hat. Die Optik bestimmen unverputzte Backsteinwände und Parkettböden.

★ French Press FRÜHSTÜCK $
(337-233-9449; www.thefrenchpresslafayette.com; 214 E Vermillion; Hauptgerichte 9–15 US$; Mo–Fr 7–14, Sa & So 9–14 Uhr; 📶) Dieses Lokal mit einer Mischung aus französischer und Cajun-Küche ist eine der besten kulinarischen Adressen in Lafayette. Zum sensationellen Frühstück gehören z. B. das sündhafte Cajun Benedict (mit *boudin* statt mit Schinken), Maisgrütze mit Cheddar (zum Dahinschmelzen lecker) und Bio-Müsli (ein guter Ausgleich zur Maisgrütze). Auch das Mittagessen ist ein Traum: Das Käsesandwich mit gebratenen Shrimps und Sriracha-Mayo ist wunderbar dekadent.

Johnson's Boucanière CAJUN $
(337-269-8878; www.johnsonsboucaniere.com; 1111 St. John St; Hauptgerichte 4,25–8 US$; Di–Fr 7–15, Sa bis 17.30 Uhr) Das wiedereröffnete, 70 Jahre alte ländliche Familienrestaurant für geräucherte Spezialitäten lohnt die Anfahrt mit seinem *boudin* (Würstchen aus Schweinefleisch und Reis nach Cajun-Art) oder dem wunderbaren Sandwich mit geräucherter Brust vom Schwein und Räucherwürstchen.

Dwyer's DINER $
(337-235-9364; 323 Jefferson St; Hauptgerichte 6–14 US$; 6–14 Uhr; 👪) Der Familienbetrieb bringt typisches Cajun-Essen auf den Tisch, sprich Gumbo zum Mittagessen und Pfannkuchen zum Frühstück. Eine ganz besondere Unterhaltung ist an Mittwochvormittagen geboten, wenn ein französischsprechender Tisch aufgebaut wird und die einheimischen Cajun sich plötzlich wieder in ihrer alten Sprache unterhalten. Auf der wechselnden Mittagskarte des Dwyer's sind immer geschmorte Schweinekoteletts, Brathähnchen und Shrimps-Eintopf zu finden.

Unterhaltung

Blue Moon Saloon LIVEMUSIK
(337-234-2422; www.bluemoonpresents.com; 215 E Convent St; Grundpreis 5–8 US$; Di–So 17–2 Uhr) Die gemütliche, kleine Spielstätte auf der hinteren Veranda der zugehörigen Pension steht für alles, was Louisiana ausmacht: gute Musik, nette Leute und gutes Bier. Was sollte man daran nicht mögen? Musik gibt's normalerweise mittwochs bis samstags.

Artmosphere LIVEMUSIK
(337-233-3331; www.artmosphere.vpweb.com; 902 Johnston St; Mo–Do 16–2, Fr & Sa 11–2, So 11–24 Uhr) Bei Graffiti, Hukas, Hipstern und erstklassigen Bands fühlt man sich eher wie im New Yorker CBGB-Club als in einem Tanzsaal der Cajun, doch man kann sich prächtig amüsieren und es gibt gutes mexikanisches Essen.

Praktische Informationen

Im **Visitors Center** (337-232-3737; www.lafayettetravel.com; 1400 NW Evangeline Thruway; Mo–Fr 8.30–17, Sa & So 9–17 Uhr) sind Infos über Routen, Unterkünfte und Veranstaltungen in Lafayette und ganz Acadiana (Cajun-Land) erhältlich. Einige Mitarbeiter sprechen auch Französisch.

An- & Weiterreise

Von der Ausfahrt 103A der I-10 führt der Evangeline Thruway (Hwy 167) direkt ins Stadtzentrum. Der Busbahnhof von **Greyhound** (337-235-1541; www.greyhound.com; 100 Lee Ave) befindet sich am Rand des Geschäftsviertels der Innenstadt. Von hier fahren täglich mehrere Busse nach New Orleans (3½ Std.) und Baton Rouge (1 Std.). Der **Amtrak**-Zug (www.amtrak.com; 100 Lee Ave) *Sunset Limited* hält auf seinem Weg von New Orleans nach Los Angeles auch in Lafayette.

CAJUN WETLANDS

Als beim Grand Dérangement 1755 die Briten die ländlichen französischen Siedler aus Akadien (dem heutigen Nova Scotia in Kanada) vertrieben, suchten diese jahrzehntelang nach einem Ort, an dem sie sich wieder niederlassen konnten. Viele wanderten in andere britische Kolonien aus, wurden als Katholiken aber oft auch von dort wieder vertrieben. Einige kehrten sogar nach Frankreich zurück, wo sie jedoch, anders als in der Neuen Welt, kein Land besitzen durften und ihnen auch keine Autonomie gewährt wurde.

1785 legten schließlich sieben Schiffe mit akadischen Flüchtlingen in New Orleans an, um sich in dieser Ecke der westlichen Hemisphäre niederzulassen, die zumindest kulturell, wenn auch nicht politisch zu Frankreich gehörte (zu der Zeit war Louisiana gerade eine spanische Kolonie). Anfang des 19. Jhs, siedelten bereits 3000–4000 Akadier in den Sumpfgebieten südwestlich von New Orleans. Verschiedene Stämme der Ureinwohner wie die Attakapa halfen ihnen, ihren Lebensunterhalt mit Fischen und Fallenstellen zu gewährleisten. Diese traditionellen Fähigkeiten werden bis heute bei den Cajun, den Nachfahren dieser Akadier, geschätzt und ausgeübt.

Jahrzehntelang war diese Region eine der ärmsten in Louisiana. Unterricht in französischer Sprache war verboten, die Infrastruktur war katastrophal. Erst mit zunehmendem politischen Einfluss der Cajuns in der Regierung des Bundesstaates änderte sich die Situation in den 1970er-Jahren. Einen großen Anteil an der Verbesserung hatte aber auch die Öl- und Erdgasindustrie. Nachdem das Verlegen der Leitungen und Rohre zunächst nur als weiterer schändlicher Verlust von Land und Boden in Louisiana galt, sorgte die Ölindustrie natürlich auch für neue Jobs und einen wirtschaftlichen Aufschwung. Dies erklärt zumindest teilweise die große Popularität der Öl- und Erdgasindustrie im Staat, die auch in Veranstaltungen wie dem jährlichen „Shrimp & Petroleum Festival" in Morgan City zum Ausdruck kommt.

Sehenswertes

Lake Martin VOGELSCHUTZGEBIET

(Lake Martin Rd) GRATIS Der von dünnen Bäumen und Zypressenstümpfen gesäumte moosgrüne See ist ein wunderbarer, leicht zugänglicher Einstieg in die Naturlandschaften der Bayous. Ein paar Fußwege, darunter auch ein Holzsteg, führen die Besucher über den spiegelglatten Sumpf, während sie von Silber-, Kuh- und Kanadareihern gleichmütig beobachtet werden.

Louisiana Universities Marine Consortium MUSEUM

(LUMCON; ☎985-851-2800; www.lumcon.edu; 8124 Hwy 56, Chauvin; ⏱8–16 Uhr;) GRATIS LUMCON? Klingt irgendwie nach Science Fiction, oder? Gut, mit Science (Wissenschaft) hat es schon etwas zu tun, allerdings nur mit harten Fakten, die aber dennoch faszinierend sind. Das LUMCON ist eines der wichtigsten Forschungsinstitute, die sich mit dem Golf von Mexiko beschäftigen. Naturpfade führen durch die haarigen Grasbüschel des Moors, es gibt neun kleine Aquarien und einen Aussichtsturm, der einen spektakulären Blick auf das faszinierende Sumpfland bietet, das sich entlang der gesamten Südküste Louisianas erstreckt.

Cypremont Point State Park STATE PARK

(☎888-867-4510, 337-867-4510; 306 Beach Lane, Cypremort Point; Erw./Senior & Kind unter 3 Jahren 3 US$/frei; ⏱7–21, Fr & Sa 7–22 Uhr; P) Das einsame windgepeitschte Kap des Cypremont Point erscheint wirklich wie das Ende der Welt. Hier gibt es nur noch kreischende Möwen und die Gischt des Golf von Mexiko.

An- & Weiterreise

In Lafayette halten Greyhound-Busse. Ansonsten erreicht man die Region am einfachsten über die I-10, die quer durch Louisiana führt.

CAJUN PRAIRIE

Tanzende Cowboys? Ganz richtig. Die Cajuns und afroamerikanischen Siedler in dem trockenen Hochland nördlich von Lafayette entwickelten eine eigene, auf Viehhaltung und Ackerbau basierende Kultur, in der noch immer der riesige Cowboyhut vorherrscht. In vielerlei Hinsicht ist diese Region eine Mischung aus dem südlichen Louisiana und dem östlichen Texas.

Geografisch handelt es sich eindeutig um eine Prärie: eine weite, flache, grüne Ebene mit kleinen Reisfeldern und Krebstümpeln. Hier ist das Zentrum der Zydeco-Musik.

ABSTECHER

FRED'S SCHICKSAL

Von Montag bis Freitag ist Mamou mitten im Cajun Country eine typische Kleinstadt im Süden Louisianas, die nur einen kurzen Aufenthalt vor der Weiterfahrt nach Eunice lohnt. Doch am Samstagvormittag wird die kleine Bar **Fred's Lounge** (420 6th St, Mamou; Sa 8.30–14 Uhr) zum ultimativen Tanzsaal der Cajun.

Gut, vielleicht eher eine Tanzhütte als ein Saal. Wie auch immer, die kleine Bar wird schnell rappelvoll und die Gäste genießen von 8.30 bis gegen 14 Uhr die freundliche frankophone Musik-Matinee mit Bands, Bier und Tanz.

Besonders abends ist die Mischung aus Akkordeon, Fiedel und dem einzigartigen „zzzzzzzzip" des *frottoir* zu hören, einer Art Weste aus Wellblech, die wie ein Schlaginstrument gespielt wird.

Sehenswertes

Chicot State Park STATE PARK
(337-363-2403, 888-677-2442; www.crt.louisiana.gov/louisiana-state-parks/parks/chicot-state-park; 3469 Chicot Park Rd, Ville Platte; 3 US$; So–Do 6–21, Fr & Sa 6–22 Uhr; P) Ein wunderbarer Park, um die Naturschönheit des Cajun Country zu entdecken. Das ausgezeichnete Besucherzentrum ist für Kinder unterhaltsam, für Erwachsene aufschlussreich und beeindruckt alleine wegen der offenen, luftigen Konstruktion.

Prairie Acadian Cultural Center MUSEUM
(337-457-8499; www.nps.gov/jela; 250 West Park Ave, Eunice; Mi–Fr 9.30–16.30, Sa 9.30–18 Uhr) GRATIS Das Museum der Nationalparkverwaltung zeigt eine Ausstellung über das Leben der Landbevölkerung und die Kultur der Cajuns. Außerdem sind zahllose Dokumente zur Geschichte der Region zu sehen. Der ideale Ausgangspunkt für die Erkundung der Cajun Prairie. Samstags gibt es ab 14.45 Uhr Vorführungen zu Musik und Essen.

Cajun Music Hall of Fame & Museum MUSEUM
(337-457-6534; www.cajunfrenchmusic.org; 230 S CC Duson Dr, Eunice; 9–17 Uhr) GRATIS Die kleine Sammlung von Instrumenten und kulturellen Eintagsfliegen ist nur für echte Musikfans von Interesse. Wesentlich interessanter sind die Geschichten über Leben und Musik der Cajuns, die sich die Mitarbeiter manchmal entlocken lassen.

Schlafen & Essen

★ **Le Village** B&B $$
(337-457-3573; www.levillagehouse.com; 121 Seale Lane, Eunice; Zi. 125–185 US$; P) Die hübsche Pension ist ein typisches B&B auf dem Land, allerdings ohne die sonst übliche Ausstattung im verspielten Zuckerbäckerstil, sondern mit geschmackvoller, rustikaler Volkskunst, die zumeist von den Cajuns stammt.

Billy & Ray's Boudin CAJUN $
(337-942-9150; 904 Short Vine St, Opelousas; Boudin 4,80 US$/450 g; Mo–Fr 9–18 Uhr) Die Kunden fahren oft stundenlang durch mehrere Bundesstaaten, um die legendäre Wurst zu kaufen. Dabei sind es eigentlich zwei verschiedene Sorten: Billy's Boudin ist die scharfe Variante, Ray's die mildere. Neben der Verkaufstheke gibt's auch ein paar Sitzplätze und Getränkekühlschränke.

An- & Weiterreise

Lafayette ist ein gutes Basislager für die Erkundung der Cajun Prairie. Vom **Greyhound-Busbahnhof** (337-942-2702; www.greyhound.com; 1312 Creswell Lane) in Opelousas fahren Busse nach Lafayette (9 US$, 2-mal tgl.), Baton Rouge (9 US$, 2-mal tgl.) und New Orleans (27 US$, 3-mal tgl.). Ins Zentrum der Cajun Prairie gelangt man aber am besten über die I-49 oder LA-13.

Nördliches Louisiana

Die ländlichen, von der Ölindustrie geprägten Städte entlang des baptistischen „Bibelgürtels" im Norden Louisianas erscheinen von New Orleans so weit entfernt zu sein wie Paris, Texas, von Paris in Frankreich. Es gibt jedoch eine vielversprechende Entwicklung des Tourismus hier, doch noch immer kommen die meisten Besucher aus Texas und Arkansas allein wegen des Glücksspiels. Die Landschaft erinnert stark an den Osten von Texas: grüne Hügel und Kiefernwälder, soweit das Auge reicht. Auch die Kultur ist nicht allzu weit von Texas entfernt. Die Fernsehserie *Duck Dynasty* über das Leben einer texanischen Familie wurde hier gedreht. Die Kirche und die örtliche Feuerwehr bestimmen hier das Leben – in dieser Reihenfolge.

Shreveport

1839 schlug Captain Henry Shreve eine 264 km lange Schneise in den Wald am Red River und gründete die Hafenstadt Shreveport, heute die drittgrößte Stadt in Louisiana. Nach der Entdeckung von Öl erlebte sie Anfang des 20. Jhs. einen Boom, dem nach dem Zweiten Weltkrieg der Niedergang folgte. Für eine Wiederbelebung sorgten dann riesige Casinos im Stil von Las Vegas und ein Unterhaltungskomplex am Fluss. Bis heute sind die Casinos der Hauptanziehungspunkt von Shreveport, das damit ein gewisses Identitätsproblem hat. Es ist eine große Stadt, die mitten im konservativsten Teil der USA liegt, und von Besuchern lebt, die sich der (kleinen) Sünde des Glücksspiels schuldig machen.

Sehenswertes

★ RW Norton Art Gallery MUSEUM
(☎ 318-865-4201; www.rwnaf.org; 4747 Creswell Ave; ⌚ Museum Di–Fr 10–17, Sa & So 13–17 Uhr, Garten 7–19 Uhr; P) GRATIS Die Kunstgalerie inmitten eines 16 ha großen, liebevoll gepflegten Gartens, ist ein wunderbares Museum, insbesondere für eine mittelgroße Stadt wie Shreveport. In dem großen, luftigen Gebäude werden faszinierende Kunstwerke aus gut vier Jahrtausenden gezeigt, darunter eine beeindruckende Sammlung der Arbeiten amerikanischer Künstler wie Frederic Remington und Charles M. Russell, die das Leben im Wilden Westen so treffend darstellten. Außerdem besitzt das Museum 15 000 seltene Bücher.

Gardens of the American Rose Center GARTEN
(☎ 318-938-5402; www.rose.org; 8877 Jefferson Paige Rd; Erw./Kind 5/2 US$, Führung 10 US$; ⌚ Mo–Sa 9–17, So 13–17 Uhr; P) Für Rosenliebhaber ein absolutes Muss: Der Garten umfasst mehr als 65 Beete, in denen mögliche Rosenpflanzungen im heimischen Garten gezeigt werden. Allein für den überwältigenden Duft lohnt sich ein Spaziergang durch den Garten.

Schlafen & Essen

2439 Fairfield Bed & Breakfast B&B $$
(☎ 318-424-2424; www.bedandbreakfastshreveport.com; 2439 Fairfield Ave; Zi. 145–225 US$; P ☎) Das freundliche B&B der alten Schule erstickt zwar unter Spitzen und Satin, strahlt aber jede Menge Gastfreundschaft der Südstaaten aus und bietet ein köstliches Frühstück.

Strawn's Eat Shop DINER $
(☎ 318-868-0634; www.strawnseatshop.com; 125 E Kings Hwy; Hauptgerichte 10 US$; ⌚ 6–20 Uhr; 👪) Das einfache Diner serviert gutes, herzhaftes amerikanisches Essen mit jeder Menge Südstaaten-Charme, doch weithin bekannt ist es für seine Eistorten.

Praktische Informationen

Das **Visitors Center** (☎ 318-222-9391; www.shreveport-bossier.org/about-us/visitor-centers; 629 Spring St; ⌚ Mo–Fr 8–17 Uhr) bietet jede Menge Infos über Stadt und Region.

An- & Weiterreise

Shreveport liegt an der Kreuzung der I-49 mit der I-20 und ist näher an Dallas (190 Meilen/304 km) als an New Orleans (330 Meilen/528 km). Die Stadt hat einen **Regionalflughafen** (☎ 318-673-5370; www.flyshreveport.com; 5103 Hollywood Ave), der 7 Meilen (11,2 km) südwestlich der Innenstadt liegt, und einen **Greyhound-Busbahnhof** (☎ 318-221-4200; www.greyhound.com; 408 Fannin St).

Florida

Inhalt ➡

Gut essen

- Ulele (S. 546)
- Rok:Brgr (S. 519)
- Kyu (S. 513)
- Cress (S. 560)
- Table 26 Degrees (S. 523)

Schön übernachten

- 1 Hotel (S. 511)
- Hotel Palms (S. 542)
- Biltmore Hotel (S. 507)
- W Fort Lauderdale (S. 518)
- Everglades International Hostel (S. 526)

Auf nach Florida!

Für unzählige Besucher ist Florida ein verheißungsvolles Land: Es verspricht ewige Jugend, Sonne, Entspannung, wolkenlosen Himmel, Weltraumerlebnisse, Erfolg, Zuflucht, Wohlstand und für die Kinder die Chance, ihre heißgeliebten Disney-Helden persönlich zu treffen.

Kein anderer Staat in Amerika ist so auf den Tourismus ausgerichtet, und der Tourismus hat hier viele Gesichter: Er zeigt sich in Form von Comic-Mäusen, *MiamiVice*, überbackenen Austern, spanischen Villen, Football- und golfspielenden Alligatoren und natürlich als Strand – jeder Menge Strand.

Aber Florida ist nicht nur Marketing. Dieser Staat ist einer der faszinierendsten des Landes. Es scheint, als hätte jemand die Nation genommen, sie geschüttelt und ausgekippt und dabei diese sonnenverwöhnte Halbinsel mit Einwanderern, Landeiern, Juden, Kubanern, Militärstationen, Einkaufszentren und einer subtropischen Wildnis mit kristallklaren Seen und feinem Sand überschüttet.

Reisezeit

Miami

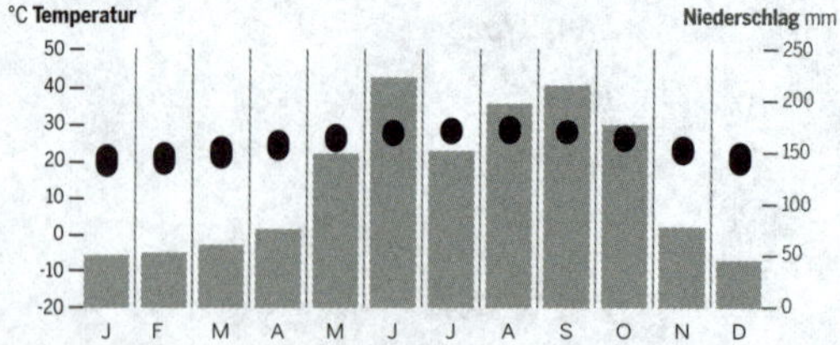

Feb.–April Nach dem Winter beginnt die Hauptsaison mit dem Springbreak.

Juni–Aug. In den feuchtwarmen Monaten sind Nord-Floridas Strände und die Themenparks angesagt.

Sept.–Okt. Ideale Zwischensaison mit kühlerem Wetter, warmem Wasser und weniger Menschen.

SÜD-FLORIDA

Wenn man in Florida erst einmal weit genug Richtung Süden gefahren ist, befindet man sich nicht mehr einfach nur im Süden, sondern man hat die Grenze zu Süd-Florida überschritten, was eine wahrhaftige Mischung aus den USA, der Karibik und Lateinamerika darstellt. Miami ist das pulsierende Herz der Region und eine der wenigen wirklich internationalen Städte des Landes. Reiche Strandgemeinden erstrecken sich von Palm Beach bis nach Fort Lauderdale, während im Landesinneren die Traumlandschaft der Everglades – eine einzigartige, faszinierende Wildnis – auf einen wartet. Und dort, wo die Halbinsel eigentlich endet, erstreckt sich der Overseas Hwy über Hunderte Mangroveninseln bis ins farbenfrohe Key West.

Miami

Selbst ohne den Strand wäre Miami unbestreitbar reizvoll. Die prächtigen Hotels aus den 1930er-Jahren, die den Ocean Dr säumen, gehören zur großartigsten Sammlung von Art-déco-Architektur auf der Welt. Die tropische Atmosphäre, die skurrilen nautischen Elemente und die berühmten Pastelltöne bilden eine malerische Kulisse, wenn man durch die Straßen von Miami Beach schlendert. Natürlich muss man sich nicht damit begnügen, diese architektonischen Juwelen von außen zu sehen. Miamis Hotels, sowohl die im Art-déco-Stil als auch die modernen, um die Mitte des 20. Jh. erbauten, ziehen mit ihren sonnigen Terrassen am Pool, den künstlerisch gestalteten Zimmern und den eleganten Nachtclubs sowohl Einheimische als auch Gäste von außerhalb an.

Ob es nun an der großen Vielfalt der Bevölkerung Miamis liegt oder an ihrer Liebe für alles Neue – eines der herausragendsten Merkmale dieser Stadt ist ihre Kreativität. Miami ist immer auf der Suche nach kühnen neuen Ideen, die sich auf überraschende Weise ausdrücken, sei es in der Kunst und im Design, sei es in der Gastronomie. Hier begegnet man wunderbar einfallsreichen Köchen, die die Kochstile des Ostens und des Westens miteinander vermischen. Außerdem sieht man nachhaltig entworfene Gebäude, denen Süd-Floridas Ökosysteme als Inspiration dienten, und Open-Air-Galerien mit einst verfallenen Lagerhäusern, die heute Kunst von Museumsrang beherbergen. Die größte Konstante Miamis ist ihr frappierendes Talent, zu überraschen.

Geschichte

Es war immer das Wetter, welches die beiden hervorstechendsten Gruppen Miamis – die Bauunternehmer und die Touristen – anzog. Doch es war nicht die Sonne allein, die die ersten Einwohner dazu brachte, sich hier niederzulassen, sondern ein Eissturm. Der große Frost in Florida im Jahr 1895 vernichtete die komplette Zitrusfrüchteernte des Bundesstaates. Zur selben Zeit kaufte die verwitwete Julia Tuttle Grundstücke, auf denen später das moderne Miami entstand, und Henry Flagler baute seine Florida East Coast Railroad. Tuttle bot ihm an, ihr Land mit ihm zu teilen, wenn Flagler die Eisenbahnstrecke bis Miami ausbauen würde, doch der Mann wollte nichts davon wissen – bis der Frost den Norden Floridas fest im Griff hatte und Tuttle ihm eine „Ich hab's ja gesagt!"-Botschaft schickte: eine Orangenblüte aus ihrem Garten in Miami.

Der Rest ist Geschichte – einer Geschichte vom Boom und Niedergang, von Träumern und Opportunisten. Nach großen Weltereignissen und Naturkatastrophen ist Miami immer wieder sprunghaft gewachsen. Hurrikane (besonders der verheerende Great Miami Hurricane im Jahr 1926) haben die Stadt verwüstet, doch sie erstand immer

DIE BESTEN STRÄNDE

Floridas beste Strände? Warum fragt ihr nicht gleich nach unserem Lieblingskind? Unmöglich! Jeder Strand hat seinen eigenen Charakter und seine eigenen Vorzüge. Hier ein paar unserer Favoriten:

Siesta Key (S. 548)

South Beach (S. 500)

Bahia Honda (S. 532)

Captiva Beach (S. 550)

St. George Island (☎850-927-2111; www.floridastateparks.org/stgeorgeisland; 1900 E Gulf Beach Drive; Fahrzeug 6 US$; ⏲8 Uhr–Einbruch der Dämmerung; P 🚻)

Eine nach „wissenschaftlichen" Kriterien erstellte Liste findet man bei Dr. Beach (www.drbeach.org).

Highlights

❶ **Mallory Square** (S. 533) Bei Sonnenuntergang an den Trinkgelagen in Key West teilnehmen

❷ **Everglades National Park** (S. 524) In den Everglades zwischen Alligatoren hindurchpaddeln

❸ **Walt Disney World® Resort** (S. 556) Sich in Orlando in den Sog der Nostalgie und der Rides ziehen lassen

❹ **Wynwood Walls** (S. 506) In Miami jedes einzelne Wandgemälde bewundern

❺ **John Pennekamp Coral Reef State Park** (S. 530) In diesem Unterwasserpark am

größten Korallenriff der kontinentalen USA schnorcheln

6 Siesta Key (S. 548) An den Puderzucker-Sandstränden in Sarasota einfach mal relaxen

7 Salvador Dalí Museum (S. 547) In St. Petersburg über Dalís *Der halluzinogene Torero* grübeln

8 Amelia Island (S. 543) Inmitten des Grüns auf dieser historischen Insel nahe der Grenze zu Georgia tief durchatmen

wieder auf und wurde besser als zuvor neu gebaut. Im späten 19. und frühen 20. Jh. erwarb sich Miami einen Ruf dafür, Rebellen des Designs und der Stadtplanung in die Stadt zu holen, etwa George Merrick, der das künstlerisch anspruchsvolle mediterrane Dorf Coral Gables baute, oder James Deering, der die märchenhafte Villa Vizcaya gestaltete.

Sehenswertes

Miamis Hauptattraktionen konzentrieren sich nicht auf ein Stadtviertel. Die am häufigsten besuchte Gegend ist South Beach, wo ein florierendes Nachtleben, schöne Strände und Art-déco-Hotels locken. Historische Stätten und Museen finden sich aber auch in der Downtown, Kunstgalerien in Wynwood und im Design District, traditionelle Hotels und Restaurant in Mid-Beach (in Miami Beach) und weitere Strände auf Key Biscayne. Coral Gables und Coconut Grove warten mit einträchtigen Sehenswürdigkeiten auf.

Das Wasser (die Kanäle und die Buchten) und das Einkommen bilden die geografischen und sozialen Grenzen, die Miami teilen. Die größte Wassergrenze ist natürlich die Biscayne Bay, die die Innenstadt Miamis vom eitlen Miami Beach (und dem eleganten South Beach) trennt. Man sollte aber nicht vergessen, dass Miami Beach nicht der Strand von Miami ist, sondern eine eigenständige Stadt.

South Beach

South Beach (SoBe), das berühmteste Viertel im Großraum von Miami, ist eine atemberaubende Mischung aus strahlenden Stränden, schöner Art-Déco-Architektur, Nobelboutiquen und quirligen Bars und Restaurants. Es verströmt Glamour, doch zugleich hat das Viertel mehr zu bieten als Prominente und teure Unterkünfte. Hier gibt's auch bodenständige Bars, gute ethnische Restaurants und hervorragende Museen.

South Beach STRAND

(Karte S. 504; Ocean Dr; ⌚5–24 Uhr) Die meisten denken bei Miami Beach an den South Beach, auch „SoBe" genannt. Der Strand selbst ist mit seinem goldenen Sand und seinen farbenfrohen Rettungsschwimmerstationen im Art-déco-Stil sehr malerisch. Am Ufer tummelt sich ein menschliches Panoptikum, darunter sonnengebräunte Einheimische und viele bleiche Reisende. In der Hochsaison (Dez.–März) und an warmen Wochenenden wird es hier richtig voll.

Wer keine Lust auf Massen hat, sucht sich ein Fleckchen abseits des am stärksten besuchten Teils des Strandes (5th St bis 15th St). Alkohol und Tiere sind am Strand übrigens nicht erlaubt.

Art Deco Historic District VIERTEL

(Karte S. 504; Ocean Dr) Das weltberühmte Art-déco-Viertel in Miami Beach ist purer Überschwang: eine Architektur der kühnen

MIAMI IN ...

...zwei Tagen

Der erste Tag gehört South Beach. Nach einem geführten Stadtspaziergang durchs historische Art-déco-Distrikt und einem Besuch des Wolfsonian-FIU, in dem alles erklärt wird, verbringt man den Nachmittag mit Sonnenbaden und Schwimmen. Abends geht's zum Essen ins Yardbird (S. 512), das traditionelle Südstaatenküche mit einer Gourmetnote im Stil Miamis versieht. Am nächsten Morgen bummelt man durch die Calle Ocho in Little Havana (S. 505), um kubanischer Musik zu kaufen, gefolgt von typisch kubanischer Küche im Exquisito Restaurant (S. 513). Nach einem Spaziergang durch die Vizcaya Museum & Gardens (S. 507) genießt man das tropische Ambiente und das außergewöhnliche Essen im 27 Restaurant (S. 512) und beschließt den Tag mit Cocktails im Broken Shaker (S. 514).

...vier Tagen

An den ersten beiden Tagen folgt man dem Zwei-Tages-Plan, am dritten geht's zu einer Kajaktour hinaus in die Everglades (S. 524). Am vierten Tag stehen zuerst Kunst und Design in Wynwood und im Design District (S. 506) auf dem Programm, danach besucht man das Pérez Art Museum Miami (S. 505) oder das Museum of Contemporary Art (S. 508). Den Abschluss bilden Weltklasse-Cocktails und anspruchsvolle traditionelle Küche im Sweet Liberty (S. 514), einem großartigen Treffpunkt der Einheimischen.

HURRIKAN IRMA

Am 10. September 2017 fegte einer der stärksten Hurrikane seit Beginn der Aufzeichnungen über den Bundesstaat Florida hinweg und hinterließ Überflutungen und eine Spur der Verwüstung. Hurrikan Irma erreichte die Küste der Florida Keys als ein Sturm der Kategorie 4 von der Breite Texas' und mit Windgeschwindigkeiten von über 210 km/h. Fast 7 Mio. Menschen im gesamten Bundesstaat wurden evakuiert, es kam zu weitreichenden Stromausfällen und selbst hoch im Norden in Jacksonville gab es Sturmfluten. Doch die größte Wucht des Sturms traf die Florida Keys und die Everglades. Nachdem eine 2,40 m hohe Sturmflut abgeflaut war, blieben Wohnhäuser und Geschäfte stark beschädigt und in Schlamm gehüllt zurück. Eine Untersuchung der FEMA (Federal Emergency Management Agency) ergab, dass in den Keys 25 % aller Gebäude zerstört und weitere 65 % beschädigt wurden.

Da der Bundesstaat stark vom Tourismus abhängt, verkündeten die meisten Städte kurz darauf, dass sie bald wieder für Besucher bereit sein würden. Trotzdem sollte sich jeder, der einen Reise nach Florida und besonders auf die Florida Keys (www.fla-keys.com) oder in die Region der Everglades (www.nps.gov/ever) plant, die aktuellsten Informationen auf den offiziellen Webseiten ansehen.

Linien und der skurrilen tropischen Motive in Farben, die an die Schönheit der Landschaft Miamis erinnern. Die 800 Gebäude, die im National Register of Historic Buildings gelistet sind, sind alle vollkommen unterschiedlich gestaltet. Bei einem Spaziergang inmitten dieser restaurierten Juwelen aus einer vergangenen Zeit ziehen sie wohl jeden Besucher in ihren Bann.

★ Wolfsonian-FIU MUSEUM

(Karte S. 504; ☎ 305-531-1001; www.wolfsonian.org; 1001 Washington Ave; Erw./Kind 10/5 US$, Fr 18–21 Uhr frei; ⏲ Mo, Di, Do & Sa 10–18, Fr bis 21, So 12–18 Uhr, Mi geschl.) Dieses ausgezeichnete Designmuseum besucht man a besten gleich zu Beginn des Aufenthalts in Miami, denn es stellt die Architektur von Miami Beach in einen Kontext. Zu sehen, wie Reichtum, Muße und die Suche nach Schönheit in Miami Beach ihren Ausdruck finden, ist eine Sache, doch die Wurzeln und Schattierungen der örtlichen künstlerischen Bewegungen zu verstehen, ist eine andere. Indem es die Entwicklung des Alltagslebens nachverfolgt, enthüllt das Wolfsonian, wie sich Trends in der äußeren Gestaltung South Beachs manifestieren.

Art Deco Museum MUSEUM

(Karte S. 504; www.mdpl.org/welcome-center/art-deco-museum; 1001 Ocean Dr; 5 US$; ⏲ Di–Do 10–17, Do bis 19 Uhr) Das kleine Museum ist einer der besten Orte der Stadt, um sich einen aufschlussreichen Überblick über das Art-déco-Viertel zu verschaffen. Videos, Fotos, Modelle und andere Exponate informieren über die bahnbrechende Arbeit von Barbara Capitman, die dazu beitrug, diese Gebäude in den 1970er-Jahren vor der sicheren Zerstörung zu bewahren. Besucher erhalten außerdem Infos über Capitmans Zusammenarbeit mit Leonard Horowitz, dem talentierten Künstler, der die Farbpalette entwarf, die heute ein prägender Bestandteil des sichtbaren Designs ist.

New World Center GEBÄUDE

(Karte S. 504; ☎ 305-673-3330, geführte Touren 305-673-3331; www.newworldcenter.com; 500 17th St; geführte Touren 5 US$; ⏲ geführte Touren Di & Do 16, Fr & Sa 13 Uhr) Frank Gehry entwarf diese Veranstaltungshalle, die auf einem geschniegelten Rasen gleich oberhalb der Lincoln Rd steht. Die Fassade aus Glas und Stahl, die fast so ätherisch ist wie die Musik, die im Haus erklingt, umfasst auch für Gehry charakteristische segelförmige Elemente. Diese tragen zu der großartigen Akustik bei und verleihen der Konzerthalle ein futuristisches Gepräge. Das Gebäude steht in einem 1 ha großen öffentlichen Park, der den passenden Namen **SoundScape Park** (www.nws.edu) trägt.

North Beach

Der lange Strand und die von Eigentumswohnungen dominierte Stadtlandschaft von North Beach bieten eine leicht abweichende Variante der Dekadenz von Miami Beach. Anstelle der Art-déco-Architektur findet man hier Prachtbauten im sogenannten MiMo-Stil (kurz für „Miami Modernist") aus der Zeit des Aufschwungs nach dem Zweiten Weltkrieg. North Beach ist zwar nicht

Großraum Miami

Großraum Miami

so dicht besiedelt und hat weniger Restaurants, Bars und Geschäfte, dennoch hat es viel zu bieten – hauptsächlich die schöne Küste, an der nach Meinung der Anwohner der Sand weißer ist.

Boardwalk STRAND

(Karte S. 502; www.miamibeachboardwalk.com; 21st St–46th St) Welche Strandmode ist denn dieses Jahr angesagt? Scheinbar polnische Gabardinemäntel im Stil des 17. Jhs. Die Promenade am Mid-Beach ist ein Laufsteg für viele knapp bekleidete Schönheiten, doch inmitten der Jogger, schlendernden Traveller und Sonnenanbeter sind auch orthodoxe Juden unterwegs. In vielen Apartmenthäusern in der Nähe wohnen Latinos und Juden der Mittelklasse, die hier ihre Hunde ausführen, mit ihren Kindern spielen und für eine entspannte, alltägliche Atmosphäre sorgen, die sich deutlich vom Nonstop-Glamour in South Beach unterscheidet.

Eden Roc Renaissance HISTORISCHES GEBÄUDE

(Karte S. 502; www.nobuedenroc.com; 4525 Collins Ave) Das Eden Roc war das zweite bahnbrechende Resort des Architekten Morris Lapidus und ist ein schönes Beispiel des als MiMo (Miami Modern) bekannten Architekturstils. Hier traf sich in den 1960er-Jahren regelmäßig das Rat Pack – Sammy Davis Jr., Dean Martin, Frank Sinatra und ihre Crew. Nach umfangreichen Renovierungsarbeiten ist Lapidus' Architektur jetzt teilweise etwas mehr in den Hintergrund gerückt, dennoch ist das Gebäude immer noch ein Wahrzeichen der Architektur von Miami Beach und ein Beispiel für die kühne Schönheit der Millionaire's Row.

Fontainebleau HISTORISCHES GEBÄUDE

(Karte S. 502; www.fontainebleau.com; 4441 Collins Ave) Richtung Norden werden die Eigentumswohnungen und Apartmentgebäude in der Collins Ave immer prächtiger, bis man schließlich das Gebiet erreicht, das den Spitznamen Millionaire's Row (Millionärs-Reihe) trägt. Das fantastischste Juwel in dieser glitzernden Krone ist das **Hotel Fontainebleau** (☎305-535-3283; Zi. ab 360 US$; P❄📶🏊🐾). Das Hotel – und hauptsächlich der seitdem renovierte Pool – war einer der Schauplätze von Brian de Palmas Klassiker *Scarface*.

Miami Beach

0 500 m
0 0,25 Meilen
Bass Museum of Art (0,2 Meilen)
20th St
19th St
18th St
17th St
16th St
15th St
14th St
13th St
12th St
11th St
10th St
9th St
8th St
7th St
6th St
5th St
4th St
3rd St
2nd St
1st St
Collins Ave
Collins Canal
Dade Blvd
Alton Rd
West Ave
Bay Rd
Purdy Ave
Jefferson Ave
James Ave
Maurice Gibb Memorial Park
Venetian Way
Belle Isle
Lincoln Rd
Lincoln La N
Lincoln Rd Mall
Lenox Ave
Euclid Ave
Pennsylvania Ave
Drexel Ave
Alton Ct
15th Tce
Lincoln La S
Michigan Ave
Meridian Ave
Flamingo Way
Español Way
14th La
14th Pl
14th Tce
13th Tce
Biscayne Bay
Lummus Park
Flamingo Park
LGBT Visitor Center
Wolfsonian-FIU
MIAMI BEACH
Promenade
Collins Ct
Ocean Ct
Ocean Dr
Washington Ave
Downtown Miami (2,2 Meilen); Miami International (8 Meilen)
Miami Beach Dr (5th St)
41
Causeway Island
Terminal Island
Miami Beach Marina
Pier M
Ocean Beach Park
Pier Park
Commerce St
South Pointe Dr
Harley St
Boardwalk Pier
South Pointe Park
Government Cut
Lummus Island
Fisher Island
ATLANTIK
South Beach
FLORIDA SÜD-FLORIDA

Miami Beach

Downtown Miami

Die meisten Attraktionen der Downtown befinden sich nördlich vom Fluss. Zwischen einigen Highlights kann man zu Fuß gehen, sehr praktisch sind aber die kostenlose Hochbahn Metromover und für längere Entfernungen ein Fahrrad von Citi Bike.

★ HistoryMiami MUSEUM

(Karte S. 502; ☎305-375-1492; www.historymiami.org; 101 W Flagler St; Erw./Kind 10/5 US$; ⏲Mo–Sa 10–17, So ab 12 Uhr; ♿) Süd-Florida, ein Land der entflohenen Sklaven, Landräuber, Piraten, Traveller, Drogendealer und Alligatoren, hat eine ganz besondere Geschichte, und es bedarf eines besonderen Museums, um sie zu erzählen. Genau das tut dieses empfehlenswerte Museum im **Miami-Dade Cultural Center**: Es verknüpft die Geschichten der Bevölkerungsgruppen, die die Region in verschiedenen Wellen besiedelten, von den Ureinwohnern bis zu den Nicaraguanern.

★ Pérez Art Museum Miami MUSEUM

(PAMM; Karte S. 502; ☎305-375-3000; www.pamm.org; 1103 Biscayne Blvd; Erw./Senioren & Studenten 16/12 US$, 1. Do & 2. Sa im Monat freier Eintritt; ⏲Fr–Di 10–18, Do bis 21 Uhr, Mi geschl.; P) Das Museum kann sich mit guten, wechselnden Ausstellungen zu internationaler Kunst aus der Zeit nach dem Zweiten Weltkrieg rühmen. Aber auch die Lage und das Äußere sind beeindruckend. Zum Museum gehört auch der Museum Park, ein kleines Stück Land mit Blick auf das blaue Gewässer der Biscayne Bay. Die Schweizer Architekten Herzog & de Meuron entwarfen das Gebäude, das tropisches Blattwerk, Glas und Metall vereint – eine Mischung aus tropischer Lebensfreude und frischer Moderne, was eine passende architektonische Analogie zu Miami darstellt.

Patricia & Phillip Frost Museum of Science MUSEUM

(Karte S. 502; ☎305-434-9600; www.frostscience.org; 1101 Biscayne Blvd; Erw./Kind 28/20 US$; ⏲9–18 Uhr; P ♿) Auf über 2300 m² bietet dieses weitläufige, neue Museum in der Innenstadt ein Aquarium, das sich über drei Stockwerke erstreckt, ein hochmodernes Planetarium und zwei eigenständige Flügel, die sich mit den Wundern der Wissenschaft und Natur beschäftigen. Die Ausstellungen decken eine große Bandbreite ab: von Wetterphänomenen bis zu Insekten, gefiederten Dinosauriern und lebenswichtigen Mikroben. Viel Raum nehmen auch die faszinierenden Everglades und die biologisch reichen Korallenriffe ein.

Das neue Gebäude, dessen Fertigstellung schwindelerregende 305 Mio. US$ kostete, wurde nachhaltig konzipiert und ist seit 2017 für Besucher geöffnet.

Little Havana

Little Havanas Hauptstraße, die Calle Ocho (SW 8th St), führt nicht einfach durch das Herz dieses Stadtteils – sie ist sein Herz. In vieler Hinsicht ist dies der Inbegriff einer Einwanderer-Enklave in den USA – voller Restaurants, altmodischer Minimärkte und Kioske, die Telefonkarten verkaufen. Der kubanische Charakter des Viertels wird um der Besucher Willen ein wenig überbetont, trotzdem ist und bleibt es eine stimmungsvolle Gegend, in der die Dominosteine klappern, Zigarrenduft durch die Luft wabert und aus den farbenfrohen Geschäften Latin Jazz klingt.

★ Máximo Gómez Park PARK
(Karte S. 502; Ecke SW 8th St & SW 15th Ave; ⏲9–18 Uhr) Im Máximo Gómez Park wird die Erinnerung an das alte Kuba heraufbeschworen. Er wird auch „Domino Park" genannt, weil sich hier die Gespräche älterer Herren beim Schachspiel mit dem schnellen Klacken von umfallenden Dominosteinen mischen. Die laute Geräuschkulisse, der starke Geruch nach Zigarren und ein leuchtendes Wandgemälde zum Amerika-Gipfel von 1994 machen den Máximo Gómez zum sinnlichsten Ort von Miami (auch wenn er zugegebenermaßen von Touristen überlaufen ist).

Little Havana Art District VIERTEL
(Karte S. 502; Calle Ocho, zw. SW 15th & 17th Aves) O.k., es ist nicht Wynwood. Es ist eigentlich eher ein „Kunststraßenzug" mit nur einer Handvoll Galerien und Ateliers, die noch in Betrieb sind, als ein „Kunstviertel", dennoch lohnt sich ein Besuch. Dieser Teil von Little Havana ist auch das Zentrum der **Viernes Culturales** (Cultural Fridays; www.viernesculturales.org; ⏲letzter Fr im Monat 19–23 Uhr).

Wynwood & Design District

Wynwood und das Design District gehören zu den kreativsten Stadtviertel Miamis und beide sind zu Recht für ihre florierende Kunstszene bekannt. In Wynwood wimmelt es nur so von Galerien und großformatiger Street Art, die frühere Industrieanlagen schmückt. Auch das Nachtleben ist klasse, und die Restaurantszene ist im Aufschwung begriffen. Im kleineren Design District gibt's ebenfalls einige Kunstgalerien sowie diverse Bars und Lokale.

★ Wynwood Walls ÖFFENTLICHE KUNST
(Karte S. 502; www.thewynwoodwalls.com; NW 2nd Ave, zw. 25th St & 26th St) GRATIS Inmitten verrosteter Lagerhäuser und verfallener Betonflächen haben Künstler mit ihren Farben und Graffiti eine bunte Explosion urbaner Kunst geschaffen. Die Wynwood Walls sind eine Sammlung von Wandgemälden und Bildern in einem offenen Hof, die Besucher angesichts der Farbenpracht und der unerwarteten Lage einfach von den Socken hauen. Die Kunstwerke kommen und gehen, oft im Zusammenhang mit wichtigen Kunst-Events wie der Art Basel (S. 509), aber sie sind immer spannend.

★ Margulies Collection at the Warehouse GAERIE
(Karte S. 502; ☎305-576-1051; www.margulieswarehouse.com; 591 NW 27th St; Erw./Stud. 10/5 US$; ⏲Mitte Okt.–April Di–Sa 11–16 Uhr) Diese riesige, nichtkommerzielle Galerie zeigt auf über 4000 m² eine der besten Sammlungen Wynwoods. Im Mittelpunkt stehen großformatige, zum Nachdenken anregende Installationen, und auch Werke führender Künstler des 21. Jhs. sind zu sehen.

MIAMIS STRÄNDE

Die Strände von Miami Beach gehören zu den besten des Landes. Das Wasser ist klar und warm, und der importierte Sand ist auch relativ weiß. Außerdem sind sie inoffiziell in bestimmte Besucherbereiche eingeteilt, sodass jeder hier sein Plätzchen findet.

Für spärlich Bekleidete In South Beach zwischen der 5th St und der 21st St sind sittsame Outfits Mangelware.

Familienstrände Nördlich der 21st St geht's familienfreundlicher zu. Am Strand an der 53rd St gibt es einen Spielplatz und öffentliche Toiletten.

FKK-Strände Im **Haulover Beach Park** (Karte S. 502; ☎305-947-3525; www.miamidade.gov/parks/haulover.asp; 10800 Collins Ave; Mo–Fr 5 US$, Sa & So 7 US$/Auto; ⏲Sonnenaufgang–Sonnenuntergang; Ⓟ) in Sunny Isles ist Nacktbaden legal. Nördlich vom Rettungsschwimmerturm tummeln sich vor allem Schwule, südlich davon hauptsächlich Heteros.

Schwulenstrände Ganz South Beach ist schwulenfreundlich – vor allem aber die Umgebung der 12th St.

Windsurfer-Strände Der Hobie Beach am Rickenbacker Causeway Richtung Key Biscayne wird häufig „Windsurfing Beach" genannt.

Bakehouse Art Complex GALERIE
(BAC; Karte S. 502; ☎ 305-576-2828; www.bacfl.org; 561 NW 32nd St; ⊙ 12–17 Uhr; P) GRATIS Einer der wichtigsten künstlerischen Orte Wynwoods, das Bakehouse, war schon lange vor der Schaffung der Wynwood Walls ein Pionier der Kunstszene. Heute befinden sich in der einstigen Bäckerei Galerien und etwa 60 Ateliers. Die Bandbreite der Arbeiten ist ziemlich beeindruckend.

Coral Gables

In der hübschen Stadt Coral Gables fühlt man sich inmitten der Gebäude im mediterranen Stil wie in einer anderen Welt. Feigenbäume säumen die Straßen und im fußgängerfreundlichen Zentrum gibt's zahlreiche Geschäfte, Cafés und Restaurants. Die Highlights sind das markante Biltmore Hotel, ein üppiger tropischer Garten und einer der schönsten Swimmingpools Amerikas.

★ **Fairchild Tropical Garden** GARTEN
(Karte S. 502; ☎ 305-667-1651; www.fairchildgarden.org; 10901 Old Cutler Rd; Erw./Kind/Senior 25/12/18 US$; ⊙ 9.30–16.30 Uhr; P) Wer dem Trubel Miamis entfliehen will, kann im größten tropischen botanischen Garten des Landes einen Tag im Grünen verbringen. Der Schmetterlingshain, die Tropenhalle und der Blick auf friedliche Sümpfe und andere wichtige Habitate sowie häufige Kunstinstallationen von Künstlern wie Roy Lichtenstein sind einfach grandios. Stündlich startet eine kostenlose 45-minütige Tour durch den Park im offenen Besucherbus (10–15 Uhr, am Wochenende bis 16 Uhr).

★ **Biltmore Hotel** HISTORISCHES GEBÄUDE
(Karte S. 502; ☎ 855-311-6903; www.biltmorehotel.com; 1200 Anastasia Ave; ⊙ geführte Touren So 13.30 & 14.30 Uhr; P) Im opulentesten Viertel einer der schillerndsten Städte der Welt rümpft das Biltmore die Nase und sagt „Also bitte!". Es ist das Kronjuwel unter den prächtigen Hotels aus der Zeit des amerikanischen Jazz Age, und wenn es eine Romanfigur wäre, dann wäre es zweifellos Jay Gatsby. Al Capone betrieb auf dem Hotelgelände eine Flüsterkneipe, und in der Capone Suite soll der Geist von Fats Walsh spuken, der hier ermordet wurde.

Coconut Grove

Coconut Grove war früher eine Hippie-Kolonie, doch heute sind seine Bewohner typische Angehörige der Mittelschicht, die die Einkaufszentren bevölkern, und Collegestudenten. Es ist eine nette Gegend mit spannenden Geschäften und Cafés und einer fußgängerfreundlichen Kleinstadtatmosphäre. Besonders schön ist es hier abends, wenn sich die Terrassen der Bars und Restaurants mit Einheimischen füllen. Coconut Grove grenzt ans Meer und hat eine hübsche Marina sowie nette Grünanlagen.

★ **Vizcaya Museum & Gardens** HISTORISCHES GEBÄUDE
(Karte S. 502; ☎ 305-250-9133; www.vizcayamuseum.org; 3251 S Miami Ave; Erw./6–12 Jahre/Student & Senior 18/6/12 US$; ⊙ Mi–Mo 9.30–16.30 Uhr; P) Miami wird auch die magische Stadt genannt, und wenn das so ist, dann ist diese italienische Villa die bauliche Entsprechung eines Fabergé-Eis und Miamis märchenhafteste Residenz. Der Unternehmer James Deering hat 1916 die Tradition in der Stadt eingeführt, einen Haufen Geld zu verdienen und dann ein geradezu lächerlich prunkvolles Gebäude zu errichten. Er stellte 1000 Leute ein (was damals 10 % der einheimischen Bevölkerung entsprach) und füllte sein Haus mit Möbeln aus dem 15. bis 19. Jh., Wandteppichen, Gemälden und ornamentaler Kunst.

Key Biscayne

Key Biscayne und das benachbarte Virginia Key sind eine schnell erreichbare Oase, wenn man mal aus der Innenstadt Miamis heraus will. Hat man die reizvollen Brücken vom Festland erstmal hinter sich gelassen, fühlt man sich, als hätte es einen in ein fernes tropisches Paradies mit herrlichen Stränden, wunderschönen Wanderwegen durchs Grüne in den State Parks und aller Arten von Wasserspaß verschlagen. Allein wegen der grandiosen Skyline Miamis lohnt die Fahrt hierher.

★ **Bill Baggs Cape Florida State Park** STATE PARK
(Karte S. 502; ☎ 305-361-5811; www.floridastateparks.org/capeflorida; 1200 S Crandon Blvd; Auto/Pers. 8/2 US$; ⊙ 8 Uhr–Sonnenuntergang, Leuchtturm 9–17 Uhr; P) Wer nicht zu den Florida Keys fährt, bekommt in diesem 200 ha großen State Park eine gute Vorstellung von ihrem einzigartigen Insel-Ökosystem. Sandige Wege und Holzstege führen durch das Gewirr der tropischen Fauna und der dunklen Mangroven. Man achte auf die „Schnorchel"-Wurzeln, die die halb unter

Wasser liegenden Mangroven mit Sauerstoff versorgen. Ringsherum erstreckt sich kilometerweit das helle Meer.

Großraum Miami

Museum of Contemporary Art North Miami MUSEUM
(MoCA; Karte S. 502; ☎305-893-6211; www.mocanomi.org; 770 NE 125th St; Erw./Stud./Kind 5/3 US$/frei; ⏲Di–Fr & So 11–17, Sa 13–21 Uhr; P) Seit Langem lockt das Museum of Contemporary Art viele Besucher in diese entlegene Ecke North Miamis. Es zeigt hervorragende Wechselausstellungen mit moderner Kunst von örtlichen, nationalen und internationalen Künstlern.

Gold Coast Railroad Museum MUSEUM
(☎305-253-0063; www.gcrm.org; 12450 SW 152nd St; Erw./Kind 3–11 Jahre 8/6 US$; ⏲Mo–Fr 10–16, Sa & So ab 11 Uhr; P) Das vor allem für Eisenbahnfans interessante Museum zeigt mehr als 30 historische Eisenbahnwagen, darunter den Präsidentenwagen Ferdinand Magellan, in dem Präsident Harry Truman die Zeitung mit der berühmten falschen Schlagzeile „Dewey Defeats Truman" („Dewey schlägt Truman") schwenkte.

Aktivitäten

In Miami herrscht kein Mangel an möglichen Aktivitäten. Die Magic City hat allen etwas zu bieten, die sich einen Aktivurlaub wünschen, egal ob eine Segeltour auf dem blaugrünen Meer, eine Wanderung durch tropisches Unterholz, Yoga in den Parks oder (warum nicht?) Trapezartistik hoch über der Stadt.

Citi Bike RADFAHREN
(☎305-532-9494; www.citibikemiami.com; Radverleih 30 Min./1 Std./2 Std./4 Std./ganzer Tag 4,50/6,50/10/18/24 US$) Mit diesem Fahrradverleihsystem, das sich an ähnliche Systeme in New York, London und Paris orientiert, ist es ein Kinderspiel, loszuradeln. Man geht einfach zu einer der solarbetriebenen Stationen von Citi Bike (eine praktische Karte findet man auf der Website), steckt eine Kreditkarte hinein und fährt los. Die Räder können an allen Citi-Bike-Stationen zurückgegeben werden.

Bike & Roll RADFAHREN
(Karte S. 504; ☎305-604-0001; www.bikemiami.com; 210 10th St; Radverleih 2 Std./4 Std./Tag ab 10/18/24 US$, Führungen 40 US$; ⏲9–19 Uhr) Der gut geführte Anbieter hat eine ordentliche Auswahl an Rädern, darunter Singlespeed-Cruiser, Crossräder mit Gangschaltung und schnelle Rennräder. Die Mitarbeiter erledigen alles rasch, sodass man ruckzuck auf dem Rad sitzt. Geführte Fahrradtouren finden täglich um 10 Uhr statt.

Fritz's Skate, Bike & Surf SPORTVERLEIH
(Karte S. 504; ☎305-532-1954; www.fritzsmiamibeach.com; 1620 Washington Ave; Fahrrad- & Skateverleih pro Std./Tag/5 Tage 10/24/69 US$; ⏲Mo–Sa 10–21, So bis 20 Uhr) Bei Fritz's kann man Sportausrüstung ausleihen, darunter Skateboards, Longboards, Inlineskates, Rollschuhe und Fahrräder (Cruiser, Mountainbikes, Kinderfahrräder).

SoBe Surf SURFEN
(☎786-216-7703; www.sobesurf.com; Gruppen-/Privatunterricht ab 70/120 US$) Bietet Surfunterricht in Miami Beach und in Cocoa Beach, wo die Wellen in der Regel besser sind. In Miami Beach findet der Unterricht meistens rund um South Point statt. Man kann per Telefon oder E-Mail buchen.

Miami Watersports Complex WASSERSPORT
(MWCC; Karte S. 502; ☎305-476-9253; www.aktionparks.com; Amelia Earhart Park, 401 E 65th St, Hialeah; ⏲März–Okt. 11–18 Uhr, Nov.–Feb. bis Sonnenuntergang) Hier kann man Cableboarding lernen: Dabei wird man an über hoch oben verlaufenden Kabeln übers Wasser gezogen. Das heißt kein Boot, keine Umweltverschmutzung und weniger Lärm. Eine Unterrichtseinheit kostet 25/90 US$ pro 20/60 Min. Im Angebot ist auch ein Paket für 59 US$, das Anfängerunterricht, Leihausrüstung und einen vierstündigen Cable-Pass umfasst. Man sollte sich telefonisch anmelden, um einen Platz zu reservieren.

Geführte Touren

History Miami Tours STADTSPAZIERGANG
(www.historymiami.org/city-tour; geführte Touren 30–60 US$) Der außergewöhnliche Historiker Dr. Paul George leitet faszinierende Stadtspaziergänge, darunter kulturell geprägte Touren durch Little Haiti, Little Havana, die Downtown und Coral Gables in der Dämmerung sowie gelegentlich Bootsfahrten nach Stiltsville und Key Biscayne.

Miami Food Tours ESSEN & TRINKEN
(Karte S. 504; ☎786-361-0991; www.miamifoodtours.com; 429 Lenox Ave; Erw./Kind South-Beach-Tour 58/35 US$, Wynwood-Tour 75/55 US$; ⏲Touren South Beach tgl. 11 & 16.30 Uhry, Wynwood Mo–Sa 10.30 Uhr) Auf diesen hoch gelobten

MIAMI MIT KINDERN

Die kinderfreundlichsten Strände liegen nördlich der 21st St in Miami Beach. Besonders gut sind der Strand an der 53rd St mit Spielplatz und Toiletten und der hinter Dünen verborgene Strand an der 73rd St. Prima ist auch der im Süden gelegene Matheson Hammock Park mit ruhigen künstlichen Lagunen.

Miami Children's Museum (Karte S. 502; ☎305-373-5437; www.miamichildrensmuseum.org; 980 MacArthur Causeway; 20 US$; ⌚10–18 Uhr; 👪) Dieses Mitmach-Museum steht auf Watson Island zwischen Downtown Miami und Miami Beach. Hier gibt's z. B. Musikstudios und Kunstateliers. Allerdings lassen von Firmen gesponserte „Arbeits"-Exponate das Ganze sehr kommerziell wirken.

Jungle Island (Karte S. 502; ☎305-400-7000; www.jungleisland.com; 1111 Parrot Jungle Trail, abseits des MacArthur Causeway; Erw./Kind/Senior 40/32/38 US$; ⌚10–17 Uhr; P 👪) Beheimatet viele Tropenvögel, Alligatoren, Orang-Utans, Schimpansen und (sehr zur Freude der Fans von *Napoleon Dynamite*) einen Liger – eine Kreuzung zwischen einem Löwen und einem Tiger.

Zoo Miami (Metrozoo; ☎305-251-0400; www.miamimetrozoo.com; 12400 SW 152nd St; Erw./Kind 18/14 US$; ⌚Mo–Fr 10–17, Sa & So 9.30–17.30 Uhr) Im hiesigen Tropenwetter fühlen sich die Spaziergänge durch den Zoo Miami fast wie Wildnistrips an. Für einen schnellen Überblick über das gigantische Gelände (und weil die Sonne so runterbrennt) empfiehlt sich eine Fahrt mit der Safari Monorail, die alle 20 Minuten abfährt.

Monkey Jungle (☎305-235-1611; www.monkeyjungle.com; 14805 SW 216th St; Erw./Kind/Senior 30/24/28 US$; ⌚9.30–17 Uhr, letzter Einlass 16 Uhr; P 👪) Der Slogan *Where humans are caged and monkeys run free* („Wo Menschen eingesperrt sind und Affen frei umherlaufen") sagt bereits alles, was man wissen muss – nur nicht, dass dies im äußersten Süden von Miami der Fall ist.

Touren entdeckt man verschiedene Facetten der Stadt wie Kultur, Geschichte, Kunst und natürlich Essen und legt unterwegs in Restaurants und Cafés Pausen ein. Die Stadtspaziergänge führen durch South Beach und Wynwood, man legt aber keine großen Entfernungen zurück.

Miami Design Preservation League STADTSPAZIERGANG
(MDPL; Karte S. 504; ☎305-672-2014; www.mdpl.org; 1001 Ocean Dr; geführte Touren Erw./Stud. 25/20 US$; ⌚tgl. 10.30 Uhr, Do auch 18.30 Uhr) Ein munterer Guide von der Miami Design Preservation League erzählt etwas über die Geschichte und die Hintergründe zu den Art-déco-Gebäuden von South Beach. Die Touren dauern 90 Minuten. Im Angebot sind auch Führungen durchs jüdische Miami Beach, Touren unter dem Motto „Miami Beach für Schwule und Lesben" sowie am ersten Samstag im Monat um 9.30 Uhr Touren zum MiMo-Viertel in North Beach.

Feste & Events

Winter Music Conference MUSIK
(www.wintermusicconference.com; ⌚März) Partypromoter, DJs, Produzenten und Fans aus der ganzen Welt treffen sich hier, um die elektronische Musik neuer Künstler zu hören, sich mit der aktuellsten Technik vertraut zu machen und die Nächte durchzufeiern.

Miami Spice Restaurant Month ESSEN & TRINKEN
(www.facebook.com/ilovemiamispice; ⌚Aug.–Sept.) Spitzenrestaurants in und um Miami bieten zum Mittag- und Abendessen dreigängige Mittags- und Abendmenüs an, um die Leute während der großen Hitze aus dem Haus zu locken. Die Preise liegen bei etwa 25 US$ fürs Mittagessen und 40 US$ fürs Abendessen. Unbedingt reservieren!

White Party MUSIK
(www.whiteparty.org; ⌚Nov.) Wer schwul ist und gerade in der Stadt ist, darf die White Party nicht verpassen! Zu den Nonstop-Partys in Clubs und Veranstaltungsorten in der ganzen Stadt zieht es während des einwöchigen extravaganten Festivals über 15 000 Schwule und Lesben.

Art Basel Miami Beach KUNST
(www.artbasel.com/miami-beach; ⌚Anfang Dez.) Dies ist eine der wichtigsten internationalen Kunstmessen der Welt mit über 250

Stadtspaziergang **Art-déco-Magie**

START ART DECO MUSEUM
ZIEL OCEAN'S TEN
LÄNGE/DAUER 1,9 KM; 2–3 STD.

Startpunkt ist das 1 **Art Deco Museum** (S. 501) an der Ecke Ocean Dr und 10th St. Weiter nördlich bewundert man am Ocean Dr zwischen der 12th St und der 14th St drei klassische Art-déco-Hotels: das 2 **Leslie** mit Sonnenblenden, die wie Augenbrauen wirken, das 3 **Carlyle** im modernistischen Stil, bekannt aus dem Film *The Birdcage – Ein Paradies für schrille Vögel*, und das von Henry Hohauser gebaute 4 **Cardozo Hotel** mit abgerundeten Kanten, das Gloria Estefan gehört. In der 14th St wirft man im 5 **Winter Haven Hotel** einen Blick auf die Terrazzo-Böden; sie bestehen aus in Mörtel eingelegten Steinsplittern, die nach der Trocknung poliert wurden.

Nun biegt man links in die 14th St ein und folgt ihr bis zur Washington Ave und dem im klassisch sachlichen Art-déco-Stil erbauten 6 **US Post Office** an der 13th St. Im Inneren des weißen Baus kann man das Wandbild, die Kuppeldecke und die marmornen Stempeltische bestaunen. Mittags kehrt man im 7 **11th St Diner** (S. 512) ein, einem Pullmann-Speisewagen aus Aluminium, der 1992 aus Wilkes-Barre in Pennsylvania hierhergebracht wurde. Von einem Fensterplatz überblickt man die Avenue bis zur Ecke der 10th St und zum wundervoll restaurierten 8 **Hotel Astor**, das T. Hunter Henderson 1936 konzipierte.

Nach dem Essen spaziert man einen halben Block Richtung Süden zum 9 **Wolfsonian-FIU** (S. 501), einem herausragenden Designmuseum, in dem sich früher die Washington Storage Company befand. Es geht weiter die Washington Ave hinunter, an der 8th St nach links und Richtung Osten zum 10 **Hotel of South Beach**, dessen Interieur und Dachterrasse von Todd Oldham entworfen wurden. L. Murray Dixon designte das Hotel 1939 als das Tiffany Hotel mit einer Art-déco-Spitze. Zwei Blocks weiter reiht sich am Ocean Dr ein Art-déco-Juwel ans andere. Die Fassade des Gebäudes am 960 Ocean Dr (heute das Restaurant 11 **Ocean's Ten**) entwarf 1935 die Art-déco-Legende Henry Hohauser.

teilnehmenden Galerien und zahlreichen angesagten Partys. Auch wer kein Kunst sammelnder Milliardär ist, kann bei diesem viertägigen Festival viel erleben, z. B. Open-Air-Kunstinstallationen, Sonderausstellungen in vielen Galerien Miamis sowie Open-Air-Kino.

Schlafen

In Miami gibt's mehrere verlockende Unterkünfte, die für einige Besucher ein großer Magnet sind. Den höchsten Bekanntheitsgrad haben die Boutiquehotels in Art-déco-Häusern, es warten aber auch zahlreiche andere Optionen in Miami, ob nun Hochhäuser in der Downtown mit weiter Aussicht und allen Annehmlichkeiten oder charmante historische Häuser in Coral Gables, Coconut Grove und anderen, weniger touristischen Stadtvierteln.

South Beach

Bed & Drinks HOSTEL $

(Karte S. 504; ☎786-230-1234; www.bedsndrinks.com; 1676 James Ave; B/DZ ab 29/154 US$) Dieses Hostel zielt ziemlich schamlos auf ein Publikum, das auf Sexappeal steht, daher der Name. Doch es liegt nur ein paar Blocks vom Strand entfernt, von daher passt es. Die Zimmerauswahl reicht von durchschnittlich bis zu leicht überdurchschnittlich, was den jungen, partyfreudigen Gästen aber egal ist. Freundliche Mitarbeiter, eine belebte Bar vor Ort und abendliche Ausflüge zu Clubs in der Stadt.

Catalina Hotel BOUTIQUEHOTEL $$

(Karte S. 504; ☎305-674-1160; www.catalinahotel.com; 1732 Collins Ave; Zi. ab 220 US$; P ❄ 📶 🏊) Das Catalina ist ein gelungenes Beispiel für den Art-déco-Stil im Mittelklassebereich. Neben den verspielt minimalistischen Zimmern ist vor allem die Atmosphäre sehr angenehm – das Catalina nimmt sich selbst nicht so ernst, und das Ergebnis sind offenbar fröhliche, gut gelaunte Mitarbeiter und Gäste. Besonders attraktiv ist der Pool hinter dem Hotel, der hinter der frischen weißen Fassade des Hauptgebäudes versteckt liegt und von einem Bambushain umringt ist.

★ **1 Hotel** HOTEL $$$

(Karte S. 502; ☎866-615-1111; www.1hotels.com; 2341 Collins Ave; Zi. ab 400 US$; ❄ 📶 🏊) Das 1 Hotel, eines der führenden Hotels der gesamten USA, hat über 400 wunderbare Zimmer, die luxuriös und umweltfreundlich eingerichtet sind. In den Zimmern gibt's z. B. Couchtische/Schreibtische aus Baumstämmen, maßgefertigte Matratzen mit Hanfanteil und Wände aus aufgearbeitetem Treibholz sowie Wasserfilter – auf Wasserflaschen kann man also verzichten. Die öffentlichen Bereiche sind beeindruckend, es gibt allein vier Pools, darunter einen Infinity Pool nur für Erwachsene auf dem Dach.

★ **Surfcomber** HOTEL $$$

(Karte S. 504; ☎305-532-7715; www.surfcomber.com; 1717 Collins Ave; Zi. 250–480 US$; P ❄ 📶 🏊 🐾) Von außen kommt das Surfcomber im klassischen Art-déco-Stil mit markanten Linien und schattenspendenden „Augenbrauen-Vorsprüngen", die im Zickzack über die Fassade verlaufen, daher. Doch die meisten Besucher sind vor allem vom Interieur des Hotels beeindruckt. Die Zimmer haben Stil: Ihre eleganten Linien nehmen die Art-déco-Ästhetik auf, kräftige Farbakzente sorgen dagegen für einen modernen Touch.

North Beach

★ **Freehand Miami** BOUTIQUEHOTEL $$

(Karte S. 502; ☎305-531-2727; www.thefreehand.com; 2727 Indian Creek Dr; B 35–55 US$, Zi. 160–250 US$; ❄ 📶 🏊) Das Freehand ist die großartige Neuerfindung des alten Indian Creek Hotel, ein Klassiker der Hotelszene von Miami Beach. Die Zimmer sind sonnig und schön mit einheimischer Kunst und Holzelementen gestaltet. Der Hauptgrund, um hier zu übernachten, sind aber die öffentlichen Bereiche im historischen Ambiente, besonders der hübsche Poolbereich und der Garten hinter dem Hotel, der sich oft in eine der besten Bars der Stadt verwandelt.

Downtown Miami

Langford Hotel HISTORISCHES HOTEL $$

(Karte S. 502; ☎305-250-0782; www.langfordhotelmiami.com; 121 SE 1st St; Zi. ab 180 US$; ❄ 📶) Das Langford befindet sich in einem schön restaurierten Beaux-Arts-Gebäude von 1925. Es eröffnete 2016 mit viel Tamtam. Die 126 elegant gestalteten Zimmer bieten eine gelungene Kombination aus Komfort und Nostalgie sowie einzelne historische Elemente, etwa den weißen Eichenholzboden. In den Bädern gibt es Regenduschen mit Glaswänden. Die Einrichtung ist in jeder Hinsicht durchdacht. Zum Hotel gehören eine Dachbar und ein hervorragendes Restaurant im Erdgeschoss.

Coral Gables

★ Biltmore Hotel HISTORISCHES HOTEL $$$
(Karte S. 502; ☎855-311-6903; www.biltmorehotel.com; 1200 Anastasia Ave; Zi./Suite ab 409/560 US$; P ❄ 📶 ≋) Die Standardzimmer des Biltmores sind teilweise zwar recht klein, doch hier hat man die Chance, in einem der luxuriösesten Hotels der USA zu übernachten. Der Komplex ist so opulent, dass man eine ganze Woche benötigen würde, um alles zu erkunden, was das Biltmore zu bieten hat. Wir empfehlen, unbedingt einmal in der romanisch-arabischen Lobby ein Buch zu lesen und im größten Pool der kontinentalen USA zu baden.

Essen

Miami ist eine wichtige Stadt für Immigranten und immer wild auf neue kulinarische Trends. Daher erwartet Besucher hier eine gute Mischung aus preiswerten ethnischen Restaurants und erstklassiger Spitzen-Cuisine, und natürlich gibt's in Touristenzonen wie Miami Beach ein paar überteuerte Lokale. Die besten neuen Gegenden, um essen zu gehen, befinden sich in Downtown, Wynwood und in der Upper East Side. In Coral Gables findet man tolle klassische Restaurants.

South Beach

11th St Diner DINER $
(Karte S. 504; ☎305-534-6373; www.eleventhstreetdiner.com; 1065 Washington Ave; Hauptgerichte 10–20 US$; ⏲So–Mi 7–24 Uhr, Do–Sa 24 Std.) Nachdem man die berühmten Art-déco-Bauten bewundert hat, kann man nun in einem davon essen: In diesem Pullman-Salonwagen, der auf einem Truck aus Wilkes-Barre, Pennsylvania, hergebracht wurde, ist man in einer echten amerikanischen Zeitschleife gelandet. Das Essen ist so klassisch wie die Architektur – gebratener Truthahn, Babybackribs und Makkaroni mit Käse gehören zu den beliebtesten Gerichten. Außerdem gibt's den ganzen Tag Frühstück.

★ Yardbird SÜDSTAATEN $$
(Karte S. 504; ☎305-538-5220; www.runchickenrun.com/miami; 1600 Lenox Ave; Hauptgerichte 18–38 US$; ⏲Mo–Fr 11–24, Sa & So ab 8.30 Uhr; 🍸) Das Yardbird hat sich mit seiner köstlichen gehobenen traditionellen Südstaatenküche eine treue Fangemeinde erworben. Die Küche serviert gute Shrimps und Maisgrütze, Schweinerippen nach Art von St. Lous, Okra mit dunkler Kruste und Biscuits mit geräuchertem Brisket. Die Spezialitäten des Hauses sind aber das fantastische Brathuhn mit gewürzter Wassermelone und Waffeln mit Bourbon-Ahorn-Sirup.

★ Pubbelly FUSION $$
(Karte S. 504; ☎305-532-7555; www.pubbellyboys.com; 1418 20th St; kleine Teller zum Teilen 11–24 US$, Hauptgerichte 19–30 US$; ⏲Di–Do & So 18–24, Fr & Sa bis 1 Uhr; 🍸) Das Pubbelly lässt sich nur schwer in eine Schublade stecken (abgesehen von „lecker"). Es wechselt zwischen asiatisch, nordamerikanisch und lateinamerikanisch und nimmt dabei das Beste der drei. Beispiele gefällig? Dann sollte man das Risotto mit schwarzen Trüffeln, die Knödel mit Schweinebauch oder den köstlichen gebratenen Reis mit Kimchi probieren; am besten trinkt man dazu einen von Hand gemixten Cocktail.

Joe's Stone Crab Restaurant AMERIKANISCH $$$
(Karte S. 504; ☎305-673-0365; www.joesstonecrab.com; 11 Washington Ave; Hauptgerichte mittags 14–30 US$, abends 19–60 US$; ⏲Di–Sa 11.30–14.30, tgl. 17–22 Uhr) Die Wartezeit ist lang und die berühmten Gerichte können sehr teuer sein. Doch wem das nichts ausmacht, der sollte sich in Miamis berühmtestem Restaurant (seit 1913 im Geschäft!) anstellen, um etwas zu trinken und die herrlich frischen Scheren der Steinkrabben zu essen.

North Beach

Roasters 'n Toasters DELI $
(Karte S. 502; ☎305-531-7691; www.roastersntoasters.com; 525 Arthur Godfrey Rd; Hauptgerichte 10–18 US$; ⏲6.30–15.30 Uhr) Die Scharen von Gästen und ihr zufriedenes Lächeln sind Beleg dafür, dass das Roasters 'n Toasters den hohen Ansprüchen der jüdischen Bewohner von Miami Beach gerecht wird. Das gelingt ihm mit seinem saftigen Gourmetfleisch, dem frischen Brot, den knusprigen Bagels und den warmen Latkes (Kartoffelpuffer). Für die Slider (Mini-Sandwiches) wird Challa-Brot verwendet, eine ebenso charmante wie schmackhafte Idee.

★ 27 Restaurant FUSION $$
(Karte S. 502; ☎786-476-7020; www.freehandhotels.com; 2727 Indian Creek Dr, Freehand Miami Hotel; Hauptgerichte 17–28 US$; ⏲Mo–Sa 18.30–2, So 11–16 & 18.30–2 Uhr 🍸) Das neue Restaurant befindet sich auf dem Gelände

des bekannten Broken Shaker (S. 514), einer der beliebtesten Cocktailbars von Miami Beach. Wie in der Bar ist das Design auch hier großartig – die abgenutzten Holzdielen, die Kerzen auf den Tischen, die mit Kunstwerken und merkwürdigem Krimskrams geschmückten Räume und die hübsche Terrasse erinnern an ein altes tropisches Landhaus. Die Küche ist hervorragend und nutzt Aromen aus der ganzen Welt.

Downtown Miami

All Day CAFE $

(Karte S. 502; www.alldaymia.com; 1035 N Miami Ave; Kaffee 3,50 US$, Frühstück 10–14 US$; Mo–Fr 7–19, Sa & So ab 9 Uhr;) Das All Day ist einer der schönsten Orte für einen genüsslichen Kaffee oder ein ausgiebiges Frühstück in der Innenstadt – und zwar zu jeder Tageszeit. Die zierlichen Stühle im skandinavischen Stil, die Tische aus Holz und Marmor und die Françoise-Hardy-Musik sorgen für ein entspanntes Flair.

Chef Allen's Farm-to-Table Dinner VEGETARISCH $$

(Karte S. 502; 786-405-1745; 1300 Biscayne Blvd; Abendessen 25 US$, mit passenden Weinen 40 US$; Mo 18.30 Uhr;) Montagabends kann man sich hier an Tischen im Freien vor dem Arsht Center ein köstliches vegetarisches Fünf-Gänge-Menü gönnen, wobei das gesamte Essen auf den Tisch kommt und die Gäste sich selbst bedienen. Die kreativen Menüs sind vom Bauernmarkt, der am gleichen Tag stattfindet, inspiriert.

★Casablanca SEAFOOD $$

(Karte S. 502; www.casablancaseafood.com; 400 N River Dr; Hauptgerichte 15–34 US$; So–Do 11–22, Fr & Sa bis 23 Uhr) Das Casablanca liegt am Miami River und serviert mit die besten Meeresfrüchte der Stadt. Das Highlight ist aber die Lage: Die Tische stehen auf einer langen Holzterrasse direkt über dem Fluss, und ab und an fliegt eine Möwe vorbei.

Little Havana

★Versailles KUBANISCH $

(Karte S. 502; 305-444-0240; www.versaillesrestaurant.com; 3555 SW 8th St; Hauptgerichte 6–21 US$; Mo–Do 8–1, Fr & Sa bis 2.30, So 9–1 Uhr) Das Versailles (ver-*sei*-jaj) ist eine Institution und eine der Säulen der kubanischen Restaurantszene Miamis. Tipp: Vor den herzhaften Fleisch- und Meeresfrüchtegerichten die großartige Schwarze-Bohnen-Suppe oder die gebratene Yucca essen. Ältere Kubaner und die Lateinamerikaner der politischen Elite Miamis kommen nach wie vor gern hierher, daher stehen die Chancen gut, dass man Seite an Seite mit den bekanntesten lateinamerikanischen Bewohnern der Stadt isst.

Exquisito Restaurant KUBANISCH $

(Karte S. 502; 305-643-0227; www.elexquisitomiami.com; 1510 SW 8th St; Hauptgerichte 9–13 US$; 7–23 Uhr) Wer Lust auf tolle kubanische Küche im Herzen von Little Havana hat, der ist hier genau richtig. Der Schweinebraten hat einen würzigen Zitrusgeschmack, und die *ropa vieja* (würziges zerrupftes Rinderfleisch) ist wunderbar herzhaft und sättigend. Sogar die Standardbeilagen wie Bohnen, Reis und gebratene Kochbananen werden raffiniert zubereitet. Die Preise sind auch unschlagbar.

Wynwood & Design District

Della Test Kitchen VEGAN $

(Karte S. 502; 305-351-2961; www.dellabowls.com; 56 NW 29th St, Wynwood Yard; Hauptgerichte 11–14 US$; Di–So 12–22 Uhr;) Es begann mit einem Food-Truck, der auf dem Wynwood Yard parkte. Heute offeriert das Restaurant köstliche Schüsselgerichte – mit Zutaten wie schwarzem Kokosreis, Ingwer-Tempeh, Kichererbsen, Süßkartoffeln und mariniertem Grünkohl kann hier jeder sein eigenes kulinarisches Meisterwerk kreieren. Das Essen schmeckt himmlisch und ist gesund – kein Wunder, dass das DTK viele Fans hat.

★Kyu FUSION $$

(Karte S. 502; 786-577-0150; www.kyumiami.com; 251 NW 25th St; Teller zum Teilen 17–38 US$; Mo–Sa 12–23.30, So 11–22.30 Uhr, Bar Fr & Sa bis 1 Uhr;) Das Kyu, eines der besten neuen Restaurants in Wynwood, hat Einwohner wie Restaurantkritiker mit seinen kreativen, von der asiatischen Küche inspirierten Gerichten gleichermaßen verzaubert. Sie werden überwiegend über offenem Feuer auf einem Holzfeuergrill gegart. Kunstvolle Beleuchtung und Holzmöbel (Tische und Stühle sowie die Regale für das Grillholz) verleihen dem industriellen Ambiente Wärme.

★Alter MODERN-AMERIKANISCH $$$

(Karte S. 502; 305-573-5996; www.altermiami.com; 223 NW 23rd St; Menü mit 5/7 Gängen 69/89 US$; Di–So 19–23 Uhr) Das von Restaurantkritikern mit Lob überschüttete neue Restaurant bringt dank seines preisgekrönten jungen Kochs Brad Kilgore kreative Spitzenküche nach Wynwood. Die wechselnde Karte präsentiert hochwertige Meeresfrüchte und Fleisch aus Florida in Form von saisonal inspirierten Gerichten mit asiatischen und europäischen Akzenten. Reservierung empfohlen.

Ausgehen & Unterhaltung

Zu oft wird fälschlicherweise angenommen, dass sich Miamis Nachtleben nur um die Schönen und Reichen dreht und dass es nur um den schönen Schein geht. Dieses Klischee kann man getrost vergessen, denn es beschreibt nur einen kleinen Teil der Szene in South Beach. Miami bietet eine große Palette an Bars, von schäbigen Kneipen bis zu schicken, aber entspannten Lounges und Nachtclubs.

★ Broken Shaker BAR

(Karte S. 502; ☎305-531-2727; www.freehand-hotels.com; 2727 Indian Creek Dr, Freehand Miami Hotel; ⏲Mo–Fr 18–3, Sa & So 14–3 Uhr) Selbst gemachte Cocktails sind in Miami momentan der absolute Renner, und wenn es um das Mixen von Cocktails geht, ist das Broken Shaker ganz vorne dabei. Die Bar im hinteren Bereich des Freehand Miami Hotel (S. 511) wird von professionellen Barkeepern betrieben. In dem winzigen Innenraum und dem ausgedehnten Außenbereich voller Pflanzen gibt's jede Menge gute Drinks und schöne Menschen.

★ Sweet Liberty BAR

(Karte S. 502; www.mysweetliberty.com; 237 20th St; ⏲Mo–Sa 16–5, So ab 12 Uhr) In der bei den Anwohnern sehr beliebten Bar in der Nähe des Collins Park gibt's alles, was zu einem tollen Abend dazugehört: freundliche, lockere Barkeeper, die fantastische Cocktails mixen (Tipp: den Mint Julep probieren), tolle Happy-Hour-Angebote (darunter Austern für 75¢) und ein entspanntes, unprätentiöses Publikum. In dem riesigen Raum mit einer langen hölzernen Bar flackern Kerzen und gelegentlich tritt auch mal eine Band auf.

Bardot CLUB

(Karte S. 502; ☎305-576-5570; www.bardotmiami.com; 3456 N Miami Ave; ⏲Di & Mi 20–3, Do–Sa bis 5 Uhr) Niemand sollte die Stadt verlassen, ohne vorher das Innere des Bardot gesehen zu haben. Hier ist alles voller alter, französischer Poster und Möbel (einen Billardtisch gibt's auch), die aussehen, als stammten sie direkt aus einem Privatclub, der tagsüber Millionäre bedient und sich nachts in einen dekadenten Club verwandelt.

Ball & Chain BAR

(Karte S. 502; www.ballandchainmiami.com; 1513 SW 8th Street; ⏲Mo–Mi 12–24, Do–Sa bis 3,

MIAMI FÜR SCHWULE & LESBEN

In Miami ist die Schwulenszene so gut integriert, dass sie manchmal kaum von der Heteroszene zu unterscheiden ist. Angesagte Viertel sind u. a. South Beach, North Beach sowie Wynwood und das Design District. Events wie die White Party Week (S. 509) und Sizzle sind wichtige Termine für die nordamerikanische Schwulenszene.

LGBT Visitor Center (Karte S. 504; ☎305-397-8914; www.gogaymiami.com; 1130 Washington Ave; ⏲Mo–Fr 9–18, Sa & So 11–16 Uhr) Die beste einzelne Informationsquelle rund um Schwule, Lesben, Bisexuelle und Transsexuelle in Miami. Auf der Webseite sind auch Hotels verzeichnet, die das Pink-Flamingo-Zertifikat tragen (also besonders schwulen- und lesbenfreundliche Hotels). Die Gay & Lesbian Chamber of Commerce betreibt die Seite.

Miami Visitors Bureau (www.miamiandbeaches.com/things-to-do/travel-guides/gay-miami) Die offizielle Touristeninformation von Miami hat auch einen nützlichen Führer zum schwulen Leben der Stadt.

Damron (www.damron.com) Damron, ein Experte für LGBT-Reisen, bietet eine Datenbank für LGBT-freundliche und andere spezielle Reiseangebote. Es veröffentlicht auch beliebte Reiseführer für die USA, darunter *Women's Traveller, Men's Travel Guide* und *Damron Accommodations*.

Gay Yellow Network (www.glyp.com) Einträge für sechs Städte in Florida.

Out Traveler (www.outtraveler.com) Auf Schwule spezialisiertes Reisemagazin.

Purple Roofs (www.purpleroofs.com) Führt schwulenfreundliche Unterkünfte, Reisebüros und Touren in der ganzen Welt auf.

So 14–22 Uhr) Das Ball & Chain hat über die Jahre verschiedene Inkarnationen erlebt. Im Jahr 1935, als die 8th St noch mehr jüdisch als lateinamerikanisch war, war es eher eine Jazzkneipe, in der sich Billie Holiday rumgetrieben hätte. Dieser Laden machte aber 1957 dicht, und das neue Ball & Chain, das sich immer noch der Musik und der guten Laune widmet, hat sich jetzt auf lateinamerikanische Musik und tropische Cocktails spezialisiert.

Vagabond Pool Bar BAR

(Karte S. 502; ☎ 305-400-8420; www.vagabondkitchenandbar.com; 7301 Biscayne Blvd; ⏲ So–Do 17–23, Fr & Sa bis 24 Uhr) Diese Bar hinter dem Vagabond Hotel ist perfekt, um den Abend einzuläuten. Die professionellen Barkeeper gehören zu der Art Menschen, die den Gästen die Hände schütteln und sich vorstellen, und mixen wunderbare Cocktails. Das Ambiente unter freiem Himmel mit Blick auf den von Palmen umringten Pool und das bunt gemischte Publikum passen wunderbar zu Cocktails wie Lost in Smoke (Mezcal, Amaro, Amaretto und Orangenbitter).

☆ Unterhaltung

Miamis Verdienste um die Kultur sind unübersehbar, selbst aus der Ferne. Könnte es einen besseren Ort für Kreativität geben? Neben den heimischen Talenten aus dem Süden sind da die Zugezogenen aus dem Norden, die vor der Kälte geflüchtet sind, und die Immigranten aus Mittel- und Südamerika. Zusammen sorgen sie für ein tolles Angebot an Livemusik, Theater und Tanz und für viel Raum zum Experimentieren.

★ Adrienne Arsht Center for the Performing Arts DARSTELLENDE KÜNSTE

(Karte S. 502; ☎ 305-949-6722; www.arshtcenter.org; 1300 Biscayne Blvd; ⏲ Kasse Mo–Fr 10–18 & 2 Std. vor Vorstellungen) Diesem großartigen Veranstaltungsort gelingt es, die Besucher zugleich einzuschüchtern und zu begeistern. Die größten kulturellen Events Miamis finden heute im Arsht statt, und der Besuch einer Show ist ein Muss, wenn man in der Stadt ist. Metromover-Züge halten an der Haltestelle Adrienne Arsht Center.

★ Cubaocho LIVEMUSIK

(Karte S. 502; ☎ 305-285-5880; www.cubaocho.com; 1465 SW 8th St; ⏲ Di–Do 11–22, Fr & Sa bis 3 Uhr) Diese Perle im Little Havana Art District ist für seine Konzerte berühmt, bei denen hervorragende Bands aus der gesamten Spanisch sprechenden Welt auftreten. Es ist zugleich eine Begegnungsstätte, eine Kunstgalerie und ein Forschungszentrum für alles Kubanische. Innen ähnelt es einer alten Zigarrenbar in Havanna, doch die Wände sind mit Kunstwerken bedeckt, die sowohl auf die klassische Vergangenheit der kubanischen Kunst als auch auf ihre avantgardistische Zukunft Bezug nehmen.

Colony Theater DARSTELLENDE KÜNSTE

(Karte S. 504; ☎ 305-674-1040, Theaterkasse 800-211-1414; www.colonymb.org; 1040 Lincoln Rd) Das Colony ist ein wunderbares Art-déco-Juwel mit einer klassischen Laufschrift über dem Eingang und Zinnen im Inka-Stil – es sieht aus wie ein Ort, an dem Gangster gern *Hamlet* schauen würden. Dieses Schmuckstück ist heute eine Bühne für verschiedene Genres, von Comedy und gelegentlichen Konzerten bis zu Theaterstücken, Off-Broadway-Shows und Ballett. Außerdem finden hier Filmvorführungen und kleine Filmfestivals statt.

New World Symphony KLASSISCHE MUSIK

(NWS; Karte S. 504; ☎ 305-673-3330; www.nws.edu; 500 17th St) Das renommierte New World Symphony spielt von Oktober bis Mai im New World Center (S. 501), einem coolen, aufregenden Bauwerk aus kubistischen Linien und geometrischen Kurven, das sich strahlend weiß vom blauen Himmel über Miami abhebt. Das zu Recht gepriesene NSW bietet ein drei- bis vierjähriges Vorbereitungsprogramm für talentierte Musiker, die von angesehenen Musikschulen kommen.

ℹ Praktische Informationen

GEFAHREN & ÄRGERNISSE

Miami ist eine relativ sichere Stadt, doch ein paar Gegenden gelten bei den Einheimischen als gefährlich:

- Liberty City, im Nordwesten Miami; Overtown, von der 14th St bis zur 20th St; Little Haiti und einige Abschnitte des Flussufers des Miami River.
- South Beach, besonders der Bereich des karnevalartigen Trubels auf dem Ocean Dr zwischen der 8th St und der 11th St sowie die verlassene Gegend unterhalb der 5th, die nachts ebenfalls gefährlich ist.
- Rund um Dämme, Brücken und Überführungen, wo Obdachlose Barackensiedlungen errichtet haben, sollte man Vorsicht walten lassen.
- In diesen und anderen Gegenden, die als verrufen gelten, sollte man am späten Abend nicht allein zu Fuß unterwegs sein, sondern besser ein Taxi rufen.

TOURISTENINFORMATION

Greater Miami & the Beaches Convention & Visitors Bureau (Karte S. 502; ☎305-539-3000; www.miamiandbeaches.com; 701 Brickell Ave, 27th OG; ⏲Mo–Fr 8.30–18 Uhr) Bietet tonnenweise Informationen über Miami und ist auf dem aktuellen Stand, was Events und kulturelle Angebote betrifft.

An- & Weiterreise

Der geschäftige **Miami International Airport** (MIA; Karte S. 502; ☎305-876-7000; www.miami-airport.com; 2100 NW 42nd Ave), der 6 Meilen (9,7 km) von der Innenstadt entfernt liegt, hat drei Terminals und fertigt über 40 Mio. Passagiere im Jahr ab. Etwa 60 Fluggesellschaften fliegen Miami an. Der hufeisenförmige Flughafen ist rund um die Uhr geöffnet. In zwei Flughafenhallen (zwischen B und C sowie in G) gibt es Gepäckaufbewahrungen; die Preise richten sich nach der Größe der Gepäckstücke.

Greyhound (www.greyhound.com) ist der wichtigste Betreiber von Fernbussen. **Megabus** (Karte S. 502; www.us.megabus.com; Miami International Center, 3801 NW 21st St) bietet Busverbindungen nach Tampa und Orlando.

Der **Hauptbusbahnhof** (Karte S. 502; ☎305-871-1810; 3801 NW 21st) von Greyhound befindet sich in der Nähe des Flughafens, weitere Busse fahren aber auch von den Greyhound-Busbahnhöfen **Cutler Bay** (Cutler Bay; ☎305-296-9072; 10801 Caribbean Blvd) und **North Miami** (Karte S. 502; ☎305-688-7277; 16000 NW 7th Ave).

Bei sehr langen Reisen, z. B. durch mehrere Bundesstaaten, sind preiswerte Flüge manchmal billiger als die Fahrt mit dem Bus. Auf kürzeren Entfernungen kann ein Mietwagen günstiger sein. Oft gibt es aber ermäßigte Preise (manchmal 50 % Rabatt) für Fernbusse, wenn man die Tickets sieben bis 14 Tage im Voraus online kauft.

Der Hauptbahnhof von **Amtrak** (☎305-835-1222; www.amtrak.com; 8303 NW 37th Ave, West Little River) in Miami liegt etwa 9 Meilen (14,4 km) nordwestlich der Downtown. Von hier fahren Züge auf der Silver-Service-Linie nach New York und halten unterwegs in verschiedenen anderen Städten Floridas, darunter Orlando und Jacksonville. Die Fahrzeit zwischen New York und Miami beträgt 27 bis 31 Stunden. Vom Amtrak-Bahnhof, der eine Gepäckaufbewahrung hat, fahren Regionalbahnen der Tri-Rail in die Innenstadt.

Unterwegs vor Ort

Mietwagen Geschickt, um durch die Stadt zu kommen, das Parken kann aber teuer sein.

Taxi & Fahrgemeinschaftsdienste Praktische Möglichkeit, um von einem Ort zum anderen zu gelangen, wenn man nicht selbst fahren will. Bei längeren Strecken ist es aber ein teurer Spaß, und außerdem ist es schwer, ein Taxi auf der Straße heranzuwinken – am besten ruft man sich ein Taxi oder nutzt eine App und lässt sich abholen.

Bus Großes Streckennetz, bei längeren Strecken kommt man aber nur langsam voran.

Miami Trolley Kostenloser Bus, der verschiedene Strecken in Miami Beach, Downtown, Wynwood, Coconut Grove, Coral Gables, Little Havana und anderen Vierteln bedient.

Citi Bike Fahrradverleihsystem sowohl in Miami als auch in Miami Beach. Angesichts des starken Verkehrs kann das Radfahren über längere Entfernungen gefährlich sein.

Fort Lauderdale

Nachdem sich Fort Lauderdale jahrelang einen Ruf als *die* Partyhochburg für betrunkene Collegestudenten auf wilden Spring-Break-Urlauben gemacht hat, setzt die Stadt heute auf etwas reifere und niveauvollere Besucher, die Martinis anstatt Tequila trinken und lieber Jazz-Konzerte als Wet-T-Shirt-Wettbewerbe besuchen. Aber keine Sorge, in den Bars und Nachtclubs herrscht nach wie vor jede Menge Trubel.

Nur wenige Besucher zieht es weiter landeinwärts, sie gehen höchstens zum Shoppen und Essen auf den Las Olas Blvd. Die meisten verbringen den Großteil der Zeit an der Küste, was nicht schwer zu verstehen ist. Die schönen Strände, die an Venedig erinnernden Kanäle, die internationale Jachtszene, die schicken neuen Hotels und die noblen Restaurants sind auch wirklich schwer zu überbieten. Der Stadthafen Port Everglades ist einer der geschäftigsten Kreuzfahrthäfen der Welt. Täglich laufen hier Megaschiffe in die Karabik, nach Mexiko und in fernere Gefilde aus.

Sehenswertes

Fort Lauderdale Beach & Promenade STRAND

(P 👪 🐾) Fort Lauderdales Promenade – ein breiter, mit Palmen gespickter Ziegelsteinweg, der sich an den Strand und die A1A schmiegt – ist ein wahrer Magnet für Jogger, Inlineskater, Spaziergänger und Radfahrer. Der weiße Sandstrand ist einer der saubersten und schönsten des ganzen Landes. Er erstreckt sich über 11,3 km bis nach Lauderdale-by-the-Sea und hat familienfreundliche, schwulenfreundliche und hundefreundliche Strandabschnitte.

NSU Art Museum Fort Lauderdale MUSEUM
(☎954-525-5500; www.nsuartmuseum.org; 1 E Las Olas Blvd; Erw./Stud./Kind 12 US$/frei; ⏲Di–Sa 11–17, Do bis 20, So 12–17 Uhr) Das runde Gebäude mit vielen geschwungenen Linien ist (unter Glackens-Fans) für die William-Glackens-Sammlung sowie für seine breit gefächerten Ausstellungen bekannt, die von nordeuropäischer Kunst über moderne kubanische Kunst und amerikanische Pop Art bis zu moderner Fotografie reichen. Donnerstagabends ist das Museum länger geöffnet und bietet Vorträge, Filmvorführungen sowie eine Happy Hour im Museumscafé. Im Angebot sind auch Tageskurse und Workshops. Einzelheiten stehen auf der Webseite.

★ **Bonnet House** HISTORSCHES GEBÄUDE
(☎954-563-5393; www.bonnethouse.org; 900 N Birch Rd; Erw./Kind 20/16 US$, nur Anlage 10 US$; ⏲Di–So 9–16 Uhr) In diesem hübschen, plantagenartigen Anwesen lebten einst die Künstler und Sammler Frederic und Evelyn Bartlett. Heute kann man die mit Kunstwerken gefüllten Räume und Ateliers im Rahmen einer Führung besichtigen. Hinter dem Haus erstreckt sich ein 14 ha großer üppiger tropischer Garten, der ein unberührtes Barriereinsel-Ökosystem schützt und mit einer der schönsten Orchideensammlungen des Landes aufwartet.

Riverwalk UFERPROMENADE
(www.goriverwalk.com) Der geschwungene Riverwalk erstreckt sich entlang des New River vom Stranahan House bis zum Broward Center for the Performing Arts. An der Uferpromenade finden kulinarische Verköstigungen und andere Veranstaltungen statt, und es gibt jede Menge Sehenswertes, Restaurants und Läden.

Museum of Discovery & Science MUSEUM
(☎954-467-6637; www.mods.org; 401 SW 2nd St; Erw./Kind 16/13 US$; ⏲Mo–Sa 10–17, So 12–18 Uhr; 👪) Hier wird man von einer knapp 16 m hohen kinetischen Skulptur begrüßt, und zu den witzigen Ausstellungen gehören „Gizmo City" und „Runways to Rockets" – perfekt für kleine Raketenforscher. Außerdem gibt's eine Ausstellung zu den Everglades und ein IMAX-Kino.

Aktivitäten

Fort Lauderdale liegt am selben Riffsystem wie die Keys. Schnorcheln ist eine beliebte Freizeitbeschäftigung, doch das eigentliche Highlight im Meer ist die eine 50-minütige Bootsfahrt entfernte Stätte, an der sich etwa zwei Dutzend Schiffswracks befinden. Hier können sich Taucher rund um den Mercedes-Frachter und das künstliche Riff Tenneco Towers, das auf einer alten Ölplattform entstand, umschauen. Üppige Weichkorallen blühen, und Barrakudas, Schwarze Makrelen und Papageienfische gleiten zwischen den Wracks umher.

Abgesehen von der Unterwasserwelt werden am Strand diverse Aktivitäten angeboten: von Bootscharter für Tiefseeangeltouren über Jetskifahren bis zu Parasailing.

★ **Atlantic Coast Kayak Company** KAJAKFAHREN
(☎954-781-0073; www.atlanticcoastkayak.com; Richardson Historical Park Boat Dock, 1937 Wilton Dr; pro Std./halber Tag 16/40 US$; ⏲9–17 Uhr) Eine ausgezeichnete Alternative zu Touristenbootsfahrten ist es, im Richardson Park ein eigenes Kajak auszuleihen. Damit kann man die 7,5 Meilen (12 km; ca. 2½–3 Std.) lange Middle-River-Runde rund um die Island City fahren. Auf dem regelmäßigen Tourenprogramm stehen auch Tages-, Sonnenuntergangs- und Mondscheinfahrten, die eine grundlegende Einweisung, Gourmet-Sandwiches und Softdrinks beinhalten. Es genügt, einfach zur entsprechenden Uhrzeit dort aufzukreuzen.

Sea Experience BOOTFAHREN, SCHNORCHELN
(☎954-770-3483; www.seaxp.com; 801 Seabreeze Blvd; Schnorcheln Erw./Kind 40/25 US$; ⏲10.15 & 14.15 Uhr; 👪) Bei Sea Experience fährt man in einem 12 m langen Glasbodenboot auf dem Intracoastal Waterway und hinaus aufs Meer, um an einem natürlichen Riff mit üppiger Meeresflora und -fauna zu schnorcheln. Die Touren dauern zweieinhalb Stunden. Der Anbieter veranstaltet auch Tauchtouren zu Schiffswrack an verschiedenen Orten.

Carrie B BOOTSTOUREN
(☎954-642-1601; www.carriebcruises.com; 440 N New River Dr E; Touren Erw./Kind 24/13 US$; ⏲Touren 11, 13 & 15 Uhr, Mai–Sept. Di & Mi geschl.) Auf dieser Bootstour geht's den Intracoastal Waterway und den New River entlang, vorbei an riesigen Villen und begleitet von einem Bordkommentar über den Lifestyle der Schönen und Reichen. Die Touren von Carrie B beginnen am Las Olas Blvd in der SE 5th Ave.

Schlafen

Die nobelsten Hotels stehen entlang des Strandes. Natürlich sind sie auch die teuersten. Weiter landeinwärts stößt man auf einige wundervolle Pensionen, die noch den Charme des alten Florida verströmen. Günstigere Unterkünfte finden sich in Lauderdale-by-the-Sea.

Tranquilo MOTEL **$$**
(954-565-5790; www.tranquilofortlauderdale.com; 2909 Vistamar St; Zi. So–Do 149–174 US$, Fr & Sa 189–194 US$; P ❄ 📶 ≋) Das Retro-Motel aus den 50er-Jahren wurde erfolgreich in Weißtönen modernisiert und bietet Familien ein fantastisches Preis-Leistungs-Verhältnis. Die Zimmer verteilen sich auf drei Gebäude, die jeweils einen eigenen Pool haben. Einige Zimmer haben neu eingerichtete Küchen, außerdem gibt's Grills im Freien und einen Wäscheservice. Zum Strand fahren kostenlose Shuttlebusse.

B Ocean Resort HOTEL **$$**
(954-524-5551; www.bhotelsandresorts.com/b-ocean; 1140 Seabreeze Blvd; Zi. ab 150 US$; P ❄ 📶) Dieses Hotel bildet das Ende des Seabreeze Blvd und liegt am sehr beliebten South Beach. Die meisten der luftigen Zimmer punkten mit Meerblick. Das 1956 von M. Tony Shermann erbaute Hotel sieht aus wie ein riesiges Kreuzfahrtschiff, das am Bürgersteig vertäut ist.

★ **W Fort Lauderdale** HOTEL **$$$**
(954-414-8200; www.wfortlauderdalehotel.com; 401 N Fort Lauderdale Beach Blvd; Zi. ab 284 US$; P ❄ @ 📶 ≋) Die Fassade ähnelt zwei gigantischen Segeln, das Innere wirkt dagegen wie die Kulisse für ein Jennifer-Lopez-Video. Hier übernachtet die Schickeria – einfach die Stilettos und schmalen Krawatten rausholen und sich dazugesellen. Die riesige Lobby lädt mit ihrem Loungebereich in Silber- und Blautönen, der stimmungsvoll beleuchteten Bar und der Terrasse mit Korbstühlen zum gemütlichen Verweilen ein.

★ **Lago Mar Resort** RESORT **$$$**
(954-523-6511; www.lagomar.com; 1700 S Ocean Lane; Zi. 300–700 US$; P ❄ @ ≋) Dieses wundervolle private Resort am südlichen Ende des South Beach hat alles, was man sich wünschen kann: einen privaten Strand, eine übertrieben grandiose Lobby, große Zimmer mit Inselflair, einen lagunenartigen Pool inmitten tropischer Pflanzen und die persönliche Note eines Hotels in Familienbesitz. (Achtung: Nicht mit Präsident Trumps Mar-a-Lago verwechseln!)

Essen

Fort Lauderdales Restaurantszene ist stark von der großen italienisch-amerikanischen Bevölkerungsgruppe geprägt, doch zunehmend ist sie auch für ihre leger-eleganten Restaurants bekannt, deren Küche unter dem Motto „vom Hof frisch auf den Tisch" steht. Auf dem Las Olas Blvd gibt es mehrere Lokale, besonders im Abschnitt zwischen der 5th Ave und der 16th Ave, wobei es hier manchmal recht touristisch zugeht.

Lester's Diner DINER **$**
(954-525-5641; www.facebook.com/lestersdiner; 250 W State Rd 84; Hauptgerichte 4–17 US$; 24 Std.) Das liebevoll als „schmieriger Löffel" bezeichnete Lester's Diner beglückt seine Gäste schon seit den späten 1960er-Jahren. Hier kehrt jeder irgendwann einmal ein – von Geschäftsmännern mit Handy am Ohr über Partygänger und Frauen mit grauen Haaren, die mit ihrem dritten Ehemann anreisen, bis hin zu Reisebuchautoren, die um vier Uhr morgens unbedingt Pancakes brauchen.

Green Bar & Kitchen VEGAN **$$**
(954-533-7507; www.greenbarkitchen.com; 1075 SE 17th St; Hauptgerichte 8–12 US$; Mo–Sa 11–21, So bis 15 Uhr; ✍) Kräftige Aromen und innovative Gerichte kann man in diesem modernen Lokal in einer kleinen Einkaufsmeile entdecken. Es kocht überwiegend mit pflanzlichen Zutaten. Anstelle der Pastaschichten der klassischen Lasagne bestehen die Schichten hier aus Zucchinischeibchen, Macadamia-Ricotta und sonnengereiften Tomaten. Die Smoothies aus kaltgepressten Früchten werden nicht mit normaler Milch, sondern mit Mandelmilch zubereitet, und die köstlichen Cashew-Cupcakes machen Reese's echte Konkurrenz.

★ **Burlock Coast** INTERNATIONAL **$$$**
(954-302-6460; www.burlockcoast.com; Ritz Carlton, 1 N Fort Lauderdale Beach Blvd; Hauptgerichte 14–40 US$; Mo–Fr 19–22, Sa & So 12–17 Uhr) Dem leger-eleganten Restaurant im hübschen Ritz Carlton Hotel gelingt es, jedem etwas zu bieten: Es ist zugleich Café, Bar, Markt und Spitzenrestaurant. Die saisonal wechselnden Speisekarte setzt auf lokale Produzenten und Händler. Sie bietet moderne internationale Gerichte wie Schweinebauch mit Maisgrütze und schwarzen Trüffeln oder schlichte Fish'n'Chips.

15th Street Fisheries SEAFOOD $$$

(☎954-763-2777; www.15streetfisheries.com; 1900 SE 15th St; Hauptgerichte Bar 6–16 US$, Restaurant 26–38 US$; P) Wer am Wasser essen möchte, kommt an diesem Restaurant kaum vorbei. Es befindet sich in der Marina von Fort Lauderdale und hat eine offene Terrasse mit tollem Blick auf die Jachten. Innen ist es mit viel Holz im Stil eines alten Florida-Bootshauses gestaltet. Oben gibt es das gehobene Restaurant, und die legere Bar am Hafen serviert Shrimps, Krabben und gegrillte Goldmakrele.

Ausgehen & Unterhaltung

Die Bars in Fort Lauderdale dürfen am Wochenende bis 4 Uhr und unter der Woche bis 2 Uhr öffnen. In der Gegend um Himmarshee Village an der SW 2nd St gibt's einige tolle Bars und Kneipen, und am Strand kann man unter freiem Himmel bechern.

★ Rok:Brgr PUB

(☎754-525-7656; www.rokbrgr.com; 208 SW 2nd St; ⏲Mo–Do 11.30–24, Fr & Sa bis 2 Uhr, So bis 23 Uhr) Das Rok:Brgr, eines von mehreren hippen Bars und Restaurants an dieser Meile, präsentiert sich als Chicagoer Gastropub im Stil der 1920er-Jahre, und irgendwie funktioniert das auch. Edinson-Glühlampen und modernes Industriedesign prägen das Ambiente, die Küche serviert dagegen moderne Gastropub-Gerichte, etwa Gourmet-Burger mit lokalen Zutaten. Dazu gibt's Cocktails aus der Zeit der Prohibition.

★ Stache COCKTAILBAR

(☎954-449-1044; www.stacheftl.com; 109 SW 2nd Ave; ⏲Mo & Do 8–17, Fr 8–4, Sa 20–4 Uhr) Das Stache ist eine sexy Bar aus den 1920er-Jahren, in der selbst gemixte Cocktails serviert werden und es eine Mischung aus Classic Rock, Funk, Soul und R&B zu hören gibt. Am Wochenende gibt es Livemusik, Tanz und Parodie. Gut anziehen ist angesagt, hier trifft man auf die Coolen.

Blue Jean Blues JAZZ

(☎954-306-6330; www.bjblive.com; 3320 NE 33rd St; Snacks 9–17 US$; ⏲So–Do 11–2, Fr & Sa bis 3 Uhr) Wer mal vom Strand weg will, kann in dieser coolen kleinen Bar einen entspannten Abend mit Jazz und Blues erleben. An allen Abenden und an vier Nachmittagen der Woche gibt's Livemusik, das Programm ist ein Who's Who der Musikszene Süd-Floridas. Vom East Sunrise Blvd fährt man 3,7 km nach Norden und biegt dann nach links auf die NE 33rd Street ab.

Praktische Informationen

Greater Fort Lauderdale Convention & Visitors Bureau (☎954-765-4466; www.sunny.org; 101 NE 3rd Ave, Suite 100; ⏲Mo–Fr 8.30–17 Uhr) Hat ausgezeichnete Informationen über die gesamte Region Fort Lauderdale.

FORT LAUDERDALE FÜR SCHWULE & LESBEN

Sicher, South Beach ist ein Mekka für Schwule und Lesben, aber Fort Lauderdale ist dicht auf den Fersen seines Nachbarn im Süden. Verglichen mit South Beach steht Lauderdale mehr im Zeichen der Regenbogenfahne und ist nicht ganz so exklusiv, und gerade das macht seinen Charme aus für die Scharen schwuler Männer, die hierher kommen, um zu feiern oder dauerhaft zu leben.

In Fort Lauderdale gibt's mehrere Dutzend Schwulenbars und -Clubs, etliche Schwulenpensionen und einige Wohngebiete, in denen viele Schwule leben. **Victoria Park** ist das etabliertes Schwulenviertel gleich nordöstlich der Downtown Fort Lauderdales. Etwas weiter nördlich liegt **Wilton Manors**, das sich erst in jüngerer Zeit in eine schwulenfreundliche Gegend verwandelt hat und voller Nachtclubs und Bars ist. Zu diesen zählen das **Rosie's** (☎954-563-0123; www.rosiesbarandgrill.com; 2449 Wilton Dr; ⏲11–23 Uhr), eine entspannte Nachbarschaftskneipe, **The Manor** (www.themanorcomplex.com; 2345 Wilton Dr; ⏲20–4 Uhr) mit landesweit bekannten Künstlern und einer riesigen Tanzfläche sowie das **Georgie's Alibi** (www.alibiwiltonmanors.com; 2266 Wilton Dr; ⏲11–2 Uhr), dessen Highlight die Comedy-Nacht am Mittwoch mit der fabelhaften Transe Cashetta ist. Es gibt sogar einen Club für Lederfreunde, kräftige Kerle und Cowboys, das **Ramrod** (www.ramrodbar.com; 1508 Wilton Dr; ⏲15–2 Uhr).

Schwulenpensionen gibt's jede Menge, einfach auf www.gayftlauderdale.com gehen. Das Hochglanz-Wochenblatt *Hot Spots* (www.hotspotsmagazine.com) hat die aktuellsten Infos über das schwule Nachtleben. Die umfassendsten Informationen rund um Homosexualität findet man unter www.jumponmarkslist.com.

Anreise & Unterwegs vor Ort

Fort Lauderdale hat einen eigenen internationalen **Flughafen** (FLL; ☎ 866-435-9355; www.broward.org/airport; 320 Terminal Dr).

Für Autofahrer: Die I-95 und Florida's Turnpike verlaufen in Nord-Süd-Richtung und bieten einen guten Zugang nach Fort Lauderdale. Die I-595 ist die wichtigste Ost-West-Route und kreuzt die I-95, Florida's Turnpike und den Sawgrass Expressway. Sie mündet in die I-75, die zur Westküste Floridas führt.

Busse von **Sun Trolley** (☎ 954-876-5539; www.suntrolley.com; Einzelfahrt/Tageskarte 1/3 US$) verkehren von Freitag bis Montag von 9.30 bis 18.30 Uhr zwischen dem Las Olas Blvd und den Stränden. **Broward County Transit** (BCT; www.broward.org/bct; Einzelfahrt/Tageskarte 2/5 US$) betreibt Busse zwischen der Downtown, dem Strand und dem Port Everglades. Vom **Broward Central Terminal** (101 NW 1st Ave) geht es mit Bus Nr. 11 zum oberen Fort Lauderdale Beach und nach Lauderdale-by-the-Sea, Bus Nr. 4 steuert den Port Everglades an und Bus Nr. 40 fährt zur 17th St und den Stränden.

Spaß macht eine Fahrt mit dem gelben **Wassertaxi** (☎ 954-467-6677; www.watertaxi.com; Tagespass Erw./Kind 26/12) auf den Kanälen und Wasserwegen zwischen der 17th St im Süden und dem Atlantic Blvd/Pompano Beach im Norden sowie dem Riverwalk im Westen und dem Atlantik im Osten. Es gibt auch Fahrten nach Hollywood (15 US$/Pers.).

Palm Beach County

In Palm Beach, der drittreichsten Stadt der USA, leben 25 Milliardäre und tatsächlich wirkt sie in jeder Hinsicht wie ein Tummelplatz der Reichen und Berühmten. Palastartige griechisch-römische Villen säumen die Küste, auf den breiten Straßen der Innenstadt fahren Bentleys und Porsches, und die Straßen sehen so sauber aus, dass man wahrscheinlich von ihnen essen könnte. Hier dreht sich das Leben um Wohltätigkeitsbälle, Shoppen in Designerläden und Mittagessen mit eleganten Cocktails. Das mag zwar etwas einschüchternd wirken, doch keine Sorge – in großen Teilen von Palm Beach können sich alle Besucher wohlfühlen. Der Gold Coast Beach, dessen Farbe seinem Name alle Ehre macht, lädt zu einem Spaziergang ein, man kann einen Blick auf die riesigen geschlossenen Wohnanlagen an der A1A werfen oder in der glamourösen Worth Ave einen Schaufensterbummel machen – all das kostet keinen Cent.

Heutzutage ist Palm Beach regelmäßig in den Nachrichten, weil sich hier das Mar-a-Lago – die Villa und zugleich der private Club von Präsident Trump – befindet.

Ungeachtet des Glamours sind die Architektur und die Geschichte der Stadt einfach faszinierend und geben eine Vorstellung davon, wie das Leben während der Blütezeit der Wirtschaft im späten 19. Jh. in den USA gewesen sein könnte.

Palm Beach

Sehenswertes & Aktivitäten

Worth Avenue VIERTEL
(www.worth-avenue.com) Auf dieser 400 m langen, von Palmen gesäumten Meile haben sich über 200 Nobelgeschäfte angesiedelt – dies ist quasi der Rodeo Dr des Ostens der USA. Ihre Geschichte geht bis in die 1920er-Jahre zurück. Damals veranstaltete der inzwischen aufgelöste Everglades Club wöchentliche Modenschauen und brachte damit die Karriere von Designern wie Elizabeth Arden ins Rollen. Allein um die Menschen zu beobachten und die Spanish-Revival-Architektur zu bewundern, sollte man unbedingt herkommen (auch wenn man nicht den leisesten Drang hat, sich schicke Taschen über den Arm zu hängen).

★ **Flagler Museum** MUSEUM
(☎ 561-655-2833; www.flaglermuseum.us; 1 Whitehall Way; Erw./Kind 18/10 US$; ⌚ Di–Sa 10–17, So 12–17 Uhr) Dieses Museum befindet sich in der spektakulären Villa, die Henry Flagler 1902 als Geschenk für seine Braut Mary Lily Kenan baute. Whitehall wurde im Beaux-Arts-Stil gestaltet und war eines der modernsten Häuser seiner Zeit. Es entwickelte sich schnell zum gesellschaftlichen Mittelpunkt der Wintersaison. Entworfen wurde es von John Carrère und Thomas Hastings, die beide an der Ecole des Beaux-Arts in Paris studiert hatten und zusammen bei anderen Bauten wie der New York Public Library zusammengearbeitet hatten. Das aufwendig gestaltete Haus hat 75 Räume und war das erste Wohnhaus, das über ein Heizungssystem verfügte.

★ **Palm Beach Lake Trail** WANDERN, RADFAHREN
(Royal Palm Way, am Intracoastal Waterway) Die erste „Straße" nach Palm Beach führte am Intracoastal Waterway vorbei und war ein 8 km langer befestigter Pfad zwischen der Worth Ave im Süden und der Indian Rd im Norden, auf dem sich Flaglers Hotelgäste

die Beine vertreten konnten und ihre gesellschaftlichen Beziehungen pflegen konnten. Sie trägt den Spitznamen „The Trail of Conspicuous Consumption" („Weg des Prestigekonsums") und bietet zu beiden Seiten eine fantastische Aussicht: Im Westen liegt die Lagune namens Lake Worth, im Osten erstreckt sich eine endlose Reihe Villen.

Palm Beach Bike Shop RADFAHREN
(☎561-659-4583; www.palmbeachbicycle.com; Royal Poinciana Plaza, Cocoanut Row; ⏰Mo–Sa 9–17.30, So 10–17 Uhr) Dieses Geschäft verleiht Räder aller Art, darunter Fahrräder (39 US$ pro Tag), Rollschuhe (39 US$ pro Tag) und Mopeds (100 US$ pro Tag). Helme kosten 5 US$ extra.

Schlafen & Essen

Bradley Park Hotel HOTEL $$
(☎561-832-7050; www.bradleyparkhotel.com; 2080 Sunset Ave; Zi. 229 US$, Suite 329–359 US$; P❄📶) Das 1921 erbaute Mittelklassehotel bietet große Zimmer in Goldtönen, teilweise mit Originalelementen aus der Entstehungszeit und charaktervollen Möbeln. Die Zimmer wirken wie Mini-Apartments. Zu den Geschäften und Restaurants am Royal Poinciana Way ist es nur ein kurzer Spaziergang.

★**The Breakers** RESORT $$$
(☎888-273-2537; www.thebreakers.com; 1 S County Rd; Zi./Suite ab 699/ab 2000 US$; P❄@📶🏊🐾) Henry Flagler erbaute dieses Hotel 1904 – damals kosteten die Zimmer inklusive der Mahlzeiten 4 US$ pro Nacht. Heute ist es ein Resort mit 550 Zimmern auf einem 56 ha großen Grundstück und hat über 2000 Angestellte, die 56 Sprachen fließend sprechend. Nur ein paar Schritte vom besten Schnorchelgebiet des County bietet dieser Palast einen 18-Loch-Golfplatz, einen 1,6 km langen halb-privaten Strand, vier Pools und den besten Brunch weit und breit.

Surfside Diner DINER, FRÜHSTÜCK $
(☎561-659-7495; 314 S County Rd; Hauptgerichte 8–12 US$; ⏰8–15 Uhr) Die tolle Kopie eines traditionellen Diners serviert einen der besten Brunches der Stadt. Ob Pfannkuchen, Frühstücksburritos mit Hühnchen oder French Toast – alles schmeckt lecker. Mittags gibt es gesunde Speisen wie gegrillten Käse und Tomatensuppe, BLT-Sandwiches (mit Bacon, Salat und Tomaten), Sandwiches mit Erdnussbutter und Marmelade sowie Slider (Mini-Sandwiches).

★**Būccan** MODERN-AMERIKANISCH $$
(☎561-833-3450; www.buccanpalmbeach.com; 350 S County Rd; Hauptgerichte 18–45 US$; ⏰So–Do 17–24, Fr & Sa bis 1 Uhr) Die moderne amerikanische Küche und der für den James Beard Award nominierte Koch Clay Conley am Ruder machen das Būccan zum angesagtesten Restaurant der Stadt. Am besten beginnt man mit einigen kleinen Tellern, darunter Schnapper-Ceviche und Tintenfisch-Taboulé, die eine Vielzahl an Aromen bieten, und bestellt danach das marokkanische Hühnchen. Man sollte reservieren.

★**Café Boulud** FRANZÖSISCH $$$
(☎561-655-6060; www.thebraziliancourt.com; 301 Australian Ave; Hauptgerichte 16–46 US$, Menü mittags/abends 32/48 US$; ⏰Café 7–22 Uhr, Bar bis 24 Uhr) Dieses Restaurant am Brazilian Court wurde von dem renommierten New Yorker Koch Daniel Boulud eröffnet und ist eines der wenigen in Palm Beach, dessen hohe Preise wirklich gerechtfertigt sind. Im freundlichen Speiseraum und auf der Terrasse wird eine anspruchsvolle Speisekarte mit klassischen französischen Gerichten und Fusion-Küche geboten. Alle Speisen weisen die für Boulud typische Raffinesse und Qualität auf.

Ausgehen & Unterhaltung

Leopard Lounge LOUNGE
(www.chesterfieldpb.com; 363 Cocoanut Row; ⏰18.30–1 Uhr) In diese schicke Lounge in Gold-, Schwarz- und Rottönen kommen ein gesetztes Publikum und gelegentlich auch mal Prominente (Fotografieren und Autogrammjäger sind hier nicht gestattet). Jeden Abend gibt's Livemusik, das Programm ist ein Mix aus Jazz und klassischen Klängen.

Society of the Four Arts DARSTELLENDE KÜNSTE
(☎561-655-7226; www.fourarts.org; 2 Four Arts Plaza) Die Konzertreihen, die hier auf dem Programm stehen, umfassen Kabarett, Kammerorchester, Streichquartette, Klavierkonzerte und das Palm Beach Symphony.

Praktische Informationen

Chamber of Commerce (☎561-655-3282; www.palmbeachchamber.com; 400 Royal Palm Way, Suite 106; ⏰Mo–Fr 9–17 Uhr) Sehr gute Karten und Regale voller Broschüren. Man kann auch die App *Palm Beach Guide* herunterladen.

Anreise & Unterwegs vor Ort

Bus 41 von **Palm Tran** (http://discover.pbcgov.org/palmtran; Einzelfahrt/Tageskarte 2/5 US$) deckt einen Großteil der Insel ab, er verkehrt zwischen der Lantana Rd und der Sunrise Ave; am Publix kann man in den Bus Nr. 1 umsteigen, der auf der US 1 nach Norden und Süden fährt. Eine einfache Fahrt kostet für Erwachsene/Kinder 2/1 US$. Zum Palm Beach International Airport (S. 524) in West Palm Beach nimmt man Bus 41 bis zur Umsteigehaltestelle in der Downtown und steigt dort in Bus Nr. 44.

Palm Beach ist zwar relativ kompakt, doch die beiden wichtigsten Viertel an der Innenstadt rund um den Royal Poinciana Way bzw. um die Worth Ave liegen einen recht langen Fußweg auseinander.

West Palm Beach

Als Henry Flagler sich entschied, das Gebiet des heutigen West Palm Beach zu entwickeln, wusste er genau, was es einmal werden würde: eine Arbeiterstadt zur Unterstützung der glamourösen Resortstadt auf der anderen Seite der Brücke. Und so entstanden die Zwillingsstädte – Palm Beach, das als die schönere von beiden gilt, und West Palm Beach, eine coolere Gemeinde, deren Bewohner hart arbeiten, aber auch zu feiern wissen. West Palm hat ein erstaunlich breit gefächertes Angebot an Restaurants, freundliche Einwohner (darunter eine starke Schwulen-Gemeinschaft) und herrliche Wasserwege, in denen sich das Licht der Sterne spiegelt.

Sehenswertes & Aktivitäten

★ Norton Museum of Art MUSEUM
(☎561-832-5196; www.norton.org; 1451 S Olive Ave; Erw./Kind 12/5 US$; ⏲Di–So 12–17 Uhr) Das vom Architekten Norman Foster entworfene Museum, das zur Zeit der Recherche umfassend renoviert wurde, ist das größte Kunstmuseum Floridas. Es wurde 1941 eröffnet, um die riesige Kunstsammlung des Industriellen Ralph Hubbard Norton und seiner Frau Elizabeth auszustellen. Die ständige Sammlung der Nortons umfasst über 5000 Exponate, darunter Werke von Matisse, Warhol und O'Keeffe. Daneben sind bedeutende Artefakten aus China, dem präkolumbischen Mexiko und dem Südwesten der USA zu sehen. Außerdem werden großartige zeitgenössische Fotografien gezeigt und regelmäßig finden Wanderausstellungen statt.

South Florida Science Center & Aquarium MUSEUM
(☎561-832-1988; www.sfsciencecenter.org; 4801 Dreher Trail North; Erw./Kind 16/11,50 US$; ⏲Mo–Fr 9–17, Sa & So bis 18 Uhr) Das tolle kleine interaktive Wissenschaftsmuseum mit Aquarium und Planetarium bietet ein wöchentliches Programm, Wanderausstellungen, einen Wissenschaftspfad, Minigolf und einen Schmetterlingsgarten. Am letzten Freitag im Monat ist das Museum bis 21 Uhr geöffnet, sodass Besucher den Nachthimmel vom einzigen öffentlichen Observatorium des County beobachten können (vorausgesetzt das Wetter erlaubt es).

Peanut Island INSEL
(http://discover.pbcgov.org; ⏲Do–So 11–16 Uhr) Peanut Island, das direkt vor der nordöstlichen Ecke von West Palm Beach liegt, wurde 1918 im Zusammenhang mit Ausbaggerungsprojekten geschaffen. Ursprünglich hieß die Insel Inlet Island, wurde später aber nach einem Erdnussöl-Transportunternehmen benannt, das 1946 geschlossen wurde. Das Highlight der Insel ist der **Atomschutzbunker** (☎561-723-2028; www.pbmm.info; Erw./Kind 17/12 US; ⏲Do–So 11–16 Uhr), der während der Kubakrise für John F. Kennedy gebaut wurde. Heute gehört er zum Palm Beach Maritime Museum.

Rapids Water Park WASSERPARK
(☎561-842-8756; www.rapidswaterpark.com; 6566 North Military Trail, Riviera Beach; wochentags/Wochenende 43/48 US$; ⏲10–17 Uhr) Süd-Floridas größter Wasserpark bietet mehr als 30 nasse und wilde Rides voller Action. Von den Angst- und Begeisterungsschreien, die aus dem Big-Thunder-Tunnel dringen, sollte man sich nicht abhalten lassen. Ein Riesenspaß! Parken kostet 10 US$ zusätzlich.

Schlafen

Hotel Biba MOTEL $
(☎561-832-0094; www.hotelbiba.com; 320 Belvedere Rd; Zi. 149–179 US$; ❄📶🏊) Den einfachen, weißen, nur mäßig großen Zimmern dieses Motels fehlt ein wenig Farbe, doch es ist eine der besseren (wenn nicht die einzige) Budgetunterkünfte weit und breit. Das Motel liegt günstig nur einen Block vom Intracoastal entfernt am Rand des El Cid District. Es ist sauber und völlig okay, wenn man einfach nur irgendwo schlafen möchte.

★ Grandview Gardens B&B $$
(☎561-833-9023; www.grandview-gardens.com; 1608 Lake Ave; Zi. ab 229 US$; P❄📶🏊) Wer in diesem kleinen Resort übernachtet, fühlt sich in kürzester Zeit wie ein Einheimischer. Es versteckt sich in einem tropischen

Garten am Howard Park. Die riesigen Suiten sind mit schmiedeeisernen Himmelbetten ausgestattet, und durch die Flügeltüren gelangt man direkt auf die Terrasse mit Swimmingpool.

Essen

Johan's Jöe CAFÉ $

(Swedish Coffee House & Cafe; www.johansjoe.com; 401 S Dixie Hwy; Hauptgerichte 9–13; ⏲7–18 Uhr) Wer mit den Umlautzeichen auf der Speisekarte klarkommt (die scherzhaft über den englischen Worten platziert sind), findet hier eine wunderbare Auswahl an Gebäck und Kuchen. Doch nicht nur die süßen Köstlichkeiten überzeugen, auch Gerichte wie marinierte Heringe, schwedische Fleischbällchen und authentische schwedische Salate und Sandwiches sind klasse.

Darbster VEGAN $$

(☎561-586-2622; www.darbster.com; 8020 S Dixie Hwy; Hauptgerichte 14–20 US$; ⏲Di–Fr 17–22, Sa 10.30–15 & 17–22, So bis 21 Uhr) Dieses Restaurant ist in mehrfacher Hinsicht allein auf weiter Flur: Es liegt 5 Meilen (8 km) außerhalb der Stadt an einem unpassenden Standort nahe des S Dixie Hwy am Palm-Beach-Kanal, das Essen ist zu 100 % vegan, der gesamte Gewinn geht an eine Tierschutzstiftung und Besucher aller Couleur – von Hippies in Birkenstock-Schuhen bis zu reichen Gästen mit Diamantenohrringen aus Palm Beach – lieben es.

★Table 26 Degrees MODERN-AMERIKANISCH $$$

(☎561-855-2660; www.table26palmbeach.com; 1700 S Dixie Hwy; Hauptgerichte 26-41 US$; ⏲Mo–Sa 11.30–14, So–Mi 16.30–22, Do–Sa 16.30–23 Uhr) Von den Preisen dieses anspruchsvollen Restaurants sollte man sich nicht abschrecken lassen. Das Table 26 Degrees ist vom Geräusch der Gespräche und dem Gläserklirren der vielen einheimischen Gäste erfüllt. Sie versammeln sich an der Bar (tolle Happy Hour täglich von 16.30 bis 18.30 Uhr) und genießen die kleinen Teller zum Teilen sowie die Hauptgerichte. Die Karte ist unterteilt in „Water" (Fisch & Meeresfrüchte), „Land" (Fleischgerichte), „Field" (vegetarische Gerichte) und „Hands" (Brathühnchen und Burger).

Ausgehen & Unterhaltung

The Pawn Shop Lounge CLUB

(www.pawnshopwpb.com; 219 Clematis St; Grundgebühr 10 US$; ⏲Di–Do 17–3, Fr & Sa bis 4 Uhr) Der früher in Miami ansässige Tanzclub und Promitreff befindet sich in der ehemaligen Veranstaltungslocation Dr. Feelgood's. Es ist mit den typischen Utensilien eines Pfandleihhauses dekoriert (*pawnshop*=Pfandleihaus), außerdem gibt's hier eine historische Riesenradgondel und ein DJ-Pult, das aus einem alten Mack-Truck gebaut wurde. DJs, Tänzer und Lichtshows sorgen dafür, dass die Party bis morgens um 3 Uhr weitergeht, während an der über 50 m langen Bar der Alkohol in Strömen fließt.

HG Roosters SCHWULE & LESBEN

(www.roosterswpb.com; 823 Belvedere Rd; ⏲So–Do 15–3, Fr & Sa bis 4 Uhr) Diese Bar ist ein fester Bestandteil der lebhaften Schwulen-Gemeinschaft von West Palm Beach. Seit 1984 gibt es im HG Roosters Chicken Wings, Bingo und heiße, junge Tänzer.

Respectable Street LIVEMUSIK

(www.respectablestreet.com; 518 Clematis St) Seit zwei Jahrzehnten sorgt das Respectable dafür, dass tolle Bands aus Süd-Florida hier jammen, und darüber hinaus organisiert es im Oktober das MoonFest, das größte Straßenfest der Stadt. Zudem gibt es großartige DJs, starke Drinks und eine luftige Terrasse, auf der man chillen kann. Wer genau hinsieht, entdeckt vielleicht in der Wand ein Loch, das Anthony Kiedis von den Red Hot Chili Peppers hinein geschlagen hat, als die Band hier spielte.

International Polo Club ZUSCHAUERSPORT

(☎561-204-5687; www.internationalpoloclub.com; 3667 120th Ave S, Wellington; Eintritt 10 US$, Sitzplätze am Rasen ab 30 US$; ⏲Jan.–April So) Zwischen Januar und April ist der International Polo Club 16 Wochen lang von Polospielen und Glamour geprägt. Als eine der besten Polo-Anlagen der Welt lockt er nicht nur die besten Spieler her, sondern auch die heimische und internationale Schickeria. Diese lässt es sich – natürlich in der neuesten Mode gekleidet – beim Champagner-Brunch (Tickets 125 US$) gut gehen. Wer will, kann es ihnen gleichtun.

Praktische Informationen

Die größte Zeitung ist die *Palm Beach Post* (www.palmbeachpost.com).

Discover The Palm Beaches Visitor Center (☎561-233-3000; www.thepalmbeaches.com; 2195 Southern Blvd, Suite 400; ⏲Mo–Fr 8.30–17.30 Uhr) Hier bekommen Traveller umfangreiche Informationen über die Gegend, Karten und Online-Führer.

Anreise & Unterwegs vor Ort

Am **Palm Beach International Airport** (PBI; ☎561-471-7420; www.pbia.org; 1000 James L Turnage Blvd) findet man die meisten großen Fluggesellschaften und Autovermietungen. Er liegt etwa 1 Meile (1,6 km) westlich der I-95 an der Belvedere Rd. Bus Nr. 44 von Palm Tran (S. 521) verkehrt zwischen dem Flughafen, dem Bahnhof und der Downtown (2 US$).

Greyhound (☎561-833-8534; www.greyhound.com; 215 S Tamarind Ave; ⌚6–22.45 Uhr), **Tri-Rail** (☎800-875-7245; www.tri-rail.com; 203 S Tamarind Ave) und **Amtrak** (☎800-872-7245; www.amtrak.com; 209 S Tamarind Ave) nutzen den selben Bahnhof, die historische Seaboard Train Station. Bus Nr. 44 von Palm Tran fährt vom Flughafen zum Bahnhof.

Ist man erst einmal hier, ist das Autofahren und Parken ein Kinderspiel. Es gibt auch einen putzigen, praktischen und kostenlosen Bus, der ab 11 Uhr zwischen der Clematis St und dem CityPlace verkehrt.

Everglades

Nirgendwo sonst in Amerika gibt es eine Wildnis wie die Everglades. Der „Fluss aus Gras", wie die amerikanischen Ureinwohner die Gegend nannten, ist mehr als nur ein Feuchtgebiet, ein Sumpf, ein See, ein Fluss, eine Prärie oder eine Graslandschaft – es setzt sich aus alldem zusammen. Weite Horizonte, großartige Blicke in die Ferne, Sonnenuntergänge, die sich über das gesamte Blickfeld erstrecken, und eine gesunde Population an Reptilien mit ihren aufgerissenen Rachen aus der Dinosaurier-Ära prägen diese einzigartige Landschaft. Wer beobachtet, wie Amerikanische Schlangenhalsvögel ihre Flügel ausbreiten, ehe sie sich schraubenförmig in die Tiefe stürzen, oder wie der Amerikanische Graureiher mit langsamen, gleichmäßigen Flügelschlägen über sein Reich gleitet oder wie das Sonnenlicht auf meilenweitem unberührtem Sauergras schimmert, während die Sonne hinter hohen Zypressen versinkt, bekommt eine kleine Vorstellung von der stillen Pracht dieses Parks. In einem Land, wo die Schönheit der Natur nach ihrem dramatischen Potential gemessen wird, geht das Leben in den Everglades friedlich und gleichmäßig seinen Gang.

Everglades National Park

Diese riesige **Wildnis** (☎305-242-7700; www.nps.gov/ever; 40001 SR-9336, Homestead; Parkpass pro Fahrzeug 25 US$, Fahrradfahrer 8 US$; ⌚Visitor Center 9–17 Uhr; 👪), die 6070 km² umfasst, gehört zu den größten Naturschätzen Amerikas. Der Park, in dem es viel zu sehen und zu tun gibt, ist einer der Hauptmagneten für Besucher Süd-Floridas. Man kann Alligatoren beobachten, die sich in der Mittagshitze sonnen, während in den nahen Gewässern Reiher geduldig auf Beute warten; man kann in geheimnisvollen Mangrovenkanälen und auf friedlichen Seen Kajak fahren oder inmitten hoher Zypressen auf einer derben Sumpfwanderung (*slough slog*) durchs knietiefe Wasser waten. Plankenwege laden zu Spaziergängen ein – bei Sonnenaufgang, wenn die Vögel allmählich ihren Gesang anstimmen, oder im Mondschein, während die Alligatoren auf der Suche nach Nahrung geschmeidig durch enge Kanäle schwimmen. Besucher können im Hinterland zelten, Fahrradtouren unternehmen oder an von Rangern geführten Aktivitäten teilnehmen, bei denen die Magie der Everglades lebendig wird. Die große Frage ist: Wo soll man bloß anfangen?

Im Park gibt es drei Haupteingänge und drei Hauptbereiche: einen am südöstlichen Rand nahe Homestead und Florida City (Abschnitt Ernest Coe), einen zweiten an der zentralen Nordseite am Tamiami Trail (Abschnitt Shark Valley) und einen dritten an der Nordwestküste (Abschnitt Gulf Coast) hinter Everglades City. Die Parkbereiche Shark Valley und Gulf Coast liegen geografisch gesehen hintereinander. Der Parkpass (25 US$ für Fahrzeuge, 8 US$ pro Fahrrad) gilt an sieben aufeinanderfolgenden Tagen für den gesamten Park, doch der Abschnitt Ernest Coe liegt komplett abseits.

Im Eintrittspreis ist der gesamte Park enthalten und das Ticket gilt an sieben aufeinanderfolgenden Tagen. Weil der Tamiami Trail eine öffentliche Straße ist, wird für Sehenswürdigkeiten entlang dieser Straße mit Ausnahme von Shark Valley kein Eintritt erhoben. In der südlichen Parkhälfte gibt es einen bemannten Checkpoint, der den Zugang zu allen Sehenswürdigkeiten an der Straße von Ernest Coe hinunter nach Flamingo überwacht.

Im Park gibt es drei Arten von **Backcountry-Campingplätzen** (☎239-695-2945, 239-695-3311; www.nps.gov/ever/planyourvisit/backcamp.htm): Stellplätze am Strand (*beach sites*) an der Küste (auf Muschelstränden) und auf den 10 000 Islands; Plätze an Land (*ground sites*, im Prinzip Aufschüttungen aus Erde über den Mangroven) und *chickees*. Letztere sind hölzerne Plattformen über dem Wasser, auf denen man frei stehende Zelte (ohne Heringe) aufbauen kann. Die *chickees* haben Toiletten und sind die zivilisiertesten Stellplätze. Wer auf so einer Plattform über dem Wasser übernachtet, fühlt sich so heiter und friedlich wie in einem treibenden Ruderboot. An den Landcampingplätzen werden Insekten am ehesten zur Qual.

Wer mit dem Boot unterwegs ist und eine Insel sieht, die sich scheinbar zum Campen eignet, aber kein ausgewiesener Campingplatz ist, sollte Vorsicht walten lassen: Möglicherweise landet man im Wasser, wenn die Flut kommt.

Von November bis April kosten die Genehmigungen zum Campen 15 US$ plus 2 US$ pro Nacht und Person. Von Mai bis Oktober sind die Stellplätze kostenlos, man muss sich aber im Flamingo Visitor Center oder im Gulf Coast Visitor Center bzw. unter der Telefonnummer ☎239-695-2945 selbst registrieren.

Einige Tipps zum Campen im Hinterland:

- Nahrungsmittel in gut tragbaren, vor Waschbären geschützten Behälter lagern (in Ausrüstungsgeschäften erhältlich).
- Sämtlichen Abfall mindestens 25 cm tief vergraben – das kann manchmal wegen der harten Grasnarbe schwierig sein.
- Zum Kochen einen Campingkocher benutzen. Offene Feuer sind nur an den Stellplätzen am Strand erlaubt, und auch dort darf man nur Fallholz oder Treibholz verbrennen.

Vor dem Besuch des Parks sollte man sich mit Vorräten eindecken. Homestead und Florida City eignen sich dafür am besten, wenn man in die südlichen Everglades will. Wer auf dem Weg zum Tamiami Trail ist, sollte sich in Miami oder in den westlichen Vorort mit allem Nötigen versorgen.

ℹ Anreise & Unterwegs vor Ort

Das größte subtropische Wildnisgebiet der kontinentalen USA ist von Miami aus leicht erreichbar. Zwischen dem Atlantik (Osten) und dem Golf von Mexiko (Westen) bedecken die „Glades" die südlichsten 130 km Floridas. Der Tamiami Trail (Hwy 41) durchquert sie von Osten nach Westen – parallel zur weiter nördlich gelegenen und weniger interessanten Alligator Alley (I-75).

Um richtig ins Innere der Everglades vordringen zu können, benötigt man unbedingt ein eigenes Auto und gute Wanderstiefel. Sinnvoll ist auch ein eigenes Kanu oder Kajak (inner- und außerhalb des Parks mietbar); eine Alternative sind geführte Paddeltouren. Fahrräder eignen sich gut für die ebenen Fahrbahnen des Everglades National Park (vor allem zwischen Ernest Coe und Flamingo Point). Die Seitenstreifen sind hier häufig gefährlich schmal.

Rund um die Everglades

Biscayne National Park

Gleich östlich von den Everglades liegt der **Biscayne National Park** (☎305-230-1144, Bootstouren 786-335-3644; www.nps.gov/bisc; 9700 SW 328th St; Bootstour Erw./Kind 35/25 US$; ⏰7–17.30 Uhr) bzw. die 5 % davon, die sich nicht unter der Wasseroberfläche befinden. Tatsächlich erstreckt sich hier vor der Küste Floridas ein Teil des drittgrößten Riffs der Welt. Außerdem gibt es im Park Mangrovenwälder und die nördlichste Insel der Florida Keys.

Der Besuch des Biscayne National Park, der ein wenig im Schatten der Everglades liegt, erfordert etwas mehr Planung, doch diese Mühe lohnt sich. Die nur mit dem Boot erreichbaren Keys vor der Küste bieten Campingplätze inmitten unberührter Natur. Die beste Zeit für den Besuch des Parks sind der Sommer und der Herbst, denn dann ist das Wasser ruhig und man kann gut schnorcheln. Hier finden sich einige der schönsten Riffe und Schnorchelspots der USA, abgesehen von Hawaii und dem nahe gelegenen Key Largo.

Zum Glück kann man diesen einzigartigen 777 km² großen Park gut erkunden, entweder auf eigene Faust mit einem Kanu oder bei einer Bootstour.

Einfache Campingplätze (Stellplatz 25 US$ pro Nacht, Mai–Sept. frei) gibt es auf Elliott Key und auf Boca Chita Key, man erreicht sie aber nur per Boot. Winzige Gnitzen, No-see-ums genannt, sind hier eine echte Plage, und die Bisse dieser Mücken sind sehr unangenehm. Unbedingt dafür sorgen, dass das Zelt nicht die kleinsten Löcher aufweist, durch die die Quälgeister hineingelangen könnten.

ℹ Praktische Informationen

Dante Fascell Visitor Center (☎305-230-1144; www.nps.gov/bisc; 9700 SW 328th St; ⏰9–17 Uhr) Das Visitor Center am Convoy Point zeigt einen hervorragenden einführenden Film, der einen guten Überblick über den

Park gibt, und hat Karten, Infos und tolle von Rangern geleitete Aktivitäten im Programm. Das Gelände rings um das Center ist an den Wochenenden und Feiertagen ein beliebter Picknickplatz, besonders für Familien aus Homestead. Es zeigt ebenfalls einheimische Kunstwerke.

An- & Weiterreise

Um herzukommen, fährt man von Homestead aus ca. 9 Meilen (14,4 km) auf der SW 328th St (North Canal Dr) nach Osten; der Weg ist ziemlich gut ausgeschildert und führt in ein großes, flaches Gebiet grün-goldener Felder und Marschen.

Homestead & Florida City

Homestead und Florida City, das 2 Meilen (3,2 km) weiter südlich benachbart ist, scheinen auf den ersten Blick nicht besonders attraktiv zu sein. Sie gehören noch zu den immer weiter wuchernden Randgebieten von South Miami und wirken wie eine endlose Meile von riesigen Einkaufszentren, Fast-Food-Restaurants, Autohändlern und Tankstellen. Doch hinter der Fassade verbirgt sich vieles, das zunächst nicht sichtbar ist: merkwürdige Kuriositäten wie ein „Schloss", das ein verliebter Einwanderer im Alleingang gebaut hat, ein Tierschutzzentrum für exotische Tierarten, eine Weinkellerei, die Floridas landwirtschaftliche Erzeugnisse präsentiert (Tipp: Trauben sind es nicht), eine florierende Kleinbrauerei und einer der besten Farm-Verkaufsstände des ganzen Landes. Und natürlich sind die beiden Städte großartige Ausgangspunkte für Expeditionen in den atemberaubenden Everglades National Park.

Sehenswertes & Aktivitäten

★ Coral Castle SCHLOSS
(☎305-248-6345; www.coralcastle.com; 28655 S Dixie Hwy; Erw./Senior/Kind 18/15/8 US$; ⌚So–Do 8–18, Fr & Sa bis 20 Uhr) „Hier werden Sie außergewöhnliche Errungenschaften sehen" kündigt die Inschrift auf der grob behauenen Steinmauer an, doch das ist eine Untertreibung. Es gibt einfach keinen großartigeren Tempel für alles Bizarre und Verrückte in Süd-Florida als dieses Bauwerk. Der Legende nach wurde ein Lette am Traualtar stehen gelassen und zog daraufhin nach Florida. Dort meißelte er in der Dunkelheit der Nacht unbeobachtet in mühsamer Handarbeit dieses Denkmal für die unerwiderte Liebe.

Everglades Outpost TIERSCHUTZGEBIET
(☎305-562-8000; www.evergladesoutpost.org; 35601 SW 192nd Ave, Homestead; Erw./Kind 12/8 US$; ⌚Mo, Di & Fr–So 10–17.30 Uhr, Mi & Do nach Vereinbarung) Der Everglades Outpost nimmt Wildtiere auf, die von illegalen Händlern beschlagnahmt, vor Vernachlässigung und Misshandlung gerettet oder von überforderten Besitzern abgegeben wurden. Hier werden sie dann gefüttert und versorgt. Zu den Bewohnern des Outpost gehören ein Lemur, Wölfe, ein Schwarzbär, Zebras, Kobras, Alligatoren und ein Paar majestätischer Tiger (einer davon wurde von einer exotischen Tänzerin hierher gebracht, die das Tier eigentlich in ihre Tanznummer einbauen wollte). Mit dem Eintrittsgeld unterstützt man die Arbeit der Einrichtung.

Garls Coastal Kayaking Everglades KAJAKFAHREN
(www.garlscoastalkayaking.com; 19200 SW 344th St, Homestead; Einer-/Zweierkajak pro Tag 40/55 US$, halb-/ganztägige Tour 125/150 US$) Dieser Anbieter mit Sitz auf dem Gelände des Obststandes von **Robert Is Here** (☎305-246-1592; www.robertishere.com; Säfte 7–9 US$; ⌚8–19 Uhr) veranstaltet oft empfohlene Exkursionen in die Everglades. Die Ganztagstouren beginnen mit einer Wanderung (durch ziemlich sumpfiges Gelände in der üppigen Landschaft der Zypressenhaine), gefolgt von einer Kajaktour in den Mangroven und in der Florida Bay. Sofern noch Zeit bleibt, unternimmt man außerdem eine Nachtwanderung.

Schlafen & Essen

★ Everglades International Hostel HOSTEL $
(☎305-248-1122; www.evergladeshostel.com; 20 SW 2nd Ave, Florida City; Camping 18 US$/Pers., B 30 US$, DZ 61–75 US$, Suite 125–225 US$; P ❄ 📶 🏊) Das freundliche Hostel befindet sich in einer unordentlichen, aber komfortablen Pension aus den 1930er-Jahren und hat preiswerte Schlafsäle, Privatzimmer und „halb-private" Zimmer (separate Zimmer in einem Schlafsaal ohne eigenes Bad). Am schönsten ist der kreativ gestaltete Garten hinter dem Haus.

Gator Grill AMERIKANISCH $
(☎786-243-0620; 36650 SW 192nd Ave, Homestead; Hauptgerichte 9–16 US$; ⌚11–18.30 Uhr) Der Gator Grill, eine weiße Hütte mit Picknicktischen, liegt günstig, um vor oder nach

dem Besuch des Everglades National Park einzukehren. Hier gibt's Alligatorengerichte aller Art: Alligatoren-Tacos, Alligatoren-Pfanne, Alligatoren-Kebabs und auch einfach gebratenes Alligatorenfleisch, das in einem Korb serviert wird.

Praktische Informationen

In mehreren Informationszentren bekommt man Tipps zu Attraktionen, Unterkünften und Restaurants.

Chamber of Commerce (☎305-247-2332; www.southdadechamber.org; 455 N Flagler Ave, Homestead; ⌚Mo–Fr 9–17 Uhr)

Tropical Everglades Visitor Association (160 N 1st St, Florida City; ⌚Mo–Sa 8–17, So 10–14 Uhr)

An- & Weiterreise

Homestead betreibt am Wochenende einen kostenlosen **Trolleybus-Service** (☎305-224-4457; www.cityofhomestead.com; ⌚Dez.–April Sa & So), der Besucher vom Losner Park (in der Downtown von Homestead) hinaus zum **Royal Palm Visitor Center** (☎305-242-7700; www.nps.gov/ever; State Rd 9336; ⌚9–16.15 Uhr) im Everglades National Park bringt sowie zwischen dem Losner Park und dem Biscayne National Park pendelt. Die aktuellen Fahrzeiten erfragt man am besten telefonisch.

Tamiami Trail

Die Calle Ocho in Miamis Little Havana bildet das östliche Ende des Tamiami Trail (US 41), der durch die Everglades bis zum Golf von Mexiko führt. Also auf nach Westen, liebe Traveller, nur ein paar Dutzend Kilometer die US 41 entlang und schon ist man Welten entfernt von der Hitze der Großstadt. Die Fahrt führt zum Nordrand des Parks, vorbei an langgestreckten Auenwäldern, Spielhallen, Anbietern von Sumpfbuggy-Touren, Straßenimbissen und anderen Einrichtungen im Stil des alten Florida.

Weiter Richtung Westen tauchen Felder und Kiefernwälder sowie Reklametafeln für Touren durch die Sümpfe auf. Touren mit dem Sumpfboot (*airboat*) sind eine traditionelle Art, die Everglades zu sehen (und so ein abgedrehter Skynyrd-Fan mit Tattoos und Tarnklamotten hat schon etwas für sich); es gibt aber auch andere Möglichkeiten, den Park zu erkunden.

Sehenswertes & Aktivitäten

Fakahatchee Strand Preserve PARK

(☎239-695-4593; www.floridastateparks.org/fakahatcheestrand; 137 Coastline Dr, Copeland; Auto/Fußgänger/Fahrradfahrer 3/2/2 US$; ⌚8 Uhr–Sonnenuntergang; P ♿) Der Fakahatchee Strand hat nicht nur einen tollen Namen, sondern beherbergt auch ein 32 mal 8 km großes Mündungsfeuchtgebiet, das direkt aus *Jurassic Park* stammen könnte. Über dieses feuchte, wilde Fantasy-Land, in dem noch immer Panther im schwarzen Wasser ihre Beute jagen, führt ein 600 m langer Plankenweg. Auh wenn man wohl kaum einen zu Gesicht bekommen wird, sieht man dafür viele verschiedene Orchideen, Vögel sowie Reptilien, angefangen bei winzigen Glattechsen bis zu grinsenden Alligatoren.

Shark Valley Tram Tour GEFÜHRTE TOUREN

(☎305-221-8455; www.sharkvalleytramtours.com; Erw./Kind unter 12 Jahren/Senior 25/19/12,75 US$; ⌚Abfahrt Mai–Dez. 9.30, 11, 14, 16 Uhr, Jan.–April stündlich zur vollen Stunde) Diese ausgezeich-

ABSTECHER: LOOP ROAD

Entlang der 24 Meilen (39 km) langen Loop Rd, die vom Tamiami Trail (Hwy 41) abzweigt, befinden sich einige einzigartige Stätten. Nummer Eins: die Häuser der **Miccosukee**, die mit den Einnahmen aus dem Glücksspiel teilweise erheblich ausgebaut wurden. Neben mehreren traditionellen Hütten im *chickee*-Stil stehen hier auch Trailer mit massiven Anbauten, die größer als die ursprünglichen Trailer sind, und vor allen scheinen funkelnagelneue Pick-up-Trucks zu parken. Nummer Zwei: tolle Haltebuchten mit Blick in den überfluteten Wald, in dem Reiher wie Flugsaurier in den Bäumen hocken, und wo in der Tiefe Alligatoren lauern. Nummer Drei: Häuser mit großen Konföderierten-Fahnen und Schildern mit der Aufschrift „Stay off my property" („Betreten verboten") – sie gehören genauso zur Landschaft wie die Sümpfe. Und Nummer Vier: der kurze, wunderbar dschungelartige **Tree Snail Hammock Nature Trail**. Die Kiesstraße ist zwar nicht asphaltiert, aber in gutem Zustand und auch für Fahrzeuge ohne Allradantrieb befahrbar. Wie ihr Name verspricht, kehrt die Straße am Ende direkt auf den Tamiami Trail zurück; die entspannte Rundfahrt dauert vielleicht ein, zwei Stunden.

nete zweistündige Tour folgt einem 15 Meilen (24 km) langen Asphaltweg. Unterwegs begegnet man in den Wintermonaten zahlreichen Alligatoren. Die Touren werden von sachkundigen Parkrangern kommentiert, die einen faszinierenden Überblick in die Everglades geben.

Praktische Informationen

Shark Valley Visitor Center (☎305-221-8776; www.nps.gov/ever/planyourvisit/svdirections.htm; Eintritt in den Nationalpark Auto/Fahrradfahrer/Fußgänger 25/8/8 US$; ⌚9–17 Uhr) Eine gute Anlaufstelle, um sich über die Everglades zu informieren, z. B. über Wege, Tierbeobachtung und kostenlose, von Rangern geführte Aktivitäten.

Everglades City

Am Rand der Chokoloskee Bay stößt man auf ein altes Fischerdorf mit erhöht gebauten Häusern, türkisblauem Wasser und wie zufällig dahingestreuten smaragdgrünen Mangroveninseln. Das Wort „City" ist schon sehr ambitioniert für Everglades City, doch in der freundlichen Fischerstadt kann man leicht ein, zwei Tage verbringen. Hier warten einige faszinierende Erinnerungen an die Vergangenheit, darunter ein hervorragendes regionales Museum.

Der Hwy 29 führt Richtung Süden durch die Stadt und auf die kleine, friedliche Wohninsel Chokoloskee, von der sich ein schöner Blick auf die wasserreiche Wildnis der 10 000 Islands bietet. In Everglades City wie auch in Chokoloskee kann man Bootstouren buchen, um dieses fast unberührte Gebiet zu erkunden.

Sehenswertes & Aktivitäten

★ Museum of the Everglades MUSEUM

(☎239-695-0008; www.evergladesmuseum.org; 105 W Broadway; ⌚Mo–Sa 9–16 Uhr; P) GRATIS Dieses kleine Museum, das eine kulturelle Abwechslung zu so viel Natur bietet, sollte man auf keinen Fall verpassen. Es befindet sich im früheren Waschhaus der Stadt und wird von freundlichen Freiwilligen betrieben, die unglaublich gut über die Geschichte der Region Bescheid wissen. Die Sammlung widmet sich der Besiedlung der Gegend von den frühen Pionieren im 19. Jh. über die Blütezeit in den 1920er-Jahren bis zu den tragischen Momenten (Hurrikan Donna zerstörte die Stadt 1960) und der darauffolgenden Verwandlung der Stadt in das ruhige Nest, das es heute ist.

10 000 Islands INSELN

Eine der schönsten Möglichkeiten, die friedliche Atmosphäre der Everglades zu erleben – die zugleich verlassen, aber auch üppig, tropisch und faszinierend wirkt –, ist eine Paddeltour durch das Netz der Wasserwege am Rand des nordwestlichen Abschnitts des Parks. Die 10 000 Islands bestehen aus vielen (wenn auch sicher nicht 10 000) winzigen Inseln und einem Mangrovensumpf an der südwestlichsten Grenze von Florida.

Everglades Adventures KANUFAHREN

(☎877-567-0679; www.evergladesadventures.com; 107 Camellia St; 3/4-stündige Tour ab 89/99 US$, Kanu-/Kajakverleih ab 35/49 US$ pro Tag) Um einen echten Eindruck von den Everglades zu bekommen, gibt es nichts Besseres als eine Bootsfahrt. Dieser hoch gelobte Anbieter veranstaltet eine ganze Palette halbtägiger Kajaktouren: von Paddeltouren durch die Morgendämmerung bis zu Exkursionen in die Mangroven, die erst in der Dunkelheit unter den funkelnden Sternen enden.

Schlafen & Essen

Outdoor Resorts of Chokoloskee MOTEL $

(☎239-695-2881; www.outdoorresortsofchokoloskee.com; 150 Smallwood Dr, Chokoloskee; Zi. 119 US$; ❄🏊) Wegen seiner vielen Einrichtungen, darunter mehrere Pools, ein beheizter Whirlpool, Tennis- und Shuffleboard-Plätze, ein Fitnesscenter und Bootsverleih, ist dieses Motel am nördlichen Ende von Chokoloskee Island sehr beliebt. Das Preis-Leistungs-Verhältnis stimmt. Die recht einfachen Zimmer im Motelstil haben Miniküchen und eine Terrasse auf der Rückseite mit Blick auf die Marina.

Everglades City Motel MOTEL $$

(☎239-695-4224; www.evergladescitymotel.com; 310 Collier Ave; Zi. 150–250 US$; P❄📶) Dieses Motel bietet mit seinen großen, renovierten Zimmern, die mit allen modernen Annehmlichkeiten ausgestattet sind (Flachbild-TV, Kühlschrank, Kaffeemaschine), und den freundlichen Mitarbeitern, die den Gästen Bootstouren arrangieren können, ein gutes Preis-Leistungs-Verhältnis für alle, die etwas Zeit in der Nähe der 10 000 Inseln verbringen möchten.

★ Havana Cafe LATEINAMERIKANISCH $$

(☎239-695-2214; www.havanacafeoftheeverglades.com; 191 Smallwood Dr, Chokoloskee; Hauptgerichte mittags 10–19 US$, abends 22–30 US$;

Mo–Do 7–15, Fr & Sa bis 20 Uhr, Mitte April–Mitte Okt. geschlossen) Das Havana Cafe ist weithin für sein köstlich zubereitetes Seafood mit lateinamerikanischer Note bekannt. Beliebte Mittagsgerichte sind Steinkrabben-Enchiladas, geschwärzter Zackenbarsch mit Reis und Bohnen sowie ein dekadentes kubanisches Sandwich. Auch die Tische im Freien zwischen Palmen und leuchtend bunter Bougainvillea tragen zum Reiz des Restaurants bei, genau wie der unglaublich freundliche Service.

Oyster House SEAFOOD **$$**
(239-695-2073; www.oysterhouserestaurant.com; 901 Copeland Ave; Hauptgerichte mittags 12–18 US$, Hauptgerichte abends 19–30 US$; So–Do 11–21, Fr & Sa bis 22 Uhr;) Neben hervorragenden, für die Everglades typischen Meeresfrüchtegerichten (Austern, Krabben, Zackenbarsch, Offiziersbarsch, Hummer) tischt dieses gut besuchte, familiengeführte Restaurant auch Alligatorengerichte (Tacos, Jambalaya, Platten mit gebratenem Fleisch) und einfachere Körbe (Burger, gebratene Meeresfrüchte) sowie großartige Desserts auf. Das Innere erinnert an eine rustikale Hütte und ist mit altem Schnickschnack und ausgestopften Tieren dekoriert, sodass man sich fühlt, als wäre man tief in den Wäldern.

Praktische Informationen

Everglades Area Chamber of Commerce
(239-695-3941; Ecke Hwy 41 & Hwy 29; 9–16 Uhr) Hier bekommt man allgemeine Informationen über die Region.

An- & Weiterreise

In dieser Gegend fahren keine öffentlichen Verkehrsmittel. Die 85 Meilen (137 km) lange Autofahrt von Miami nach Westen ist recht unkompliziert und dauert etwa 1¾ Stunden.

Florida Keys

Wenn Florida eine eigene Welt innerhalb der USA ist, dann sind die Keys eine eigene Welt innerhalb von Florida – hier ticken die Uhren einfach anders. Hierher kommen Menschen, die dem Alltagsleben auf dem Festland entfliehen wollen. Und was finden sie vor? Etwa 113 Mangroven- und Sandbank-Inseln, wo die weiße Sonne auf die dichten, dunkelgrünen Mangroven knallt, lange, herrlich weiche Watten und Gezeitenstrände, Wasser, das so blaugrün wie die Türkissteine aus Arizona ist, und Einwohner, die oft einfach ganz sie selbst sind: Sonderlinge, Geeks und liebenswerte Spinner.

In Key West gilt noch immer das Motto One Human Family – das bedeutet Toleranz und „Anything goes", eine Welt, in der das Leben eine einzige Party ist (und wozu manchmal natürlich auch der Kater am nächsten Tag gehört). Pastellfarben prägen das Bild, und eine sanfte Brise sorgt auf diesem Vorposten der Bahamas für Erfrischung. Willkommen am Ende der USA!

Praktische Informationen

Das Florida Keys & Key West Visitors Bureau des Monroe County Tourist Development Council betreibt eine ausgezeichnete Website (www.fla-keys.com) mit umfangreichen Informationen über alles, was die Keys zu bieten haben.

Gute tägliche Online-News und Infos über die Inseln bietet die Seite www.keysnews.com.

An- & Weiterreise

Schon die Anreise kann ein echtes Erlebnis sein – oder eine Menge Stress, wenn man Pech hat. Auf einer der großartigsten Straßen der Welt, dem Overseas Hwy (Hwy 1), geht es von einer mangrovengesäumten Insel zur nächsten. An guten Tagen ist dies der Inbegriff des amerikanischen Road Trips, mit dem Wind im Gesicht, den Zwillingsstädten der Florida Bay auf der einen Seite und dem Atlantik auf der anderen. An schlechten Tagen quält man sich durch den Stau, vielleicht hinter einem Typen auf einer Harley, der seine Midlife-Crisis bekämpft.

Busse von Greyhound (www.greyhound.com) starten in der Downtown Miamis und in Key West und fahren zu allen Orten auf den Keys, die am Hwy 1 liegen; man kann sich einfach an den Overseas Hwy stellen und einen Bus heranwinken. Wer nach Fort Lauderdale oder Miami fliegt, kann den Tür-zu-Tür-Service des **Keys Shuttle** (888-765-9997; www.keysshuttle.com) nutzen, der die meisten Keys ansteuert (Upper & Middles Keys/Lower Keys/Key West 70/80/90 US$). Man sollte mindestens einen Tag vorher buchen.

Key Largo

Wir wollen ehrlich sein: Auf den ersten Blick ist Key Largo (so heißen sowohl die Insel als auch die Stadt darauf) nicht besonders überwältigend. Allerdings sind die größten Attraktionen zunächst auch unsichtbar, denn sie liegen unter der Wasseroberfläche. Wenn man auf die Inseln zufährt, sieht Key Largo aus wie eine lange zugebaute Meile. Doch sobald man da ist und in eine Seitenstraße einbiegt, eine Bar besucht oder ein umgebautes Plantagenhaus anschaut, kommen die Besonderheiten von Key Largo klarer zum Vorschein.

Das 33 Meilen ((53 km) lange Largo, das bei MM 106 beginnt, ist die längste Insel der Keys, und entlang dieser 33 Meilen wimmelt es von Meeresflora und -fauna. Da es hier die größte Konzentration an Tauchspots in den Keys gibt, ist die Meereswelt gut zugänglich. Die Stadt Tavernier (bei Meile 93) liegt gleich südlich der Stadt Key Largo.

Sehenswertes & Aktivitäten

John Pennekamp Coral Reef State Park STATE PARK

(☎305-451-6300; www.pennekamppark.com; MM 102,6 auf der Meerseite; Auto mit 1/2 Pers. 4,50/9 US$, Fußgänger o. Radfahrer 2,50 US$; ⌚8 Uhr–Sonnenuntergang, Aquarium bis 17 Uhr; P 👪) Dieser State Park kann sich rühmen, der erste Unterwasserpark der USA gewesen zu sein. Er umfasst 28 ha auf dem Land und fast 20 000 ha (knapp 200 km²) unter Wasser – fast der gesamte Park befindet sich somit im Ozean. Ehe man sich ins Wasser stürzt, sollte man aber die schönen Strände genießen und einen Spaziergang an Land machen.

Laura Quinn Wild Bird Sanctuary TIERSCHUTZGEBIET

(☎305-852-4486; www.keepthemflying.org; 93600 Overseas Hwy, MM 93,6; Spende erbeten; ⌚Sonnenaufgang–Sonnenunergang; P 👪) Dieses 2,8 ha große Schutzgebiet ist ein Refugium für viele verletzte Vögel. Ein Plankenweg führt durch verschiedene Gehege, wo man etwas über die dauerhaften Bewohner lernt, die nicht wieder ausgewildert werden können. Hier sind u.a. Maskentölpel, Virginia-Uhus, Grünreiher, Braunpelikane und Ohrenscharben (eine Kormoran-Art) zu Hause. Wenn man dem Pfad weiter folgt, bietet sich eine nette Aussicht auf die Florida Bay.

African Queen BOATING

(☎305-451-8080; www.africanqueenflkeys.com; Key Largo Holiday Inn, 99701 Overseas Hwy; Kanalfahrt/Fahrt mit Abendessen 49/89 US$) Das Dampfschiff aus dem 1951 gedrehten Film *African Queen* mit Humphrey Bogart und Katharine Hepburn in den Hauptrollen wurde restauriert und erstrahlt nun wieder in seiner alten Pracht. Auf einer Kanaltour oder einer Fahrt mit Abendessen kann man sich selbst wie ein Filmstar fühlen. Wenn man sich besser benimmt als seinerzeit die von Katherine Hepburn verkörperte Rose, lässt einen der Kapitän vielleicht sogar mal eine Weile ans Steuer.

Garl's Coastal Kayaking ÖKOTOUR

(☎305-393-3223; www.garlscoastalkayaking.com; 4-stündige geführte Touren Erw./Kind 75/50 US$, Kajak Ein-/Zweisitzer pro Tag 40/55 US$) Garl's ist ein ausgezeichneter Anbieter für Ökotouren, der seine Kunden mit Kajak und Kanu ins Hinterland der Everglades und durch die Mangroveninseln der Florida Bay führt. Hier gibt's auch preiswerte Leihausrüstung.

Schlafen & Essen

Hilton Key Largo Resort HOTEL $$

(☎305-852-5553; www.keylargoresort.com; MM 102 auf der Buchtseite; Zi./Suite ab 200/280 US$; P 📶 🏊) Dieses Hilton-Hotel hat jede Menge Charakter. Die Gäste scheinen sich automatisch zu entspannen, wenn sie in den sauberen Designerzimmern in Blau- und Grüntönen und mit Balkons, von denen man aufs Wasser blicken kann, faulenzen. Auf dem riesigen Gelände gibt es einen Pool, der von einem künstlichen Wasserfall gespeist wird, und einen ziemlich langen, weißen Privatstrand. Die besten Preise ergattert man, wenn man online bucht.

Jules' Undersea Lodge HOTEL $$$

(☎305-451-2353; www.jul.com; 51 Shoreland Dr, MM 103,2 auf der Meerseite; EZ/DZ/3BZ 675/800/1050 US$) Man hört ja viel über den Bau von Unterwasserhotels in Dubai und auf den Fidschi-Inseln, doch abgesehen von U-Booten ist Jules' Undersea Lodge noch immer der einzige Ort der Welt, wo man zusammen mit seiner besseren Hälfte dem „Five Fathom Club" beitreten kann (diese Tiefangabe ist keine Übertreibung). Die einstige Forschungsstation wurde in ein herrlich kitschiges Motel verwandelt – nur eben unter Wasser.

DJ's Diner AMERIKANISCH $

(☎305-451-2999; 99411 Overseas Hwy; Hauptgerichte 8–15 US$; ⌚7–15 Uhr; P 📶 👪) Beim Betreten begrüßt ein Wandbild von Humphrey Bogart, James Dean *und* Marilyn Monroe die Gäste – viel amerikanischer geht's kaum. In traditionellem Diner-Ambiente mit den typischen Nischen werden große Portionen typisch amerikanischer Gericht serviert. Sehr beliebt ist das Frühstück: lockere Omeletts, Eggs Benedict und Waffeln.

Fish House SEAFOOD $$

(☎305-451-4665; www.fishhouse.com; MM 102,4 auf der Meerseite; Hauptgerichte mittags 12–21 US$, abends 21–30 US$; ⊙11.30–22 Uhr; P ♿) Das Fish House macht seinem Namen alle Ehre: Der täglich von den einheimischen Fischern gebrachte Fisch wird gebraten, gekocht, geschwärzt oder auf dem Holzofengrill zubereitet und schmeckt ausgezeichnet. Die Karte wechselt je nach aktuellem Angebot.

Islamorada

Islamorada (*ei-la-mu-ra-da*) wird auch „The Village of Islands" („Dorf der Inseln") genannt. Das klingt nicht nur hübsch, das ist es auch. Die kleine Inselkette besteht aus den Keys Plantation, Upper und Lower Matecumbe, Shell und Lignumvitae (*lignum-wai-ti*) und ist einer der malerischsten Abschnitte der Inseln. Hier werden die struppigen Mangroven von einem endlosen Horizont aus Meer und Himmel in traumhaften Blauschattierungen abgelöst. Islamorada zieht sich von MM 90 bis MM 74 über eine Länge von 20 Meilen (32 km).

Sehenswertes & Aktivitäten

★ **Florida Keys History of Diving Museum** MUSEUM

(☎305-664-9737; www.divingmuseum.org; Mile 83; Erw./Kind 12/6 US$; ⊙10–17 Uhr; P ♿) Das Tauchmuseum kann man gar nicht übersehen – es ist das Gebäude mit dem riesigen Walhai-Bild an der Seitenwand. Es führt Besucher durch die 4000 Jahre alte Geschichte des Tauchens. Zu sehen sind faszinierende Exponate wie Karl Heinrich Klingerts Kupferkessel aus dem Jahr 1797, ein skurriler Raum, der sich Jules Vernes Romanfigur Kapitän Nemo widmet, sperrige Tiefsee-Tauchanzüge und großartige Taucherhelme aus aller Welt. Die einfallsreiche Ausstellung ist ein typisches Beispiel für die charmante Skurrilität der Keys.

Windley Key Fossil Reef Geological State Site STATE PARK

(☎305-664-2540; www.floridastateparks.org/windleykey; MM 85,5 oceanside; Eintritt/Tour 2,50/2 US$; ⊙Do–Mo 8–17 Uhr) Damit Henry Flagler seine Eisenbahn über die Keys bauen konnte, musste er beträchtliche Brocken der Inseln herausbrechen. Die besten Zeugnisse seiner Anstrengungen finden sich in diesem früheren Steinbruch, der heute ein State Park ist. Entlang der 2,4 m hohen Steinbruchwand befindet sich zurückgelassene Maschinerie. Direkt im Gestein sieht man Fossilienabdrücke von Hirnkorallen und Hirschgeweihkorallen. Der Steinbruch ermöglicht Besuchern einen coolen (und seltenen) Blick in die Korallenschichten, aus denen die Keys im Wesentlichen bestehen.

★ **Robbie's Marina** BOOTSVERLEIH

(☎305-664-8070; www.robbies.com; MM 77,5 bayside; Verleih von Kajaks & Stehpaddelbrettern 45–80 US$; ⊙9–20 Uhr; ♿) Robbie's ist nicht einfach nur eine Bootsrampe, es ist auch ein lokaler Flohmarkt, ein kitschiges Touristengeschäft, ein Sammelbecken für Seefedern (große Fische) und der Ausgangspunkt für Angeltouren – alles in einem mit Treibholz dekorierten Komplex. Hier kann man auch Boote ausleihen und Bootstouren unternehmen. Am besten entkommt man dem Trubel aber, wenn man ein Kajak ausleiht und damit durch die nahen Mangroven, Hammocks und Lagunen fährt.

Schlafen & Essen

Conch On Inn MOTEL $

(☎305-852-9309; www.conchoninn.com; 103 Caloosa St, MM 89,5; Zi. 100–180 US$; P 📶) Das Motel ist bei Rentnern beliebt, die es jeden Winter nach Florida zieht. Die Zimmer sind einfach, aber in heiteren Farben gestrichen, sauber, komfortabel und gut ausgestattet. Auf der Terrasse am Wasser kann man prima entspannen und nach Seekühen Ausschau halten – bis zu 14 wurden hier schon vor dem Bootsanleger gesichtet.

Lime Tree Bay Resort Motel MOTEL $$

(☎305-664-4740; www.limetreebayresort.com; MM 68,5 bayside; Zi. 180–360 US$; ❄ 📶 🏊) Auf diesem 1 ha großen versteckten Refugium am Wasser kann man die spektakulären Sonnenuntergänge in den vielen Hängematten und Gartenstühlen ungehindert genießen. Die Zimmer sind komfortabel eingerichtet, die schönsten haben Balkons mit Blick aufs Wasser. Das Motel bietet viele Extras, z.B. Tennisplätze, Fahrräder, Kajaks und Stehpaddelbretter.

Bad Boy Burrito MEXILKANISCH $

(☎305-509-7782; www.badboyburrito.com/islamorada; 103 Mastic St, MM 81,8 bayside; Hauptgerichte 8–15 US$; ⊙Mo–Sa 10–18 Uhr) Versteckt an einer winzigen Plaza sitzt man hier zwischen sprudelnden Brunnen, Orchideen und sich wiegenden Palmen. Auf der Karte stehen großartige Fisch-Tacos und die namengebenden Burritos mit hochwertigen Zutaten (Kronfleisch, Entenconfit, Zucchini und Kürbis) und allen möglichen Beilagen (Weißkraut, Chipotle-Mayonnaise, hausgemachte Salsa). Dazu am besten Hibiskus-Tee und Pommes mit Guacamole bestellen.

★ **Lazy Days** SEAFOOD $$
(☎305-664-5256; www.lazydaysislamorada.com; 79867 Overseas Hwy, oceanside; Hauptgerichte 18–34 US$;) Das Lazy Days, eines der kulinarischen Highlights der Islamorada, ist wegen seiner frischen Meeresfrüchtegerichte weithin berühmt. Am besten beginnt man mit einer Muschelsuppe, zu der ein kleiner Sherry serviert wird, gefolgt von einem göttlichen Eber-Lippfisch-Poseidon (Fisch mit Shrimps, Jakobsmuscheln und Limettenbutter) oder einem Teller mit gekochten Meeresfrüchten (halber Hummer, Shrimps, der Fang des Tages und andere Delikatessen).

Marathon

Marathon liegt genau auf halbem Weg zwischen Key Largo und Key West und bietet sich für einen Zwischenstopp auf der Fahrt über die Inseln an. Es ist die vielleicht „entwickeltste" Insel außerhalb von Key West (wobei „entwickelt" in diesem Fall schon sehr gewagt ist) – immerhin gibt's hier große Einkaufszentren und über 8000 Einwohner. Gleichzeitig ist es aber ein Ort, in den die Bewohner des Festlands flüchten, um zu angeln, zu zechen und sich zu amüsieren. Marathon ist zwar familienfreundlicher als Key West, aber nicht gerade jugendfrei.

Schlafen & Essen

Seascape Motel & Marina MOTEL $$
(☎305-743-6212; www.seascapemotelandmarina.com; 1075 75th St Ocean E, zw. MM 51 & 52; Zi. 250–450 US$;) Alle zwölf Zimmer dieses B&B schwelgen in elegantem, unaufdringlichen Luxus, sind aber ganz individuell gestaltet, mal mit altmodischem Cottage-Flair, mal im schicken Boutique-Stil. Die Gäste können einen Pool am Meer, Kajaks und Stehpaddelbretter nutzen. Angesichts der abgeschiedenen Lage fühlt man sich hier wie am Ende der Welt.

Tranquility Bay RESORT $$$
(☎305-289-0667; www.tranquilitybay.com; MM 48,5 bayside; Zi. 340–700 US$;) Wer sich mal etwas Luxus gönnen möchte, sollte hier übernachten. Das Tranquility Bay ist ein riesiges Resort mit Ferienwohnungen, schicken Strandhäusern, eleganter Bettwäsche und ganz in Weiß gehaltener Eleganz. Die Anlage ist wirklich groß und bietet so viele Aktivitäten, dass es einem schwerfällt, das Resort zu verlassen.

★ **Keys Fisheries** SEAFOOD $$
(☎866-743-4353; www.keysfisheries.com; 3502 Louisa St; Hauptgerichte 12–27 US$; ⏲11–21 Uhr;) Das Reuben-Sandwich mit Hummer ist legendär: so süß, stückig und cremig, dass man hinterher davon träumt. Doch alle Meeresfrüchte sind so hervorragend, dass man gar nichts falsch machen kann. Serviert werden sie mit Gemüse. Die neugierigen Möwen interessieren sich sehr dafür, was die Gäste am belebten Ufer so essen.

Lower Keys

Auf den Lower Keys lebt eine Mischung aus Winterflüchtlingen und einheimischen Conchs. Einige Familien sind hier schon seit Generationen ansässig, daher herrscht hier eine stärkere Inselatmosphäre als andernorts am Overseas Hwy. Es ist ein merkwürdiger Kontrast: Die Inseln werden hier isolierter, ländlicher und typischer „Keez-y" – und dann kommt plötzlich das (relativ) kosmopolitische, heterogene und freigeistige Key West.

Abgesehen von den Menschen ist die Natur das große Highlight der Lower Keys. Hier befinden sich der schönste State Park der Keys und eine seiner seltensten Arten. Paddler können die malerische und unberührte Mangroven-Wildnis erkunden.

Die Hauptattraktion dieser Gegend ist der **Bahia Honda State Park** (☎305-872-3210; www.bahiahondapark.com; Mile 37; Auto 4–8 US$, Radfahrer & Fußgänger 2,50 US$; ⏲8 Uhr–Sonnenuntergang;) mit seinem langen, weißen (manchmal mit Tang bedeckten) Sandstrand. Er ist der vielleicht schönste Natursandstrand dieser Inselkette. Ein Erlebnis ist auch der Spaziergang über die **alte Bahia-Honda-Eisenbahnbrücke**, von der sich ein schöner Blick auf die umliegenden Inseln bietet. Eine weitere tolle Möglichkeit, einen sonnigen Nachmittag zu verbringen, ist eine Kajaktour (halber/ganzer Tag ab 12/36 US$).

Key West

Key West ist viel progressiver, offener und unkonventioneller als die anderen Keys – und auch viel spannender. In erster

Linie wirkt die 2,6 km² große Insel wie eine herrliche tropische Oase, in der nachts die Stechäpfel blühen und die traditionellen karibischen Häuser so traurig-romantisch anmuten, dass es schwer fällt, bei ihrem Anblick nicht zu seufzen.

Key Wests Reize sind offenkundig, doch die Insel hat auch ihre Kehrseiten. Während es auf der einen Straßenseite Literaturfestivals, karibische Villen, tropische Restaurants und teure Kunstgalerien gibt, finden auf der anderen Seite Sado-Maso-Fetischparaden statt, betrunkene Collegestudenten schlafen auf dem Bürgersteig ein und in düsteren Bars drängen sich Bartträger mit Burnout-Syndrom. Angesichts dieser Widersprüche findet hier jeder etwas für sich, egal, wo die Interessen liegen.

Wie in anderen Teilen der Keys ist die Natur hier eine Hauptattraktion. Die Sonnenuntergänge sind oft traumhaft und der Anlass für die nächtlichen Partys unten am Mallory Sq.

Sehenswertes

★Museum of Art & History at the Custom House

MUSEUM

(☎305-295-6616; www.kwahs.com; 281 Front St; Erw./Kind 10/5 US$; ⌚9.30–16.30 Uhr) Wer etwas über die Geschichte Key Wests erfahren möchte, sollte dieses tolle Museum am Ende der Straße nicht verpassen. Zu den Highlights gehören die Fotos und das Archivmaterial über den Bau des ambitionierten Overseas Hwy sowie über den Hurrikan, bei dem 400 Menschen ums Leben kamen. Ein Modell der USS *Maine* (die während des Spanisch-Amerikanischen Krieges sank) sowie Ausstellungen über die Rolle der Navy in Key West (die hier einmal der größte Arbeitgeber war) und über die „Wreckers", die ihr Glück mit der Plünderung der Schätze in den Wracks gesunkener Schiffe machten, sind weitere Pluspunkte des Museums.

★Mallory Square

PLATZ

(www.mallorysquare.com; 👪) Hier versammeln sich alle Energien, Subkulturen und Eigenarten des Lebens auf den Keys und verschmelzen in einer von Fackeln erhellten, familienfreundlichen (aber verspieltdurchgeknallten) Straßenparty im Schein der Abendsonne. Das Zentrum all dieses lärmenden Trubels ist der Mallory Sq, auf dem sich eine der fantastischsten Shows der Welt abspielt. Es beginnt in den Stunden vor der Abenddämmerung – die sinkende Sonne gibt das Startsignal für das Spektakel mit Feuerschluckern, auf einem Seil laufenden Hunden und britischen Akrobaten, die ihre Künste zeigen und einander freche Sprüche zurufen.

Duval Street

VIERTEL

Die Einwohner Key Wests empfinden eine Art Hassliebe für die berühmteste Straße Key Wests (wenn nicht gar der gesamten Keys). Die Duval Str, die Hauptstraße der Old Town von Key West, ist eine wundersame Meile, auf der der Alkohol in Strömen fließt, nichts authentisch ist und die Leute sich unmöglich benehmen – aber trotzdem macht es Spaß! Der „Duval Crawl" gehört zu den wildesten Kneipentouren des Landes. Der Mix aus Neon-Drinks, Travestie-Shows, kitschigen T-Shirts, kleinen Theatern, Kunstgalerien und Boutiquen ist eher charmant als misstönend.

Hemingway House

HAUS

(☎305-294-1136; www.hemingwayhome.com; 907 Whitehead St; Erw./Kind 14/6 US$; ⌚9–17 Uhr) Ernest Hemingway, der Liebling von Key West, lebte von 1931 bis 1940 in diesem prächtigen Haus im spanischen Kolonialstil. Papa Hemingway zog in den frühen 1930er-Jahren mit seiner zweiten Frau, einer Moderedakteurin der *Vogue* und (ehemaligen) Freundin seiner ersten Frau, hierher (später verließ er das Haus, um mit seiner dritten Frau davonzulaufen). An diesem Ort schrieb er *Das kurze glückliche Leben von Francis Macomber* und *Die grünen Hügel Afrikas* in Gesellschaft vieler sechszehiger Katzen, deren Nachkommen heute noch das Anwesen fest im Griff haben.

Aktivitäten

Dive Key West

TAUCHEN

(☎305-296-3823; www.divekeywest.com; 3128 N Roosevelt Blvd; Schnorcheln/Tauchen ab 60/75 US$) Das größte Tauchzentrum der Insel bietet Tauchexkursionen am Vormittag, am Nachmittag und am Abend. Wracktauchen kostet inklusive der gesamten Ausrüstung und des Sauerstoffs 145 US$, mit Taucheranzug 160 US$.

Geführte Touren

Old Town Trolley Tours

GEFÜHRTE TOUREN

(☎855-623-8289; www.trolleytours.com; Erw./Kind/Senior 32/11/29 US$; ⌚Touren 9–16.30 Uhr; 👪) Diese Touren sind eine tolle Einführung in die Stadt. Die Busse, die am Mallory Sq starten, drehen eine 90-minütige Runde und halten unterwegs an zwölf Stationen, an denen man nach Belieben ein- und aussteigen kann. Die Touren dieses Anbieters beginnen täglich alle 15 bis 30 Minuten zwischen 9 und 16.30 Uhr. Der Kommentar ist kitschig, gibt aber einen guten Überblick über die Geschichte von Key West.

Feste & Events

Womenfest SCHWULE & LESBEN
(www.womenfest.com; Sept.) Beim Womenfest, einem der größten lesbischen Festivals Nordamerikas, wird vier Tage lang gefeiert. Es gibt Pool-Partys, Kunstshows, Roller-Derbys, Travestie-Brunches, Segeltörns in den Sonnenuntergang, Flag Football und eine Tattoo- und Schnurrbart-Fahrradtour. Das Ganze ist ein Riesenspaß, der tausende Besucher aus allen Ecken der USA und selbst aus dem Ausland nach Key West lockt.

★ **Fantasy Fest** KULTUR
(www.fantasyfest.net; Ende Okt.) Das Fantasy Fest, das an das wilde Mardi Gras in New Orleans erinnert, ist ein zehntägiges Event mit ausgefallenen Partys, Paraden, Straßenfesten, Konzerten und vielen Kostümveranstaltungen. Die Bars und Gasthäuser wetteifern um die schönste Hausdekoration, und alle schmeißen sich in die verrücktesten Kostüme, die sich finden lassen (oder sind überwiegend nackt mit nur wagemutiger Körperbemalung).

Schlafen

Key West Youth Hostel & Seashell Motel HOSTEL $$
(305-296-5719; www.keywesthostel.com; 718 South St; B 55 US$, DZ 120–240 US$;) Einen Design-Preis wird dieses Hostel kaum gewinnen, doch die Mitarbeiter sind nett und dies ist eine der wenigen günstigen Unterkünfte auf der Insel. Die Schlafsäle und Motelzimmer haben schlichte weiße Fliesenböden, einige Zimmer sind aber in freundlicheren Farben (gelb oder blau-weiß) gestrichen und nicht so eintönig. Auf der Terrasse hinterm Hostel kommt man leicht mit den anderen Gästen ins Gespräch.

Casablanca Key West PENSION $$
(305-296-0815; www.keywestcasablanca.com; 900 Duval St; Zi. 180–400 US$;) Das Casablanca liegt am ruhigeren Ende der Duval St und verfügt über acht freundliche Zimmer, die mit einer herrlich tropischen Eleganz aufwarten. Die 1898 erbaute Pension, die ursprünglich ein privates Wohnhaus war, hatte im Lauf der Jahre einige illustre Besucher, darunter Humphrey Bogart, der 1937 hier übernachtete. Die hellen Zimmer haben Parkettboden und bequeme Betten, einige auch kleine Balkons.

Saint Hotel BOUTIQUEHOTEL $$$
(305-294-3200; www.thesainthotelkeywest.com; 417 Eaton St; Zi. 360–700 US$;) Trotz seiner Nähe zur Duval St fühlt man sich im Saint angesichts der vornehmen Zimmer, der minimalistisch-schicken Lobby, des malerischen Pools mit einem Miniwasserfall und der kunstvoll gestalteten Bar wie in einer anderen Welt. Die besten Zimmer haben Balkons mit Poolblick.

Essen

Pierogi Polish Market OSTEUROPÄISCH $
(305-292-0464; 1008 White St; Hauptgerichte 5-11; Piroggen-Theke Mo–Sa 11–19 Uhr, Geschäft Mo–Sa 10–18, So 12–18 Uhr;) Auf den Keys arbeiten unzählige Saisonkräfte, die überwiegend aus Mittel- und Osteuropa stammen. Hier finden sie ein Stück Heimat in Form von Piroggen, Knödeln, Blinis und tollen Sandwiches. Es nennt sich zwar „Polnischer Markt", doch das Essen ist auch auf ungarische, tschechische und russische Gäste sowie andere Nationalitäten ausgerichtet.

Garbo's Grill FUSION $
(www.garbosgrillkw.com; 409 Caroline St; Hauptgerichte 10–14 US$; Mo–Sa 11–22 Uhr) Ein kleines Stück abseits der Touristenpfade serviert das Garbo's leckere Tacos mit kreativen Toppings wie Shrimps in Mango-Ingwer-Habanero-Glasur und frische Mahimahi mit allem, was dazu gehört. Außerdem gibt's Gourmet-Burger und Hotdogs. Das Essen wird in einem schicken Airstream-Wohnwagen zubereitet, der an einer gepflasterten Terrasse mit Tischen und Stühlen steht.

The Café VEGETARISCH $$
(305-296-5515; www.thecafekw.com; 509 Southard St; Hauptgerichte 12–22 US$; 9–22 Uhr;) Das älteste vegetarische Restaurant von Key West ist tagsüber ein sonniges Mittagslokal und verwandelt sich abends in ein gut besuchtes, dezent beleuchtetes Restaurant, in das man gern kommt, um zu essen und zu trinken. Die Küche ist herausragend und das breit gefächerte Speisenangebot reicht von thailändischen Pfannen-Currys und Baguettes mit Fleischbällchen bis zu Pizza mit zerkleinertem Rosenkohl und einem berühmten vegetarischen Burger.

★ Thirsty Mermaid
SEAFOOD $$

(☎305-204-4828; www.thirstymermaidkeywest.com; 521 Fleming St; Hauptgerichte 12-28 US$; ⌚11-23.30 Uhr; 📶) Mal abgesehen vom tollen Namen („Durstige Meerjungfrau") besticht das winzige Thirsty Mermaid mit seinen fantastischen Meeresfrüchten und der stilvollen, aber entspannten Atmosphäre. Die Karte ist eine kulinarische Würdigung der Schätze des Meeres: Rohe Austern stehen neben Ceviche, Klaffmuscheln und sogar Kaviar. Herausragende Hauptgerichte sind die scharf angebratenen Kammmuscheln und der Thunfisch mit Togarashi-Gewürz und Jasminreis.

★ Blue Heaven
AMERIKANISCH $$$

(☎305-296-8666; www.blueheavenkw.com; 729 Thomas St; Hauptgerichte Frühstück & mittags 10–17 US$; abends 22–35 US$; ⌚8–22.30 Uhr; 📶) Das Blue Heaven ist eine der schrägsten Adressen auf einer Insel voller Skurrilitäten und beweist, dass die Lage fast alles ist. Die Gäste (und ein frei laufendes Federvieh) futtern gemeinsam in dem tropischen Garten mit seinen verwitterten Gebäuden, in dem Hemingway einst bei Boxkämpfen als Ringrichter fungierte. Scharen von Gästen verschlingen hier köstliches Frühstück (Blaubeerpfannkuchen!) und Keys-Küche mit französischer Note (wie den Gelbschwanz-Schnapper mit Zitronenbuttersauce).

Ausgehen & Unterhaltung

★ Green Parrot
BAR

(☎305-294-6133; www.greenparrot.com; 601 Whitehead St; ⌚22–4 Uhr) Die älteste Bar auf dieser Insel voller Bars eröffnete im späten 19. Jh. als Treff für Raubeine und war seitdem durchgängig in Betrieb. Die klapprige Inneneinrichtung (inklusive der einheimischen Kunstwerke, die die Wände schmücken, und eines an der Decke ausgebreiteten Fallschirms) trägt zur besonderen Atmosphäre ebenso bei wie das bunte Publikum, das sich einfach nur amüsieren möchte.

Captain Tony's Saloon
BAR

(☎305-294-1838; www.capttonyssaloon.com; 428 Greene St; ⌚22–2 Uhr) Manche behaupten, dass Hemingway im benachbarten Megabar-Komplex Sloppy Joe's Stammgast war, doch in Wirklichkeit trank der alte Mann genau hier, wo sich das ursprüngliche Sloppy Joe's befand (ehe es in die Studentenhölle an der Duval St umzog). Hemingways dritte Frau (eine Journalistin, die über ihn schreiben sollte) verführte ihn in genau dieser Bar.

Irish Kevin's
BAR

(☎305-292-1262; www.irishkevins.com; 211 Duval St; ⌚22–3.30 Uhr) Das Kevin's, eine der beliebtesten Megabars in der Duval St, hat das richtige Rezept gefunden, um die Gäste zu unterhalten: Die allabendliche Livemusik ist eine Mischung aus Folksängern, Cheerleader-Shows und schlüpfrigen Witzen im Stil aufgedrehter Radiomoderatoren. Das Publikum flippt regelmäßig bei den akustischen Coverversionen von Hits ab den 80er-Jahren aus, die mit bierseligen patriotischen Deklamationen à la Lee Greenwood gemischt sind.

La Te Da
KABARETT

(☎305-296-6706; www.lateda.com; 1125 Duval St; ⌚Shows 20.30 Uhr) In der Bar draußen treffen sich die Einheimischen, um bei einem Glas Bier zu schwatzen, während am Wochenende oben im fabelhaften Crystal Room erstklassige Travestie-Shows mit Stars aus dem ganzen Land laufen (Eintritt 26 US$). In der Lounge unten finden zwanglosere Kabarett-Auftritte statt.

ℹ Praktische Informationen

Citizen (www.keysnews.com) Gut geschriebene, oft amüsante Tageszeitung.

Key West Chamber of Commerce (☎305-294-2587; www.keywestchamber.org; 510 Greene St; ⌚9–18 Uhr) Sehr gute Infoquelle.

Key Wester (www.thekeywester.com) Restaurantkritiken und aktuelle Events.

ℹ Unterwegs vor Ort

Ist man erst einmal in Key West, besorgt man sich am besten ein Fahrrad (Leihfahrräder gibt's rund um die Duval St, in Hotels und Hostels ab 10 US$ pro Tag). Im Bereich der Duval St fährt zwischen 18 und 24 Uhr der kostenlose Duval-Loop-Shuttle (www.carfreekeywest.com/duval-loop).

Weitere Optionen sind die farbig markierten Busse von **Key West Transit** (☎305-600-1455; www.kwtransit.com; Tageskarte 4–8 US$), die etwa alle 15 Minuten fahren, und Mopeds, die in der Regel ab 35 US$ pro Tag erhältlich sind (Zweisitzer ab 60 US$). Schließlich wären da noch die offenen Elektroautos für Touristen namens „Conch Cruisers", die 55 km/h drauf haben; Viersitzer/Sechssitzer kosten ca. 140/200 US$ pro Tag.

A&M Scooter Rentals (☎305-896-1921; www.amscooterskeywest.com; 523 Truman Ave; Fahrrad/Moped/Elektroauto ab 10/35/140 US$/Tag; ⌚9–19 Uhr) verleiht Mopeds und Fahrräder sowie offene Elektroautos für zwei bis sechs Personen und liefert diese kostenlos an.

ATLANTIKKÜSTE

Floridas nördliche Atlantikküste ist eine urbane Riviera für Nordflorida und den tiefen Süden. Die langen Strände liegen im Schatten von hohen Apartmentbauten und Villen am Meer. Wer von Süden nach Norden reist, kommt an den Auspuffrohren und Bikerbars von Daytona Beach vorbei, fährt dann durchs ruhige Flagler Beach und weiter ins historische St. Augustine, wo man unbedingt ein oder zwei Nächte bleiben sollte.

Gleich südlich der ausufernden Stadt Jacksonville, die die friedliche Küste unterbricht, liegen mehrere reiche Strandorte. Viele Besucher fahren von hier weiter auf die charmante Amelia Island und zur Grenze zu Georgia. Unterwegs stößt man auf eine Reihe grasbewachsener Barriereinseln, die mit Prielen, flachen Salzmarschen und dunklen Küstenwäldern durchsetzt sind.

Space Coast

Den über 60 km langen Abschnitt der Atlantikküste, der sich von der Canaveral National Seashore nach Süden bis Melbourne Beach erstreckt, prägen Barriereinseln, endlose unbebaute weiße Sandstrände, eine tief verwurzelte Surferkultur und Nischen des alten Florida.

Das Kennedy Space Center und mehrere kleine Museen widmen sich der Geschichte, den Helden und der Wissenschaft des Raumfahrtprogramms der USA, das der Space Coast ist ihren Namen gab. Cocoa Beach, das touristische Zentrum der Region, liegt gleich südlich vom Kreuzfahrthafen Cape Canaverals, wo zahlreiche Ozeanriesen ablegen. Neben 3-D-Raumfahrtfilmen, Bars im Stil von Südseehütten und Surferläden können auch alle Besucher, von den Großeltern bis zu den Knirpsen, an der Space Coast die für Florida so typische Wildnis erleben – egal, ob beim Kajakfahren mit Seekühen, beim Zelten auf privaten Inseln oder bei endlosen Spaziergängen auf weißen Sandstränden.

Sehenswertes & Aktivitäten

★ Kennedy Space Center MUSEUM
(☎866-737-5235; www.kennedyspacecenter.com; NASA Pkwy, Merritt Island; Erw./Kind 3–11 Jahre 50/40 US$; ⊙9–18 Uhr) Ob man sich nun nur am Rande für den Weltraum interessiert oder ein eingefleischter Science-Fiction-Fan ist – ein Besuch im Space Center ist ehrfurchterregend. Um einen guten Überblick zu erhalten, beginnt man mit der Ausstellung Early Space Exploration, macht dann die 90-minütige Bustour zum Apollo/Saturn V Center (wo es das beste Café des Museums gibt) und beendet den Besuch in der großartigen *Atlantis*-Ausstellung, wo man unter dem von der Hitze versengten Rumpf eines Shuttles entlangspazieren kann, das auf 33 Raumfahrtmissionen über 202 000 000 km durch das Weltall geflogen ist.

★ Merritt Island National Wildlife Refuge NATURSCHUTZGEBIET
(☎321-861-5601; www.fws.gov/merrittisland; Black Point Wildlife Dr, abseits der FL-406; Fahrzeug 10 US$; ⊙Sonnenaufgang–Sonnenuntergang) GRATIS Dieses unberührte, 566 km² große Naturschutzgebiet ist einer der besten Orte des Landes, um Vögel zu beobachten, besonders zwischen Oktober und Mai (frühmorgens und nach 16 Uhr). In den Sümpfen, Marschen und Hartholz-Hammocks leben mehr bedrohte Tierarten als irgendwo sonst auf dem amerikanischen Festland. Die besten Beobachtungsmöglichkeiten bieten sich auf dem **Black Point Wildlife Drive**.

Canaveral National Seashore NATIONALPARK
(☎386-428-3384; www.nps.gov/cana; Auto/Fahrrad 10/1 US$; ⊙6–20 Uhr) Dieser 39 km lange, windumtoste Strandabschnitt umfasst den längsten unerschlossenen Sandstrand an der Ostküste Floridas. Im Norden liegt der familienfreundliche **Apollo Beach** mit sanften Wellen, in der Mitte der fast menschenleere, bei Naturfreunden beliebte **Klondike Beach** und im Süden der **Playalinda Beach**, ein Surferrevier mit einem FKK-Strand in der Nähe von Abschnitt 13.

★ Sea-Turtle Nesting Tours ÖKOTOUR
(☎386-428-3384; Erw./Kind 8–16 Jahre 14 US$/frei; ⊙Juni & Juli 20–24 Uhr) Im Sommer können bis zu 30 Personen an den abendlichen, von Rangern geleiteten Touren teilnehmen. Die Chancen, die kleinen Meeresschildkröten zu sehen, liegen bei 75 %. Eine Anmeldung ist erforderlich (ab 15. Mai für Touren im Juni, ab 15. Juni für die im Juli). Kinder müssen mindestens 9 Jahre alt sein, um an den Ökotouren teilnehmen zu können.

Schlafen

Residence Inn Cape Canaveral HOTEL $$
(☎321-323-1100; www.marriott.com; 8959 Astronaut Blvd; Zi. ab 140 US$; P❄📶🏊) Wer keine

Lust auf die Partyszene in Cocoa Beach hat, kann in diesem komfortablen Marriott-Hotel übernachten. Die Zimmer wirken zwar recht geschäftsmäßig, sind aber sehr geräumig und haben bequeme Betten sowie Miniküchen. Die Mitarbeiter sind ausgesprochen entgegenkommend und es gibt einen hübschen Poolbereich.

★ **Beach Place Guesthouses** APARTMENT **$$$**
(☎321-783-4045; www.beachplaceguesthouses.com; 1445 S Atlantic Ave; Suite 199–399 US$; P ☎) Das zwanglose zweistöckige Gästehaus bietet himmlische Erholung von der Partyszene am Strand von Cocoa Beach. Es hat große Suiten mit Hängematten und eine hübsche Terrasse. Zudem liegt es nur ein paar Schritte von den Dünen und vom Strand entfernt. Das ganze Grundstück ist mit vielen bunten Kunstwerken und Pflanzen geschmückt.

Essen

Melbourne Beach Market MARKT **$**
(☎321-676-5225; 302 Ocean Ave; ⌚Mo–Sa 8–20, So bis 19 Uhr) Hier bekommt man alles Lebensnotwendige, auch Fertiggerichte.

★ **Green Room Cafe** VEGETARISCH **$**
(☎321-868-0203; www.greenroomcafecocoabeach.com; 222 N 1st St; Hauptgerichte 6–12 US$; ⌚Mo–Sa 10.30–21 Uhr; ✎) Das fantastische Café, das seine Energie ganz auf „das Gute von Innen" konzentriert, begeistert seine gesundheitsbewussten Kunden mit Acai-Beeren-Obst-Kombischalen, weizen- und glutenfreien Sandwiches, Smoothies aus echten Früchten sowie mit hausgemachten Suppen und Wraps. Falls der Smoothie „Tower of Power" mit Acai-Beeren, Pfirsich, Erdbeeren, Honig und Apfelsaft noch nicht reicht, um einen aufzumuntern, dann schaffen es garantiert die freundliche Gesellschaft und die lebenssprühende Dekoration.

★ **Seafood Atlantic** SEAFOOD **$$**
(☎321-784-1963; www.seafoodatlantic.org; 520 Glen Cheek Dr, Port Canaveral; Hauptgerichte 8–19 US$; ⌚Mi–So 11–19, Fisch- & Meeresfrüchtemarkt ab 10 Uhr) Dieses Restaurant mit Terrasse im Freien ist tief in der Fischindustrie Canaverals verwurzelt und gehört zu den wenigen, die regional gefangene Shrimps, Krabben, Muscheln, Venusmuscheln, Austern und Fische servieren. Wenn sie im Angebot sind, sollte man einen Eimer der sogenannten Goldenen Krabben bestellen, die wunderbar feucht und cremig sind. Auf dem benachbarten Markt kann man anschließend gleich noch einkaufen.

Praktische Informationen

Das **Canaveral National Seashore Visitor Information Center** (☎386-428-3384; www.nps.gov/cana; 7611 S Atlantic Ave, New Smyrna; ⌚Okt.–März 8–18, April–Sept. bis 20 Uhr) liegt direkt südlich vom Eingangstor zum North District. Informationen bekommt man auch beim Visitor Center im Merritt Island National Wildlife Refuge.

An den Eingängen zum North District und zum South District gibt es eine Gebührenstation. Toiletten befinden sich auf den meisten Parkplätzen am Strand.

Rund um den geplanten Start von Raketen kann der Park zeitweilig geschlossen sein. Informationen zu Raketenstarts sind unter ☎321-867-4077 erhältlich.

An- & Weiterreise

Der **Orlando Melbourne International Airport** (☎321-723-6227; www.mlbair.com; 1 Air Terminal Pkwy) ist für die meisten Ziele an der Space Coast der nächstgelegene Flughafen. Der wachsende Flughafen wird von Delta, American Airlines, Elite Airways, Porter Airlines und Baer angeflogen. Hier sind auch alle großen Mietwagenfirmen vertreten. Zum Flughafen fährt der SCAT-Bus Nr. 21.

Alternative Flughäfen sind der Orlando International Airport, etwa 40 Minuten westlich von Cocoa Beach, und der Orlando Sanford International Airport, der eine gute Fahrtstunde nordwestlich von Cocoa Beach liegt.

Mit dem Auto gibt es zwei Möglichkeiten, nach Cape Canaveral zu fahren: von Cocoa Beach auf der A1A nach Norden oder auf der A1A über den Banana River und über Merritt Island nach Westen.

Busse von **SCAT** (SCAT; ☎321-633-1878; www.321transit.com; Einzelfahrschein 1,50 US$, 10-Fahrten-Karte/30-Tage-Karte 6/21 US$; ⌚Fahrplan variiert) bedienen Cape Canaveral. Route 9 fährt nach Cocoa Beach, Route 4 nach Cocoa Village.

Daytona Beach

Daytona Beach ist seit Langem ein Lieblingsurlaubsziel von Bikern in Lederklamotten, Motorsportfans und jungen Springbreak-Urlaubern, zudem ist es als Geburtsort der NASCAR-Rennserie und als Austragungsort des Autorennens Daytona 500 bekannt.

Während der Speedweeks verfünffacht sich die Zahl der Menschen in der Gegend;

bis zu 500 000 Biker donnern zur **Bike Week** im März und zum **Biketoberfest** im Oktober in die Stadt. Wer Konföderierten-Fahnen, laute Motorräder, aufgebockte Trucks und Motorsportanhänger mag, ist dann im Paradies. Alle andern sollten zusehen, dass sie wegkommen.

Wer hinter die Fassade der aufdringlichen Hochhäuser aus den 1970er-Jahren, der Nachtclubs und Touristenfallen (natürlich im übertragenen Sinn) sieht, kann zur richtigen Jahreszeit das Phänomen der nistenden Meeresschildkröten erleben und ein paar interessante kulturelle Attraktionen entdecken.

Sehenswertes & Aktivitäten

★ Daytona International Speedway RENNSTRECKE

(☎800-748-7467; www.daytonainternationalspeedway.com; 1801 W International Speedway Blvd; Führungen ab 18 US$; ⊙geführte Touren 9-30–15.30 Uhr) Der Heilige Gral unter den Rennstrecken bietet ein abwechslungsreiches Rennprogramm. Bei großen Rennen, allen voran dem **Daytona 500** im Februar, schießen die Preise für gute Plätze in die Höhe. Es lohnt sich, an Tagen, an denen keine Rennen stattfinden, kostenlos durch die riesigen Tribünen zu wandern. Die Tramtouren (keine Reservierung möglich) führen zur Rennstrecke, durch die Boxengasse und zu den Bereichen hinter den Kulissen. Die Touren über das gesamte Gelände gewähren auch einen Einblick in den Medienraum und in die Boxen.

Southeast Museum of Photography MUSEUM

(☎386-506-3894; www.smponline.org; 1200 W International Speedway Blvd, Bldg 1200; ⊙Di, Do & Fr 11–17, Mi 11–19, Sa & So 13–17 Uhr) GRATIS Wir lieben dieses versteckte Juwel in Daytona, das vom Daytona State College betrieben wird: Es ist das einzige Museum in Florida, das sich ausschließlich der Fotografie widmet. Das lebendige moderne Museum mit hervorragender Beleuchtung und ausgezeichneten Einrichtungen scheut in seinen Wechselausstellungen auch keine provokativen Themen.

Richard Petty Driving Experience FAHREN

(☎800-237-3889; www.drivepetty.com; ab 109 US$; ⊙Termine variieren) Wem es nicht aufregend genug ist, den NASCAR-Fahrern auf der Rennstrecke zuzuschauen, kann bei der Richard Petty Driving Experience selbst ins Auto steigen. Im Angebot sind verschiedene atemberaubende Erlebnisse, angefangen bei drei Rennrunden auf dem Beifahrersitz (Race Ride, ab 109 US$) bis hin zur intensiven Racing Experience (3200 US$), bei der man über 50 dynamitgeladene Runden hinter dem Steuer sitzen darf. Die Termine erfährt man online.

Schlafen & Essen

Hyatt Place Daytona Beach Oceanfront HOTEL $$

(☎386-944-2010; www.daytonabeach.place.hyatt.com; 3161 S Atlantic Ave, Daytona Beach Shores; Zi. ab 114 US$; P@≋) Hier gibt's mit die schwungvollsten, coolsten und funktionalsten Zimmer Daytonas. Alle haben Balkons, bequeme Betten, getrennte Wohn- und Schlafbereiche und ein schickes Schaltpult, um einen Laptop oderiPod an den 42-Zoll-Flachbild-TV anzuschließen.

Plaza Resort & Spa RESORT $$

(☎844-284-2685; www.plazaresortandspa.com; 600 N Atlantic Ave; Zi. ab 109 US$; P≋) Das älteste Hotel Daytonas wurde 1908 erbaut und im Lauf der Zeit umfassend modernisiert, doch seinen traditionellen Charme hat es bewahrt. Wenn die Wände sprechen könnten… In der Lobby wurde am honigfarbenen Marmor nicht gespart, in den Zimmern stehen 42-Zoll-Plasmafernseher und wolkenweiche Betten, und das Spa erstreckt sich auf 1400 m² – in diesem Resort ist Luxus pur angesagt.

Cracked Egg Diner FRÜHSTÜCK $

(☎386-788-6772; www.thecrackedeggdiner.com; 3280 S Atlantic Ave, Daytona Beach Shores; Frühstücksgerichte 4–11 US$; ⊙7–15 Uhr; P) Das fröhliche Lokal in Daytona Beach Shores war so beliebt, dass es nebenan einen Anbau errichtete. Es ist das Projekt der Brüder Chris und Kevin. Einer von beiden begrüßt die Gäste meistens mit einem Lächeln am der Tür. Ihr Ziel: das perfekte Frühstück servieren. Wir finden, das gelingt ihnen ziemlich gut.

Aunt Catfish's on the River SÜDSTAATENKÜCHE $$

(☎386-767-4768; www.auntcatfishontheriver.com; 4009 Halifax Dr, Port Orange; Hauptgerichte 8–28 US$; ⊙Mo–Sa 11.30–21, So ab 9 Uhr; P) Zackenbarsch frisch vom Boot, Mahimahi in Butter oder köstlich frittiert sowie Südstaaten-Wels mit Cajun-Gewürzen machen dieses Restaurant am Fluss bei Travellern ungemein beliebt; wahrscheinlich muss man auf einen Tisch warten. Es liegt gleich außerhalb von Daytona Beach in Port Orange.

Praktische Informationen

Daytona Beach Area Convention & Visitors Bureau (386-255-0415; www.daytonabeach.com; 126 E Orange Ave; Mo–Fr 8.30–17 Uhr) Ob man nun persönlich herkommt oder sich online erkundigt – die Mitarbeiter wissen bestens über alles in Daytona Beach Bescheid.

An- & Weiterreise

Daytona Beach liegt in der Nähe der Kreuzung zweier wichtiger Interstates, der I-95 und der I-4. Die I-95 ist die schnellste Route nach Jacksonville (ca. 90 Meilen; 145 km) und Miami (260 Meilen; 418 km), wenngleich die Fahrt über den Hwy A1A und den Hwy 1 landschaftlich reizvoller ist. Die Beville Rd, eine Ost-West-Verbindung mitten durch Daytona, wird hinter der Kreuzung mit der I-95 zur I-4 und ist die schnellste Route nach Orlando (55 Meilen; 89 km).

Daytona Beach International Airport (386-248-8030; www.flydaytonafirst.com; 700 Catalina Dr) Direkt östlich vom Speedway; wird von Delta und US Airways angeflogen. Alle großen Autovermietungen sind ebenfalls vertreten.

Greyhound (386-255-7076; www.greyhound.com; 138 S Ridgewood Ave) Busverbindungen zu den meisten großen Städten in Florida und darüber hinaus.

St. Augustine

St. Augustine wurde 1565 von den Spaniern gegründet und ist die älteste ununterbrochen bewohnte europäische Siedlung in den USA. Heute ist sein Historic District, der sich über 144 Blocks erstreckt und als National Historic Landmark zählt, ein bedeutendes Ziel von Reisenden. Im Großen und Ganzen versprüht die Stadt Charme und bewahrt sich ihre Integrität, doch natürlich gibt's auch einige kitschige Touristenfallen: Miniatur-Themenparks, Tourveranstalter an fast jeder Ecke sowie Pferdekutschen, die an Einheimischen in historischen Kostümen vorbeirumpeln.

Zahlreiche erstklassige Museen und die Authentizität der jahrhundertealten Architektur, Denkmäler und engen Pflasterstraßen machen die bewegte Geschichte der Stadt leicht zugänglich, und das macht St. Augustine ganz besonders einnehmend. Im Gegensatz zu vielen historischen Themenparks in ganz Florida ist St. Augustine eine echte Stadt.

In der Stadt wartet ein vielfältiges Angebot an wundervollen B&Bs, gemütlichen Cafés und von Lampen beleuchteten Pubs, und auch wenn man bei Florida nicht zuallererst an Spitzenrestaurants denkt, so sind sie in St. Augustine doch zu finden.

Geschichte

Etwa um 1000 v. Chr. siedelten auf dem Gebiet des heutigen St. Augustine Timucua, die Alligatoren jagten und Mais und Tabak anbauten. 1513 sichtete der spanische Entdecker Juan Ponce de León Land, kam ans Ufer und beanspruchte La Florida („Land der Blumen") für Spanien. 1565 traf sein Landsmann Don Pedro Menéndez de Avilés am Festtag des Augustinus von Hippo hier ein und nannte die Stadt darum San Augustín – 42 Jahre vor der Gründung von Jamestown (Virginia) und 55 Jahre vor der von Plymouth (Massachusetts).

Menéndez errichtete rasch eine Militärbasis zum Schutz vor den Franzosen, die in der Nähe des heutigen Jacksonville Fort Caroline gegründet hatten. Die französische Flotte tat ihm den Gefallen, in einem Hurrikan stecken zu bleiben, und die Überlebenden wurden von Menéndez' Männern niedergemetzelt. Bis Spanien Florida 1821 den USA überließ, war St. Augustine von Piraten und spanischen und britischen Streitkräften sowie von Truppen aus Georgia und South Carolina geplündert, ausgeraubt, gebrandschatzt und besetzt worden.

Heute verleihen die Bauten der Stadt, die aus Schillkalkstein (einer Art natürlichem Beton aus Sedimentgestein und versteinerten Muschelschalen) bestehen, den schmalen Straßen ein bezauberndes Flair. Die lange, abwechslungsreiche Geschichte der Stadt, die von unzähligen Museen, Denkmälern und Galerien erzählt wird, kann man hautnah erleben.

Sehenswertes

Der gesamte Historic District von St. Augustine wirkt wie eine Museum. Auf Besucher warten buchstäblich Dutzende Attraktionen. Die schmale kleine **Aviles St**, die älteste von Europäern besiedelte Straße des Landes, und die lange **St. George St**, eine Fußgängerzone, sind von Galerien, Cafés, Museen und Pubs gesäumt.

★ **Lightner Museum** MUSEUM
(904-824-2874; www.lightnermuseum.org; 75 King St; Erw./Kind 10/5 US$; 9–17 Uhr) Hen-

ry Flaglers ehemaliges Hotel Alcazar beherbergt heute dieses wunderbare Museum, das von allem ein bisschen zeigt: von aufwendig dekorierten Möbeln aus der Gilded Age („Vergoldetes Zeitalter") bis zu Sammlungen von Murmeln und Zigarettenschachteletiketten. Das grandiose, imposante Gebäude ist eine Attraktion für sich. Es wurde 1887 von den New Yorker Architekten Carrère & Hastings im spanischen Neo-Kolonialstil erbaut.

Castillo de San Marcos National Monument FORT

(☎904-829-6506; www.nps.gov/casa; 1 S Castillo Dr; Erw./Kind unter 15 Jahre 10 US$/frei; ⊙8.45–17 Uhr; P) Das fotogene Fort ist ein stimmungsvolles Monument der Beständigkeit: Die älteste gemauerte Festung des Landes wurde 1695 von den Spaniern vollendet. In früheren Zeiten wurde die Festung zweimal belagert und wechselte sechsmal zwischen verschiedenen Ländern den Besitzer – sie ging von Spanien an Großbritannien, dann zurück an Spanien, anschließend folgten die USA, die Konföderierten Staaten von Amerika und schließlich endgültig die USA.

Villa Zorayda Museum MUSEUM

(☎904-829-9887; www.villazorayda.com; 83 King St; Erw./Kind 10/4 US$; ⊙Mo–Sa 10–17, So 11–15 Uhr; P) Es sieht zwar wie der Nachbau eines spanischen Schlosses in einem Mittelalter-Themenpark aus, doch tatsächlich wurde dieses graue Gebäude schon 1883 aus einer Mischung aus Beton und örtlichem Schillkalkstein errichtet. Es entsprang der Fantasie (vielleicht auch dem Fiebertraum) eines exzentrischen Millionärs, der von der im 12. Jh. errichteten Alhambra im spanischen Granada besessen war. Heute ist das Haus ein sonderbares, aber fesselndes Museum. Im Atrium im maurischen Stil und in den Räumen sind skurrile Antiquitäten, archäologische Exponate und andere Artefakte ausgestellt. Zu den Highlights gehören der Fuß einer 2400 Jahre alten Mumie und ein ägyptischer „Heiliger Katzenteppich".

Hotel Ponce de León HISTORISCHES GEBÄUDE

(☎904-823-3378; http://legacy.flagler.edu/pages/tours; 74 King St; Führungen Erw./Kind 10/1 US$; ⊙Führungen Sommer 10–15 Uhr stündl., im Schuljahr 10 & 14 Uhr) Das markante, in den 1880er-Jahren erbaute frühere Luxushotel ist heute der prächtigste Schlafsaal der Welt. Es gehört dem Flagler College, das es 1967 kaufte und vor dem Verfall rettete. Die empfehlenswerten Führungen geben eine Einführung in die Geschichte des herrlichen spanischen Renaissancebaus und erläutern auch Details.

Colonial Quarter MUSEUM

(☎904-342-2857; www.colonialquarter.com; 33 St George St; Erw./Kind 13/7 US$; ⊙10–17 Uhr) Dieser Nachbau des St. Augustine der spanischen Kolonialzeit zeigt, wie Handwerker im 18. Jh. arbeiteten – Besucher können beim Schmieden, bei der Lederverarbeitung, beim Musketenschießen und bei anderen historischen Aktivitäten zuschauen.

St. Augustine Beach STRAND

(350 A1A Beach Blvd; ⊙Sonnenaufgang–Sonnenuntergang) Angesichts der historischen Attraktionen könnte man den Strand fast übersehen – aber das ist Florida, da gehören ein bisschen Sonne und Meer einfach dazu. Am **St. Johns Pier** befindet sich ein Touristeninformationsschalter, der auch Angelausrüstung verleiht (2 Std. 3 US$, jede weitere Std. 1 US$). Am Ende der A St, drei Blocks südlich vom Pier, gibt's für Florida ziemlich gute Wellen.

Geführte Touren

★St. Augustine Gold Tours STADTFÜHRUNGEN

(☎904-325-0547; www.staugustinegoldtours.com; 6 Cordova St; Erw./Kind 25/15 US$) Diese Führungen, das Projekt eines britischen Paares im Ruhestand, ragen aus dem Tourenangebot in St. Augustine heraus. Die Teilnehmer erhalten einen faszinierenden und gut verständlichen Einblick in die Geschichte der Stadt. Die Touren (privat oder in kleinen Gruppen) werden in einem geräuscharmen Elektrofahrzeug durchgeführt, das an Orte gelangt, zu denen andere Führungen nicht kommen.

Schlafen & Essen

★At Journey's End B&B $$

(☎904-829-0076; www.atjourneysend.com; 89 Cedar St; Zi. 166–289 US$; P) In diesem B&B, das sich angenehm von vielen altmodisch eingerichteten B&Bs in St. Augustine abhebt, sind Haustiere, Kinder und Schwule herzlich willkommen. Es ist mit einem schicken Mix aus Antiquitäten und modernen Möbeln eingerichtet und wird von freundlichen, sachkundigen Gastgebern geführt. Zu den Annehmlichkeiten, mit denen das Haus hervorsticht, gehören das leckere Frühstück, kostenloses WLAN, die Dienste eines Hotelportiers sowie Bier, Wein und Mineralwasser während des Aufenthalts.

Jaybird's Inn MOTEL $$
(☎904-342-7938; www.jaybirdsinn.com; 2700 N Ponce de Leon Blvd; Zi. 110–150 US$;) Das ältere Motel wurde modernisiert und erfüllt heute höchste Standards. Die Dekoration in Aquamarintönen ist frisch und cool, und das funktioniert auch. Die großen Betten sind bequem, das kontinentale Frühstück ist im Preis enthalten und mit den kostenlosen Fahrrädern kommt man super durch die Stadt. Ein Restaurant ist ebenfalls vorhanden.

★ **Collage** INTERNATIONAL $$$
(☎904-829-0055; www.collagestaug.com; 60 Hypolita St; Hauptgerichte 28–45 US$; ⏲17.30–21 Uhr) Das gehobene Restaurant hat sich mit seinem tadellosen Service, der intimen Atmosphäre und der beständigen Qualität der Küche einen Namen gemacht. Auf der Karte stehen viele Gerichte mit Zutaten, die hier im Meer gefangen werden oder von Farmen aus der Umgebung stammen. Die Auswahl ist groß und umfasst hochwertige Salate ebenso wie Hühnchen, Lamm, Kalb, Hummer, Jakobsmuscheln und Zackenbarsch. Die natürliche Qualität der superfrischen Zutaten wird durch subtile internationale Aromen betont.

Praktische Informationen

Visitor Information Center (☎904-825-1000; www.Floridashistoriccoast.com; 10 W Castillo Dr; ⏲8.30–17.30 Uhr) Die hilfsbereiten, in historischen Kostümen gekleideten Mitarbeiter verkaufen Tickets für Führungen und informieren über alles, was in St. Augustine angeht.

Die Tageszeitung *St. Augustine Record* (www.staugustine.com) hält auf ihrer Website gute Infos bereit.

Anreise & Unterwegs vor Ort

Von Norden kommend fährt man bei Exit 318 von der I-95 ab und weiter nach Osten zur San Marcos Ave (hinter dem Hwy 1); dort biegt man rechts ab und landet genau am Tor zur Altstadt, gleich hinter dem Fort. Alternativ fährt man auf dem Hwy 1A, der die San Marco Ave kreuzt, parallel zum Strand oder nimmt von Jacksonville den Hwy 1 Richtung Süden. Von Süden kommend fährt man bei Exit 298 ab und gelangt auf den Hwy1, der in die Stadt führt.

Im Zentrum gleicht das Autofahren wegen der Einbahnstraßen und Fußgängerzonen einem Albtraum. Parkplätze sind ebenfalls Mangelware. Außerhalb des Zentrums benötigt man aber einen fahrbaren Untersatz. Am Visitor Information Center gibt's einen großen Parkplatz, den man nutzen sollte.

Vom **Northeast Florida Regional Airport** (☎904-209-0090; www.flynf.com; 4900 US Hwy 1), der 5 Meilen (8 km) nördlich der Stadt liegt, starten einige Flüge. Die Fahrt mit dem Shuttle von **Airport Express** (☎904-824-9400; www.airportexpresspickup.com) ins Zentrum kostet 65 US$. Für 20 US$ zusätzlich wird man bis zum Hotel gefahren. Reservierung erforderlich. Privatfahrten sind ebenfalls möglich.

Der **Greyhound-Busbahnhof** (☎904-829-6401; www.greyhound.com; 52 San Marcos Ave) liegt nur ein paar Blocks nördlich vom Visitor Center.

Jacksonville

Mit 2176 km² ist Jacksonville die flächenmäßig größte Stadt der kontinentalen USA und zudem die bevölkerungsreichste Stadt Floridas. Jacksonville breitet sich an drei mäandernden Flüssen aus, in denen sich die funkelnden Lichter der Stadt spiegeln und über die lange Brücken führen. Mit seiner Fülle an Hochhäusern, Firmensitzen und Kettenhotels wirkt „Jax“ vielleicht ein wenig charakterlos, doch wer sich Zeit nimmt, kann interessante Straßen, kuriose Typen und ein freundliches Südstaaten-Herz entdecken.

Wenn man Zeit hat, lohnt ein Besuch der Museen und des restaurierten Historic District sowie der charmanten, fußgängerfreundlichen Stadtviertel Five Points und San Marco mit Bistros, Boutiquen und Bars.

Die Strände von Jacksonville, die eine eigene Welt sind, erreicht man mit dem Auto je nach Verkehrslage und Startpunkt in 30 bis 50 Minuten.

Sehenswertes

★ **Cummer Museum of Art & Gardens** MUSEUM
(www.cummer.org; 829 Riverside Ave; Erw./Stud. 10/6; ⏲Di 10–21, Mi–Sa bis 16, So 12–16 Uhr) Das attraktive Museum ist Jacksonvilles führende Kulturstätte und zeigt eine wirklich hervorragende Sammlung amerikanischer und europäischer Malerei, asiatischer dekorativer Kunst und Antiquitäten. Der Außenbereich mit klassischen englischen und italienischen Gärten gehört zu den hübschesten Fleckchen der Stadt.

★ **Museum of Contemporary Art Jacksonville** MUSEUM
(MOCA; ☎904-366-6911; www.mocajacksonville.org; 333 N Laura St; Erw./Kind 8/2,50 US$;

(⌚Di–Sa 11–17, So 12–17 Uhr) Die Kunst in diesem ultramodernen Haus geht weit über Malerei hinaus – hier kann man sich zwischen zeitgenössischen Skulpturen, Drucken, Fotografien und Filmen verlaufen. Einzelheiten zum kostenlosen, vom MOCA veranstalteten Art Walk, der jeden ersten Mittwoch im Monat von 17 bis 21 Uhr stattfindet, stehen auf der Website.

Southbank Riverwalk UFERPROMENADE

Von dieser 1,2 Meilen (1,9 km) langen Uferpromenade am Südufer des St. Johns River, gegenüber vom Stadtzentrum und The Jacksonville Landing, bietet sich ein hervorragender Blick auf die weite Skyline der Stadt. An den meisten Abenden ist der Blick so toll, dass man mit seinen Schnappschüssen in den sozialen Medien garantiert gut ankommt, doch die Feuerwerke erst sind wirklich der Wahnsinn. Vom Southbank Riverwalk, auf dem man wunderbar schlendern kann, gibt's Verbindungen zu den Museen im Zentrum.

Treaty Oak WAHRZEICHEN

(1123 Prudential Dr, Jesse Ball duPont Park) Auf den ersten Blick sieht es aus, als ob mitten in der Betonwüste in der Southside von Jacksonville ein kleiner Wald wächst. Doch bei genauerer Betrachtung zeigt sich, dass der „Wald" tatsächlich nur ein einziger riesiger Baum ist, dessen Stamm einen Umfang von 7,60 m hat und der einen Schatten von 60 m Durchmesser wirft. Der örtlichen Legende zufolge ist der Eichenbaum das älteste Objekt in Jacksonville.

Schlafen & Essen

Hotel Indigo Jacksonville HOTEL $$

(☎877-846-3446; www.hoteldeerwoodpark.com; 9840 Tapestry Park Circle; Zi. ab 150 US$; P 📶 ❄ 🐾) Üppige blaue Farbakzente, großzügige, designbewusste Zimmer mit Parkettböden, bequeme Kingsizebetten, Flachbild-TVs und eine Atmosphäre des stilvollen, aber ungezwungenen Luxus prägen dieses hervorragende Hotel der Hotelkette Indigo. Etwa 11 Meilen (17,7 km) südlich der Innenstadt von Jacksonville.

★ **Hotel Palms** HOTEL $$

(☎904-241-7776; www.thehotelpalms.com; 28 Sherry Dr, Atlantic Beach; Zi. 140–180 US$, Suite ab 200 US$; 📶) Das traditionelle, um einen Hof gelegene Motel wurde in ein schickes kleines Hotel mit Kopfteilen aus aufgearbeitetem Altholz, Betonfußböden und offenem, luftigem Design verwandelt. Uns gefällt's! Die Gäste können im Freien duschen und die kostenlosen Beachcruiser sowie die Feuerstelle unter freiem Himmel nutzen. Einige der tollen Zimmer scheinen direkt vom Instagram-Account eines angesagten Innendesigners zu stammen.

Beach Road Chicken Dinners SÜDSTAATENKÜCHE $

(☎904-398-7980; www.beachroadchickendinners.com; 4132 Atlantic Blvd; Speisen 5–12 US$; ⌚Di–Sa 11–20.30, So bis 18 Uhr) Wenn die Spezialität eines Hauses schon aus der Zeit vor dem Kalten Krieg stammt, spricht das für dessen Qualität – und dieses tolle, sehr beliebte Retro-Restaurant brät schon seit 1939 Hühnchen. Sobald man ein Stück des zarten, festen Fleisches abzieht und in einen Biskuit wickelt, versteht man, warum sich hier jeden Tag eine Schlange vor der Tür bildet.

★ **Black Sheep Restaurant** MODERN-AMERIKANISCH $$

(☎904-380-3091; www.blacksheep5points.com; 1534 Oak St; Hauptgerichte mittags/abends ab 9/14 US$; ⌚Mo–Do 10.30–22, Fr & Sa bis 23, So 9.30–15 Uhr; 👪) 🍃 Ein Restaurant, das sich guten, regionalen Zutaten und köstlichem Essen verschrieben hat und eine Dachbar sowie eine Karte mit hochwertigen Cocktails hat? Wir sind dabei! Besonders gut sind das in Miso glasierte Entenconfit, das Tofu in Zitrus-Marinade, die Pastrami-Sandwiches mit hauseigenem Qualitätsfleisch und die in brauner Butter gegarte knusprige, gehäutete Regenbogenforelle. Lecker sind auch die Kardamom-Pfannkuchen und der Lachs auf Bagels, die beim Sonntagsbrunch serviert werden.

Ausgehen & Unterhaltung

★ **Birdies** BAR

(☎904-356-4444; www.birdiesfivepoints.com; 1044 Park St; ⌚16–2 Uhr) Die Wände sind mit funkiger, lokaler Kunst geschmückt, hinten kann man traditionelle Videospiele spielen, unter den Gästen sind viele alte Hasen und tätowierte Hipster, es herrscht Retro-Neon-Flair und aus dem Radio kommt Indie-Rock. Am Wochenende legen DJs auf und die Stimmung in dieser klasse Bar ist einfach gut.

★ **Florida Theatre** THEATER

(☎904-355-5661; www.floridatheatre.com; 128 E Forsyth St) Hier gab Elvis 1956 seine erstes Hallenkonzert, das ein örtlicher Richter widerwillig besuchte, um sicherzustellen, dass Presley nicht zu obszön ist. In dem opulenten kleinen Theater von 1927 sind bekannte Musiker, Musicals und Filme zu sehen.

ℹ Praktische Informationen

Für Jacksonville und die Umgebung gibt's zahlreiche Informationsquellen.

Florida Times-Union (www.jacksonville.com) Konservative Tageszeitung in Druck- und Onlineversion; in der Freitagsbeilage *Weekend* sind familienfreundliche Veranstaltungen aufgeführt.

Folio Weekly (www.folioweekly.com) Kostenlos; mit Infos über Clubs, Restaurant und Events. Liegt überall in der Stadt aus.

Jacksonville & the Beaches Convention & Visitors Bureau (☎800-733-2668; www.visitjacksonville.com; 208 N Laura St, Suite 102; ⌚Mo–Fr 9–17 Uhr) Informiert über alles, was man über Jacksonville und seine Umgebung wissen sollte. Weitere Filialen befinden sich in **The Jacksonville Landing** (☎904-791-4305; 2 Independent Dr; ⌚Mo–Do 11–15, Fr & Sa 10–19, So 12–17 Uhr) und am Flughafen.

ℹ Anreise & Unterwegs vor Ort

Der **Jacksonville International Airport** (JAX; ☎904-741-4902; www.flyjax.com; 2400 Yankee Clipper Dr; 📶) liegt ca. 18 Meilen (30 km) nördlich vom Zentrum an der I-95 und wird von großen sowie von regionalen Fluggesellschaften angeflogen. Auch Autovermietungen sind hier vertreten. Ein Taxi ins Zentrum kostet um die 35 US$. Zum Shuttle-Service folgt man den Schildern; es gibt zahlreiche lizenzierte Anbieter, darum ist keine Reservierung notwendig.

Der **Greyhound-Busbahnhof** (☎904-356-9976; www.greyhound.com; 10 Pearl St) befindet sich am westlichen Ende des Zentrums. Der **Amtrak-Bahnhof** (☎904-766-5110; www.amtrak.com; 3570 Clifford Lane) liegt 5 Meilen (8 km) nordwestlich vom Zentrum.

Die Jacksonville Transportation Authority (www.jtafla.com) betreibt Busse und Trolleys in der Stadt und zu den Stränden (Fahrpreis 1,50 US$) sowie den kostenlosen, malerischen Skyway (Monorail) über den Fluss.

Amelia Island

Amelia Island liegt nur 13 Meilen (21 km) von der Grenze zu Georgia entfernt und ist eine sonnige, moosbewachsene Insel, die von langen Stränden und einer Mischung aus Südstaatencharme und Florida-Küste geprägt ist. Man nimmt an, dass die Ureinwohner der Insel, die Timucua, schon vor 4000 Jahren auf Amelia Island eintrafen. Seitdem wehten auf der Insel acht verschiedene Flaggen: Zuerst hissten 1562 hier die Franzosen ihre Flagge, gefolgt von den Spaniern, Großbritannien, wieder den Spaniern, den Patrioten, dem Green Cross of Florida, den mexikanischen Rebellen, den USA, den Konföderierten und schließlich erneut den USA.

Schon seit den 1890er-Jahren, als Henry Flagler die Salzmarschen und unberührten Strände der Küste in ein Feriengebiet für Reiche verwandelte, strömen Urlauber auf die Insel. Das Erbe dieser Zeit zeigt sich heute noch in der zentral gelegenen Stadt Fernanda Beach mit über 50 Blocks voller historischer Gebäude, viktorianischer B&Bs und ehemaliger Fischerhütten, in denen heute Restaurants sind. Der Rest der Insel ist mit üppigen Parks, grünen Golfplätzen und kilometerlangen Stränden gespickt.

◎ Sehenswertes & Aktivitäten

Amelia Island Museum of History MUSEUM

(☎904-261-7378; www.ameliamuseum.org; 233 S 3rd St, Fernandina Beach; Erw./Stud. 8/5 US$; ⌚Mo 10–16, So 13–16 Uhr) Das Museum der mündlichen Geschichte befindet sich im früheren Stadtgefängnis (1879–1975) und zeigt kleine, aber informative Ausstellungen zur Geschichte der amerikanischen Ureinwohner, der Ära der spanischen Missionen, dem Bürgerkrieg und der Denkmalpflege. Es bietet verschiedene Touren an, darunter die Acht-Flaggen-Tour (Mo–Sa 11 & 14, So 14 Uhr) mit spannenden Erläuterungen zur faszinierenden Geschichte der Insel sowie Architekturtouren, Kneipentouren und Stadtspaziergänge mit dem Smartphone.

Fort Clinch State Park STATE PARK

(☎904-277-7274; www.floridastateparks.org/fortclinch; 2601 Atlantic Ave, Fernandina Beach; Auto/Fußgänger 6/2 US$; ⌚Park 8 Uhr–Sonnenuntergang, Fort 9–17 Uhr; 🅿) 🍃 Mit dem Bau der Festung wurde zwar erst 1847 begonnen, doch der rasche technische Fortschritt machte die gemauerten Wände von Fort Clinch schon 1861 obsolet und Milizen der Konföderierten nahmen es während des Bürgerkriegs mühelos ein. Später wurde es geräumt. Während des Zweiten Weltkriegs besetzten Bundestruppen das Fort erneut. Heute bietet der Park zahlreiche Aktivitäten, darunter einen 800 m langen Angelpier, friedliche Strände sowie Wander- und Fahrradwege.

★ **Kayak Amelia** KAJAKFAHREN
(☎ 904-261-5702, 904-251-0016; www.kayakamelia.com; 4 N 2nd St, Fernandina Beach; Touren Erw./Kind ab 65/55 US$, Kajakverleih halber/ganzer Tag ab 37/49 US$) Den Reiz von Amelia Island erlebt man am besten bei einem ruhigen Tag auf dem Wasser, wenn die Sonne auf den Wellen und dem Schlickgras glitzert. Möglich ist das mit Kayak Amelia, das geführte Paddeltouren in das Wasserökosystem rund um die Barriereinseln im Atlantik veranstaltet.

Schlafen

★ **Addison** B&B $$$
(☎ 904-277-1604; www.addisononamelia.com; 614 Ash St, Fernandina Beach; Zi. 215–315 US$; P 📶) Das 1876 erbaute Addison wurde so geschickt modernisiert (Whirlpools, Regenduschen, Handtücher aus türkischer Baumwolle und WLAN), dass man meinen könnte, es wäre vorige Woche erst eröffnet worden. Mit seinen Weiß-, Blau- und Grüntönen wirkt es peppig und frisch. Ein Vergnügen ist die täglich Happy Hour mit Blick auf den zauberhaften Innenhof und den freundlichsten (und witzigsten) Gastgebern von Amelia.

Ritz Carlton HOTEL $$$
(☎ 904-277-1100; www.ritzcarlton.com/en/Properties/AmeliaIsland; 4750 Amelia Island Pkwy, Fernandina Beach; Zi. ab 299 US$; P 📶 🏊) Das an diesem Ort überraschende Ritz Carlton bietet seinen Gästen Luxus pur, Dekadenz vom Feinsten und tadellosen Service. Das Hotel liegt an einem 13 Meilen (21 km) langen unberührten Strand und hat einen eigenen 18-Loch-Golfplatz. Die prächtige Zimmer und Suiten sind mit legerer Eleganz eingerichtet.

Essen & Ausgehen

T-Ray's Burger Station BURGER $
(☎ 904-261-6310; www.traysburgerstation.com; 202 S 8th St, Fernandina Beach; Hauptgerichte 6–9 US$; ⏲ Mo–Fr 7–14.30, Sa 8–13 Uhr) Zugegeben, das Essen in diesem unprätentiösen Restaurant in einer ehemaligen Exxon-Tankstelle ist reich an Cholesterin, Kohlenhydraten und Fett – doch es ist auch unglaublich lecker. Die Einheimischen lieben die üppigen Frühstücksgerichte, und die Tagesangebote sind immer schnell ausverkauft. Die saftigen Burger, dicken Pommes, gebratenen Shrimps und zarten Krabbenkuchen lassen einem einfach das Wasser im Munde zusammenlaufen.

29 South SÜDSTAATENKÜCHE $$
(☎ 904-277-7919; www.29southrestaurant.com; 29 S 3rd St, Fernandina Beach; Hauptgerichte 16–28 US$; ⏲ Mi–So 11.30–14, tgl. 17.30–21.30 Uhr; P) Hummer-Mais-Dogs, in süßem Tee eingelegte Schweinekoteletts, hausgemachter Donut-Brot-Pudding und Kaffeeeis – da sind wir dabei!

★ **Palace Saloon** BAR
(www.thepalacesaloon.com; 113-117 Centre St, Fernandina Beach; ⏲ 12–2 Uhr) Wenn man durch die Schwingtür der ältesten durchgängig bewirtschafteten Bar Floridas (seit 1878) hineinkommt, fällt als erstes die von Gaslampen beleuchtete 12 m lange Bar ins Auge. Der dunkle, mit Samt drapierte Saloon, der zu einem Pirate's Punch mit Rum einlädt, ist merkwürdigerweise bei Bikern und Shakespeare-Kennern gleichermaßen beliebt.

Praktische Informationen

Historic Downtown Visitor Center (☎ 904-277-0717; www.ameliaisland.com; 102 Centre St, Fernandina Beach; ⏲ 10–16 Uhr) Im alten Bahnhof gibt's haufenweise nützliche Informationen und Karten.

Shrimping Museum & Welcome Center (☎ 904-261-7378; 17 Front St, Fernandina Beach; ⏲ Mo–Sa 10–16, So 13–16 Uhr) Das kleine Museum am Hafen hat Karten von der Region und Broschüren.

An- & Weiterreise

Der Hwy A1A führt über die gesamte Länge von Amelia Island und dann weiter Richtung Westen zur I-95 bzw. in der entgegengesetzten Richtung an der Küste entlang; in beide Richtungen ist er gut ausgeschildert.

Die schnellste Route vom Festland nach Amelia ist die I-95 nach Norden bis zum Exit 373, von wo es noch ca. 15 Meilen (24 km) Richtung Osten bis zur Insel sind.

Wer eine landschaftlich reizvollere Anreise bevorzugt, fährt vom Jacksonville Beach in die Stadt Mayport und nimmt die **St. Johns River Ferry** (☎ 904-241-9969; www.stjohnsriverferry.com; per Auto 5 US$; ⏲ ab Mayport Mo–Fr 6–19, Sa & So 7–20.30 Uhr alle 30 Min.; ab George Island Mo–Fr 6.15–19.15, Sa & So 7.15–20.45 Uhr alle 30 Min.), die etwa alle 30 Minuten fährt.

SÜDWEST-FLORIDA

Die Golfküste Südwest-Floridas ähnelt einem impressionistischen Aquarell. Der Quartzsand der Strände auf den Barriereinseln leuchtet blendend weiß, das Türkis des

Wassers geht in ein tiefes Indigoblau über und über dem silbrigen Horizont sinkt die gleißende Sonne. Sieht man dieselben Inseln nachts von den Brücken aus, sind sie ein phosphoreszierender Schimmer unter dem schwarzen Nachthimmel.

Die Hauptattraktion der Golfküste ist ihre Schönheit, dicht gefolgt von ihrer Vielfalt: Von Petersburg über Sarasota bis Naples begegnet man überall urbaner Kultiviertheit und herausragenden Restaurants. Salvador Dalís schmelzende Bilder, Ringlings venezianisch-gotischer Palast und Chihulys mit Tentakeln versehene Glasskulpturen – sie alle passen mit ihrem lebenssprühenden, bunten, surrealen Stil perfekt in diese Welt der überwinternden Seekühe, rosa Löffler, grinsenden Alligatoren und schillernd-bunten, mit Pailletten besetzten Kostümen der Trapezkünstler.

Tampa

Auf den ersten Blick wirkt Tampa zersiedelt und kommerziell, doch in der Stadt gibt's einige Museen und Parks sowie ambitionierte Restaurants. Von Letzteren öffneten etliche erst vor Kurzem und sorgten dafür, dass die Stadt fast so etwas wie Stil bekam. Im Herzen der Downtown brilliert der sanierte Riverwalk entlang des Hillsborough River mit zeitgenössischer Architektur und idyllischen Grünanlagen. Zudem gibt's erstklassige kinderfreundliche Attraktionen wie den Zoo, das Aquarium, diverse Kindermuseen und Vergnügungsparks, die Familien mindestens eine Woche Unterhaltung bieten. Abends verwandeln sich die Straßen von Ybor City ins angesagteste Bar- und Nachtviertel des südwestlichen Floridas.

Sehenswertes

Ybor (*ih*-bohr) City liegt eine kurze Auto- oder Straßenbahnfahrt nordöstlich der Downtown. Das im 19. Jh. entstandene Viertel mit einer ethnisch bunt gemischten Bevölkerung ist ein liebenswerter Mix aus Key West und Miamis Little Havana. Hier findet sich die hippste Partyszene der Tampa Bay. Die noch immer starke kubanische, spanische und italienische Kultur entstand in der Zeit, als Ybor das Zentrum von Tampas Zigarrenindustrie war.

★ Florida Aquarium — AQUARIUM

(☎ 813-273-4000; www.flaquarium.org; 701 Channelside Dr; Erw./Kind 25/20 US$; ⌚ 9.30–17 Uhr; 👪) Tampas hervorragendes Aquarium ist raffiniert gestaltet und gehört zu den besten Floridas. In künstlich angelegten Sümpfen können Besucher zwischen Reihern und Ibissen, die auf Beutezug in den Mangroven sind, spazieren. Im Rahmen besonderer Programme kann man auch mit den Fischen (und Haien) schwimmen oder eine Katamaran-Tour in der Tampa Bay unternehmen.

Busch Gardens — VERGNÜGUNGSPARK

(☎ 888-800-5447; www.buschgardenstampabay.com; 10165 McKinley Dr; 3 Jahre & älter 95 US$; ⌚ 10–18 Uhr, Öffnungszeiten variieren) In diesem Themenpark gibt's zehn afrikanische Zonen, die recht nahtlos ineinander übergehen. Der gesamte Park kann zu Fuß erkundet werden. Im Eintrittspreis sind drei verschiedene Arten von Aktivitäten enthalten: riesige Achterbahnen und Rides, Begegnungen mit Tieren sowie Shows, Aufführungen und Entertainment. Alles liegt im gesamten Park verteilt, daher sollte man seinen Besuch sorgfältig planen.

Ybor City Museum State Park — MUSEUM

(☎ 813-247-6323; www.ybormuseum.org; 1818 E 9th Ave; Erw./Kind 4 US$/frei; ⌚ Mi–So 9–17 Uhr) Das verstaubte, traditionelle Geschichtsmuseum bewahrt mittels Fotos und Wohnhäusern von Zigarrenarbeitern (10–15 Uhr geöffnet) die Erinnerung an eine vergangene Zeit. Im Museumsgeschäft erhält man ausgezeichnete Tipps zu Zigarren und Informationen zur kostenlosen, individuellen **Multimedia-Tour** (☎ 813-505-6779; www.yborwalkingtours.com; Erw./Kind 20/10 US$) durch Ybor City, für die man ein Gerät mit Internetverbindung benötigt.

Florida Museum of Photographic Arts — MUSEUM

(FMoPA; ☎ 813-221-2222; www.fmopa.org; The Cube, 400 N Ashley Dr; Erw./Stud. 10/8 US$; ⌚ Mo–Do 11–18, Fr bis 19, So 12–17 Uhr) Das kleine, intime Museum für Fotografie befindet sich im 2. und 3. Stock des Cube, eines fünfstöckigen Atriums im Zentrum Tampas. Neben der ständigen Sammlung von Arbeiten von Harold Edgerton und Len Prince werden Wechselausstellungen gezeigt. In der Vergangenheit waren Werke von Ansel Adams, Andy Warhol und zeitgenössischen Fotografen wie Jerry Uelsmann zu sehen. Das Museum veranstaltet auch Fotokurse.

Manatee Viewing Center — NATURSCHUTZGEBIET

(☎ 813-228-4289; www.tampaelectric.com/manatee; 6990 Dickman Rd, Apollo Beach; ⌚ Nov.–Mitte

April 10–17 Uhr) GRATIS Bei einer der surrealsten Begegnungen mit Floridas Wildtieren beobachtet man Seekühe im warmen Wasser der Ablaufkanäle von Kohlekraftwerken. Die sanften Tieren tauchen hier zwischen November und April regelmäßig auf, daher ist dies nun ein Schutzgebiet.

Schlafen

Gram's Place Hostel HOSTEL $
(☎813-221-0596; www.grams-inn-tampa.com; 3109 N Ola Ave, Seminole Heights; B 28 US$, Zi. 55–65 US$;) Das Gram's ist so charismatisch wie ein alternder Rockstar. Es ist ein kleines, einladendes Hostel für internationale Traveller, die Charakter den Vorzug vor perfekter Bettwäsche geben. Auf dem Gelände gibt's einen beheizten Whirlpool und samstagsabends finden Jamsessions statt. Im Preis ist kein Frühstück enthalten, dafür sind aber zwei komplett ausgestattete Küchen vorhanden.

Tahitian Inn HOTEL $$
(☎813-877-6721; www.tahitianinn.com; 601 S Dale Mabry Hwy, South Tampa; Zi. ab 155 US$; P) Der Name lässt an ein Hotel mit Südseethema denken, doch das familiengeführte Hotel mit komplettem Service bietet günstige Zimmer im frischen Boutiquestil. Die Gästen erwartet zudem ein hübscher Pool und ein idyllisches Café mit Tischen draußen an einem Wasserfall und Koi-Teich.

★ **Epicurean Hotel** BOUTIQUEHOTEL $$
(☎813-999-8700; www.epicureanhotel.com; 1207 S Howard Ave, South Tampa; Zi. 180–499 US$; P) Feinschmecker aufgehorcht! Tampas coolstes Hotel wurde 2014 eröffnet und ist ein Paradies für alle, die gern essen und trinken. Zudem besticht das gute Design mit Liebe zum Detail: nach oben wachsender Salat in Hydrokultur und Kräuterwände, eine Zinkbar und wiederverwertetes Holz von einem Bahnhof aus den 1820er-Jahren. Egal wo man hinschaut, es gibt immer eine spannende Geschichte, in der meist auch das Partnerrestaurant **Bern's Steak House** (☎813-251-2421; www.bernssteakhouse.com; 1208 S Howard Ave, South Tampa; Steaks für 1-2 Pers. 32–105 US$; ⌚So–Do 17–22, Fr & Sa bis 23 Uhr) vorkommt.

Essen

Tre Amici @ the Bunker CAFÉ $
(☎813-247-6964; www.bunkerybor.com; 1907 19th St N, Ybor City; Speisen 3–8 US$; ⌚Mo–Sa 8–20, So 10–20 Uhr) In diesem entspannten Community-Café werden morgens die versammelten Hipster von Ybor City wach. Es hat den ganzen Tag diverse Frühstücksburritos, Suppen und Salate im Angebot. Abends finden hier Open-Mic-Veranstaltungen, Poetry Slams und „Noise Nights" (die Lärm-Nächte sind genau das, wonach es klingt) statt.

★ **Ulele** AMERIKANISCH $$
(☎813-999-4952; www.ulele.com; 1810 N Highland Ave; Hauptgerichte 10–36 US$; ⌚So–Do 11–22, Fr & Sa bis 23 Uhr;) Die ehemalige Wasserpumpstation in schöner Lage am Riverwalk wurde in ein zauberhaftes Restaurant verwandelt, das typische Gerichte der Ureinwohner an den modernen Geschmack anpasst hat. Das bedeutet reichlich Datil-Chilis, Beilagen wie Alligator-Bohnen und Okra-„Pommes" (klasse!), Hauptgerichte wie hiesige Makrelen und Desserts wie Guaven-Pie.

Ichicoro RAMEN $$
(☎813-517-9989; www.ichicoro.com; 5229 N Florida Ave, Seminole Heights; Ramen 12–16 US$; ⌚Mo–Mi 12–23, Do & Fr bis 1, So 11–23 Uhr) Die hochwertigen Ramen (ja, auch Ramen können hochwertig sein) dieses schicken Restaurants im Stadtviertel Seminole Heights gehören zu den besten südlich von New York, wo die Rezepte für die angesagten Nudelschalen einmal erdacht wurden.

★ **Columbia Restaurant** SPANISCH $$$
(☎813-248-4961; www.columbiarestaurant.com; 2117 E 7th Ave, Ybor City; Hauptgerichte mittags 11–26 US$, abends 20–31 US$; ⌚Mo–Do 11–22, Fr & Sa bis 23, So 12–21 Uhr) Das spanisch-kubanische Restaurant, das 2015 seinen 100. Geburtstag feierte, ist das älteste Floridas. Es nimmt einen gesamten Block ein und hat 15 elegante Speisesäle und mehrere romantische Innenhöfe mit Springbrunnen.

Ausgehen & Unterhaltung

Independent Bar BAR
(☎813-341-4883; www.independenttampa.com; 5016 N Florida Ave, Seminole Heights; ⌚So–Mi 9–24, Do–Sa bis 1 Uhr) Liebhaber von Craft-Bieren sollten diese umgebaute Tankstelle in Seminole Heights ansteuern, in der sich heute eine ruhige, hippe Bar befindet. Sie serviert mindestens ein lokales Bier und Kneipengerichte.

★ **Skipper's Smokehouse** LIVEMUSIK
(☎813-971-0666; www.skipperssmokehouse.com; 910 Skipper Rd, Village of Tampa; Eintritt 5–25 US$;

⏲Di & Mi 11–22, Do bis 22.30, Fr bis 23, Sa 12–23, So 12–21.30 Uhr) Das Skippers, eine beliebte, unprätentiöse Open-Air-Bühne, könnte direkt von den Keys stammen. Hier erklingt Blues, Folk, Reggae und Rockabilly aus den Sümpfen Floridas.

★ Tampa Theatre KINO
(☎813-274-8981, Kinokasse 813-274-8286; www.tampatheatre.org; 711 N Franklin St; Karten 11 US$) Das historische, 1926 eröffnete Kino im Stadtzentrum ist ein wunderbarer Ort, um Independent-Filme zu sehen. Vor den meisten Filmen erklingt die mächtige Wurlitzer-Orgel. Leider gibt's nur wenige Vorstellungen; in der Regel werden nur ein oder zwei Filme am Tag gezeigt. Auf Sonderveranstaltungen achten!

ℹ Praktische Informationen

Tampa Bay Convention & Visitors Bureau (☎813-226-0293; www.visittampabay.com; 615 Channelside Dr; ⏲Mo–Sa 10–17.30, So 11–17 Uhr) In diesem Besucherzentrum gibt's gute kostenlose Karten und jede Menge Informationen.

Ybor City Visitor Center (☎813-241-8838; www.ybor.org; 1600 E 8th Ave; ⏲Mo–Sa 10–17, So 12–17 Uhr) Ein toller Ausgangspunkt für die Erkundung Tampas – hier erhalten Reisende Stadtpläne für Stadtspaziergänge und Infos.

ℹ Anreise & Unterwegs vor Ort

Der **Tampa International Airport** (TPA; ☎813-870-8700; www.tampaairport.com; 4100 George J Bean Pkwy) ist der drittgrößte Flughafen der Region. Er liegt 6 Meilen (9,7 km) westlich vom Zentrum abseits des Hwy 589.

HART-Bus 30 (2 US$, 25 Min., alle 30 Min.) fährt am Red Arrival Desk auf dem unteren Level des Flughafens ab; exaktes Wechselgeld ist erforderlich.

Alle wichtigen Autovermietungen haben am Flughafen Schalter. Mit dem Auto folgt man der I-275 bis zum N Ashley Dr, biegt rechts ab und ist praktisch schon im Zentrum.

St. Petersburg

St. Petersburg war lange eigentlich nur als Spring-Break-Partystadt und bevorzugter Wohnsitz von Ruheständlern bekannt, doch heute macht sich die Stadt einen neuen Namen als ein kulturelles Zentrum im Süden Floridas. Die Energie der Downtown strahlt inzwischen auch auf die Central Ave aus, angespornt von den großartigen Wandbildern im Zentrum, einem sanierten historischen Viertel und dem fantastischen Dalí-Museum. Mittlerweile sind gehobene Restaurants, Craft-Bier-Brauereien, Bauernmärkte und Kunstgalerien entstanden und bilden einen Anziehungspunkt für ein jüngeres, gebildetes Publikum und eine neue Welle kulturinteressierter Besucher.

◉ Sehenswertes & Aktivitäten

★ Salvador Dalí Museum MUSEUM
(☎727-823-3767; www.thedali.org; 1 Dali Blvd; Erw./Kind 6–12Jahre 24/10 US$, Do ab 17 Uhr 10 US$; ⏲Fr–Mi 10–17.30, Do bis 20 Uhr) Das theatralische Äußere des Salvador Dalí Museum ist vielversprechend: Ein 23 m hohes gläsernes Atrium ragt aus einem Loch in einem hohen weißen Kasten hervor. Noch spektakulärer ist die Innerarchitektur, die ein ausgezeichnetes Modell dafür wäre, wie ein modernes Kunstmuseum sein sollte – zumindest eines, das dem Leben, der Kunst und dem Einfluss von Salvador Dalí gewidmet ist. Auch wer mit Dalìs schmelzenden Uhren und seinem gezwirbelten Schnurrbart wenig anfangen, wird vom Museum und seinen großartigen Werken, besonders dem *Halluzinogenen Torero*, schwer beeindruckt sein.

★ Weedon Island Preserve NATURSCHUTZGEBIET
(☎727-453-6500; www.weedonislandpreserve.org; 1800 Weedon Dr NE; ⏲7 Uhr–Sonnenuntergang) Dieses 15 km² große Naturschutzgebiet schützt mehrere Wasser- und Feuchtgebiet-Ökosysteme, die sich wie ein Flickenteppichen in verschiedenen Grüntönen über die Tampa Bay erstrecken. Im Zentrum des Schutzgebiets befindet sich das ausgezeichnete Cultural and Natural History Center (Do–Sa 11–16 Uhr geöffnet), das Ausstellungen über die Natur und die frühen Bewohner von Weedon Island zeigt.

St. Petersburg Museum of Fine Arts MUSEUM
(☎727-896-2667; www.mfastpete.org; 255 Beach Dr NE; Erw./Kind 7–18 Jahre 17/10 US$; ⏲Mo–Sa 10–17, Do bis 20, So 12–17 Uhr) Die Sammlung des Museum of Fine Arts ist so breit gefächert wie die des Salvador Dalí Museum in die Tiefe geht. Sie zeigt Antiquitäten aus aller Welt und verfolgt die Entwicklung der Kunst durch nahezu alle Epochen.

★ Walking Mural Tours KULTUR
(☎727-821-7391; www.stpetemuraltour.com; Erw./Kind 19/11 US$; ⏲Sa 10–11.30 Uhr) Der fantastische Stadtspaziergang führt Besucher in

die lebendige Kunst der Wandmalerei ein. Ihren Anfang nahm diese Kunstrichtung nach dem wirtschaftlichen Niedergang 2008, als Künstler auf einmal günstigeren Galerieraum im Zentrum bekamen. Heute zieren über 30 sehr kreative und einzigartige Wandbilder – viele von ihnen mit Bezug auf die Stadtgeschichte – die Häuser und machen den Wynwood Walls in Miami echte Konkurrenz.

Schlafen

★Hollander Hotel BOUTIQUEHOTEL **$$**
(☎727-873-7900; www.hollanderhotel.com; 421 4th Ave N; Zi. 98–140 US$; P❄📶🏊) Das Hollander kann mit seinem Art-déco-Flair, der 40 m langen Terrasse, der geselligen Bar, dem Spa mit komplettem Angebot und dem Café Common Grounds gar nichts falsch machen. Die öffentlichen Bereiche sind mit wunderbaren historischen Elementen gestaltet und die Zimmer verströmen dank der glänzenden Holzfußböden, der gemächlichen Deckenventilatoren und der Rohrmöbel einen Hauch 1930er-Jahre-Romantik.

★Dickens House B&B **$$**
(☎727-822-8622; www.dickenshouse.com; 335 8th Ave NE; Zi. 139–243 US$; P❄@📶) Das liebevoll restaurierte Wohnhaus im Arts-&-Crafts-Stil hat fünf prächtig gestaltete Zimmer. Der gesellige, schwulenfreundliche Besitzer tischt ein echtes Gourmetfrühstück auf, oft mit Eiweiß-Frittata.

Essen & Ausgehen

Meze 119 VEGETARISCH **$**
(☎727-498-8627; www.meze119.com; 119 2nd St N; Hauptgerichte 7–14 US$; ⏲So–Do 11–21, Fr & Sa bis 22 Uhr; 🌶) Das vegetarische Restaurant kann mit seinen Schottischen Eiern und Falafel mit Tahini-Sauce oder einem mit Couscous und Rosinen gefüllten Eichelkürbis selbst die anspruchsvollsten Fleischesser zufriedenstellen. Weitere beliebte Standardgerichte sind der Hummus-Teller mit vielfältigen Geschmacksnoten und gebratene Aubergine auf einem Fladenbrot. Arabische Gewürzen verleihen den Speisen volle, komplexe Aromen.

★Brick & Mortar MODERN-AMERIKANISCH **$$**
(☎727-822-6540; www.facebook.com/brickandmortarkitchen; 539 Central Ave; Hauptgerichte 14–25 US$; ⏲Di 17–21, Mi & Do bis 22, Fr & Sa 16.30–23 Uhr) Ein Ehepaar aus der Catering-Branche hat dieses Restaurant aus, wie der Name schon verrät, Ziegeln und Mörteln 2015 eröffnet. Obwohl St. Pete mit großartigen Restaurants regelrecht überschwemmt wurde, ragt dieses mit seiner modernen amerikanischen Küche hervor. Das Highlight der Speisekarte ist die Spezialität des Hauses: das göttliche Carpaccio mit Porree, etwas Ziegenkäse-Mousse, einem Spritzer Trüffelöl und einer einzelnen Ravioli-Teigtasche, die mit köstlichem flüssigem Eigelb gefüllt ist.

★Cycle Brewing BRAUEREI
(534 Central Ave; ⏲Mo–Do 15–24, Fr bis 1, Sa 12–1, So 12–22 Uhr) Hipster-Brauhaus mit Tischen auf dem Bürgersteig, das bis zu 24 wechselnde erstklassige Biere vom Fass serviert. Das Crank IPA ist eine gute Wahl.

Anreise & Unterwegs vor Ort

Greyhound (☎727-898-1496; www.greyhound.com; 180 Dr Martin Luther King Jr St N) Busse fahren nach Miami, Orlando und Tampa.

Pinellas Suncoast Transit Authority (PSTA; www.psta.net; Erw./Stud. 2,20/1,10 US$) St. Petersburger Busse steuern die Barriereinseln und Clearwater an; Tageskarten (Go Cards) für beliebig viele Fahrten kosten 5 US$ pro Tag.

Downtown Looper (www.loopertrolley.com; Fahrpreis 50 ¢; ⏲So–Do 10–17, Fr & Sa bis 24 Uhr) Altmodische Trolleys drehen alle 15 bis 20 Minuten eine Runde durchs Stadtzentrum.

Sarasota

Im kultivierten Sarasota kann man die Ferien locker damit verbringen, die Sehenswürdigkeiten und Strände (darunter das nahe gelegene, sehr beliebte **Siesta Key**) zu erkunden. Doch es dauerte lange, ehe die Stadt das kulturelle Zentrum wurde, das sie heute ist. Nachdem plündernde spanische Eroberer im 15. Jh. das Volk der Calusa vertrieben hatten, war die Gegend praktisch menschenleer. Dies änderte sich erst, als nach den Seminolenkriegen der Armed Occupation Act (1842) verabschiedet wurde. Dieser billigte jedem, der sich hier niederließ und seine Farm verteidigen konnte, knapp 65 ha Land und Vorräte für sechs Monate zu. Segel- und Dampfschiffe waren die einzige Verbindung zur Außenwelt, bis 1902 die Eisenbahn von Tampa nach Sarasota ausgebaut wurde. Danach entwickelte sich die Stadt zu einem beliebten Winterferienort für die Reichen, und die Kunsteinrichtungen folgten auf dem Fuß.

Schließlich entschied sich der Zirkusbaron John Ringling, seinen Zirkus hierher zu verlegen. Er ließ einen Winterwohnsitz, ein Kunstmuseum und ein College bauen. Damit stellte er die Weichen für die Zukunft der Stadt als einladende, wohlhabende Kulturstadt.

Sehenswertes & Aktivitäten

★ Ringling Museum Complex MUSEUM
(☎ 941-359-5700; www.ringling.org; 5401 Bay Shore Rd; Erw./Kind 6–17 Jahre 25/5 US$; ⌚ Fr–Mi 10–17, Do bis 20 Uhr;) Der knapp 27 ha große Winterwohnsitz des Eisbahn-, Immobilien- und Zirkusbarons John Ringling und seiner Frau Mable ist eine der Hauptattraktionen der Golfküste. Das heutige Kunstmuseum des Bundesstaates Florida beherbergt seine persönliche Kunstsammlung. In der Nähe widmet sich das Circus Museum dem Erfolg von Ringlings Zirkusimperium. Im prachtvollen Wohnhaus Cà d'Zan, das im Stil der venezianischen Gotik gebaut wurde, zeigt sich der extravagante Geschmack des Impresarios. Die PBS-Dokumentation über Ringlings Leben, die im Circus Museum gezeigt wird, sollte man sich unbedingt anschauen.

Island Park PARK
An der Marina der Stadt liegt der hübsche grüne Island Park mit einem tollen Spielplatz und einem Brunnen zum Planschen, Toiletten, von Bäumen beschatteten Bänken, einem Restaurant und einer Tiki-Bar. Außerdem kann man Kajaks, Jetski und Boote ausleihen.

★ Siesta Key Rum BRENNEREI
(Drum Circle Distilling; ☎ 941-702-8143; www.drumcircledistilling.com; 2212 Industrial Blvd; ⌚ Di–Sa 12–17 Uhr) GRATIS Die älteste Rumbrennerei Floridas veranstaltet faszinierende Führungen mit hohem Bildungsfaktor durch ihre Anlage in einem Industriepark etwas außerhalb der Stadt. Vom Firmengründer Troy, einem begabten und unglaublich witzigen Erzähler, erfährt man alles über den Prozess der Rumproduktion.

Schlafen & Essen

★ Hotel Ranola BOUTIQUEHOTEL $$
(☎ 941-951-0111; www.hotelranola.com; 118 Indian Pl; Zi. 109–179 US$, Suite 239–269 US$;) In den neun Zimmern hat man das Gefühl, im Designer-Apartment in einem Brownstone-Haus abgestiegen zu sein: unkonventionell und mühelos künstlerisch, aber mit echter, funktionstüchtiger Küche. Urban, trendig und in fußläufiger Entfernung zu Downtown Sarasota.

Mattison's City Grille GRILLRESTAURANT $
(☎ 941-330-0440; www.mattisons.com/; 1 N. Lemon Ave; Hauptgerichte 9–17 US$; ⌚ 11–22 Uhr (oder länger), Sa ab 9.30 Uhr;) Im zentral gelegenen Mattison's sind gesunde Salate und herzhafte Sandwiches (mit hausgebackenem Brot) an der Tagesordnung. Der Restaurantbereich im Freien fungiert zugleich als Bar, in der jeden Abend Livemusik für Stimmung sorgt, und daher kommt auch der Spitzname des Restaurants: „party on the corner" („Party an der Ecke").

★ Owen's Fish Camp SÜDSTAATENKÜCHE $$
(☎ 941-951-6936; www.owensfishcamp.com; 516 Burns Lane; Hauptgerichte 10–28 US$; ⌚ So–Do 16–21.30, Fr & Sa bis 22.30 Uhr) In dieser hippen, altmodischen Bude im Zentrum wartet man selten weniger als eine Stunde. Auf der Speisekarte steht gehobene Südstaatenküche mit einem Schwerpunkt auf Seafood, darunter alles, was gerade frisch ist. Außerdem gibt's gute typische Gerichte wie Jakobsmuscheln mit Schweinebraten, Succotash (Eintopf mit Mais und Bohnen) und Grits (Maisgrütze).

Praktische Informationen

Arts & Cultural Alliance (www.sarasotaarts.org) Hier gibt es umfassende Informationen zu Events.

Sarasota Herald-Tribune (www.heraldtribune.com) Die größte Tageszeitung.

Sarasota Visitor Information Center (☎ 941-706-1253; www.visitsarasota.org; 1710 Main St; ⌚ Mo–Sa 10–17 Uhr;) Die sehr freundliche Touristeninformationen hat tonnenweise Infos und verkauft gute Landkarten.

An- & Weiterreise

Sarasota liegt etwa 60 Meilen (97 km) südlich von Tampa und ca. 75 Meilen (121 km) nördlich von Fort Myers. Die Hauptstraßen in die Stadt sind der Tamiami Trail/Hwy 41 und die I-75.

Greyhound (☎ 941-342-1720; www.greyhound.com; 5951 Porter Way; ⌚ 8.30–10 & 13.30–18 Uhr) Verbindungen zwischen Sarasota und Miami, Fort Myers sowie Tampa.

Sarasota-Bradenton International Airport (SRQ; ☎ 941-359-2770; www.srq-airport.com; 6000 Airport Circle) Wird von vielen großen Fluggesellschaften angeflogen. Auf dem Hwy 41 nach Norden fahren und an der University Ave rechts abbiegen.

Sanibel & Captiva Islands

Vom Lebensstil wie von der architektonischen Gestaltung her ist die Insel Sanibel locker und egalitär, Reichtum wird hier in der Regel nicht zur Schau gestellt. Die bauliche Entwicklung auf Sanibel wurde sorgfältig gesteuert: Die nördliche Hälfte gehört fast vollständig zum Schutzgebiet J. N. „Ding" Darling National Wildlife Refuge. Es gibt zwar jede Menge Hotels, doch der Strand ist völlig frei von kommerzieller Verschandelung und Apartmenthäusern. Zudem beschränkt sich der öffentliche Zugang zum Strand auf eine Handvoll weit verstreuter Parkplätze, daher drängen sich nirgends Massen von Tagesausflüglern.

Einst vagabundierte der Pirat José Gaspar, der sich selbst Gasparilla nannte, an der Golfküste, um Schätze zu plündern und schöne Frauen zu entführen, die er auf der passend benannten Captiva Island (*captive* bedeutet gefangen) fest hielt. Heute gibt es im winzigen Dorf nur eine einzige Straße, die Andy Rosse Lane, und noch immer keine Ampel. Das bevorzugte Verkehrsmittel sind familienfreundliche Fahrräder. Die Villen auf Captiva protzen nicht, sondern verstecken sich hinter dichtem Grünen und tragen Namen wie „Seas the Day".

Sehenswertes & Aktivitäten

Captiva Beach STRAND
(14790 Captiva Dr) Vom Captiva Beach hat man nicht nur den direkten Blick auf die traumhaften Sonnenuntergänge, hier gibt's auch wunderbaren Sand und in der Nähe mehrere romantische Restaurants. Wer auf dem kleinen Parkplatz parken will, sollte zeitig da sein – oder gleich mit dem Fahrrad herkommen.

J. N. „Ding" Darling National Wildlife Refuge NATURSCHUTZGEBIET
(☎ 239-472-1100; www.fws.gov/dingdarling; 1 Wildlife Dr; Auto/Radfahrer/Fußgänger 5/1/1 US$; ⌚ 7 Uhr–Sonnenuntergang) Dieses Naturschutzgebiet wurde nach dem Karikaturisten Jay Norwood „Ding" Darling benannt, einem Umweltschützer, der an der Schaffung von mehr als 300 Schutzgebieten in den gesamten USA beteiligt war. In dem 25 ha großen Gebiet leben zahlreiche Meeresvögel und wilde Tiere wie Alligatoren, Nachtreiher, Rotschulterbussarde, Drosseluferläufer, Rosalöffler, Pelikane und Amerikanische Schlangenhalsvögel. Vom 5 Meilen (8 km) langen **Wildlife Drive** führen Wanderwege ins Schutzgebiet, darunter einige kurze Wege in die Mangroven. Unbedingt Ferngläser mitbringen, da sich die Vogelschwärme oft recht weit entfernt aufhalten.

Captiva Cruises BOOTSFAHRTEN
(☎ 239-472-5300; www.captivacruises.com; 11400 Andy Rosse Lane) Von der **McCarthy's Marina** (☎ 239-472-5200; www.mccarthysmarina.com; 11401 Andy Rosse Lane) starten diverse Bootsfahrten von Captiva Cruises, z. B. Delfinbeobachtungstouren und Fahrten in den Sonnenuntergang (ab 27,50 US$) sowie Exkursionen zu verschiedenen Inseln wie Cayo Costa (40 US$), Cabbage Key (40 US$) und nach Boca Grande (50 US$) auf Gasparilla Island.

Tarpon Bay Explorers KAJAKFAHREN
(☎ 239-472-8900; www.tarponbayexplorers.com; 900 Tarpon Bay Rd; ⌚ 8–17 Uhr) Im Darling National Wildlife Refuge verleiht dieser Anbieter Kanus und Kajaks (2 Std. 25 US$) für einfache Bootstouren ohne Führer in der Tarpon Bay – ein perfekter Ort für junge Paddler. Auch die geführten Kajaktouren (Erw. 30–40 US$, Kind 20–25 US$) sind hervorragend. Daneben gibt's diverse weitere Touren sowie Vorträge auf der Terrasse. Man sollte reservieren oder zeitig da sein, denn die Plätze für die geführten Touren sind schnell weg.

Schlafen & Essen

Sandpiper Inn INN $$
(☎ 239-472-1606; www.palmviewsanibel.com; 720 Donax St; Zi. 149–229 US$; P ❄ 📶) Das Hotel im Stil des Alten Floridas steht einen Block hinter dem Strand und bietet angesichts seiner Nähe zu den Geschäften und Restaurants im Periwinkle Way ein gutes Preis-Leistungs-Verhältnis. Die Einzimmerapartments bestehen aus einem Schlafbereich, einer funktionalen (wenn auch veralteten) Küche und einem in tropischen Farben gehaltenen Wohnbereich.

★ **'Tween Waters Inn** RESORT $$$
(☎ 239-472-5161; www.tween-waters.com; 15951 Captiva Dr; Zi. 185–285 US$, Suite 270–410 US$, Cottages 265–460 US$; ❄ @ 📶 🏊 🐾) Das 'Tween Waters Inn ist das Resort mit dem besten Preis-Leistungs-Verhältnis auf der Captiva Island. Die attraktiven Zimmer sind mit Rattanmöbeln, Granitoberflächen und Regenduschen ausgestattet und im Tommy-Bahama-Stil gestaltet. Alle haben Balkons,

teilweise mit herrlichem Blick direkt auf den Golf. Die hübschen kleinen Cottages sind sehr romantisch. Familien nutzen gern den großen Pool, die Tennisplätze, den Jachthafen mit komplettem Service und das Spa. Bei einem Aufenthalt von mehreren Nächten erhalten Besucher gute Rabatte.

★ Sweet Melissa's Cafe AMERIKANISCH $$$
(☎239-472-1956; www.sweetmelissascafe.com; 1625 Periwinkle Way; Tapas 9–16 US$, Hauptgerichte 26–34 US$; ⏲Mo–Fr 11.30–14.30 Uhr & 17 Uhr–Schließung, Sa 17 Uhr–Schließung) Das Sweet Melissa's besticht durch ausgewogene, entspannte Eleganz, sowohl bei den Speisen als auch beim Ambiente. Es serviert Gerichte wie Farro Fettuccine, Schnecken mit Kürbis und knusprige ganze Fische. Die vielen kleinen Gerichte ermutigen die Gäste, Verschiedenes auszuprobieren. Der Service ist aufmerksam und die Atmosphäre heiter.

ℹ Praktische Informationen

Sanibel & Captiva Islands Chamber of Commerce (☎239-472-1080; www.sanibel-captiva.org; 1159 Causeway Rd; ⏲9–17 Uhr; 📶) Eine der hilfreicheren Touristeninformationen der Gegend; sie verfügt über ein Verzeichnis freier Hotelzimmer und bietet eine reine Hotel-Hotline.

ℹ An- & Weiterreise

Die Insel erreicht man nur mit dem Auto. Am Sanibel Causeway (Hwy 867) wird eine Maut (Auto/Motorrad 6/2 US$) kassiert. Sanibel ist 12 Meilen (19 km) lang, doch wegen der niedrigen Höchstsgeschwindigkeiten und dem dichten Verkehr wirkt es länger. Die Hauptstraße ist der Periwinkle Way, der später zur Sanibel-Captiva Rd wird.

Naples

Elegante Romantik und der schönste, ruhigste Stand im Südwesten Floridas machen Naples zum Palm Beach der Golfküste. Die Bebauung entlang der Küste wurde auf reine Wohnhäuser beschränkt. Hinter dem weichen weißen Sand liegen nur schmale Dünen und halb versteckte Villen. Dazu kommt, dass Naples eine kultur- und niveauvolle Stadt ist, die ihren Stil und Reichtum nicht versteckt, zugleich aber einladend und lebenslustig ist. Familien, Teenager, ältere Damen in Haute-Couture-Kleidung, Manager mittleren Alters und schick gekleidete junge Pärchen – sie alle vermischen sich an milden Abenden beim abendlichen Flanieren auf der 5th Ave in der Downtown. Traveller finden die Stadt manchmal zu teuer, aber anderswo sind die Ferien fürs gleiche Geld nicht annähernd so beeindruckend.

Sehenswertes & Aktivitäten

★ Naples Botanical Gardens GARTEN
(☎239-643-7275; www.naplesgarden.org; 4820 Bayshore Dr; Erw./Kind 4–14 Jahre 15/10 US$; ⏲9–17 Uhr) Dieser herausragende Botanische Garten bezeichnet sich selbst als „Ort der Glückseligkeit und Fleck der größten Wonnen". Wer ein Weilchen auf dem 4 km langen Weg durch neun gestaltete Gärten spaziert ist, findet in kürzester Zeit seine innere Mitte. Kinder lieben das Baumhaus mit Strohdach, das Schmetterlingshaus und den interaktiven Springbrunnen, während Erwachsene mit verträumtem Blick den unlängst vom Landschaftsarchitekten Raymond Jungles umgestalteten Scott Florida Garden genießen werden. Wasserfälle, 3,6 m hohe Oolithsteine und historische Bäume wie Dattelpalmen, Maulbeer-Feigen und Feigenbäume zieren den schönen Garten.

★ Baker Museum MUSEUM
(☎239-597-1900; www.artisnaples.org; 5833 Pelican Bay Blvd; Erw./Kind 10 US$/frei; ⏲Di–Do & Sa 10–16, Fr bis 20, So 12–16 Uhr) Das engagierte, anspruchsvolle Kunstmuseum ist der ganze Stolz der Stadt und Teil des Artis-Naples-Komplexes, zu dem auch das fantastische benachbarte Philharmonic Center gehört. Das Museum widmet sich der zeitgenössischen Kunst und der Kunst des 20. Jhs. In den 15 Ausstellungssälen und im Wintergarten in der Glaskuppel werden spannende Wechsel- und Dauerausstellungen gezeigt, z. B. postmoderne Werke, Fotografie, Papierkunst und Glasskulpturen.

Naples Municipal Beach STRAND
(12th Ave S & Gulf Shore Blvd) Der lange, verträumte weiße Stadtstrand ist zwar belebt, aber selten überfüllt. Der 305 m lange Pier am Ende der 12 th Ave S ist ein Symbol des Stolzes der Bürger auf ihre Stadt: Er wurde 1888 erbaut, mehrmals von Bränden und Hurrikanen zerstört und immer wieder neu gebaut. Parken kann man auf kleinen Parkplätzen mit je 10 bis 15 Stellplätzen, davon gehören jeweils ein paar den Anwohnern und einige Parkplätze sind mit einem Parkschein nutzbar (1,50 US$ pro Std.); sie verteilen sich zwischen der 7th Ave N und der 17th Ave S.

Schlafen & Essen

Inn on 5th HOTEL $$$
(☎239-403-8777; www.innonfifth.com; 699 5th Ave S; Zi. 399, Suite 599–999 US$;) Das elegante Luxushotel im mediterranen Stil wartet mit einer unschlagbaren Lage zu beiden Seiten der 5th Ave auf. Die geschmackvollen Zimmer besitzen keinen historisch-romantischen Charme, stattdessen eignen sie sich vielmehr für Geschäftsreisende – doch wer wird sich schon über Pillowtop-Matratzen und Duschen mit Glaswänden beschweren? Zu den Annehmlichkeiten des Rundum-Services gehören ein beheizter Pool im 2. Stock, ein Businesszentrum, ein Fitnessstudio und ein opulentes Spa. Kostenloser Valet-Parkservice.

★ **Escalante** BOUTIQUEHOTEL $$$
(☎239-659-3466; www.hotelescalante.com; 290 5th Ave S; Zi. 200–700 US$) Das wundervolle Boutiquehotel, das sich zwischen der 5th Ave und 3rd St versteckt und doch nicht zu übersehen ist, wurde im Stil einer toskanischen Villa gestaltet. Die Zimmer und Suiten verbergen sich hinter tropischen Pflanzen und berankten Pergolas, und sie sind mit Möbeln im Plantagenstil, europäischer Wäsche und Designer-Kosmetikprodukten ausgestattet.

The Local MODERN-AMERIKANISCH $$
(☎239-596-3276; www.thelocalnaples.com; 5323 Airport Pulling Rd N; Hauptgerichte 12–29 US$; ⏲So–Do 11–21, Fr & Sa bis 21.30 Uhr;) Ironischerweise muss man zwar von der Innenstadt 6 Meilen (9,6 km) fahren, um in den Genuss der lokalen Küche zu kommen, doch das Bistro in einer Einkaufsmeile ist den CO_2-Fußabdruck wert. Hier kommt das Essen – ob nun Wassermelonensalat oder Fleisch vom Weiderind – von der Farm frisch auf den Tisch.

★ **Bha! Bha! Persian Bistro** IRANISCH $$$
(☎239-594-5557; www.bhabhabistro.com; 865 5th Ave S; Hauptgerichte 26–38 US$; ⏲So–Do 17–21, Fr & Sa bis 22 Uhr) Der Name dieses experimentellen Spitzenrestaurants stammt vom farsischen Ausdruck für „Mmh, lecker!“, und wie sich herausstellt, ist das noch mächtig untertrieben. Wie wär's mit den Pistazien-Lammfleischbällchen und einem Safran-Zitronengras-Martini, gefolgt von einem mit exotischen Gewürzen marinierten Kebab oder der Ente *fesenjune*, die langsam mit Granatapfel- und Walnusssauce gebraten wird?

Praktische Informationen

Third St Concierge Kiosk (☎239-434-6533; www.thirdstreetsouth.com; Camargo Park, 3rd St S; ⏲Mo–Mi 10–18, Do & Fr 10–21, Sa 8.30–18, So 12–17 Uhr) Was gibt es im alten Teil von Naples zu sehen? Die freundlichen Mitarbeiter in diesem kleinen Kiosk im Freien freuen sich, wenn man fragt.

Visitor Information Center (☎239-262-6141; www.napleschamber.org; 2390 Tamiami Trail N; ⏲Mo–Fr 9–17 Uhr) Infos zu Unterkünften, gute Karten, Internetzugang und Berge von Broschüren.

An- & Weiterreise

Ein Auto ist unverzichtbar, aber die zahlreichen und kostenlosen Parkplätze im Zentrum erleichtern den Besuch mit dem Auto. Naples liegt ca. 40 Meilen (64,4 km) südwestlich von Fort Myers; die I-75 verbindet beide Städte.

Greyhound (☎239-774-5660; www.greyhound.com; 2669 Davis Blvd) Verbindungen von Naples nach Miami, Orlando und Tampa.

Southwest Florida International Airport (RSW; ☎239-590-4800; www.flylcpa.com; 11000 Terminal Access Rd) Dies ist der Hauptflughafen von Naples. Er liegt 45 Fahrminuten nördlich der Stadt an der I-75.

ZENTRAL-FLORIDA

Zentral-Florida ähnelt einer Matroschka, der zusammengesetzten, hohlen russischen Puppe, in der sich ähnliche, immer kleiner werdende Puppen befinden. In der Region gibt's schöne State Parks, Gärten und Flüsse, die ideal für eine entspannte Erkundung sind. Unter dieser äußersten Hülle kommen Kissimmee, Celebration und das riesige urbane Großraumgebiet von Orlando zum Vorschein. Über das Netz vielspuriger Highways und Hochstraßen des Großraums von Orlando erreicht man zahlreiche Themenparks, darunter das Walt Disney World Resort, das Universal Orlando Resort, SeaWorld und Legoland. Wenn man vom Besucheransturm ausgeht, sind diese Parks für viele der Hauptgrund des Besuchs der Gegend.

Doch den inneren Kern von Zentral-Florida bildet eine Stadt: die hübsche, grüne Innenstadt von Orlando, deren erstklassige Museen und tolle Restaurants, in denen das Essen frisch von der Farm auf den Tisch kommt, angesichts des Hypes um die knalligen, funkelnden Themenparks mitunter übersehen werden. Viele Besucher kommen nie bis in diesen Kern, der die letzte Matroschka darstellt, denn Orlando liegt ein wenig im Schatten von Cinderella und Hogwarts.

Orlando

Wenn Orlando eine Disney-Filmfigur wäre, dann wäre sie am ehesten Dory (aus *Findet Nemo*), der es ein wenig an Selbstvertrauen mangelt. Man kann sich leicht von der abgeschlossenen, künstlichen Welt von Disney World oder Universal Orlando (weswegen die meisten überhaupt herkommen, mal ehrlich) so vereinnahmen lassen, dass man die Innenstadt von Orlando völlig vergisst. Dabei hat sie viel zu bieten: schöne Stadtviertel mit von Bäumen gesäumten Straßen, eine vielfältige Theater- und Museumslandschaft, mehrere fantastische Gärten, wunderbare Restaurants und ein angenehm ruhiges Tempo ohne hektisches Gedränge. Natürlich sollte man sich in den Themenparks mit ihrem Glamour, der Nostalgie und dem Nervenkitzel der Fantasiewelten nach Leibeskräften amüsieren, aber man sollte sich auch Zeit für „Findet Orlando" nehmen. Es lohnt sich, zwischen den rasanten Achterbahnfahrten einen Tag lang die ruhigere, freundlichere Seite der Innenstadt kennenzulernen.

Sehenswertes

★ Mennello Museum of American Art MUSEUM
(☎407-246-4278; www.mennellomuseum.org; 900 E Princeton St, Loch Haven Park, Downtown; Erw./Kind 6–18 Jahre 5/1 US$; ⏲Di–Sa 10.30–16.30, So ab 12 Uhr; 🚌Lynx 125, 🚉Florida Hospital Health Village) Das kleine, aber ausgezeichnete Kunstmuseum am See zeigt Werke von Earl Cunningham, dessen leuchtend bunte Bilder, eine Fusion aus Pop-Art und amerikanischer Volkskunst, die Leinwand fast zu sprengen scheinen. Wechselausstellungen widmen sich häufig der amerikanischen Volkskunst. Alle vier Monate gibt's eine neue Ausstellung, das Spektrum reicht von Sammlungen der Smithsonian Institution bis zu einheimischen Künstlern.

★ Orlando Museum of Art MUSEUM
(☎407-896-4231; www.omart.org; 2416 N Mills Ave, Loch Haven Park, Downtown; Erw./Kind 15/5 US$; ⏲Di–Fr 10–16, Sa & So ab 12 Uhr; 👪; 🚌Lynx 125, 🚉Florida Hospital Health Village) Orlandos prächtiges, blendend weißes Kunstzentrum wurde 1924 gegründet und wartet mit fantastischen Dauer- und Sonderausstellungen auf. Außerdem veranstaltet es verschiedene Kunstveranstaltungen und -kurse für Erwachsene sowie für Familien. Der beliebte First Thursday (10 US$) findet am ersten Donnerstag im Monat zwischen 18 und 21 Uhr statt und würdigt örtliche Künstler mit regionalen Werken, Livemusik und Essen aus Restaurants der Stadt.

Orlando Eye VERGNÜGUNGSPARK
(www.officialorlandoeye.com; I-Drive 360, 8401 International Dr, International Drive; ab 20 US$; ⏲So–Do 10–22, Fr & Sa bis 24 Uhr) In Orlando gibt's Fahrgeschäfte aller Art, die rauf und runter sausen – warum also nicht einmal eins, das sich im Kreis dreht? Das 2017 eröffnete Riesenrad ist das neueste Highlight am International Drive.

SeaWorld VERGNÜGUNGSPARK
(☎888-800-5447; www.seaworldparks.com; 7007 Sea World Dr; 95 US$, Ermäßigungen online, Preise ändern sich täglich; ⏲9–20 Uhr; 👪; 🚌Lynx 8, 38, 50, 111, 🚌I-Ride Trolley Red Line Stop 28) SeaWorld – einer von Orlandos größten Themenparks – ist ein Wasserpark mit Meerestiershows, Achterbahnen und Begegnungen mit Meeresbewohnern hautnah. Die größte Attraktion des Parks ist aber auch umstritten: Liveshows mit trainierten Delfinen, Seelöwen und Orcas.

Seit 2013 die Dokumentation *Blackfish* gezeigt wurde, wird die Haltung der gefangenen Orcas im SeaWorld genauestens beobachtet, und das Unternehmen hat sinkende Besucherzahlen und negative PR zu beklagen.

Titanic the Experience MUSEUM
(☎407-248-1166; www.titanicshipofdreams.com; 7324 International Dr, International Drive; Erw./Kind 6–11 Jahre 22/16 US$; ⏲10–18 Uhr; 👪; 🚌Lynx 8, 42, 🚌I-Ride Trolley Red Line Stop 9) Das Museum zeigt maßstabsgetreue Nachbauten der Innenräume des unglückseligen Schiffes und Gegenstände, die auf dem Grund des Ozeans gefunden wurden. Man kann an einer Führung mit Guides in historischen Kostümen teilnehmen oder sich auf eigene Faust umschauen. Besonders Kinder lieben die dramatische und realistische Interpretation der Geschichte: Jeder Passagier erhält eine Bordkarte mit dem Namen eines echten Passagiers und erfährt am Ende der Tour (wenn das Schiff gesunken ist) dessen Schicksal.

Schlafen

★ Floridian Hotel & Suites HOTEL $
(☎407-212-3021; www.floridianhotelorlando.com; 7531 Canada Ave, International Drive; Zi. ab 75 US$;

Großraum Orlando & Themenparks

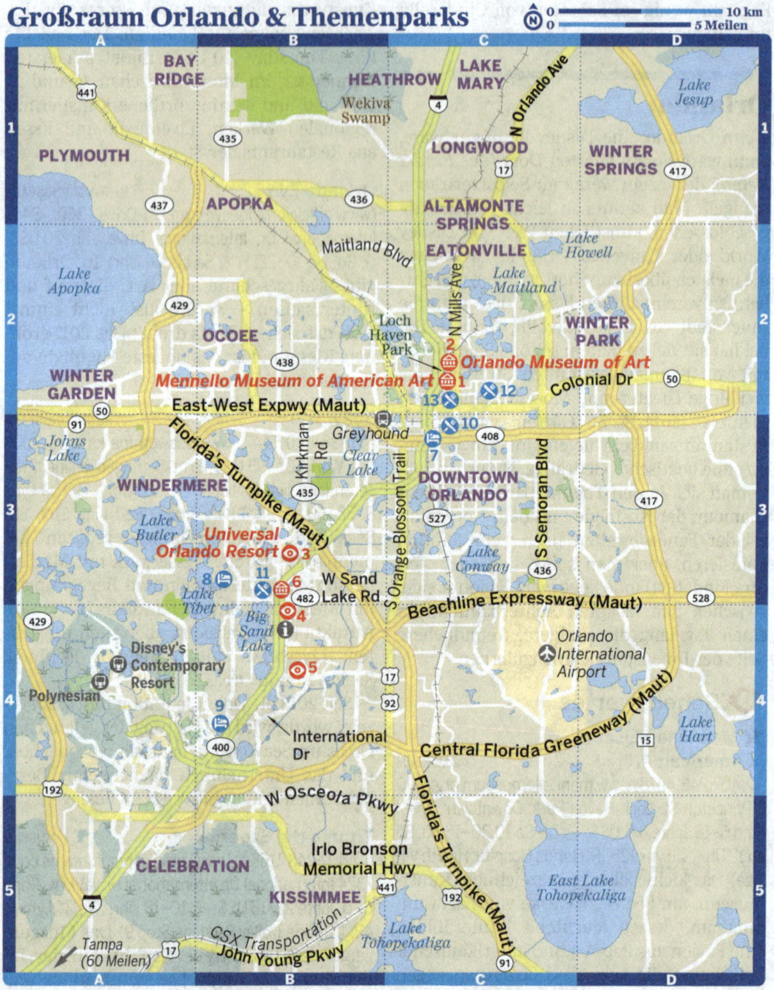

(P ⊖ ❄ 📶 ≋) Das wundervolle Budgethotel in Privatbesitz erinnert zwar teilweise an eine Hotelkette, ist aber in allerlei Hinsicht um einiges besser: Die Mitarbeiter an der Rezeption sind wunderbar freundlich, in den blitzsauberen Zimmern stehen Kühlschränke, und es gibt sogar ein kostenloses (wenn auch einfaches) Frühstück sowie Shuttlebusse zu den verschiedenen Parks. Das Hotel befindet sich in der Nähe der Restaurant Row, nicht weit vom International Dr.

Aloft Orlando Downtown BUSINESSHOTEL **$$**
(☎497-380-3500; www.aloftorlandodowntown.com; 500 S Orange Ave, Downtown; Zi. ab 230 US$; P @ 📶 ≋) Das stromlinienförmige Hotel wirkt offen und entschieden modern, obwohl manchen Gästen die Zimmer auf Grund der sorgfältig entworfenen minimalistischen Gestaltung merkwürdig leer vorkommen mögen. Der elegante kleine Pool liegt leider unangenehm dicht an der Hauptstraße. Andererseits ist dies eines der wenigen Hotels in bequemer Laufweite zu den Bars und Restaurants der Downtown.

Hyatt Regency Grand Cypress Resort RESORT **$$**
(☎407-239-1234; www.hyattgrandcypress.com; 1 Grand Cypress Blvd, Lake Buena Vista; Zi.

Großraum Orlando & Themenparks

189–250 US$, Resortgebühr 30 US$ pro Tag, Parken/Valet-Parkservice 20/29 US$; P@) Angesichts der Nähe zu Disney's Magic Kingdom (7 Meilen; 11,3 km) und zum Universal Resort Orlando (8 Meilen; 12,9 km) bietet dieses Resort, das um ein hohes Atrium herum angelegt ist, mit das beste Preis-Leistungs-Verhältnis in Orlando.

★ Bay Hill Club and Lodge HOTEL $$$
(407-876-2429; www.bayhill.com; 9000 Bay Hill Blvd; Zi. ab 300 US$; @) Im ruhigen, vornehmen Bay Hill fühlt man sich wie in einer Zeitschleife – als ob man quasi in eine zum Leben erwachte Fernsehkulisse oder ins Fotoalbum seiner Großmutter versetzt wurde. Das Hotel ist angenehm ruhig und schlicht. Die Mitarbeiter sind außerordentlich freundlich und entgegenkommend. Die Zimmer verteilen sich auf mehrere zweistöckige Gebäude am Rand des von Arnold Palmer entworfenen Golfplatzes.

Essen

★ P Is for Pie BÄCKEREI $
(407-745-4743; www.crazyforpies.com; 2806 Corrine Dr, Audubon Park; ab 2 US$; Mo–Sa 7.30–16.30 Uhr;) Klassische Pies mit kreativer Note (z.B. süße Tartes mit Biskuitboden); es gibt auch Mini- und Spezial-Pies.

★ Dandelion Communitea Café VEGETARISCH $
(407-362-1864; www.dandelioncommunitea.com; 618 N Thornton Ave, Thornton Park; Hauptgerichte 10–14 US$; Mo–Sa 11–22, So bis 17 Uhr;) Dieser Eckpfeiler der Szene, die auf Sprossen, Tempeh, grünen Tee und natürlich auf Bio setzt, serviert ausgezeichnete, kreative vegetarische Speisen in einem sanierten alten Haus, das zum Hinsetzen und Abhängen einlädt.

Graffiti Junktion American Burger Bar BURGER $
(407-426-9503; www.graffitijunktion.com; 700 E Washington St, Thornton Park; Hauptgerichte 10–14 US$; 11–2 Uhr) In diesem kleinen, angesagten Treffpunkt mit Neonlicht, Tischen im Hof und regelmäßigen Getränke-Specials dreht sich alles um anspruchsvolle Burger. Tipp: einen Brotherly Love (Angus-Rind; 11 US$) oder einen vegetarischen Burger (7 US$) probieren.

Pho 88 VIETNAMESISCH $
(www.pho88orlando.com; 730 N Mills Ave, Mills 50; Hauptgerichte 8–13 US$; 10–22 Uhr) Das Vorzeigerestaurant des florierenden vietnamesischen Viertels Orlandos (ViMi genannt) liegt direkt nordöstlich der Downtown in einem Gebiet, das umgangssprachlich Mills 50 genannt wird. Es ist auf authentische, schnörkellose *pho* (vietnamesische Nudelsuppe) spezialisiert und immer brechend voll.

Melting Pot EUROPÄISCH $$
(www.meltingpot.com/orlando; 7549 W Sand Lake Rd, Restaurant Row; Hauptgerichte 12–25 US$; Mo–Do 17–22, Fr 17–23, Sa 12–23, So 10–22 Uhr;) Gerade Kinder mögen das neue Erlebnis eines Fondues (mit Käse, Rindfleisch, Hühnchen, Meeresfrüchten und natürlich Schokolade). Abgesehen davon ist dies ein elegantes Restaurant, in das Paare gern für einen romantischen, kinderfreien Abend gehen.

Ausgehen & Nachtleben

★ Icebar BAR
(407-426-7555; www.icebarorlando.com; 8967 International Dr; Eintritt am Eingang/bei Online-

Buchung 20/15 US$; ⌚Mo–Mi 17–24, Do bis 1, Fr–So bis 2 Uhr; 🚌I-Trolley Red Line Stop 18 oder Green Line Stop 10) Noch mehr für Orlando typischer Spaß: Die Gäste betreten das ca. -5°C kalte Eishaus, sitzen auf Eisstühlen, bewundern die Eisskulpturen und nippen an eiskalten Drinks. Mäntel und Handschuhe werden am Eingang bereitgestellt; im „Fire Room", auf den Toiletten und in anderen Bereichen der Bar herrschen normale Temperaturen.

Independent Bar CLUB
(☎407-839-0457; 68 N Orange Ave, Downtown; 10 US$; ⌚So, Mi & Do 22–3, Fr & Sa ab 21.30 Uhr) Die unter Einheimischen schlicht „I-Bar" genannte Bar ist hip, voll und laut. DJs legen bis in den frühen Morgen Underground-Dancemusic und alternativen Rock auf.

ℹ Praktische Informationen

Official Visitor Center (☎407-363-5872; www.visitorlando.com; 8723 International Dr; ⌚8.30–18 Uhr; 🚌I-Ride Trolley Red Line 15)

ℹ Anreise & Unterwegs vor Ort

Amtrak (www.amtrak.com; 1400 Sligh Blvd) Täglich verkehren Züge Richtung Süden nach Miami (ab 46 US$) und Richtung Norden nach New York (ab 144 US$).

Greyhound (☎407-292-3424; www.greyhound.com; 555 N John Young Pkwy) Fährt von Orlando in zahlreiche Städte.

Die kostenlosen Busse von **Lymmo** (www.golynx.com; frei; ⌚Mo–Do 6–22, Fr bis 24, Sa 10–24, So bis 22 Uhr) verkehren auf mehreren Rundkursen in der Innenstadt und halten u. a. in der Nähe der Lynx Central Station, nahe dem SunRail-Bahnhof Church St Station, an der Kreuzung Central Blvd/ Magnolia Ave, an der Kreuzung Jefferson St/Magnolia Ave sowie vor dem Hotel Westin Grand Bohemian.

SunRail (www.sunrail.com), Orlandos Pendlerzug, fährt in Nord-Süd-Richtung und hält nicht bei den Vergnügungsparks oder in deren Nähe.

Züge von **Amtrak** (www.amtrak.com) bedienen neben dem Bahnhof im Zentrum Orlandos auch Winter Park, Kissimmee und Winter Haven (wo sich das Legoland befindet).

Walt Disney World® Resort

Walt Disney World® Resort VERGNÜGUNGSPARK
(☎407-939-5277; www.disneyworld.disney.go.com; Lake Buena Vista, außerhalb Orlandos; Tagespreise variieren, Pakete & Tickets für bis zu 10 Tage im Voraus siehe Website; 👪) Selbst wer nicht mit Filmen oder Comics von Disney aufgewachsen ist, hat wahrscheinlich schon davon gehört. Das Ganze klingt zwar wie eine eigene „Welt" (was es in vieler Hinsicht auch ist, mehr dazu unten), ist aber unglaublich komplex. Darum an dieser Stelle mal ein kurzer Überblick. Disney World ist ein 103 km² großes eingezäuntes Areal, in dem sich im Abstand von einigen Meilen vier eigenständige, makellos saubere Themenparks befinden: **Magic Kingdom**, **Epcot**, **Hollywood Studios** und **Animal Kingdom**.

Das Walt Disney World® Resort bietet viel mehr als nur Fahrgeschäfte. Zu den zahllosen Attraktionen gehören Begegnungen mit bekannten Disney-Figuren, darunter Mickey Mouse und Donald Duck, aber auch modernere Charaktere wie Gaston, Elsa, Anna usw. Außerdem gibt es Paraden, musikalische Shows, interaktive Angebote, Promotion-Veranstaltungen für die neuesten Disney-Projekte und zahlreiche Stuntshows. Und schließlich, das ist überraschend, ist Disney World nicht nur etwas für Kinder. Es hat geschickt dafür gesorgt, dass seine Besucher ihm treu bleiben – das Ergebnis sind Hunderttausende erwachsene Besucher, die im Rahmen von Programmen, Kreuzfahrten und Touren anreisen und einfach nicht genug bekommen können.

Jeder der vier Parks hat ein eigenes Thema, auch wenn die meisten Besucher beim Walt Disney World Resort nur an einen der vier Parks denken: an das **Magic Kingdom**, dessen Mittelpunkt das Cinderella's Castle bildet. Dies ist das Disneyland der Werbespots, der Prinzessinnen und Piraten, die Heimat Tinkerbells und der Träume, die wahr werden; dies ist das typische, traditionelle Disneyland der klassischen Rides wie It's a Small World und Space Mountain.

Epcot ist ein herrlich sensorisches Erlebnis. Der Park ist in zwei Bereiche unterteilt, Future World und World Showcase, die rund um einen See liegen. In **Future World** finden sich die einzigen beiden Rides von Epcot, die Nervenkitzel bieten; außerdem gibt's hier mehrere Pavillons mit Attraktionen, Restaurants und Treffpunkte, an den man Disney-Figuren begegnet. **World Showcase** umfasst elf Länder mit deren typischer Gastronomie, Unterhaltung und Shopping-Angeboten. Hier kann man es mal langsamer angehen lassen, in Marokko Weihrauch riechen, in Großbritannien den Beatles lauschen und in Japan Miso nippen.

Die **Hollywood Studios** lassen die Glanzzeiten Hollywoods aufleben. Das Zentrum bildet ein Nachbau des Graumann's Chinese Theatre, doch die meisten Aktivitäten widmen sich ganz unverhohlen dem 21. Jh., ob nun das an *Star Wars* angelehnte Jedi-Training oder die *Indiana-Jones*-Stunt-Shows, ob extravagante Muppet-Shows oder der neueste Hype, die Frozen Sing-Along Celebration.

Das **Animal Kingdom** ist nicht nur meilenweit vom Rest Disneylands entfernt, sondern hat auch einen ganz anderen Charakter: Es ist eine Mischung aus Vergnügungspark, Zoo, Karneval und afrikanischer Safari, zusammengehalten von einer kräftigen Dosis Disney (in Form von Figuren, Geschichtenerzählen und magischen Verwandlungen). Wie die anderen Parks ist auch dieser in mehrere Bereiche unterteilt und bietet an jeder Ecke Begegnungen mit wilden Tieren, Rides und Musicals, darunter *König der Löwen* und *Findet Nemo*. 2017 wurde im Animal Kingdom ein neuer Bereich eröffnet, das lange erwartete **Pandora – The World of Avatar**.

Um das Disney-Erlebnis abzurunden, betreibt das Walt Disney World Resort mehrere luxuriöse Unterkünfte für Familien und Paare. Ihr großer Vorteil ist, dass fast alles, vom Essen bis zum Transport, von den Resorts arrangiert wird bzw. problemlos zugänglich ist. (Wenn man mit Kindern unterwegs ist, sind sie aber auch nicht der Weisheit letzter Schluss, andere Hotels in der Gegend bieten ähnliche Serviceleistungen.) Zudem ist hier weiterer Spaß garantiert, man kann sogar im Restaurant mit Disney-Figuren speisen. Diese Hotels sind gut auf Reisende mit Behinderung eingestellt: Sie verleihen z.B. Rollstühle, sind behindertengerecht gestaltet und bieten ausgezeichnete Arrangements für den schnellen Zugang zu den Attraktionen.

Kurz gesagt: Ein Besuch im Walt Disney World Resort ist ein herausragendes Erlebnis. Es ist ein unverhohlener Rausch mit einer Überdosis an Musik, Lichtern, Geräuschen, Farben, Nervenkitzel und anderen Reizen. Hier taucht man in eine ganz neue Welt ein, die – egal, wie alt man ist – unerklärlicherweise überwältigend und berauschend ist. Und dies trotz der langen Schlangen, des gelegentlichen Gedränges und des überteuerten Essens. Den größten Teil der Zeit ist dies tatsächlich der „glücklichste Ort auf Erden".

Und wenn dann die Sonne untergegangen ist und man denkt, dass es für heute wirklich reicht, dann geht's noch weiter: In jedem Park findet abends eine Feuerwerk-Show statt, deren Name entsprechend des jährlichen Programms wechselt.

Schlafen & Essen

Die Disney-Ferienhotels sind entsprechend ihrer Lage (Magic Kingdom, Epcot, Animal Kingdom und Disney Boardwalk) unterteilt. Die Preise schwanken stark je nach Jahreszeit, Woche und Tag.

Die Deluxe-Resorts sind zwar das Beste, was Disney zu bieten hat, man sollte aber wissen, dass man hier für das Disney-Thema und für die Nähe zu den Parks zahlt, nicht für Luxus. Viele haben Suiten und Villen mit mehreren Zimmern, gehobene Restaurants, Kinderprogramme und leichten Zugang zu den Parks.

Mit Ausnahme von Epcot sollte man sich auf mittelmäßiges Fast Food, schlechten Kaffee und Cafeteria-Küche zu Spitzenpreisen gefasst machen. In Restaurants mit Bedienung sind Reservierungen für „Priority Seating" bis zu 180 Tage im Voraus möglich. Reservieren kann man bei **Disney Dining** (☎ 407-939-3463), auf der Internetseite www.disneyworld.disney.go.com oder über die App My Disney Experience. Gut zu wissen: Wer in den Restaurants in den Themenparks essen möchte, muss den Parkeintritt zahlen, in den Hotelrestaurants nicht.

Anreise & Unterwegs vor Ort

Disney liegt 25 Fahrtminuten südlich von der Innenstadt Orlandos; man fährt auf der I-4 bis zu den gut ausgeschilderten Exits 64, 65 oder 67.

Die Autovermietungen Alamos und National haben Filialen im Walt Disney World Dolphin Resort. Das **Car Care Center** (☎ 407-824-0976; 1000 W Car Care Dr, Walt Disney World Resort; ⏲ Mo–Fr 7–19, Sa 7–16, So 7–15 Uhr) ist eine Autowerkstatt mit allen Serviceleistungen und bietet innerhalb des Disney-Geländes Hilfe (Pannendienst, u. a. Abschleppen, Reifenpannen und Starthilfe).

Wer in einem Hotel im Walt Disney World Resort übernachtet und am Orlando International Airport (im Gegensatz zum Sanford Airport) ankommt, kann im Voraus die kostenlose Gepäckbeförderung und die Fahrt im kostenlosen Deluxe-Bus bei **Disney's Magical Express** (☎ 866-599-0951; www.disneyworld.disney.go.com) arrangieren. Man bekommt vorher Gepäckaufkleber zugeschickt, das Gepäck wird dann automatisch am Flughafen abgeholt. Wenn man während des Aufenthalts in ein anderes Disney-Hotel umzieht, kümmert sich das Hotel um den Gepäcktransport, während man sich einen schönen Tag macht.

Disneys Transportsystem umfasst Boote, Busse und eine Monorail, die Besucher zu den Hotels, den Themenparks und den anderen Attraktionen innerhalb des Walt Disney World Resort bringen. Das Transportation & Ticket Center ist die Zentrale dieses System. Mit dem Transportsystem kann die Fahrt von A nach B aber durchaus eine Stunde dauern, und manchmal muss man auch umsteigen.

Universal Orlando Resort

★Universal Orlando Resort VERGNÜGUNGSPARK

(☎407-363-8000; www.universalorlando.com; 1000 Universal Studios Plaza; ein Park 1/2 Tage Erw. 105/185 US$, Kind 100/175 US$, beide Parks Erw./Kind 155/150 US$; ⏲tgl., Zeiten variieren; 🚌Lynx 21, 37 & 40, 🚋Universal) Das fußgängerfreundliche Universal Orlando Resort hat Schwung, Pepp und Stil. Wie im Walt Disney World Resort gibt es hier fantastische Rides, tolle Attraktionen für Kinder und unterhaltsame Shows. Doch hier ist alles ein bisschen pfiffiger und lustiger und es läuft runder, zudem ist der Park kleiner und übersichtlicher. Statt der Sieben Zwerge findet man hier die Simpsons, statt Mickey Mouse Harry Potter. Universal bietet puren, hemmungslosen, Adrenalin geladenen, temporeichen Kopfüber-ins-Vergnügen-Spaß für die ganze Familie.

Das Universal Orlando Resort besteht aus drei Themenparks. Das **Islands of Adventure** hat die meisten aufregenden Rides, die **Universal Studios** bieten Attraktionen und Shows rund um Filme (darunter die **Wizarding World of Harry Potter**). 2017 wurde **Volcano Bay** eröffnet, ein Wasserpark mit viel Spaß, Geplansche und topmodernen Rides durch einen 61 m hohen Vulkan.

CityWalk ist der Restaurant- und Unterhaltungsbereich von Universal, hier finden sich fünf Resort-Hotels (ein sechstes Hotel, das Universal's Aventura Hotel, soll 2018 eröffnen).

Schlafen & Essen

Im Universal Orlando Resort gibt's fünf hervorragende Resort-Hotels. Wer dort übernachtet, spart sich viele logistische Probleme: In die Parks gelangt man auf einem hübschen begrünten Fußweg oder mit einem ruhigen Boot. Die meisten Hotels bieten ihren Gästen den Unlimited Express Pass, der erleichterten Zugang zu den Attraktionen und „Priority Dining" gewährt, außerdem öffnen mehrere beliebte Rides wie die Wizarding World of Harry Potter für alle Hotelgäste eine Stunde früher, und das Loews Loves Pets begrüßt Haustiere wie VIP-Gäste.

Die einzigen Restaurants in den Themenparks, in denen man Tische reservieren kann, sind **Finnegan's Bar & Grill** (☎407-224-3613; www.universalorlando.com; Hauptgerichte 10–23 US$; ⏲11 Uhr–Parkschließung; 📶👪) und **Lombard's Seafood Grille** (☎407-224-3613, 407-224-6401; www.universalorlando.com; Hauptgerichte 15–28 US$; ⏲11 Uhr–Parkschließung; 📶👪) im Universal Studios sowie das **Mythos Restaurant** (☎407-224-4012, 407-224-4534; www.universalorlando.com; Hauptgerichte 14–23 US$; ⏲11–15 Uhr; 👪) und **Confisco Grille** (☎407-224-4012; www.universalorlando.com; Hauptgerichte 6–22 US$; ⏲11–16 Uhr; 🖉👪) im Islands of Adventure.

Jedes Universal-Hotel hat gehobene Bars und Restaurants, in denen auch Nicht-Gäste willkommen sind.

ℹ Anreise & Unterwegs vor Ort

Von der I-4 fährt man bei Exit 74B oder 75A ab und folgt den Schildern. Vom International Dr folgt man den Schildern Richtung Westen bis zum Universal Blvd.

Die Lynx-Busse 21, 37 und 40 fahren zum Parkhaus des Universal Orlando Resort (Bus 40 startet direkt im Zentrum am Amtrak-Bahnhof Orlando). Entlang des International Dr verkehren Busse von **I-Ride Trolley** (☎407-354-5656; www.iridetrolley.com; Fahrt Erw./Kind 3–9 Jahre 2/1 US$, Tickets für 1/3/5/7/14 Tage 5/7/9/12/18 US$; ⏲8–22.30 Uhr), die am Universal Blvd halten, knapp 1 km vom Parkeingang entfernt.

Innerhalb des Universal Orlando Resort, also zwischen den Hotels des Parks, den Themenparks Islands of Adventure und Universal Studios sowie der CityWalk, verlaufen Fußwege. Von den Themenparks und der CityWalk zu den Deluxe-Resorts sind es etwa 10 bis 15 Gehminuten. Zum Cabana Bay Beach Resort benötigt man 25 Minuten. Auch von mehreren Hotels außerhalb des Parks ist man zu Fuß höchstens 20 Minuten bis zum Park unterwegs, allerdings ist der Weg nicht sehr angenehm.

Kinderwagen, Rollstühle und Elektromobile (Electric Convenience Vehicle; ECV) werden an den Parkeingängen verliehen, manuelle Rollstühle auch am Rotunda-Bereich des Parkhauses. Unter ☎407-224-4233 kann man ein Elektromobil im Voraus reservieren.

FLORIDA PANHANDLE

Die geografisch nördlichste Gegend Floridas ist gleichzeitig auch kulturell den Südstaaten mit Abstand am nächsten. Der Panhandle, der Landstreifen links oberhalb der Halbinsel, erstreckt sich entlang der Grenzen zu Alabama und Georgia, und in mancher Hinsicht sind die Strände der Region eigentlich die Fortsetzungen dieser beiden Staaten bis an die Küste.

Und was für Strände dort locken! Vielerorts berauscht die Küste mit wilder, windgepeitschter Schönheit, mit feinem weißen Sand und blaugrünem bis jadegrünem Wasser – besonders die unbebauten Streifen voller Salzmarschen und Elliott-Kiefern, die sich östlich und westlich der Apalachee Bay erstrecken, sind faszinierend. In anderen Gegenden wird die Küste von Ferienhäusern und hohen Apartmenthäusern gesäumt.

Landeinwärts finden sich zwischen Palmettopalmen und dünnen Kiefern kristallklare Quellen, gemächliche Flüsse und Militärtestgelände – diese Gegend hat eine der höchsten Konzentrationen an Verteidigungseinrichtungen des gesamten Landes.

Tallahassee

Floridas Hauptstadt, die geschützt zwischen sanft gewellten Hügeln liegt und deren Straßen von Bäumen beschattet werden, liegt Atlanta geografisch näher als Miami. Kulturell sind ihr die Südstaaten sogar viel näher als der Großteil des Bundesstaates, dessen Regierungssitz es ist. Ungeachtet ihres Status als Hauptstadt und der beiden großen Universitäten in der Stadt (Florida State und Florida Agricultural & Mechanical University) geht es hier sehr, sehr gemächlich zu. Immerhin gibt's hier ein paar interessante Museen und Attraktionen außerhalb der Stadt, die Geschichtsinteressierten und Naturfreunden gefallen werden und mit denen Besucher locker ein oder zwei Tage beschäftigt sind.

Sehenswertes & Aktivitäten

★Tallahassee Museum of History & Natural Science MUSEUM
(☎850-575-8684; www.tallahasseemuseum.org; 3945 Museum Rd; Erw./Kind 11,50/8,50 US$; ⌚Mo–Sa 9–17, So ab 11 Uhr; P) In der Nähe des Flughafens am Rand von Tallahassee zeigt dieses wundervolle Naturkundemuseum in einem 21 ha großen Gelände mit gepflegten Gärten und Wildnis Ausstellungen zur Flora und Fauna Floridas. Zu den lebenden Tieren, die hier zu sehen sind, gehören der unglaublich seltene Florida-Puma und der Rotwolf. Schon seit über 50 Jahren begeistert das Museum seine Besucher. Man sollte auch unbedingt die Otter in ihrem neuen Zuhause besuchen. Bei Tree to Tree Adventures kann man an der Seilrutsche über die Baumkronen sausen.

Tallahassee Automobile & Collectibles Museum MUSEUM
(☎850-942-0137; www.tacm.com; 6800 Mahan Dr; Erw./Student/Kind unter 10 Jahren 16/12/8 US$; ⌚Mo–Fr 8–17, Sa ab 10, So ab 12 Uhr; P) Wer Autos liebt, ist hier im Paradies. Das Museum zeigt über 130 einzigartige historische Automobile aus aller Welt, die top in Schuss sind. Dazu warten die Sammlungen von Booten, Motorrädern, Büchern, Pianos und Erinnerungsstücken rund um den Sport – ein Tag vergeht hier wie im Flug. Das Museum liegt ca. 8 Meilen (13 km) nordöstlich der Downtown.

Florida State Capitol BEMERKENSWERTES GEBÄUDE
(www.floridacapitol.myflorida.com; 400 South Monroe St; ⌚Mo–Fr 8–17 Uhr) GRATIS Von der Aussichtsterrasse in der obersten Etage des nüchternen, imposanten, 22 Stockwerke hohen Florida State Capitol bietet sich ein Panoramablick über die Stadt. Während der Sitzungsperioden herrscht im Capitol Hochbetrieb, dann eilen Politiker, Mitarbeiter und Lobbyisten durch die wabenartigen Flure.

Tallahassee-St. Marks Historic Railroad State Trail RADFAHREN
(☎850-519-6594; www.floridastateparks.org/tallahasseestmarks; 1358 Old Woodville Rd, Crawfordville; ⌚8 Uhr–Sonnenuntergang) GRATIS Der 16 Meilen (26 km) lange Trail mit glattem Belag ist das ultimative Erlebnis für Jogger, Skater und Radfahrer. Er führt nach Süden in die Hafenstadt St. Marks am Golf (und das ohne ein Auto oder eine Ampel weit und breit). Die Strecke ist leicht und flach und auch für ungeübte Radfahrer locker zu bewältigen. Sie führt durch eine Küstenebene und verläuft vielerorts im Schatten schöner Virginia-Eichen.

Schlafen & Essen

aloft Tallahassee Downtown HOTEL $$
(☎850-513-0313; www.alofttallahassee.com; 200 N Monroe St; Zi. 115–230 US$; P) Dieses

ABSTECHER

DELAND: CRESS

Feinschmecker nehmen gern den langen Weg ins verschlafene DeLand, eine halbe Fahrstunde von Daytona Beach (S. 537) entfernt, auf sich, nur um im bahnbrechenden Bistro **Cress** (☎386-734-3740; www.cressrestaurant.com; 103 W Indiana Ave; Hauptgerichte 19–34 US$; ⏲Di–Sa ab 17.30 Uhr) zu essen. Auf der Karte stehen Delikatessen wie *mofongo* (ein klassisches karibisches Gericht) mit regionalen Meeresfrüchten, indonesisches Shrimps-Curry oder ein Salat aus köstlichen Erbsensprossen mit einem Dressing aus Passionsfrucht. Die dreigängigen Menüs (40 U$, mit passenden Weinen 58 US$) sind ausgezeichnet.

Haus der beliebten aloft-Kette punktet mit der erstklassigen Lage im Stadtzentrum und funkigen, funktionalen Zimmern. Die Bäder haben Spiegel bis hoch zur Decke und genug Platz für alles Make-up der Welt. Die Betten sind wirklich bequem. Kostenloses Highspeed-Internet ist im Preis enthalten.

Kool Beanz Café FUSION **$$**
(☎850-224-2466; www.koolbeanz-cafe.com; 921 Thomasville Rd; Hauptgerichte 17–24 US$; ⏲Mo–Fr 11–22, Sa 17.30–22, So 10.30–14 Uhr; P) Der Name ist zwar etwas überkandidelt, doch das Ambiente ist herrlich vielseitig und gemütlich, zudem gibt's tolles, kreatives Essen. Das Angebot wechselt täglich, typisch sind Gerichte wie Hummus-Teller, mit Jerk-Würzmischungen gewürzte Jakobsmuscheln oder Ente in Blaubeer-Ingwer-Sauce.

Ausgehen & Unterhaltung

Madison Social PUB
(☎850-894-6276; www.madisonsocial.com; 705 South Woodward Ave; Hauptgerichte 9–20 US$, ⏲So–Do 11.30–2, Fr & Sa ab 10 Uhr;) Auch wenn es gerade sehr beliebt ist, ehemalige Lagerhallen in hippe Lokale umzuwandeln, wurde dieser angesagte Pub von Beginn an in diesem Stil gebaut. Während die Sonne über dem Doak Campbell Football Station – dem größten, durchgehend aus Beton errichteten Bauwerk der USA – untergeht, kippt hier eine gewagte und schöne Mischung aus Einheimischen und Studenten der FSU ihre Drinks an der großartigen Bar oder an Picknicktischen aus Aluminium.

Bradfordville Blues Club LIVEMUSIK
(☎850-906-0766; www.bradfordvilleblues.com; 7152 Moses Lane, abseits der Bradfordville Rd; Tickets 15–35 US$; ⏲Fr & Sa 22 Uhr) Am Ende einer von Fackeln erhellten unbefestigten Straße flackert ein Lagerfeuer unter Virginia-Eichen. Dort versteckt sich diese ländliche Bar, in der hervorragende amerikanische Bluesmusiker auftreten. Manchmal ist auch donnerstags ab 20.30 Uhr geöffnet, Einzelheiten erfährt man online.

Praktische Informationen

Florida Welcome Center (☎850-488-6167; www.visitflorida.com; Ecke Pensacola St & Duval St; ⏲Mo–Fr 8–17 Uhr) Tolle Informationsquelle im Florida State Capitol.

Leon County Welcome Center (☎850-606-2305; www.visittallahassee.com; 106 E Jefferson St; ⏲Mo–Fr 8–17 Uhr) Betreibt ein ausgezeichnetes Besucherzentrum und hat Broschüren zu Wander- und Autotouren.

Anreise & Unterwegs vor Ort

Tallahassee liegt 98 Meilen (158 km) von Panama City Beach, 135 Meilen (217 km) von Jacksonville, 192 Meilen (308 km) von Pensacola, 120 Meilen (193 km) von Gainesville und 470 Meilen (756 km) von Miami entfernt. Die I-10 ist die Hauptstraße in die Stadt, wer zur Golfküste will, folgt dem Hwy 319 südwärts bis zum Hwy 98.

Am winzigen **Tallahassee International Airport** (☎850-891-7802; www.talgov.com/airport; 3300 Capital Circle SW) starten Inlands- und internationale Flüge von American und Delta sowie Direktflüge von Silver Airways nach Tampa und Orlando. Er liegt ca. 5 Meilen (8 km) südwestlich der Downtown abseits des Hwy 263. Öffentliche Verkehrsmittel fahren nicht zum Flughafen. Manche Hotels haben Shuttlebusse, ansonsten fahren Taxis für etwa 20 US$ in die Innenstadt, darunter **Yellow Cab** (☎850-999-9999; www.tallahasseeyellowcab.com).

Der **Greyhound-Busbahnhof** (☎850-222-4249; www.greyhound.com; 112 W Tennessee St) liegt an der Ecke Duval St, gegenüber vom Umsteigebahnhof von **StarMetro** (☎850-891-5200; www.talgov.com/starmetro; Einzelfahrt/Tageskarte 1,25/3 US$) im Stadtzentrum.

Pensacola

Dass die Grenze zu Alabama nur ein paar Kilometer entfernt ist, hilft, die Atmosphäre in Pensacola zu erklären – in der Stadt mischt sich entspanntes Südstaaten-Flair mit der forschen, dynamischen Art Floridas. Mit den belebten Stränden, der Downtown im spanischen Stil und der markanten Militärkultur ist dies die mit Abstand interessanteste Stadt des Panhandle.

Zwar halten auch hier allmählich moderne urbane Trends Einzug (regionale Küche, Craft-Cocktails etc.), doch die meisten Besucher kommen nach wie vor, um einen typisch amerikanischen Urlaub für Normalverdiener zu erleben: weiße Sandstrände, gebratene Meeresfrüchte und Bars, die billige einheimische Getränke servieren. Im März und April heizt sich die Atmosphäre auf, wenn Scharen von Studenten zum einwöchigen Trinkgelage des Springbreaks einfallen. Also Vorsicht!

Die Downtown liegt nördlich vom Meer rund um die Palafox St. Auf der anderen Seite der Pensacola Bay Bridge, die hier beginnt, befindet sich die hauptsächlich mit Wohnhäusern bebaute Halbinsel Gulf Breeze. Von dort führt eine weitere Brücke, die Bob Sikes (Maut 1 US$), zum malerischen Pensacola Beach, wegen dem die meisten Besucher überhaupt hier sind.

Pensacola Beach ist mit seinem tollen weißen Sandstrand, dem ruhigen, warmen Wasser und einer Reihe schlichter Strandhotels eine Welt für sich. Der fast 8 Meilen (13 km) lange Strand liegt auf der 40 Meilen (64 km) langen Barriereinsel Santa Rosa, die sich zwischen dem Santa Rosa Sound im Norden und dem Golf von Mexiko im Süden erstreckt. Beide Seiten der Insel sind Teil des Schutzgebietes Gulf Islands National Seashore. Obwohl die entschlossenen Einwohner große Teile der Insel vor der Bebauung bewahrt haben, sorgen mehrere Apartmenthochhäuser für eine kleine Skyline im Stil der Golfküste.

Sehenswertes

★ National Naval Aviation Museum — MUSEUM

(☎800-327-5002; www.navalaviationmuseum.org; 1750 Radford Blvd; ⏲9–17 Uhr; 👪) GRATIS Ein Aufenthalt in Pensacola wäre ohne den Besuch dieser riesigen Sammlung von Militärflugzeugen und -objekten einfach nicht komplett. Erwachsene und Kinder werden gleichermaßen von der Vielzahl der ausgestellten Flugzeuge fasziniert sein – es sind über 150! Dazu kommen noch Hightech-Attraktionen wie Flugsimulatoren und ein IMAX-Kino. Zwischen März und November kann man sich fast jeden Dienstag und Mittwoch um 8.30 Uhr die todesmutige Flugshow der **Blue Angels** (☎850-452-3806; www.naspensacolaairshow.com; 390 San Carlos Rd, Suite A) GRATIS ansehen.

Historic Pensacola Village — MUSEUM

(☎850-595-5985; www.historicpensacola.org; Tarragona St & Church St; Erw./Kind 8/4 US$; ⏲Di–Sa 10–16 Uhr; P 👪) 🍃 Pensacolas reiche Kolonialgeschichte erstreckt sich über mehr als 450 Jahre. Das faszinierende, hübsche Dorf

ABSEITS DER ÜBLICHEN PFADE

APALACHICOLA NATIONAL FOREST

Der größte der drei National Forests in Florida, der **Apalachicola National Forest** (☎850-523-8500, 850-643-2282; www.fs.usda.gov/main/apalachicola; Eingang abseits der FL 13, FL 67 & an anderen Orten; Gebühr Tagesbesucher 3 US$; ⏲8 Uhr–Sonnenuntergang; 🐾) 🍃 nimmt fast 2430 km² des Panhandles ein. Er beginnt gleich westlich von Tallahassee und erstreckt sich bis zum Apalachicola River. Im Wald, der aus Tiefebenen, Kiefern, Zypressen-Hammocks und Eichen besteht, leben Dutzende regionale Arten, darunter Nerze, Grau- und Rotfüchse, Kojoten, sechs Fledermausarten, Biber, Spechte, Alligatoren, Florida-Schwarzbären und die scheuen Florida-Pumas. Mit seinen zahlreichen Seen und langen Wanderwegen ist er eines der vielfältigsten Erholungsgebiete des Bundesstaates. Um den Wald zu erkunden, benötigt man ein Fahrzeug. Durchtrainierte Besucher können mit dem Fahrrad fahren, alle anderen sollten das Auto nehmen. Da der Wald so großflächig ist, gibt es zahlreiche Zugangspunkte, u. a. entlang der SR 65 (günstig, wenn man von Apalachicola kommt) und der SR 20 (praktisch für Besucher, die aus Tallahassee kommen).

Die westliche Hälfte des Waldes wird von der **Apalachicola Ranger Station** (☎850-643-2282; www.fs.usda.gov/apalachicola; 11152 NW SR-20) kontrolliert, die sich im Nordwesten in der Nähe der Kreuzung des Hwy 12 und des Hwy 20 befindet, direkt südlich von Bristol. Die östliche Hälfte verwaltet die **Wakulla Ranger Station** (☎850-926-3561; www.fs.usda.gov/apalachicola; 57 Taff Dr), gleich abseits des Hwy 319 in Crawfordville.

ist eine eigenständige Enklave fotogener historischer Häuser, die in Museen verwandelt wurden.

★ **Gulf Islands National Seashore** PARK

(☎850-934-2600; www.nps.gov/guis; Fahrzeug 15 US$; ⊙Sonnenaufgang–Sonnenuntergang;) Dies ist das Highlight des Florida Panhandle: Der 150 Meilen (241 km) lange Küstenabschnitt aus überwiegend unbebauten Sandstränden ist ein perfektes Beispiel dafür, wie die Golfküste vor der Besiedlung (die man, um es faireweise zu sagen, oft in Form von Hochhäusern in der Ferne sieht) einmal ausgesehen hat. Das Schutzgebiet ist kein durchgängiges Areal, sondern besteht aus einzelnen Abschnitten, die entlang der Küste liegen. Die langen Strände mit zuckerweißen Sanddünen, die von Strandgras gekrönt werden, sind typische unberührte Tieflandstrände.

Schlafen & Essen

Solé Inn MOTEL $

(☎850-470-9298; www.soleinnandsuites.com; 200 N Palafox St; Zi. 79–199 US$;) Gleich nördlich der Downtown punktet dieses renovierte Motel mit seinem modernistischen 60er-Jahre-Stil, dem schwarz-weißen Farbschema, den Akzenten im Leopardenmuster und den blubbernden Acrylglaslampen. Die Zimmer sind recht klein, doch der Preis, die Lage und die Originalität entschädigen für die Enge. Ein kontinentales Frühstück ist im Preis enthalten.

Holiday Inn Resort HOTEL $$

(☎850-203-0635; www.holidayinnresortpensacolabeach.com; 14 Via de Luna Dr; Zi. ab 210 US$;) Das Strandhotel hat coole, einladende Zimmer mit ultrabequemen Betten, Flachbild-TVs und tollen Duschen. Die Zimmer zur Meerseite verfügen zudem über große Balkons direkt über dem weichen weißen Sand und dem kühlen, türkisblauen Wasser. Suiten und Kindersuiten sind ebenfalls vorhanden, und der Pool ist fantastisch. Das i-Tüpfelchen sind die freundlichen, zuvorkommenden Mitarbeiter. Hier bekommen Besucher ein hervorragendes Preis-Leistungs-Verhältnis angeboten.

Peg Leg Pete's SEAFOOD $$

(☎850-932-4139; www.peglegpetes.com; 1010 Fort Pickens Rd; Hauptgerichte 9–25 US$; ⊙11–22 Uhr;) Ahoi, Piraten! Alles klar? Genau, dieses Restaurant hat sich einem Thema verschrieben. Nichtdestotrotz kann man sich hier fast direkt am Strand Austern, dicke Zackenbarsch-Sandwiches, Krabbenbeine und Jumbo-Jakobsmuscheln schmecken lassen. Das hölzerne, etwas schmuddelige Seemanns-Dekor ist alles andere als hübsch, doch der Service ist schnell und freundlich.

★ **Iron** MODERN-AMERIKANISCH $$$

(☎850-476-7776; www.restaurantiron.com; 22 N Palafox St; Hauptgerichte 26–46 US$; ⊙Di–Do 16.30–22, Fr & Sa bis 1 Uhr;) Bewaffnet mit seiner Erfahrung aus New Orleans stellt Koch Alex McPhail mit der ständigen wechselnden Karte sein Können unter Beweis. Das Iron mitten im Zentrum ist das beste der dynamischen neuen Restaurants, die regionale, innovative Spitzenküche bieten. Die überaus freundlichen Barkeeper beherrschen ihr Handwerk. Das Speisenangebot reicht von in Bier gebratenem Schweinebauch bis zum Fang des Tages, zubereitet mit kreolischen Gewürzen.

Ausgehen & Unterhaltung

McGuire's Irish Pub PUB

(☎850-433-6789; www.mcguiresirishpub.com; 600 E Gregory St; ⊙11–2 Uhr) In diesem riesigen irischen Themenpark eines Pubs ist so gegen 21 Uhr richtig was los, und auch zum Abendessen ist er dank des ausgezeichneten Kneipenessens sehr beliebt. Übrigens sollte man nicht versuchen, seine Zeche mit einer der Tausenden Dollarnoten zu bezahlen, die von der Decke hängen – ein Einheimischer kam dafür schon ins Gefängnis.

Roundup SCHWULE & LESBEN

(☎850-433-8482; www.theroundup.net; 560 E Heinberg St; ⊙14–3 Uhr) Wer auf männliche Männer steht, ist in dieser Stadtviertel-Nischenbar mit einer fantastischen, haustierfreundlichen Terrasse richtig. Ladies sind willkommen, doch eigentlich ist das Roundup mehr auf Cowboys, Handwerker und Biker ausgerichtet.

Saenger Theatre THEATER

(☎850-595-3880; www.pensacolasaenger.com; 118 S Palafox Pl) Das Theater im spanischen Barockstil wurde 1925 mit den Ziegelsteinen des Pensacola Opera House, das 1916 ein Hurrikan zerstörte, wieder aufgebaut. Heute ist es die Heimat des Pensacola Symphony Orchestra und der Pensacola Opera, außerdem präsentiert es beliebte Musicals und Konzerte namhafter Künstler.

Praktische Informationen

Pensacola Visitors Information Center (☏800-874-1234; www.visitpensacola.com; 1401 E Gregory St; ⏲Mo–Fr 8–17, Sa 9–16, So 10–16 Uhr) Das Besucherzentrum am Fuß der Pensacola Bay Bridge hat jede Menge Infos für Traveller, sachkundige Mitarbeiter und ein kostenloses Internetterminal.

Pensacola Beach Visitors Information Center (☏850-932-1500; www.visitpensacola beach.com; 735 Pensacola Beach Blvd; ⏲9–17 Uhr) Die kleine Touristeninformation gleich rechts vom Eingang zum Pensacola Beach hat ein paar nützliche Karten und Broschüren zu aktuellen Themen, Straßenschließungen (aufgrund von Stürmen) und alles andere rund um den Strand.

An- & Weiterreise

Den **Pensacola Regional Airport** (☏850-436-5000; www.flypensacola.com; 2430 Airport Blvd) fliegen die meisten großen US-amerikanischen Fluggesellschaften an. Häufige Direktflüge in andere Bundesstaaten steuern u. a. Atlanta, Charlotte, Dallas und Houston an. Der Flughafen liegt 4 Meilen (6,4 km) nordöstlich des Zentrums abseits der 9th Ave an Airport Blvd. Ein Taxi kostet ca. 20 US$ ins Zentrum und 35 US$ zum Strand. Man kann es z. B. bei **Yellow Cab** (☏850-433-3333; www.yellowcabpensacola.com) bestellen.

ABSTECHER

PENSACOLA SCENIC BLUFFS HIGHWAY

Der 11 Meilen (17,5 km) lange Straßenabschnitt, der sich am höchsten Punkt der Golfküste um die Klippen windet, lädt zu einer friedlichen Autotour oder zu einer etwas anspruchsvollen Fahrradtour an. Unterwegs bieten sich herrliche Blicke auf die Escambia Bay an. Außerdem kommt man an einem auffälligen zerbröckelnden Ziegelschornstein vorbei, der in den 1850er-Jahren zum Kraftwerk des HyerKnowles-Sägewerks gehörte und das einzige Überbleibsel des seinerzeit ersten bedeutenden Industriegürtels der Region ist.

Der **Greyhound-Busbahnhof** (☏850-476-4800; www.greyhound.com; 505 W Burgess Rd) befindet sich nördlich des Stadtzentrums. Busse von **Escambia County Transit** (ECAT; ☏850-595-3228; www.goecat.com; Fahrt 1,75 US$) verkehren vom Memorial Day bis Ende September zwischen dem Zentrum Pensacolas und dem Strand.

Auf der I-10, der wichtigsten Ost-West-Verbindung, fahren auch Busse; viele davon kommen durch die Palafox St.

Die Großen Seen

Inhalt ➡

Gut essen

- Spencer (S. 634)
- Young Joni (S. 663)
- Tucker's (S. 621)
- Hopleaf (S. 588)
- Tinker Street (S. 602)

Schön übernachten

- Kimpton Schofield Hotel (S. 610)
- Acme Hotel (S. 584)
- Brewhouse Inn & Suites (S. 647)
- Hotel 340 (S. 666)
- Inn on Ferry Street (S. 629)

Auf zu den Großen Seen!

Nicht von den scheinbar endlosen Maisfeldern täuschen lassen: Dahinter verstecken sich Surferstrände, tibetische Tempel, autofreie Inseln und grün flackerndes Polarlicht. Der Mittlere Westen hat den Ruf, die langweilige Mitte von Nirgendwo zu sein. Doch die Nationalparks voller Elche und die Five-Ways (Spaghetti mit Chilis, Zwiebeln, Bohnen und Käse) in den Großstädten sprechen eine andere Sprache.

Die Großstadtparade des Mittleren Westens beginnt mit Chicago, das angeblich die mächtigste Skyline der USA hat. Milwaukee steht für Bier und Harleys, während Minneapolis ein Leuchtfeuer der Hipness über die Felder schickt. Und Detroit? Detroit rockt! Wie Binnenmeere empfangen die riesigen Großen Seen ihre Besucher mit Stränden, Ferienorten und Leuchttürmen. Zudem prägen Milchfarmen und Obstplantagen die Region. Und sollte es einem tatsächlich doch mal langweilig werden: An den Straßen des Mittleren Westens wartet auch viel Verrücktes wie das Spam Museum oder das weltgrößte Garnknäuel.

Reisezeit

Chicago

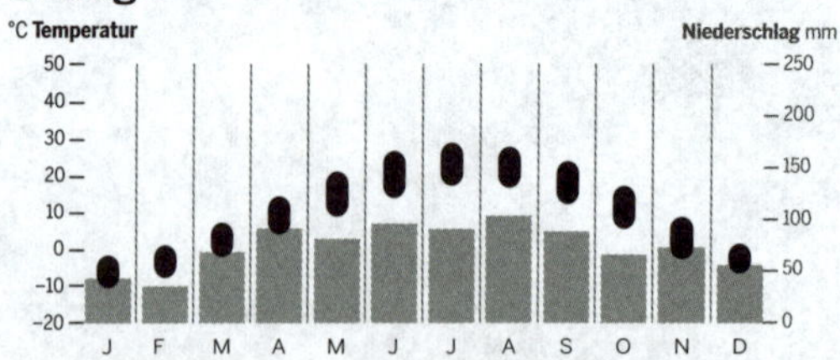

Jan. & Feb. Ski- und Schneemobilfahrer stürzen sich ins kalte Vergnügen.

Juli & Aug. Endlich warm! Volle Biergärten, belebte Strände und wilde Festival-Wochenenden.

Sept. & Okt. Angenehmes Wetter, reiche Ernte (u. a. Obst) und Zwischensaison-Schnäppchen.

Geschichte

Zu den ersten Bewohnern der Region gehörten die Hopewell (um 200 v. Chr.) und die Moundbuilder des Mississippi (um 700 n. Chr.). Beide hinterließen mysteriöse Erdhügel, die als Gräber ihrer Führer und vielleicht auch als Tribut für ihre Gottheiten dienten. Man kann in Cahokia, Illinois, und in Mound City im Südosten Ohios Überreste davon sehen.

Französische Voyageure (Pelzhändler) kamen im frühen 17. Jh. hier an und richteten Missionen und Forts ein. Die Briten tauchten kurz danach auf. Die Rivalität zwischen beiden führte zum Französischen und Indischen Krieg (Siebenjähriger Krieg, 1756–1763). Danach übernahmen die Briten die Kontrolle des gesamten Landes östlich des Mississippi. Nach dem Unabhängigkeitskrieg wurde das Gebiet der Großen Seen zum Nordwestterritorium der USA und bald darauf in Staaten aufgeteilt. Nachdem in der Region ein beeindruckendes Netzwerk aus Kanälen und Schienen errichtet worden war, kam es zwischen den Neuankömmlingen und der indigenen Bevölkerung Amerikas zu Konflikten. Dazu gehören die Schlacht von Tippecanoe in Indiana im Jahre 1811, der blutige Black-Hawk-Krieg von 1832 in Wisconsin, Illinois und Umgebung, in dessen Folge die Einheimischen gezwungen wurden, sich westlich des Mississippi anzusiedeln, und der Sioux-Aufstand von 1862 in Minnesota.

Während des späten 19. Jhs. und des frühen 20. Jhs. begann hier Industrie zu entstehen und wuchs, angeheizt durch die Ressourcen Kohle und Eisen sowie den unkomplizierte Transportmöglichkeiten über die Seen, schnell an. Die Arbeitsplätze zogen riesige Wellen von Einwanderern aus Irland, Deutschland, Skandinavien sowie Süd- und Osteuropa an. Noch Jahrzehnte nach dem Bürgerkrieg wanderte zudem eine große Zahl von Afroamerikanern aus dem Süden in die städtischen Zentren ein.

Im Zweiten Weltkrieg und in den 1950er-Jahren florierte die Region. Dann folgten 20 Jahre sozialer Unruhen und wirtschaftlicher Stagnation. Die produzierende Industrie wurde schwächer und die Städte des *rust belt* (Rostgürtels) wie Detroit und Cleveland wurden von hoher Arbeitslosigkeit heimgesucht. Es setzte der *white flight* ein – weiße Familien der Mittelschicht flohen in die Vorstädte.

Die 1980er- und 1990er-Jahre brachten eine Wiederbelebung der Städte. Die Bevölkerung der Region wuchs, vor allem durch Einwanderer aus Asien und Mexiko. Das Wachstum in den Dienstleistungs- und Hightechsektoren sorgte für eine ökonomische Balance. Aber die verarbeitende Industrie, z.B. Autoherstellung und Stahlproduktion, spielte immer noch eine große Rolle. Dies hatte zur Folge, dass die Städte an den großen Seen die Wirtschaftskrise ab 2008 zuerst und am stärksten zu spüren bekamen.

ILLINOIS

Mit himmelhoher Architektur, erstklassigen Museen, Spitzenrestaurants und tollen Musikclubs dominiert Chicago den ganzen

DIE GROSSEN SEEN IN ...

... einer Woche

Die ersten beiden Tage stehen Schlemmen und Architektur in **Chicago** auf dem Programm. Am dritten Tag geht's nach **Milwaukee** (1½ Fahrtstd.), wo Bier, Kunst und krasse Motorräder warten. Danach eine Fähre nach **Michigan** nehmen und den vierten Tag im künstlerisch angehauchten **Saugatuck** verbringen: Goldene Sandstrände, Kiefernduft, Galerien und einladende Bars sorgen dort für kräftigen Sommerbetrieb. Auf dem Rückweg durch Indiana dann am **Indiana Dunes National Lakeshore** baden und wandern oder in die einzigartige Kultur des **Amish Country** eintauchen.

... zwei Wochen

Nach zwei Tagen in **Chicago** heißt's am dritten Tag auf nach **Madison**, um regionale Spezialitäten zu genießen und Kuriositäten zu bestaunen. Am vierten und fünften Tag erkundet man die Klippen und Höhlen der stürmischen **Apostle Islands** per Boot. Dann ein paar Tage der Upper Peninsula (Michigan) widmen: **Marquette** und der **Pictured Rocks National Lakeshore** bieten Outdoorspaß in herrlicher Natur. Die nächsten Stationen sind die **Sleeping Bear Dunes** und die Weingüter rund um **Traverse City**. Zurück fährt man schließlich über **Saugatuck** mit seinen Galerien, Kuchen und Stränden.

Highlights

1. **Chicago** (S. 568) Wolkenkratzer, Museen, Festivals und vielfältige Spitzenküche auf sich wirken lassen
2. **Detroit** (S. 624) Kunst, Restaurants und urbane Radtouren in dynamischer Atmosphäre genießen
3. **Amish Country** (Ohio; S. 615) Wegen klappernder Pferdekutschen vom Gas gehen
4. **Gold Coast** (Michigan's Western Shore; S. 636) Am Strand liegen, Dünen erklimmen, surfen und Beeren essen
5. **Milwaukee** (S. 646) Freitagabends Polka tanzen und literweise Bier zu gegrilltem Fisch genießen
6. **Boundary Waters** (S. 671) Tief in die Kiefernwälder hineinpaddeln und unterm Sternenzelt schlafen
7. **Route 66** (S. 571) Dem Abschnitt durch Illinois langsam zu schrägen Attraktionen folgen und Kuchen in Diners essen
8. **Zentrales Indiana** (S. 603) Sich von tibetischen Tempeln, toller Architektur und grünen Hügeln überraschen lassen

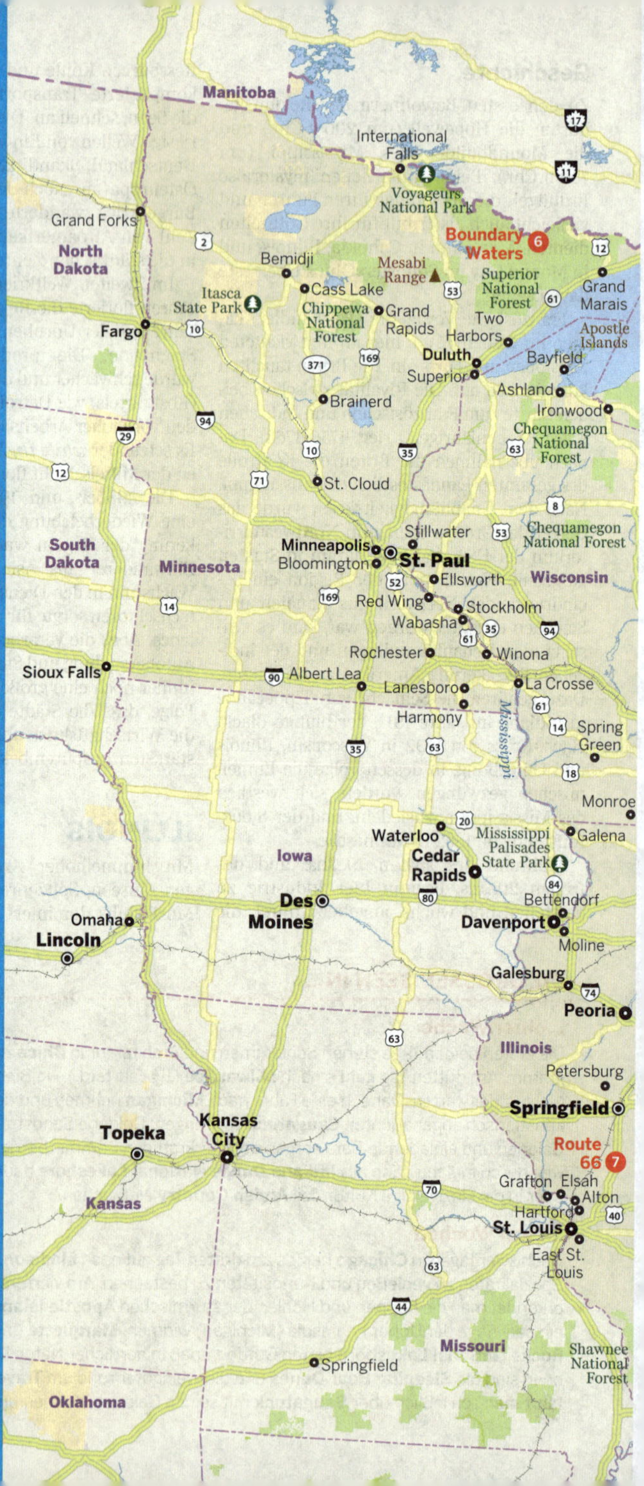

0 200 km
0 100 Meilen
Thunder Bay
Isle Royale National Park
Lake Superior
Grand Portage
Copper Harbor
Keweenaw Peninsula
Porcupine Mountains Wilderness State Park
Houghton
Ottawa National Forest
Marquette
Pictured Rocks National Lakeshore
Tahquamenon Falls
Sault Ste. Marie
KANADA
Ontario
Lake Nipissing
Iron Mountain
Naubinway
St. Ignace
Mackinaw City
Mackinac Island
Manitoulin Island
Lake Michigan
Washington Island
Nicolet National Forest
Leelanau Peninsula
Petoskey
Boyne City
Charlevoix
Georgian Bay
Lake Huron
Wausau
Manitou Islands
Leland
Empire
Traverse City
Huron National Forest
Lake Simcoe
Door Peninsula
Green Bay
Frankfort
Sleeping Bear Dunes National Lakeshore
Saginaw Bay
Manitowoc
Oshkosh
Central Time Zone
Eastern Time Zone
Ludington
Toronto
Hamilton
Michigan
Muskegon
Grand Rapids
Port Huron
Milwaukee
Madison
Michigan's Western Shore
Lansing
Flint
London
Holland
Saugatuck/Douglas
Racine
Detroit
Dearborn
Lake Erie
New York
Erie
Kalamazoo
Ann Arbor
Chicago
Middlebury
Bass Islands
Pelee Island
Kelleys Island
Madison
Pennsylvania
East Chicago
Gary
South Bend
Toledo
Cleveland
Indiana Dunes State Park
Auburn
Akron
Indiana
Canton
Amish Country
Millersburg
Marion
Ohio
Lexington
Fairmount
Bloomington
COLUMBUS
Atlanta
Champaign
Terre Haute
Indianapolis
Yellow Springs
Dayton
Lancaster
Logan
Marietta
Chillicothe
Athens
Columbus
Cincinnati
Bloomington
Nashville
Covington
Central Indiana
Madison
West Virginia
Vincennes
Ohio River
Huntington
Charleston
Louisville
Frankfort
New Harmony
Lexington
Harmonie State Park
Cypress Creek National Wildlife Refuge
Kentucky
Virginia
Paducah
Cairo

Bundesstaat. Doch weiter draußen gibt's ebenfalls viel zu entdecken: Zwischen verstreuten Schreinen für den Regionalhelden Abe Lincoln findet man dort z.B. Hemingways schmucke Heimatstadt. An der Route 66 warten Autokinos und Verkaufsbuden, die Corn Dogs und Kuchen servieren. Zudem gibt's in Illinois auch noch einen Zypressensumpf und eine prähistorische Stätte mit Welterbestatus.

Praktische Informationen

Illinois Highway Conditions (www.gettingaroundillinois.com)

Illinois Office of Tourism (www.enjoyillinois.com)

Illinois State Park Information (www.dnr.illinois.gov) Der Zugang zu den State Parks ist gratis, während Camping etwas kostet (Stellplatz 6–35 US$, teilweise Reservierung für 5 US$ unter www.reserveamerica.com möglich).

Chicago

Funkelnde Wolkenkratzer, Starköche, wilde Festivals: Bodenständig, aber sehr kultiviert haut die großartige Windy City ihre Besucher schlichtweg um.

So hat man die Qual der Wahl in puncto Attraktionen. Eine davon ist die erlesene Architektur an jeder Ecke – darunter z.B. der himmelhohe Willis Tower mit gläserner Aussichtsplattform, Frank Gehrys verschachtelter Pritzker Pavilion mit Edelstahl-Elementen oder das Robie House von Frank Lloyd Wright mit seinen Buntglasfenstern. Auch skurrile öffentliche Kunst ist hier allgegenwärtig: Ein Straßenbummel überrascht einen z.B. mit einer coolen Skulptur von Picasso, die offiziell begeh- und erklimmbar ist. Bei den Kunstmuseen reicht das Spektrum vom riesigen Art Institute über das mittelgroße Museum of Mexican Art (psychedelische Malerei) bis hin zur kleinen Galerie des Intuit (unkonventionelle Zeichnungen).

RABATTPÄSSE

- **Go Chicago Card** (www.smartdestinations.com/chicago; Gültigkeit: 1, 2, 3 od. 5 aufeinanderfolgende Tage) Unbegrenzter Besuch beliebiger Sehenswürdigkeiten zum Pauschalpreis.
- **Explorer Pass** (www.smartdestinations.com/chicago; Gültigkeit: 30 aufeinanderfolgende Tage) Gilt für drei, vier oder fünf von insgesamt 25 Sehenswürdigkeiten.
- **CityPass** (www.citypass.com/Chicago; Gültigkeit: 9 aufeinanderfolgende Tage) Erlaubt den Besuch von fünf örtlichen Highlights (u.a. Art Institute, Shedd Aquarium, Willis Tower). Bietet etwas weniger Flexibilität als der Go-Chicago-Pass, ist aber eine günstigere Option für gemächlicher Veranlagte.
- Alle drei Pässe gewähren wartefreien Zugang zu Sehenswürdigkeiten.

Geschichte

Die Stadtgeschichte ist legendär: Die Kuh einer gewissen Mrs. O'Leary soll 1871 eine Laterne umgestoßen und damit den Großen Brand von Chicago ausgelöst haben. Während der berüchtigten Gangster-Ära zur Prohibitionszeit ballerte sich hier ein Mann namens Al Capone nach oben. Und gerüchteweise kontrolliert eine „Maschine" seit Jahrzehnten die Lokalpolitik. Dazu noch die Erfindung des Wolkenkratzers und des Riesenrads – ein wirklich fantastisches Gesamtpaket!

Sehenswertes

Die meisten Hauptattraktionen (z.B. Millennium Park, Willis Tower, Art Institute) liegen im zentralen Loop. Zum daran angrenzenden South Loop gehört der Museum Campus, der am Seeufer mit dem Field Museum und zwei weiteren beliebten Sehenswürdigkeiten aufwartet. Nördlich vom zentralen Loop findet man den Navy Pier und der John Hancock Tower (alias 360° Chicago). Weiter gen Norden locken der Lincoln Park und das Wrigley Field. All diese Ziele sind jeweils gut per Nahverkehr erreichbar. Etwas mehr Planung erfordert jedoch ein Besuch des Viertels Hyde Park, dessen Highlights am weitesten draußen liegen.

The Loop

Chicagos belebtester Bezirk ist benannt nach den Hochbahngleisen, die ihn wie eine Lassoschlinge umgeben. Zwischen den Wolkenkratzern warten hier Attraktionen wie das Art Institute, der Willis Tower, der Theater District und der Millennium Park. Auch die größten Events der Stadt steigen im Loop.

★ **Millennium Park** PARK
(Karte S. 572; ☎312-742-1168; www.millenniumpark.org; 201 E Randolph St; ⌚6–23 Uhr; 👪; Ⓜ

Großraum Chicago

0 — 5 km
0 — 2,5 Meilen

CHICAGO IN...

...einem Tag

Auch bei einem reinen Tagesbesuch geht's gleich in die Vollen – genauer per Boot oder zu Fuß mit der Chicago Architecture Foundation (S. 582), um ein paar der höchsten US-Wolkenkratzer zu bewundern. Danach betrachtet man im Millennium Park (S. 568) das Spiegelbild der Skyline auf „The Bean" und planscht zwischen den menschlichen Wasserspeiern der Crown Fountain herum.

Anschließend auf zum Art Institute of Chicago, dem zweitgrößten Kunstmuseum der USA: Dort warten u. a. viele gemalte Meisterwerke des Impressionismus und Post-Impressionismus sowie tolle Briefbeschwerer. Nächste Station ist die Aussichtsplattform im 103. Stock des Willis Tower, wo man nach schneller Aufzugfahrt durch einen Glasboden in die Tiefe schaut.

Auch in puncto Nachtleben verblüfft Chicago mit riesiger Vielfalt: Wer's klassisch mag, kann z. B. mit dem Green Mill (S. 590) die einstige Lieblings-Flüsterkneipe von Al Capone besuchen. Das Danny's (S. 590) paart Bier am frühen Abend mit DJs und Cocktails zu späterer Stunde. Alternativ wartet das legendäre Steppenwolf (S. 592) mit abgefahrenem Lokaltheater auf.

...zwei Tagen

Zuerst dem Eintagesplan folgen. Der zweite Tag beginnt mit der Magnificent Mile (alias Michigan Ave; S. 575), an der viele bekannte Kaufhäuser funkeln. Danach geht's zum Navy Pier (S. 575), wo beim Bummeln entlang der Promenade (800 m) eine Fahrt mit dem mächtigen Riesenrad Pflicht ist.

Am Nachmittag führt ein netter Wassertaxitrip vom Navy Pier zum Museum Campus (S. 575). Das Field Museum of Natural History zeigt dort zahllose Dino-Exponate und Edelsteine. Kinderscharen bestaunen die Haie und anderen Fische im Shedd Aquarium, während das Adler Planetarium über Meteoriten und Supernovas informiert.

Später lockt die Milwaukee Ave mit belebten Bars, Indie-Rockschuppen und hippen Läden. Hier beweist Reckless Records (S. 594) als Chicagos bester Indie-Musikshop, dass Schallplatten und CDs nach wie vor gekauft werden. Im Hideout (S. 591) und Empty Bottle (S. 592) gibt's prima Livekonzerte.

Brown, Orange, Green, Purple od. Pink Line bis Washington/Wabash) Das Prunkstück der Stadt wartet mit vielen künstlerischen Gratis-Highlights auf: In Frank Gehrys verschachteltem **Pritzker Pavilion** mit Edelstahl-Elementen finden an den meisten Sommerabenden kostenlose Freiluftkonzerte statt (18.30 Uhr; Picknick und Wein mitbringen!). Ebenfalls silbern schimmert Anish Kapoors beliebte Skulptur **Cloud Gate** alias „The Bean" (Die Bohne). Und da wäre auch noch Jaume Plensas **Crown Fountain** – quasi ein Wasserpark mit Video-Projektionen von wasserspeienden Einheimischen.

Der **McCormick Tribune Ice Rink** (55 N Michigan Ave; ⌚ Ende Nov.–Ende Feb.) lockt Eisläufer im Winter und Picknicker im Sommer. Im versteckten, ruhigen **Lurie Garden** (www.luriegarden.org) blühen Prärieblumen. Die **BP Bridge** von Frank Gehry überspannt den Columbus Dr und bietet einen tollen Blick auf die Skyline. Der **Nichols Bridgeway** führt vom Park hinauf zum kleinen Skulpturengarten im 3. Stock des Art Institute (Eintritt frei).

Im Sommer gibt's kostenlose Yoga- und Pilates-Kurse (Sa morgens) auf dem **Great Lawn**, während das Family Fun Tent mit Gratisaktivitäten für Kinder punktet (tgl. 10–14 Uhr).

★ Art Institute of Chicago MUSEUM
(Karte S. 572; ☎ 312-443-3600; www.artic.edu; 111 S Michigan Ave; Erw./Kind 25 US$/frei; ⌚ Fr–Mi 10.30–17, Do bis 20 Uhr; 👪; Ⓜ Brown, Orange, Green, Purple od. Pink Line bis Adams) Die impressionistischen und post-impressionistischen Gemäldesammlungen des zweitgrößten US-Kunstmuseums reichen an ihre Pendants in Frankreich heran. Auch die Zahl der surrealistischen Werke ist riesig. Besucher können gratis eine Audioguide-App für Touren auf eigene Faust herunterladen. Dabei reicht die Palette vom Highlight-Hopping (z. B. zu Georges Seurats *Ein Sonntagnachmittag auf der Insel La Grande Jatte* und Edward Hoppers *Nighthawks*) bis hin zu Varianten

mit Schwerpunkt auf Architektur oder Pop Art. Für die wichtigsten Ausstellungsstücke mindestens zwei Stunden einplanen!

★ **Willis Tower** WOLKENKRATZER

(Karte S. 572; ☎312-875-9696; www.theskydeck.com; 233 S Wacker Dr; Erw./Kind 23/15 US$; ⊙März–Sept. 9–22 Uhr, Okt.–Feb. 10–20 Uhr; Ⓜ Brown, Orange, Purple od. Pink Line bis Quincy) Auf dem Skydeck im 103. Stock von Chicagos höchstem Gebäude wähnt man sich in himmlischen Sphären: Nach der Aufzugfahrt (70 Sek.; bringt manche Ohren zum Sausen) geht's hinaus auf Vorsprünge mit Glasboden und freiem Blick in die Tiefe – buchstäblich atemberaubend! An klaren Tagen schweift der Blick hier über vier US-Bundesstaaten hinweg. Zu Spitzenzeiten (im Sommer Fr–So 11–16 Uhr) kann die Wartezeit vor dem Eingang am Jackson Blvd bis zu einer Stunde betragen.

Chicago Cultural Center GEBÄUDE

(Karte S. 572; ☎312-744-6630; www.chicagoculturalcenter.org; 78 E Washington St; ⊙Mo–Do 9–19, Fr & Sa bis 18, So 10–18 Uhr; Ⓜ Brown, Orange, Green, Purple od. Pink Line bis Washington/Wabash) GRATIS Der einen Block lange Prachtbau im Beaux-Arts-Stil wurde ursprünglich 1897 als Chicago Public Library eröffnet. Heute warten hier tolle Kunstausstellungen (Highlight: die Yates Gallery im 4. Stock) und Mittagskonzerte mit Jazz oder Klassik (Mi & meist Mo 12.15 Uhr). Die größte Tiffany-Buntglaskuppel der Welt ziert die Decke der früheren Buchausgabe im 3. Stock. Im Eingangsbereich an der Randolph St starten Touren von **InstaGreeter** (www.chicagogreeter.com/instagreeter; ⊙Fr & Sa 10–15, So 11–14 Uhr) GRATIS die den Loop und/oder den Millennium Park erkunden.

Maggie Daley Park PARK

(Karte S. 572; www.maggiedaleypark.com; 337 E Randolph St; ⊙6–23 Uhr; 👪; Ⓜ Brown, Orange, Green, Purple od. Pink Line bis Washington/Wabash) Familien lieben die kostenlosen Spielplätze mit fantasievollen Zauberwald- und Piratenthemen. Gebührenpflichtig sind die Kletterwand, der Minigolfplatz (18 Löcher), die Bahn für Inlineskater (wird im Winter zur Eisbahn) und die Tennisplätze. Die vielen Picknicktische sind prima zum Relaxen.

Buckingham Fountain SPRINGBRUNNEN

(Karte S. 572; 301 S Columbus Dr; Ⓜ Red Line bis Harrison) Die Hauptattraktion des Grant Park gehört zu den größten Springbrunnen der Welt: Zur vollen Stunde (Anfang Mai–Mitte Okt. 8–23 Uhr) schießen hier knapp 6 Mio. l Wasser 15 Stockwerke hoch gen Himmel – abends begleitet von Beleuchtung und Musik.

Route 66 Sign HISTORISCHE STÄTTE

(Karte S. 572; E Adams St zw. S Michigan & Wabash Ave; Ⓜ Brown, Orange, Green, Purple od. Pink Line bis Adams) Pflicht für Fans der Route 66: In Richtung Wabash Ave (Westen) beginnt die Mother Road auf der Südseite der Adams St an diesem Schild mit Aufschrift „Historic 66 Begin". Hinweis: Das hier ist das Original unter den diversen 66-Schildern in der Umgebung! Ab Chicago führt die Route 66 (für Details s. S. 39) über 2400 Meilen (3862 km) nach L.A. – vorbei an Neonschildern, familiengeführten Hotels und Diners mit großer Kuchenauswahl.

South Loop

Zum Museum Campus im South Loop gehören das Field Museum, das Shedd Aquarium und das Adler Planetarium. In der Nähe versprechen der ruhige 12th Street Beach und das hügelige Northerly Island nette Erholung vom Großstadttrubel. Unter den historischen Gebäuden des Viertels befindet sich auch der frühere Sitz des bahnbrechenden Blues-Schallplattenlabels Chess Records. In Chinatown warten viele Nudelrestaurants und exotische Artikel.

★ **Field Museum of Natural History** MUSEUM

(Karte S. 572; ☎312-922-9410; www.fieldmuseum.org; 1400 S Lake Shore Dr; Erw./Kind 22/15 US$; ⊙9–17 Uhr; 👪; 🚌146, 130) Unter den rund 30 Mio. Artefakten aller Art sind z. B. Käfer, Mumien, Edelsteine und Bushman, der ausgestopfte Affe. Da dies nach wie vor eine aktive Forschungseinrichtung ist, werden die Ausstellungen von promovierten Akademikern gepflegt. Superstar der Sammlung ist Sue – der größte *Tyrannosaurus rex,* der bislang gefunden wurde (er hat sogar einen eigenen Souvenirshop). Sonderausstellungen und der 3D-Film kosten extra.

Shedd Aquarium AQUARIUM

(Karte S. 572; ☎312-939-2438; www.sheddaquarium.org; 1200 S Lake Shore Dr; Erw./Kind 40/30 US$; ⊙Juni–Aug. 9–18 Uhr, Sept.–Mai Mo–Fr 9–17, Sa & So bis 18 Uhr; 👪; 🚌146, 130) Dieses Aquarium wimmelt nur so vor Kindern. Zu seinen Hauptattraktionen gehört z. B. das Oceanarium mit geretteten Seeottern. Besucher des Wild Reef sind nur durch

Downtown Chicago

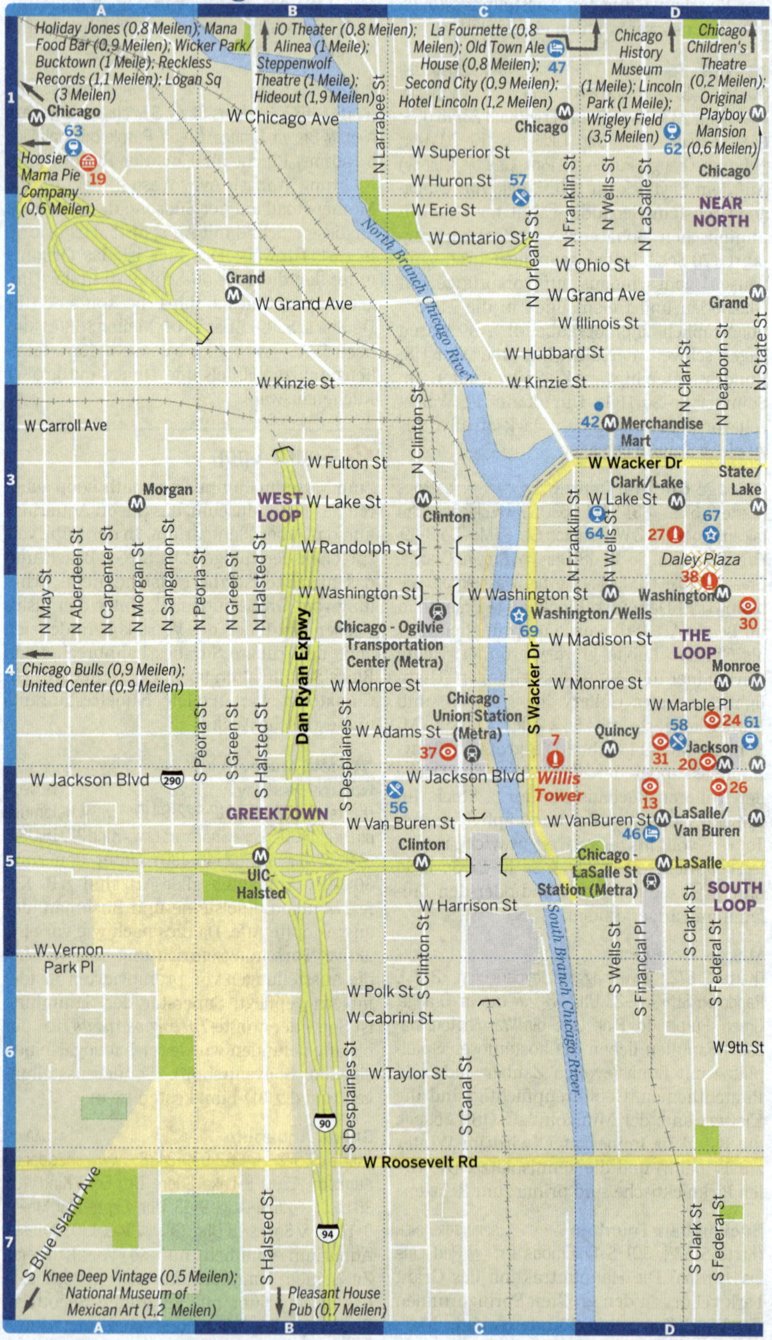

0 1 km
0 0,5 Meilen
E F G H
1 2 3 4 5 6 7
1
360° Chicago
Drake Hotel (140 m)
Oak St Beach (0,3 Meilen); North Ave Beach (1,3 Meilen)
Le Colonial (120 m); Gibson's (320 m)
E Pearson St
Lake Shore Park
39
5 Museum of Contemporary Art
E Chicago Ave
55
E Superior St
Lakefront Trail
Wasser-aufbereitungsanlage
Ohio Street Beach
Olive Park
N Wabash Ave
N Rush St
N Michigan Ave (Magnificent Mile)
23
E Ontario St
STREETERVILLE
N Lake Shore Dr
59
48
41
E Grand Ave
68
6
Navy Pier
14
12
45
60
E Illinois St
53
36
40
E Kinzie St
E North Water St
Chicago Architecture Foundation Boat Tour Dock
River Esplanade
49
E Wacker Dr
E Wacker Pl
ILLINOIS CENTER
52
E Lake St
66
Randolph
25
E Randolph St
43
N Lake Shore Dr
15
Madison
44
16
29
10
22
18
Millennium Park
35
51
54
17
4
21
E Monroe St
Nichols Bridgeway
Millennium Park Garage
2
Adams/Wabash
32
Art Institute of Chicago
33
Butler Field
Van Buren St (Metra)
H W Library
50
11
LAKE MICHIGAN
Grant Park
Lakefront Trail
S Lake Shore Dr
Harrison
28
E Balbo Ave
S Holden Ct
65
PRINTER'S ROW
Grant Park
Tennis Courts
Hutchinson Field
S Columbus Dr
E 9th St
E 11th St
S Michigan Ave
Grant Park
Roosevelt
E Roosevelt Rd
MUSEUM CAMPUS
34
Museum Campus/11th St (Metra)
Field Museum of Natural History
3
E Solidarity Dr
9
Burnham Harbor
S State St
S Wabash Ave
E 13th St
CENTRAL STATION
E 14th St
Hyde Park & South Side (5 Meilen)
Burnham Park
Northerly Island (0,7 Meilen)
S Linn White Dr
8
Willie Dixon's Blues

Downtown Chicago

Highlights
1 360° Chicago ... E1
2 Art Institute of Chicago ... E4
3 Field Museum of Natural History ... F7
4 Millennium Park ... E4
5 Museum of Contemporary Art ... E1
6 Navy Pier ... G2
7 Willis Tower ... C4

Sehenswertes
8 12th Street Beach ... G7
9 Adler Planetarium ... G7
10 BP Bridge ... E4
11 Buckingham Fountain ... F5
12 Centennial Wheel ... G2
13 Chicago Board of Trade ... D5
14 Chicago Children's Museum ... G2
15 Chicago Cultural Center ... E4
City Gallery ... (siehe 39)
16 Cloud Gate ... E4
17 Crown Fountain ... E4
18 Great Lawn ... E4
19 Intuit: The Center for Intuitive & Outsider Art ... A1
20 Kluczynski Federal Building ... D4
21 Lurie Garden ... E4
22 Maggie Daley Park ... F4
23 Magnificent Mile ... E2
24 Marquette Building ... D4
25 Marshall Field Building ... E3
26 Monadnock Building ... D5
27 Monument with Standing Beast ... D3
28 Museum of Contemporary Photography ... E5
29 Pritzker Pavilion ... E4
30 Reliance Building ... D4
31 Rookery ... D4
32 Route 66 Sign ... E4
33 Santa Fe Building ... E4
34 Shedd Aquarium ... F7
35 Sullivan Center ... E4
36 Tribune Tower ... E2
37 Union Station ... C4
38 Untitled ... D4
39 Water Tower ... E1
40 Wrigley Building ... E2

Aktivitäten, Kurse & Touren
41 Bobby's Bike Hike ... F2
Chicago Architecture Foundation ... (siehe 33)
42 Chopping Block ... D3
43 InstaGreeter ... E3
44 McCormick Tribune Ice Rink ... E4
45 Windy ... H2

Schlafen
Acme Hotel ... (siehe 48)
Alise Chicago ... (siehe 30)
46 Buckingham Athletic Club Hotel ... D5
47 Fieldhouse Jones ... C1
48 Freehand Chicago ... E2
49 Hampton Inn Chicago Downtown/N Loop ... E3
50 HI-Chicago ... E5
51 Silversmith ... E4
52 Virgin Hotel ... E3

Essen
53 Billy Goat Tavern ... E2
Cafecito ... (siehe 50)
54 Gage ... E4
55 Giordano's ... E1
56 Lou Mitchell's ... C5
57 Mr. Beef ... C2
58 Native Foods Cafe ... D4
59 Pizzeria Uno ... E2
60 Purple Pig ... E2

Ausgehen & Nachtleben
61 Berghoff ... D4
62 Clark Street Ale House ... D1
63 Matchbox ... A1
64 Monk's Pub ... D3
Signature Lounge ... (siehe 1)

Unterhaltung
65 Buddy Guy's Legends ... E6
Chicago Symphony Orchestra . (siehe 33)
66 Chicago Theatre ... E3
67 Goodman Theatre ... D3
Grant Park Orchestra ... (siehe 29)
68 IMAX Theater ... G2
69 Lyric Opera of Chicago ... C4

Shoppen
Chicago Architecture Foundation Shop ... (siehe 33)

13 cm Plexiglas von zwei Dutzend gefährlich aussehender Haie getrennt. Hinweis: Das Oceanarium beherbergt auch Weißwale und Pazifische Weißseitendelphine – die Haltung solcher Meeressäuger ist zunehmend umstritten.

Adler Planetarium MUSEUM
(Karte S. 572; ☎312-922-7827; www.adlerplanetarium.org; 1300 S Lake Shore Dr; Erw./Kind 12/8 US$; ⏲9.30–16 Uhr; 👪; 🚌146, 130) Top für Astronomie- und Raumfahrtfans: Im Galileo Café kann man hier den Himmel durch öffentliche Teleskope beobachten (tgl. 10–13 Uhr). Die 3D-Vorträge im Space Visualization Lab informieren über Supernovas. Und die Ausstellung Planet Explorers lässt Kids sogar selbst eine Rakete „starten". Die faszinierenden Digitalfilme (Tickets ab 13 US$) kosten extra. Die Treppe vor dem Museum bietet den besten Blick auf Chicagos Skyline – Kamera zücken!

Northerly Island PARK
(1521 S Linn White Dr; 🚌146, 130) Der hügelige Park mit grandiosem Blick auf die Skyline ist in Wirklichkeit nur eine Halbinsel. Hier warten Präriegrasflächen, ein Multifunktionspfad, viele Vogelarten, Angelmöglichkeiten und eine Bühne für Freiluftkonzerte mit berühmten Musikern. Das Field House (falls geöffnet) informiert über örtliche Führungen. Am Adler Planetarium kann man dank Divvy-Bikesharing Räder leihen.

Museum of Contemporary Photography MUSEUM
(Karte S. 572; ☎312-663-5554; www.mocp.org; 600 S Michigan Ave, Columbia College; ⌚Mo–Mi, Fr & Sa 10–17, Do bis 20, So 12–17 Uhr; Ⓜ Red Line bis Harrison) GRATIS Das kleine Museum ist einzigartig in den USA: Nur hier geht's exklusiv um amerikanische und internationale Fotografie ab dem frühen 20. Jh. Die ständige Sammlung zeigt Werke von rund 500 zeitgenössischen Starfotografen (z. B. Henri Cartier-Bresson, Harry Callahan, Sally Mann, Victor Skrebneski, Catherine Wagner).

Near North & Navy Pier

Near North paart Quellen für Pfannenpizza mit belebten Bistros, Kunstgalerien und zahlreichen Nobelläden – so vielen, dass die Michigan Ave als Hauptstraße den Spitznamen Magnificent Mile (Prunkmeile) trägt. Im Osten des Viertels liegt der 800 m lange Navy Pier mit Tourbooten, Fahrgeschäften und einem funkelnden Riesenrad.

★ **Navy Pier** UFERBEREICH
(Karte S. 572; ☎312-595-7437; www.navypier.com; 600 E Grand Ave; ⌚Juni–Aug. So–Do 10–22, Fr & Sa bis 24 Uhr, Sept.–Mai So–Do 10–20, Fr & Sa bis 22 Uhr; 👪; Ⓜ Red Line bis Grand) GRATIS Der 800 m lange Navy Pier gehört zu Chicagos beliebtesten Attraktionen. Hierfür sorgen u. a. ein 60 m hohes **Riesenrad** (Erw./Kind 15/12 US$), diverse andere Fahrgeschäfte (6–15 US$/Fahrt), ein **IMAX-Kino** (☎312-595-5629; www.imax.com; Tickets 15–22 US$), ein Biergarten, viele Kettenrestaurants und Sommerfeuerwerk (Mi, 21.30, Sa 22.15 Uhr). Einheimische kritisieren die Kommerzialisierung; dennoch ist die Uferlage mit toller Aussicht und frischer Luft unschlagbar.

Vor Ort findet man zudem das **Chicago Children's Museum** (☎312-527-1000; www.chicagochildrensmuseum.org; Eintritt 14 US$; ⌚10–17, Do bis 20 Uhr; 👪) und mehrere Tourbootfirmen. Das spaßige Shoreline Water Taxi schippert hinüber zum **Museum Campus** (Erw./Kind So–Fr 8/4 US$, Sa 10/5 US$). Nach der aktuellen Renovierung soll es hier ab 2018 auch noch ein Hotel sowie weitere Attraktionen geben. Ab der Metrostation Grand fahren Stadtbusse zum Pier.

Magnificent Mile STRASSE
(Karte S. 572; www.themagnificentmile.com; N Michigan Ave; Ⓜ Red Line bis Grand) Die Mag Mile zwischen Fluss und Oak St ist Chicagos stark beworbene Nobel-Shoppingmeile. An der Michigan Ave belasten hier u. a. Bloomingdale's, Apple und Burberry den Geldbeutel.

Tribune Tower ARCHITEKTUR
(Karte S. 572; 435 N Michigan Ave; Ⓜ Red Line bis Grand) Der neogotische Bau von 1925 verdient eingehende Betrachtung: Colonel Robert McCormick (exzentrischer Eigentümer des *Chicago Tribune* in den frühen 1900er-Jahren) sammelte Steinfragmente von mehr als 140 berühmten Bauten aus aller Welt. Das Material wurde ihm u. a. von seinen Reportern zugeschickt und schließlich in den Sockel des Turms eingearbeitet. So sind dort

DAS CHICAGO DER GANGSTER

Chicago scheut seine Gangster-Geschichte. Zu deren berühmt-berüchtigten Stätten gibt's daher auch keinerlei Broschüren oder Ausstellungen – was wiederum etwas Fantasie beim Besuch der folgenden Orte erfordert:

Green Mill (S. 590) Al Capones bevorzugte Flüsterkneipe; in den erhaltenen Tunneln unter der Bar lagerte einst der illegale Alkohol.

Biograph Theater (2433 N Lincoln Ave; Ⓜ Brown, Purple od. Red Line bis Fullerton) Die „Dame in Rot" verriet hier John Dillinger (damals „Staatsfeind Nr. 1") ans FBI.

Union Station (Karte S. 572; www.chicagounionstation.com) Im Film *The Untouchables – Die Unbestechlichen* holpert hier der Kinderwagen die Treppe hinunter.

St. Valentine's Day Massacre Site (2122 N Clark St; 🚌22) Als Polizisten verkleidete Killer Capones erschossen hier sieben Mitglieder der Bande von Bugs Moran.

z. B. der Taj Mahal, die Westminster Abbey und die Cheops-Pyramide vertreten.

Wrigley Building ARCHITEKTUR

(Karte S. 572; 400 N Michigan Ave; Ⓜ Red Line bis Grand) Zu jeder Tageszeit strahlt die Fassade dieses Gebäudes so weiß wie die Zähne der Doublemint-Zwillinge. Mit Absicht: Der Erbauer – Kaugummi-König William Wrigley – versprach sich davon ein Maximum an werbewirksamem Wiedererkennungswert. Ein Computersystem überwacht jede einzelne der über 250 000 glasierten Terrakottafliesen in puncto Reinigungs- und Polierbedarf.

Gold Coast

Seit über 125 Jahren leben Chicagos reichste Einwohner an der Gold Coast. Mit Juwelen behangene Damen bummeln durch die stilvollen Boutiquen des Viertels, über dessen Straßen mitunter Rolls-Royces rollen. Highlights sind hier die Aussichtsplattform 360° Chicago und das Museum of Contemporary Art. An der Rush St sorgen schicke Steakhäuser und Pianobars für Unterhaltung.

★ 360° Chicago AUSSICHTSPLATTFORM

(Karte S. 572; ☎ 888-875-8439; www.360chicago.com; 875 N Michigan Ave, John Hancock Center, 94. Stock; Erw./Kind 20,50/13,50 US$; ⌚ 9–23 Uhr; Ⓜ Red Line bis Chicago) Das frühere John Hancock Center Observatory schlägt den Willis Tower (S. 571) auf vielerlei Art in puncto Aussicht. Die Plattform im 94. Stock empfängt Besucher mit Infotafeln und deckenhohen TILT-Fensterkanzeln, die sich beim Betreten nach unten neigen – eher kitschig und mit 7 US$ extra zu bezahlen. Die **Signature Lounge** (www.signatureroom.com; ⌚ So–Do 11–0.30, Fr & Sa bis 1.30 Uhr) im 96. Stock ist dagegen frei von solchen Frivolitäten: Dort kostet die Aussicht nichts, sofern man mindestens ein Getränk (8–16 US$) bestellt.

★ Museum of Contemporary Art MUSEUM

(MCA; Karte S. 572; ☎ 312-280-2660; www.mcachicago.org; 220 E Chicago Ave; Erw./Kind 15 US$/frei; ⌚ Di 10–20, Mi–So bis 17 Uhr; Ⓜ Red Line bis Chicago) Das MCA ist sozusagen das freche und rebellische Geschwisterchen des Art Institute. Hiesige Schwerpunkte sind u. a. Minimalismus, Surrealismus und Konzeptfotografie. Zur ständigen Sammlung gehören auch Werke von René Magritte, Cindy Sherman und Andy Warhol. Das Museum deckt alle möglichen Kunstformen ab den 1920er-Jahren ab, wobei die Grenzen zwischen verschiedenen Medien (z. B. Malerei, Bildhauerei, Video) gezielt verwischt werden.

Original Playboy Mansion GEBÄUDE

(1340 N State Pkwy; Ⓜ Red Line bis Clark/Division) In der „Kellergrotte" dieser Villa von 1899 begann die sexuelle Revolution: Hugh Hefner kaufte das Anwesen 1959 und montierte ein Eingangsschild mit der Aufschrift If You Don't Swing, Don't Ring (Wer kein Swinger ist, der klingle nicht) – woraufhin hier kräftig gefeiert wurde. Mitte der 1970er-

BERÜHMTE BAUTEN AM LOOP

Seit Chicago der Welt den ersten Wolkenkratzer präsentierte (1885), lebt die Stadt in puncto Architektur und modernem Design auf großem Fuß. Highlights am Loop:

Monadnock Building (Karte S. 572; www.monadnockbuilding.com; 53 W Jackson Blvd; Ⓜ Blue Line bis Jackson)

Rookery (www.flwright.org; 209 S LaSalle St; ⌚ Mo–Fr 9–17 Uhr; Ⓜ Brown, Orange, Purple od. Pink Line)

Marshall Field Building (Karte S. 572; 111 N State St; ⌚ Mo–Sa 10–21, So 11–19 Uhr; Ⓜ Brown, Orange, Green, Purple od. Pink Line bis Washington/Wabash)

Sullivan Center (Karte S. 572; www.thesullivancenter.com; 1 S State St; Ⓜ Red Line bis Monroe)

Marquette Building (Karte S. 572; http://marquette.macfound.org; 140 S Dearborn St; ⌚ 7–22 Uhr; Ⓜ Blue Line bis Monroe)

Reliance Building (Karte S. 572; 1 W Washington St; Ⓜ Blue Line bis Washington)

Santa Fe Building (Karte S. 572; 224 S Michigan Ave; Ⓜ Brown, Orange, Green, Purple od. Pink Line bis Adams)

Kluczynski Building (Karte S. 572; 230 S Dearborn St; Ⓜ Blue Line bis Jackson)

INSIDERWISSEN

EIN WALLFAHRTSORT FÜR BLUESFANS

Der schlichte Bau von **Willie Dixon's Blues Heaven** (☎312-808-1286; www.bluesheaven.com; 2120 S Michigan Ave; 1-stündige Führungen 10 US$; ⌚Mi & Do nach Vereinbarung, Fr 12–16, Sa bis 15 Uhr; Ⓜ Green Line bis Cermak-McCormick Pl) war früher der Sitz von Chess Records (1957–1967). Das Studio ist heute nach dem Bassisten benannt, der die meisten Hits des bahnbrechenden Blues-Plattenlabels schrieb. Das Personal führt einen durch die nun recht heruntergekommenen Räumlichkeiten, in denen noch einige Originalstücke zu sehen sind. Wenn Willies Enkel den kräftig abgenutzten Kontrabass des Bluesmusikers hervorholt und Besucher ein paar Töne darauf zupfen lässt, ist das aber schon ziemlich cool. Im Garten gibt's Gratis-Liveblues (Do 18 Uhr, nur im Sommer). Aufgrund der unregelmäßigen Öffnungszeiten besser vorher anrufen!

Jahre zog Hef dann nach L.A. um. In dem Gebäude befinden sich nun Eigentumswohnungen. Nach einem Besuch kann man aber immer noch damit angeben, im Playboy Mansion gewesen zu sein.

Water Tower WAHRZEICHEN

(Karte S. 572; 108 N Michigan Ave; Ⓜ Red Line bis Chicago) Der 47 m hohe Turm mit Zinnen ist ein Wahrzeichen der Stadt: Dank seiner gelben Backsteinziegel überstand er als einziges Bauwerk in der Innenstadt den Großen Brand von Chicago (1871). Heute befindet sich darin die sehenswerte **City Gallery** (Eintritt frei), die einheimische Kunstwerke und Fotografien zum Thema Chicago zeigt.

Lincoln Park & Old Town

Als größte Grünanlage der Stadt wartet der beliebte Lincoln Park mit Teichen, Spazierwegen, Stränden und einem Zoo auf. Das gleichnamige Viertel drum herum bietet Spitzenrestaurants, interessante Läden und belebte Clubs mit Livemusik (Blues, Rock). Nebenan ehrt das stilvolle Old Town seine freigeistige Vergangenheit mit künstlerisch angehauchten Bars und der Standup-Comedy-Institution Second City.

★ **Lincoln Park** PARK

(⌚6–23 Uhr; 🚸; 🚌151) Chicagos größter Park (fast 5 km²) gibt dem umliegenden Viertel seinen Namen. Ab der North Ave erstreckt sich das Gelände über 9,7 km bis zum Diversey Pkwy. Dort verengt es sich am Seeufer und führt nordwärts weiter bis zum Ende des Lake Shore Dr. Teiche, Spazierwege, Spielplätze, Strände und ein Zoo locken bei Schönwetter zahllose Einheimische hierher.

Lincoln Park Conservatory GARTEN

(☎312-742-7736; www.lincolnparkconservancy.org; 2391 N Stockton Dr; ⌚9–17 Uhr; 🚌151) GRATIS Ob Wüstenpalmen, Dschungelfarne oder tropische Orchideen: Ein Bummel durch diesen botanischen Garten (1,2 ha) gleicht einer Weltreise in 30 Minuten. Im verglasten Gewächshaus auf dem Gelände herrschen selbst im Winter mollige 24 °C.

Lincoln Park Zoo ZOO

(☎312-742-2000; www.lpzoo.org; 2200 N Cannon Dr; ⌚Juni–Aug. Mo–Fr 10–17, Sa & So bis 18.30 Uhr, April, Mai, Sept. & Okt. 10–17 Uhr, Nov.–März 10–16.30 Uhr; 🚸; 🚌151) GRATIS Dieser Zoo (gegr. 1868) im Schatten der Skyline ist bei Einheimischen sehr beliebt. In den Gehegen tummeln sich Exoten wie Löwen, Zebras oder Japanmakaken. Zu den Highlights gehören die Regenstein African Journey, die Arctic Tundra mit ihren Eisbären und der Nature Boardwalk mit vielen Libellen. Als Haupteingang dient der Gateway Pavilion am Cannon Dr.

Chicago History Museum MUSEUM

(☎312-642-4600; www.chicagohistory.org; 1601 N Clark St; Erw./Kind 16 US$/frei; ⌚Mo & Mi–Sa 9.30–16.30, Di bis 19.30, So 12–17 Uhr; 🚸; 🚌22) Vom Großen Brand von Chicago bis hin zum örtlichen Parteitag der US-Demokraten 1968 decken die multimedialen Ausstellungen dieses Museums die ganze legendäre Stadtgeschichte ab. Zu sehen gibt's hier u. a. Lincolns Totenbett und die Glocke von Mrs. O'Learys Kuh. Nach einem Besuch weiß man so gut wie alles über die Windy City.

Lake View & Wrigleyville

Lake View beglückt junge Nachtschwärmer mit jeder Menge Bars, Theater und Rockclubs. Baseballfans pilgern hier zum heiligen Wrigley Field. Im umliegenden Viertel (alias Wrigleyville) wird kräftig gebechert und gefeiert. Daran grenzt wiederum Boystown (Chicagos größtes Schwulenviertel) mit seinen vielen Clubs im Zeichen der Regenbogenfahne.

★ **Wrigley Field** BASEBALL-STADION

(www.cubs.com; 1060 W Addison St; Ⓜ Red Line bis Addison) Das Major-League-Baseballstadion von 1914 ist nach dem Kaugummi-König benannt und in den USA das zweitälteste seiner Art. Bekannt ist es für seine manuelle Anzeigetafel, seine Außenmauern voller Efeu und für das Neonschild über dem Haupteingang. Und natürlich für die legendäre Pechsträhne der Cubs (S. 593): Angeblich wegen eines Fluchs gelang dem Team von 1908 bis 2016 kein einziger Titelgewinn – was aber schließlich mit einem triumphalen Sieg ein Ende hatte. Weitere Details liefern die Stadionführungen (25 US$, 1½ Std., April–Sept.).

Andersonville & Uptown

Andersonville zeugt zwar noch leicht von seinen schwedischen Wurzeln, wird aber heute vor allem von Gourmetkneipen, abgefahrenen Boutiquen und GLBT-Bars geprägt. Uptown paart historische Jazzschuppen wie das Green Mill (Al Capones Lieblingsladen) mit den belebten Restaurants von „Little Saigon".

Wicker Park, Bucktown & Ukrainian Village

Diese drei Viertel sind gerade schwer angesagt: Neue hippe Cocktail-Lounges, Platten- und Trödelläden verteilen sich hier zwischen osteuropäischen Eckkneipen der altmodischen Art. Wicker Park ist dabei das pulsierende Herz – flankiert vom leicht schickeren Bucktown und dem etwas schäbigeren Ukrainian Village. Die Restaurants und Rockclubs der Gegend suchen in Chicago ihresgleichen.

Intuit: The Center for Intuitive & Outsider Art KUNSTGALERIE

(Karte S. 572; ☎312-243-9088; www.art.org; 756 N Milwaukee Ave; empfohlene Spende 5 US$; ⌚Di, Mi, Fr & Sa 11–18, Do bis 19.30, So 12–17 Uhr; Ⓜ Blue Line bis Chicago) Die museumsmäßige Volkskunstsammlung des Intuit zeigt u. a. Aquarelle des berühmten einheimischen Malers Henry Darger. Dessen wunderbar chaotisches Atelier ist im Hinterzimmer rekonstruiert – inklusive Garnknäuel, Victrola-Grammophon und wackeliger Stapel aus alten Zeitschriften. Der Galerieshop verkauft Kunstbücher und unkonventionellen Schmuck (z. B. Ohrringe aus Radiergummis).

Logan Square & Humboldt Park

Als Chicagos aktuelles „In-Viertel" ist Logan Square das Pflaster für die Suche nach hippen Tiki-Bars oder Cafés, deren Brathähnchen stadtweit Furore machen. Zudem pilgern hier Gourmets zu diversen Sternerestaurants (z. B. Parachute, Longman & Eagle). In der puerto-ricanischen Enklave Humboldt Park kann man mit *jibarito*-Sandwiches eine lokale Spezialität probieren.

Near West Side & Pilsen

Der West Loop mit seinen Fleischverarbeitungsfabriken, brummenden Spitzenrestaurants und trendigen Bars wird zunehmend im großen Stil saniert. Nebenan gibt's Ethno-Küche in Greektown (griechisch) und Little Italy (italienisch). Pilsen mixt mexikanische Kultur mit Chicagos Underground-Künstlerszene, was in farbenfrohen Wandbildern, Taquerias und Cafés resultiert.

National Museum of Mexican Art MUSEUM

(☎312-738-1503; www.nationalmuseumofmexicanart.org; 1852 W 19th St; ⌚Di–So 10–17 Uhr; Ⓜ Pink Line bis 18th St) GRATIS Dieses facettenreiche Museum für hispanische Kunst (gegr. 1982) ist in den USA das größte seiner Art und zählt heute zu Chicagos besten Museen. Die ständige Sammlung (u. a. klassische Gemälde, funkelnde Goldaltäre, Perlenarbeiten, Volkskunst mit vielen Skeletten) deckt 1000 Jahre mexikanische Kunst und Kultur ab.

Chinatown

Chicagos kleines, aber belebtes Chinatown liegt lässige zehn Metro-Minuten vom Loop entfernt. Wer mit der Red Line zur Station Cermak-Chinatown fährt, steigt genau zwischen den beiden grundverschiedenen Teilen des Viertels aus: Der Chinatown Sq (ein riesiges Einkaufszentrum mit zwei Stockwerken) säumt die Archer Ave gen Norden. Old Chinatown (der traditionelle Geschäftsbezirk) erstreckt sich südwärts entlang der Wentworth Ave. Beide Bereiche empfangen Besucher mit Bäckereien und obligatorischem Hello-Kitty-Krimskrams.

Hyde Park & South Side

Das akademisch geprägte Hyde Park kombiniert zahllose Buchläden mit Attraktionen wie dem Museum of Science & Indus-

Stadtspaziergang Loop

START CHICAGO BOARD OF TRADE
ZIEL BILLY GOAT TAVERN
DAUER/LÄNGE 4,8 KM/CA. 2 STD.

Diese Tour durch den Loop besucht berühmte Highlights der Chicagoer Kunst und Architektur – und obendrein Al Capones Zahnarzt.

Los geht's mit dem coolen Art-déco-Bau des 1 **Chicago Board of Trade** (141 W Jackson Blvd), der von einer Statue der Ceres (römische Göttin des Ackerbaus) gekrönt wird. Das Atrium des nahegelegenen 2 **Rookery** (S. 576) stammt von Frank Lloyd Wright.

Nun führt die Adams St ostwärts zum 3 **Art Institute** (S. 570), das zu Chicagos beliebtesten Attraktionen zählt. Die Löwenstatuen vor dem Eingang sind ein beliebtes Fotomotiv. Ein paar Blocks nördlich liegt der avantgadistische 4 **Millennium Park** (S. 568).

Vom dort folgt man der Washington St gen Westen zum Hotel 5 **Alise** (584) im Reliance Building. Dieser Vorläufer moderner Wolkenkratzer beherbergte einst die Praxis von Al Capones Zahnarzt (heute Zimmer 809). Gleich westlich davon steht Picassos abstrakte Skulptur 6 **Untitled** auf der Daley Plaza. Pavian, Hund oder Frau? Das muss jeder selbst entscheiden. Weiter nördlich kommt an der Clark St dann das ebenso rätselhafte 7 **Monument with Standing Beast** von Jean Dubuffet in Sicht.

Jetzt entlang der Randolph St gen Osten durch das Theaterviertel laufen und beim 8 **Chicago Cultural Center** (S. 571) nach kostenlosen Kunstausstellungen und Konzerten fragen. Dann geht's nordwärts die Michigan Ave entlang und über den Chicago River. Gleich nördlich der Brücke ist das 9 **Wrigley Building** (S. 576) und der 10 **Tribune Tower** (S. 575) im gotischen Stil.

Zum Schluss die 11 **Billy Goat Tavern** (S. 586) besuchen: Die Chicagoer Kaschemme gehörte früher Billy Sianis, der einst das Wrigley Field mit seiner Hausziege betreten wollte. Doch dem streng riechenden Tier wurde der Zugang verwehrt. So bedachte Sianis die Cubs mit einem kräftigen Fluch – angeblich der Grund für die Titellosigkeit des Teams in den folgenden 108 Jahren.

try oder dem Robie House von Frank Lloyd Wright. Die irische Enklave Bridgeport hat viele Bars und Galerien. In Bronzeville warten Architektur aus der Jazz-Ära und bedeutende (wenn auch bislang recht unbekannte) Stätten der afroamerikanischen Kultur.

★ Museum of Science & Industry MUSEUM
(MSI; ☎773-684-1414; www.msichicago.org; 5700 S Lake Shore Dr; Erw./Kind 18/11 US$; ⌚Juni–Aug. 9.30–17.30 Uhr, Sept.–Mai kürzere Öffnungszeiten; 👪; 🚌6, 10, Ⓜ Metra bis 55th-56th-57th St) Das größte Naturwissenschafts- und Technikmuseum der Westhalbkugel versetzt jeden Nerd in Verzückung. Zu den Highlights zählen ein deutsches U-Boot aus dem Zweiten Weltkrieg (Untergeschoss; Besichtigung zzgl. 12 US$) und die Ausstellung Science Storms, die einen Tornado und einen Tsunami simuliert. Ebenfalls sehr beliebt sind die Brutstation für Hühnerküken, der originalgetreue Nachbau eines Kohlebergwerks (inkl. Schacht; Besichtigung zzgl. 12 US$) und Colleen Moores Märchenschloss mit Mini-Möbeln.

★ Robie House ARCHITEKTUR
(☎312-994-4000; www.flwright.org; 5757 S Woodlawn Ave; Erw./Kind 18/15 US$; ⌚Do–Mo 10.30–15 Uhr; 🚌6, Ⓜ Metra bis 55th-56th-57th St) Frank Lloyd Wright entwarf diverse Gebäude in Chicago. Das berühmteste und einflussreichste davon ist das Robie House. Dessen horizontale Linienführung mit optischen Anleihen an die flachen Prärien des Mittleren Westens begründete den sogenannten Prärie-Stil. Bei den einstündigen Führungen (Häufigkeit saisonal variierend, meist mind. 1-mal stündl.) besichtigt man auch die insgesamt 174 Fenster und Türen mit Elementen aus Buntglas.

University of Chicago UNIVERSITÄT
(www.uchicago.edu; 5801 S Ellis Ave; 🚌6, Ⓜ Metra bis 55th-56th-57th St) Unter den Dozenten und Absolventen der „U of C“ sind über 80 Nobelpreisträger (hauptsächlich Physiker oder Wirtschaftswissenschaftler). Die prachtvollen Originalbauten des sehenswerten Campus sind im Stil der englischen Gotik gestaltet. Neben den geheiligten Studierhallen beherbergen sie auch Museen, die gratis Kunst und Antiquitäten zeigen.

Am 1. Oktober 1892 fanden hier die ersten Vorlesungen statt. Zu den Hauptförderern der Uni gehörte John D. Rockefeller mit einer Spende von mehr als 35 Mio. US$. Bei einem Campusbummel warten Attraktionen wie die **Rockefeller Memorial Chapel** mit

CHICAGO MIT KINDERN

Chicago ist durch und durch kinderfreundlich. Als Highlights locken dabei u. a. die grimmigen Dinos im Field Museum, der artenreiche Lincoln Park Zoo, Bootsfahrten am Seeufer, Sandstrände, zauberhafte Spielplätze, Familienradtouren und jede Menge Pizza.

Chicago Children's Museum (S. 575) Das kunterbunte Museum spricht gezielt die Fantasie von Kindern bis zu zehn Jahren an. Die vielen interaktiven Exponate animieren den Nachwuchs stundenlang zum Klettern und Kreieren. Unter den Highlights ist die Dinosaur Expedition zum Thema Urzeit, bei der Kids nach „Knochen" graben können. Toll sind auch das Segelschiff mit Kletterseilen, die nachgebaute Bowlingbahn, die Möglichkeiten zum Planschen (inkl. Infos über Wasserkraft) und das Tinkering Lab, das zum Basteln mit echtem Werkzeug einlädt.

Field Museum of Natural History (S. 571) Das örtliche Crown Family PlayLab (geöffnet Do–Mo 10–15 Uhr) ermöglicht archäologische „Ausgrabungen" und viele weitere Entdeckungen.

Museum of Science & Industry (S. 580) In verschiedenen Räumen führt das Personal hier den ganzen Tag über „Experimente" durch (z. B. Mini-Explosionen, Vorführungen zum freien Fall). In der Idea Factory „forschen" Nachwuchswissenschaftler im Alter von bis zu zehn Jahren auf Gebieten wie Licht, Balance oder Wasserdruck.

Peggy Notebaert Nature Museum (☎773-755-5100; www.naturemuseum.org; 2430 N Cannon Dr; Erw./Kind 9/6 US$; ⌚Mo–Fr 9–17, Sa & So ab 10 Uhr; 👪; 🚌151) Das recht unbekannte Museum fasziniert Kids z. B. mit einer Schmetterlings-Voliere und einem Sumpf voller Frösche. Zudem liegt es direkt neben dem Lincoln Park Zoo.

Art Institute of Chicago (S. 570) Das Ryan Learning Center empfängt Kinder hier mit kreativen Aktivitäten und interaktiven Spielen (z. B. Puzzles von berühmten Gemälden).

vielen Skulpturen, die idyllische **Bond Chapel** und Henry Moores Bronzeskulptur **Nuclear Energy** (S Ellis Ave zw. E 56th & E 57th St).

Obama's House GEBÄUDE
(5046 S Greenwood Ave; 🚌 6, Ⓜ Metra bis 51st-53rd St) Massive Sicherheitsmaßnahmen verhindern die direkte Annäherung an das Haus, in dem die Familie Obamah zwischen 2005 und dem Amtsantritt des früheren US-Präsidenten (Ende 2008) lebte. Vom gegenüberliegenden Bürgersteig des Hyde Park Blvd kann man jedoch über die Barrikaden einen Blick auf die rote Backsteinvilla im georgianischen Stil erhaschen.

Aktivitäten

Das sportverrückte Chicago ist u. a. dafür bekannt, dass die lokalen Profiteams besonders fanatische Fans haben. Doch nicht nur Zuschauersport ist hier sehr beliebt: Mit 580 Parks, 26 Stränden und ihrer langen Uferlinie bietet die Stadt viele Optionen für Bewegungshungrige. Nach dem langen und kalten Winter zieht es die Einheimischen scharenweise ins Freie.

Radfahren

Der flache **Lakefront Trail** (18 Meilen/29 km; Hollywood Ave–71st St) entlang des Seeufers ist sehr attraktiv, aber bei Schönwetter rappelvoll. Die Active Transportation Alliance (www.activetrans.org) veröffentlicht Übersichtskarten zu Chicagos Radwegen und informiert über deren aktuellen Zustand. Chicago Critical Mass (www.facebook.com/chicagocriticalmass) legt den Innenstadtverkehr bisweilen mit beliebten Massenausfahrten per Drahtesel lahm.

Bobby's Bike Hike RADFAHREN
(Karte S. 572; ☎312-245-9300; www.bobbysbikehike.com; 540 N Lake Shore Dr; Leihfahrrad pro Std./Tag ab 10/34 US$; ⏲Juni–Aug. Mo–Fr 8.30–20, Sa & So ab 8 Uhr, März–Mai & Sept.–Nov. 9–19 Uhr; Ⓜ Red Line bis Grand) Der Fahrradverleih am Ende einer überdachten Einfahrt erntet begeisterte Kritiken und bietet leichten Zugang zum Lakefront Trail. Die einheimischen Inhaber organisieren auch coole Radtouren (35–66 US$), die u. a. das Seeufer, die nächtliche Skyline, Pizzerias, Bierkneipen oder Gangster-Stätten der South Side zum Thema haben. Speziell für Kinder gibt's die Variante Tike Hike.

Divvy RADFAHREN
(☎855-553-4889; www.divvybikes.com) In Chicago und umliegenden Vororten unterhält dieses Bikesharing-Programm 580 Verleihstationen mit 5800 himmelblauen Drahteseln. Zudem gibt's an jeder Station einen Verkaufskiosk bzw. -automaten für die Nutzungspässe mit dem Entsperrungscode (10 US$/24 Std.; Bezahlen per Kreditkarte möglich). Die ersten 30 Minuten sind gratis; danach wird's schnell teuer, falls man das Fahrrad nicht wieder an einer Station anschließt. So eignet sich das Ganze mehr für Kurztrips und weniger für ausgedehntes Sightseeing.

INSIDERWISSEN

DIE 606

NYC hat die High Line, Chicago die **606** (www.the606.org; ⏲6–23 Uhr; Ⓜ Blue Line bis Damen). Dieser Hochweg (4,3 km) zwischen Wicker Park und Logan Square folgt ebenfalls einem alten Hochbahngleis. In cooler urbaner Atmosphäre kann man hier radeln und spazierengehen – vorbei an Fabriken, Schornsteinen, ratternden L-Zügen und Hinterhoftreiben. Unterwegs gibt's eine faszinierende Übersicht über die sozioökonomische Struktur der Stadt: Vom gutbetuchten Osten geht's durch mehr industriell geprägte Gebiete schließlich zu den Einwanderervierteln im Westen. Der Weg verläuft parallel zur Bloomingdale Ave und ist alle 400 m zugänglich.

Wassersport

Vielen Besuchern ist gar nicht bewusst, dass der riesige Lake Michigan Chicago zur echten Strandstadt macht. Im Sommer wachen hier Rettungsschwimmer über 26 offizielle Sandstrände, an denen trotz des recht kalten Wassers gern geschwommen wird. Am Montrose und North Avenue Beach kann man Kajaks und Stehpaddelbretter ausleihen. Entlang des Chicago River sind weitere Kajak-Ausrüster ansässig.

North Avenue Beach STRAND
(www.cpdbeaches.com; 1600 N Lake Shore Dr; 👪; 🚌151) Sobald das Wetter wärmer wird, erinnert Chicagos beliebtester Sandstrand an Südkalifornien: Durchtrainierte Volleyballer liefern sich hier Matches, während Kinder Sandburgen bauen und Schwimmerscharen ins Wasser springen. Das dampferförmige Strandhaus lockt mit Livebands, DJs, Eiscreme und Margaritas. Vor Ort warten zudem Yogakurse sowie ausleihbare Kajaks, Jetskis, Stehpaddelbretter, Fahrräder und Liegestühle.

Oak Street Beach STRAND
(www.cpdbeaches.com; 1000 N Lake Shore Dr; Ⓜ Red Line bis Chicago) Viele wohlgeformte Körper bevölkern diesen Strand, der am Innenstadtrand liegt und im Sommer von Rettungsschwimmern bewacht wird. Im Schatten von Wolkenkratzern kann man hier auch Sonnenschirme und Liegestühle mieten. Das Strandcafé im Inselstil bietet Drinks und DJs unter gelben Sonnenschirmen.

12th Street Beach STRAND
(Karte S. 572; www.cpdbeaches.com; 1200 S Linn White Dr; 146, 130) Vom Adler Planetarium führt ein Pfad nach Süden zu dieser kleinen Sandsichel, die trotz ihrer Nähe zum populären Museum Campus überraschend abgeschieden wirkt (zum Glück!). Zudem hört man hier gut den Sound der Livebands im Pavilion (Northerly Island) – super für Fans, die keine Konzerttickets ergattern konnten.

Windy SEGELN
(Karte S. 572; 312-451-2700; www.tallshipwindy.com; 600 E Grand Ave; 60- bis 75-minütige Segeltouren Erw./Kind 30/10 US$; Ⓜ Red Line bis Grand) Am Navy Pier startet dieser viermastige Schoner zu Törns mit verschiedenen Themen (z. B. Piraten, Architektur, Segeltechniken). Unterwegs ist nur der Wind zu hören – entspannter lässt sich die Skyline vom Wasser aus nicht bewundern. Ab der Metrostation Grand fahren Stadtbusse zum Navy Pier.

Geführte Touren

★ **Chicago Architecture Foundation** BOOTSTOUREN, STADTSPAZIERGÄNGE
(CAF; Karte S. 572; 312-922-3432; www.architecture.org; 224 S Michigan Ave; Touren 15–50 US$; Ⓜ Brown, Orange, Green, Purple od. Pink Line bis Adams) Die erstklassigen Bootstrips (46 US$) starten am **River Dock** (Karte S. 572; Ⓜ Brown, Orange, Green, Purple od. Pink Line bis State/Lake) auf der Südostseite der Michigan Ave Bridge. Der beliebte Stadtspaziergang Historic Skyscrapers (20 US$) beginnt am Stiftungssitz in Downtown. Die Mittagstouren (15 US$; Mo–Fr) zu einzelnen markanten Bauten gehen jeweils direkt vor Ort los. Die Stiftung organisiert zudem Exkursionen per Bus, Fahrrad und L-Zug. Buchungen sind online oder persönlich beim CAF-Büro möglich. Die Tickets für die Bootsfahrten gibt's auch direkt am River Dock.

Chicago by Foot STADTSPAZIERGÄNGE
(312-612-0826; www.freetoursbyfoot.com/chicago-tours) Diese Stadtspaziergänge zu verschiedenen Themen (z. B. Loop, Gold Coast, Gangster-Stätten in Lincoln Park) punkten mit faszinierenden Geschichten und historischen Details. Teilnehmer bezahlen nach Gusto (meist ca. 10 US$/Pers.). Reservierung ist ratsam; sofern noch Plätze frei sind (eher selten der Fall), kann man aber auch spontan mitlaufen.

Chicago Detours STADTSPAZIERGÄNGE
(312-350-1131; www.chicagodetours.com; Touren ab 22 US$) Die fesselnden, detailreichen Touren zu Chicagos Architektur, Geschichte und Kultur finden meist zu Fuß statt (teilweise auch per Bus). Sehr beliebt ist z. B. die Historic Pub Crawl Tour (2½ Std.).

Chicago Beer Experience STADTSPAZIERGÄNGE
(312-818-2172; www.chicagobeerexperience.com; 3-stündige Touren 62 US$) Diese Stadtspaziergänge beleuchten jeweils die Biertraditionen von zwei bestimmten Vierteln (Lincoln Park/Lake View, Bucktown/Wicker Park oder Downtown/South Loop). Dabei gibt's auch Infos zur allgemeinen Stadtgeschichte. Unterwegs werden vier Bars auf etwa 1,5 km Strecke abgeklappert. Der Preis beinhaltet das Bier und einen Snack (z. B. einen Hotdog oder ein Stück Pfannenpizza).

Chicago Food Planet Tours STADTSPAZIERGANG
(312-818-2170; www.chicagofoodplanet.com; 2- bis 3-stündige Touren 42–65 US$) Bei den geführten Spaziergängen durch Wicker Park, Gold Coast oder Chinatown werden jeweils mindestens fünf Restaurants des jeweiligen Viertels besucht. Unterschiedliche Startpunkte und -zeiten.

Pilsen Mural Tours STADTSPAZIERGÄNGE
(773-342-4191; 90-minütige Touren 125 US$/Gruppe) Wandbilder sind eine traditionelle mexikanische Kunstform und zieren viele Gebäude in Pilsen. Die eindrucksvollsten örtlichen Beispiele bewundert man bei diesen höchst empfehlenswerten Touren unter der Leitung einheimischer Künstler und Aktivisten.

Feste & Events

St. Patrick's Day Parade KULTUR
(www.chicagostpatricksdayparade.org; Sa vor dem 17. März) Die örtliche Klempnergewerkschaft färbt den Chicago River zu diesem Event so grün wie irischen Klee. Danach führt eine große Parade durch den Grant Park in Downtown.

Chicago Blues Festival MUSIK
(www.chicagobluesfestival.us; Millennium Park; ⌚Mitte Juni) Beim größten Gratis-Bluesfestival der Welt erklingt drei Tage lang die Musik, die Chicago berühmt gemacht hat.

Pride Parade SCHWULE & LESBEN
(http://chicagopride.gopride.com; Halsted St, Boystown ⌚letzter So im Juni) Das größte Event der Chicagoer GLBT-Szene lockt über 800 000 Feierwütige in oft gewagter Kluft mit bunten Umzugswagen und jeder Menge Party.

Taste of Chicago ESSEN & TRINKEN
(www.tasteofchicago.us; Grant Park; ⌚Mitte Juli) Das fünftägige Gastro-Festival verköstigt zahllose Besucher mit Ethno-Küche, Fleischgerichten, Süßigkeiten und regionalen Spezialitäten aller Art (meist am Spieß serviert). Parallel finden auf mehreren Bühnen kostenlose Livekonzerte mit teils berühmten Musikern statt.

Lollapalooza MUSIK
(www.lollapalooza.com; Grant Park; Tagesticket 120 US$; ⌚Anfang Aug.) Viertägiges Mega-Musikfestival mit bis zu 170 Bands auf acht Freiluftbühnen.

Jazz Festival MUSIK
(www.chicagojazzfestival.us; Millennium Park & Chicago Cultural Center; ⌚Anfang Sept.) Gratiskonzerte mit US-Jazzgrößen am Labor-Day-Wochenende.

Schlafen

Chicagos Unterkunftsangebot ist buchstäblich himmlisch: Hier kann man in vielen architektonischen Wahrzeichen nächtigen – z.B. dem weltersten Wolkenkratzer, 100 Jahre alten Art-déco-Perlen oder kantigen Bauten von Mies van der Rohe. Ansonsten gibt's vor Ort auch B&Bs, fesche Hostels und riesige Businesshotels. Die Übernachtungspreise sind aber generell recht hoch.

The Loop

HI-Chicago HOSTEL $
(Karte S. 572; ☎312-360-0300; www.hichicago.org; 24 E Congress Pkwy; B 35–55 US$; P ❄ @ 📶; M Brown, Orange, Purple od. Pink Line bis Library) Chicagos verlässlichstes Hostel ist blitzsauber und liegt günstig im Loop. Als Extras bietet es einen Informationsschalter, Gratistouren unter der Leitung von Freiwilligen und Rabattkarten für Museen oder Shows. Die einfachen Schlafsäle mit acht oder zehn Betten haben meist Gemeinschaftsbäder.

★ **Hampton Inn Chicago Downtown/N Loop** HOTEL $$
(Karte S. 572; ☎312-419-9014; www.hamptonchicago.com; 68 E Wacker Pl; Zi. 200–290 US$; P ❄ 📶; M Brown, Orange, Green, Purple od. Pink Line bis State/Lake) Das einzigartige Hotel befindet sich im Chicago Motor Club Building von 1928. Gäste fühlen sich hier wie Reisende aus der guten alten Zeit: Die Lobby prunkt mit einem Ford-Oltimer und einer coolen historischen Wandkarte der USA. Die Zimmer mit dunkler Holzvertäfelung schaffen einen gelungenen Spagat zwischen Retro-Atmosphäre und modernen Annehmlichkeiten. Preise inklusive Gratis-WLAN und amerikanischem Frühstück.

Buckingham Athletic Club Hotel BOUTIQUEHOTEL $$
(Karte S. 572; ☎312-663-8910; www.thebuckinghamclub.com; 440 S LaSalle St; Zi. 175–300 US$; P ❄ 📶 🏊; M Brown, Orange, Purple od. Pink Line bis LaSalle) Dieses Hotel im 40. Stock der Chicago Stock Exchange ist schwer zu finden. Das hat aber auch seine Vorteile: Bei weitem Blick auf Chicagos Süden hat man hier vor allem abends und am Wochenende seine Ruhe. Die 21 eleganten Zimmer sind so groß, dass sie anderswo als Suiten gelten würden. Zugang zum gleichnamigen Fitnesszentrum mit Sportbecken und viele weitere Gratis-Extras tragen zum super Preis-Leistungs-Verhältnis bei.

Silversmith HISTORISCHES HOTEL $$
(Karte S. 572; ☎312-372-7696; www.silversmithchicagohotel.com; 10 S Wabash Ave; Zi. 190–300 US$; P ❄ @ 📶; M Red od. Blue Line bis Monroe) Das renommierte Architekturbüro von Daniel Burnham entwarf dieses Gebäude im Jahr 1897 als Zentrum für Juweliere und Silberschmiede. Das Schmuckthema setzt sich hier bis heute fort: Die coolen, geräumigen Retro-Zimmer werden von perl-, rubin- und goldfarbenen Akzenten geziert. In den Aussichtsecken mit deckenhohen Fenstern animieren Polstersofas zum Genießen des herrlichen Stadtpanoramas. Das Art Institute, der Millennium Park und die Metrostation Monroe liegen in unmittelbarer Nähe.

★ **Virgin Hotel** HOTEL $$$
(Karte S. 572; ☎312-940-4400; www.virginhotels.com; 203 N Wabash Ave; Zi. 240–380 US$; P ❄ @ 📶 🐾; M Brown, Orange, Green, Purple od. Pink Line bis State/Lake) Der Milliardär Richard Branson hat das 27-stöckige Dearborn Bank Building im Art-déco-Stil zum ersten

Ableger seiner frechen neuen Hotelkette umbauen lassen. Die luftigen Zimmer mit schnellem Gratis-WLAN erinnern an Suiten. Zudem gibt's darin günstige Minibars und Betten, die auch als Schreibtisch fungieren können. Heizung, TV und andere elektronische Funktionen lassen sich per App bedienen. Gäste erhalten obendrein Ohrstöpsel – u. a. praktisch gegen den dumpfen Lärm der nahen L-Bahnstrecke.

Alise Chicago HISTORISCHES HOTEL **$$$**
(Karte S. 572; ☎ 312-940-7997; www.staypineapple.com; 1 W Washington St; Zi. 270–380 US$; P ❄ @ 📶 🐾; M Blue Line bis Washington) Top für Architekturfans: Im markanten Reliance Building aus den 1890er-Jahren (Prototyp des modernen Wolkenkratzers) lockt das historische Alise mit elegantem Design. Die Gemeinschaftsbereiche prunken mit Mosaikböden, Art-déco-Lampen und filigranen Treppengeländern aus Eisen. Die recht kleinen Zimmer paaren eine behagliche Holzeinrichtung mit großen Fenstern und etwas skurriler Kunst in strahlenden Farben. Die kostenlosen Leihfahrräder sind sehr praktisch.

Near North & Navy Pier

Freehand Chicago HOSTEL, HOTEL **$**
(Karte S. 572; ☎ 312-940-3699; www.thefreehand.com/chicago; 19 E Ohio St; B 35–70 US$, Zi. 220–310 US$; ❄ 📶; M Red Line bis Grand) Dieser super hippe Mix aus Hostel und Hotel vermietet neben Schlafsälen mit Stockbetten für jeweils vier Personen auch private Gästezimmer. In allen Quartieren warten behagliche Holzelemente, fröhlich-bunte Fliesen und Textilien im mittelamerikanischen Stil. In der abgefahrenen Hausbar (Broken Shaker) und dem plüschigen Gemeinschaftsbereich mit Totempfählen geht's gesellig zu. Hiesiges Highlight sind die überdurchschnittlich sauberen Schlafsäle mit eigenen Bädern und Bettvorhängen.

★ **Acme Hotel** BOUTIQUEHOTEL **$$**
(Karte S. 572; ☎ 312-894-0800; www.acmehotelcompany.com; 15 E Ohio St; Zi. 190–300 US$; P ❄ @ 📶; M Red Line bis Grand) Urbane Bohemiens lieben das Acme für seinen coolen Independent-Stil und seine (meist) erschwinglichen Preise. Die 130 Zimmer mixen industrielle Elemente mit Retro-Lampen, Mobiliar aus den 1950er-Jahren und abgefahrener moderner Kunst. Gratis-WLAN, gute Lautsprechersysteme, Smart-TV und schnelle Leitungen garantieren hier den komfortablen Konsum digitaler Medien. Graffiti und Neonlicht zieren die Gemeinschaftsbereiche; Rockabilly-Design prägt den Aufzug.

Gold Coast

★ **Fieldhouse Jones** HOSTEL, HOTEL **$**
(Karte S. 572; ☎ 312-291-9922; www.fieldhousejones.com; 312 W Chestnut St; B 40–55 US$, Zi. ab 150 US$; P ❄ 📶; M Brown od. Purple Line bis Chicago) Dieser Mix aus Hostel und Hotel befindet sich im alten Lagerhaus einer früheren Molkerei aus rotem Backstein. Für die Gold Coast bietet das Fieldhouse ein sehr gutes Preis-Leistungs-Verhältnis und ist daher bei Touristen aller Art (u. a. Familien, ältere Ehepaare, ausländische Backpacker) sehr beliebt. Dazu tragen neben den geselligen Gemeinschaftsbereichen auch die hochwertigen Zimmer bei: Hier stehen Schlafsäle (nach Geschlechtern getrennt), Wohnstudios und Apartments (1 od. 2 Schlafzi.) zur Wahl. Die Quartiere punkten jeweils mit eigenen Bädern, WLAN und sportlich-spaßigem Dekor (z. B. alte Pokale, Dartscheiben als Wandbilder).

Drake Hotel HISTORISCHES HOTEL **$$$**
(☎ 312-787-2200; www.thedrakehotel.com; 140 E Walton St; Zi. 230–360 US$; P ❄ @ 📶; M Red Line bis Chicago) Im eleganten Drake von 1920 haben schon alle möglichen VIPs gewohnt (z. B. Elisabeth II., Prinzessin Diana, Dean Martin oder die US-Präsidentenfamilien Reagan, Bush und Clinton). Nahe dem Oak Street Beach am Nordende der Michigan Ave prunkt diese feine Dame mit einer Traumlage, vielen Kronleuchtern und Blattgold in grandiosen Gemeinschaftsbereichen. Die 535 Zimmer sind im Vergleich dazu zwar weniger prachtvoll, aber geräumig und komfortabel.

Lincoln Park & Old Town

Hotel Lincoln BOUTIQUEHOTEL **$$**
(☎ 312-254-4700; www.jdvhotels.com; 1816 N Clark St; Zi. 180–320 US$; P ❄ @ 📶; 🚌 22) Hier regiert spaßiger Kitsch: Die Lobby empfängt Gäste mit einer „Wand der schlechten Kunst" und einer Rezeptionstheke aus alten Kommoden vom Flohmarkt. Die kleinen, aber farbenfrohen und coolen Standardzimmer im Retrostil bieten in vielen Fällen eine tolle Aussicht. Gegenüber liegen der grüne Lincoln Park und Chicagos größter Farmers Market.

Wicker Park, Bucktown & Ukrainian Village

Holiday Jones HOSTEL $
(312-804-3335; www.holidayjones.com; 1659 W Division St; B/Zi. ab 33/85 US$; Blue Line bis Division) Dieses Hostel huldigt der Reiselust auf scherzhafte Weise: Die Rezeption besteht aus alten Seekisten. Im Treppenhaus hängen Poster mit bunten Cartoons. In den kompakten, aber sauberen und frisch gestrichenen Zimmern findet man Bettwäsche und Tapeten mit Karomustern. Die Schlafsäle (nach Geschlechtern getrennt) haben Stockbetten für vier bis sechs Personen. Im großen Gemeinschaftsraum gibt's Sofas und einen Flachbild-TVs. Zudem warten hier Gratis-WLAN, abschließbare Spinde und europäisches Frühstück.

Hollander HOSTEL $
(872-315-3080; www.thehollander.com; 2022 W North Ave; B 40–55 US$, Zi. 135–220 US$; Blue Line bis Damen) Das Hollander in einem umgebauten Lagerhaus aus der Zeit der vorletzten Jahrhundertwende bezeichnet sich selbst als „gesellige Bleibe". Und tatsächlich gehen flotte junge Traveller hier ein und aus. Die sonnige Lobby lockt mit schäbigem Chic, einem Barbereich, Kaffee, WLAN und Leihfahrrädern. Die Schlafsäle mit Stockbetten (4–6 Pers.) werden durch Privatzimmer ergänzt. Die Einrichtung im modernen Industriestil umfasst u. a. polierte Betonböden und unlackierte Holzbetten.

Wicker Park Inn B&B $$
(773-486-2743; www.wickerparkinn.com; 1329 N Wicker Park Ave; Zi. 160–200 US$, Apt. 150–245 US$; Blue Line bis Damen) Von dem klassischen Reihenhaus aus Backstein sind es nur ein paar Schritte bis zu belebten Restaurants und Nightlife-Adressen. Die Zimmer sind recht klein, aber sonnig. Zudem überzeugen sie mit Hartholzböden, kleinen Schreibtischen und Gratis-WLAN. Zum Frühstück gibt's jede Menge Backwaren und Obst. Gegenüber vermieten die Inhaber auch noch drei Apartments mit eigenen Küchen für Selbstversorger. Wechselnde Mindestaufenthalte.

Logan Square & Humboldt Park

Longman & Eagle PENSION $$
(773-276-7110; www.longmanandeagle.com; 2657 N Kedzie Ave; Zi. 95–200 US$; Blue Line bis Logan Sq) Über einem Michelin-Sternerestaurant (fungiert auch als Rezeption) findet man hier sechs stilvolle Retro-Zimmer mit Holzfußböden und Werken einheimischer Künstler. Die relative Hellhörigkeit der Quartiere spielt nach dem Einlösen der kostenlosen Whiskey-Gutscheine in der Hausbar wohl keine Rolle mehr.

Essen

Chicago ist heute ein Gourmetparadies. Selbst echte Spitzenrestaurants sind hier oft relativ bodenständig, zwanglos und erschwinglich. In Einwandererviertel außerhalb des Zentrums (z. B. Pilsen, Uptown) wartet zudem leckere und vielfältige Ethno-Küche.

The Loop

Die meisten Restaurants im Loop sind vor allem Mittagslokale für Bürohengste. So hat hier nach 21 Uhr kaum noch etwas geöffnet.

Cafecito KUBANISCH $
(Karte S. 572; 312-922-2233; www.cafecitochicago.com; 26 E Congress Pkwy; Hauptgerichte 6–10 US$; Mo–Fr 7–21, Sa & So 10–18 Uhr; Brown, Orange, Purple od. Pink Line bis Library) Das Cafecito gehört zu Chicagos HI-Hostel und eignet sich perfekt für hungrige Traveller mit kleinem Geldbeutel. Auf den Tisch kommen z. B. großartige kubanische Sandwiches mit Schinken und gebratenem Schweinefleisch (in Zitronensaft und Knoblauch mariniert). Der starke Kaffee und die herzhaften Eiersandwiches geben zusammen ein prima Frühstück ab.

Native Foods Cafe VEGAN $
(Karte S. 572; 312-332-6332; www.nativefoods.com; 218 S Clark St; Hauptgerichte 9–11 US$; Mo–Sa 10.30–21, So 11–19 Uhr; Brown, Orange, Purple od. Pink Line bis Quincy) Das lässige Downtown-Café serviert Bier und Bio-Wein zu veganem Fast Food (z. B. Sandwiches mit Seitan-Frikadellen, „Scorpion Burger" mit pikantem Tempeh). Auf der Karte stehen viele Gerichte mit griechischem, asiatischem, mexikanischem oder italienischem Touch. Für Allergiker gibt's auch Optionen ohne Soja, Gluten und/oder Nüsse.

★ **Gage** KNEIPENESSEN $$$
(Karte S. 572; 312-372-4243; www.thegagechicago.com; 24 S Michigan Ave; Hauptgerichte 18–36 US$; Mo 11–21, Di–Do bis 23, Fr bis 24, Sa 10–24, So bis 22 Uhr; Brown, Orange, Green, Purple od. Pink Line bis Washington/Wabash) Die stets

CHICAGOS BELIEBTESTE SPEZIALITÄTEN

Chicagos berühmteste Spezialität ist die Pfannenpizza, die mit den üblichen flachen Teigscheiben nichts gemein hat: Diese Monster werden in einer gusseisernen Spezialpfanne (quasi eine Bratpfanne ohne Griff) im Ofen gebacken. Die typisch amerikanische Füllung besteht u. a. aus geschmolzenem Mozzarella, Wurst und Tomatensauce mit Stückchen. Die berühmte **Pizzeria Uno** (Karte S. 572; ☎312-321-1000; www.unos.com; 29 E Ohio St; kleine Pizzen ab 13 US$; ⏲Mo–Do 11–1, Fr & Sa bis 2, So bis 23 Uhr; Ⓜ Red Line bis Grand) hat die Pfannenpizza angeblich in den 1940er-Jahren erfunden. Doch wie um andere Gerichte (oder Sportthemen) in der Windy City ranken sich auch darum heiße Diskussionen.

Ebenso kultig ist der Chicagoer Hotdog. Wenn er ganz authentisch ist, wird dabei ein Mohnbrötchen mit einer Saitenwurst aus einheimischem Rindfleisch und vielen anderen Zutaten (z. B. Zwiebeln, Tomaten, Essiggurken, hellgrüne Würzsauce) gefüllt. Ketchup ist dabei aber tabu! Das **Hot G Dog** (☎773-209-3360; www.hotgdog.com; 5009 N Clark St; Hotdogs 2,50–4 US$; ⏲Mo–Sa 10.30–20, So bis 16 Uhr; 🚌22, Ⓜ Red Line bis Argyle) in Andersonville serviert neben klassischen Varianten (z. B. mit in Bier eingelegter Bratwurst) auch Versionen für Gourmets (z. B. mit Kaninchenwurst und Sardellen-Haselnuss-Buttersauce).

Berühmt ist Chicago zudem für seine italienischen Rindfleischsandwiches – im Original bestehend aus einem Riesenbrötchen, dünn geschnittenem Roastbeef (langsam im eigenen Saft gegart) und *giardiniera* (pikantes eingelegtes Gemüse). Italienische Einwanderer im South-Side-Viertel erfanden dieses Gericht während der Weltwirtschaftskrise als günstiges Essen für Fabrikarbeiter. Solche Sandwiches sind nur hier zu bekommen und werden am besten bei **Mr. Beef** (Karte S. 572; ☎312-337-8500; www.facebook.com/mrbeefchicago; 666 N Orleans St; Sandwiches 6–9 US$; ⏲Mo–Do 10–18, Fr & Sa bis 5 Uhr; Ⓜ Brown od. Purple Line bis Chicago) genossen.

Weniger bekannt (aber genauso üppig und lecker) ist das *jibarito*-Sandwich, das vor Ort von einem puerto-ricanischen Restaurant erfunden wurde. In diesem Fall dienen die beiden frittierten Hälften einer großen Kochbanane als „Brötchen"; dazwischen landen ein Steak und Knoblauch-Mayonnaise. Im Viertel Humboldt Park steht das Ganze beim **Papa's Cache Sabroso** (☎773-862-8313; www.papascache.com; 2517 W Division St; Hauptgerichte 8–15 US$; ⏲Mo–Do 11–21, Fr & Sa bis 22 Uhr; 🚌70) und vielen anderen lateinamerikanischen Cafés auf der Karte.

Pflicht im Mittleren Westen ist natürlich auch Kuchen: Hier gibt's z. B. „Shoofly Pie" à la Amish Country, frische Erdbeer-Rhabarber-Torte oder holländischen Quarkkuchen mit Äpfeln und Nussstreuseln. Nach süßen Kostproben bei der Hoosier Mama Pie Company (Ukrainian Village; S. 588) besteht höchste Suchtgefahr!

belebte Gastro-Kneipe serviert Leckeres wie Wild-Burger mit Gouda, Miesmuscheln auf Vindaloo-Art oder Fish & Chips mit Fisch im Guinness-Backteig. Auf der genauso tollen Getränkekarte stehen u. a. Biere aus limitierter Abfüllung (passend zum Essen) und anständige Whiskeys.

Near North & Navy Pier

Chicagos kulinarischer Hotspot bietet eine riesige Auswahl von Pfannenpizza bis hin zu noblem Seafood.

Billy Goat Tavern BURGER $

(Karte S. 572; ☎312-222-1525; www.billygoattavern.com; 430 N Michigan Ave, EG; Burger 4–8 US$; ⏲Mo–Do 6–1, Fr bis 2, Sa bis 3, So 9–2 Uhr; Ⓜ Red Line bis Grand) Reporter des *Tribune* und der *Sun Times* bechern seit Jahrzehnten in dieser Kellerkneipe. Bei „Cheezborgern" und Schlitz-Bier schaut man hier auf Wände, die mit alten Zeitungen tapeziert sind – super, um etwas über Chicagoer Legenden wie den Fluch der Cubs zu erfahren. Der Laden lockt zu Recht viele Touristen an; die Zugangstreppe an der Michigan Ave ist ausgeschildert.

★ **Giordano's** PIZZA $$

(Karte S. 572; ☎312-951-0747; www.giordanos.com; 730 N Rush St; kleine Pizzen ab 16,50 US$; ⏲So–Do 11–23, Fr & Sa bis 24 Uhr; Ⓜ Red Line bis Chicago) Mit großartiger *stuffed pizza* (gefüllter Pizza) gibt's hier eine noch üppigere Spezialvariante der Pfannenpizza (Backzeit jeweils 45 Min.). Besonders lecker ist die „Special" mit Wurst, Pilzen, Zwiebeln und grüner Paprika.

Purple Pig MEDITERRAN **$$**
(Karte S. 572; ☎312-464-1744; www.thepurplepigchicago.com; 500 N Michigan Ave; kleine Gerichte 10–20 US$; ⏲So–Do 11.30–24, Fr & Sa bis 1 Uhr; ✎; Ⓜ Red Line bis Grand) Große Auswahl (u. a. vegetarisch), Gerichte zum Teilen, lange Öffnungszeiten und die Lage an der Mag Mile machen das Pig sehr beliebt. Die leckere Spezialität des Hauses ist in Milch geschmorte Schweineschulter. Auch die vielen erschwinglichen Weine sorgen für gute Laune an den Gemeinschaftstischen in den Innen- und Außenbereichen. Mangels Reservierungsmöglichkeit muss man den Gästeansturm jedoch buchstäblich aussitzen.

Gold Coast

Gibson's STEAK **$$$**
(☎312-266-8999; www.gibsonssteakhouse.com; 1028 N Rush St; Hauptgerichte 45–60 US$; ⏲11–24 Uhr; Ⓜ Red Line bis Clark/Division) In dieser Chicagoer Institution tummelt sich jeden Abend ein interessanter Gästemix: An den begehrten Tischen im belebten Speiseraum kippen Politiker, bedeutende Persönlichkeiten und Normalsterbliche zusammen die berühmten Martinis des Hauses. An der Bar bechern die Reichen und Schönen der Stadt. Auf den Tisch kommen hier u. a. hervorragende Steaks und riesige Hummer.

★ **Le Colonial** FRANZÖSISCH, VIETNAMESISCH **$$$**
(☎312-255-0088; www.lecolonialchicago.com; 937 N Rush St; Hauptgerichte 22–32 US$; ⏲So–Do 11.30–15 & 17–22, Fr & Sa bis 23 Uhr; ✎; Ⓜ Red Line bis Chicago) Hier wähnt man sich im Saigon der 1920er-Jahre: Im Speiseraum mit dunklem Holz bewegen sich Kerzenflammen und große Palmwedel im Luftzug langsam rotierender Deckenventilatoren. Die Gerichte (z. B. Currys, Fisch im Bananenblatt) sind teilweise auch ohne Fleisch und/oder Gluten bestellbar.

Lincoln Park & Old Town

Lincoln Park beheimatet neben superteuren Gourmettempeln wie dem Alinea auch preiswerte Lokale für die Studenten der örtlichen DePaul University. An der Halsted St, der Lincoln Ave und der Fullerton Ave liegen allerlei trendige und belebte Adressen. Die Restaurants von Old Town sind vergleichsweise ruhiger und stilvoller.

La Fournette BÄCKEREI **$**
(☎312-624-9430; www.lafournette.com; 1547 N Wells St; Backwaren 3–7 US$; ⏲Mo–Sa 7–18.30, So bis 17.30 Uhr; Ⓜ Brown od. Purple Line bis Sedgwick) Der Inhaber dieser kleinen Bäckerei mit rustikaler Holzeinrichtung stammt aus dem Elsass. Seine Regale füllt er mit knusperigen Baguettes, butterigen Croissants, käselastigem Brot und bunten Macarons (z. B. violett mit Maracuja, grün mit Pistazien oder rot mit Himbeeren und Schokolade). All dies schreit quasi danach, sofort zu einem Intelligentsia-Kaffee aus selbst gerösteten Bohnen vertilgt zu werden. Die leckeren Suppen, Crêpes, Quiches und Sandwiches zeugen von gleicher Raffinesse à la Frankreich.

Sultan's Market NAHÖSTLICH **$**
(☎872-253-1489; 2521 N Clark St; Hauptgerichte 4–7 US$; ⏲Mo–Sa 10–22, So bis 21 Uhr; Ⓜ Brown, Purple od. Red Line bis Fullerton) Einheimische lieben dieses familiengeführte Lokal für seine guten nahöstlichen Gerichte (z. B. Sandwiches mit Falafel, Spinatpasteten).

★ **Alinea** STERNEKÜCHE **$$$**
(☎312-867-0110; www.alinearestaurant.com; 1723 N Halsted St; Menü mit 10/16 Gängen ab 165/285 US$; ⏲Mi–So 17–22 Uhr; Ⓜ Red Line bis North/Clybourn) Das Alinea mit seinen drei Michelinsternen gehört zu den weltbesten Restaurants. Hierfür sorgt Molekularküche in Form von mehrgängigen Menüs: Die Gerichte werden u. a. per Zentrifuge oder Vakuumkapsel zubereitet. Unter den Ergebnissen ist z. B. Ente „auf einem Kissen aus Lavendelluft". Das Lokal akzeptiert keine Reservierungen, verkauft aber Tickets zwei bis drei Monate im Voraus über seine Website.

Lake View & Wrigleyville

Dieses Viertel hat viele mittelteure und gesellige Lokale, die vor allem Vegetarier und Fans internationaler Küche bedienen. Besonders interessant sind dabei Clark St, Halsted St und Southport St.

Home Bistro AMERIKANISCH **$$**
(☎773-661-0299; www.homebistrochicago.com; 3404 N Halsted St; Hauptgerichte 20–25 US$; ⏲Di–Do 17.30–22, Fr & Sa 17–22.30, So 11–21 Uhr; Ⓜ Red Line bis Addison) Das Home Bistro (alias HB) ist heimelig mit Holz und Fliesen eingerichtet. Genauso einladend wirkt die gehobene Hausmannskost (z. B. Buttermilch-Brathähnchen, Gnocchi mit Enten-Fleischbällchen oder in Apfelwein gegarte Miesmuscheln). Am besten sind die vorderen Tische mit Fensterblick auf das Treiben in Boystown. Prima für Sparfüchse: Bier und Wein können selbst mitgebracht werden.

Andersonville & Uptown

In Andersonville warten gemütliche Restaurants mit internationaler Küche. „Little Saigon" in Uptown ist für seine Nudellokale bekannt.

Nha Hang Viet Nam VIETNAMESISCH **$**
(☎773-878-8895; 1032 W Argyle St; Hauptgerichte 7–13 US$; ⏲Mi–Mo 8.30–22 Uhr; Ⓜ Red Line bis Argyle) Von außen sieht das kleine Lokal nach nicht viel aus. Drinnen serviert es aber eine Riesenauswahl authentischer vietnamesischer Köstlichkeiten (z. B. *pho*-Suppe oder Katzenwels aus dem Tontopf). Nett ist auch das kostenlose Vanilleeis zum Nachtisch.

★ **Hopleaf** EUROPÄISCH **$$**
(☎773-334-9851; www.hopleaf.com; 5148 N Clark St; Hauptgerichte 12–27 US$; ⏲Mo–Do 12–23, Fr & Sa bis 24, So bis 22 Uhr; 🚌22, Ⓜ Red Line bis Berwyn) Das behagliche Hopleaf im europäischen Stil lockt Gästescharen z. B. mit geräucherter Rinderbrust à la Montreal, Stilton-Blauschimmelkäse, Makkaroni mit viel Sahne oder Sandwiches mit Cashew-Butter und Feigenmarmelade. Spezialität des Hauses sind in Bier gegarte Miesmuscheln mit *frites* (Pommes). Bei den 200 Gerstensaftsorten (ca. 60 davon vom Fass) liegt der Schwerpunkt auf Craft-Bieren und belgischen Gebräuen.

Wicker Park, Bucktown & Ukrainian Village

Fast täglich eröffnen hier neue und hippe Restaurants, die oft moderne Hausmannskost servieren. Allerlei fesche Bistros und Kneipen mit Straßentischen säumen die Division St.

Hoosier Mama Pie Company KUCHEN, PIES **$**
(☎312-243-4846; www.hoosiermamapie.com; 1618 ½ Chicago Ave; Kuchenstücke 5–6,25 US$; ⏲Di–Fr 8–19, Sa 9–17, So 10–16 Uhr; 🚌66, Ⓜ Blue Line bis Chicago) Einer Statistik zufolge hat eine unter fünf Personen schon mal einen ganzen Kuchen oder Pie alleine gegessen. Das Hoosier Mama ist ideal, um das auch mal zu probieren: Inhaberin Paula Haney stellt ihre Köstlichkeiten komplett von Hand her und verfeinert sie z. B. mit sahnigen Fruchtmischungen. Besonders beliebt sind u. a. der klassische Apfelkuchen, die Sahnetorte mit Bananen oder der Butterkuchen mit Schokolade (alias Brownie Pie). Ebenfalls im Angebot sind ein paar pikante Pies mit Fleisch- und/oder Gemüsefüllung.

Dove's Luncheonette TEX-MEX **$$**
(☎773-645-4060; www.doveschicago.com; 1545 N Damen Ave; Hauptgerichte 13–19 US$; ⏲Mo–Do 9–21, Fr & Sa 8–22, So 8–21 Uhr; Ⓜ Blue Line bis Damen) Auf einem altmodischen Tresen landen hier Tex-Mex-Gerichte wie *pozole* mit Schweineschulter oder Süßmais-*tamales* mit Garnelenfüllung. Zum Nachtisch gibt's natürlich Kuchen (z. B. mit Pfirsichen und Jalapeños oder Zitronen-Sahnetorte; tagesabhängig). Vom Plattenspieler kommen Soul-Sounds, während die Bar mit 70 Tequilasorten aufwartet. Fazit: Ein rundum gelungenes Gesamtpaket!

Mana Food Bar VEGETARISCH **$$**
(☎773-342-1742; www.manafoodbar.com; 1742 W Division St; kleine Gerichte 7–10 US$; ⏲Mo–Do 17.30–22, Fr bis 23, Sa 12–23, So 17–21 Uhr; 🖉; Ⓜ Blue Line bis Division) Die Besonderheit dieses Lokals ist eine vegetarische Küche ohne Fleischersatz: Statt Soja-Chorizo oder Reuben-Sandwiches mit Tempeh gibt's hier Gerichte aus aller Welt (z. B. Japan, Korea, Italien, US-Südwesten), die von vorn herein auf Gemüse basieren. Hinuntergespült wird das Essen mit Bier, Smoothies und Sake-Cocktails. In dem kleinen und schicken Laden ist immer viel los – wer nicht warten will, sollte daher rechtzeitig reservieren.

Logan Square & Humboldt Park

Logan Square ist das zwanglose Zentrum von Chicagos kreativer Gourmetszene – so zwanglos, dass viele Spitzenrestaurants reservierungsfrei sind. Humboldt Park ist für seine puerto-ricanischen Cafés und *jibarito*-Sandwiches berühmt, geht nun aber auch langsam in Richtung Nobelküche: An der California Ave und der Augusta Ave gibt's seit Kurzem ein paar angesagte Top-Adressen.

Longman & Eagle AMERIKANISCH **$$**
(☎773-276-7110; www.longmanandeagle.com; 2657 N Kedzie Ave; Hauptgerichte 16–30 US$; ⏲So–Fr 9–2, Sa 9–3 Uhr; Ⓜ Blue Line bis Logan Square) Schwer zu sagen, ob man in dieser schäbig-schicken Taverne lieber etwas essen oder etwas trinken sollte. Wahrscheinlich gewinnt die Küche: Immerhin hat das Lokal einen Michelinstern für seine wunderbar zubereitete Hausmannskost erhalten. So kommen hier z. B. Gehacktes mit Enteneier (morgens), Sloppy Joes mit Wildschweinfleisch (mittags) oder Brathähnchen mit Entenfett-Biscuits auf den Tisch. Zudem gibt's

eine ganze Karte mit leckeren Snacks und Whiskeys. Keine Reservierungen.

Kai Zan SUSHI $$
(☎773-278-5776; www.eatatkaizan.com; 2557 W Chicago Ave; Hauptgerichte 10–16 US$; ⏲Di–Do 17–22, Fr bis 23, Sa 16.30–23.30 Uhr; 🚌66) Lust auf Sushi im trendigen Nachtclub-Ambiete mit spektakulärer Beleuchtung und Ambient-House-Beschallung? Oder auf Maki, das nach einem US-Bundesstaat benannt ist? Dann auf keinen Fall dieses zauberhafte Mini-Juwel in einer gesichtslosen Ecke von Humboldt Park besuchen: Wer hier reserviert (ratsam!), darf sich auf Sushi-Abenteuer der einfallsreicheren Art freuen.

Near West Side & Pilsen

Im West Loop gibt's viele Restaurants unter der Leitung von Starköchen (vor allem an der W Randolph St und der W Fulton Market). Greektown säumt die S Halsted St, Little Italy die Taylor St. Die 18th St in Pilsen paart mexikanische Taquerias mit Hipster-Treffs.

★**Lou Mitchell's** FRÜHSTÜCK $
(Karte S. 572; ☎312-939-3111; www.loumitchells restaurant.com; 565 W Jackson Blvd; Hauptgerichte 9–14 US$; ⏲Mo 5.30–15, Di–Fr bis 16, Sa 7–16, So bis 15 Uhr; 👪; Ⓜ Blue Line bis Clinton) Einheimische wie Touristen bevölkern morgens dieses Relikt aus den alten Tagen der Route 66. Die Kellnerinnen in Oldschool-Kluft servieren z. B. lockere Riesenomelettes oder üppige Arme Ritter mit Sirup. Gäste werden *honey* (Schätzchen) genannt und bekommen ständig ihren Kaffee nachgefüllt. Gratis-Donuts und Milk Duds verkürzen die oft recht lange Wartezeit.

★**Pleasant House Pub** KNEIPENESSEN $
(☎773-523-7437; www.facebook.com/pleasanthou sepub; 2119 S Halsted St; Hauptgerichte 8–10 US$; ⏲Di–Do 7–22, Fr bis 24, Sa 10–24, So bis 22 Uhr; 📶; 🚌8) Aus dem Pleasant House dringt der Duft von üppigen, lockeren und pikanten Pies mit selbst angebautem Gemüse. Die täglich erhältlichen Varianten kombinieren z. B. Hähnchenfleisch mit Chutney, Steak mit Biersauce oder Grünkohl mit Pilzen. Dazu gibt's extern gebraute Hausbiere. Prima ist auch der Bratfisch am Freitag.

Ausgehen & Nachtleben

Chicagos Einwohner lieben Kneipen aller Art. Vielleicht, weil der lange Winter in der Region ein starkes Bedürfnis nach Wärme und Geselligkeit weckt. Oder weil Biergärten und Straßenterrassen an Sommertagen einfach super sind. Warum auch immer: In dieser Stadt wird gern und oft gebechert.

The Loop & Near North

★**Berghoff** BAR
(Karte S. 572; ☎312-427-3170; www.theberghoff.com; 17 W Adams St; ⏲Mo–Fr 11–21, Sa ab 11.30 Uhr; Ⓜ Blue od. Red Line bis Jackson) Das Berghoff von 1898 war Chicagos erste Bar, die nach der Prohibition wieder eine offizielle Ausschanklizenz erhielt. Dieses Originaldokument mit dem Stempel „#1" wird Gästen gern gezeigt. Seit damals haben sich die Räumlichkeiten mit alter Holzeinrichtung kaum verändert. Zu empfehlen sind u. a. die gut gekühlten Hausbiere vom Fass. Hungrige können europäische Klassiker (z. B. Sauerbraten, Schnitzel) beim dazugehörigen Restaurant mit deutscher Küche bestellen.

Monk's Pub KNEIPE
(Karte S. 572; ☎312-357-6665; www.monkspub chicago.com; 205 W Lake St; ⏲Mo–Fr 9–23, Sa 11–17 Uhr; Ⓜ Blue, Brown, Orange, Green, Purple od. Pink Line bis Clark/Lake) Hinter mächtigen Holztüren mit Messinggriffen verbirgt sich diese belgische Bierkneipe mit Schummerbeleuchtung, alten Bierfässern, Retro-Zapfhähnen und Imitaten antiquarischer Bücher. Zu zahllosen Gerstensaftsorten aus aller Welt gibt's hier gratis Erdnüsse, deren Schalen einfach auf den Boden geworfen werden können. Auf der Karte steht auch gutes Kneipenessen (u. a. Burger). Das Publikum besteht vor allem aus Bürohengsten; gelegentlich sind aber auch ein paar TV-Wettervögel unter den Gästen.

Clark Street Ale House BAR
(Karte S. 572; ☎312-642-9253; www.clarkstreetale house.com; 742 N Clark St; ⏲Mo–Fr 16–4, Sa & So ab 11 Uhr; 📶; Ⓜ Red Line bis Chicago) Die Aufschrift des Retro-Schildes ist auch das hiesige Motto: Stop & Drink! Hier warten als Highlight diverse Craft-Biere aus dem Mittleren Westen. Am besten schafft man eine Grundlage mittels der Gratis-Brezeln, bestellt ein Probiergedeck (7 US$/3 Biersorten) und relaxt dann im Biergarten hinter dem Haus.

Old Town & Wrigleyville

★**Old Town Ale House** BAR
(☎312-944-7020; www.theoldtownalehouse.com; 219 W North Ave; ⏲Mo–Fr 15–4, Sa & So ab 12 Uhr;

INSIDERWISSEN

EINE KLASSISCHE CHICAGOER BAR FINDEN

Lokaltypische Bars haben folgende Merkmale: Altmodisches Bierschild am Eingang; Abgenutzte Dartscheibe und/ oder alter Billardtisch; Stammgäste mit Baseballcaps der Cubs, White Sox, Bears oder Blackhawks; Sport im TV.

Ⓜ Brown od. Purple Line bis Sedgwick) Seit den 1960er-Jahren liegt die schlichte und beliebte Kiezbar in der Nähe diverser Nightlife-Adressen (u.a. des Comedy-Clubs Second City). Unter Gemälden von nackten Politikern sitzen hier junge Schönlinge und grauhaarige Stammgäste beim Bier zusammen. Klassischer Jazz aus der Jukebox trägt zur geselligen Atmosphäre bei. Nur Barzahlung.

Smart Bar NACHTCLUB

(☎773-549-4140; www.smartbarchicago.com; 3730 N Clark St; Tickets 5–15 US$; ⌚Do–So 22–4 Uhr; Ⓜ Red Line bis Addison) Die alteingesessene und populäre Disco mit bodenständiger Atmosphäre befindet sich im Kellergeschoss des Rockclubs **Metro** (☎773-549-4140; www.metrochicago.com; ⌚Ticketschalter Mo 12–18, Di–Sa bis 20 Uhr). Der lauschige Laden überrascht oft mit ziemlich bekannten DJs, die vor allem House und Techno auflegen.

Berlin NACHTCLUB

(☎773-348-4975; www.berlinchicago.com; 954 W Belmont Ave; ⌚So–Mi 22–4, Do–Sa ab 17 Uhr; Ⓜ Red, Brown od. Purple Line bis Belmont) Wer auf schweißtreibend volle Tanzflächen steht, ist im Berlin richtig. Unter der Woche tummelt sich hier vor allem GLBT-Publikum, während sich am Wochenende viele Feierwütige jeder Art einfinden. Auf den Monitoren an den Wänden laufen die neuesten Videos von Ikonen der Elektro- und Popmusik. Zwischendurch legen die DJs auch mal eine Runde Trance auf.

Wicker Park, Bucktown & Ukrainian Village

★ **Matchbox** BAR

(Karte S. 572; ☎312-666-9292; 770 N Milwaukee Ave; ⌚Mo–Do 16–2, Fr–So ab 15 Uhr; Ⓜ Blue Line bis Chicago) Der Name ist Programm: Das Matchbox ist wirklich so winzig wie eine Streichholzschachtel. Das Publikum (u.a. Rechtsanwälte, Künstler, Gammler) quetscht sich hier auf gerade mal zehn Barhocker und bechert ansonsten im Stehen vor der Rückwand. Die Barkeeper mixen die Retro-Cocktails stets frisch von Hand. Beliebt sind z.B. der Pisco Sour oder der Ginger Gimlet mit bernsteinfarbenem Ingwer-Wodka, den das Personal selbst in einem Bottich ansetzt.

Map Room BAR

(☎773-252-7636; www.maproom.com; 1949 N Hoyne Ave; ⌚Mo–Fr 6.30–2, Sa 7.30–3, So 11–2 Uhr; 📶; Ⓜ Blue Line bis Western) In dieser „Traveller-Taverne" voller Landkarten und Globen laben sich Künstlertypen tagsüber an Kaffee und abends an über 200 Biersorten. Für Unterhaltung sorgen Brettspiele und alte Ausgaben von *National Geographic*.

Danny's BAR

(☎773-489-6457; 1951 W Dickens Ave; ⌚So–Fr 19–2, Sa bis 3 Uhr; Ⓜ Blue Line bis Damen) Das Danny's mit Schummerlicht und abgewetzter Einrichtung ist prima für einen Plausch bei einem frühen Bier. Später wird hier kräftig zu DJ-Sounds getanzt. Der coole Schuppen ist eher schon ein ganzes Haus und lockt hauptsächlich Gäste zwischen 20 und 40 Jahren an.

☆ Unterhaltung

Chicago bietet jeden Abend unglaublich viel Unterhaltung für jeden Geldbeutel. Das örtliche Wochenblatt namens *Reader* informiert gleich seitenweise über aktuelle Theaterpremieren und Konzerte. Bei einem Blick darauf wird schnell klar: Die Einheimischen können gar nicht genug von nächtlichem Amüsement kriegen.

Blues & Jazz

★ **Green Mill** JAZZ

(☎773-878-5552; www.greenmilljazz.com; 4802 N Broadway; ⌚Mo–Fr 12–4, Sa bis 5, So 11–4 Uhr; Ⓜ Red Line bis Lawrence) Das zeitlose Green Mill wurde als Al Capones bevorzugte Flüsterkneipe berühmt. Unter der Bar befinden sich immer noch die Tunnel, in denen früher der illegale Alkohol versteckt war. In den Separees mit geschwungenen Samtsofas nötigt einen der Geist des Gangsters quasi zum nächsten Martini. Jeden Abend spielen hier Jazzer aus Chicago und den ganzen USA. Der Poetry Slam am Sonntag wird landesweit gelobt. Nur Barzahlung.

★ **Buddy Guy's Legends** BLUES

(Karte S. 572; ☎312-427-1190; www.buddyguy.com; 700 S Wabash Ave; Tickets So–Do 10 US$, Fr

& Sa 20 US$; ⌚ Mo & Di 17–2, Mi–Fr ab 11, Sa 12–3, So bis 2 Uhr; Ⓜ Red Line bis Harrison) Im Club des einheimischen Blues-Gitarrenhelden Buddy Guy treten Top-Musiker aus Chicago und den übrigen USA auf. Buddy höchstpersönlich ist hier meist bei einer Konzertreihe im Januar (Ticketvorverkauf ab Nov.) zu hören. Das Liveprogramm im leicht raubeinigen Ambiente ist stets vom Feinsten.

BLUES BLUES

(☎773-528-1012; www.chicagobluesbar.com; 2519 N Halsted St; Eintritt 7–10 US$; ⌚ Mi–So 20–2 Uhr; Ⓜ Brown, Purple od. Red Line bis Fullerton) Dieser lange, schmale und laute Blues-Veteran lockt etwas ältere Leute, die selbst feinste Klangnuancen wahrnehmen und deren Zauber würdigen. Wie ein Chicagoer Musiker einmal sagte: „Hier will das Publikum den Blues *verstehen*." Auf der kleinen Bühne stehen meist einheimische Berühmtheiten.

Kingston Mines BLUES

(☎773-477-4646; www.kingstonmines.com; 2548 N Halsted St; Eintritt 12–15 US$; ⌚ Mo–Do 19.30–4, Fr ab 19, Sa 19–5, So 18–4 Uhr; Ⓜ Brown, Purple od. Red Line bis Fullerton) Die Popularität des Kingston Mines lockt immer wieder Bluesgrößen auf die hiesige Bühne. Der Laden ist so laut, heiß, stickig und authentisch, dass sich Blues-Neulinge in einer Art urigem Delta-Themenpark wähnen. Auf den beiden Bühnen gibt's jeden Abend Livemusik. Bei der Jamsession (So 18–20 Uhr) ist der Eintritt frei.

Rock & Weltmusik

★ **Hideout** LIVEMUSIK

(☎773-227-4433; www.hideoutchicago.com; 1354 W Wabansia Ave; Tickets 5–15 US$; ⌚ Mo & Di 17–2, Mi–Fr ab 16, Sa 19–3 Uhr, So wechselnde Öffnungszeiten; 🚌72) Dieser tolle Liveclub versteckt sich hinter einer Fabrik am Rand von Bucktown. In zwei Räumen werden hier jeden Abend Konzerte (Indie-Rock, Alternative-Country) und andere Events geboten. Die Inhaber setzen gezielt auf einen unkonventionellen Underground-Vibe, der stark an einen Hobbyraum in Omas Häuschen erinnert.

★ **Whistler** LIVEMUSIK

(☎773-227-3530; www.whistlerchicago.com; 2421 N Milwaukee Ave; ⌚ Mo–Do 18–2, Fr–So ab 17 Uhr; Ⓜ Blue Line bis California) Im winzigen Whistler mit Künstlertouch gibt's an den meisten Abenden regionale Indie-Bands, Jazzcombos und DJs zu hören. Der Eintritt ist stets frei. Allerdings sollte man mindestens einen der schicken Cocktails oder eines der Craft-

SCHWULEN- & LESBENSZENE IN CHICAGO

Die lebendige LGBT-Szene der Stadt hat zwei Zentren: Das feierwütige Boystown mit vielen Bars und Clubs säumt die N Halsted St zwischen Belmont Ave und Grace St. Das lässige Andersonville ist genauso vielfältig, aber etwas ruhiger und nicht so party-orientiert. In Chicago können Schwule bzw. Lesben z. B. Aufreizendes im **Leather Archives & Museum** (www.leatherarchives.org; 6418 N Greenview Ave; ⌚ Do–Fr 11–19, Sa & So bis 17 Uhr) besichtigen, freches Twister auf belebten Straßenfesten spielen, szenespezifische Bücher kaufen und Clubs mit männlichen Go-Go-Tänzern besuchen.

Höhepunkt des jährlichen Eventkalenders ist die Pride Parade (S. 583), die sich am letzten Junisonntag durch Boystown schlängelt und über 800 000 knapp bekleidete Teilnehmer anlockt. Ebenso wild und heiß sind die **Northalsted Market Days** (www.northalsted.com; ⌚ Mitte Aug.) in Boystown: Bei diesem zweitägigen Straßenfest säumen Kunsthandwerksstände mit Räucherstäbchen die Halsted St. Die Hauptattraktionen sind jedoch die Transvestiten mit Federboas, die Twister-Spiele auf der Straße und die Disco-Diven (Gloria Gaynor!) auf der Hauptbühne. Beim **International Mr. Leather** (www.imrl.com; ⌚ Ende Mai) treten jede Menge Männer in Lederkluft gegeneinander an. Rund um den Wettbewerb steigen Workshops und Partys in der ganzen Stadt. Das Hauptevent findet stets in einem Hotel oder Theater in der Downtown statt.

Gute Infoquellen für Schwule und Lesben:

Windy City Times (www.windycitymediagroup.com) Die Website der LGBT-Wochenzeitung liefert die meisten aktuellen Veranstaltungsinfos.

Purple Roofs (www.purpleroofs.com) Online-Verzeichnisse mit LGBT-freundlichen Unterkünften, Reisebüros und Tourveranstaltern.

Chances Dances (www.chancesdances.org) Organisiert LGBT-Tanzpartys in Clubs im ganzen Stadtgebiet.

Biere bestellen, um dem Laden das Überleben zu ermöglichen. Das Ganze ist auch eine Galerie: Im vorderen Schaufenster sind Werke einheimischer Künstler ausgestellt.

Empty Bottle LIVEMUSIK
(☎773-276-3600; www.emptybottle.com; 1035 N Western Ave; ⌚Mo–Mi 17–2, Do & Fr ab 15, Sa & So ab 11 Uhr; 🚌49) Kenner der lokalen Musikszene lieben das schäbige Empty Bottle, das Chicagos angesagtester Liveclub für experimentelle Sounds (u. a. Indie-Rock, Jazz) ist. Montags kann man sich hier oft gratis ein paar Newcomerbands anhören. Billiges Bier, eine Fotokabine und lesenswerte Kritzeleien in den Toiletten tragen zum spaßigen Kaschemmen-Vibe bei.

Theater

★ **Steppenwolf Theatre** THEATER
(☎312-335-1650; www.steppenwolf.org; 1650 N Halsted St; Ⓜ Red Line bis North/Clybourn) Das Steppenwolf ist Chicagos Top-Theater für provokante Inszenierungen der Spitzenklasse. Zum Hausensemble gehören diverse Hollywoodstars (u. a. Gary Sinise, John Malkovich, Martha Plimpton, Gary Cole, Joan Allen, Tracy Letts). Tipp für Sparfüchse: Für die täglichen Vorstellungen sind jeweils 20 Tickets à 20 US$ erhältlich (Mo–Sa ab 11, So ab 13 Uhr; telefonische Reservierung möglich).

Goodman Theatre THEATER
(Karte S. 572; ☎312-443-3800; www.goodmantheatre.org; 170 N Dearborn St; Ⓜ Brown, Orange, Green, Purple, Pink od. Blue Line bis Clark/Lake) Das Goodman gehört zu Chicagos führenden Schauspielhäusern und wurde schon mehrfach als eines der besten US-Regionaltheatern bezeichnet. In einem großartigen Gebäude im Theater District liegt hier der Schwerpunkt auf neuen und klassischen Stücken amerikanischer Dramatiker. Bislang nicht verkaufte Tickets für Vorstellungen am selben Tag sind jeweils ab 10 Uhr online zum halben Preis erhältlich.

Chicago Theatre THEATER
(Karte S. 572; ☎312-462-6300; www.thechicagotheatre.com; 175 N State St; Ⓜ Brown, Orange, Green, Purple od. Pink Line bis State/Lake) Das eindrucksvolle Eingangsschild dieses Theaters ist sechs Stockwerke hoch, ein offizielles Chicagoer Wahrzeichen und ein tolles Fotomotiv. Auf der hiesigen Bühne haben schon alle möglichen Stars gestanden (z. B. Duke Ellington, Frank Sinatra, Prince) und ihre Unterschriften auf den berühmten Wänden im Backstage-Bereich hinterlassen. Hauptattraktion ist jedoch die opulente Architektur im Stil des französischen Barock.

Chicago Children's Theatre THEATER
(CCT; ☎773-227-0180; www.chicagochildrenstheatre.org; 1016 N Dearborn St, Ruth Page Center for Arts; Ⓜ Red Line bis Clark/Division) Das CCT inszeniert ausschließlich spitzenmäßige Produktionen für ein junges Publikum. Die Stücke sind oft von Kinderbüchern adaptiert, wobei häufig Marionetten und/oder Musik zur Untermalung dienen. Ab 2020 soll das Ensemble in einem schicken neuen Theater im West Loop auftreten.

Neo-Futurists THEATER
(☎773-878-4557; www.neofuturists.org; 5153 N Ashland Ave; ⌚Fr & Sa 23.30, So 19 Uhr; 🚌22, Ⓜ Red Line bis Berwyn) Bei ihrer bekanntesten Show namens *The Infinite Wrench* versucht diese hyperaktive Theatertruppe, 30 Originalstücke in 60 Minuten auf die Bühne zu bringen. Der Eintritt kostet 10 bis 15 US$; der tatsächliche Betrag innerhalb dieses Rahmens wird ausgewürfelt.

Comedy

★ **iO Theater** COMEDY
(☎312-929-2401; www.ioimprov.com/chicago; 1501 N Kingsbury St; Tickets 5–16 US$; Ⓜ Red Line bis North/Clybourn) Das iO gehört zu Chicagos besten Adressen für Impro-Comedy, ist aber etwas exzentrischer und preiswerter als die Konkurrenz. Jeden Abend gibt's hier recht obszöne Shows auf insgesamt vier Bühnen. Besonders lustig ist die Improvised Shakespeare Company. Zwei Bars und ein Biergarten runden den Spaß ab.

★ **Second City** COMEDY
(☎312-337-3992; www.secondcity.com; 1616 N Wells St; Tickets 29–36 US$; Ⓜ Brown od. Purple Line bis Sedgwick) Bill Murray, Stephen Colbert, Tina Fey und andere Stars haben ihren Humor einst in diesem schicken Laden mit täglichen Abendvorstellungen perfektioniert. Auf der Mainstage (Hauptbühne) und ETC Stage gibt's Sketch-Revues mit spontanen Impro-Einlagen (Preise und Qualität jeweils ähnlich). Tipp: Wer sich etwa um 22 Uhr einfindet, kann die Comedians kostenlos bei einer Impro-Vorstellung erleben (tgl. außer Fr & Sa).

Kino

The Davis Theater KINO
(☎773-769-3999; www.davistheater.com; 4614 N Lincoln Ave; ⌚Mo–Fr 16.30–1, Sa 11–2, So bis 1 Uhr; Ⓜ Blue Line bis Western) Das 100 Jahre

alte Kino in Lincoln Square wurde kürzlich umfassend renoviert. Seitdem sind die harten Sitze, heruntergekommenen Toiletten und schiefen Leinwände mit Genickstarre-Garantie endlich Vergangenheit: Hier gibt's nun Stadionsitze, makellose Toiletten, größere Leinwände und ein topmodernes Audio-System. Die zauberhafte Art-déco-Einrichtung erstrahlt ebenfalls in neuem Glanz.

Logan Theatre KINO

(☎773-342-5555; www.thelogantheatre.com; 2646 N Milwaukee Ave; Ⓜ Blue Line bis Logan Square) Das Logan Theatre von 1915 gehört zu den ältesten Wahrzeichen des umliegenden Viertels. Seit der Generalrenovierung (2012) findet man hier glänzende Marmorwände, ein Buntglasfenster über dem Ticketschalter und einen neuen Lounge- bzw. Barbereich im Art-déco-Stil. In den vier Multiplex-Sälen erfreuen sich Einheimische wie Touristen an Mainstream und Independent-Filmen sowie Quizabenden.

Sport

★ **Chicago Cubs** BASEBALL

(☎800-843-2827; www.cubs.com; 1060 W Addison St; Ⓜ Red Line bis Addison) Die populären Cubs spielen im altehrwürdigen Wrigley Field. Das Team schaffte 108 Jahre lang keinen Titelgewinn (die längste Pechsträhne der US-Sportgeschichte), konnte diesen Fluch aber 2016 endlich brechen. Die Spiele sind immer stark besucht. Die Ticketpreise variieren, liegen aber generell über 40 US$. Die begehrten Tribünenplätze kosten ca. 55 US$.

Chicago White Sox BASEBALL

(☎866-769-4263; www.whitesox.com; 333 W 35th St; Ⓜ Red Line bis Sox-35th St) Die Sox sind die South-Side-Rivalen der Cubs und spielen im moderneren Guaranteed Rate Field. Im Vergleich zum Wrigley Field sind die Tickets meist leichter zu bekommen und auch preiswerter (So & Mo am günstigsten). Zudem locken die Sox ihre Fans auch mit umfangreicheren Werbemaßnahmen (z. B. Gratis-T-Shirts, Feuerwerk).

Chicago Bulls BASKETBALL

(www.nba.com/bulls) Die Bulls sind zwar nicht mehr die mythischen Champions von einst, ziehen aber immer noch viele Zuschauer ins **United Center** (www.unitedcenter.com; 1901 W Madison St; 🚌19 od. 20). Das verglaste Atrium auf der Ostseite des Gebäudes beherbergt neben den Ticketschaltern auch die berühmte Statue von Michael Jordan beim Slam-Dunking.

Darstellende Künste

★ **Grant Park Orchestra** KLASSISCHE MUSIK

(Karte S. 572; ☎312-742-7638; www.grantparkmusicfestival.com; Pritzker Pavilion, Millennium Park; ⏲Mitte Juni–Mitte Aug. Mi & Fr 18.30, Sa 19.30 Uhr; Ⓜ Brown, Orange, Green, Purple od. Pink Line bis Washington/Wabash) Das Grant Park Orchestra besteht aus Spitzenmusikern internationaler Sinfonieorchester. Seine kostenlosen Klassikkonzerte im Pritzker Pavilion (Millennium Park; S. 568) sind im Sommer einfach Pflicht: Auf mitgebrachten Liegestühlen oder Decken genießt das Publikum die großartige Musik bei Wein und Picknick-Proviant, während die Sonne langsam sinkt und die Lichter der Wolkenkratzer angehen.

Chicago Symphony Orchestra KLASSISCHE MUSIK

(CSO; Karte S. 572; ☎312-294-3000; www.cso.org; 220 S Michigan Ave; Ⓜ Brown, Orange, Green, Purple od. Pink Line bis Adams) Das CSO unter der Leitung von Riccardo Muti ist eines der besten US-Sinfonieorchester. Bekannt ist es u. a. für seinen unerreichten Bläsersatz und seine glühenden Anhänger. Der Cellist Yo-Yo Ma ist der künstlerische Berater des Ensembles und begleitet es regelmäßig als Solist. Die Konzerte (Saison Sept.–Mai) finden im Symphony Center der von Daniel Burnham entworfenen Orchestra Hall statt.

Lyric Opera of Chicago OPER

(Karte S. 572; ☎312-332-2244; www.lyricopera.org; 20 N Wacker Dr; Ⓜ Brown, Orange, Purple od. Pink Line bis Washington/Wells) Dieses kühne und moderne Opernensemble steht unter Kronleuchtern im Civic Opera House auf der Bühne (Saison Sept.–März). Das Programm ist ein raffinierter Mix aus bekannten Klassikern und gewagten neuen Stücken. Tickets sind oft nur schwer zu bekommen. Toll für Opernfans ohne umfangreiche Italienischkenntnisse: Zum Entsetzen von Puristen werden englischsprachige „Übertitel" über der Vorbühne eingeblendet.

Shoppen

Ob die Magnificent Mile mit ihren Nobelläden, Lake View mit seinen gegenkulturellen Shops oder Wicker Park mit seinen Indie-Designern: Chicago ist ein Einkaufsparadies – und zwar schon immer. Denn schließlich wurden in dieser Stadt das Kaufhaus und diverse Handelstraditionen (z. B. Geld-Zurück-Garantie, Hochzeitstisch, Schnäppchen im Untergeschoss) erfunden.

Chicago Architecture Foundation Shop GESCHENKE, SOUVENIRS
(Karte S. 572; ☎312-322-1132; www.architecture.org/shop; 224 S Michigan Ave; ⏰9–21 Uhr, Winter kürzere Öffnungszeiten; Ⓜ Brown, Orange, Green, Purple od. Pink Line bis Adams) Top für Architekturfans: Hier gibt's z. B. Modelle von Wolkenkratzern, Poster von Chicagos Skyline, Notizblöcke mit Gebäuden von Frank Lloyd Wright auf dem Deckblatt und zahllose Bücher zur örtlichen Baukunst.

★ **Reckless Records** MUSIK
(☎773-235-3727; www.reckless.com; 1379 N Milwaukee Ave; ⏰Mo–Sa 10–22, So bis 20 Uhr; Ⓜ Blue Line bis Damen) Chicagos bester Laden für Indie-Rock auf Schallplatte und CD (neu oder gebraucht) lässt einen in alle potenziellen Käufe hineinlauschen. Zudem ist dies definitiv die beste Adresse für aktuelle Infos zur lokalen Underground-Musikszene. Die großen, sonnigen Räumlichkeiten laden mit viel Platz und erschwinglichen Preisen zum fröhlichen Stöbern ein.

Knee Deep Vintage VINTAGE
(☎312-850-2510; www.kneedeepvintage.com; 1425 W 18th St; ⏰Mo–Do 12–19, Fr & Sa 11–20, So 12–18 Uhr; Ⓜ Pink Line bis 18th St) In dieser Vintage-Schatztruhe warten neben Damen- und Herrenbekleidung auch Haushaltswaren und Schallplatten. Am zweiten Freitag jeden Monats gibt's hier einen Sonderverkauf (25–50 % Rabatt) im Rahmen des örtlichen Gallery Hop. Hierbei handelt es sich um ein Gratis-Event (Start 18 Uhr), das gemeinsam von den Galerien, Läden und Ateliers des Viertels veranstaltet wird.

Rotofugi SPIELZEUG
(☎773-868-3308; www.rotofugi.com; 2780 N Lincoln Ave; ⏰11–19 Uhr; Ⓜ Brown od. Purple Line bis Diversey) Das Rotofugi bedient einen ungewöhnlichen Nischenmarkt: urbanes Designer-Spielzeug. Mit den ausgefallenen Artikeln (teils aus Vinyl oder Plüsch; oft mit Bezug zu Raumfahrt oder Robotern) fallen Kids unter ihren Altersgenossen garantiert auf. Der Laden verkauft auch sogenannte Shawnimals aus Chicago und ist zudem eine Galerie, die moderne Popart und Illustrationskunst präsentiert.

ℹ Praktische Informationen

GELD

Geldautomaten gibt's in ganz Chicago. Die meisten örtlichen Hotels, Restaurants und Läden akzeptieren Kreditkarten. Wichtig: Trinkgeld ist obligatorisch und sollte daher nur bei besonders schlechtem Service verweigert werden!

INFOS IM INTERNET

Lonely Planet (www.lonelyplanet.com/chicago) Infos zu Reisezielen plus Travellerforum, Hotelbuchungen u. v. m.

Choose Chicago (www.choosechicago.com) Chicagos offizielle Tourismus-Website mit Infos zu Sehenswürdigkeiten und Events.

DNA Info Chicago (www.dnainfo.com/chicago) Aktuelle Details zu Sehenswürdigkeiten, Bars, Restaurants und Events (jeweils nach Stadtvierteln sortiert).

ℹ An- & Weiterreise

FLUGZEUG

O'Hare International Airport (ORD; www.flychicago.com) Rund 17 Meilen (27 km) nordwestlich vom Loop befinden sich hier der Hauptsitz von United Airlines und ein Knotenpunkt von American Airlines. Die meisten ausländischen Fluglinien und internationalen Flüge nutzen Terminal 5. Für Inlandsflüge sind die Terminals 1, 2 und 3 zuständig. Überall im Flughafen findet man Geldautomaten und Wechselstuben. Die WLAN-Nutzung kostet 7 US$ pro Tag.

Chicago Midway Airport (MDW; www.flychicago.com) Etwa 11 Meilen (18 km) südwestlich vom Loop gibt's hier drei Terminals (A, B und C). Southwest Airlines nutzt Terminal B; die meisten anderen Fluglinien greifen auf Terminal A zurück. Wechselstuben gibt's nur in letzterem, während Geldautomaten im ganzen Flughafen vorhanden sind. Die WLAN-Nutzung kostet 7 US$ pro Tag.

ZUG

Die prächtige **Union Station** (www.chicagounionstation.com; 225 S Canal St; Ⓜ Blue Line bis Clinton) mit ihren dorischen Säulen liegt am Westrand des Loop und ist Chicagos Hauptbahnhof. Die Zahl der Amtrak-Zugverbindungen (www.amtrak.com) ist hier landesweit am größten. Draußen vor dem Eingang warten Taxis an der Canal St.

ℹ Unterwegs vor Ort

VOM/ZUM FLUGHAFEN

O'Hare International Airport Die L-Züge der Blue Line fahren von hier aus in die Downtown (5 US$, 40 Min., rund um die Uhr ca. alle 10 Min.). Die Alternative sind Shuttlevans (35 US$) und Taxis (ca. 50 US$).

Chicago Midway Airport Die L-Züge der Orange Line fahren von hier aus nach Downtown (3 US$, 30 Min., 4–1 Uhr ca. alle 10 Min.). Die Alternative sind Shuttlevans (30 US$) und Taxis (ca. 35–40 US$).

Union Station Alle Fern- und Regionalzüge halten hier. Ein paar Blocks weiter südlich stoppt die Blue Line an der Station Clinton (Achtung: Bei Dunkelheit möglichst meiden!). Etwa 800 m in Richtung Osten kann man an der Station Quincy zur Brown, Orange, Purple oder Pink Line umsteigen. Vor dem Eingang der Union Station warten Taxis an der Canal St.

ÖFFENTLICHE VERKEHRSMITTEL

Zu Chicagos Nahverkehrsnetz gehören neben Hoch- bzw. U-Bahnen auch Metra-Pendlerzüge, die zu den Vororten fahren.

Die schnellen Stadtbahnen der „L" (für *elevated* bzw. erhöht) sind trotz ihres Namens auch oft unterirdisch unterwegs. Die insgesamt acht Linien bedienen die meisten Stadtviertel bzw. Sehenswürdigkeiten. Sie verkehren regelmäßig (ca. alle 10 Min.) und lassen sich anhand von Farbmarkierungen unterscheiden.

Zwei davon (die Red Line und die Blue Line zum O'Hare Airport) fahren rund um die Uhr; bei den anderen Linien geht die tägliche Betriebszeit von 4 bis 1 Uhr.

Die normalen Ventra-Tickets für alle Züge kosten pauschal 3 US$ (Ausnahme: 5 US$ ab dem O'Hare Airport) inklusive zweimal Umsteigen. Sie sind in den Bahnhöfen an Automaten erhältlich und dienen auch zum Durchqueren der Drehkreuze.

Alternativ gibt's in den Bahnhöfen auch die wiederaufladbare Ventra Card (Ersparnis ca. 0,75 US$/Fahrt). Die einmalige Ausstellungsgebühr von 5 US$ wird beim Registrieren der Karte rückerstattet.

Ebenfalls praktisch sind die Pässe für unbegrenzte Fahrten (Gültigkeit 1/3/7 Tage 10/20/28 US$), die man in Bahnhöfen und bei Drogerien bekommt.

Die Website der Chicago Transit Authority (www.transitchicago.com) wartet mit Netzplänen, einem Routenplaner und der Funktion Transit Tracker auf. Diese informiert in Echtzeit über die nächsten Bahn- bzw. Busverbindungen am jeweiligen Standort.

Chicagos Stadtbusse (Einzelfahrt ohne/mit Umsteigen 2/2,25 US$) sind vom frühen Morgen bis zum späten Abend unterwegs. Die Beförderungsgebühr kann per Ventra Card oder in bar (genauer Betrag erforderlich) beim Fahrer bezahlt werden. Besonders gut mit Stadtbussen erreichbar sind der Museum Campus, der Hyde Park und der Lincoln Park Zoo.

TAXI

Im Loop, nördlich davon gen Andersonville und bis Wicker Park/Bucktown in Richtung Nordwesten findet man jeweils viele Taxis. Diese lassen sich einfach auf der Straße heranwinken und verfügen alle über Gebührenzähler (Startpreis 3,25 US$, zzgl. 2,25 US$/Meile und 1 US$/1. weitere Pers., ab 2. weiterer Pers. jeweils zzgl. 0,50 US$). Am Ziel wird ein Trinkgeld von 10 bis 15 % erwartet. Alle großen Taxifirmen akzeptieren Kreditkarten. Die Mitfahrdienste Uber, Lyft und Via werden in Chicago ebenfalls gern genutzt.

Zu den verlässlichen Taxiunternehmen gehören **Flash Cab** (☎773-561-4444; www.flashcab.com) und **Checker Taxi** (☎312-243-2537; www.checkertaxichicago.com).

Rund um Chicago

Oak Park

Der nahegelegene Vorort hat zwei berühmte Söhne – Ernest Hemingway (hier geboren) und Frank Lloyd Wright, der 20 Jahre lang in Oak Park lebte und arbeitete. Auf beiden basieren die lokalen Hauptattraktionen: Hemingways Geburtshaus und ein schlichtes Museum geben faszinierende Einblicke in die Jugend des Schriftstellers. Die Highlights in puncto Wright sind dessen Studio (Entwicklungsort des Präriestils) und einige Häuser, die der Architekt einst für seine Nachbarn entwarf. Zehn dieser Gebäude säumen die Forest und Chicago Ave in einem Umkreis von ca. 1 Meile (1,6 km).

Sehenswertes

Frank Lloyd Wright Home & Studio ARCHITEKTUR
(☎312-994-4000; www.flwright.org; 951 Chicago Ave; Erw./Kind 18/15 US$; ⌚10–16 Uhr) In diesem Haus lebte und arbeitete Wright von 1889 bis 1909. Bei den einstündigen Führungen (wechselnde Zeiten; an Sommerwochenenden alle 20 Min., im Winter ca. alle 60 Min.) offenbart sich der charakteristische Stil des Meisters auf faszinierende Weise. Das Studio bietet zudem geführte Spaziergänge durch das umliegende Viertel (15 US$) und Audioguides (15 US$) für Erkundungen auf eigene Faust an.

Unity Temple ARCHITEKTUR
(☎708-848-6225; www.flwright.org; 875 Lake St; Führungen 10–18 US$; ⌚Mo–Do 9–16.15, Fr bis 15.15, Sa bis 11.15 Uhr) Dieses Architekturwunder von Frank Lloyd Wright wurde 1909 erbaut und kürzlich renoviert. Das Haus kann nach Belieben auf eigene Faust erkundet (30 Min., 10 US$/Pers.) oder in einer Führung besichtigt werden (60 Min., 18 US$/Pers.; Start zur vollen Stunde; Mo–Fr ab 10, Sa ab 9 Uhr).

Praktische Informationen

Oak Park Visitors Center (☎888-625-7275; www.visitoakpark.com; 1010 W Lake St; ⊙Mo–Sa 10–17, So bis 16 Uhr) Bietet einen Touristenführer zur Region an.

An- & Weiterreise

Von der I-290 am Stadtrand führt die Harlem Ave nordwärts zur Lake St. Dort rechts abbiegen: Nach ein paar Blocks kommt dann ein Parkhaus in Sicht.

Zwischen Chicago und den westlichen Vororten halten Metra-Pendlerzüge (Union Pacific West Line) in Oak Park. Nach/ab Chicago besteht auch Verbindung mit der Green Line.

Evanston & North Shore

In Chicagos nördlichen Vororten säumen Villen das Ufer des Lake Michigan: Ende des 19. Jhs. kam diese Gegend bei den Reichen in Mode. Die größte hiesige Gemeinde ist Evanston mit seinem kompakten und akademisch wirkenden Ortskern. Neben weitläufigen Anwesen findet man dort auch die Northwestern University. Das benachbarte Wilmette beeindruckt mit einem unwirklich anmutenden Bahai-Tempel. Weiter nördlich liegt Glencoe mit dem Chicago Botanic Garden. Eine klassische Autotour (30 Meilen/48 km) folgt der Sheridan Rd bis nach Lake Forest, das die wohlhabendste Stadt der Region ist.

Sehenswertes

Illinois Holocaust Museum MUSEUM

(☎847-967-4800; www.ilholocaustmuseum.org; 9603 Woods Dr; Erw./Kind 12/6 US$; ⊙10–17, Do bis 20 Uhr) Das drittgrößte Holocaust-Museum der Welt (nur die Pendants in Jerusalem und Washington, D.C., sind größer) zeigt u.a. einen finsteren Bahnwaggon aus der Nazizeit und Video-Interviews mit Überlebenden. Zudem ist hier nachdenklich stimmende Kunst zum Thema Völkermord (z.B. in Armenien, Ruanda, Kambodscha) ausgestellt. Besonders eindrucksvoll sind die Sonderausstellungen.

Chicago Botanic Garden GARTEN

(☎847-835-5440; www.chicagobotanic.org; 1000 Lake Cook Rd; pro Auto Werktag/Wochenende 25/30 US$; ⊙8 Uhr–Sonnenuntergang) 255 Vogelarten, Wanderwege und Kochvorführungen bekannter Küchenchefs (nur Wochenende).

An- & Weiterreise

Die I-94 führt durch die westlichen Vororte. Die Uferstädte in Richtung Osten liegen an der Sheridan Rd. Zwischen Downtown Chicago und Kenosha (Wisconsin) halten Metra-Pendlerzüge (Union Pacific North Line) in allen Gemeinden am North Shore. Die Stadtbahnen der Purple Line verbinden Chicagos Innenstadt auch mit Evanston.

Galena

Auf bewaldeten Hängen nahe dem Mississippi liegt das winzige von hügeligem Ackerland mit Scheunen umgebene Galena. Rote Backsteinvillen im neoantiken, neogotischen und Queen-Anne-Stil säumen die Straßen – Hinterlassenschaften aus der Blütezeit der Stadt, die in den 1850er-Jahren durch die regionalen Bleiminen reich wurde. Heute gibt's hier viele touristische B&Bs, Süßwaren- und Antiquitätenläden. Das kann Galenas unbestreitbarer Schönheit und zauberhafter Beschaulichkeit aber nichts anhaben. Zudem warten in der Umgebung coole Kajaktouren und Fahrten über Nebenstraßen. An Wochenenden im Sommer und Herbst sind die Besucherzahlen am höchsten.

Sehenswertes & Aktivitäten

Ulysses S. Grant Home HISTORISCHE STÄTTE

(☎815-777-3310; www.granthome.com; 500 Bouthillier St; Erw./Kind 5/3 US$; ⊙April–Okt. Mi–So 9–16.45 Uhr, Nov.–März kürzere Öffnungszeiten) Am Ende des US-Bürgerkriegs beschenkten einheimische Republikaner den siegreichen General mit diesem Wohnhaus von 1860. Grant lebte hier bis zu seinem Amtsantritt als 18. Präsident der USA. Die Einrichtung ist größtenteils im Original erhalten. Historiker leiten die örtlichen Führungen.

Mississippi Palisades State Park STATE PARK

(☎815-273-2731; 16327A Hwy 84) Dieser State Park am Mississippi River ist bei Kletterern, Wanderern und Campern sehr beliebt. Wanderkarten gibt's bei der Verwaltung am Nordeingang.

Stagecoach Trail SCENIC DRIVE

Der schmale, kurvige Stagecoach Trail (26 Meilen/42 km) in Richtung Warren war einst tatsächlich ein Abschnitt der alten Postkutschenroute zwischen Galena und Chicago. Um seinen Anfang zu erreichen, folgt man der Main St nordostwärts durch die Innenstadt und biegt am zweiten Stoppschild rechts ab (auf das Markierungsschild achten).

Fever River Outfitters OUTDOOR-AKTIVITÄTEN

(☎815-776-9425; www.feverriveroutfitters.com; 525 S Main St; ⊙Fr–So 10–17 Uhr) Fever River verleiht Kanus, Kajaks, Fahrräder, Stehpaddelbretter und Schneeschuhe. Ebenfalls im Angebot sind hier diverse Paddeltrips und geführte Radtouren (12 Meilen/19 km; 45 US$/Pers. inkl. Leihausrüstung) zu einem regionalen Weingut.

Schlafen & Essen

DeSoto House Hotel HOTEL $$
(☎815-777-0090; www.desotohouse.com; 230 S Main St; Zi. 160–235 US$; ❄📶) Wer es Grant und Lincoln gleichtun will, übernachtet in den schön möblierten Zimmern dieses Hotels von 1855.

Grant Hills Motel MOTEL $
(☎877-421-0924; www.granthills.com; 9372 US 20; Zi. 80–110 US$; ❄📶🏊) Rund 1,5 Meilen (2,4 km) östlich der Stadt liegt dieses schlichte Motel mit Landschaftsblick und Möglichkeit zum Hufeisenwerfen.

Fritz and Frites FRANZÖSISCH, DEUTSCH $$
(☎815-777-2004; www.fritzandfrites.com; 317 N Main St; Hauptgerichte 17–22 US$; ⊙Di–Sa 16–21, So 9–14 & 16–21 Uhr) Auf der übersichtlichen Karte des romantischen kleinen Bistros stehen deutsche und französische Klassiker (z. B. zartes Schnitzel, Weinbergschnecken in Knoblauch-Kräuterbutter).

An- & Weiterreise

Galena liegt am Hwy 20 und ist nur für Selbstfahrer erreichbar. Die nächstgelegenen Verkehrsknotenpunkte sind Chicago (165 Meilen/266 km Richtung Südosten), Madison (Wisconsin; 95 Meilen/153 km Richtung Nordosten) und Dubuque (Iowa; 16 Meilen/26 km Richtung Nordwesten).

Zentrales Illinois

Alle Sehenswürdigkeiten im zentralen Illinois haben entweder mit Abraham Lincoln oder mit der Route 66 zu tun. Sie sind über die ganze Region verteilt, die ansonsten nur flaches Farmland ist. Arthur und Arcola östlich von Decatur sind Hochburgen der Amish.

Springfield

Die kleine Hauptstadt des Bundesstaates ist ernsthaft besessen von Abraham Lincoln, der hier von 1837 bis 1861 als Anwalt tätig war. Viele der Attraktionen befinden sich in der Innenstadt, sind zu Fuß zu erreichen und kosten wenig oder nichts.

Sehenswertes

Lincoln Home & Visitor Center HISTORISCHE STÄTTE
(☎217-492-4150; www.nps.gov/liho; 426 S 7th St; ⊙8.30–17 Uhr) GRATIS Zuerst muss man sich im Visitor Center des National Park Service eine Eintrittskarte besorgen. Lincolns Haus mit seinen zwölf Zimmern steht direkt gegenüber auf der anderen Straßenseite. Man kann durch das ganze Haus marschieren, in dem Abe und Mary Lincoln von 1844 bis zu ihrem Umzug ins Weiße Haus 1861 lebten. Überall sind Ranger, die Hintergrundinfos geben und Fragen beantworten.

Lincoln Presidential Library & Museum MUSEUM
(☎217-558-8844; www.illinois.gov/alplm; 212 N 6th St; Erw./Kind 15/6 US$; ⊙9–17 Uhr; 👪) Das Museum hat die umfangreichste Lincoln-Sammlung der Welt. Zu sehen sind hier sowohl echte alte Stücke, z. B. sein Rasierspiegel und seine Aktenmappe, als auch abgefahrene Ausstellungsstücke wie Hologramme, die Kinder recht spannend finden.

Lincoln's Tomb GRABMAL
(☎217-782-2717; www.lincolntomb.org; 1441 Monument Ave; ⊙9–17 Uhr) GRATIS Nach seiner Ermordung wurde Lincoln nach Springfield zurückgebracht und ca. 1,5 Meilen (2,4 km) nördlich des Zentrums auf dem Oak Ridge Cemetery bestattet. Seinen eindrucksvollen Ruheort ziert eine Büste, deren Nase aufgrund der vielen leichten Berührungen durch Besucher richtig glänzt – was erahnen lässt, wie viele Menschen dem früheren Präsidenten immer noch die Ehre erweisen. Im Sommer (Di 19 Uhr) feuern hier Schauspieler in Infanterieuniform ihre Musketen ab und senken die Fahne vor dem Grabmal.

Old State Capitol HISTORISCHE STÄTTE
(☎217-785-7960; Ecke 6th St & Adams St; Empfohlene Spende 5 US$; ⊙9–17 Uhr) Geschwätzige Dozenten führen die Besucher durch das Gebäude und erzählen Lincoln-Storys – beispielsweise wie er hier im Jahre 1858 seine berühmte „House Divided"-Rede hielt

Schlafen & Essen

Inn at 835 B&B $$
(☎217-523-4466; www.innat835.com; 835 S 2nd St; Zi. 135–205 US$; P❄📶) Diese historische, kunsthandwerklich und künstlerisch gestaltete Villa hat elf Zimmer, die mit Himmelbetten, frei stehenden Badewannen und dergleichen ausgestattet sind.

State House Inn HOTEL $$
(☎217-528-5100; www.thestatehouseinn.com; 101E Adams St; Zi. 120–165 US$; P ❄ @ ☰) Die Betonfassade wirkt trist, doch innen ist das State House recht elegant. Die Zimmer haben bequeme Betten und große Bäder. In der Lobby befindet sich eine im Retrostil eingerichtete Bar.

Cozy Dog Drive In AMERIKANISCH $
(☎217-525-1992; www.cozydogdrivein.com; 2935 S 6th St; Hauptgerichte 2–5 US$; ⊙Mo–Sa 8–20 Uhr) Diese Route-66-Legende, die auch den Corn Dog erfunden haben soll, bietet neben dem frittierten Hauptgericht am Stiel auch verschiedene Erinnerungsstücke und Souvenirs an.

Praktische Informationen

Springfield Convention & Visitors Bureau (www.visitspringfieldillinois.com) Hier ist ein praktischer Besucherführer erhältlich.

Anreise & Unterwegs vor Ort

Vom **Amtrak-Bahnhof** (☎217-753-2013; www.amtrak.com; 100 N 3rd St) im Zentrum fahren täglich fünf Züge nach St. Louis (2 Std.) und Chicago (3½ Std.).

Südliches Illinois

Das südliche Illinois unterscheidet sich stark vom Rest des Bundesstaats: Hier dominieren Flüsse und schroffe grüne Hügel die Gegend. Die Westgrenze der Region bildet der Mississippi. Dessen Ufer folgt die kurvige Great River Road (eigentlich eine Route aus mehreren Straßen), die sich durch Felslandschaften zu vergessenen Ortschaften mit traditionellen Main Streets schlängelt. Einer der schönsten Abschnitte ist der Hwy 100 zwischen Grafton und Alton bei St. Louis. Wer hier unter den windumtosten Felsen entlangfährt, sollte gut auf die Abzweigung zum versteckten Winznest Elsah achten: Dort gibt's Bauernhäuser, Steinhäuschen aus dem 19. Jh. und Werkstätten für hölzerne Pferdewagen zu sehen. Weiter südlich warten der Ausgangspunkt der Lewis-und-Clark-Expedition, eine prähistorische Welterbestätte und ein einsames Hügelfort.

Landeinwärts Richtung Süden sinkt die Besiedlungsdichte. Hier ragen die bewaldeten Shawnee Hills empor, die an ein Minigebirge erinnern und einige Überraschungen bergen (z. B. einen Weingutpfad oder einen gruseligen Sumpf).

Sehenswertes & Aktivitäten

Nahe der Südspitze des Bundesstaats liegt das Union County mit Weingütern und Obstplantagen. Allerlei Regionalprodukte probieren kann man entlang des 35 Meilen (56 km) langen **Shawnee Hills Wine Trail** (www.shawneewinetrail.com), der insgesamt elf Weingüter miteinander verbindet.

Cahokia Mounds State Historic Site INDIGENE STÄTTE
(☎618-346-5160; www.cahokiamounds.org; Collinsville Rd; empfohlene Spende Erw./Kind 7/2 US$; ⊙Gelände 8 Uhr–Sonnenuntergang, Visitor Center Di–So 9–17 Uhr) Rund 8 Meilen (13 km) östlich von East St. Louis wartet bei Collinsville eine echte Überraschung: Als Welterbestätte steht die Cahokia Mounds State Historic Site auf einer Stufe mit Stonehenge und den ägyptischen Pyramiden. Geschützt werden hier die Überreste von Nordamerikas größter prähistorischer Stadt (20 000 Ew. mit Vororten) aus dem Jahr 1200 v. Chr. Der riesige Monk's Mound und die 64 anderen Erdhügel wirken per se zwar nicht sonderlich spektakulär, dennoch ist die Anlage unbedingt einen Besuch wert.

Wer von Norden her über die I-255 S anreist, nimmt die Ausfahrt 24. Bei Anfahrt über die I-55/70 aus Richtung Süden bzw. St Louis nimmt man die Ausfahrt 6.

Lewis & Clark State Historic Site HISTORISCHE STÄTTE
(☎618-251-5811; www.campdubois.com; Ecke Hwy 3 & Poag Rd; ⊙9–17 Uhr, Okt.–April Mo & Di geschl.) GRATIS Hartford liegt gegenüber von St. Louis am anderen Flussufer. Die großartige Lewis & Clark State Historic Site markiert hier ungefähr die Stelle, an der die beiden Forschungsreisenden einst aufbrachen. Dank dem 16,7 m langen Bootsnachbau im Visitor Center, dem rekonstruierten Winterlager draußen in der flachen Prärie und dem vorbeirauschenden Mississippi kann man sich die damalige Szene ganz gut vorstellen.

Cypress Creek National Wildlife Refuge NATURSCHUTZGEBIET
(☎618-634-2231; www.fws.gov/refuge/cypress_creek) GRATIS Wer hätte gedacht, dass es in Illinois auch Sümpfe wie im Süden der USA gibt? Mit quakenden Ochsenfröschen und Zypressen voller Moosbärte? Doch in der Cypress Creek National Wildlife Refuge ist das tatsächlich so. Abseits der Cache Chapel Rd fällt hier der Blick von der Bellrose Viewing Platform auf die urzeitliche Wasserland-

schaft. Alternativ empfiehlt sich ein kurzer Spaziergang auf dem Plankensteg der Section 8 Woods. Diese liegt nahe dem **Cache River Wetlands Center** (☎618-657-2064; www.friendsofthecache.org; 8885 Hwy 37; ⏲Mi–So 9–16 Uhr), das auch Infos für Wanderer und Kanuten liefert.

Shawnee National Forest WALD
(☎618-253-7114; www.fs.usda.gov/shawnee) Eine Ausnahme vom üblichen flachen Farmland dieses US-Bundesstaats bildet der äußerste Süden, der vom hügeligen Shawnee National Forest mit Felsformationen durchzogen wird. In dieser grünen Gegend gibt's einige State Parks und Erholungsgebiete mit guten Möglichkeiten zum Wandern, Klettern, Schwimmen, Angeln oder Kanufahren – vor allem rund um Little Grassy Lake und Devil's Kitchen.

Schlafen & Essen

Die meisten Unterkünfte der Region sind preiswerte Kettenhotels. B&Bs gibt's in einigen Ortschaften entlang der River Road und auf manchen Weingütern am Shawnee Hills Wine Trail. Beliebt sind auch die luxuriösen Hütten im Bereich des Shawnee National Forest. Die Restaurants der Gegend sind meist familiengeführte Lokale, die Fleisch mit Kartoffeln servieren und teilweise recht weit verstreut liegen.

An- & Weiterreise

Die weit verteilten Attraktionen der Gegend erfordern ein eigenes Fahrzeug. Die I-57 führt als Haupthighway mitten durch die Region. Die Great River Road folgt dem Fluss Richtung Westen. St. Louis ist der nächstgelegene Verkehrsknotenpunkt.

INDIANA

Beim Indy-500-Rennen kommt Indiana richtig auf Touren. Ansonsten geht's im Land der Maisstoppeln aber eher gemächlich zu: Hier futtert man Kuchen im Amish Country, meditiert in Bloomingtons tibetischen Tempeln und bewundert großartige Architektur im kleinen Columbus. Im Nordwesten lassen sich stimmungsvolle Sanddünen erklimmen, während der Süden mit Höhlenerkundungen und Flüssen für Kanutrips aufwartet. Bekannt ist Indiana zudem für gruselige Labyrinthe, Zentren der Bluegrass-Musik und einen Grabstein, den Kussmünder aus Lippenstift zieren.

Nur fürs Protokoll: Die Einwohner des Bundesstaats werden seit den 1830er-Jahren „Hoosiers" genannt. Der Grund dafür ist jedoch unbekannt. Einer Theorie zufolge wurden die ersten Siedler beim Anklopfen an Türen mit der Frage „Who's here?" (Wer ist da?) empfangen, woraus dann bald „Hoosier" wurde. Über dieses Thema sollte man aber besser mit Einheimischen diskutieren – idealerweise bei einem traditionellen Sandwich mit Schweinefleisch.

Und noch eine Anekdote: Indiana hat bislang sechs US-Vizepräsidenten hervorgebracht und trägt darum auch den Spitznamen The Mother of Vice Presidents.

Praktische Informationen

Verkehrsinformationen für Indiana (https://indot.carsprogram.org)

Indiana State Park Information (☎800-622-4931; www.in.gov/dnr/parklake) Der Parkeintritt kostet pro Tag zu Fuß oder mit dem Fahrrad 2 US$, mit einem Fahrzeug 9 bis 12 US$. Campingstellplätze, die man übrigens auch im Voraus reservieren kann, schlagen mit 12 bis 44 US$ zu Buche (☎866-622-6746; www.camp.in.gov).

Indiana Tourism (www.visitindiana.com)

Indianapolis

Die adrette Hauptstadt des Bundesstaats (alias „Indy") ist ein toller Ort, um sich Autorennen anzusehen oder selbst eine Runde auf der berühmten Rennstrecke zu drehen. Das Kunstmuseum und der White River State Park haben ebenfalls ihren Reiz – genauso wie die Viertel Mass Ave und Broad Ripple, wo man prima essen und ausgehen kann. Und Fans von Autor Kurt Vonnegut kommen hier voll auf ihre Kosten. Der Indianapolis Cultural Trail zum Wandern und Radfahren verbindet alles miteinander.

Sehenswertes

Indianapolis Motor Speedway MUSEUM
(☎317-492-6784; www.indianapolismotorspeedway.com; 4790 W 16th St; Erw./Kind 10/5 US$; ⏲März–Okt. 9–17 Uhr, Nov.–Feb. 10–16 Uhr) Der Speedway, die Heimat des Indianapolis 500, ist Indys Top-Attraktion. Das Speedway Museum beherbergt 75 Rennwagen (u. a. einige Siegerautos) sowie eine 500 Pfund schwere Tiffany-Trophäe und bietet eine Runde auf der Bahn (8 US$) an. Gut, man fährt mit dem Bus und verbrennt bei 60 km/h sicher kein Gummi – aber Spaß macht's trotzdem.

Das große Rennen selbst findet am letzten Sonntag im Mai (Memorial-Day-Wochenende) vor 450 000 durchgeknallten Fans statt. Tickets (30–185 US$; www.imstix.com) sind nur schwer zu bekommen. An Karten für die Qualifikation und das Training kommt man eher, zudem sind sie billiger.

Dallara IndyCar Factory MUSEUM
(☎317-243-7171; www.indycarfactory.com; 1201 W Main St; Erw./Kind 10/5 US$; ⏲Mi–Sa 10–17 Uhr) Diese funkelnde Fabrik liegt einen kurzen Fußmarsch vom Indianapolis Motor Speedway und zeigt Besuchern, wie die Rennwagen gebaut werden. Die Windkanal-Modelle lassen einem die Haare zu Berge stehen. Dasselbe gilt für die Simulatoren, die dem „Fahrer" authentisch das Gefühl vermitteln, mit 320 km/h über die Strecke zu brettern.

White River State Park STATE PARK
(☎317-233-2434; www.inwhiteriver.com; 801 W Washington St) Der weitläufige Park am Innenstadtrand beherbergt einige sehenswerte Attraktionen. Darunter z. B. das **Eiteljorg Museum of American Indians & Western Art** (☎317-636-9378; www.eiteljorg.org; 500 W Washington St; Erw./Kind 13/7 US$; ⏲Mo–Sa 10–17, So ab 12 Uhr) mit seiner eindrucksvollen indigenen Kunstsammlung. Weitere Highlights sind das stimmungsvolle Minor-League-Baseballstadion, der Zoo, der Spazierweg am Kanal, die Gärten, das Wissenschaftsmuseum und das College-Sportmuseum.

Indianapolis Museum of Art MUSEUM, GÄRTEN
(☎317-920-2660; www.imamuseum.org; 4000 Michigan Rd; Erw./Kind 18/10 US$; ⏲Di–Sa 11–17, Do 11–21, So 12–17 Uhr) Dieses Museum zeigt u. a. eine großartige Sammlung europäischer Kunst (vor allem Turner und Postimpressionisten). Ausgestellt sind zudem afrikanische Stammeskunst, Stücke aus dem südlichen Pazifikraum und Werke aus China. Zum Komplex gehören auch die **Oldfields – Lilly House & Gardens**; hierbei handelt es sich um das frühere Anwesen der Pharmadynastie Lilly. Besucher können die Villa (22 Räume) und deren Blumengärten besichtigen. Der **Fairbanks Art & Nature Park** mit tollen modernen Skulpturen auf einem 40 ha großen Waldgelände ist ebenfalls Teil des Museums. Fairbanks, der einen eigenen Eingang hat, lässt sich kostenlos erkunden.

Kurt Vonnegut Museum & Library MUSEUM
(☎317-423-0391; www.vonnegutlibrary.org; 340 N Senate Ave; ⏲Mo, Di, Do & Fr 11–18, Sa & So 12–17 Uhr) GRATIS Dieses schlichte Museum ehrt den Schriftsteller Kurt Vonnegut (in Indy geboren und aufgewachsen). So zeigt es u. a. dessen Pall-Mall-Zigaretten, lustige Zeichnungen und Ablehnungsschreiben von Verlegern. Ebenfalls zu sehen ist ein Nachbau von Kurts Arbeitszimmer – inklusive blauer Schreibmaschine der Marke Coronamatic. Besucher können sich an den Schreibtisch setzen und dem Meister eine Nachricht tippen, die das Museum dann via Twitter veröffentlicht. Aufgrund des geplanten Umzugs in größere Räumlichkeiten besser vorher anrufen!

Rhythm! Discovery Center MUSEUM
(☎317-275-9030; www.rhythmdiscoverycenter.org; 110 W Washington St; Erw./Kind 12/6 US$; ⏲Mo & Do–Sa 10–17, Mi 12–19, So 12–17 Uhr) In diesem versteckten Juwel im Zentrum können Besucher Trommeln, Gongs, Xylophone und exotische Schlaginstrumente aus aller Welt ausprobieren. Kinder lieben die Trommelei, Erwachsene bewundern die Instrumente berühmter Schlagzeuger und das schalldichte Studio voller Trommeln, in dem jeder seinen inneren Rockmusiker rauslassen (und aufnehmen) kann.

Indiana Medical History Museum MUSEUM
(☎317-635-7329; www.imhm.org; 3045 W Vermont St; Erw./Kind 10/3 US$; ⏲Do–Sa 10–16 Uhr) Man stelle sich eine Irrenanstalt aus einem Horrorfilm vor – und genau so sieht dieses staatliche psychiatrische Krankenhaus aus, das über ein Jahrhundert alt ist. Führungen zeigen das frühere pathologische Labor, den frostigen Autopsieraum und den gespenstischen Probenraum mit Gehirnen in Gläsern. Die Touren starten immer zur vollen Stunde. Es liegt ein paar Kilometer westlich vom White River State Park.

Children's Museum of Indianapolis MUSEUM
(☎317-334-4000; www.childrensmuseum.org; 3000 N Meridian St; Eintritt 12–27 US$; ⏲10–17 Uhr, Mitte Sept.–Feb. Mo geschl.) Die fünf Stockwerke des weltgrößten Kindermuseums beherbergen u. a. viele Dinosaurier. Eine 13 m hohe Statue von Dale Chihuly bringt Kids hier gewissermaßen die Kunst des Glasblasens bei. Die Ticketpreise variieren je nach Tag und Buchungszeitpunkt.

Aktivitäten

Der 8 Meilen (13 km) lange Cultural Trail (www.indyculturaltrail.org) ist ein Rad- und Spazierweg, der coole Sehenswürdigkeiten und Viertel in Indys Innenstadtbereich miteinander verbindet. Unterwegs laden praktische Verleihstationen von Pacers Bikeshare zu Kurztrips per Drahtesel ein.

Bicycle Garage Indy RADFAHREN
(317-612-3099; www.bgindy.com; 242 E Market St; Leihfahrrad pro 2 Std./Tag 20/40 US$; Mo–Fr 7–18.30, Sa 10–16 Uhr) Hier gibt's Leihfahrräder für lässige Innenstadttouren entlang des Cultural Trail. Dieser verläuft direkt vor dem Laden und trifft schließlich auf den Monon Trail Greenway, der einer umgebauten Bahntrasse von Indy aus über 29 km gen Norden folgt. Mietpreise jeweils inklusive Schutzhelm, Schloss und Routenkarte.

Schlafen

Indy Hostel HOSTEL $
(317-727-1696; www.indyhostel.us; 4903 Winthrop Ave; B/Zi. ab 28/58 US$; P) Das kleine freundliche Indy hat einen reinen Frauenschlafsaal (6 Betten), vier gemischte Schlafsäle (je 12 Betten) und vier Privatzimmer. Im Hof kann für 29 US$ gezeltet werden. Vor der Tür führt der Monon Trail (Rad-/Spazierweg) vorbei. Das Hostel verleiht auch Fahrräder (10 US$/Tag). Es liegt nahe Broad Ripple und daher ein gutes Stück vom Zentrum entfernt (Anfahrt mit Bus 17).

★ **Alexander** HOTEL $$
(317-624-8200; www.thealexander.com; 333 S Delaware St; Zi. 160–270 US$, Parkservice 37 US$; P) Hier dreht sich alles um Kunst: 40 Originalwerke zieren die Lobby; das Indianapolis Museum of Art kuratiert die zeitgenössische Sammlung (Besucher können sich gern umschauen). Die 209 modernen Zimmer warten mit dunklen Holzfußböden und natürlich mit cooler Wandkunst auf. Das Hotel liegt einen Block von der Basketball-Arena entfernt und dient manchmal als Quartier für Gastmannschaften.

Hilton Garden Inn HOTEL $$
(317-955-9700; www.indianapolisdowntown.gardeninn.com; 10 E Market St; Zi. 150–190 US$;) Rund 100 Jahre alte Architektur im neoklassizistischen Stil, noble Betten und die Innenstadtlage direkt am Monument Circle machen das Kettenhotel mit Parkservice (29 US$) zur guten Wahl.

Stone Soup PENSION $$
(866-639-9550; www.stonesoupinn.com; 1304 N Central Ave; Zi. 119–149 US$; mit Gemeinschaftsbad 99–109 US$; P) Das weitläufige Haus mit neun Zimmern und vielen Antiquitäten

ABSTECHER

GRAY BROTHERS CAFETERIA

Cafeterias haben in Indiana zwar Tradition, sind aber heute größtenteils verschwunden. Eine Ausnahme bildet die **Gray Brothers Cafeteria** (317-831-7234; www.graybroscafe.com; 555 S Indiana St; Hauptgerichte 5–9 US$; 11–20.30 Uhr), in deren Speiseraum scheinbar die Zeit stehengeblieben ist. Hier schnappt man sich ein blaues Tablett und begutachtet dann die schier endlose Reihe von Gerichten. Zur Wahl stehen z. B. Brathähnchen, Hackbraten, Mac and Cheese oder Sugar Cream Pie – jeweils Garanten für ein so üppiges wie fröhliches Mahl. Zu finden ist die Cafeteria in Mooresville, das rund 18 Meilen (29 km) südlich von Indys Zentrum in Richtung Bloomington liegt.

wirkt etwas heruntergekommen, aber dennoch charmant.

Essen

Bei knurrendem Magen hilft die Massachusetts Ave in der Downtown mit großer Auswahl. Viele hippe Gourmetlokale säumen die Virginia Ave zwischen dem Zentrum und dem Bezirk Fountain Square gleich südlich davon. Rund 7 Meilen (11 km) weiter nördlich liegt der Stadtteil Broad Ripple mit Kneipen, Cafés und Ethno-Restaurants.

Bazbeaux PIZZA $
(317-636-7662; www.bazbeaux.com; 329 Massachusetts Ave; Hauptgerichte 9–15 US$; So–Do 11–22, Fr & Sa 11–23 Uhr) Das bei Einheimischen beliebte Lokal hat eine bunte Pizza-Auswahl, z. B. die „Tchoupitoulas“ mit Cajun-Shrimps und Innereienwurst. Auf der Speisekarte stehen außerdem Muffaletta-Sandwiches, Stromboli (gerollte Pizza) und belgisches Bier.

City Market MARKT $
(www.indycm.com; 222 E Market St; Mo–Fr 7–21, Sa 8–21 Uhr;) Indys alte Markthalle von 1886 beherbergt viele Imbissstände. Die Bar (Mo–Do 14–21, Fr–Sa 12–21 Uhr) oben schenkt 16 verschiedene Biere aus. Die meisten Händler schließen um 15 Uhr.

Public Greens AMERIKANISCH $
(317-964-0865; www.publicgreensurbankitchen.com; 900 E 64th St; Hauptgerichte 8–16 US$; Di–Sa 8–21, So & Mo bis 16 Uhr) In diesem

Lokal im Cafeteria-Stil bestellt man sein Essen an einer Theke. Einige Zutaten für die hiesige Hausmannskost (u.a. Kohl, Eier, Rote Bete) stammen von einer Minifarm, die direkt vor Ort betrieben wird. Alle Gewinne fließen zurück an die Gemeinde, die das Geld zur Verköstigung von Risikokindern verwendet.

★ **Tinker Street** AMERIKANISCH $$
(☎ 317-925-5000; www.tinkerstreetindy.com; 402 E 16th St; kleine Gerichte 8–16 US$, Hauptgerichte 19–25 US$; ⏲ Mo–Do 17–22, Fr & Sa bis 22.30, So bis 21 Uhr; ✎) Gleich nördlich vom Zentrum ist dieses Lokal von den historischen Villen des grünen Viertels Old Northside umgeben. Unter den saisonalen Gerichten auf der Karte findet man z.B. regionalen Spargel mit Inkareis und Knoblauch-Chips oder Burger mit Lammfleisch und Blauschimmelkäse. An vegetarischen und glutenfreien Optionen herrscht hier ebenfalls kein Mangel. Das Ambiente mit industriellen Elementen und rustikalem Holz hat einen hohen Romantikfaktor. Die zwanglosere Terrasse ist ganzjährig geöffnet.

Ausgehen & Nachtleben

Im Zentrum, an der Mass Ave und im Bezirk Broad Ripple gibt's jeweils einige gute Kneipen.

Rathskeller BIERHALLE
(☎ 317-636-0396; www.rathskeller.com; 401 E Michigan St; ⏲ Mo–Do 14–21, Fr bis 23, Sa 11–23, So bis 21 Uhr) Im historischen Athenaeum-Gebäude nahe der Mass Ave kann man hier deutsche und regionale Biere bechern – im Winter drinnen unter ausgestopften Hirschköpfen, im Sommer draußen in einem Biergarten mit Picknicktischen.

Slippery Noodle Inn BAR
(☎ 317-631-6974; www.slipperynoodle.com; 372 S Meridian St; ⏲ Mo–Fr 11–2, Sa ab 12, So 16–0.30 Uhr) Das Noodle in der Innenstadt ist Indianas älteste Bar. Als Bordell, Schlachthaus, Gangsterhöhle und Zwischenstation der Underground Railroad hat der Laden im Lauf der Zeit einiges erlebt. Derzeit ist er einer der besten Bluesclubs der USA. Jeden Abend gibt's hier günstige Livekonzerte.

Sun King Brewing BRAUEREI
(www.sunkingbrewing.com; 135 N College Ave; ⏲ Mo–Mi 10–21, Do & Fr bis 22, Sa 11–22, So bis 20 Uhr, Winter kürzere Öffnungszeiten) Im urigen Sun-King-Schankraum in der Innenstadt weiß man nie, was aus dem Zapfhahn kommen wird. Indys junge Hipster lassen sich davon gern und gleich scharenweise überraschen. Zu schlürfen gibt's hier z.B. Baltic Porter mit Kakao-Aroma oder Pilsner, das mit Popcorn aus Indiana verfeinert ist. Ein Probiergedeck (sechs Gläser à 90 ml) kostet 6 US$. Freitags machen günstige Humpen den Laden rappelvoll. Im Sommer ist auf der Freiluftterrasse ordentlich was los.

☆ Unterhaltung

Bankers Life Fieldhouse BASKETBALL
(☎ 317-917-2500; www.nba.com/pacers; 125 S Pennsylvania St) Basketball hat in Indiana viele Fans. Das Zentrum ist dabei das Bankers Life Fieldhouse, in dem die NBA-Spiele der Pacers stattfinden.

Lucas Oil Stadium AMERICAN FOOTBALL
(☎ 317-299-4946; www.colts.com; 500 S Capitol Ave) Hier spielt das NFL-Team der Colts unter einem einfahrbaren Riesendach.

ℹ Praktische Informationen

Indianapolis Convention & Visitors Bureau (www.visitindy.com) Website mit Gratis-Downloads (Stadtführer, Gutscheine für Attraktionen und geführte Touren).

Indianapolis Star (www.indystar.com) Die Tageszeitung der Stadt.

Indy Rainbow Chamber (www.gayindynow.com) Bietet Infos für Schwule und Lesben.

Nuvo (www.nuvo.net) Wöchentliche alternative Gratis-Zeitung mit Infos über Kunst und Musik.

ℹ Anreise & Unterwegs vor Ort

Der moderne **Indianapolis International Airport** (IND; www.indianapolisairport.com; 7800 Col H Weir Cook Memorial Dr) liegt 16 Meilen (26 km) südwestlich der Stadt. Der Washington Bus (8) pendelt zwischen Airport und Downtown (1,75 US$, 50 Min.), der Go Green Line Airport Van ist aber schneller (10 US$, 20 Min.). Ein Taxi vom Flughafen ins Zentrum kostet ca. 35 US$.

Greyhound (www.greyhound.com) teilt sich mit Amtrak (www.amtrak.com) die **Union Station** (350 S Illinois St). Es fahren oft Busse nach Cincinnati (2½ Std.) und Chicago (3½ Std.). **Megabus** (www.megabus.com/us; Ecke N Delaware St & E Market St) ist oft preiswerter. Mit Amtrak braucht man für die gleiche Strecke fast die doppelte Zeit.

IndyGo (www.indygo.net) betreibt Indys Stadtbusse. Eine Einzelfahrt kostet 1,75 US$. Linie 17 fährt nach Broad Ripple. Am Wochenende ruht der Betrieb größtenteils.

Pacers Bikeshare (www.pacersbikeshare.org) verleiht insgesamt 250 Fahrräder an 26 Stationen, die den Cultural Trail im Zentrum säumen. Ein 24-Stunden-Pass kostet 8 US$, und bei Fahrten über 30 Minuten wird ein Aufpreis fällig.

Wer ein Taxi braucht, ruft bei **Yellow Cab** (☎317-487-7777) an.

Zentrales Indiana

Bluegrass, architektonische Highlights, tibetische Tempel und Erinnerungen an James Dean prägen diese Agrarregion.

Fairmount

Das kleine Fairmount ist der Geburtsort des Schauspielers James Dean, der in den 1950er-Jahren zum Inbegriff der Coolness wurde.

Sehenswertes

Fairmount Historical Museum MUSEUM
(☎765-948-4555; www.jamesdeanartifacts.com; 203 E Washington St; ⌚Mai–Okt. Mo, Mi & Fr–So 11–17 Uhr) GRATIS Pflicht für Fans von James Dean: Hier kann man die Bongotrommeln und andere Besitztümer der Hollywood-Ikone bewundern. Das Personal verteilt zudem einen kostenlosen Lageplan, der einen z. B. zu dem Farmhaus führt, in den Jimmy einst aufwuchs – oder zu seinem Grabstein, der heute von Kussmündern aus Lippenstift geziert wird. Das Museum verkauft auch Dean-Souvenirs wie Poster oder Zippo-Feuerzeuge. Obendrein organisiert es jedes Jahr das **James Dean Festival** (www.jamesdeanartifacts.com; ⌚Ende Sept.).

James Dean Gallery MUSEUM
(☎765-948-3326; www.jamesdeangallery.com; 425 N Main St; ⌚9–18 Uhr) GRATIS Ein altes viktorianisches Wohnhaus im Ortskern beherbergt diese Privatgalerie, die viele weitere Erinnerungsstücke mit Dean-Bezug (u. a. Bronzebüsten, Fotos, Uhren, Jimmys Highschool-Jahrbücher) in mehreren Räumen zeigt. Die Inhaber liefern zudem jede Menge Lokalinfos.

Schlafen & Essen

Fairmount hat keine Hotels. Die nächstgelegenen Unterkünfte findet man rund 7 Meilen (11 km) weiter nördlich in Gas City, wo Kettenhotels bzw. -motels der Budget- und Mittelklasse die I-69 säumen. Nochmal ein paar Meilen weiter im deutlich größeren Marion sind bekannte Hotelketten vertreten.

An der Main St und der 8th St gibt's ein paar Pizzerias, mexikanische Restaurants und traditionelle US-Lokale. Viele weitere Optionen (u. a. Fast Food, Ethno-Küche) warten in Marion.

An- & Weiterreise

Rund 70 Meilen (113 km) nordöstlich von Indianapolis (nächstgelegener Verkehrsknotenpunkt) liegt Fairmount westlich der I-69.

Columbus

Chicago, NYC und Washington, D.C. sind die großen Architekturstädte der USA. Wenn man daran denkt, kommt einem danach nicht gerade Columbus in Indiana in den Sinn. Das wäre aber durchaus angebracht: Diese Stadt ist geradezu ein Museum für Baudesign. Denn seit den 1940er-Jahren haben die kommunale Verwaltung und die größten örtlichen Privatfirmen hier diverse Gebäude von Stararchitekten wie Eero Saarinen, Richard Meier oder I. M. Pei entwerfen lassen.

Das Bewundern von Baukunst ist daher die Hauptattraktion in Columbus. Relativ weit verstreut (Auto erforderlich!) findet man im ganzen Stadtgebiet insgesamt über 70 bemerkenswerte Gebäude und öffentliche Kunstwerke. Etwa 15 davon können jedoch zu Fuß im Zentrum besichtigt werden. Das **Visitor Center** (☎812-378-2622; www.columbus.in.us; 506 5th St; ⌚Mo–Sa 9–17, So ab 12 Uhr) verteilt Pläne für Stadtspaziergänge auf eigene Faust (auch online erhältlich) und veranstaltet zudem **Bustouren** (Erw./Student 25/15 US$; ⌚Di–Fr 10, Sa 10 & 14, So 14 Uhr).

Schlafen & Essen

Abgesehen vom **Hotel Indigo** (☎812-375-9100; www.hotelindigo.com; 400 Brown St; Zi. 150–200 US$; ❄ 📶 🏊 🐾) und von ein paar B & Bs gibt's im Zentrum von Columbus fast keine Unterkünfte. Ein paar Fahrminuten westlich der Innenstadt säumen jedoch einige Kettenmotels die Ausfahrt 68 der I-65.

Das Gastro-Angebot im Zentrum ist vielfältig: Vor allem an der 4th und Washington St warten viele eigenständige Restaurants, die z. B. Pizzas, Steaks, karibische Currys, italienische Gerichte oder Thai-Küche servieren.

An- & Weiterreise

Am Stadtrand verläuft die I-65 als Haupt-Highway. Die nächstgelegenen Flughäfen befinden sich in Indianapolis (46 Meilen/74 km Richtung Norden) und Louisville (73 Meilen/117 km Richtung Süden). Shuttlebusse in diese Städte gibt es ab Columbus aber keine.

Nashville

Nashville ist das Tor zum **Brown County State Park** (☎812-988-6406; www.in.gov/dnr; 1801 Hwy 46 E; 9 US$/Auto), der aufgrund seiner bewaldeten Hügel mit Steilhängen und nebeligen Schluchten auch „Little Smoky Mountains" genannt wird. Der gentrifizierte Ort aus dem 19. Jh. hat viele Antiquitätenläden und ist heute ein belebtes Touristenzentrum. Der stärkste Betrieb herrscht hier im Herbst, wenn zahllose Besucher das strahlend bunte Herbstlaub in der Umgebung bewundern.

Schlafen

Nashvilles gemütliche B&Bs, Pensionen, Hütten und Lodges fallen fast ganzjährig in den Mittelklassebereich: Nur während der Hauptsaison im Herbst steigen die Preise stark an.

Artists Colony Inn PENSION $$
(☎812-988-0600; www.artistscolonyinn.com; 105 S Van Buren St; Zi. 135–180 US$; ❄📶) In zentraler Lage warten hier 20 schicke Zimmer mit rustikaler Einrichtung im Shaker-Stil (u.a. Himmelbetten, Holzfußböden). Das gute Hausrestaurant serviert Frühstück, Mittag- und Abendessen. Bekannt ist es vor allem für seine traditionelle Hoosier-Küche (z.B. Katzenwels, Sandwiches mit Schweinefilet).

Ausgehen & Unterhaltung

Im kompakten Ortskern gibt's neben mehreren Bars und Kneipen auch eine Teestube, eine Winzerei und eine Kleinbrauerei.

Wie Nashville in Tennessee hat auch Nashville in Indiana ein Faible für Country-Musik: Vertreter dieses Stils spielen hier regelmäßig live in verschiedenen Schuppen.

Big Woods Brewing Co KLEINBRAUEREI
(☎812-988-6000; www.bigwoodsbeer.com; 60 Molly's Lane; ⌚11–22 Uhr) An schönen Herbsttagen ist ein Probiergedeck auf der Veranda von Big Woods kaum zu schlagen. Das Fachwerkhaus hat das Ambiente einer behaglichen Blockhütte. Zu den acht Hausbiersorten vom Fass gibt's Burger und Nachos mit Pulled Pork.

Mike's Music & Dance Barn LIVEMUSIK
(☎812-988-8636; www.mikesmusicbarn.com; 2277 Hwy 46; Eintritt meist 6–8 US$; ⌚Fr–Mo ab 18.30 Uhr) Bei akuter Tanzwut empfiehlt sich das Mike's, in dem an verschiedenen Tagen abends Line-Dance-Kurse (18.30 Uhr) und Livekonzerte (20 Uhr) stattfinden. Die Website informiert über das aktuelle Programm.

An- & Weiterreise

Auf halber Strecke zwischen Bloomington und Columbus liegt Nashville am Hwy 46. Die nächstgelegene Großstadt und Verkehrsdrehscheibe ist Indianapolis (60 Meilen/97 km Richtung Norden).

Bloomington

Das zauberhafte, belebte und fahrradverrückte Bloomington mit seinen vielen Kalksteingebäuden ist die Heimat der Indiana University. Restaurants, Bars und Buchläden umgeben den zentralen Courthouse Sq. Fast alles ist hier zu Fuß erreichbar. Überraschenderweise gibt's vor Ort auch eine große tibetische Gemeinde: Der Bruder des Dalai Lama dozierte in den 1960er-Jahren an der IU. Daraufhin hielt in Bloomington die tibetische Kultur samt Tempeln und Klöstern Einzug.

Sehenswertes

Dagom Gaden Tensung Ling Monastery BUDDHISTENKLOSTER
(☎812-339-0857; www.dgtlmonastery.org; 102 Clubhouse Dr; ⌚9–18 Uhr) GRATIS Das ruhige Klostergelände wird von traditionellen Farben und Mustern à la Tibet geziert. Die Mönche bieten auch kostenlose Kurse und Meditationssitzungen an.

Eskenazi Museum of Art MUSEUM
(☎812-855-5445; www.artmuseum.indiana.edu; 1133 E 7th St; ⌚Di–Sa 10–17, So ab 12 Uhr) GRATIS Das Kunstmuseum der IU (entworfen von I. M. Pei) deckt mit seiner hervorragenden Sammlung diverse Epochen ab. Unter den Highlights sind afroamerikanische Kunst, US-Gemälde aus dem 19. Jh., Bilder deutscher Impressionisten und Meisterwerke der Moderne (z.B. von Miró, Picasso, Dalí). Bis Herbst 2019 ist das Gebäude wegen Generalrenovierung und Erweiterung geschlossen.

Tibetan Mongolian Buddhist Cultural Center BUDDHISTENZENTRUM
(☎812-336-6807; www.tmbcc.org; 3655 Snoddy Rd; ⌚Sonnenaufgang–Sonnenuntergang) GRATIS Der Bruder des Dalai Lama ist der Gründer dieses buddhistischen Kulturzentrums, das u.a. mit bunten Gebetsfahnen und traditionellen Stupas beeindruckt. Der örtliche Souvenirshop verkauft Traditionelles aus

Tibet. Das Zentrum veranstaltet auch öffentliche Meditationssitzungen (Mo 18, Do 18.30 Uhr).

Schlafen & Essen

Für seine Größe hat Bloomington sehr viele Ethno-Restaurants (z. B. birmanisch, eritreisch, türkisch) mit günstigen Preisen zu bieten. Ebenfalls erschwinglich sind die Lokale an der Browse Kirkwood Ave und E 4th St.

Grant Street Inn PENSION $$
(☎ 812-334-2353; www.grantstinn.com; 310 N Grant St; Zi. 159–209 US$; @ 📶) Nahe dem IU-Campus verteilen sich die 40 Zimmer dieser Pension auf ein viktorianisches Wohnhaus und mehrere Nachbargebäude. Die Quartiere im Haupthaus sind malerischer und mit mehr Antiquitäten eingerichtet. Die Varianten in den Anbauten wirken dafür moderner und stilvoller.

Anyetsang's Little Tibet ASIATISCH $
(☎ 812-331-0122; www.anyetsangs.com; 415 E 4th St; Hauptgerichte 13–14 US$; ⊙ 11–15 & 17–21 Uhr; ✎) Serviert neben tibetischen Spezialitäten (z. B. Klöße, Nudeleintopf) auch indische und thailändische Gerichte.

Ausgehen & Nachtleben

Einige Cafés und Kneipen säumen die Kirkwood Ave in Uni-Nähe.

Upland Brewing Co BRAUEREI
(☎ 812-336-2337; www.uplandbeer.com; 350 W 11th St; ⊙ Mo–Do 11–24, Fr & Sa bis 1, So 12–24 Uhr) Nordwestlich vom Zentrum entstehen hier einfallsreiche Biersorten (z. B. saisonales Lambic aus regionalen Dattelpflaumen) im rustikalen Ambiente.

Nick's English Hut KNEIPE
(☎ 812-332-4040; www.nicksenglishhut.com; 423 E Kirkwood Ave; ⊙ Mo–Mi 11–1, Do–Sa bis 2, So bis 24 Uhr) Das Nick's ist bei den Studenten und Dozenten der nahegelegenen IU sehr beliebt. Hier haben auch schon Kurt Vonnegut, Dylan Thomas und Barack Obama gebechert.

An- & Weiterreise

Zum und vom nächstgelegenen Flughafen in Indianapolis (50 Meilen/80 km nach Nordosten) besteht Shuttleverbindung mit Go Express Travel (www.goexpresstravel.com; mehrmals tgl.; einfache Strecke 20 US$). Die Hauptrouten nach Bloomington sind der Hwy 46 und der Hwy 37, der ab Sommer 2018 zur I-69 wird.

Südliches Indiana

Mit hübschen Hügeln, Höhlen, Flüssen und bewegter Geschichte unterscheidet sich Indianas Süden deutlich vom übrigen Bundesstaat.

Ohio River

Der Ohio River markiert die Südgrenze von Indiana. Durch die grüne Hügellandschaft entlang des tosenden Flusses verläuft der Ohio River Scenic Byway (300 Meilen/483 km), der aus den Hwys 56, 156, 62 und 66 besteht. Highlights unterwegs sind der vornehme Uferort Madison mit gut erhaltener Architektur aus den 1850er-Jahren, die Marengo Cave mit atemberaubenden Tropfsteinen und das Haus, in dem Abraham Lincoln einst nahe Dale aufwuchs. Hinzu kommen Kajaktrips, Ferienbauernhöfe und flotte Regionalbiere.

Sehenswertes & Aktivitäten

Das **Visitor Center** (☎ 812-265-2956; www.visitmadison.org; 601 W First St; ⊙ Mo–Fr 9–17, Sa bis 16, So 11–15 Uhr) in Madison verteilt Broschüren für selbstgeführte Stadtspaziergänge zu hiesigen Wahrzeichen. Beliebt sind auch Kanutrips auf dem Blue River (ein Nebenfluss des Ohio River), die meist in Milltown starten.

Clifty Falls State Park STATE PARK
(☎ 812-273-8885; 2221 Clifty Dr; 9 US$/Auto; Stellplatz Zelt & Wohnmobil 16–33 US$) Ein paar Meilen westlich von Madison wartet dieser große State Park mit Wäldern, Wanderwegen, Wasserfällen, Campingmöglichkeiten und schöner Aussicht auf.

Falls of the Ohio State Park STATE PARK
(☎ 812-280-9970; www.fallsoftheohio.org; 201 W Riverside Dr; Naturlehrzentrum Erw./Kind 9/7 US$, Parken 2 US$; ⊙ Naturlehrzentrum Mo–Sa 9–16.30, So ab 13 Uhr) Dieser State Park in Clarksville hat statt Wasserfällen nur Stromschnellen. Dafür gibt's hier Fossilienfundstätten (386 Mio. Jahre alt), die vom kürzlich renovierten Naturlehrzentrum des Parks erklärt werden. Direkt gegenüber liegt Louisville (Kentucky) am anderen Flussufer.

Lincoln Boyhood National Memorial HISTORISCHE STÄTTE
(☎ 812-937-4541; www.nps.gov/libo; 3027 E South St; Erw./Kind 5 US$/frei; ⊙ 8–17 Uhr) Abseits der I-64 und 4 Meilen (6,4 km) südlich von Dale

lebte hier Abraham Lincoln (später 16. US-Präsident) im Alter von sieben bis 21 Jahren. Der Eintritt zu der einsamen Stätte beinhaltet auch den Zugang zu einer bewirtschafteten Pionierfarm (geöffnet Mai–Sept.).

Marengo Cave HÖHLE
(☎812-365-2705; www.marengocave.com; 400 E State Rd 64; ⌚Juni–Aug. 9–18 Uhr, Sept.–Mai 9–17 Uhr) Ein Besuch der Marengo Cave lohnt sich: Die normalen Führungen (Erw./Kind 40 Min. 17/10 US$, 60 Min. 20/12 US$, Kombitour 28/16 US$) passieren Stalagmiten und andere uralte Gesteinsformationen. Alternativ gibt's auch noch sportlichere Touren (ab 34 US$), bei denen man kletternd und kriechend wesentlich tiefer in die Höhle vordringt.

Cave Country Canoes KANUFAHREN
(☎812-365-2705; www.cavecountrycanoes.com; 112 W Main St; ⌚Ma–Okt.) Diese Firma mit Sitz in Milltown organisiert Kanutrips (halber/ganzer Tag 28/32 US$; auch längere Optionen) auf dem malerischen Blue River. Unterwegs heißt's nach Fischottern und seltenen Schlammteufeln Ausschau halten.

Schlafen & Essen

Blue River Family Farm FERIENBAUERNHOF $$
(☎812-633-7871; www.bluerivervalleyfarm.com; 10351 E Daugherty Ln; Haus 175–195 US$; ❄📶) In Milltown mietet man hier ein ganzes Bauernhaus mit drei Schlafzimmern, einem Bad, einem offenen Kamin und einem Whirlpool. Auf dem Gelände tummeln sich Hirsche und wilde Truthähne. Kinder können z. B. beim Füttern der Ziegen und Hühner helfen oder Gemüse im Garten ernten. Die Inhaber wohnen ein Stück bergabwärts. Zwei Mindestübernachtungen.

Hinkle's BURGER $
(☎812-265-3919; www.hinkleburger.com; 204 W Main St; Hauptgerichte 2–5 US$; ⌚Mo & Di 6–22, Mi & Do bis 24 Uhr, Fr & Sa 24 Std.) Das altmodische Diner in Madison feuert den Grill seit 1933 an. Auf verschnörkelten Barhockern genießt man hier z. B. Karamell-Milchshakes zu leckeren Miniburgern.

Praktische Informationen

Ohio River Scenic Byway (www.ohioriverbyway.com)

An- & Weiterreise

Louisville und Cincinnati sind die nächstgelegenen großen Verkehrsknotenpunkte. Zusätzlich zu den Einzelstrecken des Ohio River Scenic Byway verläuft die I-64 quer durch die Region. Madison liegt rund 75 Meilen (121 km) östlich der Marengo Cave, die man wiederum rund 55 Meilen (89 km) östlich des Lincoln Boyhood National Memorial findet.

New Harmony

Im Südwesten bildet der Wabash River die Grenze zwischen Indiana und Illinois. An seinem Ufer liegt etwas südlich der I-64 das faszinierende New Harmony, in dem einst zwei der ersten alternativen Kommunen zu leben versuchten: Im frühen 19. Jh. gründeten die Harmonisten (eine christliche Sekte aus Deutschland) hier eine fortschrittliche Siedlung, während sie auf das Jüngste Gericht warteten. Später kaufte der britische Utopist Robert Owen die ganze Stadt.

Der besuchenswerte Ort verströmt bis heute eine gewisse Besinnlichkeit (wenn nicht gar Weltfremdheit). Hiervon zeugen Attraktionen wie das grandiose **Atheneum** (☎812-682-4474; www.usi.edu/hnh; 401 N Arthur St; ⌚9.30–17 Uhr), die **Roofless Church** (☎812-682-3050; www.robertleeblafferfoundation.org; 420 North St; ⌚wechselnde Öffnungszeiten) GRATIS oder das gruselige **Labyrinth** (☎812-682-4474; 1239 Main St; ⌚Sonnenaufgang–Sonnenuntergang) GRATIS.

New Harmony hat ein einfaches Resort und ein paar B&Bs in historischen Gebäuden (jeweils Mittelklassebereich). Im **Harmonie State Park** (☎812-682-4821; 3451 Harmonie State Park Rd; 9 US$/Auto) gibt's günstige Campingmöglichkeiten und Hütten.

Der Ortskern lässt sich gut zu Fuß erkunden und beherbergt eine Handvoll eigenständiger Restaurants, die vor allem Sandwiches, Pizzas und US-Küche servieren.

An- & Weiterreise

Als größter Highway verläuft die I-64 rund 7 Meilen (11 km) nördlich von New Harmony. Der Hwy 66 verbindet den Ort mit dem Ohio River Scenic Byway. Die nächstgelegene größere Stadt ist Evansville (ca. 30 Meilen/48 km Richtung Südosten), wo es einen Busbahnhof und einen kleinen Flughafen gibt.

Nördliches Indiana

Indianas flacher Norden ist industriell geprägt, bietet aber durchaus ein paar Überraschungen. Darunter sind wilde Sanddünen, Oldtimer-Autos, Kuchen im Amish-Stil und das berüchtigte Dark-Lord-Bier.

Indiana Dunes

Die Indiana Dunes sind für sonnige Strände, raschelndes Schilf und bewaldete Campingplätze berühmt. Im Sommer tummeln sich hier zahllose Sonnenanbeter aus Chicago und dem ganzen nördlichen Indiana. Weitere Highlights der Gegend sind die vielen Pflanzenarten (z. B. Kakteen, Kiefern) und die tollen Wanderwege, die sich durch die örtlichen Dünen und Wälder schlängeln. Am besten morgens aktiv sein und dann bis zum Nachmittag relaxen!

Sehenswertes & Aktivitäten

Indiana Dunes National Lakeshore NATIONALPARK
(☎219-926-7561; www.nps.gov/indu; ⏲6–23 Uhr) GRATIS Die Dünen erstrecken sich 24 km lang am Ufer des Lake Michigan. Das Schwimmen ist überall am Ufer erlaubt. Einen kurzen Fußmarsch von den Stränden entfernt führen mehrere Wanderwege durch die Dünen und Wälder. Besonders empfehlenswert ist der Bailly-Chellberg Trail (4 km), der sich an einer immer noch bewirtschafteten Farm aus den 1870er-Jahren vorbeischlängelt. Genauso schön ist der Heron Rookery Trail (3,2 km), auf dem man Kolonien von Kanadareihern sieht. Seltsamerweise liegt diese üppige Naturlandschaft nur einen Katzensprung entfernt von Fabriken mit qualmenden Schornsteinen, die von verschiedenen Aussichtspunkten aus erkennbar sind.

Indiana Dunes State Park STATE PARK
(☎219-926-1952; www.in.gov/dnr/parklake; 12 US$/Auto; ⏲7–23 Uhr) Nahe Chesterton liegt am Ende des Hwy 49 dieser State Park (8,5 km²), dessen Küstengebiet ein Teil des National Lakeshore ist. Verglichen mit dem Rest des letzteren gibt's hier mehr Einrichtungen, aber auch mehr Regeln und eine Fahrzeuggebühr. Zudem wird der State Park stärker besucht – im Sommer von Wanderern, im Winter von Skilangläufern. Durch seine Landschaft schlängeln sich insgesamt sieben Wanderpfade. Route Nr. 4 führt zum Gipfel des Mt. Tom mit Blick auf die Skyline Chicagos.

West Beach STRAND
(376 N County Line Rd; 6 US$/Auto; ⏲8 Uhr–Sonnenuntergang) Der West Beach mit Naturpfaden, Wanderwegen, einer Snackbar und toller Aussicht auf Chicago liegt am nächsten zu Gary. Unter den Stränden der Gegend ist dies der besucherschwächste; zudem sind Rettungsschwimmer nur hier zugange.

Pedal Power RADFAHREN
(☎219-921-3085; www.pedalpowerrentals.com; 1215 Hwy 49; Leihfahrrad pro Std./Tag 7/35 US$; ⏲Ende Mai–Anfang Okt. Sa & So 9–19 Uhr) Am Ende der Sackgasse neben dem Indiana Dunes Visitor Center gibt's Leihfahrräder inklusive Schutzhelme, Schlösser und Routenkarten. Vom Shop aus führt der Dunes-Kankakee Trail (2 Meilen/3,2 km) zum Indiana Dunes State Park. Pedal Power bietet auch geführte Touren an (z. B. Bike and Beach Yoga, 2 Std., 20 US$; Details s. Website).

Schlafen

In der Gegend findet man viele Campingplätze. Zudem säumen Mittelklasse-Kettenhotels und günstige Motels die Highways am Rand der Dunes.

Tryon Farm Guesthouse B&B $$
(☎219-879-3618; www.tryonfarmguesthouse.com; 1400 Tryon Rd; Zi. 190 US$; ❄@🛜🐾) Nahe Michigan City ist dieses B&B mit vier Zimmern in einem Bauernhaus aus der Zeit der vorletzten Jahrhundertwende untergebracht. Gäste können morgens beim Eiersammeln im Hühnerstall helfen und vielleicht auch ein paar Eier für den Eigengebrauch mitnehmen. Danach heißt's im Garten relaxen, wo Hängematten und eine Reifenschaukel warten.

Essen

★ **Great Lakes Cafe** DINER $
(☎219-883-5737; 201 Mississippi St; Hauptgerichte 6–9 US$; ⏲Mo–Fr 5–14.30, Sa 6–12.30 Uhr; 👪) Eine griechische Familie betreibt dieses farbenfrohe Diner direkt vor einem Stahlwerk. Dessen Arbeiter laben sich hier scharenweise an preiswerten und herzhaften Tagesgerichten (z. B. Pfannkuchen, Hackbraten, Garnelen im Backteig, Bratkartoffeln mit Speck und Pekannüssen). Das aktuelle Angebot steht auf einer weißen Tafel. Gleich abseits vom Highway liegt das Lokal kurz vor dem National Lakeshore.

Lucrezia ITALIENISCH $$
(☎219-926-5829; 428 S Calumet Rd, Chesterton; Hauptgerichte 16–28 US$; ⏲So–Do 11–22, Fr & Sa bis 23 Uhr) Heimeliges und beliebtes Lokal mit italienischen Klassikern (z. B. Fettuccine Alfredo, in Marsala-Wein geschmortes Kalbfleisch, Linguine mit Jakobsmuscheln).

Praktische Informationen

Indiana Dunes Visitor Center (☎219-395-1882; www.indianadunes.com; 1215 Hwy 49; ⏲Juni–Aug. 8–18 Uhr, Sept.–Mai 8.30–16.30

ABSEITS DER ÜBLICHEN PFADE

AUBURN

Auburn ist Pflicht für Oldtimerfans, wo die Cord Company in den 1920er- und 1930er-Jahren die beliebtesten Autos der USA produzierte. Vor Ort gibt's zwei eindrucksvolle Automobilmuseen.

National Automotive and Truck Museum (☎260-925-9100; www.natmus.org; 1000 Gordon Buehrig Pl; Erw./Kind 10/5 US$; ⊙9–17 Uhr, Jan. & Feb. kürzere Öffnungszeiten) Zeigt von Spielzeugautos und Zapfsäulen bis hin zu historischen Sattelschleppern alles Mögliche.

Auburn Cord Duesenberg Museum (☎260-925-1444; www.automobilemuseum.org; 1600 S Wayne St; Erw./Kind 12,50/7,50 US$; ⊙9–17 Uhr) Fantastische Sammlung alter Roadster in grandiosem Art-déco-Ambiente.

Auburn liegt rund 20 Meilen (32 km) südlich des Hwy 20. Hauptzufahrtsroute ist die I-69.

Uhr) Der beste Ausgangspunkt für einen Besuch der Dunes: Hier gibt's Regionalinfos (inkl. Strände) und Karten für Wanderer, Radler oder Vogelbeobachter. Zudem führt das Zentrum ein Verzeichnis mit Wanderungen und anderen Aktivitäten unter der Leitung von Rangern.

An- & Weiterreise

Die Indiana Toll Rd (I-80/90), die I-94 und drei Highways (12, 20, 49) verlaufen allesamt am Lakeshore. Die Ausfahrten zu den Dunes sind jeweils mit großen braunen Schildern gekennzeichnet.

Zwischen Chicago und South Bend sind auch Pendlerzüge der South Shore Line unterwegs. Die Stationen Dune Park und Beverly Shores liegen jeweils ca. 1,5 Meilen (2,4 km) von den Stränden entfernt.

South Bend

South Bend ist die Heimat der University of Notre Dame (UND). In der Region hört man mitunter den Spruch „Football ist eine Religion" – was die UND besonders ernst nimmt: Ihr Stadion (80 000 Plätze) wird von einem riesigen Wandbild des „Touchdown Jesus" dominiert. Dieses zeigt eigentlich den auferstandenen Christus mit erhobenen Armen. Die Pose ähnelt jedoch sehr stark der eines Schiedsrichters, der einen Touchdown anzeigt. Der berühmte Uni-Campus und das Oldtimer-Automuseum im Zentrum sind ebenfalls einen Besuch wert.

Sehenswertes & Aktivitäten

Studebaker National Museum MUSEUM
(☎574-235-9714; www.studebakermuseum.org; 201 S Chapin St; Erw./Kind 8/5 US$; ⊙Mo–Sa 10–17, So ab 12 Uhr) South Bend war einst Werksstandort des Autoherstellers Studebaker. Dieses Museum zeigt schöne Oldtimer, die früher hier gebaut wurden. Unter den funkelnden Vehikeln auf drei Stockwerken sind u. a. ein toller Packard von 1956, alte Pferdekutschen und gepanzerte Militärfahrzeuge. Der Eingang liegt an der Thomas St. Im selben Gebäude befindet sich auch ein stadtgeschichtliches Museum.

Notre Dame Tours STADTSPAZIERGÄNGE
(☎574-631-5726; www.nd.edu/visitors; 111 Eck Center) GRATIS Am Eck Visitor Center starten diese Rundgänge über den hübschen Uni-Campus (3,2 km, 75 Min.; Mo–Fr meist mind. 10 & 15 Uhr). Das Gelände mit zwei Seen und Architektur im gotischen Stil wird von der berühmten Goldkuppel des Hauptgebäudes dominiert.

Schlafen & Essen

Etwas nördlich der Universität säumen mehrere Kettenhotels der Budget- und Mittelklasse den US Business 31/Hwy 933 (alias Dixie Way) im Bezirk Roseland. In der Nähe liegt die Ausfahrt 77 der Indiana Toll Rd (I-80/90). Football-Heimspiele von Notre Dame lassen die Preise im Herbst heftig steigen.

An den Straßen rund um den Campus findet man Studentencafés und Fast-Food-Lokale. Die Restaurants im Zentrum servieren vor allem mittelteure US-Küche. Darunter sind aber auch ein paar ethnische Optionen (z. B. thailändisch, japanisch, indisch). Für die Suche empfiehlt sich die Michigan St.

Morris Inn HOTEL $$
(☎574-631-2000; www.morrisinn.nd.edu; 1399 N Notre Dame Ave; Zi. 185–215 US$) Das Morris liegt im Herzen des Campus und ist daher bei früheren Studenten der UND sehr beliebt. Die 150 Zimmer in Weiß- und Goldtönen gewinnen nicht gerade einen Preis für modernes Innendesign. Dafür punkten sie mit Geräumigkeit, Komfort, großen Bädern und weichen Betten. Parken kostet 20 US$ pro Nacht. Alternativ kann man sein Vehikel gratis vor einem nahegelegenen Buchladen (5 Min. zu Fuß) abstellen.

★ Oh Mamma's on the Avenue FEINKOST $
(☎ 574-276-6918; www.facebook.com/OhMamma; 1202 Mishawaka Ave; Sandwiches 6–8 US$; ⊙ Di–Fr 10–18, Sa 9–16 Uhr) Der reizende kleine Mix aus Lebensmittel- und Feinkostladen punktet u. a. mit äußerst freundlichem Personal und großzügigen Kostproben. Im Angebot sind hier z. B. getoastete Sandwiches, frisch gebackenes Brot, Cannoli, Eiscreme und viele regionale Käsesorten (darunter toller selbstgemachter Ziegenkäse). Das Essen kann an ein paar Tischen vor Ort vertilgt oder mitgenommen werden.

ℹ An- & Weiterreise

Der überraschend große Flughafen von South Bend bietet u. a. Verbindungen nach Chicago und Detroit. Zudem halten dort Pendlerzüge der South Shore Line auf dem Weg nach/ab Chicago (einfache Strecke ca. 13 US$). Die Hauptzufahrtsstraßen zur Stadt sind die Indiana Toll Rd (I-80/90) und der Hwy 20.

Indiana Amish Country

Im Bereich von Shipshewana und Middlebury lebt die drittgrößte Amish-Gemeinde der USA. Hier klappern Pferdekutschen vorbei, während Männer mit langen Bärten die gepflegten Felder von Hand pflügen – alles nicht weit weg von der Interstate und doch eine komplett andere Welt.

Am besten folgt man einfach einer beliebigen Landstraße zwischen den beiden Orten. Dabei fällt der Blick häufig auf Familien, die Bienenwachskerzen, Steppdecken oder frisches Obst und Gemüse auf ihren Veranden verkaufen. Diese Produkte sind sicherlich hochwertiger als das, was man bei den oft touristisch angehauchten Läden und Restaurants an der Hauptstraße bekommt. Sonntags hat hier fast alles geschlossen. In der Region gibt's hauptsächlich behagliche B&Bs und Landgasthöfe der Mittelklasse- oder Budget-Kategorie. Chic und Luxus sind dabei nicht zu erwarten. Auf vielen örtlichen Speisekarten stehen Spezialitäten im Amish-Stil (z. B. Hähnchen mit Nudeln, Ofensteak, Roastbeef, frisch gebackener Kuchen in zahllosen Varianten). Die vielen volkstümlichen Optionen am Hwy 5 (alias Van Buren St) in Shipshewana sind teilweise ziemlich touristisch.

ℹ Praktische Informationen

Elkhart County Convention & Visitors Bureau (www.amishcountry.org) Karten sowie herunterladbare Regionalführer.

ℹ An- & Weiterreise

Die Indiana Toll Rd (I-80/90) durchquert die Region in Richtung Norden. Am Hwy 20 aus Richtung Süden liegen Middlebury und Shipshewana ca. 7 Meilen (11 km) voneinander entfernt.

OHIO

Also gut, Zeit für ein Ohio-Quiz: Welche Möglichkeiten bieten sich im Buckeye State? Erstens: Per Pferdewagen durch eine der größten Amish-Gemeinden der USA fahren. Zweitens: Den eigenen Magen in einer der schnellsten Achterbahnen der Welt zur Kapitulation zwingen. Drittens: Sich in einer Molkerei an traumhaft cremigen Milchshakes laben. Oder viertens: Eine riesige mysteriöse Schlangenskulptur erkunden, die in die Erde hineingebaut wurde. Und was davon empfiehlt sich nun? Alles! Die Einheimischen sind beleidigt, wenn Besucher denken, dass sie hier nur Kühe umschubsen können. Ohio hat eine Chance verdient! Abgesehen davon kann man ein *five-way* (Spaghetti) in Cincinnati futtern und in Cleveland so richtig abrocken.

ℹ Praktische Informationen

Tourism Ohio (www.ohio.org)

Verkehrsinformationen für Ohio (www.ohgo.org)

Ohio State Park Information (☎ 614-265-6561; http://parks.ohiodnr.gov) Der Eintritt in State Parks ist kostenlos, in einigen gibt's WLAN gratis. Zelt- und Wohnmobilstellplätze kosten zwischen 19 und 41 US$. Reservierungen sind möglich (☎ 866-644-6727; www.ohiostateparks.reserveamerica.com; Gebühr 8 US$).

Cleveland

Geht in Cleveland nun die Post ab oder nicht? Das ist hier die Frage. Die einstige Arbeiterstadt hat in den letzten Jahren jedenfalls hart daran gearbeitet, dass die Antwort „ja" lauten kann: Zuerst wurden die Probleme mit dem städtischen Verfall und dem brennenden Fluss gelöst – der Cuyahoga River war früher derart verschmutzt, dass er tatsächlich brannte. Dann brachte man mit der Rock and Roll Hall of Fame eine würdige Attraktion in die Stadt. Der dritte Schritt bestand schließlich darin, die öffentlichen Plätze im Zentrum zu sanieren und angesagte Hotels bzw. Restaurants zu eröffnen. Gesamtergebnis: Cleveland hat sich inzwischen ganz schön gemausert. So sehr und so lebendig, dass sich sogar laut LeBron James eine Rückkehr lohnt.

Sehenswertes

Das Zentrum von Cleveland ist der Public Sq, der vom auffälligen Terminal Tower und dem Casino, in dem die Automaten fröhlich klingeln und viel los ist, dominiert wird. Die meisten Sehenswürdigkeiten befinden sich im Zentrum am Flussufer oder am University Circle (der Gegend um die Case Western Reserve University, die Cleveland Clinic und einige andere Institutionen). Rund 5 Meilen (8 km) östlich vom Zentrum befindet sich der University Circle, wo mehrere Museen und Attraktionen in Laufentfernung zueinander liegen. Wer kein eigenes Auto hat, nimmt den HealthLine-Bus bis Adelbert. Der Nordteil des Viertels ist als Uptown bekannt.

★ Rock and Roll Hall of Fame & Museum MUSEUM

(☎216-781-7625; www.rockhall.com; 1100 E 9th St; Erw./Kind 23,50/13,75; ⊙10–17.30 Uhr, Juni–Aug. Mi & Sa bis 21 Uhr) Clevelands Top-Attraktion wirkt wie ein vollgestopfter Dachboden mit erstaunlichen Fundstücken: Jimi Hendrix' Stratocaster, Keith Moons Plateauschuhe, John Lennons Sgt.-Pepper-Anzug und der Hassbrief eines Fidschianers an die Rolling Stones aus dem Jahr 1966. Multimediaausstellungen beschäftigen sich mit der Geschichte und dem sozialen Kontext der Rockmusik und der Musiker, die sie schufen.

Warum aber steht das Museum in Cleveland? Weil es die Heimatstadt von Alan Freed ist, dem Diskjockey, der den Begriff „Rock and Roll" in den frühen 1950er-Jahren populär machte – und weil die Stadt dafür hart gekämpft und teuer bezahlt hat. Hier herrscht oft viel Gedränge, besonders bis etwa 13 Uhr.

★ Cleveland Museum of Art MUSEUM

(☎216-421-7340; www.clevelandart.org; 11150 East Blvd; ⊙Di–So 10–17, Mi & Fr bis 21 Uhr) GRATIS Die hervorragende Sammlung des großen Museums umfasst u. a. Kunst aus Europa, Afrika, Asien und den USA. Im 2. Stock warten berühmte Meisterwerke von Impressionisten, Surrealisten und Picasso. In allen Sälen informieren interaktive Touchscreens die Besucher auf spaßige Weise. Die Gallery One nahe des Eingangs gibt einen coolen Kurzüberblick über örtliche Highlights. Im grandiosen und lichtdurchfluteten Atrium starten Gratisführungen (13 Uhr).

Great Lakes Science Center MUSEUM

(☎216-694-2000; www.greatscience.com; 601 Erieside Ave; Erw./Kind 15/12 US$; ⊙Mo–Sa 10–17, So ab 12 Uhr; Sept.–Mai Mo geschl. 👪) Das Great Lakes Science Center ist eines von zehn Museen des Landes, die zur NASA gehören. Es entführt Besucher mit seinen Raketen, Mondsteinen und der Apollo-Kapsel von 1973 in die Tiefen des Alls, widmet sich aber auch den Umweltproblemen der Großen Seen.

Lake View Cemetery FRIEDHOF

(☎216-421-2665; www.lakeviewcemetery.com; 12316 Euclid Ave; ⊙7.30–19.30 Uhr) Auf dem Weg vom University Circle in Richtung Osten unbedingt dieses vielfältige „Freiluftmuseum" besuchen: Hier ruht u. a. James Garfield in einem unglaublich großen Turm – schon sehr protzig für einen Mann, der gerade mal sechs Monate lang US-Präsident war.

The Flats UFERBEREICH

Bei den Flats am Cuyahoga River handelt es sich um ein altes Industriegebiet, das in ein Nightlife-Zentrum umgewandelt wurde. Das Areal blickt auf eine wechselvolle Vergangenheit zurück: Nach Jahren der Vernachlässigung ist es nun wieder im Kommen. Am Ostufer gibt's Bars, stilvolle Restaurants, eine Promenade und einen Pavillon für Freiluftkonzerte. Das etwas rustikalere und weitläufigere Ostufer wartet u. a. mit einer alten Autowerkstatt auf, die nun ein Mix aus Brauerei und Winzerei ist. Zudem findet man dort einen Skaterpark und ein paar alte Kaschemmen.

Schlafen

★ Cleveland Hostel HOSTEL $

(☎216-394-0616; www.theclevelandhostel.com; 2090 W 25th St; B/Zi. ab 28/71 US$; ❄📶) Dieses Hostel in Ohio City, nur ein paar Schritte von einer RTA-Haltestelle und dem West Side Market entfernt, ist einfach fantastisch. Es hat 15 Zimmer – sowohl Mehrbett- als auch kleinere Zimmer. Alle sind frisch in sanften Farben gestrichen und mit flauschigen Bettdecken und eleganter Dekoration ausgestattet. Wenn man dann noch die nette Dachterrasse, das Café in der Lobby mit geröstetem Kaffee und den kostenlosen Parkplatz hinzunimmt, überrascht es nicht, dass es hier immer gerappelt voll ist.

★ Kimpton Schofield Hotel HOTEL $$

(☎216-357-3250; www.theschofieldhotel.com; 2000 E 9th St; Zi. 180–260 US$, Parken 36 US$; P ❄📶🐾) Das Schofield in einem restaurierten Innenstadtgebäude von 1902 ist etwas für coole Hipster: Abgefahrene Kunst (z. B. Drucke von Spielzeugautos), bunte Uhren und Lampen bzw. Stühle mit Art-déco-Touch zieren die geräumigen Zimmer. Unter den kostenlosen Extras sind Mietfahrräder, ein Abendtreff mit Wein und akustische Leihgitarren für eigene Jamsessions im Zimmer.

Glidden House BOUTIQUEHOTEL $$
(☎216-231-8900; www.gliddenhouse.com; 1901 Ford Dr; Zi. 160–190 US$; P❄📶) Die Familie Glidden verdiente einst ein Vermögen mit der Herstellung von Farben. Ihre frühere Villa zitiert u.a. den Architekturstil der französischen Gotik und ist heute ein würdevolles Hotel am University Circle (die Museen liegen in Laufentfernung). Die Gemeinschaftsbereiche sind opulent, während die 60 Zimmer mit mehr Understatement daherkommen.

Hilton Garden Inn HOTEL $$
(☎216-658-6400; www.hiltongardeninn.com; 1100 Carnegie Ave; Zi. 129–179 US$; @📶P❄🏊) Die Unterkunft ist zwar nicht besonders nobel, bietet aber ein ordentliches Preis-Leistungs-Verhältnis und bequeme Betten. Es gibt mit WLAN ausgerüstete Arbeitsplätze und Minikühlschränke. Der Baseball-Park befindet sich ganz in der Nähe. Parken kostet 18 US$.

Essen

Für aktuell angesagte Lokale empfehlen sich die E 4th St, Ohio City und Tremont. Little Italy und Asiatown sind am besten in puncto Ethno-Restaurants.

Downtown

Unter den funkelnden Lichtern der E 4th St findet man mehrere tolle Restaurants. Asiatown liegt östlich der Innenstadt zwischen Payne Ave, St. Clair Ave, E 30th St und 40th St. Etwas ab vom Schuss gibt's dort mehrere Lokale mit chinesischer, vietnamesischer und koreanischer Küche.

Noodlecat NUDELN $
(☎216-589-0007; www.noodlecat.com; 234 Euclid Ave; Hauptgerichte 10–12 US$; ⏲11–21 Uhr) Japanisch-amerikanischer Restaurant-Mix mit modernen Nudelgerichten (z. B. Udon-Nudeln mit Currygemüse oder pikantem Tintenfisch, Ramen-Nudeln mit knusprigem Speck oder gebratenem Hühnerfleisch).

Lola AMERIKANISCH $$$
(☎216-621-5652; www.lolabistro.com; 2058 E 4th St; Hauptgerichte 29–40 US$; ⏲So–Do 17–22, Fr & Sa bis 23 Uhr) Michael Symon stammt aus Cleveland und hat seine Heimat mit dem Lola zum Gourmet-Ziel gemacht. Bekannt ist er für seine Tattoos, Auftritte auf Food Network TV und vielen US-Awards. Unter den saisonal wechselnden Gerichten sind z. B. Nierenzapfen mit Essigsauce oder geschmorte Lammhüfte mit Minze und Wurzelgemüse. Die funkelnde Bar und die offene Küche tragen zum eleganten Ambiente bei.

Wer Symons Küche in lässigerer Atmosphäre und zudem günstiger genießen will, folgt der 4th St ein kurzes Stück nordwärts bis zum Mabel's BBQ, das u. a. Rinderbrust und Krakauer auftischt.

Ohio City & Tremont

Südlich des Zentrums eröffnen ständig neue Trendlokale – genauer gesagt in den Vierteln Ohio City (vor allem entlang der W 25th St) und Tremont, rechts und links der I-90.

Barrio MEXIKANISCH $
(☎216-999-7714; www.barrio-tacos.com; 806 Literary St; Tacos 3–4 US$; ⏲Mo–Do 16–2, Fr–So 11–2 Uhr) Der Tremont-Ableger dieser kleinen Kette begeistert immer viele junge Einheimische mit der Möglichkeit, Tacos selbst zusammenzustellen. Die Palette der Füllungen reicht von Chili-Tofu im thailändischen Stil bis zu selbstgemachter Chorizo-Wurst. Margaritas in ungewöhnlichen Geschmacksrichtungen (z. B. Birne, Jalapeño) runden den kulinarischen Spaß ab.

Mitchell's Ice Cream EISCREME $
(☎216-861-2799; www.mitchellshomemade.com; 1867 W 25th St; Eiskugel 3,50–5 US$; ⏲So–Do 11–22, Fr & Sa 11–23 Uhr; 🖉) Im Falle des Mitchell's wurde ein altes Kino zur Eisdiele umgebaut. Durch große Glasfenster kann man dem Personal beim Kreieren der cremigen und sehr aromatischen Köstlichkeiten (darunter tolle vegane Optionen) zusehen.

Little Italy & Coventry

Diese Viertel eignen sich perfekt zum Auftanken, wenn man im University Circle unterwegs ist. Little Italy ist näher dran, es liegt an der Mayfield Rd unweit des Lake View Cemetery (nach dem Rte-322-Schild Ausschau halten). Eine andere Möglichkeit ist das lockere Coventry Village an der Mayfield Rd.

Presti's Bakery BÄCKEREI $
(☎216-421-3060; www.prestisbakery.com; 12101 Mayfield Rd; Snacks 2–6 US$; ⏲Mo 6–19, Di–Do

bis 21, Fr & Sa bis 22, So bis 16 Uhr) In der großen, sonnigen Bäckerei Presti's sollte man die beliebten Sandwiches und göttlichen Backwaren probieren.

Tommy's INTERNATIONAL $
(☎216-321-7757; www.tommyscoventry.com; 1824 Coventry Rd; Hauptgerichte 8–13 US$; ⏲So–Do 9–21, Fr bis 22, Sa 7.30–22 Uhr;) Aus der Küche kommen vorwiegend Tofu, Seitan und andere vegetarische Verdächtige. Es stehen aber auch Fleischgerichte auf der Karte.

Ausgehen & Nachtleben

Tremont hat jede Menge schicke Bars, Ohio City zahllose Brauereien. Im Zentrum konzentriert sich die Action auf die wiederbelebten Flats und den jungen, testosterongesteuerten Warehouse District im Bereich der W 6th St. Die meisten Locations haben bis 2 Uhr geöffnet.

★Platform Beer Co BRAUEREI
(☎216-202-1386; www.platformbeerco.com; 4125 Lorain Ave; ⏲Mo–Do 15–24, Fr bis 2, Sa 10–2, So bis 22 Uhr) In einem Schankraum mit schimmernden Speichertanks laben sich hier coole Typen jeden Alters z. B. an einfallsreichen Saisonbieren oder Pale Ales (5–6 US$/Pint). Bei Schönwetter sind die Picknicktische auf der Terrasse stark belebt. Etwas ab vom Schuss liegt die Brauerei am Südrand von Ohio City. Draußen vor der Tür gibt's jedoch eine praktische Bikesharing-Station.

Great Lakes Brewing Company BRAUEREI
(☎216-771-4404; www.greatlakesbrewing.com; 2516 Market Ave; ⏲Mo–Do 11.30–24, Fr & Sa 11.30–1 Uhr) Mit seinen selbstgebrauten Bieren hat Great Lakes schon viele Preise eingeheimst. Ein weiteres Schmankerl historischer Natur: Eliot Ness lieferte sich hier einst eine Schießerei mit Kriminellen. Wer die Einschusslöcher sehen will, fragt den Barkeeper.

Millard Fillmore Presidential Library BAR
(☎216-481-9444; 15617 Waterloo Rd; ⏲Mo–Sa 16–2.30, So bis 0.30 Uhr) Wenn man Freunden vom Besuch der Millard Fillmore Presidential Library berichtet, werden sie von solch intellektueller Wissbegier beeindruckt sein – aber noch mehr, sobald sie herausfinden, das es sich dabei um eine Craft-Bier-Kaschemme im aufstrebenden Viertel Collinwood handelt. Fillmore (13. US-Präsident) stammte ursprünglich aus New York. Das tut einem coolen Barnamen in Cleveland aber keinen Abbruch.

Jerman's Cafe BAR
(☎216-361-8771; 3840 St Clair Ave NE; ⏲Mo–Sa 10–1 Uhr) Die zweitälteste Bar der Stadt wurde 1908 von dem slowenischen Einwanderer John Jerman eröffnet. Dessen Familie betreibt den herrlich altmodischen Laden bis heute. Unter Deckenelementen aus geprägtem Zink laufen hier Baseballspiele der Indians auf mehreren TVs. Die kleine Fassbierauswahl beinhaltet meist ein deutsches Lager. Die freundlichen Barkeeper und Stammgäste erzählen gern Geschichten aus der guten alten Zeit.

Unterhaltung

Im Gordon Square Arts District an der Detroit Ave zwischen W 56th St und W 69th St, ein paar Kilometer westlich des Zentrums, findet man nette Theater, Livemusik-Locations und Cafés.

★Happy Dog LIVEMUSIK
(☎216-651-9474; www.happydogcleveland.com; 5801 Detroit Ave; ⏲Mo–Mi 16–0.30, Do & So ab 11, Fr & Sa 11–2.30 Uhr) Im Viertel Gordon Square gibt's hier Hotdogs in 50 verschiedenen Varianten (z. B. mit schwarzen Trüffeln für Gourmets oder mit Erdnussbutter und Marmelade für Geschmacksverirrte). Für Unterhaltung beim Essen sorgen zusammengewürfelte Livebands, DJs, Geschichtenerzähler und wissenschaftliche Vorträge.

Severance Hall KLASSISCHE MUSIK
(☎216-231-1111; www.clevelandorchestra.com; 11001 Euclid Ave) Nahe den Museen am University Circle beheimatet dieser Prachtbau mit klassischen und Art-déco-Elementen das gefeierte Cleveland Symphony Orchestra (Konzertsaison Aug.–Mai).

Progressive Field BASEBALL
(☎216-420-4487; www.indians.com; 2401 Ontario St) In dem Baseballstadion mit guten Blickachsen spielen die Cleveland Indians alias The Tribe (Der Stamm).

Prakische Informationen

Destination Cleveland (www.thisiscleveland.com) Offizielle Website, die mit zahllosen Infos beim Planen hilft.

Visitor Center (☎216-875-6680; 334 Euclid Ave; ⏲Mo–Sa 9–18 Uhr) Verteilt Karten, hilft bei der Zimmerreservierung und betreibt vor Ort auch einen reizenden Souvenirshop mit künstlerischem Touch.

Cool Cleveland (www.coolcleveland.com) Angesagte Kunst- und Kulturevents.

Ohio City (www.ohiocity.org) Restaurants und Bars in den einzelnen Stadtvierteln.

Tremont (www.tremontwest.org) Restaurants, Bars und Galerietouren.

Anreise & Unterwegs vor Ort

Der **Cleveland Hopkins International Airport** (CLE; www.clevelandairport.com; 5300 Riverside Dr) liegt 11 Meilen (18 km) südwestlich des Zentrums und ist mit dem Zug der Red Line (2,50 US$) zu erreichen. Ein Taxi in die Innenstadt kostet ca. 35 US$.

Vom Zentrum aus fährt **Greyhound** (216-781-0520; www.greyhound.com; 1465 Chester Ave) oft nach Chicago (7½ Std.) und New York City (13 Std.). **Megabus** (www.megabus.com/us; 2115 E 22nd St) fährt ebenfalls nach Chicago und ist häufig preiswerter.

Amtrak (216-696-5115; www.amtrak.com; 200 Cleveland Memorial Shoreway) fährt einmal täglich nach Chicago (7 Std.) und New York City (13 Std.).

Die Regional Transit Authority (www.riderta.com) schickt den Red-Line-Zug zum Flughafen und nach Ohio City. Zudem betreibt sie den HealthLine-Bus, der entlang der Euclid Ave zwischen dem Zentrum und den Museen am University Circle verkehrt. Eine Einzelfahrt kostet 2,50 US$, eine Tageskarte 5,50 US$. Obendrein verbinden kostenlose Trolleys auf Rundkursen die wichtigsten Geschäfts- und Unterhaltungszonen der Innenstadt miteinander.

UH Bikes (www.uhbikes.com; 3,50 US$/30 Min.) heißt Clevelands Bikesharing-Programm mit insgesamt 250 Fahrrädern an 25 Verleihstationen (die meisten davon in Downtown und im University Circle).

Wer ein Taxi braucht, ruft bei **Americab** (216-881-1111) an.

Erie Lakeshore & Islands

Im Sommer gehört dieses Urlaubsgebiet zu den belebtesten und teuersten Regionen in Ohio. Dann hauen hier Bootstouristen auf den Party-Putz, während Wagemutige mit Achterbahnen fahren und Outdoorfans per Fahrrad oder Kajak losziehen. Außerhalb der Hauptsaison (Mitte Mai–Mitte Sept.) hat vor Ort fast alles geschlossen.

Bass Islands

Bei der Schlacht auf dem Eriesee (1812) besiegte Admiral Perry die britische Flotte nahe South Bass Island. Damit sorgte er dafür, dass das ganze Land südlich der Großen Seen an die USA statt an Kanada fiel. Aber an Sommerwochenenden im rappelvollen Put-in-Bay ist Geschichte eher nebensächlich: Die größte Ortschaft der Insel wird dann zu einem Partyzentrum mit belebten Restaurants, brummenden Läden und feierwütigen Bootstouristen. Rundum gibt's Möglichkeiten zum Campen, Angeln, Kajakfahren und Schwimmen. Mit seinen Pensionen, B&Bs, Motels und Resorts ist South Bass Island relativ stark erschlossen. Im lokalen State Park liegen Campingplätze.

Zahllose Restaurants säumen die Bay View, Catawba und Delaware Ave im Zentrum von Put-in-Bay. Diese Lokale lassen sich leicht zu Fuß abklappern.

Sehenswertes & Aktivitäten

Perry's Victory and International Peace Memorial DENKMAL
(www.nps.gov/pevi; 93 Delaware Ave; Erw./Kind 5 US$/frei; Mitte Mai–Mitte Okt. 10–18 Uhr) Das 107 m hohe Denkmal in Form einer dorischen Säule ist eine einzigartige Attraktion. Der Blick von der Aussichtsplattform fällt auf das Schlachtfeld und reicht an schönen Tagen bis hinüber nach Kanada. Zum Zeitpunkt der Recherche war die Plattform wegen Renovierung geschlossen, sie sollte aber zur Saison 2018 wieder eröffnet werden.

South Bass Island State Park STATE PARK
GRATIS Von der Oberkante weißer Klippen auf der südwestlichen Inselseite reicht dieser Park bis hinunter zu einem kleinen Felsstrand mit Fischereipier, Jetski- und Motorbootverleih. Der örtliche Campingplatz mit 120 Stellplätzen (17–32 US$) lockt zahllose Party-People an.

Kayak the Bay KAJAKFAHREN
(419-967-0796; www.kayakthebay.net; Bayview Ave; 1-/2-sitziges Leihkajak pro 2 Std. 25/45 US$; Ende Mai–Aug. 10–20 Uhr, Sept. Mo–Fr 12–18 Uhr) Mit den Leihkajaks dieser Firma kann man durch den Hafen paddeln oder die Insel umrunden. Unter den geführten Touren (40–50 US$/Pers.; telefonische Reservierung erforderlich) ist auch ein Trip zu Sonnenuntergang.

Schlafen

Ashley's Island House B&B $$
(419-285-2844; www.ashleysislandhouse.com; 557 Catawba Ave; Zi. 110–195 US$; Nov.–März geschl.;) Ende der 1800er-Jahre war das Gebäude dieses B&Bs ein Quartier für Offiziere der US-Marine. Heute warten darin zwölf heimelige Zimmer mit Hartholzböden, rustikalen Antiquitäten und bunten Stepp-

decken. Gäste können Fahrräder und Golfmobile ausleihen.

Ausgehen & Nachtleben

Beer Barrel Saloon BAR
(☎419-285-7281; www.beerbarrelpib.com; 324 Delaware Ave; ⊙11–1 Uhr) Ein 124 m langer Tresen bietet hier viel Platz zum Trinken. Zudem punktet der Laden mit Livemusik und Jello Shots (mit Alkohol versetzter Wackelpudding in Schnapsgläsern).

Praktische Informationen

Put-in-Bay Chamber of Commerce (www.visitputinbay.com) Infos zu Unterkünften und Aktivitäten in der Region.

An- & Weiterreise

Zwei Fährunternehmen schippern regelmäßig vom Festland aus hierher: **Jet Express** (☎800-245-1538; www.jet-express.com; 3 N Monroe St) schickt Personenfähren fast stündlich von Port Clinton nach Put-in-Bay (einfache Strecke Erw./Kind 18/3 US$, 30 Min.). Autos können auf dem Parkplatz beim Anleger abgestellt werden (12 US$/Tag). Am günstigsten sind die Autofähren von **Miller Ferries** (☎800-500-2421; www.millerferry.com; 5174 E Water St), die etwas weiter draußen in Catawba starten (einfache Strecke Erw./Kind/Auto 7/1,50/16 US$, 20 Min., alle 30 Min.). Ab South Bass fahren sie auch nach **Middle Bass Island** und ermöglichen so schöne Tagesausflüge, die Ruhe und Natur versprechen.

Kelleys Island

Die grüne und ruhige Kelleys Island wird vor allem von Familien als Wochenendziel geschätzt. Hier warten hübsche Häuser aus dem 19. Jh., Zeichnungen, die Indianer hinterlassen haben, ein schöner Strand und eiszeitliche Gletscherriefen in der Landschaft. Hinzu kommen alte Kalksteinbrüche, die ebenfalls sehr malerisch sind.

Sehenswertes & Aktivitäten

Kelleys Islands State Park STATE PARK
GRATIS Dieser Park auf der nördlichen Inselseite ist bei Familien sehr beliebt. Hierfür sorgen ein Campingplatz mit 127 Stellplätzen (17–32 US$), ein Wanderwegnetz (fast 10 km) in vogelreicher Landschaft und ein abgeschiedener Sandstrand.

Glacial Grooves GEOLOGISCHE STÄTTE
(⊙Sonnenaufgang–Sonnenuntergang) GRATIS Die gewaltigen Furchen im Kalkstein (bis zu 122 m lang, 11 m breit und 3 m tief) entstanden vor rund 18 000 Jahren durch Gletschererosion. Weltweit sind sie die größten und am leichtesten zugänglichen ihrer Art. Treppen und ein Laufsteg laden zum Bestaunen ein.

Inscription Rock Petroglyphs INDIGENE STÄTTE
(⊙Sonnenaufgang–Sonnenuntergang) GRATIS Amerikanische Ureinwohner jagten einst auf der Insel. Irgendwann zwischen 1200 und 1600 n. Chr. ritzten sie dabei Petroglyphen in diesen Felsen an der südlichen Inselküste.

Caddy Shack Square RADFAHREN
(☎419-746-2664; www.caddyshacksquare.com; 115 Division St; ⊙10 Uhr–Sonnenuntergang) Diese Firma verleiht Fahrräder (pro Std./Tag 4/24 US$) und Golfmobile (pro Std./Tag 11/88 US$) für Inselerkundungen. Sie gehört zu einem Unterhaltungskomplex mit einer

NICHT VERSÄUMEN

DIE RASANTEN ACHTERBAHNEN VON CEDAR POINT

Der **Cedar Point Amusement Park** (☎419-627-2350; www.cedarpoint.com; 1 Cedar Point Dr; Erw./Kind 67/45 US$, Parken 15–18 US$; ⊙Juni–Aug. ab 8 Uhr, Sept. & Okt. Fr 18–24, Sa & So ab 11 Uhr) mit seinen 17 rasanten Achterbahnen zählt zu den besten Vergnügungsparks der Welt. Unter den heftigsten Fahrten ist die mit dem Top Thrill Dragster, einer der höchsten und schnellsten (128 m, 193 km/h) Achterbahnen der Welt. Als längster „Dive Coaster" des Planeten stürzt der Valravn seine Passagiere über 65 m senkrecht in die Tiefe. Im flügelartigen GateKeeper rast man durch Loopings, Spiralen und die höchste Inversion der Welt über die Schienen (sehr oft kopfüber).

Wer nach dem Adrenalinkick dank der Achterbahnen noch nicht genug hat, findet in der Umgebung einen hübschen Strand, einen Wasserpark und einige altmodische Attraktionen mit viel Zuckerwatte. Bei Onlinekauf im Voraus sind die Tickets günstiger. Der Park liegt rund 6 Meilen (10 km) von Sandusky entfernt.

Praktisch: Die gratis herunterladbare Cedar Point App gibt die aktuellen Wartezeiten (teilweise über 90 Min.) bei den einzelnen Achterbahnen an.

Minigolfbahn (18 Löcher), Videospielen, einer Pizzeria und einer geselligen Bar.

Schlafen & Essen

Inn on Kelleys Island B&B $$

(☎ 419-746-2258; www.innki20.wixsite.com/innofkelleysisland; 317 W Lakeshore Dr; Zi. 95–125 US$) Das altmodische B&B in einem viktorianischen Wohnhaus von 1876 gehört alteingesessenen Inselbewohnern. In den vier Zimmern mit Gemeinschaftsbädern findet man Metallbetten, Steppdecken, Schaukelstühle und rustikale Antiquitäten.

Village Pump KNEIPENESSEN $$

(☎ 419-746-2281; www.villagepumpkioh.com; 103 W Lakeshore Dr; Hauptgerichte 14–26 US$; ⏲ März–Dez. 11–23 Uhr; 📶) An Tischen oder auf Barhockern am Tresen stärken sich die Gäste der altmodischen Kneipe mit prima Burgern, Hummercremesuppe und gebratenem Flussbarsch. Auch der Brandy Alexander mit Schoko-Aroma, die Cocktailspezialität des Hauses, ist empfehlenswert.

Praktische Informationen

Kelleys Island Chamber of Commerce (www.kelleysislandchamber.com) Nützliche Infos zu Unterkünften, Restaurants und Aktivitäten.

An- & Weiterreise

Die Fähren von **Kelleys Island Ferry** (☎ 419-798-9763; www.kelleysislandferry.com; abseits der W Main St) starten im Nest Marblehead (einfache Strecke Erw./Kind/Auto 10/6,25/16 US$, ca. 20 Min.; Sommer/übriges Jahr alle 30/60 Min.). **Jet Express** (☎ 800-245-1538; www.jet-express.com; 101 W Shoreline Dr) legt in Sandusky ab (einfache Strecke Erw./Kind 18/4,75 US$, keine Autos; 25 Min.) und schippert dann weiter nach Put-in-Bay auf South Bass Island (einfache Strecke Erw./Kind 13/3 US$, keine Autos). Beide Firmen legen im zentralen Siedlungsbereich von Kelleys Island an: Jet Express am unteren Ende der Division St, Kelleys Island Ferry rund 0,5 Meilen (800 m) weiter östlich an der Seaway Marina.

Ohio Amish Country

In den ländlichen Counties Wayne und Holmes ist die größte Amish-Gemeinde der USA beheimatet. Ein Besuch bei den Amish ist wie eine Reise mit der Zeitmaschine in eine vorindustrielle Zeit.

Als Nachkommen von konservativen deutsch-schweizerischen religiösen Splittergruppen, die im 18. Jh. nach Amerika ausgewanderten, halten sich die Amish immer noch mehr oder weniger an deren *Ordnung* (Lebensstil). Viele – wenn auch nicht alle – befolgen die Regeln, nach denen es verboten ist, Strom, Telefone und motorisierte Fahrzeuge zu benutzen. Sie tragen traditionelle Kleidung, bewirtschaften ihr Land mit Pflug und Maultieren und fahren mit Pferdekutschen zur Kirche.

Leider wird die ansonsten so friedliche Szenerie von einer Menge Reisebusse gestört. Viele Amish freuen sich aber über den Geldsegen. Das bedeutet jedoch nicht, dass man sie auch fotografieren darf – für Amish sind Fotos meist tabu. Die Straßen hier sind eng und kurvenreich, deshalb sollten Besucher vorsichtig und langsam fahren.

ABSTECHER

PELEE ISLAND

Pelee ist die größte der Erie Islands und gehört zu Kanada. Auf der grünen und ruhigen Insel mit Weingütern kann man prima Vögel beobachten. Owen Sound Transportation Co (www.ontarioferries.com) schickt eine Fähre von Sandusky nach Pelee (einfache Strecke Erw./Kind/Auto 13,75/6,75/30 US$) und ab dort weiter zum Festland von Ontario. Infos zu Unterkünften und Reiseplanung gibt's unter www.pelee.com.

Sehenswertes

Kidron an der Rte 52 ist ein guter Ausgangspunkt. Etwas weiter südlich liegt **Berlin**, das Zentrum der Gegend mit unzähligen Krimskrams-Läden. **Millersburg** ist die größte Stadt der Region; hier gibt's fast mehr Antiquitätengeschäfte als Amish. Der Hwy 62 verbindet die beiden „geschäftigen" Orte.

Weiter ab vom Schuss gelangt man auf der Rte 557 oder der County Rd 70 durch ländliche Gegenden ins kleine **Charm**, das ca. 5 Meilen (8 km) südlich von Berlin liegt.

Kidron Auction MARKT

(www.kidronauction.com; 4885 Kidron Rd, Kidron; ⏲ Do ab 10 Uhr) Wer donnerstags in der Gegend ist, sollte sich in die von Lehman's Laden bis zum Viehstall reichende Schlange von Kutschen einreihen. Um 10 Uhr wird Heu versteigert, um 11 Uhr Kühe und um 13 Uhr Schweine. Rund um den Stall findet ein Flohmarkt statt, auf dem sich die Leute tummeln, die kein muhendes Tier kaufen wollen.

Lehman's MARKTHALLE

(☎800-438-5346; www.lehmans.com; 4779 Kidron Rd, Kidron; ⏲Mo–Sa 9–18 Uhr, Jan.–Mai 9–17 Uhr) Das Lehman's muss man gesehen haben: In einer fast 3000 m² großen Scheune versorgt der Laden die Amish-Gemeinde mit dem größten Regionalangebot von modern aussehenden Geräten, die ohne Strom funktionieren (z. B. Holzöfen, Taschenlampen zum Aufziehen, Fleischwölfe mit Handkurbel).

Heini's Cheese Chalet KÄSEREI

(☎330-893-2131; www.heinis.com; 6005 Hwy 77, Berlin; ⏲Mo–Sa 8–18 Uhr, Jan.–April 8–17 Uhr) GRATIS Bei Heini's kann man über 50 Käsesorten probieren und ein kitschiges Wandgemälde zur Geschichte der Käseherstellung bewundern. Besucher erfahren auch, wie die Amish-Farmer ihre Kühe von Hand melken und die Milch vor der Auslieferung mit Quellwasser kühlen. Zudem lassen sich die Käser durch ein großes Fenster bei der Arbeit beobachten (tgl. bis 11 Uhr).

Yoder's Amish Home FARM

(☎330-893-2541; www.yodersamishhome.com; 6050 Rte 515, Walnut Creek; Besichtigung Erw./Kind 12/8 US$; ⏲Ende April–Ende Okt. Mo–Sa 10–17 Uhr; 👪) In der Amish-Farm kann man einen Blick in die Wohnräume und die Schule mit nur einem Klassenzimmer werfen sowie mit einer Pferdekutsche durch die Gegend fahren.

Schlafen & Essen

Guggisberg Swiss Inn HOTEL $$

(☎330-893-3600; www.guggisbergswissinn.com; 5025 Rte 557, Charm; Zi. 110–140 US$; ❄📶) Die 24 ordentlichen, hellen und kompakten Zimmer sind mit Quilts und Möbeln aus hellem Holz eingerichtet. Auf dem Gelände gibt's auch eine Käserei und Pferdeställe.

Hotel Millersburg HISTORISCHES HOTEL $$

(☎330-674-1457; www.hotelmillersburg.com; 35 W Jackson St, Millersburg; Zi. 79–149 US$; ❄📶) Das 1847 als Postkutschenstation erbaute Haus bietet in 26 lässigen Zimmern noch immer Übernachtungsmöglichkeiten. Sie befinden sich über dem modernen Gastraum und der Taverne (eines der wenigen Lokale im Amish Country, in dem man Bier bekommt).

★ Boyd & Wurthmann Restaurant AMERIKANISCH $

(☎330-893-3287; www.boydandwurthmann.com; 4819 Main St, Berlin; Hauptgerichte 6–12 US$; ⏲Mo–Sa 17.30–20 Uhr) Die Riesenpfannkuchen, die Pasteten in 23 Geschmacksvarianten, die dicken Sandwiches und die Spezialitäten der Amish (z. B. paniertes Steak) ziehen Einheimische und Touristen gleichermaßen an. Nur Barzahlung.

Mrs. Yoder's Kitchen AMERIKANISCH $

(☎330-674-0922; www.mrsyoderskitchen.com; 8101 Rte 241, Mt. Hope; Hauptgerichte 11–14 Uhr; ⏲Mo–Sa 7–20 Uhr) Das etwas abgelegene Mrs. Yoder's serviert leckere Amish-Küche im schlichten Ambiente. Auf der Karte stehen Hauptgerichte wie *wedding steak* (paniertes und braun gebratenes Rindersteak in Pilzsauce). Alternativ lädt man sich am Büfett z. B. saftiges Brathähnchen, Schmorbraten und Kartoffelpüree auf den Teller.

Praktische Informationen

Holmes County Chamber of Commerce (www.visitamishcountry.com)

Anreise & Unterwegs vor Ort

Das Amish Country liegt zwischen Cleveland (80 Meilen/129 km Richtung Norden) und Columbus (100 Meilen/320 km Richtung Südwesten). Das Gebiet wird im Westen von der I-71 und im Osten von der I-77 flankiert. Abseits dieser Interstates führen schmale und kurvige Landstraßen zu den kleinen Ortschaften der Gegend.

Columbus

Was Ohios Hauptstadt (und größte Stadt) an Mega-Attraktionen und wilden Kuriositäten vermissen lässt, macht sie durch eine unerwartete Kunst- und Gastroszene wieder wett. Und was noch besser ist: Columbus schont den Geldbeutel, was den über 59 000 Studenten der Ohio State University zu verdanken ist (der Campus ist der zweitgrößte des Landes). Außerdem hat sich in den letzten Jahren eine recht große Schwulengemeinde in der Stadt angesiedelt.

Sehenswertes & Aktivitäten

Wexner Center for the Arts KUNSTZENTRUM

(☎614-292-3535; www.wexarts.org; 1871 N High St; 8 US$; ⏲Di, Mi & So 11–18, Do–Sa bis 20 Uhr) Das Kunstzentrum des Campus zeigt aktuelle Ausstellungen, Filme und Vorstellungen.

Columbus Food Tours ESSEN & TRINKEN

(☎614-440-3177; www.columbusfoodadventures.com; Touren 55–60 US$) Feinschmecker führen Touren durch verschiedene Viertel oder zu bestimmten Themen (Taco-Trucks, Desserts, Kaffee), manche zu Fuß, andere im Kleinbus. Die meisten dauern drei bis vier Stunden.

Schlafen & Essen

Marriott Residence Inn HOTEL $$
(☎614-222-2610; www.marriott.com; 36 E Gay St; Zi. 149–239 US$; P ❄ @ 📶 🐾) Tolle Lage im Zentrum und in der Nähe von allem, was für Besucher interessant ist. Alle Zimmer sind mit einer kompletten Küche ausgestattet. Das nette kostenlose Frühstücksbüfett wird morgens in einem alten Tresorraum serviert. Parken kostet 24 US$.

Le Méridien Columbus, The Joseph BOUTIQUE-HOTEL $$$
(☎614-227-0100; www.lemeridiencolumbus.com; 620 N High St; Zi. 240–310 US$; P ❄ 📶 🐾) Dieses supercoole, kubistisch inspirierte Gebäude in Short North ist ein echter Hingucker. Die Lobby des The Joseph ist im Prinzip eine Galerie und zeigt Werke der Pizzuti-Sammlung (ein Kunstmuseum einen Block entfernt). Die 135 Zimmer haben eine gute Größe, sind schick-modern und unaufdringlich in Weiß- und Taupe-Tönen eingerichtet. WLAN auf dem Zimmer kostet 10 US$ bis 15 US$ pro Tag, Parken 30 US$. Die kostenlosen Fahrräder sind ein nettes Extra.

★ **Skillet** AMERIKANISCH $
(☎614-443-2266; www.skilletruf.com; 410 E Whittier St; Hauptgerichte 12–16 US$; ⏲Mi–So 8–14 Uhr) Dieses winzige Lokal im German Village serviert rustikale, lokale Brunch-Klassiker. Die Karte wechselt ständig, aber man kann sich den Teller oft mit warmen Zimtschnecken oder geschmorten Schweinebäckchen mit Sauce und Grits vollladen. Der Laden ist fast immer voll, aber Reservierungen sind nicht möglich. Am Wochenende kann man aber 30 Minuten vor Ankunft anrufen und sich auf die Warteliste setzen lassen.

Schmidt's DEUTSCH $
(☎614-444-6808; www.schmidthaus.com; 240 E Kossuth St; Hauptgerichte 11–16 US$; ⏲So–Do 11–22, Fr & Sa 11–23 Uhr) Im German Village kann man sich hier mit deutschen Klassikern (z. B. Würstchen, Schnitzel) vollstopfen. Aber unbedingt noch Platz für die riesigen Windbeutel reservieren! Von Mittwoch bis Samstag gibt's live gespielte Blasmusik.

Ausgehen & Nachtleben

Little Rock Bar BAR
(☎614-824-5602; www.littlerockbar.net; 944 N Fourth St; ⏲Di–Do 16–1, Fr 16–2, Sa 12–2, So 12–24 Uhr) Dieses Backsteingebäude war mal eine Tankstelle, hat sich nun aber in eine schicke Bar mit Livebühne verwandelt. 30 Biersorten (etwa die Hälfte stammt aus Ohio) fließen aus den Zapfhähnen und passen perfekt zu den Songs aus der kostenlosen Jukebox. Auf der Bühne stehen abends meist lokale Singer-Songwriter, DJs und andere Künstler.

> **GERMAN VILLAGE: COLUMBUS, OHIO**
>
> Das erstaunlich große, ganz aus Backstein erbaute „deutsche Dorf" liegt 800 m südlich vom Zentrum. Das restaurierte Viertel aus dem 19. Jh. wartet mit Bierhallen, Kopfsteinpflaster, Parks mit vielen Kunstwerken und Häusern im italienischen und im Queen-Anne-Stil auf.

Unterhaltung

Huntington Park BASEBALL
(☎614-462-2757; www.clippersbaseball.com; 330 Huntington Park Lane) Die Columbus Clippers (das Minor-League-Team der Cleveland Indians) schwingt in diesem Stadion im Zentrum den Schläger.

Ohio Stadium FOOTBALL
(☎800-462-8257; www.ohiostatebuckeyes.com; 411 Woody Hayes Dr) Die Ohio State Buckeyes locken zu ihren Heimspielen (Sa im Herbst) eine wilde Fangemeinde in das legendäre hufeisenförmige Ohio Stadium. Weitere 105 000 Feierfreudige ziehen außerdem durch die Stadt.

Praktische Informationen

Columbus Convention & Visitors Bureau
(☎866-397-2657; www.experiencecolumbus.com; 277 W Nationwide Blvd; ⏲Mo–Fr 8–17, Sa & So 10–16 Uhr) Dieses Visitor Center im Arena District ist immer besetzt und bietet einen Geschenkeladen mit lokalen Andenken.

An- & Weiterreise

Der **Port Columbus Airport** (CMH; www.flycolumbus.com; 4600 International Gateway) liegt 10 Meilen (16 km) östlich der Stadt. Ein Taxi zum Zentrum kostet ca. 25 US$.

Greyhound (☎614-221-4642; www.greyhound.com; 111 E Town St) fährt mindestens sechsmal täglich nach Cincinnati (2 Std.) und Cleveland (2½ Std.).

Yellow Springs

Das künstlerische, unkonventionelle Yellow Springs war in den 1960er- und 70er-Jahren dank der Antioch University ein Zentrum der Gegenkultur. Im lokalen Headshop kann man zwar immer noch Bongs kaufen, aber inzwischen tummeln sich in Downtown Galerien, Kunsthandwerkerläden und nachhaltige Lokale. In diesem netten Örtchen lässt es sich prima ein, zwei Tage aushalten. Man kann auf der lokalen Milchfarm eine Kuh melken oder sich eine vor Ort gefertigte Kugel Eis schmecken lassen. Die umliegende Parklandschaft begeistert mit Kalksteinschluchten, Wasserfällen und mit einem Kanu befahrbaren Flüssen.

Sehenswertes & Aktivitäten

★ Young's Jersey Dairy FARM
(☎937-325-0629; www.youngsdairy.com; 6880 Springfield-Xenia Rd; ⏲Juni–Aug. 9–23 Uhr, Sept.–Mai kürzere Öffnungszeiten; 👪) GRATIS Young's ist eine aktive Milchfarm mit berühmter Eisdiele: Für viele mixt der **Dairy Store** (Eiscreme 3–6 US$, Sandwiches 3,50–6,50 US$) die besten Milchshakes in ganz Ohio. Außerdem bietet die Farm zahlreiche spaßige Aktivitäten für Familien, z. B. Minigolf, Baseball-Schlagkäfige, Ziegen füttern oder zusehen, wie die Kühe gemolken werden (Letzteres passiert zwischen 16.30 und 17.30 Uhr). Minigolf und Schlagkäfige kosten extra, die Tieraktivitäten nicht. Das Restaurant The Golden Jersey Inn ist ebenfalls hier.

John Bryan State Park STATE PARK
(☎937-767-1274; http://parks.ohiodnr.gov/johnbryan; 3790 Hwy 370) GRATIS Hier kann man zwischen Kalksteinklippen angeln, wandern, Rad fahren, Felsklettern, Kanu fahren und zelten. Das malerische Highlight ist die Clifton Gorge, die vom hübschen Little Miami River geformt wurde.

Schlafen & Essen

Morgan House B&B $$
(☎937-767-1761; www.arthurmorganhouse.com; 120W Limestone St; Zi. 125–145 US$; ❄📶) Die sechs komfortablen Zimmer bieten weiche Bettwäsche und ein eigenes Bad. Zum Frühstück gibt's Bio-Produkte und das Hauptgeschäftszentrum ist zu Fuß erreichbar.

Golden Jersey Inn AMERIKANISCH $
(☎937-324-2050; www.youngsdairy.com; 6880 Springfield-Xenia Rd; Hauptgerichte 11–18 US$; ⏲Juni–Aug. Mo–Fr 11–21, Sa & So ab 8 Uhr, Sept.–Mai kürzere Öffnungszeiten) Dies ist das elegantere der beiden Restaurants der Young's Milchfarm. Es serviert Gerichte wie Buttermilch-Hühnchen und Hackbraten mit Sauce in einer Eichenholzscheune mit hoher Decke.

An- & Weiterreise

Yellow Springs liegt 29 km nordöstlich von Dayton. Beide sind durch die – wer hätte das gedacht? – Dayton–Yellow Springs Rd miteinander verbunden.

Dayton

Dayton setzt voll auf seinen Beinamen „Geburtsstätte der Luftfahrt", und die Wright-Sehenswürdigkeiten halten tatsächlich, was er verspricht. Eine Besichtigung der vollgestellten Werkstatt, in der Orville und Wilbur ihre Ideen in die Tat umsetzten, und des einsamen Felds, auf dem sie ihre Flugzeuge testeten, ist überraschend ergreifend. Zudem gibt's hier das Air Force Museum, ein weitläufiges Wunderland für Luftfahrtfans. Der riesige Hangar-Komplex beherbergt praktisch jeden Flugzeugtyp, der jemals in den USA gebaut wurde.

Sehenswertes

★ National Museum of the US Air Force MUSEUM
(☎937-255-3286; www.nationalmuseum.af.mil; 1100 Spaatz St; ⏲9–17 Uhr) GRATIS Dieses gigantische Museum liegt 6 Meilen (10 km) nordöstlich von Dayton auf dem Gelände der Wright-Patterson Air Force Base. Luftfahrtfans finden hier so ziemlich alles – z. B. einen Flyer der Gebrüder Wright aus dem Jahr 1909, eine Sopwith Camel (Doppeldecker aus dem Ersten Weltkrieg) oder ein entschärftes Originalexemplar der Atombombe „Little Boy", die über Hiroshima abgeworfen wurde. In den Hangars stehen endlose Reihen von Flugzeugen, Raketen und anderen Fluggeräten. Ein neues Gebäude kombiniert Raumfähren und Flugzeuge von US-Präsidenten.

Huffman Prairie Flying Field HISTORISCHE STÄTTE
(Gate 16A abseits Rte 444; ⏲8–18 Uhr) GRATIS Dieser friedliche, grasbewachsene Platz sieht noch fast genau so aus wie 1904, als die Wrights hier ihre Flugzeuge testeten. Ein 1,6 km langer Weg, an dem Infotafeln stehen, führt um den Platz.

Wright Cycle Company HISTORISCHE STÄTTE
(☎937-225-7705; www.nps.gov/daav; 16 S Williams St; ⏲9–17 Uhr, Nov.–Feb. Mo & Di geschlossen)

GRATIS Im Originalgebäude, in dem Wilbur und Orville ihre Ideen für Fahrräder und Flugapparate entwickelten, kann man durch die Ausstellungen schlendern.

Schlafen & Essen

Inn Port D'Vino B&B $$

(☎ 937-224-7678; www.innport.com; 22 Brown St; Zi. 119–149 US$; ❄ ☎) Die drei Zimmer dieses B&Bs in einem historischen Wohnhaus sind geräumig und voller Persönlichkeit, wirken mit den Kaminen, Ohrensesseln und dicken Teppichböden aber vielleicht ein bisschen angestaubt. Das große Plus ist die sensationelle Lage im künstlerischen Oregon District in Gehentfernung zu Brauereien, Bistros und Theatern. Direkt nebenan befindet sich außerdem die Einkaufsmeile der Innenstadt.

Corner Kitchen AMERIKANISCH $$

(☎ 937-719-0999; www.afinerdiner.com; 613 E 5th St; Hauptgerichte 15–24 US$; ⊙ Di–Do 16.30–22, Fr & Sa bis 23 Uhr) Einfache Holztische, weiß verkleidete Wände und bunt zusammengewürfelte Porzellanteller sorgen im Corner Kitchen, einer Mischung aus geschäftigem Diner und französischem Café, für ein modern-rustikales Ambiente. Die leckeren Cocktails passen perfekt zu Gerichten wie den in Wein getränkten Muscheln, Auberginen-Eintopf oder in Sauce schwimmender Poutine, aber die Karte ändert sich häufig. Das viergängige Verkostungsmenü (pro Person ohne/mit passenden Weinen 34/65 US$) ist immer eine gute Wahl. Das Lokal liegt im trendigen Oregon District.

An- & Weiterreise

Daytons recht großer Flughafen befindet sich nördlich der Stadt. Auch Greyhound-Busse fahren in die gleich weit von Cincinnati und Columbus entfernt liegende Stadt.

Cincinnati

Cincinnati liegt am Ufer des Ohio River. Die Stadt überrascht mit ihrer Schönheit, aber auch mit ihren Neonlichtern, den Vierteln im europäischen Stil und die unverhohlene Begeisterung der Einwohner für das *five-way* (Spaghetti mit Chili, Zwiebeln, Bohnen und Käse), eine kulinarische Spezialität. Angesichts des großen Angebots sollte man zumindest ein Baseball-Spiel anschauen, am brückenreichen Ufer spazieren gehen und das Bauchrednerpuppen-Museum besuchen.

Sehenswertes

Downtown & Over-the-Rhine

Am Nordrand der Downtown liegt das historische Viertel Over-the-Rhine (OTR) mit Architektur im italienischen und im Queen-Anne-Stil. Viele der dortigen Gebäude aus dem 19. Jh. verwandeln sich momentan in trendige Restaurants und Läden. Manche Teile der Gegend wirken immer noch schäbig. Der Gateway District im Bereich von 12th St und Vine St ist aber bereits saniert.

National Underground Railroad Freedom Center MUSEUM

(☎ 513-333-7500; www.freedomcenter.org; 50 E Freedom Way; Erw./Kind 15/10.50 US$; ⊙ Di–Sa 11–17 Uhr) Cincinnati war eine wichtige Zwischenstation der Underground Railroad, eines Netzwerks, das Sklaven zur Flucht nach Norden verhalf, und damit ein Zentrum der Antisklaverei-Bewegung, die von Menschen wie Harriet Beecher Stowe angeführt wurde. Das Freedom Center erzählt ihre Geschichten. Anhand von Exponaten erfährt man, wie die Sklaven in den Norden fliehen konnten und wie moderne Sklaverei in der heutigen Zeit aussehen kann. Man kann sich eine kostenlose iPhone-App herunterladen.

Cincinnati Museum Center MUSEUM

(☎ 513-287-7000; www.cincymuseum.org; 1301 Western Ave; ⊙ Mo–Sa 10–17, So 11–18 Uhr; 👪) Dieser Museumskomplex befindet sich im Union Terminal von 1933, einem Art-déco-Schmuckstück, das noch immer von Amtrak genutzt wird. Das Innere zieren fantastische Wandgemälde aus lokalen Rookwood-Kacheln. Die Anlage umfasst ein schickes Naturkundemuseum (mit einer Höhle und echten Fledermäusen), ein Museum für Kinder, ein Geschichtsmuseum, ein IMAX-Dome-Kino und einen Saal für Wanderausstellungen. Leider wird das Gebäude noch bis Ende 2018 einer umfassenden Renovierung unterzogen, während der nur das Kindermuseum (Erw./Kind 10,50/8,50 US$) und der Saal geöffnet sind. Parken kostet 6 US$.

American Sign Museum MUSEUM

(☎ 513-541-6366; www.americansignmuseum.org 1330 Monmouth Ave; Erw./Kind 15/frei US$; ⊙ Mi–Sa 10–16, So ab 12 Uhr) In diesem Museum in einer alten Fallschirmfabrik befindet sich ein überwältigender Schatz blinkender Leuchtreklamen. Wer die alten Neonschilder der Drive-Ins mit den gedrungenen Dschinns, dem Frisch's Big Boy und anderen nostalgischen Motiven betrachtet, dem gehen die Augen über. Führungen beginnen um 11 und 14 Uhr und besuchen auch die Werkstatt, in der Neonschilder hergestellt werden. Das Museum liegt im Viertel Camp Washington (in der Nähe von Northside); Autofahrer fahren bei Ausfahrt 3 von der I-75 ab.

Contemporary Arts Center MUSEUM
(☎513-345-8400; www.contemporaryartscenter.org; 44 E 6th St; ⌚Sa–Mo 10–16, Mi–Fr bis 21 Uhr) GRATIS Dieses Zentrum zeigt moderne Kunst in einem avantgardistischen Gebäude, das von der Stararchitektin Zaha Hadid entworfen wurde. Der Bau und die Kunstwerke sind für das traditionsbewusste Cincy ziemlich gewagt. Der Fokus liegt auf „Kunst der letzten fünf Minuten". Die Ausstellungen wechseln etwa alle drei Monate.

Fountain Square PLATZ
(www.myfountainsquare.com; Ecke 5th & Vine St) Der Fountain Sq ist das Herzstück der Stadt: ein öffentlicher Platz mit saisonaler Eisbahn, gratis WLAN, Konzerten (im Sommer Mi–Sa um 19 Uhr), einem Farmers Market (Di 11–14 Uhr), einem Reds-Ticketschalter und dem eleganten „Genius des Wassers"-Brunnen.

Roebling Suspension Bridge BRÜCKE
(www.roeblingbridge.org) Die elegante Brücke von 1876 war ein Vorläufer von John Roeblings berühmter Brooklyn Bridge in New York. Es ist cool, über die Brücke zu laufen und die Autos „singen" zu hören. Sie verbindet Cincinnati mit Covington, Kentucky.

Purple People Bridge BRÜCKE
(www.purplepeoplebridge.com) Diese Fußgängerbrücke führt vom Sawyer Point, einem nettem Park mit skurrilen Monumenten und fliegenden Schweinen, nach Newport, Kentucky.

Covington & Newport

Covington und Newport in Kentucky sind quasi Vororte von Cincinnati. Sie liegen gegenüber der Downtown auf der anderen Flussseite. Newport im Osten ist für seinen Restaurant- und Shoppingkomplex **Newport on the Levee** (www.newportonthelevee.com; 1 Levee Way; ⌚Mo–Do 11–21, Fr & Sa 11–22, So 12–18 Uhr) bekannt. Covington liegt im Westen. In dem Viertel MainStrasse mit seinen Backsteinhäusern aus dem 19. Jh. gibt's viele Restaurants und Bars. Antebellum-Herrenhäuser säumen den Riverside Drive und am Ufer liegen alte Raddampfer.

Newport Aquarium AQUARIUM
(☎859-491-3467; www.newportaquarium.com; 1 Aquarium Way; Erw./Kind 25/17 US$; ⌚Juni–Aug. 9–19, Sept.–Mai bis 18 Uhr; 👪) In diesem großen, recht angesehenen Aquarium in Newport trifft man Pinguine, den Geigenrochen Sweet Pea und jede Menge Fische mit scharfen Zähnen. Zu den Attraktionen gehört aber auch ein Becken, in dem man Stachelrochen berühren kann, was für Kontroversen sorgt: Interaktionen mit Menschen können bei Wasserbewohnern Stress auslösen.

Mt. Adams

Es wirkt vielleicht etwas weit hergeholt, Mt. Adams, direkt östlich des Zentrums, mit Montmartre in Paris zu vergleichen. Die hügelige Enklave aus dem 19. Jh. mit ihren engen, gewundenen Gassen, viktorianischen Stadthäusern, Galerien, Bars und Restaurants ist aber zumindest eine angenehme Überraschung. Die meisten Besucher steigen nur auf den Hügel, um sich mal umzusehen und einen Drink zu genießen.

Vom Zentrum aus nimmt man die E 7th St bis zur Gilbert Ave, dann biegt man nach rechts in den Eden Park Dr und geht den Berg hinauf zu den Seen, Wegen und Kulturangeboten im Eden Park.

Cincinnati Art Museum MUSEUM
(☎513-721-2787; www.cincinnatiartmuseum.org; 953 Eden Park Dr; ⌚Di–So 11–17, Do bis 20 Uhr) GRATIS Die Sammlung hier umspannt 6000 Jahre, mit Schwerpunkt auf antiker Kunst aus dem Nahen Osten und europäischen alten Meistern. Ein Flügel ist lokalen Werken gewidmet. Der Eintritt zur erstklassigen Dauerausstellung ist frei, aber die Sonderausstellungen kosten extra. Parken ist gratis, aber man kommt auch mit Bus 1 hierher.

Geführte Touren

American Legacy Tours SPAZIERGANG
(www.americanlegacytours.com; 1332 Vine St; 90-minütige Touren 20 US$; ⌚Fr–So) Bietet eine Vielzahl historischer Spaziergänge. Am besten ist die Queen City Underground Tour, die in alte Lagerkeller tief unter dem Viertel Over-the-Rhine hinabführt.

Feste & Events

Bunbury Music Festival MUSIK
(www.bunburyfestival.com; Sawyer Point Park; ⌚Anfang Juni) Bekannte Indie-Bands rocken drei Tage lang am Flussufer; ein Tagespass kostet 79 bis 89 US$.

Oktoberfest ESSEN & TRINKEN
(www.oktoberfestzinzinnati.com; Mitte Sept.) Deutsches Bier, Bratwürste und Feierlaune. Das Fest findet in der W 2nd und 3rd St in Downtown statt, zwischen der Walnut und der Elm St.

Schlafen & Essen

★ **Hotel Covington** HOTEL $$
(859-905-6600; www.hotelcovington.com; 638 Madison Ave; Zi. 135–175 US$;) Diese stilvolle Unterkunft mit 114 Zimmern ist in einem Kaufhaus aus dem frühen 20. Jh. in einer belebten Straße in Covington untergebracht. Die Zimmer sind recht geräumig, mit zeitgenössischer Einrichtung, cooler Fotokunst an den Wänden, einem Schreibtisch mit allen Anschlüssen und großen Fenstern für viel natürliches Licht. Ein gutes Restaurant, eine Bar und einen schicken Innenhof mit Kamin gibt's auch. Das Personal ist außergewöhnlich hilfsbereit.

Gateway B & B B&B $$
(859-581-6447; www.gatewaybb.com; 326 E 6th St; Zi. 129–169 US$;) Lust auf etwas anderes? Dann nichts wie hinüber nach Kentucky in dieses Stadthaus im italienischen Stil (erb. 1878). In einem historischen Viertel jenseits des Flusses warten hier drei Zimmer mit vielen exquisiten Antiquitäten aus Eichen- und Walnussholz. Faszinierende Erinnerungsstücke aus der Baseballwelt zieren die Gemeinschaftsbereiche. Nach Downtown Cincinnati sind es von hier aus etwa 800 m zu Fuß. Unterwegs passiert man die Restaurants von Newport on the Levee und überquert dann die Purple People Bridge.

Hotel 21c HOTEL $$$
(513-578-6600; www.21cmuseumhotels.com/cincinnati; 609 Walnut St; Zi. 279–379 US$;) Die zweite Außenstelle des beliebten Arthotels in Louisville liegt neben dem Contemporary Arts Center. Die modernen Zimmer sind mit Annehmlichkeiten wie Nespresso-Maschinen, kostenlosem WLAN, flauschigen Betten und darüber hinaus mit Kunstwerken ausgestattet. Die Lobby ist eine öffentliche Galerie, daher kann jeder ungeniert die psychedelischen Videos und Aktskulpturen betrachten. Das Restaurant und die Dachbar des Hotels ziehen Scharen von Gästen an. Parken kostet 38 US$.

★ **Tucker's** DINER $
(513-954-8920; www.facebook.com/TuckersRestaurantOTR; 1637 Vine St; Hauptgerichte 5–9 US$; Di–Sa 7–15, So bis 14 Uhr;) Das familiengeführte Tucker's liegt in einer eher rauen Ecke, ein paar Blocks vom Findlay Market entfernt. Es füttert die örtlichen Anwohner – Afro-Amerikaner, Weiße, Feinschmecker, Mittellose, Mönche und Drogendealer – seit 1946. Das archetypische Diner serviert Sechs-Käse-Omeletts, *shrimps and grits*, *biscuits and gravy*, Kartoffeln mit Speckmarmelade und andere üppige Frühstücksgerichte. Vegetarische Optionen mit Zutaten vom Markt gibt's aber auch.

Eli's BBQ GRILLGERICHTE $
(513-533-1957; www.elisbarbeque.com; 3313 Riverside Dr; Hauptgerichte 6–16 US$; 11–21 Uhr) Das Eli's ist ein winziger Laden, der ein grandioses Barbecue zaubert – darum reicht die Schlange hier auch immer bis zur Tür raus. Man bestellt an der Theke, sucht sich einen Platz und wartet dann, dass die Bedienungen die über Hickoryholz geräucherten Spare Ribs auf einem roten Plastiktablett servieren. Das Fleisch ist zart, die Sauce süß, aber mit rauchigem Kick, und die Jalapeño-Cheddar-Grütze macht schlichtweg süchtig.

The Eagle OTR AMERIKANISCH $
(513-802-5007; www.theeagleotr.com; 1342 Vine St; Hauptgerichte 8–12 US$; 11–24 Uhr) Dieser Hipster-Hotspot mit Einrichtung aus Recyclingholz serviert modernes Soul Food. Auf den Tisch kommen z. B. leckere Brathähnchen mit pikanter Honigmarinade, Grütze mit weißem Cheddarkäse oder *spoonbread* („Löffelbrot"; eine Art süßes Maisbrot). Die Warteschlange wäre noch länger, wenn nicht zwei Hausnummern weiter ein Donut-Schuppen einen Teil des Ansturms abfangen würde.

Terry's Turf Club BURGER $
(513-533-4222; 4618 Eastern Ave; Hauptgerichte 9–15 US$; Mi & Do 11–22, Fr & Sa 11–23, So 11–21 Uhr) Nicht nur draußen, auch im Inneren dieses Bier-und-Burger-Lokals mit 15 Tischen funkelt die Neonreklame des Besitzers Terry Carter. Eine riesige „Aunt Jemima" bittet die Gäste herein. Drinnen leuchten so viele fluoreszierende Bier- und Donut-Schilder, dass keine Lampen nötig sind. Es liegt 7 Meilen (11 km) östlich vom Zentrum, man erreicht es über den Columbia Pkwy.

Ausgehen & Nachtleben

★ **Rhinegeist Brewery** BRAUEREI
(513-381-1367; www.rhinegeist.com; 1910 Elm St, 2. Stock; Mo–Do 15–24, Fr 15–2, Sa 12–2, So 12–21 Uhr) Im hopfenlastigen Clubhaus

von Rhinegeist kippen sich Gerstensaftfans insgesamt 14 verschiedene Fassbiere (u. a. Truth IPA) hinter die Binde. Beim Zechen an Picknicktischen kann man dabei zuschauen, wie frisch befüllte Flaschen vom Fließband laufen. Alternativ bietet sich eine Runde Tischtennis oder Tischfußball in der großen offenen Lagerhalle an. Die Brauerei liegt in einer ziemlich trostlosen Ecke von OTR.

Moerlein Lager House BRAUEREI
(☎513-421-2337; www.moerleinlagerhouse.com; 115 Joe Nuxall Way; ⏲Mo–Do 11–24, Fr & Sa 11–1, So 11–23 Uhr) Bei Moerlein sieden die Hausbiere in Kupferkesseln, während eine Terrasse mit Traumblick auf das Flussufer und die Roebling Bridge aufwartet. Da das Stadion genau gegenüber liegt, herrscht hier vor oder nach Spielen der Reds kräftig Betrieb.

Blind Lemon BAR
(☎513-241-3885; www.theblindlemon.com; 936 Hatch St; ⏲Mo–Fr 17.30–2.30, Sa & So ab 15 Uhr) Ein Durchgang führt zu dieser stimmungsvollen alten Flüsterkneipe in Mt. Adams. Es gibt einen Innenhof und jeden Abend Livemusik.

☆ Unterhaltung

Aronoff Center THEATER
(☎513-621-2787; www.cincinnatiarts.org; 650 Walnut St) Dieses leuchtende Gebäude mit Glasfront wurde vom Stararchitekten Cesar Pelli erdacht. Es beherbergt drei Theater: Im größten werden Broadway-Shows auf Tournee gezeigt, während in den beiden anderen moderne Tanztruppen auftreten und intime Konzerte stattfinden. Auch wer keine Aufführung besucht, sollte sich zumindest die kostenlose öffentliche Kunstgalerie ansehen, die Ausstellungen regionaler Künstler zeigt.

Great American Ballpark BASEBALL
(☎513-765-7000; www.reds.com; 100 Main St) Cincy, das Zuhause der Reds – des ersten Baseball-Profiteams – ist ein großartiger Ort, um sich ein Spiel anzusehen. Dieses Stadion mit allen Schikanen steht direkt am Fluss und die zahlreichen Bierstände servieren erstklassiges lokales Gebräu.

ℹ Praktische Informationen

Cincinnati Visitor Center (☎513-534-5877; www.cincyusa.com; 511 Walnut St; ⏲9–18 Uhr) Das Visitor Center am Fountain Sq bietet Karten und Informationen.

ℹ Anreise & Unterwegs vor Ort

Der **Cincinnati/Northern Kentucky International Airport** (CVG; www.cvgairport.com) liegt 13 Meilen (21 km) weiter südlich in Kentucky. Nahe Terminal 3 starten TANK-Busse (2 US$) Richtung Downtown. Ein Taxi kostet ca. 35 US$.

Greyhound (☎513-352-6012; www.greyhound.com; 1005 Gilbert Ave) fährt täglich nach Columbus (2 Std.), Indianapolis (2½ Std.) und Chicago (7 Std.). Megabus (www.megabus.com/us) bedient dieselben Strecken; los geht's dabei jeweils in der Downtown und an der University of Cincinatti (für Details s. Website).

Auf dem Weg nach Chicago (9½ Std.) und Washington, D. C. (14½ Std.) halten bzw. starten

ABSTECHER

DIE ANTIKEN MOUNDS VON OHIO

Die Gegend südlich von Columbus war ein Zentrum der antiken Hopewell-Kultur, die riesige geometrische „Mounds" (Erd- und Grabhügel) aus der Zeit von 200 v. Chr. bis 600 n. Chr. hinterließ. Der **Hopewell Culture National Historical Park** (☎740-774-1126; www.nps.gov/hocu; 16062 Hwy 104, Chillicothe; ⏲Sonnenaufgang–Sonnenuntergang) erzählt ihre Geschichte. Das Visitor Center (8.30–17 Uhr) bietet faszinierende Hintergrundinformationen, aber am eindrucksvollsten ist eine Wanderung zu den verschieden geformten Hügeln, die über die 5 ha große Mound City verteilt liegen, eine mysteriöse Stadt der Toten. Der Park liegt 3 Meilen (5 km) nördlich von Chillicothe.

Serpent Mound (☎937-587-2796; www.ohiohistory.org; 3850 Hwy 73; pro Fahrzeug 8 US$; ⏲9 Uhr–Sonnenuntergang) ist vielleicht der faszinierende der Ureinwohner-Hügel, die im Südosten Ohios zu finden sind. Diese riesige, ausgerollte Schlange erstreckt sich über 400 m und ist die größte bildhafte Hügelstruktur in den USA. Man kann rundherum gehen oder den Aussichtsturm erklimmen und den Blick von oben genießen. Die Stätte liegt ziemlich ab vom Schuss, ist aber so faszinierend, dass sich die Mühe lohnt. Sie befindet sich 50 Meilen (80 km) südöstlich von Chillicothe. Ein kleines Museum (Mo–Do 10–16, Fr–So 9–17 Uhr, im Winter kürzere Öffnungszeiten) zeigt ein kurzes Video zur Geschichte der Hügelbauer und eine Ausstellung mit in der Gegend gefundenen Artefakten.

Züge der Amtrak (www.amtrak.com) dreimal pro Woche mitten in der Nacht am **Union Terminal** (☎ 513-651-3337; 1301 Western Ave).

Metro (www.go-metro.com) betreibt Cincys Stadtbusse und kooperiert dabei mit der Transit Authority of Northern Kentucky (www.tankbus.org). Bus 1 fährt auf einem praktischen Rundkurs zwischen dem Museumszentrum, Downtown und Mt. Adams.

Red Bike (www.cincyredbike.org) verfügt über 440 Fahrräder an 56 Stationen, die meisten in Downtown und Over-the-Rhine. Ein 24-Stunden-Pass kostet 8 US$; bei Fahrten über 60 Minuten muss man einen Aufpreis bezahlen.

Cincys neue Straßenbahn (www.cincinnatibell connector.com) kreist auf einer praktischen 5,5 km langen Schleife durch Banks, Downtown und Over-the-Rhine (einschließlich Findlay Market). Ein Tagesticket kostet 2 US$.

Südost-Ohio

Ohios Südostecke vereint den größten Teil seiner Waldgebiete mit den sanften Hügeln am Fuß der Appalachian Mountains und ein paar vereinzelten Farmen. Teilweise ist die Gegend schöner, als man vielleicht denkt. Die Region Hocking Hills in der Nähe von Logan beeindruckt mit Flüssen und Wasserfällen, Sandstein-Klippen und höhlenartigen Formationen. Ein Stück weiter liegt Athens, eine Universitätsstadt und das freigeistige Zentrum der Region. Im Osten, rund um Chillicothe, ragen die geheimnisvollen Mounds der amerikanischen Ureinwohner in den Feldern auf.

Athens

Athens eignet sich gut als hübscher Ausgangspunkt für die Erkundung von Südost-Ohio. Es liegt an der Kreuzung des Hwy 50 und Hwy 33 inmitten bewaldeter Hügel und wurde rund um den Campus der Ohio University erbaut (der die Hälfte der Stadt ausmacht). Alte Backsteingebäude säumen die Hauptstraßen, während sich die jungen, erdverbundenen und künstlerischen Einwohner in den Cafés und trendigen Musikläden tummeln.

Schlafen & Essen

Bodhi Tree Guesthouse B&B $$

(☎ 740-707-2050; www.bodhitreeguesthouse.com; 8950 Lavelle Rd; Zi. 130–160 US$) Die vier Zimmer in diesem ruhigen, hippiemäßigen Farmhaus sind modern-geschmackvoll (wenn auch minimalistisch) eingerichtet. Es gibt keine TVs, aber WLAN und ein ausgewogenes Frühstück mit örtlichem Käse, Eiern, Obst und Joghurt. Das Haus ist von der 1,5 ha großen Bio-Farm umgeben. Im angeschlossenen Wellnessstudio werden Yogakurse und Massagen angeboten.

Village Bakery & Cafe BÄCKEREI $

(☎ 740-594-7311; www.dellazona.com; 268 E State St; Sandwiches 9–13 US$; ⏲ Di–Fr 7.30–20, Sa bis 18, So 9–14 Uhr; 📶) Die Village Bakery ist bunt gestrichen und versprüht ein lässiges Ambiente mit viel Holz. Hier werden Bio-Gemüse, nachhaltig produziertes Fleisch und Bauernkäse zu Frühstückseiern und dick belegten Sandwiches mit hausgemachtem Brot serviert. Auch für Vegetarier gibt's jede Menge Optionen.

An- & Weiterreise

Die nächste Großstadt ist Columbus, 120 km nordwestlich am Hwy 33. GoBus (☎ 888-954-6287; www.ridegobus.com) fährt mehrmals täglich nach/von Downtown Columbus.

Logan

Logan ist ein praktisches Basislager für Ausflüge in die Hocking Hills. Dort kann man inmitten dramatischer Schluchten und Grotten wandern, Kanu fahren, campen und vieles mehr. Der Hocking Hills State Park bietet Natur pur, Logan und das nahe New Straitsville skurrile Lokalkultur, etwa ein Waschbrett-Museum und eine Schwarzbrennerei.

Sehenswertes & Aktivitäten

Hocking Hills State Park STATE PARK

(☎ 740-385-6841; http://parks.ohiodnr.gov/hockinghills; 19852 Hwy 664) GRATIS Der Park lohnt immer einen Besuch (aber im Herbst ist er am schönsten). Er bietet kilometerlange Wander- und Radwege, vorbei an Wasserfällen und Schluchten, Campingplätze (ab 26 US$) und Hütten (ab 150 US$). Der Park liegt 12 Meilen (19 km) südwestlich von Logan.

Straitsville Special Moonshine Distillery DESTILLERIE

(☎ 740-394-2622; www.straitsvillemoonshine.com; 105 W Main St, New Straitsville; ⏲ Mo–Sa 10–17 Uhr) In New Straitsville, 19 km östlich von Logan, steht diese zischende „Schwarzbrennerei“ (*moonshine* bedeutet „Schwarzgebranntes“). Man kann sich im Verkostungsraum die Kehle verbrennen (je Probierglas 1 US$) und sich dabei mit dem Besitzer über die raue Geschichte der Stadt unterhalten, die von Kohlebergbau über Arbeiterkämpfe und eine ewige Flamme bis hin zu Al Capone alles zu bieten hat.

Hocking Hills Scenic Byway PANORAMASTRASSE

(www.explorehockinghills.com) Diese malerische Strecke folgt dem Hwy 374 – einem offiziellen Ohio Byway – 26 Meilen (42 km) durch bewaldete, von Bächen durchzogene Hügel. Sie beginnt an der Kreuzung von Hwy 33 und Hwy 374 in Rockbridge.

An- & Weiterreise

Der Hwy 33 ist die Hauptverbindung nach Logan. **GoBus** (☎888-954-6287; www.ridegobus.com) hält ein paar Mal täglich auf der Route zwischen Columbus und Athens in der Stadt.

MICHIGAN

Mehr, mehr, mehr! Michigan ist der Bundesstaat der Superlative im Mittleren Westen. Hier gibt's mehr Strände als an der Atlantikküste. Mehr als die Hälfte des Staates ist von Wäldern bedeckt. Und in Michigan werden mehr Kirschen und Beeren in Torten geschaufelt als irgendwo sonst in den USA. Noch dazu ist Detroit die draufgängerischste Stadt im Mittleren Westen – und das ist in diesem Fall durchaus positiv zu verstehen. Michigan hat erstklassigen Grundbesitz zu bieten und ist von vier der fünf Großen Seen – Lake Superior, Lake Michigan, Lake Huron und Lake Erie – umgeben. Inseln sprenkeln die Küste – Mackinac, Manitou und Isle Royale sind Spitzenziele für Besucher. Weitere Highlights sind die Surfstrände sowie farbige Sandsteinklippen und Sanddünen, auf denen man wandern kann.

Der Staat besteht aus zwei Hälften: die größere von ihnen ist Lower Peninsula, die wie ein Fausthandschuh geformt ist und die kleinere, weniger bevölkerte ist Upper Peninsula, die wie ein Schlappen aussieht. Beide sind durch die atemberaubende Mackinac Bridge verbunden, die die Straits of Mackinac (sprich: *mcck-in-ao*) überspannt.

Praktische Informationen

Verkehrsinformationen für Michigan (www.michigan.gov/mdot)

Michigan State Park Information (☎800-447-2757; www.michigan.gov/stateparks) Wer mit dem Auto in einen Park fahren will, benötigt eine Genehmigung (Tag/Jahr 9/32 US$). Stellplätze kosten 13 bis 37 US$; Reservierungen sind möglich (www.midnrreservations.com; Gebühr 8 US$). In einigen Parks gibt es WLAN.

Travel Michigan (www.michigan.org)

Detroit

Die Amerikaner lieben eine gute Comeback-Geschichte, und Detroit schreibt gerade eine ziemlich überzeugende: Die Stadt ist dabei, sich von einer Lachnummer in eine richtig coole Adresse zu verwandeln. Wandgemälde, Märkte, Parkanlagen, Fahrradläden, Destillerien und einfallsreiche Küchenchefs geben in der Stadt den Ton an. Hinzu kommen öffentliche Projekte wie die neue Straßenbahn oder die Sportarena in Downtown.

Auch wenn die Stadt in einigen Ecken recht verlassen und etwas weltfremd wirkt, sind es genau diese Eigenschaften, die ihr die raue, urbane Energie verleihen, die man sonst nirgends findet. Immer mehr Künstler, Unternehmer und junge Menschen zieht es hierher, frei nach dem Motto: „Wir packen das selbst an." Sie verwandeln verwaiste Grundstücke in urbane Farmen und verlassene Gebäude in Cafés und Museen. Doch sie alle haben noch einen langen Weg vor sich, und Skeptiker weisen gern darauf hin, dass die seit Langem in Detroit ansässige afroamerikanische Bevölkerung keinen Anteil an dieser neuen Entwicklung hat. Wie die Stadt den tückischen Weg zum Neuanfang meistert, bleibt abzuwarten – aber wir stehen wie immer auf der Seite des Außenseiters.

Geschichte

Der Forschungsreisende Antoine de La Mothe Cadillac gründete Detroit im Jahre 1701. Doch das Glück kam in den 1920er-Jahren, als Henry Ford mit der Autoproduktion begann. Er hat das Auto nicht erfunden, auch wenn das mancher US-Amerikaner vielleicht meint, aber er hat die Arbeit am Montageband und die Massenproduktionstechniken perfektioniert. Das Resultat war das Model T, das erste Auto der USA, das sich die Mittelschicht leisten konnte.

Detroit wurde schnell die Welthauptstadt der Autoindustrie. General Motors (GM), Chrysler und Ford hatten und haben alle ihren Hauptsitz in der Nähe von Detroit. Die 1950er-Jahre waren die Blütezeit der Stadt, als die Einwohnerzahl die Zwei-Millionen-Grenze überschritt und Motown-Musik durch die Luft waberte. Doch 1967 wurden die Stadt und ihre Industrie von Rassenunruhen erschüttert und in den 1970er-Jahren

KLASSISCHE OLDTIMER IN MICHIGAN

Michigan ist zwar auch für Sanddünen, Strände und Mackinac-Island-Fudge bekannt, vor allem aber für seine Autos. Auch wenn es in dieser Hinsicht in den letzten Jahren nicht so gut lief, erinnert der Bundesstaat in verschiedenen Automuseen an die glorreichen Zeiten. Die folgenden Sammlungen liegen alle ein paar Autostunden von Motor City entfernt.

Henry Ford Museum (S. 632) Dieses Museum in Dearborn platzt vor Oldtimern aus allen Nähten; u. a. ist der erste Wagen zu sehen, den Henry Ford je gebaut hat. Im Greenfield Village nebenan kann man in einem Model T fahren, der 1923 vom Fließband rollte.

Automotive Hall of Fame (S. 633) Hier erfährt man mehr über die Männer und Frauen, die die legendärsten Autos der Welt erdachten und erbauten und blickt in die genialen Köpfe, die die Mechanik des modernen Motors ersannen.

Gilmore Car Museum (☎269-671-5089; www.gilmorecarmuseum.org; 6865 Hickory Rd; Erw./Kind 13/10 US$; ⏲Mo–Fr 9–17, Sa & So bis 18 Uhr) Dieser Museumskomplex liegt nördlich von Kalamazoo am Hwy 43 und umfasst 22 Schuppen, auf die sich 120 Oldtimer verteilen, darunter 15 Rolls Royce, z. B. ein Silver Ghost von 1910.

RE Olds Transportation Museum (S. 634) Diese riesige Garage ist randvoll mit glänzenden Oldtimern, die teilweise über 130 Jahre alt sind.

schließlich durch die Konkurrenz der japanischen Autokonzerne. Detroit erlebte eine Ära des Niedergangs, in dessen Folge die Stadt zwei Drittel ihrer Einwohner verlor.

Im Juli 2013 meldete Detroit den größten Bankrott in der Geschichte der USA: 18 Mrd. US$. Die Stadt schnallte den Gürtel danach extrem eng und überwand die Pleite im Dezember 2014 schließlich. Seither geht es mit Downtown dank eines Immobilienbooms wieder bergauf, aber für viele Langzeiteinwohner außerhalb des Zentrums hat sich das Blatt noch längst nicht gewendet.

Sehenswertes & Aktivitäten

Montags und dienstags sind die Sehenswürdigkeiten in der Regel geschlossen. Ach ja, das da drüben, auf der anderen Seite des Detroit River, ist tatsächlich Kanada (Windsor, Kanada, um genau zu sein).

Midtown & Cultural Center

★Detroit Institute of Arts — MUSEUM

(DIA; ☎313-833-7900; www.dia.org; 5200 Woodward Ave; Erw./Kind 12,50/6 US$; ⏲Di–Do 9–16, Fr bis 22, Sa & So 10–17 Uhr) Das DIA beherbergt eine der besten Kunstsammlungen der Welt. Das Herzstück ist Diego Riveras Wandgemälde Detroit Industry, das einen kompletten Raum einnimmt und die Arbeitergeschichte der Stadt widerspiegelt. Außerdem sieht man in den über 100 Galerien Picassos, Caravaggios, Rüstungen, moderne afro-amerikanische Gemälde, Marionetten und jede Menge mehr.

Es ist schwer zu glauben, dass die Sammlung vor ein paar Jahren verkauft werden sollte, um die Schulden der Stadt abzuzahlen. Zum Glück wurde sie jedoch von großzügigen Spendern gerettet.

Museum of Contemporary Art Detroit — MUSEUM

(MOCAD; ☎313-832-6622; www.mocadetroit.org; 4454 Woodward Ave; empfohlene Spende 5 US$; ⏲Mi, Sa & So 11–17, Do & Fr bis 20 Uhr) Das MOCAD befindet sich in einem verlassenen, mit Graffiti übersäten Autohaus. Heizlampen baumeln an der Decke über den sehr speziellen Ausstellungen, die alle paar Monate wechseln. Regelmäßig finden Konzerte und Literaturveranstaltungen statt. Die Café-Cocktail Bar vor Ort ist äußerst beliebt.

New Center

★Motown Historical Museum — MUSEUM

(☎313-875-2264; www.motownmuseum.org; 2648 W Grand Blvd; Erw./Kind 15/10 US$; ⏲Juni & Aug. Di–Fr & So 10–18, Sa bis 20 Uhr, Sept.–Mai Di–Sa bis 18 Uhr) Mit einem Kredit von 800 US$ gründete Berry Gordy 1959 in dieser unscheinbaren Häuserzeile Motown Records – und legte damit den Grundstein für die Karrieren von Stars wie Stevie Wonder, Diana Ross, Marvin Gaye und Michael Jackson. Das Label zog zwar 1972 nach L.A. um, doch man kann noch immer das bescheidene Studio A besuchen und sich anschauen, wo die Stars ihre ersten Hits aufgenommen haben.

Die Tour dauert etwa eine Stunde und besteht hauptsächlich aus dem Betrach-

Detroit

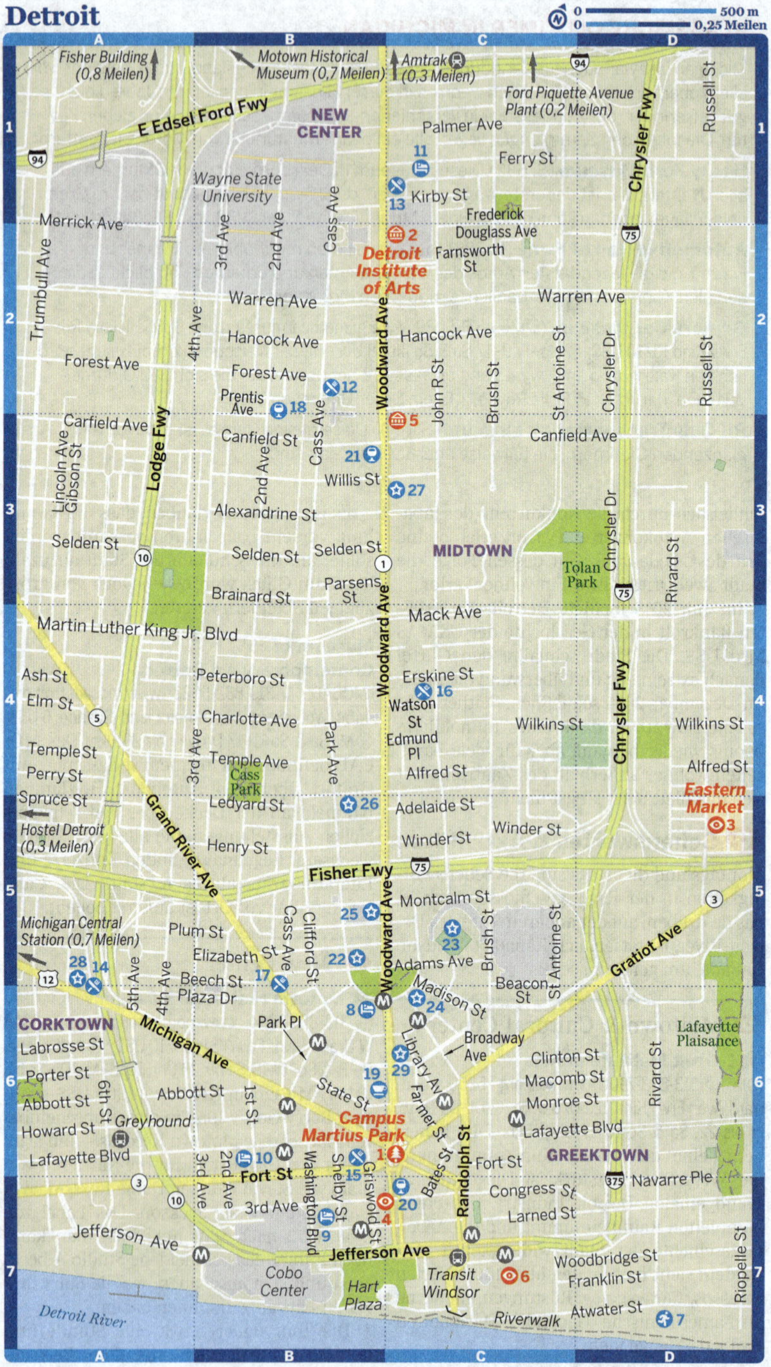
0 500 m
0 0,25 Meilen
Fisher Building (0,8 Meilen)
Motown Historical Museum (0,7 Meilen)
Amtrak (0,3 Meilen)
Ford Piquette Avenue Plant (0,2 Meilen)
E Edsel Ford Fwy
NEW CENTER
Palmer Ave
Ferry St
Kirby St
Frederick Douglass Ave
Farnsworth St
Wayne State University
Merrick Ave
Trumbull Ave
3rd Ave
2nd Ave
Cass Ave
Detroit Institute of Arts
Chrysler Fwy
Russell St
Warren Ave
Hancock Ave
Forest Ave
4th Ave
Prentis Ave
Woodward Ave
John R St
Brush St
St Antoine St
Chrysler Dr
Carfield Ave
Canfield St
Canfield Ave
Lincoln Ave
Gibson St
Lodge Fwy
Willis St
Alexandrine St
Selden St
Parsens St
MIDTOWN
Tolan Park
Rivard St
Brainard St
Mack Ave
Martin Luther King Jr. Blvd
Ash St
Elm St
Peterboro St
Erskine St
Watson St
Edmund Pl
Charlotte Ave
Park Ave
Wilkins St
Temple St
Perry St
Temple Ave
Cass Park
Alfred St
Spruce St
Ledyard St
Adelaide St
Eastern Market
Hostel Detroit (0,3 Meilen)
Grand River Ave
Henry St
Winder St
Fisher Fwy
Montcalm St
Michigan Central Station (0,7 Meilen)
Plum St
Elizabeth St
Clifford St
Adams Ave
Gratiot Ave
Beech St
Plaza Dr
5th Ave
Madison St
Beacon St
CORKTOWN
Park Pl
Broadway Ave
Labrosse St
Michigan Ave
Library Av
Clinton St
Lafayette Plaisance
Porter St
Macomb St
Abbott St
1st St
State St
Farmer St
Monroe St
6th St
Greyhound
Campus Martius Park
Lafayette Blvd
Howard St
Randolph St
GREEKTOWN
Fort St
Shelby St
Griswold St
Bates St
Navarre Ple
Congress St
Washington Blvd
Larned St
Jefferson Ave
Woodbridge St
Cobo Center
Transit Windsor
Franklin St
Hart Plaza
Riopelle St
Detroit River
Riverwalk
Atwater St

Detroit

Highlights
1 Campus Martius Park ... C6
2 Detroit Institute of Arts ... C2
3 Eastern Market ... D5

Sehenswertes
4 Guardian Building ... C7
5 Museum of Contemporary Art Detroit ... C3
6 Renaissance Center ... C7

Aktivitäten, Kurse & Touren
7 Wheelhouse Bikes ... D7

Schlafen
8 Aloft ... B6
9 Detroit Foundation Hotel ... B7
10 Ft Shelby Doubletree Hotel ... B6
11 Inn on Ferry Street ... C1

Essen
12 Cass Cafe ... B2
13 Chartreuse Kitchen ... C1
14 Detroit Institute of Bagels ... A6
15 Dime Store ... B6
16 Grey Ghost ... C4
17 Parks & Rec Diner ... B5

Ausgehen & Nachtleben
18 Bronx ... B2
19 Dessert Oasis Coffee Roasters ... B6
20 Grand Trunk Pub ... C7
21 HopCat ... B3

Unterhaltung
22 Cliff Bell's ... B5
23 Comerica Park ... C5
24 Detroit Opera House ... C6
25 Fox Theater ... B5
26 Little Caesars Arena ... B5
27 Magic Stick ... C3
28 PJ's Lager House ... A5
29 Puppet ART/Detroit Puppet Theater ... C6

Shoppen
Pure Detroit ... (siehe 4)

ten alter Fotos und den Geschichten des Museumsführers. Um Wartezeiten zu vermeiden, kann man sich vorab online ein Ticket mit Einlasszeit kaufen. Das Museum kündigte kürzlich eine 50 Mio. US$ teure Erweiterung mit neuen Gebäuden an, die für mehr Ausstellungsraum sorgen wird. Motown liegt 3 km nordwestlich von Midtown, ca. 20 Fußminuten von der QLINE-Haltestelle Grand Boulevard entfernt.

Ford Piquette Avenue Plant MUSEUM
(☎313-872-8759; www.fordpiquetteavenueplant.org; 461 Piquette Ave; Erw./Kind 12 US$/frei; ⊙April–Okt. Mi–So 10–16 Uhr) Henry Ford produzierte in dieser berühmten Fabrik das erste Model T. Im Eintritt enthalten sind eine lange Führung mit begeisterten Dozenten sowie ein Blick auf jede Menge glänzender Oldtimer, der älteste davon aus dem Jahr 1904. Das Museum liegt etwa 1 Meile (1,6 km) nordöstlich vom Detroit Institute of Arts.

Downtown & Umgebung

★ **Campus Martius Park** PARK
(www.downtowndetroitparks.com/parks/Campus-Martius; 800 Woodward Ave;) Dieser neue öffentliche Park im Herzen von Detroits Innenstadt ist der perfekte Ort für einen faulen sonnigen Nachmittag. In seinem Zentrum steht das Michigan Soldiers & Sailors Monument: In den wärmeren Monaten befindet sich an seinem Fuß ein Sandstrand, im Winter verwandelt sich der Platz in die beliebteste Eisbahn der Stadt. Außerdem gibt's eine Bühne für Konzerte und im Sommer ein Pop-up-Restaurant mit Bar.

★ **Eastern Market** MARKT
(www.easternmarket.com; Adelaide St & Russell St) Stände mit Obst und Gemüse, Käse, Gewürzen und Blumen füllen samstags diese großen Hallen, aber auch von Montag bis Freitag kann man durch die Spezialitätengeschäfte (inklusive einer Erdnussrösterei) und Cafés bummeln, die die Hallen in der Russell und Market St säumen. Außerdem finden von Juni bis Oktober dienstags ein abgespeckter und sonntags ein Kunsthandwerkermarkt mit Food Trucks statt. Die Wandgemälde sind hingegen täglich zu bewundern: Der Eastern Market hat sich zu einem international bekannten Mekka für Straßenkunst entwickelt.

Näheres zum Wo und Wer der Kunstwerke gibt's unter www.muralsinthemarket.com.

Packard Plant BEDEUTENDES GEBÄUDE
(E Grand Blvd at Concord St) Der renommierte Architekt Albert Kahn entwarf diese 320 000 m² große Fabrik, die 1905 eröffnete. Nach jahrelanger Vernachlässigung ist sie heute eine der berühmtesten Ruinen Detroits. Ein italienischer Bauunternehmer plant, sie in den nächsten zehn Jahren in

einen Büro- und Unterhaltungskomplex zu verwandeln. Phase 1 des Projekts soll im Herbst 2019 abgeschlossen sein. In der Zwischenzeit bietet Pure Detroit (☎313-963-1440; www.puredetroit.com; 500 Griswold St; ⌚Mo–Sa 9.30–18, So 11–17 Uhr) samstags geführte Touren an. Weit im Voraus online buchen.

Renaissance Center BEDEUTENDES GEBÄUDE
(RenCen; www.gmrencen.com; 330 E Jefferson Ave) Das noble Hauptquartier von General Motors, das hoch in den Himmel ragt, bietet kostenloses WLAN und einstündige Gratis-Führungen; außerdem geht's von hier aus zur Uferpromenade.

Heidelberg Project ÖFFENTLICHE KUNST
(www.heidelberg.org; 3600 Heidelberg St; ⌚Sonnenaufgang–Sonnenuntergang) GRATIS Gepunktete Straßen, mit bunten Farbklecksen bedeckte Häuser, seltsame Puppen-Skulpturen in Innenhöfen – nein, das ist kein LSD-Trip, sondern eine mehrere Häuserblocks umspannende Kunstinstallation. Sie ist die Idee des Straßenkünstlers Tyree Guyton, der diese heruntergekommene Gemeinde verschönern wollte – was er über 30 Jahre lang auch getan hat. Inzwischen hat Guyton angekündigt, das Projekt durch ein Kulturdorf ersetzen zu wollen. Er wird die Gebäude in Galerien und Ateliers verwandeln, ähnlich dem bereits existierenden Numbers House, in dem Ausstellungen stattfinden.

Riverwalk & Dequindre Cut STADTSPAZIERGANG, RADTOUR
(www.detroitriverfront.org) Dieser tolle, fast 5 km lange Weg erstreckt sich am Ufer des aufgewühlten Detroit River – von der Hart Plaza bis zur Mt. Elliott St im Osten. Er führt vorbei an mehreren Parks, Freilufttheatern, Flussschiffen und Angelstellen und soll später einmal auf der **Belle Isle** mit ihren vielen Stränden enden (zurzeit muss man noch über die Jefferson Ave gehen). In der Nähe der Orleans St zweigt auf halber Strecke Richtung Norden der 2,5 km lange Dequindre Cut Greenway vom Riverwalk ab. Über ihn erreicht man den Eastern Market.

Geführte Touren

★ **Pure Detroit Tours** STADTSPAZIERGANG
(☎855-874-7873; www.puredetroit.com; ⌚Sa & So; Zeiten variieren) GRATIS Pure Detroit ist ein bewährter Lieferant lokal inspirierter Geschenke und bietet zudem geführte Touren zu einigen der besten Sehenswürdigkeiten der Stadt an, z. B. zum **Fisher Building** (☎313-872-1000; www.fisherbldg.com; 3011 W Grand Boulevard), zum **Guardian Building** (www.guardianbuilding.com; 500 Griswold St; ⌚Mo–Sa 8.30–18, So 11–17 Uhr) und zur Packard Plant (S. 627). Die Führer, meist lokale Historiker, sind ebenso kompetent wie freundlich. Weitere Infos gibt's in einer der fünf Filialen oder auf der Website. Die meisten Touren sind gratis, aber die Packard-Plant-Tour kostet 40 US$ und muss vorab reserviert werden.

Preservation Detroit STADTSPAZIERGANG
(☎313-577-7674; www.preservationdetroit.org; 2-stündige Touren 15 US$; ⌚Mai–Sept. 10 Uhr) Bietet architektonische Stadtspaziergänge durch Downtown, Midtown, Eastern Market und andere Viertel; Startpunkte variieren.

Wheelhouse Bikes RADFAHREN
(☎313-656-2453; www.wheelhousedetroit.com; 1340 E Atwater St; 2 Std. 15 US$; ⌚Mo–Do 11–19, Fr & Sa 10–20, So 12–17 Uhr; im Winter verkürzte Öffnungszeiten) Die Stadt lässt sich wunderbar mit dem Fahrrad erkunden. Wheelhouse verleiht robuste Drahtesel (inkl. Helm und Schloss) an der Rivard Plaza am Riverwalk. Es gibt Thementouren (40 US$ inkl. Fahrrad) durch die Stadtviertel, zu architektonischen Highlights und städtischen Farmen.

Feste & Events

North American International Auto Show KULTUR
(www.naias.com; Tickets 13 US$; ⌚Mitte Jan.) Im Cobo Center gibt's Mitte Januar zwei Wochen lang Autos en masse zu sehen.

Movement Electronic Music Festival MUSIK
(www.movement.us; Tageskarte 80 US$; ⌚Ende Mai) Am Memorial-Day-Wochenende findet auf der Hart Plaza das weltweit größte Electronic-Music-Festival statt.

Woodward Dream Cruise AUTOSHOW
(www.woodwarddreamcruise.com) GRATIS Am dritten Samstag im August versammeln sich Autoliebhaber aus aller Welt in Detroit, um ihre vierrädrigen Schätze zu präsentieren und über die Hauptschlagader der Stadt zu cruisen. Die Party erstreckt sich über mehrere Kilometer, aber der Großteil des Geschehens findet nördlich der Downtown statt, entlang der Woodward Ave und der Seitenstraßen zwischen der 8 und 10 Mile Rd.

Durch all die gesperrten Straßen und die lange Partymeile ist es schwer zu wissen, wo man am besten in den Dream Cruise einsteigt. Ein guter Startpunkt ist die 9 Mile,

INSIDERWISSEN

DIE RUINEN VON DETROIT

Die heruntergekommenen Gebäude, die sich die meisten vorstellen, wenn sie an Detroit denken, sind nicht mehr so zahlreich wie früher – zumindest nicht in Downtown, wo viele architektonische Schmuckstücke liebevoll restauriert wurden und in neuem Glanz erstrahlen, dank engagierter Einheimischer und privater Investoren. Nationale Ketten sind ebenfalls auf diesen Zug aufgesprungen, seit sich das Blatt für die Stadt zum Guten zu wenden scheint, darunter Läden von Lululemon und Hotels wie Aloft und Westin, die zuvor leer stehende kommerzielle Gebäude übernahmen.

Selbst ein paar der legendärsten Ruinen zeigen wieder erste Lebenszeichen, vor allem die **Michigan Central Station** (2405 W Vernor Hwy), der einst so prachtvolle Bahnhof im Beaux-Arts-Stil. Nachdem er 1988 geschlossen wurde, verfiel er jahrzehntelang in völliger Vergessenheit, direkt in Sichtweite der Flaniermeile von Corktown. Der Verfall wurde aufgehalten – und Fenster eingebaut –, aber es ist nach wie vor fraglich, ob er je wieder ganz der Alte wird. Für die Packard Auto Plant (S. 627) gilt Ähnliches. Die 32 ha große Fabrik wurde vom bekannten Architekten Albert Kahn entworfen, und bei ihrer Eröffnung 1905 war sie eine wahre Schönheit. Nach jahrzehntelangem Verfall ist sie heute jedoch eine von Graffiti überzogene Ruine. Doch auch sie scheint, wie die ganze Stadt, einer rosigeren Zukunft entgegenzublicken: Ein italienischer Bauunternehmer kaufte drei Viertel des Geländes und plant, es im Laufe der nächsten zehn Jahre in einen Büro- und Unterhaltungskomplex zu verwandeln.

Trotzdem: In der 360 km² großen Stadt stehen nach wie vor zahlreiche Gebäude leer, vor allem außerhalb des Stadtkerns. Die Besichtigung dieser Gebäude hat sich zu einer Art Volkssport entwickelt; einige sprechen schon von „Ruinenporno". Andere betrachten es als Möglichkeit, die komplexe Geschichte der Stadt kennenzulernen. Es ist allerdings illegal, die verlassenen Gebäude zu betreten.

ein paar Blocks östlich oder westlich der Woodward Ave. So kann man die Karossen mit dem gebührenden „Ah" und „Oh" würdigen und gleichzeitig das charmante Herz des Viertels Ferndale erkunden.

Schlafen

Detroit erlebt einen Hotelboom: Mehrere neue Designer-Häuser eröffneten im letzten Jahr in Downtown und Midtown, und weitere sind in Planung. Den angegebenen Preisen muss man 9% bis 15% Steuer hinzurechnen (je nach Größe und Lage der Unterkunft).

Hostel Detroit HOSTEL $
(☎313-451-0333; www.hosteldetroit.com; 2700 Vermont St; B 30–39 US$, Zi. 60–77 US$; P @ 📶) Freiwillige renovierten dieses alte Gebäude und sammelten recyceltes Material sowie Spenden und eröffneten 2011 mit zusammengewürfelten Möbeln das Hostel. Es gibt einen Schlafsaal mit zehn Betten, einen mit vier und ein paar Privatzimmer; alle Zimmer teilen sich vier Bäder und drei Küchen. Onlinebuchungen sind möglich (mind. 24 Std. im Voraus!).

★ **Inn on Ferry Street** INN $$
(☎313-871-6000; www.innonferrystreet.com; 84 E Ferry St; Zi. 169–259 US$; P ❄ @ 📶) Die 40 Zimmer befinden sich in einigen viktorianischen Villen direkt am Kunstmuseum. Die günstigeren Zimmer sind klein, haben aber wunderbar weiche Betten; in den teureren Zimmern stehen jede Menge alter Holzmöbel. Nette Extras sind das gesunde warme Frühstück und das Shuttle ins Zentrum.

Aloft HOTEL $$
(☎313-237-1700; www.aloftdetroit.com; 1 Park Ave; Zi. 159–219 US$; P ❄ @ 📶 🐾) Für ihren Ableger in Detroit hat sich diese Hotelkette einen schmucken Wolkenkratzer (erb. 1915) im Stil der Neorenaissance geschnappt und ihm ihren typisch trendigen Stil verpasst. Die modernen Zimmer punkten mit fröhlichen Farbelementen und tollem Stadtblick. Zudem liegen die Sport-Locations und Theater in angenehmer Nähe. Parken kostet 30 US$.

Ft Shelby Doubletree Hotel HOTEL $$
(☎313-963-5600; www.doubletree3.hilton.com; 525 W Lafayette Blvd; Zi. 135–195 US$; P ❄ @ 📶) In einem historischen Beaux-Arts-Gebäude im Zentrum befindet sich dieses Hotel. Bei allen Zimmern handelt es sich um große Suiten, in denen sowohl der Wohnbereich als auch das Schlafzimmer mit HDTV und kostenlosem WLAN ausgestattet sind. Parken kostet 30 US$, außerdem bietet das

Hotel ein kostenloses Shuttle innerhalb des Zentrums.

Detroit Foundation Hotel BOUTIQUE-HOTEL **$$$**
(☎ 313-800-5500; www.detroitfoundationhotel.com; 250 W Larned St; Zi. 200–280 US$;) 2017 wurde diese Feuerwache von 1929 im Herzen der Stadt in ein Boutique-Hotel verwandelt, das modernen Komfort und Stil mit Originalarchitektur und wachem Sinn für Geschichte vereint (die Rutschstangen im ausgezeichneten Restaurant Apparatus Room sollte man gesehen haben). Die Zimmer sind geräumig und gemütlich, mit Minibars voller Produkte aus Michigan zu vernünftigen Preisen.

Das Guardian Building, das Kongresszentrum und der Campus Martius Park liegen nur einen kurzen Spaziergang entfernt. Bewachte Parkplätze (30 US$) und einen kostenlosen Fahrradverleih gibt's auch.

Essen

Downtown und Midtown sind die stilvollste kulinarische Wahl. Auch in zwei nahen Vororten verstecken sich hippe Restaurants und Bars: im sehr gut zu Fuß erkundbaren, schwulenfreundlichen Ferndale an der 9 Mile Rd und der Woodward Ave sowie in Royal Oak gleich nördlich von Ferndale, zwischen der 12 und der 13 Mile Rd.

Cass Cafe CAFÉ **$**
(☎ 313-831-1400; www.casscafe.com; 4620 Cass Ave; Hauptgerichte 9–16 US$; ⊙ Mo–Do 11–23, Fr & Sa bis 24, So 17–22 Uhr;) Das Cass ist eine alternative Kunstgalerie mit Bar und Restaurant, in dem Suppen, Sandwiches und vegetarische Köstlichkeiten wie Linsen-Walnuss-Burger aus der Küche kommen. Die Bedienung ist manchmal recht übellaunig.

Detroit Institute of Bagels BAGELS **$**
(☎ 313-444-9342; www.detroitinstituteofbagels.com; 1236 Michigan Ave; Bagels ab 1,50 US$, Bagel-Sandwiches 6–9 US$; ⊙ Mo–Fr 7–15, Sa & So 8–15 Uhr; P) Authentische NY-Bagels und hausgemachter Frischkäse spielen die Hauptrollen in diesem hellen, mit Pflanzen gefüllten Lokal in Corktown. Am besten probiert man den Le Rouge mit Speck, Eiern, Ziegenkäse, Rucola und roter Zwiebelmarmelade. In den wärmeren Monaten kann man auf der mit Hortensien geschmückten Terrasse sitzen.

Parks & Rec Diner DINER **$**
(☎ 313-446-8370; www.parksandrecdiner.com; 1942 Grand River Ave; Hauptgerichte 6–14 US$; ⊙ Mo–Fr 8–14, Sa & So bis 15 Uhr) Dieses ehemalige Diner eröffnete 2015 im imposanten GAR-Gebäude und verdankt seinen Namen der Regierungsbehörde Parks and Recreation, die früher hier untergebracht war. Auf der saisonalen Karte stehen Sandwiches und Brunch-Gerichte wie Arme Ritter mit Pistazien und Panzanella mit geschwärztem Speck – eine falsche Wahl gibt's hier nicht. Die mit Grillgewürz verfeinerten Pommes Frites sind ausgezeichnet.

★ **Dime Store** AMERIKANISCH **$**
(☎ 313-962-9106; www.eatdimestore.com; 719 Griswold St; Hauptgerichte 9–13 US$; ⊙ Mo–Fr 8–16, Sa & So bis 15 Uhr) Das gemütliche Restaurant im Diner-Stil setzt seine Gäste auf schwere Drehstühle. Zu kaltem Bier gibt's hier z. B. Reuben-Sandwiches mit Entenfleisch oder Pommes mit Trüffel-Mayonnaise. Die sehr beliebten Brunch-Gerichte mit viel Ei sind ganztägig zu haben.

Chartreuse Kitchen AMERIKANISCH **$$**
(☎ 313-818-3915; www.chartreusekc.com; 15 E Kirby St; Hauptgerichte 22–28 US$; ⊙ Di–Do 11.30–14 & 15–21.30, Fr bis 22.30, Sa 17–22.30 Uhr) Dieses Lokal mag wie jeder andere trendige Laden mit modernem Industrie-Dekor und saisonaler Karte wirken, aber das Chartreuse macht seine Sache besonders gut. Die Gerichte – etwa zweifach gekochte Eier (mit Gemüse, Rosenkohl, gesalzenem Käse und Schalotten-Vinaigrette) oder gebratene Karotten (mit Schinken und Zitronenjoghurt) – sind einfach, bieten aber grandiose Geschmacksexplosionen. Das hellgrüne Innere und die Wände aus lebenden Blumen versprühen ein fröhliches Hippie-Flair.

Grey Ghost AMERIKANISCH **$$$**
(☎ 313-262-6534; www.greyghostdetroit.com; 47 E Watson St; Hauptgerichte 18–29 US$; ⊙ Mo–Sa ab 16, So 10–14 Uhr) Dieses angesagte neue Lokal mit schickem Industrie-Flair bietet eine moderne Karte mit kreativen Beilagen wie Blumenkohl und Spätzle oder Rosenkohl mit Hähnchenhaut. Das saftige New Yorker Steak wird vakuumgegart. Eine gesellige, aber kleine Terrasse gibt's auch.

Ausgehen & Nachtleben

★ **Dessert Oasis Coffee Roasters** KAFFEE
(www.dessertoasiscoffee.com; 1220 Griswold St; ⊙ Mo–Do 6–21, Fr bis 22, Sa 7–22, So 8–21 Uhr;) Die perfekten Espresso-Getränke (den Caffè Latte mit Lavendel sollte man probieren), Pour Overs, Tische im Freien und gratis WLAN sind das Beste in diesem neuen Café

in Downtown. Jeden Abend gibt's Livemusik und Hunde sind willkommen.

HopCat KNEIPE

(☎313-769-8828; www.hopcat.com/detroit; 4265 Woodward Ave; ⊙Mo–Mi 11–24, Do–Sa bis 2, So 10–24 Uhr; 📶) Der Detroiter Ableger dieser regionalen Kette rockt richtig: Gemälde von lokalen Musikern zieren die Wände, während die Stooges oder alte Motown-Hits aus den Boxen dröhnen. 30 der rund 130 Fassbiersorten stammen von Brauereien aus Michigan. Wer möglichst viele davon probieren will, bestellt sich kleinere Gläser (150 oder 240 ml).

Bronx BAR

(☎313-832-8464; 4476 2nd Ave; ⊙12–2 Uhr; 📶) In dieser klassischen Eckkneipe gibt's außer einem Billardtisch, spärlicher Beleuchtung und ein paar Jukeboxen mit echtem Rock und Soul nicht viel, aber genau so lieben die Hipster, Bohemians und Rocker ihre Bars. Mindestens so sehr lieben sie auch die Auswahl an preiswertem Bier und die Burger, die bis spät abends hier serviert werden.

Grand Trunk Pub BAR

(☎313-961-3043; www.grandtrunk.pub; ⊙11–2 Uhr) Dieser Raum mit hohen Decken war einst die Fahrkartenhalle der Grand Trunk Railroad und ist immer noch recht belebt – die Gäste bleiben heute aber gern ein bisschen länger hier. Aus gutem Grund: Die Bierauswahl ist groß und die Speisekarte bietet alles, was man braucht. Auf der Terrasse kann man ausgezeichnet Leute gucken, dank der neuen Fußgängerzone in der Woodward Ave.

☆ Unterhaltung

Livemusik

Cliff Bell's JAZZ

(☎313-961-2543; www.cliffbells.com; 2030 Park Ave; ⊙Di–Do 17–24, Fr & Sa bis 1, So 11–22 Uhr) Mit dunklem Holz, Kerzenlicht und Art-déco-Dekor verströmt das Bell's die Eleganz der 1930er-Jahre. Lokale Jazz-, Soul- und Swingbands ziehen ein buntes, junges Publikum an.

Magic Stick LIVEMUSIK

(☎313-833-9700; www.majesticdetroit.com; 4120-4140 Woodward Ave) Die White Stripes und Von Bondies gehören zu den Rockbands, die in den biergetränkten Hallen des Magic Stick erste Gehversuche machten. Im Majestic Theater nebenan finden größere Konzerte statt. Die Veranstaltungsräume haben zwar in den letzten Jahren etwas Glanz verloren, aber an den meisten Abenden kann man hier immer noch coole Bands erleben.

PJ's Lager House LIVEMUSIK

(☎313-961-4668; www.pjslagerhouse.com; 1254 Michigan Ave; ⊙Mo & Di 13–2, Mi–Fr ab 11, Sa & So ab 10.30 Uhr) In diesem kleinen Club in Corktown treten an den meisten Abenden laute Bands und DJs auf. Tagsüber serviert er überraschend gutes Essen mit veganem New-Orleans-Touch.

Darstellende Künste

Detroit Opera House OPER

(☎313-237-7464; www.michiganopera.org; 1526 Broadway Ave) Dieses Haus mit grandiosem Interieur und erstklassigem Ensemble hat schon viele renommierte afro-amerikanische Künstler hervorgebracht.

Puppet ART/Detroit Puppet Theater THEATER

(☎313-961-7777; www.puppetart.org; 25 E Grand River Ave; Erw./Kind 15/10 US$; 👪) In dem Theater mit 70 Plätzen präsentieren in der ehemaligen Sowjetunion ausgebildete Puppenspieler wunderschöne Shows. In einem kleinen Museum kann man Puppen aus diversen Kulturen bewundern.

VON MOTOWN ZUR ROCK CITY

Motown Records und Soul machten Detroit in den 1960er-Jahren bekannt. Auf diesen glatten Sound antworteten die Stooges und MC5 im folgenden Jahrzehnt mit hämmerndem Punkrock. 1976 erhielt die Stadt durch einen Song von Kiss den Beinamen „Rock City" (zu Detroits Glück war die Rückseite der Single, *Beth*, aber deutlich erfolgreicher). In jüngster Zeit hat härterer Rock – auch als Whiplash Rock 'n' Roll bekannt – die Stadt erneut ins musikalische Rampenlicht gerückt. Zu den einheimischen Stars gehören die White Stripes, die Von Bondies und die Dirtbombs. Rap (dank Eminem) und Techno sind weitere bekannte Genres aus Detroit. Viele Musikfreaks glauben, dass die örtliche Trostlosigkeit für die wunderbar wütende Soundexplosion verantwortlich ist. Und wer wollte das bestreiten? Aktuelle Infos zu Konzerten und Liveclubs liefern Gratisblätter wie die *Metro Times* (www.metrotimes.com).

Fox Theater DARSTELLENDE KÜNSTE
(☎313-471-6611; www.olympiaentertainment.com/venues/detail/fox-theatre; 2211 Woodward Ave) Dieses opulente Theater wurde im Jahr 1928 im orientalischen Stil erbaut. Es gehört zu den Wahrzeichen Detroits und ist eines der wenigen Häuser, die während der zahlreichen Aufs und Abs der Stadt durchweg ein Programm auf die Bühne brachten, z. B. Comedians, erstklassige Musiker und Broadway-Shows.

Sport

Little Caesars Arena STADION
(☎313-471-6606; www.olympiaentertainment.com; 2645 Woodward Ave) Dieses schicke neue Stadion für große Konzerte und Sportevents wurde 2017 eröffnet. Detroits wilde Profihockeymannschaft, die Red Wings (www.nhl.com/redwings), und das Profibasketballteam Pistons (www.nba.com/pistons) spielen hier von Oktober bis April.

Comerica Park BASEBALL
(☎313-962-4000; www.detroittigers.com; 2100 Woodward Ave; 👪) Im Comerica, einem der am besten ausgestatteten Stadien der Liga, spielen die Detroit Tigers Baseball. Der Park ist besonders kinderfreundlich, hat ein kleines Riesenrad und ein Karussell (2 US$/Fahrt).

ℹ Praktische Informationen

Detroit Convention & Visitors Bureau
(☎800-338-7648; www.visitdetroit.com)

ℹ Anreise & Unterwegs vor Ort

Der **Detroit Metro Airport** (DTW; www.metroairport.com) ist eine Drehscheibe von Delta Airlines und liegt ca. 20 Meilen (32 km) südwestlich von Detroit. Zu den wenigen Verbindungsoptionen in die Stadt gehören Taxis (ca. 60 US$) und die Sammel-Shuttlebusse von **Skoot** (☎313-230-2331; 20 US$; www.rideskoot.com). Der unpraktische und unzuverlässige SMART-Bus 125 (2,50 US$) braucht 1½ Stunden zum Zentrum.

Greyhound (☎313-961-8005; 1001 Howard St) bedient mehrere Großstädte in Michigan und anderen Bundesstaaten. Mit Megabus (www.megabus.com/us) besteht täglich Verbindung nach und ab Chicago (5½ Std.); los geht's dabei ab Downtown und ab der Wayne State University (für Details und genaue Haltestellen s. Website).

Pro Tag fahren drei Züge von Amtrak (www.amtrak.com) nach Chicago (5½ Std.) von der **Detroit Station** (☎313-873-3442; 11 W Baltimore Ave). Wer Richtung Osten nach NYC (16½ Std.) oder entlang der Strecke dorthin schon früher aussteigen will, muss sich zuerst mit dem Bus nach Toledo begeben.

Die **QLine-Straßenbahn** (www.qlinedetroit.com, Fahrt 1,50 US$) nahm im Frühling 2017 den Betrieb auf. Sie ist ein praktisches Transportmittel entlang der Woodward Ave, von der Congress St in Downtown vorbei an den Sportstätten und Museen in Midtown bis zum Amtrak-Bahnhof und dem W Grand Blvd am Nordende der Route.

MoGo (www.mogodetroit.com) ist Detroits neues Bike-Sharing-Programm, mit 43 über Downtown und Midtown verteilten Stationen. Ein 24-Stunden-Pass kostet 8 US$ und berechtigt zu einer unbegrenzten Zahl 30-minütiger Fahrten. Nach 30 Minuten fallen zusätzliche Gebühren an.

Transit Windsor (☎519-944-4111; www.citywindsor.ca/transitwindsor) betreibt den Tunnel Bus nach Windsor in Kanada (5 US$ od. CA$). Dieser startet an mehreren Orten in Downtown – z. B. an der Mariner's Church (Ecke Randolph St & Jefferson Ave) nahe dem Eingang des Detroit-Windsor Tunnel. Reisepass nicht vergessen!

Dearborn

Dearborn liegt nur einen Steinwurf von Detroit entfernt und ist das Zuhause des Henry Ford Museums, das zu den besten Museumskomplexen der USA gehört. Außerdem lebt hier die größte Gemeinde arabischer Amerikaner des Landes, und bei einem Besuch kann man in ihre faszinierende Kultur eintauchen.

◉ Sehenswertes

Das Henry Ford Museum, das Greenfield Village und die Rouge Factory Tour sind zwar separate Attraktionen, aber es sind Kombitickets für zwei oder alle drei erhältlich, die mindestens 20 % günstiger sind als die regulären Preise. Man sollte für den Komplex zumindest einen vollen Tag einplanen.

Henry Ford Museum MUSEUM
(☎313-982-6001; www.thehenryford.org; 20900 Oakwood Blvd; Erw./Kind 22/16,50 US$; ⌚9.30–17 Uhr) Das Henry Ford Museum zeigt eine faszinierende Bandbreite amerikanischer Kultur, z. B. den Stuhl, auf dem Lincoln während des Attentats saß, die Präsidenten-Limousine, in der Kennedy ermordet wurde, das hotdogförmige Wienermobile von Oscar Mayer (fotografieren!) und der Bus, in dem Rosa Parks sich weigerte, ihren Platz zu verlassen. Aber keine Sorge: Hier gibt's auch jede Menge Oldtimer zu bestaunen. Wer sein Ticket online kauft, spart 10 %. Parken kostet 6 US$.

Greenfield Village MUSEUM
(☎313-982-6001; www.thehenryford.org; 20900 Oakwood Blvd; Erw./Kind 27/20,25 US$; ⏲April–Okt. tgl. 9.30–17 Uhr, Nov. & Dez. Fr–So) Die Freiluftattraktion Greenfield Village befindet sich neben dem Henry Ford Museum (und ist Teil des Komplexes). Es zeigt historische Gebäude, die aus dem ganzen Land hierher gebracht, wiederaufgebaut und restauriert wurden – z.B. Thomas Edisons Labor aus Menlo Park und die Flugzeugwerkstatt der Wright Brothers. Online-Tickets sind 10% günstiger.

Automotive Hall of Fame MUSEUM
(☎313-240-4000; www.automotivehalloffame.org; 21400 Oakwood Blvd; Erw./Kind 10/4 US$; ⏲Mai–Sept. Mi–So 9–17, Okt.–April Fr–So) Die interaktive Auto Hall steht neben dem Henry Ford Museum und widmet sich den Menschen hinter den Autos, etwa Ferdinand Porsche und Soichiro Honda.

Rouge Factory Tour FABRIK
(☎312-982-6001; www.thehenryford.org; Erw./Kind 18/13,25 US$; ⏲Mo–Sa 9.30–15 Uhr) In der Fabrik, in der Ford seine automatisierte Massenfertigung perfektionierte, kann man zusehen, wie F-150-Trucks vom Band laufen. Die Touren beginnen am Henry Ford Museum, von wo aus man mit dem Bus zur Fabrik fährt.

Schlafen & Essen

Henry Hotel HOTEL $$
(☎313-441-2000; www.behenry.com; 300 Town Center Dr; Zi. 180–240 US$; P ❄ @ 📶 ≋) Dieses elfstöckige Haus der Marriott-Kette verfügt über 308 Zimmer und richtet sich mit seiner unglaublichen Stilsicherheit hauptsächlich an Geschäftsreisende und Hochzeitsfeiern. Auf jeder Etage ist tolle Kunst aus der Region zu sehen und in den eleganten, mit Kronleuchtern dekorierten Gemeinschaftsbereichen kann man wunderbar entspannen. Die Zimmer sind komfortabel und geräumig. Das Hotel liegt neben einem großen Einkaufszentrum, 3 Meilen (ca. 5 km) vom Henry Ford Museum entfernt.

Hamido NAHOST $
(☎313-582-0660; www.hamidorestaurant.com; 13251 W Warren Ave; Hauptgerichte 8–16 US$; ⏲11–24 Uhr) Unter einem Schrägdach serviert das Hamido Hummus, Hühnchen-Schawarma und andere Klassiker. Die vielen am Spieß grillenden Hähnchen beweisen, wie beliebt dieser Laden ist.

An- & Weiterreise

Dearborn liegt 16 km westlich von Downtown Detroit und etwa genauso weit vom Detroit Metro Airport entfernt. Die I-94 ist die Hauptroute in die Stadt. Der Amtrak-Bahnhof befindet sich nahe dem Henry Ford Museum.

Ann Arbor

Das liberale, belesene Ann Arbor ist das Zuhause der University of Michigan. Die Innenstadt grenzt an den Campus und lässt sich gut zu Fuß erkunden. Hier reihen sich unabhängige Cafés, Buchläden und Brauereikneipen aneinander. Zudem ist die Stadt ein Mekka für Gourmets: einfach den Sabberspuren zum nächsten „Zingerman's" folgen.

Sehenswertes

University of Michigan Museum of Art MUSEUM
(☎734-764-0395; www.umma.umich.edu; 525 S State St; ⏲Di–Sa 11–17, So ab 12 Uhr) GRATIS Das Kunstmuseum des Campus beeindruckt mit seinen Sammlungen asiatischer Keramik, moderner abstrakter Werke und Tiffany-Glas.

Ann Arbor Farmers Market MARKT
(www.a2/gov.org/market; 315 Detroit St; ⏲Mai–Dez. Mi & Sa 7–15 Uhr, Jan.–April Sa 8–15 Uhr) Angesichts der vielen Obstgärten und Farmen in der Umgebung ist es kein Wunder, dass dieser Markt bis zum Bersten mit allem Erdenklichen – von Mixed Pickles bis hin zu Sets für die Pilzzucht – gefüllt ist. Er befindet sich im Zentrum nahe von Zingerman's Delicatessen. Sonntags findet hier ein Kunsthandwerksmarkt statt, auf dem Schmuck, Keramik und Textilien angeboten werden.

Schlafen & Essen

Mehrere B&Bs liegen in Laufentfernung zum Zentrum. Hotels findet man meist ca. 5 Meilen (8 km) außerhalb. In der State St im Süden sind einige Mittelklasseoptionen versammelt.

Ann Arbor war schon ein Feinschmecker-Mekka, bevor es überhaupt Feinschmecker-Mekkas gab. Die Stadt ist voll von hervorragenden Lokalen, und die meisten sind sehr entspannt und nicht zu teuer. Die Main St, die Liberty St und die Washington St im Zentrum platzen vor Köstlichkeiten aus allen Nähten. Food Trucks versammeln sich in einem Innenhof in der 211 W Washington St und überall gibt's Leckereien aus Äthiopien, Indien, Nahost und anderen Regionen.

Frita Batidos KUBANISCH $
(☎ 734-761-2882; www.fritabatidos.com; 117 W Washington St; Hauptgerichte 8–13 US$; ⏲ So–Mi 11–23, Do–Sa 11–24 Uhr) Hier gibt's moderne und schwer angesagte Varianten von kubanischem Straßenessen. Serviert werden z. B. Burger mit tropisch-fruchtigem Belag oder Milchshakes mit einem Schuss Alkohol.

★ **Spencer** AMERIKANISCH $$
(☎ 734-369-3979; www.spencerannarbor.com; 113 E Liberty St; kleine Teller 5–11 US$; ⏲ So, Mo, Mi & Do 11–15 & 17–22, Fr & Sa bis 23 Uhr) Wer in diesem winzigen Café speist, kommt sich vor wie in der gemütlichen Küche bei Freunden. Zur Einrichtung gehören weißgetünchte Wände, Bücherstapel auf den Fensterbrettern und frische Blumen in hübschen Vasen. Die Besitzer – sie ist Konditorin, er Käseverkäufer – erneuern ihre Karte mit Gerichten aus lokalen Zutaten alle paar Wochen, deshalb weiß man vorher nie, ob man darauf Kohlrüben-Blumenkohl-Suppe oder Nierenzapfen-Steak mit Sonnenblumen-Sahne findet.

Zingerman's Roadhouse AMERIKANISCH $$$
(☎ 734-663-3663; www.zingermansroadhouse.com; 2501 Jackson Ave; Hauptgerichte 19–36 US$; ⏲ Mo–Do 7–22, Fr 7–23, Sa 9–23, So 9–21 Uhr) Wir sagen nur: Donut-Eisbecher. Dieses Dessert mit einer Sauce aus Bourbon und Karamell ist schlicht genial. Dasselbe gilt für die anderen US-Traditonsgerichte (z. B. Grütze à la Carolina, Schweinekoteletts auf Iowa-Art, Krabbenküchlein wie in Maryland), die alle aus Bio-Zutaten hergestellt werden. Das Lokal liegt 2 Meilen (3,2 km) westlich der Downtown.

Praktische Informationen

Ann Arbor Convention & Visitors Bureau (www.visitannarbor.org) Infos zu Unterkünften und mehr.

An- & Weiterreise

Der Flughafen Detroit liegt 30 Meilen (50 km) östlich und wird von Shuttlebussen angefahren. Amtrak-Züge halten 3-mal täglich in Ann Arbor. Der Bahnhof befindet sich in der Innenstadt und wird auch von Greyhound genutzt. Megabus fährt zwar ebenfalls in die Stadt, hält unpraktischerweise aber weit außerhalb ihres Zentrums.

Zentral-Michigan

Das Landesinnere von Michigan liegt mitten in der Lower Peninsula und wechselt zwischen fruchtbarem Farmland und von Highways durchzogenen Gebieten. Die größeren Städte bieten coole Kunst, und in der ganzen Region versteht man was vom Bierbrauen.

Lansing

Das kleine Lansing ist die Hauptstadt des Bundesstaats. Ein paar Kilometer östlich liegt East Lansing mit der Michigan State University. Beide Städte haben ein paar eindrucksvolle und besuchenswerte Museen.

Sehenswertes & Aktivitäten

Broad Art Museum MUSEUM
(☎ 517-884-4800; www.broadmuseum.msu.edu; 547 E Circle Dr; ⏲ Di–So 12–19 Uhr) GRATIS Dieses wilde Parallelogramm aus Edelstahl und Glas wurde von der renommierten Architektin Zaha Hadid entworfen. Die Sammlung im Inneren reicht von griechischen Keramiken bis zu Gemälden Salvador Dalís. Ein Großteil der Ausstellungsfläche ist avantgardistischen Werken gewidmet.

RE Olds Transportation Museum MUSEUM
(☎ 517-372-0529; www.reoldsmuseum.org; 240 Museum Dr; Erw./Kind 7/5 US$; ⏲ ganzjährig Di–Sa 10–17 Uhr, April–Okt. auch So 12–17 Uhr) In der alten Lansing City Bus Garage wartet eine reizende Oldtimersammlung mit insgesamt rund 65 Fahrzeugen (u. a. der allererste Oldsmobile von 1897). Hinweis: Die Autos werden nicht alle gleichzeitig ausgestellt, aber regelmäßig durchgewechselt.

Lansing River Trail WANDERN
(www.lansingrivertrail.org) Dieser 32 km lange asphaltierte Weg verläuft am Grand River entlang vom Nordrand der Stadt ins Zentrum und schlängelt sich dann parallel zum Red Cedar River zur Universität. Er ist bei Joggern und Radfahrern beliebt. Der Abschnitt in der Innenstadt verbindet mehrere Attraktionen miteinander, darunter das RE Olds Transportation Museum, ein Kindermuseum, ein Zoo und eine Fischtreppe.

Schlafen & Essen

Wild Goose Inn B&B $$
(☎ 517-333-3334; www.wildgooseinn.com; 512 Albert St; Zi. 149–169 US$; 📶) Das Wild Goose Inn ist ein B&B mit sechs Zimmern, einen Block vom Michigan State Campus entfernt in East Lansing. Alle Zimmer haben einen Kamin und die meisten einen Whirlpool. Das Dekor ist recht unaufdringlich – abgesehen vom Arbor-Zimmer mit seinen wilden falschen Ästen!

Golden Harvest DINER $

(☎517-485-3663; 1625 Turner St; Hauptgerichte 7–9 US$; ⏲Mo–Fr 7–14, Sa & So 8–14.30 Uhr) Das lärmige Golden Harvest paart Punkrock mit Hippie-Vibe. Auf den Tisch kommen hier z. B. das sogenannte Bubba Sandwich (französischer Toast mit Würstchen) und herzhafte Omeletts.

An- & Weiterreise

Amtrak hält täglich auf seiner Strecke Chicago–Port Huron in East Lansing. Greyhound hat je einen Bahnhof in Lansing und East Lansing. Die I-96, die I-69 und der Hwy 127 sind die wichtigsten Verbindungsstraßen in die Stadt.

Grand Rapids

Michigans zweitgrößte Stadt ist für die Produktion von Büromöbeln und seit Kurzem auch für Bier-Tourismus bekannt: Örtliche Hauptattraktion sind 20 Kleinbrauereien. Dennoch gibt's hier auch ein paar interessante Sehenswürdigkeiten, die nichts mit Gerstensaft zu tun haben.

Sehenswertes

Frederik Meijer Gardens GÄRTEN

(☎616-957-1580; www.meijergardens.org; 1000 E Beltline NE; Erw./Kind 14.50/7 US$; ⏲Mo & Mi–Sa 9–17, Di 9–21, So 11–17 Uhr) Rund 5 Meilen (8 km) östlich vom Zentrum (über die I-196) stehen hier Skulpturen von Auguste Rodin, Henry Moore und anderen Künstlern auf einem 48 ha großen Gelände mit eindrucksvoller Blütenpracht.

Gerald R. Ford Museum MUSEUM

(☎616-254-0400; www.fordlibrarymuseum.gov; 303 Pearl St NW; Erw./Kind 8/4 US$; ⏲Mo–Sa 9–17, So 12–17 Uhr) Dieses Museum im Zentrum ist dem bislang einzigen US-Präsidenten aus Michigan gewidmet. Ford wurde Staatsoberhaupt, nachdem Richard Nixon und dessen Vizepräsident Spiro Agnew von ihren Ämtern zurückgetreten waren. Das Museum beleuchtet diese bizarre Periode der US-Geschichte auf hervorragende Weise – es zeigt sogar die Werkzeuge, die beim Watergate-Einbruch verwendet wurden. Ford und dessen Frau Betty sind auf dem Museumsgelände beigesetzt.

Grand Rapids Art Museum MUSEUM

(☎616-831-1000; www.artmuseumgr.org; 101 Monroe Center St NW; Erw./Kind 10/6 US$; ⏲Di–So 10–17, Do bis 21 Uhr) Das herausragende Kunstmuseum der Stadt füllt ein sonnendurchflutetes Gebäude mit Werken aus dem 19. und 20. Jh. Europäische und amerikanische Meister wie Henri Toulouse-Lautrec und Richard Diebenkorn sind die Hauptattraktionen. Dienstags und donnerstagabends ist der Eintritt frei.

Schlafen & Essen

CityFlats Hotel HOTEL $$

(☎616-608-1720; www.cityflatshotel.com; 83 Monroe Center St NW; Zi. 155–245 US$; ❄📶) 🍃 Die Zimmer dieses umweltfreundlichen Hotels bieten große Fenster und viel natürliches Licht sowie Bambus-Bettwäsche, Korkböden und lokal produzierte Möbel aus recyceltem Holz. Das Haus hat für seine Nachhaltigkeit eine Goldzertifizierung von Leadership in Energy and Environmental Design (LEED) erhalten.

★ **Green Well** AMERIKANISCH $$

(☎616-808-3566; www.thegreenwell.com; 924 Cherry St SE; Hauptgerichte 16–22 US$; ⏲So–Do 11–22, Fr & Sa bis 24 Uhr) 🍃 In diesem Gastropub stehen Burger, grünes Curry und gegrilltes Schweinefleisch mit Polenta auf der Karte. Alles wird aus nachhaltig produzierten Zutaten gezaubert, und Bier spielt bei vielen Gerichte eine Rolle, z. B. bei den in Bier gegarten Muscheln oder dem Bier-Käse. An der Bar werden schwer zu findende Biere aus Michigan gezapft und regionale Weine ausgeschenkt (eine Auswahl ist zur Verkostung erhältlich).

Ausgehen & Nachtleben

Brewery Vivant BRAUEREI

(☎616-719-1604; www.breweryvivant.com; 925 Cherry St SE; ⏲Mo–Do 15–23, Fr bis 24, Sa 11–24, So 12–22 Uhr) 🍃 Die Brewery Vivant ist auf Bier im belgischen Stil spezialisiert. Diese stimmungsvolle Brauereikneipe ist in einer alten Kapelle mit Buntglas und Kuppeldecke untergebracht und serviert Käseplatten und Burger aus lokaler Herstellung an rustikalen Tischen.

Founders Brewing Co BRAUEREI

(☎616-776-1195; www.foundersbrewing.com; 235 Grandville Ave SW; ⏲Mo–Sa 11–2, So 12–24 Uhr; 📶) Wer nur Zeit für einen einzigen Zwischenstopp in Grand Rapids hat, sollte diese Brauerei mit Rock'n'Roll-Vibe besuchen. Sehr süffig ist beispielsweise das rubinrote Dirty Bastard Ale. Für Stärkung in festerer Form sorgen Gourmetsandwiches mit Fleisch.

Praktische Informationen

Grand Rapids CVB (www.experiencegr.com) Auf der Website gibt's Karten und Details für Brauereitouren auf eigene Faust.

An- & Weiterreise

Grand Rapids verfügt über einen eigenen Flughafen mit Flügen in viele US-Städte. Amtrak-Züge fahren täglich nach/von Chicago; der Bahnhof befindet sich im Zentrum nahe der Founders Brewing Co. Die I-96, die I-196 und der Hwy 131 sind die wichtigsten Straßen in die Stadt.

Gold Coast

Das Ufer des Lake Michigan wird nicht umsonst Gold Coast genannt. Michigans 500 km lange Westküste bietet endlose Strände, Dünen, Weingüter, Obstgärten und kleine Städte mit B&Bs, die im Sommer boomen und im Winter im Schnee versinken.

Harbor Country

Harbor Country umfasst acht kleine Städtchen rund um einen See, die mit Stränden, Weingütern, Antiquitätenläden und wundervoll rustikalem Charme locken.

New Buffalo ist die größte Gemeinde. Hier gibt's einen Surfladen (ja, tatsächlich!), einen belebten öffentlichen Strand, Eisdielen, einen Hafen voller Boote und einen beliebten Farmers Market. Three Oaks ist der einzige Ort in Harbor, der im Landesinneren liegt (6 Meilen/10 km landeinwärts am Hwy 12). Hier trifft in einer lässigen Mischung aus Farmen und Kunst Green Acres auf Greenwich Village. Man kann tagsüber eine Radtour machen und sich abends ein provokatives Theaterstück oder einen Arthouse-Film anschauen. Union Pier, Lakeside, Harbert und Sawyer sind die vielleicht hübschesten Städtchen und voller historischer Lokale und Galerien.

Sehenswertes & Aktivitäten

Warren Dunes STATE PARK
(☎269-426-4013; 12032 Red Arrow Hwy, Sawyer; 9 US$/Auto) Dieser Park lockt Besucher mit einem 5 km langen Strand, 10 km an Wanderwegen und Langlaufloipen, Skipisten und 80 m hohen Dünen, auf die man hinaufsteigen kann, an. Es gibt einen Kiosk, der von Mai bis September Essen, Limonade, Eis und Souvenirs verkauft. Stellplätze kosten 22 US$ bis 37 US$.

Tabor Hill Winery WEINGUT
(☎800-283-3363; www.taborhill.com; 185 Mt. Tabor Rd, Buchanan; Touren gratis, Verkostungen 9 US$; ⏱Touren 12–16.30, Verkostungen Mo & Di 12–17, Mi–Do & So 11–18, Sa 11–19 Uhr) Viele Kenner halten die Tabor Hill Winery für das beste Weingut der Gegend. Der Winzer bietet Touren an und lädt an der Bar zu Verkostungen seines blutroten Cabernet Franc und seiner prickelnden Sektsorten ein.

Dewey Cannon Trading Company RADFAHREN
(☎269-756-3361; www.facebook.com/deweycannontradingcompany; 3 Dewey Cannon Ave, Three Oaks; ⏱Di–Fr 9–17, Sa bis 19, So bis 15 Uhr, Okt.–April kürzere Öffnungszeiten) In Three Oaks kann man sich ein Zweirad ausleihen (20 US$/Tag) und entspannt über die ländlichen Straßen radeln, vorbei an Obstgärten und Weingütern. Helme kosten extra.

Schlafen & Essen

Holiday Inn Express HOTEL $$
(☎269-469-1400; www.ihg.com; 11500 Holiday Dr, New Buffalo; Zi. 95–195 US$) Diese Zweigstelle der HI-Kette in New Buffalo ist zwar nichts Besonderes, aber gut geführt und die Preise sind normalerweise sehr vernünftig.

Redamak's BURGER $
(☎269-469-4522; www.redamaks.com; 616 E Buffalo St, New Buffalo; Burger 6–12 US$; ⏱März–Mitte Okt. Mo–Sa 12–22.30, So bis 22 Uhr) Dieses zu Recht gelobte Lokal in New Buffalo ist seit Langem im Geschäft. Hier gibt's in Wachspapier gewickelte Cheeseburger, würzige Kringel-Fritten und kaltes Bier.

Praktische Informationen

Harbor Country Chamber of Commerce (www.harborcountry.org)

An- & Weiterreise

Amtrak hält in New Buffalo; die anderen Gemeinden sind nur per Auto zu erreichen. Die I-94 zieht sich durch die Region. Der Red Arrow Hwy verläuft parallel zur Interstate und verbindet die Orte miteinander. Als Anhaltspunkt: Die Entfernung zwischen New Buffalo und Sawyer beträgt 10 Meilen (16 km).

Saugatuck & Douglas

Saugatuck ist einer der beliebtesten Ferienorte der Gold Coast und für seine große Kunstgemeinde, vielen B&Bs und schwulenfreundliche Atmosphäre bekannt. Douglas, seine Partnerstadt, liegt ca. 1 Meile (1,6 km) südlich; beide sind mehr oder weniger miteinander verschmolzen. Der Ort ist ein bisschen touristisch, aber ziemlich lässig: Den Uferbereich teilen sich Eis schleckende Familien, Yuppie-Bootsbesitzer und Martini trinkende schwule Pärchen. Galerien und Läden füllen die kompakte Innenstadt. Am Wochenende wird's hier besonders voll.

Sehenswertes & Aktivitäten

Antiquitätenshops findet man längs des Blue Star Hwy. Der führt ab Saugatuck etwa 20 Meilen (32 km) nach Süden und passiert dabei auch Heidelbeerfarmen mit Möglichkeit zum Selbstpflücken – ebenfalls prima für Zwischenstopps.

Oval Beach STRAND

(Oval Beach Dr; 8–22 Uhr) Rettungsschwimmer bewachen diesen langen Strand mit feinem Sand, Toiletten und Imbissständen. Die Zahl der Einrichtungen ist aber so klein, dass die Dünenidylle nicht getrübt wird. Parken kostet 8 US$. Bei Lust auf eine etwas abenteuerlichere Anreise nimmt man die Kettenfähre und marschiert über den Mt. Baldhead.

Mt. Baldhead WANDERN

Man kann die Stufen zum Gipfel dieser 60 m hohen Düne erklimmen, die grandiose Aussicht genießen und dann auf der anderen Seite zum Oval Beach wieder hinunterrennen. Man erreicht sie mit der Kettenfähre; vom Dock geht's zu Fuß weiter Richtung Norden.

Saugatuck Dune Rides ABENTEUERSPORT

(269-857-2253; www.saugatuckduneride.com; 6495 Blue Star Hwy; Erw./Kind 20/11 US$; Juli & April 10–19.30, Mai, Juni, Sept. & Okt., Nov.–April geschl.) Saugatuck Dune Rides bieten 40 Minuten Spaß bei rauschenden Fahrten über die Sandhügel.

Schlafen & Essen

★ **Pines Motorlodge** MOTEL $$

(269-857-5211; www.thepinesmotorlodge.com; 56 Blue Star Hwy; Zi. 139–249 US$;) Zwischen den Tannen in Douglas warten hier Kiefernholzmöbel und Tiki-Lampen im coolen Retrostil. Gemeinschaftsbereiche mit Gartenstühlen tragen zur fröhlichen und geselligen Atmosphäre bei.

Bayside Inn PENSION $$

(269-857-4321; www.baysideinn.net; 618 Water St; Zi. 180–250 US$;) Dieses ehemalige Bootshaus bietet zehn Zimmer am Hafen von Saugatuck. Alle haben ein eigenes Bad, eine Terrasse und DVD-Player. Das große Frühstück ist inklusive.

Crane's Pie Pantry BÄCKEREI $

(269-561-2297; www.cranespiepantry.com; 6054 124th Ave, Fennville; Kuchenstück 4,50 US$; Mo–Do 9–20, Fr & Sa 9–21, So 11–20 Uhr) Gäste von Crane's können mächtige Kuchenstücke kaufen und Äpfel oder Pfirsiche in den umliegenden Obstgärten pflücken. Um die Bäckerei in Fennville zu finden, auf dem Blue Star Hwy rund 3 Meilen (4,8 km) nach Süden fahren und dann dem Hwy 89 etwa 4 Meilen (6,4 km) landeinwärts folgen.

Phil's Bar & Grille AMERIKANISCH $$

(269-857-1555; www.philsbarandgrille.com; 215 Butler St; Hauptgerichte 18–29 US$; So–Do 11.30–22.30, Fr & Sa 11.30–23 Uhr) Diese belebte Kneipe hat u. a. *broasted chicken* (von *to broil* und *to roast*; zuerst angebratenes und dann gegrilltes Hähnchen). Ebenfalls im Angebot sind Fischtacos, Lammschenkel und Eintopf mit Okraschoten.

Praktische Informationen

Saugatuck/Douglas CVB (www.saugatuck.com) Verschiedene Services (z. B. Karten).

An- & Weiterreise

Die meisten Besucher fahren nach Saugatuck/Douglas. Der I-196/Hwy 31 führt im Osten an der Zwillingsstadt vorbei, während der Blue Start Hwy durch beide Orte führt. Der nächste Amtrak-Bahnhof befindet sich in Holland, rund 12 Meilen (19 km) nördlich.

Sleeping Bear Dunes National Lakeshore

Grandiose Seeblicke vom Gipfel kolossaler Sanddünen? Wasser, so blau wie in der Karibik? Kilometerlange unberührte Strände? Abgeschiedene Inseln mit mystischen Bäumen? All das gibt's in den Sleeping Bear Dunes, und obendrein saftig grüne Wälder, herrliche Tageswanderungen und glasklare Wasserstraßen für Paddler. Der Nationalpark erstreckt sich nördlich von Frankfort bis kurz vor Leland auf der Leelanau Peninsula. In der Gegend befinden sich auch ein paar sehr hübsche Städtchen.

Sehenswertes

Manitou Islands INSEL

(15 US$/Familie) Die von Wäldern bedeckten Manitou Islands bieten Abenteuer abseits

der ausgetretenen Pfade. Sie gehören zum Sleeping Bear Dunes National Lakeshore, daher auch die Eintrittsgebühr. North Manitou ist für Camping unterm Sternenzelt bekannt, während sich South Manitou für Tagesausflüge in die Wildnis anbietet. Die meisten Besucher kommen zum Kajakfahren oder Wandern hierher; das 11 km lange Valley of the Giants, das durch einen beinahe außerirdisch anmutenden Zedernwald auf South Manitou führt, ist besonders beliebt. **Manitou Island Transit** (☎231-256-9061; www.manitoutransit.com) unterhält Fähren von Leland; die Fahrt dauert 1½ Stunden.

Tandem Ciders FARM
(☎231-271-0050; www.tandemciders.com; 2055 Setterbo Rd; ⏲Mo–Sa 12–18, So bis 17 Uhr) In der Nähe von Suttons Bay schenkt Tandem Ciders leckere Cider in einem kleinen Verkostungsraum auf der Familienfarm auf. Verkostungen kosten 2 US$ für drei 6-dl-Gläser.

Aktivitäten

Dune Climb WANDERN
(Hwy 109; ⏲24 Std.) Der Dune Climb ist die beliebteste Attraktion des Parks: Man stapft die 60 m hohe Düne hinauf und rennt oder rollt sie dann wieder hinunter. Wer die Beinmuskeln trainieren will, kann auf einer 1½-stündigen, anstrengenden Wanderung bis zum Lake Michigan weiterziehen; unbedingt Wasser mitbringen. An der Düne gibt's einen Parkplatz und Toiletten. Sie liegt am Hwy 109, 5 Meilen (8 km) nördlich von Empire.

Pierce Stocking Scenic Drive PANORAMASTRASSE
(⏲Mai–Mitte Nov. 9 Uhr–Sonnenuntergang) Der 7 Meilen (11 km) lange, von Picknickplätzen gesäumte Pierce Stocking Scenic Drive ist eine Einbahnstraße und vielleicht die beste Möglichkeit, die atemberaubende Seekulisse in Sleeping Bear Dunes in sich aufzusaugen. Je früher man kommt, desto weniger Verkehr herrscht. Die Fahrt beginnt 4 Meilen (ca. 6,5 km) nördlich von Empire.

Sleeping Bear Heritage Trail WANDERN
(www.sleepingbeartrail.org) Dieser 27 km lange Weg führt von Empire zur Bohemian Rd und unterwegs am Dune Climb vorbei. Hier wimmelt es nur so von Wanderern und Radfahrern.

Grand Traverse Bike Tours RADFAHREN
(☎231-421-6815; www.grandtraversebiketours.com; 318 N St. Joseph St; ⏲Mo–Fr 9–17.30, Sa bis 17, So 10–16 Uhr) Bietet geführte Radtouren (4-stündige Tour 79 US$) zu lokalen Weingütern an. Es sind auch Touren in Eigenregie möglich (65 US$/Pers.), dann hilft das Personal bei der Routenplanung und holt die gekauften Weine mit dem Lieferwagen ab. Der Laden liegt im Zentrum von Suttons Bay.

Schlafen & Essen

Die einzigen Unterkünfte im Park sind Campingplätze: zwei auf dem Festland und einige weitere auf den Manitou Islands.

Glen Arbor B&B B&B $$
(☎231-334-6789; www.glenarborbnb.com; 6548 Western Ave; Zi. 145–215 US$; ⏲Mitte Nov.–April geschl.) Die Besitzer haben dieses alte Farmhaus in ein sonniges B&B mit sechs Motto-Zimmern im französischen Stil verwandelt.

Empire Village Inn AMERIKANISCH $
(☎231-326-5101; www.empirevillageinn.com; 11601 S Lacore Rd; Hauptgerichte 9–15 US$; ⏲Mo–Do 15–22, Fr 15–23, Sa 14–23, So 12–22 Uhr) Man kann sich in diesem Nurdachhaus einen Platz an einem der abgewetzten Holztische suchen und eines der lokalen Biere vom Fass bestellen, während man auf die ausgezeichnete Pizza wartet. Die Burger und Sandwiches sind auch gut, ebenso wie das hausgemachte Root Beer. Der perfekte Laden, um nach einer langen Wanderung oder Radtour wieder aufzutanken.

Praktische Informationen

Im **Visitor Center** (☎231-326-4700; www.nps.gov/slbe; 9922 W Front St; ⏲Juni–Aug. 8–18, Sept.–Mai 8.30–16 Uhr) des Parks in Empire gibt's Infos, Wanderkarten und Genehmigungen für Fahrzeuge (Woche/Jahr 15/30 US$).

An- & Weiterreise

Der Park ist nur mit einem Auto zugänglich. Der Hwy 31 ist die wichtigste Verbindungsstraße in die Gegend. Von dort kommt man zum Hwy 22, der durch den Park führt. Der nächste Flughafen befindet sich in Traverse City.

Traverse City

Michigans belebte „Kirschenhauptstadt" ist die größte Stadt in der Nordhälfte der Lower Peninsula und wirkt etwas zersiedelt. Allerdings kann man von hier aus prima die Sleeping Bear Dunes, die Weingüter der Mission Peninsula, diverse Obstgärten (mit Möglichkeiten zum Selbstpflücken) und andere regionale Attraktionen besuchen.

Sehenswertes

Eine Autotour zu den Weingütern ist Pflicht! Von Traverse City aus führt der Hwy 37 nordwärts zum Ende der Old Mission Peninsula mit ihren vielen Reben und Obstbäumen (20 Meilen/32 km). Dort hat man dann die Qual der Wahl.

Peninsula Cellars WEINGUT
(☎231-933-9787; www.peninsulacellars.com; 11480 Center Rd; ⌚10–18 Uhr) In einer alten Schule gelegen; Peninsula keltert tolle Weißweine und ist oft weniger stark besucht als die anderen Weingüter. Eine Weinprobe mit 5 Sorten kostet 5 US$.

Schlafen & Essen

Mitchell Creek Inn MOTEL $$
(☎231-947-9330; www.mitchellcreek.com; 894 Munson Ave; Zi./Hütte ab 65/125 US$; 📶) Das bescheidene Motel mit 15 Zimmern liegt auf der anderen Seite des Hwy 31 (nicht am Wasser) und bietet moderate Preise in der Nähe des State-Park-Strands. Es ist ein Familienbetrieb mit einfachen, aber sauberen Zimmern.

Sugar Beach Resort HOTEL $$
(☎231-938-0100; www.tcbeaches.com; 1773 US 31 N; Zi. 150–250 US$; ❄📶🏊) Das Sugar Beach lockt mit anständigen Preisen und einer Lage direkt am Wasser. Die Zimmer sind nichts Wildes, aber gut ausgestattet, mit kleinem Kühlschrank, Kaffeemaschine und Mikrowelle. Viele wurden kürzlich renoviert und mit neuen Möbeln eingerichtet.

Folgarelli's FEINKOST $
(☎231-941-7651; www.folgarellis.net; 424 W Front St; Sandwiches 8–11 US$; ⌚Mo–Fr 9.30–18.30, Sa bis 17.30, So 11–16 Uhr) Nach einem Tag voller Spaß in der Sonne kann man sich im Folgarelli's, einem Liebling aller Feinschmecker, ein Sandwich schmecken lassen.

North Peak Brewing Company KNEIPENESSEN $$
(☎231-941-7325; www.northpeak.net; 400 W Front St; Hauptgerichte 10–20 US$; ⌚Mo–Do 11–23, Fr & Sa bis 24, So 12–22 Uhr) Hier gibt's Pizza, Muscheln, Amerikanischen Zander mit Brezelkruste und hausgebrautes Bier.

Praktische Informationen

Traverse City Tourism (www.traversecity.com)

An- & Weiterreise

Der kleine Flughafen von Traverse City bietet täglich Flüge nach Chicago, Detroit und Minneapolis. Der Hwy 31 ist die wichtigste Route hinein in die Stadt.

Charlevoix & Petoskey

Diese beiden Städte bieten gleich mehrere Hemingway-Attraktionen. Außerdem stehen hier die Sommerhäuser von Michigans Upper Class. In den Innenstädten beider Orte gibt's Gourmetrestaurants und teure Boutiquen, während es in den Häfen vor Jachten wimmelt.

Verschiedene Schriftsteller sind mit dem Nordwesten Michigans verbunden, aber keiner ist so berühmt wie Ernest Hemingway, der die Sommer seiner Jugend im Ferienhaus seiner Familie am Walloon Lake verbrachte. Hemingway-Fans reisen oft durch die Gegend, um die Orte zu besuchen, die in seinen Geschichten verewigt sind. Hier sind die wichtigsten:

Ein Stück nördlich von Charlevoix zweigt die Boyne City Rd nach Osten ab, führt am Lake Charlevoix vorbei und schließlich nach Horton Bay. Hemingway-Fans werden den **Horton Bay General Store** (☎231-582-7827; www.hortonbaygeneralstore.com; 5115 Boyne City Rd; ⌚So–Do 8–14, Fr & Sa 8–14 & 17–21 Uhr, Mitte Okt.–Mitte Mai geschl.) mit seiner „hohen Scheinfassade" aus der Kurzgeschichte *Oben in Michigan* wiedererkennen. Der altmodische Laden verkauft heute Lebensmittel, Souvenirs, Sandwiches und Eis und serviert am Wochenende abends Wein und Tapas (Reservierungen empfohlen).

Weiter nördlich, am Hwy 31, kann man in Petoskey die Hemingway-Sammlung im **Little Traverse History Museum** (☎231-347-2620; www.petoskeymuseum.org; 100 Depot Ct; 3 US$; ⌚Mo–Sa 10–16 Uhr, Mitte Okt.–Ende Mai geschl.) bewundern, darunter seltene Erstausgaben, die der Autor für einen Freund signierte, als er 1947 zu Besuch war.

Ein paar Blocks vom Museum entfernt kann man sich im **City Park Grill** (☎231-347-0101; www.cityparkgrill.com; 432 E Lake St; ⌚So–Do 11.30–21, Fr & Sa bis 1.30 Uhr), wo Hemingway zu den Stammgästen gehörte, einen Drink gönnen.

Bei Tour Hemingway's Michigan (www.mihemingwaytour.com) gibt's Infos zu Ausflügen in Eigenregie.

Kettenhotels der Budget- und Mittelklasse reihen sich am Hwy 31 und am Hwy 131 auf dem Weg nach Petoskey aneinander. In Charlevoix gibt's ein paar kleine Pensionen und Motels; Näheres findet man unter www.visitcharlevoix.com.

Petoskey lockt außerdem mit Gourmet-Cafés, Gastropubs, gemütlichen Bistros und Multikulti-Lokalen in der Downtown, alle gut zu Fuß zu erreichen. Charlevoix bietet auch edlere Restaurants, unter die sich auch einige Ketten mischen; insgesamt ist die Stadt aber etwas weitläufiger. Das Preisniveau bewegt sich zwischen mittel und teuer.

Die **Beaver Island Ferry** (☎231-547-2311; www.bibco.com; 103 Bridge Park Dr; ⏲Mitte April–Ende Dez.) legt im Zentrum von Charlevoix ab und fährt zur grünen **Insel** (www.beaverisland.org) im Lake Michigan. Die zweistündige Fahrt kostet einfach 32,50/105 US$ pro Person/Auto. Wer ein Auto mitbringt, muss vorab reservieren.

Straits of Mackinac

Das Gebiet zwischen den beiden Halbinseln Michigans blickt, was Befestigungsanlagen und Süßwaren betrifft, auf eine lange Tradition zurück. Die autofreie Insel Mackinac Island ist *der* Touristenmagnet Michigans.

Eine der spektakulärsten Sehenswürdigkeiten hier ist die 5 Meilen (8 km) lange Mackinac Bridge (auch „Big Mac" genannt), die die Straits of Mackinac überspannt. Die Mautgebühr von 4 US$ ist jeden Penny wert: Einen derartigen unglaublichen Blick auf zwei der Großen Seen, zwei Halbinseln und Hunderte von Inseln gibt es kein zweites Mal! Zur Erinnerung: Obwohl es anders geschrieben wird, spricht man *meck-in-ao.*

Mackinaw City

Am Südende der Mackinac Bridge liegt das touristische Mackinaw City an der I-75. Der Ort dient hauptsächlich als Sprungbrett zur Mackinac Island, bietet jedoch auch ein paar interessante historische Sehenswürdigkeiten.

Sehenswertes

Colonial Michilimackinac HISTORISCHE STÄTTE
(☎231-436-5564; www.mackinacparks.com; 102 W Straits Ave; Erw./Kind 12/7 US$; ⏲Juni–Aug. 9–19 Uhr, Mai & Sept.–Mitte Okt. bis 17 Uhr; 👪) Neben der Big-Mac-Brücke (das Visitor Center befindet sich unter der Brücke) liegt Colonial Michilimackinac. Dieses National Historic Landmark besteht aus einem Fort mit einer rekonstruierten Palisade, die 1715 von den Franzosen errichtet wurde. Kostümierte Darsteller kochen und handwerkeln hier wie damals.

Historic Mill Creek HISTORISCHE STÄTTE
(☎231-436-4226; www.mackinacparks.com; 9001 W US 23; Erw./Kind 9/6 US$; ⏲Juni–Aug. 9–18, Mai & Sept.–Mitte Okt. bis 17 Uhr; 👪) Hier steht ein Sägewerk aus dem 18. Jh., in dem kostümierte Darsteller Holz zerkleinern. Außerdem gibt's eine historische Ausstellung, eine Seilrutsche und Naturpfade.

An- & Weiterreise

Die I-75 ist die Hauptroute nach Mackinaw City. Die Docks von **Star Line** (☎800-638-9892; www.mackinacferry.com; 801 S Huron Ave; Erw./Kind/Fahrrad 26/14/10 US$) und **Shepler's** (☎800-828-6157; www.sheplersferry.com; 556 E Central Ave; Erw./Kind/Fahrrad 26/14/10 US$) liegen ein Stück abseits der Interstate. Beide unterhalten Fähren nach Mackinac Island. Die Fahrt dauert etwa 20 Minuten; die Schiffe fahren tagsüber mindestens stündlich. Beide Unternehmen bieten kostenlose Parkplätze, auf denen man das Auto abstellen kann.

St. Ignace

Am Nordende der Mackinac Bridge liegt St. Ignace, die zweitälteste Siedlung in Michigan – Père Jacques Marquette gründete hier 1671 eine Mission. Es ist einer der Orte, von denen man Mackinac Island erreicht. In der kleinen Stadt kann man sich prima auf die weitere Reise durch die Upper Peninsula vorbereiten.

Budget-Motels und Mitteklassehotels (hauptsächlich Ketten) gibt's in der N State St zuhauf; die Straße schlängelt sich durch die Stadt am Wasser entlang. Man muss mit mindestens 100 US$ pro Übernachtung rechnen.

Felchen, Pizza und Fudge sind die Spezialitäten der Stadt. Auch Mittelklasse-Restaurants säumen die N State St, die kommerzielle Hauptschlagader, die sich an den See schmiegt.

An- & Weiterreise

Die I-75 ist die Hauptverbindung nach St. Ignace. Die Docks von **Star Line** (☎800-638-9892; www.mackinacferry.com; 587 N State St; Erw./Kind/Fahrrad 26/14/10 US$) und **Shepler's** (☎800-828-6157; www.sheplersferry.com; 601 N State St; Erw./Kind/Fahrrad 26/14/10 US$) liegen nur einen Steinwurf vom Interstate entfernt. Beide unterhalten Fähren nach Mackinac Island. Die Fahrt dauert etwa 20 Minuten; die Schiffe fahren tagsüber mindestens stündlich. Auf den Parkplätzen der Unternehmen kann man das Auto kostenlos abstellen.

Mackinac Island

Mackinac Island ist das touristische Juwel Michigans. Hin kommt man entweder ab Mackinaw City oder ab St. Ignace mit der Fähre. Die Lage der Insel am Übergang zwischen dem Lake Michigan und dem Lake Huron machte sie zum wertvollen Hafen für den nordamerikanischen Pelzhandel – und zu einem Ort, um den Briten und Amerikaner mehrmals gegeneinander kämpfen.

Das wichtigste Jahr in der Geschichte dieser 810 ha großen Insel war 1898 – jenes Jahr, in dem die Autos von der Insel verbannt wurden, um den Tourismus anzukurbeln. Heute werden alle Ausflüge mit Pferden oder per Fahrrad gemacht; sogar die Polizei benutzt auf ihren Patrouillen durch die Stadt Drahtesel. Besonders an Sommerwochenenden fallen Horden von Touristen, die von den Insulanern Fudgies genannt werden, über die Insel her. Doch wenn abends die letzte Fähre ablegt und mit ihr auch die letzten Tagesausflügler verschwinden, offenbart sich der wahre Reiz der Insel und man driftet in eine andere, gemächlichere Welt. 80 % der Insel stehen als State Park unter Schutz. Zwischen November und April hat so gut wie alles geschlossen.

Sehenswertes

Arch Rock NATURATTRAKTION

GRATIS Dieser mächtige Kalksteinbogen spannt sich in 45 m Höhe über den Lake Huron und ist das perfekte Motiv für ein spektakuläres Foto. Er ist auf zwei Arten zugänglich: über die Treppe, die von der Straße am Seeufer hinaufführt oder vom Inselinneren über die Arch Rock Rd.

Fort Mackinac HISTORISCHE STÄTTE

(☎906-847-3328; www.mackinacparks.com; 7127 Huron Rd; Erw./Kind 13/7,50 US$; ⏲Juni–Aug. 9.30–18 Uhr, Mai & Sept.–Mitte Okt. bis 17 Uhr; 👪) Fort Mackinac thront auf einem Kalksteinfelsen in der Nähe des Zentrums. Es wurde 1780 von den Briten errichtet und ist eines der am besten erhaltenen Forts des Landes. Kostümierte Darsteller sowie Kanonen- und Gewehrschüsse (alle 30 Min.) schinden vor allem bei den Kids mächtig Eindruck. Man sollte im Teezimmer einen Happen essen und den grandiosen Blick auf die Innenstadt und die Straits of Mackinac genießen.

Fort Holmes FESTUNG

(⏲Mai–Mitte Okt. 10–17 Uhr) GRATIS Britische Truppen errichteten diese kleine Festung aus Holz und Erde 1814, um sich vor einem US-Angriff während des Britisch-Amerikanischen Krieges zu schützen. Dies ist nur ein Nachbau, da das Originalfort schon vor Ewigkeiten verfallen ist. Es dauert nicht lange, sich hier umzuschauen. Besser als die Festung selbst ist ohnehin der Ausblick: Sie steht auf dem höchsten Punkt der Insel und bietet ein grandioses Panorama über die Straits of Mackinac.

Aktivitäten

Der Hwy 185 (alias Lake Shore Rd) verläuft entlang der Inselküste und ist der einzige Highway in Michigan, auf dem keine Autos erlaubt sind. Am besten erkundet man die unglaubliche Landschaft, durch die diese 13 km lange Straße führt, per Fahrrad. Man kann sein eigenes mitbringen oder sich für 9 US$ pro Stunde in vielen Läden eines ausleihen. Die Schleife auf der flachen Strecke schafft man in einer Stunde.

Schlafen & Essen

Bogan Lane Inn B&B $$

(☎906-847-3439; www.boganlaneinn.com; Bogan Lane; Zi. 95–140 US$) Das Bogan Lane ist zwar ein bisschen muffig, bietet aber mit die günstigsten Preise der Insel und gehört zu den wenigen Unterkünften, die das ganze Jahr über geöffnet sind. Die vier Zimmer teilen sich zwei Bäder in einem Gebäude aus den 1850er-Jahren. Es liegt ein wenig ab vom Schuss, etwa zehn Fußminuten von der Innenstadt und den Fährdocks entfernt.

Hart's Inn B&B $$

(☎906-847-6234; www.hartsmackinac.com; 7556 Market St; Zi. 150–215 US$; ⏲Mitte Mai–Ende Okt.) Das Hart's liegt mitten im Zentrum und ist in einem einstöckigen, mit weißen Schindeln verkleideten Haus untergebracht, das an ein altmodisches Motel erinnert. Es verfügt über neun recht kleine Zimmer, alle mit eigenem Bad. Die Gäste entspannen gern auf der von einem Garten umgebenen Terrasse.

Chuckwagon DINER $

(☎906-847-0019; www.chuckwagononmackinac.com; 7400 Main St; Hauptgerichte 7–12 US$; ⏲7–15 Uhr) Vor einer Tagestour mit dem Fahrrad muss man sich stärken, und im Chuckwagon mit Cowboy-Motto kann man dies ganz hervorragend. Man schnappt sich einen Hocker an der Theke und sieht den Köchen zu, wie sie Eier, Kartoffelbrei, Speck und Pfannkuchen zum Frühstück (nur bis 11

Uhr) oder Burger und Sandwiches zum Mittagessen zubereiten. Dieses winzige Diner ohne Schnickschnack ist immer proppenvoll, aber das Warten lohnt sich.

Praktische Informationen

Mackinac Island Visitor Center (906-847-3783; www.mackinacisland.org; 7274 Main St; Mai–Okt. 9–17 Uhr) Kiosk in der Innenstadt mit Wander- und Radkarten.

An- & Weiterreise

Zwei Fährgesellschaften schippern ab Mackinaw City und St. Ignace hierher: **Shepler's** (800-828-6157; www.sheplersferry.com) und **Star Line** (800-638-9892; www.mackinacferry.com). Beide berechnen etwa dieselben Preise (hin & zurück Erw./Kind/Fahrrad 26/14/10 US$) und gewähren kleine Rabatte bei Onlinebuchung. Von Mai bis Oktober verkehren die Fähren mehrmals täglich. Sie erreichen ihr Ziel nach etwa 20 Minuten. Beide Firmen haben Gratisparkplätze für ihre Passagiere.

Upper Peninsula

Die Upper Peninsula (UP) ist eines der Highlights im Mittleren Westen. Sie ist wild und einsam, 90 % des Gebiets sind von Laubwäldern bedeckt. Gerade einmal 45 Meilen (72 km) Fernstraße durchqueren die Wälder, auf die sich eine Handvoll Städte verteilen. Marquette ist die größte unter ihnen. Zwischen den Orten gibt es endlos lange Uferstreifen am Lake Huron, Lake Michigan und Lake Superior, malerische kleine Straßen und – Pasteten. Die Rezepte für die Pot Pies mit Fleisch und Gemüse wurden vor 150 Jahren von Bergarbeitern aus Cornwall mitgebracht.

Hier oben im Norden betritt man eine andere Welt. Die Bewohner der UP, die auch „Yoopers" genannt werden, sehen sich selbst eigentlich gar nicht wirklich als Einwohner Michigans – sie haben in der Vergangenheit sogar schon damit gedroht, sich unabhängig zu machen.

Sault Ste. Marie

Sault Ste. Marie (Sault wird wie „su" ausgesprochen) wurde 1668 gegründet. Es ist die älteste Stadt in Michigan und die drittälteste in den USA. Heute ist sie ein geschäftiger Hafen und Grenzübergang zu Kanada – die Schwesterstadt Sault Ste. Marie, Ontario, zwinkert einem von der anderen Seite der Brücke zu.

Sehenswertes

Soo Locks Visitor Center MUSEUM
(906-253-9290; Portage Ave; Mitte Mai–Mitte Okt. 9–21 Uhr) GRATIS Sault Ste. Marie ist vor allem für seine Schleusen bekannt, die 300 m lange Frachter auf die unterschiedlichen Höhen der Seen heben und senken. Das Visitor Center im Zentrum zeigt Ausstellungen und Videos und bietet eine Aussichtsplattform, von der man zusehen kann, wie die Schiffe vom Lake Superior zum Lake Huron 7 m Höhe überwinden. An der Ausfahrt 394 von der I-75 abfahren und dann links halten.

Schlafen & Essen

Askwith Lockview Motel MOTEL $
(906-632-2491; www.lockview.com; 327 W Portage Ave; Zi. 85–99 US$; Mai–Mitte Okt.;) Man kann aus verschiedenen Zimmern im klassischen, zweistöckigen Motel oder den zugehörigen einstöckigen Cottages wählen. Das schlichte Interieur sieht überall ähnlich aus: Bettwäsche mit Blumenmuster, TV und Mini-Kühlschrank auf relativ engem Raum, aber die Zimmer sind sauber und ordentlich und direkt gegenüber der Soo Locks.

Karl's Cuisine, Winery & Brewery AMERIKANISCH $$
(906-0253-1900; www.karlscuisine.com; 447 W Portage Ave; Hauptgerichte 16–24 US$; Mo & Di 11–16, Mi–Sa bis 21 Uhr) Die Karte im lebendigen Karl's umfasst gefüllte Teigtaschen (Rind, Huhn oder vegetarische Füllung in knusprigem Teig), Felchen aus dem Lake Superior in Ahornsirup-Marinade, Burger, Sandwiches, Stromboli und Pasta-Gerichte. Als roter Faden ziehen sich lokale und nachhaltig produzierte Zutaten durch alle Gerichte. Auch vegetarische und glutenfreie Gäste finden viel Auswahl. Das familiengeführte Restaurant stellt sogar eigenes Bier, Wein und Cider her.

An- & Weiterreise

Die I-75 ist die wichtigste Interstate nach Sault Ste. Marie. Die Stadt verfügt über einen kleinen Flughafen mit täglichen Verbindungen nach Detroit. Die International Bridge verbindet Sault Ste. Marie mit ihrer Schwesterstadt in Kanada; der Grenzübergang ist rund um die Uhr geöffnet.

Pictured Rocks National Lakeshore

Der Pictured Rocks National Lakeshore erstreckt sich entlang der besten Gegend des

Lake Superior und besteht aus einer Reihe von Klippen und Höhlen, in denen blaue und grüne Mineralien den roten und gelben Sandstein in ein Kaleidoskop aus Farben verwandeln. Die Rte 58 (Alger County Rd) führt auf 52 Meilen (84 km) geruhsam durch den Park, von Grand Marais im Osten bis nach Munising im Westen. Zu den größten Attraktionen (von Ost nach West) gehören das Au Sable Point Lighthouse (über eine 8 km lange Rundwanderung vorbei an den Skeletten der Schiffswracks zu erreichen), der von Achaten übersäte Twelvemile Beach, Chapel Falls mit seinen zahlreichen Wanderwegen und der Miners Castle Overlook, der einen tollen Ausblick bietet. Auf einer Fahrt mit dem Boot oder Kajak entlang der Küste wirkt die dramatische Landschaft noch eindrucksvoller.

Kajakfahren ist im Pictured Rocks sehr beliebt. Kein Wunder, schließlich paddelt man hier unter kargen, in bunten Farben schimmernden Klippen mit Namen wie Lovers Leap, Flower Vase und Caves of the Bloody Chiefs. Der Blick vom Wasser auf diese geologischen Wunder ist schlicht atemberaubend. Erfahrene Paddler können sich allein auf den Weg machen, aber es gibt oft hohe Wellen und starken Wind. Neulinge sollten sich lieber einer geführten Tour anschließen. In Munising gibt's mehrere Anbieter; die Touren dauern zwischen ein paar Stunden und einem ganzen Tag. **Pictured Rocks Kayaking** (☎906-387-5500; www.paddlepicturedrocks.com; 1348 Commercial St; 4½-stündige Tour Erw./Kind 135/95 US$; ⏲Ende Mai–Sept.) hat tolle Ausflüge für Anfänger im Programm.

In Munising gibt's haufenweise Motels, die meisten am Hwy 28, ein paar Kilometer südöstlich der Stadt. Näheres dazu findet man unter www.munising.org. Das winzige Grand Marais auf der Ostseite des Parks bietet ebenfalls Motels, aber nicht so viele wie Munising. Die Preise sind in der Mittelklasse angesiedelt, steigen im Juli und August aber an.

In Marquette, 40 Meilen (64 km) westlich, befindet sich der nächste Flughafen. Hwy 28 und Hwy 94 sind die wichtigsten Verbindungsstraßen in die Gegend.

ABSTECHER

TAHQUAMENON FALLS STATE PARK

An den wunderschönen Tahquamenon Falls im **Tahquamenon Falls State Park** (☎906-492-3415; Hwy 123; 9 US$/Fahrzeug), östlich von Sault Ste. Marie, stürzt teefarbenes Wasser in die Tiefe, das von den Nadeln der stromaufwärts stehenden Hemlocktannen eingefärbt wird. Die 60 m breiten Upper Falls stürzen 15 m tief und faszinieren die Besucher – vor allem Henry Wadsworth Longfellow, der sie in *Das Lied von Hiawatha* erwähnte. Die Lower Falls (5 Meilen/8 km nordöstlich) bestehen aus einer Folge kleiner Kaskaden rund um eine Insel; viele Besucher mieten ein Ruderboot und paddeln hinaus. Der große State Park bietet außerdem Campingplätze (Zelt- & Wohnmobilplatz 17–25 US$), tolle Wandermöglichkeiten und – ein dickes Plus – eine Brauereikneipe nahe dem Parkeingang.

Marquette

Marquette liegt direkt am Seeufer und ist der perfekte Ort, wenn man die Region ein paar Tage lang erkunden möchte. Es ist die größte (und schneereichste) Stadt der Upper Peninsula und ein bekanntes Mekka für Outdoor-Fans. Wälder, Strände und Klippen bilden den perfekten Abenteuerspielplatz und sind nur einen Katzensprung von der Innenstadt entfernt. Die Einheimischen fahren im Winter Ski und rauschen im Sommer mit Fatbikes über die Radwege. Außerdem ist hier die Northern Michigan University zu Hause, was der Stadt eine recht junge Bevölkerung beschert. Das historische Zentrum lockt mit Bier und gutem Essen.

Sehenswertes & Aktivitäten

Da Yoopers Tourist Trap and Museum MUSEUM
(☎906-485-5595; www.dayoopers.com; 490 N Steel St; ⏲Mo–Fr 10–18, Sa & So bis 17 Uhr) GRATIS Wir präsentieren: Big Gus, die größte Kettensäge der Welt. Und Big Ernie, das längste Gewehr der Welt. Im Da Yoopers Tourist Trap and Museum, 15 Meilen (24 km) westlich von Marquette am Hwy 28/41 hinter Ishpeming, gilt „Kitsch as Kitsch can".

Presque Isle Park PARK
(Peter White Dr) Die hohen Klippen des Presque Isle Park ragen mitten in der Stadt auf einer Halbinsel auf, die sich in den Lake Superior erstreckt. Von hier aus kann man wunderbar den Sonnenuntergang beobachten.

Down Wind Sports KAJAKFAHREN
(☎906-226-7112; www.downwindsports.com; 514 N 3rd St; ⊙Mo–Fr 10–19, Sa bis 17, So 11–15 Uhr) Down Wind verleiht alle erdenkliche Ausrüstung und bietet Informationen zu Kajaktouren, Fliegenfischen, Surfen, Eisklettern und anderen Abenteuern.

Schlafen & Essen

Landmark Inn HISTORISCHES HOTEL $$
(☎906-228-2580; www.thelandmarkinn.com; 230 N Front St; Zi. 179–229 US$; ❄📶) Das elegante, sechsstöckige Landmark Inn ist in einem historischen Gebäude am See untergebracht. Angeblich hausen hier sogar zwei Geister.

Jean Kay's Pasties & Subs SANDWICHES $
(☎906-228-5310; www.jeankayspasties.com; 1635 Presque Isle Ave; Gerichte 5–8 US$; ⊙Mo–Fr 11–21, Sa & So bis 20 Uhr) Im Jean Kay's kann man die lokale Spezialität genießen: mit Fleisch und Gemüse gefüllte Teigtaschen.

Thill's Fish House FISCH & SEAFOOD $
(☎906-226-9851; 250 E Main St; Gerichte 4–9 US$; ⊙Mo–Fr 8–17.30, Sa 9–16 Uhr) Hier kann man frisch gefangene Forellen oder Felchen in verschiedenen Formen (geräuchert, eingelegt, als Würstchen) direkt am Dock kaufen. Das Thill's ist Marquettes letztes kommerzielles Fischereiunternehmen und bietet täglich einen fetten Fang. Man findet es in einer Wellblechhütte am Ende der Main St.

Praktische Informationen

Im in einem Blockhaus untergebrachten **Visitor Center** (2201 US 41; ⊙9–17.30 Uhr) am Stadtrand gibt's Broschüren zu örtlichen Wanderwegen und Wasserfällen.

An- & Weiterreise

Hwy 41 und Hwy 28 sind die wichtigsten Straßen in die Stadt. Marquette verfügt über einen kleinen Flughafen mit Flügen nach Detroit, Chicago und Minneapolis.

Isle Royale National Park

Im Isle Royale National Park gibt es weder Autos noch Straßen. So ist die 545 km² große Insel im Lake Superior mit Sicherheit der richtige Ort, wenn man auf der Suche nach Ruhe und Frieden ist. Hierher kommen im ganzen Jahr weniger Besucher als in den Yellowstone National Park an einem einzigen Tag. Das bedeutet, dass man die 1600 Elche, die durch den Wald schleichen, ganz für sich allein hat.

Die Insel ist von 265 km an Wanderwegen durchzogen. Sie verbinden Dutzende von Campingplätzen entlang des Lake Superior und der Seen im Landesinneren miteinander. Man muss sich jedoch gut auf dieses Wildnisabenteuer vorbereiten und ein Zelt, Schlafsäcke, Essen und Wasserfilter mitbringen. Der Park ist von Mitte April bis Ende Oktober geöffnet, wenn er wegen des extremen Wetters schließen muss.

Auf der Isle Royale gibt's zwei Übernachtsungsmöglichkeiten: Man kann in der **Rock Harbor Lodge** (☎906-337-4993; www.rockharborlodge.com; Zi. & Hütten 224–256 US$; ⊙Ende Mai–Anfang Sept.) schlafen, der einzigen Unterkunft für „Weicheier", oder zu den rustikalen Campingplätzen mit Plumpsklo wandern, die auf der Insel verstreut liegen. Interessante Info: Zelten kostet nichts extra, die Kosten dafür sind in den 7 US$ für die Tageskarte zum Park enthalten.

In der Lodge gibt's zwei gastronomische Optionen: Im Speisesaal wird zum Frühstück, Mittag- und Abendessen amerikanische Küche serviert, im etwas zwangloseren Café locken Burger, Sandwiches, Kaffee und Bier. Der Dockside Store in Rock Harbor verkauft die wichtigsten Lebensmittel. In Windigo auf der anderen Seite der Insel gibt's einen weiteren kleinen Laden.

Praktische Informationen

Isle Royale Park Headquarters (☎906-482-0984; www.nps.gov/isro; 800 E Lakeshore Dr; ⊙Juni–Mitte Sept. Mo–Fr 8–18, Sa ab 10 Uhr, Mitte Sept.–Mai Mo–Fr 8–16 Uhr) In der Hauptgeschäftsstelle des Parks in Houghton gibt's Informationen zu Eintrittsgebühren (7 US$/Pers. & Tag), Fähren, Camping usw.

An- & Weiterreise

Von der Anlegestelle vor den Park Headquarters in Houghton bricht die **Ranger III** (☎906-482-0984; www.nps.gov/isro; 800 E Lakeshore Dr; ⊙Ende Mai–Anfang Sept.) dienstags und freitags um 9 Uhr zur sechsstündigen Bootsfahrt (hin & zurück Erw./Kind 126/46 US$) nach Rock Harbor auf der Ostseite der Insel auf.

Isle Royale Seaplanes (☎906-483-4991; www.isleroyaleseaplanes.com; 21125 Royce Rd) bietet eine schnellere Verbindung und fliegt in 35 Minuten von der Portage Canal Seaplane Base in Hancock nach Rock Harbor oder Windigo auf der Westseite der Insel (hin & zurück 320 US$).

Alternativ kann man 50 Meilen (80 km) über die Keweenaw Peninsula hinauf nach Copper Harbor fahren (eine wunderschöne Strecke) und an Bord der **Isle Royale Queen** (☎ 906-289-4437; www.isleroyale.com; 14 Waterfront Landing) gehen, die um 8 Uhr in drei Stunden nach Rock Harbor übersetzt (hin & zurück Erw./Kind 136/76 US$). Sie verkehrt während der Hochsaison von Ende Juli bis August täglich.

Wer ein Kajak oder Kanu auf der Fähre transportiert, zahlt hin & zurück 50 US$ extra. Man sollte alle Transportmittel unbedingt weit im Voraus buchen. Die Isle Royale ist auch von Grand Portage, MN, zu erreichen.

Porcupine Mountains Wilderness State Park

Michigans größter State Park umfasst knapp 150 km an Wanderwegen und ist Wildnis pur. „The Porkies", wie er auch genannt wird, ist so wild romantisch, dass die Holzindustrie ihn im frühen 19. Jh. links liegen ließ und der Park heute über das größte Urwaldgebiet zwischen den Rocky Mountains und den Adirondacks verfügt. Neben den 300 Jahre alten Hemlocktannen sind die Porkies auch für ihre Wasserfälle, die 30 km unberührte Küste am Lake Superior, die umherziehenden Schwarzbären und den Blick auf den atemberaubenden Lake of the Clouds bekannt.

Im Park stehen rustikale Hütten und Campingplätze zur Verfügung. Ansonsten reihen sich am Hwy 64 zwischen Silver City und Ontonagon Budget-Motels und teurere Lodges aneinander.

Sehenswertes & Aktivitäten

Lake of the Clouds SEE

(Hwy 107) Dieser See ist die meistfotografierte Attraktion der Gegend. Nachdem man im Visitor Center die Eintrittsgebühr zum Park bezahlt hat (9 US$/Auto) geht's zum Ende des Hwy 107, wo man einen kurzen, 100 m langen Weg hinaufsteigt und mit einem atemberaubenden Blick auf das schimmernde Wasser unter einem belohnt wird. Längere Wanderungen beginnen am Parkplatz.

Porcupine Mountain Ski Area SKIFAHREN

(☎ 906-885-5209; www.porkiesfun.com; ⏲ Dez.–Anfang April) Im Winter ist hier viel los. Es gibt Abfahrten (Höhenunterschied: 240 m) und 42 km Langlaufloipen. Die Bedingungen und Preise variieren, also am besten anrufen, bevor man aufbricht.

Praktische Informationen

Porcupine Mountains and Ontonagon Area CVB (www.porcupineup.com) Eine Liste mit Wasserfällen und Aktivitäten.

Porcupine Mountains Visitor Center (☎ 906-885-5275; www.mi.gov/porkies; 412 S Boundary Rd; ⏲ Mitte Mai–Mitte Okt. 8–18 Uhr) Im Visitor Center des State Parks bekommt man die Genehmigungen für Fahrzeuge (pro Tag/Jahr 9/32 US$) und zum Campen im Hinterland (1–4 Pers. 15 US$/Nacht).

An- & Weiterreise

Wer hierher will, benötigt auf jeden Fall ein Auto. Der Hwy 45 ist die wichtigste Verbindung in die Gegend.

WISCONSIN

Wisconsin is(s)t Käse und stolz darauf. Die Kühe des US-Staats geben Milch für knapp 1,2 Mrd. kg Cheddar, Gouda und ähnliche Köstlichkeiten – das ist ein Viertel aller Laibe, die in den USA entstehen. Auf den hiesigen Nummernschildern steht mit Würde „Dairy State" (Staat der Molkereien). Die Leute hier nennen sich sogar selbst „Käseköpfe" und betonen das noch, indem sie zu besonderen Gelegenheiten – vor allem bei den Footballspielen der Green Bay Packers – Schaumgummihüte in der Form von Käsestücken tragen.

An die Sache mit dem Käse muss man sich also gewöhnen, denn es kann ja gut sein, dass man länger bleibt. Wisconsin hat eine Menge zu bieten: schroffe Klippen und die Leuchttürme von Door County, Kajaktouren durch Brandungshöhlen im Apostle Islands National Lakeshore, das Cow Chip Throwing entlang des Hwy 12 sowie viel Bier, Kunst und Feste in Milwaukee und Madison.

Praktische Informationen

Wisconsin Department of Tourism (www.travelwisconsin.com) Veröffentlicht haufenweise kostenlose Reiseführer zu Themen wie Radfahren, Golf oder ländlichen Straßen und bietet eine kostenlose App.

Wisconsin B&B Association (www.wbba.org)

Verkehrsinformationen für Wisconsin (www.511wi.gov)

Wisconsin Milk Marketing Board (www.eatwisconsincheese.com) In der kostenlosen Karte *A Traveler's Guide to America's Dairyland* sind alle Käsereien des Bundesstaats verzeichnet.

Wisconsin State Park Information (☎608-266-2181; www.dnr.wi.gov/topic/parks) Für Parkbesuche benötigt man eine Fahrzeugerlaubnis (Tag/Jahr 11/38 US$). Stellplätze kosten zwischen 21 und 35 US$; Reservierungen (☎888-947-2757; www.wisconsinstateparks.reserveamerica.com; Gebühr 10 US$) sind möglich.

Milwaukee

Milwaukee hat ein Problem: Es ist wirklich klasse, taucht aber auf keinem Radar auf. Die Stadt gilt noch immer als Arbeiterstadt mit Bier, Bowlingbahnen und Polka-Sälen. Dabei bietet sie auch Sehenswürdigkeiten wie das von Calatrava entworfene Kunstmuseum, das coole Harley-Davidson Museum oder stilvolle Lokale und Boutiquen, die Wisconsins größte Stadt in einen betont lässigen Ort verwandelt haben. Im Sommer wird fast jedes Wochenende bei Festivals am See gefeiert, und wo sonst auf diesem Planeten sieht man schon um die Wette laufende Würstchen?

Geschichte

Deutsche waren in den 1840er-Jahren die ersten Siedler in Milwaukee. Viele von ihnen gründeten kleine Brauereien, doch erst ein paar Jahrzehnte später wurde der Gerstensaft durch die Einführung der Brautechnologie in großem Maßstab ein wichtiger Industriezweig der Stadt. In den 1880er-Jahren, als Schlitz, Blatz, Miller und 80 weitere Brauereien hier ihr Bier produzierten, bekam Milwaukee seine Spitznamen „Brew City“ (Brauereistadt) und „Nation's Watering Hole“ (Kneipe der Nation). Heute ist von den großen Brauereien nur noch Miller übrig, aber die Kleinbrauereien sind wieder im Kommen.

Sehenswertes & Aktivitäten

Östlich der Stadt säumen Parks das Ufer des Lake Michigan. Im Zentrum verläuft der Riverwalk auf beiden Seiten des Milwaukee River.

★ Harley-Davidson Museum — MUSEUM

(☎414-287-2789; www.h-dmuseum.com; 400 W Canal St; Erw./Kind 20/10 US$; ⌚Mai–Sept. Fr–Mi 9–18, Do 9–20 Uhr, Okt.–April ab 10 Uhr) Hunderte von Feuerstühlen (u. a. die protzigen Maschinen von Elvis und Evel Knievel) zeigen hier die Entwicklung der Motorradstile im Lauf der Jahrzehnte auf. In der Experience Gallery im Erdgeschoss können sich die Besucher auf verschiedene Bikes schwingen und „Rockerfotos“ schießen lassen. Auch wer selbst nicht Motorrad fährt, wird seinen Spaß an den interaktiven Ausstellungen und wild aussehenden Besucherscharen in Lederkluft haben.

Harley Davidson Plant — FABRIK

(☎877-883-1450; www.harley-davidson.com/experience; W156 N9000 Pilgrim Rd; ⌚Mo–Fr 9–13.30 Uhr) Motorradfans kommen in dieser Fabrik voll auf ihre Kosten. Hier werden im Vorort Menomonee Falls Motoren hergestellt. Es stehen zwei verschiedene Touren auf dem Programm: eine kostenlose 30-minütige Tour mit Videovorführung und kurzem Besuch in der Werkhalle und eine zweistündige Alternative (38 US$/Pers.), bei der man das Fließband, die Pulverlackierung und andere Details des Motorenbaus aus der Nähe sieht und sogar eine Schutzbrille tragen muss.

Die lange Tour beginnt im 10 und 12 Uhr; man bucht sie am besten vorab. Für die kürzeren Touren ist keine Anmeldung nötig, für die Tickets gilt daher: Wer zuerst kommt, mahlt zuerst (es ist also sinnvoll, früh zu kommen). Kinder unter 12 Jahren sind nicht erlaubt. Einfach den Harley-Schildern von der Pilgrim Rd folgen und dann nach den Wegweisern zum Tour Center Ausschau halten.

Milwaukee Art Museum — MUSEUM

(☎414-224-3200; www.mam.org; 700 N Art Museum Dr; Erw./Kind 17/frei US$; ⌚10–17, Do 10–20 Uhr) Diese Institution am Seeufer muss man einfach gesehen haben: Ein atemberaubender Pavillon nach einem Entwurf von Santiago Calatrava öffnet und schließt hier täglich seine „Flügel“ (10, 12 & 17, Do 20 Uhr) – ein toller Anblick, der von der vorgelagerten Hängebrücke aus am eindrucksvollsten ist. Im Inneren des Museums gibt's u. a. großartige Volkskunst, sogenannte *outsider art* (Werke von Autodidakten) und eine große Sammlung mit Gemälden von Georgia O'Keeffe zu sehen. Seit der Renovierung im Jahr 2015 sind auch noch Ausstellungen zu den Bereichen Fotografie und neue Medien hinzugekommen.

Miller Brewing Company — BRAUEREI

(☎414-931-2337; www.millercoors.com; 4251 W State St; ⌚Juni–Aug. Mo–Sa 10.30–16.30, So 10.30–15.30 Uhr, Sept.–Mai Mo–Sa bis 15.30 Uhr) GRATIS 1855 gegründet bewahrt die historische Miller-Anlage Milwaukees Biererbe.

Legionen von Gerstensaftfans stehen hier für die stundenlangen Gratisführungen an. Auch wenn das Bier aus Massenproduktion vielleicht nicht jedermanns Geschmack ist, beeindruckt die Fabrik doch allein schon durch ihre Dimensionen: Besucher besichtigen u. a. das Verpackungswerk, wo 2000 Dosen pro Minute abgefüllt werden. Im Lagerhaus warten 500 000 Kästen auf ihren Abtransport. Und am Ende jeder Tour gibt's eine großzügige Verkostung mit drei Proben in voller Größe. Ausweis nicht vergessen!

Lakefront Brewery BRAUEREI
(☎ 414-372-8800; www.lakefrontbrewery.com; 1872 N Commerce St; 45-minütige Führungen 9–10 US$; ⏲ Mo–Do 11–20, Fr bis 21, Sa 9–21, So 10–17 Uhr) Die beliebte Lakefront Brewery liegt gegenüber der Brady St auf der anderen Flussseite und bietet nachmittags Führungen an. Doch die beste Zeit für einen Besuch ist der Freitagabend, denn dann gibt's ein *fish fry*: 16 verschiedene Biersorten und eine Polkaband, die für Stimmung sorgt. Die Führungen beginnen je nach Wochentag zu unterschiedlichen Zeiten, um 14 und 15 Uhr findet aber eigentlich immer eine statt (und meistens mehrere).

Discovery World at Pier Wisconsin MUSEUM
(☎ 414-765-9966; www.discoveryworld.org; 500 N Harbor Dr; Erw./Kind 19/16 US$; ⏲ Mo–Fr 9–16, Sa & So 10–17 Uhr, Sept.–März Mo geschl.; 👪) Das Wissenschafts- und Technikmuseum am Seeufer begeistert mit seinen Süß- und Salzwasseraquarien vor allem Kinder – man darf Haie und Störe berühren. Außerdem liegt hier im Hafen noch ein Dreimast-Schoner, den man besichtigen kann (2-stündige Segeltour Erw./Kind 45/40 US$). Erwachsenen werden die Gitarren und Soundanlagen des in Wisconsin geborenen Les Paul gefallen.

Landmark Lanes BOWLING
(☎ 414-278-8770; www.landmarklanes.com; 2220 N Farwell Ave; 3,50–4 US$/Spiel; ⏲ Mo–Do 17–24, Fr & Sa 12–10, So 12–24 Uhr) In Milwaukee gab es früher einmal über 200 Bowlingbahnen, und in einigen schäbigen Kneipen verstecken sich immer noch zahlreiche alte Anlagen. Wer Lust auf ein Spielchen hat, kann sich im Landmark Lanes versuchen: Hier warten 16 etwas angezählte Bahnen im historischen Oriental Theater von 1927. Eine Spielhalle, drei Bars und preiswertes Bier runden das Erlebnis ab.

NICHT VERSÄUMEN

DER BRONZE FONZ

Der **Bronze Fonz**, an der Ostseite des Riverwalk, steht gleich südlich der Wells St im Zentrum und soll Milwaukees meistfotografierte Attraktion sein. Der Fonz (alias Arthur Fonzarelli) war eine Figur der 1970er-Jahre-Fernsehserie *Happy Days*, die vor Ort spielt. Mal ehrlich: Ist seine blaue Hose eher „hui" oder „pfui"?

Feste & Events

Summerfest MUSIK
(www.summerfest.com; 639 E Summerfest Pl; Tageskarte 20 US$; ⏲ Ende Juni–Anfang Juli) Es trägt den Untertitel „das größte Musikfestival der Welt", und tatsächlich treten hier elf Tage lang Hunderte von Rock-, Blues-, Jazz-, Country- und Alternative-Bands auf 11 Bühnen auf. Die Kulisse ist genauso fantastisch: Die Konzerte finden in Downtown auf dem Festivalgelände am See (alias Henry Maier Festival Park) statt. Die Headliner-Gigs kosten extra.

PrideFest LGBT
(www.pridefest.com; 639 E Summerfest Pl; Tageskarte 15–18 US$; ⏲ Mitte Juni) Bier, Livemusik, ein Tanz-Pavillon und eine Familienbühne gehören zu diesem Fest, das Mitte Juni über drei Tage im Henry Maier Festival Park stattfindet.

Schlafen

County Clare Irish Inn INN $$
(☎ 414-272-5273; www.countyclare-inn.com; 1234 N Astor St; Zi. 129–149 US$; P ❄ 📶) Ein echtes Juwel in der Nähe des Seeufers. In den Zimmern, die mit Himmelbetten, weiß getäfelten Wänden und Jacuzzis ausgestattet sind, herrscht die gemütliche Atmosphäre eines irischen Cottages. Es gibt kostenlose Parkplätze, kostenloses Frühstück und eine Kneipe, die natürlich Guinness ausschenkt.

★ **Brewhouse Inn & Suites** HOTEL $$
(☎ 414-810-3350; www.brewhousesuites.com; 1215 N 10th St; Zi. 199–249 US$; P ❄ @ 📶) Dieses Hotel ist im toll renovierten Komplex der alten Pabst Brewery untergebracht. Die 90 großen Zimmer im Steampunk-Stil warten jeweils mit Kochgelegenheit und Gratis-WLAN auf. Der Preis beinhaltet ein europäisches Frühstück; Parken kostet 28 US$. Das

Brewhouse liegt am äußersten Westrand der Innenstadt; zu Fuß sind's etwa 800 m bis zur belebten Old World 3rd St und gute 3,2 km bis zum Festivalgelände.

Kimpton Journeyman HOTEL $$$
(☎ 414-291-3970; www.journeymanhotel.com; 310 E Chicago St; Zi. 219–349 US$; P ❄ 📶 🐾) Das neue Journeyman ist eine stilvolle Unterkunft im Herzen des Third Ward, mitten zwischen coolen Läden, Bars und Restaurants. Die 158 großen Zimmer bieten modernes Dekor in Erdtönen mit einigen Farbklecksen, gemütliche Betten und solide Holztische. Eine Dach-Lounge, kostenlose Leihfahrräder und eine Happy Hour mit Gratiswein jeden Abend runden das Bild ab. Parken kostet 33 US$.

Essen

Gute Gegenden für die Restaurantsuche sind z. B. die deutsch angehauchte Old World 3rd St im Zentrum oder die hippe, multikulturelle Brady St an der Kreuzung mit der N Farwell Ave. Ebenfalls interessant ist der Third Ward, dessen viele Gastropubs die N Milwaukee St südlich der I-94 säumen.

★ Comet Cafe AMERIKANISCH $
(☎ 414-273-7677; www.thecometcafe.com; 1947 N Farwell Ave; Hauptgerichte 8–13 US$; ⏲ Mo–Fr 10–24, Sa & So 9–22 Uhr; 🖉) Im Comet treffen Studenten, junge Familien und ältere Paare auf bärtige Tattoo-Typen. Serviert werden hier z. B. Mac and Cheese, Katerbrunch, veganes Gyros oder Hackbraten mit Sauce. Auf der einen Seite befindet sich eine Bar (schenkt Craft-Biere aus), auf der anderen ein Diner-Bereich mit Retro-Sitznischen. Unbedingt einen der riesigen Cupcakes als Nachtisch wählen!

Milwaukee Public Market MARKT $
(☎ 414-336-1111; www.milwaukeepublicmarket.org; 400 N Water St; ⏲ Mo–Fr 10–20, Sa 8–19, So 10–18 Uhr; 📶) Auf diesem Markt im Third Ward werden Käse, Schokolade, Bier, Tacos, Sahneeis und vieles mehr verkauft. Oben an den Tischen kann man die Leckereien genießen. Gratis-WLAN und gebrauchte Bücher für 1 US$ gibt's auch.

Bavette La Boucherie AMERIKANISCH $
(☎ 414-273-3375; www.bavettelaboucherie.com; 330 E Menomonee St; Hauptgerichte 12–16 US$; ⏲ Mo & Di 11–17, Mi–Sa bis 21 Uhr) Dieser hippe Laden im Industrie-Schick im Third Ward ist ein Metzgerei-Café, das Mittag- und Abendessen serviert. Die Sandwiches bieten Fleisch satt, z. B. Schweinebraten mit Rhabarber-Rosinen-Kompott oder sautiertes Steak mit Trüffel-Pilz-Sauce. Die Einheimischen bestellen gern Platten mit kaltem Braten und Käse und dazu einen der köstlichen Weine. Man kann an der Bar sitzen und zusehen, wie die Würste hergestellt werden.

Ardent AMERIKANISCH $$$
(☎ 414-897-7022; www.ardentmke.com; 1751 N Farwell St; Probiermenü 85 US$; ⏲ Mi–Sa 18–22 Uhr) Milwaukees Feinschmecker bekommen schon weiche Knie, wenn sie die ständig wechselnden, farmfrischen Gerichte des Beard-nominierten Kochs nur riechen. Für

INSIDERWISSEN

FISH FRIES & SUPPER CLUBS

Wisconsin pflegt zwei besondere kulinarische Traditionen, denen Besucher wohl einmal begegnen dürften:

Fish Fry Freitag ist der heilige Tag des *fish fry*. Dieses Mahl aus Kabeljau im Bierteig, Pommes und Krautsalat kam vor einigen Jahren in Mode. Einheimische nutzen das Ganze, um sich gesellig bei einem preiswerten Essen zu treffen und gemeinsam den Beginn des Wochenendes zu feiern. In vielen Bars und Restaurants wird diesem Brauch immer noch stark gehuldigt (z. B. in der Lakefront Brewery in Milwaukee).

Supper Club Diese altmodischen Restaurants sind im oberen Mittleren Westen weit verbreitet. Sie entstanden in den 1930er-Jahren und haben zumeist auch heute noch eine Retro-Atmosphäre. Typische Merkmale sind eine Einrichtung aus Holz, Surf & Turf (Fleisch und Meeresfrüchte), Naschtabletts voller Radieschen und Karotten auf den Tischen – und eine ellenlange Karte mit starken Cocktails (weitere Details unter www.wisconsinsupperclubs.net.). Das Old Fashioned (S. 652) in Madison ist eine moderne Version solcher Lokale und nach dem unverzichtbaren Supper-Club-Drink auf Brandy-Basis benannt.

das im winzigen Gastraum servierte Abendessen lässt man sich hier Zeit; jeden Abend wird das 10-gängige Probiermenu in zwei „Sitzungen" serviert. Man muss weit im Voraus reservieren oder weicht einfach nach nebenan ins Schwester-Restaurant aus, das von Mittwoch bis Samstag von 18 bis 1 Uhr geöffnet ist und köstliche Ramen-Nudeln (13 US$) zaubert.

Ausgehen & Unterhaltung

Vermutería 600 COCKTAILBAR

(☎ 414-488-9146; www.hotelmadridmke.com/bar; 600 S 6th St; ⏲ 17–24 Uhr) Die Bar im Hotel Madrid ist ein warmer, magischer Ort, der einen ins Spanien der 1930er-Jahre transportiert. Die hier servierten Cocktails wurden von den Drinks inspiriert, die Ernest Hemingway und seine Freunde bei ihrem Aufenthalt im berühmten Hotel Florida in Madrid genossenen – z. B. der Boulevardier (mit Bourbon, hausgemachtem Wermut und Magenbitter). Es sind kleine Snacks erhältlich, oder man speist im spanischen Restaurant im selben Haus.

Best Place BAR

(☎ 414-630-1609; www.bestplacemilwaukee.com; 901 W Junau Ave; ⏲ Mo 12–18, Mi & Do 12–22, Fr & Sa 10.30–17, So 10.30–18 Uhr) In dieser kleinen Kneipe im ehemaligen Hauptgebäude der Pabst Brewery kann man mit den Einheimischen ein Bierchen zischen oder sich einen riesigen Whiskey bestellen. Ein Kamin wärmt den gemütlichen Raum aus dunklem Holz. Wandgemälde zeigen die Pabst-Geschichte. Das Personal bietet täglich Touren durch das Gebäude an (8 US$, inkl. 500 ml Pabst oder Schlitz vom Fass).

Miller Park BASEBALL

(☎ 414-902-4000; www.brewers.com; 1 Brewers Way) Die Brewers spielen im fantastischen Miller Park Baseball. Das Stadion verfügt über ein ausfahrbares Dach und echten Rasen. Die Racing Sausages treten im sechsten Inning auf. Für Nicht-Eingeweihte: Das sind die fünf Leute in Fleischkostümen aus Schaumgummi, die sich am Spielfeldrand ein irres Rennen liefern.

Das Stadion liegt 8 km westlich der Downtown. Der Brewers-Line-Bus fährt an Spieltagen hierher und sammelt Passagiere entlang der Wisconsin Ave ein.

Praktische Informationen

Milwaukee Convention & Visitors Bureau (☎ 800-554-1448, www.visitmilwaukee.org)

NICHT VERSÄUMEN

RENNENDE WÜRSTE

Natürlich sieht man nach ein paar Stadionbieren schon mal seltsame Dinge. Doch eine Gruppe riesiger Würste, die am Rand des Miller Park um die Wette läuft? In der Mitte des sechstens Innings ist das keine Halluzination – denn dann sprinten die berühmten „Racing Sausages" (Rennende Würste; 5 verkleidete Personen) um das Spielfeld herum, um den Fans einzuheizen. Wer sich mit dererlei Fleischwaren nicht auskennt: Um die Publikumsgunst buhlen Brat (Bratwurst), Polish Sausage (polnische Wurst), Italian Sausage (italienische Wurst), Hot Dog und Chorizo.

Anreise & Unterwegs vor Ort

Der **General Mitchell International Airport** (MKE; www.mitchellairport.com; 5300 S Howell Ave) liegt 8 Meilen (13 km) südlich der Innenstadt. Bus 80 (2,25 US$) fährt hierher; ein Taxi kostet 33 US$.

Die **Lake-Express-Fähre** (☎ 866-914-1010; www.lake-express.com; 2330 S Lincoln Memorial Dr; einfach Strecke pro Erw./Kind/Auto ab 91,50/35/101 US$; ⏲ Mai–Okt.) fährt von der Downtown (das Terminal befindet sich ein paar Kilometer südlich des Stadtzentrums) nach Muskegon, Michigan, und bietet so leichten Zugang zu Michigans von Stränden gesäumter Gold Coast.

Mehrere Busunternehmen nutzen die **Milwaukee Intermodal Station** (433 St. Paul Ave). Badger Bus (www.badgerbus.com) fährt 8-mal täglich nach Madison (20 US$, 2 Std.). Greyhound (www.greyhound.com) und Megabus (www.megabus.com/us) bieten häufige Busse nach Chicago (2 Std.) und Minneapolis (6½–7 Std.).

Amtrak (www.amtrakhiawatha.com) bietet 7-mal täglich den Hiawatha-Zug nach/von Chicago (25 US$, 1½ Std.) und nutzt ebenfalls die Milwaukee Intermodal Station.

Das Milwaukee County Transit System (www.ridemcts.com) unterhält das örtliche Busnetz. Bus 31 fährt zur Miller Brewery; der Brewers-Line-Bus fährt an Spieltagen zum Miller Park. Eine Fahrt kostet 2,25 US$.

Bublr Bikes (www.bublrbikes.com) ist Milwaukees Bike-Share-Programm mit rund 60 über die Downtown (z. B. am Bahnhof/Busbahnhof) und nördlich der University of Wisconsin-Milwaukee verteilte Stationen. Eine 30-minütige Fahrt kostet 3 US$.

Eine neue Straßenbahn soll im Herbst 2018 den Betrieb aufnehmen. Die Route führt vom Third

Ward ins Herz der Innenstadt. Aktuelle Infos gibt's unter www.themilwaukeestreetcar.com.

Wer ein Taxi braucht: **Yellow Cab** (☎ 414-271-1800, www.ycmilwaukee.com).

Racine

Racine ist eine wenig bemerkenswerte Industriestadt, die aber einige großartige Frank-Lloyd-Wright-Attraktionen bietet. Zudem, und noch entscheidender, ist sie der Ort, um das typische Gebäck des Bundesstaats zu verkosten, das als „Kringle" bekannt ist.

Sehenswertes

SC Johnson Administration Building & Research Tower ARCHITEKTUR
(☎ 262-260-2154; www.scjohnson.com/visit; 1525 Howe St; Touren März–Dez. Do–So 10 & 14 Uhr) GRATIS Frank Lloyd Wright entwarf mehrere Gebäude für dieses Unternehmen. Auf der kostenlosen 90-minütigen Tour sieht man das Admin Building (1939), ein eindrucksvollen Bau mit hohen Säulen in der Großen Werkhalle und 69 km an Pyrex-Glasröhrenfenstern, die weiches natürliches Licht hereinlassen. Zudem sieht man den Forschungsturm (1950), in dem Raid, Off und andere bekannte Produkte entwickelt wurden, der aus 15 Stockwerken aus gebogenen Ziegelbändern und noch mehr Pyrex-Fenstern besteht.

Wingspread ARCHITEKUR
(☎ 262-681-3353; www.scjohnson.com/visit; 33 E Four Mile Rd; März–Dez. Mi–Fr 9.30–15.30, Sa 11.30–15.30, So 12–14.30 Uhr) GRATIS Wingspread ist das Haus, das Frank Lloyd Wright für H. F. Johnson Jr. entwarf, einen der Geschäftsführer des Unternehmens SC Johnson. Es ist das letzte und größte von Wrights Gebäuden im Prairie-Stil und wurde 1939 fertiggestellt. Es ist schlichtweg riesig, hat über 500 Fenster und einen 10 m hohen Schornstein. Die kostenlosen Touren durch das Gebäude dauern eine Stunde und müssen vorab gebucht werden.

An- & Weiterreise

Der I-94 führt nach Racine, das 30 Meilen (48 km) südlich von Milwaukee und 75 Meilen (120 km) nördlich von Chicago liegt.

Südliches Zentral-Wisconsin

Dieser Teil von Wisconsin bietet mit die schönste Landschaft des Bundesstaats. Architekturfans kommen in Taliesin voll auf ihre Kosten, *der* Frank-Lloyd-Wright-Attraktion. Madison ist das kulturelle Herz der Gegend.

Green County

Diese ländliche Gegend bietet die landesweit höchste Dichte an Käseherstellern. Auf der Fahrt durch das Gebiet kann man an den örtlichen Farmen und Läden Halt machen und alles über hand- und maschinell gefertigte Sorten erfahren, von Gruyère bis Gouda, von Weißkäse bis Molke. Warum der ganze Käse hier? Das liegt am kalksteinreichen Boden der Gegend, auf dem ganz besonderes Gras wächst, das ein ganz besonderes Futter für Kühe ist, was wiederum zu ganz besonderer Milch und somit zu ganz besonderem Käse führt. Dies wussten auch schon die Europäer aus der Alten Welt, vor allem die Schweizer. Sie strömten im frühen 19. Jh. in diese Region und brachten ihr Käseherstellungs-Know-how mit.

Zwei gute Möglichkeiten für einen Zwischenstopp sind Monroe, der größte Ort und Hauptstadt des Countys, der vor Käse-Geschichte und Limburger-Kneipen aus allen Nähten platzt, und New Glarus, eine Schweizer Stadt mit bekannter Brauerei.

Monroe und New Glarus bieten jeweils ein paar Mittelklassemotels. B&Bs gibt's in verschiedenen kleinen Städten rundum.

Hier findet man hauptsächlich Kneipenessen, Pizzerien und Restaurants, die Schweizer Spezialitäten (Käsefondue, Würstchen usw.) servieren.

Praktische Informationen

Green County Tourism (www.greencounty.org)

A Traveler's Guide to America's Dairyland (www.eatwisconsincheese.com) Gute Karte mit lokalen Milchproduzenten und Fabriktouren.

An- & Weiterreise

Madison ist die nächstgelegene Stadt und das wichtigste Transportzentrum. Von hier braucht man ein Auto, um Green County zu besuchen. Der Hwy 69 ist die Hauptverkehrsader und verbindet Madison, New Glarus und Monroe. Die meisten Straßen der Region sind gemütliche zweispurige Landstraßen.

Madison

Madison bekommt viel Lob zu hören – es ist eine Stadt, in der man hervorragend umherschlendern oder auf der Straße Rad fahren kann. Sie ist am vegetarier-, schwulen- und umweltfreundlichsten – und überhaupt: Sie ist die rundum freundlichste Stadt der USA. Madison versteckt sich auf einer schmalen Landenge zwischen dem Mendota Lake und dem Monona Lake und ist eine nette Mischung aus der kleinen, grünen Hauptstadt eines US-Staats und einer liberalen, gelehrten Unistadt. Seit Jahren schon gibt's hier eine beeindruckende Gourmet-/Locavorenszene.

Sehenswertes & Aktivitäten

★ Dane County Farmers Market MARKT
(www.dcfm.org; ⌚ Ende April–Anfang Nov. Sa 6–14 Uhr) Samstags übernimmt ein Basar der Köstlichkeiten den Capitol Sq. Er gehört zu den größten Märkten des Landes und ist für traditionell gefertigten Käse und Brot bekannt. Kunsthandwerker und Musiker tragen zum Ambiente bei. Im Winter zieht der Markt nach drinnen um und findet an verschiedenen Orten mittwochs statt.

Monona Terrace ARCHITEKTUR
(☎ 608-261-4000; www.mononaterrace.com; 1 John Nolen Dr; ⌚ 8–17 Uhr) Frank Lloyd Wright entwarf 1938 dieses coole halbrunde Gebäude in Weiß, es wurde jedoch erst 1997 fertiggestellt. Die einstündige Tour (5 US$) erklärt, warum. Sie wird täglich von Mai bis Oktober um 13 Uhr angeboten (den Rest des Jahres Fr–Mo). Das Gebäude dient heute als Gemeindezentrum; es bietet kostenlose Yogakurse in der Mittagspause und abends Konzerte. Online gibt's den Veranstaltungskalender.

Chazen Museum of Art MUSEUM
(☎ 608-263-2246; www.chazen.wisc.edu; 750 University Ave; ⌚ Di, Mi & Fr 9–17, Do bis 21, Sa & So 11–17 Uhr) GRATIS Das Kunstmuseum der Universität ist nicht nur einfach fabelhaft, sondern auch riesig und um ein paar Klassen besser als ein typisches Campus-Museum. Die größten Schätze der Sammlung, die viele Genres umfasst, befinden sich in der dritten Etage und reichen von niederländischen Alten Meistern bis zu Porzellanvasen der Qing-Dynastie, Skulpturen von Picasso und Pop-Art von Andy Warhol. Von September bis Mitte Mai finden sonntags kostenlose Konzerte und Kinovorführungen statt.

Museum of Contemporary Art MUSEUM
(☎ 608-257-0158; www.mmoca.org; 227 State St; ⌚ Di–Do 12–17, Fr bis 20, Sa 10–20, So 12–17 Uhr) GRATIS Es lohnt sich, diesem eckigen Glasbau einen Besuch abzustatten und mal zu schauen, was es zu sehen gibt. Frank-Stella-Drucke? Claes-Oldenburg-Radierungen? Cindy-Sherman-Fotografien? Die Ausstellungen wechseln etwa alle drei Monate und es dauert nicht lange, durch das kleine Museum zu schlendern.

State Capitol BEDEUTENDES GEBÄUDE
(☎ 608-266-0382; www.legis.wisconsin.gov; 2 E Main St; ⌚ Mo–Fr 8–18, Sa & So bis 16 Uhr) GRATIS Das Capitol mit seinem x-förmigen Grundriss ist das größte außerhalb von Washington, D.C., und bildet das Herz der Stadt. An den meisten Tagen finden einstündige Führungen statt, man kann aber auch einfach hinauf auf die Aussichtsplattform gehen und das Panorama genießen.

Machinery Row RADFAHREN
(☎ 608-442-5974; www.machineryrowbicycles.com; 601 Williamson St; Fahrradverleih 30 US$/Tag; ⌚ Mo–Fr 10–20, Sa 9–19, So 10–18 Uhr) Es wäre eine Schande, die Stadt zu verlassen, ohne die über 190 km Fahrradwege in der Stadt genutzt zu haben. In diesem Laden, in dessen Nähe mehrere Radwege beginnen, bekommt man Räder und Karten.

Feste & Events

World's Largest Brat Fest ESSEN & TRINKEN
(www.bratfest.com; ⌚ Ende Mai) GRATIS Hier gehen vor der Kulisse aus Fahrgeschäften und Bands über 209 000 Bratwürste über den Tresen. Das Fest findet im Willow Island at the Alliant Energy Center statt.

Great Taste of the Midwest Beer Festival BIER
(www.greattaste.org; Tickets 60 US$; ⌚ Anfang Aug.) Die Tickets für dieses Fest, bei dem über 150 Craft-Brauereien ihr Bier ausschenken, sind schnell ausverkauft. Es findet im Olin Park statt.

Schlafen

HI Madison Hostel HOSTEL $
(☎ 608-441-0144; www.hiusa.org/madison; 141 S Butler St; B 25–30 US$, Zi. ab 60 US$; P @ ⌔) Dieses hell gestrichene Backsteinhaus mit 33 Betten liegt in einer ruhigen Straße, einen kurzen Fußweg vom State Capitol entfernt. Die Schlafsäle sind nach Geschlechtern getrennt; Bettwäsche ist kostenlos. Eine Küche und einen Gemeinschaftsraum mit DVDs gibt's auch. Parken kostet 7 US$.

Graduate Madison BOUTIQUE-HOTEL $$
(☎608-257-4391; www.graduatemadison.com; 601 Langdon St; Zi. 119–209 US$; P ❄ 📶 🐾) Dieses Hotel mit 72 Zimmern liegt einen Block vom Campus entfernt in unmittelbarer Nähe des Trubels der State St. Es versprüht ein hippes Akademiker-Flair, bei dem modernes Dekor auf Karomuster und Kunstwerke mit Literaturthema trifft. Die Zimmer sind eher klein und können ein bisschen laut sein, aber die Lage ist unschlagbar.

Unten serviert ein cooles kleines Café Kuchen und in der Dachbar im 17. Stock werden Cocktails gemixt.

Essen & Ausgehen

Ein globales Sammelsurium an Restaurants versteckt sich zwischen Pizzerien, Sandwichläden und billigen Bierkneipen in der State St. Viele Lokale locken mit einladenden Terrassen. Auf der Williams („Willy") St warten Cafés, Klöße und laotische und thailändische Restaurants.

Bars sind bis 2 Uhr morgens geöffnet, die meisten befinden sich in der State St. Die schäbigen Kneipen locken eher durstige Uni-Studenten an, aber es gibt auch schicke Cocktail-Lounges.

Weary Traveler Free House INTERNATIONAL $
(☎608-442-6207; www.wearytravelerfreehouse.com; 1201 Williamson St; Hauptgerichte 10–14 US$; ⏲11.30–2 Uhr) Im Weary Traveler trifft altmodische Flüsterkneipe auf britischen Pub. Die spärliche Beleuchtung, das dunkle Holz, die mit Kunst behängten Wände und die unzähligen Brettspiele ergänzen die Karte mit internationalem Wohlfühlessen perfekt. Die volle Punktzahl bekommen das Reuben-Sandwich, das vegane Chili, das ungarische Gulasch und das Sandwich mit Amerikanischem Zander und sensationellen Bratkartoffeln. Alles vom Fass ist lokal und/oder Craft-Bier.

Short Stack Eats FRÜHSTÜCK $
(☎608-709-5569; www.shortstackeats.com; 301 W Johnson St; Hauptgerichte 8–13 US$; ⏲Mi 6–15, Do–Sa 18–24, So 24–21 Uhr) 🍃 Im auf reizende Weise bunt zusammengewürfelten Ambiente gibt's hier Frühstück rund um die Uhr. Serviert werden z. B. Frühstückssandwiches mit Eiern und Speck, Pfannkuchen aus einheimischen Süßkartoffeln oder pikante Bloody Marys im Riesenformat. Gäste ordern etwas am Tresen und suchen sich dann einen freien Tisch (falls sie denn einen finden), den das Personal zwecks korrekter Zuordnung der Bestellung mit einem alten Nummernschild versieht.

★ **The Old Fashioned** AMERIKANISCH $$
(☎608-310-4545; www.theoldfashioned.com; 23 N Pinckney St; Hauptgerichte 9–20 US$; ⏲Mo–Fr 7.30–2, Sa 9–2, So 9–22 Uhr) Mit seiner dunklen Holzeinrichtung erinnert das Old Fashioned an einen Supper Club (ein traditioneller Restauranttyp, der in diesem US-Staat weit verbreitet ist). Auf der Karte stehen ausschließlich einheimische Spezialitäten wie Amerikanischer Zander, Käsesuppe und Würstchen. Angesichts der 150 regionalen Flaschenbiere hat man hier die Qual der Wahl. Daher empfiehlt sich alternativ ein Probierset (4 oder 8 Gläschen) mit ein paar der 50 Fassbiere aus Wisconsin.

L'Etoile AMERIKANISCH $$$
(☎608-251-0500; www.letoile-restaurant.com; 1 S Pinckney St; Hauptgerichte 36–48 US$; ⏲Di–Fr 17.30–21, Sa 17–23 Uhr) 🍃 Seit mehr als 30 Jahren verwendet dieses Lokal gezielt Frisches vom Bauernhof und ist immer noch das beste seiner Art. Im zwanglos-eleganten Speiseraum kommen kreative Fleisch-, Fisch- und Gemüsegerichte aus rein regionalen Zutaten auf den Tisch. Rechtzeitige Reservierung ist ratsam. In dem funklenden Glasgebäude befindet sich auch der Gastropub Graze (☎608-251-2700; www.grazemadison.com; Hauptgerichte 14–22 US$; ⏲Mo–Do 11–22, Fr 11–23, Sa 9.30–23, So 9.30–15 Uhr).

★ **Memorial Union** KNEIPE
(☎608-265-3000; www.union.wisc.edu/visit/memorial-union; 800 Langdon St; ⏲Mo–Fr 7–24, Sa 8–1, So bis 24 Uhr; 📶) Das Union auf dem Campus ist Madisons Lokaltreff. Auf der geselligen Seeterrasse gibt's Bier aus der Region, kostenlose Konzerte und Gratiskino (Mo abends). Die Eisdiele drinnen verkauft mächtige Kugeln und verwendet Milch aus der universitätseigenen Molkerei.

Praktische Informationen

Madison Convention & Visitors Bureau (www.visitmadison.com)

An- & Weiterreise

Badger Bus (www.badgerbus.com) hat auf dem Campus in der 700 Langdon St eine Haltestelle (neben dem Memorial Union) für Fahrten nach/von Milwaukee (20 US$, 2 Std.). Megabus (www.megabus.com/us) nutzt dieselbe Haltestelle für Fahrten nach Chicago (4 Std.) und Minneapolis (5 Std.).

ABSTECHER

DER SKURRILE HIGHWAY 12

Ungewöhnliche Attraktionen reihen sich am Hwy 12 im Süden von Zentral-Wisconsin aneinander; alle in einem Umkreis von 55 Meilen (90 km):

National Mustard Museum (☎800-438-6878; www.mustardmuseum.com; 7477 Hubbard Ave, Middleton; ⌚10–17 Uhr, Jan.–März Di geschlossen) GRATIS Dieses Museum ist der lächerlich intensiven Leidenschaft eines einzigen Mannes zu verdanken und beherbergt 5200 Senfsorten und die dazu passenden bizarren Memorabilien. Zum Glück nimmt sich das Museum selbst nicht zu ernst: CMO (Chief Mustard Officer) Barry Levenson ist jederzeit für Fragen offen. Es befindet sich in Middleton, gleich nordwestlich von Madison.

Cow Chip Throw (www.wiscowchip.com; Grand Ave & First St, Prairie du Sac; ⌚1. Wochenende im Sept.) Am ersten Wochenende im September sollte man unbedingt dem Städtchen Prairie du Sac einen Besuch abstatten. Dann findet hier der alljährliche Cow Chip Throw statt, bei dem 800 Wettkämpfer getrocknete Kuhfladen werfen, so weit sie nur können. Der Rekord liegt bei 75 m.

Dr. Evermor's Sculpture Park (☎608-219-7830; www.worldofdrevermor.com; Hwy 12; ⌚Mo & Do–Sa 11–17, So ab 12 Uhr) GRATIS Der Doc hat alte Rohre, Vergaser und anderen Metallschrott zu einer halluzinogenen Welt aus futuristischen Vögeln, Drachen und anderen bizarren Gebilden verschweißt. Das Highlight ist das gigantische, von einem Ei gekrönte Forevertron, das früher einmal als größte Schrottskulptur der Welt im Guinness-Buch der Rekorde stand. Den Eingang zum Park zu finden ist gar nicht so leicht: Er befindet sich hinter dem Delaney's Surplus am US 12; eine kleine Straße führt gleich südlich vom Delaney's hierher. Die Öffnungszeiten sind etwas konfus; am besten ruft man vorher an. Der Doc ist gesundheitlich angeschlagen und nicht mehr oft vor Ort, aber seine Frau, Lady Eleanor, meist schon.

Wisconsin Dells (☎800-223-3557; www.wisdells.com; Hwy 12; 👪) Das Dells ist ein gigantisches Zentrum voller kitschiger Zerstreuungen, darunter über 20 Wasserparks, Wasserski-Shows und fantastische Minigolfanlagen. Es steht in krassem Kontrast zur wunderschönen Natur der Gegend mit malerischen Kalksteinformationen, die vom Wisconsin River gebildet wurden. Am besten erlebt man die eigentliche Attraktion auf einer Bootstour oder einer Wanderung im nahen Mirror Lake oder Devil's Lake State Park.

Spring Green

Spring Green ist eine winzige Stadt. Hier befindet sich Taliesin, Frank Lloyd Wrights vielgepriesenes Wohnhaus und Architekturschule. Das renommierte American Players Theatre ist ebenfalls hier zu Hause und bringt inmitten der Bäume Klassiker auf die Open-Air-Bühne. Auch das skurrile House on the Rock liegt nur ein Stück die Straße runter.

Sehenswertes

Taliesin ARCHITEKTUR
(☎608-588-7900; www.taliesinpreservation.org; 5607 County Rd C; ⌚Mai–Okt. 9–17.30 Uhr) Taliesin war den Großteil seines Lebens das Zuhause von Frank Lloyd Wright. Heute befindet sich hier eine Architekturschule, aber seine Fans pilgern noch immer in Scharen hierher. Das Haus wurde 1903 erbaut, die Hillside Home School 1932 und das Visitor Center 1953. Es wird eine Fülle von Touren angeboten (22–89 US$), die verschiedene Teile des Komplexes abdecken. Es ist sinnvoll (gegen geringe Gebühr) vorab zu buchen. Die einstündige Hillside-Tour (22 US$) bietet eine gute Einführung in Wrights Schaffen. Das Visitor Center (mit Restaurant und Laden) ist ca. 800 m vom Hauptgebäude entfernt.

House on the Rock MUSEUM
(☎608-935-3639; www.thehouseontherock.com; 5754 Hwy 23; Erw./Kind 15 /9 US$; ⌚Mai–Mitte Okt. 9–17 Uhr, Mitte Okt.–Nov. & Mitte März–Apr. nur Do–Mo, Mitte Nov.–Mitte April geschl.) Eine der meistbesuchten Attraktionen Wisconsins. Alex Jordan errichtete das Gebäude 1959 auf einem Felssporn (einige sagen, es zeige dem Nachbarn Frank Lloyd Wright den „Stinkefinger"). Das Haus wurde unglaublich fantasievoll ausstaffiert, u.a. mit dem weltgrößten Karussell, surrenden Musikautomaten, witzigen Puppen und durchgeknallter Volkskunst.

AUSFLUG ZUM MISSISSIPPI

Wer Lust auf ein Abenteuer per Auto hat, kann sich auf der Website der Wisconsin Great River Road (www.wigrr.com) inspirieren lassen. Hier findet man zahlreiche Aktivitäten, Unterkünfte und Restaurants entlang des Mississippi.

Es ist in drei Bereiche unterteilt, mit jeweils eigenen Besichtigungstouren. Besucher mit Durchhaltevermögen können das ganze Haus erkunden (4 Std.; Erw./Kind 30/16 US$).

Schlafen & Essen

Usonian Inn MOTEL $
(☎ 608-588-2323; www.usonianinn.com; E 5116 US 14; Zi. 100–135 US$;) Das Usonian wurde von einem Schüler von Frank Lloyd Wright entworfen. Dieses recht schlichte, aber adrette Hotel verfügt über elf Zimmer und Elemente im Prairie-Stil, u. a. Lampen und Holzarbeiten. Außerdem bietet jedes Zimmer eine kleine Terrasse mit Stühlen.

Spring Green General Store AMERIKANISCH $
(☎ 608-588-7070; www.springgreengeneralstore.com; 137 S Albany St; Hauptgerichte 7–9 US$; ⏲ Mo–Fr 8.30–17, Sa 7.30–17, So bis 16 Uhr) Hier kann man sich ein Sandwich oder innovative Gerichte wie Süßkartoffel-Eintopf schmecken lassen. Man sitzt an soliden Holztischen vor hell gestrichenen Wänden oder draußen auf der Terrasse.

Unterhaltung

American Players Theatre THEATER
(☎ 608-588-2361; www.americanplayers.org; 5950 Golf Course Rd) In diesem Freiluft-Amphitheater im Wald kommen klassische Produktionen auf die Bühne. Man kann sich ein Picknick mitbringen: Es hat Tradition, schon vor Beginn der Aufführung zu kommen und Leckereien zu knabbern.

An- & Weiterreise

Der Hwy 14 ist die Hauptroute in die Stadt. Taliesin liegt 3 Meilen (5 km) südlich am Hwy 23. Das House on the Rock liegt weitere 7 Meilen (11 km) südlich.

Südwest-Wisconsin

Südwest-Wisconsin lockt mit herrlich grünen Hügeln und zuckersüßen Städtchen mit von Bäumen beschatteten Straßen. Zweispurige Landstraßen schlängeln sich durch die Region, und nicht selten wartet hinter der nächsten Kurve ein erstklassiges Restaurant.

Der Mississippi bildet die Südwestgrenze; parallel dazu verlaufen einige der schönsten Abschnitte der Great River Road – der Straße, die dem Old Man River über seine komplette Länge von 3700 km folgt. Als schöne Zwischenstopps empfehlen sich Stockholm (Kuchen), Pepin (für Fans von Laura Ingalls Wilder), Nelson (Käse und Eis), La Crosse (Geschichte und Kultur) und Potosi (Bier).

Das Landesinnere wartet mit Radwegen in Sparta, Bio-Farmen und Rundscheunen in Viroqua und einer Frank-Lloyd-Wright-Attraktion in Richland Center auf.

Sehenswertes

Laura Ingalls Wilder Museum MUSEUM
(☎ 715-513-6383; www.lauraingallspepin.com; 306 3rd St, Pepin; Erw./Kind 5/2 US$; ⏲ Mitte Mai–Mitte Okt. 10–17 Uhr) Fans von *Unsere kleine Farm* können dem Laura Ingalls Wilder Museum einen Besuch abstatten. Sie wurde hier geboren, und das Haus wird in *Unsere kleine Farm – Laura im großen Wald* erwähnt. Im Museum selbst gibt's nicht viel zu sehen (und das Gebäude ist auch ein Nachbau), aber echte Fans freuen sich schon, auf dem Stück Land zu stehen, auf dem einst Ma und Pa Ingalls lebten.

Essen

★ **Stockholm Pie & General Store** BÄCKEREI $
(☎ 715-442-5505; www.stockholmpieandgeneralstore.com; N2030 Spring St, Stockholm; Stück 6 US$; ⏲ Mo & Do 10–16.30, Fr–So bis 17 Uhr) In diesem altmodischen Laden mit Holzdielenboden und rot karierten Tischdecken muss man oft Schlange stehen, aber so hat man wenigstens Zeit, die Karte auf der Tafel und die lange Liste mit Kuchen zu studieren. Ob saure Sahne und Rosinen, extra Zitrone, dreierlei Schokolade mit Pekannuss oder Karamell-Sahne – sie sind alle Weltklasse.

Ost-Wisconsin

Der östliche Teil des Bundesstaates ist dank der kilometerlangen zerklüfteten Küste als Urlaubsziel zum Bootfahren, Schwimmen und Angeln beliebt. Die strahlenden Leuchttürme und die stimmungsvoll maritimen Gemeinden laden zum Verweilen ein. Einsame Inseln, köstlich-scharfe Fischgerichte und Football-Schreine warten obendrein, und irgendwo ist immer ein See oder Wald in der Nähe, wenn man ein bisschen Natur tanken will.

Green Bay

Green Bay ist eine schlichte Industriestadt, die auch als sagenumwobene „gefrorene Tundra" bekannt ist und in der die Green Bay Packers Super Bowls gewinnen. Der Verein ist der einzige in der NFL, der nicht profitorientiert ist und einer Gemeinde gehört. Vielleicht ist es der Besitzerstolz, der die Fans so treu macht (und sie sogar Käseecken aus Schaumgummi auf dem Kopf tragen lässt).

Auch wenn es so gut wie unmöglich ist, Tickets zu bekommen, kann man sich bei der Tailgate-Party vor dem Spiel in Stimmung bringen. Der Alkohol fließt dabei in Strömen und hat Green Bay einen Ruf als „Trinkerstadt mit Football-Problem" eingebracht. Ansonsten geht's hier aber ziemlich ruhig zu. Die Stadt bietet ein paar interessante Museen, eine bekannte Brauerei am Stadion und ein paar nette Cafés am Flussufer.

Sehenswertes

Green Bay Packers Hall of Fame MUSEUM
(☎920-569-7512; www.lambeaufield.com; 1265 Lombardi Ave; Erw./Kind 15/12 US$; ⏲Mo–Sa 9–18, So 10–17 Uhr) Die zweistöckige Hall of Fame des Lambeau Field ist mit Memorabilien, glänzenden Trophäen und Filmen über das berühmte NFL-Team vollgepackt und wird jeden Football-Fan faszinieren. Touren durch das Stadion werden ebenfalls angeboten. In der Gegend wird momentan viel gebaut, u.a. ein Snowtubing-Hügel, ein Eislaufsee und ein schickes neues Hotel.

National Railroad Museum MUSEUM
(☎920-437-7623; www.nationalrrmuseum.org; 2285 S Broadway; Erw./Kind 10/7,50 US$; ⏲Mo–Sa 9–17, So 11–17 Uhr, Jan.–März Mo geschl.; 👪) Dieses Museum zeigt einige der größten Lokomotiven, die jemals Fracht zu Green Bays riesigen Güterbahnhöfen transportierten. Im Sommer werden Zugfahrten (2 US$) angeboten.

An- & Weiterreise

Green Bay hat einen kleinen Flughafen mit Flügen nach Chicago, Minneapolis, Detroit und Atlanta. Greyhound verfügt über einen Busbahnhof in der Stadt. Die I-43 führt von Osten nach Green Bay, die I-41 von Westen.

Door County

Es lässt sich nicht leugnen: Mit seiner felsigen Küste, malerischen Leuchttürmen, Kirschgärten und kleinen Dörfern aus dem 19. Jh. ist das Door County einfach zauberhaft. Flitterwöchner, Familien und Outdoor-Fans strömen in Scharen hierher, um die Parklandschaften auszukosten, die sich über die ganze Region erstrecken und von kleinen Weilern mit Schindel-Häuschen, einladenden Cafés, Galerien und Pensionen durchzogen sind.

Das County nimmt eine schmale Halbinsel ein, die 120 km in den Lake Michigan ragt. Die Seite, die an den See grenzt, gilt als die idyllischere, „ruhige Seite". Hier liegen die Gemeinden Jacksonport und Baileys Harbor. Auf der an Green Bay grenzenden Seite geht's etwas aktiver zu; hier heißen Egg Harbor, Fish Creek, Ephraim und Sister Bay Besucher willkommen. Hauptsaison ist im Sommer: Nur rund die Hälfte aller Geschäfte bleibt auch von November bis April geöffnet.

Sehenswertes & Aktivitäten

Cave Point County Park PARK
(5360 Schauer Rd) GRATIS „Die Natur ist einfach atemberaubend", denkt man, wenn man zusieht, wie die Wellen in den Höhlen unter den Küstenklippen tosen. Fotofreunde kriegen den Finger hier gar nicht mehr vom Auslöser. Wander- und Radwege führen zu traumhaften Ausblicken. Besonders schön: Cave Point liegt etwas ab vom Schuss, ist weniger stark frequentiert als andere State Parks und der Eintritt ist frei.

Newport State Park STATE PARK
(475 County Rd NP; 11 US$/Fahrzeug) Newport ist einer der ruhigeren Parks im Door County und versteckt sich am Nordrand der Halbinsel. Er bietet einen wunderschönen Strand, 50 km an Wanderwegen (auf etwa der Hälfte sind Radfahrer erlaubt) und das ganze Jahr über Campingplätze ohne Anmeldung in bewaldeter Abgeschiedenheit.

Bay Shore Outfitters OUTDOOR-AKTIVITÄTEN
(☎920-854-9220; www.kayakdoorcounty.com; 2457 S Bay Shore Dr, Sister Bay) Verleiht Kajaks, Stand-up-Paddleboards sowie Wintersportausrüstung und bietet verschiedene Kajaktouren an (ab 45 US$/2 Std.).

Schlafen & Essen

Egg Harbor Lodge PENSION $$
(☎920-868-3115; www.eggharborlodge.com; 7965 Hwy 42, Egg Harbor; Zi. 170–210 US$;) Die Zimmer sind recht geräumig und bieten Blick aufs Wasser. Zu den Annehmlichkeiten gehören ein kleines Freibad, ein Innen-Whirlpool und eine Terrasse, von der man wunderbar den Sonnenuntergang genießen kann. Kinder sind nicht erlaubt.

Julie's Park Cafe and Motel MOTEL $$
(☎920-868-2999; www.juliesmotel.com; 4020 Hwy 42, Fish Creek; Zi. 125–139 US$;) Das Julie's ist eine tolle günstige Option in direkter Nachbarschaft zum Peninsula State Park. Die Zimmer sind nichts Besonderes, aber gut in Schuss und haben gemütliche Betten. Das angeschlossene Café serviert den ganzen Tag über Eier, Sandwiches und Burger.

Wild Tomato PIZZA $
(☎920-868-3095; www.wildtomatopizza.com; 4020 Hwy 42, Fish Creek; Hauptgerichte 9–17 US$; ⊙Juni–Aug. 11–22 Uhr, Sept.–Mai kürzere Öffnungszeiten) Drinnen und draußen laben sich hier zahlreiche Gäste an Pizzas aus holzbefeuerten Steinöfen. Zum Hinunterspülen dient eine große Auswahl an regionalen Bieren. Sehr viele glutenfreie Optionen.

Praktische Informationen

Door County Visitors Bureau (www.doorcounty.com) Bietet spezielle Broschüren zu Kunstgalerien, Radfahren und Leuchttürmen.

An- & Weiterreise

Man braucht ein Auto, um das Door County zu erkunden. Zwei kleine Highways führen auf die Halbinsel: Hwy 57 verläuft parallel zum Lake Michigan, Hwy 42 entlang der Green Bay (dem Gewässer, nicht der Stadt). Am Wochenende kann der Verkehr ziemlich heftig sein.

ABSTECHER

SCENIC DRIVE: HIGHWAY 13

Der Hwy 13 schlängelt sich zwischen Bayfield und Superior durch wunderschöne Landschaft. Richtung Osten säumt er den Lake Superior und führt vorbei an der Chippewa-Gemeinde **Red Cliff** und dem Festlandabschnitt der Apostle Islands, der mit einem Strand aufwartet. **Cornucopia** ist ein typisches Küstendorf und erfreut sich toller Sonnenuntergänge. Richtung Westen führt die Straße durch eine zeitlose Landschaft aus Wäldern und Farmen. Näheres gibt's unter www.lakesuperiorbyway.org.

Nord-Wisconsin

Der Norden ist eine dünn besiedelte Region aus Wäldern und Seen, in der die Menschen im Sommer paddeln und angeln und im Winter Ski und Schneemobil fahren. Die Mountainbike-Wege werden immer weiter ausgebaut und ziehen zahlreiche Fatbikes an. Ein Großteil der Gegend ist im Nicolet National Forest bzw. Chequamegon National Forest geschützt; beide Schutzgebiete bieten tolle Möglichkeiten für verschiedene Aktivitäten. Es sind jedoch die windumtosten Apostle Islands, die allen anderen die Schau stehlen.

Apostle Islands

Eines von Wisconsins Highlights sind die 21 schroffen Apostle Islands, die an der Nordspitze des Bundesstaats im Lake Superior liegen. Die windumtosten Inseln haben fast alle Nationalparkstatus und sind frei von Infrastruktur: Dort gibt's nur Wälder, Felsen und Höhlen. Saisonabhängig lassen sie sich mit Bootsausflügen diverser Veranstalter besuchen; auch Wandern und Kajakfahren sind hier sehr beliebt. Als Startpunkt fungiert der belebte Ferienort Bayfield mit viktorianischen Häusern, Apfelplantagen, recht steilen Straßen und keinem einzigen Fast-Food-Restaurant.

Sehenswertes & Aktivitäten

Kein Wunder, dass sich hier alle ein Paddel schnappen: Auf einer Kajaktour rund um die Apostles erlebt man grandiose Landschaft mit zahlreichen staubigen Steinbögen und hoch aus dem Wasser ragenden Säulen aus rotem Fels. Die Höhlen an der zerklüfteten Küste von Devils Island und Sand Island sind die Hauptattraktion. Man sollte jedoch wissen, dass sich die Gewässer hier vor allem für erfahrene Paddler eignen. Neulinge sollten einen Führer anheuern, da die Bedingungen oft rau und windig sind. Der Nationalpark gibt die Broschüre *Paddling in the Apostles* heraus, die Informationen zu Einstiegspunkten für Kajaktouren und Tipps zur Vorbereitung gibt. In Bayfield gibt's mehrere Anbieter und Paddelführer, z. B. Living Adventure.

Madeline Island INSEL
(www.madelineisland.com) Die bewohnte Madeline Island ist ein prima Tagesziel und per Fähre ab Bayfield erreichbar (25 Min.). Das leicht zu Fuß erkundbare Inseldorf La Pointe hat ein paar Mittelklassehotels und Restaurants. Hinzu kommt eine coole „abgebrannte“ Bar aus Sperrmüll und Zeltplanen. Besucher können hier außerdem Fahrräder und Mopeds ausleihen. Alle Einrichtungen befinden sich in der Nähe des Fähranlegers. Madeline gehört zwar zu den Apostle Islands, ist aber nicht Teil des Nationalparks und daher erschlossen bzw. besiedelt.

Big Bay State Park STATE PARK
(☎715-747-6425; Hagen Rd; 11 US$/Auto, Stellplatz Zelt 25–35 US$) Am äußersten Zipfel von Madeline Island warten hier u. a. Wanderwege und ein hübscher Strand. Die großartigen Zeltstellplätze des Parks sind gut gepflegt und schnell ausgebucht.

Living Adventure KAJAKFAHREN
(☎715-779-9503; www.livingadventure.com; 88260 Hwy 13; Halb-/Ganztagstour 59/109 US$; ⏲Juni–Sept.) Bietet geführte Paddel-Touren zu Meereshöhlen und Schiffswracks an; Anfänger willkommen. Das Unternehmen verleiht außerdem Kajaks (1/2 Tage 69/99 US$) und unterhält einen Shuttleservice zu den Einstiegspunkten der Touren.

Schlafen

Für die Inseln im Nationalpark sind Campinggenehmigungen (15 US$/Nacht) erforderlich, die man sich vorab online besorgen muss (www.recreation.gov; Reservierungsgebühr 10 US$).

In Bayfield warten jede Menge saubere Motels, B&Bs und schicke Pensionen, auf Madeline Island eine Handvoll Pensionen und Hütten.

Seagull Bay Motel MOTEL $
(☎715-779-5558; www.seagullbay.com; 325 S 7th St; Zi. 110–130 US$; 📶) Diese schlichten Zimmer sind vielleicht etwas klein und haben dünne Wände, aber die meisten bieten eine kleine Terrasse mit Seeblick (bei der Buchung nachfragen). Ein praktischer Weg führt in etwa zehn Fußminuten vom Motel in die Innenstadt.

Essen

Fat Radish AMERIKANISCH $$
(☎715-779-9700; www.thefatradish.weebly.com; 200 Rittenhouse Ave; Sandwiches 7–10 US$, Hauptgerichte 16–24 US$; ⏲Mo–Sa 9–15 & 17–21, So 9–14 Uhr; im Winter Montags geschl.) 🍃 Das Radish stellt Feinkost aus hochwertigen Bio-Zutaten her und liegt direkt am Hafen – praktisch, um sich mit Snacks für Bootsausflüge einzudecken. Abends serviert der Küchenchef leckere Pizzas und Seafood-Gerichte.

Maggie's AMERIKANISCH $$
(☎715-779-5641; www.maggies-bayfield.com; 257 Manypenny Ave; Hauptgerichte 11–22 US$; ⏲11.30–21 Uhr) Das kitschige Maggie's mit seinem Flamingo-Dekor ist die beste Adresse für schmackhafte Seeforellen und Felchen. Neben einheimischem Fisch tischt es auch Pizzas und Burger auf.

Praktische Informationen

Apostle Islands National Lakeshore Visitors Center (☎715-779-3397; www.nps.gov/apis; 410 Washington Ave; ⏲Mai–Sept. 8–16.30 Uhr, übriges Jahr Sa & So geschl.) Infos für Camping, Kajakfahrer und Wanderer.

Bayfield Chamber of Commerce (www.bayfield.org) Gute Verzeichnisse mit Unterkünften und Aktivitäten in der Region.

An- & Weiterreise

Die **Madeline Island Ferry** (☎715-747-2051; www.madferry.com; Washington Ave; hin & zurück Erw./Kind/Fahrrad/Auto 14/7/7/25 US$) fährt in 25 Minuten von Bayfield nach Madeline Island. Sie ist das ganze Jahr in Betrieb, außer, wenn das Wasser zufriert (normalerweise Jan.–März; dann gibt's eine Eisbrücke). Apostle Island Cruises bringt Kajakfahrer zu den verschiedenen Inseln. Erfahrene Kajaker paddeln auch oft selbst zu den näher gelegenen Inseln hinaus.

CHEQUAMEGON NATIONAL FOREST

Der Chequamegon National Forest bietet außergewöhnliche Mountainbike-Wege, die über 500 km querfeldein führen. Bei der Chequamegon Area Mountain Bike Association (www.cambatrails.org) gibt's Radwanderkarten und Infos zu Fahrradverleihs. Das Städtchen Hayward eignet sich hervorragend als Basislager: mehrere Routen beginnen ganz in der Nähe.

MINNESOTA

Ist Minnesota wirklich das Land der 10 000 Seen, mit denen es immer wirbt? Aber sicher doch! Tatsächlich aber hat sich der Bundesstaat in seiner typisch bescheidenen Art sogar noch unter Wert verkauft – es sind nämlich 11 842 Seen. Für Traveller ist das eine tolle Nachricht: Unerschrockene Outdoor-Freaks können ihre Paddel in die Boundary Waters tauchen; dort breitet die Nacht einen Teppich aus Sternen aus und als Wiegenlied erklingt das Heulen der Wölfe. Wer die ausgetretenen Pfade noch weiter hinter sich lassen will, kann zum Voyageurs National Park fahren, in dem es mehr Wasser als Straßen gibt. Und wem das alles zu weit weg ist, der kann sich an die Zwillingsstädte Minneapolis und St. Paul halten, wo man auf Schritt und Tritt auf etwas Cooles oder Kulturelles stößt. Wer etwas aus der mittleren Schublade sucht, wird vom spektakulären, mit Frachtern gefüllten Hafen von Duluth begeistert sein.

Praktische Informationen

Minnesota Highway Conditions (www.511mn.org)

Minnesota Office of Tourism (www.exploreminnesota.com)

Minnesota State Park Information (☎888-646-6367; www.dnr.state.mn.us) Für die Einfahrt in den Park ist eine Genehmigung erforderlich (pro Tag/Jahr 5/25 US$). Campingplätze kosten 15 bis 31 US$; Reservierungen (☎866-857-2757; www.dnr.state.mn.us/state_parks/reservations.html) sind gegen eine Gebühr von 8,50 US$ online bzw. 10 US$ telefonisch möglich.

Minneapolis

Die größte und am stärksten künstlerisch geprägte Stadt der Prärie empfängt Besucher mit allem, was wachsender Wohlstand so mit sich bringt: mondänen Kunstmuseen, wilden Rockclubs, avantgardistischen Theatern, Bio-Küche und ethnischen Restaurants. Sogar im Winter ist hier immer kräftig was los. Obendrein sind die Einheimischen frei von Allüren und ein echtes Paradebeispiel für „Minnesota Nice": Hier wird einem ständig und überall ein schöner Tag gewünscht – egal ob bei Regen, Schnee oder Sonnenschein.

PRINCE WAR HIER

Minneapolis' berühmtester ehemaliger Einwohner ist Rockstar Prince. Schon vor seinem Tod 2016 strömten die Besucher in Scharen in die Stadt, um sich auf seine Spuren zu begeben. Das Tourismusbüro gibt eine Karte mit Prince-Stätten heraus, auf der auch sein Elternhaus, das Haus aus Purple Rain und **Paisley Park** (www.officialpaisleypark.com; 7801 Audubon Rd, Chanhassen; Touren ab 38,50 US$, Servicegebühr 7,50 US$; ⏲Do–So) verzeichnet sind, sein Zuhause/Musikstudio. Näheres gibt's unter www.minneapolis.org/princes-minneapolis.

Geschichte

Der Holzhandel bescherte der Stadt ihren ersten Boom. Mitte des 19. Jhs. entstanden wasserbetriebene Sägemühlen entlang des Mississippi. Auch der Weizen aus der Prärie musste verarbeitet werden und so sorgten schon bald Getreidemühlen für das nächste große Geschäft. Ende des 19. Jhs. wuchs die Bevölkerungszahl dank der unzähligen Einwanderer, die vor allem aus Skandinavien und Deutschland in die Stadt kamen. Das nordische Erbe von Minneapolis ist noch heute deutlich erkennbar, wobei die Zwillingsstadt St. Paul noch auffälliger deutsch und irisch-katholisch geprägt ist.

Sehenswertes & Aktivitäten

Die örtlichen Attraktionen haben montags zumeist geschlossen, dafür aber am Donnerstag oft lange auf.

Downtown & Loring Park

★ Walker Art Center MUSEUM

(☎612-375-7600; www.walkerart.org; 1750 Hennepin Ave; Erw./Kind 14 US$/frei ⏲Di, Mi & So 11–17, Do 11–21, Fr & Sa 11–18 Uhr) Die tolle ständige Sammlung zeigt Kunst und Fotografie des 20. Jhs. (u. a. Werke berühmter Maler und Pop-Art-Künstler aus den USA). Von Ende Juni bis Ende August veranstaltet das großartige Museum außerdem sehr beliebte Gratiskonzerte und Filmvorführungen (Montagabends), die jenseits der Fußgängerbrücke im Loring Park stattfinden.

★ Minneapolis Sculpture Garden GARTEN

(725 Vineland Pl; ⏲6–24 Uhr) GRATIS Viel moderne Kunst (u. a. Claes Oldenburgs oft fotografiertes Werk *Spoonbridge & Cherry*) ziert diesen 7,5 ha großen Garten neben dem Walker Art Center. Auf dem Gelände steht auch das Cowles Conservatory, in dem Massen von exotischen Treibhauspflanzen blühen.

MINNEAPOLIS MIT KINDERN

Minnesota Zoo (☎952-431-9500; www.mnzoo.org; 13000 Zoo Blvd; Erw./Kind 18/12 US$; ⌚Sommer 9–18 Uhr, Winter 9–16 Uhr; 👪) Der renommierte Zoo liegt 20 Meilen (32 km) südlich der Stadt im vorstädtischen Apple Valley. Doch die recht lange Anfahrt belohnt Besucher mit über 400 Arten in naturnahen Gehegen. Der Schwerpunkt liegt dabei auf Tieren aus kälteren Klimazonen. Parken kostet 7 US$.

Valleyfair (☎952-445-7600; www.valleyfair.com; 1 Valleyfair Dr; 53 US$/Person; ⌚Juni–Aug. ab 10 Uhr, Sept. & Okt. kürzere Öffnungszeiten; 👪) Falls einem die Rides in der Mall of America noch nicht reichen sollten, heißt's auf zu diesem großen Vergnügungspark, der 22 Meilen (35 km) weiter südwestlich in Shakopee liegt. Der Dinopark mit animatronischen Effekten (zzgl. 5 US$) ist ein echter Kracher. Onlinebuchung bringt Ermäßigung; Parken kostet 12 US$.

Children's Theatre Company (☎612-874-0400; www.childrenstheatre.org; 2400 3rd Ave S; 👪) Diese örtliche Truppe ist so gut, dass sie einen Tony Award für „außergewöhnliches regionales Theater" gewonnen hat. Die Produktionen sind wirklich erstklassig.

Riverfront District

★Endless Bridge AUSSICHTSPUNKT

(818 2nd St S; ⌚8–20 Uhr, an Theaterabenden bis 23 Uhr) GRATIS Im Inneren des kobaltblauen Guthrie Theater geht's mit der Rolltreppe hinauf zur Endless Bridge mit Blick auf den Mississippi. Die freitragende Aussichtsplattform endet quasi im Nichts und kann auch ohne Theaterkarte betreten werden, da sie als öffentlicher Platz gedacht ist. Einen ebenso herrlichen Blick bietet die Amber Box im 9. Stock des Theaters.

Mill City Museum MUSEUM

(☎612-341-7555; www.millcitymuseum.org; 704 2nd St S; Erw./Kind 12/6 US$; ⌚Di–Sa 10–17, So 12–17 Uhr) Das Museumsgebäude ist tatsächlich eine frühere Mühle. Unter den Highlights sind eine Backstube, Exponate zur Werbefigur Betty Crocker und eine Fahrt mit einem acht Stockwerke hohen Getreideaufzug („Flour Tower"). Die Ruinen der Mühle bilden eine stimmungsvolle Hintergrundkulisse. Allerdings ist das Ganze ein bisschen langweilig, sofern man sich nicht gerade brennend für die Geschichte des Getreidemahlens interessiert. Feinschmecker schätzen den Farmers Market (Mai–Sept. Sa morgens) im Bahnschuppen des Geländes.

St. Anthony Falls Heritage Trail SPAZIERENGEHEN

Der knapp 3 km lange Weg mit Infotafeln gibt einen interessanten Einblick in die Stadtgeschichte und bietet obendrein den besten Zugang zum Ufer des Mississippi. Er beginnt am unteren Ende der Portland Ave und führt über die autofreie Stone Arch Bridge mit Blick auf die gestuften St. Anthony Falls.

Northeast

Northeast, das wegen seiner Lage zum Fluss so heißt, ist das ehemalige osteuropäische Arbeiterviertel der Stadt. Heute leben und arbeiten hier vor allem Künstler. Diese schätzen die vielen Kneipen, in denen neben Pabst auch Biere aus Kleinbrauereien ausgeschenkt werden, aber ebenso die Boutiquen, die direkt neben den Wurstherstellern ihre Ökowaren verkaufen. Hunderte von Kunsthandwerkern und Galerien haben sich in den historischen Industriegebäuden niedergelassen. Sie laden jeden ersten Donnerstag im Monat zu einem Besuch ein – denn dann veranstaltet die Northeast Minneapolis Arts Association (www.nemaa.org) einen interessanten Spaziergang durch verschiedene Galerien. Die Zentren sind u.a. die 4th St NE und die 13th Ave NE.

University Area

Die University of Minnesota liegt am Fluss südöstlich des Zentrums von Minneapolis. Mit etwa 50000 Studenten ist sie eine der größten Unis der USA. Der größte Teil des Campus befindet sich im Bezirk East Bank. In Dinkytown an der 14th Ave SE und der 4th St SE gibt es jede Menge Studentencafés und Buchläden. Ein kleiner Teil der Uni liegt an der West Bank des Mississippi, in der Nähe der Kreuzung 4th St S und Riverside Ave. In dieser Gegend befinden sich ein paar Restaurants, einige Studentenkneipen und das Zuhause einer große Somali-Gemeinde.

Minneapolis

★ **Weisman Art Museum** MUSEUM

(☎612-625-9494; www.wam.umn.edu; 333 E River Rd; ⏲Di, Do & Fr 10–17, Mi 10–20, Sa & So 11–17 Uhr) GRATIS Dieses Museum in einem verschachtelten silberfarbigen Bau von Frank Gehry ist ein Highlight der Universität. Die tollen Sammlungen in den luftigen Hauptgalerien zeigen amerikanische Kunst aus dem 20. Jh., Keramiken, koreanische Möbel und Arbeiten auf Papier.

Uptown, Lyn-Lake & Whittier

★ **Minneapolis Institute of Arts** MUSEUM

(☎612-870-3131; www.artsmia.org; 2400 3rd Ave S; ⏲Di, Mi & Sa 10–17, Do & Fr 10–21, So 11–17 Uhr) GRATIS Diese riesige Schatztruhe beherbergt einen wahrhaft beeindruckenden Querschnitt durch die Kunstgeschichte: Die modernen und zeitgenössischen Sammlungen sind einfach umwerfend. Gleichermaßen großartig wirken die Räume mit asiatischen Werken (2. Stock) und ornamentaler Kunst (3. Stock).

Feste & Events

Art-A-Whirl KUNST

(www.nemaa.org; ⏲Mitte Mai) Bei diesem coolen Event kann man ein Wochenende lang durch die Kunstgalerien in Northeast bummeln und den Frühling einläuten. Es findet in verschiedenen Ateliers in der ganzen Nachbarschaft statt.

Pride Festival LGBT

(www.tcprid e.org; ⏲Ende Juni) Das Pride Festival ist eines der größten der USA und lockt über 300 000 Feierfreudige nach Loring Park.

Minneapolis Aquatennial KULTUR

(www.aquatennial.com; ⏲3. Woche im Juli) Feiert die allgegenwärtigen Seen mit Paraden, Beachpartys und Feuerwerk an verschiede-

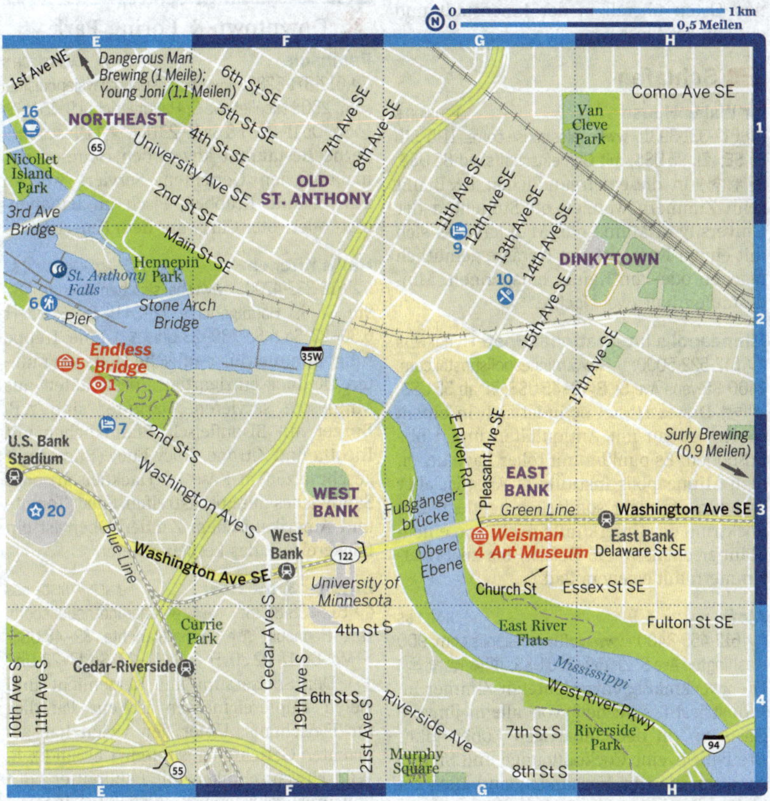

Minneapolis

Highlights
1 Endless Bridge E2
2 Minneapolis Sculpture Garden A4
3 Walker Art Center A4
4 Weisman Art Museum G3

Sehenswertes
5 Mill City Museum E2

Aktivitäten, Kurse & Touren
6 St. Anthony Falls Heritage Trail E2

Schlafen
7 Aloft E3
8 Hewing Hotel C1
9 Wales House G2

Essen
10 Al's Breakfast G2
11 Bachelor Farmer D1
12 Butcher & the Boar B3
13 Hell's Kitchen C3

Ausgehen & Nachtleben
14 Fulton Beer B1
15 Gay Nineties C2
16 Wilde Cafe E1

Unterhaltung
17 Brave New Workshop Theatre C3
18 First Avenue & 7th St Entry C2
Guthrie Theater ....(siehe 1)
19 Target Field C2
20 US Bank Stadium E3

nen Orten überall in der Innenstadt und entlang des Flussufers.

Schlafen

★ Wales House PENSION $

(☎612-331-3931; www.waleshouse.com; 1115 5th St SE; Zi. 95 US$, mit Gemeinschaftsbad 85 US$; P❄📶) In diesem freundlichen B&B mit zehn Zimmern wohnen oft Studenten der University of Minnesota. Man kann es sich mit einem Buch auf der Terrasse gemütlich machen oder am Kamin entspannen. Mindestaufenthalt zwei Nächte.

Minneapolis International Hostel HOSTEL $

(☎612-522-5000; www.minneapolishostel.com; 2400 Stevens Ave S; B 40–45 US$, Zi. ab 55 US$; ❄📶) Dieses Hostel befindet sich in einem coolen Altbau mit Antiquitäten und Holzfußböden. Es punktet mit toller Lage neben dem Minneapolis Institute of Arts, ist aber andererseits nicht sonderlich gepflegt. Das Spektrum der Unterkünfte reicht von einem Männerschlafsaal (15 Betten) bis zu Privatzimmern mit eigenem Bad.

Aloft HOTEL $$

(☎612-455-8400; www.aloftminneapolis.com; 900 Washington Ave S; Zi. 159–265 US$; P❄@📶🏊) Die zweckmäßig eingerichteten Zimmer im Industriestil sprechen vor allem jüngere Gäste an. In der clubartigen Lobby gibt's Brettspiele, eine Cocktaillounge und Snacks rund um die Uhr. Vorhanden sind auch ein kleiner Pool, ein anständiger Fitnessraum und eine Bikesharing-Station draußen vor dem Eingang. Parken kostet 20 US$.

Hewing Hotel HOTEL $$

(☎651-468-0400; www.hewinghotel.com; 300 N Washington Ave; Zi. 140–260 US$; P❄📶🏊🐾) Dieses Hotel eröffnete Ende 2016 im North Loop und bietet 124 Zimmer auf dem Gelände eines 100 Jahre alten Lagerhauses für Farmmaschinen. Das Ambiente ist rustikalgemütlich. Die schönen Zimmer haben Deckenbalken, frei liegende Ziegelwände und naturbetontes Dekor, z. B. Tapeten mit Reh-Aufdruck und karierte Wolldecken. Es liegt in Laufentfernung zum Trubel der Innenstadt. Parken kostet 41 US$.

Essen

Kreative, bio-affine und solide Küche im typischen Stil des Mittleren Westens: Der Grund dafür, dass Minneapolis kürzlich vom Gastromagazin *Saveur* als „Amerikas nächste große Feinschmeckerstadt" bezeichnet wurde.

Downtown & Loring Park

Peninsula MALAYSISCH $

(☎612-871-8282; www.peninsulamalaysiancuisine.com; 2608 Nicollet Ave S; Hauptgerichte 9–15 US$; ⏲So–Do 11–22, Fr & Sa 11–23 Uhr; 🍷) Dieses moderne Restaurant kitzelt den Gaumen mit malaysischen Gerichten. Serviert werden z. B. pikante Krabben, Fisch im Bananenblatt oder roter Curry aus dem Feuertopf.

Hell's Kitchen AMERIKANISCH $$

(☎612-332-4700; www.hellskitcheninc.com; 80 9th St S; Hauptgerichte 12–24 US$; ⏲Mo–Fr 6.30–23, Sa & So 7.30–23 Uhr; 📶) Eine Treppe führt hinunter ins teuflische Hell's wo muntere Kellner einzigartige Spezialitäten aus Minnesota servieren. Darunter sind z. B. Burger mit Bisonfleisch, Pfannkuchen mit Ricotta und Zitrone, Juicy Lucy (Burger mit geschmolzenem Käse im Hackfleisch) oder Sandwiches mit Speckstreifen, Salat, Tomate und Amerikanischem Zander. Oben ist ein Bäckereicafé, das Leckeres bietet.

Butcher & the Boar AMERIKANISCH $$$

(☎612-238-8888; www.butcherandtheboar.com; 1121 Hennepin Ave; Hauptgerichte 32–48 US$; ⏲Mo–Do 17–22.30, Fr & Sa 17–23, So 17–22 Uhr; 📶) Der Speiseraum mit Kerzenlicht und vielen Kupferelementen ist ein Paradies für Fleischfans: Unter den vielen hausgemachten Gerichten aus totem Tier sind z. B. Wildschweinschinken mit Landbutter oder knusprig gebratene Kalbswürste. Idealerweise bestellt man sich einen Probierteller. Die 30 verschiedenen Regionalbiere vom Fass werden durch eine lange Bourbon-Karte mit Probieroption ergänzt. Reservierung ist ratsam. Alternativ bieten sich die kleineren Fleischgerichte im belebten Biergarten an.

Bachelor Farmer AMERIKANISCH $$$

(☎612-206-3920; www.thebachelorfarmer.com; 50 2nd Ave N; Hauptgerichte 19–33 US$; ⏲Mo–Do 17.30–21.30, Fr & Sa 17.30–22.30, So 10–14 & 17–21.30 Uhr) 🌿 Die Gerichte des spaßigen Restaurants spielen auf das skandinavische Erbe der Region an: Auf der ständig wechselnden Karte stehen z. B. häufig Räucherfisch, Fleischklößchen oder Käsetoast mit eingelegten Pilzen. Der Küchenchef baut die verwendeten Kräuter- und Gemüsesorten allesamt selbst in einem Dachgarten an. Die hauseigene Marvel Bar mit hervorragenden Cocktails versteckt sich im Keller hinter einer Tür ohne Schild.

Northeast

★ Young Joni PIZZA $$
(☎612-345-5719; www.youngjoni.com; 165 13th Ave NE; Hauptgerichte 13–18 US$; ⊙Di–Do 16–23, Fr 16–24, Sa 12–24, So 12–22 Uhr) Das Young Joni vereint zwei scheinbar unvereinbare Dinge: Pizza und koreanisches Essen. Man kann hier eine Holzofen-Pizza mit knuspriger Kruste, Gruyère und Ricotta und als Beilage scharfe Muscheln, Kimchi und Tofu bestellen. Das klingt zwar seltsam, die Gerichte sind aber grandios. Ein weiteres Plus: In dem hippen Laden mit Industrie-Schick versteckt sich hinten eine Bar. Wenn das rote Licht an ist, fließen die Cocktails in Strömen

Rund um die Universität

Al's Breakfast FRÜHSTÜCK $
(☎612-331-9991; 413 14th Ave SE; Hauptgerichte 5–9 US$; ⊙Mo–Sa 6–13, So 9–13 Uhr) Das vielleicht kleinste Café der Welt: 14 Barhocker und eine winzige Theke. Jedes Mal, wenn ein Gast reinkommt, heben alle ihre Teller hoch und rutschen ein Stück rüber, um Platz zu machen. Die mit Obst beladenen Pfannkuchen und Speck-Waffeln sind besonders beliebt. Nur Barzahlung.

Uptown, Lyn-Lake & Whittier

Bryant-Lake Bowl AMERIKANISCH $
(☎612-825-3737; www.bryantlakebowl.com; 810 W Lake St; Hauptgerichte 10–15 US$; ⊙8–0.30 Uhr; 📶🍴) Im BLB trifft altmodische Bowlingbahn auf köstliches Essen. Zum Frühstück gibt's *biscuits and gravy*, ansonsten Makkaroni mit Gouda, Teigtaschen mit „falscher Ente" und geräuchertem Felchen, die einem förmlich auf der Zunge zergehen. Die Liste mit lokalen Bieren ist lang.

Ausgehen & Nachtleben

Grumpy's BAR
(☎612-789-7429; www.grumpys-bar.com; 2200 4th St NE; ⊙Mo–Fr 14–2 Uhr, Sa & So ab 11 Uhr) Das Grumpy's ist eine für Northeast typische Kneipe mit günstigem (aber gutem, lokalem) Bier und einer Terrasse im Freien. Dienstags sollte man unbedingt das *hot dish* für 1 US$ probieren.

Unterhaltung

Icehouse LIVEMUSIK
(☎612-276-6523; www.icehousempls.com; 2528 Nicollet Ave S; ⊙Mo–Fr 11–2, Sa & So ab 10 Uhr) In diesem schönen Laden mit toller Akustik treten Jazz-, Folk- und progressive Hip-Hop-Künstler auf. Oh, und die Cocktails sind auch spitze.

First Avenue & 7th St Entry LIVEMUSIK
(☎612-332-1775; www.first-avenue.com; 701 1st Ave N) Das ehrwürdige Urgestein der örtlichen Musikszene besteht aus zwei Clubs: Im größeren First Avenue spielen bekannte US-Bands, während hoffnungsvolle Newcomer im kleineren 7th St Entry auftreten. Die Sterne an der Außenfassade repräsentieren all jene Bands, die hier schon auf der Bühne gestanden haben.

Guthrie Theater THEATER
(☎612-377-2224; www.guthrietheater.org; 818 2nd St S) Das absolute Spitzenensemble in

SCHWULEN- & LESBENSZENE IN MINNEAPOLIS

Minneapolis verzeichnet landesweit mit den höchsten Bevölkerungsanteil an Schwulen, Lesben, Bisexuellen und Transgendern (LGBT), und die Stadt macht sich sehr für deren Rechte stark. Das kostenlose Magazin *Lavender* (www.lavendermagazine.com) erscheint alle zwei Wochen und informiert über Aktuelles aus der Szene; man findet es in den Cafés der Stadt. Die Highlights:

Wilde Cafe (☎612-331-4544; www.wilderoastcafe.com; 65 Main St SE; ⊙7–23 Uhr) Köstliches Gebäck, Tische am Fluss und viktorianisches Ambiente, das auch seinem Namensvetter Oscar Wilde zur Ehre gereicht hätte. *Lavender* wählte es einst zum „besten Café" der Stadt.

Gay Nineties (☎612-333-7755; www.gay90s.com; 408 Hennepin Ave; ⊙Mo–Sa 8–2, So ab 10 Uhr) Diesen Club gibt's schon ewig. Schwule und Heteros strömen hierher, um zu tanzen, etwas zu essen oder eine Travestie-Show zu besuchen.

Pride Festival (S. 660) Eines der größten in den USA, mit rund 300 000 feierfreudigen Besuchern.

SCHANKRAUM-BOOM

Minneapolis schwimmt mit auf der Regionalbierwelle – die meisten örtlichen Kleinbrauereien haben eigene Schankräume. Prima Adressen, um den Gerstensaft frisch aus dem Tank zu probieren:

Fulton Beer (☎612-333-3208; www.fultonbeer.com; 414 6th Ave N; ⏲Di–Do 15–22, Fr 15–23, Sa 12–23, So 12–18 Uhr) Das hiesige Angebot beinhaltet normalerweise je ein tolles Pale und Blonde Ale. Gemeinsam gebechert wird an Picknicktischen im Lagerhaus. Die Brauerei liegt nur wenige Blocks vom Baseballstadion entfernt und ist an Spieltagen entsprechend stark besucht. Direkt davor warten Food Trucks auf Kundschaft.

Dangerous Man Brewing (☎612-236-4087; www.dangerousmanbrewing.com; 1300 2nd St NE; ⏲Di–Do 16–22, Fr 15–24, Sa 12–24, So 12–20 Uhr) Im hippen und umtriebigen Viertel Northeast werden hier starke Biere à la Europa ausgeschenkt. Gäste dürfen ihr eigenes Essen mitbringen (Tipp: Einen Block Richtung Osten gibt's einen Laden mit sehr guten Fish & Chips).

Surly Brewing (☎763-999-4040; www.surlybrewing.com; 520 Malcolm Ave SE; ⏲So–Do 11–23, Fr & Sa bis 24 Uhr; 👪) Der riesige, familienfreundliche Schankraum des Surly erstrahlt im Industrie-Schick und wird von den Einheimischen förmlich überrannt. Sie lassen sich die 20 wechselnden Biere vom Fass und fleischlastigen Snacks schmecken. Am besten probiert man das CynicAle, ein Bier im belgischen Stil, oder das Furios, das amerikanische IPA. Die Brauerei befindet sich im Viertel Prospect Park, nahe der Universität und nur einen kurzen Fußweg von der Green-Line-Haltestelle Prospect Park entfernt.

Minneapolis mit – vielleicht als Beweis dafür – gigantischer Bühne. Die nicht verkauften *rush tickets* werden eine halbe Stunde vor der Vorstellung für 15–35 US$ an den Mann gebracht – nur Barzahlung.

Brave New Workshop Theatre THEATER
(☎612-332-6620; www.bravenewworkshop.com; 824 Hennepin Ave) Das etablierte Theater zeigt Operetten, Revuen und Satiren.

Target Field BASEBALL
(☎800-338-9467; www.minnesotatwins.com; 353 N 5th St) Das Baseballstadion der Minnesota Twins ist vor allem dank seiner außergewöhnlichen lokalen Speisen und Getränke erwähnenswert.

US Bank Stadium FOOTBALL
(☎612-338-4537; www.vikings.com; 900 5th St S) Das NFL-Team der Vikings spielt in dieser schicken Arena mit Glaswänden, die 2016 eröffnete.

ℹ Praktische Informationen

Minneapolis Convention & Visitors Association (www.minneapolis.org) Coupons, Karten, Reiseführer und Informationen zu Radwegen online.

City Pages (www.citypages.com) Kostenloser wöchentlicher Veranstaltungskalender.

Pioneer Press (www.twincities.com) St. Pauls Tageszeitung.

Star Tribune (www.startribune.com) Minneapolis' Tageszeitung.

ℹ An- & Weiterreise

Der Minneapolis–St Paul International Airport (S. 667) liegt zwischen den beiden Städten im Süden; Delta Airlines bietet Direktflüge nach/aus Europa.

Die Stadtbahn Blue Line (regulär/Rushhour 1,75/2,25 US$, 25 Min.) ist die billigste Transportmöglichkeit nach Minneapolis. Ein Taxi kostet 45 US$.

Greyhound (☎612-371-3325; www.greyhound.com; 950 Hawthorne Ave; 📶) bietet häufig Busse nach Milwaukee (7 Std.), Chicago (9 Std.) und Duluth (3 Std.).

Megabus (www.megabus.com/us) unterhält Expressbusse nach Milwaukee (6½ Std.) und Chicago (8½ Std.), oft zu günstigeren Preisen als Greyhound. Sie fahren in der Downtown und an der Universität ab; auf der Website gibt's Näheres zu den Haltestellen.

Amtrak fährt das neu restaurierte Union Depot (S. 667) in St. Paul an. Es verkehren täglich Züge nach Chicago (8 Std.) und Seattle (38 Std.).

ℹ Unterwegs vor Ort

Minneapolis belegt einen der vorderen Plätze unter den besten Fahrradstädten der USA. Nice Ride (www.niceridemn.org) ist das örtliche Bike-Share-Programm mit 1800 limettengrünen Fahrrädern in 200 Selbstbedienungsstationen rund um die Twin Cities. Eine 30-minütige Fahrt kostet 3 US$: einfach die Kreditkarte hineinstecken, den Code erhalten und das Fahrrad aufschließen. Traditionelle Fahrradverleihe eignen sich für längere Touren allerdings besser. Nähere Infos zu Verleihmöglichkeiten und Radkarten gibt's beim Minneapolis Bicycle Program (www.ci.minneapolis.mn.us/bicycles).

Metro Transit (www.metrotransit.org) unterhält die praktische Stadtbahn Blue Line zwischen Downtown und der Mall of America (unterwegs mit Halt am Flughafen). Die Green Line verbindet Downtown Minneapolis mit Downtown St. Paul. Die Automaten an den Stationen verkaufen Tickets, z. B. den Tagespass (6 US$), der auch für die öffentlichen Busse gilt.

St. Paul

St. Paul ist kleiner und ruhiger als seine Zwillingsstadt Minneapolis und hat sich außerdem mehr von seinem historischen Charakter bewahrt. Man kann das ehemalige Revier von Francis Scott Fitzgerald durchforsten, die Wege am mächtigen Mississippi erkunden oder eine laotische Suppe genießen.

Sehenswertes & Aktivitäten

Innenstadt und Cathedral Hill bieten die meiste Action. In Cathedral Hill gibt's ganz unterschiedliche Geschäfte, traumhafte viktorianische Herrenhäuser aus dem Gilded Age und natürlich die große Kirche, der diese Gegend ihren Namen zu verdanken hat. Die Museen befinden sich im Zentrum. Und hier noch ein Insider-Tipp: Es gibt auch eine Abkürzung zwischen den beiden Vierteln, und zwar einen Fußweg, der an der Westseite des Hill House beginnt und im Zentrum endet.

Landmark Center MUSEUM
(☎ 651-292-3225; www.landmarkcenter.org; 75 W 5th St; ⊙ Mo–Fr 8–17, Do bis 20, Sa 10–17, So 12–17 Uhr) Das von Türmchen gezierte Landmark Center in der Downtown stammt von 1902 und diente einst als Bundesgericht, in dem Gangstern wie Alvin „Creepy" Karpis der Prozess gemacht wurde. Plaketten vor den verschiedenen Räumen zeigen, wer hier der Gerechtigkeit zugeführt wurde. Neben dem Visitor Center beherbergt das Gebäude auch ein paar kleine Museen (eines widmet sich Kunst aus Holz, ein anderes Musik).

Schubert Club Museum MUSEUM
(☎ 651-292-3267; www.schubert.org; 75 W 5th St; ⊙ So–Fr 12–16 Uhr) GRATIS Das Schubert Club Museum zeigt eine grandiose Sammlung alter Klaviere und Cembalos – teilweise wurden sie von Brahms, Mendelssohn und anderen Größen gespielt – sowie alte Manuskripte und Briefe berühmter Komponisten. Es befindet sich im 2. Stock des Landmark Centers. Außerdem veranstaltet es von Oktober bis April donnerstags um 12 Uhr kostenlose Kammermusikkonzerte.

James J. Hill House HISTORISCHES GEBÄUDE
(☎ 651-297-2555; www.mnhs.org/hillhouse; 240 Summit Ave; Erw./Kind 10/6 US$; ⊙ Mi–Sa

NICHT VERSÄUMEN

MALL OF AMERICA

Willkommen im größten Indoor-Einkaufszentrum der USA. Ja, die **Mall of America** (☎ 952-883-8800; www.mallofamerica.com; abseits I-494 & 24th Ave; ⊙ Mo–Sa 10–21.30, So 11–19 Uhr; 👪) ist auch nur ein Shoppingcenter, in dem die gleichen Läden, Kinos und Lokale zu finden sind wie überall sonst. Aber es gibt hier auch eine Hochzeitskapelle. Und eine **Minigolfanlage** (☎ 952-883-8777; 3. St., Mall of America; 10 US$/Pers.; ⊙ Mo–Sa 10–21.30, So 11–19 Uhr) mit 18 Bahnen. Und eine Seilrutsche. Und einen Vergnügungspark, das **Nickelodeon Universe** (☎ 952-883-8800; www.nickelodeonuniverse.com; ⊙ Mo–Sa 10–21.30, So 11–19 Uhr), mit 27 Fahrgeschäften, darunter auch ein paar „kreischende" Achterbahnen. Rumlaufen und gucken kostet nichts; ein Tages-Armband mit unbegrenzter Nutzung aller Fahrgeschäfte gibt's für 36 US$, aber man kann auch individuell für die Attraktionen bezahlen (3,50–7 US$).

Außerdem befindet sich hier das größte Aquarium des Bundesstaates, das **Sea Life Minnesota** (☎ 952-883-0202; www.visitsealife.com/minnesota; Erw./Kind 25/18 US$; ⊙ Mo–Do 10–19, Fr & Sa bis 20, So bis 18 Uhr; 👪), in dem es von Haien, Quallen und Stachelrochen nur so wimmelt. Kombi-Tickets sind erhältlich und sparen Geld. Die Blue-Line-Stadtbahn fährt von/nach Downtown Minneapolis. Die Mall befindet sich im Vorort Bloomington, 10 Minuten Fahrt vom Flughafen entfernt.

10–15.30, So ab 13 Uhr) Hier kann man durch die palastartige Villa des Eisenbahnmagnaten James J. Hill flanieren. Diese Schönheit aus dem Goldenen Zeitalter erstreckt sich über fünf Stockwerke und verfügt über 22 Kamine. Von Montag bis Donnerstag gibt's keine Touren, aber man kann trotzdem das Kunstgaleriezimmer des Hauses besuchen (2 US$), in dem französische Landschaftsgemälde hängen.

Science Museum of Minnesota MUSEUM
(651-221-9444; www.smm.org; 120 W Kellogg Blvd; Erw./Kind 19/13 US$; Do–Sa 9.30–21, So, Di & Mi 9.30–17 Uhr) Hier gibt's die üblichen interaktiven Ausstellungen für Kinder und ein Omnimax-Kino (6 US$ extra). Erwachsene dürften die quacksalberischen „fragwürdigen medizinischen Geräte" in der 4. Etage amüsant finden.

Harriet Island PARK
Harriet Island liegt südlich der Downtown und ist über die Wabasha St mit dem Zentrum verbunden. Hier kann man wunderbar schlendern und es gibt eine Flussuferpromenade, Raddampferfahrten, Konzertbühnen und Angelplätze.

Feste & Events

St. Paul Winter Carnival KULTUR
(www.wintercarnival.com; Ende Jan.) Zehn Tage mit Eisskulpturen, Eislaufen und Eisfischen rund um den Rice Park und an anderen Orten in der Stadt.

Schlafen & Essen

★ **Hotel 340** BOUTIQUEHOTEL $$
(651-280-4120; www.hotel340.com; 340 Cedar St; Zi. 109–189 US$; P ❄ @ 📶) Dieses Hotel mit viel altmodischer Atmosphäre bietet normalerweise ein sehr gutes Preis-Leistungs-Verhältnis. Die 56 Zimmer in einem stattlichen Altbau warten mit Hartholzböden und vornehmer Bettwäsche auf. In der zweistöckigen Lobby gibt's einen großen offenen Kamin und eine hübsche kleine Bar (die Rezeptionisten fungieren auch als Barkeeper).

Covington Inn B&B $$
(651-292-1411; www.covingtoninn.com; 100 Harriet Island Rd; Zi. 165–250 US$; P ❄) Dieses B&B in Harriet Island bietet vier Zimmer auf einem auf dem Mississippi schaukelnden Schlepper. Man kann zusehen, wie der Schiffsverkehr vorbeizieht, während man seinen Morgenkaffee genießt. Die stattlichen Zimmer bieten freundliche Farbkleckse, und jedes hat einen Gaskamin, der einen im Winter schön warm hält.

Hmongtown Marketplace ASIATISCH $
(651-487-3700; www.hmongtownmarketplace.com; 217 Como Ave; Hauptgerichte 5–8 US$; 8–20 Uhr) In den Twin Cities lebt die landesweit größte Gemeinde von ausgewanderten Hmong. Deren vietnamesische, laotische und thailändische Lieblingsgerichte (u. a. pikanter Papaya-Salat, Rinderrippchen Nudelsuppe mit Curry) gibt's auf diesem Markt in einem schlichten Gastrobereich, der sich im hinteren Teil des West Building befindet. Nach dem Essen kann man sich an den örtlichen Verkaufsständen z. B. bestickte Bekleidung, einen Messinggong oder Zitronengras zulegen.

Mickey's Diner DINER $
(651-222-5633; www.mickeysdiningcar.com; 36 W 7th St; Hauptgerichte 4–9 US$; 24 Std.) Dieser Klassiker in der Innenstadt ist die Art von Lokal, in der die nette Kellnerin alle Kunden „Honey" nennt und zufriedene Stammgäste kaffeeschlürfend ihre Zeitung am Tresen lesen. Das Essen (Burger, Malzbier, Apfelkuchen) hat denselben zeitlosen Charme.

Cook AMERIKANISCH $
(651-756-1787; www.cookstp.com; 1124 Payne Ave; Hauptgerichte 10–14 US$; Mo–Fr 6.30–14, Sa & So 7–15 Uhr) Dieses nette, sonnige Lokal serviert kreative Diner-Gerichte (Arme Ritter mit Ingwer, vegetarische Curry-Burger, Sandwiches mit geschmorten Rippchen), einige mit koreanischer Note. Der Koch zaubert freitagabends ein koreanisches Abendessen. Der Laden befindet sich im aufstrebenden Viertel East Side, in dem noch weitere Feinschmeckerlokale in der Payne Ave locken.

Ausgehen & Unterhaltung

Happy Gnome KNEIPE
(651-287-2018; www.thehappygnome.com; 498 Selby Ave; Mo–Do 11–24, Fr & Sa 11–1, So 10–24 Uhr; 📶) Hier fließen über 80 Craft-Biere aus der Zapfanlage, die man am besten auf der von einem Kamin beheizten Terrasse genießt. Die Kneipe liegt gegenüber dem St. Paul Curling Club auf der anderen Seite des Parkplatzes.

Fitzgerald Theater THEATER
(651-290-1221; http://fitzgeraldtheater.publicradio.org; 10 E Exchange St) Hier wird die beliebte

Live-Radiosendung *A Prairie Home Companion* aufgezeichnet. In diesem Theater treten aber auch bekannte Musiker, Comedians und Schriftsteller auf.

Praktische Informationen

Mississippi River Visitor Center (651-293-0200; www.nps.gov/miss; 120 W Kellogg Blvd; So & Di–Do 9.30–17, Fr & Sa bis 21 Uhr) Das Visitor Center des National Park Service befindet sich in einer Nische der Lobby des Wissenschaftsmuseums. Hier gibt's Wanderkarten und viele Informationen zu den kostenlosen, von Rangern geführten Aktivitäten. Im Sommer gehören dazu kurze Wanderungen und Radtouren, im Winter Eisfischen und Schneeschuh-Touren.

Visitor Center (651-292-3225; www.visitsaintpaul.com; 75 W 5th St; Mo–Sa 10–16, So ab 12 Uhr) Im Landmark Center; eine gute erste Anlaufstelle für Karten und Infos zu Wanderungen in Eigenregie.

An- & Weiterreise

Metro Transit (www.metrotransit.org) unterhält die praktische Green-Line-Bahn (regulär/Rushhour 1,75/2,25 US$) zwischen Downtown St. Paul und Downtown Minneapolis. Das **Union Depot** (651-202-2700; www.uniondepot.org; 214 E 4th St;) ist das wichtigste Verkehrszentrum für alle: Greyhound-Busse, Stadtbusse, Green-Line-Bahnen und Amtrak-Züge. Der **Minneapolis–St. Paul International Airport** (MSP; www.mspairport.com;) liegt 15 Meilen (24 km) südwestlich. Bus 54 (regulär/Rushhour 1,75/2,25 US$, 25 Min.) fährt in die Downtown. Ein Taxi kostet ca. 33 US$.

Süd-Minnesota

Süd-Minnesota überzeugt mit einer frischen Mischung aus historischen Städten am Fluss, ländlichen Dörfern in Bluff Country und skurrilen Attraktionen, die u. a. mit Dosenfleisch (*spam*) und dem größten Garnknäuel der Welt zu tun haben.

Zu den stimmungsvollsten Städten am Wasser gehören Stillwater (Antiquitäten-Hochburg), Red Wing (für seine Red Wing Shoes – eigentlich eher feste Stiefel – und Salzkeramik bekannt) und Wabasha (wo sich Adler versammeln). Auf diesem Abschnitt der Great River Rd, der Panoramastraße, die sich an den Mississippi schmiegt, reihen sich aber noch ein paar andere interessante Städtchen aneinander. Je nach Lust und Laune kann man unterwegs immer mal wieder für ein Stück Kuchen oder in einem kitschigen Gartenzwerg-Laden Halt machen.

Im Landesinneren und im Süden ist das Bluff Country von hübschen Kalksteinklippen und winzigen Dörfern durchzogen. Lanesboro eignet sich besonders für Radtouren direkt vom Zug weg. Harmony, südlich von Lanesboro, ist das Zentrum der Amish-Gemeinde und ein weiterer einladender Ort.

Das Garnknäuel und das **Spam Museum** (Dosenfleisch-Museum; 507-437-5100; www.spam.com; 101 3rd Ave NE, Austin; April–Nov. Mo–Sa 10–18, So 12–17 Uhr, Dez.–März Di–So 12–17 Uhr;) GRATIS liegen ein Stück ab vom Schuss, aber wer gern mit dem Auto unterwegs ist, kann ihnen einen Besuch abstatten.

In den Städten am Fluss gibt's Pensionen und B&Bs in alten restaurierten Gebäuden, in Stillwater ist die Auswahl besonders groß. Auch im Bluff Country locken neben Campingplätze zahlreiche B&Bs.

Die Great River Rd, alias Hwy 61, verläuft parallel zum Mississippi. Wenn man eine Brücke auf die Wisconsin-Seite überquert, heißt sie Hwy 35. Minneapolis liegt ein bis zwei Stunden Fahrt von den meisten Orten der Region entfernt.

ABSEITS DER ÜBLICHEN PFADE

DAS GRÖSSTE GARNKNÄUEL DER WELT

Das **World's Largest Ball of Twine** (1st St, Darwin; 24 Std.) befindet sich in Darwin, etwa 60 Meilen (rund 100 km) westlich von Minneapolis am US 12. Okay, auch drei andere Garnknäuel im Mittleren Westen behaupten von sich, sie seien das größte. Aber das in Darwin besteht darauf, das „größte von einer einzelnen Person angefertigte" Knäuel zu sein: Francis A. Johnson wickelte das 7900 kg schwere Riesending im Laufe von 29 Jahren auf seiner Farm auf. Man kann es im Stadtpavillon bewundern.

Nord-Minnesota

Nach Nord-Minnesota kommt man, um „ein bisschen zu angeln und ein bisschen zu trinken", wie es ein Einheimischer zusammenfasste.

Die Region ist ein wahrer Outdoor-Spielplatz, von der sagenumwobenen Wildnis der Boundary Waters über die roten Klippen des

Lake Superior bis zu den Wassern des Voyageurs National Park. In dieser rauen, weiten Gegend gibt es sehr viel weniger Menschen als Kiefern. Duluth und Grand Marais sind die wichtigsten Städte und hipper, als man denkt. Hier kann man prima unterkommen, wenn man mal wieder ein bisschen „urbanes" Leben braucht.

Duluth

Am äußersten westlichen Ende der Großen Seen liegt Duluth (mit seinem Nachbar Superior, Wisconsin). Der Ort besitzt einen der geschäftigsten Häfen des Landes. Die atemberaubende Lage der Stadt, die in einen steilen Hang hineingebaut wurde, ist ausgezeichnet dafür geeignet, den sich ständig wandelnden Lake Superior in Aktion zu erleben. Das Wasser, die Wanderwege und die herrliche Natur haben die Gegend zu einem Hotspot für Outdoorfreaks gemacht.

Sehenswertes

Hawk Ridge Observatory AUSSICHTSPUNKT
(☎218-428-6209; www.hawkridge.org; 3980 E Skyline Pkwy; ⏲6–22 Uhr) GRATIS Dieser Aussichtspunkt befindet sich 200 m über dem Lake Superior und bietet einen grandiosen Ausblick, vor allem zwischen Mitte August und November, wenn während der herbstlichen Falkenwanderung 94 000 Greifvögel hierherziehen.

Enger Tower TURM
(www.engertowerduluth.com; W Skyline Pkwy) GRATIS Dieser fünfstöckige, achteckige Turm aus Blaustein im Enger Park ist ein charakteristisches Wahrzeichen von Duluth. Wer die 105 Stufen bis nach oben erklimmt, wird mit einer wunderbaren Aussicht auf den Hafen und den Lake Superior belohnt.

Maritime Visitor Center MUSEUM
(☎218-720-5260; www.lsmma.com; 600 S Lake Ave; ⏲Juni–Aug. 10–21 Uhr, Sept.–Mai kürzere Öffnungszeiten) GRATIS Neben der Aerial Lift Bridge informieren hier Computerbildschirme darüber, wann große Kähne unter dem Bauwerk hindurchschippern. Höchst sehenswert sind auch die coolen Schiffsmodelle und die Ausstellungen zu Wracks in den Großen Seen.

Aktivitäten

Duluth Experience ABENTEUER
(☎218-464-6337; www.theduluthexperience.com; Touren ab 55 US$) Großes Angebot an Kajak-, Rad- und Brauereitouren. Preise jeweils inklusive Ausrüstung und Shuttles.

Spirit Mountain SKIFAHREN
(☎218-628-2891; www.spiritmt.com; 9500 Spirit Mountain Pl; Erw./Kind 49/39 US$/Tag; ⏲variierende Öffnungszeiten) Während der Wintermonate sind hier Skifahren und Snowboarden beliebte Freizeitvergnügen; im Sommer locken eine Seilrutsche, eine Sommerrodelbahn und ein Minigolfplatz. Der Berg liegt etwa 10 Meilen (16 km) südlich von Duluth.

Schlafen

Fitger's Inn HOTEL $$
(☎218-722-8826; www.fitgers.com; 600 E Superior St; Zi. 185–290 US$; @📶) Die 62 großen Zimmer des Fitger's Inn, von denen jedes ein bisschen anders gestaltet ist, befinden sich in den Räumlichkeiten einer ehemaligen Brauerei. Die Unterkunft liegt am Lakewalk, und die teureren Zimmer bieten auch einen wunderbaren Blick aufs Wasser. Das kostenlose Shuttle zu den örtlichen Sehenswürdigkeiten ist eine ziemlich praktische Sache.

Willard Munger Inn INN $$
(☎218-624-4814; www.mungerinn.com; 7408 Grand Ave; Zi. 75–150 US$; @📶) Das Munger Inn ist in Familienbesitz und bietet eine gute Auswahl an Zimmern (von Budgetzimmern bis zu Suiten mit Whirlpool). Außer-

DYLAN IN DULUTH

Bob Dylan wird zwar meist mit Hibbing und der Iron Range in Verbindung gebracht, wurde aber in Duluth geboren. Entlang der Superior St und London Rd weisen die braun-weißen Schilder des **Bob Dylan Way** (www.bobdylanway.com) auf Orte hin, die etwas mit der Songwriter-Legende zu tun haben. Darunter ist z. B. das Arsenal, wo Dylan ein Konzert von Buddy Holly erlebte und daraufhin beschloss, Musiker zu werden. Selbst ausfindig machen muss man jedoch sein **Geburtshaus** (519 N 3rd Ave E), das ein paar Blocks nordöstlich der Innenstadt auf einem Hügel steht. Dort lebte der kleine Bob bis zu seinem sechsten Lebensjahr im obersten Stockwerk, bis die Familie landeinwärts nach Hibbing umzog. Achtung: Hierbei handelt es sich um ein nicht gekennzeichnetes Privathaus, das nur von der Straße aus betrachtet werden kann.

dem gibt's viele Extras für Outdoor-Freunde, beispielsweise Wander- und Radwege direkt vor der Tür, kostenlose Leihfahrräder und -kanus sowie eine Feuerstelle. Das kontinentale Frühstück ist inklusive. Es liegt in der Nähe des Spirit Mountain.

Essen & Ausgehen

★ New Scenic Cafe AMERIKANISCH $$
(☎ 218-525-6274; www.newsceniccafe.com; 5461 North Shore Dr; Sandwiches 13–16 US$, Hauptgerichte 24–29 US$; ⏰ So–Do 11–21, Fr & Sa 11–22 Uhr) Gourmets aus der ganzen Gegend pilgern zum New Scenic Cafe, das 8 Meilen (13 km) hinter Duluth am Old Hwy 61 liegt. In einem schlichten Raum mit Holzvertäfelung kommen hier z. B. rustikaler Lachs mit Sahnelauch oder Kuchen mit drei verschiedenen Beerensorten auf den Tisch. Dazu gibt's eine weite Aussicht auf den See.

Duluth Grill AMERIKANISCH $
(☎ 218-726-1150; www.duluthgrill.com; 118 S 27th Ave W; Hauptgerichte 10–17 US$; ⏰ 7–21 Uhr;) Der Garten auf dem Parkplätz verrät bereits, dass es sich beim Duluth Grill um einen nachhaltigen Laden mit Hippie-Flair handelt. Die Karte erinnert an die eines Diners und reicht von gebratenen Frühstückseiern zu Curry-Polenta-Eintopf und Bison-Burgern. Es gibt aber auch jede Menge vegane und glutenfreie Optionen. Das Lokal liegt ein paar Kilometer südwestlich des Canal Park, nahe der Brücke nach Superior, Wisconsin.

★ Thirsty Pagan BRAUEREI
(☎ 715-394-2500; www.thirstypaganbrewing.com; 1623 Broadway St; ⏰ Mo–Mi 11–22, Do–So 11–23 Uhr) Jenseits der Brücke liegt diese Brauerei in Superior, Wisconsin. Doch die zehn Fahrtminuten lohnen sich: Hier werden selbstgemachte Pizzas mit gehaltvollen und sehr aromatischen Bieren hinuntergespült.

Fitger's Brewhouse BRAUEREI
(☎ 218-279-2739; www.fitgersbrewhouse.com; 600 E Superior St; ⏰ So & Mo 11–24, Di–Do 11–1, Fr & Sa 11–2 Uhr) Die belebte Brauerei im gleichnamigen Hotel punket mit Livemusik und frisch gezapftem Gerstensaft. Letzterer lässt sich auch in Form von Probiermenüs mit sieben Sorten genießen (9 US$, 90 ml/Glas).

Praktische Informationen

Duluth Visitors Center (☎ 800-438-5884; www.visitduluth.com; 21 W Superior St; ⏰ Mo–Fr 8.30–17 Uhr) Hier kann man sich einen Stadtführer mitnehmen; auf der Website gibt's Sonderangebote und Coupons.

DULUTH TRAVERSE

Ein 160 km langer Mountainbike-Weg, der sich durch die ganze Stadt erstreckt? Die Duluth Traverse (www.coggs.com) begeistert Mountainbike-Fans. Die einspurige Route wird nach und nach eröffnet und verbindet mehrere grandiose Radwege miteinander. Wenn sie fertig ist – die Stadt plant, sie 2018 größtenteils zu vollenden – wird man in Duluth nie weiter als fünf Minuten von der Traverse entfernt sein.

An- & Weiterreise

Greyhound (☎ 218-722-5591; www.greyhound.com; 228 W Michigan St) bietet täglich mehrere Busse nach Minneapolis (3 Std.).

North Shore

Ein Ausflug hierher wird vom Wasser dominiert – vor allem dank des riesigen, stürmischen Lake Superior. Mit Erz beladene Frachter ziehen durch die Häfen, kleine Fischerflotten holen den Fang des Tages ein und von Wellen umtoste Klippen bieten grandiose Ausblicke, falls man Lust auf eine Wanderung hat. Zahlreiche State Parks, Wasserfälle, Wanderwege und Städtchen durchziehen die Landschaft, die sich bis zur kanadischen Grenze erstreckt. Zu den Highlights gehören die Gooseberry Falls, das Split Rock Lighthouse, Grand Marais' lässiges Flair und die Blätterteig-Tartes in Two Harbors.

Sehenswertes & Aktivitäten

Der 483 km lange **Superior Hiking Trail** (www.shta.org) folgt dem Bergrücken, der zwischen Duluth und der kanadischen Grenze direkt am Seeufer emporragt. Dabei passiert er u. a. rote Felsen mit spektakulären Aussichtspunkten; gelegentlich lassen sich unterwegs auch Elche oder Schwarzbären blicken. Alle 5 bis 10 Meilen (8–16 km) gibt's einen Parkplatz mit Zugang zum Trail – ideal für Tageswanderungen. Der **Superior Shuttle** (☎ 218-834-5511; www.superiorhikingshuttle.com; ab 15 US$; ⏰ Mitte Mai–Mitte Okt. Fr–So) sammelt Wanderer an insgesamt 17 Haltestellen entlang der Strecke auf und macht ihnen das Leben so noch einfacher.

Für Übernachtungswillige stehen mehrere Lodges und 86 Campingplätze in der Wildnis zur Verfügung (für Details s. Website des Trails). Die gesamte Route kann gratis ohne Reservierungen oder Genehmigungen genutzt werden. Das **Trail Office** (☎218-834-2700; www.shta.org; 731 7th Ave; ⏰ Mo–Fr 9–16.30, Sa 10–16, So 12–16 Uhr, Mitte Mai–Mitte Okt. Mo–Fr 9–17, Sa 10–16, So 12–16 Uhr, Mitte Okt.–Mitte Mai Sa & So geschl.) in Two Harbors gibt Karten aus und hilft bei der Planung.

Split Rock Lighthouse State Park STATE PARK

(☎218-595-7625; www.dnr.state.mn.us; 3755 Split Rock Lighthouse Rd; Auto 5 US$/Auto, Leuchtturm pro Erw./Kind 10/6 US$; ⏰ Mitte Mai–Mitte Okt. 10–18 Uhr, Mitte Okt.–Mitte Mai Do–Mo 11–16 Uhr) Dies ist der meistbesuchte Ort in ganz North Shore. Die eigentliche Attraktion ist eine State Historic Site, die extra kostet. Geführte Touren sind erhältlich (und starten stündlich), aber man kann das Gelände auch allein erkunden. Wer nichts gegen Treppen hat, kann die Klippen zum Strand hinunterklettern – hin und zurück jeweils etwa 170 Stufen – und die unglaubliche Aussicht auf den Leuchtturm und das umliegende Ufer genießen.

Judge CR Magney State Park STATE PARK

(☎218-387-6300; www.dnr.state.mn.us; 4051 Hwy 61; 5 US$/Auto; ⏰ 9–20 Uhr) Der Magney State Park ist eine wirkliche Schönheit. Die Wanderung zum **Devil's Kettle**, dem berühmten Wasserfall, an dem sich der Brule River um einen mächtigen Felsen teilt, ist ein Muss. Der eine Arm stürzt in einem typischen imposanten North-Shore-Wasserfall 15 m in die Tiefe, während der andere in einem riesigen Loch verschwindet und unterirdisch weiterfließt. Wohin, ist ein Rätsel – Wissenschaftler konnten bisher nicht feststellen, wo und ob das Wasser wieder austritt.

Sawtooth Outfitters KAJAKFAHREN, RADFAHREN

(☎218-663-7643; www.sawtoothoutfitters.com; 7216 Hwy 61; ⏰ Anfang Mai–Ende Okt. & Mitte–Ende Dez. 8–18 Uhr, Jan.–Anfang April Do–Mo 8–18 Uhr) Bietet geführte Kajaktouren (halber/ganzer Tag 55/110 US$) für alle Paddler-Level an. Auf dem Programm stehen Ausflüge auf dem Temperance River und Lake Superior sowie einfachere Touren auf von vielen Tieren bevölkerten Inlandseen. Sawtooth verleiht auch Mountainbikes (ab 22 US$/Tag), falls man Lust hat, auf den zahlreichen Wegen der Gegend zu radeln, z. B. auf dem beliebten Gitchi Gami State Bike Trail (www.ggta.org).

Schlafen & Essen

Die Region lockt mit vielen einzigartigen Unterkünften, z. B. einem Hotel in einem umfunktionierten Zug oder einer Lodge, die einmal Babe Ruths Privatclub war. Die Preise sind meist auf Mittelklasseniveau. In den meisten State Parks gibt's Campingplätze, die zwischen 17 und 23 US$ kosten. Am Wochenende sowie im Sommer und Herbst ist besonders viel los, dann sollte man alle Unterkünfte unbedingt vorab reservieren. Es werden immer irgendwo Fische aus dem See in der Pfanne gebraten und die meisten Restaurants sind unabhängige kleine Familienunternehmen.

SCENIC DRIVE: DER HIGHWAY 61

Der Hwy 61 beschwört zahlreiche Bilder herauf: Bob Dylan (er stammt aus der Region) mythologisierte ihn 1965 auf seinem wütenden Album *Highway 61 Revisited*. Als berühmter „Blues Highway" führt diese Route am Mississippi entlang bis nach New Orleans hinunter. Im Norden Minnesotas folgt sie vor dem geistigen Auge dem Ufer des Lake Superior – vorbei an roten Klippen und Strandwäldern.

Tatsächlich verhält sich die Sache aber etwas komplizierter und erfordert ein paar Erklärungen: Der Blues Highway ist eigentlich die US 61, die gleich nördlich der Twin Cities beginnt. Beim Hwy 61 handelt es sich um eine staatliche Scenic Road ab Duluth. Für noch mehr Verwirrung sorgt die Tatsache, dass es zwischen Duluth und Two Harbors zwei Straßen mit der Nummer 61 gibt: eine vierspurige Schnellstraße und den reizvolleren Old Highway 61 (alias North Shore Scenic Drive) mit zwei Spuren. Letzterer beginnt als London Rd in Duluth und führt gleich nach dem Eingang zum Brighton Beach nach rechts. Hinter Two Harbors wird er wieder einspurig und verläuft quer durch eine herrliche Landschaft bis zur kanadischen Grenze. Weitere Infos zum North Shore Scenic Drive gibt's unter www.superiorbyways.com (auf The Routes klicken).

Naniboujou Lodge LODGE $$
(☎218-387-2688; www.naniboujou.com; 20 Naniboujou Trail; Zi. 115–160 US$; ⌚Ende Mai–Ende Okt.) Dieses Anwesen wurde in den 1920er-Jahren erbaut und war früher der Privatclub von Babe Ruth und seinen Zeitgenossen, die in der Great Hall Zigarren rauchten und sich am 6 m hohen Steinkamin aufwärmten. Das Schmuckstück ist die mächtige Kuppeldecke in der Halle, die im atemberaubenden Design der Cree-Indianer in psychedelischen Farben bemalt ist. Das Dekor in den Zimmern variiert, aber alle versprühen eine tolle intime Atmosphäre. Es liegt 14 Meilen (22 km) nordöstlich von Grand Marais.

ℹ An- & Weiterreise

Der Hwy 61 ist die wichtigste Verbindungsstraße durch North Shore. Die Panoramastraße erstreckt sich bis nach Kanada. Duluth ist das nächste städtische Gebiet mit Flughafen.

Boundary Waters

Die fantastisch unberührte, abgeschiedene Boundary Waters Canoe Area Wilderness (BWCAW) gehört zu den besten Paddelgebieten der Welt. Über 1000 Seen und Flüsse durchziehen dieses von Kiefern bewachsene, 4500 km² große Gebiet. Naturliebhaber pilgern wegen der 2500 km an Kanurouten, der vielfältigen Tierwelt und der herrlichen Einsamkeit hierher. Wer kein Problem damit hat, eine ordentliche Strecke zu paddeln, ist ganz allein mit den Elchen, Bären, Wölfen und Seetauchern, die diese Landschaft bevölkern.

Es ist auch möglich, die Region nur auf einem Tagesausflug zu besuchen, aber die meisten campen mindestens eine Nacht hier. Erfahrene Paddler strömen in Scharen hierher, aber Anfänger sind ebenso willkommen. Die notwendige Ausrüstung gibt's in lokalen Lodges und bei diversen Anbietern. Das interessante Städtchen Ely, nordöstlich der Iron Range, ist der beste Ausgangspunkt. Hier findet man zahlreiche Unterkünfte, Restaurants und Outdoor-Anbieter.

Von Mai bis September kommen praktisch alle zum Kanufahren hierher. Im Winter ist Ely als Hundeschlitten-Stadt bekannt.

Man muss sich auf ein echtes Wildnisabenteuer einstellen, wenn man im Boundary Waters eine Kanutour plant. Das Superior National Forest Office gibt den praktischen **BWCAW Trip Planning Guide** (www.fs.usda.gov/attmain/superior/specialplaces) heraus. Er enthält Informationen zur richtigen Ausrüstung und erklärt, wo man die benötigten Eintrittsgenehmigungen erhält. Fürs Campen braucht man ein **Overnight Permit** (☎877-444-6777; www.recreation.gov; Erw./Kind 16/8 US$, plus 10 US$ Reservierungsgebühr). Auch Tagesbesucher benötigen eine Genehmigung, die jedoch kostenlos ist; man erhält sie am Eingangskiosk zum BWCAW oder in Rangerstationen. Man sollte unbedingt vorab planen, da die Genehmigungen und Besucherzahlen begrenzt und oft ausgebucht sind

Neben abgeschiedenen Campingplätzen bietet die Gegend zahlreiche Lodges, in denen jedoch häufig ein Mindestaufenthalt gilt (meist 3 Tage). Im Zentrum von Ely gibt's verschiedene Mittelklassepensionen und kleine Hotels. Im Juli und August ist viel los, dann unbedingt vorab buchen.

ℹ Praktische Informationen

Kawishiwi Ranger Station (☎218-365-7600; 1393 Hwy 169; ⌚Mai–Sept. 8–16.30 Uhr, Okt.–April Sa & So geschl.) Bietet Experteninfos zu Camping und Kanufahren in BWCAW sowie Tipps zu Ausflügen und benötigten Genehmigungen.

ℹ An- & Weiterreise

Der Hwy 169 (der in Ely zur Sheridan St wird) verbindet Boundary Waters mit der Iron Range und den dortigen Städten, der Hwy 1 mit dem Ufer des Lake Superior.

Voyageurs National Park

Im 17. Jh. begannen franko-kanadische Pelzhändler, sogenannte Voyageure, die Großen Seen und die nördlichen Flüsse mit dem Kanu zu erforschen. Der **Voyageurs National Park** schützt einen Teil der Wasserstraßen, die sie benutzten und die zur Grenze zwischen den USA und Kanada wurden.

Hier dreht sich alles ums Wasser. Der Großteil des Parks ist nur zu Fuß oder per Motorboot zugänglich – das Wasser ist meist zu breit und zu rau für Kanufahrten; Kajaks werden aber immer beliebter. Einige Zufahrtstraßen führen zu Campingplätzen und Lodges am oder in der Nähe des Lake Superior, die jedoch hauptsächlich von Leuten genutzt werden, die ihr Boot zu Wasser lassen wollen. Ein Hausboot ist hier momentan der letzte Schrei.

Im Winter werden die Boote dann eingemottet und die Schneemobile herausgeholt. Der Voyageurs ist eine Hochburg dieses Sports, mit 180 km abgesteckten präparierten Wege, die sich zwischen den Kiefern hindurchschlängeln. Im Rainy Lake Visitor Center gibt's Karten und Tipps. Außerdem kann man sich hier kostenlos Schneeschuhe und Langlaufski für die lokalen Loipen ausleihen, die teilweise direkt vor dem Zentrum beginnen. Im Süden verbindet eine Eisstraße für Autos die Bootsrampen an den Visitor Centers von Ash River und Kabetogama.

ℹ Praktische Informationen

Die Visitor Centers sind mit dem Auto zu erreichen und ein guter Startpunkt für einen Besuch. 11 Meilen (18 km) östlich von International Falls am Hwy 11 befindet sich das **Rainy Lake Visitor Center** (☎ 218-286-5258; ⌚ 9.30–17, Ende Sept.–Mitte Mai Mi–So bis 16 Uhr), das Hauptbüro des Parks. Im Sommer werden hier von Rangern geführte Wanderungen und Bootstouren angeboten, im Winter kann man Schneeschuhe und Ski leihen. Die Visitor Centers in **Ash River** (☎ 218-374-3221; Mead Wood Rd; ⌚ Ende Mai–Ende Sept. 9.–17 Uhr) und **Kabetogama Lake** (☎ 218-875-2111; abseits Hwy 53; ⌚ Ende Mai–Ende Sept. 9.30–17 Uhr) sind saisonal geöffnet und bieten ebenfalls von Rangern geführte Aktivtäten. Auf der Website des Parks (www.nps.gov/voya) gibt's nähere Informationen. Destination Voyageurs National Park (www.dvnpmn.com) bietet Infos zu Unterkünften und Aktivitäten in den Gemeinden rund um den Park.

ℹ An- & Weiterreise

Der Hwy 53 ist der wichtigste Highway der Region. Er sind rund fünf Stunden Fahrt von den Twin Cities (oder 3 Std von Duluth) nach Crane Lake, Ash River oder zum Lake Kabetogama. In International Falls, nahe dem Nordwestrand des Parks, befinden sich der nächste Flughafen und ein viel genutzter Grenzübergang nach Kanada.

Bemidji & Chippewa National Forest

Diese Gegend ist gleichbedeutend mit Outdoor-Aktivitäten und Sommerspaß. Campingplätze und Hütten gibt's zuhauf, und hier sind alle total angelverrückt.

Der Chippewa National Forest, ein weitläufiger Kiefernwald mit 21 Campingplätzen, 260 km Wanderwegen, 1300 Seen, Weißkopfseeadler-Habitats und Ojibwe-Land ist das Zentrum des Geschehens. Die kleine Stadt Cass Lake beherbergt die Hauptverwaltung des Parks und bietet sich als Ausgangspunkt an.

Am Westrand des Walds finden sich im winzigen alten Holzfällerstädtchen Bemidji eine gut erhaltene Innenstadt und eine riesige Statue des Holzfällers Paul Bunyan und seines treuen blauen Ochsen Babe (unbedingt ein Foto schießen!). Außerdem liegt in dieser Region der Itasca State Park, in dem der Mississippi seine epische Reise beginnt.

ℹ Praktische Informationen

Bemidji Tourist Information Center (☎ 218-759-0164; www.visitbemidji.com; 300 Bemidji Ave N; ⌚ Juni–Aug. Mo–Fr 8–17, Sa 10–17, So 11–15 Uhr, Sa & So Sept.–Mai geschl.) Das Gebäude steht direkt am See, neben der gigantischen Statue des Holzfällers Paul Bunyan und seines blauen Ochsen Babe. Drinnen wartet eine Ausstellung, die u. a. Pauls Zahnbürste zeigt.

ℹ An- & Weiterreise

Hwy 2 und 71 sind die wichtigsten Routen in die Region. Cass Lake liegt 20 Meilen (32 km) östlich von Bemidji am Hwy 2, der Itasca State Park (Osteingang) 30 Meilen (48 km) südwestlich am Hwy 71. In Bemidji gibt's einen kleinen Flughafen mit täglichen Delta-Flügen nach/von Minneapolis.

Den Osten der USA verstehen

Der Osten der USA aktuell

Das brisante Ergebnis der Präsidentschaftswahlen 2016, bei denen Donald Trump zwar nicht die Mehrheit der abgegebenen Stimmen erhielt, aber die der Wahlmänner und -frauen, führte die USA in eine unsichere Zukunft und spaltete die Nation noch klarer bei heiklen Themen wie Einwanderung, Gesundheitsversorgung und Umweltschutz. Die gesamtpolitische Lage löste Proteste aus, mit denen die Linke dem plötzlichen Rechtsruck entgegentrat. Zugleich erreichte die Kluft zwischen Arm und Reich neue Höhen, während kleinere Städte aufblühen.

Top-Filme

Vom Winde verweht (1939) Saga über die Bürgerkriegsära in den Südstaaten.

Mr. Smith geht nach Washington (1939) Jimmy Stewart bekommt einen Crashkurs in Politik und Korruption.

The Untouchables – Die Unbestechlichen (1987) Eliot Ness jagt Al Capone.

12 Years a Slave (2013) Ein freier afroamerikanischer Mann wird 1841 entführt und zur Sklaverei gezwungen.

Hidden Figures – Unbekannte Heldinnen (2016) Drei afroamerikanische Frauen mit brillanten Mathefähigkeiten helfen der NASA, den ersten Amerikaner in den Weltraum zu befördern.

Top-Bücher

Wer die Nachtigall stört (Harper Lee; 1960) Pulitzer-Gewinner; über Rassismus im Alabama der Depressionszeit.

Die Verschwörung der Idioten (John Kennedy Toole; 1980) Mit dem Pulitzerpreis ausgezeichneter Roman über einen Sonderling aus New Orleans.

Die geheime Geschichte (Donna Tartt; 1992) Anspruchsvoller Roman über Elite-Studenten in Neuengland.

Die Korrekturen (Jonathan Franzen; 2001) Folgt dem vielschichtigen Schicksal einer Familie in einem Vorort.

Die bekannte Welt (Edward P Jones; 2003) Pulitzer-Preisträger; erzählt von einem afroamerikanischen Farmer und seinen Sklaven vor dem Bürgerkrieg.

Die gespaltene Nation

Der überraschende Ausgang der Präsidentschaftswahl 2016 und die Kontroversen, die Präsident Trump umgeben, haben zu einer „für ihn oder gegen ihn"-Mentalität innerhalb der amerikanischen Gesellschaft geführt, die die Differenzen zwischen Republikanern und Demokraten (ja, selbst innerhalb der beiden Lager) weiter verstärkten. Auch wenn diese Spaltung inzwischen jeden Aspekt der gesellschaftlichen Struktur der Nation betrifft, ist sie in den ländlichen Gebieten besonders ausgeprägt – die Menschen hier fühlen sich vergessen, während der Wohlstand in den Städten wächst. Entgegen Präsident Trumps Versprechen, „Amerika wieder groß zu machen" („Make America Great Again"), wurden die dunklen Kapitel der US-amerikanischen Geschichte aufgeschlagen und damit die Trennung nach Rasse, Religion und Privilegien wieder ins Rampenlicht gerückt.

Grünere Städte

Während immer mehr Menschen in ländliche Gemeinden ziehen, haben sich die Städte mit ihren Verkehrsproblemen auseinandergesetzt. Der Bau von zusätzlichen Straßen hat bislang noch nicht dazu beigetragen, Staus zu verringern, ein Fakt, der Ingenieuren seit den 1960er-Jahren bekannt ist. Die Lösung waren also höhrere Investitionen in öffentliche Nahverkehrssysteme. Städte, die einst stark dem Automobil verbunden waren (Hallo, Atlanta!), erweiterten erheblich die Optionen mit neuen Stadtbahnlinien, Schnellbusspuren und speziellen Fahrbahnen für Busse. Bike-Sharing-Programme breiten sich im ganzen Land aus – nun bieten fast 120 Städte den Verleih von Fahrrädern für Einwohner und Urlauber an (meistens tageweise oder für eine Woche). Obwohl Kritiker sich Sorgen wegen Verletzungen machen (keines der Bike-Sharing-Programme bietet Helme an) sowie über die langfristige Finanzierung dieser oft teuren Programme, liegen die Vorteile auf der Hand: weniger Autos auf den Straßen, mehr Bewegung für Pendler und geringerer CO_2-Austoß.

Krankenversicherung für alle?

Seit 2010 ist der Affordable Care Act (ACA; auch bekannt als Obamacare) in Kraft, der eine Gesundheitsversorgung dank Subventionen auch für Millionen zuvor nicht versicherter Amerikaner ermöglicht. Trotz Quertreiberei seitens des Kongresses hat das Programm dafür gesorgt, dass über 16 Mio. Amerikaner inzwischen abgesichert sind. Im Jahr 2015 gab Sylvia Burwell, Ministerin für Gesundheitspflege und Soziale Dienste, bekannt, dass Krankenhäuser im vorherigen Jahr 7,4 Mrd. US-Dollar an unbeglichenen Pflegekosten eingespart hätten, da Patienten sich an den Krankenversicherungsbörsen und bei Medicaid registrieren konnten. Die Staaten im Osten, inklusive Vermont und Rhode Island, zählten zu den Bundesstaaten mit dem höchsten Anteil von teilnehmenden Einwohnern.

Trotz der Erfolge und der Popularität des Programms bei den Eingeschriebenen sehen viele in ihm den Grund für die explodierenden Gesundheitskosten in den USA. Donald Trump hat versprochen, den ACA aufzuheben und hat mit dem American Health Care Act (AHCA) Anfang 2017 seine Alternative im Kongress eingebracht. Obwohl der erste Versuch, den AHCA zu verabschieden, scheiterte, gelang es beim zweiten Anlauf, eine Fassung durch das Repräsentantenhaus zu bringen. Diese Version würde es den Bundesstaaten gestatten, sich wichtiger Teile des ACA zu entledigen, darunter die Versorgung von Menschen mit Vorerkrankungen. Zum Zeitpunkt der Recherche lag der Gesetzentwurf dem Senat zur Überarbeitung vor.

Neue Amerikanische Träume

Angesichts steigender Mieten und Immobilienpreise sowie wegen des mangelnden Vertrauens in den Markt infolge der Immobilienkrise 2008, geben mehr junge Menschen das Großstadtleben in New York City, Boston oder Chicago zugunsten einer Zukunft in kleineren oder mittelgroßen Städten auf – oder sie lassen sich entlang der Atlantik- und Golfküsten nieder. In Küstenstädten wie Naples und Fort Myers, Florida, gibt es noch Schnäppchen, während Millennials aus dem Gebiet der Great Lakes oder den Gegenden im Süden in kleinere Städte wie Cincinnati, Grand Rapids, Chattanooga und Lexington strömen, was dort eine verstärkte Nachfrage nach Kulturangeboten, Restaurants und Ideen für Startups mit sich bringt.

Für junge Familien oder für Paare, die eine Familie gründen möchten, ergeben sich dadurch Vorteile: bessere Lebensqualität, Zugang zu spektakulärer Natur und eine Rückkehr zu traditionelleren Vorstellungen von einem Leben mit weniger Stress und mehr Zeit. In einer fast kabellosen Welt, in der die Zahl selbstständiger Erwerbstätiger steigt, beteiligen sich auch mehr junge Kreative an dem Lifestyle-Wandel.

BEVÖLKERUNG: **179,9 MIO.**

BEVÖLKERUNGSDICHTE IN…
NYC: **10700 EW./KM²**

MAINE: **16,6 EW./KM²**

HAUSHALTSEINKOMMEN (2015) IN…
MISSISSIPPI: **40595 US$**

MARYLAND: **75850 US$**

Gäbe es nur 100 Leute in den USA, wären …

65 weiß
15 hispanischer Abstammung
13 afroamerikanischer Abstammung
4 asiatisch-amerikanischer Abstammung
3 anderer Abstammung

Religionen

(% der Bevölkerung)

Einwohner pro km²

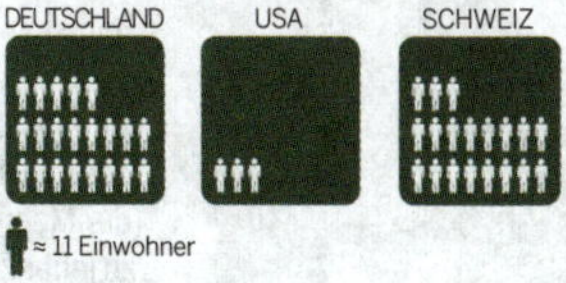

Geschichte

Von den ersten indigenen Kulturen um 12 000 v. Chr., über die Anfänge als englische Kolonie, bis zum Aufstieg zur Supermacht Nr. 1 des 20. Jhs. verlief die amerikanische Geschichte alles andere als langweilig. Der Krieg gegen die Briten, der Aufbruch Richtung Westen, die Sklaverei und ihre Abschaffung, Bürgerkrieg und Wiederaufbau, die Große Depression, der Boom der Nachkriegsjahre und die neuesten Konflikte des 21. Jhs. – das alles hat die komplizierte Identität der amerikanischen Nation geformt.

Die ersten Bewohner

Zu den bedeutendsten prähistorischen Kulturen Nordamerikas gehörten die Mound Builders, die von ca. 3000 v. Chr. bis 1200 n. Chr. die Flusstäler am Ohio River und am Mississippi bewohnten. Sie haben mysteriöse Erdhügel (Mounds) hinterlassen, die als Gräber für ihre Anführer gedacht gewesen sein dürften – und eventuell zu Ehren der Götter. Cahokia in Illinois war mit 20 000 Menschen einst die größte präkolumbische Metropole Nordamerikas. Überall im Osten der USA sind ähnliche Erdhügel zu finden, u. a. am Natchez Trace in Mississippi.

Als die Europäer erstmals amerikanischen Boden betraten, lebten unterschiedliche Gruppen von Ureinwohnern in Amerika: die Wampanoag in Neugland, die Calusa in Süd-Florida und die Shawnee in Illinois. 200 Jahre später waren sie alle verschwunden. Die europäischen Entdecker hatten Krankheiten im Gepäck, gegen die die indigene Bevölkerung keine Abwehrkräfte besaß. Mehr als alle anderen Faktoren – Krieg, Sklaverei oder Hunger – dezimierten Epidemien die Bevölkerung der Ureinwohner, und zwar um etwa 50 bis 90 %.

Erstklassige historische Museen

- *Henry Ford Museum/ Greenfield Village, Detroit*
- *Museum of the American Revolution, Philadelphia*
- *National Civil Rights Museum, Memphis*
- *Nantucket Whaling Museum, Massachusetts*
- *National Museum of the American Indian, Washington, D. C.*

Die Ankunft der Europäer

1492 reiste der italienische Entdecker Christopher Kolumbus im Dienste Spaniens gen Westen. Auf der Suche nach dem Seeweg nach Ostindien stieß er auf die Bahamas. Mit dem Traum von Gold folgten weitere spanische Entdecker: Cortés eroberte Teile des heutigen Mexiko, Pizarro nahm Peru ein, und Ponce de León reiste auf der Suche nach dem Jungbrunnen durch Florida. Derweil erforschten Franzosen Kanada und

ZEITLEISTE

40 000–20 000 v. Chr.

Die ersten Völker des amerikanischen Kontinents wandern über eine Landbrücke, die sich zwischen Sibirien und Alaska erstreckt, aus Zentralasien ein (der Meeresspiegel ist zu jener Zeit niedriger als heute).

8000 v. Chr.

Die Organisation der Menschen in Jagdgemeinschaften und ein wärmeres Klimas sorgen fürs Aussterben der Eiszeitsäuger. Die indigenen Völker beginnen mit dem Sammeln von Pflanzen und der Jagd auf kleinere Tiere.

7000 v. Chr.–100 n. Chr.

Während der „Archaischen Periode" sind die Menschen nomadische Jäger und Sammler. Am Ende der Periode werden Mais, Bohnen und Kürbisse angebaut, und permanente Siedlungen sind gut etabliert.

Neuengland, und Holländer und Engländer segelten an der Ostküste Nordamerikas entlang.

Die erste Stadt, die von den Europäern auf nordamerikanischen Boden gegründet wurde, war St. Augustine in Florida. Sie wurde 1565 von den Spaniern gegründet und ist seitdem durchgängig besiedelt. Weiter nördlich an der Küste errichteten englische Adlige 1607 Jamestown, die erste dauerhafte englische Siedlung. Frühere Siedlungen hatten ein schlechtes Ende genommen, und auch Jamestown widerfuhr beinahe das gleiche Schicksal. Die Kolonisten hatten sich einen Sumpf ausgesucht und ihre Felder zu spät bestellt, sodass viele an Krankheiten und Hunger elend dahinsiechten. Retter in der Not waren die indigenen Stämme der Region, dank deren Hilfe die Siedler den ersten Winter überlebten.

Für Jamestown und Amerika war 1619 ein Schlüsseljahr. Die Kolonie gründete das House of Burgesses, eine repräsentative Versammlung von Bürgern, die über die Gesetze in der Region entscheiden sollte. Im gleichen Jahr traf die erste Schiffsladung mit 20 Sklaven ein. Das Folgejahr erwies sich als nicht weniger bedeutsam. Eine Schiffsladung radikal religiöser Puritaner ging dort an Land, wo später Plymouth, Massachusetts, entstehen sollte. Die Pilgerväter waren auf der Flucht vor der religiösen Verfolgung der „korrupten“ Kirche Englands. In der neuen Welt sahen sie die gottgegebene Möglichkeit, eine neue Gesellschaft zu erschaffen, die ein leuchtendes Vorbild in Bezug auf Religion und Moral werden sollte. Sie unterzeichneten den „Mayflower-Vertrag“, einen der wegweisenden Texte der amerikanischen Demokratie, in dem sie sich der Einhaltung einer selbst erlassenen Ordnung unterwarfen.

Ende der 1580er-Jahre, also noch vor Jamestown oder Plymouth Rock, errichtete auf Roanoke, North Carolina, eine Gruppe von 116 britischen Männern und Frauen eine Kolonie. Als ein Versorgungsschiff drei Jahre später zurückkam, waren alle Siedler verschwunden. Das Schicksal der „Verlorenen Kolonie“ ist bis heute eines der größten Mysterien Amerikas.

Kapitalismus & Kolonialismus

In den nächsten zwei Jahrhunderten wetteiferten die europäischen Mächte um ihre Position und das Territorium in der Neuen Welt. Dabei wurden Nord- und Südamerika zum Nebenschauplatz europäischer Politik und Kriege. Nachdem es der British Royal Navy gelungen war, den Atlantik zu beherrschen, profitierte England immer stärker von seinen Kolonien und konsumierte gierig deren Erzeugnisse – Tabak aus Virginia, Zucker und Kaffee aus der Karibik. Im 17. und 18. Jh. wurde in Amerika die Sklaverei langsam zu einer formellen Einrichtung legalisiert, um die Plantagenwirtschaft zu unterstützen. Um 1800 war jeder fünfte „Amerikaner“ ein Sklave.

In der Zwischenzeit überließen es die Briten den amerikanischen Kolonisten weitgehend, sich selbst zu regieren. Treffen in den Städten und repräsentative Versammlungen wurden regelmäßig abgehalten. Hier diskutierten die Bürger der Region (d.h. weiße Männer mit Besitz) die Probleme der Gemeinschaft und stimmten über Gesetze und Steuern ab. Dennoch bekam das Königreich Großbritannien 1763 – gerade

1492

Der italienische Forschungsreisende Christopher Kolumbus „entdeckt“ Amerika. Aus der falschen Annahme heraus, er sei nach Indien gesegelt, gibt er den indigenen Völkern den Namen „die Ost-Indianer“.

Mitte 16. Jh.

Spanier gründen die ersten Kolonien auf amerikanischem Boden, darunter das heute noch existierende St. Augustine in Florida. Andere Neugründungen werden später wieder aufgegeben.

1607

Die erste dauerhafte englische Kolonie in Nordamerika, die Jamestown-Siedlung im heutigen Virginia, wird auf Marschland gegründet. Die ersten Jahre sind hart; viele sterben an Krankheiten oder verhungern.

1620

Die *Mayflower* landet mit 102 englischen Pilgern an Bord in Plymouth. Letztere haben sich in die Neue Welt aufgemacht, um religiöser Verfolgung zu entkommen. Die Wampanoag retten sie vor dem Verhungern.

war der Siebenjährige Krieg zu Ende gegangen – langsam zu spüren, wie kraftraubend es ist, ein Imperium zu regieren: Seit einem Jahrhundert kämpften sie nun gegen Frankreich, und die über die ganze Welt verstreuten Kolonien mussten gelenkt und verwaltet werden. Es wurde Zeit, in der Bürokratie aufzuräumen und die finanziellen Lasten aufzuteilen.

Die Kolonien indes hatten so viel Selbstbewusstsein entwickelt, dass sie gegen Steuern und englische Politik protestierten. 1773 erreichte der Protest mit der Boston Tea Party einen ersten Höhepunkt. Die Briten schlugen nun mit aller Härte zu, schlossen den Hafen von Boston und erhöhten ihre militärische Präsenz. 1774 versammelten sich Vertreter aus zwölf Kolonien im Ersten Kontinentalkongress in der Independence Hall in Philadelphia, wo sie ihre Beschwerden vortrugen und sich auf den unausweichlich bevorstehenden Krieg vorbereiteten.

Sehenswerte Kolonialstädte

- *Williamsburg, Virginia*
- *Jamestown, Virginia*
- *Plymouth, Massachusetts*
- *North End, Boston*
- *Philadelphia, Pennsylvania*
- *Annapolis, Maryland*
- *Charleston, South Carolina*

Revolution & Republik

Im April 1775 gerieten in Massachusetts britische Truppen in ein Geplänkel mit bewaffneten Kolonisten – der Amerikanische Unabhängigkeitskrieg hatte begonnen. George Washington, ein wohlhabender Farmer aus Virginia, wurde zum Kommandeur der amerikanischen Armee gewählt. Das Problem war nur, dass Washington Schießpulver und Geld fehlten (die Kolonisten wehrten sich sogar dann gegen Steuern, wenn sie für ihr eigenes Militär benötigt wurden); ferner stellten seine Truppen eine kunterbunte Mischung aus schlecht bewaffneten Bauern, Jägern und Kaufleuten dar, die regelmäßig desertierten und auf ihre Farmen zurückkehrten, da sie keinen Sold erhielten. Dagegen verkörperten die britischen Redcoats das mächtigste Militär der Welt. Improvisation war daher das oberste Gebot des unerfahrenen Washington – mal zog er sich weise zurück, mal griff er „unfein" aus dem Hinterhalt an. Im Winter 1777/78 wäre die amerikanische Armee bei Valley Forge in Pennsylvania beinahe verhungert.

In der Zwischenzeit versuchte der Zweite Kontinentalkongress in Worte zu fassen, wofür man eigentlich kämpfte. Im Januar 1776 veröffentlichte Thomas Paine den populären *Common Sense*, in dem er sich leidenschaftlich für die Unabhängigkeit von England einsetzte. Bald schien die Unabhängigkeit nicht nur logisch, sondern galt als erhaben und notwendig. Am 4. Juli 1776 wurde dann ein Schlussstrich gezogen und die Unabhängigkeitserklärung unterzeichnet, die zu großen Teilen von Thomas Jefferson verfasst worden war. In der Gründungsurkunde verkündeten die 13 Kolonien ihre Loslösung von der Monarchie und ihr Recht, als unabhängige, republikanische Staaten zu handeln.

Um aber auf dem Schlachtfeld erfolgreich zu sein, benötigte General Washington Hilfe und nicht nur patriotische Gefühle. 1778 überredete Benjamin Franklin die Franzosen – die stets bereit waren, England eins

1626
Niederländische Kaufleute kaufen Indianern die Insel Manhattan ab und gründen die Stadt Nieuw Amsterdam. Nach der Annexion durch die Engländer 1664 bekommt sie den Namen New York.

1675
Jahrzehntelang leben die Pilgerväter und die einheimischen Stämme in relativer Eintracht nebeneinander, bis 1675 ein tödlicher Konflikt ausbricht: der Indianeraufstand „King Philip's War".

1756–1763
Im Siebenjährigen Krieg in Nordamerika ist Frankreich England unterlegen und zieht sich aus Kanada zurück. Großbritannien kontrolliert nun den Großteil des Territoriums östlich des Mississippis.

1773
Boston Tea Party: Aus Protest gegen die britische Teesteuer verkleiden sich die Einwohner Bostons als Mohawaks, besetzen Schiffe der East India Company und werfen deren Teeladungen über Bord.

auszuwischen –, sich mit den Revolutionären zu verbünden. Sie beschafften die Truppen, das Material und die Seemacht und trugen damit maßgeblich zum Sieg bei. 1781 kapitulierten die Briten bei Yorktown in Virginia. Zwei Jahre später wurden die „Vereinigten Staaten von Amerika" mit dem Frieden von Paris offiziell anerkannt. Anfangs konnte der lose Bund aus aufsässigen, zänkischen Staaten kaum „vereinigt" genannt werden. Also trafen sich die Gründerväter erneut in Philadelphia und entwarfen 1787 eine neue, verbesserte Verfassung. Die amerikanische Regierung erhielt ein stärkeres föderales Zentrum, es wurde die Gewaltenteilung festgeschrieben und – um den Einzelnen vor dem Missbrauch staatlicher Macht zu schützen – 1791 schließlich noch die *Bill of Rights* verabschiedet.

So tiefgreifend die Ereignisse auch waren, die Verfassung änderte nichts an den wirtschaftlichen und sozialen Verhältnissen. Reiche Landbesitzer behielten ihren Besitz, zu dem auch die Sklaven gehörten. Die Ureinwohner Amerikas wurden von der Nation und die Frauen von der Politik ausgeschlossen. Diese offensichtlichen Diskrepanzen und Ungerechtigkeiten, die durchaus wahrgenommen wurden, waren das Resultat pragmatischer Kompromisse (z. B. um die von der Sklavenarbeit abhängigen Südstaaten zu überzeugen) und der verbreiteten Überzeugung von der grundlegenden Richtigkeit der Sache an sich.

Louisiana Purchase & der Zug gen Westen

Als das 19. Jh. über die junge Nation hereinbrach, war Optimismus angesagt. Die Landwirtschaft wurde industrialisiert, die Handelsbilanz der USA wuchs, genauso wie die Nation selbst: 1803 kaufte Thomas Jefferson Land von Napoleon Bonaparte. Der Louisiana Purchase bezog sich auf New Orleans und etwa 15 der heute westlich des Mississippis gelegenen Bundesstaaten.

Die Beziehungen zwischen den USA und Großbritannien blieben – trotz reger Handelsbeziehungen – gespannt. 1812 erklärten die Vereinigten Staaten England erneut den Krieg. Der Konflikt endete nach zwei Jahren ohne einen großen Sieger. Die Briten gaben ihre Forts auf, während die Vereinigten Staaten ihren Schwur erneuerten, sich aus den *entangling alliances*, den verwickelten Bündnissen in Europa, herauszuhalten.

In den 1830er- und 1840er-Jahren brach eine Welle nationalistischen Eifers und enthusiastischer Träumereien von einer kontinentalen Expansion über das Land herein. Viele Amerikaner waren der Meinung, es sei eine *manifest destiny*, eine offensichtliche Bestimmung, dass ganz Nordamerika ihnen gehören solle. Der Indian Removal Act von 1830 sollte ein Hindernis aus dem Weg räumen: Das Land westlich des Mississippis wurde zu „Indianerland" erklärt – dorthin sollten die ameri-

1775
Paul Revere reitet von Boston nach Westen, um die Minutemen-Miliz der Kolonie vor der Ankunft der Briten zu warnen. Einen Tag später bricht der Amerikanische Unabhängigkeitskrieg aus.

1776
Am 4. Juli unterzeichnen die Kolonien die Unabhängigkeitserklärung. Zu den Männern, die an der Ausarbeitung des Dokuments beteiligt waren, gehören John Hancock, Benjamin Franklin und Thomas Jefferson.

1787
Die Constitutional Convention in Philadelphia arbeitet die amerikanische Verfassung aus. Die Machtverhältnisse zwischen dem Präsidenten, dem Kongress und der Judikative sind ausgeglichen.

1791
Die Bill of Rights wird als Zusatzartikel zur Verfassung verabschiedet. Sie umreißt Bürgerrechte wie die Rede-, Versammlungs-, Religions- und Pressefreiheit sowie das Recht, Waffen zu tragen.

Über 100 Jahre lang hing der Fluch des Tecumseh über den Präsidenten, die in einem Jahr, das mit Null endete, gewählt wurden (alle 20 Jahre). Tecumseh war ein Krieger vom Volk der Shawnee, der vom späteren Präsidenten William Henry Harrison 1811 in einer Schlacht geschlagen wurde. Aus Rache verfluchte Tecumseh ihn. Harrison wurde 1840 Präsident, starb aber einen Monat später. Auch Lincoln und Kennedy, die während ihrer Regierungszeit ermordet wurden, gehören zu seinen angeblichen Opfern.

kanischen Ureinwohner ziehen und die fruchtbaren Täler in östlichen Bundesstaaten wie Georgia und Alabama für Siedlungen räumen. Viele Stämme – unter ihnen die Seminolen in Florida – weigerten sich, ihre Heimat freiwillig aufzugeben. Die amerikanische Regierung beschwatzte, bedrohte und bestach die Indianer; sie sollten Verträge unterzeichnen und mit der Regierung zusammenarbeiten. Wenn all das nichts brachte, wurde Waffengewalt eingesetzt.

In der Zwischenzeit beseitigte der Bau der Eisenbahn ein weiteres Hindernis und verband die Farmer im Mittleren Westen und Westen mit den Märkten an der Ostküste. Als die neuen Staaten Teil der USA wurden, zeichnete sich eine quälende Frage ab: Würden sie Sklavenstaaten oder freie Staaten sein? Die Zukunft einer ganzen Nation hing von der Antwort auf diese Frage ab.

Der Amerikanische Bürgerkrieg

Die Verfassung der USA hatte der Sklaverei kein Ende gesetzt. Sie hatte vielmehr dem Kongress die Macht gegeben, die Sklaverei in den neuen Staaten zu erlauben (oder zu verbieten). Es gab lange Diskussionen, die an Schärfe gewannen, als sich abzeichnete, dass die Sklavenfrage zum Spielball des Machtkampfs zwischen dem industrialisierten Norden und dem landwirtschaftlichen Süden geworden war.

Seit der Gründung der USA gaben Politiker aus dem Süden in der Regierung den Ton an und verteidigten die Sklaverei als „natürlich und gottgegeben" (was ein Journalist 1856 in einem Leitartikel der *New York Times* als „Irrsinn" bezeichnete). Es ließ sich nicht bestreiten, dass die Sklaverei ein lukratives Geschäft war. 1860 gab es über 4 Mio. Sklaven in den USA, die meisten schufteten auf Plantagen in den Südstaaten. Dort wurde mehr als 75% der weltweit produzierten Baumwolle angebaut, was über die Hälfte des gesamten Exports der USA ausmachte. Die Wirtschaft des Südens stützte also die Wirtschaft der Nation – und dafür brauchte sie Sklaven. Die Präsidentschaftswahl 1860 sollte zu einer Abstimmung über dieses Thema werden. Es gewann ein junger Politiker aus Illinois, der sich für die Begrenzung der Sklaverei einsetzte: Abraham Lincoln.

Im April 1861 griffen die Konföderierten Fort Sumter in Charleston in South Carolina an. In den darauffolgenden vier Jahren spielte sich dann das grausamste Gemetzel ab, das die Welt bis dahin gesehen hatte. Mehr als 600 000 Soldaten – nahezu eine ganze Generation junger Männer – kamen ums Leben. Die Plantagen und Städte im Süden waren geplündert und niedergebrannt (besonders schlimm hatte es Atlanta getroffen). Das industrielle Potenzial des Nordens erwies sich als entscheidender Vorteil, dessen Sieg war jedoch nicht vorherzusehen. Er musste in zahlreichen blutigen Schlachten erst erkämpft werden.

1803

Napoleon verkauft das Gebiet von Louisiana westlich des Mississippi für schlappe 15 Mio. US$ an die USA, woraufhin die Grenzen der jungen Nation nun vom Atlantik bis zu den Rocky Mountains reichen.

1812

Der Krieg von 1812 beginnt mit Schlachten gegen die Briten und gegen die Ureinwohner Amerikas im Gebiet der Großen Seen. Aber auch nach dem Frieden von Gent von 1815 gehen die Kämpfe an der Golfküste weiter.

1823

Um die Militäreinsätze der Europäer in Amerika zu beenden, formuliert Präsident Monroe die Monroe-Doktrin. Roosevelt dehnt sie später aus, um Interventionen der USA in Lateinamerika zu rechtfertigen.

1844

Die erste Telegrafenlinie wird mit der Nachricht „Was hat Gott bewirkt?" eingeweiht. Ein Jahr später regt der Kongress den Bau einer transkontinentalen Eisenbahnlinie an, die 1869 fertig wird.

Je länger die Kämpfe andauerten, desto mehr kam Lincoln zu der Überzeugung, dass ein Sieg ohne die vollständige Abschaffung der Sklaverei nutzlos sei. 1863 erweiterte er in seiner Emanzipationsproklamation die Kriegsziele, zu denen nun die Befreiung aller Sklaven zählte. Im April 1865 kapitulierte der General der Konföderierten, Robert E. Lee, vor dem Unionsgeneral Ulysses S. Grant in Appomattox in Virginia. Die Union war gerettet – aber zu welchem Preis?

Weltwirtschaftskrise, New Deal & Zweiter Weltkrieg

Im Oktober 1929 begannen Investoren – beunruhigt über die lahmende Weltwirtschaft – ihre Aktienpakete zu verkaufen. Dies löste eine Panik aus: Jeder, der Aktien besaß, versuchte, sie so schnell wie möglich loszuwerden. Der Aktienmarkt kollabierte, und die amerikanische Wirtschaft stürzte ein wie ein Kartenhaus.

Verängstigte Banken riefen ihre Kredite zurück, die Menschen konnten Rechnungen nicht mehr begleichen, und das Bankwesen brachen zusammen. Millionen Menschen verloren ihre Häuser, Farmen, Geschäfte und Ersparnisse.

1932 wurde der Demokrat Franklin D. Roosevelt zum Präsidenten gewählt. Sein Versprechen, die USA mit dem „New Deal" aus der Krise zu führen, löste er mit durchschlagendem Erfolg ein. Als 1939 in Europa erneut ein Krieg ausbrach, war die isolationistische Stimmung in Amerika so stark wie eh und je. Doch dem unglaublich populären Präsidenten Roosevelt, der 1940 als bislang einziger Präsident für eine dritte Amtszeit gewählt wurde, war schon bald klar, dass die USA nicht einfach zuschauen konnten, wie faschistische und totalitäre Regimes den Sieg davontrugen. Im Juli 1941 entsandten die USA erste Einheiten nach Europa, zunächst um den Schiffsverkehr nach England zu schützen. Roosevelt musste hierzu einen launischen Kongress zum Eingreifen überzeugen.

Am 7. Dezember 1941 startete Japan einen Überraschungsangriff auf den hawaiianischen Militärstützpunk Pearl Harbor. 2000 Amerikaner kamen ums Leben, mehrere Schlachtschiffe wurden versenkt. Der amerikanische Isolationismus verwandelte sich über Nacht in Wut, und Roosevelt bekam die von ihm gewünschte Unterstützung. Am 11. Dezember 1941 erklärten Deutschland und Italien den USA den Krieg, die sich ihrerseits dem Kampf der Alliierten gegen Hitler und die Achsenmächte anschlossen.

Die Kämpfe im Pazifischen Raum und in Europa hielten die USA fast vier Jahre in Atem. In Europa versetzten die Amerikaner am 6. Juni 1944 den Deutschen mit ihrer massiven Invasion am D-Day den entscheidenden Schlag, der im Mai 1945 zur bedingungslosen Kapitulation Deutsch-

Im 18. Jh. boomte die Walfangindustrie in Neuengland – vor allem in der Gegend um Massachusetts. Buzzards Bay, Nantucket Island und New Bedford waren die Hauptzentren. New Bedford verfügte über eine Walfangflotte von mehr als 300 Schiffen. 10 000 Menschen hatten mit dem Walfang zu tun und erzielten einen Gewinn von über 12 Mio. US$.

1861–1865
Der Amerikanische Bürgerkrieg zwischen dem Norden und dem Süden bricht aus. Das Kriegsende vom 9. April 1865 wird eine Woche später von der Ermordung Präsident Lincolns überschattet.

1870
Freie schwarze Männer erhalten das Stimmrecht; die Jim-Crow-Gesetze, die im Süden unter den Befürwortern der Rassentrennung auftauchen, diskriminieren die Schwarzen im Endeffekt aber.

1880–1920
Millionen Einwanderer strömen aus Europa und Asien nach Amerika und läuten das Zeitalter der Städte ein. New York, Chicago und Philadelphia entwickeln sich zu globalen Industrie- und Handelszentren.

1908
In Detroit, MI, wird das erste Model-T-Auto (auch als „Tin Lizzy", „Blechliesel", bekannt) gebaut. Der Erfinder des Fließbands, Henry Ford, verkauft bald jährlich über 1 Mio. Automobile.

lands führte. Japan kämpfte indes unbeirrt weiter. Daher entschloss sich im August 1945 der neu gewählte Präsident Harry Truman – angeblich aus Sorge darüber, eine amerikanische Invasion in Japan könne zu einem beispiellosen Gemetzel werden – zum Abwurf von Atombomben auf Hiroshima und Nagasaki. Die im geheimen Manhattan-Projekt der Regierung entwickelten Bomben verwüsteten beide Städte und töteten über 200 000 Menschen. Nur Tage später kapitulierte auch Japan. Das Atomzeitalter hatte begonnen.

Die Rote Angst, Bürgerrechte & Vietnamkrieg

Dauer der großen Kriege der USA

Moro-Revolution (14 Jahre)

Krieg in Afghanistan (13 Jahre, 2 Monate)

Krieg im Irak (8 Jahre, 9 Monate)

Vietnamkrieg (8 Jahre, 1 Monat)

Amerikanischer Bürgerkrieg (4 Jahre)

Zweiter Weltkrieg (3 Jahre, 7 Monate)

Koreakrieg (3 Jahre, 1 Monat)

In den Jahrzehnten nach dem Zweiten Weltkrieg genossen die Vereinigten Staaten zwar einen noch nie dagewesenen Wohlstand, erlebten aber auch eine wenig friedliche Zeit. Im Krieg noch Verbündete, lieferten sich die kommunistische Sowjetunion und die kapitalistischen USA bald einen Wettlauf um die Weltherrschaft. Die Supermächte trugen Stellvertreterkriege wie den Koreakrieg (1950–1953) und den Vietnamkrieg (1954–1975) aus, und nur die drohende Gefahr eines mit Atomwaffen ausgetragenen Konflikts verhinderte den direkten Krieg.

Unterdessen erlebte die amerikanische Heimat, die durch den Zweiten Weltkrieg nicht unmittelbar beeinträchtigt worden war und durch ihn sogar ihre Industrie ausbauen konnte, eine Zeit des wachsenden Wohlstands. In den 1950er-Jahren verließen die Menschen in Scharen die Innenstädte und zogen hinaus in die Vororte, in denen immer mehr erschwingliche Einfamilienhäuser entstanden. Die Amerikaner fuhren mit preisgünstigen Autos und billigem Benzin über nagelneue Autobahnen. Sie genossen die Bequemlichkeiten, schauten mit Vorliebe TV, waren viel beschäftigt und lösten einen wahren „Babyboom" aus. Doch an dem Wohlstand hatte nur die weiße Mittelschicht Anteil. Die Afroamerikaner blieben außen vor, arm und unerwünscht. Unter Berufung auf den Abolitionisten Frederick Douglass (19. Jh.) versuchte die Southern Christian Leadership Coalition (SCLC) des afroamerikanischen Predigers Martin Luther King, der Rassentrennung ein Ende zu setzen und „Amerikas Seele zu retten" – d.h., eine Gerechtigkeit herzustellen, die nicht nach Hautfarben unterscheidet, sowie die Gleichberechtigung der Rassen und gleiche, faire Chancen für alle zu schaffen.

Anfang der 1950er-Jahre predigte und organisierte King – überwiegend im Süden – den gewaltlosen Widerstand in Form von Busboykotts, Märschen und Sitzblockaden. Weiße Polizisten gingen oft mit Wasserwerfern und Schlagstöcken gegen die Proteste vor, und die Demonstrationen eskalierten mitunter zu handfesten Ausschreitungen. Doch mit dem Civil Rights Act von 1964 setzte die afroamerikanische Bewegung

1917

Unter Präsident Woodrow Wilson treten die USA in den Ersten Weltkrieg ein. Es werden 4,7 Mio. Soldaten mobilisiert, von denen 110 000 fallen. Insgesamt fordert der Krieg 9 Mio. Todesopfer.

1919

Prohibition: Die Abstinenzbewegung bewirkt die 18. Verfassungsänderung. Das Verbot von Alkohol ist jedoch ein Fehlschlag – das organisierte Verbrechen boomt. 1933 wird die Änderung aufgegeben.

1920er-Jahre

Angestoßen durch die Abwanderung von Schwarzen in die Städte im Norden, regt die Harlem Renaissance eine Blütezeit der Literatur, Kunst und Musik an.

1933–1938

Der New Deal von Präsident Franklin D. Roosevelt bekämpft die hohe Arbeitslosigkeit infolge der Weltwirtschaftskrise. Letzterer begründet damit eine US-amerikanische Sozialpolitik.

eine Gesetzgebung in Gang, mit der die bis dahin gültigen rassistischen Gesetze aufgehoben wurden und der Grundstein für eine gerechtere und gleichberechtigte Gesellschaft gelegt wurde.

Derweil brachten die 1960er-Jahre weitere soziale Umbrüche: Der Rock'n' Roll löste eine Jugendrebellion aus; drogenberauschte Jugendliche erlebten Visionen in Technicolor. 1963 wurde Präsident John F. Kennedy in Dallas ermordet, es folgten 1968 die tödlichen Anschläge auf seinen Bruder, Senator Robert Kennedy, und auf Martin Luther King (in Memphis). Das Vertrauen der Amerikaner in ihre Oberhäupter und die Regierung wurde durch die Bombenanschläge und die Brutalität des Vietnamkriegs, den sie im Fernsehen verfolgten, weiter erschüttert. In der Folge kam es im ganzen Land zu Studentenprotesten. Der Republikaner Richard Nixon, der 1968 u.a. für sein Versprechen zum Präsidenten gewählt wurde, den Krieg zu einem „ehrenvollen Ende" zu führen, verstärkte stattdessen den Einsatz der USA und bombardierte heimlich Laos und Kambodscha. 1972 sorgte dann die Watergate-Affäre für Aufregung: Unermüdliche Journalisten belasteten „Tricky Dick" im Zusammenhang mit einem Einbruch in das Hauptquartier der Demokratischen Partei in Washington. 1974 erklärte Nixon als erster US-Präsident der Geschichte seinen Rücktritt.

Die Stadt Woodstock, NY, gab dem legendären Rockfestival 1969 zwar seinen Namen, das Event aber fand im nahen Dörfchen Bethel statt. Der Milchbauer Max Yasgur stellte den Organisatoren dafür sein Luzernenfeld zur Verfügung. Der Dreitagespass kostete im Vorverkauf 18 US$ (sonst 24 US$).

In den stürmischen 1960er- und 1970er-Jahren erlebte Amerika die Sexuelle Revolution, die Frauenbewegung und weitere bedeutende, den Status quo in Frage stellende Ereignisse. Zu den Meilensteinen gehörten u.a. im Jahr 1969 die Stonewall-Unruhen in Greenwich Village, NYC: Gäste der Schwulenkneipe – genannt Stonewall Inn – hatten sich einer Polizeirazzia widersetzt. Das Ereignis markiert den Beginn der Schwulenbewegung, die für Gleichberechtigung und das Ende der Diskriminierung von Homosexuellen eintrat. Ein paar Monate später antworteten die Hippies und das Woodstock Festival mit Rock, Love & Peace auf den Vietnamkrieg.

Reagan, Clinton & die Bushs

1980 versprach der Präsidentschaftskandidat Ronald Reagan, republikanischer Gouverneur von Kalifornien und ehemaliger Schauspieler, dafür zu sorgen, dass die Amerikaner wieder stolz auf ihr Land sein könnten. Der leutselige Reagan gewann die Wahl fast schon im Vorbeigehen. Seine Wahl verursachte einen Rechtsruck in der amerikanischen Politik. Militärausgaben und Steuersenkungen führten im Bundeshaushalt zu einem enormen Defizit, das Reagans Nachfolger George H. W. Bush das Regieren schwer machte. Trotz des Siegs im Golfkrieg, durch den Kuwait 1991 von den irakischen Besatzern befreit wurde, zog Bush bei der Präsidentschaftswahl 1992 gegenüber dem aus den Südstaaten stammenden Demokraten Bill Clinton klar den Kürzeren.

1941–1945

Der Zweite Weltkrieg: Amerika setzt 16 Mio. Soldaten ein, von denen 400 000 fallen. Insgesamt fordert der Krieg doppelt so viele zivile wie militärische Todesopfer (50–70 Mio. aus über 50 Ländern).

1954

Der Oberste Gerichtshof befindet, dass die Rassentrennung in öffentlichen Schulen dem Gleichheitsprinzip widerspreche. Der Kampf für integrierte Schulen dient der Bürgerrechtsbewegung als Katalysator.

1963

Am 22. November wird Präsident John F. Kennedy in aller Öffentlichkeit von Lee Harvey Oswald erschossen, während er in einer Wagenkolonne über die Dealey Plaza in Dallas, Texas, fährt.

1964

Der Civil Rights Act wird verabschiedet; Diskriminierung wegen Rasse, Hautfarbe, Religion, Geschlecht oder Abstammung wird verboten. Dies gilt als eine Haupterrungenschaft von Präsident Johnson.

Am 11. September 2001 flogen islamistische Terroristen entführte Passagierflugzeuge in das World Trade Center in New York und das Pentagon in Washington, D.C. Die katastrophalen Anschläge vereinten die Amerikaner hinter ihrem Präsidenten, George W. Bush, der Rache schwor und dem Terror den Krieg erklärte. Kurz danach griff Bush Afghanistan an, doch die Jagd auf Terroristenzellen der al-Qaida war nicht von Erfolg gekrönt. 2003 griff er den Irak an und stürzte den amerikafeindlichen Diktator Saddam Hussein. In der Zeit danach versank der Irak in einem Bürgerkrieg.

Bürgerrechte im Film

Hidden Figures – Unbekannte Heldinnen (2016), Theodore Melfi

Selma (2014), Ava DuVernay

Das Attentat (1996), Rob Reiner

Malcolm X (1992), Spike Lee

The Long Walk Home (1990), Richard Pearce

Mississippi Burning – Die Wurzel des Hasses (1988), Alan Parker

Obamas Präsidentschaft

2008 wählte Amerika, das nach Veränderung lechzte, mit dem politischen Newcomer Barack Obama den ersten afroamerikanischen Präsidenten der USA. Und der hatte alle Hände voll zu tun. Aus ökonomischer Sicht waren das völlig neue Zeiten, die USA befanden sich in der größten Finanzkrise seit der Weltwirtschaftskrise. Es begann 2007 mit dem Zusammenbruch des Immobilienmarkts in den USA und weitete sich auf den Bankensektor aus, worauf der Zusammenbruch einiger Finanzinstitute folgte.

Während Amerika in die Zukunft schaute, fanden es viele schwierig, die Vergangenheit einfach hinter sich zu lassen – was nicht überraschend war, seit die Kriege in Afghanistan und im Irak, ein Jahrzehnt zuvor begonnen, im sich ständig ändernden Nachrichtenkarussell nur noch eine untergeordnete Rolle spielten. 2011 stürmten Navy Seals in einer von Präsident Obama genehmigten verdeckten Operation Osama bin Ladens Versteck in Pakistan und töteten den al-Qaida-Führer. Damit war die Suche nach Amerikas größtem Staatsfeind beendet.

Dank seiner sachlichen Darstellung des Überfalls stiegen die Zustimmungswerte für Präsident Obama um 11%. Und der Präsident konnte durchaus Auftrieb gebrauchen. Die Wirtschaft lag weiterhin am Boden, und das ehrgeizige, 800 Mrd. US$ schwere Konjunkturpaket, das der Kongress 2009 verabschiedet hatte, hatte nach Ansicht vieler US-Amerikaner noch nicht viele Früchte getragen. Ökonomen gehen allerdings davon aus, dass die Maßnahme die Rezession abgefedert hat, die sonst um einiges schlimmer ausgefallen wäre. Zum Ende seiner ersten Amtszeit lagen Obamas Zustimmungswerte um die 49%.

Verlorene Arbeitsplätze, überbewertete Hypotheken und wenig Aussicht auf Besserung... Millionen Amerikaner fühlten sich auf verlorenem Posten. Das war keine Rezession, gegen die sie durch ihre Ausgaben angehen konnten, wie Obamas Amtsvorgänger angeregt hatte. Die Leute waren aufgebracht und versammelten sich zahlreich, um ihrem Ärger Luft zu machen. Das wiederum war die Geburtsstunde der Tea Party, einer Bewegung politisch konservativer Republikaner, die glaubten, dass die staatlichen Fördergelder die Wirtschaft und damit Amerika zerstören würden.

1965–1975

Die Beteiligung der USA am Vietnamkrieg spaltet die Nation: Neben 58000 amerikanischen fordert der Krieg auch 4 Mio. vietnamesische und 1,5 Mio. laotische und kambodschanische Todesopfer.

1969

Amerikanische Astronauten landen auf dem Mond und erfüllen Präsident Kennedys utopisch anmutendes Versprechen von 1961, dieses Ziel innerhalb der folgenden zehn Jahre zu erreichen.

1973

In der Sache *Roe vs. Wade* erklärt der Oberste Gerichtshof Abtreibungen für rechtmäßig. Bis heute bleibt diese Entscheidung umstritten und spaltet die Gesellschaft.

1980er-Jahre

Die New-Deal-Ära-Finanzinstitutionen, die unter Reagan dereguliert wurden, spekulieren mit Ersparnissen und Darlehen ihrer Kunden und verlieren. Die Rechnung muss die Regierung übernehmen.

Trotz dieser Opposition wurde Obama 2012 wiedergewählt, seine zweite Amtszeit begann aber ohne die Art Hoffnung, die ihn beim ersten Mal trug. Als Obama 2013 den Amtseid schwor, waren ca. 8 % der Bevölkerung arbeitslos, das entsprach etwa der Arbeitslosenquote bei seinem Amtsantritt, doch zumindest das Wirtschaftswachstum schien auf soliden Füßen zu stehen.

An anderen Fronten konnte Obama keinen uneingeschränkten Erfolg vorweisen. So beendete er zwar die US-Präsenz im Irak, doch zu welchem Preis? Obwohl der Truppenabzug aus dem Nahen Osten in durchaus nennenswertem Umfang erfolgte, stiegen im gleichen Zeitraum die zivilen Verluste durch Drohnenangriffe. Laut Regierungszahlen aus dem Jahr 2016 sollen während der Amtszeit Obamas durch Drohnen- und andere Luftangriffe zwischen 64 und 116 Zivilisten getötet worden sein. Das Bureau of Investigative Journalism berichtet, die Zahl der zivilen Todesopfer sei deutlich höher.

Das größte Vermächtnis des Präsidenten sollte dessen Gesundheitsreform sein, die gemeinhin als Obamacare bekannt ist, und zwar 2010 gesetzlich verabschiedet wurde, aber erst 2014 in Kraft trat. Ihr scheint unter Trump kein allzu langes Leben beschieden. Vor der Wahl Trumps zum Präsidenten der USA wiesen die Demokraten darauf hin, dass Millionen bisher nicht versicherter Amerikaner nun krankenversichert sind. Die Republikaner hingegen behaupteten von Anfang an, dass das Programm gescheitert wäre, und begründen das mit verringerten Versicherungsoptionen für die Konsumenten und heftigen Kosten für Unternehmer.

Die Wahlen 2016 & Trumps 1. Amtszeit

Als Donald J. Trump, der Immobilienmagnat und ehemalige Moderator der Reality TV-Show The Apprentice, im Juni 2015 ankündigte, dass er sich für das Amt des Präsidenten bewerben werde, hielten viele, im In- und Ausland, die Verlautbarung für einen Werbegag. Was dann folgte kann durchaus als Medienzirkus beschrieben werden: Die Berichterstattung während des langen Wahlkamps, in dem sich ein Trump ohne jegliche politische Erfahrung und eine ehemalige Außenministerin (2009–2013) und First Lady namens Hillary Clinton gegenüberstanden, war unerbittlich. Trumps markante Soundbites und nicht zu übersehende Beleidigungen stachen während der personell reichlich bestückten republikanischen Vorwahlen hervor und versorgten die Medien mit unzähligen, unwiderstehlichen Schlagzeilen. Gleichzeitig standen bei den Demokraten mit Clinton und dem populistischen Kandidaten Bernie Sanders die beiden Hauptkontrahenten vergleichsweise früh fest.

Sobald klar war, dass die Amerikaner für ihr höchstes zu vergebendes Amt die Wahl zwischen Trump und Clinton haben würden, folgte ein unerbitterlicher Wahlkampf. Trump weigerte sich, der gängigen Praxis

1989

Der Fall der 1961 errichteten Berliner Mauer markiert das Ende des Kalten Krieges zwischen den USA und der UdSSR. Die USA sind nun die letzte verbleibende Supermacht.

1990er-Jahre

Das World Wide Web gibt 1991 sein Debüt und definiert die Welt der Kommunikation neu. Die überbewerteten Technologie-Aktien sorgen für einen gigantischen Boom (und eine gigantische Pleite).

2001

Am 11. September entführen al-Qaida-Terroristen vier Linienflugzeuge und steuern zwei von ihnen in die New Yorker WTC-Türme und eines ins Pentagon. Fast 3000 Menschen werden getötet.

2003

Unter Berufung auf Beweise dafür, dass der Irak Massenvernichtungswaffen besitzt, startet Präsident George W. Bush einen Präventivkrieg, der über 4000 Amerikaner das Leben kosten wird.

der Präsidentschaftskandidaten zu folgen und persönliche Steuererklärungen zu veröffentlichen. Am 7. Oktober kursierten Access-Hollywood-Mitschnitte, in denen Trump Übergriffe auf Frauen einräumte. Auf Clintons Seite beriefen sich die Gegner auf die Benghazi-Terroranschläge und ihre Verbindungen zur Wall Street. Eine Woche vor der Wahl schürte FBI-Chef James Comey die Verschwörungstheorien um Hillary Clinton, indem er in einem Brief an den Kongress ankündigte, dass ihre E-Mails, die sie entgegen gängiger Sicherheitsempfehlungen auf einem privaten Server gespeichert hatte, noch untersucht wurden. Dennoch sahen Umfragen Clinton deutlich vor Trump in Führung, und am Wahlabend bereitete sich das Land darauf vor, die Wahl der ersten weiblichen Präsidentin der Vereinigten Staaten zu feiern.

Obwohl Clinton die meisten Stimmen an den Wahlurnen erhielt, stand es bezüglich der Stimmen der Wahlmänner und -frauen des Electoral Collage (und es sind diese Repräsentanten der jeweiligen Bundesstaaten, die schlussendlich den Präsidenten wählen – wobei die Anzahl jener Wahlmänner und -frauen je nach Bundesstaat variiert) nicht zu ihren Gunsten. In den frühen Morgenstunden des 9. November gratulierte sie mit einer emotionalen Rede Donald Trump zum Sieg und ermutigte gleichzeitig „all die jungen Mädchen", die Zeuge dieser Wahl wurden, niemals an ihrem Wert und an ihrer Bedeutung zu zweifeln, und erklärte, sie verdienten jede Chance, ihren eigenen Träumen zu folgen und sie für sich wahrzumachen.

In seiner Siegesrede erklärte Trump: „Ich werde Präsident aller Amerikaner sein", obwohl viele sich nicht sicher sind, was seine Definition eines Amerikaners ist. Unsicherheit scheint in der Tat ein definierendes Motiv der Trump-Präsidentschaft zu sein. Die ersten 100 Tage seiner Amtszeit waren von Skandalen und Kontroversen bestimmt und die demokratische Integrität der Nation wurde wegen ungeklärter Interessenkonflikte zwischen Inhabern öffentlicher Ämter und privaten Unternehmen in Frage gestellt. Öffentlicher Protest ist seit Trumps Amtsantritt zu einem bestimmenden Merkmal der gesellschaftspolitischen Landschaft geworden: Schon einen Tag nachdem er den Amtseid abgegelegt hatte, zogen im Rahmen des Women's March geschätzte 4 Mio. Menschen in 653 Städten des Landes über die Straßen – die größte eintägige Demonstration in der Geschichte der USA.

Regierung per Dekret

Weltweit wurde viel über Trumps umgehende und häufige Ausübung seines verfassungsmäßigen Rechts auf den Erlass von Executive Orders berichtet. Diese Dekrete bzw. Regierungsverfügungen erlauben es dem Präsidenten, bei der Festlegung seiner Regierungspolitik den Kongress zu umgehen. Schon an Tag eins seiner Amtszeit unterzeichnete Trump

2005

Am 29. August trifft der Hurrikan Katrina die Küsten von Mississippi und Louisiana und überflutet New Orleans. Über 1800 Menschen kommen ums Leben, die Schäden werden auf über 220 Mrd. US$ beziffert.

2008–2009

Barack Obama wird zum ersten afroamerikanischen Präsidenten der USA gewählt. Die Börse bricht aufgrund des Missmanagements amerikanischer Finanzinstitutionen zusammen. Die Krise greift auf die ganze Welt über.

2011

Die Arbeitslosigkeit ist hoch, die Haushaltseinkommen sinken. Aktivisten in NYC rufen die Bewegung Occupy Wall Street ins Leben, um gegen wirtschaftliche und soziale Ungleichheit zu protestieren.

2012

Hurrikan Sandy verwüstet die Ostküste und wird zum zweitteuersten Wirbelsturm (65 Mrd. US$) in der US-Geschichte. Mehr als 80 Amerikaner sterben (plus 200 in anderen Ländern). Obama wird wiedergewählt.

sogleich eine solche Verfügung, um den Affordable Care Act seines Vorgängers – Obamacare – zu schwächen.

Im Allgemeinen sollen diese Executive Orders den Präsidenten in die Lage versetzen, in Zeiten eines Krieges oder einer Krise zügig handeln zu können. Unterstützt durch die volle Kraft rechtlicher Rahmenbedingungen ist ihre Autorität durch die Verfassung der USA definiert. Erlässt ein Präsident eine Executive Order, weist er die Bundesbehörden (grundsätzlich alle Bereiche der Regierung) an, ihre Ressourcen auf eine bestimmte Weise einzusetzen. Nur ein langwieriger Prozess im Kongress und der Gerichtsbarkeit kann die Vorausetzungen schaffen, einen solchen Erlass rückgängig zu machen.

Trump ist nicht der erste Präsident, der sich Executive Orders bedient, um etwas umzusetzen, das üblicherweise im Rahmen der klassischen Gesetzgebung erreicht wird. So setzte Obama beispielsweise dieses Recht ein, um den Mindestlohn für Bundesangestellte um drei Dollar zu erhöhen und die Abschiebung Tausender illegaler Einwanderer, die als Kinder in die USA gebracht wurden, zu stoppen. Doch Trumps umgehende Nutzung dieses Instruments, sowie die Art und Weise, wie er es einsetzt, hat zu einer eklatanten Zunahme der Spannungen auf der ganzen Welt geführt.

PRÄSIDENT	GESAMTZAHL DER AUSGEFÜHRTEN EXECUTIVE ORDERS WÄHREND DER AMTSZEIT	DURCHSCHNITTLICH DURCHGEFÜHRTE EXECUTIVE ORDERS PRO JAHR
Franklin D Roosevelt	3522	145
John F. Kennedy	214	75
Richard Nixon	346	62
Ronald Reagan	381	48
Bill Clinton	308	46
George W. Bush	291	36
Barack Obama	276	35
Donald Trump (tätig seit 20. Juni 2017)	37	88

Daten, die den Einsatz von Executive Orders diverser Präsidenten vergleichen, deuten darauf hin, dass Trump während der ersten zehn Monate seiner Amtszeit diesbezüglich einen grandiosen Start hingelegt hat.

Weitere Informationen zu Zahl und Zweck dieser Präsidialen Erlasse finden sich auf der Website von American Presidency Project (www.presidency.ucsb.edu/data/orders.php).

2015

Gleichgeschlechtliche Ehen werden legal. South Carolina entfernt die Konföderiertenflagge von seinem Kapitol, weil sie als rassistisches Symbol gesehen wird, das den Massenmord in Charleston begünstigt hat.

2016

Donald J. Trump, Milliardär, Immobilien-Mogul und Reality-TV-Star, wird zum 45. Präsidenten der Vereinigten Staaten gewählt, obgleich seine Kontrahentin, Hillary Clinton, mehr Stimmen an den Wahlurnen erhalten hatte.

2017

Vier Millionen Menschen beteiligen sich an einen weltweiten Frauenmarsch gegen die Trump-Regierung. Es ist der größte eintägige Protest in der US-Geschichte.

2017

Trumps erste 100 Tage sind skandalüberschattet: Interessenkonflikte innerhalb seines Kabinetts, angebliche Kenntnis einer mutmaßlichen russischen Einmischung in den US-Wahlkampf und Entlassung von FBI-Direktor James Comey.

Lebensart

Der Osten der USA ist eine unwiderstehliche Mischung verschiedener Rhythmen und Akzente, aus Wall Street-Brokern und Kleinstadtfarmern, Studenten und sonnenhungrigen Rentnern, Yankees und Südstaatlern. Entsprechend vielfältig sind die Möglichkeiten für einzigartige, nicht zuletzt kulinarische Erlebnisse, die von der New Yorker Molekularküche bis hin zu den Po'boy-Sandwiches New Orleans' reichen. In Chicago bietet die neu belebte Club-Szene Party für jeden Geschmack, in Nashville ist's eher Hoedown oder Honky-Tonk. Von romantischen Spaziergängen durch Dörfer in Neuengland bis zu faulen Tagen an Floridas endlosen Sommerküsten – im Osten der USA ist für jeden Geschmack etwas dabei.

Multikulti

Amerikaner leben ihre Spiritualität immer häufiger außerhalb der organisierten Religionen. Der Anteil derjenigen, die sagen, dass sie „keine Religion" haben, liegt inzwischen bei etwa 16 %. Einige davon schwören der Religion komplett ab (ca. 4 %), doch die meisten hängen einem Glauben an, der einfach in kein Schema passt.

Von Beginn an waren die Städte im Osten eine Art „Schmelztiegel" – sie haben die lange und stolze Tradition, Neuankömmlinge aus aller Welt freundlich willkommen zu heißen. Und so verwundert es eigentlich überhaupt nicht, dass diese Region so kunterbunt und vielfältig ist.

Im Nordosten sind seit dem 19. Jh. irische und italienische Viertel feste Bestandteile der Städte. In Chicago machen die Latinos (vorwiegend aus Mexiko) rund ein Viertel der Bevölkerung aus. In den nördlichen Staaten, in der Region der Großen Seen, liegt die größte Enklave von Einwanderern aus Somalia und des Hmong-Volkes in den USA – dies spiegelt die lange Geschichte der Eingliederung und Verwurzelung von Flüchtlingen in diesem Gebiet wider. Die größte Minderheit in Florida sind die Kubaner. Die Ersten von ihnen kamen nach Castros Revolution in den 1960er-Jahren in Miami an und bilden heute eine politisch mächtige Gemeinschaft. Auf der Flucht vor dem Krieg in ihrem Land kamen in den 1980er-Jahren auch Nicaraguaner hierher, deren Zahl mittlerweile auf 100 000 angestiegen ist. Das Stadtviertel Little Haiti trägt mit 70 000 Haitianern einiges zur bunten Mischung bei. Der Süden steht für eine ganz eigene Kultur: Über die Hälfte aller Afroamerikaner lebt hier. Und all diese Beispiele sind natürlich nur einzelne kleine Puzzleteilchen eines komplexen Ganzen.

Der Osten kann sich – genau wie der Rest des Landes – nie wirklich entscheiden, ob der ständige Zustrom von Neuankömmlingen letztlich seine Lebensader ist oder die Gesellschaft bis zur Belastungsgrenze strapazieren wird. „Einwanderungsreform" lautete fast zwei Jahrzehnte lang das Modewort in Washington. Manche finden, dass das gegenwärtige System zu nachsichtig mit den undokumentierten Einwanderern umgeht (von denen es 11,3 Mio. gibt) und dass die Regierung unrechtmäßig in den USA lebende Einwanderer ausweisen und ihre Arbeitgeber mit Bußgeldern bestrafen sollte. Andere Amerikaner wiederum finden die Regeln zu hart und sind der Meinung, dass Einwanderer, die schon seit Jahren im Land arbeiten, das Gesetz achten und ihren Beitrag zur Gesellschaft leisten, eine Amnestie verdient haben. Trotz mehrerer Anläufe hat es der Kongress aber bislang nicht geschafft, ein Gesetzespaket zur illegalen Einwanderung zu verabschieden. Zumindest wurden aber einige Maßnahmen durchgebracht, um das Problem zu lösen.

Religion

Schon seit die Pilgerväter Anfang des 16. Jhs. in Massachusetts eintrafen, ist die Trennung von Kirche und Staat ein grundlegender Teil des Rechtssystems im Land. Und die Religion jener Siedler – der Protestantismus – ist im Osten der USA auch heute noch die am weitesten verbreitete Glaubensrichtung.

Der Begriff „Protestantismus" bezieht sich allerdings auf ein breit gefächertes Feld unterschiedlicher Bekenntnisse. Die verschiedenen Richtungen lassen sich jedoch in zwei Hauptströmungen einteilen: in den evangelikalen Protestantismus, bei dem die Baptisten den größten Anteil ausmachen, sowie in den moderaten Mainline-Protestantismus, zu dem die Lutheraner, die Methodisten und die Presbyterianer gehören. Die Zahl der Kirchgänger ist bei den Evangelikalen weitaus größer und in den letzten Jahren sogar noch gewachsen. Stärkste Kraft überhaupt ist die baptistische Kirche: Ihr gehören ein Drittel aller Protestanten und beinahe ein Fünftel aller erwachsenen US-Amerikaner an. Im Süden sind die Mitgliederzahlen am höchsten. Im Gegensatz dazu verzeichnen die Lutheraner (die vor allem in Minnesota und Wisconsin sowie in North und South Dakota zu finden sind) und andere Mainline-Richtungen einen Rückgang der Kirchenmitglieder.

In den USA lebt die zweitgrößte spanischsprachige Bevölkerungsgruppe der Welt – hinter Mexiko und noch vor Spanien. Latinos sind auch die am schnellsten wachsende Minderheit des Landes. Im Osten gibt es die größten Latino-Gemeinden in Florida, Illinois, New Jersey und New York.

Die zweithäufigste Religion im Osten ist der Katholizismus. Neuengland ist die am stärksten katholisch geprägte Region im Land, und die Mittelatlantikstaaten setzen die Reihe fort. Mit einem katholischen Bevölkerungsanteil von 45% ist Massachusetts der Staat mit den meisten Glaubensanhängern dieser Konfession. Die älteste Erzdiözese der USA ist Baltimore – sie wurde 1789 gegründet. Auch die Staaten mit einem großen Latino-Anteil (wie Florida und Illinois) verzeichnen einen hohen Prozentsatz an Katholiken.

Das Judentum ist im Osten der USA weit verbreitet. Sowohl in Süd-Florida als auch im Großraum New York gehören schätzungsweise 12% der Bevölkerung dem jüdischen Glauben an. Gerade New York stellt ein bedeutendes Zentrum des orthodoxen Judentums dar und ist darüber hinaus auch der Ort auf der Welt, an dem – nach Tel Aviv – die meisten Juden leben.

Zu den weiteren Religionsgruppen im Osten des Landes zählen auch die Amerikaner muslimischen Glaubens, die vor allem in den Großräumen New York, Chicago und Detroit vermehrt anzutreffen sind. Außerdem gibt es größere Gemeinschaften amerikanischer Hindus, die in New York und New Jersey oder in anderen großen Städten wie Chicago, Washington, D.C. und Atlanta leben.

BUNDESSTAATEN & IHRE WESENSMERKMALE

Die Klischees über verschiedene Regionen der USA werden nun dank einer Studie über die „Geografie von Charaktereigenschaften" mit harten Daten untermauert. Peter Rentfrow und seine Forscherkollegen haben über eine halbe Million persönliche Einschätzungen verarbeitet, die von US-Bürgern gesammelt wurden, und ermittelt, wo auf der Karte sich gewisse Eigenschaften häuften. Es stellte sich heraus, dass das verbreitete Klischee von „Minnesota Nice" tatsächlich stimmt – die „liebenswürdigen" Staaten liegen um die Großen Seen, in den Great Plains und im Süden. In punkto Freundlichkeit und Kooperationsbereitschaft stehen diese Staaten ganz oben auf der Liste. Und die neurotischsten Staaten? Sie reihen sich im Nordosten auf. Doch New York ist nicht die Nummer eins, wie man denken könnte, diese Ehre geht an West Virginia. Viele der „offensten" Staaten liegen im Westen. Kalifornien, Nevada, Oregon und Washington haben alle hohe Werte in puncto Empfänglichkeit für neue Ideen – allerdings liegen sie hinter Washington, D.C., und New York.

Lifestyle

StoryCorps hat über 50 000 Interviews mit Menschen aus den ganzen USA gesammelt und archiviert; sie werden in der Library of Congress aufbewahrt. Auf www.storycorps.org kann man zuhören, wie die Menschen ihre Geschichten über Entdeckungen, Familie, Identität, Liebe und vieles andere erzählen.

Im Allgemeinen bietet der Osten der USA einen der höchsten Lebensstandards weltweit, wobei es hier schockierende Unterschiede zwischen einzelnen Regionen gibt. Ganz oben im Ranking ist Maryland zu finden, mit einem durchschnittlichen Haushaltseinkommen von 69 826 US$ (laut der Datenerhebung von 2012–2014). Mississippi dagegen liegt mit 40 194 US$ am anderen Ende der Skala. Diese Beträge sind außerdem nicht nur der jeweils höchste bzw. niedrigste Wert in der Region, sondern auch im ganzen Land. Das bestätigt die Annahme, dass die Haushalte im Nordosten am meisten verdienen und die im Süden am wenigsten. Die Gehälter schwanken aber auch nach ethnischer Zugehörigkeit: Afroamerikaner und Latinos verdienen weniger als Weiße und Asiaten (34 600 US$ bzw. 41 000 US$ versus 58 000 US$ bzw. 67 000 US$).

Etwa 86 % aller US-Amerikaner haben einen Highschool-Abschluss, und etwa 29 % machen nach vier Jahren auf dem College einen Bachelor-Abschluss. Das universitäre Leben (mit Cafés, Buchhandlungen und fortschrittlicher Denkweise) ist insbesondere im Nordosten recht ausgeprägt, wo die acht Universitäten der Ivy League sowie die „Little Ivies" (ein selbst initiierter Zusammenschluss von zwölf Elite-Colleges für Freie Künste) und die „Seven Sisters" (die höchstrangigen Frauencolleges, die noch in einer Zeit gegründet wurden, als die Ivy League nur für Männer zugänglich war) angesiedelt sind. Allein rund um Boston gibt es 50 Einrichtungen für weiterführende Bildung.

Ein Haus wird typischerweise von einem Ehepaar mit zwei Kindern bewohnt. Normalerweise arbeiten beide Elternteile, und 28 % von ihnen tun dies länger als 40 Stunden pro Woche. Scheidungen sind nichts Ungewöhnliches – 40 % der ersten Ehen gehen in die Brüche, wobei sowohl Eheschließungen als auch Scheidungen in den letzten 30 Jahren rückläufig sind. Alleinerziehende Väter oder Mütter stehen 9 % aller Haushalte vor.

Während zwar etliche US-Bürger regelmäßig ins Fitnessstudio gehen, laufen, Fahrrad fahren oder joggen, treiben gemäß den Centers for Disease Control and Prevention (CDC) aber auch ganze 50 % überhaupt keinen Sport. Gesundheitswissenschaftler vermuten, dass die fehlende Bewegung und die Vorliebe der Amerikaner für süßes und fettiges Essen schuld am vermehrten Auftreten von Fettleibigkeit und Diabetes sind. Die Ernährungsgewohnheiten sind im Süden am schlechtesten: Mississippi, Alabama, West Virginia, Tennessee und Louisiana führen – mit einem Drittel aller Bewohner – die Übergewichtsstatistik an.

Nach Angaben der Corporation for National and Community Service setzen sich rund 26 % aller US-Amerikaner in ihrer Freizeit für ehrenamtliche Arbeit oder einen anderen guten Zweck ein. Umweltbewusstes Verhalten ist inzwischen auch im Mainstream angekommen: Über 75 % der Amerikaner betreiben zu Hause Recycling, und die meisten großen Supermarktketten – selbst Wal-Mart – haben inzwischen Bio-Lebensmittel im Sortiment.

Die wichtigsten Sport-Websites

- *Baseball: www.mlb.com*
- *Basketball: www.nba.com*
- *Football: www.nfl.com*
- *Eishockey: www.nhl.com*
- *Autorennen: www.nascar.com*
- *Fußball: www.mlssoccer.com*

Sport

Was die Amerikaner – mal blau angemalt, mal mit Schaumgummi-Käseecken auf dem Kopf – wirklich vereint, ist der Sport. Im Frühjahr und Sommer findet fast jeden Tag ein Baseballspiel statt, im Herbst und Winter wird Football geschaut, und während der langen Winternächte hält Basketball die US-Bevölkerung in Atem. Das sind die drei wichtigsten Sportarten, aber vor allem im Süden sind mittlerweile auch Autorennen im Kommen, und sogar Fußball – vorrangig Major League Soccer (MLS) – findet immer mehr Anhänger. Außerdem hat Eishockey, das früher nur in den nördlichen Klimazonen populär war, heute im ganzen

LEGENDÄRE SPORTSTÄTTEN

Yankee Stadium, NYC (S. 89) Der sagenumwogene Baseballplatz der Bronx, geschichtsträchtig und vom Geist von Babe Ruth umweht.

Lambeau Field, Green Bay Das Stadion des NFL-Teams der Packers; wegen des irrsinnig kalten Wetters trägt es auch den Spitznamen „Frozen Tundra".

Fenway Park, Boston (S. 191) Der älteste Baseballpark des Landes (1912); Heimat des „Grünen Monsters" (die hohe Mauer am linken Spielfeldrand).

Wrigley Field, Chicago (S. 578) Noch ein altehrwürdiges Baseballstadion (1914) mit efeubewachsenen Mauern, einem klassischen Neonschild und vielen Gute-Laune-Kneipen ringsum.

Madison Square Garden, NYC (S. 120) Im „Mekka des Basketballs" dribbeln nicht nur die Knicks, hier boxte auch Ali, und Elvis rockte die Arena.

Little Caesars Arena, Detroit (S. 632) Das brandneue, knallharte Stadion des Profi-Eishockey-Teams Red Wings; hier kann man die merkwürdige Tradition des Oktopuswerfens erleben.

Churchill Downs, Louisville (S. 420) Die Stätte der Kentucky-Derbys: elegante Hüte, Mint Juleps und „die großartigsten zwei Minuten des Sports".

Indianapolis Motor Speedway, Indianapolis (S. 599) Auf der Indy 50, auf der auch schwer gefeiert wird, rasen Rennwagen mit über 270 km/h vorbei.

Osten des Landes eine große Fangemeinde. Aber auch Frauen-Basketball und -Fußball werden im ganzen Land immer beliebter, und es gibt mehrere Teams, die in der Profi-Liga spielen.

Baseball

Trotz hoher Gehälter und Dopingvorwürfen, sogar gegen die allergrößten Stars, bleibt Baseball der beliebteste amerikanische Nationalsport. Er mag vielleicht nicht so viele Zuschauer auf einmal vor die Fernsehgeräte locken wie Football (und damit auch für weniger Werbeeinnahmen sorgen), dafür finden in einer Baseballsaison aber auch nicht nur 16 Spiele statt (wie beim Football), sondern 162.

Außerdem ist ein Baseballspiel live viel attraktiver als im Fernsehen. Für viele gibt es nichts Schöneres, als an einem sonnigen Tag mit einem Bier und einem Hot Dog in der Hand auf der offenen Tribüne des Stadions zu sitzen, sich beim Seventh-Inning-Stretch die Beine zu vertreten und mit der gesamten Menschenmenge ein einträchtiges Take Me Out to the Ballgame anzustimmen. Die Play-Offs im Oktober sorgen immer noch für Aufregung und überraschende Siege. Obwohl die Chicago Cubs seit mehr als 100 Jahren keinen Sieg in der World Series mehr vorzuweisen hatten, gehören sie grundsätzlich zu den beliebtesten Teams der USA. Im Jahre 2016 wurden die Cubs dann endgültig zur Legende, als sie die Cleveland Indians grandios besiegten. Die Siegesparade der Cubs zog fast fünf Millionen Menschen auf die Straßen Chicagos und machte sie zu einer der größten Veranstaltungen dieser Art in der Geschichte der Stadt.

Karten für Baseball-Spiele sind relativ günstig – in den meisten Stadien kostet ein Sitzplatz im Schnitt 25 US$ –, und für viele Veranstaltungen sind sie auch leicht zu bekommen. Für Spiele der Minor League bezahlt man sogar nur die Hälfte, und hier geht es meist noch lustiger zu, da sich die Zuschauer stark einbringen, gelegentlich auch mal Hühner oder Hunde über das Spielfeld rennen und der Ball nicht immer dort ankommt, wo er eigentlich hin sollte. Mehr Infos dazu gibt's auf www.milb.com.

Der Super Bowl kostet die USA 800 Mio. US$ an verlorener Arbeitsleistung, weil die Angestellten lieber über das Spiel diskutieren, Wetten abschließen und im Internet nach einem neuen Fernseher suchen. Das ist immer noch weniger als die geschätzten 1,9 Mio. US$, die bei der March Madness verlorengehen, wenn viele Amerikaner im Bann des NCAA-Basketballturniers stehen.

Football

Football wird extrem wichtig genommen, er ist körperbetont und obendrein ein ganz großes Geschäft. Und weil er die kürzeste Saison und die geringste Anzahl von Spielen unter den großen Sportarten hat, kochen bei jedem Match die Emotionen hoch wie in einer gigantischen Schlacht. Jeder Punkt zählt, und eine unglückliche Verletzung eines Spielers kann die Chancen eines Teams auf die Play-off-Runde für eine ganze Saison zunichte machen.

Es ist aber auch deshalb der härteste Sport in den USA, weil die Spiele im Herbst und Winter bei Regen, Graupel und Schnee ausgetragen werden. Einige der denkwürdigsten Spiele wurden bei Temperaturen unter dem Gefrierpunkt durchgeführt. Die Fans der Green Bay Packers sind allerdings eine Klasse für sich, was das Aushalten von schlechten Wetterbedingungen betrifft. Ihr Stadion in Wisconsin, das Lambeau Field, war Austragungsort des berüchtigten Ice Bowl, eines Meisterschaftsspiels gegen die Dallas Cowboys im Jahr 1967, bei dem die Temperaturen bis auf −25 °C fielen – im Wind waren es gefühlte −44 °C.

Der frenetisch gefeierte Super Bowl ist das Finale der Profiliga und findet immer Ende Januar oder Anfang Februar statt. Die anderen „Bowl Games" (z. B. der Sugar Bowl in New Orleans oder der Orange Bowl in Miami) sind Spiele um die College-Meisterschaft, die rund um Neujahr ausgetragen werden.

Basketball

Die Baskeballteams mit den meisten Fans sind heute die Chicago Bulls (der Michael-Jordan-Effekt hält noch immer an), die Cleveland Cavaliers (Heimverein von LeBron James, dem meist geliebten – und meist gehassten – Spieler der League) und die New York Knicks (wo Promis am Spielfeldrand zusehen, obwohl das Team seit Jahren verliert).

Auch der College-Basketball hat Millionen Fans, besonders im Frühling, wenn die Play-off-Spiele der March Madness stattfinden. Ihr Höhepunkt sind die Final Four, wenn die verbleibenden vier Teams um die Teilnahme am Championship-Finale kämpfen. Die Geschichten von Außenseitererfolgen und die überraschenden Ergebnisse sind nicht weniger aufregend als in der Profi-Liga. Die Spiele werden überregional im Fernsehen übertragen, und es wird viel gewettet – damit verdienen die Buchmacher in Las Vegas ihre Kohle.

Kunst & Architektur

New York ist und bleibt das dynamische Zentrum in Sachen Theater, während große Literatur in der gesamten Region geschaffen wird. Nischen-Mediennetzwerke kreieren ausgefallene, großartige Fernsehsendungen, deren Themen von Zombies in Georgia bis zu Mördern in Minnesota reichen. Und Architekten sorgen derweil in New York und Chicago dafür, dass die Skyline immer höher wird.

Malerei

Nach dem Zweiten Weltkrieg entstand in den USA die erste wirklich eigene Kunstrichtung: der abstrakte Expressionismus. New Yorker Maler wie Jackson Pollock, Franz Kline, Mark Rothko und andere experimentierten mit freien, gegenstandslosen Formen. Pollock z. B. schuf Tropfbilder, indem er Farbe auf große Leinwände schüttete und spritzte.

Darauf folgte die Pop-Art. Künstler schöpften Inspiration aus Cartoons und Verpackungen. Andy Warhol war der große Meister (oder auch der Papst des Pop, wie er manchmal genannt wurde). Danach kam der Minimalismus, und in den 1980er- und 1990er-Jahren war alles erlaubt – jeder Stil konnte seinen Platz in der Kunstwelt finden.

New York ist nach wie vor das dynamische Zentrum der Kunstwelt, und die Stadt hat entscheidenden Einfluss auf den Kunstgeschmack des Landes und der ganzen Welt. Wer den Puls der zeitgenössischen Kunst in der Region fühlen will, sollte sich Arbeiten von Jenny Holzer, Kara Walker, Chuck Close, Martin Puryear und Frank Stella ansehen.

Beste Museen für moderne Kunst

Museum of Modern Art, New York City, NY

Whitney Museum of American Art, New York City, NY

Salvador Dalí Museum, St Petersburg, FL

Andy Warhol Museum, Pittsburgh, PA

Dia:Beacon, Beacon, NY

Literatur

Der „Große amerikanische Roman" prägte mehr als 150 Jahre lang die Literatur. Edgar Allan Poe verfasste in den 1840er-Jahren gruselige Shortstories. Ihm ist auch die Erfindung von Kriminal- und Horrorgeschichten sowie von Science Fiction zuzuschreiben. 40 Jahre später erfand Samuel Clemens alias Mark Twain die Literatur neu. Twain schrieb umgangssprachlich, liebte „große Geschichten" und warf mit Absurditäten um sich, was ihn beim Alltagsleser überaus beliebt machte. Der Roman *Die Abenteuer des Huckleberry Finn* (1884) wurde zum Inbegriff der amerikanischen Erzählung: Geleitet von einem ersten Aufbegehren gegen seinen Vater, macht sich Huck auf die Suche nach Authentizität und sich selbst, und die grandiose Kulisse der ganzen Geschichte bildet der Mississippi.

Die „Lost Generation" verhalf der amerikanischen Literatur Anfang des 20. Jhs. zu ihrer Blütezeit. Die Autoren dieser Generation siedelten nach dem Ersten Weltkrieg nach Europa über und schrieben über die wachsende Entfremdung. Der geradlinig und schnörkellos formulierende Ernest Hemingway ist mit seinem sparsamen, stilisierten Realismus das beste Beispiel für diese Ära. F. Scott Fitzgerald aus Minnesota schilderte in seinen Romanen die innere Leere der High Society an der Ostküste. Nach seiner Rückkehr aus Europa beschrieb William Faulkner die sozialen Brüche der Gesellschaft des Südens in komplexer, sarkastischer Prosa. Während der Harlem Renaissance in New York setzten sich Afroamerikaner wie der Dichter Langston Hughes und die Romanautorin Zora Neale Hurston mit rassistischen Stereotypen auseinander.

Nach dem Zweiten Weltkrieg begannen amerikanische Schriftsteller, regionale und ethnische Unterschiede darzustellen, sie experimentierten mit verschiedenen Stilen und kritisierten die Werte der Mittelklasse. Die Beat Generation der 1950er-Jahre, angeführt von Jack Kerouac, Allen Ginsberg und William S. Burroughs, war besonders kompromisslos.

Die heutige Literatur reflektiert ein immer vielfältigeres Spektrum an Meinungen. Jacqueline Woodson, Junot Diaz und Sherman Alexie, die im vergangenen Jahrzehnt alle Bestseller geschrieben haben, beschäftigten sich mit Problemen der Afroamerikaner, der dominikanischen Amerikaner bzw. der amerikanischen Ureinwohner. Zu den Titanen der zeitgenössischen Literatur – die alle Pulitzer-Preisträger sind und zufällig alle aus dem Osten der USA kommen – gehören Toni Morrison (ihr jüngstes Buch *Gott, hilf dem Kind* erschien 2014), Joyce Carol Oates (die praktisch jedes Jahr ein Buch schreibt), Michael Chabon und Colson Whitehead. Whiteheads *Underground Railroad*, eine fesselnde, fiktive Erzählung über den Weg einer Frau aus der Sklaverei in die Freiheit in den 1850er Jahren, gewann 2016 den National Book Award und den Pulitzer-Preis 2017.

Große amerikanische Romane

- *Menschenkind, Toni Morrison*
- *Der große Gatsby, F. Scott Fitzgerald*
- *Schall und Wahn, William Faulkner*
- *Rost, Philipp Meyer*
- *Die Abenteuer des Augie March, Saul Bellow*

Die vielleicht bekannteste Ostküsten-Autorin ist Harper Lee aus Monroeville, Alabama. Lee erlangte im Jahr 1960 mit *Wer die Nachtigall stört* Berühmtheit, ein Titel, der auf keiner Sommerleseliste in den USA fehlt. Sie scheute das Rampenlicht, lebte lange zurückgezogen und veröffentlichte erst 2015 ein weiteres Buch, die kontrovers aufgenommene Fortsetzung ihres Erfolgsromans *Gehe hin, stelle einen Wächter*. Viele fragten sich, ob Lee, inzwischen 89, der Veröffentlichung überhaupt zugestimmt haben konnte. Sie starb weniger als ein Jahr später, am 19. Februar 2016.

Theater

Eugene O'Neill verhalf dem amerikanischen Schauspiel mit seiner Trilogie *Trauer muss Elektra tragen* (1931) erstmals zu hohem Ansehen. Im Stück wird ein tragischer griechischer Mythos nach Neuengland in die Zeit nach dem Bürgerkrieg verlegt. O'Neill war der erste große amerikanische Dramatiker und ist für viele noch immer der beste.

Nach dem Zweiten Weltkrieg beherrschten zwei Dramatiker die Szene: Arthur Miller, der bekanntermaßen Marilyn Monroe heiratete und über so ziemlich alles schrieb – von der Desillusionierung eines Vertreters der Mittelklasse (*Tod eines Handlungsreisenden*, 1949) bis hin zur geistigen Haltung des Mobs in den Hexenprozessen von Salem (*Hexenjagd*, 1953), und Tennessee Williams, dessen explosive Arbeiten *Die Glasmenagerie* (1945), *Endstation Sehnsucht* (1947) und *Die Katze auf dem heißen Blechdach* (1955) sich tief in die Psyche der Menschen aus den Südstaaten eingruben.

Edward Albee verlieh den 1960er-Jahren eine gesunde Dosis Absurdität, und David Mamet und Sam Shepard bereicherten die 1970er- und 1980er-Jahre um einige ungehobelte, kernige Typen. Heutzutage schreibt der mit dem Pulitzer-Preis ausgezeichnete Tracy Letts Familiendramen, die oft mit denen von O'Neill verglichen werden. Und so schließt sich der Kreis.

Die Shows auf den Bühnen des Broadway haben Kultstatus. Der berühmte New Yorker Distrikt macht durch Ticketverkäufe mehr als 1 Mrd. US$ Umsatz pro Jahr, wobei die Top-Shows unglaubliche 2 Mio. US$ in der Woche einspielen. Seit Langem laufende Klassiker wie *Der König der Löwen* und *Wicked – Die Hexen von Oz* werden weiterhin neben neueren Hits wie *The Book of Mormon* in ausverkauften Häusern gespielt, während andere alte Klassiker wie *Les Miserables* umgemodelt und mit großem Tamtam wieder aufgeführt werden. Abseits der hellen Lichter des Broadways bringen regionale Theater, etwa das Steppenwolf in Chicago, das Guthrie in Minneapolis und viele andere, neue Stücke auf die Bühne, und außerdem sorgen junge Bühnenautoren dafür, dass diese Kunst lebendig bleibt.

Ein Rap- und R&B-inspiriertes Musical über einen der weniger bekannten Gründungsväter stieg 2016 und 2017 als der überraschendste Stern über dem Broadway auf. Lin-Manuel Mirandas Hamilton, basierend auf Ron Chernows Bestseller-Biographie von Finanzminister Alexander Hamilton aus dem Jahr 2004, brachte eine Besetzung mit nichtweißen Schauspielern und einen unglaublich eingängigen Soundtrack auf die Bühne. Die Nachfrage war nahezu beispiellos und Tickets wurden zu astronomischen Preisen gehandelt. Seit das Stück 2017 auf landesweite Tournee ging, ist es allerdings etwas einfacher geworden, Karten zu bekommen.

Mehrere Bücher berühmter Autoren aus dem Osten der USA waren zu verschiedenen Zeiten verboten, darunter *Schlachthof 5* von Kurt Vonnegut aus Indianapolis, *Der Fänger im Roggen* des New Yorkers J. D. Salinger und *Die Farbe Lila* der in Georgia geborenen Alice Walker.

Film & Fernsehen

Das Studiosystem hat eigentlich in Manhattan seinen Ursprung, wo Thomas Edison – der Begründer der Filmindustrie – versuchte, mit seinen Patenten ein Monopol zu schaffen. Dies veranlasste viele Unabhängige, in einen Vorort von Los Angeles zu ziehen, wo sie im Fall rechtlicher Probleme schnell nach Mexiko fliehen konnten: Und so wurde Hollywood geboren.

Die meisten guten Filme werden zwar immer noch an der Westküste gedreht, doch auch New York hat nach wie vor eine beträchtliche Zahl von Film- und Fernsehstudios. Zu den großen Sendern der Stadt gehören ABC, CBS, NBC, CNN, MTV und HBO, und viele Besucher kommen extra her, um Jimmy Fallon *(Tonight Show)*, Stephen Colbert *(Late Show)* oder ihre anderen Lieblings-Talkshows zu erleben. Viele Filmemacher und Schauspieler ziehen New York der Westküste vor – die berühmtesten sind Robert De Niro, Spike Lee und Woody Allen –, also Augen auf beim Stadtbummel! Weitere Filmstädte sind z. B. Miami, Chicago und Atlanta sowie eine, von der man es niemals gedacht hätte: Wilmington, North Carolina. Hier gibt es so viele Filmstudios, dass die Stadt den Spitznamen „Wilmywood" trägt (neue Gesetze des Bundesstaats, die Steuervorteile streichen, könnten dem Geschäft hier allerdings einen Dämpfer verpassen).

Seit dem Auftauchen von Kabelfernsehen, Netflix, Amazon und anderen Streaming-Diensten wie YouTube (deren User können ihre eigenen Channels senden, in denen sie die Stars sind) in der Branche halten sich die großen Fernsehproduzenten an die langjährigen Seriendramen (z. B. *Law & Order: Special Victims Unit*, das seit 1999 läuft) sowie an billig zu produzierendes Reality-Fernsehen ohne Drehbuch. Was 2000 mit *Survivor* begann, führen die Kandidaten und „Schauspieler" von *The Voice* und *The Bachelor* heute auf Gedeih oder Verderb fort.

Architektur

Im Jahr 1885 entwarf eine Gruppe von Konstrukteuren in Chicago den ersten Wolkenkratzer. Er reichte zwar nicht bis an die Wolken, aber sein Stahlskelett bildete den Grundstein für die moderne Architektur.

Ungefähr zur gleichen Zeit verwirklichte ein anderer Architekt aus Chicago seine Ideen in weniger luftigen Höhen: Frank Lloyd Wright schuf einen neuen Gebäudestil, verabschiedete sich von traditionellen Elementen und historischen Anspielungen und entwickelte das Konzept der organischen Architektur. Er entwarf Gebäude, die sich in die Landschaft der Great Plains einfügten, d. h. Häuser mit tiefliegenden, horizontalen Linien. Wrights „Präriehäuser" wurden später sogar zu einer ganzen Architekturrichtung.

Europäische Architekten nahmen Wrights Ideen auf, und als die Vertreter der Bauhaus-Schule Nazi-Deutschland verließen, kamen ihre Ideen in abgewandelter Form in die USA zurück und wurden als Internationaler Stil, eine frühe Form der modernen Architektur, bekannt. Einer der bedeutendsten Architekten war Ludwig Mies van der Rohe. Seine kastenförmigen, aus Metall und Glas bestehenden Riesen kennzeichneten vor allem die Skylines von Chicago und New York City. Mit dem später aufkommenden Postmodernismus hielten Farbe, Art-déco- und Jugendstilelemente sowie andere historische Bezüge wieder Einzug ins Design der Hochhäuser.

Auch die Architekten von heute überwinden immer wieder Grenzen. Jüngste Beispiele für visionäres Design sind z. B. Jeanne Gangs geriffelter Aqua Tower in Chicago – das höchste von einer Frau entworfene Gebäude der Welt. 2013 wurde das 541,3 m hohe One World Trade Center in NYC das höchste Gebäude der USA. 2016 nahm David Ajayes schimmerndes National Museum of African American History and Culture seinen Platz an der Mall in Washington, D.C. ein.

Musik

Jazz, Blues, Country, Hip-Hop und Rock sind alle im amerikanischen Osten entstanden, und in Nord wie Süd dringen ihre Beats aus den Clubs und Jukebox-Bars. Wer aufmerksam zuhört, kann die Einflüsse von Muddy Waters Slide-Gitarre, Hank Williams Jodelei, John Coltranes schrillen Kaskaden und vieles mehr heraushören.

Blues

Die gesamte Musik der USA beginnt mit dem Blues. Und der Blues entstand im Süden. Dort entwickelte sich dieses Genre aus den Arbeiterliedern oder den Rufen der schwarzen Sklaven sowie aus ihren spirituellen Songs und ihrem Frage-Antwort-Schema – beides aus der afrikanischen Musik übernommen.

In den 1920er-Jahren war der Delta-Blues das Sinnbild dieses Sounds. Von Memphis bis nach Mississippi sangen Musiker zu den Klängen der Slide-Gitarre leidenschaftliche, schwermütige Lieder. Im ganzen Süden konnten fahrende Blues-Musiker und insbesondere Blues-Sängerinnen Geld verdienen und brachten es zu Ruhm. Zu den Pionieren gehören Robert Johnson, W.C. Handy, Ma Rainey, Huddie Ledbetter (alias Lead Belly) und Bessie Smith, die für viele die beste Blues-Sängerin aller Zeiten ist.

Zur gleichen Zeit entwickelte sich aus der afroamerikanischen christlichen Chormusik der Gospel, dessen größte Sängerin, Mahalia Jackson, in den 1920er-Jahren in Chicago bekannt wurde. Sie sang im Chor der Greater Salem Baptist Church im Süden der Stadt, in der sie bis zu ihrem Tod im Jahr 1972 treues Mitglied blieb.

Nach dem Zweiten Weltkrieg machten sich viele Musiker in Richtung Norden nach Chicago auf, das sich zu einem Zentrum afroamerikanischer Kultur entwickelt hatte. Hier kam es zu einem Wendepunkt des Genres: Elektronische Musikinstrumente hielten Einzug. Eine neue Generation von Musikern wie Muddy Waters, Buddy Guy, B.B. King und John Lee Hooker drehte die Verstärker auf, und ihre kreischenden Gitarren legten den Grundstein für den Rock'n' Roll.

Klassiker des Ostens

Atlantic City, Bruce Springsteen

Georgia on My Mind, Ray Charles

No Sleep till Brooklyn, Beastie Boys

Sweet Home Alabama, Lynyrd Skynyrd

Floridays, Jimmy Buffet

Humble and Kind, Tim McGraw

Jazz

Der Platz in New Orleans, Congo Square, auf dem sich ab Ende des 18. Jhs. weiterhin Sklaven zum Singen und Tanzen trafen, gilt als Geburtsstätte des Jazz. Dort mischten sie die Klänge der Schilfrohr-, Horn- und Saiteninstrumente der multiethnischen Kreolen – die selbst die traditionelle europäische Musik bevorzugten – mit ihrer eigenen, von afrikanischen Einflüssen geprägten Musik. Diese gegenseitigen Einflüsse führten zu einer stetigen Entwicklung innovativer Sounds.

Die erste neue Variante war der Ragtime, der seinen Namen den „zerhackten“ (engl. *ragged*) synkopischen afrikanischen Rhythmen verdankt. Es folge der Dixieland, dessen Zentrum das berühmt-berüchtigte Rotlichtviertel Storyville war. 1917 wurde Storyville dicht gemacht, und die Musiker zerstreuten sich in alle Winde. Bandleader King Oliver zog nach Chicago, und bald folgte sein Star-Trompeter Louis Armstrong. Armstrongs markante Stimme und seine gekonnten Improvisationen ließen das Solo für große Teile des 20. Jhs. zu einem festen Bestandteil des Jazz werden.

Die 1920er- und 1930er-Jahre wurden als Jazz Age bekannt, und ihr Zentrum war Harlem in New York City. Eine Welle des Swing – ein städtischer Bigband-Jazzstil – überrollte das Land, angeführt von den innovativen Bandleadern Duke Ellington und Count Basie. Die Jazzsängerinnen Ella Fitzgerald und Billie Holiday kombinierten Jazz mit der Musik des Südens, dem Blues.

Nach dem Zweiten Weltkrieg folgte der Aufstieg des Bebop (auch Bop genannt), der gegen die glatten Melodien und die begrenzten Rhythmen des Bigband-Swing aufbegehrte. Seine Pioniere waren Charlie Parker, Dizzy Gillespie und Thelonious Monk. In den 1950er- und 1960er-Jahren spalteten Miles Davis, John Coltrane und andere den gewohnten Sound und erfanden einen neuen, der cool, frei und avantgardistisch war. New York City, New Orleans und Chicago bilden bis heute das Zentrum der Jazzszene.

Beste Musikfestivals

New Orleans Jazz Fest; April

Movement Electronic Music Festival, Detroit; Mai

Bonnaroo, Manchester, TN; Juni

Summerfest, Milwaukee, WI; Juni/Juli

Newport Folk Festival, Rhode Island; Juli

Lollapalooza, Chicago, IL; August

Country

Die frühen schottischen, irischen und englischen Einwanderer brachten ihre Musikinstrumente und ihre Volksmusik mit nach Amerika, und im Lauf der Zeit entstand in den abgeschiedenen Appalachen die von Geige und Banjo dominierte Hillbilly- bzw. Country-Musik. Im Südwesten prägten Stahlseitengitarren und größere Bands die eigenständige „Western"-Musik. In den 1920er-Jahren verbanden sich diese Stile im „Country & Western", dessen Zentrum Nashville wurde, besonders als 1925 die Ausstrahlung der Radioshow Grand Ole Opry begann. Zu den Country-Musikern, die heute als Ikonen gelten, zählen Hank Williams, Johnny Cash, Willie Nelson, Patsy Cline und Loretta Lynn.

Texte im Stil von *cry in your beer* trafen bei den Zuhörern offensichtlich einen Nerv, denn heute ist Country-Musik ein Riesengeschäft. Singer-Songwriter wie Blake Shelton, Tim McGraw und Taylor Swift haben Millionen Alben verkauft. Zu den aus dem Country hervorgegangenen Musikstilen gehören Bluegrass, Rockabilly und Alternative Country. Die stiefeltragende Hochburg des Genres ist bis heute der Süden.

Folk

Die Tradition der amerikanischen Folk-Musik kristallisierte sich in Woody Guthrie, der während der Depression durchs Land reiste und seine politischen Songs zum Besten gab. In den 1940er-Jahren tauchte der New Yorker Pete Seeger als unermüdlicher Bewahrer des amerikanischen Folks auf der Bildfläche auf. Während der Protestbewegungen der 1960er-Jahre erlebte der Folk eine riesige Renaissance, doch dann setzte Bob Dylan, der selbst dem Folk zugewandt war, dem im Alleingang ein Ende, als er 1965 auf dem Newport Folk Festival unter „Verräter"-Rufen mit einer elektrischen Gitarre auftrat.

Im vergangenen Jahrzehnt hat der Folk ein Revival erlebt. Der Singer-Songwriter Iron & Wine verbindet wehmütigen Pop, Blues und Rock zu einem Sound, wie ihn nur jemand aus dem Süden hinkriegt, und das Schwesternduo Lily & Madeleine aus Indiana singt spirituelle, unglaublich monumentale Folk-Balladen.

Rock

Die meisten sagen, der Rock'n'Roll wurde an jenem Tag im Jahr 1954 geboren, als Elvis Presley in Sam Phillips' Studio in Memphis spazierte und *That's All Right* aufnahm. Die Radiosender fragten sich zunächst, warum ein weißer Junge vom Land schwarze Musik sang und warum sie diese spielen sollten. Erst 1956 gelang Presley mit *Heartbreak Hotel* sein großer Durchbruch, und in gewisser Weise prägen die Auswirkungen des Rock'n' Roll Amerika bis heute.

Musikalisch war Rock'n' Roll eine Mischung aus gitarrendominiertem Blues, schwarzem Rhythm'n' Blues (R'n' B) und weißer Country-and-Western-Musik. R'n' B entwickelte sich in den 1940er-Jahren aus dem Swing und dem Blues und war damals als „Rassenmusik" bekannt. Mit dem Rock'n' Roll wurde die „Rassenmusik" in etwas verwandelt, das weiße Jugendliche uneingeschränkt annehmen konnten – und wie sie das taten!

Der Rock'n' Roll beflügelte sofort die soziale Revolution, die sogar noch bedeutender war als die musikalische: Seine offen thematisierte Sexualität, die die Jugend feierte, und ungeniert die Rassenschranken überquerte, schockierte das Land. Die Behörden arbeiteten eifrig daran, „jugendliche Gesetzesbrecher" zu kontrollieren und den Rock'n' Roll „sauber" zu halten und zu unterdrücken. Vielleicht wäre er sogar verkümmert, hätte es nicht Anfang der 1960er-Jahre die „britische Invasion" gegeben, in der die Beatles und die Rolling Stones, die Chuck Berry nacheiferten, ihn schlagartig wieder zurück ins Leben katapultierten.

In den 1960er-Jahren gab es eine ausgewachsene Rebellion der Jugend, verkörpert von dem von Drogen inspirierten Sound der Grateful Dead und von Jefferson Airplane sowie von den wilden, elektronischen Klängen von Janis Joplin und Jimi Hendrix, bejubelt von der West Coast. Die Klänge und Sensibilitäten des Ostens standen in hartem Kontrast zu den Blumenkindern im Westen. Lou Reeds Velvet Underground ist die bedeutendste Band, die in diesem Jahrzehnt im Osten der USA aufkam.

Seither ging es beim Rock um Musik und Lebensstil, hin und her gerissen zwischen Genusssucht und Ernsthaftigkeit, Kommerzialisierung und Authentizität. Das Woodstock Festival, das eine Wiese im Bundesstaat New York zu einer Legende machte, wurde 1969 der Inbegriff der Rock-Szene.

In den späten 1970er-Jahren erschienen der Punk, angeführt von den Ramones (dem Stolz von Queens, New York), sowie der Arbeiter-Rock von Bruce Springsteen (dem Stolz New Jerseys) auf der Bildfläche. Als die Gegenkultur in den 1980er-Jahren zum Mainstream wurde, verkündeten Kritiker verfrüht: „Der Rock'n' Roll ist tot." Doch wie immer wurde er gerettet (diesmal von den Talking Heads, REM, Sonic Youth und anderen Bands aus dem Osten der USA), wie immer, indem Richtungen absplitterten und sich neue entwickelten, ob es nun New Wave, Heavy Metal, Grunge, Indie-Rock, Worldbeat, Skatepunk, Hardcore, Goth, Emo oder Electronica waren.

Die Musik der Gesetzlosen ist heute zwar der Hip-Hop, doch Rock hat nach wie vor große Bedeutung, und er ist weit davon entfernt, zu verschwinden. Anfang der 2000er-Jahre trugen die Strokes und The Killers zu einem Revival der Rockmusik bei. Zu den Bands, die die Flamme weitertragen, gehören gegenwärtig neben vielen anderen die Alabama Shakes, Black Lips und Future Islands.

Schreine für Musikfans

- *Sun Studio, Memphis, TN*
- *Graceland, Memphis, TN*
- *Country Music Hall of Fame, Nashville, TN*
- *Rock and Roll Hall of Fame, Cleveland, OH*
- *Preservation Hall, New Orleans, LA*
- *BB King Museum and Delta Interpretive Center, Indianola, MS*

Hip-Hop

Aus der enormen Fülle der Sounds, die sich Anfang der 1970er-Jahre entwickelten – Funk, Soul, Latin, Reggae und Rock'n' Roll – mischten junge DJs aus der Bronx in NYC eine bahnbrechende Kombination verschiedener Platten zusammen, die die Tanzfläche zum Kochen bringen sollte.

Damit war der Hip-Hop geboren. Gruppen wie Grandmaster Flash und die Furious Five brachten die Party bald von der Straße in die angesagten Club Manhattans und arbeiteten mit Punk- und New-Wave-Bands wie The Clash und Blondie zusammen. Künstler, die konventionelle Rahmen sprengten, wie Futura 2000, Keith Haring und Jean-Michel Basquiat zogen von der Straße und der U-Bahn in die Galerien und erreichten bald die Welt der Mode und Werbung.

New York blieb bis zur Mitte der 1980er-Jahre das Zentrum des Hip-Hop. Gruppen wie Run-DMC, Public Enemy und später die Beastie Boys verkauften Millionen Alben. Dann begannen die Sounds und Stile der wachsenden Hip-Hop-Kultur auseinanderzudriften und neue Varianten auszubilden. Zwischen den Bands der Ostküste und den „Gangsta' Rappers" aus L.A. an der Westküste entwickelte sich eine Rivalität. Gruppen wie Niggaz With Attitude wurden für ihre mutige Musik und die sozialen Kommentare zu Rassismus Drogen, Sex und urbaner Armut – die Kritiker als Schlachtrufe für Gewalt bezeichneten – von der Presse sowohl gefeiert als auch niedergemacht.

Zur Jahrtausendwende hatte sich der Hip-Hop, der mit zerlumpten Jugend-Gangs, die auf illegalen Partys im Viertel die Funk-Platten ihrer Eltern spielten, begonnen hatte, zu einem Milliardengeschäft entwickelt. Russell Simmons und P. Diddy standen an der Spitze von in New York ansässigen Media-Imperien, und die Stars Queen Latifah (aus Jersey) und Will Smith (aus Philadelphia) wurden Hollywood-Stars. Eminem, ein weißer Rapper aus Detroit, verkaufte Millionen Platten, und Hip-Hop überholte den Country als Amerikas beliebteste Musik nach dem Pop-Rock.

Viele betrachten Hip-Hop heute als öde Wüste des kommerziellen Exzesses, der Materialismus, Frauenfeindlichkeit, Homophobie, Drogenmissbrauch und viele andere soziale Probleme glorifiziert. Doch genau wie die hedonistischen Tage des Stadion-Rocks den Punk hervorbrachten, so brechen die neuen Ableger der Hip-Hop- und DJ-Kultur immer wieder die Regeln, um etwas Neues und noch Dynamischeres hervorzubringen. Wichtige Musiker sind gegenwärtig Jay-Z, Kanye West, Nicki Minaj, Common und das experimenteller eingestellte Duo Macklemore & Ryan Lewis mit seinem Wohlfühl-Hip-Hop.

Natur & Umwelt

Ob man nun Alligatoren, Wale, Manatis oder Elche sehen möchte, der Osten der USA bietet viele Beobachtungsmöglichkeiten. In den Nationalparks liegt einem der ganze Reichtum der Natur zu Füßen. Zahlreiche State und National Parks sind dem Schutz der Wildnis des Ostens gewidmet. Von den Appalachen bis zu den Ahornwäldern Neuenglands im Norden, über Tausende Kilometer an Flussmündungen, die wilde Atlantikküste, Sümpfe bis hin zu den bewaldeten Marschlandschaften des Südens… wenn es um Naturspektakel und Wildtierbeobachtungen geht, hat der Besucher die Qual der Wahl.

Geografie

Zum Osten mit seinen gemäßigten Laubwäldern gehört auch die niedrige Bergkette der uralten Appalachen, die parallel zum Atlantik verläuft. Zwischen Gebirge und Küste liegt die bevölkerungsreichste und städtischste Region des Landes – insbesondere natürlich der Korridor zwischen Washington, D.C. und Boston, MA.

Vier der Großen Seen (Great Lakes) liegen auf der Grenze zwischen den USA und Kanada. Als Teil des Kanadischen bzw. Laurentischen Schilds bilden die insgesamt fünf Seen den größten Süßwasserspeicher der Erde (fast 20% der weltweiten Vorräte).

Südwärts, entlang der Ostküste, wird das Klima immer feuchter und wärmer. Und schließlich erreicht man die Sümpfe Süd-Floridas; westlich davon schwappt der Golf von Mexiko an die Südküste der USA.

Die gewaltigen Interior Plains westlich der Appalachen erstrecken sich flach bis zu den Rocky Mountains. Die östlichen Ebenen auf früherem Meeresboden lassen sich grob in den nördlichen „Maisgürtel" und den südlichen „Baumwollgürtel" unterteilen. Sie bilden Amerikas Brotkorb und speisen ihr Wasser in den mächtigen Mississippi ein. Letzterer bildet zusammen mit dem Missouri das viertlängste Flusssystem der Welt, das nur vom Nil, dem Amazonas und dem Jangtsekiang übertroffen wird.

Im Westen weichen die Rocky Mountains und die südwestlichen Wüsten dann irgendwann dem Pazifik.

Der Gewinner des Pulitzer-Preises für Sachbücher 2015, *Das sechste Sterben: Wie der Mensch Naturgeschichte schreibt* von Elizabeth Kolbert, beleuchtet, warum Arten in rasantem Tempo von der Erde verschwinden – vom Aussterben des Stummelfußfrosches im Regenwald von Panama bis zum Fledermaussterben in Vermont, in der Nähe des Heimatorts der Autorin.

Pflanzen & Bäume

Die Wildblumen im Frühling und das farbenfrohe Herbstlaub sind Neuenglands Charakteristika. Der Great Smoky Mountains National Park beheimatet alle fünf östlichen Waldformen (Rottannen, Hemlocktannen, Kiefern-Eichen-Mischwald, Northern und Cove Hardwood) mit mehr als 100 heimischen Baumarten.

Die Everglades in Florida bilden mit ihren Mooren, Sümpfen und Küstenprärien das letzte subtropische Wildnisgebiet der USA. Dieses wichtige, bedrohte Biotop vereint Süß- und Salzwasser u.a. mit Mangroven, Zypressen, Seegräsern, Tropenpflanzen, Kiefern oder Harthölzern.

Landsäugetiere

Elche

Im ganzen Norden der Region knabbern Elche an den Büschen – vor allem in Maine, New Hampshire, Vermont, Upstate New York sowie den nördlichen Wäldern zwischen Michigan, Minnesota und Wisconsin. Elche gehören zwar zur Gattung der Hirsche, sind aber weitaus größer. Der mächtige Rumpf auf dünnen „Ballerinabeinen" sorgt bei den Bullen für ein Gesamtgewicht von bis zu 544 kg. Die Elche ernähren sich von vegetarischer Kost aus Blättern und Zweigen. Trotz ihrer seltsamen Gestalt sind Elche sehr flink: Sie können bis zu 56 km/h schnell laufen und so schnell schwimmen, wie sich ein Zweimannkanu fortbewegt.

Jeden Sommer wächst den Bullen ein imposantes Geweih, das im November wieder abgeworfen wird. Elche suchen in See- oder Flussnähe nach Nahrung, sind allgemein nicht aggressiv und posieren oftmals sogar für Fotos. Dennoch: Sie sind unberechenbar und sollten daher keinesfalls erschreckt werden. Während der Brunftzeit (Sept.) ist es ratsam, aufgrund der potenziellen Kampfeslust der Bullen stets ausreichend Sicherheitsabstand einzuhalten.

In vielen Gebieten sterben Elche in besorgniserregendem Ausmaß. Wissenschaftler vermuten, dass u.a. der Klimawandel schuld daran ist: In New Hampshire hat ein langer Herbst mit wenig Schnee die Ausbreitung der Winterzecken begünstigt – das sind Schädlinge, die Elche befallen. In Minnesota zeigt sich das gleiche Bild, nur sind hier Hirnwürmer die tödlichen Parasiten. In Maine gibt es immer noch etwa 70 000 Elche.

VERHEERENDE NATURKATASTROPHEN

Erdbeben, Buschbrände, Tornados, Hurrikans und Blizzards: Die östlichen USA haben etliche Naturkatastrophen erlebt. Hier ein paar aktuelle Beispiele, die im Bewusstsein der Nation verhaftet sind (Hurrikan Irma siehe S. 501):

Hurrikan Katrina Den 29. August 2005 wird New Orleans nicht so schnell vergessen: Ein gewaltiger Hurrikan fegte über den Golf von Mexiko und traf Louisiana mit voller Wucht. Als die Deiche brachen, wurden mehr als 80 % der Stadt überflutet; 1836 Menschen kamen ums Leben. Amerikas bislang kostspieligste Naturkatastrophe (geschätzter Gesamtschaden: 100 Mrd. US$) klingt in ergreifenden Bildern und im Zorn über das mangelhafte Krisenmanagement der Regierung nach.

Hurrikan Irene Am 27. und 28. August 2011 verwüstete ein Monstersturm die US-Ostküste zwischen Florida und Neuengland. Betroffen waren 15 Bundesstaaten – bis nach Pennsylvania ins Landesinnere hinein. In NYC wurde evakuiert und die historische Entscheidung gefällt, den öffentlichen Nahverkehr einzustellen. Über 7,4 Mio. Haushalte waren ohne Strom, während Flüsse über die Ufer traten und mindestens 45 Menschen starben. Der Gesamtschaden wurde auf 7 Mrd. US$ geschätzt.

East Coast Earthquake Am 23. August 2011 erschütterte ein Erdbeben der Stärke 5,8 die östlichen USA. Obwohl sich das Epizentrum in Mineral (Virginia) befand, zitterte von Maine bis South Carolina der Boden spürbar. Das stärkste Erdbeben in Virginia seit 1897 verursachte zwar keine ernsthaften Schäden, beschädigte aber das Washington Monument und zerstörte drei Türme der National Cathedral in Washington, D.C.

Hurrikan Sandy Am 29. Oktober 2012 traf die USA der zweitteuerste Hurrikan der amerikanischen Geschichte (nach Katrina). Sandy war der gewaltigste atlantische Hurrikan, der je aufgezeichnet wurde, mit Sturmwinden, die sich über 1000 Meilen erstreckten. Die Küste von Jersey und tiefliegende Gebiete von New York City (wie Staten Island) traf es besonders hart. In den USA starben mehr als 80 Menschen, und der Schaden wird auf über 65 Mrd. US$ geschätzt.

Louisiana-Überschwemmungen Im August 2016 kam es zur schlimmsten Naturkatastrophe in den östlichen USA seit dem Hurrikan Sandy: Binnen einer Woche fielen 6 Billionen, 900 Milliarden Gallonen Regen (in Livingstone Parish waren es innerhalb von 15 Stunden fast 80 cm). 13 Menschen verloren ihr Leben, Zehntausende ihr Zuhause. Der Schaden belief sich auf mehr als 30 Mio US$.

Schwarzbären

Trotz abnehmender Bestände bevölkern Schwarzbären bis heute den Großteil der Region. Dies gilt vor allem für die Adirondacks, die Great Smoky Mountains und die nördlichen Wälder der Great Lakes. Die Männchen können sich bis zu 2 m hoch aufrichten und bringen bis zu 250 kg auf die Waage – allerdings je nach Jahreszeit: Im Herbst wiegen sie bis zu 30 % mehr als im Frühjahr direkt nach dem Winterschlaf. Obwohl Schwarzbären gelegentlich auch Fleisch fressen, ernähren sie sich vor allem von Beeren und Pflanzen. Die äußerst anpassungsfähigen und neugierigen Tiere können in sehr kleinen Revieren überleben. Aufgrund des Waldschwunds tingeln sie heute manchmal aber auch durch naturnah gelegene Wohngebiete.

Panther

Der klägliche Rest einer Panther-Population geht im Everglades National Park (Florida) auf Beutejagd. Vor der Ankunft der Europäer pirschten schätzungsweise 1500 Großkatzen durch den Bundesstaat – doch nach Auszahlung der ersten Panther-Prämie (1832; 5 US$/Fell) wurden sie in den folgenden 130 Jahren gnadenlos gejagt. Trotz des Jagdstopps im Jahr 1958 war es für die Tiere zu spät, um aus eigener Kraft überleben zu können: Ohne ein Nachzuchtprogramm (gestartet 1991) wäre der Florida-Panther heute ausgestorben. Mit nur ca. 100 registrierten Exemplaren ist die Art aber noch längst nicht aus dem Schneider.

Wölfe & Kojoten

Die wenigen Wölfe des Ostens ziehen vor allem durch die Boundary Waters in Minnesota. Die kühlen Nadelwälder der Region sind ihr Hauptrevier und außerdem die Heimat des International Wolf Center (www.wolfcenter.org) in Ely, Minnesota. Wölfe können zwar listig und grimmig wie im Märchen sein, greifen aber nur selten Menschen an. Draußen in der Wildnis hört man sie eventuell den Mond anheulen.

Der Kojote ähnelt äußerlich dem Wolf, ist mit einem Gewicht von 7 bis 20 kg aber nur etwa halb so groß. Auch wenn er eigentlich ein Symbol des Südwestens ist, kommt er auch im Osten der USA häufig vor – sogar in den Großstädten: Vor einigen Jahren besuchte ein Kojote im größten Mittagstrubel einen Chicagoer Sandwich-Shop in Downtown.

Der Isle Royale National Park in Michigan führt die längste Räuber-Beute-Studie zu Wölfen und Elchen der Welt durch. Obwohl die Anzahl seit Beginn der Aufzeichnungen 1958 schwankt, ist die größte Unregelmäßigkeit erst vor Kurzem aufgetreten; 2015 schwand die Wolfspopulation bis auf drei (von noch von 30 Wölfen 2006), während die Anzahl der Elche auf 1250 anstieg. Krankheiten, Inzucht und Klimawandel gehören wohl zu den Ursachen.

Hirsche

Weißwedelhirsche bevölkern die ganzen östlichen USA. Eine winzige Unterart lebt ausschließlich auf den Florida Keys: Die Key-Weißwedelhirsche sind höchstens 92 cm groß, leichter als ein zehnjähriger Junge und fast ausschließlich auf Big Pine Key zu Hause.

Reptilien

Alligatoren & Krokodile

Amerikanische Alligatoren gleiten vor allem in Florida und Louisiana durch die Sümpfe. Über diese wachen sie seit mehr als 200 Mio. Jahren – ausgestattet mit riesiger Schnauze und wachsamen Augen und so gut getarnt, dass sich die Wasseroberfläche kaum einmal kräuselt.

In Louisiana leben knapp 2 Mio. Alligatoren. Vorrangig auf die Seen, Flüsse und Golfplätze Zentral- bzw. Südfloridas verteilen sich weitere 1,5 Mio. In den Everglades lassen sich die Tiere wohl am besten beim Lauern beobachten. Alligatoren sind Spitzenprädatoren, die den Rest der Nahrungskette dominieren. Während Dürreperioden und der Trockenzeit werden ihre „Wohnteiche" *(gator holes)* zu lebenswichtigen Wasserspeichern für das Ökosystem der Feuchtgebiete. Alligatoren können ca. 30 Jahre alt, bis zu 4,3 m lang und 454 kg schwer werden. Of-

NATIONALPARKS IM OSTEN DER USA

PARK	STAAT	ATTRAKTIONEN	AKTIVITÄTEN	BESTE ZEIT
Acadia National Park	ME	466 m Cadillac Mountain, felsige Küstenlinie, Inseln	Wandern, Rad fahren	Mai–Okt.
Biscayne National Park	FL	Korallenriffe, Manatis, Delfine, Meeresschildkröten	Kajak fahren, schnorcheln, tauchen, Touren mit Glasbodenbooten	Mitte Dez.–Mitte April
Congaree National Park	SC	Moosbewachsene Zypressen, Sümpfe, Eulen	Angeln, Kanu fahren	April–Juni & Sept.–Nov.
Cuyahoga Valley National Park	OH	Flüsse, Wasserfälle, Kanal-Schleppwege	Wandern, Rad fahren, landschaftlich reizvolle Zugfahrt	Mai–Okt.
Dry Tortugas National Park	FL	Abgelegene Inseln, Bürgerkriegsfestung, 300 Vogelarten, Meeresschildkröten	Schnorcheln, tauchen, Vogelbeobachtung	Dez.–April
Everglades National Park	FL	Weideland, Sümpfe, Alligatoren, Panther, Manatis	Rad fahren, Kanu fahren, Kajak fahren, wandern	Dez.–April
Great Smoky Mountains National Park	NC, TN	Berge, Wälder, Wildblumen, Schwarzbären, Elche	Wandern, reiten, angeln	Mitte April–Okt.
Hot Springs National Park	AK	Thermalwasser, historische Gebäude	Saunieren im Spa, wandern	Sept.–Feb.
Isle Royale National Park	MI	Riesige abgelegene Insel, dichter Wald, Seen, Elche	Kajak fahren, wandern, Camping	Mitte Mai–Okt.
Mammoth Cave National Park	KY	Riesige Höhlen, unterirdische Flüsse, Fledermäuse	Wandern, Höhlenerkundungen	ganzjährig
Shenandoah National Park	VA	Blue Ridge Mountains, Wasserfälle, Rotwild, Rotluchse	Wandern, Camping	April–Okt.
Voyageurs National Park	MN	Dichter Wald, Inseln, Seen, Wölfe, Nordlicht	Bootstouren, Motorschlittenfahren	Mai–Ende Sept.

fiziell gelten sie nicht mehr als gefährdet, stehen aber weiterhin unter speziellem Schutz, da sie dem immer noch bedrohten Amerikanischen Krokodil ähneln.

In Süd-Florida lebt mit ca. 1500 Tieren die einzige nordamerikanische Population der Amerikanischen Krokodile. Sie bevorzugen Salzwasser und unterscheiden sich von Alligatoren durch ihr „Lächeln“: Aus der vergleichsweise spitzen Krokodilschnauze stehen die Zähne deutlich hervor.

Meeresschildkröten

Innerhalb der kontinentalen USA legen die meisten Meeresschildkröten ihre Eier in Florida ab – vor allem an den südlichen Atlantikstränden und den Golfstränden, wo die drei Hauptarten jedes Jahr über 80 000 Nester graben. Der Großteil sind Unechte Karettschildkröten, gefolgt von Suppen- und Lederschildkröten; früher wurden auch Echte Karettschildkröten und Atlantik-Bastardschildkröten gesichtet. Alle fünf Spezies gelten als gefährdet oder sind vom Aussterben bedroht. Mit bis zu 3 m Länge und 900 kg Gewicht ist die Lederschildkröte am größten. Während der Nistzeit (Mai–Okt.) legen Meeresschildkröten ca. 80 bis 120

Eier pro Nest. Nachdem die Eier etwa zwei Monate lang im Sand gelegen haben, schlüpfen die Jungen alle gleichzeitig und machen sich auf den Weg zum Meer. Sie müssen sich dabei aber nicht am Mond orientieren.

Schlangen

Zuerst die schlechte Nachricht: Mit Diamant-, Zwerg-, Canebrake- und Waldklapperschlange leben vier Klapperschlangenarten östlich des Mississippis. Die bis zu 2,1 m lange Diamantklapperschlange ist am größten und aggressivsten. Nordamerikanische Kupferköpfe, Wassermokassin- und Korallenottern sind weitere Giftschlangen-Spezies. Die genannten Arten tummeln sich vor allem an der Süd- und der mittleren Atlantikküste.

Und jetzt die gute Nachricht: Begegnungen mit Giftschlangen sind selten. Beweis gefällig? Der Great Smoky Mountain National Park mit mehr als 10 Mio. Besuchern pro Jahr hat in seiner über 80-jährigen Geschichte keinen einzigen tödlichen Schlangenbiss zu verzeichnen.

Zusätzlich zu den Nationalparks gibt es in den östlichen USA acht National Seashores (Küstenschutzgebiete), darunter auch Cape Cod in Massachusetts, vier National Lakeshores (Seenschutzgebiete), einschließlich Sleeping Bear Dunes in Michigan, sowie 10 National Rivers (geschütze Flusssysteme), einschließlich der New River Gorge in West Virginia. Beim National Park Service (www.nps.gov) erfährt man Näheres.

Meeressäuger & Fische

Wale & Delfine

Die beste Walbeobachtungsstelle im Osten der USA liegt vor Massachusetts: Das Stellwagen Bank National Marine Sanctuary ist ein Sommerfutterplatz der Buckelwale. Die wundersamen Geschöpfe sind durchschnittlich 15 m lang und 36 t schwer – eine gewaltige Masse, die sie beim spielerischen Auftauchen über die Wasseroberfläche wuchten müssen. Zudem kommen Buckelwale überraschend nah an Boote heran und geben tolle Fotomotive ab. Viele der 400 letzten Atlantischen Nordkaper (die bedrohteste Walart der Welt) ziehen durch dieselben Gewässer. Bootstrips starten in Boston, Plymouth, Provincetown und Gloucester (Massachusetts).

Vor Floridas Küste leben mehrere Delfinarten. Bei Weitem am stärksten vertreten sind die geselligen und intelligenten Großen Tümmler, die sich regelmäßig blicken lassen.

Manatis

Floridas Küste ist die Heimat der seltsamen, sanften Manatis (Rundschwanzseekühe), die zwischen Süßwasserflüssen und dem Meer pendeln. Die wendigen, ausdrucksvollen Tiere (ca. 3 m lang, 450 kg schwer) sind eigentlich relativ faul: Sie verbringen den Großteil des Tages damit, sich auszuruhen und eine Menge zu fressen – 10 % ihres Körpergewichts nehmen sie täglich zu sich. Im Winter ziehen sie zu Floridas Thermalquellen und zu Ablaufkanälen von Kraftwerken. Im Sommer schwimmen sie zurück ins Meer und lassen sich dann auch in den Küstengewässern Alabamas, Georgias oder South Carolinas beobachten. Manatis sind seit 1893 geschützt und standen 1967 auch auf der ersten Regierungsliste der bedrohten Arten. Früher wurden sie wegen ihres Fleisches – das angeblich besser als Filet Mignon schmecken soll – gejagt. Heute gehören Kollisionen mit Booten zu den Haupttodesursachen bei Manatis. In Florida gibt es derzeit um die 4800 Tiere.

Tropische Fisch

Die Florida Keys sind ideal, um atemberaubende Korallenriffe und bunte tropische Fische zu erleben. Das einzige lebende Korallenriff Nordamerikas – und das drittgrößte derartige Riff (nach dem Great Barrier Reef in Australien und dem Mesoamerikanischen Riff in Belize) – erstreckt sich über 356 km von Key Biscayne vor Miami bis hinunter zum Dry Tortugas National Park, 113 km von Key West entfernt. Sowohl der Nationalpark als auch der John Pennekamp Coral Reef State Park (Key Largo) sind großartig, um die Unterwasserwelt zu bewundern, in der Seefächer sanft hin und her wiegen und sich Schwärme von Blauen Doktorfischen und Westatlantischen Trompetenfischen tummeln. In den Riffen leben über 260 tropische Fischarten.

Vögel

Der Weißkopf-Seeadler, seit 1782 das Wappentier und Nationalsymbol der USA, ist der einzige nur in Nordamerika vorkommende Adler. Seine Flügel können eine Spannweite von 2 m erreichen. Im Winter kann man die Adler gut an verschiedenen Orten am Mississippi in Minnesota, Wisconsin und Illinois sehen; im Sommer sind sie in ganz Florida überall dort verbreitet, wo es fischreiche Gewässer zur Beutejagd und hohe Bäume zum Nisten gibt. Inzwischen stehen sie nicht mehr auf der Liste der bedrohten Arten, denn der Bestand hat sich bemerkenswert gut erholt: Gab es 1963 nur noch 417 Brutpaare, so sind es heute 9800 Paare (in den „unteren" 48 Staaten, hinzu kommen noch über 30 000 in Alaska).

Nashornpelikane, einige der größten Vögel der Region, halten sich im Winter (Okt.–April) dort auf. Braunpelikane, die einzige Pelikanart, die nach Nahrung taucht, leben hier ganzjährig.

Praktische Informationen

Allgemeine Informationen

Arbeiten im Osten der USA

In Badeorten, Themenparks und Skigebieten gibt es viele Saisonjobs, an die man oft leicht kommt, die allerdings schlecht bezahlt werden.

Ausländern, die sich mit einem Touristenvisum in den USA aufhalten, ist es verboten, eine bezahlte Arbeit anzunehmen. Wer illegal arbeitet und erwischt wird, wird abgeschoben. Außerdem sind Arbeitgeber verpflichtet, die Angaben ihrer Angestellten zu prüfen, sonst drohen Geldstrafen. Süd-Florida ist berüchtigt für seine vielen Ausländer, die illegal arbeiten; die Beamten liegen auf der Lauer.

Wer als Ausländer legal in den USA arbeiten möchte, muss schon zu Hause ein Visum mit Arbeitserlaubnis beantragen. Austauschstudenten benötigen ein J1-Visum, bei dessen Beschaffung die Austauschorganisationen helfen.

Alle anderen benötigen für eine befristete oder feste Anstellung einen Arbeitgeber in den USA, der sie unterstützt (und ihnen ein Visum der Kategorie H beschafft). Diese Visa sind jedoch nicht leicht zu bekommen.

American Institute for Foreign Study (www.aifs.com) Gute Website mit Programmen für ein Studium im Ausland.

Camp America (www.campamerica.co.uk) Bietet diverse Möglichkeiten an, um in einem Feriencamp zu arbeiten.

Council on International Educational Exchange (www.ciee.org) Der CIEE veranstaltet verschiedene Programme, darunter Praktika, Studium im Ausland, Work-and-Travel-Kombinationen und Austausch-Programme für amerikanische Berufstätige.

InterExchange (www.interexchange.org) Camp- und Au-pair-Programme.

Botschaften & Konsulate

Neben den Botschaften in Washington, D.C. (ein komplettes Verzeichnis findet man unter www.embassy.org) unterhalten die meisten Länder auch UN-Vertretungen in New York City. Teilweise kommen noch Konsulate in anderen amerikanischen Großstädten hinzu.

Deutschland (☎202-298-4000; www.germany.info; 4645 Reservoir Rd NW; ⏲Mo–Do 8–11.45 & 13–14.30, Fr 8–12 Uhr; 🚌D6)

Kanada (☎202-682-1740; www.can-am.gc.ca; 501 Pennsylvania Ave NW; ⏲Mo–Fr 8.30–16.40 Uhr; Ⓜ Green od. Yellow Line bis Archives)

Mexiko (☎202-728-1600; https://embamex.sre.gob.mx/eua; 1911 Pennsylvania Ave NW; ⏲Mo–Fr 9–18 Uhr; Ⓜ Orange, Silver od. Blue Line bis Farragut West)

Österreich (☎202-895-6700; www.austria.org; 3524 International Court NW)

Schweiz (☎202-745-7900; www.swissemb.org; 32900 Cathedral Ave NW)

Ermäßigungen

Man erhält in Museen, Hotels und bei einigen Verkehrsmitteln (u.a. Amtrak) Ermäßigungen (meist ca. 10 %):

American Automobile Association (www.aaa.com) Für Mitglieder der AAA und der Partnerorganisationen.

International Student Identity Card (www.isic.org) Für Studenten jedes Alters und Nichtstudenten unter 26 Jahren.

PREISKATEGORIEN: ESSEN

Die folgenden Preisspannen gelten für ein Hauptgericht. Wenn nicht anders angegeben, sind Getränke, Vorspeisen, Desserts, Steuern und Trinkgeld nicht enthalten.

**$** unter 15 US$

**$$** 15–5 US$

**$$$** über 25 US$

Student Advantage Card (www.studentadvantage.com) Für Schüler ab 16 Jahren.

Essen & Trinken

Das Kapitel „Essen & Trinken wie die Einheimischen" (S. 47) liefert alle Details zu Speis und Trank im Osten der USA.

Feiertage & Ferien

An den folgenden landesweiten Feiertagen sind Banken, Schulen und Behörden (auch Postämter) geschlossen. Verkehrsbetriebe, Museen und andere Service-Einrichtungen arbeiten an diesen Tagen nach dem Sonntagsplan. Feiertage, die auf ein Wochenende fallen, werden gewöhnlich am folgenden Montag nachgeholt.

Neujahr 1. Januar

Martin Luther King Jr. Day Dritter Montag im Januar

Presidents' Day Dritter Montag im Februar

Memorial Day Letzter Mai-Montag

Independence Day 4. Juli

Labor Day Erster Montag im September

Columbus Day Zweiter Montag im Oktober

Veterans' Day 11. November

Thanksgiving Vierter Donnerstag im November

Weihnachten 25. Dezember

Frauen unterwegs

Ob allein oder in Gruppen reisend: Frauen bekommen im Osten der USA in der Regel keine besonderen Probleme.

In Bars und Nachtclubs können Frauen ohne Begleitung Aufmerksamkeit auf sich ziehen, aber wenn man keine Gesellschaft möchte, respektieren die meisten Männer ein bestimmtes *No, thank you*.

ETIKETTE

Begrüßung Sollte nicht zu körperlich ausfallen: Manche Amerikaner umarmen ihr Gegenüber; in den Großstädten tauschen sie gelegentlich Wangenküsse aus. Vor allem Männer beschränken sich aber meistens auf Händeschütteln.

Rauchen Selbst im Freien teilweise tabu: Die meisten Amerikaner haben etwas gegen Raucher. So ist das Qualmen oft sogar in Parks, auf Promenaden und an Stränden verboten.

Pünktlichkeit Ist stets angebracht: Viele Amerikaner betrachten Warten als sehr unhöflich.

Höflichkeit Beim Betreten bzw. Verlassen von Läden sind ein paar Worte an das Personal üblich. Diesbezüglich reicht ein *Hello* (Hallo) bzw. *Have a nice day* (Einen schönen Tag noch). Zudem lächeln Amerikaner sehr viel – wenn auch oft nur aus reiner Höflichkeit.

Körperliche Angriffe sind nicht sehr wahrscheinlich. Kommt es zu einem sexuellen Übergriff, sollte man sich erst an eine Hotline für Vergewaltigungsopfer wenden und danach die Polizei anrufen. Besteht hingegen akute Gefahr, sofort ☎911 anrufen! Die National Sexual Assault Hotline (☎800-656-4673) steht rund um die Uhr zur Verfügung.

Auf der Community-Website www.journeywoman.com können Frauen Reisetipps austauschen und es gibt Links zu Informationsquellen. Die kanadische Regierung veröffentlicht die Broschüre „Her Own Way" mit nützlichen Reisetipps; man findet sie auf www.travel.gc.ca/travelling/publications.

Freiwilligenarbeit

Gelegenheiten zur Freiwilligenarbeit gibt es im Osten der USA jede Menge. Sich freiwillig einzubringen, ist eine gute Sache, um Land und Leute auf eine Art und Weise kennenzulernen, wie es kaum möglich ist, wenn man die USA einfach nur durchreist.

In Großstädten gibt's jede Menge Gelegenheiten, bei spontanem Engagement für gemeinnützige Organisationen Einheimische kennenzulernen. Als Quellen empfehlen sich die Veranstaltungsverzeichnisse in alternativen Zeitschriften und die nach Sparten sortierten Gratis-Anzeigen auf der Website Craigslist (www.craigslist.org). Das staatliche Internetportal United We Serve.gov (www.serve.gov) sowie die privaten Plattformen Idealist (www.idealist.org) und VolunteerMatch (www.volunteermatch.org) veröffentlichen Datenbanken, die man kostenlos nach kurz- und langfristigen Freiwilligenjobs im ganzen Land durchsuchen kann.

Offizielle Freiwilligenprogramme, vor allem solche, die speziell auf ausländische Traveller abzielen, kosten meist eine Gebühr von 250 bis 1000 US$. Der genaue Betrag hängt von Dauer und Leistungsumfang ab (z. B. Unterkunft, Essen). In keinem Fall sind die Anreisekosten enthalten.

Green Project (www.thegreenproject.org) Unterstützt New Orleans' grünen und nachhaltigen Aufbau in Vierteln, die diese Hilfe dringend nötig haben.

Habitat for Humanity (www.habitat.org) Der Schwerpunkt

liegt auf der Errichtung erschwinglicher Unterkünfte für Hilfsbedürftige.

Sierra Club (www.sierraclub.org) „Freiwilligenferien", in denen die Teilnehmer an Renaturierungsarbeiten mitwirken und Wanderwege instand halten, u.a. auch in Nationalparks und Naturschutzgebieten.

Volunteers for Peace (www.vfp.org) Mehrwöchige Freiwilligenprojekte, die Handwerk und internationalen Austausch fördern.

Wilderness Volunteers (www.wildernessvolunteers.org) Einwöchige Einsätze, die der Pflege von Nationalparks und Outdoor-Erholungsgebieten dienen. Im Osten kann man u.a. in Minnesota, Vermont, Maine und Arkansas helfen.

World Wide Opportunities on Organic Farms, USA (www.wwoofusa.org) Vertritt mehr als 2000 Bio-Bauernhöfe in allen 50 Bundesstaaten, die Freiwilligenarbeit mit Kost und Logis entlohnen. Es sind kurz- und längerfristige Aufenthalte möglich.

Geld

Geldautomaten gibt's in den USA überall. Die meisten amerikanischen Hotels, Restaurants und Läden akzeptieren Kreditkarten.

Geldautomaten & EFTPOS

Die meisten Amerikaner führen keine großen Bargeldbeträge mit sich. Sie verlassen sich auf Kredit- und Bankkarten sowie auf Geldautomaten. Man sollte aber nicht nur auf Kreditkarten setzen, denn einige Automaten (vor allem an Tankstellen) akzeptieren keine ausländischen Karten. Manche kleinen Geschäfte nehmen Scheine nur bis zu einem Wert von 20 US$.

Bei den meisten Banken, in Malls, Flughäfen, Lebensmittelläden und Supermärkten gibt's an Geldautomaten rund um die Uhr Knete.

Pro Transaktion wird üblicherweise eine Gebühr von 3 US$ oder mehr fällig, die sich eventuell noch um die Gebühren der eigenen Bank erhöht.

Ausländer sollten sich bei der eigenen Bank genau über die Nutzungsbedingungen ausländischer Geldautomaten informieren. Die Wechselkurse an Automaten sind selten besser oder schlechter als anderswo.

Geldwechsel

Fremdwährungen tauscht man am besten bei Banken um. Große Stadtfilialen bieten meist einen Devisenservice an, auf dem Land kann sich der Geldwechsel etwas schwieriger gestalten.

Die schlechtesten Kurse gibt's an den Wechselschaltern an Flughäfen und in Touristenzentren. Unbedingt zuerst nach anfallenden Gebühren und Zuschlägen fragen!

Travelex (www.travelex.com) gehört zu den größeren Wechselunternehmen, American Express (☎800-528-4800; www.americanexpress.com) bietet manchmal aber bessere Konditionen.

Kreditkarten

Die bekannten Kreditkarten werden fast überall akzeptiert. Für das Mieten eines Autos oder Reservierungen per Telefon sind sie so gut wie immer ein Muss. Visa und MasterCard sind dabei die gängigsten.

Steuern & Rückerstattung

Die Verkaufssteuersätze variieren je nach Bundesstaat und Bezirk und reichen von 5 bis 10 %. Die meisten angegebenen Preise enthalten keine Steuer. Sie wird beim Bezahlen addiert.

Hotelsteuern liegen je nach Stadt bei 10 bis über 18 % (in NYC).

Trinkgeld

Trinkgelder sind ein *Muss* und sollten nur bei extrem schlechtem Service nicht gegeben werden.

Flughafen und Hotelpagen 2 US$/Gepäckstück, min. 5 US$/Gepäckwagen

Barkeeper 10–15 % des Rechnungsbetrags, min. 1 US$/Getränk

Zimmermädchen 2–5 US$/Nacht, unter die dafür vorgesehene Karte legen

Restaurantbedienung 15–20 %, es sei denn, das Trinkgeld ist bereits auf der Rechnung ausgewiesen

Taxifahrer 10–15 %, gerundet auf den nächsten vollen Betrag

Parkservice Mindestens 2 US$ bei Rückgabe der Autoschlüssel

Gesundheit

Bevor es losgeht

Da im Osten wie in den ganzen USA die Hygienestandards sehr hoch sind, stellen Infektionskrankheiten kaum ein Problem dar. Impfungen sind nicht vorgeschrieben, und Leitungswasser kann bedenkenlos getrunken werden.

Alle benötigten Medikamente sollten in ihrer eindeutig beschrifteten Originalverpackung mitgenommen werden. Außerdem kann es nicht schaden, einen vom Hausarzt unterschriebenen und datierten Brief mitzuführen, in dem alle Angaben zum Gesundheitszustand und zu verordneten Medikamenten (inkl. internationaler Freinamen) aufgelistet sind.

IMPFUNGEN

Zum Recherchezeitpunkt erforderten touristische Aufenthalte in den USA (insbesondere die Staaten im Osten) keine speziellen Impfungen. Bei Bedarf sollte jedoch der Standardschutz rechtzeitig vor dem Start aufgefrischt werden.

KRANKENVERSICHERUNG

Die Vereinigten Staaten bieten die vielleicht beste medizinische Versorgung weltweit. Das Problem ist nur, dass eine Behandlung extrem teuer sein kann. Deshalb ist es absolut notwendig, eine Auslandskrankenversicherung abzuschließen, wenn die eigene Krankenversicherung die medizinische Versorgung im Ausland nicht abdeckt. Weitere Infos über Versicherungen stehen auf der Lonely Planet Website (www.lonelyplanet.com/travel-insurance).

Es ist außerdem wichtig zu wissen, ob die eigene Versicherung die in Anspruch genommenen medizinischen Leistungen direkt bezahlt oder erst später erstattet.

Im Osten der USA

GESUNDHEITSRISIKEN

Hitzeschäden Zu den Hauptursachen gehört Dehydrierung. Anzeichen sind Erschöpfung, Kopfschmerzen, Übelkeit und schweißnasse Haut. Betroffene Personen sollten im Schatten mit hochgelagerten Beinen auf den Rücken gelegt werden. Dann kühle bzw. nasse Textilien auf der Haut platzieren, viel Flüssigkeit zuführen und gegebenenfalls schnellstmöglich ärztliche Hilfe suchen!

Unterkühlung Kann vor allem in den nördlichen Regionen zum Problem werden. Den ganzen Körper (inkl. Kopf und Hals) stets ausreichend bedeckt halten! Anzeichen einer Hypothermie sind Stolpern, undeutliche Aussprache, Zittern, Bewegungsstörungen und Reizbarkeit.

INFEKTIONSKRANKHEITEN

Die meisten schweren Infektionskrankheiten werden durch Moskitostiche, Zecken- oder Tierbisse übertragen. Weitere Details sind in den Centers for Disease Controll and Prevention (www.cdc.gov) erhältlich.

Giardiasis Darminfektion. Kein Wasser aus Seen, Teichen, Bächen und Flüssen trinken!

Lyme-Krankheit Kommt hauptsächlich im Nordosten vor. Sie wird im späten Frühling und im Sommer von Zecken übertragen. Nach einem Aufenthalt in freier Natur sollte man sich gründlich nach Zecken absuchen.

West-Nil-Virus Übertragung durch Stechmücken im Spätsommer und Frühherbst. Der beste Schutz sind langärmlige Hemden oder Jacken, lange Hosen, Hüte und geschlossenes Schuhwerk statt Sandalen. Freiliegende Hautpartien und die Kleidung mit einem guten Insektenschutzmittel einreiben, am besten mit einem, das DEET enthält!

Zika-Virus Wird von Moskitos übertragen und brachte Südflorida bzw. Miami im Jahr 2016 mit einer regionalen Epidemie (über 260 Fälle) in die Schlagzeilen. Das Virus ist für ungeborene Kinder in der Schwangerschaft extrem gefährlich: Es kann Mikrozephalie (der Kopf bzw. das Gehirn wächst nicht weiter) und/oder schwere Geburtsfehler auslösen. Anfang 2017 galt die Zika-Krankheit in Südflorida als besiegt. Mediziner warnen aber vor potenziellen neuen Fällen, falls die Moskitozahlen durch höhere Temperaturen und Regenmengen steigen sollten.

LEITUNGSWASSER

Sofern keine lokalen Warnungen bestehen, kann das Leitungswasser in den USA (inkl. dem Osten) bedenkenlos getrunken werden. Bei ungenießbarem kühlem Nass (z. B. in manchen Nationalparks oder State Parks) weisen meist Schilder mit der Aufschrift *Not Potable* oder *Not Safe to Drink* (jeweils „Kein Trinkwasser") darauf hin.

MEDIZINISCHE VERSORGUNG & KOSTEN

Bei einem medizinischen Notfall sollte man am besten die Notaufnahme des nächsten Krankenhauses aufsuchen.

Falls es nicht ganz so schlimm ist, kann man auch in einem nahe gelegenen Krankenhaus anrufen und sich an einen niedergelassenen Arzt verweisen lassen. Da kostet die Behandlung in der Regel weniger als in der Notaufnahme.

Spezialisierte, profitorientierte Unfallstationen können zwar gute Dienste leisten, sind gelegentlich aber auch die teuerste Option.

Apotheken sind gut sortiert. Es kann aber vorkommen, dass bestimmte Arzneimittel, die zu Hause rezeptfrei erhältlich sind, in den USA nur gegen Rezept abgegeben werden.

Wenn die Versicherung die Rezepte nicht bezahlt, können diese entsetzlich teuer werden.

Internetzugang

In den technikaffinen USA werden Reisende kaum Probleme haben, ins Internet zu kommen.

WLAN (im Zimmer, mit guter Geschwindigkeit) ist in vielen Unterkünften aller Preisklassen üblich. Viele Unterkunftsbetreiber stellen in ihren Häusern auch einen Computer mit Internetzugang für ihre Gäste bereit.

In vielen Restaurants, Bars und Cafés (z. B. Starbucks) gibt's kostenloses WLAN. Einige Städte haben auch WLAN in Parks und auf Plätzen.

Wer keinen Laptop bzw. kein anderes internetfähiges Gerät dabei hat, kann sein Glück in den öffentlichen Bibliotheken versuchen. Die meisten verfügen über öffentliche Computerterminals (allerdings mit Zeitbegrenzung bei der Nutzung) und WLAN. Besucher, die nicht aus dem jeweiligen Bundesstaat kommen, müssen eventuell bei manchen Bibliotheken eine kleine Nutzungsgebühr zahlen.

Wer aus dem Ausland kommt, benötigt einen Wechselstromadapter für seinen Laptop (wenn er keine duale Spannungsversorgung 110/220 V hat) und einen Adapter für die Steckdosen. Beides bekommt man problemlos in großen Elektronikläden wie Best Buy.

Eine Liste von WLAN-Hotspots findet man auf www.wififreespot.com.

Öffnungszeiten

Die üblichen Öffnungszeiten sind folgende:

Banken Mo–Fr 8.30–16.30 Uhr (einige Banken auch Sa 9–12 Uhr)

Bars So–Do 17–24, Fr & Sa 17–2 Uhr

Geschäfte Mo –Sa 9–18, So 12–17 Uhr

Nachtclubs Do–Sa 22–3 Uhr

Post Mo–Fr 9–17 Uhr

Shoppingmalls 9–21 Uhr

Supermärkte 8–20 Uhr, manche haben auch rund um die Uhr geöffnet

Post

Der US Postal Service (www.usps.com) ist verlässlich und günstig. First-Class Mail innerhalb der USA kostet bis zu einem Gewicht von 28 g (1 oz) 0,49 US$ (jede weitere Unze 0,22 US$), Postkarten kosten 0,35 US$.

Standardbriefe und -postkarten per Luftpost kosten 1,20 US$.

Rauchen

- In etwas mehr als 50 % aller östlichen US-Bundesstaaten galt 2017 ein Rauchverbot für geschlossene Arbeitsräume (inkl. Bars, Restaurants). Teilweise kamen auch noch kommunal verhängte Beschränkungen hinzu, diese betreffen z. B. öffentliche Flächen und Schulgelände.
- Texas, Tennessee und Florida sind bis heute toleranter in puncto Qualmen: Zigaretten sind dort jeweils günstig zu bekommen und können in Bars bzw. Restaurants nach wie vor konsumiert werden (teils in separaten Raucherbereichen).
- Umfangreiche Infos zu öffentlichen Rauchverboten liefert die Website der Organisation Americans for Non-Smoker's Rights (ANR; www.no-smoke.org).

Rechtsfragen

Bußgelder für Ordnungsvergehen (z. B. im Straßenverkehr) können von ertappten Sündern nicht an Ort und Stelle bezahlt werden. Der Ordnungshüter wird alle Optionen für die Zahlung erklären. In der Regel muss man den Betrag dann innerhalb von 30 Tagen überweisen.

Wer verhaftet wird, kann die Aussage verweigern (aber Achtung: Nie vom Polizisten entfernen!) und hat Anspruch auf einen Anwalt. Das Rechtssystem sieht vor, dass man so lange als unschuldig gilt, bis die Schuld nachgewiesen ist. Allen Verhafteten ist gesetzlich ein Telefonat gestattet. Wer weder Anwalt noch Verwandte hat, sollte die eigene Botschaft oder das Konsulat anrufen. Deren Nummer wird auf Anfrage von der Polizei ermittelt.

Drogen & Alkohol

In den meisten Orten ist es verboten, mit einem alkoholischen Getränk in der Hand auf der Straße herumzulaufen. New Orleans und die Beale St in Memphis sind die berühmten Ausnahmen.

Es ist überall gängige Praxis, dass man seinen Ausweis mit Lichtbild vorlegen muss, um nachzuweisen, dass man alt genug ist (d. h. mindestens 21 Jahre), um Alkohol trinken zu dürfen.

In einigen Bundesstaaten, besonders im Süden, gibt es „trockene" Landkreise, in denen der Verkauf von Alkohol untersagt ist.

Die Alkoholgrenze im Blut liegt in der Regel bei 0,8 Promille. Fahren unter dem Einfluss von Alkohol oder Drogen ist ein schweres Verbrechen und wird mit hohen Bußgeldern und gelegentlich sogar mit Gefängnis geahndet.

23 Staaten, darunter die meisten von New York bis in den Nordosten, betrachten den Besitz von kleinen Mengen Marihuana als geringfügiges Vergehen (im Allgemeinen beträgt die Strafe für den ersten Verstoß um die 100 bis 200 US$). Allerdings ist Marihuana in vielen Staaten im Mittleren Westen und Süden verboten. Bevor man Marihuana raucht, sollte man sich unbedingt über die lokalen Gesetze informieren.

Abgesehen von Marihuana sind Partydrogen gesetzlich verboten. Der Besitz von illegalen Betäubungsmitteln wie Kokain, Ecstasy, LSD, Heroin oder Haschisch ist eine schwere Straftat und kann auch mit langen Haftstrafen geahndet werden.

Reisen mit Behinderung

Reisen im Osten der USA ist relativ unkompliziert.

- Die meisten öffentlichen Gebäude sind für Rollstuhlfahrer zugänglich, und auch die Toiletten dort sind behindertengerecht ausgestattet.
- Alle größeren Fluglinien, Greyhound-Busse und Amtrak-Züge helfen Reisenden mit Behinderungen. Einfach bei der Reservierung (min. 48 Stunden im Voraus) Bescheid geben, was man braucht!
- Manche Autovermietungen, z. B. Budget und Hertz, bieten Autos mit Handsteuerung und Busse mit Rollstuhlaufzügen ohne Aufpreis an, aber man muss lange im Voraus reservieren.
- In den meisten Städten gibt es Taxiunternehmen mit mindestens einem behindertengerechten Bus, aber man muss vorher anrufen.
- Städte mit U-Bahn-Netz haben Aufzüge für hilfsbedürftige Passagiere. Washington, D.C., hat das bestgerüstete Metronetz (Aufzug in jeder Station). In New York sind Aufzüge rar.
- Viele Nationalparks sowie manche State Parks und Freizeitgebiete haben barrierefreie Wege (sie sind asphaltiert, gekiest oder aus Holzplanken).

Beispiele für Organisationen mit Spezialisierung auf die Bedürfnisse von Reisenden mit Handicap:

- Flying Wheels Travel (www.flyingwheelstravel.com) ist ein sehr empfehlenswertes Reisebüro mit Rundumservice für Traveller mit Mobilitätsproblemen oder anderen Handicaps (z. B. chronische Krankheiten).
- Mobility International Schweiz (www.mis-ch.ch): allgemeine Informationen.
- Mobility International USA (www.miusa.org) berät Traveller mit Handicap in Mobilitätsfragen und betreibt Programme zum Bildungsaustausch.
- MyHandicap Deutschland (www.myhandicap.de): allgemeine Informationen.
- MyHandicap Schweiz (www.myhandicap.ch): allgemeine Informationen.
- Nationale Koordinierungsstelle Tourismus für Alle e. V. (www.natko.de): allgemeine Informationen.
- Wheelchair Getaways (www.wheelchairgetaways.com) verleiht behindertengerechte Kleinbusse in den ganzen USA.

Ergänzend empfiehlt sich der Accessible Travel Guide von Lonely Planet, der unter http://lptravel.to/AccessibleTravel gratis zum Download bereitsteht.

Schwule & Lesben

Generell ist der Nordosten die toleranteste Region im Osten der USA. Für den Süden gilt das genaue Gegenteil. Dennoch gibt's in allen östlichen Großstädten schon lange Schwulengemeinden.

Auch die meisten anderen US-Metropolen haben offene LGBTIQ-Szenen, mit denen man leicht in Kontakt kommt.

Das allgemeine Akzeptanzlevel variiert landesweit sehr stark: Mancherorts ist Toleranz ein absolutes Fremdwort. Anderswo wird sie ausgeübt, solange sexuelle Orientierung und Identität nicht öffentlich zu erkennen gegeben werden. Bigotterie existiert in den USA leider immer noch. In ländlichen und/oder extrem konservativen Gegenden sollte man sich am besten niemals offen outen, andernfalls ist mit Beschimpfungen oder sogar Gewalt zu rechnen. Im Zweifelsfall gilt die Devise *Don't ask, don't tell* (Nichts fragen, nichts sagen). Gleichgeschlechtliche Ehen sind seit 2013 per amerikanischem Bundesgesetz anerkannt und wurden bislang in 37 Staaten (viele davon im Nordosten inkl. D. C.) legalisiert. Im übrigen Land ist der Weg dorthin aber potenziell noch weit. Zudem befürchtet die amerikanische LGBTIQ-Gemeinde zunehmend, dass die christlich-konservative Regierung unter Trump viele Erfolge hinsichtlich gesellschaftlicher Offenheit und Toleranz wieder zunichte machen könnte.

Infos im Internet

In *The Queerest Places: A Guide to Gay and Lesbian Historic Sites* liefert Paula Martinac viele interessante und geschichtliche Details zu den ganzen USA. Die Autorin bloggt unter www.queerestplaces.com.

Advocate (www.advocate.com) Schwulenorientierte Website mit News aus Business, Politik, Kunst, Unterhaltung und Tourismus.

Gay Travel (www.gaytravel.com) Online-Reiseführer zu zahllosen Zielen in den USA.

National LGBTQ Task Force (www.thetaskforce.org) Landesweit aktive Interessengruppe mit aktuellen News und politischer Berichterstattung auf ihrer Website.

Out Traveler (www.outtraveler.com) Spezialmagazin für schwullesbische Reisende.

Purple Roofs (www.purpleroofs.com) Führt Unterkünfte auf, die schwulenfreundlich sind und/oder von homosexuellen Inhabern betrieben werden.

Gaycation (www.vice.com/en_us/topic/gaycation) Super Doku-Serie von VICE TV, die LGBTIQ-Themen in den USA und anderen Ländern beleuchtet.

Strom

Telefon

Auf dem US-amerikanischen Telefonmarkt konkurrieren

regionale Gesellschaften, Anbieter von Ferngesprächen und diverse Mobilfunkfirmen. Insgesamt ist das Netz effektiv. Festnetz- oder Handyverbindungen sind meist günstiger als Gespräche von Hotelapparaten oder Münzfernsprechern. Dienste wie Skype (www.skype.com) und Google Voice (www.google.com/voice) können vor allem internationale Telefonate recht billig machen. Weitere Infos zu diesem Thema gibt's auf den jeweiligen Websites.

Handys

Ausländische Handys müssen Tri- oder Quadband-Geräte sein, um in den USA zu funktionieren. Die Alternative sind günstige US-Prepaid-Pakete inklusive Telefon, SIM-Karte und Gesprächsguthaben.

Die meisten US-amerikanischen Handynetze sind nicht mit dem in Europa und Asien verbreiteten GMS-900/1800-Standard kompatibel (nur einige konvertierbare Handys könnten funktionieren). Kein Problem gibt es bei iPhones, hier sollte man lediglich auf die Roaming-Gebühren achten, besonders beim Herunterladen von Daten. Am besten informiert man sich vorher bei seinem Provider über die Nutzungsbedingungen in den USA.

Es kann eventuell günstiger sein, eine Prepaid-SIM-Karte für die USA zu kaufen, die z. B. von AT&T und T-Mobile angeboten wird und die man ins eigene Handy einsetzt. So erhält man eine amerikanische Handynummer und Mailbox.

Man kann auch ein billiges, nicht vertragsgebundenes Handy (Prepaid) mit einer amerikanischen Nummer und einem aufladbaren Zeitguthaben kaufen. Virgin Mobile, T-Mobile, AT&T und andere Anbieter verkaufen solche Handys schon ab 30 US$; 400 Minuten kosten bei diesen Handys ab 40 US$.

Die Elektronikkette Best Buy (www.bestbuy.com) verkauft Prepaid-Handys sowie internationale SIM-Karten. Der Online-Händler Telestial (www.telestial.com) verkauft ebenfalls SIM-Karten und Handys und verleiht auch Telefone.

In einigen ländlichen Gebieten im Osten der USA, besonders in den Bergen und in verschiedenen Nationalparks, ist der Empfang schlecht oder nicht vorhanden. Am besten erkundigt man sich beim Provider nach einer Karte, in der die Funklöcher eingetragen sind.

Telefonkarten

Prepaid-Telefonkarten sind eine gute Option für Budgetreisende und vielerorts erhältlich (u. a. in Gemischtwarenläden, Supermärkten und Drogerien). Verlässlich sind z. B. die landesweit angebotenen Varianten von AT&T.

Vorwahlen

Alle Telefonnummern in den USA bestehen aus einer dreistelligen Regionalvorwahl und einer siebenstelligen Anschlussnummer. Wenn man eine Nummer mit der eigenen Regionalvorwahl anrufen will, muss man in der Regel nur die siebenstellige Anschlussnummer wählen. (Falls das nicht funktioniert, wählt man vorher ☎1 + Regionalvorwahl.) Weitere Informationen zum Wählen:

Ländercode USA ☎1

Ferngespräche Man wählt ☎011 + Landesvorwahl + Ortsvorwahl + Anschlussnummer

Anrufe in andere Vorwahlbereiche der USA und nach Kanada Man wählt ☎1 + Regionalvorwahl + siebenstellige Anschlussnummer

Landesweite Telefonauskunft ☎411

Gebührenfreie Telefonnummern ☎1 + 800 (oder 888, 877, 866) + siebenstellige Anschlussnummer. Einige der gebührenfreien Nummern funktionieren nur innerhalb der USA.

Toiletten

Standard in den USA sind Sitztoiletten im westlichen Stil. Öffentliche sanitäre Anlagen haben zumeist auch Urinale für Herren, sind aber oft nicht gerade sauber bzw. einladend. In Nationalparks und State Parks gibt's häufig nur Plumpsklos. Generell empfiehlt es sich, stets etwas eigenes Toilettenpapier für den Notfall mitzuführen.

Touristeninformation

Auf der offiziellen Tourismus-Website der USA, www.discoveramerica.com, gibt's Links zu den Websites aller Touristeninformationen sowie haufenweise Tipps zur Routenplanung.

Die meisten Städte unterhalten irgendeine Art von Touristeninformation, die Informationen über die Gegend bereithält und häufig vom Convention and Visitor Bureau (CVB) oder der Chamber of Commerce betrieben wird. Diese Organisationen erwähnen oft nur Unternehmen, die Mitglied des CVB oder der Handelskammer sind, und das sind nicht alle Hotels und Restaurants der jeweiligen Stadt. Gute unabhängige Optionen fehlen also vielleicht.

Hier ein paar nützliche Websites:

New York State Tourism (www.iloveny.com)

Visit Florida (www.visitflorida.com)

Washington, D.C. (www.washington.org)

Visit Louisiana (www.louisianatravel.com)

Visit Maine (www.visitmaine.com)

Unterkunft

Außer in den billigsten Unterkünften und in der absoluten Nebensaison ist eine Reservierung immer empfehlenswert. Zur Hauptsaison können Hotels in Touristenhochburgen Monate vorher ausgebucht sein.

Reisezeit

In der Hauptsaison von Mai bis September sind die Preise am höchsten.

Ausnahmen sind Florida und die Skigebiete im Norden. Hier ist es im Winter am vollsten und am teuersten.

Annehmlichkeiten

In den meisten Unterkünften gibt's WLAN in den Zimmern. In Budgetquartieren und Mittelklassehotels ist dieser Service im Allgemeinen kostenlos, in Spitzenklassehotels muss man oft ein paar Dollar dafür hinblättern (meist 10–17 US$/Tag).

In vielen kleineren Unterkünften, vor allem in B&Bs, darf nicht geraucht werden. In den Hotels der Ketten Marriott und Westin herrscht absolutes Rauchverbot. Alle anderen Häuser haben Nichtraucherzimmer.

Klimaanlagen sind fast überall Standard.

B&Bs

Diese Unterkünfte befinden sich in kleinen, gemütlichen Häusern mit Gemeinschaftsbädern (am günstigsten) oder aber in romantischen historischen Gebäuden und Herrenhäusern mit eigenem Bad und jeder Menge Antiquitäten (am teuersten). In den gediegeneren Häusern sind Kinder nicht immer gern gesehen. Einige B&Bs und Pensionen fordern übers Wochenende einen Mindestaufenthalt von zwei oder drei Übernachtungen. Eine frühzeitige Reservierung ist unbedingt erforderlich. Man sollte sich vorab telefonisch die Vorschriften (bezüglich Kindern, Haustieren, Rauchen) und die Regelung zur Badbenutzung bestätigen lassen.

Vermittler von B&Bs sind:

Bed & Breakfast Inns Online (www.bbonline.com)

BedandBreakfast.com (www.bedandbreakfast.com)

BnB Finder (www.bnbfinder.com)

Select Registry (www.selectregistry.com)

PREISKATEGORIEN: SCHLAFEN

Die folgenden Angaben gelten jeweils für ein Doppelzimmer in der Hauptsaison (meist Mai–Sept.) und enthalten keine Steuern (teils können diese noch einmal mit 10–15 % oder mehr zu Buche schlagen) – daher beim Buchen immer nach dem Bruttopreis fragen!

**$** unter 100 US$

**$$** 100–250 US$

**$$$** über 250 US$

Richtwerte für New York City und Washington, D.C.:

**$** unter 150 US$

**$$** 150–350 US$

**$$$** über 350 US$

Camping & Holiday Parks

In National und State Parks gibt es drei Kategorien:

Primitive Campingplätze *(primitive)* Kostenlos bis 10 US$/Nacht, keinerlei Einrichtungen

Einfache Campingplätze *(basic)* 10 bis 20 US$, mit Toiletten, Trinkwasser, Feuerstellen und Picknicktischen

Gehobene Campingplätze *(developed)* 20–50 US$ und mehr, mit zahlreichen Annehmlichkeiten wie Duschen, Grillplätzen, Stellplätzen für Wohnmobile, Strom etc.

Stellplätze in Nationalparks und auf staatlichen Plätzen sollte man unter www.recreation.gov reservieren. Länger als 14 Tage darf man meist nicht bleiben, die Plätze können bis zu sechs Monate im Voraus gebucht werden. In einigen State Parks sind Stellplätze über ReserveAmerica (www.reserveamerica.com) buchbar.

Die meisten privaten Plätze sind für Wohnmobile/Wohnwagen ausgelegt. Es gibt aber immer auch einen kleinen Bereich für Zelte. Die Plätze bieten unzählige Annehmlichkeiten, u.a. Pools, Waschmaschinen, Lebensmittelläden und Bars. Kampgrounds of America (www.koa.com) ist ein landesweites Netzwerk privater Campingplätze. Die dort angebotenen Kamping Kabins haben Klimaanlagen und Küchen.

Ermäßigungen

Auf den Websites der Hotels gibt's oft spezielle Online-Rabatte. Wer auf einer Buchungsseite bessere Preise findet, kann beim Hotel anrufen – viele passen ihre Preis dann daran an.

Hostels

Hostelling International USA (www.hiusa.org) betreibt mehrere Hostels im Osten der USA. Die meisten haben nach Geschlechtern getrennte Schlafsäle, ein paar Privatzimmer, Gemeinschaftsbäder und eine Gemeinschaftsküche. Die Preise für ein Bett im Schlafsaal liegen zwischen 25 und 45 US$. (In NYC kann eine Übernachtung im Schlafsaal allerdings 75 US$ und mehr kosten.) Man muss kein Mitglied sein, um in diesen Hostels zu übernachten, zahlt als Nichtmitglied aber etwas mehr. Reservierungen sind möglich (z.B. per Online-Buchung).

Hotels

Die Zimmer aller Hotelkategorien sind in der Regel mit Kabelfernsehen, WLAN und Badezimmer ausgestattet;

ein einfaches kontinentales Frühstück ist im Preis enthalten. Viele Mittelklassehotels bieten Minibar, Mikrowelle, Fön und Pool, Spitzenklassehotels zudem Zimmerservice, Fitnessräume, Businesscenter, Spa, Restaurants und Bars.

Beliebte Hotelketten sind:

Best Western (www.bestwestern.com)

Comfort Inn (www.comfortinn.com)

Hampton Inn (www.hampton-inn.com)

Hilton (www.hilton.com)

Holiday Inn (www.holidayinn.com)

Marriott (www.marriott.com)

Super 8 (www.super8.com)

Motels

Motels unterscheiden sich von Hotels dadurch, dass die Zimmer einen Parkplatz vor der Tür haben. Zu finden sind sie vor allem in der Nähe von Autobahnausfahrten und an Zufahrtsstraßen in die Städte. Viele Motels sind Familienbetriebe; Frühstück ist fast nie im Preis enthalten, und als Annehmlichkeiten gibt's nicht mehr als WLAN und einen Fernseher. Auch wenn die meisten Zimmer keinen Preis für Design gewinnen würden, sind sie meist sauber und gemütlich und bieten ein gutes Preis-Leistungs-Verhältnis. Wer unsicher ist, sollte sich das Zimmer vor dem Einchecken zeigen lassen.

Resorts

Vor allem in Florida gibt's Resorts wie Sand am Meer. Geboten werden Fitness und Sport, Pools, Spas, Restaurants, Bars und mehr. Viele haben auch einen Babysitterservice. Einige nehmen eine extra „Resort-Gebühr" – also am besten fragen, ob die im Preis enthalten ist!

UNTERKÜNFTE ONLINE BUCHEN

Weitere Unterkunftsbewertungen von Lonely Planet Autoren gibt's unter www.lonelyplanet.com/usa/eastern-usa/hotels. Dort findet man unabhängig recherchierte Infos und Empfehlungen zu den besten Adressen. Zudem kann online gebucht werden.

Versicherung

Eine Krankheit, ein Autounfall oder ein Diebstahl kommen den Betroffenen in den USA teuer zu stehen. Deshalb sollte man sich gut absichern, bevor es losgeht. Wer sich für den Fall, dass Gegenstände aus dem Auto gestohlen werden, absichern will, sollte vor der Abreise bei seiner Haftpflichtversicherung eine zusätzliche Auslandsreiseversicherung abschließen.

Weltweit gültige Reiseversicherungen gibt's u. a. auf www.lonelyplanet.com/travel-insurance. Versicherungsabschlüsse, Verlängerungen und das Geltendmachen von Ansprüchen sind jederzeit online möglich – selbst wenn man bereits unterwegs ist.

Visa

Im Rahmen des Visa Waiver Program (VWP) können sich Bürger bestimmter Staaten (u. a. EU-Bürger und Schweizer) maximal 90 Tage lang visumfrei in den USA aufhalten, sofern der Besuch rein touristischen Zwecken dient. Voraussetzungen hierfür sind ein gültiger Reisepass und die rechtzeitige Online-Registrierung beim Electronic System for Travel Authorization (ESTA).

Visa Waiver Program & ESTA

Das Visa Waiver Program (VWP) ermöglicht Bürgern aus 36 Staaten (u. a. Deutschland, Österreich, Schweiz) eine visumsfreien Aufenthalt für bis zu 90 Tagen.

VWP-Besucher benötigen spätestens drei Tage vor der Einreise einen maschinenlesbaren Reisepass und eine Bestätigung durch das Electronic System For Travel Authorization (www.cbp.gov/esta). Die Gebühr für die Bearbeitung und Autorisierung beträgt 14 US$ (online zahlbar). Wenn die Registrierung akzeptiert wird, ist sie zwei Jahre gültig.

Kurz gesagt: ESTA erfordert die Eingabe spezifischer Informationen (Name, Adresse, Reisepass-Angaben etc.) im Internet. Danach bekommt man eine von drei Antworten: *Authorization Approved* (diese Antwort kommt meist innerhalb von Minuten und ist die mit Abstand häufigste), *Authorization Pending* (dann muss man in den nächsten 72 Stunden seinen Status erneut prüfen) oder *Travel not Authorized* (dann heißt es ein Visum beantragen).

Wer ein Visum benötigt – also alle, die länger als 90 Tage bleiben – sollte dies beim US-Konsulat im Heimatland beantragen.

Abstecher nach Kanada

Es ist verlockend einfach, einen Ausflug über die Grenze nach Kanada zu machen. Bei der Wiedereinreise werden Nicht-US-Bürger allerdings der vollen Einreiseprozedur unterzogen. Beim Überschreiten der Grenze stets den Pass mitführen!

Bürger der meisten westlichen Länder brauchen kein Visum für die Einreise nach Kanada. Es ist also wirklich kein Problem, die kanadische Seite der Niagarafälle zu besuchen oder einen Abstecher nach Quebec zu machen. Wer per Bus aus Kanada in die USA einreist, könnte eingehend überprüft werden.

Zeit

Der Osten der USA erstreckt sich über zwei Zeitzonen: die Eastern Standard Time und die Central Standard Time, die eine Stunde voneinander abweichen. Die Trennlinie führt durch Indiana, Kentucky, Tennessee und Florida. Wenn es nach Eastern Standard Time 12 Uhr mittags ist, ist es nach Central Time 11 Uhr (und nach MEZ 18 Uhr).

Im Osten wird – wie fast im ganzen Land – zwischen Sommer- und Winterzeit (DST – *Daylight Saving Time*) unterschieden. Am zweiten Sonntag im März werden die Uhren eine Stunde vorgestellt. Am ersten Novembersonntag wandern die Zeiger dann wieder eine Stunde zurück.

Und Achtung: Für US-Datumsangaben gilt die Reihenfolge Monat/Tag/Jahr. So wird z. B. der 8. Juni 2016 zu 6/8/16.

Zoll

Eine komplette Liste der amerikanischen Zollbestimmungen findet man auf der offiziellen Website der US Customs and Border Protection (www.cbp.gov).

Pro Person darf man zollfrei mitnehmen:

- 1 l alkoholische Getränke (wenn man mindestens 21 Jahre alt ist)
- 100 Zigarren und 200 Zigaretten (wenn man mindestens 18 Jahre alt ist)
- Geschenke und Einkäufe im Wert von 200 US$
- Wer 10 000 US$ oder mehr in US-Dollar oder einer ausländischen Währung in die USA mitbringen will, muss das Geld grundsätzlich angeben.

Auf den Versuch, illegale Drogen ins Land zu bringen, stehen sehr hohe Strafen. Zu den verbotenen Gegenständen gehören außerdem mit dem Drogenkonsum zusammenhängende Utensilien, Produkte mit gefälschten Markennamen und die meisten Waren *made in* Kuba, Iran, Myanmar (Birma) und Sudan. Des Weiteren müssen Obst, Gemüse und andere Lebensmittel beim Zoll angegeben (was zeitraubende Durchsuchungen zur Folge hat) oder vor dem Ankunftsbereich in den Mülleimern entsorgt werden.

Verkehrsmittel & -wege

AN- & WEITERREISE

Flüge, Mietwagen und geführte Touren lassen sich online unter www.lonelyplanet.com/bookings buchen.

Einreise

Die Einreise in die USA gestaltet sich zumeist recht unkompliziert, sofern alle Einreisebestimmungen eingehalten werden. Da sich diese Regularien aber jederzeit ändern können (vor allem unter der Regierung Trump), sollte der aktuelle Stand unbedingt rechtzeitig vor dem Start unter www.usa.gov/visas-and-visitors ermittelt werden. Ergänzend lohnt sich ein Blick auf die Reisewebsite des eigenen Außenministeriums.

Wenn man mit dem Flugzeug anreist, erledigt man Einreise- und Zollformalitäten gleich am ersten Flughafen, auch wenn man direkt anschließend noch zu einem anderen Ziel weiterfliegt.

Man wird gebeten, die Zollerklärung für den amerikanischen Zoll auszufüllen, die einem in der Regel im Flugzeug ausgehändigt wird. Mit der ausgefüllten Zollerklärung geht man zum Einreiseschalter. Bei der Frage nach der Adresse in den USA gibt man die Adresse an, unter der man die erste Nacht verbringt (Hoteladresse ist völlig ausreichend).

Der Einreisebeamte kontrolliert die Zollerklärung und den Reisepass und registriert Einreisende beim Office of Biometric Identity Management des Heimatschutzministeriums. Das beinhaltet auch elektronische Fingerabdrücke und ein digitales Foto.

REISEN & KLIMAWANDEL

Der Klimawandel stellt eine ernste Bedrohung für unsere Ökosysteme dar. Zu diesem Problem tragen Flugreisen immer stärker bei. Lonely Planet sieht im Reisen grundsätzlich einen Gewinn, ist sich aber der Tatsache bewusst, dass jeder seinen Teil dazu beitragen muss, die globale Erwärmung zu verringern.

Fast jede Art der motorisierten Fortbewegung erzeugt CO_2 (die Hauptursache für die globale Erwärmung), doch Flugzeuge sind mit Abstand die schlimmsten Klimakiller – nicht nur wegen der großen Entfernungen und der entsprechend großen CO_2-Mengen, sondern auch, weil sie diese Treibhausgase direkt in hohen Schichten der Atmosphäre freisetzen. Die Zahlen sind erschreckend: Zwei Personen, die von Europa in die USA und wieder zurück fliegen, erhöhen den Treibhauseffekt in demselben Maße wie ein durchschnittlicher Haushalt in einem ganzen Jahr.

Die englische Website www.climatecare.org und die deutsche Internetseite www.atmosfair.de bieten sogenannte CO_2-Rechner. Damit kann jeder ermitteln, wie viele Treibhausgase seine Reise produziert. Das Programm errechnet den zum Ausgleich erforderlichen Betrag, mit dem der Reisende nachhaltige Projekte zur Reduzierung der globalen Erwärmung unterstützen kann, beispielsweise Projekte in Indien, Honduras, Kasachstan und Uganda.

Lonely Planet unterstützt gemeinsam mit Rough Guides und anderen Partnern aus der Reisebranche das CO_2-Ausgleichs-Programm von climatecare.org. Alle Reisen von Mitarbeitern und Autoren von Lonely Planet werden ausgeglichen. Weitere Informationen gibt's auf www.lonelyplanet.com.

Der Einreisebeamte erkundigt sich möglicherweise nach den Reiseplänen und danach, ob man genug Geld hat. Es ist eine gute Idee, eine Reiseroute, ein Ticket für den Weiter- oder Rückflug und zumindest eine der bekannten Kreditkarten parat zu haben.

Reisende aus den Ländern, für die das Visa Waiver Program (S. 716) gilt, können den Einreiseschalter links liegen lassen und die automatische Passkontrolle nutzen. Diese Technologie gibt es aber nicht auf allen Flughäfen. Einzelheiten zu den teilnehmenden Flughäfen und zu weiteren Anforderungen für die Nutzung der Selbstregistrierungsschalter findet man unter www.cbp.gov/travel.

Wer die Einreiseformalitäten hinter sich hat, holt sein Gepäck ab und geht durch den Zoll. Wer nichts zu verzollen hat, wird wahrscheinlich auch nicht kontrolliert, aber darauf verlassen kann man sich natürlich nicht.

Reisende aus Ländern, für die das Visa Waiver Program gilt, müssen sich vor der Reise beim Electronic System for Travel Authorization (S. 716) registriert haben.

Nicht vergessen: Der Reisepass muss noch mindestens sechs Monate nach der geplanten Rückreise gültig sein!

UNTERWEGS NACH KANADA

Aus dem Osten der USA gelangt man ganz leicht über die Grenze nach Kanada, was vor allem an den Niagarafällen viele Besucher nutzen. Hier haben wir ein paar Dinge aufgelistet, die man bei einem Grenzübertritt im Kopf behalten sollte:

- Jeder, der die Grenze passieren will – mit Ausnahme von US-Bürgern, die sich mit einem anderen zugelassenen Dokument ausweisen können –, muss seinen Reisepass dabeihaben und vorzeigen.
- EU-Bürger und Schweizer brauchen für einen Aufenthalt von bis zu 180 Tagen kein Visum für die Einreise nach Kanada. Aktuelle Infos erhält man bei Citizenship and Immigration Canada (www.cic.gc.ca).
- Bei der Wiedereinreise in die USA müssen sich alle der gesamten Einreiseprozedur unterziehen.
- Für Infos darüber, was es nördlich der Grenze zu sehen und zu erleben gibt, empfiehlt sich der deutschsprachige Band *Kanada* oder der englischsprachige Band *Discover Canada* von Lonely Planet.

Flugzeug

New York City, Boston, Charlotte, Atlanta, Miami und Washington, D.C., haben die betriebsamsten Flughäfen im Osten der USA. Direkte Auslandsverbindung besteht aber auch in vielen weiteren US-Großstädten.

- Kontrollen der Behörden für Verkehrssicherheit (Transportation Security Administration; TSA), Zoll und Grenzschutz (US Customs & Border Protection; CBP) führen an Flughäfen nicht selten zu recht langen Verzögerungen.
- Fürs Einchecken bei internationalen Flügen sollte man daher mindestens drei Stunden einplanen. Nach Ankunft per Auslandsflug kann es bis zur finalen Gepäckausgabe schon mal zwei Stunden dauern.

Ausreisesteuer

Die Ausreisesteuer ist stets im Ticketpreis enthalten.

Internationale Flughäfen

Internationale Großflughäfen im Osten der USA (Chicago und Atlanta sind am betriebsamsten):

Hartsfield-Jackson International (ATL; ☎800-897-1910; www.atl.com; 2600 Maynard H. Jackson Jr. Blvd, Atlanta)

Boston Logan International (BOS; ☎800-235-6426; www.massport.com/logan; Boston)

O'Hare International (ORD; ☎800-832-6352; www.flychicago.com; 10 000 West O'Hare Ave, Chicago)

Charlotte Douglas International (CLT; ☎704-359-4013; www.cltairport.com; 5501 Josh Birmingham Pkwy, Charlotte)

Miami International (MIA; Karte S. 502; ☎305-876-7000; www.miami-airport.com; 2100 NW 42nd Ave, Miami)

Minneapolis-St. Paul International (MSP; ☎612-726-5555; www.mspairport.com; Minneapolis–St. Paul; 📶)

JFK International (JFK; ☎718-244-4444; www.kennedyairport.com; New York City; S A bis Howard Beach od. E bzw. J/Z bis Sutphin Blvd-Archer Ave, dann jeweils JFK Airtrain)

Orlando International (MCO; Karte S. 554; ☎407-825-8463; www.orlandoairports.net; 1 Jeff Fuqua Blvd, Orlando)

Dulles International (IAD; ☎703-572-2700; www.flydulles.com; Washington, D.C.)

Auf dem Landweg

- Im Osten der USA gibt es jeweils diverse Grenzübergänge zu Kanada im Norden und Mexiko im Süden.
- Bei der Einreise über einen davon müssen alle Ausländer (bis auf Kanadier mit NEXUS-Registrierung) einige Fragen zu Dauer und

Zweck des Aufenthalts beantworten. Zudem nimmt die Zoll- und Grenzschutzbehörde (US Customs & Border Protection) eventuell eine Fahrzeugdurchsuchung vor.

➡ Achtung: Vor allem bei der Einreise mit einem voll beladenen Vehikel ist unbedingt glaubhaft nachzuweisen, dass man die USA spätestens bei Ablauf der gewährten Aufenthaltsdauer (z. B. max. 90 Tage im Rahmen des VWP) wieder verlassen wird. Andernfalls verweigern die US-Beamten möglicherweise den Grenzübertritt und erfassen die Abweisung im Computer. Dies kann wiederum zu großen Problemen bei zukünftigen Reisen in die USA führen.

Auto & Motorrad

Um die Grenze zwischen Kanada und den USA mit dem Auto oder Motorrad zu überqueren, benötigt man die Zulassungspapiere für das Fahrzeug, einen Haftpflichtversicherungsnachweis und den nationalen Führerschein.

Gemietete Fahrzeuge können normalerweise ein- und ausgeführt werden. Um Ärger mit den Grenzbeamten zu vermeiden, sollte dies allerdings im Mietvertrag drinstehen.

Wer alle nötigen Papiere beisammen hat, für den ist der Grenzübergang normalerweise schnell und einfach. Es kann aber vorkommen, dass sich die US-amerikanischen oder kanadischen Behörden für eine *sehr* gründliche Fahrzeugdurchsuchung entscheiden.

Bus

Greyhound (www.greyhound.com) und sein kanadisches Gegenstück Greyhound Canada (www.greyhound.ca) betreiben zusammen das größte Busnetz Nordamerikas. Bei Direktverbindungen zwischen US-amerikanischen und kanadischen Großstädten muss an der Grenze normalerweise das Fahrzeug gewechselt werden. Bis die Zoll- und Einreiseformalitäten erledigt sind, vergeht gut eine Stunde. Die meisten internationalen Fernbusse bieten an Bord kostenloses WLAN an.

Megabus (www.megabus.com) fährt auch internationale Routen zwischen Toronto und den Städten im Osten (z. B. New York City, Philadelphia und Washington, D. C.). Diese Verbindungen sind oft günstiger als die Greyhound-Angebote. Tickets können nur online gekauft werden.

Grenzübergänge

Im Osten der USA gibt es über 20 offizielle Grenzübergänge nach Kanada, und zwar von Maine, New Hampshire, Vermont, New York, Michigan und Minnesota aus. Nach Kanada einzureisen, ist relativ einfach; die Wiedereinreise in die USA kann da schon eher problematisch werden, wenn man nicht alle Dokumente beisammen hat. Die US Customs and Border Protection (Zoll- und Grenzschutzbehörde; https://bwt.cbp.gov) informiert über die aktuellen Wartezeiten an den wichtigsten Grenzübergängen. Einige Grenzposten sind rund um die Uhr geöffnet, die Mehrzahl der Übergänge allerdings nicht.

Außer während der Stoßzeiten (also am Wochenende und in der Ferienzeit, vor allem im Sommer) muss man kaum länger als 30 Minuten anstehen. Starker Betrieb herrscht vor allem an folgenden Grenzübergängen:

➡ Detroit, MI–Windsor, Ontario

➡ Buffalo, NY–Niagara Falls, Ontario

➡ Calais, ME–St. Stephen, New Brunswick

Wie an jeder Grenze ist es ratsam, alle Papiere bereitzuhalten, höflich zu sein und sich Witze oder Smalltalk mit den US-Grenzbeamten zu verkneifen.

Zug

Züge von Amtrak (www.amtrak.com) und VIA Rail Canada (www.viarail.ca) verkehren täglich zwischen Montréal und New York (11 Std.), und zwischen Toronto und New York über die Niagarafälle (insgesamt 13 Std.). Der Zoll kontrolliert nicht beim Einsteigen in den Zug, sondern an der Grenze.

Übers Meer

Mehrere Städte an der Ostküste werden von Kreuzfahrtschiffen angelaufen, darunter New York City, Boston, New Orleans und Charleston, SC. In den Häfen Floridas liegen die meisten Schiffe vor Anker, allen voran in Miami, gefolgt von Port Canaveral und Port Everglades (Fort Lauderdale).

Auch Frachtschiffe steuern die Häfen im Osten der USA an. Sie bieten für gewöhnlich Platz für drei bis zwölf Passagiere und sind im Gegensatz zu Kreuzfahrtschiffen weitaus weniger komfortabel. Dafür vermitteln sie einen salzgeschwängerten Eindruck vom Leben auf hoher See.

INTERNATIONALE GREYHOUND-BUSSTRECKEN & -PREISE

STRECKE	PREIS (US$) CA.	DAUER (STD.)	HÄUFIGKEIT (TGL.)
Boston–Montréal	80	7–9½	8
Detroit–Toronto	60	5½–6½	5
New York–Montréal	90	8–9	10

Details zu den ständig wechselnden Frachterrouten gibt's hier:

Cruise & Freighter Travel Association (www.travltips.com)

Maris (www.freightercruises.com)

UNTERWEGS VOR ORT

Auto & Motorrad

Für maximale Flexibilität und Bequemlichkeit, um mobil zu sein und um die Umgebung der Städte zu erkunden, ist ein Auto oder Motorrad unerlässlich.

Automobilclubs

Die American Automobile Association (www.aaa.com) hat Kooperationsabkommen mit diversen internationalen Automobilclubs (z. B. dem ADAC; Mitgliedsausweis nicht vergessen!). Wer bei der AAA oder in einem der Partnerverbände Mitglied ist, kommt in den Genuss von Reiseversicherung, Straßenkarten und einem ausgedehnten Netz regionaler Zweigstellen. Allerdings steht die AAA politisch gesehen auf der Seite der Fahrzeugindustrie.

Eine umweltbewusstere Alternative ist der Better World Club (www.betterworldclub.com), der 1 % seiner Einnahmen für die Beseitigung von Umweltbelastungen spendet, seine Dienstleistungen auf Wunsch auf umweltverträglicher Basis durchführt und auch politisch mehr für Umweltfragen eintritt.

Beide Organisationen bieten den riesigen Vorteil eines 24-Stunden-Pannendienstes, den Mitglieder überall in den USA in Anspruch nehmen können. Hinzu kommen Hilfe bei der Routenplanung, kostenlose Karten, Reisebürodienste, Autoversicherung und diverse Rabatte (z. B. bei Hotelzimmern, Mietwagen oder Sehenswürdigkeiten).

Benzin

Tankstellen sind überall zu finden und viele haben sogar rund um die Uhr geöffnet. In Kleinstädten öffnen sie oft aber nur von 7 bis 20 oder 21 Uhr. Eine US-Gallone (3,79 l) kostet etwa 2,50 US$. An vielen Tankstellen muss vor der Spritentnahme bezahlt werden, nicht hinterher.

Viele Zapfsäulenautomaten akzeptieren Kreditkarten, erfordern aber die Eingabe einer US-Postleitzahl. Auch per Plastikgeld müssen Ausländer dann zuerst drinnen beim Personal in Vorleistung gehen. Bei Überzahlung wird das Restguthaben automatisch aufs Kreditkartenkonto zurückerstattet.

Fahrzeugeinfuhr in die USA

Wer von Kanada aus mit einem eigenen Fahrzeug in die USA einreisen will, muss beachten: Der Besitzer darf das Vehikel vor Ablauf seines jeweiligen Visums nicht auf amerikanischem Boden verkaufen. Ohnehin wird man ein kanadisches Auto (eventuell günstig und extra für den Trip gekauft) in den USA wahrscheinlich nur schwer wieder los. Dies liegt u. a. an unterschiedlichen Abgasvorschriften und der Tatsache, dass das Ummelden eines kanadischen Kfz auf eine US-Zulassung mit hohen Gebühren und sehr viel Bürokratie verbunden ist.

Eine Fahrzeugmitnahme aus der Heimat ist für normale Touristen nicht sinnvoll (da astronomisch teuer und extrem kompliziert).

Führerschein

Besucher dürfen bis zu zwölf Monate lang mit ihrem nationalen Führerschein legal ein Auto lenken. Sehr nützlich ist allerdings ein internationaler Führerschein (International Driving Permit; IDP), mit dem man bei Verkehrskontrollen weniger Verständigungsprobleme haben dürfte. Dies gilt vor allem, wenn der Führerschein keine englischsprachigen Erläuterungen enthält. In Deutschland und der Schweiz wird die IDP von den Straßenverkehrsbehörden (Führerscheinstelle) ausgestellt und ist drei Jahre lang gültig, in Österreich ist er bei den Automobilclubs (z. B. ÖAMTC) zu beantragen und ein Jahr gültig. Deutsche und Österreicher müssen außerdem auch den EU-Führerschein im Scheckkartenformat besitzen. Auch wer einen internationalen Führerschein hat, muss stets auch den nationalen dabeihaben.

Wer die USA mit dem Motorrad bereist, benötigt einen internationalen Führerschein, der speziell zum Motorradfahren berechtigt.

Mieten

Um in den USA ein Auto zu mieten, ist für gewöhnlich ein Mindestalter von 25 Jahren Voraussetzung. Zudem braucht man einen gültigen Führerschein und eine gängige Kreditkarte. Einige Autoverleiher vermieten ihre Wagen gegen einen Aufpreis auch an 21- bis 24-Jährige.

Für ein Mittelklassefahrzeug werden etwa 30 bis 75 US$ pro Tag fällig. Kindersitze sind gesetzlich vorgeschrieben (unbedingt schon beim Buchen mitreservieren!) und kosten um die 13 US$ pro Tag.

Manche nationalen Unternehmen, darunter auch Avis, Budget und Hertz, verfügen auch über eine „grüne Flotte" aus Hybridautos (z. B. Toyota Prius, Honda Civic), wobei ein spritsparendes Auto in der Miete oft viel teurer ist.

Im Internet bei Car Rental Express (www.carrentalexpress.com) werden unabhängige Unternehmen in verschiedenen US-amerikanischen Städten bewertet und verglichen, was vor allem bei der Suche nach günstigen Angeboten für längere Mietvorhaben praktisch ist.

Die wichtigsten Autovermietungen der USA:

Alamo (www.alamo.com)

Avis (www.avis.com)

Budget (www.budget.de)

Dollar (www.dollar.com)

Enterprise (www.enterprise.com)

Hertz (www.hertz.com)

National (www.nationalcar.com)

Rent-A-Wreck (www.rentawreck.com) Vermietet Autos, die wahrscheinlich mehr Schäden haben als ein normaler Mietwagen, die aber – anders als im Firmennamen angedeutet – noch weit davon entfernt sind, ein Wrack zu sein.

Thrifty (☎800-847-4389; www.thrifty.com)

Motorräder & Wohnmobile (RVs) mieten

Wer davon träumt, eine Harley zu fahren (und den entsprechenden Führerschein hat), wendet sich an EagleRider (www.eaglerider.com), das in Großstädten im ganzen Land Filialen hat und auch andere Abenteuerfahrzeuge verleiht. Leihmotorräder und die entsprechenden Versicherungen sind allerdings sehr teuer.

Unternehmen, die sich auf den Verleih von Wohnmobilen und Campern spezialisiert haben:

Adventures on Wheels (www.wheels9.com)

Cruise America (www.cruiseamerica.com)

Straßenzustand & Gefahren

Obwohl die Straßen in den USA allgemein ganz gut in Schuss sind, sollte man Folgendes bedenken:

- Im Winter besteht generell Gefahr durch Eis und starke Schneefälle. Viele Straßen und Brücken sind dann eventuell vorübergehend gesperrt. Auf der Website der Federal Highway Administration (www.fhwa.dot.gov/trafficinfo) finden sich Links zu den Straßenbedingungen und den aktuellen Großbaustellen in allen Bundesstaaten.
- Im Winter und in abgelegenen Gegenden benötigt man unbedingt Allwetter- oder Winterreifen und eine entsprechende Notfallausrüstung, falls man irgendwo liegen bleibt.
- Wo Wildtiere oft die Straße überqueren, werden Verkehrsteilnehmer durch Schilder gewarnt. Diese sollte man vor allem nachts sehr ernst nehmen.

Verkehrsregeln

Hier einige Grundregeln:

- In den USA fährt man auf der rechten Straßenseite; überholt wird links.
- Die Höchstgeschwindigkeit auf den meisten Interstate Highways (Autobahnen) beträgt 65 bzw. 70 mph (104 bzw. 112 km/h); in manchen Bundesstaaten im Osten sind es 75 mph (120 km/h). In Stadtgebieten gilt eine Höchstgeschwindigkeit von 55 mph (88 km/h). Hier immer auf die Schilder achten! In der Stadt selbst liegt die Grenze zwischen 15 und 45 mph (24 und 72 km/h).
- In allen Bundesstaaten herrscht Gurt- und Kindersitzpflicht. Einen Helm müssen Motorradfahrer nur in manchen Staaten tragen.
- An roten Ampeln darf rechts abgebogen werden, wenn das Fahrzeug zuvor vollständig zum Stehen kam. Ausgenommen hiervon sind Kreuzungen mit entsprechenden Verbotsschildern und New York City. Dort ist es illegal, bei Rot abzubiegen.
- An Kreuzungen mit vier gleichrangigen Straßen hat das Auto, das die Kreuzung zuerst erreicht, Vorfahrt. Kommen mehrere Fahrzeuge gleichzeitig an, gilt rechts vor links.
- Einsatzfahrzeugen (d.h. Polizei, Feuerwehr oder Krankenwagen) macht man Platz, indem man schnell, aber sicher eine Gasse bildet.
- In immer mehr Bundesstaaten ist es verboten, während des Fahrens mit dem Handy am Ohr zu telefonieren (oder SMS zu schreiben). Freisprecheinrichtungen oder Ähnliches sind o.k.; ansonsten zum Telefonieren einfach kurz anhalten!
- Die Promillegrenze für Fahrer liegt bei 0,8. Wer unter dem Einfluss von Alkohol und/oder Drogen ein Fahrzeug lenkt, muss mit harten Strafen rechnen.
- In manchen Bundesstaaten ist es verboten, „offene Alkoholbehältnisse" im Auto mitzuführen, egal ob sie leer sind oder nicht.

Versicherung

Autofahrer sind gesetzlich dazu verpflichtet, eine Versicherung zu haben. Hat man keine, muss man mit rechtlichen Konsequenzen rechnen und steht im Falle eines Unfalls ganz schnell vor dem finanziellen Ruin.

Autovermietungen bieten Haftpflichtversicherungen an, die bei Unfällen Personen- und Sachschäden an Dritten abdecken.

Wer einen Collision Damage Waiver (CDW) abschließt, muss der Autovermietung bei Schäden am Fahrzeug nur einen Teil des Schadens oder gar nichts bezahlen.

Durch all diese zusätzlichen Versicherungskosten erhöht sich der Preis für einen Mietwagenpreis pro Tag um bis zu 30 US$.

Manche Kreditkartenunternehmen bieten bei einer Mietdauer von maximal zwei Wochen einen Versicherungsschutz an, der Schäden am Mietwagen abdeckt. Dafür muss der komplette Mietpreis mit der Kreditkarte bezahlt und das CDW-Angebot der Autovermietung abgelehnt werden. Unbedingt die Bedingungen der Kreditkartenunternehmen für die USA prüfen!

Bus

Greyhound (www.greyhound.com) ist das größte Fernbusunternehmen und hat ein umfangreiches Streckennetz in den gesamten USA; außerdem gibt es Linien von und nach Kanada. Die Busse sind in der Regel zuverlässig, relativ sauber und komfortabel. Zur Ausstattung gehören Klimaanlage, Sitze, die sich leicht nach hinten kippen lassen, sowie Bordtoiletten; das Rauchen ist in den Bussen verboten. Manche Busse verfügen über WLAN. Auf einigen kürzeren Strecken fahren Expressbusse, die meisten Busse halten aber alle 50 oder 100 Meilen, um Fahrgäste zusteigen zu lassen; außerdem machen Fernbusse Pausen zum Essen und zum Fahrerwechsel.

Weitere Fernbusunternehmen (in der Regel mit WLAN und Steckdosen an Bord):

BestBus (www.bestbus.com) Günstige Verbindungen zwischen der Hauptstadt und NYC.

BoltBus (www.boltbus.com) Bietet schnelle und preiswerte Fahrten zwischen den großen Städten im Nordosten, darunter NYC, Boston, Philadelphia, Baltimore, Newark und Washington, D.C.

Go Bus (www.gobuses.com) Fährt auf der Strecke Boston–NYC.

Lucky Star Bus (www.luckystarbus.com) Fährt ebenfalls zwischen Boston und NYC.

Megabus (www.megabus.com) Der Hauptkonkurrent von BoltBus bietet Verbindungen zwischen den großen Städten im Nordosten und auch im mittleren Westen. Die Busse fahren von den Drehkreuzen NYC und Chicago in alle Richtungen. Die Tickets können sehr günstig sein; buchen kann man sie nur online.

Peter Pan Bus Lines (www.peterpanbus.com) Bedient über 50 Ziele im Nordosten bis hinauf nach Concord, NH, und bis hinunter nach Washington, D.C.

Trailways (www.trailways.com) Ist hauptsächlich im mittleren Westen und in den Mittelatlantikstaaten unterwegs. Für längere Strecken ist Greyhound meistens besser, doch auf kurzen Routen können die Busse von Trailways preiswerter sein.

Die meisten Städte haben ein zuverlässiges städtisches Busliniennetz, das allerdings oft am Pendlerverkehr orientiert ist und deshalb abends und am Wochenende seinen Betrieb ziemlich stark einschränkt. Der Fahrpreis liegt meistens zwischen 1 und 3 US$ pro Strecke, und manchmal ist die Fahrt sogar kostenlos.

Preise

Generell gilt: Je eher man bucht, desto weniger muss man zahlen.

BoltBus, Megabus und einige der kleineren Busunternehmen verkaufen die ersten Tickets für eine Strecke für 1 US$.

Wer auch mit Greyhound günstiger fahren möchte, kauft sein Ticket mindestens sieben Tage vorher (bei 14 Tagen im Voraus spart man sogar noch mehr).

Wer mit Familie oder Freunden unterwegs ist: Bei den Mitfahrangeboten von Greyhound fahren bis zu zwei zusätzliche Reisende für die Hälfte des Preises mit – wenn man mindestens drei Tage im Voraus bucht.

Reservierungen

Tickets für Greyhound und BoltBus kann man telefonisch oder online sowie an den Terminals käuflich erwerben. Megabus, Go Buses und die meisten kleineren Unternehmen verkaufen ihre Tickets nur online und im Voraus. Bei der Platzwahl heißt es normalerweise: „Wer zuerst kommt, mahlt zuerst." Greyhound empfiehlt, eine Stunde vor Abfahrt zu kommen, um sich einen Platz zu sichern.

Fahrrad

Regionale Fahrradtouren sind sehr beliebt: kurvige Nebenstraßen und malerische Küstenabschnitte sind hervorragende Voraussetzungen dafür. In vielen Städten (darunter New York City, Chicago, Minneapolis und Boston) gibt es auch ausgeschilderte Radwege. Im gesamten Osten der USA ist es leicht, ein Fahrrad zu mieten. Zudem ist Folgendes zu beachten:

- Für Radfahrer gelten dieselben Verkehrsregeln wie für Kraftfahrzeugführer. Das bedeutet aber nicht, dass Letztere die Vorfahrt auch immer gewähren.
- In manchen Bundesstaaten und Städten besteht Helmpflicht (auch wenn es nicht gesetzlich vorgeschrieben ist). Diese gilt meist für Fahrer unter 18 Jahren. Auf der Website des Bicycle Helmet Safety Institute (www.bhsi.org/mandator.htm) findet man eine ausführliche, sorgfältig geführte Liste mit den Regelungen für jeden Bundesstaat.
- Der Better World Club (www.betterworldclub.com) bietet einen Pannenhilfeservice an. Die Mitgliedschaft

NATIONALE GREYHOUND-BUSSTRECKEN & -PREISE

STRECKE	PREIS (US$) CA.	DAUER (STD.)	HÄUFIGKEIT (TGL.)
Boston–Philadelphia	45–61	7	10
Chicago–New Orleans	96–164	24	5
New York–Chicago	70–138	18–22	6
Washington, D.C.–Miami	87–170	25	6

kostet 40 US$ im Jahr, hinzu kommt eine einmalige Anmeldegebühr von 12 US$. Dafür wird man bei Pannen zweimal kostenlos aufgegabelt.

➡ Bei der League of American Bicyclists (www.bikeleague.org) gibt's allgemeine Tipps und Listen mit Fahrradclubs und Werkstätten vor Ort.

Manche Städte sind fahrradfreundlicher als andere, doch fast alle haben zumindest ein paar ausgewiesene Radspuren und Radwege, und meistens kann man Räder auch in den öffentlichen Verkehrsmitteln mitnehmen. Viele große Städte, darunter New York, Chicago, Boston, Miami und Washington, D.C., haben Fahrradverleihsysteme. Diese tauchen inzwischen zunehmend in anderen Städten wie Cincinnati, Nashville, Indianapolis und Louisville auf.

Fahrradtransport

Wer seinen eigenen Drahtesel mitbringt, sollte sich über die Preise und Regeln für Sperrgepäck informieren. Fahrräder können in Flugzeugen zwar normal aufgegeben werden, müssen aber meist in Transportboxen verpackt werden, und die Gebühren können hoch sein (über 200 US$). In Amtrak-Zügen und Greyhound-Bussen können Räder innerhalb der USA problemlos und oft günstiger mitgenommen werden.

Kaufen

Ein Fahrrad zu kaufen, ist genauso einfach, wie es vor der Abreise wieder loszuwerden. Fachhändler haben zwar in puncto Auswahl und Service bei neuen Rädern die Nase vorn, aber Sportgeschäfte und Großhändler sind oft günstiger. Noch besser kauft man ein gebrauchtes Rad. Die besten Schnäppchen finden sich bei Garagenverkäufen, in Secondhand-Läden oder über die kostenlosen Kleinanzeigen auf der Website von Craigslist (www.craigslist.org).

Mieten

In den meisten touristischen Orten und Städten können Fahrräder ausgeliehen werden. Der Mietpreis beläuft sich meist auf 20 bis 30 US$ pro Tag. Der Preis beinhaltet einen Helm und ein Schloss. Die meisten Anbieter verlangen zudem eine Kreditkartenkaution von etwa 200 US$.

Flugzeug

Fliegen ist meistens teurer, als mit dem Bus, Zug oder Auto zu fahren. Wer allerdings nur wenig Zeit in den USA hat, für den ist das Flugzeug wahrscheinlich die richtige Wahl.

Fluggesellschaften im Osten der USA

Fliegen in den USA ist im Allgemeinen sehr sicher (viel sicherer, als auf den Highways des Landes unterwegs zu sein). Detaillierte Infos zu allen Fluggesellschafen finden sich auf Airsafe.com (www.airsafe.com).

Die wichtigsten nationalen Fluggesellschaften sind:

American Airlines (www.aa.com) Bietet landesweite Flüge an.

Delta Air Lines (www.delta.com) Landesweite Flüge.

Frontier Airlines (www.flyfrontier.com) Airline mit Sitz in Denver; landesweite Flüge.

JetBlue Airways (www.jetblue.com) Direktverbindungen zwischen Städten im Osten und Westen der USA, zudem Florida und New Orleans.

Southwest Airlines (www.southwest.com) Flüge auf US-amerikanischem Festland.

Spirit Airlines (www.spiritair.com) Airline mit Sitz in Florida; fliegt viele der US-amerikanischen Umschlagflughäfen an.

United Airlines (www.united.com) Landesweite Flüge.

Virgin America (www.virginamerica.com) Flüge zwischen den Städten der Ost- und Westküste und Las Vegas.

Es gibt auch kleinere regionale Fluggesellschaften:

Cape Air (☎866-227-3247; www.flycapeair.com) Fliegt mehrere Ziele in Neuengland an, darunter auch Martha's Vineyard und Nantucket.

Isle Royale Seaplanes (☎906-483-4991; www.isleroyaleseaplanes.com) Flüge nach Rock Harbor im Isle Royale National Park; Abflug vom Houghton County Airport in Upper Peninsula, MI.

Flugpässe

Für Traveller, die auf ihrer Reise voraussichtlich viel fliegen werden, bietet sich der North American Airpass an. Diesen Flugpass gibt es nur für Reisende, die nicht in den USA oder anderen nordamerikanischen Ländern leben, und auch nur in Verbindung mit einem internationalen Flugticket. Die Bedingungen und Kostenstrukturen sind kompliziert, jeder Pass berechtigt zu einer bestimmten Anzahl von Inlandsflügen (zwischen zwei und zehn), die meist innerhalb von 60 Tagen angetreten werden müssen. Zwei der größten Allianzen von Fluggesellschaften, die Flugpässe anbieten, sind Star Alliance (www.staralliance.com) und One World (www.oneworld.com).

Schiff/Fähre

Mehrere Fähren sorgen im Osten der USA für effiziente und landschaftlich reizvolle Verbindungen. Die meisten Fähren nehmen Autos mit, man muss aber rechtzeitig im Voraus reservieren.

Im Nordosten:

Bay State Cruise Company (www.boston-ptown.com) Fähren zwischen Boston und Provincetown, MA.

Block Island Ferry (www.blockislandferry.com) Fähren von Narragansett und Newport, RI, nach Block Island.

Lake Champlain Ferries (www.ferries.com) Fähren zwischen Burlington, VT, und Port Kent, NY.

Staten Island Ferry (www.siferry.com) Kostenlose Pendlerfähren zwischen Staten Island und Manhattan, NY.

Steamship Authority (www.steamshipauthority.com) Fähren von Cape Cod, MA, nach Martha's Vineyard und Nantucket.

Auf den Großen Seen:

- Innerhalb Michigans schippern Fähren von **Shepler's** (☎800-828-6157; www.sheplersferry.com) und **Star Line** (☎800-638-9892; www.mackinacferry.com) ab Mackinaw City bzw. St. Ignace nach Mackinac Island.
- Passagen über den Lake Michigan: **Lake Express** (☎866-914-1010; www.lake-express.com; 1918 Lakeshore Dr; ⏲Mai–Okt.) verkehrt zwischen Milwaukee, WI, und Muskegon, MI. Die **SS Badger** (☎800-841-4243; www.ssbadger.com; 701 Maritime Dr; ⏲Mitte Mai–Mitte Okt.) ist zwischen Manitowoc (Wisconsin) und Ludington (Michigan) unterwegs.

Im Süden:

Key West Express (www.seakeywestexpress.com) Katamarane zwischen Fort Myers und Key West.

North Carolina Ferry System (www.ncdot.gov/ferry) Fähren im Bereich der Outer Banks.

Taxi & Mitfahragenturen

Taxis sind mit Taxametern ausgestattet. Der Grundpreis liegt bei etwa 2,50 US$, hinzu kommen 2 oder 3 US$ pro Meile. Wartezeit und die Mitnahme von Gepäck kosten extra, außerdem erwarten die Fahrer 10 bis 15 % Trinkgeld. In den belebtesten Gegenden der Großstädte fahren Taxis auf der Suche nach Fahrgästen durch die Gegend, anderswo kann man sie problemlos telefonisch bestellen. In den meisten Städten werden auch Fahrdienstleistungsunternehmen wie Uber (www.uber.com) viel genutzt.

Trampen

Trampen ist in den USA potenziell gefährlich und kann deswegen überhaupt nicht empfohlen werden. Traveller, die trampen, sollten sich bewusst sein, dass sie ein kleines, aber möglicherweise schwerwiegendes Risiko eingehen. Zudem haben auch Fahrer inzwischen so viele gruselige Geschichten von Trampern gehört, dass sie selbst oft davor zurückschrecken, welche mitzunehmen. Auf Freeways ist das Trampen verboten.

Zug

Amtrak (www.amtrak.com) bietet überall in den USA ein flächendeckendes Eisenbahnnetz an, darunter auch mehrere Fernverkehrsstrecken, die das ganze Land von Osten nach Westen durchqueren. Noch zahlreicher sind die Verbindungen von Norden nach Süden. Es werden sämtliche größeren Städte der USA und auch einige der kleineren angefahren. Manche Orte sind durch die Thruway-Busse von Amtrak ans Schienennetz angebunden.

Im Vergleich zu anderen Reisemöglichkeiten sind Züge meist weder die schnellste noch die günstigste oder praktischste Alternative. Sie können eine Reise aber zu einem entspannten und malerischen Erlebnis machen, bei dem man auch leicht andere Traveller kennenlernt.

Am verkehrsreichsten ist der nordöstliche Korridor, wo der Hochgeschwindigkeitszug Acela Express Boston, MA, mit Washington, D.C., (über New York City, Philadelphia und Baltimore) verbindet.

Auch die Strecken zwischen NYC und den Niagarafällen sowie zwischen Chicago und Milwaukee sind stark frequentiert.

Kostenloses WLAN gibt's in vielen Zügen, aber eben nicht in allen. Für E-Mails und Surfen im Internet reicht die WLAN-Geschwindigkeit aus. Sie ist aber normalerweise nicht für das Herunterladen von Videos oder Musik geeignet.

Rauchen ist in allen Zügen untersagt.

Viele Großstädte wie NYC, Chicago und Miami haben ihre eigenen Pendlerzüge. Diese sind schneller, verkehren häufiger und legen kürzere Distanzen zurück als die normalen Züge.

NYC, Chicago, Boston, Philadelphia und Washington, D.C., haben die größten U-Bahn-Netze im Osten der USA. Anderswo beschränken sich Stadtbahnen teils auf eine bis zwei Linien im Bereich des Zentrums.

Sprache

Briten, Amerikaner, Australier und Neuseeländer, deutsche Geschäftsleute und norwegische Wissenschaftler, der indische Verwaltungsbeamte und die Hausfrau in Kapstadt – fast jeder scheint Englisch zu sprechen. Und wirklich: Englisch ist die am weitesten verbreitete Sprache der Welt (wenn es auch nur den zweiten Platz für die am meisten gesprochene Muttersprache gibt – Chinesisch ist diesbezüglich die Nr. 1).

Logisch, dass es bei einer solchen Verbreitung nicht *das* Englische gibt, sondern vielmehr eine Unmenge von lokalen Eigenheiten in der Aussprache und im Wortschatz. Ein texanischer Ranger wird also wahrscheinlich seine Schwierigkeiten haben, einen australischen Jugendlichen aus Sydney zu verstehen.

Hier folgen nur die wichtigsten Begriffe und Wendungen, um sich bei einem Urlaub im Osten und dem Rest der USA durchschlagen zu können.

Konversation & Nützliches

Hallo.	*Hello.*
Guten ...	*Good ...*
Tag	*day*
Tag (nachmittags)	*afternoon*
Morgen	*morning*
Abend	*evening*
Auf Wiedersehen.	*Goodbye.*
Bis später.	*See you later.*
Tschüss.	*Bye.*
Wie geht es Ihnen/dir?	*How are you?*
Danke, gut.	*Fine. And you?*
Und Ihnen/dir?	*... and you?*
Wie ist Ihr Name?/ Wie heißt du?	*What's your name?*
Mein Name ist ...	*My name is ...*
Wo kommen Sie her?/ Wo kommst du her?	*Where do you come from?*
Ich komme aus ...	*I'm from ...*
Wie lange bleiben Sie/ bleibst du hier?	*How long do you stay here?*
Ja.	*Yes.*
Nein.	*No.*
Bitte.	*Please.*
Danke/ Vielen Dank.	*Thank you (very much).*
Bitte (sehr).	*You're welcome.*
Entschuldigen Sie, ...	*Excuse me, ...*
Entschuldigung.	*Sorry.*
Es tut mir leid.	*I'm sorry.*
Verstehen Sie (mich)?	*Do you understand (me)?*
Ich verstehe (nicht).	*I (don't) understand.*
Könnten Sie ...?	*Could you please ...?*
bitte langsamer sprechen	*speak more slowly*
das bitte wiederholen	*repeat that*
es bitte aufschreiben	*write it down*

NOCH MEHR GEFÄLLIG?

Noch besser kommt man mit dem *Sprachführer Englisch* von Lonely Planet durch den Osten der USA. Man findet den Titel unter **http://shop.lonelyplanet.de** und im Buchhandel.

Fragewörter

Wer?	*Who?*
Was?	*What?*

Wo?	*Where?*
Wann?	*When?*
Wie?	*How?*
Warum?	*Why?*
Welcher?	*Which?*
Wie viel/viele?	*How much/many?*

Gesundheit

Wo ist der/die/das nächste ...?
Where's the nearest ...?

Apotheke	*chemist*
Zahnarzt	*dentist*
Arzt	*doctor*
Krankenhaus	*hospital*

Ich brauche einen Arzt.
I need a doctor.

Gibt es in der Nähe eine (Nacht-)Apotheke?
Is there a (night) chemist nearby?

Ich bin krank.	*I'm sick.*
Es tut hier weh.	*It hurts here.*
Ich habe mich übergeben.	*I've been vomiting.*
Ich habe ...	*I have ...*
Durchfall	*diarrhoea*
Fieber	*fever*
Kopfschmerzen	*headache*
(Ich glaube,)	*(I think)*
Ich bin schwanger.	*I'm pregnant.*
Ich bin allergisch ...	*I'm allergic ...*
gegen Antibiotika	*to antibiotics*
gegen Aspirin	*to aspirin*
gegen Penizillin	*to penicillin*

Mit Kindern reisen

Ich brauche ...	*I need a/an ...*
Gibt es ...?	*Is there a/an ...?*
einen Wickelraum	*baby change room*
einen Babysitter	*babysitter*
einen Kindersitz	*booster seat*
eine Kinderkarte	*children's menu*
einen Kinderstuhl	*highchair*
(Einweg-)Windeln	*(disposable) nappies*
ein Töpfchen	*potty*
einen Kinderwagen	*stroller*

Stört es Sie, wenn ich mein Baby hier stille?
Do you mind if I breastfeed here?

NOTFALL

Hilfe!
Help!

Es ist ein Notfall!
It's an emergency!

Rufen Sie die Polizei!
Call the police!

Rufen Sie einen Arzt!
Call a doctor!

Rufen Sie einen Krankenwagen!
Call an ambulance!

Lassen Sie mich in Ruhe!
Leave me alone!

Gehen Sie weg!
Go away!

Sind Kinder zugelassen?
Are children allowed?

Papierkram

Name	*name*
Staatsangehörigkeit	*nationality*
Geburtsdatum	*date of birth*
Geburtsort	*place of birth*
Geschlecht	*sex/gender*
(Reise-)Pass	*passport*
Visum	*visa*

Shoppen & Service

Ich suche ...
I'm looking for ...

Wo ist der/die/das (nächste) ...?
Where's the (nearest) ...?

Wo kann ich ... kaufen?
Where can I buy ...?

Ich möchte ... kaufen.
I'd like to buy ...

Wie viel (kostet das)?
How much (is this)?

Das ist zu viel/zu teuer.
That's too much/too expensive.

Können Sie mit dem Preis heruntergehen?
Can you lower the price?

Ich schaue mich nur um.
I'm just looking.

Haben Sie noch andere?
Do you have any others?

Können Sie ihn/sie/es mir zeigen?
Can I look at it?

mehr	*more*
weniger	*less*
kleiner	*smaller*
größer	*bigger*

Nehmen Sie ...?	*Do you accept ...?*
Kreditkarten	*credit cards*
Reiseschecks	*traveller's cheques*
Ich möchte ...	*I'd like to ...*
Geld umtauschen	*change money*
einen Scheck einlösen	*cash a cheque*
Reiseschecks einlösen	*change traveller's cheques*

Ich suche ...	*I'm looking for ...*
einen Arzt	*a doctor*
eine Bank	*a bank*
die ... Botschaft	*the ... embassy*
einen Geldautomaten	*an ATM*
das Krankenhaus	*the hospital*
den Markt	*the market*
ein öffentliches Telefon	*a public phone*
eine öffentliche Toilette	*a public toilet*
die Polizei	*the police*
das Postamt	*the post office*
die Touristen-information	*the tourist information*
eine Wechselstube	*an exchange office*

Wann macht er/sie/es auf/zu?
What time does it open/close?

Ich möchte eine Telefonkarte kaufen.
I want to buy a phone card.

Wo ist hier ein Internetcafé?
Where's the local Internet cafe?

Ich möchte ...	*I'd like to ...*
ins Internet	*get Internet access*
meine E-Mails checken	*check my email*

Uhrzeit & Datum

Wie spät ist es?	*What time is it?*
Es ist (ein) Uhr.	*It's (one) o'clock.*
Zwanzig nach eins	*Twenty past one*
Halb zwei	*Half past one*
Viertel vor eins	*Quarter to one*
morgens/vormittags	*am*
nachmittags/abends	*pm*

jetzt	*now*
heute	*today*
heute Abend	*tonight*
morgen	*tomorrow*
gestern	*yesterday*
Morgen	*morning*
Nachmittag	*afternoon*
Abend	*evening*

Montag	*Monday*
Dienstag	*Tuesday*
Mittwoch	*Wednesday*
Donnerstag	*Thursday*
Freitag	*Friday*
Samstag	*Saturday*
Sonntag	*Sunday*

Januar	*January*
Februar	*February*
März	*March*
April	*April*
Mai	*May*
Juni	*June*
Juli	*July*
August	*August*
September	*September*
Oktober	*October*
November	*November*
Dezember	*December*

Unterkunft

Wo ist ...?	*Where's a ...?*
eine Pension	*bed and breakfast guesthouse*
ein Campingplatz	*camping ground*
ein Hotel/Gasthof	*hotel*
ein Privatzimmer	*room in a private home*
eine Jugend-herberge	*youth hostel*

Wie ist die Adresse?
What's the address?

Ich möchte bitte ein Zimmer reservieren.
I'd like to book a room, please.

Für (drei) Nächte/Wochen.
For (three) nights/weeks.

EIN ZIMMER RESERVIEREN

(per Brief, Fax oder E-Mail)

An ...	*To ...*
Vom ...	*From ...*
Datum	*Date*

Ich möchte reservieren ...
I'd like to book ...

auf den Namen ...	*in the name of ...*
vom ... bis zum ...	*from ... to ...*

(Bett-/Zimmeroptionen s. Liste Unterkunft)

Kreditkarte	*credit card*
Nummer	*number*
gültig bis	*expiry date*

Bitte bestätigen Sie Verfügbarkeit und Preis.
Please confirm availability and price.

Haben Sie ein ...?	*Do you have a ... room?*
Einzelzimmer	*single*
Doppelzimmer	*double*
Zweibettzimmer	*twin*

Wieviel kostet es pro Nacht/Person?
How much is it per night/person?

Kann ich es sehen?
May I see it?

Kann ich ein anderes Zimmer bekommen?
Can I get another room?

Es ist gut, ich nehme es.
It's fine. I'll take it.

Ich reise jetzt ab.
I'm leaving now.

Verkehrsmittel & -Wege

Öffentliche Verkehrsmittel

Wann fährt ... ab?
What time does the ... leave?

das Boot/Schiff	*boat/ship*
die Fähre	*ferry*
der Bus	*bus*
der Zug	*train*

Wann fährt der ... Bus?
What time's the ... bus?

erste	*first*
letzte	*last*
nächste	*next*

Wo ist der nächste U-Bahnhof?
Where's the nearest metro station?

Welcher Bus fährt nach ...?
Which bus goes to ...?

U-Bahn	*metro*
(U-)Bahnhof	*(metro) station*
Straßenbahn	*tram*
Straßenbahnhaltestelle	*tram stop*
S-Bahn	*suburban (train) line*

Eine ... nach (Sydney).
A ... to (Sydney).

einfache Fahrkarte	*one-way ticket*
Rückfahrkarte	*return ticket*
Fahrkarte 1. Klasse	*1st-class ticket*
Fahrkarte 2. Klasse	*2nd-class ticket*

Der Zug wurde gestrichen.
The train is cancelled.

Der Zug hat Verspätung.
The train is delayed.

Ist dieser Platz frei?
Is this seat free?

Muss ich umsteigen?
Do I need to change trains?

Sind Sie frei?
Are you free?

Was kostet es bis ...?
How much is it to ...?

Bitte bringen Sie mich zu (dieser Adresse).
Please take me to (this address).

Private Transportmittel

Wo kann ich ein ... mieten?
Where can I hire a/an ...?

Ich möchte ein ... mieten.
I'd like to hire a/an ...

Allradfahrzeug	*4WD*
Auto	*car*
Fahrrad	*bicycle*
Fahrzeug mit Automatik	*automatic*
Fahrzeug mit Schaltung	*manual*
Motorrad	*motorbike*

VERKEHRSSCHILDER

Danger	*Gefahr*
No Entry	*Einfahrt verboten*
One-way	*Einbahnstraße*
Entrance	*Einfahrt*
Exit	*Ausfahrt*
Keep Clear	*Ausfahrt freihalten*
No Parking	*Parkverbot*
No Stopping	*Halteverbot*
Toll	*Mautstelle*
Cycle Path	*Radweg*
Detour	*Umleitung*
No Overtaking	*Überholverbot*

Wieviel kostet es pro Tag/Woche?
How much is it per day/week?

Wo ist eine Tankstelle?
Where's a petrol station?

Benzin	*petrol*
Diesel	*diesel*
Bleifreies Benzin	*unleaded*

Führt diese Straße nach ...?
Does this road go to ...?

Wo muss ich bezahlen?
Where do I pay?

Ich brauche einen Mechaniker.
I need a mechanic.

Das Auto hat eine Panne.
The car has broken down.

Ich habe einen Platten.
I have a flat tyre.

Das Auto/Motorrad springt nicht an.
The car/motorbike won't start.

Ich habe kein Benzin mehr.
I've run out of petrol.

Wegweiser

Können Sie mir bitte helfen?
Could you help me, please?

Ich habe mich verirrt.
I'm lost.

Wo ist (eine Bank)?
Where's (a bank)?

In welcher Richtung ist (eine öffentliche Toilette)?
Which way's (a public toilet)?

Wie kann ich da hinkommen?
How can I get there?

Wie weit ist es?
How far is it?

Können Sie es mir (auf der Karte) zeigen?
Can you show me (on the map)?

links	*left*
rechts	*right*
nahe	*near*
weit weg	*far away*
hier	*here*
dort	*there*
an der Ecke	*on the corner*
geradeaus	*straight ahead*
gegenüber ...	*opposite ...*
neben ...	*next to ...*
hinter ...	*behind ...*
vor ...	*in front of ...*
Norden	*north*
Süden	*south*
Osten	*east*
Westen	*west*

Biegen Sie ... ab.	*Turn ...*
links/rechts	*left/right*
an der nächsten Ecke	*at the next corner*
bei der Ampel	*at the traffic lights*

Zahlen

0	*zero*
1	*one*
2	*two*

SCHILDER

Police	*Polizei*
Police Station	*Polizeiwache*
Entrance	*Eingang*
Exit	*Ausgang*
Open	*Offen*
Closed	*Geschlossen*
No Entry	*Kein Zutritt*
No Smoking	*Rauchen verboten*
Prohibited	*Verboten*
Toilets	*Toiletten*
Men	*Herren*
Women	*Damen*

3	*three*
4	*four*
5	*five*
6	*six*
7	*seven*
8	*eight*
9	*nine*
10	*ten*
11	*eleven*
12	*twelve*
13	*thirteen*
14	*fourteen*
15	*fifteen*
16	*sixteen*
17	*seventeen*
18	*eighteen*
19	*nineteen*
20	*twenty*
21	*twentyone*
22	*twentytwo*
23	*twentythree*
24	*twentyfour*
25	*twentyfive*
30	*thirty*
40	*fourty*
50	*fifty*
60	*sixty*
70	*seventy*
80	*eigthy*
90	*ninety*
100	*hundred*
1000	*thousand*
2000	*two thousand*
100 000	*hundred thousand*

Hinter den Kulissen

WIR FREUEN UNS ÜBER EIN FEEDBACK

Post von Travellern zu bekommen, ist für uns ungemein hilfreich – Kritik und Anregungen halten uns auf dem Laufenden und helfen, unsere Bücher zu verbessern. Unser reiseerfahrenes Team liest alle Zuschriften ganz genau, um zu erfahren, was an unseren Reiseführern gut und was schlecht ist. Wir können solche Post zwar nicht individuell beantworten, aber jedes Feedback wird garantiert schnurstracks an die jeweiligen Autoren weitergeleitet, rechtzeitig vor der nächsten Nachauflage.

Wer Ideen, Erfahrungen und Korrekturhinweise zum Reiseführer mitteilen möchte, hat die Möglichkeit dazu auf **www.lonelyplanet.com/contact/guidebook_feedback/new**. Anmerkungen speziell zur deutschen Ausgabe erreichen uns über **www.lonelyplanet.de/kontakt**.

Hinweis: Da wir Beiträge möglicherweise in Lonely Planet Produkten (Reiseführer, Websites, digitale Medien) veröffentlichen, ggf. auch in gekürzter Form, bitten wir um Mitteilung, falls ein Kommentar nicht veröffentlicht oder ein Name nicht genannt werden soll. Wer Näheres über unsere Datenschutzpolitik wissen will, erfährt das unter www.lonelyplanet.com/privacy.

DANK VON LONELY PLANET

Vielen Dank den Reisenden, die uns nach der letzten Auflage des Reiseführers hilfreiche Hinweise, nützliche Ratschläge und interessante Anekdoten schickten:

Kay Gilmore, Nils Plum, Parker Brown-Nesbit, Pedro Arellano, Yu En Hsu

DANK DER AUTOREN

Benedict Walker

Ein dickes Dankeschön geht an Cheryl Cowie – und zwar für Folgendes: die unzähligen Teller mit veganer Bio-Suppe, dass sie mich zum Lachen gebracht hat und mich auch weinen ließ, dass sie immer für mich da ist und dass sie unseren 100. Geburtstag gefeiert hat, während ich beschäftigt war. Ich danke außerdem Bruce Cowie für sein messerscharfes Politikwissen und dafür, dass er mich immer wieder „zu Hause“ willkommen heißt. Und schließlich möchte ich mich bei Trisha Ping dafür bedanken, dass sie mir dieses Projekt anvertraut hat und trotz meiner Verspätungen zu mir gestanden hat. Und wie immer bedanke ich mich auch bei meiner Mum, die nie aufgehört hat für mich zu beten und mir ihre Liebe über die Ozeane zu schicken – das ist etwas, was man immer gebrauchen kann.

Kate Armstrong

La'Vell Brown: danke für deinen Zauberstab, deine Leidenschaft und dein Wissen über Disney World und dafür, dass du mich von einem Biest in Aschenputtel verwandelt hast. Ich möchte zudem Cory O'Born, Visit Orlando, Nathalia Romano und Ashlynn Webb, Universal Orlando, Jessica Savage und dem Greater Fort Lauderdale Convention & Visitors Bureau danken. Danke auch dir, Chris, für deine Flexibilität, Geduld und alles andere (außer dafür, dass du im Hogwarts Express meine Hand gehalten hast). Schließlich möchte ich mich noch bei Lauren Keith und Trisha Ping für ihr Verständnis bedanken – und für das Löschen einiger bestimmter Nichts-als-Disney-Feuerwerke.

Amy C. Balfour

Es war mir ein großes Vergnügen, bei den Rechercheharbeiten für dieses Buch meine eigene Nachbarschaft besser kennenzulernen. Mein besonderer Dank gilt den folgenden Personen, die mir ihre Lieblingsplätze verraten haben: Dave Dekema, Sketchy, Barbra Byington, Ed & Melissa Reid, Lynn Neumann, Lori Jarvis, Andrew McRoberts, Tom Fleming, Melissa & Mary Peeler, Erin Stolle, Alicia Hay Matthai, Liz Smith Robinson, Alice Kaufmann Dearing, Severn Miller, James Foley, John Park, Suzie Lublin Tiplitz, Sharon Nicely, Eone Moore Beck, Kendall Sims Hunt, Lee Bagby Ceperich, Justin Shephard, Tim Stinson, Trish Mullen und Steve Bruce.

Ray Bartlett

Dieses Projekt wäre niemals zustande gekommen ohne die große Liebe und Unterstützung meiner Familie – inklusive meiner Großfamilie in Pennsylvania, die mir angeboten hat, mich während meiner Recherchen zu beherbergen und herumzuführen. Vielen Dank auch den vielen Reiseleitern, Hotelrezeptionisten, Kellnerinnen und Kellnern und Museumskuratoren, die sich die Zeit genommen haben, ihr Wissen und ihre Einschätzungen mit mir zu teilen. Das ist ein schöner Teil unseres Planeten und einer, den ich hoffentlich bald wieder besuchen werde! Auf die Leser und Leserinnen wartet etwas ganz Besonderes.

Gregor Clark

Herzlichen Dank all den vielen Bostoner, die ihre Liebe zu ihrer Stadt so großzügig mit mir geteilt haben, besonders Aaron Miller von HI Boston, Dave O'Donnell von GBCVB, Joanne Chang von Myers & Chang, Ayr Muir von Clover Food Lab und Maria Cole von NPS. Besonderer Dank geht an die Lonely Planet Autorin Mara Vorhees, deren hervorragende Arbeit an früheren Ausgaben meinen Job unermesslich viel angenehmer gemacht hat. Schließlich umarme ich meine Frau Gaen und meine Töchter Meigan und Chloe für die Hilfe bei der Cannoli-Verkostung im North End.

Ashley Harrell

Danke an die Redakteure Lauren und Trisha sowie an meine Koautoren Adam, Kate und Regis für Ihre Unterstützung. Ich danke Josie, Nora und Ashley Guttuso für die Aufnahme in der Festung und Tiffany Grandstaff für das Upgrade. Danke, Alex Pickett, dass es dich gibt! Ich danke auch meiner Ersatzfamilie Trevor, Malissa und Soraya Aaronson, Tom Francis dafür, dass er endlich vorbeigekommen ist und Alanna Björk fürs Hundesitten und die gemütliche Hütte. Danke, Beanie Guez, dass du mich beim Shuffleboard fertig gemacht hast; danke, Elodie Guez, für den Wein (und die Gläser)! Danke, Andy Lavender, für dein Erscheinen in Sarasota, und auch sonst.

Adam Karlin

Danke an alle: an Lauren Keith und Trisha Ping, die wirklich außergewöhnlichen Redakteure, an Kevin Raub, meinen Gefährten während meiner Road Trips durch den Süden, an die Parkmitarbeiter, Barkeeper, Baristas und alle Dienstleister, die mir gezeigt haben, wie viel es in meinem eigenen Hinterhof zu entdecken gibt. Ich danke Mama und Papa für ihre ständige Unterstützung sowie Karen Shacham und Michelle Putnam (und Lior!) – ihr seid einfach die besten Gastgeber Atlantas! Danke, Rachel und Sanda, für eure Begleitung und dafür, dass ihr mir meine Abwesenheit nicht übel genommen habt.

Brian Kluepfel

Paula Zorrilla, mein Vorbild und meine Kopilotin – ohne dich hätte ich es nicht geschafft! Ich bedanke mich bei Trisha Ping, Greg Benchwick, Jane Grisman und Dianne Schallmeiner von Lonely Planet für ihre moralische und inhaltliche Unterstützung. Danke an Tom Kluepfel, ehrenamtlicher Bürgermeister von Hoboken und Mozzarella-Experte, an Laura Collins, Rebecca Rozen und ihren Hund Gizmo für ihr Wissen über die Hamptons und für ihre gute Laune sowie an Stacey Borelli und Peggy Watson, weil sie bei Siemens die Stellung gehalten haben. Ich danke dem Polizisten aus Ocean Grove, der mir den Strafzettel nicht gegeben hat, und June McPartland, weil sie mir dieses Auto verkauft hat.

Kevin Raub

Mein Dank gilt meiner Frau Adriana Schmidt Raub, die trotz meiner Reisen erstaunlicherweise an meiner Seite bleibt. Ich danke Lauren Keith, Trisha Ping, MaSovaida Morgan und all meinen Partner bei Lonely Planet. Draußen im Lande gebührt mein Dank Jana Clauser, Kristi Amburgey, Susan Dallas, Dawn Przystal, Niki Heichelbech-Goldey, Erin Hilton, Courtney McKinney, Brian Mansfield, Alison Duke, Erin Donovan, Liz Beck, Eleanor Talley, Dodie Stephens, Sarah Lowery, Anne Fitten Glenn, Kaitlin Sheppard, Heather Darnell, Scott Peacock, Doug Warner, Halsey Perrin, Charlie Clark, Kim Jamieson und Jeff Hulett.

Simon Richmond

Vielen Dank, Van Vahle, Tonny Wong und Curtis Maxwell Perrin, für all euer Wissen, die Unterstützung und eure Gastfreundschaft.

Regis St. Louis

Unterwegs haben mir unzählige Menschen geholfen, und ich bin all den Guides in den Nationalparks, den Hotelmitarbeitern, den Restaurantbetreibern, Barkeepern und Baristas in ganz Süd-Florida dankbar für all die Tipps und Einblicke. Mein Dank geht an Adam Karlin, der bei früheren Ausgaben so hervorragende Arbeit geleistet hat. Ich möchte auch Cassandra und unseren Töchtern Magdalena und Genevieve danken – ihr habt die Reise nach Miami um so vieles lohnender gemacht.

Karla Zimmerman

Vielen Dank an Lisa Beran, Lisa DiChiera, Ruggero Fatica, Cathy McKee, Chuck Palmer, Keith Pandolfi, Tamara Robinson, Susan Hayes Stephan, Hannah Stephan und Mark Wallace, die sich die Zeit nahmen, mir von ihren Lieblingsplätzen zu erzählen. Vor allem aber gilt mein Dank Eric Markowitz, den besten Lebensgefährten der Welt, der meine bier-und donutlastigen Ausschweifungen mit seiner unerschöpflichen guten Laune ertragen hat.

QUELLENNACHWEIS

Die Klimakartendaten stammen von Peel MC, Finlayson BL & McMahon TA (2007) *Updated World Map of the Köppen-Geiger Climate Classification, Hydrology and Earth System Sciences*, 11, 163344.

Abbildungen S. 84/85, S. 278/279 von Javier Martinez Zarracina.

Titelfoto: Hummerboote, Midcoast Maine; Alan Copson/AWL ©

ÜBER DIESES BUCH

Dies ist die 4. deutschsprachige Auflage von *USA Osten*, basierend auf der 4. englischsprachigen Auflage von *Eastern USA*, die von Benedict Walker, Kate Armstrong, Carolyn Bain, Amy C. Balfour, Robert Balkovich, Ray Bartlett, Gregor Clark, Michael Grosberg, Ashley Harrell, Adam Karlin, Brian Kluepfel, Kevin Raub, Simon Richmond, Regis St. Louis, Mara Vorhees und Karla Zimmerman recherchiert und geschrieben wurde. Dieser Reiseführer wurde von den folgenden Personen produziert:

Projektredakteure Evan Godt, Lauren Keith, Trisha Ping

Produktredakteure Kate Kiely, Kate Mathews

Leitende Kartografin Alison Lyall

Layoutdesign Jessica Rose

Redaktionsassistenz Judith Bamber, Imogen Bannister, Michelle Bennett, Nigel Chin, Peter Cruttenden, Melanie Dankel, Andrea Dobbin, Carly Hall, Paul Harding, Jennifer Hattam, Gabrielle Innes, Anita Isalska, Kellie Langdon, Jodie Martire, Rosie Nicholson, Kristin Odijk, Christopher Pitts, Sarah Reid, Gabrielle Stefanos, Ross Taylor, Saralinda Turner, Simon Williamson

Kartografieassistenz Julie Dodkins

Umschlagrecherche Naomi Parker

Dank an Grace Dobell, Sasha Owens, Jessica Ryan, Maureen Wheeler

Register

Verweise auf Karten **000**
Verweise auf Fotos **000**

C

D

Verweise auf Karten **000**
Verweise auf Fotos **000**

Verweise auf Karten **000**
Verweise auf Fotos **000**

Verweise auf Karten **000**
Verweise auf Fotos **000**

REGISTER M

Verweise auf Karten **000**
Verweise auf Fotos 000

O

P

Q

R

S

Verweise auf Karten **000**
Verweise auf Fotos 000

Verweise auf Karten **000**
Verweise auf Fotos 000

Kartenlegende

Sehenswertes

- Strand
- Vogelschutzgebiet
- buddhistisch
- Schloss/Palast
- christlich
- konfuzianisch
- hinduistisch
- islamisch
- jainistisch
- jüdisch
- Denkmal
- Museum/Galerie/historisches Gebäude
- Ruine
- schintoistisch
- sikhistisch
- taoistisch
- Weingut/Weinberg
- Zoo/Tierschutzgebiet
- andere Sehenswürdigkeit

Aktivitäten, Kurse & Touren

- bodysurfen
- tauchen
- Kanu/Kajak fahren
- Kurs/Tour
- Sento-Bad/Onsen
- Ski fahren
- schnorcheln
- surfen
- Schwimmbecken
- wandern
- windsurfen
- andere Aktivität

Schlafen

- Unterkunft
- Camping

Essen

- Lokal

Ausgehen & Nachtleben

- Bar/Kneipe
- Café

Unterhaltung

- Unterhaltung

Shoppen

- Shoppen

Praktisches

- Bank
- Botschaft/Konsulat
- Krankenhaus/Arzt
- Internetzugang
- Polizei
- Post
- Telefon
- Toilette
- Touristeninformation
- andere Einrichtung

Geografisches

- Strand
- Tor
- Hütte/Unterstand
- Leuchtturm
- Aussichtspunkt
- Berg/Vulkan
- Oase
- Park
- Pass
- Picknickplatz
- Wasserfall

Städte

- Hauptstadt (Staat)
- Hauptstadt (Bundesland/Provinz)
- Großstadt
- Kleinstadt/Ort

Verkehrsmittel

- Flughafen
- BART-Station
- Grenzübergang
- T-Station (Boston)
- Bus
- Seilbahn/Gondelbahn
- Fahrrad
- Fähre
- Metro/Muni-Station
- Einschienenbahn
- Parkplatz
- Tankstelle
- U-Bahn/SkyTrain-Station
- Taxi
- Bahnhof/Zug
- Straßenbahn
- U-Bahnhof
- anderes Verkehrsmittel

Achtung: Nicht alle der abgebildeten Symbole werden auf den Karten im Buch verwendet

Verkehrswege

- Mautstraße
- Autobahn
- Hauptstraße
- Landstraße
- Verbindungsstraße
- sonstige Straße
- unbefestigte Straße
- Straße im Bau
- Platz/Promenade
- Treppe
- Tunnel
- Fußgänger-Überführung
- Stadtspaziergang
- Abstecher (Stadtspaziergang)
- Pfad/Wanderweg

Grenzen

- Internationale Grenze
- Bundesstaat/Provinz
- umstrittene Grenze
- Region/Vorort
- Meerespark
- Klippen
- Mauer

Gewässer

- Fluss/Bach
- periodischer Fluss
- Kanal
- Wasser
- Trocken-/Salz-/periodischer See
- Riff

Gebietsformen

- Flughafen/Startbahn
- Strand/Wüste
- Friedhof (christlich)
- Friedhof
- Gletscher
- Watt
- Park/Wald
- Sehenswürdigkeit (Gebäude)
- Sportgelände
- Sumpf/Mangrove

DIE AUTOREN

Benedict Walker
Gesamtleitung, Connecticut, Rhode Island Ben wuchs in einem Vorort von Newcastle, Australien, auf und verbrachte, wann immer möglich, seine Wochenenden und die langen Sommer am Strand. Obwohl es ihn unwiderstehlich in Berge zieht, wie er sie in den Rocky Mountains und den japanischen und Schweizer Alpen kennengelernt hat, so liegt ihm doch das Strandleben im Blut; obwohl er mit Begeisterung auf Entdeckungsreisen durch die tollsten Großstädte geht, ist sein wahres Zuhause die Natur. Für Lonely Planet zu schreiben, ist für Ben die Erfüllung eines Traumes. Bislang hat er zu den Lonely Planet Bänden *Australien*, *Kanada*, *Germany*, *Japan*, *Schweden*, *Schweiz*, *USA* und *Vietnam* beigetragen. Bei Instagram kann man ihn unter @wordsandjourneys auf seinen Reisen begleiten. Ben hat auch die Abschnitte *Reiseplanung*, *Den Osten der USA verstehen* und *Gefahren & Ärgernisse* geschrieben.

Kate Armstrong
Florida Kate hat den Großteil ihres Erwachsenenlebens damit verbracht, um die Welt zu reisen. Als freiberufliche Journalistin hat sie zu rund 40 Lonely Planet Reiseführern und Fachpublikationen beigetragen und veröffentlicht regelmäßig Beiträge in australischen und internationalen Publikationen. Sie ist Autorin mehrerer Bücher und Bildungstitel für Kinder.

Carolyn Bain
Maine, Massachusetts Carolyn arbeitet seit mehr als 20 Jahren als Reiseschriftstellerin und Redakteurin. Sie hat in den verschiedensten Ecken der Welt gelebt, gearbeitet und studiert, unter anderem in London, Dänemark, St. Petersburg und Nantucket. Ihre Leidenschaft für Island hat dazu geführt, dass sie sich kürzlich in Reykjavík niedergelassen hat. Regelmäßig machte sie sich von ihrer früheren Basis in Melbourne, Australien, auf gen Norden, um dort verschiedene Ziele für Lonely Planet zu erkunden – vom staubigen Outback Australiens bis hin zu leuchtenden griechischen Inseln, Maines Hummerbuden und Sloweniens Alpenseen. Carolyn schreibt für eine Reihe Verlage über Reisen und Essen; unter carolynbain.com.au erfährt man mehr über sie.

Amy C. Balfour
Delaware, Maryland, Virginia, West Virginia Amy wuchs in Richmond, Virginia, auf und lebt heute im Shenandoah Valley in den Ausläufern der Blue Ridge Mountains. Ein paar ihrer Lieblingsorte zwischen Atlantik und den Appalachen sind Sharp Top Mountain, Lexington, VA, Berlin, MD, und die New River Gorge. Ihre neuesten Lieblingsorte? Scott's Addition in Richmond, VA, die Innenstadt von Staunton, VA, Chincoteague Island und Frederick, MD. Amy ist Autorin oder Koautorin von mehr als 30 Lonely Planet Bänden, inklusive *USA*, und *Florida & the South's Best Trips*. Ihre Geschichten sind im *Backpacker*, *Sierra*, *Southern Living* und *Women's Health* zu lesen.

Robert Balkovich
New York City Robert ist in Oregon geboren und aufgewachsen, nennt aber inzwischen seit fast einem Jahrzehnt New York City sein Zuhause. Wenn andere Kinder mit ihren Familien in Themenparks gingen oder ihre Oma besuchten, fuhr er nach Mexiko City oder reiste mit dem Zug durch Osteuropa. Als Schriftsteller und Reiseenthusiast ist Robert immer auf der Suche nach Erfahrungen, die ungewöhnlich genug sind, um über sie zu schreiben. Instagram: @oh_balky

Ray Bartlett
Pennsylvania Ray hat sich als Reiseschriftsteller auf Japan, Korea, Mexiko und die Vereinigten Staaten spezialisiert. Seit seiner ersten Ausgabe von *Japan* (2004) hat er bis heute an vielen verschiedenen Lonely Planet-Titeln mitgearbeitet.

Gregor Clark
Connecticut, Maine, Massachusetts, New Hampshire, Vermont, Rhode Island
Gregor ist Autor und lebt in den USA. Seine Liebe zu Fremdsprachen und seine Neugierde auf das, was sich hinter der nächsten Ecke verbergen könnte, haben ihn in Dutzende Länder auf fünf Kontinenten geführt. Zudem hat ihn seine chronische Wanderlust auf unzähligen Road Trips durch seine Heimat Nordamerika getrieben, wobei er alle 50 Staaten und die meisten kanadischen Provinzen bereist hat. Seit 2000 hat Gregor regelmäßig Beiträge für Lonely Planet geschrieben. Seine Schwerpunkte Europa und Amerika.

Michael Grosberg
New York City Michael hat an über 45 Lonely Planet Bänden von *Myanmar* bis *New Jersey* mitgearbeitet. Jedes Projekt hat zu seiner komplizierten Seele beigetragen und Jahre seines (noch?) relativ jungen Leben in Anspruch genommen. Vor seiner freiberuflichen Schriftstellerkarriere arbeitete er als Lehrer in Quito, Ecuador, war an einem Projekt zur touristischen Entwicklung auf der Insel Rota im westlichen Pazifik beteiligt und forschte und schrieb über politische Gewalt in Südafrika, wo er auch dazu beitrug, neu gewählte Regierungsvertreter auszubilden. Michael hat einen Master in vergleichender Literatur und lehrte Literatur und Schreiben als außerordentlicher Professor an mehreren New Yorker Hochschulen.

Ashley Harrell
Südwest-Florida, Space Coast Ashley gab den Job, Wellness-Gutscheine an Privathaushalte in Süd-Florida zu verkaufen, schon nach kurzer Zeit auf und beschloss, stattdessen Schriftstellerin zu werden. Sie ging auf eine Journalistenschule, überzeugte eine Zeitung, sie einzustellen, und fing an, über Wildtiere, Kriminalität und Tourismus zu berichten, manchmal in ein und derselben Geschichte. Ashley ist viel in der Welt herumgekommen und hat häufig den Wohnort gewechselt – sie hat schon in einer winzigen Wohnung in New York, auf einer riesigen kalifornischen Ranch und in einer Urwaldhütte in Costa Rica (wo sie für Lonely Planet zu schreiben begann) gelebt. Ihre Reisen wurden immer exotischer und abwechslungsreicher, und sie lacht immer noch, wenn ein Gehaltsscheck bei ihr eintrifft.

Adam Karlin
Florida, Alabama, Arkansas, Georgia, Louisiana, Mississippi Adam hat zu Dutzenden Lonely Planet Bänden von A bis Z beigetragen. Als Journalist hat er u. a. über Reisen, Kriminalität, Politik, Archäologie und den Bürgerkrieg in Sri Lanka geschrieben. Er hat Depeschen aus allen Kontinenten geschickt – abgesehen von Antarktika (ein Tag!) – und Essays und Artikel für die BBC, NPR sowie mehrere Sachbuch-Anthologien geschrieben. Adam lebt in New Orleans, was seine Liebe zu Feuchtgebieten, Essen und guter Musik erklärt. Unter http://walkonfine.com kann man mehr über ihn erfahren; unter @adamwalkonfine ist er auf Instagram zu finden.

Brian Kluepfel
New Jersey, New York City Brian hat seit 2006 für Lonely Planet über Nord- und Südamerika geschrieben. Er war Redakteur der *Bolivian Times* in La Paz, Korrespondent der Major League Soccer und Mitarbeiter des Bordmagazins von Frontier Airlines. Seine Lonely Planet Reisen haben ihn nach Venezuela, Bolivien und in die Wälder von New Jersey geführt. Seine Geschichten über den Sleepy-Hollow-Friedhof und die Minen von Potosi, Bolivien, finden sich im Lonely Planet Band *Amazing Secret Marvels*. Mehr gibt's unter https://auth.lonelyplanet.com/profiles/brian.kluepfel.

Kevin Raub

Great Smoky Mountains National Park, Kentucky, North Carolina, South Carolina, Tennessee Kevin wuchs in Atlanta auf und begann seine Karriere als Musikjournalist in New York, wo er fürs Men's Journal und das Rolling Stone-Magazin arbeitete. Der Junge aus Georgia, den es einst in die Welt hinaus zog, liebt es nach wie vor, zurück nach Hause in den Süden zu kommen, auch wegen des BBQs und des Bieres. Dies ist Kevins 48. Reiseführer für Lonely Planet. Auf Twitter und Instagram ist er unter @RaubOnTheRoad zu finden. Unter www.lonelyplanet.com/members/kraub kann man mehr über Kevin erfahren.

Simon Richmond

New York State Der Journalist und Fotograf Simon hat sich Anfang der 1990er-Jahre auf den Reisejournalismus spezialisiert und arbeitete 1999 das erste Mal für Lonely Planet (für den Band *Central Asia*). Er hat schon vor geraumer Zeit aufgegeben, die Reiseführer zu zählen, die er für Lonely Planet recherchiert und geschrieben hat, u. a. zu Ländern wie Australien, China, Indien, Iran, Japan, Korea, Malaysia, die Mongolei, Myanmar (Birma), Russland, Singapur, Südafrika und die Türkei. Auf der Website von Lonely Planet hat er Beiträge zu Themen von den besten Schwimmbädern der Welt bis hin zu den Freuden von Urban Sketching geschrieben. Auf Instagram teilt er einige seiner Fotos und Skizzen.

Regis St. Louis

Florida Keys, Miami, Everglades Regis wuchs in einer kleinen Stadt im Mittleren Westen der USA auf – in einem jener Orte, in denen Träume von der großen, weiten Welt geträumt werden. Früh entwickelte er eine Faszination für fremde Dialekte und Kulturen. Er verbrachte seine prägenden Jahre damit, Russisch sowie eine Handvoll romanischer Sprachen zu lernen, was ihm auf Reisen in weiten Teilen der Welt gute Dienste leistete. Regis hat zu mehr als 50 Lonely Planet Bänden beigetragen, die Reiseziele auf sechs Kontinenten abdecken. Seine Abenteuer führten ihn von den Bergen Kamtschatkas zu abgelegenen Inseldörfern in Melanesien und in viele großartige Städte. Wenn er nicht gerade unterwegs ist, lebt er in New Orleans. Auf Instagram postet er unter www.instagram.com/regisstlouis.

Mara Vorhees

Massachusetts Mara schreibt über Essen, Reisen und Spaß mit der Familie, wo auch immer auf dem Erdball. Ihre Arbeiten wurden von BBC Travel, *Boston Globe*, Delta Sky, *Vancouver Sun* und anderen mehr veröffentlicht. Für Lonely Planet schreibt sie regelmäßig über Reiseziele in Mittelamerika und Osteuropa sowie über Neuengland, wo sie lebt. Sie reist oft mit ihren Zwillingsjungen im Schlepptau, was ihr einiges an Erfahrung bezüglich Reisen mit Kindern einbringt. Von ihren Abenteuern und Missgeschicken erzählt sie auf www.havetwinswilltravel.com.

Karla Zimmerman

Illinois, Indiana, Michigan, Minnesota, Virginia, Ohio, Washington, D.C., Wisconsin Karla lebt in Chicago, wo sie Donuts isst, bei Cubs-Spielen ihren Verein anfeuert und Texte für Bücher, Magazine und Websites schreibt – sofern sie nicht gerade eines der ersten beiden Dinge macht. Sie hat zu mehr als 40 Reiseführern und Reiseanthologien beigetragen, die Reiseziele in Europa, Asien, Afrika, Nordamerika und der Karibik abdecken – was sie bemerkenswert findet, angesichts ihrer Anfänge, als sie für ein Baumagazin über Kies schrieb und Orte wie Fredonia, Kansas, bereiste. Wer mehr über sie wissen will, kann ihr auf Instagram und Twitter folgen (@karlazimmerman).

MIT BEITRÄGEN VON

Laura Pearson Illinois
Trisha Ping Michigan

DIE LONELY PLANET STORY

Ein ziemlich mitgenommenes, altes Auto, ein paar Dollar in der Tasche und eine Vorliebe für Abenteuer – 1972 war das alles, was Tony und Maureen Wheeler für die Reise ihres Lebens brauchten, die sie durch Europa und Asien bis nach Australien führte. Die Tour dauerte einige Monate, und am Ende saßen die beiden – pleite, aber voller Inspiration – an ihrem Küchentisch und schrieben ihren ersten Reiseführer Across Asia on the Cheap. Innerhalb einer Woche hatten sie 1500 Exemplare verkauft. Lonely Planet war geboren.

Heute hat der Verlag Büros in Melbourne, London und Oakland und mehr als 600 Mitarbeiter und Autoren. Und alle teilen Tonys Überzeugung: „Ein guter Reiseführer sollte drei Dinge tun: informieren, bilden und unterhalten."

Lonely Planet Global Limited

Digital Depot
The Digital Hub
Dublin D08 TCV4
Ireland

Verlag der deutschen Ausgabe:
MAIRDUMONT, Marco-Polo-Str. 1, 73760 Ostfildern,
www.lonelyplanet.de, www.mairdumont.com
lonelyplanet-online@mairdumont.com

Chefredakteurin deutsche Ausgabe: Birgit Borowski

Übersetzung: Tobias Ewert, Derek Frey, Karen Gerwig, Marion Gref-Timm, Christina Kagerer, Britt Maaß, Marion Matthäus, Dr. Christian Rochow, Erwin Tivig

An früheren Auflagen haben außerdem mitgewirkt: Dorothee Büttgen, Julie Bacher, Berna Ercan, Gabriela Huber Martins, Jürgen Kucklinski, Laura Leibold, Andrea Schleipen, Frauke Sonnabend

Redaktion: Annegret Gellweiler, Olaf Rappold, Katrin Schmelzle, Ellen Weitbrecht, Julia Wilhelm, Stephanie Ziegler (red.sign, Stuttgart)

Redaktionsassistenz: Helin Dag, Annika Häfner, Sara Kimmich, Sylvia Scheider-Schopf (red.sign, Stuttgart)

Satz: Sylvia Scheider-Schopf (red.sign, Stuttgart)

Obwohl die Autoren und Lonely Planet alle Anstrengungen bei der Recherche und bei der Produktion dieses Reiseführers unternommen haben, können wir keine Garantie für die Richtigkeit und Vollständigkeit dieses Inhalts geben. Deswegen können wir auch keine Haftung für eventuell entstandenen Schaden übernehmen.

FSC
www.fsc.org
MIX
Papier aus verantwortungsvollen Quellen
FSC® C018236

USA Osten

4. deutsche Auflage Juli 2018, übersetzt von *Eastern USA, 4th edition*, April 2018, Lonely Planet Global Limited

Deutsche Ausgabe © Lonely Planet Global Limited, Juli 2018

Fotos © wie angegeben 2018

Printed in Poland

Alle Rechte vorbehalten. Das Werk einschließlich all seiner Teile ist urheberrechtlich geschützt und darf weder kopiert, vervielfältigt, nachgeahmt oder in anderen Medien gespeichert werden, noch darf es in irgendeiner Form oder mit irgendwelchen Mitteln – elektronisch, mechanisch oder in irgendeiner anderen Weise – weiterverarbeitet werden. Es ist nicht gestattet, auch nur Teile dieser Publikation zu verkaufen oder zu vermitteln, ohne schriftliche Genehmigung des Herausgebers. Lonely Planet und das Lonely Planet Logo sind eingetragene Marken von Lonely Planet und sind im US-Patentamt sowie in Markenbüros in anderen Ländern registriert. Lonely Planet gestattet den Gebrauch seines Namens oder seines Logos durch kommerzielle Unternehmen wie Einzelhändler, Restaurants oder Hotels nicht. Informieren Sie uns im Fall von Missbrauch: www.lonelyplanet.com/ip.